Cómo utilizar el *Oxford Pocket*

¿Cómo encuentro la palabra o expresión que necesito?

palabras que se escriben igual pero tienen distinto significado: las marcamos mediante superíndices

llama¹ *nf* (*de fue...* ...ame LOC estar en llamas to...

ll...

distintos sentidos de ... palabra: están ma... medio de número...

...rinero) to sail ...urf *sth* [*vt*]: ~ .../Internet

...nənt/ **the** ambiente

palabras estrechan... relacionadas con la... principal: aparecen n... dentro de la misma en...

...ən'mentl/ *adj* ...nte environmentalist

pipa *nf* **1** (*para fumar*) pipe: *fumar en* ~ to smoke a pipe **2** (*semilla de girasol*) sunflower seed LOC **pasarlo pipa** to have a great time

expresiones y *phrasal verbs*

hang /hæŋ/ ◆ (*pret, pp* hung /hʌŋ/) **1** *vt* colgar **2** *vi* estar colgado **3** *vi* (*ropa, pelo*) caer **4** (*pret, pp* hanged) *vt, vi* ahorcar(se) **5** *vi* ~ (above/over *sth/sb*) pender (sobre algo/algn) PHR V **to hang about/around** (*coloq*) **1** holgazanear **2** esperar (*sin hacer nada*) **to hang on 1** agarrarse a (*coloq*) esperar: *Hang on a minute!* ¡Espera un momento! **to hang out** (*coloq*) andar, meterse

Gramática

partes de la oración: sustantivo, verbo, adjetivo, etc.

designer /dɪˈzaɪnə(r)/ ◆ *n* diseñador, -ora ◆ *adj* [*solo antes de sustantivo*] de marca: *designer jeans* vaqueros de marca

plural irregular de los sustantivos

hada *nf* fairy [*pl* fairies]

sustantivos incontables en inglés

information /ˌɪnfəˈmeɪʃn/ *n* [*incontable*] información: *a piece of information* un dato

formas verbales irregulares

write /raɪt/ *vt, vi* (*pret* wrote /rəʊt/ *pp* written /ˈrɪtn/) escribir

adjetivos comparativos y superlativos

sporty /ˈspɔːti/ *adj* (-ier, -iest) **1** (*coloq*) deportista **2** (*ropa, coche*) deportivo

notas gramaticales

médico, -a ◆ *adj* medical ◆ *nm-nf* doctor: *ir al* ~ to go to the doctor's Recuerda que en inglés al indicar la profesión de alguien se utiliza el artículo indefinido *a/an*: *Es médico/profesor/ingeniero.* He's a doctor/a teacher/an engineer.

Diccionario

Oxford Pocket

para estudiantes de inglés

Español–Inglés
Inglés–Español

Dirección editorial
Patrick Goldsmith
Mª Ángeles Pérez Alonso
Judith Willis

Segunda edición editada por
Sharon Peters

OXFORD
UNIVERSITY PRESS

OXFORD

UNIVERSITY PRESS

Great Clarendon Street, Oxford OX2 6DP

Oxford University Press is a department of the University of Oxford.
It furthers the University's objective of excellence in research, scholarship,
and education by publishing worldwide in

Oxford New York

Athens Auckland Bangkok Bogotá Buenos Aires Cape Town Chennai
Dar es Salaam Delhi Florence Hong Kong Istanbul Karachi Kolkata
Kuala Lumpur Madrid Melbourne Mexico City Mumbai Nairobi
Paris São Paulo Singapore Taipei Tokyo Toronto Warsaw

with associated companies in Berlin Ibadan

Oxford is a registered trade mark of Oxford University Press
in the UK and in certain other countries

Diseño Holdsworth Associates, Isle of Wight

Cubierta Stonesfield Design, Stonesfield, Witney, Oxon

Ilustraciones Julian Baker, Martin Cox, David Eaton, Margaret Heath,
Karen Hiscock, Nigel Paige, Martin Shovel, Paul Thomas,
Harry Venning, Michael Woods, Hardlines

Text capture and processing by Oxford University Press

ISBN 0 19 431526 6

3 5 7 9 10 8 6 4 2

Printed in Italy
by «La Tipografica Varese S.p.A.» Varese

iii

Índice

Introducción a la segunda edición

Los cinco años que han transcurrido desde la aparición de la primera edición del **Oxford Pocket** en 1995 han visto cambios tanto en el inglés como en el español: neologismos, sobre todo en determinados campos como son la informática y la ecología, nuevas acepciones de palabras existentes y cambios en la manera de usar las palabras. La segunda edición del diccionario refleja esta evolución lingüística, recogiendo palabras y acepciones nuevas. También han evolucionado los recursos informáticos y ahora contamos no solo con los 100 millones de palabras del Corpus Nacional Británico sino con otros corpus lingüísticos y métodos cada vez más sofisticados de acceder a la lengua y analizarla.

Nuestro objetivo principal sigue siendo el de elaborar un diccionario que guíe al estudiante en la primera etapa de su descubrimiento de la lengua inglesa y la cultura anglosajona. Después de haber hecho un minucioso análisis de material escrito en inglés por estudiantes hispanohablantes, hemos ampliado las hojas de estudio y las notas de uso, incorporando más información sobre problemas específicos de léxico y uso. Al mismo tiempo, las encuestas realizadas entre profesores y alumnos nos han llevado a incorporar más material adicional sobre varios aspectos del inglés actual, haciendo hincapié sobre todo en el lenguaje hablado.

Queremos agradecer a Mª Ángeles Pérez Alonso su valiosa ayuda con todos los aspectos de esta edición, a Victoria Romero Cerro su trabajo en la compilación y traducción del material nuevo y a los profesores y alumnos de varias zonas de España sus opiniones sobre el tipo de diccionario bilingüe que ellos querían.

Sharon Peters
Judith Willis

De la introducción a la primera edición

El **Oxford Pocket** es el primer diccionario bilingüe de bolsillo concebido y escrito exclusivamente para estudiantes de inglés de nivel elemental a intermedio. Los miembros del grupo editorial del proyecto son lexicógrafos con una amplia experiencia en la enseñanza del inglés.

Queremos agradecer a los siguientes lexicógrafos su dedicación al proyecto: en el lado Español-Inglés, Marie Gorman, Mª José Rodríguez, Penny Fisher, Victoria Zaragoza, Mel Fraser, Raquel de Pedro y Mª Carmen Beaven; en el lado Inglés–Español, Enrique González Sardinero, Alayne Pullen, Margaret Jull Costa, Alison Sadler y Julie Watkins. También queremos dar las gracias a Kate O'Neill, Ana Bremón, Judith Willis, Idoia Noble, Jeremy Munday, Olga Jimeno y Elisabeth Weeks.

Patrick Goldsmith
Mª Ángeles Pérez Alonso

Test sobre el diccionario

Para que veas que el *Diccionario Oxford Pocket* te puede ayudar a aprender inglés, te proponemos un pequeño test que puedes responder consultando las entradas del diccionario.

HOW CAN THE OXFORD POCKET HELP ME?

1 Cuando trabajas en un **ordenador**, ¿qué haces al acabar?

2 ¿Cómo se dice **hello** en inglés de manera más informal?

3 En Estados Unidos no utilizan la palabra **nappy**. ¿Qué dicen en su lugar?

4 Cuando te **presentan** a alguien, ¿qué respondes en una situación informal?

5 Busca la palabra **haber** y apunta en tu cuaderno las dos formas de decir *¿qué hay?* en inglés.

6 Hay dos expresiones en inglés que equivalen a *de nada*. ¿Cuáles son?

7 ¿Qué se come el *Martes de Carnaval* en Gran Bretaña?

8 ¿En qué consisten las celebraciones de *Independence Day* en Estados Unidos?

9 ¿Cómo se llama el *reloj* que llevas en la muñeca, *a watch* o *a clock*?

10 Mira el dibujo que ilustra *al revés*. La frase siguiente no es correcta: *Juan has got his jumper on upside down.* ¿Qué debería decir?

Vocabulario

El *Diccionario Oxford Pocket* te ayudará a ampliar tu vocabulario de varias maneras: dándote detalles sobre palabras que ya conocías, introduciendo otras nuevas relacionadas con ellas, mencionando la versión americana cuando la hay, etc.

También podrás aprender a utilizar expresiones típicas inglesas.

Cada país tiene sus costumbres y celebraciones especiales. En este diccionario indicamos las más importantes del Reino Unido y de Estados Unidos.

Explicaciones ilustradas

Los dibujos te ayudarán a distinguir y aprender palabras de un mismo grupo. También te serán de gran utilidad a la hora de entender las diferencias entre expresiones y palabras inglesas que son muy similares, como por ejemplo *inside out, back to front* y *upside down*.

Gramática

11 ¿La palabra inglesa *light* es un sustantivo, un adjetivo, un verbo o un adverbio?

Puedes saber si la palabra es un sustantivo, un verbo, un adverbio, etc. consultando las partes de la oración que están indicadas en cada entrada.

12 ¿Sabes corregir la frase: *I have a **news** for you*?

Puedes comprobar si un sustantivo es incontable, si solo se usa en plural, etc.

13 ¿Cuál es el participio del verbo *to wear*?

14 Corrige la frase: *He **have** two sisters.*

En las entradas de los verbos te damos información sobre las formas más importantes (pasado y participio). Además, en la contraportada hay una lista de los verbos irregulares más importantes.

Escritura

15 ¿Cuál es el plural de *stuntman*?

16 Pon esta frase en pasado: *I study French.*

También puedes utilizar el diccionario para asegurarte de cómo se escribe una palabra, ya que te indicamos las pequeñas variaciones de las distintas formas verbales, del plural de los sustantivos, etc.

Pronunciación

17 ¿De cuántas formas se puede pronunciar *neither*?

18 Mira la palabra *e-mail* en el diccionario. ¿Cómo se lee: brown@smiths.co.uk?

En el lado inglés-español te indicamos la pronunciación de las palabras. Los símbolos fonéticos aparecen a pie de página y te ofrecemos también una explicación en el Apéndice 7.

Información adicional

19 *Library* es un *falso amigo*. ¿Qué significa?

20 Los *nombres geográficos* en inglés muchas veces no coinciden con los españoles. ¿Cómo se dice en inglés: *la vida granadina*?

Consulta las hojas de estudio centrales y los apéndices finales para aprender más sobre los falsos amigos y errores típicos, los *phrasal verbs*, el lenguaje hablado, los nombres geográficos, los términos gramaticales, etc.

Respuestas

1 save the document, make a back-up copy y log off/out **2** hi o hiya **3** diaper **4** hello o nice to meet you **5** how are things? o how's things? **6** you're welcome o don't mention it **7** crepes con zumo de limón y azúcar **8** fuegos artificiales y desfiles **9** a watch **10** Juan has got his jumper on back to front.

11 sustantivo, adjetivo, verbo y adverbio **12** I have some news for you. *News* es una palabra incontable. **13** wom **14** He has two sisters. **15** stuntmen **16** I studied French. **17** /ˈnaɪðə(r)/ o /ˈniːðə(r)/ **18** brown at smiths dot co dot uk **19** biblioteca **20** life in Granada

Antes de empezar...

En estas páginas encontrarás unas explicaciones y
ejercicios que te ayudarán a sacar más partido al
Oxford Pocket.

¿Qué significan?

Familiarízate con los siguientes
términos, así entenderás mejor
estas y otras explicaciones sobre
el diccionario.

Diccionario: libro en el que las
palabras están ordenadas
alfabéticamente y explicadas o
traducidas a otro idioma.

Entrada: cada palabra con su
guía de pronunciación, sus
traducciones, ejemplos, derivados,
notas de uso, locuciones,
derivados, etc.

Lema: término o palabra que se
define o traduce.

Palabra: sonido, letra o conjunto
de ellos que expresan una idea.
Una misma palabra puede tener
distintos sentidos o significados.

Palabra compuesta: la que está
formada por dos o más palabras:
coche cama, bed and breakfast.

Derivado: palabra que se obtiene
a partir de otra: *presidencial,
carefully*.

Traducción: texto o palabras que
resultan al traducir algo a otro
idioma.

Locución: grupo de palabras
que aparecen siempre juntas y
tienen un significado especial:
*hablar por los codos, not to give
an inch*.

Abreviatura: forma más corta de
una palabra: *kg, Mr, Mrs*.

Símbolo: dibujo que se utiliza
para representar algo. En el
Oxford Pocket se utilizan
símbolos como, por ejemplo,
☛ para indicar que hay una
nota, etc.

Recuerda que...

Hay varios tipos de diccionarios – monolingües, bilingües,
enciclopédicos, etc. El *Oxford Pocket* es un diccionario bilingüe
porque tiene dos secciones: la sección español–inglés, donde se
traducen las palabras españolas, y la sección inglés–español,
donde se traducen las palabras inglesas.

Orden alfabético

Es importante practicar el orden alfabético porque así pasarás menos tiempo buscando las palabras que necesites.

Las siguientes palabras están en orden alfabético: **árbol**, **casa**, **dedal**, **pastel**, **zapato**. También lo están: **find**, **finger**, **fingernail**, **finish**, **fir**, **fireman**. Como ves, es más difícil cuando todas están bastante seguidas, ¡y aún más si están en inglés!

✎ Intenta poner las siguientes palabras en el orden en que aparecen en los diccionarios:

lentilla	**lento**
lenguaje	**lengua**
lente	**lenteja**
lenguado	**lengüeta**

✎ Ahora inténtalo con:

daydream	**daunting**
day	**dawn**
daughter	**daughter-in-law**
date	**database**

Compara tus respuestas con las de tu compañero/a y después comprobadlas en el *Oxford Pocket*.

Palabras guía

Si te fijas en la parte superior de todas las hojas del *Oxford Pocket*, verás que hay unas palabras guía (**abastecimiento** y **aburrir**, **about** y **accuse**, etc.) que te ayudarán a encontrar las palabras con más facilidad. La palabra *abeja* estará entre las hojas de **abastecimiento** y **aburrir**, pero no estarán *abuso*, *acabar* o *acceso*. De la misma forma, *abroad* estará entre las hojas de **about** y **accuse**, pero no estarán *ache*, *across* o *action*.

✎ Pon un ✔ si crees que:

☐ *middle* estará entre **messenger** y **million**

☐ *last* entre **knockout** y **lash**

☐ *pareja* entre **paracaidista** y **partir**

☐ *guardia* entre **grabación** y **guardería**

Comprueba tus respuestas en el diccionario.

✎ Si quieres practicar más, cronométrate con tu compañero/a y buscad las siguientes palabras en el diccionario. ¡A ver quién es más rápido!

cierre, **chiflado**, **millar**, **crush**, **shoal**, **widow**

Recuerda que...

● La letra **ñ** no existe en inglés.

🖋 Las letras **ch** y **ll** aparecen dentro de las secciones **C,c** y **L,l** respectivamente. Así, encontrarás *cesto* seguido de *chabacano*, *chabola*, *chacal*, etc. y después *cibercafé*, *ciberespacio*, *cicatriz*, etc. Después de *litro* vienen: *llaga*, *llama*, *llamada*, etc. y después *lo*, *lobo*, *local*, etc. Lo mismo ocurre en el lado inglés, *intellectual* está después de *integrity* y *chain*, *chainsaw*, etc. están después de *certify*, *Cesarian*, *CFC*, etc.

!

Tipo de información

Aquí tienes una de las entradas del lado inglés–español del *Oxford Pocket*. La hemos dividido en secciones numeradas para que veas el tipo de información que contiene.

tune /tjuːn; *USA* tuːn/ ◆ *n* **1** melodía **2** aire LOC **in/out of tune** afinado/desafinado **in/out of tune (with sth/sb)** de acuerdo/en desacuerdo (con algo/algn) *Ver tb* CHANGE ◆ *vt* **1** (*piano*) afinar **2** (*motor*) poner a punto PHR V **to tune in (to sth)** sintonizar (algo): *Tune in to us again tomorrow.* Vuelva a sintonizarnos mañana. **to tune up** afinar (*instrumentos*) **tuneful** *adj* melodioso

En la entrada aparecen las marcas numeradas: 1, 2, 3, 4 (parte superior), 4, 5, 6, 7, 8 y 9.

En la sección…

1 encontrarás la pronunciación
2 la pronunciación americana
3 información sobre la función gramatical de la palabra
4 las traducciones
5 las locuciones o expresiones idiomáticas
6 **tune** como verbo transitivo
7 los *phrasal verbs*
8 un ejemplo de cómo se usa **tune** en una frase
9 un derivado de **tune**

🖎 Fíjate ahora en estas entradas. Comenta con tu compañero/a la información que hemos marcado en cada una de ellas y aseguraos de que entendéis lo que significa esta información.

Si tenéis dudas, recordad que, en el interior de la portada tenéis la sección *Cómo utilizar el Oxford Pocket*.

deer /dɪə(r)/ *n* (*pl* deer) ciervo ☞ *Ver nota en* CIERVO

bleed /bliːd/ *vi* (*pret, pp* bled /bled/) sangrar **bleeding** *n* [*incontable*] hemorragia

hungry /ˈhʌŋɡri/ *adj* (-ier, -iest) hambriento: *I'm hungry.* Tengo hambre.

snip /snɪp/ *vt* (-pp-) cortar con tijeras: *to snip sth off* recortar algo

dinero *nm* money [*incontable*]: *¿Tienes ~?* Have you got any money? ◊ *Necesito ~.* I need some money.

panda² (*tb* **pandilla**) *nf* friends [*pl*]: *Vendrá toda la ~.* All my friends are coming.

● En el interior de la contraportada tienes una lista de los verbos irregulares para que puedas consultarlos con facilidad.

Secciones numeradas

Una misma palabra puede tener varios significados o traducciones.
En el **Oxford Pocket** cada uno de ellos va introducido por un número o
una letra. Si miras la entrada **claro**, verás que hay cinco formas posibles
de traducir *claro* cuando funciona como adjetivo. Para traducir la frase
azul claro, cogerías la traducción de la sección **2**, pero para traducir
Este ejemplo no está claro, irías a la sección **1**.

🖋 Busca las entradas que hemos
señalado en negrita en estas
frases y apunta el número
correspondiente a la sección
donde aparece la traducción
en el **Oxford Pocket**.

☐ I'm feeling really **blue** today.

☐ He was wearing a navy
blue jacket.

☐ It's really **black** outside.

☐ **Black** coffee for me, please.

☐ I can't drink **red** wine, it
gives me a headache.

☐ She went all **red** in the face.

🖋 Si miras alguna de las entradas
de palabras que se refieren a
partes del cuerpo, como **arm** o
leg, verás que significan otras
muchas cosas también. Intenta
unir cada una de las partes del
cuerpo con su traducción:

head	manga
arm	pata
mouth	arcón
leg	desembocadura
chest	jefe
nail	clavo

Derivados

Una entrada puede contener más de una palabra. Si miras la entrada
attract verás que están también los derivados **attraction** y **attractive**,
que aparecen en azul, al final de la entrada.

🖋 Busca las siguientes palabras
en el **Oxford Pocket**. ¿En qué
entradas las has encontrado?

**guitarist   frightened
interactive   surfing
defender**

🖋 Busca ahora los siguientes
derivados y apunta otros
derivados que encuentres
dentro de esa misma entrada:

**enjoyable   calculation
learner   playful   hastily**

Recuerda que…

❗ Una palabra puede significar varias cosas y puede tener más de
una o dos traducciones. No debes coger siempre la primera
traducción, acostúmbrate a mirar toda la entrada primero. ❗

Locuciones

Tanto en inglés como en español hay muchas expresiones idiomáticas o locuciones (como por ejemplo *una mentira como una casa* o *to let the cat out of the bag*). Estas locuciones aparecen al final de las entradas en una sección introducida por el símbolo LOC.

El problema principal de estas expresiones es saber en qué entrada mirar. Imagínate que quieres decir *oso de peluche* en inglés, ¿estará en **oso** o en **peluche**? Si vas a la entrada **peluche** y miras en la sección LOC verás que el diccionario te dice que busques en la entrada **oso**:

peluche *nm* LOC *Ver* MUÑECO, OSO

oso, -a *nm-nf* bear: *polar* polar bear LOC **oso de peluche** teddy bear **oso hormiguero** anteater

🖎 Traduce estas frases:

He wants to have his cake and eat it.
The exam was a piece of cake.

Compara tus respuestas con las de tu compañero/a. Si tenéis dudas, podéis ir a la entrada **cake**.

🖎 Vete ahora a la entrada **ostra**. ¿Qué expresiones encuentras? ¿Por qué te manda ir a la entrada **aburrir**?

Homónimos

En inglés hay muchas palabras que se escriben de la misma manera pero que significan cosas completamente distintas. Muchas veces, cuando esto ocurre, verás que el *Oxford Pocket* pone un número pequeño en la parte de arriba, al lado del lema.

fence[1] /fens/ ◆ *n* **1** valla, cerca **2** alambrada ◆ *vt* cercar
fence[2] /fens/ *vi* practicar la esgrima **fencing** *n* esgrima

Siempre que veas estos números, acostúmbrate a mirar la otra entrada también, por si acaso es la que necesitas.

🖎 Une las siguientes palabras con la traducción correcta:

book[2]	bocado
swallow[2]	esconderse
bank[1]	valla
hide[1]	izquierda
left[2]	reservar
fence[1]	tragar
bit[2]	orilla

Compara tus respuestas con las de tu compañero/a y comprobad si lo habéis hecho bien mirando las entradas en el *Oxford Pocket*.

Recuerda que…

Los *phrasal verbs* aparecen al final de la entrada de algunos verbos, en una sección marcada por el símbolo PHR V. En las páginas 324–25 tienes más información sobre qué son los *phrasal verbs* y cómo se usan.

Función gramatical

Una misma palabra puede tener distintas funciones gramaticales.
El símbolo ◆ aparece cuando esto ocurre. Mira la entrada **shop**.

Shop puede funcionar
como sustantivo (*n*)
o como verbo (*vi*).

> **shop** /ʃɒp/ ◆ *n* **1** (*tb esp USA* **store**)
> tienda: *a clothes shop* una tienda de
> ropa ◊ *I'm going to the shops.* Voy a
> hacer la compra. **2** *Ver* WORKSHOP LOC
> *Ver* TALK ◆ *vi* (**-pp-**) ir de compras,
> hacer compras: *to shop for sth* buscar
> algo (en las tiendas) ◊ *She's gone shop-
> ping.* Ha salido de compras. PHR V **to
> shop around** (*coloq*) comparar precios

🖋 Sin mirar el diccionario, intenta decir la función gramatical que tienen
las palabras en negrita en las siguientes frases. ¿Es un *adverbio*,
adjetivo, *nombre*, *verbo*, o *preposición*?

*We are in the **lead**.* noun
*This road **leads** back to town.* verb

*It's **hard** to tell.*
*It's raining **hard**.*

*Please use the **back** door.*
*She **backed** the car out of the garage.*

*Stop **promising** things you know you can't do.*
*This restaurant looks **promising**.*

*It's **like** baking a cake.*
*I wouldn't **like** to be in your shoes.*

Compara tus respuestas con las de tu compañero/a y comprobadlas
en el *Oxford Pocket*.

Recuerda que...

❗ Es importante fijarse en la función gramatical de las palabras
ya que te ayudará a encontrar la información que buscas y a
utilizarla correctamente en las frases. En el Apéndice 6 se
explican los términos gramaticales y en el Apéndice 8 tienes
una lista de todas las abreviaturas y símbolos.

!

¡Y ahora ya estás listo para empezar!

a *prep*
- **dirección** to: *Van a Sevilla.* They are going to Seville. ◊ *¿Te vas a casa?* Are you going home? ◊ *Se acercó a mí.* She came up to me.
- **posición** on: *a la izquierda* on the left ◊ *a este lado* on this side ◊ *Estaban sentados a la mesa.* They were sitting at the table.
- **distancia**: *a diez kilómetros de aquí* ten kilometres from here
- **tiempo 1** (*hora, edad*) at: *a las doce* at twelve o'clock ◊ *a los sesenta años* at (the age of) sixty ◊ *Estamos a dos de enero.* It's the second of January. **2** (*después de*): *al año de su llegada* a year after his arrival ◊ *Volvieron a las cuatro horas.* They returned four hours later.
- **indicando finalidad** to: *¿Cuándo vienen a arreglar la lavadora?* When are they coming to mend the washing machine? ◊ *Me agaché a recogerlo.* I bent down to pick it up.
- **indicando modo o manera**: *ir a pie* to go on foot ◊ *Hazlo a tu manera.* Do it your way ◊ *vestir a lo hippy* to dress like a hippy
- **complemento directo**: *No conozco a tu hermano.* I don't know your brother. ◊ *Llama al camarero.* Call the waiter over.
- **complemento indirecto 1** (*gen*) to: *Dáselo a tu hermano.* Give it to your brother. **2** (*para*) for: *Le compré una bicicleta a mi hija.* I bought a bicycle for my daughter. **3** (*de*) from: *No le copies el examen a Juan.* Don't copy from Juan.
- **otras construcciones 1** (*medida, reparto*) at: *Tocan a tres por persona.* It works out at three each. ◊ *Iban a 60 kilómetros por hora.* They were going at 60 kilometres an hour. **2** (*tarifa*) a, per (*más formal*): *mil casos al año* a thousand cases a year **3** (*precio*): *Están a 2.000 el kilo.* They are 2 000 a kilo. **4** (*Dep*): *Ganaron tres a cero.* They won three nil. ◊ *Empataron a dos.* They drew two all. **5** (*en órdenes*): *¡A trabajar!* Let's do some work! ◊ *Sal a buscarla.* Go out and look for her. LOC *¡a (por) él, ella, etc.!* I get him, her, etc.! *¿a qué...?* what... for?: *¿A qué fuiste?* What did you go for? *Ver tb* AL

abadía *nf* abbey [*pl* abbeys]

abajo ◆ *adv* **1** (*posición*) below: *desde* ~ from below **2** (*en un edificio*) downstairs: *el vecino de* ~ the man who lives downstairs ◊ *Hay otro baño* ~. There is another toilet downstairs. **3** (*dirección*) down: *calle/escaleras* ~ down the street/stairs **◆** *¡abajo! interj* down with *sth/sb*! LOC *echar abajo* **1** (*edificio*) to knock *sth* down **2** (*gobierno*) to bring *sth* down *el de abajo* the bottom one *hacia abajo* downwards *más abajo* **1** (*más lejos*) further down: *en esta misma calle, más* ~ further down this street **2** (*en sentido vertical*) lower down: *Pon el cuadro más* ~. Put the picture lower down. *Ver tb* AHÍ, ALLÁ, ALLÍ, ARRIBA, BOCA, CABEZA, CALLE, CUESTA, PARTE¹, RÍO, RODAR

abalanzarse *v pron* **1** ~ **sobre** *sth/sb*: *Me abalancé sobre mi adversario.* I pounced on my opponent. **2** ~ **hacia** *sth/sb*: *El público se abalanzó hacia la puerta.* The crowd rushed towards the door.

abandonado, -a *pp, adj* (*edificio*) derelict *Ver tb* ABANDONAR

abandonar ◆ *vt* **1** (*gen*) to abandon: ~ *una criatura/un animal* to abandon a child/an animal ◊ ~ *un proyecto* to abandon a project **2** (*lugar*) to leave: ~ *la sala* to leave the room **3** (*fig*) to desert: *Mis amigos no me abandonarían.* My friends would never desert me. **4** (*Informát*) to quit **◆** *vi* **1** (*desistir*) to give up: *No abandones.* Don't give up. **2** (*Dep*) to withdraw

abanicar(se) *vt, v pron* to fan (yourself)

abanico *nm* **1** (*gen*) fan **2** (*gama*) range: *un amplio* ~ *de opciones* a wide range of options

abarrotado, -a *pp, adj* ~ (**de**) crammed (with *sth*) LOC *abarrotado (de gente)* crowded *Ver tb* ABARROTAR

abarrotar *vt* to fill *sth* to overflowing: *El público abarrotaba la sala.* The audience filled the hall to overflowing.

abastecer ◆ *vt* to supply *sb* (with *sth*): *La granja abastece de huevos a todo el pueblo.* The farm supplies the whole village with eggs. **◆** *abastecerse v pron* **abastecerse de** to stock up on *sth*: ~*se de harina* to stock up on flour

abastecimiento nm **1** (acción) supplying: *¿Quién se encarga del ~ de las tropas?* Who is in charge of supplying the troops? **2** (suministro) supply: *controlar el ~ de agua* to regulate the water supply

abasto nm LOC **no dar abasto**: *Con tantas cosas que hacer no doy ~.* I've got far too many things to do.

abatible adj **1** (asiento) reclining: *asientos ~s* reclining seats **2** (plegable) folding

abdicar vt, vi ~ (**en**) to abdicate (**in favour of sb**): *Eduardo VIII abdicó (la corona) en su hermano.* Edward the Eighth abdicated in favour of his brother.

abdomen nm abdomen

abdominal ♦ adj abdominal ♦ abdominales nm **1** (músculos) stomach muscles, abdominal muscles (cientif) **2** (ejercicios) sit-ups: *hacer ~es* to do sit-ups

abecedario nm alphabet

abedul nm birch (tree)

abeja nf bee LOC **abeja obrera** worker (bee) **abeja reina** queen bee

abejorro nm bumble-bee

abertura nf **1** (hueco) gap **2** (grieta) crack

abeto nm fir (tree)

abierto, -a pp, adj **1** ~ (a) open (to sth/ sb): *Deja la puerta abierta.* Leave the door open. ◊ *~ al público* open to the public ◊ *El caso sigue ~.* The case is still open. **2** (grifo) running: *dejar un grifo ~* to leave a tap running **3** (cremallera) undone: *Llevas la bragueta abierta.* Your flies are undone. **4** (persona) sociable *Ver tb* ABRIR

abismo nm **1** (gen) abyss **2** ~ entre... gulf between...: *Hay un ~ entre tú y yo.* There is a gulf between us.

ablandar(se) vt, v pron to soften: *El calor ha ablandado la mantequilla.* The heat has softened the butter.

ablusado, -a pp, adj loose-fitting

abobado, -a adj *Ver* ATONTADO

abofetear vt to slap

abogacía nf legal profession LOC **ejercer/practicar la abogacía** to practise law

abogado, -a nm-nf lawyer

Lawyer es un término general que comprende los distintos tipos de abogado tanto en Gran Bretaña como en Estados Unidos.

En Gran Bretaña se distingue entre **barrister**, que puede actuar en todos los tribunales, y **solicitor** que puede intervenir únicamente en tribunales inferiores y normalmente se encarga de preparar los documentos legales y de asesorar a sus clientes.

En Estados Unidos se emplea la palabra **attorney** para referirse a los diferentes tipos de abogado: **criminal attorney, tax attorney,** etc.

LOC **abogado defensor** defence counsel

abolición nf abolition

abolir vt to abolish

abolladura nf dent: *Mi coche tiene bastantes ~s.* There are quite a few dents in my car.

abollar vt to dent: *Me has abollado el coche.* You've dented my car.

abombado, -a pp, adj convex

abonar ♦ vt (tierra) to fertilize ♦ abonar(se) vt, v pron abonar(se) a **1** (publicación, servicio) to buy a subscription to sth **2** (espectáculo) to buy a season ticket for sth

abono nm **1** (fertilizante) fertilizer **2** (pago) payment: *mediante el ~ de una cantidad* on payment of a certain amount **3** (espectáculo, transporte) season ticket: *sacar/comprar un ~* to buy a season ticket

abordaje nm (barco) boarding

abordar vt **1** (barco) to board **2** (asunto, problema) to approach

aborigen nmf native

aborrecer vt **1** (detestar) to detest sth/ doing sth **2** (animal) to abandon

abortar ♦ vi **1** (espontáneamente) to have a miscarriage **2** (voluntariamente) to have an abortion ♦ vt, vi (Informát) to abort

aborto nm **1** (espontáneo) miscarriage: *sufrir un ~* to have a miscarriage **2** (provocado) abortion

abotonar vt to button sth (up): *Le abotoné la camisa.* I buttoned (up) his shirt.

abovedado, -a pp, adj vaulted

abrasador, ~a adj burning

abrasar ♦ vt to burn ♦ vi **1** (gen) to be boiling hot: *Ten cuidado con la sopa que abrasa.* Be careful, the soup is boiling hot. **2** (sol) to beat down ♦ abrasarse v pron **1** (gen) to burn yourself **2** (al sol) to get sunburnt: *Ponte una camiseta, te vas a ~.* Put on a T-shirt or you'll get sunburnt.

abrasivo, -a adj, nm abrasive

abrazar *vt* to hug, to embrace (*más formal*): *Abrazó a sus hijos.* She hugged her children.

abrazo *nm* hug, embrace (*más formal*) LOC **un abrazo/un fuerte abrazo** love/ lots of love: *Dales un ~ a tus padres.* Give my love to your parents. ◊ *Os mando un fuerte ~.* Lots of love.

abrebotellas *nm* bottle-opener

abrecartas *nm* paper knife [*pl* paper knives]

abrelatas *nm* tin-opener

abreviación *nf* shortening

abreviar ◆ *vt* (*palabra*) to abbreviate ◆ *vi* (*ahorrar tiempo*) to save time LOC **¡abrevia!** hurry up!

abreviatura *nf* abbreviation (*for/of sth*)

abridor *nm* opener

abrigado, -a *pp, adj* **1** (*lugar*) sheltered **2** (*persona*): **bien ~** well wrapped up ◊ *Vas demasiado ~.* You've got too many clothes on. *Ver tb* ABRIGAR

abrigar ◆ *vt* **1** (*prenda*) to keep *sb* warm: *Esa bufanda te abrigará.* That scarf will keep you warm. **2** (*arropar*) to wrap *sb* up: *Abriga bien a la niña.* Wrap her up well. ◆ *vi* to be warm: *Esta chaqueta abriga mucho.* This cardigan is very warm. ◆ **abrigarse** *v pron* to wrap up: *Abrígate, hace mucho frío.* Wrap up well, it's very cold outside.

abrigo *nm* coat: *Ponte el ~.* Put your coat on. LOC **al abrigo de** sheltered from *sth*: *al ~ de la lluvia* sheltered from the rain **de abrigo** warm: *prendas de ~* warm clothes

abril *nm* April (*abrev* Apr) ☛ *Ver ejemplos en* ENERO

abrir ◆ *vt* **1** (*gen*) to open: *No abras la ventana.* Don't open the window. ◊ *~ fuego* to open fire **2** (*grifo, gas*) to turn *sth* on **3** (*túnel*) to bore **4** (*agujero, camino*) to make ◆ *vi* (*abrir la puerta*) to open up: *¡Abre!* Open up! ◆ **abrirse** *v pron* **1** (*gen*) to open: *De repente se abrió la puerta.* Suddenly the door opened. **2** (*tierra*) to crack **3** (*marcharse*) to be off: *¿Nos abrimos?* Let's go. LOC **abrirse camino en la vida** to get on in life **abrirse la cabeza** to split your head open **abrir (un) expediente** to take proceedings (*against sb*) **en un abrir y cerrar de ojos** in the twinkling of an eye **no abrir el pico/la boca** not to say a word: *No abrió la boca en toda la tarde.* He didn't say a word all afternoon. *Ver tb* PASO

abrochar(se) *vt, v pron* **1** (*gen*) to do *sth* up (*for sb*): *Abróchate el abrigo.* Do your coat up. **2** (*broche, cinturón*) to fasten

abrupto, -a *adj* (*terreno*) rugged

ábside *nm* apse

absolución *nf* **1** (*Relig*) absolution: *dar la ~* to give absolution **2** (*Jur*) acquittal

absoluto, -a *adj* absolute: *conseguir la mayoría absoluta* to obtain an absolute majority LOC **en absoluto**: *nada en ~* nothing at all ◊ *—¿Te importa? —En ~.* 'Do you mind?' 'Not at all.'

absolver *vt* **1** (*Relig*) to absolve *sb* (*from/of sth*) **2** (*Jur*) to acquit *sb* (*of sth*): *El juez absolvió al acusado.* The defendant was acquitted.

absorbente *adj* absorbent

absorber *vt* to absorb: *~ un líquido/ olor* to absorb a liquid/smell

abstención *nf* abstention (*from sth*)

abstenerse *v pron* *~* (**de**) to abstain (**from sth**): *~ de beber/del tabaco* to abstain from drinking/smoking ◊ *El diputado se abstuvo.* The MP abstained.

abstinencia *nf* abstinence LOC *Ver* SÍNDROME

abstracto, -a *adj* abstract

abstraído, -a *pp, adj* (*preocupado*) preoccupied

absurdo, -a *adj* absurd

abuchear *vt* to boo

abuelo, -a *nm-nf* **1** (*gen*) grandfather [*fem* grandmother], grandad [*fem* granny] (*coloq*) **2 abuelos** grandparents: *en casa de mis ~s* at my grandparents'

abultar *vi* to be bulky: *Esta caja abulta demasiado.* This box is far too bulky. ◊ *Abulta muy poco.* It hardly takes up any room at all. ◊ *¿Abulta mucho?* Does it take up much room?

aburrido, -a ◆ *pp, adj* (*que aburre*) boring: *un discurso ~* a boring speech ◊ *No seas tan ~.* Don't be so boring. ☛ *Ver nota en* INTERESTING ◆ *nm-nf* bore: *Eres un ~.* You're a bore. LOC **estar aburrido** to be bored *Ver tb* ABURRIR

aburrimiento *nm* boredom: *Como de puro ~.* I eat from sheer boredom. ◊ *¡Qué ~ de película!* What a boring film! LOC *Ver* MORIR(SE)

aburrir ◆ *vt* **1** (*gen*) to bore: *Espero no estar aburriéndote.* I hope I'm not boring you. ◊ *Me aburre este programa.* This programme is boring. **2** (*hartar*): *Me aburrís con vuestras quejas.* I'm sick of your moaning. ◆ **aburrirse** *v pron* to get bored LOC **aburrirse como una ostra** to be bored stiff

abusar *vi* ~ (**de**) to abuse *sth/sb* [*vt*]: *No abuses de su confianza.* Don't abuse his trust. ◊ *Declaró que abusaron de ella.* She claims to have been sexually abused. LOC **abusar del alcohol, tabaco, etc.** to drink, smoke, etc. too much

abuso *nm* abuse: *¡Es un ~!* That's outrageous! LOC **abuso del tabaco, etc.** excessive smoking, etc.

acá *adv*: *Ven ~.* Come here. ◊ *Ponlo más (para) ~.* Bring it nearer. LOC **de acá para allá**: *Llevo todo el día de ~ para allá.* I've been running around all day. ◊ *He andado de ~ para allá buscándote.* I've been looking for you everywhere.

acabado, -a *pp, adj*: *una palabra acabada en "d"* a word ending in 'd' ◊ ~ **en punta** coming to a point *Ver tb* ACABAR

acabar ◆ *vt, vi* ~ (**de**) to finish (*sth/ doing sth*): *Aún no he acabado el artículo.* I haven't finished the article yet. ◊ *Tengo que ~ de lavar el coche.* I must finish washing the car. ◊ *La función acaba a las tres.* The show ends at three. ◆ *vi* **1** ~ (**en/por**) to end up: *Ese vaso acabará por romperse.* That glass will end up broken. ◊ ~ **en la ruina/ arruinado** to end up penniless ◊ *Acabé cediendo.* I ended up giving in. **2** ~ **de hacer algo** to have just done sth: *Acabo de verle.* I've just seen him. **3** ~ **en** to end **in** *sth*: *Acaba en punta.* It ends in a point. ◊ *¿En qué acaba, en "d" o en "z"?* What does it end in? A 'd' or a 'z'? **4** ~ **con (a)** (*persona*) to be the death **of** *sb*: *Vas a ~ conmigo.* You'll be the death of me. **(b)** (*poner fin*) to put an end to *sth*: ~ **con la injusticia** to put an end to injustice ◆ **acabarse** *v pron* to run out (**of** *sth*): *Se nos ha acabado el café.* We've run out of coffee. LOC **acabar mal**: *Esto tiene que ~ mal.* No good can come of this. ◊ *Ese chico acabará mal.* That boy will come to no good. **¡se acabó!** that's it!

acabose *nm* LOC **ser el acabose** to be the limit

academia *nf* **1** (*gen*) academy [*pl* academies]: ~ *militar* military academy **2** (*escuela*) school: ~ *de idiomas* language school

académico, -a *adj* academic: *curso/ expediente* ~ academic year/record

acampada *nf* LOC **ir de acampada** to go camping

acampar *vi* to camp

acantilado *nm* cliff

acariciar *vt* **1** (*persona*) to caress **2** (*animal*) to stroke

acaso *adv* **1** (*quizás*) perhaps **2** (*en preguntas*): *¿~ dije yo eso?* Did I say that? LOC **por si acaso** (just) in case

acatar *vt* (*leyes, órdenes*) to obey

acatarrarse *v pron* to catch a cold

acceder *vi* **1** ~ (**a**) (*estar de acuerdo*) to agree (**to** *sth/to do sth*) **2** ~ (**a**) (*institución*) to be admitted (**to** *sth*): *Las mujeres podrán ~ al ejército.* Women will be admitted to the army. **3** (*Informát*) to access *sth* [*vt*]: ~ *a un programa* to access a program

accesible *adj* accessible (**to** *sb*)

acceso *nm* **1** ~ (**a**) (*gen, Informát*) access (**to** *sth/sb*): ~ *a la cámara blindada* access to the strongroom ◊ *la puerta de ~ a la cocina* the door into the kitchen **2** ~ (**a**) (*vía de entrada*) approach (**to** *sth*): *Hay cuatro ~s al palacio.* There are four approaches to the palace. **3** ~ **de** (*ataque*) fit: *Le dan ~s de tos.* He has coughing fits.

accesorio *nm* accessory [*pl* accessories]

accidentado, -a ◆ *pp, adj* **1** (*terreno*) rugged **2** (*difícil*) difficult: *un viaje ~ a* difficult journey ◆ *nm-nf* casualty [*pl* casualties]

accidental *adj* accidental: *muerte ~* accidental death

accidente *nm* **1** (*gen*) accident: ~ *de tráfico* road accident ◊ *sufrir un ~* to have an accident **2** (*Geog*) (geographical) feature *Ver tb* **accidente aéreo/de coche** plane/car crash

acción *nf* **1** (*gen*) action: *entrar en ~* to go into action ◊ ~ *criminal/legal* criminal/legal action **2** (*obra*) act: *una mala ~* a wrongful act **3** (*Fin*) share LOC **una buena acción** a good deed

accionar *vt* to work

accionista *nmf* shareholder

acebo *nm* **1** (*hoja*) holly **2** (*árbol*) holly bush

acechar *vt, vi* to lie in wait (**for** *sth/sb*): *El enemigo acechaba en la oscuridad.* The enemy lay in wait in the darkness.

acecho *nm* LOC **estar al acecho** to lie in wait (*for sth/sb*)

aceite nm oil: ~ de girasol/oliva sunflower/olive oil LOC Ver BALSA¹, UNTAR

aceituna nf olive: ~s rellenas/sin hueso stuffed/pitted olives

aceleración nf acceleration

acelerador nm accelerator

acelerar vt, vi to accelerate: Acelera, que se cala. Accelerate or you'll stall. LOC **acelerar el paso** to walk faster

acelerón nm LOC **dar un acelerón** (vehículo) to put your foot down

acelga nf chard [incontable]: ~s con besamel chard in white sauce

acento nm accent: con ~ en la última sílaba with an accent on the last syllable ◊ hablar con ~ extranjero to speak with a foreign accent LOC Ver PEGAR

acentuar ◆ vt 1 (poner tilde) to accent: Acentúa las siguientes palabras. Put the accents on the following words. 2 (resaltar, agravar) to accentuate ◆ **acentuarse** v pron (llevar tilde) to have an accent: Se acentúa en la segunda sílaba. It's got an accent on the second syllable.

acepción nf meaning

aceptable adj acceptable **(to sb)**

aceptar vt 1 (gen) to accept: Por favor acepta este pequeño regalo. Please accept this small gift. ◊ ¿Vas a aceptar su oferta? Are you going to accept their offer? 2 (acceder a) to agree **to do sth**: Aceptó marcharse. He agreed to leave.

acera nf pavement

acerca adv LOC **acerca de** about, concerning (más formal)

acercar ◆ vt 1 (aproximar) to bring sth closer **(to sth/sb)**: Acercó el micrófono a la boca. He brought the microphone closer to his mouth. 2 (dar) to pass: Acércame ese cuchillo. Pass me that knife. 3 (en vehículo) to give sb a lift: Me acercaron a casa/a la estación. They gave me a lift home/to the station. ◆ **acercarse** v pron **acercarse (a)** to get closer **(to sth/sb)**, to approach **(sth/sb)** (más formal): Se acerca mi cumpleaños. My birthday is getting closer. ◊ Acércate a mí. Come closer.

acero nm steel: ~ inoxidable stainless steel

acertado, -a pp, adj 1 (correcto) right: la respuesta acertada the right answer 2 (inteligente) clever: una idea acertada a clever idea Ver tb ACERTAR

acertante nmf winner

acertar ◆ vt to guess: ~ la respuesta to guess the answer ◆ vi 1 ~ **(en/con)** (al elegir) to get sth right 2 (al obrar) to be right **to do sth**: Hemos acertado al negarnos. We were right to refuse. 3 ~ **(a/en)** (al disparar) to hit sth [vt]: ~ en el blanco to hit the target

acertijo nm riddle

achaque nm ailment: los ~s de la edad old people's ailments ◊ Siempre con tus ~s. You're always complaining of aches and pains.

achatar ◆ vt to flatten ◆ **achatarse** v pron to get flattened

achicar vt 1 (empequeñecer) to make sth smaller 2 (agua) to bail sth out

achicharrar ◆ vt 1 (quemar) to burn 2 (calor) to scorch 3 (picar): Nos achicharraron los mosquitos. We were bitten to death by the mosquitoes. ◆ **achicharrarse** v pron (pasar calor) to roast: Nos achicharraremos en la playa. We'll roast on the beach.

¡achís! interj atishoo!

La persona que estornuda suele disculparse con **excuse me!** La gente a su alrededor puede decir **bless you!**, aunque muchas veces no dicen nada.

achuchar ◆ vt 1 (abrazar) to hug 2 (estrujar) to crush ◆ **achucharse** v pron to kiss and cuddle

achuchón nm 1 (enfermedad) turn: Le ha dado otro ~. He's had another turn. 2 (abrazo) hug

acidez nf acidity LOC **acidez de estómago** heartburn

ácido, -a ◆ adj (sabor) sharp ◆ nm acid LOC Ver LLUVIA

acierto nm 1 (respuesta correcta) correct answer 2 (buena idea) good idea: Ha sido un ~ venir. It was a good idea to come.

aclamar vt to acclaim

aclarar ◆ vt 1 (explicar) to clarify: ¿Puedes ~ este punto? Can you clarify this point? 2 (enjuagar) to rinse 3 (color) to lighten ◆ vi, v imp (cielo) to clear up ◆ **aclararse** v pron (entender) to understand: A ver si me aclaro. Let's see if I can understand this. LOC **¡a ver si te aclaras!** make up your mind!

acné nm acne

acobardar ◆ vt to intimidate ◆ **acobardarse** v pron **acobardarse (ante/por)** to feel intimidated **(by sth/sb)**

acogedor, ~a adj (lugar) cosy

acoger vt 1 (invitado, idea, noticia) to welcome: Me acogió con una sonrisa. He welcomed me with a smile. ◊ Acogió la propuesta con entusiasmo. He welcomed the proposal. **2** (*refugiado, huérfano*) to take *sb* in

acomodado, -a *pp, adj* (*con dinero*) well off *Ver tb* ACOMODARSE

acomodador, ~a *nm-nf* usher [*fem* usherette]

acomodarse *v pron* **1** (*instalarse*) to settle down: *Se acomodó en el sofá.* He settled down on the sofa. **2** ~ **a** (*adaptarse*) to adjust **to** *sth*

acompañar *vt* **1** (*gen*) to go with *sth/sb*, to accompany (*más formal*): *la cinta que acompaña el libro* the tape which accompanies the book ◊ *Voy de paseo. ¿Me acompañas?* I'm going for a walk. Are you coming (with me)? **2** (*Mús*) to accompany *sb* (**on** *sth*): *Su hermana le acompañaba al piano.* His sister accompanied him on the piano.

acomplejarse *v pron* to get a complex

acondicionado, -a *pp, adj* LOC *Ver* AIRE

aconsejable *adj* advisable

aconsejar *vt* to advise *sb* (**to do** *sth*): *Te aconsejo que aceptes ese trabajo.* I advise you to accept that job. ◊ *—¿Lo compro?—No te lo aconsejo.* 'Shall I buy it?' 'I wouldn't advise you to.'

acontecimiento *nm* event: *Fue todo un ~.* It was quite an event.

acoplarse *v pron* ~ **(a)** to fit in (**with** *sth/sb*): *Trataremos de acoplarnos a vuestro horario.* We'll try to fit in with your timetable.

acorazado, -a ◆ *pp, adj* armour-plated ◆ *nm* battleship

acordar ◆ *vt* to agree (**to do** *sth*): *Acordamos volver al trabajo.* We agreed to return to work. ◆ **acordarse** *v pron* **acordarse (de)** to remember: *Acuérdate de echar la carta.* Remember to post the letter. ◊ *No me acuerdo de su nombre.* I can't remember his name. LOC **acordarse de haber hecho algo** to remember doing sth: *Me acuerdo de haberlo visto.* I remember seeing it. **¡te acordarás!** you'll regret it! ☞ *Ver nota en* REMEMBER

acorde *nm* (*Mús*) chord

acordeón *nm* accordion

acordonar *vt* (*lugar*) to cordon *sth* off

acorralar *vt* (*persona*) to corner

acortar ◆ *vt* to shorten ◆ **acortarse** *v pron* to get shorter

acostado, -a *pp, adj* LOC **estar acostado 1** (*tumbado*) to be lying down **2** (*en la cama*) to be in bed *Ver tb* ACOSTAR

acostar ◆ *vt* to put *sb* to bed: *Tuvimos que ~le.* We had to put him to bed. ◆ **acostarse** *v pron* **1** (*ir a la cama*) to go to bed: *Deberías ~te temprano hoy.* You should go to bed early today. ◊ *Es hora de ~se.* Time for bed. **2** (*tumbarse*) to lie down ☞ *Ver nota en* LIE²

acostumbrado, -a *pp, adj* LOC **estar acostumbrado a** to be used to *sth/sb/doing sth*: *Está ~ a levantarse pronto.* He's used to getting up early. *Ver tb* ACOSTUMBRARSE

acostumbrarse *v pron* ~ **(a)** to get used **to** *sth/sb/doing sth*: *al calor* to get used to the heat ◊ *Tendrás que acostumbrarte a madrugar.* You'll have to get used to getting up early.

acreedor, ~a *nm-nf* creditor LOC **ser acreedor de** to be worthy of *sth*

acribillar *vt* **1** (*gen*) to riddle: ~ *a algn a balazos* to riddle sb with bullets **2** (*mosquitos*) to bite *sb* to death

acrobacia *nf* acrobatics [*pl*]: *Sus ~s recibieron grandes aplausos.* Her acrobatics were greeted with loud applause. ◊ *realizar ~s* to perform acrobatics

acróbata *nmf* acrobat

acta *nf* **1** (*reunión*) minutes [*pl*] **2** (*exámenes*) list of examination results

actitud *nf* attitude (**to/towards** *sth/sb*)

activar *vt* **1** (*poner en marcha*) to activate: ~ *un mecanismo* to activate a mechanism **2** (*acelerar*) to accelerate

actividad *nf* activity [*pl* activities]

activo, -a *adj* active

acto *nm* **1** (*acción, Teat*) act: *un ~ violento* an act of violence ◊ *una obra en cuatro ~s* a four-act play **2** (*ceremonia*) ceremony [*pl* ceremonies]: *el ~ de clausura* the closing ceremony LOC **acto seguido** immediately afterwards **en el acto** straight away: *Me levanté en el ~.* I stood up straight away.

actor, actriz *nm* actor [*fem* actress] ☞ *Ver nota en* ACTRESS LOC **actor/actriz principal** male/female lead

actuación *nf* performance

actual *adj* **1** (*del momento presente*) current: *el estado ~ de las obras* the current state of the building work **2** (*de hoy en día*) present-day: *La ciencia ~ se enfrenta a problemas éticos.* Present-day science faces ethical problems.

Nótese que la palabra inglesa **actual** *significa* **exacto, verdadero**: *What's the actual date of the wedding?* ¿Cuál es la fecha exacta de la boda?

actualidad *nf* present situation: *la ~ de nuestro país* the present situation in our country LOC **de actualidad** topical: *estar de ~* to be topical ◊ *asuntos/temas de ~* topical issues

actualizar *vt* to update

actualmente *adv* (*ahora*) at the moment

Nótese que la palabra inglesa **actually** significa *en realidad*, *de hecho*: *It was actually quite cheap.* En realidad fue bastante barato.

actuar *vi* **1** (*artista*) to perform **2** ~ **de** to act **as** *sth*: ~ *de intermediario* to act as an intermediary

acuarela *nf* watercolour LOC *Ver* PINTAR

acuario[1] *nm* aquarium [*pl* aquariums/ aquaria]

acuario[2] (*tb* **Acuario**) *nm, nmf* (*Astrol*) Aquarius ☛ *Ver ejemplos en* AQUARIUS

acuático, -a *adj* **1** (*Biol*) aquatic **2** (*Dep*) water [*n atrib*]: *deportes ~s* water sports LOC *Ver* ESQUÍ

acudir *vi* ~ (**a**) **1** (*ir*) to go (**to** *sth/sb*): ~ *en ayuda de algn* to go to sb's aid **2** (*venir*) to come (**to** *sth/sb*): *Los recuerdos acudían a mi memoria.* Memories came flooding back. **3** (*recurrir*) to turn **to** *sb*: *No sé a quién ~.* I don't know who to turn to.

acueducto *nm* aqueduct

acuerdo *nm* agreement: *llegar a un ~* to reach an agreement LOC **¡de acuerdo!** all right!, okay! (*más coloq*) **estar de acuerdo** to agree (*with sb*): *Estoy de ~ con él.* I agree with him. **ponerse de acuerdo** to agree (*to do sth*): *Se pusieron de ~ para ir juntos.* They agreed to go together.

acumular(se) *vt, v pron* to accumulate

acunar *vt* to rock

acupuntura *nf* acupuncture

acurrucarse *v pron* to curl up

acusación *nf* accusation: *hacer una ~ contra algn* to make an accusation against sb

acusado, -a *nm-nf* accused: *los ~s* the accused

acusar *vt* **1** (*gen*) to accuse *sb* (**of** *sth/ doing sth*) **2** (*Jur*) to charge *sb* (**with** *sth/doing sth*): ~ *a algn de asesinato* to charge sb with murder **3** (*mostrar*) to show signs of *sth*: ~ *el cansancio* to show signs of tiredness

acusica *nmf* (*tb* **acusón, -ona** *nm-nf*) tell-tale

acústica *nf* acoustics [*pl*]: *La ~ de este local no es muy buena.* The acoustics in this hall aren't very good.

adaptar ◆ *vt* to adapt: ~ *una novela para el teatro* to adapt a novel for the stage ◆ **adaptarse** *v pron* **1** (*aclimatarse*) to adapt (**to** *sth*): *~se a los cambios* to adapt to change **2** (*ajustarse*) to fit: *No se adapta bien.* It doesn't fit properly.

adecuado, -a *pp, adj*: *No es el momento ~.* This isn't the right time. ◊ *No encuentran a la persona adecuada para el puesto.* They can't find the right person for the job. ◊ *un traje ~ para la ocasión* a suitable dress for the occasion

adelantado, -a *pp, adj* **1** (*aventajado*) advanced: *Este niño está muy ~ para su edad.* This child is very advanced for his age. **2** (*que se ha hecho mucho*) *Llevo la tesis muy adelantada.* I'm getting on very well with my thesis. **3** (*en comparaciones*) ahead: *Vamos muy ~s con respecto a los de la otra clase.* We're way ahead of the other class. **4** (*reloj*) fast: *Llevas el reloj cinco minutos ~.* Your watch is five minutes fast. LOC **por adelantado** in advance *Ver tb* ADELANTAR

adelantar ◆ *vt* **1** (*objeto*) to move *sth* forward: *Adelanté un peón.* I moved a pawn forward. **2** (*acontecimiento, fecha*) to bring *sth* forward: *Quieren ~ el examen una semana.* They want to bring the exam forward a week. **3** (*reloj*) to put *sth* forward: *No te olvides de ~ el reloj una hora.* Don't forget to put your watch forward an hour. **4** (*sobrepasar*) to overtake: *El camión me adelantó en la curva.* The lorry overtook me on the bend. **5** (*conseguir*) to achieve: *¿Qué adelantamos con reñir?* What do we achieve by arguing? ◆ **adelantar(se)** *vi, v pron* (*reloj*) to gain: *Este reloj se adelanta.* This clock gains.

adelante ◆ *adv* forward: *un paso ~* a step forward ◆ **¡adelante!** *interj* **1** (*entre*) come in! **2** (*siga*) carry on! LOC **hacia/para adelante** forwards **más adelante 1** (*espacio*) further on **2** (*tiempo*) later *Ver tb* AHORA, HOY

adelanto *nm* advance: *los ~s de la medicina* advances in medicine ◊ *Pedí un ~.* I asked for an advance.

adelgazar *vi* to lose weight: ~ *tres kilos* to lose three kilos

además *adv* **1** (*también*) also: *Se le acusa ~ de estafa.* He's also accused of fraud. ☛ *Ver nota en* TAMBIÉN **2** (*lo que es más*) (and) what's more: ~, *no creo que* *vengan.* What's more, I don't think they'll come. LOC **además de** as well as

adentro *adv* inside: *Está muy ~.* It's right inside. LOC **más adentro** further in **para mis adentros** to myself, yourself, etc.: *Se reía para sus ~s.* He was laughing to himself. *Ver tb* MAR, TIERRA

adhesivo, -a ◆ *adj* adhesive ◆ *nm* (*pegatina*) sticker LOC *Ver* CINTA

adicto, -a ◆ *adj* ~ (**a**) addicted (**to sth**) ◆ *nm-nf* addict

adiestrar *vt* to train *sth/sb* (**as/in sth**)

¡adiós! *interj* **1** (*despedida*) goodbye!, bye! (*coloq*) **2** (*saludo al pasar*) hello! LOC **decir adiós con la mano** to wave goodbye (*to sth/sb*)

adivinanza *nf* riddle

adivinar *vt* to guess: *Adivina lo que traigo.* Guess what I've got. LOC **adivinar el pensamiento** to read *sb's* mind

adivino, -a *nm-nf* fortune-teller

adjetivo *nm* adjective

adjuntar *vt* **1** (*en una carta*) to enclose **2** (*Informát*) to attach

administración *nf* administration: *la ~ de la justicia* the administration of justice LOC **administración de lotería** lottery agency [*pl* lottery agencies]

administrador, ~a *nm-nf* administrator

administrar ◆ *vt* **1** (*gestionar*) to run, to manage (*más formal*): *~ un negocio* to run a business **2** (*dar*) to administer *sth* (**to sb**): *~ justicia/un medicamento* to administer justice/a medicine ◆ **administrarse** *v pron* (*dinero*) to manage your money

administrativo, -a ◆ *adj* administrative ◆ *nm-nf* administrative assistant

admirable *adj* admirable

admiración *nf* (*signo de puntuación*) exclamation mark ☞ *Ver págs* 326-27.

admirador, ~a *nm-nf* admirer

admirar *vt* **1** (*apreciar*) to admire: *~ el paisaje* to admire the scenery **2** (*asombrar*) to amaze: *Me admira tu sabiduría.* Your knowledge amazes me.

admitir *vt* **1** (*aceptar*) to accept **2** (*culpa, error*) to admit: *Admito que ha sido culpa mía.* I admit (that) it was my fault. **3** (*dejar entrar en un sitio*) to admit *sth/sb* (**to sth**): *Me han admitido en el colegio.* I've been admitted to the school. LOC **no se admite(n)...**: *No se admiten perros.* No dogs. ◊ *No se admite a menores de 18 años.* No entrance to under-18s. ◊ *No se admiten tarjetas de crédito.* We do not accept credit cards.

adolescencia *nf* adolescence

adolescente *nmf* teenager, adolescent (*más formal*)

adonde *adv rel* where

adónde *adv interr* where: *¿~ vais?* Where are you going?

adoptar *vt* to adopt

adoptivo, -a *adj* **1** (*gen*) adopted: *hijo/país ~* adopted child/country **2** (*padres*) adoptive

adoquín *nm* paving stone

adorar *vt* to adore

adormecerse *v pron* to doze off

adormecido, -a *pp, adj* sleepy *Ver tb* ADORMECERSE

adornar *vt* to decorate, to adorn (*más formal*)

adorno *nm* **1** (*gen*) decoration: *~s de Navidad* Christmas decorations **2** (*objeto*) ornament

adosado, -a *adj* semi-detached house, semi (*más coloq*) ☞ *Ver nota en* CASA

adquirir *vt* **1** (*gen*) to acquire: *~ riqueza/fama* to acquire wealth/fame **2** (*comprar*) to buy LOC *Ver* IMPORTANCIA

adrede *adv* on purpose

aduana *nf* **1** (*oficina*) customs [*pl*]: *Pasamos la ~.* We went through customs. **2** (*derechos*) customs duty

adulterio *nm* adultery

adúltero, -a ◆ *adj* adulterous ◆ *nm-nf* adulterer

adulto, -a *adj, nm-nf* adult: *las personas adultas* adults

adverbio *nm* adverb

adversario, -a *nm-nf* adversary [*pl* adversaries]

advertir *vt* **1** (*avisar*) to warn *sb* (**about/of sth**): *Les advertí del peligro.* I warned them about the danger. **2** (*decir*) to tell: *Ya te lo había advertido.* I told you so! ◊ *Te advierto que a mí me da lo mismo.* Mind you, it's all the same to me.

aéreo, -a *adj* **1** (*gen*) air [*n atrib*]: *tráfico ~* air traffic **2** (*vista, fotografía*) aerial LOC *Ver* ACCIDENTE, COMPAÑÍA, CORREO, FUERZA, PUENTE, VÍA

aeróbic *nm* aerobics [*sing*]

aeronave *nf* aircraft [*pl* aircraft] LOC **aeronave espacial** spacecraft [*pl* spacecraft]

aeropuerto *nm* airport: *Vamos a ir a buscarle al ~.* We're going to meet him at the airport.

aerosol *nm* aerosol

afectar *vt* to affect: *El golpe le afectó al oído.* The blow affected his hearing. ◇ *Su muerte me afectó mucho.* I was deeply affected by his death.

afecto *nm* affection **LOC tener/tomar afecto** to be/become fond *of sth/sb*: *Le tengo mucho* ~. I'm very fond of him.

afeitarse *v pron* **1** (*gen*) to shave: ~ *la cabeza* to shave your head ◇ *¿Te has afeitado hoy?* Have you had a shave today? **2** (*barba, bigote*) to shave *sth off*: *Se afeitó el bigote.* He shaved his moustache off. **LOC cuchilla/hoja de afeitar** razor blade *Ver tb* BROCHA, CREMA, MAQUINILLA

afeminado, -a *pp, adj* effeminate

aferrarse *v pron* ~ **(a)** to cling **to** *sth/ sb*: ~ *a una idea* to cling to an idea

afición *nf* **1** ~ **(a/por)** interest (**in** *sth*): *Ahora hay menos* ~ *por la lectura.* Nowadays there's less interest in reading. **2** (*pasatiempo*) hobby [*pl* hobbies]: *Su* ~ *es la fotografía.* Her hobby is photography. **LOC por afición** as a hobby

aficionado, -a ◆ *pp, adj* **1** ~ **a** (*entusiasta*) keen **on** *sth*: *Soy muy* ~ *al ciclismo.* I'm very keen on cycling. **2** (*amateur*) amateur: *una compañía de actores* ~*s* an amateur theatre company ◆ *nm-nf* **1** (*espectador*) **(a)** (*Dep, música pop*) fan: *un* ~ *al fútbol* a football fan **(b)** (*cine, música clásica, teatro*) lover: *un* ~ *a la ópera* an opera lover **2** (*amateur*) amateur: *No tocan mal para ser* ~*s*. They don't play badly for amateurs. *Ver tb* AFICIONARSE

aficionarse *v pron* ~ **a 1** (*pasatiempo*) to get keen **on** *sth/doing sth*: *Se ha aficionado al ajedrez.* She's got very keen on chess. **2** (*placeres, vicios*) to acquire a taste **for** *sth*: ~ *a la buena vida* to acquire a taste for the good life

afilado, -a *pp, adj* sharp *Ver tb* AFILAR

afilar *vt* to sharpen

afiliarse *v pron* ~ **(a)** to join: *Decidí afiliarme al partido.* I decided to join the party.

afinar *vt* (*instrumento musical*) to tune **LOC afinar la puntería** to take better aim

afirmar *vt* to state, to say (*más coloq*): *Afirmó sentirse preocupado.* He said that he was worried. **LOC afirmar con la cabeza** to nod (your head)

afirmativo, -a *adj* affirmative

aflojar ◆ *vt* to loosen: *Le aflojé la corbata.* I loosened his tie. ◆ **aflojarse** *v pron* **1** (*gen*) to loosen: *Me aflojé el cin-*

turón. I loosened my belt. **2** (*tornillo, nudo*) to come loose: *Se ha aflojado el nudo.* The knot has come loose.

afluente *nm* tributary [*pl* tributaries]

afónico, -a *adj* **LOC estar afónico** to have lost your voice **quedarse afónico** to lose your voice

afortunado, -a *adj* lucky, fortunate (*más formal*)

África *nf* Africa

africano, -a *adj, nm-nf* African

afrontar *vt* to face up to *sth*: ~ *la realidad* to face up to reality

afuera ◆ *adv* outside: *Vámonos* ~. Let's go outside. ◆ **afueras** *nf* outskirts: *Viven en las* ~*s de Roma.* They live on the outskirts of Rome.

agachar ◆ *vt* to lower: ~ *la cabeza* lower your head ◆ **agacharse** *v pron* to bend down ☛ *Ver dibujo en* CROUCH **LOC ¡agáchate!/¡agachaos!** duck!

agarrado, -a *pp, adj* (*tacaño*) mean, stingy (*más coloq*) **LOC** *Ver* BAILAR; *Ver tb* AGARRAR

agarrar ◆ *vt* **1** (*asir*) to grab: *Me agarró del brazo.* He grabbed me by the arm. **2** (*sujetar*) to hold: *Agarra esto para que no se caiga.* Hold this and don't let it fall. **3** (*atrapar, contraer*) to catch: *Si agarro a ese mocoso lo mato.* If I catch the little brat, I'll kill him. ◇ ~ *una pulmonía* to catch pneumonia ◆ **agarrarse** *v pron* **agarrarse** (**a**) to hold on (**to** *sth/sb*): *Agárrate a mí.* Hold on to me. **LOC** *Ver* CABREO, TORO

agazaparse *v pron* to crouch (down) ☛ *Ver dibujo en* CROUCH

agencia *nf* agency [*pl* agencies] **LOC agencia de viajes** travel agent's ☛ *Ver nota en* CARNICERÍA **agencia inmobiliaria** estate agent's ☛ *Ver nota en* CARNICERÍA

agenda *nf* **1** (*calendario*) diary [*pl* diaries] **2** (*de direcciones y teléfonos*) address book

agente *nmf* **1** (*representante*) agent: *Eso trátelo con mi* ~. See my agent about that. **2** (*policía*) police officer ☛ *Ver nota en* POLICÍA

ágil *adj* (*persona*) agile

agilidad *nf* agility

agitado, -a *pp, adj* **1** (*vida, día*) hectic **2** (*mar*) rough *Ver tb* AGITAR

agitar *vt* **1** (*botella*) to shake: *Agítese antes de usar.* Shake (well) before using. **2** (*pañuelo, brazos*) to wave **3** (*alas*) to flap

agobiante

agobiante *adj* **1** (*persona*) tiresome **2** (*calor*) stifling

agobiar ♦ *vt* **1** (*exigencias, problemas*) to overwhelm **2** (*meter prisa*) to rush: *No me agobies.* Don't rush me. ♦ **agobiarse** *v pron* to get worked up

agobio *nm* **1** (*calor*): *¡Qué ~! Abre un poco la ventana.* Phew! Open the window a bit. **2** (*preocupación*): *Para entonces estaré con el ~ de los exámenes.* I'll be in a sweat about the exams by then.

agonía ♦ *nf* agony [*pl* agonies] ♦ **agonías** *nmf* misery [*pl* miseries]: *Eres una verdadera ~s.* You're a real misery.

agonizar *vi* to be dying

agosto *nm* August (*abrev* Aug) ☞ *Ver ejemplos en* ENERO **LOC hacer el/su agosto** to make a fortune

agotado, -a *pp, adj* **1** (*cansado*) worn out, exhausted (*más formal*) **2** (*existencias*) sold out **3** (*libros*) out of print *Ver tb* AGOTAR

agotador, -a *adj* exhausting

agotamiento *nm* exhaustion

agotar ♦ *vt* **1** (*gen*) to exhaust: *~ un tema* to exhaust a subject **2** (*existencias, reservas*) to use *sth* up: *Hemos agotado las existencias.* We've used up all our supplies. **3** (*cansar*) to wear *sb* out: *Los niños me agotan.* The children wear me out. ♦ **agotarse** *v pron* **1** (*gen*) to run out: *Se me está agotando la paciencia.* My patience is running out. **2** (*libro, entradas*) to sell out

agraciado, -a *pp, adj* **1** (*físico*) attractive **2** (*número*) winning

agradable *adj* pleasant **LOC agradable a la vista/al oído** pleasing to the eye/ear

agradar *vi* to please *sb* [*vt*]: *Intenta ~ a todo el mundo.* He tries to please everyone.

agradecer *vt* to thank *sb* (**for** *sth/doing sth*): *Agradezco mucho que hayáis venido.* Thank you very much for coming.

agradecido, -a *pp, adj* grateful: *Le quedo muy ~.* I am very grateful to you. *Ver tb* AGRADECER

agradecimiento *nm* gratitude: *Deberías mostrar tu ~.* You should show your gratitude. ♦ *unas palabras de ~* a few words of thanks

agrandar *vt* to enlarge

agrario, -a *adj* (*ley, reforma*) agrarian

agravar ♦ *vt* to make *sth* worse ♦ **agravarse** *v pron* to get worse

agredir *vt* to attack

agregar *vt* to add *sth* (**to** *sth*)

agresión *nf* aggression: *un pacto de no ~* a non-aggression pact

agresivo, -a *adj* aggressive

agrícola *adj* agricultural **LOC** *Ver* FAENA, PRODUCTO

agricultor, -a *nm-nf* farmer

agricultura *nf* agriculture, farming (*más coloq*): *~ biológica* organic farming

agridulce *adj* sweet and sour

agrietar(se) *vt, v pron* **1** (*gen*) to crack **2** (*piel*) to chap

agrio, -a *adj* **1** (*leche, vino, carácter*) sour **2** (*limón, experiencia*) bitter

agrónomo, -a *adj* agricultural **LOC** *Ver* INGENIERO, PERITO

agroturismo *nm* farm holidays [*pl*]: *hacer ~* to go on a farm holiday

agrupar ♦ *vt* to put *sth/sb* in a group ♦ **agruparse** *v pron* to get into groups: *~se de tres en tres* to get into groups of three

agua *nf* water **LOC agua corriente** running water **agua del grifo** tap water **agua dulce/salada** fresh/salt water: *peces de ~ salada* saltwater fish **agua mineral con/sin gas** fizzy/still mineral water **agua oxigenada** hydrogen peroxide **agua potable** drinking water **estar con el agua al cuello** to be in deep water *Ver tb* AHOGAR, BAILAR, BOLSA[1], CLARO, GOTA, HUEVO, MOLINO, TROMBA

aguacate *nm* avocado [*pl* avocados]

aguacero *nm* (heavy) shower

aguafiestas *nmf* spoilsport

aguanieve *nf* sleet

aguantar ♦ *vt* **1** (*gen*) to put up with *sth/sb*: *Tendrás que ~ el dolor.* You'll have to put up with the pain.

Cuando la frase es negativa se utiliza mucho **to stand**: *No aguanto este calor.* I can't stand this heat. ◊ *No les aguanto.* I can't stand them. ◊ *¡No hay quien te aguante!* You're unbearable!

2 (*peso*) to take: *El puente no aguantó el peso del camión.* The bridge couldn't take the weight of the lorry. ♦ *vi* **1** (*durar*) to last: *La alfombra aguantará otro año.* The carpet will last another year. **2** (*esperar*) to hold on: *Aguanta, que ya casi hemos llegado.* Hold on, we're almost there. **3** (*resistir*) to hold: *Esta estantería no aguantará.* This shelf won't hold. ♦ **aguantarse** *v pron* to grin and bear it: *Yo también tengo* *hambre, pero me aguanto.* I'm hungry as well, but I grin and bear it. ◊ *Si no te gusta, te aguantas.* If you don't like it, tough! LOC **aguantar la respiración** to hold your breath

aguante *nm* **1** (*físico*) stamina: *Tienen muy poco ~.* They have very little stamina. **2** (*paciencia*) patience: *¡Tienes un ~!* You're so patient!

aguardiente *nm* eau-de-vie

aguarrás *nm* white spirit

agudo, -a ♦ *adj* **1** (*gen*) sharp: *una inteligencia aguda* a sharp mind **2** (*ángulo, dolor*) acute: *un dolor ~* an acute pain **3** (*sonido, voz*) high-pitched **4** (*gracioso*) witty: *un comentario ~* a witty remark **5** (*palabra*): *Es una palabra aguda.* The accent is on the last syllable. **♦ agudos** *nm* (*Mús*) treble [*incontable*]: *No se oyen bien los ~s.* You can't hear the treble very well.

aguijón *nm* (*insecto*) sting: *clavar el ~* to sting

águila *nf* eagle

aguja *nf* **1** (*gen*) needle: *enhebrar una ~* to thread a needle ◊ *~s de pino* pine needles **2** (*de reloj*) hand **3** (*de tocadiscos*) stylus [*pl* styluses/styli] LOC *Ver* BUSCAR

agujero *nm* hole: *hacer un ~* to make a hole LOC **agujero negro** black hole

agujetas *nf* LOC **tener agujetas** to be stiff: *Tengo ~ en las piernas.* My legs are stiff.

ahí *adv* there: *~ van.* There they go. ◊ *~ lo tienes.* There it is. ◊ *¡Ponte ~!* Stand over there! LOC **ahí abajo/arriba** down/up there: *¿Están mis libros ~ abajo?* Are my books down there? **ahí dentro/fuera** in/out there: *~ fuera hace un frío que pela.* It's freezing out there. **ahí mismo** right there **¡ahí va!** (*cógelo*) catch! **por ahí 1** (*lugar determinado*) over there **2** (*lugar no determinado*): *He estado por ~.* I've been out. ◊ *ir por ~ a dar una vuelta* to go out for a walk

ahijado, -a *nm-nf* **1** (*sin distinción de sexo*) godchild [*pl* godchildren]: *Tengo dos ~s: un niño y una niña.* I've got two godchildren: a boy and a girl. **2** (*solo masculino*) godson **3** (*solo femenino*) god-daughter

ahogar ♦ *vt* **1** (*asfixiar*) to suffocate: *El humo me ahogaba.* The smoke was suffocating me. **2** (*en agua*) to drown **♦ ahogarse** *v pron* **1** (*asfixiarse*) to suffocate: *Por poco se ahogan con el humo del incendio.* They nearly suffocated in the smoke from the fire. **2** (*en agua*) to

drown **3** (*respirar mal*) to be unable to breathe: *Cuando me da el asma me ahogo.* When I have an asthma attack, I can't breathe. **4** (*al atragantarse*) to choke: *Casi me ahogo con esa espina.* I almost choked on that bone. LOC **ahogarse en un vaso de agua** to get worked up over nothing

ahora *adv* now: *¿Qué voy a hacer ~?* What am I going to do now? ◊ *~ voy.* I'm coming. LOC **ahora mismo 1** (*en este momento*) right now: *~ mismo no puedo.* I can't do it right now. **2** (*en seguida*) right away: *~ mismo te lo doy.* I'll give it to you right away. **de ahora en adelante** from now on **hasta ahora** up until now **¡hasta ahora!** see you soon!

ahorcado *nm* (*Juego*) hangman: *jugar al ~* to play hangman

ahorcar(se) *vt, v pron* to hang (yourself)

En el sentido de *ahorcar* el verbo **to hang** es regular y por lo tanto forma el pasado añadiendo **-ed**.

ahorrador, ~a ♦ *adj* thrifty **♦** *nm-nf* saver LOC **ser poco ahorrador** to be hopeless with money

ahorrar *vt, vi* to save: *~ tiempo/dinero* to save time/money

ahorro *nm* saving: *mis ~s de toda la vida* my life savings LOC **cartilla/libreta de ahorro(s)** savings book *Ver tb* CAJA

ahumado, -a ♦ *pp, adj* smoked **♦ ahumados** *nm* smoked fish [*incontable, v sing*] LOC *Ver* ARENQUE; *Ver tb* AHUMAR

ahumar ♦ *vt* **1** (*alimentos*) to smoke **2** (*habitación*) to fill *sth* with smoke **♦ ahumarse** *v pron* **1** (*habitación*) to fill with smoke **2** (*ennegrecerse*) to blacken

ahuyentar *vt* to frighten *sth/sb* away

aire *nm* **1** (*gen*) air: *~ puro* fresh air **2** (*viento*) wind: *Hace mucho ~.* It's very windy. LOC **aire acondicionado** air conditioning **al aire**: *con el pecho al ~* bare-chested ◊ *un vestido con la espalda al ~* a backless dress **al aire libre** in the open air: *un concierto al ~ libre* an open-air concert **a mi aire**: *Le gusta estar a su ~.* He likes to do his own thing. ◊ *Prefiero hacerlo a mi ~.* I'd prefer to do it my way. **darse aires de superioridad** to put on airs **saltar/volar por los aires** to blow up **tomar el aire** to get a breath of fresh air *Ver tb* BOMBA², EJÉRCITO, PISTOLA

airear ♦ *vt* to air **♦ airearse** *v pron* to get some fresh air

aislado, -a *pp, adj* isolated: *casos ~s* isolated cases *Ver tb* AISLAR

aislante ◆ *adj* insulating ◆ *nm* insulator LOC *Ver* CINTA

aislar *vt* **1** (*separar*) to isolate *sth/sb* (**from** *sth/sb*) **2** (*incomunicar*) to cut *sth/sb* off (**from** *sth/sb*): *Las inundaciones aislaron la aldea.* The village was cut off by the floods. **3** (*con material aislante*) to insulate

ajedrez *nm* **1** (*juego*) chess **2** (*tablero y piezas*) chess set LOC *Ver* TABLERO

ajeno, -a *adj* **1** (*de otro*) somebody else's: *en casa ajena* in somebody else's house **2** (*de otros*) other people's: *meterse en los problemas ~s* to interfere in other people's lives

ajetreado, -a *pp, adj* **1** (*persona*) busy **2** (*día*) hectic

ajo *nm* garlic LOC *Ver* CABEZA, DIENTE

ajuar *nm* trousseau [*pl* trousseaus/trousseaux]

ajustado, -a *pp, adj* tight: *un vestido muy ~* a tight-fitting dress *Ver tb* AJUSTAR

ajustar ◆ *vt* **1** (*gen*) to adjust: *~ los frenos* to adjust the brakes **2** (*apretar*) to tighten: *~ un tornillo* to tighten a screw ◆ *vi* to fit: *La puerta no ajusta.* The door doesn't fit. ◆ **ajustarse** *v pron* **ajustarse** (**a**) to fit in (**with** *sth*): *Es lo que mejor se ajusta a nuestras necesidades.* It's what suits our needs best. LOC **ajustarle las cuentas a algn** to settle accounts with sb

al *prep* + *inf* **1** (*gen*) when: *Se echaron a reír al verme.* They burst out laughing when they saw me. **2** (*simultaneidad*) as: *Lo vi al salir.* I saw him as I was leaving. *Ver tb* A

ala *nf* **1** (*gen*) wing: *las ~s de un avión* the wings of a plane ◊ *el ~ conservadora del partido* the conservative wing of the party **2** (*sombrero*) brim: *un sombrero de ~ ancha* a wide-brimmed hat LOC **ala delta 1** (*aparato*) hang-glider **2** (*deporte*) hang-gliding

alabanza *nf* praise [*incontable*]: *Se deshicieron en ~s hacia ti.* They were full of praise for you.

alabar *vt* to praise *sth/sb* (**for** *sth*): *Le alabaron por su valentía.* They praised him for his courage.

alacrán *nm* scorpion

alambrada *nf* wire fence

alambre *nm* wire

álamo *nm* poplar

alarde *nm* LOC **hacer alarde de** to show off about *sth*

alardear *vi* ~ (**de**) to boast (**about/of** *sth*)

alargado, -a *pp, adj* long *Ver tb* ALARGAR

alargar ◆ *vt* **1** (*gen*) to extend: *~ una carretera* to extend a road **2** (*prenda*) to lengthen **3** (*duración*) to prolong: *~ la guerra* to prolong the war **4** (*estirar, brazo, mano*) to stretch *sth* out ◆ **alargarse** *v pron* **1** (*día*) to get longer: *Los días se van alargando.* The days are getting longer. **2** (*prolongarse demasiado*) to drag on: *La reunión se alargó hasta las dos.* The meeting dragged on till two. **3** (*hablando, explicando*) to go on for too long

alarma *nf* alarm: *dar la (voz de) ~* to raise the alarm ◊ *Saltó la ~.* The alarm went off. LOC **alarma antirrobo** burglar alarm **alarma de incendios** fire alarm

alarmante *adj* alarming

alarmarse *v pron* ~ (**por**) to be alarmed (**at** *sth*)

alba *nf* dawn: *al ~* at dawn

albañil *nmf* **1** (*gen*) builder **2** (*que solo pone ladrillos*) bricklayer

albaricoque *nm* apricot

albergar ◆ *vt* to house ◆ **albergarse** *v pron* to shelter

albergue *nm* **1** (*residencia*) hostel: *un ~ juvenil* a youth hostel **2** (*de montaña*) shelter

albóndiga *nf* meatball

albornoz *nm* bathrobe

alborotado, -a *pp, adj* **1** (*excitado*) in a state of excitement: *Los ánimos están ~s.* Feelings are running high. **2** (*con confusión*) in confusion: *La gente corría alborotada.* People were running around in confusion. *Ver tb* ALBOROTAR

alborotar ◆ *vt* **1** (*desordenar*) to mess *sth* up: *El viento me alborotó el pelo.* The wind messed up my hair. **2** (*revolucionar*) to stir *sb* up: *~ al resto de la clase* to stir up the rest of the class ◆ *vi* (*armar jaleo*) to make a racket ◆ **alborotarse** *v pron* to get excited

alboroto *nm* **1** (*jaleo*) racket: *¿A qué viene tanto ~?* What's all the racket about? **2** (*disturbio*) disturbance: *El ~ hizo que viniera la policía.* The disturbance led the police to intervene.

álbum *nm* album

alcachofa *nf* artichoke

alcalde, -esa *nm-nf* mayor

alcance *nm* **1** (*gen*) reach: *fuera de tu ~* out of your reach **2** (*arma, emisora, telescopio*) range: *misiles de medio ~* medium-range missiles LOC **al alcance de la mano** within reach: *Tenían la victoria al ~ de la mano.* Victory was within their reach.

alcanfor *nm* LOC *Ver* BOLA

alcantarilla *nf* sewer

alcantarillado *nm* sewage system

alcanzar ♦ *vt* **1** (*gen*) to reach: *~ un acuerdo* to reach an agreement **2** (*conseguir*) to achieve: *~ los objetivos* to achieve your objectives **3** (*pillar*) to catch *sb* up: *No pude ~los.* I couldn't catch them up. ◊ *Vete saliendo, ya te alcanzaré.* You go on—I'll catch you up. ♦ *vi* **1** (*ser suficiente*) to be enough: *La comida no alcanzará para todos.* There won't be enough food for everybody. **2** (*llegar*) to reach: *No alcanzo.* I can't reach.

alcaparra *nf* caper

alcohol *nm* alcohol LOC **sin alcohol** non-alcoholic *Ver tb* CERVEZA

alcohólico, -a *adj, nm-nf* alcoholic

alcoholismo *nm* alcoholism

aldea *nf* small village

aldeano, -a *nm-nf* villager

alegar *vt* **1** (*gen*) to claim: *Alegan que existió fraude.* They're claiming that there was a fraud. ◊ *Alegan no tener dinero.* They claim not to have any money. **2** (*razones, motivos*) to cite: *Alegó motivos personales.* He cited personal reasons.

alegrar ♦ *vt* **1** (*hacer feliz*) to make *sb* happy: *La carta me alegró mucho.* The letter made me very happy. **2** (*animar*) **(a)** (*persona*) to cheer *sb* up: *Nuestra visita le alegró mucho.* Our visit really cheered him up. **(b)** (*fiesta*) to liven *sth* up: *Los magos alegraron la fiesta.* The magicians livened up the party. **3** (*casa, lugar*) to brighten *sth* up ♦ **alegrarse** *v pron* **1** (*estar contento*) **(a)** (*alegrarse* (*de/por*) to be pleased (**about** *sth/to do sth*): *Me alegro de saberlo.* I am pleased to hear it. **(b) alegrarse por algn** to be delighted **for sb**: *Me alegro por vosotros.* I'm delighted for you. **2** (*cara, ojos*) to light up: *Se le alegró la cara.* His face lit up.

alegre *adj* **1** (*feliz*) happy **2** (*de buen humor*) cheerful: *Tiene un carácter ~.* He's a cheerful person. **3** (*música, espectáculo*) lively **4** (*color, habitación*) bright

alegría *nf* joy: *gritar/saltar de ~* to shout/jump for joy LOC **¡qué/vaya alegría!** great! *Ver tb* BOTAR, CABER

alejar ♦ *vt* **1** (*retirar*) to move *sth/sb* away (**from** *sth/sb*): *Debes ~lo de la ventana.* You should move it away from the window. **2** (*distanciar*) to distance *sth/sb* (**from** *sth/sb*): *El desacuerdo nos alejó de mis padres.* The disagreement distanced us from my parents. ♦ **alejarse** *v pron* **alejarse** (**de**) **1** (*apartarse*) to move away (**from** *sth/sb*): *~se de un objetivo* to move away from a goal ◊ *No os alejéis mucho.* Don't go too far away. **2** (*camino*) to leave

¡aleluya! *interj* alleluia!

alemán, -ana *adj, nm-nf, nm* German: *los alemanes* the Germans ◊ *hablar ~* to speak German LOC *Ver* PASTOR

Alemania *nf* Germany

alergia *nf* ~ **(a)** allergy [*pl* allergies] (**to** *sth*): *Tengo ~ al marisco.* I'm allergic to shellfish. LOC **alergia al polen** hay fever

alérgico, -a *adj* ~ **(a)** allergic (**to** *sth*)

alero *nm* **1** (*tejado*) eaves [*pl*] **2** (*Dep*) winger

alerta ♦ *nf* alert: *en estado de ~* on the alert ◊ *Dieron la* (*voz de*) *~.* They sounded the alert. ♦ *adj* alert (**to** *sth*)

alertar *vt* to alert *sb* (**to** *sth*): *Nos alertaron del riesgo.* They alerted us to the risk.

aleta *nf* **1** (*pez*) fin **2** (*buceador, foca*) flipper **3** (*vehículo*) wing

alfabético, -a *adj* alphabetical

alfabeto *nm* alphabet

alfalfa *nf* lucerne

alféizar *nm* (*ventana*) window sill

alfil *nm* bishop

alfiler *nm* pin

alfombra *nf* **1** (*grande*) carpet **2** (*más pequeña*) rug

alfombrilla *nf* mat

alga *nf* **1** (*de agua dulce*) weed [*incontable*]: *El estanque está lleno de ~s.* The pond is full of weed. **2** (*de agua salada*) seaweed [*incontable*]

También existe la palabra **algae**, pero es científica.

álgebra *nf* algebra

algo ♦ *pron* something, anything ☛ La diferencia entre **something** y **anything** es la misma que hay entre **some** y **any**. *Ver nota en* SOME. ♦ *adv* **1** con *adj* rather: *~ ingenuo* rather naive ☛ *Ver nota en* FAIRLY **2** con *verbo* a bit: *Mi hija me ayuda ~.* My daughter helps me a bit. LOC **¿algo más?** (*tienda*) anything else? **en algo** in any way: *Si en ~ puedo ayudarles...* If I can help you in any way... **o algo así** or something like that **por algo será** there must be a reason

algodón *nm* **1** (*planta, fibra*) cotton **2** (*Med*) cotton wool [*incontable*]: *Me tapé los oídos con algodones.* I put cotton wool in my ears. LOC **algodón de azúcar/dulce** candyfloss

alguien *pron* somebody, anybody: *¿Crees que vendrá ~?* Do you think anybody will come? ☞ La diferencia entre **somebody** y **anybody** es la misma que hay entre **some** y **any**. *Ver nota en* SOME.

Nótese que **somebody** y **anybody** llevan el verbo en singular, pero sin embargo suelen ir seguidos de **they**, **them** y **their**, que son formas plurales: *Alguien se ha dejado el abrigo.* Somebody has left their coat behind.

algún *adj Ver* ALGUNO

alguno, -a ♦ *adj* **1** (*gen*) some, any: *Te he comprado ~s libros para que te entretengas.* I've bought you some books to pass the time. ◊ *¿Hay algún problema?* Are there any problems? ☞ *Ver nota en* SOME **2** (*con número*) several: *~s centenares de personas* several hundred people **3** (*uno que otro*) the occasional: *Habrá algún chubasco débil.* There will be the occasional light shower. ♦ *pron*: *~s de vosotros sois muy vagos.* Some of you are very lazy. ◊ *Seguro que ha sido ~ de vosotros.* It must have been one of you. ◊ *~s protestaron.* Some (people) protested. LOC **alguna cosa** something, anything ☞ La diferencia entre **something** y **anything** es la misma que hay entre **some** y **any**. *Ver nota en* SOME. **algunas veces** sometimes **alguna vez** ever: *¿Has estado allí alguna vez?* Have you ever been there? **algún día** some day **en algún lugar/lado/sitio/en alguna parte** somewhere, anywhere ☞ La diferencia entre **somewhere** y **anywhere** es la misma que hay entre **some** y **any**. *Ver nota en* SOME.

aliado, -a ♦ *pp, adj* allied ♦ *nm-nf* ally [*pl* allies] *Ver tb* ALIARSE

alianza *nf* **1** (*unión*) alliance: *una ~ entre cinco partidos* an alliance between five parties **2** (*anillo*) wedding ring

aliarse *v pron* ~ (**con/contra**) to form an alliance (**with/against** *sth/sb*)

alicates *nm* pliers: *Necesito unos ~.* I need a pair of pliers. ☞ *Ver nota en* PAIR

aliento *nm* breath: *tener mal ~* to have bad breath LOC **sin aliento** out of breath: *Vengo sin ~.* I'm out of breath.

alijo *nm* haul: *un ~ de 500 kg de hachís* a haul of 500 kg of hashish

alimaña *nf* pest

alimentación *nf* **1** (*acción*) feeding **2** (*dieta*) diet: *una ~ equilibrada* a balanced diet **3** (*comida*) food: *una tienda de ~* a food store

alimentar ♦ *vt* to feed *sth/sb* (**on/with** *sth*): *~ a los caballos con heno* to feed the horses (on) hay ♦ *vi* to be nourishing: *Alimenta mucho.* It's very nourishing. ♦ **alimentarse** *v pron* **alimentarse de** to live on *sth*

alimentario, -a *adj* food [*n atrib*]: *productos ~s* foodstuffs

alimenticio, -a *adj* nutritious: *Los plátanos son muy ~s.* Bananas are very nutritious.

alimento *nm* **1** (*comida*) food [*gen incontable*]: *~s enlatados* tinned food(s) **2** (*valor nutritivo*) *Las lentejas tienen mucho ~.* Lentils are very nourishing.

alineación *nf* (*Dep*) line-up

alinear *vt* **1** (*poner en hilera*) to line *sth/sb* up **2** (*Dep*) to field

aliñar *vt* to dress *sth* (**with** *sth*): *~ una ensalada* to dress a salad

alisar *vt* to smooth

alistarse *v pron* ~ (**en**) to enlist (**in** *sth*)

aliviar *vt* to relieve: *~ el dolor* to relieve pain ◊ *El masaje me alivió un poco.* The massage made me feel a bit better.

alivio *nm* relief: *¡Qué ~!* What a relief! ◊ *Ha sido un ~ para todos.* It came as a relief to everybody.

allá *adv* **1** (*lugar*) (over) there: *Déjalo ~.* Leave it (over) there. ◊ *de Cuenca para ~* from Cuenca on **2** ~ **en/por...** (*tiempo*) back in...: *~ por los años 60* back in the 60s LOC **allá abajo/arriba** down/up there **allá dentro/fuera** in/out there **allá tú** it's your, his, etc. problem **¡allá voy!** here I come! **el más allá** the afterlife **más allá 1** (*más lejos*) further on: *seis kilómetros más ~* six kilometres further on **2** (*hacia un lado*) further over: *correr la mesa más ~* to push the table further over **más allá de** beyond: *más ~ del río* beyond the river *Ver tb* ACÁ

allanar *vt* (*suelo*) to level

allí *adv* there: *Tengo un amigo ~.* I have a friend there. ◊ *¡~ están!* There they are! ◊ *a 30 kilómetros de ~* 30 kilometres from there ◊ *una chica que pasaba por*

~ a girl who was passing by LOC **allí abajo/arriba** down/up there **allí dentro/fuera** in/out there **allí mismo** right there **es allí donde...** that's where...: *Es ~ donde me caí.* That's where I fell.

alma *nf* **1** (*gen*) soul: *No había ni un ~.* There wasn't a soul. **2** (*carácter, mente*) spirit: *un ~ noble* a noble spirit

almacén *nm* **1** (*edificio*) warehouse **2** (*habitación*) storeroom LOC *Ver* GRANDE

almacenar *vt* to store

almeja *nf* clam

almendra *nf* almond

almendro *nm* almond tree

almíbar *nm* syrup

almirante *nmf* admiral

almohada *nf* pillow LOC *Ver* CONSULTAR

almorzar ◆ *vi* to have a snack ◆ *vt* to have *sth* mid-morning

almuerzo *nm* mid-morning snack ☞ *Ver nota en* DINNER

alocado, -a *adj* **1** (*atolondrado*) scatty **2** (*precipitado, imprudente*) rash: *una decisión alocada* a rash decision

alojamiento *nm* accommodation LOC **dar/proporcionar alojamiento 1** (*cobrando*) to provide *sb* with accommodation **2** (*sin cobrar*) to put *sb* up

alojar ◆ *vt* **1** (*gen*) to accommodate: *El hotel puede ~ a 200 personas.* The hotel can accommodate 200 people. **2** (*sin cobrar*) to put *sb* up: *Tras el incendio nos alojaron en un colegio.* After the fire, they put us up in a school. ◆ **alojarse** *v pron* to stay: *Nos alojamos en un hotel.* We stayed in a hotel.

alpinismo *nm* mountaineering: *hacer ~* to go mountaineering

alpiste *nm* birdseed

alquilar *vt*

• **referido a la persona que coge algo en alquiler** to hire, to rent

To hire se emplea para un plazo breve de tiempo, como en el caso de un coche o disfraz: *Alquiló un traje para la boda.* He hired a suit for the wedding. ◊ *Te compensa alquilar un coche.* You might as well hire a car.

To rent implica periodos más largos, por ejemplo cuando alquilamos una casa o una habitación: *¿Cuánto me costaría alquilar un piso de dos habitaciones?* How much would it cost me to rent a two-bedroomed flat?

• **referido a la persona que deja algo en alquiler** to hire *sth* (out), to rent *sth* (out), to let *sth* (out)

To hire *sth* (out) se emplea para un plazo breve de tiempo: *Viven de alquilar caballos a los turistas.* They make their living hiring (out) horses to tourists.

To rent *sth* (out) se refiere a periodos largos de tiempo y se suele utilizar para referirnos a objetos, casas o habitaciones: *Alquilan habitaciones a estudiantes.* They rent (out) rooms to students. ◊ *una empresa que alquila electrodomésticos* a company that rents out household appliances.

To let *sth* (out) se refiere solo a casas o habitaciones: *En nuestra casa se alquila un piso.* There's a flat to let in our block.

alquiler *nm* **1** (*acción de alquilar*) hire: *una compañía de ~ de coches* a car hire company **2** (*precio*) **(a)** (*gen*) hire charge **(b)** (*casa, habitación*) rent: *¿Has pagado el ~?* Have you paid the rent? LOC *Ver* COCHE, MADRE

alquitrán *nm* tar

alrededor ◆ *adv* **1** ~ (**de**) (*en torno a*) around: *las personas a mi ~* the people around me **2** ~ **de** (*aproximadamente*) about: *Llegaremos ~ de las diez y media.* We'll get there at about half past ten. ◆ **alrededores** *nm* (*ciudad*) outskirts LOC *Ver* GIRAR, VUELTA

alta *nf* LOC **dar de/el alta a algn** to discharge *sb* (from hospital)

altar *nm* altar

altavoz *nm* loudspeaker: *Lo anunciaron por los altavoces.* They announced it over the loudspeakers.

alterar ◆ *vt* to alter ◆ **alterarse** *v pron* **1** (*enfadarse*) to get angry **2** (*ponerse nervioso*) to get nervous: *¡No te alteres!* Keep calm! LOC **alterar el orden público** to cause a breach of the peace

alternar ◆ *vt, vi* to alternate ◆ *vi* (*con gente*) to socialize

alternativa *nf* ~ **(a)** alternative (**to** *sth*): *Es nuestra única ~.* It is our only option.

alterno, -a *adj* alternate: *en días ~s* on alternate days

altibajos *nm* (*cambios*) ups and downs: *Todos tenemos ~.* We all have our ups and downs.

altitud *nf* height, altitude (*más formal*): *a 3.000 metros de ~* at an altitude of 3 000 metres

alto, -a ♦ *adj* **1** (*gen*) tall, high

Tall se usa para referirnos a personas, árboles y edificios que suelen ser estrechos además de altos: *el edificio más alto del mundo* the tallest building in the world ◊ *una niña muy alta* a tall girl. High se utiliza mucho con sustantivos abstractos: *altos niveles de contaminación* high levels of pollution ◊ *altos tipos de interés* high interest rates, y para referirnos a la altura sobre el nivel del mar: *La Paz es la capital más alta del mundo.* La Paz is the highest capital in the world.
Los antónimos de **tall** son **short** y **small**, y el antónimo de **high** es **low**. Las dos palabras tienen en común el sustantivo **height**, *altura*.

2 (*mando, funcionario*) high-ranking **3** (*clase social, región*) upper: *el ~ Ebro* the upper Ebro **4** (*sonido, voz*) loud: *No pongas la música tan alta.* Don't play your music so loud. ♦ *adv* **1** (*poner, subir*) high: *Ese cuadro está muy ~.* That picture is too high up. **2** (*hablar, tocar*) loudly ♦ *nm* height: *Tiene tres metros de ~.* It is three metres high. LOC **alta fidelidad** hi-fi **alta mar** the high sea(s): *El barco estaba en alta mar.* The ship was on the high sea. **¡alto!** stop! **alto el fuego** ceasefire **pasar por alto** to overlook *Ver tb* CLASE, CUELLO, HABLAR, POTENCIA, TREN

altura *nf* height: *caerse desde una ~ de tres metros* to fall from a height of three metres LOC **a estas alturas** at this stage **a la altura de...**: *una cicatriz a la ~ del codo* a scar near the elbow **altura máxima** maximum headroom **de gran/poca altura** high/low **tener dos, etc. metros de altura** (*cosa*) to be two, etc. metres high *Ver tb* SALTO

alubia *nf* bean

alucinación *nf* hallucination

alucinante *adj* amazing

alucinar *vi* **1** (*delirar*) to hallucinate **2** (*sorprenderse*): *Alucinábamos con sus comentarios.* We were amazed at his remarks.

alucine *nm*: *¡Qué ~!* Amazing!

alud *nm* avalanche

aludido, -a *pp, adj* LOC **darse por aludido**: *No se dieron por ~s.* They didn't take the hint. ◊ *En seguida te das por ~.* You always take things personally.

alumbrado *nm* lighting

alumbrar ♦ *vt* to light *sth* (up): *Una gran lámpara alumbra la sala.* The room is lit by a huge lamp. ♦ *vi* to give

off light: *Esa bombilla alumbra mucho.* That bulb gives off a lot of light. ◊ *Alumbra debajo de la cama.* Shine a light under the bed.

aluminio *nm* aluminium LOC *Ver* PAPEL

alumnado *nm* students [*pl*]: *El ~ ha organizado una fiesta de fin de curso.* The students have organized an end of year party.

alumno, -a *nm-nf* student, pupil

Student es la palabra más general, y se refiere a la persona que estudia en una universidad o una escuela: *una excursión para los alumnos de segundo de ESO* an outing for Year 9 students. La palabra **pupil** ya casi no se usa para alumnos de Secundaria, aunque se sigue usando para alumnos de Primaria. En Primaria y Educación Infantil también se usa mucho la palabra **child** [*pl* children].

alzada *nf* height

alzar ♦ *vt* to raise: *~ el telón* to raise the curtain ♦ **alzarse** *v pron* **alzarse (contra)** to rebel (against *sth/sb*): *Los militares se alzaron contra el gobierno.* The military rebelled against the government.

ama *nf* LOC *Ver* AMO

amable *adj* ~ (**con**) kind (**to** *sb*): *Han sido muy ~s ayudándome.* It was very kind of them to help me. ◊ *Gracias, es usted muy ~.* Thank you, that's very kind of you. LOC **si es tan amable (de...)** if you would be so kind (as to...): *Si es tan ~ de cerrar la puerta.* If you would be so kind as to close the door.

amaestrar *vt* to train LOC **sin amaestrar** untrained

amamantar *vt* **1** (*persona*) to breastfeed **2** (*animal*) to suckle

amanecer¹ *nm* **1** (*alba*) dawn: *Nos levantamos al ~.* We got up at dawn. **2** (*salida del sol*) sunrise: *contemplar el ~* to watch the sunrise

amanecer² ♦ *v imp* to dawn: *Estaba amaneciendo.* Day was dawning. ◊ *Amaneció soleado.* It was sunny in the morning. ♦ *vi* (*despertarse*) to wake up: *Amanecí con dolor de cabeza.* I woke up with a headache.

amanerado, -a *pp, adj* **1** (*rebuscado*) affected **2** (*afeminado*) effeminate

amante ♦ *adj* loving: *~ padre y esposo* loving husband and father ◊ *~ de la música* music-loving ♦ *nmf* lover

amapola *nf* poppy [*pl* poppies]

amar *vt* to love

amargado, -a ♦ *pp, adj* bitter: *estar ~ por algo* to be bitter about sth ♦ *nm-nf* misery [*pl* miseries]: *Son un par de ~s.* They're a couple of miseries. *Ver tb* AMARGAR

amargar ♦ *vt* **1** (*persona*) to make *sb* bitter **2** (*ocasión*) to ruin: *Eso nos amargó las vacaciones.* That ruined our holiday. ♦ **amargarse** *v pron* to get upset: *No te amargues (la vida) por eso.* Don't get upset over something like that. LOC **amargarle la vida a algn** to make sb's life a misery

amargo, -a *adj* bitter

amarillo, -a *adj* yellowish

amarillo, -a ♦ *adj* **1** (*color*) yellow: *Es de color ~.* It is yellow. ◊ *Yo iba de ~.* I was wearing yellow. ◊ *pintar algo de ~* to paint sth yellow ◊ *el chico de la camisa amarilla* the boy in the yellow shirt **2** (*semáforo*) amber ♦ *nm* yellow: *No me gusta el ~.* I don't like yellow. LOC *Ver* PÁGINA, PRENSA

amarra *nf* (*Náut*) mooring rope LOC *Ver* SOLTAR

amarrar *vt* **1** (*gen*) to tie *sth/sb* up: *Le amarraron con cuerdas.* They tied him up with rope. **2** (*Náut*) to moor

amasar *vt* **1** (*Cocina*) to knead **2** (*fortuna*) to amass

amateur *adj, nmf* amateur

amazona *nf* (*jinete*) horsewoman [*pl* horsewomen]

ámbar *nm* amber

ambición *nf* ambition

ambicionar *vt* (*desear*) to want: *Lo que más ambiciono es...* What I want more than anything else is...

ambicioso, -a *adj* ambitious

ambientación *nf* (*película, obra de teatro*) setting

ambientador *nm* air freshener

ambiental *adj* **1** (*gen*) background [*n atrib*]: *música ~* background music **2** (*del medio ambiente*) environmental

ambientar *vt* (*novela, película*) to set *sth in...*

ambiente *nm* **1** (*gen*) atmosphere: *un ~ contaminado* a polluted atmosphere ◊ *El local tiene buen ~.* The place has a good atmosphere. ◊ *No hay ~ en la calle.* The streets are dead. **2** (*entorno*) environment: *El ~ familiar nos influye.* Our family environment has a big influence on us. LOC **estar en su ambiente** to be in your element **no estar en su ambiente** to be like a fish out of water *Ver tb* MEDIO

ambiguo, -a *adj* ambiguous

ambos, -as *pron* both (of us, you, them): *Me llevo bien con ~.* I get on well with both of them. ◊ *A ~ nos gusta viajar.* Both of us like travelling./We both like travelling.

ambulancia *nf* ambulance

ambulante *adj* travelling: *un circo ~* a travelling circus LOC *Ver* VENDEDOR

ambulatorio *nm* health centre

amén *nm* amen

amenaza *nf* threat

amenazador, ~a (*tb* amenazante) *adj* threatening

amenazar ♦ *vt, vi* to threaten: *Amenazaron con acudir a los tribunales.* They threatened to take them to court. ◊ *Le han amenazado de muerte.* They've threatened to kill him. ◊ *Me amenazó con una navaja.* He threatened me with a knife. ♦ *v imp*: *Amenaza lluvia.* It looks like (it's going to) rain.

ameno, -a *adj* **1** (*entretenido*) entertaining: *una novela muy amena* a very entertaining novel **2** (*agradable*) pleasant: *una conversación muy amena* a very pleasant conversation

América *nf* America

americana *nf* jacket

americano, -a *adj, nm-nf* American

ametralladora *nf* machine-gun

amígdala *nf* tonsil: *Me operaron de las ~s.* I had my tonsils out.

amigo, -a ♦ *adj* **1** (*voz*) friendly **2** (*mano*) helping ♦ *nm-nf* friend: *mi mejor ~* my best friend ◊ *Es íntimo ~ mío.* He's a very close friend of mine. LOC **ser muy amigo(s)** to be good friends (*with sb*): *Soy muy ~ suyo.* We're good friends.

amiguismo *nm* favouritism

amistad *nf* **1** (*relación*) friendship: *romper una ~* to end a friendship **2** **amistades** friends: *Tiene ~es influyentes.* He's got friends in high places. LOC **entablar/hacer amistad** to become friends

amistoso, -a *adj* friendly LOC *Ver* PARTIDO

amnesia *nf* amnesia

amnistía *nf* amnesty [*pl* amnesties]

amo, -a *nm-nf* owner LOC **ama de casa** housewife [*pl* housewives] **ama de llaves** housekeeper

amodorrarse *v pron* **1** (*adormilarse*) to get drowsy **2** (*dormirse*) to doze off

amoniaco (*tb* amoníaco) *nm* ammonia

amontonar ♦ vt 1 (apilar) to pile sth up 2 (acumular) to accumulate: ~ trastos to accumulate junk ♦ **amontonarse** v pron 1 (gen) to pile up: Se me amontonó el trabajo. My work piled up. 2 (apiñarse) to cram (into...): Se amontonaron en el coche. They crammed into the car.

amor nm love: una canción/historia de ~ a love song/story ◊ el ~ de mi vida the love of my life ◊ con ~ lovingly LOC **amor propio** pride **hacer el amor a/con** to make love (to/with sb) **¡por (el) amor de Dios!** for God's sake!

amoratado, -a pp, adj 1 (de frío) blue 2 (con cardenales) black and blue: Tenía todo el cuerpo ~. My whole body was black and blue. 3 (ojo) black

amordazar vt to gag

amorío nm (love) affair

amoroso, -a adj 1 (relativo al amor) love [n atrib]: vida/carta amorosa love life/letter 2 (cariñoso) loving 3 (suave) fluffy: un jersey ~ a fluffy jumper LOC Ver DESENGAÑO

amortiguador nm shock absorber

amotinarse v pron 1 (preso, masas) to riot 2 (Náut, Mil) to mutiny (**against** sth/sb)

amparar ♦ vt to protect sth/sb (**against/from** sth/sb): La ley nos ampara contra los abusos. The law protects us from abuse. ♦ **ampararse** v pron 1 **ampararse (de)** (refugiarse) to shelter (**from** sth/sb): ~se de una tormenta to shelter from a storm 2 **ampararse en** (apoyarse) to seek the protection of sth/sb: Se amparó en su familia. He sought the protection of his family.

amparo nm 1 (protección) protection 2 (lugar de abrigo) shelter 3 (apoyo) support

amperio nm amp

ampliación nf 1 (número, cantidad) increase: una ~ de plantilla an increase in staff 2 (local, negocio, información) expansion: la ~ del aeropuerto the expansion of the airport 3 (plazo, acuerdo) extension 4 (Fot) enlargement

ampliar vt 1 (gen) to extend: ~ el local/plazo de matrícula to extend the premises/registration period 2 (número, cantidad) to increase: La revista amplió su difusión. The magazine increased its circulation. 3 (negocio, imperio) to expand 4 (Fot) to enlarge

amplificador nm amplifier

amplio, -a adj 1 (gama, margen) wide: una amplia gama de productos a wide range of goods 2 (lugar) spacious: un piso ~ a spacious flat 3 (ropa) baggy

ampolla nf blister

amputar vt to amputate

amueblar vt to furnish LOC **sin amueblar** unfurnished

amuermado, -a pp, adj dopey: Después de comer me quedo como ~. I feel really dopey after I've eaten.

amuleto nm amulet LOC **amuleto de la suerte** good-luck charm

amurallado, -a pp, adj walled

analfabeto, -a adj, nm-nf illiterate [adj]: ser un ~ to be illiterate ◊ ¡Pero mira que eres ~! How stupid can you get!

analgésico nm painkiller

análisis nm analysis [pl analyses] LOC **análisis de sangre** blood test

analizar vt to analyse

anarquía nf anarchy

anarquismo nm anarchism

anarquista adj, nmf anarchist

anatomía nf anatomy [pl anatomies]

ancho, -a ♦ adj 1 (de gran anchura) wide: el ~ mar the wide sea 2 (ropa) baggy: un jersey ~ a baggy jumper ◊ La cintura me queda ancha. The waist is too big. 3 (sonrisa, hombros, espalda) broad: Es muy ~ de espaldas. He's got broad shoulders. ☞ Ver nota en BROAD ♦ nm width: ¿Cuánto mide de ~? How wide is it? ◊ Tiene dos metros de ~. It is two metres wide. LOC **a mis anchas** 1 (como en casa) at home: Ponte a tus anchas. Make yourself at home. 2 (con libertad) quite happily: Aquí los niños pueden jugar a sus anchas. The children can play here quite happily. **quedarse tan ancho** not to be at all bothered

anchoa nf anchovy [pl anchovies]

anchura nf (medida) width: No tiene suficiente ~. It isn't wide enough.

anciano, -a ♦ adj elderly ♦ nm-nf elderly man/woman [pl elderly men/women]: los ~s the elderly ☞ Ver nota en AGED LOC **asilo/residencia de ancianos** old people's home

ancla nf anchor LOC **echar el ancla/anclas** to drop anchor Ver tb LEVAR

andamio nm scaffolding [incontable]: Hay ~s por todas partes. There's scaffolding everywhere.

andar¹ ♦ vi 1 (caminar) to walk: Vine andando. I walked here. 2 (funcionar) to work: *Este reloj no anda.* This clock's not working. **3** (*estar*) to be: *¿Quién anda ahí?* Who's there? ◊ ~ *ocupado/ deprimido* to be busy/depressed ◊ *¿Qué andas buscando?* What are you looking for? **4** ~ **por** to be **about** *sth*: *Debe ~ por los 50 años.* He must be about 50. ◆ **andarse** *v pron* **andarse con**: *No te andes con bromas.* Stop fooling around. ◊ *Habrá que ~se con cuidado.* We'll have to be careful. LOC **¡anda! 1** (*gen*) come on!: *¡Anda, no exageres!* Come on, don't exaggerate! ◊ *¡Anda, déjame en paz!* Come on, leave me alone! **2** (*sorpresa*) hey!: *¡Anda, si está lloviendo!* Hey, it's raining! ☛ Para otras expresiones con **andar**, véanse las entradas del sustantivo, adjetivo, etc., p. ej. **andar a gatas** en GATO y **andarse con rodeos** en RODEO.

andar² *nm* **andares** walk [*sing*]: *Le reconocí por sus ~es.* I recognized him by his walk.

andén *nm* platform

andrajoso, -a ◆ *adj* scruffy ◆ *nm-nf* scruff

anécdota *nf* anecdote: *contar una ~* to tell an anecdote

anemia *nf* anaemia LOC **tener anemia** to be anaemic

anémico, -a *adj* anaemic

anestesia *nf* anaesthetic: *Me pusieron ~ general/local.* They gave me a general/local anaesthetic.

anestesiar *vt* to anaesthetize

anestesista *nmf* anaesthetist

anfetamina *nf* amphetamine

anfibio, -a ◆ *adj* amphibious ◆ *nm* amphibian

anfiteatro *nm* (*romano*) amphitheatre

anfitrión, -ona *nm-nf* host [*fem* hostess]

ángel *nm* angel: ~ *de la guarda* guardian angel LOC *Ver* SOÑAR

anginas *nf* tonsillitis [*incontable, v sing*]

anglicano, -a *adj, nm-nf* Anglican

anglosajón, -ona *adj, nm-nf* Anglo-Saxon

anguila *nf* eel

angula *nf* elver

ángulo *nm* angle: ~ *recto/agudo/obtuso* right/acute/obtuse angle ◊ *Yo veo las cosas desde otro ~.* I see things from a different angle.

angustia *nf* anguish: *Gritó con tremenda ~.* He cried out in anguish.

angustiado, -a *pp, adj* anxious: *Esperaba ~.* I waited anxiously. *Ver tb* ANGUSTIAR

angustiar ◆ *vt* to worry: *Me angustian los exámenes.* I'm worried about my exams. ◆ **angustiarse** *v pron* **angustiarse** (**por**) **1** (*inquietarse*) to worry (**about** *sth/sb*): *No debes ~te cada vez que llegan tarde.* You mustn't worry every time they're late. **2** (*apenarse*) to get upset (**about** *sth*)

anidar *vi* (*aves*) to nest

anilla *nf* ring

anillo *nm* ring LOC **venir como anillo al dedo** to be just right

animado, -a *pp, adj* **1** (*gen*) lively: *La fiesta estuvo muy animada.* It was a very lively party. **2** ~ (**a**) (*dispuesto*) keen (**to do** *sth*): *Yo estoy ~ a ir.* I'm keen to go. LOC *Ver* DIBUJO; *Ver tb* ANIMAR

animal *adj, nm* animal [*n*]: ~ *doméstico/ salvaje* domestic/wild animal ◊ *el reino ~* the animal kingdom

animar ◆ *vt* **1** (*persona*) to cheer *sb* up: *Animé a mi hermana y dejó de llorar.* I cheered my sister up and she stopped crying. **2** (*conversación, partido*) to liven *sth* up **3** (*apoyar*) to cheer *sb* on: ~ *a un equipo* to cheer a team on ◆ **animarse** *v pron* **1** (*persona*) to cheer up: *¡Anímate hombre!* Cheer up! **2** (*decidirse*) to decide (**to do** *sth*): *A lo mejor me animo a ir.* I may decide to go. LOC **animar a algn a que haga algo** to encourage *sb* to do *sth*: *Yo les animo a que hagan más deporte.* I'm encouraging them to do more sport.

ánimo ◆ *nm* spirits [*pl*]: *Estábamos bajos de ~.* Our spirits were low. ◆ **¡ánimo!** *interj* cheer up!

aniquilar *vt* to annihilate: ~ *al adversario* to annihilate the enemy

anís *nm* **1** (*semilla*) aniseed **2** (*licor*) anisette

aniversario *nm* anniversary [*pl* anniversaries]: *nuestro ~ de boda* our wedding anniversary

ano *nm* anus [*pl* anuses]

anoche *adv* last night

anochecer ◆ *v imp* to get dark: *En invierno anochece temprano.* In winter it gets dark early. ◆ *nm* dusk: *al ~* at dusk LOC **antes/después del anochecer** before/after dark

anónimo, -a ◆ *adj* anonymous ◆ *nm* (*carta*) anonymous letter LOC *Ver* SOCIEDAD

anorak *nm* anorak

anorexia *nf* anorexia

anoréxico, -a *adj* anorexic

anormal *adj* abnormal: *un comportamiento* ~ abnormal behaviour

anotar ♦ *vt* to note *sth* down: *Anoté la dirección.* I noted down the address. **♦ anotarse** *v pron* (*triunfo*) to score: *El equipo se anotó su primera victoria.* The team scored its first victory.

ansia *nf* **1** ~ **(de)** longing (**for** *sth*): ~ *de cambio* a longing for change **2** ~ **(por)** desire (**for** *sth/to do sth*): ~ *por mejorar* a desire to improve

ansiedad *nf* anxiety [*pl* anxieties]

antártico, -a ♦ *adj* Antarctic **♦** *nm* **el Antártico** the Antarctic Ocean **LOC** *Ver* CÍRCULO

ante¹ *prep* **1** (*gen*) before: *ante las cámaras* before the cameras ◊ *comparecer ante el juez* to appear before the judge **2** (*enfrentado con*) in the face of *sth*: *ante las dificultades* in the face of adversity **LOC ante todo** *Ver* TODO

ante² *nm* suede

anteanoche *adv* the night before last

anteayer *adv* the day before yesterday

antebrazo *nm* forearm

antelación *nf* **LOC con antelación** in advance: *con dos años de* ~ two years in advance

antemano *adv* **LOC de antemano** in advance

antena *nf* **1** (*Radio, TV*) aerial **2** (*Zool*) antenna [*pl* antennae] **LOC antena parabólica** satellite dish **estar en antena** to be on the air

antepasado, -a *nm-nf* ancestor

anteponer *vt* (*poner delante*) to put *sth* before *sth*: *Anteponga el adjetivo al nombre.* Put the adjective before the noun.

anterior *adj* previous

antes *adv* **1** (*previamente*) before: *Ya lo habíamos discutido* ~. We had discussed it before. ☞ *Ver nota en* AGO **2** (*más temprano*) earlier: *Los lunes cerramos* ~. We close earlier on Mondays. **LOC antes de** before *sth/doing sth*: ~ *de Navidad* before Christmas ◊ ~ *de ir a la cama* before going to bed **antes que nada** above all **de antes** previous: *en el trabajo de* ~ in my previous job **lo antes posible** as soon as possible *Ver tb* CONSUMIR, CUANTO

antiaéreo, -a *adj* anti-aircraft

antibala (*tb* **antibalas**) *adj* bulletproof **LOC** *Ver* CHALECO

antibiótico *nm* antibiotic

anticipación *nf* **LOC con anticipación** in advance: *reservar entradas con* ~ to book tickets in advance

anticipado, -a *pp, adj* **LOC por anticipado** in advance *Ver tb* ANTICIPAR

anticipar *vt* **1** (*adelantar*) to bring *sth* forward: *Anticipamos la boda.* We brought the wedding forward. **2** (*dinero*) to advance *sth* (**to** *sb*): *Me anticipó el dinero.* He advanced me the money. **3** (*sueldo, alquiler*) to pay *sth* in advance

anticipo *nm* (*dinero*) advance: *He pedido un* ~ *del sueldo.* I've asked for an advance on my salary.

anticonceptivo, -a *adj, nm* contraceptive: *los métodos* ~*s* contraceptive methods

anticuado, -a *adj, nm-nf* old-fashioned [*adj*]: *Esta camisa se ha quedado anticuada.* This shirt's old-fashioned. ◊ *¡Eres un* ~, *papá!* You're really old-fashioned, Dad!

anticuario *nm* antique shop

anticuerpo *nm* antibody [*pl* antibodies]

antidisturbios *adj* riot [*n atrib*]: *policía* ~ riot police

antidoping *adj* **LOC control/prueba antidoping** drug test: *Dio positivo en la prueba* ~. He tested positive.

antídoto *nm* ~ **(de/contra)** antidote (**to** *sth*)

antidroga *adj* anti-drug: *organizar una campaña* ~ to organize an anti-drug campaign

antifaz *nm* mask

antigás *adj* **LOC** *Ver* MÁSCARA

antiguamente *adv* in the olden days

antigüedad *nf* **1** (*cualidad*) age: *la* ~ *de las viviendas* the age of the houses **2** (*en trabajo*) seniority **3** (*época*) antiquity **4** (*objeto*) antique: *tienda de* ~*es* antique shop

antiguo, -a *adj* **1** (*viejo*) old: *coches* ~*s* old cars **2** (*anterior*) former, old (*más coloq*): *la antigua Unión Soviética* the former Soviet Union ◊ *mi* ~ *jefe* my old boss **3** (*Hist*) ancient: *la Grecia antigua* ancient Greece *Ver* CASCO, CHAPADO

antílope *nm* antelope

antipático, -a *adj* unpleasant, nasty (*más coloq*)

antirrobo *adj* anti-theft: *sistema* ~ anti-theft device **LOC** *Ver* ALARMA

antojarse *v pron*: *Iré cuando se me antoje.* I'll go when I feel like it. ◊ *Al* *niño se le antojó un robot.* The child took a fancy to a robot.

antojo *nm* **1** (*capricho*) whim **2** (*lunar*) birthmark LOC **tener antojo de** to have a craving for *sth* **tener antojos** to have cravings: *Algunas embarazadas tienen ~s.* Some pregnant women have cravings.

antónimo, -a *adj, nm* opposite: *¿Cuál es el ~ de alto?* What's the opposite of tall? ◊ *Alto y bajo son ~s.* Tall and short are opposites.

antorcha *nf* torch: *la ~ olímpica* the Olympic torch

antro *nm* (*local*) dive

anual *adj* annual

anualmente *adv* annually

anulación *nf* **1** (*gen*) cancellation: *la ~ del torneo* the cancellation of the tournament **2** (*matrimonio*) annulment

anular[1] *vt* **1** (*gen*) to cancel: *Tendremos que ~ la cena/el examen.* We'll have to cancel the dinner/exam. **2** (*matrimonio*) to annul **3** (*gol, tanto*) to disallow **4** (*votación*) to declare *sth* invalid

anular[2] *nm* (*dedo*) ring finger

anunciar ◆ *vt* **1** (*informar*) to announce: *Anunciaron el resultado por los altavoces.* They announced the result over the loudspeakers. **2** (*hacer publicidad*) to advertise ◆ **anunciarse** *v pron* **anunciarse (en...)** (*hacer publicidad*) to advertise (in...)

anuncio *nm* **1** (*prensa, televisión*) advertisement, advert (*más coloq*), ad (*coloq*) **2** (*cartel*) poster **3** (*declaración*) announcement LOC **anuncio luminoso** neon sign **anuncio(s) por palabras** classified ad(s) *Ver tb* PROHIBIDO, TABLÓN

añadido, -a *pp, adj* LOC *Ver* IMPUESTO; *Ver tb* AÑADIR

añadir *vt* to add

añicos *nm* LOC **hacerse añicos** to shatter

año *nm* year: *todo el ~* all year (round) ◊ *todos los ~* every year ◊ *~ académico/escolar* academic/school year LOC **año bisiesto** leap year **año(s) luz** light year(s) **de dos, etc. años**: *una mujer de treinta ~s* a woman of thirty/a thirty-year-old woman ◊ *A Miguel, de 12 ~s, le gusta el cine.* Miguel, aged 12, likes films. **los años 50, 60, etc.** the 50s, 60s, etc. **quitarse años** to lie about your age **tener dos, etc. años** to be two, etc. (years old): *Tengo diez ~s.* I'm ten (years old). ◊ *¿Cuántos ~s tienes?* How old are you? ☛ *Ver nota en* OLD **un año**

sí y otro no every other year *Ver tb* CURSO

añorar *vt* (*echar de menos*) to miss

anzuelo *nm* hook LOC *Ver* MORDER(SE)

apaciguar ◆ *vt* to appease ◆ **apaciguarse** *v pron* to calm down: *cuando se hayan apaciguado los ánimos* once everybody has calmed down

apagado, -a *pp, adj* **1** (*persona*) listless **2** (*color*) dull **3** (*volcán*) extinct LOC **estar apagado 1** (*luz, aparato*) to be off **2** (*fuego*) to be out *Ver tb* APAGAR

apagar ◆ *vt* **1** (*fuego, cigarro*) to put *sth* out **2** (*vela, cerilla*) to blow *sth* out **3** (*luz, aparato*) to switch *sth* off ◆ **apagarse** *v pron* to go out: *Se me apagó la vela/el cigarro.* My candle/cigarette went out.

apagón *nm* power cut

apañarse *v pron* (*darse maña*) to manage: *No me apaño a escribir con la izquierda.* I can't write with my left hand. LOC **apañárselas** (*arreglarse*) to get by: *Ya me las apañaré.* I'll get by.

aparador *nm* sideboard

aparato *nm* **1** (*máquina*) machine: *¿Cómo funciona este ~?* How does this machine work? **2** (*doméstico*) appliance **3** (*radio, televisión*) set **4** (*Anat*) system: *el ~ digestivo* the digestive system **5** (*para los dientes*) brace: *Me tienen que poner ~.* I've got to wear a brace. **6** (*gimnasia*) apparatus [*incontable*]

aparatoso, -a *adj* spectacular

aparcamiento *nm* **1** (*parking*) car park **2** (*espacio*) parking space: *No encuentro ~.* I can't find a parking space.

aparcar *vt, vi* to park: *¿Dónde has aparcado?* Where have you parked? LOC **aparcar en doble fila** to double-park

aparecer ◆ *vi* **1** (*gen*) to appear: *Aparece mucho en la televisión.* He appears a lot on TV. **2** (*algn/algo que se había perdido*) to turn up: *Perdí las gafas pero al final aparecieron.* I lost my glasses but they turned up eventually. **3** (*figurar*) to be: *Mi número no aparece en la guía.* My number isn't in the directory. **4** (*llegar*) to show up: *A eso de las diez apareció Pedro.* Pedro showed up around ten. ◆ **aparecerse** *v pron* **aparecerse (a/ante)** to appear (**to sb**)

aparejador, -a *nm-nf* quantity surveyor

aparentar ◆ *vt* **1** (*fingir*) to pretend: *Tuve que ~ alegría.* I had to pretend I was happy. **2** (*edad*) to look: *Aparenta unos 50 años.* He looks about 50. ◆ *vi* to show off.

aparente adj apparent: sin un motivo ~ for no apparent reason

aparición nf 1 (gen) appearance 2 (Relig) vision 3 (fantasma) apparition LOC hacer (su) aparición to appear

apariencia nf appearance LOC Ver GUARDAR

apartado, -a ◆ pp, adj remote ◆ nm 1 (gen) section 2 (párrafo) paragraph LOC apartado de correos post office box (abrev PO box) Ver tb APARTAR

apartamento nm flat

apartar ◆ vt 1 (obstáculo) to move sth (out of the way) 2 (alejar) to separate sth/sb from sth/sb: Sus padres se apartaron de sus amigos. His parents separated him from his friends. ◆ apartarse v pron to move (over): Apártate, que estorbas. Move (over), you're in the way. LOC apartar la vista to look away

aparte ◆ adv 1 (a un lado) aside: Pondré estos papeles ~. I'll put these documents aside. 2 (separadamente) separately: Esto lo pago ~. I'll pay for this separately. ◆ adj 1 (diferente) apart: un mundo ~ a world apart 2 (separado) separate: Dame una cuenta ~ para estas cosas. Give me a separate bill for these items. LOC aparte de 1 (excepto) apart from sth/sb: ~ de eso no pasó nada. Apart from that nothing happened. 2 (además de) as well as: ~ de bonito, parece práctico. It's practical as well as pretty. Ver tb CASO, PUNTO

apasionado, -a ◆ pp, adj passionate ◆ nm-nf ~ de/por lover of sth: los ~s de la ópera opera lovers Ver tb APASIONAR

apasionante adj exciting

apasionar ◆ vi to love sth/doing sth [vt]: Me apasiona el jazz. I love jazz. ◆ apasionarse v pron apasionarse con/por to be mad about sth/sb

apedrear vt to stone

apego nm ~ (a/por) affection (for sth/sb) LOC tenerle apego a algo/algn to be very attached to sth/sb

apelación nf appeal

apelar vi to appeal: Han apelado a nuestra generosidad. They have appealed to our generosity. ◊ Apelaron contra la sentencia. They appealed against the sentence.

apellidarse v pron: ¿Cómo te apellidas? What's your surname? ◊ Se apellidan Morán. Their surname is Morán.

apellido nm surname ☞ Ver nota en SURNAME LOC Ver NOMBRE

apenado, -a pp, adj ~ (por) sad (about sth) Ver tb APENAR

apenar ◆ vt to sadden: Me apena pensar que no volveré a verte. It saddens me to think that I won't see you again. ◆ apenarse v pron apenarse (por) to be upset (about sth)

apenas adv 1 (casi no) hardly: ~ había cola. There was hardly any queue. ◊ ~ dijeron nada. They hardly said anything. ◊ No vino ~ nadie. Hardly anyone came. 2 (casi nunca) hardly ever: Ahora ~ les vemos. We hardly ever see them now. ☞ Ver nota en ALWAYS 3 (escasamente) scarcely: Hace ~ un año. Scarcely a year ago. 4 (en cuanto) as soon as: ~ llegaron as soon as they arrived

apéndice nm appendix [pl appendixes/appendices]

apendicitis nf appendicitis [incontable]

aperitivo nm 1 (bebida) aperitif [pl aperitifs] 2 (tapa) appetizer

apertura nf 1 (gen) opening: la ceremonia de ~ the opening ceremony 2 (comienzo) beginning: la ~ del curso the beginning of the academic year

apestar vi ~ (a) to stink (of sth) LOC Ver OLER

apetecer vi to fancy sth/doing sth [vt]: ¿Te apetece un café? Do you fancy a coffee?

apetito nm appetite: El paseo te abrirá el ~. The walk will give you an appetite. ◊ tener buen ~ to have a good appetite

apiadarse v pron ~ de to take pity on sb

apicultura nf bee-keeping

apilar vt to stack

apiñarse v pron to crowd (together)

apio nm celery

apisonadora nf steamroller

aplastante adj overwhelming: ganar por mayoría ~ to win by an overwhelming majority

aplastar

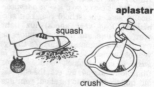

squash

crush

aplastar vt 1 (cosa blanda, insecto) to squash 2 (cosa hueca, persona) to crush 3 (derrotar) to crush

aplaudir vt, vi to applaud

aplauso nm applause [incontable]: grandes ~s loud applause

aplazar vt **1** (gen) to put sth off, to postpone (más formal) **2** (pago) to defer

aplicable adj ~ (a) applicable (to sth/sb)

aplicación nf application

aplicado. -a pp, adj **1** (persona) hard-working **2** ~ (a) (applied (to sth): matemática aplicada applied mathematics Ver tb APLICAR

aplicar ◆ vt **1** (gen) to apply sth (to sth): ~ una regla to apply a rule ◊ Aplique la crema sobre la zona afectada. Apply the cream to the affected area. **2** (poner en práctica) to put sth to use: Vamos a ~ los conocimientos aprendidos. Let's put what we've learnt to use. ◆ **aplicarse** v pron **aplicarse (a/en)** to apply yourself (to sth): ~se a una tarea to apply yourself to a task

apoderarse v pron ~ de to take: Se apoderaron de las joyas. They took the jewels.

apodo nm nickname

apolítico. -a adj apolitical

apología nf ~ de defence of sth/sb

aporrear vt **1** (puerta) to bang on sth **2** (piano) to bang away on the piano

aportación nf ~ (a/para) contribution (to sth)

aportar vt to contribute: ~ una idea interesante to contribute an interesting idea

aposta adv on purpose

apostar(se) vt, vi, v pron ~ (por) to bet (on sth/sb): ~ por un caballo to bet on a horse ◊ Me apuesto lo que quieras a que no vienen. I bet anything you like they won't come. ◊ ¿Qué te apuestas? What do you bet?

apóstol nm apostle

apoyado. -a pp, adj ~ en/sobre/contra **1** (inclinado) leaning against sth: ~ contra la pared leaning against the wall ☛ Ver dibujo en LEAN² **2** (descansando) resting on/against sth: Tenía la cabeza apoyada en el respaldo. I was resting my head on the back of the chair. Ver tb APOYAR

apoyar ◆ vt **1** (gen) to lean sth on/against sth: No lo apoyes contra la pared. Don't lean it against the wall.

☛ Ver dibujo en LEAN² **2** (descansar) to rest sth on/against sth: Apoya la cabeza en mi hombro. Rest your head on my shoulder. **3** (defender) to support: ~ una huelga/a un compañero to support a strike/colleague ◆ **apoyarse** v pron to lean on/against sth: ~se en un bastón/contra una pared to lean on a stick/against a wall

apoyo nm support: una manifestación de ~ a la huelga a demonstration in support of the strike

apreciar vt **1** (cosa) to value: Aprecio el trabajo bien hecho. I value a job well done. **2** (persona) to think highly of sb: Te aprecian mucho. They think very highly of you. **3** (percibir) to see

aprecio nm regard (for sth/sb) LOC **tenerle mucho aprecio a algn** to be very fond of sb

aprender ◆ vt, vi to learn: ~ francés to learn French ◊ Deberías ~ a escuchar a los demás. You should learn to listen to other people. ◊ Quiero ~ a conducir. I want to learn to drive. ◆ **aprenderse** v pron to learn: ~se tres capítulos to learn three chapters ◊ ~se algo de memoria to learn sth by heart

aprendiz. ~a nm-nf apprentice: ~ de peluquero apprentice hairdresser

aprendizaje nm learning: el ~ de un idioma learning a language

apresurarse v pron ~ a to hasten to do sth: Me apresuré a darles las gracias. I hastened to thank them. LOC **¡apresúrate!** hurry up!

apretado. -a pp, adj **1** (ajustado) tight **2** (gente) squashed together Ver tb APRETAR

apretar ◆ vt **1** (botón, pedal) to press **2** (tuerca, tapa, nudo) to tighten **3** (gatillo) to pull **4** (exigir) to be strict with sb ◆ vi **1** (ropa) to be too tight (for sb): El pantalón me aprieta. The trousers are too tight (for me). **2** (zapatos) to pinch ◆ **apretarse** v pron **apretarse (contra)** to squeeze up (against sth) LOC **apretarse el cinturón** to tighten your belt

aprieto nm LOC **estar en aprietos/un aprieto** to be in a fix **poner en un aprieto** to put sb in a tight spot

aprisa ◆ adv fast ◆ **¡aprisa!** interj hurry up!

aprobación nf approval LOC **dar su aprobación** to give your consent (to sth)

aprobado nm (Educ) pass: Saqué dos ~s. I got two passes. ☞ Ver nota en MARK

aprobar vt 1 (examen, ley) to pass: Aprobé a la primera. I passed first time. ◊ No he aprobado ni una asignatura. I haven't passed a single subject. 2 (aceptar) to approve of sth/sb: No apruebo su comportamiento. I don't approve of their behaviour.

apropiado, -a pp, adj appropriate Ver tb APROPIARSE

apropiarse v pron ~ de to take: Niegan haberse apropiado del dinero. They say they didn't take the money.

aprovechado, -a nm-nf sponger

aprovechar ◆ vt 1 (utilizar) to use: ~ bien el tiempo to use your time well 2 (recursos naturales) to exploit: ~ la energía solar to exploit solar energy 3 (oportunidad, abusar) to take advantage of sth/sb: Aproveché el viaje para visitar a mi hermano. I took advantage of the journey to visit my brother. ◆ vi: Aprovecha ahora que no está el jefe. Seize the chance now that the boss isn't here. ◆ **aprovecharse** v pron aprovecharse (de) to take advantage (of sth/ sb) LOC **¡que aproveche!**

No existe una fórmula típicamente británica para desear buen provecho al comienzo de una comida. Si quieres, puedes decir **Enjoy your meal!** o **Bon appetit!** (más formal).

aproximadamente adv more or less, approximately (más formal)

aproximado, -a pp, adj approximate LOC Ver CÁLCULO; Ver tb APROXIMARSE

aproximarse v pron to get close (to sth/sb), to approach (más formal): Se aproximan los exámenes. The exams are getting close.

aptitud nf 1 (gen) aptitude (for sth/ doing sth): prueba de ~ aptitude test 2 aptitudes gift [sing]: tener ~es musicales to have a gift for music

apto, -a adj suitable (for sth/to do sth): No son ~s para este trabajo. They're not suitable for this job.

apuesta nf bet: hacer una ~ to make a bet

apuntar ◆ vt 1 (anotar) to note sth down: Voy a ~ la dirección. I'm going to note down the address. 2 (inscribir) to put sb's name down ◆ vt, vi to aim (sth) (at sth/sb): Apunté demasiado alto. I aimed too high. ◊ Me apuntó con la pistola. He aimed his gun at me. ◆ **apuntarse** v pron 1 (inscribirse) to put your name down (for sth), to enrol (for

sth) (más formal): Me he apuntado a un curso de judo. I've enrolled for judo lessons. 2 (Dep, triunfo) to score: El equipo se apuntó una gran victoria. The team scored a great victory. 3 (participar): Si vais a la playa, me apunto. If you're going to the beach, I'll come along. ◊ Siempre se apunta a todo. She always joins in with everything. LOC **apuntarse al paro** to sign on

apunte nm note: coger/tomar ~s to take notes

apuñalar vt to stab

apuro nm 1 (aprieto) fix: Eso nos sacaría del ~. It would get us out of this fix. 2 **apuros** trouble [incontable]: un alpinista en ~s a climber in trouble 3 (vergüenza) embarrassment: ¡Qué ~! How embarrassing!

aquel, aquella ◆ adj that [pl those] ◆ (tb aquél, aquélla) pron 1 (cosa) that one [pl those (ones)]: Este coche es mío y ~ de Pedro. This car's mine and that one is Pedro's. ◊ Prefiero aquellos. I prefer those (ones). 2 (persona): ¿Conoces a aquellos? Do you know those people? LOC Ver ENTONCES

aquello pron: ¿Ves ~ de allí? Can you see that thing over there? ◊ No te imaginas lo que fue ~. You can't imagine what it was like. ◊ ~ de tu jefe that business with your boss LOC **aquello que...**: Recuerda ~ que tu madre siempre decía. Remember what your mother always used to say.

aquí adv 1 (lugar) here: Ya están ~. They're here. ◊ Es ~ mismo. It's right here. 2 (ahora) now: de ~ en adelante from now on ◊ Hasta ~ todo va bien. Up till now everything's been fine. 3 (presentaciones) this is: ~ mi hermano, ~ un amigo. This is my brother, this is a friend. LOC **(por) aquí cerca** near here **por aquí (por favor)** this way (please) Ver tb TIRO

árabe ◆ adj 1 (gen) Arab: el mundo ~ the Arab world 2 (Arquit, Liter) Arabic ◆ nmf Arab: los ~s the Arabs ◆ nm (lengua) Arabic

arábigo, -a adj LOC Ver NUMERACIÓN, NÚMERO

arado nm plough

arancel nm tariff

arandela nf 1 (aro) metal ring 2 (para un tornillo) washer

araña nf spider

arañar(se) vt, v pron to scratch (yourself): Me he arañado los brazos *cogiendo moras.* I scratched my arms picking blackberries.

arañazo *nm* scratch

arar *vt* to plough

arbitrar *vt* 1 (*Fútbol, Boxeo*) to referee 2 (*Tenis*) to umpire

arbitrario. -a *adj* arbitrary

árbitro. -a *nm-nf* 1 (*Fútbol, Boxeo*) referee 2 (*Tenis*) umpire 3 (*mediador*) arbitrator

árbol *nm* tree: ~ *frutal* fruit tree LOC **árbol genealógico** family tree

arboleda *nf* grove

arbusto *nm* bush

arcada *nf* LOC **dar arcadas** to retch: *Me daban* ~s. I was retching.

arcén *nm* 1 (*autopista*) hard shoulder 2 (*carretera*) verge

archipiélago *nm* archipelago [*pl* archipelagos/archipelagoes]

archivador *nm* 1 (*mueble*) filing cabinet 2 (*carpeta*) file

archivar *vt* 1 (*clasificar*) to file 2 (*Informát*) to store: ~ *datos* to store data 3 (*asunto*) to shelve

archivo *nm* 1 (*policía, Informát*) file: *guardar/crear un* ~ to save/create a file 2 (*Hist*) archive(s) [*se usa mucho en plural*]: *un* ~ *histórico* historical archives

arcilla *nf* clay

arco *nm* 1 (*Arquit*) arch 2 (*Mat*) arc: *un* ~ *de 36°* a 36°arc 3 (*Dep, Mús*) bow: *el* ~ *y las flechas* bow and arrows LOC **arco iris** rainbow: *¡Mira!, ha salido el* ~ *iris.* Look! There's a rainbow. *Ver tb* TIRO

arcón *nm* large chest

arder *vi* 1 (*quemarse*) to burn 2 (*estar muy caliente*) to be boiling hot: *La sopa está ardiendo.* The soup is boiling hot. LOC **estar que arde** (*persona*) to be fuming: *Tu padre está que arde.* Your father is fuming.

ardiente *adj* LOC *Ver* CAPILLA

ardilla *nf* squirrel

ardor *nm* (*entusiasmo*) enthusiasm LOC **ardor de estómago** heartburn

área *nf* area: *el* ~ *de un rectángulo* the area of a rectangle LOC **área de servicio** (motorway) services [*pl*]

arena *nf* sand: *jugar en la* ~ to play in the sand LOC **arenas movedizas** quicksands *Ver tb* BANCO, CASTILLO

arenque *nm* herring LOC **arenque ahumado** kipper

Argentina *nf* Argentina

argentino. -a *adj, nm-nf* Argentine, Argentinian

argolla *nf* ring

argot *nm* 1 (*lenguaje coloquial*) slang 2 (*lenguaje profesional*) jargon

argumento *nm* 1 (*razón*) argument: *los* ~*s a favor y en contra* the arguments for and against 2 (*Cine, Liter*) plot

árido. -a *adj* (*terreno, tema*) dry

aries (*tb* **Aries**) *nm, nmf* (*Astrol*) Aries ☞ *Ver ejemplos en* AQUARIUS

arisco. -a *adj* unfriendly

arista *nf* (*Geom*) edge

aristocracia *nf* aristocracy [*v sing o pl*]

aristócrata *nmf* aristocrat

aritmética *nf* arithmetic

arma *nf* 1 (*gen*) weapon: ~*s nucleares* nuclear weapons 2 **armas** arms: *un traficante de* ~*s* an arms dealer LOC **arma blanca** knife **arma de doble filo** double-edged sword **arma de fuego** firearm **arma homicida** murder weapon *Ver tb* CONTRABANDISTA, CONTRABANDO, ESCUDO

armada *nf* navy [*v sing o pl*] [*pl* navies]: *tres buques de la* ~ three navy ships

armadura *nf* armour [*incontable*]: *una* ~ a suit of armour

armamento *nm* arms [*pl*]: *el control de* ~*s* arms control LOC *Ver* CARRERA

armar *vt* 1 (*entregar armas*) to arm *sb* (**with** *sth*): *Armaron a los soldados con fusiles.* They armed the soldiers with guns. 2 (*montar*) to assemble LOC **armar jaleo** to make a racket **armarse de paciencia** to be patient **armarse de valor** to pluck up courage **armarse un lío** to get confused: *Con tantas puertas me armo un lío.* I get confused with all these doors. **armar un lío** to kick up a fuss *Ver tb* BRONCA

armario *nm* 1 (*gen*) cupboard 2 (*para ropa*) wardrobe

armisticio *nm* armistice

armonía *nf* harmony [*pl* harmonies]

armónica *nf* mouth organ

arneses *nm* harness [*sing*]

aro *nm* 1 (*gen*) ring: *los* ~*s olímpicos* the Olympic rings 2 (*gimnasia*) hoop

aroma *nm* aroma

aromaterapia *nf* aromatherapy

aromático. -a *adj* aromatic

arpa *nf* harp

arpón *nm* harpoon

arqueología *nf* archaeology

arqueólogo. -a *nm-nf* archaeologist

arquitecto, -a nm-nf architect

arquitectura nf architecture

arrabal nm suburb

arraigado, -a pp, adj deep-rooted: una costumbre muy arraigada a deep-rooted custom Ver tb ARRAIGAR(SE)

arraigar(se) vi, v pron to take root

arrancar ◆ vt 1 (sacar) to pull sth out: ~ un clavo to pull a nail out 2 (planta) to pull sth up: ~ los hierbajos to pull the weeds up 3 (página) to tear sth out 4 (quitar) to pull sth off: ~ la etiqueta de una camisa to pull the label off a shirt ◆ vt, vi (motor) to start

arranque nm 1 (motor) starting: Tengo problemas con el ~. I've got problems starting the car. 2 (persona) go: una persona de poco ~ a person with very little go 3 ~ de fit of sth: un ~ de celos a fit of jealousy

arrasar ◆ vt to destroy: El incendio arrasó varios edificios. The fire destroyed several buildings. ◆ vi (ganar) to win hands down: El equipo local arrasó. The home team won hands down.

arrastrar ◆ vt 1 (por el suelo) to drag: No arrastres los pies. Don't drag your feet. 2 (problema, deuda, asignatura): Todavía arrastro el catarro. I haven't got over my cold yet. ◊ Todavía arrastro la física de primero. I still haven't passed my first year physics exam. ◆ **arrastrarse** v pron 1 (gatear) to crawl: ~se por el suelo to crawl along the floor 2 **arrastrarse (ante)** (humillarse) to grovel (to sb)

¡arre! interj gee up!

arrear ◆ vt (ganado) to drive ◆ vi: ¡Arrea, que llegamos tarde! Hurry up! We're late.

arrecife nm reef

arreglado, -a pp, adj 1 (persona) dressed up: ¿Dónde vas tan arreglada? Where are you off to all dressed up? ◊ una señora muy arreglada a smartly dressed lady 2 (ordenado) tidy 3 (asunto) sorted out: Ya está ~ el problema. The problem's sorted out now. Ver tb ARREGLAR

arreglar ◆ vt 1 (reparar) to mend: Van a venir a ~ la lavadora. They're coming to mend the washing machine. 2 (hacer obras) to do sth up: Estamos arreglando el cuarto de baño. We're doing up the bathroom. 3 (ordenar) to tidy sth (up) 4 (asunto, problema) to sort sth out: No te preocupes que yo lo arreglaré. Don't

worry, I'll sort it out. 5 (ensalada) to dress ◆ **arreglarse** v pron 1 (acicalarse) to get ready 2 (mejorar) to get better, to improve (más formal): Si se arregla la situación económica... If the economic situation improves... 3 (salir bien) to work out: Al final todo se arregló. It all worked out in the end. 4 (apañarse) to manage: Hay poca comida pero ya nos arreglaremos. There's not much food but we'll manage. LOC **arreglárselas** to get by

arreglo nm 1 (reparación) repair: hacer ~s to do repairs 2 (acuerdo) agreement LOC **no tiene arreglo** 1 (objeto) it can't be mended 2 (problema) it can't be solved 3 (persona) he/she is a hopeless case

arrendar vt 1 (ceder) to rent sth out: Arrendaron su casa de la playa el verano pasado. They rented out their seaside home last summer. 2 (tomar) to rent: Arrendé un apartamento en Santander. I rented an apartment in Santander. ☞ Ver nota en ALQUILAR

arrepentido, -a pp, adj LOC **estar arrepentido (de)** to be sorry (for/about sth) ☞ Ver nota en SORRY; Ver tb ARREPENTIRSE

arrepentimiento nm 1 (pesar) regret 2 (Relig) repentance

arrepentirse v pron ~ (de) 1 (lamentar) to regret: Me arrepiento de habérselo prestado. I regret lending it to him. 2 (pecado) to repent (of sth)

arrestar vt 1 (detener) to arrest 2 (encarcelar) to imprison

arresto nm 1 (detención) arrest 2 (prisión) imprisonment: 10 meses de ~ 10 months' imprisonment

arriar vt to lower: ~ (la) bandera to lower the flag

arriba ◆ adv 1 (gen) up: aquel castillo allá ~ that castle up there ◊ Íbamos andando cuesta ~. We were walking up the hill. ◊ de cintura para ~ from the waist up 2 (piso) upstairs: Viven ~. They live upstairs. ◊ los vecinos de ~ our upstairs neighbours ◆ **¡arriba!** interj come on!: ¡~ el Athletic! Come on Athletic! LOC **arriba del todo** at the very top **¡arriba las manos!** hands up! **de arriba abajo** 1 (gen) up and down: Me miró de ~ abajo. He looked me up and down. ◊ mover algo de ~ abajo to move something up and down 2 (completamente): cambiar algo de ~ abajo to change sth completely **hacia arriba** upwards **más arriba** 1 (más lejos) further up: Está en esta misma calle, *más* ~. It's further up this street. **2** (*en sentido vertical*) higher up: *Pon el cuadro más* ~. Put the picture higher up. *Ver tb* AHÍ, ALLÁ, ALLÍ, BOCA, CALLE, CUESTA, PARTE¹, PATA, RÍO

arriesgado, -a *pp, adj* **1** (*peligroso*) risky **2** (*audaz*) daring *Ver tb* ARRIESGAR

arriesgar ◆ *vt* to risk: ~ *la salud/el dinero/la vida* to risk your health/money/life ◆ **arriesgarse** *v pron* to take a risk/risks: *Yo que tú no me arriesgaría.* If I were you, I wouldn't risk it. LOC *Ver* PELLEJO

arrimar ◆ *vt* to bring *sth* closer (**to sth**): *Arrima la silla a la estufa.* Bring your chair closer to the stove. ◆ **arrimarse** *v pron* **arrimarse (a)** to go/come near: *No te arrimes a la pared.* Don't go near the wall. ◊ *No te arrimes a esa puerta, está recién pintada.* Don't go near that door. It's just been painted.

arrinconar *vt* **1** (*cosa*) to discard **2** (*acorralar*) to corner **3** (*marginar*) to exclude

arroba *nf* (*Informát*) at

El símbolo @ se lee at: *juan@rednet.es* se lee "juan at rednet dot e s".

arrodillarse *v pron* to kneel (down)

arrogante *adj* arrogant

arrojar *vt* to throw: ~ *piedras a la policía* to throw stones at the police

arrollar *vt* **1** (*peatón*) to run *sb* over: *Lo arrolló un coche.* A car ran him over. **2** (*viento, agua*) to carry *sth* away: *El viento arrolló el tejado.* The wind carried the roof away. **3** (*vencer*) to thrash

arropar(se) *vt, v pron* to wrap (*sb*) up: *Arrópate bien.* Wrap up well.

arroyo *nm* stream

arroz *nm* rice LOC **arroz con leche** rice pudding

arrozal *nm* rice field

arruga *nf* **1** (*piel*) wrinkle **2** (*papel, ropa*) crease

arrugar(se) *vt, v pron* **1** (*piel*) to wrinkle **2** (*ropa*) to crease: *Esta falda se arruga en seguida.* This skirt creases very easily. **3** (*papel*) to crumple *sth* (up): *Dóblalo bien para que no se arrugue.* Fold it properly so that it doesn't get crumpled.

arruinar ◆ *vt* to ruin: *La tormenta ha arruinado las cosechas.* The storm has ruined the crops. ◆ **arruinarse** *v pron* to go bankrupt

arsenal *nm* (*armas*) arsenal

arsénico *nm* arsenic

arte *nm* **1** (*gen*) art: *una obra de* ~ a work of art **2** (*habilidad*) skill (**at sth/doing sth**): *Tienes* ~ *para pintar.* You show great skill at painting. LOC **como por arte de magia** as if by magic *Ver tb* BELLO

artefacto *nm* **1** (*dispositivo*) device: *un* ~ *explosivo* an explosive device **2** (*aparato extraño*) contraption

arteria *nf* artery [*pl* arteries]

artesanía *nf* **1** (*habilidad*) craftsmanship **2** (*productos*) handicrafts [*pl*] LOC **de artesanía** handmade

artesano, -a *nm-nf* craftsman/woman [*pl* craftsmen/women]

ártico, -a ◆ *adj* Arctic ◆ *nm* **el Ártico** (*océano*) the Arctic Ocean LOC *Ver* CÍRCULO

articulación *nf* **1** (*Anat, Mec*) joint **2** (*pronunciación*) articulation

artículo *nm* **1** (*gen*) article: *un* ~ *sobre Francia* an article about France ◊ *el* ~ *definido* the definite article **2 artículos** (*productos*) goods: *~s de viaje/para el hogar* travel/household goods

artificial *adj* artificial LOC *Ver* FUEGO, PULMÓN, RESPIRACIÓN

artillería *nf* artillery

artista *nmf* **1** (*gen*) artist **2** (*Cine, Teat*) actor [*fem* actress] ☞ *Ver nota en* ACTRESS

arzobispo *nm* archbishop

as *nm* **1** (*naipe*) ace: *el as de corazones* the ace of hearts ☞ *Ver nota en* BARAJA **2** (*persona*): *ser un as del deporte* to be an outstanding sportsman ◊ *ases del ciclismo* top cyclists

asa *nf* handle ☞ *Ver dibujo en* HANDLE

asado, -a *pp, adj, nm* roast: *cordero* ~ roast lamb *Ver tb* ASAR

asalariado, -a *nm-nf* wage earner

asaltante *nmf* **1** (*agresor*) attacker **2** (*ladrón*) raider

asaltar *vt* **1** (*gen*) to raid: *Dos tipos asaltaron el banco.* Two men raided the bank. **2** (*persona*) to mug: *Me asaltó un enmascarado.* I was mugged by a masked man.

asalto *nm* **1** ~ **(a)** (*gen*) raid (**on sth**): *un* ~ *a una joyería* a raid on a jeweller's **2** ~ **(a)** (*a una persona*) attack (**on sb**) **3** (*Boxeo*) round

asamblea *nf* **1** (*reunión*) meeting **2** (*parlamento*) assembly [*pl* assemblies]

asar ◆ *vt* **1** (*carne*) to roast **2** (*patata entera*) to bake ◆ **asarse** *v pron* to roast: *Me estoy asando vivo.* I'm roasting alive.

ascendente *nm* (*Astrol*) ascendant

ascender ♦ *vt* to promote *sb* (**to** *sth*): *Lo ascendieron a capitán.* He was promoted to captain. ♦ *vi* **1** (*elevarse*) to go up, to rise (*más formal*) **2** (*montañismo*) to climb (up) *sth* **3** (*trabajador*) to be promoted (**to** *sth*)

ascenso *nm* **1** (*temperatura, precios*) rise: *Habrá un ~ de las temperaturas.* There will be a rise in temperatures. **2** (*montaña*) ascent **3** (*de un empleado, de un equipo*) promotion

ascensor *nm* lift: *llamar al ~* to call the lift

asco *nm* LOC **dar asco**: *Los riñones me dan ~.* I can't stand kidney. ◊ *Este país da ~.* This country makes me sick. **estar hecho un asco 1** (*sitio*) to be filthy **2** (*persona*) to feel terrible **hacer ascos** to turn your nose up (*at sth*) **¡qué asco! 1** (*qué repugnante*) how revolting! **2** (*qué fastidio*) what a pain! **¡qué asco de...!**: *¡Qué ~ de tiempo!* What lousy weather! *Ver tb* CARA

ascua *nf* LOC **estar en ascuas** to be on tenterhooks

aseado, -a *pp, adj* **1** (*persona*) clean **2** (*lugar*) tidy *Ver tb* ASEARSE

asearse *v pron* **1** (*lavarse*) to have a wash **2** (*arreglarse*) to tidy yourself up

asegurar ♦ *vt* **1** (*garantizar*) to ensure: *~ que todo funcione* to ensure that everything works **2** (*afirmar*) to assure: *Asegura que no los vio.* She assures us she didn't see them. **3** (*con una compañía de seguros*) to insure *sth/ sb* (**against** *sth*): *Quiero ~ el coche contra incendio y robo.* I want to insure my car against fire and theft. ♦ **asegurarse** *v pron* (*comprobar*) to make sure (**of** *sth/that...*): *Asegúrate de cerrar las ventanas.* Please make sure you close the windows.

asentir *vi* LOC **asentir con la cabeza** to nod

aseo *nm* **1** (*limpieza*) cleanliness: *el ~ de la casa* cleaning the house **2** (*cuarto de baño*) bathroom LOC **aseo personal** personal hygiene

asesinar *vt* to murder: *Parece que le asesinaron.* It seems he was murdered.

Existe también el verbo to **assassinate** y los sustantivos **assassination** (*asesinato*) y **assassin** (*asesino*), pero solo se utilizan cuando nos referimos a un personaje importante: *¿Quién asesinó al ministro?* Who assassinated the minister? ◊ *Hubo un intento de asesinato contra el Presidente.* There was an assassination attempt on the President. ◊ *un asesino a sueldo* a hired assassin.

asesinato *nm* murder: *cometer un ~* to commit (a) murder ☞ *Ver nota en* ASESINAR

asesino, -a ♦ *nm-nf* murderer ☞ *Ver nota en* ASESINAR ♦ *adj* (*mirada*) murderous

asfaltar *vt* to tarmac: *Han asfaltado la carretera.* They've tarmacked the road.

asfalto *nm* Tarmac®

asfixia *nf* suffocation, asphyxia (*más formal*)

asfixiar ♦ *vt* **1** (*con humo, gas*) to suffocate, to asphyxiate (*más formal*) **2** (*con una almohada*) to smother ♦ **asfixiarse** *v pron* to suffocate

así *adv, adj* **1** (*de este modo, como este*) like this: *Sujétalo ~.* Hold it like this. **2** (*de ese modo, como ese*) like that: *Quiero un coche ~.* I want a car like that. ◊ *Con gente ~ da gusto trabajar.* It's nice working with people like that. ◊ *Yo soy ~.* That's the way I am. LOC **así, así** so-so **así de grande, gordo, etc.** this big, fat, etc. **así que** so: *No llegaban, ~ que me fui.* They didn't come so I left. *¡~ que os mudáis!* So you're moving, are you? **¡así se habla/hace!** well said/done! **o así** or so: *unos doce o ~* about twelve or so **y así sucesivamente** and so on (and so forth) *Ver tb* ALGO

Asia *nf* Asia

asiático, -a *adj, nm-nf* Asian

asiento *nm* seat

asignar *vt* to assign

asignatura *nf* subject: *He suspendido dos ~s.* I've failed two subjects. LOC **asignatura pendiente** resit: *Tengo tres ~s pendientes.* I've got to do three resits.

asilo *nm* **1** (*residencia*) home **2** (*Pol*) asylum: *buscar ~ político* to seek political asylum LOC *Ver* ANCIANO

asimilar *vt* to assimilate

asistencia *nf* **1** (*presencia*) attendance **2** (*a enfermos*) care: *~ médica/sanitaria* medical/health care LOC *Ver* FALTA

asistenta *nf* cleaner

asistente *adj, nmf* **~ (a)** present [*adj*] (**at** *sth*): *entre los ~s a la reunión* among those present at the meeting LOC **asistente social** social worker

asistir ♦ *vi* **~ (a)** (*acudir*) to attend: *~ a una clase/una reunión* to attend a lesson/meeting ◆ vt (*médico*) to treat: *¿Qué médico te asistió?* Which doctor treated you?

asma *nf* asthma

asmático, -a *adj, nm-nf* asthmatic

asno *nm-nf* ass

asociación *nf* association

asociar ◆ *vt* to associate *sth/sb* (**with sth/sb**): ~ *el calor a las vacaciones* to associate good weather with the holidays ◆ **asociarse** *v pron* to form a partnership (**to do sth**)

asomar ◆ *vt:* ~ *la cabeza por la ventana* to put your head out of the window ◊ ~ *la cabeza por la puerta* to put your head round the door ◆ **asomarse** *v pron: Me asomé a la ventana para verlo mejor.* I put my head out of the window to get a better look. ◊ *Asómate al balcón.* Come out onto the balcony.

asombrarse *v pron* to be amazed: *Se asombraron al vernos.* They were amazed to see us. ◊ *Me asombré del desorden.* I was amazed by the mess.

asombro *nm* amazement: *mirar con ~* to look in amazement ◊ *poner cara de ~* to look amazed

aspa *nf* (*molino*) sail

aspecto *nm* 1 (*apariencia*) look: *No puedo salir con este ~.* I can't go out looking like this. ◊ *Tu abuela no tiene muy buen ~.* Your granny doesn't look very well. 2 (*faceta*) aspect: *el ~ jurídico* the legal aspect

aspereza *nf* LOC *Ver* LIMAR

áspero, -a *adj* rough

aspirador *nm* (*tb* **aspiradora** *nf*) Hoover®, vacuum cleaner (*más formal*): *pasar el ~* to hoover

aspirante *nmf* ~ (**a**) (**for sth**): *los ~s al puesto* the candidates for the job

aspirar ◆ *vt* 1 (*respirar*) to breathe *sth* in 2 (*máquina*) to suck *sth* up ◆ *vi* ~ **a** to aspire **to sth**: ~ *a ganar un sueldo decente* to aspire to a decent salary

aspirina *nf* aspirin: *tomarse una* ~ to take an aspirin

asqueroso, -a *adj* 1 (*sucio*) filthy 2 (*repugnante*) disgusting

asta *nf* 1 (*bandera*) flagpole 2 (*toro*) horn LOC *Ver* MEDIO

asterisco *nm* asterisk

astilla *nf* splinter LOC *Ver* TAL

astillero *nm* shipyard

astro *nm* star

astrología *nf* astrology

astrólogo, -a *nm-nf* astrologer

astronauta *nmf* astronaut

astronomía *nf* astronomy

astrónomo, -a *nm-nf* astronomer

astucia *nf* 1 (*habilidad*) shrewdness: *tener mucha* ~ to be very shrewd 2 (*malicia*) cunning 3 (*ardid*) trick: *Emplearon todo tipo de ~s para ganar.* They used all kinds of tricks to win.

astuto, -a *adj* 1 (*hábil*) shrewd: *un hombre muy* ~ a very shrewd man 2 (*malicioso*) cunning: *Elaboraron un ~ plan.* They devised a cunning plan.

asunto *nm* 1 (*tema*) matter: *un ~ de interés general* a matter of general interest 2 (*Pol*) affair LOC **no es asunto mío** it's none of my, your, etc. business *Ver tb* DESCUBRIR, MINISTERIO, MINISTRO

asustar ◆ *vt* to scare, to frighten (*más formal*): *Me asustó el perro.* The dog frightened me. ◊ *¿Te asusta la oscuridad?* Are you scared of the dark? ◆ **asustarse** *v pron* to be scared, to be frightened (*más formal*): *Te asustas por nada.* You're frightened of everything.

atacar *vt* to attack

atajar *vi* to take a short cut: *Podemos ~ por aquí. We can take a* short cut through here.

atajo *nm* short cut: *coger un* ~ to take a short cut

ataque *nm* 1 ~ (**a/contra**) attack (**on sth/sb**): *un ~ al corazón* a heart attack 2 (*risa, tos*) fit: *Le dio un* ~. He had a coughing fit. LOC **ataque de nervios** nervous breakdown *Ver tb* CARDIACO

atar ◆ *vt* to tie *sth/sb* (up): *Nos ataron las manos.* They tied our hands. ◊ *Ata bien el paquete.* Tie the parcel tightly. ◆ **atar(se)** *vt, v pron* to do *sth* up: *No puedo ~me los zapatos.* I can't do my shoes up.

atardecer *nm* dusk: *al* ~ at dusk

atareado, -a *pp, adj* busy

atascar ◆ *vt* to block *sth* (up) ◆ **atascarse** *v pron* 1 (*gen*) to get stuck: *Siempre me atasco en esa palabra.* I always get stuck on that word. 2 (*mecanismo*) to jam

atasco *nm* (*coches*) traffic jam

ataúd *nm* coffin

atención ◆ *nf* attention ◆ **¡atención!** *interj* attention, please LOC **con atención** attentively **poner/prestar atención** to pay attention (**to sth/sb**) *Ver tb* LLAMAR

atender ◆ *vt* **1** (*recibir*) to see: *Tienen que ~ a muchas personas.* They have to see lots of people. **2** (*en una tienda*) to serve: *¿Le atienden?* Are you being served? **3** (*tarea, problema, solicitud*) to deal with sth: *Solo atendemos casos urgentes.* We only deal with emergencies. **4** (*contestar*) to answer: *~ llamadas/al teléfono* to answer calls/the phone ◆ *vi* to pay attention (*to sth/sb*): *No atienden a lo que el profesor dice.* They don't pay any attention to what the teacher says.

atenerse *v pron* ~ **a 1** (*reglas, órdenes*) to abide by sth: *Nos atendremos a las normas.* We'll abide by the rules. **2** (*consecuencias*) to face: *Ateneos a las consecuencias.* You'll have to face the consequences. LOC **(no) saber a qué atenerse** (not) to know what to expect

atentado *nm* **1** (*ataque*) attack (*on sth/sb*): *un ~ contra un cuartel del ejército* an attack on an army barracks **2** (*intento de asesinato*) attempt on sb's life: *un ~ contra dos parlamentarios* an attempt on the lives of two MPs

atentamente *adv* (*fórmula de despedida*) Yours faithfully, Yours sincerely

Recuerda que **Yours faithfully** se utiliza cuando has empezado la carta con un saludo como *Dear Sir*, *Dear Madam*, etc. Si has empezado con *Dear Mr Jones*, *Dear Mrs Smith*, etc., debes despedirte utilizando **Yours sincerely**.

atentar *vi* ~ **contra** to make an attempt on sb's life: *Atentaron contra el juez.* They made an attempt on the judge's life.

atento, **-a** *adj* **1** (*prestando atención*) attentive: *Escuchaban ~s.* They listened attentively. **2** (*amable*) kind LOC **estar atento a algo 1** (*mirar*) to watch out for sth: *estar ~ a la llegada del tren* to watch out for the train **2** (*prestar atención*) to pay attention to sth

ateo, **-a** *nm-nf* atheist: *ser ~* to be an atheist

aterrador, **-a** *adj* terrifying

aterrizaje *nm* landing LOC **aterrizaje forzoso** emergency landing *Ver tb* TREN

aterrizar *vi* to land: *Aterrizaremos en Gatwick.* We shall be landing at Gatwick.

aterrorizar *vt* **1** (*dar miedo*) to terrify: *Me aterrorizaba que pudieran tirar la puerta.* I was terrified they might knock the door down. **2** (*con violencia*) to terrorize: *Esos matones aterrorizan a los vecinos.* Those thugs terrorize the neighbourhood.

atiborrarse *v pron* ~ (**de**) to stuff yourself (**with sth**): *Nos atiborramos de langosta.* We stuffed ourselves with lobster.

ático *nm* **1** (*último piso*) top-floor flat **2** (*desván*) attic

atizar *vt* (*fuego*) to poke LOC **atizar un golpe** to hit sth/sb

atlántico, **-a** ◆ *adj* Atlantic ◆ *nm* **el Atlántico** the Atlantic (Ocean)

atlas *nm* atlas [*pl* atlases]

atleta *nmf* athlete

atlético, **-a** *adj* athletic

atletismo *nm* athletics [*sing*]

atmósfera *nf* atmosphere: *~ cargada/de malestar* stuffy/uneasy atmosphere

atómico, **-a** *adj* atomic LOC *Ver* REACTOR

átomo *nm* atom

atontado, **-a** ◆ *pp, adj* **1** (*alelado*) groggy: *Esas pastillas me han dejado ~.* Those pills have made me groggy. **2** (*por un golpe*) stunned ◆ *nm-nf* dimwit *Ver tb* ATONTAR

atontar *vt* **1** (*marear*) to make sb dopey **2** (*volver tonto*) to dull your senses: *Esas revistas te atontan.* Magazines like these dull your senses.

atormentar *vt* to torment

atornillar *vt* to screw sth down/in/on: *~ la última pieza* to screw on the last bit

atracador, **-a** *nm-nf* **1** (*ladrón*) robber **2** (*en la calle*) mugger

atracar ◆ *vt* **1** (*asaltar*) to hold sth/sb up: *~ una sucursal del Banco Central* to hold up a branch of the Central Bank **2** (*en la calle*) to mug: *Me han atracado en el metro.* I was mugged on the underground. ◆ *vt, vi* (*barco*) to dock

atracción *nf* attraction: *una ~ turística* a tourist attraction ◊ *sentir ~ por algn* to be attracted to sb LOC *Ver* PARQUE

atraco *nm* **1** (*robo*) hold-up: *Cometieron un ~ en una joyería.* They held up a jeweller's shop. **2** (*en la calle*) mugging LOC *Ver* MANO

atracón *nm* LOC **darse un atracón** to stuff yourself full (*of sth*)

atractivo, **-a** ◆ *adj* attractive ◆ *nm* **1** (*cosa que atrae*) attraction: *uno de los ~s de la ciudad* one of the city's attractions **2** (*interés*) appeal [*incontable*] **3** (*persona*) charm

atraer *vt* **1** (*gen*) to attract: *~ a los turistas* to attract tourists ◊ *Me atraen los* *hombres mediterráneos.* I'm attracted to Mediterranean men. **2** (*idea*) to appeal to *sb*

atragantarse *v pron* **1** ~ (con) to choke (on *sth*): *Me atraganté con una espina.* I choked on a bone. **2** (*objeto*) to get stuck in *sb's* throat: *Se le atragantó un hueso de aceituna.* An olive stone got stuck in his throat.

atrancarse *v pron* **1** (*tubería*) to get blocked **2** (*mecanismo, persona*) to get stuck

atrapado, **-a** *pp, adj* LOC **estar/ quedarse atrapado** to be trapped *Ver tb* ATRAPAR

atrapar *vt* to catch

atrás *adv* back: *Vamos a ponernos más* ~. Let's sit further back. ◊ *Siempre se sientan* ~. They always sit at the back. LOC **dejar atrás** to leave *sth/sb* behind **echarse/volverse atrás** (*desdecirse*) to go back on your word **hacia/para atrás** backwards: *andar hacia* ~ to walk backwards *Ver tb* CUENTA, MARCHA, PARTE[1]

atrasado, **-a** *pp, adj* **1** (*publicación, sueldo*) back: *los números* ~s *de una revista* the back numbers of a magazine **2** (*país, región*) backward **3** (*reloj*) slow: *Tu reloj va* ~. Your watch is slow. LOC **tener trabajo, etc. atrasado** to be behind with your work, etc. *Ver tb* ATRASAR

atrasar ◆ *vt* **1** (*aplazar*) to put *sth* off, to postpone (*más formal*): *Tuvieron que* ~ *la reunión una semana.* They had to postpone the meeting for a week. **2** (*reloj*) to put *sth* back: ~ *el reloj una hora* to put the clock back an hour ◆ **atrasar(se)** *vi, v pron* (*reloj*) to be slow: *(Se) atrasa cinco minutos.* It's five minutes slow.

atraso *nm* **1** (*demora*) delay [*pl* delays] **2** (*subdesarrollo*) backwardness

atravesar ◆ *vt* **1** (*cruzar*) to cross: ~ *la frontera* to cross the border **2** (*perforar, experimentar*) to go through *sth*: *Atraviesan una grave crisis.* They're going through a serious crisis. ◊ *La bala le atravesó el corazón.* The bullet went through his heart. ◆ **atravesarse** *v pron* **1** (*en el camino*) to block *sb's* path: *Se nos atravesó un elefante.* An elephant blocked our path. **2** (*en la garganta*) to get *sth* stuck in your throat: *Se me atravesó una espina.* I got a bone stuck in my throat.

atreverse *v pron* ~ (a) to dare (*do sth*): *No me atrevo a pedirle dinero.* I daren't ask him for money. ◊ *¿Cómo te atreves?* How dare you? ☞ *Ver nota en* DARE[1]

atrevido, **-a** *pp, adj* **1** (*gen*) daring: *una blusa/decisión atrevida* a daring blouse/decision **2** (*insolente*) cheeky *Ver tb* ATREVERSE

atributo *nm* attribute

atropellado, **-a** *pp, adj* (*por un vehículo*): *Murió* ~. He died after being run over by a car. *Ver tb* ATROPELLAR

atropellar *vt* to run *sb* over: *Me atropelló un coche.* I was run over by a car.

ATS *nmf* nurse

atufar ◆ *vt* to make *sth* stink (*of sth*) ◆ *vi* ~ (a) to stink (*of sth*)

atún *nm* tuna [*pl* tuna]

audaz *adj* bold

audición *nf* **1** (*oído*) hearing: *perder* ~ to lose your hearing **2** (*prueba*) audition

audiencia *nf* audience: *el programa de mayor* ~ the programme with the largest audience

audiovisual *adj* audio-visual

auditorio *nm* **1** (*audiencia*) audience **2** (*edificio*) concert hall

aula *nf* **1** (*de escuela*) classroom **2** (*de universidad*) lecture room

aullar *vi* to howl

aullido *nm* howl

aumentar ◆ *vt* **1** (*gen*) to increase: ~ *la competitividad* to increase competition **2** (*lupa, microscopio*) to magnify ◆ *vi* to increase: *Aumenta la población.* The population is increasing.

aumento *nm* rise, increase (*más formal*) (in *sth*): *un* ~ *de la población* an increase in population ◊ *un* ~ *del 3%* a 3% increase

aun *adv* even: ~ *así no lo aceptaría.* Even so, I wouldn't accept it.

aún *adv* **1** (*en oraciones afirmativas e interrogativas*) still: ~ *faltan dos horas.* There are still two hours to go. ◊ *¿~ estás aquí?* Are you still here? **2** (*en oraciones negativas e interrogativas negativas*) yet: —*¿Aún no te han contestado?* —*No, aún no.* 'Haven't they written back yet?' 'No, not yet.' ☞ *Ver nota en* STILL[1] **3** (*en oraciones comparativas*) even: *Esta me gusta* ~ *más.* I like this one even better.

aunque conj 1 (a pesar de que) although, though (más coloq)

Although es más formal que **though**. Si se quiere dar más énfasis se puede usar **even though**: No han querido venir, aunque sabían que estaríais. They didn't want to come, although/though/even though they knew you'd be here.

2 (incluso si) even if: Ven, ~ sea tarde. Come along even if it's late.

auricular nm 1 (teléfono) receiver 2 **auriculares** headphones

aurora nf dawn

ausencia nf absence

ausentarse v pron ~ (de) 1 (no ir) to stay off: ~ de la escuela to stay off school 2 (estar fuera) to be away (from...)

ausente ◆ adj absent (from...): Estaba ~ de la reunión. He was absent from the meeting. ◆ nmf absentee

austeridad nf austerity

austero, -a adj austere

Australia nf Australia

australiano, -a adj, nm-nf Australian

Austria nf Austria

austríaco, -a (tb austriaco, -a) adj, nm-nf Austrian: los ~s the Austrians

auténtico, -a adj genuine, authentic (más formal): un Dalí ~ a genuine Dalí

auto nm (coche) car LOC Ver CHOQUE

autobiografía nf autobiography [pl autobiographies]

autobiográfico, -a adj autobiographical

autobús nm bus: coger/perder el ~ to catch/miss the bus LOC Ver PARADA

autocar nm coach

autodefensa nf self-defence

autodidacta adj, nmf self-taught [adj]: Fue un ~. He was self-taught.

autoescuela nf driving school

autoestop nm Ver AUTOSTOP

autoestopista nmf Ver AUTOSTOPISTA

autógrafo nm autograph

automático, -a ◆ adj automatic ◆ nm (Costura) press stud LOC Ver CAJERO, CONTESTADOR, PILOTO, PORTERO

automóvil nm car

automovilismo nm motor racing

automovilista nmf motorist

autonomía nf 1 (autogobierno) autonomy 2 (independencia) independence: la ~ del poder judicial the independence of the judiciary 3 (territorio) autonomous region

autonómico, -a adj regional: las autoridades autonómicas the regional authorities LOC Ver ELECCIÓN

autónomo, -a ◆ adj 1 (gen) autonomous 2 (gobierno) regional ◆ adj, nm-nf (trabajador) self-employed [adj] LOC Ver COMUNIDAD

autopista nf motorway [pl motorways] LOC **autopista de la información** information superhighway

autopsia nf post-mortem

autor, ~a nm-nf 1 (escritor) author 2 (compositor musical) composer 3 (crimen) perpetrator

autoridad nf authority [pl authorities]

autorización nf permission

autorizar vt 1 (acción) to authorize: No han autorizado la huelga. They haven't authorized the strike. 2 (dar derecho) to give sb the right (to do sth): El cargo les autoriza a utilizar un coche oficial. The job gives them the right to use an official car.

autorretrato nm self-portrait

autoservicio nm 1 (restaurante) self-service restaurant 2 (supermercado) supermarket 3 (gasolinera) self-service petrol station

autostop nm hitch-hiking LOC **hacer autostop** to hitch-hike

autostopista nmf hitch-hiker

autovía nf dual carriageway [pl dual carriageways]

auxiliar ◆ adj auxiliary: un verbo ~ an auxiliary verb ◆ nmf assistant: ~ administrativo administrative assistant LOC **auxiliar de vuelo** flight attendant **auxiliar técnico sanitario** (abrev ATS) nurse

auxilio nm help: un grito de ~ a cry for help LOC Ver PRIMERO

avalancha nf avalanche

avanzar vi to advance

avaricia nf greed

avaricioso, -a adj, nm-nf greedy [adj]: Es un ~. He's greedy.

avaro, -a ◆ adj miserly ◆ nm-nf miser

AVE nm high-speed train: Vamos a Sevilla en el ~. We're going to Seville on the high-speed train.

ave nf bird

avellana ◆ nf hazelnut ◆ nm (color) hazel: ojos de color ~ hazel eyes

avellano nm hazel

avemaría nf Hail Mary: rezar tres ~s to say three Hail Marys

avena nf oats [pl]

avenida *nf* avenue (*abrev* Ave)

aventura *nf* **1** (*peripecia*) adventure: *Vivimos una ~ fascinante.* We had a fascinating adventure. **2** (*amorío*) fling

aventurero, -a ♦ *adj* adventurous ♦ *nm-nf* adventurer

avergonzar ♦ *vt* **1** (*humillar*) to make sb feel ashamed: *~ a la familia* to make your family feel ashamed **2** (*abochornar*) to embarrass: *Tu manera de vestir me avergüenza.* The way you dress embarrasses me. ♦ **avergonzarse** *v pron* **1** (*arrepentirse*) to be ashamed (**of** *sth/doing sth*): *Me avergüenzo de haberles mentido.* I'm ashamed of having told them a lie. **2** (*sentirse incómodo*) to be embarrassed: *Se avergüenzan de su propia ignorancia.* They're embarrassed at their own ignorance.

avería *nf* **1** (*vehículo, mecanismo*) breakdown: *La ~ del coche me va a costar un ojo de la cara.* The breakdown's going to cost me an arm and a leg. **2** (*fallo*) fault: *una ~ en la instalación eléctrica* a fault in the electrical system

averiarse *v pron* (*Mec*) to break down

averiguar *vt* to find sth out, to discover (*más formal*)

avestruz *nm* ostrich

aviación *nf* **1** (*gen*) aviation: *~ civil* civil aviation **2** (*fuerzas aéreas*) air force

avinagrado, -a *pp, adj* (*vino*) vinegary

avión *nm* plane, aeroplane (*más formal*) LOC **ir/viajar en avión** to fly **por avión** (*correo*) airmail

avioneta *nf* light aircraft [*pl* light aircraft]

avisar *vt* **1** (*informar*) to let sb know (**about** *sth*): *Avísame cuando lleguen.* Let me know when they arrive. **2** (*advertir*) to warn: *Te aviso que si no me pagas...* I'm warning you that if you don't pay... LOC **sin avisar**: *Vinieron sin ~.* They turned up unexpectedly. ◊ *Se fue de casa sin ~.* He left home without saying anything.

aviso *nm* **1** (*gen*) notice: *Cerrado hasta nuevo ~.* Closed until further notice. **2** (*advertencia*) warning: *sin previo ~* without prior warning

avispa *nf* wasp

avispero *nm* (*nido*) wasps' nest

axila *nf* armpit

¡ay! *interj* **1** (*de dolor*) ow! **2** (*de aflicción*) oh (dear)!

ayer *adv* yesterday: *~ por la mañana/tarde* yesterday morning/afternoon ◊ *el periódico de ~* yesterday's paper LOC **antes de ayer** the day before yesterday **ayer por la noche** last night

ayuda *nf* help [*incontable*]: *Gracias por tu ~.* Thanks for your help. ◊ *Necesito ~.* I need help.

ayudante *adj, nmf* assistant LOC **ayudante técnico sanitario** (*abrev* **ATS**) nurse

ayudar *vt, vi* to help: *¿Te ayudo?* Can I help you? ◊ *Le ayudé a encontrar sus llaves.* I helped him (to) find his keys.

ayunar *vi* to fast

ayunas LOC **en ayunas**: *Estoy en ~.* I've had nothing to eat or drink.

ayuno *nm* fast: *40 días de ~* 40 days of fasting

ayuntamiento *nm* **1** (*concejo*) council [*v sing o pl*] **2** (*edificio*) town hall

azabache *nm* jet: *negro como el ~* jet black

azada *nf* hoe

azafata *nf* **1** (*de vuelo*) stewardess **2** (*de congresos*) hostess

azafrán *nm* saffron

azahar *nm* orange blossom

azar *nm* **1** (*casualidad*) chance: *juego de ~* game of chance **2** (*destino*) fate LOC **al azar** at random: *Elige un número al ~.* Choose a number at random.

azote *nm* smack: *Como te pille te doy un ~.* I'll give you a smack if I catch you.

azotea *nf* (flat) roof [*pl* roofs]

azúcar *nm* sugar: *un terrón de ~* a sugar lump LOC *Ver* ALGODÓN, FÁBRICA

azucarera *nf* sugar refinery

azucarero *nm* sugar bowl

azucarillo *nm* sugar lump

azucena *nf* lily [*pl* lilies]

azufre *nm* sulphur

azul *adj, nm* blue ☞ *Ver ejemplos en* AMARILLO LOC **azul celeste/marino** sky/navy blue **azul turquesa** turquoise *Ver tb* PESCADO, PRÍNCIPE

azulejo *nm* tile

Bb

baba nf **1** (de persona) dribble **2** (de animal) slime LOC **caérsele la baba a algn** to dote on sb: Se le cae la ~ por sus nietos. She dotes on her grandchildren.

babear vi to dribble

babero nm bib

babi nm overall

Babia nf LOC **estar en Babia** to be day-dreaming

babor nm port LOC **a babor** to port

babosa nf slug

baca nf roof rack

bacalao nm **1** (pescado) cod [pl cod] **2** (Mús) rave music

bache nm **1** (hoyo) pothole: Estas carreteras tienen muchos ~s. These roads are full of potholes. **2** (dificultad) bad patch: atravesar un ~ to go through a bad patch

bachillerato nm ≈ sixth form

bacilo nm bacillus [pl bacilli]

bacon nm bacon

bacteria nf bacterium [pl bacteria]

bafle nm (loud)speaker

bahía nf bay [pl bays]

bailar ◆ vt, vi **1** (danza) to dance: ¿Bailas? Would you like to dance? ◊ ~ un tango to dance a tango **2** (peonza) to spin ◆ vi **1** (estar suelto) to be loose: Me baila un diente. I've got a loose tooth. **2** (quedar grande) to be too big (for sb): Esta falda me baila. This skirt's too big for me. LOC **bailar agarrado** to have a slow dance **bailar con la más fea** to draw the short straw **bailarle el agua a algn** to suck up to sb **sacar a bailar** to ask sb to dance

bailarín, -ina nm-nf dancer

baile nm **1** (fiesta, danza) dance: El ~ empieza a las doce. The dance begins at twelve. **2** (acción) dancing: Me gusta mucho el ~. I like dancing very much. LOC **baile de disfraces** fancy dress ball Ver tb PISTA

baja nf **1** (precio) fall (in sth): una ~ en el precio del pan a fall in the price of bread **2** (ausencia autorizada) sick leave: pedir/solicitar la ~ to go on sick leave **3** (Mil) casualty [pl casualties]

bajada nf **1** (descenso) descent: durante la ~ during the descent **2** (pendiente) slope: La calle tiene mucha ~. The street

slopes steeply. **3** (Econ) fall (in sth): Continúa la ~ de los tipos de interés. Interest rates continue to fall. LOC **bajada de bandera** minimum fare

bajamar nf low tide

bajar ◆ vt **1** (gen) to get sth down: ¿Me ayuda a ~ la maleta? Could you help me get my suitcase down? **2** (traer, poner más abajo) to bring sth down: Bájalo un poco más. Bring it down a bit. **3** (llevar) to take sth down: ¿Tenemos que ~ esta silla al segundo? Do we have to take this chair down to the second floor? **4** (ir/venir abajo) to go/come down sth: ~ la cuesta to go down the hill **5** (cabeza) to bow **6** (vista, voz) to lower **7** (volumen) to turn sth down **8** (precio) to bring sth down, to lower (más formal) **9** (Informát) to download: ~ algo de internet to download sth from the Internet ◆ vi **1** (ir/venir abajo) to go/come down: ¿Puede ~ a recepción, por favor? Can you come down to reception, please? **2** (temperatura, río) to fall: La temperatura ha bajado. The temperature has fallen. **3** (hinchazón) to go down **4** (marea) to go out **5** (precios) to come down: El pan ha vuelto a ~. (The price of) bread has come down again. ◆ **bajar(se)** vi, v pron **bajar(se) (de) 1** (automóvil) to get out (of sth): Nunca (te) bajes de un coche en marcha. Never get out of a moving car. **2** (transporte público, caballo, bici) to get off (sth): ~(se) de un autobús to get off a bus LOC **bajarle los humos a algn** to take sb down a peg or two Ver tb ESCALERA

bajo¹ nm **1** (vivienda) ground-floor flat **2** (ropa) hem: Tienes el ~ descosido. Your hem has come undone. **3** (voz) bass **4** (guitarra) bass (guitar) **5** (guitarrista) bass guitarist **6** bajos (coche) underbody [sing]

bajo² prep under: Nos resguardamos bajo un paraguas. We sheltered under an umbrella. ◊ bajo la lluvia in the rain

bajo³ adv **1** (a poca altura) low: Los pájaros vuelan ~. The birds are flying low. **2** (suave) quietly: Toca más ~. Play more quietly.

bajo, -a adj **1** (persona) short **2** ~ (en) low (in sth): una sopa baja en calorías a low-calorie soup ◊ La tele está demasiado baja. The volume is too low. **3** (zapato) flat **4** (voz) quiet: hablar en voz *baja* to speak quietly/softly **5** (*metales nobles*) low quality: *oro ~ low quality* gold **6** (*pobre*) poor: *los barrios ~s de la ciudad* the poor areas of the city LOC **estar bajo de moral** to be in low spirits *Ver tb* CLASE, CONTROL, GOLPE, HABLAR, PAÍS

bakalao *nm Ver* BACALAO

bala *nf* (*arma*) bullet LOC **como una bala** like a shot *Ver tb* PRUEBA

balance *nm* **1** (*gen*) balance: *~ positivo/ negativo* a positive/negative balance **2** (*número de víctimas*) toll

balancear(se) *vt, v pron* **1** (*gen*) to swing **2** (*cuna, mecedora*) to rock

balanza *nf* **1** (*instrumento*) scales [*pl*] **2** (*Com*) balance

balar *vi* to bleat

balazo *nm* **1** (*disparo*) shot **2** (*herida*) bullet wound

balbucear (*tb* **balbucir**) ◆ *vt, vi* (*adulto*) to stammer: *Balbuceó unas palabras.* He stammered a few words. ◆ *vi* (*bebé*) to babble

balcón *nm* balcony [*pl* balconies]: *salir al ~* to go out onto the balcony

balda *nf* shelf [*pl* shelves]

baldado, -a *pp, adj* (*cansado*) shattered: *Estoy ~ de tanto empapelar.* I'm shattered after all that wallpapering.

balde¹ *nm* bucket

balde² LOC **de balde** for nothing: *Entramos al cine de ~.* We got into the cinema for nothing. **en balde** in vain

baldosa *nf* **1** (*interior*) floor tile **2** (*exterior*) paving stone

baliza *nf* **1** (*Náut*) buoy [*pl* buoys] **2** (*Aeronáut*) beacon

ballena *nf* whale

ballet *nm* ballet

balneario *nm* spa

balón *nm* **1** (*gen*) ball **2** (*de oxígeno, etc.*) cylinder LOC *Ver* CABEZAZO

baloncesto *nm* basketball: *jugar al ~* to play basketball

balonmano *nm* handball

balonvolea *nm* volleyball

balsa¹ *nf* (*charca*) pool LOC **como una balsa de aceite** (*mar*) very calm

balsa² *nf* (*embarcación*) raft

bamba *nf* (*zapatilla*) canvas shoe

bambolearse *v pron* to sway

bambú *nm* bamboo: *una mesa de ~* a bamboo table

banca *nf* **1** (*bancos*) banks [*pl*]: *la ~ japonesa* Japanese banks **2** (*sector*)

banking: *los sectores de ~ y comercio* the banking and business sectors

bancario, -a *adj* LOC *Ver* GIRO, TRANSFE-RENCIA

bancarrota *nf* bankruptcy LOC **estar en bancarrota** to be bankrupt

banco *nm* **1** (*gen, Fin*) bank: *~ de datos/ sangre* data/blood bank **2** (*asiento*) bench **3** (*iglesia*) pew **4** (*peces*) shoal LOC **banco de arena** sandbank

banda¹ *nf* band: *una ~ del pelo* a hair band LOC **banda sonora 1** (*película*) soundtrack **2** (*carretera*) rumble strip *Ver tb* SAQUE

banda² *nf* **1** (*cuadrilla*) gang: *una ~ de gamberros* a gang of hooligans **2** (*grupo musical*) band LOC **banda terrorista** terrorist group **coger por banda** to get hold of *sb*

bandada *nf* **1** (*aves*) flock **2** (*peces*) shoal

bandeja *nf* tray [*pl* trays] LOC **poner/ servir en bandeja** to hand *sb* *sth* on a plate

bandera *nf* **1** (*gen*) flag: *Las ~s están a media asta.* The flags are at half-mast. **2** (*Mil*) colours [*pl*] LOC **bandera blanca** white flag *Ver tb* BAJADA, JURAR

banderín *nm* pennant

bandido, -a *nm-nf* bandit

bando *nm* **1** (*Mil, Pol*) faction **2** (*en juegos*) side: *Jugaremos en ~s distintos.* We'll be playing on different sides.

banquero, -a *nm-nf* banker

banqueta *nf* stool: *subirse a una ~* to stand on a stool

banquete *nm* banquet, dinner (*más coloq*): *Dieron un ~ en su honor.* They gave a dinner in his honour.

banquillo *nm* **1** (*Dep*) bench: *Me dejaron en el ~.* I was left on the bench. **2** (*Jur*) dock: *estar en el ~* to be in the dock

bañado, -a *pp, adj* bathed: *~ en lágrimas/sudor/sangre* bathed in tears/sweat/blood LOC **bañado en oro/ plata** gold-plated/silver-plated *Ver tb* BAÑAR

bañador *nm* **1** (*de hombre*) swimming trunks [*pl*]: *Ese ~ te queda pequeño.* Those swimming trunks are too small for you. ☛ *Nótese que un bañador se dice* **a pair of swimming trunks**. **2** (*de mujer*) swimming costume

bañar ◆ *vt* **1** (*gen*) to bath **2** (*en metal*) to plate *sth* (*with sth*) **3** (*Cocina*) to coat *sth* (*in/with sth*): *~ una tarta de chocolate* to coat a cake in chocolate

◆ **bañarse** v pron **1** (*bañera*) to have a bath **2** (*nadar*) to go for a swim

bañera nf bath

baño nm **1** (*en la bañera*) bath: *Me di un ~ de espuma.* I had a bubble bath. **2** (*mar, piscina*) swim: *¿Nos damos un ~?* Shall we go for a swim? **3** (*cuarto de baño*) bathroom **4** (*w.c.*) toilet, loo (*más coloq*) ☞ *Ver nota en* TOILET **5 baños** baths: *los ~s romanos* the Roman baths LOC **baño María** bain-marie: *cocer algo al ~ María* to cook sth in a bain-marie *Ver tb* CUARTO, GEL, GORRO, SAL, TRAJE

bar nm **1** (*bebidas alcohólicas*) bar **2** (*cafetería*) snack bar LOC **ir de bares** to go on a pub crawl

baraja nf pack of cards

Los palos de la baraja española (*oros, copas, espadas* y *bastos*) no tienen traducción porque en Gran Bretaña se utiliza la baraja francesa. La baraja francesa consta de 52 cartas divididas en cuatro *palos* o **suits: hearts** (*corazones*), **diamonds** (*diamantes*), **clubs** (*tréboles*) y **spades** (*picas*). Cada palo tiene un **ace** (*as*), **king** (*rey*), **queen** (*reina*), **jack** (*jota*), y nueve cartas numeradas del 2 al 10. Hay también **jokers** (*comodines*). Antes de empezar a jugar, se *baraja* (**shuffle**), se *corta* (**cut**) y se *reparte* (**deal**) las cartas.

barajar vt to shuffle

barandilla (*tb* **baranda**) nf **1** (*de una escalera*) banister(s) [*se usa mucho en plural*]: *bajar por la ~* to slide down the banisters **2** (*de un balcón*) railing(s) [*se usa mucho en plural*]

barato, -a ◆ *adj* cheap: *Aquel es más ~.* That one's cheaper. ◆ *adv*: *comprar algo ~* to buy sth cheaply ◊ *Esa tienda vende ~.* That shop has low prices.

barba nf beard: *dejarse ~* to grow a beard ◊ *un hombre con ~* a bearded man LOC **por barba** each: *Tocamos a tres por ~.* There are three each. *Ver tb* SUBIR

barbacoa nf barbecue: *hacer una ~* to have a barbecue

barbaridad nf **1** (*gen*) barbarity **2** (*disparate*) nonsense [*incontable*]: *¡No digas ~es!* Don't talk nonsense! LOC **¡qué barbaridad!** good heavens!

bárbaro, -a ◆ *adj* **1** (*Hist*) barbarian **2** (*estupendo*) terrific: *¡Es un tío ~!* He's a terrific bloke! ◆ *nm-nf* barbarian ◆ *adv*: *pasarlo ~* to have a terrific time LOC **¡qué bárbaro!** good Lord!

barbecho nm fallow land LOC **dejar en barbecho** to leave *sth* fallow

barbilla nf chin

barca nf (*small*) boat: *dar un paseo en ~* to go out in a boat ☞ *Ver nota en* BOAT LOC **barca de remos** rowing boat

barco nm **1** (*buque*) ship **2** (*más pequeño*) boat ☞ *Ver nota en* BOAT LOC **barco de vapor** steamship **barco de vela** sailing boat **ir en barco** to go by boat/ship

baritono nm baritone

barniz nm **1** (*madera*) varnish **2** (*cerámica*) glaze

barnizar vt **1** (*madera*) to varnish **2** (*cerámica*) to glaze

barómetro nm barometer

barón, -esa nm-nf baron [*fem* baroness]

barquillo nm wafer

barra nf bar: *Tomaban café sentados en la ~.* They were sitting at the bar having a coffee. LOC **barra de herramientas** toolbar **barra de labios** lipstick **barra (de pan)** baguette ☞ *Ver dibujo en* PAN

barraca nf (*feria*) stall

barranco nm ravine

barrendero, -a nm-nf road sweeper

barrer ◆ vt **1** (*limpiar, arrasar*) to sweep: *Una ola de terror barrió el país.* A wave of terror swept the country. **2** (*derrotar*) to thrash: *Os vamos a ~.* We're going to thrash you. ◆ vi to sweep up: *Si tú barres, yo friego.* If you sweep up, I'll do the dishes.

barrera nf **1** (*gen*) barrier: *La ~ estaba subida.* The barrier was up. ◊ *la ~ de la comunicación* the language barrier **2** (*Fútbol*) wall

barricada nf barricade: *construir una ~* to build a barricade

barriga nf **1** (*estómago*) tummy [*pl* tummies]: *Me duele un poco la ~.* I've got tummy ache. **2** (*panza*) paunch: *Estás echando ~.* You're getting a paunch.

barril nm barrel LOC *Ver* CERVEZA

barrio nm **1** (*gen*) area: *Yo crecí en este ~.* I grew up in this area. **2** (*en las afueras*) suburb **3** (*zona típica*) quarter: *el ~ gótico* the Gothic quarter LOC **barrio de chabolas** shanty town **del barrio** local: *el carnicero del ~* the local butcher

barro nm **1** (*lodo*) mud: *¡No os metáis en el ~!* Don't go in the mud! **2** (*arcilla*) clay LOC **de barro** earthenware: *cacharros de ~* earthenware pots

barroco, -a adj, nm baroque

barrote nm iron bar

barullo nm **1** (ruido) racket: armar mucho ~ to make a terrible racket **2** (confusión) muddle: Se organizó un ~ tremendo. There was a terrible muddle.

basar ◆ vt to base sth on sth: Han basado la película en una novela. The film is based on a novel. ◆ **basarse** v pron **basarse en** (persona) to have grounds for sth/doing sth: ¿En qué te basas para decir eso? What grounds do you have for saying that?

báscula nf scales [pl]: ~ de baño bathroom scales

base nf **1** (gen) base: un jarrón con poca ~ a vase with a small base ◊ ~ militar military base **2** (fundamento) basis [pl bases]: La confianza es la ~ de la amistad. Trust is the basis of friendship. LOC **base de datos** database **base espacial** space station Ver tb SALARIO

básico, -a adj basic

bastante ◆ adj **1** (número considerable, mucho): Hace ~ tiempo que no he ido a verla. It's quite a long time since I last visited her. ◊ Tengo ~s cosas que hacer. I've got quite a lot of things to do. **2** (suficiente) enough: No tenemos ~ dinero. We haven't got enough money. ◆ pron **1** (mucho) quite a lot **2** (suficiente) enough: No, gracias; ya hemos comido ~s. No thank you; we've had enough. ◆ adv **1** + **adj/adv** quite: Es ~ inteligente. He's quite intelligent. ◊ Leen ~ bien para su edad. They read quite well for their age. ☞ Ver nota en FAIRLY **2** (lo suficiente) enough: Hoy no has comido ~. You haven't eaten enough today. **3** (mucho) quite a lot: Aprendí ~ en tres meses. I learnt quite a lot in three months.

bastar vi to be enough: Bastará con 30.000. 30 000 will be enough. LOC **¡basta (ya)!** that's enough!

basto (tb **bastos**) nm (Naipes) ☞ Ver nota en BARAJA

basto, -a adj **1** (persona, tejido, lenguaje) coarse **2** (superficie) rough

bastón nm walking stick LOC **bastón de esquí** ski pole

basura nf rubbish [incontable]: En esta calle hay mucha ~. There's a lot of rubbish in this street. ◊ Esa película es una ~. That film is rubbish. ☞ Ver dibujo en BIN LOC **echar/tirar algo a la basura** to throw sth away Ver tb CAMIÓN, CUBO

basurero, -a ◆ nm-nf dustman [pl dustmen] ◆ nm (vertedero) tip

bata nf **1** (de casa) dressing gown **2** (de colegio, de trabajo) overall **3** (de laboratorio) lab coat **4** (de hospital) white coat

batalla nf battle LOC **de batalla** everyday: Llevo las botas de ~. I'm wearing my everyday boots. Ver tb CAMPO

batallón nm battalion

bate nm bat: ~ de béisbol baseball bat

batería ◆ nf **1** (Electrón, Mil) battery [pl batteries]: Se ha quedado sin ~. The battery is flat. **2** (Mús) drums [pl]: Roger Taylor en la ~. Roger Taylor on drums. ◆ nmf drummer LOC **batería de cocina** set of saucepans ☞ Ver dibujo en SAUCEPAN

batido nm (bebida) milkshake: un ~ de chocolate a chocolate milkshake

batidora nf mixer

batín nm dressing gown

batir vt **1** (gen) to beat: ~ huevos to beat eggs ◊ ~ al contrincante to beat your opponent **2** (nata) to whip **3** (récord) to break: ~ el récord mundial to beat the world record

batuta nf baton

baúl nm trunk

bautismal adj baptismal | LOC Ver PILA

bautismo nm **1** (sacramento) baptism **2** (acto de poner un nombre) christening

bautizar vt **1** (Relig) to baptize **2** (poner un nombre) **(a)** (a una persona) to christen: La bautizaremos con el nombre de Marta. We're going to christen her Marta. **(b)** (barco, invento) to name

bautizo nm christening: Mañana celebramos el ~ de mi hermano. We're celebrating my brother's christening tomorrow.

baya nf (Bot) berry [pl berries]

bayeta nf cloth: Pasa una ~ a la mesa, por favor. Can you give the table a wipe?

baza nf **1** (Naipes) trick: Gané tres ~s. I won three tricks. **2** (recurso) asset: La experiencia es tu mejor ~. Experience is your greatest asset.

bazo nm spleen

bebé nm baby [pl babies] LOC Ver PROBETA

bebedor, ~a nm-nf heavy drinker

beber(se) vt, vi, v pron to drink: Bébetelo todo. Drink it up. ◊ Se bebieron una botella entera de vino. They drank a whole bottle of wine. LOC **beber a la salud de algn** to drink to sb's health

beber a morro (del grifo/de la botella)
to drink straight from the tap/bottle
beber a sorbos to sip **beber como un
cosaco** to drink like a fish **beber en
vaso** to drink from a glass *Ver tb* TRAGO

bebida *nf* drink: ~ *no alcohólica* non-
alcoholic drink

bebido, -a *pp, adj* **1** *(ligeramente)* tipsy
2 *(borracho)* drunk *Ver tb* BEBER(SE)

beca *nf* **1** *(del Estado)* grant **2** *(de
entidad privada)* scholarship

bechamel *nf Ver* BESAMEL

bedel, ~a *nm-nf* caretaker

beige *adj, nm* beige ☞ *Ver ejemplos en*
AMARILLO

béisbol *nm* baseball

belén *nm (nacimiento)* nativity scene:
Vamos a poner el ~. Let's set up the
nativity scene.

belga *adj, nmf* Belgian: *los* ~s the
Belgians

Bélgica *nf* Belgium

bélico, -a *adj* **1** *(actitud)* warlike
2 *(armas, juguetes)* war [*n atrib*]: *películas bélicas* war films

belleza *nf* beauty [*pl* beauties] LOC *Ver*
CONCURSO, SALÓN

bello, -a *adj* beautiful LOC **bellas artes**
fine art [*sing*] **la Bella Durmiente** Sleeping Beauty

bellota *nf* acorn

bemol *adj (Mus)* flat: *si* ~ B flat

bendecir *vt* to bless LOC **bendecir la
mesa** to say grace

bendición *nf* blessing LOC **dar/echar la
bendición** to bless *sth/sb*

bendito, -a ♦ *adj* holy ♦ *nm-nf* **1** *(bonachón)* angel **2** *(tontorrón)* simple
[*adj*]: *El pobre es un* ~. The poor man's a
bit simple.

beneficiar ♦ *vt* ~ **(a)** to benefit *sth/sb*
♦ **beneficiarse** *v pron* **beneficiarse
(con/de)** to benefit **(from sth)**: *Se benefi-
ciaron del descuento*. They benefited
from the reduction.

beneficio *nm* **1** *(bien)* benefit **2** *(Com,
Fin)* profit: *dar/obtener* ~s to produce/
make a profit LOC **en beneficio de** to
the advantage of *sth/sb*: *en* ~ *tuyo* to
your advantage

beneficioso, -a *adj* beneficial

benéfico, -a *adj* charity [*n atrib*]:
obras benéficas charity work ◊ *una institución benéfica* a charity

bengala *nf* **1** *(gen)* flare **2** *(de mano)*
sparkler

benigno, -a *adj* **1** *(tumor)* benign
2 *(clima)* mild

benjamín, -ina *nm-nf* youngest child
[*pl* youngest children]

berberecho *nm* cockle

berenjena *nf* aubergine

bermudas *nm o nf* Bermuda shorts

berrinche *nm* tantrum: *estar con/tener
un* ~ to have a tantrum

berro *nm* watercress [*incontable*]

berza *nf* cabbage

besamel *nf* white sauce

besar *vt* to kiss: *Le besó la mano*. He
kissed her hand. ◊ *Me besó en la frente*.
She kissed me on the forehead.

beso *nm* kiss: *Dale un* ~ *a tu prima*.
Give your cousin a kiss. ◊ *Nos dimos un*
~. We kissed. LOC **tirar un beso** to blow
(*sb*) a kiss *Ver tb* COMER

bestia ♦ *nf* beast ♦ *adj, nmf* brute [*n*]:
¡Qué ~ *eres!* You're such a brute! LOC **a
lo bestia** like crazy: *Conducen a lo* ~.
They drive like madmen.

bestial *adj* **1** *(enorme)* huge: *Tengo un
hambre* ~. I'm famished. **2** *(genial)*
great

bestialidad *nf* **1** *(brutalidad)*: *Hicieron
muchas* ~es. They committed many
cruel acts. **2** *(grosería)*: *decir* ~es to be
rude **3** *(estupidez)*: *hacer/decir muchas
~es* to do/say a lot of stupid things LOC
una bestialidad *(cantidad, número)*
loads *(of sth)*: *una* ~ *de gente* loads of
people

besugo *nm* bream [*pl* bream]

betún *nm (calzado)* (shoe) polish: *Dales
~ a los zapatos*. Give your shoes a polish.

biberón *nm* bottle

Biblia *nf* Bible

bíblico, -a *adj* biblical

bibliografía *nf* bibliography [*pl* bibli-
ographies]

biblioteca *nf* **1** *(edificio, conjunto de
libros)* library [*pl* libraries] **2** *(mueble)*
bookcase LOC *Ver* RATÓN

bibliotecario, -a *nm-nf* librarian

bicarbonato *nm* bicarbonate

biceps *nm* biceps [*pl* biceps]

bicho *nm* **1** *(insecto)* insect, bug *(coloq)*
2 *(cualquier animal)* animal LOC **¿qué
bicho te ha picado?** what's up with
you, him, her, etc.? **ser un bicho raro** to
be a bit of an oddball **ser un (mal)
bicho** to be a nasty piece of work

bici *nf* bike

bicicleta *nf* bicycle, bike *(coloq)*: *¿Sabes
montar en* ~? Can you ride a bike? ◊ *ir
en* ~ *al trabajo* to cycle to work ◊ *dar un
paseo en* ~ to go for a bike ride LOC **bici-**

cleta de carreras/montaña racing/ mountain bike **bicicleta estática** exercise bike

bidé *nm* bidet

bidón *nm* drum

bien¹ *adv* **1** (*gen*) well: *portarse* ~ to behave well ◊ *Hoy no me encuentro* ~. I don't feel well today. ◊ — ¿*Cómo está tu padre?* — *Muy* ~, *gracias.* 'How's your father?' 'Very well, thanks.' ◊ *una mujer* ~ *vestida* a well-dressed woman ☛ *Ver nota en* WELL BEHAVED **2** (*de acuerdo, adecuado*) okay: *Les parecía* ~. They thought it was okay. ◊ — ¿*Me lo dejas?* — *Está* ~, *pero ten cuidado.* 'Can I borrow it?' 'Okay, but be careful.' **3** (*calidad, aspecto, olor, sabor*) good: *La escuela está* ~. It's a good school. ◊ *¡Qué* ~ *huele!* It smells wonderful! **4** (*correctamente*): *Contesté* ~ *la pregunta.* I got the right answer. ◊ *Hablas* ~ *el español.* You speak good Spanish. LOC **andar/estar bien de** to have plenty of *sth* **ı(muy) bien!** (very) good! ☛ *Para otras expresiones con* **bien**, *véanse las entradas del adjetivo, verbo, etc., p. ej.* **bien considerado** *en* CONSIDERADO *y* **llevarse bien** *en* LLEVAR.

bien² *conj* LOC **bien... bien...**, either... or...: *Iré* ~ *en tren,* ~ *en autocar.* I'll go either by train or by coach.

bien³ *nm* **1** (*lo bueno*) good: *el* ~ *y el mal* good and evil **2** (*Educ*) good: *sacar un* ~ *en historia* to get 'good' for history ☛ *Ver nota en* MARK **3 bienes** possessions LOC **bienes de consumo** consumer goods **por el bien de** for the good of *sth/sb* **por tu bien** for your, his, her, etc. own good *Ver tb* MAL

bien⁴ *adj* well-to-do: *Son de familia* ~. They're from a well-to-do family. LOC *Ver* GENTE, NIÑO

bienestar *nm* well-being

bienvenida *nf* welcome: *dar la* ~ *a algn* to welcome sb

bienvenido. -a *adj* welcome

bigote *nm* **1** (*persona*) moustache: *un hombre con* ~ a man with a moustache ◊ *Papá Noel llevaba unos grandes* ~s. Father Christmas had a large moustache. **2** (*gato*) whiskers [*pl*]

bikini *nm Ver* BIQUINI

biliar *adj* LOC *Ver* VESÍCULA

bilingüe *adj* bilingual

bilis *nf* bile

billar *nm* **1** (*juego*) billiards [*sing*]: *jugar al* ~ to play billiards **2** (*mesa*) billiard

table **3 billares** (*local*) billiard hall [*sing*]

billete *nm* **1** (*transporte, lotería*) ticket: *un* ~ *de avión* a plane ticket ◊ *sacar un* ~ to buy a ticket **2** (*dinero*) (bank)note: ~*s de diez libras* ten-pound notes LOC **billete de ida** single (ticket) **billete de ida y vuelta** return (ticket)

billetero *nm* (*tb* **billetera** *nf*) wallet

billón *nm* trillion ☛ *Ver nota en* BILLION

binario. -a *adj* binary

bingo *nm* **1** (*juego*) bingo: *jugar al* ~ to play bingo **2** (*sala*) bingo hall

biodegradable *adj* biodegradable

biografía *nf* biography [*pl* biographies]

biología *nf* biology

biológico. -a *adj* **1** (*Ciencias*) biological **2** (*productos, agricultura*) organic

biólogo. -a *nm-nf* biologist

biquini *nm* bikini [*pl* bikinis]

birlar *vt* to pinch: *Me han birlado la radio.* Somebody's pinched my radio.

birria *nf* rubbish [*incontable*]: *La película es una* ~. The film is rubbish. LOC **estar/ir hecho una birria** to be/look a real mess

bisabuelo. -a *nm-nf* **1** (*gen*) great-grandfather [*fem* great-grandmother] **2 bisabuelos** great-grandparents

bisagra *nf* hinge

bisiesto *adj* LOC *Ver* AÑO

bisnieto. -a *nm-nf* **1** (*gen*) great-grandson [*fem* great-granddaughter] **2 bisnietos** great-grandchildren

bisonte *nm* bison [*pl* bison]

bisté (*tb* **bistec**) *nm* steak

bisturí *nm* scalpel

bisutería *nf* costume jewellery

bit *nm* bit

bizco. -a *adj* cross-eyed

bizcocho *nm* sponge cake

biznieto. -a *nm-nf Ver* BISNIETO

blanca *nf* (*Mús*) minim LOC **estar sin blanca** to be broke

Blancanieves *n pr* Snow White

blanco. -a ◆ *adj* white: *pescado/vino* ~ white fish/wine ☛ *Ver ejemplos en* AMARILLO ◆ *nm-nf* (*persona*) white man/woman [*pl* white men/women] ◆ *nm* **1** (*color*) white **2** (*diana*) target: *dar en el* ~ to hit the target LOC **en blanco** blank: *una página en* ~ a blank page **en blanco y negro** black and white: *ilustraciones en* ~ *y negro* black and white illustrations **más blanco que la nieve** as white as snow **quedarse en**

blanco to go blank *Ver tb* ARMA, BANDERA, CHEQUE, JUDÍA, PESCADO, PUNTA, SEMANA, TIRO, VOTO

blando. -a *adj* **1** (*gen*) soft: *queso* ~ soft cheese ◊ *un profesor* ~ a soft teacher **2** (*carne*) tender

blanquear *vt* **1** (*gen*) to whiten **2** (*encalar*) to whitewash **3** (*dinero*) to launder

blasfemar *vi* to blaspheme (**against sth/sb**)

blasfemia *nf* blasphemy [*incontable*]: *decir* ~s to blaspheme

blindado. -a *pp, adj* **1** (*vehículo*) armoured: *un coche* ~ an armoured car **2** (*puerta*) reinforced

bloc *nm* writing pad

bloque *nm* **1** (*gen*) block: *un* ~ *de mármol* a marble block ◊ *un* ~ *de viviendas* a block of flats **2** (*Pol*) bloc

bloquear ◆ *vt* **1** (*obstruir*) to block: ~ *el paso/una carretera* to block access/a road ◊ ~ *a un jugador* to block a player **2** (*Mil*) to blockade ◆ **bloquearse** *v pron* (*persona*) to freeze

bloqueo *nm* **1** (*Dep*) block **2** (*Mil*) blockade

blusa *nf* blouse

bobada *nf* nonsense [*incontable*]: *decir* ~s to talk a lot of nonsense ◊ *Deja de hacer* ~s. Stop being silly.

bobina *nf* **1** (*hilo*) reel **2** (*Electrón, alambre*) coil

bobo. -a *adj, nm-nf* **1** (*tonto*) silly [*adj*] **2** (*ingenuo*) naive [*adj*]: *Eres un* ~. You're so naive.

boca *nf* **1** (*Anat*) mouth: *No hables con la* ~ *llena*. Don't talk with your mouth full. **2** (*entrada*) entrance: *la* ~ *del metro* the entrance to the underground LOC **boca abajo/arriba** (*tumbado*) face down/up **boca de incendio/riego** hydrant **el boca a boca** mouth-to-mouth resuscitation: *Le hicieron el* ~ *a* ~. They gave him mouth-to-mouth resuscitation. **quedarse con la boca abierta** (*por sorpresa*) to be dumbfounded *Ver tb* ABRIR, CALLAR, PALABRA

bocacalle *nf* side street: *Está en una* ~ *de la calle Santiago*. It's in a side street off Santiago Street.

bocadillo *nm* **1** (*emparedado*) roll: *un* ~ *de queso* a cheese roll **2** (*en un cómic*) speech bubble

bocado *nm* bite: *Se lo comió de un* ~. He ate it all in one bite.

bocata *nm* roll: *un* ~ *de jamón* a ham roll

bocazas *nmf* big mouth: *¡Qué* ~ *eres!* You're such a big mouth!

boceto *nm* **1** (*Arte*) sketch **2** (*idea general*) outline

bochorno *nm* **1** (*calor*): *Hace* ~. It's sultry. ◊ *un día de* ~ a stiflingly hot day **2** (*corte*) embarrassment: *¡Qué* ~*!* How embarrassing!

bocina *nf* horn: *tocar la* ~ to sound your horn

boda *nf* wedding: *aniversario de* ~(s) wedding anniversary ◊ *Mañana vamos de* ~. We're going to a wedding tomorrow.

Wedding se refiere a la ceremonia, **marriage** suele referirse al matrimonio como institución. En Gran Bretaña las bodas se pueden celebrar en una **iglesia** (a **church wedding**) o en un **juzgado** (a **registry office wedding**). La novia (**bride**) suele llevar *damas de honor* (**bridesmaids**). El *novio* (**groom**) no lleva **madrina**, sino que va acompañado del **best man** (normalmente su mejor amigo). Tampoco se habla del **padrino**, aunque la novia normalmente entra con su padre. Después de la ceremonia se da un *banquete* (a **reception**).

LOC **bodas de oro/plata** golden/silver wedding [*sing*]

bodega *nf* **1** (*para vino*) wine cellar **2** (*barco, avión*) hold: *en las* ~s *del barco* in the ship's hold

bodegón *nm* (*Arte*) still life [*pl* still lifes]

body *nm* **1** (*ropa interior*) teddy [*pl* teddies] **2** (*de gimnasia*) leotard **3** (*top*) body [*pl* bodies]

bofetada *nf* (*tb* bofetón *nm*) slap (in the face): *Me dio una* ~. She slapped me (in the face).

boicot *nm* boycott

boicotear *vt* to boycott

boina *nf* beret

bol *nm* bowl

bola *nf* **1** (*gen*) ball: *una* ~ *de cristal* a crystal ball **2** (*mentira*) lie: *Me metió una* ~ *tremenda*. He told me a whopping great lie. LOC **bola del mundo** globe **bola de nieve** snowball **bolas de alcanfor** mothballs **estar en bolas** to be stark naked

bolera *nf* bowling alley [*pl* bowling alleys]

boletín *nm* bulletin: ~ *informativo* news bulletin

boleto *nm* **1** (*lotería, rifa*) ticket **2** (*quiniela*) coupon

boli *nm* Biro® [*pl* Biros]

bolígrafo *nm* ballpoint pen

bollo *nm* **1** (*dulce*) bun **2** (*de pan*) roll ☛ *Ver dibujo en* PAN **3** (*abolladura*) dent: *Le he hecho un ~ al coche.* I dented the car. **4** (*chichón*) bump: *Me salió un ~.* I got a bump on my head.

bolo *nm* skittle: *jugar a los ~s* to play skittles

bolsa[1] *nf* **1** (*gen*) bag: *una ~ de deportes* a sports bag ◊ *una ~ de plástico* a plastic bag ◊ *una ~ de caramelos* a bag of sweets ☛ *Ver dibujo en* MALETA **2** (*patatas fritas*) packet ☛ *Ver dibujo en* CONTAINER **3** (*concentración*) pocket: *una ~ de aire* an air pocket LOC **bolsa de agua caliente** hot-water bottle **bolsa de trabajo** job vacancies [*pl*] ¡**la bolsa o la vida!** your money or your life!

bolsa[2] *nf* stock exchange: *la ~ londinense* the London Stock Exchange

bolsillo *nm* pocket: *Está en el ~ de mi abrigo.* It's in my coat pocket. LOC **de bolsillo** pocket(-sized): *guía de ~* pocket guide *Ver tb* LIBRO

bolso *nm* handbag ☛ *Ver dibujo en* MALETA LOC **bolso de viaje** travel bag

bomba[1] *nf* **1** (*Mil*) bomb: ~ *atómica* atomic bomb ◊ *colocar una ~* to plant a bomb **2** (*noticia*) bombshell LOC **bomba fétida** stink bomb **carta/coche/paquete bomba** letter/car/parcel bomb **pasarlo bomba** to have a great time

bomba[2] *nf* (*Tec*) pump LOC **bomba de aire** air pump

bombardear *vt* to bombard: *Me bombardearon a preguntas.* They bombarded me with questions.

bombazo *nm* **1** (*explosión*) bomb blast **2** (*noticia*) bombshell

bombero *nmf* firefighter

Nótese que aunque existen las palabras **fireman** y **firewoman**, la gente utiliza más **firefighter** que se puede aplicar tanto a un hombre como a una mujer.

LOC **los bomberos** the fire brigade [*sing*] *Ver tb* COCHE, CUERPO, IDEA, PARQUE

bombilla *nf* light bulb

bombo *nm* **1** (*Mús*) bass drum **2** (*lotería*) lottery drum LOC **a bombo y platillo** with a great song and dance: *Lo anunciaron a ~ y platillo.* They made a great song and dance about it. **dar bombo** to make a fuss (*about sth/sb*)

bombón *nm* chocolate: *una caja de bombones* a box of chocolates

bombona *nf* cylinder: ~ *de butano/oxígeno* gas/oxygen cylinder

bonachón. -ona *adj* good-natured

bondad *nf* goodness LOC **tener la bondad de** to be so good as *to do sth*: *¿Tiene la ~ de ayudarme?* Would you be so good as to help me?

bondadoso. -a *adj* ~ (**con**) kind (**to** *sth/sb*)

bonito *nm* (*pez*) tuna [*pl* tuna]

bonito, -a *adj* **1** (*gen*) nice: *una casa/voz bonita* a nice house/voice ◊ *¡Qué ~!* That's very nice! **2** (*aspecto físico*) pretty: *unos pendientes/pueblos muy ~s* some very pretty earrings/villages

bono *nm* **1** (*vale*) voucher **2** (*transporte*) season ticket

bono-bus (*tb* bonobús) *nm* ten-journey bus ticket

boom *nm* boom (**in** *sth*): *el ~ de los teléfonos móviles* the boom in mobile phones

boquerón *nm* anchovy [*pl* anchovies]

boquiabierto. -a *adj* (*sorprendido*) speechless

boquilla *nf* (*Mús*) mouthpiece LOC **decir algo de boquilla** to say sth without meaning it

borda *nf* side of the ship: *asomarse por la ~* to lean over the side of the ship LOC **echar/tirar por la borda** (*fig*) to throw sth away: *echar por la ~ una ocasión de oro* to throw away a golden opportunity

bordado. -a ◆ *pp, adj* **1** (*Costura*) embroidered: ~ *a mano* hand-embroidered **2** (*perfecto*): *El examen me ha salido ~.* The exam went really well. ◆ *nm* embroidery [*incontable*]: *un vestido con ~s en las mangas* a dress with embroidery on the sleeves *Ver tb* BORDAR

bordar *vt* **1** (*Costura*) to embroider **2** (*hacer perfectamente*) to do sth brilliantly

borde[1] *nm* **1** (*gen*) edge: *al ~ de la mesa* on the edge of the table **2** (*objeto circular*) rim: *el ~ del vaso* the rim of the glass LOC **al borde de** (*fig*) on the verge of *sth*: *al ~ de las lágrimas* on the verge of tears

borde[2] *adj* (*antipático*) stroppy

bordillo *nm* kerb

bordo *nm* LOC **a bordo** on board: *subir a ~ del avión* to get on board the plane

borrachera *nf*: *agarrar/coger una ~ (de whisky)* to get drunk (on whisky)

borracho, -a ♦ *adj* drunk ♦ *nm-nf* drunk, drunkard (*más formal*) LOC **(borracho) como una cuba** as drunk as a lord

borrador *nm* **1** (*texto provisional*) draft **2** (*pizarra*) board duster

borrar ♦ *vt* **1** (*con goma*) to rub *sth* out: *~ una palabra* to rub out a word **2** (*pizarra*) to clean **3** (*Informát*) to delete ♦ **borrarse** *v pron* **borrarse (de)** to withdraw (**from sth**)

borrasca *nf* storm

borrascoso, -a *adj* stormy

borrico, -a *nm-nf* ass: *¡No seas ~!* Don't be such an ass!

borrón *nm* **~ (en)** smudge (**on sth**): *hacer borrones* to make smudges

borroso, -a *adj* **1** (*impreciso*) blurred: *Sin gafas lo veo todo ~.* Everything is blurred without my glasses. **2** (*escritura*) illegible

bosque *nm* wood ☞ *Ver nota en* FOREST

bostezar *vi* to yawn

bostezo *nm* yawn

bota¹ *nf* boot: *~s de fútbol* football boots LOC **ponerse las botas** (*comer mucho*) to stuff yourself *Ver tb* COLGAR, GATO

bota² *nf* (*vino*) wineskin

botánica *nf* botany

botar ♦ *vt* **1** (*pelota*) to bounce **2** (*buque*) to launch **3** (*expulsar*) to throw *sb* out (**of sth**) ♦ *vi* to bounce: *Esta pelota bota mucho.* This ball is very bouncy. LOC **botar de alegría** to jump for joy **estar que bota** to be hopping mad

bote¹ *nm* boat LOC **bote salvavidas** lifeboat

bote² *nm* **1** (*gen*) tin **2** (*cerveza*) can ☞ *Ver dibujo en* CONTAINER **3** (*para propinas*) tips box **4** (*dinero en común*) kitty [*pl* kitties] **5** (*quinielas, lotería*) jackpot LOC **estar de bote en bote** to be packed *Ver tb* CHUPAR

bote³ *nm* (*pelota*) bounce LOC **dar/pegar botes** to bounce

botella *nf* bottle LOC **de/en botella** bottled: *Compramos la leche en ~.* We buy bottled milk. *Ver tb* BEBER, VERDE

botín¹ *nm* (*bota*) ankle boot

botín² *nm* (*dinero*) loot

botiquín *nm* **1** (*maletín*) first-aid kit **2** (*armario*) medicine chest **3** (*habitación*) sickroom

botón *nm* **1** (*ropa*) button: *Se te ha desabrochado un ~.* One of your buttons has come undone. **2** (*control*) knob: *El ~ rojo es el del volumen.* The red knob is the volume control. ☞ *Ver dibujo en* HANDLE **3 botones** (*en un hotel*) bellboy

bóveda *nf* vault

boxeador *nm* boxer

boxear *vi* to box

boxeo *nm* boxing LOC *Ver* COMBATE

bozal *nm* muzzle

braga *nf* **bragas** knickers ☞ Nótese que *unas bragas* se dice **a pair of knickers**: *Tienes unas bragas limpias en el cajón.* You've got a clean pair of knickers in the drawer.

bragueta *nf* flies [*pl*]: *Llevas la ~ bajada.* Your flies are undone.

brasa *nf* ember LOC **a la brasa** grilled: *chuletas a la ~* grilled chops

brasero *nm* electric heater

Brasil *nm* Brazil

brasileño, -a *adj, nm-nf* Brazilian

bravo, -a ♦ *adj* (*animal*) fierce ♦ **¡bravo!** *interj* bravo!

braza *nf* **1** (*Náut*) fathom **2** (*natación*) breaststroke LOC *Ver* NADAR

brazada *nf* (*natación, remos*) stroke

brazalete *nm* armband

brazo *nm* **1** (*gen*) arm: *Me he roto el ~.* I've broken my arm. **2** (*lámpara*) bracket **3** (*río*) branch LOC **brazo de gitano** Swiss roll **de brazos cruzados**: *No te quedes ahí de ~s cruzados.* Don't just stand there! ◊ *Se han pasado el día de ~s cruzados.* They haven't done anything all day. **del brazo** arm in arm ☞ *Ver dibujo en* ARM **ponerse con los brazos en cruz** to stretch your arms out to the side *Ver tb* COGIDO, CRUZAR

brea *nf* tar

brecha *nf* (*herida*) gash: *Me caí y me hice una ~ en la frente.* I fell and gashed my forehead.

breva *nf* LOC *Ver* HIGO

breve *adj* short: *una estancia ~* a short stay LOC **en breve** shortly **en breves palabras** in a few words **ser breve** (*hablando*) to be brief

bricolaje *nm* do it yourself, DIY (*más coloq*)

brigada ♦ *nf* **1** (*Mil*) brigade **2** (*policía*) squad: *la ~ antidisturbios* the riot squad ♦ *nmf* sergeant major

brillante ◆ *adj* **1** (*luz, color*) bright **2** (*superficie*) shiny **3** (*fenomenal*) brilliant ◆ *nm* diamond

brillar *vi* to shine: *Sus ojos brillaban de alegría.* Their eyes shone with joy. ◊ *¡Cómo brilla!* Look how shiny it is!

brillo *nm* gleam LOC **sacar brillo** to make *sth* shine

brincar *vi* to jump ☛ *Ver dibujo en* SALTAR

brinco *nm* jump LOC **dar/pegar un brinco/brincos** to jump: *dar ~s de alegría* to jump for joy

brindar ◆ *vi* ~ **(a/por)** to drink a toast (**to** *sth/sb*): *Brindemos por su felicidad.* Let's drink (a toast) to their happiness. ◆ *vt* **1** (*dedicar*) to dedicate *sth* (**to** *sb*) **2** (*proporcionar*) to provide: ~ *ayuda* to provide help ◆ **brindarse** *v pron* **brindarse a** to offer *to do sth*

brindis *nm* toast LOC **hacer un brindis** to drink a toast (**to** *sth/sb*)

brisa *nf* breeze

británico, -a ◆ *adj* British ◆ *nm-nf* Briton: *los ~s* the British LOC *Ver* ISLA

brocha *nf* brush ☛ *Ver dibujo en* BRUSH LOC **brocha de afeitar** shaving brush

broche *nm* **1** (*Costura*) fastener **2** (*joya*) brooch

broma *nf* joke: *Le gastaron muchas ~s.* They played a lot of jokes on him. LOC **broma pesada** practical joke **de/en broma** jokingly: *Lo digo en ~.* I'm only joking. **¡ni en broma(s)!** no way! *Ver tb* FUERA, GASTAR

bromear *vi* to joke

bromista *adj, nmf* joker [*n*]: *Es muy ~.* He's a real joker.

bronca *nf* **1** (*pelea*) row **2** (*reprimenda*) telling-off: *Me han vuelto a echar la ~.* I've been told off again. LOC **armar/montar una bronca** to kick up a fuss

bronce *nm* bronze

bronceado *nm* (sun)tan

bronceador *nm* suntan lotion

broncearse *v pron* to get a suntan

bronquitis *nf* bronchitis [*incontable*]

brotar *vi* **1** (*plantas*) to sprout **2** (*flores*) to bud **3** (*líquido*) to gush (out) (**from** *sth*)

brote *nm* **1** (*gen*) shoot **2** (*flor*) bud **3** (*epidemia, violencia*) outbreak: *un ~ de cólera* an outbreak of cholera

bruces LOC **caerse de bruces** to fall flat on your face

bruja *nf* witch

brujería *nf* witchcraft

brujo *nm* **1** (*hechicero*) wizard **2** (*en tribus primitivas*) witch doctor

brújula *nf* compass

bruma *nf* mist

brusco, -a *adj* **1** (*repentino*) sudden **2** (*persona*) abrupt

brutal *adj* (*violento*) brutal

bruto, -a ◆ *adj* **1** (*necio*) thick: *¡No seas ~!* Don't be so thick! **2** (*bestia*) rude: *¡Qué ~ eres! ¿Cómo pudiste decirle eso?* You're so insensitive! How could you say that to her? **3** (*peso, ingresos*) gross ◆ *nm-nf* **1** (*necio*) idiot **2** (*bestia*): *Eres un ~.* You're so insensitive.

buceador, ~a *nm-nf* diver

bucear *vi* to dive

buceo *nm* diving: *practicar el ~* to go diving

budismo *nm* Buddhism

budista *adj, nmf* Buddhist

buen *adj Ver* BUENO

buenaventura *nf* LOC **decir/echar la buenaventura** to tell *sb's* fortune

bueno, -a ◆ *adj* **1** (*gen*) good: *Es una buena noticia.* That's good news. ◊ *Es ~ hacer ejercicio.* It is good to do some exercise. **2** (*amable*) kind: *Fueron muy ~s conmigo.* They were very kind to me. **3** (*comida*) tasty **4** (*correcto*) right: *No andas por buen camino.* You're on the wrong road. **5** (*menudo*): *¡Buena la has hecho!* You've really messed it up this time! ◊ *¡Buena se va a poner tu madre!* Your mother'll get in a right old state! ◆ *nm-nf* goody [*pl* goodies]: *Ganó el ~.* The good guy won. ◊ *Lucharon los ~s contra los malos.* There was a fight between the goodies and the baddies. ◆ *adv*: — *¿Quieres ir al cine? —Bueno.* 'Would you like to go to the cinema?' 'Okay.' ◊ *~, yo pienso que…* Well, I think that… LOC **el bueno de…** good old…: *el ~ de Enrique* good old Enrique **¡(muy) buenas!** hello! **por las buenas:** *Es mejor que lo hagas por las buenas.* It would be better if you did it willingly. ◊ *Te lo pido por las buenas.* I'm asking you nicely. **por las buenas o por las malas** whether you like it or not, whether he/she likes it or not, etc. ☛ *Para otras expresiones con* **bueno**, *véanse las entradas del sustantivo, p. ej.* **¡buen provecho!** *en* PROVECHO *y* **hacer buenas migas** *en* MIGA.

buey *nm* ox [*pl* oxen] LOC *Ver* OJO

búfalo *nm* buffalo [*pl* buffalo/buffaloes]

bufanda *nf* scarf [*pl* scarves]

bufé (tb **bufet**) nm buffet

bufete nm (abogado) legal practice

buhardilla nf 1 (ático) loft 2 (ventana) dormer window

búho nm owl

buitre nm vulture

bujía nf (Mec) spark plug

buldog nm bulldog

bulimia nf bulimia

bulímico, -a adj bulimic

bulla nf racket: armar/meter ~ to make a racket

bullicio nm 1 (ruido) racket 2 (actividad) hustle and bustle: el ~ de la capital the hustle and bustle of the capital

bulto nm 1 (Med) lump: Me ha salido un ~ en la mano. I've got a lump on my hand. 2 (maleta) luggage [incontable]: solo un ~ de mano just one piece of hand luggage ◊ Llevas demasiados ~s. You've got too much luggage. 3 (objeto indeterminado) shape: Me pareció ver un ~ que se movía. I thought I saw a shape moving. LOC **a bulto** roughly: A ~, calculo 500 personas. I think there are roughly 500 people.

buñuelo nm fritter

buque nm ship LOC **buque de guerra** warship

burbuja nf bubble: un baño de ~s a bubble bath LOC **con/sin burbujas** fizzy/still **hacer burbujas** to bubble **tener burbujas** (bebida) to be fizzy: Tiene muchas ~s. It's very fizzy.

burgués, -esa adj, nm-nf middle-class [adj]

burguesía nf middle class

burla nf 1 (mofa) mockery [incontable]: un tono de ~ a mocking tone 2 (broma) joke: Déjate de ~s. Stop joking. LOC **hacer burla** to make fun of sth/sb: No me hagas ~. Don't make fun of me.

burlar ◆ vt (eludir) to evade: ~ la justicia to evade justice ◆ **burlarse** v pron **burlarse (de)** to make fun of sth/sb

burlón, -ona adj (gesto, sonrisa) mocking

burocracia nf (excesivo papeleo) red tape

burrada nf 1 (tontería): Eso ha sido una verdadera ~. That was a really stupid thing to do. ◊ decir ~s to talk nonsense

2 (cantidad) loads (of sth): Había una ~ de comida. There was loads of food.

burro, -a ◆ adj 1 (estúpido) thick 2 (cabezota) pig-headed ◆ nm-nf 1 (animal) donkey [pl donkeys] 2 (persona) idiot: el ~ de mi cuñado my idiotic brother-in-law LOC **burro de carga** (persona) dogsbody [pl dogsbodies] Ver tb TRES

busca ◆ nf ~ (de) search (for sth/sb): Abandonaron la ~ del cadáver. They abandoned the search for the body. ◆ nm pager: llamar a algn por el ~ to page sb LOC **en busca de** in search of sth/sb

buscador nm (Informát) search engine

buscador, ~a nm-nf LOC **buscador de oro** gold prospector **buscador de tesoros** treasure hunter

buscar ◆ vt 1 (gen) to look for sth/sb: Busco trabajo. I'm looking for work. 2 (sistemáticamente) to search for sth/sb: Usan perros para ~ droga. They use dogs to search for drugs. 3 (en un libro, en una lista) to look sth up: ~ una palabra en el diccionario to look a word up in the dictionary 4 (recoger a algn) (a) (en coche) to pick sb up: Fuimos a ~le a la estación. We picked him up at the station. (b) (andando) to meet 5 (conseguir y traer) to get: Fui a ~ al médico. I went to get the doctor. ◆ vi ~ (en/por) to look (in/through sth): Busqué en el archivo. I looked in the file. LOC **buscarse la vida** to fend for yourself **buscar una aguja en un pajar** to look for a needle in a haystack **se busca** wanted: Se busca apartamento. Flat wanted. **te la estás buscando** you're asking for it

búsqueda nf ~ (de) search (for sth): la ~ de una solución pacífica the search for a peaceful solution LOC **a la búsqueda de** in search of sth

busto nm bust

butaca nf 1 (sillón) armchair 2 (Cine, Teat) seat LOC Ver PATIO

butano nm gas, butane (téc): Me he quedado sin ~. I've run out of gas.

buzo nm diver

buzón nm 1 (en la calle) postbox 2 (en una casa) letter box LOC **buzón de voz** voicemail **echar al buzón** to post

byte nm (Informát) byte

Cc

cabal *adj* (*persona*) upright LOC **(no) estar en sus cabales** (not) to be in your right mind

cabalgar *vi* ~ **(en)** to ride (on *sth*): *Iba cabalgando en un hermoso caballo.* He was riding (on) a handsome horse.

cabalgata *nf* procession: *la ~ de los Reyes Magos* the Twelfth Night procession

caballar *adj* LOC *Ver* GANADO

caballería *nf* **1** (*animal*) mount **2** (*Mil*) cavalry [*v sing o pl*]

caballeriza *nf* stable

caballero *nm* **1** (*gen*) gentleman [*pl* gentlemen]: *Mi abuelo era todo un ~.* My grandfather was a real gentleman. **2** (*Hist*) knight LOC **de caballero(s)**: *sección de ~s* menswear department

caballete *nm* **1** (*Arte*) easel **2** (*soporte*) trestle

caballitos *nm* merry-go-round [*sing*]

caballo *nm* **1** (*animal, gimnasia*) horse **2** (*Ajedrez*) knight **3** (*Mec*) horsepower (*abrev* hp): *un motor de doce ~s* a twelve horsepower engine LOC **a caballo entre...** halfway between... **caballo de carrera(s)** racehorse **caballo de mar** sea horse *Ver tb* CARRERA, COLA[1], MONTAR, POTENCIA

cabaña *nf* (*choza*) hut

cabecear *vi* **1** (*afirmar, de sueño*) to nod **2** (*caballo*) to toss its head **3** (*Dep*): ~ *a la red* to head the ball into the net

cabecera *nf* **1** (*gen*) head: *sentarse en la ~ de la mesa* to sit at the head of the table **2** (*periódico*) headline **3** (*página, documento*) heading LOC *Ver* MÉDICO

cabecero *nm* headboard

cabecilla *nmf* ringleader

cabello *nm* hair

caber *vi* **1** ~ **(en)** to fit (in/into *sth*): *Mi ropa no cabe en la maleta.* My clothes won't fit in the suitcase. ◊ *¿Quepo?* Is there room for me? **2** ~ **por** to go through *sth*: *El piano no cabía por la puerta.* The piano wouldn't go through the door. **3** (*ropa*) to fit: *Ya no me cabe este pantalón.* These trousers don't fit me any more. LOC **no cabe duda** there is no doubt **no caber en sí de contento/alegría** to be beside yourself with joy *Ver tb* DENTRO

cabestrillo *nm* sling: *con el brazo en ~* with your arm in a sling

cabeza *nf* **1** (*gen*) head: *tener buena/mala ~ para las matemáticas* to have a good head/to have no head for maths **2** (*lista, liga*) top: *en la ~ de la lista* at the top of the list **3** (*juicio*) sense: *¡Qué poca ~ tienes!* You've got no sense! LOC **cabeza abajo** upside down ☞ *Ver dibujo en* REVÉS **cabeza de ajo(s)** head of garlic **cabeza de familia** head of the household **cabeza de serie** (*Tenis*) seed **cabeza rapada** skinhead **de cabeza** headlong: *tirarse a la piscina de ~* to dive headlong into the swimming pool **estar mal/tocado de la cabeza** to be crazy **ir en cabeza** to be in the lead **írsele la cabeza a algn** to feel dizzy **por cabeza** a/per head **ser un cabeza de chorlito** to be a scatterbrain **tener la cabeza a/llena de pájaros** to have your head in the clouds **tener la cabeza dura** to be stubborn *Ver tb* ABRIR, AFIRMAR, ASENTIR, DOLOR, ENTRAR, ESTRUJAR, LAVAR, METER, PERDER, PIE, SITUAR, SUBIR

cabezada *nf* LOC **dar cabezadas** (*dormirse*) to nod off **echar una cabezada** (*siesta*) to have forty winks

cabezazo *nm* **1** (*golpe*) butt **2** (*Dep*) header LOC **dar un cabezazo (al balón)** to head the ball

cabezota *adj, nmf* LOC **ser (un) cabezota** (*ser terco*) to be pig-headed

cabezudo *nm* LOC *Ver* GIGANTE

cabina *nf* **1** (*avión*) cockpit **2** (*barco*) cabin **3** (*camión*) cab LOC **cabina electoral** polling booth **cabina (telefónica/de teléfonos)** phone box

cabizbajo, -a *adj* downcast

cable *nm* cable LOC **echar un cable** to lend *sb* a hand *Ver tb* TELEVISIÓN

cabo ◆ *nm* **1** (*extremo*) end **2** (*Náut*) rope **3** (*Geog*) cape: *el ~ de Buena Esperanza* the Cape of Good Hope ◆ *nmf* (*Mil*) corporal: *el ~ Ramos* Corporal Ramos LOC **al cabo de** after: *al ~ de un año* after a year **de cabo a rabo** from beginning to end **llevar a cabo** to carry *sth* out *Ver tb* FIN

cabra *nf* goat [*fem* nanny goat] LOC **estar como una cabra** to be crazy

cabreado. **-a** *pp, adj* LOC **estar cabreado** to be in a bad mood *Ver tb* CABREAR

cabrear ♦ *vt* to annoy: *Lo que más me cabrea es que...* What annoys me most of all is that... ♦ **cabrearse** *v pron* **cabrearse (con) (por)** to get annoyed (with *sb*) (about *sth*)

cabreo *nm* LOC **agarrar(se)/coger(se) un cabreo** to go mad

cabrito *nm* (*animal*) kid

caca *nf* poo (*coloq*) LOC **hacer caca** to do a poo

cacahuete (*tb* cacahué) *nm* peanut

cacao¹ *nm* **1** (*planta*) cacao [*pl* cacaos] **2** (*en polvo*) cocoa **3** (*labios*) lip salve

cacao² *nm* (*lío*) uproar [*incontable*] LOC **tener un cacao mental** to be confused

cacarear *vi* **1** (*gallo*) to crow **2** (*gallina*) to cackle

cacería *nf* **1** (*gen*) hunt: *una ~ de elefantes* an elephant hunt **2** (*caza menor*) shoot LOC **ir de cacería 1** (*gen*) to go hunting **2** (*caza menor*) to go shooting

cacerola *nf* casserole ☞ *Ver dibujo en* SAUCEPAN

cacha *nf* thigh LOC **estar cachas 1** (*hombre*) to be a hunk **2** (*mujer*) to be muscly

cacharrazo *nm* **1** (*golpe*) bump **2** (*ruido*) racket LOC **darse un cacharrazo** (*conduciendo*) to have an accident

cacharro *nm* **1** (*vasija*) pot **2** (*vehículo*) old banger **3** cacharros (*de cocina*) pots and pans: *No dejes los ~s sin fregar.* Don't forget to do the pots and pans.

cachear *vt* to frisk (*coloq*), to search: *Cachearon a todos los pasajeros.* All the passengers were searched.

cachete *nm* slap LOC **dar un cachete** to slap *sb*

cacho *nm* piece

cachondearse *v pron* to make fun of *sth/sb*

cachondeo *nm* joke: *No te lo tomes a ~.* Don't treat it as a joke. ◊ *Aquello era un ~, nadie se aclaraba.* It was a joke; no one knew what was going on. LOC **estar de cachondeo** to be joking

cachondo. **-a** *adj* funny LOC **ser un cachondo mental** to be a real laugh

cachorro **-a** *nm-nf* **1** (*perro*) puppy [*pl* puppies] **2** (*león, tigre*) cub

caco *nm* burglar ☞ *Ver nota en* THIEF

cactus (*tb* cacto) *nm* cactus [*pl* cacti/cactuses]

cada *adj* **1** (*gen*) each: *Dieron un regalo a ~ niño.* They gave each child a present. **2** (*con expresiones de tiempo, con expresiones numéricas*) every: *~ semana/vez* every week/time ◊ *~ diez días* every ten days ☞ *Ver nota en* EVERY **3** (*con valor exclamativo*): *¡Dices ~ cosa!* The things you come out with! LOC **cada cosa a su tiempo** all in good time **cada cual** everyone *¿cada cuánto?* how often? **cada dos días, semanas, etc.** every other day, week, etc. **cada dos por tres** constantly **cada loco con su tema** each to his own **cada uno** each (one): *~ uno valía 5.000.* Each one cost 5 000. ◊ *Nos dieron una bolsa a ~ uno.* They gave each of us a bag. They gave us a bag each. **cada vez más** more and more: *~ vez hay más problemas.* There are more and more problems. ◊ *Estás ~ vez más guapa.* You're getting prettier and prettier. **cada vez mejor/peor** better and better/worse and worse **cada vez menos**: *Tengo ~ vez menos dinero.* I've got less and less money. ◊ *~ vez hay menos alumnos.* There are fewer and fewer students. ◊ *Nos vemos ~ vez menos.* We see less and less of each other. **cada vez que...** whenever... **para cada...** between...: *un libro para ~ dos/tres alumnos* one book between two/three students

cadáver *nm* corpse, body [*pl* bodies] (*más coloq*) LOC *Ver* DEPÓSITO

cadena *nf* **1** (*gen*) chain **2** (*Radio*) station **3** (*TV*) channel ☞ *Ver nota en* TELEVISION LOC **cadena de música/sonido** stereo (system) **cadena perpetua** life imprisonment *Ver tb* PRODUCCIÓN

cadera *nf* hip

cadete *nmf* cadet

caducar *vi* **1** (*documento, plazo*) to expire **2** (*alimento*) to go past its sell-by date **3** (*medicamento*) to be out of date: *¿Cuándo caduca?* When does it have to be used by?

caducidad *nf* LOC *Ver* FECHA

caduco. **-a** *adj* LOC *Ver* HOJA

caer ♦ *vi* **1** (*gen*) to fall: *La maceta cayó desde el balcón.* The plant pot fell off the balcony. ◊ *~ en la trampa* to fall into the trap ◊ *Mi cumpleaños cae en martes.* My birthday falls on a Tuesday. ◊ *Caía la noche.* Night was falling. **2** (*estar*) to be: *¿Por dónde cae su casa?* Where's their house? **3** *~ (en)* (*entender*) to get *sth* [*vt*]: *Ya caigo.* I get it. **4** (*persona*): *Le caíste muy bien a mi madre.* My mother really liked you. ◊ *Me cae fatal.* I can't stand him. ◊ *¿Qué tal te cayó su novia?* What did you think of his girlfriend? ◆ **caerse** *v pron* **1** (*gen*) to fall: *Cuidado, no te caigas.* Careful you don't fall. ◊ *Se me caen los pantalones.* My trousers are falling down. **2** (*diente, pelo*) to fall out: *Se le cae el pelo.* His hair is falling out. LOC **caérsele algo a algn** to drop sth: *Se me cayó el helado.* I dropped my ice cream. ☞ *Ver nota y dibujo en* DROP; Para otras expresiones con **caer**, véanse las entradas del sustantivo, adjetivo, etc., p. ej. **caer gordo** en GORDO y **caer como moscas** en MOSCA.

café *nm* **1** (*gen*) coffee: *¿Te apetece un ~?* Would you like some/a coffee? **2** (*establecimiento*) cafe LOC **café exprés** espresso [*pl* espressos] **café solo/con leche** black/white coffee **estar de mal café** to be in a bad mood **tener mal café** to be bad-tempered

cafeína *nf* caffeine: *sin ~* decaffeinated

cafetal *nm* coffee plantation

cafetera *nf* coffee pot LOC **cafetera eléctrica** coffee-maker **cafetera exprés** espresso machine

cafetería *nf* snack bar

cafetero, -a *adj* **1** (*gen*) coffee [*n atrib*]: *la industria cafetera* the coffee industry **2** (*persona*): *ser muy ~* to be very fond of coffee

cafre *adj* (*bruto*) barbaric

cagalera *nf* the runs [*pl*]: *tener ~* to have the runs

cagarruta *nf* droppings [*pl*]: *~s de oveja* sheep droppings

cagueta *adj, nmf* chicken: *No seas ~.* Don't be chicken.

caída *nf* **1** (*gen*) fall: *una ~ de tres metros* a three-metre fall ◊ *la ~ del gobierno* the fall of the government **2** ~ **de** (*descenso*) fall in sth: *una ~ de los precios* a fall in prices **3** (*pelo*) loss: *prevenir la ~ del pelo* to prevent hair loss LOC **a la caída de la tarde/noche** at dusk/nightfall **caída libre** free fall

caído, -a ◆ *pp, adj* fallen: *un pino ~* a fallen pine ◆ *nm*: *los ~s en la guerra* those who died in the war LOC **caído del cielo 1** (*inesperado*) out of the blue **2** (*oportuno*): *Nos viene ~ del cielo.* It's a real godsend. *Ver tb* CAER

caimán *nm* alligator

caja *nf* **1** (*gen*) box: *una ~ de cartón* a cardboard box ◊ *una ~ de bombones* a box of chocolates ☞ *Ver dibujo en* CONTAINER **2** (*botellas*) **(a)** (*gen*) crate **(b)** (*vino*) case **3** (*ataúd*) coffin **4** (*supermer-*

cado) checkout **5** (*otras tiendas*) cash desk **6** (*banco*) cashier's desk LOC **caja de ahorros** savings bank **caja de cambios/velocidades** gearbox **caja de herramientas** tool box **caja fuerte** safe [*pl* safes] **caja negra** black box **caja registradora** till **hacer la caja** to cash up **la caja tonta** the box

cajero, -a *nm-nf* cashier LOC **cajero automático** cash machine

cajetilla *nf* packet: *una ~ de tabaco* a packet of cigarettes ☞ *Ver dibujo en* CONTAINER

cajón *nm* **1** (*mueble*) drawer **2** (*de madera*) crate

cal *nf* lime

cala *nf* cove

calabacín *nm* courgette

calabaza *nf* pumpkin LOC **dar calabazas** to give *sb* the brush-off

calabozo *nm* **1** (*mazmorra*) dungeon **2** (*celda*) cell

calamar *nm* squid [*pl* squid]

calambre *nm* **1** (*muscular*) cramp [*incontable*]: *Me dan ~s en las piernas.* I get cramp in my legs. **2** (*electricidad*) (electric) shock: *¡Te va a dar ~!* You'll get a shock!

calamidad *nf* **1** (*desgracia*) misfortune: *pasar ~es* to suffer misfortune **2** (*persona*) useless [*adj*]: *Eres una ~.* You're useless.

calar ◆ *vt* (*mojar*) to soak: *La lluvia me caló hasta la camiseta.* The rain soaked through to my vest. ◊ *¡Me has calado la falda!* You've made my skirt soaking wet! ◆ **calarse** *v pron* **1** (*mojarse*) to get drenched **2** (*motor*) to stall: *Se me caló el coche.* I stalled the car. LOC **calarse hasta los huesos** to get soaked to the skin

calavera *nf* skull

calcar *vt* to trace

calcetín *nm* sock

calcinado, -a *pp, adj* charred *Ver tb* CALCINAR

calcinar *vt* to burn *sth* down: *El fuego calcinó la fábrica.* The factory was burnt down.

calcio *nm* calcium

calco *nm* **1** (*dibujo*) tracing **2** (*imitación*) imitation LOC *Ver* PAPEL

calculadora *nf* calculator

calcular *vt* **1** (*gen*) to work *sth* out, to calculate (*más formal*): *Calcula cuánto necesitamos.* Work out/Calculate how much we need. **2** (*suponer*) to reckon:

Calculo que habrá 60 personas. I reckon there must be around 60 people.

cálculo *nm* calculation: *Según mis ~s son 105.* It's 105 according to my calculations. ◊ *Tengo que hacer unos ~s antes de decidir.* I have to make some calculations before deciding. LOC **hacer un cálculo aproximado** to make a rough estimate *Ver tb* HOJA

caldera *nf* boiler

calderilla *nf* small change

caldero *nm* cauldron

caldo *nm* 1 *(para cocinar)* stock: *~ de pollo* chicken stock 2 *(sopa)* broth: *Para mí el ~ de verduras.* I'd like the vegetable broth.

calefacción *nf* heating: *~ central* central heating

calendario *nm* calendar

calentador *nm* heater: *~ de agua* water heater

calentamiento *nm* warm-up: *ejercicios de ~* warm-up exercises ◊ *Primero haremos un poco de ~.* We're going to warm up first.

calentar ◆ *vt* 1 *(gen)* to heat *sth* up: *Voy a ~te la cena.* I'll go and heat up your dinner. 2 *(templar)* to warm *sth/sb* up ◆ **calentarse** *v pron* 1 *(ponerse muy caliente)* to get very hot: *El motor se calentó demasiado.* The engine overheated. 2 *(templarse, Dep)* to warm up LOC *Ver* CASCO, SESO

calibre *nm* calibre: *una pistola del ~ 38* a 38 calibre gun ◊ *un imbécil de mucho ~* a complete idiot

calidad *nf* quality: *la ~ de vida en las ciudades* the quality of life in cities ◊ *fruta de ~* quality fruit LOC **en calidad de** as: *en ~ de portavoz* as spokesperson *Ver tb* RELACIÓN

cálido, -a *adj* warm

caliente *adj* 1 *(gen)* hot: *agua ~* hot water 2 *(templado)* warm: *La casa está ~.* The house is warm. ☞ *Ver nota en* FRÍO LOC *Ver* BOLSA¹, PERRITO

calificación *nf* 1 *(nota escolar)* mark: *buenas calificaciones* good marks ◊ *Obtuvo la ~ de notable.* He got a very good mark. ☞ *Ver nota en* MARK 2 *(descripción)* description: *Su comportamiento no merece otra ~.* His behaviour cannot be described in any other way.

calificar *vt* 1 *(corregir)* to mark 2 *(a un alumno)* to give *sb* a mark: *La calificaron con sobresaliente.* She was awarded top marks. 3 *(describir)* to label *sb* (*as*

sth): *La calificaron de excéntrica.* They labelled her an eccentric.

caligrafía *nf* handwriting

callado, -a *pp, adj* 1 *(gen)* quiet: *Tu hermano está muy ~ hoy.* Your brother is very quiet today. 2 *(en completo silencio)* silent: *Permaneció ~.* He remained silent. LOC **más callado que un muerto** as quiet as a mouse *Ver tb* CALLAR

callar ◆ *vt* 1 *(persona)* to get *sb* to be quiet: *¡Calla a esos niños!* Get those children to be quiet! 2 *(información)* to keep quiet about *sth* ◆ **callar(se)** *vi, v pron* 1 *(no hablar)* to say nothing: *Prefiero ~(me).* I'd rather say nothing. 2 *(dejar de hablar o de hacer ruido)* to go quiet, to shut up *(coloq)*: *Dáselo, a ver si (se) calla.* Give it to him and see if he shuts up. LOC **¡calla!/¡cállate (la boca)!** be quiet!, shut up! *(coloq)*

calle *nf* 1 *(gen)* street *(abrev* St): *una ~ peatonal* a pedestrian street ◊ *Está en la ~ Goya.* It's in Goya Street.

Cuando se menciona el número de la casa o portal se usa la preposición at: *Vivimos en la calle Goya 49.* We live at 49 Goya Street. *Ver tb nota en* STREET.

2 *(Dep)* lane: *el corredor de la ~ dos* the runner in lane two LOC **calle arriba/abajo** up/down the street **quedarse en la calle** *(sin trabajo)* to lose your job

callejero, -a *adj* LOC *Ver* PERRO

callejón *nm* alleyway *[pl* alleyways] LOC **callejón sin salida** cul-de-sac *[pl* cul-de-sacs]

callejuela *(tb* calleja) *nf* side street

callo *nm* 1 *(dedo del pie)* corn 2 *(mano, planta del pie)* callus *[pl* calluses] 3 **callos** *(Cocina)* tripe *[incontable, v sing]*

calma *nf* calm: *mantener la ~* to keep calm LOC **¡(con) calma!** calm down! **tomarse algo con calma**: *Tómatelo con ~.* Take it easy. *Ver tb* PERDER

calmante *nm* 1 *(dolor)* painkiller 2 *(nervios)* tranquillizer

calmar ◆ *vt* 1 *(nervios)* to calm 2 *(dolor)* to relieve 3 *(hambre, sed)* to satisfy ◆ **calmarse** *v pron* to calm down

calor *nm* heat: *Hoy aprieta el ~.* It's stiflingly hot today. LOC **hacer calor** to be hot: *Hace mucho ~.* It's very hot. ◊ *¡Qué ~ hace!* It's so hot! **tener calor** to be/feel hot: *Tengo ~.* I'm hot. ☞ *Ver nota en* FRÍO; *Ver tb* ENTRAR

caloría *nf* calorie: *una dieta baja en ~s* a low-calorie diet ◊ *quemar ~s* to burn off calories

caluroso, -a *adj* **1** (*muy caliente*) hot: *Fue un día muy ~.* It was a very hot day. **2** (*tibio, fig*) warm: *una noche/ bienvenida calurosa* a warm night/ welcome

calva *nf* bald patch

calvo, -a *adj* bald: *quedarse ~* to go bald LOC *Ver* TANTO

calzada *nf* road

calzado *nm* shoes [*pl*], footwear (*más formal*): *~ de piel* leather shoes

calzar ◆ *vt* **1** (*zapato*) to wear: *Calzo zapato plano.* I wear flat shoes. **2** (*número*) to take: *¿Qué número calzas?* What size shoe do you take? **3** (*persona*) to put *sb's* shoes on: *¿Puedes ~ al niño?* Can you put the little boy's shoes on for him? ◆ **calzarse** *v pron* to put your shoes on LOC *Ver* VESTIR

calzoncillo *nm* **calzoncillos** underpants [*pl*] ☛ Nótese que *unos calzoncillos* se dice *a pair of underpants*.

cama *nf* bed: *irse a la ~* to go to bed ◊ *¿Todavía estás en la ~?* Are you still in bed? ◊ *meterse en la ~* to get into bed ◊ *salir de la ~* to get out of bed LOC **cama elástica** trampoline **cama individual/ de matrimonio** single/double bed *Ver tb* COCHE, SOFÁ

camada *nf* litter

camaleón *nm* chameleon

cámara ◆ *nf* **1** (*gen*) chamber: *la ~ legislativa* the legislative chamber ◊ *música de ~* chamber music **2** (*Cine, Fot*) camera ◆ *nmf* cameraman/ woman [*pl* cameramen/women] LOC **a/ en cámara lenta** in slow motion **cámara de fotos/fotográfica** camera

camarada *nmf* **1** (*Pol*) comrade **2** (*colega*) mate

camarero, -a *nm-nf* waiter [*fem* waitress]

camarote *nm* cabin

cambiante *adj* changing

cambiar ◆ *vt* **1** (*gen*) to change *sth* (*for sth*): *Voy a ~ mi coche por uno más grande.* I'm going to change my car for a bigger one. **2** (*dinero*) to change *sth* (*into sth*): *~ dólares a/en euros* to change dollars into euros **3** (*intercambiar*) to exchange *sth* (*for sth*): *Si no te está bien lo puedes ~.* You can exchange it if it doesn't fit. ◆ *vi ~* (**de**) to change: *~ de trabajo/tren* to change jobs/trains ◊ *No van a ~.* They're not going to

change. ◊ *~ de marcha* to change gear ◊ *~ de tema* to change the subject ◆ **cambiarse** *v pron* **1 cambiarse** (**de**) to change: *~se de zapatos* to change your shoes **2** (*persona*) to get changed: *Voy a ~me porque tengo que salir.* I'm going to get changed because I have to go out. LOC **cambiar de opinión** to change your mind **cambiar(se) de casa** to move house

cambio *nm* **1 ~** (**de**) (*gen*) change (**in/of** *sth*): *un ~ de temperatura* a change in temperature ◊ *Ha habido un ~ de planes.* There has been a change of plan. **2** (*intercambio*) exchange: *un ~ de impresiones* an exchange of views **3** (*dinero suelto*) change: *Me dieron mal el ~.* They gave me the wrong change. ◊ *¿Tiene ~ de 1.000?* Have you got change for 1000? **4** (*Fin*) exchange rate LOC **a cambio** (**de/de que**) in return (for *sth/ doing sth*): *No recibieron nada a ~.* They got nothing in return. ◊ *a ~ de que me ayudes con las matemáticas* in return for you helping me with my maths **cambio de guardia** changing of the guard **cambio de sentido** U-turn **en cambio** on the other hand *Ver tb* CAJA, PALANCA

camelar(se) *vt, v pron* **1** (*convencer*) to talk *sb* **into doing sth**: *Me camelaré a tu padre para que te deje salir.* I'll talk your father into letting you go out. **2** (*halagar*) to butter *sb* up

camello, -a ◆ *nm-nf* (*animal*) camel ◆ *nm* (*traficante*) pusher

camelo *nm* **1** (*engaño*) con: *¡Vaya un ~!* What a con! **2** (*bulo*) cock and bull story: *Lo de su enfermedad es un ~.* His illness is a cock and bull story.

camerino *nm* dressing room

camilla *nf* **1** (*Med*) stretcher **2** (*mesa*) (occasional) table

caminar *vt, vi* to walk: *Hemos caminado 150 km.* We've walked 150 km. LOC **ir caminando** to go on foot

caminata *nf* trek LOC **darse/pegarse una caminata** to do a lot of walking

camino *nm* **1** (*carretera no asfaltada*) track **2** (*ruta, medio*) way [*pl* ways]: *No me acuerdo del ~.* I can't remember the way. ◊ *Me la encontré en el ~.* I met her on the way. **3 ~** (**a/de**) (*senda*) path (**to** *sth*): *el ~ a la fama* the path to fame LOC **camino vecinal** minor road **coger/ pillar de camino** to be on my, your, etc. way (**estar/ir en camino...** (to be) on the/your way to... **ir por buen/mal camino** to be on the right/wrong track

ponerse en camino to set off *Ver tb*
ABRIR, INGENIERO, MEDIO

camión *nm* lorry [*pl* lorries] LOC
camión cisterna tanker **camión de la
basura** dustcart **camión de mudanzas**
removal van

camionero, -a *nm-nf* lorry driver

camioneta *nf* van

camisa *nf* shirt LOC **camisa de fuerza**
straitjacket

camiseta *nf* 1 (*gen*) T-shirt 2 (*Dep*)
shirt: *la ~ número 11* the number 11
shirt 3 (*ropa interior*) vest

camisón *nm* nightdress, nightie (*coloq*)

camorra *nf* fight: *buscar ~* to be looking
for a fight

camorrista *nmf* troublemaker

campamento *nm* camp: *ir de ~* to go
camping ◇ *~ de verano* summer camp

campana *nf* 1 (*gen*) bell: *¿Oyes las ~s?*
Can you hear the bells ringing?
2 (*extractor*) extractor hood LOC *Ver*
NOVILLO, VUELTA

campanada *nf* 1 (*campana*): *Sonaron
las ~s.* The bells rang out. 2 (*reloj*)
stroke: *las doce ~s de medianoche* the
twelve strokes of midnight LOC **dar
dos, etc. campanadas** to strike two,
etc.: *El reloj dio seis ~s.* The clock struck
six.

campanario *nm* belfry [*pl* belfries]

campaña *nf* (*Com, Pol, Mil*) campaign:
~ electoral election campaign LOC *Ver*
TIENDA

campeón, -ona *nm-nf* champion: *el ~
del mundo/de Europa* the world/
European champion

campeonato *nm* championship: *los
Campeonatos Mundiales de Atletismo*
the World Athletics Championships

campesino, -a *nm-nf* 1 (*agricultor*)
farm worker
También se puede decir **peasant**, pero
tiene connotaciones de pobreza.
2 (*aldeano*) countryman/woman [*pl*
countrymen/women]: *los ~s* country
people

campestre *adj* LOC *Ver* COMIDA

camping *nm* campsite LOC **hacer
camping** to camp **ir de camping** to go
camping

campo *nm* 1 (*naturaleza*) country: *vivir
en el ~* to live in the country 2 (*tierra de
cultivo*) field: *~s de cebada* barley fields
3 (*paisaje*) countryside: *El ~ está precioso en abril.* The countryside looks
lovely in April. 4 (*ámbito, Fís*) field: *~*

magnético magnetic field ◇ *el ~ de la
ingeniería* the field of engineering
5 (*Dep*) (a) (*terreno*) pitch: *un ~ de rugby*
a rugby pitch ◇ *salir al ~* to come out
onto the pitch (b) (*estadio*) ground: *el ~
del Sevilla* Seville's ground 6 (*campamento*) camp: *~ de concentración/
prisioneros* concentration/prison camp
LOC **campo a través** across country
campo de batalla battlefield **campo de
golf** golf course en **campo contrario**
(*Dep*) away: *jugar en ~ contrario* to play
away *Ver tb* CASA, FAENA, MEDIO, PRO-
DUCTO

camuflaje *nm* camouflage

camuflar *vt* to camouflage

cana *nf* grey hair: *tener ~s* to have grey
hair

Canadá *nm* Canada ☛ *Ver Apéndice 5*

canadiense *adj, nmf* Canadian

canal *nm* 1 (*estrecho marítimo natural,
TV*) channel: *el ~ de la Mancha* the
Channel ◇ *un ~ de televisión* a TV
channel ☛ *Ver nota en* TELEVISION
2 (*estrecho marítimo artificial, de riego*)
canal: *el ~ de Suez* the Suez Canal LOC
Ver INGENIERO

canario *nm* (*pájaro*) canary [*pl* canar-
ies]

canasta *nf* basket: *meter una ~* to score
a basket

cancelar *vt* 1 (*gen*) to cancel: *~ un
vuelo/una reunión* to cancel a flight/
meeting 2 (*deuda*) to settle

cáncer ◆ *nm* cancer [*incontable*]: *~ de
pulmón* lung cancer ◆ **cáncer** (*tb*
Cáncer) *nm, nmf* (*Astrol*) Cancer ☛ *Ver
ejemplos en* AQUARIUS

cancha *nf* 1 (*tenis, frontón, baloncesto*)
court: *Los jugadores ya están en la ~.*
The players are on court. 2 (*fútbol*)
pitch

canción *nf* 1 (*Mús*) song 2 (*excusa*)
story [*pl* stories]: *No me vengas con can-
ciones.* Don't come to me with stories.
LOC **canción de cuna** lullaby [*pl* lulla-
bies]

candado *nm* padlock: *cerrado con ~*
padlocked

candidato, -a *nm-nf* *~ (a)* candidate
(for *sth*): *el ~ a la presidencia del club*
the candidate for club chairman

candidatura *nf* *~ (a)* candidacy [*pl* can-
didacies] (for *sth*): *renunciar a una ~* to
withdraw your candidacy ◇ *Presentó su
~ al senado.* He stood for the senate.

canela *nf* cinnamon

canelón *nm* **canelones** cannelloni [*incontable*]

cangrejo *nm* **1** (*de mar*) crab **2** (*de río*) crayfish [*pl* crayfish]

canguro ◆ *nm* kangaroo [*pl* kangaroos] ◆ *nmf* babysitter LOC **hacer de canguro** to babysit (*for sb*)

caníbal *adj, nmf* cannibal [*n*]: *una tribu ~* a cannibal tribe

canibalismo *nm* cannibalism

canica *nf* marble: *jugar a las ~s* to play marbles

canino, -a *adj* canine LOC *Ver* HAMBRE

canjear *vt* to exchange *sth* (*for sth*): *~ un vale* to exchange a voucher

canoa *nf* canoe

canoso, -a *adj* grey

cansado, -a *pp, adj* **1** ~ (**de**) (*fatigado*) tired (**from** *sth/doing sth*): *Están ~s de tanto correr.* They're tired from all that running. **2** ~ **de** (*harto*) tired **of** *sth/sb/ doing sth*: *¡Estoy ~ de ti!* I'm tired of you! **3** (*que fatiga*) tiring: *El viaje fue ~.* It was a tiring journey. ☞ *Ver nota en* INTERESTING LOC *Ver* VISTA; *Ver tb* CANSAR

cansancio *nm* tiredness LOC *Ver* MUERTO

cansar ◆ *vt* **1** (*fatigar*) to tire *sth/sb* (*out*) **2** (*aburrir, hartar*): *Me cansa tener que repetir las cosas.* I get tired of having to repeat things. ◆ *vi* to be tiring: *Este trabajo cansa mucho.* This work is very tiring. ◆ **cansarse** *v pron* **cansarse** (**de**) to get tired (**of** *sth/sb/ doing sth*): *Se cansa en seguida.* He gets tired very easily.

cantante *nmf* singer LOC *Ver* VOZ

cantar ◆ *vt, vi* to sing ◆ *vi* **1** (*cigarra, pájaro pequeño*) to chirp **2** (*gallo*) to crow **3** (*oler mal*) to stink **4** (*llamar la atención*) to stand out: *¡Cómo cantan esos pantalones!* Those trousers are really eye-catching! LOC **cantar las cuarenta/las verdades** to tell *sb* a few home truths **cantar victoria** to celebrate

cántaro *nm* pitcher LOC *Ver* LLOVER

cantautor, ~a *nm-nf* singer-songwriter

cante *nm* singing: *~ jondo* flamenco singing LOC **dar el cante** to stick out like a sore thumb

cantera *nf* **1** (*de piedra*) quarry [*pl* quarries] **2** (*Dep*) youth squad

cantidad ◆ *nf* **1** (*gen*) amount, quantity (*más formal*): *una ~ pequeña de pintura/agua* a small amount of paint/ water ◊ *¿Cuánta ~ necesitas?* How much do you need? **2** (*personas, objetos*) number: *¡Qué ~ de coches!* What a lot of

cars! ◊ *Había ~ de gente.* There were loads of people. **3** (*dinero*) sum **4** (*magnitud*) quantity: *La calidad es más importante que la ~.* Quality is more important than quantity. ◆ *adv* a lot: *Habla ~.* He talks a lot. LOC **en cantidades industriales** in huge amounts

cantimplora *nf* water bottle

canto¹ *nm* **1** (*arte*) singing: *estudiar ~* to study singing **2** (*canción, poema*) song: *un ~ a la belleza* a song to beauty

canto² *nm* **1** (*borde*) edge **2** (*cuchillo*) back LOC **de canto** on its/their side: *poner algo de ~* to put sth on its side

canto³ *nm* (*piedra*) pebble LOC **darse con un canto en los dientes** to count yourself lucky

canturrear *vt, vi* to hum

caña *nf* **1** (*junco*) reed **2** (*bambú, azúcar*) cane: *~ de azúcar* sugar cane **3** (*cerveza*) glass of beer: *Me tomé cuatro ~s.* I had four glasses of beer. LOC **caña (de pescar)** fishing rod **dar/meter caña 1** (*azuzar*) to push *sb*: *Hay que meterle ~ para que estudie.* You have to push him to make him study. **2** (*coche*) to put your foot down

cañería *nf* pipe: *la ~ de desagüe* the drainpipe

cañón *nm* **1** (*de artillería*) cannon **2** (*fusil*) barrel: *una escopeta de dos cañones* a double-barrelled shotgun **3** (*Geog*) canyon: *el ~ del Colorado* the Grand Canyon

caoba *nf* mahogany

caos *nm* chaos [*incontable*]: *La noticia causó el ~.* The news caused chaos.

capa *nf* **1** (*gen*) layer: *la ~ de ozono* the ozone layer **2** (*pintura, barniz*) coat **3** (*prenda*) **(a)** (*larga*) cloak **(b)** (*corta*) cape

capacidad *nf* ~ (**de/para**) **1** (*gen*) capacity (**for** *sth*): *una gran ~ de trabajo* a great capacity for work ◊ *un hotel con ~ para 300 personas* a hotel with capacity for 300 guests **2** (*aptitud*) ability (**to do** *sth*): *Tiene ~ para hacerlo.* She has the ability to do it.

capar *vt* to castrate

caparazón *nm* shell: *un ~ de tortuga* a tortoise shell

capataz *nmf* foreman/woman [*pl* foremen/women]

capaz *adj* ~ (**de**) capable (**of** *sth/doing sth*): *Quiero gente ~ y trabajadora.* I want capable, hard-working people. LOC

ser capaz de to be able *to do sth*: *No sé cómo fueron capaces de decírselo así.* I don't know how they could tell her like that. ◊ *No soy ~ de aprenderlo.* I just can't learn it.

capellán *nm* chaplain

Caperucita LOC **Caperucita Roja** Little Red Riding Hood

capicúa *nm* palindromic number

capilla *nf* chapel LOC **capilla ardiente** chapel of rest

capital ◆ *nf* capital ◆ *nm* (*Fin*) capital

capitalismo *nm* capitalism

capitalista *adj, nmf* capitalist

capitán, -ana ◆ *nm-nf* captain: *el ~ del equipo* the team captain ◆ *nmf* (*Mil*) captain

capítulo *nm* **1** (*libro*) chapter: *¿Por qué ~ te llegas?* What chapter are you on? **2** (*Radio, TV*) episode

capó *nm* (*coche*) bonnet

capote *nm* cape

capricho *nm* (*antojo*) whim: *los ~s de la moda* the whims of fashion LOC **dar un capricho a algn** to give sb a treat

caprichoso, -a *adj* **1** (*que quiere cosas*): *¡Qué niño más ~!* That child's never satisfied! **2** (*que cambia de idea*): *Tiene un carácter ~.* He's always changing his mind. ◊ *un cliente ~* a fussy customer

capricornio (*tb* **Capricornio**) *nm, nmf* (*Ástrol*) Capricorn ☛ *Ver ejemplos en* AQUARIUS

cápsula *nf* capsule

captura *nf* **1** (*fugitivo*) capture **2** (*armas, drogas*) seizure

capturar *vt* **1** (*fugitivo*) to capture **2** (*armas, drogas*) to seize

capucha *nf* (*tb* **capuchón** *nm*) **1** (*prenda*) hood **2** (*bolígrafo*) top

capuchino *nm* (*café*) cappuccino [*pl* cappuccinos]

capullo *nm* **1** (*flor*) bud **2** (*insecto*) cocoon

caqui¹ *nm* (*color*) khaki: *unos pantalones ~* a pair of khaki trousers ☛ *Ver ejemplos en* AMARILLO

caqui² *nm* (*fruto*) sharon fruit [*pl* sharon fruit]

cara *nf* **1** (*rostro*) face **2** (*descaro*) cheek: *¡Vaya ~!* What a cheek! **3** (*disco, papel, Geom*) side: *Escribí tres hojas por las dos ~s.* I wrote six sides. LOC **cara a cara** face to face **cara dura**: *Eres un ~ dura.* You've got a cheek! **cara o cruz** heads or tails **dar la cara** to face the music **partirle/romperle la cara a algn** to

smash sb's face in **poner cara de asco** to make a face: *No pongas ~ de asco y cómetelo.* Don't make a face; just eat it. **tener buena/mala cara** (*persona*) to look well/ ill **tener más cara que espalda** to be a cheeky so-and-so *Ver tb* COSTAR, VOLVER

carabina *nf* (*arma*) carbine LOC **hacer/ ir de carabina** to play gooseberry

caracol *nm* **1** (*de tierra*) snail **2** (*de mar*) winkle LOC *Ver* ESCALERA

caracola *nf* conch

carácter *nm* **1** (*gen*) character: *un defecto de mi ~* a character defect **2** (*índole*) nature LOC **tener buen/ mal carácter** to be good-natured/ ill-tempered **tener mucho/poco carácter** to be strong-minded/weak-minded

característica *nf* characteristic

característico, -a *adj* characteristic

caracterizar ◆ *vt* **1** (*distinguir*) to characterize: *El orgullo caracteriza a este pueblo.* Pride characterizes this people. **2** (*disfrazar*) to dress *sb* up *as sth/sb*: *Me caracterizaron de anciana.* They dressed me up as an old lady. ◆ **caracterizarse** *v pron* **caracterizarse de** to dress up *as sth/sb*

¡caramba! *interj* **1** (*sorpresa*) goodness me! **2** (*enfado*) for heaven's sake!

caramelo *nm* **1** (*golosina*) sweet **2** (*azúcar quemado*) caramel

carantoña *nf* LOC **hacer carantoñas** to caress

caravana *nf* **1** (*expedición, roulotte*) caravan **2** (*tráfico*) tailback

carbón *nm* coal LOC **carbón vegetal** charcoal *Ver tb* PAPEL

carboncillo *nm* charcoal

carbonizar(se) *vt, v pron* to burn

carbono *nm* carbon LOC *Ver* DIÓXIDO, HIDRATO, MONÓXIDO

carburante *nm* fuel

carca *adj, nmf* old fogey [*n*] [*pl* old fogeys]: *¡Qué padres más ~s tienes!* Your parents are real old fogeys!

carcajada *nf* roar of laughter [*pl* roars of laughter] LOC *Ver* REÍR, SOLTAR

cárcel *nf* prison: *ir a la ~* to go to prison ◊ *Lo metieron en la ~.* They put him in prison.

carcelero, -a *nm-nf* jailer

cardenal *nm* **1** (*moratón*) bruise **2** (*Relig*) cardinal

cardiaco, -a (*tb* **cardíaco, -a**) *adj* LOC **ataque/paro cardiaco** cardiac arrest, heart attack (*más coloq*)

cardinal *adj* cardinal

cardo *nm* thistle LOC **ser un cardo 1** (*feo*) to be as ugly as sin **2** (*antipático*) to be a prickly character

carecer *vi* ~ **de** to lack *sth* [*vt*]: *Carecemos de medicinas.* We lack medicines. LOC **carece de sentido** it doesn't make sense

careta *nf* mask

carga *nf* **1** (*acción*) loading: *La* ~ *del buque llevó varios días.* Loading the ship took several days. ◊ ~ *y descarga* loading and unloading **2** (*peso*) load: ~ *máxima* maximum load **3** (*mercancía*) **(a)** (*avión, barco*) cargo [*pl* cargoes] **(b)** (*camión*) load **4** (*explosivo, munición, Electrón*) charge: *una* ~ *eléctrica* an electric charge **5** (*obligación*) burden **6** (*bolígrafo*) refill LOC **¡a la carga!** charge! *Ver tb* BURRO

cargado, -a *pp, adj* **1** ~ (**de/con**) loaded (**with** *sth*): *Venían* ~*s de maletas.* They were loaded down with suitcases. ◊ *un arma cargada* a loaded weapon **2** ~ **de** (*responsabilidades*) burdened down with *sth* **3** (*atmósfera*) stuffy **4** (*bebida*) strong: *un café muy* ~ a very strong coffee *Ver tb* CARGAR

cargador *nm* (*Electrón*) charger: ~ *de pilas* battery charger

cargamento *nm* **1** (*avión, barco*) cargo [*pl* cargoes] **2** (*camión*) load

cargante *adj*: *¡Qué tío más* ~*!* What a pain in the neck that bloke is!

cargar ◆ *vt* **1** (*gen*) to load: *Cargaron el camión de cajas.* They loaded the lorry with boxes. ◊ ~ *un arma* to load a weapon **2** (*pluma, encendedor*) to fill **3** (*pila, batería*) to charge **4** (*suspender*) to fail *sb* (**in** *sth*): *Me han cargado las matemáticas.* I failed maths. ◆ *vi* **1** ~ **con** (**a**) (*llevar*) to carry *sth* [*vt*]: *Siempre me toca* ~ *con todo.* I always end up carrying everything. **(b)** (*responsabilidad*) to shoulder *sth* [*vt*] **2** ~ (**contra**) (*Mil*) to charge (**at** *sb*) ◆ **cargarse** *v pron* **1** (*romper*) to wreck: *¡Te vas a* ~ *la lavadora!* You're going to wreck the washing machine! **2** (*matar*) to kill **3** (*suspender*) to fail

cargo *nm* **1** (*gen*) post: *un* ~ *importante* an important post **2** (*Pol*) office: *el* ~ *de alcalde* the office of mayor **3** *cargos* (*Jur*) charges LOC **dar/tener cargo de conciencia** to feel guilty: *Me da* ~ *de conciencia.* I feel guilty. **hacerse cargo de 1** (*responsabilizarse*) to take charge of *sth* **2** (*cuidar de algn*) to look after *sb*

caricatura *nf* caricature: *hacer una* ~ to draw a caricature

caricia *nf* caress LOC **hacer caricias** to caress

caridad *nf* charity: *vivir de la* ~ to live on charity

caries *nf* **1** (*enfermedad*) tooth decay [*incontable*]: *para prevenir la* ~ to prevent tooth decay **2** (*agujero*) hole: *Tengo* ~ *en la muela.* I've got a hole in my tooth.

cariño *nm* **1** (*afecto*) affection **2** (*delicadeza*) loving care: *Trata sus cosas con todo* ~. He treats his things with loving care. **3** (*apelativo*) sweetheart: *¡*~ *mío!* Sweetheart! LOC **coger(le cariño a algn** to become fond of *sb* **con cariño** (*en cartas*) with love **tenerle cariño a algo/algn** to be fond of *sth/sb*

cariñoso, -a *adj* **1** ~ (**con**) (*gen*) affectionate (**towards** *sth/sb*) **2** (*abrazo, saludos*) warm

caritativo, -a *adj* ~ (**con**) charitable (**to/towards** *sb*)

carmín *nm* lipstick

carnada (*tb* **carnaza**) *nf* bait

carnal *adj* (*sensual*) carnal LOC *Ver* PRIMO

carnaval *nm* carnival

Las vacaciones escolares de carnaval se dicen **the February half-term**.

LOC *Ver* MARTES

carne *nf* **1** (*Anat, Relig, fruta*) flesh **2** (*alimento*) meat: *Me gusta la* ~ *bien hecha.* I like my meat well done.

El inglés suele emplear distintas palabras para referirse al animal y a la carne que se obtiene de ellos: del *cerdo* (**pig**) se obtiene **pork**, de la *vaca* (**cow**), **beef**, del *ternero* (**calf**), **veal** y de la *oveja* (**sheep**) **mutton**. **Lamb** constituye la excepción a esta regla, ya que designa tanto al animal (el *cordero*) como a la carne que de él se obtiene.

LOC **carne picada** mince **en carne viva** raw: *Tienes la rodilla en* ~ *viva.* Your knee is red raw. **ser de carne y hueso** to be only human **tener carne de gallina** to have goose pimples *Ver tb* PARRILLA, UÑA

carné (*tb* **carnet**) *nm* card LOC **carné de conducir** driving licence **carné de identidad** identity card ☞ *Ver nota en* DOCUMENTO **sacar(se) el carné de conducir** to pass your driving test *Ver tb* EXAMINAR, FOTO

carnero *nm* ram

carnicería nf **1** (tienda) butcher's [pl butchers]

En inglés muchas tiendas llevan el nombre del profesional que trabaja en ellas + 's, p. ej. butcher's, baker's, etc. Si se quiere hablar de varias carnicerías, se suele utilizar la forma butchers, lo mismo que cuando se habla de varios carniceros. En algunos casos también se puede decir butcher's shops: *Hay dos carnicerías en esta calle. There are two butchers/ two butcher's shops in this street.*

2 (matanza) massacre

carnicero, -a nm (lit, fig) butcher

carnívoro, -a adj carnivorous

caro, -a ◆ adj expensive, dear (más coloq) ◆ adv: comprar/pagar algo muy ~ to pay a lot for sth LOC **costar/pagar caro** to cost sb dearly: *Pagarán ~ su error. Their mistake will cost them dearly.*

carpa¹ nf (pez) carp [pl carp]

carpa² nf (entoldado) marquee

carpeta nf folder

carpintería nf carpentry

carpintero, -a nm-nf carpenter

carraspear vi to clear your throat

carraspera nf hoarseness LOC **tener carraspera** to be hoarse

carrera nf **1** (corrida) run: *Ya no estoy para ~s.* I'm not up to running any more. **2** (Dep) race: ~ de relevos/sacos/ obstáculos relay/sack/obstacle race **3** (licenciatura) degree: *¿Qué ~ tienes? What that did you do your degree in?* **4** (profesión) career: *Estoy en el mejor momento de mi ~.* I'm at the peak of my career. **5** (medias) ladder: *Tienes una ~ en las medias.* You've got a ladder in your tights. LOC **carrera de armamentos** arms race **carrera de caballos** horse race *Ver tb* BICICLETA, CABALLO, COCHE

carrerilla nf LOC **coger/tomar carrerilla** to take a run **decir algo de carrerilla** to reel sth off **saber(se) algo de carrerilla** to know sth by heart

carreta nf cart

carrete nm **1** (bobina) reel **2** (Fot) film: *Se me ha velado todo el ~.* The whole film is blurred. LOC **carrete de fotos** film

carretera nf road LOC **carretera comarcal/secundaria** B-road **carretera de circunvalación** ring road **carretera general/nacional** A-road **por carretera** by road *Ver tb* LUZ

carretilla nf wheelbarrow

carril nm **1** (carretera) lane: ~ de autobús/bicicletas bus/cycle lane **2** (raíl) rail

carrillo nm cheek

carrito nm trolley [pl trolleys]: ~ de la compra shopping trolley

carro nm **1** (vehículo) cart **2** (supermercado, aeropuerto) trolley [pl trolleys] **3** (máquina de escribir) carriage **4 el Carro** (Osa Mayor) the Plough LOC **carro de combate** tank

carrocería nf bodywork [incontable]

carromato nm caravan

carroña nf carrion

carroza ◆ nf **1** (tirada por caballos) carriage **2** (en un desfile) float ◆ adj, nmf old fogey [n] [pl old fogeys]: *¡No seas tan ~!* Don't be such an old fogey!

carruaje nm carriage

carrusel nm (tiovivo) merry-go-round

carta nf **1** (misiva) letter: echar una ~ to post a letter ◊ *¿Tengo ~?* Are there any letters for me? ◊ ~ certificada/urgente registered/express letter **2** (naipe) card: jugar a las ~s to play cards ☛ *Ver nota en* BARAJA **3** (menú) menu **4** (documento) charter LOC **carta de navegación** chart **echar las cartas** to tell sb's fortune *Ver tb* BOMBA¹

cartabón nm set square

cartearse v pron ~ (con) to write to sb

cartel nm poster: poner un ~ to put up a poster LOC **cartel indicador** sign *Ver tb* PROHIBIDO

cartelera nf (sección de periódico) listings [pl]: ~ teatral theatre listings LOC **en cartelera** on: *Lleva un mes en ~.* It has been on for a month.

cartera nf **1** (billetero) wallet **2** (maletín) briefcase ☛ *Ver dibujo en* MALETA **3** (de colegio) school bag

carterista nmf pickpocket

cartero, -a nm-nf postman/woman [pl postmen/women]

cartilla nf **1** (Educ) reader **2** (libreta) book: ~ de racionamiento/ahorros ration/savings book LOC **cartilla de la seguridad social** medical card **cartilla del paro** unemployment card *Ver tb* LEER

cartón nm **1** (material) cardboard: cajas de ~ cardboard boxes **2** (huevos, cigarrillos, leche) carton ☛ *Ver dibujo en* CONTAINER

cartucho nm (proyectil, recambio) cartridge

cartulina *nf* card

casa *nf* **1** (*vivienda*) **(a)** (*gen*) house **(b)** (*piso*) flat **(c)** (*edificio*) block of flats [*pl* blocks of flats]

En Gran Bretaña hay varios tipos de casa. Una **detached house** no tiene ningún edificio adosado, mientras que una **semi-detached house** está adosada a otra casa por uno de sus lados. Una **terraced house** forma parte de una hilera de casas adosadas unas a otras.

La mayoría de la gente vive en casas unifamiliares, excepto en las grandes ciudades donde muchas personas viven en pisos (**flats**).

En el campo y en pueblos pequeños puedes encontrar **cottages** que son casas pequeñas, a menudo antiguas y de aspecto agradable. Otro tipo de casa es el **bungalow**, que consta de una sola planta.

2 (*hogar*) home: *No hay nada como estar en* ~. There's no place like home. **3** (*empresa*) company [*pl* companies]: *una* ~ *discográfica* a record company LOC **casa de campo** country house **casa de empeño** pawnshop **casa de socorro** first-aid post **como una casa** huge: *una mentira como una* ~ a huge lie **en casa** at home: *Me quedé en* ~. I stayed at home. ◊ *¿Está tu madre en* ~*?* Is your mother in? **en casa de** at *sb's* (house): *Estaré en* ~ *de mi hermana.* I'll be at my sister's house. ☛ En lenguaje coloquial se omite la palabra 'house': *Estaré en* ~ *de Ana.* I'll be at Ana's. **ir a casa** to go home **ir a casa de** to go to *sb's* (house): *Iré a* ~ *de mis padres.* I'll go to my parents' (house). **pasar por casa** de to drop in (on *sb*): *Pasaré por tu* ~ *mañana.* I'll drop in tomorrow. *Ver tb* AMO, CAMBIAR, LLEGAR

casaca *nf* (*blusón*) smock

casado, -a ♦ *pp, adj*: estar ~ (con algn) to be married (to sb) ♦ *nm-nf* married man/woman LOC *Ver* RECIÉN; *Ver tb* CASAR

casar ♦ *vi* ~ (**con**) to tally (**with** *sth*): *Las cuentas no casaban.* The accounts didn't tally. ♦ **casarse** *v pron* **1** (*gen*) to get married: *¿Sabes quién se casa?* Guess who's getting married? **2 casarse con** to marry *sb*: *Jamás me casaré contigo.* I'll never marry you. LOC **casarse por la Iglesia/por lo civil** to get married in church/a registry office ☛ *Ver nota en* BODA

cascabel *nm* bell LOC *Ver* SERPIENTE

cascada *nf* waterfall

cascado, -a *pp, adj* **1** (*roto*) clapped-out **2** (*voz*) cracked **3** (*persona*) worn out *Ver tb* CASCAR

cascajo *nm* nuts [*pl*]

cascanueces *nm* nutcrackers [*pl*]

cascar ♦ *vt* **1** (*gen*) to crack: ~ *un jarrón* to crack a vase **2** (*pegar*) to belt ♦ *vi* **1** (*charlar*) to chatter **2** (*morir*) to kick the bucket

cáscara *nf* **1** (*huevo, nuez*) shell: ~ *de huevo* eggshell **2** (*limón, naranja*) peel **3** (*plátano*) skin **4** (*cereal*) husk

cascarón *nm* eggshell

cascarrabias *nmf* grouch

casco *nm* **1** (*cabeza*) helmet: *llevar* ~ to wear a helmet **2** (*botella*) empty bottle [*pl* empties]: *Tengo que devolver estos* ~*s.* I've got to take these empties back. **3** (*animal*) hoof [*pl* hoofs/hooves] **4** (*barco*) hull **5 cascos** (*auriculares*) headphones LOC **calentarse/romperse los cascos** to rack your brains **casco antiguo/viejo** old town

cascote *nm* (*escombros*) rubble [*incontable*]: *La calle estaba llena de* ~*s.* The street was full of rubble.

caserío *nm* **1** (*casa*) farmhouse **2** (*aldea*) hamlet

casero, -a ♦ *adj* **1** (*gen*) home-made: *mermelada casera* home-made jam **2** (*persona*) home-loving ♦ *nm-nf* landlord/landlady LOC *Ver* COCINA

caseta *nf* **1** (*feria*) sideshow **2** (*perro*) kennel **3** (*vestuario*) changing room

casete *nf* **1** (*magnetófono*) cassette recorder ♦ *nm* o *nf* (*cinta*) cassette

También se puede decir **tape**. Rewind es **rebobinar** y **fast forward** pasar hacia delante.

casi *adv* **1** (*en frases afirmativas*) almost, nearly: ~ *me caigo.* I almost/nearly fell. ◊ *Estaba* ~ *lleno.* It was almost/nearly full. ◊ *Yo* ~ *diría que…* I would almost say… ☛ *Ver nota en* NEARLY **2** (*en frases negativas*) hardly: *No la veo* ~ *nunca.* I hardly ever see her. ◊ *No vino* ~ *nadie.* Hardly anybody came. ◊ *No queda* ~ *nada.* There's hardly anything left. LOC **casi, casi** very nearly: ~, ~ *llegaban a mil personas.* There were very nearly a thousand people.

casilla *nf* **1** (*Ajedrez, Damas*) square **2** (*formulario*) box: *marcar la* ~ *con una cruz* to put a cross in the box **3** (*cartas, llaves*) pigeon-hole LOC **sacar a algn de sus casillas** to drive sb up the wall

casillero nm 1 (mueble) pigeon-holes [pl] 2 (marcador) scoreboard

casino nm 1 (juego) casino [pl casinos] 2 (de socios) club

caso nm case: en cualquier ~ in any case LOC **el caso es que...** 1 (el hecho es que...) the fact is (that)...: El ~ es que no puedo ir. The fact is, I can't go. 2 (lo que importa) the main thing is that...: No importa cómo, el ~ es que vaya. It doesn't matter how he goes, the main thing is for him to go. **en caso de** in the event of sth: Rómpase en ~ de incendio. Break in the event of fire. **en caso de que...** if...: En ~ de que te pregunte... If he asks you... **en el mejor/peor de los casos** at best/worst **en todo caso** in any case **hacer caso a/de** to take notice of sth/sb **hacer/venir al caso** to be relevant **ser un caso** to be a right one **ser un caso aparte** to be something else **yo en tu caso** if I were you Ver tb TAL

caspa nf dandruff

casta nf 1 (animal) breed 2 (grupo social) caste LOC **de casta** thoroughbred

castaña nf 1 (fruto) chestnut 2 castañas: Tengo cincuenta ~s. I'm fifty. LOC **sacarle a algn las castañas del fuego** to get sb out of trouble

castañetear vi (dientes) to chatter

castaño, -a ◆ adj brown: ojos ~s brown eyes ◊ Tiene el pelo ~. He's got brown hair. ◆ nm chestnut (tree)

castañuelas nf castanets

castellano nm (lengua) Spanish

castidad nf chastity

castigar vt 1 (gen) to punish sb (for sth): Me castigaron por mentir. I was punished for telling lies. ◊ Nos castigaron sin recreo. We were kept in at break. 2 (Dep) to penalize LOC **castigar a algn sin salir** to ground sb: Me castigaron dos días sin salir. I was grounded for two days.

castigo nm punishment: Habrá que ponerles un ~. They'll have to be punished. ◊ levantar un ~ to withdraw a punishment

castillo nm castle LOC **castillo de arena** sandcastle

casto, -a adj chaste

castor nm beaver

castrar vt to castrate

casual adj chance: un encuentro ~ a chance meeting

casualidad nf chance: Nos conocimos de/por pura ~. We met by sheer chance. ◊ ¿No tendrás por ~ su teléfono? You

don't have their number by any chance, do you? LOC **da la casualidad (de) que...** it so happens that... **¡qué casualidad!** what a coincidence!

catalán nm (lengua) Catalan

catalizador nm (de coche) catalytic converter

catálogo nm catalogue

catar vt to taste

catarata nf 1 (cascada) waterfall 2 (Med) cataract

catarro nm cold: Tengo ~. I've got a cold. ◊ coger un ~ to catch a cold

catástrofe nf catastrophe

cate nm (suspenso) fail: ¡Me han dado un ~! I've failed!

catear vt, vi to fail

catecismo nm catechism

catedral nf cathedral

catedrático, -a nm-nf 1 (de instituto) head of department 2 (de universidad) professor

categoría nf 1 (sección) category [pl categories] 2 (nivel) level: un torneo de ~ intermedia an intermediate-level tournament 3 (estatus) status: mi ~ profesional my professional status LOC **de categoría** 1 (nivel, calidad) first-rate 2 (considerable) serious: una bronca de ~ a serious telling-off **de primera/segunda/tercera categoría** first-rate/second-rate/third-rate

categórico, -a adj categorical

catolicismo nm Catholicism

católico, -a adj, nm-nf Catholic: ser ~ to be Catholic

catorce nm, adj, pron 1 (gen) fourteen 2 (fecha) fourteenth ☞ Ver ejemplos en ONCE y SEIS

cauce nm 1 (río) river bed 2 (fig) channel

caucho nm rubber

caudal nm (agua) flow: el ~ del río the flow of the river

caudaloso, -a adj large: El Ebro es un río muy ~. The Ebro is a very large river.

caudillo nm 1 (líder) leader 2 (jefe militar) commander

causa nf 1 (origen, ideal) cause: la ~ principal del problema the main cause of the problem ◊ Lo abandonó todo por la ~. He left everything for the cause. 2 (motivo) reason: sin ~ aparente for no apparent reason LOC **a/por causa de** because of sth/sb

causar *vt* **1** (*ser la causa de*) to cause: ~ *la muerte/heridas/daños* to cause death/injury/damage **2** (*alegría, pena*): *Me causó una gran alegría/pena.* It made me very happy/sad. LOC *Ver* SENSACIÓN

cautela *nf* LOC **con cautela** cautiously

cauteloso, -a (*tb* **cauto, -a**) *adj* cautious

cautivador, ~a *adj* captivating

cautivar *vt* (*atraer*) to captivate

cautiverio *nm* captivity

cautivo, -a *adj, nm-nf* captive

cavar *vt, vi* to dig

caverna *nf* cavern

caviar *nm* caviar

cavilar *vi* to think deeply (**about sth**): *después de mucho* ~ after much thought

caza¹ *nf* **1** (*cacería*) **(a)** (*gen*) hunting: *No me gusta la* ~. I don't like hunting. ◊ *ir de* ~ to go hunting **(b)** (*caza menor*) shooting **2** (*animales*) game: *Nunca he comido* ~. I've never tried game. LOC **andar/ir a la caza de** to be after *sth/sb* **caza mayor** big game hunting **caza menor** shooting *Ver tb* FURTIVO, TEMPORADA

caza² *nm* (*avión*) fighter (plane)

cazador, ~a *nm-nf* hunter LOC *Ver* FURTIVO

cazadora *nf* (*chaqueta*) jacket: *una ~ de piel* a leather jacket

cazar ◆ *vt* **1** (*gen*) to hunt **2** (*capturar*) to catch: ~ *mariposas* to catch butterflies **3** (*con escopeta*) to shoot **4** (*conseguir*) to land: ~ *un buen empleo* to land a good job ◆ *vi* **1** (*gen*) to hunt **2** (*con escopeta*) to shoot

cazo *nm* **1** (*cacerola*) saucepan ☛ *Ver dibujo en* SAUCEPAN **2** (*cucharón*) ladle

cazuela *nf* casserole ☛ *Ver dibujo en* SAUCEPAN

CD *nm* CD

CD-ROM *nm* CD-ROM: *un programa en* ~ a program on CD-ROM ☛ *Ver dibujo en* ORDENADOR

cebada *nf* barley

cebar *vt* **1** (*engordar*) to fatten *sth/sb* up **2** (*atiborrar*) to fill *sth/sb* up: *Su madre los ceba.* Their mother fills them up.

cebo *nm* bait

cebolla *nf* onion

cebolleta *nf* **1** (*fresca*) spring onion **2** (*en vinagre*) pickled onion

cebra *nf* zebra LOC *Ver* PASO

ceder ◆ *vt* to hand *sth* over (**to sb**): ~ *el poder* to hand over power ◊ *Cedieron el edificio al ayuntamiento.* They handed over the building to the council. ◆ *vi* **1** (*transigir*) to give in (**to sth/sb**): *Es importante saber* ~. It's important to know how to give in gracefully. **2** (*intensidad, fuerza*) to ease off: *El viento cedió.* The wind eased off. **3** (*romperse*) to give way: *La estantería cedió por el peso.* The shelf gave way under the weight. LOC **ceda el paso** give way: *No vi el ceda el paso.* I didn't see the Give Way sign. **ceder el paso** to give way **ceder la palabra** to hand over to *sb*

cedro *nm* cedar

cegar *vt* to blind: *Las luces me cegaron.* I was blinded by the lights.

ceguera *nf* blindness

ceja *nf* eyebrow

celda *nf* cell

celebración *nf* **1** (*fiesta, aniversario*) celebration **2** (*acontecimiento*): *La* ~ *de las elecciones será en junio.* The elections will be held in June.

celebrar ◆ *vt* **1** (*festejar*) to celebrate: ~ *un cumpleaños* to celebrate a birthday **2** (*llevar a cabo*) to hold: ~ *una reunión* to hold a meeting ◆ **celebrarse** *v pron* to take place

celeste *adj* heavenly LOC *Ver* AZUL

celo¹ *nm* **celos** jealousy [*incontable, v sing*]: *No son más que* ~s. That's just jealousy. ◊ *Sentía* ~s. He felt jealous. LOC **dar celos a algn** to make sb jealous **estar en celo 1** (*hembra*) to be on heat **2** (*macho*) to be in rut **tener celos (de algn)** to be jealous (of sb) *Ver tb* COMIDO

celo² *nm* Sellotape®

celofán *nm* Cellophane®: *papel de* ~ Cellophane

celosía *nf* lattice

celoso, -a *adj, nm-nf* jealous [*adj*]: *Es un* ~. He's very jealous.

célula *nf* cell

celular *adj* cellular

celulitis *nf* cellulite

cementerio *nm* **1** (*gen*) cemetery [*pl* cemeteries] **2** (*de iglesia*) graveyard LOC **cementerio de coches** breaker's yard

cemento *nm* cement

cena *nf* dinner, supper: *¿Qué hay de* ~? What's for dinner? ☛ *Ver nota en* DINNER LOC *Ver* MERIENDA

cenar ◆ *vi* to have dinner/supper ◆ *vt* to have *sth* for dinner/supper: ~ *una* *tortilla* to have an omelette for supper ☞ *Ver nota en* DINNER

cencerro *nm* bell

cenicero *nm* ashtray [*pl* ashtrays]

Cenicienta *n pr* Cinderella

cenit *nm* zenith

ceniza *nf* ash: *esparcir las* ~s to scatter the ashes LOC *Ver* MIÉRCOLES

censo *nm* census [*pl* censuses] LOC **censo electoral** electoral register

censor, ~a *nm-nf* censor

censura *nf* censorship

censurar *vt* 1 (*libro, película*) to censor 2 (*reprobar*) to censure

centavo *nm* (*moneda*) cent

centella *nf* spark

centellear *vi* 1 (*estrellas*) to twinkle 2 (*luz*) to flash

centena *nf* hundred: *unidades, decenas y* ~s hundreds, tens and units

centenar *nm* (*cien aproximadamente*) a hundred or so: *un* ~ *de espectadores* a hundred or so spectators LOC **centenares de...** hundreds of...: ~*es de personas* hundreds of people

centenario *nm* centenary [*pl* centenaries]: *el* ~ *de su fundación* the centenary of its founding ◊ *el sexto* ~ *de su nacimiento* the 600th anniversary of his birth

centeno *nm* rye

centésimo, -a *adj, pron, nm-nf* hundredth: *una centésima de segundo* a hundredth of a second

centigrado -a *adj* centigrade (*abrev* C): *cincuenta grados* ~s fifty degrees centigrade

centímetro *nm* centimetre (*abrev* cm): ~ *cuadrado/cúbico* square/cubic centimetre ☞ *Ver Apéndice 1.*

céntimo *nm* 1 (*de peseta*) hundredth part of a peseta 2 (*de euro*) cent

centinela *nmf* 1 (*Mil*) sentry [*pl* sentries] 2 (*vigía*) lookout

centollo *nm* crab

centrado a *pp, adj* 1 (*en el centro*): *El título no está bien* ~. The heading isn't in the centre. 2 (*persona*) settled *Ver tb* CENTRAR

central ◆ *adj* central: *calefacción* ~ central heating ◆ *nf* 1 (*energía*) power station: *una* ~ *nuclear* a nuclear power station 2 (*oficina principal*) head office LOC **central lechera** dairy [*pl* dairies] **central telefónica** telephone exchange

centralita *nf* switchboard

centrar ◆ *vt* 1 (*colocar en el centro*) to centre: ~ *una fotografía en una página* to centre a photo on a page 2 (*atención, mirada*) to focus *sth* **on** *sth*: *Centraron sus críticas en el gobierno.* They focused their criticism on the government. 3 (*esfuerzos*) to concentrate *sth* (**on** *sth/* **doing** *sth*) ◆ *vi* (*Dep*) to cross: *Centró y su compañero marcó gol.* He crossed and his team-mate scored. ◆ **centrarse** *v pron* 1 **centrarse en** (*girar en torno a*) to centre **on/around** *sth/***doing** *sth*: *La vida del estudiante se centra en el estudio.* Students' lives centre around studying. 2 (*adaptarse*) to settle down

céntrico -a *adj: calles céntricas* city centre streets ◊ *un piso* ~ a flat in the centre of town

centro *nm* centre: *el* ~ *de la ciudad* the city centre ◊ *el* ~ *de atención* the centre of attention LOC **centro comercial** shopping centre **centro cultural** arts centre **centro de enseñanza/escolar** school ir **al centro** to go into town

centrocampista *nmf* (*Dep*) midfield player

ceño *nm* frown LOC *Ver* FRUNCIR

cepa *nf* 1 (*vid*) vine 2 (*árbol*) stump

cepillar ◆ *vt* 1 (*prenda de vestir, pelo*) to brush 2 (*madera*) to plane ◆ **cepillarse** *v pron* 1 (*prenda de vestir, pelo*) to brush: ~*se la chaqueta/el pelo* to brush your jacket/hair 2 (*asesinar*) to bump *sb* off

cepillo *nm* 1 (*gen*) brush ☞ *Ver dibujo en* BRUSH 2 (*madera*) plane LOC **cepillo de dientes** toothbrush/hairbrush **cepillo de uñas** nail brush

cepo *nm* 1 (*trampa*) trap 2 (*para coche*) clamp

cera *nf* 1 (*gen*) wax 2 (*oídos*) earwax

cerámica *nf* pottery

cerca *nf* (*valla*) fence

cerca *adv* near, nearby: *Vivimos muy* ~. We live very nearby. ☞ *Ver nota en* NEAR LOC **cerca de 1** (*a poca distancia*) near: ~ *de aquí* near here **2** (*casi*) nearly: *El tren se retrasó* ~ *de una hora.* The train was nearly an hour late. **de cerca**: *Deja que lo vea de* ~. Let me see it close up. *Ver tb* AQUÍ, PILLAR

cercanías *nf* outskirts LOC *Ver* TREN

cercano, -a *adj* 1 ~ **(a)** (*gen*) close (**to** *sth*): *un amigo/pariente* ~ a close friend/relative ◊ *fuentes cercanas a la familia* sources close to the family 2 ~ **a** (*referido a distancia*) near *sth/sb*, close **to** *sth/sb*: *un pueblo* ~ *a Londres* a village close to/near London ☛ *Ver nota en* NEAR LOC *Ver* ORIENTE

cercar *vt* **1** (*poner una valla*) to fence sth in **2** (*rodear*) to surround

cerdo, -a ◆ *nm-nf* pig

> **Pig** es el sustantivo genérico, **boar** se refiere solo al macho y su plural es 'boar' o 'boars'. Para referirnos solo a la hembra utilizamos **sow**. **Piglet** es la cría del cerdo.

◆ *nm* (*carne*) pork: *lomo de* ~ loin of pork LOC *Ver* MANTECA

cereal *nm* **1** (*planta, grano*) cereal **2 cereales** cereal [*gen incontable*]: *Desayuno ~es.* I have cereal for breakfast.

cerebral *adj* (*Med*) brain [*n atrib*]: *un tumor* ~ a brain tumour LOC *Ver* CONMOCIÓN

cerebro *nm* **1** (*Anat*) brain **2** (*persona*) brains [*sing*]: *el* ~ *de la banda* the brains behind the gang

ceremonia *nf* ceremony [*pl* ceremonies]

cereza *nf* cherry [*pl* cherries]

cerezo *nm* cherry tree

cerilla *nf* match: *encender una* ~ to strike a match ◊ *una caja de ~s* a box of matches

cero *nm* **1** (*gen*) nought: *un cinco y dos ~s* a five and two noughts ◊ ~ *coma cinco* nought point five **2** (*temperaturas, grados*) zero: *temperaturas bajo* ~ subzero temperatures ◊ *Estamos a diez grados bajo* ~. It's minus ten. **3** (*para teléfonos*) O ☛ *Se pronuncia* /əʊ/: *Mi teléfono es el veintinueve, ~ dos, cuarenta.* My telephone number is two nine O two four O. **4** (*Dep*) **(a)** (*gen*) nil: *uno a* ~ one nil ◊ *un empate a* ~ a goalless draw **(b)** (*Tenis*) love: *quince a* ~ fifteen love LOC **empezar/partir de cero** to start from scratch **ser un cero a la izquierda** to be a nobody ☛ *Ver Apéndice 1.*

cerrado, -a *pp, adj* **1** (*gen*) closed, shut (*más coloq*) **2** (*con llave*) locked **3** (*espacio*) enclosed **4** (*noche*) dark **5** (*curva*) sharp **6** (*acento*) broad: *Tiene un acento muy* ~. He has a very broad accent. LOC *Ver* HERMÉTICAMENTE; *Ver tb* CERRAR

cerradura *nf* lock

cerrajero, -a *nm-nf* locksmith

cerrar ◆ *vt* **1** (*gen*) to close, to shut (*más coloq*): *Cierra la puerta.* Shut the door. ◊ *Cerré los ojos.* I closed my eyes. **2** (*gas, llave de paso, grifo*) to turn sth off **3** (*sobre*) to seal **4** (*botella*) to put the top on sth ◆ *vi* **1** to close, to shut (*más*

coloq): *No cerramos para comer.* We don't close for lunch. ◆ **cerrarse** *v pron* to close, to shut (*más coloq*): *Se me cerró la puerta.* The door closed on me. ◊ *Se me cerraban los ojos.* My eyes were closing. LOC **cerrar con cerrojo** to bolt sth **cerrar con llave** to lock **cerrar la puerta en las narices a algn** to shut the door in sb's face **cerrar(se) de un golpe/portazo** to slam ¡cierra el pico! shut up! *Ver tb* ABRIR

cerrojo *nm* bolt LOC **echar/correr el cerrojo** to bolt sth *Ver tb* CERRAR, DESCORRER

certeza (*tb* certidumbre) *nf* certainty [*pl* certainties] LOC **tener la certeza de que...** to be certain that...

certificado, -a ◆ *pp, adj* **1** (*documento*) certified **2** (*carta, correo*) registered: *por correo* ~ by registered post ◆ *nm* certificate: ~ *de defunción* death certificate LOC **certificado escolar** school-leaving certificate *Ver tb* CERTIFICAR

certificar *vt* **1** (*dar por cierto*) to certify **2** (*carta, paquete*) to register

cervatillo *nm* fawn ☛ *Ver nota en* CIERVO

cerveza *nf* beer: *Me pone dos ~s, por favor.* Two beers, please. ◊ *Nos tomamos unas ~s con los de la oficina.* We had a few beers with the crowd from the office. LOC **cerveza de barril** draught beer **cerveza negra** stout **cerveza sin alcohol** alcohol-free beer *Ver tb* FÁBRICA, JARRA

cesar *vi* **1** ~ (**de**) to stop (*doing sth*) **2** ~ (**en**) (*dimitir*) to resign (*from sth*) LOC **sin cesar** incessantly

césped *nm* **1** (*gen*) grass: *No pisar el* ~. Keep off the grass. **2** (*en un jardín privado*) lawn LOC *Ver* CORTAR

cesta *nf* basket: *una* ~ *con comida* a basket of food ☛ *Ver dibujo en* MALETA LOC **cesta de Navidad** Christmas hamper

cesto *nm* (big) basket LOC **cesto de la colada/ropa sucia** laundry basket

chabacano, -a *adj* vulgar

chabola *nf* shack LOC *Ver* BARRIO

chacal *nm* jackal

chacha *nf* **1** (*sirvienta*) maid **2** (*niñera*) nanny [*pl* nannies]

cháchara *nf* chatter [*incontable*]: *¡Déjate de ~!* Stop chattering! LOC **estar de cháchara** to chatter away

chachi *adj, adv* great [*adj*]: *¡Qué fiesta más ~!* What a great party! ◊ *pasárselo ~* to have a great time

chafar *vt* **1** (*aplastar*) to flatten: ~ *el césped* to flatten the grass **2** (*arrugar*) to crumple **3** (*estropear*) to ruin: *Este cambio nos ha chafado el plan.* This change has ruined our plans.

chal *nm* shawl: *un ~ de seda* a silk shawl

chalado, -a ◆ *pp, adj* ~ (*por*) crazy (*about sth/sb*): *Está ~ por ti.* He's crazy about you. ◆ *nm-nf* nutter *Ver tb* CHALARSE

chalarse *v pron* **1** (*enloquecer*) to go mad **2** ~ *por* to be crazy *about sth/sb*: *Todas las chicas se chalaban por aquel actor.* All the girls were crazy about that actor.

chalé (*tb* **chalet**) *nm* **1** (*en la ciudad*) house: *un ~ en las afueras de Valladolid* a house on the outskirts of Valladolid **2** (*en la costa*) villa **3** (*en el campo*) cottage ☞ *Ver nota en* CASA LOC **chalé adosado/individual** semi-detached/detached house ☞ *Ver nota en* CASA

chaleco *nm* waistcoat LOC **chaleco antibalas** bulletproof vest **chaleco salvavidas** life jacket

champán (*tb* **champaña**) *nm* champagne

champiñón *nm* mushroom

champú *nm* shampoo [*pl* shampoos]: *~ anticaspa* anti-dandruff shampoo

chamuscar *vt* to singe

chamusquina *nf* LOC *Ver* OLER

chanchullo *nm* fiddle: *¡Qué ~!* What a fiddle! LOC **hacer chanchullos** to be on the fiddle

chancla (*tb* **chancleta**) *nf* flip-flop

chándal *nm* tracksuit

chantaje *nm* blackmail LOC **hacer chantaje** to blackmail *sb*

chantajear *vt* to blackmail *sb* (*into doing sth*)

chantajista *nmf* blackmailer

chapa *nf* **1** (*tapón*) bottle top **2** (*insignia*) badge **3** (*carrocería*) bodywork [*incontable*]: *Saldrá caro porque hay que arreglar la ~.* It'll be expensive because they've got to repair the bodywork.

chapado, -a *pp, adj* (*metal*) plated: *un anillo ~ en oro* a gold-plated ring LOC **chapado a la antigua** old-fashioned *Ver tb* CHAPAR

chapar *vi* (*estudiar*) to swot

chaparrón *nm* downpour: *¡Menudo ~!* What a downpour!

chapotear *vi* to splash about: *Los niños chapoteaban en los charcos.* The children were splashing about in the puddles.

chapucero, -a *adj, nm-nf* (*persona*) slapdash [*adj*]: *Ese fontanero es un ~.* That plumber is really slapdash.

chapurrear (*tb* **chapurrar**) *vt* to have a smattering of *sth*: *~ el italiano* to have a smattering of Italian

chapuza *nf* botch-up: *Ese dibujo es una ~.* You've made a real botch-up of that drawing. LOC **hacer chapuzas** (*arreglos*) to do odd jobs

chapuzón *nm* dip LOC **darse un chapuzón** to go for a dip

chaqué *nm* morning coat LOC **ir de chaqué** to wear morning dress

chaqueta *nf* jacket LOC **chaqueta de punto** cardigan

chaquetero, -a *nm-nf* turncoat

chaquetón *nm* jacket: *un ~ tres cuartos* a three-quarter length jacket

charanga *nf* brass band

charca *nf* pool

charco *nm* puddle

charcutería *nf* (*tienda*) delicatessen

charla *nf* **1** (*conversación*) chat **2** (*conferencia*) talk (*on sth/sb*)

charlar *vi* to chat (*to sb*) (*about sth/sb*)

charlatán, -ana ◆ *adj* (*hablador*) talkative ◆ *nm-nf* **1** (*hablador*) chatterbox **2** (*indiscreto*) gossip

charol *nm* patent leather: *un bolso de ~* a patent leather bag

chárter *adj, nm*: *un* (*vuelo*) *~* a charter flight

chascar *vt* **1** (*lengua*) to click **2** (*dedos*) to snap

chasco *nm* (*decepción*) let-down, disappointment (*más formal*): *¡Vaya ~!* What a let-down! LOC **llevarse un chasco** to be disappointed

chasis *nm* chassis [*pl* chassis] LOC **estar/quedarse en el chasis** to be all skin and bone: *Se ha quedado en el ~.* He's all skin and bone.

chasquido *nm* **1** (*látigo, madera*) crack **2** (*lengua*) click: *dar un ~ con la lengua* to click your tongue **3** (*dedos*) snap

chatarra *nf* **1** (*metal*) scrap [*incontable*]: *vender un coche como ~* to sell a car for scrap ◊ *Este frigorífico es una ~.* This fridge is only fit for scrap. **2** (*calderilla*) small change

chatarrero, -a *nm-nf* scrap merchant

chato *nm* glass of wine: *tomarse unos ~s* to have a few glasses of wine

chato, -a *adj* **1** (*persona*) snub-nosed **2** (*nariz*) snub **3** (*edificio, árbol*) squat

chaval, ~a *nm-nf* **1** (*gen*) boy [*fem* girl] **2 chavales** (*chicos y chicas*) youngsters, kids (*más coloq*) LOC **estar hecho un chaval** to look very young

chepa *nf* hump

cheque *nm* cheque: *ingresar un ~* to pay a cheque in LOC **cheque de viaje** traveller's cheque **cheque en blanco/sin fondos** blank/bad cheque *Ver tb* PAGAR

chequeo *nm* check-up: *hacerse un ~* to have a check-up

chica *nf* (*criada*) maid *Ver tb* CHICO

chicha *nf* (*carne*) meat

chicharra *nf* (*insecto*) cicada

chicharrón *nm* crackling [*incontable*]

chichón *nm* lump: *tener un ~ en la frente* to have a lump on your forehead

chicle *nm* chewing gum [*incontable*]: *Cómprame un ~ de menta.* Buy me some spearmint chewing gum.

chico, -a *nm-nf* **1** (*gen*) boy [*fem* girl]: *el ~ de la oficina* the office boy **2 chicos** (*niños y niñas*) children, kids (*coloq*) **3** (*joven*) young man/woman [*pl* young men/women]: *un ~ de 25 años* a young man of twenty-five

chiflado, -a ◆ *pp, adj* ~ (**por**) crazy (**about** *sth/sb*) ◆ *nm-nf* nutter *Ver tb* CHIFLAR

chifladura *nf* **1** (*locura*) madness **2** (*idea*) wild notion

chiflar ◆ *vi* **1** (*gen*) to whistle **2** (*encantar*) to love *sth/doing sth* [*vt*]: *Me chifla la paella.* I love paella. ◆ *vt* **1** (*con la boca*) to whistle: *~ una canción* to whistle a song **2** (*instrumento*) to blow ◆ **chiflarse** *v pron* **1** (*enloquecer*) to go mad **2 chiflarse con/por** (*entusiasmarse*) to be crazy **about** *sth/sb*: *Mi prima se chifla por los dibujos animados.* My cousin is crazy about cartoons.

chile *nm* chilli [*pl* chillies]

chillar *vi* **1** (*gen*) to shout (**at** *sb*): *¡No me chilles!* Don't shout at me! ☛ *Ver nota en* SHOUT **2** (*berrear*) to scream **3** (*aves, frenos*) to screech **4** (*cerdo*) to squeal **5** (*ratón*) to squeak

chillido *nm* **1** (*persona*) scream **2** (*ave, frenos*) screech **3** (*cerdo*) squeal **4** (*ratón*) squeak

chillón, -ona *adj* **1** (*persona*) noisy **2** (*sonido, color*) loud

chimenea *nf* **1** (*hogar*) fireplace: *Enciende la ~.* Light the fire. ◊ *sentados*

al lado de la ~ sitting by the fireplace **2** (*conducto de salida del humo*) chimney [*pl* chimneys]: *Desde aquí se ven las ~s de la fábrica.* You can see the factory chimneys from here. **3** (*de barco*) funnel

chimpancé *nm* chimpanzee

China *nf* China

chinchar ◆ *vt* to pester: *No me chinches más.* Stop pestering me. ◆ **chincharse** *v pron*: *¡Te chinchas!* Hard luck!

chinche *nf* bedbug

chincheta *nf* drawing pin ☛ *Ver dibujo en* PIN

chinchín *interj* (*brindis*) cheers!

chino, -a ◆ *adj, nm* Chinese: *hablar ~* to speak Chinese ◆ *nm-nf* Chinese man/woman [*pl* Chinese men/women]: *los ~s* the Chinese LOC *Ver* CUENTO, TINTA

chip *nm* chip

chipirón *nm* baby squid [*pl* baby squid]

chiquillo, -a *nm-nf* kid

chirimiri *nm* drizzle

chirimoya *nf* custard apple

chiringuito *nm* **1** (*quiosco*) refreshment stall **2** (*bar*) open-air café

chiripa *nf* luck: *¡Qué ~!* What luck! LOC **de chiripa** by sheer luck

chirona *nf* nick: *estar en ~* to be in the nick

chirriar *vi* **1** (*bicicleta*) to squeak: *La cadena de mi bicicleta chirría.* My bicycle chain squeaks. **2** (*puerta*) to creak **3** (*frenos*) to screech **4** (*ave*) to squawk

chirrido *nm* **1** (*bicicleta*) squeak **2** (*puerta*) creak **3** (*frenos*) screech **4** (*ave*) squawk

¡chis! *interj* **1** (*¡silencio!*) sh! **2** (*¡oiga!*) hey!

chisme *nm* **1** (*cuento*) gossip [*incontable*]: *contar ~s* to gossip **2** (*trasto*) thing **3** (*aparato*) gadget, thingummy (*coloq*)

chismorrear *vi* to gossip

chismoso, -a ◆ *adj* gossipy ◆ *nm-nf* gossip: *¡Es un ~!* He's such a gossip!

chispa *nf* **1** (*gen*) spark **2** (*pizca*) bit: *Lleva una ~ de pimentón.* It's got a bit of paprika in it. LOC **estar algn que echa chispas** to be hopping mad **estar chispa** to be rather merry **tener chispa** to be witty

chispazo *nm* spark: *pegar un ~* to send out sparks

chispear *v imp* (*llover*) to spit: *Solo chispeaba.* It was only spitting.

chistar *vi* LOC **sin chistar** without saying a word

chiste *nm* 1 (*hablado*) joke: *contar un ~* to tell a joke 2 (*dibujo*) cartoon LOC **coger el chiste** to get the joke

chistera *nf* top hat

chistoso, -a *adj* funny

chivar ◆ *vt, vi* to tell: *No le chives.* Don't tell him. ◊ *Me chivaron la última pregunta.* They told me the answer to the last question. ◆ **chivarse** *v pron* 1 (*entre niños*) to tell (on *sb*): *Me vio copiando y se chivó al profesor.* He saw me copying and told on me to the teacher. ◊ *Pienso ~me a mamá.* I'm going to tell mummy. 2 (*a la policía*) to grass

chivatazo *nm* tip-off LOC **dar el chivatazo** to tip *sb* off

chivato, -a *nm-nf* 1 (*gen*) tell-tale 2 (*de la policía*) grass

chivo, -a *nm-nf* kid

chocar ◆ *vi* 1 (*colisionar*) to crash: *El coche chocó contra una tapia.* The car crashed into a wall. ◊ *El balón chocó contra la puerta.* The ball hit the door. 2 (*sorprender*) to surprise: *Me chocó que se presentase sin avisar.* I was surprised he turned up without letting us know. ◆ *vt*: *¡Choca esos cinco!/¡Chócala!* Put it there!

chochear *vi* to go senile

chocolate *nm* 1 (*gen*) chocolate: *una tableta de ~* a bar of chocolate 2 (*líquido*) hot chocolate

chocolatina *nf* chocolate bar

chófer *nmf* 1 (*coche privado*) chauffeur 2 (*camión, autocar*) driver

chollo *nm* 1 (*trabajo*) cushy number 2 (*ganga*) bargain

chopo *nm* poplar

choque *nm* 1 (*colisión, ruido*) crash 2 (*enfrentamiento*) clash LOC **autos/coches de choque** dodgems: *montarse en los coches de ~* to go on the dodgems

chorizo *nm* chorizo

chorizo, -a *nm-nf* thief [*pl* thieves]

chorlito *nm* LOC *Ver* CABEZA

chorrada *nf* 1 (*acción, dicho*) stupid thing: *Eso que has dicho es una ~.* That was a stupid thing to say. 2 (*cosa inútil*) junk [*incontable*]: *¿Por qué compras tantas ~s?* Why do you buy so much junk? ◊ *¡Vaya ~ has ido a comprar!* That's a real piece of junk you've bought! LOC **decir chorradas** to talk nonsense

chorrear *vi* 1 (*gotear*) to drip 2 (*estar empapado*) to be dripping wet: *Estas sábanas están chorreando.* These sheets are dripping wet.

chorro *nm* 1 (*gen*) jet 2 (*abundante*) gush 3 (*Cocina*) dash: *Añadir un ~ de limón.* Add a dash of lemon. LOC **a chorros**: *salir a ~s* to gush out

choza *nf* hut

chubasco *nm* shower: *inestable con claros y ~s* changeable with sunny spells and showers

chubasquero *nm* waterproof jacket

chuchería *nf* (*golosina*) sweet

chufa *nf* tiger nut: *horchata de ~s* tiger nut milk

chulear *vi* to show off

chuleta *nf* 1 (*alimento*) chop: *~s de cerdo* pork chops 2 (*para copiar*) crib

chuletilla *nf* cutlet

chulo, -a *adj* 1 (*persona*) cocky: *ponerse (en plan) ~* to get cocky 2 (*cosa*) lovely

chunga *nf* LOC **estar de chunga**: *No le hagas caso, está de ~.* Don't take any notice, he's only joking. **tomarse algo a chunga** to treat sth as a joke

chupa *nf* jacket

Chupa Chups® (*tb* chupa-chups) *nm* lollipop

chupada *nf* 1 (*gen*) suck: *El niño le daba ~s al polo.* The boy was sucking his lolly. 2 (*cigarrillo*) puff: *dar una ~ a un cigarrillo* to have a puff of a cigarette

chupado, -a *pp, adj* 1 (*persona*) skinny ☞ *Ver nota en* DELGADO 2 (*cosa*) dead easy: *El examen estaba ~.* The exam was dead easy. *Ver tb* CHUPAR

chupar *vt* 1 (*gen*) to suck 2 (*absorber*) to soak *sth* up: *Esta planta chupa mucha agua.* This plant soaks up a lot of water. LOC **chupar del bote** to scrounge **chuparse el dedo** 1 (*lit*) to suck your thumb 2 (*fig*): *¿Te crees que me chupo el dedo?* Do you think I was born yesterday? **chuparse los dedos** to lick your fingers: *Estaba para ~se los dedos.* It was delicious.

chupatintas *nmf* pen-pusher

chupete *nm* dummy [*pl* dummies]

chupón, -ona *adj, nm-nf* (*aprovechado*) sponger [*n*]: *¡Mira que eres ~!* You're a real sponger!

churro *nm* 1 (*comida*) kind of doughnut 2 (*chapuza*) botch-up: *Me ha salido un*

~. I've made a botch of it. LOC **de churro**: *Me los encontré de ~*. I ran into them by pure chance. *Ver tb* VENDER

chutar ◆ *vi* to shoot ◆ **chutarse** *v pron* to shoot (*sth*) up LOC **ir que chuta 1** (*asunto*) to go really well **2** (*persona*): *20, y vas que chutas*. 20, and you can count yourself lucky.

cibercafé *nm* cybercafe

ciberespacio *nm* cyberspace: *navegar por el ~* to cruise cyberspace

cicatriz *nf* scar: *Me quedó una ~*. I was left with a scar.

cicatrizar *vi* to heal

ciclismo *nm* cycling: *hacer ~* to go cycling

ciclista *nmf* cyclist LOC *Ver* VUELTA

ciclo *nm* cycle: *un ~ de cuatro años* a four-year cycle

ciclomotor *nm* moped

ciclón *nm* cyclone

ciego. -a ◆ *adj* ~ (**de**) blind (with *sth*): *quedarse ~* to go blind ◊ ~ *de cólera* blind with rage ◆ *nm-nf* blind man/woman [*pl* blind men/women]: *una colecta para los ~s* a collection for the blind

Hoy en día para hablar de los ciegos muchas personas prefieren utilizar **people who are visually impaired**: *Es una organización para ciegos*. It's an organization for visually impaired people.

LOC **a ciegas**: *Lo han comprado a ciegas*. They bought it without seeing it. **ponerse ciego (a/de)** (*comida*) to stuff yourself (with *sth*) *Ver tb* GALLINA

cielo ◆ *nm* **1** (*firmamento*) sky [*pl* skies] **2** (*Relig*) heaven ☛ *Ver nota en* HEAVEN **¡cielos!** *interj* good heavens! LOC **ser un cielo** to be an angel *Ver tb* CAÍDO, SANTO, SÉPTIMO

ciempiés *nm* centipede

cien *nm, adj, pron* **1** (*gen*) a hundred: *Hoy cumple ~ años*. She's a hundred today. ◊ *Había ~ mil personas*. There were a hundred thousand people.

Se suele traducir por **one hundred** cuando se quiere hacer hincapié en la cantidad: *Te dije cien, no doscientos*. I said one hundred, not two.

2 (*centésimo*) hundredth: *Soy el ~ de la lista*. I'm hundredth on the list. ☛ *Ver Apéndice 1*. LOC **(al) cien por cien** a hundred per cent **cien mil veces** hundreds of times **poner a algn a cien** to drive sb mad *Ver tb* OJO

ciencia *nf* **1** (*gen*) science **2 ciencias** (*Educ*) science [*sing*]: *mi profesor de ~s* my science teacher ◊ *Estudié ~s*. I studied science. LOC **ciencia ficción** science fiction **ciencias empresariales** business studies [*sing*] **ciencias naturales** natural science [*sing*]

científico. -a ◆ *adj* scientific ◆ *nm-nf* scientist

ciento *nm, adj* (a) hundred [*pl* hundred]: ~ *sesenta y tres* a hundred and sixty-three ◊ *varios ~s* several hundred ☛ *Ver Apéndice 1*. LOC **cientos de... hundreds of...**: ~*s de personas* hundreds of people **por ciento** per cent: *un/el 50 por ~ de la población* 50 per cent of the population *Ver tb* TANTO

cierre *nm* **1** (*acto de cerrar*) closure **2** (*collar, bolso*) clasp LOC *Ver* LIQUIDACIÓN

cierto. -a *adj* **1** (*gen*) certain: *Solo están a ciertas horas del día*. They're only there at certain times of the day. ◊ *con cierta inquietud* with some anxiety **2** (*verdadero*) true: *Es ~*. It's true. LOC **hasta cierto punto** up to a point **por cierto** by the way

ciervo. -a *nm-nf* deer [*pl* deer]

La palabra **deer** es el sustantivo genérico, **stag** (o **buck**) se refiere solo al ciervo macho y **doe** solo a la hembra. **Fawn** es el cervatillo.

cifra *nf* **1** (*gen*) figure: *un número de tres ~s* a three-figure number ◊ *una ~ de un millón de dólares* a figure of one million dollars **2** (*teléfono*) digit: *un teléfono de seis ~s* a six-digit phone number **3** (*cantidad*) number: *la ~ de votantes* the number of voters

cigarrillo *nm* cigarette

cigüeña *nf* stork

cilíndrico. -a *adj* cylindrical

cilindro *nm* cylinder

cima *nf* top: *llegar a la ~* to reach the top

cimientos *nm* foundations

cinc *nm Ver* ZINC

cincel *nm* chisel

cinco *nm, adj, pron* **1** (*gen*) five **2** (*fecha*) fifth ☛ *Ver ejemplos en* SEIS

cincuenta *nm, adj, pron* **1** (*gen*) fifty **2** (*cincuentavo*) fiftieth ☛ *Ver ejemplos en* SESENTA

cine *nm* cinema: *¿Te apetece ir al ~?* Do you fancy going to the cinema? LOC **cine multisalas** multiplex (cinema) **de cine** (*festival, director, crítico*) film [*n atrib*]:

un actor/director de ~ a film actor/director

cinematográfico, -a *adj* film [*n atrib*]: *la industria cinematográfica* the film industry

cínico, -a ♦ *adj* hypocritical ♦ *nm-nf* hypocrite

cinta *nf* **1** (*casete, vídeo*) tape: *una ~ virgen* a blank tape ☞ *Ver nota en* CASETE **2** (*lazo, máquina de escribir*) ribbon LOC **cinta adhesiva/aislante** sticky/insulating tape **cinta de vídeo** videotape **cinta para el pelo** hairband

cinto *nm* belt

cintura *nf* waist: *Tengo 60 cm de* ~. I've got a 24 inch waist.

cinturón *nm* belt: *ser ~ negro* to be a black belt LOC **cinturón (de seguridad)** seat belt *Ver tb* APRETAR

ciprés *nm* cypress

circo *nm* circus [*pl* circuses]

circuito *nm* **1** (*Dep*) track: *El piloto dio diez vueltas al* ~. The driver did ten laps of the track. **2** (*Electrón*) circuit

circulación *nf* **1** (*gen*) circulation: *mala ~ de la sangre* poor circulation **2** (*tráfico*) traffic LOC *Ver* CÓDIGO

circular¹ ♦ *adj* circular: *una mesa ~* a round table ♦ *nf* circular: *remitir una ~* to send out a circular

circular² ♦ *vt, vi* to circulate: *La sangre circula por las venas.* Blood circulates through your veins. ◊ ~ *una carta* to circulate a letter ♦ *vi* **1** (*coche*) to drive: *Circulen con precaución.* Drive carefully. **2** (*tren, autobús*) to run **3** (*rumor*) to go round LOC **¡circulen!** move along!

círculo *nm* **1** (*gen*) circle: *formar un ~* to form a circle **2** (*asociación*) society [*pl* societies] LOC **círculo polar ártico/antártico** Arctic/Antarctic Circle **círculo vicioso** vicious circle

circunferencia *nf* **1** (*círculo*) circle: *El diámetro divide una ~ en dos partes iguales.* The diameter divides a circle into two equal halves. ◊ *dos ~s concéntricas* two concentric circles **2** (*perímetro*) circumference: *La Tierra tiene unos 40.000 kilómetros de* ~. The earth has a circumference of approximately 40 000 kilometres.

circunstancia *nf* circumstance

circunvalación *nf* LOC *Ver* CARRETERA

cirio *nm* candle LOC **armar/montar un cirio** to make a fuss

ciruela *nf* plum LOC **ciruela pasa** prune

ciruelo *nm* plum tree

cirugía *nf* surgery: ~ *estética/plástica* cosmetic/plastic surgery

cirujano, -a *nm-nf* surgeon

cisco *nm* **1** (*jaleo*) racket: *armar un ~* to make a racket **2** (*discusión*) fuss: *Montó un ~ en la tienda.* He kicked up a fuss in the shop. LOC **hecho cisco** shattered

cisma *nm* schism

cisne *nm* swan

cisterna *nf* **1** (*depósito*) tank **2** (*baño*) cistern LOC *Ver* CAMIÓN

cita *nf* **1** (*pareja*) date **2** (*amigos*): *acordar una ~ con algn* to arrange to meet sb **3** (*médico, abogado*) appointment: *Tengo una ~ con el dentista.* I've got a dental appointment. **4** (*frase*) quotation, quote (*más coloq*)

citar ♦ *vt* **1** (*convocar*) to arrange to meet sb **2** (*Jur*) to summons **3** (*hacer referencia*) to quote ♦ **citarse** *v pron* **citarse (con)** to arrange to meet (sb)

cítricos *nm* citrus fruits

ciudad *nf* town, city [*pl* cities]

¿Town o city?

Town es la palabra general para referirnos a una ciudad: *Tengo que ir a la ciudad a hacer unas compras.* I've got to go into town and do some shopping. City se refiere a una ciudad grande e importante como, por ejemplo, Nueva York, Madrid, etc. En Gran Bretaña city también se refiere a una ciudad que tiene derechos especiales y que normalmente tiene catedral.

LOC **ciudad natal** home town

ciudadanía *nf* citizenship

ciudadano, -a ♦ *adj*: *por razones de seguridad ciudadana* for reasons of public safety ◊ *El alcalde pidió la colaboración ciudadana.* The mayor asked the people of the town to work together. ♦ *nm-nf* citizen: *ser ~ de la Unión Europea* to be a citizen of the European Union ◊ *Dio las gracias a todos los ~s de Simancas.* He thanked the people of Simancas. LOC *Ver* INSEGURIDAD

cívico, -a *adj* public-spirited: *sentido ~* public-spiritedness

civil ♦ *adj* civil: *un enfrentamiento ~* a civil disturbance ♦ *nmf* civilian LOC *Ver* CASAR, ESTADO, GUARDIA, REGISTRO

civilización *nf* civilization

civilizado, -a *pp, adj* civilized

civismo *nm* community spirit

clamar ♦ *vt* (*exigir*) to demand ♦ *vi* (*gritar*) to shout

clamor nm **1** (gritos) shouts [pl]: el ~ de la muchedumbre the shouts of the crowd **2** (en espectáculos) cheers [pl]: el ~ del público the cheers of the audience

clan nm clan

clandestino, -a adj clandestine

claqué nm tap-dancing

clara nf **1** (huevo) egg white **2** (bebida) shandy [pl shandies]

claraboya nf skylight

clarear v imp **1** (despejarse) to clear up **2** (amanecer) to get light

clarete nm rosé

claridad nf **1** (luz) light **2** (fig) clarity

clarificar vt to clarify

clarín nm bugle

clarinete nm clarinet

claro, -a ◆ adj **1** (gen) clear **2** (color) light: verde ~ light green **3** (luminoso) bright **4** (pelo) fair **5** (poco espeso) thin ◆ nm **1** (bosque) clearing **2** (Meteor) sunny spell ◆ adv clearly: No oigo ~. I can't hear clearly. ◆ ¡claro! interj of course! LOC claro que no of course not **claro que sí** of course **dejar claro** to make sth clear **estar más claro que el agua** to be crystal clear **llevarlo claro** to have another think coming **poner en claro** to make sth clear

clase nf **1** (gen, Ciencias, Sociol) class: Estudiamos en la misma ~. We were in the same class. ◊ viajar en primera ~ to travel first class **2** (variedad) kind: distintas ~s de pan different kinds of bread **3** (aula) classroom **4** (lección) lesson: ~s de conducir driving lessons ◊ ~ particular private lesson LOC **clase alta/baja/media** upper/lower/middle class(es) [se usa mucho en plural] **dar clase** to teach: Doy ~ en un colegio privado. I teach at an independent school. Ver tb COMPAÑERO

clásico, -a ◆ adj **1** (Arte, Hist, Mús) classical **2** (típico) classic: el ~ comentario the classic remark ◆ nm classic

clasificación nf **1** (gen) classification: la ~ de las plantas the classification of plants **2** (Dep): partido de ~ qualifying match ◊ El tenista alemán encabeza la ~ mundial. The German player is number one in the world rankings. ◊ la ~ general de la liga the league table

clasificar ◆ vt to classify: ~ los libros por materias to classify books according to subject ◆ **clasificarse** v pron **clasificarse (para)** to qualify (for sth): ~se para la final to qualify for the final

LOC clasificarse en segundo, tercer, etc. lugar to come second, third, etc.

clasificatorio, -a adj qualifying

clasista ◆ adj class-conscious ◆ nmf snob

claudicar vi to surrender

claustro nm **1** (Arquit) cloister **2** (conjunto de profesores) staff [v sing o pl] **3** (reunión) staff meeting

claustrofobia nf claustrophobia: tener ~ to suffer from claustrophobia

claustrofóbico, -a adj claustrophobic

cláusula nf clause

clausura nf (cierre) closure LOC **de clausura** closing: acto/discurso de ~ closing ceremony/speech

clausurar(se) vt, v pron to end

clavado, -a pp, adj **1** ~ **a** (idéntico) just like: Esa sonrisa es clavada a la de su madre. That smile is just like his mother's. **2** (en punto) on the dot: las seis y media clavadas half past six on the dot Ver tb CLAVAR

clavar ◆ vt **1** (clavo, estaca) to hammer sth (into sth): ~ clavos en la pared to hammer nails into the wall **2** (cuchillo, puñal) to stick sth in: Clavó el cuchillo en la mesa. He stuck the knife into the table. **3** (sujetar algo con clavos) to nail: Clavaron el cuadro en la pared. They nailed the picture to the wall. **4** (estafar) to rip sb off ◆ **clavarse** v pron: Me he clavado una espina en el dedo. I've got a thorn in my finger. ◊ Ten cuidado, te vas a ~ el alfiler/las tijeras. Be careful you don't hurt yourself with that pin/the scissors.

clave ◆ adj (fundamental) key: factor/persona ~ key factor/person ◆ nf **1** (código) code **2** ~ **(de/para)** key (to sth): la ~ de su éxito the key to their success **3** (Mús) LOC **clave de sol/fa** treble/bass clef **ser clave** to be central (to sth)

clavel nm carnation

clavícula nf collarbone

clavo nm **1** (gen) nail **2** (Cocina) clove LOC **como un clavo** on the dot: Salió a las dos como un ~. It left at two on the dot. **dar en el clavo** to hit the nail on the head

claxon nm horn: tocar el ~ to sound the horn

clero nm clergy [pl]

clic nm (Informát) click LOC **hacer clic** to click: Haz ~ en el icono. Click on the icon. ◊ hacer doble ~ to double-click

cliché *nm* **1** (*tópico*) cliché **2** (*Fot*) negative

cliente. **-a** *nm-nf* **1** (*tienda, restaurante*) customer: *uno de mis mejores* ~s one of my best customers **2** (*empresa*) client

clima *nm* **1** (*lit*) climate: *un* ~ *húmedo* a damp climate **2** (*fig*) atmosphere: *un* ~ *de cordialidad/tensión* a friendly/tense atmosphere

climatizado. **-a** *pp, adj* air conditioned LOC *Ver* PISCINA

clímax *nm* climax

clínica *nf* clinic

clip *nm* **1** (*papel*) paper clip **2** (*pelo*) hair clip **3** (*vídeo*) video [*pl* videos]

cloaca *nf* sewer

clon *nm* clone

clónico. **-a** ♦ *adj* (*Biol*) cloned: *una oveja clónica* a cloned sheep ♦ *adj, nm* (*Informát*) clone [*adj*]: *un PC* ~ a PC clone

cloro *nm* chlorine

clorofila *nf* chlorophyll

club *nm* club

coacción *nf* coercion

coaccionar *vt* to coerce *sb* (**into sth/ doing sth**)

coagular(se) *vt, v pron* to clot

coágulo *nm* clot

coala *nm Ver* KOALA

coalición *nf* coalition

coartada *nf* alibi [*pl* alibis]: *tener una buena* ~ to have a good alibi

coba *nf* LOC **dar coba** to soft-soap *sb*

cobarde ♦ *adj* cowardly: *No seas* ~. Don't be so cowardly. ♦ *nmf* coward

cobardía *nf* cowardice [*incontable*]: *Es una* ~. It's an act of cowardice.

cobaya *nmf* guinea pig

cobertizo *nm* shed

cobertura *nf* **1** (*gen*) cover **2** (*en los medios de comunicación*) coverage: *la* ~ *de un acontecimiento en la prensa* press coverage of an event **3** (*teléfono*) coverage: *Estos teléfonos móviles dan una* ~ *amplia.* These mobile phones have a wide coverage. ◊ *tener* ~ to get a signal

cobijar ♦ *vt* to shelter *sb* (**from sth**) ♦ **cobijarse** *v pron* **cobijarse** (**de**) to shelter (**from sth**): ~*se del frío* to shelter from the cold

cobra *nf* cobra

cobrador. **~a** *nm-nf* **1** (*autobús*) conductor **2** (*deudas, recibos*) collector

cobrar ♦ *vt, vi* **1** (*gen*) to charge (*sb*) (**for sth**): *¿Cuánto cobra la hora?* How

much do you charge per hour? ◊ *¿Me cobra, por favor?* Can I have the bill, please? **2** (*salario*): *Todavía no he cobrado las clases.* I still haven't been paid for those classes. ◊ *¡El jueves cobramos!* Thursday is pay day! ♦ *vt* **1** (*cheque*) to cash **2** (*adquirir*) to gain: ~ *fuerza* to gain momentum ♦ *vi* to get a smack: *¡Vas a* ~! You'll get a smack! ♦ **cobrarse** *v pron* **1** (*gen*): *Cóbrese, por favor.* Here's the money. ◊ *¿Te cobras las bebidas?* How much are the drinks? **2** (*costar*) to cost: *La guerra se ha cobrado muchas vidas.* The war has cost many lives. LOC **cobrar de más/menos** to overcharge/undercharge **cobrar el paro** to draw the dole *Ver tb* IMPORTANCIA

cobre *nm* copper

cobro *nm* **1** (*pago*) payment **2** (*recaudación*) collection LOC *Ver* LLAMADA, LLAMAR

Coca Cola® *nf* Coke®

cocaína *nf* cocaine

cocción *nf* cooking: *tiempo de* ~ cooking time

cocear *vi* to kick

cocer ♦ *vt* **1** (*hervir*) to boil **2** (*pan*) to bake **3** (*cerámica*) to fire ♦ *vi* **1** (*alimento*) to cook **2** (*líquido*) to boil: *El agua está cociendo.* The water is boiling. ♦ **cocerse** *v pron* **1** (*alimento*) to cook **2** (*tener calor*) to boil: *Me estoy cociendo con este jersey.* I'm boiling in this jumper. LOC **cocer a fuego lento** to simmer

coche *nm* **1** (*automóvil*) car: *ir en* ~ to go by car **2** (*vagón, carruaje*) carriage **3** (*para bebé*) pram LOC **coche cama** sleeping car **coche de alquiler** hire car **coche de bomberos** fire engine **coche de carreras** racing car **coche fúnebre** hearse *Ver tb* ACCIDENTE, BOMBA¹, CHOQUE

cochera *nf* **1** (*coche*) garage **2** (*autobús*) depot

cochinillo *nm* suckling pig

cochino. **-a** *nm-nf* **1** (*animal*) pig ☞ *Ver nota en* CERDO **2** (*persona*) filthy pig

cocido *nm* stew LOC *Ver* JAMÓN

cocina *nf* **1** (*lugar*) kitchen **2** (*aparato*) cooker **3** (*arte de cocinar*) cookery: *un curso/libro de* ~ a cookery course/book **4** (*gastronomía*) cooking: *la* ~ *china* Chinese cooking LOC **cocina casera** home cooking *Ver tb* BATERÍA, MENAJE, PAÑO

cocinar *vt, vi* to cook: *No sé* ~. I can't cook.

cocinero, -a *nm-nf* cook: *ser buen ~* to be a good cook

coco *nm* **1** (*fruto*) coconut **2** (*cabeza*) nut **3** (*ser fantástico*) bogeyman **4** (*persona fea*) fright LOC **tener mucho coco** to be very brainy *Ver tb* COMER

cocodrilo *nm* crocodile LOC *Ver* LÁGRIMA

cocotero *nm* coconut palm

cóctel *nm* **1** (*bebida*) cocktail **2** (*reunión*) cocktail party

codazo *nm* **1** (*violento, para abrirse paso*): *Me abrí paso a ~s.* I elbowed my way through the crowd. **2** (*para llamar la atención*) nudge: *Me dio un ~.* He gave me a nudge.

codearse *v pron* **~ con** to rub shoulders **with sb**

codera *nf* (*parche*) elbow patch

codicia *nf* **1** (*avaricia*) greed **2 ~ de** lust **for sth**: *su ~ de poder/riquezas* their lust for power/riches

codiciar *vt* (*ambicionar*) to covet

codificar *vt* (*Informát*) to encode

código *nm* code LOC **código de (la) circulación** Highway Code **código postal** postcode

codo *nm* elbow LOC *Ver* HABLAR

codorniz *nf* quail [*pl* quail/quails]

coeficiente *nm* coefficient LOC **coeficiente de inteligencia** intelligence quotient (*abrev* IQ)

coexistencia *nf* coexistence

cofradía *nf* brotherhood

cofre *nm* **1** (*baúl*) chest **2** (*pequeño*) box

cogedor *nm* dustpan

coger ◆ *vt* **1** (*tomar*) to take: *Coge los libros que quieras.* Take as many books as you like. ◊ *Prefiero ~ el autobús.* I'd rather take the bus. ◊ *Le cogí del brazo.* I took him by the arm. ◊ *He cogido dos entradas.* I've bought two tickets. **2** (*pillar*) to catch: *~ una pelota* to catch a ball ◊ *Los cogieron robando.* They were caught stealing. ◊ *~ un resfriado* to catch a cold **3** (*entender*) to get: *No lo cojo.* I don't get it. **4** (*fruta, flores*) to pick **5** (*tomar prestado*) to borrow: *¿Puedo ~ tu coche?* Can I borrow your car? ☛ *Ver dibujo en* BORROW **6** (*toro*) to gore ◆ **cogerse** *v pron* to hold: *Cógete de mi mano.* Hold my hand. ◊ *~se de la barandilla* to hold on to the railings LOC **coger y...** to up and *do sth*: *Cogí y me fui.* I upped and left. ☛ *Para otras expresiones con* **coger**, *véanse las entradas del sustantivo, adjetivo, etc.,*

p. ej. **coger por banda** en BANDA y **coger la costumbre** en COSTUMBRE.

cogido, -a *pp, adj* (*reservado*) taken LOC **cogidos de la mano** holding hands **cogidos del brazo** arm in arm ☛ *Ver dibujo en* ARM; *Ver tb* COGER

cogorza *nf* LOC **coger una cogorza/mona** to get plastered

cogote *nm* back of the neck

coherencia *nf* coherence

cohete *nm* rocket

cohibir ◆ *vt* to inhibit ◆ **cohibirse** *v pron* to feel inhibited

coincidencia *nf* coincidence LOC **da la coincidencia de que...** it just so happens (that)...

coincidir *vi* **1** (*estar de acuerdo*) to agree (**with sb**) (**on/about sth**): *Coinciden conmigo en que es un chico estupendo.* They agree with me that he's a great kid. ◊ *Coincidimos en todo.* We agree on everything. **2** (*en un lugar*): *Coincidimos en el congreso.* We were both at the conference. **3** (*acontecimientos, resultados*) to coincide (**with sth**): *Espero que no me coincida con los exámenes.* I hope it doesn't coincide with my exams.

cojear *vi* **1 ~ (de)** (*ser cojo*) to be lame (**in sth**): *Cojeo del pie derecho.* I'm lame in my right foot. **2 ~ (de)** (*por lesión*) to limp: *Todavía cojeo un poco, pero estoy mejor.* I'm still limping, but I feel better. **3** (*mueble*) to be wobbly LOC **cojear del mismo pie** to have the same faults (*as sb*)

cojera *nf* limp: *Casi no se le nota la ~.* He's got a very slight limp.

cojín *nm* cushion

cojo, -a ◆ *adj* **1** (*persona*): *estar ~ (de un pie)* to have a limp ◊ *Se quedó ~ después del accidente.* The accident left him with a limp. **2** (*animal*) lame **3** (*mueble*) wobbly ◆ *nm-nf* person who is lame LOC **andar/ir cojo** to limp *Ver tb* PATA, SALTAR

col *nf* cabbage LOC **coles de Bruselas** Brussels sprouts

cola¹ *nf* **1** (*animal*) tail **2** (*vestido*) train: *El vestido tiene un poco de ~.* The dress has a short train. **3** (*fila*) queue: *ponerse a la ~* to join the queue ◊ *Había mucha ~ para el cine.* There was a long queue for the cinema. LOC **¡a la cola!** get in the queue! **cola de caballo** ponytail **hacer cola** to queue *Ver tb* PIANO

cola² *nf* (*pegamento*) glue

colaboración *nf* collaboration: *hacer algo en ~ con algn* to do sth in collaboration with sb

colaborador, ~a *nm-nf* collaborator

colaborar *vi* ~ **(con) (en)** to collaborate (with *sb*) (on *sth*)

colada *nf (ropa)* wash: *hacer la ~* to do the washing LOC *Ver* CESTO

colado, -a *pp, adj* LOC **estar colado por algn** to be mad about sb *Ver tb* COLAR

colador *nm* **1** *(gen)* strainer **2** *(verduras)* colander

colar ♦ *vt* **1** *(infusión)* to strain **2** *(café)* to filter **3** *(verduras)* to drain ♦ *vi* to be believed: *Eso no va a ~.* Nobody is going to believe that. ♦ **colarse** *v pron* **1** *(líquido)* to seep **through** *sth* **2** *(persona)* **(a)** *(gen)* to sneak in: *Vi cómo se colaban.* I noticed them sneaking in. ◊ *Nos colamos en el autobús sin pagar.* We sneaked onto the bus without paying. **(b)** *(en una cola)* to push in: *¡Oiga, no se cuele!* Hey! No pushing in! **3** *(equivocarse)* to slip up **4 colarse por** *(enamorarse)* to fall **for** *sb* LOC **colarse en una fiesta** to gatecrash a party

colcha *nf* bedspread

colchón *nm* mattress

colchoneta *nf* **1** *(gimnasio)* mat **2** *(camping, playa)* air bed

colección *nf* collection

coleccionar *vt* to collect

coleccionista *nmf* collector

colecta *nf* collection LOC **hacer una colecta** *(con fines caritativos)* to collect for charity

colectivo, -a *adj, nm* collective

colega *nmf* **1** *(compañero)* colleague: *un ~ mío* a colleague of mine **2** *(amigo)* friend

colegial, ~a *nm-nf* schoolboy/girl [*pl* schoolchildren]

colegio *nm* **1** *(Educ)* school: *Los niños están en el ~.* The children are at school. ◊ *ir al ~* to go to school ☞ *Ver nota en* SCHOOL **2** *(asociación)* association: *el ~ de médicos* the medical association LOC **colegio de curas/monjas** Catholic school **colegio de internos** boarding school **colegio electoral** polling station **colegio mayor** hall of residence **colegio privado/público** independent/state school

cólera *nm (enfermedad)* cholera

colesterol *nm* cholesterol: *Me ha aumentado el ~.* My cholesterol (level) has gone up.

coleta *nf* pigtail LOC *Ver* CORTAR

colgado, -a *pp, adj* ~ **en/de** hanging on/from *sth* LOC **colgado al teléfono** on the phone **dejar a algn colgado** to leave sb in the lurch **estar colgado** *(drogado)* to be stoned **mal colgado**: *Creo que tienen el teléfono mal ~.* They must have left the phone off the hook. *Ver tb* COLGAR

colgante *nm* pendant

colgar ♦ *vt* **1** *(gen)* to hang *sth* **(from/on** *sth***)** **2** *(prenda de vestir)* to hang *sth* up **3** *(ahorcar)* to hang: *Lo colgaron en 1215.* He was hanged in 1215. ☞ *Ver nota en* AHORCAR(SE) ♦ *vi* to hang **(from/on** *sth***)** LOC **colgar (el teléfono)** to hang up: *Se enfadó y me colgó el teléfono.* He got angry and hung up. ◊ *No cuelgue, por favor.* Please hold the line. **colgar las botas** to retire **colgar los libros** to give up studying

cólico *nm* colic [*incontable*]

coliflor *nf* cauliflower

colilla *nf* cigarette end

colina *nf* hill

colirio *nm* eye drops [*pl*]

colisión *nf* collision **(with** *sth***)**: *una ~ de frente* a head-on collision

colitis *nf* diarrhoea [*incontable*]

collage *nm* collage: *hacer un ~* to make a collage

collar *nm* **1** *(adorno)* necklace: *un ~ de esmeraldas* an emerald necklace **2** *(perro, gato)* collar

collarín *nm* (surgical) collar

colmar *vt* LOC *Ver* GOTA

colmena *nf* beehive

colmillo *nm* **1** *(persona)* canine (tooth) **2** *(elefante, jabalí)* tusk

colmo *nm* LOC **para colmo** to make matters worse **ser el colmo** to be the limit

colocado, -a *pp, adj* LOC **estar colocado 1** *(bebido)* to be merry **2** *(drogado)* to be high **3** *(tener trabajo)* to be employed: *estar bien ~* to have a good job *Ver tb* COLOCAR

colocar ♦ *vt* **1** *(gen)* to place **2** *(bomba)* to plant **3** *(emplear)* to find *sb* a job **(with** *sb***)** ♦ **colocarse** *v pron* **1** *(situarse)* to stand: *Colócate allí.* Stand over there. **2 colocarse (de/como)** to get a job **(as** *sth***) 3 colocarse (con) (a)** *(alcohol)* to get drunk **(on** *sth***) (b)** *(drogas)* to get high **(on** *sth***)**

Colombia *nf* Colombia

colombiano, -a *adj, nm-nf* Colombian

colon nm colon

colonia¹ nf **1** (gen) colony [pl colonies] **2** (grupo de viviendas) housing estate **3** (campamento) summer camp: irse de ~s to go to summer camp

colonia² nf (perfume) cologne [incontable]: echarse ~ to put (some) cologne on

colonial adj colonial

colonización nf colonization

colonizador, ~a ◆ adj colonizing ◆ nm-nf settler

colonizar vt to colonize

coloquial adj colloquial

coloquio nm discussion (about sth)

color nm colour

Cuando la palabra color aparece seguida del nombre de un color concreto, no se traduce al inglés: Llevaba un abrigo de color azul. She was wearing a blue coat. ◊ La cortina es de color verde. The curtain is green.

LOC **de colores** coloured: lápices de ~es coloured pencils **en color**: una televisión en ~ a colour TV Ver tb FARO-LILLO, PEZ, TIZA

colorado, -a adj red LOC **estar colorado como un tomate/pimiento** to be as red as a beetroot **ponerse colorado** to blush Ver tb COLORÍN

colorante adj, nm colouring LOC **sin colorantes** no artificial colourings

colorear vt to colour sth (in)

colorete nm blusher: darse un poco de ~ to put on some blusher

colorido nm colouring: una ceremonia de gran ~ a very colourful ceremony

colorín nm colorines bright colours: calcetines de colorines brightly-coloured socks LOC **colorín colorado...** and they all lived happily ever after

columna nf **1** (gen) column **2** (Anat) spine LOC **columna vertebral 1** (Anat) spinal column **2** (fig) backbone

columpiar ◆ vt to push sb (on a swing) ◆ **columpiarse** v pron to have a swing

columpio nm swing: jugar en los ~s to play on the swings

coma¹ nm (Med) coma: estar en ~ to be in a coma LOC Ver ESTADO

coma² nf **1** (puntuación) comma ☞ Ver págs 326-27. **2** (Mat) point: cuarenta y cinco (40,5) forty point five (40.5) ☞ Ver Apéndice 1. LOC Ver PUNTO

comadreja nf weasel

comadrona nf midwife [pl midwives]

comandante nmf major

comando nm **1** (Mil) commando [pl commandos] **2** (terrorista) cell **3** (Informát) command

comarca nf area

comarcal adj LOC Ver CARRETERA

comba nf **1** (juego) skipping **2** (cuerda) skipping rope LOC **jugar/saltar a la comba** to skip: Están saltando a la ~. They are skipping.

combate nm combat [incontable]: soldados caídos en ~ soldiers killed in combat ◊ Hubo feroces ~s. There was fierce fighting. LOC **combate de boxeo** boxing match **de combate** fighter: avión/piloto de ~ fighter plane/pilot Ver tb CARRO, FUERA

combatiente nmf combatant

combatir ◆ vt to combat: ~ a la guerrilla to combat the guerrillas ◆ vi ~ (contra/por) to fight (against/for sth/sb): ~ contra los rebeldes to fight (against) the rebels

combinación nf **1** (gen) combination: la ~ de una caja fuerte the combination of a safe **2** (prenda) slip

combinar ◆ vt **1** (gen) to combine **2** (ropa) to match sb (with sth) ◆ vi **1** (colores) to go (with sth): El negro combina bien con todos los colores. Black goes well with any colour. **2** (ropa) to match: Esos zapatos no combinan con el bolso. Those shoes don't match the handbag.

combustible ◆ adj combustible ◆ nm fuel

combustión nf combustion

comedia nf comedy [pl comedies] LOC **comedia musical** musical

comedor nm **1** (casa, hotel) dining room **2** (colegio, fábrica) canteen **3** (muebles) dining-room suite

comentar vt **1** (decir) to say: Se limitó a ~ que estaba enfermo. He would only say he was sick. **2** (tema) to discuss

comentario nm comment, remark (más coloq): hacer un ~ to make a comment/remark LOC **comentario de texto** textual criticism **hacer comentarios** to comment (on sth/sb) **sin comentarios** no comment

comentarista nmf commentator

comenzar vt, vi ~ (a) to start (sth/doing sth/to do sth): Comencé a sentirme mal. I started to feel ill. ☞ Ver nota en BEGIN

comer ◆ vt **1** (ingerir) to eat: Deberías ~ algo antes de salir. You should eat something before you go. **2** (insectos) to

eat *sb* alive: *Me han comido los mosquitos.* I've been eaten alive by the mosquitoes. **3** (*Ajedrez, Damas*) to take ◆ *vi*
1 (*ingerir*) to eat: *Tu hijo no quiere ~.*
Your son won't eat. **2** (*al mediodía*) to
have lunch: *¿A qué hora comemos?* What
time is lunch? ◇ *¿Qué hay para ~?*
What's for lunch? ◇ *Mañana comemos
fuera.* We're going out for lunch tomorrow. ◆ **comerse** *v pron* **1** (*ingerir*) to
eat: *~se un bocadillo* to eat a sandwich
2 (*omitir*) to miss *sth* out: *~se una
palabra* to miss a word out LOC **comer a
besos** to smother *sb* with kisses **comer
como una fiera/lima/vaca** to eat like a
horse **comerle el coco a algn** to brainwash *sb* **comerse el coco** to worry
yourself (*about sth/sb*) **dar/echar de
comer** to feed *sth/sb*

comercial *adj* commercial LOC *Ver*
CENTRO, GALERÍA

comercializar *vt* to market

comerciante *nmf* (*dueño de una
tienda*) shopkeeper

comerciar *vi* ~ **con 1** (*producto*) to
trade (**in** *sth*): *~ con armas* to trade in
arms **2** (*persona*) to do business (**with**
sb)

comercio *nm* **1** (*negocio*) trade: *~
exterior* foreign trade **2** (*tienda*) shop:
Tienen un pequeño ~. They have a small
shop. ◇ *¿A qué hora abre el ~?* What time
do the shops open?

comestible ◆ *adj* edible ◆ **comestibles** *nm* LOC *Ver* TIENDA

cometa ◆ *nm* (*astro*) comet ◆ *nf*
(*juguete*) kite

cometer *vt* **1** (*delito*) to commit **2**
(*error*) to make

cometido *nm* **1** (*encargo*) task **2** (*obligación*) duty [*pl* duties]

cómic *nm* comic

comicios *nm* elections

cómico -a ◆ *adj* **1** (*gracioso*) funny
2 (*de comedia*) comedy [*n atrib*]: *actor ~*
comedy actor ◆ *nm-nf* comedian LOC
Ver PELÍCULA

comida *nf* **1** (*alimento*) food: *Tenemos la
nevera llena de ~.* The fridge is full
of food. **2** (*desayuno, cena, etc.*) meal:
una ~ ligera a light meal **3** (*al mediodía*) lunch: *¿Qué hay de ~?* What's for
lunch? LOC **comida campestre** picnic
comida precocinada / preparada ready
meals [*pl*]

comidilla *nf* LOC **ser la comidilla** to be
the talk *of sth*

comido -a *pp, adj*: *Ya vinieron ~s.* They
had already eaten. LOC **comido por la
envidia/la rabia/los celos** eaten up
with envy/anger/jealousy *Ver tb* COMER

comienzo *nm* start, beginning (*más
formal*) LOC **a comienzos de...** at the
beginning of... **dar comienzo** to begin
estar en sus comienzos to be in its
early stages

comillas *nf* inverted commas ☞ *Ver
págs 326-27.* LOC **entre comillas** in
inverted commas

comilón, -ona ◆ *adj* greedy ◆ *nm-nf*
big eater

comilona *nf* feast: *darse/pegarse una ~*
to have a feast

comisaría *nf* police station

comisario *nm* superintendent

comisión *nf* commission: *una ~ del
10%* a 10% commission LOC **a comisión**
on commission

comité *nm* committee [*v sing o pl*]
☞ *Ver nota en* JURADO

como ◆ *adv* **1** (*modo, en calidad de,
según*) as: *Respondí ~ pude.* I answered
as best I could. ◇ *Me lo llevé ~ recuerdo.*
I took it home as a souvenir. ◇ *~ te iba
diciendo...* As I was saying... **2** (*comparación, ejemplo*) like: *Tiene un coche ~ el
nuestro.* He's got a car like ours. ◇ *infu-
siones ~ la manzanilla y la menta*
herbal teas like camomile and peppermint ◇ *suave ~ la seda* as smooth as silk
3 (*aproximadamente*) about: *Llamé ~ a
diez personas.* I rang about ten people.
◆ *conj* **1** (*condición*) if: *~ vengas tarde,
no podremos ir.* If you're late, we won't
be able to go. **2** (*causa*) as: *~ llegué
pronto, me preparé un café.* As I was
early, I made myself a coffee. LOC **como
que/si** as if: *Me trata ~ si fuera su hija.*
He treats me as if I were his daughter.
En este tipo de expresiones, lo más
correcto es decir 'as if I/he/she/it
were', pero hoy en día en el lenguaje
hablado se usa mucho 'as if I/he/she/
it **was**'.

como sea 1 (*a cualquier precio*) at all
costs: *Tenemos que ganar ~ sea.* We must
win at all costs. **2** (*no importa*): — *¿Cómo
quieres el café?* — *Como sea.* 'How do you
like your coffee?' 'As it comes.'

cómo ◆ *adv* **1** (*interrogación*) how: *¿~
se traduce esta palabra?* How do you
translate this word? ◇ *No sabemos ~
pasó.* We don't know how it happened.
2 (*¿por qué?*) why: *¿~ no me lo dijiste?*
Why didn't you tell me? **3** (*cuando no se*

ha oído o entendido algo) sorry: ¿Cómo? ¿Puedes repetir? Sorry? Can you say that again? **4** (exclamación): ¡~ te pareces a tu padre! You're just like your father! ◆ **¡cómo! interj** (enfado, asombro) what!: ¡Cómo! ¿No estás vestido aún? What! Aren't you dressed yet? LOC **¿a cómo está/están?** how much is it/are they? **¿cómo es?** (descripción) what is he, she, it, etc. like? **¿cómo es eso?** how come? **¿cómo es que...?** how come?: ¿~ es que no has salido? How come you didn't go out? **¿cómo estás?** how are you? **¡cómo no!** of course! **¿cómo que...?** (asombro, enfado): ¿~ que no lo sabías? What do you mean, you didn't know? **¡cómo voy a...!** how am I, are you, etc. supposed to...?: ¿~ lo iba a saber! How was I supposed to know?

cómoda nf chest of drawers [pl chests of drawers]

comodidad nf **1** (confort) comfort **2** (conveniencia) convenience: la ~ de tener el metro cerca the convenience of having the underground nearby

comodín nm joker

cómodo, -a adj **1** (confortable) comfortable: sentirse ~ to feel comfortable **2** (conveniente) convenient: Es muy olvidarse del asunto. It's very convenient to forget about it. LOC **ponerse cómodo** to make yourself comfortable

compact disc (tb **compacto**) nm **1** (disco) compact disc (abrev CD) **2** (aparato) CD player

compacto, -a adj compact LOC Ver DISCO

compadecer(se) vt, v pron **compadecer(se)** (de) to feel sorry for sb ☞ Ver nota en SORRY

compaginar vt to combine sth (with sth): ~ el trabajo con la familia to combine work with a family

compañerismo nm comradeship

compañero, -a nm-nf **1** (amigo) companion **2** (en pareja) partner **3** (en trabajo) colleague LOC **compañero de clase** classmate **compañero de equipo** teammate **compañero de habitación/piso** room-mate/flatmate

compañía nf company [pl companies]: Trabaja en una ~ de seguros. He works for an insurance company. LOC **compañía aérea** airline **hacer compañía a algn** to keep sb company

comparable adj ~ (a/con) comparable (to/with sth/sb)

comparación nf comparison: Esta casa no tiene ~ con la anterior. There's no comparison between this house and the old one. LOC **en comparación con** compared to/with sth/sb

comparar vt to compare sth/sb (to/with sth/sb): ¡No compares esta ciudad con la mía! Don't try to compare this town to mine!

compartimento (tb **compartimiento**) nm compartment

compartir vt to share: ~ un piso to share a flat

compás nm **1** (Mat, Náut) compass **2** (Mús) **(a)** (tiempo) time: el ~ de tres por cuatro three-four time **(b)** (división de pentagrama) bar: los primeros compases de una sinfonía the first bars of a symphony LOC Ver MARCAR

compasión nf pity, compassion (más formal) LOC **tener compasión de algn** to take pity on sb

compasivo, -a adj ~ (con) compassionate (towards sb)

compatible adj compatible

compatriota nmf fellow countryman/woman [pl fellow countrymen/women]

compenetrarse v pron ~ (con) to get on well (with sb)

compensación nf compensation

compensar ◆ vt **1** (dos cosas) to make up for sth: para ~ la diferencia de precios to make up for the difference in price **2** (a una persona) to repay sb (for sth): No sé cómo ~les por todo lo que han hecho. I don't know how to repay them for all they've done. ◆ vi: No me compensa ir sólo media hora. It's not worth going for half an hour. ◊ A la larga compensa. It's worth it in the long run.

competencia nf **1** (rivalidad) competition: La ~ siempre es buena. Competition is a good thing. **2** (eficacia, habilidad) competence: falta de ~ incompetence LOC **hacer la competencia** to compete with sth/sb

competente adj competent: un profesor ~ a competent teacher

competición nf competition

competir vi to compete: ~ por el título to compete for the title ◊ ~ con empresas extranjeras to compete with foreign companies

complacer vt to please: Es bastante difícil ~les. They're rather hard to please.

complejo, -a adj, nm complex: un ~ de oficinas an office complex ◊ tener ~ de *gordo* to have a complex about being fat ◊ **tener ~ de superioridad** to have a superiority complex ◊ *Es un problema muy ~.* It's a very complex problem.

complemento *nm* **1** *(suplemento)* supplement: *como ~ a su dieta* as a dietary supplement **2** *(accesorio)* accessory [*pl* accessories]: *bisutería y ~s* costume jewellery and accessories **3** *(Gram)* object

completamente *adv* completely

completar *vt* to complete

completo. -a *adj* **1** *(entero)* complete: *la colección completa* the complete collection **2** *(lleno)* full: *El hotel está ~.* The hotel is full. LOC *Ver* JORNADA, PENSIÓN

complicado. -a *pp, adj* complicated *Ver tb* COMPLICAR

complicar ◆ *vt* **1** *(liar)* to complicate **2** *(implicar)* to involve *sb* (**in** *sth*) ◆ **complicarse** *v pron* to become complicated LOC **complicarse la vida** to make life difficult for yourself

cómplice *nmf* accomplice

complot *(tb* **complò)** *nm* plot

componer ◆ *vt* **1** *(formar)* to make *sth* up: *Cuatro relatos componen el libro.* The book is made up of four stories. **2** *(Mús)* to compose ◆ **componerse** *v pron* **componerse de** to consist of *sth*: *El curso se compone de seis asignaturas.* The course consists of six subjects. LOC **componérselas** to manage (*to do sth*): *Me las compuse para salir.* I managed to go out.

comportamiento *nm* behaviour [*incontable*]: *Tuvieron un ~ ejemplar.* Their behaviour was exemplary.

comportarse *v pron* to behave

composición *nf* composition

compositor. ~a *nm-nf* composer

compota *nf* stewed fruit: *~ de manzana* stewed apple

compra *nf* purchase: *una buena ~* a good buy LOC **hacer/ir a la compra** to do the shopping **ir/salir de compras** to go shopping

comprar *vt* to buy: *Quiero ~les un regalo.* I want to buy them a present. ◊ *¿Me lo compras?* Will you buy it for me? ◊ *Le compré la bici a un amigo.* I bought the bike from a friend. LOC **comprar a plazos** to buy *sth* on hire purchase

comprender ◆ *vt, vi (entender)* to understand: *Mis padres no me comprenden.* My parents don't understand me. ◊ *Como usted comprenderá...* As you will understand... ◆ *vt* **1** *(darse cuenta)* to

realize: *Han comprendido su importancia.* They've realized how important it is. **2** *(incluir)* to include

comprendido. -a *pp, adj*: *niños de edades comprendidas entre los 11 y 13 años* children aged between 11 and 13 *Ver tb* COMPRENDER

comprensión *nf* understanding LOC **tener/mostrar comprensión** to be understanding (*towards sb*)

comprensivo. -a *adj* understanding (**towards** *sb*)

compresa *nf* sanitary towel

comprimido. -a *pp, adj, nm (pastilla)* tablet LOC *Ver* PISTOLA

comprobar *vt* to check

comprometedor. ~a *adj* compromising

comprometer ◆ *vt* **1** *(obligar)* to commit *sb* (**to** *sth*/*doing sth*) **2** *(poner en un compromiso)* to put *sb* in an awkward position, to compromise *(formal)* ◆ **comprometerse** *v pron* **1** *(dar tu palabra)* to promise (**to do** *sth*): *No me comprometo a ir.* I'm not promising I'll go. **2** *(en matrimonio)* to get engaged (**to** *sb*)

comprometido. -a *pp, adj (situación)* awkward *Ver tb* COMPROMETER

compromiso *nm* **1** *(obligación)* commitment: *El matrimonio es un gran ~.* Marriage is a great commitment. **2** *(acuerdo)* agreement **3** *(cita, matrimonial)* engagement **4** *(aprieto)* awkward situation: *Me pones en un ~.* You're putting me in an awkward position. LOC **por compromiso** out of a sense of duty **sin compromiso** without obligation

compuesto. -a ◆ *pp, adj* **1** *(gen)* compound: *palabras compuestas* compound words **2** **~ de/por** consisting of *sth*/*sb* ◆ *nm* compound *Ver tb* COMPONER

comulgar *vi (Relig)* to take communion

común *adj* **1** *(gen)* common: *un problema ~* a common problem ◊ *características comunes a un grupo* characteristics common to a group **2** *(compartido)* joint: *un esfuerzo ~* a joint effort LOC **poner algo en común** to discuss *sth* **tener algo en común 1** *(aficiones)* to share *sth* **2** *(parecerse)* to have *sth* in common *Ver tb* PUESTA, SENTIDO

comunicación *nf* **1** *(gen)* communication: *la falta de ~* lack of communication **2** *(teléfono)*: *Se cortó la ~.* We were cut off. LOC *Ver* MEDIO

comunicado, -a ◆ *pp, adj (transporte): Toda esa zona está mal comunicada.* That whole area is poorly served by public transport. ◆ *nm* announcement *Ver tb* COMUNICAR

comunicar ◆ *vt* to communicate *sth* (**to sb**): *Han comunicado sus sospechas a la policía.* They've communicated their suspicions to the police. ◆ *vi* (*teléfono*) to be engaged: *Estaba comunicando.* It was engaged. ◆ **comunicar(se)** *vi, v pron* **comunicar(se) (con) 1** (*gen*) to communicate (**with sth/sb**): *Mi habitación (se) comunica con la tuya.* My room communicates with yours. ◊ *Me cuesta ~me con los demás.* I find it difficult to communicate with other people. **2** (*ponerse en contacto*) to get in touch **with sb**: *No puedo ~(me) con ellos.* I can't get in touch with them.

comunidad *nf* community [*v sing o pl*] [*pl* communities] LOC **comunidad autónoma** autonomous region **comunidad de vecinos** residents' association

comunión *nf* communion LOC **hacer la (primera) comunión** to take (your first) communion

comunismo *nm* communism

comunista *adj, nmf* communist

con *prep* **1** (*gen*) with: *Vivo con mis padres.* I live with my parents. ◊ *Sujétalo con una chincheta.* Stick it up with a drawing pin. ◊ *¿Con qué lo limpias?* What do you clean it with? ☞ A veces se traduce por 'and': *pan con mantequilla* bread and butter ◊ *agua con azúcar* sugar and water. También se puede traducir por 'to': *¿Con quién hablabas?* Who were you talking to? ◊ *Es muy simpática con todo el mundo.* She is very nice to everybody. **2** (*contenido*) of: *una maleta con ropa* a suitcase (full) of clothes ◊ *un cubo con agua y jabón* a bucket of soapy water **3** (*a pesar de*): *Con lo duro que trabajan y no lo acabarán.* They're working so hard but they won't get it done. ◊ *¡Pero con lo que le gusta el chocolate!* But you're so fond of chocolate! **4** ✦ inf: *Con estudiar el fin de semana, aprobarás.* You'll pass if you study at the weekend. ◊ *Será suficiente con llamarles por teléfono.* All you'll need to do is phone them. LOC **con (tal de) que...** as long as...: *con tal de que me avises* as long as you tell me

cóncavo, -a *adj* concave

concebir ◆ *vt* **1** (*idea, plan, novela*) to conceive **2** (*entender*) to understand: *¡Es que no lo concibo!* I just don't understand! ◆ *vt, vi* (*quedar embarazada*) to conceive

conceder *vt* **1** (*gen*) to grant, to give (*más coloq*): *~ un préstamo a algn* to give sb a loan ◊ *¿Me concede unos minutos, por favor?* Could you spare me a couple of minutes, please? ◊ *Hay que ~les algún mérito.* You must give them some credit. **2** (*premio, beca*) to award: *Me concedieron una beca.* I was awarded a scholarship.

concejal, ~a *nm-nf* (town) councillor

concejo *nm* (town) council

concentración *nf* concentration: *falta de ~* lack of concentration

concentrado, -a ◆ *pp, adj* **1** (*persona*): *Estaba tan ~ en la lectura que no te oí entrar.* I was so immersed in my book that I didn't hear you come in. **2** (*sustancia*) concentrated ◆ *nm* concentrate: *~ de uva* grape concentrate *Ver tb* CONCENTRAR

concentrar ◆ *vt* to concentrate ◆ **concentrarse** *v pron* **concentrarse (en)** to concentrate (**on sth**): *Concéntrate en lo que haces.* Concentrate on what you are doing.

concepto *nm* **1** (*idea*) concept **2** (*opinión*) opinion: *No sé qué ~ tienes de mí.* I don't know what you think of me.

concha *nf* shell

conciencia *nf* **1** (*sentido moral*) conscience **2** (*conocimiento*) consciousness: *~ de clase* class consciousness LOC **a conciencia** thoroughly **tener la conciencia limpia/tranquila** to have a clear conscience *Ver tb* CARGO, OBJETOR, REMORDER, REMORDIMIENTO

concienciar ◆ *vt* to make *sb* aware (**of sth**) ◆ **concienciarse** *v pron* to become aware (**of sth**)

concierto *nm* **1** (*recital*) concert **2** (*composición musical*) concerto [*pl* concertos]

concilio *nm* council

conciso, -a *adj* concise

conciudadano, -a *nm-nf* fellow citizen

concluir ◆ *vt, vi* (*terminar*) to conclude, to finish (*más coloq*) ◆ *vt* (*deducir*) to conclude *sth* (**from sth**): *Concluyeron que era inocente.* They concluded that he was innocent.

conclusión *nf* conclusion: *llegar a/sacar una ~* to reach/draw a conclusion

concordar *vi* **~ (con) (en que...)** to agree (**with sth/sb**) (**that...**): *Tu respuesta no concuerda con la suya.* Your answer doesn't agree with his. ◊ *Todos* *concuerdan en que fue un éxito.* Everyone agrees (that) it was a success.

concretar *vt* **1** (*precisar*) to specify **2** (*fecha*) to fix

concreto. -a *adj* **1** (*específico*) specific: *las tareas concretas que desempeñan* the specific tasks they perform **2** (*preciso*) definite: *una fecha concreta* a definite date

concurrido. -a *pp, adj* **1** (*lleno de gente*) crowded **2** (*popular*) popular

concursante *nmf* contestant

concursar *vi* **1** (*en un juego*) to take part (*in sth*) **2** (*para un puesto*) to compete

concurso *nm* **1** (*juegos de habilidad, Dep*) competition **2** (*Radio, TV*) **(a)** (*de preguntas y respuestas*) quiz show **(b)** (*de juegos y pruebas*) game show LOC **concurso de belleza** beauty contest

condado *nm* county [*pl* counties]

conde. -esa *nm-nf* count [*fem* countess]

condecoración *nf* medal

condecorar *vt* to award *sb* a medal (*for sth*)

condena *nf* sentence LOC **poner una condena** to sentence *sb*

condenado. -a *pp, adj* **1** (*maldito*) wretched: *¡Ese ~ perro…!* That wretched dog…! **2** **~ a** (*predestinado*) doomed **to sth** Ver tb CONDENAR

condenar ♦ *vt* **1** (*desaprobar*) to condemn **2** (*Jur*) **(a)** (*a una pena*) to sentence *sb* (**to sth**): *~ a algn a muerte* to sentence sb to death **(b)** (*por un delito*) to convict *sb* (**of sth**) ♦ **condenarse** *v pron* to go to hell

condensado. -a *pp, adj* LOC Ver LECHE Ver tb CONDENSAR(SE)

condensar(se) *vt, v pron* to condense

condesa *nf* Ver CONDE

condescendiente *adj* **1** (*amable*) kind (**to sb**) **2** (*transigente*) tolerant (**of/ towards sb**): *Sus padres son muy ~s con él.* His parents are very tolerant (of him). **3** (*con aires de superioridad*) condescending: *una sonrisita ~* a condescending smile

condición *nf* **1** (*gen*) condition: *Esa es mi única ~.* That is my one condition. ◊ *Lo hago con la ~ de que me ayudes.* I'll do it on condition that you help me. ◊ *Ellos pusieron las condiciones.* They laid down the conditions. ◊ *La mercancía llegó en perfectas condiciones.* The goods arrived in perfect condition. **2** (*social*) background LOC **estar en condiciones de 1** (*físicamente*) to be fit *to do sth*

2 (*tener la posibilidad*) to be in a position *to do sth* **sin condiciones** unconditional: *una rendición sin condiciones* an unconditional surrender ◊ *Aceptó sin condiciones.* He accepted unconditionally.

condicional *adj* conditional LOC Ver LIBERTAD

condicionar *vt* to condition: *La educación te condiciona.* You are conditioned by your upbringing.

condimentar *vt* to season *sth* (**with sth**)

condimento *nm* seasoning

condón *nm* condom

conducir ♦ *vt* **1** (*gen*) to drive **2** (*moto*) to ride **3** (*llevar*) to lead *sb* (**to sth**): *Las pistas nos condujeron al ladrón.* The clues led us to the thief. ♦ *vi* **1** (*vehículo*) to drive: *Estoy aprendiendo a ~.* I'm learning to drive. **2 ~ a** (*llevar*) to lead **to sth**: *Este camino conduce al palacio.* This path leads to the palace. LOC Ver CARNÉ, EXAMEN, EXAMINAR, PERMISO

conducta *nf* behaviour [*incontable*]

conducto *nm* **1** (*tubo*) pipe **2** (*Med*) duct

conductor. -a *nm-nf* driver

En inglés **conductor** significa *director de orquesta o cobrador (de autobús).*

conectar *vt* **1** (*unir*) to connect *sth* (up) (**with/to sth**): *~ la impresora al ordenador* to connect the printer to the computer **2** (*enchufar*) to plug *sth* in

conejillo *nm* LOC **conejillo de indias** guinea pig

conejo. -a *nm-nf* rabbit

Rabbit es el sustantivo genérico, **buck** se refiere solo al macho. Para referirnos solo a la hembra utilizamos **doe**. Los niños dicen también **bunny** [*pl* bunnies] o **bunny rabbit.**

conexión *nf* **1 ~ (con)** connection (**to/ with sth**) **2 ~ (entre)** connection (**between…**)

confección *nf* LOC Ver CORTE

confeccionar *vt* to make

conferencia *nf* **1** (*charla*) lecture **2** (*por teléfono*) long-distance call: *poner una ~* to make a long-distance call **3** (*congreso*) conference LOC Ver PRENSA

conferenciante *nmf* lecturer

confesar ♦ *vt, vi* **1** (*gen*) to confess (**to sth/doing sth**): *Tengo que ~ que prefiero el tuyo.* I must confess I prefer yours. ◊ *~ un crimen/asesinato* to confess to a crime/murder ◊ *Confesaron haber robado el banco.* They confessed to robbing the bank. **2** (*cura*) to hear (*sb's*) confession: *Los domingos no confiesan.* They don't hear confessions on Sundays. ◊ *¿Quién te confiesa?* Who is your confessor? ◆ **confesarse** *v pron* **1** (*Relig*) **(a)** (*gen*) to go to confession **(b) confesarse de** to confess *sth*, to confess (**to doing sth**) **2** (*declararse*): *Se confesaron autores/culpables del crimen.* They confessed they had committed the crime. LOC **confesar la verdad** to tell the truth

confesión *nf* confession

confesonario (*tb* **confesionario**) *nm* confessional

confesor *nm* confessor

confeti *nm* confetti

confianza *nf* **1** ~ (**en**) confidence (**in** *sth/sb*): *No tienen mucha ~ en él.* They don't have much confidence in him. **2** (*naturalidad, amistad*): *tratar a algn con* ~ to treat sb in a friendly way ◊ *Te lo puedo decir porque tenemos* ~. I can tell you because we're friends. LOC **confianza en uno mismo** self-confidence: *No tengo ~ en mí mismo.* I don't have much self-confidence. **de confianza** trustworthy: *un empleado de* ~ a trustworthy employee **en confianza** in confidence *Ver tb* DIGNO

confiar ◆ *vi* ~ **en 1** (*fiarse*) to trust *sth/sb* [*vt*]: *Confía en mí.* Trust me. ◊ *No confío en los bancos.* I don't trust banks. **2** (*esperar*) to hope: *Confío en que no llueva.* I'm hoping it won't rain. ◊ *Confío en que lleguen a tiempo.* I'm hoping they'll arrive on time. ◆ *vt* to entrust *sth/sb* **with sth**: *Sé que puedo ~le la organización de la fiesta.* I know I can entrust him with the arrangements for the party. ◆ **confiarse** *v pron* to be overconfident

confidencial *adj* confidential

confirmar *vt* to confirm

confitería *nf* **1** (*tienda*) cake shop **2** (*ramo comercial*) confectionery

confitura *nf* preserve

conflicto *nm* conflict: *un* ~ *entre las dos potencias* a conflict between the two powers LOC **conflicto de intereses** clash of interests

conformarse *v pron* **1** ~ (**con**) (*gen*) to be happy (**with** *sth/doing sth*): *Me conformo con un aprobado.* I'll be happy with a pass. ◊ *Se conforman con poco.* They're easily pleased. **2** (*resignarse*): *No me gusta, pero tendré que confor-*

marme. I don't like it, but I'll have to get used to the idea.

conforme ◆ *conj* as: *Se sentaban ~ iban entrando.* They sat down as they arrived. ◆ *adj* LOC **estar conforme** (**con**) **1** (*de acuerdo*) to agree (**with** *sth*): *Estoy ~ con las condiciones del contrato.* I agree to the terms of the contract. **2** (*contento*) to be satisfied (**with** *sth/sb*)

conformista *adj, nmf* conformist

confundir ◆ *vt* **1** (*mezclar*) to mix *sth* up: *La bibliotecaria ha confundido todos los libros.* The librarian has mixed up all the books. ◊ *Sepáralos, no los confundas.* Separate them, don't mix them up. **2** (*dejar perplejo*) to confuse: *No me confundas.* Don't confuse me. **3** (*equivocar*) to mistake *sth/sb* **for sth/sb**: *Creo que me ha confundido con otra persona.* I think you've mistaken me for somebody else. ◊ ~ *la sal con el azúcar* to mistake the salt for the sugar ◆ **confundirse** *v pron* **confundirse (de)** (*equivocarse*): *~se de puerta* to knock/ring at the wrong door ◊ *Se ha confundido de número.* You've got the wrong number. ◊ *Todo el mundo se puede* ~. We all make mistakes.

confusión *nf* **1** (*falta de claridad*) confusion: *crear* ~ to cause confusion **2** (*equivocación*) mistake: *Debe de haber sido una* ~. It must have been a mistake.

confuso, -a *adj* **1** (*poco claro*) confusing: *Sus indicaciones eran muy confusas.* His directions were very confusing. **2** (*desconcertado*) confused ☞ *Ver nota en* BE

congelador *nm* freezer

congelar ◆ *vt* to freeze ◆ **congelarse** *v pron* **1** (*helarse*) to freeze (over): *El lago se ha congelado.* The lake has frozen over. **2** (*tener frío*) to be freezing: *Me estoy congelando.* I'm freezing. **3** (*Med*) to get frostbite

congénito, -a *adj* congenital

congestionado, -a *pp, adj* **1** (*calles*) congested: *Las calles están congestionadas por el tráfico.* The streets are congested with traffic. **2** (*nariz*) blocked (up): *Todavía tengo la nariz muy congestionada.* My nose is still blocked (up). **3** (*cara*) flushed *Ver tb* CONGESTIONAR

congestionar ◆ *vt*: *El accidente congestionó el tráfico.* The accident caused traffic congestion. ◆ **congestionarse** *v pron* (*enrojecer*) to go red in the face

congreso *nm* congress LOC **Congreso de los Diputados** Congress ≃ Parliament (*GB*)

cónico, -a *adj* conical

conífera *nf* conifer

conjugar *vt* to conjugate

conjunción *nf* conjunction

conjuntivitis *nf* conjunctivitis [*incontable*]

conjunto *nm* **1** (*de objetos, obras*) collection **2** (*totalidad*) whole: *el ~ de la industria alemana* German industry as a whole **3** (*musical*) group **4** (*ropa*) outfit **5** (*Mat*) set LOC **hacer conjunto con** to match *sth*: *Esa falda hace ~ con la chaqueta.* That skirt matches the jacket.

conjuro *nm* spell

conmigo *pron pers* with me: *Ven ~.* Come with me. ◊ *No quiere hablar ~.* He won't speak to me. LOC **conmigo mismo** with myself: *Estoy contenta ~ misma.* I'm feeling very pleased with myself.

conmoción *nf* shock LOC **conmoción cerebral** concussion

conmovedor, ~a *adj* moving

conmover *vt* to move

cono *nm* cone

conocer *vt* **1** (*gen*) to know: *Les conozco de la universidad.* I know them from university. ◊ *Conozco muy bien París.* I know Paris very well. **2** (*a una persona por primera vez*) to meet: *Les conocí durante las vacaciones.* I met them on holiday. **3** (*saber de la existencia*) to know **of** *sth/sb*: *¿Conoces un buen hotel?* Do you know of a good hotel? LOC **conocer algo como la palma de la mano** to know sth like the back of your hand **conocer de vista** to know *sb* by sight **se conoce que...** it seems (that)... *Ver tb* ENCANTADO

conocido, -a ♦ *pp, adj* (*famoso*) well known ☛ *Ver nota en* WELL BEHAVED ♦ *nm-nf* acquaintance *Ver tb* CONOCER

conocimiento *nm* knowledge [*incontable*]: *Pusieron a prueba sus ~s.* They put their knowledge to the test. LOC **perder/recobrar el conocimiento** to lose/regain consciousness **sin conocimiento** unconscious

conque *conj* so: *Es tarde, ~ acelera.* It's late, so hurry up.

conquista *nf* conquest

conquistador, ~a ♦ *adj* conquering ♦ *nm-nf* **1** (*gen*) conqueror: *Guillermo el Conquistador* William the Conqueror **2** (*América*) conquistador [*pl* conquistadors/conquistadores]

conquistar *vt* **1** (*Mil*) to conquer **2** (*enamorar*) to win *sb's* heart

consagrar *vt* **1** (*Relig*) to consecrate **2** (*dedicar*) to devote *sth* (**to** *sth*): *Consagraron su vida al deporte.* They devoted their lives to sport. **3** (*lograr fama*) to establish *sth/sb* (**as** *sth*): *La exposición lo consagró como pintor.* The exhibition established him as a painter.

consciente *adj* **1** ~ (**de**) aware (**of** *sth*) **2** (*Med*) conscious

consecuencia *nf* **1** (*secuela*) consequence: *pagar las ~s* to suffer the consequences **2** (*resultado*) result: *como ~ de algo* as a result of sth

conseguir *vt* **1** (*obtener*) to get: ~ *un visado* to get a visa ◊ ~ *que algn haga algo* to get sb to do sth **2** (*lograr*) to achieve: *para ~ nuestros objetivos* to achieve our aims **3** (*ganar*) to win: ~ *una medalla* to win a medal

consejo *nm* **1** (*recomendación*) advice [*incontable*]

Hay algunas palabras en español, como consejo, noticia, etc., que tienen una traducción incontable al inglés (**advice, news**, etc.). Existen dos formas de utilizar estas palabras. "Un consejo/una noticia" se dice **some advice/news** o **a piece of advice/news**: *Te voy a dar un consejo.* I'm going to give you some advice/a piece of advice. ◊ *Tengo una buena noticia que darte.* I've got some good news/a piece of good news for you. Si se utiliza el plural (*consejos, noticias,* etc.) se traduce por el sustantivo incontable correspondiente (**advice, news,** etc.): *No seguí sus consejos.* I didn't follow her advice. ◊ *Tengo buenas noticias.* I've got some good news.

2 (*organismo*) council LOC **consejo de administración** board of directors **el consejo de ministros** the Cabinet [*v sing o pl*]

consentimiento *nm* consent

consentir *vt* **1** (*tolerar*) to allow: *No consentiré que me trates así.* I won't allow you to treat me like this. ◊ *No se lo consientas.* Don't let him get away with it. **2** (*mimar*) to spoil: *Sus padres le consienten demasiado.* His parents really spoil him.

conserje *nmf* **1** (*gen*) porter **2** (*escuela, instituto*) caretaker **3** (*hotel*) receptionist

conserjería *nf* **1** (*gen*) porter's lodge **2** (*escuela, instituto*) caretaker's lodge **3** (*hotel*) reception

conserva *nf* **1** (*en lata*) tinned food: *tomates en* ~ tinned tomatoes **2** (*en cristal*) bottled food

conservador ~a *adj, nm-nf* conservative

conservante *nm* preservative

conservar *vt* **1** (*comida*) to preserve **2** (*cosas*) to keep: *Aún conservo sus cartas.* I've still got his letters. **3** (*calor*) to retain

conservatorio *nm* school of music

consideración *nf* **1** (*reflexión, cuidado*) consideration: *tomar algo en* ~ to take sth into consideration **2** ~ (*por/hacia*) (*respeto*) respect (**for** *sb*) LOC **con/sin consideración** considerately/inconsiderately

considerado -a *pp, adj* (*respetuoso*) considerate LOC **bien/mal considerado**: *un médico bien* ~ a highly regarded doctor ◊ *El apostar está mal* ~ *en este país.* Betting is frowned on in this country. *Ver tb* CONSIDERAR

considerar *vt* **1** (*sopesar*) to weigh *sth* up, to consider (*más formal*): ~ *los pros y los contras* to weigh up the pros and cons **2** (*ver, apreciar*) to regard *sth/sb* (**as** *sth*): *La considero nuestra mejor jugadora.* I regard her as our best player.

consigna *nf* (*para equipaje*) left luggage office

consigo *pron pers* **1** (*él, ella*) with him/her **2** (*usted, ustedes*) with you **3** (*ellos, ellas*) with them LOC **consigo mismo** with himself, herself, etc.

consistir *vi* **1** ~ **en algo/hacer algo** to entail *sth/doing sth*; to consist **in** *sth/doing sth* (*más formal*): *Mi trabajo consiste en atender al público.* My work entails dealing with the public. **2** ~ **en algo** (*constar de*) to consist **of** *sth*: *El menú consiste en un plato principal, postre, pan y vino.* The set menu consists of a main course, dessert, bread and wine.

consola *nf* (*Informát*) console

consolación *nf* consolation: *premio de* ~ consolation prize

consolar *vt* to console: *Traté de* ~*le por la pérdida de su madre.* I tried to console him for the loss of his mother.

consonante *nf* consonant

conspiración *nf* conspiracy [*pl* conspiracies]

constancia *nf* (*perseverancia*) perseverance

constante *adj* **1** (*continuo*) constant **2** (*perseverante*) hard-working: *Mi hijo es muy* ~ *en sus estudios.* My son works very hard.

constar *vi* **1** (*ser cierto*) to be sure (**of** *sth/that...*): *Me consta que ellos no lo hicieron.* I'm sure they didn't do it. **2** ~ **de** to consist **of** *sth*: *La obra consta de tres actos.* The play consists of three acts.

constelación *nf* constellation

constipado -a ◆ *pp, adj*: *Estoy* ~. I've got a cold. ◆ *nm* cold: *pillar un* ~ to catch a cold
La palabra **constipated** no significa constipado, sino *estreñido*.

constitución *nf* constitution LOC *Ver* HIERRO

constitucional *adj* constitutional

constituir *vt* to be, to constitute (*más formal*): *Puede* ~ *un riesgo para la salud.* It may be a health hazard.

construcción *nf* building, construction (*más formal*): *en* ~ under construction ◊ *Trabajan en la* ~. They're builders.

constructor ~a *nm-nf* builder

construir *vt, vi* to build: ~ *un futuro mejor* to build a better future ◊ *No han empezado a* ~ *todavía.* They haven't started building yet.

consuelo *nm* consolation: *Es un* ~ *saber que no soy el único.* It is some consolation to know that I am not the only one. ◊ *buscar* ~ *en algo* to seek consolation in sth

cónsul *nmf* consul

consulado *nm* consulate

consulta *nf* **1** (*pregunta*) question: *¿Le puedo hacer una* ~? Could I ask you something? **2** (*Med*) surgery [*pl* surgeries]: *La doctora tiene* ~ *hoy.* The doctor has a surgery today. LOC **de consulta** reference: *libros de* ~ reference books

consultar *vt* **1** (*gen*) to consult *sth/sb* (**about** *sth*): *Nos han consultado sobre ese tema.* They've consulted us about this matter. **2** (*palabra, dato*) to look *sth* up: *Consúltalo en el diccionario.* Look it up in the dictionary. LOC **consultar algo con la almohada** to sleep on sth

consultorio *nm* LOC **consultorio sentimental 1** (*Period*) problem page **2** (*Radio*) advice programme

consumición *nf* (*bebida*) drink: *una entrada con derecho a* ~ a ticket entitling you to a drink

consumidor, -a ◆ *adj* consuming: *países ~es de petróleo* oil-consuming countries ◆ *nm-nf* consumer

consumir *vt* **1** (*gen*) to consume: *un país que consume más de lo que produce* a country which consumes more than it produces **2** (*energía*) to use: *Este radiador consume mucha luz.* This radiator uses a lot of electricity. LOC **consumir preferentemente antes de...** best before...

consumo *nm* consumption LOC *Ver* BIEN³

contabilidad *nf* **1** (*cuentas*) accounts [*pl*]: *la ~ de una empresa* a firm's accounts **2** (*profesión*) accountancy LOC **llevar la contabilidad** to do the accounts

contable *nmf* accountant

contactar *vi* ~ **con** to contact sb [*vt*]: *Intenté ~ con mi familia.* I tried to contact my family.

contacto *nm* contact LOC **mantenerse/ponerse en contacto con algn** to keep/get in touch with sb **poner a algn en contacto con algn** to put sb in touch with sb *Ver tb* LLAVE

contado LOC **al contado** cash: *pagar algo al ~* to pay cash for sth

contador *nm* meter: *el ~ del gas* the gas meter

contagiar ◆ *vt* to give sth **to** sb: *Le contagió la varicela.* He gave her chickenpox. ◆ **contagiarse** *v pron* to be contagious

contagioso, -a *adj* contagious

contaminación *nf* **1** (*gen*) pollution: *~ atmosférica/acústica* atmospheric/noise pollution **2** (*radiactiva, alimenticia*) contamination

contaminar *vt* **1** (*gen*) to pollute: *Los vertidos de la fábrica contaminan el río.* Waste from the factory is polluting the river. **2** (*radiactividad, alimentos*) to contaminate

contante *adj* LOC *Ver* DINERO

contar ◆ *vt* **1** (*enumerar, calcular*) to count: *Contó el número de viajeros.* He counted the number of passengers. **2** (*explicar*) to tell: *Nos contaron un cuento.* They told us a story. ◊ *Cuéntame lo de ayer.* Tell me about what happened yesterday. ◆ *vi* **1** (*gen*) to count: *Cuenta hasta diez.* Count to ten. **2** ~ **con** (*confiar*) to count **on** sth/sb: *Cuento con ellos.* I'm counting on them. LOC **¿qué te cuentas?** how are things? *Ver tb* LARGO

contemplar *vt* to contemplate: *~ un cuadro/una posibilidad* to contemplate a painting/possibility

contemporáneo, -a *adj, nm-nf* contemporary [*pl* contemporaries]

contenedor *nm* **1** (*de basura*) bin ☛ *Ver dibujo en* BIN **2** (*de mercancías*) container

contener *vt* **1** (*gen*) to contain: *Este texto contiene algunos errores.* This text contains a few mistakes. **2** (*aguantarse*) to hold sth back: *El niño no podía ~ el llanto.* The little boy couldn't hold back his tears.

contenido *nm* contents [*pl*]: *el ~ de un frasco* the contents of a bottle

contentarse *v pron* ~ **con** to be satisfied **with** sth: *Se contenta con poco.* He's easily pleased.

contento, -a *adj* **1** (*feliz*) happy **2** ~ (**con/de**) (*satisfecho*) pleased (**with** sth/sb): *Estamos ~s con el nuevo profesor.* We're pleased with the new teacher. LOC *Ver* CABER

contestación *nf* reply [*pl* replies]: *Espero ~.* I await your reply.

contestador *nm* LOC **contestador (automático)** answering machine

contestar ◆ *vt* ~ (**a**) to answer sth, to reply **to** sth (*más formal*): *Nunca contestan a mis cartas.* They never answer my letters. ◆ *vi* **1** (*dar una respuesta*) to answer, to reply (*más formal*) **2** (*replicar*) to answer back: *¡No me contestes!* Don't answer (me) back!

contigo *pron pers* with you: *Se fue ~.* He left with you. ◊ *Quiero hablar ~.* I want to talk to you. LOC **contigo mismo** with yourself

continente *nm* continent

continuación *nf* continuation LOC **a continuación** (*ahora*) next: *Y a ~ les ofrecemos una película de terror.* And next we have a horror film.

continuar *vi* **1** (*gen*) to go on (**with** sth/doing sth), to continue (**with** sth/to do sth) (*más formal*): *Continuaremos apoyándote.* We shall go on supporting you. **2** (*estar todavía*) to be still...: *Continúa haciendo mucho calor.* It's still very hot. LOC **continuará...** to be continued...

contorno *nm* **1** (*perfil*) outline **2** (*medida*) measurement: *~ de cintura* waist measurement

contra *prep* **1** (*gen*) against: *la lucha contra el crimen* the fight against crime ◊ *Ponte contra la pared.* Stand against the wall. **2** (*con verbos como lanzar, dis-*

parar, tirar) at: *Lanzaron piedras contra las ventanas*. They threw stones at the windows. **3** (*con verbos como chocar, arremeter*) into: *Mi vehículo chocó contra el muro*. My car crashed into the wall. **4** (*golpe, ataque*) on: *un atentado contra su vida* an attempt on his life ◊ *Se dio un buen golpe contra el asfalto*. She fell on the concrete. **5** (*resultado*) to: *Ganaron por once votos contra seis*. They won by eleven votes to six. **6** (*tratamiento, vacuna*) for: *una cura contra el cáncer* a cure for cancer **7** (*enfrentamiento*) versus (*abrev* v, vs): *el Madrid contra el Barcelona* Real Madrid v Barcelona LOC **en contra (de)** against (*sth/sb*): *¿Estás a favor o en contra?* Are you for or against? ◊ *en contra de su voluntad* against their will *Ver tb* PRO²

contraatacar *vi* to fight back

contraataque *nm* counter-attack

contrabajo *nm* (*instrumento*) double bass

contrabandista *nmf* smuggler LOC **contrabandista de armas** gunrunner

contrabando *nm* **1** (*actividad*) smuggling **2** (*mercancía*) contraband LOC **contrabando de armas** gunrunning **pasar algo de contrabando** to smuggle sth in

contradecir *vt* to contradict

contradicción *nf* contradiction

contradictorio, -a *adj* contradictory

contraer ◆ *vt* **1** (*gen*) to contract: *~ un músculo* to contract a muscle ◊ *~ deudas/la malaria* to contract debts/ malaria **2** (*compromisos, obligaciones*) to take *sth* on ◆ **contraerse** *v pron* (*materiales, músculos*) to contract LOC **contraer matrimonio** to get married (*to sb*)

contraluz *nm o nf* LOC **a contraluz** against the light

contrapeso *nm* counterweight

contrapié LOC **a contrapié** on the wrong foot

contraportada *nf* **1** (*libro*) back cover **2** (*revista, periódico*) back page

contrariedad *nf* setback

contrario, -a ◆ *adj* **1** (*equipo, opinión, teoría*) opposing **2** (*dirección, lado*) opposite **3** ~ (**a**) (*persona*) opposed (**to** *sth*) ◆ *nm-nf* opponent LOC **al/por el contrario** on the contrary **de lo contrario** otherwise **llevar la contraria** to disagree: *Les gusta llevar siempre la contraria*. They always like to disagree. **(todo) lo contrario** (quite) the opposite:

Sus profesores opinan lo ~. His teachers think the opposite. *Ver tb* CAMPO

contrarreloj ◆ *adj* timed: *una carrera ~* a time trial ◆ *nf* (*Dep*) time trial LOC **a contrarreloj** against the clock

contraseña *nf* password ☛ *Ver nota en* ORDENADOR

contrastar *vt, vi ~* (**con**) to contrast (*sth*) (**with** *sth*): *~ unos resultados con otros* to contrast one set of results with another

contraste *nm* contrast

contratar *vt* **1** (*gen*) to take *sb* on, to contract (*más formal*) **2** (*deportista, artista*) to sign

contratiempo *nm* **1** (*problema*) setback **2** (*accidente*) mishap

contrato *nm* contract

contraventana *nf* shutter

contribuir *vi* **1** (*gen*) to contribute (*sth*) (**to/towards** *sth*): *Contribuyeron con una generosa cantidad de dinero a la construcción del hospital*. They contributed a large amount towards the construction of the hospital. **2** ~ **a hacer algo** to help to do sth: *Contribuirá a mejorar la imagen del colegio*. It will help (to) improve the school's image.

contribuyente *nmf* taxpayer

contrincante *nmf* rival

control *nm* **1** (*gen*) control: *~ de natalidad* birth control ◊ *perder el ~* to lose control **2** (*de policía*) checkpoint LOC **estar bajo/fuera de control** to be under/out of control *Ver tb* ANTIDOPING

controlar *vt* to control: *~ a la gente/una situación* to control people/a situation

convalidar *vt* to recognize: *~ un título* to have a degree recognized

convencer ◆ *vt* **1** (*gen*) to convince *sb* (**of** *sth/to do sth/that...*): *Nos convencieron de que estaba bien*. They convinced us that it was right. **2** (*persuadir*) to persuade *sb* (**to do** *sth*): *A ver si le convences para que venga*. See if you can persuade him to come. ◆ *vi* to be convincing ◆ **convencerse** *v pron* **convencerse de** to get *sth* into your head: *Tienes que ~te de que se acabó*. You must get it into your head that it's over.

conveniente *adj* convenient: *una hora/un lugar ~* a convenient time/ place LOC **ser conveniente** to be a good idea (*to do sth*): *Creo que es ~ que salgamos de madrugada*. I think it's a good idea to leave early.

convenio *nm* agreement

convenir ◆ *vi* **1** (*ser conveniente*) to suit *sb* [*vt*]: *Haz lo que más te convenga.* Do whatever suits you best. **2** (*ser aconsejable*): *No te conviene trabajar tanto.* You shouldn't work so hard. ◊ *Convendría repasarlo.* We should go over it again. ◆ *vt, vi* ~ (**en**) to agree (**on** *sth/ to do sth*): *Hay que* ~ *la fecha de la reunión.* We must agree on a date for the meeting.

convento *nm* **1** (*de monjas*) convent **2** (*de monjes*) monastery [*pl* monasteries]

conversación *nf* conversation: *un tema de* ~ a topic of conversation

conversar *vi* to talk (**to/with** *sb*) (**about** *sth/sb*): *Conversamos sobre temas de actualidad.* We talked about current affairs.

convertir ◆ *vt* **1** (*gen*) to turn *sth/sb* **into** *sth*: *Convirtieron su casa en museo.* His house was turned into a museum. **2** (*Relig*) to convert *sb* (**to** *sth*) ◆ convertirse *v pron* **1** convertirse en (*llegar a ser*) to become **2** convertirse en (*transformarse*) to turn into *sth*: *El príncipe se convirtió en rana.* The prince turned into a frog. **3** convertirse (a) (*Relig*) to convert (**to** *sth*): *Se han convertido al islam.* They have converted to Islam. LOC **convertirse en realidad** to come true

convexo, -a *adj* convex

convivir *vi* to live together, to live with *sb*: *Convivieron antes de casarse.* They lived together before they got married. ◊ *Conviví con ella.* I lived with her.

convocar *vt* **1** (*huelga, elecciones, reunión*) to call: ~ *una huelga general* to call a general strike **2** (*citar*) to summon: ~ *a los líderes a una reunión* to summon the leaders to a meeting

convocatoria *nf* **1** (*huelga, elecciones*) call: *una* ~ *de huelga/elecciones* a strike call/a call for elections **2** (*Educ*): *Aprobé en la* ~ *de junio.* I passed in June. ◊ *Lo intentaré otra vez en la* ~ *de septiembre.* I'll try again in the September resits.

coñac *nm* brandy [*pl* brandies]

coñazo *nm* **1** (*persona*) pain: *¡Qué* ~ *de tío!* What a pain that guy is! **2** (*cosa*): *¡Qué* ~*!* How boring! LOC **dar el coñazo** to pester *sb*, to bug *sb* (*coloq*)

cooperar *vi* ~ (**con**) (**en**) to cooperate (**with** *sb*) (**on** *sth*): *Se negó a* ~ *con ellos en el proyecto.* He refused to cooperate with them on the project.

coordenada *nf* LOC *Ver* EJE

coordinar *vt* to coordinate

copa *nf* **1** (*vaso*) (wine) glass ☞ *Ver dibujo en* TAZA **2** (*bebida*) drink: *tomarse unas* ~*s* to have a few drinks **3** (*árbol*) top **4** **Copa** (*Dep*) Cup: *la Copa de Europa* the European Cup **5 copas** (*Naipes*) ☞ *Ver nota en* BARAJA LOC **salir de copas** to go (out) for a drink *Ver tb* SOMBRERO

copia *nf* copy [*pl* copies]: *hacer/sacar una* ~ to make a copy LOC **copia de seguridad** (*Informát*) back-up (copy) [*pl* back-ups/back-up copies]: *hacer/crear una* ~ *de seguridad* to make a back-up copy

copiar ◆ *vt, vi* to copy: *¿Has copiado este cuadro del original?* Did you copy this painting from the original? ◊ *Se lo copié a Luis.* I copied it from Luis. ◆ *vt* (*escribir*) to copy *sth* down: *Copiaban lo que el profesor iba diciendo.* They copied down what the teacher said.

copiloto *nmf* **1** (*avión*) co-pilot **2** (*automóvil*) co-driver

copión, -ona *nm-nf* copycat

copo *nm* flake: ~*s de nieve* snowflakes

coquetear *vi* to flirt (**with** *sb*)

coqueto, -a ◆ *adj* (*que coquetea*) flirtatious ◆ *nm-nf* flirt: *Es un* ~. He's a flirt.

coral¹ *nm* (*Zool*) coral

coral² *nf* (*coro*) choir

corazón *nm* **1** (*gen*) heart: *en pleno* ~ *de la ciudad* in the very heart of the city ◊ *en el fondo de su* ~ deep down **2** (*fruta*) core: *Pelar y quitar el* ~. Peel and remove the core. **3** (*dedo*) middle finger **4 corazones** (*Naipes*) hearts ☞ *Ver nota en* BARAJA LOC **de todo corazón** from the heart: *Lo digo de todo* ~. I'm speaking from the heart. **revistas/prensa del corazón** gossip magazines [*pl*] **tener buen corazón** to be kind-hearted

corbata *nf* tie: *Todo el mundo iba con* ~. They were all wearing ties.

corchea *nf* (*Mús*) quaver

corcho *nm* **1** (*gen*) cork **2** (*pesca*) float

cordel *nm* string ☞ *Ver dibujo en* CUERDA

cordero, -a *nm-nf* (*animal, carne*) lamb: ~ *asado* roast lamb ☞ *Ver nota en* CARNE

cordillera *nf* mountain range: *la* ~ *Cantábrica* the Cantabrian mountains

cordón *nm* **1** (*cuerda*) cord **2** (*zapato*) (shoe)lace: *atarse los cordones de los zapatos* to do your shoelaces up **3** (*electricidad*) lead LOC **cordón policial** police cordon **cordón umbilical** umbilical cord

córnea *nf* cornea

córner *nm* corner

corneta *nf* bugle

coro *nm* (*Arquit, coral*) choir

corona *nf* **1** (*de un rey, la monarquía, diente, moneda*) crown **2** (*de flores, adorno de Navidad*) wreath

coronación *nf* (*de un rey*) coronation

coronar *vt* to crown: *Le coronaron rey.* He was crowned king.

coronel *nmf* colonel

coronilla *nf* **1** (*gen*) crown **2** (*calva*) bald patch LOC **andar/ir de coronilla** to be rushed off your feet **estar hasta la coronilla** to be sick to death *of sth/sb/doing sth*

corporal *adj* **1** (*gen*) body [*n atrib*]: *lenguaje/temperatura* ~ body language/temperature **2** (*necesidades, funciones, contacto*) bodily: *las necesidades ~es* bodily needs

corpulento, -a *adj* hefty

corral *nm* farmyard

correa *nf* **1** (*gen*) strap: ~ *del reloj* watch strap **2** (*para perro*) lead

corrección *nf* correction: *hacer correcciones en un texto* to make corrections to a text

correcto, -a *adj* **1** (*gen*) correct: *el resultado* ~ the correct result **2** polite: *Tu abuelo es muy* ~. Your grandfather is very polite.

corrector *nm* LOC **corrector ortográfico** spellchecker

corredizo, -a *adj* LOC *Ver* NUDO, PUERTA

corredor, ~a *nm-nf* **1** (*atleta*) runner **2** (*ciclista*) cyclist

corregir *vt* to correct: ~ *exámenes* to correct exams ◊ *Corrígeme si lo digo mal.* Correct me if I get it wrong.

correo *nm* **1** (*gen*) post: *Me llegó en el* ~ *del jueves.* It came in Thursday's post. ◊ *votar por* ~ to vote by post ☛ *Ver nota en* MAIL **2 correos** post office: *¿Dónde está* ~*s?* Where's the post office? ☛ *Ver nota en* ESTANCO LOC **correo aéreo** airmail **correo electrónico** e-mail ☛ *Ver nota en* E-MAIL **de correos** postal: *huelga/servicio de* ~*s* postal strike/service **echar algo al correo** to post sth **enviar/mandar algo por correo electrónico** to e-mail sth: *Te mando los detalles por* ~ *electrónico.* I'll e-mail you the details. *Ver tb* APARTADO, TREN, VOTAR

correr ◆ *vi* **1** (*gen*) to run: *Corrían por el patio.* They were running round the playground. ◊ *Salí corriendo detrás de él.* I ran out after him. ◊ *Cuando me vio echó a* ~. He ran off when he saw me. **2** (*darse prisa*) to hurry: *No corras, aún tienes tiempo.* There's no need to hurry, you've still got time. ◊ *¡Corre!* Hurry up! **3** (*automóvil*) to go fast: *Su moto corre mucho.* His motorbike goes very fast. **4** (*conducir deprisa*) to drive fast **5** (*líquidos*) to flow ◆ *vt* **1** (*mover*) to move *sth* (*along/down/over/up*): *Corre un poco la silla.* Move your chair over a bit. **2** (*cortina*) to draw **3** (*Dep*) to compete in *sth*: ~ *los 100 metros lisos* to compete in the 100 metres ◆ **correrse** *v pron* **1** (*moverse una persona*) to move up/over **2** (*tinta, maquillaje*) to run LOC **correr como un galgo** to run like the wind **corre la voz de que...** there's a rumour going round (*that...*)

correspondencia *nf* **1** (*correo*) correspondence **2** (*relación*) relation

corresponder *vi* **1** (*tener derecho*) to be entitled **to** *sth*: *Te corresponde lo mismo que a los demás.* You're entitled to the same as the rest. **2** (*pertenecer, ser adecuado*): *Pon una cruz donde corresponda.* Tick as appropriate. ◊ *Ese texto corresponde a otra foto.* That text goes with another photo.

correspondiente *adj* **1** ~ (**a**) (*gen*) corresponding (**to**) *sth*): *¿Cuál es la expresión* ~ *en chino?* What's the corresponding expression in Chinese? ◊ *las palabras* ~*s a las definiciones* the words corresponding to the definitions **2** (*propio*) own: *Cada estudiante tendrá su título* ~. Each student will have their own diploma. **3** (*adecuado*) relevant: *presentar la documentación* ~ to produce the relevant documents **4** ~ **a** for: *temas* ~*s al primer trimestre* subjects for the first term

corresponsal *nmf* correspondent

corrida *nf* LOC **corrida (de toros)** bullfight

corriente ◆ *adj* **1** (*normal*) ordinary: *gente* ~ ordinary people **2** (*común*) common: *un árbol muy* ~ a very common tree ◆ *nf* **1** (*agua, electricidad*) current: *Fueron arrastrados por la* ~. They were swept away by the current. **2** (*aire*) draught LOC **ponerse al corriente** to get up to date *Ver tb* AGUA, GENTE, NORMAL

corrimiento *nm* LOC **corrimiento de tierra(s)** landslide

corro *nm* **1** (*personas*) circle: *hacer (un)* ~ to form a circle **2** (*juego*) ring-a-ring a-roses

corroer(se) *vt, v pron* (*metales*) to corrode

corromper *vt* to corrupt

corrupción *nf* corruption

cortacésped *nm* lawnmower

cortado, -a ◆ *pp, adj* **1** (*cohibido*) embarrassed: *estar/quedarse* ~ to be embarrassed **2** (*tímido*) shy ◆ *nm* (*café*) espresso with a dash of milk *Ver tb* CORTAR

cortar ◆ *vt* **1** (*gen*) to cut: *Córtalo en cuatro trozos.* Cut it into four pieces. **2** (*agua, luz, parte del cuerpo, rama*) to cut *sth* off: *Han cortado el teléfono/gas.* The telephone/gas has been cut off. ◊ *La máquina le cortó un dedo.* The machine cut off one of his fingers. **3** (*con tijeras*) to cut *sth* out: *Corté los pantalones siguiendo el patrón.* I cut out the trousers following the pattern. **4** (*tráfico*) to stop **5** (*calle*) to close ◆ *vi* to cut: *Este cuchillo no corta.* This knife doesn't cut. ◊ *Ten cuidado que esas tijeras cortan mucho.* Be careful, those scissors are very sharp. ◆ **cortarse** *v pron* **1** (*herirse*) to cut: *Me corté la mano con los cristales.* I cut my hand on the glass. **2** (*leche, mahonesa*) to curdle **3** (*teléfono*): *Estábamos hablando y de repente se cortó.* We were talking when we were suddenly cut off. **4** (*turbarse*) to get embarrassed LOC **cortar el césped** to mow the lawn **cortarse el pelo 1** (*uno mismo*) to cut your hair **2** (*en la peluquería*) to have your hair cut **cortarse la coleta** (*jubilarse*) to retire

cortaúñas *nm* nail clippers [*pl*] ☞ *Ver nota en* PAIR

corte¹ *nm* cut: *Sufrió varios* ~*s en el brazo.* He got several cuts on his arm. ◊ *un* ~ *de luz* a power cut LOC **corte de digestión** pains in your stomach [*pl*]: *sufrir un* ~ *de digestión* to get pains in your stomach **corte de pelo** haircut **corte (y confección)** dressmaking **dar/pegar un corte 1** (*de palabra*) to put *sb* down **2** (*con un gesto*) to snub *sb* **¡qué corte!** how embarrassing!

corte² *nf* **1** (*realeza*) court **2 las Cortes** Parliament [*sing*]

cortesía *nf* courtesy [*pl* courtesies]: *por* ~ out of courtesy

corteza *nf* **1** (*árbol*) bark **2** (*pan*) crust **3** (*queso*) rind **4** (*fruta*) peel LOC **la corteza terrestre** the earth's crust

cortina *nf* curtain: *abrir/cerrar las* ~*s* to draw the curtains

corto, -a ◆ *adj* **1** (*gen*) short: *Ese pantalón te está* ~. Those trousers are too short for you. ◊ *una camisa de manga corta* a short-sleeved shirt **2** (*persona*) dim ◆ *nm* (*Cine*) short LOC **ni corto ni perezoso** without thinking twice **ser corto de vista** to be short-sighted *Ver tb* LUZ, PANTALÓN

cortocircuito *nm* short-circuit

cosa *nf* **1** (*gen*) thing: *Una* ~ *ha quedado clara…* One thing is clear… ◊ *Les van bien las* ~*s.* Things are going well for them. **2** (*algo*) something: *Te quería preguntar una* ~. I wanted to ask you something. **3** (*nada*) nothing, anything: *No hay* ~ *más impresionante que el mar.* There's nothing more impressive than the sea. ☞ *Ver nota en* NADA **4 cosas** (*asuntos*) affairs: *Quiero solucionar primero mis* ~*s.* I want to sort out my own affairs first. ◊ *Nunca habla de sus* ~*s.* He never talks about his personal life. LOC **¡cosas de la vida!** that's life! **entre una cosa y otra** what with one thing and another **¡lo que son las cosas!** would you believe it! **¡qué cosa más rara!** how odd! **ser cosa de algn**: *Esta broma es* ~ *de mi hermana.* This joke must be my sister's doing. **ser poca cosa 1** (*herida*) not to be serious **2** (*persona*) to be a poor little thing **ver cosa igual/semejante**: *¿Habráse visto* ~ *igual?* Did you ever see anything like it? *Ver tb* ALGUNO, CADA, CUALQUIERA, OTRO

cosecha *nf* **1** (*gen*) harvest: *Este año habrá buena* ~. There's going to be a good harvest this year. **2** (*vino*) vintage: *la* ~ *del 85* the 1985 vintage

cosechar *vt, vi* to harvest

coser *vt, vi* to sew: ~ *un botón* to sew a button on

cosmético, -a *adj, nm* cosmetic

cósmico, -a *adj* cosmic

cosmos *nm* cosmos

cosquillas *nf* LOC **hacer cosquillas** to tickle **tener cosquillas** to be ticklish: *Tengo muchas* ~ *en los pies.* My feet are very ticklish.

costa¹ *nf* coast: *Santander está en la* ~ *norte.* Santander is on the north coast.

costa² LOC **a costa de** at *sb's* expense: *a* ~ *nuestra* at our expense **a costa de lo que sea/a toda costa** at all costs *Ver tb* VIVIR

costado *nm* side: *Duermo de ~.* I sleep on my side.

costar *vi* **1** (*gen*) to cost: *El billete cuesta cinco dólares.* The ticket costs five dollars. ◊ *El accidente costó la vida a cien personas.* The accident cost the lives of a hundred people. **2** (*tiempo*) to take: *Leerme el libro me costó 'un mes.* It took me a month to read the book. **3** (*resultar difícil*) to find it hard (**to do sth**): *Me cuesta levantarme temprano.* I find it hard to get up early. LOC **costar mucho/poco 1** (*dinero*) to be expensive/cheap **2** (*esfuerzo*) to be hard/easy **costar un riñón/un ojo de la cara** to cost an arm and a leg **cueste lo que cueste** at all costs *Ver tb* CARO, CUÁNTO, TRABAJO

coste (*tb* costo) *nm* cost: *el ~ de la vida* the cost of living

costilla *nf* rib

costra *nf* scab

costumbre *nf* **1** (*de una persona*) habit: *Escuchamos la radio por ~.* We listen to the radio out of habit. **2** (*de un país*) custom: *Es una ~ española.* It's a Spanish custom. LOC **coger la costumbre** to get into the habit (*of doing sth*) **de costumbre** usual: *más simpático que de ~* nicer than usual *Ver tb* QUITAR

costura *nf* **1** (*labor*) sewing: *una caja de ~* a sewing box **2** (*puntadas*) seam: *Se ha descosido el abrigo por la ~.* The seam of this coat has come undone.

cotidiano, -a *adj* daily

cotilla *nmf* gossip

cotillear *vi* to gossip

cotilleo *nm* gossip [*incontable*]: *No quiero ~s en la oficina.* I don't want any gossip in the office. ◊ *¿Sabes el último ~?* Have you heard the latest gossip? ☛ *Ver nota en* CONSEJO

coto *nm* **1** (*vedado*) preserve: *~ de caza* game preserve **2** (*parque natural*) reserve

cotorra *nf* parrot

coyote *nm* coyote

coz *nf* kick: *dar/pegar coces* to kick

crack *nm* **1** (*droga*) crack (cocaine) **2** (*Dep*): *Es un ~ del baloncesto.* He's a brilliant basketball player.

cráneo *nm* skull, cranium [*pl* craniums/crania] (*científ*)

cráter *nm* crater

creación *nf* creation

creador, ~a *nm-nf* creator

crear ◆ *vt* **1** (*gen*) to create: *~ problemas* to create problems **2** (*empresa*) to set *sth* up ◆ **crearse** *v pron*: *~se enemigos* to make enemies

creatividad *nf* creativity

creativo, -a *adj* creative

crecer *vi* **1** (*gen*) to grow: *¡Cómo te ha crecido el pelo!* Hasn't your hair grown! **2** (*criarse*) to grow up: *Crecí en el campo.* I grew up in the country. **3** (*río*) to rise LOC **dejarse crecer el pelo, la barba, etc.** to grow your hair, a beard, etc.

creciente *adj* increasing LOC *Ver* CUARTO, LUNA

crecimiento *nm* growth

crédito *nm* **1** (*préstamo*) loan **2** (*forma de pago*) credit: *comprar algo a ~* to buy sth on credit

credo *nm* creed

crédulo, -a *adj* gullible

creencia *nf* belief [*pl* beliefs]

creer ◆ *vt, vi* **1** (*aceptar como verdad, tener fe*) to believe (**in sth/sb**): *~ en la justicia* to believe in justice ◊ *Nadie me creerá.* Nobody will believe me. **2** (*pensar*) to think: *Creen haber descubierto la verdad.* They think they've uncovered the truth. ◊ *¿Tú crees?* Do you think so? ◊ *—¿Lloverá mañana? —No creo.* 'Is it going to rain tomorrow?' 'I don't think so.' ◆ **creerse** *v pron* **1** (*gen*) to believe: *No me lo creo.* I don't believe it. **2** (*a uno mismo*) to think you are *sth/sb*: *Se cree muy listo.* He thinks he's very clever. ◊ *¿Qué se habrán creído?* Who do they think they are? LOC **creo que sí/no** I think so/I don't think so

creído, -a *pp, adj, nm-nf* (*engreído*) conceited [*adj*]: *ser un ~* to be conceited *Ver tb* CREER

crema *nf* **1** (*gen*) cream: *Date un poco de ~ en la espalda.* Put some cream on your back. ◊ *una bufanda color ~* a cream (coloured) scarf **2** (*pastelería*) confectioner's custard LOC **crema de afeitar** shaving cream *Ver tb* DESMAQUILLADOR, HIDRATANTE

cremallera *nf* zip: *No puedo subir la ~.* I can't do my zip up. ◊ *Bájame la ~ (del vestido).* Unzip my dress for me.

crematorio *nm* crematorium [*pl* crematoria/crematoriums]

crepe *nf* pancake ☛ *Ver nota en* MARTES

crepúsculo *nm* twilight

cresta *nf* **1** (*gallo*) comb **2** (*otras aves, montaña, ola*) crest

creyente *nmf* believer LOC **no creyente** non-believer

cría *nf* **1** (*animal recién nacido*) baby [*pl* babies]: *una ~ de conejo* a baby rabbit **2** (*crianza*) breeding: *la ~ de perros* dog breeding

criadero *nm* farm LOC **criadero de perros** kennels [*pl*]

criado, -a *nm-nf* servant

criar ◆ *vt* **1** (*amamantar*) **(a)** (*persona*) to feed **(b)** (*animal*) to suckle **2** (*educar*) to bring *sb* up **3** (*ganado*) to rear **◆ criarse** *v pron* to grow up: *Se criaron en la ciudad.* They grew up in the city. LOC *Ver* MOHO

crimen *nm* **1** (*gen*) crime: *cometer un ~* to commit a crime **2** (*asesinato*) murder

criminal *adj, nmf* criminal

crin *nf* **crines** mane [*sing*]

crío, -a *nm-nf* **1** (*bebé*) baby [*pl* babies] **2** (*joven*) boy [*fem* girl], kid (*coloq*): *Son unos ~s muy majos.* They're lovely kids.

crisis *nf* crisis [*pl* crises]

crisma¹ (*tb* **crismas**) *nm* (*tarjeta de Navidad*) Christmas card

crisma² *nf* (*cabeza*) LOC *Ver* ROMPER

cristal *nm* **1** (*gen*) glass [*incontable*]: *Me corté con un ~ roto.* I cut myself on a piece of broken glass. **2** (*vidrio fino, mineral*) crystal: *una licorera de ~* a crystal decanter **3** (*lámina*) pane: *el ~ de la ventana* the window pane

cristalero, -a *nm-nf* glazier

cristalino, -a *adj* (*agua*) crystal clear

cristianismo *nm* Christianity

cristiano, -a *adj, nmf* Christian

Cristo *n pr* Christ LOC **antes/después de Cristo** BC/AD **hecho un Cristo** a mess: *Tienes la cara hecha un ~.* Your face is a mess.

criterio *nm* **1** (*principio*) criterion [*pl* criteria] [*se usa mucho en plural*] **2** (*capacidad de juzgar, Jur*) judgement: *tener buen ~* to have sound judgement **3** (*opinión*) opinion: *según nuestro ~* in our opinion

crítica *nf* **1** (*gen*) criticism: *Estoy harta de tus ~s.* I'm fed up of your criticisms. **2** (*en un periódico*) review, write-up (*más coloq*): *La obra ha tenido una ~ excelente.* The play got an excellent write-up. **3** (*conjunto de críticos*) critics [*pl*]: *bien acogida por la ~* well received by the critics

criticar *vt, vi* to criticize

crítico, -a ◆ *adj* critical **◆** *nm-nf* critic

crol *nm* crawl LOC *Ver* NADAR

cromo *nm* **1** (*de colección*) picture card **2** (*Quím*) chromium

crónico, -a *adj* chronic

cronológico, -a *adj* chronological

cronometrar *vt* to time

cronómetro *nm* (*Dep*) stopwatch

croqueta *nf* croquette

cross *nm* cross-country race: *participar en un ~* to take part in a cross-country race

cruasán *nm* croissant ☞ *Ver dibujo en* PAN

cruce *nm* **1** (*de carreteras*) junction: *Al llegar al ~, gira a la derecha.* Turn right at the junction. **2** (*para peatones*) pedestrian crossing **3** (*híbrido*) cross: *un ~ de bóxer y doberman* a cross between a boxer and a Dobermann LOC *Ver* LUZ

crucero *nm* (*viaje*) cruise: *hacer un ~* to go on a cruise

crucificar *vt* to crucify

crucifijo *nm* crucifix

crucigrama *nm* crossword: *hacer un ~* to do a crossword

crudo, -a ◆ *adj* **1** (*sin cocinar*) raw **2** (*poco hecho*) underdone **3** (*clima, realidad*) harsh **4** (*ofensivo*) shocking: *unas escenas crudas* some shocking scenes **◆** *nm* crude oil

cruel *adj* cruel

crueldad *nf* cruelty [*pl* cruelties]

crujido *nm* **1** (*hojas secas, papel*) rustle **2** (*madera, huesos*) creak

crujiente *adj* (*alimentos*) crunchy

crujir *vi* **1** (*hojas secas*) to rustle **2** (*madera, huesos*) to creak **3** (*alimentos*) to crunch **4** (*dientes*) to grind

crustáceo *nm* crustacean

cruz *nf* cross: *Señale la respuesta con una ~.* Put a cross next to the answer. LOC **Cruz Roja** Red Cross *Ver tb* BRAZO, CARA

cruzado, -a *pp, adj* LOC *Ver* BRAZO, PIERNA; *Ver tb* CRUZAR

cruzar ◆ *vt* **1** (*gen*) to cross: *~ la calle/un río* to cross the street/a river ◊ *~ la calle corriendo* to run across the street ◊ *~ el río a nado* to swim across the river ◊ *~ las piernas* to cross your legs ☞ *Ver dibujo en* CROSS-LEGGED **2** (*palabras, miradas*) to exchange **◆ cruzarse** *v pron* to meet (*sb*): *Nos cruzamos en el camino.* We met on the way. LOC **cruzar los brazos** to fold your arms

cuaderno *nm* **1** (*gen*) notebook **2** (*de ejercicios*) exercise book

cuadra *nf* stable

cuadrado, **-a** *pp*, *adj*, *nm* square LOC **estar cuadrado** to be stockily-built *Ver tb* ELEVADO, RAÍZ; *Ver tb* CUADRAR

cuadrar ◆ *vi* ~ **(con)** to tally **(with** *sth***)**: *La noticia no cuadra con lo ocurrido.* The news doesn't tally with what happened. ◆ *vt* (*Com*) to balance ◆ **cuadrarse** *v pron* to stand to attention

cuadriculado, **-a** *adj* squared: *papel* ~ squared papel

cuadrilla *nf* gang

cuadro *nm* **1** (*Arte*) painting **2 cuadros** (*tela*) check [*sing*]: *unos pantalones de* ~*s* check trousers ◊ *Los* ~*s te favorecen.* Check suits you. LOC **cuadro escocés** tartan **cuadro sinóptico** diagram *Ver tb* ÓLEO

cuádruple ◆ *adj* quadruple ◆ *nm* four times: *¿Cuál es el* ~ *de cuatro?* What is four times four?

cuajar(se) *vt*, *v pron* **1** (*leche*) to curdle **2** (*yogur*) to set

cual *pron rel* **1** (*persona*) whom: *Tengo diez alumnos, de los* ~*es dos son ingleses.* I've got ten students, two of whom are English. ◊ *la familia para la* ~ *trabaja* the family he works for ☛ *Ver nota en* WHOM **2** (*cosa*) which: *La pegó, lo* ~ *no está nada bien.* He hit her, which just isn't right. ◊ *un trabajo en el* ~ *me siento muy cómodo* a job I feel very comfortable in ☛ *Ver nota en* WHICH LOC **con lo cual** so: *Lo he perdido, con lo* ~ *no podré prestárselo.* I've lost it, so I won't be able to lend it to him. *Ver tb* CADA

cuál *pron interr* **1** (*gen*) what: *¿*~ *es la capital de Perú?* What's the capital of Peru? **2** (*entre varios*) which (one): *¿*~ *prefieres?* Which one do you prefer? ☛ *Ver nota en* WHAT

cualidad *nf* quality [*pl* qualities]

cualquiera (*tb* **cualquier**) ◆ *adj* **1** (*gen*) any: *Coge cualquier autobús que vaya al centro.* Catch any bus that goes into town. ◊ *en cualquier caso* in any case ☛ *Ver nota en* SOME **2** (*uno cualquiera*) any old: *un trapo* ~ any old cloth ◆ **cualquiera** *pron* **1** (*cualquier persona*) anybody: ~ *puede equivocarse.* Anybody can make a mistake. **2** (*entre dos*) either (one): ~ *de los dos me sirve.* Either (of them) will do. ◊ *—¿Cuál de los dos libros cojo? —Cualquiera.* 'Which of the two books should I take?' 'Either one (of them).' **3** (*entre más de dos*) any (one): *en* ~ *de esas ciudades* in any one of those cities ◆ **cualquiera** *nmf* (*don nadie*) nobody: *No es más que un* ~. He is just a nobody. LOC **cualquier**

cosa anything **cualquier cosa que...** whatever: *Cualquier cosa que pida, se la compran.* They buy her whatever she wants. **en cualquier lugar/parte/sitio** anywhere **por cualquier cosa** over the slightest thing: *Discuten por cualquier cosa.* They argue over the slightest thing.

cuando ◆ *adv* when: ~ *venga Juan iremos al zoo.* When Juan gets here, we'll go to the zoo. ◊ *Me atacaron* ~ *volvía del cine.* I was attacked as I was coming home from the cinema. ◊ *Pásese por el banco* ~ *quiera.* Pop into the bank whenever you want. ◆ *conj* if: ~ *lo dicen todos los periódicos, será verdad.* If all the papers say so, it must be true. LOC **de cuando en cuando** from time to time *Ver tb* VEZ

cuándo *adv interr* when: *¿*~ *te examinas?* When's the exam? ◊ *Pregúntale* ~ *llegará.* Ask him when he'll be arriving. LOC **¿desde cuándo?** how long...?: *¿Desde* ~ *juegas al tenis?* How long have you been playing tennis?

También se puede decir **since when?** pero tiene un fuerte matiz irónico: *Pero tú ¿desde cuándo te interesas por el deporte?* And since when have you been interested in sport?

¿hasta cuándo...? how long...?

cuanto, **-a** ◆ *adj*: *Haz cuantas pruebas sean necesarias.* Do whatever tests are necessary. ◊ *Lo haré cuantas veces haga falta.* I will do it as many times as I have to. ◆ *pron*: *Le dimos* ~ *teníamos.* We gave him everything we had. ◊ *Llora* ~ *quieras.* Cry as much as you like. LOC **cuanto antes** as soon as possible **cuanto más/menos...** the more/less...: ~ *más tiene, más quiere.* The more he has, the more he wants. ◊ ~ *más lo pienso, menos lo entiendo.* The more I think about it, the less I understand. **en cuanto** as soon as: *En* ~ *me vieron, echaron a correr.* As soon as they saw me, they started running. **en cuanto a...** as for... **unos cuantos** a few: *unos* ~*s amigos* a few friends ◊ *Unos* ~*s llegaron tarde.* A few people were late.

cuánto, **-a** ◆ *adj*
● **uso interrogativo 1** (+ *sustantivo incontable*) how much: *¿*~ *dinero te has gastado?* How much money did you spend? **2** (+ *sustantivo contable*) how many: *¿Cuántas personas había?* How many people were there?
● **uso exclamativo:** *¡*~ *vino han bebido!* What a lot of wine they've drunk! ◊

¡A cuántas personas ha ayudado! He's helped so many people! ♦ pron how much [pl how many] ♦ adv 1 (uso interrogativo) how much 2 (uso exclamativo): ¡~ les quiero! I'm so fond of them! LOC ¿a cuántos estamos? what's the date today? ¿cuánto es/cuesta/vale? how much is it? ¿cuánto (tiempo)/cuántos días, meses, etc.? how long…?: ¿~ has tardado en llegar? How long did it take you to get here? ◊ ¿~s años llevas en Londres? How long have you been living in London? Ver tb CADA

cuarenta nm, adj, pron 1 (gen) forty 2 (cuadragésimo) fortieth ☛ Ver ejemplos en SESENTA LOC los cuarenta principales the top forty Ver tb CANTAR

cuaresma nf Lent: Estamos en ~. It's Lent.

cuartel nm barracks [v sing o pl]: El ~ está muy cerca de aquí. The barracks is/are very near here. LOC cuartel general headquarters [v sing o pl]

cuartilla nf sheet of paper

cuarto nm room: No entres en mi ~. Don't go into my room. LOC cuarto de baño bathroom cuarto de estar living room cuarto trastero boxroom

cuarto, -a ♦ adj, pron, nm-nf fourth (abrev 4th) ☛ Ver ejemplos en SEXTO ♦ nm quarter: un ~ de hora/kilo a quarter of an hour/a kilo ♦ cuarta nf (marcha) fourth (gear) LOC cuarto creciente/menguante first/last quarter cuartos de final quarter finals menos cuarto/y cuarto a quarter to/a quarter past: Llegaron a las diez menos ~. They arrived at a quarter to ten. ◊ Es la una y ~. It's a quarter past one.

cuatrimestre nm (Educ) term

cuatro nm, adj, pron 1 (gen) four 2 (fecha) fourth ☛ Ver ejemplos en SEIS LOC a cuatro patas on all fours: ponerse a ~ patas to get down on all fours cuatro gatos hardly anyone: Éramos ~ gatos. There was hardly anyone there.

cuatrocientos, -as adj, pron, nm four hundred ☛ Ver ejemplos en SEISCIENTOS

cuba nf barrel LOC Ver BORRACHO

cubertería nf cutlery set

cúbico, -a adj cubic: metro ~ cubic metre LOC Ver RAÍZ

cubierta nf (Náut) deck: subir a ~ to go up on deck

cubierto, -a ♦ pp, adj 1 ~ (de/por) covered (in/with sth): ~ de manchas covered in stains ◊ El sillón estaba ~

por una sábana. The chair was covered with a sheet. 2 (cielo, día) overcast 3 (instalación) indoor: una piscina cubierta an indoor swimming pool ♦ nm cutlery [incontable]: Solo me falta poner los ~s. I've just got to put out the cutlery. ◊ Todavía no ha aprendido a usar los ~s. He hasn't learnt how to use a knife and fork yet. LOC ponerse a cubierto to take cover (from sth/sb) Ver tb CUBRIR

cubilete nm (para dados) shaker

cubo nm 1 (recipiente) bucket 2 (Geom) cube LOC cubo de la basura dustbin ☛ Ver dibujo en BIN; Ver tb ELEVADO

cubrir ♦ vt to cover sth/sb (with sth): Han cubierto las paredes de propaganda electoral. They've covered the walls with election posters. ◊ ~ los gastos de desplazamiento to cover travelling expenses ♦ vi (en el agua): Os tengo prohibido nadar donde cubre. You mustn't go out of your depth.

cucaracha nf cockroach

cuchara nf spoon LOC cuchara de palo/madera wooden spoon

cucharada nf spoonful: dos ~s de azúcar two spoonfuls of sugar

cucharadita nf teaspoonful

cucharilla nf teaspoon

cucharón nm ladle

cuchichear vi to whisper

cuchilla nf blade LOC Ver AFEITARSE

cuchillo nm knife [pl knives]

cuclillas LOC en cuclillas squatting ponerse en cuclillas to squat ☛ Ver dibujo en CROUCH

cuco nm cuckoo [pl cuckoos] LOC Ver RELOJ

cucurucho nm 1 (helado) cornet 2 (papel) cone 3 (gorro) pointed hood

cuello nm 1 (gen) neck: Me duele el ~. My neck hurts. ◊ el ~ de una botella the neck of a bottle 2 (prenda de vestir) collar: el ~ de la camisa the shirt collar LOC cuello alto/vuelto polo neck cuello de pico V-neck cuello redondo round neck Ver tb AGUA, SOGA

cuenca nf (Geog) basin: la ~ del Ebro the Ebro basin LOC cuenca minera (de carbón) coalfield

cuenco nm (recipiente) bowl

cuenta nf 1 (Com, Fin) account: una ~ corriente a current account 2 (factura) bill: ¡Camarero, la ~ por favor! Can I have the bill, please? ◊ la ~ del teléfono the phone bill 3 (operación aritmética) sum: No me salen las ~s. I can't work this out. **4** (*rosario*) bead LOC **cuenta atrás** countdown **darse cuenta de 1** (*gen*) to realize (*that...*): *Me di ~ de que no me estaban escuchando.* I realized (that) they weren't listening. **2** (*ver*) to notice *sth/that...* **echar/sacar la cuenta** to work *sth* out **hacer cuentas** to work *sth* out **hacer la cuenta de la vieja** to count on your fingers **más de la cuenta** too much, too many: *He bebido más de la ~.* I've had too much to drink. ☞ Ver nota en MANY **por la cuenta que me trae** for my, your, etc. own sake **salir a cuenta** to be worth *doing sth* **salir de cuentas** to be due: *Sale de ~s a finales de julio.* She's due at the end of July. **tener/tomar en cuenta 1** (*hacer caso*) to bear *sth* in mind: *Tendré en ~ los consejos que me das.* I'll bear your advice in mind. **2** (*reprochar*) to take *sth* to heart: *No se lo tomes en ~.* Don't take it to heart. *Ver tb* AJUSTAR, PERDER

cuentakilómetros *nm* ≃ milometer

cuentista *adj, nmf* **1** (*quejica*) whinger [*n*] **2** (*mentiroso*) fibber [*n*]: *¡Qué ~ eres!* You're such a fibber!

cuento *nm* **1** (*gen*) story [*pl* stories]: *~s de hadas* fairy stories ◊ *Cuéntame un ~.* Tell me a story. **2** (*mentira*) fib: *No me vengas con ~s.* Don't tell fibs. LOC **cuento chino** tall story **no venir a cuento** to be irrelevant: *Lo que dices no viene a ~.* What you're saying is irrelevant. **tener cuento** to put *sth* on: *Lo que tienes es ~.* You're just putting it on.

cuerda

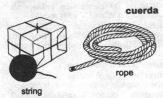

rope

string

cuerda *nf* **1** (*gruesa*) rope: *una ~ de saltar* a skipping rope ◊ *Átalo con una ~.* Tie it with some rope. **2** (*fina, Mús*) string: *instrumentos de ~* stringed instruments LOC **cuerdas vocales** vocal cords **dar cuerda a algn** to encourage sb (to talk) **dar cuerda a un reloj** to wind up a clock/watch *Ver tb* ESCALERA

cuerdo, -a *adj* sane

cuerno *nm* horn

cuero *nm* leather: *una cazadora de ~* a leather jacket LOC **en cueros** stark naked

cuerpo *nm* body [*pl* bodies] LOC **a cuerpo de rey** like a king **cuerpo de bomberos** fire brigade **de cuerpo entero** full-length: *una fotografía de ~ entero* a full-length photograph **ir a cuerpo** not to wear a coat/jacket

cuervo *nm* crow

cuesta *nf* slope LOC **a cuestas** on your back **cuesta abajo/arriba** downhill/uphill

cuestión *nf* (*asunto, problema*) matter: *en ~ de horas* in a matter of hours ◊ *Es ~ de vida o muerte.* It's a matter of life or death. LOC **en cuestión** in question **la cuestión es...** the thing is...

cuestionario *nm* questionnaire: *rellenar un ~* to fill in a questionnaire

cueva *nf* cave

cuidado ◆ *nm* care ◆ **¡cuidado!** *interj* **1** (*gen*) look out!: *¡Cuidado! Viene un coche.* Look out! There's a car coming. **2 ~ con:** *¡~ con el perro!* Beware of the dog! ◊ *¡~ con el escalón!* Mind the step! LOC **al cuidado de** in charge of *sth/sb*: *Estoy al ~ de la oficina.* I'm in charge of the office. **con (mucho) cuidado** (very) carefully **tener cuidado (con)** to be careful (with *sth/sb*) *Ver tb* UNIDAD

cuidadoso, -a *adj* ~ (con) careful (with sth): *Es muy ~ con sus juguetes.* He is very careful with his toys.

cuidar ◆ *vt, vi* ~ (de) to look after *sth/sb*: *Siempre he cuidado mis plantas.* I've always looked after my plants. ◊ *¿Puedes ~ de los niños?* Can you look after the children? ◆ **cuidarse** *v pron* to look after yourself: *No se cuida nada.* She doesn't look after herself at all. ◊ *Cuídate.* Take care. LOC *Ver* LÍNEA

culata *nf* (*arma*) butt LOC *Ver* TIRO

culebra *nf* snake

culebrón *nm* soap (opera)

culinario, -a *adj* culinary

culo *nm* (*trasero, botella, vaso*) bottom LOC *Ver* GAFAS

culpa *nf* fault: *No es ~ mía.* It isn't my fault. LOC **echar la culpa a algn (de algo)** to blame sb (for sth) **por culpa de** because of *sth/sb* **tener la culpa (de algo)** to be to blame (for sth): *Nadie tiene la ~ de lo que pasó.* Nobody is to blame for what happened.

culpabilidad *nf* guilt

culpable ◆ *adj* ~ (**de**) guilty (of *sth*): *ser ~ de asesinato* to be guilty of murder ◆ *nmf* culprit LOC *Ver* DECLARAR

culpar *vt* to blame *sb* (**for** *sth*): *Me culpan de lo ocurrido.* They blame me for what happened.

cultivar *vt* to grow

cultivo *nm*: *el ~ de tomates* tomato growing

culto, -a ◆ *adj* 1 (*persona*) cultured 2 (*lengua, expresión*) formal ◆ *nm* 1 ~ (**a**) (*veneración*) worship (of *sth*/*sb*): *el ~ al sol* sun worship ◊ *libertad de ~* freedom of worship 2 (*secta*) cult: *miembros de un nuevo ~ religioso* members of a new religious cult 3 (*misa*) service

cultura *nf* culture

cultural *adj* cultural LOC *Ver* CENTRO

culturismo *nm* bodybuilding: *hacer ~* to do bodybuilding

cumbre *nf* summit

cumpleaños *nm* birthday [*pl* birthdays]: *El lunes es mi ~.* It's my birthday on Monday. ◊ *¡Feliz ~!* Happy Birthday! ☞ También se puede decir 'Many happy returns!'.

cumplido, -a ◆ *pp, adj* LOC *Ver* RECIÉN; *Ver tb* CUMPLIR ◆ *nm* compliment LOC **sin cumplidos** without ceremony

cumplir ◆ *vt* 1 (*años*) to be: *En agosto cumplirá 30.* She'll be 30 in August. ◊ *¿Cuántos años cumples?* How old are you? 2 (*condena*) to serve ◆ *vt, vi* ~ (**con**) 1 (*orden*) to carry *sth* out 2 (*promesa, obligación*) to fulfil ◆ *vi* 1 (*hacer lo que corresponde*) to do your bit: *Yo he cumplido.* I've done my bit. 2 (*plazo*) to expire ◆ **cumplirse** *v pron* (*realizarse*) to come true: *Se cumplieron sus sueños.* His dreams came true. LOC **hacer algo por cumplir** to do sth to be polite: *No lo hagas por ~.* Don't do it just to be polite.

cuna *nf* (*bebé*) cot LOC *Ver* CANCIÓN

cundir *vi* 1 (*alimento*) to go a long way: *La pasta cunde mucho.* Pasta goes a long way. 2 (*extenderse*) to spread: *Cundió el pánico.* Panic spread. ◊ *Que no cunda el pánico.* Don't panic.

cuneta *nf* ditch

cuña *nf* wedge

cuñado, -a *nm-nf* brother-in-law [*fem* sister-in-law] [*pl* brothers-in-law/ sisters-in-law]

cuota *nf* fee: *la ~ de socio* the membership fee

cupón *nm* 1 (*vale*) coupon 2 (*para un sorteo*) ticket

cúpula *nf* dome

cura¹ *nf* 1 (*de una herida*) dressing: *Después de lavar la herida, aplique la ~.* After washing the wound, apply the dressing. 2 (*curación, tratamiento*) cure: *~ de reposo* rest cure LOC **tener/no tener cura** to be curable/incurable

cura² *nm* priest LOC *Ver* COLEGIO

curandero, -a *nm-nf* quack

curar ◆ *vt* 1 (*sanar*) to cure (*sb*): *Esas pastillas me han curado el catarro.* Those pills have cured my cold. 2 (*herida*) to dress 3 (*alimentos*) to cure ◆ **curarse** *v pron* 1 **curarse** (**de**) (*ponerse bien*) to recover (**from** *sth*): *El niño se curó del sarampión.* The little boy recovered from the measles. 2 (*herida*) to heal (**over/up**)

curiosidad *nf* curiosity LOC **por curiosidad** out of curiosity: *Entré por pura ~.* I went in out of pure curiosity. **tener curiosidad (por)** to be curious (about *sth*): *Tengo ~ por saber cómo son.* I'm curious to find out what they're like.

curioso, -a ◆ *adj* 1 (*fisgón*) nosy, inquisitive (*más formal*): *¡No seas tan ~!* Don't be so nosy! 2 (*raro*) strange: *Lo ~ es que…* The strange thing is that… ◆ *nm-nf* 1 (*cotilla*) busybody [*pl* busybodies] 2 (*mirón*) onlooker

currante *nmf* worker

currar *vi* to slave away

curre (*tb* **curro**) *nm* work: *ir al ~* to go to work

currículo (*tb* **curriculum (vitae)**) *nm* curriculum vitae, CV (*más coloq*)

cursi *adj* 1 (*persona*) affected: *¡Qué niña más ~!* What an affected little girl! 2 (*cosa*) flashy: *Viste muy ~.* He's a very flashy dresser.

cursillo *nm* short course

curso *nm* 1 (*gen*) course: *el ~ de un río* the course of a river ◊ *~s de idiomas* language courses 2 (*año académico*) school/academic year: *al final del ~* at the end of the school year 3 (*ciclo*) year: *Ese chico está en mi ~.* He's in the same year as me. ◊ *Estoy ya en tercer ~.* I'm in the third year now. LOC **el año/mes en curso** the current year/month *Ver tb* DELEGADO, REPETIR

cursor *nm* cursor

curtir *vt* to tan: *~ pieles* to tan leather hides

curva *nf* **1** (*línea, gráfico*) curve: *dibujar una ~* to draw a curve **2** (*carretera, río*) bend: *una ~ peligrosa/cerrada* a dangerous/sharp bend ◊ *Conduce con cuidado que hay muchas ~s.* There are a lot of bends so drive carefully.

curvo, -a *adj* **1** (*forma*) curved: *una línea curva* a curved line **2** (*doblado*) bent

custodia *nf* custody

custodiar *vt* to guard: *~ a los prisioneros* to guard the prisoners

cutícula *nf* cuticle

cutis *nm* **1** (*piel*) skin **2** (*tez*) complexion: *Tu ~ es muy pálido.* You have a very pale complexion.

cutre *adj* (*lugar*) grotty

cuyo, -a *adj rel* whose: *Esa es la chica ~ padre me presentaron.* That's the girl whose father was introduced to me. ◊ *la casa cuyas puertas pintaste* the house whose doors you painted

Dd

dactilar *adj* LOC *Ver* HUELLA

dado *nm* dice [*pl* dice]: *echar/tirar los ~s* to roll the dice

dálmata *nm* Dalmatian

daltónico, -a *adj* colour-blind

dama *nf* **1** (*señora*) lady [*pl* ladies] **2** (*empleada de la reina*) lady-in-waiting [*nl* ladies-in-waiting] **3** (*Ajedrez*) queen **4** (*en el juego de damas*) crown **5 damas** draughts [*sing*]: *jugar a las ~s* to play draughts LOC **dama de honor** bridesmaid ☞ *Ver* **nota en** BODA

danés, -esa ◆ *adj, nm* Danish: *hablar ~* to speak Danish **◆** *nm-nf* Dane: *los daneses* the Danes LOC *Ver* GRANDE

dañar *vt* **1** (*gen*) to damage: *La sequía dañó las cosechas.* The drought damaged the crops. ◊ *El fumar puede ~ la salud.* Smoking can damage your health. **2** (*persona*) to hurt

dañino, -a *adj* harmful

daño *nm* damage (*to sth*) [*incontable*]: *La lluvia ha ocasionado muchos ~s.* The rain has caused a lot of damage. LOC **daños y perjuicios**, damages **hacer daño** (*producir un dolor*) to hurt: *¡Ay, me haces ~!* Ouch, you're hurting me! **hacerse daño** to hurt yourself: *Me hice ~ en la mano.* I hurt my hand.

danza *nf* dance

dar ◆ *vt* **1** (*gen*) to give: *Me dio la llave.* He gave me the key. ◊ *~le un susto a algn* to give sb a fright **2** (*Educ*) **(a)** (*profesor*) to teach: *~ ciencias* to teach science **(b)** (*alumno*) to have: *Doy clases de piano los lunes.* I have piano lessons on Mondays. **3** (*encender*) to turn *sth* on: *No des la luz todavía.* Don't turn the light on yet. **4** (*reloj*) to strike: *El reloj dio las doce.* The clock struck twelve. **5** (*fruto, flores*) to bear **6** (*olor*) to give *sth* off

◆ *vi* **1 ~ a** to overlook *sth* [*vt*]: *El balcón da a una plaza.* The balcony overlooks a square. **2 ~ (con/contra)** (*golpear*) to hit *sth/sb* [*vt*]: *El coche dio contra el árbol.* The car hit the tree. ◊ *La rama me dio en la cabeza.* The branch hit me on the head. **3** (*ataque*) to have: *Le dio un ataque al corazón/de tos.* He had a heart attack/a coughing fit. **4** (*hora*) to be: *¿Ya han dado las cinco?* Is it five o'clock yet? **5** (*luz*) to shine: *La luz me daba de lleno en los ojos.* The light was shining in my eyes.

◆ darse *v pron* **1** (*tomarse*) to have: *~se un baño/una ducha* to have a bath/a shower **2 darse (con/contra/en)** to hit: *Se dio con la rodilla en la mesa.* He hit his knee against the table. LOC **dárselas de** to make out you are *sth*: *dárselas de listo/inocente* to make out you're clever/innocent **no doy ni una** I, you, etc. can't do anything right: *Hoy no das ni una.* You can't do anything right today. **se me da bien/mal** I am, you are, etc. good/bad *at sth*: *Se le da muy mal el inglés.* He's very bad at English. ☞ **Para otras expresiones con dar**, *véanse las entradas del sustantivo, adjetivo, etc.,* p. ej. **dar calabazas** en CALABAZA y **dar la cara** en CARA.

dátil *nm* date

dato *nm* **1** (*información*) information [*incontable*]: *un ~ significativo* a significant piece of information **2 datos** (*Informát*) data [*incontable*]: *procesamiento de ~s* data processing LOC **datos personales** personal details *Ver tb* BASE

de *prep*

● **posesión 1** (*de algn*): *el libro de Pedro* Pedro's book ◊ *el perro de mis amigos* my friends' dog ◊ *Es de ella/mi abuela.* It's hers/my grandmother's. **2** (*de algo*): *una página del libro* a page of the book ◊ *las habitaciones de la casa* the rooms in the house ◊ *la catedral de León* León cathedral

● **origen, procedencia** from: *Son de Sevilla.* They are from Seville. ◊ *de Londres a Madrid* from London to Madrid

● **en descripciones de personas 1** (*cualidades físicas*) **(a)** (*gen*) with: *una niña de pelo rubio* a girl with fair hair **(b)** (*ropa, colores*) in: *la señora del vestido verde* the woman in the green dress **2** (*cualidades no físicas*) of: *una persona de gran carácter* a person of great character ◊ *una mujer de 30 años* a woman of 30

● **en descripciones de cosas 1** (*cualidades físicas*) **(a)** (*materia*): *un vestido de lino* a linen dress **(b)** (*contenido*) of: *un vaso de leche* a glass of milk **2** (*cualidades no físicas*) of: *un libro de gran interés* a book of great interest

● **tema, asignatura**: *un libro/profesor de física* a physics book/teacher ◊ *una clase de historia* a history class ◊ *No entiendo de política.* I don't understand anything about politics.

● **con números y expresiones de tiempo**: *más/menos de diez* more/less than ten ◊ *un sello de 45 pesetas* a 45 peseta stamp ◊ *un cuarto de kilo* a quarter of a kilo ◊ *de noche/día* at night/during the day ◊ *a las diez de la mañana* at ten in the morning

● **agente** by: *un libro de Cela* a book by Cela ◊ *seguido de tres jóvenes* followed by three young people

● **causa**: *morirse de hambre* to die of hunger ◊ *Saltamos de alegría.* We jumped for joy.

● **otras construcciones**: *el mejor actor del mundo* the best actor in the world ◊ *Lo rompió de un golpe.* He broke it with one blow. ◊ *de un trago* in one gulp ◊ *¿Qué hay de postre?* What's for pudding?

debajo *adv* **1** (*gen*) underneath: *Llevo una camiseta ~.* I'm wearing a T-shirt underneath. ◊ *Coge el de ~.* Take the bottom one. **2** *~ **de** under: *Está ~ de la* mesa. It's under the table LOC **por debajo de** below *sth*: *por ~ de la rodilla* below the knee

debate *nm* debate: *hacer un ~* to have a debate

deber[1] ◆ *vt* **1 + sustantivo** to owe: *Te debo una explicación.* I owe you an explanation. ◊ *Me debes el café.* You owe me for the coffee. **2 + inf (a)** (*en presente o futuro*) must: *Debes estudiar/obedecer las reglas.* You must study/obey the rules. ◊ *La ley deberá ser anulada.* The law must be abolished. ☛ *Ver nota en* MUST **(b)** (*en pasado o condicional*) should: *Hace una hora que debías estar aquí.* You should have been here an hour ago. ◊ *No deberías salir así.* You shouldn't go out like that. ◆ *v aux ~ de* **1** (*en frases afirmativas*) must: *Ya debe de estar en casa.* She must be home by now. **2** (*en frases negativas*): *No debe de ser fácil.* It can't be easy. ◆ **deberse** *v pron* to be due **to** *sth*: *Esto se debe a la falta de fondos.* This is due to lack of funds.

deber[2] *nm* **1** (*obligación moral*) duty [*pl* duties]: *cumplir con un ~* to do your duty **2 deberes** (*Educ*) homework [*incontable*]: *hacer los ~es* to do your homework ◊ *El profe nos pone muchos ~es.* Our teacher gives us lots of homework.

debido, -a *pp, adj* proper LOC **debido a** because of *sth/sb Ver tb* DEBER[1]

débil *adj* weak: *Está ~ del corazón.* He has a weak heart. LOC *Ver* PUNTO

debilidad *nf* weakness

debilitar(se) *vt, v pron* to weaken

década *nf* decade LOC **la década de los ochenta, noventa, etc.** the eighties, nineties, etc. [*pl*]

decadente *adj* decadent

decano, -a *nm-nf* dean

decapitar *vt* to behead

decena *nf* **1** (*Mat, numeral colectivo*) ten **2** (*aproximadamente*) about ten: *una ~ de personas/veces* about ten people/times

decente *adj* decent

decepción *nf* disappointment: *llevarse una ~* to be disappointed

decepcionante *adj* disappointing

decepcionar *vt* **1** (*desilusionar*) to disappoint: *Me decepcionó la película.* The film was disappointing. **2** (*fallar*) to let *sb* down: *Me has vuelto a ~.* You've let me down again.

decidir ◆ *vt, vi* to decide: *Han decidido vender la casa.* They've decided to sell the house. ◆ **decidirse** v pron **1** decidirse (a) to decide (to do sth): Al final me decidí a salir. In the end I decided to go out. **2** decidirse por to decide on sth/sb: Todos nos decidimos por el rojo. We decided on the red one. LOC **¡decídete!** make up your mind!

décima nf tenth LOC **tener unas décimas (de fiebre)** to have a slight temperature

decimal adj, nm decimal

décimo, -a adj, pron, nm-nf tenth ☞ Ver ejemplos en SEXTO

decimotercero, -a adj, pron thirteenth ☞ Para decimocuarto, decimoquinto, etc., ver Apéndice 1.

decir¹ vt to say, to tell

Decir se traduce generalmente por to say: —Son las tres, dijo Rosa. 'It's three o'clock,' said Rosa. ◊ ¿Qué ha dicho? What did he say? Cuando especificamos la persona con la que hablamos, es más normal utilizar to tell: Me dijo que llegaría tarde. He told me he'd be late. ◊ ¿Quién te lo ha dicho? Who told you? To tell se utiliza también para dar órdenes: Me dijo que me lavara las manos. She told me to wash my hands. ☞ Ver tb nota en SAY.

LOC **¡diga!** (teléfono) hello **digamos...** let's say...: Digamos las seis. Let's say six o'clock. **digo...** I mean...: Me pidió cuatro, digo cinco cajas. She asked me for four, I mean five, boxes. **el qué dirán** what people will say **es decir** in other words **no me digas!** you don't say! **se dice que...** they say that... **sin decir nada** without a word **¡y que lo digas!** you can say that again! ☞ Para otras expresiones con decir, véanse las entradas del sustantivo, adjetivo, etc., p. ej. **no decir ni jota** en JOTA y **decir tonterías** en TONTERÍA.

decir² nm saying LOC **es un decir** you know what I mean

decisión nf **1** (gen) decision: la ~ del árbitro the referee's decision **2** (determinación) determination: Hace falta mucha ~. You need a lot of determination. LOC **tomar una decisión** to make/take a decision

decisivo, -a adj decisive

declaración nf **1** (gen) declaration: una ~ de amor a declaration of love **2** (manifestación pública, Jur) statement: No quiso hacer declaraciones. He didn't want to make a statement. ◊ La policía le tomó ~. The police took his statement.

LOC **declaración de la renta** tax return Ver tb PRESTAR

declarar ◆ vt, vi **1** (gen) to declare: ¿Algo que ~? Anything to declare? (en público) to state: según declaró el ministro according to the minister's statement **3** (Jur) to testify ◆ **declararse** v pron **1** (gen) to come out: ~se a favor/en contra de algo to come out in favour of/against sth **2** (incendio, epidemia, guerra) to break out **3** (confesar amor): Se me declaró. He told me he loved me. LOC **declararse culpable/inocente** to plead guilty/not guilty

decoración nf **1** (acción, adorno) decoration **2** (estilo) decor

decorado nm set

decorar vt to decorate

dedal nm thimble

dedicación nf dedication: Su ~ a los pacientes es admirable. Her dedication to her patients is admirable.

dedicar ◆ vt **1** (gen) to devote sth to sth/sb: Dedicaron su vida a los animales. They devoted their lives to animals. ◊ ¿A qué dedicas el tiempo libre? How do you spend your free time? **2** (canción, poema) to dedicate sth (to sb): Dediqué el libro a mi padre. I dedicated this book to my father. **3** (ejemplar) to autograph ◆ **dedicarse** v pron dedicarse a: ¿A qué te dedicas? What do you do for a living? ◊ Se dedica a las antigüedades. He's in antiques.

dedicatoria nf dedication

dedillo LOC **al dedillo** by heart

dedo nm **1** (de la mano) finger **2** (del pie) toe **3** (medida) half an inch: Ponga dos ~s de agua en la cazuela. Put an inch of water in the pan. LOC **a dedo** (en autostop): He venido a ~. I hitch-hiked. **dedo anular/corazón/índice** ring/middle/index finger **dedo meñique 1** (de la mano) little finger **2** (del pie) little toe **dedo pulgar/gordo 1** (de la mano) thumb **2** (del pie) big toe **hacer dedo** hitch-hike Ver tb ANILLO, CHUPAR, DOS

deducir vt **1** (concluir) to deduce sth (from sth): Deduje que no estaba en casa. I deduced that he wasn't at home. **2** (restar) to deduct sth (from sth)

defecto nm **1** (gen) defect: un ~ en el habla a speech defect **2** (moral) fault **3** (ropa) flaw ☞ Ver nota en MISTAKE LOC **encontrar/sacar defectos a todo** to find fault with everything

defectuoso, -a adj defective, faulty (más coloq)

defender ♦ *vt* to defend *sth/sb* (**against** *sth/sb*) ♦ **defenderse** *v pron* to get by: *No sé mucho inglés pero me defiendo.* I don't know much English but I get by.

defendido, -a *nm-nf* defendant

defensa ♦ *nf* defence: *las ~s del cuerpo* the body's defences ◊ *un equipo con muy buena ~* a team with a very good defence ♦ *nmf* (*Dep*) defender LOC **en defensa propia** in self-defence

defensivo, -a *adj* defensive. LOC **estar/ ponerse a la defensiva** to be/go on the defensive

defensor, ~a *adj* LOC *Ver* ABOGADO

deficiencia *nf* deficiency [*pl* deficiencies]

definición *nf* definition

definir *vt* to define

definitivamente *adv* 1 (*para siempre*) for good: *Volvió ~ a su país.* He returned home for good. 2 (*de forma determinante*) definitely

definitivo, -a *adj* 1 (*gen*) final: *el resultado ~* the final result ◊ *el número ~ de víctimas* the final death toll 2 (*solución*) definitive LOC **en definitiva** in short

deforestación *nf* deforestation

deformado, -a *pp, adj* (*prenda*) out of shape *Ver tb* DEFORMAR

deformar ♦ *vt* 1 (*cuerpo*) to deform 2 (*prenda*) to pull *sth* out of shape 3 (*imagen, realidad*) to distort ♦ **deformarse** *v pron* 1 (*cuerpo*) to become deformed 2 (*prenda*) to lose its shape

deforme *adj* deformed

defraudar *vt* 1 (*decepcionar*) to disappoint 2 (*estafar*) to defraud

degeneración *nf* degeneration

degenerado, -a *pp, adj, nm-nf* degenerate *Ver tb* DEGENERAR(SE)

degenerar(se) *vi, v pron* to degenerate

degradar ♦ *vt* to degrade ♦ **degradarse** *v pron* (*deteriorarse*) to deteriorate: *El suelo se ha degradado mucho.* The soil has deteriorated a lot.

dejar ♦ *vt* 1 (*gen*) to leave: *¿Dónde has dejado las llaves?* Where have you left the keys? ◊ *Déjalo para después.* Leave it till later. ◊ *¡Déjame en paz!* Leave me alone! 2 (*abandonar*) to give *sth* up: *~ el trabajo* to give up work 3 (*permitir*) to let *sb* (**do** *sth*): *Mis padres no me dejan salir por la noche.* My parents don't let me go out at night. 4 (*prestar*) to lend: *¿Me dejas dinero?* Can you lend me some money? ◊ *¿Me dejas la moto?* Can

I borrow your motorbike? ☛ *Ver dibujo en* BORROW ♦ *vi* **- de 1** (*parar*) to stop doing *sth*: *Ha dejado de llover.* It's stopped raining. **2** (*abandonar una costumbre*) to give up doing *sth*: *~ de fumar* to give up smoking ♦ *v aux* **+ participio**: *La noticia nos dejó preocupados.* We were worried by the news. ♦ **dejarse** *v pron* to leave: *Me dejé el libro en el autobús.* I left my book on the bus. ☛ *Para expresiones con* dejar, *véanse las entradas del sustantivo, adjetivo, etc., p. ej.* **dejar colgado** *en* COLGADO *y* **sin dejar rastro** *en* RASTRO.

del *Ver* DE

delantal *nm* apron

delante
on the front of the bus
at the front of the bus
in front of the bus

delante *adv* **~ (de)** in front (**of** *sth/sb*): *Si no ves la pizarra, ponte ~.* Sit at the front if you can't see the board. ◊ *Me lo contó estando otros ~.* She told me in front of other people. ◊ **~ del televisor** in front of the television LOC **de delante**: *los asientos de ~* the front seats ◊ *el conductor de ~* the driver in front **hacia delante** forwards *Ver tb* PARTE[1]

delantero, -a ♦ *adj* front ♦ *nmf* (*Dep*) forward: *Juega de ~ centro.* He plays centre forward. LOC **llevar la delantera** to be in the lead

delatar *vt* to inform on *sb*

delegación *nf* 1 (*comisión*) delegation: *una ~ de paz* a peace delegation 2 (*oficina*) office: *la ~ de Hacienda* the tax office

delegado, -a *nm-nf* delegate LOC **delegado de curso** student representative

deletrear *vt* to spell

delfín *nm* dolphin

delgado, -a *adj* thin, slim

Thin es la palabra más general para decir delgado y se puede utilizar para personas, animales o cosas. **Slim** se utiliza para referirnos a una persona delgada y con buen tipo. Existe también la palabra **skinny**, que significa *delgaducho*.

deliberado. -a *pp, adj* deliberate

delicadeza *nf* (*tacto*) tact: *Podías haberlo dicho con más* ~. You could have put it more tactfully. ◊ *Es una falta de* ~. It's very tactless. LOC **tener la delicadeza de** to have the courtesy *to do sth*

delicado. -a *adj* delicate

delicioso. -a *adj* delicious

delincuencia *nf* crime LOC **delincuencia juvenil** juvenile delinquency

delincuente *nmf* criminal

delineante *nmf* draughtsman/woman [*pl* draughtsmen/women]

delinquir *vi* to commit an offence

delirar *vi* **1** (*Med*) to be delirious **2** (*decir bobadas*) to talk nonsense

delito *nm* crime: *cometer un* ~ to commit a crime

delta *nm* delta LOC *Ver* ALA

demanda *nf* **1** (*Com*) demand: *la oferta y la* ~ supply and demand **2** (*Jur*) lawsuit: *presentar/poner una* ~ to bring a lawsuit

demandar *vt* **1** (*exigir*) to demand **2** (*Jur*) to sue *sb* (*for sth*)

demás ◆ *adj* other: *los* ~ *estudiantes* (the) other students ◆ *pron* (the) others: *Solo vino Juan, los* ~ *se quedaron en casa*. Only Juan came; the others stayed at home. ◊ *ayudar a los* ~ to help others LOC **lo demás** the rest: *Lo* ~ *no importa*. Nothing else matters. **y demás** and so on

demasiado. -a ◆ *adj* **1** (+ *sustantivo incontable*) too much: *Hay demasiada comida*. There is too much food. **2** (+ *sustantivo contable*) too many: *Llevas demasiadas cosas*. You're carrying too many things. ◆ *pron* too much [*pl* too many] ◆ *adv* **1** (*modificando a un verbo*) too much: *Fumas* ~. You smoke too much. **2** (*modificando a un adj o adv*) too: *Vas* ~ *deprisa*. You're going too fast. LOC **demasiadas veces** too often

demo *nf* demo [*pl* demos]

democracia *nf* democracy [*pl* democracies]

demócrata *nmf* democrat

democrático. -a *adj* democratic

demonio *nm* **1** (*diablo*) devil **2** (*espíritu*) demon LOC **de mil/de todos los demonios**: *Hace un frío de mil* ~s. It's absolutely freezing. **saber a demonios** to

taste foul **ser un demonio** to be a (little) devil *Ver tb* DÓNDE

demostrar *vt* **1** (*probar*) to prove: *Le demostré que estaba equivocado*. I proved him wrong. **2** (*mostrar*) to show

denegar *vt* to refuse

densidad *nf* **1** (*gen*) density [*pl* densities] **2** (*niebla*) thickness

denso. -a *adj* dense

dentadura *nf* teeth [*pl*]: ~ *postiza* false teeth

dentera *nf* LOC **dar dentera** to set *sb's* teeth on edge

dentífrico *nm* toothpaste

dentista *nmf* dentist

dentro *adv* **1** (*gen*) in/inside: *El gato está* ~. The cat is inside. ◊ *allí/aquí* ~ in there/here **2** (*edificio*) indoors: *Prefiero que nos quedemos* ~. I'd rather stay indoors. **3** ~ **de (a)** (*espacio*) in/inside: ~ *del sobre* in/inside the envelope **(b)** (*tiempo*) in: ~ *de una semana* in a week ◊ ~ *de un rato* in a little while ◊ ~ *de tres meses* in three months' time LOC **de/desde dentro** from (the) inside **dentro de lo que cabe** all things considered **dentro de nada** very soon **hacia dentro** in: *Mete la tripa hacia* ~. Pull your tummy in, **por dentro** (on the) inside: *pintado por* ~ painted on the inside *Ver tb* AHÍ, ALLÁ, ALLÍ

denuncia *nf* **1** (*accidente, delito*) report: *presentar una* ~ to report sth to the police **2** (*contra una persona*) complaint: *presentar una* ~ *contra algn* to make a formal complaint against sb

denunciar *vt* **1** (*gen*) to report *sth/sb* (*to sb*): *Denunció el robo de su bicicleta*. He reported the theft of his bicycle. ◊ *Me denunciaron a la policía*. They reported me to the police. **2** (*criticar*) to denounce

departamento *nm* **1** (*sección*) department **2** (*mueble, recipiente, tren*) compartment

depender *vi* **1** ~ **de/de que/de si...** to depend on *sth* /**on whether...**: *Depende del tiempo que haga*. It depends on the weather. ◊ *Eso depende de que me traigas el dinero*. That depends on whether you bring me the money. ◊ *—¿Vendrás? —Depende*. 'Will you be coming?' 'That depends.' **2** ~ **de algn (que...)** to be up **to sb (whether...)**: *Depende de mi jefe que pueda tener un día libre*. It's up to my boss whether I can have a day off. **3** ~ **de** (*económicamente*) to be dependent **on** *sth/sb*

dependiente, -a *nm-nf* shop assistant

depilar(se) *vt, v pron* **1** (*cejas*) to pluck **2** (*piernas, axilas*) **(a)** (*con cera*) to wax: *Me tengo que ~ para ir de vacaciones.* I must have my legs waxed before we go on holiday. **(b)** (*con maquinilla*) to shave

deporte *nm* sport: *¿Practicas algún ~?* Do you play any sports? ◊ *~s de aventura* adventure sports

En inglés hay tres construcciones que se pueden utilizar al hablar de deportes. *Jugar al fútbol, golf, baloncesto,* etc. se dice to **play + sustantivo,** p. ej. **to play football, golf, basketball,** etc. *Hacer aeróbic, atletismo, judo,* etc. se dice to **do + sustantivo,** p. ej. to do aerobics, athletics, judo, etc. *Hacer natación, senderismo, ciclismo,* etc. se dice **to go + -ing,** p. ej. **to go swimming, hiking, cycling,** etc. Esta última construcción se usa sobre todo cuando en inglés existe un verbo relacionado con ese deporte, como to **swim, to hike** o to **cycle.**

LOC **hacer deporte** to play sport *Ver tb* PANTALÓN, ROPA

deportista ◆ *adj* sporty: *Siempre fue muy ~.* She's always been very sporty. ◆ *nmf* sportsman/woman [*pl* sportsmen/women]

deportivo, -a ◆ *adj* **1** (*gen*) sports [*n atrib*]: *competición deportiva* sports competition **2** (*conducta*) sporting: *una conducta poco deportiva* unsporting behaviour ◆ *nm* (*coche*) sports car

depósito *nm* tank: *el ~ de la gasolina* the petrol tank LOC **depósito de cadáveres** morgue

depresión *nf* depression

deprimente *adj* depressing

deprimir ◆ *vt* to depress ◆ **deprimirse** *v pron* to get depressed

deprisa ◆ *adv* quickly ◆ **¡deprisa!** *interj* hurry up!

derecho, -a ◆ *adj* **1** (*diestro*) right: *romperse el brazo ~* to break your right arm **2** (*recto*) straight: *Ese cuadro no está ~.* That picture isn't straight. ◊ *Ponte ~.* Sit up straight. **3** (*erguido*) upright ◆ **derecha** *nf* **1** (*gen*) right: *Es la segunda puerta a la derecha.* It's the second door on the right. ◊ *Cuando llegue al semáforo, tuerza a la derecha.* Turn right at the traffic lights. ◊ *Muévete un poco hacia la derecha.* Move a bit to the right. **2** (*mano*) right hand: *escribir con la derecha* to be right-

handed **3** (*pie*) right foot ◆ **derecho** *adv* straight: *Vete ~ a casa.* Go straight home. LOC **de derecha(s)** right-wing **estar en su derecho** to be within my, your, etc. rights: *Estoy en mi ~.* I'm within my rights. **la derecha** (*Pol*) the Right [*v sing o pl*] **¡no hay derecho!** it's not fair! **todo derecho** straight on: *Siga todo ~ hasta el final de la calle.* Go straight on to the end of the road. *Ver tb* HECHO, MANO, OJO

derecho *nm* **1** (*anverso*) right side **2** (*facultad legal o moral*) right: *¿Con qué ~ entras aquí?* What right do you have to come in here? ◊ *los ~s humanos* human rights ◊ *el ~ de voto* the right to vote **3** (*estudios*) law

deriva *nf* LOC **a la deriva** adrift

derivar(se) *vi, v pron* **derivar(se) de 1** (*Ling*) to derive **from** *sth* **2** (*proceder*) to stem **from** *sth*

derramamiento *nm* LOC **derramamiento de sangre** bloodshed

derramar(se) *vt, v pron* to spill: *He derramado un poco de vino en la alfombra.* I've spilt some wine on the carpet. LOC **derramar sangre/lágrimas** to shed blood/tears

derrame *nm* haemorrhage

derrapar *vi* to skid

derretir(se) *vt, v pron* to melt

derribar *vt* **1** (*edificio*) to demolish **2** (*puerta*) to batter *sth* down **3** (*persona*) to knock *sb* down **4** (*avión, pájaro*) to bring *sth* down

derrochador, ~a ◆ *adj* wasteful ◆ *nm-nf* spendthrift

derrochar *vt* **1** (*dinero*) to squander **2** (*rebosar*) to be bursting **with** *sth*: *~ felicidad* to be bursting with happiness

derrota *nf* defeat

derrotar *vt* to defeat

derruir *vt* to demolish

derrumbamiento *nm* **1** (*hundimiento*) collapse **2** (*demolición*) demolition

derrumbar ◆ *vt* to demolish ◆ **derrumbarse** *v pron* to collapse

desabrigado, -a *pp, adj*: *Vas muy ~* You're not very warmly dressed.

desabrochar ◆ *vt* to undo ◆ **desabrocharse** *v pron* to come undone: *Se me desabrochó la falda.* My skirt came undone.

desactivar *vt* to defuse

desafiar *vt* **1** (*retar*) to challenge *sb* (**to** *sth*): *Te desafío a las damas.* I challenge you to a game of draughts. **2** (*peligro*) to brave

desafilado, **-a** *pp, adj* blunt

desafinado, **-a** *pp, adj* out of tune *Ver tb* DESAFINAR

desafinar *vi* **1** (*cantando*) to sing out of tune **2** (*instrumento*) to be out of tune **3** (*instrumentista*) to play out of tune

desafío *nm* challenge

desafortunado, **-a** *adj* unfortunate

desagradable *adj* unpleasant

desagradar *vi* to dislike *sth/doing sth* [*vt*]: *No me desagrada.* I don't dislike it.

desagradecido, **-a** *pp, adj* ungrateful

desagüe *nm* waste pipe

desahogarse *v pron* **1** (*gen*) to let off steam **2** ~ **con algn** to confide in sb

desalentador, **~a** *adj* discouraging

desaliñado, **-a** *pp, adj* scruffy

desalmado, **-a** *adj* heartless

desalojar *vt* to clear: *Desalojen la sala por favor.* Please clear the hall.

desamparado, **-a** *pp, adj* helpless

desangrarse *v pron* to bleed to death

desanimado, **-a** *pp, adj* (*deprimido*) depressed *Ver tb* DESANIMAR

desanimar ♦ *vt* to discourage ♦ **desanimarse** *v pron* to lose heart

desapacible *adj* unpleasant: *Hace un día muy ~.* The weather's very unpleasant today.

desaparecer *vi* to disappear LOC **desaparecer del mapa** to vanish off the face of the earth

desaparición *nf* disappearance

desapercibido, **-a** *adj* unnoticed: *pasar* ~ to go unnoticed

desaprovechar *vt* to waste: *No desaproveches esta oportunidad.* Don't waste this opportunity.

desarmar *vt* **1** (*persona, ejército*) to disarm **2** (*desmontar*) to take *sth* to pieces

desarme *nm* disarmament: *el ~ nuclear* nuclear disarmament

desarrollado, **-a** *pp, adj* developed: *los países ~s* developed countries LOC **poco desarrollado** undeveloped *Ver tb* DESARROLLAR(SE)

desarrollar(se) *vt, v pron* to develop: ~ *los músculos* to develop your muscles

desarrollo *nm* development LOC *Ver* VÍA

desastre *nm* disaster

desastroso, **-a** *adj* disastrous

desatar ♦ *vt* (*nudo, cuerda, animal*) to untie ♦ **desatarse** *v pron* **1** (*animal*) to get loose **2** (*paquete, cuerda*) to come

undone: *Se me ha desatado un zapato.* One of my laces has come undone.

desatascar *vt* to unblock

desatender *vt* (*descuidar*) to neglect

desatornillar *vt* to unscrew

desatrancar *vt* **1** (*desatascar*) to unblock **2** (*puerta*) to unbolt

desautorizado, **-a** *pp, adj* unauthorized

desayunar ♦ *vi* to have breakfast: *Me gusta ~ en la cama.* I like having breakfast in bed. ◊ *antes de* ~ before breakfast ♦ *vt* to have *sth* for breakfast: *¿Qué quieres ~?* What would you like for breakfast? ◊ *Solo desayuno un café.* I just have a coffee for breakfast.

desayuno *nm* breakfast: *¿Te preparo el* ~? Shall I get you some breakfast?

desbandada *nf* LOC **salir en desbandada** to scatter in all directions

desbarajuste *nm* mess: *¡Qué ~!* What a mess!

desbaratar *vt* to ruin: ~ *un plan* to ruin a plan

desbocado, **-a** *pp, adj* (*caballo*) runaway *Ver tb* DESBOCARSE

desbocarse *v pron* (*caballo*) to bolt

desbordar ♦ *vt*: *La basura desborda el cubo.* The bin is overflowing with rubbish. ♦ **desbordarse** *v pron* (*río*) to burst its banks

descafeinado, **-a** *pp, adj* decaffeinated, decaf (*coloq*)

descalificación *nf* (*Dep*) disqualification

descalificar *vt* (*Dep*) to disqualify: *Le descalificaron por hacer trampa.* He was disqualified for cheating.

descalzarse *v pron* to take your shoes off

descalzo, **-a** *adj* barefoot: *Me gusta andar descalza por la arena.* I love walking barefoot on the sand. ◊ *No andes* ~. Don't walk round in your bare feet.

descampado *nm* area of open ground

descansado, **-a** *pp, adj* refreshed *Ver tb* DESCANSAR

descansar ♦ *vt, vi* to rest (*sth*) (*on sth*): *Déjame* ~ *un rato.* Let me rest for a few minutes. ◊ ~ *la vista* to rest your eyes ♦ *vi* to have a break: *Terminamos esto y descansamos cinco minutos.* We'll finish this and have a break for five minutes. LOC **¡que descanses!** sleep well!

descansillo *nm* landing

descanso *nm* **1** *(reposo)* rest: *El médico le mandó ~ y aire fresco.* The doctor prescribed rest and fresh air. **2** *(en el trabajo)* break: *trabajar sin ~* to work without a break **3** *(Dep)* half-time: *En el ~ iban tres a uno.* They were three one at half-time. **4** *(Teat)* interval: *Me encontré con ellos en el ~.* I met them during the interval.

descapotable *adj, nm* convertible

descarado, -a *adj* cheeky

descarga *nf* **1** *(mercancía)* unloading: *la carga y ~ de mercancías* the loading and unloading of goods **2** *(eléctrica)* shock

descargado, -a *pp, adj (pila, batería)* flat *Ver tb* DESCARGAR

descargar ◆ *vt* to unload: *~ un camión/una pistola* to unload a lorry/gun ◆ *vi* to break: *Por fin descargó la tormenta.* The storm finally broke. ◆ **descargarse** *v pron (pila, batería)* to go flat

descaro *nm* cheek: *¡Qué ~!* What (a) cheek!

descarriarse *v pron* to go off the rails

descarrilamiento *nm* derailment

descarrilar *vi* to be derailed: *El tren descarriló.* The train was derailed.

descartar *vt* to rule *sth/sb* out: *~ una posibilidad/a un candidato* to rule out a possibility/candidate

descendencia *nf* descendants [*pl*]

descender *vi* **1** *(ir/venir abajo)* to go/come down, to descend *(formal)* **2** *(temperatura, precios, nivel)* to fall **3** *~ de (familia)* to be descended from *sb*: *Desciende de un príncipe ruso.* He's descended from a Russian prince. **4** *(Dep)* to be relegated: *Han descendido a tercera.* They've been relegated to the third division.

descendiente *nmf* descendant

descenso *nm* **1** *(bajada)* descent: *Es un ~ peligroso.* It's a dangerous descent. ◊ *El avión tuvo problemas en el ~.* The plane experienced problems during the descent. **2** *(temperatura, precios)* drop *(in sth)* **3** *(Dep)* relegation

descifrar *vt* **1** *(mensaje)* to decode **2** *(escritura)* to decipher **3** *(enigma)* to solve

descodificador *nm* decoder

descodificar *vt* to decode

descolgado, -a *pp, adj (teléfono)* off the hook: *Lo han debido de dejar ~.* They must have left it off the hook. *Ver tb* DESCOLGAR

descolgar *vt* **1** *(algo colgado)* to take *sth* down: *Ayúdame a ~ el espejo.* Help me take the mirror down. **2** *(teléfono)* to pick *sth* up

descolorido, -a *adj* faded

descomponer ◆ *vt (Quím)* to break *sth* down ◆ **descomponer(se)** *vt, v pron (pudrirse)* to rot

descompuesto, -a *pp, adj* LOC **estar descompuesto** to have diarrhoea *Ver tb* DESCOMPONER

desconcertado, -a *pp, adj* LOC **estar/quedar desconcertado** to be taken aback: *Quedaron ~s ante mi negativa.* They were taken aback by my refusal. *Ver tb* DESCONCERTAR

desconcertar *vt* to disconcert: *Su reacción me desconcertó.* I was disconcerted by his reaction.

desconectar ◆ *vt* **1** *(cortar)* to disconnect, to turn *sth* off *(más coloq)*: *Nos han desconectado la luz.* The electricity's been turned off. **2** *(apagar)* to switch *sth* off: *Se ruega ~ los teléfonos móviles.* Please switch off your mobile phones. **3** *(desenchufar)* to unplug ◆ **desconectarse** *v pron* **1** *(aparato)* to switch off **2** *(persona)* to cut yourself off *(from sth/sb)*

desconfiado, -a *pp, adj* suspicious *Ver tb* DESCONFIAR

desconfiar *vi* **~ de** not to trust *sth/sb* [*vt*]: *Desconfía hasta de su sombra.* He doesn't trust anyone.

descongelar *vt (frigorífico, alimento)* to defrost

desconocer *vt* not to know: *Desconozco el porqué.* I don't know the reason.

desconocido, -a ◆ *pp, adj* **1** *(gen)* unknown: *un equipo ~* an unknown team **2** *(irreconocible)* unrecognizable: *Estaba ~ con ese disfraz.* He was unrecognizable in that disguise. ◊ *Últimamente está desconocida, siempre sonriendo.* She's been a changed woman recently; she's always smiling. ◆ *nm-nf* stranger *Ver tb* DESCONOCER

desconsiderado, -a *pp, adj* inconsiderate

descontado, -a *pp, adj* LOC **dar por descontado que...** to take it for granted that... **por descontado** of course *Ver tb* DESCONTAR

descontar *vt* **1** *(hacer un descuento)* to give a discount *(on sth)*: *Descontaban el 10% en todos los juguetes.* They were giving a 10% discount on all toys. **2** *(restar)* to deduct: *Tienes que ~ los* *gastos del viaje.* You have to deduct your travelling expenses. **3** (*no contar*) not to count: *Si descontamos el mes de vacaciones...* If we don't count our month's holiday...

descontento, -a *adj* ~ (con) dissatisfied (with *sth/sb*)

descorchar *vt* to uncork

descorrer *vt* to draw *sth* back: ~ *las cortinas* to draw back the curtains LOC **descorrer el cerrojo** to unbolt the door

descortés *adj* rude

descoser ◆ *vt* to unpick ◆ **descoserse** *v pron* to come apart

descremado, -a *pp, adj* LOC *Ver* LECHE, YOGUR

describir *vt* to describe

descripción *nf* description

descuartizar *vt* **1** (*carnicero*) to carve *sth* up **2** (*asesino*) to chop *sth/sb* up

descubierto, -a *pp, adj* uncovered LOC **al descubierto** (*al aire libre*) in the open air *Ver tb* DESCUBRIR

descubridor, ~a *nm-nf* discoverer

descubrimiento *nm* discovery [*pl* discoveries]

descubrir *vt* **1** (*encontrar, darse cuenta*) to discover: ~ *una isla/vacuna* to discover an island/a vaccine ◊ *Descubrí que no tenía dinero.* I discovered I had no money. **2** (*averiguar*) to find *sth* out: *Descubrí que me engañaban.* I found out that they were deceiving me. **3** (*estatua, placa*) to unveil LOC **se descubrió todo (el asunto/pastel)** it all came out

descuento *nm* discount: *Me hicieron un cinco por ciento de* ~. They gave me a five per cent discount. ◊ *Son 5.000 menos el* ~. It's 5 000 before the discount.

descuidado, -a *pp, adj* **1** (*desatendido*) neglected **2** (*poco cuidadoso*) careless **3** (*desaliñado*) scruffy *Ver tb* DESCUIDAR

descuidar ◆ *vt* to neglect ◆ *vi* not to worry: *Descuida.* Don't worry. ◆ **descuidarse** *v pron*: *Si me descuido, pierdo el tren.* I nearly missed the train.

descuido *nm*: *El accidente ocurrió por un* ~ *del conductor.* The driver lost his concentration and caused an accident. ◊ *El perro se le escapó en un* ~. The dog ran off while he wasn't paying attention.

desde *prep* **1** (*tiempo*) since: *Vivo en esta casa desde 1986.* I've been living in this house since 1986. ◊ *Desde que se fueron...* Since they left... ☛ *Ver notas en* FOR *y* SINCE **2** (*lugar, cantidad*) from: *desde abajo* from below ◊ *Desde nuestro*

apartamento se ve la playa. You can see the beach from our flat. LOC **desde... hasta...** from... to...: *desde el 8 hasta el 15* from the 8th to the 15th

desear *vt* **1** (*suerte*) to wish *sb sth*: *Te deseo suerte.* I wish you luck. **2** (*anhelar*) to wish for *sth*: *¿Qué más podría* ~? What more could I wish for?

desechable *adj* disposable

desembarcar ◆ *vt* **1** (*mercancía*) to unload **2** (*persona*) to set *sb* ashore ◆ *vi* to disembark

desembocadura *nf* **1** (*río*) mouth **2** (*calle*) end

desembocar *vi* ~ **en 1** (*río*) to flow into *sth* **2** (*calle, túnel*) to lead to *sth*

desembolsar *vt* to pay *sth* (out)

desempatar *vi* **1** (*Dep*) to play off **2** (*Pol*) to break the deadlock

desempate *nm* play-off

desempeñar *vt* **1** (*cargo*) to hold: ~ *el puesto de decano* to hold the post of dean **2** (*papel*) to play

desempleado, -a *adj, nm-nf* unemployed [*adj*]: *los* ~s the unemployed

desempleo *nm* unemployment

desencajado, -a *pp, adj* **1** (*cara*) contorted **2** (*hueso*) dislocated

desenchufar *vt* to unplug

desenfadado, -a *pp, adj* **1** (*informal*) casual: *ropa desenfadada* casual clothes **2** (*sin inhibiciones*) uninhibited

desenfocado, -a *pp, adj* out of focus

desenfundar *vt* to pull *sth* out

desenganchar ◆ *vt* to unhook ◆ **desengancharse** *v pron* (*droga*) to come off drugs

desengañar ◆ *vt* **1** (*desilusionar*) to disillusion **2** (*revelar la verdad*) to open *sb's* eyes ◆ **desengañarse** *v pron* **1** (*desilusionarse*) to become disillusioned **2** (*enfrentarse a la verdad*) to face facts: *Desengáñate, no van a venir.* Face facts. They're not coming.

desengaño *nm* disappointment LOC **llevarse/sufrir un desengaño amoroso** to be disappointed in love

desenredarse *v pron* LOC **desenredarse el pelo** to get the tangles out of your hair

desenrollar(se) *vt, v pron* **1** (*papel*) to unroll **2** (*cable*) to unwind

desenroscar *vt* to unscrew

desenterrar *vt* to dig *sth* up: ~ *un hueso* to dig up a bone

desentonar vi ~ (con) to clash (with sth): ¿Crees que estos colores desentonan? Do you think these colours clash?

desenvolver ♦ vt to unwrap: ~ un paquete to unwrap a parcel ♦ desenvolverse v pron to get on: Se desenvuelve bien en el trabajo/colegio. He's getting on well at work/school.

deseo nm wish: Piensa un ~. Make a wish.

desértico, -a adj 1 (zona) desert [n atrib]: una zona desértica a desert area 2 (clima) arid

desertización (tb desertificación) nf desertification

desertor, ~a nm-nf deserter

desesperación nf despair: para ~ mía/de los médicos to my despair/the despair of the doctors

desesperado, -a pp, adj 1 (gen) desperate: Estoy ~ por verla. I'm desperate to see her. 2 (situación, caso) hopeless LOC a la desesperada in desperation Ver tb DESESPERAR

desesperar ♦ vt to drive sb mad: Le desesperaba no conseguir trabajo. Not being able to get a job was driving him mad. ♦ vi ~ (de) to despair (of doing sth): No desesperes, aún puedes aprobar. Don't despair. You can still pass.

desfasado, -a pp, adj out of date: ideas desfasadas out of date ideas

desfavorable adj unfavourable

desfigurar vt 1 (estropear parte del cuerpo) to disfigure 2 (cambiar) to distort: ~ una imagen/los hechos to distort an image/the facts

desfiladero nm gorge

desfilar vi 1 (gen) to march 2 (modelos) to parade

desfile nm parade LOC desfile de modelos fashion show

desforestación nf Ver DEFORESTACIÓN

desgarrar(se) vt, v pron to tear: ~se el pantalón/un ligamento to tear your trousers/a ligament

desgastar(se) vt, v pron 1 (ropa, zapatos) to wear (sth) out: ~ unas botas to wear out a pair of boots ◊ Se me ha desgastado el jersey por los codos. My sweater's worn at the elbows. 2 (rocas) to wear (sth) away, to erode (más formal)

desgaste nm 1 (rocas) erosion 2 (por el uso) wear: Esta alfombra sufre mucho ~. This rug gets a lot of wear.

desgracia nf bad luck [incontable]: Han tenido muchas ~s. They've had a lot of bad luck. LOC por desgracia unfortunately tener la desgracia de to be unlucky enough to do sth

desgraciado, -a pp, adj 1 (sin suerte) unlucky 2 (infeliz) unhappy: llevar una vida desgraciada to lead an unhappy life ♦ nm-nf 1 (pobre) wretch 2 (mala persona) swine

deshabitado, -a pp, adj deserted

deshacer ♦ vt 1 (nudo, paquete) to undo 2 (cama) to strip 3 (desmontar) to take sth to pieces: ~ un puzzle to take a jigsaw to pieces 4 (derretir) to melt ♦ deshacerse v pron 1 (nudo, costura) to come undone 2 (derretirse) to melt 3 deshacerse de to get rid of sth/sb: ~se de un coche viejo to get rid of an old car LOC Ver MALETA

deshelar(se) vt, v pron to thaw

deshinchar ♦ vt (desinflar) to let sth down ♦ deshincharse v pron to go down

deshonesto, -a adj dishonest LOC Ver PROPOSICIÓN

desierto, -a ♦ adj deserted ♦ nm desert LOC Ver ISLA

designar vt 1 (persona) to appoint sb (sth/to sth): Ha sido designado (como) presidente/para el puesto. He has been appointed chairman/to the post. 2 (sitio) to designate sth (as sth): ~ Madrid como sede de los Juegos to designate Madrid as the venue for the Games

desigual adj (irregular) uneven: un terreno ~ uneven terrain

desigualdad nf inequality [pl inequalities]

desilusión nf disappointment LOC llevarse una desilusión to be disappointed

desilusionar vt to disappoint

desinfectante nm disinfectant

desinfectar vt to disinfect

desinflar ♦ vt to let sth down ♦ desinflarse v pron (objeto inflado) to go down

desintegración nf disintegration

desintegrarse v pron to disintegrate

desinterés nm lack of interest

desistir vi ~ (de) to give up (sth/doing sth): ~ de buscar trabajo to give up looking for work

desleal adj disloyal

deslizar ♦ vt 1 (gen) to slide: Puedes ~ el asiento hacia adelante. You can slide the seat forward. 2 (con disimulo) to slip: Deslizó la carta en su bolsillo. He

slipped the letter into his pocket. ◆
deslizarse *v pron* to slide: *~se sobre el hielo* to slide on the ice

deslumbrante *adj* dazzling: *una luz/ actuación ~* a dazzling light/performance

deslumbrar *vt* to dazzle

desmadrarse *v pron* to run wild

desmano LOC **a desmano** out of the way: *Nos pilla muy a ~.* It's well out of our way.

desmantelar *vt* to dismantle

desmaquillador, **~a** *adj* LOC **crema/ loción desmaquilladora** make-up remover

desmayarse *v pron* to faint

desmayo *nm* faint LOC **darle a algn un desmayo** to faint

desmedido, **-a** *pp, adj* excessive

desmejorado, **-a** *pp, adj*: *La encontré un poco desmejorada.* She wasn't looking too well. ◊ *Está muy ~ desde la última vez que lo vi.* He's gone rapidly downhill since the last time I saw him.

desmelenarse *v pron* to let your hair down

desmentir *vt* to deny: *Desmintió las acusaciones.* He denied the accusations.

desmenuzar *vt* **1** (*gen*) to break *sth* into small pieces **2** (*pan, galletas*) to crumble *sth* (up)

desmontar ◆ *vt* **1** (*gen*) to take *sth* apart: *~ una bici* to take a bike apart **2** (*andamio, estantería, tienda de campaña*) to take *sth* down ◆ *vi* (*bajar de un caballo*) to dismount

desmoralizarse *v pron* to lose heart: *Sigue adelante, no te desmoralices.* Keep going, don't lose heart.

desnatado, **-a** *pp, adj* LOC *Ver* LECHE, YOGUR

desnivel *nm*: *el ~ entre la casa y el jardín* the difference in level between the house and the garden

desnivelado, **-a** *pp, adj* not level: *El suelo está ~.* The ground isn't level.

desnudar ◆ *vt* to undress ◆ **desnudarse** *v pron* to get undressed: *Se desnudó y se metió en la cama.* He got undressed and got into bed.

desnudo, **-a** *adj* **1** (*persona*) naked: *El niño está medio ~.* The child is half-naked. **2** (*parte del cuerpo, vacío*) bare: *brazos ~s/paredes desnudas* bare arms/ walls ☞ *Ver nota en* NAKED

desnutrido, **-a** *pp, adj* undernourished

desobedecer *vt* to disobey: *~ órdenes/ a tus padres* to disobey orders/your parents

desobediencia *nf* disobedience

desobediente *adj, nmf* disobedient [*adj*]: *¡Eres una ~!* You're a very disobedient girl!

desodorante *nm* deodorant

desolador, **~a** *adj* devastating

desolar *vt* to devastate: *La noticia nos desoló.* We were devastated by the news.

desorden *nm* mess: *Perdona el ~.* Sorry about the mess. ◊ *Tenía la casa en ~.* The house was (in) a mess.

desordenado, **-a** *pp, adj, nm-nf* untidy [*adj*]: *¡Eres un ~!* You're so untidy! LOC **dejar algo desordenado** to mess sth up *Ver tb* DESORDENAR

desordenar *vt* to make *sth* untidy, to mess *sth* up (*más coloq*): *Me has desordenado el armario.* You've made a mess of my wardrobe.

desorganizado, **-a** *pp, adj, nm-nf* disorganized [*adj*]: *Ya sé que soy un ~.* I know I'm disorganized. *Ver tb* DESORGANIZAR

desorganizar *vt* to disrupt: *La huelga nos desorganizó las clases.* Our lessons were disrupted by the strike.

desorientar ◆ *vt* (*desconcertar*) to confuse: *Sus instrucciones me desorientaron.* I was confused by his directions. ◆ **desorientarse** *v pron* to get lost: *Me he desorientado.* I'm lost.

despachar *vt* **1** (*atender*) to serve **2** (*solucionar*) to settle: *Despachamos el tema en media hora.* We settled the matter in half an hour. **3** (*librarse de algn*) to get rid of *sb*: *Me despachó rápido.* He soon got rid of me.

despacho *nm* **1** (*oficina*) office: *Nos recibió en su ~.* She saw us in her office. **2** (*en casa*) study [*pl* studies]

despacio ◆ *adv* **1** (*lentamente*) slowly: *Conduce ~.* Drive slowly. **2** (*largo y tendido*) at length: *¿Por qué no lo hablamos más ~ durante la cena?* Why don't we talk about it at greater length over dinner? ◆ *¡despacio!* *interj* slow down! LOC *Ver* TORTUGA

despampanante *adj* stunning

despectivo, **-a** *adj* scornful: *en tono ~* in a scornful tone

despedida *nf* **1** (*gen*) goodbye, farewell (*más formal*): *cena de ~* farewell dinner **2** (*celebración*) leaving party LOC **despedida de soltero/soltera** stag/hen night

despedir ♦ *vt* **1** (*decir adiós*) to see *sb* off: *Fuimos a ~les a la estación.* We went to see them off at the station. **2** (*empleado*) to dismiss, to give *sb* the sack (*coloq*) **3** (*calor, luz, olor*) to give *sth* off ♦ **despedirse** *v pron* **despedirse (de)** to say goodbye (**to sth/sb**): *Ni siquiera se han despedido.* They didn't even say goodbye.

despegado, -a *pp, adj* **1** (*separado*) unstuck **2** (*persona*) cold: *Es muy despegada con su familia.* She's very cold towards her family. *Ver tb* DESPEGAR

despegar ♦ *vt* to pull *sth* off ♦ *vi* (*avión*) to take off: *El avión está despegando.* The plane is taking off. ♦ **despegarse** *v pron* to come off: *Se ha despegado el asa.* The handle's come off.

despegue *nm* take-off.

despeinado, -a *pp, adj* untidy: *Estás ~.* Your hair's untidy. *Ver tb* DESPEINAR(SE)

despeinar(se) *vt, v pron* to mess sb's/your hair up: *No me despeines.* Don't mess my hair up.

despejado, -a *pp, adj* clear: *un cielo ~/una mente despejada* a clear sky/mind *Ver tb* DESPEJAR

despejar ♦ *vt* to clear: *¡Despejen la zona!* Clear the area! ♦ *v imp* (*cielo*) to clear up: *Despejó a eso de las cinco.* It cleared up at about five. ♦ **despejarse** *v pron* **1** (*nubes*) to clear (away) **2** (*despertarse*) to wake up

despensa *nf* larder

desperdiciar *vt* to waste

desperdicio *nm* **1** (*gen*) waste **2** **desperdicios** scraps

desperezarse *v pron* to stretch

desperfecto *nm* **1** (*deterioro*) damage [*incontable*]: *Sufrió algunos ~s.* It suffered some damage. **2** (*imperfección*) flaw

despertador *nm* alarm (clock): *He puesto el ~ para las siete.* I've set the alarm for seven. ☞ *Ver dibujo en* RELOJ

despertar ♦ *vt* **1** (*persona*) to wake up: *¿A qué hora quieres que te despierte?* What time do you want me to wake you up? **2** (*interés, sospecha*) to arouse ♦ **despertar(se)** *vi, v pron* to wake up LOC **tener (un) buen/mal despertar** to wake up in a good/bad mood

despido *nm* dismissal

despierto, -a *pp, adj* **1** (*no dormido*) awake: *¿Estás ~?* Are you awake? **2** (*espabilado*) bright LOC *Ver* SOÑAR; *Ver tb* DESPERTAR

despistado, -a *pp, adj* **1** (*por naturaleza*) absent-minded **2** (*distraído*) miles away: *Iba ~ y no les vi.* I was miles away and didn't see them. LOC **hacerse el despistado:** *Nos vio pero se hizo el ~.* He saw us but pretended not to. *Ver tb* DESPISTAR

despistar *vt* **1** (*desorientar*) to confuse **2** (*dar esquinazo*) to shake *sb* off: *Despistó a la policía.* He shook off the police.

despiste *nm* absent-mindedness [*incontable*]: *¡Vaya ~ que llevas!* You're so absent-minded!

desplazado, -a *pp, adj* out of place: *sentirse ~* to feel out of place *Ver tb* DESPLAZAR

desplazar ♦ *vt* (*sustituir*) to take the place **of sth/sb**: *El ordenador ha desplazado a la máquina de escribir.* Computers have taken the place of typewriters. ♦ **desplazarse** *v pron* to go: *Se desplazan a todos los sitios en taxi.* They go everywhere by taxi.

desplegar *vt* **1** (*mapa, papel*) to unfold **2** (*velas*) to unfurl **3** (*tropas, armamento*) to deploy

despliegue *nm* deployment

desplomarse *v pron* to collapse

despoblación *nf* depopulation

despoblado, -a *pp, adj* (*sin habitantes*) uninhabited

déspota *nmf* tyrant

despreciable *adj* despicable

despreciar *vt* **1** (*menospreciar*) to despise, to look down on *sb* (*más coloq*): *Despreciaban a los otros alumnos.* They looked down on the other students. **2** (*rechazar*) to reject: *Despreciaron nuestra ayuda.* They rejected our offer of help.

desprecio *nm* contempt (**for sth/sb**): *mostrar ~ por algn* to show contempt for *sb*

desprender ♦ *vt* **1** (*separar*) to take *sth* off, to remove (*más formal*): *Desprende la etiqueta.* Take the price tag off. **2** (*emanar*) to give *sth* off: *Esta estufa desprende gas.* This stove is giving off gas. ♦ **desprenderse** *v pron* **1** (*separarse*) to come off: *Se te ha desprendido un botón.* One of your buttons has come off. **2 desprenderse de** to get rid of *sth*: *Se desprendió de varios libros.* He got rid of several books.

desprendimiento *nm* LOC **desprendimiento de tierras** landslide

desprestigiar *vt* to discredit

desprevenido, -a *adj* LOC **coger/pillar a algn desprevenido** to catch sb unawares

desproporcionado, -a *adj* disproportionate (**to sth**)

desprovisto, -a *pp, adj* ~ **de** lacking in **sth**

después *adv* **1** (*más tarde*) afterwards, later (*más colog*): ~ *dijo que no le había gustado*. He said afterwards he hadn't liked it. ◊ *Salieron poco* ~. They came out shortly afterwards. ◊ *Si estudias ahora,* ~ *puedes ver la tele*. If you do your homework now, you can watch TV later. ◊ *No me lo dijeron hasta mucho* ~. They didn't tell me until much later. **2** (*a continuación*) next: *¿Y qué pasó* ~? What happened next? LOC **después de** after *sth/doing sth*: ~ *de las dos* after two o'clock ◊ ~ *de hablar con ellos* after talking to them ◊ *La farmacia está* ~ *del banco*. The chemist's is after the bank. **después de que** when: ~ *de que acabes los deberes pon la mesa*. When you've finished your homework, you can lay the table. **después de todo** after all

despuntar *vi* **1** (*plantas*) to bud: *Ya despuntan los rosales*. The roses are starting to bud. **2** (*alba, día*) to break **3** (*persona*) to stand out

destacar ◆ *vt* to point *sth* out: *El profesor destacó varios aspectos de su obra*. The teacher pointed out various aspects of his work. ◆ **destacar(se)** *vi, v pron* to stand out: *El rojo destaca sobre el verde*. Red stands out against green.

destapar ◆ *vt* **1** (*quitar la tapa*) to take the lid off *sth*: ~ *una olla* to take the lid off a saucepan **2** (*en la cama*) to pull the bedclothes off *sb*: *No me destapes*. Don't pull the bedclothes off me. ◆ **destaparse** *v pron* (*en la cama*) to throw the bedclothes off

destaponar(se) *vt, v pron* to unblock

destartalado, -a *adj* dilapidated

desteñir(se) ◆ *vt, v pron* to fade: *Se te ha desteñido la falda*. Your skirt's faded. ◆ *vi*: *Esa camisa roja destiñe*. The colour runs in that red shirt.

destinar *vt* to post: *La han destinado a Vigo*. She's been posted to Vigo.

destinatario, -a *nm-nf* addressee

destino *nm* **1** (*sino*) fate **2** (*avión, barco, tren, pasajero*) destination **3** (*lugar de trabajo*): *Me van a cambiar de* ~. I'm going to be posted somewhere else. LOC **con destino a...** for...: *el ferry con* ~ *a Plymouth* the ferry for Plymouth

destornillador *nm* screwdriver

destrozado, -a *pp, adj* (*abatido*) devastated (*at/by sth*): ~ *por la pérdida de su hijo* devastated by the loss of his son *Ver tb* DESTROZAR

destrozar *vt* **1** (*gen*) to destroy **2** (*hacer trozos*) to smash: *Destrozaron los cristales del escaparate*. They smashed the shop window. **3** (*arruinar*) to ruin: ~ *la vida de algn* to ruin sb's life

destrucción *nf* destruction

destructivo, -a *adj* destructive

destructor *nm* (*Náut*) destroyer

destruir *vt* to destroy

desvalido, -a *adj* helpless

desvalijar *vt* **1** (*lugar*): *Me habían desvalijado el coche*. Everything had been stolen from my car. **2** (*persona*) to rob *sb* of all they have

desván *nm* loft

desvanecerse *v pron* **1** (*desmayarse*) to faint **2** (*desaparecer*) to disappear

desvariar *vi* **1** (*delirar*) to be delirious **2** (*decir disparates*) to talk nonsense

desvelar ◆ *vt* **1** (*espabilar*) to keep *sb* awake **2** (*revelar*) to reveal ◆ **desvelarse 1** (*espabilarse*) to wake up **2** **desvelarse por** (*desvivirse*) to do your utmost for *sb*

desventaja *nf* disadvantage LOC **estar en desventaja** to be at a disadvantage

desvergonzado, -a *adj, nm-nf* **1** (*que no tiene vergüenza*) shameless [*adj*]: *ser un* ~ to have no shame **2** (*insolente*) cheeky [*adj*]

desvestir ◆ *vt* to undress ◆ **desvestirse** *v pron* to get undressed

desviación *nf* **1** (*tráfico*) diversion **2** ~ (**de**) (*irregularidad*) deviation (**from sth**)

desviar ◆ *vt* to divert: ~ *el tráfico* to divert traffic ◊ ~ *los fondos de una sociedad* to divert company funds ◆ **desviarse** *v pron* **1** (*carretera*) to branch off: *Verás que la carretera se desvía hacia la izquierda*. You'll see that the road branches off to the left. **2** (*coche*) to turn off LOC **desviar la mirada** to avert your eyes **desviarse del tema** to wander off the subject

desvío *nm* diversion

desvivirse *v pron* ~ **por** to live for *sth/sb*: *Se desviven por sus hijos*. They live for their children.

detalladamente *adv* in detail

detallado, -a *pp, adj* detailed *Ver tb* DETALLAR

detallar vt 1 (contar con detalle) to give details of sth 2 (especificar) to specify

detalle nm 1 (pormenor) detail 2 (atención) gesture LOC **¡qué detalle!** how thoughtful! **tener muchos detalles (con algn)** to be very considerate (to sb)

detallista adj thoughtful: Tú siempre tan ~. You're always so thoughtful.

detectar vt to detect

detective nmf detective

detector nm detector: un ~ de mentiras/metales a lie/metal detector

detención nf 1 (arresto) arrest 2 (paralización) halt: La falta de material motivó la ~ de las obras. Lack of materials brought the building work to a halt.

detener ◆ vt 1 (gen) to stop 2 (arrestar) to arrest ◆ **detenerse** v pron to stop

detenidamente adv carefully

detenido, -a ◆ pp, adj: estar / quedar ~ to be under arrest ◆ nm-nf person under arrest, detainee (más formal) Ver tb DETENER

detergente nm detergent

deteriorar ◆ vt to damage ◆ **deteriorarse** v pron to deteriorate: Su salud se deterioraba día a día. Her health was deteriorating by the day.

determinado, -a pp, adj 1 (cierto) certain: en ~s casos in certain cases 2 (artículo) definite Ver tb DETERMINAR

determinar vt to determine: ~ el precio de algo to determine the price of sth

detestar vt to detest sth/doing sth, to hate sth/doing sth (más coloq)

detrás adv 1 (gen) behind: Los otros vienen ~. The others are coming behind. 2 (atrás) at/on the back: El mercado está ~. The market is at the back. ◊ El precio está ~. The price is on the back. LOC **detrás de** 1 (gen) behind: ~ de nosotros/la casa behind us/the house 2 (después de) after: Fuma un cigarrillo ~ de otro. He smokes one cigarette after another. **estar detrás de algn** (gustar) to be after sb **por detrás** from behind Ver tb MOSCA

deuda nf debt LOC **tener una deuda** to be in debt (to sth/sb): tener una ~ con el banco to be in debt to the bank

devaluar vt to devalue

devanarse v pron LOC Ver SESO

devastador, ~a adj devastating

devolución nf 1 (artículo) return: la ~ de mercancías defectuosas the return of defective goods 2 (dinero) refund

devolver ◆ vt 1 (gen) to return sth (to sth/sb): ¿Devolviste los libros a la biblioteca? Did you return the books to the library? 2 (dinero) to refund: Se le devolverá el importe. Your money will be refunded. 3 (vomitar) to bring sth up ◆ vi to be sick: El niño ha devuelto. The baby has been sick.

devorar vt to devour

devoto, -a adj (piadoso) devout

día nm 1 (gen) day [pl days]: Pasamos el ~ en Segovia. We spent the day in Segovia. ◊ —¿Qué ~ es hoy? —Martes. 'What day is it today?' 'Tuesday.' ◊ al ~ siguiente the following day 2 (en fechas): Llegaron el ~ 10 de abril. They arrived on 10 April. ☛ Se dice 'April the tenth' o 'the tenth of April': Termina el ~ 15. It ends on the 15th. Ver tb Apéndice 1 LOC **al/por día** a day: tres veces al ~ three times a day **¡buenos días!** good morning!, morning! (coloq) **dar los buenos días** to say good morning **de día/durante el día** in the daytime/ during the daytime: Duermen de ~. They sleep in the daytime. **día de la madre/del padre** Mother's/Father's Day **día de los enamorados** Valentine's Day

En Gran Bretaña la tradición consiste en enviar una tarjeta anónima (**valentine card** o **valentine**) a la persona querida, con el mensaje **I love you**.

día de los inocentes ≃ April Fool's Day (GB) ☛ Ver nota en APRIL **día de Navidad** Christmas Day ☛ Ver nota en NAVIDAD **día de Reyes** 6 January **día de Todos los Santos** All Saints' Day ☛ Ver nota en HALLOWE'EN **día festivo** holiday [pl holidays] **día libre** 1 (no ocupado) free day 2 (sin ir a trabajar) day off: Mañana es mi ~ libre. Tomorrow's my day off. **el día de mañana** in the future **estar al día** to be up to date **hacer buen día** to be a nice day: Hace buen ~ hoy. It's a nice day today. **hacerse de día** to get light **poner al día** to bring sth/sb up to date **ser de día** to be light **todos los días** every day ☛ Ver nota en EVERYDAY **un día sí y otro no** every other day Ver tb ALGUNO, HOY, MENÚ, PLENO, QUINCE, VIVIR

diabetes nf diabetes [sing]

diabético, -a adj, nm-nf diabetic

diablo nm devil LOC Ver ABOGADO

diadema nf (cinta) hair band

diagnóstico nm diagnosis [pl diagnoses]

diagonal adj, nf diagonal

diagrama nm diagram

dialecto nm dialect: *un ~ del inglés* a dialect of English

diálogo nm conversation: *Tuvimos un ~ interesante.* We had an interesting conversation.

diamante nm **1** (*piedra*) diamond **2 diamantes** (*Naipes*) diamonds ☛ *Ver nota en* BARAJA

diámetro nm diameter

diapositiva nf slide: *una ~ en color* a colour slide

diariamente adv every day, daily (*más formal*) ☛ *Ver nota en* EVERYDAY

diario, -a ◆ adj daily ◆ nm **1** (*periódico*) newspaper **2** (*personal*) diary [pl diaries] LOC **a diario** every day **de/para diario** everyday: *ropa de ~* everyday clothes ☛ *Ver nota en* EVERYDAY

diarrea nf diarrhoea [*incontable*]

dibujante nmf **1** (*Tec*) draughtsman/woman [pl draughtsmen/women] **2** (*humor*) cartoonist

dibujar vt to draw

dibujo nm **1** (*Arte*) drawing: *estudiar ~* to study drawing ◊ *un ~* a drawing ◊ *Haz un ~ de tu familia.* Draw a picture of your family. **2** (*motivo*) pattern LOC **dibujo lineal** technical drawing **dibujos animados** cartoons

diccionario nm dictionary [pl dictionaries]: *Búscalo en el ~.* Look it up in the dictionary. ◊ *un ~ bilingüe* a bilingual dictionary

dicho, -a ◆ pp, adj that [pl those]: *~ año* that year ◆ nm (*refrán*) saying LOC **dicho de otra forma/manera** in other words **dicho y hecho** no sooner said than done *Ver tb* MEJOR; *Ver tb* DECIR[1]

diciembre nm December (*abrev* Dec) ☛ *Ver ejemplos en* ENERO

dictado nm dictation: *Vamos a hacer un ~.* We're going to do a dictation.

dictador, ~a nm-nf dictator

dictadura nf dictatorship: *durante la ~ militar* under the military dictatorship

dictar vt, vi to dictate LOC **dictar sentencia** to pass sentence

didáctico, -a adj LOC *Ver* MATERIAL

diecinueve nm, adj, pron **1** (*gen*) nineteen **2** (*fecha*) nineteenth ☛ *Ver ejemplos en* ONCE *y* SEIS

dieciocho nm, adj, pron **1** (*gen*) eighteen **2** (*fecha*) eighteenth ☛ *Ver ejemplos en* ONCE *y* SEIS

dieciséis nm, adj, pron **1** (*gen*) sixteen **2** (*fecha*) sixteenth ☛ *Ver ejemplos en* ONCE *y* SEIS

diecisiete nm, adj, pron **1** (*gen*) seventeen **2** (*fecha*) seventeenth ☛ *Ver ejemplos en* ONCE *y* SEIS

diente nm tooth [pl teeth] LOC **diente de ajo** clove of garlic **diente de leche** milk tooth [pl milk teeth] *Ver tb* CANTO[3], CEPILLO, LAVAR, PASTA

diesel nm (*motor*) diesel engine

diestro, -a adj (*persona*) right-handed LOC **a diestro y siniestro** right, left and centre

dieta nf **1** (*gen*) diet: *estar a ~* to be on a diet **2 dietas** expenses

diez nm, adj, pron **1** (*gen*) ten **2** (*fechas*) tenth ☛ *Ver ejemplos en* SEIS LOC **sacar un diez** to get top marks

difamar vt **1** (*de palabra*) to slander **2** (*por escrito*) to libel

diferencia nf **1** ~ **con/entre** difference between sth (**and sth**): *Madrid tiene una hora de ~ con Londres.* There's an hour's difference between Madrid and London. ◊ *la ~ entre dos telas* the difference between two fabrics **2** ~ (**de**) difference (**in/of** sth): *No hay mucha ~ de precio entre los dos.* There's not much difference in price between the two. ◊ *~ de opiniones* difference of opinion LOC **a diferencia de** unlike **con diferencia** by far: *Es el más importante con ~.* It's by far the most important.

diferenciar ◆ vt to differentiate sth (**from sth**); to differentiate between sth **and sth** ◆ **diferenciarse** v pron: *No se diferencian en nada.* There's no difference between them. ◊ *¿En qué se diferencia?* What's the difference?

diferente ◆ adj ~ (**a/de**) different (**from sth/sb**) ◆ adv differently: *Pensamos ~.* We think differently.

diferido, -a pp, adj LOC **en diferido** prerecorded

difícil adj difficult

dificultad nf difficulty [pl difficulties]

difuminar vt to blur

difundir ◆ vt **1** (*Radio, TV*) to broadcast **2** (*publicar*) to publish **3** (*oralmente*) to spread ◆ **difundirse** v pron (*noticia, luz*) to spread

difunto, -a ◆ adj late: *el ~ presidente* the late president ◆ nm-nf deceased: *los familiares del ~* the family of the deceased

difusión *nf* **1** (*ideas*) dissemination **2** (*programas*) broadcasting **3** (*diario, revista*) circulation

digerir *vt* to digest

digestión *nf* digestion LOC **hacer la digestión:** *Todavía estoy haciendo la* ~. I've only just eaten. ◊ *Hay que hacer la* ~ *antes de bañarse.* You mustn't go swimming straight after meals. *Ver tb* CORTE¹

digestivo, -a *adj* digestive: *el aparato* ~ the digestive system

digital *adj* digital

dignarse *v pron* to deign **to do sth**

dignidad *nf* dignity

digno, -a *adj* **1** (*gen*) decent: *el derecho a un trabajo* ~ the right to a decent job **2** ~ **de** worthy **of sth/sb**: ~ *de atención* worthy of attention LOC **digno de confianza** reliable

dilatar(se) *vt, v pron* **1** (*agrandar(se), ampliar(se)*) to expand **2** (*poros, pupilas*) to dilate

dilema *nm* dilemma

diluir ♦ *vt* **1** (*sólido*) to dissolve **2** (*líquido*) to dilute **3** (*salsa, pintura*) to thin ♦ **diluirse** *v pron* (*sólido*) to dissolve

diluvio *nm* flood LOC **el Diluvio Universal** the Flood

dimensión *nf* dimension: *la cuarta* ~ the fourth dimension ◊ *las dimensiones de una sala* the dimensions of a room LOC **de grandes/enormes dimensiones** huge

diminutivo, -a *adj, nm* diminutive

diminuto, -a *adj* tiny

dimisión *nf* resignation: *Presentó su* ~. He handed in his resignation.

dimitir *vi* ~ **(de)** to resign **(from sth)**: ~ *de un cargo* to resign from a post

Dinamarca *nf* Denmark

dinámico, -a ♦ *adj* dynamic ♦ **dinámica** *nf* **1** (*gen*) dynamics [*pl*] **2** (*Mec*) dynamics [*sing*]

dinamita *nf* dynamite

dinamo (*tb* **dínamo**) *nf* dynamo [*pl* dynamos]

dinastía *nf* dynasty [*pl* dynasties]

dineral *nm* fortune: *Cuesta un* ~. It costs a fortune.

dinero *nm* money [*incontable*]: *¿Tienes* ~? Have you got any money? ◊ *Necesito* ~. I need some money. LOC **andar/estar mal de dinero** to be short of money **dinero contante y sonante** hard cash **dinero suelto** (loose) change

dinosaurio *nm* dinosaur

dioptría *nf*: *¿Cuántas* ~*s tienes?* How strong are your glasses?

dios *nm* god LOC **como Dios manda** proper(ly): *una oficina como Dios manda* a proper office ◊ *hacer algo como Dios manda* to do sth properly **¡Dios me libre!** God forbid! **¡Dios mío!** good God! **Dios sabe** God knows **ni Dios** not a soul **¡por Dios!** for God's sake! *Ver tb* AMOR, PEDIR

diosa *nf* goddess

dióxido *nm* dioxide LOC **dióxido de carbono** carbon dioxide

diploma *nm* diploma

diplomacia *nf* diplomacy

diplomado, -a *pp, adj* qualified: *una enfermera diplomada* a qualified nurse

diplomático, -a ♦ *adj* diplomatic ♦ *nm-nf* diplomat

diputación *nf* council: *la* ~ *provincial/ regional* the provincial/regional council

diputado, -a *nm-nf* deputy [*pl* deputies] ≃ Member of Parliament (*abrev* MP) (*GB*) LOC *Ver* CONGRESO

dique *nm* dyke LOC **dique (seco)** dry dock

dirección *nf* **1** (*rumbo*) direction: *Iban en* ~ *contraria.* They were going in the opposite direction. ◊ *salir con* ~ *a Madrid* to set off for Madrid **2** (*señas*) address: *nombre y* ~ name and address LOC **dirección prohibida** (*señal*) no entry **dirección única** one-way: *Esa calle tiene* ~ *única.* That's a one-way street.

directamente *adv* (*derecho*) straight: *Volvimos* ~ *a Málaga.* We went straight back to Malaga.

directivo, -a ♦ *adj* management [*n atrib*]: *el equipo* ~ the management team ♦ *nm-nf* director

directo, -a *adj* **1** (*gen*) direct: *un vuelo* ~ a direct flight ◊ *¿Cuál es el camino más* ~? What's the most direct way? **2** (*tren*) through: *el tren* ~ *a Barcelona* the through train to Barcelona LOC **en directo** live: *una actuación en* ~ a live performance *Ver tb* MÚSICA

director, ~a *nm-nf* **1** (*gen*) director: ~ *artístico/financiero* artistic/financial director ◊ *un* ~ *de cine/teatro* a film/ theatre director **2** (*colegio*) head (teacher) **3** (*banco*) manager **4** (*periódico, editorial*) editor LOC **director (de orquesta)** conductor **director gerente** managing director

dirigente ♦ adj (Pol) ruling ♦ nmf 1 (Pol) leader 2 (empresa) manager LOC Ver MÁXIMO

dirigir ♦ vt 1 (película, obra de teatro, tráfico) to direct 2 (carta, mensaje) to address sth to sth/sb 3 (arma, manguera, telescopio) to point sth at sth/sb 4 (debate, campaña, expedición, partido) to lead 5 (negocio) to run ♦ dirigirse v pron 1 dirigirse a/hacia (ir) to head for...: ~se hacia la frontera to head for the border 2 dirigirse a (hablar) to speak to sb 3 dirigirse a (por carta) to write to sb LOC dirigir la palabra to speak to sb

discapacitado, -a adj, nm-nf disabled [adj]: los ~s disabled people ☞ Ver nota en MINUSVÁLIDO

disciplina nf 1 (gen) discipline: mantener la ~ to maintain discipline 2 (asignatura) subject

discípulo, -a nm-nf 1 (seguidor) disciple 2 (alumno) pupil

disco nm 1 (Mús) record: grabar/poner un ~ to make/play a record 2 (Informát) disk: el ~ duro the hard disk 3 (Dep) discus 4 (semáforo) light 5 (objeto circular) disc LOC disco compacto compact disc (abrev CD)

discográfico, -a adj record [n atrib]: una empresa discográfica a record company

discoteca nf disco [pl discos]

discotequero, -a adj (música) disco [n atrib]: un ritmo ~ a disco beat

discreción nf discretion

discreto, -a adj 1 (prudente) discreet 2 (mediocre) unremarkable

discriminación nf discrimination (against sb): la ~ racial racial discrimination ◊ la ~ de la mujer discrimination against women

discriminar vt to discriminate against sb

disculpa nf 1 (excusa) excuse: Esto no tiene ~. There's no excuse for this. 2 (pidiendo perdón) apology [pl apologies] LOC Ver PEDIR

disculpar ♦ vt to forgive: Disculpe la interrupción. Forgive the interruption. ◊ Disculpa que llegue tarde. Sorry I'm late. ♦ disculparse v pron to apologize (to sb) (for sth): Me disculpé con ella por no haber escrito. I apologized to her for not writing.

discurso nm speech: pronunciar un ~ to give a speech

discusión nf 1 (debate) discussion 2 (disputa) argument

discutido, -a pp, adj (polémico) controversial Ver tb DISCUTIR

discutir ♦ vt 1 (debatir) to discuss 2 (cuestionar) to question: ~ una decisión to question a decision ♦ vi 1 ~ de/sobre (hablar) to discuss sth [vt]: ~ de política to discuss politics 2 (reñir) to argue (with sb) (about sth)

disecar vt 1 (animal) to stuff 2 (flor) to press 3 (hacer la disección) to dissect

diseñador, -a nm-nf designer

diseñar vt 1 (gen) to design 2 (plan) to draw sth up

diseño nm design: ~ gráfico graphic design

disfraz nm fancy dress [incontable]: un sitio donde alquilan disfraces a shop where you can hire fancy dress LOC Ver BAILE

disfrazarse v pron ~ (de) (para una fiesta) to dress up (as sth/sb): Se disfrazó de Cenicienta. She dressed up as Cinderella.

disfrutar ♦ vi, vt to enjoy sth/doing sth: Disfrutamos bailando/con el fútbol. We enjoy dancing/football. ◊ Disfruto de buena salud. I enjoy good health. ♦ vi (pasarlo bien) to enjoy yourself: ¡Que disfrutes mucho! Enjoy yourself!

disgustado, -a pp, adj upset Ver tb DISGUSTAR

disgustar ♦ vi to upset sb [vt]: Les disgustó mucho que suspendiera. They were very upset he failed. ♦ disgustarse v pron to get upset: Se disgusta siempre que llego tarde. She gets upset whenever I'm late.

disgusto nm 1 (tristeza) sorrow: Su decisión les causó un gran ~. His decision caused them great sorrow. 2 (desgracia) accident: Corres tanto que un día tendrás un ~. You drive so fast you're going to have an accident one day. LOC a disgusto unwillingly: hacer algo a ~ to do sth unwillingly dar disgustos to upset sb: Da muchos ~s a sus padres. He's always upsetting his parents. llevarse un disgusto to be upset: Cuando me dieron las notas me llevé un ~. I was upset when I got my results. Ver tb MATAR

disimular ♦ vt to hide: ~ la verdad/una cicatriz to hide the truth/a scar ♦ vi to pretend: Disimula, haz como que no sabes nada. Pretend you don't know anything. ◊ ¡Ahí vienen! ¡Disimula!

There they are! Pretend you haven't seen them.

disimulo *nm* LOC **con/sin disimulo** surreptitiously/openly

dislexia *nf* dyslexia

disléxico, -a *adj, nm-nf* dyslexic

dislocar(se) *vt, v pron* to dislocate

disminución *nf* drop (*In sth*): *una ~ en el número de accidentes* a drop in the number of accidents

disminuido, -a *adj, nm-nf* disabled [*adj*]: *los ~s físicos* people with a physical disability ☛ *Ver nota en* MINUSVÁLIDO

disminuir ♦ *vt* to reduce: *Disminuye la velocidad.* Reduce your speed. ♦ *vi* to drop: *Han disminuido los precios.* Prices have dropped.

disolver(se) *vt, v pron* 1 (*en un líquido*) to dissolve: *Disuelva el azúcar en la leche.* Dissolve the sugar in the milk. 2 (*manifestación*) to break (*sth*) up: *La manifestación se disolvió en seguida.* The demonstration broke up immediately.

disparado, -a *pp, adj* LOC **salir disparado** to shoot out (*of...*): *Salieron ~s del banco.* They shot out of the bank. *Ver tb* DISPARAR

disparar ♦ *vt, vi* to shoot: *~ una flecha* to shoot an arrow ◊ *¡No disparen!* Don't shoot! ◊ *Disparaban contra todo lo que se movía.* They were shooting at everything that moved. ◊ *~ a puerta* to shoot at goal ♦ **dispararse** *v pron* 1 (*arma, dispositivo*) to go off: *La pistola se disparó.* The pistol went off. 2 (*aumentar*) to shoot up: *Se han disparado los precios.* Prices have shot up.

disparate *nm* 1 (*dicho*) nonsense [*incontable*]: *¡No digas ~s!* Don't talk nonsense! 2 (*hecho*) stupid thing LOC *Ver* SARTA

disparo *nm* shot: *Murió a consecuencia de un ~.* He died from a gunshot wound. ◊ *Oí un ~.* I heard a shot.

dispersar(se) *vt, v pron* to disperse

disponer ♦ *vi* **- de** 1 (*tener*) to have *sth* [*vt*] 2 (*utilizar*) to use *sth* [*vt*]: *~ de tus ahorros* to use your savings ♦ **disponerse** *v pron* **disponerse a** to get ready **for sth/to do sth**: *Me disponía a salir cuando llegó mi tía.* I was getting ready to leave when my aunt arrived.

disponible *adj* available

dispositivo *nm* device

dispuesto, -a *pp, adj* 1 (*ordenado*) arranged 2 (*preparado*) ready (*for sth*):

Todo está ~ para la fiesta. Everything is ready for the party. 3 (*servicial*) willing 4 **~ a** (*decidido*) prepared **to do sth**: *No estoy ~ a dimitir.* I'm not prepared to resign. *Ver tb* DISPONER

disputado, -a *pp, adj* hard-fought *Ver tb* DISPUTAR

disputar ♦ *vt* (*Dep*) to play ♦ **disputarse** *v pron* to compete **for sth**

disquete *nm* floppy disk ☛ *Ver dibujo en* ORDENADOR

disquetera *nf* (*Informát*) disk drive ☛ *Ver dibujo en* ORDENADOR

distancia *nf* distance: *¿A qué ~ está la próxima gasolinera?* How far is it to the next petrol station? LOC **a mucha/poca distancia de...** a long way/not far from...: *a poca ~ de nuestra casa* not far from our house *Ver tb* MANDO, UNIVERSIDAD

distante *adj* distant

distinción *nf* 1 (*gen*) distinction: *hacer distinciones* to make distinctions 2 (*premio*) award LOC **sin distinción de raza, sexo, etc.** regardless of race, gender, etc.

distinguido, -a *pp, adj* distinguished *Ver tb* DISTINGUIR

distinguir ♦ *vt* 1 (*gen*) to distinguish *sth/sb* (*from sth/sb*): *¿Puedes ~ los machos de las hembras?* Can you distinguish the males from the females? ◊ *No puedo ~ a los dos hermanos.* I can't tell the two brothers apart. 2 (*divisar*) to make *sth* out: *~ una silueta* to make out an outline ♦ **distinguirse** *v pron* **distinguirse por** to be known **for sth**: *Se distingue por su tenacidad.* He's known for his tenacity.

distinto, -a *adj* 1 **~ (a/de)** different (**from sth/sb**): *Es muy ~ de/a su hermana.* He's very different from his sister. 2 **distintos** (*diversos*) various: *los ~s aspectos del problema* the various aspects of the problem

distracción *nf* (*pasatiempo*) pastime: *Su ~ favorita es leer.* Reading is her favourite pastime.

distraer ♦ *vt* 1 (*entretener*) to keep *sb* amused: *Les conté cuentos para ~los.* I told them stories to keep them amused. 2 (*apartar la atención*) to distract *sb* (*from sth*): *No me distraigas (de mi labor).* Don't distract me (from what I'm doing). ♦ **distraerse** *v pron* 1 **distraerse haciendo algo** (*pasar el tiempo*) to pass the time **doing sth** 2 (*despistarse*) to be distracted: *Me distraje un* *momento.* I was distracted for a moment.

distraído, -a *pp, adj* absent-minded LOC **estar/ir distraído** to be miles away *Ver tb* DISTRAER

distribución *nf* **1** (*gen*) distribution **2** (*casa, piso*) layout

distribuir *vt* to distribute: *Distribuirán alimentos a/entre los refugiados.* They will distribute food to/among the refugees.

distrito *nm* district LOC **distrito electoral** (*parlamento*) constituency [*pl* constituencies]

disturbio *nm* riot

disuadir *vt* to dissuade *sb* (*from sth/ doing sth*)

diversión *nf* **1** (*pasatiempo*) pastime **2** (*placer*) fun: *Pinto por ~.* I paint for fun. **3** (*espectáculo*) entertainment: *lugares de ~* places of entertainment

diverso, -a *adj* **1** (*variado, diferente*) different: *personas de ~ origen* people from different backgrounds **2 diversos** (*varios*) various: *El libro abarca ~s aspectos.* The book covers various aspects.

divertido, -a *pp, adj* **1** (*gracioso*) funny **2** (*agradable*) enjoyable: *unas vacaciones divertidas* an enjoyable holiday LOC **estar/ser (muy) divertido** to be (great) fun ☛ *Ver nota en* FUN; *Ver tb* DIVERTIR

divertir ◆ *vt* to amuse ◆ **divertirse** *v pron* to have fun LOC **¡que te diviertas!** have a good time!

dividendo *nm* dividend

dividir ◆ *vt* **1** (*gen*) to divide *sth* (up): *~ el trabajo/la tarta* to divide (up) the work/cake ◊ *~ algo en tres partes* to divide something into three parts ◊ *Lo dividieron entre sus hijos.* They divided it up between their children. **2** (*Mat*) to divide *sth* (by *sth*): *~ ocho entre/por dos* to divide eight by two ◆ **dividir(se)** *vt, v pron* **dividir(se) (en)** to split (into *sth*): *Ese asunto ha dividido a la familia.* That affair has split the family. ◊ *~se en dos facciones* to split into two factions

divino, -a *adj* divine

divisa *nf* (*dinero*) (foreign) currency [*gen incontable*]: *pagar en ~s* to pay in foreign currency ◊ *el mercado de ~s* the currency markets

divisar *vt* to make *sth/sb* out

división *nf* division: *un equipo de primera ~* a first division team

divisorio, -a *adj* LOC *Ver* LÍNEA

divorciado, -a ◆ *pp, adj* divorced ◆ *nm-nf* divorcee *Ver tb* DIVORCIARSE

divorciarse *v pron* **~ (de)** to get divorced (**from** *sb*)

divorcio *nm* divorce

divulgar(se) *vt, v pron* to spread

do *nm* C: *en do mayor* in C major

dobladillo *nm* hem

doblaje *nm* (*Cine*) dubbing

doblar ◆ *vt* **1** (*plegar*) to fold: *~ un papel en ocho* to fold a piece of paper into eight **2** (*torcer, flexionar*) to bend: *~ la rodilla/una barra de hierro* to bend your knee/an iron bar **3** (*duplicar*) to double: *Doblaron la oferta.* They doubled their offer. **4** (*esquina*) to turn **5** (*película*) to dub: *~ una película al portugués* to dub a film into Portuguese ◆ *vi* **1** (*girar*) to turn: *~ a la derecha* to turn right **2** (*campanas*) to toll ◆ **doblarse** *v pron* **1** (*cantidad*) to double **2** (*torcerse*) to bend

doble ◆ *adj* double ◆ *nm* **1** (*cantidad*) twice as much/many: *Cuesta el ~.* It costs twice as much. ◊ *Gana el ~ que yo.* She earns twice as much as me. ◊ *Había el ~ de gente.* There were twice as many people. **2 de + adj** twice as...: *el ~ de ancho* twice as wide **3** (*persona parecida*) double **4** (*Cine*) stand-in **5 dobles** (*Tenis*) doubles: *~s masculinos* men's doubles LOC **de doble sentido** (*chiste, palabra*) with a double meaning *Ver tb* APARCAR, ARMA, HABITACIÓN

doblez *nm* fold

doce *nm, adj, pron* **1** (*gen*) twelve **2** (*fecha*) twelfth ☛ *Ver ejemplos en* ONCE *y* SEIS

doceavo, -a *adj, nm* twelfth

docena *nf* dozen: *una ~ de personas* a dozen people LOC **a docenas** by the dozen

doctor, -a *nm-nf* doctor (*abrev* Dr)

doctorado *nm* doctorate (*abrev* PhD): *estudiantes de ~* PhD students

doctrina *nf* doctrine

documentación *nf* **1** (*de una persona*) (identity) papers [*pl*]: *Me pidieron la ~.* They asked to see my (identity) papers. **2** (*de un coche*) documents [*pl*]

documental *nm* documentary [*pl* documentaries]

documento *nm* document LOC **Documento (Nacional) de Identidad** (*abrev* **DNI**) identity card

En Gran Bretaña y Estados Unidos no existe un documento equivalente al Documento Nacional de Identidad español. Si es necesario probar la identidad, se utiliza el pasaporte o el carné de conducir.

dólar *nm* dollar

doler *vi* **1** (*gen*) to hurt: *Esto no te va a ~ nada.* This won't hurt (you) at all. ◊ *Me duele la pierna/el estómago.* My leg/stomach hurts. ◊ *Me dolió que no me apoyaran.* I was hurt by their lack of support. **2** (*cabeza, muela*) to ache: *Me duele la cabeza.* I've got a headache.

dolido, -a *pp, adj* **1** (*gen*) hurt: *Está ~ por lo que dijiste.* He's hurt by what you said. **2 ~ con** upset with *sb* Ver tb DOLER

dolor *nm* **1** (*físico*) pain: *algo contra/para el ~* something for the pain **2** (*pena*) grief LOC **dolor de cabeza** (a) headache: *Tengo ~ de cabeza.* I've got a headache. **dolor de estómago** stomachache **dolor de muelas/oídos** toothache/earache: *¿Tienes ~ de muelas?* Have you got toothache? Ver tb ESTREMECER(SE), GRITAR, RETORCER

dolorido, -a *adj* sore: *Tengo el hombro ~.* My shoulder is sore.

doloroso, -a *adj* painful

domador, -a *nm-nf* tamer

domar *vt* **1** (*gen*) to tame **2** (*caballo*) to break *sth* in

domesticar *vt* to domesticate

doméstico, -a *adj* **1** (*gen*) household [*n atrib*]: *tareas domésticas* household chores **2** (*animal*) domestic LOC Ver LABOR

domicilio *nm: cambio de ~* change of address *~ reparto/servicio a ~* delivery service

dominante *adj* dominant

dominar *vt* **1** (*gen*) to dominate: *~ a los demás* to dominate other people **2** (*idioma*) to be fluent in *sth*: *Domina el ruso.* He's fluent in Russian. **3** (*materia, técnica*) to be good at *sth*

domingo *nm* Sunday [*pl* Sundays] (*abrev* Sun) ☞ *Ver ejemplos en* LUNES LOC **domingo de Ramos/Resurrección** Palm/Easter Sunday

dominguero, -a *nm-nf* Sunday driver

dominio *nm* **1** (*control*) control: *su ~ del balón* his ball control **2** (*lengua*) command **3** (*técnica*) mastery LOC **ser del dominio público** to be common knowledge

dominó *nm* (*juego*) dominoes [*sing*]: *jugar al ~* to play dominoes LOC *Ver* FICHA

don, doña *nm-nf* Mr [*fem* Mrs]: *don José Ruiz* Mr José Ruiz LOC **ser un don nadie** to be a nobody

donante *nmf* donor: *un ~ de sangre* a blood donor

donar *vt* to donate

donativo *nm* donation

donde *adv rel* **1** (*gen*) where: *la ciudad ~ nací* the city where I was born ◊ *Déjalo ~ puedas.* Leave it wherever you can. ◊ *un lugar ~ vivir* a place to live **2** (*con preposición*): *la ciudad a/hacia ~ se dirigen* the city they're heading for ◊ *un alto de/desde ~ se ve el mar* a hill you can see the sea from ◊ *la calle por ~ pasa el autobús* the street the bus goes along

dónde *adv interr* where: *¿~ lo has puesto?* Where have you put it? ◊ *¿De ~ eres?* Where are you from? LOC **¿dónde demonios?** where on earth? **¿hacia dónde?** which way?: *¿Hacia ~ han ido?* Which way did they go? **¿por dónde se va a...?** how do you get to...?

donut *nm* doughnut

doña *nf* Ver DON

dorado, -a *pp, adj* **1** (*gen*) gold [*n atrib*]: *un bolso ~* a gold bag ◊ *colores/tonos ~s* gold colours/tones **2** (*época, pelo*) golden: *la época dorada* the golden age

dormir ◆ *vi* **1** (*gen*) to sleep: *No puedo ~.* I can't sleep. ◊ *No dormí nada.* I didn't sleep a wink. **2** (*estar dormido*) to be asleep: *mientras mi madre dormía* while my mother was asleep ◆ *vt* (*niño*) to get *sb* off to sleep ◆ **dormirse** *v pron* **1** (*conciliar el sueño*) to fall asleep **2** (*despertarse tarde*) to oversleep: *Me dormí y llegué tarde a trabajar.* I overslept and was late for work. **3** (*parte del cuerpo*) to go to sleep: *Se me ha dormido la pierna.* My leg's gone to sleep. LOC **¡a dormir!** time for bed! **dormir como un lirón/tronco** to sleep like a log Ver tb SACO, SIESTA

dormitorio *nm* bedroom

dorsal *adj* LOC Ver ESPINA

dorso *nm* back: *al ~ de la tarjeta* on the back of the card

dos *nm, adj, pron* **1** (*gen*) two **2** (*fecha*) second ☞ *Ver ejemplos en* SEIS LOC **dos puntos** colon ☞ *Ver págs 326-27.* **estar/quedarse a dos velas 1** (*sin dinero*) to be broke **2** (*sin entender*) not to understand a thing **las/los dos** both: *las ~*

manos both hands ◊ *Fuimos los ~.* Both of us went./We both went. **no tener dos dedos de frente** to be as thick as two short planks **ser como dos gotas de agua** to be like two peas in a pod *Ver tb* CADA, VEZ

doscientos, -as *adj, pron, nm* two hundred ☛ *Ver ejemplos en* SEISCIENTOS

dosis *nf* dose

dotado, -a *pp, adj* **1** ~ **(para)** *(con talento)* gifted **(at** *sth*) **2** ~ **de** *(de una cualidad)* endowed with *sth*: *~ de inteligencia* endowed with intelligence **3** ~ **de** *(equipado)* equipped with *sth*: *vehículos ~s de radio* vehicles equipped with radios

dote *nf* **1** *(de una mujer)* dowry [*pl* dowries] **2 dotes** talent *(for sth/doing sth)* [*sing*]: *Tiene ~s de cómico.* He has a talent for comedy.

dragón *nm* dragon

drama *nm* drama

dramático, -a *adj* dramatic

driblar *vt, vi* (*Dep*) to dribble (past *sb*)

droga *nf* **1** *(sustancia)* drug: *una ~ blanda/dura* a soft/hard drug **2 la droga** *(actividad)* drugs [*pl*]: *la lucha contra la ~* the fight against drugs LOC *Ver* TRÁFICO

drogadicto, -a *nm-nf* drug addict

drogar ◆ *vt* to drug ◆ **drogarse** *v pron* to take drugs

droguería *nf* shop selling household items and cleaning materials

dromedario *nm* dromedary [*pl* dromedaries]

ducha *nf* shower: *darse una ~* to have a shower LOC *Ver* GEL

ducharse *v pron* to have a shower

duda *nf* **1** *(incertidumbre)* doubt: *sin ~ (alguna)* without doubt ◊ *fuera de (toda) ~* beyond (all) doubt **2** *(problema)*: *¿Tenéis alguna ~?* Are there any questions? LOC **sacar de dudas** to dispel *sb's* doubts *Ver tb* CABER, LUGAR

dudar ◆ *vt, vi* ~ **(de/que...)** to doubt: *Lo dudo.* I doubt it. ◊ *¿Dudas de mi palabra?* Do you doubt my word? ◊ *Dudo que sea fácil.* I doubt that it'll be easy. ◆ *vi* **1** ~ **de** *(persona)* to mistrust *sb* [*vt*]: *Duda de todos.* She mistrusts everyone. **2** ~ **en** to hesitate *to do sth*: *No dudes en preguntar.* Don't hesitate to ask. **3** ~ **entre**: *Dudamos entre los dos coches.* We couldn't make up our minds between the two cars.

dudoso, -a *adj* **1** *(incierto)* doubtful: *Estoy algo ~.* I'm rather doubtful. **2** *(sospechoso)* dubious: *un penalti ~* a dubious penalty

duelo *nm* *(enfrentamiento)* duel

duende *nm* elf [*pl* elves]

dueño, -a *nm-nf* **1** *(gen)* owner **2** *(bar, pensión)* landlord [*fem* landlady]

dulce ◆ *adj* **1** *(gen)* sweet: *un vino ~* a sweet wine **2** *(persona, voz)* gentle ◆ *nm* sweet LOC *Ver* AGUA, ALGODÓN

duna *nf* dune

dúo *nm* **1** *(composición)* duet **2** *(pareja)* duo [*pl* duos]

duodécimo, -a *adj, pron, nm-nf* twelfth

dúplex *nm* maisonette

duque, -esa *nm-nf* duke [*fem* duchess] El plural de **duke** es 'dukes', pero cuando decimos *los duques* refiriéndonos al duque y la duquesa, se traduce por **'the duke and duchess'**.

duración *nf* **1** *(gen)* length: *la ~ de una película* the length of a film **2** *(bombilla, pila)* life: *pilas de larga ~* long-life batteries

durante *prep* during, for: *durante el concierto* during the concert ◊ *durante dos años* for two years

During se utiliza para referirnos al tiempo o al momento en que se desarrolla una acción, y **for** cuando se especifica la duración de esta acción: *Me encontré mal durante la reunión.* I felt ill during the meeting. ◊ *Anoche llovió durante tres horas.* Last night it rained for three hours.

durar *vi* to last: *La crisis duró dos años.* The crisis lasted two years. ◊ ~ *mucho* to last a long time ◊ *Duró poco.* It didn't last long.

durmiente *adj* LOC *Ver* BELLO

duro, -a ◆ *adj* **1** *(gen)* hard: *La mantequilla está dura.* The butter is hard. ◊ *una vida dura* a hard life ◊ *ser ~ con algn* to be hard on sb **2** *(castigo, clima, crítica, disciplina)* harsh **3** *(fuerte, resistente, carne)* tough: *Hay que ser ~ para sobrevivir.* You have to be tough to survive. ◆ *nm* five-peseta coin: *veinte ~s* 100 pesetas ◆ *adv* hard: *trabajar ~* to work hard LOC **duro de oído** hard of hearing **estar/quedarse sin un duro** to be broke **no tener un duro** not to have a penny on you: *No tengo un ~.* I haven't got a penny on me. *Ver tb* CABEZA, CARA, HUEVO, MANO, PAN

Ee

e *conj* and

ébano *nm* ebony

ebullición *nf* LOC *Ver* PUNTO

echado, -a *pp, adj* LOC **estar echado** to be lying down *Ver tb* ECHAR

echar ◆ *vt* **1** (*tirar*) to throw: *Echa el dado.* Throw the dice. **2** (*dar*) to give: *Échame un poco de agua.* Give me some water. **3** (*humo, olor*) to give *sth* off: *La chimenea echaba mucho humo.* The fire was giving off a lot of smoke. **4** (*correo*) to post: *~ una carta (al correo)* to post a letter **5** (*película, programa*): *Echan una película muy buena esta noche.* There's a very good film on tonight. **6** (*expulsar*) **(a)** (*gen*) to throw *sb* out: *Nos echaron del bar.* We were thrown out of the bar. **(b)** (*escuela*) to expel: *Me han echado del colegio.* I've been expelled from school. **(c)** (*trabajo*) to sack **7** (*calcular*): *¿Cuántos años le echas?* How old do you think she is? ◆ *vi* **~ a** to start *doing sth/to do sth*: *Echaron a correr.* They started to run. ◆ **echarse** *v pron* **1** (*tumbarse*) to lie down **2** (*moverse*) to move: *~se a un lado* to move over **3 echarse a** (*comenzar*) to start *doing sth/to do sth* ☞ Para expresiones con **echar**, véanse las entradas del sustantivo, adjetivo, etc., p. ej. **echar a suertes** en SUERTE y **echarse la siesta** en SIESTA.

eclesiástico, -a *adj* ecclesiastical

eclipse *nm* eclipse

eco *nm* echo [*pl* echoes]: *Había ~ en la cueva.* The cave had an echo. LOC **ecos de sociedad** gossip column [*sing*]

ecología *nf* ecology

ecológico, -a *adj* **1** (*del medio ambiente*) ecological: *un desastre ~* an ecological disaster **2** (*biológico*) **(a)** (*alimentos, agricultura*) organic: *agricultura ecológica* organic farming **(b)** (*otros productos*) environmentally friendly: *detergentes ~* environmentally friendly detergents

ecologismo *nm* environmentalism

ecologista ◆ *adj* environmental: *grupos ~s* environmental groups ◆ *nmf* environmentalist

economía *nf* economy [*pl* economies]: *la ~ de nuestro país* our country's economy LOC *Ver* MINISTERIO, MINISTRO

económico, -a *adj* **1** (*que gasta poco*) economical: *un coche muy ~* a very economical car **2** (*Econ*) economic: *políticas económicas* economic policies ☞ *Ver nota en* ECONOMICAL

economista *nmf* economist

ecosistema *nm* ecosystem

ecuación *nf* equation LOC **ecuación de segundo/tercer grado** quadratic/cubic equation

ecuador *nm* equator

ecuatorial *adj* equatorial

edad *nf* age: *niños de todas las ~es* children of all ages ◊ *¿Qué ~ tienen?* How old are they? ◊ *a tu ~* at your age LOC **de mi edad** my, your, etc. age: *No había ningún chico de mi ~.* There was nobody my age. **estar en la edad del pavo** to be at an awkward age **la Edad Media** the Middle Ages [*pl*]: *la Alta/Baja Edad Media* the Early/Late Middle Ages **no tener edad** to be too young/too old (*for sth/to do sth*) **tener edad** to be old enough (*for sth/to do sth*) *Ver tb* MAYOR, MEDIANO, TERCERO

edición *nf* **1** (*publicación*) publication **2** (*tirada, versión, Radio, TV*) edition: *la primera ~ del libro* the first edition of the book ◊ *~ pirata/semanal/electrónica* pirate/weekly/electronic edition

edificar *vt, vi* (*construir*) to build

edificio *nm* building: *No queda nadie en el ~.* There is nobody left in the building.

editar *vt* **1** (*publicar*) to publish **2** (*preparar texto*) to edit

editor, ~a *nm-nf* **1** (*empresario*) publisher **2** (*textos, Period, Radio, TV*) editor

editorial ◆ *adj* (*sector*) publishing [*n atrib*]: *el mundo ~ de hoy* the publishing world of today ◆ *nm* (*periódico*) editorial ◆ *nf* publishing house: *¿De qué ~ es?* Who are the publishers?

edredón *nm* **1** (*gen*) quilt **2** (*nórdico*) duvet

educación *nf* **1** (*enseñanza*) education: *~ sanitaria/sexual* health/sex education **2** (*crianza*) upbringing: *Han tenido una buena ~.* They've been well brought up. LOC **educación física** physical education (*abrev* PE) **ser de buena/mala**

educación to be good/bad manners (*to do sth*): *Bostezar es de mala ~.* It's bad manners to yawn. *Ver tb* FALTA

educado, -a *pp, adj* polite LOC **bien educado** well mannered **mal educado** rude: *No seas tan mal ~.* Don't be so rude. *Ver tb* EDUCAR

educar *vt* 1 (*enseñar*) to educate 2 (*criar*) to bring *sb* up: *Es difícil ~ bien a los hijos.* It's difficult to bring your children up well. LOC **educar el oído** to train your ear

educativo, -a *adj* 1 (*gen*) educational: *juguetes ~s* educational toys 2 (*sistema*) education [*n atrib*]: *el sistema ~* the education system LOC *Ver* MATERIAL

efectivamente *adv* (*respuesta*) that's right: *—¿Dice que lo vendió ayer? —Efectivamente.* 'Did you say you sold it yesterday?' 'That's right.'

efectivo, -a ◆ *adj* effective ◆ *nm* cash LOC *Ver* PAGAR

efecto *nm* 1 (*gen, Ciencias*) effect: *hacer/no hacer ~* to have an effect/no effect 2 (*pelota*) spin: *La pelota iba con ~.* The ball had (a) spin on it. LOC **efecto invernadero** greenhouse effect **efectos especiales** special effects **efectos (personales)** belongings **en efecto** indeed *Ver tb* SURTIR

efectuar *vt* to carry *sth* out: *~ un ataque/una prueba* to carry out an attack/a test

efervescente *adj* effervescent

eficaz *adj* 1 (*efectivo*) effective: *un remedio ~* an effective remedy 2 (*eficiente*) efficient

eficiente *adj* efficient: *un ayudante muy ~* a very efficient assistant

egoísta *adj, nmf* selfish [*adj*]: *No seas tan ~.* Don't be so selfish. ◊ *Son unos ~s.* They're really selfish.

¡eh! *interj* hey!: *¡Eh, cuidado!* Hey, watch out!

eje *nm* 1 (*ruedas*) axle 2 (*Geom, Geog, Pol*) axis [*pl* axes] LOC **eje de coordenadas** x and y axes [*pl*]

ejecutar *vt* 1 (*realizar*) to carry *sth* out: *~ una operación* to carry out an operation 2 (*pena de muerte, Jur*) to execute 3 (*Informát*) to run

ejecutivo, -a *adj, nm-nf* executive: *órgano ~* executive body ◊ *un ~ importante* an important executive LOC *Ver* PODER²

¡ejem! *interj* ahem!

ejemplar ◆ *adj* exemplary ◆ *nm* (*texto, disco*) copy [*pl* copies]

ejemplo *nm* example: *Espero que os sirva de ~.* Let this be an example to you. LOC **dar ejemplo** to set an example **por ejemplo** for example (*abrev* e. g.)

ejercer ◆ *vt* 1 (*profesión*) to practise: *~ la abogacía/medicina* to practise law/medicine 2 (*autoridad, poder, derechos*) to exercise ◆ *vi* to practise: *Ya no ejerzo.* I no longer practise.

ejercicio *nm* 1 (*gen*) exercise: *hacer un ~ de matemáticas* to do a maths exercise ◊ *Deberías hacer más ~.* You should take more exercise. 2 (*profesión*) practice

ejército *nm* army [*v sing o pl*] [*pl* armies]: *alistarse en el ~* to join the army LOC **ejército del aire** air force [*v sing o pl*] **ejército de tierra** army [*v sing o pl*] [*pl* armies]

el, la *art def* the: *El tren llegó tarde.* The train was late. ☞ *Ver nota en* THE
LOC **el/la de... 1** (*posesión*): *La de Marisa es mejor.* Marisa's (one) is better. **2** (*característica*) the one (with...): *el de los ojos verdes/la barba* the one with green eyes/the beard ◊ *Prefiero la de lunares.* I'd prefer the spotted one. **3** (*ropa*) the one in...: *el del abrigo gris* the one in the grey coat ◊ *la de rojo* the one in red **4** (*procedencia*) the one from...: *el de Cádiz* the one from Cadiz **el/la que... 1** (*persona*) the one (who/that)...: *Ese no es el que vi.* He isn't the one I saw. **2** (*cosa*) the one (which/that)...: *La que compramos ayer era mejor.* The one (that) we bought yesterday was nicer. **3** (*quienquiera*) whoever: *El que llegue primero que haga café.* Whoever gets there first has to make the coffee.

él *pron pers* 1 (*persona*) (a) (*sujeto*) he: *José y él son primos.* José and he are cousins. (b) (*complemento, en comparaciones*) him: *Es para él.* It's for him. ◊ *Eres más alta que él.* You're taller than him. 2 (*cosa*) it: *He perdido el reloj y no puedo estar sin él.* I've lost my watch and I can't manage without it. LOC **de él** (*posesivo*) his: *No son de ella, son de él.* They're not hers, they're his. **es él** it's him

elaborar *vt* 1 (*producto*) to produce 2 (*preparar*) to prepare: *~ un informe* to prepare a report

elástico, -a *adj* 1 (*gen*) elastic 2 (*atleta*) supple

elección *nf* 1 (*gen*) choice: *no tener ~* to have no choice 2 **elecciones** election(s): *convocar elecciones* to call an election LOC **elecciones autonómicas** regional elections **elecciones generales/legislativas** general election(s) **elecciones municipales** local election(s)

elector, ~a nm-nf voter

electorado nm electorate [v sing o pl]: *El ~ está desilusionado.* The electorate is/are disillusioned.

electoral adj electoral: *campaña ~* electoral campaign ◊ *lista ~* list of (election) candidates LOC *Ver* CABINA, COLEGIO, DISTRITO, LISTA

electricidad nf electricity

electricista nmf electrician

eléctrico, -a adj electric, electrical

Electric se emplea para referirnos a electrodomésticos y aparatos eléctricos concretos, por ejemplo *electric razor/car/fence*, en frases hechas como *an electric shock*, y en sentido figurado en expresiones como *The atmosphere was electric*. Electrical se refiere a la electricidad en un sentido más general, como por ejemplo *electrical engineering*, *electrical goods* o *electrical appliances*.

LOC *Ver* CAFETERA, ENERGÍA, INSTALACIÓN, TENDIDO

electrocutarse v pron to be electrocuted

electrodo nm electrode

electrodoméstico nm electrical appliance

electrón nm electron

electrónico, -a ◆ adj electronic ◆ **electrónica** nf electronics [sing] LOC *Ver* CORREO, MANDAR

elefante, -a nm-nf elephant

elegante adj elegant

elegir ◆ vt, vi (optar) to choose: *No me dieron a ~.* They didn't let me choose. ◊ *~ entre matemáticas y latín* to choose between maths and Latin ◆ vt (votar) to elect: *Van a ~ un nuevo presidente.* They are going to elect a new president.

elemental adj elementary

elemento nm 1 (gen) element: *los ~s de la tabla periódica* the elements of the periodic table 2 (persona): *¡Menudo ~ estás hecho!* You're a real handful!

elepé nm album

elevado, -a pp, adj high: *temperaturas elevadas* high temperatures LOC **elevado a cuatro, etc.** to the power of four, etc. **elevado al cuadrado/cubo** squared/cubed *Ver tb* ELEVAR

elevar vt to raise: *~ el nivel de vida* to raise the standard of living

eliminación nf elimination

eliminar vt to eliminate

eliminatoria nf heat

elipse nf ellipse

ella pron pers 1 (persona) (a) (sujeto) she: *María y ~ son primas.* She and María are cousins. (b) (complemento, en comparaciones) her: *Es para ~.* It's for her. ◊ *Eres más alto que ~.* You're taller than her. 2 (cosa) it LOC **de ella** (posesivo) hers: *Ese collar era de ~.* That necklace was hers. **es ella** it's her

ello pron (complemento) it

ellos, -as pron pers 1 (sujeto) they 2 (complemento, en comparaciones) them: *Dígaselo a ~.* Tell them. LOC **de ellos** (posesivo) theirs **son ellos** it's them

elogiar vt to praise

emanciparse v pron to become independent

embajada nf embassy [pl embassies]

embajador, ~a nm-nf ambassador

embalarse v pron: *No te embales.* Slow down.

embalse nm (pantano) reservoir

embarazada ◆ pp, adj pregnant: *Está ~ de cinco meses.* She is five months pregnant. ◆ nf pregnant woman [pl pregnant women]

embarazo nm pregnancy [pl pregnancies]

embarcación nf boat, craft [pl craft] (más formal) ☞ *Ver nota en* BOAT

embarcadero nm pier

embarcar ◆ vt 1 (pasajeros) to embark 2 (mercancías) to load ◆ vi to board: *El avión está listo para ~.* The plane is ready for boarding.

embargo nm (bloqueo) embargo [pl embargoes]: *un ~ armamentista/comercial* an arms/a trade embargo LOC **sin embargo** however, nevertheless (formal) **y sin embargo...** and yet...

embarque nm LOC *Ver* PUERTA, TARJETA

embarrado, -a pp, adj muddy

embestida nf (toro) charge

embestir vt, vi (toro) to charge (at sth/sb)

emblema nm emblem

embolsar(se) vt, v pron to pocket: *Se embolsaron un dineral.* They pocketed a fortune.

emborracharse v pron ~ (con) to get drunk (on sth)

emboscada *nf* ambush: *tender una ~ a algn* to lay an ambush for sb

embotellamiento *nm* (*tráfico*) traffic jam

embrague *nm* clutch: *pisar el ~* to put the clutch in

embrión *nm* embryo [*pl* embryos]

embrujado, -a *pp, adj* **1** (*lugar*) haunted: *una casa embrujada* a haunted house **2** (*persona*) bewitched

embrujo *nm* spell

embudo *nm* funnel

embutido *nm* cold meats [*pl*]

emergencia *nf* emergency [*pl* emergencies]

emigración *nf* **1** (*personas*) emigration **2** (*animales*) migration

emigrante *adj, nmf* emigrant [*n*]: *tra bajadores ~s* migrant workers

emigrar *vi* **1** (*gen*) to emigrate **2** (*dentro de un mismo país, animales*) to migrate

eminencia *nf* **1** (*persona*) leading figure **2 Eminencia** Eminence

emisión *nf* **1** (*emanación*) emission **2** (*Radio, TV*) (**a**) (*programa*) broadcast (**b**) (*Tec*) transmission: *problemas con la ~* transmission problems

emisora *nf* (*Radio*) radio station

emitir *vt* (*Radio, TV*) to broadcast

emoción *nf* emotion

emocionante *adj* **1** (*conmovedor*) moving **2** (*apasionante*) exciting

emocionar ♦ *vt* **1** (*conmover*) to move **2** (*apasionar*) to thrill ♦ **emocionarse** *v pron* **1** (*conmoverse*) to be moved (*by sth*) **2** (*apasionarse*) to get excited (*about sth*)

empachado, -a *pp, adj* LOC **estar empachado** to have indigestion *Ver tb* EMPACHARSE

empacharse *v pron* to get indigestion

empacho *nm* indigestion [*incontable*]

empalagar *vi* to be sickly sweet: *Este licor empalaga.* This liqueur is sickly sweet.

empalagoso, -a *adj* **1** (*alimento*) sickly sweet **2** (*persona*) smarmy

empalmar ♦ *vt* to connect *sth* (*to/with sth*) ♦ *vi* (*transportes*) to connect *with sth*

empalme *nm* **1** (*gen*) connection **2** (*ferrocarril, carreteras*) junction

empanada *nf* pie ☞ *Ver nota en* PIE

empanadilla *nf* pasty [*pl* pasties]

empanado, -a *pp, adj* breaded

empañar ♦ *vt* (*vapor*) to steam *sth* up ♦ **empañarse** *v pron* to steam up

empapado, -a *pp, adj* soaked *Ver tb* EMPAPAR

empapar ♦ *vt* **1** (*mojar*) to soak: *El último chaparrón nos empapó.* We got soaked in the last shower. ◊ *¡Me has empapado la falda!* You've made my skirt soaking wet! **2** (*absorber*) to soak *sth* up, to absorb (*más formal*) ♦ **empaparse** *v pron* to get soaked (*through*)

empapelar *vt* to (wall)paper

empaquetar *vt* to pack

emparejar ♦ *vt* **1** (*personas*) to pair *sb* off (*with sb*) **2** (*cosas*) to match (*with sth*): *~ las preguntas con las respuestas* to match the questions with the answers ♦ **emparejarse** *v pron* to pair off (*with sb*)

empastar *vt* to fill: *Me tienen que ~ tres muelas.* I've got to have three teeth filled.

empaste *nm* filling

empatado, -a *pp, adj* LOC **ir empatados**: *Cuando me fui iban ~s.* They were even when I left. ◊ *Van ~s a cuatro.* It's four all. *Ver tb* EMPATAR

empatar ♦ *vi* **1** (*Dep*) (**a**) (*referido al resultado final*) to draw (*with sb*): *Empataron con el Manchester United.* They drew with Manchester United. (**b**) (*en el marcador*) to equalize: *Tenemos que ~ antes del descanso.* We must equalize before half-time. **2** (*votación, concurso*) to tie (*with sb*) ♦ *vt* (*Dep*) to draw: *~ un partido* to draw a match LOC **empatar a cero** to draw nil nil **empatar a uno, dos, etc.** to draw one all, two all, etc.

empate *nm* **1** ~ (**a**) (*Dep*) draw: *un ~ a dos* a two-all draw **2** (*votación, concurso*) tie LOC *Ver* GOL

empedrado *nm* cobbles [*pl*]

empeine *nm* instep

empeñado, -a *pp, adj* LOC **estar empeñado (en hacer algo)** to be determined (to do sth) *Ver tb* EMPEÑAR

empeñar ♦ *vt* to pawn ♦ **empeñarse** *v pron* **empeñarse (en)** to insist (**on** *sth/doing sth*): *No te empeñes, que no voy a ir.* I'm not going however much you insist.

empeño *nm* ~ (**en/por**) determination (**to do sth**) LOC **poner empeño** to do your utmost *to do sth Ver tb* CASA

empeorar ♦ *vt* to make *sth* worse ♦ *vi* to get worse: *La situación ha empeorado.* The situation has got worse.

emperador, -triz *nm-nf* emperor [*fem* empress]

empezar *vt, vi* ~ (a) to begin, to start (*sth/doing sth/to do sth*): *De repente empezó a llorar.* All of a sudden he started to cry. ☛ *Ver nota en* BEGIN LOC **para empezar** to start with *Ver tb* CERO

empinado, -a *pp, adj* (*cuesta*) steep

empírico, -a *adj* empirical

empleado, -a¹ *pp, adj* LOC **¡te está bien empleado!** it serves you right! *Ver tb* EMPLEAR

empleado, -a² *nm-nf* **1** (*gen*) employee **2** (*oficina*) clerk

emplear *vt* **1** (*dar trabajo*) to employ **2** (*utilizar*) to use **3** (*tiempo, dinero*) to spend: *He empleado demasiado tiempo en esto.* I've spent too long on this. ◊ ~ *mal el tiempo* to waste your time

empleo *nm* **1** (*puesto de trabajo*) job: *conseguir un buen* ~ to get a good job ☛ *Ver nota en* WORK¹ **2** (*Pol*) employment LOC **estar sin empleo** to be unemployed *Ver tb* FOMENTO, OFERTA, OFICINA

empollar *vt, vi* **1** (*estudiar*) to swot (up) (**on sth**): *Esta noche tengo que* ~ *mucho.* I've got to do a lot of swotting tonight. ◊ *Acabo de* ~ *tres asignaturas.* I've just swotted up on three subjects. **2** (*ave*) to sit (**on sth**): *Las gallinas empollan casi todo el día.* The hens sit (on the eggs) for most of the day.

empollón, -ona *nm-nf* swot

empotrado, -a *pp, adj* built-in *Ver tb* EMPOTRARSE

empotrarse *v pron*: *El coche se empotró en el árbol.* The car embedded itself in the tree.

emprendedor, ~a *adj* enterprising

emprender *vt* **1** (*iniciar*) to begin **2** (*negocio*) to start (up) **3** (*viaje*) to set off **on sth**: ~ *una gira* to set off on a tour LOC **emprender la marcha/viaje (hacia)** to set out (for…)

empresa *nf* **1** (*Com*) company [*v sing o pl*] [*pl* companies]: *una* ~ *privada* a private company **2** (*proyecto*) enterprise LOC **empresa estatal/pública** state-owned company

empresarial *adj* business [*n atrib*]: *sentido* ~ business sense

empresariales *nf* business studies [*incontable*]

empresario, -a *nm-nf* **1** (*gen*) businessman/woman [*pl* businessmen/women] **2** (*espectáculo*) impresario [*pl* impresarios]

empujar *vt* **1** (*gen*) to push: *¡No me empujes!* Don't push me! **2** (*carretilla, bicicleta*) to wheel **3** (*obligar*) to push *sb* **into doing sth**: *Su familia la empujó a que hiciera derecho.* Her family pushed her into studying law.

empujón *nm* push: *dar un* ~ *a algn* to give sb a push LOC **a empujones**: *Salieron a empujones.* They pushed (and shoved) their way out.

empuñar *vt* **1** (*de forma amenazadora*) to brandish **2** (*tener en la mano*) to hold

en *prep*

● **lugar 1** (*dentro*) in/inside: *Las llaves están en el cajón.* The keys are in the drawer. **2** (*dentro, con movimiento*) into: *Entró en la habitación.* He went into the room. **3** (*sobre*) on: *Está en la mesa.* It's on the table. **4** (*sobre, con movimiento*) onto: *Está goteando agua en el suelo.* Water is dripping onto the floor. **5** (*ciudad, país, campo*) in: *Trabajan en Vigo/el campo.* They work in Vigo/the country. **6** (*punto de referencia*) at Cuando nos referimos a un lugar sin considerarlo un área, sino como punto de referencia, utilizamos at: *Espérame en la esquina.* Wait for me at the corner. ◊ *Nos encontraremos en la estación.* We'll meet at the station. También se utiliza at para referirse a edificios donde la gente trabaja, estudia o se divierte: *Están en el colegio.* They're at school. ◊ *Mis padres están en el cine.* My parents are at the cinema. ◊ *Trabajo en el supermercado.* I work at the supermarket.

● **con expresiones de tiempo 1** (*meses, años, siglos, estaciones*) in: *en verano/el siglo XII* in the summer/the twelfth century **2** (*día*) on: *¿Qué hiciste en Nochevieja?* What did you do on New Year's Eve? ◊ *Cae en lunes.* It falls on a Monday. **3** (*Navidad, Semana Santa, momento*) at: *Siempre voy a casa en Navidades.* I always go home at Christmas. ◊ *en ese momento* at that moment **4** (*dentro de*) in: *Te veo en una hora.* I'll see you in an hour.

● **otras construcciones 1** (*medio de transporte*) by: *en tren/avión/coche* by train/plane/car **2** + **inf** to do sth: *Fuimos los primeros en llegar.* We were the first to arrive.

enamorado, -a ◆ *pp, adj* in love: *estar* ~ *de algn* to be in love with sb ◆ *nm-nf* (*aficionado*) lover: *un* ~ *del arte* an art lover LOC *Ver* DÍA; *Ver tb* ENAMORAR

enamorar ◆ *vt* to win *sb's* heart ◆ **enamorarse** *v pron* **enamorarse (de)** to fall in love (**with** *sth/sb*)

enano, -a ◆ *adj* **1** (*gen*) tiny **2** (*Bot, Zool*) dwarf [*n atrib*]: *una conífera enana* a dwarf conifer ◆ *nm-nf* dwarf [*pl* dwarfs/dwarves]

encabezamiento *nm* heading

encabezar *vt* to head

encadenar *vt* **1** (*atar*) to chain *sth/sb* (**to** *sth*) **2** (*ideas*) to link

encajar ◆ *vt* **1** (*colocar, meter*) to fit *sth* (**into** *sth*) **2** (*juntar*) to fit *sth* together: *Estoy tratando de ~ las piezas del puzzle.* I'm trying to fit the pieces of the jigsaw together. **3** (*noticia, suceso*) to take: *Encajaron resignadamente la noticia.* They took the news philosophically. ◆ *vi* to fit: *No encaja.* It doesn't fit. ◆ **encajarse** *v pron* **encajarse (en)** to get stuck (**in** *sth*): *Esta puerta se ha encajado.* This door has got stuck.

encaje *nm* lace

encalar *vt* to whitewash

encallar *vi* (*embarcación*) to run aground

encaminarse *v pron* **~ a/hacia** to head for...: *Se encaminaron hacia su casa.* They headed for home.

encantado, -a *pp, adj* **1 ~ (con)** (very) pleased (**with** *sth/sb*) **2 ~ de/de que** (very) pleased **to do** *sth*/(**that**...): *Estoy encantada de que hayáis venido.* I'm very pleased (that) you've come. **3** (*hechizado*) **(a)** (*gen*) enchanted: *un bosque ~* an enchanted forest **(b)** (*edificio*) haunted: *una casa encantada* a haunted house LOC **encantado (de conocerle)** pleased to meet you *Ver tb* ENCANTAR

encantador, ~a *adj* lovely

encantamiento *nm* spell: *romper un ~* to break a spell

encantar ◆ *vt* to cast a spell on *sth/sb* ◆ *vi* to love *sth/doing sth* [*vt*]: *Me encanta ese vestido.* I love that dress. ◇ *Nos encanta ir al cine.* We love going to the cinema.

encanto *nm* charm: *Tiene mucho ~.* He's got a lot of charm. LOC **como por encanto** as if by magic **ser un encanto** to be lovely

encapricharse *v pron* **~ (con/de)** to take a fancy **to** *sth/sb*: *Se ha encaprichado con ese vestido.* She's taken a fancy to that dress.

encapuchado, -a *pp, adj* hooded: *dos hombres ~s* two hooded men

encarcelar *vt* to imprison

encargado, -a *pp, adj, nm-nf* in charge [*adj*] (**of** *sth/doing sth*): *¿Quién es el ~?* Who's in charge? ◇ *el juez ~ del caso* the judge in charge of the case ◇ *Eres la encargada de recoger el dinero.* You're in charge of collecting the money. *Ver tb* ENCARGAR

encargar ◆ *vt* **1** (*mandar*) to ask *sb* **to do** *sth*: *Me encargaron que regara el jardín.* They asked me to water the garden. **2** (*producto*) to order: *Ya hemos encargado el sofá a la tienda.* We've already ordered the sofa from the shop. ◆ **encargarse** *v pron* **encargarse de 1** (*cuidar*) to look after *sth/sb*: *¿Quién se encarga del niño?* Who will look after the baby? **2** (*ser responsable*) to be in charge **of** *sth/doing sth*

encargo *nm* **1** (*recado*) errand: *hacer un ~* to run an errand **2** (*Com*) order: *hacer/anular un ~* to place/cancel an order

encariñado, -a *pp, adj* LOC **estar encariñado con** to be fond of *sth/sb Ver tb* ENCARIÑARSE

encariñarse *v pron* **~ con** to get attached to *sth/sb*

encarrilar *vt* (*tren*) to put *sth* on the rails

encauzar *vt* **1** (*agua*) to channel **2** (*asunto*) to conduct

encendedor *nm* lighter

encender ◆ *vt* **1** (*con llama*) to light: *Encendimos una hoguera para calentarnos.* We lit a bonfire to warm ourselves. **2** (*aparato, luz*) to turn *sth* on: *Enciende la luz.* Turn the light on. ◆ **encenderse** *v pron* (*aparato, luz*) to come on: *Se ha encendido una luz roja.* A red light has come on.

encendido, -a *pp, adj* **1** (*con llama*) **(a)** (*con el verbo estar*) lit: *Vi que el fuego estaba ~.* I noticed that the fire was lit. **(b)** (*detrás de un sustantivo*) lighted: *un cigarrillo ~* a lighted cigarette **2** (*aparato, luz*) on: *Tenían la luz encendida.* The light was on. *Ver tb* ENCENDER

encerado *nm* (*pizarra*) blackboard

encerrar ◆ *vt* **1** (*gen*) to shut *sth/sb* in **2** (*con llave, encarcelar*) to lock *sth/sb* in/up ◆ **encerrarse** *v pron* **1** (*gen*) to shut yourself in **2** (*con llave*) to lock yourself in

encestar *vi* to score (a basket)

encharcado, -a *pp, adj* (*terreno*) covered with puddles

enchufado, -a *nm-nf* pet: *Es el ~ del profesor.* He is the teacher's pet. LOC **estar enchufado** (*persona*) to be well in

enchufar *vt* **1** (*aparato*) to plug sth in **2** (*recomendar, colocar*) to pull strings for sb

enchufe

socket

plug

enchufe *nm* **1** (*aparato*) (**a**) (*macho*) plug (**b**) (*hembra*) socket **2** (*contacto*) contacts [*pl*]: *Aprobaron gracias al ~.* It was thanks to their contacts that they passed. LOC **tener enchufe** to have connections

encía *nf* gum

enciclopedia *nf* encyclopedia [*pl* encyclopedias]

encima *adv* ~ (**de**) **1** (*en*) on: *Déjalo ~ de la mesa.* Leave it on the table. **2** (*sobre*) on top (**of** *sth/sb*): *Lo he dejado ~ de los otros libros.* I've put it on top of the other books. ◊ *Coge el de ~.* Take the top one. **3** (*cubriendo algo*) over: *poner una manta ~ del sofá* to put a blanket over the sofa **4** (*además*) on top of everything: *¡Y ~ te ríes!* And on top of everything, you stand there laughing! LOC **echarse encima** (*estar cerca*): *La Navidad se nos echa encima.* Christmas is just around the corner. **estar encima de algn** to be on sb's back **hacer algo por encima** to do sth superficially **llevar encima** to have sth on you: *No llevo un duro ~.* I haven't got a penny on me. **mirar por encima del hombro** to look down your nose at sb **por encima de** above: *El agua nos llegaba por ~ de las rodillas.* The water came above our knees. ◊ *Está por ~ de los demás.* He is above the rest. *Ver tb* MANO, QUITAR

encina *nf* holm oak

encoger(se) *vi, v pron* to shrink: *En agua fría no encoge.* It doesn't shrink in cold water. LOC **encogerse de hombros** to shrug your shoulders

encolar *vt* to glue sth (together)

encontrar ◆ *vt* to find: *No encuentro mi reloj.* I can't find my watch. ◊ *Encontré a tu padre mucho mejor.* I thought your father was looking a lot better. ◆ **encontrarse** *v pron* **1**

encontrarse (**con**) (*persona*) (**a**) (*citarse*) to meet: *Decidimos ~nos en la librería.* We decided to meet in the bookshop. (**b**) (*por casualidad*) to run into sb: *Me la encontré en el súper.* I ran into her in the supermarket. **2** (*sentirse*) to feel: *Me encuentro mal.* I feel ill. ◊ *¿Te encuentras bien?* Are you all right? LOC *Ver* DEFECTO

encorbatado, -a *pp, adj* wearing a tie

encorvarse *v pron* (*persona*) to become stooped

encuadernador, ~a *nm-nf* bookbinder

encuadernar *vt* to bind

encubrir *vt* **1** (*gen*) to conceal: *~ un delito* to conceal a crime **2** (*delincuente*) to harbour

encuentro *nm* **1** (*reunión*) meeting **2** (*Dep*) match

encuesta *nf* **1** (*gen*) survey [*pl* surveys]: *efectuar una ~* to carry out a survey **2** (*sondeo*) (opinion) poll: *según las últimas ~s* according to the latest polls

enderezar ◆ *vt* **1** (*poner derecho*) to straighten: *Endereza la espalda.* Straighten your back. **2** (*persona*) to correct ◆ **enderezarse** *v pron* to straighten (up): *¡Enderézate!* Stand up straight!

endeudarse *v pron* to get into debt

endibia *nf* chicory [*incontable*]

endulzar *vt* to sweeten

endurecer ◆ *vt* **1** (*gen*) to harden **2** (*músculos*) to firm sth up ◆ **endurecerse** *v pron* to harden

enemigo, -a *adj, nm-nf* enemy [*n*] [*pl* enemies]: *las tropas enemigas* the enemy troops

enemistarse *v pron* ~ (**con**) to fall out (with sb)

energía *nf* energy [*gen incontable*]: *~ nuclear* nuclear energy ◊ *No tengo ~s ni para levantarme de la cama.* I haven't even got the energy to get out of bed. LOC **energía eléctrica** electric power

enero *nm* January (*abrev* Jan): *Los exámenes son en ~.* The exams are in January. ◊ *Mi cumpleaños es el 12 de ~.* My birthday's (on) 12 January. ☞ *Se dice 'January the twelfth' o 'the twelfth of January'. Ver tb Apéndice 1*

enésimo, -a *adj* (*Mat*) nth LOC **por enésima vez** for the umpteenth time

enfadado, -a *pp, adj* ~ (**con**) (**por**) angry (**with** *sb*) (**at/about** *sth*): *Están ~s conmigo.* They're angry with me. ◊ *Pareces ~.* You look angry. *Ver tb* ENFADAR

enfadar ◆ *vt* to make *sb* angry ◆ **enfadarse** *v pron* **enfadarse (con) (por)** to get angry **(with *sb*) (at/about *sth*)**: *No te enfades con ellos.* Don't get angry with them.

énfasis *nm* emphasis [*pl* emphases]

enfermar *vi* ~ **(de)** to fall ill **(with *sth*)**

enfermedad *nf* **1** (*gen*) illness: *Acaba de salir de una ~ gravísima.* He has just recovered from a very serious illness. **2** (*infecciosa, contagiosa*) disease: *una ~ hereditaria* a hereditary disease ◊ *la ~ de Parkinson* Parkinson's disease ☞ *Ver nota en* DISEASE

enfermería *nf* infirmary [*pl* infirmaries]

enfermero, -a *nm-nf* nurse

enfermo, -a ◆ *adj* ill, sick

Ill y **sick** significan enfermo, pero no son intercambiables. **Ill** tiene que ir detrás de un verbo: *estar enfermo* to be ill ◊ *caer enfermo* to fall ill; **sick** suele ir delante de un sustantivo: *cuidar a un animal enfermo* to look after a sick animal, o cuando nos referimos a ausencias en la escuela o el lugar de trabajo: *Hay 15 niños enfermos.* There are 15 children off sick.
Si utilizamos **sick** con un verbo como be o feel, no significa encontrarse enfermo, sino *tener ganas de vomitar*: *Tengo ganas de vomitar.* I feel sick.

l *nm-nf* **1** (*gen*) sick person * Cuando nos referimos al conjunto de los enfermos, decimos the sick: *cuidar de los enfermos* to look after the sick. **2** (*paciente*) patient LOC **ponerle enfermo a algn** to make *sb* ill

enfocar *vt* **1** (*ajustar*) to focus *sth* (**on *sth*/*sb***) **2** (*iluminar*) to shine a light **on *sth***: *Enfócame la caja de los fusibles.* Shine a light on the fuse box. **3** (*asunto, problema*) to approach

enfoque *nm* (*Fot*) focus [*pl* focuses/foci]

enfrentamiento *nm* confrontation

enfrentar ◆ *vt* **1** (*encarar*) to bring *sb* face to face **with *sth*/*sb*** **2** (*enemistar*) to set *sb* at odds (**with *sb***): *Con sus habladurías enfrentaron a las dos hermanas.* Their gossiping set the two sisters at odds. ◆ **enfrentarse** *v pron* **1** **enfrentarse a** (*gen*) to face: *El país se enfrenta a una profunda crisis.* The country is facing a serious crisis. **2** **enfrentarse a** (*Dep*) to take *sb* on: *España se enfrenta a Austria en el Campeonato de Europa.* Spain takes on Austria in the European

Championships. **3** **enfrentarse (con)** to argue (**with *sb***): *Si te enfrentas con ellos será peor.* You'll only make things worse if you argue with them.

enfrente

opposite   in front of

enfrente *adv* ~ **(de)** opposite: *Mi casa está ~ del estadio.* My house is opposite the stadium. ◊ *el señor que estaba sentado* ~ the man sitting opposite ◊ *El hospital está ~.* The hospital is across the road.

enfriar ◆ *vt* to cool *sth* (down) ◆ **enfriarse** *v pron* **1** (*gen*) to get cold: *Se te está enfriando la sopa.* Your soup's getting cold. **2** (*acatarrarse*) to catch a cold

enfurecer ◆ *vt* to infuriate ◆ **enfurecerse** *v pron* **enfurecerse (con) (por)** to become furious (**with *sb***) (**at *sth***)

enganchar ◆ *vt* **1** (*acoplar*) to hitch: ~ *un remolque al tractor* to hitch a trailer to the tractor **2** (*garfio, anzuelo*) to hook ◆ **engancharse** *v pron* **1** (*atascarse*) to get caught: *Se me ha enganchado el zapato en la alcantarilla.* My shoe has got caught in the grating. **2** (*rasgarse*) to snag: *Se me han vuelto a ~ las medias.* My tights have snagged again. **3** (*drogas*) to get hooked (**on *sth***)

engañar ◆ *vt* **1** (*mentir*) to lie **to *sb***: *No me engañes.* Don't lie to me. ◊ *Me engañaron diciéndome que era de oro.* They told me it was gold but it wasn't. ☞ *Ver nota en* LIE² **2** (*ser infiel*) to cheat **on *sb*** ◆ **engañarse** *v pron* to fool yourself

engatusar *vt* to sweet-talk *sb* (**into doing *sth***)

engendrar *vt* **1** (*concebir*) to conceive **2** (*causar*) to generate

engordar ◆ *vt* (*cebar*) to fatten *sth*/*sb* (up) ◆ *vi* **1** (*persona*) to put on weight: *Ha engordado mucho.* He's put on a lot of weight. **2** (*alimento*) to be fattening:

Los caramelos engordan. Sweets are fattening.

engrasar *vt* **1** (*con grasa*) to grease **2** (*con aceite*) to oil

engreído, -a *pp, adj, nm-nf* conceited [*adj*]: *No eres más que un ~.* You're so conceited.

engullir *vt* to gobble *sth* (up/down)

enhebrar *vt* to thread

enhorabuena *nf* ~ (*por*) congratulations (on *sth/doing sth*): *¡~ por los exámenes!* Congratulations on passing your exams! LOC **dar la enhorabuena** to congratulate *sb* (*on sth*)

enigma *nm* enigma

enjabonar(se) *vt, v pron* to soap: *Primero me gusta ~me la espalda.* I like to soap my back first.

enjambre *nm* swarm

enjaular *vt* to cage

enjuagar ◆ *vt* to rinse ◆ **enjuagarse** *v pron* to rinse your mouth (out)

enjugarse *v pron* (*sudor, lágrimas*) to wipe *sth* (away): *Se enjugó las lágrimas.* He wiped his tears away.

enlace *nm* **1** (*gen*) link: *un ~ activo* an active link **2** (*autobuses, trenes*) connection

enlatar *vt* to can

enlazar *vt, vi* to connect (*sth*) (*to/with sth*)

enloquecedor, ~a *adj* maddening

enloquecer ◆ *vi* **1** (*volverse loco*) to go mad: *El público enloqueció de entusiasmo.* The audience went mad with excitement. **2** (*gustar mucho*) to be mad about *sth*: *Los bombones me enloquecen.* I love chocolate. ◆ *vt* to drive *sb* mad

enmarcar *vt* to frame

enmascarar ◆ *vt* to mask ◆ **enmascararse** *v pron* to put on a mask

enmendar ◆ *vt* **1** (*errores, defectos*) to correct **2** (*daños*) to repair **3** (*ley*) to amend ◆ **enmendarse** *v pron* to mend your ways

enmienda *nf* (*ley*) amendment (*to sth*)

enmohecerse *v pron* to go mouldy

enmoquetar *vt* to carpet

enmudecer *vi* **1** (*perder el habla*) to lose the power of speech **2** (*callar*) to go quiet

ennegrecer ◆ *vt* to blacken ◆ **ennegrecerse** *v pron* to go black

enojar ◆ *vt* to irritate ◆ **enojarse** *v pron* **enojarse** (**con**) (**por**) to get annoyed (**with sb**) (**about sth**)

enorgullecer ◆ *vt* to make *sb* proud: *Tu labor nos enorgullece.* We're proud of your achievements. ◆ **enorgullecerse** *v pron* **enorgullecerse** (**de**) to be proud of *sth/sb*

enorme *adj* enormous LOC *Ver* DIMENSIÓN

enredadera *nf* creeper

enredar ◆ *vt* **1** (*pelo, cuerdas*) to get *sth* tangled (up) **2** (*involucrar*) to involve *sb* (*in sth*) ◆ *vi* ~ (**con/en**) to mess about (**with sth**): *Siempre estás enredando en mis cosas.* You're always messing about with my things. ◆ **enredarse** *v pron* **1** (*pelo, cuerdas*) to get tangled (up) **2 enredarse** (**en**) (*disputa, asunto*) to get involved (**in sth**)

enrejado *nm* **1** (*jaula, ventana*) bars [*pl*] **2** (*para plantas*) trellis

enrevesado, -a *pp, adj* **1** (*gen*) complicated **2** (*persona*) awkward

enriquecer ◆ *vt* **1** (*lit*) to make *sth/sb* rich **2** (*fig*) to enrich: *Enriqueció su vocabulario con la lectura.* He enriched his vocabulary by reading. ◆ **enriquecerse** *v pron* to get rich

enrojecer ◆ *vt* to redden ◆ **enrojecer(se)** *vi, v pron* **enrojecer(se)** (**de**) to go red (**with sth**): *Enrojeció de ira.* He went red with anger.

enrolarse *v pron* ~ (**en**) to enlist (**in sth**)

enrollado, -a *pp, adj* (*simpático*) cool: *Es un tío muy ~.* He's a really cool guy. LOC **estar enrollado con algn** to be involved with *sb* **estar enrollado en algo** to be into *sth* *Ver tb* ENROLLAR

enrollar ◆ *vt* **1** (*enroscar*) to roll *sth* up **2** (*involucrar*) to talk *sb* into doing *sth*: *Me han enrollado para ir al cine.* They've talked me into going to the cinema. ◆ *vi*: *Esta canción me enrolla cantidad.* This song is really great. ◆ **enrollarse** *v pron* **1** (*con explicaciones*) to go on **2** (*portarse bien*): *Anda, enróllate y déjame algo de pasta.* Come on, don't be mean; lend me some money. ◊ *El profe nuevo se enrolla bien.* The new teacher is really cool. **3 enrollarse** (**con**) (*hablar*) to get talking (**to sb**) **4 enrollarse con** (*amorío*) to get involved with *sb*

enroscar *vt* **1** (*tapón*) to screw *sth* on: *Enrosca bien el tapón.* Screw the top on tightly. **2** (*piezas, tuercas*) to screw *sth* together

ensalada *nf* salad LOC **ensalada de lechuga/mixta** green/mixed salad

ensaladera *nf* salad bowl

ensamblar *vt* to assemble

ensanchar ◆ *vt* to widen ◆ **ensancharse** *v pron* **1** (*extenderse*) to widen **2** (*dar de sí*) to stretch: *Estos zapatos se han ensanchado.* These shoes have stretched.

ensangrentado, -a *pp, adj* blood-stained *Ver tb* ENSANGRENTAR

ensangrentar *vt* (*manchar*) to get blood on *sth*

ensayar *vt, vi* **1** (*gen*) to practise **2** (*Mús, Teat*) to rehearse

ensayo *nm* **1** (*experimento*) test: *un tubo de ~* a test tube **2** (*Mús, Teat*) rehearsal **3** (*Liter*) essay [*pl* essays] LOC **ensayo general** dress rehearsal

enseguida *Ver* SEGUIDA

ensenada *nf* inlet

enseñado, -a *pp, adj* LOC **bien enseñado** well trained **tener a algn mal enseñado**: *Los tienes muy mal ~s.* You spoil them. *Ver tb* ENSEÑAR

enseñanza *nf* **1** (*gen*) teaching **2** (*sistema nacional*) education: *~ primaria/secundaria* primary/secondary education

enseñar *vt* **1** (*gen*) to teach *sth*, to teach *sb* to do *sth*. *Enseña matemáticas.* He teaches maths. ◊ *¿Quién te enseñó a jugar?* Who taught you how to play? **2** (*mostrar*) to show: *Enséñame tu habitación.* Show me your room.

ensillar *vt* to saddle *sth* (up)

ensimismado, -a *pp, adj* **1** (*pensativo*) lost in thought **2** (*en*) (*embebido*) engrossed (in *sth*): *Estaba muy ensimismada leyendo el libro.* She was deeply engrossed in her book.

ensordecedor, ~a *adj* deafening: *un ruido ~* a deafening noise

ensordecer ◆ *vt* to deafen ◆ *vi* to go deaf: *Corres el peligro de ~.* You run the risk of going deaf.

ensuciar ◆ *vt* to get *sth* dirty: *No me ensucies la mesa.* Don't get the table dirty. ◊ *Te has ensuciado el vestido de aceite.* You've got oil on your dress. ◆ **ensuciarse** *v pron* to get dirty

ensueño *nm* LOC **de ensueño** dream: *una casa de ~* a dream home

entablar *vt* (*comenzar*) to start *sth* (up): *~ una conversación* to start up a conversation LOC *Ver* AMISTAD

entablillar *vt* to put *sth* in a splint

entender ◆ *vt* to understand: *No lo entiendo.* I don't understand. ◆ *vi* **1** (*gen*) to understand: *fácil/difícil de ~* easy/difficult to understand **2** *~ de* to know a lot **about** *sth*: *No entiendo mucho de eso.* I don't know much about that. ◆ **entenderse** *v pron* **entenderse** (**con**) to get on (**with** *sb*): *Nos entendemos muy bien.* We get on very well. LOC **dar a entender** to imply **entender mal** to misunderstand **no entender ni jota**: *No entendí ni jota de lo que dijo.* I didn't understand a word he said.

entendido, -a ◆ *nm-nf ~* (**en**) expert (**at/in/on** *sth*) ◆ *interj*: ¡Entendido! Right! ◊ ¿Entendido? All right?

enterado, -a *pp, adj* LOC **estar enterado** (**de**) to know (about *sth*) **no darse por enterado** to turn a deaf ear (*to sth*) *Ver tb* ENTERARSE

enterarse *v pron ~* (**de**) **1** (*descubrir*) to find out (**about** *sth*) **2** (*noticia*) to hear (**about** *sth*): *Ya me he enterado de lo de tu abuelo.* I've heard about your grandfather. LOC **te vas a enterar** (*amenaza*) you, he, they, etc. will get what for

entero, -a *adj* **1** (*completo*) whole, entire (*más formal*) **2** (*intacto*) intact **3** (*leche*) full-cream LOC *Ver* CUERPO

enterrador, ~a *nm-nf* gravedigger

enterrar *vt* (*lit, fig*) to bury LOC **enterrarse en vida** to shut yourself away

entierro *nm* **1** (*gen*) funeral: *Había mucha gente en el ~.* There were a lot of people at the funeral. **2** (*sepelio*) burial LOC *Ver* VELA¹

entonación *nf* intonation

entonar ◆ *vt* **1** (*cantar*) to sing **2** (*marcar el tono*) to pitch ◆ *vi* **1** (*Mús*) to sing in tune **2** *~* (**con**) to go (**with** *sth*): *La colcha no entona con la moqueta.* The bedspread doesn't go with the carpet. ◆ **entonarse** *v pron* to perk up: *Date un baño, verás como te entonas.* Have a bath and you'll soon perk up.

entonces *adv* then LOC **en/por aquel entonces** at that time

entornado, -a *pp, adj* (*puerta*) ajar *Ver tb* ENTORNAR

entornar *vt* **1** (*gen*) to half-close **2** (*puerta*) to leave *sth* ajar

entorno *nm* **1** (*ambiente*) environment **2** (*círculo*) circle: *~ familiar* family circle **3** (*alrededores*): *en el ~ de la ciudad* in and around the city

entrada *nf* **1** *~* (**en**) (*acción de entrar*) (**a**) (*gen*) entry (**into** *sth*): *Prohibida la ~.* No entry. (**b**) (*club, asociación*) admission (**to** *sth*): *No cobran ~ a los socios.* Admission is free for members.

entraña 120

2 (*billete*) ticket: *No hay ~s.* Sold out. 3 (*puerta*) entrance (**to sth**): *Te espero a la ~.* I'll wait for you at the entrance. 4 (*primer pago*) deposit (**on sth**): *dar una ~ del 20%* to pay a 20% deposit 5 (*Informát*) input: *hacer una ~ en un archivo* to input some data in a file 6 (*en fútbol*) tackle: *hacer una ~ a algn* to tackle sb 7 **entradas** (*pelo*) receding hairline [*sing*]: *Cada vez tienes más ~s.* Your hairline is receding fast. LOC **entrada gratuita/libre** free admission

entraña *nf* **entrañas** (*Anat*) entrails

entrañable *adj* (*querido*) much-loved

entrar *vi* 1 (a) (*gen*) to go in/inside: *No me atreví a ~.* I didn't dare to go in. ◊ *El clavo no ha entrado bien.* The nail hasn't gone in properly. (b) (*pasar*) to come in/inside: *Hazle ~.* Ask him to come in. 2 ~ **en** (a) (*gen*) to go into..., to enter (*más formal*): *No entres en mi oficina cuando no estoy.* Don't go into my office when I'm not there. ◊ *~ en detalles* to go into detail (b) (*pasar*) to come into..., to enter (*más formal*): *No entres en mi habitación sin llamar.* Knock before you come into my room. 3 ~ **en** (*ingresar*) (a) (*profesión, esfera social*) to enter *sth* [*vt*] (b) (*institución, club*) to join *sth* [*vt*] 4 (*caber*) (a) (*ropa*) to fit: *Esta falda no me entra.* This skirt doesn't fit (me). (b) ~ (**en**) to fit (**in/into sth**): *No creo que entre en el maletero.* I don't think it'll fit in the boot. 5 (*marchas*) to engage: *La primera nunca entra bien.* First gear never seems to engage properly. 6 (*Informát*) to log in/on: *~ en el sistema* to log in/on LOC **entrar en calor** to warm up **entrar ganas de** to feel like *doing sth* **entrarle a algn el pánico** to be panic-stricken: *Me entró el pánico.* I was panic-stricken. **no me entra (en la cabeza)** I, you, etc. just don't understand *Ver tb* PROHIBIDO

entre

a small house **between** two large ones

a house **among** some trees

entre *prep* 1 (*dos cosas, personas*) between: *entre la tienda y el cine* between the shop and the cinema 2 (*más de dos cosas, personas*) among: *Nos sentamos entre los árboles.* We sat among the trees. 3 (*en medio*) somewhere between: *Tienes los ojos entre agrisados y azules.* Your eyes are somewhere between grey and blue. LOC **entre sí** 1 (*dos personas*) to each other: *Hablaban entre sí.* They were talking to each other. 2 (*varias personas*) among themselves: *Los muchachos lo discutían entre sí.* The boys were discussing it among themselves. **entre tanto** *Ver* ENTRETANTO **entre todos** together: *Lo haremos entre todos.* We'll do it together.

entreabierto, -a *adj* half-open

entreacto *nm* interval

entrecejo *nm* space between the eyebrows

entrecortado, -a *adj* 1 (*voz*) faltering 2 (*frases*) broken

entrecot *nm* fillet steak

entredicho *nm* LOC **poner en entredicho** to call *sth* into question

entrega *nf* 1 (*gen*) handing over: *la ~ del dinero* the handing over of the money 2 (*mercancía*) delivery 3 (*fascículo*) instalment: *Se publicará por ~s.* It will be published in instalments. LOC **entrega de medallas** medal ceremony **entrega de premios** prize-giving

entregado, -a *pp, adj* ~ (a) devoted (**to sth/sb**) *Ver tb* ENTREGAR

entregar ♦ *vt* 1 (*gen*) to hand *sth/sb* over (**to sb**): *~ los documentos/las llaves* to hand over the documents/keys ◊ *~ a algn a las autoridades* to hand sb over to the authorities 2 (*premio, medallas*) to present *sth* (**to sb**) 3 (*mercancía*) to deliver ♦ **entregarse** *v pron* **entregarse** (a) 1 (*rendirse*) to give yourself up, to surrender (*más formal*) (**to sb**): *Se entregaron a la policía.* They gave themselves up to the police. 2 (*dedicarse*) to devote yourself **to sth/sb**

entrenador, ~a *nm-nf* 1 (*gen*) trainer 2 (*Dep*) coach

entrenamiento *nm* training

entrenar ♦ *vt* to coach ♦ **entrenarse** *v pron* to train

entrepierna *nf* crotch

entresuelo *nm* (*edificio*) mezzanine

entretanto *adv* in the meantime

entretener ♦ *vt* 1 (*demorar*) to keep: *No quiero ~te demasiado.* I won't keep you long. 2 (*divertir*) to keep sb amused, to entertain (*más formal*) 3 (*distraer*) to keep sb busy: *Entretenle mientras yo* *entro*. Keep him busy while I go in. ◆ **entretenerse** *v pron* **1 entretenerse (con)** (*disfrutar*): *Lo hago por ~me.* I just do it to pass the time. ◊ *Me entretengo con cualquier cosa.* I'm easily amused. **2** (*distraerse*) to hang about (*doing sth*): *No os entretengáis y venid a casa en seguida.* Don't hang about; come home straight away.

entretenido, -a *pp, adj* entertaining LOC **estar entretenido** to be busy (*doing sth*) *Ver tb* ENTRETENER

entretenimiento *nm* **1** (*diversión*) entertainment **2** (*pasatiempo*) pastime

entrevista *nf* **1** (*reunión*) meeting **2** (*trabajo, Period*) interview

entrevistador, ~a *nm-nf* interviewer

entrevistar ◆ *vt* to interview ◆ **entrevistarse** *v pron* **entrevistarse (con)** to meet: *Se entrevistó con él en el hotel.* She met him in the hotel.

entristecer ◆ *vt* to sadden ◆ **entristecerse** *v pron* **entristecerse (por)** to be sad (**because of/about** *sth*)

entrometerse *v pron* ~ (**en**) to interfere (**in** *sth*)

entrometido, -a ◆ *pp, adj* meddlesome ◆ *nm-nf* meddler *Ver tb* ENTROMETERSE

enturbiar ◆ *vt* **1** (*líquido*) to make *sth* cloudy **2** (*relaciones, asunto*) to cloud ◆ **enturbiarse** *v pron* **1** (*líquido*) to become cloudy **2** (*relaciones, asunto*) to become muddled

entusiasmado, -a *pp, adj* LOC **estar entusiasmado (con)** to be delighted (**at/ about** *sth*) *Ver tb* ENTUSIASMAR

entusiasmar ◆ *vt* to thrill ◆ **entusiasmarse** *v pron* **entusiasmarse (con/ por)** to get excited (**about/over** *sth*)

entusiasmo *nm* ~ (**por**) enthusiasm (**for** *sth*) LOC **con entusiasmo** enthusiastically

entusiasta ◆ *adj* enthusiastic ◆ *nmf* enthusiast

enumerar *vt* to list, to enumerate (*formal*)

enunciado *nm* (*problema, teoría*) wording

enunciar *vt* to enunciate

envasado, -a *pp, adj* LOC **envasado al vacío** vacuum-packed *Ver tb* ENVASAR

envasar *vt* **1** (*embotellar*) to bottle **2** (*enlatar*) to can

envase *nm* **1** (*botella*) bottle **2** (*lata*) can ☞ *Ver nota en* LATA **3** (*caja*) packet

envejecer ◆ *vi* (*persona*) to age: *Ha envejecido mucho.* He's aged a lot. ◆

vt **1** (*persona, vino*) to age: *La enfermedad le ha envejecido.* Illness has aged him. **2** (*madera*) to season

envenenar ◆ *vt* to poison ◆ **envenenarse** *v pron*: *Se envenenaron comiendo setas.* They ate poisonous mushrooms.

enviado, -a *nm-nf* **1** (*emisario*) envoy [*pl* envoys] **2** (*Period*) correspondent: ~ *especial* special correspondent

enviar *vt* to send LOC *Ver* CORREO

enviciarse *v pron Ver* VICIARSE

envidia *nf* envy: *hacer algo por* ~ to do sth out of envy ◊ *¡Qué* ~! I really envy you! LOC **dar envidia** to make *sb* jealous **tener envidia** to be jealous (*of sth/sb*) *Ver tb* COMIDO, MUERTO

envidiar *vt* to envy

envidioso, -a *adj, nm-nf* envious [*adj*]: *Eres un* ~. You're very envious.

envío *nm* **1** (*acción*) sending **2** (*paquete*) parcel **3** (*Com*) consignment LOC **envío contra reembolso** cash on delivery (*abrev* COD) *Ver tb* GASTO

enviudar *vi* to be widowed

envoltorio *nm* wrapper

envolver *vt* to wrap *sth/sb* (up) (**in** *sth*): *¿Se lo envolvemos?* Would you like it wrapped? LOC **envolver para regalo** to gift-wrap: *¿Me lo envuelve para regalo?* Can you gift-wrap it for me, please? *Ver tb* PAPEL

envuelto, -a *pp, adj* LOC **verse envuelto en** to find yourself involved in *sth Ver tb* ENVOLVER

enyesar *vt* to put *sth* in plaster: *Me enyesaron una pierna.* They put my leg in plaster.

epicentro *nm* epicentre

epidemia *nf* epidemic: *una* ~ *de cólera* a cholera epidemic

epilepsia *nf* epilepsy

episodio *nm* episode: *una serie de cinco* ~s a serial in five episodes

época *nf* **1** (*gen*) time: *en aquella* ~ at that time ◊ *la* ~ *más fría del año* the coldest time of the year **2** (*era*) age: *la* ~ *de Felipe II* the age of Philip II LOC **de época** period: *mobiliario de* ~ period furniture *Ver tb* GLACIAR

equilátero, -a *adj* LOC *Ver* TRIÁNGULO

equilibrio *nm* **1** (*gen*) balance: *mantener/perder el* ~ to keep/lose your balance ◊ ~ *de fuerzas* balance of power **2** (*Fís*) equilibrium

equilibrista *nmf* **1** (*acróbata*) acrobat **2** (*en la cuerda floja*) tightrope walker

equino, -a *adj* LOC *Ver* GANADO

equipaje *nm* luggage [*incontable*]: *No llevo mucho ~.* I haven't got much luggage. ◊ *~ de mano* hand luggage LOC **hacer el equipaje** to pack *Ver tb* EXCESO, RECOGIDA

equipar *vt* **1** (*gen*) to equip *sth/sb* (**with sth**): *~ una oficina con muebles* to equip an office with furniture **2** (*ropa, Náut*) to fit *sth/sb* out (**with sth**): *~ a los niños para el invierno* to fit the children out for the winter

equipo *nm* **1** (*grupo de personas*) team [*v sing o pl*]: *un ~ de fútbol* a football team ◊ *un ~ de expertos* a team of experts ☛ *Ver nota en* JURADO **2** (*equipamiento*) **(a)** (*gen*) equipment [*incontable*]: *un ~ de laboratorio* laboratory equipment **(b)** (*Dep*) gear: *~ de caza/pesca* hunting/fishing gear LOC **equipo de música** hi-fi (system) *Ver tb* COMPAÑERO, TRABAJO

equitación *nf* horse riding

equivaler *vi* *~* **a** (*valer*) to be equivalent to *sth*: *Esto equivale a mil dólares.* That's equivalent to a thousand dollars.

equivocación *nf* **1** (*error*) mistake: *cometer una ~* to make a mistake **2** (*malentendido*) misunderstanding

equivocado *-a pp, adj* wrong: *estar ~* to be wrong *Ver tb* EQUIVOCARSE

equivocarse *v pron* **1** *~* (**en**) (*confundirse*) to be wrong (**about sth**): *En eso te equivocas.* You're wrong about that. **2** *~* (**de**): *Se ha equivocado de número.* You have got the wrong number. ◊ *~ de carretera* to take the wrong road

era¹ *nf* (*periodo*) era

era² *nf* (*Agric*) threshing floor

erección *nf* erection

erguir *vt* (*cabeza*) to hold *sth* up

erizo *nm* hedgehog LOC **erizo de mar** sea urchin

ermita *nf* hermitage

erosión *nf* erosion

erosionar *vt* to erode

erótico *-a adj* erotic

errar ◆ *vt* to miss: *Erró el tiro.* He missed the shot. ◆ *vi* (*vagar*) to wander

errata *nf* mistake

erróneo *-a adj* wrong: *Tomaron la decisión errónea.* They made the wrong decision. ◊ *La información era errónea.* The information was incorrect.

error *nm* mistake: *cometer un ~* to make a mistake ☛ *Ver nota en* MISTAKE

eructar *vi* to belch, to burp (*más coloq*)

eructo *nm* belch, burp (*más coloq*)

erupción *nf* **1** (*gen*) eruption **2** (*Med*) rash

esbelto, -a *adj* **1** (*delgado*) slender **2** (*elegante*) graceful

escabeche *nm* LOC **en escabeche** in brine

escabullirse *v pron* **1** (*irse*) to slip away **2** *~* **de/de entre** to slip out of *sth*: *~ de las manos* to slip out of your hands

escafandra *nf* diving suit

escala *nf* **1** (*gen*) scale: *en una ~ de uno a diez* on a scale of one to ten **2** (*viajes*) stopover LOC **escala musical** scale **hacer escala** to stop over (*in...*)

escalada *nf* (*montaña*) climb

escalador, ~a *nm-nf* climber

escalar *vt, vi* to climb

escaleno *adj* LOC *Ver* TRIÁNGULO

escalera *nf* stairs [*pl*], staircase

Stairs se refiere solo a los escalones: *Me caí por las escaleras.* I fell down the stairs. ◊ *al pie de la escalera* at the foot of the stairs. Staircase hace referencia a toda la estructura de la escalera (los escalones, el pasamanos, etc.): *La casa tiene una escalera antigua.* The house has a very old staircase.

LOC **bajar/subir las escaleras** to go downstairs/upstairs **escalera de caracol** spiral staircase **escalera de cuerda** rope ladder **escalera de incendios** fire escape **escalera (de mano)** ladder **escalera mecánica** escalator *Ver tb* RODAR

escalofrío *nm* shiver LOC **dar escalofríos** to send shivers down your spine **tener/sentir escalofríos** to shiver

escalón *nm* step

escalope *nm* escalope

escama *nf* scale

escandalizar *vt* to shock

escándalo *nm* **1** (*asunto*) scandal **2** (*ruido*) racket: *¡Qué ~!* What a racket! LOC **organizar/montar un escándalo** to make a scene

escandaloso, -a *adj* (*risa, color*) loud

escáner *nm* (*aparato*) scanner

escaño *nm* seat

escapada *nf* **1** (*fuga*) escape **2** (*viaje*) short break: *una ~ de fin de semana* a weekend break **3** (*Dep*) breakaway

escaparate *nm* shop window LOC **ir de escaparates** to go window-shopping

escapar(se) ◆ *vi, v pron* **escapar(se)** **(de)** **1** (*lograr salir*) to escape (**from sth/sb**): *El loro se escapó de la jaula.* The parrot escaped from its cage. **2** (*evitar*) to escape *sth* [*vt*]: ~ *de la justicia* to escape arrest ◆ **escaparse** *v pron* **1** (*gas, líquido*) to leak **2** (*involuntariamente*): *Se le escapó un taco.* He swore. **3** (*secreto*) to let *sth* slip: *Se me escapó que estaba embarazada.* I let (it) slip that she was pregnant. **4** (*detalles, oportunidad, medio de transporte*) to miss: *No se te escapa nada.* You don't miss a thing. LOC **dejar escapar 1** (*persona*) to let *sb* get away **2** (*oportunidad*) to miss: *Has dejado ~ la mejor ocasión de tu vida.* You've missed the chance of a lifetime.

escapatoria *nf* way out: *Es nuestra única ~.* It's the only way out.

escape *nm* (*gas, líquido*) leak LOC *Ver* TUBO

escaquearse *v pron* **1** (*gen*) to skive **2** ~ **de** to get out of *sth/doing sth*

escarabajo *nm* beetle

escarbar *vt, vi* (*tierra*) to dig

escarcha *nf* frost

escarchar *v imp*: *Anoche escarchó.* There was a frost last night.

escarmentado, -a *pp, adj* LOC **estar escarmentado** to have learnt your lesson *Ver tb* ESCARMENTAR

escarmentar ◆ *vt* to teach *sb* a lesson ◆ *vi* to learn your lesson: *No escarmientas, ¿eh?* Will you never learn?

escarola *nf* (*Bot*) endive

escarpia *nf* hook

escasear *vi* to be scarce

escasez *nf* shortage: *Hay ~ de profesorado.* There is a shortage of teachers.

escaso, -a *adj* **1** (*con sustantivo contable en plural*) few: *a ~s metros de distancia* a few metres away ☞ *Ver nota en* FEW **2** (*con sustantivo incontable*) little: *La ayuda que recibieron fue escasa.* They received very little help. ◊ *debido al ~ interés* due to lack of interest ◊ *productos de escasa calidad* poor quality products **3** (*apenas*) only just, barely (*más formal*): *Tiene tres años ~s.* She is only just three. LOC **andar escaso de** to be short of *sth*

escayola *nf* plaster

escayolado, -a *pp, adj* in plaster: *Tengo el brazo ~.* My arm's in plaster. *Ver tb* ESCAYOLAR

escayolar *vt* (*Med*) to put *sth* in plaster

escena *nf* scene: *acto primero, ~ segunda* act one, scene two LOC **poner en escena** to stage

escenario *nm* **1** (*teatro, auditorio*) stage: *salir al ~* to come onto the stage **2** (*lugar*) scene: *el ~ del crimen* the scene of the crime

escenificar *vt* **1** (*representar*) to stage **2** (*adaptar*) to dramatize

esclarecer *vt* **1** (*explicar*) to clarify **2** (*delito*) to clear *sth* up: ~ *un asesinato* to clear up a murder

esclavitud *nf* slavery

esclavizado, -a *pp, adj* LOC **tener esclavizado a algn** to treat *sb* like a slave *Ver tb* ESCLAVIZAR

esclavizar *vt* to enslave

esclavo, -a *adj, nm-nf* slave [*n*]: *Os tratan como a ~s.* You are treated like slaves. ◊ *ser ~ del dinero* to be a slave to money

esclusa *nf* lock

escoba *nf* **1** (*gen*) broom, brush ☞ *Ver dibujo en* BRUSH **2** (*de bruja*) broomstick

escobilla *nf* (*cuarto de baño*) toilet brush

escocer ◆ *vi* to sting ◆ **escocerse** *v pron* (*irritarse*) to get sore

escocés, -esa ◆ *adj* Scottish ◆ *nm nf* Scotsman/woman [*pl* Scotsmen/women]: *los escoceses* the Scots LOC *Ver* CUADRO, FALDA

Escocia *nf* Scotland

escoger *vt, vi* to choose: *Escoge tú.* You choose. ◊ ~ *entre dos cosas* to choose between two things ◊ *Hay que ~ del menú.* You have to choose from the menu.

escolar ◆ *adj* **1** (*gen*) school [*n atrib*]: *año/curso ~* school year ◊ *el comienzo de las vacaciones ~es* the start of the school holidays **2** (*sistema*) education [*n atrib*]: *el sistema ~* the education system ◆ *nmf* schoolboy [*fem* schoolgirl] [*pl* schoolchildren] LOC *Ver* CENTRO, CERTIFICADO

escolta *nf, nmf* escort

escoltar *vt* to escort

escombro *nm* **escombros** rubble [*incontable, v sing*]: *reducir algo a ~s* to reduce sth to rubble ◊ *un montón de ~s* a pile of rubble

esconder ◆ *vt* to hide: *Lo escondieron debajo de la cama.* They hid it under the bed. ◊ *Esconde el regalo para que no lo vea mi madre.* Hide the present from my mother. ◆ **esconderse** *v pron* **esconderse (de)** to hide (from *sth/sb*): *¿De quién os escondéis?* Who are you hiding from?

escondido, -a *pp, adj* (*recóndito*) secluded LOC **a escondidas** in secret *Ver tb* ESCONDER

escondite *nm* **1** (*escondrijo*) hiding place **2** (*juego*) hide-and-seek: *jugar al ~* to play hide-and-seek

escopeta *nf* **1** (*gen*) rifle **2** (*de perdigones*) shotgun

escopetado, -a *adj* LOC **irse/salir escopetado** to rush away/out

escorpión¹ *nm* (*alacrán*) scorpion

escorpión² (*tb* **Escorpión, escorpio, Escorpio**) *nm, nmf* (*Astrol*) Scorpio [*pl* Scorpios] ☞ *Ver ejemplos en* AQUARIUS

escotado, -a *pp, adj* low-cut: *Es demasiado ~.* It's too low-cut. ◊ *un vestido ~ por detrás* a dress with a low back *Ver tb* ESCOTAR¹

escotar¹ *vt* (*prenda*) to lower the neckline of *sth*

escotar² *vi* to club together (*to do sth*): *Toda la clase escotó para comprar el regalo.* Everyone in the class clubbed together to buy the present.

escote¹ *nm* **1** (*prenda*) neckline: *¡Menudo ~!* That's some neckline! **2** (*pecho*) chest LOC **escote en pico** V-neck

escote² *nm* LOC **ir/pagar a escote 1** (*entre dos personas*) to go Dutch **2** (*entre más de dos personas*) to chip in: *Pagamos el regalo a ~.* We all chipped in to buy the present.

escotilla *nf* hatch

escozor *nm* sting

escribir ◆ *vt* **1** (*gen*) to write: *~ un libro* to write a book **2** (*ortografía*) to spell: *No sé ~lo.* I don't know how to spell it. ◊ *¿Cómo se escribe?* How do you spell it? ◆ *vi* to write: *Nunca me escribes.* You never write to me. ◊ *Todavía no sabe ~.* He can't write yet. ☞ *Ver nota en* WRITE ◆ **escribirse** *v pron* **escribirse con:** *Me gustaría ~me con un inglés.* I'd like to have an English pen pal. LOC **escribir a mano** to write *sth* (out) by hand *Ver tb* MÁQUINA

escrito, -a ◆ *pp, adj:* *poner algo por ~* to put sth in writing ◆ *nm* **1** (*carta*) letter **2** (*documento*) document *Ver tb* ESCRIBIR

escritor, -a *nm-nf* writer

escritorio *nm* **1** (*mesa*) desk **2** (*buró*) bureau [*pl* bureaux/bureaus]

escritura *nf* **1** (*gen*) writing **2** **Escritura(s)** Scripture: *la Sagrada Escritura/ las Escrituras* the Holy Scripture(s)/the Scriptures

escrupuloso, -a *adj* **1** (*aprensivo*) fussy: *Déjame tu vaso, no soy ~.* Give me your glass. I'm not fussy. **2** (*honrado*) scrupulous

escrutinio *nm* (*recuento*) count

escuadra *nf* **1** (*regla*) set square **2** (*Mil*) squad

escuadrón *nm* squadron

escuchar *vt, vi* to listen (**to** *sth/sb*): *Nunca me escuchas.* You never listen to me. ◊ *¡Escucha! ¿Lo oyes?* Listen! Can you hear it?

escudero *nm* squire

escudo *nm* **1** (*gen*) shield: *~ protector* protective shield **2** (*insignia*) emblem **3** (*moneda*) escudo [*pl* escudos] LOC **escudo de armas** coat of arms

escuela *nf* **1** (*gen*) school: *Iremos después de la ~.* We'll go after school. ◊ *El lunes no habrá ~.* There's no school on Monday. ◊ *Todos los días voy a la ~ en el autobús.* I go to school on the bus every day. ◊ *El martes iré a la ~ para hablar con tu profesor.* On Tuesday I'm going to the school to talk to your teacher. ☞ *Ver nota en* SCHOOL **2** (*academia*) college: *~ de policía* police college LOC **escuela infantil** nursery school **escuela primaria** primary school **escuela secundaria obligatoria** secondary school

En Gran Bretaña hay escuelas estatales o públicas, **state schools**, y escuelas privadas, **independent schools.** Los **public schools** son un tipo de colegios privados más tradicionales y conocidos, como por ejemplo Eton y Harrow.

esculpir *vt, vi* to sculpt: *~ en piedra* to sculpt in stone

escultor, -a *nm-nf* sculptor

escultura *nf* sculpture

escupir ◆ *vt* **1** (*expectorar*) to spit *sth* (out) **2** (*a algn*) to spit at *sb* ◆ *vi* to spit

escupitajo *nm* spit [*incontable*]: *Había un ~ en el suelo.* There was some spit on the ground. ◊ *soltar un ~* to spit

escurreplatos *nm* plate rack

escurridor *nm* (*tb* **escurridora** *nf*) **1** (*verduras*) colander **2** (*escurreplatos*) plate rack

escurrir ◆ *vt* **1** (*ropa*) to wring *sth* (out) **2** (*platos, verduras, legumbres*) to drain ◆ *vi* **1** (*gen*) to drain: *Pon los platos a ~.* Leave the dishes to drain. **2** (*ropa*) to drip-dry ◆ **escurrirse** *v pron* **escurrirse** (**de/entre/de entre**) to slip (**out of/from** *sth*): *El jabón se le escurrió de entre las manos.* The soap slipped out of his hands.

ese nf LOC **hacer eses 1** (gen) to zigzag **2** (persona) to stagger

ese, -a ♦ adj that [pl those]: a partir de ~ momento from that moment on ◊ esos libros those books **♦** (tb **ése, -a**) pron **1** (cosa) that one [pl those (ones)]: Yo no quiero ~/esos. I don't want that one/those ones. **2** (persona): ¡Ha sido esa! It was her! ◊ Yo no voy con esos. I'm not going with them.

esencia nf essence

esencial adj ~ (**para**) essential (**to/for** sth)

esfera nf **1** (gen, Geom) sphere **2** (reloj) face

esférico, -a adj spherical

esfinge nf sphinx

esforzarse v pron ~ (**en/para/por**) to try (hard) (**to do sth**): Se esforzaron mucho. They tried very hard.

esfuerzo nm **1** (gen) effort: Haz un ~ y come algo. Make an effort to eat something. ◊ No deberías hacer ~s, aún no estás recuperado. You shouldn't overdo it, you're still recovering. **2** (intento) attempt (**at doing sth/to do sth**): en un último ~ por evitar el desastre in a last attempt to avoid disaster LOC **sin esfuerzo** effortlessly

esfumarse v pron to vanish LOC **¡esfúmate!** get lost!

esgrima nf (Dep) fencing

esgrimir vt (arma) to wield

esguince nm (Med) sprain: hacerse un ~ en el tobillo to sprain your ankle

eslalon nm slalom

eslogan nm slogan

esmaltar vt to enamel

esmalte nm enamel LOC **esmalte de uñas** nail varnish

esmeralda nf emerald

esmerarse v pron ~ (**en/por**) to try very hard (**to do sth**): Esmérate un poco más. Try a bit harder.

esmero nm LOC **con esmero** (very) carefully

esmoquin nm dinner jacket

esnifar vt **1** (gen) to sniff **2** (cocaína) to snort

esnob ♦ adj snobbish **♦** nmf snob

ESO nf (Educ) secondary education: Está en tercero de ~. She's in year 10.

Los cursos de primero a cuarto de ESO equivalen a lo que en el sistema inglés se llama **years 8-11**.

eso pron that: ¿Qué es ~? What's that? ◊ ~ es, muy bien. That's right, very good. LOC **a eso de** at about: a ~ de la una at about one o'clock ☞ Ver nota en AROUND[1] **¡de eso nada!** no way! **por eso** (por esa razón) so, therefore (más formal)

esófago nm oesophagus [pl oesophagi/oesophaguses]

espabilado, -a pp, adj bright LOC **estar espabilado** to be wide awake Ver tb ESPABILAR

espabilar ♦ vt to wake sb up **♦** vi **1** (gen) to buck your ideas up: ¡A ver si espabilas de una vez! It's about time you bucked your ideas up! **2** (apresurarse) to get a move on: Espabila o perderás el tren. Get a move on or you'll miss the train.

espacial adj space [n atrib]: misión/vuelo ~ space mission/flight LOC Ver AERONAVE, BASE, NAVE, TRAJE

espacio nm **1** (gen) space **2** (sitio) room: En mi maleta hay ~ para tu jersey. There is room for your jumper in my suitcase. **3** (Radio, TV) programme

espada nf **1** (arma) sword **2 espadas** (Naipes) ☞ Ver nota en BARAJA LOC **estar entre la espada y la pared** to be between the devil and the deep blue sea

espagueti nm **espaguetis** spaghetti [incontable, v sing]: Me encantan los ~s. I love spaghetti.

espalda nf **1** (gen) back: Me duele la ~. My back hurts. **2** (natación) backstroke: 100 metros ~ 100 metres backstroke LOC **dar la espalda** to turn your back on sth/sb **de espaldas** Ponte de ~s a la pared. Stand with your back to the wall. ◊ ver a algn de ~s to see sb from behind **hacer algo a espaldas de algn** to do sth behind sb's back Ver tb CARA, NADAR

espantapájaros nm scarecrow

espantar ♦ vt **1** (asustar) to terrify **2** (ahuyentar) to drive sth/sb away **♦** vi **1** (detestar) to hate sth/doing sth [vt]: Me espanta viajar sola. I hate travelling alone. **2** (horrorizar) to appal sb [vt]: Nos espantaron las condiciones del hospital. We were appalled by conditions in the hospital.

espanto nm (miedo) fear LOC **de espanto** (mucho) terrible: Hace un calor de ~. It's terribly hot. **¡qué espanto!** how awful!

espantoso, -a adj dreadful

España nf Spain

español, ~a ◆ *adj, nm* Spanish: *hablar ~* to speak Spanish ◆ *nm-nf* Spaniard: *los ~es* the Spanish

esparadrapo *nm* plaster

esparcir *vt* to scatter

espárrago *nm* asparagus [*incontable*] LOC **espárragos trigueros** green asparagus [*incontable*]

esparto *nm* esparto (grass) LOC *Ver* ZAPATILLA

espatarrarse *v pron* to sprawl

espátula *nf* spatula

especia *nf* spice

especial *adj* special LOC **en especial 1** (*sobre todo*) especially: *Me gustan mucho los animales, en ~ los perros.* I'm very fond of animals, especially dogs. ☛ *Ver nota en* SPECIALLY **2** (*en concreto*) in particular: *Sospechan de uno de ellos en ~.* They suspect one of them in particular. *Ver tb* EFECTO

especialidad *nf* speciality [*pl* specialities]

especialista *nmf* ~ (**en**) specialist (**in sth**): *un ~ en informática* a computer specialist

especializarse *v pron* ~ (**en**) to specialize (**in sth**)

especialmente *adv* **1** (*sobre todo*) especially: *Me encantan los animales, ~ los gatos.* I love animals, especially cats. **2** (*en particular*) particularly: *Estoy ~ preocupada por el abuelo.* I'm particularly concerned about grandad. ◊ *No es un hombre ~ corpulento.* He's not a particularly fat man. **3** (*expresamente*) specially: *~ diseñado para minusválidos* specially designed for people with disabilities ☛ *Ver nota en* SPECIALLY

especie *nf* **1** (*Biol*) species [*pl* species] **2** (*clase*) kind: *Era una ~ de barniz.* It was a kind of varnish.

especificar *vt* to specify

específico, -a *adj* specific

espécimen *nm* specimen

espectacular *adj* spectacular

espectáculo *nm* **1** (*gen*) spectacle: *un ~ impresionante* an impressive spectacle **2** (*función*) show LOC **dar un espectáculo** to make a scene *Ver tb* GUÍA, MUNDO

espectador, ~a *nm-nf* **1** (*Teat, Mús*) member of the audience **2** (*Dep*) spectator

espejismo *nm* mirage

espejo *nm* mirror LOC **espejo retrovisor** rear-view mirror **mirarse en el espejo** to look (at yourself) in the mirror

espera *nf* wait LOC *Ver* LISTA, SALA

esperanza *nf* hope LOC **esperanza de vida** life expectancy *Ver tb* ESTADO

esperar ◆ *vt* to wait for *sth/sb*, to expect, to hope

Los tres verbos **to wait**, **to expect** y **to hope** significan esperar, pero no deben confundirse:

To wait indica que una persona espera, sin hacer otra cosa, a que alguien llegue o a que algo suceda por fin: *Espérame, por favor.* Wait for me, please. ◊ *Estoy esperando al autobús.* I'm waiting for the bus. ◊ *Estamos esperando a que deje de llover.* We are waiting for it to stop raining.

To expect se utiliza cuando lo esperado es lógico y muy probable: *Había más tráfico de lo que yo esperaba.* There was more traffic than I expected. ◊ *Esperaba carta suya ayer, pero no recibí ninguna.* I was expecting a letter from him yesterday, but didn't receive one. Si una mujer está embarazada, también se dice **to expect**: *Está esperando un bebé.* She's expecting a baby.

Con **to hope** se expresa el deseo de que algo suceda o haya sucedido: *Espero volver a verte pronto.* I hope to see you again soon. ◊ *Espero que sí/no.* I hope so/not.

◆ *vi* to wait: *Estoy harta de ~.* I'm fed up of waiting.

esperma *nf* sperm

espesar(se) *vt, v pron* to thicken

espeso, -a *adj* thick: *La salsa está muy espesa.* This sauce is very thick.

espía *nmf* spy [*pl* spies]

espiar *vt, vi* to spy (**on sb**): *No me espíes.* Don't spy on me.

espiga *nf* (*cereal*) ear

espina *nf* **1** (*Bot*) thorn **2** (*pez*) bone LOC **darle a uno mala espina** to have a bad feeling *about sth*: *Ese asunto me da mala ~.* I've got a bad feeling about this. **espina dorsal** spine

espinaca *nf* spinach [*incontable*]: *Me encantan las ~s.* I love spinach.

espinal *adj* spinal LOC *Ver* MÉDULA

espinilla *nf* **1** (*pierna*) shin **2** (*grano*) blackhead

espionaje *nm* spying, espionage (*más formal*): *La acusan de ~.* She's accused of spying. ◊ *~ industrial* industrial espionage

espiral *adj, nf* spiral

espiritismo *nm* spiritualism LOC **hacer espiritismo** to attend a seance

espíritu *nm* spirit: ~ *de equipo* team spirit LOC **Espíritu Santo** Holy Spirit

espiritual *adj* spiritual

espléndido, -a *adj* **1** (*magnífico*) splendid: *Fue una cena espléndida.* It was a splendid dinner. **2** (*generoso*) generous

espolvorear *vt* to sprinkle *sth* (**with sth**)

esponja *nf* sponge

esponjoso, -a *adj* **1** (*pastel*) light **2** (*lana, pan*) soft

espónsor (*tb* sponsor) *nm* sponsor: *actuar como* ~ *de algo* to sponsor sth

esponsorizar *vt* to sponsor

espontáneo, -á *adj* **1** (*impulsivo*) spontaneous **2** (*natural*) natural

esporádico, -a *adj* sporadic

esposar *vt* to handcuff

esposas *nf* handcuffs LOC **ponerle las esposas a algn** to handcuff sb

esposo, -a *nm-nf* husband [*fem* wife, *pl* wives]

espuela *nf* spur

espuma *nf* **1** (*gen*) foam **2** (*cerveza, huevo*) froth **3** (*jabón, champú*) lather **4** (*pelo*) mousse LOC **hacer espuma 1** (*olas*) to foam **2** (*jabón*) to lather

espumoso, -a *adj* (*vino*) sparkling

esqueje *nm* cutting

esquela *nf* LOC **esquela mortuoria** obituary [*pl* obituaries]

esquelético, -a *adj* (*flaco*) skinny ☛ *Ver nota en* DELGADO

esqueleto *nm* **1** (*Anat*) skeleton **2** (*estructura*) framework

esquema *nm* **1** (*diagrama*) diagram **2** (*resumen*) outline

esquí *nm* **1** (*tabla*) ski [*pl* skis] **2** (*deporte*) skiing LOC **esquí acuático** water-skiing: *hacer* ~ *acuático* to go water-skiing *Ver tb* BASTÓN, ESTACIÓN, PISTA

esquiador, ~a *nm-nf* skier

esquiar *vi* to ski: *Me gusta mucho* ~. I love skiing. ◊ *Esquían todos los fines de semana.* They go skiing every weekend.

esquilar *vt* to shear

esquimal *nmf* Eskimo [*pl* Eskimo/ Eskimos]
Hay mucha gente que prefiere llamarlos **Inuits**.

esquina *nf* corner: *Es la casa que hace* ~ *con Murillo.* It's the house on the corner of Murillo Street. LOC *Ver* VUELTA

esquinazo *nm* LOC **dar esquinazo** to give *sb* the slip

esquirol *nmf* blackleg

esquivar *vt* **1** (*gen*) to dodge **2** (*persona*) to avoid

esquizofrenia *nf* schizophrenia

esquizofrénico, -a *adj, nm-nf* schizophrenic

estabilidad *nf* stability

estabilizar(se) *vt, v pron* to stabilize: *El enfermo se ha estabilizado.* The patient's condition has stabilized.

estable *adj* stable

establecer ◆ *vt* **1** (*crear*) to set *sth* up: ~ *una compañía* to set up a company **2** (*determinar, ordenar*) to establish: ~ *la identidad de una persona* to establish a person's identity **3** (*récord*) to set ◆ **establecerse** *v pron* **1** (*afincarse*) to settle **2** (*en un negocio*) to set up: ~*te por tu cuenta* to set up your own business

establo *nm* **1** (*vacas*) cowshed **2** (*caballos*) stable

estación *nf* **1** (*gen*) station: *¿Dónde está la* ~ *de autobuses?* Where's the bus station? **2** (*del año*) season LOC **estación de esquí** ski resort **estación de servicio** service station *Ver tb* JEFE

estadio *nm* (*Dep*) stadium [*pl* stadiums/stadia]

estadística *nf* **1** (*ciencia*) statistics [*incontable*] **2** (*cifra*) statistic

estado *nm* **1** (*gen*) state: *la seguridad del* ~ state security **2** (*condición médica*) condition: *Su* ~ *no reviste gravedad.* Her condition isn't serious. LOC **en estado de coma** in a coma **en mal estado 1** (*alimento*) water ◊ *El pescado estaba en mal* ~. The fish was off. **2** (*carretera*) in a bad state of repair **estado civil** marital status **estar en estado (de buena esperanza)** to be expecting **los Estados Unidos** the United States (*abrev* US/ USA) [*v sing o pl*] ☛ *Ver Apéndice 5; Ver tb* GOLPE

estafa *nf* swindle

estafar *vt* to swindle *sb* (**out of sth**): *Han estafado millones a los inversores.* They have swindled investors out of millions.

estalactita *nf* stalactite

estalagmita *nf* stalagmite

estallar *vi* **1** (*bomba*) to explode **2** (*globo*) to burst **3** (*guerra, epidemia*) to break out **4** (*escándalo, tormenta*) to break

estallido nm 1 (bomba) explosion 2 (guerra) outbreak

estampa nf (dibujo) picture

estampado, -a pp, adj (tela) patterned Ver tb ESTAMPAR

estampar ♦ vt 1 (imprimir) to print 2 (arrojar) to hurl sth/sb (against sth) ♦ estamparse v pron estamparse contra to smash into sth

estampida nf stampede

estancado, -a pp, adj (agua) stagnant Ver tb ESTANCARSE

estancarse v pron 1 (agua) to stagnate 2 (negociación) to come to a standstill

estancia nf 1 (gen) stay: su ~ en el hospital his stay in hospital 2 (gastos) living expenses [pl]: pagar los viajes y la ~ to pay travel and living expenses

estanco nm tobacconist's ☞ Ver nota en CARNICERÍA

En Gran Bretaña no hay estancos. Los sellos se venden en **post offices** (oficinas de correos), que realizan también algunas gestiones administrativas: pago del impuesto de circulación y 'TV licence', cobro de las pensiones, etc. Los **newsagents** también venden sellos, además de prensa, caramelos y cigarrillos. Ya quedan pocos **tobacconists**, establecimientos especializados en artículos para el fumador. Tampoco existen quioscos como tales sino puestos de periódicos o **news-stands**.

estándar adj, nm standard

estandarte nm banner

estanque nm (jardín, parque) pond

estante nm shelf [pl shelves]

estantería nf 1 (gen) shelves [pl]: Esa ~ está torcida. Those shelves are crooked. 2 (libros) bookcase

estaño nm tin

estar ♦ vi 1 (gen) to be: ¿Dónde está la biblioteca? Where's the library? ◊ ¿Está Ana? Is Ana in? ◊ ~ enfermo/cansado to be ill/tired 2 (aspecto) to look: Hoy estás muy guapo. You look very nice today. ♦ v aux + gerundio to be doing sth: Estaban jugando. They were playing. ♦ estarse v pron to be: ~se callado/quieto to be quiet/still LOC está bien 1 (de acuerdo) okay: — ¿Me lo dejas? — Está bien. 'Can I borrow it?' 'Okay.' 2 (¡basta!) that's enough ¿estamos? all right? ¡estamos buenos! that's all we need! estar a 1 (fecha): Estamos a tres de mayo. It's the third of May. 2 (temperatura): En Canarias están a 30°C. It's 30°C in the Canaries. 3 (precio): ¿A cuánto/cómo están los plátanos? How much are the bananas? estar al caer to be due any time now estar con (apoyar) to be behind sb: ¡Ánimo, estamos contigo! Go for it, we're behind you! estar/ponerse bueno to be/get well estar que...: Estoy que me caigo de sueño. I'm dead on my feet. no estar para not to be in the mood for sth: No estoy para chistes. I'm not in the mood for jokes. ☞ Para otras expresiones con estar, véanse las entradas del sustantivo, adjetivo, etc., p. ej. estar al día en DÍA y estar de acuerdo en ACUERDO.

estárter nm choke

estatal adj state: escuela ~ state school LOC Ver EMPRESA

estático, -a adj static LOC Ver BICICLETA

estatua nf statue

estatura nf height: Es pequeño de ~. He's short. ◊ Es una mujer de mediana ~. She's of average height.

estatuto nm statute

este nm east (abrev E): en/por el ~ in the east ◊ en la costa ~ on the east coast

este, -a ♦ adj this [pl these] ♦ (tb éste, -a) pron 1 (cosa) this one [pl these (ones)]: Prefiero aquel traje a ~. I prefer that suit to this one. ◊ ¿Prefieres estos? Do you prefer these ones? 2 (persona): ¿Quién es ~? Who's this? ◊ La entrada se la he dado a esta. I've given the ticket to her.

estela nf 1 (embarcación) wake 2 (avión) vapour trail

estelar adj 1 (Astron) stellar 2 (fig) star [n atrib]: un papel ~ en la nueva película a star part in the new film

estera nf mat

estercolero nm dunghill

estéreo adj, nm stereo [pl stereos]: un casete ~ a stereo cassette player

estéril adj sterile

esterilizar vt to sterilize

esterlina adj sterling: libras ~s pounds sterling

esternón nm breastbone

estética nf aesthetics [sing]

esteticista nmf beautician

estético, -a adj aesthetic

estiércol nm dung

estilista nmf stylist

estilizar vt (hacer delgado): Ese vestido te estiliza la figura. That dress makes you look very slim.

estilo nm 1 (gen) style: tener mucho ~ to have a lot of style 2 (Natación) stroke:

~ *espalda* backstroke ◊ ~ *mariposa* butterfly (stroke) LOC **algo por el estilo** something like that: *pimienta o algo por el* ~ pepper or something like that

estiloso, -a *adj* stylish

estima *nf* esteem LOC **tener estima a/ por algn** to think highly of sb

estimado, -a *pp, adj* (*cartas*) dear ☞ *Ver nota en* ATENTAMENTE

estimulante ◆ *adj* stimulating ◆ *nm* stimulant: *La cafeína es un* ~. Caffeine is a stimulant.

estimular *vt* to stimulate

estímulo *nm* stimulus [*pl* stimuli] (**to sth/to do sth**)

estirado, -a *pp, adj* (*altivo*) snooty *Ver tb* ESTIRAR

estirar ◆ *vt* **1** (*gen*) to stretch: ~ *una cuerda* to stretch a rope tight **2** (*brazo, pierna*) to stretch *sth* out **3** (*dinero*) to spin *sth* out **4** (*alisar*) to smooth ◆ **estirarse** *v pron* **1** (*desperezarse*) to stretch **2** (*mostrarse generoso*) to be generous ◆ **estirar(se)** *vi, v pron* (*crecer*) to shoot up LOC **estirar la pata** to kick the bucket

estirón *nm* LOC **dar/pegar un estirón** (*crecer*) to shoot up

esto *pron* **1** (*gen*) this: *Hay que terminar con* ~. We've got to put a stop to this. ◊ *¿Qué es* ~? What's this? **2** (*vacilación*) er: *Quería decirte que,* ~... I wanted to tell you... er...

estofado *nm* stew

estómago *nm* stomach: *Me duele el* ~. I've got stomach-ache. LOC *Ver* ACIDEZ, ARDOR, DOLOR, PATADA

estorbar *vt, vi* to be in *sb's* way, to be in the way: *Si te estorban esas cajas dímelo.* Tell me if those boxes are in your way. ◊ *¿Estorbo?* Am I in the way?

estornudar *vi* to sneeze ☞ *Ver nota en* ¡ACHÍS!

estrago *nm* LOC **hacer estragos** to create havoc

estrangular *vt* to strangle

estraperlo *nm* black market LOC **de estraperlo** on the black market

estrategia *nf* strategy [*pl* strategies]

estratégico, -a *adj* strategic

estrato *nm* (*Geol, Sociol*) stratum [*pl* strata]

estrechar ◆ *vt* (*ropa*) to take *sth* in ◆ **estrechar(se)** *vt, v pron* **1** (*gen*) to narrow: *La carretera se estrecha a 50 metros.* The road narrows in 50 metres. **2** (*abrazar*) to embrace

estrecho, -a ◆ *adj* **1** (*gen*) narrow **2** (*ropa*) tight: *Esa falda te está estrecha.* That skirt's too tight (for you). ◆ *nm* straits [*pl*]: *el* ~ *de Bering* the Bering Straits

estrella *nf* star: ~ *polar* pole star ◊ *un hotel de tres* ~*s* a three-star hotel ◊ *una* ~ *de cine* a film star LOC **estrella fugaz** shooting star **estrella invitada** guest star **ver las estrellas** to see stars

estrellado, -a *pp, adj* **1** (*noche, cielo*) starry **2** (*figura*) star-shaped *Ver tb* ESTRELLAR

estrellar ◆ *vt* to smash *sth* (**into/ against sth**): *Estrellaron el coche contra un árbol.* They smashed the car into a tree. ◆ **estrellarse** *v pron* **1** (*chocarse*) (**contra**) (*chocarse*) to crash (**into sth**): ~*se contra otro vehículo* to crash into another vehicle **2** (*fracasar*) to founder

estremecer(se) *vt, v pron* to shake LOC **estremecerse de dolor** to wince with pain

estrenar *vt* **1** (*gen*): *Estreno zapatos.* I'm wearing new shoes. ◊ *¿Estrenas coche?* Is that a new car you're driving? **2** (*película*) to première **3** (*obra de teatro*) to stage *sth* for the first time

estreno *nm* **1** (*película*) première **2** (*obra de teatro*) first night

estreñido, -a *pp, adj* constipated *Ver tb* ESTREÑIR

estreñimiento *nm* constipation

estreñir ◆ *vt* to make *sb* constipated ◆ **estreñirse** *v pron* to become constipated

estrés *nm* stress LOC **tener estrés** to be suffering from stress

estresado, -a *pp, adj* stressed (out): *Está muy* ~. He's really stressed.

estresante *adj* stressful

estría *nf* **1** (*gen*) groove **2** (*piel*) stretch mark

estribillo *nm* **1** (*canción*) chorus **2** (*poema*) refrain

estribo *nm* stirrup LOC *Ver* PERDER

estribor *nm* starboard LOC **a estribor** to starboard

estricto, -a *adj* strict

estridente *adj* **1** (*sonido*) shrill **2** (*color*) gaudy

estrofa *nf* verse

estropajo *nm* scourer

estropear ◆ *vt* **1** (*gen*) to spoil: *Nos has estropeado los planes.* You've spoilt our plans. **2** (*aparato*) to break ◆

estructura 130

estropearse *v pron* **1** (*averiarse*) to break down **2** (*comida*) to go off

estructura *nf* structure

estruendo *nm* racket

estrujar *vt* **1** (*naranja, mano*) to squeeze **2** (*papel*) to crumple *sth* (up) LOC **estrujarse la cabeza/los sesos** to rack your brains

estuario *nm* estuary [*pl* estuaries]

estuche *nm* **1** (*pinturas, joyas*) box **2** (*lápices, instrumento musical*) case

estudiante *nmf* student: *un grupo de ~s de medicina* a group of medical students LOC *Ver* RESIDENCIA

estudiar *vt, vi* to study: *Me gustaría ~ francés.* I'd like to study French. ◊ *Estudia en un colegio privado.* She's at an independent school. LOC **estudiar de memoria** to learn *sth* by heart *Ver tb* MATAR

estudio *nm* **1** (*gen*) study [*pl* studies]: *Han realizado ~s sobre la materia.* They've carried out studies on the subject. ◊ *Los libros están en el ~.* The books are in the study. **2** (*apartamento*) studio flat **3** (*Fot, TV*) studio [*pl* studios] **4 estudios** education [*sing*]: *~s primarios* primary education LOC *Ver* JEFE, PLAN, PROGRAMA

estudioso, -a *adj* studious

estufa *nf* fire: *~ eléctrica* electric fire

estupendo, -a *adj* fantastic

estúpido, -a ◆ *adj* stupid ◆ *nm-nf* idiot

etapa *nf* stage: *Hicimos el viaje en dos ~s.* We did the journey in two stages. LOC **por etapas** in stages

etcétera *nm* et cetera (*abrev* etc.)

eternidad *nf* eternity LOC **una eternidad** ages: *Tardó una ~.* He was ages.

eternizarse *v pron* to spend ages (**doing sth**): *Se eterniza en el baño.* He spends ages in the bathroom.

eterno, -a *adj* eternal

ético, -a ◆ *adj* ethical ◆ **ética** *nf* **1** (*Fil*) ethics [*sing*] **2** (*reglas morales*) ethics [*pl*]

etiqueta

price tag
label

etiqueta *nf* **1** (*gen*) label: *la ~ de un paquete/una botella* the label on a parcel/bottle **2** (*precio*) price tag LOC **de etiqueta** formal: *traje de ~* formal dress

etiquetar *vt* to label

etnia *nf* ethnic group

étnico, -a *adj* ethnic LOC *Ver* LIMPIEZA, MÚSICA

euforia *nf* euphoria

eufórico, -a *adj* euphoric

euro *nm* euro [*pl* euros]

eurodiputado, -a (*tb* europarlamentario, -a) *nm-nf* Euro-MP

Europa *nf* Europe

europeo, -a *adj, nm-nf* European LOC *Ver* UNIÓN

eurotúnel *nm* Channel Tunnel

euskera *nm* Basque

eutanasia *nf* euthanasia

evacuación *nf* evacuation

evacuar *vt* **1** (*desalojar*) to vacate: *El público evacuó el cine.* The audience vacated the cinema. **2** (*trasladar*) to evacuate: *~ a los refugiados* to evacuate the refugees

evadido, -a *nm-nf* escapee

evadir ◆ *vt* **1** (*eludir*) to evade: *~ impuestos* to evade taxes **2** (*sacar ilegalmente*) to smuggle *sth* out of the country ◆ **evadirse** *v pron* **evadirse (de)** to escape (from *sth*)

evaluación *nf* (*Educ*) assessment

evaluar *vt* to assess

evangelio *nm* gospel

evaporación *nf* evaporation

evaporar(se) *vt, v pron* to evaporate

evasión *nf* **1** (*fuga*) escape **2** (*distracción*) distraction LOC **evasión de impuestos** tax evasion

evasiva *nf*: *Siempre estás con ~s.* You're always avoiding the issue.

evidencia *nf* evidence LOC **poner a algn en evidencia** to show sb up

evidente *adj* obvious

evitar *vt* **1** (*impedir*) to prevent: *~ una catástrofe* to prevent a disaster **2** (*rehuir*) to avoid *sth/sb/doing sth*: *Me evita a toda costa.* He does everything he can to avoid me. LOC **no lo puedo evitar** I, you, etc. can't help it **si puedo evitarlo** if I, you, etc. can help it

evocar *vt* to evoke

evolución *nf* **1** (*Biol*) evolution **2** (*desarrollo*) development

evolucionar *vi* **1** (*Biol*) to evolve **2** (*desarrollarse*) to develop

exactitud *nf* **1** (*gen*) exactness **2** (*descripción, reloj*) accuracy LOC **con**

exactitud exactly: *No se sabe con ~.* We don't know exactly.

exacto, -a ◆ *adj* **1** *(no aproximado)* exact: *Necesito las medidas exactas.* I need the exact measurements. ◊ *Dos kilos ~s.* Exactly two kilos. **2** *(descripción, reloj)* accurate: *No me dieron una descripción muy exacta.* They didn't give me a very accurate description. **3** *(idéntico)* identical: *Las dos copias son exactas.* The two copies are identical. ◆ **¡exacto!** *interj* exactly!

exageración *nf* exaggeration

exagerado, -a *pp, adj* **1** *(gen)* exaggerated: *No seas ~.* Don't exaggerate. **2** *(excesivo)* excessive: *El precio me parece ~.* I think the price is excessive. *Ver tb* EXAGERAR

exagerar *vt, vi* to exaggerate: *~ la importancia de algo* to exaggerate the importance of sth ◊ *No exageres.* Don't exaggerate.

exaltado, -a ◆ *pp, adj* angry *(about sth)* ◆ *nm-nf* hothead: *un grupo de ~s* a group of hotheads *Ver tb* EXALTAR

exaltar ◆ *vt (alabar)* to praise ◆ **exaltarse** *v pron* to get heated

examen *nm* exam, examination *(más formal)*: *hacer un ~* to do/sit an exam LOC **estar de exámenes** to be sitting exams **examen de conducir** driving test **examen de ingreso** entrance exam **examen de recuperación** resit **examen final** finals *[pl]* **examen tipo test** multiple-choice exam *Ver tb* PRESENTAR

examinador, ~a *nm-nf* examiner

examinar ◆ *vt* to examine ◆ **examinarse** *v pron* to have an exam: *Esta tarde me examino de francés.* I've got a French exam this afternoon. LOC **examinarse del carné de conducir** to take your driving test

excavación *nf* excavation

excavadora *nf* digger

excavar *vt* **1** *(gen)* to dig: *~ un túnel* to dig a tunnel ◊ *~ la tierra* to dig **2** *(arqueología)* to excavate

excelencia *nf* excellence LOC **por excelencia** par excellence **Su Excelencia** His/Her Excellency **Su/Vuestra Excelencia** Your Excellency

excelente *adj* excellent

excepción *nf* exception LOC **a/con excepción de** except (for) *sth/sb*

excepcional *adj* exceptional

excepto *prep* except (for) *sth/sb*: *todos excepto yo* everybody except me ◊ *todos*

excepto el último all of them except (for) the last one

exceptuar *vt*: *Exceptuando a uno, el resto son veteranos.* Except for one, they are all veterans.

excesivo, -a *adj* excessive: *Tienen una excesiva afición por el fútbol.* They're much too keen on football.

exceso *nm* ~ **(de)** excess **(of** *sth***)** LOC **con/en exceso** too much **exceso de equipaje** excess baggage

excitar ◆ *vt* **1** *(gen)* to excite **2** *(nervios)* to make *sb* nervous ◆ **excitarse** *v pron* to get excited *(about/over sth)*

exclamación *nf (signo de puntuación)* exclamation mark ☞ *Ver págs 326-27.*

exclamar *vt, vi* to exclaim

excluir *vt* to exclude *sth/sb* **(from** *sth***)**

exclusive *adv*: *hasta el 24 de enero ~* until 23 January

exclusivo, -a ◆ *adj* exclusive ◆ **exclusiva** *nf (reportaje)* exclusive

excomulgar *vt* to excommunicate

excomunión *nf* excommunication

excursión *nf* excursion LOC **ir/salir de excursión** to go on an excursion

excursionismo *nm* rambling: *hacer ~* to go rambling

excursionista *nmf* rambler

excusa *nf* excuse *(for sth/doing sth)*: *Siempre pone ~s para no venir.* He always finds an excuse not to come.

exento, -a *adj* ~ **(de)** **1** *(exonerado)* exempt **(from** *sth***)** **2** *(libre)* free **(from** *sth***)**

exhalar ◆ *vt* **1** *(gas, vapor, olor)* to give *sth* off **2** *(suspiro, queja)*: *~ un suspiro de alivio* to heave a sigh of relief ◊ *~ un gemido de dolor* to groan with pain ◆ *vi* to breathe out, to exhale *(formal)*

exhaustivo, -a *adj* thorough, exhaustive *(más formal)*

exhausto, -a *adj* exhausted

exhibición *nf* exhibition

exhibicionismo *nm* **1** *(gen)* exhibitionism **2** *(sexual)* indecent exposure

exhibicionista *nmf* **1** *(gen)* exhibitionist **2** *(sexual)* flasher *(coloq)*

exhibir ◆ *vt* **1** *(exponer)* to exhibit **2** *(película)* to show ◆ **exhibirse** *v pron* *(presumir)* to show off

exigencia *nf* **1** *(requerimiento)* requirement **2** *(pretensión)* demand **(for** *sth/ that...***)**

exigente *adj* **1** *(que pide mucho)* demanding **2** *(estricto)* strict

exigir vt **1** (pedir) to demand sth (from sb): *Exijo una explicación.* I demand an explanation. **2** (requerir) to require: *Exige una preparación especial.* It requires special training. LOC Ver RESCATE

exiliado, -a ◆ pp, adj exiled ◆ nm-nf exile Ver tb EXILIAR

exiliar ◆ vt to exile sb (from...) ◆ exiliarse v pron exiliarse (a/en) to go into exile (in...)

exilio nm exile

existencia nf **1** (hecho de existir) existence **2** existencias **(a)** (gen) stocks: *Se nos están acabando las ~s de carne.* Our stocks of meat are running low. **(b)** (Com) stock [sing]

existir vi **1** (gen) to exist: *Esa palabra no existe.* That word doesn't exist. **2** (haber): *No existe una voluntad de colaboración.* There is no spirit of cooperation.

éxito nm **1** (gen) success **2** (disco, canción) hit: *su último* ~ their latest hit LOC tener **éxito** to be successful Ver tb LISTA

exorcismo nm exorcism

exótico, -a adj exotic

expandir ◆ vt **1** (gen) to expand **2** (incendio, rumor) to spread ◆ expandirse v pron to spread

expansión nf **1** (gen) expansion **2** (diversión) relaxation

expansionar ◆ vt to expand ◆ expansionarse v pron **1** (gen) to expand **2** expansionarse (con) (divertirse) to relax (with sth)

expatriado, -a pp, adj, nm-nf expatriate: *americanos ~s en España* expatriate Americans living in Spain Ver tb EXPATRIAR

expatriar ◆ vt to exile ◆ expatriarse v pron to emigrate

expectación nf **1** (espera) waiting: *Se acabó la ~.* The waiting came to an end. **2** (interés) sense of expectancy: *La ~ está creciendo.* The sense of expectancy is growing.

expectativa nf **1** (esperanza) expectation: *Superó mis ~s.* It exceeded my expectations. **2** (perspectiva) prospect: *~s electorales* electoral prospects LOC estar a la **expectativa** to be waiting (for sth)

expedición nf (viaje) expedition

expediente nm **1** (documentación) file: *los ~s municipales* council files **2** (empleado, estudiante) record: *tener un buen ~ académico* to have a good academic record **3** (Jur) proceedings [pl] LOC Ver ABRIR

expedir vt **1** (carta, paquete) to send **2** (emitir) to issue: *~ un pasaporte* to issue a passport

expensas nf: *a nuestras ~* at our expense

experiencia nf experience: *años de ~ laboral* years of work experience ◊ *Fue una gran ~.* It was a great experience. LOC sin **experiencia** inexperienced

experimentado, -a pp, adj (persona) experienced Ver tb EXPERIMENTAR

experimental adj experimental: *con carácter ~* on an experimental basis

experimentar ◆ vi ~ (con) to experiment (with sth) ◆ vt **1** (aumento, mejoría) to show **2** (cambio) to undergo

experimento nm experiment: *hacer un ~* to carry out an experiment

experto, -a nm-nf ~ (en) expert (at/in sth/doing sth)

expirar vi to expire

explanada nf open area

explicación nf explanation

explicar ◆ vt to explain sth (to sb): *Me explicó sus problemas.* He explained his problems to me. ◆ explicarse v pron (entender) to understand LOC ¿me explico? do you see what I mean?

explorador, ~a ◆ nm-nf explorer ◆ nm (Informát) browser

explorar vt **1** (país, región) to explore **2** (Med) to examine

explosión nf explosion: *una ~ nuclear* a nuclear explosion ◊ *la ~ demográfica* the population explosion LOC hacer **explosión** to explode

explosivo, -a adj, nm explosive

explotar vi (hacer explosión) to explode

exponer ◆ vt **1** (cuadro) to exhibit **2** (ideas) to present **3** (vida) to risk ◆ exponerse v pron exponerse a to expose yourself to sth: *No te expongas demasiado al sol.* Don't stay out in the sun too long. LOC exponerse a que... to risk sth: *Te expones a que te multen.* You're risking a fine.

exportación nf export LOC Ver IMPORTACIÓN

exportador, ~a ◆ adj exporting: *los países ~es de petróleo* oil-exporting countries ◆ nm-nf exporter

exportar vt to export

exposición nf **1** (de arte) exhibition: *una ~ de fotografías* an exhibition of photographs ◊ *montar una ~* to put on an exhibition **2** (de un tema, un asunto) presentation

exprés *adj* express: *una carta* ~ an express letter LOC *Ver* CAFÉ, CAFETERA, OLLA

expresar *vt* to express

expresión *nf* expression LOC *Ver* LIBERTAD

expresivo, -a *adj* **1** (*gen*) expressive: *una expresiva pieza musical* an expressive piece of music **2** (*mirada*) meaningful **3** (*afectuoso*) affectionate

expreso, -a *adj, nm* express

exprimidor *nm* **1** (*manual*) lemon-squeezer **2** (*eléctrico*) juicer

exprimir *vt* (*fruta*) to squeeze

expulsar *vt* **1** (*gen*) to expel *sb* (*from...*): *La van a ~ del colegio.* They're going to expel her (from school). **2** (*Dep*) to send *sb* off: *Fue expulsado del terreno de juego.* He was sent off.

expulsión *nf* **1** (*gen*) expulsion: *Este año ha habido tres expulsiones en la escuela.* There have been three expulsions from the school this year. **2** (*Dep*) sending-off [*pl* sendings-off]

exquisito, -a *adj* **1** (*comida, bebida*) delicious **2** (*gusto, objeto*) exquisite

éxtasis *nm* ecstasy [*pl* ecstasies]

extender ♦ *vt* **1** (*desdoblar, desplegar*) to spread sth (out): ~ *un mapa sobre la mesa* to spread a map out on the table **2** (*alargar*) to extend: ~ *una mesa* to extend a table **3** (*brazo*) to stretch *sth* out **4** (*alas, mantequilla, pintura*) to spread ♦ **extender(se)** *vi, v pron* to spread: *La epidemia se extendió por todo el país.* The epidemic spread through the whole country. ♦ **extenderse** *v pron* **1** (*en el espacio*) to stretch: *El jardín se extiende hasta el lago.* The garden stretches down to the lake. **2** (*en el tiempo*) to last: *El debate se extendió durante horas.* The debate lasted for hours.

extendido, -a *pp, adj* **1** (*general*) widespread **2** (*brazos*) outstretched *Ver tb* EXTENDER

extensión *nf* **1** (*superficie*) area: *una ~ de 30 metros cuadrados* an area of 30 square metres **2** (*duración*): *una gran ~ de tiempo* a long period of time ◊ *¿Cuál es la ~ del contrato?* How long is the contract for? **3** (*teléfono*) extension

extenso, -a *adj* **1** (*grande*) extensive **2** (*largo*) long

exterior ♦ *adj* **1** (*gen*) outer: *la capa ~ de la Tierra* the earth's crust **2** (*comercio, política*) foreign: *política ~* foreign policy ♦ *nm* outside: *el ~ de la casa* the

outside of the house ◊ *desde el ~ del teatro* from outside the theatre LOC *Ver* MINISTERIO, MINISTRO

exterminar *vt* to exterminate

externo, -a ♦ *adj* **1** (*gen*) external: *influencias externas* external influences **2** (*capa, superficie*) outer: *la capa externa de la piel* the outer layer of the skin ♦ *nm-nf* day pupil LOC *Ver* USO

extinción *nf* (*especie*) extinction: *en peligro de ~* in danger of extinction

extinguir ♦ *vt* **1** (*fuego*) to put sth out **2** (*especie*) to wipe *sth* out ♦ **extinguirse** *v pron* **1** (*fuego*) to go out **2** (*especie*) to become extinct

extintor *nm* fire extinguisher

extirpar *vt* (*Med*) to remove

extra ♦ *adj* **1** (*superior*) top quality **2** (*adicional*) extra: *una capa ~ de barniz* an extra coat of varnish ♦ *nmf* (*Cine, Teat*) extra LOC *Ver* HORA

extraer *vt* **1** (*gen*) to extract sth (*from sth/sb*): ~ *información de algn* to extract information from sb ◊ ~ *oro de una mina* to mine gold **2** (*sangre*) to take *sth* (*from sb*): *Le extrajeron medio litro de sangre.* They took half a litre of blood from him.

extraescolar *adj* out-of-school, extra-curricular (*más formal*): *actividades ~es* out-of-school activities

extranjero, -a ♦ *adj* foreign ♦ *nm-nf* foreigner LOC **al/en el extranjero** abroad

extrañar ♦ *vt* **1** (*sorprender*) to surprise: *Me extrañó ver tanta gente.* I was surprised to see so many people. **2** (*echar de menos*) to miss: *Extraño mucho mi cama.* I really miss my bed. ♦ **extrañarse** *v pron* to be surprised (*at sth/sb*): *No me extraña que no quiera venir.* I'm not surprised he doesn't want to come. LOC **ya me extrañaba a mí** I thought it was strange

extraño, -a ♦ *adj* strange: *Oí un ruido ~.* I heard a strange noise. ♦ *nm-nf* stranger

extraordinario, -a *adj* **1** (*fuera de lo normal*) extraordinary: *convocatoria extraordinaria* extraordinary meeting **2** (*excelente*) excellent: *La comida estaba extraordinaria.* The food was excellent. **3** (*especial*) special: *edición extraordinaria* special edition

extrarradio *nm* outskirts [*pl*]

extraterrestre ◆ *adj* extraterrestrial ◆ *nmf* alien

extraviado, -a *pp, adj* **1** (*persona, cosa*) lost **2** (*animal*) stray *Ver tb* EXTRAVIAR

extraviar ◆ *vt* to lose ◆ **extraviarse** *v pron* **1** (*persona*) to get lost **2** (*animal*) to stray **3** (*objeto*) to be missing: *Se han extraviado mis gafas.* My glasses are missing.

extremar *vt*: ~ *las precauciones* to take strict precautions ◊ ~ *las medidas de control* to implement tight controls

extremidad *nf* **extremidades** extremities

extremo. -a ◆ *adj* extreme: *un caso* ~ an extreme case ◊ *hacer algo con extrema precaución* to do sth with extreme care ◆ *nm* **1** (*punto más alto/más bajo*) extreme: *ir de un* ~ *a otro* to go from one extreme to the other **2** (*punta*) end: *Coge el mantel por los* ~*s.* Take hold of the ends of the tablecloth. ◊ *Viven en el otro* ~ *de la ciudad.* They live at the other end of town. LOC *Ver* ORIENTE

extrovertido. -a *adj, nm-nf* extrovert: *Es muy* ~. He's a real extrovert.

Ff

fa *nm* F: *fa mayor* F major LOC *Ver* CLAVE

fábrica *nf* **1** (*gen*) factory [*pl* factories]: *una* ~ *de conservas* a canning factory **2** (*cemento, acero, ladrillos*) works [*v sing o pl*]: *Va a cerrar la* ~ *de acero.* The steelworks is/are closing down. LOC **fábrica de cerveza** brewery [*pl* breweries] **fábrica de papel** paper mill

fabricación *nf* manufacture, making (*más coloq*): ~ *de aviones* aircraft manufacture LOC **de fabricación española, holandesa, etc.** made in Spain, Holland, etc.

fabricado. -a *pp, adj* LOC **fabricado en...** made in... *Ver tb* FABRICAR

fabricante *nmf* manufacturer

fabricar *vt* to manufacture, to make (*más coloq*): ~ *coches* to manufacture cars LOC **fabricar en serie** to mass-produce

facha¹ *adj, nmf* fascist

facha² *nf* **1** (*aspecto*) look: *No me gusta mucho su* ~. I don't much like the look of him. **2** (*adefesio*) sight: *Con esa americana está hecho una* ~. He looks a real sight in that jacket.

fachada *nf* (*Arquit*) façade, front (*más coloq*): *la* ~ *del hospital* the front of the hospital

fácil *adj* **1** (*gen*) easy: *Es más* ~ *de lo que parece.* It's easier than it looks. ◊ *Eso es* ~ *de decir.* That's easy to say. **2** (*probable*): *No es* ~ *que me lo den.* They're unlikely to let me have it. ◊ *Es*

~ *que llegue tarde.* He will probably be late.

factor *nm* factor: *un* ~ *clave* a key factor

factura *nf* bill: *la* ~ *del gas/de la luz* the gas/electricity bill ◊ *Haz la* ~. Make out the bill.

facturación *nf* check-in

facturar *vt* (*en aeropuerto*) to check sth in: *¿Ya has facturado las maletas?* Have you checked in the cases?

facultad *nf* **1** (*capacidad*) faculty [*pl* faculties]: *en plena posesión de sus* ~*es mentales* in full possession of his mental faculties ◊ *Ha perdido* ~*es.* He's lost his faculties. **2** (*Educ*) **(a)** (*universidad*) university: *un compañero de la* ~ a friend of mine from university **(b) Facultad** Faculty [*pl* Faculties]: ~ *de Filosofía y Letras* Arts Faculty

faena *nf* **1** (*tarea*) job: *No le dediques mucho tiempo a esa* ~. Don't spend a lot of time on that job. **2** (*contratiempo*) nuisance: *Es una* ~, *pero qué se le va a hacer.* It's a nuisance but it can't be helped. **3** (*jugarreta*) dirty trick: *hacerle una (mala)* ~ *a algn* to play a dirty trick on sb LOC **faenas agrícolas/del campo** farm work [*sing*]

faenar *vi* (*pescar*) to fish

faisán *nm* pheasant

faja *nf* **1** (*fajín*) sash **2** (*ropa interior*) girdle

fajo *nm* bundle: *un* ~ *de billetes nuevos* a bundle of crisp notes

falda *nf* **1** (*prenda*) skirt **2** (*montaña*) lower slope LOC **falda escocesa 1** (*gen*) tartan skirt **2** (*traje típico*) kilt **falda pantalón** culottes [*pl*]

faldero, -a *adj* LOC *Ver* PERRO

fallar ◆ *vi* **1** (*gen*) to fail: *Me falla la vista.* My eyesight's failing. **2** (*un amigo*) to let *sb* down **◆** *vt* to miss: *El cazador falló el tiro.* The hunter missed. LOC **¡no falla!** it, he, etc. is always the same: *Seguro que llega tarde, no falla nunca.* He's bound to be late; he's always the same.

fallecer *vi* to pass away

fallo *nm* **1** (*error*) mistake, error (*formal*): *debido a un ~ humano* due to human error **2** (*defecto*) fault: *un ~ en los frenos* a fault with the brakes ☛ *Ver nota en* MISTAKE

falsificación *nf* forgery [*pl* forgeries]

falsificar *vt* to forge

falso, -a *adj* **1** (*gen*) false: *una falsa alarma* a false alarm **2** (*de imitación*) fake: *diamantes ~s* fake diamonds

falta *nf* **1** ~ (*de*) (*carencia*) lack of *sth*: *su ~ de ambición/respeto* his lack of ambition/respect **2** (*error*) mistake: *muchas ~s de ortografía* a lot of spelling mistakes ☛ *Ver nota en* MISTAKE **3** (*Dep*) foul: *hacer (una) ~* to commit a foul LOC **falta (de asistencia)** absence: *Ya tienes tres ~s este mes.* That's three times you've been absent this month. ◊ *No quiero que me pongan ~.* I don't want to be marked absent. **falta de educación** rudeness: *¡Qué ~ de educación!* How rude! **hace(n) falta** to need *sth/to do sth* [*vt*]: *Me hace ~ un coche.* I need a car. *Hacen ~ cuatro sillas más.* We need four more chairs. ◊ *Llévatelo, no me hace ~.* Take it, I don't need it. ◊ *Te hace ~ estudiar más.* You need to study harder. ◊ *No hace ~ que vengas.* You don't need to come. **sin falta** without fail *Ver tb* PITAR

faltar *vi* **1** (*necesitar*) to need *sth/sb* [*vt*]: *Les falta cariño.* They need affection. *Aquí falta un director.* This place needs a manager. ◊ *Me faltan monedas para poder llamar.* I need some coins to make a phone call. ◊ *Faltan medicinas en muchos hospitales.* Many hospitals need medicines. **2** (*no estar*) to be missing: *¿Falta alguien?* Is there anybody missing? **3** ~ (**a**) (*no acudir a un sitio*) to miss *sth* [*vt*]: *~ a una clase* to miss a lesson **4** (*quedar tiempo*): *Faltan diez minutos (para que se termine la clase).* There are ten minutes to go (till the end of the lesson). ◊ *¿Falta mucho para*

comer? Is it long till lunch? ◊ *¿Te falta mucho?* Are you going to be long? LOC **faltar al respeto** to show no respect *to sb* **faltarle un tornillo a algn** to have a screw loose **faltó poco para que...** I, you, etc. almost...: *Faltó poco para que me marchase.* I almost walked out. **¡lo que faltaba!** that's all I/we needed!

fama *nf* **1** (*celebridad*) fame: *alcanzar la ~* to achieve fame **2** ~ (**de**) (*reputación*) reputation (**for** *sth/doing sth*): *tener buena/mala ~* to have a good/bad reputation ◊ *Tiene ~ de ser un hueso.* He has a reputation for being very strict.

familia *nf* family [*v sing o pl*] [*pl* families]: *una ~ numerosa* a large family ◊ *¿Cómo está tu ~?* How's your family? ◊ *Mi ~ vive en Francia.* My family live in France. ◊ *Mi ~ es del norte.* My family is/are from the north.

Cuando en **inglés** se habla de la familia considerándola como una unidad, **family** lleva el verbo en singular: *Mi familia es lo más importante.* My family is the most important thing. Si por el contrario se la considera como un grupo de individuos, el verbo va en plural: *Mi familia piensa que estoy loco.* My family think I'm crazy.

Por otro lado, en inglés hay dos formas posibles de expresar el apellido de la familia: con la palabra **family** ('the Robertson family'), o poniendo el apellido en plural ('the Robertsons', 'the Joneses', etc.).

LOC **madre/padre de familia** mother/father **venir de familia** to run in the family *Ver tb* CABEZA

familiar ◆ *adj* **1** (*de la familia*) family [*n atrib*]: *lazos ~es* family ties **2** (*conocido*) familiar: *una cara ~* a familiar face **◆** *nmf* (*pariente*) relative

famoso, -a *adj* ~ (**por**) **1** (*célebre*) famous (**for** *sth*): *hacerse ~* to become famous **2** (*de mala fama*) notorious (**for** *sth*): *Es ~ por su genio.* He's notorious for his bad temper.

fan *nmf* fan

fanático, -a *nm-nf* fanatic

fantasía *nf* fantasy [*pl* fantasies]: *Son ~s suyas.* That's just a fantasy of his.

fantasma *nm* ghost: *un relato de ~s* a ghost story LOC **ser (un) fantasma** (*chulo*) to be a show-off

fantástico, -a *adj* fantastic

farmacéutico, -a *nm-nf* chemist

farmacia *nf* **1** (*tienda*) chemist's: *¿Dónde hay una ~ por aquí?* Is there a chemist's near here? ☞ *Ver nota en* CARNICERÍA **2** (*estudios*) pharmacy LOC **farmacia de guardia** duty chemist ☞ *Ver nota en* PHARMACY

faro *nm* **1** (*torre*) lighthouse **2** (*coche, moto*) headlight **3** (*bicicleta*) (bicycle) light

farol *nm* **1** (*lámpara*) lantern **2** (*fanfarronada*) bluff: *marcarse/tirarse un ~* to bluff

farola *nf* street light

farolillo *nm* paper lantern LOC **farolillos de colores** fairy lights

fascículo *nm* instalment: *publicar/vender algo en/por ~s* to publish/sell sth in instalments

fascinante *adj* fascinating

fascinar *vt* to fascinate: *Aquellos trucos fascinaron a los niños.* The children were fascinated by the tricks.

fascismo *nm* fascism

fascista *adj, nmf* fascist

fase *nf* stage, phase (*más formal*): *la ~ previa/clasificatoria* the preliminary/qualifying stage

fastidiar ♦ *vt* **1** (*molestar*) to annoy: *Deja de ~ a los niños.* Stop annoying the children. **2** (*estropear*) to ruin: *La lluvia nos fastidió los planes.* The rain ruined our plans. ♦ *vi: Me fastidia mucho tener que ir.* I'm really annoyed that I've got to go. ◊ *¿No te fastidia madrugar tanto?* Doesn't it bother you having to get up so early? ♦ **fastidiarse** *v pron* to be ruined: *Se nos fastidiaron las vacaciones.* Our holidays were ruined. LOC **¡no fastidies!** you're kidding! **para que te fastidies** so there! **¡te fastidias!** tough!

fatal ♦ *adj* **1** (*muy malo*) terrible: *Tuvieron un año ~.* They had a terrible year. ◊ *Me encuentro ~.* I feel terrible. **2** (*irreparable*) fatal: *un accidente ~* a fatal accident ♦ *adv* really badly: *Se portaron ~.* They behaved really badly. LOC *Ver* OLER

fauna *nf* fauna

favor *nm* favour: *¿Me haces un ~?* Can you do me a favour? ◊ *pedirle un ~ a algn* to ask sb a favour LOC **a favor de** in favour of *sth/sb/doing sth*: *Estamos a ~ de actuar.* We're in favour of taking action. **por favor** please

favorable *adj* favourable

favorecer *vt* **1** (*gen*) to favour: *Estas medidas nos favorecen.* These measures

favour us. **2** (*ropa, peinado*) to suit: *Te favorece el rojo.* Red suits you.

favoritismo *nm* favouritism

favorito, -a *adj, nm-nf* favourite

fax *nm* fax: *poner un ~* to send a fax ◊ *Lo mandaron por ~.* They faxed it.

fe *nf* faith (*in sth/sb*)

febrero *nm* February (*abrev* Feb) ☞ *Ver ejemplos en* ENERO

fecha *nf* **1** (*gen*) date: *¿A qué ~ estamos?* What's the date today? ◊ *Tiene ~ del 3 de mayo.* It is dated 3 May. ☞ *Ver Apéndice 1* **2 fechas** (*época*) time [*sing*]: *en/por estas ~s* at/around this time (of the year) LOC **fecha de caducidad** sell-by date **fecha límite/tope 1** (*solicitud*) closing date **2** (*proyecto*) deadline *Ver tb* PASADO

fecundar *vt* to fertilize

federación *nf* federation

felicidad *nf* **1** (*dicha*) happiness: *cara de ~* a happy face **2 felicidades** (a) (*gen*) best wishes (*on...*): *Te deseo muchas ~es por tu cumpleaños.* Best wishes on your birthday. (b) (*enhorabuena*) congratulations (*on sth/doing sth*): *~es por tu nuevo trabajo/por haber aprobado.* Congratulations on your new job/on passing your exams. LOC **¡felicidades!** happy birthday!

felicitar *vt* **1** (*gen*) to congratulate *sb* (*on sth*): *Le felicité por el ascenso.* I congratulated him on his promotion. ◊ *¡Te felicito!* Congratulations! **2** (*fiestas*) to wish *sb* (a) happy...: *Me felicitaron las Navidades.* They wished me a happy Christmas.

feliz *adj* happy LOC **¡Feliz cumpleaños!** Happy birthday! **¡Feliz Navidad!** Happy/Merry Christmas! *Ver tb* VIAJE

felpudo *nm* doormat

femenino, -a *adj* **1** (*gen*) female: *el sexo ~* the female sex **2** (*Dep, moda*) women's: *el equipo ~* the women's team **3** (*característico de la mujer, Gram*) feminine: *Lleva ropa muy femenina.* She wears very feminine clothes. ☞ *Ver nota en* FEMALE

feminista *adj, nmf* feminist

fenomenal *adj* fantastic LOC **pasarlo fenomenal** to have a fantastic time

fenómeno *nm* **1** (*gen*) phenomenon [*pl* phenomena]: *~s climatológicos* climatic phenomena **2** (*prodigio*) fantastic [*adj*]: *Este actor es un ~.* This actor is fantastic.

feo, -a *adj* **1** (*aspecto*) ugly: *una casa fea* an ugly house ◊ *Es bastante ~.* He's quite ugly. **2** (*desagradable*)

nasty: *Esa es una costumbre muy fea.*
That's a very nasty habit. LOC *Ver*
BAILAR

féretro *nm* coffin

feria *nf* fair: ~ *del libro* book fair ◊ *Ayer
fuimos a la* ~. We went to the fair yesterday. LOC **feria de muestras** trade fair

fermentar *vt, vi* to ferment

feroz *adj* fierce LOC *Ver* HAMBRE

ferretería *nf* **1** (*tienda*) ironmonger's
☞ *Ver nota en* CARNICERÍA **2** (*objetos*)
hardware: *artículos de ~* hardware

ferrocarril *nm* railway, train (*más
coloq*): *estación de* ~ railway/train
station ◊ *viajar por* ~ to travel by train

ferry *nm* ferry [*pl* ferries]

fértil *adj* (*tierra, persona*) fertile

festín *nm* feast: *¡Vaya* ~ *que nos dimos!*
We had such a feast!

festival *nm* festival

festividad *nf* **1** (*día festivo*) holiday [*pl*
holidays]: *la* ~ *del primero de mayo* the
May Day holiday **2** (*Relig*) feast

festivo, -a *adj* LOC *Ver* DÍA

fétido, -a *adj* LOC *Ver* BOMBA[1]

feto *nm* foetus [*pl* foetuses]

fiable *adj* reliable

fiambre *nm* cold meat

fiambrera *nf* lunch box

fianza *nf* **1** (*Jur*) bail [*incontable*]: *una
de tres millones* bail of three million
2 (*Com*) deposit LOC *Ver* LIBERTAD

fiar ◆ *vt* to let *sb* have *sth* on credit: *Me
fiaron el pan.* They let me have the
bread on credit. ◆ *vi* to give credit ◆
fiarse *v pron* **fiarse de** to trust *sth/sb*:
No me fío de ella. I don't trust her. LOC
ser de fiar to be trustworthy

fibra *nf* fibre

ficción *nf* fiction

ficha *nf* **1** (*tarjeta*) (index) card **2** (*pieza
de juego*) counter: *Se ha perdido una* ~.
We've lost a counter. **3** (*equivalente a
dinero*) token LOC **ficha de dominó**
domino [*pl* dominoes] **ficha médica/
policial** medical/police record

fichaje *nm* (*Dep*) signing: *el nuevo* ~ *del
Madrid* Madrid's new signing

fichar ◆ *vt* **1** (*policía*) to open a file on
sb **2** (*Dep*) to sign *sb* (up) ◆ *vi* **1** ~ (*por*)
(*Dep*) to sign (for *sb*): ~ *por el Real
Madrid* to sign for Real Madrid **2** (*en
trabajo*) **(a)** (*al entrar*) to clock in **(b)** (*al
salir*) to clock off

fichero *nm* **1** (*mueble*) filing cabinet
2 (*caja*) card index **3** (*conjunto de fichas,
Informát*) file: *abrir/cerrar un* ~ to

open/close a file ◊ *un* ~ *de datos* a data
file

fidelidad *nf* faithfulness LOC *Ver* ALTO

fideo *nm* noodle: *sopa de* ~s noodle soup
LOC **estar hecho un fideo** to be as thin
as a rake

fiebre *nf* **1** (*temperatura anormal*) temperature: *Te ha bajado/subido la* ~.
Your temperature has gone down/up. ◊
tener ~ to have a temperature ◊ *Tiene
38° de* ~. He's got a temperature of 38°.
2 (*enfermedad, fig*) fever: ~ *amarilla*
yellow fever LOC *Ver* DÉCIMA

fiel *adj* **1** ~ (*a*) (*leal*) faithful (**to** *sth/sb*)
2 ~ **a** (*creencias, palabra*) true **to** *sth*: ~
a sus ideas true to his ideas

fieltro *nm* felt

fiera *nf* wild animal LOC **estar/ponerse
hecho una fiera** to be furious/to blow
your top *Ver tb* COMER

fiero, -a *adj* fierce

fiesta *nf* **1** (*celebración*) party [*pl*
parties]: *dar una* ~ *de cumpleaños* to
throw a birthday party **2** (*día festivo*)
public holiday [*pl* holidays]: *Mañana es*
~. Tomorrow is a public holiday.
3 fiestas: *las* ~s *navideñas* the Christmas festivities ◊ *las* ~s *del pueblo* the
town festival LOC **fiesta nacional**
1 (*fiesta oficial*) public holiday: *Mañana
es* ~ *nacional.* It's a public holiday
tomorrow. **2** (*toros*) bullfighting **hacer/
tener fiesta** to have a day off *Ver tb*
COLAR, SALA

figura *nf* figure: *una* ~ *de plastilina* a
plasticine figure ◊ *una* ~ *política* a political figure

figurar ◆ *vi* **1** (*hallarse*) to be: *España
figura entre los países de la UE.* Spain is
one of the EU countries. **2** (*destacar*) to
stand out from the crowd: *Les encanta*
~. They love to stand out from the
crowd. ◆ **figurarse** *v pron* to imagine:
Me figuro que ya habrán salido. I
imagine they must have left by now. ◊
Ya me lo figuraba yo. I thought as much.

fijamente *adv* LOC **mirar fijamente** to
stare at *sth/sb*: *Me miró* ~. He stared at
me.

fijar ◆ *vt* **1** (*gen*) to fix: ~ *un precio/una
fecha* to fix a price/date **2** (*atención*) to
focus ◆ **fijarse** *v pron* **fijarse** (**en**)
1 (*darse cuenta*) to notice: *¿Te fijaste si
estaban?* Did you notice if they were
there? **2** (*prestar atención*) to pay attention (**to** *sth*): *sin* ~*se en los detalles*
without paying attention to detail
3 (*mirar*) to look at *sth/sb*: *Se fijaba*

mucho en ti. He was looking at you a lot. LOC *Ver* PROHIBIDO

fijo, -a ◆ *adj* **1** (*gen*) fixed: *Las patas están fijas al suelo.* The legs are fixed to the ground. **2** (*permanente*) permanent: *un puesto/contrato* ~ a permanent post/contract ◆ *adv* definitely: *Aprobaré, ~.* I'll definitely pass.

fila *nf* **1** (*uno al lado de otro*) row: *Se sentaron en la primera/última* ~. They sat in the front/back row. **2** (*uno detrás de otro*) line: *Formad una* ~. Get in line. **3 filas** (*Mil, Pol*) ranks LOC **(en) fila india** (in) single file *Ver tb* APARCAR, ROMPER

filete *nm* **1** (*fino*) fillet: *~s de bacalao* cod fillets **2** (*grueso*) steak

filmar *vt* to film LOC *Ver* VÍDEO

filo *nm* cutting edge LOC *Ver* ARMA

filología *nf* philology LOC **filología hispánica, inglesa, etc.** Spanish, English, etc.: *Soy licenciado en Filología Hispánica.* I've got a degree in Spanish.

filosofía *nf* philosophy [*pl* philosophies]

filósofo, -a *nm-nf* philosopher

filtrar ◆ *vt* to filter ◆ **filtrarse** *v pron* **1** (*gen*) to filter (in/out) (*through sth*): *La luz se filtraba por los resquicios.* Light was filtering in through the cracks. **2** (*líquido*) to leak (in/out) (*through sth*): *Se ha filtrado agua por la pared.* Water has leaked in through the wall.

filtro *nm* filter

fin *nm* **1** (*gen*) end: *a* ~ *de mes* at the end of the month ◊ *No es el* ~ *del mundo.* It's not the end of the world. **2** (*película, novela*) end **3** (*finalidad*) purpose LOC **al fin y al cabo** after all **al/por fin** at last **en fin 1** (*bien*) well: *En* ~, *así es la vida.* Well, that's life. **2** (*en resumen*) in short **fin de semana** weekend: *Solo nos vemos los ~es de semana.* We only see each other at weekends. ☛ *Ver nota en* WEEKEND

final ◆ *adj* final: *la decisión* ~ the final decision ◆ *nm* **1** (*gen*) end: *a dos minutos del* ~ two minutes from the end **2** (*novela, película*) ending: *un* ~ *feliz* a happy ending ◆ *nf* final: *la* ~ *de copa* the Cup Final LOC **a finales de...** at the end of...: *a ~es de año* at the end of the year **al final** at the end, in the end

At the end es una expresión neutra: *El curso dura seis meses y te dan un diploma al final.* The course runs for six months and you get a diploma at the end. **In the end** se utiliza cuando

se hace referencia a un periodo de tiempo largo o con muchos cambios o problemas: *No te preocupes, ya verás como al final todo sale bien.* Don't worry, it will all work out in the end. *Al final de* se dice siempre **at the end of**: *al final de la cola/del partido* at the end of the queue/the match.

Ver tb CUARTO, EXAMEN, OCTAVO, PUNTO, RECTA, RESULTADO

finalista *adj, nmf* finalist [*n*]: *Quedó* ~ *del torneo.* He reached the final. ◊ *los equipos ~s* the finalists

finca *nf* **1** (*casa en el campo*) country estate **2** (*terreno de cultivo*) (plot of) land

fingir *vt, vi* to pretend: *Seguro que está fingiendo.* He's probably just pretending. ◊ *Fingieron no vernos.* They pretended they hadn't seen us.

finlandés, -esa ◆ *adj, nm* Finnish: *hablar* ~ to speak Finnish ◆ *nm-nf* Finn: *los finlandeses* the Finns

Finlandia *nf* Finland

fino, -a ◆ *adj* **1** (*delgado*) fine: *un lápiz* ~ a fine pencil **2** (*dedos, talle*) slender **3** (*elegante*) posh (*coloq*): *¡Qué* ~ *te has vuelto!* You've become very posh! **4** (*educado*) polite **5** (*vista, oído*) keen ◆ *nm* (*vino*) dry 'fino' sherry LOC *Ver* SAL

finta *nf* dummy [*pl* dummies]: *hacer una* ~ to dummy

fintar *vt* (*Dep*) to sell *sb* a dummy

firma *nf* **1** (*nombre*) signature: *Han recogido cien* ~*s.* They've collected a hundred signatures. **2** (*acto*) signing: *Hoy es la* ~ *del contrato.* The signing of the contract takes place today.

firmar *vt, vi* to sign: *Firme en la línea de puntos.* Sign on the dotted line.

firme *adj* firm: *un colchón* ~ a firm mattress ◊ *Me mostré* ~. I stood firm. LOC **¡firmes!** attention! **ponerse firme** to stand to attention *Ver tb* TIERRA

fiscal ◆ *adj* tax [*n atrib*]: *los impuestos* ~*es* taxes ◆ *nmf* public prosecutor LOC *Ver* FRAUDE

fisgar *vt, vi* ~ **(en)** to poke around (**in sth**): *No me fisgues las cartas.* Don't poke around in my letters. ◊ *Alguien ha estado fisgando en mis cosas.* Somebody has been poking around in my things.

fisgón, -ona ◆ *adj* nosy ◆ *nm-nf* nosy parker

física *nf* physics [*sing*]

físico, -a ◆ *adj* physical ◆ *nm-nf* (*científico*) physicist ◆ *nm* (*aspecto*) appearance: *El* ~ *es muy importante.*

Appearance is very important. LOC *Ver* EDUCACIÓN

flaco, -a *adj* **1** (*delgado*) thin, skinny (*coloq*) ☛ *Ver nota en* DELGADO **2** (*débil*) weak LOC *Ver* PUNTO

flamante *adj* **1** (*espléndido*) smart **2** (*nuevo*) brand new

flamenco, -a ◆ *adj, nm* (*cante y baile*) flamenco ◆ *nm* (*ave*) flamingo [*pl* flamingos/flamingoes]

flan *nm* crème caramel LOC **estar como un flan** to be shaking like a leaf

flaquear *vi* to flag: *Me flaquean las fuerzas.* My strength is flagging.

flash *nm* **1** (*Fot*) flash **2** (*sorpresa*) shock: *¡Vaya ~!* What a shock!

flato *nm* stitch: *No puedo correr más que me da el ~.* I can't run any further or I'll get a stitch.

flauta *nf* **1** (*Mús*) **(a)** (*dulce*) recorder **(b)** (*travesera*) flute **2** (*pan*) baguette: *una ~ de chorizo* a chorizo baguette ☛ *Ver dibujo en* PAN LOC *Ver* PITO

flautista *nmf* flautist

flecha *nf* arrow

flechazo *nm* love at first sight: *Fue un ~.* It was love at first sight.

fleco *nm* **flecos 1** (*adorno*) fringe [*sing*]: *una cazadora de cuero con ~s* a fringed leather jacket **2** (*borde deshilachado*) frayed edge [*sing*]

flemón *nm* abscess

flequillo *nm* fringe

flexible *adj* flexible

flexo *nm* reading light

flipar *vi* **1** (*encantar*) to be mad about/ on sth: *Me flipan los coches de carreras.* I'm mad about racing cars. **2** ~ (*con*) (*sorprenderse*) to be amazed (*at/by sth/ sb*): *Yo flipo contigo.* You amaze me. **3** (*soñar*): *¿Que te lo regale? Tú flipas tío.* Give it to you? You must be joking!

flojo, -a *adj* **1** (*poco apretado*) **(a)** (*gen*) loose: *un tornillo ~* a loose screw **(b)** (*goma, cuerda*) slack **2** (*sin fuerza*) weak: *un café ~* a weak coffee **3** (*sin calidad*) poor: *Tus deberes están bastante ~s.* Your homework is quite poor. LOC **estar flojo en algo** to be weak at/in sth: *Estoy muy ~ en historia.* I'm very weak at history.

flor *nf* **1** (*gen*) flower: *~es secas* dried flowers **2** (*árbol frutal, arbusto*) blossom [*gen incontable*]: *las ~es del almendro* almond blossom LOC **en flor** in bloom **la flor (y nata)** the crème de la crème **¡ni flores!** no idea!

flora *nf* flora

florecer *vi* **1** (*planta*) to flower **2** (*árbol frutal, arbusto*) to blossom **3** (*fig*) to flourish: *La industria está floreciendo.* Industry is flourishing.

florero *nm* vase

floristería *nf* florist's ☛ *Ver nota en* CARNICERÍA

flota *nf* fleet

flotador *nm* rubber ring

flotar *vi* to float: *El balón flotaba en el agua.* The ball was floating on the water.

flote *nm* LOC **a flote** afloat: *El barco/ negocio sigue a ~.* The ship/business is still afloat. **sacar a flote 1** (*barco*) to refloat **2** (*negocio*) to put sth back on its feet **salir a flote** (*fig*) to pull through

fluido, -a ◆ *pp, adj* **1** (*circulación, diálogo*) free-flowing **2** (*lenguaje, estilo*) fluent ◆ *nm* fluid *Ver tb* FLUIR

fluir *vi* to flow

flúor *nm* **1** (*gas*) fluorine **2** (*dentífrico*) fluoride

fluorescente ◆ *adj* fluorescent ◆ *nm* fluorescent light

fluvial *adj* river [*n atrib*]: *el transporte ~* river transport

foca *nf* seal

foco *nm* **1** (*gen*) focus [*pl* focuses/foci]: *Eres el ~ de todas las miradas.* You're the focus of attention. **2** (*lámpara*) **(a)** (*gen*) spotlight: *Varios ~s iluminaban el monumento.* Several spotlights lit up the monument. **(b)** (*estadio*) floodlight

fogueo *nm* LOC **de fogueo** blank: *muni- ción de ~* blank ammunition

folclore (*tb* **folklore**) *nm* folklore

folio *nm* sheet (of paper)

follaje *nm* foliage

folleto *nm* **1** (*librito*) **(a)** (*de publicidad*) brochure: *un ~ de viajes* a holiday bro- chure **(b)** (*de información, de instruccio- nes*) booklet **2** (*hoja*) leaflet: *Cogí un ~ con el horario.* I picked up a leaflet con- taining the timetable.

follón *nm* **1** (*ruido*) racket: *¡Qué ~ arman los vecinos!* The neighbours are making a terrible racket! **2** (*desorden, confusión*) mess: *Me hice un ~ con los nombres.* I got into a real mess with their names. **3** (*problema*) trouble [*incontable*]: *No te metas en follones.* Don't get into trouble.

fomentar *vt* to promote

fomento *nm* promotion LOC **fomento de empleo** job creation

fondo *nm* **1** (*gen*) bottom: *llegar al ~ del asunto* to get to the bottom of things **2** (*mar, río*) bed **3 (a)** (*calle, pasillo*) end: *Está al ~ del pasillo, a la derecha.* It's at the end of the corridor on the right. **(b)** (*habitación, escenario*) back: *al ~ del restaurante* at the back of the restaurant ◊ *la habitación del ~* the back room **4** (*bote*) kitty [*pl* kitties]: *poner/hacer un ~* (*común*) to have a kitty **5 fondos** (*dinero*) funds: *recaudar ~s* to raise funds LOC **a fondo 1** (*con sustantivo*) thorough: *una revisión a ~* a thorough review **2** (*con verbo*) thoroughly: *Límpialo a ~.* Clean it thoroughly. **de fondo** (*Dep*) **1** (*atletismo*) distance [*n atrib*]: *un corredor de ~* a distance runner **2** (*esquí*) cross-country [*n atrib*]: *un esquiador de ~* a cross-country skier **in el fondo** deep down: *Dices que no, pero en el ~ sí que te importa.* You say you don't mind, but deep down you do. **sin fondo** bottomless *Ver tb* CHEQUE, MÚSICA

fontanero, -a *nm-nf* plumber

footing *nm* jogging: *hacer ~* to go jogging

forastero, -a *nm-nf* stranger

forcejear *vi* to struggle

forense *nmf* forensic scientist

forestal *adj* forest [*n atrib*]: *un guarda/ incendio ~* a forest ranger/fire

forfait *nm* (*esquí*) ski pass

forjar *vt* to forge LOC **forjarse ilusiones** to get your hopes up

forma *nf* **1** (*contorno*) shape: *en ~ de cruz* in the shape of a cross ◊ *La sala tiene ~ rectangular.* The room is rectangular. **2** (*modo*) way [*pl* ways]: *Si lo haces de esta ~ es más fácil.* It's easier if you do it this way. ◊ *Es su ~ de ser.* It's just the way he is. ◊ *¡Vaya ~ de conducir!* What a way to drive! LOC **de forma espontánea, indefinida, etc.** spontaneously, indefinitely, etc. **de todas formas** anyway **estar/ponerse en ✔forma** to be/get fit *Ver tb* DICHO, MANTENER, PLENO

formación *nf* **1** (*gen*) formation: *la ~ de un gobierno* the formation of a government **2** (*preparación*) **(a)** (*educación*) education **(b)** (*para un trabajo*) training: *un curso de ~* a training course LOC **formación profesional** vocational training *Ver tb* INSTITUTO

formado, -a *pp, adj* LOC **estar formado por** to consist of *sth/sb Ver tb* FORMAR

formal *adj* **1** (*gen*) formal: *un noviazgo ~* a formal engagement **2** (*de fiar*) reliable **3** (*que se porta bien*) well behaved: *un*

niño muy ~ a very well-behaved child ☛ *Ver nota en* WELL BEHAVED

formar ◆ *vt* **1** (*crear*) to form: *~ un grupo* to form a group **2** (*preparar*) **(a)** (*educar*) to educate **(b)** (*para un trabajo*) to train ◆ *vi* (*Mil*) to fall in: *¡A ~!* Fall in! ◆ **formarse** *v pron* **1** (*hacerse*) to form **2** (*educarse*) to train

formatear *vt* (*Informát*) to format

formato *nm* format

fórmula *nf* formula ☛ Tiene dos plurales: **formulas** y, en un contexto científico, **formulae**.

formulario *nm* form: *rellenar un ~* to fill in a form

forofo, -a *nm-nf* fan

forrado, -a *pp, adj* LOC **estar forrado** (*tener dinero*) to be rolling in it *Ver tb* FORRAR

forrar ◆ *vt* **1** (*el interior*) to line *sth* (**with** *sth*): *~ una caja de terciopelo* to line a box with velvet **2** (*el exterior*) to cover *sth* (**with** *sth*): *~ un libro con papel* to cover a book with paper ◆ **forrarse** *v pron* (*enriquecerse*) to make a fortune: *Se han forrado vendiendo helados.* They've made a fortune selling ice creams.

forro *nm* **1** (*interior*) lining: *poner un ~ a un abrigo* to put a lining in a coat **2** (*exterior*) cover

fortaleza *nf* **1** (*fuerza*) strength **2** (*fortificación*) fortress

fortuna *nf* **1** (*riqueza*) fortune **2** (*suerte*) fortune, luck (*más coloq*): *probar ~* to try your luck

forzado, -a *pp, adj* LOC *Ver* MARCHA, TRABAJO; *Ver tb* FORZAR

forzar *vt* to force

forzoso, -a *adj* LOC *Ver* ATERRIZAJE

fosa *nf* **1** (*hoyo*) ditch **2** (*sepultura*) grave

fosforescente *adj* phosphorescent LOC *Ver* ROTULADOR

fósforo *nm* **1** (*Quím*) phosphorus **2** (*cerilla*) match

fósil *nm* fossil

foso *nm* **1** (*hoyo*) ditch **2** (*de castillo*) moat

foto *nf* photo [*pl* photos]: *un álbum de ~s* a photograph album ◊ *Me hizo una ~.* He took my photo. LOC **foto de carné** passport photo **sacarse una foto** to have your photo taken *Ver tb* CÁMARA, CARRETE, MÁQUINA

fotocopia *nf* photocopy [*pl* photocopies]: *hacer/sacar una ~ de algo* to photocopy sth

fotocopiadora *nf* photocopier

fotocopiar *vt* to photocopy

fotogénico, -a *adj* photogenic

fotografía *nf* **1** (*actividad*) photography **2** (*foto*) photograph

fotografiar *vt* to photograph

fotográfico, -a *adj* LOC *Ver* CÁMARA

fotógrafo, -a *nm-nf* photographer

fotomatón *nm* photo booth

fracasado, -a *nm-nf* failure

fracasar *vi* **1** (*gen*) to fail **2** (*planes*) to fall through

fracaso *nm* failure

fracción *nf* **1** (*porción, Mat*) fraction **2** (*Pol*) faction

fractura *nf* fracture

fracturar(se) *vt, v pron* to fracture

frágil *adj* fragile

fragmento *nm* fragment

fraile *nm* monk

frambuesa *nf* raspberry [*pl* raspberries]

francamente *adv* (*muy*) really: *Es ~ difícil.* It's really hard.

francés, -esa ♦ *adj, nm* French: *hablar ~* to speak French ♦ *nm-nf* Frenchman/woman [*pl* Frenchmen/women]: *los franceses* the French

Francia *nf* France

franco *nm* (*moneda*) franc

franco, -a *adj* **1** (*sincero*) frank **2** (*claro*) marked: *un ~ deterioro* a marked decline

franela *nf* flannel

franja *nf* strip

franquear *vt* (*carta, paquete*) to pay postage on sth

franqueza *nf* frankness: *Hablemos con ~.* Let's be frank.

frasco *nm* **1** (*colonia, medicina*) bottle **2** (*conservas, mermelada*) jar

frase *nf* **1** (*oración*) sentence **2** (*locución*) phrase LOC **frase hecha** set phrase

fraternal (*tb* **fraterno, -a**) *adj* brotherly, fraternal (*más formal*): *el amor ~* brotherly love

fraude *nm* fraud LOC **fraude fiscal** tax fraud

fraudulento, -a *adj* fraudulent

frecuencia *nf* frequency [*pl* frequencies] LOC **con frecuencia** frequently, often (*más coloq*)

frecuentar *vt* **1** (*lugar*) to frequent **2** (*amigos*) to go around with sb: *Ya no frecuento ese grupo de amigos.* I don't go around with that group of friends any more.

frecuente *adj* **1** (*reiterado*) frequent: *Tengo ~s ataques de asma.* I have frequent asthma attacks. **2** (*habitual*) common: *Es una práctica ~ en este país.* It's common practice in this country.

fregadero *nm* sink

fregar ♦ *vt* to wash ♦ *vi* to do the washing-up LOC **fregar el suelo** to mop the floor **fregar los platos** to do the washing-up

fregona *nf* mop

freír(se) *vt, v pron* to fry

frenar *vi* to brake: *Frené de golpe.* I slammed on the brakes. LOC *Ver* SECO

frenazo *nm*: *Se oyó un ~.* There was a screech of brakes. LOC **dar un frenazo** to slam on the brakes

freno *nm* **1** (*vehículo*) brake: *Me fallaron los ~s.* My brakes failed. ◊ *poner/quitar el ~* to put on/release the brake(s) **2** (*reducción*) curb (*on sth*): *un ~ a las exportaciones* a curb on exports LOC **freno de mano** handbrake

frente ♦ *nf* (*Anat*) forehead ♦ *nm* front: *un ~ frío* a cold front LOC **al frente** forward: *Di un paso al ~.* I took a step forward. **al frente de** in charge of *sth*: *Está al ~ de la empresa.* He's in charge of the company. **hacer frente a algo/algn** to stand up to sth/sb *Ver tb* DOS

fresa *nf* strawberry [*pl* strawberries]

fresca *nf* (*insolencia*) cheeky remark: *Me soltó una ~.* He made a cheeky remark to me.

fresco, -a ♦ *adj* **1** (*temperatura, ropa*) cool: *El día está algo ~.* It is rather cool today. ☞ *Ver nota en* FRÍO **2** (*comida*) fresh **3** (*noticia*) latest: *noticias frescas* the latest news ♦ *adj, nm-nf* (*persona*) cheeky so-and-so [*n*]: *El muy ~ me timó.* The cheeky so-and-so swindled me. LOC **hacer fresco** to be chilly: *Por la noche hace ~.* It's chilly at night. **quedarse tan fresco** not to bat an eyelid: *Le riñes y se queda tan ~.* You tell him off and he doesn't even bat an eyelid. **tomar el fresco** to get some fresh air

fresno *nm* ash (tree)

fresón *nm* strawberry [*pl* strawberries]

frigorífico *nm* fridge, refrigerator (*más formal*)

frío, -a *adj, nm* cold: *Cierra la puerta, que entra ~.* Shut the door, you're letting the cold in.

No se deben confundir las siguientes palabras: **cold** y **cool**, **hot** y **warm**.
Cold indica una temperatura más baja que **cool** y muchas veces desagradable: *Ha sido un invierno muy frío.* It's been a very cold winter. **Cool** significa *fresco* más que *frío*: *Fuera hace calor, pero aquí se está fresquito.* It's hot outside but it's nice and cool in here.
Hot describe una temperatura bastante más caliente que **warm**. **Warm** es más bien *cálido, templado* y muchas veces tiene connotaciones agradables. Compara los siguientes ejemplos: *No lo puedo beber, está muy caliente.* I can't drink it, it's too hot. ◊ *¡Qué calor hace aquí!* It's too hot in here! ◊ *Siéntate al lado del fuego, pronto entrarás en calor.* Sit by the fire, you'll soon warm up.

LOC **coger frío** to catch cold **hacer frío** to be cold: *Hace mucho ~ en la calle.* It's very cold outside. ◊ *¡Hace un ~ que pela!* It's freezing! **pasar/tener frío** to be/feel cold: *Tengo ~ en las manos.* My hands are cold. *Ver tb* MORIR(SE), MUERTO, PELAR, SANGRE, TEMBLAR, TIESO

friolero, -a *adj, nm-nf: Soy muy ~.* I feel the cold a lot.

frito, -a *pp, adj* fried LOC **estar frito** 1 (*dormido*) to be fast asleep 2 (*harto*) to be fed up 3 (*muerto*) to be dead **quedarse frito** to doze off *Ver tb* HUEVO, PATATA, TOMATE; *Ver tb* FREÍR(SE)

frondoso, -a *adj* leafy

frontal 1 (*ataque*) frontal 2 (*choque, enfrentamiento*) head-on

frontera *nf* border, frontier (*más formal*): *pasar la ~* to cross the border ◊ *en la ~ francesa* on the French border ☛ *Ver nota en* BORDER

fronterizo, -a *adj* 1 (*gen*) border [*n atrib*]: *región fronteriza* border area 2 (*limítrofe*) neighbouring: *dos países ~s* two neighbouring countries

frontón *nm* 1 (*juego*) pelota 2 (*cancha*) pelota court

frotar(se) *vt, v pron* to rub LOC **frotarse las manos** to rub your hands together

fruncir *vt* (*Costura*) to gather LOC **fruncir el ceño** to frown

frustración *nf* frustration

fruta *nf* fruit [*gen incontable*]: *¿Quieres ~?* Do you want some fruit? ◊ *una pieza de ~* a piece of fruit LOC *Ver* MACEDONIA

frutal *adj* fruit [*n atrib*]: *un árbol ~* a fruit tree

frutería *nf* greengrocer's ☛ *Ver nota en* CARNICERÍA

frutero, -a ♦ *nm-nf* greengrocer ♦ *nm* fruit bowl

fruto *nm* fruit [*gen incontable*] LOC **frutos secos** 1 (*de cáscara dura*) nuts 2 (*fruto desecado*) dried fruit [*incontable, v sing*]

fuego *nm* 1 (*gen*) fire: *encender el ~* to light the fire 2 (*para cigarro*) a light: *¿Me das ~?* Have you got a light? LOC **a fuego lento/vivo** over a low/high heat **fuegos artificiales** fireworks *Ver tb* ALTO, ARMA, COCER, PRENDER

fuel (*tb* **fuel-oil**) *nm* oil

fuente *nf* 1 (*manantial*) spring 2 (*en una plaza, en un jardín*) fountain 3 (*bandeja*) dish: *una ~ de carne* a dish of meat 4 (*origen*) source: *~s cercanas al gobierno* sources close to the government

fuera ♦ *adv* 1 *~ (de)* outside: *Se oían ruidos ~.* You could hear noises outside. ◊ *~ de España* outside Spain ◊ *Hay grietas por ~.* There are cracks on the outside. 2 (*no en casa*) out: *cenar ~* to eat out ◊ *Se pasan todo el día ~.* They're out all day. 3 (*de viaje*) away: *Está ~ en viaje de negocios.* He's away on business. 4 *~ de* (*fig*) out of sth: *~ de peligro/de lo normal* out of danger/the ordinary ◊ *Mantener ~ del alcance de los niños.* Keep out of reach of children. ♦ *¡fuera!* *interj* get out! LOC **dejar a algn fuera de combate** to knock sb out **estar fuera de combate** 1 (*gen*) to be out of action 2 (*Boxeo*) to be knocked out **fuera (de) bromas** joking apart **fuera de juego** offside **fuera de sí** beside himself, herself, etc. **fuera de tono** inappropriate *Ver tb* AHÍ, ALLÁ, ALLÍ, CONTROL

fuerte ♦ *adj* 1 (*gen*) strong: *un queso/olor muy ~* a very strong cheese/smell 2 (*lluvia, nevada, tráfico, pesado*) heavy: *un ~ ritmo de trabajo* a heavy work schedule 3 (*dolor, crisis, descenso*) severe 4 (*abrazo, comida*) big: *un desayuno ~* a big breakfast ♦ *adv* 1 (*con fuerza, intensamente*) hard: *tirar ~ de una cuerda* to pull a rope hard 2 (*firmemente*) tight: *¡Agárrate ~!* Hold on tight! 3 (*sonido*) loud: *No hables tan ~.* Don't talk so loud. ◊ *Ponlo más ~.* Turn it up. ♦ *nm* (*fortaleza*) fort LOC *Ver* ABRAZO, CAJA

fuerza *nf* **1** (*potencia, Fís, Mil, Pol*) force: *la ~ de la gravedad* the force of gravity ◊ *las ~s armadas* the armed forces **2** (*energía física*) strength [*incontable*]: *recobrar las ~s* to get your strength back ◊ *No tengo ~s para continuar.* I don't have the strength to carry on. LOC **a la fuerza 1** (*forzando*) by force: *Los sacaron a la ~.* They removed them by force. **2** (*por necesidad*): *Tengo que hacerlo a la ~.* I just have to do it. **fuerza de voluntad** will power **fuerzas aéreas** air force [*v sing o pl*] *Ver tb* CAMISA

fuga *nf* **1** (*huida*) flight: *emprender la ~* to take flight **2** (*gas, agua*) leak

fugarse *v pron* **1** (*de un país*) to flee: *Se han fugado del país.* They have fled the country. **2** (*de la cárcel*) to escape (*from sth*) **3** (*de casa, del colegio*) to run away (*from sth*)

fugaz *adj* fleeting LOC *Ver* ESTRELLA

fugitivo, -a *nm-nf* fugitive

fulano, -a *nm-nf* so-and-so [*pl* so-and-so's]: *Imagínate que viene ~...* Just suppose so-and-so comes... LOC (**señor/don**) **Fulano de Tal** Mr So-and-so

fulminante *adj* **1** (*instantáneo*) immediate: *un éxito ~* an immediate success **2** (*mirada*) withering **3** (*muerte*) sudden

fumador, -a *nm-nf* smoker LOC *¿fumador o no fumador?* (*en transportes, en restaurantes*) smoking or non-smoking?

fumar ♦ *vt, vi* to smoke: *~ en pipa* to smoke a pipe ◊ *Deberías dejar de ~.* You should give up smoking. ♦ **fumarse** *v pron* (*clase*) to skip LOC *Ver* PROHIBIDO, ROGAR

función *nf* **1** (*gen*) function: *Nuestra ~ es informar.* Our function is to inform. **2** (*Teat*) performance: *una ~ de gala* a gala performance

funcionamiento *nm* operation: *poner algo en ~* to put sth into operation

funcionar *vi* **1** (*gen*) to work: *La alarma no funciona.* The alarm doesn't work. ◊ *¿Cómo funciona?* How does it work? **2** ~ (**con**) to run (**on sth**): *Este coche funciona con gasoil.* This car runs on diesel. LOC **no funciona** (*en un cartel*) out of order

funcionario, -a *nm-nf* civil servant

funda *nf* **1** (*estuche*) case: *una ~ de gafas* a glasses case **2** (*disco*) sleeve **3** (*almohada*) pillowcase **4** (*edredón, cojín*) cover

fundación *nf* (*institución*) foundation

fundador, ~a *adj, nm-nf* founder [*n*]: *los miembros ~es* the founder members

fundamental *adj* fundamental

fundar *vt* to found

fundir(se) *vt, v pron* **1** (*gen*) to melt: *~ queso* to melt cheese **2** (*fusible*) to blow: *Se fundieron los plomos.* The fuses blew.

fúnebre *adj* **1** (*para un funeral*) funeral [*n atrib*]: *la marcha ~* the funeral march **2** (*triste*) mournful LOC *Ver* COCHE, POMPA

funeral (*tb* funerales) *nm* funeral [*sing*]: *los ~ es de un vecino* a neighbour's funeral

funeraria *nf* undertaker's ☞ *Ver nota en* CARNICERÍA

funicular *nm* **1** (*Ferrocarril*) funicular (railway) **2** (*teleférico*) cable car

furgoneta *nf* van

furia *nf* fury LOC **estar hecho una furia** to be in a rage **ponerse hecho una furia** to fly into a rage

furioso, -a *adj* furious. *Estaba ~ con ella.* I was furious with her.

furtivo, -a *adj* furtive LOC **cazador/pescador furtivo** poacher **caza/pesca furtiva** poaching

fusible *nm* fuse: *Han saltado los ~s.* The fuses have blown.

fusil *nm* rifle

fusión *nf* **1** (*Fís*) fusion: *la ~ nuclear* nuclear fusion **2** (*hielo, metales*) melting **3** (*empresas, partidos políticos*) merger LOC *Ver* PUNTO

fusta *nf* riding crop

futbito *nm* five-a-side football

fútbol *nm* football, soccer (*coloq*)

En Estados Unidos solo se dice **soccer**, para diferenciarlo del fútbol americano.

LOC **fútbol sala** five-a-side football

futbolín *nm* **1** (*juego*) table football **2** futbolines (*local*) amusement arcade [*sing*]

futbolista *nmf* footballer

futuro, -a *adj, nm* future

Gg

gabardina *nf* raincoat

gabinete *nm* **1** (*despacho*) office **2** (*Pol*) Cabinet [*v sing o pl*] LOC **gabinete de prensa** press office

gacela *nf* gazelle

gafar *vt* to jinx

gafas *nf* **1** (*gen*) glasses: *un chico rubio, con* ~ a fair boy with glasses ◊ *No le vi porque no llevaba las* ~. I couldn't see him because I didn't have my glasses on. ◊ *Me tienen que poner* ~. I need glasses. **2** (*motociclista, esquiador, submarinista*) goggles LOC **gafas de culo de vaso** pebble glasses **gafas de sol** sunglasses

gafe *nmf* jinx LOC **ser/tener gafe** to be jinxed: *Es tan* ~ *que todo le sale mal.* He seems to be jinxed; nothing turns out right for him.

gaita *nf* **1** (*Mús*) bagpipes [*pl*]: *tocar la* ~ to play the bagpipes **2** (*inconveniente*) pain: *¡Vaya* ~! What a pain! **3** (*rollo*): *¡Déjate de* ~*s!* Stop messing about!

gaitero, -a *nm-nf* piper

gajes *nm* LOC **ser gajes del oficio** to be part and parcel of the job

gajo *nm* segment

gala *nf* **1** (*recepción, ceremonia, actuación*) gala: *Asistiremos a la* ~ *inaugural.* We're going to the gala opening. ◊ *una cena de* ~ a gala dinner **2** **galas** best clothes: *Llevaré mis mejores* ~*s.* I'll wear my best clothes. LOC **ir/vestir de gala** to be dressed up

galáctico, -a *adj* galactic

galante *adj* gallant

galápago *nm* turtle

galardón *nm* award

galardonado, -a *pp, adj* prize-winning: *un autor/libro* ~ a prizewinning author/book *Ver tb* GALARDONAR

galardonar *vt* to award *sb* a prize

galaxia *nf* galaxy [*pl* galaxies]

galería *nf* **1** (*Arte, Teat*) gallery [*pl* galleries]: *una* ~ *de arte* an art gallery ☛ *Ver nota en* MUSEUM **2** (*balcón*) balcony [*pl* balconies] LOC **galerías (comerciales)** shopping centre/mall [*sing*]

Gales *nm* Wales

galés, -esa ♦ *adj, nm* Welsh: *hablar* ~ to speak Welsh ♦ *nm-nf* Welshman/woman [*pl* Welshmen/women]: *los galeses* the Welsh

galgo *nm* greyhound LOC *Ver* CORRER

gallego *nm* (*lengua*) Galician

galleta *nf* biscuit

gallina ♦ *nf* hen ♦ *adj, nmf* (*cobarde*) chicken [*n*]: *¡No seas tan* ~! Don't be such a chicken! LOC **la gallina/gallinita ciega** blind man's buff *Ver tb* CARNE, PIEL

gallinero *nm* **1** (*para gallinas*) hen house **2** (*griterío*) madhouse **3 el gallinero** (*Teat*) the gods [*pl*] (*coloq*), the gallery

gallo *nm* **1** (*ave*) cock **2** (*nota desafinada*) wrong note: *Le salió un* ~. He hit a wrong note. LOC *Ver* MISA, PATA

galón¹ *nm* (*uniforme*) stripe

galón² *nm* (*medida*) gallon ☛ *Ver Apéndice 1*

galopar *vi* to gallop: *salir a* ~ to go for a gallop

galope *nm* gallop LOC **al galope**: *El caballo se puso al* ~. The horse started to gallop. ◊ *Se fueron al* ~. They galloped off.

gama *nf* range: *una amplia* ~ *de colores* a wide range of colours

gamba *nf* prawn

gamberrada *nf* LOC **hacer gamberradas** to make trouble

gamberrismo *nm* hooliganism

gamberro, -a *nm-nf* hooligan LOC **hacer el gamberro** to make trouble

gana *nf* LOC **como me da la gana** however I, you, etc. want: *Lo haré como me dé la* ~. I'll do it however I want. **con/sin ganas** enthusiastically/half-heartedly **darle a algn la (real) gana** to want *to do sth*: *Lo hago por que me da la* ~. I'm doing it because I want to. **de buena/mala gana** willingly/reluctantly: *Lo hizo de mala* ~. She did it reluctantly. **hacer lo que me da la gana** to do as I, you, etc. please: *Haz lo que te dé la* ~. Do what you like. **¡las ganas!** you wish! **tener/sentir ganas (de hacer algo)** to feel like *sth/doing sth*: *Tengo* ~*s de comer algo.* I feel like having something to eat. ◊ *Hoy no tengo* ~*s.* I don't feel like it today. *Ver tb* ENTRAR, QUITAR

ganadería *nf* **1** (*actividad*) livestock farming **2** (*ganado*) livestock

ganadero, -a *nm-nf* livestock farmer

ganado *nm* livestock LOC **ganado caballar/equino** horses [*pl*] **ganado lanar/ovino** sheep [*pl*] **ganado porcino** pigs [*pl*] **ganado (vacuno)** cattle [*pl*]

ganador, ~a ◆ *adj* winning ◆ *nm-nf* winner

ganancia *nf* profit LOC *Ver* PÉRDIDA

ganar ◆ *vt* **1** (*sueldo, sustento*) to earn: *Este mes he ganado poco.* I didn't earn much this month. **2** (*premio, partido, guerra*) to win: *~ la lotería* to win the lottery ◊ *¿Quién ha ganado el partido?* Who won (the match)? **3** (*a un contrincante*) to beat: *Inglaterra ganó a Alemania.* England beat Germany. **4** (*conseguir*) to gain (*by/from sth/doing sth*): *¿Qué gano yo con decírtelo?* What do I gain by telling you? ◆ **ganarse** *v pron* **1** (*dinero, respeto*) to earn: *Se ha ganado el respeto de todos.* He has earned everybody's respect. **2** (*castigo, recompensa*) to deserve: *Te has ganado unas buenas vacaciones.* You deserve a holiday. LOC **ganarse el pan/la vida** to earn your living **ganar tiempo** to save time **salir ganando** to do well (*out of sth*): *He salido ganando con la reorganización.* I've done well out of the reorganization.

gancho *nm* **1** (*gen*) hook **2** (*cebo*) bait: *utilizar a algn como ~* to use sb as bait

gandul, ~a ◆ *adj* lazy ◆ *nm-nf* lazybones [*pl* lazybones]

gandulear *vi* to laze around

ganga *nf* bargain

gangrena *nf* gangrene

gángster *nm* gangster

ganso, -a *nm-nf* goose [*pl* geese] *Si queremos especificar que se trata de un ganso macho, diremos* **gander.**

garabatear *vt, vi* **1** (*dibujar*) to doodle **2** (*escribir*) to scribble

garabato *nm* **1** (*dibujo*) doodle **2** (*escritura*) scribble

garaje *nm* garage

garantía *nf* guarantee

garantizar *vt* **1** (*gen*) to guarantee: *Garantizamos la calidad del producto.* We guarantee the quality of the product. **2** (*asegurar*) to assure: *Vendrán, te lo garantizo.* They'll come, I assure you.

garbanzo *nm* chickpea

garbeo *nm* LOC **dar(se) un garbeo** to go for a stroll

garbo *nm* LOC **andar con garbo** to walk gracefully **tener garbo** to be graceful

garfio *nm* hook

garganta *nf* **1** (*Anat*) throat: *Me duele la ~.* I've got a sore throat. **2** (*Geog*) gorge LOC *Ver* NUDO

gargantilla *nf* necklace

gárgaras *nf* LOC **hacer gárgaras** to gargle

garita *nf* **1** (*centinela*) sentry box **2** (*portería*) porter's lodge

garra *nf* **1** (*animal*) claw **2** (*ave de rapiña*) talon **3** (*atractivo*): *Esta canción tiene mucha ~.* That song is really powerful. ◊ *Es una persona con ~.* He's a fascinating person.

garrafa *nf* carafe

garrafal *adj* monumental: *una falta ~* a monumental mistake

garrapata *nf* tick

garrote *nm* **1** (*gen*) stick **2** (*de ejecución*) garrotte

gas *nm* **1** (*gen*) gas: *Huele a ~.* It smells of gas. **2 gases** (*Med*) wind [*incontable, v sing*]: *El bebé tiene ~es.* The baby's got wind. LOC **gases lacrimógenos** tear gas [*incontable, v sing*] *Ver tb* AGUA

gasa *nf* **1** (*tejido*) gauze **2** (*vendaje*) bandage

gaseosa *nf* (fizzy) lemonade

gaseoso, -a *adj* **1** (*Quím*) gaseous **2** (*bebida*) fizzy

gasóleo (*tb* **gasoil**) *nm* diesel

gasolina *nf* petrol: *Nos paramos a echar ~.* We stopped to get some petrol. LOC **gasolina con/sin plomo** leaded/unleaded petrol *Ver tb* INDICADOR

gasolinera *nf* petrol station

gastado, -a *pp, adj* (*desgastado*) worn out *Ver tb* GASTAR

gastar *vt* **1** (*dinero*) to spend *sth* (*on sth/sb*) **2** (*consumir*) to use: *~ menos electricidad* to use less electricity **3** (*agotar*) to use *sth* up: *Me has gastado toda la colonia.* You've used up all my cologne. **4** (*talla*) to take: *~ la talla cuarenta de pantalones* to take size forty trousers LOC **gastar una broma** to play a joke (*on sb*)

gasto *nm* **1** (*dinero*) expense: *No gano ni para ~s.* I don't earn enough to cover my expenses. **2** (*agua, energía, gasolina*) consumption LOC **gastos de envío** postage and packing [*sing*]

gatear *vi* to crawl

gatillo *nm* trigger: *apretar el ~* to pull the trigger

gato, -a ◆ *nm-nf* cat

Tom-cat o tom es un gato macho, **kittens** son los gatitos. Los gatos ronronean (**purr**) y hacen miau (**miaow**).

◆ *nm* (*coche*) jack LOC **andar a gatas** to crawl **dar gato por liebre** to take *sb* in **el Gato con Botas** Puss in Boots **gato siamés** Siamese *Ver tb* CUATRO, PERRO

gaviota *nf* seagull

gay *adj, nm* gay

gel *nm* gel LOC **gel de baño/ducha** shower gel

gelatina *nf* **1** (*sustancia*) gelatine **2** (*Cocina*) jelly [*pl* jellies]

gemelo, -a ◆ *adj, nm-nf* twin [*n*]: *hermanas gemelas* twin sisters **◆ gemelos** *nm* **1** (*anteojos*) binoculars **2** (*camisa*) cuff links

gemido *nm* **1** (*persona*) groan: *Se podían oír los ~s del enfermo.* You could hear the sick man groaning. **2** (*animal*) whine: *los ~s del perro* the whining of the dog

géminis (*tb* **Géminis**) *nm, nmf* (*Astrol*) Gemini ☞ *Ver ejemplos en* AQUARIUS

gemir *vi* **1** (*persona*) to groan **2** (*animal*) to whine

gen *nm* gene

genealógico, -a *adj* genealogical LOC *Ver* ÁRBOL

generación *nf* generation

general¹ *adj* general LOC **en general/ por lo general** in general *Ver tb* CARRETERA, CUARTEL, ELECCIÓN, ENSAYO

general² *nmf* (*Mil*) general

generalizar *vt, vi* to generalize: *No se puede ~.* You can't generalize.

generar *vt* to generate: *~ energía* to generate energy

género *nm* **1** (*tipo*) kind: *problemas de ese ~* problems of that kind **2** (*Arte, Liter*) genre **3** (*Gram*) gender **4** (*tela*) material ☞ *Ver nota en* TELA LOC **género policiaco** crime writing

generoso, -a *adj* generous: *Es muy ~ con sus amigos.* He is very generous to his friends.

genético, -a ◆ *adj* genetic **◆ genética** *nf* genetics [*sing*] LOC *Ver* INGENIERÍA

genial *adj, adv* brilliant [*adj*]: *una idea/ un pianista ~* a brilliant idea/pianist ◊ *Lo pasamos ~.* We had a brilliant time.

genio *nm* **1** *~* (con/para) (*lumbrera*) genius [*pl* geniuses] (**at** *sth/doing sth*): *Eres un ~ haciendo arreglos.* You're a genius at repairing things. **2** (*mal humor*) temper: *¡Qué ~ tienes!* What a temper you've got! LOC **estar de mal genio** to be in a bad mood **tener mal genio** to be bad-tempered

genital ◆ *adj* genital **◆ genitales** *nm* genitals

gente *nf* people [*pl*]: *Había mucha ~.* There were a lot of people. ◊ *La ~ lloraba de alegría.* People were crying with joy. LOC **gente bien** well-off people [*pl*] **gente normal y corriente** ordinary people [*pl*] *Ver tb* ABARROTADO

geografía *nf* geography

geográfico, -a *adj* geographical

geología *nf* geology

geológico, -a *adj* geological

geometría *nf* geometry

geométrico, -a *adj* geometric(al)

geranio *nm* geranium

gerente *nmf* manager LOC *Ver* DIRECTOR

germen *nm* germ

germinar *vi* to germinate

gesticular *vi* **1** (*con las manos*) to gesticulate **2** (*con la cara*) to pull a face, to grimace (*más formal*)

gesto *nm* **1** (*gen*) gesture: *un ~ simbólico* a symbolic gesture ◊ *comunicarse/ hablar por ~s* to communicate by gesture **2** (*cara*) expression: *con ~ pensativo* with a thoughtful expression LOC **hacer un gesto/gestos 1** (*con la mano*) to signal: *Me hizo un ~ para que entrara.* He signalled (to) me to come in. **2** (*con la cara*) to pull a face/faces (*at sb*)

gigante ◆ *adj* **1** (*gen*) gigantic **2** (*Bot*) giant [*n atrib*]: *un olmo ~* a giant elm **◆ gigante, -a** *nm-nf* giant LOC **gigantes y cabezudos**: *¿Vienes a los ~s y cabezudos?* Are you coming to the carnival?

gigantesco, -a *adj* enormous

gimnasia *nf* **1** (*gen*) gymnastics [*sing*]: *el campeonato de ~ deportiva* the gymnastics championships **2** (*educación física*) physical education (*abrev* PE): *un profesor de ~* a PE teacher LOC **hacer gimnasia** to exercise, to work out (*más coloq*)

gimnasio *nm* gymnasium, gym (*coloq*)

ginebra *nf* gin

gira *nf* tour LOC **estar/ir de gira** to be/go on tour

girar *vt, vi* to turn: *~ el volante hacia la derecha* to turn the steering wheel to the right LOC **girar alrededor de algo/ algn** to revolve around *sth/sb*: *La Tierra gira alrededor del Sol.* The earth revolves around the sun.

girasol *nm* sunflower

giratorio, -a *adj* LOC *Ver* PUERTA, SILLA

giro *nm* LOC **giro bancario** banker's draft **giro postal** postal order

gitano, -a *adj, nm-nf* gypsy [*n*] [*pl* gypsies] LOC *Ver* BRAZO

glacial *adj* 1 (*viento*) icy 2 (*temperatura*) freezing 3 (*periodo, zona*) glacial

glaciar *nm* glacier LOC **época/periodo glaciar** Ice Age

glándula *nf* gland

globo *nm* balloon: *una excursión en ~ a* balloon trip LOC **el globo terráqueo** the globe

gloria *nf* 1 (*gen*) glory: *fama y ~ fame and glory* 2 (*persona célebre*) great name: *las viejas ~s del deporte* the great sporting names of the past LOC **huele/ sabe a gloria** it smells/tastes delicious

glotón, -ona ◆ *adj* greedy ◆ *nm-nf* glutton

glucosa *nf* glucose

gobernador, ~a *nm-nf* governor

gobernante ◆ *adj* governing ◆ *nmf* leader

gobernar *vt* 1 (*país*) to govern 2 (*barco*) to steer

gobierno *nm* government [*v sing o pl*]: *~ autónomo/central* regional/central government ☞ *Ver nota en* JURADO

gol *nm* goal: *marcar/meter un ~ to score a goal* LOC **el gol del empate** the equalizer

golear *vt*: *Alemania goleó a Holanda por cinco a cero.* Germany thrashed Holland five nil.

golf *nm* golf LOC *Ver* CAMPO

golfo¹ *nm* gulf: *el ~ de México* the Gulf of Mexico

golfo² ◆ *nm* (*sinvergüenza*) scoundrel ◆ **golfa** *nf* tart

golondrina *nf* swallow

golosina *nf* sweet

goloso, -a *adj, nm-nf*: *ser muy/un ~ to have a sweet tooth* ◊ *la gente golosa* people with a sweet tooth

golpe *nm* 1 (*gen*) blow: *un buen ~ en la cabeza* a severe blow to the head ◊ *Su muerte fue un duro ~ para nosotros.* Her death came as a heavy blow. ◊ *Lo mataron a ~s.* They beat him to death. 2 (*accidente*): *Me he dado un ~ en la cabeza.* I've banged my head. ◊ *No corras o nos daremos un ~.* Slow down or we'll have an accident. 3 (*moratón*) bruise 4 (*para llamar la atención*) knock: *Oí un ~ en la puerta.* I heard a knock at the door. ◊ *Di unos ~s en la puerta a ver si había alguien.* I knocked on the door to see if anybody was in. 5 (*Dep*) stroke LOC **de golpe (y porrazo)** out of the blue: *Hombre, si se lo dices de ~ y porrazo...* Well, if you tell him out of the blue... **de (un) golpe** in one go **golpe de estado** coup **no dar (ni) golpe** not to do a stroke (of work) **tener buenos golpes** to be very funny **un golpe bajo**: *Eso fue un ~ bajo.* That was below the belt. *Ver tb* ATIZAR, CERRAR, LIAR

golpear *vt* 1 (*gen*) to hit: *El balón le golpeó la cabeza.* The ball hit him on the head. 2 (*puerta, ventana*) to bang: *La puerta golpeó la pared.* The door banged against the wall. 3 (*repetidamente*) to beat (*against/on sth*): *El granizo golpeaba los cristales.* The hail was beating against the windows. ◊ *Golpeaban los tambores con fuerza.* They were beating the drums hard.

goma *nf* 1 (*de borrar, caucho*) rubber 2 (*banda elástica*) elastic band

gomina *nf* (hair) gel

gordo, -a ◆ *adj* 1 (*persona, animal*) fat 2 (*grueso*) thick 3 (*grave*): *un error ~* a serious mistake ◆ *nm-nf* fat man/woman [*pl* fat men/women] ◆ *nm* (*lotería*) first prize LOC **caer gordo**: *Me cae muy ~.* I can't stand him. *Ver tb* DEDO, PEZ, SAL, SUDAR, VISTA

gorila *nm* 1 (*animal*) gorilla 2 (*guardaespaldas*) bodyguard

gorra *nf* cap LOC **de gorra** (*gratis*) free: *A ver si entramos de ~.* Let's see if we can get in free.

gorrión *nm* sparrow

gorro *nm* hat: *un ~ de lana/de cocinero* a woolly/chef's hat LOC **estar hasta el gorro** to be fed up to the back teeth (*with sth/sb*) **gorro de baño** 1 (*para piscina*) swimming cap 2 (*para ducha*) shower cap

gorrón, -ona *nm-nf* scrounger

gota *nf* drop ☞ *Ver dibujo en* BLOB LOC **ser la gota que colma el vaso** to be the last straw *Ver tb* DOS, SUDAR

gotear *vi* 1 (*gen*) to drip: *Ese grifo gotea.* That tap's dripping. 2 (*tubería*) to leak

gotera *nf* leak: *Cada vez que llueve tenemos ~s.* The roof leaks every time it rains.

gótico, -a *adj, nm* Gothic

gozar *vi* ~ (**con/de**) to enjoy *sth/doing sth* [*vt*]: *Gozan fastidiando a la gente.*

They enjoy annoying people. ◊ ~ *de buena salud* to enjoy good health

grabación *nf* recording

grabado *nm* **1** (*gen*) engraving **2** (*en un libro*) illustration

grabadora *nf* tape recorder

grabar *vt* **1** (*sonido, imagen*) to record **2** (*metal, piedra*) to engrave LOC *Ver* VÍDEO

gracia *nf* **1** (*encanto, simpatía*) charm: *No es guapa pero tiene ~.* She's not pretty but there's something about her. **2** (*elegancia, Relig*) grace **3** **gracias** witty remarks: *Con sus ~s nos hizo reír.* She made us laugh with her witty remarks. LOC **dar las gracias** to thank *sb* (**for sth/doing sth**): *sin darme las ~s* without thanking me **¡gracias!** thanks! (*coloq*), thank you!: *muchas ~s* thank you very much **gracias a...** thanks to *sth/sb*: *~s a ti, me han dado el puesto.* Thanks to you, I got the job. **hacer gracia** to amuse *sb*: *Me hace ~ su forma de hablar.* The way he talks amuses me. **¡qué gracia!** how funny! **tener gracia** to be funny: *Tus chistes no tienen ~.* Your jokes aren't funny. ◊ *No tiene ~ ¿sabes?* It's not funny, you know.

gracioso, -a *adj* funny, amusing (*más formal*): *Ese chiste no me parece ~.* I don't find that joke very funny. LOC **hacerse el gracioso** to play the clown

grada *nf* stand: *Las ~s estaban llenas.* The stands were full.

grado *nm* **1** (*gen*) degree: *quemaduras de tercer ~* third-degree burns ◊ *Estamos a dos ~s bajo cero.* It's minus two. **2** **grados** (*alcohol*): *Este vino tiene 12 ~s.* The alcoholic content of this wine is 12%. ◊ *Esta cerveza tiene muchos ~s.* This beer is very strong.

graduado, -a *pp, adj* **1** (*gafas, cristales*) prescription **2** (*termómetro, regla*) graduated *Ver tb* GRADUAR

graduar ♦ *vt* (*regular*) to adjust: *Gradúa la temperatura, por favor.* Please adjust the temperature. ♦ **graduarse** *v pron* to graduate: *Se graduó en Derecho el año pasado.* She graduated in law last year. LOC **graduarse la vista** to have your eyes tested

gráfico, -a ♦ *adj* graphic ♦ **gráfico** *nm* (*tb* **gráfica** *nf*) graph LOC *Ver* REPORTERO

gramática *nf* grammar

gramo *nm* gram(me) (*abrev* g) ☛ *Ver Apéndice 1.*

gran *adj Ver* GRANDE

granada *nf* **1** (*fruta*) pomegranate **2** (*Mil*) hand grenade

granate *adj, nm* maroon ☛ *Ver ejemplos en* AMARILLO

Gran Bretaña *nf* Great Britain (*abrev* GB) ☛ *Ver Apéndice 4*

grande *adj* **1** (*tamaño*) large, big (*más coloq*): *una casa/ciudad ~* a big house/city ◊ *¿~ o pequeño?* Large or small? ☛ *Ver nota en* BIG **2** (*fig*) big: *un gran problema* a big problem **3** (*número, cantidad*) large: *una gran cantidad de arena* a large amount of sand ◊ *una gran cantidad de gente* a large number of people **4** (*importante, notable*) great: *un gran músico* a great musician LOC **a grandes rasgos** in general terms **gran danés** Great Dane **grandes almacenes** department store [*sing*] **(la/una) gran parte de** most of: *Una gran parte de la audiencia eran niños.* Most of the audience were children. **pasarlo en grande** to have a great time *Ver tb* DIMENSIÓN, MANILLA, POTENCIA

granel LOC **a granel 1** (*vino*) from the cask **2** (*sin envasar*) loose: *bombones a ~* loose chocolates

granero *nm* barn

granito *nm* granite

granizada *nf* hailstorm

granizado *nm* drink with crushed ice

granizar *v imp* to hail: *Anoche granizó.* It hailed last night.

granizo *nm* hail

granja *nf* farm

granjero, -a *nm-nf* farmer

grano *nm* **1** (*gen*) grain: *un ~ de arena* a grain of sand **2** (*semilla*) seed **3** (*café*) bean **4** (*en la piel*) spot: *Me han salido ~s.* I've come out in spots. LOC **ir al grano** to get to the point

grapa *nf* staple

grapadora *nf* stapler

grasa *nf* **1** (*gen*) fat: *Fríe las tortas con un poco de ~.* Fry the pancakes in a little fat. **2** (*suciedad*) grease LOC *Ver* UNTAR

grasiento, -a *adj* greasy

graso, -a *adj* (*cutis, pelo, comida*) greasy: *un champú para pelo ~* a shampoo for greasy hair

gratis *adj, adv* free: *La bebida era ~.* The drinks were free. ◊ *Los jubilados viajan ~.* Pensioners travel free. ◊ *trabajar ~* to work for nothing

grato, -a *adj* **1** (*agradable*) pleasant: *una grata sorpresa* a pleasant surprise

2 (*placentero*) pleasing: ~ *al oído* pleasing to the ear

gratuito, -a *adj* free LOC *Ver* ENTRADA

grava *nf* gravel

grave *adj* **1** (*gen*) serious: *un problema/una enfermedad* ~ a serious problem/illness **2** (*solemne*) solemn: *expresión* ~ solemn expression **3** (*sonido, nota*) low: *El bajo produce sonidos* ~*s*. The bass guitar produces low notes. **4** (*voz*) deep

gravedad *nf* **1** (*Fís*) gravity **2** (*importancia*) seriousness LOC **de gravedad** seriously: *Está herido de* ~. He's seriously injured.

gravemente *adv* seriously

graznar *vi* **1** (*cuervo*) to caw **2** (*pato*) to quack

Grecia *nf* Greece

grelos *nm* turnip tops

gremio *nm* **1** (*oficio*) trade **2** (*artesanos, artistas*) guild

griego, -a ◆ *adj, nm* Greek: *hablar* ~ *to* speak Greek ◆ *nm-nf* Greek man/woman [*pl* Greek men/women]: *los* ~*s* the Greeks

grieta *nf* crack

grifo *nm* tap: *abrir/cerrar el* ~ *to* turn the tap on/off LOC *Ver* AGUA, BEBER

grillo *nm* cricket

grima *nf* LOC **dar grima** to set your teeth on edge

gripe *nf* flu [*incontable*]: *Tengo* ~. I've got (the) flu.

gris ◆ *adj* **1** (*color*) grey ☞ *Ver ejemplos en* AMARILLO **2** (*tiempo*) dull: *Hace un día* ~. It's a dull day. ◆ *nm* grey

gritar *vt, vi* to shout (*at sb*): *El profesor nos gritó para que nos calláramos*. The teacher shouted at us to be quiet. ◊ *Gritaron pidiendo ayuda*. They shouted for help. ☞ *Ver nota en* SHOUT LOC **gritar de dolor** to cry out in pain

grito *nm* **1** (*gen*) shout: *Oímos un* ~. We heard a shout. **2** (*auxilio, dolor, alegría*) cry [*pl* cries]: ~*s de alegría* cries of joy LOC **a gritos/grito pelado** at the top of your voice **dar/pegar un grito** to shout *Ver tb* VOZ

grosella *nf* redcurrant LOC **grosella negra** blackcurrant

grosero, -a *adj, nm-nf* rude [*adj*]: *Eres un* ~. You're so rude.

grosor *nm* thickness: *Esta madera tiene dos centímetros de* ~. This piece of wood is two centimetres thick.

grúa *nf* **1** (*máquina*) crane **2** (*para vehículos*) **(a)** (*gen*) breakdown truck **(b)** (*de*

la policía): *Avisamos* ~. Vehicles will be towed away. ◊ *Me ha llevado el coche la* ~. My car has been towed away.

grueso, -a *adj* thick

grumo *nm* lump: *una salsa con* ~*s* a lumpy sauce

gruñir *vi* **1** (*persona, cerdo*) to grunt **2** (*perro, león*) to growl **3** (*refunfuñar*) to grumble

gruñón, -ona *adj, nm-nf* grumpy [*adj*]: *Es una gruñona*. She's really grumpy.

grupo *nm* group: *Nos pusimos en* ~*s de seis*. We got into groups of six. ◊ *Me gusta el trabajo en* ~. I enjoy group work. LOC **grupo sanguíneo** blood group

gruta *nf* **1** (*natural*) cave **2** (*artificial*) grotto [*pl* grottoes/grottos]

guadaña *nf* scythe

guante *nm* glove LOC **echarle el guante a algn** to catch sb: *La policía les echó el* ~. The police caught them. *Ver tb* SENTAR

guantera *nf* glove compartment

guapo, -a *adj, nm-nf* **1** (*hombre*) good-looking (man) **2** (*mujer*) pretty (woman) LOC **estar guapo** to look nice: *Estás muy guapa con ese vestido*. You look really nice in that dress. **ir guapo** to look smart

guarda *nmf* **1** (*gen*) guard: ~ *de seguridad* security guard **2** (*zoo*) keeper

guardabarros *nm* mudguard

guardabosque (*tb* **guardabosques**) *nmf* forest ranger

guardaespaldas *nmf* bodyguard: *rodeado de* ~ surrounded by bodyguards

guardar *vt* **1** (*gen*) to keep: *Guarda la entrada*. Keep your ticket. ◊ ~ *un secreto* to keep a secret ◊ *¿Me puede* ~ *la vez?* Could you please keep my place in the queue? **2** (*recoger*) to put sth away: *Ya he guardado toda la ropa de invierno*. I've put away all my winter clothes. **3** (*custodiar*) to guard: *Dos soldados guardan la entrada al cuartel*. Two soldiers guard the entrance to the barracks. **4** (*Informát*) to save: ~ *un archivo* to save a file LOC **guardar la línea** to keep in shape **guardar las apariencias** to keep up appearances **guardarle rencor a algn** to bear sb a grudge: *No le guardo ningún rencor*. I don't bear him any grudge.

guardarropa *nm* (*en locales públicos*) cloakroom

guardería *nf* nursery [*pl* nurseries]

guardia ◆ *nmf* police officer ☞ *Ver nota en* POLICÍA ◆ *nf* guard LOC **de guardia** on duty: *el médico de* ~ the doctor on duty ◊ *estar de* ~ to be on duty **estar en guardia** to be on your guard **Guardia Civil** Civil Guard **guardia de tráfico** traffic warden **hacer guardia** to mount guard *Ver tb* CAMBIO, FARMACIA, MUNICIPAL, PAREJA, URBANO

guardián, -ana *nm-nf* guardian LOC *Ver* PERRO

guarecer ◆ *vt* to shelter *sb* (*from sth*) ◆ **guarecerse** *v pron* to take shelter (*from sth*)

guarida *nf* **1** (*gen*) den **2** (*ladrones*) hideout

guarnición *nf* **1** (*Cocina*) garnish: *una* ~ *de verduras* a garnish of vegetables **2** (*Mil*) garrison

guarrada *nf* **1** (*cochinada*) disgusting [*adj*]: *¡Qué* ~ *de cocina!* This kitchen is disgusting! **2** (*jugarreta*) dirty trick LOC **decir guarradas** to be foul-mouthed **hacer guarradas** to make a mess: *No hagas* ~*s con la comida.* Don't make a mess with your food.

guarro, -a *adj* filthy: *¡Qué* ~ *tienes el coche!* Your car's filthy!

guateque *nm* party [*pl* parties]

guau *nm* woof

guay *adj, adv* great [*adj*]: *Lo estamos pasando* ~. We're having a great time.

guerra *nf* war: *estar en* ~ to be at war ◊ *en la Primera Guerra Mundial* during the First World War ◊ *declarar la* ~ *a algn* to declare war on sb LOC **dar guerra** to give *sb* trouble: *Estos niños dan mucha* ~. These kids are a real handful. *Ver tb* BUQUE

guerrero, -a ◆ *adj* **1** (*bélico*) warlike **2** (*niño*) boisterous ◆ *nm-nf* warrior ◆ **guerrera** *nf* tunic

guerrilla *nf* **1** (*grupo*) guerrillas [*pl*] **2** (*tipo de guerra*) guerrilla warfare

guerrillero, -a *nm-nf* guerrilla

gueto *nm* ghetto [*pl* ghettoes/ghettos]

guía ◆ *nmf* (*persona*) guide ◆ *nf* **1** (*gen*) guide: ~ *turística/de hoteles* tourist/ hotel guide **2** (*estudios*) prospectus [*pl* prospectuses]: *La universidad publica una* ~ *anual.* The university publishes a prospectus every year. LOC **guía del ocio/de espectáculos** listings guide **guía** (**telefónica/de teléfonos**) telephone directory, phone book (*más*

coloq): *Búscalo en la* ~. Look it up in the telephone directory.

guiar *vt* to guide LOC **guiarse por algo** to go by sth: *No deberías* ~*te por las apariencias.* You can't go by appearances.

guijarro *nm* pebble

guinda *nf* cherry [*pl* cherries]

guindilla *nf* chilli [*pl* chillies]

guiñar *vt, vi* to wink (*at sb*): *Me guiñó el ojo.* He winked at me.

guiño *nm* wink

guiñol *nm* puppet show LOC *Ver* TEATRO

guion (*tb* **guión**) *nm* **1** (*Cine*) script **2** (*esquema*) plan **3** (*ortografía*) **(a)** (*gen*) hyphen **(b)** (*diálogo*) dash ☞ *Ver págs 326-27.*

guisante *nm* pea

guisar *vt, vi* to cook

guiso *nm* stew

guitarra *nf* guitar

guitarrista *nmf* guitarist

gula *nf* greed

gusano

worm
maggot

gusano *nm* **1** (*gen*) worm **2** (*en los alimentos*) maggot **3** (*de mariposa*) caterpillar LOC **gusano de seda** silkworm

gustar *vi* **1** (*gen*) to like *sth/doing sth* [*vt*]: *No me gusta.* I don't like it. ◊ *Me gusta cómo explica.* I like the way she explains things.

¿Like to do o like doing?
En el sentido de "disfrutar haciendo algo", se utiliza **like doing sth**: *¿Te gusta pintar?* Do you like painting? En el sentido de "preferir hacer algo", se utiliza **like to do sth**: *Me gusta darme una ducha antes de acostarme.* I like to have a shower before I go to bed.

2 (*atraer sentimentalmente*) to fancy *sb* [*vt*]: *Creo que le gustas.* I think he fancies you. LOC **me gusta más** I, you, etc. prefer *sth/doing sth*: *Me gusta más el vestido rojo.* I prefer the red dress.

gusto *nm* taste: *Tenemos* ~*s totalmente diferentes.* Our tastes are completely different. ◊ *Hizo un comentario de mal* ~. His remark was in bad taste. ◊ *para todos los* ~*s* to suit all tastes LOC **estar a gusto** to feel comfortable **¡mucho gusto!** pleased to meet you!

Hh

haba *nf* broad bean

haber ◆ *v aux* **1** *(tiempos compuestos)* to have: *He terminado.* I've finished. ◊ *Me habían dicho que vendrían.* They had told me they would come. **2** ~ **que** must: *Hay que ser valiente.* You must be brave. ◆ **haber** *v imp* there is, there are

> **There is** se utiliza con sustantivos en singular e incontables: *Hay una botella de vino en la mesa.* There's a bottle of wine on the table. ◊ *No hay pan.* There isn't any bread. ◊ *No había nadie.* There wasn't anybody there.
> **There are** se utiliza con sustantivos en plural: *¿Cuántas botellas de vino hay?* How many bottles of wine are there?

LOC **de haber...** if...: *De ~lo sabido no le habría dicho nada.* If I'd known, I wouldn't have said anything. **¡haberlo dicho, hecho, etc.**I you should have said so, done it, etc.: *¡~lo dicho antes de salir!* You should have said so before we left! **¿qué hay?** how are things?

> En lenguaje más coloquial también puede decirse **how's things?**

☞ Para otras expresiones con **haber**, véanse las entradas del sustantivo, adjetivo, etc., p. ej. **no hay derecho** en DERECHO y **no hay mal que por bien no venga** en MAL.

hábil *adj* **1** *(gen)* skilful: *un jugador muy ~* a very skilful player **2** *(astuto)* clever: *una maniobra muy ~* a clever move

habilidad *nf* skill

habilidoso, -a *adj* handy

habilitar *vt (edificio, local)* to convert

habitación *nf* **1** *(gen)* room: *un piso de cuatro habitaciones* a four-roomed flat **2** *(dormitorio)* bedroom LOC **habitación doble/individual** double/single room *Ver tb* COMPAÑERO

habitante *nmf* inhabitant

habitar *vt, vi* ~ **(en)** to live **in**...: *la fauna que habita (en) los bosques* the animals that live in the woods

hábitat *nm* habitat

hábito *nm* habit LOC **coger el hábito** to get into the habit *(of doing sth)*

habitual *adj* **1** *(acostumbrado)* usual **2** *(cliente, lector, visitante)* regular

habituarse *v pron* ~ **(a)** to get used to **sth/doing sth**: *Terminarás por habituarte.* You'll get used to it eventually.

habla *nf* **1** *(facultad)* speech **2** *(modo de hablar)* way of speaking: *el ~ andaluza* the Andalusian way of speaking LOC **de habla francesa, hispana, etc.** French-speaking, Spanish-speaking, etc. **sin habla** speechless: *Me dejó sin ~.* It left me speechless.

hablado, -a *pp, adj* spoken: *el inglés ~* spoken English *Ver tb* HABLAR

hablador, ~a ◆ *adj* talkative ◆ *nm-nf* chatterbox

hablante *nmf* speaker

hablar ◆ *vt* **1** *(idioma)* to speak: *¿Hablas ruso?* Do you speak Russian? **2** *(tratar)* to talk about sth: *Ya lo hablaremos.* We'll talk about it. ◆ *vi* ~ **(con algn) (de/sobre algo/algn)** to speak, to talk **(to sb) (about sth/sb)**

> **To speak** y **to talk** tienen prácticamente el mismo significado, aunque **to speak** es el término más general: *Habla más despacio.* Speak more slowly. ◊ *hablar en público* to speak in public ◊ *¿Puedo hablar con Juan?* Can I speak to Juan? **To talk** se utiliza más cuando nos referimos a una conversación o a un comentario, o cuando nos referimos a varios hablantes: *hablar de política* to talk about politics ◊ *Están hablando de nosotros.* They're talking about us. ◊ *Hablan de mudarse.* They're talking about moving. ◊ *Estuvimos hablando toda la noche.* We talked all night.

LOC **hablar más alto/bajo** speak up/lower your voice **hablar por los codos** to talk nineteen to the dozen **¡ni hablar!** no way! **no hablarse con algn** not to be on speaking terms with sb *Ver tb* ASÍ

hacer ◆ *vt*

● se traduce por **to make** en los siguientes casos: **1** *(fabricar)*: ~ *bicicletas/una blusa* to make bicycles/a blouse **2** *(dinero, ruido, cama)*: *Nunca haces la cama por la mañana.* You never make your bed in the morning. **3** *(comentario, promesa, esfuerzo)*: *Tienes que ~ un esfuerzo.* You must make an effort. **4** *(amor)*: *Haz el amor y no la guerra.* Make love, not war. **5** *(convertir en)*: *Dicen que los sufrimientos te hacen más fuerte.* They say suffering makes you stronger. ☞ *Ver ejemplos en* MAKE[1]

- se traduce por **to do** en los siguientes casos: **1** cuando hablamos de una actividad sin decir de qué se trata: *¿Qué hacemos esta tarde?* What shall we do this afternoon? ◊ *Hago lo que puedo.* I do what I can. ◊ *Cuéntame lo que haces en el cole.* Tell me what you do at school. **2** cuando nos referimos a actividades como lavar, planchar, limpiar y comprar: *¿Cuándo haces la compra?* When do you do the shopping? ◊ *Si tú haces el baño, yo haré la cocina.* If you do the bathroom, I'll do the kitchen. **3** (*estudios*): ~ *los deberes/un examen/un curso* to do your homework/an exam/a course ◊ ~ *sumas y restas* to do sums **4** (*favor*): *¿Me haces un favor?* Will you do me a favour? ☛ *Ver ejemplos en* DO²

- **hacer (que...)** to get *sb* to do *sth*: *Nos hacen venir todos los sábados.* They're getting us to come in every Saturday. ◊ *Hice que cambiaran el neumático.* I got them to change the tyre.

- **otros usos: 1** (*escribir*) to write: ~ *una redacción* to write an essay **2** (*pintar, dibujar*) to paint, to draw: ~ *un cuadro/una raya* to paint a picture/to draw a line **3** (*nudo*) to tie: ~ *un lazo* to tie a bow **4** (*distancia*): *Todos los días hago 50 km.* I travel/drive 50 km every day. ◊ *A veces hacemos cinco kilómetros corriendo.* We sometimes go for a five-kilometre run. **5** (*pregunta*) to ask: *¿Por qué haces tantas preguntas?* Why do you ask so many questions? **6** (*papel*) to play: *Hice el papel de Julieta.* I played the part of Juliet. **7** (*deportes*): ~ *judo/aerobic* to do judo/aerobics ◊ ~ *ciclismo/alpinismo* to go cycling/climbing ☛ *Ver nota en* DEPORTE

◆ *vi* – **de 1** (*oficio*) to work **as** *sth*: *Hago de jardinero.* I'm working as a gardener. **2** (*ejercer*) to act **as** *sth*: *No hagas de padre conmigo.* Don't act as if you were my father. **3** (*cosa*) to serve **as** *sth*: *Una caja de cartón hacía de mesa.* A cardboard box served as a table.

◆ *v imp* **1** (*tiempo meteorológico*): *Hace frío/calor/viento/sol.* It's cold/hot/windy/sunny. ◊ *Hizo muy bueno el verano pasado.* We had very nice weather last summer. **2** (*tiempo cronológico*): *Me casé hace diez años.* I got married ten years ago. ◊ *Se habían conocido hacía pocos meses.* They had met a few months earlier. ◊ *¿Hace mucho que vives aquí?* Have you been living here long? ◊ *Hace años que nos conocemos.* We've known each other for ages. ☛ *Ver nota en* AGO

◆ **hacerse** *v pron* **1** + *sustantivo* to become: *Se hizo taxista.* He became a taxi driver. **2** + **adj**: *Me estoy haciendo viejo.* I'm getting old. ◊ *La última clase se me hace eterna.* The last lesson seems to go on for ever. **3** **hacerse el/la + adj** to pretend to be *sth*: *No te hagas el sordo.* It's no good pretending to be deaf. ◊ *No te hagas la lista conmigo.* Don't try and be clever with me. **4** (*cuando otra persona realiza la acción*) to have *sth* done: *Se están haciendo una casa.* They're having a house built. ◊ ~*se una foto* to have your photo taken

LOC **desde hace/hacía... for...**: *Viven aquí desde hace dos años.* They've been living here for two years. **hacer bien/mal** to be right/wrong (*to do sth*): *¿Hice bien en ir?* Was I right to go? **hacer como que/si...** to pretend: *Hizo como que no me había visto.* He pretended he hadn't seen me. **hacerse pasar por...** to pass yourself off as *sth/sb*: *Se hizo pasar por el hijo del dueño.* He passed himself off as the owner's son. **hacer una de las suyas** to be up to his, her, etc. old tricks again: *Nacho ha vuelto a ~ una de las suyas.* Nacho's been up to his old tricks again. **¿qué haces? 1** (*profesión*) what do you do?: —*¿Qué hace?* —*Es profesora.* 'What does she do?' 'She's a teacher.' **2** (*en este instante*) what are you doing?: —*Hola, ¿qué haces?* —*Ver una película.* 'Hi, what are you doing?' 'Watching a film.' ☛ *Para otras expresiones con* **hacer**, *véanse las entradas del sustantivo, adjetivo, etc.*, p. ej. **hacer el tonto** *en* TONTO *y* **hacer trampa(s)** *en* TRAMPA.

hacha *nf* axe LOC **ser un hacha** to be a genius (*at sth/doing sth*)

hacia *prep* **1** (*dirección*) towards: *ir hacia algo/algn* to go towards *sth/sb* **2** (*tiempo*) at about: *Llegaré hacia las tres.* I'll be there at about three. ◊ *hacia principios de verano* in early summer ☛ *Ver nota en* AROUND¹

hacienda *nf* **1 Hacienda** the Treasury **2** (*finca*) estate LOC *Ver* MINISTERIO, MINISTRO

hada *nf* fairy [*pl* fairies]: *un cuento de ~s* a fairy story

¡hala! *interj* **1** (*¡qué barbaridad!*) good heavens! **2** (*enfático*) so there!: *Pues ahora no voy, ¡hala!* Well, now I'm not going, so there!

halagar *vt* to flatter

halcón *nm* falcon

hallar ◆ *vt* to find ◆ **hallarse** *v pron* to be

hallazgo *nm* **1** (*descubrimiento*) discovery [*pl* discoveries]: *Los científicos han hecho un gran ~.* Scientists have made an important discovery. **2** (*persona, cosa*) find: *La nueva bailarina ha sido un auténtico ~.* The new dancer is a real find.

hamaca *nf* **1** (*gen*) hammock **2** (*playa*) deckchair

hambre *nf* hunger, starvation, famine

No deben confundirse las palabras **hunger, starvation** y **famine**:
Hunger es el término general y se usa en casos como: *hacer huelga de hambre* to go on (a) hunger strike, o para expresar un deseo: *hambre de conocimiento/poder* hunger for knowledge/power.
Starvation se refiere al hambre sufrida durante un periodo prolongado de tiempo: *Le dejaron morir de hambre.* They let him die of starvation. El verbo **to starve** significa *morir de hambre* y se utiliza mucho en la expresión: *Me muero de hambre.* I'm starving.
Famine es hambre que afecta normalmente a un gran número de personas y suele ser consecuencia de una catástrofe natural: *una población debilitada por el hambre* a population weakened by famine ◊ *A la larga sequía siguieron meses de hambre.* The long drought was followed by months of famine.

LOC **pasar hambre** to go hungry **tener hambre** to be hungry **tener un hambre canina/feroz** to be starving *Ver tb* MATAR, MUERTO

hambriento, -a *adj* **1** (*gen*) hungry: *La niña está hambrienta.* The baby is hungry. **2** (*muerto de hambre*) starving

hamburguesa *nf* hamburger, burger (*coloq*)

hámster *nm* hamster

harapo *nm* rag

harina *nf* flour

hartarse *v pron* **1** ~ (**de**) (*cansarse*) to be fed up (**with** *sth/sb/doing sth*): *Ya me he hartado de tus quejas.* I'm fed up with your complaints. **2** (*atiborrarse*) (**a**) (*gen*) to be full (up): *Comí hasta hartarme.* I ate till I was full (up). (**b**) ~ **de** to stuff yourself **with** *sth: Me harté de pasteles.* I stuffed myself with cakes.

harto, -a *adj* **1** (*lleno*) full **2** ~ (**de**) (*cansado*) fed up (**with** *sth/sb/doing sth*): *Me tienes ~.* I'm fed up with you.

hasta ◆ *prep*
● **tiempo** until, till (*más coloq*)

Until se usa tanto en inglés formal como informal. Till se usa sobre todo en inglés hablado y no suele aparecer al principio de la frase: *No llegaré hasta las siete.* I won't be there until seven. ◊ *¿Hasta cuándo te quedas?* How long are you staying?

● **lugar 1** (*distancia*) as far as...: *Vinieron conmigo hasta Barcelona.* They came with me as far as Barcelona. **2** (*altura, longitud, cantidad*) up to...: *El agua llegó hasta aquí.* The water came up to here. **3** (*hacia abajo*) down to...: *La falda me llega hasta los tobillos.* The skirt comes down to my ankles.

● **saludos** see you...: *¡Hasta mañana/el lunes!* See you tomorrow/on Monday! ◊ *¡Hasta luego!* Bye!
◆ *adv* even: *Hasta yo lo hice.* Even I did it.

haya *nf* beech (tree)

hazaña *nf* exploit LOC **ser toda una hazaña** to be quite a feat

hebilla *nf* buckle

hebra *nf* (piece of) thread

hebreo *nm* (*lengua*) Hebrew

hechicero, -a *nm-nf* wizard [*fem* witch]

hechizar *vt* to cast a spell **on** *sb: La bruja hechizó al príncipe.* The witch cast a spell on the prince.

hechizo *nm* spell: *estar bajo un ~* to be under a spell

hecho, -a ◆ *pp, adj* **1** (*manufacturado*) made: *¿De qué está ~?* What's it made of? ◊ *~ a mano/máquina* handmade/machine-made **2** (*cocinado*) done: *El pollo no está ~ todavía.* The chicken isn't done yet. ◊ *Me gusta la carne bien hecha.* I like my meat well done.

Un filete o carne poco hecha se dice **rare** y en su punto **medium rare**.

Ver tb HACER ◆ *nm* **1** (*gen*) fact **2** (*acontecimiento*) event: *su versión de los ~s* his version of events LOC **¡bien hecho!** well done! **de hecho** in fact **hecho y derecho** grown: *un hombre ~ y derecho* a grown man **mal hecho**: *Si se lo dijiste, mal ~.* You shouldn't have told him. *Ver tb* CRISTO, DICHO, FRASE, TRATO •

hectárea *nf* hectare (*abrev* ha)

helada *nf* frost

heladería *nf* ice cream parlour

helado, -a ◆ *pp, adj* **1** (*congelado*) frozen: *un estanque ~* a frozen pond **2** (*persona, habitación*) freezing: *Estoy*

~. I'm freezing! *Ver tb* HELAR(SE) ◆ *nm* ice cream: ~ *de chocolate* chocolate ice cream LOC *Ver* TARTA

helar(se) ◆ *vt, vi, v pron* to freeze: *El frío ha helado las cañerías.* The pipes are frozen. ◊ *Nos vamos a ~ de frío.* We're going to freeze to death. ◆ *v imp:* *Anoche heló.* There was a frost last night.

helecho *nm* fern

hélice *nf* (*avión, barco*) propeller

helicóptero *nm* helicopter

helio *nm* helium

hembra *nf* **1** (*gen*) female: *un leopardo ~ a* a female leopard ☛ *Ver nota en* FEMALE **2** (*enchufe*) socket ☛ *Ver dibujo en* ENCHUFE

hemisferio *nm* hemisphere: *el ~ norte/sur* the northern/southern hemisphere

hemorragia *nf* haemorrhage

heno *nm* hay

hepatitis *nf* hepatitis [*incontable*]

herbívoro, -a *adj* herbivorous

herboristería *nf* health food shop

heredar *vt* to inherit *sth* (*from sb*): *A su muerte heredé sus propiedades.* On his death I inherited all his property.

heredero **-a** *nm-nf* ~ (**de**) heir (*to sth*): *el ~/la heredera del trono* the heir to the throne

También existe el femenino **heiress**, pero solo se usa para hacer referencia a una *rica heredera*.

LOC *Ver* PRÍNCIPE

hereditario, -a *adj* hereditary

herencia *nf* inheritance

herida *nf* **1** (*gen*) injury [*pl* injuries] **2** (*bala, navaja*) wound

Es difícil saber cuándo usar **wound** y cuándo **injury**, o los verbos **to wound** y **to injure**.

Wound y **to wound** se utilizan para referirnos a heridas causadas con un arma (p. ej. una navaja, pistola, etc.) de forma deliberada: *heridas de bala* gunshot wounds ◊ *La herida no tardará en cicatrizar.* The wound will soon heal. ◊ *Lo hirieron en la guerra.* He was wounded in the war.

Si la herida es resultado de un accidente utilizamos **injury** o **to injure**, que también se puede traducir a veces por *lesión* o *lesionarse*: *Solo sufrió heridas leves.* He only suffered minor injuries. ◊ *Los trozos de cristal hirieron a varias personas.* Several people

were injured by flying glass. ◊ *El casco protege a los jugadores de posibles lesiones cerebrales.* Helmets protect players from brain injuries.

herido, -a *nm-nf* casualty [*pl* casualties]

herir *vt* **1** (*gen*) to injure **2** (*bala, navaja*) to wound ☛ *Ver nota en* HERIDA

hermanastro, -a *nm-nf* stepbrother [*fem* stepsister]

Para referirnos a un hermano por parte de padre o de madre decimos **half-brother** y **half-sister**: *Son hermanos por parte de padre.* They're half-brothers.

hermandad *nf* **1** (*entre hombres*) brotherhood **2** (*entre mujeres*) sisterhood **3** (*gremio*) association

hermano. -a *nm-nf* **1** (*pariente*) brother [*fem* sister]: *Tengo un ~ mayor.* I have an older brother. ◊ *mi hermana la pequeña* my youngest sister ◊ *Son dos ~s y tres hermanas.* There are two boys and three girls.

A veces decimos *hermanos* refiriéndonos a hermanos y hermanas, en cuyo caso debemos decir en inglés '**brothers and sisters**': *¿Tienes hermanos?* Have you got any brothers and sisters? ◊ *Somos seis hermanos.* I've got five brothers and sisters.

2 (*comunidad religiosa*) brother [*fem* sister]: *el ~ Francisco* brother Francis LOC **hermano por parte de padre/ madre** ☛ *Ver nota en* HERMANASTRO **hermanos siameses** Siamese twins

herméticamente *adv* LOC **herméticamente cerrado** hermetically sealed

hermético, -a *adj* airtight

hermoso, -a *adj* beautiful

hermosura *nf* beauty: *¡Qué ~!* How beautiful!

hernia *nf* hernia

héroe. heroína *nm-nf* hero [*pl* heroes] [*fem* heroine]

heroína *nf* (*droga*) heroin

herradura *nf* horseshoe

herramienta *nf* tool LOC *Ver* BARRA, CAJA

herrar *vt* to shoe

herrería *nf* forge

herrero, -a *nm-nf* blacksmith

hervir *vt, vi* to boil: *La leche está hirviendo.* The milk is boiling. ◊ *Pon a ~ las patatas.* Put the potatoes on to boil. ◊ *Me hierve la sangre cuando me acuerdo.* Just thinking about it makes my blood boil.

heterosexual *adj, nmf* heterosexual

hexágono *nm* hexagon

hibernar *vi* to hibernate

hidratante *adj* moisturizing LOC **crema/leche hidratante** moisturizer

hidratar *vt* (*piel*) to moisturize

hidrato *nm* hydrate LOC **hidratos de carbono** carbohydrates

hidráulico, -a *adj* hydraulic: *energía/ bomba hidráulica* hydraulic power/ pump

hidroavión *nm* seaplane

hidroeléctrico, -a *adj* hydroelectric

hidrógeno *nm* hydrogen

hiedra *nf* ivy

hielo *nm* ice [*incontable*]: *Saca unos ~s.* Bring me some ice. ◊ *una bandeja para el ~* an ice cube tray LOC *Ver* HOCKEY, PISTA, ROMPER

hiena *nf* hyena

hierba *nf* **1** (*gen*) grass: *tumbarse en la ~* to lie down on the grass **2** (*Cocina*) herb **3** (*marihuana*) pot LOC **mala hierba** weed *Ver tb* HOCKEY

hierbabuena *nf* mint

hierro *nm* iron: *una barra de ~* an iron bar ◊ *~ forjado/fundido* wrought/cast iron LOC **tener una constitución/ naturaleza de hierro** to have an iron constitution

hígado *nm* liver

higiene *nf* hygiene: *la ~ bucal/corporal* oral/personal hygiene

higiénico, -a *adj* hygienic LOC *Ver* PAPEL

higo *nm* fig LOC **de higos a brevas** once in a blue moon **higo chumbo** prickly pear

higuera *nf* fig tree

hijastro, -a *nm-nf* stepson [*fem* step-daughter] [*pl* stepchildren]

hijo, -a *nm-nf* son [*fem* daughter] [*pl* children]: *Tienen dos hijas y un ~.* They have two daughters and a son. ◊ *No tenemos ~s.* We don't have any children. LOC **hijo de papá** rich kid **hijo único** only child: *Soy ~ único.* I'm an only child.

hilera *nf* **1** (*fila*) **(a)** (*uno al lado de otro*) row: *una ~ de niños* a row of children **(b)** (*uno detrás de otro*) line: *Había una ~ de gente esperando.* There was a line of people waiting. **2** (*Mil, hormigas*) column

hilo *nm* **1** (*gen*) thread: *un carrete de ~* a reel of thread ◊ *He perdido el ~ de la conversación.* I've lost the thread of the conversation. **2** (*metal*) wire: *~ de acero/*

cobre steel/copper wire **3** (*tela*) linen: *una falda de ~* a linen skirt

himno *nm* hymn LOC **himno nacional** national anthem

hincapié *nm* LOC **hacer hincapié en algo** to stress sth

hincar *vt* **1** (*diente*) to sink *sth into sth*: *Hincó los dientes en la sandía.* He sank his teeth into the watermelon. **2** (*clavo, estaca*) to drive *sth into sth*: *Hincó las estacas en la tierra.* He drove the stakes into the ground.

hincha *nmf* supporter

hinchado, -a *pp, adj* **1** (*gen*) swollen: *un brazo/pie ~* a swollen arm/foot **2** (*estómago*) bloated *Ver tb* HINCHAR

hinchar ◆ *vt* to blow *sth* up, to inflate (*más formal*): *~ un balón* to blow up a ball ◆ **hincharse** *v pron* **1** (*gen*) to swell (up): *Se me ha hinchado el tobillo.* My ankle has swollen up. **2 hincharse (a/de)** to stuff yourself (with *sth*): *Me hinché de pasteles.* I stuffed myself with cakes.

hinchazón *nf* (*Med*) swelling: *Parece que ha bajado la ~.* The swelling seems to have gone down.

hindú *adj, nmf* (*Relig*) Hindu

hinduismo *nm* Hinduism

hipermercado *nm* superstore

hipermétrope *adj* long-sighted

hipermetropía *nf* long-sightedness: *tener ~* to be long-sighted

hípica *nf* riding

hípico, -a *adj* riding [*n atrib*]: *club/ concurso ~* riding club/competition

hipnotizar *vt* to hypnotize

hipo *nm* hiccups [*pl*]: *Tengo ~.* I've got (the) hiccups. ◊ *quitar el ~* to cure hiccups

hipócrita ◆ *adj* hypocritical ◆ *nmf* hypocrite

hipódromo *nm* racecourse

hipopótamo *nm* hippo [*pl* hippos] Hippopotamus es la palabra cientí-fica.

hipoteca *nf* mortgage: *pedir una ~* to apply for a mortgage

hipótesis *nf* hypothesis [*pl* hypotheses]

hippy (*tb* hippie) *adj, nmf* hippie [*n*]

hispanohablante ◆ *adj* Spanish-speaking ◆ *nmf* Spanish speaker

histeria *nf* hysteria: *Le dio un ataque de ~.* He became hysterical.

histérico, -a *adj, nm-nf* hysterical [*adj*] LOC **ponerse histérico** to have hysterics

ser un histérico to get worked up about things

historia *nf* 1 (*gen*) history: ~ *antigua/ natural* ancient/natural history ◊ *He aprobado* ~. I've passed history. 2 (*relato*) story [*pl* stories]: *Cuéntanos una* ~. Tell us a story. LOC **dejarse de historias** to stop making excuses

historiador, ~a *nm-nf* historian

historial *nm* record LOC **historial médico** medical history **historial profesional** curriculum vitae (*abrev* cv)

histórico, -a *adj* 1 (*gen*) historical: *documentos/personajes* ~s historical documents/figures 2 (*importante*) historic: *un triunfo/acuerdo* ~ a historic victory/agreement

historieta *nf* 1 (*tebeo, cómic*) comic strip: *Les encantan las* ~s *de Batman.* They love the Batman cartoons. 2 (*anécdota*) story [*pl* stories]

hobby *nm* hobby [*pl* hobbies]

hocico *nm* 1 (*gen*) muzzle 2 (*cerdo*) snout

hockey *nm* hockey LOC **hockey sobre hielo** ice hockey **hockey sobre hierba** hockey **hockey sobre patines** roller hockey

hogar *nm* 1 (*casa*) home: ~ *dulce* ~. Home sweet home. 2 (*familia*) family: *casarse y fundar un* ~ to get married and start a family 3 (*chimenea*) fireplace

hogareño, -a *adj* (*persona*) home-loving: *ser muy* ~ to love being at home

hoguera *nf* bonfire: *hacer una* ~ to make a bonfire ☛ *Ver nota en* BONFIRE NIGHT

hoja *nf* 1 (*gen*) leaf [*pl* leaves]: *las* ~s *de un árbol* the leaves of a tree ◊ *En otoño se caen las* ~s. Leaves fall off the trees in autumn. 2 (*libro, periódico*) page 3 (*folio*) sheet (of paper): *Dame una* ~ *de papel.* Can I have some paper, please? ◊ *una* ~ *en blanco* a clean sheet of paper 4 (*arma blanca, herramienta*) blade LOC **hoja de hoja caduca/perenne** deciduous/evergreen **hoja de cálculo** spreadsheet **pasar la hoja/página** to turn over *Ver tb* AFEITARSE

hojalata *nf* tin plate

hojaldre *nm* puff pastry

hojear *vt* 1 (*pasar hojas*) to flick through *sth*: ~ *una revista* to flick through a magazine 2 (*mirar por encima*) to glance at *sth*: ~ *el periódico* to glance at the paper

¡hola! *interj* hi! (*coloq*), hello! ☛ *Ver nota en* HELLO

Holanda *nf* Holland

holandés, -esa ◆ *adj, nm* Dutch: *hablar* ~ to speak Dutch ◆ *nm-nf* Dutchman/woman [*pl* Dutchmen/women]: *los holandeses* the Dutch

holgazán, -ana ◆ *adj* lazy ◆ *nm-nf* lazybones [*pl* lazybones]: *Es un* ~. He's a lazybones.

holgazanear *vi* to laze around

hollín *nm* soot

holocausto *nm* holocaust: *un* ~ *nuclear* a nuclear holocaust

holograma *nm* hologram

hombre ◆ *nm* 1 (*gen*) man [*pl* men]: *el* ~ *contemporáneo* modern man ◊ *tener una conversación de* ~ *a* ~ to have a man-to-man talk ◊ *el* ~ *de la calle* the man in the street 2 (*humanidad*) mankind: *la evolución del* ~ the evolution of mankind ☛ *Ver nota en* MAN¹ ◆ **¡hombre!** *interj*: ¡Hombre! Qué bien que hayas venido. Great! You've come! ◊ ¡Hombre! ¿qué haces aquí? Well I never! What are you doing here? LOC **hacerse hombre** to grow up **hombre del tiempo** weatherman [*pl* weathermen] **hombre lobo** werewolf [*pl* werewolves] **hombre rana** frogman [*pl* frogmen] *Ver tb* NEGOCIO

hombrera *nf* shoulder pad

hombro *nm* shoulder LOC **llevar/sacar a hombros** to carry *sth/sb* on your shoulders *Ver tb* ENCIMA, ENCOGER(SE), MANGA

homenaje *nm* homage [*incontable*]: *hacer un* ~ *algn* to pay homage to sb LOC **en homenaje a** in honour of *sth/sb*

homicida *nmf* murderer LOC *Ver* ARMA

homicidio *nm* homicide

homogéneo, -a *adj* homogeneous

homónimo *nm* homonym

homosexual *adj, nmf* homosexual

hondo, -a *adj* deep: *Es un pozo muy* ~. It's a very deep well. LOC *Ver* PLATO

honestidad *nf* honesty: *Nadie duda de su* ~. Nobody doubts his honesty.

honesto, -a *adj* honest: *una persona honesta* an honest person

hongo *nm* fungus [*pl* fungi/funguses] LOC *Ver* VENENOSO

honor *nm* 1 (*gen*) honour: *el invitado de* ~ the guest of honour ◊ *Es un gran* ~ *para mí estar hoy aquí.* It's a great honour for me to be here today. 2 (*buen nombre*) good name: *El* ~ *del banco está*

en peligro. The bank's good name is at risk. LOC **tener el honor de** to have the honour of *doing sth* Ver tb DAMA, PALABRA

honra *nf* honour LOC **¡(y) a mucha honra!** and proud of it!

honradez *nf* honesty

honrado. -a *pp, adj* honest Ver tb HONRAR

honrar *vt* **1** (*mostrar respeto*) to honour *sb* (*with sth*): *un acto para ~ a los soldados* a ceremony to honour the soldiers **2** (*ennoblecer*) to do *sb* credit: *Tu comportamiento te honra.* Your behaviour does you credit.

hora *nf* **1** (*gen*) hour: *La clase dura dos ~s.* The class lasts two hours. ◊ *120 km por ~* 120 km an hour **2** (*reloj, momento, horario*) time: *¿Qué ~ es?* What time is it? ◊ *¿A qué ~ vienen?* What time are they coming? ◊ *a cualquier ~ del día* at any time of the day ◊ *~s de consulta/oficina/visita* surgery/office/visiting hours ◊ *a la ~ de la comida/cena* at lunchtime/dinner time **3** (*cita*) appointment: *Tengo ~ en el dentista.* I've got a dental appointment. LOC **entre horas** between meals: *Nunca como entre ~.* I never eat between meals. **hora punta** rush hour **horas extras** overtime [*sing*] **pasarse las horas muertas haciendo algo** to do sth for hours on end **ser hora de**: *Es ~ de irse a la cama.* It's time to go to bed. ◊ *Creo que ya es ~ de que nos vayamos.* I think it's time we were going. ◊ *Ya era ~ de que nos escribieses.* It was about time you wrote to us. **¡ya era hora!** about time too! Ver tb PEDIR, ÚLTIMO

horario *nm* **1** (*clases, tren*) timetable **2** (*consulta, trabajo*) hours [*pl*]: *El ~ de oficina es de nueve a tres.* Office hours are nine to three. LOC **horario al público** opening hours [*pl*]

horca *nf* **1** (*cadalso*) gallows [*pl* gallows] **2** (*Agric*) pitchfork

horchata *nf* tiger nut milk

horizontal *adj* horizontal

horizonte *nm* horizon: *en el ~* on the horizon

hormiga *nf* ant

hormigón *nm* concrete

hormigueo *nm* pins and needles [*incontable*]: *Siento un ~ en las yemas de los dedos.* I've got pins and needles in my fingers.

hormiguero *nm* **1** (*agujero*) ants' nest **2** (*montículo*) anthill LOC Ver OSO

hormona *nf* hormone

horno *nm* **1** (*gen*) oven: *encender el ~* to turn the oven on ◊ *Esta sala es un ~.* It's like an oven in here. **2** (*Tec*) furnace **3** (*cerámica, ladrillos*) kiln LOC **al horno** roast: *pollo al ~* roast chicken

horóscopo *nm* horoscope

horquilla *nf* **1** (*para cabello*) hairgrip **2** (*palo, rama, bicicleta*) fork LOC **horquilla de moño** hairpin

horrible *adj* awful

horror *nm* **1** (*miedo*) horror: *un grito de ~* a cry of horror ◊ *los ~es de la guerra* the horrors of war **2** (*mucho*): *Les han gustado ~es.* They loved them. ◊ *Había un ~ de coches.* There were loads of cars. LOC **¡qué horror!** how awful! **tenerle horror a** to hate *sth/doing sth*

horrorizar ◆ *vt* to frighten: *Le horroriza la oscuridad.* He's frightened of the dark. ◆ *vi* to hate *sth/doing sth* [*vt*]: *Me horroriza ese vestido.* I hate that dress.

horroroso. -a *adj* **1** (*aterrador*) horrific: *un incendio ~* a horrific fire **2** (*muy feo*) hideous: *Tiene una nariz horrorosa.* He's got a hideous nose. **3** (*malo*) awful: *Hace un tiempo ~.* The weather is awful.

hortaliza *nf* vegetable

hortera *adj* naff

hospedarse *v pron* to stay

hospital *nm* hospital ☞ Ver nota en SCHOOL

hospitalidad *nf* hospitality

hospitalizar *vt* to hospitalize

hostal *nm* hotel

hostelería *nf* (*estudios*) hotel and catering management

hotel *nm* hotel

hoy *adv* today: *Hay que terminarlo ~.* We've got to get it finished today. LOC **de hoy**: *la música de ~* present-day music ◊ *el periódico de ~* today's paper ◊ *Este pan no es de ~.* This bread isn't fresh. **de hoy en adelante** from now on **hoy (en) día** nowadays

hoyo *nm* hole: *hacer/cavar un ~* to dig a hole

hoyuelo *nm* dimple

hoz *nf* sickle

hucha *nf* money box

hueco. -a ◆ *adj* hollow: *Este muro está ~.* This wall is hollow. ◊ *sonar a ~* to sound hollow ◆ *nm* **1** (*cavidad*) space: *Aprovecha este ~.* Use this space. **2** (*espacio en blanco*) gap: *Completa los ~s con preposiciones.* Fill in the gaps with prepositions. **3** (*rato libre*) free time [*incontable*]: *El lunes por la tarde tengo un ~.* I've got some free time on Monday afternoon.

huelga *nf* strike: *estar/ponerse en ~* to be/go on strike ◊ *una ~ general/de hambre* a general/hunger strike·

huelguista *nmf* striker

huella *nf* **1** (*pie, zapato*) footprint **2** (*animal, vehículo*) track: *~s de oso* bear tracks LOC **huella** (*dactilar*) fingerprint **sin dejar huella** without trace: *Desaparecieron sin dejar ~.* They disappeared without trace.

huérfano, -a *adj, nm-nf* orphan [*n*]: *~s de guerra* war orphans ◊ *ser ~* to be an orphan LOC **huérfano de madre/padre** motherless/fatherless **quedarse huérfano de madre/padre** to lose your mother/father

huerta *nf* **1** (*huerto grande*) market garden **2** (*tierra de regadío*) irrigated region

huerto *nm* **1** (*gen*) vegetable garden **2** (*solo de árboles frutales*) orchard

hueso *nm* **1** (*Anat*) bone **2** (*fruta*) stone **3** (*color*) ivory LOC **estar/quedarse en los huesos** to be nothing but skin and bone **ser un hueso 1** (*persona*) to be strict: *Mi profesor es un ~.* My teacher is strict. **2** (*asignatura, libro*) to be a hard grind *Ver tb* CALAR, CARNE

huésped. ~a *nm-nf* guest

hueva *nf* **huevas 1** (*Zool*) spawn [*incontable*]: *~s de rana* frog spawn **2** (*Cocina*) roe [*incontable*]

huevo *nm* egg: *poner un ~* to lay an egg LOC **huevo duro/frito** hard-boiled/fried egg **huevo pasado por agua** boiled egg **huevos revueltos** scrambled eggs

huida *nf* escape, flight (*más formal*)

huir ◆ *vi ~* (**de**) to escape (**from** *sth/sb*): *Huyeron de la prisión.* They escaped from prison. ◆ *vt, vi ~* (**de**) to avoid *sth/sb* [*vt*]: *No nos huyas.* Don't try to avoid us. ◊ *Conseguimos ~ de la prensa.* We managed to avoid the press. LOC **huir del país** to flee the country

hule *nm* oilcloth

humanidad *nf* humanity [*pl* humanities]

humanitario. -a *adj* humanitarian: *ayuda humanitaria* humanitarian aid

humano. -a ◆ *adj* **1** (*gen*) human: *el cuerpo ~* the human body ◊ *los derechos ~s* human rights **2** (*comprensivo, justo*) humane: *un sistema judicial más ~ a*

more humane judicial system ◆ *nm* human being, human (*más coloq*)

humareda *nf* cloud of smoke

humedad *nf* **1** (*gen*) damp: *Esta pared tiene ~.* This wall is damp. **2** (*atmósfera*) humidity

humedecer ◆ *vt* to dampen: *~ la ropa para plancharla* to dampen clothes before ironing them ◆ **humedecerse** *v pron* to get wet

húmedo. -a *adj* **1** (*gen*) damp: *Estos calcetines están ~s.* These socks are damp. **2** (*aire, calor*) humid **3** (*lugar*) wet: *un país ~* a wet country ☞ *Ver nota en* MOIST

humildad *nf* humility

humilde *adj* humble

humillante *adj* humiliating

humo *nm* **1** (*gen*) smoke: *Había demasiado ~.* There was too much smoke. ◊ *Salía ~ por la puerta.* There was smoke coming out of the door. **2** (*coche*) fumes [*pl*]: *el ~ del tubo de escape* exhaust fumes **3 humos** (*arrogancia*) airs: *darse muchos ~s* to put on airs LOC *Ver* BAJAR, SUBIR

humor *nm* **1** (*gen*) humour: *tener sentido del ~* to have a sense of humour ◊ *~ negro* black humour **2** (*comicidad*) comedy: *una serie de ~* a comedy series LOC **estar de buen/mal humor** to be in a good/bad mood **estar de humor** to be in the mood (*for sth/doing sth*) **poner a algn de mal humor** to make sb angry **tener buen/mal humor** to be good-tempered/bad-tempered

humorista *nmf* humorist

hundido. -a *pp, adj* **1** (*barco*) sunken: *un galeón ~.* a sunken galleon **2** (*persona*) depressed *Ver tb* HUNDIR

hundir ◆ *vt* **1** (*gen*) to sink: *Una bomba hundió el barco.* A bomb sank the boat. ◊ *~ los pies en la arena* to sink your feet into the sand **2** (*persona*) to destroy ◆ **hundirse** *v pron* **1** (*irse al fondo*) to sink **2** (*derrumbarse*) to collapse: *El puente se hundió.* The bridge collapsed. **3** (*negocio*) to go under: *Muchas empresas se han hundido.* Many firms have gone under.

huracán *nm* hurricane

hurgar ◆ *vi ~* **en** to rummage **in/through** *sth*: *No hurgues en mis cosas.* Don't rummage through my things. ◆ **hurgarse** *v pron* to pick: *~se las narices* to pick your nose

¡hurra! *interj* hurrah!

husmear ◆ *vi* to sniff around: *La policía ha estado husmeando por aquí.* The police have been sniffing around here. ◆ *vt* (*olfatear*) to sniff

iceberg nm iceberg

icono nm (*Informát*, *Relig*) icon

ida nf outward journey: *durante la ~* on the way there LOC **ida y vuelta** there and back: *Son tres horas ~ y vuelta*. It's three hours there and back. *Ver tb* BILLETE, PARTIDO

idea nf idea: *Tengo una ~*. I've got an idea. ◊ *~s políticas/religiosas* political/religious ideas LOC **mala idea**: *No lo hice con mala ~*. I meant well. ◊ *¡Qué mala ~!* What a swine! **¡ni idea!** I haven't a clue! **tener ideas de bombero** to have strange ideas

ideal adj, nm ideal: *Eso sería lo ~*. That would be ideal/the ideal thing. ◊ *Es un hombre sin ~es*. He's a man without ideals.

idealista ◆ adj idealistic ◆ nmf idealist

idealizar vt to idealize

ídem pron (*en una lista*) ditto ☞ *Ver nota en* DITTO LOC **ídem de ídem**: *Es un fresco y el hijo ~ de ~*. He's got a real cheek and the same goes for his son.

idéntico, -a adj ~ (a) (a) identical (to sth/sb): *gemelos ~s* identical twins ◊ *Es ~ al mío*. It's identical to mine.

identidad nf identity [pl identities] LOC *Ver* CARNÉ, DOCUMENTO

identificar ◆ vt to identify ◆ **identificarse** v pron **identificarse con** to identify with sth/sb: *No acababa de ~me con el personaje principal*. I couldn't quite identify with the main character. LOC **sin identificar** unidentified

ideología nf ideology [pl ideologies]

idioma nm language

idiota ◆ adj stupid ◆ nmf idiot: *¡Qué ~ (es)!* What an idiot (he is)! ◊ *¡Qué ~ eres!* You stupid thing!

idiotez nf stupidity: *el colmo de la ~* the height of stupidity LOC **decir idioteces** to talk nonsense

ido, -a pp, adj 1 (*distraído*) absent-minded 2 (*loco*) crazy *Ver tb* IR

ídolo nm idol

IES nm secondary school

iglesia nf (*institución, edificio*) church: *la Iglesia católica* the Catholic Church ☞ *Ver nota en* SCHOOL LOC *Ver* CASAR

iglú nm igloo [pl igloos]

ignorante ◆ adj ignorant ◆ nmf ignoramus [pl ignoramuses]

ignorar vt 1 (*desconocer*) not to know: *Ignoro si han salido ya*. I don't know if they've already left. 2 (*hacer caso omiso*) to ignore

igual ◆ adj 1 (*gen*) equal: *Todos los ciudadanos son ~es*. All citizens are equal. ◊ *A es ~ a B*. A is equal to B. 2 ~ (a/que) (*idéntico*) the same (as sth/sb): *Esa falda es ~ que la tuya*. That skirt is the same as yours. ◆ nmf equal ◆ adv 1 ~ **de** equally: *Son ~ de culpables*. They are equally guilty. 2 ~ **de... que** as... as: *Son ~ de responsables que nosotros*. They are as responsible as we are. 3 (*probablemente*) probably: *~ no vienen*. They probably won't come. LOC **me da igual** it's all the same to me, you, etc. *Ver tb* COSA

igualar vt 1 (*Dep*) to equalize 2 (*terreno*) to level

igualmente adv equally LOC **¡igualmente!** the same to you!

ilegal adj illegal

ileso, -a adj unharmed: *resultar ~* to be unharmed

ilimitado, -a adj unlimited

iluminado, -a pp, adj ~ (con) lit (up) (with sth): *La cocina estaba iluminada con velas*. The kitchen was lit (up) with candles. *Ver tb* ILUMINAR

iluminar vt to light sth up: *~ un monumento* to light up a monument

ilusión nf 1 (*noción falsa*) illusion 2 (*sueño*) dream: *Era la ~ de su vida*. It was her dream. LOC **hacerse ilusiones** to build your hopes up **me hace mucha ilusión** I am, you are, etc. really looking forward to sth/doing sth: *Le hace mucha ~ ir en avión*. She's really looking forward to going on a plane. **me hizo mucha ilusión** I was, you were, etc. delighted (*with sth/to do sth*) **¡qué ilusión!** how lovely! *Ver tb* FORJAR

ilusionado, -a pp, adj 1 (*esperanzado*) enthusiastic: *Vine muy ~ al puesto*. I was very enthusiastic when I started. 2 ~ **con** excited about sth/doing sth: *Están muy ~s con el viaje*. They're really excited about the trip.

iluso, -a ◆ adj gullible ◆ nm-nf mug: *Es un auténtico ~*. He's a real mug.

ilustración *nf* (*dibujo*) illustration LOC **la Ilustración** the Enlightenment

ilustrar *vt* to illustrate

ilustre *adj* illustrious: *personalidades ~s* illustrious figures

imagen *nf* **1** (*gen*) image: *Los espejos distorsionaban su ~.* The mirrors distorted his image. ◊ *Me gustaría un cambio de ~.* I'd like to change my image. **2** (*Cine, TV*) picture

imaginación *nf* imagination

imaginario, -a *adj* imaginary

imaginar(se) *vt, v pron* to imagine: *Me imagino (que sí).* I imagine so. ◊ *¡Imagínate!* Just imagine!

imán *nm* magnet

imbécil ◆ *adj* stupid: *No seas ~.* Don't be stupid. ◆ *nmf* idiot: *¡Cállate, ~!* Be quiet, you idiot!

imitación *nf* imitation LOC **de imitación** fake

imitar *vt* **1** (*copiar*) to imitate **2** (*parodiar*) to mimic: *Imita fenomenal a los profesores.* He's really good at mimicking the teachers.

impacientar ◆ *vt* to exasperate ◆ **impacientarse** *v pron* **1** to get impatient **2 impacientarse (con)** to lose your patience (**with** *sb*)

impaciente *adj* impatient

impacto *nm* **1** (*colisión, impresión, repercusión*) impact: *el ~ ambiental* the impact on the environment **2** (*huella*) hole: *dos ~s de bala* two bullet holes

impar *adj* odd: *número ~* odd number

imparcial *adj* unbiased

impecable *adj* impeccable

impedido, -a *pp, adj, nm-nf* disabled [*adj*]: *ser un ~* to be disabled ☞ *Ver nota en* MINUSVÁLIDO; *Ver tb* IMPEDIR

impedimento *nm* **1** (*obstáculo*) obstacle **2** (*Jur*) impediment

impedir *vt* **1** (*paso*) to block: *~ la entrada* to block the entrance **2** (*imposibilitar*) to prevent *sth/sb* (**from doing** *sth*): *La lluvia impidió que se celebrase la boda.* The rain prevented the wedding from taking place. ◊ *Nada te lo impide.* There's nothing stopping you.

impenetrable *adj* impenetrable

impepinable *adj* undeniable

imperativo, -a *adj, nm* imperative

imperdible *nm* safety pin ☞ *Ver dibujo en* PIN

imperfección *nf* imperfection

imperialismo *nm* imperialism

imperio *nm* empire

impermeable ◆ *adj* waterproof ◆ *nm* mac

    Mac es la abreviatura de **mackintosh**, pero esta última forma se usa mucho menos.

impersonal *adj* impersonal

impertinente *adj* impertinent

implantar *vt* to introduce: *Quieren ~ un nuevo sistema.* They want to introduce a new system.

implicar *vt* **1** (*mezclar a algn en algo*) to implicate: *Le implicaron en el asesinato.* He was implicated in the murder. **2** (*significar*) to imply

imponer ◆ *vt* to impose: *~ condiciones/una multa* to impose conditions/a fine ◆ **imponerse** *v pron* to prevail (**over** *sth/sb*): *La justicia se impuso.* Justice prevailed.

importación *nf* import: *la ~ de trigo* the import of wheat ◊ *reducir la ~* to reduce imports LOC **de importación** imported: *un coche de ~* an imported car **de importación y exportación** import-export: *un negocio de ~ y exportación* an import-export business

importador, ~a *nm-nf* importer

importancia *nf* importance LOC **adquirir/cobrar importancia** to become important **no tiene importancia** it doesn't matter **sin importancia** unimportant *Ver tb* QUITAR, RESTAR

importante *adj* **1** (*gen*) important: *Es ~ que asistas a clase.* It's important you attend lectures. **2** (*considerable*) considerable: *un número ~ de ofertas* a considerable number of offers

importar¹ *vt* to import: *España importa petróleo.* Spain imports oil.

importar² *vi* **1** (*tener importancia*) to matter: *Lo que importa es la salud.* Your health is what matters most. ◊ *No importa.* It doesn't matter. **2** (*preocupar*) to care (**about** *sth/sb*): *No me importa lo que piensen.* I don't care what they think. ◊ *No parecen ~le sus hijos.* He doesn't seem to care about his children. ◊ *¡Claro que me importa!* Of course I care! LOC **me importa un pepino, pimiento, pito, etc.** I, you, etc. couldn't care less **no me importa** I, you, etc. don't mind (*sth/doing sth*): *No me importa levantarme temprano.* I don't mind getting up early. *¿te importa...?* do you mind...?: *¿Te importa cerrar la puerta?* Do you mind shutting the door?

◊ *¿Te importa que abra la ventana?* Do you mind if I open the window?

importe *nm* **1** (*cantidad*) amount: *el ~ de la deuda* the amount of the debt **2** (*coste*) cost: *el ~ de la reparación* the cost of the repair

imposible *adj, nm* impossible [*sing*]: *No pidas ~s.* Don't ask for the impossible.

impotente *adj* impotent

imprenta *nf* **1** (*taller*) printer's **2** (*máquina*) printing press

imprescindible *adj* essential, indispensable (*más formal*)

impresión *nf* **1** (*sensación*) impression **2** (*proceso*) printing: *listo para ~* ready for printing LOC **me da la impresión de que...** I get the feeling that...

impresionante *adj* **1** (*gen*) impressive: *un logro ~* an impressive achievement **2** (*espectacular*) striking: *una belleza ~* striking beauty

impresionar *vt* **1** (*gen*) to impress: *Me impresiona su eficacia.* I am impressed by her efficiency. **2** (*emocionar*) to move: *El final me impresionó mucho.* The ending was very moving. **3** (*desagradablemente*) to shock: *Nos impresionó el accidente.* We were shocked by the accident.

impreso, -a ◆ *adj* printed ◆ *nm* form: *rellenar un ~* to fill in a form

impresora *nf* printer

imprevisto, -a ◆ *adj* unforeseen ◆ *nm*: *Ha surgido un ~.* Something unexpected has come up. ◊ *Tengo un dinero ahorrado para ~s.* I've got some money put aside for a rainy day.

imprimir *vt* **1** (*imprenta*) to print **2** (*huella*) to imprint

improvisar *vt* to improvise

imprudente *adj* **1** (*gen*) rash **2** (*conductor*) careless

impuesto *nm* tax: *libre de ~s* tax free LOC **Impuesto sobre el Valor Añadido** value added tax (*abrev* VAT) **Impuesto sobre la Renta de las Personas Físicas** (*abrev* IRPF) ≃ income tax *Ver tb* EVASIÓN

impulsar *vt* **1** (*gen*) to drive: *La curiosidad me impulsó a entrar.* Curiosity drove me to enter. **2** (*estimular*) to stimulate: *~ la producción* to stimulate production

impulsivo, -a *adj* impulsive

impulso *nm* **1** (*gen*) impulse: *actuar por ~* to act on impulse **2** (*empujón*) boost: *El buen tiempo ha dado gran ~ al*

turismo. The good weather has given tourism a boost.

impuro, -a *adj* impure

inaccesible *adj* inaccessible

inaceptable *adj* unacceptable

inadaptado, -a *adj* maladjusted

inadecuado, -a *adj* inappropriate

inadvertido, -a *adj* unnoticed: *pasar ~* to go unnoticed

inagotable *adj* **1** (*inacabable*) inexhaustible **2** (*incansable*) tireless

inaguantable *adj* unbearable

inalámbrico, -a *adj* cordless: *un teléfono ~* a cordless telephone

inapreciable *adj* (*valioso*) invaluable: *su ~ ayuda* their invaluable help

inauguración *nf* opening, inauguration (*formal*): *la ceremonia de ~* the opening ceremony ◊ *Había unas cien personas en la ~.* There were about a hundred people at the inauguration.

inaugurar *vt* to open, to inaugurate (*formal*)

incapacitado, -a *adj* disabled ☛ *Ver nota en* MINUSVÁLIDO

incapaz *adj* ~ **de** incapable **of** *sth/doing sth*: *Son incapaces de prestar atención.* They are incapable of paying attention.

incautarse *v pron* ~ **de** to seize *sth* [*vt*]: *La policía se incautó de 10 kg de cocaína.* The police seized 10 kg of cocaine.

incendiar ◆ *vt* to set fire **to** *sth*: *Un loco ha incendiado la escuela.* A madman has set fire to the school. ◆ **incendiarse** *v pron* to catch fire: *El establo se incendió.* The stable caught fire.

incendio *nm* fire: *apagar un ~* to put out a fire LOC **incendio provocado** arson [*incontable*] *Ver tb* ALARMA, BOCA, ESCALERA

incinerar *vt* **1** (*gen*) to incinerate **2** (*cadáver*) to cremate

incisivo *nm* incisor

inclinar ◆ *vt* **1** (*gen*) to tilt: *Inclina el paraguas un poco.* Tilt the umbrella a bit. **2** (*la cabeza para asentir o saludar*) to nod ◆ **inclinarse** *v pron* **1** (*lit*) to lean: *El edificio se inclina hacia un lado.* The building leans to one side. **2** **inclinarse por** (*fig*): *Nos inclinamos por el partido verde.* Our sympathies lie with the Green Party.

incluido, -a *pp, adj* including: *con el IVA ~* including VAT LOC **todo incluido**

all-in: *Son 10.000 todo ~*. It's 10 000 all-in. *Ver tb* INCLUIR

incluir *vt* to include: *El precio incluye el servicio*. The price includes a service charge.

inclusive *adv* inclusive: *hasta el sábado ~* up to and including Saturday ◊ *del 3 al 7 ambos ~* from the 3rd to the 7th inclusive

incluso *adv* even: *~ me dieron dinero.* They even gave me money. ◊ *Eso sería ~ mejor.* That would be even better.

incógnito, -a *adj* LOC **de incógnito** incognito: *viajar de ~* to travel incognito

incoherente *adj* **1** (*confuso*) incoherent: *palabras ~s* incoherent words **2** (*ilógico*) inconsistent: *comportamiento ~* inconsistent behaviour

incoloro, -a *adj* colourless

incombustible *adj* fireproof

incomible *adj* inedible

incómodo, -a *adj* uncomfortable

incompatible *adj* incompatible

incompetente *adj*, *nmf* incompetent

incompleto, -a *adj* **1** (*gen*) incomplete: *información incompleta* incomplete information **2** (*sin acabar*) unfinished

incomprensible *adj* incomprehensible

incomunicado, -a *adj* **1** (*gen*) cut off: *Nos quedamos ~s por la nieve.* We were cut off by the snow. **2** (*preso*) in solitary confinement

inconfundible *adj* unmistakable

inconsciente ◆ *adj* unconscious: *El paciente está ~.* The patient is unconscious. ◊ *un gesto ~* an unconscious gesture ◆ *adj*, *nmf* (*irresponsable*) irresponsible [*adj*]: *Eres un ~.* You're so irresponsible.

incontable *adj* **1** (*gen*) countless **2** (*Ling*) uncountable

inconveniente ◆ *adj* **1** (*inoportuno, molesto*) inconvenient: *una hora ~* an inconvenient time **2** (*no apropiado*) inappropriate: *un comentario ~* an inappropriate comment ◆ *nm* **1** (*dificultad, obstáculo*) problem: *Han surgido algunos ~s.* Some problems have arisen. **2** (*desventaja*) disadvantage: *Tiene ventajas e ~s.* It has its advantages and disadvantages.

incorporación *nf* *~* (**a**) (*entrada*) entry (**into sth**): *la ~ de España a la OTAN* Spain's entry into NATO

incorporado, -a *pp*, *adj* **1** *~ a* (*gen*) incorporated **into sth**: *nuevos vocablos*

~s al idioma new words incorporated into the language **2** (*Tec*) built-in: *con antena incorporada* with a built-in aerial *Ver tb* INCORPORAR

incorporar ◆ *vt* **1** (*persona*) to include *sb* (**in sth**): *Me han incorporado al equipo.* I've been included in the team. **2** (*territorio*) to annex **3** (*persona tumbada*) to sit *sb* up: *Lo incorporé para que no se ahogara.* I sat him up so he wouldn't choke. ◆ **incorporarse** *v pron* **1** (*erguirse*) to sit up **2** *incorporarse* (**a**) (*hacerse miembro*) to join *sth* **3** *incorporarse* (**a**) (*trabajo*) to start *sth*: *El lunes me incorporo a mi nuevo puesto.* I start my new job on Monday.

incorrecto, -a *adj* **1** (*erróneo*) incorrect **2** (*conducta*) impolite

increíble *adj* incredible

incrustarse *v pron* (*proyectil*): *La bala se incrustó en la pared.* The bullet embedded itself in the wall.

incubadora *nf* incubator

incubar(se) *vt*, *v pron* to incubate

inculto, -a *adj*, *nm-nf* ignorant [*adj*]: *Eres un ~.* You're so ignorant.

incultura *nf* lack of culture

incurable *adj* incurable

incursión *nf* (*Mil*) raid

indagación *nf* enquiry [*pl* enquiries]

indecente *adj* **1** (*sucio*) filthy: *Esta cocina está ~.* This kitchen is filthy. **2** (*espectáculo, gesto, lenguaje*) obscene **3** (*ropa*) indecent

indeciso, -a *adj*, *nm-nf* (*de carácter*) indecisive [*adj*]: *ser un ~* to be indecisive

indefenso, -a *adj* defenceless

indefinido, -a *adj* **1** (*periodo, Ling*) indefinite: *una huelga indefinida* an indefinite strike **2** (*color, edad, forma*) indeterminate

indemnizar *vt* to pay *sb* compensation (**for sth**)

independencia *nf* independence

independiente *adj* independent

independizarse *v pron* **1** (*individuo*) to leave home **2** (*país, colonia*) to gain independence

indestructible *adj* indestructible

indeterminado, -a *adj* **1** (*gen*) indeterminate **2** (*artículo*) indefinite

India *nf* India

indicación *nf* **1** (*gen*) sign **2** *indicaciones* (**a**) (*instrucciones*) instructions: *Siga las indicaciones del folleto.* Follow the instructions in the leaflet. (**b**) (*camino*) directions

indicado, -a *pp, adj* **1** (*conveniente*) suitable **2** (*convenido*) specified: *la fecha indicada en el documento* the date specified in the document **3** (*aconsejable*) advisable *Ver tb* INDICAR

indicador *nm* indicator LOC **indicador de gasolina/presión** petrol/pressure gauge *Ver tb* CARTEL

indicar *vt* **1** (*mostrar*) to show, to indicate (*más formal*): ~ *el camino* to show the way **2** (*señalar*) to point *sth* out (*to sb*): *Indicó que se trataba de un error.* He pointed out that it was a mistake.

índice *nm* **1** (*gen*) index **2** (*dedo*) index finger LOC **índice (de materias)** table of contents **índice de natalidad** birth rate

índico, -a ◆ *adj* Indian ◆ *nm* el Índico the Indian Ocean

indiferencia *nf* indifference (*to sth/sb*)

indiferente *adj* indifferent (*to sth/sb*), not interested (*in sth/sb*) (*más colog*): *Es ~ a la moda.* She isn't interested in fashion. LOC **me es indiferente** I, you, etc. don't care **ser indiferente**: *Es ~ que sea blanco o negro.* It doesn't matter whether it's black or white.

indígena ◆ *adj* indigenous ◆ *nmf* native

indigestión *nf* indigestion

indignado, -a *pp, adj* indignant (*at/ about/over sth*) *Ver tb* INDIGNAR

indignante *adj* outrageous

indignar ◆ *vt* to infuriate ◆ **indignarse** *v pron* **indignarse (con) (por)** to get angry (*with sb*) (*about sth*)

indigno, -a *adj* **1** (*despreciable*) contemptible **2** ~ **de** unworthy of *sth/sb*: *una conducta indigna de un director* behaviour unworthy of a director

indio, -a *adj, nm-nf* Indian: *los* ~*s* the Indians LOC *Ver* CONEJILLO, FILA

indirecta *nf* hint LOC **coger la indirecta** to take the hint **echar/lanzar/soltar una indirecta** to drop a hint

indirecto, -a *adj* indirect

indiscreción *nf*: *Fue una* ~ *por su parte preguntarlo.* She shouldn't have asked. ◊ *si no es* ~ if you don't mind my asking

indiscutible *adj* indisputable

indispensable *adj* essential LOC **lo indispensable** the bare essentials [*v pl*]

indispuesto, -a *adj* (*enfermo*) not well: *No ha venido a clase porque está* ~. He hasn't come to school because he's not well.

individual *adj* individual LOC *Ver* CAMA, CHALÉ, HABITACIÓN

individuo, -a *nm-nf* individual

indudable *adj* undoubted LOC **es indudable que…** there is no doubt that…

indulto *nm* pardon: *El juez le concedió el* ~. The judge pardoned him.

industria *nf* industry [*pl* industries]: ~ *alimentaria/siderúrgica* food/iron and steel industry

industrial ◆ *adj* industrial ◆ *nmf* industrialist LOC *Ver* CANTIDAD, NAVE

industrialización *nf* industrialization

industrializar ◆ *vt* to industrialize ◆ **industrializarse** *v pron* to become industrialized

inédito, -a *adj* (*desconocido*) previously unknown

ineficaz *adj* **1** (*gen*) ineffective: *un tratamiento* ~ ineffective treatment **2** (*persona*) inefficient

ineficiente *adj* (*persona*) inefficient

inercia *nf* inertia LOC **por inercia** through force of habit

inesperado, -a *adj* unexpected

inestable *adj* **1** (*persona*) unstable: *Tiene un carácter muy* ~. He's very unstable. **2** (*tiempo*) changeable

inevitable *adj* inevitable

inexperiencia *nf* inexperience

inexperto, -a *adj* inexperienced

infancia *nf* childhood LOC *Ver* JARDÍN

infantería *nf* infantry [*v sing o pl*] LOC **infantería de marina** marines [*pl*]

infantil *adj* **1** (*de niño*) children's: *literatura/programación* ~ children's books/programmes **2** (*inocente*) childlike: *una sonrisa* ~ a childlike smile **3** (*peyorativo*) childish, infantile (*más formal*): *No seas* ~. Don't be childish. **4** (*Educ*) nursery [*n atrib*]: *educación* ~ nursery education LOC *Ver* ESCUELA

infarto *nm* heart attack

infección *nf* infection

infeccioso, -a *adj* infectious

infectar ◆ *vt* to infect *sth/sb* (*with sth*) ◆ **infectarse** *v pron* to become infected: *Se ha infectado la herida.* The wound has become infected.

infeliz ◆ *adj* unhappy ◆ *nmf* (*inocentón*) fool

inferior *adj* ~ **(a)** **1** (*gen*) inferior (*to sth/sb*): *de una calidad* ~ *a la vuestra* inferior to yours **2** (*por debajo*) lower (*than sth*): *una tasa de natalidad* ~ *a la del año pasado* a lower birth rate than last year

infidelidad *nf* infidelity [*pl* infidelities]

infiel adj unfaithful (**to** sth/sb): Le ha sido ~. He has been unfaithful to her.

infierno nm hell: ir al ~ to go to hell ☞ Ver nota en HELL

infinidad nf (multitud) a great many: una ~ de gente/cosas a great many people/things

infinito, -a adj infinite: Las posibilidades son infinitas. The possibilities are infinite. ◊ Se necesita una paciencia infinita. You need infinite patience.

inflación nf inflation

inflamación nf (Med) swelling, inflammation (más formal)

inflamarse v pron 1 (encenderse) to catch fire: Se inflamó el depósito de la gasolina. The petrol tank caught fire. 2 (Med) to swell: Se me ha inflamado un poco el tobillo. My ankle is a bit swollen.

inflar vt (hinchar) to blow sth up

influencia nf influence (**on/over** sth/sb): No tengo ~ sobre él. I have no influence over him.

influir vi ~ **en** to influence sth/sb [vt]: No quiero ~ en tu decisión. I don't want to influence your decision.

información nf 1 (gen) information (**on/about** sth/sb) [incontable]: pedir ~ to ask for information ☞ Ver nota en CONSEJO 2 (noticias) news [incontable]: La televisión ofrece mucha ~ deportiva. There's a lot of sports news on television. 3 (telefónica) directory enquiries [v sing o pl] 4 (recepción) information desk LOC Ver AUTOPISTA, OFICINA

informal ◆ adj (ropa, acto) informal: una reunión ~ an informal gathering ◆ adj, nmf unreliable [adj]: Es un ~, siempre llega tarde. He's very unreliable; he's always late.

informar ◆ vt 1 (notificar) to inform sb (**of/about** sth): Debemos ~ a la policía del accidente. We must inform the police of the accident. 2 (anunciar) to announce: La radio ha informado que… It was announced on the radio that… ◆ vi ~ (**de/acerca de**) (dar un informe) to report (**on** sth): ~ de lo decidido en la reunión to report on what was decided at the meeting ◆ **informarse** v pron **informarse** (**de/sobre/acerca de**) to find out (**about** sth/sb): Tengo que ~me de lo sucedido. I've got to find out what happened.

informática nf 1 (actividad) computing 2 (asignatura) information technology (abrev IT) ☞ También se dice **computer studies** y **computer science**.

informático, -a ◆ adj computer [n atrib]: un centro ~ a computer centre ◆ nm-nf IT specialist: Mi hermano es ~. My brother works in IT. LOC Ver PIRATA

informatizar vt to computerize

informe nm 1 (documento, exposición oral) report: el ~ anual de una sociedad the company's annual report ◊ un ~ escolar a school report 2 **informes** information [incontable]: de acuerdo con sus ~s according to their information

infracción nf 1 (gen) offence: una ~ de tráfico a traffic offence 2 (acuerdo, contrato, regla) breach of sth: una ~ de la ley a breach of the law

infrarrojo, -a adj infrared

infundado, -a adj unfounded

infundir vt 1 (miedo) to instil sth (**in/into** sb) 2 (sospechas) to arouse sb's suspicions 3 (respeto, confianza) to inspire sth (**in** sb)

infusión nf herbal tea

ingeniar vt to think sth up, to devise (más formal) LOC **ingeniárselas** to find a way (**to do** sth/**of** doing sth): Nos las ingeniamos para entrar en la fiesta. We found a way to get into the party. ◊ Ingéniatelas como puedas. You'll have to manage somehow.

ingeniería nf engineering LOC **ingeniería genética** genetic engineering

ingeniero, -a nm-nf engineer ☞ Ver nota en MÉDICO LOC **ingeniero agrónomo** agricultural engineer **ingeniero de caminos, canales y puertos** civil engineer **ingeniero técnico** engineer

ingenio nm 1 (inventiva) ingenuity 2 (humor) wit 3 (máquina, aparato) device

ingenioso, -a adj 1 (gen) ingenious 2 (perspicaz) witty

ingenuo, -a adj, nm-nf 1 (inocente) innocent 2 (crédulo) naive [adj]: ¡Eres un ~! You're so naive!

ingerir vt to consume

Inglaterra nf England

ingle nf groin

inglés, -esa ◆ adj, nm English: hablar ~ to speak English ◆ nm-nf Englishman/woman [pl Englishmen/women]: los ingleses the English

ingrato, -a adj 1 (persona) ungrateful 2 (trabajo, tarea) thankless

ingrediente nm ingredient

ingresar ◆ vi ~ (**en**) 1 (Mil, club) to join sth [vt]: ~ en el ejército to join the army 2 (centro sanitario): Ingreso

mañana. I'm going into hospital tomorrow. ◊ *Ingresó en La Paz a las 4.30.* He was admitted to La Paz hospital at 4.30. ◆ *vt* **1** (*hospital*): *Me tuvieron que ~.* I had to be taken into hospital. ◊ *Lo ingresan mañana.* They're admitting him tomorrow. **2** (*dinero*) to pay *sth* in: *~ dinero en una cuenta bancaria* to pay money into a bank account

ingreso *nm* **1** (*entrada*) **(a)** (*ejército*) enlistment (**in** *sth*) **(b)** (*organización*) entry (**into** *sth*): *el ~ de España en la OTAN* Spain's entry into NATO **(c)** (*hospital, institución*) admission (**to** *sth*) **2** (*dinero*) deposit **3 ingresos (a)** (*persona, institución*) income [*sing*] **(b)** (*Estado, municipio*) revenue [*incontable*] LOC *Ver* EXAMEN

inhabitado, -a *adj* uninhabited

inhalador *nm* inhaler

inhalar *vt* to inhale

inherente *adj* ~ **(a)** inherent (**in** *sth/ sb*): *problemas ~s al cargo* problems inherent in the job

inhumano, -a *adj* **1** (*cruel*) inhuman **2** (*injusto*) inhumane

iniciación *nf* ~ **(a)** **1** (*gen*) introduction (**to** *sth*): *~ a la música* an introduction to music **2** (*rito*) initiation (**into** *sth*)

inicial *adj, nf* initial LOC *Ver* PÁGINA

iniciar *vt* **1** (*comenzar*) to begin: *~ la reunión* to begin the meeting **2** (*reformas*) to initiate

iniciativa *nf* initiative: *tener ~* to show initiative ◊ *tomar la ~* to take the initiative LOC **por iniciativa propia** on your own initiative

inicio *nm* **1** (*principio*) beginning: *desde los ~s de su carrera* right from the beginning of his career **2** (*guerra, enfermedad*) outbreak

injusticia *nf* injustice: *Cometieron muchas ~s.* Many injustices were done. LOC **ser una injusticia**: *Es una ~.* It's not fair.

injusto, -a *adj* ~ (**con/para**) unfair (**on/ to** *sb*): *Es ~ para los demás.* It's unfair on the others.

inmaduro, -a *adj, nm-nf* (*persona*) immature [*adj*]

inmediatamente *adv* immediately

inmejorable *adj* **1** (*resultado, referencia, tiempo*) excellent **2** (*calidad, nivel*) top **3** (*precio, récord*) unbeatable

inmenso, -a *adj* **1** (*gen*) immense: *de una importancia inmensa* of immense importance **2** (*sentimientos*) great: *una alegría/pena inmensa* great happiness/

sorrow LOC **la inmensa mayoría** the vast majority ☞ *Ver nota en* MAJORITY

inmigración *nf* immigration

inmigrado, -a *nm-nf* (*tb* **inmigrante** *nmf*) immigrant

inmigrar *vi* to immigrate

inmobiliario, -a ◆ *adj* property [*n atrib*]: *el mercado ~* the property market ◆ **inmobiliaria** *nf* estate agent's

inmoral *adj* immoral

inmortal *adj, nmf* immortal

inmóvil *adj* still: *permanecer ~* to stand still

inmunidad *nf* immunity: *gozar de/ tener ~ diplomática* to have diplomatic immunity

inmutarse *v pron*: *No se inmutaron.* They didn't turn a hair.

innato, -a *adj* innate

innovador, ~a *adj* innovative

innumerable *adj* innumerable

inocente ◆ *adj, nmf* innocent: *hacerse el ~* to play the innocent ◊ *Soy ~.* I'm innocent. ◆ *adj* **1** (*ingenuo*) naive **2** (*broma*) harmless LOC *Ver* DECLARAR, DÍA

inofensivo, -a *adj* harmless

inolvidable *adj* unforgettable

inoportuno, -a *adj* inopportune: *un momento ~* an inopportune moment LOC **¡qué inoportuno!** what a nuisance!

inoxidable *adj* (*acero*) stainless

inquieto, -a *adj* **1** (*agitado, activo*) restless: *un niño ~* a restless child **2** ~ (**por**) (*preocupado*) worried (**about** *sth/sb*): *Estoy ~ por los niños.* I'm worried about the children.

inquietud *nf* **1** (*preocupación*) anxiety **2 inquietudes** interest [*sing*]: *Es una persona sin ~es.* He's got no interest in anything.

inquilino, -a *nm-nf* tenant

insatisfecho, -a *adj* dissatisfied (**with** *sth/sb*)

inscribir ◆ *vt* **1** (*en un registro*) to register: *~ un nacimiento* to register a birth **2** (*matricular*) to enrol: *Voy a ~ a mi hijo en ese colegio.* I'm going to enrol my son in that school. **3** (*grabar*) to inscribe ◆ **inscribirse** *v pron* **1** (*curso*) to enrol (**for/on** *sth*) **2** (*organización, partido*) to join **3** (*competición, concurso*) to enter

inscripción *nf* **1** (*grabado*) inscription **2 (a)** (*registro*) registration **(b)** (*curso, ejército*) enrolment

insecticida *nm* insecticide

insecto *nm* insect

inseguridad *nf* **1** (*falta de confianza*) insecurity **2** (*tiempo, trabajo, proyecto*) uncertainty [*pl* uncertainties] LOC **inseguridad ciudadana** lack of safety on the streets

inseguro, -a *adj* **1** (*sin confianza en uno mismo*) insecure **2** (*peligroso*) unsafe **3** (*paso, voz*) unsteady

inseminación *nf* insemination

insensible *adj* ~ (**a**) insensitive (**to sth**): ~ *al frío/sufrimiento* insensitive to cold/suffering **2** (*miembro, nervio*) numb

inservible *adj* useless

insignia *nf* badge

insignificante *adj* insignificant

insinuación *nf* **1** (*sugerencia*) hint **2** (*ofensiva*) insinuation

insinuar *vt* **1** (*sugerir*) to hint: *Insinuó que había aprobado.* He hinted that I'd passed. **2** (*algo desagradable*) to insinuate: *¿Qué insinúas, que miento?* Are you insinuating that I'm lying?

insistente *adj* **1** (*con palabras*) insistent **2** (*actitud*) persistent

insistir *vi* ~ (**en/sobre**) to insist (**on sth/ doing sth**): *Insistió en que fuéramos.* He insisted that we go.

insolación *nf* sunstroke [*incontable*]: *coger(se) una* ~ to get sunstroke

insomnio *nm* insomnia

insonorizar *vt* to soundproof

insoportable *adj* unbearable

inspeccionar *vt* to inspect

inspector, ~a *nm-nf* inspector

inspiración *nf* inspiration

inspirar ◆ *vt* to inspire *sb* (**with sth**): *Ese médico no me inspira ninguna confianza.* That doctor doesn't inspire me with confidence. ◆ **inspirarse** *v pron* **inspirarse** (**en**) to get inspiration (**from sth**): *El autor se inspiró en un hecho real.* The author got his inspiration from a real-life event.

instalación *nf* **1** (*gen*) installation **2 instalaciones** facilities: *instalaciones deportivas* sports facilities LOC **instalación eléctrica** (electrical) wiring

instalar ◆ *vt* to install ◆ **instalarse** *v pron* **1** (*en una ciudad, país*) to settle (down) **2** (*en una casa*) to move **into sth**: *Acabamos de ~nos en la nueva casa.* We've just moved into our new house.

instantáneo, -a *adj* instantaneous

instante *nm* moment: *en ese mismo* ~ at that very moment

instinto *nm* instinct LOC **por instinto** instinctively

institución *nf* (*organismo*) institution

instituto *nm* **1** (*gen*) institute **2** (*Educ*) secondary school LOC **instituto de formación profesional** ≃ technical college (*GB*)

instrucción *nf* **1** (*Mil*) training **2 instrucciones** instructions: *instrucciones de uso* instructions for use

instructor, ~a *nm-nf* instructor

instrumental *nm* instruments [*pl*]: *el* ~ *médico* medical instruments

instrumento *nm* instrument

insubordinado, -a *adj* insubordinate (*formal*), rebellious

insuficiencia *nf* **1** (*deficiencia*) inadequacy [*pl* inadequacies] **2** (*Med*) failure: ~ *cardiaca/renal* heart/kidney failure

insuficiente ◆ *adj* **1** (*escaso*) insufficient **2** (*deficiente*) inadequate ◆ *nm* fail: *Le han puesto un* ~. He failed. ☛ *Ver nota en* MARK

insultar *vt* to insult

insulto *nm* insult

insuperable *adj* **1** (*hazaña, belleza*) matchless **2** (*dificultad*) insuperable **3** (*calidad, oferta*) unbeatable

insustituible *adj* irreplaceable

intachable *adj* irreproachable

intacto, -a *adj* **1** (*no tocado*) untouched **2** (*no dañado*) intact: *Su reputación permaneció intacta.* His reputation remained intact.

integración *nf* ~ (**en**) integration (**into sth**)

integral *adj* comprehensive: *una reforma* ~ a comprehensive reform ◊ *Es un idiota* ~. He's a complete idiot. LOC *Ver* PAN

integrarse *v pron* ~ (**en**) (*adaptarse*) to integrate (**into sth**)

integridad *nf* integrity

íntegro, -a *adj* whole: *mi sueldo* ~ my whole salary

intelectual *adj, nmf* intellectual

inteligencia *nf* intelligence LOC *Ver* COEFICIENTE

inteligente *adj* intelligent

intemperie *nf* LOC **a la intemperie** out in the open

intención *nf* intention: *tener malas intenciones* to have evil intentions LOC **con (mala) intención** maliciously **hacer algo con buena intención** to mean well: *Lo hizo con buena* ~.

He meant well. **tener intención de** to intend *to do sth: Tenemos ~ de comprar un piso.* We intend to buy a flat.

intencionado, -a *adj* deliberate LOC **bien/mal intencionado** well meaning/malicious

intensidad *nf* **1** (*gen*) intensity **2** (*corriente eléctrica, viento, voz*) strength

intensificar(se) *vt, v pron* to intensify

intensivo, -a *adj* intensive LOC *Ver* UNIDAD

intenso, -a *adj* **1** (*gen*) intense: *una ola de frío/calor* ~ intense cold/heat **2** (*vigilancia*) close **3** (*negociaciones*) intensive

intentar *vt* to try (*sth/to do sth*): *Inténtalo.* Just try.

intento *nm* attempt LOC **al primer, segundo, etc. intento** at the first, second, etc. attempt

interactivo, -a *adj* interactive

intercambiar *vt* to exchange, to swap (*coloq*): ~ *prisioneros* to exchange prisoners ◊ ~ *cromos* to swap stickers

intercambio *nm* exchange LOC *Ver* VIAJE

interceder *vi* ~ (**a favor de/por**) to intervene (**on sb's behalf**): *Intercedieron por mí.* They intervened on my behalf.

interés *nm* **1** ~ (**en/por**) interest (**in sth/sb**): *La novela ha suscitado un gran* ~. The novel has aroused a lot of interest. ◊ *tener* ~ *en la política* to be interested in politics ◊ *a un 10% de* ~ at 10% interest **2** (*egoísmo*) self-interest: *Lo hicieron por puro* ~. They did it in their own self-interest. LOC **hacer algo sin ningún interés** to show no interest in sth: *Trabajan sin ningún* ~. They show no interest in their work. *Ver tb* CONFLICTO

interesante *adj* interesting ☞ *Ver nota en* INTERESTING

interesar ◆ *vi* to be interested (**in sth/doing sth**): *Nos interesa el arte.* We're interested in art. ◊ *¿Te interesa participar?* Are you interested in taking part? ◆ *vt* ~ **a algn** (**en algo**) to interest sb (**in sth**): *No consiguió* ~ *al público en la reforma.* He didn't manage to interest the public in the reforms. ◆ **interesarse** *v pron* **interesarse por 1** (*mostrar interés*) to show (an) interest in sth: *El director se interesó por mi obra.* The director showed (an) interest in my work. **2** (*preocuparse*) to ask **after sth/sb**: *Se interesó por mi salud.* He asked after my health.

interface (*tb* **interfaz**) *nf* (*Informát*) interface

interferencia *nf* interference [*incontable*]: *Se han producido* ~*s en la emisión.* The programme has been affected by interference. ◊ *Hay muchas* ~*s.* We're getting a lot of interference.

interferir *vi* ~ (**en**) to meddle (**in sth**), to interfere (*más formal*) (**in sth**): *Deja de* ~ *en mis asuntos.* Stop meddling in my affairs.

interfono *nm* (*portero automático*) entryphone®

interior ◆ *adj* **1** (*gen*) inner: *una habitación* ~ an inner room **2** (*bolsillo*) inside **3** (*comercio, política*) domestic ◆ *nm* interior: *el* ~ *de un edificio/país* the interior of a building/country LOC *Ver* MINISTERIO, MINISTRO, ROPA

interjección *nf* interjection

intermediario, -a *nm-nf* **1** (*mediador*) mediator, intermediary [*pl* intermediaries] (*más formal*): *La ONU actuó de* ~ *en el conflicto.* The UN acted as a mediator in the conflict. **2** (*mensajero*) go-between [*pl* go-betweens] **3** (*Com*) middleman [*pl* middlemen]

intermedio, -a ◆ *adj* intermediate ◆ *nm* interval

interminable *adj* endless

intermitente *nm* (*coche*) indicator

internacional *adj* international

internado *nm* boarding school

internar *vt: Lo internaron en el hospital.* He was admitted to hospital. ◊ *Internaron a su padre en un asilo.* They put their father in a home.

internet *nm o nf* (the) Internet: *buscar algo en* ~ to search for sth on the Internet

En inglés **Internet** se utiliza casi siempre con el artículo definido *the: Lo encontré en internet.* I found it on the Internet. Sin embargo, cuando va delante de un sustantivo, no se utiliza el artículo definido: *un proveedor de servicio de internet* an Internet service provider.

interno, -a¹ *adj* **1** (*gen*) internal: *órganos* ~*s* internal organs **2** (*dentro de un país*) domestic: *comercio* ~ domestic trade **3** (*cara, parte*) inner: *la parte interna del muslo* the inner thigh

interno, -a² *nm-nf* **1** (*alumno*) boarder **2** (*cárcel*) inmate **3** (*residente*) resident LOC *Ver* COLEGIO

interpretación nf interpretation

interpretar vt **1** (gen) to interpret: ~ la ley to interpret the law **2** (Cine, Teat, Mús) to perform

intérprete nmf **1** (gen) interpreter **2** (Teat, Cine, Mús) performer

interrogación nf question mark ☛ Ver págs 326-27.

interrogar vt **1** (gen) to question **2** (policía) to interrogate

interrogatorio nm interrogation

interrumpir vt **1** (gen) to interrupt: ~ la emisión to interrupt a programme ◊ No me interrumpas. Don't interrupt me. **2** (tráfico, clase) to disrupt: Las obras interrumpirán el tráfico. The roadworks will disrupt the traffic.

interruptor nm switch

interurbano, -a adj **1** (gen) intercity: servicios ~s intercity services **2** (llamada) long-distance

intervalo nm interval: a ~s de media hora at half-hourly intervals

intervenir ◆ vi **1** ~ (en) to intervene (in sth): Tuvo que ~ la policía. The police had to intervene. **2** (hablar) to speak ◆ vt (operar) to operate on sb

intestino nm intestine: ~ delgado/ grueso small/large intestine

intimidad nf (vida privada) private life: No le gusta que se metan en su ~. He doesn't like people interfering in his private life. ◊ el derecho a la ~ the right to privacy

íntimo, -a adj **1** (gen) intimate: una conversación íntima an intimate conversation **2** (amistad, relación) close: Son ~s amigos. They're very close friends.

intolerable adj intolerable

intriga nf **1** (película, novela) suspense: una película con mucha ~ a film full of suspense **2** (curiosidad): Chico, ¡qué ~! Cuéntamelo. Come on, don't keep me in suspense. Tell me. ◊ ¿No tienes ~ por saber dónde están? Aren't you dying to know where they are?

intrigar vt to intrigue: Ahora me intriga. I'm intrigued now.

introducción nf introduction: una ~ a la música an introduction to music

introducir vt to put sth in, to put sth into sth, to insert (más formal): Introduzca la moneda en la ranura. Insert the coin in the slot.

introvertido, -a ◆ adj introverted ◆ nm-nf introvert

intruso, -a nm-nf intruder

intuición nf intuition: Contesté por ~. I answered intuitively.

intuir vt to sense

inundación nf flood

inundar(se) vt, v pron to flood: Se inundaron los campos. The fields flooded.

inútil ◆ adj useless: cacharros ~es useless junk ◊ Es un esfuerzo ~. It's a waste of time. ◆ nmf good-for-nothing LOC **es inútil (que...)**: Es ~ que intentes convencerle. It's pointless trying to convince him. ◊ Es ~ que grites. There's no point in shouting.

invadir vt to invade

inválido, -a adj, nm-nf (Med) disabled [adj] ☛ Ver nota en MINUSVÁLIDO

invasión nf invasion

invasor, ~a ◆ adj invading ◆ nm-nf invader

invencible adj invincible

inventar ◆ vt (descubrir) to invent: Gutenberg inventó la imprenta. Gutenberg invented the printing press. ◆ inventar(se) vt, v pron to make sth up: ~(se) una excusa to make up an excuse ◊ Te lo has inventado. You've made that up.

invento nm invention: Esto es un ~ mío. This is an invention of mine.

inventor, ~a nm-nf inventor

invernadero nm greenhouse LOC Ver EFECTO

inversión nf (Fin) investment

inverso, -a adj **1** (proporción) inverse **2** (orden) reverse **3** (dirección) opposite: en sentido ~ a la rotación in the opposite direction to the rotation LOC **a la inversa** the other way round

invertebrado, -a adj, nm invertebrate

invertir vt (tiempo, dinero) to invest: Han invertido diez millones en la compañía. They've invested ten million in the company.

investigación nf ~ (de/sobre) **1** (gen) investigation (into sth): Habrá una ~ sobre el accidente. There'll be an investigation into the accident. **2** (científica, académica) research [incontable] (into/ on sth): Están haciendo un trabajo de ~ sobre la malaria. They're doing research on malaria.

investigador, ~a nm-nf **1** (gen) investigator **2** (científico, académico) researcher LOC **investigador privado** private detective

investigar vt, vi **1** (gen) to investigate: ~ un caso to investigate a case **2** (cientí-

fico, académico) to do research (**into/on sth**): *Están investigando sobre el virus del sida.* They're doing research on the Aids virus.

invierno *nm* winter: *ropa de ~* winter clothes ◊ *Nunca uso la bicicleta en ~.* I never ride my bike in the winter.

invisible *adj* invisible

invitación *nf* invitation (**to sth/to do sth**)

invitado, -a *pp, adj, nm-nf* guest [n]: *el artista ~* the guest artist ◊ *Los ~s llegarán a las siete.* The guests will arrive at seven. LOC *Ver* ESTRELLA; *Ver tb* INVITAR

invitar ◆ *vt* to invite *sb* (**to sth/to do sth**): *Me ha invitado a su fiesta de cumpleaños.* She's invited me to her birthday party. **◆** *vi* (*pagar*): *Invito yo.* I'll get this one. ◊ *Invita la casa.* It's on the house.

inyección *nf* injection: *poner una ~ a algn* to give sb an injection

ir ◆ *vi* **1** (*gen*) to go: *Van a Roma.* They're going to Rome. ◊ *ir en coche/ tren/avión* to go by car/train/plane ◊ *ir a pie* to go on foot ◊ *¿Cómo te va (con tu novio)?* How are things going (with your boyfriend)? ☛ Recuerda que en inglés *ir* se traduce por **to come** cuando te acercas a la persona con la que estás hablando: *¡Voy!* Coming! ◊ *Mañana voy a ir a Canterbury, así es que nos vemos entonces.* I'm coming to Canterbury tomorrow so I'll see you then. **2** (*estar, haber diferencia*) to be: *ir bien/mal vestido* to be well/badly dressed ◊ *De nueve a doce van tres.* Nine from twelve is three. **3** (*sentar bien*) to suit *sb* [*vt*]: *Te va el pelo corto.* Short hair suits you. **4** (*funcionar*) to work: *El ascensor no va.* The lift's not working. **5** (*gustar*) to be into *sth*: *Le va la música pop.* She's really into pop music. **◆** *v aux* **1 ~ a hacer algo (a)** (*gen*) to be going to do *sth*: *Vamos a vender la casa.* We're going to sell the house. ◊ *Íbamos a comer cuando sonó el teléfono.* We were just going to eat when the phone rang. **(b)** (*en órdenes*) to go **and do sth**: *Ve a hablar con tu padre.* Go and talk to your father. **(c)** (*en sugerencias*): *¡Vamos a comer!* Let's go and eat! ◊ *¡Vamos a ver!* Let's see! **2 ~ haciendo algo** to start doing *sth*: *Id preparando la mesa.* Start laying the table. **◆ irse** *v pron* **1** (*marcharse*) to leave: *Mañana me voy a España.* I'm leaving for Spain tomorrow. ◊ *irse de casa* to leave home **2** (*mancha, luz, dolor*) to go: *Se ha ido la*

luz. The electricity's gone (off). **3** (*líquido, gas*) to leak LOC (**a mí**) **ni me va ni me viene** that's nothing to do with me, you, etc. **ir a dar a** (*calle*) to lead to *sth*: *Este camino va a dar al pueblo.* This track leads to the village. **ir a lo suyo** to think only of yourself: *Tú siempre vas a lo tuyo.* You only ever think of yourself. **ir a por** to go and get *sth/sb*: *Tengo que ir a por pan.* I've got to go and get some bread. **ir con** (*combinar*) to go with *sth*: *Esos calcetines no van con estos zapatos.* Those socks don't go with these shoes. **ir de 1** (*vestido*) to be dressed as *sth/sb/ in sth*: *Iba de payaso.* I was dressed as a clown. ◊ *ir de azul* to be dressed in blue **2** (*aparentar*): *Tu hermano va de liberal por la vida.* Your brother makes out he's a liberal. **3** (*película, libro*) to be about *sth*: *¿De qué va la película?* What's the film about? **ir por** (*llegarse*) to be up to *sth*: *Voy por la página 100.* I'm up to page 100. **¡qué va!** no way! **¡vamos!** come on!: *¡Vamos, que perdemos el tren!* Come on or we'll miss the train! **¡vaya! 1** (*sorpresa*) good heavens! **2** (*compasión*) oh dear!: *¡Vaya, cuánto lo siento!* Oh dear, I'm so sorry! **3** (*uso enfático*) what/what a(n)...: *¡Vaya película más mala!* What an awful film! **¡(ya) voy!** coming! ☛ Para otras expresiones con *ir*, véanse las entradas del sustantivo, adjetivo, etc., p. ej. **ir empatados** en EMPATADO e **ir al grano** en GRANO.

iris *nm* iris LOC *Ver* ARCO

Irlanda *nf* Ireland LOC **Irlanda del Norte** Northern Ireland

irlandés, -esa ◆ *adj, nm* Irish: *hablar ~* to speak Irish **◆** *nm-nf* Irishman/ woman [*pl* Irishmen/women]: *los irlandeses* the Irish

ironía *nf* irony [*pl* ironies]: *una de las ~s de la vida* one of life's little ironies

irónico, -a *adj, nm-nf* ironic [*adj*]: *ser un ~* to be ironic

irracional *adj* irrational: *un miedo ~* irrational fear

irreal *adj* unreal

irreconocible *adj* unrecognizable

irregular *adj* **1** (*gen*) irregular: *verbos ~es* irregular verbs ◊ *un latido ~* an irregular heartbeat **2** (*anormal*) abnormal: *una situación ~* an abnormal situation

irremediable *adj* irremediable: *una pérdida/un error ~* an irremediable loss/mistake ◊ *Eso ya es ~.* Nothing can be done about it now.

irreparable *adj* irreparable

irrepetible *adj* (*excelente*) unique: *una experiencia/obra de arte ~* a unique experience/work of art

irresistible *adj* irresistible: *un atractivo/una fuerza ~* an irresistible attraction/force ◊ *Tenían unas ganas ~s de verse.* They were dying to see each other.

irrespetuoso, -a *adj ~* (**con/para con**) disrespectful (**to/towards sth/sb**)

irrespirable *adj* **1** (*aire*) unbreathable **2** (*ambiente*) unbearable

irresponsable *adj, nmf* irresponsible [*adj*]: *¡Eres un ~!* You're so irresponsible!

irreversible *adj* irreversible

irritar ♦ *vt* to irritate ♦ **irritarse** *v pron* **1** **irritarse** (**con**) (**por**) to get annoyed (**with sb**) (**about sth**): *Se irrita por nada.* He gets annoyed very easily. **2** (*Med*) to get irritated

irrompible *adj* unbreakable

isla *nf* island: *las Islas Canarias* the Canary Islands LOC **isla desierta** desert island **las Islas Británicas** the British Isles

islámico, -a *adj* Islamic

isleño, -a *nm-nf* islander

isósceles *adj* LOC *Ver* TRIÁNGULO

istmo *nm* isthmus [*pl* isthmuses]: *el ~ de Panamá* the Isthmus of Panama

Italia *nf* Italy

italiano, -a *adj, nm-nf, nm* Italian: *los ~s* the Italians ◊ *hablar ~* to speak Italian

itinerario *nm* itinerary [*pl* itineraries], route (*más coloq*)

IVA *nm* VAT

izquierdo, -a ♦ *adj* left: *Me he roto el brazo ~.* I've broken my left arm. ◊ *la orilla izquierda del Sena* the left bank of the Seine ♦ **izquierda** *nf* left: *Siga por la izquierda.* Keep left. ◊ *conducir por la izquierda* to drive on the left ◊ *la casa de la izquierda* the house on the left ◊ *La carretera se desvía hacia la izquierda.* The road bears left. LOC **de izquierda(s)** left-wing: *grupos de izquierdas* left-wing groups **la izquierda** (*Pol*) the Left [*v sing o pl*]: *La izquierda ha ganado las elecciones.* The Left has/have won the election. *Ver tb* CERO, LEVANTAR, MANO

Jj

¡ja! *interj* ha! ha!

jabalí, -ina *nm-nf* wild boar [*pl* wild boar]

jabalina *nf* (*Dep*) javelin: *lanzamiento de ~* javelin throwing

jabón *nm* soap [*incontable*]: *una pastilla de ~* a bar of soap ◊ *~ de afeitar* shaving soap

jabonar(se) *vt, v pron Ver* ENJABONAR(SE)

jabonera *nf* soap dish

jacinto *nm* hyacinth

jadear *vi* to pant

jaguar *nm* jaguar

jalea *nf* LOC **jalea real** royal jelly

jaleo *nm* **1** (*ruido*) row: *No puedo dormir con todo este ~.* I can't sleep with all this row. **2** (*desorden*) mess: *¡Vaya ~ que tienes en el despacho!* What a mess your office is! LOC *Ver* ARMAR

jamás *adv* never: *~ he conocido a alguien así.* I've never met anyone like him. ☞ *Ver nota en* ALWAYS LOC *Ver* NUNCA

jamón *nm* ham LOC **jamón cocido/de York** cooked ham **jamón serrano** cured ham

Japón *nm* Japan

japonés, -esa ♦ *adj, nm* Japanese: *hablar ~* to speak Japanese ♦ *nm-nf* Japanese man/woman [*pl* Japanese men/women]: *los japoneses* the Japanese

jaque *nm* check LOC **jaque mate** checkmate: *dar/hacer ~ mate* to checkmate

jaqueca *nf* migraine

jarabe *nm* mixture: *~ para la tos* cough mixture

jardín *nm* garden LOC **jardín de infancia** nursery school

jardinera *nf* (*macetero*) window box

jardinería *nf* gardening

jardinero, -a *nm-nf* gardener

jarra *nf* jug LOC **jarra de cerveza** beer mug ☛ *Ver dibujo en* TAZA

jarro *nm* (large) jug

jarrón *nm* vase

jauja *nf* LOC **¡esto es jauja!** this is heaven!

jaula *nf* cage

jefatura *nf* (*oficina central*) headquarters (*abrev* HQ) [*v sing o pl*]: *La ~ de policía está al final de la calle.* The police headquarters is/are at the end of the street.

jefe, -a *nm-nf* **1** (*superior*) boss: *ser el ~* to be the boss **2** (*de un colectivo*) head: *~ de departamento/estado* head of department/state **3** (*de una asociación*) leader: *el ~ de un partido* the party leader **4** (*de una tribu*) chief LOC **jefe de estación** station master **jefe de estudios 1** (*en el colegio*) deputy head **2** (*en una academia*) director of studies

jerarquía *nf* hierarchy [*pl* hierarchies]

jerez *nm* sherry

jeringuilla *nf* (*Med*) syringe

jeroglífico *nm* hieroglyph

jersey *nm* jumper

Jesucristo *n pr* Jesus Christ

jesuita *adj, nm* Jesuit

Jesús *n pr* Jesus LOC **¡Jesús!** (*al estornudar*) bless you! ☛ *Ver nota en* ¡ACHÍS!

jeta *nmf* scrounger LOC **tener jeta** to have a nerve: *¡Qué ~ tienes!* You've got a nerve!

jilguero *nm* goldfinch

jinete *nmf* **1** (*persona que va a caballo*) rider **2** (*yóquey*) jockey [*pl* jockeys]

jirafa *nf* giraffe

jolgorio *nm* celebrations [*pl*]: *El ~ continuó hasta bien entrada la noche.* The celebrations continued till well into the night.

jornada *nf* **1** (*gen*) day [*pl* days]: *una ~ de ocho horas* an eight-hour day ◊ *al final de la ~* at the end of the day **2 jornadas** (*congreso*) conference [*sing*] LOC **jornada completa/media jornada**: *Buscan a alguien que trabaje la ~ completa.* They're looking for someone to work full-time. ◊ *trabajar media ~* to have a part-time job **jornada laboral** working day

jornalero, -a *nm-nf* casual labourer

joroba *nf* hump

jorobado, -a ♦ *pp, adj* hunchbacked ♦ *nm-nf* hunchback *Ver tb* JOROBAR

jorobar *vt* **1** (*fastidiar*) to get on sb's nerves **2** (*estropear*) to muck *sth* up: *Alguien ha jorobado el vídeo.* Somebody's mucked up the video.

jota *nf* (*Naipes*) jack ☛ *Ver nota en* BARAJA LOC **no decir ni jota** not to say a word **no saber ni jota** not to know a thing (*about sth*): *No sé ni ~ de francés.* I don't know a word of French. *Ver tb* ENTENDER

joven ♦ *adj* young ♦ *nmf* **1** (*chico*) boy [*pl* boys], young man (*más formal*) **2** (*chica*) girl, young woman (*más formal*) **3 jóvenes** young people

joya *nf* **1** (*objeto de valor*) **(a)** (*en singular*) piece of jewellery: *Le regaló una ~ preciosa.* He gave her a beautiful piece of jewellery. **(b) joyas** (*conjunto*) jewellery [*incontable, v sing*]: *Las ~s estaban en la caja fuerte.* The jewellery was in the safe. ☛ *Cuando se trata de joyas valiosas también se dice* jewels: *joyas valiosísimas* priceless jewels ◊ *las joyas de la Corona* the Crown jewels **2** (*cosa, persona*) treasure: *Eres una ~.* You're a treasure.

joyería *nf* jeweller's ☛ *Ver nota en* CARNICERÍA

joyero, -a ♦ *nm-nf* jeweller ♦ *nm* jewellery box

juanete *nm* bunion

jubilación *nf* **1** (*retiro*) retirement **2** (*pensión*) pension

jubilado, -a ♦ *pp, adj* retired: *estar ~* to be retired ♦ *nm-nf* pensioner *Ver tb* JUBILARSE

jubilarse *v pron* to retire

judaísmo *nm* Judaism

judía *nf* bean LOC **judía blanca/verde** haricot/green bean

judicial *adj* LOC *Ver* PODER³

judío, -a ♦ *adj* Jewish ♦ *nm-nf* Jew

judo *nm* judo

juego *nm* **1** (*gen*) game: *~ de pelota* ball game ◊ *El tenista español gana tres ~s a uno.* The Spanish player is winning by three games to one. **2** (*azar*) gambling **3** (*conjunto*) set: *~ de llaves* set of keys LOC **a juego** matching: *Lleva falda y chaqueta a ~.* She's wearing a skirt and matching jacket. **estar en juego** to be at stake **hacer juego con** to match *sth*: *Los pendientes hacen ~ con el collar.* The earrings match the necklace. **juego de azar** game of chance **juego de manos** conjuring trick **juego de mesa/salón** board game **juego de niños** child's play **juego de palabras** pun **juego limpio/sucio** fair/foul play **Juegos Olímpicos**

Olympic Games **poner en juego** to put sth at risk *Ver tb* FUERA, TERRENO

juerga *nf*: *El día de la boda montamos la gran ~.* We had a big party on the day of the wedding. LOC **ir(se) de juerga** to go out

jueves *nm* Thursday [*pl* Thursdays] (*abrev* Thur(s)) ☞ *Ver ejemplos en* LUNES LOC **Jueves Santo** Maundy Thursday *Ver tb* OTRO

juez *nmf* judge

jugada *nf* move LOC **hacer una mala jugada** to play a dirty trick *on sb*

jugador, **~a** *nm-nf* **1** (*competidor*) player **2** (*que apuesta*) gambler

jugar ◆ *vt* **1** (*gen*) to play: *~ un partido de fútbol/una partida de cartas* to play a game of football/cards ◊ *El trabajo juega un papel importante en mi vida.* Work plays an important part in my life. **2** (*dinero*) to put sth **on** sth: *~ todo a un caballo* to put all your money on a horse ◆ *vi* **1** *~* (**a**) (*gen*) to play: *~ al fútbol* to play football ☞ *Ver nota en* DEPORTE **2** (*apostar*) to gamble ◆ **jugarse** *v pron* **1** (*apostar*) to gamble sth (away) **2** (*arriesgarse*) to risk: *~se la vida* to risk your life LOC **jugar a la lotería** to do the lottery **jugar limpio/sucio** to play fair/dirty *Ver tb* COMBA, PASADA, PELLEJO

jugarreta *nf* LOC **hacer una jugarreta** to play a dirty trick *on sb*

jugo *nm* **1** (*gen*) juice **2** (*salsa*) gravy LOC **sacar jugo a algo** to get the most out of sth

jugoso, **-a** *adj* **1** (*gen*) juicy **2** (*carne*) succulent

juguete *nm* toy [*pl* toys] LOC **de juguete** toy: *camión de ~* toy lorry

juguetería *nf* toyshop

juguetón, **-ona** *adj* playful

juicio *nm* **1** (*cualidad*) judgement: *Confío en el ~ de las personas.* I trust people's judgement. **2** (*sensatez*) (common) sense: *Careces totalmente de ~.* You're totally lacking in common sense. **3** (*opinión*) opinion: *emitir un ~* to give an opinion **4** (*Jur*) trial LOC **a mi juicio** in my, your, etc. opinion **llevar a juicio** to take sth/sb to court *Ver tb* MUELA, PERDER, SANO

juicioso, **-a** *adj* sensible

julio *nm* July (*abrev* Jul) ☞ *Ver ejemplos en* ENERO

jungla *nf* jungle

junio *nm* June (*abrev* Jun) ☞ *Ver ejemplos en* ENERO

juntar *vt* **1** (*poner juntos*) to put sth/sb together: *¿Juntamos las mesas?* Shall we put the tables together? **2** (*unir*) to join sth (together): *He juntado los dos trozos.* I've joined the two pieces (together). **3** (*reunir*) to get sb together

junto, **-a** ◆ *adj* **1** (*gen*) together: *todos ~s* all together ◊ *Siempre estudiamos ~s.* We always study together. **2** (*cerca*) close together: *Los árboles están muy ~s.* The trees are very close together. ◆ *adv* **1** *~* **a** next to: *El cine está ~ al café.* The cinema is next to the café. **2** *~* **con** with

Júpiter *nm* Jupiter

jurado *nm* jury [*v sing o pl*] [*pl* juries]: Muchas palabras como jury, **committee**, crew, government, staff y team pueden llevar el verbo tanto en singular como en plural: *El jurado está a punto de adjudicar el premio.* The jury is/are about to award the prize. Si estas palabras van precedidas de a, each, every, this y that, se usa el singular: *Cada equipo tiene un líder.* Each team has a leader. Por otro lado, si llevan el verbo en plural, los pronombres y adjetivos posesivos que se utilizan van también en plural (es decir, them y their): *El gobierno ha decidido mejorar su imagen.* The government have decided to smarten up their image.

juramento *nm* oath [*pl* oaths] LOC *Ver* PRESTAR

jurar *vt*, *vi* to swear LOC **jurar bandera** to swear allegiance to the flag **jurar lealtad a algo/algn** to swear allegiance to sth/sb

justicia *nf* **1** (*gen*) justice: *Espero que se haga ~.* I hope justice is done. **2** (*organización estatal*) law: *No te tomes la ~ por tu mano.* Don't take the law into your own hands.

justificar *vt* to justify

justo, **-a** ◆ *adj* **1** (*razonable*) fair: *una decisión justa* a fair decision **2** (*correcto, exacto*) right: *el precio ~* the right price **3** (*apretado*) tight: *Esta falda me está muy justa.* This skirt is too tight for me. **4** (*solo suficiente*) just enough: *Tenemos los platos ~s.* We have just enough plates. ◆ *adv* just, exactly (*más formal*): *Lo encontré ~ donde dijiste.* I found it just where you told me. LOC **justo cuando...** just as...: *Llegaron ~ cuando nos marchábamos.* They arrived just as we were leaving.

juvenil adj **1** (carácter) youthful: la moda ~ young people's fashion **2** (Dep) junior LOC Ver DELINCUENCIA

juventud nf **1** (edad) youth **2** (los jóvenes) young people [pl]: A la ~ de hoy

en día le gusta tener libertad. The young people of today like to have their freedom.

juzgado nm court

juzgar vt to judge LOC **juzgar mal** to misjudge

Kk

karaoke nm karaoke

karate (tb **kárate**) nm karate: hacer ~ to do karate

kart nm go-kart

katiusca nf wellington (boot)

kilo nm kilo [pl kilos] (abrev kg) ☛ Ver Apéndice 1.

kilogramo nm kilogram(me) (abrev kg) ☛ Ver Apéndice 1.

kilómetro nm kilometre (abrev km). ☛ Ver Apéndice 1.

kilovatio nm kilowatt (abrev kw)

kimono nm Ver QUIMONO

kiosco nm Ver QUIOSCO

kiwi nm kiwi fruit [pl kiwi fruit]

kleenex® nm tissue

koala nm koala (bear)

Ll

la¹ ◆ art def the: La casa es vieja. The house is old. ☛ Ver nota en THE ◆ pron pers **1** (ella) her: La sorprendió. It surprised her. **2** (cosa) it: Déjame que la vea. Let me see it. **3** (usted) you LOC **la de/que...** Ver EL

la² nm A: la menor A minor

laberinto nm **1** (gen) labyrinth **2** (en un jardín) maze

labio nm lip LOC Ver LEER, PINTAR

labor nf **1** (trabajo) work [incontable]: Llevaron a cabo una gran ~. They did some great work. **2** (de coser) needlework [incontable] **3** (de punto) knitting [incontable] LOC **labores domésticas** housework [incontable, v sing]

laborable adj working: los días ~s working days

laboratorio nm laboratory [pl laboratories], lab (más coloq)

labrador. **~a** nm-nf **1** (propietario) small farmer **2** (jornalero) farm labourer

laca nf **1** (para el pelo) hairspray **2** (barniz) lacquer [incontable]

lacrimógeno. **-a** adj LOC Ver GAS

lácteo. **-a** adj LOC Ver VÍA

ladera nf hillside

lado nm **1** (gen) side: Un triángulo tiene tres ~s. A triangle has three sides. ◊ ver el ~ bueno de las cosas to look on the bright side **2** (lugar) place: de un ~ para otro from one place to another ◊ ¿Nos vamos a otro ~? Shall we go somewhere else? **3** (dirección) way [pl ways]: Fueron por otro ~. They went a different way. ◊ mirar a todos ~s to look in all directions ◊ Se fueron cada uno por su ~. They all went their separate ways. LOC **al lado 1** (cerca) really close by: Está aquí al ~. It's really close by. **2** (contiguo) next door: el edificio de al ~ the building next door ◊ los vecinos de al ~ the next-door neighbours **al lado de** next to sth/sb: Se sentó al ~ de su amiga. She sat down next to her friend. ◊ Ponte a mi ~. Stand next to me. **de lado** sideways: ponerse de ~ to turn sideways **estar/ponerse del lado de algn** to be on/take sb's side: ¿De qué ~ estás? Whose side are you on? **por un lado,... por otro (lado)** on the one hand... on the other (hand) Ver tb ALGUNO, NINGUNO, OTRO

174

ladrar *vi* to bark (*at sb/sth*): *El perro no dejaba de ~nos.* The dog wouldn't stop barking at us.

ladrillo *nm* brick

ladrón, -ona ◆ *nm-nf* **1** (*gen*) thief [*pl* thieves]: *Los de esa frutería son unos ladrones.* They're a bunch of thieves at that greengrocer's. **2** (*en una casa*) burglar **3** (*en un banco*) robber ☞ *Ver nota en* THIEF ◆ *nm* (*Electrón*) adaptor

lagartija *nf* small lizard

lagarto, -a *nm-nf* lizard

lago *nm* lake

lágrima *nf* tear LOC **lágrimas de cocodrilo** crocodile tears *Ver tb* DERRAMAR(SE), LLORAR

laguna *nf* **1** (*lago*) (small) lake **2** (*omisión*) gap

lamentable *adj* **1** (*aspecto, condición*) pitiful **2** (*desafortunado*) regrettable

lamentar ◆ *vt* to regret *sth/doing sth/to do sth*: *Lamentamos haberos causado tanto trastorno.* We regret having caused you so much trouble. ◊ *Lamentamos comunicarle que...* We regret to inform you that... ◊ *Lo lamento mucho.* I am terribly sorry. ◆ **lamentarse** *v pron* to complain (*about sth*): *Ahora no sirve de nada ~se.* It's no use complaining now.

lamer *vt* to lick

lámina *nf* **1** (*hoja*) sheet **2** (*ilustración*) plate: *~s en color* colour plates

lámpara *nf* **1** (*de luz*) lamp: *una ~ de escritorio* a desk lamp **2** (*mancha*) stain LOC **lámpara de pie** standard lamp

lana *nf* wool LOC **de lana** woollen: *un jersey de ~* a woollen jumper **lana virgen** new wool *Ver tb* PERRO

lanar *adj* LOC *Ver* GANADO

lancha *nf* launch LOC **lancha motora** motor boat

langosta *nf* **1** (*de mar*) lobster **2** (*insecto*) locust

langostino *nm* king prawn

lánguido, -a *adj* languid

lanza *nf* spear

lanzamiento *nm* **1** (*misil, satélite, producto*) launch: *el ~ de su nuevo disco* the launch of their new album **2** (*bomba*) dropping **3** (*Dep*) throw: *Su último ~ fue el mejor.* His last throw was the best one.

lanzar ◆ *vt* **1** (*en un juego o deporte*) to throw *sth* (*to sb*): *Lánzale la pelota a tu compañero.* Throw the ball to your team-mate. **2** (*con intención de hacer*

daño*) to throw *sth at sb* ☞ *Ver nota en* THROW[1] **3** (*misil, producto*) to launch **4** (*bomba*) to drop ◆ **lanzarse** *v pron* **1** (*arrojarse*) to throw yourself: *Me lancé al agua.* I threw myself into the water. **2 lanzarse sobre** to pounce on *sth/sb*: *Se lanzaron sobre mí/el dinero.* They pounced on me/the money. LOC *Ver* INDIRECTA, PARACAÍDAS

lapicero *nm* pencil

lápida *nf* gravestone

lápiz *nm* pencil: *lápices de colores* coloured pencils LOC **a lápiz** in pencil

largo, -a ◆ *adj* long: *El abrigo te está muy ~.* That coat is too long for you. ◆ *nm* length: *hacerse seis ~s* to swim six lengths ◊ *¿Cuánto mide de ~?* How long is it? ◊ *Tiene cincuenta metros de ~.* It's fifty metres long. LOC **a lo largo** lengthways **a lo largo de 1** (*referido a espacio*) along... **2** (*referido a tiempo*) throughout...: *a lo ~ del día* throughout the day **es largo de contar** it's a long story **hacerse largo** to drag: *El día se me está haciendo muy ~.* Today is really dragging. **¡largo (de aquí)!** clear off! **pasar de largo** to go straight past *sth/sb* **tener para largo**: *Yo aquí tengo para ~.* I'm going to be a long time. *Ver tb* LUZ, TREN

las *art def, pron pers Ver* LOS

lasaña *nf* lasagne

láser *nm* laser LOC *Ver* RAYO

lástima *nf* pity: *¡Qué ~!* What a pity! ◊ *Es una ~ tirarlo.* It's a pity to throw it away.

lastimar *vt* to hurt

lata *nf* **1** (*envase*) can, tin

Can se utiliza para hablar de bebidas en lata: *una lata de Coca-Cola* a can of Coke. Para otros alimentos se puede usar can o tin: *una lata de sardinas* a can/tin of sardines. *Ver dibujo en* CONTAINER.

2 (*material*) tin **3** (*molestia*) pain: *¡Vaya una ~!* What a pain! LOC **dar la lata 1** (*molestar*) to be a pain: *¡Cuánta ~ me das!* You're a real pain! **2** (*pedir con insistencia*) to pester: *Nos estuvo dando la ~ para que le compráramos la bici.* He kept pestering us to get him the bike. **de/en lata** tinned

lateral ◆ *adj, nm* side [*n*]: *una calle ~* a side street ◆ *nmf* (*Dep*) back: *~ derecho/izquierdo* right/left back LOC *Ver* VOLTERETA

latido *nm* (*corazón*) (heart)beat

latifundio *nm* large estate

latigazo nm **1** (golpe) lash **2** (chasquido) crack

látigo nm whip

latín nm Latin

latino, -a adj Latin: la gramática latina Latin grammar ◊ el temperamento ~ the Latin temperament

latir vi to beat

latitud nf latitude

latón nm brass

latoso, -a adj, nm-nf pain [n]: ¡Qué niño más ~! What a pain that child is!

laurel nm **1** (Cocina) bay leaf [pl bay leaves]: una hoja de ~ a bay leaf ◊ No tengo ~. I haven't got any bay leaves. **2** (árbol) bay tree

lava nf lava

lavabo nm **1** (pila) washbasin **2** (cuarto de baño) toilet: ¿Los ~s, por favor? Where are the toilets, please?

lavadora nf washing machine: Pongo dos ~s al día. I do two loads of washing a day.

lavanda nf lavender

lavandería nf **1** (servicio) laundry **2** (establecimiento) launderette

lavaplatos nm dishwasher

lavar ◆ vt to wash: ~ la ropa to wash your clothes ◆ **lavarse** v pron: Me gusta ~me con agua caliente. I like to wash in hot water. ◊ ~se los pies to wash your feet ◊ Lávate bien. Give yourself a good wash. ◊ Me lavé antes de acostarme. I had a wash before I went to bed. LOC **lavar a mano** to wash sth by hand **lavarse la cabeza** to wash your hair **lavarse los dientes** to clean your teeth

lavavajillas nm **1** (lavaplatos) dishwasher **2** (detergente) washing-up liquid

laxante adj, nm laxative

lazo nm **1** (lazada) bow: una blusa con ~s rojos a blouse with red bows **2** (cinta) ribbon: Ponle un ~ en el pelo. Put a ribbon in her hair.

le pron pers **1** (él/ella/ello) (a) (complemento) him/her/it: Le vi el sábado por la tarde. I saw him on Saturday afternoon. ◊ Le compramos la casa. We bought our house from him/her. ◊ Vi a mi jefa pero no le hablé. I saw my boss but I didn't speak to her. ◊ Le vamos a comprar un vestido. We're going to buy her a dress. ◊ No le des importancia. Ignore it. **(b)** (partes del cuerpo, efectos personales): Le quitaron el carné. They took away his identity card. ◊ Le han arreglado la falda. She's had her skirt

mended. **2** (usted) **(a)** (complemento) you: Le he hecho una pregunta. I asked you a question. **(b)** (partes del cuerpo, efectos personales): Tenga cuidado, o le robarán el bolso. Be careful or someone will steal your bag.

leal adj **1** (persona) loyal (**to** sth/sb) **2** (animal) faithful (**to** sb)

lealtad nf loyalty (**to** sth/sb) LOC **con lealtad** loyally Ver tb JURAR

lección nf lesson LOC **preguntar/tomar la lección** to test sb (on sth): Repasa los verbos, que luego te tomaré la ~. Revise your verbs and then I'll test you (on them).

leche nf milk: Se nos ha acabado la ~. We've run out of milk. ◊ ¿Compro ~? Shall I get some milk? LOC **leche descremada/ desnatada** skimmed milk **leche en polvo** powdered milk **leche entera/condensada** full-cream/condensed milk **leche semidesnatada** semi-skimmed milk Ver tb ARROZ, CAFÉ, DIENTE, HIDRATANTE

lechero, -a ◆ adj dairy: una vaca lechera a dairy cow ◆ nm-nf milkman [pl milkmen] LOC Ver CENTRAL

lechuga nf lettuce LOC Ver ENSALADA

lechuza nf barn owl

lector, ~a nm-nf reader

lectura nf reading: Mi pasatiempo favorito es la ~. My favourite hobby is reading.

leer vt, vi to read: Léeme la lista. Read me the list. ◊ Me gusta ~. I like reading. LOC **leer la cartilla** to tell sb off **leer los labios** to lip-read **leer para sí** to read to yourself

legal adj **1** (Jur) legal **2** (persona) trustworthy: Es un tío ~. He's a guy you can trust.

legalizar vt to legalize

legaña nf sleep [incontable]: Tienes los ojos llenos de ~s. You've got sleep in your eyes.

legislación nf legislation

legislar vi to legislate

legislativo, -a adj LOC Ver ELECCIÓN, PODER[2]

legumbre nf pulse: pasta y ~s pasta and pulses

lejano, -a adj distant: un lugar/ pariente ~ a distant place/relative LOC Ver ORIENTE

lejía nf bleach

lejos adv ~ (de) far (away), a long way (away) (**from** sth/sb): No queda muy ~

de aquí. It isn't very far (away) from here.

Far (away) se usa sobre todo en frases negativas e interrogativas, mientras que en frases afirmativas se usa **a long way (away)**: *Queda muy lejos.* It's a very long way (away).

LOC **a lo lejos** in the distance **de/desde lejos** from a distance *Ver tb* LLEGAR, PILLAR

lema *nm* 1 (*Com, Pol*) slogan 2 (*regla de conducta*) motto [*pl* mottoes]

lencería *nf* (*ropa interior*) lingerie

lengua *nf* 1 (*Anat*) tongue: *sacar la ~ a algn* to stick your tongue out at sb 2 (*idioma*) language LOC **irse de la lengua** to talk too much **las malas lenguas** gossip [*incontable*]: *Dicen las malas ~s que...* Gossip has it that... **lengua materna** mother tongue **no tener lengua** to have lost your tongue **tirarle a algn de la lengua** to make sb talk *Ver tb* PELO

lenguado *nm* sole [*pl* sole]

lenguaje *nm* 1 (*gen*) language 2 (*hablado*) speech

lengüeta *nf* tongue

lente *nf* lens [*pl* lenses]: *la ~ de la cámara* the camera lens ◊ *~s de contacto* contact lenses

lenteja *nf* lentil

lentilla *nf* contact lens [*pl* contact lenses]

lento, -a *adj* slow LOC **lento pero seguro** slowly but surely *Ver tb* CÁMARA, COCER, FUEGO, TORTUGA

leña *nf* firewood

leñador, ~a *nm-nf* woodcutter

leño *nm* log

leo (*tb* **Leo**) *nm, nmf* (*Astrol*) Leo [*pl* Leos] ☞ *Ver ejemplos en* AQUARIUS

león, -ona *nm-nf* lion [*fem* lioness]

leonera *nf* 1 (*habitación*) mess: *No puedo vivir en esta ~.* I can't live in this mess. 2 (*madriguera*) lion's den

leopardo *nm* leopard

leotardos *nm* tights

lepra *nf* leprosy

leproso, -a ◆ *adj* leprous ◆ *nm-nf* leper

les *pron pers* 1 (*a ellos, a ellas*) (a) (*complemento*) them: *Les di todo lo que tenía.* I gave them everything I had. ◊ *Les compré un pastel.* I bought them a cake./I bought a cake for them. (b) (*partes del cuerpo, efectos personales*): *Les robaron el bolso.* Their bag was

stolen. 2 (*a ustedes*) (a) (*complemento*) you: *¿Les apetece un café?* Would you like a coffee? (b) (*partes del cuerpo, efectos personales*): *¿Les cuelgo los abrigos?* Shall I take your coats?

lesbiana *nf* lesbian

lesión *nf* 1 (*gen*) injury [*pl* injuries]: *lesiones graves* serious injuries 2 (*herida*) wound: *lesiones de bala* bullet wounds 3 (*hígado, riñón, cerebro*) damage [*incontable*] ☞ *Ver nota en* HERIDA

lesionado, -a ◆ *pp, adj* injured: *Está ~.* He is injured. ◆ *nm-nf* injured person: *la lista de los ~s* the list of people injured *Ver tb* LESIONARSE

lesionarse *v pron* to injure yourself: *Me lesioné la pierna.* I injured my leg. ☞ *Ver nota en* HERIDA

letargo *nm* 1 (*sopor*) lethargy 2 (*hibernación*) hibernation

letra *nf* 1 (*abecedario, grafía*) letter 2 (*caracteres*) character: *las ~s chinas* Chinese characters 3 (*escritura*) writing 4 (*canción*) lyrics [*pl*]: *La ~ de esta canción es muy original.* The lyrics of this song are very original. LOC *Ver* PIE, PUÑO

letrero *nm* 1 (*nota*) notice: *Había un ~ en la puerta.* There was a notice on the door. 2 (*rótulo*) sign: *Pon el ~ de cerrado en la puerta.* Put the closed sign on the door.

leucemia *nf* leukaemia

levadizo, -a *adj* LOC *Ver* PUENTE

levadura *nf* yeast

levantar ◆ *vt* 1 (*gen*) to raise: *Levanta el brazo izquierdo.* Raise your left arm. ◊ *~ la moral/voz* to raise your spirits/ voice 2 (*peso, tapa*) to lift *sth* up: *Levanta esa tapa.* Lift that lid up. 3 (*recoger*) to pick *sth/sb* up: *Le levantaron entre todos.* They picked him up between them. ◆ **levantarse** *v pron* 1 (*ponerse de pie*) to stand up 2 (*de la cama, viento*) to get up: *Suelo ~me temprano.* I usually get up early. LOC **levantarse con el pie izquierdo** to get out of bed on the wrong side

levar *vt* LOC **levar anclas** to weigh anchor

leve *adj* slight

ley *nf* 1 (*gen*) law: *la ~ de la gravedad* the law of gravity ◊ *ir contra la ~* to break the law 2 (*parlamento*) act LOC *Ver* PROYECTO

leyenda *nf* legend

lila

liado, -a *pp, adj* LOC **estar liado con algn** to be having an affair with sb **estar liado con algo** to be busy with sth *Ver tb* LIAR

liar ◆ *vt* **1** (*atar*) to tie *sth* (up) **2** (*confundir*) to confuse: *No me lies.* Don't confuse me. **3** (*complicar*) to complicate: *Has liado aún más el asunto.* You've complicated things even more. ◆ **liarse** *v pron* **1 liarse (con/en)** to get confused (**about/over** *sth*): *Se lía con las fechas.* He gets confused over dates. **2 liarse (en)** (*meterse*) to get involved **in** *sth*: *Se va a ~ en política.* She's going to get involved in politics. LOC **liarse a golpes/palos** to come to blows (*with sb*)

libélula *nf* dragonfly [*pl* dragonflies]

liberación *nf* **1** (*país*) liberation **2** (*presos*) release

liberal *adj, nmf* liberal

liberar *vt* **1** (*país*) to liberate **2** (*prisionero*) to free

libertad *nf* freedom LOC **libertad bajo fianza/provisional** bail: *salir en ~ bajo fianza* to be released on bail **libertad condicional** parole **libertad de expresión** freedom of speech **libertad de prensa** freedom of the press

libra¹ *nf* **1** (*dinero*) pound: *cincuenta ~s* fifty pounds (£50) ◊ *~s esterlinas* pounds sterling **2** (*peso*) pound (*abrev* lb) ☛ *Ver Apéndice 1.*

libra² (*tb* **Libra**) *nf, nmf* (*Astrol*) Libra ☛ *Ver ejemplos en* AQUARIUS

librar ◆ *vt* to save *sth/sb* **from** *sth/doing sth*: *Le libraron de perecer en el incendio.* They saved him from perishing in the fire. ◆ **librarse** *v pron* **librarse (de)** **1** (*escaparse*) to get out of *sth/doing sth*: *Me libré de la mili.* I got out of doing military service. **2** (*desembarazarse*) to get rid of *sth/sb*: *Quiero ~me de esta estufa.* I want to get rid of this heater. LOC **librarse por los pelos** to escape by the skin of your teeth *Ver tb* DIOS

libre *adj* **1** (*gen*) free: *Soy ~ de hacer lo que quiera.* I'm free to do what I want. ◊ *¿Está ~ esta silla?* Is this seat free? **2** (*disponible*) vacant: *No quedan plazas ~s.* There are no vacant seats. LOC *Ver* AIRE, CAÍDA, DÍA, ENTRADA, LUCHA

librería *nf* **1** (*tienda*) bookshop **2** (*estantería*) bookcase

La palabra inglesa **library** no significa librería, sino biblioteca.

librero, -a *nm-nf* bookseller

libreta *nf* notebook LOC *Ver* AHORRO

libro *nm* book LOC **libro de bolsillo** paperback **libro de texto** textbook *Ver tb* COLGAR, SUSPENSE

licencia *nf* licence: *~ de pesca/armas* fishing/gun licence

licenciado, -a *pp, adj, nm-nf ~ (en)* graduate [*n*] (**in** *sth*): *~ en ciencias biológicas* a biology graduate ◊ *un ~ por la Universidad de Edimburgo* a graduate from Edinburgh University *Ver tb* LICENCIARSE

licenciarse *v pron ~ (en)* to graduate (**in** *sth*): *~ por la Universidad de Salamanca* to graduate from Salamanca University

licenciatura *nf* **1** (*título*) degree **2** (*estudios*) degree course

licor *nm* liqueur: *un ~ de manzana* an apple liqueur

licuadora *nf* liquidizer

líder *nmf* leader

liebre *nf* hare LOC *Ver* GATO

liendre *nf* nit

lienzo *nm* canvas

liga *nf* **1** (*gen*) league: *la ~ de baloncesto* the basketball league **2** (*cinta*) garter

ligamento *nm* ligament: *sufrir una rotura de ~s* to tear a ligament

ligar ◆ *vi ~ (con)*: *Le gusta ~ con las chicas.* He likes chatting girls up. ◊ *~ mucho* to have a lot of success with boys/girls ◆ **ligarse** *v pron* to get off with *sb*: *Se ligó al más guapo de la clase.* She got off with the best-looking boy in the class.

ligeramente *adv* slightly: *~ inestable* slightly unsettled

ligero, -a *adj* **1** (*gen*) light: *comida/ropa ligera* light food/clothing ◊ *tener el sueño ~* to sleep lightly **2** (*que casi no se nota*) slight: *un ~ acento andaluz* a slight Andalusian accent **3** (*ágil*) agile LOC **hacer algo a la ligera** to do sth hastily **tomarse algo a la ligera** to take sth lightly

light *adj* (*refresco*) diet [*n atrib*]: *Coca-Cola ~* Diet Coke ☛ *Ver nota en* LOW-CALORIE

ligue *nm* boyfriend/girlfriend: *No es más que su último ~.* He's her latest boyfriend. LOC **ir/salir de ligue** to go out on the pull

lija *nf* sandpaper

lijar *vt* to sand

lila ◆ *nf* (*flor*) lilac ◆ *adj, nm* (*color*) lilac

lima nf **1** (*herramienta*) file: ~ *de uñas* nail file **2** (*fruta*) lime LOC *Ver* COMER

limar vt to file LOC **limar asperezas** to smooth things over

limbo nm limbo LOC **estar en el limbo** to have your head in the clouds

limitación nf limitation: *Conoce sus limitaciones.* He knows his limitations.

limitado, -a pp, adj limited: *un número ~ de plazas* a limited number of places LOC *Ver* LIMITAR

limitar ◆ vt to limit ◆ vi ~ **con** to border **on...**: *España limita con Portugal.* Spain borders on Portugal. ◆ **limitarse** v pron **limitarse a:** *Limítese a responder a la pregunta.* Just answer the question.

límite nm **1** (*gen*) limit: *el ~ de velocidad* the speed limit **2** (*Geog, Pol*) boundary [pl boundaries] ☞ *Ver nota en* BORDER LOC **sin límite** unlimited: *kilometraje sin ~* unlimited mileage ◊ *Tiene una paciencia sin ~.* She has unlimited patience. *Ver tb* FECHA

limón nm lemon: *un vestido amarillo ~* a lemon yellow dress LOC *Ver* RALLADURA

limonada nf lemonade

limonero nm lemon tree

limosna nf: *Le dimos una ~.* We gave him some money. ◊ *Una ~, por favor.* Could you spare some change, please? LOC *Ver* PEDIR

limpiabotas nmf shoeshine

limpiaparabrisas nm windscreen wiper

limpiar ◆ vt **1** (*gen*) to clean: *Tengo que ~ los cristales.* I've got to clean the windows. **2** (*pasar un trapo*) to wipe **3** (*sacar brillo*) to polish ◆ **limpiarse** v pron (*boca, nariz*) to wipe LOC **limpiar en seco** to dry-clean **limpiarse la nariz** to wipe your nose

limpieza nf **1** (*acción de limpiar*) cleaning: *productos de ~* cleaning products **2** (*pulcritud*) cleanliness LOC **limpieza en seco** dry-cleaning **limpieza étnica** ethnic cleansing

limpio, -a ◆ adj **1** (*gen*) clean: *El hotel estaba bastante ~.* The hotel was quite clean. ◊ *Mantén limpia tu ciudad.* Keep your city tidy. **2** (*pelado*) broke ◆ adv fair: *jugar ~* to play fair LOC **pasar a limpio/poner en limpio** to make a fair copy of sth **sacar en limpio 1** (*entender*) to get sth out of sth: *No he sacado nada en ~.* I haven't got anything out of it. **2** (*dinero*) to clear sth: *Sacó en ~ medio*

millón de euros. He cleared half a million euros. *Ver tb* JUEGO, JUGAR

lince nm lynx LOC **ser un lince** not to miss a trick: *Es un ~.* She never misses a trick.

lindo, -a adj lovely LOC **de lo lindo**: *divertirse de lo ~* to have a great time

línea nf line: *una ~ recta* a straight line LOC **cuidar/mantener la línea** to watch your weight **línea de meta** finishing line **línea divisoria** dividing line **por línea materna/paterna** on my, your, etc. mother's/father's side *Ver tb* GUARDAR

lineal adj LOC *Ver* DIBUJO

lingote nm ingot

lingüística nf linguistics [sing]

lino nm **1** (*Bot*) flax **2** (*tela*) linen

linterna nf torch

lío nm: *¡Qué ~!* What a mess! ◊ *Le metieron en un ~.* They got him into trouble. LOC **estar hecho un lío** to be in a muddle **hacerse un lío** (*confundirse*) to get into a muddle *Ver tb* ARMAR

liquidación nf (*rebaja*) sale LOC **liquidación por cierre de negocio** clearance sale

liquidar vt **1** (*deuda*) to settle **2** (*negocio*) to liquidate **3** (*matar*) to bump sb off

líquido, -a adj, nm liquid: *Solo puedo tomar ~s.* I can only have liquids. LOC *Ver* NATA

lira nf (*moneda*) lira

lírica nf lyric poetry

lirio nm iris

lirón nm dormouse [pl dormice] LOC *Ver* DORMIR

liso, -a adj **1** (*llano*) flat **2** (*suave*) smooth **3** (*sin adornos, de un solo color*) plain **4** (*pelo*) straight

lista nf list: ~ *de la compra* shopping list LOC **lista de espera** waiting list **lista de éxitos** charts [pl]: *estar en la ~ de éxitos* to be in the charts ◊ *ser número uno en la ~ de éxitos* to be top of the charts **lista electoral** electoral register **pasar lista** to take the register

listo, -a adj **1** (*inteligente*) clever **2** (*preparado*) ready: *Estamos ~s para salir.* We're ready to leave. LOC **pasarse de listo** to be too clever by half: *No te pases de ~ conmigo.* Don't try and be clever with me. *Ver tb* PREPARADO

litera nf **1** (*en casa*) bunk bed: *Los niños duermen en ~s.* The children sleep in bunk beds. **2** (*en barco*) bunk **3** (*en tren*) couchette

literatura nf literature

litro *nm* litre (*abrev* l): *medio ~* half a litre ☞ *Ver Apéndice 1.*

llaga *nf* ulcer

llama¹ *nf* (*de fuego*) flame LOC **estar en llamas** to be on fire

llama² *nf* (*animal*) llama

llamada *nf* call: *hacer una ~ (telefónica)* to make a (phone) call ◊ *la ~ del deber* the call of duty LOC **llamada a cobro revertido** reverse charge call

llamado, -a *pp, adj* so-called: *el ~ Tercer Mundo* the so-called Third World *Ver tb* LLAMAR

llamar ◆ *vt* to call: *Se llama Ignacio pero le llaman Nacho.* His name's Ignacio but they call him Nacho. ◊ *~ a la policía* to call the police ◊ *Llámame cuando llegues.* Give me a ring when you get there. ◆ *vi* **1** (*telefonear*) to call: *¿Quién llama?* Who's calling? **2** (*puerta*) to knock: *Están llamando a la puerta.* Someone's knocking at the door. **3** (*timbre*) to ring *sth* [*vt*]: *~ al timbre* to ring the bell ◆ **llamarse** *v pron* to be called: *¿Cómo te llamas?* What's your name? ◊ *Me llamo Ana.* My name's Ana./I'm called Ana. LOC **llamar a cobro revertido** to reverse the charges **llamar la atención 1** (*sobresalir*) to attract attention: *Se viste así para ~ la atención.* He dresses like that to attract attention. **2** (*sorprender*) to surprise *sb*: *Nos llamó la atención que volvieras sola.* We were surprised that you came back on your own. **3** (*reprender*) to tell *sb* off **llamar por teléfono** to phone *sb*, to give *sb* a ring (*más coloq*) *Ver tb* PAN

llamativo, -a *adj* **1** (*noticia*) striking **2** (*ostentoso*) flashy: *un coche muy ~* a flashy car

llano, -a ◆ *adj* **1** (*gen*) flat **2** (*sencillo*) simple ◆ *nm* plain LOC *Ver* PLATO

llanto *nm* crying [*incontable*]

llanura *nf* plain

llave *nf* **1** *~ (de)* (*gen*) key [*pl* keys] (**to** *sth*): *la ~ del armario* the key to the wardrobe ◊ *la ~ de la puerta* the door key **2** (*Mec*) spanner LOC **bajo llave** under lock and key **echar la llave** to lock up **llave de contacto** ignition key **llave de paso** (*del agua*) stopcock *Ver tb* AMO, CERRAR

llavero *nm* key ring

llegada *nf* arrival

llegar *vi* **1** (*gen*) to arrive (**at/in...**): *Llegamos al aeropuerto/hospital a las cinco.* We arrived at the airport/hospital at five o'clock. ◊ *Llegué a Inglaterra hace un mes.* I arrived in England a month ago. ☞ *Ver nota en* ARRIVE **2** (*alcanzar*) to reach: *¿Llegas?* Can you reach? ◊ *~ a una conclusión* to reach a conclusion **3** (*bastar*) to be enough: *La comida no llegó para todos.* There wasn't enough food for everybody. **4** (*altura*) to come up to *sth*: *Mi hija ya me llega al hombro.* My daughter comes up to my shoulder. **5** *~ hasta* (*extenderse*) to go **as far as...**: *La finca llega hasta el río.* The estate goes as far as the river. **6** (*tiempo*) to come: *cuando llegue el verano* when summer comes ◊ *Ha llegado el momento de...* The time has come to... LOC **estar al llegar** to be due any time: *Tu padre debe estar al ~.* Your father must be due any time now. **llegar a casa** to arrive home, to get home (*más coloq*) **llegar a hacer algo** (*lograr*) to manage to do sth **llegar a las manos** to come to blows **llegar a saber** to find out **llegar a ser** to become **llegar a tiempo** to be on time **llegar lejos** to go far **llegar tarde/temprano** to be late/early: *Llegó por la mañana temprano.* He arrived early in the morning. **si no llega a ser por él** if it hadn't been for him, her, etc.: *Si no llega a ser por él me mato.* If it hadn't been for him, I would have been killed.

llenar ◆ *vt* **1** (*gen*) to fill *sth/sb* (**with** *sth*): *Llena la jarra de agua.* Fill the jug with water. ◊ *No lo llenes tanto que se sale.* Don't fill it too much or it'll overflow. **2** (*satisfacer*) to satisfy: *Aquel estilo de vida no me llenaba.* That lifestyle didn't satisfy me. ◆ **llenarse** *v pron* **1** (*gen*) to fill (up) (**with** *sth*): *La casa se llenó de invitados.* The house filled (up) with guests. **2** (*comiendo*) to stuff yourself (**with** *sth*)

lleno, -a *adj* **1** (*gen*) full (**of** *sth*): *Esta habitación está llena de humo.* This room is full of smoke. ◊ *No quiero más, estoy ~.* I don't want any more, I'm full. ◊ *El autobús estaba ~ hasta los topes.* The bus was full to bursting. **2** (*cubierto*) covered (**in/with** *sth*): *El techo estaba ~ de telarañas.* The ceiling was covered in cobwebs. LOC **de lleno** fully: *entregarse de ~ a algo* to throw yourself into sth **estar lleno rebosar** to be full to bursting *Ver tb* CABEZA, LUNA

llevadero, -a *adj* bearable

llevar ♦ *vt* **1** (*gen*) to take: *Lleva las sillas a la cocina.* Take the chairs to the kitchen. ◊ *Me llevará un par de días arreglarlo.* It'll take me a couple of days to fix it. ◊ *Llevé el perro al veterinario.* I took the dog to the vet.

Cuando el hablante se ofrece a llevarle algo al oyente, se utiliza **to bring**: *No hace falta que vengas, te lo llevo el viernes.* You don't need to come, I'll bring it on Friday.

☞ *Ver dibujo en* TAKE **2** (*carga*) to carry: *Se ofreció a ~le la maleta.* He offered to carry her suitcase. **3** (*gafas, ropa, peinado*) to wear: *Lleva gafas.* She wears glasses. **4** (*conducir*) to drive: *¿Quién llevaba el coche?* Who was driving? **5** (*tener*) to have: *No llevaba dinero encima.* I didn't have any cash on me. ◊ *¿Llevas suelto?* Have you got any change? **6** (*tiempo*) to have been (*doing sth*): *Llevan dos horas esperando.* They've been waiting for two hours. ◊ *¿Cuánto tiempo llevas en Oviedo?* How long have you been in Oviedo? ♦ *vi* to lead to *sth*: *Esta carretera lleva al río.* This road leads to the river. ♦ *v aux* + **participio** to have: *Llevo vistas tres películas esta semana.* I've seen three films this week. ♦ **llevarse** *v pron* **1** (*robar*) to take: *El ladrón se llevó el vídeo.* The thief took the video. **2** (*estar de moda*) to be in: *Este invierno se lleva el verde.* Green is in this winter. **3** (*Mat*) to carry: *22 y me llevo dos.* 22 and carry two. LOC **llevarle a algn dos años, etc.** to be two years, etc. older than sb: *Me lleva seis meses.* She's six months older than me. **llevarse bien/mal** to get on well/badly (*with sb*) **para llevar** to take away: *una pizza para ~* a pizza to take away ☞ *Para otras expresiones con llevar, véanse las entradas del sustantivo, adjetivo, etc., p. ej.* **llevar a cabo** *en* CABO *y* **llevarse un disgusto** *en* DISGUSTO

llorar *vi* **1** (*gen*) to cry: *No llores.* Don't cry. ◊ *ponerse a ~* to burst out crying ◊ *~ de alegría/rabia* to cry with joy/rage **2** (*ojos*) to water: *Me lloran los ojos.* My eyes are watering. LOC **llorar a lágrima viva/a moco tendido** to cry your eyes out

llorón, -ona *adj, nm-nf* crybaby [*n*] [*pl* crybabies]: *No seas tan ~.* Don't be such a crybaby. LOC *Ver* SAUCE

llover *v imp* to rain: *Estuvo lloviendo toda la tarde.* It was raining all afternoon. ◊ *¿Llueve?* Is it raining? LOC **llover a cántaros** to pour: *Está lloviendo a cántaros.* It's pouring. *Ver tb* PARECER

llovizna *nf* drizzle

lloviznar *v imp* to drizzle

lluvia *nf* **1** (*gen*) rain: *un día de ~* a rainy day ◊ *Estas son unas buenas botas para la ~.* These boots are good for wet weather. **2** ~ **de** (*billetes, regalos, polvo*) shower **of** *sth* **2** ~ **de** (*balas, piedras, golpes, insultos*) hail **of** *sth* LOC **bajo la lluvia** in the rain **lluvia ácida** acid rain **lluvia radiactiva** radioactive fallout

lluvioso, -a *adj* **1** (*zona, país, temporada*) wet **2** (*día, tarde, tiempo*) rainy

lo ♦ *art def* (*para sustantivar*) the... thing: *lo interesante/difícil es...* the interesting/difficult thing is... ♦ *pron pers* **1** (*él*) him: *Lo eché de casa.* I threw him out of the house. **2** (*cosa*) it: *¿Dónde lo tienes?* Where is it? ◊ *No me lo creo.* I don't believe it. ☞ *Cuando se usa como complemento directo de algunos verbos como decir, saber y ser no se traduce: Te lo diré mañana.* I'll tell you tomorrow. ◊ *Todavía no eres médico pero lo serás.* You are not a doctor yet, but you will be. **3** (*usted*) you LOC **lo cual** which: *lo cual no es cierto* which isn't true **lo de...** **1** (*posesión*): *Todo eso es lo de Juan.* All that stuff is Juan's. **2** (*asunto*): *Lo del viaje fue inesperado.* The journey came as a surprise. ◊ *Lo de la fiesta era una broma ¿no?* What you said about the party was a joke, wasn't it? **lo mío 1** (*posesión*) my, your, etc. things: *Todo lo mío es tuyo.* All I have is yours. **2** (*afición*) my, your etc. thing: *Lo suyo es la música.* Music's his thing. **lo que...** what: *No te imaginas lo que fue aquello.* You can't imagine what it was like. ◊ *Haré lo que digas.* I'll do whatever you say. ◊ *Haría lo que fuera por aprobar.* I'd do anything to pass.

lobo, -a *nm-nf* wolf [*pl* wolves] Si queremos especificar que se trata de una hembra, diremos **she-wolf**.

LOC *Ver* HOMBRE, PERRO

local ♦ *adj* local ♦ *nm* premises [*pl*]: *El ~ es bastante grande.* The premises are quite big.

localidad *nf* **1** (*pueblo*) village **2** (*ciudad pequeña*) town **3** (*Cine, Teat*) seat LOC **no hay localidades** sold out

localizar *vt* **1** (*encontrar*) to locate: *Han localizado su paradero.* They've located his whereabouts. **2** (*contactar*) to get hold of *sb*: *Llevo toda la mañana tratando de ~te.* I've been trying to get hold of you all morning.

loción *nf* lotion LOC *Ver* DESMAQUILLADOR

loco, -a ♦ *adj* mad: *volverse* ~ to go mad ◊ *El chocolate me vuelve* ~. I'm mad about chocolate. ♦ *nm-nf* madman/woman [*pl* madmen/women] LOC **estar como loco (con) (***encantado***)** to be crazy about *sth/sb* **estar loco de** to be beside yourself with *sth*: *Está loca de alegría.* She's beside herself with joy. **estar loco de remate** to be round the bend **hacerse el loco** to pretend not to notice *Ver tb* CADA

locura *nf* (*disparate*) crazy thing: *He hecho muchas* ~s. I've done a lot of crazy things. ◊ *Es una* ~ *ir solo.* It's crazy to go alone.

locutor, ~a *nm-nf* (*de noticias*) newsreader

lodo *nm* mud

lógico, -a *adj* **1** (*normal*) natural: *Es* ~ *que te preocupes.* It's only natural that you're worried. **2** (*Fil*) logical

logotipo *nm* logo [*pl* logos]

lograr *vt* **1** (*gen*) to get, to achieve (*más formal*): *Logré buenos resultados.* I got good results. **2** + Inf to manage to do *sth*: *Logré convencerles.* I managed to persuade them. **3** ~ **que...** to get *sb* to do *sth*: *No lograrás que vengan.* You'll never get them to come.

logro *nm* achievement

lombriz *nf* worm

lomo *nm* **1** (*Anat*) back **2** (*Cocina*) loin: ~ *de cerdo* (loin of) pork **3** (*libro*) spine

loncha *nf* slice LOC **en lonchas** sliced

longitud *nf* **1** (*gen*) length: *Tiene dos metros de* ~. It is two metres long. **2** (*Geog*) longitude LOC *Ver* SALTO

lonja *nf* LOC **lonja (de pescado)** fish market

loro *nm* **1** (*ave*) parrot **2** (*persona*) windbag LOC **estar al loro 1** (*observando*) to keep your eyes peeled **2** (*informado*) to have/keep your finger on the pulse: *Está siempre al* ~ *de lo que se lleva y lo que no.* She's always up-to-date on the latest fashions.

los, las ♦ *art def* the: *los libros que compré ayer* the books I bought yesterday ☛ *Ver nota en* THE ♦ *pron pers* them: *Los/las vi en el cine.* I saw them at the cinema. LOC **de los/las de...:** *un terremoto de los de verdad* a really violent earthquake ◊ *El diseño del coche es de los de antes.* The design of the car is old-fashioned. **los/las de... 1** (*posesión*): *los de mi abuela* my grandmother's **2** (*característica*) the ones (with...): *Prefiero los de punta fina.* I

prefer the ones with a fine point. ◊ *Me gustan las de cuadros.* I like the checked ones. **3** (*ropa*) the ones in...: *las de rojo* the ones in red **4** (*procedencia*) the ones from...: *los de Pamplona* the ones from Pamplona **los/las hay:** *Los hay con muy poco dinero.* There are some with very little money. ◊ *Dime si los hay o no.* Tell me if there are any or not. **los/las que... 1** (*personas*): *los que se encontraban en la casa* the ones who were in the house ◊ *los que tenemos que madrugar* those of us who have to get up early ◊ *Entrevistamos a todos los que se presentaron.* We interviewed everyone who applied. **2** (*cosas*) the ones (which/that)...: *las que compramos ayer* the ones we bought yesterday

losa *nf* flagstone

lote *nm* **1** (*gen*) set: *un* ~ *de libros* a set of books **2** (*Com*) batch LOC **darse el lote** to pet

lotería *nf* lottery [*pl* lotteries] LOC *Ver* ADMINISTRACIÓN, JUGAR

loto *nm* lotus [*pl* lotuses]

loza *nf* china: *un plato de* ~ a china plate

lubina *nf* sea bass [*pl* sea bass]

lucha *nf* ~ **(contra/por)** fight (against/ for *sth/sb*): *la* ~ *contra la contaminación/por la igualdad* the fight against pollution/for equality LOC **lucha libre** wrestling

luchador, ~a ♦ *adj, nm-nf* fighter [*n*]: *Es un hombre muy* ~. He's a real fighter. ♦ *nm-nf* (*deportista*) wrestler

luchar *vi* **1** (*gen*) to fight (for/against *sth/sb*), to fight *sth/sb* [*vt*]: ~ *por la libertad* to fight for freedom ◊ ~ *contra los prejuicios raciales* to fight racial prejudice **2** (*Dep*) to wrestle

lúcido, -a *adj* lucid

lucir ♦ *vt* (*ropa*) to wear ♦ *vi* **1** (*bombilla*) to give light: *Esa farola no luce mucho.* The street lamp doesn't give much light. **2** (*astro*) to shine **3** (*resaltar*) to look nice: *Ese jarrón luciría más allí.* That vase would look better there. **4** (*cundir*) to show: *Estudio mucho pero no me luce.* I work hard but it doesn't show. ♦ **lucirse** *v pron* to show off: *Lo hace para* ~*se.* He just does it to show off.

luego ♦ *adv* **1** (*más tarde*) later: *Te lo cuento* ~. I'll tell you later. **2** (*a continuación*) then: *Se baten los huevos y* ~ *se añade el azúcar.* Beat the eggs and then stir in the sugar. ◊ *Primero está el ambulatorio y* ~ *la farmacia.* First there's the clinic and then the chemist's. ◆ *conj* therefore: *Pienso, ~ existo.* I think, therefore I am. LOC **desde luego** of course: *¡Desde ~ que no!* Of course not! **¡hasta luego!** bye!

lugar *nm* **1** (*gen*) place: *Me gusta este ~.* I like this place. ◊ *En esta fiesta estoy fuera de ~.* I feel out of place at this party. **2** (*posición, puesto*) position: *ocupar un ~ importante en la empresa* to have an important position in the firm **3** (*pueblo*) village: *los del ~* the people from the village LOC **dar lugar a algo** to cause sth **en lugar de** instead of *sth/sb/doing sth*: *En ~ de salir tanto, más te valdría estudiar.* Instead of going out so much, you'd be better off studying. **en primer, segundo, etc. lugar 1** (*posición*) first, second, etc.: *El equipo francés quedó clasificado en último ~.* The French team came last. **2** (*en un discurso*) first of all, secondly, etc.: *En último ~...* Last of all... **lugar de nacimiento 1** (*gen*) birthplace **2** (*en impresos*) place of birth **sin lugar a dudas** undoubtedly **tener lugar** to take place: *El accidente tuvo ~ a las dos de la madrugada.* The accident took place at two in the morning. **yo en tu lugar** if I were you: *Yo, en tu ~, aceptaría la invitación.* If I were you, I'd accept the invitation. *Ver tb* ALGUNO, CLASIFICAR, CUALQUIERA, NINGUNO, OTRO

lúgubre *adj* gloomy

lujo *nm* luxury [*pl* luxuries]: *No puedo permitirme esos ~s.* I can't afford such luxuries. LOC **a todo lujo** in style: *Viven a todo ~.* They live in style. **de lujo** luxury: *un apartamento de ~* a luxury apartment

lujoso. -a *adj* luxurious

lujuria *nf* lust

lumbre *nf* **1** (*gen*) fire: *Nos sentamos al calor de la ~.* We sat down by the fire. **2** (*cocina*) stove: *Tengo la comida en la ~.* The food's on the stove.

lumbrera *nf* (*persona inteligente*) genius [*pl* geniuses]

luminoso. -a *adj* **1** (*gen*) bright: *una habitación/idea luminosa* a bright room/

idea **2** (*que despide luz*) luminous: *un reloj ~* a luminous watch LOC *Ver* ANUNCIO

luna *nf* **1** (*gen*) moon: *un viaje a la Luna* a trip to the moon **2** (*cristal*) glass **3** (*espejo*) mirror **4** (*parabrisas*) windscreen LOC **estar en la luna** to be miles away **luna creciente/menguante** waxing/waning moon **luna de miel** honeymoon **luna llena/nueva** full/new moon

lunar ◆ *adj* lunar ◆ *nm* **1** (*piel*) mole **2** (*dibujo*) polka dot: *una falda de ~es* a polka-dot skirt

lunático. -a *adj, nm-nf* lunatic

lunes *nm* Monday [*pl* Mondays] (*abrev* ·Mon): *el ~ por la mañana/tarde* on Monday morning/afternoon ◊ *Los ~ no trabajo.* I don't work on Mondays. ◊ *un ~ sí y otro no* every other Monday ◊ *Ocurrió el ~ pasado.* It happened last Monday. ◊ *Nos veremos el ~ que viene.* We'll meet next Monday. ◊ *Mi cumpleaños cae en ~ este año.* My birthday falls on a Monday this year. ◊ *Se casarán el ~ 25 de julio.* They're getting married on Monday July 25. ☞ Se lee: 'Monday the twenty-fifth of July'

lupa *nf* magnifying glass

luto *nm* mourning: *una jornada de ~* a day of mourning LOC **estar de/llevar luto** to be in mourning (*for sb*) **ir de luto** to be dressed in mourning

luz *nf* **1** (*gen*) light: *encender/apagar la ~* to turn the light on/off ◊ *Hay mucha ~ en este piso.* This flat gets a lot of light. **2** (*electricidad*) electricity: *Con la tormenta se fue la ~.* The electricity went off during the storm. **3** (*día*) daylight **4** **luces** (*inteligencia*): *tener muchas/pocas luces* to be bright/dim LOC **dar a luz** to give birth (to *sb*): *Dio a ~ una niña.* She gave birth to a baby girl. **luces cortas/de cruce** dipped headlights: *Puse las luces cortas.* I dipped my headlights. **luces de posición** sidelights **luces largas/de carretera** headlights **sacar a la luz** to bring *sth* (out) into the open **salir a la luz** (*secreto*) to come to light *Ver tb* AÑO, PLENO

Mm

macabro, -a *adj* macabre

macarra *nmf* flashy person

macarrón *nm* **macarrones** macaroni [*incontable, v sing*]: *Los macarrones son fáciles de hacer.* Macaroni is easy to cook.

macedonia *nf* LOC **macedonia (de frutas)** fruit salad

maceta *nf* flowerpot

machacar ◆ *vt* **1** (*aplastar*) **(a)** (*gen*) to crush: ~ *ajo/nueces* to crush garlic/ nuts ☞ *Ver dibujo en* APLASTAR **(b)** (*fruta, patata, zanahoria*) to mash **2** (*romper*) to smash: *El niño machacó los juguetes.* The child smashed his toys to bits. ◆ *vt, vi* to go over (and over) sth: *Les machaqué la canción hasta que se la aprendieron.* I went over and over the song until they learnt it.

machete *nm* machete

machismo *nm* machismo

machista *adj, nmf* sexist: *publicidad/ sociedad* ~ sexist advertising/society ◊ *Mi jefe es un* ~ *de tomo y lomo.* My boss is really sexist.

macho ◆ *adj, nm* **1** (*gen*) male: *una camada de dos* ~*s y tres hembras* a litter of two males and three females ◊ *¿Es o hembra?* Is it male or female? ☞ *Ver nota en* FEMALE **2** (*machote*) macho [*adj*]: *Ese tío va de* ~. He's a bit of a macho man. ◆ *nm* (*enchufe*) plug ☞ *Ver dibujo en* ENCHUFE

macizo, -a *adj* (*objeto*) solid

madeja *nf* skein

madera *nf* **1** (*material*) wood [*gen incontable*]: *El roble es una* ~ *de gran calidad.* Oak is a high quality wood. ◊ ~ *procedente de Noruega* wood from Norway ◊ *hecho de* ~ made of wood **2** (*tabla*) piece of wood: *Esa* ~ *puede servir para tapar el agujero.* We could use that piece of wood to block up the hole. **3** (*de construcción*) timber: *las* ~*s del tejado* the roof timbers LOC **de madera** wooden: *una silla/viga de* ~ a wooden chair/beam **madera de pino, roble**, etc. pine, oak, etc.: *una mesa de* ~ *de pino* a pine table **tener madera de artista, líder**, etc. to be a born artist, leader, etc. **¡toca madera!** touch wood! *Ver tb* CUCHARA

madero *nm* **1** (*tronco*) log **2** (*tablón*) piece of timber

madrastra *nf* stepmother

madre *nf* mother: *ser* ~ *de dos hijos* to be the mother of two children LOC **madre de alquiler** surrogate mother **¡madre mía!** good heavens! **madre soltera** single parent **madre superiora** Mother Superior *Ver tb* DÍA, FAMILIA, HUÉRFANO

madriguera *nf* **1** (*gen*) den: *una* ~ *de león/lobo* a lion's/wolf's den **2** (*conejo*) burrow

madrina *nf* **1** (*bautizo*) godmother **2** (*boda*) woman who accompanies the groom, usually his mother ☞ *Ver nota en* BODA

madrugada *nf*: *a las dos de la* ~ at two in the morning ◊ *en la* ~ *del viernes al sábado* in the early hours of Saturday morning

madrugar *vi* to get up early

madurar *vi* **1** (*fruta*) to ripen **2** (*persona*) to mature

maduro, -a *adj* **1** (*fruta*) ripe **2** (*de mediana edad*) middle-aged: *un hombre ya* ~ a middle-aged man **3** (*sensato*) mature: *Javier es muy* ~ *para su edad.* Javier is very mature for his age.

maestro, -a *nm-nf* **1** (*educador*) teacher **2** ~ **(de/en)** (*figura destacada*) master: *un* ~ *del ajedrez* a chess master LOC *Ver* OBRA

mafia *nf* mafia: *la* ~ *de la droga* the drugs mafia ◊ *la Mafia* the Mafia

magdalena *nf* fairy cake

magia *nf* magic: ~ *blanca/negra* white/ black magic LOC *Ver* ARTE

mágico, -a *adj* (*ilusionismo*) magic: *poderes* ~*s* magic powers LOC *Ver* VARITA

magisterio *nm* (*estudios*) teacher training: *Elena estudió Magisterio en Valencia.* Elena trained as a teacher in Valencia.

magma *nm* magma

magnate *nmf* tycoon, magnate (*más formal*)

magnético, -a *adj* magnetic

magnetismo *nm* magnetism

magnetofón (*tb* **magnetófono**) *nm* tape recorder

magnífico, -a adj wonderful: *Hizo un tiempo ~.* The weather was wonderful. ◊ *una magnífica nadadora* a wonderful swimmer

mago, -a nm-nf (*ilusionista*) magician LOC Ver REY

mahonesa nf Ver MAYONESA

maicena® nf cornflour

maillot nm (*ciclismo*) jersey [*pl* jerseys]: *el ~ amarillo* the yellow jersey

maíz nm **1** (*planta*) maize **2** (*grano*) sweetcorn LOC Ver PALOMITA

Majestad nf Majesty [*pl* Majesties]: *Su ~* His/Her/Your Majesty

mal ◆ adj Ver MALO ◆ adv **1** (*gen*) badly: *portarse/hablar ~* to behave/speak badly ◊ *un trabajo ~ pagado* a poorly/badly paid job ◊ *Mi abuela oye muy ~.* My grandmother's hearing is very bad. ◊ *¡Qué ~ lo pasamos!* What a terrible time we had! **2** (*calidad, aspecto*) bad: *Esa chaqueta no está ~.* That jacket's not bad. **3** (*equivocadamente, moralmente*): *Has escogido ~.* You've made the wrong choice. ◊ *contestar ~ una pregunta* to give the wrong answer ◊ *Está ~ que contestes a tu madre.* It's wrong to answer your mother back. ◆ nm **1** (*daño*) harm: *No te deseo ningún ~.* I don't wish you any harm. **2** (*problema*) problem: *La venta de la casa nos salvó de ~es mayores.* The sale of the house saved us any further problems. **3** (*Fil*) evil: *el bien y el ~* good and evil LOC **andar/estar mal de** to be short of *sth* **estar/encontrarse mal** to be/feel ill **no hay mal que por bien no**

venga every cloud has a silver lining ☛ Para otras expresiones con **mal**, véanse las entradas del sustantivo, adjetivo, etc., p. ej. **estar mal de la cabeza** en CABEZA y **¡menos mal!** en MENOS.

malcriar vt to spoil

maldad nf wickedness [*incontable*]: *Siempre se han caracterizado por su ~.* Their wickedness is notorious. ◊ *Ha sido una ~ por su parte.* It was a wicked thing to do.

maldecir vt to curse

maldición nf curse: *Nos ha caído una ~.* There's a curse on us. ◊ *echarle una ~ a algn* to put a curse on sb ◊ *No paraba de soltar maldiciones.* He kept cursing and swearing.

maldito, -a pp, adj **1** (*lit*) damned **2** (*fig*) wretched: *¡Estos ~s zapatos me aprietan!* These wretched shoes are too tight for me! Ver tb MALDECIR

maleducado, -a pp, adj, nm-nf rude [*adj*]: *¡Qué niños tan ~s!* What rude children! ◊ *Eres un ~.* You're so rude!

malentendido nm misunderstanding: *Ha habido un ~.* There has been a misunderstanding.

malestar nm **1** (*indisposición*): *Siento un ~ general.* I don't feel very well. **2** (*inquietud*) unease: *Sus palabras causaron ~ en medios políticos.* His words caused unease in political circles.

maleta nf (suit)case LOC **hacer/deshacer la(s) maleta(s)** to pack/unpack

maletero nm boot

maleta

suitcases

rucksacks (*tb* backpacks)

bumbag

handbag (*USA* purse)

briefcase

basket

carrier bag

holdall

maletín *nm* **1** (*documentos*) briefcase ☛ *Ver dibujo en* MALETA **2** (*médico*) (doctor's) bag

malgastar *vt* to waste

malhablado, -a *adj*, *nm-nf* foul-mouthed [*adj*]: *ser un ~* to be foul-mouthed

malherido, -a *pp*, *adj* badly injured

maligno, -a *adj* (*Med*) malignant

malla *nf* **1** (*ballet, gimnasia*) leotard **2** (*red*) mesh

malo, -a ◆ *adj* **1** (*gen*) bad: *una mala persona* a bad person ◊ *~s modales/mala conducta* bad manners/behaviour ◊ *Tuvimos muy mal tiempo.* We had very bad weather. **2** (*inadecuado*) poor: *mala alimentación/visibilidad* poor food/visibility ◊ *debido al mal estado del terreno* due to the poor condition of the ground **3** (*travieso*) naughty: *No seas ~ y bébete la leche.* Don't be naughty — drink up your milk. **4 ~ en/para** (*torpe*) bad **at** *sth/doing sth*: *Soy malísimo en matemáticas.* I'm hopeless at maths. ◆ *nm-nf* villain, baddy [*pl* baddies] (*coloq*): *El ~ muere en el último acto.* The villain dies in the last act. ◊ *Al final luchan los buenos contra los ~s.* At the end there is a fight between the goodies and the baddies. LOC **estar malo** to be ill **lo malo es que...** the trouble is (that)... ☛ Para otras expresiones con **malo**, véanse las entradas del sustantivo, p. ej. **mala hierba** en HIERBA y **hacer una mala jugada** en JUGADA.

malpensado, -a *adj*, *nm-nf* **1** (*que siempre sospecha*) suspicious [*adj*]: *Eres un ~.* You've got a really suspicious mind. **2** (*obsceno*) dirty-minded [*adj*]: *¡Qué ~ eres!* What a dirty mind you've got!

maltratar *vt* to mistreat: *Dijeron que les habían maltratado.* They said they had been mistreated. ◊ *Nos maltrataron física y verbalmente.* We were subjected to physical and verbal abuse.

malucho, -a *adj* under the weather

malva ◆ *nf* (*flor*) mallow ◆ *nm* (*color*) mauve ☛ *Ver ejemplos en* AMARILLO

malvado, -a *adj* wicked

mama *nf* breast: *cáncer de ~* breast cancer

mamá *nf* mum ☛ *Los niños pequeños suelen decir* **mummy**.

mamar *vi* to feed: *En cuanto termina de ~ se duerme.* He falls asleep as soon as he's finished feeding. LOC **dar de mamar** to breastfeed

mamífero *nm* mammal

mampara *nf* **1** (*en un mostrador de banco*) screen **2** (*pared*) partition

manada *nf* **1 (a)** (*gen*) herd: *una ~ de elefantes* a herd of elephants **(b)** (*lobos, perros*) pack **(c)** (*leones*) pride **2** (*gente*) crowd

manantial *nm* spring: *agua de ~* spring water

manar *vi* to flow (*from sth/sb*)

mancha *nf* **1** (*suciedad*) stain: *una ~ de grasa* a grease stain **2** (*leopardo*) spot

manchado, -a *pp*, *adj* **1 ~ (de)** (*embadurnado*) stained (**with** *sth*): *Llevas la camisa manchada de vino.* You've got a wine stain on your shirt. ◊ *una carta manchada de sangre/tinta* a blood-stained/ink-stained letter **2** (*animal*) spotted *Ver tb* MANCHAR

manchar ◆ *vt* to get *sth* dirty: *No manches el mantel.* Don't get the table-cloth dirty. ◊ *Has manchado el suelo de barro.* You've got mud on the floor. ◆ **mancharse** *v pron* to get dirty

manco, -a *adj* **1** (*sin un brazo*) one-armed **2** (*sin una mano*) one-handed

mandamiento *nm* (*Relig*) commandment

mandar ◆ *vt* **1** (*ordenar*) to tell *sb to do sth*: *Mando callar a los niños.* He told the children to be quiet. ☛ *Ver nota en* ORDER **2** (*enviar*) to send: *Te he mandado una carta.* I've sent you a letter. ◊ *El ministerio ha mandado a un inspector.* The ministry has sent an inspector. **3** (*llevar*) to have *sth* done: *Lo voy a ~ a limpiar.* I'm going to have it cleaned. ◆ *vi* **1** (*gobierno*) to be in power **2** (*ser el jefe*) to be the boss (*coloq*), to be in charge LOC **mandar a algn a paseo/la porra** to tell sb to get lost *Ver tb* CORREO, DIOS

mandarina *nf* mandarin

mandíbula *nf* jaw

mando *nm* **1 (a)** (*liderazgo*) leadership: *tener don de ~* to be a born leader **(b)** (*Mil*) command: *entregar/tomar el ~* to hand over/take command **2** (*Informát*) joystick **3 mandos** controls: *cuadro de ~s* control panel LOC **mando a distancia** remote control

mandón, -ona *adj*, *nm-nf* bossy [*adj*]: *Eres un ~.* You're very bossy.

manecilla *nf* hand: *la ~ grande del reloj* the hour hand

manejar *vt* **1** (*gen*) to handle: *~ un arma* to handle a weapon **2** (*máquina*) to operate **3** (*manipular*) to manipulate:

No te dejes ~. Don't let yourself be manipulated.

manera *nf* **1** ~ (**de**) (*modo*) way [*pl* ways] (*of doing sth*): *su* ~ *de hablar/ vestir* her way of speaking/dressing **2 maneras** manners: *buenas* ~*s* good manners ◊ *pedir algo de buenas* ~*s* to ask nicely for sth LOC **a mi manera** my, your, etc. way **de todas (las) maneras** anyway **manera de ser**: *Es mi* ~ *de ser.* It's just the way I am. **no haber manera de** to be impossible *to do sth: No ha habido* ~ *de arrancar el coche.* It was impossible to start the car. **¡qué manera de...!** what a way to...!: *¡Qué* ~ *de hablar!* What a way to speak! *Ver tb* DICHO, NINGUNO

manga *nf* sleeve: *una camisa de* ~ *larga/corta* a long-sleeved/short-sleeved shirt LOC **estar manga por hombro** to be in a mess **sacarse algo de la manga** to make sth up **sin mangas** sleeveless

mangar *vt* to nick: *Me han mangado la cartera.* My wallet's been nicked.

mango¹ *nm* (*asa*) handle ☛ *Ver dibujo en* HANDLE

mango² *nm* (*fruta*) mango [*pl* mangoes]

mangonear *vi* to boss people around

manguera *nf* hose

manía *nf* quirk: *Todo el mundo tiene sus pequeñas* ~*s.* Everybody's got their own little quirks. ◊ *¡Qué* ~*!* You're getting obsessed about it! LOC **cogerle/tenerle manía a algn** to have got it in for sb: *El profesor me ha cogido* ~. The teacher's got it in for me. **cogerle/tenerle manía a algo** to hate sth **tener la manía de hacer algo** to have the strange habit of doing sth *Ver tb* QUITAR

maniático, -a *adj* (*quisquilloso*) fussy

manicomio *nm* psychiatric hospital

manifestación *nf* **1** (*protesta*) demonstration **2** (*expresión*) expression: *una* ~ *de apoyo* an expression of support **3** (*declaración*) statement

manifestante *nmf* demonstrator

manifestar ◆ *vt* **1** (*opinión*) to express **2** (*mostrar*) to show ◆ **manifestarse** *v pron* to demonstrate: ~*se en contra/a favor de algo* to demonstrate against/in favour of sth

manifiesto *nm* manifesto [*pl* manifestos]: *el* ~ *comunista* the Communist Manifiesto

manilla *nf* **1** (*puerta*) handle ☛ *Ver dibujo en* HANDLE **2** (*reloj*) hand LOC **la**

manilla grande/pequeña the minute/ hour hand

manillar *nm* handlebars [*pl*]

maniobra *nf* manoeuvre

maniobrar *vi* **1** (*gen*) to manoeuvre **2** (*ejército*) to be on manoeuvres

manipular *vt* **1** (*deshonestamente*) to manipulate: ~ *los resultados de las elecciones* to manipulate the election results **2** (*lícitamente*) to handle: ~ *alimentos* to handle food

maniquí *nm* dummy [*pl* dummies]

manirroto, -a *nm-nf* big spender

manitas *adj, nmf* handy: *Mi hermana es la* ~ *de la casa.* My sister's the handy one around the house.

El sustantivo **handyman** también significa *manitas*, pero se refiere solo a un hombre: *Mi marido es un/muy manitas.* My husband's a handyman.

LOC **hacer manitas** to hold hands

manivela *nf* handle, crank (*téc*)

manjar *nm* delicacy [*pl* delicacies]

mano *nf* **1** (*gen*) hand: *Levanta la* ~. Put your hand up. ◊ *estar en buenas* ~*s* to be in good hands **2** (*animal*) front foot [*pl* feet] **3** (*pintura*) coat LOC **a mano 1** (*cerca*) to hand: *¿Tienes un diccionario a* ~? Have you got a dictionary to hand? **2** (*manualmente*) by hand: *Hay que lavarlo a* ~. It needs washing by hand. ◊ *hecho a* ~ handmade **a mano derecha/ izquierda** on the right/left **atraco/robo a mano armada** (*lit*) armed robbery **2** (*fig*) daylight robbery **coger/pillar a algn con las manos en la masa** to catch sb red-handed **dar la mano** to hold *sb's* hand: *Dame la* ~. Hold my hand. **dar(se) la mano** to shake hands (*with sb*): *Se dieron la* ~. They shook hands. **de la mano** hand in hand (*with sb*): *Paseaban (cogidos) de la* ~. They were walking along hand in hand. **echar mano a** to lay your hands on *sth/sb* **echar mano de** to use *sth* **echar una mano** to give *sb* a hand **en mano** in person: *Entrégueselo en* ~. Give it to him in person. **entre manos**: *llevar algo entre* ~*s* to be up to sth ◊ *Tengo un asunto entre* ~*s*. I'm working on a deal. **mano a mano 1** (*entre dos*) between the two of us: *En un* ~ *a* ~ *nos comimos toda la tarta.* We finished off the whole cake between the two of us. **2** (*en colaboración*) together: *Trabajaron a* ~ *toda la noche.* They worked together all night. **3** (*enfrentamiento*) confrontation **mano de obra** labour [*incontable*] **mano derecha** (*colaborador*) right-hand man **mano dura** firm hand **¡manos a la obra!** let's get to work! **¡manos arriba!** hands up! **poner la mano en el fuego 1** (*por algo*) to stake your life *on sth* **2** (*por algn*) to stick your neck out *for sb* **ponerle la mano encima a algn** to lay a finger on sb **tener mano izquierda** to be tactful *Ver tb* ¡ADIÓS!, ALCANCE, COGIDO, CONOCER, ESCALERA, ESCRIBIR, FRENO, FROTAR(SE), JUEGO, LAVAR, LLEGAR, PÁJARO, SALUDAR, SEGUNDO, TRAER

manojo *nm* bunch

manopla *nf* mitten

manosear *vt* to touch

manotazo *nm* slap

mansión *nf* mansion

manso, -a *adj* **1** (*animal*) tame **2** (*persona*) meek: *más ~ que un cordero* as meek as a lamb

manta *nf* blanket: *Ponle una ~ por encima.* Put a blanket over him.

manteca *nf* fat LOC **manteca (de cerdo)** lard

mantel *nm* tablecloth

mantener ◆ *vt* **1** (*conservar*) to keep: *~ la comida caliente* to keep food hot ◇ *~ una promesa* to keep a promise **2** (*económicamente*) to support: *~ a una familia de ocho* to support a family of eight **3** (*afirmar*) to maintain **4** (*sujetar*) to hold: *Mantén bien sujeta la botella.* Hold the bottle tight. ◆ **mantenerse** *v pron* to live *on sth*: *~se a base de comida de lata* to live on tinned food LOC **mantenerse en forma** to keep fit **mantenerse en pie** to stand (up): *No puede ~se en pie.* He can't stand (up) any more. **mantener vivo** to keep sth/sb alive: *~ viva la ilusión* to keep your hopes alive *Ver tb* CONTACTO, LÍNEA, TRECE

mantenimiento *nm* maintenance

mantequilla *nf* butter

manual *adj, nm* manual: *~ de instrucciones* instruction manual LOC *Ver* TRABAJO

manufacturar *vt* to manufacture

manuscrito *nm* manuscript

maña *nf* **1** (*habilidad*) skill **2 mañas** cunning [*incontable*]: *Empleó todas sus ~s para que lo ascendieran.* He used all his cunning to get promotion. LOC **tener/darse maña** to be good *at sth/ doing sth*: *tener ~ para la carpintería* to be good at woodwork

mañana ◆ *nf* morning: *Se marcha esta ~.* He's leaving this morning. ◇ *a la siguiente* the following morning ◇ *a las dos de la ~* at two o'clock in the morning ◇ *El examen es el lunes por la ~.* The exam is on Monday morning. ◇ *Salimos ~ por la ~.* We're leaving tomorrow morning. ☛ *Ver nota en* MORNING ◆ *nm* future: *No pienses en el ~.* Don't think about the future. ◆ *adv* tomorrow: *~ es sábado ¿no?* Tomorrow is Saturday, isn't it? ◇ *el periódico de ~* tomorrow's paper LOC **¡hasta mañana!** see you tomorrow! *Ver tb* DÍA, MEDIO, NOCHE, PASADO

mañoso, -a *adj* handy

manzana *nf* **1** (*fruta*) apple **2** (*de casas*) block LOC *Ver* VUELTA

manzanilla *nf* **1** (*planta*) camomile **2** (*infusión*) camomile tea

manzano *nm* apple tree

mapa *nm* map: *Está en el ~.* It's on the map. LOC *Ver* DESAPARECER

mapamundi *nm* world map

maqueta *nf* model

maquillaje *nm* make-up [*incontable*]: *Ana se compra unos ~s carísimos.* Ana buys very expensive make-up.

maquillar ◆ *vt* to make *sb* up ◆ **maquillarse** *v pron* to put on your make-up: *No he tenido tiempo de ~me.* I haven't had time to put on my make-up.

máquina *nf* **1** (*gen*) machine: *~ de coser* sewing machine **2** (*tren*) engine LOC **escribir/pasar a máquina** to type **máquina de escribir** typewriter **máquina (de fotos)** camera **máquina tragaperras** fruit machine

maquinaria *nf* machinery

maquinilla *nf* LOC **maquinilla (de afeitar)** electric razor

maquinista *nmf* train driver

mar *nm o nf* sea: *Este verano quiero ir al ~.* I want to go to the seaside this summer.

En inglés *sea* se escribe con mayúscula cuando aparece con el nombre de un mar: *el mar Negro* the Black Sea.

LOC **hacerse a la mar** to put out to sea **mar adentro** out to sea **por mar** by sea *Ver tb* ALTO, CABALLO, ERIZO, ORILLA

maratón *nm o nf* marathon

maravilla *nf* wonder LOC **hacer maravillas** to work wonders: *Este jarabe hace ~s.* This cough mixture works wonders. **¡qué maravilla!** how wonderful!

maravilloso, -a *adj* wonderful

marca *nf* **1** (*señal*) mark **2** (*productos de limpieza, alimentos, ropa*) brand: *una ~ de vaqueros* a brand of jeans **3** (*coches, motos, electrodomésticos, ordenadores,*

tabaco) make: *¿Qué ~ de coche tienes?* What make of car have you got? **4** (*récord*) record: *batir/establecer una ~* to beat/set a record LOC **de marca**: *productos de ~* brand name goods ◊ *ropa de ~* designer clothes **marca (registrada)** (registered) trademark

marcado, **-a** *pp*, *adj* (*fuerte*) strong: *hablar con ~ acento andaluz* to speak with a strong Andalusian accent *Ver tb* MARCAR

marcador *nm* (*Dep*) scoreboard

marcar ◆ *vt* **1** (*gen*) to mark: *~ el suelo con tiza* to mark the ground with chalk **2** (*ganado*) to brand **3** (*indicar*) to say: *El reloj marcaba las cinco.* The clock said five o'clock. ◆ *vt*, *vi* **1** (*Dep*) to score: *Marcaron (tres goles) en el primer tiempo.* They scored (three goals) in the first half. **2** (*teléfono*) to dial: *Has marcado mal.* You've dialled the wrong number. **3** (*pelo*) to set LOC **marcar el compás/ritmo** to beat time/the rhythm

marcha *nf* **1** (*Mil, Mús, manifestación*) march **2** (*bicicleta, coche*) gear: *cambiar de ~* to change gear **3** (*velocidad*) speed: *reducir la ~* to reduce speed **4** (*animación*): *¡Qué ~ tenía el tío!* That guy was all go! ◊ *una fiesta con mucha ~* a very lively party ◊ *la ~ nocturna de Torremolinos* the night life in Torremolinos LOC **a marchas forzadas** against the clock **a toda marcha** at top speed **dar marcha atrás** to reverse **sobre la marcha** as I, you, etc. go (along): *Lo decidiremos sobre la ~.* We'll decide as we go along. *Ver tb* EMPRENDER

marchar ◆ *vi* to go: *¿Cómo marchan las cosas?* How are things going? ◆ **marchar(se)** *vi*, *v pron* **marchar(se) (de)** to leave: *~se de casa* to leave home ◊ *¿Os marcháis ya?* Are you leaving already? LOC *Ver* RUEDA

marchito, **-a** *adj* (*flor*) withered

marchoso, **-a** *adj* lively

marcial *adj* martial

marciano, **-a** *adj*, *nm-nf* Martian

marco *nm* **1** (*cuadro, puerta*) frame **2** (*moneda*) mark

marea *nf* tide: *~ alta/baja* high/low tide ◊ *Ha subido/bajado la ~.* The tide has come in/gone out. LOC **marea negra** oil slick *Ver tb* VIENTO

mareado, **-a** *pp*, *adj* **1** (*gen*) sick: *Estoy un poco ~.* I'm feeling rather sick. **2** (*harto*) sick and tired: *Me tiene ~ con la idea de la moto.* I'm sick and tired of him going on about that motorbike. *Ver tb* MAREAR

marear ◆ *vt* **1** (*gen*) to make *sb* feel sick: *Ese olor me marea.* That smell makes me feel sick. **2** (*hartar*) to get on *sb's* nerves: *La están mareando con esa música.* Their music is getting on her nerves. ◊ *¡No me marees!* Don't go on at me! ◆ **marearse** *v pron* **1** (*gen*) to get sick: *Me mareo en el asiento de atrás.* I get sick if I sit in the back seat. **2** (*perder el equilibrio*) to feel dizzy **3** (*en el mar*) to get seasick

maremoto *nm* tidal wave

mareo *nm* dizziness: *sufrir/tener ~s* to feel dizzy LOC *Ver* PASTILLA

marfil *nm* ivory

margarina *nf* margarine

margarita *nf* daisy [*pl* daisies]

margen ◆ *nf* bank ◆ *nm* **1** (*en una página*) margin **2** (*libertad*) room (**for sth**): *~ de duda* room for doubt LOC **al margen**: *Le dejan al ~ de todo.* They leave him out of everything.

marginado, **-a** ◆ *pp*, *adj* **1** (*persona*) left out: *sentirse ~* to feel left out **2** (*zona*) deprived ◆ *nm-nf* outcast *Ver tb* MARGINAR

marginar *vt* to shun

maría *nf* (*asignatura fácil*) easy subject

marica *nm* gay [*pl* gays]

marido *nm* husband

marihuana *nf* marijuana

marimandón, **-ona** *adj*, *nm-nf* bossy [*adj*]

marina *nf* navy [*v sing o pl*]: *la Marina Mercante* the Merchant Navy LOC *Ver* INFANTERÍA

marinero, **-a** *adj*, *nm* sailor [*n*]: *una gorra marinera* a sailor hat

marino, **-a** ◆ *adj* **1** (*gen*) marine: *vida/contaminación marina* marine life/pollution **2** (*aves, sal*) sea [*n atrib*] ◆ *nm* sailor LOC *Ver* AZUL

marioneta *nf* **1** (*gen*) puppet **2** **marionetas** puppet show [*sing*]

mariposa *nf* butterfly [*pl* butterflies]: *los 200 metros ~* the 200 metres butterfly LOC *Ver* NADAR

mariquita *nf* ladybird

marisco *nm* shellfish [*pl* shellfish]

marisma *nf* marsh

marítimo, **-a** *adj* **1** (*pueblo, zona*) coastal **2** (*puerto*) sea [*n atrib*]: *puerto ~* sea port LOC *Ver* PASEO

marketing *nm* marketing

mármol *nm* marble

marqués, **-esa** *nm-nf* marquis [*fem* marchioness]

marranada *nf* **1** (*suciedad*) filthy [*adj*]: *La calle quedó hecha una ~.* The street was filthy. **2** (*asquerosidad*) disgusting [*adj*]: *Lo que estás haciendo con la comida es una ~.* What you're doing with your food is disgusting.

marrano, -a ◆ *adj* filthy ◆ *nm-nf* pig ☛ *Ver nota en* CERDO

marrón *adj, nm* brown ☛ *Ver ejemplos en* AMARILLO

Marte *nm* Mars

martes *nm* Tuesday [*pl* Tuesdays] (*abrev* Tue(s)) ☛ *Ver ejemplos en* LUNES
LOC **martes de Carnaval** Shrove Tuesday

El martes de Carnaval también se llama **Pancake Day** porque es típico comer crepes con zumo de limón y azúcar.

martes y trece ≃ Friday the thirteenth (*GB*)

martillo *nm* hammer

mártir *nmf* martyr

marxismo *nm* marxism

marzo *nm* March (*abrev* Mar) ☛ *Ver ejemplos en* ENERO

más ◆ *adv*
● **uso comparativo** more (**than** *sth/ sb*): *Es ~ alta/inteligente que yo.* She's taller/more intelligent than me. ◊ *Tú has viajado ~ que yo.* You have travelled more than me/than I have. ◊ *~ de cuatro semanas* more than four weeks ◊ *Me gusta ~ que el tuyo.* I like it better than yours. ◊ *durar/trabajar ~* to last longer/work harder ◊ *Son ~ de las dos.* It's gone two.

En comparaciones como *más blanco que la nieve*, *más sordo que una tapia*, etc. el inglés utiliza la construcción **as... as**: 'as white as snow', 'as deaf as a post', etc.

● **uso superlativo** most (**in/of...**): *el edificio ~ antiguo de la ciudad* the oldest building in the town ◊ *el ~ simpático de todos* the nicest one of all ◊ *la tienda que ~ libros ha vendido* the shop that has sold most books

Cuando el superlativo se refiere solo a dos cosas o personas, se utiliza la forma **more** o -er. Compárense las frases siguientes: *¿Cuál es la cama más cómoda (de las dos)?* Which bed is more comfortable? ◊ *¿Cuál es la cama más cómoda de la casa?* Which is the most comfortable bed in the house?

● **con pronombres negativos, interrogativos e indefinidos** else: *Si tienes algo ~ que decirme...* If you've got anything else to tell me... ◊ *¿Alguien ~?* Anyone else? ◊ *nada/nadie ~* nothing/ nobody else ◊ *¿Qué ~ puedo hacer por vosotros?* What else can I do for you?

● **otras construcciones** (*exclamaciones*): *¡Qué paisaje ~ hermoso!* What lovely scenery! ◊ *¡Es ~ aburrido!* He's so boring! **2** (*negaciones*) only: *No sabemos ~ que lo que ha dicho la radio.* We only know what it said on the radio. ◊ *Esto no lo sabe nadie ~ que tú.* Only you know this.

◆ *nm, prep* plus: *Dos ~ dos, cuatro.* Two plus two is four.
LOC **a más no poder**: *Gritamos a ~ no poder.* We shouted as loud as we could. **de lo más...** really: *una cara de lo ~ antipática* a really nasty face **de más 1** (*que sobra*) too much, too many: *Hay dos sillas de ~.* There are two chairs too many. ◊ *Pagaste 20 dólares de ~.* You paid 20 dollars too much. **2** (*de sobra*) spare: *No te preocupes, yo tengo un bolígrafo de ~.* Don't worry. I've got a spare pen. **más bien** rather: *Es ~ bien feo, pero muy simpático.* He's rather ugly, but very nice. **más o menos** *Ver* MENOS **más que nada** particularly **por más que** however much: *Por ~ que grites...* However much you shout... *¿qué más da?* what difference does it make? **sin más ni más** just like that ☛ *Para otras expresiones con* **más**, véanse las entradas del adjetivo, adverbio, etc., p. ej. **más callado que un muerto** en CALLADO y **más que nunca** en NUNCA.

masa *nf* **1** (*gen*) mass: *~ atómica* atomic mass ◊ *una ~ de gente* a mass of people **2** (*pan*) dough LOC **de masas** mass: *cultura/movimientos de ~s* mass culture/movements *Ver tb* MANO

masaje *nm* massage: *¿Me das un poco de ~ en la espalda?* Can you massage my back for me?

mascar *vt, vi* to chew

máscara *nf* mask LOC **máscara antigás/de oxígeno** gas/oxygen mask

mascota *nf* mascot

masculino, -a *adj* **1** (*gen*) male: *la población masculina* the male population **2** (*Dep, moda*) men's: *la prueba masculina de los 100 metros* the men's 100 metres **3** (*característico del hombre, Gram*) masculine ☛ *Ver nota en* MALE

masivo, -a *adj* huge, massive (*más formal*): *una afluencia masiva de turistas* a huge influx of tourists

máster *nm* master's (degree): *un ~ de economía* a master's in economics

masticar *vt, vi* to chew: *Hay que ~ bien la comida.* You should chew your food thoroughly.

mástil *nm* **1** (*barco*) mast **2** (*bandera*) flagpole

masturbarse *v pron* to masturbate

mata *nf* bush

matadero *nm* slaughterhouse

matanza *nf* slaughter

matar *vt, vi* to kill: *~ el tiempo* to kill time ◊ *¡Te voy a ~!* I'm going to kill you! LOC **matar a disgustos** to make *sb's* life a misery **matar a tiros/de un tiro a** shoot *sb* dead **matar dos pájaros de un tiro** to kill two birds with one stone **matar el hambre**: *Compramos fruta para ~ el hambre.* We bought some fruit to keep us going. **matarse a estudiar/trabajar** to work like mad

matasellos *nm* postmark

mate[1] *nm* **1** (*Ajedrez*) mate **2** (*en baloncesto*) dunk LOC *Ver* JAQUE

mate[2] *adj* (*sin brillo*) matt

matemáticas *nf* mathematics, maths (*coloq*) [*sing*]: *Se le dan bien las ~.* He's good at maths.

matemático, -a ◆ *adj* mathematical ◆ *nm-nf* mathematician

materia *nf* **1** (*gen*) matter: *~ orgánica* organic matter **2** (*asignatura, tema*) subject: *ser un experto en la ~* to be an expert on the subject LOC **materia prima** raw material *Ver tb* ÍNDICE

material ◆ *adj* material ◆ *nm* **1** (*materia, datos*) material: *un ~ resistente al fuego* fire-resistant material ◊ *Tengo todo el ~ que necesito para el artículo.* I've got all the material I need for the article. **2** (*equipo*) equipment [*incontable*]: *~ deportivo/de laboratorio* sports/laboratory equipment LOC **material didáctico/educativo** teaching materials [*pl*]

materialista ◆ *adj* materialistic ◆ *nmf* materialist

maternal *adj* motherly, maternal (*más formal*)

maternidad *nf* **1** (*condición*) motherhood, maternity (*más formal*) **2** (a) (*clínica*) maternity hospital (b) (*sala*) maternity ward

materno, -a *adj* **1** (*maternal*) motherly: *amor ~* motherly love **2** (*parentesco*) maternal: *abuelo ~* maternal grandfather LOC *Ver* LENGUA, LÍNEA

matinal *adj* morning [*n atrib*]: *un vuelo ~* a morning flight

matiz *nm* **1** (*color*) shade **2** (*rasgo*) nuance: *matices de significado* nuances of meaning ◊ *un ~ irónico* a touch of irony

matizar *vt* **1** (*puntualizar*) to clarify: *Me gustaría que matizara sus palabras.* I'd like you to clarify what you said. **2** (*armonizar*) to blend

matón *nm* bully [*pl* bullies]

matorral *nm* scrub [*incontable*]: *Estábamos escondidos en unos ~es.* We were hidden in the scrub.

matrícula *nf* **1** (*inscripción*) registration: *Se ha abierto la ~.* Registration has begun. **2** (*vehículo*) (a) (*número*) registration number: *Apunté la ~.* I wrote down the registration number. (b) (*placa*) number plate

matricular(se) *vt, v pron* to enrol (*sb*) (**in sth**): *Todavía no me he matriculado.* I still haven't enrolled.

matrimonio *nm* **1** (*gen*) marriage ☛ *Ver nota en* BODA **2** (*pareja*) (married) couple LOC *Ver* CAMA, CONTRAER, PROPOSICIÓN

matriz *nf* **1** (*Anat*) womb **2** (*Mat*) matrix [*pl* matrices/matrixes]

matutino, -a *adj* morning [*n atrib*]: *al final de la sesión matutina* at the end of the morning session

maullar *vi* to miaow

maullido *nm* miaow

maxilar *nm* jawbone

máximo, -a ◆ *adj* maximum: *temperatura máxima* maximum temperature ◊ *Tenemos un plazo ~ de diez días para pagar.* We've got a maximum of ten days in which to pay. ◊ *el ~ anotador de la liga* the top scorer in the league ◆ *nm* maximum: *un ~ de diez personas* a maximum of ten people ◆ **máxima** *nf* maximum temperature: *Sevilla dio la máxima con 35°C.* Seville had the hottest temperature with 35°C. LOC **al máximo**: *Debemos aprovechar los recursos al ~.* We must make maximum use of our resources. ◊ *Me esforcé al ~.* I tried my best. **como máximo** at most **máximo dirigente** leader *Ver tb* ALTURA

mayo *nm* May ☛ *Ver ejemplos en* ENERO

mayonesa *nf* mayonnaise [*incontable*]

mayor ◆ *adj*

● **uso comparativo 1** (*tamaño*) bigger (**than sth**): *Londres es ~ que Madrid.* London is bigger than Madrid. ◊ *~ de lo que parece* bigger than it looks **2** (*edad*) older (**than sb**): *Soy ~ que mi hermano.* I'm older than my brother. ☛ *Ver nota en* ELDER

● **uso superlativo** ~ (**de**) (*edad*) oldest (**in…**): *Es el alumno ~ de la clase.* He's the oldest student in the class. ☛ *Ver nota en* ELDER

● **otros usos 1** (*adulto*) grown-up: *Sus hijos son ya ~es.* Their children are grown-up now. **2** (*anciano*) old **3** (*principal*) **(a)** (*gen*) main: *la plaza ~* the main square **(b)** (*calle*) high: *calle ~* high street **4** (*Mús*) major: *en do ~* in C major ◆ *nmf* **1** ~ (**de**) oldest (one) (**in/of…**): *El ~ tiene quince años.* The oldest (one) is fifteen. ◊ *la ~ de las tres hermanas* ☛ *Ver nota en* ELDER **2 mayores** (*adultos*) grown-ups: *Los ~es no llegarán hasta las ocho.* The grown-ups won't get here till eight. LOC **al por mayor** wholesale **de mayor** when I, you, etc. grow up: *De ~ quiero ser médico.* I want to be a doctor when I grow up. **hacerse mayor** to grow up **la mayor parte** (**de**) most (of *sth/sb*): *La ~ parte son católicos.* Most of them are Catholics. **ser mayor de edad**: *Cuando sea ~ de edad podré votar.* I'll be able to vote when I'm eighteen. ◊ *Puede sacarse el carné de conducir porque es ~ de edad.* He can get his driving licence because he is over eighteen. *Ver tb* CAZA¹, COLEGIO, PERSONA

mayordomo *nm* butler

mayoría *nf* majority [*pl* majorities]: *obtener la ~ absoluta* to get an absolute majority LOC **la mayoría de…** most (of…): *A la ~ de nosotros nos gusta.* Most of us like it. ◊ *La ~ de los ingleses prefiere vivir en el campo.* Most English people prefer to live in the country. ☛ *Ver notas en* MAJORITY *y* MOST; *Ver tb* INMENSO

mayúscula *nf* capital letter, upper case letter (*más formal*) LOC **con mayúscula** with a capital letter **en mayúsculas** in capitals

mazapán *nm* marzipan

mazo *nm* (*martillo*) mallet

me *pron pers* **1** (*complemento*) me: *¿No me viste?* Didn't you see me? ◊ *Dámelo.* Give it to me. ◊ *¡Cómpramelo!* Buy it for me. **2** (*partes del cuerpo, efectos personales*): *Me voy a lavar las manos.* I'm going to wash my hands. **3** (*reflexivo*) (myself):

Me vi en el espejo. I saw myself in the mirror. ◊ *Me vestí en seguida.* I got dressed straight away.

mear *vi* to pee

mecánica *nf* mechanics [*sing*]

mecánico, -a ◆ *adj* mechanical ◆ *nm-nf* mechanic LOC *Ver* ESCALERA

mecanismo *nm* mechanism: *el ~ de un reloj* a watch mechanism

mecanografía *nf* typing

mecanografiar *vt* to type

mecanógrafo, -a *nm-nf* typist

mecedora *nf* rocking chair

mecer(se) *vt, v pron* **1** (*columpio*) to swing **2** (*cuna, bebé, barca*) to rock

mecha *nf* **1** (*vela*) wick **2** (*bomba*) fuse **3 mechas** (*pelo*) highlights LOC **a toda mecha** at full speed

mechero *nm* lighter

mechón *nm* lock

medalla *nf* medal: *~ de oro* gold medal LOC *Ver* ENTREGA

media¹ *nf* **1** (*promedio*) average **2** (*Mat*) mean **3** (*reloj*): *Son las tres y ~* It's half past three. ☛ *Ver nota en* HALF

media² *nf* **medias** tights

mediados LOC **a mediados de…** in the middle of… **hacia mediados de…** around the middle of…

mediano, -a *adj* **1** (*gen*) medium: *de tamaño ~* of medium size ◊ *Uso la talla mediana.* I'm a medium. **2** (*regular*): *de mediana estatura/inteligencia* of average height/intelligence LOC **de mediana edad** middle-aged

medianoche *nf* midnight: *Llegaron a ~.* They arrived at midnight.

medicamento *nm* medicine

medicina *nf* medicine: *recetar una ~* to prescribe a medicine

médico, -a ◆ *adj* medical: *un reconocimiento ~* a medical examination ◆ *nm-nf* doctor: *ir al ~* to go to the doctor's

Recuerda que en inglés al indicar la profesión de alguien se utiliza el artículo indefinido *a/an*: *Es médico/profesor/ingeniero.* He's a doctor/a teacher/an engineer.

LOC **médico de cabecera** GP *Ver tb* FICHA, HISTORIAL

medida *nf* **1** (*extensión*) measurement: *¿Qué ~s tiene esta habitación?* What are the measurements of this room? ◊ *El sastre me tomó las ~s.* The tailor took my measurements. **2** (*unidad, norma*) measure: *pesos y ~s* weights and measures ◊ *Habrá que tomar ~s al respecto.*

Something must be done about it. LOC (**hecho**) **a medida** (made) to measure

medieval *adj* medieval

medio. -a ♦ *adj* **1** (*la mitad de*) half a, half an: *media botella de vino* half a bottle of wine ◊ *media hora* half an hour **2** (*promedio, normal*) average: *temperatura/velocidad media* average temperature/speed ◊ *un chico de inteligencia media* a boy of average intelligence **♦** *adv* half: *Cuando llegó estábamos ~ dormidos.* We were half asleep when he arrived. **♦** *nm* **1** (*centro*) middle: *una plaza con un quiosco en el ~* a square with a newsstand in the middle **2** (*entorno*) environment **3** (*Mat*) half [*pl* halves]: *Dos ~s suman un entero.* Two halves make a whole. **4** (*procedimiento, recurso*) means [*pl* means]: *~ de transporte* means of transport ◊ *No tienen ~s para comprar una casa.* They don't have the means to buy a house. LOC **a media asta** at half-mast **a media mañana/tarde** in the middle of the morning/afternoon

In the middle of the morning suele hacer referencia a las diez u once de la mañana. Si quieres referirte a una hora alrededor de las doce del mediodía, es mejor utilizar **midday**: *Siempre me tomo algo a media mañana.* I always have something to eat around midday. **In the middle of the afternoon** suele hacer referencia a las tres de la tarde. Si quieres referirte a las cinco o seis de la tarde, es mejor utilizar **between five and six (o'clock) in the evening**: *Calculo que llegaremos a media tarde.* I think we'll arrive between five and six.

a medias 1 (*no del todo*): *Hace las cosas a medias.* He only half does things. ◊ *—¿Estás contento? —A medias.* 'Are you happy?' 'Kind of.' **2** (*entre dos*): *En los gastos de la casa vamos a medias.* We share the household expenses (between us). ◊ *Lo pagamos/compramos a medias.* We bought it/paid for it between us. **a medio camino** halfway: *A ~ camino paramos a descansar.* We stopped to rest halfway. **en medio de** in the middle of *sth* **estar/ponerse en medio** to be/get in the way: *No puedo pasar, siempre estás en ~.* I can't get by — you keep getting in the way. **medias tintas** half measures: *No me gustan las medias tintas.* I don't like half measures. **medio ambiente** environment **medio campo** midfield: *un jugador de ~ campo* a midfield player **medio (de comunicación)** medium [*pl*

media]: *un ~ tan poderoso como la televisión* a powerful medium like TV ◊ *los ~s de comunicación* the media **medio mundo** lots of people [*pl*] **y medio** and a half: *kilo y ~ de tomates* one and a half kilos of tomatoes ◊ *Tardamos dos horas y media.* It took us two and a half hours. *Ver tb* CLASE, EDAD, JORNADA, ORIENTE, PENSIÓN, TÉRMINO, VUELTA

mediodía *nm* midday: *la comida del ~* the midday meal ◊ *Llegaron al ~.* They arrived at lunchtime.

medir ♦ *vt* to measure: *~ la cocina* to measure the kitchen **♦** *vi*: *¿Cuánto mides?* How tall are you? ◊ *La mesa mide 1,50 m de largo por 1 m de ancho.* The table is 1·50 m long by 1 m wide.

meditar *vt, vi* **(sobre)** to think **(about** *sth*): *Meditó sobre su respuesta.* He thought about his answer.

mediterráneo, -a *adj, nm* Mediterranean

médula (*tb* **medula**) *nf* marrow: *~ ósea* bone marrow LOC **médula espinal** spinal cord

medusa *nf* jellyfish [*pl* jellyfish]

mejicano, -a *adj, nm-nf* Ver MEXICANO

Méjico *nm* Ver MÉXICO

mejilla *nf* cheek

mejillón *nm* mussel

mejor ♦ *adj, adv* (*uso comparativo*) better **(than** *sth/sb*): *Tienen un piso ~ que el nuestro.* Their flat is better than ours. ◊ *Me siento mucho ~.* I feel much better. ◊ *cuanto antes ~* the sooner the better ◊ *Cantas ~ que yo.* You're a better singer than me. **♦** *adj, adv, nmf* (*uso superlativo*) **~ (de)** best **(in/of/that...)**: *mi ~ amigo* my best friend ◊ *el ~ equipo de la liga* the best team in the league ◊ *Es la ~ de la clase.* She's the best in the class. ◊ *el que ~ canta* the one who sings best LOC **a lo mejor** maybe **hacer algo lo mejor posible** to do your best: *Preséntate al examen y hazlo lo ~ posible.* Take the exam and do your best. **mejor dicho** I mean: *cinco, ~ dicho, seis* five, I mean six *Ver tb* CADA, CASO

mejorar ♦ *vt* **1** (*gen*) to improve: *~ las carreteras* to improve the roads **2** (*enfermo*) to make *sb* feel better **♦** *vi* to improve: *Si las cosas no mejoran...* If things don't improve... **♦ mejorarse** *v pron* to get better: *¡Que te mejores!* Get well soon!

mejoría *nf* improvement (*in sth/sb*): *la ~ de su estado de salud* the improvement in his health

melancólico, -a *adj* sad

melena *nf* hair: *llevar ~ suelta* to wear your hair loose

mellizo, -a *adj, nm-nf* twin [*n*]

melocotón *nm* peach

melocotonero *nm* peach tree

melodía *nf* tune

melón *nm* melon

membrillo *nm* (*fruto*) quince

memorable *adj* memorable

memoria *nf* **1** (*gen*) memory: *Tienes buena ~.* You've got a good memory. ◊ *perder la ~* to lose your memory **2 memorias** (*autobiografía*) memoirs LOC **de memoria** by heart: *saberse algo de ~* to know something by heart **hacer memoria** to try to remember *Ver tb* ESTUDIAR

memorizar *vt* to memorize

menaje *nm* LOC **menaje de cocina** kitchenware

mención *nf* mention

mencionar *vt* to mention LOC **sin mencionar** not to mention

mendigar *vt, vi* to beg (**for sth**): *~ comida* to beg for food

mendigo, -a *nm-nf* beggar

mendrugo *nm* crust

menear *vt* **1** (*sacudir*) to shake **2** (*cabeza*) **(a)** (*para decir que sí*) to nod **(b)** (*para decir que no*) to shake **3** (*cola*) to wag

menestra *nf* vegetable stew

menguante *adj* (*luna*) waning LOC *Ver* CUARTO

menopausia *nf* menopause

menor ◆ *adj*

● **uso comparativo 1** (*tamaño*) smaller (**than sth**): *Mi jardín es ~ que el tuyo.* My garden is smaller than yours. **2** (*edad*) younger (**than sb**): *Eres ~ que ella.* You're younger than her.

● **uso superlativo ~** (**de**) (*edad*) youngest (**in…**): *el alumno ~ de la clase* the youngest student in the class ◊ *el hermano ~ de María* María's youngest brother

● **música** minor: *una sinfonía en mi ~* a symphony in E minor

◆ *nmf* **1 ~** (**de**) youngest (one) (**in/of…**): *La ~ tiene cinco años.* The youngest (one) is five. ◊ *el ~ de la clase* the youngest in the class **2** (*menor de edad*) minor: *No se sirve alcohol a ~es.* Alcohol will not be served to minors. LOC **al por menor** retail **menor de 18, etc. años**: *Prohibida la entrada a los ~es de 18*

años. No entry for under-18s. *Ver tb* CAZA[1], PAÑO

menos ◆ *adv*

● **uso comparativo** less (**than sth/sb**): *A mí sírveme ~.* Give me less. ◊ *Tardé ~ de lo que yo pensaba.* It took me less time than I thought it would. ☛ Con sustantivos contables es más correcta la forma **fewer**, aunque cada vez más gente utiliza **less**: *Había menos gente/coches que ayer.* There were fewer people/cars than yesterday. *Ver tb nota en* LESS.

● **uso superlativo** least (**in/of…**): *la ~ habladora de la familia* the least talkative member of the family ◊ *el alumno que ~ trabaja* the student who works least ☛ Con sustantivos contables es más correcta la forma **fewest**, aunque cada vez más gente utiliza **least**: *la clase con menos alumnos* the class with fewest students. *Ver tb nota en* LESS.

◆ *prep* **1** (*excepto*) except: *Fueron todos ~ yo.* Everybody went except me. **2** (*hora*) to: *Son las doce ~ cinco.* It's five to twelve. **3** (*Mat, temperatura*) minus: *Estamos a ~ diez grados.* It's minus ten. ◊ *Cinco ~ tres, dos.* Five minus three is two. ◆ *nm* (*signo matemático*) minus (sign) LOC **al menos** at least **a menos que** unless: *a ~ que deje de llover* unless it stops raining **de menos** too little, too few: *Me dieron diez céntimos de ~.* They gave me ten cents too little. ◊ *tres tenedores de ~* three forks too few **echar de menos** to miss *sth/sb/doing sth*: *Echaremos de ~ el ir al cine.* We'll miss going to the cinema. **lo menos** the least: *¡Es lo ~ que puedo hacer!* It's the least I can do! ◊ *lo ~ posible* as little as possible **más o menos** more or less **¡menos mal!** thank goodness! **por lo menos** at least

mensaje *nm* message

mensajero, -a *nm-nf* messenger

menstruación *nf* menstruation

mensual *adj* monthly: *un salario ~* a monthly salary

menta *nf* mint

mental *adj* mental LOC *Ver* CACAO[2]

mentalidad *nf* mentality [*pl* mentalities] LOC **tener una mentalidad abierta/estrecha** to be open-minded/narrow-minded

mentalizar *vt* (*concienciar*) to make *sb* aware (**of sth**): *~ a la población de la necesidad de cuidar del medio ambiente* to make people aware of the need to protect the environment

mente *nf* mind LOC **tener algo en mente** to have sth in mind: *¿Tienes algo en ~?* Do you have anything in mind?

mentir *vi* to lie: *¡No me mientas!* Don't lie to me! ☛ *Ver nota en* LIE²

mentira *nf* lie: *contar/decir ~s* to tell lies ◊ *¡Eso es ~!* That's a lie! LOC **una mentira piadosa** a white lie *Ver tb* PARECER

mentiroso, -a ◆ *adj* deceitful: *una persona mentirosa* a deceitful person ◆ *nm-nf* liar

menú *nm* menu: *No estaba en el ~.* It wasn't on the menu. LOC **menú del día** set menu

menudo, -a *adj* **1** (*pequeño*) small **2** (*en exclamaciones*): *¡Menuda suerte tienes!* You're so lucky! ◊ *¡Menuda gracia me hace tener que cocinar!* It's not much fun having to cook! LOC **a menudo** often

meñique *nm* **1** (*de la mano*) little finger **2** (*del pie*) little toe

mercadillo *nm* street market

mercado *nm* market: *Lo compré en el ~.* I bought it at the market.

mercancía *nf* goods [*pl*]: *La ~ estaba defectuosa.* The goods were damaged. LOC *Ver* TREN, VAGÓN

mercería *nf* (*sección*) haberdashery

mercurio *nm* **1** (*Quím*) mercury **2 Mercurio** (*planeta*) Mercury

merecer(se) *vt, v pron* to deserve: *(Te) mereces un castigo.* You deserve to be punished. ◊ *El equipo mereció perder.* The team deserved to lose. LOC *Ver* PENA

merecido, -a *pp, adj* well deserved: *una victoria bien merecida* a well-deserved victory ☛ *Ver nota en* WELL BEHAVED LOC **lo tienes bien merecido** it serves you right *Ver tb* MERECER(SE)

merendar ◆ *vt* to have sth for tea: *¿Qué queréis ~?* What do you want for tea? ◆ *vi* **1** (*gen*) to have tea: *Merendamos a las seis.* We have tea at six o'clock. **2** (*al aire libre*) to have a picnic

merengue *nm* (*Cocina*) meringue

meridiano *nm* meridian

merienda *nf* **1** (*gen*) tea: *Termínate la ~.* Eat up your tea. ☛ *Ver nota en* DINNER **2** (*al aire libre*) picnic: *Fueron de ~ al campo.* They went for a picnic in the country. LOC **merienda-cena** early dinner

mérito *nm* merit LOC **tener mérito** to be praiseworthy

merluza *nf* hake [*pl* hake]

mermelada *nf* **1** (*gen*) jam: *~ de melocotón* peach jam **2** (*de cítricos*) marmalade

mero, -a *adj* mere: *Fue una mera casualidad.* It was mere coincidence.

mes *nm* month: *Dentro de un ~ empiezan las vacaciones.* The holidays start in a month. ◊ *el ~ pasado/que viene* last/next month ◊ *a primeros de ~* at the beginning of the month LOC **al mes 1** (*cada mes*) a month: *¿Cuánto gastas al ~?* How much do you spend a month? **2** (*transcurrido un mes*) within a month: *Al ~ de empezar enfermó.* Within a month of starting he fell ill. **estar de dos, etc. meses** to be two, etc. months pregnant **por meses** monthly: *Nos pagan por ~es.* We're paid monthly. **un mes sí y otro no** every other month *Ver tb* CURSO, ÚLTIMO

mesa *nf* **1** (*gen*) table: *No pongas los pies en la ~.* Don't put your feet on the table. ◊ *¿Nos sentamos a la ~?* Shall we sit at the table? **2** (*de despacho, pupitre*) desk LOC **mesa redonda** (*lit, fig*) round table **poner la mesa** to lay/set the table **quitar/recoger la mesa** to clear the table *Ver tb* BENDECIR, JUEGO, TENIS

meseta *nf* plateau [*pl* plateaus/plateaux]

mesilla (*tb* **mesita**) *nf* LOC **mesilla (de noche)** bedside table

mesón *nm* inn

mestizo, -a *adj, nm-nf* (person) of mixed race

meta *nf* **1** (*atletismo*) finishing line: *el primero en cruzar la ~* the first across the finishing line **2** (*objetivo*) goal: *alcanzar una ~* to achieve a goal LOC *Ver* PROPIO

metáfora *nf* metaphor

metal *nm* metal

metálico, -a *adj* **1** (*gen*) metal [*n atrib*]: *una barra metálica* a metal bar **2** (*color, sonido*) metallic LOC **en metálico** cash: *un premio en ~* a cash prize *Ver tb* PAGAR, TELA

metedura *nf* LOC **metedura de pata** blunder

meteorito *nm* meteor

meteorológico, -a *adj* weather [*n atrib*], meteorological (*más formal*): *un parte ~* a weather bulletin

meter ◆ *vt* **1** (*gen*) to put: *Mete el coche en el garaje.* Put the car in the garage. ◊ *¿Dónde has metido mis llaves?* Where have you put my keys? ◊ *Metí el dinero en mi cuenta.* I put the money into my account. **2** (*gol, canasta*) to score ◆

meterse *v pron* **1** (*introducirse*) to get into sth: ~*se en la cama/ducha* to get into bed/the shower ◊ *Se me ha metido una piedra en el zapato.* I've got a stone in my shoe. **2** (*involucrarse, interesarse*) to get involved (*in sth*): ~*se en política* to get involved in politics **3** (*en los asuntos de otro*) to interfere (*in sth*): *Se meten en todo.* They interfere in everything. **4 meterse con** (*criticar*) to pick on *sb* LOC **meter la pata** to put your foot in it **meter las narices** to poke/stick your nose *into sth* **meterle miedo a algn** to frighten *sb* **meter prisa** to rush *sb*: *No me metas prisa.* Don't rush me. **meter ruido**: *No metas ruido.* Don't make any noise. ◊ *El coche mete mucho ruido.* The car is really noisy. **metérsele a algn en la cabeza hacer algo** to take it into your head to do sth *Ver tb* CAÑA

método *nm* method

metomentodo *nmf* busybody [*pl* busybodies]

metralleta *nf* sub-machine gun

métrico, -a *adj* metric: *el sistema ~* the metric system

metro[1] *nm* **1** (*medida*) metre (*abrev* m): *los 200 ~s braza* the 200 metres breaststroke ◊ *Se vende por ~s.* It's sold by the metre ☞ *Ver Apéndice 1.* **2** (*cinta para medir*) tape measure

metro[2] *nm* underground: *Podemos ir en ~.* We can go there on the underground.

El metro de Londres se llama también **the tube**: *Cogimos el último metro.* We caught the last tube.

mexicano, -a *adj, nm-nf* Mexican

México *nm* (*país*) Mexico

mezcla *nf* **1** (*gen*) mixture: *una ~ de aceite y vinagre* a mixture of oil and vinegar **2** (*tabaco, alcohol, café, té*) blend **3** (*racial, social, musical*) mix

mezclar ◆ *vt* **1** (*gen*) to mix: *Hay que ~ bien los ingredientes.* Mix the ingredients well. **2** (*desordenar*) to get *sth* mixed up: *No mezcles las fotos.* Don't get the photos mixed up. ◆ *v pron* **1** (*alternar*) to mix **with** *sb*: *No quiere* ~*se con la gente del pueblo.* He doesn't want to mix with people from the village. **2** (*meterse*) to get mixed up **in** *sth*: *No quiero* ~*me en asuntos de familia.* I don't want to get mixed up in family matters.

mezquita *nf* mosque

mi[1] *adj pos* my: *mis amigos* my friends

mi[2] *nm* E: *mi mayor* E major

mí *pron pers* me: *¿Es para mí?* Is it for me? ◊ *No me gusta hablar de mí misma.* I don't like talking about myself.

miau *nm* miaow ☞ *Ver nota en* GATO

microbio *nm* microbe, germ (*más coloq*)

micrófono *nm* microphone, mike (*más coloq*)

microondas *nm* microwave (oven)

microscopio *nm* microscope

miedo *nm* fear (*of sth/sb/doing sth*): *el ~ a volar/al fracaso* fear of flying/failure LOC **coger miedo** to become scared *of sth/sb/doing sth* **dar miedo** to frighten, to scare (*más coloq*): *Sus amenazas no me dan ningún ~.* His threats don't frighten me. **pasar miedo** to be frightened: *Pasé un ~ espantoso.* I was terribly frightened. **por miedo a/de** for fear of *sth/sb/doing sth*: *No lo hice por ~ a que me riñeran.* I didn't do it for fear of being told off. **¡qué miedo!** how scary! **tener miedo** to be afraid (*of sth/sb/doing sth*), to be scared (*más coloq*): *Tiene mucho ~ a los perros.* He's very scared of dogs. ◊ *¿Tenías ~ de suspender?* Were you afraid you'd fail? *Ver tb* METER, MORIR(SE), MUERTO, PELÍCULA

miel *nf* honey LOC *Ver* LUNA

miembro *nm* **1** (*gen*) member: *hacerse ~* to become a member **2** (*Anat*) limb

mientras ◆ *adv* in the meantime ◆ *conj* **1** (*simultaneidad*) while: *Canta ~ pinta.* He sings while he paints. **2** (*tanto tiempo como, siempre que*) as long as: *Aguanta ~ te sea posible.* Put up with it as long as you can. LOC **mientras que** while **mientras tanto** in the meantime

miércoles *nm* Wednesday [*pl* Wednesdays] (*abrev* Wed) ☞ *Ver ejemplos en* LUNES LOC **Miércoles de Ceniza** Ash Wednesday

miga *nf* crumb: ~*s de galleta* biscuit crumbs LOC **hacer buenas migas** to get on well (*with sb*)

migración *nf* migration

mil *nm, adj, pron* **1** (*gen*) (a) thousand: ~ *personas* a thousand people ◊ *un billete de cinco ~* a five-thousand peseta note

Mil puede traducirse también por **one thousand** cuando va seguido de otro número: *mil trescientos sesenta* one thousand three hundred and sixty, o para dar énfasis: *Te dije mil, no dos mil.* I said one thousand, not two.

De 1.100 a 1.900 es muy frecuente usar las formas **eleven hundred, twelve hundred** etc.: *una carrera de mil quinientos metros* a fifteen hundred metre race.

2 *(años)*: *en 1600* in sixteen hundred ◊ *1713* seventeen thirteen ◊ *el año 2000* the year two thousand ☛ *Ver Apéndice 1.* LOC **a/por miles** in their thousands **miles de...** thousands of...: *~es de moscas* thousands of flies **mil millones** (a) billion: *Ha costado tres ~ millones.* It cost three billion. *Ver tb* CIEN, DEMONIO

milagro *nm* miracle

milenio *nm* millennium [*pl* millennia/ millenniums]

milésimo, -a *adj, pron, nm-nf* thousandth: *una . milésima de segundo* a thousandth of a second

mili *nf* military service: *Está en la ~.* He's doing his military service. ☛ *Ver nota en* SERVICIO

miligramo *nm* milligram *(abrev* mg) ☛ *Ver Apéndice 1.*

milímetro *nm* millimetre *(abrev* mm) ☛ *Ver Apéndice 1.*

militar ◆ *adj* military: *uniforme ~* military uniform ◆ *nmf* soldier: *Mi padre era ~.* My father was in the army. LOC *Ver* SERVICIO

milla *nf* mile

millar *nm* thousand [*pl* thousand]: *dos ~es de libros* two thousand books LOC **millares de...** thousands of...: *~es de personas* thousands of people

millón *nm* million [*pl* million]: *dos millones trescientas quince* two million three hundred and fifteen ◊ *Tengo un ~ de cosas que hacer.* I've got a million things to do. ☛ *Ver Apéndice 1.* LOC **millones de...** millions of...: *millones de partículas* millions of particles *Ver tb* MIL

millonario, -a *nm-nf* millionaire

mimar *vt* to spoil

mimbre *nm* wicker: *un cesto de ~* a wicker basket

mímica *nf (lenguaje)* sign language LOC **hacer mímica** to mime

mimo ◆ *nm* **mimos 1** *(cariño)* fuss [*incontable*]: *Los niños necesitan ~s.* Children need to be made a fuss of. **2** *(excesiva tolerancia)*: *No le des tantos ~s.* Don't spoil him. ◆ *nmf* mime artist

mina *nf* **1** *(gen)* mine: *una ~ de carbón* a coal mine **2** *(lápiz)* lead

mineral *nm* mineral LOC *Ver* AGUA

minero, -a ◆ *adj* mining [*n atrib*]: *varias empresas mineras* several mining companies ◆ *nm-nf* miner LOC *Ver* CUENCA

miniatura *nf* miniature

minicadena *nf* mini (hi-fi) system

minifalda *nf* miniskirt

minigolf *nm* crazy golf

mínimo, -a ◆ *adj* **1** *(menor)* minimum: *la tarifa mínima* the minimum charge **2** *(insignificante)* minimal: *La diferencia entre ellos era mínima.* The difference between them was minimal. ◆ *nm* minimum: *reducir al ~ la contaminación* to reduce pollution to a minimum ◆ **mínima** *nf* minimum temperature: *La mínima se registró en Burgos.* The lowest temperature was in Burgos. LOC **como mínimo** at least *Ver tb* SALARIO

ministerio *nm (Pol, Relig)* ministry [*pl* ministries]

El título oficial de la mayoría de los ministerios en Gran Bretaña es Department, p. ej. **Department of Social Security**, **Department for Education and Employment**, etc.

LOC **Ministerio de Asuntos Exteriores** Ministry of Foreign Affairs ≃ Foreign and Commonwealth Office *(GB)* **Ministerio de Economía y Hacienda** Ministry of Finance ≃ Treasury *(GB)* **Ministerio del Interior** Ministry of the Interior ≃ Home Office *(GB)*

ministro, -a *nm-nf* minister: *el ~ español de Defensa* the Spanish Defence Minister

Nótese que en Gran Bretaña la persona a cargo de un ministerio se llama **Secretary of State** o simplemente **Secretary**: *el ministro de Sanidad* the Secretary of State for Health/Health Secretary.

LOC **ministro de Asuntos Exteriores** Foreign Minister ≃ Foreign Secretary *(GB)* **ministro de Economía y Hacienda** Finance Minister ≃ Chancellor of the Exchequer *(GB)* **ministro del Interior** Interior Minister ≃ Home Secretary *(GB) Ver tb* CONSEJO, PRIMERO

minoría *nf* minority [*v sing o pl*] [*pl* minorities] LOC **ser minoría** to be in the minority

minúsculo, -a ◆ *adj* **1** *(diminuto)* tiny **2** *(letra)* small, lower case *(más formal)*: *una "m" minúscula* a small 'm' ◆ **minúscula** *nf* small letter, lower case letter *(más formal)*

minusválido, -a *adj, nm-nf* disabled [*adj*]: *asientos reservados para los ~s* seats for the disabled

Para hablar de los minusválidos es preferible decir **people with disabilities**: *un plan para integrar a los minusválidos en el mercado laboral* a plan to bring people with disabilities into the workplace.

minutero *nm* minute hand

minuto *nm* minute: *Espere un ~.* Just a minute. LOC *Ver* PULSACIÓN

mío, -a *adj pos, pron pos* mine: *Estos libros son ~s.* These books are mine.

Nótese que *un amigo mío* se traduce por **a friend of mine** porque significa *uno de mis amigos.*

miope *adj* short-sighted

miopía *nf* short-sightedness

mirada *nf* 1 *(gen)* look: *tener una ~ inexpresiva* to have a blank look (on your face) 2 *(vistazo)* glance: *Solo me dio tiempo a echar una ~ rápida al periódico.* I only had time for a quick glance at the newspaper. LOC *Ver* DESVIAR

mirador *nm* viewpoint

mirar ◆ *vt* 1 *(gen)* to look at *sth/sb*: *~ el reloj* to look at the clock 2 *(observar)* to watch: *Estaban mirando cómo jugaban los niños.* They were watching the children play. ◆ *vi* to look: *~ hacia arriba/abajo* to look up/down ◊ *~ por una ventana/un agujero* to look out of a window/through a hole

En inglés existen varias maneras de decir "mirar". Las formas más frecuentes son **to look at** y, en el sentido de observar, **to watch**. Todos los demás verbos tienen algún matiz que los distingue. A continuación tienes una lista de algunos de ellos:

to gaze = mirar fijamente durante mucho tiempo

to glance = echar una mirada rápida

to glare = mirar airadamente

to peep = mirar rápida y cautelosamente

to peer = mirar de una manera prolongada y a veces con esfuerzo

to stare at *sth/sb* = mirar fijamente durante mucho tiempo con interés o sorpresa

Así, por ejemplo, se puede decir: *Don't glare at me!* ◊ *They all stared at her in her orange trousers.* ◊ *He was gazing up at the stars.* ◊ *She glanced at the newspaper.*

LOC **¡mira que...!**: *¡Mira que casarse con ese sinvergüenza!* Fancy marrying that good-for-nothing! ◊ *¡Mira que eres despistado!* You're so absent-minded! **se**

mire como/por donde se mire whichever way you look at it ☞ Para otras expresiones con **mirar**, véanse las entradas del sustantivo, adjetivo, etc., p. ej. **mirar de reojo** en REOJO y **mirar fijamente** en FIJAMENTE.

mirilla *nf* spyhole

mirlo *nm* blackbird

misa *nf* mass LOC **misa del gallo** midnight mass

miserable ◆ *adj* 1 *(sórdido, escaso)* miserable: *un cuarto/sueldo ~* a miserable room/wage 2 *(persona, vida)* wretched ◆ *nmf* 1 *(malvado)* wretch 2 *(tacaño)* miser

miseria *nf* 1 *(pobreza)* poverty 2 *(cantidad pequeña)* pittance: *Gana una ~.* He earns a pittance.

misil *nm* missile

misión *nf* mission

misionero, -a *nm-nf* missionary [*pl* missionaries]

mismo, -a ◆ *adj* 1 *(idéntico)* same: *al ~ tiempo* at the same time ◊ *Vivo en la misma casa que él.* I live in the same house as him. 2 *(uso enfático)* Yo *~ lo vi.* I saw it myself. ◊ *estar en paz contigo ~* to be at peace with yourself ◊ *la princesa misma* the princess herself ◆ *pron* same one: *Es la misma que vino ayer.* She's the same one who came yesterday. ◆ *adv*: *delante ~ de mi casa* right in front of my house ◊ *Te prometo hacerlo hoy ~.* I promise you I'll get it done today. LOC **lo mismo** the same: *Póngame lo ~ de siempre.* I'll have the same as usual. **me da lo mismo** I, you, etc. don't mind: *—¿Café o té?—Me da lo ~.* 'Coffee or tea?' 'I don't mind.' *Ver tb* AHÍ, AHORA, ALLÍ, COJEAR, CONFIANZA, VESTIR

misterio *nm* mystery [*pl* mysteries]

misterioso, -a *adj* mysterious

mitad *nf* half [*pl* halves]: *La ~ de los diputados votó en contra.* Half the MPs voted against. ◊ *en la primera ~ del partido* in the first half of the match ◊ *partir algo por la ~* to cut sth in half LOC **a mitad de precio** half-price: *Lo compré a ~ de precio.* I bought it half-price. **a/por (la) mitad (de)**: *Haremos una parada a ~ de camino.* We'll stop halfway. ◊ *La botella estaba a la ~.* The bottle was half empty.

mitin *nm* meeting: *dar un ~* to hold a meeting

mito *nm* 1 *(leyenda)* myth 2 *(persona famosa)* legend: *Es un ~ del fútbol español.* He's a Spanish football legend.

mitología *nf* mythology

mixto. -a *adj (colegio, instituto)* co-educational LOC *Ver* ENSALADA

mobiliario *nm* furniture

mocasín *nm* moccasin

mochila *nf* rucksack ☛ *Ver dibujo en* MALETA

moco *nm* **mocos** LOC **tener mocos** to have a runny nose *Ver tb* LLORAR

mocoso. -a *adj, nm-nf (pequeñajo)* kid [*n*]: *No es más que una mocosa*. She's just a kid.

moda *nf* fashion: *seguir la ~* to follow fashion LOC **(estar/ponerse) de moda** (to be/become) fashionable: *un bar de ~* a fashionable bar **pasarse de moda** to go out of fashion *Ver tb* PASADO

modales *nm* manners: *tener buenos ~* to have good manners

modelo ♦ *nm* **1** *(gen)* model: *un ~ a escala* a scale model **2** *(ropa)* style: *Tenemos varios ~s de chaqueta*. We've got several styles of jacket. ♦ *nmf (persona)* model LOC *Ver* DESFILE

módem *nm* modem

moderado. -a *pp, adj* moderate *Ver tb* MODERAR

moderador. ~a *nm-nf* moderator

moderar *vt* **1** *(velocidad)* to reduce **2** *(lenguaje)* to mind: *Modera tu lenguaje*. Mind your language.

modernizar(se) *vt, v pron* to modernize

moderno. -a *adj* modern

modestia *nf* modesty

modesto. -a *adj* modest

modificar *vt* **1** *(cambiar)* to change **2** *(Gram)* to modify

modisto. -a ♦ *nm-nf (diseñador)* designer ♦ **modista** *nf (costurera)* dressmaker

modo *nm* **1** *(manera)* way [*pl* ways] *(of doing sth)*: *un ~ especial de reír* a special way of laughing ◊ *Lo hace del mismo ~ que yo*. He does it the same way as me. **2 modos** *(modales)* manners: *malos ~s* bad manners LOC **a mi modo** my, your, etc. way: *Dejadles que lo hagan a su ~*. Let them do it their way. **de modo que** *(por tanto)* so: *Has estudiado poco, de ~ que no puedes aprobar*. You haven't studied much, so you won't pass. **de todos modos** anyway *Ver tb* NINGUNO

módulo *nm* **1** *(gen)* module: *El curso consta de diez ~s independientes*. The course consists of ten separate modules. **2** *(muebles)* unit

moflete *nm* chubby cheek

mogollón *nm* an awful lot *(of sth)*: *un ~ de dinero* an awful lot of money ◊ *Se aprende (un) ~*. You learn an awful lot.

moho *nm* mould LOC **criar/tener moho** to go/be mouldy

mojado. -a *pp, adj* wet *Ver tb* MOJAR

mojar ♦ *vt* **1** *(gen)* to get *sth/sb* wet: *No mojes el suelo*. Don't get the floor wet. **2** *(pringar)* to dip: *~ el pan en la sopa* to dip your bread in the soup ♦ **mojarse** *v pron* to get wet: *~se los pies* to get your feet wet ◊ *¿Te has mojado?* Did you get wet?

molar *vi* **1** *(gustar)* to like *sth/sb* [*vt*]: *Esa chavala me mola cantidad*. I really fancy that girl. **2** *(estar de moda)* to be in: *Ese modelo de coche ya no mola*. That kind of car isn't in any more.

molde *nm* **1** *(Cocina)* tin **2** *(de yeso)* cast: *un ~ de yeso* a plaster cast LOC *Ver* PAN

molécula *nf* molecule

moler *vt* **1** *(café, trigo)* to grind **2** *(cansar)* to wear *sb* out LOC **moler a palos** to give *sb* a beating

molestar ♦ *vt* **1** *(importunar)* to bother: *Siento ~te a estas horas*. I'm sorry to bother you so late. **2** *(interrumpir)* to disturb: *No quiere que la molesten mientras trabaja*. She doesn't want to be disturbed while she's working. **3** *(ofender)* to upset ♦ *vi* to be a nuisance: *No quiero ~*. I don't want to be a nuisance. ♦ **molestarse** *v pron* **molestarse (en)** *(tomarse trabajo)* to bother *(to do sth)*: *Ni se molestó en contestar mi carta*. He didn't even bother to reply to my letter. LOC **no molestar** do not disturb **¿te molesta que...?** do you mind if...?: *¿Te molesta que fume?* Do you mind if I smoke?

molestia *nf* **1** *(dolor)* discomfort [*incontable*] **2 molestias** inconvenience [*sing*]: *causar ~s a algn* to cause sb inconvenience ◊ *Disculpen las ~s*. We apologize for any inconvenience. LOC **si no es molestia** if it's no bother **tomarse la molestia de** to take the trouble *to do sth*

molesto. -a *adj* **1** *(que fastidia)* annoying **2** *(disgustado)* annoyed *(with sb)*: *Está ~ conmigo por lo del coche*. He's annoyed with me about the car.

molino *nm* mill LOC **molino de agua/viento** watermill/windmill

momento *nm* **1** *(gen)* moment: *Espera un ~*. Hold on a moment. **2** *(periodo)* time [*incontable*]: *en estos ~s de crisis* at this time of crisis LOC **al momento** immediately **del momento** contemporary: *el mejor cantante del ~* the best contemporary singer **de momento** for the moment: *De ~ tengo bastante trabajo.* I've got enough work for the moment. **por el momento** for the time being *Ver tb* NINGUNO

momia *nf* mummy [*pl* mummies]

monaguillo *nm* altar boy

monarca *nmf* monarch

monarquía *nf* monarchy [*pl* monarchies]

monasterio *nm* monastery [*pl* monasteries]

monda (*tb* **mondadura**) *nf* **1** (*frutas*) peel [*incontable*] **2** (*hortalizas*) peeling: *~s de patata* potato peelings LOC **ser la monda** (*ser divertido*) to be a scream

mondar *vt* to peel LOC *Ver* RISA

moneda *nf* **1** (*pieza*) coin: *¿Tienes una ~ de 50?* Have you got a 50 peseta coin? **2** (*unidad monetaria*) currency [*pl* currencies]: *la ~ francesa* the French currency

monedero *nm* purse

monitor, ~a ◆ *nm-nf* instructor: *un ~ de gimnasia* a gym instructor ◆ *nm* (*pantalla*) monitor ☛ *Ver dibujo en* ORDENADOR

monje, -a *nm* monk [*fem* nun] LOC *Ver* COLEGIO

mono, -a ◆ *adj* pretty: *Va siempre muy mona.* She always looks very pretty. ◊ *¡Qué niño más ~!* What a pretty baby! ◆ *nm-nf* (*animal*) monkey [*pl* monkeys] ◆ *nm* (*traje*) overalls [*pl*]: *Llevaba un ~ azul.* He was wearing blue overalls. LOC *Ver* ÚLTIMO

monolito *nm* monolith

monólogo *nm* monologue

monopatín *nm* skateboard

monopolio *nm* monopoly [*pl* monopolies]

monótono, -a *adj* monotonous

monóxido *nm* monoxide LOC **monóxido de carbono** carbon monoxide

monstruo *nm* **1** (*gen*) monster: *un ~ de tres ojos* a three-eyed monster **2** (*genio*) genius [*pl* geniuses]: *un ~ de las matemáticas* a mathematical genius

montado, -a *pp, adj*: *~ en un caballo/una motocicleta* riding a horse/motorbike *Ver tb* MONTAR

montaje *nm* **1** (*máquina*) assembly: *una cadena de ~* an assembly line **2** (*truco*)

set-up: *Seguro que todo es un ~.* I bet it's all a set-up.

montaña *nf* **1** (*gen*) mountain: *en lo alto de una ~* at the top of a mountain **2** (*tipo de paisaje*) mountains [*pl*]: *Prefiero la ~ a la playa.* I prefer the mountains to the seaside. LOC **montaña rusa** roller coaster *Ver tb* BICICLETA

montañismo *nm* mountaineering

montañoso, -a *adj* mountainous LOC *Ver* SISTEMA

montar ◆ *vt* **1** (*establecer*) to set sth up: *~ un negocio* to set up a business **2** (*máquina*) to assemble **3** (*tienda de campaña*) to put sth up **4** (*nata*) to whip ◆ *vi* to ride: *~ en bici* to ride a bike ◊ *botas/traje de ~* riding boots/clothes ◆ **montar(se)** *vi, v pron* to get on (sth): *Montaron dos pasajeros.* Two passengers got on. LOC **montar a caballo** to ride: *Me gusta ~ a caballo.* I like riding. **montárselo bien**: *¡Qué bien se lo montan!* They've really got it made! *Ver tb* BRONCA, ESCÁNDALO, SILLA

monte *nm* **1** (*gen*) mountain **2** (*con nombre propio*) Mount: *el ~ Everest* Mount Everest

montón *nm* **1** (*pila*) pile: *un ~ de arena/libros* a pile of sand/books **2** (*muchos*) lot (**of** sth): *un ~ de problemas* a lot of problems ◊ *Tienes montones de amigos.* You've got lots of friends. LOC **del montón** ordinary: *una chica del ~* an ordinary girl

montura *nf* (*gafas*) frame

monumento *nm* monument

moño *nm* bun: *Siempre va peinada con ~.* She always wears her hair in a bun. LOC *Ver* HORQUILLA

moqueta *nf* carpet

mora *nf* mulberry [*pl* mulberries]

morado, -a ◆ *adj, nm* purple ☛ *Ver ejemplos en* AMARILLO LOC **ponerse morado (de)** to stuff yourself (with sth)

moral ◆ *adj* moral ◆ *nf* **1** (*principios*) morality **2** (*ánimo*) morale: *La ~ está baja.* Morale is low. LOC *Ver* BAJO

moraleja *nf* moral

morcilla *nf* black pudding

mordaza *nf* gag LOC **ponerle una mordaza a algn** to gag sb: *Los asaltantes le pusieron una ~.* The robbers gagged him.

mordedura *nf* bite

morder(se) *vt, vi, v pron* to bite: *El perro me mordió en la pierna.* The dog bit my·leg. ◊ *Mordí la manzana.* I bit into the apple. ◊ *~se las uñas* to bite your nails LOC **estar que muerde**: *No le preguntes; está que muerde.* Don't ask him; he'll bite your head off. **morder el anzuelo** to swallow the bait

mordisco *nm* bite LOC **dar/pegar un mordisco** to bite

mordisquear *vt* to nibble

moreno, -a *adj* **1** (*pelo, piel*) dark: *Mi hermana es mucho más morena que yo.* My sister's much darker than me. **2** (*bronceado, azúcar, pan*) brown: *ponerse ~* to go brown

morfina *nf* morphine

moribundo, -a *adj* dying

morir(se) *vi, v pron* to die: *~ de un infarto/en un accidente* to die of a heart attack/in an accident LOC **morirse de aburrimiento** to be bored stiff **morirse de frío** to be freezing **morirse de miedo** to be scared stiff **morirse por hacer algo** to be dying to do sth *Ver tb* MOSCA, RISA

moro, -a ◆ *adj* Moorish ◆ *nm-nf* Moor

morro *nm* **1** (*animal*) snout **2** (*avión, coche*) nose LOC **¡qué/vaya morro!** what a cheek! *Ver tb* BEBER

morrón *adj* LOC *Ver* PIMIENTO

morsa *nf* walrus [*pl* walruses]

morse *nm* Morse Code

mortadela *nf* mortadela

mortal ◆ *adj* **1** (*gen*) mortal: *Los seres humanos son ~es.* Human beings are mortal. ◊ *pecado ~* mortal sin **2** (*enfermedad, accidente*) fatal **3** (*veneno, enemigo*) deadly **4** (*aburrimiento, ruido, trabajo*) dreadful: *La película es de una pesadez ~.* The film is dreadfully boring. ◆ *nmf* mortal LOC *Ver* RESTO

mortalidad *nf* mortality

mortero *nm* mortar

mortuorio, -a *adj* LOC *Ver* ESQUELA

moruno, -a *adj* LOC *Ver* PINCHO

mosaico *nm* mosaic

mosca *nf* fly [*pl* flies] LOC **caer/morir como moscas** to drop like flies **estar con la mosca detrás de la oreja** to smell a rat **¿qué mosca te ha picado?** what's eating you?

mosquear ◆ *vt* **1** (*molestar*) to annoy: *Me mosqueó que no me invitara a la fiesta.* I was annoyed that she hadn't invited me to the party. **2** (*hacer sospechar*) to make sb suspicious: *¿No te mosquea que no haya dicho nada?* Doesn't it seem fishy to you that she hasn't said anything? ◆ **mosquearse** *v pron* **1** (*enfadarse*) to get annoyed: *~se*

por una tontería to get annoyed about something silly **2** (*sospechar*) to get suspicious

mosqueo *nm* **1** (*enfado*): *¡Menudo ~ pilló!* He got really annoyed! **2** (*sospecha*): *¡Qué ~ tengo con tanta llamada telefónica!* I'm very suspicious of all these phone calls.

mosquito *nm* mosquito [*pl* mosquitoes]

mostaza *nf* mustard

mosto *nm* grape juice: *Dos ~s, por favor.* Two glasses of grape juice, please.

mostrador *nm* **1** (*tienda, aeropuerto*) counter **2** (*bar*) bar

mostrar ◆ *vt* to show: *Mostraron mucho interés por ella.* They showed great interest in her. ◆ **mostrarse** *v pron* (*parecer*) to seem: *Se mostraba algo pesimista.* He seemed rather pessimistic.

mota *nf* speck

mote *nm* nickname: *Me pusieron de ~ "la flaca".* They nicknamed me 'Skinny'.

motín *nm* mutiny [*pl* mutinies]

motivar *vt* **1** (*causar*) to cause **2** (*incentivar*) to motivate

motivo *nm* reason (**for sth**): *el ~ de nuestro viaje* the reason for our trip ◊ *por ~s de salud* for health reasons ◊ *Se enfadó conmigo sin ~ alguno.* He got angry with me for no reason.

moto (*tb* **motocicleta**) *nf* motorbike: *ir en ~* to ride a motorbike

motociclismo *nm* motorcycling

motociclista *nmf* motorcyclist

motocross *nm* motocross

motor, ~a ◆ *adj* motive: *potencia motora* motive power ◆ *nm* engine, motor ◆ *Ver nota en* ENGINE ◆ **motora** *nf* motor boat LOC *Ver* VUELO

movedizo, -a *adj* LOC *Ver* ARENA

mover(se) *vt, vi, v pron* to move: *~ una pieza del ajedrez* to move a chess piece ◊ *Te toca ~.* It's your move. ◊ *Muévete un poco para que me siente.* Move up a bit so I can sit down.

movido, -a *pp, adj* **1** (*ajetreado*) busy: *Hemos tenido un mes muy ~.* We've had a very busy month. **2** (*foto*) blurred *Ver tb* MOVER(SE)

móvil ◆ *adj* mobile ◆ *nm* mobile (phone): *Te estoy hablando desde el ~.* I'm on my mobile.

movimiento *nm* **1** (*gen*) movement: *un leve ~ de la mano* a slight movement of the hand ◊ *el ~ obrero/romántico* the labour/Romantic movement **2** (*marcha*) motion: *El coche estaba en ~.* The car was in motion. ◊ *poner algo en ~* to set sth in motion **3** (*actividad*) activity

mu *nm* moo LOC **no decir ni mu** not to say a word

muchacho, -a *nm-nf* **1** (*gen*) boy, lad (*coloq*) [*fem* girl] **2 muchachos** (*chicos y chicas*) youngsters

muchedumbre *nf* crowd [*v sing o pl*]

mucho, -a ◆ *adj*

● **en oraciones afirmativas** a lot of sth: *Tengo ~ trabajo.* I've got a lot of work. ◊ *Había ~s coches.* There were a lot of cars.

● **en oraciones negativas e interrogativas 1** (+ *sustantivo incontable*) much, a lot of sth (*más coloq*): *No tiene mucha suerte.* He doesn't have much luck. ◊ *¿Tomas ~ café?* Do you drink a lot of coffee? **2** (+ *sustantivo contable*) many, a lot of sth (*más coloq*): *No había ~s ingleses.* There weren't many English people.

● **otras construcciones:** *¿Tienes mucha hambre?* Are you very hungry? ◊ *hace ~ tiempo* a long time ago ◆ *pron* **1** (*en oraciones afirmativas*) a lot: *~ de mis amigos* a lot of my friends ◊ *adv* **1** (*gen*) a lot ◆ *adv* **1** (*gen*) a lot: *Se parece ~ a su padre.* He's a lot like his father. ◊ *Tu amigo viene ~ por aquí.* Your friend comes round here a lot. ◊ *trabajar ~* to work hard ◊ *Me gustan ~ tus zapatos nuevos.* I like your new shoes very much.

Fíjate en la frase siguiente: *Quiere mucho a sus padres.* She loves her parents very much/a lot. **A lot** y **very much** se colocan al final de la frase, aunque *mucho* en español vaya entre el verbo y el objeto directo.

2 (*con formas comparativas*) much: *Eres ~ mayor que ella.* You're much older than her. ◊ *~ más interesante* much more interesting **3** (*mucho tiempo*) a long time: *Llegaron ~ antes que nosotros.* They got here a long time before us. ◊ *hace ~* a long time ago **4** (*en respuestas*) very: —*¿Estás cansado?* —*No* — *'Are you tired?' 'Not very.'* ◊ —*¿Te gustó?* —*Mucho.* 'Did you like it?' 'Very much.' LOC **como mucho** at most **ni mucho menos** far from it **por mucho que...** however much...: *Por ~ que insistas...* However much you insist...

mudanza *nf* move LOC **estar de mudanza** to be moving (house) *Ver tb* CAMIÓN

mudar(se) ◆ *vt, vi, v pron* **mudar(se)** **(de)** (*cambiar*) to change: *Hay que ~ al bebé.* The baby needs changing. ◊ *~se de camisa* to change your shirt ◆ *vt, v pron* **mudar(se) (de)** to move: *~se de casa* to move house

mudo, -a *adj, nm-nf* dumb [*adj*]
Hoy en día para hablar de los mudos muchas personas prefieren utilizar **people who are speech-impaired**.
LOC *Ver* PELÍCULA

mueble *nm* **1** (*en singular*) piece of furniture: *un ~ muy elegante* a lovely piece of furniture **2 muebles** (*conjunto*) furniture [*incontable, v sing*]: *Los ~s estaban cubiertos de polvo.* The furniture was covered in dust.

mueca *nf* LOC **hacer muecas** to make/pull faces (*at sb*)

muela *nf* (back) tooth [*pl* (back) teeth] LOC **muela del juicio** wisdom tooth [*pl* teeth] *Ver tb* DOLOR

muelle *nm* **1** (*resorte*) spring **2** (*de un puerto*) wharf [*pl* wharves/wharfs]

muerte *nf* death LOC **dar muerte a algo/algn** to kill sth/sb **de mala muerte** horrible: *un barrio de mala ~* a horrible neighbourhood *Ver tb* PENA, REO, SUSTO

muerto, -a *pp, adj, nm-nf* dead [*adj*]: *La habían dado por muerta.* They had given her up for dead. ◊ *El pueblo se queda ~ durante el invierno.* The town is dead in winter. ◊ *los ~s en la guerra* the war dead ◊ *Hubo tres ~s en el accidente.* Three people were killed in the accident. LOC **muerto de cansancio** dead tired **muerto de envidia** green with envy **muerto de frío/hambre** freezing/starving **muerto de miedo** scared to death **muerto de sed** dying of thirst *Ver tb* CALLADO, HORA, NATURALEZA, PESAR¹, PUNTO, TIEMPO, VIVO; *Ver tb* MORIR(SE)

muestra *nf* **1** (*Med, estadística, mercancía*) sample: *una ~ de sangre* a blood sample **2** (*prueba*) token: *una ~ de amor* a token of love **3** (*señal*) sign: *dar ~s de cansancio* to show signs of fatigue LOC *Ver* FERIA

mugir *vi* **1** (*vaca*) to moo **2** (*toro*) to bellow

mugre *nf* filth

mujer *nf* **1** (*gen*) woman [*pl* women] **2** (*esposa*) wife [*pl* wives] LOC *Ver* NEGOCIO

muleta *nf* (*para andar*) crutch: *andar con* ~*s* to walk on crutches

mullido, -a *pp, adj* soft

mulo, -a *nm-nf* mule

multa *nf* fine LOC **poner una multa** to fine *sb*: *Le han puesto una* ~. He's been fined.

multicine *nm* multiplex (cinema)

multicultural *adj* multicultural

multimedia ◆ *adj* multimedia ◆ *nm* multimedia system

multinacional ◆ *adj* multinational ◆ *nf* multinational company [*pl* multinational companies]

múltiple *adj* **1** (*no simple*) multiple: *una fractura* ~ a multiple fracture **2** (*numerosos*) numerous: *en* ~*s casos* on numerous occasions

multiplicación *nf* multiplication

multiplicar *vt, vi* (*Mat*) to multiply: ~ *dos por cuatro* to multiply two by four ◊ *¿Ya sabes* ~*?* Do you know how to do multiplication yet?

multirracial *adj* multiracial

multitud *nf* **1** (*muchedumbre*) crowd [*v sing o pl*] **2** ~ **de** (*muchos*) a lot of *sth*: (*una*) ~ *de problemas* a lot of problems

mundial ◆ *adj* world [*n atrib*]: *el récord* ~ the world record ◆ *nm* world championship: *los Mundiales de Atletismo* the World Athletics Championships ◊ *el Mundial de fútbol* the World Cup

mundo *nm* world: *dar la vuelta al* ~ to go round the world LOC **el mundo del espectáculo** show business **todo el mundo** everybody *Ver tb* BOLA, MEDIO, TERCERO, VUELTA

munición *nf* ammunition [*incontable*]: *quedarse sin municiones* to run out of ammunition

municipal *adj* municipal LOC **guardia/policía municipal 1** (*individuo*) police officer ☞ *Ver nota en* POLICÍA **2** (*cuerpo*) local police force *Ver tb* ELECCIÓN

municipio *nm* **1** (*unidad territorial*) town **2** (*ayuntamiento*) town council

muñeca *nf* **1** (*juguete*) doll: *¿Te gusta jugar con* ~*s?* Do you like playing with dolls? **2** (*parte del cuerpo*) wrist: *fracturarse la* ~ to fracture your wrist

muñeco *nm* **1** (*juguete*) doll: *un* ~ *de trapo* a rag doll **2** (*de un ventrílocuo, maniquí*) dummy [*pl* dummies]

LOC **muñeco de nieve** snowman [*pl* snowmen] **muñeco de peluche** soft toy

muñequera *nf* wristband

mural *nm* mural

muralla *nf* wall(s) [*se usa mucho en plural*]: *la* ~ *medieval* the medieval walls

murciélago *nm* bat

murmullo *nm* murmur: *el* ~ *de su voz/del viento* the murmur of his voice/the wind

murmurar ◆ *vt, vi* (*hablar en voz baja*) to mutter ◆ *vi* (*cotillear*) to gossip (**about sth/sb**)

muro *nm* wall

musa *nf* muse

musaraña *nf* LOC *Ver* PENSAR

muscular *adj* muscle [*n atrib*]: *una lesión* ~ a muscle injury

músculo *nm* muscle

musculoso, -a *adj* muscular

museo *nm* museum: *Está en el Museo del Prado.* It's in the Prado Museum. ☞ *Ver nota en* MUSEUM

musgo *nm* moss

música *nf* music: *No me gusta la* ~ *clásica.* I don't like classical music. LOC **música de fondo** background music **música en directo** live music **música étnica** world music *Ver tb* CADENA, EQUIPO

musical *adj, nm* musical LOC *Ver* COMEDIA, ESCALA

músico *nmf* musician

muslo *nm* **1** (*gen*) thigh **2** (*ave*) leg

musulmán, -ana *adj, nm-nf* Muslim

mutante *adj, nmf* mutant

mutilar *vt* to mutilate

mutuamente *adv* each other, one another: *Se odian* ~. They hate each other. ☞ *Ver nota en* EACH OTHER

mutuo, -a *adj* mutual

muy *adv* **1** (*gen*) very: *Están* ~ *bien/cansados.* They're very well/tired. ◊ ~ *despacio/temprano* very slowly/early **2** (+ *sustantivo*): *El* ~ *sinvergüenza se ha marchado sin pagar.* The swine's gone off without paying. ◊ *Se cree* ~ *hombre.* He thinks he's a real man. LOC **muy bien** (*de acuerdo*) okay **Muy señor mío/señora mía** Dear Sir/Madam ☞ *Ver nota en* ATENTAMENTE **por muy... que...** however...: *Por* ~ *simpático que sea...* However nice he is...

Nn

nabo *nm* turnip

nácar *nm* mother-of-pearl

nacer *vi* **1** (*persona, animal*) to be born: *¿Dónde naciste?* Where were you born? ◊ *Nací en 1971.* I was born in 1971. **2** (*río*) to rise **3** (*planta, pelo, plumas*) to grow LOC **nacer para actor, cantante, etc.** to be a born actor, singer, etc.

nacido, -a *pp, adj* LOC *Ver* RECIÉN; *Ver tb* NACER

naciente *adj* (*sol*) rising

nacimiento *nm* **1** (*gen*) birth: *fecha de ~* date of birth **2** (*río*) source **3** (*pelo, uña*) root **4** (*belén*) nativity scene LOC **de nacimiento:** *Es ciega de ~.* She was born blind. ◊ *ser español de ~* to be Spanish by birth *Ver tb* LUGAR

nación *nf* nation LOC *Ver* ORGANIZACIÓN

nacional *adj* **1** (*de la nación*) national: *la bandera ~* the national flag **2** (*no internacional*) domestic: *el mercado ~* the domestic market ◊ *vuelos/salidas ~es* domestic flights/departures LOC *Ver* CARRETERA, DOCUMENTO, FIESTA, HIMNO, PARQUE

nacionalidad *nf* **1** (*gen*) nationality [*pl* nationalities] **2** (*ciudadanía*) citizenship

nacionalista *adj, nmf* nationalist

nacionalizar ♦ *vt* to nationalize ♦ **nacionalizarse** *v pron* to become a British, Spanish, etc. citizen

nada ♦ *pron* **1** (*gen*) nothing, anything **Nothing** se utiliza cuando el verbo va en forma afirmativa en inglés y **anything** cuando va en forma negativa: *No queda nada.* There's nothing left. ◊ *No tengo nada que perder.* I've got nothing to lose. ◊ *No quiero nada.* I don't want anything. ◊ *No tienen nada en común.* They haven't got anything in common. ◊ *¿No quieres nada?* Don't you want anything?

2 (*Tenis*) love: *treinta, ~* thirty love ♦ *adv* at all: *No está ~ claro.* It's not at all clear. LOC **de nada 1** (*sin importancia*) little: *Es un arañazo de ~.* It's only a little scratch. **2** (*exclamación*) you're welcome: *— Gracias por la cena. — ¡De ~!* 'Thank you for the meal.' 'You're welcome!'

También se puede decir **don't mention it.**

nada más 1 (*eso es todo*) that's all **2** (*sólo*) only: *Tengo un hijo ~ más.* I only have one son. **nada más hacer algo:** *Lo reconocí ~ más verlo.* I recognized him as soon as I saw him. **nada más y nada menos que... 1** (*persona*) none other than...: *~ más y ~ menos que el presidente* none other than the president **2** (*cantidad*) no less than...: *~ más y ~ menos que 100 personas* no less than 100 people *Ver tb* DENTRO

nadador, ~a *nm-nf* swimmer

nadar *vi* to swim: *No sé ~.* I can't swim. LOC **nadar a braza/mariposa** to do breaststroke/butterfly **nadar a crol** to do the crawl **nadar a espalda** to do backstroke

nadie *pron* nobody: *Eso no lo sabe ~.* Nobody knows that. ◊ *No había ~ más.* There was nobody else there. ☛ *Ver nota en* NOBODY

Nótese que cuando el verbo en inglés va en forma negativa, usamos **anybody:** *Está enfadado y no habla con nadie.* He is angry and won't talk to anybody.

LOC *Ver* DON

nado LOC **a nado:** *Cruzaron el río a ~.* They swam across the river.

naipe *nm* (playing) card ☛ *Ver nota en* BARAJA

nana *nf* lullaby [*pl* lullabies]

naranja ♦ *nf* (*fruta*) orange ♦ *adj, nm* (*color*) orange ☛ *Ver ejemplos en* AMARILLO LOC *Ver* RALLADURA

naranjada *nf* orangeade

naranjo *nm* orange tree

narcótico *nm* narcóticos drugs

narcotraficante *nmf* drug dealer

narcotráfico *nm* drug trafficking

nariz *nf* nose: *Suénate la ~.* Blow your nose. LOC **estar hasta las narices (de)** to be fed up (with *sth/sb/doing sth*) **¡narices!** rubbish! **no me sale de las narices** I, you, etc. don't feel like doing it *Ver tb* CERRAR, LIMPIAR, METER

narrador, ~a *nm-nf* narrator

narrar *vt* to tell

nasal *adj* LOC *Ver* TABIQUE

nata *nf* **1** (*gen*) cream: *~ montada* whipped cream **2** (*de leche hervida*) skin LOC **nata líquida 1** (*para salsas,* *cremas*) single cream **2** (*para montar*) double cream *Ver tb* FLOR

natación *nf* swimming

natal *adj* native: *país* ~ native country LOC *Ver* CIUDAD

natalidad *nf* birth rate LOC *Ver* ÍNDICE

natillas *nf* custard [*incontable, v sing*]

nativo, -a *adj, nm-nf* native

nato, -a *adj* born: *un músico* ~ a born musician

natural *adj* **1** (*gen*) natural: *causas ~es* natural causes ◊ *¡Es ~!* It's only natural! ◊ *un gesto* ~ a natural gesture **2** (*fruta, flor*) fresh LOC **ser natural de...** to come from... *Ver tb* CIENCIA, PARQUE

naturaleza *nf* nature LOC **naturaleza muerta** still life [*pl* still lifes] **por naturaleza** by nature *Ver tb* HIERRO

naturalidad *nf*: *con la mayor ~ del mundo* as if it were the most natural thing in the world LOC **con naturalidad** naturally

naturalmente *adv* of course: *Sí, ~ que sí.* Yes, of course.

naufragar *vi* to be wrecked

naufragio *nm* shipwreck

náufrago, -a *nm-nf* castaway [*pl* castaways]

náusea *nf* LOC **dar náuseas** to make *sb* feel sick **sentir/tener náuseas** to feel sick

náutico, -a *adj* sailing [*n atrib*]: *club* ~ sailing club

navaja *nf* **1** (*poco afilada*) penknife [*pl* penknives] **2** (*arma*) knife [*pl* knives]: *Me sacó la* ~. He pulled a knife on me. LOC *Ver* PUNTA

navajazo *nm* knife wound: *Tenía un* ~ *en la cara.* He had a knife wound on his face. LOC **dar un navajazo** to stab *sb*

nave *nf* **1** (*Náut*) ship **2** (*iglesia*) nave LOC **nave espacial** spaceship **nave industrial** industrial unit

navegación *nf* (*Náut*) navigation LOC *Ver* CARTA

navegador *nm* (*Informát*) browser

navegar *vi* **1** (*barcos, marinero*) to sail **2** ~ **en/por** (*Informát*) to surf *sth* [*vt*]: ~ *por internet* to surf the Net/Internet

navidad (*tb* Navidad) *nf* Christmas: *¡Feliz Navidad!* Happy Christmas! ◊ *Siempre nos reunimos en Navidad.* We always get together at Christmas.

En Gran Bretaña apenas se celebra la Nochebuena (**Christmas Eve**). El día más importante es el día de Navidad (**Christmas Day**). Por la mañana se abren los regalos que ha traído **Father Christmas** y por la tarde se toma la comida de Navidad (**Christmas dinner**) que consiste en pavo con verduras, y de postre **Christmas pudding**, una especie de pastel caliente hecho. con coñac y frutos secos. A las 3 de la tarde la Reina da un discurso por televisión. El día 26 de diciembre es **Boxing Day** y es fiesta nacional.

LOC *Ver* CESTA

navideño, -a *adj* Christmas [*n atrib*]

neblina *nf* mist

necesario, -a *adj* necessary: *Haré lo que sea* ~. I'll do whatever's necessary. ◊ *No lleves más de lo* ~. Only take what you need. ◊ *No es* ~ *que vengas.* You don't have to come. LOC **si es necesario** if necessary

neceser *nm* sponge bag

necesidad *nf* **1** (*cosa imprescindible*) necessity [*pl* necessities]: *La calefacción es una* ~. Heating is a necessity. **2** ~ (**de**) need (**for** *sth*/**to do** *sth*): *No veo la* ~ *de ir en coche.* I don't see the need to go by car. LOC **no hay necesidad** there's no need (*for sth/to do sth*) **pasar necesidades** to suffer hardship *Ver tb* PRIMERO

necesitado, -a ♦ *pp, adj* (*pobre*) needy ♦ *nm-nf*: *ayudar a los ~s* to help the poor *Ver tb* NECESITAR

necesitar *vt* to need

negado, -a *pp, adj, nm-nf* useless [*adj*]: *Soy un* ~ *para las matemáticas.* I'm useless at maths. *Ver tb* NEGAR

negar ♦ *vt* **1** (*hecho*) to deny *sth*/**doing** *sth*/**that...**: *Negó haber robado el cuadro.* He denied stealing the picture. **2** (*permiso, ayuda*) to refuse: *Nos negaron la entrada en el país.* We were refused admittance into the country. ♦ **negarse** *v pron* **negarse a** to refuse **to do** *sth*: *Se negaron a pagar.* They refused to pay.

negativa *nf* refusal

negativo, -a *adj, nm* negative LOC *Ver* SIGNO

negociación *nf* negotiation

negociante *nmf* businessman/woman [*pl* businessmen/women]

negociar *vt, vi* to negotiate

negocio *nm* **1** (*comercio, asunto*) business: *hacer ~s* to do business ◊ *Muchos ~s han fracasado.* A lot of businesses have failed. ◊ *Los ~s son los ~s.* Business is business. ◊ *Estoy aquí por/de ~s.* I'm here on business. **2** (*irónicamente*) bargain: *¡Vaya ~ hemos hecho!* that was some bargain we got there! LOC **hombre/ mujer de negocios** businessman/ woman [*pl* businessmen/women] *Ver tb* LIQUIDACIÓN

negra *nf* (*Mús*) crotchet

negro, -a ◆ *adj, nm* black ☞ *Ver ejemplos en* AMARILLO ◆ *nm-nf* black man/woman [*pl* black men/women] LOC *Ver* AGUJERO, BLANCO, CAJA, CERVEZA, GROSELLA, MAREA, OVEJA

Neptuno *nm* Neptune

nervio *nm* **1** (*gen*) nerve: *Eso son los ~s.* That's nerves. **2** (*carne*) gristle: *Esta carne tiene mucho ~.* This meat is very gristly. LOC **poner los nervios de punta** to set *sb's* nerves on edge *Ver tb* ATAQUE

nerviosismo *nm* nervousness

nervioso, -a *adj* **1** (*Anat*) **(a)** (*sistema, tensión*) nervous: *el sistema ~* the nervous system **(b)** (*célula, fibra*) nerve [*n atrib*]: *células nerviosas* nerve cells **2** (*agitado, intranquilo*) nervous

También se puede decir tense o edgy (*más coloq*) en el sentido de agitado, intranquilo: *Últimamente parece un poco nervioso, como preocupado por algo.* He's been rather tense recently, as though he had something on his mind. ◊ *Hoy estoy un poco nerviosa.* I'm feeling rather edgy today.

3 (*fácilmente excitable*) highly strung: *Es muy ~.* He's very highly strung. LOC **poner nervioso a algn** (*irritar*) to get on *sb's* nerves **ponerse nervioso** (*irritarse*) to get worked up

neto, -a *adj* net: *ingresos ~s* net income ◊ *peso ~* net weight

neumático *nm* tyre.

neumonía *nf* pneumonia [*incontable*]: *coger una ~* to catch pneumonia

neura *adj, nmf* neurotic, uptight [*adj*] (*más coloq*): *Es un ~.* He's really uptight. LOC **darle la neura a algn** to go mad: *Me dio la ~ y empecé a limpiar.* I suddenly went mad and started cleaning.

neutral *adj* neutral

neutro, -a *adj* **1** (*gen*) neutral **2** (*Biol, Gram*) neuter

neutrón *nm* neutron

nevada *nf* snowfall

nevado, -a *pp, adj* (*cubierto de nieve*) snowy *Ver tb* NEVAR

nevar *v imp* to snow: *Creo que va a ~.* I think it's going to snow. LOC *Ver* PARECER

nevera *nf* fridge

ni *conj* **1** (*doble negación*) neither... nor...: *Ni tú ni yo hablamos inglés.* Neither you nor I speak English. ◊ *Ni lo sabe ni le importa.* He neither knows nor cares. ◊ *No ha dicho ni que sí ni que no.* He hasn't said either yes or no. **2** (*ni siquiera*) not even: *Ni él mismo sabe lo que gana.* Not even he knows how much he earns. LOC **ni aunque** even if: *Ni aunque me diesen dinero.* Not even if they paid me. **¡ni que fuera...!** anyone would think...: *¡Ni que yo fuera millonario!* Anyone would think I was a millionaire! **ni una palabra, un día, etc. más** not another word, day, etc. more **ni uno** not a single (one): *No me queda ni una moneda.* I haven't got a single coin left. **ni yo (tampoco)** neither am I, do I, have I, etc.: *—Yo no voy a la fiesta. —Ni yo tampoco.* 'I'm not going to the party.' 'Neither am I.'

nicotina *nf* nicotine

nido *nm* nest: *hacer un ~* to build a nest

niebla *nf* fog: *Hay mucha ~.* It's very foggy.

nieto, -a *nm-nf* **1** (*gen*) grandson [*fem* granddaughter] **2 nietos** grandchildren

nieve *nf* snow LOC *Ver* BLANCO, BOLA, MUÑECO, PUNTO

NIF *nm* income tax number

ningún *adj Ver* NINGUNO

ninguno, -a ◆ *adj* no, any: *No es ningún imbécil.* He's no fool.

Se utiliza **no** cuando el verbo va en forma afirmativa en inglés: *Aún no ha llegado ningún alumno.* No students have arrived yet. ◊ *No mostró ningún entusiasmo.* He showed no enthusiasm. **Any** se utiliza cuando el verbo va en negativa en inglés: *No le dio ninguna importancia.* He didn't pay any attention to it.

◆ *pron* **1** (*entre dos personas o cosas*) neither, either

Neither se utiliza cuando el verbo va en forma afirmativa en inglés: *—¿Cuál de los dos prefieres? —Ninguno.* 'Which one do you prefer?' 'Neither (of them).' **Either** se utiliza cuando va en negativa en inglés: *No reñí con ninguno de los dos.* I didn't argue with either of them.

2 (*entre más de dos personas o cosas*) none: *Había tres, pero no queda ~.* There were three, but there are none left. ◊ *~ de los concursantes acertó.* None of the participants got the right answer. LOC **de ninguna manera/de ningún modo**

no way! (coloq), certainly not!: *No quiso quedarse de ninguna manera.* He absolutely refused to stay. **en ningún lugar/ lado/sitio/en ninguna parte** nowhere, anywhere

Nowhere se utiliza cuando el verbo va en afirmativa en inglés: *Al final no iremos a ningún sitio.* We'll go nowhere in the end. **Anywhere** se utiliza cuando va en negativa en inglés: *No lo encuentro por ninguna parte.* I can't find it anywhere.

en ningún momento never: *En ningún momento pensé que lo harían.* I never thought they would do it.

niñez *nf* childhood

niño, -a *nm-nf* **1** (*sin distinción de sexo*) **(a)** (*gen*) child [*pl* children] **(b)** (*recién nacido*) baby [*pl* babies]: *tener un ~* to have a baby **2** (*masculino*) boy [*pl* boys] **3** (*femenino*) girl LOC **niño bien/pera/ pijo** rich kid **niño prodigio** child prodigy [*pl* child prodigies] *Ver tb* JUEGO, PROBETA

níspero *nm* medlar

nitrógeno *nm* nitrogen

nivel *nm* **1** (*gen*) level: *~ del agua/mar* water/sea level ◊ *a todos los ~es* in every respect **2** (*calidad, preparación*) standard: *un excelente ~ de juego* an excellent standard of play LOC **nivel de vida** standard of living *Ver tb* PASO

nivelar *vt* **1** (*superficie, terreno*) to level **2** (*desigualdades*) to even sth out

no ◆ *adv* **1** (*respuesta*) no: *No, gracias.* No, thank you. ◊ *He dicho que no.* I said no. **2** (*referido a verbos, adverbios, frases*) not: *No lo sé.* I don't know. ◊ *No es un buen ejemplo.* It's not a good example. ◊ *¿Empezamos ya o no?* Are we starting now or not? ◊ *Por supuesto que no.* Of course not. ◊ *Que yo sepa, no.* Not as far as I know. **3** (*doble negación*): *No sale nunca.* He never goes out. ◊ *No sé nada de fútbol.* I know nothing about football. **4** (*palabras compuestas*) non-: *no fumador* non-smoker ◊ *fuentes no oficiales* unofficial sources ◆ *nm* no [*pl* noes]: *un no categórico* a categorical no LOC **¿a que no...?** **1** (*confirmando*): *¿A que no han venido?* They haven't come, have they? **2** (*desafío*) I bet...: *¿A que no ganas?* I bet you don't win. **¿no?** *Hoy es jueves ¿no?* Today is Thursday, isn't it? ◊ *Lo compraste, ¿no?* You did buy it, didn't you? ◊ *¡Para quieta! ¿no?* Keep still, will you! ☞ Para otras expresiones con **no**, véanse las entradas del verbo,

sustantivo, etc., p. ej. **no pegar ojo** en PEGAR y **no obstante** en OBSTANTE.

noble ◆ *adj* **1** (*gen*) noble **2** (*madera, material*) fine ◆ *nmf* nobleman/ woman [*pl* noblemen/women]

nobleza *nf* nobility

noche *nf* night: *el lunes por la ~* on Monday night ◊ *las diez de la ~* ten o'clock at night LOC **¡buenas noches!** good night!

Good night se utiliza solo como fórmula de despedida. Si se quiere saludar con **buenas noches**, decimos **good evening**: *Buenas noches, damas y caballeros.* Good evening, ladies and gentlemen.

dar las buenas noches to say good night **de la noche a la mañana** overnight **de noche 1** (*trabajar, estudiar*) at night **2** (*función, vestido*) evening: *sesión de ~* evening performance **esta noche** tonight **hacerse de noche** to get dark *Ver tb* AYER, CAÍDA, MESILLA, TRAJE

Nochebuena *nf* Christmas Eve: *El día de ~ nos reunimos todos.* We all get together on Christmas Eve. ☞ *Ver nota en* NAVIDAD

Nochevieja *nf* New Year's Eve: *¿Qué hiciste en ~?* What did you do on New Year's Eve?

noción *nf* notion LOC **tener nociones de algo** to have a basic grasp of sth

nocivo, -a *adj* ~ (**para**) harmful (**to sth/ sb**)

nocturno, -a *adj* **1** (*gen*) night [*n atrib*]: *servicio ~ de autobuses* night bus service **2** (*clases*) evening [*n atrib*]

nogal *nm* walnut (tree)

nómada ◆ *adj* nomadic ◆ *nmf* nomad

nombrar *vt* **1** (*citar*) to mention *sb's* name: *sin ~lo* without mentioning his name **2** (*designar a algn para un cargo*) to appoint

nombre *nm* **1 (a)** (*gen*) name **(b)** (*en formularios*) first name ☞ *Ver nota en* MIDDLE NAME **2** (*Gram*) noun: *~ común* common noun LOC **en nombre de** on behalf of *sb*: *Le dio las gracias en ~ del presidente.* He thanked her on behalf of the president. **nombre de pila** Christian name **nombre propio** proper noun/name **nombre y apellidos** full name

nómina *nf* (*sueldo*) pay

nominar *vt* to nominate *sth/sb* (**for sth**): *Fue nominada para el Óscar.* She was nominated for an Oscar.

nones *nm* odd numbers LOC *Ver* PAR

nordeste (*tb* **noreste**) *nm* **1** (*punto cardinal, región*) north-east (*abrev* NE) **2** (*viento, dirección*) north-easterly

noria *nf* (*feria*) big wheel

norma *nf* rule LOC **tener por norma hacer/no hacer algo** to always/never do sth: *Tengo por ~ no comer entre horas.* I never eat between meals.

normal *adj* **1** (*común*) normal: *el curso ~ de los acontecimientos* the normal course of events ◊ *Es lo ~.* That's the normal thing. **2** (*corriente*) ordinary: *un empleo ~* an ordinary job **3** (*estándar*) standard: *el procedimiento ~* the standard procedure LOC **normal y corriente** ordinary *Ver tb* GENTE

normalizar ◆ *vt* (*relaciones, situación*) to restore *sth* to normal ◆ **normalizarse** *v pron* to return to normal

noroeste *nm* **1** (*punto cardinal, región*) north-west (*abrev* NW) **2** (*viento, dirección*) north-westerly

norte *nm* north (*abrev* N): *en el ~ de España* in the north of Spain ◊ *en la costa ~* on the north coast LOC *Ver* IRLANDA

Noruega *nf* Norway

noruego, -a *adj, nm-nf, nm* Norwegian: *los ~s* the Norwegians ◊ *hablar ~* to speak Norwegian

nos *pron pers* **1** (*complemento*) us: *Nos han visto.* They've seen us. ◊ *Nunca nos dicen la verdad.* They never tell us the truth. ◊ *Nos han mentido.* They've lied to us. ◊ *Nos han preparado la cena.* They've made supper for us. **2** (*partes del cuerpo, efectos personales*): *Nos quitamos el abrigo.* We took our coats off. **3** (*reflexivo*) (ourselves): *Nos divertimos mucho.* We enjoyed ourselves very much. ◊ *Nos acabamos de bañar.* We've just had a bath. ◊ *¡Vámonos!* Let's go! **4** (*recíproco*) each other, one another: *Nos queremos mucho.* We love each other very much. ☞ *Ver nota en* EACH OTHER

nosotros, -as *pron pers* **1** (*sujeto*) we: *Tú no lo sabes. ~ sí.* You don't know. We do. ◊ *Lo haremos ~.* We'll do it. **2** (*complemento, en comparaciones*) us: *¿Vienes con ~?* Are you coming with us? ◊ *Hace menos deporte que ~.* He does less sport than us. LOC **entre nosotros** (*confidencialmente*) between ourselves **somos nosotros** it's us

nostalgia *nf* **1** (*del pasado*) nostalgia **2** (*del hogar, del país, etc.*) homesickness: *En cuanto estoy dos días fuera de casa me entra una ~ terrible.* Whenever I'm away from home I feel really homesick. LOC **sentir/tener nostalgia de algo/algn** to miss sth/sb: *Siente ~ de su país.* He misses his country.

nota *nf* **1** (*gen*) note: *Te dejé una ~ en la cocina.* I left you a note in the kitchen. **2** (*Educ*) mark: *sacar buenas/malas ~s* to get good/bad marks ☞ *Ver nota en* MARK LOC **las notas** report [*sing*]: *El jueves me dan las ~s.* I'm getting my report on Thursday. **tomar nota** to take note (*of sth*)

notable *nm* (*Educ*) very good: *sacar un ~ en historia* to get 'very good' for history ☞ *Ver nota en* MARK

notar ◆ *vt* **1** (*advertir*) to notice: *No he notado ningún cambio.* I haven't noticed any change. **2** (*encontrar*): *Lo noto muy triste.* He seems very sad. ◆ **notarse** *v pron* **1** (*sentirse*) to feel: *Se nota la tensión.* You can feel the tension. **2** (*verse*) to show: *No se le notan los años.* He doesn't look his age. LOC **se nota que...** you can tell (that)...: *Se notaba que estaba nerviosa.* You could tell she was nervous.

notario, -a *nm-nf* ≃ solicitor ☞ *Ver nota en* ABOGADO

noticia *nf* **1** (*gen*) news [*incontable*]: *Te tengo que dar una buena/mala ~.* I've got some good/bad news for you. ◊ *Las ~s son alarmantes.* The news is alarming. ☞ *Ver nota en* CONSEJO **2** (*Period, TV*) news item LOC **las noticias** the news [*sing*]: *Lo han dicho en las ~s de las tres.* It was on the three o'clock news. **tener noticias de algn** to hear from sb: *¿Tienes ~s de tu hermana?* Have you heard from your sister?

notificar *vt* to notify *sb* of *sth*: *Notificamos el robo a la policía.* We notified the police of the theft.

novato, -a ◆ *adj* inexperienced ◆ *nm-nf* **1** (*gen*) beginner **2** (*colegio*) new pupil **3** (*cuartel*) new recruit

novecientos, -as *adj, pron, nm* nine hundred ☞ *Ver ejemplos en* SEISCIENTOS

novedad *nf* **1** (*gen*) novelty [*pl* novelties]: *la ~ de la situación* the novelty of the situation ◊ *Para mí el ordenador es una ~.* Computers are a novelty for me. ◊ *la gran ~ de la temporada* the latest thing **2** (*cambio*) change: *No hay ~ en el estado del enfermo.* There's no change in the patient's condition. **3** (*noticia*) news [*incontable*]: *¿Alguna ~?* Any news?

novela *nf* novel: *~ de aventuras/espionaje* adventure/spy novel LOC

novela rosa/policiaca romantic/detective novel

novelista *nmf* novelist

noveno, **-a** *adj*, *pron*, *nm-nf* ninth
☞ *Ver ejemplos en* SEXTO

noventa *nm*, *adj*, *pron* **1** (*gen*) ninety **2** (*nonagésimo*) ninetieth ☞ *Ver ejemplos en* SESENTA

noviembre *nm* November (*abrev* Nov)
☞ *Ver ejemplos en* ENERO

novillo *nm* young bull LOC **hacer novillos/campana** to play truant

novio, **-a** *nm-nf* **1** (*gen*) boyfriend [*fem* girlfriend]: *¿Tienes novia?* Have you got a girlfriend? **2** (*prometido*) fiancé [*fem* fiancée] **3** (*en la boda, recién casados*) (bride)groom [*fem* bride] ☞ *Ver nota en* BODA LOC **los novios 1** (*en una boda*) the bride and groom **2** (*recién casados*) the newly-weds **ser novios**: *Hace dos años que somos ~s.* We've been going out together for two years. *Ver tb* VESTIDO

nube *nf* cloud LOC **estar en las nubes** to have your head in the clouds

nublado, **-a** *pp*, *adj* cloudy *Ver tb* NUBLARSE

nublarse *v pron* **1** (*cielo*) to cloud over **2** (*vista*) to be blurred

nubosidad *nf* LOC **nubosidad variable** patchy cloud

nuca *nf* nape (of the neck)

nuclear ◆ *adj* nuclear ◆ *nf* nuclear power station LOC *Ver* REACTOR

núcleo *nm* nucleus [*pl* nuclei]

nudillo *nm* knuckle

nudo *nm* knot: *hacer/deshacer un ~* to tie/undo a knot LOC **nudo corredizo** slip knot **tener un nudo en la garganta** to have a lump in your throat

nuera *nf* daughter-in-law [*pl* daughters-in-law]

nuestro, **-a** ◆ *adj pos* our: *nuestra familia* our family ◆ *pron pos* ours: *Vuestro coche es mejor que el ~.* Your car is better than ours.

Nótese que *una amiga nuestra* se traduce por **a friend of ours** porque significa *una de nuestras amigas*.

nueve *nm*, *adj*, *pron* **1** (*gen*) nine **2** (*fecha*) ninth ☞ *Ver ejemplos en* SEIS

nuevo, **-a** *adj* **1** (*gen*) new: *¿Son ~s esos zapatos?* Are those new shoes? **2** (*adicional*) further: *Se han presentado ~s problemas.* Further problems have arisen. LOC **de nuevo** again *Ver tb* LUNA

nuez *nf* **1** (*fruto*) walnut **2** (*Anat*) Adam's apple LOC **nuez moscada** nutmeg

nulo, **-a** *adj* **1** (*inválido*) invalid: *un acuerdo ~* an invalid agreement **2** (*inexistente*) non-existent: *Las posibilidades son prácticamente nulas.* The chances are almost non-existent. **3** **~ en/para** hopeless at *sth/doing sth*: *Soy ~ para los deportes.* I'm hopeless at sport. LOC *Ver* VOTO

numeración *nf* numbers [*pl*] LOC **numeración arábiga/romana** Arabic/Roman numerals [*pl*]

numeral *nm* numeral

numerar ◆ *vt* to number ◆ **numerarse** *v pron* to number off

número *nm* **1** (*gen*) number: *un ~ de teléfono* a telephone number ◊ *~ par/impar* even/odd number **2** (*talla*) size: *¿Qué ~ de zapatos calzas?* What size shoe do you take? **3** (*publicación*) issue: *un ~ atrasado* a back issue **4** (*Teat*) act: *un ~ circense* a circus act LOC **estar en números rojos** to be in the red **número de matrícula** registration number **número primo** prime number **números arábigos/romanos** Arabic/Roman numerals

numeroso, **-a** *adj* **1** (*grande*) large: *una familia numerosa* a large family **2** (*muchos*) numerous: *en numerosas ocasiones* on numerous occasions

nunca *adv* never, ever

Never se utiliza cuando el verbo va en afirmativa en inglés: *Nunca he estado en París.* I've never been to Paris. Ever se utiliza cuando el verbo va en negativa o con palabras negativas como nothing, nobody, etc.: *Nunca pasa nada.* Nothing ever happens. ◊ *sin ver nunca el sol* without ever seeing the sun ☞ *Ver nota en* ALWAYS

LOC **casi nunca** hardly ever: *No nos vemos casi ~.* We hardly ever see each other. **como nunca** better than ever **más que nunca** more than ever: *Hoy hace más calor que ~.* It's hotter than ever today. **nunca jamás** never ever: *~ jamás volveré a dejarle nada.* I'll never ever lend him anything again. **nunca más** never again

nupcial *adj* wedding [*n atrib*]

nutria *nf* otter

nutrición *nf* nutrition

nutritivo, **-a** *adj* nutritious

¡**ñam!** *interj* LOC ¡ñam, ñam! yum-yum!

ñoño, -a *adj*, *nm-nf* **1** (*remilgado*) affected

[*adj*] **2** (*puritano*) prim [*adj*]

ñu *nm* wildebeest [*pl* wildebeest]

o *conj* or: *¿Té o café?* Tea or coffee? ◊ *O te comes todo, o no sales a jugar.* Either you eat it all up or you're not going out to play.

oasis *nm* oasis [*pl* oases]

obedecer ◆ *vt* to obey: ~ *a tus padres* to obey your parents ◆ *vi* to do as you are told: *¡Obedece!* Do as you're told!

obediente *adj* obedient

obispo *nm* bishop

objetar *vt* to object

objetivo, -a ◆ *adj* objective ◆ *nm* **1** (*finalidad*) objective, aim (*más coloq*): ~*s a largo plazo* long-term objectives **2** (*Mil*) target **3** (*Fot*) lens

objeto *nm* **1** (*cosa, Gram*) object **2** (*propósito*) purpose LOC **objetos perdidos** lost property [*sing*]: *oficina de* ~*s perdidos* lost property office

objetor, -a *nm-nf* LOC **objetor (de conciencia)** conscientious objector

oblicuo, -a *adj* oblique

obligación *nf* obligation LOC **tener (la) obligación de** to be obliged to do sth

obligado, -a *pp, adj* LOC **estar obligado a** to have to do sth: *Estamos* ~*s a cambiarlo.* We have to change it. **sentirse/ verse obligado** to feel obliged to do sth *Ver tb* OBLIGAR

obligar *vt* to force sb **to do sth**, to make sb **do sth** (*más coloq*): *Me obligaron a entregar el maletín.* They forced me to hand over my briefcase.

obligatorio, -a *adj* compulsory: *la enseñanza obligatoria* compulsory education LOC *Ver* ESCUELA

oboe *nm* oboe

obra *nf* **1** (*gen*) work: *una* ~ *de arte* a work of art ◊ *la* ~ *completa de Machado* the complete works of Machado **2** (*acción*) deed: *realizar buenas* ~*s* to do good deeds **3** (*lugar en construcción*) site: *Hubo un accidente en la* ~. There was an accident at the site. **4** **obras** (*de carretera*) roadworks LOC **obra maestra** masterpiece **obra (teatral/de teatro)** play [*pl* plays] *Ver tb* MANO

obrero, -a ◆ *adj* **1** (*familia, barrio*) working-class **2** (*sindicato*) labour [*n atrib*]: *el movimiento* ~ the labour movement ◆ *nm-nf* worker LOC *Ver* ABEJA

obsceno, -a *adj* obscene

observación *nf* observation: *capacidad de* ~ powers of observation LOC **estar en observación** to be under observation

observador, -a ◆ *adj* observant ◆ *nm-nf* observer

observar *vt* **1** (*mirar*) to observe, to watch (*más coloq*): *Observaba a la gente desde mi ventana.* I was watching people from my window. **2** (*notar*) to notice: *¿Has observado algo extraño en él?* Have you noticed anything odd about him?

observatorio *nm* observatory [*pl* observatories]

obsesión *nf* obsession (*with sth/sb/ doing sth*): *una* ~ *por las motos/ganar* an obsession with motorbikes/winning LOC **tener obsesión por** to be obsessed with sth/sb/doing sth

obsesionar ◆ *vt* to obsess: *Le obsesionan los videojuegos.* He's obsessed with computer games. ◆ **obsesionarse** *v pron* to become obsessed (*with sth/sb/ doing sth*)

obstaculizar *vt* to block

obstáculo *nm* obstacle

obstante LOC **no obstante** nevertheless, however (*más coloq*)

obstruir *vt* **1** (*cañería, lavabo*) to block **2** (*dificultar*) to obstruct: ~ *la justicia* to obstruct justice

obtener *vt* to obtain, to get (*más coloq*): ~ *un préstamo/el apoyo de algn* to get a loan/sb's support

obvio, -a *adj* obvious

oca *nf* **1** (*animal*) goose [*pl* geese] **2** (*juego*) ≃ snakes and ladders (*GB*) [*sing*]

ocasión *nf* **1** (*vez*) occasion: *en numerosas ocasiones* on numerous occasions **2** (*oportunidad*) opportunity [*pl* opportunities], chance (*más coloq*) (*to do sth*): *una ~ única* a unique opportunity LOC **de ocasión**: *precios de ~* bargain prices ◊ *coches de ~* second-hand cars

occidental ◆ *adj* western: *el mundo ~* the western world ◆ *nmf* westerner

occidente *nm* west: *las diferencias entre Oriente y Occidente* the differences between East and West

océano *nm* ocean

En inglés *ocean* se escribe con mayúscula cuando aparece con el nombre de un océano: *el océano Índico* the Indian Ocean.

ochenta *nm, adj, pron* **1** (*gen*) eighty **2** (*octogésimo*) eightieth ☞ *Ver ejemplos en* SESENTA

ocho *nm, adj, pron* **1** (*gen*) eight **2** (*fecha*) eighth ☞ *Ver ejemplos en* SEIS

ochocientos, -as *adj, pron, nm* eight hundred ☞ *Ver ejemplos en* SEISCIENTOS

ocio *nm* leisure: *tiempo/ratos de ~* leisure time LOC *Ver* GUÍA

octavo, -a *adj, pron, nm-nf* eighth ☞ *Ver ejemplos en* SEXTO LOC **octavos de final** round prior to quarter-finals

octubre *nm* October (*abrev* Oct) ☞ *Ver ejemplos en* ENERO

oculista *nmf* eye specialist

ocultar ◆ *vt* to hide *sth/sb* (*from sth/sb*): *Me ocultaron de la policía.* They hid me from the police. ◊ *No tengo nada que ~.* I have nothing to hide. ◆ **ocultarse** *v pron* to hide (*from sth/sb*): *el sitio donde se ocultaban* the place where they were hiding

ocupa *nmf Ver* OKUPA

ocupado, -a *pp, adj* **1** ~ (**en/con**) (*persona*) busy (**with** *sth/sb*); busy (**doing** *sth*): *Si llaman, di que estoy ~.* If anyone calls, say I'm busy. **2** (*teléfono, váter*) engaged **3** (*asiento, taxi*) taken: *¿Está ~ este sitio?* Is this seat taken? **4** (*país*) occupied *Ver tb* OCUPAR

ocupar *vt* **1** (*espacio, tiempo*) to take up: *Ocupa media página.* It takes up half a page. ◊ *Ocupa todo mi tiempo*

libre. It takes up all my spare time. **2** (*cargo oficial*) to hold **3** (*país*) to occupy

ocurrencia *nf* idea LOC **¡qué ocurrencia(s)!** what will you, he, etc. think of next?

ocurrir ◆ *vi* to happen, to occur (*más formal*): *Lo que ocurrió fue...* What happened · was that... ◊ *No quiero que vuelva a ~.* I don't want it to happen again. ◆ **ocurrirse** *v pron* to occur **to sb**; to think **of** *sth/doing sth*: *Se me acaba de ~ que...* It has just occurred to me that... ◊ *¿Se te ocurre algo?* Can you think of anything?

odiar *vt* to hate *sth/sb/doing sth*: *Odio cocinar.* I hate cooking.

odio *nm* hatred (**for/of** *sth/sb*)

odioso, -a *adj* horrible

oeste *nm* west (*abrev* W): *en/por el ~* in the west ◊ *en la costa ~* on the west coast ◊ *más al ~* further west LOC *Ver* PELÍCULA

ofender ◆ *vt* to offend ◆ **ofenderse** *v pron* to take offence (**at** *sth*): *Te ofendes por cualquier tontería.* You take offence at the slightest thing.

ofensa *nf* offence

ofensiva *nf* offensive

ofensivo, -a *adj* offensive

oferta *nf* **1** (*gen*) offer: *una ~ especial* a special offer **2** (*Econ, Fin*) supply: *La demanda supera a la ~.* Demand outstrips supply. LOC **de/en oferta** on special offer **ofertas de empleo** job vacancies

oficial ◆ *adj* official LOC **no oficial** unofficial ◆ *nmf* (*policía, Mil*) officer

oficina *nf* office: *Estaré en la ~.* I'll be at the office. LOC **oficina de correos** post office **oficina de empleo** job centre **oficina de información y turismo** tourist information centre

oficinista *nmf* office worker

oficio *nm* trade: *Es fontanero de ~.* He is a plumber by trade. ◊ *aprender un ~* to learn a trade LOC *Ver* GAJES

ofrecer ◆ *vt* to offer: *Nos ofrecieron un café.* They offered us a cup of coffee. ◆ **ofrecerse** *v pron* **ofrecerse (a/para)** to volunteer (**to do** *sth*): *Me ofrecí para llevarles a casa.* I volunteered to take them home.

oída LOC **de oídas**: *Le conozco de ~s pero no nos han presentado.* I've heard of him but we haven't been introduced yet.

oído *nm* **1** (*Anat*) ear **2** (*sentido*) hearing LOC **al oído**: *Dímelo al ~.* Whisper it in my ear. **de oído** by ear: *Toco el piano de ~.* I play the piano by ear. **tener buen oído** to have a good ear *Ver tb* DOLOR, DURO, EDUCAR, ZUMBAR

oír *vt* **1** (*percibir sonidos*) to hear: *No oyeron el despertador.* They didn't hear the alarm. ◊ *No te oí entrar.* I didn't hear you come in.

To hear no se utiliza en tiempos continuos, sino con **can** y **could**: *¿Oyes eso?* Can you hear that? ◊ *No se oía nada.* You couldn't hear a thing.

2 (*escuchar*) to listen (**to sth/sb**): *~ la radio* to listen to the radio LOC **¡oiga! 1** (*gen*) excuse me! **2** (*por teléfono*) hello? *Ver tb* PARED

ojal *nm* buttonhole

¡ojalá! *interj* **1** (*espero que*) I hope...: *¡~ ganen!* I hope they win! ◊ *—Verás como apruebas.* —*¡Ojalá!* 'I'm sure you'll pass.' 'I hope so!' **2** (*ya quisiera yo*) if only: *¡~ pudiera ir!* If only I could go!

ojeada *nf* glance: *con una sola ~* at a glance **echar una ojeada** to have a (quick) look (*at sth*)

ojeras *nf* bags under the eyes: *¡Qué ~ tienes!* You've got huge bags under your eyes.

ojo *nm* ◆ **1** (*gen*) eye: *Es morena con los ~s verdes.* She has dark hair and green eyes. ◊ *tener los ~s saltones* to have bulging eyes **2** (*cerradura*) keyhole ◆ **¡ojo!** *interj* (be) careful!: *¡~ con esa jarra!* (Be) careful with that jug! LOC **andar con cien ojos** to be very careful **a ojo** roughly: *Lo calculé a ~.* I worked it out roughly. **con los ojos vendados** blindfold **echarle un ojo a algo/algn** (*cuidar*) to keep an eye on sth/sb **mirar a los ojos** to look into sb's eyes **mirarse a los ojos** to look into each other's eyes **ojo de buey** (*ventana*) porthole **ojos que no ven...** what the eye doesn't see, the heart doesn't grieve over **ser el ojo derecho de algn** to be the apple of sb's eye **tener ojo** to be careful: *Debes tener ~ con lo que haces.* You must be careful what you're doing. *Ver tb* ABRIR, COSTAR, PEGAR, PINTAR, QUITAR, RABILLO, SOMBRA, VENDAR

okupa *nmf* squatter

ola *nf* wave

¡olé! (*tb* **¡ole!**) *interj* bravo!

oleaje *nm* swell: *un fuerte ~* a heavy swell

óleo *nm* oil LOC **cuadro/pintura al óleo** oil painting *Ver tb* PINTAR

oler *vt*, *vi* ~ (**a**) to smell (**of sth**): *~ a pintura* to smell of paint ◊ *¿A qué huele?* What's that smell? ◊ *Ese perfume huele bien.* That perfume smells nice. ☛ *Ver nota en* SMELL LOC **oler a chamusquina** (*fig*) to smell fishy **oler a quemado** to smell of burning **oler fatal/que apesta** to stink **olerse algo** to suspect sth **olerse la tostada** to smell a rat *Ver tb* GLORIA

olfatear *vt* **1** (*oler*) to sniff **2** (*seguir el rastro*) to scent

olfato *nm* (*sentido*) smell LOC **tener olfato** to have a nose *for sth*: *Tienen ~ para las antigüedades.* They have a nose for antiques.

olimpiada (*tb* **olimpíada**) *nf* Olympics [*pl*] LOC **las Olimpiadas** the Olympic Games

olímpico, -a *adj* Olympic: *el récord ~* the Olympic record LOC *Ver* JUEGO, VILLA

oliva *nf* olive

olivar *nm* olive grove

olivo *nm* olive tree

olla *nf* LOC **olla (exprés/a presión)** pressure cooker ☛ *Ver dibujo en* SAUCEPAN

olmo *nm* elm (tree)

olor *nm* smell (**of sth**): *Había un ~ a rosas/quemado.* There was a smell of roses/burning.

oloroso, -a *adj* sweet-smelling

olvidadizo, -a *adj* forgetful

olvidado, -a *pp, adj* LOC **dejar(se) algo olvidado** to leave sth (behind): *No te lo dejes ~.* Don't leave it behind. *Ver tb* OLVIDAR(SE)

olvidar(se) *vt, v pron* **1** (*gen*) to forget: *Olvidé (comprar) el detergente.* I forgot (to buy) the washing powder. **2** (*dejar*) to leave *sth* (behind): *Olvidé el paraguas en el autobús.* I left my umbrella on the bus.

ombligo *nm* navel, tummy button (*coloq*)

omitir *vt* to omit, to leave *sth* out (*más coloq*)

once *nm, adj, pron* **1** (*gen*) eleven **2** (*fecha*) eleventh **3** (*títulos*) the Eleventh: *Alfonso XI* Alfonso XI ☛ *Se lee:* 'Alfonso the Eleventh'. ☛ *Ver ejemplos en* SEIS

onceavo, -a *adj, nm* eleventh

onda *nf* wave: *~ sonora/expansiva* sound/shock wave ◊ *~ corta/media/larga* short/medium/long wave

ondear ♦ *vt* to wave: *~ una pancarta* to wave a banner ♦ *vi* (*bandera*) to fly

ondulado, -a *pp, adj* **1** (*pelo*) wavy **2** (*superficie*) undulating **3** (*cartón, papel*) corrugated

ONG *nf* NGO [*pl* NGOs]
En inglés, el término **NGO** se usa sobre todo en el contexto político. Para referirse a organizaciones como Amnistía Internacional, Greenpeace, Oxfam, etc. lo normal es utilizar la palabra **charity** [*pl* **charities**].

ONU *nf* UN

opaco, -a *adj* opaque

opción *nf* option: *No tiene otra ~.* He has no option.

opcional *adj* optional

ópera *nf* opera

operación *nf* **1** (*gen*) operation: *una ~ cardiaca* a heart operation ◊ *una ~ policial* a police operation **2** (*Fin*) transaction

operar ♦ *vt* to operate on *sb*: *Me operaron de apendicitis.* I had my appendix out. ♦ *vi* to operate ♦ **operarse** *v pron* to have an operation: *Tengo que ~me del pie.* I've got to have an operation on my foot.

opinar *vt* to think: *¿Qué opinas?* What do you think?

opinión *nf* opinion: *en mi ~* in my opinion LOC **tener buena/mala opinión de** to have a high/low opinion of *sth/sb* *Ver tb* CAMBIAR

oponente *nmf* opponent

oponer ♦ *vt* to offer: *~ resistencia a algo/algn* to offer resistance to sth/sb ♦ **oponerse** *v pron* **1** **oponerse a** to oppose: *~se a una idea* to oppose an idea **2** (*poner reparos*) to object: *Iré a la fiesta si mis padres no se oponen.* I'll go to the party if my parents don't object.

oportunidad *nf* **1** (*gen*) chance, opportunity [*pl* opportunities] (*más formal*): *Tuve la ~ de ir al teatro.* I had the chance to go to the theatre. **2** (*ganga*) bargain

oportuno, -a *adj* **1** (*en buen momento*) timely: *una visita oportuna* a timely visit **2** (*adecuado*) appropriate: *Tu respuesta no fue muy oportuna.* Your reply wasn't very appropriate.

oposición *nf* **1** (*gen*) opposition (**to** *sth/sb*): *el líder de la ~* the leader of the opposition **2** (*examen*) examination LOC **hacer oposiciones** (a) to sit an examination (for *sth*): *Hizo las oposiciones*

a funcionario. He took the Civil Service exam.

opresión *nf* oppression

opresivo, -a *adj* oppressive

oprimir *vt* **1** (*tiranizar*) to oppress **2** (*apretar*) to be too tight: *La cinturilla de la falda me oprimía.* The waistband on my skirt was too tight.

optar *vi* **1** **~ por** to opt **for** *sth*/**to do** *sth*: *Optaron por seguir estudiando.* They opted to carry on studying. **2** **~ a** (*solicitar*) to apply **for** *sth*: *~ a una plaza en el ayuntamiento* to apply for a job with the council

optativo, -a *adj* optional

óptico, -a ♦ *adj* **1** (*gen*) optical **2** (*nervio*) optic ♦ *nm-nf* optician ♦ **óptica** *nf* (*establecimiento*) optician's ☞ *Ver nota en* CARNICERÍA

optimismo *nm* optimism

optimista ♦ *adj* optimistic ♦ *nmf* optimist

opuesto, -a *pp, adj* **1** (*extremo, lado, dirección*) opposite: *El frío es lo ~ al calor.* Cold is the opposite of heat. ◊ *Iban en direcciones opuestas.* They were going in opposite directions. **2** (*dispar*) different: *Mis dos hermanos son totalmente ~s.* My two brothers are totally different. LOC *Ver* POLO; *Ver tb* OPONER

oración *nf* **1** (*Relig*) prayer: *rezar una ~* to say a prayer **2** (*Gram*) (a) (*gen*) sentence: *una ~ compuesta* a complex sentence (b) (*proposición*) clause: *una ~ subordinada* a subordinate clause

oral *adj* oral

orar *vi* to pray

órbita *nf* (*Astron*) orbit

orca *nf* killer whale

orden ♦ *nm* **1** (*gen*) order: *Todo está en ~.* Everything is in order. ◊ *en/por ~ alfabético* in alphabetical order ◊ *por ~ de importancia* in order of importance **2** (*tipo*) nature: *problemas de ~ jurídico* problems of a legal nature ♦ *nf* **1** (*gen*) order: *por ~ del juez* by order of the court ◊ *la ~ franciscana* the Franciscan Order **2** (*Jur*) warrant: *una ~ de registro* a search warrant LOC *Ver* ALTERAR

ordenado, -a *pp, adj* tidy: *una niña/habitación muy ordenada* a very tidy girl/room *Ver tb* ORDENAR

Al empezar a trabajar en ordenador, entras en el sistema (**log in/on**). A veces tienes que introducir una contraseña (**key in/enter your password**) y entonces puedes abrir un archivo (**open a file**). También puedes navegar por internet (**surf the net**) y mandar mensajes por correo electrónico a tus amigos (**e-mail your friends**).
Cuando acabes, no te olvides de guardar el documento (**save the document**). Es buena idea hacer una copia de seguridad (**make a back-up copy**). Finalmente, sales del sistema (**log off/out**) antes de apagar el ordenador.

Labels: disk drives, monitor, speaker, floppy disk, CD, mouse, keyboard

ordenador

---

ordenador *nm* computer
LOC **ordenador personal** personal computer (*abrev* PC) **ordenador portátil** laptop

ordenar *vt* **1** (*habitación*) to tidy *sth* (up): *¿Podrías ~ tu habitación?* Could you tidy your bedroom? **2** (*apuntes, carpetas*) to put *sth* in order: *~ algo alfabéticamente* to put *sth* in alphabetical order **3** (*mandar*) to order *sb* to do *sth*: *Me ordenó que me sentara.* He ordered me to sit down. ☞ *Ver nota en* ORDER

ordeñar *vt* to milk

ordinario, -a ♦ *adj* (*habitual*) ordinary: *acontecimientos ~s* ordinary events ♦ *adj, nm-nf* (*vulgar*) common [*adj*]: *Son unos ~s.* They're common.

orégano *nm* oregano

oreja *nf* ear LOC *Ver* MOSCA

orfanato (*tb* orfelinato) *nm* orphanage

organismo *nm* **1** (*Biol*) organism **2** (*organización*) organization

organización *nf* organization: *organizaciones internacionales* international organizations ◊ *una ~ juvenil* a youth group LOC **Organización de las Naciones Unidas** (*abrev* ONU) the United Nations (*abrev* UN)

organizador, -a ♦ *adj* organizing ♦ *nm-nf* organizer

organizar ♦ *vt* to organize ♦ **organizarse** *v pron* (*persona*) to get yourself organized: *Debería ~me mejor.* I should get myself better organized. LOC *Ver* ESCÁNDALO

órgano *nm* (*Anat, Mús*) organ

orgullo *nm* pride: *herir el ~ de algn* to hurt sb's pride

orgulloso, -a *adj, nm-nf* proud [*adj*]: *Está ~ de sí mismo.* He is proud of himself. ◊ *Son unos ~s.* They're very proud.

orientado, -a *pp, adj* LOC **estar orientado a/hacia** (*edificio, habitación*) to face: *El balcón está ~ hacia el sur.* The balcony faces south. *Ver tb* ORIENTAR

oriental ♦ *adj* eastern: *Europa Oriental* Eastern Europe ♦ *nmf* oriental [*adj*]: *En mi clase hay dos ~es.* There are two people from the Far East in my class.
Existe la palabra **Oriental** como sustantivo en inglés, pero es preferible no usarla porque puede ofender.

orientar ♦ *vt* **1** (*colocar*) to position: *~ una antena* to position an aerial **2** (*dirigir*) to direct: *El policía les orientó.* The policeman directed them. ♦ **orientarse** *v pron* (*encontrar el camino*) to find your way around

oriente *nm* east LOC **Extremo/Lejano Oriente** Far East **Oriente Medio** Middle East **Oriente Próximo/Cercano Oriente** Near East

origen *nm* origin LOC **dar origen a** to give rise to *sth*

original *adj, nm* original LOC *Ver* VERSIÓN

originar ♦ *vt* to lead to *sth* ♦ **originarse** *v pron* to start: *Se originó un incendio en el bosque.* A fire started in the woods.

orilla *nf* **1** (*borde*) edge: *a la ~ del camino* at the edge of the path **2** (*río*) bank: *a ~s del Sena* on the banks of the Seine **3** (*lago, mar*) shore LOC **a la orilla del mar/río** on the seashore/riverside

orina *nf* urine

orinar ♦ *vi* to urinate ♦ **orinarse** *v pron* to wet yourself

oro *nm* **1** (*gen*) gold: *una medalla de ~ a* gold medal **2** **oros** (*Naipes*) ☞ *Ver nota en* BARAJA LOC **no es oro todo lo que reluce** all that glitters is not gold *Ver tb* BAÑADO, BODA, BUSCADOR, SIGLO

orquesta *nf* **1** (*de música clásica*) orchestra **2** (*de música ligera*) band: *una ~ de jazz* a jazz band LOC *Ver* DIRECTOR

ortografía *nf* spelling: *faltas de ~* spelling mistakes

orzuelo *nm* sty(e) [*pl* sties/styes]: *Me ha salido un ~.* I've got a stye.

os *pron pers* **1** (*complemento*) you: *Os invito a cenar.* I'll take you out for a meal. ◊ *Os lo di ayer.* I gave it to you yesterday. **2** (*partes del cuerpo, efectos personales*): *Quitaos el abrigo.* Take your coats off. **3** (*reflexivo*) (yourselves): *¿Os divertisteis?* Did you enjoy yourselves? **4** (*recíproco*) each other, one another: *¿Os veis con mucha frecuencia?* Do you see each other very often? ☞ *Ver nota en* EACH OTHER

oscilar *vi* **1** (*lámpara, péndulo*) to swing **2** ~ **entre** (*precios, temperaturas*) to vary **between sth and sth**: *El precio oscila entre los cinco y los siete euros.* The price varies between five and seven euros.

oscurecer ◆ *vt* to darken ◆ **oscurecer(se)** *v imp, v pron* to get dark

oscuridad *nf* **1** (*lit*) darkness: *la ~ de la noche* the darkness of the night ◊ *Me da miedo la ~.* I'm afraid of the dark. **2** (*fig*) obscurity: *vivir en la ~* to live in obscurity

oscuro, -a *adj* **1** (*lit*) dark: *azul ~* dark blue **2** (*fig*) obscure: *un ~ poeta* an obscure poet LOC **a oscuras** in the dark: *Nos quedamos a oscuras.* We were left in the dark.

oso *nm-nf* bear: *~ polar* polar bear LOC **oso de peluche** teddy bear **oso hormiguero** anteater

ostra *nf* oyster LOC **¡ostras!** (*sorpresa*) good heavens! *Ver tb* ABURRIR

otoño *nm* autumn: *en ~* in (the) autumn

otorgar *vt* to award **sth** (**to sb**)

otro, -a ◆ *adj* another, other

Another se usa con sustantivos en singular y **other** con sustantivos en plural: *No hay otro tren hasta las cinco.* There isn't another train until five. ◊ *en otra ocasión* on another occasion ◊ *¿Tienes otros colores?* Have you got any other colours? **Other** también se utiliza en expresiones como: *la otra noche* the other night ◊ *mi otro hermano* my other brother.

A veces **another** va seguido de un número y un sustantivo plural cuando tiene el sentido de "más": *Me quedan otros tres exámenes.* I've got another three exams to do. También se puede decir en estos casos 'I've got three more exams.'

◆ *pron* another (one) [*pl* others]: *un día u ~* one day or another ◊ *¿Tienes ~?* Have you got another (one)? ◊ *No me gustan. ¿Tienes ~s?* I don't like these ones. Have you got any others? ☞ **El otro, la otra** se traducen por 'the other one': *¿Dónde está el otro?* Where's the other one? LOC **en otro lugar/sitio/en otra parte** somewhere else **lo otro 1** (*la otra cosa*) the other thing: *¿Qué era lo ~ que querías?* What was the other thing you wanted? **2** (*lo demás*) the rest: *Lo ~ no importa.* The rest doesn't matter. **nada del otro jueves** nothing to write home about **otra cosa** something else: *Había otra cosa que quería decirte.* There was something else I wanted to tell you.

Si la oración es negativa, podemos decir **nothing else** o **anything else**, dependiendo de si hay o no otra partícula negativa en la frase: *No hay otra cosa.* There's nothing else./There isn't anything else. ◊ *No pudieron hacer otra cosa.* They couldn't do anything else.

otra vez again: *He suspendido otra vez.* I've failed again. **otro(s) tanto(s)** as much/as many again: *Me ha pagado 1.000 euros y aún me debe ~ tanto.* He's paid me 1 000 euros and he still owes me as much again. **por otra parte/otro lado** on the other hand *Ver tb* COSA, MES, SEMANA, SITIO

oval (*tb* ovalado, -a) *adj* oval

ovario *nm* ovary [*pl* ovaries]

oveja *nf* sheep [*pl* sheep]: *un rebaño de ~s* a flock of sheep LOC **oveja negra** black sheep

ovillo *nm* ball: *un ~ de lana* a ball of wool LOC **hacerse un ovillo** to curl up

ovino, -a *adj* LOC *Ver* GANADO

ovni *nm* UFO [*pl* UFOs]

oxidado, -a *pp, adj* rusty *Ver tb* OXIDAR(SE)

oxidar(se) *vt, v pron* to rust: *Se han oxidado las tijeras.* The scissors have rusted.

oxígeno *nm* oxygen LOC *Ver* MÁSCARA

oyente *nmf* **1** (*Radio*) listener **2** (*Educ*) unregistered student

ozono *nm* ozone: *la capa de ~* the ozone layer

Pp

pabellón nm **1** (exposición) pavilion: el ~ de Francia the French pavilion **2** (Dep) sports hall **3** (hospital) block

pacer vi to graze

pachucho, -a adj **1** (persona) poorly **2** (planta) limp

paciencia nf patience: Se me está acabando la ~. My patience is wearing thin. LOC ¡paciencia! be patient! **tener paciencia** to be patient: Hay que tener ~. You must be patient. Ver tb ARMAR

paciente adj, nmf patient

pacificar ◆ vt to pacify ◆ **pacificarse** v pron to calm down

pacífico, -a ◆ adj peaceful ◆ nm el Pacífico the Pacific (Ocean)

pacifista nmf pacifist

pactar ◆ vt to agree on sth: Pactaron un alto el fuego. They agreed on a ceasefire. ◆ vi to make an agreement (with sb) (to do sth)

pacto nm agreement: romper un ~ to break an agreement

padecer vt, vi ~ (de) to suffer (from sth): Padece dolores de cabeza. He suffers from headaches. LOC **padecer de la espalda, del corazón, etc.** to have back, heart, etc. trouble

pádel nm paddle tennis

padrastro nm **1** (gen) stepfather **2** (pellejo) hangnail

padre nm **1** (gen) father: Es ~ de dos hijos. He is the father of two children. ◊ el ~ García Father García **2** padres (padre y madre) parents LOC Ver DÍA, FAMILIA, HUÉRFANO, VIDA

padrenuestro nm Our Father: rezar dos ~s to say two Our Fathers

padrino nm **1** (bautizo) godfather **2** (boda) man who accompanies the bride, usually her father ☞ Ver nota en BODA **3 padrinos** godparents

paella nf paella

paga nf **1** (sueldo) pay **2** (propina) pocket money

pagano, -a adj pagan

pagar ◆ vt to pay (for) sth: ~ las deudas/los impuestos to pay your debts/taxes ◊ Mi abuelo me paga los estudios. My grandfather is paying for my education. ◆ vi to pay: Pagan bien. They pay well. LOC ¡me las pagarás! you'll pay

for this! **pagar con cheque/tarjeta** to pay (for sth) by cheque/credit card **pagar el pato** to carry the can **pagar en efectivo/metálico** to pay (for sth) in cash Ver tb CARO

página nf page (abrev p): Está en la ~ tres. It's on page three. ◊ Abrid el libro por la ~ cinco. Open your books at page five. LOC **página inicial/principal** (internet) home page **páginas amarillas** yellow pages **página web** web page Ver tb HOJA

pago nm (dinero) payment: efectuar/hacer un ~ to make a payment

país nm country [pl countries] LOC **los Países Bajos** the Netherlands Ver tb HUIR

paisaje nm landscape ☞ Ver nota en SCENERY

paisano, -a nm-nf **1** (compatriota) fellow countryman/woman [pl fellow countrymen/women] **2** (pueblerino) countryman/woman [pl countrymen/women] LOC **de paisano 1** (militar) in civilian dress **2** (policía) in plain clothes

paja nf **1** (gen) straw **2** (en un texto/discurso) waffle

pajar nm hay loft LOC Ver BUSCAR

pajarita nf **1** (corbata) bow tie **2** (de papel) = paper aeroplane

pájaro nm bird LOC **más vale pájaro en mano...** a bird in the hand is worth two in the bush Ver tb CABEZA, MATAR

paje nm page

pala nf **1** (gen) shovel **2** (playa) spade: jugar con el cubo y la ~ to play with your bucket and spade

palabra nf word: una ~ de tres letras a three-letter word ◊ Te doy mi ~. I give you my word. ◊ No dijo ni ~. He didn't say a word. ◊ en otras ~s in other words LOC **coger la palabra** to take sb at their word **dejar a algn con la palabra en la boca** to cut sb short: Me dejó con la ~ en la boca y se fue. He cut me short and walked off. ¡palabra (de honor)! honest! **tener la última palabra** to have the last word (on sth) Ver tb ANUNCIO, BREVE, CEDER, DIRIGIR, JUEGO, SOLTAR

palabrota nf swear word: decir ~s to swear

palacio nm palace

paladar nm palate LOC Ver VELO

palanca nf lever: *En caso de emergencia, tirar de la ~.* In an emergency, pull the lever. LOC **palanca de cambio** gear lever

palangana nf bowl

palco nm box

paleta nf 1 (*albañil*) trowel 2 (*pintor*) palette

paleto, -a adj, nm-nf country bumpkin [n]: *No seas tan ~.* Don't be such a country bumpkin.

palidecer vi to go pale

pálido, -a adj pale: *rosa ~* pale pink LOC **ponerse/quedarse pálido** to go pale

palillo nm 1 (*de dientes*) toothpick 2 **palillos (a)** (*para tambor*) drumsticks **(b)** (*para comida*) chopsticks LOC **estar hecho un palillo** to be as thin as a rake

paliza ◆ nf beating: *El Atlético les metió una buena ~.* Atlético gave them a sound beating. ◆ adj, nmf (*pelmazo*) bore [n]: *Ese tío es un ~.* What a bore that man is! LOC **darse una paliza** to wear yourself out (*doing sth*): *Nos dimos una buena ~ de estudiar.* We wore ourselves out studying. **dar una paliza a algn** (*pegar*) to beat sb up

palma nf 1 (*mano*) palm 2 (*árbol*) palm (tree) LOC **dar palmas 1** (*aplaudir*) to clap 2 (*acompañamiento*) to clap in time (*to sth*): *Le acompañaban dando ~s.* They clapped in time to the music. *Ver tb* CONOCER

palmada nf pat: *Me dio una ~ en la espalda.* He gave me a pat on the back. LOC **dar palmadas** to clap: *Dio tres ~.* He clapped three times.

palmera nf palm (tree)

palmo nm: *Es un ~ más alto que yo.* He's several inches taller than me. LOC **palmo a palmo** inch by inch

palo nm 1 (*gen*) stick 2 (*disgusto*) blow: *Su muerte fue un gran ~ para mí.* Her death was a great blow to me. 3 (*barco*) mast 4 (*golf*) (golf) club 5 (*Naipes*) suit ☛ *Ver nota en* BARAJA 6 (*rollo*): *Esa clase es un ~.* That class is really boring. ◊ *Es un ~ tenerse que levantar tan temprano.* It's a pain having to get up so early. LOC **a palo seco** on its own **de palo** wooden: *cuchara/pata de ~* wooden spoon/leg *Ver tb* CUCHARA, LIAR, MOLER, TAL

paloma nf 1 (*gen*) pigeon: *una ~ mensajera* a carrier pigeon 2 (*blanca*) dove: *la ~ de la paz* the dove of peace

palomar nm dovecote

palomita nf LOC **palomitas (de maíz)** popcorn [*incontable, v sing*]: *¿Quieres unas ~s?* Would you like some popcorn?

palpar(se) vt, vi, v pron to feel: *El médico me palpó el vientre.* The doctor felt my stomach. ◊ *Se palpó los bolsillos.* He felt his pockets.

palpitar vi to beat

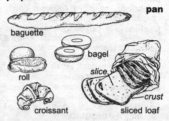

pan

baguette · bagel · slice · roll · croissant · crust · sliced loaf

pan nm 1 (*gen*) bread [*incontable*]: *Me gusta el ~ recién hecho.* I like freshly-baked bread. ◊ *¿Quieres ~?* Do you want some bread? 2 (*pieza*) **(a)** (*barra*) baguette: *¿Me da tres ~es?* Could I have three baguettes, please? **(b)** (*hogaza*) (round) loaf [*pl* (round) loaves] LOC **(llamar) al pan pan y al vino vino** to call a spade a spade **pan duro** stale bread **pan integral/de molde** wholemeal/sliced bread **pan rallado** breadcrumbs [*pl*] *Ver tb* BARRA, GANAR

pana nf corduroy: *Ponte los pantalones de ~.* Wear your corduroy trousers.

panadería nf baker's ☛ *Ver nota en* CARNICERÍA

panadero, -a nm-nf baker

panal nm honeycomb

pancarta nf 1 (*de cartón*) placard 2 (*de tela*) banner

páncreas nm pancreas

panda¹ nm (*animal*) panda

panda² (*tb* pandilla) nf friends [*pl*]: *Vendrá toda la ~.* All my friends are coming.

pandereta nf tambourine

panfleto nm pamphlet

pánico nm panic LOC **tenerle pánico a algo/algn** to be scared stiff of sth/sb: *Le tiene ~ al perro.* She's scared stiff of the dog. *Ver tb* ENTRAR, PRESA

panorama nm 1 (*vista*) view: *contemplar un hermoso ~* to look at a lovely view 2 (*perspectiva*) prospect: *¡Menudo ~!* What a prospect!

pantalla *nf* **1** (*gen*) screen: *una ~ de ordenador* a computer screen ☞ *Ver dibujo en* ORDENADOR **2** (*lámpara*) lampshade

pantalón *nm* **pantalones** trousers [*pl*]: *No encuentro el ~ del pijama.* I can't find my pyjama trousers.

Trousers es una palabra plural en inglés, por lo tanto para referirnos a *un pantalón* o *unos pantalones* utilizamos some/a pair of trousers: *Llevaba un pantalón viejo.* He was wearing some old trousers/an old pair of trousers. ◊ *Necesito unos pantalones negros.* I need a pair of black trousers.

LOC **pantalón corto/de deporte** shorts [*pl*] **pantalones vaqueros** jeans *Ver tb* FALDA

pantano *nm* **1** (*embalse*) reservoir **2** (*terreno*) marsh

pantera *nf* panther

pantis *nm* tights ☞ *Ver nota en* PAIR

pañal *nm* nappy [*pl* nappies]: *cambiar el ~ a un niño* to change a baby's nappy

paño *nm* (*bayeta*) cloth LOC **en paños menores** in your underwear **paño de cocina** tea towel

pañuelo *nm* **1** (*moquero*) handkerchief [*pl* handkerchiefs/handkerchieves] **2** (*cabeza, cuello*) scarf [*pl* scarves] LOC **pañuelo de papel** tissue

papa *nm* pope: *el ~ Juan Pablo II* Pope John Paul II

papá *nm* **1** (*padre*) dad: *Pregúntaselo a ~.* Ask your dad. ☞ Los niños pequeños suelen decir **daddy**. **2** **papás** mum and dad LOC **Papá Noel** Father Christmas ☞ *Ver nota en* NAVIDAD; *Ver tb* HIJO

papagayo *nm* parrot

papel *nm* **1** (*material*) paper [incontable]: *una hoja de ~* a sheet of paper ◊ *La acera está llena de ~es.* The pavement is covered in bits of paper. ◊ *servilletas de ~* paper napkins ◊ *~ cuadriculado/reciclado* squared/recycled paper **2** (*recorte, cuartilla*) piece of paper: *anotar algo en un ~* to note sth down on a piece of paper **3** (*personaje, función*) part: *hacer el ~ de Otelo* to play the part of Othello ◊ *Jugará un ~ importante en la reforma.* It will play an important part in the reform. LOC **papel carbón/de calco** carbon paper **papel cebolla** tracing paper **papel de aluminio/plata** foil **papel de envolver/regalo** wrapping paper **papel higiénico** toilet paper **papel principal/secundario** (*Cine, Teat*) leading/supporting role *Ver tb* FÁBRICA, PAÑUELO, VASO

papeleo *nm* paperwork

papelera *nf* **1** (*gen*) waste-paper basket: *Tíralo a la ~.* Throw it in the waste-paper basket. **2** (*en la calle*) litter bin ☞ *Ver dibujo en* BIN

papelería *nf* stationer's ☞ *Ver nota en* CARNICERÍA

papeleta *nf* **1** (*electoral*) ballot paper **2** (*sorteo, rifa*) raffle ticket

paperas *nf* mumps [*sing*]: *tener ~* to have (the) mumps

papilla *nf* (*de bebé*) baby food

paquete *nm* **1** (*comida, tabaco*) packet: *un ~ de cigarrillos* a packet of cigarettes ☞ *Ver dibujo en* CONTAINER **2** (*bulto*) parcel: *mandar un ~ por correo* to post a parcel ☞ *Ver nota en* PARCEL **3** (*conjunto*) package: *un ~ informático/de software* a computer/software package LOC **ir de paquete** to ride pillion *Ver tb* BOMBA¹

par ◆ *adj* even: *números ~es* even numbers ◆ *nm* **1** (*pareja*) pair: *un ~ de calcetines* a pair of socks **2** (*número indefinido*) couple: *hace un ~ de meses* a couple of months ago LOC **a la par** (*a la vez*) at the same time **de par en par** wide open: *dejar la puerta de ~ en ~* to leave the door wide open

para *prep* **1** (*gen*) for: *muy útil para la lluvia* very useful for the rain ◊ *demasiado complicado para mí* too complicated for me ◊ *¿Para qué lo quieres?* What do you want it for? **2 + inf** to do sth: *Han venido para quedarse.* They've come to stay. ◊ *Lo hice para no molestarte.* I did it so as not to bother you. **3** (*futuro*): *Lo necesito para el lunes.* I need it for Monday. ◊ *Estará acabado para el otoño.* It will be finished by autumn. **4** (*dirección*): *Ahora mismo voy para casa.* I'm going home now. ◊ *Van para allá.* They're on their way. LOC **para eso**: *Para eso, me compro uno nuevo.* I might as well buy a new one. ◊ *¿Para eso me has hecho venir?* You got me here just for that? **para que...** so (that)...: *Les reprendió para que no lo volvieran a hacer.* He told them off so that they wouldn't do it again. **para sí** to yourself: *hablar para sí* to talk to yourself

parábola *nf* **1** (*Biblia*) parable **2** (*Geom*) parabola

parabólico, -a *adj* LOC *Ver* ANTENA

parabrisas *nm* windscreen

paracaídas *nm* parachute: *un salto en ~* a parachute jump LOC **lanzarse/tirarse en paracaídas** to parachute

paracaidista *nmf* parachutist

parachoques *nm* bumper

parada *nf* **1** (*gen*) stop: *Bájate en la próxima ~.* Get off at the next stop. **2** (*Dep*) save: *El guardameta hizo una ~ fantástica.* The goalkeeper made a spectacular save. LOC **parada de autobús** bus stop **párada de taxis** taxi rank **tener parada** to stop: *Este tren tiene ~ en todas las estaciones.* This train stops at every station.

parado, -a ◆ *pp, adj* **1** (*desempleado*) unemployed **2** (*paralizado*) at a standstill: *Las obras están paradas desde hace dos meses.* The roadworks have been at a standstill for two months. **3** (*cohibido*) shy ◆ *nm-nf* unemployed person: *los ~s* the unemployed LOC **salir bien/mal parado** to come off well/badly *Ver tb* PARAR

paraguas *nm* umbrella: *abrir/cerrar un ~* to put up/down an umbrella

paragüero *nm* umbrella stand

paraíso *nm* paradise LOC **paraíso terrenal** heaven on earth

paraje *nm* spot

paralelas *nf* parallel bars

paralelo, -a *adj* ~ (**a**) parallel (**to sth**): *líneas paralelas* parallel lines

parálisis *nf* paralysis [*incontable*]

paralítico, -a *adj* paralysed: *quedarse ~ de cintura para abajo* to be paralysed from the waist down

paralizar *vt* to paralyse

páramo *nm* moor

parapente *nm* paragliding

parar ◆ *vt* **1** (*gen*) to stop: *Para el coche.* Stop the car. **2** (*gol*) to save ◆ **parar(se)** *vi, v pron* to stop: *El tren no paró.* The train didn't stop. ◊ *Me paré a hablar con una amiga.* I stopped to talk to a friend. LOC **ir a parar** to end up: *Fueron a ~ a la cárcel.* They ended up in prison. ◊ *¿Dónde habrá ido a ~?* Where can it have got to? **no parar** to be always on the go **para parar un tren:** *Tenemos comida para ~ un tren.* We've got enough food here to feed an army. **sin parar** non-stop: *trabajar sin ~* to work non-stop *Ver tb* SECO

pararrayos *nm* lightning conductor

parásito *nm* parasite

parcela *nf* (*terreno*) plot

parche *nm* patch

parchís *nm* ludo

parcial ◆ *adj* **1** (*incompleto*) partial: *una solución ~* a partial solution **2** (*par-*

tidista) biased ◆ *nm* mid-year assessment exam

parecer ◆ *vi* **1** (*dar la impresión*) to seem: *Parecen (estar) seguros.* They seem certain. ◊ *Parece que fue ayer.* It seems like only yesterday. **2** (*tener aspecto*) **(a)** + *adj* to look: *Parece más joven de lo que es.* She looks younger than she really is. **(b)** + *sustantivo* to look like *sth/sb*: *Parece una actriz.* She looks like an actress. **3** (*opinar*) to think: *Me pareció que no tenía razón.* I thought he was wrong. ◊ *¿Qué te parecieron mis primos?* What did you think of my cousins? ◊ *No me parece bien que no les llames.* I think you ought to phone them. ◊ *¿Te parece bien mañana?* Is tomorrow all right? ◆ **parecerse** *v pron* **parecerse** **(a)** **1** (*personas*) **(a)** (*físicamente*) to look alike, to look like *sb*: *Se parecen mucho.* They look very much alike. ◊ *Te pareces mucho a tu hermana.* You look a lot like your sister. **(b)** (*en carácter*) to be alike, to be like *sb*: *Nos llevamos mal porque nos parecemos mucho.* We don't get on because we are so alike. ◊ *En eso te pareces a tu padre.* You're like your father in that. **2** (*cosas*) to be similar (**to sth**): *Se parece mucho al mío.* It's very similar to mine. LOC **al parecer/según parece** apparently **parece mentira (que…)**: *¡Parece mentira!* I can hardly believe it! ◊ *Parece mentira que seas tan despistado.* How can you be so absent-minded? **parece que va a llover/nevar** it looks like rain / snow

parecido, -a ◆ *pp, adj* ~ (**a**) **1** (*personas*) alike, like *sb*: *¡Sois tan ~s!* You're so alike! ◊ *Eres muy parecida a tu madre.* You're very like your mother. **2** (*cosas*) similar (**to sth**): *Tienen estilos ~s.* They have similar styles. ◊ *Ese vestido es muy ~ al de Ana.* That dress is very similar to Ana's. ◆ *nm* similarity LOC **algo parecido** something like that *Ver tb* PARECER

pared *nf* wall: *Hay varios carteles en la ~.* There are several posters on the wall. LOC **las paredes oyen** walls have ears *Ver tb* ESPADA, SUBIR

pareja *nf* **1** (*relación amorosa*) couple: *Hacen muy buena ~.* They make a really nice couple. **2** (*animales, equipo*) pair: *la ~ vencedora del torneo* the winning pair **3** (*cónyuge, compañero, de juegos, de baile*) partner: *No puedo jugar porque no tengo ~.* I can't play because I haven't got a partner. ◊ *Marta vino con su ~.* Marta came with her partner. LOC **en parejas** two by two: *Entraron en ~s.*

They went in two by two. **una pareja de la policía/guardia civil** two policemen/two civil guards

parentelanf relations [pl]

parentesconm relationship LOC**tener parentesco con algn** to be related to sb

paréntesis nm (signo) brackets [pl]: abrir/cerrar el ~ to open/close (the) brackets ☛ Ver págs 326-27. LOC **entre paréntesis** in brackets

pariente, -a nm-nf relation: ~ cercano/lejano close/distant relation

parir vt, vi to give birth (**to sth/sb**) LOC **poner a algn a parir** to call sb all the names under the sun

parking nm car park: un ~ subterráneo an underground car park

parlamentario, -a ♦ adj parliamentary ♦ nm-nf Member of Parliament (abrev MP)

parlamento nm parliament [v sing o pl] ☛ Ver nota en PARLIAMENT

parlanchín, -ina ♦ adj talkative ♦ nm-nf chatterbox

paro nm 1 (desempleo) unemployment 2 (huelga) strike LOC(**estar) en paro** (to be) unemployed Ver tb APUNTAR, CARDIACO, CARTILLA, COBRAR

parpadear vi 1 (ojos) to blink 2 (luz) to flicker

párpado nm eyelid

parque nm 1 (jardín) park 2 (bebé) playpen LOC **parque de atracciones** amusement park **parque de bomberos** fire station **parque eólico** wind farm **parque nacional** nature reserve **parque natural** national park **parque temático** theme park

parrafada nf LOC Ver SOLTAR

párrafo nm paragraph

parrilla nf grill LOC**carne/pescado a la parrilla** grilled meat/fish

párroco nm parish priest

parroquia nf 1 (iglesia) parish church 2 (comunidad) parish

parte[1] nf 1 (gen) part: tres ~s iguales three equal parts ◊ ¿En qué ~ de la ciudad vives? What part of town do you live in? ◊ las dos terceras ~s two thirds ◊ Vete a hacer ruido a otra ~. Go and make a noise somewhere else. ◊ Esto te lo arreglan en cualquier ~. This can be repaired anywhere. 2 (persona) party [pl parties]: la ~ contraria the opposing party LOC**de parte de algn** on behalf of sb: de ~ de todos nosotros on behalf of us all **¿de parte de quién?** (por teléfono) who's calling? **en/por todas partes**

everywhere **la parte de abajo/arriba** the bottom/top **la parte de atrás/delante** the back/front **por mi parte** as far as I am, you are, etc. concerned: Por nuestra ~ no hay ningún problema. As far as we're concerned there's no problem. **por partes** bit by bit: Estamos arreglando el tejado por ~s. We're repairing the roof bit by bit. **por una parte... por la otra...** on the one hand... on the other...: Por una ~ me alegro, pero por la otra me da pena. On the one hand I'm pleased, but on the other, I think it's sad. **tomar parte en algo** to take part in sth Ver tb ALGUNO, CUALQUIERA, GRANDE, MAYOR, NINGUNO, OTRO, SALUDAR, SEXTO

parte[2] nm report: ~ médico/meteorológico medical/weather report LOC **dar parte** to report (sth) (to sb)

participación nf 1 (intervención) participation: la ~ del público audience participation 2 (Fin, lotería) share

participante ♦ adj participating: los países ~s the participating countries ♦ nmf participant

participar vi ~ (en) to participate, to take part (más coloq) (in sth): ~ en un proyecto to participate in a project

particular nf particle

particular adj 1 (gen) characteristic: Cada vino tiene su sabor ~. Each wine has its own characteristic taste. 2 (privado) private: clases ~es private tuition Ver PROFESOR

partida nf 1 (juego) game: echar una ~ de ajedrez to have a game of chess 2 (nacimiento, matrimonio, defunción) certificate 3 (mercancía) consignment

partidario, -a ♦ adj ~ de in favour of **sth/doing sth**: No soy ~ de hacer eso. I'm not in favour of doing that. ♦ nm-nf supporter

partido nm 1 (Pol) party [pl parties] 2 (Dep) match: ver un ~ de fútbol to watch a football match LOC **partido amistoso** friendly [pl · friendlies] **partido de ida/vuelta** first/second leg **sacar partido a/de algo** to make the most of sth

partir ♦ vt 1 (con cuchillo) to cut sth (up): ~ la tarta to cut up the cake 2 (con las manos) to break sth (off): ¿Me partes un pedazo de pan? Could you break me off a piece of bread? 3 (frutos secos) to crack ♦ vi (marcharse) to leave (for...): Parten mañana hacia Bilbao. They're leaving for Bilbao tomorrow. ♦ **partirse** v pron 1 (gen) to split: Si te caes te *partirás la cabeza.* You'll split your head open if you fall. **2** (*diente, alma*) to break LOC **a partir de** from... (on): *a ~ de las nueve de la noche* from 9 pm onwards ◊ *a ~ de entonces* from then on ◊ *a ~ de mañana* starting from tomorrow *Ver tb* CARA, CERO, RISA

partitura *nf* score

parto *nm* birth LOC **estar de parto** to be in labour

parvulario *nm* nursery school

pasa *nf* raisin LOC *Ver* CIRUELA

pasada *nf* LOC **de pasada** in passing **hacer/jugar una mala pasada** to play a dirty trick (*on sb*) **¡qué pasada de...!**: *¡Qué ~ de moto!* What a fantastic bike!

pasadizo *nm* passage

pasado, -a ◆ *pp, adj* **1** (*día, semana, mes, verano, etc.*) last: *el martes ~* last Tuesday **2** (*Gram, época*) past: *siglos ~s* past centuries **3** (*comida*) **(a)** (*demasiado hecha*) overdone **(b)** (*estropeada*) off ◆ *nm* past LOC **estar pasado de fecha** (*producto*) to be past its sell-by date **pasado de moda** (*ropa*) unfashionable **pasado mañana** the day after tomorrow *Ver tb* HUEVO *y* PASAR

pasajero, -a *nm-nf* passenger: *un barco de ~s* a passenger boat

pasamontañas *nm* balaclava

pasaporte *nm* passport

pasar ◆ *vi* **1** (*gen*) to pass: *La moto pasó a toda velocidad.* The motorbike passed at top speed. ◊ *Pasaron tres horas.* Three hours passed. ◊ *Ya han pasado dos días desde que llamó.* It's two days since he phoned. ◊ *¡Cómo pasa el tiempo!* Doesn't time fly! ◊ *Ese autobús pasa por el museo.* That bus goes past the museum. **2** (*entrar*) to come in: *¿Puedo ~?* Can I come in? **3** (*ir*) to go: *Mañana pasaré por el banco.* I'll go to the bank tomorrow. **4** (*ocurrir*) to happen: *A mí me pasó lo mismo.* The same thing happened to me. ◆ *vt* **1** (*gen*) to pass: *¿Me pasas ese libro?* Can you pass me that book, please? ◊ *Hace punto para ~ el tiempo.* She knits to pass the time. **2** (*período de tiempo*) to spend: *Pasamos la tarde/dos horas charlando.* We spent the afternoon/two hours chatting. ◆ **pasarse** *v pron* **1** (*ir demasiado lejos*): *No te pases comiendo.* Don't eat too much. ◊ *¡Esta vez te has pasado!* You've gone too far this time! ◊ *~se de parada* to go past your stop **2** (*comida*) **(a)** (*ponerse mala*) to go off **(b)** (*demasiado cocinada*) to be overdone: *Se te ha pasado el arroz.* The rice is overdone.

3 (*olvidarse*) to forget: *Se me pasó completamente lo del entrenamiento.* I completely forgot about the training session. LOC **¿pasa algo?** is anything the matter? **pasar de algo/algn**: *Paso de ella.* I couldn't care less about her. ◊ *Pasa de todo.* He couldn't care less. **pasarlo bien** to have a good time **pasarlo mal** to have a hard time: *Lo está pasando muy mal.* She's having a very hard time. **pasar por algo/algn** to pass for sth/sb: *Esa chica pasa por italiana.* That girl could easily pass for an Italian. **pasar sin** to manage without sth/sb: *No puedo ~ sin coche.* I can't manage without a car. **¿qué pasa?** (*¿hay problemas?*) what's the matter? ☞ Para otras expresiones con **pasar**, véanse las entradas del sustantivo, adjetivo, etc., p. ej. **pasarlo bomba** en BOMBA[1] *y* **pasarse de listo** en LISTO.

pasatiempo *nm* **1** (*afición*) hobby [*pl* hobbies] **2 pasatiempos** (*en un periódico*) puzzles: *la página de ~s* the puzzle page

pascua *nf* **1** (*Semana Santa*) Easter **2 pascuas** (*navidades*) Christmas: *¡Felices Pascuas!* Happy Christmas! LOC *Ver* SANTO

pase *nm* pass: *No puedes entrar sin ~.* You can't get in without a pass.

pasear *vt, vi* to walk: *~ al perro* to walk the dog ◊ *Todos los días salgo a ~.* I go for a walk every day.

paseo *nm* **1** (*a pie*) walk **2** (*en bicicleta, a caballo*) ride **3** (*avenida*) avenue LOC **dar un paseo** to go for a walk **paseo marítimo** prom (*coloq*), promenade *Ver tb* MANDAR

pasillo *nm* **1** (*gen*) corridor: *No corras por los ~s.* Don't run along the corridors. **2** (*iglesia, avión, teatro*) aisle

pasión *nf* passion LOC **tener pasión por algo/algn** to be mad about sth/sb

pasivo, -a ◆ *adj* passive ◆ **pasiva** *nf* (*Gram*) passive (voice)

pasmado, -a ◆ *pp, adj* amazed (*at/by sth*): *Me quedé ~ ante su insolencia.* I was amazed at their insolence. ◆ *nm-nf* halfwit

paso *nm* **1** (*gen*) step: *dar un ~ adelante/ atrás* to step forward/back ◊ *un ~ hacia la paz* a step towards peace **2** (*acción de pasar*) passage: *el ~ del tiempo* the passage of time **3** (*camino*) way (through): *Por aquí no hay ~.* There's no way through. **4** (*teléfono, contador*) unit **5 pasos** footsteps: *Me ha parecido oír ~s.* I thought I heard footsteps. LOC

abrir/dejar paso to make way (*for sth/ sb*): *¡Dejen ~ a la ambulancia!* Make way for the ambulance! ◊ *Nos abrimos ~ a codazos entre la gente.* We elbowed our way through the crowd. **a paso de tortuga** at snail's pace **de paso 1** (*en el camino*) on the way: *Me pilla de ~.* It's on my way. **2** (*al mismo tiempo*): *Lleva esto a la oficina y de ~ habla con la secretaria.* Take this to the office, and while you're there have a word with the secretary. **paso a nivel/de cebra/de peatones** level/zebra/pedestrian crossing **paso a paso** step by step **paso subterráneo 1** (*para peatones*) subway [*pl* subways] **2** (*para coches*) underpass **salir del paso** to get by: *Estudian lo justo para salir del ~.* They do just enough work to get by. *Ver tb* ACELERAR, CEDER, LLAVE, PROHIBIDO

pasota *adj, nmf*: *Es un ~, no se preocupa ni de sus propios hijos.* He doesn't care about anything, not even his own children. ◊ *No seas tan ~ y estudia un poco.* Try to show a bit of interest and do some work.

pasta *nf* **1** (*plasta*) paste: *Mézclese hasta que la ~ quede espesa.* Mix to a thick paste. **2** (*masa*) **(a)** (*de pan*) dough **(b)** (*de tarta*) pastry **3** (*fideos, macarrones*) pasta **4** (*galleta*) biscuit **5** (*dinero*) cash **6** (*libro*) cover LOC **pasta de dientes** toothpaste

pastar *vt, vi* to graze

pastel *nm* **1** (*gen*) cake: *un ~ de cumpleaños* a birthday cake **2** (*Arte*) pastel LOC *Ver* DESCUBRIR

pastelería *nf* cake shop

pastilla *nf* **1** (*píldora*) tablet **2** (*chocolate*) square **3** (*jabón*) bar LOC **pastillas contra el mareo** travel-sickness pills

pasto *nm* pasture

pastor, ~a *nm-nf* shepherd LOC **pastor alemán** Alsatian, German Shepherd *Ver tb* PERRO

pata *nf* **1** (*gen*) leg: *la ~ de la mesa* the table leg **2** (*pie*) **(a)** (*cuadrúpedo con uñas*) paw: *El perro se ha hecho daño en la ~.* The dog has hurt its paw. **(b)** (*pezuña*) hoof [*pl* hoofs/hooves]: *las ~s de un caballo* a horse's hooves **3** (*animal*) duck *~ Ver nota en* PATO LOC **andar a la pata coja** to hop **mala pata** bad luck: *¡Qué mala ~ tienen!* They're so unlucky! **patas arriba**: *La casa está ~s arriba.* The house is a tip. **patas de gallo** crow's feet *Ver tb* CUATRO, ESTIRAR, METEDURA, METER, SALTAR

patada *nf* **1** (*puntapié*) kick: *Le dio una ~ a la mesa.* He kicked the table. **2** (*en el suelo*) stamp LOC **caer/sentar como una patada** (*en el estómago*) to be like a kick in the teeth **echar a algn a patadas** to kick sb out

patalear *vi* **1** (*en el suelo*) to stamp (your feet) **2** (*en el aire*) to kick (your feet)

pataleta *nf* tantrum: *agarrarse una ~* to throw a tantrum

patata

chips

crisps

patata *nf* potato [*pl* potatoes] LOC **patatas fritas 1** (*de bolsa*) crisps **2** (*Cocina*) chips *Ver tb* PURÉ

patatús *nm* LOC **darle a algn un patatús 1** (*desmayarse*) to faint **2** (*disgustarse*) to have a fit

paté *nm* pâté

patear(se) *vt, vi, v pron* (*andar mucho*) to tramp round: *Nos pateamos la ciudad entera.* We tramped round the whole city.

patente *nf* patent

paternal *adj* fatherly, paternal (*más formal*)

paternidad *nf* fatherhood, paternity (*más formal*)

paterno, -a *adj* **1** (*paternal*) fatherly **2** (*parentesco*) paternal: *abuelo ~* paternal grandfather LOC *Ver* LÍNEA

patilla *nf* **1** (*pelo*) sideboard **2** (*gafas*) arm

patín *nm* **1** (*con ruedas*) roller skate **2** (*con cuchilla*) ice skate **3** (*embarcación*) pedal boat LOC **patín en línea** Rollerblade® *Ver tb* HOCKEY

patinador, -a *nm-nf* skater

patinaje *nm* skating: *~ sobre hielo/ artístico* ice-skating/figure-skating LOC *Ver* PISTA

patinar *vi* **1** (*persona*) to skate **2** (*vehículo*) to skid

patinete *nm* scooter

patio *nm* **1** (*gen*) courtyard **2** (*colegio*) playground LOC **patio de butacas** stalls [*pl*]

patito, -a *nm-nf* duckling

pato, -a *nm-nf* duck

Duck es el sustantivo genérico. Para referirnos solo al macho decimos **drake**. **Ducklings** son los patitos.

LOC **ser (un) pato** to be clumsy *Ver tb* PAGAR

patoso, -a *adj, nm-nf* clumsy [*adj*]: *Eres un* ~. You're so clumsy!

patria *nf* (native) country

patriota *nmf* patriot

patriotismo *nm* patriotism

patrocinador, ~a *nm-nf* sponsor

patrocinar *vt* to sponsor

patrón, -ona ♦ *nm-nf* (*Relig*) patron saint: *San Isidro es el* ~ *de Madrid.* Saint Isidore is the patron saint of Madrid. ♦ *nm* (*Costura*) pattern

patrulla *nf* patrol: *un coche* ~ a patrol car

patrullar *vt, vi* to patrol

PAU *nf* university entrance exam

pausa *nf* pause LOC **hacer una pausa** to have a short break

pavimento *nm* surface

pavo, -a *nm-nf* turkey [*pl* turkeys] LOC **pavo real** peacock [*fem* peahen] *Ver tb* EDAD

payasada *nf* LOC **hacer payasadas** to play the fool: *Siempre estás haciendo* ~s. You're always playing the fool.

payaso, -a *nm-nf* clown LOC **hacer el payaso** to clown around

paz *nf* peace: *plan de* ~ peace plan ◊ *en tiempo(s) de* ~ in peacetime LOC **dejar en paz** to leave *sth/sb* alone: *No me dejan en* ~. They won't leave me alone. **hacer las paces** to make it up (*with sb*): *Han hecho las paces.* They've made it up.

pe *nf* LOC **de pe a pa** from beginning to end

peaje *nm* toll

peatón *nm* pedestrian LOC *Ver* PASO

peatonal *adj* pedestrian [*n atrib*]: *calle* ~ pedestrian street

peca *nf* freckle: *Me han salido muchas* ~s. I've come out in freckles.

pecado *nm* sin

pecador, ~a *nm-nf* sinner

pecar *vi* to sin LOC **pecar de** to be too...: *Pecas de confiado.* You're too trusting.

pecera *nf* goldfish bowl

pecho *nm* **1** (*gen*) chest: *Tengo catarro de* ~. I've got a cold on my chest. **2** (*solo mujer*) **(a)** (*busto*) bust **(b)** (*mama*) breast LOC **tomarse algo a pecho 1** (*en*

serio) to take sth seriously: *Se toma el trabajo demasiado a* ~. He takes his work too seriously. **2** (*ofenderse*) to take sth to heart: *Era una broma, no te lo tomes a* ~. It was a joke; don't take it to heart.

pechuga *nf* (*ave*) breast: ~ *de pollo* chicken breast

pedagogía *nf* education

pedagógico, -a *adj* educational

pedal *nm* pedal

pedalear *vi* to pedal

pedante ♦ *adj* pedantic ♦ *nmf* pedant

pedazo *nm* piece, bit (*más coloq*): *un* ~ *de tarta* a piece of cake LOC **caerse a pedazos** to fall to pieces **hacerse pedazos** to smash (to pieces)

pediatra *nmf* paediatrician

pedido *nm* order: *hacer un* ~ to place an order

pedir *vt* **1** (*gen*) to ask (*sb*) for *sth*: ~ *pan/la cuenta* to ask for bread/the bill ◊ ~ *ayuda a los vecinos* to ask the neighbours for help **2** (*permiso, favor, cantidad*) to ask (*sb*) sth: *Te quiero* ~ *un favor.* I want to ask you a favour. ◊ *Piden dos mil.* They're asking two thousand. **3** ~ **a algn que haga algo** to ask sb to do sth: *Me pidió que esperara.* He asked me to wait. **4** (*encargar*) to order: *De primero pedimos sopa.* We ordered soup as a starter. LOC **pedir disculpas/perdón** to apologize (*to sb*) (*for sth*) **pedir hora** to make an appointment **pedir (limosna)** to beg **pedir prestado** to borrow: *Me pidió prestado el coche.* He borrowed my car. ☛ *Ver dibujo en* BORROW **te pido por Dios/por lo que más quieras que...** I beg you to... *Ver tb* RESCATE

pedo *nm* (*gases*) fart LOC **tirarse un pedo** to fart

pedrada *nf*: *Lo recibieron a* ~s. They threw stones at him.

pega *nf* **1** (*inconveniente*) drawback: *La mayor* ~ *de vivir aquí es el ruido.* The main drawback to living here is the noise. **2** (*problema*) snag: *Surgieron algunas* ~s. There were a few snags. LOC **poner pegas**: *¿Crees que me pondrán* ~*s para matricularme?* Do you think I'll have trouble registering?

pegadizo, -a *adj* (*música*) catchy

pegajoso, -a *adj* **1** (*pringoso*) sticky **2** (*cargante*) clingy

pegamento *nm* glue

pegar ♦ *vt* **1** (*golpear*) to hit **2** (*adherir*) to stick: ~ *una etiqueta en un paquete* to stick a label on a parcel ◊ ~ *una taza rota* to stick a broken cup together **3** (*acercar*) to put sth **against** sth: *Pegó la cama a la ventana.* He put his bed against the window. **4** (*contagiar*) to give: *Me has pegado la gripe.* You've given me your flu. ♦ *vi* **1** (*ropa, colores*) to go (*with sth*): *La chaqueta no pega con la falda.* The jacket doesn't go with the skirt. **2** (*sol, bebida*) to be strong ♦ **pegarse** *v pron* **1** (*pelearse*) to fight **2** (*adherirse, comida*) to stick **3** (*enfermedad*) to be catching LOC **dale que te pego** like mad: *Está dale que te pego con las matemáticas.* She's working like mad at her maths. **estar pegando a** (*muy cerca*) to be right next to... **no pegar ojo** not to sleep a wink **pegársela a algn** (*ser infiel*) to cheat on sb **pegársele a algn un acento** to pick up an accent **pegar un tiro** to shoot: *Se pegó un tiro.* He shot himself. *Ver tb* BOTE³, BRINCO, CAMINATA, CORTE¹, ESTIRÓN, GRITO, MORDISCO, PELLIZCO, TOQUE, TORTA, VIDA

pegatina *nf* sticker

pegote *nm* patch

peinado, -a ♦ *pp, adj*: *¿Todavía no estás peinada?* Haven't you done your hair yet? ♦ *nm* hairstyle LOC **ir bien/mal peinado**: *Iba muy bien peinada.* Her hair looked really nice. ◊ *Siempre va muy mal ~.* His hair always looks a mess. *Ver tb* PEINAR

peinar ♦ *vt* **1** (*gen*) to comb sb's hair: *Déjame que te peine.* Let me comb your hair. **2** (*peluquero*) to do sb's hair: *Voy a que me peinen.* I'm going to have my hair done. **3** (*zona*) to comb ♦ **peinarse** *v pron* to comb your hair: *Péinate antes de salir.* Comb your hair before you go out.

peine *nm* comb

pelado, -a *pp, adj* LOC **estar pelado** (*sin dinero*) to be broke *Ver tb* GRITO, PELAR

pelar ♦ *vt* **1** (*gen*) to peel: ~ *una naranja* to peel an orange **2** (*guisantes, mariscos*) to shell **3** (*caramelo*) to unwrap ♦ **pelarse** *v pron* to peel: *Se te va a ~ la nariz.* Your nose will peel. LOC **pelarse de frío** to freeze to death

peldaño *nm* step

pelea *nf* fight: *meterse en una ~* to get into a fight ◊ *Siempre están de ~.* They're always fighting.

pelear(se) *vi, v pron* **1** (*luchar*) to fight (*for/against/over sth/sb*): *Los niños se peleaban por los juguetes.* The children

were fighting over the toys. **2** (*reñir*) to quarrel

peletería *nf* furrier's ☛ *Ver nota en* CARNICERÍA

pelícano (*tb* **pelicano**) *nm* pelican

película *nf* film LOC **echar una película** to show a film **película cómica/de risa** comedy [*pl* comedies] **película del oeste** western **película de miedo/terror** horror film **película muda** silent film **película policiaca** thriller *Ver tb* SUSPENSE

peligrar *vi* to be in danger

peligro *nm* danger: *Está en ~.* He's in danger. ◊ *fuera de ~* out of danger

peligroso, -a *adj* dangerous

pelirrojo, -a ♦ *adj* red-haired, ginger (*más coloq*) ♦ *nm-nf* redhead

pellejo *nm* **1** (*gen*) skin **2** (*en una uña*) hangnail LOC **arriesgar/jugarse el pellejo** to risk your neck

pellizcar *vt* to pinch

pellizco *nm* **1** (*sal*) pinch **2** (*pedacito*) little bit: *un ~ de pan* a little bit of bread LOC **dar/pegar un pellizco** to pinch sb

pelo *nm* **1** (*gen*) hair: *tener el ~ rizado/liso* to have curly/straight hair **2** (*piel de animal*) coat: *Ese perro tiene un ~ muy suave.* That dog has a silky coat. LOC **no tener pelos en la lengua** not to mince your words **ponérsele los pelos de punta a algn**: *Se me pusieron los ~s de punta.* My hair stood on end. **por los pelos** by the skin of your teeth: *Se libraron del accidente por los ~s.* They missed having an accident by the skin of their teeth. **tomarle el pelo a algn** to pull sb's leg *Ver tb* CEPILLO, CINTA, CORTAR, CORTE¹, DESENREDARSE, LIBRAR, RECOGER, SOLTAR, TOMADURA

pelota ♦ *nf* **1** (*balón*) ball: *una ~ de tenis* a tennis ball **2** (*cabeza*) head ♦ *adj, nmf* creep [*n*]: *No seas ~.* Don't be such a creep. LOC **estar en pelotas** to be stark naked **hacer la pelota/rosca** to suck up to sb

pelotón *nm* (*ciclismo*) pack

peluca *nf* wig

peluche *nm* LOC *Ver* MUÑECO, OSO

peludo, -a *adj* **1** (*gen*) hairy: *unos brazos ~s* hairy arms **2** (*animal*) long-haired

peluquería *nf* **1** (*gen*) hairdresser's **2** (*para hombres*) barber's ☛ *Ver nota en* CARNICERÍA

peluquero, -a *nm-nf* **1** (*gen*) hairdresser **2** (*para hombres*) barber ☛ *Ver nota en* BARBER

peluquín *nm* toupee

pelusa (*tb* **pelusilla**) *nf* **1** (*cara, fruta*) down **2** (*tela, suciedad*) ball of fluff LOC **tener pelusa a/de algn** to be jealous of sb

pena *nf* **1** (*tristeza*) sorrow: *ahogar las ~s* to drown your sorrows **2** (*lástima*) pity: *¡Qué ~ que no puedas venir!* What a pity you can't come! **3** (*condena*) sentence **4 penas** (*problemas*) troubles: *No me cuentes tus ~s.* Don't tell me your troubles. LOC **dar pena 1** (*persona*) to feel sorry *for sb: Esos niños me dan mucha ~.* I feel very sorry for those children. **2** (*cosa, situación*): *Me da ~ que os tengáis que marchar.* I'm sorry you have to go. ◆ *Ver nota en* SORRY **merecer/ valer la pena** to be worth *doing sth: Vale la ~ leerlo.* It's worth reading. ◇ *No merece la ~.* It's not worth it. **pena de muerte** death penalty

penal *adj* penal

penalti (*tb* **penalty**) *nm* penalty [*pl* penalties]: *meter un gol de ~* to score from a penalty ◇ *meter un ~* to score a penalty LOC *Ver* PITAR

pendiente ◆ *adj* **1** (*asunto, factura, problema*) outstanding **2** (*decisión, veredicto*) pending ◆ *nm* earring ◆ *nf* slope: *una ~ suave/pronunciada* a gentle/steep slope LOC **estar pendiente (de algo/algn) 1** (*vigilar*) to keep an eye on *sth/sb: Estate ~ de los niños.* Keep an eye on the children. **2** (*estar atento*) to be attentive *to sth/sb): Estaba muy ~ de sus invitados.* He was very attentive to his guests. **3** (*estar esperando*) to be waiting (*for sth): Estamos ~s de su decisión.* We're waiting for his decision. *Ver tb* ASIGNATURA

pene *nm* penis

penetrante *adj* **1** (*gen*) penetrating: *una mirada ~* a penetrating look **2** (*frío, viento*) bitter

penetrar *vt, vi* **1** ~ (**en**) (*entrar*) to enter, to get into *sth* (*más coloq*): *El agua penetró en la bodega.* The water got into the cellar. **2** (*bala, flecha, sonido*) to pierce: *La bala le penetró el corazón.* The bullet pierced his heart.

penicilina *nf* penicillin

península *nf* peninsula

penique *nm* penny [*pl* pence]: *una moneda de cinco ~s* a five-pence piece ☛ *Nótese que con cantidades exactas suele utilizarse la abreviatura* **p**: *Cuesta 50 peniques.* It costs 50p. *Se pronuncia:* /fifti pi:/. *Ver tb Apéndice 1.*

penitencia *nf* penance: *hacer ~* to do penance

pensamiento *nm* thought LOC *Ver* ADIVINAR

pensar *vt, vi* **1** ~ (**en**) to think (**about/of** *sth/sb*); to think (**about/of** *doing sth*): *Piensa un número.* Think of a number. ◇ *¿En qué piensas?* What are you thinking about? ◇ *Estamos pensando en casarnos.* We're thinking about getting married. ◇ *¿Piensas que vendrán?* Do you think they'll come? ◇ *¿En quién piensas?* Who are you thinking about? **2** (*opinar*) to think *sth* **of** *sth/sb: ¿Qué piensas de Juan?* What do you think of Juan? ◇ *No pienses mal de ellos.* Don't think badly of them. **3** (*tener decidido*): *Pensábamos irnos mañana.* We were thinking of leaving tomorrow. ◇ *No pienso ir.* I'm not going. ◇ *¿Piensas venir?* Are you going to come? LOC **¡ni pensarlo!** no way! **pensándolo bien...** on second thoughts... **pensar en las musarañas** to daydream **piénsalo/ piénsatelo** think it over

pensativo, -a *adj* thoughtful

pensión *nf* **1** (*jubilación, subsidio*) pension: *una ~ de viudedad* a widow's pension **2** (*hostal*) guest house LOC **pensión completa/media pensión** full/ half board

pensionista *nmf* pensioner

pentagrama *nm* staff

penúltimo, -a ◆ *adj* penultimate, last but one (*más coloq*): *el ~ capítulo* the penultimate chapter ◇ *la penúltima parada* the last stop but one ◆ *nm-nf* last but one

peñón *nm* rock: *el Peñón (de Gibraltar)* the Rock (of Gibraltar)

peón *nm* **1** (*obrero*) labourer **2** (*Ajedrez*) pawn

peonza *nf* spinning top: *bailar una ~* to spin a top

peor ◆ *adj, adv* (*uso comparativo*) worse (**than** *sth/sb*): *Este coche es ~ que aquel.* This car is worse than that one. ◇ *Hoy me encuentro mucho ~.* I feel much worse today. ◇ *Fue ~ de lo que me esperaba.* It was worse than I had expected. ◇ *Cocina aún ~ que su madre.* She's an even worse cook than her mother. ◆ *adj, adv, nmf* (*uso superlativo*) ~ (**de**) worst (**in/of**...): *Soy el ~ corredor del mundo.* I'm the worst runner in the world. ◇ *la ~ de todas* the worst of all ◇ *el que ~ canta* the one who sings worst LOC *Ver* CADA, CASO

pepinillo *nm* gherkin: *~s en vinagre* pickled gherkins

pepino *nm* cucumber LOC *Ver* IMPORTAR²

pepita nf **1** (semilla) seed **2** (oro) nugget: ~s de oro gold nuggets

pequeño. -a ◆ adj **1** (gen) small: un ~ problema/detalle a small problem/detail ◊ El cuarto es demasiado ~. The room is too small. ◊ Todas las faldas se me han quedado pequeñas. All my skirts are too small for me now. ☛ Ver nota en SMALL **2** (joven) little: cuando yo era ~ when I was little ◊ los niños ~s little children **3** (el más joven) youngest: mi hijo ~ my youngest son **4** (poco importante) minor: unos ~s cambios a few minor changes ◆ nm-nf youngest (one): El ~ está estudiando derecho. The youngest is studying law. LOC Ver MANILLA

pera nf pear LOC Ver NIÑO

peral nm pear tree

percha nf **1** (de armario) hanger: Cuelga el traje en una ~. Put your suit on a hanger. **2** (de pie) coat stand **3** (de pared) coat hook

perdedor. ~a ◆ adj losing: el equipo ~ the losing team ◆ nm-nf loser: ser un buen/mal ~ to be a good/bad loser

perder ◆ vt **1** (gen) to lose: ~ altura/peso to lose height/weight ◊ He perdido el reloj. I've lost my watch. **2** (medio de transporte, oportunidad) to miss: ~ el autobús/avión to miss the bus/plane ◊ ¡No pierda esta oportunidad! Don't miss this opportunity! **3** (desperdiciar) to waste: ~ el tiempo to waste time ◊ sin ~ un minuto without wasting a minute **4** (dejar escapar) **(a)** (líquido, gas) to leak: El depósito pierde gasolina. The tank is leaking petrol. ◊ ~ aceite/gas to have an oil/gas leak **(b)** (aire) to lose ◆ vi **1** ~ **(a)** to lose (at sth): Hemos perdido. We've lost. ◊ ~ al ajedrez to lose at chess **2** (salir perjudicado) to lose out: Tú eres el único que pierde. You're the only one to lose out. ◆ **perderse** v pron **1** (gen) to get lost: Si no llevas mapa te perderás. If you don't take a map, you'll get lost. **2** (película, espectáculo) to miss: No te pierdas esa película. Don't miss that film. LOC echar algo a perder to ruin sth **perder algo/a algn de vista** to lose sight of sth/sb **perder el rastro** to lose track of sth/sb **perder la cabeza/el juicio** to go mad **perder la calma** to lose your temper **perder la cuenta** to lose count (of sth) **perder los estribos** to lose your temper **salir perdiendo** to lose out Ver tb CONOCIMIENTO

pérdida nf **1** (gen) loss: Su marcha fue una gran ~. His leaving was a great loss. ◊ sufrir ~s económicas to lose money **2** (de tiempo, dinero) waste: Esto es una ~ de tiempo/dinero. This is a waste of time/money. **3** pérdidas (daños) damage [incontable]: Las ~s a causa de la tormenta son cuantiosas. The storm damage is extensive. LOC no tiene pérdida you can't miss it **pérdidas y ganancias** profit and loss

perdido. -a pp, adj **1** (gen) lost: Estoy completamente perdida. I'm totally lost. **2** (perro) stray **3** (sucio) Te has puesto ~. You're filthy. ◊ Has puesto la alfombra perdida de barro. You've covered the carpet in mud. LOC Ver OBJETO; Ver tb PERDER

perdigón nm pellet

perdiz nf partridge

perdón ◆ nm forgiveness ◆ ¡perdón! interj sorry! ☛ Ver nota en EXCUSE LOC Ver PEDIR

perdonar vt **1** (gen) to forgive sb (for sth/doing sth): ¿Me perdonas? Will you forgive me? ◊ Jamás le perdonaré lo que me hizo. I'll never forgive him for what he did. **2** (deuda, obligación, condena) to let sth off sth: Me perdonó la mitad del dinero que le debía. He let me off half the money I owed him. LOC perdona, perdone, etc. **1** (para pedir disculpas) sorry: ¡Ay! Perdone, ¿le he pisado? Sorry, did I stand on your foot? **2** (para llamar la atención) excuse me: ¡Perdone! ¿Tiene hora? Excuse me! Have you got the time, please? **3** (cuando no se ha oído bien) sorry, I beg your pardon (más formal): —Soy la señora de Rodríguez. —¿Perdone? ¿Señora de qué? 'I am Mrs Rodríguez.' 'Sorry? Mrs who?' ☛ Ver nota en EXCUSE

peregrinación nf (tb peregrinaje nm) pilgrimage: ir en ~ to go on a pilgrimage

peregrino. -a nm-nf pilgrim

perejil nm parsley

perenne adj LOC Ver HOJA

pereza nf: Después de comer me entra mucha ~. I always feel very sleepy after lunch. ◊ ¡Qué ~ tener que levantarme ahora! I really don't feel like getting up now.

perezoso. -a ◆ adj lazy ◆ nm-nf lazybones [pl lazybones] LOC Ver CORTO

perfeccionar vt (mejorar) to improve: Quiero ~ mi alemán. I want to improve my German.

perfecto. -a adj perfect

perfil nm **1** (persona) profile: Está más guapo de ~. He's better-looking in profile. ◊ *un retrato de* ~ a profile portrait ◊ *Ponte de* ~. Stand sideways. **2** (*edificio, montaña*) outline

perfilar *vt* (*dibujo*) to draw the outline of *sth*

perfumado, -a *pp, adj* scented *Ver tb* PERFUMAR

perfumar ◆ *vt* to perfume ◆ **perfumarse** *v pron* to put perfume on

perfume *nm* perfume

perfumería *nf* perfumery

perímetro *nm* perimeter

periódico, -a ◆ *adj* periodic ◆ *nm* newspaper, paper (*más coloq*) LOC *Ver* PUESTO, QUIOSCO, REPARTIDOR

periodismo *nm* journalism

periodista *nmf* journalist

periodo (*tb* **período**) *nm* period LOC **tener el periodo** to have your period *Ver tb* GLACIAR

periquito *nm* budgerigar, budgie (*coloq*)

perito, -a *nm-nf* expert (*in sth*) LOC **perito agrónomo** agronomist

perjudicar *vt* **1** (*salud*) to damage **2** (*intereses*) to prejudice

perjudicial *adj* ~ (**para**) (*salud*) bad (for *sth/sb*): *El tabaco es* ~ *para la salud.* Cigarettes are bad for your health.

perjuicio *nm* harm: *ocasionar un* ~ *a algn* to cause/do *sb* harm LOC **ir en perjuicio de algn** to go against *sb* *Ver tb* DAÑO

perla *nf* pearl LOC **ir/venir de perlas** to come in (very) handy: *Me viene de* ~*s.* It will come in very handy.

permanecer *vi* to remain, to be (*más coloq*): ~ *pensativo/sentado* to remain thoughtful/seated ◊ *Permanecí despierta toda la noche.* I was awake all night.

permanente ◆ *adj* permanent ◆ *nf* perm LOC **hacerse la permanente** to have your hair permed *Ver tb* VADO

permiso *nm* **1** (*autorización*) permission (**to do sth**): *pedir/dar* ~ to ask for/give permission **2** (*documento*) permit: ~ *de residencia/trabajo* residence/work permit **3** (*vacación*) leave: *Estoy de* ~. I'm on leave. ◊ *He pedido una semana de* ~. I've asked for a week off. LOC **con (su) permiso**: *Con* ~, *¿puedo pasar?* May I come in? ◊ *Me siento aquí, con su* ~. I'll sit here, if I may. **permiso de conducir** driving licence

permitir ◆ *vt* **1** (*dejar*) to let *sb* (**do sth**): *Permítame ayudarle.* Let me help you. ◊ *No me lo permitirían.* They

wouldn't let me. **2** (*autorizar*) to allow *sb* **to do sth**: *No permiten entrar sin corbata.* You are not allowed in without a tie. ☞ *Ver nota en* ALLOW ◆ **permitirse** *v pron* **1** (*atreverse, tomarse*) to take: *Se permite demasiadas confianzas con ellos.* He takes too many liberties with them. **2** (*económicamente*) to afford: *No nos lo podemos* ~. We can't afford it. LOC **¿me permite...?** may I...?: *¿Me permite su mechero?* May I borrow your lighter?

permutación *nf* (*Mat*) permutation

pero ◆ *conj* but: *lento* ~ *seguro* slowly but surely ◆ *nm* (*defecto*) fault: *Le encuentras* ~*s a todo.* You find fault with everything.

perpendicular ◆ *adj* perpendicular (**to sth**) ◆ *nf* perpendicular

perpetuo, -a *adj* perpetual LOC *Ver* CADENA

perplejo, -a *adj* puzzled: *Me quedé* ~. I was puzzled.

perra *nf* **1** (*animal*) bitch ☞ *Ver nota en* PERRO **2** (*rabieta*) tantrum: *cogerse una* ~ to throw a tantrum **3 perras** cash [*incontable*]: *ganar unas* ~*s* to earn some cash LOC **no tener una perra** to be broke

perrera *nf* kennel

perrito, -a *nm-nf* puppy [*pl* puppies] ☞ *Ver nota en* PERRO LOC **perrito caliente** hot dog

perro, -a *nm-nf* dog

Para referirnos solo a la hembra, decimos **bitch**. A los cachorros se les llama **puppies**.

LOC **de perros** lousy: *un día de* ~*s* a lousy day **llevarse como el perro y el gato** to fight like cat and dog **perro callejero** stray (dog) **perro de lanas** poodle **perro de San Bernardo** St Bernard **perro faldero** (*lit, fig*) lapdog **perro guardián** guard dog **perro ladrador**... his/her bark is worse than his/her bite **perro lobo** Alsatian **perro pastor** sheepdog *Ver tb* CRIADERO, VIDA

persecución *nf* **1** (*gen*) pursuit: *La policía iba en* ~ *de los atracadores.* The police went in pursuit of the robbers. **2** (*Pol, Relig*) persecution

perseguir *vt* **1** (*gen*) to pursue: ~ *un coche/objetivo* to pursue a car/an objective **2** (*Pol, Relig*) to persecute

persiana *nf* blind: *subir/bajar las* ~*s* to raise/lower the blind

persistente *adj* persistent

persistir *vi* to persist (*in sth*)

persona *nf* person [*pl* people]: *miles de ~s* thousands of people ☛ *Ver nota en* PERSON LOC **persona mayor** grown-up **por persona** a head: *5.000 por ~ 5 000 a head* **ser (una) buena persona** to be nice: *Son muy buenas ~s.* They're very nice. *Ver tb* IMPUESTO

personaje *nm* **1** (*de un libro, una película*) character: *el ~ principal* the main character **2** (*persona importante*) personality [*pl* personalities]

personal ◆ *adj* personal ◆ *nm* staff [*v sing o pl*] ☛ *Ver nota en* JURADO LOC *Ver* ASEO, DATO, EFECTO, ORDENADOR

personalidad *nf* personality [*pl* personalities]

personalmente *adv* personally

perspectiva *nf* **1** (*gen*) perspective: *A ese cuadro le falta ~.* The perspective's not quite right in that painting. **2** (*vista*) view **3** (*en el futuro*) prospect: *buenas ~s* good prospects

perspicacia *nf* insight

perspicaz *adj* perceptive

persuadir ◆ *vt* to persuade ◆ **persuadirse** *v pron* to become convinced (*of sth/that...*)

persuasivo, -a *adj* persuasive

pertenecer *vi* to belong *to sth/sb*: *Este collar perteneció a mi abuela.* This necklace belonged to my grandmother.

perteneciente *adj* ~ **a** belonging to *sth/sb*: *los países ~s a la UE* the countries belonging to the EU

pertenencia *nf* **1** (*a un partido, club, etc.*) membership **2 pertenencias** belongings

pértiga *nf* pole LOC *Ver* SALTO

pertinente *adj* relevant

pervertir *vt* to pervert

pesa *nf* weight LOC **hacer pesas** to do weight training

pesadez *nf* **1** (*aburrimiento*): *¡Qué ~ de película!* What a boring film! **2** (*molestia*) nuisance: *Estas moscas son una ~.* These flies are a nuisance.

pesadilla *nf* nightmare: *Anoche tuve una ~.* I had a nightmare last night.

pesado, -a ◆ *pp, adj* **1** (*gen*) heavy: *una maleta/comida pesada* a heavy suitcase/meal **2** (*aburrido*) boring ◆ *adj, nm-nf* (*pelmazo*) pain [*n*]: *Son unos ~s.* They're a pain. ◊ *No seas tan ~.* Don't be such a pain. LOC *Ver* BROMA, TÍO; *Ver tb* PESAR¹

pésame *nm* condolences [*pl*]: *Mi más sentido ~.* My deepest condolences. LOC **dar el pésame** to offer *sb* your condolences

pesar¹ ◆ *vt* to weigh: *~ una maleta* to weigh a suitcase ◆ *vi* **1** (*gen*) to weigh: *¿Cuánto pesas?* How much do you weigh? **2** (*tener mucho peso*) to be heavy: *¡Este paquete sí que pesa!* This parcel is really heavy! ◊ *¿Te pesa?* Is it very heavy? ◊ *¡No pesa nada!* It hardly weighs a thing! ◊ *¡Cómo pesa!* It weighs a ton! LOC **pesar como un muerto** to weigh a ton

pesar² *nm* (*tristeza*) sorrow LOC **a pesar de algo** in spite of sth: *Fuimos a ~ de la lluvia.* We went in spite of the rain. **a pesar de que...** although...: *A ~ de que implicaba riesgos...* Although it was risky...

pesca *nf* fishing: *ir de ~* to go fishing LOC *Ver* FURTIVO

pescadería *nf* fishmonger's ☛ *Ver nota en* CARNICERÍA

pescadero, -a *nm-nf* fishmonger

pescadilla *nf* small hake [*pl* small hake]

pescado *nm* fish [*incontable*]: *Voy a comprar ~.* I'm going to buy some fish. ◊ *Es un tipo de ~.* It's a kind of fish. ☛ *Ver nota en* FISH LOC **pescado azul/blanco** blue/white fish *Ver tb* LONJA, PARRILLA

pescador, ~a *nm-nf* fisherman/woman [*pl* fishermen/women] LOC *Ver* FURTIVO

pescar ◆ *vi* to fish: *Habían salido a ~.* They'd gone out fishing. ◆ *vt* (*coger*) to catch: *Pesqué dos truchas.* I caught two trout. ◊ *~ una pulmonía* to catch pneumonia LOC *Ver* CAÑA

peseta *nf* peseta

pesimista ◆ *adj* pessimistic ◆ *nmf* pessimist

pésimo, -a *adj* dreadful

peso *nm* **1** (*gen*) weight: *ganar/perder ~* to put on/lose weight ◊ *vender algo a ~* to sell sth by weight ◊ *~ bruto/neto* gross/net weight **2** (*balanza*) scales [*pl*]: *Este ~ no es muy exacto.* These scales aren't very accurate. LOC **de peso** (*fig*) **1** (*persona*) influential **2** (*asunto*) weighty *Ver tb* QUITAR

pesquero, -a ◆ *adj* fishing [*n atrib*]: *un puerto ~* a fishing port ◆ *nm* fishing boat

pestaña *nf* (*ojo*) eyelash

pestañear *vi* to blink LOC **sin pestañear** without batting an eyelid: *Escuchó* *la noticia sin ~.* He heard the news without batting an eyelid.

peste *nf* **1** (*enfermedad*) plague **2** (*mal olor*) stink: *¡Qué ~ hace!* What a stink! LOC **decir/echar pestes (de)** to slag *sth/ sb* off

pestillo *nm* catch: *echar el ~* to put the catch on

petaca *nf* **1** (*para tabaco*) tobacco pouch **2** (*para licores*) hip flask LOC **hacer la petaca** to make an apple-pie bed *for sb*

pétalo *nm* petal

petardo *nm* **1** (*explosivo*) banger **2** (*tostón*) bore: *Es un ~ de película.* The film is a real bore.

petición *nf* **1** (*gen*) request: *hacer una ~ de ayuda* to make a request for help **2** (*instancia*) petition: *redactar una ~* to draw up a petition

petirrojo *nm* robin

peto *nm* dungarees [*pl*]

petróleo *nm* oil: *un pozo de ~* an oil well

petrolero *nm* oil tanker

pez *nm* fish [*pl* fish]: *peces de agua dulce* freshwater fish ◊ *Hay dos peces en la pecera.* There are two fish in the goldfish bowl. ☞ *Ver nota en* FISH LOC **estar pez** not to know the first thing *about sth*: *Estoy ~ en química.* I don't know the first thing about chemistry. **pez de colores** goldfish [*pl* goldfish] **pez gordo** big shot

pezón *nm* **1** (*persona*) nipple **2** (*animal*) teat

pezuña *nf* hoof [*pl* hoofs/hooves]

piadoso. -a *adj* devout LOC *Ver* MENTIRA

pianista *nmf* pianist

piano *nm* piano [*pl* pianos]: *tocar una pieza al ~* to play a piece of music on the piano LOC **piano de cola** grand piano

piar *vi* to chirp

pica *nf* **picas** (*Naipes*) spades ☞ *Ver nota en* BARAJA

picadero *nm* riding school

picado. -a *pp, adj* **1** (*diente*) bad **2** (*mar*) choppy **3** (*enfadado*) cross: *Creo que están ~s conmigo.* I think they're cross with me. LOC **caer en picado** to nose-dive *Ver tb* CARNE *y* PICAR

picadura *nf* **1** (*mosquito, serpiente*) bite: *una ~ de serpiente* a snake bite **2** (*abeja, avispa*) sting

picajoso. -a *adj* touchy

picante *adj* (*Cocina*) hot: *una salsa ~* a hot sauce

picapica *nm* (*golosina*) sherbet LOC *Ver* POLVO

picaporte *nm* door handle ☞ *Ver dibujo en* HANDLE

picar ◆ *vt, vi* **1** (*pájaro*) to peck **2** (*mosquito, serpiente*) to bite **3** (*abeja, avispa*) to sting **4** (*comer*): *¿Te apetece ~ algo?* Do you fancy something to eat? ◊ *Acabo de ~ un poco de queso.* I've just had some cheese. ◊ *Nos pusieron unas cosas para ~.* They gave us some nibbles. ◆ *vt* **1** (*carne*) to mince **2** (*cebolla, verdura*) to chop *sth* (*up*) ◆ *vi* **1** (*producir picor*) to itch: *Este jersey pica.* This jumper is itchy. **2** (*ojos*) to sting: *Me pican los ojos.* My eyes are stinging. **3** (*pez*) to bite: *¡Ha picado uno!* I've got a bite! **4** (*ser picante*) to be hot: *¡Esta salsa pica muchísimo!* This sauce is terribly hot! **5** (*caer en la trampa*) to fall for it: *Le conté una mentira y picó.* I told him a lie and he fell for it. ◆ **picarse** *v pron* **1** (*diente, fruta*) to go bad **2** (*vino, nata*) to go off **3** **picarse** (*con*) (*por*) (*enfadarse*) to get annoyed (*with sb*) (*about sth*): *Se pica por todo.* He's always getting annoyed about something. LOC *Ver* BICHO, MOSCA

picardía *nf* craftiness: *tener mucha ~* to be very crafty ◊ *Tienes que hacerlo con ~.* You have to be crafty.

pichón *nm* young pigeon

picnic *nm* picnic: *ir de ~* to go for a picnic

pico *nm* **1** (*pájaro*) beak **2** (*montaña*) peak: *los ~s cubiertos de nieve* the snow-covered peaks **3** (*herramienta*) pick LOC **y pico 1** (*gen*): *dos mil y ~ personas* two thousand-odd people ◊ *Tiene treinta y ~ años.* He's thirty something. **2** (*hora*) just after: *Eran las dos y ~.* It was just after two. *Ver tb* CERRAR, CUELLO, ESCOTE[1]

picor *nm* **1** (*picazón*) itch: *Tengo ~ en la espalda.* I've got an itchy back. **2** (*escozor*) stinging **3** (*garganta*) tickle

picotazo *nm* **1** (*mosquito*) bite **2** (*abeja, avispa*) sting: *No te muevas o te pegará un ~.* Don't move or it'll sting you. **3** (*pájaro*) peck

pie *nm* **1** (*gen*) foot [*pl* feet]: *el ~ derecho/ izquierdo* your right/left foot ◊ *tener los ~s planos* to have flat feet **2** (*estatua, columna*) pedestal **3** (*copa*) base **4** (*lámpara*) stand **5** (*página, escaleras, colina*) bottom, foot (*más formal*): *a ~ de página* at the bottom of the page LOC **al pie de la letra** exactly **andar(se) con pies de plomo** to tread carefully **a pie**

on foot **de pies a cabeza** from top to toe **estar de pie** to be standing (up) **hacer pie**: *No hago* ~. My feet don't touch the bottom. **no tener ni pies ni cabeza** to be absurd **ponerse de pie** to stand up *Ver tb* COJEAR, LÁMPARA, LEVANTAR, MANTENER, PLANTA

piedad *nf* **1** (*compasión*) mercy: *Señor ten* ~ *de nosotros*. Lord, have mercy on us. **2** (*devoción*) piety **3** (*imagen, escultura*) pietà

piedra *nf* stone: *una pared de* ~ a stone wall ◊ *una* ~ *preciosa* a precious stone LOC **quedarse de piedra** to be speechless *Ver tb* TIRO

piel *nf* **1** (*Anat*) skin: *tener la* ~ *blanca/morena* to have fair/dark skin **2** (*con pelo*) fur: *un abrigo de* ~es a fur coat **3** (*cuero*) leather: *una cartera de* ~ a leather wallet **4** (*fruta*) **(a)** (*gen*) skin: *Quítale la* ~ *a las uvas*. Peel the grapes. **(b)** (*patata, cítricos*) peel LOC **piel de gallina** goose pimples [*pl*]: *Se me puso la* ~ *de gallina*. I got goose pimples.

pienso *nm* **1** (*para ganado*) fodder **2** (*para perros*) dry dog food

pierna *nf* leg: *romperse una* ~ to break your leg ◊ *cruzar/estirar las* ~*s* to cross/stretch your legs LOC **con las piernas cruzadas** cross legged

pieza *nf* **1** (*gen, Ajedrez, Mús*) piece **2** (*Mec*) part: *una* ~ *de recambio* a spare part LOC **quedarse de una pieza** to be speechless

pigmento *nm* pigment

pijama *nm* pyjamas [*pl*]: *Ese* ~ *te queda pequeño*. Those pyjamas are too small for you. ☛ Notese que *un pijama* se dice **a pair of pyjamas**: *Mete dos* ~*s en la maleta*. Pack two pairs of pyjamas.

pijo, -a ◆ *adj* posh: *la zona pija de la ciudad* the posh part of the city ◆ *adj, nm-nf* snob [*n*]: *No puede ser más* ~. He is a real snob. LOC *Ver* NIÑO

pila *nf* **1** (*montón*) pile: *una* ~ *de periódicos* a pile of newspapers **2** (*gran cantidad*): *Tienen la* ~ *de dinero*. They've got loads of money. ◊ *Ese tío tiene ya una* ~ *de años*. That bloke's getting on. **3** (*Electrón*) battery [*pl* batteries]: *Se han acabado las* ~*s*. The batteries have run out. **4** (*fregadero*) sink LOC **pila bautismal** font *Ver tb* NOMBRE

pilar *nm* pillar

píldora *nf* pill: *¿Estás tomando la* ~? Are you on the pill?

pillaje *nm* plunder

pillar ◆ *vt* **1** (*gen*) to catch: *¡A que no me pillas!* You can't catch me! ◊ ~ *una pulmonía* to catch pneumonia ◊ *Pillé a un chaval robando manzanas*. I caught a boy stealing apples. **2** (*atropellar*) to run *sb* over: *Le pilló un coche*. He was run over by a car. ◆ **pillarse** *v pron* **pillarse (con/en)** to get *sth* caught (**in** *sth*): *Me pillé el dedo en la puerta*. I got my finger caught in the door. LOC **pillar cerca/lejos de algo** to be near *sth/*a long way from *sth*: *El colegio me pilla muy cerca de casa*. The school is very near my house. *Ver tb* CAMINO, DESPREVENIDO, MANO

pilotar *vt* **1** (*avión*) to fly **2** (*coche*) to drive

piloto *nmf* **1** (*avión*) pilot **2** (*coche*) racing driver LOC **piloto automático** automatic pilot: *El avión iba con el* ~ *automático*. The plane was on automatic pilot.

pimentón *nm* paprika

pimienta *nf* pepper

pimiento *nm* pepper LOC **pimiento morrón** red pepper *Ver tb* COLORADO, IMPORTAR²

pimpón *nm* ping-pong, table tennis (*más formal*)

pin *nm* badge

pinar *nm* pine wood

pincel *nm* paintbrush ☛ *Ver dibujo en* BRUSH

pinchadiscos *nmf* disc jockey [*pl* disc jockeys] (*abrev* DJ)

pinchar ◆ *vt* **1** (*gen*) to prick: ~ *a algn con un alfiler* to prick *sb* with a pin **2** (*balón, neumático*) to puncture **3** (*Med*) to give *sb* an injection ◆ *vi* **1** (*planta espinosa*) to be prickly: *Ten cuidado que pinchan*. Be careful, they're very prickly. **2** (*tener un pinchazo*) to have a puncture: *He pinchado dos veces en una semana*. I've had two punctures in a week. ◆ **pincharse** *v pron* **1** (*neumático*) to puncture: *Se me ha pinchado una rueda*. I've got a puncture. **2 pincharse (con)** to prick yourself (**on/with** *sth*): ~*se con una aguja* to prick yourself on/with a needle

pinchazo *nm* puncture: *arreglar un* ~ to mend a puncture

pincho *nm* **1** (*punta aguda*) spike: *Ese cardo tiene* ~*s*. That thistle's got spikes. **2** (*aperitivo*): *tomar un* ~ to have a snack ◊ *un* ~ *de tortilla* a portion of Spanish omelette LOC **pincho moruno** kebab

ping-pong *nm Ver* PIMPÓN

pingüino *nm* penguin

pino *nm* pine (tree) LOC **hacer el pino** to do a handstand *Ver tb* QUINTO

pinta *nf* **1** (*aspecto*) look: *No me gusta la ~ de ese pescado.* I don't like the look of that fish. **2** (*medida*) pint ☞ *Ver Apéndice 1.* LOC **tener pinta (de)** to look (like sth): *Con ese traje tienes ~ de payaso.* You look like a clown in that suit. ◊ *Estos pasteles tienen muy buena ~.* Those cakes look very nice.

pintada *nf* graffiti [*incontable*]: *Había ~s por toda la pared.* There was graffiti all over the wall. ◊ *Había una ~ que decía...* There was a piece of graffiti that said...

pintado, -a *pp, adj* LOC **ir/sentar/venir que ni pintado** to be perfect: *Ese trabajo me va que ni ~.* A job like that is just perfect for me. **pintado de** painted: *Las paredes están pintadas de azul.* The walls are painted blue. *Ver tb* RECIÉN *y* PINTAR

pintar ◆ *vt, vi* to paint: *~ una pared de rojo* to paint a wall red ◊ *Me gusta ~.* I like painting. ◆ *vt* (*colorear*) to colour sth (in): *El niño había pintado la casa de azul.* The little boy had coloured the house blue. ◊ *Dibujó una pelota y luego la pintó.* He drew a ball and then coloured it in. ◆ *vi* to write: *Este boli no pinta.* This pen doesn't write. ◆ **pintarse** *v pron* **1** (*gen*) to paint: *~se las uñas* to paint your nails **2** (*maquillarse*) to put on your make-up: *No he tenido tiempo de ~me.* I haven't had time to put my make-up on. LOC **pintar al óleo/a la acuarela** to paint in oils/watercolours **pintarse los labios/ojos** to put on your lipstick/eye make-up

pintor, ~a *nm-nf* painter

pintoresco, -a *adj* picturesque: *un paisaje ~* a picturesque landscape

pintura *nf* **1** (*gen*) painting: *La ~ es una de mis aficiones.* Painting is one of my hobbies. **2** (*producto*) paint: *una mano de ~* a coat of paint **3 pinturas** (*lápices de colores*) coloured pencils LOC *Ver* ÓLEO

pinza *nf* **1** (*para tender*) clothes peg **2** (*de pelo*) clip **3** (*cangrejo, langosta*) pincer **4 pinzas (a)** (*gen*) tweezers: *unas ~s para las cejas* tweezers **(b)** (*azúcar, hielo, carbón*) tongs ☞ *Ver nota en* PAIR

piña *nf* **1** (*pino*) pine cone **2** (*fruta tropical*) pineapple

piñón *nm* (*Bot*) pine nut

pío *nm* (*sonido*) tweet LOC **no decir ni pío** not to open your mouth

piojo *nm* louse [*pl* lice]

pionero, -a ◆ *adj* pioneering ◆ *nm-nf* pioneer (*in sth*): *un ~ de la cirugía estética* a pioneer in cosmetic surgery

pipa *nf* **1** (*para fumar*) pipe: *fumar en ~* to smoke a pipe **2** (*semilla de girasol*) sunflower seed LOC **pasarlo pipa** to have a great time

pipeta *nf* pipette

pique *nm* (*enfado*) quarrel: *Siempre están de ~.* They're always quarrelling. LOC **irse a pique** (*negocio*) to go bust

piquete *nm* picket

pirado, -a *pp, adj* nuts: *estar ~* to be nuts *Ver tb* PIRARSE

piragua *nf* canoe

piragüismo *nm* canoeing: *hacer ~* to go canoeing

pirámide *nf* pyramid

pirarse *v pron* to clear off LOC **pirárselas** to leg it

pirata *adj, nmf* pirate [*n*]: *un barco/una emisora ~* a pirate boat/radio station ◊ *un vídeo ~* a pirate/pirated video LOC **pirata informático** hacker

piratear *vt* **1** (*disco, vídeo*) to pirate **2** (*entrar en un sistema informático*) to hack **into** sth

pirómano, -a *nm-nf* arsonist

piropo *nm* **1** (*cumplido*) compliment **2** (*en la calle*): *echar un ~* to whistle at sb

pirueta *nf* pirouette

pirulí *nm* lollipop

pis *nm* pee LOC **hacer pis** to have a pee

pisada *nf* **1** (*sonido*) footstep **2** (*huella*) footprint

pisar ◆ *vt* **1** (*gen*) to step **on/in** sth: *~le el pie a algn* to step on sb's foot ◊ *~ un charco* to step in a puddle **2** (*tierra*) to tread sth down **3** (*acelerador, freno*) to put your foot **on** sth **4** (*dominar*) to walk all over sb: *No te dejes ~.* Don't let people walk all over you. **5** (*idea*) to pinch: *~le a algn una idea* to pinch an idea from sb ◆ *vi* to tread LOC *Ver* PROHIBIDO

piscina *nf* swimming pool LOC **piscina climatizada/cubierta** heated/indoor pool

piscis (*tb* Piscis) *nm, nmf* (*Astrol*) Pisces ☞ *Ver ejemplos en* AQUARIUS

piso *nm* **1** (*suelo, planta*) floor: *Vivo en el tercer ~.* I live on the third floor. **2** (*apartamento*) flat ☞ *Ver nota en* CASA LOC **de dos, etc. pisos** (*edificio*) two-storey, etc.: *un bloque de cinco ~s* a five-storey block *Ver tb* COMPAÑERO

pisotear vt **1** (*pisar*) to stamp on *sth* **2** (*fig*) to trample on *sth*: ~ *los derechos de algn* to trample on sb's rights

pisotón nm LOC **dar un pisotón a algn** to tread on sb's foot

pista nf **1** (*huella*) track(s) [*se usa mucho en plural*]: *seguir la ~ de un animal* to follow an animal's tracks ◊ *Le he perdido la ~ a Manolo.* I've lost track of Manolo. **2** (*dato*) clue: *Dame más ~s.* Give me more clues. **3** (*carreras*) track: *una ~ al aire libre/cubierta* an outdoor/**indoor track 4** (*Aeronáut*) runway [*pl* runways] LOC **estar sobre la pista de algn** to be on sb's trail **pista de baile** dance floor **pista de esquí** ski slope **pista de hielo/patinaje** ice/skating rink **pista de squash/tenis** squash/tennis court

pistacho nm pistachio [*pl* pistachios]

pistola nf gun, pistol (*téc*) LOC **pistola de aire comprimido** airgun *Ver tb* PUNTA

pitar ◆ vt (*abuchear*) to boo ◆ vi **1** (*policía, árbitro*) to blow your whistle (**at** *sth/sb*): *El guardia nos pitó.* The policeman blew his whistle at us. **2** (*claxon*) to hoot (**at** *sth/sb*): *El conductor me pitó.* The driver hooted at me. LOC **irse/salir pitando** to dash off **pitar un penalti/una falta** to award a penalty/free kick

pitido nm **1** (*tren, árbitro, policía*) whistle: *los ~s del tren* the whistle of the train **2** (*claxon*) hoot **3** (*despertador*) beep

pito nm whistle LOC **entre pitos y flautas** what with one thing and another

pitón nm python

pizarra nf **1** (*en una clase*) blackboard: *salir a la ~* to go up to the blackboard **2** (*roca*) slate: *un tejado de ~* a slate roof

pizca nf: *una ~ de sal* a pinch of salt ◊ *una ~ de humor* a touch of humour LOC **ni pizca**: *Hoy no hace ni ~ de frío.* It's not at all cold today. ◊ *No tiene ni ~ de gracia.* It's not the least bit funny.

pizza nf pizza

placa nf **1** (*lámina, Fot, Geol*) plate: *~s de acero* steel plates ◊ *La ~ de la puerta dice "dentista".* The plate on the door says 'dentist'. **2** (*conmemorativa*) plaque: *una ~ conmemorativa* a commemorative plaque **3** (*policía*) badge

placaje nm tackle

placar vt (*Dep*) to tackle

placer nm pleasure: *un viaje de ~* a pleasure trip ◊ *Tengo el ~ de presentar-*

les al Dr García. It is my pleasure to introduce Dr García.

plaga nf plague: *una ~ de mosquitos* a plague of mosquitoes

plan nm **1** (*gen*) plan: *He cambiado de ~es.* I've changed my plans. ◊ *¿Tienes ~ para el sábado?* Have you got anything planned for Saturday? **2** (*humor*): *Si sigues en ese ~, me voy.* If you're going to carry on like this, I'm going. LOC **plan de estudios** curriculum [*pl* curriculums/curricula]

plancha nf **1** (*electrodoméstico*) iron **2** (*acción, ropa*) ironing: *Tengo toda la ~ por hacer.* I've still got to do all the ironing. LOC **a la plancha** grilled

planchar ◆ vt to iron: ~ *una camisa* to iron a shirt ◆ vi to do the ironing: *Hoy me toca ~.* I've got to do the ironing today.

planear¹ vt (*organizar*) to plan: ~ *la fuga* to plan your escape

planear² vi (*avión, pájaro*) to glide

planeta nm planet

planificación nf planning

plano, -a ◆ adj flat: *una superficie plana* a flat surface ◆ nm **1** (*nivel*) level: *Las casas están construidas en distintos ~s.* The houses are built on different levels. ◊ *en el ~ personal* on a personal level **2** (*diagrama*) **(a)** (*ciudad, metro*) map **(b)** (*Arquit*) plan **3** (*Cine*) shot LOC *Ver* PRIMERO

planta nf **1** (*Bot*) plant **2** (*piso*) floor: *Vivo en la ~ baja.* I live on the ground floor. LOC **planta del pie** sole

plantación nf plantation

plantado, -a pp, adj LOC **dejar plantado** to stand sb up *Ver tb* PLANTAR

plantar vt **1** (*gen*) to plant **2** (*dar plantón*) to stand sb up

planteamiento nm **1** (*análisis*) analysis **2** (*Mát*) working-out

plantear ◆ vt to raise: ~ *dudas/ preguntas* to raise doubts/questions ◊ *El libro plantea temas muy importantes.* The book raises very important issues. ◆ **plantearse** v pron to think (**about** *sth/doing sth*): *¡Eso ni me lo planteo!* I don't even think about that!

plantilla nf **1** (*zapato*) insole **2** (*para dibujar*) template **3** (*personal*) staff [*v sing o pl*] ☞ *Ver nota en* JURADO

plantón nm (*espera larga*) long wait LOC **dar un plantón 1** (*retrasarse*) to keep sb waiting: *Nos dieron un ~ de más de una hora.* They kept us waiting for over an hour. **2** (*no acudir*) to stand *sb* up

plástico, -a ◆ *adj* plastic: *la cirujía plástica* plastic surgery ◆ *nm* plastic [*gen incontable*]: *un envase de* ~ a plastic container ◊ *Tápalo con un* ~. Cover it with a plastic sheet. LOC *Ver* VASO

plastificar *vt* to laminate

plastilina *nf* plasticine®

plata *nf* silver: *un anillo de* ~ a silver ring LOC *Ver* BAÑADO, BODA

plataforma *nf* platform

plátano *nm* **1** (*fruta*) banana **2** (*árbol*) plane tree

plateado, -a *pp, adj* **1** (*color*) silver: *pintura plateada* silver paint **2** (*revestido de plata*) silver-plated

platillo *nm* **1** (*taza*) saucer **2 platillos** cymbals LOC **platillo volante** flying saucer *Ver tb* BOMBO

platino *nm* platinum

plato *nm* **1** (*utensilio*) **(a)** (*gen*) plate: *¡Ya se ha roto otro* ~! There's another plate broken! **(b)** (*para debajo de la taza*) saucer **2** (*guiso*) dish: *un* ~ *típico del país* a national dish **3** (*parte de la comida*) course: *De primer* ~ *comí sopa.* I had soup for my first course. ◊ *el* ~ *fuerte* the main course LOC **plato hondo/sopero** soup plate **plato llano/de postre** dinner/dessert plate *Ver tb* FREGAR, SECAR

plató *nm* set LOC **salir al plató** to go/come onto the stage

playa *nf* **1** (*gen*) beach **2** (*costa*) seaside: *Pasamos el verano en la* ~. We spent the summer at the seaside.

play-back *nm*: *No estaba cantando en directo, era* ~. She wasn't singing live. ◊ *Todas sus actuaciones son en* ~. They don't sing live in any of their performances.

playeras *nf* **1** (*gen*) deck shoes **2** (*para deporte*) trainers

plaza *nf* **1** (*espacio abierto*) square: *la* ~ *mayor* the main square **2** (*mercado*) market (place) **3** (*asiento*) seat: *¿Queda alguna* ~ *en el autobús?* Are there any seats left on the bus? **4** (*puesto de trabajo*) post **5** (*en un curso*) place: *Ya no quedan* ~s. There are no places left. LOC **plaza de toros** bullring

plazo *nm* **1** (*periodo*): *el* ~ *de matrícula* the enrolment period ◊ *Tenemos un mes de* ~ *para pagar.* We've got a month to pay. ◊ *El* ~ *vence mañana.* The deadline is tomorrow. **2** (*pago*) instalment: *pagar*

algo a ~s to pay for sth in instalments LOC *Ver* COMPRAR

plegable *adj* folding: *una cama* ~ a folding bed

plegar *vt* to fold

pleito *nm* lawsuit

pleno, -a *adj* full: *Soy miembro de* ~ *derecho.* I'm a full member. ◊ ~*s poderes* full powers LOC **a plena luz del día** in broad daylight **en pleno...**: (right) in the middle of...: *en* ~ *invierno* in the middle of winter ◊ *en* ~ *centro de la ciudad* right in the centre of the city **estar en plena forma** to be in peak condition

pliegue *nm* **1** (*gen*) fold: *La tela caía formando* ~s. The material hung in folds. **2** (*falda*) pleat

plomo *nm* **1** (*metal*) lead **2 plomos** fuses: *Se han fundido los* ~s. The fuses have blown. LOC *Ver* GASOLINA, PIE

pluma *nf* **1** (*gen*) feather: *un colchón de* ~s a feather mattress **2** (*estilográfica*) fountain pen **3 plumas** (*prenda de abrigo*) ski jacket [*sing*]

plumero *nm* feather duster

plumífero *nm* (*prenda*) ski jacket

plural *adj, nm* plural

Plutón *nm* Pluto

plutonio *nm* plutonium

población *nf* **1** (*conjunto de personas*) population: *la* ~ *activa* the working population **2** (*localidad*) **(a)** (*ciudad grande*) city [*pl* cities] **(b)** (*ciudad pequeña*) town **(c)** (*pueblo*) village

poblado *nm* village

pobre ◆ *adj* poor ◆ *nmf* **1** (*gen*) poor man/woman [*pl* poor men/women]: *los ricos y los* ~s the rich and the poor **2** (*desgraciado*) poor thing: *¡Pobre! Tiene hambre.* He's hungry, poor thing!

pobreza *nf* poverty

pocilga *nf* pigsty [*pl* pigsties]

poco, -a ◆ *adj* **1** (+ *sustantivo incontable*) little, not much (*más coloq*): *Tienen muy* ~ *interés.* They have very little interest. ◊ *Tengo* ~ *dinero.* I don't have much money. **2** (+ *sustantivo contable*) few, not many (*más coloq*): *en muy pocas ocasiones* on very few occasions ◊ *Tiene* ~s *amigos.* He hasn't got many friends. ☞ *Ver nota en* LESS ◆ *pron* little [*pl* few]: *Vinieron muy* ~s. Very few came. ◆ *adv* **1** (*gen*) not much: *Come* ~ *para lo alto que está.* He doesn't eat much for his height. **2** (*poco tiempo*) not long: *La vi hace* ~. I saw her not long ago/recently. **3** (+ *adj*) not very: *Es* ~ *inteli-*

gente. He's not very intelligent. LOC **a poco de** shortly after: *a ~ de irte* shortly after you left **poco a poco** gradually **poco más/menos (de)** just over/under: *~ menos de 5.000 personas* just under 5 000 people *por poco* nearly: *Por ~ me atropellan.* I was nearly run over. **un poco** a little, a bit (*más coloq*): *un ~ más/mejor* a little more/better ◊ *un ~ de azúcar* a bit of sugar ◊ *Espera un ~.* Wait a bit. **unos pocos** a few: *unos ~s claveles* a few carnations ◊ —*¿Cuántos quieres?* — *Dame unos ~s.* 'How many would you like?' 'Just a few.' ☛ *Ver nota en* FEW ☛ Para otras expresiones con **poco**, véanse las entradas del sustantivo, adjetivo, etc., p. ej. **ser poca cosa** en COSA y **al poco tiempo** en TIEMPO.

podar *vt* to prune

poder¹ *vt, vi* **1** (*gen*) can **do sth**, to be able **to do sth**: *Puedo escoger Londres o Madrid.* I can choose London or Madrid. ◊ *No podía creérmelo.* I couldn't believe it. ◊ *Desde entonces no ha podido andar.* He hasn't been able to walk since then. ☛ *Ver nota en* CAN² **2** (*tener permiso*) can, may (*más formal*): *¿Puedo hablar con Andrés?* Can I talk to Andrés? ☛ *Ver nota en* MAY **3** (*probabilidad*) may, could, might

El uso de **may, could** y **might** depende del grado de probabilidad de realizarse la acción. **Could** y **might** expresan menor probabilidad que **may**: *Pueden llegar en cualquier momento.* They may arrive at any minute. ◊ *Podría ser peligroso.* It could/might be dangerous. *Ver tb págs 322-23.*

LOC **no poder más** (*estar cansado*) to be exhausted **poder con** to cope with *sth*: *No puedo con tantos deberes.* I can't cope with so much homework. **puede (que...)** maybe: *Puede que sí, puede que no.* Maybe, maybe not. **se puede/no se puede:** *¿Se puede?* May I come in? ◊ *No se puede fumar aquí.* You can't smoke in here. ☛ Para otras expresiones con **poder**, véanse las entradas del sustantivo, adjetivo, etc., p. ej. **a más no poder** en MÁS y **sálvese quien pueda** en SALVAR.

poder² *nm* power: *tomar el ~* to seize power LOC **el poder ejecutivo/judicial/legislativo** the executive/judiciary/legislature

poderoso, -a *adj* powerful

podrido, -a *pp, adj* rotten: *una manzana/sociedad podrida* a rotten apple/society

poema *nm* poem

poesía *nf* **1** (*gen*) poetry: *la ~ épica* epic poetry **2** (*poema*) poem

poeta *nmf* poet

poético, -a *adj* poetic

poetisa *nf* poet

polaco, -a ◆ *adj, nm* Polish: *hablar ~* to speak Polish ◆ *nm-nf* Pole: *los ~s* the Poles

polar *adj* polar LOC *Ver* CÍRCULO

polea *nf* pulley [*pl* pulleys]

polémico, -a ◆ *adj* controversial ◆ **polémica** *nf* controversy [*pl* controversies]

polen *nm* pollen

poli ◆ *nmf* cop ◆ *nf* cops [*pl*]: *Viene la ~.* The cops are coming.

policía ◆ *nmf* police officer, policeman/woman [*pl* policemen/women]

Hoy en día mucha gente trata de evitar el uso del sufijo **-man** en palabras que hacen referencia a un trabajo o una profesión, como p. ej. **policeman, sportsman** o **salesman**, a menos que se esté hablando de un hombre en concreto. En su lugar se utilizan palabras que no hacen referencia al sexo de la persona, como **police officer, sportsperson** o **salesperson**. La tendencia a no hacer distinciones entre los sexos se da también en el caso de palabras como **doctor** y **nurse**. Cada vez está peor visto utilizar términos como **male nurse** y **woman/lady doctor**. *Ver tb nota en* ACTRESS, BOMBERO

◆ *nf* police [*pl*]: *La ~ está investigando el caso.* The police are investigating the case. LOC *Ver* MUNICIPAL, PAREJA, URBANO

policiaco, -a (*tb* policíaco, -a) *adj* LOC *Ver* GÉNERO, NOVELA, PELÍCULA

policial *adj* LOC *Ver* CORDÓN, FICHA

polideportivo *nm* sports centre

polígono *nm* **1** (*Geom*) polygon **2** (*zona*) estate: *un ~ industrial* an industrial estate

polilla *nf* moth

politécnico, -a *adj* polytechnic

política *nf* **1** (*Pol*) politics [*v sing o pl*]: *meterse en ~* to get involved in politics **2** (*postura, programa*) policy [*pl* policies]: *la ~ exterior* foreign policy

político, -a ◆ *adj* **1** (*Pol*) political: *un partido ~* a political party **2** (*diplomático*) diplomatic **3** (*familia*) in-law: *padre ~* father-in-law ◊ *mi familia política* my in-laws ◆ *nm-nf* politician: *un ~ de izquierdas* a left-wing politician

póliza *nf* **1** (*seguros*) policy [*pl* policies]: *hacerse una ~* to take out a policy **2** (*sello*) stamp

polizón *nmf* stowaway [*pl* stowaways]: *colarse de ~* to stow away

pollito (*tb* **polluelo**) *nm* chick

pollo *nm* chicken: *~ asado* roast chicken

polo *nm* **1** (*Geog, Fís*) pole: *el ~ Norte/ Sur* the North/South Pole **2** (*helado*) ice lolly [*pl* ice lollies] **3** (*camisa*) polo shirt LOC **ser polos opuestos** (*carácter*) to be like chalk and cheese

Polonia *nf* Poland

polución *nf* pollution

polvareda *nf* cloud of dust: *levantar una ~* to raise a cloud of dust

polvo *nm* **1** (*suciedad*) dust: *Hay mucho ~ en la librería.* There's a lot of dust on the bookshelf. ◊ *Estás levantando ~.* You're kicking up the dust. **2** (*Cocina, Quím*) powder **3 polvos** (*tocador*) powder [*incontable, v sing*] LOC **estar hecho polvo** (*cansado*) to be shattered **limpiar/ quitar el polvo (a/de)** to dust (*sth*) **polvos de picapica** itching powder [*incontable, v sing*] **polvos de talco** talcum powder [*incontable, v sing*] *Ver tb* LECHE, TRAPO

pólvora *nf* gunpowder

polvoriento. -a *adj* dusty

polvorín *nm* (*almacén*) magazine

pomada *nf* ointment

pomelo *nm* grapefruit [*pl* grapefruit/ grapefruits]

pomo *nm* **1** (*puerta*) doorknob **2** (*cajón*) knob

pompa *nf* **1** (*burbuja*) bubble: *hacer ~s de jabón* to blow bubbles **2** (*solemnidad*) pomp LOC **pompas fúnebres 1** (*entierro*) funeral [*sing*] **2** (*funeraria*) undertaker's ☞ *Ver nota en* CARNICERÍA

pompis *nm* bottom

pomposo. -a *adj* pompous: *un lenguaje retórico y ~* rhetorical, pompous language

pómulo *nm* cheekbone

poner ◆ *vt* **1** (*colocar*) to put: *Pon los libros sobre la mesa/en una caja.* Put the books on the table/in a box. **2** (*aparato*) to put *sth* on: *~ la radio* to put the radio on **3** (*disco*) to play **4** (*reloj*) to set: *Pon el despertador a las seis.* Set the alarm for six. **5** (*vestir*) to put *sth* on: (**for sb**): *Ponle la bufanda a tu hermano.* Put your brother's scarf on

for him. **6** (*servir*) to give: *Ponme un poco más de sopa.* Give me some more soup, please. **7** (*huevos*) to lay **8** (*deberes*) to set **9** (*película, programa*) to show: *¿Qué ponen esta noche?* What's on tonight? **10** (*obra de teatro*) to put *sth* on **11** (*sábana, mantel*) to put *sth* on: *Pon el mantel/la sábana.* Put the tablecloth on the table./Put the sheet on the bed. ◆ **ponerse** *v pron* **1** (*de pie*) to stand: *Ponte a mi lado.* Stand next to me. **2** (*sentado*) to sit **3** (*vestirse*) to put *sth* on: *¿Qué me pongo?* What shall I put on? **4** (*sol*) to set **5 + adj** to get: *Se puso enfermo.* He got ill. ◊ *¡No te pongas chulo conmigo!* Don't get cheeky with me! **6 ponerse a** to start *doing sth*/to do *sth*: *Se ha puesto a nevar.* It's started snowing. ◊ *Ponte a estudiar.* Get on with some work. **7 ponerse de** to get covered in *sth*: *¡Cómo te has puesto de pintura!* You're covered in paint! ☞ *Para expresiones con* **poner**, *véanse las entradas del sustantivo, adjetivo, etc., p. ej.* **poner pegas** *en* PEGA *y* **ponerse rojo** *en* ROJO.

poni (*tb* **poney**) *nm* pony [*pl* ponies]

pontífice *nm* pontiff

popa *nf* stern

popular *adj* popular

por *prep*
● **lugar 1** (*con verbos de movimiento*): *circular por la derecha/izquierda* to drive on the right/left ◊ *¿Pasas por una farmacia?* Are you going past a chemist's? ◊ *pasar por el centro de París* to go through the centre of Paris ◊ *Pasaré por tu casa mañana.* I'll drop in tomorrow. ◊ *viajar por Europa* to travel round Europe **2** (*con verbos como coger, agarrar*) by: *Lo cogí por el brazo.* I grabbed him by the arm.
● **tiempo 1** (*tiempo determinado*): *por la mañana/tarde* in the morning/afternoon ◊ *por la noche* at night ◊ *mañana por la mañana/noche* tomorrow morning/ night **2** (*duración*) for: *sólo por unos días* only for a few days ☞ *Ver nota en* FOR
● **causa**: *Se suspende por el mal tiempo.* It's been cancelled because of bad weather. ◊ *hacer algo por dinero* to do sth for money ◊ *Lo despidieron por robar/vago.* He was sacked for stealing/being lazy.
● **finalidad**: *Por ti haría cualquier cosa.* I'd do anything for you. ◊ *por ver las noticias* to watch the news ◊ *por no perderlo* so as not to miss it

● **agente** by: *firmado por...* signed by... ◊ *pintado por El Greco* painted by El Greco

● **hacia/en favor de** for: *sentir cariño por algn* to feel affection for sb ◊ *¡Vote por nosotros!* Vote for us!

● **con expresiones numéricas:** *4 por 3 son 12.* 4 times 3 is 12. ◊ *Mide 7 por 2.* It measures 7 by 2. ◊ *2.000 por hora* 2 000 an/per hour

● **otras construcciones 1** (*medio, instrumento*): *por correo/mar/avión* by post/sea/air **2** (*sustitución*): *Ella irá por mí.* She'll go instead of me. ◊ *Lo compré por dos millones.* I bought it for two million pesetas. **3** (*sucesión*) by: *uno por uno* one by one ◊ *paso por paso* step by step **4 + adj/adv** however: *Por simple que...* However simple... ◊ *Por mucho que trabajes...* However much you work...

LOC **por mí** as far as I am, you are, etc. concerned **por que** (*finalidad*) *Ver* PORQUE **por qué** why: *No dijo por qué no venía.* He didn't say why he wasn't coming. ◊ *¿Por qué no?* Why not? **por si...** in case...: *Llévatelo por si te hace falta.* Take it in case you need it.

porcelana *nf* porcelain

porcentaje *nm* percentage ☛ *Ver Apéndice 1*

porcino, -a *adj* LOC *Ver* GANADO

pornografía *nf* pornography

pornográfico, -a *adj* pornographic

poro *nm* pore

poroso, -a *adj* porous

porque *conj* **1** (*razón*) because: *No viene ~ no quiere.* He's not coming because he doesn't want to. **2** (*finalidad*) so (that): *Vine ~ tuvieses compañía.* I came so (that) you'd have company.

porqué *nm* ~ (**de**) reason (for sth): *el ~ de la huelga* the reason for the strike LOC *¿por qué? Ver* POR

porquería *nf* **1** (*suciedad*): *En esta cocina hay mucha ~.* This kitchen is filthy. **2** (*golosina*) junk (food) [*incontable*]: *Deja de comer ~s.* Stop eating junk food.

porra *nf* (*de policía*) truncheon LOC *Ver* MANDAR

porrazo *nm* LOC *Ver* GOLPE

porro *nm* joint

portaaviones *nm* aircraft carrier

portada *nf* **1** (*libro, revista*) cover **2** (*disco*) sleeve

portafolios *nm* folder

portal *nm* (entrance) hall

portarse *v pron* to behave: ~ *bien/mal* to behave well/badly ◊ *Pórtate bien.* Be good.

portátil ◆ *adj* portable: *una televisión ~* a portable television ◆ *nm* (*ordenador*) laptop

portavoz *nmf* spokesperson [*pl* spokespersons/spokespeople]

Existen las formas **spokesman** y **spokeswoman**, pero se prefiere usar **spokesperson** porque se refiere tanto a un hombre como a una mujer: *los portavoces de la oposición* spokespersons for the opposition.

portazo *nm* bang LOC **dar un portazo** to slam the door *Ver tb* CERRAR

portería *nf* **1** (*de edificio*) porter's lodge **2** (*Dep*) goal

portero, -a *nm-nf* **1** (*de un edificio público*) caretaker **2** (*de un edificio privado*) porter **3** (*Dep*) goalkeeper, goalie (*coloq*) LOC **portero automático** entryphone®

Portugal *nm* Portugal

portugués, -esa ◆ *adj, nm* Portuguese: *hablar ~* to speak Portuguese. ◆ *nm-nf* Portuguese man/woman [*pl* Portuguese men/women]: *los portugueses* the Portuguese

porvenir *nm* future: *tener un buen ~* to have a good future ahead of you

posar ◆ *vi* (*para una foto*) to pose ◆ **posarse** *v pron* **1** **posarse** (**en/sobre**) (*aves, insectos*) to land (on sth) **2** (*polvo, sedimento*) to settle

posavasos *nm* coaster

posdata *nf* postscript (*abrev* PS)

poseer *vt* (*ser dueño*) to own

posesivo, -a *adj* possessive

posibilidad *nf* possibility [*pl* possibilities] LOC **tener (muchas) posibilidades de...** to have a (good) chance of doing sth

posible *adj* **1** (*gen*) possible: *Es ~ que ya hayan llegado.* It's possible that they've already arrived. **2** (*potencial*) potential: *un ~ accidente* a potential accident LOC **hacer (todo) lo posible por/para** to do your best *to do sth Ver tb* ANTES, MEJOR

posición *nf* position: *Terminaron en última ~.* They finished last.

positivo, -a *adj* positive: *La prueba dio positiva.* The test was positive. LOC *Ver* SIGNO

poso *nm* (*sedimento*) dregs [*pl*]

postal ♦ *adj* postal ♦ *nf* postcard LOC *Ver* CÓDIGO, GIRO

poste *nm* **1** (*gen*) pole: ~ *telegráfico* telegraph pole **2** (*Dep*) (goal)post: *El balón dio en el* ~. The ball hit the post.

póster *nm* poster

posterior *adj* ~ (**a**) **1** (*tiempo*): *un suceso* ~ a subsequent event ◊ *los años* ~*es a la guerra* the years after the war **2** (*lugar*): *en la parte* ~ *del autocar* at the back of the coach ◊ *la fila* ~ *a la vuestra* the row behind yours

postizo, -a *adj* false: *dentadura postiza* false teeth

postre *nm* pudding, dessert (*más formal*): *¿Qué hay de* ~? What's for pudding? ◊ *De* ~ *me tomé una tarta.* I had pie for dessert. LOC *Ver* PLATO

postura *nf* **1** (*del cuerpo*) position: *dormir en mala* ~ to sleep in an awkward position **2** (*actitud*) stance

potable *adj* drinkable LOC *Ver* AGUA

potaje *nm* stew: ~ *de garbanzos* chickpea stew

potencia *nf* power: ~ *atómica/económica* atomic/economic power ◊ *una* ~ *de 80 vatios* 80 watts of power LOC **de alta/gran potencia** powerful **potencia (en caballos)** horsepower [*pl* horsepower] (*abrev* hp)

potente *adj* powerful

potra *nf* LOC **tener potra** to be jammy: *¡Qué* ~ *tienes!* You're so jammy! *Ver tb* POTRO

potro, -a ♦ *nm-nf* foal

Foal es el sustantivo genérico. Para referirnos solo al macho decimos **colt**. Filly se refiere solo a la hembra y su plural es 'fillies'.

♦ *nm* (*gimnasia*) vaulting horse

pozo *nm* well: *un* ~ *de petróleo* an oil well

práctica *nf* **1** (*gen*) practice: *En teoría funciona, pero en la* ~... It's all right in theory, but in practice... ◊ *poner algo en* ~ to put sth into practice **2** (*Educ*) practical

prácticamente *adv* practically

practicante ♦ *adj* practising: *Soy católico* ~. I'm a practising Catholic. ♦ *nmf* nurse

practicar *vt* **1** (*gen*) to practise: ~ *la medicina* to practise medicine **2** (*deporte*) to play: *¿Practicas algún deporte?* Do you play any sports? ☞ *Ver nota en* DEPORTE

práctico, -a *adj* practical

pradera *nf* meadow

prado *nm* meadow

preámbulo *nm* **1** (*prólogo*) introduction **2** (*rodeos*): *Déjate de* ~*s.* Stop beating about the bush.

precaución *nf* precaution: *tomar precauciones contra posibles incendios* to take precautions against fire LOC **con precaución** carefully: *Circulen con* ~. Drive carefully. **por precaución** as a precaution

preceder *vt* ~ (**a**) to precede, to go/come before *sth/sb* (*más coloq*): *El adjetivo precede al nombre.* The adjective goes before the noun. ◊ *Al incendio precedió una gran explosión.* A huge explosion preceded the fire.

precepto *nm* rule

precinto *nm* seal

precio *nm* price: ~*s de fábrica* factory prices ◊ *¿Qué* ~ *tiene la habitación doble?* How much is a double room? LOC *Ver* MITAD, RELACIÓN

preciosidad *nf* lovely [*adj*]: *Ese vestido es una* ~. That dress is lovely.

precioso, -a *adj* **1** (*valioso*) precious: *el* ~ *don de la libertad* the precious gift of freedom ◊ *una piedra preciosa* a precious stone **2** (*persona, cosa*) lovely: *¡Qué gemelos tan* ~*s!* What lovely twins!

precipicio *nm* precipice

precipitaciones *nf* (*lluvia*) rainfall [*incontable, v sing*]: ~ *abundantes* heavy rainfall

precipitado, -a *pp, adj* (*apresurado*) hasty *Ver tb* PRECIPITARSE

precipitarse *v pron* **1** (*actuar sin pensar*) to rush **into doing sth**: *No te precipites, piénsalo bien.* Don't rush into anything. Think it over. **2** (*arrojarse*) to throw yourself **out of sth**: *El paracaidista se precipitó al vacío desde el avión.* The parachutist jumped out of the plane.

precisamente *adv* **1** (*gen*) exactly: *Es* ~ *por eso que no quiero que venga.* This is exactly why I don't want him to come. ◊ *No estaban* ~ *encantados.* They weren't exactly delighted. **2** just: ~ *ahora no puedo recibirle.* I can't see you just at this moment. **3** (*de hecho*) actually: *Fuiste* ~ *tú el que lo sugirió.* Actually, it was you who suggested it.

precisar *vt* **1** (*necesitar*) to need, to require (*formal*) **2** (*especificar*) to specify: ~ *hasta el más mínimo detalle* to specify every detail

precisión *nf* accuracy LOC **con precisión** accurately

preciso, -a *adj*: *decir algo en el momento* ~ to say sth at the right moment LOC **ser preciso** *(necesario)*: *No fue* ~ *recurrir a los bomberos.* They didn't have to call the fire brigade. ◊ *Es* ~ *que vengas.* You must come.

precoz *adj* *(niño)* precocious

predecir *vt* to foretell

predicar *vt, vi* to preach

predominante *adj* predominant

preescolar *adj* pre-school: *niños en edad* ~ pre-school children

prefabricado, -a *pp, adj* prefabricated

prefacio *nm* preface

preferencia *nf* preference

preferible *adj* preferable LOC **ser preferible**: *Es* ~ *que no entres ahora.* It would be better not to go in now.

preferido, -a *pp, adj, nm-nf* favourite *Ver tb* PREFERIR

preferir *vt* to prefer *sth/sb* **(to** *sth/sb)*: *Prefiero el té al café.* I prefer tea to coffee. ◊ *Prefiero estudiar por las mañanas.* I prefer to study in the morning.

Cuando se pregunta qué prefiere una persona, se suele utilizar **would prefer** si se trata de dos cosas y **would rather** si se trata de dos acciones: *¿Prefieres té o café?* Would you prefer tea or coffee? ◊ *¿Prefieres ir al cine o ver un vídeo?* Would you rather go to the cinema or watch a video? Para contestar a este tipo de preguntas se suele utilizar **I would rather, he/she would rather,** etc. o **I'd rather, he'd/she'd rather,** etc.: —*¿Prefieres té o café?* —*Prefiero té.* 'Would you prefer tea or coffee?' 'I'd rather have tea, please.' ◊ —*¿Quieres salir?* —*No, prefiero quedarme en casa esta noche.* 'Would you like to go out?' 'No, I'd rather stay at home tonight.'
Nótese que **would rather** siempre va seguido de infinitivo sin TO.

prefijo *nm* **1** *(Ling)* prefix **2** *(teléfono)* code: *¿Cuál es el* ~ *de Valencia?* What's the code for Valencia?

pregonar *vt* *(divulgar)*: *Lo ha ido pregonando por todo el colegio.* He's told the whole school.

pregunta *nf* question: *contestar a una* ~ to answer a question LOC **hacer una pregunta** to ask a question

preguntar ◆ *vt, vi* to ask ◆ *vi* ~ **por 1** *(buscando algo/a algn)* to ask for *sth/sb*: *Vino un señor preguntando por ti.* A man was asking for you. **2** *(interesándose por algn)* to ask **after** *sb*: *Pregúntale por el pequeño.* Ask after her little boy. **3** *(interesándose por algo)* to ask **about** *sth*: *Le pregunté por el examen.* I asked her about the exam. ◆ **preguntarse** *v pron* to wonder: *Me pregunto quién será a estas horas.* I wonder who it can be at this time of night. LOC *Ver* LECCIÓN

preguntón, -ona *adj* nosy

prehistórico, -a *adj* prehistoric

prejuicio *nm* prejudice

prematuro, -a *adj* premature

premiar *vt* to award *sb* a prize: *Premiaron al novelista.* The novelist was awarded a prize. ◊ *Fue premiado con un Óscar.* He was awarded an Oscar.

premio *nm* **1** *(gen)* prize: *Gané el primer* ~. I won first prize. ◊ ~ *de consolación* consolation prize **2** *(recompensa)* reward: *como* ~ *a tu esfuerzo* as a reward for your efforts LOC *Ver* ENTREGA

prenatal *adj* antenatal

prenda *nf* **1** *(ropa)* garment **2 prendas** *(juego)* forfeits LOC *Ver* SOLTAR

prender ◆ *vt* *(con alfileres)* to pin *sth* **(to/on** *sth)*: *Prendí la manga con alfileres.* I pinned on the sleeve. ◆ *vi* to light: *Si está mojado no prende.* It won't light if it's wet. ◆ **prenderse** *v pron* to catch fire LOC **prender fuego** to set fire *to sth*: *Prendieron fuego al carbón.* They set fire to the coal.

prensa *nf* **1** *(Tec, imprenta)* press: ~ *de sidra* cider press **2** *(periódicos)* papers [*pl*]: *No te olvides de comprar la* ~. Don't forget to buy the papers. **3 la prensa** *(periodistas)* the press [*v sing o pl*]: *Acudió toda la* ~ *internacional.* All the international press was/were there. LOC **conferencia/rueda de prensa** press conference **prensa amarilla** gutter press *Ver tb* CORAZÓN, GABINETE, LIBERTAD

prensar *vt* to press

preñado, -a *pp, adj* pregnant

preocupación *nf* worry [*pl* worries]

preocupar ◆ *vt* to worry: *Me preocupa la salud de mi padre.* My father's health worries me. ◆ **preocuparse** *v pron* **preocuparse (por)** to worry **(about** *sth/sb)*: *No te preocupes por mí.* Don't worry about me.

preparación *nf* **1** *(gen)* preparation: *tiempo de* ~: *10 minutos* preparation time: 10 minutes **2** *(entrenamiento)*

training: ~ *profesional/física* profes-
sional/physical training

preparado, -a *pp, adj* **1** (*listo*) ready: *La
cena está preparada.* Dinner is ready.
2 (*persona*) qualified LOC **preparados,
listos, ¡ya!** ready, steady, go! *Ver tb*
COMIDA *y* PREPARAR

preparador, ~a *nm-nf* trainer

preparar ◆ *vt* to prepare, to get *sth/sb*
ready (*más colog*) (**for** *sth*): ~ *la cena* to
get supper ready ◆ **prepararse** *v pron*
prepararse para to prepare **for** *sth*: *Se
prepara para examinarse de conducir.*
He's preparing for his driving test.

preparativos *nm* preparations

preposición *nf* preposition

presa *nf* **1** (*gen*) prey [*incontable*]: *aves
de ~* birds of prey **2** (*embalse*) dam LOC
ser presa del pánico to be panic-
stricken

presagio *nm* omen

prescindir *vi* ~ **de 1** (*privarse*) to do
without (*sth*): *No puedo ~ del coche.* I
can't do without the car. **2** (*deshacerse*)
to dispense with *sb*: *Prescindieron del
entrenador.* They dispensed with the
trainer.

presencia *nf* **1** (*gen*) presence: *Su ~ me
pone nerviosa.* I get nervous when he's
around. **2** (*apariencia*) appearance:
buena/mala ~ pleasant/unattractive
appearance

presencial *adj* LOC *Ver* TESTIGO

presenciar *vt* **1** (*ser testigo*) to witness:
Mucha gente presenció el accidente.
Many people witnessed the accident.
2 (*estar presente*) to attend: *Presenciaron
el partido más de 10.000 espectadores.*
More than 10 000 spectators attended
the match.

presentación *nf* **1** (*gen*) presentation:
La ~ es muy importante. Presentation is
very important. **2 presentaciones**
introductions: *No has hecho las presentaciones.* You haven't introduced us.

presentador, ~a *nm-nf* presenter

presentar ◆ *vt* **1** (*gen*) to present *sth*
(**to** *sb*); to present *sb* (**with** *sth*): ~ *un
programa* to present a programme ◊
Presentó las pruebas ante el juez. He pre-
sented the judge with the evidence.
2 (*dimisión*) to tender: *Presentó su dimisión.* She tendered her resignation.
3 (*denuncia, demanda, queja*) to make: ~
una denuncia to make an official complaint **4** (*persona*) to introduce *sb* (**to**
sb): *¿Cuándo nos la presentarás?* When
are you going to introduce her to us? ◊

Os presento a mi marido. This is my
husband.

Hay varias formas de presentar a la
gente en inglés según el grado de formalidad de la situación, por ejemplo:
'John, meet Mary.' (*informal*); 'Mrs
Smith, this is my daughter Jane'
(*informal*); 'May I introduce you? Sir
Godfrey, this is Mr Jones, Mr Jones,
Sir Godfrey.' (*formal*). Cuando te
presentan a alguien, se puede responder 'Hello' o 'Nice to meet you' si la
situación es informal, o 'How do you
do?' si es formal. A 'How do you do?' la
otra persona responde 'How do you
do?'

◆ **presentarse** *v pron* **1** (*a elecciones*) to
stand (**for** *sth*): *~se a diputado* to stand
for parliament **2** (*aparecer*) to turn up:
Se presenta cuando le da la gana. He
turns up whenever he feels like it. LOC
presentarse (a un examen) to take an
exam: *No me presenté.* I didn't take the
exam. *Ver tb* VOLUNTARIO

presente ◆ *adj, nm-nf* present [*adj*]: *los
~s* those present ◆ *nm* (*Gram*) present

presentimiento *nm* feeling: *Tengo el ~
de que…* I have a feeling that…

presentir *vt* to have a feeling (**that…**):
Presiento que vas a aprobar. I've got a
feeling that you're going to pass.

preservativo *nm* condom

presidencia *nf* **1** (*gen*) presidency [*pl*
presidencies]: *la ~ de un país* the presidency of a country **2** (*club, comité,
empresa, partido*) chairmanship

presidencial *adj* presidential

presidente, -a *nm-nf* **1** (*gen*) president
2 (*club, comité, empresa, partido*)
chairman/woman [*pl* chairmen/women]

Cada vez se utiliza más la palabra
chairperson [*pl* **chairpersons**] para
evitar ser sexista.

presidiario, -a *nm-nf* convict

presidio *nm* prison

presidir *vt* to preside **at/over** *sth*: *El
secretario presidirá la asamblea.* The
secretary will preside at/over the
meeting.

presión *nf* pressure: *la ~ atmosférica*
atmospheric pressure LOC *Ver* INDICA-
DOR, OLLA

presionar *vt* **1** (*apretar*) to press
2 (*forzar*) to put pressure on *sb* (**to do**
sth): *No le presiones.* Don't put pressure
on him.

preso, -a ◆ *adj*: *estar* ~ to be in prison ◊ *Se lo llevaron* ~. They took him prisoner. ◆ *nm-nf* prisoner

prestado, -a *pp, adj*: *No es mío, es* ~. It's not mine. I borrowed it. ◊ *¿Por qué no se lo pides* ~? Why don't you ask him if you can borrow it? LOC **dejar prestado** to lend: *Te lo dejo* ~ *si tienes cuidado.* I'll lend it to you if you're careful. ☛ *Ver dibujo en* BORROW; *Ver tb* PEDIR *y* PRESTAR

préstamo *nm* loan

prestar *vt* to lend: *Le presté mis libros.* I lent her my books. ◊ *¿Me lo prestas?* Can I borrow it? ◊ *¿Me prestas dinero?* Can you lend me some money, please? ☛ *Ver dibujo en* BORROW LOC **prestar declaración** to give evidence **prestar juramento** to take an oath *Ver tb* ATENCIÓN

prestigio *nm* prestige LOC **de mucho prestigio** very prestigious

presumido, -a *pp, adj* vain *Ver tb* PRESUMIR

presumir *vi* **1** (*gen*) to show off: *Les encanta* ~. They love showing off. **2** ~ **de**: *Presume de listo.* He thinks he's clever. ◊ *Siempre están presumiendo de su coche.* They're forever bragging about their car.

presunto, -a *adj* alleged: *el* ~ *criminal* the alleged criminal

presupuesto *nm* **1** (*cálculo anticipado*) estimate: *He pedido que me den un* ~ *para el cuarto de baño.* I've asked for an estimate for the bathroom. **2** (*de gastos*) budget: *No quiero pasarme del* ~. I don't want to exceed my budget.

pretender *vt* **1** (*querer*): *¿Qué pretendes de mí?* What do you want from me? ◊ *Si pretendes ir sola, ni lo sueñes.* Don't even think about going alone. ◊ *¿No pretenderá quedarse en nuestra casa?* He's not expecting to stay at our house, is he? ◊ *No pretenderás que me lo crea, ¿no?* You don't expect me to believe that, do you? **2** (*intentar*) to try **to do sth**: *¿Qué pretende decirnos?* What's he trying to tell us?

pretexto *nm* excuse: *Siempre encuentras algún* ~ *para no fregar.* You always find some excuse not to wash up.

prevención *nf* prevention

prevenido, -a *pp, adj* **1** (*preparado*) prepared: *estar* ~ *para algo* to be prepared for sth **2** (*prudente*) prudent: *ser* ~ to be prudent *Ver tb* PREVENIR

prevenir *vt* **1** (*evitar*) to prevent: ~ *un accidente* to prevent an accident **2** (*avisar*) to warn *sb* (**about sth**): *Te*

previne de lo que planeaban. I warned you about what they were planning.

prever *vt* to foresee

previo, -a *adj*: *experiencia previa* previous experience ◊ *sin* ~ *aviso* without prior warning

previsor, -a *adj* far-sighted

prieto, -a *adj* tight: *Estos zapatos me están muy* ~*s.* These shoes are too tight.

prima *nf* bonus [*pl* bonuses]

primario, -a ◆ *adj* primary: *color* ~ primary colour ◊ *enseñanza primaria* primary education ◆ **primaria** *nf* (*educación*) primary school: *maestra de primaria* primary school teacher LOC *Ver* ESCUELA

primavera *nf* spring: *en* ~ in (the) spring

primer *adj Ver* PRIMERO

primera *nf* **1** (*automóvil*) first (gear): *Puse la* ~ *y salí zumbando.* I put it into first and sped off. **2** (*clase*) first class: *viajar en* ~ to travel first class LOC **a la primera** first time: *Me salió bien a la* ~. I got it right first time.

primero, -a ◆ *adj* **1** (*gen*) first (*abrev* 1st): *primera clase* first class ◊ *Me gustó desde el primer momento.* I liked it from the first moment. **2** (*principal*) main, principal (*más formal*): *el primer país azucarero del mundo* the main sugar-producing country in the world ◆ *pron, nm-nf* **1** (*gen*) first (one): *Fuimos los* ~*s en salir.* We were the first (ones) to leave. ◊ *llegar el* ~ to come first **2** (*mejor*) top: *Eres el* ~ *de la clase.* You're top of the class. ◆ *nm* (*plato*) starter: *Tomamos sopa de* ~. We had soup as a starter. ◆ *adv* first: *Prefiero hacer los deberes* ~. I'd rather do my homework first. LOC **de primera necesidad** absolutely essential **primer ministro** prime minister **primeros auxilios** first aid [*incontable, v sing*] **primer plano** close-up

primitivo, -a *adj* primitive

primo, -a *nm-nf* **1** (*pariente*) cousin **2** (*ingenuo*) sucker: *Siempre lo toman por* ~. He's always being taken for a sucker. ◊ *Has hecho el* ~. You've been taken for a ride. LOC **primo carnal/ segundo** first/second cousin *Ver tb* MATERIA, NÚMERO

princesa *nf* princess

principal *adj* main, principal (*más formal*): *comida/oración* ~ main meal/ clause ◊ *Eso es lo* ~. That's the main thing. LOC *Ver* ACTOR, CUARENTA, PÁGINA, PAPEL

príncipe *nm* prince

El plural de **prince** es 'princes', pero si nos referimos a la pareja de príncipes, diremos **prince and princess**: *Los príncipes nos recibieron en palacio.* The prince and princess received us at the palace.

LOC **príncipe azul** Prince Charming **príncipe heredero** Crown prince

principiante. -a *nm-nf* beginner

principio *nm* 1 (*comienzo*) beginning: *al ~ de la novela* at the beginning of the novel ◊ *desde el ~* from the beginning 2 (*concepto, moral*) principle LOC **al principio** at first **a principio(s) de...** at the beginning of...: *a ~s del año* at the beginning of the year ◊ *a ~s de enero* in early January

pringarse *v pron* ~ **con/de** to get covered in **sth**: *Se pringaron de pintura.* They got covered in paint.

pringoso. -a *adj* sticky

prioridad *nf* priority [*pl* priorities]

prisa *nf* hurry [*incontable*]: *No hay ~.* There's no hurry. ◊ *Con las ~s se me olvidó desenchufarlo.* I was in such a hurry that I forgot to unplug it. LOC **darse prisa** to hurry up **tener prisa** to be in a hurry *Ver tb* METER

prisión *nf* prison

prisionero -a *nm-nf* prisoner LOC **hacer prisionero** to take *sb* prisoner

prismáticos *nm* binoculars

privado. -a *pp, adj* private: *en ~* in private LOC *Ver* COLEGIO, INVESTIGADOR

privilegiado. -a ◆ *pp, adj* 1 (*excepcional*) exceptional: *una memoria privilegiada* an exceptional memory 2 (*favorecido*) privileged: *las clases privilegiadas* the privileged classes ◆ *nm-nf* privileged [*adj*]: *Somos unos ~s.* We're privileged people.

privilegio *nm* privilege

pro¹ *prep* for: *la organización pro ciegos* the society for the blind LOC **en pró de** in favour of *sth/sb*

pro² *nm* LOC **los pros y los contras** the pros and cons

proa *nf* bow(s) [*se usa mucho en plural*]

probabilidad *nf* ~ (**de**) chance (of *sth/ doing sth*): *Creo que tengo muchas ~s de aprobar.* I think I've got a good chance of passing. ◊ *Tiene pocas ~s.* He hasn't got much chance.

probable *adj* likely, probable (*más formal*): *Es ~ que no esté en casa.* He probably won't be in. ◊ *Es muy ~ que llueva.* It's likely to rain. LOC **poco probable** unlikely

probablemente *adv* probably

probador *nm* fitting room ☛ También se dice **changing room**.

probar ◆ *vt* 1 (*demostrar*) to prove: *Esto prueba que yo tenía razón.* This proves I was right. 2 (*comprobar que funciona*) to try *sth* out: ~ *la lavadora* to try out the washing machine 3 (*comida, bebida*) (a) (*por primera vez*) to try: *Nunca he probado el caviar.* I've never tried caviar. (b) (*catar, degustar*) to taste: *Prueba esto. ¿Está soso?* Taste this. Does it need salt? ◆ *vi* ~ (a) to try (**doing sth**): *¿Has probado a abrir la ventana?* Have you tried opening the window? ◊ *He probado con todo y no hay manera.* I've tried everything but with no success. ◆ **probar(se)** *vt, v pron* (*ropa*) to try *sth* on

probeta *nf* test tube LOC **bebé/niño probeta** test-tube baby [*pl* test-tube babies]

problema *nm* problem: *—¿Estará listo para mañana? —Sí, no hay ningún ~.* 'Will it be ready by tomorrow?' 'No problem!'

procedencia *nf* origin

procedente *adj* ~ **de** from...: *el tren ~ de Bilbao* the train from Bilbao

proceder *vi* ~ **de** to come from...: *La sidra procede de la manzana.* Cider comes from apples.

procedimiento *nm* procedure: *según los ~s establecidos* according to established procedure

procesador *nm* processor: ~ *de datos/ textos* data/word processor

procesamiento *nm* processing LOC *Ver* TEXTO

procesar *vt* 1 (*juzgar*) to prosecute *sb* (**for sth/doing sth**): *La procesaron por fraude.* She was prosecuted for fraud. 2 (*producto, Informát*) to process

procesión *nf* procession

proceso *nm* 1 (*gen*) process: *un ~ químico* a chemical process 2 (*Jur*) proceedings [*pl*]

procurar *vt* 1 ~ **hacer algo** to try to do *sth*: *Procuremos descansar.* Let's try to rest. 2 ~ **que** to make sure (*that...*): *Procuraré que vengan.* I'll make sure they come. ◊ *Procura que todo esté en orden.* Make sure everything's okay.

prodigio *nm* (*persona*) prodigy [*pl* prodigies] LOC *Ver* NIÑO

producción *nf* 1 (*gen*) production: *la ~ del acero* steel production 2 (*agrícola*) yield 3 (*industrial, artística*) output LOC **producción en cadena/serie** mass production

producir *vt* to produce: *~ aceite/papel* to produce oil/paper LOC *Ver* VÉRTIGO

producto *nm* product: *~s de belleza/ limpieza* beauty/cleaning products LOC **productos agrícolas/del campo** agricultural/farm produce [*incontable, v sing*] ☞ *Ver nota en* PRODUCT

productor, ~a ◆ *adj* producing: *un país ~ de petróleo* an oil-producing country ◆ *nm-nf* producer ◆ **productora** *nf* production company [*pl* production companies]

profesión *nf* profession, occupation ☞ *Ver nota en* WORK[1]

profesional *adj, nmf* professional: *un ~ del ajedrez* a professional chess player LOC *Ver* FORMACIÓN, HISTORIAL, INSTITUTO

profesor, ~a *nm-nf* 1 (*gen*) teacher: *un ~ de geografía* a geography teacher 2 (*de universidad*) lecturer ☞ *Ver nota en* MÉDICO LOC **profesor particular** private tutor

profesorado *nm* teachers [*pl*]. *El ~ está muy descontento*. The teachers are very unhappy. ◊ *la formación del ~* teacher training

profeta, -isa *nm-nf* prophet

profundidad *nf* depth: *a 400 metros de ~* at a depth of 400 metres LOC **poca profundidad** shallowness

profundo, -a *adj* deep: *una voz profunda* a deep voice ◊ *sumirse en un sueño ~* to fall into a deep sleep LOC **poco profundo** shallow

programa *nm* 1 (*gen*) programme: *un ~ de televisión* a TV programme 2 (*Informát*) program 3 (*temario de una asignatura*) syllabus [*pl* syllabuses] LOC **programa de estudios** curriculum [*pl* curriculums/curricula] **programa de risa** comedy programme

programación *nf* programmes [*pl*]: *la ~ infantil* children's programmes

programador, ~a *nm-nf* (*Informát*) programmer

programar ◆ *vt* 1 (*elaborar*) to plan 2 (*aparato*) to set: *~ el vídeo* to set the video ◆ *vt, vi* (*Informát*) to program

progresar *vi* to make progress: *Han progresado mucho*. They've made good progress.

progreso *nm* progress [*incontable*]: *hacer ~s* to make progress

prohibido, -a *pp, adj*: *circular por dirección prohibida* to drive the wrong way LOC **prohibido el paso/entrar** no entry **prohibido fijar anuncios/carteles** no fly-posting **prohibido fumar** no smoking **prohibido pisar el césped** keep off the grass *Ver tb* DIRECCIÓN *y* PROHIBIR

prohibir ◆ *vt* 1 (*gen*) to forbid *sb* (*to do sth*): *Mi padre me ha prohibido salir de noche*. My father has forbidden me to go out at night. ◊ *Le han prohibido los dulces*. She's been forbidden to eat sweets. 2 (*oficialmente*) to ban *sth/sb* (*from doing sth*): *Han prohibido la circulación por el centro*. Traffic has been banned in the town centre. ◆ **prohibirse** *v pron*: *Se prohíbe fumar*. No smoking.

prójimo *nm* neighbour: *amar al ~* to love your neighbour

prólogo *nm* prologue

prolongar ◆ *vt* to prolong, to make *sth* longer (*más colog*): *~ la vida de un enfermo* to prolong a patient's life ◆ **prolongarse** *v pron* to go on: *La reunión se prolongó demasiado.* The meeting went on too long.

promedio *nm* average LOC **como promedio** on average

promesa *nf* promise: *cumplir/hacer una ~* to keep/make a promise ◊ *una joven ~* a young woman with great promise

prometer *vt* to promise: *Te prometo que volveré*. I promise I'll come back. ◊ *Te lo prometo*. I promise.

prometido, -a *nm-nf* fiancé [*fem* fiancée]

promoción *nf* 1 (*gen*) promotion: *la ~ de una película* the promotion of a film 2 (*curso*) year: *un compañero de mi ~* someone in my year

promover *vt* (*fomentar*) to promote: *~ el diálogo* to promote dialogue

pronombre *nm* pronoun

pronosticar *vt* to forecast

pronóstico *nm* 1 (*predicción*) forecast: *el ~ del tiempo* the weather forecast 2 (*Med*) prognosis [*pl* prognoses]: *Sufrió heridas de ~ grave*. He was seriously injured. ◊ *¿Cuál es el ~ de los especialistas?* What do the specialists think?

pronto *adv* 1 (*en seguida*) soon: *Vuelve ~.* Come back soon. ◊ *lo más ~ posible* as soon as possible 2 (*rápidamente*) quickly: *Por favor, doctor, venga ~.*

Please, doctor, come quickly. **3** (*temprano*) early LOC **de pronto** suddenly **¡hasta pronto!** see you soon!

pronunciación *nf* pronunciation

pronunciar ◆ *vt* **1** (*sonidos*) to pronounce **2** (*discurso*) to give: ~ *un discurso* to give a speech ◆ *vi: Pronuncias muy bien.* Your pronunciation is very good. ◆ **pronunciarse** *v pron* **pronunciarse en contra/a favor de** to come out **against/in favour of** *sth*: *~se en contra de la violencia* to come out against violence

propaganda *nf* **1** (*publicidad*) advertising: *hacer ~ de un producto* to advertise a product **2** (*material publicitario*): *Estaban repartiendo ~ de la nueva discoteca.* They were handing out flyers for the new club. ◊ *En el buzón no había más que ~.* The letter box was full of adverts. **3** (*Pol*) propaganda: *~ electoral* election propaganda

propagar(se) *vt, v pron* to spread: *El viento propagó las llamas.* The wind spread the flames.

propenso, -a *adj* ~ **a** prone **to** *sth***/to do** *sth*

propiedad *nf* property [*pl* properties]: *~ particular/privada* private property ◊ *las ~es medicinales de las plantas* the medicinal properties of plants

propietario, -a *nm-nf* owner.

propina *nf* tip: *¿Dejamos ~?* Shall we leave a tip? ◊ *Dejé dos euros de ~.* I gave him a two-euro tip.

propio, -a *adj* **1** (*de uno*) my, your, etc. own: *Todo lo que haces es en beneficio ~.* Everything you do is for your own benefit. **2** (*mismo*) himself [*fem* herself] [*pl* themselves]: *El ~ pintor inauguró la exposición.* The painter himself opened the exhibition. **3** (*característico*) typical **of** *sb*: *Llegar tarde es ~ de ella.* It's typical of her to be late. LOC **en propia meta/puerta**: *un gol en propia puerta* an own goal ◊ *marcar en propia meta* to score an own goal *Ver tb* AMOR, DEFENSA, INICIATIVA, NOMBRE

proponer ◆ *vt* **1** (*medida, plan*) to propose: *Te propongo un trato.* I've got a deal for you. **2** (*acción*) to suggest *doing sth*/(*that...*): *Propongo ir al cine esta tarde.* I suggest going to the cinema this evening. ◊ *Propuso que nos marchásemos.* He suggested (that) we should leave. ◆ **proponerse** *v pron* to set out **to do** *sth*: *Me propuse acabarlo.* I set out to finish it.

proporción *nf* **1** (*relación, tamaño*) proportion: *El largo debe estar en ~ con el ancho.* The length must be in proportion to the width. **2** (*Mat*) ratio: *La ~ de niños y niñas es de uno a tres.* The ratio of boys to girls is one to three.

proposición *nf* proposal LOC **hacer proposiciones deshonestas** to make improper suggestions **proposición de matrimonio** proposal (of marriage): *hacerle una ~ de matrimonio a algn* to propose to sb

propósito *nm* **1** (*intención*) intention: *buenos ~s* good intentions **2** (*objetivo*) purpose: *El ~ de esta reunión es...* The purpose of this meeting is... LOC **a propósito 1** (*adrede*) on purpose **2** (*por cierto*) by the way

propuesta *nf* proposal: *Desestimaron la ~.* The proposal was turned down.

prórroga *nf* **1** (*de un plazo*) extension **2** (*Dep*) extra time

prosa *nf* prose

prospecto *nm* **1** (*de instrucciones*) instructions [*pl*]: *¿Te has leído el ~?* Have you read the instructions? **2** (*de propaganda*) leaflet

prosperar *vi* to prosper

prosperidad *nf* prosperity

próspero, -a *adj* prosperous

prostituta *nf* prostitute

protagonista *nmf* main character

protagonizar *vt* to star **in** *sth*: *Protagonizan la película dos actores desconocidos.* Two unknown actors star in this film.

protección *nf* protection

protector, -a *adj* protective (**towards** *sb*)

proteger *vt* to protect *sb* (**against/from** *sth/sb*): *El sombrero te protege del sol.* Your hat protects you from the sun.

proteína *nf* protein

protesta *nf* protest: *Ignoraron las ~s de los alumnos.* They ignored the students' protests. ◊ *una carta de ~* a letter of protest

protestante *adj, nmf* Protestant

protestantismo *nm* Protestantism

protestar *vi* **1** ~ (**por**) (*quejarse*) to complain (**about** *sth*): *Deja ya de ~.* Stop complaining. **2** ~ (**contra/por**) (*reivindicar*) to protest (**against/about** *sth*): *~ contra una ley* to protest against a law

prototipo *nm* **1** (*primer ejemplar*) prototype: *el ~ de las nuevas locomotoras* the prototype for the new engines

2 (*modelo*) epitome: *el ~ del hombre moderno* the epitome of modern man

provecho *nm* benefit LOC ¡**buen provecho**! ☞ *Ver nota en* APROVECHAR **sacar provecho** to benefit *from sth*

proverbio *nm* proverb

providencia *nf* providence

provincia *nf* province: *un pueblo de la ~ de Valladolid* a town in the province of Valladolid

provisional *adj* provisional LOC *Ver* LIBERTAD

provocado, -a *pp, adj* LOC *Ver* INCENDIO; *Ver tb* PROVOCAR

provocar *vt* **1** (*hacer enfadar*) to provoke **2** (*causar*) to cause: *~ un accidente* to cause an accident **3** (*incendio*) to start

proximidad *nf* nearness, proximity (*más formal*): *la ~ del mar* the nearness/proximity of the sea

próximo, -a *adj* **1** (*siguiente*) next: *la próxima parada* the next stop ◊ *el mes/martes ~* next month/Tuesday **2** (*en el tiempo*): *La Navidad/primavera está próxima.* It will soon be Christmas/spring. LOC *Ver* ORIENTE

proyectar *vt* **1** (*reflejar*) to project: *~ una imagen sobre una pantalla* to project an image onto a screen **2** (*Cine*) to show: *~ diapositivas/una película* to show slides/a film

proyectil *nm* projectile

proyecto *nm* **1** (*gen*) project: *Estamos casi al final del ~.* We're almost at the end of the project. **2** (*plan*) plan: *¿Tienes algún ~ para el futuro?* Have you got any plans for the future? LOC **proyecto de ley** bill

proyector *nm* projector

prudencia *nf* good sense LOC **con prudencia** carefully: *conducir con ~* to drive carefully

prudente *adj* **1** (*sensato*) sensible: *un hombre/una decisión ~* a sensible man/decision **2** (*cauto*) careful

prueba *nf* **1** (*gen*) test: *una ~ de aptitud* an aptitude test ◊ *hacerse la ~ del embarazo* to have a pregnancy test **2** (*Dep*) event: *Hoy comienzan las ~s de salto de altura.* The high jump competition begins today. **3** (*Jur*) evidence [*incontable*]: *No hay ~s contra mí.* There's no evidence against me. **4** (*Mat*) proof LOC **a prueba** on trial: *Me admitieron a ~ en la fábrica.* I was taken on at the factory for a trial period. **a prueba de balas**

bulletproof **poner a prueba a algn** to test sb *Ver tb* ANTIDOPING

psicología *nf* psychology

psicólogo, -a *nm-nf* psychologist

psiquiatra *nmf* psychiatrist

psiquiatría *nf* psychiatry

psiquiátrico *nm* psychiatric hospital

púa *nf* **1** (*animal*) spine **2** (*peine*) tooth [*pl* teeth] **3** (*Mús*) plectrum [*pl* plectrums/plectra]

pub *nm* bar

pubertad *nf* puberty

pubis *nm* pubis

publicación *nf* publication LOC **de publicación semanal** weekly: *una revista de ~ semanal* a weekly magazine

publicar *vt* **1** (*gen*) to publish: *~ una novela* to publish a novel **2** (*divulgar*) to publicize

publicidad *nf* **1** (*gen*) publicity: *Han dado demasiada ~ al caso.* The case has had too much publicity. **2** (*propaganda*) advertising: *hacer ~ en la tele* to advertise on TV

publicitario, -a *adj* advertising [*n atrib*]: *una campaña publicitaria* an advertising campaign LOC *Ver* VALLA

público, -a ◆ *adj* **1** (*gen*) public: *la opinión pública* public opinion ◊ *transporte ~* public transport **2** (*del Estado*) state: *una escuela pública* a state school ◊ *el sector ~* the state sector ◆ *nm* **1** (*gen*) public [*v sing o pl*]: *abierto/cerrado al ~* open/closed to the public ◊ *El ~ está a favor de la nueva ley.* The public is/are in favour of the new law. ◊ *hablar en ~* to speak in public **2** (*clientela*) clientele: *un ~ selecto* a select clientele **3** (*espectadores*) audience [*v sing o pl*] LOC *Ver* ALTERAR, COLEGIO, DOMINIO, EMPRESA, HORARIO, RELACIÓN

puchero *nm* **1** (*recipiente*) cooking pot **2** (*cocido*) stew LOC **hacer pucheros** to pout

pudiente *adj* wealthy

pudor *nm* shame

pudrirse *v pron* to rot

pueblo *nm* **1** (*gente*) people [*pl*]: *el ~ español* the Spanish people **2** (*población pequeña*) village **3** (*población grande*) town

puente *nm* bridge: *un ~ colgante/de piedra* a suspension/stone bridge LOC **hacer puente** to have a long weekend **puente aéreo** shuttle service **puente levadizo** drawbridge

puenting *nm* bungee jumping: *hacer* ~ to go bungee jumping

puerco, -a *nm-nf* pig ☞ *Ver nota en* CERDO

puericultor, ~a *nm-nf* paediatrician

puerro *nm* leek

puerta *nf* 1 (*gen*) door: *la* ~ *principal/ trasera* the front/back door ◊ *Llaman a la* ~. There's somebody at the door. 2 (*de una ciudad, palacio*) gate 3 (*Dep*) goal: *Tiró a* ~ *pero falló*. He shot at goal but missed. LOC **coger la puerta** to clear off **puerta corrediza/giratoria** sliding/ revolving door **puerta de embarque** gate *Ver tb* CERRAR, PROPIO

puerto *nm* 1 (*gen*) port: *un* ~ *comercial/ pesquero* a commercial/fishing port 2 (*de montaña*) pass LOC *Ver* INGENIERO

pues *conj* well: ~ *como íbamos diciendo…* Well, as we were saying… ◊ *¡~ a mí no me dijo nada!* Well, he didn't mention it to me! ◊ *¿Que no te apetece salir?* ~ *no salgas*. You don't feel like going out? Well, don't.

puesta *nf* LOC **puesta a punto** (*motor*) tuning **puesta de sol** sunset **puesta en común** round table

puesto, -a ◆ *pp, adj* 1 (*gen*): *Dejaré la mesa puesta*. I'll leave the table laid. ◊ *No lo envuelva, me lo llevo* ~. There's no need to put it in a bag. I'll wear it. 2 (*bien arreglado*) smart ◆ *nm* 1 (*lugar*) place: *El ciclista español ocupa el primer* ~. The Spanish cyclist is in first place. ◊ *llegar en tercer* ~ to be third ◊ *¡Todo el mundo a sus* ~*s!* Places, everyone! 2 (*empleo*) job: *solicitar un* ~ *de trabajo* to apply for a job ◊ *Su mujer tiene un buen* ~. His wife's got a good job. ☞ *Ver nota en* WORK¹ 3 (*caseta*) **(a)** (*en un mercado*) stall **(b)** (*en una feria*) stand LOC **estar (muy) puesto en algo** to know a lot about sth **puesto de periódicos** news-stand *Ver tb* PONER

puf *nm* pouffe

púgil *nm* boxer

pulcritud *nf* neatness

pulcro, -a *adj* neat

pulga *nf* flea LOC **tener malas pulgas** to have a bad temper

pulgada *nf* inch (*abrev* in) ☞ *Ver Apéndice 1.*

pulgar *nm* 1 (*de la mano*) thumb 2 (*del pie*) big toe

Pulgarcito *n pr* Tom Thumb

pulir ◆ *vt* to polish ◆ **pulirse** *v pron* (*dinero*) to squander

pulmón *nm* lung LOC **pulmón artificial** iron lung

pulmonar *adj* lung [*n atrib*]: *una infección* ~ a lung infection

pulmonía *nf* pneumonia [*incontable*]: *coger una* ~ to catch pneumonia

pulpa *nf* pulp

púlpito *nm* pulpit

pulpo *nm* octopus [*pl* octopuses]

pulsación *nf* (*corazón*) pulse: *Con el ejercicio aumenta el número de pulsaciones*. Your pulse rate increases after exercise. LOC **pulsaciones por minuto** (*mecanografía*): *160 pulsaciones por minuto* forty words per minute

pulsar *vt* 1 (*gen*) to press: *Pulse la tecla dos veces*. Press the key twice. 2 (*timbre*) to ring

pulsera *nf* 1 (*brazalete*) bracelet 2 (*de reloj*) strap

pulso *nm* 1 (*Med*) pulse: *Tienes el* ~ *muy débil*. You have a very weak pulse. ◊ *El médico me tomó el* ~. The doctor took my pulse. 2 (*mano firme*) (steady) hand: *tener buen* ~ to have a steady hand ◊ *Me tiembla el* ~. My hand is trembling. LOC **a pulso**: *¡No pretenderás que lo levante a* ~*!* You surely don't expect me to lift it all by myself! **echar un pulso** to arm-wrestle

pulverizador *nm* spray [*pl* sprays]

pulverizar *vt* 1 (*rociar*) to spray 2 (*destrozar*) to pulverize

puma *nm* puma

punki (*tb* punk) *adj, nmf* punk [*n*]

punta *nf* 1 (*cuchillo, arma, pluma, lápiz*) point 2 (*lengua, dedo, isla, iceberg*) tip: *Lo tengo en la* ~ *de la lengua*. It's on the tip of my tongue. 3 (*extremo, pelo*) end: ~*s estropeadas* split ends ◊ *en la otra* ~ *de la mesa* at the other end of the table 4 (*clavo*) tack LOC **a punta de navaja/ pistola** at knifepoint/gunpoint **de punta a punta**: *de* ~ *a* ~ *de Granada* from one side of Granada to the other **de punta en blanco** dressed up to the nines **sacar punta** (*afilar*) to sharpen *Ver tb* HORA, NERVIO, PELO, TECNOLOGÍA

puntada *nf* stitch: *Dale una* ~ *a ese dobladillo*. Put a stitch in the hem.

puntapié *nm* kick: *Le di un* ~. I kicked him.

puntería *nf* aim: *¡Qué* ~ *la mía!* What a good shot! LOC **tener buena/mala puntería** to be a good/bad shot *Ver tb* AFINAR

puntiagudo, -a *adj* pointed

puntilla *nf* LOC **de puntillas** on tiptoe: *andar de ~s* to walk on tiptoe ◊ *Entré/ Salí de ~s.* I tiptoed in/out.

punto *nm* **1** (*gen*) point: *en todos los ~s del país* all over the country ◊ *Pasemos al siguiente ~.* Let's go on to the next point. ◊ *Perdimos por dos ~s.* We lost by two points. **2** (*signo de puntuación*) full stop ☛ *Ver págs 326-27.* **3** (*grado*) extent: *¿Hasta qué ~ es cierto?* To what extent is this true? **4** (*Costura, Med*) stitch: *Me dieron tres ~s.* I had three stitches. LOC **al/en su punto** (*carne*) medium rare **a punto de nieve** stiffly beaten: *batir/ montar las claras a ~ de nieve* to beat egg whites until they are stiff **con puntos y comas** down to the last detail **de punto** knitted: *un vestido de ~* a knitted dress **en punto** precisely: *Son las dos en ~.* It's two o'clock precisely. **estar a punto de hacer algo 1** (*gen*) to be about to do sth: *Está a ~ de terminar.* It's about to finish. **2** (*por poco*) to nearly do sth: *Estuvo a ~ de perder la vida.* He nearly lost his life. **hacer punto** to knit **punto débil/flaco** weak point **punto de ebullición/fusión** boiling/ melting point **punto de vista** point of view **punto final** full stop **punto muerto 1** (*coche*) neutral **2** (*negociaciones*) deadlock **puntos suspensivos** dot dot dot **punto y aparte** new paragraph **punto y coma** semicolon ☛ *Ver págs 326-27. Ver tb* CHAQUETA, CIERTO, DOS, PUESTA

puntuación *nf* **1** (*escritura*) punctuation: *signos de ~* punctuation marks ☛ *Ver págs 326-27.* **2** (*competición, examen*) mark(s) [*se usa mucho en plural*]: *Todo depende de la ~ que le den los jueces.* It all depends on what marks the judges award him. ◊ *Obtuvo la ~ más alta de todos.* He got the highest mark of all.

puntual *adj* punctual

Punctual se suele utilizar para referirnos a la cualidad o virtud de una persona: *Es importante ser puntual.* It's important to be punctual. Cuando nos referimos a la idea de *llegar a tiempo* se utiliza la expresión **on time**: *Procura ser/llegar puntual.* Try to get there on time. ◊ *Este chico nunca es puntual.* He's always late./ He's never on time.

puntualidad *nf* punctuality

puntuar *vt* **1** (*escritura*) to punctuate **2** (*calificar*) to mark

puñado *nm* handful: *un ~ de arroz* a handful of rice

puñal *nm* dagger

puñalada *nf* stab: *dar una ~ a algn* to stab sb

puñetazo *nm* punch: *Me dio un ~ en todo el estómago.* He punched me in the stomach.

puño *nm* **1** (*mano cerrada*) fist **2** (*manga*) cuff **3** (*bastón, paraguas*) handle ☛ *Ver dibujo en* HANDLE **4** (*espada*) hilt LOC **como puños** great big...: *mentiras como ~s* great big lies **de su puño y letra** in his/her own handwriting *Ver tb* VERDAD

punzada *nf* sharp pain: *Siento ~s en la barriga.* I've got sharp pains in my stomach.

punzante *adj* sharp: *un objeto ~* a sharp object

pupila *nf* pupil

pupitre *nm* desk

purasangre *nm* thoroughbred

puré *nm* **1** (*muy espeso*) purée: *~ de tomate/manzana* tomato/apple purée **2** (*sopa cremosa*) soup [*incontable*]: *~ de lentejas* lentil soup ◊ *Voy a hacer un ~.* I'm going to make some soup. LOC **estar hecho puré** to be shattered **puré de patatas** mashed potato [*incontable*]

pureza *nf* purity

purgatorio *nm* purgatory

purificar *vt* to purify

puritanismo *nm* puritanism

puritano, -a *adj* **1** (*ñoño*) puritanical **2** (*Relig*) Puritan ● *nm-nf* Puritan

puro *nm* **1** (*cigarro*) cigar **2** (*castigo*): *Me cayó un buen ~ por no hacer los deberes.* I got into real trouble for not doing my homework.

puro, -a *adj* **1** (*gen*) pure: *oro ~* pure gold ◊ *por pura casualidad* purely by chance **2** (*enfático*) simple: *la pura verdad* the simple truth LOC *Ver* SUGESTIÓN

púrpura *nf* purple

purpurina *nf* glitter

pus *nm* pus

puzzle *nm* jigsaw: *hacer un ~* to do a jigsaw

Qq

que¹ *pron rel*

● **sujeto 1** (*personas*) who: *el hombre ~ vino ayer* the man who came yesterday ◊ *Mi hermana, ~ vive allí, dice que es precioso.* My sister, who lives there, says it's lovely. **2** (*cosas*) that: *el coche ~ está aparcado en la plaza* the car that's parked in the square ☞ Cuando *que* equivale a *el cual, la cual*, etc., se traduce por *which*: *Este edificio, ~ antes fue sede del Gobierno, hoy es una biblioteca.* This building, which previously housed the Government, is now a library.

● **complemento** ☞ En inglés se prefiere no traducir *que* cuando funciona como complemento, aunque también es correcto usar *that/who* para personas y *that/which* para cosas: *el chico ~ conociste en Roma* the boy (that/who) you met in Rome ◊ *la revista ~ me prestaste ayer* the magazine (that/which) you lent me yesterday LOC **el que/la que/los que/las que** *Ver* EL

que² *conj* **1** (*con oraciones subordinadas*) (that): *Dijo ~ vendría esta semana.* He said (that) he would come this week. ◊ *Quiero ~ viajes en primera.* I want you to travel first class. **2** (*en comparaciones*) *Mi hermano es más alto ~ tú.* My brother's taller than you. **3** (*en mandatos*): *¡~ te calles!* Shut up! ◊ *¡~ lo paséis bien!* Have a good time! **4** (*resultado*) (that): *Estaba tan cansada ~ me quedé dormida.* I was so tired (that) I fell asleep. **5** (*otras construcciones*): *Sube la radio ~ no la oigo.* Turn the radio up — I can't hear it. ◊ *Cuando lavo el coche se queda ~ parece nuevo.* When I wash the car, it looks like new. ◊ *No hay día ~ no llueva.* There isn't a single day when it doesn't rain. ◊ *¡Cómo dices! ¿~ se ha pasado el plazo?* What? It's too late to apply? LOC **¡que sí/no!** yes/no!

qué ◆ *adj*

● **interrogación** what: *¿~ hora es?* What time is it? ◊ *¿En ~ piso vives?* What floor do you live on? ☞ Cuando existen solo unas pocas posibilidades solemos usar *which*: *¿Qué coche cogemos hoy? ¿El tuyo o el mío?* Which car shall we take today? Yours or mine?

● **exclamación 1** (+ *sustantivos contables en plural e incontables*) what: *¡~*

casas más bonitas! What lovely houses! ◊ *¡~ valor!* What courage! **2** (+ *sustantivos contables en singular*) what a: *¡~ vida!* What a life! **3** (*cuando se traduce por adjetivo*) how: *¡~ rabia/horror!* How annoying/awful!

◆ *pron*: *¿Qué? Habla más alto.* What? Speak up. ◊ *No sé ~ quieres.* I don't know what you want. ◆ *adv* how: *¡~ interesante!* How interesting! LOC **¡qué bien!** great! **¡qué de…!** what a lot of…!: *¡~ de turistas!* What a lot of tourists! **¡qué mal!** oh no! **¿qué tal?** **1** (*saludo*) how are things? **2** (*¿cómo está/están?*) how is/are…?: *¿~ tal tus padres?* How are your parents? **3** (*¿cómo es/son?*) what is/are *sth/sb* like?: *¿~ tal la película?* What was the film like? **¡qué va!** no way! **¿y a mí qué?** what's it to me, you, etc.?

quebrado *nm* fraction ☞ *Ver Apéndice 1*

quebrar *vi* to go bankrupt

queda *nf* LOC *Ver* TOQUE

quedar ◆ *vi* **1** (*haber*) to be left: *¿Queda café?* Is there any coffee left? ◊ *Quedan tres días para las vacaciones.* There are three days left before we go on holiday. ◊ *Quedan cinco kilómetros para Granada.* It's still five kilometres to Granada. **2** (*tener*) to have *sth* left: *Todavía nos quedan dos botellas.* We've still got two bottles left. ◊ *No me queda dinero.* I haven't got any money left. **3** (*citarse*) to meet: *¿Dónde quedamos?* Where shall we meet? ◊ *He quedado con ella a las tres.* I've arranged to meet her at three o'clock. **4** (*estar situado, llegar*) to be: *¿Dónde queda tu hotel?* Where is your hotel? ◊ *Quedamos terceros en el concurso.* We were third in the competition. **5** (*ropa*): *¿Qué tal me queda la chaqueta?* How does the jacket look on me? ◊ *El jersey le queda grande/pequeño.* The sweater's too big/small for him. ◊ *Esa falda te queda muy bien.* That skirt really suits you. **6** to agree to do *sth*: *Quedamos en vernos el martes.* We agreed to meet on Tuesday. ◆ **quedarse** *v pron* **1** (*en un sitio*) to stay: *~se en la cama/en casa* to stay in bed/at home **2** + *adj* to go: *~se calvo/ciego* to go bald/blind **3** **quedarse (con)** to keep: *Quédese con el cambio.* Keep the change. LOC **quedar bien/mal** to make a good/bad impression (*on sb*): *He* *quedado muy mal con Raúl*. I made a bad impression on Raúl. **quedarse con algn** (*tomar el pelo*) to pull sb's leg **quedarse sin algo** to run out of sth: *Me he quedado sin cambio*. I've run out of change. ☛ *Para otras expresiones con* **quedar**, *véanse las entradas del sustantivo, adjetivo, etc., p. ej.* **quedarse de piedra** en PIEDRA y **quedarse tan ancho** en ANCHO.

queja *nf* complaint

quejarse *v pron* ~ **(de/por)** to complain, to moan (*más coloq*) **(about sth/sb)**

quejica *nmf* whinger

quejido *nm* **1** (*de dolor*) moan **2** (*lamento, suspiro*) sigh **3** (*animal*) whine

quemado, -a *pp, adj* (*harto, enfadado*) fed up: *Estoy muy ~ con ellos*. I'm fed up with them. LOC **saber a quemado** to taste burnt *Ver tb* OLER y QUEMAR

quemadura *nf* **1** (*gen*) burn: *~s de segundo grado* second-degree burns **2** (*con líquido hirviendo*) scald LOC **quemadura de sol** sunburn [*incontable*]: *Esta crema es para las ~s de sol*. This cream is for sunburn.

quemar ◆ *vt* **1** (*gen*) to burn: *Vas a ~ la tortilla*. You're going to burn the omelette. **2** (*edificio, bosque*) to burn sth down: *Ha quemado ya tres edificios*. He's already burnt down three buildings. ◆ *vi* to be hot: *¡Cómo quema!* It's very hot! ◆ **quemarse** *v pron* **1 quemarse (con)** (*persona*) to burn sth/yourself (on sth): *~se la lengua* to burn your tongue ◊ *Me quemé con la sartén*. I burnt myself on the frying pan. **2** (*comida*) to be burnt **3** (*agotarse*) to burn yourself out **4** (*con el sol*) to get sunburnt: *En seguida me quemo*. I get sunburnt very easily.

querer ◆ *vt* **1** (*amar*) to love **2** (*algo, hacer algo*) to want: *¿Cuál quieres?* Which one do you want? ◊ *Quiero salir.* I want to go out. ◊ *Quiere que vayamos a su casa.* He wants us to go to his house. ◊ *¿Quieres comer algo?* Would you like something to eat? ☛ *Ver nota en* WANT ◆ *vi* to want to: *No quiero.* I don't want to. ◊ *Pues claro que quiere.* Of course he wants to. LOC **querer decir** to mean: *¿Qué quiere decir esta palabra?* What does this word mean? **queriendo** (*a propósito*) on purpose **quisiera...** I, he, etc. would like *to do sth*: *Quisiera saber por qué siempre llegas tarde*. I'd like to know why you're always late. **sin querer**: *Perdona, ha sido sin ~*. Sorry, it was an accident.

querido, -a *pp, adj* dear ☛ *Ver nota en* ATENTAMENTE *Ver tb* QUERER

queso *nm* cheese: *~ rallado* grated cheese ◊ *No me gusta el ~*. I don't like cheese. ◊ *un sándwich de ~* a cheese sandwich

quicio *nm* LOC **sacar de quicio** to drive *sb* mad

quiebra *nf* bankruptcy [*pl* bankruptcies]

quien *pron rel* **1** (*sujeto*) who: *Fue mi hermano ~ me lo dijo*. It was my brother who told me. ◊ *Aquí no hay ~ trabaje*. It's impossible to work here. **2** (*complemento*) ☛ En inglés se prefiere no traducir **quien** cuando funciona como complemento, aunque también es correcto usar **who** o **whom**: *Es a mi madre a ~ quiero ver*. It's my mother I want to see. ◊ *Fue a él a ~ se lo dije*. He was the one I told. ◊ *El chico con ~ la vi ayer es su primo*. The boy (who) I saw her with yesterday is her cousin. ◊ *la actriz de ~ se ha escrito tanto* the actress about whom so much has been written **3** (*cualquiera*) whoever: *Invita a ~ quieras*. Invite whoever you want. ◊ *~ esté a favor, que levante la mano*. Those in favour, raise your hands. ◊ *Paco, Julián o ~ sea* Paco, Julián or whoever

quién *pron interr* who: *¿~ es?* Who is it? ◊ *¿A ~ viste?* Who did you see? ◊ *¿~es vienen?* Who's coming? ◊ *¿Para ~ es este regalo?* Who is this present for? ◊ *¿De ~ hablas?* Who are you talking about? LOC **¿de quién...?** (*posesión*) whose...?: *¿De ~ es este abrigo?* Whose is this coat?

quienquiera *pron* whoever: *~ que sea el culpable recibirá su castigo*. Whoever is responsible will be punished.

quieto, -a *adj* still: *estarse/quedarse ~* to keep still

química *nf* chemistry

químico, -a ◆ *adj* chemical ◆ *nm-nf* chemist

quimono *nm* kimono [*pl* kimonos]

quince *nm, adj, pron* **1** (*gen*) fifteen **2** (*fecha*) fifteenth ☛ *Ver ejemplos en* ONCE y SEIS LOC **quince días** fortnight [*sing*]: *Solo vamos ~ días*. We're only going for a fortnight.

quinceañero, -a *nm-nf* (*adolescente*) teenager

quincena *nf* (*quince días*) two weeks [*pl*]: *la segunda ~ de enero* the last two weeks of January

quiniela nf **quinielas** football pools [pl] LOC **hacer la(s) quiniela(s)** to do the pools

quinientos, -as adj, pron, nm five hundred ☞ Ver ejemplos en SEISCIENTOS

quinto, -a ◆ adj, pron, nm-nf fifth ☞ Ver ejemplos en SEXTO ◆ **quinta** nf (marcha) fifth (gear) LOC **en el quinto pino** in the middle of nowhere

quiosco nm stand LOC **quiosco de periódicos** news-stand

quiquiriquí nm cock-a-doodle-doo

quirófano nm (operating) theatre

quirúrgico, -a adj surgical: una intervención quirúrgica an operation

quisquilloso, -a adj 1 (exigente) fussy 2 (susceptible) touchy

quitaesmalte nm nail varnish remover

quitamanchas nm stain remover

quitar ◆ vt 1 (gen) to take sth off/down/out: Quita tus cosas de mi escritorio. Take your things off my desk. ◊ Quítale el jersey. Take his jumper off. ◊ Quitó el cartel. He took the poster down. 2 (Mat, sustraer) to take sth away (from sth/sb): Si a tres le quitas uno... If you take one (away) from three... ◊ Me quitaron el carné de conducir. I had my driving licence taken away. 3 (mancha) to remove, to get sth out (más coloq)

4 (dolor) to relieve 5 (tiempo) to take up sb's time: Los niños me quitan mucho tiempo. The children take up a lot of my time. ◆ **quitarse** v pron 1 (ropa, gafas, maquillaje) to take sth off: Quítate los zapatos. Take your shoes off. 2 (mancha) to come out: Esta mancha no se quita. This stain won't come out. LOC **no quitar la vista/los ojos (de encima)** not to take your eyes off sth/sb |**quita (de ahí)|/|quítate de en medio|** get out of the way! **quitar importancia** to play sth down: Siempre quita importancia a sus triunfos. She always plays down her achievements. **quitarse de encima a algn** to get rid of sb **quitarse la costumbre/manía** to kick the habit (of doing sth): ~se la costumbre de morderse las uñas to kick the habit of biting your nails **quitarse las ganas** to go off the idea (of doing sth): Se me han quitado las ganas de ir al cine. I've gone off the idea of going to the cinema. **quitarse un peso de encima**: Me he quitado un gran peso de encima. That's a great weight off my mind. Ver tb MESA, POLVO

quizá (tb **quizás**) adv perhaps: —¿Crees que vendrá?—Quizás sí. 'Do you think she'll come?' 'Perhaps.'

Rr

rábano (tb **rabanito**) nm radish

rabia nf 1 (ira) anger 2 (Med) rabies [sing]: El perro tenía la ~. The dog had rabies. LOC **dar rabia** to drive sb mad: Me da muchísima ~. It really drives me mad. Ver tb COMIDO

rabieta nf tantrum: Le dan muchas ~s. He's always throwing tantrums.

rabillo nm LOC **con/por el rabillo del ojo** out of the corner of your eye

rabioso, -a adj 1 (furioso) furious: Me contestó ~. He replied furiously. 2 (Med) rabid: un perro ~ a rabid dog

rabo nm 1 (animal) tail 2 (planta, fruta) stalk LOC Ver CABO

rácano, -a ◆ adj 1 (tacaño) stingy 2 (vago) lazy ◆ nm-nf 1 (tacaño) skinflint 2 (vago) lazybones [pl lazybones]

racha nf 1 (serie) run: una ~ de suerte a run of good luck ◊ una ~ de desgracias a series of misfortunes 2 (viento) gust LOC **pasar una mala racha** to be going through a bad patch

racial adj racial: la discriminación ~ racial discrimination ◊ relaciones ~es race relations

racimo nm bunch

ración nf (comida) portion, helping (más coloq): Media ~ de calamares, por favor. A small portion of squid, please. ◊ Me serví una buena ~. I took a big helping.

racional adj rational

racionamiento nm rationing: el ~ del agua water rationing

racismo nm racism

racista adj, nmf racist

radar *nm* radar [*incontable*]: *los ~es enemigos* enemy radar

radiactivo, -a *adj* radioactive LOC *Ver* LLUVIA

radiador *nm* radiator

radiante *adj* **1** (*brillante*) bright: *Lucía un sol ~.* The sun was shining brightly. **2** (*persona*) radiant: *~ de alegría* radiant with happiness

radical *adj, nmf* radical

radicar *vi* **~ en** to lie **in sth**: *El éxito del grupo radica en su originalidad.* The group's success lies in their originality.

radio¹ *nm* **1** (*Geom*) radius [*pl* radii] **2** (*rueda*) spoke

radio² *nm* (*Quím*) radium

radio³ *nf* radio [*pl* radios]: *oír/escuchar la ~* to listen to the radio LOC **en/por la radio** on the radio: *Lo he oído en la ~.* I heard it on the radio. ◊ *hablar por la ~* to speak on the radio

radioaficionado, -a *nm-nf* radio ham

radiocasete *nm* radio cassette player

radiografía *nf* X-ray [*pl* X-rays]: *hacer una ~* to take an X-ray

radiotaxi *nm* minicab

radioyente *nmf* listener

ráfaga *nf* **1** (*viento*) gust **2** (*luz*) flash: *dar la ~* to flash your lights **3** (*disparos*) burst: *una ~ de disparos* a burst of gunfire

rafting *nm* white-water rafting: *hacer ~* to go white-water rafting

raído, -a *pp, adj* threadbare

rail *nm* rail

raíz *nf* root LOC **echar raíces 1** (*planta*) to take root **2** (*persona*) to put down roots **raíz cuadrada/cúbica** square/cube root: *La ~ cuadrada de 49 es 7.* The square root of 49 is 7.

raja *nf* **1** (*fisura*) crack **2** (*herida*) cut **3** (*de alimentos*) slice: *una ~ de sandía* a slice of watermelon

rajar ◆ *vt* **1** (*gen*) to cut: *Rajó el tomate por la mitad.* She cut the tomato in half. **2** (*neumático*) to slash: *Me rajaron los neumáticos.* They slashed my tyres. **3** (*prenda*) to rip **4** (*cristal, cerámica*) to crack **5** (*apuñalar*) to stab ◆ **rajarse** *v pron* **1** (*gen*) to cut **2** (*cristal, cerámica*) to crack: *El espejo se ha rajado.* The mirror has cracked. **3** (*prenda*) to rip: *Se le rajó el vestido.* She ripped her dress. **4** (*echarse atrás*) to back out

rajatabla LOC **a rajatabla** to the letter

rallado *pp, adj* LOC *Ver* PAN; *Ver tb* RALLAR

ralladura *nf* LOC **ralladura de limón/naranja** grated lemon/orange rind

rallar *vt* to grate

rama *nf* branch: *la ~ de un árbol* the branch of a tree ◊ *una ~ de la filosofía* a branch of philosophy LOC **andarse/irse por las ramas** to beat about the bush

ramo *nm* **1** (*de flores*) bunch **2** (*sector*) sector LOC *Ver* DOMINGO

rampa *nf* ramp

rana *nf* frog LOC **salir rana** to be a disappointment *Ver tb* HOMBRE

rancio, -a *adj* **1** (*mantequilla*) rancid: *Sabe a ~.* It tastes rancid. **2** (*pan*) stale **3** (*olor*) musty: *El sótano olía a ~.* The basement smelt musty. **4** (*persona*) unfriendly

rango *nm* rank

ranking *nm* ranking(s) [*se usa mucho en plural*]: *Es primero en el ~ mundial.* He's number one in the world rankings. ◊ *el ~ de empresas* the list of the top companies

ranura *nf* slot: *Hay que introducir la moneda por la ~.* You have to put the coin in the slot.

rapapolvo *nm* LOC **echar un rapapolvo** to give *sb* a telling-off

rapar *vt* (*pelo*) to crop

rapaz *nf* (*ave*) bird of prey

rape *nm* monkfish [*pl* monkfish/monkfishes*]

rapidez *nf* speed LOC **con rapidez** quickly

rápido, -a ◆ *adj* **1** (*breve*) quick: *¿Puedo hacer una llamada rápida?* Can I make a quick phone call? **2** (*veloz*) fast: *un corredor ~* a fast runner ☞ *Ver nota en* FAST¹ ◆ *adv* quickly ◆ **rápidos** *nm* (*río*) rapids [*pl*]

rappel (*tb* **rápel**) *nm* abseiling: *hacer ~* to go abseiling

raptar *vt* to kidnap

rapto *nm* kidnapping

raptor, -a *nm-nf* kidnapper

raqueta *nf* racket: *una ~ de tenis* a tennis racket

raro, -a *adj* **1** (*extraño*) strange: *una manera muy rara de hablar* a very strange way of speaking ◊ *¡Qué ~!* How strange! **2** (*poco común*) rare: *una planta rara* a rare plant LOC *Ver* BICHO, COSA

ras *nm* LOC **a ras de**: *El vestido le llega a ~ del suelo.* Her dress comes down to the ground.

rascacielos *nm* skyscraper

rascar ◆ *vt* **1** (*arañar*) to scratch: *Oí al perro rascando la puerta.* I heard the dog scratching at the door. **2** (*superficie*) to scrape *sth* (**off** *sth*): *Rascamos la pintura del suelo.* We scraped the paint off the floor. ◆ *vi* to be rough: *Estas toallas rascan.* These towels are rough. ◆ **rascarse** *v pron* to scratch: *~se la cabeza* to scratch your head

rasgado *pp, adj* (*ojos*) almond-shaped *Ver tb* RASGAR

rasgar ◆ *vt* to tear *sth* (up) ◆ **rasgarse** *v pron* to tear

rasgo *nm* **1** (*gen*) feature: *los ~s distintivos de su obra* the distinctive features of her work **2** (*personalidad*) characteristic **3** (*de la pluma*) stroke LOC *Ver* GRANDE

rasguño *nm* scratch

raso, -a ◆ *adj* **1** (*llano*) flat **2** (*cucharada, medida*) level **3** (*balón*) low ◆ *nm* satin

raspar ◆ *vt* **1** (*arañar*) to scratch **2** (*quitar*) to scrape *sth* (**off** *sth*): *Raspa el papel de la pared.* Scrape the paper off the wall. ◆ *vi* to be rough: *Esta toalla raspa.* This towel is rough. ◆ **rasparse** *v pron* to graze: *~se la mano* to graze your hand

rastra *nf* LOC **a rastras**: *Se acercó a ~s.* He crawled over. ◊ *Trajo la bolsa a ~s.* He dragged the bag in. ◊ *No querían irse, los tuve que sacar a ~s.* They didn't want to leave so I had to drag them away.

rastrear *vt* **1** (*seguir la pista*) to follow: *Los perros rastreaban el olor.* The dogs followed the scent. **2** (*zona*) to comb

rastreo *nm* search: *Realizaron un ~ de los bosques.* They searched the woods.

rastrillo *nm* rake

rastro *nm* **1** (*huella, pista*) trail: *Los perros siguieron el ~.* The dogs followed the trail. ◊ *No había ni ~ de ella.* There was no trace of her. **2** (*mercadillo*) flea market LOC **sin dejar rastro** without trace *Ver tb* PERDER

rata ◆ *nf* rat ◆ *adj, nmf* (*persona*) mean [*adj*]

ratificar *vt* **1** (*tratado, acuerdo*) to ratify **2** (*noticia*) to confirm

rato *nm* while: *Un ~ más tarde sonó el teléfono.* The telephone rang a while later. LOC **al (poco) rato** shortly after: *Llegaron al poco ~ de irte tú.* They arrived shortly after you left. **a ratos** sometimes **para rato**: *Todavía tengo para ~, no me esperes.* I've still got a lot

to do, so don't wait for me. **pasar el rato** to pass the time **un rato 1** (*mucho*) a lot: *Sabe un ~ de todo eso.* He knows a lot about all that. **2** (*muy*) very: *Estoy un ~ cansada.* I'm very tired.

ratón *nm* (*animal, Informát*) mouse [*pl* mice] ☞ *Ver dibujo en* ORDENADOR LOC **el ratón/ratoncito Pérez** the tooth fairy **ratón de biblioteca** bookworm

ratonera *nf* **1** (*trampa*) mousetrap **2** (*madriguera*) mouse hole

raya *nf* **1** (*gen*) line: *marcar una ~* to draw a line **2** (*listas*) stripe: *una camisa de ~s* a striped shirt **3** (*pelo*) parting: *un peinado con ~ en medio* a hairstyle with a centre parting **4** (*pantalón*) crease LOC **pasarse de la raya** to go too far: *Esta vez te has pasado de la ~.* This time you've gone too far. **tener a algn a raya** to keep a tight rein on *sb Ver tb* TRES

rayar ◆ *vt* to scratch ◆ *vi* ~ (**en/con**) to border **on** *sth*: *Mi admiración por él rayaba en la devoción.* My admiration for him bordered on devotion.

rayo *nm* **1** (*gen*) ray [*pl* rays]: *un ~ de sol* a ray of sunshine ◊ *los ~s del sol* the sun's rays **2** (*Meteor*) lightning [*incontable*]: *Los ~s y los truenos me asustan.* Thunder and lightning frighten me. LOC **rayo láser** laser beam **rayos X** X-rays

raza *nf* **1** (*humana*) race **2** (*animal*) breed: *¿De qué ~ es?* What breed is it? LOC **de raza** (*perro*) pedigree

razón *nf* reason (**for** *sth/doing sth*): *La ~ de su dimisión es obvia.* The reason for his resignation is obvious. LOC **darle la razón a algn** to say/admit that *sb* is right: *Algún día me darán la ~.* Some day they'll admit I was right. **llevar/ tener razón** to be right **no tener razón** to be wrong

razonable *adj* reasonable

razonamiento *nm* reasoning

razonar ◆ *vi* (*pensar*) to think: *No razonaba con claridad.* He wasn't thinking clearly. ◆ *vt* (*explicar*) to give reasons **for** *sth*: *Razona tu respuesta.* Give reasons for your answer.

re *nm* D: *re mayor* D major

reacción *nf* reaction

reaccionar *vi* to react

reactor *nm* **1** (*motor*) jet engine **2** (*avión*) jet LOC **reactor atómico/ nuclear** nuclear reactor

readmitir *vt* to readmit *sb* (**to...**): *Le readmitieron en el colegio.* He was readmitted to school.

real¹ *adj* (*caso, historia*) true LOC *Ver* GANA

real² *adj* (*de reyes*) royal LOC *Ver* JALEA, PAVO

realidad *nf* reality [*pl* realities]: ~ *virtual* virtual reality LOC **en realidad** actually **hacerse realidad** to come true *Ver tb* CONVERTIR

realismo *nm* realism

realista ◆ *adj* realistic ◆ *nmf* realist

realización *nf* 1 (*proyecto, trabajo*) carrying out: *Yo me encargaré de la ~ del plan.* I'll take charge of carrying out the plan. 2 (*objetivo, sueño*) fulfilment

realizar ◆ *vt* 1 (*llevar a cabo*) to carry *sth* out: ~ *un proyecto* to carry out a project 2 (*sueño, objetivo*) to fulfil: *No me siento realizada.* I don't feel fulfilled.
◆ **realizarse** *v pron* (*hacerse realidad*) to come true: *Mis sueños se realizaron.* My dreams came true.

realmente *adv* really

realzar *vt* to enhance

reanimar ◆ *vt* to revive ◆ **reanimarse** *v pron* 1 (*fortalecerse*) to get your strength back 2 (*volver en sí*) to regain consciousness

reanudar *vt* 1 (*gen*) to resume: ~ *el trabajo* to resume work 2 (*amistad, relación*) to renew

rearme *nm* rearmament

rebaja *nf* 1 (*descuento*) discount: *Nos hicieron una ~.* They gave us a discount. 2 **rebajas** sales: *las ~s de verano/enero* the summer/January sales

rebajar ◆ *vt* 1 (*gen*) to reduce: ~ *una condena* to reduce a sentence ◇ *Nos rebajó un 15 por ciento.* He gave us a 15 per cent reduction. 2 (*color*) to soften 3 (*humillar*) to humiliate: *Me rebajó delante de todos.* He humiliated me in front of everyone. ◆ **rebajarse** *v pron* 1 **rebajarse** (**a hacer algo**) to lower yourself (**to sth/do sth**): *No me rebajaría a aceptar tu dinero.* I wouldn't lower myself by accepting your money. 2 **rebajarse ante algn** to bow down to **sb**

rebanada *nf* slice: *dos ~s de pan* two slices of bread ☞ *Ver dibujo en* PAN

rebaño *nm* 1 (*ovejas*) flock 2 (*ganado*) herd

rebeca *nf* cardigan

rebelarse *v pron* ~ (**contra**) to rebel (**against sth/sb**)

rebelde ◆ *adj* 1 (*gen*) rebel: *el general* ~ the rebel general 2 (*espíritu*) rebellious 3 (*niño*) difficult ◆ *nmf* rebel

rebelión *nf* rebellion

rebobinar *vt* to rewind

rebosante *adj* ~ (**de**) overflowing (**with sth**): ~ *de alegría* overflowing with joy

rebosar *vi* to be overflowing **with sth**

rebotar *vi* 1 (*gen*) to bounce (**off sth**): *El balón rebotó en el aro.* The ball bounced off the hoop. 2 (*bala*) to ricochet (**off sth**)

rebote *nm* rebound LOC **de rebote** on the rebound

rebozar *vt* ~ (**con**) to coat *sth* (**in sth**)

rebuznar *vi* to bray

recado *nm* 1 (*mensaje*) message: *dejar (un) ~* to leave a message 2 (*encargo*) errand: *Tengo que hacer unos ~s.* I have to run a few errands.

recaer *vi* 1 (*Med*) to have a relapse 2 (*vicio*) to go back to your old ways 3 ~ **en** (**a**) (*responsabilidad, sospecha*) to fall **on sb**: *Todas las sospechas recayeron sobre mí.* Suspicion fell on me. (**b**) (*premio*) to go **to sth/sb**: *El premio recayó en mi grupo.* The prize went to my group.

recalcar *vt* to stress

recalentar ◆ *vt* to reheat ◆ **recalentarse** *v pron* to overheat

recambio *nm* 1 (*gen*) spare (part) 2 (*bolígrafo*) refill

recapacitar ◆ *vt* to think *sth* over ◆ *vi* to think things over

recargado, -a *pp, adj* 1 (*de peso*) overloaded 2 (*estética*): *Iba un poco recargada para mi gusto.* She was a bit overdressed for my taste. *Ver tb* RECARGAR

recargar *vt* 1 (*cargar de nuevo*) (**a**) (*pila, batería*) to recharge (**b**) (*arma*) to reload (**c**) (*pluma*) to refill 2 (*de peso*) to overload

recargo *nm* surcharge

recaudar *vt* to collect

recepción *nf* reception

recepcionista *nmf* receptionist

receta *nf* 1 (*Cocina*) recipe (**for sth**): *Tienes que darme la ~ de este plato.* You must give me the recipe for this dish. 2 (*Med*) prescription: *Solo se vende con* ~. Only available on prescription.

recetar *vt* to prescribe

rechazar *vt* to turn *sth/sb* down, to reject (*más formal*): *Rechazaron nuestra* *propuesta.* Our proposal was turned down.

rechistar *vi: ¡A mí ni me rechistes!* Don't answer back! *¡Hazlo sin ~!* Shut up and get on with it!

rechupete LOC **de rechupete** delicious

recibir *vt* 1 (*gen*) to receive, to get (*más coloq*): *Recibí tu carta.* I received/got your letter. 2 (*persona*) to welcome: *Salió a ~nos.* He came out to welcome us.

recibo *nm* 1 (*comprobante*) receipt: *Para cambiarlo necesita el ~.* You'll need the receipt if you want to exchange it. 2 (*factura*) bill: *el ~ de la luz* the electricity bill

reciclaje *nm* 1 (*de materiales*) recycling: *el ~ de papel* paper recycling 2 (*de persona*) training

reciclar *vt* (*materiales*) to recycle

recién *adv* recently: *~ creado* recently formed LOC **los recién casados** the newly-weds **recién cumplidos** *Tengo 15 años ~ cumplidos.* I've just turned 15. **recién pintado** (*cartel*) wet paint **un recién nacido** a newborn baby

reciente *adj* 1 (*pan, huella*) fresh 2 (*acontecimiento*) recent

recipiente *nm* container

recitar *vt* to recite

reclamación *nf* complaint: *hacer/ presentar una ~* to make/lodge a complaint

reclamar ◆ *vt* to demand: *Reclaman justicia.* They are demanding justice. ◆ *vi* to complain: *Deberías ~, no funciona.* It doesn't work — you should complain.

reclinar ◆ *vt* to lean *sth* (*on sth/sb*): *Reclinó la cabeza en mi hombro.* He leant his head on my shoulder. ◆ **reclinarse** *v pron* (*persona*) to lean back (*against sth/sb*)

recluso, -a *nm-nf* prisoner

recluta *nmf* recruit

recobrar ◆ *vt* 1 (*gen*) to regain, to get *sth* back (*más coloq*): *~ el dinero* to get your money back 2 (*salud, memoria*) to recover, to get *sth* back (*más coloq*): *~ la memoria* to get your memory back ◆ **recobrarse** *v pron* to recover (*from sth*): *~se de una enfermedad* to recover from an illness LOC *Ver* CONOCIMIENTO

recogedor *nm* dustpan

recogepelotas *nmf* ballboy [*fem* ballgirl]

recoger ◆ *vt* 1 (*objeto caído*) to pick *sth* up: *Recoge el pañuelo.* Pick up the handkerchief. 2 (*reunir*) to collect: *~ firmas* to collect signatures 3 (*ordenar*) to tidy: *~ la casa* to tidy the house 4 (*ir a buscar*) to pick *sth/sb* up: *~ a los niños del colegio* to pick the children up from school ◆ *vi* to tidy up: *¿Me ayudas a ~?* Will you help me tidy up?. ◆ **recogerse** *v pron* 1 (*irse a casa*) to go home 2 (*acostarse*) to go to bed LOC **recogerse el pelo** (*en una coleta*) to tie your hair back *Ver tb* MESA

recogida *nf* LOC **recogida de equipajes** baggage reclaim

recogido, -a *pp, adj* 1 (*tranquilo*) quiet 2 (*pelo*) up: *Estás mejor con el pelo ~.* You look better with your hair up. *Ver tb* RECOGER

recomendación *nf* recommendation: *Fuimos por ~ de mi hermano.* We went on my brother's recommendation.

recomendado, -a *pp, adj* recommended: *muy ~* highly recommended *Ver tb* RECOMENDAR

recomendar *vt* to recommend

recompensa *nf* reward LOC **en/como recompensa** (**por**) as a reward (for *sth*)

recompensar *vt* to reward *sb* (**for** *sth*)

reconciliarse *v pron* to make (it) up (**with** *sb*): *Riñeron pero se han reconciliado.* They quarrelled but they've made (it) up now.

reconocer *vt* 1 (*gen*) to recognize: *No la reconocí.* I didn't recognize her. 2 (*admitir*) to admit: *~ un error* to admit a mistake 3 (*examinar*) to examine: *~ a un paciente* to examine a patient

reconocido, -a *pp, adj* (*apreciado*) well known: *un ~ sociólogo* a well-known sociologist ☛ *Ver nota en* WELL BEHAVED *Ver tb* RECONOCER

reconocimiento *nm* recognition LOC **reconocimiento** (**médico**) medical: *Tienes que hacerte un ~ médico.* You have to have a medical.

reconquista *nf* reconquest LOC **la Reconquista** the Reconquest (of Spain)

reconstruir *vt* 1 (*gen*) to rebuild 2 (*hechos, suceso*) to reconstruct

recopilar *vt* to collect

récord *nm* record: *batir/tener un ~* to break/hold a record

recordar *vt* 1 **~le algo a algn** to remind *sb* (**about** *sth*/**to do** *sth*): *Recuérdame que compre pan.* Remind me to buy some bread. ◊ *Recuérdamelo mañana o se me olvidará.* Remind me tomorrow or I'll forget. 2 (*por asociación*) to remind *sb* **of** *sth/sb*: *Me recuerda a mi hermano.* He reminds me of my brother.

◊ *¿Sabes a qué/quién me recuerda esta canción?* Do you know what/who this song reminds me of? ☛ *Ver nota en* REMIND **3** *(acordarse)* to remember, to recall *(más formal)* **sth/doing sth**: *No recuerdo su nombre.* I can't remember his name. ◊ *No recuerdo habértelo dicho.* I don't remember telling you. ◊ *Recuerdo que los vi.* I recall seeing them. ☛ *Ver nota en* REMEMBER LOC **que yo recuerde** as far as I remember **te recuerdo que...** remember...: *Te recuerdo que mañana tienes un examen.* Remember you've got an exam tomorrow.

recorrer *vt* **1** *(gen)* to go round...: *Recorrimos Francia en tren.* We went round France by train. **2** *(distancia)* to cover, to do *(más coloq)*: *Tardamos tres horas en ~ un kilómetro.* It took us three hours to do one kilometre.

recorrido *nm* route: *el ~ del autobús* the bus route LOC *Ver* TREN

recortar *vt* **1** *(artículo, figura)* to cut *sth* out: *Recorté la foto de una revista vieja.* I cut the photograph out of an old magazine. **2** *(lo que sobra)* to trim **3** *(gastos)* to cut

recrearse *v pron* ~ **con/en** to take pleasure in *sth/doing sth*: ~ *con las desgracias ajenas* to take pleasure in other people's misfortunes

recreo *nm* break: *A las once salimos al ~.* Break is at eleven. LOC **de recreo** recreational

recta *nf* straight line LOC **recta final** **1** *(Dep)* home straight **2** *(fig)* closing stages [*pl*]: *en la ~ final de la campaña* in the closing stages of the campaign

rectangular *adj* rectangular

rectángulo *nm* rectangle LOC *Ver* TRIÁNGULO

rectificar *vt* **1** *(gen)* to rectify: *La empresa tendrá que ~ los daños.* The company will have to rectify the damage. **2** *(actitud, conducta)* to improve

recto, -a ◆ *adj* straight ◆ *nm* rectum [*pl* rectums/recta] LOC **todo recto** straight on

recuadro *nm* *(casilla)* box

recuerdo *nm* **1** *(memoria)* memory [*pl* memories]: *Guardo un buen ~ de su amistad.* I have happy memories of our friendship. **2** *(turismo)* souvenir **3 recuerdos** best wishes: *Dale ~s de mi parte.* Give him my best wishes. ◊ *Mi madre te manda ~s.* My mother sends her best wishes.

recuperación *nf* LOC *Ver* EXAMEN

recuperar ◆ *vt* **1** *(gen)* to recover: *Confío en que recuperará la vista.* I'm sure he'll recover his sight. **2** *(tiempo, clases)* to make *sth* up: *Tienes que ~ tus horas de trabajo.* You'll have to make up the time. **3** *(Educ)* to pass a resit: *He recuperado historia.* I've passed the history resit. ◆ **recuperarse** *v pron* **recuperarse de** to recover from *sth*

recurrir *vi* ~ **a 1** *(utilizar)* to resort to *sth* **2** *(pedir ayuda)* to turn to *sb*: *No tenía a quien ~.* I had no one to turn to.

recurso *nm* **1** *(medio)* resort: *como último ~* as a last resort **2 recursos** resources: ~*s humanos/económicos* human/economic resources

red *nf* **1** *(Dep, caza, pesca)* net **2** *(Informát, comunicaciones)* network: *la ~ de ferrocarriles/carreteras* the railway/road network **3** *(organizaciones, sucursales)* chain **4 la red** *(internet)* the Net: *Lo busqué en la ~.* I searched for it on the Net. LOC **caer en la red** to fall into the trap

redacción *nf* essay [*pl* essays]: *hacer una ~ sobre tu ciudad* to write an essay on your town

redactar *vt, vi* to write: ~ *una carta* to write a letter ◊ *Para ser tan pequeño redacta bien.* He writes well for his age.

redactor, ~a *nm-nf* *(Period)* editor

redada *nf* raid: *efectuar una ~* to carry out a raid

redicho, -a *nm-nf* know-all

redoblar *vi* *(tambor)* to roll

redomado, -a *adj* out-and-out: *un mentiroso ~* an out-and-out liar

redonda *nf* *(Mús)* semibreve

redondear *vt* **1** *(gen)* to round *sth* off: ~ *un negocio* to round off a business deal **2** *(precio, cifra)* to round *sth* up/down

redondo, -a *adj* round: *en números ~s* in round figures LOC **a la redonda**: *No había ninguna casa en diez kilómetros a la redonda.* There were no houses within ten kilometres. **salir redondo** to turn out perfectly: *Nos salió todo ~.* It all turned out perfectly for us. *Ver tb* CUELLO, MESA

reducción *nf* reduction

reducido, -a *pp, adj* *(pequeño)* small *Ver tb* REDUCIR

reducir *vt* to reduce: ~ *la velocidad* to reduce speed ◊ *El fuego redujo la casa a cenizas.* The fire reduced the house to ashes. LOC **todo se reduce a...** it all boils down to...

redundancia *nf* redundancy

reelegir *vt* to re-elect: *Le han reelegido como su representante.* They've re-elected him as their representative.

reembolsar *vt* **1** (*cantidad pagada*) to refund **2** (*gastos*) to reimburse

reembolso *nm* LOC **contra reembolso** cash on delivery (*abrev* COD) *Ver tb* ENVÍO

reemplazar *vt* to replace *sth/sb* (**with sth/sb**)

reencarnación *nf* reincarnation

reencarnarse *v pron* ~ (**en**) to be reincarnated (**in/as sth/sb**)

referencia *nf* reference (**to sth/sb**): *servir de/como* ~ to serve as a (point of) reference ◊ *Con* ~ *a su carta...* With reference to your letter... ◊ *tener buenas* ~*s* to have good references LOC **hacer referencia a** to refer to *sth/sb*

referéndum (*tb* **referendo**) *nm* referendum [*pl* referendums/referenda]

referente *adj* ~ **a** regarding *sth/sb* LOC (**en lo**) **referente a** with regard to *sth/sb*

referirse *v pron* ~ **a** to refer **to sth/sb**: *¿A qué te refieres?* What are you referring to?

refilón LOC **de refilón**: *Me miraba de* ~. He was looking at me out of the corner of his eye. ◊ *La vi solo de* ~. I only caught a glimpse of her.

refinería *nf* refinery [*pl* refineries]

reflejar *vt* to reflect

reflejo, -a ◆ *adj* reflex [*n atrib*]: *un acto* ~ a reflex action ◆ *nm* **1** (*gen*) reflection: *Veía mi* ~ *en el espejo.* I could see my reflection in the mirror. **2** (*reacción*) reflex: *tener buenos* ~*s* to have good reflexes **3 reflejos** (*pelo*) highlights

reflexionar *vi* ~ (**sobre**) to reflect (**on sth**)

reforestación *nf* reforestation

reforma *nf* **1** (*gen*) reform **2** (*obra*): *cerrado por* ~*s* closed for renovation

reformar ◆ *vt* **1** (*gen*) to reform: ~ *una ley/a un delincuente* to reform a law/criminal **2** (*edificio*) to renovate ◆ **reformarse** *v pron* to mend your ways

reformatorio *nm* young offenders' institution

reforzar *vt* to reinforce *sth* (**with sth**)

refrán *nm* saying: *Como dice el* ~... As the saying goes...

refrescante *adj* refreshing

refrescar ◆ *vt* **1** (*enfriar*) to cool **2** (*memoria*) to refresh **3** (*conocimientos*) to brush up **on sth**: *Necesito* ~ *mi inglés.* I need to brush up on my English. ◆ *v imp* to get cooler: *Por las noches refresca.* It gets cooler at night. ◆ **refrescarse** *v pron* to freshen up

refresco *nm* soft drink

refrigerar *vt* to refrigerate

refuerzo *nm* reinforcement

refugiado, -a *nm-nf* refugee: *un campo de* ~*s* a refugee camp

refugiar ◆ *vt* to shelter *sth/sb* (**from sth/sb**) ◆ **refugiarse** *v pron* **refugiarse** (**de**) to take refuge (**from sth**): ~*se de la lluvia* to take refuge from the rain

refugio *nm* refuge: *un* ~ *de montaña* a mountain refuge

refunfuñar *vi* to grumble (**about sth**)

regadera *nf* watering can LOC **estar como una regadera** to be as mad as a hatter

regadío *nm* irrigation: *tierra de* ~ irrigated land

regalar *vt* **1** (*hacer un regalo*) to give: *Me regaló un ramo de flores.* She gave me a bunch of flowers. **2** (*cuando no se quiere algo*) to give *sth* away: *Voy a* ~ *tus muñecas.* I'm going to give your dolls away.

regaliz *nm* liquorice [*incontable*]

regalo *nm* **1** (*obsequio*) present **2** (*fig*) gift: *La última pregunta fue un* ~. That last question was an absolute gift. LOC *Ver* ENVOLVER, PAPEL

regañadientes LOC **a regañadientes** reluctantly

regañar *vt* to tell *sb* off (**for sth/doing sth**)

regar *vt* **1** (*planta, jardín*) to water **2** (*esparcir*) to scatter

regata *nf* boat race

regate *nm* (*Fútbol*) dribble

regatear *vt, vi* **1** (*precio*) to haggle (**over/about sth**) **2** (*Fútbol*) to dribble

regazo *nm* lap

regenerar ◆ *vt* to regenerate ◆ **regenerarse** *v pron* **1** (*gen*) to regenerate **2** (*persona*) to mend your ways

regente *adj, nmf* regent: *el príncipe* ~ the Prince Regent

régimen *nm* **1** (*Pol, normas*) regime: *un* ~ *muy liberal* a very liberal regime **2** (*dieta*) diet: *estar a* ~ to be on a diet

regimiento *nm* regiment

región *nf* region

regional *adj* regional

regir ◆ *vt* **1** (*país, sociedad*) to rule **2** (*empresa, proyecto*) to run ◆ *vi* **1** (*ley*) to be in force: *El convenio rige desde el* *pasado día 15.* The agreement has been in force since the 15th. **2** (*persona*) to be all there: *No le hagas caso, no rige muy bien.* Don't take any notice of him; he's not all there.

registrado, **-a** *pp, adj* LOC *Ver* MARCA; *Ver tb* REGISTRAR

registrador, **~a** *adj* LOC *Ver* CAJA

registrar ♦ *vt* **1** (*inspeccionar*) to search **2** (*grabar, hacer constar*) to record: *~ información* to record information ♦ **registrarse** *v pron* to register

registro *nm* **1** (*inspección*) search **2** (*inscripción*) registration **3** (*lista*) register **4** (*lugar, oficina*) registry [*pl* registries] LOC **registro civil** registry office

regla *nf* **1** (*gen*) rule: *Va contra las ~s del colegio.* It's against the school rules. ◊ *por ~ general* as a general rule **2** (*instrumento*) ruler **3** (*menstruación*) period LOC **en regla** in order

reglamentario, **-a** *adj* regulation [*n atrib*]: *uniforme ~* regulation uniform

reglamento *nm* regulations [*pl*]

regocijarse *v pron* to be delighted (*at/ with sth*): *Se regocijaron con la noticia.* They were delighted at the news.

regocijo *nm* delight

regresar *vi* to go/come back (*to...*): *No quieren ~ a su país.* They don't want to go back to their own country. ◊ *Creo que regresan mañana.* I think they're coming back tomorrow.

regreso *nm* return (*to...*): *a mi ~ a la ciudad* on my return to the city

reguero *nm* trickle: *un ~ de agua/aceite* a trickle of water/oil

regular¹ *vt* to regulate

regular² ♦ *adj* **1** (*gen*) regular: *verbos ~es* regular verbs **2** (*mediocre*) poor: *Sus notas han sido muy ~es.* His marks have been very poor. **3** (*mediano*) medium: *de altura ~* of medium height ♦ *adv:* —*¿Qué tal te va?* —*Regular.* 'How are things?' 'So-so.' ◊ *El negocio va ~.* Business isn't going too well. ◊ *La abuela está ~ (de salud).* Granny is poorly. LOC *Ver* VUELO

regularidad *nf* regularity LOC **con regularidad** regularly

rehabilitación *nf* rehabilitation: *programas para la ~ de delincuentes* rehabilitation programmes for young offenders

rehabilitar *vt* to rehabilitate

rehacer *vt* to redo LOC **rehacer la vida** to rebuild your life

rehén *nmf* hostage

rehogar *vt* to fry *sth* lightly

rehuir *vt* to avoid *sth/sb/doing sth*: *Rehuyó mi mirada.* She avoided my gaze.

rehusar *vt* to refuse *sth/to do sth*: *Rehusaron venir.* They refused to come. ◊ *Rehusé su invitación.* I turned their invitation down.

reina *nf* queen LOC *Ver* ABEJA

reinado *nm* reign

reinar *vi* **1** (*gobernar*) to reign **2** (*prevalecer*) to prevail

reincidir *vi* ~ (*en*) to relapse (*into sth/ doing sth*)

reiniciar *vt* to resume: *~ el trabajo* to resume work

reino *nm* **1** (*gen*) kingdom: *el ~ animal* the animal kingdom **2** (*ámbito*) realm LOC **el Reino Unido** the United Kingdom (*abrev* UK)

reintegro *nm* **1** (*gen*) refund **2** (*en un sorteo*) return of stake

reír ♦ *vi* to laugh: *echarse a ~* to burst out laughing ♦ *vt* to laugh **at sth**: *Le ríen todas las gracias.* They laugh at all his jokes. ♦ **reírse** *v pron* **1 reírse con algn** to have a laugh **with sb**: *Siempre nos reímos con él.* We always have a laugh with him. **2 reírse con algo** to laugh **at sth 3 reírse de** to laugh **at sth/ sb**: *¿De qué te ríes?* What are you laughing at? ◊ *Siempre se ríen de mí.* They're always laughing at me. LOC **reír(se) a carcajadas** to split your sides (laughing)

reivindicación *nf* **1** (*derecho*) claim (*for sth*) **2** ~ (*de*) (*atentado*): *No se ha producido una ~ de la bomba.* Nobody has claimed responsibility for the bomb.

reivindicar *vt* **1** (*reclamar*) to claim **2** (*atentado*) to claim responsibility **for sth**

reja *nf* **1** (*ventana*) grille **2 rejas** bars: *entre ~s* behind bars

rejilla *nf* **1** (*gen*) grille **2** (*alcantarilla*) grating

rejuvenecer *vt* to make *sb* look younger

relación *nf* **1** ~ (*con*) (*gen*) relationship (*with sth/sb*): *mantener relaciones con algn* to have a relationship with sb ◊ *Nuestra ~ es puramente laboral.* Our relationship is strictly professional. **2** ~ (*entre*) (*conexión*) connection

(between...) LOC **con/en relación a** in/with relation to *sth*/*sb* **relación calidad precio** value for money **relaciones públicas 1** (*actividad*) public relations (*abrev* PR) **2** (*persona*) public relations officer/executive

relacionado, -a *pp, adj* ~ **(con)** related **(to** *sth*) *Ver tb* RELACIONAR

relacionar ◆ *vt* to relate *sth* (**to/with** *sth*): *Los médicos relacionan los problemas del corazón con el estrés.* Doctors relate heart disease to stress. ◆ **relacionarse** *v pron* **relacionarse (con)** to mix (**with** *sb*)

relajación *nf* **1** (*gen*) relaxation: *técnicas de ~* relaxation techniques **2** (*tensión*) easing: *la ~ de las tensiones internacionales* the easing of international tension

relajar ◆ *vt* to relax: *Relaja la mano.* Relax your hand. ◆ **relajarse** *v pron* **1** (*gen*) to relax: *Tienes que ~te.* You must relax. **2** (*reglas, disciplina*) to become lax

relamer ◆ *vt* to lick *sth* clean ◆ **relamerse** *v pron* to lick your lips

relámpago *nm* **1** (*tormenta*) lightning [*incontable*]: *Un ~ y un trueno anunciaron la tormenta.* A flash of lightning and a clap of thunder heralded the storm. ◊ *Me asustan los ~s.* Lightning frightens me. **2** (*rápido*) lightning [*n atrib*]: *un viaje/una visita ~* a lightning trip/visit

relatar *vt* to relate

relatividad *nf* relativity

relativo, -a *adj* **1** (*no absoluto*) relative: *Hombre, eso es ~.* Well, that depends. **2** ~ **a** relating **to** *sth*

relato *nm* **1** (*cuento*) story [*pl* stories]: *un ~ histórico* a historical story **2** (*descripción*) account: *hacer un ~ de los hechos* to give an account of events

relax *nm*: *Pintar me sirve de ~.* Painting relaxes me. ◊ *No tengo ni un momento de ~.* I don't get a moment's rest.

relevante *adj* important

relevar ◆ *vt* **1** (*sustituir*) to take over (**from** *sb*): *Estuve de guardia hasta que me relevó un compañero.* I was on duty until a colleague took over from me. **2** (*de un cargo*) to relieve *sb* (**of** *sth*): *Ha sido relevado del cargo.* He has been relieved of his duties. ◆ **relevarse** *v pron* to take turns (**at** *sth/doing sth*)

relevo *nm* **1** (*gen*): *hacerle el ~ a un compañero* to relieve a colleague **2** (*turno*) shift: *¿Quién va a organizar los ~s?* Who

is going to organize the shifts? **3 relevos** (*Dep*) relay [*sing*]: *una carrera de ~s* a relay race

relieve *nm* **1** (*Geog*): *una región de ~ accidentado* an area with a rugged landscape ◊ *un mapa en ~* a relief map **2** (*importancia*) significance: *un acontecimiento de ~ internacional* an event of international significance

religión *nf* religion

religioso, -a ◆ *adj* religious ◆ *nm-nf* monk [*fem* nun]

relinchar *vi* to neigh

reliquia *nf* relic

rellenar *vt* **1** (*gen*) to fill *sth* (**with** *sth*): *Rellené las tartaletas de/con fruta.* I filled the cases with fruit. **2** (*volver a llenar*) to refill: *No hacía más que ~ los vasos.* He just kept on refilling everybody's glasses. **3** (*formulario, impreso*) to fill *sth* in: ~ *un formulario* to fill in a form

relleno *nm* **1** (*gen*) filling: *pasteles con ~ de nata* cream cakes **2** (*cojín*) stuffing

reloj

digital watch

clock

hands

watch

alarm clock   *strap*

reloj *nm* **1** (*de pared, de mesa*) clock: *¿Qué hora tiene el ~ de la cocina?* What time does the kitchen clock say? **2** (*de pulsera, de bolsillo*) watch: *Llevo el ~ atrasado.* My watch is slow. LOC **contra reloj** *Ver* CONTRARRELOJ **reloj de cuco** cuckoo clock **reloj de sol** sundial *Ver tb* CUERDA

relojería *nf* watchmaker's ☞ *Ver nota en* CARNICERÍA

relojero, -a *nm-nf* watchmaker

relucir *vi* to shine LOC *Ver* ORO, TRAPO

remangar(se) *vt, v pron* **1** (*manga, pantalón*) to roll *sth* up: *Se remangó los pantalones.* He rolled up his trousers. **2** (*falda*) to lift

remar *vi* to row

rematar *vt* **1** (*gen*) to finish *sth/sb* off: *Remataré el informe este fin de semana.* I'll finish off the report this weekend. **2** (*Dep*): *La pelota pasó al capitán, que remató la jugada.* The ball went to the captain, who took a shot at goal.

remate *nm* **1** (*término*) end **2** (*extremo*) top: *el ~ de una torre* the top of a tower **3** (*borde*) edging: *un ~ de encaje* a lace edging **4** (*Dep*) shot: *El portero evitó el ~.* The goalkeeper saved the shot. LOC **de remate**: *ser un imbécil de ~* to be a prize idiot *Ver tb* LOCO

remediar *vt* **1** (*solucionar*) to remedy: *~ la situación* to remedy the situation **2** (*daño*) to repair: *Quisiera ~ el daño que he causado.* I'd like to repair the damage I've caused. LOC **no lo puedo remediar** I, you, etc. can't help it

remedio *nm* ~ (**para/contra**) remedy [*pl* remedies] (**for** *sth*) LOC **no tener más remedio (que...)** to have no choice (but to...)

remendar *vt* **1** (*gen*) to mend **2** (*calcetines*) to darn

remiendo *nm* (*Costura*) patch

remite *nm* return address

remitente *nmf* sender

remo *nm* **1** (*instrumento*) oar **2** (*Dep*) rowing: *practicar el ~* to row ◊ *un club de ~* a rowing club LOC **a remo**: *Cruzaron el estrecho a ~.* They rowed across the straits. *Ver tb* BARCA

remojar *vt* to soak

remojo *nm*: *Pon los garbanzos a ~.* Soak the chickpeas.

remolacha *nf* beetroot LOC **remolacha azucarera** sugar beet

remolcar *vt* to tow

remolino *nm* **1** (*gen*) eddy [*pl* eddies] **2** (*en río*) whirlpool **3** (*pelo*) cowlick

remolón, -ona ◆ *adj* lazy ◆ *nm-nf* lazybones [*pl* lazybones]

remolque *nm* trailer

remontar ◆ *vt* **1** (*cuesta, río*) to go up *sth* **2** (*dificultad*) to overcome **3** (*partido, marcador*) to turn *sth* round: *El equipo no consiguió ~ el partido.* The team didn't manage to turn the match round. ◆ **remontarse** *v pron* **remontarse a** (*hecho, tradición*) to date back **to** *sth* LOC **remontar el vuelo** to fly off

remorder *vi* LOC **remorderle a algn la conciencia** to have a guilty conscience

remordimiento *nm* remorse [*incontable*] LOC **tener remordimientos (de conciencia)** to feel guilty

remoto, -a *adj* remote: *una posibilidad remota* a remote possibility

remover *vt* **1** (*líquido*) to stir **2** (*ensalada*) to toss **3** (*tierra*) to turn *sth* over **4** (*asunto*) to bring *sth* up

renacimiento *nm* **1** (*resurgimiento*) revival **2 el Renacimiento** the Renaissance

renacuajo *nm* tadpole

rencor *nm* resentment LOC *Ver* GUARDAR

rencoroso, -a *adj* resentful

rendición *nf* surrender

rendido, -a *pp, adj* (*agotado*) worn out, exhausted (*más formal*) *Ver tb* RENDIR

rendija *nf* crack

rendimiento *nm* **1** (*gen*) performance: *su ~ en los estudios* his academic performance ◊ *un motor de alto ~* a high-performance engine **2** (*producción*) output

rendir ◆ *vt* (*cansar*) to tire *sb* out ◆ *vi*: *Rindo mucho mejor por la mañana.* I work much better in the mornings. ◆ **rendirse** *v pron* **1** (*gen*) to give up: *No te rindas.* Don't give up. **2** (*Mil*) to surrender (**to** *sth/sb*) LOC **rendir culto** to worship

renegar *vi* **1 de** to renounce *sth* [*vt*]. *de la religión/política* to renounce your religion/politics **2** (*quejarse*) to grumble (**about** *sth*): *Deja ya de ~.* Stop grumbling.

renglón *nm* line

reno *nm* reindeer [*pl* reindeer]

renovación *nf* **1** (*gen*) renewal: *la fecha de ~* the renewal date **2** (*estructural*) renovation: *Están haciendo renovaciones en el edificio.* They're doing renovation work on the building.

renovar *vt* **1** (*gen*) to renew: *~ un contrato/el pasaporte* to renew a contract/your passport **2** (*edificio*) to renovate **3** (*modernizar*) to modernize

renta *nf* **1** (*alquiler*) rent **2** (*Fin, ingresos*) income: *el impuesto sobre la ~* income tax LOC *Ver* DECLARACIÓN, IMPUESTO

rentable *adj* profitable: *un negocio ~* a profitable deal

renunciar *vt* ~ **a 1** (*gen*) to renounce: *~ a una herencia/un derecho* to renounce an inheritance/a right **2** (*puesto*) to resign (**from** *sth*): *Renunció a su cargo.* She resigned from her post.

reñido, -a *pp, adj* hard-fought: *El partido estuvo muy ~.* It was a hard-fought match. *Ver tb* REÑIR

reñir ◆ *vt* to tell *sb* off (**for sth/doing sth**): *Me riñó por no haber regado las plantas.* He told me off for not watering the plants. ◆ *vi* ~ (**con**) (**por**) 1 (*discutir*) to argue (**with sb**) (**about/over sth**): *No riñáis por eso.* Don't argue over something like that. 2 (*enemistarse*) to fall out (**with sb**) (**about/over sth**): *Creo que ha reñido con su novia.* I think he's fallen out with his girlfriend.

reo *nmf* accused LOC **reo de muerte** condemned person

reojo LOC **mirar de reojo** to look *at sb* out of the corner of your eye

reparación *nf* repair: *reparaciones en el acto* repairs while you wait ◊ *Esta casa necesita reparaciones.* This house is in need of repair.

reparar ◆ *vt* to repair ◆ *vi* ~ **en** to notice *sth/(that…)* [*vt*]: *Reparé en que sus zapatos estaban mojados.* I noticed (that) his shoes were wet.

reparo *nm* objection LOC **poner reparos** to raise objections

repartidor, ~a *nm-nf* delivery man/woman [*pl* delivery men/women] LOC **repartidor de periódicos** paper boy [*pl* paper boys] [*fem* paper girl]

repartir *vt* 1 (*dividir*) to share *sth* (out): ~ *el trabajo* to share the work out 2 (a) (*distribuir*) to distribute (b) (*correo, mercancías*) to deliver (c) (*cartas, golpes*) to deal

reparto *nm* 1 (*distribución*) distribution 2 (*mercancías, correo*) delivery [*pl* deliveries] 3 (*Cine, Teat*) cast

repasar *vt* 1 (*revisar*) to check: ~ *un texto* to check a text 2 (*Educ, estudiar*) to revise

repaso *nm* 1 (*Educ*) revision: *Hoy vamos a hacer* ~. We're going to do some revision today. ◊ *dar un* ~ *a algo* to revise *sth* 2 (*revisión, inspección*) check

repatriar *vt* to repatriate

repelente *adj, nmf* (*sabelotodo*) know-all [*n*]: *un niño* ~ a know-all

repente *nm* LOC **de repente** suddenly

repentino, -a *adj* sudden

repercusión *nf* repercussion

repercutir *vi* to have repercussions: *Podría* ~ *en la economía.* It could have repercussions on the economy.

repertorio *nm* (*musical*) repertoire

repetición *nf* repetition

repetir ◆ *vt* to repeat: *¿Puede repetírmelo?* Could you repeat that please? ◊ *No te lo pienso* ~. I'm not going to tell

you again. ◆ *vi* 1 (*servirse otro poco*) to have another helping: *¿Puedo* ~? Can I have another helping? 2 (*ajo, cebolla, pimiento*) to repeat (**on sb**): *Me está repitiendo el pimiento.* The peppers are repeating on me. 3 (*volver a hacer*) to do *sth* again: *Lo voy a tener que* ~. I'm going to have to do it again. ◆ **repetirse** *v pron* 1 (*acontecimiento*) to happen again: *¡Y que no se repita!* And don't let it happen again! 2 (*persona*) to repeat yourself LOC **repetir** (**curso**) (*Educ*) to repeat a year

repicar *vt, vi* to ring

repisa *nf* 1 (*gen*) ledge 2 (*chimenea*) . mantelpiece 3 (*ventana*) windowsill

repleto, -a *adj* ~ (**de**) full (**of sth/sb**)

replicar ◆ *vt* to retort: —*¿Quién ha pedido tu opinión?, replicó.* 'Who asked you?' he retorted. ◆ *vi* to answer back: *No me repliques ¿eh?* Don't answer me back!

repollo *nm* cabbage

reponer ◆ *vt* 1 (*combustible, provisiones*) to replenish 2 (*película*) to rerun ◆ **reponerse** *v pron* **reponerse** (**de**) to recover (**from sth**)

reportaje *nm* documentary [*pl* documentaries]: *Esta noche ponen un* ~ *sobre la India.* There's a documentary on about India tonight.

reportero, -a *nm-nf* reporter LOC **reportero gráfico** press photographer

reposacabezas *nm* headrest

reposar *vi* 1 (*gen*) to rest: *Necesitas* ~. You need to rest. 2 (*yacer*) to lie: *Sus restos reposan en este cementerio.* His remains lie in this cemetery. ☞ *Ver nota en* LIE²

reposo *nm* 1 (*descanso*) rest: *Los médicos le han mandado* ~. The doctors have told him to rest. 2 (*paz*) peace: *No tengo ni un momento de* ~. I don't get a moment's peace.

repostar *vi, vi* to refuel: ~ *combustible* to refuel

repostería *nf* confectionery: *La* ~ *se me da muy mal.* I'm not very good at baking.

represalia *nf* reprisal: *Esperemos que no haya* ~*s contra los vecinos.* Let's hope there are no reprisals against the local people.

representación *nf* 1 (*gen*) representation 2 (*Teat*) performance

representante *nmf* 1 (*gen*) representative: *el* ~ *del partido* the party representative 2 (*Cine, Teat*) agent: *el* ~ *de la actriz* the actress's agent

representar *vt* **1** (*organización, país*) to represent: *Representaron a España en las Olimpíadas.* They represented Spain in the Olympics. **2** (*cuadro, estatua*) to depict: *El cuadro representa una batalla.* The painting depicts a battle. **3** (*simbolizar*) to symbolize: *El verde representa la esperanza.* Green symbolizes hope. **4** (*Teat*) **(a)** (*obra*) to perform **(b)** (*papel*) to play: *Representó el papel de Otelo.* He played the part of Othello. **5** (*edad*) to look: *Representa unos 30 años.* She looks about 30.

representativo, -a *adj* representative

represión *nf* repression

represivo, -a *adj* repressive

reprimido, -a *pp, adj, nm-nf* repressed [*adj*]: *Es un ~.* He's repressed.

reprochar *vt* to reproach *sb* **for sth/ doing sth**: *Me reprochó el no haberle llamado.* He reproached me for not phoning him.

reproducción *nf* reproduction

reproducir(se) *vt, v pron* to reproduce

reptar *vi* **1** (*serpiente*) to slither **2** (*persona*) to crawl

reptil *nm* reptile

república *nf* republic

republicano, -a *adj, nm-nf* republican

repuesto *nm* spare part LOC **de repuesto** spare: *un carrete de ~* a spare film

repugnante *adj* revolting

reputación *nf* reputation: *tener buena/ mala ~* to have a good/bad reputation

requemado *pp, adj* burnt

requisar *vt* to seize: *La policía les requisó los documentos.* The police seized their documents.

requisito *nm* requirement (**for sth/to do sth**)

res *nf* (farm) animal

resaca *nf* **1** (*mar*) undertow **2** (*borrachera*) hangover: *tener ~* to have a hangover

resaltar ◆ *vt* **1** (*color, belleza*) to bring *sth* out **2** (*poner énfasis*) to highlight ◆ *vi* to stand out (**from sth**) LOC **hacer resaltar** to bring *sth* out

resbaladizo, -a *adj* slippery

resbalar ◆ *vi* **1** (*vehículo*) to skid **2** (*superficie*) to be slippery **3** ~ (**por**) to slide (**along/down sth**): *La lluvia resbalaba por los cristales.* The rain slid down the windows. ◆ **resbalar(se)** *vi, v pron* to slip (**on sth**): *Resbalé con una mancha de aceite.* I slipped on a patch of

oil. LOC **resbalarle algo a algn** not to care about sth: *Los estudios le resbalan.* He doesn't care about school.

resbalón *nm* slip: *dar/pegarse un ~* to slip

rescatar *vt* **1** (*salvar*) to rescue *sb* (**from sth**) **2** (*recuperar*) to recover *sth* (**from sth/sb**): *Pudieròn ~ el dinero.* They were able to recover the money.

rescate *nm* **1** (*salvación*) rescue: *las labores de ~* rescue work **2** (*pago*) ransom: *pedir un elevado ~* to demand a high ransom LOC **exigir/pedir rescate por algn** to hold sb to ransom

rescoldo *nm* embers [*pl*]

reseco, -a *adj* very dry

resentirse *v pron* **1** (*deteriorarse*) to deteriorate: *Su salud empieza a ~.* His health is starting to deteriorate. **2** (*enfadarse*) to be annoyed (**with sb**) (**about sth**): *Se resintió con ella porque le mintió.* He was annoyed with her because she'd lied to him. **3** (*dolerse*) to hurt: *La pierna aún se resiente de la caída.* My leg still hurts from the fall.

reserva ◆ *nf* **1** (*hotel, viaje, restaurante*) reservation: *hacer una ~* to make a reservation **2** ~ (**de**) reserve(s) [*se usa mucho en plural*]: *una buena ~ de carbón* good coal reserves ◊ *~s de petróleo* oil reserves **3** (*gasolina*) reserve tank **4** (*animales, plantas*) reserve ◆ *nmf* (*Dep*) reserve

reservado, -a *pp, adj* (*persona*) reserved *Ver tb* RESERVAR

reservar *vt* **1** (*guardar*) to save: *Resérvame un sitio.* Save me a place. **2** (*pedir con antelación*) to book: *Quiero ~ una mesa para tres.* I'd like to book a table for three.

resfriado *nm* cold

resfriarse *v pron* to catch a cold

resguardar ◆ *vt* to protect *sth/sb* **against/from sth** ◆ **resguardarse** *v pron* **resguardarse (de)** to shelter (**from sth**): *~se de la lluvia* to shelter from the rain

resguardo *nm* ticket

residencia *nf* residence LOC **residencia de estudiantes** hall (of residence) *Ver tb* ANCIANO

residuo *nm* residuos waste [*incontable, v sing*]: *~s tóxicos* toxic waste

resina *nf* resin

resistencia *nf* (*física*) stamina: *No tengo mucha ~.* I haven't got a lot of stamina.

resistir ◆ *vt* **1** (*soportar*) to withstand: *Las chabolas no resistieron el vendaval.*

The shanty town didn't withstand the hurricane. **2** (*peso*) to take: *El puente no resistirá el peso de ese camión.* The bridge won't take the weight of that lorry. **3** (*tentación*) to resist *sth/doing sth*: *No lo pude ~ y me comí todos los pasteles.* I couldn't resist eating all the cakes. ◆ *vi* to hold up ◆ **resistirse** *v pron* to refuse **to do sth**: *Me resistía a creerlo.* I refused to believe it.

resolver *vt* **1** (*problema, misterio, caso*) to solve **2** ~ **hacer algo** to resolve to **do sth**: *Hemos resuelto no decírselo.* We've resolved not to tell her.

resonar *vi* **1** (*metal, voz*) to ring **2** (*retumbar*) to resound

resoplar *vi* to puff and pant: *Deja de ~.* Stop puffing and panting.

respaldar *vt* to support, to back *sth/sb* up (*más coloq*): *Mis padres siempre me respaldaron.* My parents always supported me.

respaldo *nm* **1** (*silla*) back **2** (*apoyo*) support

respectivo, -a *adj* respective

respecto *nm* LOC **con respecto a** with regard to *sth/sb*

respetable *adj* respectable: *una persona/cantidad ~* a respectable person/amount

respetar *vt* **1** (*estimar*) to respect *sth/sb* (**for sth**): ~ *las opiniones de los demás* to respect other people's opinions **2** (*código, signo*) to obey: ~ *las señales de tráfico* to obey road signs

respeto *nm* **1** ~ (**a/hacia**) (*consideración, veneración*) respect (**for sth/sb**): *el ~ a los demás/la naturaleza* respect for others/nature **2** ~ **a** (*miedo*) fear **of sth**: *tenerle ~ al agua* to be afraid of water LOC *Ver* FALTAR

respetuoso, -a *adj* respectful

respiración *nf* breathing [*incontable*]: *ejercicios de ~* breathing exercises ◊ *quedarse sin ~* to be out of breath ◊ *contener la ~* to hold your breath LOC **respiración artificial** artificial respiration **respiración boca a boca** mouth-to-mouth resuscitation *Ver tb* AGUANTAR

respirar *vt, vi* to breathe: ~ *aire puro* to breathe fresh air ◊ *Respira hondo.* Take a deep breath. LOC **no dejar a algn ni respirar** not to give sb a minute's peace

respiratorio, -a *adj* respiratory

resplandecer *vi* to shine

resplandeciente *adj* shining

resplandor *nm* **1** (*gen*) brightness: *el ~ de la lámpara* the brightness of the lamp **2** (*fuego*) blaze

responder ◆ *vt, vi* ~ (**a**) to answer, to reply (**to sth**) (*más formal*): *Tengo que ~ a estas cartas.* I have to reply to these letters. ◊ ~ *a una pregunta* to answer a question ◆ *vi* **1** (*reaccionar*) to respond (**to sth**): ~ *a un tratamiento* to respond to treatment ◊ *Los frenos no respondían.* The brakes didn't respond. **2** ~ **de/por** to answer **for sth/sb**: *¡No respondo de mí!* I won't answer for my actions! ◊ *Yo respondo por él.* I'll answer for him.

responsabilidad *nf* responsibility [*pl* responsibilities]

responsabilizarse *v pron* **responsabilizarse** (**de**) to accept responsibility (**for sth**): *Me responsabilizo de mis decisiones.* I accept responsibility for my decisions.

responsable ◆ *adj* responsible (**for sth**) ◆ *nmf* **1** (*culpable*) person responsible: *¿Quién es el ~ de este barullo?* Who is responsible for this row? ◊ *Los ~s se entregaron.* Those responsible gave themselves up. **2** (*encargado*) person in charge: *el ~ de las obras* the person in charge of the building work

respuesta *nf* **1** (*contestación*) answer, reply [*pl* replies] (*más formal*): *No hemos obtenido ~.* We haven't had a reply. ◊ *una ~ clara* a clear answer ◊ *Quiero una ~ a mi pregunta.* I want an answer to my question. **2** (*reacción*) response (**to sth**): *una ~ favorable* a favourable response

resquebrajar(se) *vt, v pron* to crack

resta *nf* (*Mat*) subtraction

restablecer ◆ *vt* **1** (*gen*) to restore: ~ *el orden* to restore order **2** (*diálogo, negociaciones*) to resume ◆ **restablecerse** *v pron* to recover (**from sth**): *Tardó varias semanas en ~se.* He took several weeks to recover.

restar *vt* to subtract, to take *sth* away (*más coloq*): ~ *3 de 7* to take 3 away from 7 LOC **restar(le) importancia a algo** to play sth down

restauración *nf* restoration

restaurador, -a *nm-nf* restorer

restaurante *nm* restaurant LOC *Ver* VAGÓN

restaurar *vt* to restore

resto *nm* **1** (*gen*) rest: *El ~ te lo contaré mañana.* I'll tell you the rest tomorrow. **2** (*Mat*) remainder: *¿Qué ~ te da?* What's the remainder? **3 restos** (**a**) (*comida*) leftovers **(b)** (*arqueología*) remains LOC **restos mortales** mortal remains

restregar ◆ *vt* to scrub ◆ **restregarse** *v pron* to rub: *El pequeño se restregaba los ojos.* The little boy was rubbing his eyes.

resucitar ◆ *vi* (*Relig*) to rise from the dead ◆ *vt* (*Med*) to resuscitate

resultado *nm* result: *como ~ de la pelea* as a result of the fight LOC **dar/no dar resultado** to be successful/unsuccessful **resultado final** (*Dep*) final score

resultar *vi* **1** (*ser, quedar*) to be: *Resulta difícil de creer.* It's hard to believe. ◊ *Su cara me resulta familiar.* His face is familiar to me. **2 ~ que...** to turn out (**that...**): *Resultó que se conocían.* It turned out (that) they knew each other.

resumen *nm* summary [*pl* summaries]: *~ informativo* news summary LOC **en resumen** in short

resumir *vt, vi* **1** (*gen*) to summarize: *~ un libro* to summarize a book **2** (*concluir*) to sum *sth* up: *Resumiendo,...* To sum up,...

resurrección *nf* resurrection LOC *Ver* DOMINGO

retablo *nm* (*altar*) altarpiece

retal *nm* remnant

retardado, -a *pp, adj* delayed: *de acción retardada* delayed-action

retención *nf* (*tráfico*) hold-up

retener *vt* **1** (*guardar*) to keep **2** (*memorizar*) to remember **3** (*detener*) to hold: *~ a algn en contra de su voluntad* to hold sb against their will

retina *nf* retina

retirada *nf* **1** (*de una profesión*) retirement: *Anunció su ~ del fútbol.* He announced his retirement from football. **2** (*de soldados vencidos*) retreat: *El general ordenó la ~.* The general ordered the retreat.

retirado, -a *pp, adj* **1** (*remoto*) remote **2** (*jubilado*) retired *Ver tb* RETIRAR

retirar ◆ *vt* to withdraw *sth/sb* (**from sth**): *~le el carné a algn* to withdraw sb's licence ◊ *~ una revista de la circulación* to withdraw a magazine from circulation ◆ **retirarse** *v pron* **1** (*irse*) to withdraw (**from sth**): *~se de una lucha* to withdraw from a fight **2** (*jubilarse*) to retire (**from sth**): *Se retiró de la política.* He retired from politics. **3** (*Mil*) to retreat

retiro *nm* **1** (*jubilación*) retirement **2** (*pensión*) pension **3** (*lugar*) retreat

reto *nm* challenge

retocar *vt* (*pintura, fotos*) to retouch

retoque *nm* finishing touch: *dar los últimos ~s a un dibujo* to put the finishing touches to a drawing

retorcer *vt* to twist: *Me retorció el brazo.* He twisted my arm. LOC **retorcerse de dolor** to writhe in pain **retorcerse de risa** to double up with laughter

retornable *adj* returnable LOC **no retornable** non-returnable

retorno *nm* return

retortijón *nm* cramp: *retortijones de barriga* stomach cramps

retransmisión *nf* broadcast: *una ~ en directo/diferido* a live/recorded broadcast

retransmitir *vt* to broadcast

retrasado, -a ◆ *pp, adj* **1** (*atrasado*) behind (**with sth**): *Voy muy ~ en mi trabajo.* I'm very behind with my work. **2** (*país, región*) backward ◆ *adj, nm-nf* retarded [*adj*]: *~s mentales* mentally retarded people

La palabra **retarded** hoy en día se considera ofensiva. Para hablar de alguien que es retrasado es preferible utilizar la expresión **with special needs** o **with a learning difficulty**.

Ver tb RETRASAR

retrasar ◆ *vt* **1** (*retardar*) to hold *sth/sb* up, to delay (*más formal*): *Retrasaron todos los vuelos.* All flights were delayed. **2** (*reloj*) to put *sth* back: *~ el reloj una hora* to put your watch back an hour ◆ **retrasarse** *v pron* **1** (*llegar tarde*) to be late: *Siento haberme retrasado.* Sorry I'm late. **2** (*en trabajo*) to fall behind (**in/with sth**): *Empezó a ~se en sus estudios.* He began to fall behind in his studies. **3** (*reloj*) to be slow: *Este reloj se retrasa diez minutos.* This watch is ten minutes slow.

retraso *nm* **1** (*demora*) delay [*pl* delays]: *Algunos vuelos sufrieron ~s.* Some flights were subject to delays. ◊ *Empezó con cinco minutos de ~.* It began five minutes late. **2** (*subdesarrollo*) backwardness LOC **llevar/tener retraso** to be late: *El tren lleva cinco horas de ~.* The train is five hours late.

retratar *vt* **1** (*pintar*) to paint *sb's* portrait: *El artista la retrató en 1897.* The artist painted her portrait in 1897. **2** (*Fot*) to take *sb's* photo **3** (*describir*) to portray: *La obra retrata la vida aristocrática.* The play portrays life among the aristocracy.

retrato *nm* **1** (*cuadro*) portrait **2** (*foto*) photograph **3** (*descripción*) portrayal LOC **retrato robot** identikit picture

retroceder *vi* **1** (*gen*) to go back: *Este no es el camino, retrocedamos.* We're going the wrong way, let's go back. **2** (*echarse atrás*) to back down: *No retrocederé ante las dificultades.* I won't back down in the face of adversity.

retroceso *nm* **1** (*movimiento*) backward movement **2** (*de arma*) recoil **3** (*Econ*) recession: ~ *económico* economic recession

retrovisor *nm* rear-view mirror

retumbar *vt* to resound

reúma *nm* rheumatism

reunificar *vt* to reunify

reunión *nf* **1** (*gen*) meeting: *Mañana tenemos una ~ importante.* We've got an important meeting tomorrow. **2** (*encuentro*) reunion: *una ~ de antiguos alumnos* a school reunion

reunir ◆ *vt* **1** (*gen*) to gather *sth/sb* together: *Reuní a mis amigas/la familia.* I gathered my friends/family together. **2** (*información*) to collect **3** (*dinero*) to raise **4** (*cualidades*) to have: ~ *cualidades para ser líder* to have leadership qualities ◆ **reunirse** *v pron* to meet: *Nos reuniremos esta tarde.* We'll meet this evening.

revancha *nf* revenge LOC **tomarse la revancha** to get/take your revenge (*for sth*)

revelado *nm* developing

revelar *vt* **1** (*gen*) to reveal: *Nunca nos reveló su secreto.* He never revealed his secret to us. **2** (*Fot*) to develop

reventado, -a *pp, adj* (*cansado*) shattered *Ver tb* REVENTAR(SE)

reventar(se) *vt, vi, v pron* to burst: *Si comes más, vas a ~.* If you eat any more, you'll burst. ◊ ~ *de alegría* to be bursting with happiness LOC **me revienta** I, you, etc. hate *sth/doing sth*: *Me revienta tener que levantarme temprano.* I hate having to get up early.

reverencia *nf* LOC **hacer una reverencia 1** (*hombres*) to bow **2** (*mujeres*) to curtsy

reversible *adj* reversible

reverso *nm* **1** (*papel*) back **2** (*moneda*) reverse

revertido, -a *pp, adj* LOC *Ver* LLAMADA

revés *nm* **1** (*tela*) wrong side **2** (*Dep*) backhand **3** (*bofetada*) slap **4** (*contratiempo*) setback: *sufrir un ~* to suffer a setback LOC **al/del revés 1** (*con lo de*

upside down

back to front   inside out

arriba abajo) upside down **2** (*con lo de dentro afuera*) inside out: *Llevas el jersey al ~.* Your jumper's on inside out. **3** (*con lo de delante atrás*) back to front **al revés 1** (*mal*) wrong: *¡Todo me está saliendo al ~!* Everything's going wrong for me! **2** (*al contrario*) the other way round: *Yo lo hice al ~ que tú.* I did it the other way round from you.

revestir *vt* (*cubrir*) to cover

revisar *vt* to check: *Vinieron a ~ el gas.* They came to check the gas.

revisión *nf* **1** (*gen*) revision **2** (*vehículo*) service **3** (*Med*) check-up

revisor. ~a *nm-nf* ticket inspector

revista *nf* **1** (*publicación*) magazine **2** (*Teat*) revue **3** (*Mil*) review: *pasar ~ a las tropas* to review the troops LOC *Ver* CORAZÓN

revivir *vt, vi* to revive: ~ *el pasado/una vieja amistad* to revive the past/an old friendship

revolcar ◆ *vt* to knock *sb* over ◆ **revolcarse** *v pron* **1** (*gen*) to roll about: *Nos revolcamos en el césped.* We rolled about on the lawn. **2** (*en agua, barro*) to wallow

revolotear *vi* to fly about

revoltoso, -a *adj, nm-nf* naughty [*adj*]: *Eres un ~.* You're very naughty.

revolución *nf* revolution

revolucionar *vt* **1** (*transformar*) to revolutionize **2** (*alborotar*) to stir *sb* up: *No revoluciones a todo el mundo.* Don't stir everybody up.

revolucionario, -a *adj, nm-nf* revolutionary [*pl* revolutionaries]

revolver ◆ *vt* **1** (*remover*) **(a)** (*gen*) to stir: *Revuélvelo bien.* Stir it well. **(b)** (*ensalada*) to toss **2** (*desordenar*) **(a)** (*gen*) to mess *sth* up: *No revuelvas esos papeles.* Don't mess those papers up. **(b)** (*ladrones*) to turn *sth* upside down: *Los ladrones revolvieron el piso.* The burglars turned the flat upside down. **3** (*estómago*) to turn ◆ *vi* (*fisgar*) to rummage: *Estuvo revolviendo en el bolso un rato.* She spent some time rummaging through her bag.

revólver *nm* revolver

revuelta *nf* revolt

revuelto, -a *pp, adj* **1** (*desordenado*) untidy **2** (*agitado*) worked up: *El pueblo anda ~ con las elecciones.* People are worked up about the elections. **3** (*estómago*) upset: *Tengo el estómago ~.* I've got an upset stomach. LOC *Ver* HUEVO; *Ver tb* REVOLVER

rey *nm* (*monarca*) king

El plural de **king** es regular ('kings'), pero cuando decimos *los reyes* refiriéndonos al rey y la reina, se dice the **king and queen**.

2 Reyes Epiphany LOC **los Reyes Magos** the Three Wise Men *Ver tb* CUERPO, DÍA

rezagado, -a *pp, adj*: *Venga, no te quedes ~.* Come on, don't get left behind. ◆ *nm-nf* straggler

rezar ◆ *vt* to say: *~ una oración* to say a prayer ◆ *vi ~ (por)* to pray (for *sth/sb*)

ría *nf* estuary [*pl* estuaries]

riachuelo *nm* stream

riada *nf* flood

ribera *nf* **1** (*orilla*) bank **2** (*vega*) riverside

rico, -a ◆ *adj* **1** *~ (en)* rich (**in** *sth*): *una familia rica* a rich family ◊ *~ en minerales* rich in minerals **2** (*comida*) delicious **3** (*mono*) sweet: *¡Qué bebé más ~!* What a sweet little baby! ◆ *nm-nf* rich man/woman [*pl* rich men/women]: *los ~s* the rich

ridiculez *nf*: *¡Qué ~!* How ridiculous! ◊ *Lo que dice es una ~.* He's talking rubbish.

ridiculizar *vt* to ridicule

ridículo, -a *adj* ridiculous LOC **dejar/poner a algn en ridículo** to make *sb* look a fool **hacer el ridículo** to make a fool of yourself

riego *nm* (*Agric*) irrigation LOC **riego sanguíneo** circulation *Ver tb* BOCA

riel *nm* rail

rienda *nf* rein LOC **dar rienda suelta** to give free rein *to sth/sb* **llevar las riendas** to be in charge (*of sth*)

riesgo *nm* risk: *Corren el ~ de perder su dinero.* They run the risk of losing their money. LOC **a todo riesgo** (*seguro*) comprehensive

rifa *nf* raffle

rifar *vt* to raffle

rifle *nm* rifle

rígido, -a *adj* **1** (*tieso*) rigid **2** (*severo*) strict: *Tiene unos padres muy ~s.* She has very strict parents.

riguroso, -a *adj* **1** (*estricto*) strict **2** (*minucioso*) thorough **3** (*castigo*) harsh

rima *nf* rhyme

rimar *vi* to rhyme

rimbombante *adj* (*lenguaje*) pompous

rimel *nm* mascara: *darse/ponerse ~* to put mascara on

rincón *nm* corner: *en un tranquilo ~ de Asturias* in a quiet corner of Asturias

rinoceronte *nm* rhino [*pl* rhinos]

Rhinoceros es la palabra científica.

riña *nf* **1** (*pelea*) fight **2** (*discusión*) row

riñón *nm* **1** (*órgano*) kidney [*pl* kidneys] **2** **riñones** (*zona lumbar*) lower back [*sing*] LOC *Ver* COSTAR

riñonera *nf* bumbag ☛ *Ver dibujo en* MALETA

río *nm* river

En inglés **river** se escribe con mayúscula cuando aparece con el nombre de un río: *el río Amazonas* the River Amazon.

LOC **río abajo/arriba** downstream/upstream

riqueza *nf* **1** (*dinero*) wealth [*incontable*]: *amontonar ~s* to amass wealth **2** (*cualidad*) richness: *la ~ del terreno* the richness of the land

risa *nf* **1** (*gen*) laugh: *una ~ nerviosa/contagiosa* a nervous/contagious laugh ◊ *¡Qué ~!* What a laugh! **2 risas** laughter [*incontable*]: *Se oían las ~s de los pequeños.* You could hear the children's laughter. LOC **dar risa** to make *sb* laugh: *me dio la risa* I, you, etc. got the giggles **mondarse/morirse/partirse de risa** to fall about laughing *Ver tb* PELÍCULA, PROGRAMA, RETORCER

risueño, -a *adj* **1** (*cara*) smiling **2** (*persona*) cheerful

ritmo *nm* **1** (*Mús*) rhythm, beat (*más coloq*): *seguir el ~* to keep time **2** (*velocidad*) rate: *el ~ de crecimiento* the growth rate LOC **ritmo de vida** pace of life **tener ritmo 1** (*persona*) to have a good sense of rhythm **2** (*melodía*) to have a good beat *Ver tb* MARCAR

rito *nm* rite

ritual *nm* ritual

rival *adj, nmf* rival

rizado, -a *pp, adj* curly: *Tengo el pelo ~.* I've got curly hair. *Ver tb* RIZAR

rizar ♦ *vt* to curl ♦ **rizarse** *v pron* to go curly: *Con la lluvia se me ha rizado el pelo.* My hair's gone curly in the rain. LOC **rizar el rizo** to complicate things

rizo *nm* **1** (*pelo*) curl **2** (*Aeronáut*) loop LOC *Ver* RIZAR

robar ♦ *vt* **1** (*banco, tienda, persona*) to rob: *~ un banco* to rob a bank **2** (*dinero, objetos*) to steal: *Me han robado el reloj.* My watch has been stolen. **3** (*casa, caja fuerte*) to break into *sth*: *Le enseñaron a ~ cajas fuertes.* They taught him how to break into a safe. ☞ *Ver nota en* ROB ♦ *vi* **1** (*gen*) to steal: *Le echaron del colegio por ~.* He was expelled for stealing. **2** (*a una persona*) to rob: *¡Me han robado!* I've been robbed! **3** (*en una casa*): *Han robado en casa de los vecinos.* Our neighbours' house has been broken into. ☞ *Ver nota en* ROB **4** (*Naipes*) to draw: *Te toca ~.* It's your turn to draw.

roble *nm* oak (tree)

robo *nm* **1** (*de un banco, una tienda, a una persona*) robbery [*pl* robberies]: *el ~ al supermercado* the supermarket robbery ◊ *He sido víctima de un ~.* I've been robbed. **2** (*de objetos*) theft: *acusado de ~* accused of theft ◊ *~ de coches/bicicletas* car/bicycle theft **3** (*a una casa, oficina*) burglary [*pl* burglaries]: *El domingo hubo tres ~s en esta calle.* There were three burglaries in this street on Sunday. ☞ *Ver nota en* THEFT **4** (*estafa*) rip-off: *¡Vaya ~!* That's a rip-off! LOC *Ver* MANO

robot *nm* robot LOC *Ver* RETRATO

robusto, -a *adj* robust

roca *nf* rock

roce *nm* **1** (*rozamiento*) rubbing **2** (*discusión*) clash: *Ya he tenido varios ~s con él.* I've already clashed with him several times.

rociar *vt* to spray *sth* (**with sth**): *Hay que ~ las plantas dos veces al día.* The plants should be sprayed twice a day.

rocío *nm* dew

rock *nm* rock: *un grupo de ~* a rock band LOC **rock duro** heavy metal

rocoso, -a *adj* rocky

rodaballo *nm* turbot [*pl* turbot]

rodaja *nf* slice: *una ~ de melón* a slice of melon LOC **en rodajas**: *Córtalo en ~s.* Slice it. ◊ *piña en ~s* pineapple rings

rodaje *nm* **1** (*Cine*) filming, shooting (*más coloq*): *el ~ de una serie de televisión* the filming of a TV series **2** (*coche*): *El coche está todavía en ~.* I'm still running my car in.

rodar ♦ *vi* **1** (*dar vueltas*) to roll: *Las rocas rodaron por el precipicio.* The rocks rolled down the cliff. **2** (*ir de un lado a otro*): *Esta carta lleva un mes rodando por la oficina.* This letter has been going around the office for a month now. ♦ *vt* **1** (*película*) to film, to shoot (*más coloq*) **2** (*vehículo, motor*) to run *sth* in: *Todavía estoy rodando el coche.* I'm still running the car in. LOC **rodar escaleras abajo** to fall down the stairs

rodear ♦ *vt* **1** (*gen*) to surround *sth/sb* (**with sth/sb**): *Hemos rodeado al enemigo.* We've surrounded the enemy. ◊ *Sus amigas la rodearon para felicitarla.* She was surrounded by friends wanting to congratulate her. **2** (*con los brazos*): *Me rodeó con los brazos.* He put his arms around me. ♦ *vt, vi* ~ (**por**) to go round *sth*: *Podemos ~ (por) el bosque.* We can go round the woods. ♦ **rodearse** *v pron* **rodearse de** to surround yourself **with sth/sb**: *Les encanta ~se de gente joven.* They love to surround themselves with young people.

rodeo *nm* **1** (*desvío*) detour: *Tuvimos que dar un ~ de cinco kilómetros.* We had to make a five-kilometre detour. **2** (*espectáculo*) rodeo [*pl* rodeos] LOC **andarse con rodeos** to beat about the bush

rodilla *nf* knee LOC **de rodillas**: *Todo el mundo estaba de ~s.* Everyone was kneeling down. ◊ *Tendrás que pedírmelo de ~s.* You'll have to get down on your knees and beg. **ponerse de rodillas** to kneel (down)

rodillera *nf* **1** (*Dep*) kneepad **2** (*Med*) knee support **3** (*parche*) knee patch

rodillo *nm* **1** (*Cocina*) rolling pin **2** (*pintura, máquina de escribir*) roller

roedor *nm* rodent

roer *vt* to gnaw (**at**) *sth*: *El perro roía su hueso.* The dog was gnawing (at) its bone.

rogar *vt* **1** (*suplicar*) to beg *sb* (**for sth**); to beg *sth* (**of sb**): *Le rogaron misericordia.* They begged him for mercy. ◊ *Les rogué que me soltasen.* I begged them to let me go. **2** (*pedir*): *Tranquilízate, te lo ruego.* Calm down, please. ◊ *Me rogaron que me fuera.* They asked me to leave. **3** (*rezar*) to pray: *Roguemos al Señor.* Let us pray. LOC **hacerse de rogar** to play hard to get **se ruega no fumar** please do not smoke **se ruega silencio** silence please

rojizo, -a *adj* reddish

rojo, -a *adj*, *nm* red ☛ *Ver ejemplos en* AMARILLO LOC **al rojo vivo** (*metal*) redhot **ponerse rojo** to go red *Ver tb* CAPERUCITA, CRUZ, NÚMERO

rollo *nm* **1** (*gen*) roll: ~*s de papel higiénico* toilet rolls ◊ *un ~ de película* a roll of film **2** (*pesadez, aburrimiento*): *¡Qué ~ de libro!* What a boring book! ◊ *Esa clase es un ~.* That class is really boring. ◊ *Ese tío me parece un ~.* I find that bloke so boring. **3** (*asunto*): *¿Qué ~s te traes?* What are you up to? ◊ *Está metido en un ~ muy raro.* He's involved in something very odd. ◊ *¿Te va al ~ de los coches?* Are you into cars? **4** (*amorío*) affair LOC **meter/soltar un rollo** to go on and on (*about sth*): *¡Qué ~ me metió!* He just went on and on!

románico, -a *adj* (*Arquit*) Romanesque

romano, -a *adj* Roman LOC *Ver* NUMERACIÓN, NÚMERO

romántico, -a *adj*, *nm-nf* romantic

rombo *nm* rhombus [*pl* rhombuses]

romero *nm* rosemary

rompecabezas *nm* **1** (*puzzle*) jigsaw: *hacer un ~* to do a jigsaw **2** (*acertijo*) puzzle

rompeolas *nm* breakwater

romper ◆ *vt* **1** (*gen*) to break: *Rompí el cristal de un pelotazo.* I broke the window with my ball. ◊ *~ una promesa* to break a promise **2** (*papel, tela*) to tear: *He roto la falda con un clavo.* I've torn my skirt on a nail. ◊ *Rompió la carta.* He tore up the letter. **3** (*ropa, zapatos*) to wear *sth* out: *Rompe todos los jerséis por los codos.* He wears out all his jumpers at the elbows. ◆ *vi* **1** ~ **con** to fall out **with** *sb*: *~ con la familia política* to fall out with your in-laws **2** (*novios*) to split up (*with sb*) ◆ **romperse** *v pron* **1** (*gen*) to break: *Me rompí el brazo jugando al fútbol.* I broke my arm playing football. ◊ *Se ha roto sola.* It broke of its own accord. **2** (*tela, papel*) to tear: *Esta tela se rompe fácilmente.* This material tears easily. **3** (*cuerda*) to snap **4** (*ropa, zapatos*) to wear out: *Seguro que se rompen a los dos días.* They're bound to wear out in no

time. LOC **romper el hielo** to break the ice **romper filas** to fall out **romperse la crisma** to crack your head open *Ver tb* CARA, CASCO

ron *nm* rum

roncar *vi* to snore

ronco, -a *adj* (*afónico*) hoarse: *Me quedé ~ de gritar.* I shouted myself hoarse.

ronda *nf* **1** (*gen*) round: *Esta ~ la pago yo.* It's my round. ◊ *Tu casa no está incluida en mi ~.* Your house isn't on my round. **2** (*carretera*) ring road LOC **hacer la ronda 1** (*policía*) to pound the beat **2** (*soldado, vigilante*) to be on patrol **3** (*repartidor*) to do your round

ronronear *vi* to purr

ronroneo *nm* purr: *Se oía el ~ del gato.* You could hear the cat purring.

roña *nf* (*mugre*) dirt: *Tienes ~ en el cuello.* You've got dirt on your collar.

roñoso, -a *adj* **1** (*mugriento*) grimy **2** (*tacaño*) stingy

ropa *nf* **1** (*de persona*) clothes [*pl*]: ~ *infantil* children's clothes ◊ ~ *usada/sucia* second-hand/dirty clothes ◊ *¿Qué ~ me pongo hoy?* What shall I wear today? **2** (*de uso doméstico*) linen: ~ *blanca/de cama* household/bed linen LOC **ropa de deportes** sportswear **ropa interior** underwear *Ver tb* CESTO

ropero *nm* wardrobe

rosa ◆ *nf* rose ◆ *adj*, *nm* pink ☛ *Ver ejemplos en* AMARILLO LOC *Ver* NOVELA

rosado, -a *adj* pink

rosal *nm* rose bush

rosario *nm* (*Relig*) rosary [*pl* rosaries]: *rezar el ~* to say the rosary

rosca *nf* **1** (*pan*) (ring-shaped) roll **2** (*tornillo*) thread LOC **pasarse de rosca** (*persona*) to go over the top *Ver tb* PELOTA, TAPÓN

rostro *nm* **1** (*cara*) face: *La expresión de su ~ lo decía todo.* The look on his face said it all. **2** (*cara dura*) cheek: *¡Vaya ~ que tienes!* You've got a cheek!

rotación *nf* rotation: ~ *de cultivos* crop rotation

roto, -a ◆ *pp*, *adj* (*cansado*) worn-out ◆ *nm* hole *Ver tb* ROMPER

rótula *nf* kneecap

rotulador *nm* felt-tip pen LOC **rotulador fosforescente** highlighter

rotular *vt* (*poner rótulos*) to put the lettering **on** *sth*

rótulo *nm* **1** (*en un cartel, mapa*) lettering [*incontable*]: *Los ~s son demasiado*

pequeños. The lettering's too small.
2 (*letrero*) sign

rotundo, -a *adj* **1** (*contundente*)
resounding: *Le rocé el vestido.* I brushed
ing 'yes'/flop **2** (*negativa*) emphatic

roulotte *nf* caravan

rozar ◆ *vt, vi* **1** (*gen*) to brush (**against**
sth/sb): *Le rocé el vestido.* I brushed
against her dress. ◊ *La pelota me rozó la*
pierna. The ball grazed my leg. **2**
(*raspar*) to rub: *Estas botas me rozan*
atrás. These boots rub at the back. ◊ *El*
guardabarros roza con la rueda. The
mudguard rubs against the wheel. ◆ *vt*
(*hacer un rozón*) to scratch: *Me han*
rozado el coche. Somebody has scratched
my car.

rubeola (*tb* **rubéola**) *nf* German
measles [*sing*]

rubí *nm* ruby [*pl* **rubies**]

rubio, -a *adj* fair, blond(e)

Fair se usa sólo si el rubio es natural y
blond tanto si es natural como si es
teñido: *Es rubio.* He's got fair/blond
hair. ☛ *Ver tb nota en* BLOND

LOC *Ver* TABACO

rueda *nf* **1** (*gen*) wheel: ~ *delantera/*
trasera front/back wheel ◊ *cambiar la*
~ to change the wheel **2** (*neumático*)
tyre: *Se me ha pinchado una* ~. I've got a
puncture. LOC **ir/marchar sobre ruedas**
to go smoothly *Ver tb* PRENSA, SILLA

ruedo *nm* ring: *El torero dio la vuelta al*
~. The bullfighter paraded round the
ring.

ruego *nm* plea

rugby *nm* rugby: *un partido de* ~ a
rugby match

rugido *nm* roar

rugir *vi* to roar

ruido *nm* noise: *No hagas* ~. Don't make
any noise. ◊ *Oí* ~*s raros y me dio miedo.*
I heard some strange noises and got
frightened. ◊ *¿Tú has oído un* ~? Did
you hear something? LOC *Ver* METER

ruidoso, -a *adj* noisy

ruina *nf* **1** (*gen*) ruin: *La ciudad estaba*
en ~*s.* The city was in ruins. ◊ *las* ~*s de*
una ciudad romana the ruins of a
Roman city ◊ ~ *económica* financial
ruin **2** (*hundimiento*) collapse: *Ese edifi-*
cio amenaza ~. That building is in
danger of collapsing. LOC **estar en la**
ruina to be broke **ser la/una ruina**: *Las*
bodas son una ~. Weddings cost a
fortune.

ruiseñor *nm* nightingale

ruleta *nf* roulette

rulo *nm* roller

rumba *nf* rumba

rumbo *nm* **1** (*camino, dirección*) direction **2** (*avión, barco*) course: *El barco*
puso ~ *sur.* The ship set course south-
wards. LOC **(con) rumbo a** bound for: *El*
barco iba con ~ *a Santander.* The ship
was bound for Santander.

rumiante *adj, nm* ruminant

rumiar *vi* (*vaca*) to ruminate (*téc*), to
chew the cud

rumor *nm* **1** (*noticia*) rumour: *Corre el* ~
de que se van a casar. There's a rumour
going round that they're getting
married. **2** (*murmullo*) murmur

rumorear *vt* LOC **se rumorea que...**
there are rumours (that...): *Se rumorea*
que han hecho un fraude. There are
rumours of a fraud.

rural *adj* rural

Rusia *nf* Russia

ruso, -a *adj, nm-nf, nm* Russian: *los* ~*s*
the Russians ◊ *hablar* ~ to speak
Russian LOC *Ver* MONTAÑA

rústico, -a *adj* rustic

ruta *nf* route: *¿Qué* ~ *seguiremos?* What
route shall we take?

rutina *nf* routine: *inspecciones de* ~
routine inspections ◊ *No quiere*
cambiar la ~ *diaria.* She doesn't want to
change her daily routine. ◊ *Se ha con-*
vertido en ~. It's become routine.

Ss

sábado *nm* Saturday [*pl* Saturdays] (*abrev* Sat) ☛ *Ver ejemplos en* LUNES

sábana *nf* sheet

saber ◆ *vt* **1** (*gen*) to know: *No supe qué contestar.* I didn't know what to say. ◊ *No sé nada de mecánica.* I don't know anything about mechanics. ◊ *Sabía que volvería.* I knew he would be back. ◊ *¡Ya lo sé!* I know! **2** ~ **hacer algo** can: *¿Sabes nadar?* Can you swim? ◊ *No sé conducir.* I can't drive. ☛ *Ver nota en* CAN² **3** (*enterarse*) to find out: *Lo supe ayer.* I found out yesterday. **4** (*idioma*) to speak: *Sabe mucho inglés.* He speaks good English. ◆ *vi* **1** (*gen*) to know: *Le tengo mucho aprecio, ¿sabes?* I'm very fond of her, you know. ◊ *¿Sabes? Manolo se casa.* Know what? Manolo's getting married. ◊ *Nunca se sabe.* You never know. **2** ~ **de** (*tener noticias*) to hear **of sth/sb**: *Nunca más supimos de él.* That was the last we heard of him. **3** ~ **(a)** to taste (**of sth**): *Sabe a menta.* It tastes of mint. ◊ *¡Qué bien sabe!* It tastes really good! ☛ *Ver nota en* TASTE LOC **no sé qué/cuántos** something or other: *Me habló de no sé qué.* He talked to me about something or other. **¡qué sé yo!/¡yo qué sé!** how should I know? **que yo sepa** as far as I know **saber mal 1** (*lit*) to have a nasty taste **2** (*fig*) not to like...: *Me sabe mal que me mientas.* I don't like you telling me lies. ☛ *Para otras expresiones con* **saber**, *véanse las entradas del sustantivo, adjetivo, etc., p. ej.* **no saber ni jota** *en* JOTA *y* **saber(se) algo de carrerilla** *en* CARRERILLA.

sabiduría *nf* wisdom

sabio, -a *adj* wise

sabor *nm* **1** ~ **(a)** (*gusto*) taste (**of sth**): *El agua no tiene* ~. Water is tasteless. ◊ *Tiene un* ~ *muy raro.* It tastes very strange. **2** (*gusto que se añade a un producto*) flavour: *Lo hay de siete* ~*es distintos.* It comes in seven different flavours. ◊ *¿De qué* ~ *lo quieres?* Which flavour would you like? LOC **con sabor a** flavoured: *un yogur con* ~ *a plátano* a banana-flavoured yogurt

saborear *vt* to savour: *Le gusta* ~ *su café.* He likes to savour his coffee.

sabotaje *nm* sabotage

sabotear *vt* to sabotage

sabroso, -a *adj* tasty

sacacorchos *nm* corkscrew

sacapuntas *nm* pencil sharpener

sacar ◆ *vt* **1** (*fuera*) to take *sth/sb* out (**of sth**): *Sacó una carpeta del cajón.* He took a folder out of the drawer. ◊ *El dentista le sacó una muela.* The dentist took his tooth out. ◊ ~ *la basura* to take the rubbish out **2** (*conseguir*) to get: *¿Qué has sacado en matemáticas?* What did you get in maths? ◊ *No sé de dónde ha sacado el dinero.* I don't know where she got the money from. **3** (*parte del cuerpo*) to stick *sth* out: *No me saques la lengua.* Don't stick your tongue out at me. ◊ ~ *la cabeza por la ventanilla* to stick your head out of the window ◊ *¡Casi me sacas un ojo!* You nearly poked my eye out! **4** (*producir*) to make *sth* (**from sth**): *Sacan la mantequilla de la leche.* They make butter from milk. ◆ *vt, vi* (*Tenis*) to serve ◆ **sacarse** *v pron*: *¡Sácate las manos de los bolsillos!* Take your hands out of your pockets! ☛ *Para expresiones con* **sacar**, *véanse las entradas del sustantivo, adjetivo, etc., p. ej.* **sacar de quicio** *en* QUICIO *y* **sacar punta** *en* PUNTA.

sacarina *nf* saccharin

sacerdote *nm* priest

saciar *vt* **1** (*hambre, ambición, deseo*) to satisfy **2** (*sed*) to quench

saco *nm* **1** (*grande*) sack **2** (*pequeño*) bag LOC **saco de dormir** sleeping bag

sacramento *nm* sacrament

sacrificar ◆ *vt* to sacrifice: *Sacrificó su carrera para tener hijos.* She sacrificed her career to have children. ◊ *Lo sacrifiqué todo por mi familia.* I sacrificed everything for my family. ◆ **sacrificarse** *v pron* **sacrificarse (por/para)** to make sacrifices (**for sb**): *Mis padres se han sacrificado mucho.* My parents have made a lot of sacrifices.

sacrificio *nm* sacrifice: *Tendrás que hacer algunos* ~*s.* You'll have to make some sacrifices.

sacudida *nf* (*eléctrica*) shock: *Me pegó una buena* ~. I got an electric shock.

sacudir ◆ *vt* **1** (*gen*) to shake: *Sacude el mantel.* Shake the tablecloth. ◊ ~ *la arena (de la toalla)* to shake the sand off (the towel) **2** (*pegar*) to give *sb* a smack

◆ **sacudirse** *v pron* to brush *sth* (off): *~se la caspa del abrigo* to brush the dandruff off your coat

sádico, -a *nm-nf* sadist

sagitario (*tb* **Sagitario**) *nm, nmf* (*Astrol*) Sagittarius ☛ *Ver ejemplos en* AQUARIUS

sagrado, -a *adj* **1** (*Relig*) holy: *un lugar ~* a holy place ◊ *la Sagrada Familia* the Holy Family **2** (*intocable*) sacred: *Los domingos para mí son ~s.* My Sundays are sacred.

sal *nf* salt LOC **sales de baño** bath salts **sal fina/gorda** table/sea salt

sala *nf* **1** (*gen*) room: *~ de juntas* meeting room **2** (*casa*) sitting room **3** (*Cine*) screen: *La ~ 1 es la más grande.* Screen 1 is the largest. **4** (*hospital*) ward LOC **sala de espera** waiting room **sala de estar** sitting room **sala de fiestas** club *Ver tb* FÚTBOL

salado, -a *pp, adj* **1** (*gusto*) salty **2** (*gracioso*) amusing LOC *Ver* AGUA

salario *nm* salary [*pl* salaries] LOC **salario base/mínimo** basic/minimum wage

salchicha *nf* sausage

salchichón *nm* salami [*incontable*]

saldar *vt* (*cuenta, deuda*) to settle

saldo *nm* **1** (*en una cuenta*) balance **2** (*rebaja*) sale

salero *nm* (*para la sal*) salt cellar

salida *nf* **1** (*acción de salir*) way out (*of sth*): *a la ~ del cine* on the way out of the cinema **2** (*puerta*) exit: *la ~ de emergencia* the emergency exit **3** (*avión, tren*) departure: *~s nacionales/internacionales* domestic/international departures ◊ *el tablero de ~s* the departures board LOC **salida del sol** sunrise *Ver tb* CALLEJÓN

salir ◆ *vi* **1** (*ir/venir fuera*) to go/come out: *¿Salimos al jardín?* Shall we go out into the garden? ◊ *No quería ~ del baño.* He wouldn't come out of the bathroom. ◊ *Salí a ver qué pasaba.* I went out to see what was going on. **2** (*partir*) to leave: *¿A qué hora sale el avión?* What time does the plane leave? ◊ *Hemos salido de casa a las dos.* We left home at two. ◊ *El tren sale del andén número cinco.* The train leaves from platform five. ◊ *~ para Irún* to leave for Irún **3** (*alternar*) to go out: *Anoche salimos a cenar.* We went out for a meal last night. ◊ *Sale con un estudiante.* She's going out with a student. **4** (*producto, flor*) to come out: *El disco/libro sale en abril.*

The record/book is coming out in April. **5** (*sol*) **(a)** (*amanecer*) to rise **(b)** (*de entre las nubes*) to come out: *Por la tarde salió el sol.* The sun came out in the afternoon. **6** ~ **de** (*superar*): *~ de una operación* to pull through an operation ◊ *~ de la droga* to come off drugs **7** ~ **a** *algn* (*parecerse*) to take after *sb* **8** ~ **a/por** (*costar*): *Sale a cinco cada uno.* It works out at five each. **9** (*al hacer cuentas*): *A mí me sale 18.* I make it 18. **10** (*resultar*) to turn out: *¿Qué tal te salió la receta?* How did the recipe turn out? ◊ *El viaje salió fenomenal.* The trip went really well. **11** (*saber hacer algo*): *Todavía no me sale bien el pino.* I still can't do handstands properly. **12** (*Informát*) to log off/out: *~ del sistema* to log off/out ◆ **salirse** *v pron* **1** (*gen*) to come off: *Se ha salido una pieza.* A piece has come off. ◊ *El coche se salió de la carretera.* The car came off the road. **2** (*líquido*) to leak LOC **salirse con la suya** to get your own way ☛ Para otras expresiones con **salir**, véanse las entradas del sustantivo, adjetivo, etc., p. ej. **salir de copas** en COPA y **salir rana** en RANA.

saliva *nf* saliva

salmo *nm* psalm

salmón ◆ *nm* salmon [*pl* salmon] ◆ *adj, nm* (*color*) salmon ☛ *Ver ejemplos en* AMARILLO

salmonete *nm* red mullet [*pl* red mullet]

salón *nm* **1** (*de una casa*) sitting room **2** (*de un hotel*) lounge LOC **salón de actos** main hall **salón de belleza** beauty salon *Ver tb* JUEGO

salpicadero *nm* dashboard

salpicar *vt* to splash *sth/sb* (*with sth*): *Un coche me salpicó los pantalones.* A car splashed my trousers.

salsa *nf* **1** (*gen*) sauce: *~ de tomate* tomato sauce **2** (*de jugo de carne*) gravy **3** (*música, baile*) salsa

saltamontes *nm* grasshopper

saltar

hop

jump

saltar ◆ *vt* to jump: *El caballo saltó la valla.* The horse jumped the fence. ◆ *vi*

1 (*gen*) to jump: *Saltaron al agua/por la ventana*. They jumped into the water/out of the window. ◊ *Salté de la silla cuando oí el timbre*. I jumped up from my chair when I heard the bell. ◊ ~ *sobre algn* to jump on sb **2** (*alarma*) to go off ◆ **saltarse** *v pron* **1** (*omitir*) to skip: *~se una comida* to skip a meal **2** (*cola, semáforo*) to jump: *~se un semáforo* to jump the lights LOC **saltar a la pata coja** to hop **saltar a la vista** to be obvious *Ver tb* AIRE, COMBA

salto *nm* **1** (*gen*) jump: *Los niños daban ~s de alegría*. The children were jumping for joy. ◊ *Atravesé el arroyo de un ~*. I jumped across the stream. **2** (*pájaro, conejo, canguro*) hop: *El conejo se escapó dando ~s*. The rabbit hopped away to safety. **3** (*de trampolín*) dive **4** (*salto vigoroso, progreso*) leap LOC **salto de altura/longitud** high jump/long jump **salto de/con pértiga** pole vault

saltón, -ona *adj* (*ojos*) bulging

salud *nf* health: *estar bien/mal de ~* to be in good/poor health LOC ¡**salud**! cheers! *Ver tb* BEBER

saludable *adj* healthy

saludar *vt* to say hello (**to sb**), to greet (*más formal*): *Me vio pero no me saludó*. He saw me but didn't say hello. LOC **le saluda atentamente** Yours faithfully, Yours sincerely ☛ *Ver nota en* ATENTAMENTE **salúdale de mi parte** give him my regards **saludar con la mano** to wave (*at/to sb*)

saludo *nm* **1** (*gen*) greeting **2 saludos** best wishes, regards (*más formal*): *Te mandan ~s*. They send their regards.

salvación *nf* salvation: *Has sido mi ~*. You've saved my life.

salvador, ~a *nm-nf* saviour

salvajada *nf* atrocity [*pl* atrocities] LOC **ser una salvajada** to be outrageous

salvaje *adj* **1** (*gen*) wild: *animales ~s* wild animals **2** (*pueblo, tribu*) uncivilized

salvamento *nm* rescue: *equipo de ~* rescue team

salvar ◆ *vt* **1** (*gen*) to save: *El cinturón de seguridad le salvó la vida*. The seat belt saved his life. **2** (*obstáculo*) to cross: *~ un río* to cross a river ◆ **salvarse** *v pron* to survive LOC ¡**sálvese quien pueda**! every man for himself!

salvavidas *nm* lifebelt LOC *Ver* BOTE¹, CHALECO

salvo *prep* except: *Todos vinieron salvo él*. Everybody came except him. LOC **estar a salvo** to be safe **salvo que...** unless...: *Lo haré, salvo que me digas lo contrario*. I'll do it, unless you say otherwise.

San *adj* Saint (*abrev* St)

sanar *vi* **1** (*herida*) to heal **2** (*enfermo*) to recover

sanción *nf* **1** (*castigo*) sanction: *sanciones económicas* economic sanctions **2** (*multa*) fine

sancionar *vt* **1** (*penalizar*) to penalize **2** (*económicamente*) to sanction

sandalia *nf* sandal

sandía *nf* watermelon

sándwich *nm* sandwich

sangrar *vt, vi* to bleed: *Estoy sangrando por la nariz*. I've got a nosebleed.

sangre *nf* blood: *donar ~* to give blood LOC **a sangre fría** in cold blood **hacerse sangre**: *Me caí y me hice ~ en la rodilla*. I fell and cut my knee. **tener sangre fría** (*serenidad*) to keep your cool *Ver tb* ANÁLISIS, DERRAMAMIENTO, DERRAMAR(SE), SUDAR

sangría *nf* (*bebida*) sangria

sangriento, -a *adj* **1** (*lucha*) bloody **2** (*herida*) bleeding

sanguíneo, -a *adj* blood [*n atrib*]: *grupo ~* blood group LOC *Ver* RIEGO

sanidad *nf* **1** (*pública*) public health **2** (*higiene*) sanitation

sanitario, -a *adj* **1** (*de salud*) health [*n atrib*]: *medidas sanitarias* health measures **2** (*de higiene*) sanitary LOC *Ver* AUXILIAR, AYUDANTE

sano, -a *adj* **1** (*clima, vida, ambiente, cuerpo, comida*) healthy **2** (*en forma*) fit **3** (*madera*) sound LOC **no estar en su sano juicio** not to be in your right mind **sano y salvo** safe and sound

santiamén LOC **en un santiamén** in no time at all

santo, -a ◆ *adj* **1** (*Relig*) holy: *la santa Biblia* the Holy Bible **2** (*título*) Saint (*abrev* St) **3** (*enfático*): *No salimos de casa en todo el ~ día*. We didn't go out of the house all day. ◆ *nm-nf* saint: *Esa mujer es una santa*. That woman is a saint. ◆ *nm* saint's day: *¿Cuándo es tu ~?* When is your saint's day? ☛ *En Gran Bretaña no se celebran los santos*. LOC **se me ha ido el santo al cielo** it's gone right out of my head **ser un santo varón** to be a saint ¡**y santas pascuas**! and that's that! *Ver tb* DÍA, ESPÍRITU, JUEVES, SEMANA, VIERNES

santuario *nm* shrine

sapo *nm* toad

saque *nm* **1** (*Fútbol*) kick-off **2** (*Tenis*) service LOC **saque de banda** throw-in **tener buen saque** (*comiendo*) to be a big eater

saquear *vt* **1** (*ciudad*) to sack **2** (*despensa*) to raid **3** (*robar*) to loot

sarampión *nm* measles [*sing*]

sarcástico, **-a** *adj* sarcastic

sardina *nf* sardine

sargento *nmf* sergeant

sarta *nf* string LOC **decir una sarta de disparates/tonterías** to talk a load of rubbish **una sarta de mentiras** a pack of lies

sartén *nf* frying pan *Ver dibujo en* SAUCEPAN

sastre, **-a** *nm-nf* tailor

satélite *nm* satellite LOC *Ver* TELEVISIÓN, VÍA

satén *nm* satin

satisfacción *nf* satisfaction

satisfacer ◆ *vt* **1** (*gen*) to satisfy: ~ *el hambre/la curiosidad* to satisfy your hunger/curiosity **2** (*sed*) to quench **3** (*ambición, sueño*) to fulfil ◆ *vi* **1** (*gen*) to satisfy *sb* [*vt*]: *Nada le satisface.* He's never satisfied. **2** (*complacer*) to please *sb* [*vt*]: *Me satisface poder hacerlo.* I'm pleased to be able to do it.

satisfactorio, **-a** *adj* satisfactory

satisfecho, **-a** *pp, adj* **1** (*gen*) satisfied (**with sth**): *un cliente ~* a satisfied customer **2** (*complacido*) pleased (**with sth/sb**): *Estoy muy satisfecha del rendimiento de mis alumnos.* I'm very pleased with the way my students are working. LOC **darse por satisfecho** to be happy *with sth*: *Me daría por ~ con un aprobado.* I'd be happy with a pass. **satisfecho de sí mismo** self-satisfied *Ver tb* SATISFACER

Saturno *nm* Saturn

sauce *nm* willow LOC **sauce llorón** weeping willow

sauna *nf* sauna

savia *nf* (*Bot*) sap

saxofón *nm* saxophone, sax (*más coloq*)

sazonar *vt* to season

se *pron pers*

● **reflexivo 1** (*él, ella, ello*) himself, herself, itself: *Se compró un compact disc.* He bought himself a CD. ◊ *Se hizo daño.* She hurt herself. **2** (*usted, ustedes*) yourself [*pl* yourselves] **3** (*ellos, ellas*) themselves **4** (*partes del cuerpo, efectos personales*): *Se lavó las manos.* He washed his hands. ◊ *Se secó el pelo.* She dried her hair.

● **recíproco** each other, one another: *Se quieren.* They love each other. *Ver nota en* EACH OTHER

● **pasivo**: *Se construyó hace años.* It was built a long time ago. ◊ *Se registraron tres muertos.* Three deaths were recorded. ◊ *Se dice que están arruinados.* They are said to be broke. ◊ *No se aceptan tarjetas de crédito.* No credit cards. ◊ *Se prohíbe fumar.* No smoking.

● **impersonal**: *Se vive bien aquí.* Life here is terrific. ◊ *Se les recompensará.* They'll get their reward.

● **en lugar de le, les** him, her, you, them: *Se lo di.* I gave it to him/her. ◊ *Se lo robamos.* We stole it from them.

secador *nm* hairdryer

secadora *nf* tumble-dryer

secar ◆ *vt, vi* to dry ◆ **secarse** *v pron* **1** (*gen*) to dry: *Se secó las lágrimas.* He dried his tears. **2** (*planta, río, estanque, tierra, herida*) to dry up: *El estanque se había secado.* The pond had dried up. LOC **secar los platos** to dry up

sección *nf* **1** (*gen, Arquit, Mat*) section: *la ~ deportiva* the sports section **2** (*tienda*) department: ~ *de caballeros* menswear department LOC **sección transversal** cross section

seco, **-a** *adj* **1** (*gen*) dry: ¿*Está ~?* Is it dry? ◊ *un clima muy ~* a very dry climate **2** (*persona*) unfriendly **3** (*sin vida*) dead: *hojas secas* dead leaves **4** (*frutos, flores*) dried: *higos ~s* dried figs **5** (*sonido, golpe*) sharp LOC **a secas** just: *Me dijo que no, a secas.* He just said 'no'. **frenar/parar en seco** to stop dead *Ver tb* DIQUE, FRUTO, LIMPIAR, LIMPIEZA, PALO

secretaría *nf* **1** (*oficina para matricularse*) admissions office **2** (*cargo*) secretariat: *la ~ de la ONU* the UN secretariat **3** (*oficina del secretario*) secretary's office

secretariado *nm* (*estudios*) secretarial course

secretario, **-a** *nm-nf* secretary [*pl* secretaries]

secreto, **-a** *adj, nm* secret LOC **en secreto** secretly *Ver tb* VOTACIÓN

secta *nf* sect

sector *nm* **1** (*zona, industria*) sector **2** (*grupo de personas*) section: *un pequeño ~ de la población* a small section of the population

secuencia *nf* sequence

secuestrador, ~a *nm-nf* **1** (*de una persona*) kidnapper **2** (*de un avión*) hijacker

secuestrar *vt* **1** (*persona*) to kidnap **2** (*avión*) to hijack

secuestro *nm* **1** (*de una persona*) kidnapping **2** (*de un avión*) hijacking

secundario, -a ◆ *adj* secondary LOC *Ver* CARRETERA, PAPEL ◆ **secundaria** *nf* (*educación*) secondary school: *profesora de secundaria* secondary school teacher ◊ *Está en secundaria.* She's at secondary school. LOC *Ver* ESCUELA

sed *nf* thirst LOC **tener/pasar sed** to be thirsty: *Tengo mucha ~.* I'm very thirsty. *Ver tb* MUERTO

seda *nf* silk: *una camisa de ~* a silk shirt LOC *Ver* GUSANO

sedante *nm* sedative

sede *nf* headquarters (*abrev* HQ) [*v sing o pl*]

sediento, -a *adj* thirsty

sedimento *nm* sediment

seducción *nf* seduction

seducir *vt* to seduce

seductor, ~a ◆ *adj* seductive ◆ *nm-nf* seducer

segadora *nf* combine harvester

segar *vt* to cut

segmento *nm* segment

segregar *vt* to segregate *sth/sb* (*from sth/sb*)

seguida LOC **en seguida** straight away

seguido, -a *pp, adj* in a row: *cuatro veces seguidas* four times in a row ◊ *Lo hizo tres días ~s.* He did it three days running. LOC **todo seguido** straight on *Ver tb* ACTO y SEGUIR

seguir ◆ *vt* **1** (*gen*) to follow: *Sígueme.* Follow me. **2** (*estudios*) to do: *Estoy siguiendo un curso de francés.* I'm doing a course in French. ◆ *vi* **1** (*gen*) to go on (*doing sth*): *Sigue hasta la plaza.* Go on till you reach the square. ◊ *Siguieron trabajando hasta las nueve.* They went on working till nine. **2** (*en una situación*) to be still...: *¿Sigue enferma?* Is she still poorly? ◊ *Sigo en el mismo trabajo.* I'm still in the same job. LOC *Ver* TRECE

según ◆ *prep* according to *sth/sb*: *~ ella/mis cálculos* according to her/my calculations ◆ *adv* **1** (*dependiendo de*) depending on *sth*: *~ sea el tamaño* depending on what size it is ◊ *Tal vez lo haga, ~.* I might do it; it depends. **2** (*de acuerdo con, a medida que*) as: *~ van entrando* as they come in

segundero *nm* second hand

segundo, -a ◆ *adj, pron, nm-nf* second (*abrev* 2nd) ◆ *Ver ejemplos en* SEXTO ◆ *nm* **1** (*tiempo*) second **2** (*plato*) main course: *¿Qué quieres de ~?* What would you like as a main course? ◆ **segunda** *nf* (*marcha*) second (gear) LOC **de segunda mano** second-hand *Ver tb* ECUACIÓN, PRIMO

seguramente *adv* probably

seguridad *nf* **1** (*contra accidente*) safety: *la ~ ciudadana/vial* public/road safety **2** (*contra un ataque/robo, garantía*) security: *controles de ~* security checks **3** (*certeza*) certainty **4** (*en sí mismo*) self-confidence LOC **Seguridad Social** ≃ National Health Service (*GB*) *Ver tb* CARTILLA, CINTURÓN, COPIA

seguro, -a ◆ *adj* **1** (*sin riesgo*) safe: *un lugar ~* a safe place **2** (*convencido*) sure: *Estoy segura de que vendrán.* I'm sure they'll come. **3** (*firme, bien sujeto*) secure ◆ *nm* **1** (*póliza*) insurance [*incontable*]: *sacarse un ~ de vida* to take out life insurance **2** (*mecanismo*) safety catch ◆ *adv* for certain: *No lo saben ~.* They don't know for certain. LOC **seguro que...:** *~ que llegan tarde.* They're bound to be late. *Ver tb* LENTO

seis *nm, adj, pron* **1** (*gen*) six: *el número ~* number six ◊ *sacar un ~ en un examen* to get six in an exam ◊ *El ~ sigue al cinco.* Six comes after five. ◊ *~ y tres son nueve.* Six and three are/make nine. ◊ *~ por tres (son) dieciocho.* Three sixes are eighteen. **2** (*fecha, sexto*) sixth: *en el minuto ~* in the sixth minute ◊ *Fuimos el 6 de mayo.* We went on 6 May. ☛ Se lee: 'the sixth of May'. LOC **a las seis** at six o'clock **dar las seis** to strike six: *Dieron las ~ en el reloj.* The clock struck six. **las seis menos cinco, etc.** five, etc. to six **las seis menos cuarto** a quarter to six **las seis y cinco, etc.** five, etc. past six **las seis y cuarto** a quarter past six **las seis y media** half past six **seis de cada diez** six out of ten **son las seis** it's six o'clock ☛ *Ver nota en* O'CLOCK ☛ Para más información sobre el uso de los números, fechas, etc., ver *Apéndice 1*.

seiscientos, -as ◆ *adj, pron* six hundred: *~ cuarenta y dos* six hundred and forty-two ◊ *Éramos ~ en la boda.* There were six hundred of us at the wedding. ◊ *hace ~ años* six hundred years ago ◆ *nm* six hundred LOC **seiscientos un(o), seiscientos dos, etc.** six hundred and one, six hundred and two, etc. ☞ *Ver Apéndice 1.*

selección *nf* **1** (*gen*) selection **2** (*equipo*) (national) team: *la ~ española de baloncesto* the Spanish basketball team

seleccionar *vt* to select

selectividad *nf* university entrance exam

selecto, -a *adj* select: *un grupo/ restaurante ~* a select group/restaurant

sellar *vt* **1** (*cerrar*) to seal: *~ un sobre/ una amistad* to seal an envelope/a friendship **2** (*marcar con un sello*) to stamp: *~ una carta/un pasaporte* to stamp a letter/passport

sello *nm* (*correos*) stamp: *Dos ~s para España, por favor.* Two stamps for Spain, please. ◊ *Ponle un ~ a la postal.* Put a stamp on the postcard. ☞ *Ver nota en* STAMP

selva *nf* jungle

semáforo *nm* traffic lights [*pl*]: *un ~ en rojo* a red light

semana *nf* week: *la ~ pasada/que viene* last/next week ◊ *dos veces por ~* twice a week LOC **semana blanca** February half-term **Semana Santa** Easter: *¿Qué vais a hacer en Semana Santa?* What are you doing at Easter?

También existe la expresión **Holy Week**, pero se usa solamente para referirse a las festividades religiosas.

una semana sí y otra no every other week *Ver tb* FIN

semanal *adj* **1** (*de cada semana*) weekly: *una revista ~* a weekly magazine **2** (*a la semana*): *Tenemos una hora ~ de gimnasia.* We have one hour of PE a week.

sembrar *vt* **1** (*gen*) to sow: *~ trigo/un campo* to sow wheat/a field **2** (*hortalizas*) to plant: *Han sembrado ese campo de patatas.* They've planted that field with potatoes.

semejante *adj* **1** (*parecido*) similar: *un modelo ~ a este* a model similar to this one **2** (*tal*): *¿Cómo pudiste hacer ~ cosa?* How could you do a thing like that? LOC *Ver* COSA

semejanza *nf* similarity [*pl* similarities]

semen *nm* semen

semicírculo *nm* semicircle

semicorchea *nf* (*Mús*) semiquaver

semifinal *nf* semi-final

semifinalista *nmf* semi-finalist

semilla *nf* seed

seminario *nm* **1** (*clase*) seminar **2** (*departamento*) department: *el ~ de inglés* the English department **3** (*Relig*) seminary [*pl* seminaries]

senado *nm* senate

senador, ~a *nm-nf* senator

sencillez *nf* simplicity

sencillo, -a ◆ *adj* **1** (*gen*) simple: *una comida sencilla* a simple meal **2** (*persona*) straightforward ◆ *nm* (*disco*) single: *el último ~ del grupo* the group's latest single

senda *nf* (*tb* sendero *nm*) path

senderismo *nm* hiking: *hacer ~* to go hiking

seno *nm* breast

sensación *nf* feeling LOC **causar/hacer sensación 1** (*hacer furor*) to cause a sensation **2** (*emocionar*) to make an impression *on sb*: *Volver a verle me causó una gran ~.* Seeing him again made a deep impression on me.

sensacional *adj* sensational

sensatez *nf* good sense

sensato, -a *adj* sensible

sensibilidad *nf* sensitivity

sensible *adj* **1** (*gen*) sensitive (*to sth*): *Mi piel es muy ~ al sol.* My skin is very sensitive to the sun. ◊ *Es una niña muy ~.* She's a very sensitive child. **2** (*grande*) noticeable: *una mejora ~* a noticeable improvement

sensual *adj* sensual

sentada *nf* (*protesta*) sit-in LOC **de/en una sentada** in one go

sentado, -a *pp, adj* sitting, seated (*más formal*): *Estaban ~s a la mesa.* They were sitting at the table. ◊ *Se quedaron ~s.* They remained seated. LOC **dar algo por sentado** to assume sth *Ver tb* SENTAR

sentar ◆ *vt* to sit: *Sentó al niño en su cochecito.* He sat the baby in his pram. ◆ *vi* to suit: *Te sienta mejor el rojo.* The red one suits you better. ◊ *¿Qué tal me sienta?* How does it look? ◆ **sentarse** *v pron* to sit (down): *Siéntese.* Sit down, please. ◊ *Nos sentamos en el suelo.* We sat (down) on the floor. LOC **sentar bien/ mal 1** (*ropa*) to suit/not to suit *sb*: *Este vestido me sienta muy mal.* This dress doesn't suit me at all. **2** (*alimentos*) to agree/not to agree *with sb*: *El café no me sienta bien.* Coffee doesn't agree with me. **3** (*hacer buen efecto*) to do *sb* good/no good: *Me sentó bien el descanso.* The rest did me good. **4** (*tomar bien/*

mal): Me sentó mal que no me invitaran.
I was upset that I wasn't invited. **sentar
como un guante** to fit like a glove
sentar (la) cabeza to settle down *Ver tb*
PATADA, PINTADO, TIRO

sentencia *nf* **1** (*Jur*) sentence **2** (*dicho*)
maxim LOC *Ver* DICTAR

sentenciar *vt* to sentence *sb* (**to sth**)

sentido *nm* **1** (*gen*) sense: *los cinco ~s*
the five senses ◊ *~ del humor* sense of
humour ◊ *No tiene ~.* It doesn't make
sense. **2** (*significado*) meaning **3** (*dirección*) direction LOC **sentido común**
common sense **sentido único** one way:
una calle de ~ único a one-way street *Ver
tb* CARECER, DOBLE, SEXTO

sentimental *adj* **1** (*gen*) sentimental:
valor ~ sentimental value **2** (*vida*) love
[*n atrib*]: *vida ~* love life LOC *Ver* CON-
SULTORIO

sentimiento *nm* feeling

sentir ◆ *vt* **1** (*gen*) to feel: *~ frío/
hambre* to feel cold/hungry **2** (*oír*) to
hear **3** (*lamentar*) to be sorry about *sth/
(that...)*: *Siento no poder ayudarte.* I'm
sorry (that) I can't help you. ◊ *Sentimos
mucho tu desgracia.* We're very sorry
about your bad luck. ☞ *Ver nota en*
SORRY ◆ **sentirse** *v pron* to feel: *Me
siento muy bien.* I feel very well. LOC **lo
siento (mucho)** I'm (very) sorry *Ver tb*
ESCALOFRÍO, GANA, NÁUSEA, OBLIGADO, SIM-
PATÍA, SOLO

seña *nf* **1** (*gesto*) sign **2 señas** (*dirección*)
address [*sing*] LOC **hacer señas** to
signal: *Me hacían ~s para que parase.*
They were signalling to me to stop.

señal *nf* **1** (*gen*) sign: *~es de tráfico* road
signs ◊ *Es una buena/mala ~.* It's a
good/bad sign. ◊ *en ~ de protesta* as a
sign of protest **2** (*marca*) mark **3** (*teléfono*) tone: *la ~ para marcar/de ocupado*
the dialling/engaged tone **4** (*fianza*)
deposit LOC **dar señales** to show signs
of sth/doing sth **hacer una señal/
señales** to signal: *El conductor me hacía
~es.* The driver was signalling to me.

señalar *vt* **1** (*marcar*) to mark: *Señala
las faltas con un lápiz rojo.* Mark the
mistakes in red pencil. **2** (*mostrar,
afirmar*) to point *sth* out: *~ algo en un
mapa* to point sth out on a map ◊ *Señaló
que...* He pointed out that...

señalizar *vt* to signpost

señor, ~a ◆ *nm-nf* **1** (*adulto*) man [*fem
lady*] [*pl* men/ladies]: *Hay un ~ que
quiere hablar contigo.* There's a man
who wants to talk to you. ◊ *una peluquería de señoras* a ladies' hairdresser

2 (*delante del apellido*) Mr [*fem* Mrs] [*pl*
Mr and Mrs]: *¿Está el ~ López?* Is Mr
López in? ◊ *los ~es de Soler* Mr and Mrs
Soler **3** (*delante del nombre o de cargos*):
La señora Luisa es la costurera. Luisa is
the dressmaker. ◊ *el ~ alcalde* the mayor
4 (*para llamar la atención*) excuse me!:
¡Señor! Se le ha caído el billete. Excuse
me! You've dropped your ticket. **5** (*de
cortesía*) sir [*fem* madam] [*pl*
gentlemen/ladies]: *Buenos días ~.* Good
morning, sir. ◊ *Señoras y señores...*
Ladies and gentlemen... ◆ *nm* **Señor**
Lord ◆ **señora** *nf* (*esposa*) wife [*pl*
wives] LOC **¡no señor!** no way! **¡señor!**
good Lord! **¡sí señor!** too right! *Ver tb*
MUY

señorita *nf* **1** (*fórmula de cortesía*) Ms,
Miss

Miss se utiliza para mujeres solteras y
va seguido del apellido o del nombre y
el apellido: 'Miss Jones' o 'Miss Mary
Jones'.

Hoy en día mucha gente prefiere utilizar **Ms**, seguido del apellido o del
nombre y el apellido, ya que no
especifica el estado civil de la persona,
es decir que se utiliza tanto para
mujeres casadas como solteras. Ni **Ms**
ni **Miss** se pueden usar solo con el
nombre propio: *Llame a la señorita
Elena.* Phone Elena.

2 (*maestra*) teacher: *La ~ nos pone
muchos deberes.* Our teacher gives us a
lot of homework. **3** (*para llamar la atención*) excuse me!: *¡Señorita! ¿Me puede
atender, por favor?* Excuse me! Can you
help me please?

separación *nf* **1** (*gen*) separation **2** (*distancia*) gap: *Hay siete metros de ~.*
There's a seven-metre gap.

separado, -a *pp, adj* **1** (*matrimonio*)
separated: *—¿Soltera o casada?
—Separada.* 'Married or single?'
'Separated.' **2** (*distinto*) separate: *llevar
vidas separadas* to lead separate lives
LOC **por separado** separately *Ver tb*
SEPARAR

separar ◆ *vt* **1** (*gen*) to separate *sth/sb*
(**from sth/sb**): *Separa las bolas rojas de
las verdes.* Separate the red balls from
the green ones. **2** (*alejar*) to move *sth/
sb* away (**from sth/sb**): *~ la mesa de la
ventana* to move the table away from
the window **3** (*guardar*) to put *sth* aside:
Sepárame un pan. Put a loaf aside for
me. ◆ **separarse** *v pron* **1** (*gen*) to separate, to split up (*más coloq*): *Se separó
de su marido.* She separated from her

husband. ◊ *Nos separamos a mitad de camino.* We split up halfway. **2** (*apartarse*) to move away (*from sth/sb*): *~se de la familia* to move away from your family

separatista *adj, nmf* separatist

sepia *nf* cuttlefish [*pl* cuttlefish]

septiembre (*tb* **setiembre**) *nm* September (*abrev* Sept) ☞ *Ver ejemplos en* ENERO

séptimo, -a *adj, pron, nm-nf* seventh ☞ *Ver ejemplos en* SEXTO LOC **estar en el séptimo cielo** to be in seventh heaven

sepultura *nf* grave

sequía *nf* drought

ser¹ ◆ *vi* **1** (*gen*) to be: *Es alta.* She's tall. ◊ *Soy de Jaén.* I'm from Jaén. ◊ *Dos y dos son cuatro.* Two and two are four. ◊ *Son las siete.* It's seven o'clock. ◊ *—¿Cuánto es?—Son 35 céntimos.* 'How much is it?' '(It's) 35 cents.' ◊ *—¿Quién es?—Soy Ana.* 'Who is it?' 'It's Ana.' ◊ *En mi familia somos seis.* There are six of us in my family.

En inglés se utiliza el artículo indefinido **a/an** delante de profesiones en oraciones con el verbo 'to be': *Es médico/ingeniero.* He's a doctor/an engineer.

2 ~ de (*material*) to be made **of sth**: *Es de aluminio.* It's made of aluminium. ◆ *v aux* to be: *Será juzgado el lunes.* He will be tried on Monday. LOC **a no ser que...** unless... **es más** what's more **¡eso es!** that's right! **es que...**: *Es que no me apetece.* I just don't feel like it. ◊ *¡Es que es muy caro!* It's very expensive! ◊ *¿Es que no os conocíais?* Didn't you know each other, then? **lo que sea** whatever **no sea que/no vaya a ser que** (just) in case **o sea**: *¿O sea que os vais mañana?* So you're leaving tomorrow, are you? ◊ *El día 17, o sea el martes pasado.* The 17th, that is to say last Tuesday. **por si fuera poco** to top it all **¿qué es de...?**: *¿Qué es de tu hermana?* What's your sister been up to? ◊ *¿Qué es de vuestra vida?* What have you been up to? **sea como sea/sea lo que sea/sea quien sea** no matter how/what/who **si no es/fuera por** if it weren't for *sth/sb* **si yo fuera...** if I were... **soy yo** it's me, you, etc. ☞ Para otras expresiones con **ser**, véanse las entradas del sustantivo, adjetivo, etc., p. ej. **ser el colmo** en COLMO y **ser tartamudo** en TARTAMUDO.

ser² *nm* being: *un ~ humano/vivo* a human/living being

sereno, -a ◆ *adj* calm ◆ *nm* nightwatchman [*pl* nightwatchmen]

serial *nm* serial ☞ *Ver nota en* SERIES

serie *nf* series [*pl* series]: *una ~ de desgracias* a series of disasters ◊ *una nueva ~ televisiva* a new TV series ☞ *Ver nota en* SERIES LOC *Ver* CABEZA, FABRICAR, PRODUCCIÓN

serio, -a *adj* **1** (*gen*) serious: *un libro/asunto ~* a serious book/matter **2** (*cumplidor*) reliable: *Es un hombre de negocios ~.* He's a reliable businessman. LOC **en serio** seriously: *tomar algo en ~* to take sth seriously ◊ *¿Lo dices en ~?* Are you serious? **ponerse serio con algn** to get cross with sb

sermón *nm* (*Relig*) sermon LOC **echar un sermón** to give *sb* a lecture *Ver tb* SOLTAR

seropositivo, -a *adj* HIV positive

serpentina *nf* streamer

serpiente *nf* snake LOC **serpiente de cascabel** rattlesnake

serrano, -a *adj* LOC *Ver* JAMÓN

serrar *vt* to saw **sth** (up): *Serré la madera.* I sawed up the wood.

serrín *nm* sawdust

servicio *nm* **1** (*gen, Tenis*) service: *~ de autobuses* bus service **2** (*doméstico*) domestic help **3** (*cuarto de baño*) toilet: *¿Los ~s por favor?* Where are the toilets, please? ☞ *Ver nota en* TOILET LOC **hacer el servicio** (*militar*) to do (your) military service

En Gran Bretaña no existe el servicio militar.

Ver tb ÁREA, ESTACIÓN

servidor *nm* (*Informát*) server LOC **servidor de internet** Internet service provider

servilleta *nf* napkin: *~s de papel* paper napkins

servilletero *nm* napkin ring

servir ◆ *vt* to serve: *Tardaron mucho en ~nos.* They took a long time to serve us. ◊ *¿Te sirvo un poco más?* Would you like some more? ◆ *vi* **1** (*gen, Tenis*) to serve: *~ en la marina* to serve in the navy **2 ~ de/como/para** to serve **as sth/to do sth**: *Sirvió para aclarar las cosas.* It served to clarify things. ◊ *La caja me sirvió de mesa.* I used the box as a table. **3 ~ para** (*usarse*) to be (used) **for doing sth**: *Sirve para cortar.* It is used for cutting. ◊ *¿Para qué sirve?* What do you use it for? ◆ **servirse** *v pron* (*comida*) to help yourself (**to sth**): *Me serví ensalada.* I helped myself to salad. ◊ *Sírvase* *usted mismo.* Help yourself. **LOC no servir 1** (*utensilio*) to be no good (*for doing sth*): *Este cuchillo no sirve para cortar carne.* This knife is no good for cutting meat. **2** (*persona*) to be no good *at sth/doing sth*: *No sirvo para enseñar.* I'm no good at teaching. *Ver tb* BANDEJA

sesenta *nm, adj, pron* **1** (*gen*) sixty **2** (*sexagésimo*) sixtieth: *Estás el ~ en la lista.* You're the sixtieth on the list. ◊ *el ~ aniversario* the sixtieth anniversary **LOC los sesenta** (*década*) the sixties **sesenta y un(o), sesenta y dos, etc.** sixty-one, sixty-two, etc. ☛ *Ver Apéndice 1.*

sesión *nf* **1** (*gen*) session: *~ de entrenamiento/clausura* training/closing session **2** (*Cine*) showing **3** (*Teat*) performance

seso *nm* brain **LOC calentarse/ devanarse los sesos** to rack your brains *Ver tb* ESTRUJAR

seta *nf* mushroom **LOC** *Ver* VENENOSO

setecientos, -as *adj, pron, nm* seven hundred ☛ *Ver ejemplos en* SEISCIENTOS

setenta *nm, adj, pron* **1** (*gen*) seventy **2** (*septuagésimo*) seventieth ☛ *Ver ejemplos en* SESENTA

seudónimo *nm* pseudonym

severo, -a *adj* **1** (*intenso*) severe: *un golpe ~* a severe blow **2** (*con*) (*estricto*) strict (**with sb**): *Mi padre era muy ~ con nosotros.* My father was very strict with us. **3** (*castigo, crítica*) harsh

sexista *adj, nmf* sexist

sexo *nm* sex

sexto, -a ◆ *adj* **1** (*gen*) sixth: *la sexta hija* the sixth daughter **2** (*en títulos*): *Felipe VI* Philip VI ☛ Se lee: 'Philip the Sixth'. ◆ *pron, nm-nf* sixth: *Es el ~ de la familia.* He's sixth in the family. ◊ *Fui ~ en cruzar la meta.* I was the sixth to finish. ☛ *Ver Apéndice 1.* ◆ *nm* **1** sixth: *cinco ~s* five sixths **2** (*piso*) sixth floor: *Vivo en el ~.* I live on the sixth floor. **3** (*vivienda*) sixth-floor flat: *Viven en un ~.* They live in a sixth-floor flat. **LOC la/ una sexta parte** a sixth **sexto sentido** sixth sense

sexual *adj* **1** (*gen*) sexual: *acoso ~* sexual harassment **2** (*educación, órganos, vida*) sex [*n atrib*]

sexualidad *nf* sexuality

short *nm* **shorts** shorts [*pl*]: *Se compró unos ~s nuevos.* He bought a new pair of shorts/some new shorts. ☛ *Ver nota en* PAIR

si¹ *nm* B: *si mayor* B major

si² *conj* **1** (*gen*) if: *Si llueve no iremos.* If it rains, we won't go. ◊ *Si fuera rico, me compraría una moto.* If I were rich, I'd buy a motorbike. ☛ Es más correcto decir 'if I/he/she/it were', pero hoy en día en el lenguaje hablado se suele usar 'if I/he/she/it was'. **2** (*duda*) whether: *No sé si quedarme o marcharme.* I don't know whether to stay or go. **3** (*deseo*) if only: *¡Si me lo hubieras dicho antes!* If only you had told me before! **4** (*protesta*) but: *¡Si no me lo habías dicho!* But you didn't tell me! **5** (*enfático*) really: *Si será despistada.* She's really scatterbrained. **LOC si no** otherwise

sí¹ ◆ *adv* **1** (*gen*) yes: —*¿Quieres un poco más?* —*Sí.* 'Would you like a bit more?' 'Yes, please.' **2** (*énfasis*): *Sí que estoy contenta.* I am really happy. ◊ *Ella no irá, pero yo sí.* She's not going but I am. ◆ *nm* yes: *Contestó con un tímido sí.* He shyly said yes. ◊ *Aún no me ha dado el sí.* He still hasn't said yes. **LOC ¡eso sí que no!** definitely not!

sí² *pron pers* **1** (*él*) himself: *Hablaba para sí (mismo).* He was talking to himself. **2** (*ella*) herself: *Solo sabe hablar de sí misma.* She can only talk about herself. **3** (*ello*) itself: *El problema se solucionó por sí mismo.* The problem solved itself. **4** (*ellos, ellas*) themselves **5** (*impersonal, usted*) yourself: *querer algo para sí* to want sth for yourself ☛ *Ver nota en* YOU **6** (*ustedes*) yourselves **LOC darse de sí** (*prendas, zapatos*) to stretch **de por sí/ en sí (mismo)** in itself

siamés, -esa *adj* **LOC** *Ver* GATO, HERMANO

sida (*tb* SIDA) *nm* Aids

siderurgia *nf* iron and steel industry

siderúrgico, -a *adj* iron and steel [*n atrib*]: *el sector ~ español* the Spanish iron and steel sector

sidra *nf* cider

siembra *nf* sowing

siempre *adv* always: *~ dices lo mismo.* You always say the same thing. ◊ *~ he vivido con mis primos.* I've always lived with my cousins. ☛ *Ver nota en* ALWAYS **LOC como siempre** as usual **de siempre** (*acostumbrado*) usual: *Nos veremos en el sitio de ~.* We'll meet in the usual place. **lo de siempre** the usual thing **para siempre 1** (*permanentemente*) for good: *Me marcho de España para ~.* I'm leaving Spain for good. **2** (*eternamente*) for ever: *Nuestro amor es para ~.* Our love will last for ever. **siempre que...** whenever...: *~ que vamos de vacaciones te pones enfermo.* Whenever we go on holiday, you get ill.

sien *nf* temple

sierra *nf* **1** (*herramienta*) saw **2** (*región*) mountains [*pl*]: *una casita en la ~ a* cottage in the mountains **3** (*Geog*) mountain range

siesta *nf* siesta LOC **dormir/echarse la siesta** to have a siesta

siete *nm, adj, pron* **1** (*gen*) seven **2** (*fecha*) seventh ☞ *Ver ejemplos en* SEIS LOC **tener siete vidas** to have nine lives

sigilosamente *adv* very quietly

sigla *nf* **siglas** abbreviation [*sing*]: *¿Cuáles son las ~s de...?* What's the abbreviation for...? ◊ *UE son las ~s de la Unión Europea.* UE stands for 'Unión Europea'.

siglo *nm* **1** (*centuria*) century [*pl* centuries]: *en el ~ XX* in the 20th century ☞ *Se lee:* 'in the twentieth century'. **2** (*era*) age: *Vivimos en el ~ de los ordenadores.* We live in the computer age. LOC **Siglo de Oro** Golden Age

significado *nm* meaning

significar *vt, vi* to mean (*sth*) (*to sb*): *¿Qué significa esta palabra?* What does this word mean? ◊ *Él significa mucho para mí.* He means a lot to me.

signo *nm* **1** (*gen*) sign: *los ~s del zodíaco* the signs of the zodiac **2** (*imprenta, fonética*) symbol LOC **signo de admiración/interrogación** exclamation/question mark ☞ *Ver págs* 326-27. **signo negativo** (*Mat*) minus (sign) **signo positivo** (*Mat*) plus (sign)

siguiente ◆ *adj* next: *al día ~* the next day ◆ *nmf* next one: *Que pase la ~.* Tell the next one to come in. LOC **lo siguiente** the following

sílaba *nf* syllable

silbar *vt, vi* **1** (*gen*) to whistle: *~ una canción* to whistle a tune **2** (*abuchear*) to boo

silbato *nm* whistle: *El árbitro tocó el ~.* The referee blew the whistle.

silbido *nm* **1** (*gen*) whistle: *el ~ del viento* the whistling of the wind **2** (*protesta, serpiente*) hiss **3** (*oídos*) buzzing

silenciar *vt* **1** (*persona*) to silence **2** (*suceso*) to hush *sth* up

silencio *nm* silence: *En la clase había ~ absoluto.* There was total silence in the classroom. LOC **¡silencio!** be quiet! *Ver tb* ROGAR

silencioso, -a *adj* **1** (*en silencio, callado*) silent: *La casa estaba completamente silenciosa.* The house was totally silent. ◊ *un motor ~* a silent engine **2** (*tranquilo*) quiet: *una calle muy silenciosa* a very quiet street

silla *nf* **1** (*mueble*) chair: *sentado en una ~* sitting on a chair **2** (*de niño*) pushchair LOC **silla (de montar)** saddle **silla de ruedas** wheelchair

sillón *nm* armchair: *sentado en un ~* sitting in an armchair

silueta *nf* silhouette

silvestre *adj* wild

simbólico, -a *adj* symbolic

simbolizar *vt* to symbolize

símbolo *nm* symbol

simétrico, -a *adj* symmetrical

similar *adj* ~ (a) similar (to *sth/sb*)

simio, -a *nm-nf* ape

simpatía *nf* charm LOC **sentir/tener simpatía hacia/por algn** to like sb

simpático, -a *adj* nice: *Es una chica muy simpática.* She's a very nice girl. ◊ *Me pareció/cayó muy ~.* I thought he was very nice.

Nótese que **sympathetic** no significa simpático sino *comprensivo, compasivo*: *Todos fueron muy comprensivos.* Everyone was very sympathetic.

LOC **hacerse el simpático**: *Se estaba haciendo el ~.* He was trying to be nice.

simpatizante *nmf* sympathizer: *ser ~ del partido liberal* to be a liberal party sympathizer

simpatizar *vi* (*llevarse bien*) to get on (well) (*with sb*)

simple *adj* **1** (*sencillo, fácil*) simple: *No es tan ~ como parece.* It's not as simple as it looks. **2** (*mero*): *Es un ~ apodo.* It's just a nickname. LOC **a simple vista** at first glance

simplemente *adv* simply, just (*más coloq*) LOC **es simplemente que...** it's just that...

simplificar *vt* to simplify

simultáneo, -a *adj* simultaneous

sin *prep* **1** (*gen*) without: *sin azúcar* without sugar ◊ *sin pensar* without thinking

Nótese que cuando **sin** va seguido de una palabra negativa como "nada", "nadie", etc., estas se traducen por **anything, anybody**, etc.: *Salió sin* *decir nada.* She left without saying anything. ◊ *Salieron sin que nadie les viera.* They left without anybody seeing them.

2 (*por hacer*): *Los platos estaban todavía sin fregar.* The dishes still hadn't been done. ◊ *Tuve que dejar el trabajo sin terminar.* I had to leave the work unfinished. LOC **sin embargo** *Ver* EMBARGO

sinagoga *nf* synagogue

sinceridad *nf* sincerity

sincero, -a *adj* sincere

sincronizar *vt* to synchronize: *Sincronicemos los relojes.* Let's synchronize our watches.

sindicato *nm* (trade) union: *el ~ de mineros* the miners' union

síndrome *nm* syndrome LOC **síndrome de abstinencia** withdrawal symptoms [*pl*] **síndrome de inmunodeficiencia adquirida** (*abrev* **sida**) Acquired Immune Deficiency Syndrome (*abrev* Aids)

sinfonía *nf* symphony [*pl* symphonies]

sinfónico, -a *adj* **1** (*música*) symphonic **2** (*orquesta*) symphony [*n atrib*]: *orquesta sinfónica* symphony orchestra

single *nm* single

singular *adj, nm* (*Gram*) singular

siniestro, -a *adj* sinister; *aspecto ~ sin-ister appearance* LOC *Ver* DIESTRO

sino *conj* but: *no solo en Madrid, ~ también en otros sitios* not only in Madrid but in other places as well ◊ *No haces ~ criticar.* You do nothing but criticize.

sinónimo, -a ◆ *adj* ~ (**de**) synonymous (**with** *sth*) ◆ *nm* synonym

sintetizador *nm* (*Mús*) synthesizer

síntoma *nm* symptom

sintonizar *vt, vi* to tune in (**to** *sth*): ~ *(con) la BBC* to tune in to the BBC

sinvergüenza *nmf* scoundrel

siquiera *adv* **1** (*en frase negativa*) even: *Ni ~ me llamaste.* You didn't even phone me. ◊ *sin vestirme ~* without even getting dressed **2** (*al menos*) at least: *Dame ~ una idea.* At least give me an idea.

sirena *nf* **1** (*señal acústica*) siren: *~ de policía* police siren **2** (*mujer-pez*) mermaid

sirviente, -a *nm-nf* servant

sísmico, -a *adj* seismic

sistema *nm* **1** (*gen*) system: *~ político/educativo* political/education system ◊ *el ~ solar* the solar system **2** (*método*) method: *los ~s pedagógicos modernos*

modern teaching methods LOC **sistema montañoso** mountain range

sitio *nm* **1** (*gen*) place: *un ~ para dormir* a place to sleep **2** (*espacio*) room: *¿Hay ~?* Is there any room? ◊ *Creo que no habrá ~ para todos.* I don't think there'll be enough room for everybody. **3** (*asiento*) seat: *La gente buscaba ~.* People were looking for seats. LOC **hacer sitio** to make room (**for** *sth/sb*) **ir de un sitio a/para otro** to rush around **sitio web** web site: *¡Visita nuestro ~ web!* Visit our web site! *Ver tb* ALGUNO, CUALQUIERA, NINGUNO, OTRO

situación *nf* situation: *una ~ difícil* a difficult situation

situado, -a *pp, adj* situated *Ver tb* SITUAR

situar ◆ *vt* **1** (*colocar*) to put, to place (*más formal*): *Me sitúa en una posición muy comprometida.* This puts me in a very awkward position. **2** (*en un mapa*) to find: *Sitúame Suiza en el mapa.* Find Switzerland on the map. ◆ **situarse** *v pron* (*clasificación*) to be: ~*se entre las cinco primeras* to be among the top five LOC **situarse a la cabeza** to lead the field

eslogan *nm Ver* ESLOGAN

smoking *nm Ver* ESMOQUIN

snob *adj, nmf Ver* ESNOB

¡so! *interj* whoa!

sobaco *nm* armpit

sobar *vt* **1** (*cosa*) to finger: *Deja de ~ la tela.* Stop fingering the material. **2** (*persona*) to paw

soberano, -a *adj, nm-nf* sovereign

sobornar *vt* to bribe

soborno *nm* **1** (*acción*) bribery [*incontable*]: *intento de ~* attempted bribery **2** (*dinero*) bribe: *aceptar ~s* to accept/take bribes

sobra *nf* **1** (*exceso*) surplus: *Hay ~ de mano de obra barata.* There is a surplus of cheap labour. **2 sobras** (*restos*) leftovers LOC **de sobra 1** (*suficiente*) plenty (of *sth*): *Hay comida de ~.* There's plenty of food. ◊ *Tenemos tiempo de ~.* We have plenty of time. **2** (*muy bien*) very well: *Sabes de ~ que no me gusta.* You know very well that I don't like it.

sobrar *vi* **1** (*quedar*): *Sobra queso de anoche.* There's some cheese left (over) from last night. **2** (*haber más de lo necesario*): *Para una falda sobra tela.* There's plenty of material for a skirt. ◊ *Sobran dos sillas.* There are two chairs too many. **3** (*estar de más*) **(a)** (*cosa*) to be unnecessary: *Sobran las palabras.* Words are unnecessary. **(b)** (*persona*) to be in the way: *Aquí sobramos.* We're in the way here. LOC **sobrarle algo a algn 1** (*quedar*) to have sth left: *Me sobran dos caramelos.* I've got two sweets left. **2** (*tener demasiado*) to have too much/many...: *Me sobra trabajo.* I've got too much work.

sobre¹ *nm* **1** (*carta*) envelope **2** (*envoltorio*) packet: *un ~ de sopa* a packet of soup

sobre² *prep* **1** (*encima de*) on: *sobre la mesa* on the table **2** (*por encima, sin tocar*) over: *Volamos sobre Santander.* We flew over Santander. **3** (*temperatura*) above: *un grado sobre cero* one degree above zero **4** (*acerca de, expresando aproximación*) about: *una película sobre Escocia* a film about Scotland ◊ *Llegaré sobre las ocho.* I'll arrive about eight. LOC **sobre todo** Ver TODO

sobrecargado, -a *pp, adj* overloaded: *una línea sobrecargada* an overloaded line

sobredosis *nf* overdose

sobremesa *nf* **1** (*conversación*) after-dinner chat: *estar de ~* to have an after-dinner chat ◊ *La ~ estuvo muy agradable.* We had a very nice chat after dinner. **2** (*programa de TV*) afternoon: *la programación de ~* afternoon television

sobrenatural *adj* supernatural

sobrentenderse (*tb* **sobreentenderse**) *v pron* to be understood

sobrepasar *vt* **1** (*cantidad, límite, medida, esperanzas*) to exceed: *Sobrepasó los 170 km por hora.* It exceeded 170 km an hour. **2** (*rival, récord*) to beat

sobresaliente ◆ *adj* outstanding: *una actuación ~* an outstanding performance ◆ *nm* (*Educ*) excellent: *sacar un ~ en historia.* to get 'excellent' for history ☛ *Ver nota en* MARK

sobresalir *vi* **1** (*objeto, parte del cuerpo*) to stick out, to protrude (*más formal*) **2** (*destacar, resaltar*) to stand out (*from sth/sb*): *Sobresale entre sus compañeras.* She stands out from her friends.

sobresaltar *vt* to startle

sobrevivir *vi* to survive: *~ a un accidente* to survive an accident

sobrino, -a *nm-nf* nephew [*fem* niece] A veces decimos *sobrinos* refiriéndonos a sobrinos y sobrinas, en cuyo caso debemos decir en inglés **nephews and nieces**: *¿Cuántos sobrinos tienes?* How many nephews and nieces have you got?

sobrio, -a *adj* sober

sociable *adj* sociable

social *adj* social LOC *Ver* ASISTENTE, CARTILLA, SEGURIDAD

socialismo *nm* socialism

socialista *adj, nmf* socialist

sociedad *nf* **1** (*gen*) society [*pl* societies]: *una ~ de consumo* a consumer society **2** (*Com*) company [*pl* companies] LOC **sociedad anónima** public limited company (*abrev* plc) **sociedad limitada** limited company (*abrev* Ltd) *Ver tb* ECO

socio, -a *nm-nf* **1** (*club*) member: *hacerse ~ de un club* to become a member of a club/to join a club **2** (*Com*) partner

sociología *nf* sociology

sociólogo, -a *nm-nf* sociologist

socorrer *vt* to help

socorrido, -a *pp, adj* handy: *una excusa socorrida* a handy excuse *Ver tb* SOCORRER

socorrismo *nm* life-saving

socorrista *nmf* lifeguard

socorro ◆ *nm* help ◆ **¡socorro!** *interj* help! LOC *Ver* CASA

sofá *nm* sofa LOC **sofá cama** sofa bed

sofisticado, -a *adj* sophisticated

sofocante *adj* stifling: *Hacía un calor ~.* It was stiflingly hot.

sofocar ◆ *vt* **1** (*fuego*) to smother **2** (*rebelión*) to put sth down ◆ **sofocarse** *v pron* **1** (*de calor*) to suffocate: *Me estaba sofocando en el metro.* I was suffocating on the underground. **2** (*quedarse sin aliento*) to get out of breath **3** (*irritarse*) to get worked up

sofoco *nm* **1** (*vergüenza*) embarrassment: *¡Qué ~!* How embarrassing! **2** (*sudores*) hot flush

software *nm* software [*incontable*]: *Han creado un nuevo ~.* They've created some new software/a new software package.

soga *nf* rope ☛ *Ver dibujo en* CUERDA LOC **estar con la soga al cuello** to be in a fix

soja *nf* soya

sol¹ *nm* sun: *Me daba el ~ en la cara.* The sun was shining on my face. ◊ *sentarse* *al* ~ to sit in the sun ◊ *una tarde de* ~ a sunny afternoon **LOC de sol a sol** from morning to night **hacer sol** to be sunny **no dejar a algn ni a sol ni a sombra** not to leave sb in peace **tomar el sol** to sunbathe *Ver tb* GAFAS, PUESTA, QUEMADURA, RELOJ, SALIDA

sol¹ *nm* G: ~ *bemol* G flat **LOC** *Ver* CLAVE

solamente *adv Ver* SOLO

solapa *nf* **1** (*chaqueta*) lapel **2** (*libro, sobre*) flap

solar¹ *adj* (*del sol*) solar

solar² *nm* (*terreno*) plot

soldado *nmf* soldier

soldar *vt* to solder

soleado, -a *adj* sunny

solemne *adj* solemn

soler *vi* **1** (*en presente*) to usually do sth: *No suelo desayunar.* I don't usually have breakfast. ☞ *Ver nota en* ALWAYS **2** (*en pasado*) used to do sth: *Solíamos visitarlo en verano.* We used to visit him in the summer. ◊ *No solíamos salir.* We didn't use to go out. ☞ *Ver nota en* USED TO

solfeo *nm* music theory

solicitante *nmf* applicant (*for sth*)

solicitar *vt* **1** (*gen*) to request: ~ *una entrevista* to request an interview **2** (*empleo, beca*) to apply for *sth*

solicitud *nf* **1** (*petición*) request (*for sth*): *una* ~ *de información* a request for information **2** (*instancia*) application (*for sth*): *una* ~ *de trabajo* a job application ◊ *rellenar una* ~ to fill in an application (form)

solidez *nf* solidity

solidificar(se) *vt, v pron* **1** (*gen*) to solidify **2** (*agua*) to freeze

sólido, -a *adj, nm* solid

solista *nmf* soloist

solitario, -a ◆ *adj* **1** (*sin compañía*) solitary: *Lleva una vida solitaria.* He leads a solitary life. **2** (*lugar*) lonely: *las calles solitarias* the lonely streets ◆ *nm* (*Naipes*) patience [*incontable*]: *hacer un* ~ to play a game of patience

sollozo *nm* sob

solo, -a ◆ *adj* **1** (*sin compañía*) alone: *Estaba sola en casa.* She was alone in the house. **2** (*sin ayuda*) by myself, yourself, etc.: *El niño ya come* ~. He can eat by himself now. ☞ *Ver nota en* ALONE ◆ (*tb* **sólo, solamente**) *adv* only: *Trabajo* ~ *los sábados.* I only work on Saturdays. ◊ *Es* ~ *un chiquillo.* He's only a child. ◊ *Tan* ~ *te pido una cosa.* I'm just asking

you one thing. ◆ *nm* solo [*pl* solos]: *hacer un* ~ to play/sing a solo **LOC estar a solas** to be alone **estar/sentirse solo** to be/feel lonely **no solo... sino también...** not only... but also... **quedarse solo** to be (left) on your own *Ver tb* CAFÉ

solomillo *nm* fillet (steak)

soltar ◆ *vt* **1** (*desasir*) to let go of *sth/sb*: *¡Suéltame!* Let go of me! **2** (*dejar caer*) to drop **3** (*dejar libre*) to set *sth/sb* free, to release (*más formal*) **4** (*perro*) to set *sth* loose **5** (*cable, cuerda*) to let *sth* out: *Suelta un poco de cuerda.* Let the rope out a bit. **6** (*olor, humo*) to give *sth* off: *Suelta mucho humo.* It gives off a lot of smoke. **7** (*dinero*) to cough *sth* up **8** (*grito, suspiro*) to let *sth* out ◆ **soltarse** *v pron* **1** (*separarse*) to let go (of *sth/sb*): *No te sueltes de mi mano.* Don't let go of my hand. **2 soltarse** (en) to get the hang of *sth*: *Ya se está soltando en inglés.* She's getting the hang of English now. **LOC no soltar palabra/prenda** not to say a word **soltar amarras** to cast off **soltarse el pelo** to let your hair down **soltar una carcajada** to burst out laughing **soltar una parrafada/un sermón** to give *sb* a lecture (*on sth*) *Ver tb* INDIRECTA, ROLLO

soltero, -a ◆ *adj* single: *ser/estar* ~ to be single ◆ *nm-nf* single man/woman [*pl* single men/women] **LOC** *Ver* DESPEDIDA, MADRE

solterón, -ona *nm-nf* bachelor [*fem* spinster]: *Es un* ~ *empedernido.* He is a confirmed bachelor.

soltura *nf* **1** (*desparpajo*) self-confidence: *Se desenvuelve con* ~. He's very confident. **2** (*facilidad*): *Habla francés con* ~. She speaks fluent French. ◊ *conducir con* ~ to drive well ◊ *coger* ~ *con el ordenador* to get the hang of the computer

soluble *adj* soluble: *aspirina* ~ soluble aspirin

solución *nf* solution (*to sth*): *encontrar la* ~ *del problema* to find a solution to the problem

solucionar *vt* to solve: *Lo solucionaron con una llamada.* They solved the problem with a phone call.

solvente *adj* solvent

sombra *nf* **1** (*ausencia de sol*) shade: *Nos sentamos en la* ~. We sat in the shade. ◊ *El árbol daba* ~ *al coche.* The car was shaded by the tree. ◊ *Me estás haciendo* ~. You're keeping the sun off me. **2** (*silueta*) shadow: *proyectar una* ~

sombra

a **shadow**

They're sitting
in the shade.

to cast a shadow ◊ *No es ni ~ de lo que
era.* She is a shadow of her former self.
LOC **sombra (de ojos)** eyeshadow *Ver
tb* SOL[1]

sombreado, -a *adj* shady

sombrero *nm* hat LOC **sombrero de
copa** top hat

sombrilla *nf (playa)* sunshade

someter ◆ *vt* **1** *(dominar)* to subdue
2 *(exponer)* to subject *sth/sb* **to** *sth*: *~ a
los presos a torturas* to subject prison-
ers to torture ◊ *Sometieron el metal al
calor.* The metal was subjected to heat.
3 *(buscar aprobación)* to submit *sth* **(to**
sth/sb): *Tienen que ~ el proyecto al
consejo.* The project must be submitted
to the council. ◆ **someterse** *v pron*
(rendirse) to surrender **(to** *sb)* LOC
someter a votación to put *sth* to the
vote

somnífero *nm* sleeping pill

sonado, -a *pp, adj* **1** *(comentado)* much
talked-about: *la sonada dimisión del
ministro* the much talked-about resignation of the minister **2** *(impresionante)* incredible LOC **estar sonado** to
be nuts *Ver tb* SONAR

sonajero *nm* rattle

sonámbulo, -a *nm-nf* sleepwalker

sonante *adj* LOC *Ver* DINERO

sonar ◆ *vi* **1** *(alarma, sirena)* to go off
2 *(timbre, campanilla, teléfono)* to ring
3 ~ **(a)** to sound: *Esta pared suena a
hueco.* This wall sounds hollow. ◊ *El
piano suena de maravilla.* The piano
sounds great. ◊ *¿Cómo te suena este
párrafo?* How does this paragraph
sound to you? **4** *(ser familiar)* to ring a
bell: *Ese nombre me suena.* That name
rings a bell. **5** *(tripas)* to rumble: *Me
sonaban las tripas.* My tummy was
rumbling. ◆ **sonarse** *v pron (nariz)* to
blow your nose

sonda *nf (Med)* probe

sondear *vt* **1** *(persona)* to sound *sb* out
(about/on *sth)* **2** *(opinión, mercado)* to
test

sondeo *nm (opinión, mercado)* poll: *un
~ de opinión* an opinion poll

sonido *nm* sound LOC *Ver* CADENA

sonoro, -a *adj* **1** *(Tec)* sound *[n atrib]*:
efectos ~s sound effects **2** *(voz)* loud·LOC
Ver BANDA

sonreír *vi* to smile **(at** *sb)*: *Me sonrió.*
He smiled at me.

sonriente *adj* smiling

sonrisa *nf* smile

sonrojarse *v pron* to blush

sonrosado, -a *adj* rosy

soñador, ~a *nm-nf* dreamer

soñar ◆ *vi* ~ **con 1** *(durmiendo)* to
dream **of/about** *sth/sb*: *Anoche soñé
contigo.* I dreamt about you last night.
2 *(desear)* to dream **of doing** *sth*: *Sueño
con una moto.* I dream of having a
motorbike. ◊ *Sueñan con ser famosos.*
They dream of becoming famous. ◆ *vt*
to dream: *No sé si lo he soñado.* I don't
know if I dreamt it. LOC **ni lo sueñes**
no chance **soñar con los angelitos** to
have sweet dreams **soñar despierto** to
daydream

sopa *nf* soup: *~ de sobre/fideos* packet/
noodle soup LOC **hasta en la sopa** all
over the place

sopero, -a ◆ *adj* soup *[n atrib]*:
cuchara sopera soup spoon ◆ **sopera**
nf soup tureen LOC *Ver* PLATO

soplar ◆ *vt* **1** *(para apagar algo)* to
blow *sth* out: *~ una vela* to blow out a
candle **2** *(para enfriar algo)* to blow **on**
sth: *~ la sopa* to blow on your soup
3 *(decir en voz baja)* to whisper: *Me
soplaba las respuestas.* He whispered
the answers to me. **4** *(chivarse)* **(a)**
(entre niños) to tell **(on** *sb)*: *Si no me lo
devuelves, se lo soplo a la maestra.* If
you don't give it back to me, I'll tell the
teacher on you. **(b)** *(a la policía)* to
grass **(on** *sb)* ◆ *vi* **1** *(persona, viento)* to
blow **2** *(beber)* to drink

soplo *nm* **1** *(gen)* blow: *Apagó todas las
velas de un ~.* He blew out all the
candles in one go. **2** *(viento)* gust

soplón, -ona *nm-nf* **1** *(gen)* tell-tale
2 *(de la policía)* grass

soportales *nm* arcade *[sing]*: *los ~ de
la plaza* the arcade round the square

soportar *vt* to put up with *sth/sb*: *~ el
calor* to put up with the heat ☞ *Cuando
la frase es negativa se utiliza mucho to*

stand: *No la soporto.* I can't stand her. ◊ *No soporto tener que esperar.* I can't stand waiting.

soporte *nm* **1** (*gen*) support **2** (*estantería*) bracket

soprano *nf* soprano [*pl* sopranos]

sorber *vt, vi* **1** (*líquido*) (**a**) (*gen*) to sip (**b**) (*con una pajita*) to suck **2** (*por las narices*) to sniff

sorbete *nm* sorbet

sorbo *nm* sip: *tomar un ~ de café* to have a sip of coffee LOC *Ver* BEBER(SE)

sordera *nf* deafness

sórdido, -a *adj* sordid

sordo, -a *adj, nm-nf* deaf [*adj*]: *un colegio especial para ~s* a special school for the deaf ◊ *quedarse ~* to go deaf

Hoy en día para hablar de los sordos muchas personas prefieren utilizar **people who are hearing-impaired**.

LOC **hacerse el sordo** to turn a deaf ear (*to sth/sb*) **sordo como una tapia** as deaf as a post

sordomudo, -a ◆ *adj* deaf and dumb ◆ *nm-nf* deaf mute

Hoy en día para hablar de los sordomudos muchas personas prefieren utilizar **people who are hearing and speech impaired**.

sorprendente *adj* surprising

sorprender ◆ *vt* **1** (*gen*) to surprise: *Me sorprende que no haya llegado todavía.* I'm surprised he hasn't arrived yet. **2** (*coger desprevenido*) to catch *sb* (unawares): *Los sorprendió robando.* He caught them stealing. ◊ *Sorprendieron a los atracadores.* They caught the robbers unawares. ◆ **sorprenderse** *v pron* to be surprised: *Se sorprendieron al vernos.* They were surprised to see us.

sorprendido, -a *pp, adj* surprised *Ver tb* SORPRENDER

sorpresa *nf* surprise LOC **coger por sorpresa** to take *sb* by surprise

sortear *vt* **1** (*echar a suertes*) to draw lots **for** *sth* **2** (*rifar*) to raffle **3** (*golpe, obstáculo*) to dodge **4** (*dificultad, trabas*) to overcome

sorteo *nm* **1** (*lotería, adjudicación*) draw **2** (*rifa*) raffle

sortija *nf* ring

SOS *nm* SOS: *enviar un ~* to send out an SOS

sosegado, -a *pp, adj* calm *Ver tb* SOSEGARSE

sosegarse *v pron* to calm down

sosiego *nm* calm

soso, -a *adj* **1** (*comida*) tasteless: *La sopa está algo sosa.* This soup needs a little salt. **2** (*persona*) dull **3** (*chiste*): *Los chistes que cuentan son ~s.* Their jokes aren't funny.

sospecha *nf* suspicion

sospechar *vt, vi* ~ (**de**) to suspect: *Sospechan del joven como posible terrorista.* They suspect the young man of being a terrorist. LOC **¡ya (me) lo sospechaba!** just as I thought!

sospechoso, -a ◆ *adj* suspicious ◆ *nm-nf* suspect

sostén *nm* (*sujetador*) bra

sostener ◆ *vt* **1** (*sujetar*) to hold **2** (*peso, carga*) to support **3** (*afirmar*) to maintain ◆ **sostenerse** *v pron* to stand up

sostenido, -a *pp, adj* (*Mús*) sharp: *fa ~* F sharp *Ver tb* SOSTENER

sotana *nf* cassock

sótano *nm* basement

sponsor *nm Ver* ESPÓNSOR

sport *nm* LOC **de sport** casual: *zapatos/ropa de ~* casual shoes/clothes

spray *nm* spray [*pl* sprays]

squash *nm* squash LOC *Ver* PISTA

stop *nm* (*tráfico*) stop sign

stress *nm Ver* ESTRÉS

su *adj pos* **1** (*de él*) his **2** (*de ella*) her **3** (*de objeto, animal, concepto*) its **4** (*de ellos/ellas*) their **5** (*impersonal*) their: *Cada cual tiene su opinión.* Everyone has their own opinion. **6** (*de usted, de ustedes*) your

suave *adj* **1** (*color, luz, música, piel, ropa, voz*) soft **2** (*superficie*) smooth **3** (*brisa, persona, curva, pendiente, sonido*) gentle **4** (*castigo, clima, sabor*) mild **5** (*ejercicios, lluvia, viento*) light

suavizante *nm* **1** (*pelo*) conditioner **2** (*ropa*) (fabric) softener

suavizar *vt* **1** (*piel*) to moisturize **2** (*pelo*) to condition

subasta *nf* auction

subcampeón, -ona *nm-nf* runner-up [*pl* runners-up]

subconsciente *adj, nm* subconscious

subdesarrollado, -a *adj* underdeveloped

subdesarrollo *nm* underdevelopment

súbdito, -a *nm-nf* subject: *una súbdita británica* a British subject

subida *nf* **1** (*acción*) ascent **2** (*pendiente*) hill: *al final de esta* ~ at the top of this hill **3** (*aumento*) rise (*in sth*): *una ~ de precios* a rise in prices

subido, -a *pp, adj* (*color*) bright *Ver tb* SUBIR

subir ◆ *vt* **1** (*llevar*) to take/bring *sth* up: *Subió las maletas a la habitación.* He took the suitcases up to the room. **2** (*poner más arriba*) to put *sth* up: *Súbelo un poco más.* Put it a bit higher. **3** (*levantar*) to lift *sth* up: *Subí el equipaje al tren.* I lifted the luggage onto the train. **4** (*ir/venir arriba*) to go/come up *sth*: ~ *una calle* to go up a street **5** (*volumen*) to turn *sth* up **6** (*precios*) to put *sth* up, to raise (*más formal*) ◆ *vi* **1** (*ir/venir arriba*) to go/come up: *Subimos al segundo piso.* We went up to the second floor. ◊ ~ *al tejado* to go up onto the roof **2** (*temperatura, río*) to rise **3** (*marea*) to come in **4** (*precios*) to go up (*in price*): *Ha subido la gasolina.* Petrol has gone up in price. **5** (*volumen, voz*) to get louder ◆ **subir(se)** *vi, v pron* **subir(se) (a) 1** (*automóvil*) to get in, to get into *sth*: *Subí al taxi.* I got into the taxi. **2** (*transporte público, caballo, bici*) to get on (*sth*) LOC **subirse a la cabeza** to go to your head **subirse a las barbas a algn** to walk all over *sb* **subírsele los humos a algn** to get high and mighty **subirse por las paredes** to hit the roof *Ver tb* ESCALERA

subjetivo, -a *adj* subjective

subjuntivo, -a *adj, nm* subjunctive

sublevación *nf* uprising

sublime *adj* sublime

submarinismo *nm* scuba-diving

submarinista *nmf* scuba-diver

submarino, -a ◆ *adj* underwater ◆ *nm* submarine

subnormal ◆ *adj* subnormal ◆ *nmf* (*como insulto*) moron

subordinado, -a *pp, adj, nm-nf* subordinate

subrayar *vt* to underline

subsidio *nm* benefit: ~ *de enfermedad/paro* sickness/unemployment benefit

subsistir *vi* to subsist (*on sth*)

subterráneo, -a *adj* underground LOC *Ver* PASO

subtítulo *nm* subtitle

suburbio *nm* **1** (*alrededores*) suburb **2** (*barrio bajo*) slum quarter

subvencionar *vt* to subsidize

sucedáneo *nm* substitute (*for sth*)

suceder ◆ *vi* (*ocurrir*) to happen (*to sth/sb*): *¡Que no vuelva a ~!* Don't let it happen again! ◆ *vt* (*cargo, trono*) to succeed: *Su hijo le sucederá en el trono.* His son will succeed to the throne.

sucesión *nf* succession

sucesivamente *adv* successively LOC *Ver* ASÍ

suceso *nm* **1** (*acontecimiento*) event: *los ~s de los últimos días* the events of the past few days **2** (*incidente*) incident

sucesor, -a *nm-nf* ~ (a) successor (*to sth/sb*): *Todavía no han nombrado a su sucesora.* They've yet to name her successor.

suciedad *nf* dirt

sucio, -a *adj* dirty LOC **en sucio** in rough: *Escribe la redacción en ~ primero.* Write the essay in rough first. *Ver tb* CESTO, JUEGO, JUGAR, TRAPO

suculento, -a *adj* succulent

sucursal *nf* branch

sudadera *nf* sweatshirt

sudar *vi* to sweat LOC **sudar la gota gorda/sangre/tinta** to sweat blood

sudeste *nm* **1** (*punto cardinal, región*) south-east (*abrev* SE): *la fachada ~ del edificio* the south-east face of the building **2** (*viento, dirección*) south-easterly: *en dirección* ~ in a south-easterly direction

sudoeste *nm* **1** (*punto cardinal, región*) south-west (*abrev* SW) **2** (*viento, dirección*) south-westerly

sudor *nm* sweat

sudoroso, -a *adj* sweaty

Suecia *nf* Sweden

sueco, -a ◆ *adj, nm* Swedish: *hablar* ~ to speak Swedish ◆ *nm-nf* Swede: *los ~s* the Swedes

suegro, -a *nm-nf* **1** (*gen*) father-in-law [*fem* mother-in-law] **2 suegros** parents-in-law, in-laws (*más coloq*)

suela *nf* sole: *zapatos con* ~ *de goma* rubber-soled shoes

sueldo *nm* **1** (*gen*) pay [*incontable*]: *pedir un aumento de* ~ to ask for a pay rise **2** (*mensual*) salary [*pl* salaries]

suelo *nm* **1** (*superficie de la tierra*) ground: *caer al* ~ to fall (to the ground) **2** (*dentro de un edificio*) floor **3** (*terreno*) land LOC *Ver* FREGAR

suelto, -a ◆ *adj* loose: *una página suelta* a loose page ◊ *Siempre llevo el pelo* ~. I always wear my hair loose. ◊ *Creo que hay un tornillo* ~. I think there's a screw loose. ◆ *nm* small change **LOC** *Ver* DINERO, RIENDA

sueño *nm* **1** (*descanso*) sleep: *debido a la falta de* ~ due to lack of sleep ◊ *No dejes que te quite el* ~. Don't lose any sleep over it. **2** (*somnolencia*) drowsiness: *Estas pastillas producen* ~. These pills make you drowsy. **3** (*lo soñado, ilusión*) dream: *Fue un* ~ *hecho realidad.* It was a dream come true. **LOC caerse de sueño** to be dead on your feet **dar sueño** to make *sb* drowsy **tener sueño** to be sleepy

suerte *nf* **1** (*fortuna*) luck: *¡Buena* ~ *con el examen!* Good luck with your exam! ◊ *dar/traer buena/mala* ~ to bring good/bad luck **2** (*destino*) fate **LOC de la suerte** lucky: *mi número de la* ~ my lucky number **echar a suertes** to toss for *sth*: *Lo echamos a* ~*s.* We tossed for it. **por suerte** fortunately **tener mala suerte** to be unlucky **tener suerte** to be lucky *Ver tb* AMULETO

suéter *nm* sweater

suficiente ◆ *adj* enough: *No tengo arroz* ~ *para tantas personas.* I haven't got enough rice for all these people. ◊ *¿Serán* ~*s?* Will there be enough? ◊ *Gano lo* ~ *para vivir.* I earn enough to live on. ◆ *nm* (*exámenes*) pass ☞ *Ver nota en* MARK

sufrido, -a *pp, adj* (*persona*) long-suffering *Ver tb* SUFRIR

sufrimiento *nm* suffering

sufrir ◆ *vt* **1** (*gen*) to suffer: ~ *una derrota/lesión* to suffer a defeat/an injury **2** (*tener*) to have: ~ *un accidente/ataque al corazón* to have an accident/a heart attack ◊ *La ciudad sufre problemas de tráfico.* The city has traffic problems. **3** (*cambio*) to undergo ◆ *vi* ~ (**de**) to suffer (from *sth*): *Sufre del corazón.* He suffers from heart trouble. **LOC** *Ver* DESENGAÑO

sugerencia *nf* suggestion

sugerir *vt* to suggest

sugestión *nf* **LOC es (pura) sugestión** it's all in the mind

sugestionar ◆ *vt* to influence ◆ **sugestionarse** *v pron* to convince yourself *that...*

suicidarse *v pron* to commit suicide, to kill yourself (*más coloq*)

suicidio *nm* suicide

Suiza *nf* Switzerland

suizo, -a ◆ *adj* Swiss ◆ *nm-nf* Swiss man/woman [*pl* Swiss men/women]: *los* ~*s* the Swiss

sujetador *nm* (*prenda*) bra

sujetar ◆ *vt* **1** (*agarrar*) to hold: *Sujeta bien el paraguas.* Hold the umbrella tight. **2** (*asegurar*) to fasten: ~ *unos papeles con un clip* to fasten papers together with a paper clip ◆ **sujetarse** *v pron* **sujetarse** (**a**) (*agarrarse*) to hold on (to *sth*): *Sujétate a mi brazo.* Hold on to my arm.

sujeto, -a ◆ *pp, adj* **1** (*atado*) fastened: *El equipaje iba bien* ~. The luggage was tightly fastened. **2** (*cogido*): *Dos policías lo tenían* ~. Two policemen were holding him down. **3** (*fijo*) secure: *El gancho no estaba bien* ~. The hook wasn't secure. **4** ~ **a** (*sometido*) subject to *sth*: *Estamos* ~*s a las reglas del club.* We are subject to the rules of the club. ◆ *nm* **1** (*tipo*) character **2** (*Gram*) subject *Ver tb* SUJETAR

suma *nf* sum: *hacer una* ~ to add *sth* up

sumar *vt, vi* to add (*sth*) (up): *Suma dos y cinco.* Add up two and five. ◊ *¿Sabéis* ~? Can you add up?

sumergible *adj* water-resistant

sumergir(se) *vt, v pron* to submerge

suministrar *vt* to supply (*sb*) (with *sth*): *Me suministró los datos.* He supplied me with the information.

sumiso, -a *adj* submissive

súper *nm* supermarket

superar ◆ *vt* **1** (*dificultad, problema*) to overcome, to get over *sth* (*más coloq*): *He superado el miedo a volar.* I've got over my fear of flying. **2** (*récord*) to beat **3** (*prueba*) to pass **4** (*ser mejor*) to surpass: ~ *las expectativas* to surpass expectations ◊ *El equipo español superó a los italianos en juego.* The Spanish team outplayed the Italians. ◆ **superarse** *v pron* to better yourself

superdotado, -a ◆ *adj* gifted: *un colegio para* ~*s* a school for gifted children ◆ *nm-nf* gifted child [*pl* gifted children]

superficial *adj* superficial

superficie *nf* **1** (*gen*) surface: *la* ~ *del agua* the surface of the water **2** (*Mat, extensión*) area

superfluo, -a *adj* **1** (*gen*) superfluous: *detalles* ~*s* superfluous details **2** (*gastos*) unnecessary

superior ◆ *adj* **1** ~ (**a**) (*gen*) higher (than *sth/sb*): *una cifra 20 veces* ~ *a la normal* a figure 20 times higher than normal ◊ *estudios* ~*es* higher education **2** ~ (**a**) (*calidad*) superior (to *sth/sb*): *Fue* ~ *a su rival.* He was superior to his rival. **3** (*posición*) top: *el ángulo ~ izquierdo* the top left-hand corner ◊ *el labio ~* the upper/top lip ◆ *nm* superior

superiora *nf* (*Relig*) Mother Superior

superioridad *nf* superiority LOC *Ver* AIRE

supermercado *nm* supermarket

superpoblado, -a *pp, adj* over-populated

superstición *nf* superstition

supersticioso, -a *adj* superstitious

supervisar *vt* to supervise

superviviente ◆ *adj* surviving ◆ *nmf* survivor

suplemento *nm* supplement: *el ~ dominical* the Sunday supplement

suplente *adj, nmf* **1** (*gen*) relief [*n atrib*]: *un conductor ~* a relief driver **2** (*maestro*) supply (teacher) **3** (*Fútbol*) substitute: *estar de ~* to be a substitute

supletorio, -a *adj* (*cama, mesa*) spare

súplica *nf* plea

suplicar *vt* to beg (*sb*) (*for sth*): *Le supliqué que no lo hiciera.* I begged him not to do it. ◊ *~ piedad* to beg for mercy

suplicio *nm* **1** (*tortura*) torture [*gen incontable*]: *Estos tacones son un ~.* These high heels are torture. **2** (*experiencia*) ordeal: *Aquellas horas de incertidumbre fueron un ~.* Those hours of uncertainty were an ordeal.

suponer *vt* **1** (*creer*) to suppose: *Supongo que vendrán.* I suppose they'll come. ◊ *Supongo que sí/no.* I suppose so/not. **2** (*significar*) to mean: *Esos ahorros suponen mucho para nosotros.* Those savings mean a lot to us. LOC *supón/supongamos que...* supposing...

suposición *nf* supposition

supositorio *nm* suppository [*pl* suppositories]

supremacía *nf* supremacy (*over sth/sb*)

supremo, -a *adj* supreme LOC *Ver* TRIBUNAL

suprimir *vt* **1** (*omitir, excluir*) to leave *sth* out: *Yo suprimiría este párrafo.* I'd leave this paragraph out. **2** (*abolir*) to abolish: *~ una ley* to abolish a law

supuesto, -a *pp, adj* (*presunto*) alleged: *el ~ culpable* the alleged culprit LOC **dar por supuesto** to take *sth* for granted **por supuesto (que...)** of course *Ver tb* SUPONER

sur *nm* south (*abrev* S): *en el ~ de Francia* in the south of France ◊ *Queda al ~ de Barcelona.* It's south of Barcelona. ◊ *en la costa ~* on the south coast

surco *nm* **1** (*Agric, arruga*) furrow **2** (*en el agua*) wake **3** (*disco, metal*) groove

sureste *nm Ver* SUDESTE

surf *nm* surfing: *hacer/practicar el ~* to go surfing

surgir *vi* to arise: *Espero que no surja ningún problema.* I hope that no problems arise.

suroeste *nm Ver* SUDOESTE

surtido, -a ◆ *pp, adj* (*variado*) assorted: *bombones ~s* assorted chocolates ◆ *nm* selection: *Tienen muy poco ~.* They've got a very poor selection. *Ver tb* SURTIR

surtidor *nm* **1** (*fuente*) fountain **2** (*gasolina*) pump

surtir *vt* to supply LOC **surtir efecto** to have an effect

susceptible *adj* (*irritable*) touchy

suscribirse *v pron ~* (*a*) **1** (*publicación*) to take out a subscription (*to sth*) **2** (*asociación*) to become a member (*of sth*)

suscripción *nf* subscription

susodicho, -a *adj, nm-nf* above-mentioned: *los ~s* the above-mentioned

suspender ◆ *vt, vi* to fail: *He suspendido el inglés.* I've failed English. ◊ *~ en dos asignaturas* to fail two subjects ◆ *vt* **1** (*interrumpir*) to suspend: *El árbitro suspendió el partido media hora.* The referee suspended the game for half an hour. **2** (*aplazar*) to postpone

suspense *nm* suspense LOC **libro/película de suspense** thriller

suspensivo, -a *adj* LOC *Ver* PUNTO

suspenso *nm* fail: *Tengo dos ~s.* I failed two subjects. ◊ *Hubo muchos ~s en historia.* A lot of people failed history. ☞ *Ver nota en* MARK

suspirar *vi* to sigh

suspiro *nm* sigh

sustancia *nf* substance

sustancial *adj* substantial

sustancioso, -a *adj* (*comida*) nourishing

sustantivo *nm* noun

sustento *nm* **1** (*alimento*) sustenance **2** (*soporte, apoyo*) support

sustitución *nf* **1** (*permanente*) replacement **2** (*temporal, Dep*) substitution

sustituir *vt* **1** (*gen*) to replace **2** (*suplir*) to stand in for *sb*: *Me sustituirá mi ayudante.* My assistant will stand in for me.

sustituto, -a *nm-nf* **1** (*permanente*) replacement: *Están buscando un ~ para el jefe de personal.* They're looking for a replacement for the personnel manager. **2** (*suplente*) stand-in

susto *nm* **1** (*miedo, sobresalto*) fright: *¡Qué ~ me has dado/pegado!* What a fright you gave me! **2** (*falsa alarma*) scare LOC **llevarse un susto de muerte** to get the fright of your life

sustraer *vt* (*Mat*) to subtract

susurrar *vt, vi* to whisper

susurro *nm* whisper

sutil *adj* subtle

suyo, -a *adj pos, pron pos* **1** (*de él*) his: *Es culpa suya.* It's his fault. ◊ *un despacho junto al ~* an office next to his **2** (*de ella*) hers

Nótese que *un amigo suyo* se traduce por 'a friend of his, hers, etc.' porque significa *uno de sus amigos*.

3 (*de animal*) its **4** (*de usted/ustedes*) yours **5** (*de ellas/ellos*) theirs LOC **ser muy suyo** to be very particular (about sth)

Tt

tabaco *nm* **1** (*gen*) tobacco: *~ de pipa* pipe tobacco **2** (*cigarrillos*) cigarettes [*pl*]: *Me he quedado sin ~.* I've run out of cigarettes. LOC **tabaco rubio/negro** Virginia/black tobacco

tábano *nm* horsefly [*pl* horseflies]

tabarra *nf* pain in the neck LOC **dar la tabarra** to be a nuisance

taberna *nf* pub

tabique *nm* partition: *tirar un ~* to knock down a partition LOC **tabique nasal** nasal septum (*científ*)

tabla *nf* **1** (*de madera sin alisar*) plank: *un puente construido con ~s* a bridge made from planks **2** (*de madera pulida, plancha*) board: *~ de planchar* ironing board **3** (*lista, índice, Mat*) table: *~ de equivalencias* conversion table ◊ *saberse las ~s (de multiplicar)* to know your (multiplication) tables LOC **a raja tabla** *Ver* RAJATABLA **la tabla del dos, etc.** the two, etc. times table

tablero *nm* **1** (*gen*) board: *Lo escribió en el ~.* He wrote it up on the board. **2** (*panel*) panel: *~ de control/mandos* control/instrument panel LOC **tablero de ajedrez** chessboard

tableta *nf* **1** (*Med*) tablet **2** (*chocolate*) bar

tablón *nm* plank LOC **tablón (de anuncios)** noticeboard

tabú *nm* taboo [*pl* taboos]: *un tema/una palabra ~* a taboo subject/word

taburete *nm* stool

tacaño, -a ◆ *adj* mean, stingy (*más coloq*) ◆ *nm-nf* skinflint

tachadura *nf* (*tb* **tachón** *nm*) crossing out [*pl* crossings out]: *lleno de ~s* full of crossings out

tachar *vt* to cross sth out: *Tacha todos los adjetivos.* Cross out all the adjectives.

tachuela *nf* **1** (*clavo*) tack **2** (*en un cinturón, una cazadora*) stud: *un cinturón de ~s* a studded belt

taco *nm* **1** (*Tec, gen*) plug: *Tapó el agujero con un ~.* He plugged the hole. **2** (*para clavos/tornillos*) wall plug **3** (*jamón, queso*) piece: *Solo he comido unos ~s de jamón.* I've only had a few pieces of ham. ◊ *Voy a sacar unos ~s de queso.* I'm going to get some cheese. **4** (*palabrota*) swear word: *decir/soltar ~s* to swear

tacón *nm* **1** heel: *Se me ha roto el ~.* I've broken my heel. ◊ *Nunca lleva tacones.* She never wears high heels. LOC **de tacón** high-heeled

táctica *nf* **1** (*estrategia*) tactics [*pl*]: *la ~ de guerra de los romanos* Roman military tactics ◊ *un cambio de ~* a change of tactics **2** (*maniobra*) tactic: *una brillante ~ electoral* a brilliant electoral tactic

tacto *nm* sense of touch: *tener un ~ muy desarrollado* to have a highly developed sense of touch ◊ *reconocer algo por el ~* to recognize sth by touch

tajada *nf* **1** (*trozo*) slice **2** (*corte*) cut: *una ~ en el dedo* a cut on your finger

tajante adj adamant: una negativa ~ an adamant refusal

tal adj 1 (+ sustantivos contables en plural e incontables) such: en ~es situaciones in such situations ◊ un hecho de ~ gravedad a matter of such importance 2 (+ sustantivos contables en singular) such a: ¿Cómo puedes decir ~ cosa? How can you say such a thing? LOC con tal de to: Haría cualquier cosa con ~ de ganar. I'd do anything to win. de tal palo tal astilla like father like son el/la tal the so-called: La ~ esposa no era más que su cómplice. His so-called wife was his accomplice. en tal caso in that case (ser) tal para cual to be two of a kind tal como the way: Se escribe ~ como suena. It's spelt the way it sounds. tales como... such as... tal vez maybe un/una tal a: Le ha llamado un ~ Luis Moreno. A Luis Moreno rang for you. Ver tb FULANO, QUÉ

taladradora nf 1 (taladro) drill 2 (de papel) hole punch

taladrar vt 1 (pared, madera) to drill a hole in sth: Los albañiles taladraron el cemento. The workmen drilled a hole in the cement. 2 (billete) to punch

talar vt (árboles) to fell

talco nm talc LOC Ver POLVO

talento nm 1 (habilidad) talent (for sth/doing sth): Tiene ~ para la música/pintar. He has a talent for music/painting. 2 (inteligencia) ability: Tiene ~ pero no le gusta estudiar. He's got ability but doesn't like studying.

talla nf 1 (prenda) size: ¿Qué ~ de camisa usas? What size shirt do you take? ◊ No tienen la ~. They haven't got the right size. 2 (escultura) carving

tallar vt 1 (madera, piedra) to carve: ~ algo en coral to carve sth in coral 2 (joya, cristal) to cut

taller nm 1 (gen) workshop: un ~ de teatro/carpintería a theatre/joiner's workshop 2 (Mec) garage 3 (Arte) studio [pl studios]

tallo nm stem

talón¹ nm (pie, zapato) heel

talón² nm cheque: un ~ por valor de... a cheque for... ◊ ingresar/cobrar un ~ to pay in/cash a cheque

talonario nm 1 (cheques) cheque book 2 (billetes, recibos) book

tamaño nm size: ¿Qué ~ tiene la caja? What size is the box? ◊ ser del/tener el mismo ~ to be the same size

también adv also, too, as well
Too y as well suelen ir al final de la frase: Yo también quiero ir. I want to go too/as well. ◊ Yo también llegué tarde. I was late too/as well. Also es la variante más formal y se coloca delante del verbo principal, o detrás si es un verbo auxiliar: También venden zapatos. They also sell shoes. ◊ He conocido a Jane y también a sus padres. I've met Jane and I've also met her parents.
LOC yo también me too: —Quiero un bocadillo. —Yo ~. 'I want a roll.' 'Me too.' Ver tb SOLO

tambor nm drum: tocar el ~ to play the drum ◊ el ~ de una lavadora the drum of a washing machine

tampoco adv neither, nor, either: —No he visto esa película. —Yo ~. 'I haven't seen that film.' 'Neither have I./Me neither./Nor have I.' ◊ —No me gusta. —A mí ~. 'I don't like it.' 'Nor do I./Neither do I./I don't either. ◊ Yo ~ fui. I didn't go either. ☞ Ver nota en NEITHER

tampón nm tampon

tan adv 1 (delante de adjetivo/adverbio) so: No creí que llegarías ~ tarde. I didn't think you'd be so late. ◊ No creo que sea ~ ingenuo. I don't think he's that naive. ◊ Es ~ difícil que... It's so hard that... 2 (detrás de sustantivo) such: No me esperaba un regalo ~ caro. I wasn't expecting such an expensive present. ◊ Son unos niños ~ buenos que... They're such good children that... ◊ ¡Qué casa ~ bonita tienes! What a lovely house you've got! LOC tan... como... as... as...: Es ~ apuesto como su padre. He's as smart as his father. ◊ ~ pronto como llegues as soon as you arrive

tangente adj, nf tangent [n]

tanque nm tank

tantear vt 1 (persona) to sound sb out 2 (situación) to weigh sth up

tanto nm 1 (cantidad) so much: Me dan un ~ al mes. They give me so much a month. 2 (gol) goal: marcar un ~ to score a goal LOC poner al tanto to fill sb in (on sth): Me puso al ~ de la situación. He filled me in on the situation. un tanto (bastante) rather Ver tb MIENTRAS, OTRO

tanto, -a ◆ adj 1 (+ sustantivo incontable) so much: No me pongas ~ arroz. Don't give me so much rice. ◊ Nunca había pasado tanta hambre. I'd never been so hungry. 2 (+ sustantivo conta-

ble) so many: *¡Había tantas personas!* There were so many people! ◊ *¡Tenía ~s problemas!* He had so many problems! ◆ *pron* so much [*pl* so many]: *¿Por qué has comprado ~s?* Why did you buy so many? ◆ *adv* **1** *(gen)* so much: *He comido ~ que no me puedo mover.* I've eaten so much (that) I can't move. **2** *(tanto tiempo)* so long: *¡Hace ~ que no te veo!* I haven't seen you for so long! **3** *(tan rápido)* so fast: *No corras ~ con el coche.* Don't drive so fast. **4** *(tan a menudo)* so often **LOC a/ hasta las tantas** in/until the small hours **entre tanto** *Ver* ENTRETANTO **ni tanto ni tan calvo** there's no need to go to extremes **no ser para tanto**: *¡Sé que te duele, pero no es para ~!* I know it hurts but it's not as bad as all that! **por (lo) tanto** therefore **tanto... como...** **1** *(en comparaciones)* **(a)** *(+ sustantivo incontable)* as much... as...: *Bebí tanta cerveza como tú.* I drank as much beer as you. **(b)** *(+ sustantivo contable)* as many... as...: *No tenemos ~s amigos como antes.* We haven't got as many friends as we had before. **2** *(los dos)* both... and...: *Lo sabían ~ él como su hermana.* Both he and his sister knew. **tanto por ciento** percentage **tanto si... como si...** whether... or...: *~ si llueve como si no* whether it rains or not **y tantos 1** *(con cantidad, con edad)* odd: *cuarenta y tantas personas* forty-odd people **2** *(con año)*: *mil novecientos sesenta y ~s* nineteen sixty something *Ver tb* MIENTRAS

tapa *nf* **1** *(tapadera)* lid: *Pon la ~.* Put the lid on. **2** *(libro)* cover **3** *(zapatos)* heel: *Estas botas necesitan ~s.* These boots need new heels. **4** *(aperitivo)* **(a)** *(ración)* portion: *una ~ de ensaladilla rusa* a portion of Russian salad **(b) tapas** tapas: *tomar unas ~s* to have some tapas

tapadera *nf* **1** *(tapa)* lid **2** *(fig)* cover: *La empresa es solo una ~.* The firm is just a cover.

tapar ◆ *vt* **1** *(cubrir)* to cover *sth/sb* **(with** *sth)*: *~ una herida con una venda* to cover a wound with a bandage **2** *(abrigar)* to wrap *sth/sb* up **(in** *sth)*: *La tapé con una manta.* I wrapped her up in a blanket. **3** *(con una tapa)* to put the lid on *sth*: *Tapa la cazuela.* Put the lid on the saucepan. **4** *(con un tapón)* to put the top **on** *sth*: *~ la pasta de dientes* to put the top on the toothpaste **5** *(agujero, gotera)* to stop *sth* (up) **(with** *sth)*: *Tapé los agujeros con yeso.* I stopped (up) the holes with plaster. **6** *(obstruir)* to block: *La porquería tapó el desagüe.* The rubbish blocked the drainpipe. **7** *(la vista)* to block *sb's* view

of *sth*: *No me tapes la tele.* Don't block my view of the TV. ◆ **taparse** *v pron* **taparse (con)** to wrap up **(in** *sth)*: *Tápate bien.* Wrap up well.

tapia *nf* wall **LOC** *Ver* SORDO

tapicería *nf* *(coche, mueble)* upholstery [*incontable*]

tapiz *nm* tapestry [*pl* tapestries]

tapizar *vt* *(mueble, coche)* to upholster

tapón *nm* **1** *(gen)* top **2** *(de corcho)* cork **3** *(Tec, bañera, para los oídos)* plug: *ponerse tapones en los oídos* to put plugs in your ears **4** *(cerumen)* earwax [*incontable*]: *Creo que tengo un ~ porque no oigo bien.* I must have wax in my ears because I can't hear properly. **LOC tapón de rosca** screw top

taponarse *v pron* to get blocked: *Se me ha taponado la nariz.* My nose is blocked.

taquigrafía *nf* shorthand

taquilla *nf* **1** *(estación, Dep)* ticket office **2** *(Teat)* box office **3** *(armario)* locker

tarántula *nf* tarantula

tararear *vt, vi* to hum

tardar *vi* **1** to take (time) **to do** *sth*: *¡Cómo tarda tu hermana!* Your sister's taking a long time! ◊ *Tardaron bastante en contestar.* It took them a long time to reply. ◊ *Tardé dos meses en recuperarme.* It took me two months to get better. **LOC no tardar (nada)** not to be long: *No tardes.* Don't be long. **se tarda...** it takes...: *En coche se tarda dos horas.* It takes two hours by car.

tarde ◆ *nf* afternoon, evening: *El concierto es por la ~.* The concert is in the afternoon/evening. ◊ *Llegaron el domingo por la ~.* They arrived on Sunday afternoon/evening. ◊ *Te veré mañana por la ~.* I'll see you tomorrow afternoon/evening. ◊ *¿Qué haces esta ~?* What are you doing this afternoon/ evening? ◊ *a las cuatro de la ~* at four o'clock in the afternoon

Afternoon se utiliza desde el mediodía hasta aproximadamente las seis de la tarde, y evening desde las seis de la tarde hasta la hora de acostarse. *Ver tb* nota en MORNING.

◆ *adv* **1** *(gen)* late: *Nos levantamos ~.* We got up late. ◊ *Me voy, que se hace ~.* I'm off; it's getting late. **2** *(demasiado tarde)* too late: *Es ~ para llamarles por teléfono.* It's too late to ring them. **LOC ¡buenas tardes!** good afternoon/ evening! **tarde o temprano** sooner or later *Ver tb* CAÍDA, LLEGAR, MEDIO

tarea *nf* **1** (*actividad*) task: *una ~ impo-sible* an impossible task **2** (*deberes*) homework [*incontable*]: *No nos han puesto ~.* We haven't got any homework.

tarima *nf* platform

tarjeta *nf* card: *~ de crédito* credit card ◊ *~ de Navidad* Christmas card ◊ *Le sacaron ~ roja.* He was given a red card. LOC **tarjeta de embarque** boarding card *Ver tb* PAGAR

tarro *nm* jar ☛ *Ver dibujo en* CONTAINER

tarta *nf* **1** (*pastel*) cake: *~ helada* ice cream cake **2** (*de hojaldre*) tart, pie: *una ~ de manzana* an apple pie ☛ *Ver nota en* PIE

tartamudear *vt* to stutter

tartamudo, -a *adj, nm-nf*: *los ~s* people who stutter ◊ *Es ~.* He has a stutter.

tasa *nf* **1** (*índice*) rate: *la ~ de natalidad* the birth rate **2** (*impuesto*) tax **3** (*cuota*) fee: *~s académicas* tuition fees

tasca *nf* bar

tatarabuelo, -a *nm-nf* **1** (*gen*) great-great-grandfather [*fem* great-great-grandmother] **2** **tatarabuelos** great-great-grandparents

tatuaje *nm* tattoo [*pl* tattoos]

tauro (*tb* **Tauro**) *nm, nmf* (*Astrol*) Taurus ☛ *Ver ejemplos en* AQUARIUS

TAV *nm* high-speed train

taxi *nm* taxi LOC *Ver* PARADA

taxista *nmf* taxi driver

taza *nf* **1** (*gen*) cup: *una ~ de café* a cup of coffee **2** (*sin platillo*) mug **3** (*retrete*) bowl

handle **taza**

rim

cup and saucer   mug

plastic cup/beaker

beaker

beer mug   wine glasses

tazón *nm* bowl

te *pron pers* **1** (*complemento*) you: *¿Te ha visto?* Did he see you? ◊ *Te he traído un libro.* I've brought you a book. ◊ *Te escribiré pronto.* I'll write to you soon. ◊ *Te lo he comprado.* I've bought it for you. **2** (*partes del cuerpo, efectos perso-nales*): *Quítate el abrigo.* Take your coat off. ◊ *¿Te duele la espalda?* Is your back hurting? **3** (*reflexivo*) (yourself): *Te vas a hacer daño.* You'll hurt yourself. ◊ *Vístete.* Get dressed.

té *nm* tea: *¿Te apetece un té?* Would you like a cup of tea?

teatral *adj* LOC *Ver* OBRA

teatro *nm* theatre: *ir al ~* to go to the theatre ◊ *el ~ clásico/moderno* classical/modern theatre LOC **echarle teatro a algo** to put on an act: *Le duele el pie, pero también le echa un poco de ~.* His foot does hurt, but he's putting on a bit of an act. **teatro de guiñol** puppet theatre *Ver tb* OBRA

tebeo *nm* comic

techo *nm* **1** (*gen*) ceiling: *Hay una mancha de humedad en el ~.* There's a damp patch on the ceiling. **2** (*coche*) roof [*pl* roofs]

tecla *nf* key [*pl* keys]: *tocar una ~* to press a key

teclado *nm* keyboard ☛ *Ver dibujo en* ORDENADOR

teclear *vt* (*ordenador*) to key *sth* in: *Teclea tu contraseña.* Key in your pass-word.

técnica *nf* **1** (*método*) technique **2** (*tec-nología*) technology: *los avances de la ~* technological advances

técnico, -a ◆ *adj* technical: *Estudié en una escuela técnica.* I went to a tech-nical college. ◆ *nm-nf* technician LOC *Ver* AUXILIAR, AYUDANTE, INGENIERO

tecnología *nf* technology [*pl* technolo-gies] LOC **tecnología punta** state-of-the-art technology

teja *nf* tile

tejado *nm* roof [*pl* roofs]

tejano, -a ◆ *adj* (*tela*) denim [*n atrib*]: *cazadora tejana* denim jacket ◆ *nm* **tejanos** jeans ☛ *Ver nota en* PAIR

tejer *vt* **1** (*gen*) to weave: *~ una cesta* to weave a basket **2** (*araña, gusano*) to spin **3** (*hacer punto*) to knit

tejido *nm* **1** (*tela*) fabric ☛ *Ver nota en* TELA **2** (*Anat*) tissue

tela *nf* cloth, material, fabric

Cloth es la palabra más general para decir tela y se puede utilizar tanto para referirnos a la tela con la que se hacen los trajes, cortinas, etc. como para describir de qué está hecha una cosa: *Está hecho de tela.* It's made of cloth. ◊ *una bolsa de tela* a cloth bag.

Material y fabric se utilizan solo para referirnos a la tela que se usa en sastrería y tapicería, aunque **fabric** suele indicar que tiene distintos colores.

Material y fabric son sustantivos contables e incontables, mientras que cloth suele ser incontable cuando significa tela: *Algunas telas encogen al lavar.* Some materials/fabrics shrink when you wash them. ◊ *Necesito más tela para las cortinas.* I need to buy some more cloth/material/fabric for the curtains.

LOC **tela de araña** *Ver* TELARAÑA **tela metálica** wire netting

telaraña *nf* cobweb

tele *nf* telly [*pl* tellies]: *Pon la* ~. Turn the telly on.

telecomunicaciones *nf* telecommunications [*pl*]

telediario *nm* news [*sing*]: *¿A qué hora es el* ~? What time is the news on? ◊ *Lo dijeron en el* ~ *de las tres.* It was on the three o'clock news. ◊ *Ni siquiera he podido ver el* ~ *hoy.* I haven't even had time to watch the news today.

teleférico *nm* cable car

telefonazo *nm* ring: *Dame un* ~ *mañana.* Give me a ring tomorrow.

telefonear *vt, vi* to telephone, to phone (*más coloq*)

telefónico, -a *adj* telephone, phone (*más coloq*) [*n atrib*]: *hacer una llamada telefónica* to make a phone call LOC *Ver* CABINA, CENTRAL, GUÍA

telefonillo *nm* entryphone®: *Te llamaré por el* ~ *cuando llegue.* I'll buzz you on the entryphone when I arrive.

telefonista *nmf* telephonist

teléfono *nm* **1** (*aparato*) telephone, phone (*más coloq*): *¡Ana, al* ~! Phone for you, Ana! ◊ *Está hablando por* ~ *con su madre.* She's on the phone to her mother. ◊ *¿Puedes coger el* ~? Can you answer the phone? **2** (*número*) phone number: *¿Tienes mi* ~? Have you got my phone number? LOC **por teléfono** over the phone **teléfono inalámbrico/**

móvil cordless/mobile phone *Ver tb* CABINA, COLGADO, COLGAR, GUÍA, LLAMAR

telegrama *nm* telegram: *poner un* ~ to send a telegram

telenovela *nf* soap (opera)

teleobjetivo *nm* telephoto lens

telepatía *nf* telepathy

telescopio *nm* telescope

telesilla *nm* chairlift

telespectador, -a *nm-nf* viewer

telesquí *nm* ski lift

teletexto *nm* teletext

televisar *vt* to televise

televisión *nf* television (*abrev* TV), telly (*coloq*): *salir en la* ~ to be on television ◊ *Enciende/apaga la* ~. Turn the TV on/off. ◊ *¿Qué ponen en la* ~ *esta noche?* What's on (the) telly tonight? ◊ *Estábamos viendo la* ~. We were watching television. ☛ *Ver nota en* TELEVISION LOC **televisión por cable/satélite** cable/satellite television, cable/satellite TV (*más coloq*)

televisor *nm* television (set) (*abrev* TV)

telón *nm* curtain: *Subieron el* ~. The curtain went up.

tema *nm* **1** (*gen*) subject: *el* ~ *de una charla/poema* the subject of a talk/poem ◊ *No cambies de* ~. Don't change the subject. **2** (*Mús*) **(a)** (*melodía principal*) theme **(b)** (*composición*) track **3** (*cuestión importante*) question: ~*s ecológicos/económicos* ecological/economic questions LOC **sacar un tema** to bring sth up **salirse del tema** to digress *Ver tb* CADA, DESVIAR

temario *nm* syllabus [*pl* syllabuses]

temblar *vi* **1** ~ (**de**) (*gen*) to tremble (with *sth*): *La mujer temblaba de miedo.* The woman was trembling with fear. ◊ *Le temblaba la voz/mano.* His voice/hand was trembling. **2** (*edificio, muebles*) to shake: *El terremoto hizo* ~ *el pueblo entero.* The earthquake shook the whole village. LOC **temblar de frío** to shiver

temblor *nm* tremor: *un ligero* ~ *en la voz* a slight tremor in his voice ◊ *un* ~ *de tierra* an earth tremor

temer ◆ *vt* to be afraid **of** *sth/sb/* **doing** *sth*: *Le teme a la oscuridad.* He's afraid of the dark. ◊ *Temo equivocarme.* I'm afraid of making a mistake. ◆ **temerse** *v pron* to be afraid: *Me temo que sí.* I'm afraid so.

temible *adj* fearful

temor *nm* fear: *No lo dije por ~ a que se enfadase.* I didn't say it for fear of offending him.

temperamento *nm* temperament: *Tiene mucho ~.* He is very temperamental.

temperatura *nf* temperature: *Mañana bajarán las ~s.* Temperatures will fall tomorrow.

tempestad *nf* storm

templado, -a *pp, adj* **1** (*clima*) mild **2** (*comida, líquidos*) lukewarm

templo *nm* temple LOC *Ver* VERDAD

temporada *nf* **1** (*periodo de tiempo*) time: *Llevaba una larga ~ enfermo.* He had been ill for a long time. **2** (*época*) season: *la ~ futbolística* the football season ◊ *la ~ alta/baja* the high/low season LOC **de temporada** seasonal **temporada de caza** open season

temporal ◆ *adj* temporary ◆ *nm* storm

temprano, -a *adj, adv* early: *Llegó por la mañana ~.* He arrived early in the morning. LOC *Ver* TARDE

tenaz *adj* tenacious

tenazas *nf* pliers ☞ *Ver nota en* PAIR

tendedero *nm* **1** (*cuerda*) clothes line **2** (*plegable*) clothes horse **3** (*lugar*) drying-room

tendencia *nf* **1** (*gen*) tendency [*pl* tendencies]: *Tiene ~ a engordar.* He has a tendency to put on weight. **2** (*moda*) trend: *las últimas ~s de la moda* the latest fashion trends

tender ◆ *vt* (*ropa*) **1** (*fuera*) to hang sth out: *Todavía tengo que ~ la ropa.* I've still got to hang the washing out. **2** (*dentro*) to hang sth up ◆ *vi* ~ **a**: *Tiende a complicar las cosas.* He tends to complicate things. ◊ *La economía tiende a recuperarse.* The economy is recovering. ◆ **tenderse** *v pron* to lie down ☞ *Ver nota en* LIE¹

tendero, -a *nm-nf* shopkeeper

tendido, -a *pp, adj* **1** (*persona*) lying: *Estaba ~ en el sofá.* He was lying on the sofa. **2** (*ropa*): *La colada está tendida.* The washing is on the line. LOC **tendido eléctrico** cables [*pl*] *Ver tb* LLORAR *y* TENDER

tendón *nm* tendon

tenebroso, -a *adj* sinister

tenedor *nm* fork

tener ◆ *vt*

• **posesión** to have
Existen dos formas para expresar *tener* en presente: *to have got* y *to have*. *To have got* es más frecuente y no necesita un auxiliar en oraciones negativas e interrogativas: *¿Tienes hermanos?* Have you got any brothers or sisters? ◊ *No tiene dinero.* He hasn't got any money. *To have* siempre va acompañado de un auxiliar en interrogativa y negativa: Do you have any brothers or sisters? ◊ He doesn't have any money. En los demás tiempos verbales se utiliza *to have*: *Cuando era pequeña tenía una bicicleta.* I had a bicycle when I was little.

• **estados, actitudes 1** (*edad, tamaño*) to be: *Mi hija tiene diez años.* My daughter is ten (years old). ◊ *Tiene tres metros de largo.* It's three metres long. **2** (*sentir, tener una actitud*) to be
Cuando "tener" significa "sentir", en inglés se utiliza el verbo *to be* con un adjetivo mientras que en español usamos un sustantivo: *Tengo mucha hambre.* I'm very hungry. ◊ *tener calor/frío/sed/miedo* to be hot/cold/thirsty/frightened ◊ *Le tengo un gran cariño a tu madre.* I'm very fond of your mother. ◊ *tener cuidado/paciencia* to be careful/patient.

• **en construcciones con adjetivos**: *Me tiene harta de tanto esperar.* I'm sick of waiting for him. ◊ *Tienes las manos sucias.* Your hands are dirty. ◊ *Tengo a mi madre enferma.* My mother is ill.

◆ *v aux* **1** ~ **que hacer algo** to have to do sth: *Tuvieron que irse en seguida.* They had to leave straight away. ◊ *Tienes que decírselo.* You must tell him. ☞ *Ver nota en* MUST **2** + **participio**: *Lo tienen todo planeado.* It's all arranged. ◊ *Su comportamiento nos tiene preocupados.* We're worried about the way he's been behaving. LOC **tener a algn por algo** to think sb is sth: *Parece que me tienes por idiota.* You seem to think I'm an idiot. **tener que ver** (*asunto*) to have to do with *sth/sb*: *Pero ¿eso qué tiene que ver?* What's that got to do with it? ◊ *Eso no tiene nada que ver.* That's got nothing to do with it. ☞ Para otras expresiones con **tener**, véanse las entradas del sustantivo, adjetivo, etc., p. ej. **tener agujetas** en AGUJETAS y **tener chispa** en CHISPA.

teniente *nmf* lieutenant

tenis *nm* tennis LOC **tenis de mesa** table tennis *Ver tb* PISTA

tenista *nmf* tennis player

tenor *nm* tenor

tensar *vt* to tighten: *~ las cuerdas de una raqueta* to tighten the strings of a racket

tensión *nf* **1** (*gen*) tension: *la ~ de una cuerda* the tension of a rope ◊ *Hubo mucha ~ durante la cena*. There was a lot of tension during dinner. **2** (*eléctrica*) voltage: *cables de alta ~* high voltage cables **3** (*Med*) blood pressure

tenso, -a *adj* tense

tentación *nf* temptation: *No pude resistir la ~ de comérmelo.* I couldn't resist the temptation to eat it all up. ◊ *caer en la ~* to fall into temptation

tentáculo *nm* tentacle

tentador, ~a *adj* tempting

tentar *vt* **1** (*inducir*) to tempt: *Me tienta la idea de irme de vacaciones.* I'm tempted to go on holiday. **2** (*palpar*) to feel

tentativa *nf* attempt

tenue *adj* (*luz, sonido, línea*) faint

teñir ◆ *vt* to dye: *~ una camisa de rojo* to dye a shirt red ◆ **teñirse** *v pron* to dye your hair: *~se de rubio/moreno* to dye your hair blond/dark brown ◊ *Me toca ~me esta semana.* I've got to dye my hair this week.

teología *nf* theology

teoría *nf* theory [*pl* theories]

teórico, -a *adj* theoretical

terapia *nf* therapy [*pl* therapies]: *~ de grupo* group therapy

tercer *adj Ver* TERCERO

tercero, -a ◆ *adj, pron, nm-nf* third (*abrev* 3rd) ☛ *Ver ejemplos en* SEXTO ◆ *nm* third party: *seguro a/contra ~s* third-party insurance ◆ **tercera** *nf* (*marcha*) third (gear) LOC **a la tercera va la vencida** third time lucky **tercera edad**: *actividades para la tercera edad* activities for senior citizens ☛ *Ver nota en* AGED **Tercer Mundo** Third World: *los países del Tercer Mundo* Third World countries *Ver tb* ECUACIÓN

tercio *nm* third: *dos ~s de la población* two thirds of the population

terciopelo *nm* velvet

térmico, -a *adj* thermal

terminación *nf* ending

terminal *adj, nf, nm* terminal: *enfermos ~es* terminally ill patients ◊ *~ de pasajeros* passenger terminal

terminar ◆ *vt* to finish ◆ *vi* **1** *~* (**en algo**) to end (**in sth**): *Las fiestas terminan el próximo lunes.* The festivities end next Monday. ◊ *La manifestación terminó en tragedia.* The demonstration ended in tragedy. **2** *~* (**de hacer algo**) to finish (**doing sth**): *He terminado de hacer los deberes.* I've finished doing my homework. **3** *~* **haciendo/por hacer algo** to end up **doing sth**: *Terminamos riéndonos.* We ended up laughing. **4** *~* **como/igual que...** to end up **like sth/sb**: *Vas a ~ igual que tu padre.* You'll end up like your father. ◆ **terminarse** *v pron* **1** (*acabarse*) to run out: *Se ha terminado el azúcar.* The sugar's run out. ◊ *Se nos ha terminado el pan.* We've run out of bread. **2** (*llegar a su fin*) to be over: *Se terminó la fiesta.* The party's over.

término *nm* **1** (*gen*) term: *en ~s generales* in general terms **2** (*fin*) end LOC **por término medio** on average

termo *nm* Thermos®

termómetro *nm* thermometer LOC **poner el termómetro** to take *sb's* temperature

termostato *nm* thermostat

ternero, -a ◆ *nm-nf* calf [*pl* calves] ◆ **ternera** *nf* (*Cocina*) veal

ternura *nf* tenderness: *tratar a algn con ~* to treat sb tenderly

terráqueo, -a *adj* LOC *Ver* GLOBO

terrateniente *nmf* landowner

terraza *nf* **1** (*balcón*) balcony [*pl* balconies] **2** (*bar*) *Sentémonos en la ~.* Let's sit outside. ◊ *¿Ya han puesto la ~?* Have they put the tables out yet? **3** (*Agric*) terrace

terremoto *nm* earthquake

terrenal *adj* LOC *Ver* PARAÍSO

terreno *nm* **1** (*tierra*) land [*incontable*]: *un ~ muy fértil* very fertile land ◊ *Compraron un ~.* They bought some land. **2** (*fig*) field: *el ~ de la biología* the field of biology LOC **sobre el terreno 1** (*en el lugar*) on the spot **2** (*sobre la marcha*) as I, you, etc. go along **terreno de juego** pitch

terrestre *adj* land [*n atrib*]: *un animal/ataque ~* a land animal/attack LOC *Ver* CORTEZA

terrible *adj* terrible

territorio *nm* territory [*pl* territories]

terrón nm lump: *un ~ de azúcar* a sugar lump

terror nm terror LOC Ver PELÍCULA

terrorífico, -a adj terrifying

terrorismo nm terrorism

terrorista adj, nmf terrorist LOC Ver BANDA²

tertulia nf get-together: *hacer/tener ~* to have a get-together LOC **tertulia (televisiva)** discussion programme

tesis nf thesis [pl theses]

tesón nm determination: *trabajar con ~* to work with determination

tesorero, -a nm-nf treasurer

tesoro nm treasure: *encontrar un ~ escondido* to find hidden treasure ◊ *¡Eres un ~!* You're a treasure! LOC Ver BUSCADOR

test nm test LOC Ver EXAMEN

testamento nm 1 (*Jur*) will: *hacer ~* to make a will 2 **Testamento** Testament: *el Antiguo/Nuevo Testamento* the Old/New Testament

testarudo, -a adj stubborn

testículo nm testicle

testigo ◆ nmf witness ◆ nm (*Dep*) baton: *entregar el ~* to pass the baton LOC **ser testigo de algo** to witness sth **testigo presencial** eyewitness

tetera nf teapot

tetilla nf (*biberón*) teat

Tetra Brik® (*tb* **tetrabrik**) nm carton ☞ *Ver dibujo en* CONTAINER

tétrico, -a adj gloomy

textil adj textile [n atrib]: *la industria ~* the textile industry

texto nm text LOC **procesamiento/tratamiento de textos** word processing Ver tb COMENTARIO, LIBRO

textualmente adv word for word

textura nf texture

tez nf complexion

ti pron pers you: *Lo hago por ti.* I'm doing it for you. ◊ *Siempre estás pensando en ti misma.* You're always thinking of yourself.

tibio, -a adj lukewarm

tiburón nm shark

ticket nm Ver TIQUE

tiempo nm 1 (*gen*) time: *en ~s de los romanos* in Roman times ◊ *Hace mucho ~ que vivo aquí.* I've been living here for a long time. ◊ *en mi ~ libre* in my spare time ◊ *¿Cuánto ~ hace que estudias inglés?* How long have you been studying English? 2 (*Meteor*) weather: *Ayer hizo buen/mal ~.* The weather was good/bad yesterday. 3 (*bebé*): *¿Qué ~ tiene?* How old is she? 4 (*Dep*) half [pl halves]: *el primer ~* the first half 5 (*verbal*) tense LOC **al poco tiempo** soon afterwards **a tiempo**: *Todavía estás a ~ de mandarlo.* You've still got time to send it. **con el tiempo** in time: *Lo entenderás con el ~.* You'll understand in time. **con tiempo (de sobra)** in good time: *Avísame con ~.* Let me know in good time. **del tiempo 1** (*fruta*) seasonal 2 (*bebida*) at room temperature **hacer tiempo** to while away your time **tiempo muerto** (*Dep*) timeout Ver tb CADA, CUÁNTO, GANAR, HOMBRE, LLEGAR

tienda nf shop LOC **ir de tiendas** to go shopping **tienda (de campaña)** tent: *montar/quitar una ~* to put up/take down a tent **tienda de comestibles** grocer's ☞ Ver nota en CARNICERÍA

tierno, -a adj 1 (*gen*) tender: *un filete ~* a tender steak ◊ *una mirada tierna* a tender look 2 (*pan*) fresh

tierra nf 1 (*por oposición al mar, campo, fincas*) land [incontable]: *viajar por ~* to travel by land ◊ *cultivar la ~* to work the land ◊ *Vendió las ~s de su familia.* He sold his family's land. 2 (*para plantas, terreno*) soil: *~ para las macetas* soil for the plants ◊ *una ~ fértil* fertile soil 3 (*suelo*) ground: *Cayó a ~.* He fell to the ground. 4 (*patria*) home: *costumbres de mi ~* customs from back home 5 **Tierra** (*planeta*) earth: *La Tierra es un planeta.* The earth is a planet. LOC **echar por tierra** to ruin sth **tierra adentro** inland **¡tierra a la vista!** land ahoy! **tierra firme** dry land **Tierra Santa** the Holy Land **tomar tierra** to land Ver tb CORRIMIENTO, DESPRENDIMIENTO, EJÉRCITO, TOMA

tieso, -a adj 1 (*gen*) stiff: *Me molesta llevar cuellos ~s.* I can't stand wearing stiff collars. 2 (*recto*) straight: *¡Ponte ~!* Stand up straight! LOC **dejar a algn tieso** (*asombrar*) to leave sb speechless: *La noticia nos dejó ~s.* The news left us speechless. **quedarse tieso (de frío)** to be frozen stiff

tiesto nm flowerpot

tifón nm typhoon

tigre, -esa nm-nf tiger [fem tigress]

tijera *nf* **tijeras** scissors [*pl*]

Scissors es una palabra plural en inglés, por lo tanto para referirnos a *unas tijeras* utilizamos some/a pair of scissors: *Necesito unas tijeras nuevas.* I need some new scissors/a new pair of scissors.

tila *nf* (*infusión*) lime tea

timar *vt* to swindle *sth/sb* (out of *sth*): *Le timaron 1.000 dólares.* They swindled him out of 1000 dollars.

timbre *nm* **1** (*campanilla*) bell: *tocar el ~* to ring the bell **2** (*voz*) pitch: *Tiene un ~ de voz muy alto.* He has a very high-pitched voice.

tímido, -a *adj, nm-nf* shy [*adj*]: *Es un ~.* He's shy.

timo *nm* swindle, rip-off (*coloq*): *¡Vaya ~!* What a rip-off!

timón *nm* rudder

tímpano *nm* (*oído*) eardrum

tinaja *nf* large earthenware jar

tinieblas *nf* darkness [*sing*]

tinta *nf* ink: *un dibujo a ~* a drawing in ink **LOC saber algo de buena tinta** to have sth on good authority **tinta china** Indian ink *Ver tb* MEDIO, SUDAR

tinte *nm* **1** (*producto*) dye **2** (*tintorería*) dry-cleaner's *Ver nota en* CARNICERÍA

tinto ♦ *adj* (*vino*) red ♦ *nm* red wine

tintorería *nf* dry-cleaner's *Ver nota en* CARNICERÍA

tío, -a *nm-nf* **1** (*familiar*) uncle [*fem* aunt, auntie (*más coloq*)]: *el ~ Daniel* Uncle Daniel **2** **tíos** uncle and aunt: *Voy a casa de mis ~s.* I'm going to my uncle and aunt's. **3** (*individuo*) guy [*pl* guys] [*fem* girl]: *ese ~ de ahí* that guy over there

Cuando se usan como apelativos, *tío* y *tía* no siempre se traducen en inglés: *¿Qué haces, tía?* What are you doing?

LOC ¡qué tío (más pesado)! what a pain!

tiovivo *nm* merry-go-round

típico, -a *adj* **1** (*característico*) typical (of *sth/sb*): *Eso es ~ de Pepe.* That's just typical of Pepe. **2** (*tradicional*) traditional: *un baile/traje ~* a traditional dance/costume

tipo *nm* **1** (*gen*) kind (of *sth*): *el ~ de persona nerviosa* the nervous kind ◊ *todo ~ de gente/animales* all kinds of people/animals ◊ *No es mi ~.* He's not my type. **2** (*cuerpo*) (a) (*de mujer*) figure: *Tiene un ~ bonito.* She has a nice figure. (b) (*de hombre*) body **3** (*individuo*) guy [*pl* guys]: *¡Qué ~ más feo!* What an ugly guy! **LOC** *Ver* EXAMEN

tique (*tb* **tíquet**) *nm* **1** (*recibo*) receipt **2** (*entrada*) ticket

tira *nf* **1** (*papel, tela*) strip: *Corta el papel en ~s.* Cut the paper into strips. **2** (*zapato*) strap **LOC la tira (de)** loads (of sth): *Tienes la ~ de amigos.* You've got loads of friends. ◊ *Hace la ~ de tiempo que no voy al teatro.* It's been ages since I went to the theatre. ◊ *Gastas la ~.* You spend loads of money.

tirachinas *nm* catapult

tirada *nf* **1** (*turno*) throw **2** (*distancia*) way: *Hasta mi casa hay una buena ~.* It's quite a way to my house. **LOC de/en una tirada** in one go

tirado, -a *pp, adj* **1** (*en el suelo*) lying (around): *~ en el suelo* lying on the ground ◊ *Lo dejaron todo ~.* They left everything lying around. **2** (*muy barato*) dirt cheap **3** (*muy fácil*) dead easy: *Esta asignatura está tirada.* This subject is dead easy. **LOC dejar a algn tirado** to let sb down *Ver tb* TIRAR

tirador, ~a ♦ *nm-nf* shot: *Es un buen ~.* He's a good shot. ♦ *nm* (*cajón, puerta*) knob ☞ *Ver dibujo en* HANDLE

tiralíneas *nm* drawing pen

tiranizar *vt* to tyrannize

tirante ♦ *adj* **1** (*gen*) tight: *Pon la cuerda bien ~.* Make sure the rope is tight. **2** (*ambiente, situación*) tense ♦ *nm* **1** (*vestido*) shoulder strap **2** **tirantes** braces

tirar ♦ *vt* **1** (*gen*) to throw *sth* (to *sb*): *Los niños tiraban piedras.* The children were throwing stones. ◊ *Tírale la pelota a tu compañero.* Throw the ball to your team-mate.

Cuando se tira algo a alguien con intención de hacerle daño, se usa to throw sth at sb: *Le tiraban piedras al pobre gato.* They were throwing stones at the poor cat.

2 (*desechar*) to throw *sth* away: *Tíralo, está muy viejo.* Throw it away, it's really old now. **3** (*derramar*) to spill: *Ten cuidado, vas a ~ el café.* Be careful or you'll spill your coffee. ☞ *Ver nota y dibujo en* DROP **4** (*tumbar*) to knock *sth/sb* over: *Cuidado con ese jarrón, no lo tires.* Careful you don't knock that vase over. **5** (*malgastar*) to waste: *~ el dinero* to waste money

♦ *vi* **1** ~ (**de**) (*gen*) to pull (*sth*): *Tira de la cadena.* Pull the chain. **2** ~ **a**: *Tiene el pelo tirando a rubio.* He's got blondish hair. ◊ *rosa tirando a rojo* pinky red ◊ *Tira un poco a la familia de su madre.* He takes after his mother's side of the family. **3** (*disparar, Dep*) to shoot (**at sth/sb**): ~ *a puerta* to shoot at goal **4** (*atraer*) to fancy *sth/sb/doing sth* [*vt*]: *Me tira ese chico.* I fancy that boy. ◊ *No me tira nada estudiar.* I really don't like studying.

◆ **tirarse** *v pron* **1** (*lanzarse*) to jump: ~*se por la ventana/al agua* to jump out of the window/into the water **2** (*pasar el tiempo*) to spend: *Me tiré toda la semana estudiando.* I spent the whole week studying. LOC **tirando**: — *¿Cómo anda tu madre?* — *Tirando.* 'How's your mother?' 'Not too bad.' ◊ *Vamos tirando.* We're doing okay. ◊ *La cena me sentó como un* ~. The meal didn't agree with me. **ni a tiros** for love nor money: *Este niño no come ni a* ~*s.* This child won't eat for love nor money. **salir el tiro por la culata** to backfire **tiro al blanco** target shooting **tiro con arco** archery *Ver tb* MATAR, PEGAR

tirón *nm* **1** (*gen*) tug: *dar un* ~ *de pelo* to give sb's hair a tug ◊ *Sentí un* ~ *en la manga.* I felt a tug on my sleeve. **2** (*robo*): *ser víctima de un* ~ to have your bag snatched LOC **de un tirón** (*de una sentada*): *Me leí el libro de un* ~. I read the book all in one go. ◊ *Durmió diez horas de un* ~. He slept for ten hours solid.

tiroteo *nm* **1** (*entre policía y delincuentes*) shoot-out: *Murió en el* ~. He died in the shoot-out. **2** (*ruido de disparos*) shooting [*incontable*]: *Escuchamos un* ~ *desde la calle.* We heard shooting out in the street. **3** (*durante una guerra*) fighting

títere *nm* **1** (*muñeco*) puppet **2 títeres** (*guiñol*) puppet show [*sing*]

titulado, -a *pp, adj* (*libro, película*) called, entitled (*más formal*) *Ver tb* TITULAR[1]

titular[1] ◆ *vt* to call: *No sé cómo* ~ *el poema.* I don't know what to call the poem. ◆ **titularse** *v pron* **titularse (en)** (*graduarse*) to graduate (**in sth**): ~*se en historia* to graduate in history

titular[2] ◆ *adj*: *el equipo* ~ the first team ◊ *un jugador* ~ a first team player ◆ *nmf* (*pasaporte, cuenta bancaria*) holder ◆ *nm* headline: *Estaba en los* ~*es de esta mañana.* It was in the headlines this morning.

título *nm* **1** (*gen*) title: *¿Qué* ~ *le has puesto a tu novela?* What title have you given your novel? ◊ *Mañana boxearán por el* ~. They're fighting for the title tomorrow. **2** (*estudios*) degree: *obtener el* ~ *de abogado* to get a degree in law ◊ ~ *universitario* university degree **3** (*diploma*) degree certificate: *Quiero enmarcar el* ~. I want to frame my degree certificate.

tiza *nf* chalk [*gen incontable*]: *Dame una* ~. Give me a piece of chalk. ◊ *Tráeme unas* ~*s.* Bring me some chalk. LOC **tizas de colores** coloured chalks

toalla *nf* towel: ~ *de baño/de las manos* bath/hand towel LOC **tirar la toalla** to throw in the towel

tobillera *nf* ankle support

tobillo *nm* ankle: *Me he torcido el* ~. I've sprained my ankle.

tobogán *nm* (*parque*) slide

tocadiscos *nm* record player

tocar ◆ *vt* **1** (*gen*) to touch: *¡No lo toques!* Don't touch it! **2** (*palpar*) to feel: *¿Me dejas* ~ *la tela?* Can I feel the fabric? **3** (*Mús*) to play: ~ *la guitarra/un villancico* to play the guitar/a carol **4** (*hacer sonar*) **(a)** (*campana, timbre*) to ring **(b)** (*bocina, sirena*) to sound ◆ *vi* **1** (*Mús*) to play **2** (*turno*) to be sb's turn (**to do sth**): *Te toca tirar.* It's your turn to throw. ◊ *¿Ya me toca?* Is it my turn yet? **3** (*en un sorteo*) to win: *Me tocó una muñeca.* I won a doll. LOC *Ver* MADERA

tocateja LOC **a tocateja**: *Pagamos el coche a* ~. We paid for the car in cash.

tocayo, -a *nm-nf* namesake: *¡Somos* ~*s!* We've got the same name!

tocino *nm* pork fat

todavía *adv* **1** (*en oraciones afirmativas e interrogativas*) still: *¿* ~ *vives en Londres?* Do you still live in London? **2** (*en oraciones negativas e interrogativas negativas*) yet: ~ *no están maduras.*

They're not ripe yet. ◊ —¿~ *no te han contestado?* —*No*, ~ *no.* 'Haven't they written back yet?' 'No, not yet.' ☞ *Ver nota en* STILL¹ **3** (*en oraciones comparativas*) even: *Ella pinta ~ mejor.* She paints even better.

todo *nm* whole: *considerado como un ~* taken as a whole

todo, -a ◆ *adj* **1** (*gen*) all: *He hecho ~ el trabajo.* I've done all the work. ◊ *Llevas ~ el mes enfermo.* You've been ill all month. ◊ *Van a limpiar ~s los edificios del pueblo.* They're going to clean up all the buildings in the village.

Con un sustantivo contable en singular, el inglés prefiere utilizar **the whole**: *Van a limpiar todo el edificio.* They're going to clean the whole building.

2 (*cada*) every: *~s los días me levanto a las siete.* I get up at seven every day. ☞ *Ver nota en* EVERY ◆ *pron* **1** (*gen*) all: *Eso es ~ por hoy.* That's all for today. ◊ *ante/después de ~* above/after all ◊ *A ~s nos gustó la obra.* We all/All of us liked the play. **2** (*todas las cosas*) everything: *~ lo que te dije era verdad.* Everything I told you was true. **3** (*cualquier cosa*) anything. *Mi loro come de ~.* My parrot eats anything. **4 todos** everyone, everybody [*sing*]: *~s dicen lo mismo.* Everyone says the same thing.

Nótese que **everyone** y **everybody** llevan el verbo en singular, pero sin embargo suelen ir seguidos de **they**, **them** o **their**, que son formas plurales: *No todos han acabado el trabajo.* Not everyone has finished their work.

LOC **ante todo** above all **a todo esto** by the way **por toda España, todo el mundo, etc.** throughout Spain, the world, etc. **sobre todo** especially ☞ Para otras expresiones con **todo**, véanse las entradas del sustantivo, adjetivo, etc., p. ej. **todo el mundo** en MUNDO y **todo recto** en RECTO.

todoterreno ◆ *adj*: *coche ~* four-wheel drive ◊ *moto ~* dirt bike ◆ *nm* four-wheel drive

toldo *nm* awning

tolerar *vt* **1** (*soportar*) to bear, to tolerate (*más formal*): *No tolera a las personas como yo.* He can't bear people like me. **2** (*consentir*) to let *sb* get away with *sth*: *Te toleran demasiadas cosas.* They let you get away with too much.

toma *nf* **1** (*gen*) taking: *la ~ de la ciudad* the taking of the city **2** (*medicina*) dose

3 (*Cine*, *TV*) take LOC **toma de tierra** earth: *El cable está conectado a la ~ de tierra.* The cable is earthed.

tomadura *nf* LOC **tomadura de pelo 1** (*burla*) joke **2** (*estafa*) rip-off

tomar ◆ *vt* **1** (*gen*) to take: *~ una decisión* to take a decision ◊ *~ apuntes/precauciones* to take notes/precautions ◊ *¿Por quién me has tomado?* Who do you take me for? **2** (*comer, beber*) to have: *¿Qué vas a ~?* What are you going to have? ◆ *vi*: *Toma, es para ti.* Here, it's for you. ◆ **tomarse** *v pron* to take: *He decidido ~me unos días de descanso.* I've decided to take a few days off. ◊ *No deberías habértelo tomado así.* You shouldn't have taken it like that. LOC **¡toma!** goodness me! ☞ Para otras expresiones con **tomar**, véanse las entradas del sustantivo, adjetivo, etc., p. ej. **tomar el sol** en SOL y **tomarle el pelo a algn** en PELO.

tomate *nm* tomato [*pl* tomatoes] LOC **ponerse como un tomate** to go as red as a beetroot **tomate frito** tomato sauce *Ver tb* COLORADO

tomillo *nm* thyme

tomo *nm* volume

ton *nm* LOC **sin ton ni son** for no particular reason

tonalidad *nf* **1** (*Mús*) key [*pl* keys] **2** (*color*) tone

tonel *nm* barrel

tonelada *nf* ton

tónica *nf* (*bebida*) tonic: *Dos ~s, por favor.* Two tonics, please.

tónico, -a ◆ *adj* (*Ling*) stressed ◆ *nm* tonic

tono *nm* **1** (*gen*) tone: *¡No me hables en ese ~!* Don't speak to me in that tone of voice! **2** (*color*) shade **3** (*Mús*) key [*pl* keys] LOC *Ver* FUERA

tontear *vi* to fool around (*with sb*)

tontería ◆ *nf* **1** (*acción, dicho*) silly thing: *Siempre discutimos por ~s.* We're always arguing over silly little things. **2** (*cosa de poco valor*) (little) thing: *He comprado unas ~s para la cena.* I've bought a couple of things for dinner. ◆ **¡tonterías!** *interj* nonsense! [*incontable*]: *¡Eso son ~s!* That's nonsense! LOC **decir tonterías** to talk nonsense **dejarse de tonterías** to stop messing about *Ver tb* SARTA

tonto, -a ◆ *adj* silly, stupid

Silly y **stupid** son prácticamente sinónimos, aunque **stupid** es un poco más fuerte: *una excusa tonta* a silly excuse ◊ *No seas tan tonto, y deja de llorar.* Don't be so stupid; stop crying.

◆ *nm-nf* fool LOC **hacer el tonto** to play the fool *Ver tb* CAJA

toparse *v pron* ~ **con** to bump **into** *sth/sb*

tope *nm* **1** (*puerta*) doorstop **2** (*límite*) limit: *¿Hay una edad ~?* Is there an age limit? LOC **a tope/hasta los topes**: *El supermercado estaba a ~.* The supermarket was packed. ◊ *Estoy a ~ de trabajo.* I'm up to my eyes in work. *Ver tb* FECHA

tópico, -a ◆ *adj* (*común*) hackneyed ◆ *nm* cliché *Ver* USO

topo *nm* mole

toque *nm* **1** (*golpecito*) tap **2** (*matiz*) touch: *dar el ~ final a algo* to put the finishing touch to sth LOC **darle/pegarle un toque a algn** (*llamar*) to give sb a ring **toque de queda** curfew

toquilla *nf* shawl

tórax *nm* thorax [*pl* thoraxes/thoraces]

torbellino *nm* whirlwind

torcedura *nf* sprain

torcer ◆ *vt* **1** (*gen*) to twist: *Le torció el brazo.* She twisted his arm. **2** (*cabeza*) to turn ◆ *vi* to turn: *~ a la derecha/izquierda* to turn right/left ◆ **torcerse** *v pron* (*tobillo, muñeca*) to sprain: *Se torció el tobillo.* He sprained his ankle.

torcido, -a *pp, adj* **1** (*dientes, nariz*) crooked **2** (*cuadro, ropa*) not straight: *¿No ves que el cuadro está ~?* Can't you see the picture isn't straight? **3** (*muñeca, tobillo*) sprained *Ver tb* TORCER

torear ◆ *vt, vi* (*tauromaquia*) to fight ◆ *vt* (*persona*) to tease

torero, -a ◆ *nm-nf* bullfighter ◆ **torera** *nf* bolero jacket

tormenta *nf* storm: *Se avecina una ~.* There's a storm brewing. ◊ *Parece que va a haber ~.* It looks like there's going to be a storm.

tormento *nm* **1** (*tortura*) torture **2** (*persona, animal*) pest: *Este niño es un ~.* This child's a pest.

tornado *nm* tornado [*pl* tornadoes]

torneo *nm* **1** (*gen*) tournament **2** (*atletismo*) meeting

tornillo *nm* **1** (*gen*) screw: *apretar un ~* to put a screw in **2** (*para tuerca*) bolt LOC *Ver* FALTAR

torniquete *nm* **1** (*Med*) tourniquet **2** (*puerta de entrada*) turnstile

torno *nm* **1** (*mecanismo elevador*) winch **2** (*alfarero*) (potter's) wheel **3** (*dentista*) drill

toro *nm* **1** (*animal*) bull **2** toros: *ir a los ~s* to go to a bullfight ◊ *A mi hermano le encantan los ~s.* My brother loves bullfighting. LOC **agarrar/coger al toro por los cuernos** to take the bull by the horns *Ver tb* CORRIDA, PLAZA

torpe *adj* **1** (*manazas*) clumsy **2** (*zoquete*) slow

torpedo *nm* torpedo [*pl* torpedoes]

torpeza *nf* **1** (*gen*) clumsiness **2** (*lentitud*) slowness

torrar(se) *vt, v pron* to roast

torre *nf* **1** (*gen*) tower **2** (*electricidad*) pylon **3** (*telecomunicaciones*) mast **4** (*Ajedrez*) castle rook LOC **torre de vigilancia** watch tower

torrencial *adj* torrential: *lluvias ~es* torrential rain

torrente *nm* (*río*) torrent

torrija *nf* French toast [*incontable*]

torso *nm* torso [*pl* torsos]

torta *nf* **1** (*panadería*) cake **2** (*crepe*) pancake **3** (*bofetada*) smack LOC **dar/pegar una torta/un tortazo** to smack *sb* **ni torta** not a thing: *No oigo ni ~.* I can't hear a thing.

tortazo *nm* smack LOC *Ver* TORTA

tortícolis *nm o nf* crick in your neck [*sing*]: *Me ha producido ~.* It's given me a crick in my neck.

tortilla *nf* omelette

tortuga *nf* **1** (*de tierra*) tortoise **2** (*de mar*) turtle LOC **ir más despacio/lento que una tortuga** to go at a snail's pace *Ver tb* PASO

tortura *nf* torture [*gen incontable*]: *métodos de ~* methods of torture

torturar *vt* to torture

tos *nf* cough: *El humo del tabaco me produce ~.* Cigarette smoke makes me cough.

toser *vi* to cough

tostada *nf* toast [*incontable*]: *Se me han quemado las ~s.* I've burnt the toast. ◊ *una ~ con mermelada* a slice of toast with jam LOC *Ver* OLER

tostador *nm* (*tb* tostadora *nf*) toaster

tostar *vt* **1** (*pan, frutos secos*) to toast **2** (*café*) to roast **3** (*piel*) to tan

total ◆ *adj, nm* total ◆ *adv* so: *~, que has suspendido.* So you failed. ◊ *~, que les pillaron desprevenidos.* To cut a long story short, they caught them unawares. LOC **en total** altogether: *Somos diez en ~.* There are ten of us altogether.

totalmente *adv* totally

tóxico, -a *adj* toxic

toxicómano, -a *nm-nf* drug addict

trabajador, ~a ◆ *adj* hard-working ◆ *nm-nf* worker: *~es cualificados/no cualificados* skilled/unskilled workers

trabajar *vi, vt* to work: *Trabaja para una compañía inglesa.* She works for an English company. ◊ *Nunca he trabajado de profesora.* I've never worked as a teacher. ◊ *¿En qué trabaja tu hermana?* What does your sister do? ◊ *~ la tierra* to work the land LOC *Ver* MATAR

trabajo *nm* **1** (*gen*) work [*incontable*]: *Tengo mucho ~.* I've got a lot of work to do. ◊ *Debes ponerte al día con el ~ atrasado.* You must catch up with your work. ◊ *Me dieron la noticia en el ~.* I heard the news at work. **2** (*empleo*) job: *dar (un) ~ a algn* to give sb a job ◊ *un ~ bien pagado* a well-paid job ◊ *quedarse sin ~* to lose your job ☞ *Ver nota en* WORK¹ **3** (*en el colegio*) project: *hacer un ~ sobre el medio ambiente* to do a project on the environment LOC **costar/llevar trabajo**: *Me cuesta ~ madrugar.* I find it hard to get up early. ◊ *Este vestido me ha llevado mucho ~.* This dress was a lot of work. **estar sin trabajo** to be out of work **trabajo de/en equipo** teamwork **trabajos forzados** hard labour [*sing*] **trabajos manuales** arts and crafts *Ver tb* BOLSA¹

trabalenguas *nm* tongue-twister

tractor *nm* tractor

tradición *nf* tradition: *seguir una ~ familiar* to follow a family tradition

tradicional *adj* traditional

traducción *nf* translation (**from sth**) (**into sth**): *hacer una ~ del español al ruso* to do a translation from Spanish into Russian

traducir *vt, vi* to translate (**from sth**) (**into sth**): *~ un libro del francés al inglés* to translate a book from French into English ☞ *Ver nota en* INTERPRET

traductor, ~a *nm-nf* translator

traer ◆ *vt* **1** (*gen*) to bring: *¿Qué quieres que te traiga?* What shall I bring you? ☞ *Ver dibujo en* TAKE **2** (*causar*) to cause: *El nuevo sistema nos va a ~ problemas.* The new system is going to cause problems. ◆ **traerse** *v pron* to bring **sth/sb** (with you): *Tráete una almohada.* Bring a pillow with you. LOC

traerse algo (entre manos) to be up to sth: *¿Qué te traes entre manos?* What are you up to?

traficante *nmf* dealer: *un ~ de armas* an arms dealer

traficar *vi* **con/en** to deal in sth: *Traficaban con drogas.* They dealt in drugs.

tráfico *nm* traffic: *Hay mucho ~ en el centro.* There's a lot of traffic in the town centre. LOC **tráfico de drogas** (*delito*) drug trafficking *Ver tb* GUARDIA

tragaperras *nf* fruit machine

tragar ◆ *vt, vi* **1** (*ingerir*) to swallow: *Me duele la garganta al ~.* My throat hurts when I swallow. **2** (*soportar*) to put up with sth: *No sé cómo puedes ~ tanto.* I don't know how you put up with it. ◆ **tragarse** *v pron* to swallow: *Me tragué un hueso de aceituna.* I swallowed an olive stone. ◊ *~se el orgullo* to swallow your pride ◊ *Se ha tragado lo del ascenso de Miguel.* He's swallowed the story about Miguel's promotion. ◊ *~se un libro/una película* to get through a book/to sit through a film

tragedia *nf* tragedy [*pl* tragedies]

trágico, -a *adj* tragic

trago *nm* **1** (*gen*) drink: *un ~ de agua* a drink of water **2** (*disgusto*) shock LOC **beberse/tomar algo de (un) trago** to drink sth in one go

traición *nf* **1** (*gen*) betrayal: *cometer ~ contra tus amigos* to betray your friends **2** (*contra el Estado*) treason: *Le juzgarán por alta ~.* He will be tried for high treason. LOC **a traición**: *Le dispararon a ~.* They shot him in the back. ◊ *Lo hicieron a ~.* They went behind his back.

traicionar *vt* **1** (*gen*) to betray: *~ a un compañero/una causa* to betray a friend/cause **2** (*nervios*) to let sb down: *Los nervios me traicionaron.* My nerves let me down.

traidor, ~a *nm-nf* traitor

traje *nm* **1** (*dos piezas*) suit: *Juan lleva un ~ muy elegante.* Juan is wearing a very smart suit. **2** (*de un país, de una región*) dress [*incontable*]: *Me encanta el ~ típico aragonés.* I love Aragonese regional dress. LOC **traje de baño 1** (*de hombre*) swimming trunks [*pl*] **2** (*de mujer*) swimming costume **traje de noche** evening dress **traje espacial** spacesuit

trama *nf* plot

tramar *vt* to plot: *Sé que están tramando algo.* I know they're up to something.

tramitar *vt* to process

trámite *nm* procedure [*incontable*]: *Cumplió con los ~s habituales.* He followed the usual procedure. LOC **en trámite(s) de** in the process of *doing sth*: *Estamos en ~s de divorcio.* We are in the process of getting a divorce.

tramo *nm* **1** (*carretera*) stretch **2** (*escalera*) flight

trampa *nf* **1** (*gen*) trap: *caer en una ~* to fall into a trap ◊ *tenderle una ~ a algn* to set a trap for sb **2** (*en un juego*) cheating [*incontable*]: *Una ~ más y estás eliminado.* Any more cheating and you're out of the game. ◊ *Eso es ~.* That's cheating. LOC **hacer trampa(s)** to cheat: *Siempre haces ~s.* You always cheat.

trampilla *nf* trapdoor

trampolín *nm* **1** (*gen*) springboard: *La gimnasta tomó impulso desde el ~.* The gymnast jumped off the springboard. **2** (*Natación*) diving board: *tirarse del ~* to dive from the board

tramposo, -a *adj, nm-nf* cheat [*n*]: *No seas tan ~.* Don't be such a cheat.

tranquilidad *nf* **1** (*gen*) calm: *un ambiente de ~* an atmosphere of calm ◊ *¡Qué ~, no tener que trabajar!* What a relief, no work! ◊ *la ~ del campo* the peace of the countryside **2** (*espíritu*) peace of mind: *Para tu ~, te diré que es cierto.* For your peace of mind, I can tell you it is true.

tranquilizante *nm* (*medicamento*) tranquillizer

tranquilizar ◆ *vt* **1** (*gen*) to calm *sb* down: *No consiguió ~la.* He couldn't calm her down. **2** (*aliviar*) to reassure: *Las noticias le tranquilizaron.* The news reassured him. ◆ **tranquilizarse** *v pron* to calm down: *Tranquilízate, que pronto llegarán.* Calm down, they'll soon be here.

tranquilo, -a *adj* **1** (*gen*) calm: *Es una mujer muy tranquila.* She's a very calm person. ◊ *La mar está tranquila.* The sea is calm. **2** (*lento*) laid-back: *Es tan ~ que me pone nerviosa.* He is so laid-back he makes me nervous. **3** (*apacible*) quiet: *Vivo en una zona tranquila.* I live in a quiet area. LOC **tan tranquilo** not bothered: *Suspendió y se quedó tan tranquila.* She failed, but she didn't seem bothered. *Ver tb* CONCIENCIA

transatlántico *nm* liner

transbordo *nm* LOC **hacer transbordo** to change: *Tuvimos que hacer dos ~s.* We had to change twice.

transcripción *nf* transcription: *una ~ fonética* a phonetic transcription

transcurrir *vi* **1** (*tiempo*) to pass: *Han transcurrido dos días desde su partida.* Two days have passed since he left. **2** (*ocurrir*) to take place

transeúnte *nmf* passer-by [*pl* passers-by]

transferencia *nf* transfer LOC **transferencia bancaria** credit transfer

transferir *vt* to transfer

transformador *nm* transformer

transformar ◆ *vt* to transform *sth/sb* (*into sth*): *~ un lugar/a una persona* to transform a place/person ◆ **transformarse** *v pron* **transformarse en** to turn into *sth/sb*: *La rana se transformó en príncipe.* The frog turned into a prince.

transfusión *nf* transfusion: *Le hicieron dos transfusiones (de sangre).* He was given two (blood) transfusions.

transgénico, -a *adj* genetically modified: *alimentos/cultivos ~s* genetically modified foods/crops

transición *nf* transition

transistor *nm* (transistor) radio

transitivo, -a *adj* transitive

transmitir ◆ *vt* to transmit: *~ una enfermedad* to transmit a disease ◊ *Les transmitimos la noticia.* We passed the news on to them. ◆ *vt, vi* (*programa*) to broadcast: *~ un partido* to broadcast a match

transparentar(se) *vi, v pron*: *Esa tela (se) transparenta demasiado.* That material is really see-through. ◊ *Con esa falda se te transparentan las piernas.* You can see your legs through that skirt.

transparente *adj* **1** (*gen*) transparent: *El cristal es ~.* Glass is transparent. **2** (*ropa*): *una blusa ~* a see-through blouse ◊ *Es demasiado ~.* You can see right through it.

transportar *vt* to carry

transporte *nm* transport: *~ público/escolar* public/school transport ◊ *El ~ marítimo es más barato que el aéreo.* Sending goods by sea is cheaper than by air.

transportista *nmf* carrier

transversal *adj* transverse: *eje ~* transverse axis ◊ *La Gran Vía es ~ a la calle Mayor.* Gran Vía crosses Calle Mayor. LOC *Ver* SECCIÓN

tranvía *nm* tram

trapecio *nm* **1** (*circo*) trapeze **2** (*Geom*) trapezium [*pl* trapeziums]

trapecista *nmf* trapeze artist

trapo *nm* **1** (*limpieza*) cloth **2 trapos** (*ropa*) clothes LOC **sacar (a relucir) los trapos sucios** to wash your dirty linen in public **trapo de cocina** tea towel **trapo del polvo** duster **trapo viejo** old rag

tráquea *nf* windpipe, trachea [*pl* tracheas/tracheae] (*cientif*)

tras *prep* **1** (*después de*) after: *día tras día* day after day **2** (*detrás de*) behind: *La puerta se cerró tras ella.* The door closed behind her. **3** (*más allá de*) beyond: *Tras las montañas está el mar.* Beyond the mountains is the sea. LOC **andar/estar/ir tras algo/algn** to be after sth/sb

trasero, -a ◆ *adj.* back: *la puerta trasera* the back door **◆** *nm* bottom, backside (*coloq*)

trasladar ◆ *vt* **1** (*gen*) to move: *Trasladaron todas mis cosas al otro despacho.* They moved all my things to the other office. **2** (*destinar*) to transfer: *Lo han trasladado al servicio de inteligencia.* He's been transferred to the intelligence service. **◆ trasladarse** *v pron* to move: *Nos trasladamos al número tres.* We moved to number three.

traslado *nm* **1** (*mudanza, desplazamiento*) move **2** (*cambio de destino*) transfer

traslucir *vt* to reveal

trasluz *nm* LOC **al trasluz** against the light: *mirar los negativos al ~* to look at the negatives against the light

trasnochar *vi* to stay up late

traspapelarse *v pron* to be mislaid

traspasar *vt* **1** (*atravesar*) to go through sth: *~ la barrera del sonido* to go through the sound barrier **2** (*líquido*) to soak **3** (*Dep*) to transfer sb (*to sth*): *Han traspasado a tres jugadores del Celta.* Three Celta players have been transferred. **4** (*negocio*) to sell

traspié *nm* LOC **dar un traspié** to trip

trasplantar *vt* to transplant

trasplante *nm* transplant

trastada *nf* LOC **hacer trastadas/una trastada**: *Ese niño no deja de hacer ~s.* That boy is always up to mischief. ◊ *¡Deja de hacer ~s de una vez!* Don't be so naughty!

trastero *nm* boxroom LOC *Ver* CUARTO

trasto *nm* **1** (*cosa*) junk [*incontable*]: *Tienes la habitación llena de ~s.* Your

room is full of junk. **2** (*niño*) little devil: *Esos niños son unos ~s.* Those children are little devils.

trastornar ◆ *vt* **1** (*gen*) to upset: *La huelga ha trastornado todos mis planes.* The strike has upset all my plans. **2** (*volver loco*) to drive sb out of their mind **◆ trastornarse** *v pron* **1** (*persona*) to go crazy **2** (*planes*) to be upset

tratado *nm* (*Pol*) treaty [*pl* treaties]

tratamiento *nm* **1** (*gen*) treatment: *un ~ contra la celulitis* treatment for cellulite **2** (*Informát*) processing LOC *Ver* TEXTO

tratar ◆ *vt* **1** (*gen*) to treat: *Nos gusta que nos traten bien.* We like people to treat us well. **2** (*discutir*) to deal with sth: *Trataremos estas cuestiones mañana.* We will deal with these matters tomorrow. **◆** *vi* **1** ~ **de/sobre** (*gen*) to be about sth: *La película trata sobre el mundo del espectáculo.* The film is about show business. **2** ~ **con** to deal with sth/sb: *No trato con ese tipo de gente.* I don't have any dealings with people like that. **3** (*intentar*) to try to do sth: *Trata de llegar a tiempo.* Try to/ and get there on time. ☞ *Ver nota en* TRY **◆ tratarse** *v pron* **tratarse de** to be about sth/sb/doing sth: *Se trata de tu hermano.* It's about your brother. ◊ *Se trata de aprender, no de aprobar.* It's about learning, not just passing. LOC **tratar a algn de tú/usted** to be on familiar/formal terms with sb

trato *nm* **1** (*gen*) treatment: *el mismo ~ para todos* the same treatment for everyone **2** (*relación*): *Debemos intentar mejorar nuestro ~ con los vecinos.* We must try to get on with our neighbours a bit better. ◊ *Nuestro ~ no es muy bueno.* We don't get on very well. **3** (*acuerdo*) deal: *hacer/cerrar un ~* to make/close a deal LOC **malos tratos** ill-treatment [*incontable*]: *Sufrieron malos ~s en la cárcel.* They were subjected to ill-treatment in prison. **tener/no tener trato con algn** to see/not to see sb: *No tengo demasiado ~ con ellos.* I don't see much of them. **trato hecho** it's a deal!

trauma *nm* trauma

través LOC **a través de** through: *Corría a ~ del bosque.* He was running through the wood. ◊ *Huyeron a ~ del parque/de los campos.* They ran across the park/ fields. *Ver tb* CAMPO

travesti (*tb* **travestí**) *nmf* transvestite

travesura *nf* prank LOC **hacer travesuras** to play pranks

travieso, -a *adj* naughty

trayecto *nm* route: *Este tren hace el ~ Madrid-Barcelona.* This train runs on the Madrid-Barcelona route.

trayectoria *nf* trajectory [*pl* trajectories]

trazar *vt* **1** (*línea, plano*) to draw **2** (*plan, proyecto*) to draw *sth* up, to devise (*más formal*): *~ un plan* to draw up a plan

trébol *nm* **1** (*Bot*) clover **2 tréboles** (*Naipes*) clubs ☞ *Ver nota en* BARAJA

trece *nm, adj, pron* **1** (*gen*) thirteen **2** (*fecha*) thirteenth ☞ *Ver ejemplos en* ONCE *y* SEIS LOC **mantenerse/seguir en sus trece** to stand your ground *y* MARTES

treceavo, -a *adj, nm* thirteenth ☞ Para *catorceavo, quinceavo,* etc., ver Apéndice 1.

trecho *nm* stretch: *un ~ peligroso* a dangerous stretch of road

tregua *nf* truce: *romper una ~* to break a truce

treinta *nm, adj, pron* **1** (*gen*) thirty **2** (*trigésimo*) thirtieth ☞ *Ver ejemplos en* SESENTA

tremendo, -a *adj* **1** (*gen*) terrible: *un disgusto/dolor ~* a terrible blow/pain **2** (*positivo*) tremendous: *Tuvo un éxito ~.* It was a tremendous success. ◊ *El niño tiene una fuerza tremenda.* That child is tremendously strong.

tren *nm* train: *coger/perder el ~* to catch/miss the train ◊ *Fui a Londres en ~.* I went to London by train. LOC **a todo tren 1** (*con lujo*) in style **2** (*muy rápido*) flat out **estar como un tren** to be a stunner **tren correo/de mercancías** mail/goods train **tren de alta velocidad** (*abrev* TAV, AVE) high-speed train **tren de aterrizaje** undercarriage: *bajar el ~ de aterrizaje* to lower the undercarriage **tren de cercanías** local train **tren de largo recorrido** long-distance train **tren de vida** lifestyle *Ver tb* PARAR

trenca *nf* duffel coat

trenza *nf* plait: *Hazte una ~.* Do your hair in a plait.

trepar *vi* to climb, to climb (up) *sth*: *~ a un árbol* to climb (up) a tree

tres *nm, adj, pron* **1** (*gen*) three **2** (*fecha*) third ☞ *Ver ejemplos en* SEIS LOC **no ver tres en un burro** to be as blind as a bat **tres en raya** noughts and crosses [*sing*] *Ver tb* CADA

trescientos, -as *adj, pron, nm* three hundred ☞ *Ver ejemplos en* SEISCIENTOS

tresillo *nm* **1** (*sofá para tres personas*) three-seater sofa **2** (*sofá y dos sillones*) three-piece suite

triangular *adj* triangular

triángulo *nm* triangle LOC **triángulo equilátero / escaleno / isósceles** equilateral /scalene / isosceles triangle **triángulo rectángulo** right-angled triangle

tribu *nf* tribe

tribuna *nf* stand: *Tenemos entradas de ~.* We've got stand tickets. ◊ *Han montado una ~.* They've put up a stand.

tribunal *nm* **1** (*gen*) court: *comparecer ante el ~* to appear before the court **2** (*en un examen*) examining board: *Me ha tocado un ~ muy estricto.* The examiners were very strict. LOC **llevar a los tribunales** to take *sth/sb* to court **Tribunal Supremo** ≃ High Court (*GB*)

triciclo *nm* tricycle, trike (*coloq*)

trigo *nm* wheat

trigonometría *nf* trigonometry

trillar *vt* to thresh

trillizos, -as *nm-nf* triplets

trimestral *adj* quarterly: *revistas/ facturas ~es* quarterly magazines/bills

trimestre *nm* **1** (*gen*) quarter **2** (*Educ*) term

trinar *vi* (*pájaro*) to sing

trinchera *nf* trench

trineo *nm* **1** (*gen*) sledge **2** (*de caballos*) sleigh: *Papá Noel viaja siempre en ~.* Father Christmas always travels by sleigh.

trinidad *nf* trinity

trino *nm* trill

trío *nm* trio [*pl* trios]

tripa *nf* **1** (*intestino*) gut **2** (*vientre*) stomach, tummy [*pl* tummies] (*coloq*): *tener dolor de ~* to have tummy ache **3** (*barriga*) belly [*pl* bellies]

triple ◆ *adj* triple: *~ salto* triple jump ◆ *nm* three times: *Nueve es el ~ de tres.* Nine is three times three. ◊ *Este es el ~ de grande que el otro.* This one's three times bigger than the other one. ◊ *Gana el ~ que yo.* He earns three times as much as me.

triplicado, -a *pp, adj* LOC **por triplicado** in triplicate *Ver tb* TRIPLICAR(SE)

triplicar(se) *vt, v pron* to treble

tripulación *nf* crew [*v sing o pl*] ☞ *Ver nota en* JURADO

tripular *vt* **1** (*barco*) to sail **2** (*avión*) to fly

triste *adj* **1** (*gen*) sad: *estar/sentirse ~* to be/feel sad **2** (*deprimente, deprimido, habitación*) gloomy: *un paisaje/una habitación ~* a gloomy landscape/room

tristeza *nf* **1** (*gen*) sadness **2** (*melancolía*) gloominess

triturar *vt* **1** (*carne*) to mince **2** (*cosas duras*) to crush ☞ *Ver dibujo en* APLASTAR **3** (*papel*) to shred

triunfal *adj* **1** (*arco, entrada*) triumphal **2** (*gesto, regreso*) triumphant

triunfar *vi* **1** (*tener éxito*) to succeed: *~ en la vida* to succeed in life ◊ *Esta canción va a ~ en el extranjero*. This song will do well abroad. **2** ~ (**en**) (*ganar*) to win: *~ a cualquier precio* to win at any price **3** ~ (**sobre**) to triumph (**over sth/sb**): *Triunfaron sobre sus enemigos*. They triumphed over their enemies.

triunfo *nm* **1** (*Pol, Mil*) victory [*pl* victories] **2** (*logro personal, proeza*) triumph: *un ~ de la ingeniería* a triumph of engineering **3** (*Mús, éxito*) hit: *sus últimos ~s cinematográficos* his latest box-office hits **4** (*Naipes*) trump

trivial *adj* trivial

trivialidad *nf* **1** (*cosa trivial*) triviality [*pl* trivialities] **2** (*comentario*) trite remark: *decir ~es* to make trite remarks

triza *nf* LOC **hacer trizas 1** (*gen*) to shatter: *Terminé hecho ~s.* I was shattered by the end. **2** (*papel, tela*) to tear *sth* to shreds

trocear *vt* to cut *sth* into pieces

trofeo *nm* trophy [*pl* trophies]

trola *nf* fib: *contar/meter ~s* to tell fibs

tromba *nf* LOC **tromba (de agua)** downpour: *Ayer cayó una buena ~ de agua.* It really poured down yesterday.

trombón *nm* (*instrumento*) trombone

trompa *nf* **1** (*Zool*) (*elefante*) trunk **2** (*insecto*) proboscis LOC **coger(se) una trompa** to get plastered

trompeta *nf* (*instrumento*) trumpet

tronar *v imp* to thunder: *¡Está tronando!* It's thundering!

troncharse *v pron*: *~ de risa* to split your sides (laughing)

tronco *nm* **1** (*árbol, Anat*) trunk **2** (*leño*) log LOC *Ver* DORMIR

trono *nm* throne: *subir al ~* to come to the throne ◊ *el heredero del ~* the heir to the throne

tropa *nf* troop

tropezar(se) *vi, v pron* **tropezar(se)** (**con**) **1** (*caerse*) to trip (**over sth**): *~ con una raíz* to trip over a root **2** (*problemas*) to come up against *sth*: *Hemos tropezado con serias dificultades.* We've come up against serious difficulties.

tropezón *nm* (*traspié*) stumble

tropical *adj* tropical

trópico *nm* tropic: *el ~ de Cáncer/Capricornio* the tropic of Cancer/Capricorn

trote *nm* **1** (*gen*) trot: *ir al ~* to go at a trot **2** (*actividad intensa*): *Tanto ~ acabará conmigo.* All this rushing around will finish me off. LOC **no estar para muchos/esos trotes**: *Ya no estoy para esos ~s.* I'm not up to this any more.

trozo *nm* piece: *un ~ de pan* a piece of bread ◊ *Corta la carne a ~s.* Cut the meat into pieces.

trucha *nf* trout [*pl* trout]

truco *nm* trick LOC **coger el truco** to get the hang of *sth* **tener truco** to have a catch: *Esa oferta tiene ~.* There's a catch to that offer.

trueno *nm* thunder [*incontable*]: *¿No has oído un ~?* Wasn't that a clap of thunder? ◊ *Los ~s han cesado.* The thunder stopped. ◊ *rayos y ~s* thunder and lightning

trufa *nf* truffle

tu *adj pos* your: *tus libros* your books

tú *pron pers* you: *¿Eres tú?* Is that you? LOC *Ver* YO

tuberculosis *nf* tuberculosis (*abrev* TB)

tubería *nf* pipe: *Se ha roto una ~.* A pipe has burst.

tubo *nm* **1** (*de conducción*) pipe **2** (*recipiente*) tube: *un ~ de pasta de dientes* a tube of toothpaste ☞ *Ver dibujo en* CONTAINER LOC **por un tubo**: *Tiene amigos por un ~.* He's got lots of friends. ◊ *Trabajan por un ~.* They work really hard. **tubo de escape** exhaust

tuerca *nf* nut

tuerto, -a *adj* one-eyed LOC **ser tuerto** to be blind in one eye

tugurio *nm* **1** (*chabola*) hovel **2** (*bar*) dive

tulipán *nm* tulip

tumba *nf* **1** (*gen*) grave **2** (*mausoleo*) tomb: *la ~ de Lenin* Lenin's tomb

tumbar ◆ *vt* to knock *sth/sb* down: *Me tumbó de un guantazo.* He knocked me

tumbo

over. ◆ **tumbarse** *v pron* to lie down: *Se tumbó unos minutos.* He lay down for a few minutes. ☛ *Ver nota en* LIE²

tumbo *nm* LOC **dar tumbos 1** (*tambalearse*) to stagger **2** (*tener dificultades*) to lurch from one crisis to another

tumbona *nf* **1** (*gen*) lounger **2** (*hamaca*) deckchair

tumor *nm* tumour: ~ *benigno/cerebral* benign/brain tumour

tumulto *nm* (*multitud*) crowd

túnel *nm* tunnel: *pasar por un* ~ to go through a tunnel

tupido, -a *pp, adj* **1** (*gen*) dense **2** (*tela*) densely woven

turbante *nm* turban

turbio, -a *adj* **1** (*líquido*) cloudy **2** (*asunto*) shady

turismo *nm* **1** (*industria*) tourism **2** (*turistas*) tourists [*pl*]: *un 40% del que visita nuestra zona* 40% of the tourists visiting our area LOC **hacer turismo 1** (*por un país*) to tour: *hacer ~ por África* to tour round Africa **2** (*por una ciudad*) to go sightseeing *Ver tb* OFICINA

turista *nmf* tourist

turnarse *v pron* ~ (**con**) (**para**) to take it in turns (**with sb**) (**to do sth**): *Nos turnamos para hacer la limpieza de la casa.* We take it in turns to do the housework.

turno *nm* **1** (*orden*) turn: *Espera tu ~ en la cola.* Wait your turn in the queue. **2** (*trabajo*) shift: ~ *de día/noche* day/night shift LOC **estar de turno** to be on duty

turquesa *nf* LOC *Ver* AZUL

turrón *nm* nougat [*incontable*]

tutear(se) *vt, v pron* to be on familiar terms (**with sb**)

tutor, ~a *nm-nf* **1** (*Jur*) guardian **2** (*profesor*) tutor

tuyo, -a *adj pos, pron pos* yours: *Esos zapatos no son ~s.* Those shoes aren't yours. ◊ *No es asunto ~.* That's none of your business.

Nótese que *un amigo tuyo* se traduce por 'a friend of yours' porque significa *uno de tus amigos.*

Uu

u *conj* or

UCI *nf* intensive care unit

¡uf! *interj* **1** (*alivio, cansancio, sofoco*) phew!: *¡Uf, qué calor!* Phew, it's hot! **2** (*asco*) ugh!: *¡Uf, qué mal huele!* Ugh, what an awful smell!

úlcera *nf* ulcer

últimamente *adv* lately

ultimátum *nm* ultimatum [*pl* ultimatums]

último, -a ◆ *adj* **1** (*gen*) last: *el ~ episodio* the last episode ◊ *estos ~s días* the last few days ◊ *Te lo digo por última vez.* I'm telling you for the last time. **2** (*más reciente*) latest: *la última moda* the latest fashion ☛ **Last** hace referencia al último de una serie que se ha terminado: *el último álbum de John Lennon* John Lennon's last album. **Latest** es el último de una serie que podría aún continuar: *su último álbum* their latest album. **3** (*más alto*) top: *en el ~ piso* on the top floor **4** (*más bajo*) bottom: *Están en última posición de la liga.* They are

bottom of the league. ◆ *nm-nf* **1** (*gen*) last (one): *Fuimos los ~s en llegar.* We were the last (ones) to arrive. **2** (*mencionado en último lugar*) latter LOC **a última hora 1** (*en último momento*) at the last moment **2** (*al final de un día*) late: *a última hora de la tarde de ayer* late yesterday evening ◊ *a última hora del martes* late last Tuesday **a últimos de mes** at the end of the month **ir/vestir a la última** to be fashionably dressed **ser el último mono** to be a real nobody

ultraderecha *nf* extreme right

ultramarinos *nm* grocer's ☛ *Ver nota en* CARNICERÍA

umbilical *adj* LOC *Ver* CORDÓN

umbral *nm* threshold: *en el ~ del nuevo siglo* on the threshold of the new century

un, una ◆ *art indef* **1** a, an ☛ La forma **an** se emplea delante de sonido vocálico: *un árbol* a tree ◊ *un brazo* an arm ◊ *una hora* an hour **2** *unos* some:

Necesito unos zapatos nuevos. I need some new shoes. ◊ *Ya que vas, compra unos plátanos.* Get some bananas while you're there. ◊ *Tienes unos ojos preciosos.* You've got beautiful eyes. ◆ *adj* Ver UNO

unanimidad *nf* unanimity LOC **por unanimidad** unanimously

undécimo, -a *adj, pron, nm-nf* eleventh

UNED *nf* ≃ Open University (*GB*)

único, -a ◆ *adj* **1** (*solo*) only: *la única excepción* the only exception **2** (*excepcional*) extraordinary: *una mujer única* an extraordinary woman **3** (*sin igual*) unique: *una obra de arte única* a unique work of art ◆ *nm-nf* only one: *Es la única que sabe nadar.* She's the only one who can swim. LOC Ver DIRECCIÓN, HIJO, SENTIDO

unidad *nf* **1** (*gen*) unit: *~ de medida* unit of measurement **2** (*unión*) unity: *falta de ~* lack of unity LOC **Unidad de Vigilancia Intensiva/Cuidados Intensivos** (*abrev* UVI/UCI) intensive care unit **unidad monetaria** unit of currency

unido, -a *pp, adj* close: *una familia muy unida* a very close family ◊ *Están muy ~s.* They're very close. LOC Ver ESTADO, ORGANIZACIÓN, REINO; Ver tb UNIR

unificar *vt* to unify

uniforme ◆ *adj* **1** (*gen*) uniform: *de tamaño ~* of uniform size **2** (*superficie*) even ◆ *nm* uniform LOC **con/de uniforme**: *soldados de ~* soldiers in uniform ◊ *colegiales con ~* children in school uniform

unión *nf* **1** (*gen*) union: *la ~ monetaria* monetary union **2** (*unidad*) unity: *La ~ es nuestra mejor arma.* Unity is our best weapon. **3** (*acción*) joining (together): *la ~ de las dos partes* the joining together of the two parts LOC **Unión Europea** (*abrev* UE) European Union (*abrev* EU)

unir ◆ *vt* **1** (*intereses, personas*) to unite: *los objetivos que nos unen* the aims that unite us **2** (*piezas, objetos*) to join **3** (*carretera, ferrocarril*) to link ◆ **unirse** *v pron* **unirse a** to join *sth*: *Se unieron al grupo.* They joined the group.

universal *adj* **1** (*gen*) universal: *Provocan la condena ~.* They arouse universal condemnation. **2** (*historia, literatura*) world [*n atrib*]: *historia ~* world history LOC Ver DILUVIO

universidad *nf* university [*pl* universities]: *ir a la ~* to go to university LOC **universidad a distancia** (*abrev* UNED) ≃ Open University (*GB*)

universo *nm* universe

uno, -a ◆ *adj* **1** (*cantidad*) one: *He dicho un kilo, no dos.* I said one kilo, not two. **2** (*primero*) first: *el día ~ de mayo* the first of May **3** unos (*aproximadamente*): *~s quince días* about a fortnight ◊ *Sólo estaré ~s días.* I'll only be there a few days. ◊ *Tendrá ~s 50 años.* He must be about 50. ◆ *pron* **1** (*gen*) one: *No tenía corbata y le dejé una.* He didn't have a tie, so I lent him one. **2** (*más formal*) you, one: *~ no sabe a qué atenerse.* You don't know what to think. **3** unos: *A ~s les gusta y a otros no.* Some (people) like it; some don't. ◆ *nm* one: *~, dos, tres* one, two, three LOC **¡a la una, a las dos, a las tres!** ready, steady, go! **de uno en uno** one by one: *Mételos de ~ en ~.* Put them in one by one. **es la una** it's one o'clock **(los) unos a (los) otros** each other, one another: *Se ayudaban (los) ~s a (los) otros.* They helped each other. ☞ Ver nota en EACH OTHER ✦ Para más información sobre el uso del numeral uno, ver ejemplos en SEIS.

untar *vt* **1** (*extender*) to spread *sth* **on** *sth*: *~ las tostadas con/de mermelada* to spread jam on toast **2** (*en salsa*) to dip: *~ patatas fritas en tomate* to dip chips in tomato sauce LOC **untar con aceite/grasa** to grease: *~ un molde con aceite* to grease a tin

uña *nf* **1** (*mano*) (finger)nail: *morderse las ~s* to bite your nails **2** (*pie*) toenail LOC **ser uña y carne** to be inseparable Ver tb CEPILLO, ESMALTE

uranio *nm* uranium

Urano *nm* Uranus

urbanización *nf* (housing) estate

urbano, -a *adj* urban LOC **guardia/policía urbano** municipal police officer

urgencia *nf* **1** (*emergencia, caso urgente*) emergency [*pl* emergencies]: *en caso de ~* in case of emergency **2 urgencias** (*en un hospital*) casualty (department) [*sing*]

urgente *adj* **1** (*gen*) urgent: *un pedido/trabajo ~* an urgent order/job **2** (*correo*) express

urna *nf* **1** (*cenizas*) urn **2** (*Pol*) ballot box

urraca *nf* magpie

usado, -a *pp, adj* **1** (*de segunda mano*) second-hand: *ropa usada* second-hand clothes **2** (*desgastado*) worn out: *unos zapatos ~s* worn out shoes Ver tb USAR

usar *vt* **1** (*utilizar*) to use: *Uso mucho el ordenador.* I use the computer a lot.

2 (*ponerse*) to wear: *¿Qué colonia usas?* What cologne do you wear?

uso *nm* use: *instrucciones de ~* instructions for use LOC **de uso externo/ tópico** (*pomada*) for external use

usted *pron pers* you: *Todo se lo debo a ~es.* I owe it all to you.

usuario, -a *nm-nf* user

utensilio *nm* **1** (*herramienta*) tool **2** (*cocina*) utensil

útero *nm* womb

útil ◆ *adj* useful ◆ **útiles** *nm* equipment [*incontable, v sing*]

utilidad *nf* usefulness LOC **tener mucha utilidad** to be very useful

utilizar *vt* to use

utopía *nf* Utopia

uva *nf* grape LOC **estar de mala uva** to be in a foul mood **tener mala uva** to be bad-tempered

UVI *nf* intensive care unit

Vv

vaca *nf* **1** (*animal*) cow **2** (*carne*) beef ☛ *Ver nota en* CARNE LOC **estar como una vaca** to be very fat *Ver tb* COMER

vacación *nf* holiday [*pl* holidays]

¿**Holiday** o **holidays**?

Lo normal es traducir *vacaciones* por **holiday**, en singular: *Fueron unas vacaciones inolvidables.* It was an unforgettable holiday. ◊ *¡Que pases unas buenas vacaciones!* Have a great holiday! En algunos contextos también es normal utilizar el plural **holidays**: *durante las vacaciones escolares/de verano/de Navidad* during the school/ summer/Christmas holidays.

LOC **estar/ir(se) de vacaciones** to be/go on holiday

vaciar *vt* **1** (*gen*) to empty *sth* (out): *Vaciemos esta caja.* Let's empty (out) that box. **2** (*un lugar*) to clear *sth* (of *sth*): *Quiero que vacíes tu cuarto de trastos.* I want you to clear your room of junk.

vacío, -a ◆ *adj* empty: *una caja/casa vacía* an empty box/house ◆ *nm* vacuum LOC *Ver* ENVASADO

vacuna *nf* vaccine: *la ~ contra la polio* the polio vaccine

vacunar *vt* to vaccinate *sth/sb* (**against** *sth*): *Tenemos que ~ al perro contra la rabia.* We've got to have the dog vaccinated against rabies.

vacuno, -a *adj* LOC *Ver* GANADO

vado *nm* (*de un río*) ford LOC **vado permanente** keep clear (at all times)

vagabundo, -a ◆ *adj* **1** (*persona*) wandering **2** (*animal*) stray ◆ *nm-nf* tramp

vagar *vi* to wander: *Pasaron toda la noche vagando por las calles de la ciudad.* They spent all night wandering the city streets.

vagina *nf* vagina

vago, -a¹ ◆ *adj* lazy ◆ *nm-nf* layabout LOC **hacer el vago** to laze about/around

vago, -a² *adj* vague: *una respuesta vaga* a vague answer ◊ *un ~ parecido* a vague resemblance

vagón *nm* carriage: *~ de pasajeros* passenger carriage LOC **vagón de mercancías** freight wagon **vagón restaurante** dining car

vaho *nm* **1** (*vapor*) steam **2** (*aliento*) breath

vainilla *nf* vanilla

vaivén *nm* swinging: *el ~ del péndulo* the swinging of the pendulum

vajilla *nf* **1** (*gen*) crockery [*incontable*] **2** (*juego completo*) dinner service

vale *nm* **1** (*cupón*) voucher **2** (*recibo*) receipt **3** (*entrada*) (free) ticket

valentía *nf* courage

valer ◆ *vt* **1** (*costar*) to cost: *El pantalón valía 52 euros.* The trousers cost 52 euros. **2** (*tener un valor*) to be worth: *Una libra vale unos 1,5 euros.* One pound is worth about 1.5 euros. ◆ *vi* **1** (*servir*) to do: *Este vaso vale como florero.* This glass will do as a vase. ◊ *¿Para qué vale esto?* What's that for? ☛ Para decir *no valer* se emplea to **be no good**: *Tiré todos los bolígrafos que no valían.* I threw away all the pens that were no good. **2** (*ser suficiente*) to be enough: *¿Vale con esto?* Is this enough? **3** *~* **por** to entitle *sb* to *sth*: *Este cupón vale por un descuento.* This coupon entitles you to a discount. **4** *~* (**para**) (*persona*) to be good: *Yo no valdría para* *maestra.* I'd be no good as a teacher. **5** (*estar permitido*) to be allowed: *No vale hacer trampas.* No cheating. **6** (*documento*) to be valid: *Este pasaporte ya no vale.* This passport is no longer valid. **7** (*ropa*) to fit: *Esa falda ya no me vale.* That skirt doesn't fit me any more. ◆ **valerse** *v pron* **valerse de** to use: *Se valió de todos los medios para triunfar.* He used every means possible to get on. LOC **más vale...**: *Más vale que cojas el paraguas.* You'd better take your umbrella. ◊ *Más te vale decir la verdad.* You're better off telling the truth. **¡no vale!** (*no es justo*) that's not fair! **no valer para nada** to be useless **vale** (*de acuerdo*) okay **valerse (por sí mismo)** to get around (on your own) *Ver tb* CUÁNTO, PENA

válido. -a *adj* valid

valiente *adj, nmf* brave [*adj*]: *¡Eres un ~!* You're very brave!

valioso. -a *adj* valuable

valla *nf* **1** (*cerca*) fence **2** (*Dep*) hurdle: *los 500 metros ~s* the 500 metres hurdles LOC **valla publicitaria** hoarding

vallar *vt* to fence

valle *nm* valley [*pl* valleys]

valor *nm* **1** (*gen*) value: *Tiene un gran ~ sentimental para mí.* It has great sentimental value for me. **2** (*precio*) price. *Las joyas alcanzaron un ~ muy alto.* The jewels fetched a very high price. **3** (*valentía*) courage: *Me falta ~.* I haven't got the courage. LOC **sin valor** worthless *Ver tb* ARMAR, IMPUESTO

valorar *vt* **1** (*gen*) to value *sth* (*at sth*): *Valoraron el anillo en 2.300 euros.* The ring was valued at 2 300 euros. **2** (*considerar*) to assess: *Llegó el momento de ~ los resultados.* It was time to assess the results.

vals *nm* waltz

válvula *nf* valve: *la ~ de escape/seguridad* the exhaust/safety valve

vampiro *nm* **1** (*murciélago*) vampire bat **2** (*Cine*) vampire

vandalismo *nm* vandalism

vanguardia *nf* **1** (*Mil*) vanguard **2** (*Arte*) avant-garde: *teatro de ~* avant-garde theatre

vanguardismo *nm* (*Arte, Liter*) avant-gardism

vanidad *nf* vanity

vanidoso. -a *adj, nm-nf* vain [*adj*]: *Eres un ~.* You're so vain.

vano. -a *adj* vain: *un intento ~* a vain attempt LOC **en vano** in vain

vapor *nm* **1** (*gen*) steam: *una locomotora de ~* a steam engine ◊ *una plancha de ~* a steam iron **2** (*Quím*) vapour: *~es tóxicos* toxic vapours LOC **al vapor** steamed *Ver tb* BARCO

vaquero. -a ◆ *adj* (*tela*) denim [*n atrib*]: *cazadora vaquera* denim jacket ◆ *nm-nf* (*pastor*) cowherd ◆ *nm* **1** (*cowboy*) cowboy [*pl* cowboys] **2** **vaqueros** jeans ☞ *Ver nota en* PAIR

vara *nf* **1** (*palo*) stick **2** (*rama*) branch

variable ◆ *adj* (*carácter*) changeable ◆ *nf* variable LOC *Ver* NUBOSIDAD

variación *nf* variation: *ligeras variaciones de presión* slight variations in pressure

variar *vt, vi* **1** (*dar variedad, ser variado*) to vary: *Los precios varían según el restaurante.* Prices vary depending on the restaurant. ◊ *Hay que ~ la alimentación.* You should vary your diet. **2** (*cambiar*) to change: *No varía en plural.* It doesn't change in the plural. LOC **para variar** for a change

varicela *nf* chickenpox

variedad *nf* variety [*pl* varieties]

varilla *nf* rod

varios. -as *adj, pron* several: *en varias ocasiones* on several occasions ◊ *Hay varias posibilidades.* There are several possibilities. ◊ *~ de vosotros tendréis que estudiar más.* Several of you will have to work harder.

varita *nf* stick LOC **varita mágica** magic wand

variz *nf* varicose vein

varón *nm* **1** (*hombre*) man [*pl* men] **2** (*hijo*) boy [*pl* boys]: *Nos gustaría un ~.* We would like a boy. LOC *Ver* SANTO

varonil *adj* manly, virile (*más formal*): *una voz ~* a manly voice

vasco. -a *adj, nm-nf* Basque: *el País Vasco* the Basque Country

vasija *nf* vessel

vaso *nm* **1** (*gen*) glass: *un ~ de agua* a glass of water ☞ *Ver dibujo en* TAZA **2** (*Anat, Bot*) vessel: *~s sanguíneos* blood vessels LOC **vaso de plástico/papel** plastic/paper cup *Ver tb* AHOGAR, BEBER, GAFAS, GOTA

vatio *nm* watt: *una bombilla de 60 ~s* a 60-watt light bulb

¡vaya! *interj Ver* IR

vecinal *adj* LOC *Ver* CAMINO

vecindario *nm* neighbourhood: *una de las escuelas del ~* one of the schools in the neighbourhood ◊ *Todo el ~ salió a la* *calle.* The whole neighbourhood took to the streets.

vecino, -a ◆ *adj* neighbouring: *países ~s* neighbouring countries ◆ *nm-nf* neighbour: *¿Qué tal son tus ~s?* What are your neighbours like? LOC *Ver* COMUNIDAD

veda *nf* close season: *El salmón está en ~.* It's the close season for salmon.

vegetación *nf* **1** (*gen*) vegetation **2 vegetaciones** (*Med*) adenoids

vegetal ◆ *adj* vegetable [*n atrib*]: *aceites ~es* vegetable oils ◆ *nm* vegetable LOC *Ver* CARBÓN

vegetar *vi* **1** (*Bot*) to grow **2** (*hacer el vago*) to vegetate, to veg out (*coloq*)

vegetariano, -a *adj, nm-nf* vegetarian: *ser ~* to be a vegetarian

vehículo *nm* vehicle

veinte *nm, adj, pron* **1** (*gen*) twenty **2** (*vigésimo*) twentieth: *el siglo ~* the twentieth century ☞ *Ver ejemplos en* SESENTA

vejestorio *nm* old man [*pl* old men]

vejez *nf* old age

vejiga *nf* bladder

vela¹ *nf* **1** (*cirio*) candle: *encender/apagar una ~* to light/put out a candle **2** (*mocos*): *Se te cae la ~.* Your nose is running. LOC **estar/pasarse la noche en vela 1** (*gen*) to stay up all night **2** (*con un enfermo*) to keep watch (*over sb*) **¿quién te ha dado vela en este entierro?** who asked you to butt in? *Ver tb* DOS

vela² *nf* **1** (*de un barco*) sail **2** (*Dep*) sailing: *practicar la ~* to go sailing LOC *Ver* BARCO

velada *nf* evening

velar ◆ *vt* **1** (*cadáver*) to keep vigil **over sb 2** (*enfermo*) to sit up **with sb** ◆ *vi ~ por* to look after *sth/sb*: *Tu padrino velará por ti.* Your godfather will look after you.

velarse *v pron* (*carrete*) to be exposed: *No abras la máquina que se vela el carrete.* Don't open the camera or you'll expose the film.

velatorio *nm* wake

velero *nm* sailing boat

veleta *nf* weathervane

vello *nm* (*Anat*) hair: *tener ~ en las piernas* to have hair on your legs

velo *nm* veil LOC **velo del paladar** soft palate

velocidad *nf* **1** (*rapidez*) speed: *la ~ del sonido* the speed of sound ◊ *trenes de*

alta ~ high-speed trains **2** (*Mec*) gear: *cambiar de ~* to change gear ◊ *un coche con cinco ~es* a car with a five-speed gearbox LOC *Ver* CAJA, TREN

velocímetro *nm* speedometer

velocista *nmf* sprinter

velódromo *nm* velodrome, cycle track (*más coloq*)

veloz *adj* fast: *No es tan ~ como yo.* He isn't as fast as me. ☞ *Ver nota en* FAST¹

vena *nf* vein LOC **darle la vena a algn** to take it into your head *to do sth: Me dio la ~ y me fui de compras.* I took it into my head to go shopping. **estar en vena** to be in the mood

vencedor, -a ◆ *adj* **1** (*gen*) winning: *el equipo ~* the winning team **2** (*país, ejército*) victorious ◆ *nm-nf* **1** (*gen*) winner: *el ~ de la prueba* the winner of the competition **2** (*Mil*) victor

vencer ◆ *vt* **1** (*Dep*) to beat: *Nos vencieron en la semifinal.* We were beaten in the semi-final. **2** (*Mil*) to defeat **3** (*rendir*) to overcome: *Me venció el sueño.* I was overcome with sleep. ◆ *vi* **1** (*gen*) to win: *Venció el equipo visitante.* The visiting team won. **2** (*plazo*) to expire: *El plazo venció ayer.* The deadline expired yesterday. **3** (*pago*) to be due: *El pago del préstamo vence hoy.* Repayment of the loan is due today.

vencido, -a ◆ *pp, adj*: *darse por ~* to give in ◆ *nm-nf* loser: *vencedores y ~s* winners and losers LOC *Ver* TERCERO; *Ver tb* VENCER

venda *nf* bandage: *Me puse una ~ en el dedo.* I bandaged (up) my finger.

vendado, -a *pp, adj* LOC *Ver* OJO; *Ver tb* VENDAR

vendar *vt* to bandage *sth/sb* (up): *Me vendaron el tobillo.* They bandaged (up) my ankle. ◊ *La vendaron de pies a cabeza.* She was bandaged from head to foot. LOC **vendarle los ojos a algn** to blindfold sb

vendaval *nm* hurricane

vendedor, ~a *nm-nf* **1** (*viajante*) salesman/woman [*pl* salesmen/women] **2** (*dependiente*) sales assistant LOC **vendedor ambulante** hawker

vender ◆ *vt* to sell: *Venden el piso de arriba.* The upstairs flat is for sale. ◆ **venderse** *v pron* **1** (*estar a la venta*) to be on sale: *Se venden en el mercado.* They are on sale in the market. **2** (*dejarse sobornar*) to sell yourself LOC **se vende** for sale **venderse como churros** to sell like hot cakes

vendimia *nf* grape harvest

vendimiar *vi* to harvest grapes

veneno *nm* poison

venenoso. -a *adj* poisonous LOC **hongo venenoso/seta venenosa** toadstool

venganza *nf* revenge

vengarse *v pron* to take revenge (**on sb**) (**for sth**): *Se vengó de lo que le hicieron.* He took revenge for what they'd done to him. ◊ *Me vengaré de él.* I'll get my revenge on him.

venir ◆ *vi* **1** (*gen*) to come: *¡Ven aquí!* Come here! ◊ *Nunca vienes a verme.* You never come to see me. ◊ *No me vengas con excusas.* Don't come to me with excuses.

En el uso coloquial **come** + infinitivo se puede sustituir por **come and** + verbo, sobre todo en órdenes: *Ven a verme mañana.* Come and see me tomorrow.

2 (*volver*) to be back: *Vengo en seguida.* I'll be back in a minute. **3** (*estar*) to be: *Viene en todos los periódicos.* It's in all the papers. ◊ *Hoy vengo un poco cansado.* I'm a bit tired today. ◆ *v aux* ~ **haciendo algo** to have been **doing sth**: *Hace años que te vengo diciendo lo mismo.* I've been telling you the same thing for years. LOC **que viene** next: *el martes que viene* next Tuesday **venir bien/mal** (*convenir*) to suit/not to suit: *Mañana me viene muy mal.* Tomorrow doesn't suit me. ☛ Para otras expresiones con **venir**, véanse las entradas del sustantivo, adjetivo, etc., p. ej. **no venir a cuento** en CUENTO y **venir de familia** en FAMILIA.

venta *nf* sale: *en ~* for sale

ventaja *nf* advantage: *Vivir en el campo tiene muchas ~s.* Living in the country has a lot of advantages. LOC **llevarle ventaja a algn** to have an advantage over sb

ventana *nf* window

ventanilla *nf* (*coche*) window: *Baja/sube la ~.* Open/shut the window.

ventilación *nf* ventilation

ventilador *nm* fan

ventilar *vt* (*habitación, ropa*) to air

ventrílocuo. -a *nm-nf* ventriloquist

Venus *nf* Venus

ver ◆ *vt* **1** (*gen*) to see: *Hace mucho que no la veo.* I haven't seen her for a long time. ◊ *¿Lo ves?, ya te has vuelto a caer.* You see? You've fallen down again. ◊ *No veo por qué.* I don't see why. ◊ *¿Ves aquel edificio de allí?* Can you see that building over there?

To see no se utiliza en tiempos continuos, sino con **can** y **could**: *¿Ves aquella casa?* Can you see that house? ◊ *No se veía nada.* You couldn't see a thing.

2 (*televisión*) to watch: *~ la tele* to watch TV **3** (*examinar*) to look at *sth*: *Necesito ~lo con más calma.* I need more time to look at it. ◆ *vi* to see: *Espera, voy a ~.* Wait, I'll go and see. ◆ *verse v pron* **1 verse** (**con**) to meet (*sb*): *Me vi con tu hermana en el parque.* I met your sister in the park. **2** (*estar*) to be: *Nunca me había visto en una situación igual.* I'd never been in a situation like this. LOC **a ver si...** **1** (*deseo*) I hope...: *A ~ si apruebo esta vez.* I hope I pass this time. **2** (*temor*) what if...: *¡A ~ si les ha pasado algo!* What if something has happened to them? **3** (*ruego, mandato*) how about...: *A ~ si me escribes de una vez.* How about writing to me sometime? **ver venir algo** to see sth coming: *Lo estaba viendo venir.* I could see it coming. ☛ Para otras expresiones con **ver**, véanse las entradas del sustantivo, adjetivo, etc., p. ej. **tener que ver** en TENER y **ver visiones** en VISIÓN.

veraneante *nmf* holidaymaker

veranear *vi* to spend the summer: *~ en la playa* to spend the summer by the sea

veraneo *nm* holiday: *estar/ir de ~* to be/go on holiday

verano *nm* summer: *En ~ hace mucho calor.* It's very hot in (the) summer. ◊ *las vacaciones de ~* the summer holidays

verbena *nf* fiesta: *la ~ de San Juan* the Midsummer Night fiesta

verbo *nm* verb

verdad *nf* truth: *Di la ~.* Tell the truth. LOC **ser una verdad como un puño/templo** to be as plain as the nose on your face **ser verdad** to be true: *No puede ser ~.* It can't be true. **¿verdad?**: *Este coche es más rápido, ¿verdad?* This car's faster, isn't it? ◊ *No te gusta la leche, ¿verdad?* You don't like milk, do you? Ver tb CANTAR, CONFESAR

verdadero. -a *adj* true: *la verdadera historia* the true story

verde ◆ *adj* **1** (*gen*) green ☛ Ver ejemplos en AMARILLO **2** (*fruta*) unripe: *Todavía están ~s.* They're not ripe yet. **3** (*obsceno*) dirty: *chistes ~s* dirty jokes ◆ *nm* **1** (*color*) green **2** (*hierba*) grass **3 los verdes** (*Pol*) the Greens LOC **poner verde a algn** (*hablando de algn*) to slag sb off **verde botella** bottle-green *Ver tb* JUDÍA, VIEJO, ZONA

verdugo *nm* **1** (*persona*) executioner **2** (*pasamontañas*) balaclava

verdura *nf* vegetable(s) [*se usa mucho en plural*]: *frutas y ~s* fruit and vegetables ◊ *La ~ es muy sana.* Vegetables are good for you. ◊ *sopa de ~s* vegetable soup

vergonzoso, **-a** *adj* **1** (*tímido*) shy **2** (*indignante*) disgraceful

vergüenza *nf* **1** (*timidez, sentido del ridículo*) embarrassment: *¡Qué ~!* How embarrassing! **2** (*sentido de culpabilidad, modestia*) shame: *No tienes ~.* You've got no shame. ◊ *Le daba ~ confesarlo.* He was ashamed to admit it. LOC **dar/pasar vergüenza** to be embarrassed: *Me da ~ preguntarles.* I'm too embarrassed to ask them.

verídico, **-a** *adj* true

verificar *vt* to check

verja *nf* **1** (*cerca*) railing(s) [*se usa mucho en plural*]: *saltar una ~ de hierro* to jump over some iron railings **2** (*puerta*) gate: *Cierra la ~, por favor.* Shut the gate, please.

verruga *nf* wart

versión *nf* version LOC **en versión original** (*película*) with subtitles

verso *nm* **1** (*línea de un poema*) line **2** (*género literario, poema*) verse

vértebra *nf* vertebra [*pl* vertebrae]

vertebrado, **-a** *adj*, *nm* vertebrate

vertebral *adj* LOC *Ver* COLUMNA

vertedero *nm* tip

verter *vt* **1** (*en un recipiente*) to pour: *Vierte la leche en otra taza.* Pour the milk into another cup. **2** (*residuos*) to dump

vertical *adj* **1** (*gen*) vertical: *una línea ~* a vertical line **2** (*posición*) upright: *en posición ~* in an upright position

vértice *nm* vertex [*pl* vertexes/vertices]

vértigo *nm* vertigo: *tener ~* to get vertigo LOC **dar/producir vértigo** to make sb dizzy

vesícula *nf* LOC **vesícula** (**biliar**) gall bladder

vespa® *nf* scooter

vespino® *nm* moped

vestíbulo *nm* **1** (*entrada, recibidor*) hall **2** (*teatro, cine, hotel*) foyer

vestido *nm* dress: *Llevas un ~ precioso.* You're wearing a beautiful dress. LOC **vestido de novia** wedding dress

vestir ♦ *vt* **1** (*gen*) to dress: *Vestí a los niños.* I got the children dressed. **2** (*llevar*) to wear: *Él vestía un traje gris.* He was wearing a grey suit. ♦ **vestir(se)** *vi, v pron* **vestir(se)** (**de**) to dress (in *sth*): *~ bien/de blanco* to dress well/in white ♦ **vestirse** *v pron* to get dressed: *Vístete o llegarás tarde.* Get dressed or you'll be late. LOC **el mismo que viste y calza** the very same *Ver tb* GALA, ÚLTIMO

vestuario *nm* **1** (*ropa, Cine, Teat*) wardrobe **2** (*Dep*) changing room

vetar *vt* **1** (*rechazar*) to veto: *~ una propuesta* to veto a proposal **2** (*prohibir*) to ban

veterano, **-a** ♦ *adj* experienced: *el jugador más ~ del equipo* the most experienced player in the team ♦ *nm-nf* veteran: *ser ~* to be a veteran

veterinaria *nf* veterinary science

veterinario, **-a** *nm-nf* veterinary surgeon, vet (*más coloq*)

veto *nm* veto [*pl* vetoes]: *el derecho de ~* the right of veto

vez *nf* time: *tres veces al año* three times a year ◊ *Te lo he dicho cien veces.* I've told you hundreds of times. ◊ *Gano cuatro veces más que él.* I earn four times as much as he does. LOC **a la vez** (**que**) at the same time (as): *Lo dijimos a la ~.* We said it at the same time. ◊ *Terminó a la ~ que yo.* He finished at the same time as I did. **a veces** sometimes **de una vez**: *¡Contesta de una ~!* Just hurry up and answer the question! **de una vez por todas** once and for all **de vez en cuando** from time to time **dos veces** twice **en vez de** instead of *sth/sb/doing sth* **érase una vez...** once upon a time there was... **una vez** once *Ver tb* ALGUNO, CADA, CIEN, DEMASIADO, OTRO

vía *nf* **1** (*Ferrocarril*) (**a**) (*raíles*) track: *la ~ del tren* the train track (**b**) (*andén*) platform **2 vías** (*Med*) tract [*sing*]: *~s respiratorias* respiratory tract LOC **en vías de desarrollo** developing: *países en ~s de desarrollo* developing countries (**por**) **vía aérea** (*correos*) (by) airmail **Vía Láctea** Milky Way **vía satélite** satellite: *una conexión ~ satélite* a satellite link

viajante *nmf* sales rep

viajar *vi* to travel: *~ en avión/coche* to travel by plane/car

viaje *nm* journey [*pl* journeys], trip, travel

Las palabras **travel**, **journey** y **trip** no deben confundirse.

El sustantivo **travel** es incontable y se refiere a la actividad de viajar en general: *Sus principales aficiones son los libros y los viajes.* Her main interests are reading and travel.

Journey y **trip** se refieren a un viaje concreto. **Journey** indica solo el desplazamiento de un lugar a otro: *El viaje fue agotador.* The journey was exhausting. **Trip** incluye también la estancia: *¿Qué tal tu viaje a París?* How did your trip to Paris go? ◊ *un viaje de negocios* a business trip

Otras palabras que se utilizan para referirnos a viajes son **voyage** y **tour**. **Voyage** es un viaje largo por mar: *Colón es famoso por sus viajes al Nuevo Mundo.* Columbus is famous for his voyages to the New World. **Tour** es un viaje organizado donde se va parando en distintos sitios: *Jane va a hacer un viaje por Tierra Santa.* Jane is going on a tour around the Holy Land.

LOC **¡buen/feliz viaje!** have a good trip! **estar/irse de viaje** to be/go away **viaje de intercambio** exchange visit **viaje organizado** package holiday: *hacer un ~ organizado* to go on a package holiday *Ver tb* AGENCIA, BOLSO, CHEQUE, EMPRENDER

viajero, -a *nm-nf* **1** (*pasajero*) passenger **2** (*turista*) traveller: *un ~ incansable* a tireless traveller

vial *adj* road [*n atrib*]: *educación ~* road safety awareness

víbora *nf* viper

vibrar *vi* to vibrate

vicepresidente, -a *nm-nf* vice-president

viceversa *adv* vice versa

viciarse *v pron ~* (**con**) to get hooked (**on** *sth*)

vicio *nm* **1** (*gen*) vice: *No tengo ~s.* I don't have any vices. **2** (*adicción*) addiction: *El juego se convirtió en ~.* Gambling became an addiction. LOC **coger/tener el vicio de algo** to get/be addicted to sth **darse al vicio** to turn to drink, drugs, etc.

vicioso, -a *adj* depraved LOC *Ver* CÍRCULO

víctima *nf* victim: *ser ~ de un robo* to be the victim of a burglary

victoria *nf* **1** (*gen*) victory [*pl* victories] **2** (*Dep*) win: *una ~ en campo contrario* an away win LOC *Ver* CANTAR

victorioso, -a *adj* victorious LOC **salir victorioso** to triumph

vid *nf* vine

vida *nf* **1** (*gen*) life [*pl* lives]: *¿Qué es de tu ~?* How's life? **2** (*sustento*) living: *ganarse la ~* to make a living LOC **con vida** alive: *Siguen con ~.* They're still alive. **de toda la vida**: *La conozco de toda la ~.* I've known her all my life. ◊ *amigos de toda la ~* lifelong friends **en la vida** never: *En la ~ he visto una cosa igual.* I've never seen anything like it. **¡esto es vida!** this is the life! **llevar una vida de perros** to lead a dog's life **para toda la vida** for life *Ver tb* ABRIR, AMARGAR, BOLSA¹, BUSCAR, COMPLICAR, COSA, ENTERRAR, ESPERANZA, NIVEL, RITMO, SIETE, TREN

vídeo *nm* **1** (*gen*) video [*pl* videos] **2** (*aparato*) video recorder LOC **filmar/grabar en vídeo** to record *Ver tb* CINTA

videocámara *nf* video camera

videoclip *nm* video [*pl* videos]

videoclub *nm* video shop

videojuego *nm* video game

videoteca *nf* video library [*pl* video libraries]

vidriera *nf* stained glass window

vidrio *nm* glass [*incontable*]: *una botella de ~* a glass bottle

vieira *nf* scallop

viejo, -a ◆ *adj* old: *estar/hacerse ~* to look/get old ◆ *nm-nf* old man/woman [*pl* old men/women] LOC **viejo verde** dirty old man *Ver tb* CASCO, TRAPO

viento *nm* wind LOC **contra viento y marea** come hell or high water **hacer viento** to be windy: *Hacía demasiado ~.* It was too windy. *Ver tb* MOLINO

vientre *nm* **1** (*abdomen*) belly [*pl* bellies] **2** (*matriz*) womb

viernes *nm* Friday [*pl* Fridays] (*abrev* Fri) ☛ *Ver ejemplos en* LUNES LOC **Viernes Santo** Good Friday

viga *nf* **1** (*madera*) beam **2** (*metal*) girder

vigente *adj* current LOC **estar vigente** to be in force

vigía *nmf* lookout

vigilancia *nf* (*control*) surveillance: *Van a aumentar la ~.* They're going to step up surveillance. LOC *Ver* TORRE, UNIDAD

vigilante *nmf* guard

vigilar *vt* **1** (*prestar atención, atender*) to watch **2** (*enfermo*) to look after *sb* **3** (*custodiar*) to guard: *~ la frontera/a los presos* to guard the border/prisoners **4** (*examen*) to invigilate

vigor *nm* **1** (*Jur*) force: *entrar en ~ to come into force* **2** (*energía*) vigour

villa *nf* (*chalé*) villa LOC **villa olímpica** Olympic village

villancico *nm* (Christmas) carol

vilo LOC **en vilo** (*intranquilo*) on tenterhooks: *Nos has tenido en ~ toda la noche.* You've kept us on tenterhooks all night.

vinagre *nm* vinegar

vinagreras *nf* cruet [*sing*]

vinagreta *nf* vinaigrette

vínculo *nm* link

vinícola *adj* wine [*n atrib*]: *industria ~* wine industry ◊ *región ~* wine-growing region

vinicultor, ~a *nm-nf* wine-grower

vino *nm* wine: *¿Te apetece un ~?* Would you like a glass of wine? ◊ *~ blanco/tinto/de mesa* white/red/table wine LOC *Ver* PAN

viña *nf* (*tb* **viñedo** *nm*) vineyard

viñeta *nf* (*tira cómica*) comic strip

violación *nf* **1** (*delito*) rape **2** (*transgresión, profanación*) violation

violador, ~a *nm-nf* rapist

violar *vt* **1** (*forzar*) to rape **2** (*incumplir*) to break **3** (*profanar*) to violate

violencia *nf* violence

violentar *vt* **1** (*forzar*) to force: *~ una cerradura* to force a lock **2** (*incomodar*) to make *sb* uncomfortable

violento, -a *adj* **1** (*gen*) violent: *una película violenta* a violent film **2** (*incómodo*) embarrassing: *una situación violenta* an embarrassing situation

violeta *adj, nf, nm* violet ☞ *Ver ejemplos en* AMARILLO

violín *nm* violin

violinista *nmf* violinist

violoncelo *nm* cello [*pl* cellos]

virar *vi* to swerve: *Tuvo que ~ rápidamente hacia la derecha.* He had to swerve to the right.

virgen ◆ *adj* **1** (*gen*) virgin: *bosques vírgenes* virgin forests ◊ *aceite de oliva ~ extra* virgin olive oil **2** (*cinta*) blank **◆** *nmf* virgin: *la Virgen de Fátima* the Virgin of Fatima ◊ *ser ~* to be a virgin *Ver tb* LANA

virginidad *nf* virginity

virgo (*tb* **Virgo**) *nm, nmf* (*Astrol*) Virgo [*pl* Virgos] ☞ *Ver ejemplos en* AQUARIUS

virguería *nf* LOC **hacer virguerías:** *Hace ~s con la cámara.* He's a great photog-

rapher. **ser una virguería** (*ser estupendo*) to be great

virguero, -a *adj* great

viril *adj* manly, virile (*más formal*)

virilidad *nf* manliness

virtual *adj* virtual

virtualmente *adv* virtually

virtud *nf* virtue: *tu mayor ~* your greatest virtue

virtuoso, -a *adj* (*honesto*) virtuous

viruela *nf* **1** (*Med*) smallpox **2** (*ampolla*) pockmark

virus *nm* virus [*pl* viruses]

visado *nm* visa: *~ de entrada/salida* entry/exit visa

visar *vt* (*pasaporte*) to stamp a visa in *sth*

viscoso, -a *adj* viscous

visera *nf* **1** (*gorra*) peaked cap **2** (*de deportista*) eyeshade

visibilidad *nf* visibility: *poca ~* poor visibility

visible *adj* visible

visillo *nm* net curtain

visión *nf* **1** (*vista*) (eye)sight: *perder la ~ en un ojo* to lose the sight in one eye **2** (*punto de vista*) view: *una ~ personal/de conjunto* a personal/an overall view **3** (*alucinación*) vision: *tener una ~* to have a vision LOC **ver visiones** to be seeing things

visita *nf* **1** (*gen*) visit: *horario de ~(s)* visiting hours **2** (*visitante*) visitor: *Me parece que tienes ~.* I think you've got visitors/a visitor. LOC **hacer una visita** to pay *sb* a visit

visitante ◆ *adj* visiting: *el equipo ~* the visiting team **◆** *nmf* visitor: *los ~s del palacio* visitors to the palace

visitar *vt* to visit: *Fui a ~le al hospital.* I went to visit him in hospital.

visón *nm* mink

víspera *nf* day before (*sth*): *Dejé todo preparado la ~.* I got everything ready the day before. ◊ *la ~ del examen* the day before the exam

También existe la palabra **eve**, que se usa cuando es la víspera de una fiesta religiosa o de un acontecimiento importante: *la víspera de San Juan* Midsummer's Eve ◊ *Llegaron la víspera de las elecciones.* They arrived on the eve of the elections.

LOC **en vísperas de** just before *sth*: *en ~s de exámenes* just before the exams

vista *nf* **1** (*gen*) sight: *La ~ la tengo bien.* I've got good sight. ◊ *La zanahoria es* *muy buena para la ~*. Carrots are very good for your eyesight. ◊ *Lo operaron de la ~*. He had an eye operation. **2** (*panorama*) view: *la ~ desde mi habitación* the view from my room ◊ *con ~s al mar* overlooking the sea **3** (*instinto*): *un político con mucha ~* a very far-sighted politician ◊ *Tienes mucha ~ para los negocios*. You've got a good eye for business. LOC **dejar algo a la vista**: *Déjalo a la ~ para que no se me olvide*. Leave it where I can see it or I'll forget it. **en vista de** in view of *sth*: *en ~ de lo ocurrido* in view of what has happened **hacer la vista gorda** to turn a blind eye (*to sth*) **¡hasta la vista!** see you! **tener (la) vista cansada** to be long-sighted *Ver tb* APARTAR, CONOCER, CORTO, GRADUAR, PERDER, PUNTO, QUITAR, SALTAR, SIMPLE, TIERRA

vistazo *nm* look: *Con un ~ tengo suficiente*. Just a quick look will do. LOC **dar/echar un vistazo** to have a look (*at sth/sb*)

visto, -a *pp, adj* LOC **estar bien/mal visto** to be well thought of/frowned upon **estar muy visto** to be unoriginal: *Eso ya está muy ~*. That's not very original. ◊ *La minifalda está muy vista*. Miniskirts have been around for ages. **por lo visto** apparently **visto bueno** approval *Ver tb* VER

vistoso, -a *adj* colourful

visual *adj* visual

visualizar *vt* **1** (*gen, Informát*) to view: *~ una página de internet* to view an Internet page **2** (*conceptualizar*) to visualize

vital *adj* **1** (*Biol*) life [*n atrib*]: *el ciclo ~* the life cycle **2** (*persona*) full of life **3** (*decisivo*) vital

vitalidad *nf* vitality

vitamina *nf* vitamin: *la ~ C* vitamin C

viticultura *nf* wine-growing

vitrina *nf* glass cabinet

viudo, -a ◆ *adj* widowed: *Se quedó viuda muy joven*. She was widowed at an early age. ◆ *nm-nf* widower [*fem* widow]

viva ◆ *nm* cheer: *¡Tres ~s al campeón!* Three cheers for the champion! ◆ **¡viva!** *interj* hooray!: *¡~, he aprobado!* Hooray! I've passed! ◊ *¡~ el rey!* Long live the king!

víveres *nm* provisions

vivero *nm* **1** (*plantas*) nursery [*pl* nurseries]: *un ~ de árboles* a tree nursery **2** (*peces*) fish farm

vivienda *nf* **1** (*gen*) housing [*incontable*]: *el problema de la ~* the housing problem **2** (*casa*) house: *buscar ~* to look for a house **3** (*piso*) flat: *bloques de ~s* blocks of flats

vivir ◆ *vi* **1** (*gen*) to live: *Vivió casi setenta años*. He lived for almost seventy years. ◊ *¿Dónde vives?* Where do you live? ◊ *Viven en León/el segundo*. They live in León/on the second floor. ◊ *¡Qué bien viven!* What a nice life you have! **2** (*subsistir*) to live on *sth*: *No sé de qué viven*. I don't know what they live on. ◊ *Viven con 300 euros al mes*. They live on 300 euros a month. **3** (*existir*) to be alive: *Mi bisabuelo aún vive*. My great-grandfather is still alive. ◆ *vt* to live (*through sth*): *Vive tu vida*. Live your own life. ◊ *~ una mala experiencia* to live through a bad experience LOC **no dejar vivir** not to leave *sb* in peace: *El jefe no nos deja ~*. Our boss won't leave us in peace. **vivir a costa de algn** to live off *sb* **vivir al día** to live from hand to mouth

vivo, -a *adj* **1** (*gen*) living: *seres ~s* living beings ◊ *lenguas vivas* living languages **2** (*persona*) clever **3** (*luz, color, ojos*) bright **4** (*activo*) lively: *una ciudad viva* a lively city LOC **en vivo** (*en directo*) live **estar vivo** to be alive: *¿Está ~?* Is he alive? **vivo o muerto** dead or alive *Ver tb* CARNE, FUEGO, LLORAR, MANTENER, ROJO

vocabulario *nm* vocabulary [*pl* vocabularies]

vocación *nf* vocation

vocal ◆ *adj* vocal ◆ *nf* (*letra*) vowel ◆ *nmf* member LOC *Ver* CUERDA

vocalizar *vi* to speak clearly

vocear *vt, vi* to shout

vodka *nm* vodka

volador, ~a *adj* flying

volante ◆ *adj* flying ◆ *nm* **1** (*automóvil*) steering wheel **2** (*de tela*) frill **3** (*médico*) referral note: *un ~ para el otorrino* a referral note for the ENT specialist LOC *Ver* PLATILLO

volar ◆ *vi* **1** (*gen*) to fly: *Volamos a Roma desde Madrid*. We flew to Rome from Madrid. ◊ *El tiempo vuela*. Time flies. **2** (*con el viento*) to blow away: *El sombrero voló por los aires*. His hat blew away. ◆ *vt* (*hacer explotar*) to blow *sth* up: *~ un edificio* to blow up a building LOC **volando** (*de prisa*) in a rush: *Nos fuimos volando a la estación*. We rushed off to the station. *Ver tb* AIRE

volcán *nm* volcano [*pl* volcanoes]

volcar ◆ *vt* **1** (*derribar*) to knock *sth* over: *Los chicos volcaron el contenedor.* The children knocked the bin over. **2** (*vaciar*) to empty *sth* out ◆ **volcar(se)** *vi, v pron* to overturn: *El coche volcó al patinar.* The car skidded and overturned. ◆ **volcarse** *v pron* **volcarse con** to do anything for *sb*: *Se vuelca con sus nietos.* She will do anything for her grandchildren.

voleibol *nm* volleyball

voleo *nm* LOC **a voleo** at random

voltaje *nm* voltage

voltereta *nf* somersault: *dar una ~* to do a somersault LOC **voltereta lateral** cartwheel

voltio *nm* volt

voluble *adj* changeable

volumen *nm* volume: *Compré el primer ~.* I bought the first volume. ◊ *bajar/subir el ~* to turn the volume down/up

voluntad *nf* **1** (*gen*) will: *No tiene ~ propia.* He has no will of his own. ◊ *contra mi ~* against my will **2** (*deseo*) wishes [*pl*]: *Debemos respetar su ~.* We must respect his wishes. LOC **buena voluntad** goodwill: *mostrar buena ~* to show goodwill *Ver tb* FUERZA

voluntario, -a ◆ *adj* voluntary ◆ *nm-nf* volunteer: *Trabajo de ~.* I work as a volunteer. LOC **presentarse/salir voluntario** to volunteer

volver ◆ *vi* **1** (*regresar*) to go/come back: *Volví a casa.* I went back home. ◊ *Vuelve aquí.* Come back here. ◊ *¿A qué hora volverás?* What time will you be back? **2 ~ a hacer algo** to do sth again: *No vuelvas a decirlo.* Don't say that again. ◆ *vt* to turn: *Volví la cabeza.* I turned my head. ◊ *Me volvió la espalda.* He turned his back on me. ◆ **volverse** *v pron* **1 volverse (a/hacia)** to turn (to/towards sth/sb): *Se volvió y me miró.* She turned round and looked at me. ◊ *Se volvió hacia Elena.* He turned towards Elena. **2** (*convertirse*) to become: *Se ha vuelto muy tranquilo.* He's become very calm. ◊ *~se loco* to go mad LOC **volver en sí** to come round **volver la cara** to look the other way

vomitar ◆ *vt* to bring *sth* up: *Vomité toda la cena.* I brought up all my dinner. ◆ *vi* to be sick, to vomit (*más formal*): *Tengo ganas de ~.* I think I'm going to be sick.

vómito *nm* vomit, sick (*más coloq*) [*incontable*]

vosotros, -as *pron pers* you: *¿~ vais a la fiesta?* Are you going to the party?

votación *nf* vote LOC **hacer una votación** to vote **votación secreta** secret ballot *Ver tb* SOMETER

votar *vt, vi* to vote (**for sth/sb**): *Voté a los verdes.* I voted Green/for the Greens. ◊ *~ a favor/en contra de algo* to vote for/against sth LOC **votar por correo** to have a postal vote

voto *nm* **1** (*Pol*) vote: *100 ~s a favor y dos en contra* 100 votes in favour, two against **2** (*Relig*) vow LOC **voto en blanco** blank ballot paper **voto nulo** spoilt ballot paper

voz *nf* **1** (*gen*) voice: *decir algo en ~ alta/baja* to say sth in a loud/quiet voice **2** (*grito*) shout: *Dale una ~ a tu hermano para que venga.* Give your brother a shout. ◊ *dar/pegar voces* to shout LOC **a voz en grito** at the top of your voice **llevar la voz cantante** to be the boss

vuelo *nm* **1** (*gen*) flight: *el ~ Santiago-Madrid* the Santiago-Madrid flight ◊ *~s nacionales/internacionales* domestic/international flights **2** (*prenda*): *Esa falda tiene mucho ~.* That skirt's very full. LOC **cogerlas (todas) al vuelo** to catch on fast **vuelo regular** scheduled flight **vuelo sin motor** gliding *Ver tb* REMONTAR

vuelta *nf* **1** (*regreso*) return: *la ~ a la normalidad* the return to normality ◊ *Te veré a la ~.* I'll see you when I get back. **2** (*Dep*) lap: *Dieron tres ~s a la pista.* They did three laps of the track. **3** (*cambio*) change: *Quédese con la ~.* Keep the change. LOC **a la vuelta de la esquina** (just) round the corner: *El verano está a la ~ de la esquina.* Summer's just round the corner. **dar (dos, etc.) vueltas/alrededor de algo** to go round sth (twice, etc.): *La Luna da ~s alrededor de la Tierra.* The moon goes round the earth. **dar la vuelta a la manzana/al mundo** to go round the block/world **darle la vuelta a algo** to turn sth over: *Dale la ~ al filete.* Turn the steak over. **darle vueltas a algo 1** (*gen*) to turn sth: *Siempre le doy dos ~s a la llave.* I always turn the key twice. **2** (*comida*) to stir sth: *No dejes de dar ~s al caldo.* Keep stirring the broth. **3** (*pensar*) to worry about sth: *Deja de darle ~s al asunto.* Stop worrying about it. **dar media vuelta** to turn round **dar vueltas** to spin: *La Tierra da ~s sobre su eje.* The earth spins on its axis. **(ir/salir a) dar una vuelta** to go (out) for a walk

a walk **vuelta ciclista** cycle race **vuelta de campana** somersault: *El coche dio tres ~s de campana.* The car somersaulted three times. *Ver tb* BILLETE, IDA, PARTIDO

vuestro, -a ◆ *adj pos* your: *vuestra casa* your house ◆ *pron pers* yours: *¿Son estos los ~s?* Are these yours?

Nótese que *un primo vuestro* se traduce por 'a cousin of yours' porque significa *uno de vuestros primos*.

vulgar *adj* vulgar

walkie-talkie *nm* walkie-talkie
walkman® *nm* Walkman® [*pl* Walkmans]
wáter *nm* toilet
waterpolo *nm* water polo
web ◆ *nm o nf* web site: *el/la ~ de la empresa* the company's web site ◆ *nf* **la web** the Web: *buscar algo en la ~* to search for something on the Web LOC *Ver* PÁGINA, SITIO
whisky *nm* whisky [*pl* whiskies]
windsurf *nm* windsurfing: *practicar el ~* to go windsurfing LOC *Ver* TABLA

xilófono *nm* xylophone

y *conj* **1** (*copulativa*) and: *chicos y chicas* boys and girls **2** (*en interrogaciones*) and what about...?: *¿Y tú?* And what about you? **3** (*para expresar las horas*) past: *Son las dos y diez.* It's ten past two. LOC **¿y qué?** so what?

ya ◆ *adv* **1** (*referido al pasado*) already: *¿Ya lo has terminado?* Have you finished it already? ☞ *Ver nota en* YET **2** (*referido al futuro*): *Ya veremos.* We'll see. ◊ *Ya te escribirán.* They'll write to you (eventually). **3** (*referido al presente*) now: *Estaba muy enfermo pero ya está bien.* He was very ill but he's fine now. **4** (*uso enfático*): *Ya lo sé.* I know. ◊ *Sí, ya entiendo.* Yes, I understand. ◊ *Ya verás, ya.* Just you wait and see. ◆ **¡ya!** *interj* of course! LOC **ya no...**: *Ya no vivo allí.* I don't live there any more. **¡ya voy!** coming! *Ver tb* BASTAR

yacimiento *nm* **1** (*Geol*) deposit **2** (*arqueología*) site

yanqui *adj, nmf* Yankee [*n*]: *la hospitalidad ~* Yankee hospitality
yate *nm* yacht
yegua *nf* mare
yema *nf* **1** (*huevo*) (egg) yolk **2** (*dedo*) (finger)tip: *No siento las ~s de los dedos.* I can't feel my fingertips. ◊ *la ~ del pulgar* the tip of the thumb **3** (*Bot*) bud
yerba *nf Ver* HIERBA
yerno *nm* son-in-law [*pl* sons-in-law]
yeso *nm* plaster
yo *pron pers* **1** (*sujeto*) I: *Iremos mi hermana y yo.* My sister and I will go. ◊ *Lo haré yo mismo.* I'll do it myself. **2** (*en comparaciones, con preposición*) me: *excepto yo* except (for) me ◊ *Llegaste antes que yo.* You got here before me. LOC **soy yo** it's me *¿yo?* me?: *¿Quién dices? ¿Yo?* Who do you mean? Me? **yo que tú** if I were you: *Yo que tú no iría.* I wouldn't go if I were you.

yodo *nm* iodine

yoga *nm* yoga: *hacer* ~ to do yoga

yogur *nm* yogurt LOC **yogur descremado/desnatado** low-fat yogurt

yóquey (*tb* **yoqui**) *nmf* jockey [*pl* jockeys]

yudo *nm* judo

yugular *adj, nf* jugular

Zz

zafiro *nm* sapphire

zaguán *nm* hallway

zamarra *nf* **1** (*chaqueta de piel*) sheepskin jacket **2** (*chaqueta gruesa*) heavy jacket

zambomba *nf* traditional percussion instrument

zambullirse *v pron* (*bañarse*) to take a dip

zampar ◆ *vi* to stuff yourself ◆ **zampar(se)** *vt, v pron* to wolf *sth* down

zanahoria *nf* carrot

zancada *nf* stride

zancadilla *nf* LOC **echar/poner la zancadilla** to trip *sb* up: *Le pusiste la* ~. You tripped him up.

zángano, -a *nm-nf* lazybones [*pl* lazybones]

zanja *nf* trench

zanjar *vt* to put an end to *sth*

zapatería *nf* shoe shop

zapatero, -a *nm-nf* shoemaker

zapatilla *nf* **1** (*pantufla*) slipper **2** (*Dep*) trainer **3** (*ballet, tenis*) shoe LOC **zapatillas de esparto** espadrilles

zapato *nm* shoe: ~*s planos* flat shoes ◊ ~*s de tacón* high-heeled shoes

zapping *nm* channel hopping: *hacer* ~ to channel hop

zarandear *vt* to shake: *La zarandeó para que dejara de gritar.* He shook her to stop her shouting.

zarpa *nf* paw LOC **echar la(s) zarpa(s) to** get your hands on *sth/sb*

zarpar *vi* ~ (**hacia/con rumbo a**) to set sail (for...): *El buque zarpó hacia Malta.* The boat set sail for Malta.

zarza *nf* bramble

zarzamora *nf* blackberry [*pl* blackberries]

¡zas! *interj* bang!

zigzag *nm* zigzag: *un camino en* ~ a zigzag path

zinc *nm* zinc

zodiaco (*tb* **zodíaco**) *nm* zodiac: *los signos del* ~ the signs of the zodiac

zombi *adj, nmf* zombie [*n*]: *ir* ~ to go round like a zombie

zona *nf* **1** (*área*) area: ~ *industrial/ residencial* industrial/residential area **2** (*Anat, Geog, Mil*) zone: ~ *fronteriza/ neutral* border/neutral zone LOC **zona norte, etc.** north, etc.: *la* ~ *sur de la ciudad* the south of the city **zonas verdes** green spaces

zoo (*tb* **zoológico**) *nm* zoo [*pl* zoos]

zopenco, -a ◆ *adj* stupid ◆ *nm-nf* twit

zoquete ◆ *adj* thick ◆ *nmf* dimwit

zorro, -a ◆ *nm-nf* (*animal*) fox
Para referirnos solo a la hembra, decimos *vixen*. A los cachorros se les llama *cubs*.

◆ *nm* (*piel*) fox fur: *un abrigo de* ~ a fox fur coat LOC **estar/quedarse hecho unos zorros** to be shattered

zueco *nm* clog

zulo *nm* cache

zumbado, -a *pp, adj* (*loco*) crazy *Ver tb* ZUMBAR

zumbar *vt, vi* **salir zumbando** to rush off: *Miró su reloj y salió zumbando.* He looked at his watch and rushed off. **zumbarle los oídos a algn** to have a buzzing in your ears

zumbido *nm* **1** (*insecto*) buzzing [*incontable*]: *Se oían los* ~*s de las moscas.* You could hear the flies buzzing. **2** (*máquina*) humming [*incontable*]

zumo *nm* (*fruit*) juice: ~ *de piña* pineapple juice ◊ ~ *de naranja natural* fresh orange juice

zurcir *vt* to darn LOC **¡que te zurzan!** get lost!

zurdo, -a *adj* left-handed: *ser* ~ to be left-handed

zurrar *vt* to wallop

zurrón *nm* bag

Hojas de estudio

Sección 1

Cosas del inglés

En esta sección encontrarás información sobre:

Falsos amigos y errores típicos

¡Ojo con los falsos amigos!

Muchas palabras inglesas se parecen a las españolas. Algunas tienen el mismo significado, como **television** (*televisión*) y **biology** (*biología*), pero otras tienen significados totalmente distintos. Estas palabras parecidas pero de distinto significado se llaman **false friends** (*falsos amigos*). Es muy importante aprender las diferencias para no cometer errores, como, por ejemplo, decir que alguien es **sympathetic** (*comprensivo*) cuando lo que quieres decir es que es **nice** (*simpático*).

Aquí tienes una lista de algunos **false friends** con su verdadero significado en inglés.

Esta palabra en español...	se dice en inglés...	y no...	que es...
actual	current; present-day	*actual*	exacto, verdadero
actualmente	at the moment	*actually*	en realidad; exactamente
agenda	diary; address book	*agenda*	orden del día
asistir	to attend	*to assist*	ayudar
aviso	notice; warning	*advice*	consejos
conductor, ~a	driver	*conductor*	director, -a de orquesta; cobrador, -a (de autobús)
diversión	pastime; fun	*diversion*	desvío
éxito	success; hit	*exit*	salida
genial	brilliant	*genial*	afable
intentar	to try	*to intend*	tener la intención de
largo	long	*large*	grande, extenso
lectura	reading	*lecture*	conferencia; sermón
librería	bookshop; bookcase	*library*	biblioteca
molestar	to bother; to disturb; to upset	*to molest*	agredir
noticia	news; news item	*notice*	anuncio, cartel; aviso
pariente	relation	*parent*	madre / padre
profesor, ~a	teacher	*professor*	catedrático, -a de universidad
receta	recipe; prescription	*receipt*	recibo
recordar	to remind; to remember	*to record*	registrar; grabar
resumir	to summarize	*to resume*	reanudar(se)
sensible	sensitive; noticeable	*sensible*	sensato
simpático	nice	*sympathetic*	comprensivo, compasivo

¡No te confundas!

Cuando leas un texto en inglés, no te dejes engañar por palabras como las siguientes, que se parecen mucho a palabras españolas, pero tienen un significado completamente distinto:

Que no te engañe...	que significa...
carpet	moqueta, alfombra
casual	informal, superficial
constipated	estreñido
costume	traje
deception	engaño
disgust	asco, repugnancia
eventual	final
fabric	tejido, tela
intoxication	embriaguez
marmalade	mermelada de cítricos
mascara	rímel
misery	tristeza
petrol	gasolina
to presume	asumir, suponer
to pretend	fingir
to realize	darse cuenta; cumplir
stranger	desconocido, -a; forastero, -a
topic	tema

Busca las diferencias

La palabra española **collar** se traduce *collar* cuando nos referimos al collar de un perro, un gato, etc. Sin embargo, si hablamos del adorno que se pone alrededor del cuello, se dice *necklace*.

collar *nm* **1** (*adorno*) necklace: *un ~ de esmeraldas* an emerald necklace **2** (*perro, gato*) collar

collar /ˈkɒlə(r)/ *n* **1** (*camisa, etc.*) cuello **2** (*perro*) collar

Ten cuidado al utilizar palabras como estas, ya que a veces tienen el mismo significado en los dos idiomas, pero otras veces no.

🐾 **1** Completa el siguiente cuadro dando una segunda traducción de las palabras que aparecen en negrita:

carrera	→ career	╮	floor
prevenir	→ prevent		warn
planta	→ plant		royal
precioso	→ precious		degree
real	→ real	╯	lovely

🐾 **2** Elige ahora la palabra correcta en las siguientes frases:

1 Have you finished your *degree / career* yet?

2 Our dog has a leather *necklace / collar*.

3 I *prevented / warned* him that he would get into trouble.

4 In hot weather, water your *floors / plants* every day.

5 What a *lovely / precious* dress!

6 The *real / royal* family have a palace on the island.

Respuestas

Ejercicio 1

1 carrera–career–degree
2 prevenir–prevent–warn
3 planta–plant–floor
4 precioso–precious–lovely
5 real–real–royal

Ejercicio 2

1 degree
2 collar
3 warned
4 plants
5 lovely
6 royal

¡Las apariencias engañan!

El español ha cogido prestadas muchas palabras del inglés —y de otros idiomas— pero no siempre tienen el mismo significado ¡ni la misma pronunciación!

🖎 Pon un ✔ si crees que estas palabras significan lo mismo en inglés y en español. Luego comprueba tus respuestas mirando las entradas del lado inglés–español del *Oxford Pocket*. ¡Ojo! Algunas de estas palabras (como **body**) a veces tienen el mismo significado y a veces no.

- [ ] fax
- [ ] footing
- [ ] body
- [ ] internet
- [ ] sport
- [ ] light
- [ ] parking
- [ ] camping
- [ ] squash
- [ ] cross
- [ ] pin
- [ ] rock
- [ ] walkman
- [ ] punk

Errores típicos

A veces no son las palabras sueltas las que nos inducen a cometer errores, sino las construcciones. A continuación te comentamos algunos de los errores más frecuentes a la hora de hablar o escribir en inglés:

- **Posesivos**
  ~~She went with his husband.~~
  En inglés los posesivos (**his, her, their, its**) concuerdan con el poseedor:
  She went with **her** husband.
  He put on **his** shirt.

- **Pronombre sujeto it**
  ~~Is possible to telephone?~~
  Los verbos siempre llevan sujeto en inglés:
  *Is **it** possible to telephone?*
  ***It** is very interesting to visit Oxford.*

- **Pronombres he, she, it**
  ~~I like my bed – he is very soft.~~
  Recuerda que **he** se utiliza para referirnos a un hombre, **she** a una mujer y si nos referimos a un objeto, el pronombre personal siempre es **it**:
  *I like my bed – **it** is very soft.*

- **Formas verbales**
  ~~She live on the seventh floor.~~
  Recuerda que en inglés, la tercera persona singular del presente

acaba en "**s**" y que las formas del pasado acaban en "**d**" o "**ed**":
*She live**s** on the seventh floor.*
*He live**d** in Rome for five years.*

- **Verbos reflexivos**
  ~~I've got to prepare myself.~~
  Recuerda que algunos verbos que son pronominales en español no necesitan "myself", "yourself", etc. en inglés. Por ejemplo,
  to apologize (= disculparse):
  She apologized for not phoning.
  to calm down (= calmarse):
  Calm down, will you?
  to hide (= esconderse):
  We hid behind a wall.
  to prepare for sth (= prepararse):
  I've got to prepare for the exam.

  Entre los verbos ingleses que **sí** necesitan "myself", "yourself", etc. están:

  to enjoy yourself (= pasarlo bien)
  to fool yourself (= engañarse)
  to look after yourself (= cuidarse)

● **Complemento personal**: con o sin *to*
I wrote her today.

Puede ser difícil recordar cuándo usar **to** con el complemento personal.
Si tienes dudas, lo mejor es consultar el diccionario.

Se usan **CON to**:

to explain: *Peter explained everything* **to them**.

to listen: *Are you listening* **to me**?

to say: *She said goodbye* **to them**.

to write: *I wrote* **to her** today.

Se usan **SIN to**:

to advise: *He advised* **me** *against buying it*.

to ask: *Can I ask* **you** *a question?*

to answer: *She didn't answer* **me**.

to tell: *She told* **us** *it was good*.

Resumiendo

Ahora podrás corregir el siguiente texto, que contiene algunos de los errores que hemos mencionado en estas páginas.

Last Saturday I went to a party with Irene and one of his friends. The party was absolutely genial and the people I meet there were very sympathetic. I had bought a special dress for it, everyone like it – it was a great exit!

Today I got a present for my brother – is his birthday next week. I went to the library and bought him a book about space travel – he is a very attractive book with really precious illustrations. I hope he likes it.

Respuestas

Last Saturday I went to a party with Irene and one of her friends. The party was absolutely **brilliant** and the people I **met** there were very **nice**. I had bought a special dress for it, everyone **liked** it – **it** is **his** birthday next week. I went to the **bookshop** and bought him a book about space travel – **it is** a very attractive book with really **lovely** illustrations. I hope he likes it.

Preposiciones de lugar

The lamp is **above** the table.

The meat is **on** the table.

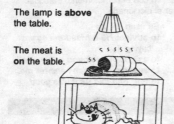

The cat is **under** the table.

The lorry is **in front of** the car.

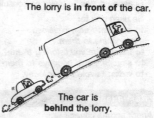

The car is **behind** the lorry.

The bird is **in / inside** the cage.

The temperature is **below** zero.

Sam is **between** Kim and Tom.

Kim is **next to / beside** Sam.

Tom is **opposite** Kim.

The house is **among** the trees.

The girl is leaning **against** the wall.

Preposiciones de movimiento

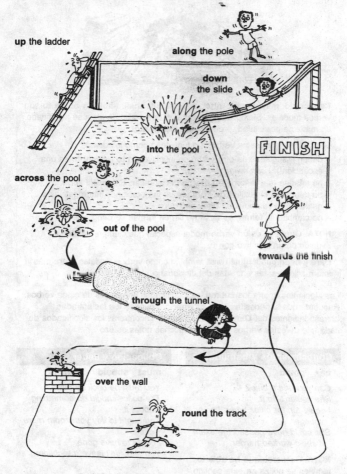

up the ladder

along the pole

down the slide

into the pool

across the pool

out of the pool

FINISH

towards the finish

through the tunnel

over the wall

round the track

Los verbos modales

> Can, could, may, might, must, will, would, shall, should y ought to son
> verbos modales. Siempre se utilizan con otro verbo dando a su significado
> un matiz de posibilidad, probabilidad, deber, etc.
>
> Gramaticalmente estos verbos no funcionan como los demás:
> – deben ir seguidos de otro verbo en infinitivo <u>sin</u> to (¡ought to es una
>   excepción!): *I can swim.*
> – no añaden **-s** a la tercera persona del singular: *She might know.*
> – no necesitan el auxiliar **do** para formar las oraciones interrogativas y
>   negativas: *You shouldn't drink and drive.*
> – no cambian la forma, es decir no tienen formas con **-ing** o **-ed**
>
> **NOTA:** Ought to es un verbo modal especial que siempre se utiliza
> seguido de un infinitivo <u>con</u> to.
>
> **Dare** y **need** pueden utilizarse también como verbos modales. Para más
> información ver las entradas del diccionario.

Los siguientes apartados cubren los significados principales de estos verbos.
Recuerda que si necesitas más información, puedes ir a las entradas
correspondientes del *Oxford Pocket*, donde encontrarás los significados de
cada uno de estos verbos y además muchas notas de uso.

Conocimientos y habilidades

can could

Can you ride a bike?
She couldn't do it.
*I could run for miles when I was
   younger.*
*She could have passed the exam
   if she'd worked harder.*

NOTA: Recuerda que **be able to**
también se utiliza en este sentido.
Ver nota en **can²**.
*He has been able to swim for a
   year now.*
*One day we will be able to travel
   to Mars.*

Obligación y deber

must should ought to

You must be back by three.
*The police should do something
   about it.*
*You ought to tidy your room more
   often.*
I ought to have gone.
*You shouldn't leave the children
   alone.*
I must stop smoking.

NOTA: Recuerda que **have to** y
have got to también se pueden
utilizar para expresar obligación y
deber. *Ver nota en* **must**.

Permiso

**can could may
might** (*formal*)

Can I go now?
May I use your phone?
*Books may only be borrowed for
 two weeks.*
Could I possibly borrow your car?
You can come if you want.
You may as well go home.
I'll take a seat, if I may.
Might I make a suggestion?

Prohibición

may not must not

*You may not take photographs
 inside the museum.*
Cars must not park here.

Consejos

must ought to should

You must see that film – it's great!
He shouldn't work so hard.
You ought to read this book.

*You shouldn't leave the taps
 running.*

Probabilidad

**can could may might
must ought to should will**

I can catch a bus from here.
*You can't be hungry – we've just
 eaten!*
*You must be hungry – you haven't
 eaten all day.*
He should have arrived by now.
That will be the postman.
She could be famous one day.
It could be dangerous.
You may be right.
He might be upstairs.
I might be able to.
Who might she be?
*She may / might not come if she's
 busy.*
He couldn't have known that.
*She ought to pass. She has
 studied hard.*
Five ought to be enough.

Ofrecimientos, sugerencias y peticiones

can could shall will would

Can you help me?
Could you open the door, please?
Could you help me with this box?
Will you sit down, please?
Would you come this way?
Shall I carry that for you?
Shall we go out for a meal?
Will you stay for tea?
Won't you sit down?
Can I help?

Phrasal verbs

> *Phrasal verbs* son verbos formados por dos o tres palabras. La primera palabra es siempre un verbo, que va seguido de un adverbio (**to lie down**), una preposición (**to look after sth/sb**) o ambas cosas (**to put up with sth/sb**).

• En el *Oxford Pocket* los *phrasal verbs* aparecen al final de la entrada del verbo principal, en la sección marcada PHR V. Esta es la última parte de la entrada de **to give**:

PHR V **to give sth away** regalar algo; **give sth/sb away** delatar algo/a algn **to give (sb) back sth; to give sth back (to sb)** devolver algo (a algn) **to give in (to sth/sb)** ceder (a algo/ algn) **to give sth in** entregar algo **to give sth out** repartir algo **to give up** abandonar, rendirse **to give up sth; to give up doing sth** dejar algo, dejar de hacer algo: *to give up hope* perder las esperanzas ◊ *to give up smoking* dejar de fumar

Como puedes ver, los *phrasal verbs* de cada verbo están ordenados alfabéticamente según las partículas que les siguen (**away**, **back**, **in**, etc.).

• Muchas veces un *phrasal verb* puede ser sustituido por otro verbo con el mismo significado. Sin embargo, ten en cuenta que los *phrasal verbs* se utilizan mucho más en el inglés hablado, y los equivalentes no "*phrasal*" en inglés escrito o en situaciones formales. Compara las siguientes oraciones:

I came back tired and hungry.
She returned to Paris two years later.

Tanto **to come back** como **to return** significan *volver* pero se utilizan en contextos diferentes.

• Algunas partículas tienen significados especiales que se mantienen incluso cuando ocurren con verbos distintos. Fíjate en el uso de **back**, **on** y **up** en las siguientes frases:

*I'll call you **back** later.*
*She wrote to him but he never wrote **back**.*
*Carry **on** with your work.*
*They stayed **on** for another week at the hotel.*
*Drink **up**! We have to go.*
*Eat **up** all your vegetables. They're good for you.*

En estas frases, **back** indica que se devuelve algo (una llamada, una carta), **on** da un sentido de continuidad a los verbos y **up** indica que algo se ha terminado totalmente.

✎ Ahora completa las siguientes frases utilizando **back**, **on** o **up**:

1 Shall we **carry** ___ after lunch?
2 He **used** ___ all his change on the phone.
3 When are you going to **give** me ___ the book I lent you?
4 He kept **going** ___ about his new girlfriend.
5 **Eat** ___! Your dinner is getting cold.
6 The teacher told him off for **answering** ___.

A bad start

The alarm **goes off** as usual but today Laura can't **get up**. It can't be that late already! she thinks. Why 'did I **stay up** so late last night? Oh, I remember now! I started reading that book because I was having trouble **dropping off**. I couldn't help **reading on**, it was so interesting… **Come on, get on with** it! **Get up** and **put** your clothes **on** or else Mrs Jones will **tell** you **off** for being late again! What a mess! I'd better **tidy up** my room before I **set off** or mum will be really angry. Oh dear, I think I'm getting a headache. I'll just **lie down** for a minute…

🖎 Une los siguientes *phrasal verbs* sacados de la historia con sus significados:

to go off	to continue reading
to get up	to go to sleep
to drop off	not to go to bed
to read on	to start to ring
to stay up	to leave
to set off	to get out of bed

🖎 Ahora contesta a las siguientes preguntas y compara tus respuestas con las de tu compañero/a.

What happened next?

Do you think Laura tidied up her room?

What time do you think she set off?

Was Mrs Jones happy with Laura?

What should Laura do next time she can't drop off?

Respuestas

to go off = to start to ring
to get up = to get out of bed
to drop off = to go to sleep
to read on = to continue reading
to stay up = not to go to bed
to set off = to leave

La puntuación inglesa

 El *punto y seguido* o **full stop** (.) pone fin a la frase, siempre que esta no sea una pregunta o una exclamación:

We're leaving now.
That's all.
Thank you.

También se utiliza en abreviaturas:

Acacia Ave.
Walton St.

El *signo de interrogación* o **question mark (?)** se pone al final de una frase interrogativa directa:

'Who's that man?' Jenny asked.

pero nunca al final de una frase interrogativa indirecta:

Jenny asked who the man was.

 El *signo de admiración* o **exclamation mark (!)** se pone al final de una frase que expresa sorpresa, entusiasmo, miedo, etc.:

What an amazing story!
How well you look!
Oh no! The cat's been run over!

También se utiliza con interjecciones y palabras onomatopéyicas:

Bye!
Ow!
Crash!

La coma o **comma (,)** indica una breve pausa dentro de una frase:

I ran all the way to the station, but I still missed the train.
However, he may be wrong.

También utilizamos la coma para citar a una persona o para introducir una frase en estilo directo:

Fiona said, 'I'll help you.'
'I'll help you', said Fiona, 'but you'll have to wait till Monday.'

La coma puede separar los elementos de una enumeración o de una lista (no es obligatoria delante de *'and'*):

It was a cold, rainy day.
This shop sells records, tapes, and compact discs.

 Los *dos puntos* o **colon (:)** se utilizan para introducir citas largas o listas de objetos:

There is a choice of main course: roast beef, turkey or omelette.

 El *punto y coma* o **semicolon (;)** se utiliza para separar dos partes bien diferenciadas dentro de una oración:

John wanted to go; I did not.

También puede separar elementos de una lista cuando ya hemos utilizado la coma:

The school uniform consists of navy skirt or trousers; grey, white or pale blue shirt; navy jumper or cardigan.

' El *apóstrofo* o **apostrophe** (') puede indicar dos cosas:

a) que se ha omitido una letra, como en el caso de las contracciones

hasn't, don't, I'm y *he's*

b) el genitivo sajón:

Peter's scarf
Jane's mother
my friend's car

Cuando un sustantivo acaba en "s", no siempre es necesario añadir una segunda "s", p. ej. en

Jesus' family

Observa que la posición del apóstrofo es distinta cuando acompaña a sustantivos que están en singular y en plural:

the girl's keys
(= las llaves de una niña)
the girls' keys
(= las llaves de varias niñas)

 Las *comillas* o **quotation marks** pueden ser simples (' ') o dobles (" "). También se llaman **inverted commas** y se utilizan para introducir las palabras o los pensamientos de una persona:

'Come and see,' said Martin.
Angela shouted, 'Over here!'
'Will they get here on time?' she wondered.

Las comillas también pueden introducir el título de un libro, de una película, etc:

'Pinocchio' is the first film I ever saw.
'Have you read "Emma"?' he asked.

 El *guion* o **hyphen** (-) se usa para unir dos palabras que forman una unidad:

mother-in-law
a ten-ton truck

También se usa para unir un prefijo a una palabra:

non-violent
anti-British

y en números compuestos:

thirty-four
seventy-nine

Cuando tenemos que partir una palabra al final de una línea, lo hacemos por medio de un guion.

 La *raya* o **dash** (–) se utiliza para separar una frase o explicación dentro de una oración más amplia. También la podemos encontrar al final de la oración, para resumir su contenido:

A few people – not more than ten – had already arrived.
The burglars had taken the furniture, the TV and stereo, the paintings – absolutely everything.

 El *paréntesis* o **brackets** ( ) sirve para resaltar información adicional dentro de una oración:

Two of the runners (Johns and Smith) finished the race in under an hour.

Los números y letras que indican distintos apartados se marcan también mediante paréntesis:

The camera has two main advantages:
1) its compact size and
2) its low price
What would you do if you won a lot of money?
a) save it
b) travel round the world

Palabras que van juntas

El *Oxford Pocket* no solo te da
traducciones, sino que además te
muestra cómo utilizar las palabras
de forma correcta.

¡Sigue el ejemplo!

Recuerda que cuando buscas una
palabra en el diccionario hay
ejemplos que ilustran con qué otras
palabras se utiliza normalmente.

¿Se dice *to say* a joke o *to tell* a
joke? Si miras los ejemplos en **joke**
verás que se dice *to tell* a joke.

joke /dʒəʊk/ **1** chiste: *to tell a joke* contar un chiste **2** broma: *to play a joke
on sb* gastar una broma a algn **3** [*sing*]
cachondeo: *The new law is a joke* La

🖉 *Combinaciones únicas*

Une cada palabra del grupo **A** con otra del grupo **B** con la que suele
utilizarse. Busca las palabras del grupo **B** en el diccionario y apunta los
ejemplos.

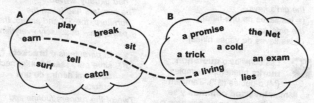

¡Elige la palabra correcta!

Los ejemplos del lado español también te pueden ayudar a elegir la palabra
correcta. Por ejemplo, a veces puede resultar difícil saber si se usa *to do* o
to make con un sustantivo determinado. Mira la entrada **llamada**:

llamada *nf* call: *hacer una ~ (telefónica)* to make a (phone) call ◊ *la ~ del
deber* the call of duty

El ejemplo te indica que *Tengo que
hacer una* **llamada** *urgente* se dice
I need to make an urgent phone call.

🖉 *¿Qué "hacer"?*

Indica cuál de los dos verbos es el correcto en estos ejemplos.

1 My sister's got to *do/make* her homework. (**deber²**)
2 Can you *do/make* a copy of this key, please? (**copia**)
3 Come on! Let's *do/make* a jigsaw! (**puzzle**)
4 Will you phone the restaurant to *do/make* a reservation? (**reserva**)
5 I'd like to *do/make* a request. (**petición**)

Comprueba tus respuestas en las entradas de las palabras en negrita.

Preposiciones

El *Oxford Pocket* te indica qué preposición se utiliza detrás de un sustantivo, verbo o adjetivo. Mira la entrada **married**:

married /'mærid/ *adj* ~ **(to sb)** casado (con algn): *to get married* casarse ◊ *a married couple* un matrimonio

En esta entrada se nos dice que *married* va seguido de la preposición *to*.

🖋 Lo que falta

Busca la palabra en negrita en el lado inglés–español del diccionario y completa las frases siguientes con la preposición adecuada:

to of on for

1 **Wait** .... me in the hall.
2 Who does that book **belong** ....?
3 He's very **proud** .... his new car.
4 Everybody was very **nice** .... me when I was in hospital.
5 They want a **ban** .... nuclear weapons.
6 The whole house **smells** .... garlic.

Verbos

El *Oxford Pocket* te dice qué construcción se debe utilizar detrás de un verbo determinado. Mira la entrada **begin**:

begin /bɪ'gɪn/ *vt, vi* (-nn-) (*pret* began /bɪ'gæn/ *pp* begun /bɪ'gʌn/) ~ **(doing/to do sth)** empezar (a hacer algo): *Shall I begin?* ¿Empiezo yo?

La entrada indica que se puede decir tanto *to begin doing something* como *to begin to do something*.

🖋 ¿Qué sigue?

Completa las frases siguientes, poniendo la forma correcta del verbo entre paréntesis. Si necesitas ayuda, busca la palabra en negrita en el lado inglés–español de tu diccionario:

1 Please **stop** .... (*annoy*) me!
2 I've **persuaded** Kate .... (*come*) to the party.
3 My mother won't **let** me .... (*swim*) after lunch.
4 Haven't you **finished** .... (*clean*) your room yet?
5 He **keeps** (on) .... (*phone*) me late at night.
6 You're not **allowed** .... (*talk*) in here.
7 I **enjoy** .... (*go*) to the cinema.
8 I don't want to **risk** .... (*lose*) my place in the queue.

Respuestas

Combinaciones únicas
earn a living, tell lies, surf the Net, sit an exam, play a trick, catch a cold, break a promise
¿Qué "hacer"?
1 do 2 make 3 do 4 make 5 make

Lo que falta
1 for 2 to 3 of 4 to 5 on 6 of
¿Qué sigue?
1 annoying 2 to come 3 swim 4 cleaning 5 phoning 6 to talk 7 going 8 losing

Sinónimos y antónimos

Sinónimos

En algunas ocasiones existe una palabra más normal para decir algo u otra forma de decirlo. El diccionario contiene notas de uso con sinónimos para ayudarte a aprender más vocabulario.

dessert /dɪˈzɜːt/ (*tb* sweet) *n* postre
☞ La palabra más normal es **pudding**.

Postre en inglés se dice *dessert*, *sweet* o *pudding*.

Antónimos

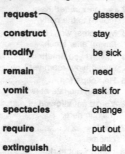

El diccionario te da también antónimos de palabras. En el lado español–inglés esto viene ilustrado en muchos ejemplos. Mira el sentido 5 de la entrada **quedar**:

5 (*ropa*): *¿Qué tal me queda la chaqueta?* How does the jacket look on me? ◊ *El jersey le queda grande/pequeño.* The sweater's too big/small for him.

🖉 Ejercicio 1

Forma parejas de palabras que tengan el mismo significado. En las entradas de las palabras en negrita hay notas de uso que te ayudarán a elegir.

request	glasses
construct	stay
modify	be sick
remain	need
vomit	ask for
spectacles	change
require	put out
extinguish	build

🖉 Ejercicio 2

Busca la palabra española en el diccionario y mira el ejemplo. ¿Cuál es el antónimo de...

1 to turn the volume down (**volumen**)?

....

2 dark skin (**piel**)?

....

3 a high tide (**marea**)?

....

4 good marks (**nota**)?

....

5 to turn the TV on (**televisión**)?

....

6 an even number (**número**)?

....

7 low season (**temporada**)?

....

8 good health (**salud**)?

....

Respuestas

Ejercicio 1

request = ask for   vomit = be sick
construct = build   spectacles = glasses
modify = change   require = need
remain = stay   extinguish = put out

Ejercicio 2

1 to turn the volume up   2 fair skin
3 a low tide   4 bad marks
5 to turn the TV off   6 an odd number
7 high season   8 poor health

Hojas de estudio
Sección 2

Hablando en inglés

Esta sección te ayudará a la hora de poner en práctica tu inglés en situaciones reales.

En clase

Lo que dices tú

How do you say ... in English?
What does this word mean?
How do you spell it?
Can you say that again, please?
Could you speak more slowly?
I'm sorry, I don't understand.
I can't see the board from here.

Lo que dice el profesor

Do you understand?
Do you want me to say it again?
Get into pairs.
Open your books at page 65.
Can you read the first paragraph, please?
If you know the answer, put your hand up.
If you don't understand a word, look it up in your dictionary.

Con una familia inglesa

Can I use the phone to ring my family, please?
Can I help you with the washing-up?
I'm a vegetarian but I eat fish.
Sorry, I don't like mushrooms.
Thanks for that meal – it was delicious!
Would you mind doing some washing for me?
Could I borrow a hairdryer?
I'm going out with some friends tonight, is that OK?

Would it be all right to bring some friends round for coffee tomorrow?
Tomorrow is my last day, so I thought I would cook dinner for you.
This is my address in Spain, I hope we can keep in touch!
Thank you very much for looking after me.

Por teléfono

Hello.

Hello, is that Helen?

Yes, speaking.

Oh, hello. This is Mike.

Hello, could I speak to Simon, please?
Yes, of course. Can I ask who's calling?
It's Liz.
OK, just a minute, please.

Good morning. Could I speak to Dr Jones, please?
I'm afraid Dr Jones is out at the moment. Can I take a message?
No, thank you. I'll call back later. Goodbye.

Good morning. Smiths Limited. How can I help you?
Good morning. Could you put me through to Customer Services, please?
Yes. Hold the line, please.
Good morning. Customer Services.
Hello. I'd like to complain about a toaster I bought last week.

Hi, Will. This is Sarah.
Hi, Sarah. Where are you calling from?
I'm on my mobile. I just wanted to tell you that I'll be an hour late.
Thanks for letting me know. I'll see you later then.
OK. See you later.

Para hacer una *llamada telefónica* (**a phone call**), *levanta el auricular* (**pick up the receiver**) y *marca el número de teléfono* (**dial the number**). Cuando el teléfono *suena* (the phone **rings**), la persona a la que llamas lo *contesta* (**answers** it). Si esa persona está hablando por teléfono en ese momento, el teléfono estará *comunicando* (**engaged**). Si tienes un *móvil* (**a mobile** (**phone**)), a veces resulta difícil *tener cobertura* (**get a signal**). Algunas veces, por ejemplo en un teatro o en un avión, se pide que la gente *desconecte los teléfonos móviles* (**switch off your mobile phones**).

En la calle

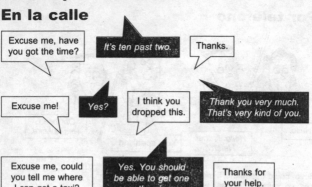

Excuse me, have you got the time?

It's ten past two.

Thanks.

Excuse me!

Yes?

I think you dropped this.

Thank you very much. That's very kind of you.

Excuse me, could you tell me where I can get a taxi?

Yes. You should be able to get one near the cinema.

Thanks for your help.

Indicando el camino

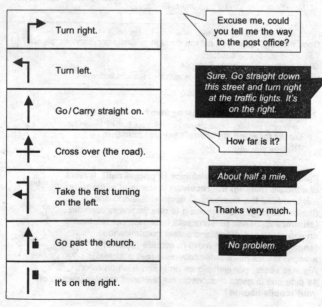

↱	Turn right.
↰	Turn left.
↑	Go / Carry straight on.
✛	Cross over (the road).
⌐	Take the first turning on the left.
↑	Go past the church.
▌■	It's on the right.

Excuse me, could you tell me the way to the post office?

Sure. Go straight down this street and turn right at the traffic lights. It's on the right.

How far is it?

About half a mile.

Thanks very much.

No problem.

De tiendas

El cliente

How much is this/are these?

Do you sell postcards?

Where can I buy stamps?

Can I have seven stamps for Spain, please?

Do you have these shoes in a size 5?

Could I try these jeans on, please?

Where are the changing rooms?

Can I pay by credit card?

I think you've given me the wrong change.

I'm just looking.

El dependiente

Can I help you?

Sorry, we've sold out.

We'll be getting some more in next week.

That's ten pounds, please.

We don't accept credit cards.

How would you like to pay?

En un restaurante

A table for four, please.

Smoking or non-smoking?

Have you booked a table?

Could we see the menu, please?

Are you ready to order?

I'll have the steak, please.

Would you like to see the dessert menu?

Could we have the bill, please?

De viaje

Where's the bus/railway station?

Can I have a return/single (ticket) to Glasgow, please?

Can I reserve a seat on the 6.45 to Manchester, please?

Which platform is it for the London train?

Where does the bus to York leave from?

How much is a ticket to Cardiff?

What time does the next bus leave?

Which buses go to Summertown?

Could you tell me where to get off the bus, please?

Oxford – London
ADULT RETURN
0813 030400

Con los amigos ingleses

En esta sección vamos a ver cómo hablan los ingleses, cuáles son las palabras de moda, sobre todo entre la gente joven.

Recuerda que esta sección trata del lenguaje oral. Por lo tanto, la mayoría de las expresiones se utilizan solo al hablar pero no en situaciones o contextos más formales como cartas o entrevistas.

Cómo hablan

- Para preguntar *¿por qué?* dicen **How come?** (*¿Cómo es eso/que ...?*) o **How's that?** (*¿Y eso?*)

  How come you didn't tell me?
  'I'm going home early today.'
  'How's that?'

- Para dar su opinión utilizan **I reckon** (*Me parece ...*) o **I bet** (*Seguro que ...*)

  I reckon she'll pass the exam.
  I bet they're late.

- Para sugerir algo suelen decir **Do you fancy ...?** o **How about ...?** (*¿Te apetece ...?*)

  Do you fancy going for a pizza?
  How about meeting up at the cinema?

- Si alguien pide algo, la otra persona puede decir **No problem** o **Not a problem**

  'Can I have a Coke?' 'Yes, no problem.'

- Para decir *mucho* utilizan **loads / masses/tons (of)** o **an awful lot (of)**

  She gave me loads to do.
  There were masses of people at the concert.
  I've got an awful lot of homework.

Para decir ...		
¡Sí!	Yeah!	Right!
	Yep!	You bet!
	OK!	Sure!
¡No!	No way!	
	Nope!	
	You must be joking!	
¡Gracias!	Thanks! Ta!	
	Cheers!	
¡De nada!	No problem!	
¡Hola!	Hiya!	
	Hi (there)!	
	What's new?	
¡Hasta luego!	See you (in a bit)!	
	See you later!	
¡Adiós!	Bye!	
	Cheers!	

Cuando les gusta...

- Para decir que algo está bien, que mola, dicen:

It's magic!

It's brilliant!

Wicked!!

Excellent!!!

- Si creen que alguien es genial, que sabe hacer bien las cosas, dicen:
  You're a star! She's a genius!

- Si les parece bien una idea, un plan, utilizan **cool** o **great**:
  'Let's go and see a film.' 'Cool!'
  'I'll ring you tonight.' 'Great.'

- Para describir algo que está de moda se puede decir:
  I know a really hip (o cool) bar.
  Those shoes are very trendy.
  What a groovy jacket!

- Para decir que alguien está bien, que es guapo, dicen:
  He's drop-dead gorgeous.
  She's a babe.

Cuando no les gusta...

- Para decir que alguien no vale para nada, se usa:

  You're useless!
  What a loser!
  She's a real waste of space.

- Para decir que algo o alguien es hortera, se usa **naff** y para describir una actividad o a una persona aburrida y/o anticuada, se usa **sad**:
  That's a pretty naff shirt!
  He's just a sad old man.
  Staying at home all weekend watching TV is pretty sad.

- Si quieren llamarle tonto a alguien, dicen:

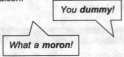

You dummy!

What a moron!

- Para decir que algo que tienen que hacer es un rollo:
  It's a pain (o a hassle) having to stay indoors and work!
  That's a real drag.

Un poco de vocabulario

guy, bloke	= tío
mate, buddy (esp USA)	= colega
kid	= chaval
cash, dosh	= pasta
the box/telly	= la tele
booze	= bebida alcohólica
chill out!	= ¡tranqui!
get lost!	= ¡piérdete!
hang on/hold on!	= ¡espera!

check out that car!	= ¡no te pierdas ese coche!
to veg out	= vegetar
to crash (out)	= dormirse
to flip	= volverse loco
to skive, to bunk off	= escurrir el bulto
to throw a wobbly	= montar una pelotera
to hang out	= andar, meterse

Características de la lengua oral

- Al hablar, se utilizan mucho las contracciones como **I'm, you're, didn't**.

- A veces se elimina la primera palabra de una frase, sobre todo si es un pronombre personal:
  Must go!   (= I must go.)
  Like the tie! (= I like your tie.)
  Going out? (= Are you going out?)

- Se suelen usar también palabras más generales como **things** y **stuff**:
  *You can leave your **things** here.*
  *Where shall I put my **stuff**?*

  y expresiones como **sort of** y **kind of**:
  *I've got **a kind** of feeling they won't come.*

*I felt **kind of** scared.*
*Her new dress is **sort of** red.*

- Cuando no saben qué decir o no están muy seguros de lo que están diciendo usan muletillas como **well, you know, you see, I mean**:
  *Well, **you know**, it's hard to remember.*
  ***You see**, she said she was going to France.*
  *Are we leaving? **I mean**, it's getting quite late.*

- Recuerda que los ingleses usan **please** y **thank you** más que los españoles:
  *Can you tell me the way to the zoo, **please**?*

Exclamaciones

Al igual que en español, es muy frecuente usar exclamaciones. A continuación tienes las interjecciones más corrientes:

se escribe	se dice	se usa	=	ejemplos
ah!	/ɑː/	para expresar emoción o al entender algo	¡ah!	Ah, that's nice! Ah, I see!
aha!	/ɑːˈhɑː/	cuando encuentras o comprendes algo	¡ajá!	Aha! That's where I left it!
boo!	/buː/	para sorprender o ahuyentar a alguien	¡bu!	Boo! Clear off!
gosh!	/gɒʃ/	para indicar sorpresa	¡vaya!	Gosh! Is that the time?
hey!	/heɪ/	para llamar la atención	¡oye!	Hey! What are you doing there?
oh!	/eʊ/	para expresar emoción	¡oh!	Oh look! Oh no! I'd forgotten!
ouch! o ow!	/aʊtʃ/ /aʊ/	para expresar dolor	¡ay!	Ow! That hurt!
ugh! o yuk!	/ɜː, ʊx/ /jʌk/	para expresar molestia o asco	¡uf!	Yuk! This soup's horrid!
whoops! o oops!	/wʊps/ /ʊps/	cuando te caes, tiras algo o casi se te cae algo	¡ay!	Whoops! I nearly broke that plate!
wow!	/waʊ/	para expresar admiración	¡guau!	Wow! I like your bike!

Aa

A, a /eɪ/ n (pl **A's, a's** /eɪz/) **1** A, a: *A for Andrew* A de Andrés ◊ *'bean' (spelt) with an 'a'* "bean" con "a" ◊ *'Awful' begins/starts with an 'A'.* "Awful" empieza por "A". ◊ *'Data' ends in an 'a'.* "Data" termina en "a". **2** (*Mús*) la **3** (*Educ*) ☞ *Ver nota en* MARK

a /ə, eɪ/ (*tb* **an** /ən, æn/) *art indef* ☞ A, an corresponde al español *un, una* excepto en los siguientes casos: **1** (*números*): *a hundred and twenty people* ciento veinte personas **2** (*profesiones*): *My mother is a solicitor.* Mi madre es abogada. **3** por: *200 words a minute* 200 palabras por minuto ◊ *500 pesetas a dozen* quinientas pesetas la docena **4** (*con desconocidos*) un(a) tal: *Do we know a Tim Smith?* ¿Conocemos a un tal Tim Smith?

aback /ə'bæk/ *adv Ver* TAKE

abandon /ə'bændən/ *vt* abandonar: *We abandoned the attempt.* Abandonamos el intento. ◊ *an abandoned baby/car/ village* un bebé/coche/pueblo abandonado

abbess /'æbes/ n abadesa

abbey /'æbi/ n (pl -eys) abadía

abbot /'æbət/ n abad

abbreviate /ə'briːvieɪt/ *vt* abreviar **abbreviation** n **1** abreviación **2** abreviatura

ABC /ˌeɪ biː 'siː/ n **1** abecedario **2** abecé

abdicate /'æbdɪkeɪt/ *vt, vi* abdicar: *to abdicate (all) responsibility* declinar toda responsabilidad

abdomen /'æbdəmən/ n abdomen **abdominal** /æb'dɒmɪnl/ *adj* abdominal

abduct /əb'dʌkt, æb-/ *vt* secuestrar **abduction** n secuestro

abide /ə'baɪd/ *vt* soportar: *I can't abide them.* No los puedo soportar. PHR V **to abide by sth 1** (*veredicto, decisión*) acatar algo **2** (*promesa*) cumplir con algo

ability /ə'bɪləti/ n (pl -ies) **1** (*talento*) capacidad, aptitud: *her ability to accept change* su capacidad para asumir los cambios ◊ *Despite his ability as a dancer...* A pesar de sus aptitudes como bailarín... **2** habilidad

ablaze /ə'bleɪz/ *adj* **1** en llamas: *to set sth ablaze* prender fuego a algo **2** to be ~ **with sth** resplandecer de algo: *The garden was ablaze with flowers.* El jardín estaba inundado de flores.

able¹ /'eɪbl/ *adj* to be ~ to do sth poder hacer algo: *Will he be able to help you?* ¿Podrá ayudarte? ◊ *They are not yet able to swim.* No saben nadar todavía. ☞ *Ver nota en* CAN² LOC *Ver* BRING

able² /'eɪbl/ *adj* (**abler, ablest**) capaz

abnormal /æb'nɔːml/ *adj* anormal **abnormality** /ˌæbnɔː'mæləti/ n (pl -ies) anormalidad

aboard /ə'bɔːd/ *adv, prep* a bordo (de): *aboard the ship* a bordo del barco ◊ *Welcome aboard.* Bienvenidos a bordo.

abode /ə'bəʊd/ n (*formal*) morada LOC *Ver* FIXED

abolish /ə'bɒlɪʃ/ *vt* abolir **abolition** n abolición

abominable /ə'bɒmməbl; USA -mən-/ *adj* abominable

abort /ə'bɔːt/ *vt, vi* abortar: *They aborted the launch.* Detuvieron el lanzamiento.

abortion /ə'bɔːʃn/ n aborto (*intencionado*): *to have an abortion* abortar ☞ *Comparar con* MISCARRIAGE

abortive /ə'bɔːtɪv/ *adj* fracasado: *an abortive coup/attempt* un golpe de estado/intento fracasado

abound /ə'baʊnd/ *vi* ~ (**with sth**) abundar (en algo)

about¹ /ə'baʊt/ *adv* **1** (*tb* **around**) más o menos: *about the same height as you* más o menos de tu misma altura **2** (*tb* **around**) hacia: *I got home at about half past seven.* Llegué a casa hacia las siete y media. ☞ *Ver nota en* AROUND¹ **3** (*tb* **around**) por aquí: *She's somewhere about.* Está por aquí. ◊ *There are no jobs about at the moment.* De momento no sale ningún trabajo. **4** casi: *Dinner's about ready.* La cena está casi lista. LOC **to be about to do sth** estar a punto de hacer algo

about² /ə'baʊt/ (*tb* **around, round**) *part adv* **1** de un lado a otro: *I could hear people moving about.* Oía gente yendo de un lado para otro. **2** aquí y

tʃ	dʒ	v	θ	ð	s	z	ʃ
chin	June	van	thin	then	so	zoo	she

allá: *People were standing about in the street.* Había gente parada en la calle.
☛ Para los usos de **about** en PHRASAL VERBS ver las entradas de los verbos correspondientes, p. ej. **to lie about** en LIE². *Ver tb págs 324-25.*

about³ /ə'baʊt/ *prep* **1** por: *papers strewn about the room* papeles esparcidos por la habitación ◊ *She's somewhere about the place.* Anda por aquí. **2** sobre: *a book about flowers* un libro sobre flores ◊ *What's the book about?* ¿De qué trata el libro? **3** [*con adjetivos*]: *angry/happy about sth* enfadado por/contento con algo **4** (*característica*): *There's something about her I like.* Tiene algo que me atrae. LOC **how/ what about?**: *What about his car?* ¿Y su coche? ◊ *How about going swimming?* ¿Qué os parece ir a nadar?

above¹ /ə'bʌv/ *adv* arriba: *the people in the flat above* la gente del piso de arriba ◊ *children aged eleven and·above* niños de once años y mayores

above² /ə'bʌv/ *prep* **1** por encima de, más arriba de: *1 000 metres above sea level* 1.000 metros por encima del nivel del mar ◊ *I live in a house above the village.* Vivo en una casa más arriba del pueblo. **2** más de: *above 50%* más del 50% LOC **above all** sobre todo

abrasive /ə'breɪsɪv/ *adj* **1** (*persona*) brusco y desagradable **2** (*superficie*) áspero

abreast /ə'brest/ *adv* ~ (**of sth/sb**): *to cycle two abreast* andar en bicicleta parejo con algn ◊ *A car came abreast of us.* Un coche se puso a nuestra altura. LOC **to be/keep abreast of sth** estar/ mantenerse al corriente de algo

abroad /ə'brɔːd/ *adv* en el extranjero: *to go abroad* ir al extranjero ◊ *Have you ever been abroad?* ¿Has estado en el extranjero?

abrupt /ə'brʌpt/ *adj* **1** (*cambio*) repentino, brusco **2** (*persona*) brusco, cortante: *He was very abrupt with me.* Fue muy brusco conmigo.

abscess /'æbses/ *n* absceso

abseil /'æbseɪl/ *vi* hacer rappel **abseiling** *n* rappel

absence /'æbsəns/ *n* **1** ausencia: *absences due to illness* ausencias por enfermedad **2** [*sing*] ausencia, falta: *the complete absence of noise* la total ausencia de ruido ◊ *in the absence of new*

evidence a falta de nuevas pruebas LOC *Ver* CONSPICUOUS

absent /'æbsənt/ *adj* **1** ausente **2** distraído

absentee /ˌæbsən'tiː/ *n* ausente

absent-minded /ˌæbsənt 'maɪndɪd/ *adj* distraído

absolute /'æbsəluːt/ *adj* absoluto

absolutely /'æbsəluːtli/ *adv* **1** absolutamente: *You are absolutely right.* Tienes toda la razón. ◊ *Are you absolutely sure/certain that...?* ¿Estás completamente seguro de que...? ◊ *It's absolutely essential/necessary that...* Es imprescindible que... **2** [*en negativa*]: *absolutely nothing* nada en absoluto **3** /ˌæbsə'luːtli/ (*mostrando acuerdo con algn*) desde luego (que sí): *Oh, absolutely!* ¡Sin duda!

absolve /əb'zɒlv/ *vt* ~ **sb** (**from/of sth**) absolver a algn (de algo)

absorb /əb'zɔːb/ *vt* **1** absorber, asimilar: *The root hairs absorb the water.* Los pelos de la raíz absorben el agua. ◊ *easily absorbed into the bloodstream* fácilmente asimilado por la sangre ◊ *to absorb information* asimilar información **2** amortiguar: *to absorb the shock* amortiguar el golpe

absorbed /əb'sɔːbd/ *adj* absorto

absorbing /əb'sɔːbɪŋ/ *adj* absorbente (*libro, película, etc.*)

absorption /əb'sɔːpʃn/ *n* **1** (*líquidos*) absorción **2** (*minerales, ideas*) asimilación

abstain /əb'steɪn/ *vi* ~ (**from sth**) abstenerse (de algo)

abstract /'æbstrækt/ ♦ *adj* abstracto ♦ *n* (*Arte*) obra de arte abstracto LOC **in the abstract** en abstracto

absurd /əb'sɜːd/ *adj* absurdo: *How absurd!* ¡Qué disparate! ◊ *You look absurd in that hat.* Estás ridículo con ese sombrero. **absurdity** *n* (*pl* **-ies**) absurdo: *the absurdity of...* lo absurdo de...

abundance /ə'bʌndəns/ *n* abundancia

abundant /ə'bʌndənt/ *adj* abundante

abuse /ə'bjuːz/ ♦ *vt* **1** abusar de: *to abuse your power* abusar de su poder **2** insultar **3** maltratar ♦ /ə'bjuːs/ *n* **1** abuso: *human rights abuses* abusos contra los derechos humanos **2** [*incontable*] insultos: *They shouted abuse at him.* Le insultaron. **3** [*incontable*]

iː	i	ɪ	e	æ	ɑː	ʌ	ʊ	uː
see	happy	sit	ten	hat	father	cup	put	too

malos tratos **abusive** /əˈbjuːsɪv/ *adj* insultante, grosero

abyss /əˈbɪs/ *n* abismo

academic /ˌækəˈdemɪk/ *adj* 1 académico 2 especulativo

academy /əˈkædəmi/ *n* (*pl* -ies) academia

accelerate /əkˈseləreɪt/ *vt, vi* acelerar **acceleration** *n* 1 aceleración 2 (*vehículo*) reprise **accelerator** *n* acelerador

accent /ˈæksent, ˈæksənt/ *n* 1 acento 2 énfasis 3 tilde

accentuate /əkˈsentʃueɪt/ *vt* 1 acentuar 2 resaltar 3 agravar

accept /əkˈsept/ 1 *vt, vi* aceptar 2 *vt* admitir: *I've been accepted by the University.* Me han admitido en la universidad. 3 *vt* (*máquina*): *The machine only accepts coins.* La máquina solo funciona con monedas. LOC *Ver* FACE VALUE

acceptable /əkˈseptəbl/ *adj* ~ (**to sb**) aceptable (para algn)

acceptance /əkˈseptəns/ *n* 1 aceptación 2 aprobación

access /ˈækses/ ◆ *n* ~ (**to sth/sb**) acceso (a algo/algn) ◆ *vt* (*Informát*) acceder a

accessible /əkˈsesəbl/ *adj* accesible

accessory /əkˈsesəri/ *n* (*pl* -ies) 1 accesorio 2 [*gen pl*] (*ropa*) complemento 3 ~ (**to sth**) cómplice (de algo)

accident /ˈæksɪdənt/ *n* 1 accidente 2 casualidad LOC **by accident** 1 accidentalmente 2 por casualidad 3 por descuido **accidental** /ˌæksɪˈdentl/ *adj* 1 accidental 2 casual

acclaim /əˈkleɪm/ ◆ *vt* aclamar ◆ *n* [*incontable*] elogios

accommodate /əˈkɒmədeɪt/ *vt* 1 alojar 2 (*vehículo*): *The car can accommodate four people.* El coche es de cuatro plazas.

accommodation /əˌkɒməˈdeɪʃn/ *n* [*incontable*] 1 (*GB*) alojamiento 2 vivienda

accompaniment /əˈkʌmpənimənt/ *n* acompañamiento

accompany /əˈkʌmpəni/ *vt* (*pret, pp* -ied) acompañar

accomplice /əˈkʌmplɪs; *USA* əˈkɒm-/ *n* cómplice

accomplish /əˈkʌmplɪʃ; *USA* əˈkɒm-/ *vt* llevar a cabo

accomplished /əˈkʌmplɪʃt/ *adj* consumado

accomplishment /əˈkʌmplɪʃmənt/ *n* 1 logro 2 talento

accord /əˈkɔːd/ ◆ *n* acuerdo LOC **in accord (with sth/sb)** en concordancia (con algo/algn) **of your own accord** por decisión propia ◆ (*formal*) 1 *vi* ~ **with sth** concordar con algo 2 *vt* otorgar, conceder

accordance /əˈkɔːdns/ *n* LOC **in accordance with sth** de acuerdo con algo

accordingly /əˈkɔːdɪŋli/ *adv* 1 por lo tanto, por consiguiente 2 en consecuencia: *to act accordingly* obrar en consecuencia

according to *prep* según

accordion /əˈkɔːdiən/ *n* acordeón

account /əˈkaʊnt/ ◆ *n* 1 (*Fin, Com*) cuenta: *current account* cuenta corriente 2 factura 3 **accounts** [*pl*] contabilidad 4 relato, relación LOC **by/from all accounts** por lo que dicen **no account** sin ninguna importancia **on account of sth** a causa de algo **on no account; not on any account** bajo ningún concepto, de ninguna manera **on this/that account** según esto/eso **to take account of sth; to take sth into account** tener algo en cuenta **to take sth/sb into account** considerar algo/a algn ◆ *vi* ~ (**to sb**) **for sth** rendir cuentas (a algn) de algo

accountable /əˈkaʊntəbl/ *adj* ~ (**to sb**) (**for sth**) responsable (ante algn) (de algo) **accountability** /əˌkaʊntəˈbɪləti/ *n* responsabilidad de la que hay que dar cuenta

accountancy /əˈkaʊntənsi/ *n* contabilidad

accountant /əˈkaʊntənt/ *n* contable

accumulate /əˈkjuːmjəleɪt/ *vt, vi* acumular(se) **accumulation** *n* acumulación

accuracy /ˈækjərəsi/ *n* precisión

accurate /ˈækjərət/ *adj* exacto: *an accurate shot* un disparo certero

accusation /ˌækjuˈzeɪʃn/ *n* acusación

accuse /əˈkjuːz/ *vt* ~ **sb** (**of sth**) acusar a algn (de algo): *He was accused of murder.* Fue acusado de asesinato. **the accused** *n* (*pl* **the accused**) el acusado, la acusada **accusingly** *adv*:

accustomed

342

to look accusingly at sb lanzar una
mirada acusadora a algn

accustomed /əˈkʌstəmd/ adj ~ to sth
acostumbrado a algo: to become/get/
grow accustomed to sth acostumbrarse
a algo

ace /eɪs/ n as

ache /eɪk/ ♦ n dolor Ver tb BACKACHE,
HEADACHE, TOOTHACHE ♦ vi doler

achieve /əˈtʃiːv/ vt 1 (objetivo, éxito)
alcanzar 2 (resultados) conseguir
achievement n logro

aching /ˈeɪkɪŋ/ adj dolorido

acid /ˈæsɪd/ ♦ n ácido ♦ adj 1 (sabor)
ácido, agrio 2 (tb acidic) ácido **acidity**
/əˈsɪdəti/ n acidez

acid rain n lluvia ácida

acknowledge /əkˈnɒlɪdʒ/ vt 1 reconocer 2 (carta) acusar recibo de 3 darse
por enterado **acknowledgement** (tb
acknowledgment) n 1 reconocimiento
2 acuse de recibo 3 agradecimiento (en
un libro, etc.)

acne /ˈækni/ n acné

acorn /ˈeɪkɔːn/ n bellota

acoustic /əˈkuːstɪk/ adj acústico
acoustics n [pl] acústica

acquaintance /əˈkweɪntəns/ n 1
amistad 2 conocido, -a LOC to make sb's
acquaintance/to make the acquaintance of sb (formal) conocer a algn (por
primera vez) **acquainted** adj familiarizado: to become/get acquainted with sb
(llegar a) conocer a algn

acquiesce /ˌækwiˈes/ vi ~ (in sth)
(formal) consentir (algo/en algo);
aceptar (algo) **acquiescence** n consentimiento

acquire /əˈkwaɪə(r)/ vt 1 (conocimientos, posesiones) adquirir 2 (información) obtener 3 (reputación) adquirir,
ganarse 4 hacerse con, apoderarse de

acquisition /ˌækwɪˈzɪʃn/ n adquisición

acquit /əˈkwɪt/ vt (-tt-) ~ sb (of sth)
absolver a algn (de algo) **acquittal** n
absolución

acre /ˈeɪkə(r)/ n acre

acrobat /ˈækrəbæt/ n acróbata

across /əˈkrɒs; USA əˈkrɔːs/ part adv,
prep 1 [suele traducirse por un verbo] de
un lado a otro: to swim across cruzar
nadando ◊ to walk across the border
cruzar la frontera a pie ◊ to take the
path across the fields tomar el camino

que atraviesa los campos 2 al otro lado:
We were across in no time. Llegamos al
otro lado en un periquete. ◊ from
across the room desde el otro lado de la
habitación 3 sobre, a lo largo de: a
bridge across the river un puente sobre
el río ◊ A branch lay across the path.
Había una rama atravesada en el
camino. 4 de ancho: The river is half a
mile across. El río tiene media milla de
ancho. ☞ Para los usos de **across** en
PHRASAL VERBS ver las entradas de los
verbos correspondientes, p. ej. **to come
across** en COME. Ver tb págs 324-25.

acrylic /əˈkrɪlɪk/ adj, n acrílico

act /ækt/ ♦ n 1 acto: an act of violence/
kindness un acto de violencia/
amabilidad 2 (Teat) acto 3 número: a
circus act un número de circo 4 (Jur)
decreto LOC **in the act of doing sth** en
el momento de hacer algo **to get your
act together** (coloq) organizarse **to
put on an act** (coloq) fingir ♦ 1 vi
actuar 2 vi comportarse 3 vt (Teat)
hacer el papel de LOC Ver FOOL

acting[1] /ˈæktɪŋ/ n teatro: his acting
career su carrera como actor ◊ Her
acting was awful. Actuó muy mal.

acting[2] /ˈæktɪŋ/ adj en funciones: He
was acting chairman at the meeting.
Actuó como presidente en la reunión.
☞ Solo se usa antes de sustantivo.

action /ˈækʃn/ n 1 acción 2 medidas:
Drastic action is needed. Hay que tomar
medidas drásticas. 3 acto 4 (Mil)
acción: to go into action entrar en
acción LOC **in action** en acción **out of
action**: This machine is out of action.
Esta máquina no funciona. **to put sth
into action** poner algo en práctica **to
take action** tomar medidas Ver tb
COURSE

activate /ˈæktɪveɪt/ vt activar

active /ˈæktɪv/ adj 1 activo: to take an
active part in sth participar activa-
mente en algo ◊ to take an active
interest in sth interesarse vivamente
por algo 2 (volcán) en actividad

activity /ækˈtɪvəti/ n (pl -ies) 1 actividad 2 bullicio

actor /ˈæktə(r)/ n actor, actriz ☞ Ver
nota en ACTRESS

actress /ˈæktrəs/ n actriz

Hay mucha gente que prefiere el
término **actor** tanto para el femenino
como para el masculino.

aɪ	aʊ	ɔɪ	ɪə	eə	ʊə	ʒ	h	ŋ
five	now	join	near	hair	pure	vision	how	sing

actual /'æktʃuəl/ adj **1** exacto: *What were his actual words?* ¿Qué es lo que dijo exactamente? **2** verdadero: *based on actual events* basado en hechos reales **3** propiamente dicho: *the actual city centre* el centro propiamente dicho ☛ *Comparar con* CURRENT 1, PRESENT-DAY LOC **in actual fact** en realidad

actually /'æktʃuəli/ adv **1** en realidad, de hecho: *He's actually very bright.* La verdad es que es muy inteligente. **2** exactamente: *What did she actually say?* ¿Qué dijo exactamente? **3** *Actually, my name's Sue, not Ann.* A propósito, me llamo Sue, no Ann. **4** (*para dar énfasis*): *You actually met her?* ¿De verdad la conociste? **5** hasta: *He actually expected me to leave.* Hasta esperaba que me fuera. ☛ *Comparar con* AT PRESENT *en* PRESENT, CURRENTLY *en* CURRENT

acupuncture /'ækjupʌŋktʃə(r)/ n acupuntura

acute /ə'kjuːt/ adj **1** extremo: *to become more acute* agudizarse **2** agudo: *acute angle* ángulo agudo ◊ *acute appendicitis* apendicitis aguda **3** (*remordimiento*) profundo

AD /ˌeɪ 'diː/ abrev de anno domini después de Cristo

ad /æd/ n (*coloq*) advertisement anuncio (*publicidad*)

adamant /'ædəmənt/ adj ~ (**about/in sth**) firme, categórico en cuanto a algo: *He was adamant about staying behind.* Se empeñó en quedarse.

Adam's apple /ˌædəmz 'æpl/ n (Anat) nuez

adapt /ə'dæpt/ vt, vi adaptar(se) **adaptable** adj **1** (*persona*): *to learn to be adaptable* aprender a adaptarse **2** (*aparatos, etc.*) adaptable **adaptation** n adaptación

adaptor /ə'dæptə(r)/ n (Electrón) ladrón, adaptador

add /æd/ vt añadir LOC **to add A and B together** sumar A y B PHR V **to add sth on (to sth)** añadir algo (a algo) **to add to sth 1** aumentar algo **2** ampliar algo **to add up** (*coloq*) encajar: *His story doesn't add up.* Hay cosas en su relato que no encajan. **to add (sth) up** sumar (algo) **to add up to sth** ascender a algo: *The bill adds up to £40.* La cuenta asciende a 40 libras.

adder /'ædə(r)/ n víbora

addict /'ædɪkt/ n adicto, -a: *drug addict* toxicómano **addicted** /ə'dɪktɪd/ adj adicto **addiction** /ə'dɪkʃn/ n adicción **addictive** /ə'dɪktɪv/ adj adictivo

addition /ə'dɪʃn/ n **1** incorporación **2** adquisición **3** (Mat): *Children are taught addition and subtraction.* Los niños aprenden a sumar y a restar. LOC **in addition** por añadidura **in addition (to sth)** además (de algo) **additional** adj adicional

additive /'ædətɪv/ n aditivo

address /ə'dres; USA 'ædres/ ♦ n **1** dirección, señas: *address book* libreta de direcciones **2** discurso LOC *Ver* FIXED ♦ vt **1** (*carta, etc.*) dirigir **2** ~ **sb** dirigirse a algn **3** ~ (**yourself to**) **sth** hacer frente a algo

adept /ə'dept/ adj hábil

adequate /'ædɪkwət/ adj **1** adecuado **2** aceptable

adhere /əd'hɪə(r)/ vi (formal) **1** adherirse **2** ~ **to sth** (*creencia, etc.*) observar algo **adherence** n ~ (**to sth**) **1** adherencia (a algo) **2** observación (de algo) **adherent** n adepto, -a

adhesive /əd'hiːsɪv/ adj, n adhesivo

adjacent /ə'dʒeɪsnt/ adj adyacente

adjective /'ædʒɪktɪv/ n adjetivo

adjoining /ə'dʒɔːnɪŋ/ adj contiguo, colindante

adjourn /ə'dʒɜːn/ **1** vt aplazar **2** vt, vi (*reunión, sesión*) suspender(se)

adjust /ə'dʒʌst/ **1** vt ajustar, arreglar **2** vt, vi ~ (**sth**) (**to sth**) adaptar algo (a algo); adaptarse (a algo) **adjustment** n **1** ajuste, modificación **2** adaptación

administer /əd'mɪnɪstə(r)/ vt **1** administrar **2** (*organización*) dirigir **3** (*castigo*) aplicar

administration /ədˌmɪnɪ'streɪʃn/ n administración, dirección

administrative /əd'mɪnɪstrətɪv/ adj administrativo

administrator /əd'mɪnɪstreɪtə(r)/ n administrador, -ora

admirable /'ædmərəbl/ adj admirable

admiral /'ædmərəl/ n almirante

admiration /ˌædmə'reɪʃn/ n admiración

admire /əd'maɪə(r)/ vt admirar, elogiar **admirer** n admirador, -ora **admiring** adj lleno de admiración

tʃ	dʒ	v	θ	ð	s	z	ʃ
chin	**June**	**van**	**thin**	**then**	**so**	**zoo**	**she**

admission /əd'mɪʃn/ n 1 entrada, admisión 2 reconocimiento 3 (hospital) ingreso

admit /əd'mɪt/ (-tt-) 1 vt ~ sb dejar entrar, admitir, ingresar a algn 2 vt, vi ~ (to) sth confesar algo (crimen), reconocer algo (error) **admittedly** adv: Admittedly... Hay que admitir que...

adolescence /ˌædə'lesns/ n adolescencia **adolescent** adj, n adolescente

adopt /ə'dɒpt/ vt adoptar **adopted** adj adoptivo **adoption** n adopción

adore /ə'dɔː(r)/ vt adorar: I adore cats. Me encantan los gatos.

adorn /ə'dɔːn/ vt adornar

adrenalin /ə'drenəlm/ n adrenalina

adrift /ə'drɪft/ adj a la deriva

adult /'ædʌlt, ə'dʌlt/ ◆ adj adulto, mayor de edad ◆ n adulto, -a

adultery /ə'dʌltəri/ n adulterio

adulthood /'ædʌlthʊd/ n madurez

advance /əd'vɑːns; USA -'væns/ ◆ n 1 avance 2 (sueldo) adelanto LOC in advance 1 de antemano 2 con antelación 3 por adelantado ◆ adj anticipado: advance warning previo aviso ◆ 1 vi avanzar 2 vt hacer avanzar **advanced** adj avanzado **advancement** n 1 desarrollo 2 (trabajo) ascenso

advantage /əd'vɑːntɪdʒ; USA -'væn-/ n 1 ventaja 2 provecho LOC to take advantage of sth 1 aprovecharse de algo 2 sacar provecho de algo to take advantage of sth/sb abusar de algo/ algn **advantageous** /ˌædvən'teɪdʒəs/ adj ventajoso

advent /'ædvent/ n 1 advenimiento 2 Advent (Relig) adviento

adventure /əd'ventʃə(r)/ n aventura **adventurer** n aventurero, -a **adventurous** adj 1 aventurero 2 aventurado 3 audaz

adverb /'ædvɜːb/ n adverbio

adversary /'ædvəsəri; USA -seri/ n (pl -ies) adversario, -a

adverse /'ædvɜːs/ adj 1 adverso 2 (crítica) negativo **adversely** adv negativamente

adversity /əd'vɜːsəti/ n (pl -ies) adversidad

advert /'ædvɜːt/ n (GB, coloq) anuncio (publicidad)

advertise /'ædvətaɪz/ 1 vt anunciar 2 vi hacer publicidad 3 vi ~ for sth/sb

buscar algo/a algn **advertisement** /əd'vɜːtɪsmənt; USA ˌædvər'taɪzmənt/ (tb advert, ad) n ~ (for sth/sb) anuncio (de algo/algn) **advertising** n 1 publicidad: advertising campaign campaña publicitaria 2 anuncios

advice /əd'vaɪs/ n [incontable] consejo(s): a piece of advice un consejo ◊ I asked for her advice. Le pedí consejo. ◊ to seek/take legal advice consultar a un abogado ☞ Ver nota en CONSEJO

advisable /əd'vaɪzəbl/ adj aconsejable

advise /əd'vaɪz/ vt, vi 1 aconsejar, recomendar: to advise sb to do sth aconsejar a algn que haga algo ◊ You would be well advised to... Sería prudente... 2 asesorar **adviser** (USA advisor) n consejero, -a, asesor, -ora **advisory** adj consultivo

advocacy /'ædvəkəsi/ n (formal) ~ of sth apoyo a algo

advocate /'ædvəkeɪt/ vt abogar por

aerial /'eəriəl/ ◆ n (USA antenna) antena (TV) ◆ adj aéreo

aerobics /eə'rəʊbɪks/ n [sing] aeróbic

aerodynamic /ˌeərəʊdaɪ'næmɪk/ adj aerodinámico

aeroplane /'eərəplem/ (USA airplane) n avión

aesthetic /iːs'θetɪk/ (USA esthetic /es'θetɪk/) adj estético

affair /ə'feə(r)/ n 1 asunto: the Whitewater affair el caso Whitewater 2 acontecimiento 3 aventura (amorosa), lío: to have an affair with sb estar liado con algn LOC Ver STATE[1]

affect /ə'fekt/ vt 1 afectar, influir en 2 conmover, emocionar ☞ Comparar con EFFECT

affection /ə'fekʃn/ n cariño **affectionate** adj ~ (towards sth/sb) cariñoso (con algo/algn)

affinity /ə'fɪnəti/ n (pl -ies) 1 afinidad 2 simpatía

affirm /ə'fɜːm/ vt afirmar, sostener

afflict /ə'flɪkt/ vt afligir: to be afflicted with sth sufrir de algo

affluent /'æfluənt/ adj rico, opulento **affluence** n riqueza, opulencia

afford /ə'fɔːd/ vt 1 permitirse (el lujo): Can you afford it? ¿Te lo puedes permitir? 2 proporcionar **affordable** adj asequible

iː	i	ɪ	e	æ	ɑː	ʌ	ʊ	uː
see	happy	sit	ten	hat	father	cup	put	too

afield /ə'fiːld/ *adv* LOC **far/further afield** muy lejos/más allá: *from as far afield as...* desde lugares tan lejanos como...

afloat /ə'fləʊt/ *adj* a flote

afraid /ə'freɪd/ *adj* **1 to be ~ (of sth/sb)** tener miedo (de algo/algn) **2 to be ~ to do sth** no atreverse a hacer algo **3 to be ~ for sb** temer por algn LOC **I'm afraid (that...)** me temo que..., lo siento, pero...: *I'm afraid so/not.* Me temo que sí/no.

afresh /ə'freʃ/ *adv* de nuevo

after /'ɑːftə(r); USA 'æf-/ ◆ *adv* **1** después: *soon after* poco después ◊ *the day after* al día siguiente **2** detrás: *She came running after.* Llegó corriendo detrás. ◆ *prep* **1** después de: *after doing your homework* después de hacer los deberes ◊ *after lunch* después de comer ◊ *the day after tomorrow* pasado mañana **2** detrás de, tras: *time after time* una y otra vez **3** (*búsqueda*): *They're after me.* Me están buscando. ◊ *What are you after?* ¿Qué estás buscando? ◊ *She's after a job in advertising.* Está buscando un trabajo en publicidad. **4** *We named him after you.* Le pusimos tu nombre. LOC **after all** después de todo, al fin y al cabo ◆ *conj* después de que

aftermath /'ɑːftəmɑːθ; USA 'æftərmæθ/ *n* [*sing*] secuelas LOC **in the aftermath of** en el periodo subsiguiente a

afternoon /ˌɑːftə'nuːn; USA ˌæf-/ *n* tarde: *tomorrow afternoon* mañana por la tarde LOC **good afternoon** buenas tardes ☛ *Ver notas en* MORNING, MEDIO *y* TARDE

afterthought /'ɑːftəθɔːt; USA 'æf-/ *n* ocurrencia tardía

afterwards /'ɑːftəwədz; USA 'æf-/ (*USA tb* **afterward**) *adv* después: *shortly/soon afterwards* poco después

again /ə'gen, ə'geɪn/ *adv* otra vez, de nuevo: *once again* una vez más ◊ *never again* nunca más ◊ *Don't do it again.* No vuelvas a hacerlo. LOC **again and again** una y otra vez **then/there again** por otra parte *Ver tb* NOW, OVER, TIME, YET

against /ə'genst, ə'geɪnst/ *prep* **1** (*contacto*) contra: *Put the piano against the wall.* Pon el piano contra la pared. **2** (*oposición*) en contra de, contra: *We were rowing against the current.* Remá-

bamos contra la corriente. **3** (*contraste*) sobre: *The mountains stood out against the blue sky.* Las montañas se recortaban sobre el azul del cielo. ☛ Para los usos de **against** en PHRASAL VERBS ver las entradas de los verbos correspondientes, p. ej. **to come up against** en COME. *Ver tb págs 324-25.*

age /eɪdʒ/ ◆ *n* **1** edad: *to be six years of age* tener seis años **2** vejez: *It improves with age.* Mejora con el tiempo. **3** época, era **4** eternidad: *It's ages since I saw her.* Hace años que no la veo. LOC **age of consent** edad legal para mantener relaciones sexuales **to come of age** alcanzar la mayoría de edad **under age** demasiado joven, menor de edad *Ver tb* LOOK[1] ◆ *vt, vi* (*pt pres* **ageing** *o* **aging** *pret, pp* **aged** /eɪdʒd/) (hacer) envejecer

aged /'eɪdʒd/ ◆ *adj* **1** de... años de edad: *He died aged 81.* Murió a la edad de 81 años. **2** /'eɪdʒɪd/ anciano ◆ /'eɪdʒɪd/ *n* [*pl*] **the aged** los ancianos

Nótese que **old people** o **the elderly** son palabras más normales para referirnos a las personas mayores. "Tercera edad" se dice **senior citizens**: *activities for senior citizens* actividades para la tercera edad.

ageing (*tb* **aging**) /'eɪdʒɪŋ/ ◆ *adj* **1** avejentado **2** (*irón*) no tan joven ◆ *n* envejecimiento

agency /'eɪdʒənsi/ *n* (*pl* **-ies**) agencia, organismo

agenda /ə'dʒendə/ *n* orden del día ☛ *Comparar con* DIARY

agent /'eɪdʒənt/ *n* agente, representante

aggravate /'ægrəveɪt/ *vt* **1** agravar **2** fastidiar **aggravating**·*adj* irritante **aggravation** /ˌægrə'veɪʃn/ *n* **1** fastidio **2** agravamiento

aggression /ə'greʃn/ *n* [*incontable*] agresión, agresividad: *an act of aggression* un asalto

aggressive /ə'gresɪv/ *adj* agresivo

agile /'ædʒaɪl; USA 'ædʒl/ *adj* ágil **agility** /ə'dʒɪləti/ *n* agilidad

aging *Ver* AGEING

agitated /'ædʒɪteɪtɪd/ *adj* agitado: *to get agitated* desazonarse **agitation** *n* **1** inquietud, perturbación **2** (*Pol*) agitación

u	ɒ	ɔː	ɜː	ə	j	w	eɪ	əʊ
situation	got	saw	fur	ago	yes	woman	pay	go

ago /əˈgəʊ/ *adv* hace: *ten years ago* hace diez años ◊ *How long ago did she die?* ¿Cuánto hace que murió? ◊ *as long ago as 1950* ya en 1950

Ago se usa con el pasado simple y el pasado continuo, pero nunca con el presente perfecto: *She arrived a few minutes ago.* Ha llegado/Llegó hace unos minutos. Con el pretérito pluscuamperfecto se usa **before** o **earlier**: *She had arrived two days before.* Había llegado hacía dos días/dos días antes. *Ver tb ejemplos en* FOR 3

agonize, -ise /ˈægənaɪz/ *vi* ~ (**about/over sth**) atormentarse (por/con motivo de algo): *to agonize over a decision* pasar muchos apuros tratando de decidir ·algo **agonized, -ised** *adj* angustiado **agonizing, -ising** *adj* **1** angustioso, acongojante **2** (*dolor*) horroroso

agony /ˈægəni/ *n* (*pl* -ies) **1** *to be in agony* tener unos dolores horrorosos **2** (*coloq*): *It was agony!* ¡Fue una pesadilla!

agree /əˈgriː/ (*pret, pp* **agreed**) **1** *vi* ~ (**with sb**) (**on/about sth**) estar de acuerdo (con algn) (en/sobre algo): *They agreed with me on all the major points.* Estuvieron de acuerdo conmigo en todos los puntos fundamentales. **2** *vi* ~ (**to sth**) consentir (en algo); acceder (a algo): *He agreed to let me go.* Consintió en que me fuera. **3** *vt* acordar: *It was agreed that...* Se acordó que... **4** *vi* llegar a un acuerdo **5** *vi* concordar **6** *vt* (*informe, etc.*) aprobar PHR V **to agree with sb** sentarle bien a algn (*comida, clima*): *The climate didn't agree with him.* El clima no le sentaba bien. **agreeable** *adj* **1** agradable **2** ~ (**to sth**) conforme (con algo)

agreement /əˈgriːmənt/ *n* **1** conformidad, acuerdo **2** convenio, acuerdo **3** (*Com*) contrato LOC **in agreement with** de acuerdo con

agriculture /ˈægrɪkʌltʃə(r)/ *n* agricultura **agricultural** /ˌægrɪˈkʌltʃərəl/ *adj* agrícola

ah! /ɑː/ *interj* ¡ah!

aha! /ɑːˈhɑː/ *interj* ¡ajá!

ahead /əˈhed/ ◆ *part adv* **1** hacia adelante: *She looked (straight) ahead.* Miró hacia adelante. **2** próximo: *during the months ahead* durante los próximos meses **3** por delante: *the road ahead* la carretera que se abre por delante de nosotros LOC **to be ahead** llevar ventaja ☞ Para los usos de **ahead** en PHRASAL VERBS ver las entradas de los verbos correspondientes, p. ej. **to press ahead** en PRESS. *Ver tb págs 324-25.* ◆ *prep* ~ **of sth/sb 1** (por) delante de algo/algn: *directly ahead of us* justo delante de nosotros **2** antes que algo/algn LOC **to be/get ahead of sth/sb** llevar ventaja a/adelantarse a algo/algn

aid /eɪd/ ◆ *n* **1** ayuda **2** auxilio: *to come/go to sb's aid* acudir en auxilio de algn **3** apoyo LOC **in aid of sth/sb** a beneficio de algo/algn ◆ *vt* ayudar, facilitar

Aids (*tb* **AIDS**) /eɪdz/ *n* (*abrev de* Acquired Immune Deficiency Syndrome*) sida

ailment /ˈeɪlmənt/ *n* achaque, dolencia

aim /eɪm/ ◆ **1** *vt, vi* **to aim (sth) (at sth/sb)** (*arma*) apuntar (a algo/algn) (con algo) **2** *vt* **to aim sth at sth/sb** dirigir algo contra algo/algn: *to be aimed at sth/doing sth* tener como objetivo algo/hacer algo ◊ *She aimed a blow at his head.* Le dirigió un golpe a la cabeza. **3** *vi* **to aim at/for sth** aspirar a algo **4** *vi* **to aim to do sth** tener la intención de hacer algo ◆ *n* **1** objetivo, propósito **2** puntería LOC **to take aim** apuntar

aimless /ˈeɪmləs/ *adj* sin objeto **aimlessly** *adv* sin rumbo

ain't /eɪnt/ (*coloq*) **1** = AM/IS/ARE NOT *Ver* BE **2** = HAS/HAVE NOT *Ver* HAVE

air /eə(r)/ ◆ *n* aire: *air fares* tarifas aéreas ◊ *air pollution* contaminación atmosférica LOC **by air** en avión, por vía aérea **in the air**: *There's something in the air.* Se está tramando algo. **to be on the air** estar en antena **to give yourself/put on airs** darse aires (up) **in the air**: *The plan is still up in the air.* El proyecto sigue en el aire. *Ver tb* BREATH, CLEAR, OPEN, THIN ◆ *vt* **1** airear **2** (*ropa*) orear **3** (*queja*) ventilar

air-conditioned /ˈeə kəndɪʃnd/ *adj* climatizado **air conditioning** *n* aire acondicionado

aircraft /ˈeəkrɑːft/ *n* (*pl* aircraft) avión, aeronave

airfield /ˈeəfiːld/ *n* aeródromo

aɪ	aʊ	ɔɪ	ɪə	eə	ʊə	ʒ	h	ŋ
five	now	join	near	hair	pure	vision	how	sing

air force *n* [*v sing o pl*] fuerza(s) aérea(s)

air hostess *n* azafata

airline /'eəlaın/ *n* línea aérea **airliner** *n* avión (de pasajeros)

airmail /'eəmeıl/ *n* correo aéreo: *by airmail* por vía aérea

airplane /'eəpleın/ *n* (*USA*) avión

airport /'eəpɔːt/ *n* aeropuerto

air raid *n* ataque aéreo

airtight /'eətaıt/ *adj* hermético

aisle /aıl/ *n* pasillo (*de avion, iglesia, etc.*)

akin /ə'kın/ *adj* ~ **to sth** semejante a algo

alarm /ə'lɑːm/ ◆ *n* **1** alarma: *to raise/ sound the alarm* dar la alarma **2** (*tb* **alarm clock**) (reloj) despertador ☞ *Ver dibujo en* RELOJ **3** (*tb* **alarm bell**) timbre de alarma LOC *Ver* FALSE ◆ *vt* alarmar: *to be/become/get alarmed* alarmarse **alarming** *adj* alarmante

alas /ə'læs/ *interj* por desgracia

albeit /ˌɔːl'biːıt/ *conj* (*formal*) aunque

album /'ælbəm/ *n* álbum

alcohol /'ælkəhɒl; *USA* -hɔːl/ *n* alcohol: *alcohol-free* sin alcohol **alcoholic** /ˌælkə'hɒlık/ *adj*, *n* alcohólico, -a **alcoholism** /'ælkəhɒlızəm/ *n* alcoholismo

ale /eıl/ *n* cerveza

alert /ə'lɜːt/ ◆ *adj* despierto ◆ *n* **1** alerta: *to be on the alert* estar alerta **2** aviso: *bomb alert* aviso de bomba ◆ *vt* ~ **sb** (**to sth**) alertar a algn (de algo)

A level *n* (*abrev de* **Advanced level**) (*Educ*): *What A levels are you doing/ taking?* ¿A qué asignaturas te vas a presentar?

Los **A levels** son exámenes que hacen los estudiantes de dieciocho años. Es el equivalente de la Selectividad o PAU en España.

algae /'ældʒiː, 'ælgiː/ *n* [*v sing o pl*] algas

algebra /'ældʒıbrə/ *n* álgebra

alibi /'æləbaı/ *n* coartada

alien /'eılıən/ ◆ *adj* **1** extraño **2** extranjero **3** ~ **to sth/sb** ajeno a algo/ algn ◆ *n* **1** (*formal*) extranjero, -a **2** extraterrestre **alienate** *vt* enajenar

alight /ə'laıt/ *adj*: *to be alight* estar ardiendo LOC *Ver* SET²

align /ə'laın/ **1** *vt* ~ **sth** (**with sth**) alinear algo (con algo) **2** *v refl* ~ **yourself with sb** (*Pol*) aliarse con algn

alike /ə'laık/ ◆ *adj* **1** parecido: *to be/ look alike* parecerse **2** igual: *No two are alike.* No hay dos iguales. ◆ *adv* igual, del mismo modo: *It appeals to young and old alike.* Atrae a viejos y jóvenes por igual. LOC *Ver* GREAT

alive /ə'laıv/ *adj* [*nunca delante de sustantivo*] **1** vivo, con vida: *to stay alive* sobrevivir **2** en el mundo: *He's the best player alive.* Es el mejor jugador del mundo. ☞ *Comparar con* LIVING LOC **alive and kicking** vivito y coleando **to keep sth alive 1** (*tradición*) conservar algo **2** (*recuerdo*) mantener fresco algo **to keep yourself alive** sobrevivir

all /ɔːl/ ◆ *adj* **1** todo: *all four of us* los cuatro **2** *He denied all knowledge of the crime.* Negó todo conocimiento del crimen. LOC **on all fours** a gatas *Ver tb* FOR ◆ *pron* **1** todo: *I ate all of it.* Me lo comí todo. ◊ *All of us liked it.* Nos gustó a todos. ◊ *Are you all going?* ¿Os vais todos? **2** *All I want is...* Lo único que quiero es... LOC **all in all** en conjunto **all the more** tanto más, aún más **at all**: *if it's at all possible* si existe la más mínima posibilidad **in all** en total ◆ *adv* **1** todo: *all in white* todo de blanco ◊ *all alone* completamente solo **2** *all excited* muy emocionado **3** (*Dep*): *The score is two all.* Están empatados a dos. LOC **all along** (*coloq*) todo el tiempo **all but** casi: *It was all but impossible.* Era casi imposible. **all over 1** por todas partes **2** *That's her all over.* Eso es muy propio de ella. **all the better** tanto mejor **all too** demasiado **to be all for sth** estar totalmente a favor de algo

allegation /ˌælə'geıʃn/ *n* acusación

allege /ə'ledʒ/ *vt* alegar **alleged** *adj* presunto **allegedly** *adv* supuestamente

allegiance /ə'liːdʒəns/ *n* lealtad

allergic /ə'lɜːdʒık/ *adj* ~ (**to sth**) alérgico (a algo)

allergy /'ælədʒi/ *n* (*pl* -ies) ~ (**to sth**) alergia (a algo)

alleviate /ə'liːvıeıt/ *vt* aliviar **alleviation** *n* alivio

alley /'æli/ *n* (*pl* -eys) (*tb* **alleyway**) callejón

alliance /ə'laıəns/ *n* alianza

tʃ	dʒ	v	θ	ð	s	z	ʃ
chin	June	van	thin	then	so	zoo	she

allied /əˈlaɪd, ˈælaɪd/ adj ~ **(to sth)**
1 relacionado (con algo) 2 (Pol) aliado
(a algo)

alligator /ˈælɪɡeɪtə(r)/ n caimán

allocate /ˈæləkeɪt/ vt asignar **alloca-
tion** n asignación

allot /əˈlɒt/ vt (-tt-) ~ sth (to sth/sb)
asignar algo (a algo/algn) **allotment** n
1 asignación 2 (GB) parcela

all-out /ˌɔːl ˈaʊt/ ◆ adj total ◆ adv
LOC **to go all out** no reparar en nada

allow /əˈlaʊ/ vt 1 ~ sth/sb to do sth
permitir a algo/algn que haga algo:
Dogs are not allowed. No se admiten
perros.

Allow se usa igualmente en inglés
formal y coloquial. La forma pasiva
be allowed to es muy corriente.
Permit es una palabra muy formal y
se usa fundamentalmente en lenguaje
escrito. **Let** es informal y se usa
mucho en inglés hablado.

2 conceder 3 calcular 4 admitir
PHR V **to allow for** sth tener algo en
cuenta **allowable** adj admisible, permisible

allowance /əˈlaʊəns/ n 1 límite permitido 2 subvención LOC **to make
allowances for** sth/sb tener algo en
cuenta/ser indulgente con algn

alloy /ˈælɔɪ/ n aleación

all right (tb **alright**) adj, adv 1 bien: Did
you get here all right? ¿Te ha sido fácil
llegar? 2 (adecuado): The food was all
right. La comida no estaba mal. 3 (consentimiento) de acuerdo 4 That's him
all right. Seguro que es él.

all-round /ˌɔːl ˈraʊnd/ adj 1 general
2 (persona) completo

all-time /ˈɔːl taɪm/ adj de todos los
tiempos

ally /əˈlaɪ/ ◆ vt, vi (pret, pp **allied**) ~
(yourself) with/to sth/sb aliarse con
algo/algn ◆ /ˈælaɪ/ n (pl -ies) aliado, -a

almond /ˈɑːmənd/ n 1 almendra 2 (tb
almond tree) almendro

almost /ˈɔːlməʊst/ adv casi ☞ Ver nota
en NEARLY

alone /əˈləʊn/ adj, adv 1 solo: Are you
alone? ¿Estás sola?

Nótese que **alone** nunca va delante de
un sustantivo y es una palabra neutra.
Lonely sí puede ir delante de un sustantivo y tiene siempre connotaciones

negativas: I want to be alone. Quiero
estar solo. ◊ She was feeling very
lonely. Se sentía muy sola. ◊ a lonely
house una casa solitaria.

2 solo, sólo: You alone can help me. Sólo
tú puedes ayudarme. LOC **to leave/let
sth/sb alone** dejar algo/a algn en paz
Ver tb LET

along /əˈlɒŋ; USA əˈlɔːŋ/ ◆ prep por, a
lo largo de: a walk along the beach un
paseo por la playa ◆ part adv: I was
driving along. Iba conduciendo. ◊
Bring some friends along (with you).
Tráete a algunos amigos.

Along se emplea a menudo con
verbos de movimiento en tiempos
continuos cuando no se menciona
ningún destino y generalmente no se
traduce en español.

LOC **along with** junto con **come along!**
¡vamos! ☞ Para los usos de **along** en
PHRASAL VERBS ver las entradas de los
verbos correspondientes, p. ej. **to get
along** en GET. Ver tb págs 324-25.

alongside /əˌlɒŋˈsaɪd; USA əˈlɔːŋ-/
prep, adv junto (a): A car drew up
alongside. Un coche se paró junto al
nuestro.

aloud /əˈlaʊd/ adv 1 en voz alta 2 a
voces

alphabet /ˈælfəbet/ n alfabeto **alphabetical** /ˌælfəˈbetɪkl/ adj alfabético

already /ɔːlˈredi/ adv ya: We got there
at 6.30 but Martin had already left. Llegamos a las 6.30, pero Martin ya se
había marchado. ◊ Have you already
eaten? ¿Has comido ya? ◊ Surely you
are not going already! ¡No te irás a
marchar ya! ☞ Ver nota en YET

alright /ɔːlˈraɪt/ Ver ALL RIGHT

also /ˈɔːlsəʊ/ adv también, además:
I've also met her parents. También he
conocido a sus padres. ◊ She was also
very rich. Además era muy rica. ☞ Ver
nota en TAMBIÉN

altar /ˈɔːltə(r)/ n altar

alter /ˈɔːltə(r)/ 1 vt, vi cambiar 2 vt
(ropa) arreglar: The skirt needs
altering. La falda necesita arreglos.
alteration n 1 cambio 2 (ropa) arreglo

alternate /ɔːlˈtɜːnət; USA -ˈtɜːrn-/ ◆
adj alterno ◆ /ˈɔːltɜːneɪt/ vt, vi alter-
nar(se)

iː	i	ɪ	e	æ	ɑː	ʌ	ʊ	uː
see	happy	sit	ten	hat	father	cup	put	too

alternative /ɔːlˈtɜːnətɪv/ ◆ *n* alternativa: *She had no alternative but to...* No tuvo más remedio que... ◆ *adj* alternativo

although (USA *tb* altho) /ɔːlˈðəʊ/ *conj* aunque ☞ *Ver nota en* AUNQUE

altitude /ˈæltɪtjuːd; USA -tuːd/ *n* altitud

altogether /ˌɔːltəˈɡeðə(r)/ *adv* **1** completamente: *I don't altogether agree.* No estoy completamente de acuerdo. **2** en total **3** *Altogether, it was disappointing.* En general, fue decepcionante.

aluminium /ˌæljəˈmɪniəm/ (USA aluminum /əˈluːmɪnəm/) *n* aluminio

always /ˈɔːlweɪz/ *adv* siempre LOC **as always** como siempre

La posición de los *adverbios de frecuencia* (**always, never, ever, usually,** etc.) depende del verbo al que acompañan, es decir, van detrás de los verbos auxiliares y modales (**be, have, can,** etc.) y delante de los demás verbos: *I have never visited her.* Nunca he ido a visitarla. ◊ *I am always tired.* Siempre estoy cansado. ◊ *I usually go shopping on Mondays.* Normalmente voy a la compra los lunes.

am /əm, æm/ *Ver* BE

a.m. (USA A.M.) /ˌeɪ ˈem/ *abrev* de la mañana: *at 11 a.m.* a las once de la mañana ☞ *Ver nota en* P.M.

amalgam /əˈmælɡəm/ *n* amalgama

amalgamate /əˈmælɡəmeɪt/ *vt, vi* fusionar(se)

amateur /ˈæmətə(r)/ *adj, n* **1** aficionado, -a **2** (*pey*) chapucero, -a

amaze /əˈmeɪz/ *vt* asombrar: *to be amazed at/by sth* quedar asombrado por algo **amazement** *n* asombro **amazing** *adj* asombroso

ambassador /æmˈbæsədə(r)/ *n* embajador, -ora

amber /ˈæmbə(r)/ *adj, n* ámbar

ambiguity /ˌæmbɪˈɡjuːəti/ *n* (*pl* -ies) ambigüedad

ambiguous /æmˈbɪɡjuəs/ *adj* ambiguo

ambition /æmˈbɪʃn/ *n* ambición

ambitious /æmˈbɪʃəs/ *adj* ambicioso

ambulance /ˈæmbjələns/ *n* ambulancia

ambush /ˈæmbʊʃ/ *n* emboscada

amen /ɑːˈmen, eɪˈmen/ *interj, n* amén

amend /əˈmend/ *vt* enmendar **amendment** *n* enmienda

amends /əˈmendz/ *n* [*pl*] LOC **to make amends (to sb) (for sth)** compensar (a algn) (por algo)

amenities /əˈmiːnətiz; USA əˈmenətiz/ *n* [*pl*] **1** comodidades **2** instalaciones (*públicas*)

amiable /ˈeɪmiəbl/ *adj* amable

amicable /ˈæmɪkəbl/ *adj* amistoso

amid /əˈmɪd/ (*tb* amidst /əˈmɪdst/) *prep* (*formal*) entre, en medio de: *Amid all the confusion, the thieves got away.* Entre tanta confusión, los ladrones se escaparon.

ammunition /ˌæmjuˈnɪʃn/ *n* [*incontable*] **1** municiones: *live ammunition* fuego real **2** (*fig*) argumentos (*para discutir*)

amnesty /ˈæmnəsti/ *n* (*pl* -ies) amnistía

among /əˈmʌŋ/ (*tb* amongst /əˈmʌŋst/) *prep* entre (*más de dos cosas/personas*): *I was among the last to leave.* Fui de los últimos en marcharse. ☞ *Ver dibujo en* ENTRE

amount /əˈmaʊnt/ ◆ *vi* ~ **to sth 1** ascender a algo: *Our information doesn't amount to much.* No tenemos muchos datos. ◊ *John will never amount to much.* John nunca llegará a nada. **2** equivaler a algo ◆ *n* **1** cantidad **2** (*factura*) importe **3** (*dinero*) suma LOC **any amount of:** *any amount of money* todo el dinero que quiera

amphibian /æmˈfɪbiən/ *n* anfibio

amphitheatre (USA amphitheater) /ˈæmfɪθɪətə(r)/ *n* anfiteatro

ample /ˈæmpl/ *adj* **1** abundante **2** (*suficiente*) bastante **3** (*extenso*) amplio **amply** *adv* ampliamente

amplify /ˈæmplɪfaɪ/ *vt* (*pret, pp* -fied) **1** amplificar **2** (*relato, etc.*) ampliar **amplifier** *n* amplificador

amuse /əˈmjuːz/ *vt* **1** hacer gracia **2** distraer, divertir **amusement** *n* **1** diversión **2** atracción: *amusement arcade* salón recreativo ◊ *amusement park* parque de atracciones **amusing** *adj* divertido, gracioso

an *Ver* A

anaemia (USA anemia) /əˈniːmiə/ *n* anemia **anaemic** (USA anemic) *adj* anémico

u	ɒ	ɔː	ɜː	ə	j	w	eɪ	əʊ
situation	got	saw	fur	ago	yes	woman	pay	go

anaesthetic (*USA* **anesthetic**) /ˌænəs-ˈθetɪk/ *n* anestesia: *to give sb an anaesthetic* anestesiar a algn

analogy /əˈnælədʒi/ *n* (*pl* **-ies**) analogía: *by analogy with* por analogía con

analyse (*USA* **analyze**) /ˈænəlaɪz/ *vt* analizar

analysis /əˈnæləsɪs/ *n* (*pl* **-yses** /-əsiːz/) **1** análisis **2** *Ver* PSYCHOANALYSIS LOC **in the last/final analysis** a fin de cuentas

analyst /ˈænəlɪst/ *n* **1** analista **2** psicoanalista

analytic /ˌænəˈlɪtɪk/ (*tb* **analytical** /ˌænəˈlɪtɪkl/) *adj* analítico

anarchism /ˈænəkɪzəm/ *n* anarquismo **anarchist** *adj*, *n* anarquista

anarchy /ˈænəki/ *n* anarquía **anarchic** /əˈnɑːkɪk/ *adj* anárquico

anatomy /əˈnætəmi/ *n* (*pl* **-ies**) anatomía

ancestor /ˈænsestə(r)/ *n* antepasado, -a **ancestral** /ænˈsestrəl/ *adj* ancestral: *ancestral home* casa de los antepasados **ancestry** /ˈænsestri/ *n* (*pl* **-ies**) ascendencia

anchor /ˈæŋkə(r)/ ◆ *n* **1** ancla **2** (*fig*) soporte LOC **at anchor** anclado *Ver tb* WEIGH ◆ *vt, vi* anclar

anchovy /ˈæntʃəvi/ *n* (*pl* **-ies**) anchoa

ancient /ˈeɪnʃənt/ *adj* **1** antiguo **2** (*coloq*) viejísimo

and /ænd, ənd/ *conj* **1** y **2** con: *bacon and eggs* huevos con bacon **3** (*números*): *one hundred and three* ciento tres **4** a: *Come and help me.* Ven a ayudarme. **5** [*con comparativos*]: *bigger and bigger* cada vez más grande **6** (*repetición*): *They shouted and shouted.* Gritaron sin parar. ◊ *I've tried and tried.* Lo he intentado repetidas veces. LOC *Ver* TRY

anecdote /ˈænɪkdəʊt/ *n* anécdota

anemia, anemic (*USA*) *Ver* ANAEMIA

anesthetic (*USA*) *Ver* ANAESTHETIC

angel /ˈeɪndʒl/ *n* ángel: *guardian angel* ángel de la guarda

anger /ˈæŋɡə(r)/ ◆ *n* ira ◆ *vt* enfadar

angle /ˈæŋɡl/ *n* **1** ángulo **2** punto de vista LOC **at an angle** inclinado

angling /ˈæŋɡlɪŋ/ *n* pesca (con caña)

angry /ˈæŋɡri/ *adj* (**-ier, -iest**) **1** ~ (**at/about sth**); ~ (**with sb**) enfadado (por algo); enfadado (con algn) **2** (*cielo*)

tormentoso LOC **to get angry** enfadarse **to make sb angry** enfadar a algn **angrily** *adv* con ira

anguish /ˈæŋɡwɪʃ/ *n* angustia **anguished** *adj* angustiado

angular /ˈæŋɡjələ(r)/ *adj* **1** angular **2** (*facciones*) anguloso **3** (*complexión*) huesudo

animal /ˈænɪml/ *n* animal: *animal experiments* experimentos con animales

animate /ˈænɪmət/ ◆ *adj* animado (*vivo*) ◆ /ˈænɪmeɪt/ *vt* animar

ankle /ˈæŋkl/ *n* tobillo

anniversary /ˌænɪˈvɜːsəri/ *n* (*pl* **-ies**) aniversario

announce /əˈnaʊns/ *vt* anunciar (*hacer público*) **announcement** *n* anuncio (*en público*) LOC **to make an announcement** comunicar algo **announcer** *n* locutor, -ora (*radio, etc.*)

annoy /əˈnɔɪ/ *vt* fastidiar **annoyance** *n* fastidio: *much to our annoyance* para fastidio nuestro **annoyed** *adj* enfadado LOC **to get annoyed** enfadarse **annoying** *adj* molesto

annual /ˈænjuəl/ *adj* anual **annually** *adv* anualmente

anonymity /ˌænəˈnɪməti/ *n* anonimato

anonymous /əˈnɒnɪməs/ *adj* anónimo

anorak /ˈænəræk/ *n* anorak

anorexia /ˌænəˈreksiə/ *n* anorexia **anorexic** *adj, n* anoréxico, -a

another /əˈnʌðə(r)/ ◆ *adj* otro: *another one* otro (más) ◊ *another five* cinco más ◊ *I'll do it another time.* Lo haré en otro momento. ➤ *Ver nota en* OTRO ◆ *pron* otro, -a: *one way or another* de una manera u otra ☞ El plural del *pron* **another** es **others**. *Ver tb* ONE ANOTHER

answer /ˈɑːnsə(r)/; *USA* /ˈænsər/ ◆ *n* **1** respuesta: *I phoned, but there was no answer.* Llamé, pero no contestaban. **2** solución **3** (*Mat*) resultado LOC **in answer (to sth)** en respuesta (a algo) **to have/know all the answers** saberlo todo ◆ **1** *vt, vi* ~ (**sth/sb**) contestar (a algo/algn): *to answer the door* abrir la puerta **2** *vt* (*acusación, propósito*) responder a **3** *vt* (*ruegos*) oír PHR V **to answer back** replicar (*con insolencia*) **to answer for sth/sb** responder de algo/por algn **to answer to sb (for sth)**

responder ante algn (de algo) **to answer to sth** responder a algo (*descripción*)

answering machine (*GB tb* **answerphone** /'ɑːnsəfəʊn/) *n* contestador (automático)

ant /ænt/ *n* hormiga

antagonism /æn'tæɡənɪzəm/ *n* antagonismo **antagonistic** /æn,tæɡə'nɪstɪk/ *adj* hostil

antenna /æn'tenə/ *n* 1 (*pl* -nae /-niː/) (*insecto*) antena 2 (*pl* -s) (*USA*) (*Radio, TV*) antena

anthem /'ænθəm/ *n* himno

anthology /æn'θɒlədʒi/ *n* (*pl* -ies) antología

anthropology /,ænθrə'pɒlədʒi/ *n* antropología **anthropological** /,ænθrəpə-'lɒdʒɪkl/ *adj* antropológico **anthropologist** /,ænθrə'pɒlədʒɪst/ *n* antropólogo, -a

antibiotic /,æntibar'ɒtɪk/ *adj, n* antibiótico

antibody /'æntibɒdi/ *n* (*pl* -ies) anticuerpo

anticipate /æn'tɪsɪpeɪt/ *vt* 1 ~ **sth** prever algo: *as anticipated* de acuerdo con lo previsto ◊ *We anticipate some difficulties.* Contamos con tener algunas dificultades. 2 ~ **sth/sb** anticiparse a algo/algn

anticipation /æn,tɪsɪ'peɪʃn/ *n* 1 previsión 2 expectación

antics /'æntɪks/ *n* [*pl*] payasadas

antidote /'æntidəʊt/ *n* ~ (**for/to sth**) antídoto (contra algo)

antiquated /'æntɪkweɪtɪd/ *adj* anticuado

antique /æn'tiːk/ ◆ *n* (*objeto*) antigüedad: *an antique shop* una tienda de antigüedades ◆ *adj* antiguo (*generalmente de objetos valiosos*) **antiquity** /æn'tɪkwəti/ *n* (*pl* -ies) antigüedad

antithesis /æn'tɪθəsɪs/ *n* (*pl* -ses /-siːz/) antítesis

antler /'æntlə(r)/ *n* 1 asta de ciervo, reno, alce 2 **antlers** [*pl*] cornamenta

anus /'eɪnəs/ *n* (*pl* ~es) ano

anxiety /æŋ'zaɪəti/ *n* (*pl* -ies) 1 inquietud, preocupación 2 (*Med*) ansiedad 3 ~ **for sth/to do sth** ansia de algo/de hacer algo

anxious /'æŋkʃəs/ *adj* 1 ~ (**about sth**) preocupado (por algo): *an anxious moment* un momento de inquietud 2 ~

to do sth ansioso por hacer algo **anxiously** *adv* con ansia

any /'eni/ ◆ *adj, pron* ☞ *Ver nota en* SOME
● **frases interrogativas** 1 *Have you got any cash?* ¿Tienes dinero? 2 algo (de): *Do you know any French?* ¿Sabes algo de francés? 3 algún: *Are there any problems?* ¿Hay algún problema? ☞ En este sentido el sustantivo suele ir en plural en inglés.
● **frases negativas** 1 *He hasn't got any friends.* No tiene amigos. ◊ *There isn't any left.* No queda nada. ☞ *Ver nota en* NINGUNO 2 [*uso enfático*]: *We won't do you any harm.* No te haremos ningún daño.
● **frases condicionales** 1 *If I had any relatives…* Si tuviera parientes… 2 algo (de): *If he's got any sense, he won't go.* Si tiene un mínimo de sentido común, no irá. 3 algún: *If you see any mistakes, tell me.* Si ves algún error, dímelo. ☞ En este sentido el sustantivo suele ir en plural en inglés.

En las frases condicionales se puede emplear la palabra **some** en vez de **any** en muchos casos: *If you need some help, tell me.* Si necesitas ayuda, dímelo.

● **frases afirmativas** 1 cualquier(a): *just like any other boy* igual que cualquier otro niño 2 *Take any one you like.* Coge el que quieras. 3 todo: *Give her any help she needs.* Préstale toda la ayuda que necesite.
◆ *adv* [*antes de comparativo*] más: *I can't walk any faster.* No puedo andar más deprisa. ◊ *She doesn't work here any longer/more.* Ya no trabaja aquí.

anybody /'enibɒdi/ (*tb* **anyone**) *pron* 1 alguien: *Is anybody there?* ¿Hay alguien? 2 [*en frases negativas*] nadie: *I can't see anybody.* No veo a nadie. ☞ *Ver nota en* NOBODY 3 [*en frases afirmativas*]: *Invite anybody you like.* Invita a quien quieras. ◊ *Ask anybody.* Pregúntale a cualquiera. 4 [*en frases comparativas*] nadie: *He spoke more than anybody.* Habló más que nadie. ☞ *Ver nota en* EVERYBODY, SOMEBODY LOC **anybody else** alguien más: *Anybody else would have refused.* Cualquier otro se habría negado. *Ver tb* GUESS

tʃ	dʒ	v	θ	ð	s	z	ʃ
chin	June	van	thin	then	so	zoo	she

anyhow /'enihau/ *adv* **1** (*tb coloq* any old how) de cualquier manera **2** (*tb* anyway) de todas formas

anyone /'eniwʌn/ *Ver* ANYBODY

anyplace /'enipleis/ (*USA*) *Ver* ANYWHERE

anything /'eniθɪŋ/ *pron* **1** algo: *Is anything wrong?* ¿Pasa algo? ◊ *Is there anything in these rumours?* ¿Hay algo de verdad en estos rumores? **2** [*en frases afirmativas*] cualquier cosa, todo: *We'll do anything you say.* Haremos lo que nos digas. **3** [*en frases negativas y comparativas*] nada: *He never says anything.* Nunca dice nada. ◊ *It was better than anything he'd seen before.* Era mejor que nada que hubiera visto antes. ☛ *Ver nota en* NOBODY, SOMETHING LOC **anything but:** *It was anything but pleasant.* Fue todo menos agradable. ◊ *'Are you tired?' 'Anything but.'* —¿Estás cansado? —¡En absoluto! **as... as anything** (*coloq*): *I was as frightened as anything.* Estaba muerto de miedo. **if anything:** *I'm a pacifist, if anything.* En todo caso, soy pacifista.

anyway /'eniwei/ *Ver* ANYHOW 2

anywhere /'eniweə(r)/ (*USA tb* anyplace) *adv, pron* **1** [*en frases interrogativas*] en/a alguna parte **2** [*en frases afirmativas*]: *I'd live anywhere.* Viviría en cualquier sitio. ◊ *anywhere you like* donde quieras **3** [*en frases negativas*] en/a/por ninguna parte: *I didn't go anywhere special.* No fui a ningún sitio especial. ◊ *I haven't got anywhere to stay.* No tengo donde alojarme. ☛ *Ver nota en* NOBODY **4** [*en frases comparativas*]: *more beautiful than anywhere* más bonito que ningún otro sitio ☛ *Ver nota en* SOMEWHERE *Ver tb* NEAR

apart /ə'pɑːt/ *adv* **1** *The two men were five metres apart.* Los dos hombres estaban a cinco metros uno del otro. ◊ *They are a long way apart.* Están muy lejos el uno del otro. **2** aislado **3** separado: *They live apart.* Viven separados. ◊ *I can't pull them apart.* No puedo separarlos. LOC **to take sth apart 1** desmontar algo **2** (*fig*) hacer pedazos algo *Ver tb* JOKE, POLE

apart from (*USA tb* aside from) *prep* aparte de

apartment /ə'pɑːtmənt/ *n* apartamento

apathy /'æpəθi/ *n* apatía **apathetic** /ˌæpə'θetɪk/ *adj* apático

ape /eɪp/ ◆ *n* simio ◆ *vt* remedar

apologetic /əˌpɒlə'dʒetɪk/ *adj* de disculpa: *an apologetic look* una mirada de disculpa ◊ *to be apologetic (about sth)* disculparse (por algo)

apologize, -ise /ə'pɒlədʒaɪz/ *vi* ~ (**for sth**) disculparse (por algo)

apology /ə'pɒlədʒi/ *n* (*pl* -ies) disculpa LOC **to make no apologies/apology (for sth)** no disculparse (por algo)

apostle /ə'pɒsl/ *n* apóstol

apostrophe /ə'pɒstrəfi/ *n* apóstrofo ☛ *Ver págs* 326-27.

appal (*USA tb* appall) /ə'pɔːl/ *vt* (-ll-) horrorizar: *He was appalled at/by her behaviour.* Le horrorizó su comportamiento. **appalling** *adj* espantoso, horrible

apparatus /ˌæpə'reɪtəs; *USA* -'rætəs/ *n* [*incontable*] aparato (*en un gimnasio, laboratorio*)

apparent /ə'pærənt/ *adj* **1** evidente: *to become apparent* hacerse evidente **2** aparente: *for no apparent reason* sin motivo aparente **apparently** *adv* al parecer: *Apparently not.* Parece que no.

appeal /ə'piːl/ ◆ *vi* **1** ~ (**to sb**) **for sth** pedir algo (a algn) **2** ~ **to sb to do sth** hacer un llamamiento a algn para que haga algo **3** apelar **4** ~ (**to sb**) atraer (a algn) **5** ~ (**against sth**) (*sentencia, etc.*) recurrir (algo) ◆ *n* **1** llamamiento: *an appeal for help* un llamamiento pidiendo ayuda **2** súplica **3** atractivo **4** recurso: *appeal(s) court* tribunal de apelación **appealing** *adj* **1** atractivo: *to look appealing* tener un aspecto atractivo **2** suplicante

appear /ə'pɪə(r)/ *vi* **1** aparecer: *to appear on TV* salir en televisión **2** parecer: *You appear to have made a mistake.* Parece que has cometido un error. **3** (*fantasma*) aparecerse **4** (*acusado*) comparecer **appearance** *n* **1** apariencia **2** aparición LOC **to keep up appearances** mantener las apariencias

appendicitis /əˌpendə'saɪtɪs/ *n* apendicitis

appendix /ə'pendɪks/ *n* (*pl* -dixes o -dices /-dɪsiːz/) **1** (*escrito*) apéndice **2** (*Anat*) apéndice

appetite /'æpɪtaɪt/ n 1 apetito: *to give sb an appetite* abrir el apetito a algn 2 apetencia LOC *Ver* WHET

applaud /ə'plɔːd/ vt, vi aplaudir **applause** n [*incontable*] aplausos: *a big round of applause* un fuerte aplauso

apple /'æpl/ n 1 manzana 2 (*tb* **apple tree**) manzano

appliance /ə'plaɪəns/ n aparato: *electrical/kitchen appliances* electrodomésticos

applicable /ə'plɪkəbl, 'æplɪkəbl/ adj aplicable

applicant /'æplɪkənt/ n solicitante, aspirante

application /ˌæplɪ'keɪʃn/ n 1 solicitud: *application form* impreso de solicitud 2 aplicación

applied /ə'plaɪd/ adj aplicado

apply /ə'plaɪ/ (*pret, pp* **applied**) 1 vt aplicar 2 vt (*fuerza, etc.*) ejercer: *to apply the brakes* frenar 3 vi hacer una solicitud 4 vi ser aplicable: *In this case, the condition does not apply.* En este caso, no es aplicable esta condición. PHR V **to apply for** sth solicitar algo **to apply to sth/sb** aplicarse a algo/algn: *This applies to men and women.* Esto se aplica tanto a los hombres como a las mujeres. **to apply yourself to sth** aplicarse a algo

appoint /ə'pɔɪnt/ vt 1 nombrar 2 (*formal*) (*hora, lugar*) señalar **appointment** n 1 (*acto*) nombramiento 2 puesto 3 cita (*profesional*)

appraisal /ə'preɪzl/ n evaluación, estimación

appreciate /ə'priːʃiet/ 1 vt apreciar 2 vt (*ayuda, etc.*) agradecer 3 vt (*problema, etc.*) comprender 4 vi revalorizarse **appreciation** n 1 (*gen, Fin*) apreciación 2 agradecimiento 3 valoración **appreciative** adj 1 ~ (**of** sth) agradecido (por algo) 2 (*mirada, comentario*) de admiración 3 (*público*) agradecido

apprehend /ˌæprɪ'hend/ vt detener, capturar **apprehension** n aprensión: *filled with apprehension* lleno de aprensión **apprehensive** adj aprensivo

apprentice /ə'prentɪs/ n 1 aprendiz, -iza: *apprentice plumber* aprendiz de fontanero 2 principiante **apprenticeship** n aprendizaje

approach /ə'prəʊtʃ/ ◆ 1 vt, vi acercarse (a) 2 vt ~ **sb** (*para ayuda*) acudir a algn 3 vt (*tema, persona*) abordar ◆ n 1 llegada 2 aproximación 3 acceso 4 enfoque

appropriate[1] /ə'prəʊprieɪt/ vt apropiarse de

appropriate[2] /ə'prəʊpriət/ adj 1 apropiado, adecuado 2 (*momento, etc.*) oportuno **appropriately** adv apropiadamente, adecuadamente

approval /ə'pruːvl/ n aprobación, visto bueno LOC **on approval** a prueba

approve /ə'pruːv/ 1 vt aprobar 2 vi ~ (**of** sth) estar de acuerdo (con algo) 3 vi ~ (**of** sb): *I don't approve of him.* No tengo un buen concepto de él. **approving** adj de aprobación

approximate /ə'prɒksɪmət/ ◆ adj aproximado ◆ /ə'prɒksɪmeɪt/ vi ~ **to** sth aproximarse a algo **approximately** adv aproximadamente

apricot /'eɪprɪkɒt/ n 1 albaricoque 2 (*tb* **apricot tree**) albaricoquero 3 color albaricoque

April /'eɪprəl/ n (*abrev* **Apr**) abril ☞ *Ver nota y ejemplos en* JANUARY

April Fool's Day n el día de los inocentes

April Fool's Day se celebra el 1 de abril.

apron /'eɪprən/ n delantal

apt /æpt/ adj (**apter, aptest**) acertado LOC **to be apt to do** sth tener tendencia a hacer algo **aptly** adv acertadamente

aptitude /'æptɪtjuːd; *USA* -tuːd/ n aptitud

aquarium /ə'kweəriəm/ n (*pl* -**riums** o -**ria**) acuario

Aquarius /ə'kweəriəs/ n acuario: *My sister is (an) Aquarius.* Mi hermana es acuario. ◊ *born under Aquarius* nacido acuario

aquatic /ə'kwætɪk/ adj acuático

arable /'ærəbl/ adj cultivable: *arable farming* agricultura ◊ *arable land* tierra de cultivo

arbitrary /'ɑːbɪtrəri; *USA* 'ɑːbɪtreri/ adj 1 arbitrario 2 indiscriminado

arbitrate /'ɑːbɪtreɪt/ vt, vi arbitrar **arbitration** n arbitrio

arc /ɑːk/ n arco

u	ɒ	ɔː	ɜː	ə	j	w	eɪ	əʊ
sit**u**ation	g**o**t	s**aw**	f**ur**	**a**go	**y**es	**w**oman	p**ay**	g**o**

arcade /ɑːˈkeɪd/ n **1** galería: *amusement arcade* salón recreativo **2** [*sing*] soportales

arch /ɑːtʃ/ ♦ n arco ♦ vt, vi **1** (*espalda*) arquear(se) **2** (*cejas*) enarcar(se)

archaeology (*USA* **archeology**) /ˌɑːkiˈɒlədʒi/ n arqueología **archaeological** (*USA* **archeological**) /ˌɑːkiəˈlɒdʒɪkl/ adj arqueológico **archaeologist** (*USA* **archeologist**) /ˌɑːkiˈɒlədʒɪst/ n arqueólogo, -a

archaic /ɑːˈkeɪɪk/ adj arcaico

archbishop /ˌɑːtʃˈbɪʃəp/ n arzobispo

archer /ˈɑːtʃə(r)/ n arquero, -a **archery** n tiro con arco

architect /ˈɑːkɪtekt/ n arquitecto, -a

architecture /ˈɑːkɪtektʃə(r)/ n arquitectura **architectural** /ˌɑːkɪˈtektʃərəl/ adj arquitectónico

archive /ˈɑːkaɪv/ n archivo

archway /ˈɑːtʃweɪ/ n arco (*arquitectónico*)

ardent /ˈɑːdnt/ adj ferviente, entusiasta

ardour (*USA* **ardor**) /ˈɑːdə(r)/ n fervor

arduous /ˈɑːdjuəs; *USA* -dʒu-/ adj arduo

are /ə(r), ɑː(r)/ *Ver* BE

area /ˈeəriə/ n **1** superficie **2** (*Mat*) área **3** (*Geog*) zona, región: *area manager* director regional **4** (*de uso específico*) zona, recinto **5** (*de actividad, etc.*) área

arena /əˈriːnə/ n **1** (*Dep*) estadio **2** (*circo*) pista **3** (*plaza de toros*) ruedo **4** (*fig*) ámbito

aren't /ɑːnt/ = ARE NOT *Ver* BE

arguable /ˈɑːgjuəbl/ adj **1** *It is arguable that...* Podemos afirmar que... **2** discutible **arguably** adv probablemente

argue /ˈɑːgjuː/ **1** vi discutir **2** vt, vi argumentar: *to argue for/against* dar argumentos a favor de/en contra de

argument /ˈɑːgjumənt/ n **1** discusión: *to have an argument* discutir ☞ *Comparar con* ROW³ **2** ~ (**for/against sth**) argumento (a favor de/en contra de algo)

arid /ˈærɪd/ adj árido

Aries /ˈeəriːz/ n aries ☞ *Ver ejemplos en* AQUARIUS

arise /əˈraɪz/ vi (*pret* **arose** /əˈrəʊz/ *pp* **arisen** /əˈrɪzn/) **1** (*problema*) surgir **2** (*oportunidad*) presentarse **3** (*tormenta*) levantarse **4** (*situación, etc.*) producirse: *should the need arise* si fuera preciso **5** (*cuestión, etc.*) plantearse **6** (*antic*) alzarse

aristocracy /ˌærɪˈstɒkrəsi/ n [*v sing o pl*] (*pl* **-ies**) aristocracia

aristocrat /ˈærɪstəkræt; *USA* əˈrɪst-/ n aristócrata **aristocratic** /ˌærɪstəˈkrætɪk/ adj aristocrático

arithmetic /əˈrɪθmətɪk/ n aritmética: *mental arithmetic* cálculo mental

ark /ɑːk/ n arca

arm

arm in arm   arms crossed/folded

arm /ɑːm/ ♦ n **1** brazo: *I've broken my arm.* Me he roto el brazo.

Nótese que en inglés las partes del cuerpo van normalmente precedidas por un adjetivo posesivo (*my, your, her,* etc.).

2 (*camisa, etc.*) manga *Ver tb* ARMS LOC **arm in arm** (**with sb**) del brazo (de algn) *Ver tb* CHANCE, FOLD ♦ vt, vi armar(se): *to arm yourself with sth* armarse con/de algo

armament /ˈɑːməmənt/ n armamento: *armaments factory* fábrica de armamento

armchair /ˌɑːmˈtʃeə(r)/ n sillón

armed /ɑːmd/ adj armado

armed forces (*tb* **armed services**) n fuerzas armadas

armed robbery n atraco a mano armada

armistice /ˈɑːmɪstɪs/ n armisticio

armour (*USA* **armor**) /ˈɑːmə(r)/ n [*incontable*] **1** armadura: *a suit of armour* una armadura **2** blindaje LOC *Ver* CHINK **armoured** (*USA* **armored**) adj **1** (*vehículo*) blindado **2** (*barco*) acorazado

armpit /ˈɑːmpɪt/ n axila

arms /ɑːmz/ n [pl] **1** armas: *arms race* carrera armamentista **2** escudo (de armas) LOC **to be up in arms (about/ over sth)** estar en pie de guerra (por algo)

army /ˈɑːmi/ n (pl **armies**) [v sing o pl] ejército

aroma /əˈrəʊmə/ n aroma **aromatic** /ˌærəˈmætɪk/ adj aromático

aromatherapy /əˌrəʊməˈθerəpi/ n aromaterapia

arose pret de ARISE

around¹ /əˈraʊnd/ (tb **about**) adv **1** más o menos: *around 200 people* más o menos 200 personas **2** hacia: *around 1850* hacia 1850

En expresiones temporales, la palabra **about** suele ir precedida por las preposiciones at, on, in, etc., mientras que la palabra **around** no requiere preposición: *around/at about five o'clock* a eso de las cinco ◊ *around/on about 15 June* hacia el 15 de junio.

3 por aquí: *There are few good teachers around.* No hay muchos profesores buenos por aquí.

around² /əˈraʊnd/ (tb **round, about**) part adv **1** de aquí para allá: *I've been dashing (a)round all morning.* Llevo toda la mañana de aquí para allá. **2** a su alrededor: *to look (a)round* mirar (algn) a su alrededor ☛ Para los usos de **around** en PHRASAL VERBS ver las entradas de los verbos correspondientes, p. ej. **to lie around** en LIE². Ver págs 324-25.

around³ /əˈraʊnd/ (tb **round**) prep **1** por: *to travel (a)round the world* viajar por todo el mundo **2** alrededor de: *sitting (a)round the table* sentados alrededor de la mesa

arouse /əˈraʊz/ vt **1** suscitar **2** excitar (sexualmente) **3** ~ **sb (from sth)** despertar a algn (de algo)

arrange /əˈreɪndʒ/ **1** vt disponer **2** vt ordenar **3** vt (evento) organizar **4** vi ~ **for sb to do sth** asegurarse de que algn haga algo **5** vi ~ **to do sth/that...** quedar en hacer algo/en que... **6** vt (Mús) arreglar **arrangement** n **1** disposición **2** arreglo **3** acuerdo **4** arrangements [pl] preparativos

arrest /əˈrest/ ◆ vt **1** (delincuente) detener **2** (formal) (inflación, etc.) contener **3** (atención) atraer ◆ n **1** deten-

ción **2** *cardiac arrest* paro cardiaco LOC **to be under arrest** estar/quedar detenido

arrival /əˈraɪvl/ n **1** llegada **2** (persona): *new/recent arrivals* recién llegados

arrive /əˈraɪv/ vi **1** llegar

¿**Arrive in** o **arrive at**? **Arrive in** se utiliza cuando se llega a un país o a una población: *When did you arrive in England?* ¿Cuándo llegaste a Inglaterra? **Arrive at** se usa seguido de lugares específicos como un edificio, una estación, etc.: *We'll phone you as soon as we arrive at the airport.* Os llamaremos en cuanto lleguemos al aeropuerto. El uso de **at** seguido del nombre de una población implica que se está considerando esa población como un punto en un itinerario. Nótese que "llegar a casa" se dice *to arrive home*.

2 (coloq) (éxito) llegar a la cima

arrogant /ˈærəgənt/ adj arrogante **arrogance** n arrogancia

arrow /ˈærəʊ/ n flecha

arson /ˈɑːsn/ n [incontable] incendio provocado

art /ɑːt/ n **1** arte: *a work of art* una obra de arte **2 the arts** [pl] las Bellas Artes: *the arts pages of the Times* la sección de cultura del Times ◊ *arts centre* centro cultural **3 arts** [pl] (asignatura) letras: *Bachelor of Arts* Licenciado (en una carrera de Humanidades) **4** maña

artery /ˈɑːtəri/ n (pl **-ies**) arteria

art gallery Ver GALLERY 1

arthritis /ɑːˈθraɪtɪs/ n artritis **arthritic** adj, n artrítico, -a

artichoke /ˈɑːtɪtʃəʊk/ n alcachofa

article /ˈɑːtɪkl/ n **1** artículo: *definite/ indefinite article* artículo definido/ indefinido **2** *articles of clothing* prendas de vestir

articulate¹ /ɑːˈtɪkjələt/ adj capaz de expresarse con claridad

articulate² /ɑːˈtɪkjʊleɪt/ vt, vi articular: *articulated lorry* camión articulado

artificial /ˌɑːtɪˈfɪʃl/ adj artificial

artillery /ɑːˈtɪləri/ n artillería

artisan /ˌɑːtɪˈzæn; USA ˈɑːrtɪzn/ n artesano, -a

artist /ˈɑːtɪst/ n artista

tʃ	dʒ	v	θ	ð	s	z	ʃ
chin	June	van	thin	then	so	zoo	she

artistic /ɑːˈtɪstɪk/ *adj* artístico

artwork /ˈɑːtwɜːk/ *n* material gráfico (*en una publicación*)

as /əz, æz/ ◆ *prep* **1** (*en calidad de*) como: *Treat me as a friend.* Trátame como a un amigo. ◊ *Use this plate as an ashtray.* Usa este plato como cenicero. **2** (*con profesiones*) de: *to work as a waiter* trabajar de camarero **3** (*cuando algn es/era*) de: *as a child* de pequeño

Nótese que para comparaciones y ejemplos usamos **like**: *a car like yours* un coche como el tuyo ◊ *Romantic poets, like Byron, Shelley, etc.* poetas románticos (tales) como Byron, Shelley, etc.

◆ *adv* **1** as... as tan... como: *She is as tall as me/as I am.* Es tan alta como yo. ◊ *as soon as possible* lo antes posible ◊ *I earn as much as her/as she does.* Gano tanto como ella. **2** (*según*) como: *as you can see* como puedes ver ◆ *conj* **1** mientras: *I watched her as she combed her hair.* La miré mientras se peinaba. **2** como: *as you weren't there...* como no estabas... **3** tal como: *Leave it as you find it.* Déjalo tal como lo encuentres. LOC **as for sth/sb** en cuanto a algo/algn **as from** (*esp USA* **as of**): *as from/of 12 May* a partir del 12 de mayo **as if/as though** como si: *as if nothing had happened* como si no hubiera sucedido nada **as it is** vista la situación **as many** **1** tantos: *We no longer have as many members.* Ya no tenemos tantos socios. **2** otros tantos: *four jobs in as many months* cuatro trabajos en otros tantos meses **as many again/more** otros tantos **as many as 1** *I didn't win as many as him.* No gané tantos como él. **2** hasta: *as many as ten people* hasta diez personas **3** *You ate three times as many as I did.* Comiste tres veces más que yo. **as many...** as tantos... como **as much:** *I don't have as much as you.* No tengo tanto como tú. ◊ *I thought as much.* Eso es lo que a mí me parecía. **as much again** otro tanto **as to sth/as regards sth** en cuanto a algo **as yet** hasta ahora

asbestos /æsˈbestəs/ *n* amianto

ascend /əˈsend/ (*formal*) **1** *vi* ascender **2** *vt* (*escaleras, trono*) subir (a)

ascendancy /əˈsendənsi/ *n* ~ (**over sth/sb**) ascendiente (sobre algo/algn)

ascent /əˈsent/ *n* ascenso

ascertain /ˌæsəˈteɪn/ *vt* (*formal*) averiguar

ascribe /əˈskraɪb/ *vt* ~ **sth to sth/sb** atribuir algo a algo/algn

ash /æʃ/ *n* **1** (*tb* **ash tree**) fresno **2** ceniza

ashamed /əˈʃeɪmd/ *adj* ~ (**of sth/sb**) avergonzado (de algo/algn) LOC **to be ashamed to do sth** darle vergüenza a uno hacer algo

ashore /əˈʃɔː(r)/ *adv, prep* en/a tierra: *to go ashore* desembarcar

ashtray /ˈæʃtreɪ/ *n* cenicero

Ash Wednesday *n* Miércoles de Ceniza

aside /əˈsaɪd/ ◆ *adv* **1** a un lado **2** en reserva ◆ *n* aparte (*Teatro*)

aside from *prep* (*esp USA*) aparte de

ask /ɑːsk/ *USA* æsk/ **1** *vt, vi* to ask (sb) (sth) preguntar (algo) (a algn): *to ask a question* hacer una pregunta ◊ *to ask about sth* preguntar acerca de algo **2** *vt, vi* to ask (sb) for sth pedir algo (a algn) **3** *vt* to ask sb to do sth pedir a algn que haga algo **4** *vt* to ask sb (to sth) invitar a algn (a algo): *to ask sb round* invitar a algn (a tu casa) LOC **don't ask me!** (*coloq*) ¡yo qué sé! **for the asking** con solo pedirlo **to be asking for trouble/it** (*coloq*) buscárselas PHR V to **ask after sb** preguntar cómo está algn **to ask for sb** preguntar por algn (*para verle*) **to ask sb out** pedirle a algn que salga con uno (*como pareja*)

asleep /əˈsliːp/ *adj* dormido: *to fall asleep* dormirse ◊ *fast/sound asleep* profundamente dormido

Nótese que **asleep** no se usa antes de un sustantivo. Por lo tanto, para traducir "un niño dormido" tendríamos que decir *a sleeping baby.*

asparagus /əˈspærəgəs/ *n* [*incontable*] espárrago(s)

aspect /ˈæspekt/ *n* **1** (*de una situación, etc.*) aspecto **2** (*Arquit*) orientación

asphalt /ˈæsfælt; *USA* -fɔːlt/ *n* asfalto

asphyxiate /əsˈfɪksieɪt/ *vt* asfixiar

aspiration /ˌæspəˈreɪʃn/ *n* aspiración

aspire /əˈspaɪə(r)/ *vi* ~ to sth aspirar a algo: *aspiring musicians* aspirantes a músicos

aspirin /ˈæsprɪn, ˈæspərɪn/ *n* aspirina

ass /æs/ *n* **1** asno **2** (*coloq*) (*idiota*) burro

i:	i	ɪ	e	æ	ɑː	ʌ	ʊ	u:
see	happy	sit	ten	hat	father	cup	put	too

assailant /ə'seɪlənt/ n (formal) agresor, -ora

assassin /ə'sæsɪn; USA -sn/ n asesino, -a **assassinate** vt asesinar **assassination** n asesinato ☛ Ver nota en ASESINAR

assault /ə'sɔːlt/ ◆ vt agredir ◆ n 1 agresión 2 ~ (on sth/sb) ataque (contra algo/algn)

assemble /ə'sembl/ 1 vt, vi reunir(se) 2 vt (Mec) montar

assembly /ə'sembli/ n (pl -ies) 1 asamblea 2 (escuela) reunión matinal 3 montaje: assembly line cadena de montaje

assert /ə'sɜːt/ 1 vt afirmar 2 vt (derechos, etc.) hacer valer 3 v refl ~ yourself imponerse assertion n afirmación

assertive /ə'sɜːtɪv/ adj firme, que se hace valer

assess /ə'ses/ vt 1 (propiedad, etc.) valorar 2 (impuestos, etc.) calcular **assessment** n 1 valoración 2 análisis **assessor** n tasador, -ora

asset /'æset/ n 1 ventaja, baza: to be an asset to sth/sb ser muy valioso para algo/algn 2 **assets** [pl] (Com) bienes

assign /ə'saɪn/ vt 1 ~ sth to sb asignar algo a algn 2 ~ sb to sth asignar a algn a algo

assignment /ə'saɪnmənt/ n 1 (en colegio) trabajo 2 misión 3 (en el extranjero) destino

assimilate /ə'sɪməleɪt/ 1 vt asimilar 2 vi ~ into sth asimilarse a algo

assist /ə'sɪst/ vt, vi (formal) ayudar **assistance** n (formal) 1 ayuda 2 auxilio

assistant /ə'sɪstənt/ n 1 ayudante 2 (tb **sales/shop assistant**) dependiente, -a 3 the assistant manager la subdirectora

associate¹ /ə'səʊʃiət/ n socio, -a

associate² /ə'səʊʃieɪt/ 1 vt ~ sth/sb with sth/sb relacionar algo/a algn con algo/algn 2 vi ~ with sb tratar con algn

association /ə,səʊsi'eɪʃn/ n 1 asociación 2 implicación

assorted /ə'sɔːtɪd/ adj 1 variados 2 (galletas, etc.) surtidos

assortment /ə'sɔːtmənt/ n variedad, surtido

assume /ə'sjuːm; USA ə'suːm/ vt 1 suponer 2 dar por sentado 3 (expre-

sión, nombre falso) adoptar 4 (significado) adquirir 5 (control) asumir

assumption /ə'sʌmpʃn/ n 1 supuesto 2 (de poder, etc.) toma

assurance /ə'ʃɔːrəns; USA ə'ʃʊərəns/ n 1 garantía 2 confianza

assure /ə'ʃʊə(r)/ 1 vt asegurar 2 vt ~ sb of sth prometer algo a algn 3 vt ~ sb of sth convencer a algn de algo 4 v refl ~ yourself that... cerciorarse de que... **assured** adj seguro LOC **to be assured of sth** tener algo asegurado

asterisk /'æstərɪsk/ n asterisco

asthma /'æsmə; USA 'æzmə/ n asma **asthmatic** adj, n asmático, -a

astonish /ə'stɒnɪʃ/ vt asombrar **astonishing** adj asombroso **astonishingly** adv increíblemente **astonishment** n asombro

astound /ə'staʊnd/ vt dejar atónito: We were astounded to find him there. Nos quedamos atónitos al verlo allí. **astounding** adj increíble

astray /ə'streɪ/ adv LOC **to go astray** extraviarse

astride /ə'straɪd/ adv, prep ~ (sth) a horcajadas (en algo)

astrology /ə'strɒlədʒi/ n astrología

astronaut /'æstrənɔːt/ n astronauta

astronomy /ə'strɒnəmi/ n astronomía **astronomer** n astrónomo, -a **astronomical** /,æstrə'nɒmɪkl/ adj astronómico

astute /ə'stjuːt; USA ə'stuːt/ adj astuto

asylum /ə'saɪləm/ n 1 asilo 2 (tb **lunatic asylum**) (antic) manicomio

at /æt, ət/ prep 1 (posición) en: at home en casa ◊ at the door en la puerta ◊ at the top en lo alto ☛ Ver nota en EN 2 (tiempo): at 3.35 a las 3.35 ◊ at dawn al amanecer ◊ at times a veces ◊ at night por la noche ◊ at Christmas en Navidades ◊ at the moment de momento 3 (precio, frecuencia, velocidad) a: at 70 kph a 70 km/h ◊ at full volume a todo volumen ◊ two at a time de dos en dos 4 (hacia): to stare at sb mirar fijamente a algn 5 (reacción): surprised at sth sorprendido por algo ◊ At this, she fainted. Y entonces, se desmayó. 6 (actividad) en: She's at work. Está en el trabajo. ◊ to be at war estar en guerra ◊ children at play niños jugando

ate pret de EAT

atheism /'eɪθiɪzəm/ n ateísmo **atheist** n ateo, -a

athlete /'æθliːt/ n atleta

athletic /æθ'letɪk/ adj atlético **athletics** n [sing] atletismo

atlas /'ætləs/ n 1 atlas 2 (*tb*road atlas) mapa de carreteras

atmosphere /'ætməsfɪə(r)/ n 1 atmósfera 2 ambiente

atom /'ætəm/ n 1 átomo 2 (*fig*) ápice

atomic /ə'tɒmɪk/ adj atómico

atrocious /ə'trəʊʃəs/ adj 1 atroz 2 pésimo **atrocity** /ə'trɒsəti/ n (pl -ies) atrocidad

attach /ə'tætʃ/ vt 1 atar 2 unir 3 (*documentos*) adjuntar 4 (*fig*): to attach importance to sth dar importancia a algo **attached** adj: to be attached to sth/sb tenerle cariño a algo/algn LOC Ver STRING **attachment** n 1 accesorio 2 ~ to sth apego a algo

attack /ə'tæk/ ♦ n ~ (on sth/sb) ataque (contra algo/algn) ♦ vt, vi atacar **attacker** n agresor, -ora

attain /ə'teɪn/ vt alcanzar **attainment** n éxito

attempt /ə'tempt/ ♦ vt intentar: to attempt to do sth intentar hacer algo ♦ n 1 ~ (at doing/to do sth) intento (de hacer algo) 2 atentado **attempted** adj: attempted robbery intento de robo ◊ attempted murder asesinato frustrado

attend /ə'tend/ 1 vt, vi ~ (sth) asistir (a algo) 2 vi ~ to sth/sb ocuparse de algo/algn **attendance** n asistencia LOC in attendance presente

attendant /ə'tendənt/ n encargado, -a

attention /ə'tenʃn/ ♦ n atención: for the attention of... a la atención de... LOC Ver CATCH, FOCUS, PAY ♦ **attention!** interj (Mil) ¡firmes!

attentive /ə'tentɪv/ adj atento

attic /'ætɪk/ n desván

attitude /'ætɪtjuːd; USA -tuːd/ n actitud

attorney /ə'tɜːni/ n (pl -eys) 1 (USA) abogado, -a ☞ Ver nota en ABOGADO 2 apoderado, -a

Attorney-General /ə,tɜːni 'dʒenrəl/ n 1 (GB) asesor, -ora legal del gobierno 2 (USA) procurador, -ora general

attract /ə'trækt/ vt 1 atraer 2 (*atención*) llamar **attraction** n 1 atracción

---

2 atractivo **attractive** adj 1 (*persona*) atractivo 2 (*salario, etc.*) interesante

attribute /'ætrɪbjuːt/ ♦ n atributo ♦ /ə'trɪbjuːt/ vt ~ sth to sth atribuir algo a algo

aubergine /'əʊbəʒiːn/ ♦ n berenjena ♦ adj (*color*) morado

auction /'ɔːkʃn, 'ɒkʃn/ n subasta ♦ vt subastar **auctioneer** /,ɔːkʃə'nɪə(r)/ n subastador, -ora

audible /'ɔːdəbl/ adj audible

audience /'ɔːdiəns/ n 1 [v sing o pl] (*teatro, etc.*) público 2 ~ with sb audiencia con algn

audit /'ɔːdɪt/ ♦ n auditoría ♦ vt auditar

audition /ɔː'dɪʃn/ ♦ n audición ♦ vi ~ for sth presentarse a una audición para algo

auditor /'ɔːdɪtə(r)/ n auditor, -ora

auditorium /,ɔːdɪ'tɔːriəm/ n (pl -ria o -riums) auditorio

August /'ɔːgəst/ n (abrev Aug) agosto ☞ Ver nota y ejemplos en JANUARY

aunt /ɑːnt; USA ænt/ n tía: Aunt Julia la tía Julia ◊ my aunt and uncle mis tíos **auntie** (*tb*aunty) n (coloq) tía

au pair /,əʊ 'peə(r)/ n au pair

austere /ɒ'stɪə(r), ɔː'stɪə(r)/ adj austero **austerity** n austeridad

authentic /ɔː'θentɪk/ adj auténtico

authenticity /,ɔːθen'tɪsəti/ n autenticidad

author /'ɔːθə(r)/ n autor, -ora

authoritarian /ɔː,θɒrɪ'teəriən/ adj, n autoritario, -a

authoritative /ɔː'θɒrətətɪv; USA -teɪtɪv/ adj 1 (*libro, etc.*) de gran autoridad 2 (*voz, etc.*) autoritario

authority /ɔː'θɒrəti/ n (pl -ies) autoridad LOC to have it on good authority that... saber de buena fuente que...

authorization, -isation /,ɔːθəraɪ'zeɪʃn; USA -rɪ'z-/ n autorización

authorize, -ise /'ɔːθəraɪz/ vt autorizar

autobiographical /,ɔːtə,baɪə'græfɪkl/ adj autobiográfico

autobiography /,ɔːtəbaɪ'ɒgrəfi/ n (pl -ies) autobiografía

autograph /'ɔːtəgrɑːf; USA -græf/ ♦ n autógrafo ♦ vt firmar

automate /'ɔːtəmeɪt/ vt automatizar

---

aɪ	aʊ	ɔɪ	ɪə	eə	ʊə	ʒ	h	ŋ
five	now	join	near	hair	pure	vision	how	sing

automatic /ˌɔːtəˈmætɪk/ ♦ *adj* automático ♦ *n* **1** arma automática **2** coche automático **automatically** *adv* automáticamente

automation /ˌɔːtəˈmeɪʃn/ *n* automatización

automobile /ˈɔːtəməbiːl, -məʊ-/ *n* (*esp USA*) automóvil

autonomous /ɔːˈtɒnəməs/ *adj* autónomo **autonomy** *n* autonomía

autopsy /ˈɔːtɒpsi/ *n* (*pl* -ies) autopsia

autumn /ˈɔːtəm/ (*USA* fall) *n* otoño

auxiliary /ɔːgˈzɪliəri/ *adj, n* (*pl* -ies) auxiliar

avail /əˈveɪl/ *n* LOC **to no avail** en vano

available /əˈveɪləbl/ *adj* disponible

avalanche /ˈævəlɑːnʃ; *USA* -læntʃ/ *n* avalancha

avant-garde /ˌævɒn ˈɡɑːd/ ♦ *adj* vanguardista ♦ **the avant-garde** *n* la vanguardia

avenue /ˈævənjuː; *USA* -nuː/ *n* **1** (*abrev* Ave) avenida **2** (*fig*) camino

average /ˈævərɪdʒ/ *n* promedio: *on average* como media ♦ *adj* **1** medio: *average earnings* el sueldo medio **2** (*coloq, pey*) mediocre ♦ *v* PHR V **to average out (at sth)**: *It averages out at 10%.* Sale a un promedio del 10%.

aversion /əˈvɜːʃn/ *n* aversión

avert /əˈvɜːt/ *vt* **1** (*mirada*) apartar **2** (*crisis, etc.*) evitar

aviation /ˌeɪviˈeɪʃn/ *n* aviación

avid /ˈævɪd/ *adj* ávido

avocado /ˌævəˈkɑːdəʊ/ *n* (*pl* -s) aguacate

avoid /əˈvɔɪd/ *vt* **1** ~ (doing) sth evitar (hacer) algo: *She avoided going.* Evitó ir. **2** (*responsabilidad, etc.*) eludir

await /əˈweɪt/ *vt* (*formal*) **1** ~ sth/sb estar a la espera de algo/algn **2** aguardar: *A surprise awaited us.* Nos aguardaba una sorpresa. ☞ *Comparar con* WAIT

awake /əˈweɪk/ ♦ *adj* **1** despierto **2** ~ to sth (*peligro, etc.*) consciente de algo ♦ *vt, vi* (*pret* awoke /əˈwəʊk/ *pp* awoken /əˈwəʊkən/) despertar(se)

Los verbos **awake** y **awaken** solo se emplean en lenguaje formal o literario. La expresión normal es **to wake (sb) up**.

awaken /əˈweɪkən/ **1** *vt, vi* despertar(se) ☞ *Ver nota en* AWAKE **2** *vt* ~ sb to sth (*peligro, etc.*) advertir a algn de algo

award /əˈwɔːd/ ♦ *vt* (*premio, etc.*) conceder ♦ *n* premio, galardón

award-winning /əˈwɔːd wɪnɪŋ/ *adj* galardonado

aware /əˈweə(r)/ *adj* ~ of sth consciente de algo LOC **as far as I am aware** que yo sepa **to make sb aware of sth** informar a algn de algo *Ver tb* BECOME **awareness** *n* conciencia

away /əˈweɪ/ *part adv* **1** (*indicando distancia*): *The hotel is two kilometres away.* El hotel está a dos kilómetros. ◊ *It's a long way away.* Queda muy lejos. **2** (*indicando alejamiento*): *She moved away from him.* Se alejó de él. ◊ *He limped away.* Se fue cojeando. **3** [*uso enfático con tiempos continuos*]: *I was working away all night.* Pasé toda la noche trabajando. **4** por completo: *The snow had melted away.* La nieve se había derretido del todo. **5** (*Dep*) fuera (de casa): *an away win* una victoria fuera de casa LOC *Ver* RIGHT ☞ Para los usos de **away** en PHRASAL VERBS ver las entradas de los verbos correspondientes, p. ej. **to get away** en GET. *Ver tb págs 324-25*

awe /ɔː/ *n* admiración LOC **to be in awe of sb** sentirse intimidado por algn **awesome** *adj* impresionante

awful /ˈɔːfl/ *adj* **1** (*accidente, etc.*) horroroso **2** *an awful lot of money* un montón de dinero **awfully** *adv* terriblemente: *I'm awfully sorry.* Lo siento muchísimo.

awkward /ˈɔːkwəd/ *adj* **1** (*momento, etc.*) inoportuno **2** (*sensación, etc.*) incómodo **3** (*persona*) difícil **4** (*movimiento*) desgarbado

awoke *pret de* AWAKE

awoken *pp de* AWAKE

axe (*USA* ax) /æks/ ♦ *n* hacha LOC **to have an axe to grind** tener un interés particular en algo ♦ *vt* **1** (*servicio, etc.*) cortar **2** despedir

axis /ˈæksɪs/ *n* (*pl* axes /ˈæksiːz/) eje

axle /ˈæksl/ *n* eje (*de ruedas*)

aye (*tb* ay) /aɪ/ *interj, n* (*antic*) sí: *The ayes have it.* Han ganado los síes. ☞ **Aye** *es corriente en Escocia y en el norte de Inglaterra.*

tʃ	dʒ	v	θ	ð	s	z	ʃ
chin	June	van	thin	then	so	zoo	she

Bb

B, b /biː/ *n* (*pl* B's, b's /biːz/) **1** B, b: *B for Benjamin* B de Barcelona ☞ *Ver ejemplos en* A, A **2** (*Mús*) si **3** (*Educ*) ☞ *Ver nota en* MARK

babble /ˈbæbl/ ◆ *n* **1** (*voces*) murmullo **2** (*bebé*) balbuceo ◆ *vt, vi* farfullar, balbucear

babe /beɪb/ *n* (*coloq*) muñeca (*chica*)

baby /ˈbeɪbi/ *n* (*pl* babies) **1** bebé: *a newborn baby* un recién nacido ◊ *a baby girl* una niña **2** (*animal*) cría **3** (*USA, coloq*) cariño

babysit /ˈbeɪbisɪt/ *vi* (-tt-) (*pret* -sat) ~ (for sb) cuidar a un niño (de algn) **babysitter** *n* canguro

bachelor /ˈbætʃələ(r)/ *n* soltero: *a bachelor flat* un piso de soltero

back¹ /bæk/ ◆ *n* **1** parte de atrás, parte de detrás **2** dorso **3** revés **4** espalda: *to lie on your back* estar tumbado boca arriba **5** (*silla*) respaldo LOC **at the back of your/sb's mind** en lo (más) recóndito de la mente **back to back** espalda con espalda **back to front** al revés ☞ *Ver dibujo en* REVÉS **behind sb's back** a espaldas de algn **to be glad, pleased, etc. to see the back of sth/sb** alegrarse de librarse de algo/algn **to be on sb's back** estar encima de algn **to get/put sb's back up** sacar de quicio a algn **to have your back to the wall** estar entre la espada y la pared *Ver tb* BREAK¹, PAT, TURN ◆ *adj* **1** trasero: *the back door* la puerta trasera **2** (*número de revista*) atrasado LOC **by/through the back door** por la puerta de atrás ◆ *adv, part adv* **1** (*movimiento, posición*) hacia atrás: *Stand well back.* Manténganse alejados. ◊ *a mile back* una milla más atrás **2** (*regreso, repetición*) de vuelta: *They are back in power.* Están en el poder otra vez. ◊ *on the way back* a la vuelta ◊ *to go there and back* ir y volver **3** (*tiempo*) allá: *back in the seventies* allá por los años setenta ◊ *a few years back* hace algunos años **4** (*reciprocidad*): *He smiled back (at her).* Le devolvió la sonrisa. LOC **to get/have your own back (on sb)** (*coloq*) vengarse (de algn) **to go, travel, etc. back and forth** ir y venir ☞ *Para los usos de* **back** *en* PHRASAL VERBS *ver las entradas de los verbos correspondientes, p. ej.* to go back *en* GO¹. *Ver tb págs 324-25.*

back² /bæk/ **1** *vt* ~ sth/sb (up) respaldar algo/a algn **2** *vt* financiar **3** *vt* apostar por **4** *vi* ~ (up) dar marcha atrás PHR V **to back away (from sth/sb)** retroceder (ante algo/algn) **to back down;** (*USA*) **to back off** retractarse **to back on to sth**: *Our house backs on to the river.* La parte de atrás de nuestra casa da al río. **to back out (of an agreement, etc.)** echarse atrás (de un acuerdo, etc.)

backache /ˈbækeɪk/ *n* dolor de espalda

backbone /ˈbækbəʊn/ *n* **1** columna vertebral **2** fortaleza, empuje

backcloth /ˈbækklɒθ/ (*tb* backdrop /ˈbækdrɒp/) *n* telón de fondo

backfire /ˌbækˈfaɪə(r)/ *vi* **1** (*coche*) petardear **2** ~ (on sb) (*fig*) salirle (a algn) el tiro por la culata

background /ˈbækɡraʊnd/ *n* **1** fondo **2** contexto **3** clase social, educación, formación

backing /ˈbækɪŋ/ *n* **1** respaldo, apoyo **2** (*Mús*) acompañamiento

backlash /ˈbæklæʃ/ *n* reacción violenta

backlog /ˈbæklɒɡ/ *n* atraso: *a huge backlog of work* un montón de trabajo atrasado

backpack /ˈbækpæk/ ◆ *n* (*esp USA*) mochila ☞ *Ver dibujo en* MALETA ◆ *vi*: *to go backpacking* irse de viaje con una mochila

back seat *n* (*coche*) asiento trasero LOC **to take a back seat** pasar a segundo plano

backside /ˈbæksaɪd/ *n* (*coloq*) trasero

backstage /ˌbækˈsteɪdʒ/ *adv* entre bastidores

backstroke /ˈbækstrəʊk/ *n* (*natación*) (estilo) espalda: *to do backstroke* nadar a espalda

backup /ˈbækʌp/ *n* **1** refuerzos, asistencia **2** (*Informát*) copia

iː	i	ɪ	e	æ	ɑː	ʌ	ʊ	uː
see	happy	sit	ten	hat	father	cup	put	too

backward /'bækwəd/ *adj* **1** hacia atrás: *a backward glance* una mirada hacia atrás **2** atrasado

backward(s) /'bækwədz/ *adv* **1** hacia atrás **2** de espaldas: *He fell backwards.* Se cayó de espaldas. **3** al revés LOC **backward(s) and forward(s)** de un lado a otro

backyard /ˌbæk'jɑːd/ (*tb* yard) *n* (*GB*) patio trasero

bacon /'beɪkən/ *n* bacon ☛ *Comparar con* GAMMON, HAM

bacteria /bæk'tɪəriə/ *n* [*pl*] bacterias

bad /bæd/ *adj* (*comp* **worse** /wɜːs/ *superl* **worst** /wɜːst/) **1** malo: *It's bad for your health.* Es malo para la salud. ◇ *This film's not bad.* Esta película no está mal. **2** grave **3** (*dolor de cabeza, etc.*) fuerte LOC **to be bad at sth**: *I'm bad at Maths.* Se me dan mal las matemáticas. **to be in sb's bad books**: *I'm in his bad books.* Me ha puesto en su lista negra. **to go through/hit a bad patch** (*coloq*) pasar/tener una mala racha **too bad 1** una pena: *It's too bad you can't come.* Es una pena que no puedas venir. **2** (*irón*) ¡peor para ti! *Ver tb* FAITH, FEELING

bade *pret de* BID

badge /bædʒ/ *n* **1** insignia, chapa **2** (*fig*) símbolo

badger /'bædʒə(r)/ *n* tejón

bad language *n* palabrotas

badly /'bædli/ *adv* (*comp* **worse** /wɜːs/ *superl* **worst** /wɜːst/) **1** mal: *It's badly made.* Está mal hecho. **2** (*dañar, etc.*): *The house was badly damaged.* La casa sufrió muchos daños. **3** (*necesitar, etc.*) con urgencia LOC **(not) to be badly off** (no) andar mal de fondos

badminton /'bædmɪntən/ *n* bádminton

bad-tempered /ˌbæd 'tempəd/ *adj* de mal genio

baffle /'bæfl/ *vt* **1** desconcertar **2** frustrar **baffling** *adj* desconcertante

bag /bæg/ *n* bolsa, bolso ☛ *Ver dibujo en* CONTAINER LOC **bags of sth** (*coloq*) un montón de algo **to be in the bag** (*coloq*) estar en el bote *Ver tb* LET¹, PACK

bagel /'beɪgl/ *n* bollo de pan en forma de rosca ☛ *Ver dibujo en* PAN

baggage /'bægɪdʒ/ *n* (*esp USA*) equipaje

baggy /'bægi/ *adj* (-ier, -iest) ancho, flojo (*pantalones, etc.*)

bagpipe /'bægpaɪp/ (*tb* bagpipes, pipes) *n* gaita

baguette /bæ'get/ *n* barra de pan ☛ *Ver dibujo en* PAN

bail /beɪl/ *n* [*incontable*] fianza, libertad bajo fianza LOC **to go/stand bail (for sb)** pagar la fianza (de algn)

bailiff /'beɪlɪf/ *n* alguacil

bait /beɪt/ *n* cebo

bake /beɪk/ *vt, vi* **1** (*pan, pastel*) hacer(se): *a baking tin* un molde **2** (*patatas*) asar(se) **baker** *n* **1** panadero, -a **2 baker's** panadería **bakery** *n* (*pl* -ies) panadería

baked beans *n* [*pl*] judías en salsa de tomate

balance /'bæləns/ ♦ *n* **1** equilibrio: *to lose your balance* perder el equilibrio **2** (*Fin*) saldo, balance **3** (*instrumento*) balanza LOC **on balance** bien mirado *Ver tb* CATCH ♦ **1** *vi* ~ **(on sth)** mantener el equilibrio (sobre algo) **2** *vt* ~ **sth (on sth)** mantener algo en equilibrio (sobre algo) **3** *vt* equilibrar **4** *vt* compensar, contrarrestar **5** *vt, vi* (*cuentas*) (hacer) cuadrar

balcony /'bælkəni/ *n* (*pl* -ies) balcón

bald /bɔːld/ *adj* calvo

ball /bɔːl/ *n* **1** (*Dep*) balón, pelota, bola **2** esfera, ovillo **3** baile (*de etiqueta*) LOC **(to be) on the ball** (*coloq*) (estar) al tanto **to have a ball** (*coloq*) pasárselo bomba **to start/set the ball rolling** empezar

ballad /'bæləd/ *n* balada, romance

ballet /'bæleɪ/ *n* ballet

ballet dancer *n* bailarín, -ina

balloon /bə'luːn/ *n* globo

ballot /'bælət/ *n* votación

ballot box *n* urna (*electoral*)

ballpoint /'bɔːlpɔɪnt/ (*tb* ballpoint pen) *n* bolígrafo

ballroom /'bɔːlruːm/ *n* salón de baile: *ballroom dancing* baile de salón

bamboo /ˌbæm'buː/ *n* bambú

ban /bæn/ ♦ *vt* (-nn-) prohibir ♦ *n* **ban (on sth)** prohibición (de algo)

banana /bə'nɑːnə; *USA* bə'nænə/ *n* plátano: *banana skin* piel de plátano

band /bænd/ *n* **1** cinta, franja **2** (*en baremos*) escalón/banda (*de tributación*), escala **3** (*Mús, Radio*) banda: *a jazz band* un grupo de jazz **4** (*de ladrones, etc.*) banda

bandage /'bændɪdʒ/ ◆ *n* vendaje ◆ *vt* vendar

bandwagon /'bændwægən/ *n* LOC **to climb/jump on the bandwagon** (*coloq*) subirse al mismo carro/tren

bang /bæŋ/ ◆ **1** *vt* dar un golpe en: *He banged his fist on the table.* Dio un golpe en la mesa con el puño. ◊ *I banged the box down on the floor.* Tiré la caja al suelo de un golpe. **2** *vt* ~ **your head, etc. (against/on sth)** darse en la cabeza, etc. (con algo) **3** *vi* ~ **into sth/sb** darse contra algo/algn **4** *vi* (*petardo, etc.*) estallar **5** *vi* (*puerta, etc.*) dar golpes ◆ *n* **1** golpe **2** estallido ◆ *adv* (*coloq*) justo, completamente: *bang on time* justo a tiempo ◊ *bang up to date* completamente al día LOC **bang goes sth** se acabó algo (*coloq*) **to go bang** (*coloq*) estallar ◆ **bang!** *interj* ¡pum!

banger /'bæŋə(r)/ *n* (*GB, coloq*) **1** salchicha **2** petardo **3** (*coche*) cacharro: *an old banger* un viejo cacharro

banish /'bænɪʃ/ *vt* desterrar

banister /'bænɪstə(r)/ *n* barandilla, pasamanos

bank¹ /bæŋk/ *n* orilla (*de río, lago*) ☞ Comparar con SHORE

bank² /bæŋk/ ◆ *n* banco: *bank manager* director de banco ◊ *bank statement* estado de cuenta ◊ *bank account* cuenta bancaria ◊ *bank balance* saldo bancario LOC *Ver* BREAK¹ ◆ **1** *vt* (*dinero*) ingresar **2** *vi* tener cuenta: *Who do you bank with?* ¿En qué banco tienes cuenta? PHR V **to bank on sth/sb** contar con algo/algn **banker** *n* banquero, -a

bank holiday *n* (*GB*) día festivo
En Gran Bretaña hay ocho días de diario que son festivos en los que los bancos tienen que cerrar por ley. Suelen caer en lunes, de forma que se tiene un fin de semana largo al que se llama **bank holiday weekend**. Los **bank holidays** no siempre coinciden en Inglaterra, Escocia e Irlanda del Norte: *We are coming back on bank holiday Monday.* Volvemos el lunes del puente.

banknote /'bæŋknəʊt/ *Ver* NOTE 2

bankrupt /'bæŋkrʌpt/ *adj* en bancarrota LOC **to go bankrupt** ir a la bancarrota **bankruptcy** *n* bancarrota, quiebra

banner /'bænə(r)/ *n* pancarta, estandarte

banning /'bænɪŋ/ *n* prohibición

banquet /'bæŋkwɪt/ *n* banquete

bap /bæp/ *n* (*GB*) bollo (*de pan*)

baptism /'bæptɪzəm/ *n* bautismo, bautizo

baptize, -ise /bæp'taɪz/ *vt* bautizar

bar /bɑː(r)/ ◆ *n* **1** barra **2** bar **3** (*de chocolate*) tableta **4** (*de jabón*) pastilla **5** (*Mús*) compás **6** prohibición LOC **behind bars** (*coloq*) entre rejas ◆ *vt* (-rr-) **1** to bar sb from doing sth prohibir a algn hacer algo LOC **to bar the way** cerrar el paso ◆ *prep* excepto

barbarian /bɑː'beəriən/ *n* bárbaro, -a **barbaric** /bɑː'bærɪk/ *adj* bárbaro

barbecue /'bɑːbɪkjuː/ *n* (*abrev* BBQ) barbacoa

barbed wire /ˌbɑːbd 'waɪə(r)/ *n* alambre de espino

barber /'bɑːbə(r)/ *n* **1** peluquero **2** **barber's** peluquería
Barber es peluquero de caballeros y **hairdresser** de señoras, pero hoy en día casi todas las **hairdressers** trabajan en peluquerías unisex.

bar chart *n* gráfico de barras

bar code *n* código de barras

bare /beə(r)/ *adj* (**barer, barest**) **1** desnudo ☞ *Ver nota en* NAKED **2** descubierto **3** ~ **(of sth)**: *a room bare of furniture* una habitación sin muebles **4** mínimo: *the bare essentials* lo mínimo **barely** *adv* apenas

barefoot /'beəfʊt/ *adv* descalzo

bargain /'bɑːgən/ ◆ *n* **1** trato **2** ganga: *bargain prices* precios de escándalo LOC **into the bargain** además *Ver tb* DRIVE ◆ *vi* **1** negociar **2** regatear PHR V **to bargain for sth** (*coloq*) esperar algo **bargaining** *n* **1** negociación: *pay bargaining* negociaciones salariales **2** regateo

barge /bɑːdʒ/ *n* barcaza

baritone /'bærɪtəʊn/ *n* barítono

bark¹ /bɑːk/ *n* corteza (*árbol*)

bark² /bɑːk/ ◆ *n* ladrido ◆ **1** *vi* ladrar **2** *vt, vi* (*persona*) gritar **barking** *n* ladridos

barley /'bɑːli/ *n* cebada

barmaid /'bɑːmeɪd/ *n* camarera

barman /'bɑːmən/ *n* (*pl* -**men** /-mən/) (*USA* **bartender**) camarero

barn /bɑːn/ *n* granero

aɪ	aʊ	ɔɪ	ɪə	eə	ʊə	ʒ	h	ŋ
f**i**ve	n**ow**	j**oi**n	n**ea**r	h**ai**r	p**u**re	vi**si**on	**h**ow	si**ng**

barometer /bəˈrɒmɪtə(r)/ n barómetro

baron /ˈbærən/ n barón

baroness /ˈbærənəs, ˌbærəˈnes/ n baronesa

barracks /ˈbærəks/ n [v sing o pl] cuartel

barrage /ˈbærɑːʒ; USA bəˈrɑːʒ/ n 1 (Mil) descarga de fuego 2 (quejas, preguntas, etc.) bombardeo

barrel /ˈbærəl/ n 1 barril, tonel 2 cañón

barren /ˈbærən/ adj árido, improductivo (tierra, etc.)

barricade /ˌbærɪˈkeɪd/ ◆ n barricada ◆ vt bloquear (con una barricada) PHR V **to barricade yourself in** encerrarse (poniendo barricadas)

barrier /ˈbæriə(r)/ n barrera

barrister /ˈbærɪstə(r)/ n abogado, -a ☞ Ver nota en ABOGADO

barrow /ˈbærəʊ/ n Ver WHEELBARROW

bartender /ˈbɑːtendə(r)/ n (USA) camarero

base /beɪs/ ◆ n base ◆ vt 1 basar 2 **to be based in/at** tener su base en

baseball /ˈbeɪsbɔːl/ n béisbol

basement /ˈbeɪsmənt/ n sótano

bash /bæʃ/ ◆ vt, vi (coloq) 1 golpear fuertemente 2 **~ your head, elbow, etc. (against/on/into sth)** darse un golpe en la cabeza, el codo, etc. (con algo) ◆ n golpe fuerte LOC **to have a bash (at sth)** (coloq) intentar (algo)

basic /ˈbeɪsɪk/ ◆ adj 1 fundamental 2 básico 3 elemental ◆ **basics** n [pl] lo esencial, la base **basically** adv básicamente

basin /ˈbeɪsn/ n 1 (tb **washbasin**) lavabo ☞ Comparar con SINK 2 cuenco 3 (Geog) cuenca

basis /ˈbeɪsɪs/ n (pl **bases** /ˈbeɪsiːz/) base: on the basis of sth basándose en algo LOC Ver REGULAR

basket /ˈbɑːskɪt; USA ˈbæskɪt/ n cesta, cesto ☞ Ver dibujo en MALETA LOC Ver EGG

basketball /ˈbɑːskɪtbɔːl; USA ˈbæs-/ n baloncesto

bass /beɪs/ ◆ n 1 (cantante) bajo 2 graves: to turn up the bass subir los graves 3 (tb **bass guitar**) bajo 4 (tb **double bass**) contrabajo ◆ adj bajo ☞ Comparar con TREBLE[2]

bat[1] /bæt/ n murciélago

bat[2] /bæt/ ◆ n bate ◆ vt, vi (-tt-) batear LOC **not to bat an eyelid** (coloq) no inmutarse

batch /bætʃ/ n 1 tanda 2 hornada

bath /bɑːθ; USA bæθ/ ◆ n (pl ~s /bɑːðz; USA bæðz/) 1 baño: to have/take a bath darse un baño 2 bañera ◆ vt (GB) bañar

bathe /beɪð/ 1 vt (ojos, herida) lavar 2 vi (GB) bañarse

bathroom /ˈbɑːθruːm; USA ˈbæθ-/ n 1 (GB) (cuarto de) baño 2 (USA) aseo ☞ Ver nota en TOILET

baton /ˈbætn, ˈbætɒn; USA bəˈtɒn/ n 1 (policía) porra 2 (Mús) batuta 3 (Dep) testigo

battalion /bəˈtæliən/ n batallón

batter /ˈbætə(r)/ 1 vt ~ **sb** apalear a algn: to batter sb to death matar a algn a palos 2 vt, vi ~ **(at/on) sth** aporrear algo PHR V **to batter sth down** derribar algo a golpes **battered** adj deformado

battery /ˈbætəri/ n (pl -ies) 1 (Electrón) batería, pila 2 battery hens gallinas ponedoras en batería ☞ Comparar con FREE-RANGE

battle /ˈbætl/ ◆ n batalla, lucha LOC Ver FIGHT, WAGE ◆ vi 1 ~ **(with/against sth/sb) (for sth)** luchar (con/contra algo/algn) (por algo) 2 ~ **(on)** seguir luchando

battlefield /ˈbætlfiːld/ (tb **battleground**) n campo de batalla

battlements /ˈbætlmənts/ n [pl] almenas

battleship /ˈbætlʃɪp/ n acorazado

bauble /ˈbɔːbl/ n adorno, chuchería

bawl /bɔːl/ 1 vi berrear 2 vt gritar

bay /beɪ/ ◆ n 1 bahía 2 loading bay zona de carga 3 (tb **bay tree**) laurel 4 caballo pardo LOC **to hold/keep sth/sb at bay** mantener algo/a algn a raya ◆ vi aullar

bayonet /ˈbeɪənət/ n bayoneta

bay window n ventana (en forma de mirador redondo)

bazaar /bəˈzɑː(r)/ n 1 bazar 2 mercadillo benéfico ☞ Ver tb FÊTE

BBQ Ver BARBECUE

BC /ˌbiː ˈsiː/ abrev de before Christ antes de Cristo

be /bi, biː/ ☞ Para los usos de be con there Ver THERE.

• v intransitivo 1 ser: Life is unfair. La vida es injusta. ◊ 'Who is it?' 'It's me.'

tʃ	dʒ	v	θ	ð	s	z	ʃ
chin	June	van	thin	then	so	zoo	she

presente	*contracciones*	*negativa* *contracciones*	*pasado*
I **am**	I**'m**	I**'m not**	I **was**
you **are**	you**'re**	you **aren't**	you **were**
he/she/it **is**	he**'s**/she**'s**/it**'s**	he/she/it **isn't**	he/she/it **was**
we **are**	we**'re**	we **aren't**	we **were**
you **are**	you**'re**	you **aren't**	you **were**
they **are**	they**'re**	they **aren't**	they **were**

forma en -ing **being**   *participio pasado* **been**

—¿Quién es? —Soy yo. ◊ *It's John's.* Es de John. ◊ *Be quick!* ¡Date prisa! ◊ *I was late.* Llegué tarde. **2** (*estado*) estar: *How are you?* ¿Cómo estás? ◊ *Is he alive?* ¿Está vivo?

Compara las dos oraciones: *He's bored.* Está aburrido. ◊ *He's boring.* Es aburrido. Con adjetivos terminados en -ed, como *interested, tired*, etc., el verbo to be expresa un estado y se traduce por "estar", mientras que con adjetivos terminados en -ing, como *interesting, tiring*, etc., expresa una cualidad y se traduce por "ser".

3 (*localización*) estar: *Mary's upstairs.* Mary está arriba. **4** (*origen*) ser: *She's from Italy.* Es italiana. **5** [*solo en tiempo perfecto*] visitar: *I've never been to Spain.* Nunca he estado en España. ◊ *Has Ann been yet?* ¿Ha venido ya Ann? ◊ *I've been into town.* He ido al centro. ☛ A veces been se utiliza como participio de go. *Ver nota en* GO¹. **6** tener: *I'm right, aren't I?* ¿A que tengo razón? ◊ *I'm hot/afraid.* Tengo calor/miedo. ◊ *Are you in a hurry?* ¿Tienes prisa?

Nótese que en español se usa **tener** con sustantivos como *calor, hambre, sed*, etc., mientras que en inglés se usa **be** con el adjetivo correspondiente.

7 (*edad*) tener: *He is ten (years old).* Tiene diez años. ☛ *Ver nota en* OLD, YEAR **8** (*tiempo*): *It's cold/hot.* Hace frío/calor. ◊ *It's foggy.* Hay niebla. **9** (*medida*) medir: *He is six feet tall.* Mide 1,80 m. **10** (*hora*) ser: *It's two o'clock.* Son las dos. **11** (*precio*) costar: *How much is that dress?* ¿Cuánto cuesta ese vestido? **12** (*Mat*) ser: *Two and two is/are four.* Dos y dos son cuatro.

● **v auxiliar 1** [*con participios para formar la pasiva*]: *He was killed in the war.* Lo mataron en la guerra. ◊ *It is said that he is rich/He is said to be rich.* Dicen que es rico. **2** [*con -ing para formar tiempos continuos*]: *What are you doing?* ¿Qué haces/Qué estás haciendo? ◊ *I'm just coming!* ¡Ya voy! **3** [*con infinitivo*]: *I am to inform you that...* Debo informarle que... ◊ *They were to be married.* Se iban a casar. ☛ Para expresiones con be, véanse las entradas del sustantivo, adjetivo, etc., p. ej. **to be a drain on sth** en DRAIN. PHR V **to be through (to sth/sb)** (*GB*) tener línea (con algo/algn) **to be through (with sth/sb)** haber terminado (con algo/algn)

beach /bi:tʃ/ ♦ *n* playa ♦ *vt* varar

beacon /'bi:kən/ *n* **1** faro **2** (*hoguera*) almenara **3** (*tb* **radio beacon**) radiobaliza

bead /bi:d/ *n* **1** cuenta **2** beads [*pl*] collar de cuentas **3** (*de sudor, etc.*) gota

beak /bi:k/ *n* pico

beaker /'bi:kə(r)/ *n* vaso alto (*de plástico*) ☛ *Ver dibujo en* TAZA

beam /bi:m/ ♦ *n* **1** viga, travesaño **2** (*de luz*) rayo **3** (*de linterna, etc.*) haz de luz **4** sonrisa radiante ♦ **1** *vi*: *to beam at sb* echar una sonrisa radiante a algn **2** *vt* transmitir (*programa, mensaje*)

bean /bi:n/ *n* **1** (*semilla*): *kidney beans* alubias rojas ◊ *broad beans* habas *Ver tb* BAKED BEANS **2** (*vaina*) judía **3** (*café, cacao*) grano

bear¹ /beə(r)/ *n* oso

bear² /beə(r)/ (*pret* **bore** /bɔ:(r)/ *pp* **borne** /bɔ:n/) **1** *vt* aguantar **2** *vt* (*firma, etc.*) llevar **3** *vt* (*carga*) soportar **4** *vt* (*gastos*) hacerse cargo de **5** *vt* (*responsabilidad*) asumir **6** *vt* resistir: *It won't bear close examination.* No resistirá un examen a fondo. **7** *vt* (*formal*) (*hijo*) dar a luz **8** *vt* (*cosecha, resultado*) producir

i:	i	ɪ	e	æ	ɑ:	ʌ	ʊ	u:
see	happy	sit	ten	hat	father	cup	put	too

9 *vi* (*carretera, etc.*) torcer LOC **to bear a grudge** guardar rencor **to bear a resemblance to sth/sb** tener un parecido a algo/algn **to bear little relation to sth** tener poca relación con algo **to bear sth/sb in mind** tener a algo/algn en cuenta *Ver tb* GRIN PHR V **to bear sth/ sb out** confirmar algo/lo que algn ha dicho **to bear up (under sth)** aguantar (algo): *He's bearing up well under the strain of losing his job.* Lleva bien lo de haberse quedado sin trabajo. **to bear with sb** tener paciencia con algn **bearable** /adj tolerable

beard /bɪəd/ *n* barba **bearded** *adj* barbudo, con barba

bearer /ˈbeərə(r)/ *n* **1** (*noticias, cheque*) portador, -ora **2** (*documento*) titular

bearing /ˈbeərɪŋ/ *n* (*Náut*) marcación LOC **to get/take your bearings** orientarse **to have a bearing on sth** tener que ver con algo

beast /biːst/ *n* animal, bestia: *wild beasts* fieras

beat /biːt/ ◆ (*pret* beat *pp* beaten /ˈbiːtn/) **1** *vt* golpear **2** *vt* (*metal, huevos, alas*) batir **3** *vt* (*tambor*) tocar **4** *vt, vi* dar golpes (en) **5** *vi* (*corazón*) latir **6** *vi* ~ **against/on sth** batir (contra) algo **7** *vt* ~ **sb (at sth)** vencer a algn (a algo) **8** *vt* (*récord*) batir **9** *vt* (*fig*) *Nothing beats home cooking.* No hay nada como la cocina casera. LOC **to beat about the bush** andarse con rodeos **off the beaten track** (en un lugar) apartado PHR V **to beat sb up** dar una paliza a algn ◆ *n* **1** ritmo **2** (*tambor*) redoble **3** (*policía*) ronda **beating** *n* **1** (*castigo, derrota*) paliza **2** batir **3** (*corazón*) latido LOC **to take a lot of/some beating** ser difícil de superar

beautiful /ˈbjuːtɪfl/ *adj* **1** hermoso **2** magnífico **beautifully** *adv* estupendamente

beauty /ˈbjuːti/ *n* **1** belleza **2** (*pl* -ies) (*persona o cosa*) preciosidad

beaver /ˈbiːvə(r)/ *n* castor

became *pret de* BECOME

because /bɪˈkɒz; USA -kɔːz/ *conj* porque **because of** *prep* a causa de, debido a: *because of you* por ti

beckon /ˈbekən/ **1** *vi* ~ **to sb** hacer señas a algn **2** *vt* llamar con señas

become /bɪˈkʌm/ *vi* (*pret* **became** /bɪˈkeɪm/ *pp* become) **1** [+ *sustantivo*]

llegar a ser, convertirse en, hacerse: *She became a doctor.* Se hizo médica. **2** [+ *adj*] ponerse, volverse: *to become fashionable* ponerse de moda *Ver tb* GET LOC **to become aware of sth** darse cuenta de algo PHR V **to become of sth/ sb** pasar con algo/algn: *What will become of me?* ¿Qué será de mí?

bed /bed/ *n* **1** cama: *a single/double bed* una cama individual/de matrimonio ◊ *to make the bed* hacer la cama

Nótese que en las siguientes expresiones no se usa el artículo determinado en inglés: *to go to bed* irse a la cama ◊ *It's time for bed.* Es hora de irse a la cama.

2 (*tb river bed*) lecho (*de un río*) **3** (*tb sea bed*) fondo (*del océano*) **4** (*flores*) macizo *Ver tb* FLOWER BED

bed and breakfast (*tb abrev* B & B, b & b) *n* (*GB*) **1** pensión y desayuno **2** hotel con régimen de pensión y desayuno

bedclothes /ˈbedkləʊðz/ *n* [*pl*] (*tb* bedding) ropa de cama

bedroom /ˈbedruːm/ *n* dormitorio

bedside /ˈbedsaɪd/ *n* cabecera: *bedside table* mesilla de noche

bedsit /ˈbedsɪt/ *n* (*GB*) habitación con cama y cocina

bedspread /ˈbedspred/ *n* colcha

bedtime /ˈbedtaɪm/ *n* hora de acostarse

bee /biː/ *n* abeja

beech /biːtʃ/ (*tb* beech tree) *n* haya

beef /biːf/ *n* carne de vaca: *roast beef* rosbif ☛ *Ver nota en* CARNE

beefburger /ˈbiːfbɜːgə(r)/ *n* hamburguesa ☛ *Comparar con* BURGER, HAMBURGER

beehive /ˈbiːhaɪv/ *n* colmena

been /biːn, bɪn; USA bɪn/ *pp de* BE

beer /bɪə(r)/ *n* cerveza ☛ *Comparar con* ALE, BITTER, LAGER

beetle /ˈbiːtl/ *n* escarabajo

beetroot /ˈbiːtruːt/ (*USA* beet) *n* remolacha

before /bɪˈfɔː(r)/ ◆ *adv* antes: *the day/ week before* el día/la semana anterior ◊ *I've never seen her before.* No la conozco. ◆ *prep* **1** antes de, antes que: *before lunch* antes de comer ◊ *He arrived before me.* Llegó antes que yo. **2** ante: *right before my eyes* ante mis

u	ɒ	ɔː	ɜː	ə	j	w	eɪ	əʊ
sit**u**ation	g**o**t	s**aw**	f**ur**	**a**go	**y**es	**w**oman	p**ay**	g**o**

propios ojos **3** delante de: *He puts his work before everything else.* Antepone su trabajo a todo lo demás. ◆ *conj* antes de que: *before he goes on holiday* antes de que se vaya de vacaciones

beforehand /bɪˈfɔːhænd/ *adv* de antemano

beg /beg/ (**-gg-**) **1** *vt, vi* to beg (sth/for sth) (from sb) mendigar (algo) (de/a algn): *They had to beg (for) scraps from shopkeepers.* Tenían que mendigar sobras a los tenderos. **2** *vt* to beg sb to do sth suplicar a algn que haga algo ☞ *Comparar con* ASK LOC to beg sb's pardon pedir perdón a algn: *I beg your pardon?* ¿Cómo ha dicho? **beggar** *n* mendigo, -a

begin /bɪˈgɪn/ *vt, vi* (**-nn-**) (*pret* began /bɪˈgæn/ *pp* begun /bɪˈgʌn/) ~ (**doing/to do sth**) empezar (a hacer algo): *Shall I begin?* ¿Empiezo yo?

Aunque en principio **begin** y **start** pueden ir seguidos de un verbo en infinitivo o de una forma en **-ing**, cuando están en un tiempo continuo solo pueden ir seguidos de infinitivo: *It is starting to rain.* Está empezando a llover.

LOC to begin with **1** para empezar **2** al principio **beginner** *n* principiante **beginning** *n* **1** comienzo, principio: *at/in the beginning* al principio ◊ *from beginning to end* de principio a fin **2** origen

behalf /bɪˈhɑːf; *USA* -ˈhæf/ *n* LOC on behalf of sb/on sb's behalf (*USA* in behalf of sb/in sb's behalf) en nombre de algn

behave /bɪˈheɪv/ *vi* ~ well, badly, etc. (towards sb) comportarse bien, mal, etc. (con algn): *Behave yourself!* ¡Pórtate bien! ◊ *well behaved* bien educado

behaviour (*USA* **behavior**) /bɪˈheɪvjə(r)/ *n* comportamiento

behind /bɪˈhaɪnd/ ◆ *prep* **1** detrás de, tras: *I put it behind the fridge.* Lo puse detrás de la nevera. ◊ *What's behind this sudden change?* ¿Qué hay detrás de este cambio repentino? **2** retrasado con respecto a: *to be behind schedule* ir retrasado (con respecto a los planes) **3** a favor de ◆ *adv* **1** atrás: *to leave sth behind* dejar algo atrás ◊ *to look behind* mirar hacia atrás ◊ *He was shot from behind.* Le dispararon por la espalda. ◊

to stay behind quedarse ☞ *Comparar con* FRONT **2** ~ (in/with sth) atrasado (en/con algo) ◆ *n* (*eufemismo*) trasero

being /ˈbiːɪŋ/ *n* **1** ser: *human beings* seres humanos **2** existencia LOC to come into being crearse

belated /bɪˈleɪtɪd/ *adj* tardío

belch /beltʃ/ ◆ *vi* eructar ◆ *n* eructo

belief /bɪˈliːf/ *n* **1** creencia **2** ~ in sth confianza, fe en algo LOC beyond belief increíble in the belief that... confiando en que... *Ver tb* BEST

believe /bɪˈliːv/ *vt, vi* creer: *I believe so.* Creo que sí. LOC believe it or not aunque no te lo creas *Ver tb* LEAD² PHR V to believe in sth/sb creer en algo, confiar en algo/algn **believable** *adj* creíble **believer** *n* creyente LOC to be a (great/firm) believer in sth ser (gran) partidario de algo

bell /bel/ *n* **1** campana, campanilla **2** timbre: *to ring the bell* tocar el timbre

bellow /ˈbeləʊ/ ◆ **1** *vi* bramar **2** *vt, vi* gritar ◆ *n* **1** bramido **2** grito

belly /ˈbeli/ *n* (*pl* **-ies**) **1** (*coloq*) (*persona*) barriga **2** (*animal*) panza

belly button *n* (*coloq*) ombligo

belong /bɪˈlɒŋ; *USA* -ˈlɔːŋ/ *vi* **1** ~ to sth/sb pertenecer a algo/algn: *Who does this belong to?* ¿De quién es? **2** deber estar: *Where does this belong?* ¿Dónde se pone esto? **belongings** *n* [*pl*] pertenencias

below /bɪˈləʊ/ ◆ *prep* (por) debajo de, bajo: *five degrees below freezing* cinco grados bajo cero ◆ *adv* (más) abajo: *above and below* arriba y abajo

belt /belt/ *n* **1** cinturón **2** (*Mec*) cinta, correa: *conveyor belt* cinta transportadora **3** (*Geog*) zona LOC below the belt golpe bajo: *That remark was rather below the belt.* Ese comentario fue un golpe bajo.

bemused /bɪˈmjuːzd/ *adj* perplejo

bench /bentʃ/ *n* **1** (*asiento*) banco **2** (*GB*) (*Pol*) escaño **3** the bench la magistratura

benchmark /ˈbentʃmɑːk/ *n* punto de referencia

bend /bend/ ◆ (*pret, pp* bent /bent/) **1** *vt, vi* doblar(se) **2** *vi* ~ (down) agacharse, inclinarse PHR V to be bent on (doing) sth estar empeñado en (hacer) algo ◆ *n* **1** curva **2** (*tubería*) codo

beneath /bɪˈniːθ/ ◆ *prep* (*formal*)

1 bajo, debajo de **2** indigno de ◆ *adv* abajo

benefactor /'benɪfæktə(r)/ *n* benefactor, -ora

beneficial /ˌbenɪ'fɪʃl/ *adj* beneficioso, provechoso

benefit /'benɪfɪt/ ◆ *n* **1** beneficio: *to be of benefit to* ser beneficioso para **2** subsidio: *unemployment benefit* subsidio de desempleo **3** función benéfica LOC **to give sb the benefit of the doubt** conceder a algn el beneficio de la duda ◆ (**-t-** *o* **-tt-**) **1** *vt* beneficiar **2** *vi* ~ (**from/by** **sth**) beneficiarse, sacar provecho (de algo)

benevolent /bə'nevələnt/ *adj* **1** benévolo **2** benéfico **benevolence** *n* benevolencia

benign /bɪ'naɪn/ *adj* benigno

bent /bent/ ◆ *pret, pp de* BEND ◆ *n* ~ (**for sth**) facilidad (para algo); inclinación (por algo)

bequeath /bɪ'kwiːð/ *vt* ~ **sth (to sb)** (*formal*) legar algo (a algn)

bequest /bɪ'kwest/ *n* (*formal*) legado

bereaved /bɪ'riːvd/ *adj* (*formal*) afligido por la muerte de un ser querido **bereavement** *n* pérdida (de un ser querido)

beret /'bereɪ; *USA* bə'reɪ/ *n* boina

berry /'beri/ *n* (*pl* -ies) baya

berserk /bə'sɜːk/ *adj* loco: *to go berserk* volverse loco

berth /bɜːθ/ ◆ *n* **1** (*barco*) camarote **2** (*tren*) litera **3** (*Náut*) atracadero ◆ *vt*, *vi* atracar (*un barco*)

beset /bɪ'set/ *vt* (**-tt-**) (*pret, pp* **beset**) (*formal*) acosar: *beset by doubts* acosado por las dudas

beside /bɪ'saɪd/ *prep* junto a, al lado de LOC **beside yourself (with sth)** fuera de sí (por algo)

besides /bɪ'saɪdz/ ◆ *prep* **1** además de **2** aparte de: *No one writes to me besides you.* Nadie me escribe más que tú. ◆ *adv* además

besiege /bɪ'siːdʒ/ *vt* **1** (*lit y fig*) asediar **2** acosar

best /best/ ◆ *adj* (*superl de* **good**) mejor: *the best dinner I've ever had* la mejor cena que he comido en mi vida ◊ *the best footballer in the world* el mejor futbolista del mundo ◊ *my best friend* mi mejor amigo *Ver tb* GOOD, BETTER LOC **best before:** *best before January*

2002 consumir antes de enero 2002 **best wishes:** *Best wishes, Ann.* Un fuerte abrazo, Ann. ◊ *Give her my best wishes.* Dale muchos recuerdos. ◆ *adv* (*superl de* **well**) **1** mejor: *best dressed* mejor vestido ◊ *Do as you think best.* Haz lo que te parezca más oportuno. **2** más: *best-known* más conocido LOC **as best you can** lo mejor que puedas ◆ *n* **1** the **best** el/la mejor: *She's the best by far.* Ella es con mucho la mejor. **2 the best** lo mejor: *to want the best for sb* querer lo mejor para algn **3** (**the**) ~ **of sth**: *We're (the) best of friends.* Somos excelentes amigos. LOC **at best** en el mejor de los casos LOC **to be at its/your best** estar algo/algn en su mejor momento **to do/to try your (level/very) best** hacer todo lo posible **to make the best of sth** sacar el máximo partido de algo **to the best of your belief/knowledge** que tú sepas

best man *n* padrino (de boda) ☞ *Ver nota en* BODA

best-seller /ˌbest 'selə(r)/ *n* éxito editorial/de ventas

bet /bet/ ◆ *vt, vi* (**-tt-**) (*pret, pp* **bet** *o* **betted**) **to bet (on) sth** apostar (en) algo LOC **I bet (that)...** (*coloq*): *I bet you he doesn't come.* ¡A que no viene! **you bet!** (*coloq*) ¡ya lo creo! ➤ *n* apuesta: *to place/put a bet (on sth)* apostar (por algo)

betide /bɪ'taɪd/ LOC *Ver* WOE

betray /bɪ'treɪ/ *vt* **1** (*país, principios*) traicionar **2** (*secreto*) revelar **betrayal** *n* traición

better /'betə(r)/ ◆ *adj* (*comp de* **good**) mejor: *It was better than I expected.* Fue mejor de lo que esperaba. ◊ *He is much better today.* Hoy está mucho mejor. *Ver tb* BEST, GOOD LOC (**to be**) **little/no better than...** no valer más que... **to get better** mejorar **to have seen/known better days** no ser lo que era *Ver tb* ALL ◆ *adv* **1** (*comp de* **well**) mejor: *She sings better than me/than I (do).* Canta mejor que yo. **2** más: *I like him better than before.* Me gusta más que antes. LOC **better late than never** (*refrán*) más vale tarde que nunca **better safe than sorry** (*refrán*) más vale prevenir que curar **I'd, you'd, etc. better/best (do sth)** ser mejor (que haga, hagas, etc. algo): *I'd better be going now.* Será mejor que me vaya ahora. **to be better off (doing sth):** *He'd be better off leaving now.* Más le

tʃ	dʒ	v	θ	ð	s	z	ʃ
chin	June	van	thin	then	so	zoo	she

valdría irse ahora. **to be better off (without sth/sb)** estar mejor (sin algo/algn) *Ver tb* KNOW, SOON ◆ *n* (algo) mejor: *I expected better of him.* Esperaba más de él. LOC **to get the better of sb** vencer a algn: *His shyness got the better of him.* Le venció la timidez.

betting shop *n* despacho de apuestas

between /bɪ'twiːn/ ◆ *prep* entre (*dos cosas/personas*) ☞ *Ver dibujo en* ENTRE ◆ *adv* (*tb* **in between**) en medio

beware /bɪ'weə(r)/ *vi* ~ **(of sth/sb)** tener cuidado (con algo/algn)

bewilder /bɪ'wɪldə(r)/ *vt* dejar perplejo **bewildered** *adj* perplejo **bewildering** *adj* desconcertante **bewilderment** *n* perplejidad

bewitch /bɪ'wɪtʃ/ *vt* hechizar

beyond /bɪ'jɒnd/ *prep, adv* más allá LOC **to be beyond sb** (*coloq*): *It's beyond me.* No lo puedo entender.

bias /'baɪəs/ *n* **1** ~ **towards sth/sb** predisposición a favor de algo/algn **2** ~ **against sth/sb** prejuicios contra algo/algn **3** parcialidad **biassed** (*tb* **biased**) *adj* parcial

bib /bɪb/ *n* **1** babero **2** peto (*de delantal*)

bible /'baɪbl/ *n* biblia **biblical** *adj* bíblico

bibliography /ˌbɪbli'ɒgrəfi/ *n* (*pl* -ies) bibliografía

biceps /'baɪseps/ *n* (*pl* biceps) bíceps

bicker /'bɪkə(r)/ *vi* discutir (*por asuntos triviales*)

bicycle /'baɪsɪk(ə)l/ *n* bicicleta: *to ride a bicycle* andar en bicicleta

bid /bɪd/ ◆ *vt, vi* (-dd-) (*pret, pp* bid) **1** (*subasta*) pujar **2** (*Com*) hacer ofertas LOC *Ver* FAREWELL ◆ *n* **1** (*subasta*) puja **2** (*Com*) oferta **3** intento: *to make a bid for sth* intentar conseguir algo **bidder** *n* postor, -ora

bide /baɪd/ *vt* LOC **to bide your time** esperar el momento oportuno

big /bɪg/ ◆ *adj* (bigger, biggest) **1** grande: *the biggest desert in the world* el desierto más grande del mundo

Big y **large** describen el tamaño, la capacidad o la cantidad de algo, pero **big** es menos formal.

2 mayor: *my big sister* mi hermana mayor **3** (*decisión*) importante **4** (*error*) grave LOC **a big cheese/fish/noise/shot** (*coloq*) un pez gordo **big business**: *This is big business.* Esto es una mina.

big deal! (*coloq, irón*) ¡vaya cosa! **the big time** (*coloq*) el estrellato ◆ *adv* (bigger, biggest) (*coloq*) a lo grande: *Let's think big.* Vamos a planearlo a lo grande.

bigamy /'bɪgəmi/ *n* bigamia

big-head /'bɪg hed/ *n* (*coloq*) engreído, -a **big-headed** *adj* (*coloq*) engreído

bigoted /'bɪgətɪd/ *adj* intolerante

bike /baɪk/ *n* (*coloq*) **1** bici **2** moto

bikini /bɪ'kiːni/ *n* biquini

bilingual /ˌbaɪ'lɪŋgwəl/ *adj, n* bilingüe

bill¹ /bɪl/ ◆ *n* **1** factura: *gas bill* recibo del gas ◊ *a bill for 5 000 pesetas* una factura de 5.000 pesetas **2** (*USA* check) (*restaurante, hotel*) cuenta: *The bill, please.* La cuenta, por favor. **3** programa **4** proyecto de ley **5** (*USA*) billete: *a ten-dollar bill* un billete de diez dólares LOC **to fill/fit the bill** satisfacer los requisitos *Ver tb* FOOT ◆ *vt* **1** **to bill sb for sth** pasar la factura de algo a algn **2** anunciar (*en un programa*)

bill² /bɪl/ *n* pico (*de pájaro*)

billboard /'bɪlbɔːd/ *n* (*USA*) valla publicitaria

billiards /'bɪliədz/ *n* [*sing*] billar **billiard** *adj*: *billiard ball* bola de billar

billing /'bɪlɪŋ/ *n*: *to get top/star billing* encabezar el cartel

billion /'bɪljən/ *adj, n* mil millones

Antiguamente **a billion** equivalía a un billón, pero hoy en día equivale a mil millones. **A trillion** equivale a un millón de millones, es decir, a un billón.

bin /bɪn/ *n* **1** cubo: *waste-paper bin* papelera **2** (*GB*) *Ver* DUSTBIN

waste-paper basket

bin

rubbish

litter

dustbin

litter bin

binary /'bamǝri/ *adj* binario

bind¹ /bamd/ *vt* (*pret, pp* **bound** /baʊnd/) **1** ~ sth/sb (**together**) atar algo/a algn **2** ~ sth/sb (**together**) (*fig*) unir, ligar algo/a algn **3** ~ sb/yourself (**to sth**) obligar a algn/obligarse (a algo)

bind² /bamd/ *n* (*coloq*) **1** lata: *It's a terrible bind.* Es un latazo. **2** apuro: *I'm in a bit of a bind.* Estoy en un apuro.

binder /'bamdǝ(r)/ *n* archivador

binding /'bamdɪŋ/ ◆ *n* **1** encuadernación **2** ribete ◆ *adj* ~ (**on/upon sb**) vinculante (para algn)

binge /bmdʒ/ ◆ *n* (*coloq*) juerga ◆ *vi* atracarse de comida, emborracharse

bingo /'bɪŋgǝʊ/ *n* bingo

binoculars /bɪ'nɒkjǝlǝz/ *n* [*pl*] gemelos, prismáticos

biochemical /ˌbaɪǝʊ'kemɪkl/ *adj* bioquímico

biochemist /ˌbaɪǝʊ'kemɪst/ *n* bioquímico, -a **biochemistry** *n* bioquímica

biodegradable /ˌbaɪǝʊdɪ'greɪdǝbl/ *adj* biodegradable

biodiversity /ˌbaɪǝʊdaɪ'vɜːsǝti/ *n* biodiversidad

biographical /ˌbaɪǝ'græfɪkl/ *adj* biográfico

biography /baɪ'ɒgrǝfi/ *n* (*pl* -ies) biografía **biographer** *n* biógrafo, -a

biological /ˌbaɪǝ'lɒdʒɪkl/ *adj* biológico

biology /baɪ'ɒlǝdʒi/ *n* biología **biologist** /baɪ'ɒlǝdʒɪst/ *n* biólogo, -a

biotechnology /ˌbaɪǝʊtek'nɒlǝdʒi/ *n* biotecnología

bird /bɜːd/ *n* ave, pájaro: *bird of prey* ave de rapiña LOC *Ver* EARLY

biro® (*tb* Biro) /'baɪrǝʊ/ *n* (*pl* ~s) bolígrafo

birth /bɜːθ/ *n* **1** nacimiento **2** natalidad **3** parto **4** cuna, origen LOC **to give birth (to sth/sb)** dar a luz (a algo/algn)

birth control *n* control de natalidad

birthday /'bɜːθdeɪ/ *n* **1** cumpleaños: *Happy birthday!* ¡Feliz cumpleaños! *birthday card* tarjeta de cumpleaños **2** aniversario

birthmark /'bɜːθmɑːk/ *n* mancha de nacimiento

birthplace /'bɜːθpleɪs/ *n* lugar de nacimiento

biscuit /'bɪskɪt/ (*esp USA* **cookie**) *n* galleta

bisexual /ˌbaɪ'sekʃuǝl/ *adj, n* bisexual

bishop /'bɪʃǝp/ *n* **1** (*Relig*) obispo **2** (*ajedrez*) alfil

bit¹ /bɪt/ *n* trocito, pedacito: *I've got a bit of shopping to do.* Tengo que hacer algunas compras. ◊ *I've got a bit of a headache.* Tengo un ligero dolor de cabeza. LOC **a bit 1** un poco: *a bit tired* un poco cansado ◊ *a rat: See you in a bit.* Nos vemos dentro de un rato. **3** *It rained quite a bit.* Llovió bastante. ◊ *It's worth a bit.* Vale mucho. **a bit much** (*coloq*) demasiado **bit by bit** poco a poco **bits and pieces** (*coloq*) cosillas **not a bit; not one (little) bit** en absoluto: *I don't like it one little bit.* No me gusta nada. **to bits**: *to pull/tear sth to bits* hacer algo pedazos ◊ *to fall to bits* hacerse pedazos ◊ *to smash (sth) to bits* hacer algo/hacerse añicos ◊ *to take sth to bits* desarmar algo **to do your bit** (*coloq*) hacer tu parte

bit² /bɪt/ *n* bocado (*para un caballo*)

bit³ /bɪt/ *n* (*Informát*) bit

bit⁴ *pret de* BITE

bitch /bɪtʃ/ *n* perra ☛ *Ver nota en* PERRO

bite /baɪt/ ◆ (*pret* **bit** /bɪt/ *pp* **bitten** /'bɪtn/) **1** *vt, vi* ~ (**into sth**) morder (algo): *to bite your nails* morderse las uñas **2** *vt* (*insecto*) picar ◆ *n* **1** mordisco **2** bocado **3** picadura

bitter /'bɪtǝ(r)/ ◆ *adj* (-est) **1** amargo **2** resentido **3** glacial ◆ *n* (*GB*) cerveza amarga **bitterly** *adv* amargamente: *It's bitterly cold.* Hace un frío que pela. **bitterness** *n* amargura

bizarre /bɪ'zɑː(r)/ *adj* **1** extraño, raro **2** (*aspecto*) estrafalario

black /blæk/ ◆ *adj* (-er, -est) **1** (*lit y fig*) negro: *black eye* ojo morado ◊ *black market* mercado negro **2** (*cielo, noche*) oscuro **3** (*café, té*) solo, sin leche ◆ *n* **1** negro **2** (*persona*) negro, -a ◆ *v* PHR V **to black out** perder el conocimiento

blackberry /'blækbǝri, -beri/ *n* (*pl* -ies) **1** mora **2** zarza

blackbird /'blækbɜːd/ *n* mirlo

blackboard /'blækbɔːd/ *n* pizarra

blackcurrant /ˌblæk'kʌrǝnt/ *n* grosella negra

u	ɒ	ɔː	ɜː	ǝ	j	w	eɪ	ǝʊ
situation	got	saw	fur	ago	yes	woman	pay	go

blacken /'blækən/ *vt* **1** *(reputación, etc.)* manchar **2** ennegrecer

blacklist /'blæklɪst/ ◆ *n* lista negra ◆ *vt* poner en la lista negra

blackmail /'blækmeɪl/ ◆ *n* chantaje ◆ *vt* chantajear **blackmailer** *n* chantajista

blacksmith /'blæksmɪθ/ *n* herrero, -a

bladder /'blædə(r)/ *n* vejiga

blade /bleɪd/ *n* **1** *(cuchillo, etc.)* hoja **2** *(patín)* cuchilla **3** *(ventilador)* aspa **4** *(remo)* pala **5** *(hierba)* brizna

blame /bleɪm/ ◆ *vt* **1** culpar: *He blames it on her/He blames her for it.* Le echa la culpa a ella. ☞ Nótese que to blame sb for sth es igual que to blame sth on sb. **2** *[en oraciones negativas]: You couldn't blame him for being annoyed.* No era de extrañar que se enfadara. LOC **to be to blame (for sth)** tener la culpa (de algo) ◆ *n* ~ **(for sth)** culpa (de algo) LOC **to lay/to put the blame (for sth) on sb** echar la culpa (de algo) a algn

bland /blænd/ *adj* (-er, -est) soso

blank /blæŋk/ ◆ *adj* **1** *(papel, cheque, etc.)* en blanco **2** *(pared, espacio, etc.)* desnudo **3** *(casete)* virgen **4** *(municiones)* de fogueo **5** *(expresión)* vacío ◆ *n* **1** espacio en blanco **2** bala de fogueo

blanket /'blæŋkɪt/ ◆ *n* manta ◆ *adj* general ◆ *vt* cubrir *(por completo)*

blare /bleə(r)/ *vi* ~ **(out)** sonar a todo volumen

blasphemy /'blæsfəmi/ *n [gen incontable]* blasfemia **blasphemous** *adj* blasfemo

blast /blɑːst; *USA* blæst/ ◆ *n* **1** explosión **2** onda expansiva **3** ráfaga: *a blast of air* una ráfaga de viento LOC *Ver* FULL ◆ *vt* volar *(con explosivos)* PHR V **to blast off** *(Aeronáut)* despegar ◆ **blast!** *interj* ¡maldición! **blasted** *adj* *(coloq)* condenado

blatant /'bleɪtnt/ *adj* descarado

blaze /bleɪz/ *n* **1** incendio **2** hoguera **3** *[sing]* **a** ~ **of sth**: *a blaze of colour* una explosión de color ◊ *in a blaze of publicity* con mucha publicidad ◆ *vi* **1** arder **2** brillar **3** *(fig)*: *eyes blazing* echando chispas por los ojos

blazer /'bleɪzə(r)/ *n* chaqueta: *a school blazer* una americana de uniforme

bleach /bliːtʃ/ ◆ *vt* blanquear ◆ *n* lejía

bleak /bliːk/ *adj* (-er, -est) **1** *(paisaje)* inhóspito **2** *(tiempo)* crudo **3** *(día)* gris y deprimente **4** *(fig)* poco prometedor

bleakly *adv* desoladamente **bleakness** *n* **1** desolación **2** crudeza

bleed /bliːd/ *vi* (*pret, pp* bled /bled/) sangrar **bleeding** *n [incontable]* hemorragia

blemish /'blemɪʃ/ ◆ *n* mancha ◆ *vt* manchar

blend /blend/ ◆ **1** *vt, vi* mezclar(se) **2** *vi* difuminarse PHR V **to blend in (with sth)** armonizar (con algo) ◆ *n* *(aprob)* mezcla **blender** *n* licuadora

bless /bles/ *vt* (*pret, pp* blessed /blest/) bendecir LOC **bless you!** **1** ¡que Dios te bendiga! **2** ¡Jesús! *(al estornudar)* ☞ *Ver nota en* ¡ACHÍS! **to be blessed with sth** gozar de algo

blessed /'blesɪd/ *adj* **1** santo **2** bendito **3** *(coloq)*: *the whole blessed day* todo el santo día

blessing /'blesɪŋ/ *n* **1** bendición **2** *[gen sing]* visto bueno LOC **it's a blessing in disguise** *(refrán)* no hay mal que por bien no venga

blew *pret de* BLOW

blind /blaɪnd/ ◆ *adj* ciego ☞ *Ver nota en* CIEGO LOC *Ver* TURN ◆ *vt* **1** *(momentáneamente)* deslumbrar **2** cegar ◆ *n* **1** persiana **2** **the blind** *[pl]* los ciegos **blindly** *adv* ciegamente **blindness** *n* ceguera

blindfold /'blaɪndfəʊld/ ◆ *n* venda *(en los ojos)* ◆ *vt* vendar los ojos a ◆ *adv* con los ojos vendados

blink /blɪŋk/ ◆ *vi* parpadear ◆ *n* parpadeo

bliss /blɪs/ *n [incontable]* (una) dicha **blissful** *adj* dichoso

blister /'blɪstə(r)/ *n* **1** ampolla **2** *(pintura)* burbuja

blistering /'blɪstərɪŋ/ *adj* abrasador *(calor)*

blitz /blɪts/ *n* **1** *(Mil)* ataque relámpago **2** ~ **(on sth)** *(coloq)* campaña (contra algo)

blizzard /'blɪzəd/ *n* ventisca (de nieve)

bloated /'bləʊtɪd/ *adj* hinchado

blob /blɒb/ *n* gota *(líquido espeso)*

blob

drip

drop   blob

bloc /blɒk/ n [v sing o pl] bloque (Pol)

block /blɒk/ ◆ n 1 (piedra, hielo, etc.) bloque 2 (edificios) manzana, bloque 3 (entradas, acciones, etc.) paquete: a block booking una reserva en grupo 4 obstáculo, impedimento: a mental block un bloqueo mental LOC Ver CHIP ◆ vt 1 atascar, bloquear 2 tapar 3 impedir

blockade /blɒ'keɪd/ ◆ n bloqueo (Mil) ◆ vt bloquear (puerto, ciudad, etc.)

blockage /'blɒkɪdʒ/ n 1 obstrucción 2 bloqueo 3 atasco

blockbuster /'blɒkbʌstə(r)/ n éxito de taquilla/de ventas

block capitals (tb block letters) n [pl] mayúsculas

bloke /bləʊk/ n (GB, coloq) tío, tipo

blond (tb blonde) /blɒnd/ ◆ adj (-er, -est) rubio ◆ n rubio, -a ☞ La variante blonde se suele usar cuando nos referimos a una mujer. Ver nota en RUBIO

blood /blʌd/ n sangre: blood group grupo sanguíneo ◊ blood pressure presión arterial ◊ blood test análisis de sangre LOC Ver FLESH Ver tb COLD-BLOODED

bloodshed /'blʌdʃed/ n derramamiento de sangre

bloodshot /'blʌdʃɒt/ adj inyectado en sangre

blood sports n [pl] caza

bloodstained /'blʌdsteɪnd/ adj manchado de sangre

bloodstream /'blʌdstriːm/ n flujo sanguíneo

bloody /'blʌdi/ ◆ adj (-ier, -iest) 1 ensangrentado 2 sanguinolento 3 (batalla, etc.) sangriento ◆ adj, adv (GB, coloq): That bloody car! ¡Ese maldito coche! ◊ He's bloody useless! ¡Es un maldito inútil!

bloom /bluːm/ ◆ n flor ◆ vi florecer

blossom /'blɒsəm/ ◆ n flor (de árbol frutal) ◆ vi florecer ☞ Comparar con FLOWER

blot /blɒt/ ◆ n 1 borrón 2 ~ on sth (fig) mancha en algo ◆ vt (-tt-) 1 (carta, etc.) emborronar 2 (con secante) secar PHR V to blot sth out 1 (memoria, etc.) borrar algo 2 (panorama, luz, etc.) tapar algo

blotch /blɒtʃ/ n mancha (esp en la piel)

blotchy adj lleno de manchas (esp piel, rostro, etc.)

blouse /blaʊz; USA blaʊs/ n blusa

blow /bləʊ/ ◆ (pret blew /bluː/ pp blown /bləʊn/ o blowed) 1 vi soplar 2 vi (movido por el viento): to blow shut/open cerrarse/abrirse de golpe 3 vi (silbato) sonar 4 vt (silbato) tocar 5 vt (viento, etc.) llevar: The wind blew us towards the island. El viento nos llevó hacia la isla. LOC blow it! ¡maldita sea! to blow your nose sonarse (la nariz)

PHR V to blow away irse volando (llevado por el viento) to blow sth away llevarse algo (el viento)

to blow down/over ser derribado por el viento to blow sth/sb down/over derribar algo/a algn (el viento)

to blow sth out apagar algo

to blow over pasar sin más (tormenta, escándalo)

to blow up 1 (bomba, etc.) explotar 2 (tormenta, escándalo) estallar 3 (coloq) cabrearse to blow sth up 1 (reventar) volar algo 2 (globo, etc.) inflar algo 3 (Fot) ampliar algo 4 (coloq) (asunto) exagerar algo

◆ n ~ (to sth/sb) golpe (para algo/algn) LOC a blow-by-blow account, description, etc. (of sth) un relato, descripción, etc. (de algo) con pelos y señales at one blow/at a single blow de un (solo) golpe come to blows (over sth) llegar a las manos (por algo)

blue /bluː/ ◆ adj 1 azul: light/dark blue azul claro/oscuro 2 (coloq) triste 3 (película, etc.) verde ◆ n 1 azul 2 the blues [v sing o pl] (Mús) el blues 3 the blues [v sing o pl] la depre LOC out of the blue de repente

blueprint /'bluːprɪnt/ n ~ (for sth) anteproyecto (de algo)

bluff /blʌf/ ◆ vi marcarse/tirarse un farol ◆ n fanfarronada

blunder /'blʌndə(r)/ ◆ n metedura de pata ◆ vi cometer una equivocación

blunt /blʌnt/ ◆ vt embotar ◆ adj (-er, -est) 1 despuntado 2 romo: blunt instrument instrumento contundente 3 (negativa) liso y llano: to be blunt with sb hablar a algn sin rodeos 4 (comentario) brusco: To be blunt... Para serte franco...

blur /blɜː(r)/ ◆ n imagen borrosa ◆ vt

tʃ	dʒ	v	θ	ð	s	z	ʃ
chin	June	van	thin	then	so	zoo	she

(-rr-) **1** hacer borroso **2** *vt* (*diferencia*) atenuar **blurred** *adj* borroso

blurt /blɜːt/ *v* PHR V **to blurt sth out** soltar algo

blush /blʌʃ/ ◆ *vi* sonrojarse ◆ *n* sonrojo **blusher** *n* colorete

boar /bɔː(r)/ *n* (*pl* boar *o* ~s) **1** jabalí **2** verraco ☞ *Ver nota en* CERDO

board /bɔːd/ ◆ *n* **1** tabla: *ironing board* tabla de planchar **2** (*tb* blackboard) pizarra **3** (*tb* noticeboard) tablón de anuncios **4** (*ajedrez, etc.*) tablero **5** cartoné **6** the board (of directors) [*v sing o pl*] la junta directiva **7** (*comida*) pensión: *full/half board* pensión completa/media pensión LOC **above board** limpio en todos los niveles: *a 10% pay increase across the board* un aumento general de sueldo del 10% **on board** a bordo ◆ **1** *vt* ~ **sth** (**up/over**) cubrir algo con tablas **2** *vi* embarcar **3** *vt* subir a

boarder /ˈbɔːdə(r)/ *n* **1** (*colegio*) interno, -a **2** (*casa de huéspedes*) huésped, -eda

boarding card (*tb* boarding pass) *n* tarjeta de embarque

boarding house *n* casa de huéspedes

boarding school *n* internado

boast /bəʊst/ ◆ **1** *vi* ~ (**about/of sth**) alardear (de algo) **2** *vt* (*formal*) gozar de: *The town boasts a famous museum.* La ciudad presume de tener un museo famoso. ◆ *n* alarde **boastful** *adj* **1** presuntuoso **2** pretencioso

boat /bəʊt/ *n* **1** barco: *to go by boat* ir en barco **2** barca: *rowing boat* barca de remos ◊ *boat race* regata **3** buque LOC *Ver* SAME

Boat y ship tienen significados muy similares, pero boat se suele utilizar para embarcaciones más pequeñas.

bob /bɒb/ *vi* (-bb-) **to bob** (**up and down**) (*en el agua*) balancearse PHR V **to bob up** surgir

bobby /ˈbɒbi/ *n* (*pl* -ies) (*GB, coloq*) poli

bode /bəʊd/ *vt* (*formal*) presagiar, augurar LOC **to bode ill/well** (**for sth/sb**) ser de mal agüero/buena señal (para algo/algn)

bodice /ˈbɒdɪs/ *n* corpiño

bodily /ˈbɒdɪli/ ◆ *adj* del cuerpo, corporal ◆ *adv* **1** a la fuerza **2** en conjunto

body /ˈbɒdi/ *n* (*pl* bodies) **1** cuerpo **2** cadáver **3** [*v sing o pl*] grupo: *a government body* un organismo gubernamental **4** conjunto **5** (*USA* bodysuit) body (*que hace las veces de top*) LOC **body and soul** en cuerpo y alma

bodybuilding /ˈbɒdibɪldɪŋ/ *n* culturismo

bodyguard /ˈbɒdigɑːd/ *n* **1** guardaespaldas **2** (*grupo*) guardia personal

bodywork /ˈbɒdiwɜːk/ *n* [*incontable*] carrocería

bog /bɒɡ/ ◆ *n* **1** ciénaga **2** (*GB, coloq*) retrete ◆ *v* (-gg-) PHR V **to get bogged down 1** (*fig*) estancarse **2** (*lit*) atascarse **boggy** *adj* cenagoso

bogey (*tb* bogy) /ˈbəʊɡi/ *n* (*pl* bogeys) (*tb* bogeyman) coco (*espíritu maligno*)

bogus /ˈbəʊɡəs/ *adj* falso, fraudulento

boil[1] /bɔɪl/ *n* forúnculo

boil[2] /bɔɪl/ ◆ **1** *vt, vi* hervir **2** *vt* (*huevo*) cocer PHR V **to boil down to sth** reducirse a algo **to boil over** rebosarse ◆ *n* LOC **to be on the boil** estar hirviendo **boiling** *adj* hirviendo: *boiling point* punto de ebullición ◊ *boiling hot* al rojo vivo

boiler /ˈbɔɪlə(r)/ *n* caldera

boiler suit *n* mono (*traje*)

boisterous /ˈbɔɪstərəs/ *adj* bullicioso, alborotado

bold /bəʊld/ *adj* (-er, -est) **1** valiente **2** osado, atrevido **3** bien definido, marcado **4** llamativo LOC **to be/make so bold (as to do sth)** (*formal*) atreverse (a hacer algo) *Ver tb* FACE[1] **boldly** *adv* **1** resueltamente **2** audazmente, atrevidamente **3** marcadamente **boldness** *n* **1** valentía **2** audacia, atrevimiento

bolster /ˈbəʊlstə(r)/ *vt* **1** ~ **sth** (**up**) reforzar algo **2** ~ **sb** (**up**) alentar a algn

bolt[1] /bəʊlt/ ◆ *n* **1** cerrojo **2** perno **3** *a bolt of lightning* un rayo ◆ *vt* **1** cerrar con cerrojo **2** ~ **A to B**; ~ **A and B together** atornillar A a B

bolt[2] /bəʊlt/ ◆ **1** *vi* (*caballo*) desbocarse **2** *vi* salir disparado **3** *vt* ~ **sth** (**down**) engullir algo ◆ *n* LOC **to make a bolt/dash/run for it** intentar escapar

bomb /bɒm/ ◆ *n* **1** bomba: *bomb disposal* desactivación de bombas ◊ *bomb scare* amenaza de bomba ◊ *to plant a bomb* poner una bomba **2** the bomb la bomba atómica LOC **to go like a bomb** (*coloq*) ir como un rayo *Ver tb* COST ◆

iː	i	ɪ	e	æ	ɑː	ʌ	ʊ	uː
see	happy	sit	ten	hat	father	cup	put	too

1 *vt, vi* bombardear **2** *vt, vi* poner una bomba (*en un edificio, etc.*) **3** *vi* ~ **along, down, up, etc.** (*GB, coloq*) ir zumbando

bombard /bɒmˈbɑːd/ *vt* **1** bombardear **2** (*a preguntas, etc.*) acosar **bombardment** *n* bombardeo

bomber /ˈbɒmə(r)/ *n* **1** (*avión*) bombardero **2** persona que pone bombas

bombing /ˈbɒmɪŋ/ *n* **1** bombardeo **2** atentado con explosivos

bombshell /ˈbɒmʃel/ *n* bomba: *The news came as a bombshell.* La noticia cayó como una bomba.

bond /bɒnd/ ◆ *vt* unir ◆ *n* **1** pacto **2** lazos **3** bono: *Government bonds* bonos del Tesoro **4** bonds [*pl*] cadenas

bone /bəʊn/ ◆ *n* **1** hueso **2** (*pez*) espina LOC **bone dry** completamente seco **to be a bone of contention** ser la manzana de la discordia **to have a bone to pick with sb** tener una queja sobre algn **to make no bones about sth** no andarse con rodeos en cuanto a algo *Ver tb* CHILL, WORK² ◆ *vt* deshuesar

bone marrow *n* médula

bonfire /ˈbɒnfaɪə(r)/ *n* hoguera

Bonfire Night *n* (*GB*)

El 5 de noviembre se celebra en Gran Bretaña lo que llaman **Bonfire Night**. La gente hace hogueras por la noche y hay fuegos artificiales para recordar aquel 5 de noviembre de 1605 cuando Guy Fawkes intentó quemar el Parlamento.

bonnet /ˈbɒnɪt/ *n* **1** (*bebé*) gorrito **2** (*señora*) sombrero **3** (*USA* **hood**) capó

bonus /ˈbəʊnəs/ *n* **1** plus: *a productivity bonus* un plus de productividad **2** (*fig*) ventaja añadida

bony /ˈbəʊni/ *adj* **1** óseo **2** lleno de espinas/huesos **3** huesudo

boo /buː/ ◆ *vt, vi* abuchear ◆ *n* (*pl* **boos**) abucheo ◆ **boo!** *interj* ¡bu!

booby-trap /ˈbuːbi træp/ *n* trampa (explosiva)

book¹ /bʊk/ *n* **1** libro: *book club* club del libro **2** libreta **3** cuaderno **4** (*cheques*) talonario **5 the books** [*pl*] las cuentas: *to do the books* llevar las cuentas LOC **to be in sb's good books** gozar del favor de algn **to do sth by the book** hacer algo según las normas *Ver tb* BAD, COOK, LEAF, TRICK

book² /bʊk/ **1** *vt, vi* reservar, hacer una reserva **2** *vt* contratar **3** *vt* (*coloq*)

(*policía*) fichar **4** *vt* (*Dep*) sancionar LOC **to be booked up 1** agotarse las localidades **2** (*coloq*): *I'm booked up.* No tengo ni un hueco en la agenda. PHR V **to book in** registrarse

bookcase /ˈbʊkkeɪs/ *n* librería (*mueble*)

booking /ˈbʊkɪŋ/ *n* (*esp GB*) reserva

booking office *n* (*esp GB*) taquilla

booklet /ˈbʊklət/ *n* folleto

bookmaker /ˈbʊkmeɪkə(r)/ (*tb* **bookie**) *n* corredor, -ora de apuestas

bookmark /ˈbʊkmɑːk/ ◆ *n* **1** señal para marcar la página **2** (*Informát*) bookmark ◆ *vt* (*Informát*) agregar como bookmark

bookseller /ˈbʊkselə(r)/ *n* librero, -a

bookshelf /ˈbʊkʃelf/ *n* (*pl* **-shelves** /-ʃelvz/) estante para libros

bookshop /ˈbʊkʃɒp/ (*USA tb* **bookstore**) *n* librería

boom /buːm/ ◆ *vi* resonar, retumbar ◆ *n* **1** estruendo **2** boom

boost /buːst/ ◆ *vt* **1** (*ventas, confianza*) aumentar **2** (*moral*) levantar ◆ *n* **1** aumento **2** estímulo grato

boot /buːt/ ◆ *n* **1** bota **2** (*USA* **trunk**) (*coche*) maletero LOC *Ver* TOUGH ◆ **1** *vt* dar una patada a **2** *vt, vi* (*Informát*) ~ (**sth**) (**up**) arrancar (algo) PHR V **to boot sb out** (*coloq*) poner a algn de patitas en la calle

booth /buːð; *USA* buːθ/ *n* **1** caseta **2** cabina: *polling/telephone booth* cabina electoral/telefónica

booty /ˈbuːti/ *n* botín

booze /buːz/ ◆ *n* (*coloq*) bebida (alcohólica) ◆ *vi* (*coloq*): *to go out boozing* ir de cogorza

border /ˈbɔːdə(r)/ ◆ *n* **1** frontera

Border y frontier se usan para referirse a la división entre países o estados, pero solo **border** suele usarse para hablar de fronteras naturales: *The river forms the border between the two countries.* El río constituye la frontera entre los dos países. Por otro lado, **boundary** se utiliza para las divisiones entre áreas más pequeñas, como por ejemplo los condados.

2 (*jardín*) arriate **3** borde, ribete ◆ *vt* limitar con, lindar con PHR V **to border on sth** rayar en algo

borderline /ˈbɔːdəlaɪn/ n límites LOC **a borderline case** un caso dudoso

bore¹ *pret de* BEAR²

bore² /bɔː(r)/ ◆ vt 1 aburrir 2 *(agujero)* hacer *(con taladro)* ◆ n 1 *(persona)* aburrido, -a 2 rollo, lata 3 *(escopeta)* calibre **bored** adj aburrido: *I am bored.* Estoy aburrido. ☞ *Ver nota en* INTERESTING **boredom** n aburrimiento **boring** adj aburrido: *He is boring.* Es aburrido.

born /bɔːn/ ◆ pp nacido LOC **to be born** nacer: *She was born in Bath.* Nació en Bath. ◊ *He was born blind.* Es ciego de nacimiento. ◆ adj [*solo antes de sustantivo*] nato: *He's a born actor.* Es un actor nato.

borne pp de BEAR²

borough /ˈbʌrə; USA -rəʊ/ n municipio

borrow /ˈbɒrəʊ/ vt ~ **sth (from sth/sb)** pedir (prestado) algo (a algo/algn) ☞ Lo más normal en español es cambiar la estructura, y emplear un verbo como "prestar" o "dejar": *Could I borrow a pen?* ¿Me dejas un bolígrafo? **borrower** n prestatario, -a **borrowing** n crédito: *public sector borrowing* crédito al sector público

bosom /ˈbʊzəm/ n 1 *(ret)* pecho, busto 2 *(fig)* seno

boss /bɒs/ ◆ n *(coloq)* jefe, -a ◆ vt ~ **sb about/around** *(pey)* dar órdenes a algn; mangonear a algn **bossy** adj (-ier, -iest) *(pey)* mandón

botany /ˈbɒtəni/ n botánica **botanical** /bəˈtænɪkl/ *(tb* botanic*)* adj botánico **botanist** /ˈbɒtənɪst/ n botánico, -a

both /bəʊθ/ ◆ pron, adj ambos, -as, los/las dos: *both of us* nosotros dos ◊ *Both of us went./We both went.* Los dos

fuimos. ◆ adv **both... and...** a la vez ... y...: *The report is both reliable and readable.* El informe es a la vez fiable e interesante. ◊ *both you and me* tanto tú como yo ◊ *He both plays and sings.* Canta y toca. LOC *Ver* NOT ONLY... BUT ALSO *en* ONLY

bother /ˈbɒðə(r)/ ◆ 1 vt molestar 2 vt preocupar: *What's bothering you?* ¿Qué es lo que te preocupa? 3 vi ~ **(to do sth)** molestarse (en hacer algo): *He didn't even bother to say thank you.* No se molestó ni siquiera en dar las gracias. 4 vi ~ **about sth/sb** preocuparse por algo/algn LOC **I can't be bothered (to do sth)** no me apetece (hacer algo) **I'm not bothered** me da igual ◆ n molestia ◆ **bother!** interj ¡puñetas!

bottle /ˈbɒtl/ ◆ n 1 botella 2 frasco 3 biberón ◆ vt 1 embotellar 2 envasar

bottle bank n contenedor de vidrio

bottle opener n abrebotellas

bottom /ˈbɒtəm/ n 1 *(colina, página, escaleras)* pie 2 *(mar, barco, taza)* fondo 3 *(Anat)* trasero 4 *(calle)* final 5 último: *He's bottom of the class.* Es el último de la clase. 6 *bikini bottom* braga del biquini ◊ *pyjama bottoms* pantalones de pijama LOC **to be at the bottom of sth** estar detrás de algo **to get to the bottom of sth** llegar al fondo de algo *Ver tb* ROCK¹

bough /baʊ/ n rama

bought pret, pp de BUY

boulder /ˈbəʊldə(r)/ n roca *(grande)*

bounce /baʊns/ ◆ 1 vt, vi botar 2 vi *(coloq)* *(cheque)* ser devuelto PHR V **to bounce back** *(coloq)* recuperarse ◆ n bote **bouncy** adj 1 *(pelota)* que bota mucho 2 *(persona)* animado

bouncer /ˈbaʊnsə(r)/ n gorila *(portero)*

bound¹ /baʊnd/ ◆ vi saltar ◆ n salto

bound² /baʊnd/ adj ~ **for...** con destino a...

bound³ pret, pp de BIND¹

bound⁴ /baʊnd/ adj 1 **to be ~ to do sth**: *You're bound to pass the exam.* Seguro que apruebas el examen. 2 obligado *(por la ley o el deber)* LOC **bound up with sth** ligado a algo

boundary /ˈbaʊndri/ n *(pl* -ies*)* límite, frontera ☞ *Ver nota en* BORDER

boundless /ˈbaʊndləs/ adj ilimitado

aɪ	aʊ	ɔ	ɔɪ	ɪə	eə	ʊə	ʒ	h	ŋ
five	now		join	near	hair	pure	vision	how	sing

Caption under image:
She's **lending** her son some money.   He's **borrowing** some money from his mother.

bounds /baʊndz/ n [pl] límites LOC **out of bounds** prohibido

bouquet /bu'keɪ/ n 1 (flores) ramo 2 buqué

bourgeois /'bʊəʒwɑ/ adj, n burgués, -esa

bout /baʊt/ n 1 (actividad) racha 2 (enfermedad) ataque 3 (boxeo) combate

bow¹ /bəʊ/ n 1 lazo 2 (Dep, violín) arco

bow² /baʊ/ ◆ 1 vi inclinarse, hacer una reverencia 2 vt (cabeza) inclinar, bajar ◆ n 1 reverencia 2 (tb bows [pl]) (Náut) proa

bowel /'baʊəl/ n 1 (Med) [a menudo pl] intestino(s) 2 **bowels** [pl] (fig) entrañas

bowl¹ /bəʊl/ n 1 cuenco ☛ **Bowl** se usa en muchas formas compuestas, cuya traducción es generalmente una sola palabra: a fruit bowl un frutero ◊ a sugar bowl un azucarero ◊ a salad bowl una ensaladera. 2 plato hondo 3 tazón 4 (retrete) taza

bowl² /bəʊl/ ◆ n 1 (bolos) bola 2 **bowls** [sing] bochas ◆ vt, vi lanzar (la pelota)

bowler /'bəʊlə(r)/ n 1 (Dep, críquet) lanzador, -ora 2 (tb **bowler hat**) bombín

bowling /'bəʊlɪŋ/ n [incontable] bolos: bowling alley bolera

bow tie n pajarita

box¹ /bɒks/ ◆ n 1 caja: cardboard box caja de cartón ☛ Ver dibujo en CONTAINER 2 estuche 3 (correo) buzón 4 (Teat) palco 5 (teléfono) cabina 6 **the box** (GB, coloq) la tele ◆ vt ~ **sth (up)** embalar algo

box² /bɒks/ vt, vi boxear (contra)

boxer /'bɒksə(r)/ n 1 boxeador 2 bóxer Ver tb BOXERS

boxers /'bɒksə(r)z/ (tb **boxer shorts**) n [pl] calzoncillos (tipo boxeador): a pair of boxer shorts unos calzoncillos ☛ Ver nota en PAIR

boxing /'bɒksɪŋ/ n boxeo

Boxing Day n 26 de diciembre ☛ Ver nota en NAVIDAD

box number n apartado de correos

box office n taquilla

boy /bɔɪ/ n 1 niño: It's a boy! ¡Es un niño! 2 hijo: his eldest boy su hijo mayor ◊ I've got three children: two boys and one girl. Tengo tres hijos: dos chicos y una chica. 3 chico, muchacho: boys and girls chicos y chicas

boycott /'bɔɪkɒt/ ◆ vt boicotear ◆ n boicot

boyfriend /'bɔɪfrend/ n novio: Is he your boyfriend, or just a friend? ¿Es tu novio o solo un amigo?

boyhood /'bɔɪhʊd/ n niñez

boyish /'bɔɪʃ/ adj 1 (hombre) aniñado, juvenil 2 (mujer): She has a boyish figure. Tiene tipo de muchacho.

bra /brɑː/ n sujetador

brace /breɪs/ ◆ n 1 (para los dientes) aparato 2 **braces** [pl] tirantes

En Estados Unidos se dice **suspenders**.

◆ v refl ~ **yourself (for sth)** prepararse (para algo) PHR V **to brace up** (USA) animarse **bracing** adj estimulante

bracelet /'breɪslət/ n pulsera

bracket /'brækɪt/ ◆ n 1 paréntesis: in brackets entre paréntesis ☛ Ver págs 326-27. 2 (Tec) soporte 3 categoría: the 20-30 age bracket el grupo de edad de 20 a 30 años ◆ vt 1 poner entre paréntesis 2 agrupar

brag /bræg/ vi (-gg-) ~ **(about sth)** fanfarronear (de algo)

braid /breɪd/ n (USA) trenza

brain /breɪn/ n 1 cerebro: He's the brains of the family. Es el cerebro de la familia. 2 **brains** [pl] sesos 3 mente LOC **to have sth on the brain** (coloq) tener algo metido en la cabeza Ver tb PICK, RACK **brainless** adj insensato, estúpido **brainy** adj (-ier, -iest) (coloq) inteligente

brainstorming /'breɪnstɔːmɪŋ/ n intercambio de ideas: We had a brainstorming session. Nos reunimos para intercambiar ideas.

brainwash /'breɪnwɒʃ/ vt ~ **sb (into doing sth)** lavar el cerebro a algn (para que haga algo) **brainwashing** n lavado de cerebro

brake /breɪk/ ◆ n freno: to put on/ apply the brake(s) frenar/echar el freno ◆ vt, vi frenar: to brake hard frenar de golpe

bramble /'bræmbl/ n zarzamora

bran /bræn/ n salvado

branch /brɑːntʃ; USA bræntʃ/ ◆ n 1 rama 2 sucursal: your nearest/local branch la sucursal más cercana/del barrio ◆ v PHR V **to branch off** desviarse, ramificarse **to branch out (into sth)** extenderse (a algo), comenzar (con

tʃ	dʒ	v	θ	ð	s	z	ʃ
chin	June	van	thin	then	so	zoo	she

algo): *They are branching out into Eastern Europe.* Están comenzando a operar en Europa del Este.

brand /brænd/ ◆ *n* **1** (*Com*) marca (*productos de limpieza, tabaco, ropa, alimentos*) ☛ *Comparar con* MAKE² **2** forma: *a strange brand of humour* un sentido del humor muy peculiar ◆ *vt* **1** (*ganado*) marcar **2** ~ **sb** (**as sth**) etiquetar a algn (de algo)

brandish /'brændɪʃ/ *vt* blandir

brand new *adj* completamente nuevo

brandy /'brændi/ *n* coñac

brash /bræʃ/ *adj* (*pey*) descarado **brashness** *n* desparpajo

brass /brɑːs; *USA* bræs/ *n* **1** latón **2** [*v sing o pl*] (*Mús*) instrumentos de metal

bravado /brəˈvɑːdəʊ/ *n* bravuconería

brave /breɪv/ ◆ *vt* **1** (*peligro, intemperie, etc.*) desafiar **2** (*dificultades*) soportar ◆ *adj* (-er, -est) valiente LOC **to put a brave face on it/on sth** poner al mal tiempo buena cara

brawl /brɔːl/ *n* reyerta

breach /briːtʃ/ ◆ *n* **1** (*contrato, etc.*) incumplimiento **2** (*ley*) violación **3** (*relaciones*) ruptura **4** (*seguridad*) fallo LOC **breach of confidence/faith/trust** abuso de confianza ◆ *vt* **1** (*contrato, etc.*) incumplir **2** (*ley*) violar **3** (*muro, defensas*) abrir una brecha en

bread /bred/ *n* **1** [*incontable*] pan: *I bought a loaf/two loaves of bread.* Compré una barra/dos barras de pan. ◊ *a slice of bread* una rebanada de pan **2** [*contable*] (tipo de) pan ☛ *Nótese que* el plural **breads** solo se usa para referirse a distintos tipos de pan, no a varias piezas de pan. *Ver dibujo en* PAN

breadcrumbs /'bredkrʌmz/ *n* [*pl*] pan rallado: *fish in breadcrumbs* pescado empanado

breadth /bredθ/ *n* **1** amplitud **2** anchura

break¹ /breɪk/ (*pret* **broke** /brəʊk/ *pp* **broken** /'brəʊkən/) **1** *vt* romper: *to break sth in two/in half* romper algo en dos/por la mitad ◊ *She's broken her leg.* Se ha roto la pierna. ☛ **Break** no se usa con materiales flexibles, como la tela o el papel. *Ver tb* ROMPER **2** *vi* romperse, hacerse pedazos **3** *vt* (*ley*) violar **4** *vt* (*promesa, palabra*) no cumplir **5** *vt* (*récord*) batir **6** *vt* (*caída*) amortiguar **7** *vt* (*viaje*) interrumpir **8** *vi* hacer un

descanso: *Let's break for coffee.* Vamos a parar para tomar un café. **9** *vt* (*voluntad*) quebrantar **10** *vt* (*mala costumbre*) dejar **11** *vt* (*código*) descifrar **12** *vt* (*caja fuerte*) forzar **13** *vi* (*tiempo*) cambiar **14** *vi* (*tormenta, escándalo*) estallar **15** *vi* (*noticia, historia*) hacerse público **16** *vi* (*voz*) quebrarse, cambiar **17** *vi* (*olas, aguas*) romper: *Her waters broke.* Rompió aguas. LOC **break it up!** ¡basta ya! **to break the bank** (*coloq*): *A meal out won't break the bank.* Cenar fuera no nos va a arruinar. **to break the news (to sb)** dar la (mala) noticia (a algn) **to break your back (to do sth)** sudar tinta (para hacer algo) *Ver tb* WORD

PHR V **to break away (from sth)** separarse (de algo), romper (con algo)

to break down 1 (*coche*) averiarse: *We broke down.* Se nos averió el coche. **2** (*máquina*) estropearse **3** (*persona*) venirse abajo: *He broke down and cried.* Rompió a llorar. **4** (*negociaciones*) romperse **to break sth down 1** echar abajo algo **2** vencer algo **3** descomponer algo

to break in forzar la entrada **to break into sth 1** (*ladrones*) entrar en algo **2** (*mercado*) introducirse en algo **3** (*empezar a hacer algo*): *to break into a run* echar a correr ◊ *He broke into a cold sweat.* Le dio un sudor frío.

to break off dejar de hablar **to break sth off 1** partir algo (*trozo*) **2** romper algo (*compromiso*)

to break out 1 (*epidemia*) declararse **2** (*guerra, violencia*) estallar **3** (*incendio*) producirse **4** llenarse: *I've broken out in spots.* Me he llenado de granos.

to break through sth abrirse camino a través de algo

to break up 1 (*reunión*) disolverse **2** (*relación*) terminarse **3** *The school breaks up on 20 July.* Las clases terminan el 20 de julio. **to break (up) with sb** romper con algn **to break sth up** disolver, hacer fracasar algo

break² /breɪk/ *n* **1** rotura, abertura **2** descanso, vacaciones cortas, recreo: *a coffee break* un descanso para tomar café **3** ruptura, cambio: *a break in routine* un cambio de rutina **4** (*coloq*) golpe de suerte LOC **to give sb a break** dar un respiro a algn **to make a break (for it)** intentar escapar *Ver tb* CLEAN

breakdown /'breɪkdaʊn/ *n* **1** avería

iː	i	ɪ	e	æ	ɑː	ʌ	ʊ	uː
see	happy	sit	ten	hat	father	cup	put	too

2 (*salud*) crisis: *a nervous breakdown* una crisis nerviosa **3** análisis

breakfast /'brekfəst/ *n* desayuno: *to have breakfast* desayunar *Ver tb* BED AND BREAKFAST

break-in /'breɪk ɪn/ *n* robo

breakthrough /'breɪkθruː/ *n* avance (importante)

breast /brest/ *n* seno, pecho (*de mujer*): *breast cancer* cáncer de mamá

breaststroke /'breststrəʊk/ *n* (estilo) braza: *to do breaststroke* nadar a braza

breath /breθ/ *n* aliento: *to take a deep breath* respirar a fondo LOC **a breath of fresh air** un soplo de aire fresco **(to be) out of/short of breath** (estar) sin aliento **to get your breath (again/back)** recuperar el aliento **to say sth, speak, etc. under your breath** decir algo, hablar, etc. entre susurros **to take sb's breath away** dejar a algn boquiabierto *Ver tb* CATCH, HOLD, WASTE

breathe /briːð/ **1** *vi* respirar **2** *vt, vi* ~ **(sth) (in/out)** aspirar, expirar (algo) LOC **not to breathe a word (of/about sth) (to sb)** no soltar ni una palabra (de algo) (a algn) **to breathe down sb's neck** (*coloq*) estar encima de algn **to breathe life into sth/sb** infundir vida a algo/algn **breathing** *n* respiración: *heavy breathing* resuello

breathless /'breθləs/ *adj* jadeante, sin aliento

breathtaking /'breθteɪkɪŋ/ *adj* impresionante, vertiginoso

breed /briːd/ ◆ (*pret, pp* **bred** /bred/) **1** *vi* (*animal*) reproducirse **2** *vt* (*ganado*) criar **3** *vt* producir, engendrar: *Dirt breeds disease.* La suciedad produce enfermedad. ◆ *n* raza, casta

breeze /briːz/ *n* brisa

brew /bruː/ **1** *vt* (*cerveza*) elaborar **2** *vt, vi* (*té*) hacer(se) **3** *vi* (*fig*) prepararse: *Trouble is brewing.* Se está preparando jaleo.

bribe /braɪb/ ◆ *n* soborno ◆ *vt* ~ **sb (into doing sth)** sobornar a algn (para que haga algo) **bribery** *n* cohecho, soborno

brick /brɪk/ ◆ *n* ladrillo LOC *Ver* DROP ◆ *v* PHR V **to brick sth in/up** enladrillar algo

bride /braɪd/ *n* novia (*en una boda*) ☞ *Ver nota en* BODA LOC **the bride and groom** los novios

bridegroom /'braɪdɡruːm/ (*tb* groom) *n* novio (*en una boda*) ☞ *Ver nota en* BODA

bridesmaid /'braɪdzmeɪd/ *n* dama de honor ☞ *Ver nota en* BODA

bridge /brɪdʒ/ ◆ *n* **1** puente **2** vínculo ◆ *vt* LOC **to bridge a/the gap between...** acortar la distancia entre...

bridle /'braɪdl/ *n* brida

brief /briːf/ *adj* (**-er, -est**) breve LOC **in brief** en pocas palabras **briefly** *adv* **1** brevemente **2** en pocas palabras

briefcase /'briːfkeɪs/ *n* maletín ☞ *Ver dibujo en* MALETA

briefs /briːfs/ *n* [*pl*] **1** calzoncillos **2** bragas ☞ *Ver nota en* PAIR

bright /braɪt/ ◆ *adj* (**-er, -est**) **1** brillante, luminoso: *bright eyes* ojos vivos **2** (*color*) vivo **3** (*sonrisa, expresión, carácter*) radiante, alegre **4** (*inteligente*) listo LOC *Ver* LOOK¹ ◆ *adv* (**-er, -est**) brillantemente

brighten /'braɪtn/ **1** *vi* ~ **(up)** animarse, despejar (*tiempo*) **2** *vt* ~ **sth (up)** animar algo

brightly /'braɪtli/ *adv* **1** brillantemente **2** *brightly lit* con mucha iluminación ◊ *brightly painted* pintado con colores vivos **3** radiantemente, alegremente

brightness /'braɪtnəs/ *n* **1** brillo, claridad **2** alegría **3** inteligencia

brilliant /'brɪliənt/ *adj* **1** brillante **2** (*coloq*) genial **brilliance** *n* **1** brillo, resplandor **2** brillantez

brim /brɪm/ *n* **1** borde: *full to the brim* lleno hasta el borde **2** ala (*de sombrero*)

bring /brɪŋ/ *vt* (*pret, pp* **brought** /brɔːt/) ☞ *Ver nota en* LLEVAR **1** ~ **sth/sb (with you)** traer algo/a algn (consigo) **2** llevar: *Can I bring a friend to your party?* ¿Puedo llevar a un amigo a tu fiesta? ☞ *Ver dibujo en* TAKE **3** (*acciones judiciales*) entablar LOC **to be able to bring yourself to do sth**: *I couldn't bring myself to tell her.* No tuve fuerzas para decírselo. **to bring sb to justice** llevar a algn ante los tribunales **to bring sb up to date** poner a algn al día **to bring sth home to sb** hacer que algn comprenda algo **to bring sth (out) into the open** sacar algo a la luz **to bring sth to a close** concluir algo **to bring sth/sb to life** animar algo/a algn **to bring sth up to date** actualizar algo **to bring tears to sb's eyes/a smile to**

u	ɒ	ɔː	ɜː	ə	j	w	eɪ	əʊ
situation	got	saw	fur	ago	yes	woman	pay	go

sb's face hacerle llorar/sonreír a algn
to bring up the rear ir a la cola *Ver tb*
CHARGE, PEG, QUESTION
PHR V **to bring sth about/on** provocar
algo
to bring sth back 1 restaurar algo
2 hacer pensar en algo
to bring sth down 1 derribar algo,
derrocar algo **2** (*inflación, etc.*) reducir
algo, bajar algo
to bring sth forward adelantar algo
to bring sth in introducir algo (*ley*)
to bring sth off (*coloq*) lograr algo
to bring sth on yourself buscarse algo
to bring sth out 1 producir algo
2 publicar algo **3** realzar algo
to bring sb round/over (to sth) convencer a algn (*de algo*) **to bring sb round/**
to hacer que algn vuelva en sí
to bring sth/sb together reconciliar,
unir algo/a algn
to bring sb up criar a algn: *She was
brought up by her granny.* La crio su
abuela. ☞ *Comparar con* EDUCATE, RAISE
8 **to bring sth up 1** vomitar algo
2 sacar algo a colación

brink /brɪŋk/ n borde: *on the brink of
war* al borde de la guerra

brisk /brɪsk/ adj (-er, -est) **1** (*paso*)
enérgico **2** (*negocio*) activo

brittle /'brɪtl/ adj **1** quebradizo **2** (*fig*)
frágil

broach /brəʊtʃ/ vt abordar

broad /brɔːd/ adj (-er, -est) **1** ancho
2 (*sonrisa*) amplio **3** (*esquema, acuerdo*)
general, amplio: *in the broadest sense of
the word* en el sentido más amplio de la
palabra
Para referirnos a la distancia entre los
dos extremos de algo es más corriente
utilizar **wide**: *The gate is four metres
wide.* La verja tiene cuatro metros de
ancho. **Broad** se utiliza para referirnos
a características geográficas: *a broad
expanse of desert* una amplia extensión de desierto, y también en frases
como: *broad shoulders* espalda ancha.
LOC **in broad daylight** en pleno día
broad bean n haba

broadcast /'brɔːdkɑːst; USA 'brɔːd-
kæst/ ♦ (*pret, pp* broadcast) **1** vt
(*Radio, TV*) transmitir **2** vt (*opinión,
etc.*) propagar **3** vi emitir ♦ n transmisión: *party political broadcast* espacio
electoral

broaden /'brɔːdn/ vt, vi ~ (**out**)
ensanchar(se)

broadly /'brɔːdli/ adv **1** ampliamente:
smiling broadly con una amplia sonrisa
2 en general: *broadly speaking*
hablando en términos generales

broccoli /'brɒkəli/ n brécol

brochure /'brəʊʃə(r); USA brəʊ'ʃʊər/
n folleto (*esp de viajes o publicidad*)

broke /brəʊk/ ♦ adj (*coloq*) sin blanca
LOC **to go broke** quebrar (*negocio*) ♦
pret de BREAK¹

broken /'brəʊkən/ ♦ adj **1** roto
2 (*corazón, hogar*) destrozado ♦ *pp de*
BREAK¹

broker /'brəʊkə(r)/ *Ver* STOCKBROKER

brolly /'brɒli/ n (*pl* -ies) (*GB, coloq*)
paraguas

bronchitis /brɒŋ'kaɪtɪs/ n [*incontable*]
bronquitis: *to catch bronchitis* coger
una bronquitis

bronze /brɒnz/ ♦ n bronce ♦ adj de
(color) bronce

brooch /brəʊtʃ/ n broche

brood /bruːd/ vi ~ (**on/over sth**) dar
vueltas a algo

brook /brʊk/ n arroyo

broom /bruːm, brʊm/ n **1** escoba ☞ *Ver
dibujo en* BRUSH **2** (*Bot*) retama
broomstick n (palo de) escoba

broth /brɒθ; USA brɔːθ/ n caldo

brother /'brʌðə(r)/ n **1** hermano: *Does
she have any brothers or sisters?* ¿Tiene
hermanos? ◊ *Brother Luke* el Hermano
Luke **2** (*fig*) cofrade **brotherhood** n [*v
sing o pl*] **1** hermandad **2** cofradía
brotherly adj fraternal

brother-in-law /'brʌðər ɪn lɔː/ n (*pl
-ers-in-law*) cuñado

brought *pret, pp de* BRING

brow /braʊ/ n **1** (*Anat*) frente ☞ La
palabra más normal es **forehead**. **2** [*gen
pl*] (*tb eyebrow*) ceja **3** (*colina*) cima

brown /braʊn/ ♦ adj (-er, -est)
1 marrón **2** (*pelo*) castaño **3** (*piel,
azúcar*) moreno **4** (*oso*) pardo **5** *brown
bread/rice* pan/arroz integral ◊ *brown
paper* papel de embalar ♦ n marrón ♦
vt, vi dorar(se) **brownish** adj pardusco

brownie /'braʊni/ n **1** bizcocho de chocolate y nueces **2 Brownie** niña explo-
radora

browse /braʊz/ vi **1** ~ (**through sth**)
(*tienda*) echar un vistazo (a algo) **2** ~

---

aɪ	aʊ	ɔɪ	ɪə	eə	ʊə	ʒ	h	ŋ
five	now	join	near	hair	pure	vision	how	sing

(through sth) (*revista*) hojear (algo) 3 pacer

browser /'braʊzə(r)/ *n* (*Informát*) navegador

bruise /bruːz/ ◆ *n* 1 cardenal 2 (*fruta*) golpe ◆ 1 *vt, vi* ~ (yourself) (*persona*) magullar(se) 2 *vt* (*fruta*) golpear **bruising** *n* [*incontable*]: *He had a lot of bruising.* Tenía muchas magulladuras.

brush

hairbrush

brush

nail-brush

brush/broom

paintbrushes

toothbrush

brush /brʌʃ/ ◆ *n* 1 cepillo 2 escobón 3 pincel 4 brocha 5 cepillado 6 ~ with sth (*fig*) roce con algn ◆ 1 *vt* cepillar. *to brush your hair/teeth* cepillarse el pelo/los dientes 2 *vt* barrer 3 *vt, vi* ~ (past/against) sth/sb rozarse contra algo/con algn PHR V **to brush sth aside** hacer caso omiso de algo **to brush sth up/to brush up on sth** pulir algo (*idioma, etc.*)

brusque /bruːsk, USA brʌsk/ *adj* brusco (*comportamiento, voz*)

Brussels sprout /ˌbrʌslz 'spraʊt/ (*tb* sprout) *n* col de Bruselas

brutal /'bruːtl/ *adj* brutal **brutality** /bruː'tæləti/ *n* (*pl* -ies) brutalidad

brute /bruːt/ ◆ *n* 1 bestia 2 bruto ◆ *adj* bruto **brutish** *adj* brutal

bubble /'bʌbl/ ◆ *n* 1 burbuja 2 pompa: *to blow bubbles* hacer pompas ◆ *vi* 1 borbotear 2 burbujear **bubbly** *adj* (-ier, -iest) 1 burbujeante, efervescente 2 (*persona*) saleroso

bubble bath *n* espuma para baño

bubblegum /'bʌblgʌm/ *n* chicle (*que hace globos*)

buck¹ /bʌk/ *n* macho (*de ciervo, conejo*) ☞ *Ver nota en* CIERVO, CONEJO

buck² /bʌk/ *vi* dar brincos LOC **to buck the trend** ir contra la corriente PHR V **to buck sb up** (*coloq*) animar a algn

buck³ /bʌk/ *n* (Can, USA, *coloq*) 1 (*dólar*) pavo 2 [*gen pl*] (*coloq*) pasta LOC **the buck stops here** yo soy el último responsable **to make a fast/quick buck** hacer uno su agosto

bucket /'bʌkɪt/ *n* 1 cubo 2 (*máquina excavadora*) pala LOC *Ver* KICK

buckle /'bʌkl/ ◆ *n* hebilla ◆ 1 *vt* ~ sth (up) abrochar algo 2 *vi* (*piernas*) doblarse 3 *vt, vi* (*metal*) deformar(se)

bud /bʌd/ *n* 1 (*flor*) capullo 2 (*Bot*) yema

Buddhism /'bʊdɪzəm/ *n* budismo **Buddhist** *adj, n* budista

budding /'bʌdɪŋ/ *adj* en ciernes

buddy /'bʌdi/ *n* (*pl* -ies) (*coloq*) colega (*amiguete*) ☞ Se emplea sobre todo entre chicos y se usa mucho en Estados Unidos.

budge /bʌdʒ/ 1 *vt, vi* mover(se) 2 *vi* (*opinión*) ceder

budgerigar /'bʌdʒərɪɡɑː(r)/ (*tb coloq* budgie) *n* periquito

budget /'bʌdʒɪt/ ◆ *n* 1 presupuesto: *a budget deficit* un déficit presupuestario 2 (*Pol*) presupuestos generales ◆ 1 *vt* hacer los presupuestos para 2 *vi* (*gastos*) planificarse 3 *vi* ~ for sth contar con algo **budgetary** *adj* presupuestario

buff /bʌf/ ◆ *n* entusiasta: *a film buff* un entusiasta del cine ◆ *adj, n* beige

buffalo /'bʌfələʊ/ *n* (*pl* buffalo *o* ~es) 1 búfalo 2 (*USA*) bisonte

buffer /'bʌfə(r)/ *n* 1 (*lit y fig*) amortiguador 2 (*vía*) tope

buffet¹ /'bʊfeɪ; USA bə'feɪ/ *n* 1 cafetería: *buffet car* coche bar/restaurante 2 bufé

buffet² /'bʌfɪt/ *vt* zarandear **buffeting** *n* zarandeo

bug /bʌɡ/ ◆ *n* 1 chinche, bicho 2 (*coloq*) virus, infección 3 (*coloq*) (*Informát*) error de programación 4 (*coloq*) micrófono oculto ◆ *vt* (-gg-) 1 (*teléfono*) pinchar 2 (*casa*) poner un micrófono escondido en 3 escuchar mediante un micrófono oculto 4 (*esp USA, coloq*) sacar de quicio

tʃ	dʒ	v	θ	ð	s	z	ʃ
chin	June	van	thin	then	so	zoo	she

buggy /'bʌgi/ n (pl -ies) **1** todoterreno **2** cochecito de niño

build /bɪld/ vt (pret, pp built /bɪlt/) **1** construir **2** crear, producir PHR V **to build sth in 1** empotrar algo **2** (fig) incorporar algo **to build on sth** partir de la base de algo **to build up 1** intensificarse **2** acumularse **to build sth/sb up** poner algo/a algn muy bien **to build sth up 1** (colección) acumular algo **2** (negocio) crear algo

builder /'bɪldə(r)/ n **1** constructor, -ora **2** albañil

building /'bɪldɪŋ/ n **1** edificio **2** construcción

building site n **1** solar **2** (construcción) obra

building society n (GB) banco hipotecario

build-up /'bɪld ʌp/ n **1** aumento gradual **2** acumulación **3** ~ (to sth) preparación (para algo) **4** propaganda

built pret, pp de BUILD

built-in /ˌbɪlt 'ɪn/ adj **1** empotrado **2** incorporado

built-up /ˌbɪlt 'ʌp/ adj edificado: built-up areas zonas edificadas

bulb /bʌlb/ n **1** (Bot) bulbo **2** (tb light bulb) bombilla

bulge /bʌldʒ/ ◆ n **1** bulto **2** (coloq) aumento (transitorio) ◆ vi **1** ~ (with sth) rebosar (de algo) **2** abombarse

bulimia /buˈlɪmiə/ n bulimia **bulimic** adj, n bulímico, -a

bulk /bʌlk/ n **1** volumen: bulk buying compra al por mayor **2** mole **3 the bulk (of sth)** la mayor parte (de algo) LOC **in bulk 1** al por mayor **2** a granel **bulky** adj (-ier, -iest) voluminoso

bull /bʊl/ n **1** toro **2** (dardos) centro de la diana

bulldozer /'bʊldəʊzə(r)/ n buldózer **bulldoze** vt **1** (con excavadora) aplanar **2** derribar

bullet /'bʊlɪt/ n bala

bulletin /'bʊlətɪn/ n **1** (declaración) parte **2** boletín: news bulletin boletín de noticias ◊ bulletin board tablón (de avisos)

bulletproof /'bʊlɪtpruːf/ adj antibalas

bullfight /'bʊlfaɪt/ n corrida de toros **bullfighter** n torero, -a **bullfighting** n toreo

bullion /'bʊliən/ n oro/plata (en lingotes)

bullring /'bʊlrɪŋ/ n plaza de toros

bull's-eye /'bʊlz aɪ/ n (centro del) blanco

bully /'bʊli/ ◆ n (pl -ies) abusón, -ona (sobre todo en la escuela) ◆ vt (pret, pp bullied) meterse con algn, intimidar a algn

bum /bʌm/ ◆ n (coloq) **1** (GB) culo **2** (USA) vagabundo, -a ◆ v (-mm-) PHR V **to bum around** (coloq) vaguear

bumbag /'bʌmbæg/ n riñonera ☞ Ver dibujo en MALETA

bumble-bee /'bʌmbl biː/ n abejorro

bump /bʌmp/ ◆ **1** vt ~ **sth (against/on sth)** dar(se) con algo (contra/en algo) **2** vi ~ **into sth/sb** darse con algo/algn PHR V **to bump into sb** toparse con algn **to bump sb off** (coloq) cargarse a algn **to bump sth up** (coloq) (hacer) subir algo ◆ n **1** golpe **2** sacudida **3** (Anat) chichón **4** bache **5** abolladura

bumper /'bʌmpə(r)/ ◆ n parachoques: bumper car auto de choque ◆ adj abundante

bumpy /'bʌmpi/ adj (-ier, -iest) **1** (superficie) desigual **2** (carretera) accidentada **3** (viaje) agitado

bun /bʌn/ n **1** bollo (dulce) **2** moño

bunch /bʌntʃ/ ◆ n **1** (uvas, plátanos) racimo **2** (flores) ramo **3** (hierbas, llaves) manojo **4** [v sing o pl] (coloq) grupo ◆ vt, vi agrupar(se), apiñar(se)

bundle /'bʌndl/ ◆ n **1** (ropa, papeles) fardo **2** haz **3** (billetes) fajo ◆ vt ~ **sth (together/up)** empaquetar algo

bung /bʌŋ/ ◆ n tapón ◆ vt **1** taponar **2** (GB, coloq) poner

bungalow /'bʌŋgələʊ/ n bungalow ☞ Ver nota en CASA

bungee jumping /'bʌndʒi dʒʌmpɪŋ/ n puenting

bungle /'bʌŋgl/ vt echar a perder

bunk /bʌŋk/ ◆ n **1** (en barco) litera **2** (tb bunk bed) (en casa) litera LOC **to do a bunk** (GB, coloq) pirárselas ◆ v PHR V **to bunk off** (coloq) pirárselas **to bunk off sth** (coloq) pirarse algo

bunny /'bʌni/ n (pl -ies) (tb bunny rabbit) conejito ☞ Ver nota en CONEJO

bunting /'bʌntɪŋ/ n [incontable] banderolas

buoy /bɔɪ; USA 'buːi/ ◆ n boya ◆ v

PHR V **to buoy sb up** animar a algn **to
buoy sth up** mantener algo a flote

buoyant /'bɔɪənt; USA 'buːjənt/ adj
(Econ) boyante

burble /'bɜːbl/ vi 1 (arroyo) susurrar
2 ~ (on) (about sth) farfullar algo

burden /'bɜːdn/ ◆ n 1 carga 2 peso ◆
vt 1 cargar 2 (fig) agobiar

bureau /'bjʊərəʊ/ n (pl -reaux o -reaus
/-rəʊz/) 1 (GB) escritorio 2 (USA)
cómoda 3 (esp USA) (Pol) departamento
(de gobierno) 4 agencia: travel bureau
agencia de viajes

bureaucracy /bjʊə'rɒkrəsi/ n (pl -ies)
burocracia **bureaucrat** /'bjʊərəkræt/ n
burócrata **bureaucratic** /ˌbjʊərə'krætɪk/
adj burocrático

burger /'bɜːgə(r)/ n (coloq) hamburguesa

La palabra **burger** se usa mucho en
compuestos como *cheeseburger*.

burglar /'bɜːglə(r)/ n ladrón, -ona:
burglar alarm alarma antirrobo ☞ Ver
nota en THIEF **burglary** n (pl -ies) robo
(en una casa) ☞ Ver nota en THEFT
burgle vt robar en ☞ Ver nota en ROB

burgundy /'bɜːgəndi/ n 1 color
burdeos 2 **Burgundy** (vino) borgoña

burial /'beriəl/ n entierro

burly /'bɜːli/ adj (-ier, -iest) fornido

burn /bɜːn/ ◆ (pret, pp burnt o burnt/ o
burned) ☞ Ver nota en DREAM 1 vt, vi
quemar: to be badly burnt sufrir graves
quemaduras 2 vi (lit y fig) arder: a
burning building un edificio en llamas
◊ to burn to do sth/for sth arder en
deseos de (hacer) algo 3 vi escocer 4 vi
(luz, etc.): He left the lamp burning. Dejó
la lámpara encendida. 5 vt: The boiler
burns oil. La caldera funciona con
petróleo. ◆ n quemadura

burner /'bɜːnə(r)/ n quemador (cocina)

burning /'bɜːnɪŋ/ adj 1 ardiente 2 (vergüenza) intenso 3 (tema) candente

burnt /bɜːnt/ ◆ pret, pp de BURN ◆ adj
quemado

burp /bɜːp/ ◆ 1 vi eructar 2 vt (bebé)
hacer eructar ◆ n eructo

burrow /'bʌrəʊ/ ◆ n madriguera ◆ vt
excavar

burst /bɜːst/ ◆ vt, vi (pret, pp burst)
1 reventar(se) 2 explotar: The river
burst its banks. El río se salió de madre.
LOC **to be bursting to do sth** reventar

por hacer algo **to burst open** abrirse de
golpe **to burst out laughing** echar(se) a
reír PHR V **to burst into sth** 1 to burst
into a room irrumpir en un cuarto 2 to
burst into tears romper a llorar **to burst
out** salir de golpe (de un cuarto) ◆ n
1 (ira, etc.) arranque 2 (disparos)
ráfaga 3 (aplausos) salva

bury /'beri/ vt (pret, pp buried) 1 enterrar 2 sepultar 3 (cuchillo, etc.) clavar
4 She buried her face in her hands.
Ocultó la cara en las manos.

bus /bʌs/ n (pl buses) autobús: bus
driver conductor de autobús ◊ bus stop
parada de autobús ◊ bus conductor
cobrador de autobús

bush /bʊʃ/ n 1 arbusto: a rose bush un
rosal ☞ Comparar con SHRUB 2 the
bush el monte LOC Ver BEAT **bushy** adj
1 (barba) poblado 2 (rabo) peludo
3 (planta) frondoso

busily /'bɪzɪli/ adv afanosamente

business /'bɪznəs/ n 1 [incontable]
negocios: business card tarjeta de visita
◊ business studies ciencias empresariales ◊ a business trip un viaje de negocios 2 negocio, empresa 3 asunto: It's
none of your business! ¡No es asunto
tuyo! 4 (en una reunión): any other
business ruegos y preguntas LOC
business before pleasure primero es
la obligación que la devoción **on
business** por cuestión de negocios **to
do business with sb** hacer negocios
con algn **to get down to business** ir al
grano **to go out of business** quebrar
to have no business doing sth no
tener derecho a hacer algo Ver tb BIG,
MEAN[1], MIND

businesslike /'bɪznəslaɪk/ adj 1 formal 2 sistemático

businessman /'bɪznəsmən/ n (pl
-men /-mən/) hombre de negocios

businesswoman /'bɪznəswʊmən/ n
(pl -women) mujer de negocios

busk /bʌsk/ vi tocar música en un
lugar público **busker** n músico callejero

bust[1] /bʌst/ n 1 (escultura) busto
2 (Anat) pecho

bust[2] /bʌst/ ◆ vt, vi (pret, pp bust o
busted) (coloq) romper(se) ☞ Ver nota
en DREAM ◆ adj (coloq) roto LOC **to go
bust** ir a la quiebra

bustle /'bʌsl/ ◆ vi ~ (about) trajinar

u	ɒ	ɔː	ɜː	ə	j	w	eɪ	əʊ
situation	got	saw	fur	ago	yes	woman	pay	go

◆ *n* (*tb* **hustle and bustle**) bullicio, ajetreo **bustling** *adj* bullicioso

busy /'bɪzi/ ◆ *adj* (**busier, busiest**) **1** ~ (**at/with sth**) ocupado (con algo) **2** (*sitio*) concurrido **3** (*temporada*) de mucha actividad **4** (*programa*) apretado **5** (*USA*): *The line is busy.* Está comunicando. ◆ *v refl* ~ **yourself with** (**doing**) **sth** ocuparse con algo/ haciendo algo

busybody /'bɪzibɒdi/ *n* (*pl* **-ies**) entrometido, -a

but /bʌt, bət/ ◆ *conj* **1** pero **2** sino: *Not only him but me too.* No solo él, sino yo también. ◊ *What could I do but cry?* ¿Qué podía hacer sino llorar? ◆ *prep* excepto: *nobody but you* solo tú LOC **but for sth/sb** de no haber sido por algo/ algn **we can but hope, try, etc.** solo nos queda esperar, intentar, etc.

butcher /'bʊtʃə(r)/ ◆ *n* **1** carnicero, -a **2 butcher's** carnicería ◆ *vt* **1** (*animal*) matar **2** (*persona*) matar brutalmente

butler /'bʌtlə(r)/ *n* mayordomo

butt /bʌt/ ◆ *n* **1** tonel **2** aljibe **3** culata **4** (*cigarrillo*) colilla **5** (*USA, coloq*) culo **6** blanco ◆ *vt* dar un cabezazo a PHR V **to butt in** (*coloq*) interrumpir

butter /'bʌtə(r)/ ◆ *n* mantequilla ◆ *vt* untar con mantequilla

buttercup /'bʌtəkʌp/ *n* botón de oro

butterfly /'bʌtəflaɪ/ *n* (*pl* **-ies**) mariposa LOC **to have butterflies (in your stomach)** tener los nervios en el estómago

buttock /'bʌtək/ *n* nalga

button /'bʌtn/ ◆ *n* botón ◆ *vt, vi* ~ (**sth**) (**up**) abrochar(se)

buttonhole /'bʌtnhəʊl/ *n* ojal

buy /baɪ/ ◆ *vt* (*pret, pp* **bought** /bɔːt/) **1 to buy sth for sb**; **to buy sb sth** comprar algo a algn/para algn: *He bought his girlfriend a present.* Compró un regalo para su novia. ◊ *I bought one for myself.* Yo me compré uno. **2 to buy sth from sb** comprar algo a algn ◆ *n* compra: *a good buy* una buena compra **buyer** *n* comprador, -ora

buzz /bʌz/ ◆ *n* **1** zumbido **2** (*voces*)

murmullo **3** *I get a real buzz out of flying.* Ir en avión me entusiasma. **4** (*coloq*) telefonazo ◆ *vi* zumbar PHR V **buzz off!** (*coloq*) ¡lárgate!

buzzard /'bʌzəd/ *n* águila ratonera

buzzer /'bʌzə(r)/ *n* timbre eléctrico

by /baɪ/ ◆ *prep* **1** por: *by post* por correo ◊ *ten (multiplied) by six* diez (multiplicado) por seis ◊ *designed by Wren* diseñado por Wren **2** al lado de, junto a: *Sit by me.* Siéntate a mi lado. **3** antes de, para: *to be home by ten o'clock* estar en casa para las diez **4** de: *by day/night* de día/noche ◊ *by birth/ profession* de nacimiento/profesión ◊ *a novel by Steinbeck* una novela de Steinbeck **5** en: *to go by boat, car, bicycle* ir en barco, coche, bicicleta ◊ *two by two* de dos en dos **6** según: *by my watch* según mi reloj **7** con: *to pay by cheque* pagar con un cheque **8** a: *little by little* poco a poco **9** a base de: *by working hard* a base de trabajar duro **10** by doing sth haciendo algo: *Let me begin by saying...* Permítanme que empiece diciendo... LOC **to have/keep sth by you** tener algo a mano ◆ *adv* LOC **by and by** dentro de poco **by the by** a propósito **to go, drive, run, etc. by** pasar por delante (en coche, corriendo, etc.) **to keep/put sth by** guardar algo más tarde *Ver tb* LARGE

bye! /baɪ/ (*tb* **bye-bye!** /ˌbaɪˈbaɪ, bəˈbaɪ/) *interj* (*coloq*) ¡adiós!

by-election /'baɪ ɪlekʃn/ *n*: *She won the by-election.* Ganó las elecciones parciales.

bygone /'baɪgɒn/ *adj* pasado

by-law /'baɪ lɔː/ (*tb* **bye-law**) *n* ordenanza municipal

bypass /'baɪpɑːs; *USA* -pæs/ ◆ *n* **1** (carretera de) circunvalación **2** (*Med*) bypass ◆ *vt* **1** circunvalar **2** evitar

by-product /'baɪ prɒdʌkt/ *n* **1** (*lit*) subproducto **2** (*fig*) consecuencia

bystander /'baɪstændə(r)/ *n* presente: *seen by bystanders* visto por los presentes

byte /baɪt/ *n* (*Informát*) byte

aɪ	aʊ	ɔɪ	ɪə	eə	ʊə	ʒ	h	ŋ
five	now	join	near	hair	pure	vision	how	sing

Cc

C, c /siː/ n (pl **C's, c's** /siːz/) **1** C, c: *C for Charlie* C de Cáceres ☞ *Ver ejemplos en* A, A **2** (*Mús*) do **3** (*Educ*) ☞ *Ver nota en* MARK

cab /kæb/ n **1** taxi **2** cabina (*de un camión*)

cabbage /ˈkæbɪdʒ/ n col

cabin /ˈkæbɪn/ n **1** (*Náut*) camarote **2** (*Aeronáut*) cabina (de pasajeros) **3** cabaña

cabinet /ˈkæbɪnət/ n **1** armario: *bathroom cabinet* armario de baño ◊ *drinks cabinet* mueble bar **2 the Cabinet** [v sing o pl] el gabinete

cable /ˈkeɪbl/ n **1** cable **2** amarra

cable car n teleférico

cackle /ˈkækl/ ◆ n **1** cacareo **2** carcajada desagradable ◆ vi **1** (*gallina*) cacarear **2** (*persona*) reírse a carcajadas

cactus /ˈkæktəs/ n (pl **~es** o **cacti** /ˈkæktaɪ/) cacto, cactus

cadet /kəˈdet/ n cadete

Caesarean (*USA* **Cesarian**) /sɪˈzeərɪən/ (tb **Caesarean section**) n cesárea

cafe /ˈkæfeɪ; USA kæˈfeɪ/ n café

cafeteria /ˌkæfəˈtɪəriə/ n restaurante de autoservicio

caffeine /ˈkæfiːn/ n cafeína

cage /keɪdʒ/ ◆ n jaula ◆ vt enjaular

cagey /ˈkeɪdʒi/ adj (**cagier, cagiest**) **~ (about sth)** (*coloq*) reservado: *He's very cagey about his family.* No suelta prenda sobre su familia.

cake /keɪk/ n pastel: *birthday cake* tarta de cumpleaños LOC **to have your cake and eat it** (*coloq*) nadar y guardar la ropa *Ver tb* PIECE

caked /keɪkt/ adj **~ with sth** cubierto de algo: *caked with mud* cubierto de barro

calamity /kəˈlæməti/ n (pl **-ies**) calamidad

calculate /ˈkælkjuleɪt/ vt calcular LOC **to be calculated to do sth** estar pensado para hacer algo **calculating** adj calculador **calculation** n cálculo

calculator /ˈkælkjuleɪtə(r)/ n calculadora

caldron *Ver* CAULDRON

calendar /ˈkælɪndə(r)/ n calendario: *calendar month* mes (de calendario)

calf¹ /kɑːf; USA kæf/ n (pl **calves** /kɑːvz; USA kævz/) **1** becerro, ternero ☞ *Ver nota en* CARNE **2** cría (*de foca, etc.*)

calf² /kɑːf; USA kæf/ n (pl **calves** /kɑːvz; USA kævz/) pantorrilla

calibre (*USA* **caliber**) /ˈkælɪbə(r)/ n calibre, valía

call /kɔːl/ ◆ n **1** grito, llamada **2** (*Ornitología*) canto **3** visita **4** (tb **phone call**) llamada (telefónica) **5 ~ for sth**: *There isn't much call for such things.* Hay poca demanda para esas cosas. LOC **(to be) on call** (estar) de guardia *Ver tb* CLOSE¹, PORT ◆ **1** vi **~ (out) (to sb) (for sth)** llamar a voces (a algn) (pidiendo algo): *I thought I heard somebody calling.* Creí que había oído llamar a alguien. ◊ *She called to her father for help.* Pidió ayuda a su padre a voces. **2** vt **~ sth (out)** gritar algo (a voces), llamar (a voces): *Why didn't you come when I called (out) your name?* ¿Por qué no viniste cuando te llamé? **3** vt, vi llamar (por teléfono) **4** vt (*taxi, ambulancia*) llamar **5** vt llamar: *Please call me at seven o'clock.* Por favor, llámame a las siete. **6** vt llamar: *What's your dog called?* ¿Cómo se llama el perro? **7** vi **~ (in/round) (on sb); ~ (in/round) (at...)** visitar (a algn), pasarse (por...): *Let's call (in) on John/at John's house.* Vamos a pasar por casa de John. ◊ *He was out when I called (round) (to see him).* No estaba cuando fui a su casa. ◊ *Will you call in at the supermarket for some eggs?* ¿Puedes pasarte por el supermercado a comprar huevos? **8** vt (*tren*) tener parada en **9** vt (*reunión, elección*) convocar LOC **to call it a day** (*coloq*) dejarlo por hoy: *Let's call it a day.* Dejémoslo por hoy. **to call sb names** insultar a algn *Ver tb* QUESTION

PHR V **to call by** (*coloq*) pasar: *Could you call by on your way home?* ¿Puedes pasar al volver a casa?

to call for sb ir a buscar a algn: *I'll call for you at seven o'clock.* Iré a buscarte a

tʃ	dʒ	v	θ	ð	s	z	ʃ
chin	June	van	thin	then	so	zoo	she

las siete. **to call for sth** requerir algo: *The situation calls for prompt action.* La situación requiere acción rápida.

to call sth off cancelar algo, abandonar algo

to call sb out llamar a algn: *to call out the troops/the fire brigade* llamar al ejército/ a los bomberos

to call sb up 1 (*esp USA*) (*por teléfono*) llamar a algn **2** llamar a algn a filas

call box *Ver* PHONE BOX

caller /ˈkɔːlə(r)/ *n* **1** el/la que llama (por teléfono) **2** visita

callous /ˈkæləs/ *adj* insensible, cruel

calm /kɑːm/; *USA* kɑːlm/ ◆ *adj* (**-er, -est**) tranquilo ◆ *n* calma ◆ *vt, vi* ~ (**sb**) (**down**) calmar(se), tranquilizar(se): *Just calm down a bit!* ¡Tranquilízate un poco!

calorie /ˈkæləri/ *n* caloría

calves *plural de* CALF¹·²

camcorder /ˈkæmkɔːdə(r)/ *n* videocámara

came *pret de* COME

camel /ˈkæml/ *n* **1** camello **2** beige

camera /ˈkæmərə/ *n* cámara (fotográfica): *a television/video camera* una cámara de televisión/video

camouflage /ˈkæməflɑːʒ/ ◆ *n* camuflaje ◆ *vt* camuflar

camp /kæmp/ ◆ *n* campamento: *concentration camp* campo de concentración ◆ *vi* acampar: *to go camping* ir de camping

campaign /kæmˈpeɪn/ ◆ *n* campaña ◆ *vi* ~ (**for/against sth/sb**) hacer campaña (a favor de/en contra de algo/algn) **campaigner** *n* militante

camping /ˈkæmpɪŋ/ *n* camping (*actividad*)

La palabra inglesa **camping** no significa nunca un lugar donde se puede acampar. En inglés un camping se dice **a campsite**.

campsite /ˈkæmpsaɪt/ *n* camping (*lugar*) ☞ *Ver nota en* CAMPING

campus /ˈkæmpəs/ *n* (*pl* ~**es**) ciudad universitaria

can¹ /kæn/ ◆ *n* lata: *a can of sardines* una lata de sardinas ◊ *a petrol can* un bidón (de gasolina) LOC *Ver* CARRY ☞ *Ver nota en* LATA *y dibujo en* CONTAINER. ◆ *vt* (**-nn-**) enlatar, hacer conservas en lata de

can² /kən, kæn/ *v modal* (*neg* **cannot** /ˈkænɒt/ *o* **can't** /kɑːnt; *USA* kænt/ *pret* **could** /kəd, kʊd/ *neg* **could not** *o* **couldn't** /ˈkʊdnt/)

Can es un verbo modal al que sigue un infinitivo sin TO, y las oraciones interrogativas y negativas se construyen sin el auxiliar *do*. Solo tiene presente: *I can't swim.* No sé nadar.; y pasado, que también tiene un valor condicional: *He couldn't do it.* No pudo hacerlo. ◊ *Could you come?* ¿Podrías venir? Cuando queremos utilizar otras formas, tenemos que usar **to be able to**: *Will you be able to come?* ¿Podrás venir? ◊ *I'd like to be able to go.* Me gustaría poder ir. *Ver tb págs* 322-23.

● **posibilidad** poder: *We can catch a bus from here.* Podemos coger un autobús aquí. ◊ *She can be very forgetful.* A veces es muy olvidadiza.

● **conocimientos, habilidades** saber: *They can't read or write.* No saben leer ni escribir. ◊ *Can you swim?* ¿Sabes nadar? ◊ *He couldn't answer the question.* No supo contestar a la pregunta.

● **permiso** poder: *Can I open the window?* ¿Puedo abrir la ventana? ◊ *You can't go swimming today.* No puedes ir a nadar hoy. ☞ *Ver nota en* MAY

● **ofrecimientos, sugerencias, peticiones** poder: *Can I help?* ¿Puedo ayudarle? ◊ *We can eat in a restaurant, if you want.* Podemos comer en un restaurante si quieres. ◊ *Could you help me with this box?* ¿Me puede ayudar con esta caja? ☞ *Ver nota en* MUST

● **con verbos de percepción**: *You can see it everywhere.* Se puede ver por todas partes. ◊ *She could hear them clearly.* Los oía claramente. ◊ *I can smell something burning.* Huele a quemado. ◊ *She could still taste the garlic.* Le quedaba en la boca el sabor a ajo.

● **incredulidad, perplejidad**: *I can't believe it.* No lo puedo creer. ◊ *Whatever can they be doing?* ¿Qué estarán haciendo? ◊ *Where can she have put it?* ¿Dónde lo habrá puesto?

canal /kəˈnæl/ *n* **1** canal **2** tubo, conducto: *the birth canal* el canal del parto

canary /kəˈneəri/ *n* (*pl* -**ies**) canario

cancel /ˈkænsl/ *vt, vi* (**-ll-**, *USA* **-l-**) **1** (*vuelo, pedido, vacaciones*) cancelar

i:	i	ɪ	e	æ	ɑː	ʌ	ʊ	u:
see	happy	sit	ten	hat	father	cup	put	too

☞ Comparar con POSTPONE 2 (contrato) anular PHR V to cancel (sth) out eliminarse, eliminar algo cancellation n cancelación

Cancer /'kænsə(r)/ n cáncer ☞ Ver ejemplos en AQUARIUS

cancer /'kænsə(r)/ n [incontable] cáncer

candid /'kændɪd/ adj franco

candidate /'kændɪdət, -deɪt/ n 1 candidato, -a 2 persona que se presenta a un examen candidacy n candidatura

candle /'kændl/ n 1 vela 2 (Relig) cirio

candlelight /'kændllaɪt/ n luz de una vela

candlestick /'kændlstɪk/ n 1 candelero 2 candelabro

candy /'kændi/ n (USA) [gen incontable] golosinas

cane /keɪn/ n 1 (Bot) caña 2 mimbre 3 bastón 4 the cane la palmeta

canister /'kænɪstə(r)/ n 1 lata (de café, té, galletas) 2 bote (de humo)

cannabis /'kænəbɪs/ n (droga) hachís, marihuana

cannibal /'kænɪbl/ n caníbal

cannon /'kænən/ n (pl cannon o ~s) cañón

canoe /kə'nuː/ n canoa, piragua canoeing n piragüismo

can-opener /'kæn əʊpnə(r)/ n abrelatas

canopy /'kænəpi/ n (pl -ies) 1 toldo, marquesina 2 dosel 3 (fig) techo

canteen /kæn'tiːn/ n comedor (de un colegio, una fábrica, etc.)

canter /'kæntə(r)/ n medio galope

canvas /'kænvəs/ n 1 lona 2 (Arte) lienzo

canvass /'kænvəs/ 1 vt, vi ~ (sb) (for sth) pedir apoyo (a algn) (para algo) 2 vt, vi (Pol): to canvass for/on behalf of sb hacer campaña por algn ◊ to go out canvassing (for votes) salir a captar votos 3 vt (opinión) sondear

canyon /'kænjən/ n cañón (Geol)

cap /kæp/ ◆ n 1 gorra 2 cofia 3 gorro 4 tapa, tapón ◆ vt (-pp-) superar LOC to cap it all para colmo

capability /ˌkeɪpə'bɪləti/ n (pl -ies) 1 capacidad, aptitud 2 capabilities [pl] potencial

capable /'keɪpəbl/ adj capaz

capacity /kə'pæsəti/ n (pl -ies) 1 capacidad: filled to capacity lleno a rebosar/ completo 2 nivel máximo de producción: at full capacity a pleno rendimiento LOC in your capacity as sth en su calidad de algo

cape /keɪp/ n 1 capotillo 2 (Geog) cabo

caper /'keɪpə(r)/ ◆ vi ~ (about) brincar ◆ n (coloq) broma, travesura

capillary /kə'pɪləri; USA 'kæpɪləri/ n (pl -ies) capilar

capital¹ /'kæpɪtl/ ◆ n 1 (tb capital city) capital 2 (tb capital letter) mayúscula ◆ adj 1 capital: capital punishment pena de muerte 2 mayúsculo

capital² /'kæpɪtl/ n capital: capital gains plusvalía LOC to make capital (out) of sth sacar partido de algo capitalism n capitalismo capitalist adj, n capitalista capitalize, -ise vt (Fin) capitalizar PHR V to capitalize on sth aprovecharse de algo, sacar partido de algo

capitulate /kə'pɪtʃuleɪt/ vi ~ (to sth/ sb) capitular (ante algo/algn)

capricious /kə'prɪʃəs/ adj caprichoso

Capricorn /'kæprɪkɔːn/ n capricornio ☞ Ver ejemplos en AQUARIUS

capsize /kæp'saɪz; USA 'kæpsaɪz/ vt, vi volcar(se)

capsule /'kæpsjuːl; USA 'kæpsl/ n cápsula

captain /'kæptɪn/ ◆ n 1 (Dep, Náut) capitán, -ana 2 (avión) comandante ◆ vt capitanear, ser el capitán de captaincy n capitanía

caption /'kæpʃn/ n 1 encabezamiento, título 2 pie (de foto) 3 (Cine, TV) rótulo

captivate /'kæptɪveɪt/ vt cautivar captivating adj cautivador, encantador

captive /'kæptɪv/ ◆ adj cautivo LOC to hold/take sb captive/prisoner tener preso/apresar a algn ◆ n preso, -a, cautivo, -a captivity /kæp'tɪvəti/ n cautividad

captor /'kæptə(r)/ n captor, -ora

capture /'kæptʃə(r)/ ◆ vt 1 capturar 2 (interés, etc.) atraer 3 (Mil) tomar 4 (fig): She captured his heart. Le conquistó el corazón. 5 (Arte) captar ◆ n 1 captura 2 (ciudad) toma

car /kɑː(r)/ n 1 (esp USA automobile) coche, automóvil: by car en coche ◊ car accident accidente de coche ◊ car bomb coche bomba 2 (Ferrocarril): dining car coche restaurante 3 (USA) vagón

u	ɒ	ɔː	ɜː	ə	j	w	eɪ	əʊ
situation	got	saw	fur	ago	yes	woman	pay	go

caramel /'kærəmel/ *n* **1** caramelo (*azúcar quemado*) **2** color caramelo

carat (*USA* **karat**) /'kærət/ *n* quilate

caravan /'kærəvæn/ *n* **1** (*USA* **trailer**) roulotte, caravana: *caravan site* camping para caravanas **2** carromato **3** caravana (*de camellos*)

carbohydrate /ˌkɑːbəʊ'haɪdreɪt/ *n* hidrato de carbono

carbon /'kɑːbən/ *n* **1** carbonó: *carbon dioxide/monoxide* dióxido/monóxido de carbono **2** *carbon paper* papel carbón ☛ *Comparar con* COAL

carbon copy *n* (*pl* **-ies**) **1** copia al carbón **2** (*fig*) réplica: *She's a carbon copy of her sister.* Es idéntica a su hermana.

carburettor /ˌkɑːbə'retə(r)/ (*USA* **carburetor** /ˌkɑːrbə'reɪtər/) *n* carburador

carcass (*tb* **carcase**) /'kɑːkəs/ *n* **1** restos (*de pollo, etc.*) **2** res muerta lista para trocear

card /kɑːd/ *n* **1** tarjeta *Ver tb* CREDIT CARD **2** ficha: *card index* fichero **3** (*de socio, de identidad*) carné **4** carta, naipe **5** [*incontable*] cartulina LOC **on the cards** (*coloq*) probable **to get your cards/ give sb their cards** (*coloq*) ser despedido/despedir a algn *Ver tb* LAY¹, PLAY

cardboard /'kɑːdbɔːd/ *n* cartón

cardholder /'kɑːdˌhəʊldə(r)/ *n* poseedor, -ora de tarjeta (de crédito)

cardiac /'kɑːdiæk/ *adj* cardiaco

cardigan /'kɑːdɪgən/ *n* chaqueta (*de punto*)

cardinal /'kɑːdɪnl/ ◆ *adj* **1** (*pecado, etc.*) cardinal **2** (*regla, etc.*) fundamental ◆ *n* (*Relig*) cardenal

care /keə(r)/ ◆ *n* **1** ~ (**over sth/in doing sth**) cuidado (con algo/al hacer algo): *to take care* tener cuidado **2** atención: *child care provision* servicio de cuidado de los niños **3** preocupación LOC **care of sb** (*correos*) a la atención de algn *that takes care of that* eso zanja la cuestión **to take care of sth/sb** encargarse de algo/algn **to take care of yourself/sth/sb** cuidarse/cuidar algo/ a algn **to take sb into/put sb in care** poner a algn (esp a un niño) al cuidado de una institución ◆ *vi* **1** ~ (**about sth**) importarle a algn (algo): *See if I care.* ¿Y a mí qué me importa? **2** ~ **to do sth** querer hacer algo LOC **for all I, you, etc. care** para lo que a mí me, a ti te, etc. importa **I, you, etc. couldn't care less** me, te, etc. importa un comino PHR V **to care for sb 1** querer a algn **2** cuidar a algn **to care for sth 1** gustarle algo a algn **2** apetecerle algo a algn

career /kə'rɪə(r)/ ◆ *n* (*actividad profesional*) carrera: *career prospects* perspectivas profesionales ☛ *Comparar con* DEGREE 2 ◆ *vi* correr a toda velocidad

carefree /'keəfriː/ *adj* libre de preocupaciones

careful /'keəfl/ *adj* **1** **to be careful** (*about/of/with sth*) tener cuidado (con algo) **2** (*trabajo, etc.*) cuidadoso **carefully** *adv* con cuidado, cuidadosamente: *to listen/think carefully* escuchar con atención/pensar bien LOC *Ver* TREAD

careless /'keələs/ *adj* **1** ~ (**about sth**) descuidado, despreocupado (con algo): *to be careless of sth* no preocuparse por algo **2** imprudente

carer /'keərə(r)/ *n* cuidador, -ora (*de persona anciana o enferma*)

caress /kə'res/ ◆ *n* caricia ◆ *vt* acariciar

caretaker /'keəteɪkə(r)/ ◆ *n* (*GB*) conserje, portero, -a, vigilante ◆ *adj* interino

cargo /'kɑːgəʊ/ *n* (*pl* **-es**, *USA* **~s**) **1** carga **2** cargamento

caricature /'kærɪkətʃʊə(r)/ ◆ *n* caricatura ◆ *vt* caricaturizar

caring /'keərɪŋ/ *adj* caritativo: *a caring image* una imagen caritativa

carnation /kɑː'neɪʃn/ *n* clavel

carnival /'kɑːnɪvl/ *n* carnaval

carnivore /'kɑːnɪvɔː(r)/ *n* carnívoro **carnivorous** *adj* carnívoro

carol /'kærəl/ *n* villancico

carousel /ˌkærə'sel/ *Ver* ROUNDABOUT 1

car park *n* aparcamiento

carpenter /'kɑːpəntə(r)/ *n* carpintero, -a **carpentry** *n* carpintería

carpet /'kɑːpɪt/ ◆ *n* moqueta, alfombra ◆ *vt* enmoquetar, alfombrar **carpeting** *n* [*incontable*] moqueta

carriage /'kærɪdʒ/ *n* **1** carruaje **2** (*USA* **car**) (*Ferrocarril*) vagón **carriageway** *n* carril

carrier /'kæriə(r)/ *n* **1** portador, -ora **2** empresa de transportes

carrier bag *n* (*GB*) bolsa (*de plástico/ papel*) ☛ *Ver dibujo en* MALETA

carrot /'kærət/ n 1 zanahoria 2 (fig) caramelo, incentivo

carry /'kæri/ (pret, pp **carried**) 1 vt llevar: to carry a gun estar armado ☞ Ver nota en WEAR 2 vt soportar 3 vt (votación) aprobar 4 v refl ~ **yourself**: She carries herself well. Anda con mucha elegancia. 5 vi oírse: Her voice carries well. Tiene una voz muy fuerte. LOC **to carry the can (for sth)** (coloq) cargar con la culpa (de algo) **to carry the day** triunfar **to carry weight** tener gran peso
PHR V **to carry sth/sb away** 1 (lit) llevar(se) algo/a algn 2 (fig): Don't get carried away. No te entusiasmes.
to carry sth off 1 salir airoso de algo 2 realizar algo **to carry sth/sb off** llevar(se) algo/a algn
to carry on (with sb) (coloq) tener una aventura (con algn) **to carry on (with sth/doing sth)**; **to carry sth on** continuar (con algo/haciendo algo): to carry on a conversation mantener una conversación
to carry sth out 1 (promesa, orden, etc.) cumplir algo 2 (plan, investigación, etc.) llevar algo a cabo
to carry sth through llevar a término algo

carry-on /'kæri ɒn/ n (esp GB, coloq) lío

cart /kɑːt/ ◆ n carro ◆ vt acarrear
PHR V **to cart sth about/around** (coloq) cargar con algo **to cart sth/sb off** (coloq) llevarse algo/a algn)

carton /'kɑːtn/ n caja, cartón ☞ Ver dibujo en CONTAINER

cartoon /kɑː'tuːn/ n 1 caricatura 2 tira cómica 3 dibujos animados 4 (Arte) cartón **cartoonist** n caricaturista

cartridge /'kɑːtrɪdʒ/ n 1 cartucho 2 (de cámara, etc.) carrete

carve /kɑːv/ 1 vt, vi esculpir: carved out of/from/in marble esculpido en mármol 2 vt, vi (madera) tallar 3 vt (iniciales, etc.), grabar 4 vt, vi (carne) trinchar PHR V **to carve sth out (for yourself)** ganarse algo **to carve sth up** (coloq) repartir algo **carving** n escultura, talla

cascade /kæ'skeɪd/ n cascada

case¹ /keɪs/ n 1 (gen, Med, Gram) caso: It's a case of... Se trata de... 2 argumento(s): There is a case for... Hay razones para... 3 (Jur) causa: the case

for the defence/prosecution la defensa/la acusación LOC **in any case** en cualquier caso **in case** por si...: in case it rains por si llueve **(just) in case** por si acaso **to make (out) a case (for sth)** presentar argumentos convincentes (para algo) Ver tb BORDERLINE, JUST

case² /keɪs/ n 1 estuche 2 cajón (de embalaje) 3 caja (de vino) 4 maleta ☞ Ver dibujo en MALETA

cash /kæʃ/ ◆ n [incontable] dinero (en metálico): to pay (in) cash pagar en metálico ◊ cash card tarjeta de cajero automático ◊ cash price precio al contado ◊ cash flow movimiento de fondos ◊ cash desk caja ◊ to be short of cash andar justo de dinero LOC **cash down** pago al contado **cash on delivery** (abrev **COD**) pago a la entrega Ver tb HARD ◆ vt hacer efectivo PHR V **to cash in (on sth)** aprovecharse (de algo) **to cash sth in** canjear algo

cashier /kæ'ʃɪə(r)/ n cajero, -a

cash machine (GB tb **cash dispenser**, **cashpoint**) n cajero automático

cashmere /ˌkæʃ'mɪə(r)/ n cachemir

casino /kə'siːnəʊ/ n (pl ~s) casino

cask /kɑːsk; USA kæsk/ n barril

casket /'kɑːskɪt; USA 'kæskɪt/ n 1 cofre (para joyas, etc.) 2 (USA) ataúd

casserole /'kæsərəʊl/ n 1 (tb **casserole dish**) cazuela ☞ Ver dibujo en SAUCEPAN 2 guisado

cassette /kə'set/ n cinta: cassette deck/player/recorder pletina/casete/grabadora

cast /kɑːst; USA kæst/ ◆ n [v sing o pl] (Teat) reparto ◆ vt (pret, pp cast) 1 (Teat): to cast sb as Othello dar a algn el papel de Otelo 2 arrojar, lanzar 3 (mirada) echar 4 (sombra) proyectar 5 (voto) emitir: to cast your vote votar LOC **to cast an eye/your eye(s) over sth** echar un vistazo a algo **to cast a spell on sth/sb** hechizar algo/a algn **to cast doubt (on sth)** hacer dudar (de algo) PHR V **to cast about/around for sth** buscar algo **to cast sth/sb aside** dejar de lado algo/a algn **to cast sth off** deshacerse de algo

castaway /'kɑːstəweɪ; USA 'kæst-/ n náufrago, -a

caste /kɑːst; USA kæst/ n casta: caste system sistema de castas

tʃ	dʒ	v	θ	ð	s	z	ʃ
chin	June	van	thin	then	so	zoo	she

cast iron n hierro colado **cast-iron** adj 1 de hierro colado 2 (constitución) de hierro 3 (coartada) sin mella

castle /'kɑːsl; USA 'kæsl/ n 1 castillo 2 (Ajedrez) (tb **rook**) torre

castrate /kæ'streɪt; USA 'kæstreɪt/ vt castrar **castration** n castración

casual /'kæʒuəl/ adj 1 (ropa) informal 2 (trabajo) ocasional: casual worker trabajador por horas 3 superficial: a casual acquaintance un conocido ◊ a casual glance un vistazo 4 (encuentro) fortuito 5 (comentario) sin importancia 6 (comportamiento) despreocupado, informal: casual sex promiscuidad sexual **casually** adv 1 como por casualidad 2 informalmente 3 temporalmente 4 despreocupadamente

casualty /'kæʒuəlti/ n (pl -ies) víctima, baja

cat /kæt/ n 1 gato: cat food comida para gatos ☞ Ver nota en GATO 2 felino: big cat felino salvaje LOC Ver LET¹

catalogue (USA tb **catalog**) /'kætəlɒg; USA -lɔːg/ ◆ n 1 catálogo 2 (fig): a catalogue of disasters una serie de desastres ◆ vt catalogar **cataloguing** n catalogación

catalyst /'kætəlɪst/ n catalizador

catalytic converter /kætə,lɪtɪk kən'vɜːtə(r)/ n catalizador (de un vehículo)

catapult /'kætəpʌlt/ ◆ n tirachinas, catapulta ◆ vt catapultar

cataract /'kætərækt/ n catarata

catarrh /kə'tɑː(r)/ n catarro, flujo catarral

catastrophe /kə'tæstrəfi/ n catástrofe **catastrophic** /,kætə'strɒfɪk/ adj catastrófico

catch /kætʃ/ ◆ (pret, pp **caught** /kɔːt/) 1 vt, vi coger: Here, catch! ¡Toma! 2 vt atrapar, agarrar 3 vt sorprender 4 vt (coloq) pillar 5 vt (USA, coloq) ir a ver: I'll catch you later. Te veré luego. 6 vt ~ sth (in/on sth) enganchar algo (en/con algo): He caught his thumb in the door. Se pilló el dedo con la puerta. 7 vt (Med) contagiarse de, coger 8 vt oír, entender 9 vi (fuego) prenderse LOC **to catch fire** incendiarse **to catch it** (coloq): You'll catch it! ¡Te la vas a ganar! **to catch sb off balance** coger desprevenido a algn **to catch sb's attention/eye** captar la atención de algn **to catch sight/a**

glimpse of sth/sb vislumbrar algo/a algn **to catch your breath** 1 recuperar el aliento 2 contener la respiración **to catch your death (of cold)** (coloq) pillarse una pulmonía Ver tb CROSSFIRE, EARLY, FANCY

PHR V **to catch at sth** agarrarse a/de algo

to catch on (coloq) hacerse popular **to catch on (to sth)** (coloq) entender (algo)

to catch sb out 1 coger en falta a algn **2** (béisbol, etc.) eliminar a algn al coger la pelota

to be caught up in sth estar metido en algo **to catch up (on sth)** ponerse al día (con algo) **to catch up (with sb)/to catch sb up** alcanzar a algn

◆ n 1 acción de coger (especialmente una pelota) 2 captura 3 (peces) pesca 4 (coloq) (fig): He's a good catch. Es un buen partido. 5 cierre, cerradura 6 (fig) trampa: It's a catch-22 (situation). Es una situación sin salida. **catching** adj contagioso **catchy** adj (-ier, -iest) pegadizo (fig), fácil de recordar

catchment area n distrito (que corresponde a un colegio, hospital, etc.)

catchphrase /'kætʃfreɪz/ n dicho (de persona famosa)

catechism /'kætəkɪzəm/ n catecismo

categorical /,kætə'gɒrɪkl; USA -'gɔːr-/ (tb **categoric**) adj 1 (respuesta) categórico 2 (rechazo) rotundo 3 (regla) terminante **categorically** adv categóricamente

categorize, -ise /'kætəgəraɪz/ vt clasificar

category /'kætəgəri; USA -gɔːri/ n (pl -ies) categoría

cater /'keɪtə(r)/ vi abastecer: to cater for a party proveer la comida para una fiesta ◊ to cater for all tastes atender a todos los gustos **catering** n comida: the catering industry la hostelería

caterpillar /'kætəpɪlə(r)/ n oruga

cathedral /kə'θiːdrəl/ n catedral

Catholic /'kæθlɪk/ adj, n católico, -a **Catholicism** /kə'θɒləsɪzəm/ n catolicismo

cattle /'kætl/ n [pl] ganado

caught pret, pp de CATCH LOC Ver CROSSFIRE

cauldron (USA **caldron**) /'kɔːldrən/ n caldero

---

i:	i	ɪ	e	æ	ɑ:	ʌ	ʊ	u:
see	happy	sit	ten	hat	father	cup	put	too

cauliflower /'kɒliflaʊə(r)/; USA 'kɔːli-/ n coliflor

cause /kɔːz/ ◆ vt causar LOC Ver HAVOC ◆ n 1 ~ (of sth) causa (de algo) 2 ~ (for sth) motivo, razón (de/para algo): *cause for complaint/to complain* motivo de queja LOC Ver ROOT

causeway /'kɔːzweɪ/ n carretera o camino más elevado que el terreno a los lados

caustic /'kɔːstɪk/ adj 1 cáustico 2 (fig) mordaz

caution /'kɔːʃn/ ◆ 1 vt, vi ~ (sb) against sth advertir (a algn) contra algo 2 vt amonestar ◆ n 1 precaución, cautela: *to exercise extreme caution* extremar las precauciones 2 amonestación LOC to throw/fling caution to the winds liarse la manta a la cabeza **cautionary** adj 1 de advertencia 2 ejemplar: *a cautionary tale* un relato ejemplar

cautious /'kɔːʃəs/ adj ~ (about/of sth) cauteloso (con algo): *a cautious driver* un conductor precavido **cautiously** adv con cautela

cavalry /'kævlri/ n [v sing o pl] caballería

cave /keɪv/ ◆ n cueva: *cave painting* pintura rupestre ◆ v PHR V to cave in 1 derrumbarse 2 (fig) ceder

cavern /'kævən/ n caverna **cavernous** adj cavernoso

cavity /'kævəti/ n (pl -ies) 1 cavidad 2 caries

CD /ˌsiː 'diː/ n disco compacto, compact disc: *CD player* (reproductor de) compact disc ☞ Ver dibujo en ORDENADOR

cease /siːs/ vt, vi (formal) cesar, terminar: *to cease to do sth* dejar de hacer algo

ceasefire /'siːsfaɪə(r)/ n alto el fuego

ceaseless /'siːsləs/ adj incesante

cede /siːd/ vt ~ sth (to sb) (formal) ceder algo (a algn)

ceiling /'siːlɪŋ/ n 1 techo 2 altura máxima 3 (fig) tope, límite

celebrate /'selɪbreɪt/ 1 vt celebrar 2 vi festejar 3 vt (formal) alabar **celebrated** adj ~ (for sth) célebre (por algo) **celebration** n celebración: *in celebration of* en conmemoración de **celebratory** /ˌselə'breɪtəri/ adj conmemorativo, festivo

celebrity /sə'lebrəti/ n (pl -ies) celebridad

celery /'seləri/ n apio

cell /sel/ n 1 celda 2 (Anat, Pol) célula 3 (Electrón) pila

cellar /'selə(r)/ n sótano

cellist /'tʃelɪst/ n violonchelista

cello /'tʃeləʊ/ n (pl ~s) violonchelo

cellphone /'selfəʊn/ (tb **cellular phone**) n teléfono celular

cellular /'seljələ(r)/ adj celular

cement /sɪ'ment/ ◆ n cemento ◆ vt 1 revestir de cemento, pegar con cemento 2 (fig) cimentar

cemetery /'semətri; USA -teri/ n (pl -ies) cementerio municipal ☞ Comparar con CHURCHYARD

censor /'sensə(r)/ ◆ n censor, -ora ◆ vt censurar **censorship** n [incontable] censura

censure /'senʃə(r)/ ◆ vt ~ sb (for sth) censurar a algn (por algo) ◆ n censura

census /'sensəs/ n (pl ~es) censo

cent /sent/ n 1 centavo (de dólar) 2 céntimo (de euro)

centenary /sen'tiːnəri; USA -'tenəri/ (USA **centennial** /sen'teniəl/) n (pl -ies) centenario

center (USA) Ver CENTRE

centimetre (USA -meter) /'sentɪˌmiːtə(r)/ n (abrev cm) centímetro

centipede /'sentɪpiːd/ n ciempiés

central /'sentrəl/ adj 1 (en una población) céntrico: *central London* el centro de Londres 2 central: *central heating* calefacción central 3 principal **centralize, -ise** vt centralizar **centralization, -isation** n centralización **centrally** adv centralmente

centre (USA **center**) /'sentə(r)/ ◆ n 1 centro: *the town centre* el centro de la ciudad 2 núcleo: *a centre of commerce* un núcleo comercial 3 **the centre** [v sing o pl] (Pol) el centro: *a centre party* un partido de centro 4 (Fútbol) delantero centro 5 (rugby) centrocampista ◆ vt, vi centrar(se) PHR V to centre (sth) on/upon/(a)round sth/sb centrar algo/centrarse en/alrededor de algo/algn

centre forward (tb **centre**) n delantero centro

centre half n medio centro

century /'sentʃəri/ n (pl -ies) 1 siglo 2 (críquet) cien carreras

cereal /ˈsɪərɪəl/ n cereal(es)

cerebral /ˈserəbrəl/ *USA* səˈriːbrəl/ adj cerebral

ceremonial /ˌserɪˈməʊnɪəl/ adj, n ceremonial

ceremony /ˈserəməni; *USA* -məʊni/ n (pl -ies) ceremonia

certain /ˈsɜːtn/ ♦ adj 1 seguro: *That's far from certain.* Eso dista mucho de ser seguro. ◊ *It is certain that he'll be elected.* Es seguro que será elegido. 2 cierto: *to a certain extent* hasta cierto punto 3 tal: *a certain Mr Brown* un tal Sr. Brown LOC **for certain** con seguridad **to make certain (that...)** asegurarse (de que...) **to make certain of (doing) sth** asegurarse de (que se haga) algo ♦ pron ~ of...: *certain of those present* algunos de los presentes **certainly** adv 1 con toda certeza ☞ *Comparar con* SURELY 2 (como respuesta) desde luego: *Certainly not!* ¡Desde luego que no! **certainty** n (pl -ies) certeza

certificate /səˈtɪfɪkət/ n 1 certificado: *doctor's certificate* baja médica 2 (nacimiento, etc.) partida

certify /ˈsɜːtɪfaɪ/ vt (pret, pp -fied) 1 certificar 2 (tb to certify insane): *He was certified (insane).* Declararon que no estaba en posesión de sus facultades mentales. **certification** n certificación

Cesarian (*USA*) *Ver* CAESAREAN

CFC /ˌsiː ef ˈsiː/ n (abrev de chlorofluorocarbon) clorofluorocarbono

chain /tʃeɪn/ ♦ n 1 cadena: *chain reaction* reacción en cadena 2 (Geog) cordillera LOC **in chains** encadenado ♦ vt ~ **sth/sb (up)** encadenar algo/a algn

chainsaw /ˈtʃeɪnsɔː/ n sierra mecánica

chain-smoke /ˈtʃeɪn sməʊk/ vi fumar uno tras otro

chair /tʃeə(r)/ ♦ n 1 silla: *Pull up a chair.* Toma asiento. ◊ *easy chair* sillón 2 **the chair** (reunión) la presidencia, el presidente, la presidenta 3 **the chair** (tb **the electric chair**) la silla eléctrica 4 cátedra ♦ vt presidir (reunión)

chairman /ˈtʃeəmən/ n (pl -men /-mən/) presidente ☞ Se prefiere utilizar la forma **chairperson**, que se refiere tanto a un hombre como a una mujer.

chairperson /ˈtʃeəpɜːsn/ n presidente, -a

chairwoman /ˈtʃeəwʊmən/ n (pl -women) presidenta ☞ Se prefiere utilizar la forma **chairperson**, que se refiere tanto a un hombre como a una mujer.

chalet /ˈʃæleɪ/ n chalé (esp de estilo suizo)

chalk /tʃɔːk/ ♦ n [gen incontable] 1 (Geol) creta 2 tiza: *a piece/stick of chalk* una tiza ♦ v PHR V **to chalk sth up** apuntarse algo

challenge /ˈtʃælɪndʒ/ ♦ n 1 desafío: *to issue a challenge to sb* desafiar a algn 2 reto ♦ vt 1 desafiar 2 dar el alto a 3 (derecho, etc.) poner en duda 4 (trabajo, etc.) estimular **challenger** n 1 (Dep) aspirante 2 desafiador, -ora **challenging** adj estimulante, exigente

chamber /ˈtʃeɪmbə(r)/ n cámara: *chamber music* música de cámara ◊ *chamber of commerce* cámara de comercio

champagne /ʃæmˈpeɪn/ n champán

champion /ˈtʃæmpɪən/ ♦ n 1 (Dep, etc.) campeón, -ona: *the defending/reigning champion* el actual campeón 2 (causa) defensor, -ora ♦ vt defender **championship** n campeonato: *world championship* campeonato mundial

chance /tʃɑːns; *USA* tʃæns/ ♦ n 1 azar 2 casualidad: *a chance meeting* un encuentro casual 3 posibilidad 4 oportunidad 5 riesgo LOC **by (any) chance** por casualidad **on the (off) chance** por si acaso **the chances are (that)...** (coloq) lo más probable es que... **to take a chance (on sth)** correr el riesgo (de algo) **to take chances** arriesgarse *Ver tb* STAND ♦ vt ~ **doing sth** correr el riesgo de hacer algo LOC **to chance your arm/luck** (coloq) arriesgarse PHR V **to chance on/upon sth/sb** encontrarse con algo/algn por casualidad

chancellor /ˈtʃɑːnsələ(r); *USA* ˈtʃæns-/ n 1 canciller: *Chancellor of the Exchequer* ministro de Economía y Hacienda 2 (GB) (universidad) rector honorario, rectora honoraria

chandelier /ˌʃændəˈlɪə(r)/ n (lámpara de) araña

change /tʃeɪndʒ/ ♦ 1 vt, vi cambiar (de), cambiarse: *to change (your clothes)* cambiarse (de ropa) ◊ *to change a wheel*

aɪ	aʊ	ɔɪ	ɪə	eə	ʊə	ʒ	h	ŋ
five	now	join	near	hair	pure	vision	how	sing

cambiar una rueda **2** *vt* **~ sth/sb (into sth)** convertir algo/a algn (en algo) **3** *vi* **~ from sth (in)to sth** pasar de algo a algo LOC **to change hands** cambiar de manos **to change places (with sb) 1** cambiarse el sitio (con algn) **2** (*fig*) cambiarse (por algn) **to change your mind** cambiar de opinión **to change your tune** (*coloq*) cambiar de actitud *Ver tb* CHOP PHR V **to change back into sth 1** (*ropa*) ponerse algo otra vez **2** volver a convertirse en algo **to change into sth 1** ponerse algo **2** transformarse en algo **to change over (from sth to sth)** cambiar (de algo a algo) ♦ *n* **1** cambio: *a change of socks* otro par de calcetines **2** transbordo **3** [*incontable*] monedas: *loose change* suelto **4** (*dinero*) vuelta LOC **a change for the better/worse** un cambio a mejor/peor **a change of heart** un cambio de actitud **for a change** para variar **the change of life** la menopausia **to make a change** ser un cambio: *It makes a change to get good news.* No viene mal que por una vez sean buenas noticias. ◊ *It makes a change from pasta.* Por lo menos no es pasta otra vez. **change-able** *adj* variable

changeover /ˈtʃeɪndʒəʊvə(r)/ *n* cambio (p. ej. de un sistema político a otro)

changing room *n* probador, vestuario

channel /ˈtʃænl/ ♦ *n* **1** (*TV*) cadena, canal ✦ *Ver nota en* TELEVISION **2** (*Radio*) banda **3** cauce **4** canal (de navegación) **5** (*fig*) vía ♦ *vt* (-ll-, *USA* tb -l-) **1** encauzar **2** acanalar

chant /tʃɑːnt/ *USA* tʃænt/ ♦ *n* **1** (*Relig*) canto (litúrgico) **2** (*multitud*) consigna, canción ♦ *vt*, *vi* **1** (*Relig*) cantar **2** (*multitud*) gritar, corear

chaos /ˈkeɪɒs/ *n* [*incontable*] caos: *to cause chaos* provocar un caos **chaotic** /keɪˈɒtɪk/ *adj* caótico

chap /tʃæp/ *n* (*GB*, *coloq*) tío: *He's a good chap.* Es un buen tío.

chapel /ˈtʃæpl/ *n* capilla

chaplain /ˈtʃæplɪn/ *n* capellán

chapped /tʃæpt/ *adj* agrietado

chapter /ˈtʃæptə(r)/ *n* **1** capítulo **2** época LOC **chapter and verse** con pelos y señales

char /tʃɑː(r)/ *vt*, *vi* (-rr-) carbonizar(se), chamuscar(se)

character /ˈkærəktə(r)/ *n* **1** carácter: *character references* referencias personales ◊ *character assassination* difamación **2** (*Liter*) personaje: *the main character* el protagonista **3** reputación **4** (*coloq*) tipo LOC **in/out of character** típico/poco típico (de algn)

characteristic /ˌkærəktəˈrɪstɪk/ ♦ *adj* característico ♦ *n* rasgo, característica **characteristically** *adv*: *His answer was characteristically frank.* Respondió con la franqueza que lo caracteriza.

characterize, -ise /ˈkærəktəraɪz/ *vt* **1** **~ sth/sb as sth** calificar algo/a algn de algo **2** caracterizar: *It is characterized by...* Se caracteriza por... **characterization, -isation** *n* descripción, caracterización

charade /ʃəˈrɑːd; *USA* ʃəˈreɪd/ *n* (*fig*) farsa

charcoal /ˈtʃɑːkəʊl/ *n* **1** carbón vegetal **2** (*Arte*) carboncillo **3** (*tb* charcoal grey) color gris marengo

charge /tʃɑːdʒ/ ♦ *n* **1** acusación **2** (*Mil*) carga **3** (*Dep*) ataque **4** (*animales*) embestida **5** cargo: *free of charge* gratis/sin cargo adicional **6** cargo: *to leave a child in a friend's charge* dejar a un amigo a cargo de un niño **7** carga (*eléctrica o de un arma*) LOC **in charge (of sth/sb)** a cargo (de algo/algn): *Who's in charge here?* ¿Quién es el encargado aquí? **in/under sb's charge** a cargo/bajo el cuidado de algn **to bring/press charges against sb** presentar cargos contra algn **to have charge of sth** estar a cargo de algo **to take charge (of sth)** hacerse cargo (de algo) *Ver tb* EARTH, REVERSE ♦ **1** *vt* **~ sb (with sth)** acusar a algn (de algo) **2** *vt*, *vi* **~ (at) (sth/sb)** (*Mil*) cargar (contra algo/algn): *Charge!* ¡Al ataque! **3** *vt*, *vi* **~ (at) (sth/sb)** (*animal*) embestir (algo/a algn) **4** *vi* **~ down, in, up, etc.** lanzarse: *The children charged down/up the stairs.* Los niños se lanzaron escaleras abajo/arriba. **5** *vt*, *vi* cobrar **6** *vt* **~ sth to sth** cargar algo a algo: *Charge it to my account.* Cárguelo a mi cuenta. **7** *vt* (*pistola, pila*) cargar **8** *vt* (*formal*) encomendar **chargeable** *adj* **1** imponible, sujeto a pago **2** **~ to sb** (*pago*) a cargo de algn

chariot /ˈtʃæriət/ *n* carro

tʃ	dʒ	v	θ	ð	s	z	ʃ
chin	June	van	thin	then	so	zoo	she

charisma /kəˈrɪzmə/ n carisma **charismatic** /ˌkærɪzˈmætɪk/ adj carismático

charitable /ˈtʃærətəbl/ adj 1 caritativo 2 bondadoso 3 (organización) benéfico

charity /ˈtʃærəti/ n (pl -ies) 1 caridad 2 comprensión 3 (organismo) organización benéfica, ONG: for charity con fines benéficos ☞ Ver nota en ONG

charity shop n (GB) tienda de ropa y objetos de segunda mano cuyas ganancias se destinan a beneficencia

charm /tʃɑːm/ ◆ n 1 encanto 2 amuleto: a charm bracelet una pulsera de colgantes 3 hechizo LOC Ver WORK² ◆ vt encantar: a charming/charmed life una vida afortunada PHR V **to charm sth from/out of sth/sb** conseguir algo de algo/algn por medio del encanto **charming** adj encantador

chart /tʃɑːt/ ◆ n 1 carta de navegación 2 gráfico: flow chart diagrama de flujo 3 **the charts** [pl] (discos) los cuarenta principales ◆ vt: to chart the course/the progress of sth hacer un gráfico de la trayectoria/del progreso de algo

charter /ˈtʃɑːtə(r)/ ◆ n 1 estatutos: royal charter autorización real 2 flete: a charter flight un vuelo chárter ◊ a charter plane/boat un avión/barco fletado ◆ vt 1 otorgar autorización a 2 (avión) fletar **chartered** adj diplomado: chartered accountant auditor

chase /tʃeɪs/ ◆ vt, vi (lit y fig) perseguir: He's always chasing (after) women. Siempre anda persiguiendo mujeres. 2 vt (coloq) andar detrás de PHR V **to chase about, around, etc.** correr de un lado para otro **to chase sth/sb away, off, out,** etc. echar, ahuyentar algo/a algn **to chase sth up** (GB, coloq) agilizar algo ◆ n 1 persecución 2 (animales) caza

chasm /ˈkæzəm/ n abismo

chassis /ˈʃæsi/ n (pl chassis /ˈʃæsiz/) chasis

chaste /tʃeɪst/ adj 1 casto 2 (estilo) sobrio

chastened /ˈtʃeɪsnd/ adj 1 escarmentado 2 (tono) sumiso **chastening** adj que sirve de escarmiento

chastity /ˈtʃæstəti/ n castidad

chat /tʃæt/ ◆ n charla: chat show programa de entrevistas ◆ vi (-tt-) ~ (to/with sb) (about sth) charlar (con algn) (de algo) PHR V **to chat sb up** (GB, coloq) enrollarse con algn **chatty** adj (-ier, -iest) 1 (persona) parlanchín 2 (carta) informal

chatter /ˈtʃætə(r)/ ◆ vi 1 ~ (away/on) parlotear 2 (mono) chillar 3 (pájaro) trinar 4 (dientes) castañetear ◆ n parloteo

chauffeur /ˈʃəʊfə(r)/; USA ʃəʊˈfɜːr/ ◆ n chófer ◆ vt ~ **sb around** hacer de chófer para algn; llevar en coche a algn

chauvinism /ˈʃəʊvɪnɪzəm/ n chovinismo, patriotería

chauvinist /ˈʃəʊvɪnɪst/ ◆ n chovinista, patriotero, -a ◆ adj (tb chauvinistic /ˌʃəʊvɪˈnɪstɪk/) chovinista

cheap /tʃiːp/ ◆ adj (-er, -est) 1 barato 2 económico 3 de mala calidad 4 (coloq) (comentario, chiste, etc.) ordinario 5 (USA, coloq) tacaño LOC **cheap at the price** regalado ◆ adv (coloq) (-er, -est) barato LOC **not to come cheap** (coloq): Success doesn't come cheap. El éxito no lo regalan. **to be going cheap** (coloq) estar de oferta ◆ n LOC **on the cheap** (coloq) por/con cuatro cuartos **cheapen** vt abaratar: to cheapen yourself rebajarse **cheaply** adv barato, a bajo precio

cheat /tʃiːt/ ◆ 1 vt hacer trampas 2 vi (colegio) copiar(se) 3 vt engañar PHR V **to cheat sb (out) of sth** quitar algo a algn (por medio de engaños) **to cheat on sb** engañar a algn (siendo infiel) ◆ n 1 tramposo, -a 2 engaño, trampa

check /tʃek/ ◆ 1 vt comprobar, revisar Ver tb DOUBLE-CHECK 2 vt, vi asegurar(se) 3 vt contener 4 vi detenerse LOC **to check (sth) for sth** comprobar que no haya algo (en algo) PHR V **to check in (at...); to check into...** registrarse (en un hotel) **to check sth in** facturar algo (equipaje) **to check sth off** tachar algo de una lista **to check out (of...)** saldar la cuenta y marcharse (de un hotel) **to check sth/sb out** 1 (coloq) mirar algo/a algn: Check out that car! ¡No te pierdas ese coche! 2 hacer averiguaciones sobre algo/algn **to check (up) on sth/sb** hacer averiguaciones sobre algo/algn ◆ n 1 comprobación, revisión 2 investigación 3 jaque Ver tb CHECKMATE 4 (USA) Ver CHEQUE 5 (USA) Ver BILL¹ LOC **to hold/keep sth in check** contener/

controlar algo **checked** (*tb* check) *adj* a cuadros

check-in /ˈtʃek m/ *n* facturación (*en un aeropuerto*)

checklist /ˈtʃeklɪst/ *n* lista

checkmate /ˈtʃekmeɪt/ (*tb* mate) *n* jaque mate

checkout /ˈtʃekaʊt/ *n* **1** caja (*en una tienda*) **2** acto de pagar y marcharse de un hotel

checkpoint /ˈtʃekpɔɪmt/ *n* puesto de control

check-up /ˈtʃek ʌp/ *n* **1** chequeo (*médico*) **2** comprobación

cheek /tʃiːk/ *n* **1** mejilla **2** (*fig*) cara: *What (a) cheek!* ¡Qué descaro! LOC *Ver* TONGUE **cheeky** *adj* (**-ier, -iest**) descarado

cheer /tʃɪə(r)/ ◆ **1** *vt, vi* aclamar, vitorear **2** *vt* animar, alegrar: *to be cheered by sth* animarse con algo PHR V **to cheer sb** on alentar a algn to cheer (**sth/sb**) **up** alegrar (algo), animar (a algn): *Cheer up!* ¡Anímate! ◆ *n* ovación, vítor: *Three cheers for David!* ¡Tres hurras por David! **cheerful** *adj* **1** alegre **2** agradable **cheery** *adj* (**-ier, -iest**) alegre

cheering /ˈtʃɪərɪŋ/ ◆ *n* [*incontable*] vítores ◆ *adj* alentador, reconfortante

cheerio! /ˌtʃɪəriˈəʊ/ *interj* (GB, coloq) ¡adiós!

cheerleader /ˈtʃɪəliːdə(r)/ *n* animador, -ora (*de fútbol americano, etc.*)

cheers! /tʃɪəz/ *interj* (GB) **1** ¡salud! **2** (*coloq*) ¡adiós! **3** (*coloq*) ¡gracias!

cheese /tʃiːz/ *n* queso: *Would you like some cheese?* ¿Quieres queso? ◊ *a wide variety of cheeses* una amplia selección de quesos LOC *Ver* BIG

cheesecake /ˈtʃiːzkeɪk/ *n* tarta de queso

cheetah /ˈtʃiːtə/ *n* guepardo

chef /ʃef/ *n* cocinero, -a jefe

chemical /ˈkemɪkl/ ◆ *adj* químico ◆ *n* sustancia química

chemist /ˈkemɪst/ *n* **1** farmacéutico, -a ☛ *Comparar con* PHARMACIST **2** químico, -a **3** **chemist's** farmacia ☛ *Ver nota en* PHARMACY

chemistry /ˈkemɪstri/ *n* química

cheque (*USA* check) /tʃek/ *n* cheque: *by cheque* con cheque ◊ *cheque card*

tarjeta bancaria que garantiza el pago de cheques

cheque book (*USA* checkbook) *n* talonario (de cheques)

cherish /ˈtʃerɪʃ/ *vt* **1** (*libertad, tradiciones*) valorar **2** (*persona*) querer, cuidar **3** (*esperanza*) abrigar **4** (*recuerdo*) guardar con cariño

cherry /ˈtʃeri/ *n* (*pl* -ies) **1** cereza **2** (*tb* **cherry tree**) (*árbol*) cerezo: *cherry blossom* flor del cerezo **3** (*tb* **cherry red**) (*color*) rojo cereza

cherub /ˈtʃerəb/ *n* (*pl* -s *o* ~im) querubín

chess /tʃes/ *n* ajedrez

chessboard /ˈtʃesbɔːd/ *n* tablero de ajedrez

chest /tʃest/ *n* **1** arcón: *chest of drawers* cómoda **2** pecho (*tórax*) ☛ *Comparar con* BREAST LOC **to get it/ something off your chest** quitarse un peso de encima, desahogarse

chestnut /ˈtʃesnʌt/ ◆ *n* **1** castaña **2** (*árbol, madera*) castaño **3** (*coloq*) batallita ◆ *adj, n* (color) caoba

chew /tʃuː/ *vt* ~ **sth** (**up**) masticar algo PHR V **to chew sth over** (*coloq*) rumiar algo **chewy** *adj* (**-ier, -iest**) **1** (*caramelo*) masticable **2** (*alimento*) correoso

chewing gum *n* [*incontable*] chicle

chick /tʃɪk/ *n* polluelo

chicken /ˈtʃɪkɪn/ ◆ *n* **1** (*carne*) pollo **2** (*ave*) gallina *Ver tb* COCK, HEN **3** (*coloq*) miedica ◆ *adj* (*coloq*) cobarde ◆ *v* PHR V **to chicken out** (*coloq*) rajarse

chickenpox /ˈtʃɪkɪnpɒks/ *n* [*incontable*] varicela

chickpea /ˈtʃɪkpiː/ *n* garbanzo

chicory /ˈtʃɪkəri/ *n* [*incontable*] **1** endibia **2** achicoria

chief /tʃiːf/ ◆ *n* jefe, -a ◆ *adj* principal

chiefly *adv* sobre todo, principalmente

chieftain /ˈtʃiːftən/ *n* cacique (*de tribu o clan*)

child /tʃaɪld/ *n* (*pl* **children** /ˈtʃɪldrən/) **1** niño, -a: *children's clothes/television* ropa para niños/programación infantil ◊ *child benefit* subvención familiar ◊ *child care* puericultura ◊ *child care provisions* servicios de cuidado de los niños **2** hijo, -a: *an only child* un hijo único **3** (*fig*) producto LOC **child's play** (*coloq*) juego de niños **childbirth** *n* parto **childhood** *n* infancia, niñez **childish** *adj* **1** infantil **2** (*pey*) inmaduro: *to be childish* portarse como un niño **childless** *adj* sin hijos **childlike** *adj* (*aprob*) de (un) niño

childminder /'tʃaɪldmaɪndə(r)/ *n* persona que cuida niños en su casa

chili (*USA*) Ver CHILLI

chill /tʃɪl/ ◆ *n* **1** frío **2** resfriado: *to catch/get a chill* resfriarse **3** escalofrío ◆ **1** *vt* helar **2** *vt, vi* (*comestibles*) enfriar(se), refrigerar(se): *frozen and chilled foods* alimentos congelados y refrigerados LOC **to chill sb to the bone/marrow** helar a algn hasta los huesos PHR V **to chill out** (*coloq*) relajarse **chilling** *adj* escalofriante **chilly** *adj* (-ier, -iest) frío

chilli (*USA* **chili**) /'tʃɪli/ *n* (*pl* ~es) **1** (*tb* **chilli pepper**) guindilla **2** pimentón

chime /tʃaɪm/ ◆ *n* **1** repique **2** campanada ◆ *vi* repicar PHR V **to chime in** (**with sth**) (*coloq*) interrumpir (diciendo algo)

chimney /'tʃɪmni/ *n* (*pl* -eys) chimenea: *chimney sweep* deshollinador

chimp /tʃɪmp/ *n* (*coloq*) Ver CHIMPANZEE

chimpanzee /ˌtʃɪmpænˈziː/ *n* chimpancé

chin /tʃɪn/ *n* barbilla LOC **to keep your chin up** (*coloq*) poner al mal tiempo buena cara Ver tb CUP

china /'tʃaɪnə/ *n* **1** porcelana **2** vajilla (de porcelana)

chink /tʃɪŋk/ *n* grieta, abertura LOC **a chink in sb's armour** el punto débil de algn

chip /tʃɪp/ ◆ *n* **1** trocito **2** (*madera*) astilla **3** mella, desportilladura **4** patata frita (*larga*) ☛ Ver dibujo en PATATA **5** (*USA*) Ver CRISP **6** (*casino*) ficha **7** (*Electrón*) chip LOC **a chip off the old block** (*coloq*) de tal palo tal astilla **to have a chip on your shoulder** (*coloq*) estar resentido ◆ *vt, vi* (-pp-) mellar(se), desconchar(se) PHR V **to chip away at sth** minar algo (*destruir poco a poco*) **to chip in** (**with sth**) (*coloq*) **1** (*comentario*) interrumpir (diciendo algo) **2** (*dinero*) contribuir (con algo) **chippings** *n* [*pl*] **1** grava **2** (*tb* **wood chippings**) virutas de madera

chirp /tʃɜːp/ ◆ *n* **1** gorjeo (*grillo*) canto ◆ *vi* **1** gorjear (*grillo*) cantar **chirpy** *adj* alegre

chisel /'tʃɪzl/ ◆ *n* cincel, escoplo ◆ *vt* **1** cincelar: *finely chiselled features* rasgos elegantes **2** (*con cincel*) tallar

chivalry /'ʃɪvəlri/ *n* **1** caballería **2** caballerosidad

chive /tʃaɪv/ *n* [*gen pl*] cebollino

chloride /'klɔːraɪd/ *n* cloruro

chlorine /'klɔːriːn/ *n* cloro

chock-a-block /ˌtʃɒk ə 'blɒk/ *adj* ~ (**with sth**) atestado (de algo)

chock-full /ˌtʃɒk 'fʊl/ *adj* ~ (**of sth**) lleno a rebosar (de algo)

chocolate /'tʃɒklət/ ◆ *n* **1** chocolate: *milk/plain chocolate* chocolate con/sin leche **2** bombón ◆ *adj* **1** (*salsa, pastel, etc.*) de chocolate **2** color chocolate

choice /tʃɔɪs/ ◆ *n* **1** ~ (**between...**) elección (entre...): *to make a choice* escoger **2** selección **3** posibilidad: *If I had the choice...* Si de mí dependiera... LOC **out of/from choice** por decisión propia **to have no choice** no tener más remedio ◆ *adj* (-er, -est) **1** de calidad **2** escogido

choir /'kwaɪə(r)/ *n* [*v sing o pl*] coro: *choir boy* niño de coro

choke /tʃəʊk/ ◆ **1** *vi* ~ (**on sth**) atragantarse con algo: *to choke to death* asfixiarse **2** *vt* ahogar, estrangular **3** *vt* ~ **sth** (**up**) (**with sth**) atascar algo (con algo) PHR V **to choke sth back** contener algo ◆ *n* estárter

cholera /'kɒlərə/ *n* cólera

cholesterol /kəˈlestərɒl/ *n* colesterol

choose /tʃuːz/ (*pret* **chose** /tʃəʊz/ *pp* **chosen** /'tʃəʊzn/) **1** *vt, vi* ~ (**between A and/or B**); ~ (**A from B**) elegir (entre A y B); escoger (A de entre B) **2** *vt* ~ **sth/sb as sth** elegir, escoger algo/a algn como algo **3** *vt* (*Dep*) seleccionar **4** *vt, vi* ~ (**to do sth**) decidir (hacer algo) **5** *vi* preferir: *whenever I choose* cuando me apetece LOC Ver PICK **choosy** *adj* (-ier, -iest) (*coloq*) melindroso, quisquilloso

chop /tʃɒp/ ◆ *vt, vi* (-pp-) **1** ~ **sth** (**up**) (**into sth**) cortar algo (en algo): *to chop sth in two* partir algo por la mitad ◊ *chopping board* tabla de cortar **2** picar, trocear **3** (*GB, coloq*) reducir LOC **to chop and change** cambiar de opinión varias veces PHR V **to chop sth down** talar algo **to chop sth off** (**sth**) cortar algo (de algo) ◆ *n* **1** hachazo **2** golpe **3** (*carne*) chuleta **chopper** *n* **1** hacha

2 (*carne*) tajadera 3 (*coloq*) helicóptero
choppy *adj* (-ier, -iest) picado (*mar*)

chopsticks /'tʃɒpstɪks/ *n* [*pl*] palillos chinos

choral /'kɔːrəl/ *adj* coral (*de coro*)

chord /kɔːd/ *n* acorde

chore /tʃɔː(r)/ *n* trabajo (*rutinario*): *household chores* quehaceres domésticos

choreography /ˌkɒri'ɒgrəfi; USA ˌkɔːri-/ *n* coreografía **choreographer** *n* coreógrafo, -a

chorus /'kɔːrəs/ ♦ *n* 1 [*v sing o pl*] (*Mús, Teat*) coro: *chorus girl* corista 2 estribillo LOC **in chorus** a coro ♦ *vt* corear

chose *pret de* CHOOSE

chosen *pp de* CHOOSE

Christ /kraɪst/ (*tb* Jesus, Jesus Christ) *n* Cristo

christen /'krɪsn/ *vt* bautizar (con el nombre de) **christening** *n* bautismo

Christian /'krɪstʃən/ *adj, n* cristiano, -a **Christianity** /ˌkrɪsti'ænəti/ *n* cristianismo

Christian name (*tb* first name) *n* nombre de pila

Christmas /'krɪsməs/ *n* Navidad: *Christmas Day* Día de Navidad ◊ *Christmas Eve* Nochebuena ◊ *Merry/ Happy Christmas!* ¡Feliz Navidad! ◊ *a Christmas card* una crisma ☛ *Ver nota en* NAVIDAD

Christmas pudding *n* pastel de frutos secos que se come el día de Navidad ☛ *Ver nota en* NAVIDAD

chrome /krəʊm/ *n* cromo

chromium /'krəʊmiəm/ *n* cromo: *chromium-plating/-plated* cromado

chromosome /'krəʊməsəʊm/ *n* cromosoma

chronic /'krɒnɪk/ *adj* 1 crónico 2 (*mentiroso, alcohólico, etc.*) empedernido

chronicle /'krɒnɪkl/ ♦ *n* crónica ♦ *vt* registrar

chrysalis /'krɪsəlɪs/ *n* (*pl* ~es) crisálida

chubby /'tʃʌbi/ *adj* (-ier, -iest) regordete *Ver tb* FAT

chuck /tʃʌk/ *vt* (*coloq*) 1 tirar 2 ~ sth (in/up) dejar algo PHR V **to chuck sth away/out** tirar algo (a la basura) **to chuck sb out** echar a algn

chuckle /'tʃʌkl/ ♦ *vi* reírse para uno mismo ♦ *n* risita

chum /tʃʌm/ *n* (*coloq*) colega

chunk /tʃʌŋk/ *n* trozo **chunky** *adj* (-ier, -iest) macizo

church /tʃɜːtʃ/ *n* iglesia: *church hall* salón parroquial LOC **to go to church** ir a misa/ir al oficio ☛ *Ver nota en* SCHOOL

churchyard /'tʃɜːtʃjɑːd/ (*tb* graveyard) *n* cementerio (*alrededor de una iglesia*) ☛ *Comparar con* CEMETERY

churn /tʃɜːn/ 1 *vt* ~ sth (up) (*agua, barro*) remover algo 2 *vi* (*aguas*) agitarse 3 *vi* (*estómago*) revolverse PHR V **to churn sth out** (*coloq*) fabricar algo como churros

chute /ʃuːt/ *n* 1 tobogán (*para mercancías o desechos*) 2 (*piscina*) tobogán

cider /'saɪdə(r)/ *n* sidra

cigar /sɪ'gɑː(r)/ *n* puro

cigarette /ˌsɪgə'ret; USA 'sɪgərət/ *n* cigarrillo: *cigarette butt/end* colilla

cinder /'sɪndə(r)/ *n* ceniza

cinema /'sɪnəmə/ *n* cine

cinnamon /'sɪnəmən/ *n* canela

circle /'sɜːkl/ ♦ *n* 1 círculo, circunferencia: *the circumference of a circle* el perímetro de una circunferencia 2 corro: *to stand in a circle* hacer un corro 3 (*Teat*) anfiteatro (*primer piso*) LOC **to go round in circles** no hacer progresos *Ver tb* FULL, VICIOUS ♦ *vt* 1 dar una vuelta/vueltas a 2 rodear 3 marcar con un círculo

circuit /'sɜːkɪt/ *n* 1 gira 2 vuelta 3 pista 4 (*Electrón*) circuito

circular /'sɜːkjələ(r)/ ♦ *adj* redondo, circular ♦ *n* circular

circulate /'sɜːkjəleɪt/ *vt, vi* (hacer) circular

circulation /ˌsɜːkjə'leɪʃn/ *n* 1 circulación 2 (*periódico*) tirada

circumcise /'sɜːkəmsaɪz/ *vt* circuncidar **circumcision** /ˌsɜːkəm'sɪʒn/ *n* circuncisión

circumference /sə'kʌmfərəns/ *n* circunferencia: *the circumference of a circle* el perímetro de una circunferencia ◊ *the circumference of the earth* la circunferencia de la Tierra

circumstance /'sɜːkəmstəns/ *n* 1 circunstancia 2 **circumstances** [*pl*] situación económica LOC **in/under no**

circus

circumstances en ningún caso **in/ under the circumstances** dadas las circunstancias

circus /'sɜːkəs/ n circo

cistern /'sɪstən/ n 1 cisterna 2 depósito

cite /saɪt/ vt citar

citizen /'sɪtɪzn/ n ciudadano, -a **citizenship** n ciudadanía

citrus /'sɪtrəs/ adj cítrico: *citrus fruit(s)* cítricos

city /'sɪti/ n (pl **cities**) 1 ciudad: *city centre* centro de la ciudad ☞ Ver nota en CIUDAD 2 **the City** la City (*centro financiero de Londres*)

civic /'sɪvɪk/ adj 1 municipal: *civic centre* centro municipal 2 cívico

civil /'sɪvl/ adj 1 civil: *civil strife* disensión social ◊ *civil law* código/derecho civil ◊ *civil rights/liberties* derechos del ciudadano ◊ *the Civil Service* la Administración Pública ◊ *civil servant* funcionario (del Estado), atento 2 educado, atento

civilian /sə'vɪliən/ n civil

civilization, -isation /ˌsɪvəlaɪ'zeɪʃn; USA -əlɪ'z-/ n civilización

civilized, -ised /'sɪvəlaɪzd/ adj civilizado

clad /klæd/ adj ~ (**in sth**) (*formal*) vestido (de algo)

claim /kleɪm/ ◆ vt 1 reclamar 2 afirmar, sostener 3 (*atención*) merecer 4 (*vidas*) cobrarse ◆ n 1 ~ (**for sth**) reclamación (de algo) 2 ~ (**against sth/ sb**) reclamación, demanda (contra algo/algn) 3 ~ (**on sth/sb**) derecho (sobre algo/algn) 4 ~ (**to sth**) derecho (a algo) 5 afirmación, pretensión LOC *Ver* LAY¹, STAKE **claimant** n demandante

clam /klæm/ ◆ n almeja ◆ v (**-mm-**) PHR V **to clam up** (*coloq*) cerrar el pico

clamber /'klæmbə(r)/ vi trepar (*esp con dificultad*)

clammy /'klæmi/ adj (**-ier, -iest**) sudoroso, pegajoso

clamour (*USA* **clamor**) /'klæmə(r)/ ◆ n clamor, griterío ◆ vi 1 clamar 2 ~ **for sth** pedir algo a voces

clamp /klæmp/ ◆ n 1 grapa 2 abrazadera 3 cepo ◆ vt 1 sujetar 2 poner el cepo a PHR V **to clamp down on sth/sb** (*coloq*) apretar los tornillos a algo/algn

clampdown /'klæmpdaʊn/ n ~ (**on sth**) restricción (de algo); medidas drásticas (contra algo)

clan /klæn/ n [v sing o pl] clan

clandestine /klæn'destɪn, 'klænde-stæm/ adj (*formal*) clandestino

clang /klæŋ/ ◆ n tañido (*metálico*) ◆ vt, vi (hacer) sonar

clank /klæŋk/ vi hacer un ruido metálico (*cadenas, maquinaria*)

clap /klæp/ ◆ (**-pp-**) 1 vt, vi aplaudir 2 vt: *to clap your hands (together)* batir palmas ◊ *to clap sb on the back* dar una palmada en la espalda a algn ◆ n 1 aplauso 2 *a clap of thunder* un trueno **clapping** n [incontable] aplausos

clarify /'klærəfaɪ/ vt (pret, pp **-fied**) aclarar **clarification** n aclaración

clarinet /ˌklærə'net/ n clarinete

clarity /'klærəti/ n lucidez, claridad

clash /klæʃ/ ◆ 1 vt, vi (hacer) chocar (*con ruido*) 2 vi ~ (**with sb**) tener un enfrentamiento (con algn) 3 vi ~ (**with sb**) (**on/over sth**) discrepar (con algn) (en algo) 4 vi (*fechas*) coincidir 5 vi (*colores*) desentonar ◆ n 1 estruendo 2 enfrentamiento 3 ~ (**on/over sth**) discrepancia (por algo): *a clash of interests* un conflicto de intereses

clasp /klɑːsp; USA klæsp/ ◆ n cierre ◆ vt apretar

class /klɑːs; USA klæs/ ◆ n 1 clase: *They're in class.* Están en clase. ◊ *class struggle/system* lucha/sistema de clases 2 categoría: *They are not in the same class.* No tienen comparación. LOC **in a class of your/its own** sin par ◆ vt ~ **sth/sb** (**as sth**) clasificar algo/a algn (como algo)

classic /'klæsɪk/ adj, n clásico, típico: *It was a classic case.* Fue un caso típico.

classical /'klæsɪkl/ adj clásico

classification /ˌklæsɪfɪ'keɪʃn/ n 1 clasificación 2 categoría

classify /'klæsɪfaɪ/ vt (pret, pp **-fied**) clasificar **classified** adj 1 clasificado: *classified advertisements/ads* anuncios por palabras 2 confidencial

classmate /'klɑːsmeɪt; USA 'klæs-/ n compañero, -a de clase

classroom /'klɑːsruːm, -rʊm; USA 'klæs-/ n aula, clase

classy /'klɑːsi; USA 'klæsi/ adj (**-ier, -iest**) con mucho estilo

iː	i	ɪ	e	æ	ɑː	ʌ	ʊ	uː
see	happy	sit	ten	hat	father	cup	put	too

clatter /'klætə(r)/ ◆ n (tb **clattering** /'klætərɪŋ/) **1** estrépito **2** (tren) triquitraque ◆ **1** vt, vi hacer ruido (con platos, etc.) **2** vi (tren) traquetear

clause /klɔːz/ n **1** (Gram) proposición **2** (Jur) cláusula

claw /klɔː/ ◆ n **1** garra **2** (gato) uña **3** (cangrejo) pinza **4** (máquina) garfio ◆ vt arañar

clay /kleɪ/ n arcilla, barro

clean /kliːn/ ◆ adj (-er. -est) **1** limpio: to wipe clean limpiar **2** (Dep) que juega limpio **3** (papel, etc.) en blanco LOC **to make a clean break (with sth)** cortar por completo (con algo) ◆ vt, vi limpiar(se) PHR V **to clean sth from/off sth** limpiar algo de algo **to clean sb out** (coloq) dejar a algn sin un duro **to clean sth out** limpiar algo a fondo **to clean (sth) up** limpiar (algo): to clean up your image mejorar algn su imagen **cleaning** n limpieza (trabajo) **cleanliness** /'klenlɪnəs/ n limpieza (cualidad) **cleanly** adv limpiamente

clean-cut /ˌkliːn 'kʌt/ adj **1** pulcro **2** (rasgos) bien perfilado

cleaner /'kliːnə(r)/ n **1** limpiador, -ora **2 cleaner's** [pl] tintorería

cleanse /klenz/ vt ~ **sth/sb (of sth)** **1** limpiar en profundidad algo/a algn (de algo) **2** (fig) purificar algo/a algn (de algo) **cleanser** n **1** producto de limpieza **2** (para cara) crema limpiadora

clean-shaven /ˌkliːn 'ʃeɪvn/ adj afeitado

clean-up /'kliːn ʌp/ n limpieza

clear /klɪə(r)/ ◆ adj (-er. -est) **1** claro: Are you quite clear about what the job involves? ¿Tienes claro lo que implica el trabajo? **2** (tiempo, cielo, carretera) despejado **3** (cristal) transparente **4** (recepción) nítido **5** (conciencia) tranquilo **6** libre: clear of debt libre de deudas ◊ to keep next weekend clear dejar libre el fin de semana que viene LOC **(as) clear as day** más claro que el agua **(as) clear as mud** nada claro **in the clear** (coloq) **1** fuera de sospecha **2** fuera de peligro **to make sth clear/ plain (to sb)** dejar algo claro (a algn) Ver tb CRYSTAL ◆ **1** vt despejar **2** vt (tubería) desatascar **3** vt (de gente) desalojar **4** vi (tiempo) despejar(se) **5** vi (agua) aclararse **6** vt ~ **sb (of sth)** absolver a algn (de algo): to clear your name limpiar tu nombre **7** vt (obstá-

culo) salvar LOC **to clear the air** aclarar las cosas **to clear the table** quitar la mesa PHR V **to clear (sth) away/up** recoger (algo) **to clear off** (coloq) largarse **to clear sth out** ordenar algo **to clear up** despejarse **to clear sth up** dejar algo claro ◆ adv (-er. -est) **1** claramente **2** completamente LOC **to keep/ stay/steer clear (of sth/sb)** mantenerse alejado (de algo/algn)

clearance /'klɪərəns/ n **1** despeje: a clearance sale una liquidación **2** espacio libre **3** autorización

clear-cut /ˌklɪə 'kʌt/ adj definido

clear-headed /ˌklɪə 'hedɪd/ adj de mente despejada

clearing /'klɪərɪŋ/ n claro (de bosque)

clearly /'klɪəli/ adv claramente

clear-sighted /ˌklɪə 'saɪtɪd/ adj lúcido

cleavage /'kliːvɪdʒ/ n escote

clef /klef/ n clave (Mús)

clench /klentʃ/ vt apretar (puños, dientes)

clergy /'klɜːdʒi/ n [pl] clero

clergyman /'klɜːdʒimən/ n (pl -men /-mən/) **1** clérigo **2** sacerdote anglicano

clerical /'klerɪkl/ adj **1** de oficina: clerical staff personal administrativo **2** (Relig) eclesiástico

clerk /klɑːk; USA klɜːrk/ n **1** oficinista, empleado, -a **2** (ayuntamiento, juzgado) secretario, -a **3** (USA) (tb desk clerk) recepcionista **4** (USA) (en tienda) dependiente, -a

clever /'klevə(r)/ adj (-er. -est) **1** listo **2** hábil: to be clever at sth tener aptitud para algo **3** ingenioso **4** astuto LOC **to be too clever** pasarse de listo **cleverness** n inteligencia, habilidad, astucia

cliché /'kliːʃeɪ/ n cliché

click /klɪk/ ◆ n **1** clic **2** chasquido **3** taconazo ◆ **1** vt: to click your heels dar un taconazo ◊ to click your fingers chasquear los dedos **2** vi (Informát, cámara) hacer clic: Click on the icon. Haz clic en el icono. **3** vi (hacerse amigos) conectar **4** vi caer en la cuenta LOC **to click open/shut** abrir(se)/ cerrar(se) con un clic

client /'klaɪənt/ n **1** cliente, -a **2** (de abogado) defendido, -a

clientele /ˌkliːən'tel/; USA ˌklaɪən'tel/ n [v sing o pl] clientela

cliff /klɪf/ n acantilado, precipicio

climate /'klaımət/ n clima: *the economic climate* las condiciones económicas

climax /'klaımæks/ n clímax

climb /klaım/ ◆ vt, vi **1** escalar **2** subir: *The road climbs steeply*. La carretera es muy empinada. **3** trepar **4** *(sociedad)* ascender LOC **to go climbing** hacer alpinismo *Ver tb* BANDWAGON PHR V **to climb down 1** *(fig)* dar marcha atrás **2** bajar **to climb out of sth 1** *to climb out of bed* levantarse de la cama **2** *(coche, etc.)* bajarse de algo **to climb (up) on to sth** subirse a algo **to climb up sth** subirse a algo, trepar por algo ◆ n **1** escalada, subida **2** pendiente

climber /'klaımə(r)/ n alpinista

clinch /klıntʃ/ vt **1** *(trato, etc.)* cerrar **2** *(partido, etc.)* ganar **3** *(victoria, etc.)* conseguir: *That clinched it*. Eso fue decisivo.

cling /klıŋ/ vi *(pret, pp* **clung** /klʌŋ/) ~ **(on) to sth/sb** *(lit y fig)* agarrarse/aferrarse a algo/algn: *to cling to each other* abrazarse estrechamente **clinging** *(tb* **clingy**) adj **1** *(ropa)* ceñido **2** *(pey)* *(persona)* pegajoso

clinic /'klınık/ n clínica

clinical /'klınıkl/ adj **1** clínico **2** *(fig)* imparcial

clink /klıŋk/ **1** vi tintinear **2** vt: *They clinked glasses*. Brindaron.

clip /klıp/ ◆ n **1** clip **2** *(joya)* alfiler ◆ vt (-pp-) **1** cortar, recortar **2** ~ **sth (on) to sth** prender algo a algo (con un clip) PHR V **to clip sth together** unir algo (con un clip)

clique /kliːk/ n camarilla

cloak /kləʊk/ ◆ n capa ◆ vt envolver: *cloaked in secrecy* rodeado de un gran secreto

cloakroom /'kləʊkruːm/ n **1** guardarropa **2** *(GB, eufemismo)* aseo ☛ *Ver nota en* TOILET

clock /klɒk/ ◆ n **1** reloj *(de pared o de mesa)* ☛ *Ver dibujo en* RELOJ **2** *(coloq)* cuentakilómetros **3** *(coloq)* taxímetro LOC **(a)round the clock** las veinticuatro horas ◆ vt cronometrar PHR V **to clock in/on** fichar *(en el trabajo)* **to clock off/out** fichar *(al salir)* **to clock sth up** registrar, acumular algo **clockwise** adv, adj en el sentido de las agujas del reloj

clockwork /'klɒkwɜːk/ ◆ adj con mecanismo de relojería ◆ n mecanismo LOC **like clockwork** como un reloj, a pedir de boca

clog /klɒg/ ◆ n zueco ◆ vt, vi (-gg-) ~ **(sth) (up)** obstruir(se), atascar(se)

cloister /'klɔıstə(r)/ n claustro

clone /kləʊn/ ◆ n **1** *(Biol)* clon **2** *(Informát)* clónico ◆ vt clonar

close¹ /kləʊs/ ◆ adj (-er, -est) **1** *(pariente)* cercano **2** *(amigo)* íntimo **3** *(vínculos, etc.)* estrecho **4** *(vigilancia)* estricto **5** *(examen)* minucioso **6** *(Dep, partido)* muy reñido **7** *(tiempo)* bochornoso, pesado **8** ~ **to sth** cerca de algo, al lado de algo: *close to tears* casi llorando **9** ~ **to sb** *(emocionalmente)* unido a algn LOC **it/that was a close call/shave** *(coloq)* me, te, etc. ha faltado el pelo de un calvo **to keep a close eye/watch on sth/sb** mantener algo/a algn bajo estricta vigilancia ◆ adv (-er, -est) *(tb* **close by)** cerca LOC **close on** casi **close together** juntos **closely** adv **1** estrechamente **2** atentamente **3** *(examinar)* minuciosamente **closeness** n **1** proximidad **2** intimidad

close² /kləʊz/ ◆ vt, vi **1** cerrar(se) **2** *(reunión, etc.)* concluir(se) LOC **to close your mind to sth** no querer saber nada de algo PHR V **to close down 1** *(empresa)* cerrar (definitivamente) **2** *(emisora)* cerrar la emisión **to close sth down** cerrar algo *(empresa, etc.)* **to close in** *(día)* acortarse **to close in (on sth/sb)** *(niebla, noche, enemigo)* venirse encima *(de algo/algn)* ◆ n final: *towards the close of* a finales de LOC **to come/draw to a close** llegar a su fin *Ver tb* BRING **closed** adj cerrado: *a closed door* una puerta cerrada

close-knit /ˌkləʊs 'nıt/ adj unido como una piña *(comunidad, etc.)*

closet /'klɒzıt/ n *(USA)* armario

close-up /'kləʊs ʌp/ n primer plano

closing /'kləʊzıŋ/ adj **1** último **2** *(fecha)* límite **3** *closing time* hora de cierre

closure /'kləʊʒə(r)/ n cierre

clot /klɒt/ n **1** coágulo **2** *(GB, coloq, joc)* bobo, -a

cloth /klɒθ; *USA* klɔːθ/ n *(pl* ~s; *USA* klɔːðz/) **1** tela, paño ☛ *Ver nota en* TELA **2** trapo

aı	aʊ	ɔı	ıə	eə	ʊə	ʒ	h	ŋ
five	now	join	near	hair	pure	vision	how	sing

clothe /kləʊð/ vt ~ **sb/yourself (in sth)** vestir(se) (de algo)

clothes /kləʊz; USA kləʊz/ n [pl] ropa: *clothes line* cuerda para tender la ropa ◊ *clothes peg* pinza (para tender la ropa)

clothing /ˈkləʊðɪŋ/ n ropa: *an item of clothing* una prenda de ropa ◊ *the clothing industry* la industria textil

cloud /klaʊd/ ♦ n 1 nube 2 vt (*juicio*) ofuscar 2 vt (*asunto*) complicar 3 vi (*expresión*) ensombrecerse PHR V **to cloud over** nublarse **cloudless** adj despejado **cloudy** adj (-ier, -iest) nublado

clout /klaʊt/ ♦ n (coloq) 1 tortazo 2 (*fig*) influencia ♦ vt (coloq) dar un tortazo a

clove /kləʊv/ n 1 clavo (*especia*) 2 (*tb* **clove of garlic**) diente de ajo

clover /ˈkləʊvə(r)/ n trébol

clown /klaʊn/ n payaso, -a

club /klʌb/ ♦ n 1 club 2 Ver NIGHTCLUB 3 porra 4 palo (*de golf*) 5 clubs [pl] (*en cartas*) tréboles ◊ Ver nota en BARAJA ♦ (-bb-) 1 vt aporrear: *to club sb to death* matar a algn a porrazos 2 (*vi*) **to go clubbing** ir de discotecas PHR V **to club together (to do sth)** hacer un fondo (para hacer algo)

clue /kluː/ n 1 ~ **(to sth)** pista (de algo) 2 indicio 3 (*crucigrama*) definición LOC **not to have a clue** (coloq) 1 no tener ni idea 2 ser un inútil

clump /klʌmp/ n grupo (*plantas, etc.*)

clumsy /ˈklʌmzi/ adj (-ier, -iest) 1 torpe, desgarbado 2 tosco

clung pret, pp de CLING

cluster /ˈklʌstə(r)/ ♦ n grupo ♦ v PHR V **to cluster/be clustered (together) round sth/sb** apiñarse alrededor de algo/algn

clutch /klʌtʃ/ ♦ vt 1 (*tener*) apretar, estrechar 2 (*coger*) agarrar PHR V **to clutch at sth** agarrarse a/de algo ♦ n 1 embrague 2 **clutches** [pl] (*pey*) garras

clutter /ˈklʌtə(r)/ ♦ n (pey) desorden, confusión ♦ vt (pey) ~ **sth (up)** atestar algo

coach /kəʊtʃ/ ♦ n 1 autocar 2 (*Ferrocarril*) vagón, coche Ver tb CARRIAGE 2 3 carroza 4 entrenador, -ora 5 profesor, -ora particular ♦ 1 vt (Dep) entrenar: *to coach a swimmer for the Olympics* entrenar a una nadadora para las Olimpiadas 2 vt, vi ~ **(sb) (for/in sth)** dar

clases particulares (de algo) (a· algn)

coaching n entrenamiento, preparación

coal /kəʊl/ n 1 carbón 2 trozo de carbón: *hot/live coals* brasas

coalfield /ˈkəʊlfiːld/ n cuenca minera de carbón

coalition /ˌkəʊəˈlɪʃn/ n [v sing o pl] coalición

coal mine (tb pit) n mina de carbón

coarse /kɔːs/ adj (-er, -est) 1 (*arena, etc.*) grueso 2 (*tela, manos*) áspero 3 vulgar 4 (*lenguaje, persona*) grosero 5 (*chiste*) verde

coast /kəʊst/ ♦ n costa ♦ vi 1 (*coche*) ir en punto muerto 2 (*bicicleta*) ir sin pedalear **coastal** adj costero

coastguard /ˈkəʊstɡɑːd/ n (servicio de) guardacostas

coastline /ˈkəʊstlaɪm/ n litoral

coat /kəʊt/ ♦ n 1 abrigo, chaquetón: *white coat* bata (blanca) 2 (*animal*) pelo, lana 3 (*pintura*) capa, mano ♦ vt ~ **sth (in/with sth)** cubrir, bañar, rebozar algo (de algo) **coating** n capa, baño

coat hanger n perchero

coax /kəʊks/ vt ~ **sb into/out of (doing) sth; ~ sb to do sth** engatusar, persuadir a algn (para que haga/deje de hacer algo) PHR V **to coax sth out of/from sb** sonsacar algo a algn

cobble /ˈkɒbl/ (tb **cobblestone**) n adoquín

cobweb /ˈkɒbweb/ n telaraña

cocaine /kəʊˈkeɪn/ n cocaína

cock /kɒk/ ♦ n 1 gallo 2 macho ♦ vt 1 (*esp animales*) levantar (*pata, orejas*) 2 (*fusil*) amartillar

cockney /ˈkɒkni/ ♦ adj del este de Londres ♦ n 1 (pl -eys) nativo, -a del este de Londres 2 dialecto del este de Londres

cockpit /ˈkɒkpɪt/ n cabina (del piloto)

cockroach /ˈkɒkrəʊtʃ/ n cucaracha

cocktail /ˈkɒkteɪl/ n 1 cóctel 2 (*de fruta*) macedonia 3 (coloq) (*fig*) mezcla

cocoa /ˈkəʊkəʊ/ n 1 cacao 2 (*bebida*) chocolate

coconut /ˈkəʊkənʌt/ n coco

cocoon /kəˈkuːn/ n 1 (*gusano*) capullo 2 (*fig*) caparazón

cod /kɒd/ n bacalao

code /kəʊd/ n 1 código 2 (*mensaje*) clave: *code name* nombre de guerra

tʃ	dʒ	v	θ	ð	s	z	ʃ
chin	**June**	**van**	**thin**	**then**	**so**	**zoo**	**she**

coercion /kəʊˈɜːʃn/ n coacción

coffee /ˈkɒfi; USA ˈkɔːfi/ n 1 café: *coffee bar/shop* cafetería 2 color café

coffin /ˈkɒfɪn/ n ataúd

cog /kɒg/ n 1 rueda dentada 2 (*de rueda dentada*) diente

cogent /ˈkəʊdʒənt/ adj (*formal*) contundente

coherent /kəʊˈhɪərənt/ adj 1 coherente 2 (*habla*) inteligible

coil /kɔɪl/ ◆ n 1 rollo 2 (*serpiente*) anillo 3 (*anticonceptivo*) diu ◆ 1 vt ~ sth (up) enrollar algo 2 vt, vi ~ (yourself) up (around sth) enroscarse (en algo)

coin /kɔɪn/ ◆ n moneda ◆ vt acuñar

coincide /ˌkəʊɪnˈsaɪd/ vi ~ (with sth) coincidir (con algo)

coincidence /kəʊˈɪnsɪdəns/ n 1 casualidad 2 (*formal*) coincidencia

coke /kəʊk/ n 1 Coke® Coca Cola® 2 (*coloq*) coca, cocaína 3 coque

cold /kəʊld/ ◆ adj (-er, -est) frío ☞ *Ver nota en* FRÍO LOC **to be cold** 1 (*persona*) tener frío 2 (*tiempo*) hacer frío 3 (*objeto*) estar frío 4 (*lugares, periodos de tiempo*) ser (muy) frío **to get cold** 1 enfriarse 2 coger frío 3 (*tiempo*) ponerse frío **to get/have cold feet** (*coloq*) sentir mieditis ◆ n 1 frío 2 resfriado: *to catch a cold* resfriarse ◆ adv de improviso

cold-blooded /ˌkəʊld ˈblʌdɪd/ adj 1 (*Biol*) de sangre fría 2 desalmado

collaboration /kəˌlæbəˈreɪʃn/ n 1 colaboración 2 colaboracionismo

collapse /kəˈlæps/ ◆ vi 1 derrumbarse, desplomarse 2 caer desmayado 3 (*negocio, etc.*) hundirse 4 (*valor*) caer en picado 5 (*mueble, etc.*) plegarse ◆ n 1 derrumbamiento 2 caída en picado 3 (*Med*) colapso

collar /ˈkɒlə(r)/ n 1 (*camisa, etc.*) cuello 2 (*perro*) collar

collateral /kəˈlætərəl/ n [*incontable*] garantía

colleague /ˈkɒliːg/ n colega, compañero, -a (*de profesión*)

collect /kəˈlekt/ ◆ 1 vt recoger: *collected works* obras completas 2 vt ~ sth (up/together) juntar, reunir algo 3 vt (*datos*) recopilar 4 vt (*fondos, impuestos*) recaudar 5 vt (*sellos, monedas*) coleccionar 6 vi (*muchedumbre*) reunirse 7 vi (*polvo, agua*) acumularse ◆ adj, adv

(*USA*) a cobro revertido LOC *Ver* REVERSE

collection n 1 colección 2 recogida 3 (*en iglesia*) colecta 4 conjunto, grupo

collector n coleccionista

collective /kəˈlektɪv/ adj, n colectivo

college /ˈkɒlɪdʒ/ n 1 centro de educación superior *Ver tb* TECHNICAL COLLEGE 2 (*GB*) colegio universitario (*Oxford, Cambridge, etc.*) 3 (*USA*) universidad

collide /kəˈlaɪd/ vi ~ (with sth/sb) chocar (con algo/algn)

colliery /ˈkɒliəri/ n (pl -ies) (*GB*) mina de carbón *Ver tb* COAL MINE

collision /kəˈlɪʒn/ n choque

collusion /kəˈluːʒn/ n confabulación

colon /ˈkəʊlən/ n 1 colon 2 dos puntos ☞ *Ver págs 326-27.*

colonel /ˈkɜːnl/ n coronel

colonial /kəˈləʊniəl/ adj colonial

colony /ˈkɒləni/ n [v sing o pl] (pl -ies) colonia

colossal /kəˈlɒsl/ adj colosal

colour (*USA* color) /ˈkʌlə(r)/ ◆ n 1 color ☞ *Ver nota en* COLOR 2 **colours** [pl] (*equipo, partido, etc.*) colores 3 **colours** [pl] (*Mil*) bandera LOC **to be/feel off colour** (*coloq*) no estar muy católico ◆ 1 vt colorear, pintar 2 vt (*afectar*) marcar 3 vt (*juicio*) ofuscar 4 vi ~ (at sth) ruborizarse (ante algo) PHR V **to colour sth in** colorear algo

coloured (*USA* colored) adj 1 de colores: *cream-coloured* (de) color crema 2 (*pey*) (*persona*) de color

colourful (*USA* colorful) adj 1 lleno de color, llamativo 2 (*personaje, vida*) interesante

colouring (*USA* coloring) n 1 colorido 2 tez 3 colorante

colourless (*USA* colorless) adj 1 incoloro, sin color 2 (*personaje, estilo*) gris

colour-blind (*USA* color-blind) /ˈkʌlə(r) blaɪnd/ adj daltónico

colt /kəʊlt/ n potro ☞ *Ver nota en* POTRO

column /ˈkɒləm/ n columna

coma /ˈkəʊmə/ n coma (*Med*)

comb /kəʊm/ ◆ n 1 peine 2 (*adorno*) peineta ◆ 1 vt peinar 2 vt, vi ~ (through) sth (for sth/sb) rastrear, peinar algo (en busca de algo/algn)

combat /ˈkɒmbæt/ ◆ n [*incontable*] combate ◆ vt, vi combatir, luchar contra

combination /ˌkɒmbɪˈneɪʃn/ n combinación

iː	i	ɪ	e	æ	ɑː	ʌ	ʊ	uː
see	happy	sit	ten	hat	father	cup	put	too

401 **comment**

combine /kəmˈbaɪn/ **1** vt, vi combinar(se) **2** vi ~ **with sth/sb** (Com) fusionarse con algo/algn **3** vt (cualidades) reunir

come /kʌm/ vi (pret **came** /keɪm/ pp **come**) **1** venir: to come running venir corriendo ☛ Ver nota en IR, VENIR **2** llegar **3** recorrer **4** (posición) ser: to come first ser el/lo primero ◊ It came as a surprise. Fue una sorpresa. **5** (resultar): to come undone desatarse **6** ~ to/into + sustantivo: to come to a halt pararse ◊ to come into a fortune heredar una fortuna LOC **come what may** pase lo que pase **to come to nothing; not to come to anything** quedarse en nada **when it comes to (doing) sth** cuando se trata de (hacer) algo ☛ Para otras expresiones con come, véanse las entradas del sustantivo, adjetivo, etc., p. ej. **to come of age** en AGE.
PHR V **to come about (that...)** ocurrir, suceder (que...)
to come across sth/sb encontrar algo/encontrarse con algn
to come along 1 aparecer, presentarse **2** venir también **3** Ver TO COME ON
to come apart deshacerse
to come away (from sth) desprenderse (de algo) **to come away (with sth)** marcharse, irse (con algo)
to come back volver
to come by sth 1 (obtener) conseguir algo **2** (recibir) adquirir algo
to come down 1 (precios, temperatura) bajar **2** desplomarse, venirse abajo
to come forward ofrecerse
to come from... ser de...: Where do you come from? ¿De dónde eres?
to come in 1 entrar: Come in! ¡Adelante! **2** llegar **to come in for sth** (crítica, etc.) recibir algo
to come off 1 (mancha) quitarse **2** (pieza): Does it come off? ¿Se puede quitar? **3** (coloq) (plan) tener éxito, resultar **to come off (sth)** caerse, desprenderse (de algo)
to come on 1 (actor) salir a la escena **2** (tb to come along) hacer progresos
to come out 1 salir **2** ponerse de manifiesto **3** declararse homosexual **to come out with sth** soltar algo, salir con algo
to come over (to...) (tb to come round (to...)) venir (a...) **to come over sb** invadir a algn: I can't think what came over me. No sé qué me pasó.

to come round (tb to come to) volver en sí **to come round (to...)** (tb to come over (to...)) venir (a...)
to come through (sth) sobrevivir (a algo)
to come to sth 1 ascender a algo **2** llegar a algo
to come up 1 (planta, sol) salir **2** (tema) surgir **to come up against sth** tropezar con algo **to come up to sb** acercarse a algn

comeback /ˈkʌmbæk/ n: to make/stage a comeback reaparecer en escena

comedian /kəˈmiːdiən/ n (fem **comedienne** /kəˌmiːdiˈen/) humorista, cómico, -a

comedy /ˈkɒmədi/ n (pl -ies) **1** comedia **2** comicidad

comet /ˈkɒmɪt/ n cometa

comfort /ˈkʌmfət/ ◆ n **1** bienestar, comodidad **2** consuelo **3 comforts** [pl] comodidades ◆ vt consolar

comfortable /ˈkʌmftəbl; USA -fərt-/ adj **1** cómodo **2** (victoria) fácil **3** (mayoría) amplia **comfortably** adv (ganar) cómodamente LOC **to be comfortably off** vivir con holgura

comic /ˈkɒmɪk/ ◆ adj cómico ◆ n **1** (USA **comic book**) cómic, tebeo **2** humorista, cómico, -a

coming /ˈkʌmɪŋ/ ◆ n **1** llegada **2** (Relig) advenimiento ◆ adj próximo

comma /ˈkɒmə/ n coma (ortografía) ☛ Ver págs 326-27.

command /kəˈmɑːnd; USA -ˈmænd/ ◆ **1** vt ordenar ☛ Ver nota en ORDER **2** vt, vi tener el mando (de) **3** vt (recursos) disponer de **4** vt (vista) tener **5** vt (respeto) infundir **6** vt (atención) llamar ◆ n **1** orden **2** (Informát) orden, comando **3** (Mil) mando **4** (idioma) dominio **commander** n **1** (Mil) comandante **2** jefe, -a

commemorate /kəˈmeməreɪt/ vt conmemorar

commence /kəˈmens/ vt, vi (formal) dar comienzo (a)

commend /kəˈmend/ vt **1** elogiar **2** ~ **sb to sb** (formal) recomendar a algn a algn **commendable** adj meritorio, digno de mención

comment /ˈkɒment/ ◆ n **1** comentario **2** [incontable] comentarios: 'No comment.' "Sin comentarios." ◆ vi

u	ɒ	ɔː	ɜː	ə	j	w	eɪ	əʊ
situation	got	saw	fur	ago	yes	woman	pay	go

1 ~ (that...) comentar (que...) **2 ~ (on sth)** hacer comentarios (sobre algo)

commentary /'kɒməntri; *USA* -teri/ *n* (*pl* -**ies**) **1** (*Dep*) comentarios **2** (*texto*) comentario

commentator /'kɒmənteɪtə(r)/ *n* comentarista

commerce /'kɒmɜːs/ *n* comercio ☞ Se usa más la palabra **trade**.

commercial /kə'mɜːʃl/ ◆ *adj* **1** comercial **2** (*derecho*) mercantil **3** (*TV, Radio*) financiado por medio de la publicidad ☞ *Ver nota en* TELEVISION ◆ *n* anuncio

commission /kə'mɪʃn/ ◆ *n* **1** (*porcentaje, organismo*) comisión **2** encargo ◆ *vt* encargar

commissioner /kə'mɪʃənə(r)/ *n* comisario (*a cargo de un departamento*)

commit /kə'mɪt/ (-**tt**-) **1** *vt* cometer **2** *vt* ~ **sth/sb to sth** entregar algo/a algn a algo: *to commit sth to memory* aprenderse algo de memoria **3** *v refl* ~ **yourself (to sth/to doing sth)** comprometerse (a algo/a hacer algo) ☞ *Comparar con* ENGAGED *en* ENGAGE **4** *v refl* ~ **yourself (on sth)** definirse (en algo) **commitment** *n* **1** ~ **(to sth/to do sth)** compromiso (con algo/de hacer algo) ☞ *Comparar con* ENGAGEMENT **1 2** entrega

committee /kə'mɪti/ *n* [*v sing o pl*] comité ☞ *Ver nota en* JURADO

commodity /kə'mɒdəti/ *n* (*pl* -**ies**) **1** producto **2** (*Fin*) mercancía

common /'kɒmən/ ◆ *adj* **1** corriente **2** ~ **(to sth/sb)** común (a algo/algn): *common sense* sentido común **3** (*pey*) ordinario, vulgar ☞ *Comparar con* ORDINARY LOC **in common** en común ◆ *n* **1** (*tb* **common land**) tierra comunal **2 the Commons** *Ver* THE HOUSE OF COMMONS **commonly** *adv* generalmente

commonplace /'kɒmənpleɪs/ *adj* normal

commotion /kə'məʊʃn/ *n* revuelo

communal /'kɒmjənl, kə'mjuːnl/ *adj* comunal

commune /'kɒmjuːn/ *n* [*v sing o pl*] comuna

communicate /kə'mjuːnɪkeɪt/ **1** *vt* ~ **sth (to sth/sb)** comunicar algo (a algo/algn) **2** *vi* ~ **(with sth/sb)** comunicarse (con algo/algn) **communication** *n* **1** comunicación **2** mensaje

communion /kə'mjuːniən/ (*tb* **Holy Communion**) *n* comunión

communiqué /kə'mjuːnɪkeɪ; *USA* kə,mjuːnə'keɪ/ *n* comunicado

communism /'kɒmjunɪzəm/ *n* comunismo **communist** *adj, n* comunista

community /kə'mjuːnəti/ *n* [*v sing o pl*] (*pl* -**ies**) **1** comunidad: *community centre* centro social **2** (*de expatriados, etc.*) colonia

commute /kə'mjuːt/ *vi* viajar para ir al trabajo **commuter** *n* persona que tiene que viajar para ir al trabajo

compact¹ /kəm'pækt/ *adj* compacto

compact² /'kɒmpækt/ (*tb* **powder compact**) *n* polvera

compact disc *n* (*abrev* **CD**) disco compacto, compact disc

companion /kəm'pæniən/ *n* compañero, -a **companionship** *n* compañerismo

company /'kʌmpəni/ *n* (*pl* -**ies**) **1** compañía **2** [*v sing o pl*] (*Com*) compañía, empresa LOC **to keep sb company** hacer compañía a algn *Ver tb* PART

comparable /'kɒmpərəbl/ *adj* ~ **(to/with sth/sb)** comparable (a algo/algn)

comparative /kəm'pærətɪv/ *adj* **1** comparativo **2** relativo

compare /kəm'peə(r)/ **1** *vt* ~ **sth with/to sth** comparar algo con algo **2** *vi* ~ **(with sth/sb)** compararse (con algo/algn)

comparison /kəm'pærɪsn/ *n* ~ **(of sth and/to/with sth)** comparación (de algo con algo) LOC **there's no comparison** no hay punto de comparación

compartment /kəm'pɑːtmənt/ *n* compartimento

compass /'kʌmpəs/ *n* **1** brújula **2** (*tb* **compasses** [*pl*]) compás

compassion /kəm'pæʃn/ *n* compasión **compassionate** *adj* compasivo

compatible /kəm'pætəbl/ *adj* compatible

compel /kəm'pel/ *vt* (-**ll**-) (*formal*) **1** obligar **2** forzar **compelling** *adj* **1** irresistible **2** (*motivo*) apremiante **3** (*argumento*) convincente *Ver tb* COMPULSION

compensate /'kɒmpenseɪt/ **1** *vt, vi* ~ **(sb) (for sth)** compensar (a algn) (por algo) **2** *vt* ~ **sb (for sth)** indemnizar a algn (por algo) **3** *vi* ~ **(for sth)** contra-

aɪ	aʊ	ɔɪ	ɪə	eə	ʊə	ʒ	h	ŋ
five	now	join	near	hair	pure	vision	how	sing

rrestar (algo) **compensation** *n* **1** compensación **2** indemnización

compete /kəm'pi:t/ *vi* **1** ~ **(against/ with sb) (in sth) (for sth)** competir (con algn) (en algo) (por algo) **2** ~ **(in sth)** (*Dep*) tomar parte (en algo)

competent /'kɒmpɪtənt/ *adj* **1** ~ **(as/ at/in sth)** competente (como/para/en algo) **2** ~ **(to do sth)** competente (para hacer algo) **competence** *n* aptitud, eficiencia

competition /ˌkɒmpə'tɪʃn/ *n* **1** concurso **2** (*Dep*) competición **3** ~ **(between/with sb)** competencia (entre/ con algn) **4 the competition** [*v sing o pl*] la competencia

competitive /kəm'petətɪv/ *adj* competitivo

competitor /kəm'petɪtə(r)/ *n* competidor, -ora, concursante *Ver tb* CONTESTANT *en* CONTEST

compile /kəm'paɪl/ *vt* compilar

complacency /kəm'pleɪsnsi/ *n* ~ **(about sth/sb)** autosatisfacción (con algo/algn) **complacent** *adj* satisfecho de sí mismo

complain /kəm'pleɪn/ *vi* **1** ~ **(to sb) (about/at/of sth)** quejarse (a algn) (de algo) **2** ~ **(that...)** quejarse (de que...) **complaint** *n* **1** queja, reclamación **🔳** (*Med*) afección

complement /'kɒmplɪmənt/ ♦ *n* **1** ~ **(to sth)** complemento (para algo) **2** dotación ♦ *vt* complementar *☞ Comparar con* COMPLIMENT **complementary** /ˌkɒmplɪ'mentri/ *adj* ~ **(to sth)** complementario (a algo)

complete /kəm'pli:t/ ♦ *vt* **1** completar **2** terminar **3** (*impreso*) rellenar ♦ *adj* **1** completo **2** total **3** (*éxito*) rotundo **4** terminado **completely** *adv* completamente, totalmente **completion** *n* **1** conclusión **2** formalización del contrato de venta (*de una casa*)

complex /'kɒmpleks/ ♦ *adj* complejo, complicado ♦ *n* complejo

complexion /kəm'plekʃn/ *n* **1** tez, cutis **2** (*fig*) cariz

compliance /kəm'plaɪəns/ *n* obediencia: *in compliance with* conforme a

complicate /'kɒmplɪkeɪt/ *vt* complicar **complicated** *adj* complicado **complication** *n* complicación

compliment /'kɒmplɪmənt/ ♦ *n* **1** cumplido: *to pay sb a compliment*

hacer un cumplido a algn **2 compliments** [*pl*] (*formal*) saludos: *with the compliments of* con un atento saludo de ♦ *vt* **1** ~ **sb (on sth)** hacerle un cumplido a algn (por algo) **2** ~ **sb (on sth)** felicitar a algn (por algo) *☞ Comparar con* COMPLEMENT **complimentary** /ˌkɒmplɪ'mentri/ *adj* **1** elogioso, favorable **2** (*entrada, etc.*) de regalo

comply /kəm'plaɪ/ *vi* (*pret, pp* **complied**) ~ **(with sth)** obedecer (algo)

component /kəm'pəʊnənt/ ♦ *n* **1** componente **2** (*Mec*) pieza ♦ *adj*: *component parts* piezas integrantes

compose /kəm'pəʊz/ **1** *vt* (*Mús*) componer **2** *vt* (*escrito*) redactar **3** *vt* (*pensamientos*) poner en orden **4** *v refl* ~ **yourself** serenarse **composed** *adj* sereno **composer** *n* compositor, -ora

composition /ˌkɒmpə'zɪʃn/ *n* **1** composición **2** (*colegio*) redacción *Ver tb* ESSAY

compost /'kɒmpɒst/ *n* abono

composure /kəm'pəʊʒə(r)/ *n* calma

compound /'kɒmpaʊnd/ ♦ *adj, n* compuesto ♦ *n* recinto ♦ /kəm-'paʊnd/ *vt* agravar

comprehend /ˌkɒmprɪ'hend/ *vt* comprender (*en su totalidad*) *Ver tb* UNDERSTAND **comprehensible** *adj* ~ **(to sb)** comprensible (para algn) **comprehension** *n* comprensión

comprehensive /ˌkɒmprɪ'hensɪv/ *adj* global, completo

comprehensive school *n* (*GB*) instituto de enseñanza secundaria

compress /kəm'pres/ *vt* **1** comprimir **2** (*argumento, tiempo*) condensar **compression** *n* compresión

comprise /kəm'praɪz/ *vt* **1** constar de **2** formar

compromise /'kɒmprəmaɪz/ ♦ *n* acuerdo ♦ **1** *vi* ~ **(on sth)** llegar a un acuerdo (en algo) **2** *vt* comprometer **compromising** *adj* comprometedor

compulsion /kəm'pʌlʃn/ *n* ~ **(to do sth) 1** obligación (de hacer algo) **2** deseo irresistible

compulsive /kəm'pʌlsɪv/ *adj* **1** (*novela*) absorbente **2** compulsivo **3** (*jugador*) empedernido

compulsory /kəm'pʌlsəri/ *adj* **1** obligatorio **2** (*despido*) forzoso LOC **compulsory purchase** expropiación

tʃ	dʒ	v	θ	ð	s	z	ʃ
chin	June	van	thin	then	so	zoo	she

computer 404

computer /kəm'pju:tə(r)/ n ordenador: *computer programmer* programador de ordenadores ◊ *computer-literate* con experiencia en el uso de ordenadores ◊ *computer game* juego de ordenador ◊ *computer studies* informática ☛ *Ver nota y dibujo en* ORDENADOR

computerize, -ise vt informatizar **computing** n informática

comrade /'kɒmreɪd; USA -ræd/ n 1 (*Pol*) camarada 2 compañero, -a

con /kɒn/ ◆ n (*coloq*) estafa: *con artist/man* estafador LOC *Ver* PRO ◆ vt (**-nn-**) (*coloq*) **to con sb (out of sth)** estafar (algo) a algn

conceal /kən'si:l/ vt 1 ocultar 2 (*alegría*) disimular

concede /kən'si:d/ vt 1 conceder 2 ~ that... admitir que...

conceit /kən'si:t/ n vanidad **conceited** adj vanidoso

conceivable /kən'si:vəbl/ adj concebible **conceivably** adv posiblemente

conceive /kən'si:v/ vt, vi 1 concebir 2 ~ (of) sth imaginar algo

concentrate /'kɒnsntreɪt/ vt, vi concentrar(se) **concentration** n concentración

concept /'kɒnsept/ n concepto

conception /kən'sepʃn/ n 1 concepción 2 idea

concern /kən'sɜ:n/ ◆ 1 vt tener que ver con: *as far as I am concerned* por lo que a mí se refiere/en cuanto a mí 2 vt referirse a 3 v refl ~ **yourself with sth** interesarse por algo 4 vt preocupar ◆ n 1 preocupación 2 interés 3 negocio **concerned** adj preocupado LOC **to be concerned with sth** tratar de algo **concerning** prep 1 acerca de 2 en lo que se refiere a

concert /'kɒnsət/ n concierto: *concert hall* sala de conciertos

concerted /kən'sɜ:tɪd/ adj 1 (*ataque*) coordinado 2 (*intento, esfuerzo*) conjunto

concerto /kən'tʃɜ:təʊ/ n (pl ~s) concierto

concession /kən'seʃn/ n 1 concesión 2 (*Fin*) desgravación

conciliation /kən,sɪli'eɪʃn/ n conciliación **conciliatory** /kən'sɪliətəri/ adj conciliador

concise /kən'saɪs/ adj conciso

conclude /kən'klu:d/ 1 vt, vi concluir 2 vt ~ that... llegar a la conclusión de que... 3 vt (*acuerdo*) concertar **conclusion** n conclusión LOC *Ver* JUMP

conclusive /kən'klu:sɪv/ adj definitivo, decisivo

concoct /kən'kɒkt/ vt 1 (*frec pey*) elaborar 2 (*pretexto*) inventar 3 (*plan, intriga*) tramar **concoction** n 1 mezcolanza 2 (*líquido*) mejunje

concord /'kɒŋkɔ:d/ n concordia, armonía

concourse /'kɒŋkɔ:s/ n vestíbulo (*de edificio*)

concrete /'kɒŋkri:t/ ◆ adj concreto, tangible ◆ n hormigón

concur /kən'kɜ:(r)/ vi (**-rr-**) ~ (**with sth/ sb**) (**in sth**) (*formal*) estar de acuerdo, coincidir (con algo/algn) (en algo)

concurrence /kən'kʌrəns/ n acuerdo **concurrent** adj simultáneo **concurrently** adv al mismo tiempo

concussion /kən'kʌʃn/ n [*incontable*] conmoción cerebral

condemn /kən'dem/ vt 1 ~ **sth/sb (for/as)** condenar algo/a algn (por) 2 ~ **sb (to sth/to do sth)** condenar a algn (a algo/a hacer algo) 3 (*edificio*) declarar ruinoso **condemnation** n condena

condensation /,kɒnden'seɪʃn/ n 1 condensación 2 vaho

condense /kən'dens/ vt, vi ~ (**sth**) (**into/to sth**) 1 condensar algo (en algo); condensarse (en algo) 2 resumir algo (en algo); resumirse (en algo)

condescend /,kɒndɪ'send/ vi ~ **to do sth** dignarse a hacer algo **condescending** adj condescendiente

condition /kən'dɪʃn/ ◆ n 1 estado, condición 2 **to be out of condition** no estar en forma 3 (*contrato*) requisito 4 **conditions** [pl] circunstancias, condiciones LOC **on condition (that...)** a condición de que... **on no condition** (*formal*) bajo ningún concepto **on one condition** con una condición *Ver tb* MINT ◆ vt 1 condicionar, determinar 2 acondicionar **conditional** adj condicional: *to be conditional on/upon sth* depender de algo **conditioner** n suavizante

condolence /kən'dəʊləns/ n [*gen pl*] condolencia: *to give/send your condolences* dar el pésame

condom /'kɒndɒm/ n preservativo, condón

i:	i	ɪ	e	æ	ɑ:	ʌ	ʊ	u:
see	happy	sit	ten	hat	father	cup	put	too

condone /kən'dəʊn/ aprobar

conducive /kən'djuːsɪv; USA -'duːs-/ adj ~ **to sth** propicio para algo

conduct /'kɒndʌkt/ ◆ n **1** conducta **2** ~ **of sth** gestión de algo ◆ /kən'dʌkt/ **1** vt guiar **2** vt dirigir **3** vt (investigación) llevar a cabo **4** vt (orquesta) dirigir **5** v refl ~ **yourself** (formal) comportarse **6** vt (Electrón) conducir **conductor** n **1** (Mús) director, -ora **2** (GB) (autobús) cobrador, -ora
Para referirnos al conductor de un autobús, decimos **driver**.
3 (GB tb **guard**) (Ferrocarril) jefe, -a de tren **4** (Electrón) conductor

cone /kəʊn/ n **1** cono **2** (helado) barquillo **3** (Bot) piña (de pino, etc.)

confectionery /kən'fekʃənəri/ n [incontable] dulces

confederation /kən,fedə'reɪʃn/ n confederación

confer /kən'fɜː(r)/ (-rr-) **1** vi deliberar **2** vi ~ **with sb** consultar a algn **3** vt ~ **sth (on sb)** (título, etc.) conceder algo (a algn)

conference /'kɒnfərəns/ n **1** congreso: conference hall sala de conferencias ☞ Comparar con LECTURE **2** (discusión) reunión

confess /kən'fes/ **1** vt confesar **2** vi confesarse: to confess to sth confesar algo **confession** n **1** confesión **2** (crimen) declaración de culpabilidad

confide /kən'faɪd/ vt ~ **sth to sb** confiar algo a algn **PHR V to confide in sb** hacer confidencias a algn

confidence /'kɒnfɪdəns/ n **1** ~ (**in sth/sb**) confianza (en algo/algn): confidence trick timo **2** confidencia **LOC to take sb into your confidence** hacer confidencias a algn Ver tb BREACH, STRICT, VOTE **confident** adj **1** seguro (de sí mismo) **2** to be confident of sth confiar en algo ◊ to be confident that... confiar en que... **confidential** /,kɒnfɪ'denʃl/ adj **1** confidencial **2** (tono, etc.) de confianza **confidently** adv con toda confianza

confine /kən'faɪn/ vt **1** confinar: to be confined to bed tener que guardar cama **2** limitar **confined** adj limitado (espacio) **confinement** n confinamiento **LOC** Ver SOLITARY

confines /'kɒnfaɪnz/ n [pl] (formal) límites

confirm /kən'fɜːm/ vt confirmar **confirmed** adj empedernido

confirmation /,kɒnfə'meɪʃn/ n confirmación

confiscate /'kɒnfɪskeɪt/ vt confiscar

conflict /'kɒnflɪkt/ ◆ n conflicto ◆ /kən'flɪkt/ vi ~ (**with sth**) discrepar (de algo) **conflicting** adj discrepante: conflicting evidence pruebas contradictorias

conform /kən'fɔːm/ vi **1** ~ **to sth** atenerse a algo **2** seguir las reglas **3** ~ **with/to sth** ajustarse a algo **conformist** n conformista **conformity** n (formal) conformidad: in conformity with de conformidad con

confront /kən'frʌnt/ vt hacer frente a, enfrentarse con: They confronted him with the facts. Le hicieron afrontar los hechos. **confrontation** /,kɒnfrʌn'teɪʃn/ n enfrentamiento

confuse /kən'fjuːz/ vt **1** ~ **sth/sb with sth/sb** confundir algo/a algn con algo/algn **2** (persona) desorientar **3** (asunto) complicar **confused** adj **1** confuso **2** (persona) desorientado: to get confused desorientarse/ofuscarse **confusing** adj confuso ☞ Comparar con CONFUSO **confusion** n confusión

congeal /kən'dʒiːl/ vi coagularse

congenial /kən'dʒiːniəl/ adj agradable **LOC congenial to sb** atractivo para algn **congenial to sth** propicio para algo

congenital /kən'dʒenɪtl/ adj congénito

congested /kən'dʒestɪd/ adj ~ (**with sth**) congestionado (de algo) **congestion** n congestión

conglomerate /kən'glɒmərət/ n grupo (de empresas)

congratulate /kən'grætʃuleɪt/ vt ~ **sb (on sth)** felicitar a algn (por algo) **congratulation** n felicitación **LOC congratulations!** ¡enhorabuena!

congregate /'kɒngrɪgeɪt/ vi congregarse **congregation** n [v sing o pl] feligreses

congress /'kɒngres; USA -grəs/ n [v sing o pl] congreso **congressional** /kən'greʃənl/ adj del congreso

conical /'kɒnɪkl/ adj cónico

conifer /'kɒnɪfə(r)/ n conífera

conjecture /kən'dʒektʃə(r)/ n **1** conjetura **2** [incontable] conjeturas

conjunction /kən'dʒʌŋkʃn/ n (Gram) conjunción LOC **in conjunction with** conjuntamente con

conjure /'kʌndʒə(r)/ vi hacer juegos de manos PHR V **to conjure sth up** 1 (imagen, etc.) evocar algo 2 hacer aparecer algo como por arte de magia 3 (espíritu) invocar algo **conjuror** (tb **conjurer**) n prestidigitador, -ora

connect /kə'nekt/ 1 vt, vi (gen, Electrón) conectar(se) 2 vt (habitaciones) comunicar 3 vt emparentar: connected by marriage emparentados políticamente 4 vt ~ sth/sb (with sth/sb) relacionar algo/a algn (con algo/algn) 5 vt ~ sb (with sb) (teléfono) poner a algn (con algn) **connection** n 1 conexión 2 relación 3 (transporte) enlace LOC **in connection with** en relación con **to have connections** tener enchufe

connoisseur /ˌkɒnə'sɜː(r)/ n conocedor, -ora, experto, -a

conquer /'kɒŋkə(r)/ vt 1 conquistar 2 vencer, derrotar **conqueror** n 1 conquistador, -ora 2 vencedor, -ora

conquest /'kɒŋkwest/ n conquista

conscience /'kɒnʃəns/ n conciencia (moral) LOC **to have sth on your conscience** pesar algo sobre la conciencia de algn Ver tb EASE

conscientious /ˌkɒnʃi'enʃəs/ adj concienzudo: conscientious objector objetor de conciencia

conscious /'kɒnʃəs/ adj 1 consciente 2 (esfuerzo, decisión) deliberado **consciously** adv deliberadamente **consciousness** n 1 conocimiento 2 **consciousness (of sth)** conciencia (sobre algo)

conscript /'kɒnskrɪpt/ n recluta **conscription** n reclutamiento (obligatorio)

consecrate /'kɒnsɪkreɪt/ vt consagrar

consecutive /kən'sekjətɪv/ adj consecutivo

consent /kən'sent/ ◆ vi ~ (to sth) acceder (a algo) ◆ n consentimiento LOC Ver AGE

consequence /'kɒnsɪkwəns/ USA -kwens/ n 1 [gen pl] consecuencia: as a/in consequence of sth a consecuencia de algo 2 (formal) importancia

consequent /'kɒnsɪkwənt/ adj (formal) 1 consiguiente 2 ~ on/upon sth que

resulta de algo **consequently** adv por consiguiente

conservation /ˌkɒnsə'veɪʃn/ n 1 conservación: conservation area zona protegida 2 ahorro (de recursos)

conservative /kən'sɜːvətɪv/ ◆ adj 1 conservador 2 **Conservative** (Pol) conservador Ver tb TORY ◆ n conservador, -ora

conservatory /kən'sɜːvətri; USA -tɔːri/ n (pl -ies) 1 galería acristalada contigua a una casa 2 (Mús) conservatorio

conserve /kən'sɜːv/ vt 1 conservar 2 (energía) ahorrar 3 (fuerzas) reservar 4 (naturaleza) proteger

consider /kən'sɪdə(r)/ vt 1 considerar: to consider doing sth pensar hacer algo 2 tener en cuenta

considerable /kən'sɪdərəbl/ adj considerable **considerably** adv bastante

considerate /kən'sɪdərət/ adj ~ (towards sth/sb) considerado (con algo/algn)

consideration /kənˌsɪdə'reɪʃn/ n 1 consideración: It is under consideration. Lo están considerando. 2 factor LOC **to take sth into consideration** tener algo en cuenta

considering /kən'sɪdərɪŋ/ conj teniendo en cuenta

consign /kən'saɪn/ vt ~ sth/sb (to sth) abandonar algo/a algn (a/en algo): consigned to oblivion relegado al olvido **consignment** n 1 envío 2 pedido

consist /kən'sɪst/ v PHR V **to consist in sth/doing sth** (formal) consistir en algo/hacer algo **to consist of sth** constar de algo, estar formado por algo

consistency /kən'sɪstənsi/ n (pl -ies) 1 consistencia 2 (actitud) coherencia

consistent /kən'sɪstənt/ adj 1 (persona) consecuente 2 ~ (with sth) en concordancia (con algo) **consistently** adv 1 constantemente 2 (actuar) consecuentemente

consolation /ˌkɒnsə'leɪʃn/ n consuelo

console /kən'səʊl/ vt consolar

consolidate /kən'sɒlɪdeɪt/ vt, vi consolidar(se)

consonant /'kɒnsənənt/ n consonante

consortium /kən'sɔːtiəm; USA -'sɔːrt-/ n (pl -tia /-tiə/) consorcio

conspicuous /kən'spɪkjuəs/ adj 1 llamativo: to make yourself conspicuous

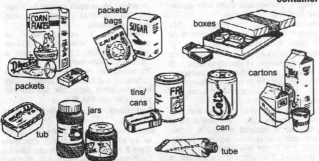

packets/bags

SUGAR

boxes

cartons

packets

tins/cans

jars

tub

can

tube

llamar la atención **2** (*irón*) **to be ~ for
sth** distinguirse por algo **3** visible
LOC **to be conspicuous by your/its
absence** brillar algn/algo por su
ausencia **conspicuously** *adv* notablemente

conspiracy /kən'spɪrəsi/ *n* (*pl* -ies)
1 conspiración **2** conjura **conspiratorial**
/kən,spɪrə'tɔːrial/ *adj* conspirador

conspire /kən'spaɪə(r)/ *vi* conspirar

constable /'kʌnstəbl; *USA* 'kɒn-/ *n*
(agente de) policía

constant /'kɒnstənt/ ♦ *adj* **1** constante, continuo **2** (*amigo, seguidor, etc.*)
fiel ♦ *n* constante **constantly** *adv*
constantemente

constipated /'kɒnstɪpeɪtɪd/ *adj* estreñido

constipation /,kɒnstɪ'peɪʃn/ *n* estreñimiento

constituency /kən'stɪtjuənsi/ *n* (*pl*
-ies) **1** distrito electoral **2** votantes

constituent /kən'stɪtjuənt/ *n* **1** (*Pol*)
elector, -ora **2** componente

constitute /'kɒnstɪtjuːt/ *vt* constituir

constitution /,kɒnstɪ'tjuːʃn; *USA*
-'tuːʃn/ *n* constitución **constitutional**
adj constitucional

constraint /kən'streɪnt/ *n* **1** coacción
2 limitación

constrict /kən'strɪkt/ *vt* **1** apretar
2 limitar

construct /kən'strʌkt/ *vt* construir
☞ La palabra más normal es **build**.
construction *n* construcción

construe /kən'struː/ *vt* interpretar

consul /'kɒnsl/ *n* cónsul

consulate /'kɒnsjələt; *USA* -səl-/ *n*
consulado

consult /kən'sʌlt/ *vt, vi* consultar:
consulting room consultorio **consult-
ant** *n* **1** asesor, -ora **2** (*Med*) especialista
consultancy *n* asesoría **consultation** *n*
consulta

consume /kən'sjuːm; *USA* -'suːm/ *vt*
consumir: *He was consumed with envy.*
Lo consumía la envidia. **consumer** *n*
consumidor, -ora

consummate /kən'sʌmət/ ♦ *adj*
(*formal*) **1** consumado **2** (*habilidad,
etc.*) extraordinario ♦ /'kɒnsəmeɪt/ *vt*
(*formal*) **1** culminar **2** (*matrimonio*)
consumar

consumption /kən'sʌmpʃn/ *n* **1**
consumo **2** (*antic, Med*) tisis

contact /'kɒntækt/ ♦ *n* (*gen, Electrón*)
contacto LOC **to make contact (with
sth/sb)** ponerse en contacto (con algo/
algn) ♦ *vt* ponerse en contacto con

contact lens *n* (*pl* **contact lenses**)
lentilla

contagious /kən'teɪdʒəs/ *adj* contagioso

contain /kən'teɪn/ *vt* contener: *to
contain yourself* contenerse

container /kən'teɪnə(r)/ *n* **1** recipiente
2 contenedor: *container lorry/ship*
camión/buque contenedor

contaminate /kən'tæmɪneɪt/ *vt* contaminar

contemplate /'kɒntəmpleɪt/ **1** *vt, vi*
contemplar, meditar (sobre) **2** *vt* consi-

tʃ	dʒ	v	θ	ð	s	z	ʃ
chin	June	van	thin	then	so	zoo	she

derar: *to contemplate doing sth* considerar la idea de hacer algo

contemporary /kən'tempnəri; *USA* -pəreri/ ◆ *adj* **1** contemporáneo **2** de la época ◆ *n* (*pl* **-ies**) coetáneo, -a

contempt /kən'tempt/ *n* **1** desprecio **2** (*tb* **contempt of court**) desacato (al tribunal) LOC **beneath contempt** despreciable *Ver tb* HOLD **contemptible** *adj* despreciable **contemptuous** *adj* desdeñoso, despectivo

contend /kən'tend/ **1** *vi* ~ **with sth** luchar contra algo: *She's had a lot of problems to contend with.* Ha tenido que enfrentarse con muchos problemas. **2** *vi* ~ (**for sth**) competir, luchar (por algo) **3** *vt* afirmar **contender** *n* contendiente

content¹ /'kɒntent/ (*tb* **contents** [*pl*]) *n* contenido: *table of contents* índice de materias

content² /kən'tent/ ◆ *adj* ~ (**with sth/ to do sth**) contento (con algo/con hacer algo); satisfecho (con algo) ◆ *v refl* ~ **yourself with sth** contentarse con algo **contented** *adj* satisfecho **contentment** *n* contento, satisfacción

contention /kən'tenʃn/ *n* **1** liza: *the teams in contention for...* los equipos en liza por... **2** controversia LOC *Ver* BONE

contentious /kən'tenʃəs/ *adj* **1** polémico **2** pendenciero

contest /kən'test/ ◆ *vt* **1** (*afirmación*) rebatir **2** (*decisión*) impugnar **3** (*premio, escaño*) disputar ◆ /'kɒntest/ *n* **1** concurso, competición **2** (*fig*) competición, lucha **contestant** /kən'testənt/ *n* concursante

context /'kɒntekst/ *n* contexto

continent /'kɒntmənt/ *n* **1** (*Geog*) continente **2 the Continent** (*GB*) el continente europeo **continental** /,kɒntɪ'nentl/ *adj* continental

contingency /kən'tɪndʒənsi/ *n* (*pl* **-ies**) **1** eventualidad **2** contingencia: *contingency plan* plan de emergencia

contingent /kən'tɪndʒənt/ *n* [*v sing o pl*] **1** (*Mil*) contingente **2** representación

continual /kən'tɪnjuəl/ *adj* continuo **continually** *adv* continuamente

¿Continual o continuous?

Continual y **continually** suelen emplearse para describir acciones que se repiten sucesivamente y a menudo tienen un matiz negativo: *His*

continual phone calls started to annoy her. Sus continuas llamadas empezaban a fastidiarla.

Continuous y **continuously** se utilizan para describir acciones ininterrumpidas: *There has been a continuous improvement in his work.* Su trabajo ha mostrado una mejora constante. ◊ *It has rained continuously here for three days.* Ha llovido sin parar durante tres días.

continuation /kən,tɪnju'eɪʃn/ *n* continuación

continue /kən'tɪnjuː/ **1** *vi* ~ (**doing sth/ to do sth**) continuar, seguir (haciendo algo) **2** *vt* continuar: *To be continued...* Continuará... **continued** *adj* continuo **continuing** *adj* continuado

continuity /,kɒntɪ'njuːəti; *USA* -'nuː-/ *n* continuidad

continuous /kən'tɪnjuəs/ *adj* constante, continuo **continuously** *adv* continuamente, sin parar ☞ *Ver nota en* CONTINUAL

contort /kən'tɔːt/ **1** *vt* (re)torcer **2** *vi* contorsionarse, retorcerse

contour /'kɒntʊə(r)/ *n* contorno

contraband /'kɒntrəbænd/ *n* contrabando

contraception /,kɒntrə'sepʃn/ *n* anticoncepción **contraceptive** *adj*, *n* anticonceptivo

contract¹ /'kɒntrækt/ *n* contrato LOC **under contract (to sth/sb)** bajo contrato (con algo/algn)

contract² /kən'trækt/ **1** *vt* (*trabajador*) contratar **2** *vt* (*enfermedad, matrimonio, deudas*) contraer **3** *vi* contraerse **4** *vi* ~ **with sb** hacer un contrato con algn **contractor** *n* contratista

contraction /kən'trækʃn/ *n* contracción

contradict /,kɒntrə'dɪkt/ *vt* contradecir **contradiction** *n* contradicción **contradictory** *adj* contradictorio

contrary /'kɒntrəri; *USA* -treri/ ◆ *adj* contrario ◆ *adv* ~ **to sth** en contra de algo; contrario a algo ◆ **the contrary** *n* lo contrario LOC **on the contrary** por el contrario

contrast /kən'trɑːst; *USA* -'træst/ ◆ *vt*, *vi* ~ (**A and/with B**) contrastar (A con B) ◆ /'kɒntrɑːst; *USA* -træst/ *n* contraste

iː	i	ɪ	e	æ	ɑː	ʌ	ʊ	uː
see	happy	sit	ten	hat	father	cup	put	too

contribute /kən'trɪbjuːt/ **1** *vt, vi* contribuir **2** *vt, vi* ~ **(sth) to sth** (*artículo*) escribir (algo) para algo **3** *vi* ~ **to sth** (*debate*) participar en algo **contributor** *n* **1** contribuyente **2** (*publicación*) colaborador, -ora **contributory** *adj* **1** que contribuye **2** (*plan de jubilación*) contributivo

contribution /ˌkɒntrɪ'bjuːʃn/ *n* **1** contribución, aportación **2** (*publicación*) artículo

control /kən'trəʊl/ ◆ *n* **1** control, mando, dominio: *to be in control of sth* tener el control de algo/tener algo bajo control **2 controls** [*pl*] mandos LOC **to be out of control 1** estar fuera de control: *Her car went out of control.* Perdió el control del coche. **2** (*persona*) desmandarse ◆ (-ll-) **1** *vt* controlar, tener el mando de **2** *vt* (*coche*) manejar **3** *v refl* ~ **yourself** dominarse **4** *vt* (*ley*) regular **5** *vt* (*gastos, inflación*) contener

controversial /ˌkɒntrə'vɜːʃl/ · *adj* controvertido, polémico

controversy /'kɒntrəvɜːsi, kən'trɒvəsi/ *n* (*pl* -ies) ~ **(about/over sth)** polémica (sobre algo); controversia (acerca de algo)

convene /kən'viːn/ **1** *vt* convocar **2** *vi* reunirse

convenience /kən'viːniəns/ *n* **1** comodidad: *convenience food* comida rápida ◊ *public convenience* aseos **2** conveniencia

convenient /kən'viːniənt/ *adj* **1** *if it's convenient (for you)* si te viene bien **2** (*momento*) oportuno **3** práctico **4** (*accesible*) a mano **5** ~ **for sth** bien situado en relación con algo **conveniently** *adv* oportunamente (*tb irón*)

convent /'kɒnvənt; *USA* -vent/ *n* convento

convention /kən'venʃn/ *n* **1** congreso **2** convencionalismo **3** (*acuerdo*) convención **conventional** *adj* convencional LOC **conventional wisdom** sabiduría popular

converge /kən'vɜːdʒ/ *vi* **1** converger **2** ~ **(on...)** (*personas*) juntarse (en...) **convergence** *n* convergencia

conversant /kən'vɜːsnt/ *adj* ~ **with sth** (*formal*) versado en algo: *to become conversant with sth* familiarizarse con algo

conversation /ˌkɒnvə'seɪʃn/ *n* conversación: *to make conversation* dar conversación

converse¹ /kən'vɜːs/ *vi* (*formal*) conversar

converse² /'kɒnvɜːs/ **the converse** *n* lo contrario **conversely** *adv* a la inversa

conversion /kən'vɜːʃn; *USA* kən'vɜːrʒn/ *n* ~ **(from sth) (into/to sth)** conversión (de algo) (en/a algo)

convert /kən'vɜːt/ ◆ *vt, vi* **1** ~ **(sth) (from sth) (into/to sth)** convertir algo (de algo) (en algo); convertirse (de algo) (en algo): *The sofa converts (in)to a bed.* El sofá se hace cama. **2** ~ **(sb) (from sth) (to sth)** (*Relig*) convertir a algn (de algo) (a algo); convertirse (de algo) (a algo) ◆ /'kɒnvɜːt/ *n* ~ **(to sth)** converso, -a (a algo)

convertible /kən'vɜːtəbl/ ◆ *adj* ~ **(into/to sth)** convertible (en algo) ◆ *n* descapotable

convey /kən'veɪ/ *vt* **1** (*formal*) llevar, transportar **2** (*idea, agradecimiento*) expresar **3** (*saludos*) enviar **4** (*propiedad*) traspasar **conveyor** (*tb* **conveyor belt**) *n* cinta transportadora

convict /kən'vɪkt/ ◆ *vt* ~ **sb (of sth)** declarar culpable a algn (de algo) ◆ /'kɒnvɪkt/ *n* presidiario, -a: *an escaped convict* un preso fugado **conviction** *n* **1** ~ **(for sth)** condena (por algo) **2** ~ **(that...)** convicción (de que...): *to lack conviction* no ser convincente

convince /kən'vɪns/ *vt* **1** ~ **sb (that.../ of sth)** convencer a algn (de que.../ de algo) **2** (*esp USA*) determinar **convinced** *adj* convencido **convincing** *adj* convincente

convulse /kən'vʌls/ *vt* convulsionar: *convulsed with laughter* muerto de risa **convulsion** *n* [*gen pl*] convulsión

cook /kʊk/ ◆ **1** *vi* (*persona*) cocinar, hacer la comida **2** *vi* (*comida*) cocer **3** *vt* preparar: *The potatoes aren't cooked.* Las patatas no están hechas. LOC **to cook the books** (*coloq*) falsificar los libros de contabilidad PHR V **to cook sth up** (*coloq*): *to cook up an excuse* montarse una excusa ◆ *n* cocinero, -a

cooker /'kʊkə(r)/ *n* cocina (*electrodoméstico*) Ver *tb* STOVE

cookery /'kʊkəri/ *n* [*incontable*] cocina: *Oriental cookery* la cocina oriental

cookie /'kʊki/ *n* (*esp USA*) galleta

cooking /'kʊkɪŋ/ *n* [*incontable*] cocina: *French cooking* la cocina francesa ◊ *to* *do the cooking* hacer la comida ◊ *cooking apple* manzana de guisar

cool /kuːl/ ◆ *adj* (**-er, -est**) **1** fresco ☛ *Ver nota en* FRÍO **2** (*coloq*) guay: *What a cool car!* ¡Qué coche más guay! ◊ *'I'll meet you at three.' 'Cool.'* —Quedamos a las tres. —Vale. **3** (*coloq*) impasible **4** ~ (**about sth/towards sb**) indiferente (a algo/algn) **5** (*acogida*) frío LOC **to keep/stay cool** no perder la calma: *Keep cool!* ¡Tranquilo! ◆ *vt, vi* **1** ~ (**sth**) (**down/off**) enfriarse, enfriar algo **2** ~ (**sb**) (**down/off**) refrescarse, refrescar a algn PHR V **to cool** (**sb**) **down/off** calmarse, calmar a algn ◆ **the cool** *n* [*incontable*] el fresco LOC **to keep/lose your cool** (*coloq*) mantener/perder la calma

cooperate /kəʊˈɒpəreɪt/ *vi* **1** ~ (**with sb**) (**in doing/to do sth**) cooperar (con algn) (para hacer algo) **2** ~ (**with sb**) (**on sth**) cooperar (con algn) (en algo) **3** colaborar **cooperation** *n* **1** cooperación **2** colaboración

cooperative /kəʊˈɒpərətɪv/ ◆ *adj* **1** cooperativo **2** dispuesto a colaborar ◆ *n* cooperativa

coordinate /kəʊˈɔːdɪmənt/ *vt* coordinar

cop /kɒp/ *n* (*coloq*) poli

cope /kəʊp/ *vi* ~ (**with sth**) arreglárselas (con algo); hacer frente a algo: *I can't cope.* No puedo más.

copious /ˈkəʊpiəs/ *adj* (*formal*) copioso, abundante

copper /ˈkɒpə(r)/ *n* **1** cobre **2** (*GB, coloq*) policía

copy /ˈkɒpi/ ◆ *n* (*pl* **copies**) **1** copia **2** (*libro, disco, etc.*) ejemplar **3** (*revista, etc.*) número **4** texto (*para imprimir*) ◆ *vt* (*pret, pp* **copied**) **1** ~ **sth** (**down/out**) (**in/into sth**) copiar algo (en algo) **2** fotocopiar **3** ~ **sth/sb** copiar, imitar algo/a algn

copyright /ˈkɒpiraɪt/ ◆ *n* derechos de autor, copyright ◆ *adj* registrado, protegido por los derechos de autor

coral /ˈkɒrəl; *USA* ˈkɔːrəl/ ◆ *n* coral ◆ *adj* de coral, coralino

cord /kɔːd/ *n* **1** cordón **2** (*USA*) *Ver* FLEX **3** pana **4** cords [*pl*] pantalón de pana ☛ *Ver nota en* PAIR

cordless /ˈkɔːdləs/ *adj* (*teléfono*) inalámbrico

cordon /ˈkɔːdn/ ◆ *n* cordón ◆ *v* PHR V **to cordon sth off** acordonar algo

corduroy /ˈkɔːdərɔɪ/ *n* pana

core /kɔː(r)/ *n* **1** (*fruta*), corazón **2** centro, núcleo: *a hard core* un núcleo arraigado LOC **to the core** hasta la médula

cork /kɔːk/ *n* corcho

corkscrew /ˈkɔːkskruː/ *n* sacacorchos

corn /kɔːn/ *n* **1** (*GB*) cereal **2** (*USA*) maíz **3** callo

corner /ˈkɔːnə(r)/ ◆ *n* **1** (*desde dentro*) rincón **2** (*desde fuera*) esquina **3** (*tb* **corner kick**) córner, saque de esquina LOC (**just**) **round the corner** a la vuelta de la esquina ◆ **1** *vt* acorralar **2** *vi* coger una curva **3** *vt* monopolizar: *to corner the market in sth* hacerse con el mercado de algo

cornerstone /ˈkɔːnəstəʊn/ *n* piedra angular

cornflour /ˈkɔːnflaʊə(r)/ *n* maicena®

corollary /kəˈrɒləri; *USA* ˈkɒrəleri/ *n* (*pl* **-ies**) ~ (**of/to sth**) (*formal*) consecuencia lógica (de algo)

coronation /ˌkɒrəˈneɪʃn; *USA* ˌkɔːr-/ *n* coronación

coroner /ˈkɒrənə(r); *USA* ˈkɔːr-/ *n* juez de instrucción (*en casos de muerte violenta o accidentes*)

corporal /ˈkɔːpərəl/ ◆ *n* (*Mil*) cabo ◆ *adj*: *corporal punishment* castigo corporal

corporate /ˈkɔːpərət/ *adj* **1** colectivo **2** corporativo

corporation /ˌkɔːpəˈreɪʃn/ *n* [*v sing o pl*] **1** corporación municipal, ayuntamiento **2** corporación

corps /kɔː(r)/ *n* [*v sing o pl*] (*pl* **corps** /kɔːz/) cuerpo

corpse /kɔːps/ *n* cadáver

correct /kəˈrekt/ ◆ *adj* correcto: *Would I be correct in saying...?* ¿Me equivoco si digo...? ◆ *vt* corregir

correlation /ˌkɒrəˈleɪʃn; *USA* ˌkɔːr-/ *n* ~ (**with sth**)/(**between...**) correlación (con algo)/(entre...)

correspond /ˌkɒrəˈspɒnd; *USA* ˌkɔːr-/ *vi* **1** ~ (**with sth**) coincidir (con algo) **2** ~ (**to sth**) equivaler (a algo) **3** ~ (**with sb**) cartearse (con algn) **correspondence** *n* correspondencia **correspondent** *n* corresponsal **corresponding** *adj* correspondiente

corridor /ˈkɒrɪdɔː(r); *USA* ˈkɔːr-/ *n* pasillo

corrosion /kəˈrəʊʒn/ *n* corrosión

aɪ	aʊ	ɪɔ	ɪə	eə	ʊə	ʒ	h	ŋ
five	now	join	near	hair	pure	vision	how	sing

corrugated /'kɒrəgeɪtɪd/ *adj* ondulado

corrupt /kə'rʌpt/ ◆ *adj* **1** corrupto, deshonesto **2** depravado ◆ *vt* corromper, sobornar **corruption** *n* corrupción

cosmetic /kɒz'metɪk/ *adj* cósmetico: *cosmetic surgery* cirugía estética **cosmetics** *n* [*pl*] cosméticos

cosmopolitan /ˌkɒzmə'pɒlɪtən/ *adj, n* cosmopolita

cost /kɒst; *USA* kɔːst/ ◆ *vt* **1** (*pret, pp* cost) costar, valer **2** (*pret, pp* costed) (*Com*) presupuestar LOC **to cost a bomb** costar un dineral *Ver tb* EARTH ◆ *n* **1** coste: *whatever the cost* cueste lo que cueste ◊ *cost-effective* rentable *Ver tb* PRICE **2** costs [*pl*] costas, gastos LOC **at all costs** a toda costa *Ver tb* COUNT **costly** *adj* (-ier, -iest) costoso

co-star /'kəʊ stɑː(r)/ *n* coprotagonista

costume /'kɒstjuːm; *USA* -tuːm/ *n* **1** traje **2 costumes** [*pl*] (*Teat*) vestuario

cosy (*USA* cozy) /'kəʊzi/ *adj* (-ier, -iest) acogedor

cot /kɒt/ *n* **1** (*USA* crib) cuna **2** (*USA*) camastro

cottage /'kɒtɪdʒ/ *n* casita (*de campo*) ☞ *Ver nota en* CASA

cotton /'kɒtn/ *n* **1** algodón **2** hilo (*de algodón*)

cotton wool *n* [*incontable*] algodón

couch /kaʊtʃ/ ◆ *n* diván ◆ *vt* ~ **sth** (**in sth**) (*formal*) expresar algo (en algo)

cough /kɒf; *USA* kɔːf/ ◆ *vi* toser PHR V **to cough (sth) up** (*GB, coloq*) soltar (algo) **to cough sth up** escupir algo ◆ *n* tos

could *pret de* CAN²

council /'kaʊnsl/ *n* [*v sing o pl*] **1** consejo municipal, ayuntamiento: *council flat/house* vivienda protegida perteneciente al ayuntamiento **2** consejo **councillor** (*USA tb* councilor) *n* concejal, -ala

counsel /'kaʊnsl/ ◆ *n* **1** (*formal*) consejo ☞ En este sentido la palabra más normal es **advice**. **2** (*pl* counsel) abogado ☞ *Ver nota en* ABOGADO ◆ *vt* (-ll-, *USA* -l-) (*formal*) aconsejar **counselling** (*USA* counseling) *n* asesoramiento, orientación **counsellor** (*USA tb* counselor) *n* **1** asesor, -ora, consejero, -a (*USA o Irl*) abogado, -a

count¹ /kaʊnt/ **1** *vt, vi* ~ (**sth**) (**up**) contar (algo) **2** *vi* ~ (**as sth**) contar (como algo) **3** *vi* ~ (**for sth**) importar,

contar (*para algo*) **4** *vi* valer **5** *v refl*: *to count yourself lucky* considerarse afortunado LOC **to count the cost (of sth)** pagar las consecuencias (de algo) PHR V **to count down** hacer la cuenta atrás **to count sth/sb in** contar algo/a algn **to count on sth/sb** contar con algo/algn **to count sth/sb out** (*coloq*) no contar con algo/algn **to count towards sth** contribuir a algo

count² /kaʊnt/ *n* **1** conde **2** recuento, cuenta

countdown /'kaʊntdaʊn/ *n* ~ (**to sth**) cuenta atrás (de algo)

countenance /'kaʊntənəns/ ◆ *vt* (*formal*) aprobar, tolerar ◆ *n* rostro, semblante

counter /'kaʊntə(r)/ ◆ **1** *vi* rebatir, contraatacar **2** *vt* (*ataque*) contestar, responder ◆ *n* **1** (*juego*) ficha **2** contador **3** mostrador ◆ *adv* ~ **to sth** en contra de algo

counteract /ˌkaʊntər'ækt/ *vt* contrarrestar

counter-attack /'kaʊntər ətæk/ *n* contraataque

counterfeit /'kaʊntəfɪt/ *adj* falso

counterpart /'kaʊntəpɑːt/ *n* **1** homólogo, -a **2** equivalente

counter-productive /ˌkaʊntə prə'dʌktɪv/ *adj* contraproducente

countess /'kaʊntəs/ *n* condesa

countless /'kaʊntləs/ *adj* innumerable

country /'kʌntri/ *n* (*pl* -ies) **1** país **2** [*sing*] patria **3** [*incontable*] (*tb* the country) campo, campiña: *country life* la vida rural **4** zona, tierra

countryman /'kʌntrimən/ *n* (*pl* -men /-mən/) **1** compatriota **2** campesino, -a

countryside /'kʌntrisaɪd/ *n* [*incontable*] **1** campo, campiña **2** paisaje

countrywoman /'kʌntriwʊmən/ *n* (*pl* -women) **1** compatriota **2** campesina

county /'kaʊnti/ *n* (*pl* -ies) condado

coup /kuː/ *n* (*pl* ~s /kuːz/) (*Fr*) **1** (*tb* coup d'état /kuː deɪ'tɑː/) (*pl* ~s d'état) golpe (de estado) **2** éxito

couple /'kʌpl/ ◆ *n* **1** pareja (*relación amorosa*): *a married couple* un matrimonio **2** par LOC **a couple of** un par de, unos, -as cuantos, -as ◆ *vt* **1** asociar, acompañar: *coupled with sth* junto con algo **2** acoplar, enganchar

tʃ	dʒ	v	θ	ð	s	z	ʃ
chin	June	van	thin	then	so	zoo	she

coupon /'ku:pɒn/ *n* cupón, vale

courage /'kʌrɪdʒ/ *n* valor LOC *Ver* DUTCH, PLUCK **courageous** /kə'reɪdʒəs/ *adj* **1** (*persona*) valiente **2** (*intento*) valeroso

courgette /kʊə'ʒet/ *n* calabacín

courier /'kurɪə(r)/ *n* **1** guía turístico, -a (*persona*) **2** mensajero, -a

course /kɔːs/ *n* **1** curso, transcurso **2** (*barco, avión, río*) rumbo, curso: *to be on/off course* seguir el rumbo/un rumbo equivocado **3** ~ (**in/on sth**) (*Educ*) curso (de algo) **4** ~ **of sth** (*Med*) tratamiento de algo **5** (*golf*) campo **6** (*carreras*) pista **7** (*comida*) plato LOC **a course of action** una línea de actuación **in the course of sth** en el transcurso de algo **of course** por supuesto: *of course not* claro que no *Ver tb* DUE, MATTER

court /kɔːt/ ◆ *n* **1** (*tb* **court of law**) juzgado, tribunal: *a court case* un pleito ◊ *court order* orden judicial *Ver tb* HIGH COURT **2** (*Dep*) pista **3 Court** corte LOC **to go to court (over sth)** ir a juicio (por algo) **to take sb to court** demandar a algn ◆ *vt* **1** cortejar **2** (*peligro, etc.*) exponerse a

courteous /'kɜːtɪəs/ *adj* cortés

courtesy /'kɜːtəsi/ *n* (*pl* -ies) cortesía LOC **(by) courtesy of sb** (por) gentileza de algn

court martial *n* (*pl* ~s martial) consejo de guerra

courtship /'kɔːtʃɪp/ *n* noviazgo

courtyard /'kɔːtjɑːd/ *n* patio

cousin /'kʌzn/ *n* primo, -a

cove /kəʊv/ *n* cala

covenant /'kʌvənənt/ *n* convenio, pacto

cover /'kʌvə(r)/ ◆ *1* ~ **sth (up/over) (with sth)** cubrir algo (con algo) **2** *vt* ~ **sth/sb in/with sth** cubrir algo/a algn de algo **3** *vt* (*cazuela, cara*) tapar **4** *vt* (*timidez, etc.*) disimular **5** *vt* abarcar **6** *vt* tratar, encargarse de **7** *vi* ~ **for sb** sustituir a algn PHR V **to cover (sth) up** (*pey*) ocultar (algo) **to cover up for sb** cubrir las espaldas a algn ◆ *n* **1** cubierta **2** funda **3** (*libro*) tapa **4** (*revista*) portada **5 the covers** [*pl*] las mantas **6** ~ (**for sth**) (*fig*) tapadera (para algo) **7** identidad falsa **8** (*Mil*) protección **9** ~ (**for sb**) sustitución (de algn) **10** ~ (**against sth**) seguro (contra algo) LOC **from cover to cover** de principio a fin **to take cover (from sth)** resguardarse (de algo) **under cover of sth** al amparo de algo *Ver tb* DIVE **coverage** *n* cobertura **covering** *n* **1** envoltura **2** capa

covert /'kʌvət; *USA* 'kəʊvɜːrt/ *adj* **1** secreto, encubierto **2** (*mirada*) furtivo

cover-up /'kʌvər ʌp/ *n* (*pey*) encubrimiento

covet /'kʌvət/ *vt* codiciar

cow /kaʊ/ *n* vaca ☞ *Ver nota en* CARNE

coward /'kaʊəd/ *n* cobarde **cowardice** *n* [*incontable*] cobardía **cowardly** *adj* cobarde

cowboy /'kaʊbɔɪ/ *n* **1** vaquero **2** (*GB, coloq*) pirata (*albañil, fontanero, etc.*)

coy /kɔɪ/ *adj* (**coyer, coyest**) **1** tímido (*por coquetería*) **2** reservado

cozy /'kəʊzi/ (*USA*) *Ver* COSY

crab /kræb/ *n* cangrejo

crack /kræk/ ◆ *n* **1** ~ (**in sth**) grieta (en algo) **2** ~ (**in sth**) (*fig*) defecto (de algo) **3** rendija, abertura **4** chasquido, (r)estallido LOC **at the crack of dawn** (*coloq*) al amanecer ◆ *1* *vt, vi* resquebrajar(se): *a cracked cup* una taza agrietada **2** *vt* ~ **sth (open)** abrir algo **3** *vi* ~ (**open**) abrirse (*rompiéndose*) **4** *vt* (*nuez*) cascar **5** *vt* ~ **sth (on/against sth)** golpear algo (contra algo) **6** *vt, vi* chascar **7** *vt* (*látigo*) restallar **8** *vi* desmoronarse **9** *vt* (*resistencia*) quebrantar **10** *vt* (*coloq*) resolver **11** *vi* (*voz*) quebrarse **12** *vt* (*coloq*) (*chiste*) contar LOC **to get cracking** (*coloq*) poner manos a la obra PHR V **to crack down (on sth/sb)** tomar medidas enérgicas (contra algo/algn) **to crack up** (*coloq*) **1** agotarse (*física o mentalmente*) **2** echarse a reír

crackdown /'krækdaʊn/ *n* ~ (**on sth**) medidas enérgicas (contra algo)

cracker /'krækə(r)/ *n* **1** galleta salada **2** petardo **3** (*tb* **Christmas cracker**) petardo sorpresa

crackle /'krækl/ ◆ *vi* crepitar ◆ *n* (*tb* **crackling**) crujido, chisporroteo

cradle /'kreɪdl/ ◆ *n* (*lit y fig*) cuna ◆ *vt* acunar

craft /krɑːft; *USA* kræft/ ◆ *n* **1** artesanía: *a craft fair* una feria de artesanía **2** (*destreza*) oficio **3** embarcación ◆ *vt* fabricar artesanalmente

i:	i	ɪ	e	æ	ɑː	ʌ	ʊ	u:
see	happy	sit	ten	hat	father	cup	put	too

craftsman /'krɑːftsmən; USA 'kræfts-/ n (pl -men /-mən/) **1** artesano **2** (fig) artista **craftsmanship** n **1** artesanía **2** arte

crafty /'krɑːfti; USA 'kræfti/ adj (-ier, -iest) astuto, ladino

crag /kræg/ n despeñadero **craggy** adj escarpado

cram /kræm/ (-mm-) **1** vt ~ **A into B** atiborrar, llenar B de A; meter A en B (a presión) **2** vi ~ **into sth** meterse con dificultad en algo; abarrotar algo **3** vi (coloq) empollar

cramp /kræmp/ ♦ n [incontable] **1** (muscular) calambre, tirón **2** cramps [pl] retortijones

También se dice **stomach cramps**.

♦ vt (movimiento, desarrollo, etc.) obstaculizar **cramped** adj **1** (letra) apretado **2** (espacio) exiguo

crane /krem/ n **1** (Mec) grúa **2** (Ornitología) grulla

crank /kræŋk/ n **1** (Mec) manivela **2** (coloq) bicho raro

crash /kræʃ/ ♦ n **1** estrépito **2** accidente, choque: crash helmet casco protector **3** (Com) quiebra **4** (bolsa) caída **5** (Informát) fallo ♦ **1** vt (coche) tener un accidente con: He crashed his car last Monday. Tuvo un accidente con el coche el lunes pasado. **2** vt, vi ~ (sth) (into sth) (vehículo) estrellar algo/ estrellarse (contra algo): He crashed into a lamp post. Se estrelló contra una farola. **3** vi (Informát) fallar, dejar de funcionar **4** vi ~ (out) (coloq) dormirse ♦ adj (curso, dieta) intensivo

crash landing n aterrizaje forzoso

crass /kræs/ adj (pey) **1** sumo **2** majadero

crate /kreɪt/ n **1** cajón **2** caja (para botellas)

crater /'kreɪtə(r)/ n cráter

crave /kreɪv/ **1** vt, vi ~ (for) sth anhelar algo **2** vt (antic, perdón) suplicar **craving** n ~ (for sth) ansia, antojo (de algo)

crawl /krɔːl/ ♦ vi **1** andar a gatas, arrastrarse **2** ~ (along) (tráfico) avanzar a paso de tortuga **3** ~ (to sb) (coloq) hacer la pelota (a algn) LOC **crawling with sth** lleno/cubierto de algo ♦ n **1** paso de tortuga **2** (natación) crol

crayon /'kreɪən/ n **1** lápiz de colores, cera (de colores) **2** (Arte) pastel

craze /kreɪz/ n moda, fiebre

crazy /'kreɪzi/ adj (-ier, -iest) (coloq) **1** loco **2** (idea) disparatado

creak /kriːk/ vi crujir, chirriar

cream[1] /kriːm/ ♦ n **1** nata: cream cheese queso cremoso **2** crema, pomada **3 the cream** la flor y nata ♦ adj, n color crema **creamy** adj (-ier, -iest) cremoso

cream[2] /kriːm/ vt batir PHR V **to cream sth off** quedarse con lo mejor de algo

crease /kriːs/ ♦ n **1** arruga, pliegue **2** (pantalón) raya ♦ vt, vi arrugar(se)

create /kri'eɪt/ vt crear, producir: to create a fuss montar un número **creation** n creación **creative** adj creativo

creator /kri'eɪtə(r)/ n creador, -ora

creature /'kriːtʃə(r)/ n criatura: living creatures seres vivos ◊ a creature of habit un animal de costumbres ◊ creature comforts necesidades básicas

crèche /kreʃ/ n (GB) guardería infantil

credentials /krə'denʃlz/ n [pl] **1** credenciales **2** (para un trabajo) currículo

credibility /ˌkredə'bɪləti/ n credibilidad

credible /'kredəbl/ adj verosímil, creíble

credit /'kredɪt/ ♦ n **1** crédito: on credit a crédito **2** saldo positivo: to be in credit tener saldo positivo **3** (contabilidad) haber **4** mérito **5** credits [pl] títulos de crédito LOC **to be a credit to sb/sth** hacer honor a algo/algn **to do sb credit** honrar a algn ♦ vt **1** ~ sth/sb **with sth** atribuir el mérito de algo a algo/algn **2** (Fin) abonar **3** creer **creditable** adj encomiable **creditor** n acreedor, -ora

credit card n tarjeta de crédito

creed /kriːd/ n credo

creek /kriːk/ n **1** (GB) cala **2** (USA) riachuelo LOC **to be up the creek (without a paddle)** (coloq) estar apañado

creep /kriːp/ ♦ vi (pret, pp crept) **1** deslizarse (sigilosamente): to creep up on sb aproximarse sigilosamente a algn/coger desprevenido a algn **2** (fig): A feeling of drowsiness crept over him. Le invadió una sensación de sopor. **3** (planta) trepar ♦ n (coloq) pelota (persona) LOC **to give sb the creeps**

u	ɒ	ɔː	ɜː	ə	j	w	eɪ	əʊ
situation	got	saw	fur	ago	yes	woman	pay	go

(coloq) dar a algn repelús **creepy** *adj* **(-ier, -iest)** *(coloq)* espeluznante

cremation /krə'meɪʃn/ *n* incineración *(del cadáver)*

crematorium /ˌkremə'tɔːrɪəm/ *n* **(pl -riums** o **-ria** /-rɪə/) *(USA* **crematory** /'kremətɔːri/) crematorio

crept *pret, pp de* CREEP

crescendo /krə'ʃendəʊ/ *n* **(pl ~s)** **1** *(Mús)* crescendo **2** *(fig)* cúspide

crescent /'kresnt/ *n* **1** media luna: *a crescent moon* la media luna **2** calle en forma de media luna

cress /kres/ *n* berro

crest /krest/ *n* **1** cresta **2** *(colina)* cima **3** *(Heráldica)* blasón

crestfallen /'krestfɔːlən/ *adj* cabizbajo

crevice /'krevɪs/ *n* grieta *(en roca)*

crew /kruː/ *n [v sing o pl]* **1** tripulación: *cabin crew* tripulación (de un avión) **2** *(remo, Cine)* equipo ☞ *Ver nota en* JURADO

crew-cut /'kruː kʌt/ *n* corte de pelo a cepillo

crib /krɪb/ ◆ *n* **1** pesebre **2** *(USA)* cuna **3** *(coloq) (plagio)* copia ◆ *vt, vi* **(-bb-)** copiar

cricket /'krɪkɪt/ *n* **1** *(Zool)* grillo **2** *(Dep)* críquet **cricketer** *n* jugador, -ora de críquet

crime /kraɪm/ *n* **1** delito, crimen **2** delincuencia

criminal /'krɪmɪnl/ ◆ *adj* **1** delictivo, criminal: *criminal damage* daños y perjuicios ◊ *a criminal record* antecedentes penales **2** *(derecho)* penal **3** inmoral ◆ *n* delincuente, criminal

crimson /'krɪmzn/ *adj* carmesí

cringe /krɪndʒ/ *vi* **1** *(por miedo)* encogerse **2** *(fig)* morirse de vergüenza

cripple /'krɪpl/ ◆ *n* inválido, -a ◆ *vt* **1** dejar inválido **2** *(fig)* perjudicar seriamente **crippling** *adj* **1** *(enfermedad)* que deja inválido **2** *(deuda)* agobiante

crisis /'kraɪsɪs/ *n* **(pl crises** /-siːz/) crisis

crisp /krɪsp/ ◆ *adj* **(-er, -est)** **1** crujiente **2** *(verduras)* fresco **3** *(papel)* tieso **4** *(tiempo)* seco y frío **5** *(manera)* tajante ◆ *n* **(tb potato crisp)** *(USA* **potato chip, chip)** patata frita *(de bolsa)* ☞ *Ver dibujo en* PATATA **crisply** *adv* tajantemente **crispy** *adj* **(-ier, -iest)** crujiente

criterion /kraɪ'tɪərɪən/ *n* **(pl -ria** /-rɪə/) criterio

critic /'krɪtɪk/ *n* **1** detractor, -ora **2** *(Cine)* crítico, -a **critical** *adj* **1** crítico: *to be critical of sth/sb* criticar algo/a algn ◊ *critical acclaim* el aplauso de la crítica **2** *(persona)* criticón **3** *(momento)* crítico, crucial **4** *(estado)* crítico **critically** *adv* **1** críticamente **2** *critically ill* gravemente enfermo

criticism /'krɪtɪsɪzəm/ *n* **1** crítica **2** *[incontable]* críticas: *He can't take criticism.* No soporta que lo critiquen. **3** *[incontable]* crítica: *literary criticism* crítica literaria

criticize, -ise /'krɪtɪsaɪz/ *vt* criticar

critique /krɪ'tiːk/ *n* análisis crítico

croak /krəʊk/ ◆ *vi* **1** croar **2** *(fig)* gruñir ◆ *n* **(tb croaking)** croar

crochet /'krəʊʃeɪ; *USA* krəʊ'ʃeɪ/ *n* (labor de) ganchillo

crockery /'krɒkəri/ *n* *[incontable]* loza, vajilla

crocodile /'krɒkədaɪl/ *n* cocodrilo

crocus /'krəʊkəs/ *n* **(pl ~es)** azafrán

croissant /'krwæsɒ/ *n* *(Fr)* cruasán ☞ *Ver dibujo en* PAN

crony /'krəʊni/ *n* **(pl -ies)** *(pey)* compinche

crook /krʊk/ *n* *(coloq)* ladrón, -ona

crooked /'krʊkɪd/ *adj* **1** torcido **2** *(camino)* tortuoso **3** *(coloq) (persona)* deshonesto **4** *(coloq) (acción)* poco limpio

crop /krɒp/ ◆ *n* **1** cosecha **2** cultivo **3** *(fig)* montón ◆ *vt* **(-pp-)** **1** *(pelo)* cortar muy corto **2** *(animales)* pacer **PHR V to crop up** surgir, aparecer

croquet /'krəʊkeɪ; *USA* krəʊ'keɪ/ *n* croquet

cross /krɒs; *USA* krɔːs/ ◆ *n* **1** cruz ☞ *Ver dibujo en* TICK **2** ~ **(between...)** cruce, mezcla (de...) ◆ **1** *vt, vi* cruzar, atravesar: *Shall we cross over?* ¿Pasamos al otro lado? **2** *vt, vi* ~ **(each other/one another)** cruzarse **3** *v refl* ~ **yourself** santiguarse **4** *vt* llevar la contraria a **5** *vt* ~ **sth with sth** *(Zool, Bot)* cruzar algo con algo **LOC cross your fingers (for me)** deséame suerte **to cross your mind** pasar por la mente, ocurrírsele a uno *Ver tb* DOT **PHR V to cross sth off/out/through** tachar algo: *to cross sb off the list* borrar a algn de la lista ◆ *adj* **(-er, -est)** **1** enfadado: *to get cross* enfadarse **2** *(viento)* de costado

aɪ	aʊ	ɔɪ	ɪə	eə	ʊə	ʒ	h	ŋ
five	now	join	near	hair	pure	vision	how	sing

crossbar /'krɒsbɑː(r); *USA* 'krɔːs-/ *n* **1** (*de bicicleta*) barra **2** (*Dep*) larguero

crossbow /'krɒsbəʊ; *USA* 'krɔːs-/ *n* ballesta

cross-country /ˌkrɒs 'kʌntri; *USA* ˌkrɔːs-/ *adj, adv* campo a través

cross-examine /ˌkrɒs ɪg'zæmɪn; *USA* ˌkrɔːs-/ *vt* interrogar

cross-eyed /'krɒs aɪd; *USA* 'krɔːs-/ *adj* bizco

crossfire /'krɒsfaɪə(r); *USA* 'krɔːs-/ *n* fuego cruzado, tiroteo (cruzado) LOC **to get caught in the crossfire** encontrarse entre dos fuegos

crossing /'krɒsɪŋ; *USA* 'krɔːs-/ *n* **1** (*viaje*) travesía **2** (*carretera*) cruce **3** paso a nivel **4** paso para peatones *Ver tb* ZEBRA CROSSING **5** *border crossing* frontera

cross-legged

cross-legged   with her legs crossed

cross-legged /ˌkrɒs 'legd; *USA* ˌkrɔːs-/ *adj, adv* con las piernas cruzadas

crossly /'krɒsli/ *adv* con enfado

crossover /'krɒsəʊvə(r)/ *n* paso

cross purposes *n* LOC **at cross purposes**: *We're (talking) at cross purposes.* Aquí hay un malentendido.

cross-reference /ˌkrɒs 'refrəns; *USA* ˌkrɔːs-/ *n* referencia

crossroads /'krɒsrəʊdz; *USA* 'krɔːs-/ *n* (*pl* **crossroads**) **1** cruce, encrucijada **2** (*fig*) encrucijada

cross section /'krɒs sekʃn; *USA* 'krɔːs-/ *n* **1** sección **2** muestra representativa

crossword /'krɒswɜːd; *USA* 'krɔːs-/ (*tb* **crossword puzzle**) *n* crucigrama

crotch /krɒtʃ/ *n* entrepierna

crouch

crouch   squat

crouch /kraʊtʃ/ *vi* agacharse, agazaparse, ponerse en cuclillas

crow /krəʊ/ ◆ *n* cuervo LOC **as the crow flies** en línea recta ◆ *vi* **1** cantar **2** ~ (**over sth**) jactarse (de algo)

crowbar /'krəʊbɑː(r)/ *n* palanca

crowd /kraʊd/ ◆ *n* [*v sing o pl*] **1** multitud **2** (*espectadores*) concurrencia **3 the crowd** (*pey*) las masas **4** (*coloq*) gente, grupo (de amigos) LOC **crowds of/a crowd of** un montón de *Ver tb* FOLLOW ◆ *vt* (*espacio*) llenar PHR V **to crowd (a)round (sth/sb)** apiñarse (alrededor de algo/algn) **to crowd in** entrar en tropel **to crowd sth/sb in** apiñar algo/a algn **crowded** *adj* **1** lleno (de gente) **2** (*fig*) repleto

crown /kraʊn/ ◆ *n* **1** corona: *crown prince* príncipe heredero **2 the Crown** (*GB*) (*Jur*) el estado **3** (*cabeza*) coronilla **4** (*sombrero*) copa **5** (*colina*) cumbre **6** (*diente*) corona ◆ *vt* coronar

crucial /'kruːʃl/ *adj* ~ (**to/for sth/sb**) crucial (para algo/algn)

crucifix /'kruːsəfɪks/ *n* crucifijo

crucify /'kruːsɪfaɪ/ *vt* (*pret, pp* **-fied**) (*lit y fig*) crucificar

crude /kruːd/ *adj* (**-er, -est**) **1** burdo ☞ *Comparar con* RAW **2** grosero

crude oil *n* crudo (*petróleo*)

cruel /kruːəl/ *adj* (**-ller, -llest**) ~ (**to sth/sb**) cruel (con algo/algn) **cruelty** *n* (*pl* **-ies**) crueldad

cruise /kruːz/ ◆ *vi* **1** hacer un crucero **2** (*avión*) volar (a velocidad de crucero) **3** (*coche*) ir a velocidad constante ◆ *n* crucero (*viaje*) **cruiser** *n* **1** (*barco*) crucero **2** (*tb* **cabin cruiser**) lancha motora con camarotes

tʃ	dʒ	v	θ	ð	s	z	ʃ
chin	June	van	thin	then	so	zoo	she

crumb

crumb /krʌm/ ◆ n 1 miga 2 (fig) migaja ◆ **crumbs!** interj (coloq) ¡caramba!

crumble /ˈkrʌmbl/ 1 vi ~ (**away**) desmoronarse, deshacerse 2 vt deshacer 3 vt, vi (Cocina) desmenuzar(se) **crumbly** adj (-ier, -iest) que se desmorona, que se deshace en migas

crumple /ˈkrʌmpl/ vt, vi ~ (**sth**) (**up**) arrugarse, arrugar algo

crunch /krʌntʃ/ ◆ 1 vt ~ **sth** (**up**) morder algo (haciendo ruido) 2 vt, vi (hacer) crujir ◆ n crujido **crunchy** adj (-ier, -iest) crujiente

crusade /kruːˈseɪd/ n cruzada **crusader** n 1 (Hist) cruzado 2 luchador, -ora

crush /krʌʃ/ ◆ vt 1 aplastar: to be crushed to death morir aplastado ☞ Ver dibujo en APLASTAR 2 ~ **sth** (**up**) (roca, etc.) triturar algo: crushed ice hielo picado 3 (ajo, etc.) majar 4 (fruta) exprimir 5 moler 6 (ropa) arrugar 7 (ánimo) abatir ◆ n 1 (gentío) aglomeración 2 ~ (**on sb**) (coloq) enamoramiento (breve) (de algn): I had a crush on my teacher. Me colgué de mi profesora. 3 (fruta) jugo **crushing** adj aplastante (derrota, golpe)

crust /krʌst/ n corteza ☞ Ver dibujo en PAN **crusty** adj (-ier, -iest) (de corteza) crujiente

crutch /krʌtʃ/ n 1 muleta 2 (fig) apoyo 3 (tb crotch) entrepierna

crux /krʌks/ n quid

cry /kraɪ/ ◆ (pret, pp cried) 1 vi to cry (**over sth/sb**) llorar (por algo/algn): to cry for joy llorar de alegría 2 vt, vi to cry (**sth**) (**out**) gritar (algo) LOC it's no use crying over spilt milk a lo hecho, pecho to cry your eyes/heart out llorar a lágrima viva PHR V to cry off echarse atrás to cry out for sth (fig) pedir algo a gritos ◆ n (pl cries) 1 grito 2 llorera: to have a (good) cry desahogarse llorando LOC Ver HUE **crying** adj LOC a crying shame una verdadera lástima

crybaby /ˈkraɪbeɪbi/ n (pl -ies) (coloq) llorón, -ona

crypt /krɪpt/ n cripta

cryptic /ˈkrɪptɪk/ adj críptico

crystal /ˈkrɪstl/ n (gen, Quím) cristal LOC **crystal clear 1** cristalino 2 (significado) claro como el agua

cub /kʌb/ n 1 (león, tigre, zorro) cachorro 2 osezno 3 lobezno 4 the Cubs [pl] los lobatos

cube /kjuːb/ n 1 cubo 2 (esp alimento) cubito: sugar cube terrón de azúcar **cubic** adj cúbico

cubicle /ˈkjuːbɪkl/ n 1 cubículo 2 probador 3 (piscina) vestuario 4 (aseos) retrete

cuckoo /ˈkʊkuː/ n (pl ~s) cuco

cucumber /ˈkjuːkʌmbə(r)/ n pepino

cuddle /ˈkʌdl/ ◆ 1 vt tener en brazos 2 vt, vi abrazar(se) PHR V to cuddle up (**to sb**) acurrucarse junto a algn ◆ n abrazo **cuddly** adj (-ier, -iest) (aprob, coloq) mimoso: cuddly toy muñeco de peluche

cue /kjuː/ ◆ n 1 señal 2 (Teat) entrada: He missed his cue. Perdió su entrada. 3 ejemplo: to take your cue from sb seguir el ejemplo de algn 4 taco (de billar, etc.) LOC (**right**) **on cue** en el momento preciso ◆ vt to cue **sb** (**in**) 1 dar la señal a algn 2 (Teat) dar la entrada a algn

cuff /kʌf/ ◆ n 1 (ropa) puño 2 manotazo LOC **off the cuff** de improviso ◆ vt dar un manotazo a

cuff link n gemelo (de camisa)

cuisine /kwɪˈziːn/ n (Fr) cocina (arte de cocinar)

cul-de-sac /ˈkʌl də sæk/ n (pl ~s) (Fr) callejón sin salida

cull /kʌl/ vt 1 (información) entresacar 2 (animales) matar (para controlar el número)

culminate /ˈkʌlmɪneɪt/ vi ~ **in sth** (formal) culminar en algo **culmination** n culminación

culottes /kjuːˈlɒts/ n [pl] falda pantalón

culprit /ˈkʌlprɪt/ n culpable

cult /kʌlt/ n 1 culto: a cult movie una película de culto 2 secta

cultivate /ˈkʌltɪveɪt/ vt 1 cultivar 2 (fig) fomentar **cultivated** adj 1 (persona) culto 2 cultivado **cultivation** n cultivo

cultural /ˈkʌltʃərəl/ adj cultural

culture /ˈkʌltʃə(r)/ n 1 cultura: culture shock choque cultural 2 (Biol, Bot) cultivo **cultured** adj 1 (persona) culto 2 cultured pearl perla cultivada

cum /kʌm/ prep: a kitchen-cum-dining room una cocina-comedor

iː	i	ɪ	e	æ	ɑː	ʌ	ʊ	uː
see	happy	sit	ten	hat	father	cup	put	too

cumbersome /'kʌmbəsəm/ *adj* 1 engorroso 2 voluminoso

cumulative /'kju:mjələtɪv; *USA* -leɪtɪv/ *adj* 1 acumulado 2 acumulativo

cunning /'kʌnɪŋ/ ◆ *adj* 1 (*persona, acción*) astuto 2 (*aparato*) ingenioso ◆ *n* [*incontable*] astucia, maña **cunningly** *adv* astutamente

cup /kʌp/ ◆ *n* 1 taza: *paper cup* vaso de papel ☞ *Ver dibujo en* TAZA 2 (*premio*) copa LOC (**not**) **to be sb's cup of tea** (*coloq*) (no) ser plato del gusto de algn ◆ *vt* (**-pp-**) (*manos*) hacer un cuenco con, hacer bocina con: *She cupped a hand over the receiver.* Tapó el teléfono con la mano. LOC **to cup your chin/face in your hands** apoyar la barbilla/la cara en las manos

cupboard /'kʌbəd/ *n* armario, alacena
Wardrobe es un armario para colgar ropa.

LOC **cupboard love** amor interesado

cupful /'kʌpfʊl/ *n* taza (*cantidad*)

curate /'kjʊərət/ *n* (*iglesia anglicana*) coadjutor, -ora (*del párroco*)

curative /'kjʊərətɪv/ *adj* curativo

curator /kjʊə'reɪtə(r); *USA* kjʊ'r-/ *n* conservador, -ora (*de museo*)

curb /kɜ:b/ ◆ *n* 1 (*fig*) freno 2 (*USA*) *Ver* KERB ◆ *vt* frenar

curd /kɜ:d/ *n* cuajada

curdle /'kɜ:dl/ *vt, vi* cortar(se) (*leche*)

cure /kjʊə(r)/ ◆ *vt* 1 curar 2 (*fig*) sanear 3 (*alimentos*) curar ◆ *n* 1 cura, curación 2 (*fig*) remedio

curfew /'kɜ:fju:/ *n* toque de queda

curious /'kjʊəriəs/ *adj* curioso: *I'm curious to know what happened.* Tengo curiosidad/interés por saber lo que pasó.

En el sentido de extraño, "curioso" se traduce generalmente por **odd** o **strange**. En el sentido de fisgón utilizamos **nosy** o **inquisitive**.

curiosity /ˌkjʊəri'ɒsəti/ *n* (*pl* -ies) 1 curiosidad 2 cosa rara

curl /kɜ:l/ ◆ *n* 1 rizo 2 (*humo*) voluta ◆ 1 *vt, vi* rizar(se) 2 *vi*: *The smoke curled upwards.* El humo subía en espiral. PHR V **to curl up** 1 rizarse 2 acurrucarse **curly** *adj* (-ier, -iest) rizado

currant /'kʌrənt/ *n* 1 pasa 2 grosella (negra)

currency /'kʌrənsi/ *n* (*pl* -ies) 1 moneda: *foreign/hard currency* divisa extranjera/fuerte 2 aceptación: *to gain currency* generalizarse

current /'kʌrənt/ ◆ *n* corriente ◆ *adj* 1 actual: *current affairs* temas de actualidad 2 generalizado **currently** *adv* actualmente

curriculum /kə'rɪkjələm/ *n* (*pl* ~s o -a /-lə/) plan de estudios

curry /'kʌri/ ◆ *n* (*pl* -ies) (plato al) curry ◆ *vt* (*pret, pp* curried) LOC **to curry favour (with sb)** dar coba a algn

curse /kɜ:s/ ◆ *n* 1 maldición 2 maleficio 3 desgracia 4 **the curse** (*coloq*) la regla ◆ *vt, vi* maldecir LOC **to be cursed with sth** estar atribulado por algo

cursory /'kɜ:səri/ *adj* rápido, superficial

curt /kɜ:t/ *adj* (*manera de hablar*) brusco

curtail /kɜ:'teɪl/ *vt* acortar **curtailment** *n* 1 (*poder*) limitación 2 interrupción

curtain /'kɜ:tn/ *n* 1 cortina: *to draw the curtains* abrir/correr las cortinas ◊ *lace/net curtains* visillos 2 (*Teat*) telón 3 **curtains** [*pl*] (*coloq*) ~ (**for sth/sb**) el fin (para algo/algn)

curtsy (*tb* curtsey) /'kɜ:tsi/ ◆ *vi* (*pret, pp* curtsied o curtseyed) (*solo mujeres*) hacer una reverencia ◆ *n* (*pl* -ies o -eys) reverencia

curve /kɜ:v/ ◆ *n* curva ◆ *vi* describir/hacer una curva **curved** *adj* 1 curvo 2 (*tb* curving) en curva, arqueado

cushion /'kʊʃn/ ◆ *n* 1 cojín 2 (*fig*) colchón ◆ *vt* 1 amortiguar 2 ~ **sth/sb** (**against sth**) (*fig*) proteger algo/a algn (de algo)

custard /'kʌstəd/ *n* [*incontable*] natillas

custodian /kʌ'stəʊdiən/ *n* 1 guardián, -ana 2 (*museo, etc.*) conservador, -ora

custody /'kʌstədi/ *n* 1 custodia: *in custody* bajo custodia 2 *to remand sb in custody* ordenar la detención de algn

custom /'kʌstəm/ *n* 1 costumbre 2 clientela *Ver tb* CUSTOMS **customary** *adj* acostumbrado, habitual: *It is customary to…* Es costumbre…

customer /'kʌstəmə(r)/ *n* cliente, -a

customs /'kʌstəmz/ *n* [*pl*] 1 (*tb* **customs duty**) derechos de aduana 2 aduana

u	ɒ	ɔ:	ɜ:	ə	j	w	eɪ	əʊ
situation	got	saw	fur	ago	yes	woman	pay	go

cut /kʌt/ ◆ (-tt-) (*pret, pp* cut) 1 *vt, vi* cortar(se): *to cut sth in half* partir algo por la mitad *Ver tb* CHOP 2 *vt* reducir, recortar 3 *vt* (*precio*) rebajar *Ver tb* SLASH 4 *vt* (*suprimir*) cortar 5 *vt* (*motor*) apagar 6 *vt* (*gema*) tallar: *cut glass* cristal tallado 7 *vt* (*fig*) herir LOC **cut it/ that out!** (*coloq*) ¡basta ya! **to cut it/ things fine** dejar algo hasta el último momento **to cut sth short** truncar algo **to cut sth/sb short** interrumpir algo/a algn

PHR V **to cut across sth** 1 rebasar algo 2 atajar por algo

to cut back (on sth) recortar algo o **cut sth back** podar algo

to cut down (on sth): *to cut down on smoking* fumar menos **to cut sth down** 1 talar algo 2 reducir algo

to cut in (on sth/sb) 1 (*coche*) meterse (delante de algo/algn) 2 interrumpir (algo/a algn)

to cut sb off 1 desheredar a algn 2 (*teléfono*): *I've been cut off.* Se ha cortado la línea. **to cut sth off** 1 cortar algo: *to cut 2 seconds off the record* mejorar el récord en 2 segundos 2 (*pueblo*) aislar algo: *to be cut off* quedar incomunicado

to be cut out to be sth; to be cut out for sth (*coloq*) estar hecho para algo, tener madera de algo **to cut sth out** 1 recortar algo 2 (*información*) suprimir algo 3 *to cut out sweets* dejar de comer dulces

to cut sth up cortar algo (en pedazos), picar algo

◆ *n* 1 corte, incisión 2 reducción, recorte, rebaja 3 (*carne*) pieza 4 (*ropa*) corte 5 (*coloq*) (*ganancias*) parte LOC **a cut above sth/sb** (*coloq*) (algo) superior a algo/algn *Ver tb* SHORT CUT

cutback /ˈkʌtbæk/ *n* recorte, reducción

cute /kjuːt/ *adj* (**cuter, cutest**) (*coloq*) mono, lindo

cutlery /ˈkʌtləri/ *n* [*incontable*] cubiertos

cutlet /ˈkʌtlət/ *n* chuleta

cut-off /ˈkʌt ɒf/ (*tb* cut-off point) *n* límite

cut-price /ˈkʌt praɪs/ *adj, adv* a precio reducido

cut-throat /ˈkʌt θrəʊt/ *adj* despiadado

cutting /ˈkʌtɪŋ/ ◆ *n* 1 (*periódico, etc.*) recorte 2 (*Bot*) esqueje ◆ *adj* 1 (*viento*) cortante 2 (*comentario*) mordaz

CV /ˌsiː ˈviː/ *n* (*abrev de* curriculum vitae) currículo

cyanide /ˈsaɪənaɪd/ *n* cianuro

cybercafe /ˈsaɪbəkæfeɪ/ *n* cibercafé

cyberspace /ˈsaɪbəspeɪs/ *n* ciberespacio

cycle /ˈsaɪkl/ ◆ *n* 1 ciclo 2 (*obras*) serie 3 bicicleta ◆ *vi* ir en bicicleta: *to go cycling* ir de paseo en bici **cyclic** /ˈsaɪklɪk, ˈsɪk-/ (*tb* cyclical) *adj* cíclico **cycling** *n* ciclismo **cyclist** *n* ciclista

cyclone /ˈsaɪkləun/ *n* ciclón

cylinder /ˈsɪlɪndə(r)/ *n* 1 cilindro 2 (*gas*) bombona **cylindrical** /səˈlɪmdrɪkl/ *adj* cilíndrico

cymbal /ˈsɪmbl/ *n* platillo (*música*)

cynic /ˈsɪnɪk/ *n* mal pensado, -a, desconfiado, -a **cynical** *adj* 1 que desconfía de todo 2 sin escrúpulos **cynicism** *n* 1 desconfianza 2 falta de escrúpulos

cypress /ˈsaɪprəs/ *n* ciprés

cyst /sɪst/ *n* quiste

czar (*tb* tsar) /zɑː(r)/ *n* zar

czarina (*tb* tsarina) /zɑːˈriːnə/ *n* zarina

aɪ	aʊ	ɔɪ	ɪə	eə	ʊə	ʒ	h	ŋ
five	now	join	near	hair	pure	vision	how	sing

Dd

D, d /diː/ n (pl **D's, d's** /diːz/) **1** D, d: *D for David* D de dedo ☞ *Ver ejemplos en* A, A **2** (*Mús*) re **3** (*Educ*) ☞ *Ver nota en* MARK

dab /dæb/ ◆ vt, vi (-bb-) **to dab (at) sth** tocar algo ligeramente PHR V **to dab sth on (sth)** poner un poco de algo (en algo) ◆ n poquito

dad /dæd/ (*tb* **daddy** /'dædi/) n (*coloq*) papá

daffodil /'dæfədɪl/ n narciso

daft /dɑːft; USA dæft/ adj (-er, -est) (*coloq*) bobo, ridículo

dagger /'dægə(r)/ n puñal, daga

daily /'deɪli/ ◆ adj diario, cotidiano ◆ adv a diario, diariamente ◆ n (pl -ies) diario (*periódico*)

dairy /'deəri/ ◆ n (pl -ies) lechería ◆ adj [*solo antes de sustantivo*] lechero: *dairy farm* vaquería ◊ *dairy farming* la industria lechera ◊ *dairy products/ produce* productos lácteos

daisy /'deɪzi/ n (pl -ies) margarita

dale /deɪl/ n valle

dam /dæm/ ◆ n presa (*de un río*) ◆ vt (-mm-) embalsar

damage /'dæmɪdʒ/ ◆ vt **1** dañar **2** perjudicar **3** estropear ◆ n **1** [*incontable*] daño **2 damages** [*pl*] daños y perjuicios **damaging** adj perjudicial

Dame /deɪm/ n (*GB*) título aristocrático concedido a mujeres

damn /dæm/ ◆ vt condenar ◆ adj (*tb* **damned**) (*coloq*) maldito ◆ **damn!** interj (*coloq*) ¡mecachis! **damnation** n condenación **damning** adj contundente (*críticas, pruebas*)

damp /dæmp/ ◆ adj (-er, -est) húmedo ☞ *Ver nota en* MOIST ◆ n humedad ◆ vt PHR V **to damp sth down 1** apaciguar, calmar algo **2** reducir la intensidad de algo

dampen /'dæmpən/ vt **1** mojar **2** amortiguar, sofocar

dance /dɑːns; USA dæns/ ◆ vt, vi bailar ◆ n baile **dancer** n bailarín, -ina **dancing** n baile

dandelion /'dændɪlaɪən/ n diente de león

dandruff /'dændrʌf/ n caspa

danger /'deɪndʒə(r)/ n peligro LOC **to be in danger of sth** estar en peligro de algo: *They're in danger of losing their jobs.* Corren el peligro de quedarse sin empleo. **dangerous** adj **1** peligroso **2** nocivo

dangle /'dæŋgl/ vi colgar

dank /dæŋk/ adj (-er, -est) (*pey*) húmedo y frío

dare¹ /deə(r)/ v modal, vi (*neg* **dare not** o **daren't** /deənt/ o **don't/doesn't dare** pret **dared not** o **didn't dare**) (*en frases negativas y en preguntas*) atreverse a LOC **don't you dare** ni se te ocurra: *Don't (you) dare tell her!* ¡No se te ocurra decírselo! **how dare you!** ¡cómo te atreves! **I dare say** diría yo

Cuando **dare** es un verbo modal le sigue un infinitivo sin TO, y construye las oraciones negativas e interrogativas y el pasado sin el auxiliar *do*: *Nobody dared speak.* Nadie se atrevió a hablar. ◊ *I daren't ask my boss for a day off.* No me atrevo a pedirle a mi jefe un día libre. *Ver tb págs 322-23.*

dare² /deə(r)/ vt **~ sb (to do sth)** desafiar a algn (a hacer algo)

daring /'deərɪŋ/ ◆ n atrevimiento, osadía ◆ adj atrevido, audaz

dark /dɑːk/ ◆ adj (-er, -est) **1** oscuro: *dark green* verde oscuro ◊ *to get/grow dark* anochecer **2** (*persona, tez*) moreno **3** secreto **4** triste, agorero: *These are dark days.* Son tiempos difíciles. LOC **a dark horse** una persona de talentos ocultos ◆ **the dark** n la oscuridad LOC **before/after dark** antes/después del anochecer

darken /'dɑːkən/ vt, vi oscurecer(se)

dark glasses n [*pl*] gafas oscuras ☞ *Ver nota en* PAIR

darkly /'dɑːkli/ adv **1** misteriosamente **2** con pesimismo

darkness /'dɑːknəs/ n oscuridad, tinieblas: *in darkness* a oscuras

darkroom /'dɑːkruːm/ n cuarto de revelado

darling /'dɑːlɪŋ/ n encanto: *Hello, darling!* ¡Hola, cariño!

tʃ	dʒ	v	θ	ð	s	z	ʃ
chin	June	van	thin	then	so	zoo	she

dart¹ /dɑːt/ n dardo: *to play darts* jugar a los dardos

dart² /dɑːt/ vi precipitarse PHR V **to dart away/off** salir disparado

dash /dæʃ/ ◆ n 1 ~ (of sth) pizca (de algo) 2 raya ☞ *Ver págs 326-27.* LOC to **make a dash for sth** precipitarse hacia algo *Ver tb* BOLT² ◆ 1 vi apresurarse: *I must dash.* Tengo que darme prisa. 2 vi ir a toda prisa: *He dashed across the room.* Cruzó la sala a toda prisa. ◊ *I dashed upstairs.* Subí las escaleras a todo correr. 3 vt (*esperanzas, etc.*) desbaratar PHR V **to dash sth off** hacer algo a toda prisa

dashboard /'dæʃbɔːd/ n salpicadero

data /'deɪtə, 'dɑːtə; USA 'dætə/ n [*incontable*] 1 (*Informát*) datos 2 información

database /'deɪtəbeɪs/ n base de datos

date¹ /deɪt/ ◆ n 1 fecha 2 (*coloq*) cita LOC **out of date** 1 pasado de moda 2 desfasado 3 caducado **to date** hasta la fecha **up to date** 1 al día 2 actualizado *Ver tb* BRING ◆ vt 1 fechar 2 (*fósiles, cuadros*) datar **dated** adj 1 pasado de moda 2 desfasado

date² /deɪt/ n dátil

daughter /'dɔːtə(r)/ n hija

daughter-in-law /'dɔːtər ɪn lɔː/ n (*pl -ers-in-law*) nuera

daunting /'dɔːntɪŋ/ adj sobrecogedor: *the daunting task of...* la impresionante tarea de...

dawn /dɔːn/ ◆ n amanecer: *from dawn till dusk* de sol a sol LOC *Ver* CRACK ◆ vi amanecer

day /deɪ/ n 1 día: *all day* todo el día 2 jornada 3 **days** [*pl*] época LOC **by day/night** de día/noche **day after day** día tras día **day by day** día a día **day in, day out** todos los días sin excepción **from day to day; from one day to the next** de un día para otro **one/some day; one of these days** algún día, un día de estos **the day after tomorrow** pasado mañana **the day before yesterday** anteayer **these days** hoy en día **to this day** aun ahora *Ver tb* BETTER, CALL, CARRY, CLEAR, EARLY, FINE

daydream /'deɪdriːm/ ◆ n ensueño ◆ vi soñar despierto

daylight /'deɪlaɪt/ n luz del día: *in daylight* de día LOC *Ver* BROAD

day off n día libre

day return n billete de ida y vuelta para un mismo día

daytime /'deɪtaɪm/ n día: *in the daytime* de día

day-to-day /ˌdeɪ tə 'deɪ/ adj 1 día a día 2 diario

day trip n excursión de un día

daze /deɪz/ n LOC **in a daze** aturdido **dazed** adj aturdido

dazzle /'dæzl/ vt deslumbrar

dead /ded/ ◆ adj 1 muerto 2 (*hojas*) seco 3 (*brazos, etc.*) dormido 4 (*pilas*) gastado 5 (*teléfono*): *The line's gone dead.* Se ha cortado la línea. ◆ adv completamente: *You are dead right.* Tienes toda la razón. LOC *Ver* DROP, FLOG, STOP ◆ n LOC **in the/at dead of night** en plena noche **deaden** vt 1 (*sonido*) amortiguar 2 (*dolor*) aliviar

dead end n callejón sin salida

dead heat n empate

deadline /'dedlaɪn/ n fecha/hora límite

deadlock /'dedlɒk/ n punto muerto

deadly /'dedli/ adj (-ier, -iest) mortal LOC *Ver* EARNEST

deaf /def/ adj (-er, -est) sordo: *deaf and dumb* sordomudo ☞ *Ver nota en* SORDO **deafen** vt ensordecer **deafening** adj ensordecedor **deafness** n sordera

deal¹ /diːl/ n LOC **a good/great deal** mucho: *It's a good/great deal warmer today.* Hace mucho más calor hoy. *Ver tb* BIG

deal² /diːl/ n 1 trato 2 contrato

deal³ /diːl/ vt, vi (*pret, pp* dealt /delt/) (*golpe, naipes*) dar PHR V **to deal in sth** comerciar en algo: *to deal in drugs/arms* traficar en drogas/armas **to deal with sb** 1 tratar a/con algn 2 castigar a algn 3 ocuparse de algn **to deal with sth** 1 (*un problema*) resolver algo 2 (*una situación*) manejar algo 3 (*un tema*) tratar de algo

dealer /'diːlə(r)/ n 1 vendedor, -ora, comerciante 2 (*de drogas, armas*) traficante 3 (*Naipes*) mano

dealing /'diːlɪŋ/ n (*drogas, armas*) tráfico LOC **to have dealings with sth/sb** tratar con algo/algn

dealt *pret, pp de* DEAL³

dean /diːn/ n 1 deán 2 (*universidad*) decano, -a

i:	i	ɪ	e	æ	ɑ:	ʌ	ʊ	u:
see	happy	sit	ten	hat	father	cup	put	too

dear /dɪə(r)/ ◆ *adj* (**-er, -est**) **1** querido **2** (*carta*): *Dear Sir* Muy señor mío ◊ *Dear Jason,...* Querido Jason:... **3** (*GB*) caro LOC **oh dear!** ¡vaya! ◆ *n* cariño

dearly *adv* mucho

death /deθ/ *n* muerte: *death certificate* certificado de defunción ◊ *death penalty/ sentence* pena/condena de muerte ◊ *to beat sb to death* matar a algn a palos LOC **to put sb to death** dar muerte a algn *Ver tb* CATCH, MATTER, SICK **deathly** *adj* (**-ier, -iest**) sepulcral: *deathly cold/ pale* frío/pálido como un muerto

debase /dɪˈbeɪs/ *vt* ~ **sth/sb/yourself** degradarse/degradar algo/a algn

debatable /dɪˈbeɪtəbl/ *adj* discutible

debate /dɪˈbeɪt/ ◆ *n* debate ◆ *vt, vi* debatir

debit /ˈdebɪt/ ◆ *n* débito ◆ *vt* cobrar

debris /ˈdebriː; *USA* dəˈbriː/ *n* [*incontable*] escombros

debt /det/ *n* deuda LOC **to be in debt** tener deudas **debtor** *n* deudor, -ora

decade /ˈdekeɪd; *USA* dɪˈkeɪd/ *n* década

decadent /ˈdekədənt/ *adj* decadente **decadence** *n* decadencia

decaffeinated /ˌdiːˈkæfmeɪtɪd/ (*tb coloq* **decaf** /ˈdiːkæf/) *adj* descafeinado

decay /dɪˈkeɪ/ ◆ *vi* **1** (*dientes*) picarse **2** descomponerse **3** decaer ◆ *n* [*incontable*] **1** (*tb* **tooth decay**) caries **2** descomposición

deceased /dɪˈsiːst/ ◆ *adj* (*formal*) difunto ◆ **the deceased** *n* el difunto, la difunta

deceit /dɪˈsiːt/ *n* **1** (*doblez*) falsedad **2** engaño **deceitful** *adj* **1** mentiroso **2** engañoso

deceive /dɪˈsiːv/ *vt* engañar

December /dɪˈsembə(r)/ *n* (*abrev* **Dec**) diciembre ☞ *Ver nota y ejemplos en* JANUARY

decency /ˈdiːsnsi/ *n* decencia, decoro

decent /ˈdiːsnt/ *adj* **1** decente, correcto **2** adecuado, aceptable **3** amable

deception /dɪˈsepʃn/ *n* engaño

deceptive /dɪˈseptɪv/ *adj* engañoso

decide /dɪˈsaɪd/ **1** *vi* ~ (**against sth/sb**) decidirse (en contra de algo/algn) **2** *vi* ~ **on sth/sb** optar por algo/algn **3** *vt* decidir, determinar **decided** *adj* **1** (*claro*) marcado **2** ~ (**about sth**) decidido, resuelto (en algo)

decimal /ˈdesɪml/ *adj, n* decimal: *decimal point* coma decimal

decipher /dɪˈsaɪfə(r)/ *vt* descifrar

decision /dɪˈsɪʒn/ *n* ~ (**on/against sth**) decisión (sobre/en contra de algo): *decision-making* toma de decisiones

decisive /dɪˈsaɪsɪv/ *adj* **1** decisivo **2** decidido, resuelto

deck /dek/ *n* **1** (*Náut*) cubierta **2** (*autobús*) piso **3** (*esp USA*) baraja **4** (*tb* **cassette deck, tape deck**) pletina

deckchair /ˈdektʃeə(r)/ *n* tumbona

declaration /ˌdekləˈreɪʃn/ *n* declaración

declare /dɪˈkleə(r)/ **1** *vt* declarar **2** *vi* ~ **for/against sth/sb** pronunciarse a favor/en contra de algo/algn

decline /dɪˈklaɪn/ ◆ **1** *vt* declinar **2** *vi* ~ **to do sth** negarse a hacer algo **3** *vi* disminuir ◆ *n* **1** disminución **2** decadencia, deterioro

decoder /ˌdiːˈkəʊdə(r)/ *n* descodificador

decompose /ˌdiːkəmˈpəʊz/ *vi* descomponerse, pudrirse

decor /ˈdeɪkɔː(r); *USA* deɪˈkɔːr/ *n* [*incontable*] decoración

decorate /ˈdekəreɪt/ *vt* **1** ~ **sth** (**with sth**) adornar algo (con/de algo) **2** empapelar, pintar **3** ~ **sb** (**for sth**) condecorar a algn (por algo) **decoration** *n* **1** decoración **2** adorno **3** condecoración

decorative /ˈdekərətɪv; *USA* ˈdekəreɪtɪv/ *adj* decorativo

decoy /ˈdiːkɔɪ/ *n* señuelo

decrease /dɪˈkriːs/ ◆ **1** *vi* disminuir **2** *vt* reducir ◆ /ˈdiːkriːs/ *n* ~ (**in sth**) disminución, reducción (en/de algo)

decrepit /dɪˈkrepɪt/ *adj* decrépito

dedicate /ˈdedɪkeɪt/ *vt* dedicar, consagrar **dedication** *n* **1** dedicación **2** dedicatoria

deduce /dɪˈdjuːs; *USA* dɪˈduːs/ *vt* deducir (*teoría, conclusión, etc.*)

deduct /dɪˈdʌkt/ *vt* deducir (*impuestos, gastos, etc.*) **deduction** *n* deducción

deed /diːd/ *n* **1** (*formal*) acción, obra **2** (*formal*) hazaña **3** (*Jur*) escritura

deem /diːm/ *vt* (*formal*) considerar

deep /diːp/ ◆ *adj* (**-er, -est**) **1** profundo **2** de profundidad: *This pool is only one*

---

u	ɒ	ɔː	ɜː	ə	j	w	eɪ	əʊ
situation	got	saw	fur	ago	yes	woman	pay	go

metre deep. Esta piscina solo tiene un metro de profundidad. **3** (*respiración*) hondo **4** (*voz, sonido, etc.*) grave **5** (*color*) intenso **6** ~ **in sth** sumido, absorto en algo ♦ *adv* (**-er, -est**) muy profundo, con profundidad: *Don't go in too deep!* ¡No te metas muy adentro! LOC **deep down** (*coloq*) en el fondo **to go/run deep** estar muy arraigado **deeply** *adv* profundamente, a fondo, muchísimo

deepen /'di:pən/ *vt, vi* hacer(se) más profundo, aumentar

deep freeze *Ver* FREEZER

deer /dɪə(r)/ *n* (*pl* deer) ciervo ☞ *Ver nota en* CIERVO

default /dɪ'fɔ:lt/ ♦ *n* **1** incumplimiento **2** incomparecencia **3** (*Informát*): *the default option* la opción por defecto LOC **by default** por incomparecencia ♦ *vi* **1** no comparecer **2** ~ (**on sth**) dejar incumplido (algo)

defeat /dɪ'fi:t/ ♦ *vt* **1** derrotar **2** (*fig*) frustrar ♦ *n* derrota: *to admit/accept defeat* darse por vencido

defect[1] /dɪ'fekt/ *vi* **1** ~ (**from sth**) desertar (de algo) **2** ~ **to sth** pasarse a algo **defection** *n* **1** deserción **2** exilio **defector** *n* desertor, -ora

defect[2] /'di:fekt, dɪ'fekt/ *n* defecto ☞ *Ver nota en* MISTAKE **defective** /dɪ'fektɪv/ *adj* defectuoso

defence (*USA* defense) /dɪ'fens/ *n* **1** ~ (**of sth**) (**against sth**) defensa (de algo) (contra algo) **2 the defence** [*v sing o pl*] (*juicio*) la defensa **defenceless** *adj* indefenso

defend /dɪ'fend/ *vt* ~ **sth/sb** (**against/from sth/sb**) defender, proteger algo/a algn (de algo/algn) **defendant** *n* acusado, -a, inculpado, -a ☞ *Comparar con* PLAINTIFF **defender** *n* **1** (*Dep*) defensa **2** defensor, -ora

defensive /dɪ'fensɪv/ *adj* ~ (**about sth**) a la defensiva (sobre algo) LOC **to put sb/to be on the defensive** poner a algn/estar a la defensiva

defer /dɪ'fɜ:(r)/ *vt* (**-rr-**) ~ **sth** (**to sth**) posponer algo (para algo)

deference /'defərəns/ *n* deferencia, respeto LOC **in deference to sth/sb** por deferencia a algo/algn

defiance /dɪ'faɪəns/ *n* desafío, desobediencia **defiant** *adj* desafiante

deficiency /dɪ'fɪʃnsi/ *n* (*pl* **-ies**) deficiencia **deficient** *adj* ~ (**in sth**) deficiente (en algo)

define /dɪ'faɪn/ *vt* ~ **sth** (**as sth**) definir algo (como algo)

definite /'defmət/ *adj* **1** definitivo, concreto **2** ~ (**about sth/that...**) seguro (sobre algo/de que...) **3** definido: *definite article* artículo definido **definitely** *adv* **1** definitivamente **2** sin duda alguna

definition /ˌdefɪ'nɪʃn/ *n* definición

definitive /dɪ'fɪnətɪv/ *adj* definitivo, determinante

deflate /ˌdi:'fleɪt/ *vt, vi* deshinchar(se), desinflar(se)

deflect /dɪ'flekt/ *vt* ~ **sth** (**from sth**) desviar algo (de algo)

deform /dɪ'fɔ:m/ *vt* deformar **deformed** *adj* deforme **deformity** *n* (*pl* **-ies**) deformidad

defrost /ˌdi:'frɒst; *USA* ˌdi:'frɔ:st/ *vt* descongelar

deft /deft/ *adj* hábil

defunct /dɪ'fʌŋkt/ *adj* (*formal*) muerto, fenecido

defuse /ˌdi:'fju:z/ *vt* **1** (*bomba*) desactivar **2** (*tensión, crisis*) atenuar

defy /dɪ'faɪ/ *vt* (*pret, pp* defied) **1** desafiar **2** ~ **sb to do sth** retar, desafiar a algn a que haga algo

degenerate /dɪ'dʒenəreɪt/ *vi* ~ (**from sth**) (**into sth**) degenerar (de algo) (a algo) **degeneration** *n* degeneración

degrade /dɪ'greɪd/ *vt* degradar **degradation** /ˌdegrə'deɪʃn/ *n* degradación

degree /dɪ'gri:/ *n* **1** grado **2** título: *a university degree* un título universitario ◊ *to choose a degree course* escoger una carrera LOC **by degrees** poco a poco

deity /'deɪəti/ *n* (*pl* **-ies**) deidad

dejected /dɪ'dʒektɪd/ *adj* desanimado

delay /dɪ'leɪ/ ♦ **1** *vt* retrasar: *The train was delayed.* El tren se retrasó. ☞ *Comparar con* LATE **2** *vi* esperar, tardar: *Don't delay!* ¡No esperes! **3** *vt* aplazar: *delayed action* de acción retardada ♦ *n* retraso **delaying** *adj* dilatorio: *delaying tactics* tácticas de distracción

delegate /'delɪgət/ ♦ *n* delegado ♦ /'delɪgeɪt/ *vt* ~ **sth** (**to sb**) encomendar

aɪ	aʊ	ɔɪ	ɪə	eə	ʊə	ɜ	h	ŋ
five	now	join	near	hair	pure	vision	how	sing

algo (a algn) **delegation** /ˌdelɪ'geɪʃn/ n [v sing o pl] delegación

delete /dɪ'liːt/ vt borrar, tachar **deletion** n borrado, eliminación

deliberate¹ /dɪ'lɪbərət/ adj deliberado

deliberate² /dɪ'lɪbəreɪt/ vi ~ (about/on sth) (formal) deliberar (sobre algo) **deliberation** n [gen pl] deliberación

delicacy /'delɪkəsi/ n (pl -ies) 1 delicadeza 2 manjar

delicate /'delɪkət/ adj delicado: delicate china porcelana fina ◊ a delicate colour un color suave ◊ a delicate flavour un exquisito sabor

delicatessen /ˌdelɪkə'tesn/ (tb deli /'deli/) n charcutería (especializada en productos importados)

delicious /dɪ'lɪʃəs/ adj delicioso

delight¹ /dɪ'laɪt/ n deleite: the delights of travelling el placer de viajar LOC to take delight in (doing) sth 1 deleitarse en (hacer) algo 2 (pey) regodearse en (hacer) algo

delight² /dɪ'laɪt/ 1 vt encantar 2 vi ~ in (doing) sth regodearse en algo/ haciendo algo **delighted** adj 1 ~ (at/ with sth) encantado (con algo) 2 ~ (to do sth/that...) encantado (de hacer algo/de que...)

delightful /dɪ'laɪtfl/ adj encantador

delinquent /dɪ'lɪŋkwənt/ adj, n delincuente **delinquency** n delincuencia

delirious /dɪ'lɪriəs/ adj delirante: delirious with joy loco de contento **delirium** n delirio

deliver /dɪ'lɪvə(r)/ vt 1 (correo, géneros) repartir 2 (recado) comunicar 3 (discurso) pronunciar 4 (Med) asistir a algn en un parto: Her husband delivered the baby. Su marido la asistió en el parto. 5 (golpe) dar **delivery** n (pl -ies) 1 reparto 2 entrega 3 parto LOC Ver CASH

delta /'deltə/ n delta

delude /dɪ'luːd/ vt engañar

deluge /'deljuːdʒ/ ♦ n (formal) 1 tromba de agua 2 (fig) lluvia ♦ vt ~ sth/sb (with sth) inundar algo/a algn (de algo)

delusion /dɪ'luːʒn/ n engaño, espejismo

de luxe /də 'lʌks, -'lʊks/ adj de lujo

demand /dɪ'mɑːnd; USA dɪ'mænd/ ♦ n 1 ~ (for sb to do sth) exigencia (de que algn haga algo) 2 ~ (that...) exigencia (de que...) 3 ~ (for sth/sb) demanda (de algo/algn) LOC in demand solicitado on demand a petición Ver tb SUPPLY ♦ vt 1 exigir 2 requerir **demanding** adj exigente

demise /dɪ'maɪz/ n (formal) fallecimiento: the demise of the business el fracaso del negocio

demo /'deməʊ/ n (pl s) (coloq) 1 manifestación 2 demo

democracy /dɪ'mɒkrəsi/ n (pl -ies) democracia **democrat** /'deməkræt/ n demócrata **democratic** /ˌdemə'krætɪk/ adj democrático

demographic /ˌdemə'græfɪk/ adj demográfico

demolish /dɪ'mɒlɪʃ/ vt derribar **demolition** n demolición

demon /'diːmən/ n demonio **demonic** /dɪ'mɒnɪk/ adj diabólico

demonstrate /'demənstreɪt/ 1 vt demostrar 2 vi ~ (against/in favour of sth/sb) manifestarse (en contra/a favor de algo/algn) **demonstration** n 1 demostración 2 ~ (against/in favour of sth/sb) manifestación (en contra/a favor de algo/algn)

demonstrative /dɪ'mɒnstrətɪv/ adj 1 cariñoso 2 (Gram) demostrativo

demonstrator /'demənstreɪtə(r)/ n manifestante

demoralize, -ise /dɪ'mɒrəlaɪz; USA -'mɔːr-/ vt desmoralizar

demure /dɪ'mjʊə(r)/ adj recatado

den /den/ n guarida

denial /dɪ'naɪəl/ n 1 ~ (that... /of sth) negación (de que... /de algo) 2 ~ of sth denegación, rechazo de algo

denim /'denɪm/ n tela vaquera

denomination /dɪˌnɒmɪ'neɪʃn/ n confesión

denounce /dɪ'naʊns/ vt ~ sth/sb (to sb) (as sth) denunciar algo/a algn (a algn) (como algo): An informer denounced him to the police (as a terrorist). Un delator lo denunció a la policía (como terrorista).

dense /dens/ adj (-er, -est) denso **density** n (pl -ies) densidad

dent /dent/ ♦ n abolladura ♦ vt, vi abollar(se)

dental /'dentl/ adj dental

dentist /'dentɪst/ n dentista

tʃ	dʒ	v	θ	ð	s	z	ʃ
chin	June	van	thin	then	so	zoo	she

denunciation /dɪˌnʌnsiˈeɪʃn/ n denuncia

deny /dɪˈnaɪ/ vt (pret, pp denied) 1 negar 2 (verdad) desmentir

deodorant /diˈəʊdərənt/ n desodorante

depart /dɪˈpɑːt/ vi ~ (for...) (from...) (formal) salir (hacia...) (de...)

department /dɪˈpɑːtmənt/ n (abrev Dept) 1 departamento, sección 2 ministerio ☞ Ver nota en MINISTERIO **departmental** /ˌdiːpɑːtˈmentl/ adj de departamento
department store n grandes almacenes

departure /dɪˈpɑːtʃə(r)/ n 1 ~ (from...) partida (de...) 2 (de avión, tren) salida

depend /dɪˈpend/ vi LOC that depends; it (all) depends depende PHR V to **depend on/upon sth/sb** 1 contar con algo/algn 2 confiar en algo/algn to **depend on/upon sth/sb** (for sth) depender de algo/algn (para algo) **dependable** adj fiable

dependant (esp USA -ent) /dɪˈpendənt/ n persona bajo el cargo de otra **dependence** n ~ (on/upon sth/sb) dependencia (de algo/algn) **dependent** adj 1 to be ~ on/upon sth/sb depender de algo/algn 2 (persona) poco independiente

depict /dɪˈpɪkt/ vt representar

depleted /dɪˈpliːtɪd/ adj reducido

deplore /dɪˈplɔː(r)/ vt 1 condenar 2 lamentar

deploy /dɪˈplɔɪ/ vt desplegar(se)

deport /dɪˈpɔːt/ vt deportar **deportation** n deportación

depose /dɪˈpəʊz/ vt destituir, deponer

deposit /dɪˈpɒzɪt/ ♦ vt 1 (dinero) ingresar, imponer 2 ~ sth (with sb) (bienes) dejar algo (a cargo de algn) ♦ n 1 (Fin) depósito: deposit account cuenta a plazo fijo 2 ingreso, imposición: safety deposit box caja de seguridad 3 (alquiler) fianza 4 ~ (on sth) señal, desembolso inicial (para algo) 5 depósito, sedimento

depot /ˈdepəʊ; USA ˈdiːpəʊ/ n 1 depósito, almacén 2 (para vehículos) parque 3 (USA) estación (de tren o de autobuses)

depress /dɪˈpres/ vt deprimir **depression** n depresión

deprivation /ˌdeprɪˈveɪʃn/ n pobreza, privación

deprive /dɪˈpraɪv/ vt ~ sth/sb of sth privar algo/a algn de algo **deprived** adj necesitado

depth /depθ/ n profundidad LOC in depth a fondo, en profundidad

deputation /ˌdepjuˈteɪʃn/ n [v sing o pl] delegación

deputize, -ise /ˈdepjətaɪz/ vi ~ (for sb) sustituir a algn

deputy /ˈdepjəti/ n (pl -ies) 1 sustituto, -a, suplente: deputy chairman vicepresidente 2 (Pol) diputado, -a
La traducción normal de diputado en el sentido político es **Member of Parliament** (abrev **MP**).

deranged /dɪˈreɪndʒd/ adj trastornado, loco

deregulation /ˌdiːregjʊˈleɪʃn/ n liberalización (ventas, servicios, etc.)

derelict /ˈderəlɪkt/ adj abandonado (edificio)

deride /dɪˈraɪd/ vt ridiculizar, mofarse de

derision /dɪˈrɪʒn/ n mofa(s) **derisive** /dɪˈraɪsɪv/ adj burlón **derisory** /dɪˈraɪsəri/ adj irrisorio

derivation /ˌderɪˈveɪʃn/ n derivación **derivative** n derivado

derive /dɪˈraɪv/ 1 vt ~ sth from sth obtener, sacar algo de algo: to derive comfort from sth hallar consuelo en algo 2 vi ~ from sth derivar de algo

derogatory /dɪˈrɒgətri; USA -tɔːri/ adj despectivo

descend /dɪˈsend/ vt, vi (formal) descender **descendant** n descendiente

descent /dɪˈsent/ n 1 descenso 2 ascendencia

describe /dɪˈskraɪb/ vt ~ sth/sb (as sth) describir algo/a algn (como algo) **description** n descripción

desert¹ /ˈdezət/ n desierto: desert island isla desierta

desert² /dɪˈzɜːt/ 1 vt ~ sth/sb abandonar algo/a algn 2 vi (Mil) desertar **deserted** adj desierto **deserter** n desertor, -ora

deserve /dɪˈzɜːv/ vt merecer LOC Ver RICHLY en RICH **deserving** adj digno

design /dɪˈzaɪn/ ♦ n 1 ~ (for/of sth) diseño (de algo) 2 plan 3 dibujo ♦ vt diseñar

i:	i	ɪ	e	æ	ɑː	ʌ	ʊ	uː
see	happy	sit	ten	hat	father	cup	put	too

designate /'dezɪgneɪt/ vt 1 ~ sth/sb (as) sth (formal) designar algo/a algn algo 2 nombrar

designer /dɪ'zamə(r)/ ◆ n diseñador, -ora ◆ adj [solo antes de sustantivo] de marca: designer jeans vaqueros de marca

desirable /dɪ'zaɪərəbl/ adj deseable

desire /dɪ'zaɪə(r)/ ◆ n 1 ~ (for sth/sb) deseo (de/por algo/algn) 2 ~ (to do sth) deseo (de hacer algo) 3 ~ (for sth/ to do sth) ansias (de algo/de hacer algo): He had no desire to see her. No sentía ninguna gana de verla. ◆ vt desear

desk /desk/ n mesa (de trabajo)

desktop /'desktɒp/ adj: a desktop computer un ordenador personal ◊ desktop publishing autoedición

desolate /'desələt/ adj 1 (paisaje) desolado, desierto 2 (futuro) desolador **desolation** n 1 desolación 2 desconsuelo

despair /dɪ'speə(r)/ ◆ vi ~ (of sth/ doing sth) (formal) perder las esperanzas (de algo/de hacer algo) ◆ n desesperación **despairing** adj desesperado

despatch /dɪ'spætʃ/ n, vt Ver DISPATCH

desperate /'despərət/ adj desesperado

despicable /dɪ'spɪkəbl/ adj despreciable

despise /dɪ'spaɪz/ vt despreciar

despite /dɪ'spaɪt/ prep a pesar de

despondent /dɪ'spɒndənt/ adj abatido, desalentado

despot /'despɒt/ n déspota

dessert /dɪ'zɜːt/ (tb sweet) n postre ☛ La palabra más normal es **pudding**.

dessertspoon /dɪ'zɜːtspuːn/ n 1 cuchara de postre 2 (tb **dessertspoonful**) cucharada (de postre)

destination /ˌdestɪ'neɪʃn/ n destino (de avión, barco, etc.)

destined /'destɪnd/ adj (formal) destinado: It was destined to fail. Estaba condenado a fracasar.

destiny /'destəni/ n (pl -ies) destino (sino)

destitute /'destɪtjuːt; USA -tuːt/ adj indigente

destroy /dɪ'strɔɪ/ vt destruir **destroyer** n destructor

destruction /dɪ'strʌkʃn/ n destrucción **destructive** adj destructivo

detach /dɪ'tætʃ/ vt ~ sth (from sth) separar algo (de algo) **detachable** adj que se puede separar

detached /dɪ'tætʃd/ adj 1 imparcial 2 (vivienda) no unido a otra casa ☛ Una **detached house** es una vivienda unifamiliar que no tiene ningún edificio adosado. Ver tb nota en CASA

detachment /dɪ'tætʃmənt/ n 1 imparcialidad 2 (Mil) destacamento

detail /'diːteɪl; USA dɪ'teɪl/ ◆ n detalle, pormenor LOC in detail en detalle, detalladamente to go into detail(s) entrar en detalles ◆ vt detallar **detailed** adj detallado

detain /dɪ'teɪn/ vt retener **detainee** n detenido, -a

detect /dɪ'tekt/ vt 1 detectar 2 (fraude) descubrir **detectable** adj detectable **detection** n descubrimiento: to escape detection pasar inadvertido/desapercibido

detective /dɪ'tektɪv/ n detective, policía de paisano: detective story novela policiaca

detention /dɪ'tenʃn/ n detención: detention centre centro de detención preventiva

deter /dɪ'tɜː(r)/ vt (-rr-) ~ sb (from doing sth) disuadir a algn (de hacer algo)

detergent /dɪ'tɜːdʒənt/ adj, n detergente

deteriorate /dɪ'tɪəriəreɪt/ vi deteriorarse, empeorar **deterioration** n deterioro

determination /dɪˌtɜːmɪ'neɪʃn/ n determinación

determine /dɪ'tɜːmɪn/ vt determinar, decidir: determining factor factor determinante ◊ to determine the cause of an accident determinar la causa de un accidente **determined** adj ~ (to do sth) resuelto (a hacer algo)

determiner /dɪ'tɜːmɪnə(r)/ n (Gram) determinante

deterrent /dɪ'terənt; USA -'tɜː-/ n 1 escarmiento 2 argumento disuasorio 3 (Mil) disuasión: nuclear deterrent armas de disuasión nuclear

detest /dɪ'test/ vt detestar Ver tb HATE

detonate /'detəneɪt/ vt, vi detonar

detour /'diːtʊə(r); USA dɪ'tʊər/ n desvío ☛ Comparar con DIVERSION

u	ɒ	ɔː	ɜː	ə	j	w	eɪ	əʊ
situation	got	saw	fur	ago	yes	woman	pay	go

detract /dɪ'trækt/ *vi* ~ **from sth** restar mérito a algo: *The incident detracted from our enjoyment of the evening.* El incidente le restó placer a nuestra velada.

detriment /'detrɪmənt/ *n* LOC **to the detriment of sth/sb** en detrimento de algo/algn **detrimental** /ˌdetrɪ'mentl/ *adj* ~ **(to sth/sb)** perjudicial (para/a algo/algn)

devalue /ˌdiː'væljuː/ *vt, vi* devaluar(se) **devaluation** *n* devaluación

devastate /'devəsteɪt/ *vt* **1** devastar, asolar **2** (*persona*) desolar, destrozar **devastating** *adj* **1** devastador **2** desastroso **devastation** *n* devastación

develop /dɪ'veləp/ **1** *vt, vi* desarrollar(se) **2** *vt* (*plan, estrategia*) elaborar **3** *vt* (*Fot*) revelar **4** *vt* (*terreno*) urbanizar, construir en **developed** *adj* desarrollado **developer** *n* promotor, -ora **developing** *adj* en (vías de) desarrollo

development /dɪ'veləpmənt/ *n* **1** desarrollo, evolución: *development area* polo de desarrollo ◊ *There has been a new development.* Ha cambiado la situación. **2** (*de terrenos*) urbanización **3** (*tb* **developing**) (*Fot*) revelado

deviant /'diːviənt/ *adj, n* **1** desviado, -a **2** (*sexual*) pervertido, -a

deviate /'diːvieɪt/ *vi* ~ **(from sth)** desviarse (de algo) **deviation** *n* ~ **(from sth)** desviación (de algo)

device /dɪ'vaɪs/ *n* **1** aparato, dispositivo, mecanismo: *explosive device* artefacto explosivo ◊ *nuclear device* artefacto nuclear **2** (*plan*) ardid, estratagema LOC *Ver* LEAVE

devil /'devl/ *n* demonio, diablo: *You lucky devil!* ¡Tienes una suerte del diablo!

devious /'diːviəs/ *adj* **1** enrevesado, intrincado **2** (*método, persona*) poco escrupuloso

devise /dɪ'vaɪz/ *vt* idear, elaborar

devoid /dɪ'vɔɪd/ *adj* ~ **of sth** desprovisto, exento de algo

devolution /ˌdiːvə'luːʃn; *USA* ˌdev-/ *n* **1** descentralización **2** (*de poderes*) delegación

devote /dɪ'vəʊt/ **1** *v refl* ~ **yourself to sth/sb** dedicarse a algo/algn **2** *vt* ~ **sth to sth/sb** dedicar algo a algo/algn **3** *vt* ~ **sth to sth** (*recursos*) destinar algo a algo **devoted** *adj* ~ **(to sth/sb)** fiel, leal

(a algo/algn): *They're devoted to each other.* Están entregados el uno al otro.

devotee /ˌdevə'tiː/ *n* devoto, -a

devotion /dɪ'vəʊʃn/ *n* ~ **(to sth/sb)** devoción (por/a algo/algn)

devour /dɪ'vaʊə(r)/ *vt* devorar

devout /dɪ'vaʊt/ *adj* **1** devoto, piadoso **2** (*esperanza, deseo*) sincero **devoutly** *adv* **1** piadosamente, con devoción **2** sinceramente

dew /djuː; *USA* duː/ *n* rocío

dexterity /dek'sterəti/ *n* destreza

diabetes /ˌdaɪə'biːtiːz/ *n* [*incontable*] diabetes **diabetic** *adj, n* diabético, -a

diabolic /ˌdaɪə'bɒlɪk/ (*tb* **diabolical**) *adj* diabólico

diagnose /'daɪəgnəʊz; *USA* ˌdaɪəg'nəʊs/ *vt* ~ **sth (as sth)** diagnosticar: *I've been diagnosed as having hepatitis.* Me han diagnosticado una hepatitis. **diagnosis** /ˌdaɪəg'nəʊsɪs/ *n* (*pl* **-oses** /-siːz/) diagnóstico **diagnostic** *adj* diagnóstico

diagonal /daɪ'ægənl/ *adj, n* diagonal **diagonally** *adv* diagonalmente

diagram /'daɪəgræm/ *n* diagrama

dial /'daɪəl/ ◆ *n* **1** (*instrumento*) indicador **2** (*teléfono*) disco **3** (*reloj*) esfera ◆ *vt* (**-ll-**, *USA* **-l-**) marcar: *to dial a wrong number* marcar un número equivocado

dialect /'daɪəlekt/ *n* dialecto

dialling code (*USA* **area code**) *n* prefijo

dialling tone (*USA* **dial tone**) *n* señal de marcar

dialogue (*USA tb* **dialog**) /'daɪəlɒg; *USA* -lɔːg/ *n* diálogo

diameter /daɪ'æmɪtə(r)/ *n* diámetro: *It is 15 cm in diameter.* Tiene 15 cm de diámetro.

diamond /'daɪəmənd/ *n* **1** diamante **2** rombo **3** *diamond jubilee* sexagésimo aniversario **4** **diamonds** [*pl*] (*en cartas*) diamantes ☞ *Ver nota en* BARAJA

diaper /'daɪəpə(r)/ *n* (*USA*) pañal

diaphragm /'daɪəfræm/ *n* diafragma

diarrhoea (*USA* **diarrhea**) /ˌdaɪə'rɪə/ *n* [*incontable*] diarrea

diary /'daɪəri/ *n* (*pl* **-ies**) **1** diario **2** agenda

dice¹ /daɪs/ *n* (*pl* **dice**) dado: *to roll/throw the dice* tirar/lanzar los dados ◊ *to play dice* jugar a los dados

dice² /daɪs/ *vt* cortar en trozos

aɪ	aʊ	ɔɪ	ɪə	eə	ʊə	' ʒ	h	ŋ
five	now	join	near	hair	pure	vision	how	sing

dictate /dɪk'teɪt; USA 'dɪkteɪt/ vt, vi ~ (sth) (to sb) dictar (algo) (a algn) PHR V **to dictate to sb**: You can't dictate to your children how to run their lives. No puedes decirles a tus hijos cómo vivir su vida. **dictation** n dictado

dictator /dɪk'teɪtə(r); USA 'dɪkteɪtər/ n dictador **dictatorship** n dictadura

dictionary /'dɪkʃənri; USA -neri/ n (pl -ies) diccionario

did pret de DO

didactic /daɪ'dæktɪk/ adj (formal, a veces pey) didáctico

didn't /'dɪd(ə)nt/ = DID NOT Ver DO[1,2]

die /daɪ/ vi (pret, pp **died** pt pres **dying**) (lit y fig) morir: to die of/from sth morir de algo LOC **to be dying for sth/to do sth** morirse por algo/por hacer algo PHR V **to die away 1** disminuir poco a poco hasta desaparecer **2** (ruido) alejarse hasta perderse **to die down 1** apagarse gradualmente, disminuir **2** (viento) amainar **to die off** morir uno tras otro **to die out 1** (Zool) extinguirse **2** (tradiciones) desaparecer

diesel /'diːzl/ n diesel: diesel fuel/oil gasóleo

diet /'daɪət/ ♦ n dieta, régimen ☛ Comparar con REGIME LOC **to be/go on a diet** estar/ponerse a régimen ☛ Ver nota en LOW-CALORIE ♦ vi estar/ponerse a régimen **dietary** adj dietético

differ /'dɪfə(r)/ vi **1** ~ (from sth/sb) ser diferente de algo/algn **2** ~ (with sb) (about/on sth) no estar de acuerdo (con algn) (sobre/en algo)

difference /'dɪfrəns/ n diferencia: to make up the difference (in price) poner la diferencia (en el precio) ◊ a difference of opinion una desavenencia LOC **it makes all the difference** lo cambia todo **it makes no difference** da lo mismo **what difference does it make?** ¿qué más da?

different /'dɪfrənt/ adj **1** ~ (from sth/sb) diferente, distinto (a/de algo/algn) **2** ~ (than sth/sb) (USA) diferente, distinto (a/de algo/algn) **differently** adv de otra manera, de distinta manera

differentiate /ˌdɪfə'renʃieɪt/ vt, vi ~ between A and B; ~ A from B distinguir, diferenciar entre A y B; A de B **differentiation** n diferenciación

difficult /'dɪfɪkəlt/ adj difícil **difficulty** n (pl -ies) **1** dificultad: with great

difficulty a duras penas **2** (situación difícil) apuro, aprieto: to get/run into difficulties verse en un apuro/encontrarse en apuros ◊ to make difficulties for sb poner obstáculos a algn

diffident /'dɪfɪdənt/ adj que tiene poca confianza en sí mismo **diffidence** n falta de confianza en sí mismo

dig /dɪg/ ♦ vt, vi (-gg-) (pret, pp **dug** /dʌg/) **1** cavar: to dig for sth cavar en busca de algo **2** **to dig (sth) into sth** clavar algo, clavarse en algo: It was digging into his back. Se le clavaba en la espalda. LOC **to dig your heels in** mantenerse en sus trece PHR V **to dig in** (coloq) (comida) atacar **to dig sth/sb out** sacar algo/a algn (cavando) **to dig sth up 1** (planta) sacar algo de la tierra **2** (un objeto oculto) desenterrar algo **3** (calle) levantar algo ♦ n excavación **digger** n excavadora

digest[1] /'daɪdʒest/ n **1** resumen **2** compendio

digest[2] /daɪ'dʒest/ vt, vi digerir(se) **digestion** n digestión

digit /'dɪdʒɪt/ n dígito **digital** adj digital

dignified /'dɪgnɪfaɪd/ adj digno

dignitary /'dɪgnɪtəri; USA -teri/ n dignatario, -a

dignity /'dɪgnəti/ n dignidad

digression /daɪ'greʃn/ n digresión

dike Ver DYKE

dilapidated /dɪ'læpɪdeɪtɪd/ adj **1** ruinoso **2** (vehículo) destartalado

dilemma /dɪ'lemə, daɪ-/ n dilema

dilute /daɪ'ljuːt; USA -'luːt/ vt **1** diluir **2** (fig) suavizar, debilitar

dim /dɪm/ ♦ adj (**dimmer, dimmest**) **1** (luz) débil, tenue **2** (recuerdo, noción) vago **3** (perspectiva) poco prometedor, sombrío **4** (coloq) (persona) lerdo **5** (vista) turbio ♦ (-mm-) **1** vt (luz) bajar **2** vi (luz) apagarse poco a poco **3** vt, vi (fig) empañar(se), apagar(se)

dime /daɪm/ n (Can, USA) moneda de 10 centavos

dimension /dɪ'menʃn, daɪ-/ n dimensión

diminish /dɪ'mɪnɪʃ/ vt, vi disminuir

diminutive /dɪ'mɪnjətɪv/ ♦ adj diminuto ♦ adj, n diminutivo

dimly /'dɪmli/ adv **1** (iluminar) débilmente **2** (recordar) vagamente **3** (ver) apenas

tʃ	dʒ	v	θ	ð	s	z	ʃ
chin	June	van	thin	then	so	zoo	she

dimple

dimple /ˈdɪmpl/ *n* hoyuelo

din /dɪn/ *n* [sing] **1** (*de gente*) alboroto **2** (*de máquinas*) estruendo

dine /daɪn/ *vi* ~ (**on sth**) (*formal*) cenar, comer (algo) *Ver tb* DINNER PHR V **to dine out** cenar/comer fuera **diner** *n* **1** comensal **2** (*USA*) restaurante (*de carretera*)

dinghy /ˈdɪŋgi/ *n* (*pl* **dinghies**) **1** bote, barca **2** (*de goma*) lancha neumática

dingy /ˈdɪndʒi/ *adj* (**-ier, -iest**) **1** (*deprimente*) sombrío **2** sucio

dining room *n* comedor

dinner /ˈdɪnə(r)/ *n* **1** [incontable] cena, almuerzo: *to have dinner* cenar/almorzar/comer ☞ *Ver nota en* NAVIDAD

El uso de los términos **dinner, lunch, supper** y **tea** varía mucho en Gran Bretaña dependiendo de la zona. **Lunch** siempre hace referencia a la comida del mediodía, que suele ser ligera (una ensalada o un sándwich). Hay gente que llama **dinner** a esta comida. Tanto **dinner** como **supper** y **tea** se pueden utilizar para referirse a la comida principal del día, que se toma al final de la tarde. **Supper** puede ser también algo ligero que se toma antes de acostarse. **Tea** puede consistir simplemente en té con galletas y bollos a media tarde. A esto también se le llama **afternoon tea**. Lo que los niños comen en el colegio se llama **school dinner**, si lo prepara el mismo colegio, y **packed lunch**, si se lo llevan preparado de casa.

2 cena (de gala) **3** (*tb* **dinner party**) (*entre amigos*) cena

dinner jacket *n* esmoquin

dinosaur /ˈdaɪnəsɔː(r)/ *n* dinosaurio

diocese /ˈdaɪəsɪs/ *n* diócesis

dioxide /daɪˈɒksaɪd/ *n* dióxido

dip /dɪp/ ◆ (**-pp-**) **1** *vt* **to dip sth (in/into sth)** meter, mojar, bañar algo (en algo) **2** *vi* descender **3** *vt, vi* bajar: *to dip the headlights (of a car)* bajar las luces (de un coche) ◆ *n* **1** (*coloq*) chapuzón **2** (*precios, etc.*) baja **3** declive **4** (*Cocina*) salsa cremosa fría en la que se mojan patatas fritas, etc. **5** (*Geog*) depresión

diploma /dɪˈpləʊmə/ *n* diploma

diplomacy /dɪˈpləʊməsi/ *n* diplomacia

diplomat /ˈdɪpləmæt/ *n* diplomático, -a

diplomatic /ˌdɪpləˈmætɪk/ *adj* (*lit y fig*)

diplomático **diplomatically** *adv* diplomáticamente, con diplomacia

dire /ˈdaɪə(r)/ *adj* (**direr, direst**) **1** (*formal*) horrible, extremo **2** (*coloq*) fatal

direct /dɪˈrekt, daɪ-/ ◆ *vt* dirigir: *Could you direct me to...?* ¿Podría indicarme el camino a...? ◆ *adj* **1** directo **2** franco **3** total ◆ *adv* **1** directamente: *You don't have to change, the train goes direct to London.* No tienes que hacer transbordo, es un tren directo a Londres. **2** en persona

direct debit *n* domiciliación bancaria

direction /dɪˈrekʃn, daɪ-/ *n* **1** dirección, sentido **2 directions** [pl] instrucciones: *to ask (sb) for directions* preguntar (a algn) el camino a algún sitio

directive /dɪˈrektɪv, daɪ-/ *n* directriz

directly /dɪˈrektli, daɪ-/ *adv* **1** directamente: *directly opposite (sth)* justo enfrente (de algo) **2** en seguida

directness /dɪˈrektnəs, daɪ-/ *n* franqueza

director /dɪˈrektə(r), daɪ-/ *n* director, -ora

directorate /dɪˈrektərət, daɪ-/ *n* **1** junta directiva **2** Dirección General

directory /dəˈrektəri, daɪ-/ *n* (*pl* **-ies**) guía (*telefónica, etc.*), directorio

dirt /dɜːt/ *n* **1** suciedad, mugre **2** tierra **3** (*coloq*) grosería, porquería LOC *Ver* TREAT

dirty /ˈdɜːti/ ◆ *adj* (**-ier, -iest**) **1** (*lit y fig*) sucio (*chiste, libro, etc.*) verde: *dirty word* palabrota **3** (*coloq*) sucio: *dirty trick* mala pasada ◆ *vt, vi* (*pret, pp* **dirtied**) ensuciar(se)

disability /ˌdɪsəˈbɪləti/ *n* (*pl* **-ies**) **1** incapacidad **2** (*Med*) minusvalía

disabled /dɪsˈeɪbld/ ◆ *adj* incapacitado ◆ **the disabled** *n* [pl] los minusválidos ☞ *Ver nota en* MINUSVÁLIDO

disadvantage /ˌdɪsədˈvɑːntɪdʒ; USA -ˈvæn-/ *n* desventaja LOC **to put sb/be at a disadvantage** poner a algn/estar en desventaja **disadvantaged** *adj* perjudicado **disadvantageous** *adj* desventajoso

disagree /ˌdɪsəˈɡriː/ *vi* (*pret, pp* **-reed**) ~ (**with sth/sb**) (**about/on sth**) no estar de acuerdo (con algo/algn) (sobre algo): *He disagreed with her on how to spend the money.* No estuvo de acuerdo con

iː	i	ɪ	e	æ	ɑː	ʌ	ʊ	uː
see	happy	sit	ten	hat	father	cup	put	too

ella sobre cómo gastar el dinero. **PHR V to disagree with sb** sentarle mal a algn (*comida, clima*) **disagreeable** *adj* desagradable **disagreement** *n* **1** desacuerdo **2** discrepancia

disappear /ˌdɪsəˈpɪə(r)/ *vi* desaparecer: *It disappeared into the bushes.* Desapareció entre los matorrales. **disappearance** *n* desaparición

disappoint /ˌdɪsəˈpɔɪnt/ *vt* decepcionar, defraudar **disappointed** *adj* **1** ~ **(about/at/by sth)** decepcionado, defraudado (por algo) **2** ~ **(in/with sth/sb)** decepcionado (con algo/algn): *I'm disappointed in you.* Me has decepcionado. **disappointing** *adj* decepcionante **disappointment** *n* decepción

disapproval /ˌdɪsəˈpruːvl/ *n* desaprobación

disapprove /ˌdɪsəˈpruːv/ *vi* **1** ~ **(of sth)** desaprobar (algo) **2** ~ **(of sb)** tener mala opinión (de algn) **disapproving** *adj* de desaprobación

disarm /dɪsˈɑːm/ *vt, vi* desarmar(se) **disarmament** *n* desarme

disassociate /ˌdɪsəˈsəʊʃɪeɪt/ *Ver* DISSOCIATE

disaster /dɪˈzɑːstə(r); *USA* -ˈzæs-/ *n* desastre **disastrous** *adj* desastroso, catastrófico

disband /dɪsˈbænd/ *vt, vi* disolver(se)

disbelief /ˌdɪsbɪˈliːf/ *n* incredulidad

disc (*tb USA* **disk**) /dɪsk/ *n* disco *Ver tb* DISK

discard /dɪsˈkɑːd/ *vt* desechar, deshacerse de

discern /dɪˈsɜːn/ *vt* **1** percibir **2** discernir

discernible /dɪˈsɜːnəbl/ *adj* perceptible

discharge /dɪsˈtʃɑːdʒ/ ◆ *vt* **1** (*residuos*) verter **2** (*Mil*) licenciar **3** (*Med, paciente*) dar de alta **4** (*deber*) desempeñar ◆ /ˈdɪstʃɑːdʒ/ *n* **1** (*eléctrica, de cargamento, de artillería*) descarga **2** (*residuo*) vertido **3** (*Mil*) licenciamiento **4** (*Jur*): *conditional discharge* libertad condicional **5** (*Med*) supuración

disciple /dɪˈsaɪpl/ *n* discípulo, -a

discipline /ˈdɪsəplɪn/ ◆ *n* disciplina ◆ *vt* disciplinar **disciplinary** *adj* disciplinario

disc jockey *n* (*pl* **-eys**) *Ver* DJ

disclose /dɪsˈkləʊz/ *vt* (*formal*) revelar **disclosure** /dɪsˈkləʊʒə(r)/ *n* revelación

disco /ˈdɪskəʊ/ *n* (*pl* ~s) discoteca: *disco music* música disco

discolour (*USA* **discolor**) /dɪsˈkʌlə(r)/ *vt, vi* decolorar

discomfort /dɪsˈkʌmfət/ *n* [*incontable*] incomodidad

disconcerted /ˌdɪskənˈsɜːtɪd/ *adj* desconcertado **disconcerting** *adj* desconcertante

disconnect /ˌdɪskəˈnekt/ *vt* **1** desconectar **2** (*luz*) cortar **disconnected** *adj* inconexo, incoherente

discontent /ˌdɪskənˈtent/ (*tb* **discontentment**) *n* ~ **(with/over sth)** descontento (con algo) **discontented** *adj* descontento

discontinue /ˌdɪskənˈtɪnjuː/ *vt* suspender, interrumpir

discord /ˈdɪskɔːd/ *n* (*formal*) **1** discordia **2** (*Mús*) disonancia **discordant** /dɪsˈkɔːdənt/ *adj* **1** (*opiniones*) discorde **2** (*sonido*) disonante

discount¹ /dɪsˈkaʊnt; *USA* ˈdɪskaʊnt/ *vt* **1** descartar, ignorar **2** (*Com*) descontar, rebajar

discount² /ˈdɪskaʊnt/ *n* descuento **LOC at a discount** a precio rebajado

discourage /dɪsˈkʌrɪdʒ/ *vt* **1** desanimar **2** ~ **sth** oponerse a algo; aconsejar que no se haga algo **3** ~ **sb from doing sth** disuadir a algn de hacer algo **discouraging** *adj* desalentador

discover /dɪsˈkʌvə(r)/ *vt* descubrir **discovery** *n* (*pl* **-ies**) descubrimiento

discredit /dɪsˈkredɪt/ *vt* desacreditar

discreet /dɪˈskriːt/ *adj* discreto

discrepancy /dɪsˈkrepənsi/ *n* (*pl* **-ies**) discrepancia

discretion /dɪˈskreʃn/ *n* **1** discreción **2** albedrío **LOC at sb's discretion** a juicio de algn

discriminate /dɪˈskrɪmɪneɪt/ *vi* **1** ~ **(between...)** distinguir (entre...) **2** ~ **against/in favour of sb** discriminar a algn; dar trato de favor a algn **discriminating** *adj* perspicaz **discrimination** *n* **1** discernimiento, buen gusto **2** discriminación

discuss /dɪˈskʌs/ *vt* ~ **sth (with sb)** hablar, tratar de algo (con algn) **discussion** *n* debate, deliberación ☛ *Comparar con* ARGUMENT

u	ɒ	ɔː	ɜː	ə	j	w	eɪ	əʊ
situation	got	saw	fur	ago	yes	woman	pay	go

disdain /dɪsˈdeɪn/ n desdén, desprecio

disease /dɪˈziːz/ n enfermedad, afección

En general, **disease** se usa para enfermedades específicas como *heart disease*, *Parkinson's disease*, mientras que **illness** se suele referir a la enfermedad como estado o al periodo en que uno está enfermo. *Ver ejemplos en* ILLNESS

diseased adj enfermo

disembark /ˌdɪsɪmˈbɑːk/ vi ~ (from sth) desembarcar (de algo) (*barcos y aviones*)

disenchanted /ˌdɪsɪnˈtʃɑːntɪd/ adj ~ (with sth/sb) desengañado, desilusionado (con algo/algn)

disentangle /ˌdɪsɪnˈtæŋgl/ vt 1 desenredar 2 ~ sth/sb (from sth) liberar algo/a algn (de algo)

disfigure /dɪsˈfɪgə(r); USA -gjər/ vt desfigurar

disgrace /dɪsˈɡreɪs/ ◆ vt deshonrar: *to disgrace yourself* deshonrar su nombre ◆ n 1 desgracia, deshonra 2 ~ (to sth/sb) vergüenza (para algo/algn) LOC in disgrace (with sb) desacreditado (ante algn) **disgraceful** adj vergonzoso

disgruntled /dɪsˈɡrʌntld/ adj 1 ~ (at/about sth) disgustado (por algo) 2 ~ (with sb) disgustado (con algn)

disguise /dɪsˈɡaɪz/ ◆ vt 1 ~ sth/sb (as sth/sb) disfrazar, disimular algo/a algn (de algo/algn) 2 (*voz*) cambiar 3 (*emoción*) disimular ◆ n disfraz LOC in disguise disfrazado *Ver tb* BLESSING

disgust /dɪsˈɡʌst/ n asco, repugnancia **disgusting** adj asqueroso

dish /dɪʃ/ ◆ n 1 (*guiso*) plato: *the national dish* el plato típico nacional 2 (*para servir*) fuente: *to wash/do the dishes* fregar los platos ◆ v PHR V to **dish sth out 1** (*comida*) servir algo **2** (*dinero*) repartir algo a manos llenas **to dish sth up** servir algo

disheartened /dɪsˈhɑːtnd/ adj desalentado, desanimado **disheartening** adj desalentador

dishevelled (USA disheveled) /dɪˈʃevld/ adj 1 (*pelo*) despeinado 2 (*ropa, apariencia*) desaliñado

dishonest /dɪsˈɒnɪst/ adj 1 (*persona*) deshonesto 2 fraudulento **dishonesty** n falta de honradez

dishonour (USA dishonor) /dɪsˈɒnə(r)/ ◆ n deshonor, deshonra ◆ vt deshonrar **dishonourable** (USA dishonorable) adj deshonroso

dishwasher /ˈdɪʃwɒʃə(r)/ n lavavajillas, lavaplatos

disillusion /ˌdɪsɪˈluːʒn/ ◆ n (tb disillusionment) ~ (with sth) desengaño, desencanto (con algo) ◆ vt desengañar, desencantar

disinfect /ˌdɪsɪnˈfekt/ vt desinfectar **disinfectant** n desinfectante

disintegrate /dɪsˈɪntɪɡreɪt/ vt, vi desintegrar(se), desmoronar(se) **disintegration** n desintegración, desmoronamiento

disinterested /dɪsˈɪntrəstɪd/ adj desinteresado

disjointed /dɪsˈdʒɔɪntɪd/ adj inconexo

disk /dɪsk/ n 1 (esp USA) Ver DISC 2 (Informát) disco

disk drive n (Informát) disquetera ☞ *Ver dibujo en* ORDENADOR

diskette /dɪsˈket/ n disquete

dislike /dɪsˈlaɪk/ ◆ vt no gustar, tener aversión a ◆ n ~ (of sth/sb) aversión (por/a algo/algn); antipatía (a/hacia algn) LOC to **take a dislike to sth/sb** cogerle aversión a algo/algn, cogerle antipatía a algn

dislocate /ˈdɪsləkeɪt; USA -ləʊk-/ vt dislocarse **dislocation** n dislocación

dislodge /dɪsˈlɒdʒ/ vt ~ sth/sb (from sth) desalojar, sacar algo/a algn (de algo)

disloyal /dɪsˈlɔɪəl/ adj ~ (to sth/sb) desleal (a algo/con algn) **disloyalty** n deslealtad

dismal /ˈdɪzməl/ adj 1 triste 2 (coloq) pésimo

dismantle /dɪsˈmæntl/ vt 1 desarmar, desmontar 2 (edificio, organización, etc.) desmantelar

dismay /dɪsˈmeɪ/ ◆ n ~ (at sth) consternación (ante algo) ◆ vt llenar de consternación

dismember /dɪsˈmembə(r)/ vt desmembrar

dismiss /dɪsˈmɪs/ vt 1 ~ sb (from sth) despedir, destituir a algn (de algo) 2 ~ sth/sb (as sth) descartar, desechar

algo/a algn (por ser algo) **dismissal** *n*
1 despido **2** rechazo **dismissive** *adj*
desdeñoso

dismount /dɪsˈmaʊnt/ *vi* ~ **(from sth)**
desmontar, apearse (de algo)

disobedient /ˌdɪsəˈbiːdiənt/ *adj* ~ **(to**
sth/sb) desobediente (de algo/a algn)
disobedience *n* desobediencia

disobey /ˌdɪsəˈbeɪ/ *vt, vi* desobedecer
disorder /dɪsˈɔːdə(r)/ *n* desorden: *in*
disorder desordenado **disorderly** *adj*
1 desordenado **2** indisciplinado, des-
coritrolado LOC *Ver* DRUNK¹

disorganized, -ised /dɪsˈɔːɡənaɪzd/
adj desorganizado

disorientate /dɪsˈɔːriənteɪt/ *(esp USA*
disorient) *vt* desorientar

disown /dɪsˈəʊn/ *vt* renegar de

dispatch *(tb* **despatch)** /dɪˈspætʃ/ ◆
vt (formal) enviar ◆ *n* **1** envío
2 *(Period)* despacho

dispel /dɪˈspel/ *vt* (-ll-) disipar

dispense /dɪˈspens/ *vt* repartir
PHR V **to dispense with sth/sb** prescindir de algo/algn

disperse /dɪˈspɜːs/ *vt, vi* dispersar(se)
dispersal *(tb* **dispersion)** *n* dispersión

displace /dɪsˈpleɪs/ *vt* **1** desplazar (a)
2 reemplazar

display /dɪˈspleɪ/ ◆ *vt* **1** exponer,
exhibir **2** *(emoción, etc.)* mostrar, manifestar **3** *(Informát)* mostrar en pantalla
◆ *n* **1** exposición, exhibición **2**
demostración **3** *(Informát)* pantalla *(de*
información) LOC **on display** expuesto

disposable /dɪˈspəʊzəbl/ *adj* **1** desechable **2** *(Fin)* disponible

disposal /dɪˈspəʊzl/ *n* desecho, vertido
LOC **at your/sb's disposal** a su
disposición/a la disposición de algn

disposed /dɪˈspəʊzd/ *adj* dispuesto
LOC **to be ill/well disposed towards**
sth/sb estar mal/bien dispuesto hacia
algo/algn

disposition /ˌdɪspəˈzɪʃn/ *n* modo de
ser, manera

disproportionate /ˌdɪsprəˈpɔːʃənət/
adj desproporcionado

disprove /ˌdɪsˈpruːv/ *vt* refutar *(teoría)*

dispute /dɪˈspjuːt/ ◆ *n* **1** discusión
2 conflicto, disputa LOC **in dispute 1** en
discusión **2** *(Jur)* en litigio ◆ *vt, vi* discutir, poner en duda

disqualify /dɪsˈkwɒlɪfaɪ/ *vt (pret, pp*
-fied) descalificar: *to disqualify sb from*
doing sth inhabilitar a algn para hacer
algo

disregard /ˌdɪsrɪˈɡɑːd/ ◆ *vt* hacer
caso omiso de *(consejo, error)* ◆ *n* ~
(for/of sth/sb) indiferencia (hacia
algo/algn)

disreputable /dɪsˈrepjətəbl/ *adj* **1** de
mala reputación **2** *(método, aspecto)*
vergonzoso

disrepute /ˌdɪsrɪˈpjuːt/ *n* desprestigio
disrespect /ˌdɪsrɪˈspekt/ *n* falta de
respeto

disrupt /dɪsˈrʌpt/ *vt* desbaratar, interrumpir **disruption** *n* trastorno, moles-
tia(s)

disruptive /dɪsˈrʌptɪv/ *adj* molesto,
que causa molestias

dissatisfaction /ˌdɪsˌsætɪsˈfækʃn/ *n*
descontento

dissatisfied /dɪˈsætɪsfaɪd/ *adj* ~ **(with**
sth/sb) descontento (con algo/algn)

dissent /dɪˈsent/ *n* desacuerdo **dissen-**
ting *adj* en desacuerdo, contrario

dissertation /ˌdɪsəˈteɪʃn/ *n* ~ **(on sth)**
tesina (sobre algo)

dissident /ˈdɪsɪdənt/ *adj, n* disidente
dissimilar /dɪˈsɪmɪlə(r)/ *adj* ~ **(from/to**
sth/sb) distinto (de algo/algn)

dissociate /dɪˈsəʊʃieɪt/ *(tb* **disasso-**
ciate /ˌdɪsəˈsəʊʃieɪt/) **1** *v refl* ~
yourself from sth/sb desligarse de
algo/algn **2** *vt* disociar

dissolve /dɪˈzɒlv/ **1** *vt, vi* disolver(se)
2 *vi* desvanecerse

dissuade /dɪˈsweɪd/ *vt* ~ **sb (from sth/**
doing sth) disuadir a algn (de algo/
hacer algo)

distance /ˈdɪstəns/ ◆ *n* distancia:
from/at a distance a distancia LOC **in**
the distance a lo lejos ◆ *vt* ~ **sb (from**
sth/sb) distanciar a algn (de algo/algn)
distant *adj* **1** distante, lejano **2**
(pariente) lejano

distaste /dɪsˈteɪst/ *n* ~ **(for sth/sb)**
aversión (a algo/algn) **distasteful** *adj*
desagradable

distil *(USA* **distill)** /dɪsˈtɪl/ *vt* (-ll-) ~ **sth**
(from sth) destilar algo (de algo)
distillery *n (pl* **-ies)** destilería

distinct /dɪsˈtɪŋkt/ *adj* **1** claro **2** ~
(from sth) distinto (de algo): *as distinct*
from sth en contraposición a algo

tʃ	dʒ	v	θ	ð	s	z	ʃ
chin	June	van	thin	then	so	zoo	she

distinction *n* **1** distinción **2** honor **distinctive** *adj* particular

distinguish /dɪˈstɪŋɡwɪʃ/ **1** *vt* ~ **A (from B)** distinguir A (de B) **2** *vi* ~ **between A and B** distinguir entre A y B **3** *v refl* ~ **yourself** distinguirse

distort /dɪˈstɔːt/ *vt* **1** deformar, distorsionar **2** *(fig)* tergiversar **distortion** *n* **1** distorsión **2** tergiversación

distract /dɪˈstrækt/ *vt* ~ **sb (from sth)** distraer a algn (de algo) **distracted** *adj* distraído **distraction** *n* distracción: *to drive sb to distraction* volver loco a algn

distraught /dɪˈstrɔːt/ *adj* consternado

distress /dɪˈstres/ *n* **1** angustia **2** dolor **3** peligro: *a distress signal* una señal de peligro **distressed** *adj* afligido **distressing** *adj* penoso

distribute /dɪˈstrɪbjuːt/ *vt* ~ **sth (to/among sth/sb)** repartir, distribuir algo (a/entre algo/algn) **distribution** *n* distribución **distributor** *n* distribuidor, -ora

district /ˈdɪstrɪkt/ *n* **1** distrito, región **2** zona

distrust /dɪsˈtrʌst/ ◆ *n* [*sing*] desconfianza ◆ *vt* desconfiar de **distrustful** *adj* desconfiado

disturb /dɪˈstɜːb/ *vt* **1** molestar, interrumpir: *I'm sorry to disturb you.* Siento molestarte. **2** *(silencio, sueño)* perturbar LOC **do not disturb** no molestar **to disturb the peace** perturbar la paz y el orden **disturbance** *n* **1** molestia: *to cause a disturbance* causar alteraciones **2** disturbios **disturbed** *adj* trastornado **disturbing** *adj* inquietante

disuse /dɪsˈjuːs/ *n* desuso: *to fall into disuse* caer en desuso **disused** *adj* abandonado

ditch /dɪtʃ/ ◆ *n* zanja ◆ *vt* *(coloq)* abandonar

dither /ˈdɪðə(r)/ *vi* ~ **(about sth)** *(coloq)* vacilar (sobre algo)

ditto /ˈdɪtəʊ/ *n* ídem

Ditto se suele referir al símbolo (") que se utiliza para evitar las repeticiones en una lista.

dive /daɪv/ ◆ *vi* (*pret* **dived** o *USA* **dove** /dəʊv/ *pp* **dived**) **1** ~ **(from/off sth) (into sth)** tirarse de cabeza (desde algo) (en algo) **2** *(submarino)* sumergirse **3** ~ **(down) (for sth)** *(persona)* bucear (en busca de algo) **4** *(avión)* bajar en picado **5** ~ **into/under sth**

meterse en/debajo de algo LOC **to dive for cover** buscar cobijo precipitadamente ◆ *n* salto **diver** *n* buzo

diverge /daɪˈvɜːdʒ/ *vi* **1** ~ **(from sth)** *(líneas, carreteras)* divergir (de algo) **2** *(formal)* *(opiniones)* diferir **divergence** *n* divergencia **divergent** *adj* divergente

diverse /daɪˈvɜːs/ *adj* diverso **diversification** *n* diversificación **diversify** *vt, vi* *(pret, pp* **-fied**) diversificar(se)

diversion /daɪˈvɜːʃn/ *USA* -ˈvɜːrʒn/ *n* desvío *(ocasionado por obras, etc.)*

diversity /daɪˈvɜːsəti/ *n* diversidad

divert /daɪˈvɜːt/ *vt* ~ **sth/sb (from sth) (to sth)** desviar algo/a algn (de algo) (a algo)

divide /dɪˈvaɪd/ **1** *vt* ~ **sth (up) (into sth)** dividir algo (en algo) **2** *vi* ~ **(up) into sth** dividirse en algo **3** *vt* ~ **sth (out/up) (between/among sb)** dividir, repartir algo (entre algn) **4** *vt* ~ **sth (between A and B)** dividir, repartir algo (entre A y B) **5** *vt* separar **6** *vt* ~ **sth by sth** *(Mat)* dividir algo por algo **divided** *adj* dividido

dividend /ˈdɪvɪdend/ *n* dividendo

divine /dɪˈvaɪn/ *adj* divino

diving /ˈdaɪvɪŋ/ *n* buceo

diving board *n* trampolín

division /dɪˈvɪʒn/ *n* **1** división **2** sección, departamento *(en una empresa)* **divisional** *adj* divisionario

divorce /dɪˈvɔːs/ ◆ *n* divorcio ◆ *vt* divorciarse de: *to get divorced* divorciarse **divorcee** /dɪˌvɔːˈsiː/ *n* divorciado, -a

divulge /daɪˈvʌldʒ/ *vt* ~ **sth (to sb)** revelar algo (a algn)

DIY /ˌdiː aɪ ˈwaɪ/ *n* *(abrev de* **do it yourself**) bricolaje

dizzy /ˈdɪzi/ *adj* (**-ier, -iest**) mareado **dizziness** *n* mareo, vértigo

DJ /ˈdiː dʒeɪ/ *abrev de* **disc jockey** pinchadiscos

do¹ /duː/ *v aux* ☞ En español, **do** no se traduce. Lleva el tiempo y la persona del verbo principal de la oración.

● **frases interrogativas y negativas:** *Does she speak French?* ¿Habla francés? ◊ *Did you go home?* ¿Os fuisteis a casa? ◊ *She didn't go to Paris.* No fue a París. ◊ *He doesn't want to come with us.* No quiere venir con nosotros.

i:	i	ɪ	e	æ	ɑː	ʌ	ʊ	uː
see	happy	sit	ten	hat	father	cup	put	too

do

presente	negativa contracciones
I **do**	I **don't**
you **do**	you **don't**
he/she/it **does**	he/she/it **doesn't**
we **do**	we **don't**
you **do**	you **don't**
they **do**	they **don't**
pasado	**did**
forma en -ing	**doing**
participio pasado	**done**

● **question tags 1** [oración afirmativa]: do + n't + sujeto (pron pers)?: *John lives here, doesn't he?* John vive aquí, ¿verdad? **2** [oración negativa]: do + sujeto (pron pers)?: *Mary doesn't know, does she?* Mary no lo sabe, ¿verdad? **3** [oración afirmativa]: do + sujeto (pron pers)?: *So you told them, did you?* O sea que se lo dijiste, ¿no?

● **en afirmativas con un uso enfático**: *He does look tired.* De verdad que se le ve cansado. ◊ *Well, I did warn you.* Bueno, ya te advertí. ◊ *Oh, do be quiet!* ¡Cállate ya!

● **para evitar repeticiones**: *He drives better than he did a year ago.* Conduce mejor ahora que hace un año. ◊ *She knows more than he does.* Ella sabe más que él. ◊ *'Who won?' 'I did.'* —¿Quién ganó? —Yo. ◊ *'He smokes.' 'So do I.'* —Él fuma. —Yo también. ◊ *Peter didn't go and neither did I.* Peter no fue y yo tampoco. ◊ *You didn't know her but I did.* Tú no la conocías pero yo sí.

do² /duː/ (3ª pers sing pres does /dʌz/ pret did /dɪd/ pp done /dʌn/)

● **vt, vi** hacer ☛ Usamos to do cuando hablamos de una actividad sin decir exactamente de qué se trata, como por ejemplo, cuando va acompañado de palabras como *something, nothing, anything, everything*, etc.: *What are you doing this evening?* ¿Qué vas a hacer esta tarde? ◊ *Are you doing anything tomorrow?* ¿Vas a hacer algo mañana? ◊ *We'll do what we can to help you.* Haremos lo que podamos para ayudarte. ◊ *What does she want to do?* ¿Qué quiere hacer? ◊ *I've got nothing to do.* No tengo nada que hacer. ◊ *What can I do for you?* ¿En qué puedo servirle? ◊ *I have a number of things to do today.* Hoy tengo varias cosas que

hacer. ◊ *Do as you please.* Haz lo que quieras. ◊ *Do as you're told!* ¡Haz lo que se te dice!* ☛ Ver nota en DEPORTE

● **to do + the, my, etc. + -ing** vt (obligaciones y hobbies) hacer: *to do the washing up* hacer/fregar los platos ◊ *to do the ironing* planchar ◊ *to do the/your shopping* hacer la compra

● **to do + (the, my, etc.) + sustantivo** vt: *to do your homework* hacer los deberes ◊ *to do a test/an exam* hacer un examen ◊ *to do an English course* hacer un curso de inglés ◊ *to do business* hacer negocios ◊ *to do your duty* cumplir con tu deber ◊ *to do your job* hacer tu trabajo ◊ *to do the housework* hacer la casa ◊ *to do your hair/to have your hair done* arreglarse el pelo/ir a la peluquería

● **otros usos 1** vt: *to do your best* hacer lo que se pueda ◊ *to do good* hacer el bien ◊ *to do sb a favour* hacerle un favor a algn **2** vi ser suficiente, servir: *Will £10 do?* ¿Será suficiente con diez libras? ◊ *All right, a pencil will do.* Da igual, un lápiz servirá. **3** vi venir bien: *Will next Friday do?* ¿Te viene bien el viernes? **4** vi ir: *She's doing well at school.* Va bien en la escuela. ◊ *How's the business doing?* ¿Qué tal va el negocio? ◊ *He did badly in the exam.* Le fue mal en el examen.

LOC **it/that will never/won't do:** *It (simply) won't do.* No puede ser. ◊ *It would never do to…* No estaría bien que… **that does it!** (coloq) ¡se acabó! **that's done it** (coloq) ¡la hemos hecho buena! **that will do!** ¡ya está bien! **to be/have to do with sth/sb** tener que ver con algo/algn: *What's it got to do with you?* ¡Y a ti qué te importa! ◊ *She won't have anything to do with him.* No quiere tener nada que ver con él. ☛ Para otras expresiones con do, véanse las entradas del sustantivo, adjetivo, etc., p. ej. **to do your bit** en BIT¹.

PHR V **to do away with sth** deshacerse de algo, abolir algo

to do sth up 1 abrochar(se) algo **2** atar(se) algo **3** envolver algo **4** renovar algo

to do with sth: *I could do with a good night's sleep.* Me haría bien dormir toda la noche. ◊ *We could do with a holiday.* Nos sentarían bien unas vacaciones.

u	ʊ	ɒ	ɔː	ɜː	ə	j	w	eɪ	əʊ
situation		got	saw	fur	ago	yes	woman	pay	go

to do without (sth/sb) pasarse sin (algo/algn) ☞ *Ver tb ejemplos en* MAKE¹

do³ /duː/ *n* (*pl* **dos** *o* **do's** /duːz/) LOC **do's and don'ts** reglas

docile /'dəʊsaɪl; *USA* 'dɒsl/ *adj* dócil

dock¹ /dɒk/ ◆ *n* **1** dársena **2 docks** [*pl*] puerto ◆ **1** *vt, vi* (*Náut*) (hacer) entrar en dique, atracar (en un muelle) **2** *vi* llegar en barco **3** *vt, vi* (*Aeronáut*) acoplar(se)

dock² /dɒk/ *n* banquillo (de los acusados)

dock³ /dɒk/ *vt* reducir (*sueldo*)

doctor /'dɒktə(r)/ ◆ *n* (*abrev* Dr) **1** (*Med*) médico, -a ☞ *Ver nota en* POLICÍA **2 ~ (of sth)** (*título*) doctor, -ora (en algo) ◆ *vt* (*coloq*) **1** amañar **2** (*comestibles*) adulterar

doctorate /'dɒktərət/ *n* doctorado

doctrine /'dɒktrɪn/ *n* doctrina

document /'dɒkjumənt/ ◆ *n* documento ◆ *vt* documentar

documentary /ˌdɒkju'mentri/ *adj, n* (*pl* -ies) documental

dodge /dɒdʒ/ **1** *vi* hacer un quiebro: *She dodged round the corner.* Hizo un quiebro y dobló la esquina. **2** *vt* (*golpe*) esquivar: *to dodge awkward questions* eludir preguntas embarazosas **3** *vt* (*perseguidor*) dar esquinazo a

dodgy /'dɒdʒi/ *adj* (-ier, -iest) (*esp GB, coloq*) problemático: *Sounds a bit dodgy to me.* Me huele a chamusquina. ◊ *a dodgy situation* una situación delicada ◊ *a dodgy wheel* una rueda defectuosa

doe /dəʊ/ *n* cierva, coneja, liebre hembra ☞ *Ver nota en* CIERVO, CONEJO

does /dəz, dʌz/ *Ver* DO¹·²

doesn't /'dʌz(ə)nt/ = DOES NOT *Ver* DO¹·²

dog /dɒg; *USA* dɔːg/ ◆ *n* perro LOC *Ver* TREAT ◆ *vt* (-gg-) seguir: *He was dogged by misfortune.* Le persiguió la mala suerte.

dogged /'dɒgɪd; *USA* 'dɔːgɪd/ *adj* (*aprob*) tenaz **doggedly** *adv* tenazmente

doggie (*tb* **doggy**) /'dɒgi; *USA* 'dɔːgi/ *n* (*coloq*) perrito

dogsbody /'dɒgzbɒdi; *USA* 'dɔːg-/ *n* (*pl* -ies) (*GB*) chico, -a para todo

do it yourself /ˌduː ɪt jə'self/ *n Ver* DIY

the dole /dəʊl/ *n* (*GB, coloq*) subsidio de desempleo: *to be/go on the dole* estar/quedarse en paro

doll /dɒl; *USA* dɔːl/ *n* muñeca

dollar /'dɒlə(r)/ *n* dólar: *a dollar bill* un billete de dólar

dolly /'dɒli; *USA* 'dɔːli/ *n* (*pl* -ies) muñequita

dolphin /'dɒlfɪn/ *n* delfín

domain /də'meɪn/ *n* **1** (*lit*) propiedad **2** campo: *outside my domain* fuera de mi competencia

dome /dəʊm/ *n* cúpula **domed** *adj* abovedado

domestic /də'mestɪk/ *adj* **1** doméstico **2** nacional **domesticated** *adj* **1** doméstico **2** casero

dominant /'dɒmɪnənt/ *adj* dominante **dominance** *n* dominación

dominate /'dɒmɪneɪt/ *vt, vi* dominar **domination** *n* dominio

domineering /ˌdɒmɪ'nɪərɪŋ/ *adj* dominante

dominion /də'mɪnɪən/ *n* dominio

domino /'dɒmɪnəʊ/ *n* **1** (*pl* ~es) ficha de dominó **2 dominoes** [*sing*]: *to play dominoes* jugar al dominó

donate /dəʊ'neɪt; *USA* 'dəʊneɪt/ *vt* donar **donation** *n* **1** donativo **2** [*incontable*] donación

done /dʌn/ ◆ *pp de* DO² ◆ *adj* hecho

donkey /'dɒŋki/ *n* (*pl* -eys) burro

donor /'dəʊnə(r)/ *n* donante

don't /dəʊnt/ = DO NOT *Ver* DO¹·²

doom /duːm/ *n* [*sing*] **1** (*formal*) perdición: *to send a man to his doom* mandar a un hombre a la muerte **2** pesimismo **doomed** *adj* condenado: *doomed to failure* condenado al fracaso

door /dɔː(r)/ *n* **1** puerta **2** *Ver* DOORWAY LOC **(from) door to door** de puerta en puerta: *a door-to-door salesman* un vendedor a domicilio **out of doors** al aire libre

doorbell /'dɔːbel/ *n* timbre (*de puerta*)

doormat /'dɔːmæt/ *n* felpudo

doorstep /'dɔːstep/ *n* peldaño de la puerta LOC **on your doorstep** a un paso

doorway /'dɔːweɪ/ *n* vano (*de puerta*)

dope¹ /dəʊp/ *n* (*coloq*) **1** [*incontable*] droga (*esp hachís*) **2** imbécil

dope² /dəʊp/ *vt* narcotizar

dope test *n* prueba antidopaje

dormant /'dɔːmənt/ *adj* inactivo

dormitory /'dɔːmətri; *USA* -tɔːri/ *n* (*pl* -ies) dormitorio

aɪ	aʊ	ɔɪ	ɪə	eə	ʊə	ʒ	h	ŋ
five	now	join	near	hair	pure	vision	how	sing

dosage /'dəʊsɪdʒ/ n dosificación

dose /dəʊs/ n dosis

dot /dɒt/ ◆ n punto LOC **on the dot** (*coloq*) a la hora en punto ◆ vt (**-tt-**) poner un punto sobre LOC **to dot your/ the i's and cross your/the t's** dar los últimos retoques

dote /dəʊt/ vi ~ **on sth/sb** adorar algo/ a algn **doting** adj devoto

double¹ /'dʌbl/ ◆ adj doble: *double figures* número de dos cifras ◊ *She earns double what he does.* Gana el doble que él. ◆ adv: *to see double* ver doble ◊ *bent double* encorvado ◊ *to fold a blanket double* doblar una manta en dos

double² /'dʌbl/ n 1 doble 2 **doubles** [*pl*] dobles: *mixed doubles* dobles mixtos

double³ /'dʌbl/ 1 vt, vi duplicar(se) 2 vt ~ **sth** (**up/over/across/back**) doblar algo (en dos) 3 vi ~ **as sth** hacer de algo PHR V **to double back** volver sobre sus pasos **to double (sb) up**: *to be doubled up with laughter* partirse de risa ◊ *to double up with pain* doblarse de dolor

double-barrelled /ˌdʌbl 'bærəld/ adj 1 (*escopeta*) de dos cañones 2 (*GB*) (*apellido*) compuesto ☛ *Ver nota en* SURNAME

double bass n contrabajo

double bed n cama de matrimonio

double-breasted /ˌdʌbl 'brestɪd/ adj cruzado

double-check /ˌdʌbl 'tʃek/ vt volver a comprobar

double-click /ˌdʌbl 'klɪk/ vi ~ (**on sth**) (*Informát*) hacer doble clic (en algo)

double-cross /ˌdʌbl 'krɒs/ vt engañar

double-decker /ˌdʌbl 'dekə(r)/ (*tb* **double-decker bus**) n autobús de dos pisos

double-edged /ˌdʌbl 'edʒd/ adj de doble filo

double glazed adj con cristal doble

double glazing n doble acristalamiento

doubly /'dʌbli/ adv doblemente: *to make doubly sure of sth* volver a asegurarse de algo

doubt /daʊt/ ◆ n 1 ~ (**about sth**) duda (sobre algo) 2 ~ **as to** (**whether**)... duda sobre (si)... LOC **beyond a/all/any**

doubt fuera de toda duda **in doubt** dudoso **no doubt; without** (a) **doubt** sin duda *Ver tb* BENEFIT, CAST ◆ vt, vi dudar (de) **doubter** n escéptico, -a **doubtless** adv sin duda

doubtful /'daʊtfl/ adj dudoso: *to be doubtful about* (*doing*) *sth* tener dudas sobre (si hacer) algo **doubtfully** adv sin convicción

dough /dəʊ/ n masa

doughnut /'dəʊnʌt/ n donut

dour /dʊə(r)/ adj (*formal*) austero

douse (*tb* **dowse**) /daʊs/ vt ~ **sth/sb** (**in/with sth**) empapar algo/a algn (de algo)

dove¹ /dʌv/ n paloma

dove² (*USA*) *pret de* DIVE

dowdy /'daʊdi/ adj (**-ier, -iest**) (*pey*) 1 (*ropa*) sin gracia 2 (*persona*) vestido con un estilo muy gris

down¹ /daʊn/ *part adv* 1 abajo: *face down* boca abajo 2 bajo: *Inflation is down this month.* La inflación ha bajado este mes. ◊ *to be £50 down* faltarle a algn 50 libras 3 *Ten down, five to go.* Van diez, quedan cinco. 4 (*Informát*): *The computer's down.* El ordenador está estropeado de momento. LOC **down with sth/sb** ¡abajo algo/ algn! **to be/feel down** (*coloq*) estar con la depre ☛ **Para los usos de down en** PHRASAL VERBS ver las entradas de los verbos correspondientes, p. ej. **to go down** en GO¹.

down² /daʊn/ *prep* abajo: *down the hill* colina abajo ◊ *down the corridor on the right* bajando el pasillo a la derecha ◊ *He ran his eyes down the list.* Recorrió la lista de arriba abajo.

down³ /daʊn/ n 1 plumones 2 pelusa

down and out n vagabundo, -a

downcast /'daʊnkɑːst; *USA* -kæst/ adj abatido

downfall /'daʊnfɔːl/ n [*sing*] caída: *Drink will be your downfall.* La bebida será tu ruina.

downgrade /'daʊngreɪd/ vt ~ **sth/sb** (**from... to...**) degradar algo/a algn (de... a...)

downhearted /ˌdaʊn'hɑːtɪd/ adj desanimado

downhill /ˌdaʊn'hɪl/ adv, adj cuesta abajo LOC **to be (all) downhill (from here/there)** ser (todo) coser y cantar (a partir de ahora/entonces) **to go downhill** ir cuesta abajo

download /ˌdaʊnˈləʊd/ vt (*Informát*) bajar

downmarket /ˌdaʊnˈmɑːkɪt/ adj de/para la gran masa, vulgar

downpour /ˈdaʊnpɔː(r)/ n chaparrón

downright /ˈdaʊnraɪt/ ◆ adj total: *downright stupidity* estupidez declarada ◆ adv completamente

downside /ˈdaʊnsaɪd/ n inconveniente

Down's syndrome n síndrome de Down

downstairs /ˌdaʊnˈsteəz/ ◆ adv (en el piso de) abajo: *He fell downstairs.* Se cayó escaleras abajo. ◆ adj en el/del piso de abajo ◆ n [sing] piso de abajo

downstream /ˌdaʊnˈstriːm/ adv río abajo

down-to-earth /ˌdaʊn tuː ˈɜːθ/ adj práctico, con los pies en la tierra

downtown /ˌdaʊnˈtaʊn/ adv (*USA*) a/en el centro (*de la ciudad*)

downtrodden /ˈdaʊntrɒdn/ adj oprimido

downturn /ˈdaʊntɜːn/ n bajada: *a downturn in sales* un descenso en las ventas

down under adv (*coloq*) a/en las antípodas

downward /ˈdaʊnwəd/ ◆ adj hacia abajo: *a downward trend* una tendencia a la baja ◆ adv (tb **downwards**) hacia abajo

downy /ˈdaʊni/ adj con pelusa

dowry /ˈdaʊri/ n (pl -ies) dote

dowse *Ver* DOUSE

doze /dəʊz/ ◆ vi dormitar PHR V **to doze off** dar una cabezada ◆ n cabezada

dozen /ˈdʌzn/ n (*abrev* doz) docena: *two dozen eggs* dos docenas de huevos ◊ *There were dozens of people.* Había muchísima gente.

dozy /ˈdəʊzi/ adj (-ier, -iest) amodorrado

drab /dræb/ adj monótono, gris

draft /drɑːft; *USA* dræft/ ◆ n **1** borrador: *a draft bill* un anteproyecto de ley **2** (*Fin*) orden de pago, letra de cambio **3** (*USA*) **the draft** la llamada a filas **4** (*USA*) *Ver* DRAUGHT ◆ vt **1** hacer un borrador de **2** (*USA*) (*Mil*) llamar al ser-

vicio militar **3** ~ sth/sb (in) destacar algo/a algn

drafty (*USA*) *Ver* DRAUGHTY

drag¹ /dræg/ n (*coloq*) **1 a drag** (*persona, cosa*) un rollo **2 a man in drag** un hombre vestido de mujer

drag² /dræg/ (-gg-) **1** vt, vi arrastrar(se) **2** vi (*tiempo*) pasar lentamente **3** vt (*Náut*) dragar **4** vi ~ (on) hacerse eterno

dragon /ˈdrægən/ n dragón

dragonfly /ˈdrægənflaɪ/ n libélula

drain /dreɪn/ ◆ n **1** desagüe **2** alcantarilla LOC **to be a drain on sth** ser un agujero continuo de algo ◆ vt **1** (*platos, verduras, etc.*) escurrir **2** (*terreno, lago, etc.*) drenar LOC **to be/feel drained** estar/sentirse agotado: *She felt drained of all energy.* Se sentía completamente agotada. PHR V **to drain away 1** (*lit*) desaparecer (*por un desagüe*) **2** (*fig*) consumirse (*lentamente*) **drainage** n drenaje

draining board n escurreplatos

drainpipe /ˈdreɪnpaɪp/ n tubería de desagüe

drama /ˈdrɑːmə/ n **1** obra de teatro **2** drama: *drama school* escuela de artes dramáticas ◊ *drama student* estudiante de arte dramático **dramatic** adj dramático **dramatically** adv dramáticamente, de modo impresionante

dramatist /ˈdræmətɪst/ n dramaturgo, -a **dramatization, -isation** n dramatización **dramatize, -ise** vt, vi (*lit y fig*) dramatizar

drank *pret de* DRINK

drape /dreɪp/ vt **1** ~ sth across/round/over sth (*tejido*) colgar algo sobre algo **2** ~ sth/sb (in/with sth) cubrir, envolver algo/a algn (en/con algo)

drastic /ˈdræstɪk/ adj **1** drástico **2** grave **drastically** adv drásticamente

draught /drɑːft/ (*USA* draft /dræft/) n **1** corriente (*de aire*) **2 draughts** [sing] damas (*juego*) LOC **on draught** de barril

draughtsman /ˈdrɑːftsmən/ (*USA* draftsman /ˈdræfts-/) n (pl -men /-mən/) delineante

draughty /ˈdrɑːfti/ (*USA* drafty /ˈdræfti/) adj (-ier, -iest) con muchas corrientes (*de aire*)

draw¹ /drɔː/ n **1** [gen sing] sorteo ☛ *Comparar con* RAFFLE **2** empate

i:	i	ɪ	e	æ	ɑ:	ʌ	ʊ	u:
see	happy	sit	ten	hat	father	cup	put	too

draw² /drɔː/ (*pret* **drew** /druː/ *pp* **drawn** /drɔːn/) **1** *vt, vi* dibujar, trazar **2** *vi*: *to draw level with sb* alcanzar a algn ◊ *to draw near* acercarse **3** *vt* (*cortinas*) correr, descorrer **4** *vt* (*conclusión*) sacar: *to draw comfort from sth/sb* hallar consuelo en algo/algn ◊ *to draw inspiration from sth* inspirarse en algo ◊ *to draw a distinction* hacer una distinción ◊ *to draw an analogy/a parallel* establecer una analogía/un paralelo **5** *vt* (*sueldo*) cobrar **6** *vt* provocar, causar **7** *vt* ~ **sb** (**to sth/sb**) atraer a algn (hacia algo/algn) **8** *vi* (*Dep*) empatar LOC *Ver* CLOSE²

PHR V **to draw back** retroceder, retirarse **to draw sth back** retirar algo, descorrer algo
to draw in 1 (*día*) hacerse más corto **2** (*tren*) entrar en la estación
to draw on/upon sth hacer uso de algo
to draw out 1 (*día*) alargarse **2** (*tren*) salir de la estación
to draw up pararse **to draw sth up 1** redactar algo **2** (*silla*) acercar algo

drawback /'drɔːbæk/ *n* ~ (**of/to sth/to doing sth**) inconveniente, desventaja (de algo/de hacer algo)

drawer /drɔː(r)/ *n* cajón

drawing /'drɔːŋ/ *n* dibujo

drawing pin *n* chincheta ☛ *Ver dibujo en* PIN

drawing room *n* salón

drawl /drɔːl/ *n* voz cansina

drawn¹ *pp de* DRAW²

drawn² /drɔːn/ *adj* demacrado

dread /dred/ ◆ *n* terror ◆ *vt* tener terror a: *I dread to think what will happen.* Solo pensar qué pasará me horroriza. **dreadful** *adj* **1** terrible, espantoso **2** horrible, pésimo: *I feel dreadful.* Me siento fatal. ◊ *I feel dreadful about what happened.* Me da vergüenza lo que pasó. ◊ *How dreadful!* ¡Qué horror! **dreadfully** *adv* **1** terriblemente **2** muy mal **3** muy: *I'm dreadfully sorry.* Lo siento muchísimo.

dreadlocks /'dredlɒks/ (*tb coloq* **dreads**) *n* [*pl*] rizos al estilo de los rastafaris

dream /driːm/ ◆ *n* (*lit y fig*) sueño: *to have a dream about sth/sb* soñar con algo/algn ◊ *to go around in a dream/live in a dream world* vivir de ensueños ◆ (*pret, pp* **dreamt** /dremt/ *o* **dreamed**) **1** *vt, vi* ~ (**of/about sth/sb**)

soñar (con algo/algn): *I dreamt (that) I could fly.* Soñé que podía volar. **2** *vi* ~ **of doing sth** (*desear*) soñar con hacer algo: *She dreamt of being famous one day.* Soñaba con hacerse algún día famosa. **3** *vt* imaginar: *I never dreamt (that) I'd see you again.* Nunca imaginé que te volvería a ver.

Algunos verbos poseen tanto formas regulares como irregulares para el pasado y el participio pasado: **dream**: **dreamed/dreamt**, **spoil**: **spoiled/spoilt**, etc. En inglés británico se prefieren las formas irregulares (**dreamt, spoilt**, etc.), mientras que en inglés americano se utilizan las formas regulares (**dreamed, spoiled**, etc.). Sin embargo, cuando el participio funciona como adjetivo siempre se usa la forma irregular: *a spoilt child* un niño mimado.

dreamer *n* soñador, -ora **dreamy** *adj* (**-ier, -iest**) **1** soñador, distraído **2** vago **dreamily** *adv* distraídamente

dreary /'drɪəri/ *adj* (**-ier, -iest**) **1** deprimente **2** aburrido

dredge /dredʒ/ *vt, vi* dragar **dredger** (*tb* **dredge**) *n* draga

drench /drentʃ/ *vt* empapar: *to get drenched to the skin/drenched through* calarse hasta los huesos ◊ (*absolutely*) *drenched* hecho una sopa

dress /dres/ ◆ *n* **1** vestido **2** [*incontable*] ropa: *to have no dress sense* no saber vestirse *Ver tb* FANCY DRESS ◆ **1** *vt, vi* vestir(se): *to dress as sth* vestirse de algo ◊ *to dress smartly* vestir bien ☛ Cuando nos referimos simplemente a la acción de vestirse decimos **get dressed**. **2** *vt* (*herida*) curar **3** *vt* (*ensalada*) aliñar LOC (**to be**) **dressed in sth** (ir) vestido de algo PHR V **to dress (sb) up** (**as sth/sb**) disfrazarse/disfrazar a algn (de algo/algn) **to dress (sb) up** (**in sth**) disfrazarse/disfrazar a algn (con algo) **to dress sth up** disfrazar algo **to dress up** ponerse de punta en blanco

dress circle *n* (*GB*) (*Teat*) principal

dresser /'dresə(r)/ *n* **1** aparador **2** (*USA*) tocador

dressing /'dresŋ/ *n* **1** vendaje **2** aliño

dressing gown *n* bata

dressing room *n* vestuario, camerino

dressing table *n* tocador

dressmaker /'dresmeɪkə(r)/ n modista
dressmaking n corte y confección

drew pret de DRAW²

dribble /'drɪbl/ 1 vi babear 2 vt, vi regatear

dried pret, pp de DRY

drier (tb **dryer**) /'draɪə(r)/ n secadora
Ver tb TUMBLE-DRIER

drift /drɪft/ ◆ vi 1 flotar 2 (arena, nieve) amontonarse 3 ir a la deriva: to drift into (doing) sth hacer algo a la deriva ◆ n 1 [sing] idea general 2 (de nieve, arena, etc.) montón **drifter** n vagabundo, -a

drill /drɪl/ ◆ n 1 taladro: a dentist's drill un torno de dentista 2 instrucción 3 ejercicio 4 rutina ◆ vt 1 taladrar, perforar 2 instruir

drily Ver DRYLY

drink /drɪŋk/ ◆ n bebida: a drink of water un trago de agua ◊ to go for a drink ir a tomar algo ◊ a soft drink un refresco ◆ vt, vi (pret **drank** /dræŋk/ pp **drunk** /drʌŋk/) beber: Don't drink and drive. Si bebes, no conduzcas. LOC to drink sb's health beber a la salud de algn PHR V to drink (a toast) to sth/sb brindar por algo/algn to drink sth down/up beber algo de un trago to drink sth in embeberse en algo **drinker** n bebedor, -ora **drinking** n el beber

drinking water n agua potable

drip /drɪp/ ◆ vi (-pp-) gotear LOC to be dripping with sth estar chorreando algo ◆ n 1 gota ☞ Ver dibujo en BLOB 2 (Med) gotero: to be on a drip tener puesto un gotero

drive /draɪv/ ◆ (pret **drove** /drəʊv/ pp **driven** /'drɪvn/) 1 vt, vi conducir: Can you drive? ¿Sabes conducir? 2 vi viajar en coche: Did you drive? ¿Has venido en coche? 3 vt llevar (en coche) 4 vt: to drive cattle arrear ganado ◊ to drive sb crazy volver loco a algn ◊ to drive sb to drink llevar a algn a la bebida 5 vt impulsar LOC to be driving at sth: What are you driving at? ¿Qué insinúas? to drive a hard bargain ser un negociador duro PHR V to drive away; to drive off alejarse en coche to drive sth/sb back/off ahuyentar algo/a algn to drive sb on empujar a algn ◆ n 1 vuelta, viaje (en coche, etc.): to go for a drive dar una vuelta en coche 2 (USA driveway) (en una casa) camino de la

entrada 3 (Dep) golpe directo, drive 4 empuje 5 campaña 6 (Mec) mecanismo de transmisión: four-wheel drive tracción en las cuatro ruedas ◊ a left-hand drive car un coche con el volante a la izquierda 7 (Informát): disk drive unidad de disco

drive-in /'draɪv ɪn/ n (USA) lugar al aire libre, sobre todo cines, restaurantes, etc. donde se sirve a los clientes sin que tengan que salir del coche

driven pp de DRIVE

driver /'draɪvə(r)/ n conductor, -ora, chófer: train driver maquinista LOC to be in the driver's seat tener la sartén por el mango

driving licence (USA **driver's license**) n carné de conducir

driving school n autoescuela

driving test n examen de conducir

drizzle /'drɪzl/ ◆ n llovizna ◆ vi lloviznar

drone /drəʊn/ ◆ n zumbido ◆ vi zumbar PHR V to drone on (about sth) hablar (sobre algo) en un tono monótono

drool /druːl/ vi babear: to drool over sth/sb caérsele la baba a uno por algo/algn

droop /druːp/ vi 1 caer 2 (flor) marchitarse 3 (ánimo) decaer **drooping** (tb **droopy**) adj 1 caído 2 (flor) marchito

drop¹ /drɒp/ n 1 gota: Would you like a drop of wine? ¿Te apetece un vaso de vino? ☞ Ver dibujo en BLOB 2 [sing] caída: a sheer drop un precipicio ◊ a drop in prices una caída de los precios ◊ a drop in temperature un descenso de la temperatura LOC at the drop of a hat sin pensarlo dos veces to be (only) a drop in the ocean no ser más que una gota de agua en el océano

drop² /drɒp/ (-pp-) 1 vi caer: He dropped to his knees. Se arrodilló. 2 vt (sin querer): She dropped her book. Se le cayó el libro.

Si se te cae un objeto, se utiliza to drop: Be careful you don't drop that plate! ¡Cuidado con el plato, que no se te caiga!

Cuando se trata de un líquido, se utiliza to spill: She spilt coffee on her skirt. Se le cayó café en la falda.

3 vt (a propósito) dejar caer: to drop a bomb lanzar una bomba ◊ to drop

drop

She's dropped her book.

He's split his milk.

anchor echar el ancla **4** *vi* desplomarse: *I feel ready to drop.* Estoy que me caigo. ◊ *to work till you drop* matarse a trabajar **5** *vt*, *vi* disminuir, caer: *to drop prices* reducir precios **6** *vt* ~ **sth/sb (off)** *(pasajero, paquete)* dejar algo/a algn **7** *vt* omitir: *He's been dropped from the team.* Lo han excluido del equipo. ◊ *Can we drop the subject?* ¿Podemos olvidar el tema? **8** *vt* ~ **sb** romper con algn **9** *vt* ~ **sth** *(hábito, actitud)* dejar: *Drop everything!* ¡Déjalo todo! ◊ *Can we drop the subject?* ¿Podemos olvidar el tema? **LOC to drop a brick** *(coloq)* meter la pata **to drop a hint (to sb)/drop (sb) a hint** soltar una indirecta (a algn) **to drop dead** *(coloq)* quedarse en el sitio: *Drop dead!* ¡Vete al cuerno! **to drop sb a line** *(coloq)* mandarle unas líneas a algn *Ver tb* LET¹ **PHR V to drop back; to drop behind** quedarse atrás, rezagarse **to drop by/in/over/round:** *Why don't you drop by?* ¿Por qué no te pasas por casa? ◊ *They dropped in for breakfast.* Se pasaron a desayunar. ◊ *Drop round some time.* Ven a vernos alguna vez. **to drop in on sb** hacer una visita informal a algn **to drop off** *(coloq)* quedarse dormido **to drop out (of sth)** retirarse (de algo): *to drop out (of university)* dejar los estudios ◊ *to drop out (of society)* automarginarse

drop-dead /ˈdrɒp ded/ *adv (coloq)*: *He's drop-dead gorgeous!* ¡Está como un tren!

drop-out /ˈdrɒp aʊt/ *n* marginado, -a

droppings /ˈdrɒpɪŋz/ *n [pl]* excrementos *(de animales o pájaros)*

drought /draʊt/ *n* sequía

drove *pret de* DRIVE

drown /draʊn/ *vt*, *vi* ahogar(se) **PHR V to drown sth/sb out** ahogar algo/a algn: *His words were drowned out by the music.* La música ahogó sus palabras.

drowsy /ˈdraʊzi/ *adj* (-ier, -iest) adormilado: *This drug can make you drowsy.* Este fármaco puede producir somnolencia.

drudgery /ˈdrʌdʒəri/ *n* trabajo pesado

drug /drʌg/ ◆ *n* **1** *(Med)* fármaco, medicamento: *drug company* empresa farmacéutica **2** droga: *to be on drugs* consumir drogas habitualmente ◊ *drug addiction* drogadicción ◆ *vt* (-gg-) drogar

drug abuse *n* abuso de drogas

drug addict *n* drogadicto, -a

drugstore /ˈdrʌgstɔ:(r)/ *n (USA)* farmacia que también vende comestibles, periódicos, etc. *Ver tb* PHARMACY

drum /drʌm/ ◆ *n* **1** *(Mús)* tambor, batería: *to play the drums* tocar la batería **2** tambor, bidón ◆ (-mm-) **1** *vi* tocar el tambor **2** *vt*, *vi* ~ **(sth)** on sth tamborilear (con algo) en algo **PHR V to drum sth into sb/into sb's head** machacarle algo a algn **to drum sb out (of sth)** echar a algn (de algo) **to drum sth up** esforzarse por conseguir algo *(apoyo, clientes, etc.)*: *to drum up interest in sth* fomentar el interés en algo **drummer** *n* batería

drumstick /ˈdrʌmstɪk/ *n* **1** *(Mús)* baqueta **2** *(Cocina)* pata *(de pollo, etc.)*

drunk¹ /drʌŋk/ ◆ *adj* borracho: *to be drunk with joy* estar ebrio de alegría **LOC drunk and disorderly:** *to be charged with being drunk and disorderly* ser acusado de borrachera y alboroto **to get drunk** emborracharse ◆ *n Ver* DRUNKARD

drunk² *pp de* DRINK

drunkard /ˈdrʌŋkəd/ *n* borracho, -a

drunken /ˈdrʌŋkən/ *adj* borracho: *to be charged with drunken driving* ser acusado de conducir en estado de embriaguez **drunkenness** *n* embriaguez

dry /draɪ/ ◆ *adj* (drier, driest) **1** seco: *dry white wine* vino blanco seco ◊ *Tonight will be dry.* Esta noche no va a llover. **2** árido **3** *(humor)* irónico **LOC** *Ver* BONE, HIGH¹, HOME, RUN ◆ *vt*, *vi* (*pret, pp* dried) secar(se): *He dried his eyes.* Se secó las lágrimas. **PHR V to dry out** secarse **to dry up** *(río)*, secarse **to dry sth up** secar algo *(platos, etc.)* ◆ *n* **LOC in the dry** a cubierto

tʃ	dʒ	v	θ	ð	s	z	ʃ
chin	June	van	thin	then	so	zoo	she

dry-clean /draɪ 'kli:n/ vt limpiar en seco **dry-cleaner's** n tintorería **dry-cleaning** n limpieza en seco

dryer Ver DRIER

dry land n tierra firme

dryly (tb **drily**) /'draɪli/ adv en tono seco

dryness /'draɪnəs/ n **1** sequedad **2** aridez **3** (humor) ironía

dual /'dju:əl; USA 'du:əl/ adj doble

dual carriageway n (GB) autovía

dub /dʌb/ vt (-bb-) doblar: dubbed into English doblado al inglés **dubbing** n doblaje

dubious /'dju:biəs; USA 'du:-/ adj **1** to be dubious about sth tener dudas acerca de algo **2** (pey) (conducta) sospechoso **3** (honor) discutible **dubiously** adv **1** de un modo sospechoso **2** en tono dudoso

duchess (tb **Duchess** en títulos) /'dʌtʃəs/ n duquesa

duck /dʌk/ ◆ n pato, -a ☞ Ver nota en PATO ◆ **1** vi agachar la cabeza: He ducked behind a rock. Se escondió detrás de una roca. **2** vt (responsabilidad) eludir PHR V **to duck out of sth** (coloq) escaquearse de algo

duct /dʌkt/ n conducto

dud /dʌd/ ◆ adj (coloq) **1** defectuoso **2** inútil **3** (cheque) sin fondos ◆ n (coloq): This battery is a dud. Esta pila es defectuosa.

due /dju:; USA du:/ ◆ adj **1** the money due to them el dinero que se les debe ◊ Our thanks are due to... Quedamos agradecidos a... ◊ The next payment is due on the fifth. El próximo pago vence el cinco. **2** The bus is due (in) at five o'clock. El autobús tiene la llegada a las cinco. ◊ She's due to arrive soon. Debe llegar pronto. ◊ She's due back on Thursday. Se la espera el jueves. **3** due (for) sth: I reckon I'm due (for) a holiday. Creo que me merezco unas vacaciones. **4** debido: with all due respect con el debido respeto ◊ It's all due to her efforts. Se lo debemos todo a su esfuerzo. LOC **in due course** a su debido tiempo ◆ **dues** n [pl] cuota LOC **to give sb their due** para ser justo ◆ adv: due south directamente al sur

duel /'dju:əl; USA 'du:əl/ n duelo

duet /dju'et; USA du:'et/ n dúo (pieza musical)

duffel coat /'dʌfl kəʊt/ n trenca

dug pret, pp de DIG

duke (tb **Duke** en títulos) /dju:k; USA du:k/ n duque

dull /dʌl/ adj (-er, -est) **1** (tiempo) gris **2** (color) apagado **3** (superficie) deslustrado **4** (luz) sombrío: a dull glow una luz mortecina **5** (dolor, ruido) sordo **6** aburrido, soso **7** (filo) embotado **dully** adv con desgana

duly /'dju:li; USA 'du:li/ adv **1** debidamente **2** a su debido tiempo

dumb /dʌm/ adj (-er, -est) **1** mudo: to be deaf and dumb ser sordomudo **2** (coloq) tonto **dumbly** adv sin hablar

dumbfounded /dʌm'faʊndɪd/ (tb **dumbstruck** /'dʌmstrʌk/) adj mudo de asombro

dummy /'dʌmi/ ◆ n (pl -ies) **1** maniquí **2** imitación **3** chupete **4** (coloq) imbécil ◆ adj postizo: dummy run ensayo

dump /dʌmp/ ◆ **1** vt, vi verter, tirar: No dumping. Prohibido tirar basuras. ◊ dumping ground vertedero **2** vt (coloq, pey) abandonar **3** vt deshacerse de ◆ n **1** vertedero **2** (Mil) depósito **3** (coloq, pey) antro

dumpling /'dʌmplɪŋ/ n bola de una masa especial que se come en Gran Bretaña con los estofados

dumps /dʌmps/ n [pl] LOC **to be (down) in the dumps** (coloq) estar mustio

dune /dju:n; USA du:n/ (tb **sand dune**) n duna

dung /dʌŋ/ n boñigas, estiércol

dungarees /ˌdʌŋgə'ri:z/ n [pl] pantalones de peto

dungeon /'dʌndʒən/ n mazmorra

duo /'dju:əʊ; USA 'du:əʊ/ n (pl duos) dúo

dupe /dju:p; USA du:p/ vt engañar

duplicate /'dju:plɪkeɪt; USA 'du:-/ vt duplicar ◆ /'dju:plɪkət; USA 'du:-/ adj, n duplicado: a duplicate (letter) una copia

durable /'djʊərəbl; USA 'dʊə-/ ◆ adj duradero **durables** (tb **consumer durables**) ◆ n [pl] electrodomésticos **durability** /ˌdjʊərə'bɪləti; USA ˌdʊə-/ n durabilidad

duration /dju'reɪʃn; USA du-/ n duración LOC **for the duration** (coloq) durante el tiempo que dure

i:	i	ɪ	e	æ	ɑ:	ʌ	ʊ	u:
see	happy	sit	ten	hat	father	cup	put	too

duress /dju'res; *USA* du-/ *n* LOC **to do sth under duress** hacer algo bajo coacción

during /'djʊərɪŋ; *USA* 'dʊər-/ *prep* durante: *during the meal* mientras comíamos ☞ *Ver ejemplos en* FOR 3 *y nota en* DURANTE

dusk /dʌsk/ *n* crepúsculo: *at dusk* al atardecer

dusky /'dʌski/ *adj* (**-ier, -iest**) moreno

dust /dʌst/ ◆ *n* polvo: *gold dust* oro en polvo ◆ *vt, vi* limpiar el polvo PHR V **to dust sth/sb down/off** quitarle el polvo a algo/algn **to dust sth with sth** espolvorear algo de algo

dustbin /'dʌstbɪn/ *n* cubo de la basura ☞ *Ver dibujo en* BIN

duster /'dʌstə(r)/ *n* trapo (del polvo): *feather duster* plumero

dustman /'dʌstmən/ *n* (*pl* **-men** /-mən/) basurero

dustpan /'dʌstpæn/ *n* recogedor

dusty /'dʌsti/ *adj* (**-ier, -iest**) polvoriento

Dutch /dʌtʃ/ *adj* LOC **Dutch courage** (*coloq, joc*) valor infundido por el alcohol **to go Dutch (with sb)** pagar a escote

dutiful /'djuːtɪfl; *USA* 'duː-/ *adj* (*formal*) obediente, concienzudo **dutifully** *adv* obedientemente, cumplidamente

duty /'djuːti; *USA* 'duːti/ *n* (*pl* **duties**) **1** deber, obligación: *to do your duty (by sb)* cumplir uno con su deber (para con algn) **2** obligación, función: *duty officer* oficial de guardia ◊ *the duties of the president* las obligaciones de la presidenta **3** ~ **(on sth)** aranceles (sobre algo) *Ver tb* TARIFF 2 LOC **to be on/off duty** estar/no estar de servicio

duty-free /'djuːtɪ friː; *USA* 'duːti-/ *adj* libre de impuestos

duvet /'duːveɪ/ *n* edredón nórdico

dwarf /dwɔːf/ ◆ *n* (*pl* **dwarfs** *o* **dwarves** /dwɔːvz/) enano, -a ◆ *vt* empequeñecer: *a house dwarfed by skyscrapers* una casa empequeñecida por los rascacielos

dwell /dwel/ *vi* (*pret, pp* **dwelt** /dwelt/ *o* **dwelled**) ~ **in/at sth** (*formal, antic*) morar en algo PHR V **to dwell on/upon sth 1** insistir en algo, extenderse en algo **2** dejarse obsesionar por algo **dwelling** (*tb* **dwelling place**) *n* (*formal*) morada, vivienda

dwindle /'dwɪndl/ *vi* disminuir, reducirse: *to dwindle (away) (to nothing)* quedar reducido (a la nada)

dye /daɪ/ ◆ *vt, vi* (3ª *pers sing pres* **dyes** *pret, pp* **dyed** *pt pres* **dyeing**) teñir(se): *to dye sth blue* teñir algo de azul ◆ *n* tinte (*para el pelo, la ropa, etc.*)

dying /'daɪɪŋ/ *adj* **1** (*persona*) moribundo, agonizante **2** (*palabras, momentos, etc.*) último: *her dying wish* su último deseo ◊ *a dying breed* una raza en vías de extinción

dyke (*tb* **dike**) /daɪk/ *n* **1** dique **2** acequia

dynamic /daɪ'næmɪk/ *adj* dinámico

dynamics /daɪ'næmɪks/ *n* [*pl*] dinámica

dynamism /'daɪnəmɪzəm/ *n* dinamismo

dynamite /'daɪnəmaɪt/ ◆ *n* (*lit y fig*) dinamita ◆ *vt* dinamitar

dynamo /'daɪnəməʊ/ *n* (*pl* ~s) dinamo, dínamo

dynasty /'dɪnəsti; *USA* 'daɪ-/ *n* (*pl* **-ies**) dinastía

dysentery /'dɪsəntri; *USA* -teri/ *n* disentería

dyslexia /dɪs'leksiə/ *n* dislexia **dyslexic** *adj, n* disléxico, -a

dystrophy /'dɪstrəfi/ *n* distrofia

u	ɒ	ɔː	ɜː	ə	j	w	eɪ	əʊ
situation	got	saw	fur	ago	yes	woman	pay	go

Ee

E, e /iː/ n (pl **E's, e's** /iːz/) **1** E, e: *E for Edward* E de Enrique ☛ *Ver ejemplos en* A, A **2** (*Mús*) mi **3** (*Educ*) ☛ *Ver nota en* MARK

each /iːtʃ/ ◆ *adj* cada

Each casi siempre se traduce por "cada (uno)" y **every** por "todo(s)". Una excepción importante es cuando se expresa la repetición de algo a intervalos fijos de tiempo: *The Olympics are held every four years.* Los Juegos Olímpicos se celebran cada cuatro años. *Ver tb nota en* EVERY.

◆ *pron* cada uno (*de dos o más*): *each for himself* cada cual por su cuenta ◆ *adv* cada uno: *We have two each.* Tenemos dos cada uno.

each other *pron* uno a otro (*mutuamente*) ☛ Cada vez hay una mayor tendencia a usar **each other** y **one another** indistintamente, aunque **each other** es mucho más frecuente. Se puede decir tanto: *They all looked at each other.* como *They all looked at one another.* Todos se miraron unos a otros.

eager /'iːgə(r)/ *adj* ~ (**for sth/to do sth**) ávido (de algo); ansioso (por hacer algo): *eager to please* ansioso por complacer **eagerly** *adv* con ilusión/impaciencia **eagerness** *n* ansia

eagle /'iːgl/ n águila

ear¹ /ɪə(r)/ n **1** oreja **2** oído: *to have an ear/a good ear for sth* tener buen oído para algo **LOC to be all ears** (*coloq*) ser todo oídos **to be up to your ears/eyes in sth** estar hasta el cuello de algo *Ver tb* PLAY, PRICK

ear² /ɪə(r)/ n espiga

earache /'ɪəreɪk/ n dolor de oídos

eardrum /'ɪədrʌm/ n tímpano

earl /ɜːl/ n conde

early /'ɜːli/ ◆ *adj* (**-ier, -iest**) **1** temprano **2** (*muerte*) prematuro **3** (*jubilación*) anticipado **4** primero: *my earliest memories* mis primeros recuerdos ☛ *at an early age* a una edad temprana ◆ *adv* (**-ier, -iest**) **1** temprano **2** con anticipación **3** prematuramente **4** a principios de: *early last week* a principios de la semana pasada **LOC as early as...**: *as early as 1988* ya

en 1988 **at the earliest** como muy pronto **early bird** (*joc*) madrugador **early on** al poco de empezar: *earlier on* anteriormente **it's early days (yet)** (*esp GB*) es demasiado pronto **the early bird catches the worm** (*refrán*) al que madruga, Dios le ayuda **the early hours** la madrugada

earmark /'ɪəmɑːk/ *vt* destinar

earn /ɜːn/ *vt* **1** (*dinero*) ganar: *to earn a living* ganarse la vida **2** merecer(se)

earnest /'ɜːnɪst/ *adj* **1** (*carácter*) serio **2** (*deseo, etc.*) ferviente **LOC in earnest 1** de veras **2** en serio: *She was in deadly earnest.* Hablaba con la mayor seriedad. **earnestly** *adv* con seriedad **earnestness** *n* fervor

earnings /'ɜːnɪŋz/ n [pl] ingresos

earphones /'ɪəfəʊnz/ n [pl] auriculares

earring /'ɪərɪŋ/ n pendiente

earshot /'ɪəʃɒt/ n **LOC (to be) out of/within earshot** (estar) fuera del/al alcance del oído

earth /ɜːθ/ ◆ n **1** (*tb* **the Earth**) (*planeta*) la Tierra **2** (*Geol*) tierra **3** (*Electrón*) tierra **LOC how/what/why, etc. on earth/in the world** (*coloq*) ¿cómo/qué/por qué demonios?: *What on earth are you doing?* ¿Qué demonios estás haciendo? **to charge/cost/pay the earth** (*coloq*) cobrar/costar/pagar un dineral **to come back/down to earth (with a bang/bump)** (*coloq*) bajar de las nubes ◆ *vt* (*Electrón*) (*esp GB*) conectar a tierra

earthly /'ɜːθli/ *adj* **1** (*lit*) terrenal **2** (*coloq*) (*fig*) concebible: *You haven't an earthly chance of winning.* No tienes la más remota posibilidad de ganar. ☛ En este sentido suele usarse en frases negativas o interrogativas.

earthquake /'ɜːθkweɪk/ (*tb* **quake**) n terremoto

earthworm /'ɜːθwɜːm/ *Ver* WORM²

ease /iːz/ ◆ n **1** facilidad **2** desahogo **3** alivio **LOC (to be/feel) at (your) ease** (estar/sentirse) relajado *Ver tb* ILL, MIND ◆ *vt* **1** (*dolor*) aliviar **2** (*tensión*) reducir **3** (*tráfico*) disminuir **4** (*situación*) suavizar **5** (*restricción*) aflojar

aɪ	aʊ	ɪc	ɪə	eə	ʊə	ʒ	h	ŋ
five	now	join	near	hair	pure	vision	how	sing

LOC **to ease your conscience** descargar(se) la conciencia **to ease sb's mind** tranquilizar a algn PHR V **to ease** (**stb/ sb**) **across, along, etc. sth** mover (algo/a algn) cuidadosamente a través de/a lo largo de, etc. algo **to ease off/ up** aligerarse **to ease up on sth/sb** moderarse con algo/algn

easel /ˈiːzl/ n caballete (*de artista*)

easily /ˈiːzəli/ adv **1** fácilmente Ver tb EASY **2** seguramente: *It's easily the best.* Es seguramente el mejor. **3** muy probablemente

east (*tb* East) /iːst/ ◆ n **1** (*abrev* E) este: *Hull is in the east of England.* Hull está en el este de Inglaterra. **2 the East** (el) Oriente ◆ adj (del) este, oriental: *east winds* vientos del este ◆ adv al este: *They headed east.* Fueron hacia el este. Ver tb EASTWARD(S)

eastbound /ˈiːstbaʊnd/ adj en/con dirección este

Easter /ˈiːstə(r)/ n Pascua: *Easter egg* huevo de Pascua

eastern (*tb* Eastern) /ˈiːstən/ adj (del) este, oriental

eastward(s) /ˈiːstwəd(z)/ adv hacia el este Ver tb EAST adv

easy /ˈiːzi/ ◆ adj (-ier, -iest) **1** fácil **2** tranquilo: *My mind is easier now.* Estoy más tranquilo ahora. LOC **I'm easy** (*esp GB, coloq*) me da igual ◆ adv (-ier, -iest) LOC **easier said than done** más fácil decirlo que hacerlo **take it easy!** ¡cálmate! **to go easy on/with sth/sb** (*coloq*) tomárselo con tranquilidad con algo/algn **to take it/things easy** tomarse las cosas con calma Ver tb FREE

easygoing /ˌiːziˈɡəʊɪŋ/ adj tolerante: *She's very easygoing.* Es de trato muy fácil.

eat /iːt/ vt, vi (*pret* ate /et; *USA* eɪt/ *pp* eaten /ˈiːtn/) comer LOC **to be eaten up with sth** estar consumido por algo **to be eating sb** estar inquietando a algn: *What's eating you?* ¿Qué te atormenta? **to eat out of sb's hand** estar sometido a algn: *She had him eating out of her hand.* Lo tenía totalmente dominado. **to eat your words** tragarse tus palabras Ver tb CAKE PHR V **to eat away at sth/eat sth away 1** (*lit*) erosionar algo **2** (*fig*) consumir algo **to eat into sth 1** corroer algo, desgastar algo **2** (*fig*) mermar algo (*reservas*) **to eat out** comer fuera **to eat (sth) up** comér-

selo todo **to eat sth up** (*fig*) devorar algo: *This car eats up petrol!* Este coche chupa un montón de gasolina. **eater** n: *He's a big eater.* Es un comilón.

eavesdrop /ˈiːvzdrɒp/ vi (-pp-) ~ (**on sth/sb**) esuchar (algo/a algn) a escondidas

ebb /eb/ ◆ vi **to ebb** (**away**) **1** (*marea*) bajar **2** (*fig*) disminuir ◆ **the ebb** n [*sing*] el reflujo LOC **on the ebb** en decadencia **the ebb and flow (of sth)** los altibajos (de algo)

ebony /ˈebəni/ n ébano

eccentric /ɪkˈsentrɪk/ ◆ adj excéntrico ◆ n excéntrico, -a **eccentricity** n (*pl* -ies) excentricidad

echo /ˈekəʊ/ ◆ n (*pl* -oes) **1** eco, resonancia **2** (*fig*) imitación ◆ **1** vt ~ **sth** (**back**): *The tunnel echoed back their words.* El eco del túnel repitió sus palabras. **2** vt (*fig*) repetir, reflejar **3** vi resonar

eclipse /ɪˈklɪps/ ◆ n eclipse ◆ vt eclipsar

ecological /ˌiːkəˈlɒdʒɪkl/ adj ecológico **ecologically** adv ecológicamente

ecology /iˈkɒlədʒi/ n ecología **ecologist** n ecologista

economic /ˌiːkəˈnɒmɪk, ˌekəˈnɒmɪk/ adj (*desarrollo, crecimiento, política*) económico ☛ *Comparar con* ECONOMICAL **2** rentable

economical /ˌiːkəˈnɒmɪkl, ˌekəˈnɒmɪkl/ adj (*combustible, aparato, estilo*) económico ☛ A diferencia de **economic, economical** puede ser calificado por palabras como *more, less, very,* etc.: *a more economical car* un coche más económico LOC **to be economical with the truth** decir las verdades a medias **economically** adv económicamente

economics /ˌiːkəˈnɒmɪks, ˌekəˈnɒmɪks/ n [*sing*] **1** economía **2** (*Educ*) económicas **economist** n economista

economize, -ise /ɪˈkɒnəmaɪz/ vi economizar: *to economize on petrol* ahorrar gasolina

economy /ɪˈkɒnəmi/ n (*pl* -ies) economía: *to make economies* economizar ◊ *economy size* envase de ahorro

ecosystem /ˈiːkəʊsɪstəm/ n ecosistema

ecstasy /ˈekstəsi/ n (*pl* -ies) éxtasis: *to be in/go into ecstasy/ecstasies (over sth)*

tʃ	dʒ	v	θ	ð	s	z	ʃ
chin	June	van	thin	then	so	zoo	she

extasiarse (con algo) **ecstatic** /ɪk-ˈstætɪk/ *adj* extasiado

edge /edʒ/ ◆ *n* **1** filo (*de cuchillo, etc.*) **2** borde LOC **to be on edge** estar con los nervios de punta **to have an/the edge on/over sth/sb** (*coloq*) tener ventaja sobre algo/algn **to take the edge off sth** suavizar algo ◆ *vt, vi* ~ **(sth) (with sth)** bordear (algo) (de algo) PHR V **to edge (your way) along, away, etc.** avanzar, alejarse, etc. poco a poco: *I edged slowly towards the door.* Me fui acercando poco a poco hacia la puerta.

edgy /ˈedʒi/ *adj* (*coloq*) nervioso

edible /ˈedəbl/ *adj* comestible

edit /ˈedɪt/ *vt* **1** (*libro*) preparar una edición de **2** (*texto*) editar **edition** *n* edición

editor /ˈedɪtə(r)/ *n* director, -ora (*de periódico, etc.*): *the arts editor* el director de la sección de cultura

educate /ˈedʒukeɪt/ *vt* educar (*académicamente*): *He was educated abroad.* Se educó en el extranjero. ☛ *Comparar con* RAISE, BRING SB UP *en* BRING **educated** *adj* culto LOC **an educated guess** una predicción con fundamento

education /ˌedʒuˈkeɪʃn/ *n* **1** educación, enseñanza **2** pedagogía **educational** *adj* educativo, educacional, docente

eel /iːl/ *n* anguila

eerie /ˈɪəri/ *adj* (-ier, -iest) misterioso, horripilante

effect /ɪˈfekt/ ◆ *n* efecto: *It had no effect on her.* No le hizo ningún efecto. LOC **for effect** para impresionar **to come into effect** entrar en vigor **in effect** en realidad **to no effect** inútilmente **to take effect 1** surtir efecto **2** entrar en vigor **to this effect** con este propósito *Ver tb* WORD ◆ *vt* (*formal*) efectuar (*una cura, un cambio*) ☛ *Comparar con* AFFECT

effective /ɪˈfektɪv/ *adj* **1** (*sistema, medicina*) ~ **(in doing sth)** eficaz (para hacer algo) **2** de mucho efecto **effectively** *adv* **1** eficazmente **2** en efecto **effectiveness** *n* eficacia

effeminate /ɪˈfemɪnət/ *adj* afeminado

efficient /ɪˈfɪʃnt/ *adj* **1** (*persona*) eficiente **2** (*máquina, etc.*) eficaz **efficiency** *n* eficiencia **efficiently** *adv* eficientemente

effort /ˈefət/ *n* **1** esfuerzo: *to make an*

effort esforzarse/hacer un esfuerzo **2** intento

e.g. /ˌiː ˈdʒiː/ *abrev* por ejemplo (= p. ej.)

egg /eg/ ◆ *n* huevo LOC **to put all your eggs in one basket** jugárselo todo a una carta ◆ *v* PHR V **to egg sb on (to do sth)** animar mucho a algn (a que haga algo)

eggplant /ˈegplɑːnt/ *n* (*esp USA*) berenjena

eggshell /ˈegʃel/ *n* cáscara de huevo

ego /ˈegəʊ; *USA* ˈiːgəʊ/ *n* ego: *to boost sb's ego* levantar la moral a algn

eight /eɪt/ *adj, pron, n* ocho ☛ *Ver ejemplos en* FIVE **eighth 1** *adj* octavo **2** *pron, adv* el octavo, la octava, los octavos, las octavas **3** *n* octava parte, octavo ☛ *Ver ejemplos en* FIFTH

eighteen /ˌeɪˈtiːn/ *adj, pron, n* dieciocho ☛ *Ver ejemplos en* FIVE **eighteenth 1** *adj* decimoctavo **2** *pron, adv* el decimoctavo, la decimoctava, los decimoctavos, las decimoctavas **3** *n* dieciochava parte, dieciochavo ☛ *Ver ejemplos en* FIFTH

eighty /ˈeɪti/ *adj, pron, n* ochenta ☛ *Ver ejemplos en* FIFTY, FIVE **eightieth 1** *adj, pron* octogésimo **2** *n* ochentava parte, ochentavo ☛ *Ver ejemplos en* FIFTH

either /ˈaɪðə(r), ˈiːðər/ ◆ *adj* **1** cualquiera de los dos: *Either kind of flour will do.* Cualquiera de los dos tipos de harina sirve. ◊ *either way...* de cualquiera de las dos maneras... **2** ambos: *on either side of the road* en ambos lados de la calle **3** [*en frases negativas*] ninguno de los dos ◆ *pron* **1** cualquiera, uno u otro **2** [*en frases negativas*] ninguno: *I don't want either of them.* No quiero ninguno de los dos. ☛ *Ver nota en* NINGUNO ◆ *adv* **1** [*en frases negativas*] tampoco: *'I'm not going.' 'I'm not either.'* —No pienso ir. —Yo tampoco. **2 either... or...** o... o..., ni... ni... ☛ *Comparar con* ALSO, TOO *y ver nota en* NEITHER

eject /iˈdʒekt/ **1** *vt* (*formal*) expulsar **2** *vt* arrojar **3** *vi* eyectar

elaborate[1] /ɪˈlæbərət/ *adj* complicado, intrincado

elaborate[2] /ɪˈlæbəreɪt/ *vi* ~ **(on sth)** dar detalles (sobre algo)

elapse /ɪˈlæps/ *vi* (*formal*) pasar (*tiempo*)

iː	i	ɪ	e	æ	ɑː	ʌ	ʊ	uː
see	happy	sit	ten	hat	father	cup	put	too

445   **embark**

elastic /ɪˈlæstɪk/ ◆ *adj* **1** elástico **2** flexible ◆ *n* goma (elástica)

elastic band *n* goma (elástica)

elated /iˈleɪtɪd/ *adj* jubiloso

elbow /ˈelbəʊ/ *n* codo

elder /ˈeldə(r)/ *adj, pron* mayor: *Pitt the Elder* Pitt el Viejo

Los comparativos más normales de **old** son **older** y **oldest**: *He is older than me.* Es mayor que yo. ◊ *the oldest building in the city* el edificio más antiguo de la ciudad. Cuando se comparan las edades de las personas, sobre todo de los miembros de una familia, **elder** y **eldest** se usan muy a menudo como adjetivos y como pronombres: *my eldest brother* mi hermano el mayor ◊ *the elder of the two brothers* el mayor de los dos hermanos. Nótese que **elder** y **eldest** no se pueden usar con *than* y como adjetivos solo pueden ir delante del sustantivo.

elderly *adj* anciano: *the elderly* los ancianos

eldest /ˈeldɪst/ *adj, pron* mayor ☞ *Ver nota en* ELDER

elect /ɪˈlekt/ *vt* elegir **election** *n* elección **electoral** *adj* electoral **electorate** *n* [*v sing o pl*] electorado

electric /ɪˈlektrɪk/ *adj* eléctrico **also electrical** *adj* eléctrico ☞ *Ver nota en* ELÉCTRICO **electrician** /ɪˌlekˈtrɪʃn/ *n* electricista **electricity** /ɪˌlekˈtrɪsəti/ *n* electricidad: *to switch off the electricity* cortar la corriente **electrification** *n* electrificación **electrify** *vt* (*pret, pp* -fied) **1** electrificar **2** (*fig*) electrizar

electrocute /ɪˈlektrəkjuːt/ *vt* to be **electrocuted** electrocutar(se)

electrode /ɪˈlektrəʊd/ *n* electrodo

electron /ɪˈlektrɒn/ *n* electrón

electronic /ɪˌlekˈtrɒnɪk/ *adj* electrónico **electronics** *n* [*sing*] electrónica

elegant /ˈelɪɡənt/ *adj* elegante **elegance** *n* elegancia

element /ˈelɪmənt/ *n* elemento

elementary /ˌelɪˈmentri/ *adj* elemental: *elementary school* escuela primaria

elephant /ˈelɪfənt/ *n* elefante

elevator /ˈelɪveɪtə(r)/ *n* (USA) ascensor

eleven /ɪˈlevn/ *adj, pron, n* once ☞ *Ver ejemplos en* FIVE **eleventh 1** *adj* undécimo **2** *pron, adv* el undécimo, la undécima, los undécimos, las undécimas **3** *n*

onceava parte, onceavo ☞ *Ver ejemplos en* FIFTH

elicit /iˈlɪsɪt/ *vt* (*formal*) obtener

eligible /ˈelɪdʒəbl/ *adj*: *to be eligible for sth* tener derecho a algo ◊ *to be eligible to do sth* cubrir los requisitos para hacer algo ◊ *an eligible bachelor* un soltero deseable

eliminate /ɪˈlɪmɪneɪt/ *vt* **1** eliminar **2** (*enfermedad, pobreza*) erradicar

elk /elk/ *n* alce

elm /elm/ (*tb* **elm tree**) *n* olmo

elope /ɪˈləʊp/ *vi* fugarse con su amante

eloquent /ˈeləkwənt/ *adj* elocuente

else /els/ *adv* [con pronombres indefinidos, interrogativos y con adverbios]: *Did you see anybody else?* ¿Viste a alguien más? ◊ *anyone else* cualquier otra persona ◊ *everyone/everything else* todos los/todo lo demás ◊ *It must have been somebody else.* Ha debido ser otro. ◊ *nobody else* nadie más ◊ *Anything else?* ¿Algo más? ◊ *somewhere else* a/en otra parte ◊ *What else?* ¿Qué más? LOC **or else 1** o, o si no: *Run or else you'll be late.* Corre o llegarás tarde. **2** (*colog*) (*como amenaza*): *Stop that, or else!* ¡Deja de hacer eso, o verás! **elsewhere** *adv* a/en otra parte

elude /iˈluːd/ *vt* escaparse de **elusive** *adj* escurridizo: *an elusive word* una palabra difícil de recordar

emaciated /ɪˈmeɪʃieɪtɪd/ *adj* demacrado

e-mail /ˈiːmeɪl/ ◆ *n* correo electrónico: *My e-mail address is jones@oup.co.uk.* Mi dirección de correo electrónico es jones@oup.co.uk.

Se lee "jones at oup dot co dot uk" (/ˈdʒəʊnz æt əʊ juː piː dɒt kəʊ dɒt juː keɪ/).

◆ *vt* enviar un mensaje por correo electrónico a: *David e-mailed me yesterday.* David me mandó ayer un e-mail. ◊ *to e-mail sth to sb* enviar algo a algn por correo electrónico

emanate /ˈe] mənett/ *vi* ~ **from sth/sb** emanar, provenir de algo/algn

emancipation /ɪˌmænsɪˈpeɪʃn/ *n* emancipación

embankment /ɪmˈbæŋkmənt/ *n* terraplén, ribazo

embargo /ɪmˈbɑːɡəʊ/ *n* (*pl* ~es) prohibición, embargo

embark /ɪmˈbɑːk/ *vi* **1** ~ (**for...**) embar-

u	ɒ	ɔː	ɜː	ə	j	w	eɪ	əʊ
situation	got	saw	fur	ago	yes	woman	pay	go

car (con rumbo a...) **2** ~ **on sth** emprender algo

embarrass /ɪmˈbærəs/ *vt* avergonzar, turbar: *to be embarrassed at/about sth* avergonzarse de algo **embarrassing** *adj* embarazoso **embarrassment** *n* **1** vergüenza **2** (*persona o cosa que incomoda*) estorbo

embassy /ˈembəsi/ *n* (*pl* -ies) embajada

embedded /ɪmˈbedɪd/ *adj* **1** empotrado **2** (*dientes, espada*) clavado, hincado

ember /ˈembə(r)/ *n* ascua

embezzlement /ɪmˈbezlmənt/ *n* desfalco

embittered /ɪmˈbɪtəd/ *adj* amargado

embody /ɪmˈbɒdi/ *vt* (*pret, pp* -died) (*formal*) encarnar **embodiment** *n* personificación

embrace /ɪmˈbreɪs/ ◆ *vt, vi* abrazar(se) ◆ *n* abrazo

embroider /ɪmˈbrɔɪdə(r)/ *vt, vi* bordar **embroidery** *n* [*incontable*] bordado

embryo /ˈembriəʊ/ *n* (*pl* ~s) embrión

emerald /ˈemərəld/ *n* esmeralda

emerge /iˈmɜːdʒ/ *vi* ~ (**from sth**) emerger, surgir (de algo): *It emerged that...* Salió a relucir que... **emergence** *n* aparición, surgimiento

emergency /iˈmɜːdʒənsi/ *n* (*pl* -ies) emergencia: *emergency exit* salida de emergencia

emigrate /ˈemɪɡreɪt/ *vi* emigrar **emigrant** *n* emigrante **emigration** *n* emigración

eminent /ˈemɪnənt/ *adj* eminente

emission /iˈmɪʃn/ *n* (*formal*) emisión

emit /iˈmɪt/ *vt* (-tt-) **1** (*rayos, sonidos*) emitir **2** (*olores, vapores*) despedir

emotion /iˈməʊʃn/ *n* emoción **emotional** *adj* emocional, excitable **emotive** *adj* emotivo

empathy /ˈempəθi/ *n* empatía

emperor /ˈempərə(r)/ *n* emperador

emphasis /ˈemfəsɪs/ *n* (*pl* -ases /-əsiːz/) ~ (**on sth**) énfasis (en algo) **emphatic** *adj* categórico, enfático

emphasize, -ise /ˈemfəsaɪz/ *vt* enfatizar, recalcar

empire /ˈempaɪə(r)/ *n* imperio

employ /ɪmˈplɔɪ/ *vt* emplear **employee** *n* empleado, -a **employer** *n* patrón, -ona

employment *n* empleo, trabajo ☞ *Ver nota en* WORK¹

empress /ˈemprəs/ *n* emperatriz

empty /ˈempti/ ◆ *adj* **1** vacío **2** vano, inútil ◆ (*pret, pp* **emptied**) **1** *vt* ~ **sth (out)** (**onto/into sth**) vaciar, verter algo (en algo) **2** *vt* (*habitación, edificio*) desalojar **3** *vi* vaciarse, quedar vacío **emptiness** *n* **1** vacío **2** (*fig*) futilidad

empty-handed /ˌempti ˈhændɪd/ *adj* con las manos vacías

EMU /ˌiː em ˈjuː/ *abrev de* **Economic and Monetary Union** Unión Económica y Monetaria

enable /ɪˈneɪbl/ *vt* ~ **sb to do sth** permitir a algn hacer algo

enact /ɪˈnækt/ *vt* (*formal*) **1** (*Teat*) representar **2** llevar a cabo

enamel /ɪˈnæml/ *n* esmalte

enchanting /ɪnˈtʃɑːntɪŋ; *USA* -ˈtʃænt-/ *adj* encantador

encircle /ɪnˈsɜːkl/ *vt* rodear, cercar

enclose /ɪnˈkləʊz/ *vt* **1** ~ **sth (with sth)** cercar algo (de algo) **2** adjuntar: *I enclose.../Please find enclosed...* Le remito adjunto... **enclosure** *n* documento adjunto, anexo

encore /ˈɒŋkɔː(r)/ ◆ *interj* ¡otra! ◆ *n* repetición, bis

encounter /ɪnˈkaʊntə(r)/ ◆ *vt* (*formal*) encontrarse con ◆ *n* encuentro

encourage /ɪnˈkʌrɪdʒ/ *vt* **1** ~ **sb (in sth/to do sth)** animar, alentar a algn (en algo/a hacer algo) **2** fomentar, estimular **encouragement** *n* ~ (**to sb**) (**to do sth**) aliento, estímulo (a algn) (para hacer algo) **encouraging** *adj* alentador

encyclopedia (*tb* -paedia) /ɪnˌsaɪkləˈpiːdiə/ *n* enciclopedia

end /end/ ◆ *n* **1** final, extremo: *from end to end* de punta a punta **2** (*palo, etc.*) punta **3** (*hilo, etc.*) cabo **4** *the east end of town* la parte/zona del este de la ciudad **5** (*tiempo*) fin, final: *at the end of* al final/a finales de ◊ *from beginning to end* de principio a fin ☞ *Ver nota en* FINAL **6** propósito, fin **7** (*Dep*) campo, lado **LOC in the end** al final **on end 1** de punta **2** *for days on end* durante varios días **to be at an end** tocar a su fin, haber terminado (ya) **to be at the end of your tether** no poder más *Ver tb* LOOSE, MEANS¹, ODDS, WIT ◆ *vt, vi* terminar, acabar **PHR V to end in sth 1** (*forma*) terminar en algo **2** (*resul-*

tado) acabar en algo: *Their argument ended in tears.* Su discusión acabó en lágrimas. **to end up (as sth/doing sth)** terminar (siendo algo/haciendo algo) **to end up (in...)** ir a parar (a...) (*lugar*)

endanger /ɪnˈdeɪndʒə(r)/ *vt* poner en peligro: *an endangered species* una especie en vías de extinción

endear /ɪnˈdɪə(r)/ *vt* ~ **sb/yourself to sb** (*formal*) granjearle a algn las simpatías, granjearse las simpatías de algn **endearing** *adj* atractivo

endeavour (*USA* **-vor**) /ɪnˈdevə(r)/ ◆ *n* (*formal*) esfuerzo ◆ *vi* ~ **to do sth** (*formal*) esforzarse por hacer algo

ending /ˈendɪŋ/ *n* final

endless /ˈendləs/ *adj* **1** interminable, sin fin: *endless possibilities* infinitas posibilidades **2** (*paciencia*) incansable

endorse /ɪnˈdɔːs/ *vt* **1** aprobar **2** (*cheque*) endosar **endorsement** *n* **1** aprobación **2** endoso **3** (*en carné de conducir*) nota de sanción

endow /ɪnˈdaʊ/ *vt* ~ **sth/sb with sth** dotar algo/a algn de algo **endowment** *n* dotación (*dinero*)

endurance /ɪnˈdjʊərəns; *USA* -ˈdʊə-/ *n* resistencia

endure /ɪnˈdjʊə(r); *USA* -ˈdʊər/ **1** *vt* soportar, aguantar ☞ En negativa es más corriente decir **can't bear** o **can't stand. 2** *vi* perdurar **enduring** *adj* duradero

enemy /ˈenəmi/ *n* (*pl* -ies) enemigo, -a

energy /ˈenədʒi/ *n* [*gen incontable*] (*pl* -ies) energía **energetic** /ˌenəˈdʒetɪk/ *adj* enérgico

enforce /ɪnˈfɔːs/ *vt* hacer cumplir (*ley*) **enforcement** *n* aplicación

engage /ɪnˈɡeɪdʒ/ **1** *vt* ~ **sb (as sth)** (*formal*) contratar a algn (como algo) **2** *vt* (*formal*) (*tiempo, pensamientos*) ocupar **3** *vt* (*formal*) (*atención*) llamar **4** *vi* ~ **(with sth)** (*Mec*) encajar (con algo) PHR V **to engage in sth** dedicarse a algo **to engage sb in sth** ocupar a algn en algo **engaged** *adj* **1** ~ **(to sb)** prometido (a algn): *to get engaged* prometerse **2** ocupado, comprometido **3** (*GB*) (*USA* **busy**) (*Telec*) comunicando **engaging** *adj* atractivo

engagement /ɪnˈɡeɪdʒmənt/ *n* **1** compromiso matrimonial **2** (*periodo*) noviazgo **3** cita, compromiso

engine /ˈendʒɪn/ *n* **1** motor: *The engine*

is overheating. El motor del coche está demasiado caliente.

La palabra **engine** se utiliza para referirnos al motor de un vehículo y **motor** para el de los electrodomésticos. **Engine** normalmente es de gasolina y **motor** eléctrico.

2 (*tb* **locomotive**) locomotora: *engine driver* maquinista

engineer /ˌendʒɪˈnɪə(r)/ ◆ *n* **1** ingeniero, -a **2** (*teléfono, mantenimiento, etc.*) técnico, -a **3** (*en barco o avión*) maquinista **4** (*USA*) maquinista ◆ *vt* **1** (*coloq, frec pey*) maquinar **2** construir

engineering /ˌendʒɪˈnɪərɪŋ/ *n* ingeniería

engrave /ɪnˈɡreɪv/ *vt* ~ **B on A/A with B** grabar B en A **engraving** *n* grabado

engrossed /ɪnˈɡrəʊst/ *adj* absorto

enhance /ɪnˈhɑːns; *USA* -ˈhæns/ *vt* **1** aumentar, mejorar **2** (*aspecto*) realzar

enjoy /ɪnˈdʒɔɪ/ **1** *vt* disfrutar de: *Enjoy your meal!* ¡Que aproveche! **2** *vt* ~ **doing sth** gustarle a algn hacer algo **3** *v refl* ~ **yourself** pasarlo bien: *Enjoy yourself!* ¡Que lo pases bien! **enjoyable** *adj* agradable, divertido **enjoyment** *n* satisfacción, disfrute: *He spoiled my enjoyment of the film.* Me arruinó la película.

enlarge /ɪnˈlɑːdʒ/ *vt* ampliar **enlargement** *n* ampliación

enlighten /ɪnˈlaɪtn/ *vt* ~ **sb (about/as to/on) sth** aclarar (algo) a algn **enlightened** *adj* **1** (*persona*) culto **2** (*política*) inteligente **enlightenment** *n* (*formal*) **1** aclaración **2 the Enlightenment** el Siglo de las Luces

enlist /ɪnˈlɪst/ **1** *vt* ~ **(in/for sth)** (*Mil*) alistarse (en algo) **2** *vt* ~ **sth/sb (in/for sth)** reclutar algo/a algn (en/para algo)

enmity /ˈenməti/ *n* enemistad

enormous /ɪˈnɔːməs/ *adj* enorme **enormously** *adv* enormemente: *I enjoyed it enormously.* Me gustó muchísimo. '

enough /ɪˈnʌf/ ◆ *adj, pron* suficiente, bastante: *Is that enough food for ten?* ¿Será suficiente comida para diez? ◊ *That's enough!* ¡Ya basta! ◊ *I've saved up enough to go on holiday.* He ahorrado lo suficiente para ir de vacaciones. LOC **to have had enough (of sth/sb)** estar harto (de algo/algn) ◆ *adv* **1** ~ **(for sth/sb)** (lo) bastante (para

tʃ	dʒ	v	θ	ð	s	z	ʃ
chin	June	van	thin	then	so	zoo	she

algo/algn) **2** ~ **(to do sth)** (lo) bastante (como para hacer algo): *Is it near enough to go on foot?* ¿Está lo bastante cerca como para ir andando? ☞ Nótese que **enough** siempre aparece después del adjetivo y **too** delante: *You're not old enough./You're too young.* Eres demasiado joven. *Comparar con* TOO LOC **curiously, oddly, strangely, etc. enough** lo curioso, extraño, etc. es que...

enquire (*tb* **inquire**) /ɪnˈkwaɪə(r)/ (*formal*) **1** *vt* preguntar **2** *vi* ~ **(about sth/sb)** pedir información (sobre algo/ algn) **enquiring** (*tb* **inquiring**) *adj* **1** (*mente*) curioso **2** (*mirada*) inquisitivo

enquiry (*esp USA* **inquiry**) /ɪnˈkwaɪəri; *USA* ˈɪnkwəri/ *n* (*pl* **-ies**) **1** ~ **(into sth)** investigación (sobre algo) **2** (*formal*) pregunta **3** **enquiries** [*pl*] oficina de información

enrage /ɪnˈreɪdʒ/ *vt* enfurecer

enrich /ɪnˈrɪtʃ/ *vt* ~ **sth/sb (with sth)** enriquecer algo/algn (con algo)

enrol (*esp USA* **enroll**) /ɪnˈrəʊl/ *vt, vi* (**-ll-**) ~ **(sb) (in/as sth)** inscribirse/ inscribir a algn, matricularse/ matricular a algn (en/como algo) **enrolment** (*esp USA* **enrollment**) *n* inscripción, matrícula

ensure (*USA* **insure**) /ɪnˈʃʊə(r)/ *vt* asegurar (*garantizar*)

entail /ɪnˈteɪl/ *vt* suponer, consistir en

entangle /ɪnˈtæŋgl/ *vt* ~ **sth/sb (in/ with sth)** enredar algo/a algn (en algo) **entanglement** *n* enredo

enter /ˈentə(r)/ **1** *vt, vi* ~ **(sth)** entrar (en algo): *The thought never entered my head.* La idea ni se me pasó por la cabeza. **2** *vt, vi* ~ **(for) sth** inscribirse en algo **3** *vt* (*colegio, universidad*) matricularse en **4** *vt* (*hospital, sociedad*) ingresar en **5** *vt* ~ **sth (in sth)** anotar algo (en algo) PHR V **to enter into sth 1** (*negociaciones*) iniciar algo **2** (*un acuerdo*) llegar a algo **3** tener que ver con algo: *What he wants doesn't enter into it.* Lo que él quiera no tiene nada que ver.

enterprise /ˈentəpraɪz/ *n* **1** (*actividad*) empresa **2** espíritu emprendedor **enterprising** *adj* emprendedor

entertain /ˌentəˈteɪn/ **1** *vt* ~ **sb (with sth)** (*divertir*) entretener a algn (con algo) **2** *vt, vi* recibir (*en casa*) **3** *vt* (*idea*) albergar **entertainer** *n* artista de varie-

dades **entertaining** *adj* entretenido, divertido **entertainment** *n* entretenimiento, diversión

enthralling /ɪnˈθrɔːlɪŋ/ *adj* cautivador

enthusiasm /ɪnˈθjuːziæzəm; *USA* -ˈθuː-/ *n* ~ **(for/about sth)** entusiasmo (por algo) **enthusiast** *n* entusiasta **enthusiastic** /ɪnˌθjuːziˈæstɪk/ *adj* entusiasta

entice /ɪnˈtaɪs/ *vt* tentar

entire /ɪnˈtaɪə(r)/ *adj* entero, todo **entirely** *adv* totalmente, enteramente **entirety** *n* totalidad

entitle /ɪnˈtaɪtl/ *vt* **1** ~ **sb to (do) sth** dar derecho a algn a (hacer) algo **2** (*libro*) titular **entitlement** *n* derecho

entity /ˈentəti/ *n* (*pl* **-ies**) entidad, ente

entrance /ˈentrəns/ *n* ~ **(to sth)** entrada (de algo)

entrant /ˈentrənt/ *n* ~ **(for sth)** participante (en algo)

entrepreneur /ˌɒntrəprəˈnɜː(r)/ *n* empresario, -a

entrust /ɪnˈtrʌst/ *vt* ~ **sb with sth/sth to sb** confiar algo a algn

entry /ˈentri/ *n* (*pl* **-ies**) **1** ~ **(into sth)** entrada, ingreso (en algo): *No entry.* Prohibido el paso. **2** (*diario*) apunte, anotación **3** (*diccionario*) entrada

enunciate /ɪˈnʌnsieɪt/ *vt, vi* pronunciar, articular

envelop /ɪnˈveləp/ *vt* ~ **sth/sb (in sth)** envolver algo/a algn (en algo)

envelope /ˈenvələʊp, ˈɒn-/ *n* sobre (*para carta*)

enviable /ˈenviəbl/ *adj* envidiable **envious** *adj* envidioso: *to be envious of* tener envidia de/envidiar

environment /ɪnˈvaɪrənmənt/ **the environment** *n* el medio ambiente **environmental** /ɪnˌvaɪrənˈmentl/ *adj* del medio ambiente **environmentalist** *n* ecologista **environmentally** *adv* en el aspecto ecológico: *environmentally friendly products* productos ecológicos

envisage /ɪnˈvɪzɪdʒ/ *vt* imaginar(se)

envoy /ˈenvɔɪ/ *n* enviado, -a

envy /ˈenvi/ ◆ *n* envidia ◆ *vt* (*pret, pp* **envied**) envidiar

enzyme /ˈenzaɪm/ *n* enzima

ephemeral /ɪˈfemərəl/ *adj* efímero

epic /ˈepɪk/ ◆ *n* épica, epopeya ◆ *adj* épico

epidemic /ˌepɪˈdemɪk/ *n* epidemia

iː	i	ɪ	e	æ	ɑː	ʌ	ʊ	uː
see	happy	sit	ten	hat	father	cup	put	too

epilepsy /ˈepɪlepsi/ n epilepsia
   epileptic /ˌepɪˈleptɪk/ adj, n epiléptico, -a

episode /ˈepɪsəʊd/ n episodio

epitaph /ˈepɪtɑːf/ USA -tæf/ n epitafio

epitome /ɪˈpɪtəmi/ n LOC **to be the epitome of sth** ser la más pura expresión de algo

epoch /ˈiːpɒk; USA ˈepək/ n (formal) época

equal /ˈiːkwəl/ ♦ adj, n igual: *equal opportunities* igualdad de oportunidades LOC **to be on equal terms (with sb)** tener una relación de igual a igual (con algn) ♦ vt (-ll-, USA -l-) 1 igualar 2 (Mat): *13 plus 29 equals 42.* 13 más 29 son 42. **equality** /ɪˈkwɒləti/ n igualdad
   equally adv 1 igualmente 2 equitativamente

equalize, -ise /ˈiːkwəlaɪz/ vi (Dep) lograr el empate

equate /ɪˈkweɪt/ vt ~ sth (to/with sth) equiparar, comparar algo (con algo)

equation /ɪˈkweɪʒn/ n ecuación

equator /ɪˈkweɪtə(r)/ n ecuador

equilibrium /ˌiːkwɪˈlɪbriəm, ˌek-/ n equilibrio

equinox /ˈiːkwɪnɒks, ˈek-/ n equinoccio

equip /ɪˈkwɪp/ vt (-pp-) ~ sth/sb (with sth) (for sth) equipar, proveer algo/a algn (con/de algo) (para algo) **equipment** n [incontable] equipo, equipamiento

equitable /ˈekwɪtəbl/ adj (formal) equitativo, justo

equivalent /ɪˈkwɪvələnt/ adj, n ~ (to sth) equivalente (a algo)

era /ˈɪərə/ n era

eradicate /ɪˈrædɪkeɪt/ vt erradicar

erase /ɪˈreɪz; USA ɪˈreɪs/ vt ~ sth (from sth) borrar algo (de algo) ☞ Para las marcas de lápiz utilizamos **rub out**. **eraser** (esp USA) (GB tb **rubber**) n goma (de borrar).

erect /ɪˈrekt/ ♦ vt erigir ♦ adj 1 erguido 2 (pene) erecto **erection** n erección

erode /ɪˈrəʊd/ vt erosionar

erotic /ɪˈrɒtɪk/ adj erótico

errand /ˈerənd/ n recado: *to run errands for sb* hacer recados para algn

erratic /ɪˈrætɪk/ adj (frec pey) irregular

error /ˈerə(r)/ n (formal) error: *to make an error* cometer un error ◊ *The letter*

was sent to you in error. Se le envió la carta por error. ☞ **Mistake** es un término más corriente que **error**. Sin embargo, en algunas construcciones solo se puede utilizar **error**: *human error* error humano ◊ *an error of judgement* una equivocación. *Ver tb* nota en MISTAKE LOC *Ver* TRIAL

erupt /ɪˈrʌpt/ vi 1 (volcán) entrar en erupción 2 (violencia) estallar

escalate /ˈeskəleɪt/ vt, vi 1 aumentar 2 intensificar(se) **escalation** n escalada

escalator /ˈeskəleɪtə(r)/ n escalera mecánica

escapade /ˌeskəˈpeɪd, ˈeskəpeɪd/ n aventura

escape /ɪˈskeɪp/ ♦ 1 vi ~ (from sth/sb) escapar (de algo/algn) 2 vt, vi salvarse (de): *They escaped unharmed.* Salieron ilesos. 3 vi (gas, líquido) fugarse LOC **to escape (sb's) notice** pasar inadvertido (a algn) *Ver tb* LIGHTLY ♦ n 1 ~ (from sth) fuga (de algo): *to make your escape* darse a la fuga 2 (de gas, fluido) escape LOC *Ver* NARROW

escort /ˈeskɔːt/ ♦ n 1 [v sing o pl] escolta 2 (formal) acompañante ♦ /ɪˈskɔːt/ vt ~ sb (to sth) acompañar a algn (a algo)

especially /ɪˈspeʃəli/ adv sobre todo, especialmente ☞ *Ver nota en* SPECIALLY

espionage /ˈespiənɑːʒ/ n espionaje

essay /ˈeseɪ/ n 1 (Liter) ensayo 2 (colegio) redacción

essence /ˈesns/ n esencia **essential** adj 1 ~ (to/for sth) imprescindible (para algo) 2 fundamental **essentially** adv básicamente

establish /ɪˈstæblɪʃ/ vt ~ sth/sb/ yourself establecer(se) **established** adj 1 (negocio) sólido 2 (religión) oficial **establishment** n 1 establecimiento 2 institución 3 **the Establishment** (GB) el "establishment", el sistema

estate /ɪˈsteɪt/ n 1 finca 2 (bienes) herencia 3 *Ver* HOUSING ESTATE

estate agent n agente inmobiliario

estate (car) n ranchera, coche familiar

esteem /ɪˈstiːm/ n LOC **to hold sth/sb in high/low esteem** tener una buena/mala opinión de algo/algn

esthetic (USA) *Ver* AESTHETIC

u	ɒ	ɔː	ɜː	ə	j	w	eɪ	əʊ
situation	got	saw	fur	ago	yes	woman	pay	go

estimate /ˈestɪmət/ ◆ n 1 cálculo 2 valoración 3 (*cálculo previo*) presupuesto ◆ /ˈestɪmeɪt/ vt calcular

estimation /ˌestɪˈmeɪʃn/ n juicio

estranged /ɪˈstreɪndʒd/ adj LOC **to be estranged from sb** 1 vivir separado de algn 2 estar enemistado con algn

estuary /ˈestʃuəri; USA -ueri/ n (pl -ies) estuario

etching /ˈetʃɪŋ/ n grabado (al aguafuerte)

eternal /ɪˈtɜːnl/ adj eterno **eternity** n eternidad

ether /ˈiːθə(r)/ n éter **ethereal** adj etéreo

ethics /ˈeθɪks/ n [pl] ética **ethical** adj ético

ethnic /ˈeθnɪk/ adj étnico

ethos /ˈiːθɒs/ n (formal) carácter, espíritu

etiquette /ˈetɪket, -kət/ n etiqueta (*modales*)

EU /ˌiː ˈjuː/ abrev de **European Union** Unión Europea

euro /ˈjʊərəʊ/ n (pl ~s) euro

Euro-MP /ˈjʊərəʊ em piː/ n eurodiputado, -a

euthanasia /ˌjuːθəˈneɪziə/ n eutanasia

evacuate /ɪˈvækjueɪt/ vt evacuar (*a personas*) **evacuee** /ɪˌvækjuˈiː/ n evacuado, -a

evade /ɪˈveɪd/ vt evadir, eludir

evaluate /ɪˈvæljueɪt/ vt evaluar

evaporate /ɪˈvæpəreɪt/ vt, vi evaporar(se) **evaporation** n evaporación

evasion /ɪˈveɪʒn/ n evasión **evasive** adj evasivo

eve /iːv/ n LOC **on the eve of sth** 1 (*lit*) la víspera de algo 2 (*fig*) en vísperas de algo

even¹ /ˈiːvn/ ◆ adj 1 (*superficie*) llano, liso 2 (*color*) uniforme 3 (*temperatura*) constante 4 (*competición, puntuación*) igualado 5 (*número*) par ☞ *Comparar con* ODD ◆ v PHR V **to even out** allanarse, nivelarse **to even sth up** nivelar algo

even² /ˈiːvn/ adv 1 [*uso enfático*] aun, hasta: *He didn't even open the letter.* Ni siquiera abrió la carta. 2 [*con adj o adv comparativo*] aun LOC **even if/though** aunque, aun cuando **even so** aun así, no obstante

evening /ˈiːvnɪŋ/ n 1 tarde, noche: *tomorrow evening* mañana por la tarde/noche ◊ *an evening class* una clase nocturna ◊ *evening dress* traje de noche/de etiqueta ◊ *the evening meal* la cena ◊ *an evening paper* un periódico de la tarde ☞ *Ver notas en* MORNING, TARDE *y* MEDIO 2 atardecer LOC **good evening** buenas tardes, buenas noches ☞ *Ver nota en* NOCHE

evenly /ˈiːvənli/ adv 1 de modo uniforme 2 (*repartir, etc.*) equitativamente

event /ɪˈvent/ n suceso, acontecimiento LOC **at all events/in any event** en todo caso **in the event** al final **in the event of sth** en caso de (que) **eventful** adj memorable

eventual /ɪˈventʃuəl/ adj final **eventually** adv finalmente

ever /ˈevə(r)/ adv nunca, jamás: *more than ever* más que nunca ◊ *for ever (and ever)* para siempre (jamás) ◊ *Has it ever happened before?* ¿Ha pasado alguna vez antes? LOC **ever since** desde entonces ☞ *Ver notas en* ALWAYS *y* NUNCA

every /ˈevri/ adj cada, todos (los): *every (single) time* cada vez ◊ *every 10 minutes* cada 10 minutos

Utilizamos **every** para referirnos a todos los elementos de un grupo en conjunto: *Every player was on top form.* Todos los jugadores estaban en plena forma. **Each** se utiliza para referirnos individualmente a cada uno de ellos: *The Queen shook hands with each player after the game.* La Reina le dio la mano a cada jugador después del partido. *Ver tb nota en* EACH.

LOC **every last...** hasta el último... **every now and again/then** de vez en cuando **every other** uno sí y otro no: *every other week* cada dos semanas **every so often** alguna que otra vez

everybody /ˈevribɒdi/ (*tb* **everyone** /ˈevriwʌn/) pron todos, todo el mundo

Everybody, anybody *y* **somebody** llevan el verbo en singular, pero suelen ir seguidos de **they, their** *y* **them**, que son formas plurales, excepto en lenguaje formal: *Everybody does what they want to.* Cada uno hace lo que quiere.

everyday /ˈevrideɪ/ adj cotidiano, de todos los días: *for everyday use* para uso

aɪ	aʊ	ɔɪ	ɪə	eə	ʊə	ʒ	h	ŋ
five	now	join	near	hair	pure	vision	how	sing

diario ◊ *in everyday use* de uso corriente

Everyday solo se usa antes de un sustantivo. No se debe confundir con la expresión **every day**, que significa "todos los días".

everything /ˈevriθɪŋ/ *pron* todo

everywhere /ˈevriweə(r)/ *adv* (en/a/por) todas partes

evict /ɪˈvɪkt/ *vt* ~ **sth/sb (from sth)** desahuciar algo/a algn (de algo)

evidence /ˈevɪdəns/ *n* [*incontable*] **1** (*derecho*) pruebas: *insufficient evidence* falta de pruebas **2** (*derecho*) testimonio **evident** *adj* ~ **(to sb) (that...)** evidente (para algn) (que...) **evidently** *adv* obviamente

evil /ˈiːvl/ ◆ *adj* malvado, muy malo ◆ *n* (*formal*) mal

evocative /ɪˈvɒkətɪv/ *adj* ~ **(of sth)** evocador (de algo)

evoke /ɪˈvəʊk/ *vt* evocar

evolution /ˌiːvəˈluːʃn; *USA* ˌev-/ *n* evolución

evolve /iˈvɒlv/ *vi* evolucionar

ewe /juː/ *n* oveja hembra

exact /ɪgˈzækt/ *adj* exacto

exacting /ɪgˈzæktɪŋ/ *adj* exigente

exactly /ɪgˈzæktli/ *adv* exactamente LOC **exactly!** ¡exacto!

exaggerate /ɪgˈzædʒəreɪt/ *vt* exagerar **exaggerated** *adj* exagerado

exam /ɪgˈzæm/ *n* (*Educ*) examen: *to sit an exam* presentarse a un examen

examination /ɪgˌzæmɪˈneɪʃn/ *n* **1** (*formal*) examen **2** reconocimiento, revisión **examine** *vt* revisar, examinar

example /ɪgˈzɑːmpl; *USA* -ˈzæmpl/ *n* ejemplo LOC **for example** (*abrev* e.g.) por ejemplo *Ver tb* SET²

exasperate /ɪgˈzɑːspəreɪt/ *vt* exasperar **exasperation** *n* exasperación

excavate /ˈekskəveɪt/ *vt, vi* excavar

exceed /ɪkˈsiːd/ *vt* exceder(se en), superar **exceedingly** *adv* sumamente

excel /ɪkˈsel/ *vi* (**-ll-**) ~ **in/at sth** sobresalir, destacar en algo

excellent /ˈeksələnt/ *adj* excelente **excellence** *n* excelencia

except /ɪkˈsept/ *prep* **1** ~ **(for) sth/sb** excepto algo/algn **2** ~ **that...** excepto que... **exception** *n* excepción **exceptional** *adj* excepcional

excerpt /ˈeksɜːpt/ *n* ~ **(from sth)** extracto (de algo)

excess /ɪkˈses/ *n* exceso **excessive** *adj* excesivo

exchange /ɪksˈtʃeɪndʒ/ ◆ *n* cambio, intercambio ◆ *vt* **1** ~ **A for B** cambiar A por B **2** ~ **sth (with sb)** cambiar algo (con algn)

the Exchequer /ɪksˈtʃekə(r)/ *n* (*GB*) Ministerio de Economía y Hacienda

excite /ɪkˈsaɪt/ *vt* excitar **excitable** *adj* excitable **excited** *adj* excitado, emocionado **excitement** *n* emoción **exciting** *adj* emocionante

exclaim /ɪkˈskleɪm/ *vi* exclamar **exclamation** *n* exclamación

exclamation mark *n* signo de admiración ☞ *Ver págs 326-27.*

exclude /ɪkˈskluːd/ *vt* ~ **sth/sb (from sth)** excluir algo/a algn (de algo) **exclusion** *n* ~ **(of sth/sb) (from sth)** exclusión (de algo/algn) (de algo)

exclusive /ɪkˈskluːsɪv/ *adj* **1** exclusivo **2** ~ **of sth/sb** sin incluir algo/a algn

excursion /ɪkˈskɜːʃn; *USA* -ɜːrʒn/ *n* excursión

excuse /ɪkˈskjuːs/ ◆ *n* ~ **(for sth/doing sth)** excusa (por/para algo/hacer algo) ◆ /ɪkˈskjuːz/ *vt* **1** ~ **sth/sb (for sth/doing sth)** disculpar algo/a algn (por algo/por hacer algo) **2** ~ **sb (from sth)** dispensar a algn (de algo)

Se dice **excuse me** cuando se quiere interrumpir o abordar a algn.: *Excuse me, sir!* ¡Oiga, señor! o cuando se quiere pedir paso: *Excuse me, please.* ¿Me deja, por favor? Decimos **sorry** cuando tenemos que pedir perdón por algo que hemos hecho: *I'm sorry I'm late.* Siento llegar tarde. ◊ *Did I hit you? I'm sorry!* ¿Te he dado? ¡Perdona! En inglés americano se usa **excuse me** en vez de **sorry**.

execute /ˈeksɪkjuːt/ *vt* ejecutar **execution** *n* ejecución **executioner** *n* verdugo

executive /ɪgˈzekjətɪv/ *n* ejecutivo, -a

exempt /ɪgˈzempt/ ◆ *adj* ~ **(from sth)** exento (de algo) ◆ *vt* ~ **sth/sb (from sth)** eximir algo/a algn (de algo); dispensar a algn (de algo) **exemption** *n* exención

exercise /ˈeksəsaɪz/ ◆ *n* ejercicio ◆ **1** *vi* hacer ejercicio **2** *vt* (*derecho, poder*) ejercer

tʃ	dʒ	v	θ	ð	s	z	ʃ
chin	June	van	thin	then	so	zoo	she

exert /ɪgˈzɜːt/ **1** *vt* ~ **sth (on sth/sb)** ejercer algo (sobre algo/algn) **2** *v refl* ~ **yourself** esforzarse **exertion** *n* esfuerzo

exhaust¹ /ɪgˈzɔːst/ *n* **1** (*tb* **exhaust pipe**) tubo de escape **2** [*incontable*] (*tb* **exhaust fumes** [*pl*]) gases del tubo de escape

exhaust² /ɪgˈzɔːst/ *vt* agotar **exhausted** *adj* exhausto **exhausting** *adj* agotador **exhaustion** *n* agotamiento **exhaustive** *adj* exhaustivo

exhibit /ɪgˈzɪbɪt/ ◆ *n* objeto expuesto ◆ **1** *vt, vi* exponer **2** *vt* manifestar

exhibition /ˌeksɪˈbɪʃn/ *n* exposición

exhilarating /ɪgˈzɪləreɪtɪŋ/ *adj* estimulante, emocionante **exhilaration** *n* euforia

exile /ˈeksaɪl/ ◆ *n* **1** exilio **2** (*persona*) exiliado, -a ◆ *vt* exiliar

exist /ɪgˈzɪst/ *vi* **1** ~ **(in sth)** existir (en algo) **2** ~ **(on sth)** subsistir (a base de algo) **existence** *n* existencia **existing** *adj* existente

exit /ˈeksɪt/ *n* salida

exotic /ɪgˈzɒtɪk/ *adj* exótico

expand /ɪkˈspænd/ *vt, vi* **1** (*metal, etc.*) dilatar(se) **2** (*negocio*) ampliar(se) PHR V **to expand on sth** ampliar algo

expanse /ɪkˈspæns/ *n* ~ **(of sth)** extensión (de algo)

expansion /ɪkˈspænʃn/ *n* **1** expansión **2** desarrollo

expansive /ɪkˈspænsɪv/ *adj* expansivo, comunicativo

expatriate /ˌeksˈpætriət; *USA* -ˈpeɪt-/ *n* expatriado, -a

expect /ɪkˈspekt/ *vt* **1** ~ **sth (from sth/sb)** esperar algo (de algo/algn) ☛ *Ver nota en* ESPERAR **2** (*esp GB, coloq*) suponer **expectant** *adj* expectante: *expectant mother* mujer embarazada **expectancy** *n* expectación *Ver tb* LIFE EXPECTANCY **expectation** *n* ~ **(of sth)** expectativa (de algo) LOC **against/contrary to (all) expectation(s)** contra todas las previsiones

expedition /ˌekspəˈdɪʃn/ *n* expedición

expel /ɪkˈspel/ *vt* (-ll-) ~ **sth/sb (from sth)** expulsar algo/a algn (de algo)

expend /ɪkˈspend/ *vt* ~ **sth (on/upon sth/doing sth)** (*formal*) emplear algo (en algo/hacer algo)

expendable /ɪkˈspendəbl/ *adj* (*formal*)

1 (*cosas*) desechable **2** (*personas*) prescindible

expenditure /ɪkˈspendɪtʃə(r)/ *n* gasto(s)

expense /ɪkˈspens/ *n* gasto(s), coste **expensive** *adj* caro, costoso

experience /ɪkˈspɪəriəns/ ◆ *n* experiencia ◆ *vt* experimentar **experienced** *adj* experimentado

experiment /ɪkˈsperɪmənt/ ◆ *n* experimento ◆ *vi* ~ **(on/with sth)** hacer experimentos, experimentar (con algo)

expert /ˈekspɜːt/ *adj, n* ~ **(at/in/on sth/at doing sth)** experto, -a, perito, -a (en algo/en hacer algo) **expertise** /ˌekspɜːˈtiːz/ *n* conocimientos (técnicos), pericia

expire /ɪkˈspaɪə(r)/ *vi* vencer, caducar **expiry** *n* vencimiento

explain /ɪkˈspleɪn/ *vt* ~ **sth (to sb)** explicar, aclarar algo (a algn): *Explain this to me.* Explícame esto. **explanation** *n* ~ **(of/for sth)** explicación, aclaración (de algo) **explanatory** /ɪkˈsplænətri; *USA* -tɔːri/ *adj* explicativo, aclaratorio

explicit /ɪkˈsplɪsɪt/ *adj* explícito

explode /ɪkˈspləʊd/ *vt, vi* estallar, explotar

exploit¹ /ˈeksplɔɪt/ *n* proeza, hazaña

exploit² /ɪkˈsplɔɪt/ *vt* explotar (*personas, recursos*) **exploitation** *n* explotación

explore /ɪkˈsplɔː(r)/ *vt, vi* explorar **exploration** *n* exploración, investigación **explorer** *n* explorador, -ora

explosion /ɪkˈspləʊʒn/ *n* explosión **explosive** *adj, n* explosivo

export /ˈekspɔːt/ ◆ *n* (artículo de) exportación ◆ /ɪkˈspɔːt/ *vt, vi* exportar

expose /ɪkˈspəʊz/ **1** *vt* ~ **sth/sb (to sth)** exponer algo/a algn (a algo) **2** *v refl* ~ **yourself (to sth)** exponerse (a algo) **3** *vt* (*persona culpable*) desenmascarar **exposed** *adj* descubierto **exposure** *n* **1** ~ **(to sth)** exposición (a algo): *to die of exposure* morir de frío (a la intemperie) **2** (*de falta*) descubrimiento, revelación

express /ɪkˈspres/ ◆ *adj* **1** (*Ferrocarril*) rápido **2** (*entrega*) urgente **3** (*deseo, etc.*) expreso ◆ *adv* **1** por envío urgente **2** en tren rápido ◆ *vt* ~ **sth (to sb)** expresar algo (a algn): *to express yourself* expresarse ◆ *n* **1** (*tb* **express train**) rápido **2** servicio/envío urgente

---

i:	i	ɪ	e	æ	ɑ:	ʌ	ʊ	u:
see	happy	sit	ten	hat	father	cup	put	too

expression /ɪkˈspreʃn/ n **1** expresión **2** muestra, expresión: *as an expression of his gratitude* como muestra de su gratitud **3** expresividad

expressive /ɪkˈspresɪv/ adj expresivo

expressly /ɪkˈspresli/ adv expresamente

expulsion /ɪkˈspʌlʃn/ n expulsión

exquisite /ˈekskwɪzɪt, ɪkˈskwɪzɪt/ adj exquisito

extend /ɪkˈstend/ **1** vt extender, ampliar **2** vi extenderse: *to extend as far as sth* llegar hasta algo **3** vt (*estancia, vida*) prolongar **4** vt (*plazo, crédito*) prorrogar **5** vt (*mano*) tender **6** vt (*bienvenida*) dar

extension /ɪkˈstenʃn/ n **1** extensión **2** ~ (to sth) ampliación, anexo (de algo) **3** (*periodo*) prolongación **4** (*plazo*) prórroga **5** (*teléfono*) supletorio **6** (*número*) extensión

extensive /ɪkˈstensɪv/ adj **1** extenso **2** (*daños*) cuantioso **3** (*conocimiento*) amplio **4** (*uso*) frecuente **extensively** adv **1** extensamente **2** comúnmente

extent /ɪkˈstent/ n alcance, grado: *the full extent of the losses* el valor real de las pérdidas LOC **to a large/great extent** en gran parte **to a lesser extent** en menor grado **to some/a certain extent** hasta cierto punto **to what extent** hasta qué punto

exterior /ɪkˈstɪəriə(r)/ ◆ adj exterior ◆ n **1** exterior **2** (*persona*) aspecto

exterminate /ɪkˈstɜːmɪneɪt/ vt exterminar

external /ɪkˈstɜːnl/ adj externo, exterior

extinct /ɪkˈstɪŋkt/ adj **1** (*animal*) extinto, desaparecido: *to become extinct* extinguirse **2** (*volcán*) inactivo **extinction** n extinción

extinguish /ɪkˈstɪŋgwɪʃ/ vt extinguir, apagar ☞ La palabra más normal es **put out. extinguisher** n extintor

extort /ɪkˈstɔːt/ vt ~ sth (from sb) **1** (*dinero*) obtener algo (de algn) mediante extorsión **2** (*confesión*) sacar algo (a algn) por la fuerza **extortion** n extorsión

extortionate /ɪkˈstɔːʃənət/ adj **1** (*precio*) exorbitante **2** excesivo

extra /ˈekstrə/ ◆ adj **1** adicional, de más, extra: *extra charge* recargo ◊ *Wine is extra*. El vino no está incluido. **2** de sobra **3** (*Dep*): *extra time* prórroga ◆ adv súper, extra: *to pay extra* pagar un suplemento ◆ n **1** extra **2** (*precio*) suplemento **3** (*Cine*) extra

extract /ɪkˈstrækt/ ◆ vt **1** ~ sth (from sth) extraer algo (de algo) **2** ~ sth (from sth/sb) conseguir algo (de algo/algn) ◆ /ˈekstrækt/ n **1** extracto **2** pasaje

extraordinary /ɪkˈstrɔːdnri; *USA* -dəneri/ adj extraordinario

extravagant /ɪkˈstrævəgənt/ adj **1** extravagante **2** exagerado **extravagance** n extravagancia

extreme /ɪkˈstriːm/ adj, n extremo: *with extreme care* con sumo cuidado **extremely** adv extremadamente **extremist** n extremista **extremity** /ɪkˈstreməti/ n (pl -ies) extremidad

extricate /ˈekstrɪkeɪt/ vt ~ sth/sb (from sth) (*formal*) sacar algo/a algn (de algo)

extrovert /ˈekstrəvɜːt/ n extrovertido, -a

exuberant /ɪgˈzjuːbərənt; *USA* -ˈzuː-/ adj desbordante de vida y entusiasmo

exude /ɪgˈzjuːd; *USA* -ˈzuːd/ vt, vi **1** (*formal*) exudar **2** (*fig*) rebosar

eye /aɪ/ ◆ n ojo: *to have sharp eyes* tener muy buena vista LOC **before your very eyes** delante de tus mismas narices **in the eyes of sb/in sb's eyes** en opinión de algn **in the eyes of the law** a los ojos de la ley **(not) to see eye to eye with sb** (no) estar plenamente de acuerdo con algn **to keep an eye on sth/sb** echarle un ojo a algo/algn *Ver tb* BRING, CAST, CATCH, CLOSE¹, CRY, EAR¹, MEET¹, MIND, NAKED, TURN ◆ vt (*pt pres* eyeing) mirar

eyeball /ˈaɪbɔːl/ n globo ocular

eyebrow /ˈaɪbraʊ/ n ceja LOC *Ver* RAISE

eye-catching /ˈaɪ kætʃɪŋ/ adj vistoso

eyelash /ˈaɪlæʃ/ (*tb* lash) n pestaña

eye-level /ˈaɪ levl/ adj a la altura de los ojos

eyelid /ˈaɪlɪd/ (*tb* lid) n párpado LOC *Ver* BAT²

eyeshadow /ˈaɪʃædəʊ/ n sombra de ojos

eyesight /ˈaɪsaɪt/ n vista

eyewitness /ˈaɪwɪtnəs/ n testigo ocular

Ff

F, f /ef/ n (pl **F's, f's** /efs/) **1** F, f: *F for Frederick* F de Frederick ☞ *Ver ejemplos en* A, A **2** (*Mús*) fa **3** (*Educ*) ☞ *Ver nota en* MARK

fable /ˈfeɪbl/ n fábula

fabric /ˈfæbrɪk/ n **1** tejido, tela ☞ *Ver nota en* TELA **2 the ~ (of sth)** [*sing*] (*lit y fig*) la estructura (de algo)

fabulous /ˈfæbjələs/ adj **1** fabuloso **2** de leyenda

façade /fəˈsɑːd/ n (*lit y fig*) fachada

face¹ /feɪs/ n **1** cara, rostro: *to wash your face* lavarse la cara ◊ *face down(wards)/up(wards)* boca abajo/arriba **2** cara: *the south face* la cara sur ◊ *a rock face* una pared de roca **3** esfera (*de reloj*) **4** superficie LOC face to face cara a cara: *to come face to face with sth* enfrentarse con algo **in the face of sth 1** a pesar de algo **2** frente a algo **on the face of it** (*coloq*) a primera vista **to make/pull faces/a face** hacer muecas **to sb's face** a la cara ☞ *Comparar con* BEHIND SB'S BACK *en* BACK¹ *Ver tb* BRAVE, BRING, CUP, SAVE, STRAIGHT

face² /feɪs/ vt **1** estar de cara a: *They sat down facing each other.* Se sentaron uno frente al otro. **2** dar a: *a house facing the park* una casa que da al parque **3** enfrentarse con **4** afrontar: *to face facts* afrontar los hechos **5** (*sentencia, multa*) correr el riesgo de recibir **6** revestir LOC *Ver* LET¹ PHR V **to face up to sth/sb** enfrentarse a algo/algn

faceless /ˈfeɪsləs/ adj anónimo

facelift /ˈfeɪslɪft/ n **1** estiramiento (*facial*) **2** (*fig*) lavado de cara

facet /ˈfæsɪt/ n faceta

facetious /fəˈsiːʃəs/ adj (*pey*) gracioso

face value n valor nominal LOC **to accept/take sth at its face value** tomar algo literalmente

facial /ˈfeɪʃl/ ◆ adj facial ◆ n tratamiento facial

facile /ˈfæsaɪl; USA ˈfæsl/ adj (*pey*) simplista

facilitate /fəˈsɪlɪteɪt/ vt (*formal*) facilitar

facility /fəˈsɪləti/ n **1** [*sing*] facilidad **2 facilities** [*pl*]: *sports/banking facilities* instalaciones deportivas/servicios bancarios

fact /fækt/ n hecho: *in fact* de hecho ◊ *the fact that...* el hecho de que... LOC **facts and figures** (*coloq*) pelos y señales **the facts of life** (*eufemismo*) de dónde vienen los niños, la sexualidad *Ver tb* ACTUAL, MATTER, POINT

factor /ˈfæktə(r)/ n factor

factory /ˈfæktəri/ n (pl **-ies**) fábrica: *a shoe factory* una fábrica de zapatos ◊ *factory workers* obreros de fábrica

factual /ˈfæktʃuəl/ adj basado en los hechos

faculty /ˈfæklti/ n (pl **-ies**) **1** facultad: *Arts Faculty* Facultad de Filosofía y Letras **2** (*USA*) profesorado

fad /fæd/ n **1** manía **2** moda

fade /feɪd/ vt, vi **1** decolorar(se) **2** (*tela*) desteñir(se) PHR V **to fade away** ir desapareciendo poco a poco

fag /fæg/ n **1** [*sing*] (*coloq*) faena **2** (*GB*, *coloq*) cigarrillo **3** (*USA*, *ofen*) maricón

fail /feɪl/ ◆ **1** vt (*examen, candidato*) suspender **2** vi ~ (**in sth**) fracasar (en algo): *to fail in your duty* faltar al deber **3** vi ~ **to do sth**: *They failed to notice anything unusual.* No notaron nada extraño. **4** vi (*fuerzas, motor, etc.*) fallar **5** vi (*salud*) deteriorarse **6** vi (*cosecha*) arruinarse **7** vi (*negocio*) quebrar ◆ n suspenso LOC **without fail** sin falta

failing /ˈfeɪlɪŋ/ ◆ n **1** debilidad **2** defecto ◆ prep a falta de: *failing this* si esto no es posible

failure /ˈfeɪljə(r)/ n **1** fracaso **2** fallo: *heart failure* paro cardiaco ◊ *engine failure* avería del motor **3** ~ **to do sth**: *His failure to answer puzzled her.* Le extrañó que no contestara.

faint /feɪnt/ ◆ adj (**-er, -est**) **1** (*sonido*) débil **2** (*rastro*) leve **3** (*parecido*) ligero **4** (*esperanza*) pequeño **5** ~ (**from/with sth**) mareado (de/por algo): *to feel faint* estar mareado ◆ vi desmayarse ◆ n [*sing*] desmayo **faintly** adv **1** débilmente **2** vagamente

fair /feə(r)/ ◆ adj (**-er, -est**) **1** ~ (**to/on sb**) justo, imparcial (con algn): *It's not fair!* ¡No hay derecho! **2** (*tiempo*) despe-

aɪ	aʊ	ɔɪ	ɪə	eə	ʊə	ʒ	h	ŋ
five	now	join	near	hair	pure	vision	how	sing

jado 3 (*pelo*) rubio ☞ Ver nota·en RUBIO
4 (*idea*) bastante bueno: *a fair size* bastante grande LOC **fair and square**
1 merecidamente 2 claramente **fair game** objeto legítimo de persecución o burla **fair play** juego limpio **to have, etc. (more than) your fair share of sth**: *We had more than our fair share of rain.* Nos llovió más de lo que cabía esperar. ◆ *n* feria: *a trade fair* una feria de muestras ◊ *a fun fair* un parque de atracciones

fair-haired /ˌfeə ˈheəd/ *adj* rubio

fairly /ˈfeəli/ *adv* 1 justamente, equitativamente 2 [*antes de adj o adv*] bastante: *It's fairly easy.* Es bastante fácil. ◊ *fairly quickly* bastante rápido

Los adverbios **fairly, quite, rather** y **pretty** modifican la intensidad de los adjetivos o adverbios a los que acompañan, y pueden significar "bastante", "hasta cierto punto" o "no muy". **Fairly** es el de grado más bajo.

fairy /ˈfeəri/ *n* (*pl* -ies) hada: *fairy tale* cuento de hadas ◊ *fairy godmother* hada madrina

faith /feɪθ/ *n* ~ (**in sth/sb**) fe (en algo/algn) LOC **in bad/good faith** de mala/buena fe **to put your faith in sth/sb** confiar en algo/algn Ver tb BREACH

faithful /ˈfeɪθfl/ *adj* fiel, leal **faithfully** *adv* fielmente LOC Ver YOURS

fake /feɪk/ ◆ *n* imitación ◆ *adj* falso ◆ 1 *vt* (*firma, documento*) falsificar 2 *vt, vi* fingir

falcon /ˈfɔːlkən/; *USA* ˈfælkən/ *n* halcón

fall /fɔːl/ ◆ *vi* (*pret* fell /fel/ *pp* fallen /ˈfɔːlən/) 1 (*lit y fig*) caer(se) 2 (*precio, temperatura*) bajar

A veces el verbo **fall** tiene el sentido de "volverse", "quedarse", "ponerse", p. ej.: *He fell asleep.* Se quedó dormido. ◊ *He fell ill.* Cayó enfermo.

LOC **to fall in love (with sb)** enamorarse (de algn) **to fall short of sth** no alcanzar algo **to fall victim to sth** sucumbir a algo, enfermar con algo Ver tb FOOT
PHR V **to fall apart** deshacerse
to fall back retroceder **to fall back on sth/sb** recurrir a algo/algn
to fall behind (sb/sth) quedar(se) atrás, quedarse detrás de algo/algn **to fall behind with sth** retrasarse con algo/en hacer algo

to fall down 1 (*persona, objeto*) caerse 2 (*plan*) fracasar
to fall for sb (*coloq*) colarse por algn
to fall for sth (*coloq*) tragarse algo (*trampa*)
to fall in 1 (*techo*) desplomarse 2 (*Mil*) formar
to fall off descender, flojear
to fall on/upon sb recaer en algn
to fall out (with sb) reñir (con algn)
to fall over caerse **to fall over sth/sb** tropezar con algo/algn
to fall through fracasar, irse a pique ◆ *n* 1 (*lit y fig*) caída 2 baja, descenso 3 *a fall of snow* una nevada 4 (*USA*) otoño 5 [*gen pl*] (*Geog*) catarata

fallen /ˈfɔːlən/ ◆ *adj* caído ◆ *pp de* FALL

false /fɔːls/ *adj* 1 falso 2 (*dentadura, etc.*) postizo 3 (*reclamación*) fraudulento LOC **a false alarm** una falsa alarma **a false move** un paso en falso **a false start** 1 (*Dep*) una salida nula 2 un intento fallido

falsify /ˈfɔːlsɪfaɪ/ *vt* (*pret, pp* -fied) falsificar

falter /ˈfɔːltə(r)/ *vi* 1 (*persona*) vacilar 2 (*voz*) titubear

fame /feɪm/ *n* fama

familiar /fəˈmɪliə(r)/ *adj* 1 familiar (*conocido*) 2 ~ **with sth/sb** familiarizado con algo/algn **familiarity** /fəˌmɪliˈærəti/ *n* 1 ~ **with sth** conocimientos de algo 2 familiaridad

family /ˈfæməli/ *n* [*v sing o pl*] (*pl* -ies) familia: *family name* apellido ◊ *family man* hombre casero ◊ *family tree* árbol genealógico

Hay dos formas posibles de expresar el apellido de la familia en inglés: con la palabra **family** ('the Robertson family') o poniendo el apellido en plural ('the Robertsons').
☞ Ver tb nota en FAMILIA LOC Ver RUN

famine /ˈfæmɪn/ *n* hambre ☞ Ver nota en HAMBRE

famous /ˈfeɪməs/ *adj* famoso

fan /fæn/ ◆ *n* 1 abanico 2 ventilador 3 fan, hincha ◆ *vt* (-nn-) 1 (*persona*) abanicar 2 (*disputa, fuego*) atizar
PHR V **to fan out** desplegarse en abanico

fanatic /fəˈnætɪk/ *n* fanático, -a **fanatical** *adj* fanático

tʃ	dʒ	v	θ	ð	s	z	ʃ
chin	June	van	thin	then	so	zoo	she

fanciful /'fænsɪfl/ adj 1 (idea) extravagante 2 (persona) fantasioso

fancy /'fænsi/ ◆ n 1 capricho 2 fantasía LOC to catch/take sb's fancy cautivar a algn: whatever takes your fancy lo que más te apetezca to take a fancy to sth/sb encapricharse con algo/algn ◆ adj fuera de lo corriente: nothing fancy nada extravagante ◆ vt (pret, pp fancied) 1 imaginarse 2 (coloq) apetecer: Do you fancy a drink? ¿Te apetece beber algo? 3 (GB, coloq) gustar: I don't fancy him. No lo encuentro atractivo. LOC fancy (that)! ¡quién lo iba a decir! to fancy yourself as sth (coloq) presumir de algo

fancy dress n [incontable] disfraz

fantastic /fæn'tæstɪk/ adj fantástico

fantasy /'fæntəsi/ n (pl -ies) fantasía

far /fɑː(r)/ ◆ adj (comp farther /'fɑːðə(r)/ o further /'fɜːðə(r)/ superl farthest /'fɑːðɪst/ o furthest /'fɜːðɪst/) 1 extremo: the far end el otro extremo 2 opuesto: on the far bank en la margen opuesta 3 (antic) lejano ◆ adv (comp farther /'fɑːðə(r)/ o further /'fɜːðə(r)/ superl furthest /'fɜːðɪst/) Ver tb FURTHER, FURTHEST 1 lejos: Is it far? ¿Está lejos? ◊ How far is it? ¿A qué distancia está? ☞ En este sentido se usa en frases negativas o interrogativas. En frases afirmativas es mucho más frecuente decir a long way. 2 [con preposiciones] muy: far above/far beyond sth muy por encima/mucho más allá de algo 3 [con comparativos] mucho: It's far easier for him. Es mucho más fácil para él. LOC as far as hasta as/so far as por lo que: as far as I know que yo sepa as/so far as sth/sb is concerned por lo que se refiere a algo/algn by far con mucho far and wide por todas partes far away muy lejos far from it (coloq) ni mucho menos to be far from (doing) sth distar mucho de (hacer) algo to go too far pasarse in so far as en la medida en que so far 1 hasta ahora 2 hasta cierto punto Ver tb AFIELD, FEW

faraway /'fɑːrəweɪ/ adj 1 remoto 2 (expresión) distraído

fare /feə(r)/ ◆ n tarifa, precio del billete ◆ vi (formal): to fare well/badly irle bien/mal a uno

farewell /ˌfeə'wel/ ◆ interj (antic, formal) adiós ◆ n despedida: farewell party fiesta de despedida LOC to bid/

say farewell to sth/sb despedirse de algo/algn

farm /fɑːm/ ◆ n granja ◆ 1 vt, vi labrar 2 vt criar

farmer /'fɑːmə(r)/ n granjero, -a, agricultor, -ora

farmhouse /'fɑːmhaʊs/ n granja (casa)

farming /'fɑːmɪŋ/ n agricultura, ganadería

farmyard /'fɑːmjɑːd/ n corral

fart /fɑːt/ ◆ n (coloq) pedo ◆ vi (coloq) tirarse un pedo

farther /'fɑːðə(r)/ adj, adv (comp de far) más lejos: I can swim farther than you. Puedo nadar más lejos que tú. ☞ Ver nota en FURTHER

farthest /'fɑːðɪst/ adj, adv (superl de far) Ver FURTHEST

fascinate /'fæsɪneɪt/ vt fascinar fascinating adj fascinante

fascism /'fæʃɪzəm/ n fascismo fascist adj, n fascista

fashion /'fæʃn/ ◆ n 1 moda 2 [sing] manera LOC to be/go out of fashion estar pasado/pasar de moda to be in/come into fashion estar/ponerse de moda Ver tb HEIGHT ◆ vt moldear, hacer

fashionable /'fæʃnəbl/ adj de moda

fast¹ /fɑːst; USA fæst/ ◆ adj (-er, -est) 1 rápido
Tanto fast como quick significan rápido, pero fast suele utilizarse para describir a una persona o cosa que se mueve a mucha velocidad: a fast car/runner un coche/corredor rápido, mientras que quick se refiere a algo que se realiza en un breve espacio de tiempo: a quick decision/visit una decisión/visita rápida.
2 (reloj) adelantado LOC Ver BUCK³ ◆ adv (-er, -est) rápido, rápidamente

fast² /fɑːst; USA fæst/ ◆ adj 1 fijo 2 (color) que no destiñe ◆ adv: fast asleep dormido profundamente LOC Ver HOLD, STAND

fast³ /fɑːst; USA fæst/ ◆ vi ayunar ◆ n ayuno

fasten /'fɑːsn; USA 'fæsn/ 1 vt ~ sth (down) asegurar algo 2 vt ~ sth (up) abrochar algo 3 vt sujetar, fijar: to fasten sth together unir algo 4 vi cerrarse, abrocharse

iː	i	ɪ	e	æ	ɑː	ʌ	ʊ	uː
see	happy	sit	ten	hat	father	cup	put	too

fastidious /fəˈstɪdɪəs, fæ-/ adj puntilloso, exigente

fat /fæt/ ◆ adj (**fatter, fattest**) gordo: *You're getting fat.* Estás engordando. ☞ Otras palabras menos directas que **fat** son **chubby, stout, plump** y **overweight.** ◆ n **1** grasa **2** manteca

fatal /ˈfeɪtl/ adj **1** ~ (**to sth/sb**) mortal (para algo/algn) **2** (*formal*) fatídico **fatality** /fəˈtæləti/ n (*pl* **-ies**) víctima mortal

fate /feɪt/ n destino, suerte **fated** adj predestinado **fateful** adj fatídico

father /ˈfɑːðə(r)/ ◆ n padre: *Father Christmas* Papá Noel ☞ *Ver nota en* NAVIDAD LOC **like father, like son** de tal palo, tal astilla ◆ vt engendrar **fatherhood** n paternidad **fatherly** adj paternal

father-in-law /ˈfɑːðər ɪn lɔː/ n (*pl* **-ers-in-law**) suegro

Father's Day n día del padre

fatigue /fəˈtiːg/ ◆ n fatiga, cansancio ◆ vt fatigar

fatten /ˈfætn/ **1** vt (*un animal*) cebar **2** vi (*alimento*) engordar *Ver tb* TO LOSE/PUT ON WEIGHT *en* WEIGHT **fattening** adj que engorda: *Butter is very fattening.* La mantequilla engorda mucho.

fatty /ˈfæti/ adj **1** (*Med*) adiposo **2** (**-ier, -iest**) (*alimento*) graso

faucet /ˈfɔːsɪt/ n (*USA*) grifo

fault /fɔːlt/ n **1** defecto, fallo ☞ *Ver nota en* MISTAKE **2** culpa: *Whose fault is it?* ¿Quién tiene la culpa? **3** (*Dep*) falta **4** (*Geol*) falla LOC **to be at fault** tener la culpa *Ver tb* FIND ◆ vt criticar: *He can't be faulted.* Es irreprochable.

faultless /ˈfɔːltləs/ adj sin tacha, impecable

faulty /ˈfɔːlti/ adj (**-ier, -iest**) defectuoso

fauna /ˈfɔːnə/ n fauna

favour (*USA* **favor**) /ˈfeɪvə(r)/ ◆ n favor: *to ask a favour of sb* pedir un favor a algn LOC **in favour of (doing) sth** a favor de (hacer) algo *Ver tb* CURRY ◆ vt **1** favorecer **2** preferir, ser partidario de (*idea*)

favourable (*USA* **favor-**) /ˈfeɪvərəbl/ adj **1** ~ (**for sth**) favorable (para algo) **2** ~ (**to/toward sth/sb**) a favor (de algo/algn)

favourite (*USA* **favor-**) /ˈfeɪvərɪt/ ◆ n favorito, -a ◆ adj preferido

fawn /fɔːn/ ◆ n cervatillo ☞ *Ver nota en* CIERVO ◆ adj, n beige

fax /fæks/ ◆ n fax ◆ vt **1** mandar un fax a **2 to fax sth (to sb)** mandar algo por fax (a algn)

fear /fɪə(r)/ ◆ n miedo, temor: *to shake with fear* temblar de miedo LOC **for fear of (doing) sth** por temor a (hacer) algo **for fear (that)…** por temor a… **in fear of sth/sb** con miedo de algo/algn ◆ vt temer a: *I fear so.* Me temo que sí.

fearful /ˈfɪəfl/ adj horrendo, terrible

fearless /ˈfɪələs/ adj intrépido

fearsome /ˈfɪəsəm/ adj temible

feasible /ˈfiːzəbl/ adj factible **feasibility** /ˌfiːzəˈbɪləti/ n viabilidad

feast /fiːst/ ◆ n **1** festín **2** (*Relig*) fiesta ◆ vi banquetear

feat /fiːt/ n proeza, hazaña

feather /ˈfeðə(r)/ n pluma

feature /ˈfiːtʃə(r)/ ◆ n **1** característica **2 features** [*pl*] facciones ◆ vt: *featuring Madonna* protagonizada por Madonna **featureless** adj sin rasgos característicos

February /ˈfebruəri; *USA* -ueri/ n (*abrev* **Feb**) febrero ☞ *Ver nota y ejemplos en* JANUARY

fed *pret, pp de* FEED

federal /ˈfedərəl/ adj federal

federation /ˌfedəˈreɪʃn/ n federación

fed up adj ~ (**about/with sth/sb**) (*coloq*) harto (de algo/algn)

fee /fiː/ n **1** [*gen pl*] honorarios **2** cuota (*de club*) **3** *school fees* matrícula del colegio

feeble /ˈfiːbl/ adj (**-er, -est**) **1** débil **2** (*pey*) (*excusa*) endeble

feed /fiːd/ ◆ (*pret, pp* **fed** /fed/) **1** vi ~ (**on sth**) alimentarse, nutrirse (de algo) **2** vt dar de comer a, alimentar **3** vt (*datos, etc.*) suministrar ◆ n **1** comida **2** pienso

feedback /ˈfiːdbæk/ n reacción

feel /fiːl/ ◆ (*pret, pp* **felt** /felt/) **1** vt sentir, tocar: *He feels the cold a lot.* Es muy sensible al frío. ◊ *She felt the water.* Comprobó la temperatura del agua. **2** vi sentirse: *I felt like a fool.* Me sentí como un idiota. ◊ *to feel sick/sad* sentirse enfermo/triste ◊ *to feel cold/hungry* tener frío/hambre **3** vt, vi (*pensar*) opinar: *How do you feel about him?* ¿Qué opinas de él? **4** vi (*cosa*) parecer: *It feels like leather.* Parece de

u	ɒ	ɔː	ɜː	ə	j	w	eɪ	əʊ
sit**u**ation	g**o**t	s**aw**	f**ur**	**a**go	**y**es	**w**oman	p**ay**	g**o**

piel. LOC **to feel as if/as though...:** *I feel as if I'm going to be sick.* Me parece que voy a vomitar. **to feel good** sentirse bien **to feel like (doing) sth:** *I felt like hitting him.* Me dieron ganas de darle de patadas. **to feel sorry for sb** compadecer a algn: *I felt sorry for the children.* Los niños me dieron lástima. **to feel sorry for yourself** sentir lástima de uno mismo **to feel your way** ir a tientas *Ver tb* COLOUR, DOWN, DRAIN, EASE PHR V **to feel about (for sth)** buscar (algo) a tientas **to feel for sb** sentir pena por algn **to feel up to (doing) sth** sentirse capaz de (hacer) algo ◆ *n: Let me have a feel.* Déjame tocarlo. LOC **to get the feel of sth/of doing sth** (*coloq*) familiarizarse con algo

feeling /ˈfiːlɪŋ/ *n* **1** sensación: *I've got a feeling that...* Tengo la sensación de que... **2** [*sing*] (*opinión*) sentir **3 feelings** [*pl*] sentimientos **4** sensibilidad: *to lose all feeling* perder toda la sensibilidad LOC **bad/ill feeling** resentimiento *Ver tb* MIXED *en* MIX

feet *plural de* FOOT

fell /fel/ ◆ *pret de* FALL ◆ **1** *vt* (*árbol*) talar **2** *vt* derribar

fellow /ˈfeləʊ/ *n* **1** compañero: *fellow countryman* compatriota ◊ *fellow passenger* compañero de viaje ◊ *fellow Spaniards* compatriotas españoles **2** (*coloq*) tío: *He's a nice fellow.* Es un buen tío.

fellowship /ˈfeləʊʃɪp/ *n* compañerismo

felt¹ *pret, pp de* FEEL

felt² /felt/ *n* fieltro

felt-tip pen /ˌfelt tɪp ˈpen/ (*tb* felt tip) *n* rotulador

female /ˈfiːmeɪl/ ◆ *adj* **1** femenino ☞ Se aplica a las características físicas de las mujeres: *the female figure* la figura femenina. *Comparar con* FEMININE **2** hembra

Female y male especifican el sexo de personas o animales: *a female friend, a male colleague; a female rabbit, etc.*

3 de la mujer: *female equality* la igualdad de la mujer ◆ *n* hembra

feminine /ˈfemənɪn/ *adj, n* femenino (*propio de la mujer*)

Feminine se aplica a las cualidades que consideramos típicas de una mujer. Compárese con EFFEMINATE.

feminism /ˈfemənɪzəm/ *n* feminismo **feminist** *n* feminista

fence¹ /fens/ ◆ ◆ *n* **1** valla, cerca **2** alambrada ◆ *vt* cercar

fence² /fens/ *vi* practicar la esgrima **fencing** *n* esgrima

fend /fend/ PHR V **to fend for yourself** cuidar de sí mismo **to fend sth/sb off** rechazar algo/a algn

ferment /fəˈment/ ◆ *vt, vi* fermentar ◆ /ˈfɜːment/ *n* (*fig*) ebullición

fern /fɜːn/ *n* helecho

ferocious /fəˈrəʊʃəs/ *adj* feroz

ferocity /fəˈrɒsəti/ *n* ferocidad

ferry /ˈferi/ ◆ *n* (*pl* -ies) **1** ferry: *car ferry* transbordador de coches **2** balsa (*para cruzar ríos*) ◆ *vt* (*pret, pp* ferried) transportar

fertile /ˈfɜːtaɪl; *USA* ˈfɜːrtl/ *adj* **1** fértil, fecundo **2** (*fig*) abonado

fertility /fəˈtɪləti/ *n* fertilidad

fertilization, -isation /ˌfɜːtəlaɪˈzeɪʃn/ *n* fertilización

fertilize, -ise /ˈfɜːtəlaɪz/ *vt* **1** fertilizar **2** abonar **fertilizer, -iser** *n* **1** fertilizante **2** abono

fervent /ˈfɜːvənt/ *adj* ferviente

fester /ˈfestə(r)/ *vi* infectarse

festival /ˈfestɪvl/ *n* **1** (*de arte, cine*) festival **2** (*Relig*) fiesta

fetch /fetʃ/ *vt* **1** traer **2** buscar, ir a recoger ☞ *Ver dibujo en* TAKE **3** alcanzar (*precio*)

fête /feɪt/ *n* fiesta: *the village fête* la fiesta del pueblo *Ver tb* BAZAAR

fetus *Ver* FOETUS

feud /fjuːd/ ◆ *n* rencilla ◆ *vi* ~ (with sth/sb) tener una reyerta (con algo/algn)

feudal /ˈfjuːdl/ *adj* feudal **feudalism** *n* feudalismo

fever /ˈfiːvə(r)/ *n* (*lit y fig*) fiebre **feverish** *adj* febril

few /fjuː/ *adj, pron* **1** (fewer, fewest) pocos: *every few minutes* cada pocos minutos ◊ *fewer than six* menos de seis ☞ *Ver nota en* LESS **2 a few** unos cuantos, algunos

¿Few o a few? Few tiene un sentido negativo y equivale a "poco". A few tiene un sentido mucho más positivo y equivale a "unos cuantos", "algunos". Compara las siguientes oraciones: *Few people turned up.* Vino poca gente.

aɪ	aʊ	ɔɪ	ɪə	eə	ʊə	ʒ	h	ŋ
f**i**ve	n**ow**	j**oi**n	n**ear**	h**air**	p**ure**	vi**si**on	**h**ow	si**ng**

◊ *I've got a few friends coming for lunch.* Vienen unos cuantos amigos a comer.

LOC **a good few; not a few; quite a few** un buen número de, bastante(s) **few and far between** escasos, contadísimos

fiancé (*fem* **fiancée**) /fɪˈɒnseɪ; *USA* ˌfiːɑːnˈseɪ/ *n* prometido, -a

fib /fɪb/ ◆ *n* (*coloq*) cuento (*mentira*) ◆ *vi* (*coloq*) (-bb-) contar cuentos

fibre (*USA* **fiber**) /ˈfaɪbə(r)/ *n* (*lit y fig*) fibra **fibrous** *adj* fibroso

fickle /ˈfɪkl/ *adj* voluble

fiction /ˈfɪkʃn/ *n* ficción

fiddle /ˈfɪdl/ ◆ *n* (*coloq*) **1** violín **2** estafa LOC *Ver* FIT¹ ◆ **1** *vi* ~ (**about/around**) **with sth** juguetear con algo **2** *vt* (*coloq*) (*gastos, etc.*) falsear **3** *vi* tocar el violín PHR V **to fiddle around** perder el tiempo **fiddler** *n* violinista

fiddly /ˈfɪdli/ *adj* (*coloq*) complicado

fidelity /fɪˈdeləti/ *n* ~ (**to sth/sb**) fidelidad (a algo/algn) ☞ La palabra más normal es **faithfulness**.

field /fiːld/ *n* (*lit y fig*) campo

fiend /fiːnd/ *n* **1** desalmado, -a **2** (*coloq*) entusiasta **fiendish** *adj* (*coloq*) endiablado

fierce /fɪəs/ *adj* (-er, -est) **1** (*animal*) feroz **2** (*oposición*) fuerte

fifteen /ˌfɪfˈtiːn/ *adj, pron, n* quince ☞ *Ver ejemplos en* FIVE **fifteenth 1** *adj* decimoquinto **2** *pron, adv* decimoquinto, la decimoquinta, los decimoquintos, las decimoquintas **3** *n* quinceava parte, quinceavo ☞ *Ver ejemplos en* FIFTH

fifth (*abrev* **5th**) /fɪfθ/ ◆ *adj* quinto: *We live on the fifth floor.* Vivimos en el quinto piso. ◊ *It's his fifth birthday today.* Hoy cumple cinco años. ◆ *pron, adv* el quinto, la quinta, los quintos, las quintas: *She came fifth in the world championships.* Llegó la quinta en los campeonatos del mundo. ◊ *the fifth to arrive* el quinto en llegar ◊ *I was fifth on the list.* Yo era la quinta de la lista. ◊ *I've had four cups of coffee already, so this is my fifth.* Ya me he tomado cuatro tazas de café, así que esta es la quinta. ◆ *n* **1** quinto, quinta parte: *three fifths* tres quintos **2 the fifth** el (día) cinco: *They'll be arriving on the fifth of March.* Llegarán el (día) cinco de marzo.

3 (*tb* **fifth gear**) quinta: *to change into fifth* meter la quinta

La abreviatura de los números ordinales se hace poniendo el número en cifra seguido por las dos últimas letras de la palabra: *1st, 2nd, 20th, etc.* ☞ *Ver Apéndice 1.*

fifty /ˈfɪfti/ *adj, pron, n* cincuenta: *the fifties* los años cincuenta ◊ *to be in your fifties* tener cincuenta y pico años ☞ *Ver ejemplos en* FIVE LOC **to go fifty-fifty** pagar a medias **fiftieth 1** *adj, pron* quincuagésimo **2** *n* cincuentava parte, cincuentavo ☞ *Ver ejemplos en* FIFTH *y* Apéndice 1.

fig /fɪɡ/ *n* **1** higo **2** (*tb* **fig tree**) higuera

fight /faɪt/ ◆ *n* **1** ~ (**for/against sth/sb**) lucha, pelea (por/contra algo/algn): *A fight broke out in the pub.* Se armó una pelea en el bar. **2** combate

Cuando se trata de un conflicto continuado (normalmente en situaciones de guerra), se suele usar **fighting**: *There has been heavy/fierce fighting in the capital.* Ha habido combates intensos/encarnizados en la capital.

3 ~ (**to do sth**) lucha (por hacer algo) LOC **to give up without a fight** rendirse sin luchar **to put up a good/poor fight** ponerle mucho/poco empeño a algo *Ver tb* PICK ◆ (*pret, pp* **fought** /fɔːt/) **1** *vi, vt* luchar (contra): *They fought (against/with) the French.* Lucharon contra los franceses. **2** *vi, vt* pelearse (con): *They fought (with) each other about/over the money.* Se pelearon por el dinero. **3** *vt* (*corrupción, droga*) combatir LOC **to fight a battle** (**against sth**) librar una batalla (contra algo) **to fight it out**: *They must fight it out between them.* Deben arreglarlo entre ellos. **to fight tooth and nail** defenderse como gato panza arriba **to fight your way across, into, through, etc. sth** abrirse camino hacia, en, por, etc. algo PHR V **to fight back** contraatacar **to fight for sth** luchar por algo **to fight sth/sb off** repeler algo/a algn

fighter /ˈfaɪtə(r)/ *n* **1** luchador, -ora, combatiente **2** caza (*avión*)

figure /ˈfɪɡə(r); *USA* ˈfɪɡjər/ ◆ *n* **1** cifra, número **2** [*gen sing*] cantidad, suma **3** figura: *a key figure* un personaje clave **4** tipo: *to have a good figure* tener buen tipo. **5** silueta LOC **to put a figure on sth** dar una cifra sobre algo, poner precio a algo *Ver tb* FACT ◆ **1** *vi* ~

tʃ	dʒ	v	θ	ð	s	z	ʃ
chin	**June**	**van**	**thin**	**then**	**so**	**zoo**	**she**

file 460

(in sth) figurar (en algo) **2** vi (coloq): It/
That figures. Se comprende. **3** vt (esp
USA) figurarse: It's what I figured. Es
lo que me figuraba. PHR V **to figure sth
out** entender algo

file /faɪl/ ◆ n **1** carpeta **2** expediente: to
be on file estar archivado **3** (Informát)
fichero **4** lima **5** fila: in single file en fila
india LOC Ver RANK ◆ **1** vt ~ sth (away)
archivar algo **2** vt (demanda) presentar
3 vt limar **4** vi ~ (past tb) desfilar
(ante algo) **5** vi ~ in/out, etc. entrar/
salir, etc. en fila

fill /fɪl/ **1** vi ~ (with sth) llenarse (de
algo) **2** vt ~ sth (with sth) llenar algo
(de algo) **3** vt (grieta) rellenar **4** vt
(diente) empastar **5** vt (cargo) ocupar
LOC Ver BILL¹ PHR V **to fill in** (for sb)
sustituir (a algn) **to fill sb in** (on sth)
poner a algn al tanto (de algo) **to fill sth
in/out** rellenar algo (formulario, etc.)

fillet /ˈfɪlɪt/ n filete

filling /ˈfɪlɪŋ/ n **1** empaste **2** relleno

film /fɪlm/ ◆ n **1** película: film star
estrella de cine **2** película (capa fina)
◆ vt filmar película o rodaje

film-maker /ˈfɪlm meɪkə(r)/ n cineasta
film-making n cinematografía

filter /ˈfɪltə(r)/ ◆ n filtro ◆ vt, vi
filtrar(se)

filth /fɪlθ/ n **1** porquería **2** groserías
3 guarradas (revistas, etc.)

filthy /ˈfɪlθi/ adj (-ier, -iest) **1** (costumbre, etc.) asqueroso **2** (manos,
mente) sucio **3** obsceno **4** (coloq) desagradable: a filthy temper un carácter
insoportable

fin /fɪn/ n aleta

final /ˈfaɪnl/ ◆ adj último, final
LOC Ver ANALYSIS, STRAW ◆ n **1** final: the
men's final(s) la final masculina **2
finals** [pl] (exámenes) finales

finally /ˈfaɪnəli/ adv **1** por último
2 finalmente **3** por fin, al final

finance /ˈfaɪnæns, faˈnæns/ ◆ n finan-
zas: finance company (compañía) finan-
ciera ◊ the finance minister el secretario
de Hacienda ◆ vt financiar **financial**
/faɪˈnænʃl, faˈnæ-/ adj financiero, econó-
nómico: financial year ejercicio fiscal

find /faɪnd/ vt (pret, pp **found** /faʊnd/)
1 encontrar, hallar **2** buscar: They came
here to find work. Vinieron para buscar
trabajo. **3** to find sb guilty declarar a
algn culpable LOC **to find fault** (with

sth/sb) sacar faltas (a algo/algn) **to
find your feet** acostumbrarse **to find
your way** encontrar el camino Ver tb
MATCH², NOWHERE PHR V **to find (sth) out**
enterarse (de algo) **to find sb out** des-
cubrirle el juego a algn **finding** n **1** descubrimiento **2** fallo

fine /faɪn/ ◆ adj (finer, finest) **1** excelente: I'm fine. Estoy bien. ◊ You're a fine
one to talk! ¡Mira quién habla! **2** (seda,
polvo, etc.) fino **3** (rasgos) delicado
4 (tiempo) bueno: a fine day un día estupendo **5** (distinción) sutil LOC **one fine
day** un buen día ◆ adv (coloq) bien:
That suits me fine. Eso me va muy bien.
LOC Ver CUT ◆ n multa ◆ vt ~ sb (for
doing sth) multar a algn (por hacer algo)

fine art n (tb the fine arts [pl]) bellas
artes

finger /ˈfɪŋgə(r)/ n dedo (de la mano):
little/first finger dedo meñique/índice
◊ middle finger dedo corazón ◊ ring
finger dedo anular Ver tb THUMB ☞
Comparar con TOE LOC **to be all fingers
and thumbs** ser un manazas **to put
your finger on sth** señalar/identificar
algo (con precisión) Ver tb CROSS, WORK²

fingernail /ˈfɪŋgəneɪl/ n uña (de la
mano)

fingerprint /ˈfɪŋgəprɪnt/ n huella dactilar

fingertip /ˈfɪŋgətɪp/ n yema del dedo
LOC **to have sth at your fingertips**
saber(se) algo al dedillo

finish /ˈfɪnɪʃ/ ◆ **1** vt, vi ~ (sth/doing
sth) terminar (algo/de hacer algo) **2** vt
~ sth (off/up) (comida) acabar algo
PHR V **to finish up**: He could finish up
dead. Podría acabar muerto. ◆ n
1 final **2** meta **3** acabado

finishing line n línea de meta

fir /fɜː(r)/ (tb fir tree) n abeto

fire /ˈfaɪə(r)/ ◆ n **1** fuego **2** incendio
3 estufa **4** disparos LOC **on fire** en
llamas: to be on fire estar ardiendo **to
be/come under fire 1** encontrarse bajo
fuego enemigo **2** (fig) ser objeto de
severas críticas Ver tb CATCH, FRYING
PAN, SET² ◆ **1** vt, vi disparar: to fire at
sth/sb hacer fuego sobre algo/algn **2** vt
(insultos) soltar **3** vt (coloq) despedir
4 vt (imaginación) estimular

firearm /ˈfaɪərɑːm/ n [gen pl] arma de
fuego

fire brigade (USA **fire department**) n
[v sing o pl] cuerpo de bomberos

i:	i	ɪ	e	æ	ɑ:	ʌ	ʊ	u:
see	happy	sit	ten	hat	father	cup	put	too

fire engine n coche de bomberos

fire escape n escalera de incendios

fire extinguisher (tb **extinguisher**) n extintor

firefighter /'faɪəˌfaɪtə(r)/ n bombero ☞ Ver nota en BOMBERO

fireman /'faɪəmən/ n (pl -men /-mən/) bombero ☞ Ver nota en BOMBERO

fireplace /'faɪəpleɪs/ n hogar (chimenea)

fire station n parque de bomberos

firewood /'faɪəwʊd/ n leña

firework /'faɪəwɜːk/ n **1** cohete **2 fireworks** [pl] fuegos artificiales

firing /'faɪərɪŋ/ n tiroteo: firing line línea de fuego ◊ firing squad pelotón de fusilamiento

firm /fɜːm/ ♦ n [v sing o pl] firma, empresa ♦ adj (-er, -est) firme LOC **a firm hand** mano dura **to be on firm ground** pisar terreno firme Ver tb BELIEVER en BELIEVE ♦ adv LOC Ver HOLD

first (abrev **1st**) /fɜːst/ ♦ adj primero: a first night un estreno ◊ first name nombre de pila ♦ adv **1** primero: to come first in the race ganar la carrera **2** por primera vez: I first came to Oxford in 1989. Vine a Oxford por primera vez en 1989. **3** en primer lugar **4** antes: Finish your dinner first. Antes termina de cenar. ♦ pron el primero, la primera, los primeros, las primeras ♦ n **1 the first** el (día) uno **2** (tb **first gear**) primera ☞ Ver ejemplos en FIFTH LOC **at first** al principio **at first hand** de buena tinta **first come, first served** por orden de llegada **first of all 1** al principio **2** en primer lugar **first thing** a primera hora **first things first** lo primero es lo primero **from first to last** de principio a fin **from the (very) first** desde el primer momento **to put sth/sb first** poner algo/a algn por encima de todo Ver tb HEAD[1]

first aid n primeros auxilios: first aid kit botiquín

first class ♦ n **1** primera (clase) **2** categoría del correo que se reparte con mayor rapidez ☞ Ver nota en STAMP ♦ adv en primera (clase): to travel first class viajar en primera ◊ to send sth first class mandar algo urgente **firstclass** adj **1** de primera clase, de primera categoría **2** (clase): first-

class ticket billete de primera **3** firstclass stamp sello urgente

first-hand /ˌfɜːst 'hænd/ adj, adv de primera mano

firstly /'fɜːstli/ adv en primer lugar

first-rate /ˌfɜːst 'reɪt/ adj excelente, de primera categoría

fish /fɪʃ/ ♦ n **1** [contable] pez **2** [incontable] pescado: fish and chips pescado con patatas fritas

Fish como sustantivo contable tiene dos formas para el plural: **fish** y **fishes**. **Fish** es la forma más normal. **Fishes** es una forma anticuada, técnica o literaria.

LOC **an odd/a queer fish** (coloq) un tipo raro **like a fish out of water** como un pulpo en un garaje Ver tb BIG ♦ vi pescar: to go fishing ir de pesca

fisherman /'fɪʃəmən/ n (pl -men /-mən/) pescador

fishing /'fɪʃɪŋ/ n pesca

fishmonger /'fɪʃmʌŋɡə(r)/ n (GB) **1** pescadero, -a **2 fishmonger's** pescadería

fishy /'fɪʃi/ adj (-ier, -iest) **1** a pescado (oler, saber) **2** (coloq) sospechoso, raro: There's something fishy going on. Aquí hay gato encerrado.

fist /fɪst/ n puño **fistful** n puñado

fit¹ /fɪt/ adj (fitter, fittest) **1** en forma **2 fit for sth**: fit to do sth apto para algo/algn/hacer algo; en condiciones de hacer algo: Your car isn't fit to be on the road. Tu coche no está en condiciones de salir a la carretera. **3 fit to do sth** (coloq) a punto de hacer algo LOC (**as**) **fit as a fiddle** en muy buena forma, hecho una rosa **fit for a king** digno de un rey **to keep fit** mantenerse en forma

fit² /fɪt/ ♦ (-tt-) (pret, pp fitted, USA fit) **1** vi to fit (in/into sth) caber (en algo): It doesn't fit in/into the box. No cabe en la caja. **2** vt, vi valer, entrar: These shoes don't fit (me). Estos zapatos no me valen. ◊ The key doesn't fit the lock. Llave no entra. **3** vt to fit sth with sth equipar algo de/con algo **4** vt to fit sth on(to) sth poner algo a/en algo **5** vt cuadrar con: to fit a description cuadrar con una descripción LOC **to fit (sb) like a glove** venir (a algn) como un guante Ver tb BILL[1] PHR V **to fit in (with sth/sb)** encajar (con algo/algn) ♦ n LOC **to be**

a good, tight, etc. fit quedar a algn bien, ajustado, etc.

fit³ /fɪt/ *n* ataque *(de risa, tos, etc.)* LOC **to have/throw a fit**: *She'll have/throw a fit!* ¡Le va a dar un ataque!

fitness /ˈfɪtnəs/ *n* forma (física)

fitted /ˈfɪtɪd/ *adj* **1** *(moqueta)* instalado **2** *(habitación)* amueblado

fitting /ˈfɪtɪŋ/ ♦ *adj* apropiado ♦ *n* **1** repuesto, pieza **2** *(vestido)* prueba: *fitting room* probador

five /faɪv/ *adj, pron, n* cinco: *page/chapter five* la página/el capítulo (número) cinco ◊ *five past nine* las nueve y cinco ◊ *on 5 May* el 5 de mayo ◊ *all five of them* los cinco ◊ *There were five of us.* Éramos cinco. ☞ Ver Apéndice 1. **fiver** *n (GB, coloq)* (billete de) cinco libras

fix /fɪks/ ♦ *vt* **1 to fix sth (on sth)** fijar algo (en algo) **2** arreglar **3** establecer **4 to fix sth (for sb)** *(comida)* preparar algo (para algn) **5** *(coloq)* amañar **6** *(coloq)* ajustar las cuentas a PHR V **to fix on sth/sb** decidirse por algo/algn **to fix sb up (with sth)** *(coloq)* procurar algo a algn **to fix sth up 1** arreglar algo **2** reparar/retocar algo ♦ *n (coloq)* lío: *to be in/get yourself into a fix* estar/meterse en un lío

fixed /fɪkst/ *adj* fijo LOC **(of) no fixed abode/address** sin paradero fijo

fixture /ˈfɪkstʃə(r)/ *n* **1** accesorio fijo de una casa **2** cita deportiva **3** *(coloq)* inamovible

fizz /fɪz/ *vi* **1** estar en efervescencia **2** silbar

fizzy /ˈfɪzi/ *adj* (**-ier, -iest**) con gas, gaseoso

flabby /ˈflæbi/ *adj* (**-ier, -iest**) *(coloq, pey)* fofo

flag /flæg/ ♦ *n* **1** bandera **2** banderín ♦ *vi* (**-gg-**) flaquear

flagrant /ˈfleɪɡrənt/ *adj* flagrante

flair /fleə(r)/ *n* **1** [*sing*] ~ **for sth** aptitud para algo **2** elegancia

flake /fleɪk/ ♦ *n* copo ♦ *vi* ~ **(off/away)** desconcharse

flamboyant /flæmˈbɔɪənt/ *adj* **1** *(persona)* extravagante **2** *(vestido)* llamativo

flame /fleɪm/ *n (lit y fig)* llama

flammable /ˈflæməbl/ *(tb inflammable) adj* inflamable

flan /flæn/ *n* tarta, tartaleta ☞ Ver nota en PIE

La palabra española **flan** se traduce por **crème caramel** en inglés.

flank /flæŋk/ ♦ *n* **1** *(persona)* costado **2** *(animal)* ijada **3** *(Mil)* flanco ♦ *vt* flanquear

flannel /ˈflænl/ *n* **1** franela **2** toalla de cara

flap /flæp/ ♦ *n* **1** *(sobre)* solapa **2** *(bolso)* tapa **3** *(mesa)* hoja plegable **4** *(Aeronáut)* alerón ♦ (**-pp-**) *vt, vi* agitar(se) **2** *vt (alas)* batir

flare /fleə(r)/ ♦ *n* **1** bengala **2** destello **3** ensanchamiento **4 flares** [*pl*] pantalones de campana ♦ *vi* **1** llamear **2** *(fig)* estallar: *Tempers flared.* Se encendieron los ánimos. PHR V **to flare up 1** *(fuego)* avivarse **2** *(conflicto)* estallar **3** *(problema)* reavivarse

flash /flæʃ/ ♦ *n* **1** destello: *a flash of lightning* un relámpago **2** *(fig)* golpe: *a flash of genius* un golpe de genio **3** *(Fot, noticias)* flash LOC **a flash in the pan**: *It was no flash in the pan.* No ocurrió de chiripa. **in a/like a flash** en un santiamén ♦ **1** *vi* centellear, brillar: *It flashed on and off.* Se encendía y apagaba. **2** *vt* dirigir *(luz)*: **to flash your headlights** lanzar ráfagas con los faros **3** *vt* mostrar rápidamente *(imagen)* PHR V **to flash by, past, through, etc.** pasar, cruzar, etc. como un rayo

flashlight /ˈflæʃlaɪt/ *n (USA)* linterna

flashy /ˈflæʃi/ *adj* (**-ier, -iest**) ostentoso, llamativo

flask /flɑːsk; *USA* flæsk/ *n* **1** termo **2** *(licores)* petaca

flat /flæt/ ♦ *n* **1** piso ☞ Ver nota en CASA **2 the ~ of sth** la parte plana de algo: *the flat of your hand* la palma de la mano **3** [*gen pl*] *(Geog)*: *mud flats* marismas **4** *(Mús)* bemol ☞ *Comparar con* SHARP **5** *(USA, coloq)* pinchazo ♦ *adj* (**flatter, flattest**) **1** plano, liso, llano **2** *(rueda)* desinflado **3** *(batería)* descargado **4** *(bebida)* sin gas **5** *(Mús)* desafinado **6** *(precio, etc.)* único ♦ *adv* (**flatter, flattest**): *to lie down flat* tumbarse completamente LOC **flat out** a tope *(trabajar, correr, etc.)* **in 10 seconds, etc. flat** en solo 10 segundos, etc.

flatly /ˈflætli/ *adv* rotundamente, de lleno *(decir, rechazar, negar)*

flatten /ˈflætn/ **1** *vt* ~ **sth (out)** aplanar

aɪ	aʊ	ɪc	ɪə	eə	ʊə	ʒ	h	ŋ
five	now	join	near	hair	pure	vision	how	sing

algo, alisar algo 2 *vt* ~ **sth/sb** aplastar, arrasar algo/a algn 3 *vi* ~ **(out)** *(paisaje)* allanarse

flatter /ˈflætə(r)/ 1 *vt* adular, halagar: *I was flattered by your invitation.* Me halagó tu invitación. 2 *vt (ropa, etc.)* favorecer 3 *v refl* ~ **yourself (that)** hacerse ilusiones (de que) **flattering** *adj* favorecedor, halagador

flaunt /flɔːnt/ *vt (pey)* ~ **sth** alardear de algo

flavour *(USA* flavor*)* /ˈfleɪvə(r)/ ◆ *n* sabor, gusto ◆ *vt* dar sabor a, condimentar

flaw /flɔː/ *n* 1 *(objetos)* desperfecto 2 *(plan, carácter)* fallo, defecto **flawed** *adj* defectuoso **flawless** *adj* impecable

flea /fliː/ *n* pulga: *flea market* mercadillo

fleck /flek/ *n* ~ **(of sth)** mota (de algo) *(polvo, color)*

flee /fliː/ *(pret, pp* fled /fled/*)* 1 *vi* huir, escapar 2 *vt* abandonar

fleece /fliːs/ *n* 1 vellón 2 polar

fleet /fliːt/ *n [v sing o pl]* flota *(de coches, pesquera)*

flesh /fleʃ/ *n* 1 carne 2 *(de fruta)* pulpa LOC **flesh and blood** carne y hueso **in the flesh** en persona **your own flesh and blood** (pariente) de tu propia sangre

flew *pret de* FLY

flex /fleks/ ◆ *n (USA* cord*)* flexible ◆ *vt* flexionar

flexible /ˈfleksəbl/ *adj* flexible

flick /flɪk/ ◆ *n* 1 capirotazo 2 movimiento rápido: *a flick of the wrist* un giro de muñeca ◆ *vt* 1 pegar 2 ~ **sth (off, on, etc.)** mover algo rápidamente PHR V **to flick through (sth)** hojear algo rápidamente

flicker /ˈflɪkə(r)/ ◆ *vi* parpadear: *a flickering light* una luz vacilante ◆ *n* 1 *(luz)* parpadeo 2 *(fig)* atisbo

flight /flaɪt/ *n* 1 vuelo 2 huida 3 *(aves)* bandada 4 *(escalera)* tramo LOC **to take flight** darse a la fuga

flight attendant *n* auxiliar de vuelo

flimsy /ˈflɪmzi/ *adj* (-ier, -iest) 1 *(tela)* fino 2 *(objetos, excusa)* endeble, débil

flinch /flɪntʃ/ *vi* 1 retroceder 2 ~ **from sth/from doing sth** echarse atrás ante algo/a la hora de hacer algo

fling /flɪŋ/ ◆ *vt (pret, pp* flung /flʌŋ/*)*

1 ~ **sth (at sth)** arrojar, lanzar algo (contra algo): *She flung her arms around him.* Le echó los brazos al cuello. 2 dar un empujón a: *He flung open the door.* Abrió la puerta de un golpe. LOC *Ver* CAUTION ◆ *n* 1 juerga 2 aventurilla

flint /flɪnt/ *n* 1 pedernal 2 piedra *(de mechero)*

flip /flɪp/ *(-pp-)* 1 *vt* echar: *to flip a coin* echar una moneda a cara o cruz 2 *vt, vi* ~ **(sth) (over)** dar a algo/darse la vuelta 3 *vi (coloq)* ponerse como una fiera 4 *vi (coloq)* volverse loco

flippant /ˈflɪpənt/ *adj* ligero, frívolo

flirt /flɜːt/ ◆ *vi* flirtear ◆ *n* ligón, -ona: *He's a terrible flirt.* Siempre está flirteando.

flit /flɪt/ *vi* (-tt-) revolotear

float /fləʊt/ ◆ 1 *vi* flotar 2 *vi (nadador)* hacer la plancha 3 *vt (barco)* poner a flote 4 *vt (proyecto, idea)* proponer ◆ *n* 1 corcho 2 boya 3 flotador 4 *(carnaval)* carroza

flock /flɒk/ ◆ *n* 1 rebaño *(de ovejas)* 2 bandada 3 tropel ◆ *vi* 1 agruparse 2 ~ **(to sth)** acudir en tropel (a algo)

flog /flɒg/ *vt* (-gg-) 1 azotar 2 ~ **sth (off) (to sb)** *(GB, coloq)* vender algo (a algn) LOC **to flog a dead horse** malgastar saliva

flood /flʌd/ ◆ *n* 1 inundación 2 **the Flood** *(Relig)* el Diluvio 3 *(fig)* torrente, avalancha ◆ *vt, vi* inundar(se) PHR V **to flood in** llegar en avalancha

flooding /ˈflʌdɪŋ/ *n [incontable]* inundaciones

floodlight /ˈflʌdlaɪt/ ◆ *n* foco ◆ *vt (pret, pp* floodlit /-lɪt/*)* iluminar con focos

floor /flɔː(r)/ ◆ *n* 1 suelo: *on the floor* en el suelo 2 planta, piso 3 *(mar, valle)* fondo ◆ *vt* 1 *(contrincante)* tumbar 2 *(coloq) (fig)* dejar a algn sin saber qué decir

floorboard /ˈflɔːbɔːd/ *n* tabla *(del suelo)*

flop /flɒp/ ◆ *n (coloq)* fracaso ◆ *vi* (-pp-) 1 desplomarse 2 *(coloq) (obra, negocio)* fracasar

floppy /ˈflɒpi/ *adj* (-ier, -iest) 1 flojo, flexible 2 *(orejas)* colgante

floppy disk *(tb* floppy, diskette*) n* disquete ☞ *Ver dibujo en* ORDENADOR

flora /ˈflɔːrə/ *n* flora

tʃ	dʒ	v	θ	ð	s	z	ʃ
chin	June	van	thin	then	so	zoo	she

floral /'flɔːrəl/ *adj* de flores: *floral tribute* corona de flores

florist /'flɒrɪst; *USA* 'flɔːr-/ *n* **1** florista **2** *florist's* floristería

flounder /'flaʊndə(r)/ *vi* **1** vacilar **2** balbucear **3** caminar con dificultad

flour /'flaʊə(r)/ *n* harina

flourish /'flʌrɪʃ/ ♦ **1** *vi* prosperar, florecer **2** *vt* (*arma*) blandir ♦ *n* **1** floreo **2** *a flourish of the pen* una rúbrica

flow /fləʊ/ ♦ *n* **1** flujo **2** caudal **3** circulación **4** suministro ♦ *vi* (*pret, pp* **-ed**) **1** (*lit y fig*) fluir: *to flow into the sea* desembocar en el mar **2** circular **3** flotar **4** (*marea*) subir LOC *Ver* EBB PHR V **to flow in/out**: *Is the tide flowing in or out?* ¿La marea está subiendo o bajando? **to flow in/into sth** llegar sin parar a algo

flower /'flaʊə(r)/ ♦ *n* flor ☞ *Comparar con* BLOSSOM ♦ *vi* florecer

flower bed *n* macizo de flores

flowering /'flaʊərɪŋ/ ♦ *n* florecimiento ♦ *adj* que da flores (*planta*)

flowerpot /'flaʊəpɒt/ *n* tiesto

flown *pp de* FLY

flu /fluː/ *n* [*incontable*] (*coloq*) gripe

fluctuate /'flʌktʃueɪt/ *vi* ~ (**between...**) fluctuar, variar (entre...)

fluent /'fluːənt/ *adj* **1** (*Ling*): *She's fluent in Russian.* Habla ruso con soltura. ◊ *She speaks fluent French.* Domina el francés. **2** (*orador*) elocuente **3** (*estilo*) fluido

fluff /flʌf/ *n* **1** pelusa: *a piece of fluff* una pelusa **2** (*aves*) plumón **3** (*en el cuerpo humano*) vello **fluffy** *adj* (**-ier, -iest**) **1** lanudo, velludo, cubierto de pelusa **2** mullido, esponjoso

fluid /'fluːɪd/ ♦ *adj* **1** fluido, líquido **2** (*plan*) flexible **3** (*situación*) variable, inestable **4** (*estilo, movimiento*) fluido, suelto ♦ *n* **1** líquido **2** fluido

fluke /fluːk/ *n* (*coloq*) chiripa

flung *pret, pp de* FLING

flurry /'flʌri/ *n* (*pl* **-ies**) **1** ráfaga: *a flurry of snow* una nevisca **2** ~ (**of sth**) (*de actividad, emoción*) frenesí (de algo)

flush /flʌʃ/ ♦ *n* rubor: *hot flushes* sofocos ♦ **1** *vi* ruborizarse **2** *vt* (*wáter*) tirar de la cadena

fluster /'flʌstə(r)/ *vt* aturdir: *to get flustered* ponerse nervioso

flute /fluːt/ *n* flauta (*travesera*)

flutter /'flʌtə(r)/ ♦ **1** *vi* (*pájaro*) revolotear, aletear **2** *vt, vi* (*alas*) agitar(se), batir(se) **3** *vi* (*cortina, bandera, etc.*) ondear **4** *vt* (*objeto*) menear ♦ *n* **1** (*alas*) aleteo **2** (*pestañas*) pestañeo **3** *all of a/in a flutter* alterado/nervioso

fly /flaɪ/ ♦ *n* (*pl* **flies**) **1** mosca **2** (*tb* **flies** [*pl*]) bragueta ♦ (*pret* **flew** /fluː/ *pp* **flown** /fləʊn/) **1** *vi* volar: *to fly away/off* irse volando **2** *vi* (*persona*) ir/viajar en avión: *to fly in/out/back* llegar/partir/regresar (en avión) **3** *vt* (*avión*) pilotar **4** *vt* (*pasajeros o mercancías*) transportar (en avión) **5** *vi* ir de prisa: *I must fly.* Me voy corriendo. **6** *vi* (*repentinamente*): *The wheel flew off.* La rueda salió disparada. ◊ *The door flew open.* La puerta se abrió de golpe. **7** *vi* (*flotar al aire*) ondear **8** *vt* (*bandera*) enarbolar **9** *vt* (*cometa*) volar LOC **to fly high** ser ambicioso *Ver tb* CROW, LET¹, TANGENT PHR V **to fly at sb** lanzarse sobre algn

flying /'flaɪŋ/ ♦ *n* volar: *flying lessons* clases de vuelo ♦ *adj* volador

flying saucer *n* platillo volante

flying start *n* LOC **to get off to a flying start** empezar con buen pie

flyover /'flaɪəʊvə(r)/ *n* paso elevado

foal /fəʊl/ *n* potro ☞ *Ver nota en* POTRO

foam /fəʊm/ ♦ *n* **1** espuma **2** (*tb* **foam rubber**) gomaespuma ♦ *vi* echar espuma

focus /'fəʊkəs/ ♦ *n* (*pl* **~es** *o* **foci** /'fəʊsaɪ/) foco LOC **to be in focus/out of focus** estar enfocado/desenfocado ♦ (**-s-** *o* **-ss-**) **1** *vt, vi* enfocar **2** *vt* ~ **sth on sth** concentrar algo (esfuerzo, etc.) en algo LOC **to focus your attention/mind on sth** centrarse en algo

fodder /'fɒdə(r)/ *n* forraje

foetus (*USA* **fetus**) /'fiːtəs/ *n* feto

fog /fɒg; *USA* fɔːg/ ♦ *n* niebla ☞ *Comparar con* HAZE, MIST ♦ *vi* (**-gg-**) ~ (**up**) empañarse

foggy /'fɒgi; *USA* 'fɔːgi/ *adj* (**-ier, -iest**): *a foggy day* un día de niebla

foil /fɔɪl/ ♦ *n* lámina: *aluminium foil* papel de aluminio ♦ *vt* frustrar

fold /fəʊld/ ♦ **1** *vt, vi* doblar(se), plegar(se) **2** *vi* (*coloq*) (*empresa, negocio*) irse abajo **3** *vi* (*coloq*) (*obra de teatro*) cerrar LOC **to fold your arms** cruzar los brazos ☞ *Ver dibujo en* ARM PHR V **to**

fold (sth) back/down/up doblar algo/ doblarse ♦ *n* **1** pliegue **2** redil

folder /ˈfəʊldə(r)/ *n* carpeta

folding /ˈfəʊldɪŋ/ *adj* plegable ☞ Se usa solo antes de sustantivo: *a folding table/bed* una mesa/cama plegable

folk /fəʊk/ ♦ *n* **1** gente: *country folk* gente de pueblo **2 folks** [*pl*] (*coloq*) gente **3 folks** [*pl*] (*coloq*) parientes ♦ *adj* folklórico, popular

follow /ˈfɒləʊ/ *vt, vi* **1** seguir **2** (*explicación*) entender **3** ~ **(from)**; **(sth)** resultar, ser la consecuencia (de algo) LOC **as follows** como sigue **to follow the crowd** hacer lo que hacen los demás PHR V **to follow on** seguir: *to follow on from sth* ser una consecuencia de algo **to follow sth through** seguir con algo hasta el final **to follow sth up** *Follow up your phone call with a letter.* Envía una carta reafirmándote en lo que ya has dicho por teléfono. **2** (*investigar*) seguir algo

follower /ˈfɒləʊə(r)/ *n* seguidor, -ora

following /ˈfɒləʊɪŋ/ ♦ *adj* siguiente ♦ *n* **1 the following** [*v sing o pl*] lo siguiente/lo que sigue **2** seguidores ♦ *prep* tras: *following the burglary* tras el robo

follow-up /ˈfɒləʊ ʌp/ *n* continuación

fond /fɒnd/ *adj* (~er, ~est) **1** [*antes de sustantivo*] cariñoso: *fond memories* gratos recuerdos ◊ *a fond smile* una sonrisa cariñosa **2 to be** ~ **of sb** tenerle cariño a algn **3 to be** ~ **of (doing) sth** ser aficionado a (hacer) algo **4** (*esperanza*) vano

fondle /ˈfɒndl/ *vt* acariciar

font /fɒnt/ *n* **1** pila (*bautismal*) **2** (*Informát*) tipo de letra

food /fuːd/ *n* [*gen incontable*] comida, alimento: *Italian food* la comida italiana ◊ *frozen foods* alimentos congelados LOC **(to give sb) food for thought** (dar a algn) algo en que pensar

food processor *n* robot de cocina

foodstuffs /ˈfuːdstʌfs/ *n* [*pl*] alimentos

fool /fuːl/ ♦ *n* (*pey*) tonto, loco LOC **to act/play the fool** hacer(se) el tonto **to be no fool** no tener un pelo de tonto **to be nobody's fool** no dejarse engañar por nadie **to make a fool of yourself/sb** ponerse/poner a algn en ridículo ♦ **1** *vi* bromear **2** *vt* engañar PHR V **to fool about/around** perder el tiempo: *Stop*

fooling about with that knife! ¡Para de jugar con ese cuchillo!

foolish /ˈfuːlɪʃ/ *adj* **1** tonto **2** ridículo

foolproof /ˈfuːlpruːf/ *adj* infalible

foot /fʊt/ ♦ *n* **1** (*pl* **feet** /fiːt/) pie: *at the foot of the stairs* al pie de las escaleras **2** (*pl* **feet** *o* **foot**) (*abrev* **ft**) (*unidad de longitud*) pie (*30,48 centímetros*) ☞ Ver Apéndice 1. LOC **on foot** a pie **to fall/land on your feet** salirle a algn las cosas redondas **to put your feet up** descansar **to put your foot down** cerrarse en banda **to put your foot in it** meter la pata *Ver tb* COLD, FIND, SWEEP ♦ *vt* LOC **to foot the bill (for sth)** pagar los gastos (de algo)

football /ˈfʊtbɔːl/ *n* **1** fútbol **2** balón (de fútbol) **3** (*USA*) fútbol americano

footballer *n* futbolista

footing /ˈfʊtɪŋ/ *n* [*sing*] **1** equilibrio: *to lose your footing* perder el equilibrio **2** (*fig*) situación: *on an equal footing* en igualdad de condiciones

footnote /ˈfʊtnəʊt/ *n* nota (a pie de página)

footpath /ˈfʊtpɑːθ; *USA* -pæθ/ *n* sendero, acera: *public footpath* camino público

footprint /ˈfʊtprɪnt/ *n* [*gen pl*] huella

footstep /ˈfʊtstep/ *n* pisada, paso

footwear /ˈfʊtweə(r)/ *n* [*incontable*] calzado

for /fə(r), fɔː(r)/ ♦ *prep* **1** para: *a letter for you* una carta para ti ◊ *What's it for?* ¿Para qué sirve? ◊ *the train for York* el tren que va a York ◊ *It's time for supper.* Es hora de cenar. **2** por: *for her own good* por su propio bien ◊ *What can I do for you?* ¿Qué puedo hacer por ti? ◊ *to fight for your country* luchar por su país **3** (*en expresiones de tiempo*) durante, desde hace: *They are going for a month.* Se van por un mes. ◊ *How long are you here for?* ¿Cuánto tiempo estarás aquí? ◊ *I haven't seen him for two days.* No lo veo desde hace dos días. ¿**For** o **since**? Cuando **for** se traduce por "desde hace" se puede confundir con **since**, "desde". Las dos palabras se usan para expresar el tiempo que ha durado la acción del verbo, pero **for** especifica la duración de la acción y **since** el comienzo de dicha acción: *I've been living here for three months.* Vivo aquí desde hace tres meses. ◊ *I've been living here since August.* Vivo aquí desde agosto. Nótese que en ambos

u	ɒ	ɔː	ɜː	ə	j	w	eɪ	əʊ
situation	got	saw	fur	ago	yes	woman	pay	go

casos se usa el pretérito perfecto o el pluscuamperfecto, nunca el presente. *Ver tb nota en* AGO

4 [*con infinitivo*]: *There's no need for you to go.* No hace falta que vayas. ◊ *It's impossible for me to do it.* Me es imposible hacerlo. **5** (*otros usos de for*): *I for Irene* I de Irene ◊ *for miles and miles* milla tras milla ◊ *What does he do for a job?* ¿Qué trabajo tiene? LOC **for all**: *for all his wealth* a pesar de toda su riqueza **to be for/against sth** estar a favor/en contra de algo **to be for it** (*coloq*): *He's for it now!* ¡Se la va a cargar! ☞ Para los usos de for en PHRASAL VERBS ver las entradas de los verbos correspondientes, p. ej. **to look for** en LOOK. *Ver tb* **págs 324-25.** ◆ *conj* (*formal, antic*) ya que

forbade *pret de* FORBID

forbid /fə'bɪd/ *vt* (*pret* **forbade** /fə'bæd; *USA* fə'beɪd/ *pp* **forbidden** /fə'bɪdn/) prohibir: *It is forbidden to smoke.* Se prohíbe fumar. ◊ *They forbade them from entering.* Les prohibieron entrar. **forbidding** *adj* imponente, amenazante

force /fɔːs/ ◆ *n* (*lit y fig*) fuerza: *the armed forces* las fuerzas armadas LOC **by force** a la fuerza **in force** en vigor: *to be in/come into force* estar/entrar en vigor ◆ *vt* ~ **sth/sb** (**to do sth**) forzar, obligar a algo/algn (a hacer algo) PHR V **to force sth on sb** imponer algo a algn **forceful** *adj* **1** fuerte, con carácter **2** (*argumento*) convincente **3** mediante el uso de la fuerza

forcible /'fɔːsəbl/ *adj* **1** a/por la fuerza **2** convincente **forcibly** *adv* **1** por la fuerza **2** enérgicamente

ford /fɔːd/ ◆ *n* vado ◆ *vt* vadear

fore /fɔː(r)/ ◆ *adj* delantero, anterior ◆ *n* proa LOC **to be/come to the fore** destacarse/hacerse importante

forearm /'fɔːrɑːm/ *n* antebrazo

forecast /'fɔːkɑːst; *USA* -kæst/ ◆ *vt* (*pret, pp* **forecast** ◊ **forecasted**) pronosticar ◆ *n* pronóstico

forefinger /'fɔːfɪŋgə(r)/ *n* dedo índice

forefront /'fɔːfrʌnt/ *n* LOC **at/in the forefront of sth** en la vanguardia de algo

foreground /'fɔːgraʊnd/ *n* primer plano

forehead /'fɒrɪd, 'fɔːhed; *USA* 'fɔːrɪd/ *n* (*Anat*) frente

foreign /'fɒrən; *USA* 'fɔːr-/ *adj* **1** extranjero **2** exterior: *foreign exchange* divisas ◊ *Foreign Office/Secretary* Ministerio/ministro de Asuntos Exteriores **3** ~ **to sth/sb** (*formal*) ajeno a algo/algn

foreigner /'fɒrənə(r)/ *n* extranjero, -a

foremost /'fɔːməʊst/ ◆ *adj* más destacado ◆ *adv* principalmente

forerunner /'fɔːrʌnə(r)/ *n* precursor, -ora

foresee /fɔː'siː/ *vt* (*pret* **foresaw** /fɔː'sɔː/ *pp* **foreseen** /fɔː'siːn/) prever **foreseeable** *adj* previsible LOC **for/in the foreseeable future** en un futuro previsible

foresight /'fɔːsaɪt/ *n* previsión

forest /'fɒrɪst; *USA* 'fɔːr-/ *n* bosque

Tanto **forest** como **wood** significan "bosque", pero **wood** es más pequeño.

foretell /fɔː'tel/ *vt* (*pret, pp* **foretold** /fɔː'təʊld/) (*formal*) predecir

forever /fə'revə(r)/ *adv* **1** (*tb* **for ever**) para siempre **2** siempre

foreword /'fɔːwɜːd/ *n* prefacio

forgave *pret de* FORGIVE

forge /fɔːdʒ/ ◆ *n* fragua ◆ *vt* **1** (*lazos, metal*) forjar **2** (*dinero, etc.*) falsificar PHR V **to forge ahead** progresar con rapidez

forgery /'fɔːdʒəri/ *n* (*pl* **-ies**) falsificación

forget /fə'get/ (*pret* **forgot** /fə'gɒt/ *pp* **forgotten** /fə'gɒtn/) **1** *vt, vi* ~ (**sth/to do sth**) olvidarse (de algo/hacer algo): *He forgot to pay me.* Se le olvidó pagarme. **2** *vt* (*dejar de pensar en*) olvidar LOC **not forgetting...** sin olvidarse de... PHR V **to forget about sth/sb 1** olvidársele a uno algo/algn **2** olvidar algo/a algn **forgetful** *adj* **1** olvidadizo **2** descuidado

forgive /fə'gɪv/ *vt* (*pret* **forgave** /fə'geɪv/ *pp* **forgiven** /fə'gɪvn/) perdonar: *Forgive me for interrupting.* Perdóname por interrumpir. **forgiveness** *n* perdón: *to ask (for) forgiveness (for sth)* pedir perdón (por algo) **forgiving** *adj* indulgente

forgot *pret de* FORGET

forgotten *pp de* FORGET

fork /fɔːk/ ◆ *n* **1** tenedor **2** (*Agric*), horca **3** bifurcación ◆ *vi* **1** (*camino*) bifurcarse **2** (*persona*): *to fork left* torcer a la izquierda PHR V **to fork out (for/on sth)** (*coloq*) aflojar la pasta (para algo)

form /fɔːm/ ◆ *n* 1 forma: *in the form of sth* en forma de algo 2 formulario: *tax form* impreso de la renta ◊ *application form* hoja de solicitud 3 formas: *as a matter of form* para guardar las formas 4 curso: *in the first form* en primero LOC **in/off form** en forma/en baja forma *Ver tb* SHAPE ◆ 1 *vt* formar, constituir: *to form an idea (of sth/sb)* formarse una idea (de algo/algn) 2 *vi* formarse

formal /ˈfɔːml/ *adj* 1 (ademán, *etc.*) ceremonioso 2 (*comida, ropa*) de etiqueta 3 (*declaración, etc.*) oficial, formal 4 (*formación*) convencional

formality /fɔːˈmæləti/ *n* (*pl* -ies) 1 formalidad, ceremonia 2 trámite: *legal formalities* requisitos legales

formally /ˈfɔːməli/ *adv* 1 oficialmente 2 de etiqueta

format /ˈfɔːmæt/ ◆ *n* formato ◆ *vt* (-tt-) (*Informát*) formatear

formation /fɔːˈmeɪʃn/ *n* formación

former /ˈfɔːmə(r)/ ◆ *adj* 1 antiguo: *the former champion* el antiguo campeón ◊ *the former president* el ex-presidente 2 anterior: *in former times* en tiempos pasados 3 primero: *the former option* la primera opción ◆ **the former** *pron* aquello, aquel, -la, -los, -las: *The former was much better than the latter.* Aquella fue mucho mejor que esta. ☞ *Comparar con* THE LATTER

formerly /ˈfɔːməli/ *adv* 1 anteriormente 2 antiguamente

formidable /ˈfɔːmɪdəbl/ *adj* 1 extraordinario, formidable 2 (*tarea*) tremendo

formula /ˈfɔːmjələ/ *n* (*pl* ~s *o en uso científico* -lae /ˈfɔːmjuliː/) fórmula

forsake /fəˈseɪk/ *vt* (*pret* forsook /fəˈsʊk/ *pp* forsaken /fəˈseɪkən/) (*formal*) 1 renunciar a 2 abandonar

fort /fɔːt/ *n* fortificación, fuerte

forth /fɔːθ/ *adv* (*formal*) en adelante: *from that day forth* desde aquel día LOC **and (so on and) so forth** y demás *Ver tb* BACK¹

forthcoming /ˌfɔːθˈkʌmɪŋ/ *adj* 1 venidero, próximo: *the forthcoming election* las próximas elecciones 2 de próxima aparición 3 disponible ☞ No se usa antes de sustantivo: *No offer was forthcoming.* No hubo ninguna oferta.

4 (*persona*) comunicativo ☞ No se usa antes de sustantivo.

forthright /ˈfɔːθraɪt/ *adj* 1 (*persona*) directo 2 (*opinión*) franco

fortieth *Ver* FORTY

fortification /ˌfɔːtɪfɪˈkeɪʃn/ *n* fortalecimiento

fortify /ˈfɔːtɪfaɪ/ *vt* (*pret, pp* fortified) 1 fortificar 2 ~ **sb/yourself** fortalecer a algn/fortalecerse

fortnight /ˈfɔːtnaɪt/ *n* quincena (*dos semanas*): *a fortnight today* de hoy en quince días

fortnightly /ˈfɔːtnaɪtli/ ◆ *adj* quincenal ◆ *adv* cada quince días, quincenalmente

fortress /ˈfɔːtrəs/ *n* fortaleza

fortunate /ˈfɔːtʃənət/ *adj* afortunado: *to be fortunate* tener suerte

fortune /ˈfɔːtʃuːn/ *n* 1 fortuna: *to be worth a fortune* valer una fortuna 2 suerte LOC *Ver* SMALL

forty /ˈfɔːti/ *adj, pron, n* cuarenta ☞ *Ver ejemplos en* FIFTY, FIVE **fortieth** 1 *adj, pron* cuadragésimo 2 *n* cuarentava parte, cuarentavo ☞ *Ver ejemplos en* FIFTH

forward /ˈfɔːwəd/ ◆ *adj* 1 hacia adelante 2 delantero: *a forward position* una posición avanzada 3 para el futuro: *forward planning* planificación para el futuro 4 atrevido, descarado ◆ *adv* 1 (*tb* forwards) adelante, hacia adelante 2 en adelante: *from that day forward* a partir de entonces LOC *Ver* BACKWARD(S) ◆ *vt* ~ **sth (to sb)** remitir algo (a algn): *please forward* se ruega enviar ◊ *forwarding address* nueva dirección (a la que han de remitirse las cartas) ◆ *n* delantero, -a

fossil /ˈfɒsl/ *n* (*lit y fig*) fósil

foster /ˈfɒstə(r)/ *vt* 1 fomentar 2 acoger en una familia

fought *pret, pp de* FIGHT

foul /faʊl/ ◆ *adj* 1 (*agua, lenguaje*) sucio 2 (*comida, olor, sabor*) asqueroso 3 (*carácter, humor, tiempo*) horrible ◆ *n* falta (*Dep*) ◆ *vt* cometer una falta contra (*Dep*) PHR V **to foul sth up** estropear algo

foul play *n* [*incontable*] crimen

found¹ *pret, pp de* FIND

found² /faʊnd/ *vt* 1 fundar 2 fundamentar: *founded on fact* basado en la realidad

tʃ	dʒ	v	θ	ð	s	z	ʃ
chin	June	van	thin	then	so	zoo	she

foundation /faʊn'deɪʃn/ n 1 fundación 2 the foundations [pl] los cimientos 3 fundamento 4 (tb foundation cream) maquillaje de fondo

founder /'faʊndə(r)/ n fundador, -ora

fountain /'faʊntən; USA -tn/ n fuente, surtidor

fountain pen n estilográfica

four /fɔː(r)/ adj, pron, n cuatro ☛ Ver ejemplos en FIVE

fourteen /ˌfɔː'tiːn/ adj, pron, n catorce ☛ Ver ejemplos en FIVE **fourteenth** 1 adj decimocuarto 2 pron, adv el decimocuarto, la decimocuarta, los decimocuartos, las decimocuartas 3 n catorceava parte, catorceavo ☛ Ver ejemplos en FIFTH

fourth (abrev 4th) /fɔːθ/ ♦ adj cuarto ♦ pron, adv el cuarto, la cuarta, los cuartos, las cuartas ♦ n 1 the fourth el (día) cuatro 2 (tb fourth gear) cuarta ☛ Ver ejemplos en FIFTH

Para hablar de proporciones, "un cuarto" se dice a quarter: We ate a quarter of the cake each. Nos comimos un cuarto del pastel cada uno.

fowl /faʊl/ n (pl fowl o ~s) ave (de corral)

fox /fɒks/ n (fem vixen /'vɪksn/) zorro ☛ Ver nota en ZORRO

foyer /'fɔɪeɪ; USA 'fɔɪər/ n vestíbulo

fraction /'frækʃn/ n fracción

fracture /'fræktʃə(r)/ ♦ n fractura ♦ vt, vi fracturar(se)

fragile /'frædʒaɪl; USA -dʒl/ adj (lit y fig) frágil, delicado

fragment /'frægmənt/ ♦ n fragmento, parte ♦ /fræg'ment/ vt, vi fragmentar(se)

fragrance /'freɪɡrəns/ n fragancia, aroma, perfume

fragrant /'freɪɡrənt/ adj aromático, fragante

frail /freɪl/ adj frágil, delicado ☛ Se aplica sobre todo a personas ancianas o enfermas.

frame /freɪm/ ♦ n 1 marco 2 armazón, estructura 3 (gafas) montura LOC frame of mind estado de ánimo ♦ vt 1 enmarcar 2 (pregunta, etc.) formular 3 (coloq) ~ sb encasquetar a algn (un delito)

framework /'freɪmwɜːk/ n 1 armazón, estructura 2 marco, coyuntura

franc /fræŋk/ n franco (moneda)

frank /fræŋk/ adj franco, sincero

frantic /'fræntɪk/ adj frenético, desesperado

fraternal /frə'tɜːnl/ adj fraternal

fraternity /frə'tɜːnəti/ n (pl -ies) 1 fraternidad 2 hermandad, cofradía, sociedad

fraud /frɔːd/ n 1 (delito) fraude 2 (persona) impostor, -ora

fraught /frɔːt/ adj 1 ~ with sth lleno, cargado de algo 2 preocupante, tenso

fray /freɪ/ vt, vi desgastar(se), raer(se), deshilachar(se)

freak /friːk/ ♦ n 1 (coloq) fanático, -a: a sports freak un fanático de los deportes 2 (pey) bicho raro ♦ adj [solo antes de sustantivo] insólito, inesperado

freckle /'frekl/ n peca **freckled** adj pecoso

free /friː/ ♦ adj (freer /'friːə(r)/ freest /'friːɪst/) 1 libre: free speech libertad de expresión ◊ free kick tiro libre ◊ free will libre albedrío ◊ to set sb free poner a algn en libertad ◊ to be free of/from sth/sb estar libre de algo/algn 2 (sin atar) suelto, libre 3 gratis, gratuito: admission free entrada libre ◊ free of charge gratis 4 ~ with sth generoso con algo 5 (pey) desvergonzado: to be too free (with sb) tomarse demasiadas libertades (con algn) LOC free and easy relajado, informal of your own free will por voluntad propia to get, have, etc. a free hand tener las manos libres ♦ vt (pret, pp freed) 1 ~ sth/sb (from sth) liberar algo/a algn (de algo) 2 ~ sth/sb of/from sth librar, eximir algo/a algn de algo 3 ~ sth/sb (from sth) soltar algo/a algn (de algo) ♦ adv gratis **freely** adv 1 libremente, copiosamente 2 generosamente

freedom /'friːdəm/ n 1 ~ (of sth) libertad (de algo): freedom of speech libertad de expresión 2 ~ (to do sth) libertad (para hacer algo) 3 ~ from sth inmunidad contra algo

free-range /ˌfriː 'reɪndʒ/ adj de corral: free-range eggs huevos de corral ☛ Comparar con BATTERY 2

freeway /'friːweɪ/ n (USA) autopista

freeze /friːz/ ♦ (pret froze /frəʊz/ pp frozen /'frəʊzn/) 1 vt, vi helar(se), congelar(se): I'm freezing! ¡Estoy muerto de frío! ◊ freezing point punto de congelación 2 *vt, vi (comida, precios, salarios, fondos)* congelar(se) 3 *vi* quedarse rígido: *Freeze!* ¡No te muevas! ◆ *n* **1** helada **2** *(de salarios, etc.)* congelación

freezer /ˈfriːzə(r)/ *(tb deep freeze) n* congelador

freight /freɪt/ *n* **1** carga **2** transporte

French fry *n (pl* fries) *(esp USA) Ver* FRY

French window *(USA tb* French door) *n* puerta *(que da a un jardín, porche, etc.)*

frenzied /ˈfrenzid/ *adj* frenético, enloquecido

frenzy /ˈfrenzi/ *n [gen sing]* frenesí

frequency /ˈfriːkwənsi/ *n (pl* -ies) frecuencia

frequent /ˈfriːkwənt/ ◆ *adj* frecuente ◆ /friˈkwent/ *vt* frecuentar

frequently /ˈfriːkwəntli/ *adv* con frecuencia, frecuentemente ☞ *Ver nota en* ALWAYS

fresh /freʃ/ *adj* (-er, -est) **1** fresco: *fresh air/food* aire fresco/alimentos frescos **2** nuevo, otro **3** reciente **4** *(agua)* dulce LOC *Ver* BREATH **freshly** *adv* recién: *freshly baked* recién sacado del horno **freshness** *n* **1** frescura **2** novedad

freshen /ˈfreʃn/ **1** *vt* ~ **sth** (**up**) dar nueva vida a algo **2** *vi (viento)* refrescar PHR V **to freshen (yourself) up** arreglarse

freshwater /ˈfreʃˌwɔːtə(r)/ *adj* de agua dulce

fret /fret/ *vi* (-tt-) ~ **(about/at/over sth)** apurarse, preocuparse (por algo)

friar /ˈfraɪə(r)/ *n* fraile

friction /ˈfrɪkʃn/ *n* **1** fricción, rozamiento **2** fricción, desavenencia

Friday /ˈfraɪdeɪ, ˈfraɪdi/ *n (abrev* Fri) viernes ☞ *Ver ejemplos en* MONDAY LOC **Good Friday** Viernes Santo

fridge /frɪdʒ/ *n (coloq)* nevera: *fridge-freezer* frigorífico de dos puertas

fried /fraɪd/ ◆ *pret, pp de* FRY ◆ *adj* frito

friend /frend/ *n* **1** amigo, -a **2** ~ **of/to sth** partidario, -a de algo LOC **to be friends (with sb)** ser amigo (de algn) **to have friends in high places** tener enchufes **to make friends** hacer amigos **to make friends with sb** hacerse amigo de algn

friendly /ˈfrendli/ *adj* (-ier, -iest)

1 *(persona)* simpático, amable ☞ *Nótese que* **sympathetic** *se traduce por* "compasivo". **2** *(relación, consejo)* amistoso **3** *(gesto, palabras)* amable **4** *(ambiente, lugar)* acogedor **5** *(partido)* amistoso **friendliness** *n* simpatía, cordialidad

friendship /ˈfrendʃɪp/ *n* amistad

fright /fraɪt/ *n* susto: *to give sb/get a fright* dar un susto a algn/darse un susto

frighten /ˈfraɪtn/ *vt* asustar, dar miedo a **frightened** *adj* asustado: *to be frightened (of sth/sb)* tener miedo (a/de algo/algn) LOC *Ver* WIT **frightening** *adj* alarmante, aterrador

frightful /ˈfraɪtfl/ *adj* **1** horrible, espantoso **2** *(coloq) (para enfatizar): a frightful mess* un desorden terrible **frightfully** *adv (coloq): I'm frightfully sorry.* Lo siento muchísimo.

frigid /ˈfrɪdʒɪd/ *adj* frígido

frill /frɪl/ *n* **1** *(Costura)* volante **2** *[gen pl] (fig)* adorno: *no frills* sin adornos

fringe /frɪndʒ/ ◆ *n* **1** flequillo **2** flecos **3** *(fig)* margen ◆ *vt* LOC **to be fringed by/with sth** estar bordeado por/con algo

frisk /frɪsk/ **1** *vt* cachear **2** *vi* retozar **frisky** *adj* retozón, juguetón

frivolity /frɪˈvɒləti/ *n* frivolidad

frivolous /ˈfrɪvələs/ *adj* frívolo

fro /frəʊ/ *adv Ver* TO

frock /frɒk/ *n* vestido

frog /frɒg; *USA* frɔːg/ *n* **1** rana **2** *(coloq, ofen)* gabacho, -a

from /frəm, frɒm/ *prep* **1** de *(procedencia)*: *from Madrid to London* de Madrid a Londres ◊ *I'm from New Zealand.* Soy de Nueva Zelanda. ◊ *from bad to worse* de mal en peor ◊ *the train from Soria* el tren (procedente) de Soria ◊ *a present from a friend* un regalo de un amigo ◊ *to take sth away from sb* quitarle algo a algn **2** *(tiempo, situación)* desde: *from above/below* desde arriba/abajo ◊ *from time to time* de vez en cuando ◊ *from yesterday* desde ayer ☞ *Ver nota en* SINCE **3** por: *from choice* por elección ◊ *from what I can gather* por lo que yo entiendo **4** entre: *to choose from...* elegir entre... **5** con: *Wine is made from grapes.* El vino se hace con uvas. **6** *(Mat)*: *13 from 34 leaves 21.* 34 menos 13 son 21. LOC **from... on:** *from now on*

u	ɒ	ɔː	ɜː	ə	j	w	eɪ	əʊ
sit**u**ation	g**o**t	s**aw**	f**ur**	**a**go	**y**es	**w**oman	p**ay**	g**o**

de ahora en adelante ◊ *from then on* desde entonces ☞ Para los usos de **from** en PHRASAL VERBS ver las entradas de los verbos correspondientes, p. ej. to hear **from** en HEAR. *Ver tb págs 324-25.*

front /frʌnt/ ◆ n 1 the ~ (of sth) el frente, la (parte) delantera (de algo): *If you can't see the board, sit at the front.* Si no ves la pizarra, siéntate delante. ◊ *The number is shown on the front of the bus.* El número está puesto en la parte delantera del autobús. 2 the front (*Mil*) el frente 3 fachada: *a front for sth* una fachada para algo 4 terreno: *on the financial front* en el terreno económico ◆ adj delantero, de delante (*rueda, habitación, etc.*) ◆ adv LOC in front delante: *the row in front* la fila de delante ☞ *Ver dibujo en* DELANTE up front (*coloq*) por adelantado *Ver tb* BACK¹ ◆ prep LOC in front of 1 delante de ☞ *Ver dibujo en* DELANTE 2 ante ☞ Nótese que **enfrente de** se traduce por **opposite**. *Ver dibujo en* ENFRENTE

front cover n portada

front door n puerta de entrada

frontier /'frʌntɪə(r); USA frʌn'tɪər/ n ~ (with sth/between...) frontera (con algo/entre...) ☞ *Ver nota en* BORDER

front page n primera plana

front row n primera fila

frost /frɒst; USA frɔːst/ ◆ n 1 helada 2 escarcha ◆ vt, vi ~ (sth) (over/up) cubrir(se) de escarcha **frosty** adj (-ier, -iest) 1 helado 2 cubierto de escarcha

froth /frɒθ; USA frɔːθ/ ◆ n espuma ◆ vi hacer espuma

frown /fraʊn/ ◆ n ceño ◆ vi fruncir el ceño PHR V to frown on/upon sth desaprobar algo

froze *pret de* FREEZE

frozen *pp de* FREEZE

fruit /fruːt/ n 1 [*gen incontable*] fruta: *fruit and vegetables* frutas y verduras ◊ *tropical fruits* frutas tropicales 2 fruto: *the fruit(s) of your labours* el fruto de su trabajo

fruitful /'fruːtfl/ adj fructífero, provechoso

fruition /fru'ɪʃn/ n realización: *to come to fruition* verse realizado

fruitless /'fruːtləs/ adj infructuoso

frustrate /frʌ'streɪt; USA 'frʌstreɪt/ vt frustrar, desbaratar **frustrating** adj frustrante

fry /fraɪ/ ◆ vt, vi (*pret, pp* fried /fraɪd/) freír(se) (*tb* French fry) (*pl* fries) (*esp USA*) patata frita

frying pan /'fraɪŋ pæn/ n sartén ☞ *Ver dibujo en* SAUCEPAN LOC out of the frying pan into the fire de Guatemala a guatepeor

fudge /fʌdʒ/ n dulce de leche, tofe

fuel /'fjuːəl/ n 1 combustible 2 carburante

fugitive /'fjuːdʒətɪv/ adj, n ~ (from sth/sb) fugitivo, -a, prófugo, -a (de algo/algn)

fulfil (USA fulfill) /fʊl'fɪl/ vt (-ll-) 1 (*promesa*) cumplir 2 (*tarea*) llevar a cabo 3 (*deseo*) satisfacer 4 (*función*) realizar

full /fʊl/ ◆ adj (-er, -est) 1 ~ (of sth) lleno (de algo) 2 ~ of sth obsesionado por algo 3 ~ (up) hasta arriba: *I'm full up.* Ya no puedo más. 4 (*hotel, instrucciones*) completo 5 (*discusiones*) extenso 6 (*sentido*) amplio 7 (*investigación*) detallado 8 (*ropa*) holgado LOC (at) full blast a tope (*al*) full speed a toda mecha full of yourself (*pey*): *You're very full of yourself.* Estás hecho un creído. in full detalladamente, íntegramente in full swing en plena marcha to come full circle volver al principio to the full al máximo ◆ adv 1 *full in the face* en plena cara 2 muy: *You know full well that...* Sabes muy bien que...

full board n pensión completa

full-length /ˌfʊl 'leŋθ/ adj 1 (*espejo*) de cuerpo entero 2 (*ropa*) largo

full stop (USA period) n punto (y seguido) ☞ *Ver pág 326-27.*

full-time /ˌfʊl 'taɪm/ adj, adv (a/de) tiempo completo, (a/de) jornada completa: *full-time students* los estudiantes a/de tiempo completo ◊ *I work full time.* Trabajo la jornada completa.

fully /'fʊli/ adv 1 completamente 2 del todo 3 por lo menos: *fully two hours* por lo menos dos horas

fumble /'fʌmbl/ vi 1 ~ (with sth) manosear algo (*torpemente*) 2 buscar a tientas

fume /fjuːm/ ◆ n [*gen pl*] humo: *poisonous fumes* gases tóxicos ◆ vi echar humo (*de rabia*)

fun /fʌn/ n 1 diversión: *to have fun* pasarlo bien ◊ *to take the fun out of sth* quitar toda la gracia a algo ◊ *to be* great/good fun ser muy divertido

¿**Fun** o **funny**? **Fun** se utiliza con el verbo **to be** para decir que alguien o algo es entretenido o divertido. Tiene el mismo significado que **enjoyable** aunque es más coloquial: *The party was good/great fun.* La fiesta fue muy divertida. ◊ *Aerobics is more fun than jogging.* Hacer aeróbic es más divertido que correr. **Funny** se utiliza para hablar de algo que te hace reír porque es gracioso: *She told me a funny joke.* Me contó un chiste muy gracioso. ◊ *The clowns were very funny.* Los payasos eran muy graciosos. De modo que si disfrutaste leyendo el libro, lo que dices es: *the book was great fun*; en cambio, si te hizo reír, lo que dices es: *the book was very funny.*

Funny puede significar también extraño, raro: *The car was making a funny noise.* El coche estaba haciendo un ruido raro.

LOC **to make fun of sth/sb** reírse de algo/algn *Ver tb* POKE

function /'fʌŋkʃn/ ◆ *n* **1** función **2** ceremonia ◆ *vi* **1** funcionar **2** ~ **as sth** servir, hacer de algo

fund /fʌnd/ ◆ *n* **1** fondo (*de dinero*) **2** **funds** [*pl*] fondos ◆ *vt* financiar, subvencionar

fundamental /ˌfʌndə'mentl/ ◆ *adj* ~ **(to sth)** fundamental (para algo) ◆ *n* [*gen pl*] fundamento

funeral /'fjuːnərəl/ *n* **1** funeral, entierro: *funeral parlour* funeraria **2** cortejo fúnebre

fungus /'fʌŋgəs/ *n* (*pl* -gi /-gaɪ, -dʒaɪ/ o -guses /-gəsɪz/) hongo

funnel /'fʌnl/ ◆ *n* **1** embudo **2** (*de un barco*) chimenea ◆ *vt* (-ll-, *USA* -l-) canalizar

funny /'fʌni/ *adj* (-ier. -iest) **1** gracioso, divertido **2** extraño, raro ☞ *Ver nota en* FUN

fur /fɜː(r)/ *n* **1** pelo (*de animal*) **2** piel: *a fur coat* un abrigo de pieles

furious /'fjʊəriəs/ *adj* **1** ~ **(at sth/with sb)** furioso (con algo/algn) **2** (*esfuerzo, lucha, tormenta*) violento **3** (*debate*) acalorado **furiously** *adv* violentamente, furiosamente

furnace /'fɜːnɪs/ *n* caldera

furnish /'fɜːnɪʃ/ *vt* **1** ~ **sth (with sth)** amueblar algo (con algo): *a furnished*

flat un piso amueblado **2** ~ **sth/sb with sth** suministrar algo a algo/algn

furnishings *n* [*pl*] mobiliario

furniture /'fɜːnɪtʃə(r)/ *n* [*incontable*] mobiliario, muebles: *a piece of furniture* un mueble

furrow /'fʌrəʊ/ ◆ *n* surco ◆ *vt* hacer surcos en: *a furrowed brow* una frente arrugada

furry /'fɜːri/ *adj* (-ier, -iest) **1** peludo **2** de peluche

further /'fɜːðə(r)/ ◆ *adj* **1** (*tb* farther) más lejos: *Which is further?* ¿Cuál está más lejos? **2** más: *until further notice* hasta nuevo aviso ◊ *for further details/information...* para más información... ◆ *adv* **1** (*tb* farther) más lejos: *How much further is it to Oxford?* ¿Cuánto falta para Oxford? **2** además: *Further to my letter...* En relación a mi carta... **3** más: *to hear nothing further* no tener más noticias LOC *Ver* AFIELD

¿**Farther** o **further**? Los dos son comparativos de **far**, pero solo son sinónimos cuando nos referimos a distancias: *Which is further/farther?* ¿Cuál está más lejos?

furthermore /ˌfɜːðə'mɔː(r)/ *adv* además

furthest /'fɜːðɪst/ (*tb* farthest) *adj, adv* (*superl de* far) más lejano/alejado: *the furthest corner of Europe* el punto más lejano de Europa

fury /'fjʊəri/ *n* furia, rabia

fuse /fjuːz/ ◆ *n* **1** fusible **2** mecha **3** (*USA tb* fuze) espoleta ◆ **1** *vi* fundirse **2** *vt* ~ **sth (together)** soldar algo

fusion /'fjuːʒn/ *n* fusión

fuss /fʌs/ ◆ *n* [*incontable*] alboroto, jaleo, lío LOC **to make a fuss of/over sb** mimar a algn **to make a fuss of/over sth** dar mucho bombo a algo **to make, kick up, etc. a fuss (about/over sth)** armar un escándalo (por algo) ◆ *vi* **1** ~ **(about)** preocuparse (*por una menudencia*) **2** ~ **over sb** mimar a algn

fussy /'fʌsi/ *adj* (-ier, -iest) **1** quisquilloso **2** ~ **(about sth)** exigente (con algo)

futile /'fjuːtaɪl; *USA* -tl/ *adj* inútil

future /'fjuːtʃə(r)/ ◆ *n* **1** futuro: *in the near future* en un futuro cercano **2** porvenir LOC **in future** en el futuro, de ahora en adelante *Ver tb* FORESEE ◆ *adj* futuro

fuzzy /'fʌzi/ *adj* (-ier, -iest) **1** velludo, peludo **2** borroso **3** (*mente*) embotado

tʃ	dʒ	v	θ	ð	s	z	ʃ
chin	June	van	thin	then	so	zoo	she

Gg

G, g /dʒiː/ n (pl **G's, g's** /dʒiːz/) **1** G, g: *G for George* G de Gerona ☛ *Ver ejemplos en* A, A **2** (*Mús*) sol

gab /gæb/ n LOC *Ver* GIFT

gable /'geɪbl/ n hastial (*triángulo de fachada que soporta el tejado*)

gadget /'gædʒɪt/ n aparato

gag /gæg/ ♦ n **1** (*lit y fig*) mordaza **2** gag ♦ vt (-gg-) (*lit y fig*) amordazar

gage (USA) *Ver* GAUGE

gaiety /'geɪəti/ n alegría

gain /geɪn/ ♦ n **1** ganancia **2** aumento, subida ♦ **1** vt adquirir, ganar: *to gain control* adquirir control **2** vt aumentar, subir, ganar: *to gain two kilos* engordar dos kilos ◊ *to gain speed* ganar velocidad **3** vi ~ by/from (doing) sth beneficiarse de (hacer) algo **4** vi (*reloj*) adelantarse PHR V **to gain on sth/sb** ir alcanzando algo/a algn

gait /geɪt/ n [sing] paso, andar

galaxy /'gæləksi/ n (pl -ies) galaxia

gale /geɪl/ n vendaval

gallant /'gælənt/ adj **1** (*formal*) valiente **2** tb /ˌɡə'lænt/ galante **gallantry** n valentía

gallery /'gæləri/ n (pl -ies) **1** (tb art gallery) museo ☛ *Ver nota en* MUSEUM **2** (*tienda*) galería **3** (*Teat*) galería

galley /'gæli/ n (pl -eys) **1** cocina (*en un avión o un barco*) **2** (*Náut*) galera

gallon /'gælən/ n (*abrev* gall) galón ☛ *Ver Apéndice 1.*

gallop /'gæləp/ ♦ vt, vi (hacer) galopar ♦ n (*lit y fig*) galope

the gallows /'gæləʊz/ n (pl **the gallows**) la horca

gamble /'gæmbl/ ♦ vt, vi (*dinero*) jugar PHR V **to gamble on doing sth** confiar en hacer algo, arriesgarse a hacer algo ♦ n **1** jugada **2** (*fig*): *to be a gamble* ser arriesgado **gambler** n jugador, -ora **gambling** n juego

game /geɪm/ ♦ n **1** juego **2** partido ☛ *Comparar con* MATCH² **3** (*Naipes, Ajedrez*) partida **4 games** [pl] educación física **5** [incontable] caza LOC *Ver* FAIR, MUG ♦ adj: *Are you game?* ¿Te animas?

gammon /'gæmən/ n [incontable] jamón (fresco salado) ☛ *Comparar con* BACON, HAM

gang /gæŋ/ ♦ n **1** [v sing o pl] banda, pandilla **2** cuadrilla ♦ v PHR V **to gang up on sb** juntarse contra algn

gangster /'gæŋstə(r)/ n gángster

gangway /'gæŋweɪ/ n **1** pasarela **2** (GB) pasillo (*entre sillas, etc.*)

gaol /dʒeɪl/ *Ver* JAIL

gap /gæp/ n **1** hueco, abertura **2** espacio **3** (*tiempo*) intervalo **4** (*fig*) separación **5** (*deficiencia*) laguna, vacío LOC *Ver* BRIDGE

gape /geɪp/ vi **1** ~ (at sth/sb) mirar boquiabierto (algo/a algn) **2** abrirse, quedar abierto **gaping** adj enorme: *a gaping hole* un agujero enorme

garage /'gærɑːʒ, 'gærɪdʒ; USA gə'rɑːʒ/ n **1** garaje **2** taller **3** estación de servicio

garbage /'gɑːbɪdʒ/ n (USA) [incontable] (*lit y fig*) basura: *garbage can* cubo de la basura

En inglés británico se usa **rubbish** para *basura*, **dustbin** para *cubo de la basura* y **garbage** solo se usa en sentido figurado.

garbled /'gɑːbld/ adj confuso

garden /'gɑːdn/ ♦ n jardín ♦ vi trabajar en el jardín **gardener** n jardinero, -a **gardening** n jardinería

gargle /'gɑːgl/ vi hacer gárgaras

garish /'geərɪʃ/ adj chillón (*color, ropa*)

garland /'gɑːlənd/ n guirnalda

garlic /'gɑːlɪk/ n [incontable] ajo: *clove of garlic* diente de ajo

garment /'gɑːmənt/ n (*formal*) prenda (*de vestir*)

garnish /'gɑːnɪʃ/ ♦ vt adornar, aderezar ♦ n adorno

garrison /'gærɪsn/ n [v sing o pl] guarnición (*militar*)

gas /gæs/ ♦ n (pl ~ es) **1** gas: *gas mask* careta antigás **2** (USA, coloq) gasolina ♦ vt (-ss-) asfixiar con gas

gash /gæʃ/ n herida profunda

gasoline /'gæsəliːn/ n (USA) gasolina

i:	i	ɪ	e	æ	ɑː	ʌ	ʊ	u:
see	happy	sit	ten	hat	father	cup	put	too

gasp /gɑːsp/ ◆ **1** *vi* dar un grito ahogado **2** *vi* jadear: *to gasp for air* hacer esfuerzos para respirar **3** *vt* ~ **sth (out)** decir algo con voz entrecortada ◆ *n* jadeo, grito ahogado

gas station *n* (*USA*) gasolinera

gate /geɪt/ *n* puerta, portón, cancela

gatecrash /ˈgeɪtkræʃ/ *vt, vi* colarse (en)

gateway /ˈgeɪtweɪ/ *n* **1** entrada, puerta **2** ~ **to sth** (*fig*) pasaporte hacia algo

gather /ˈgæðə(r)/ **1** *vi* juntarse, reunirse **2** *vi* (*muchedumbre*) formarse **3** *vt* ~ **sth/sb** (**together**) reunir/juntar algo; reunir a algn **4** *vt* (*flores, fruta*) recoger **5** *vt* deducir, tener entendido **6** *vt* ~ **sth** (**in**) (*Costura*) fruncir algo **7** *vt* (*velocidad*) cobrar PHR V **to gather round** acercarse **to gather round sth/sb** agruparse en torno a algo/algn **to gather sth up** recoger algo **gathering** *n* reunión

gaudy /ˈgɔːdi/ *adj* (-ier, -iest) (*pey*) chillón, llamativo

gauge /geɪdʒ/ ◆ *n* **1** medida **2** (*Ferrocarril*) ancho de vía **3** indicador ◆ *vt* **1** calibrar, calcular **2** juzgar

gaunt /gɔːnt/ *adj* demacrado

gauze /gɔːz/ *n* gasa

gave *pret de* GIVE

gay /geɪ/ ◆ *adj* **1** gay **2** (*antic*) alegre ◆ *n* gay, homosexual

gaze /geɪz/ ◆ *vi* ~ (**at sth/sb**) mirar fijamente (algo/a algn): *They gazed into each other's eyes.* Se miraron fijamente a los ojos. ☛ *Ver nota en* MIRAR ◆ *n* [*sing*] mirada fija y larga

GCSE /ˌdʒiː siː es ˈiː/ *n* (*abrev de* General Certificate of Secondary Education) (*GB*)
Los **GCSEs** son exámenes estatales que hacen los estudiantes de dieciséis años tras finalizar la primera fase de la enseñanza secundaria.

gear /gɪə(r)/ ◆ *n* **1** equipo: *camping gear* equipo de acampada **2** (*automóvil*) marcha, velocidad: *out of gear* en punto muerto ◊ *to change gear* cambiar de velocidad *Ver tb* REVERSE **3** (*Mec*) engranaje ◆ *v* PHR V **to gear sth to/towards sth** adaptar algo a algo, enfocar algo a algo **to gear (sth/sb) up (for/to do sth)** prepararse (para algo/para hacer algo), preparar algo/a algn (para algo/para hacer algo)

gearbox /ˈgɪəbɒks/ *n* caja de cambios

geese *plural de* GOOSE

gem /dʒem/ *n* **1** piedra preciosa **2** (*fig*) joya

Gemini /ˈdʒemɪnaɪ/ *n* géminis ☛ *Ver ejemplos en* AQUARIUS

gender /ˈdʒendə(r)/ *n* **1** (*Gram*) género **2** sexo

gene /dʒiːn/ *n* gen

general /ˈdʒenrəl/ ◆ *adj* general: *as a general rule* por regla general ◊ *the general public* el público/la gente (en general) LOC **in general** en general ◆ *n* general

general election *n* elecciones generales

generalize, -ise /ˈdʒenrəlaɪz/ *vi* ~ (**about sth**) generalizar (sobre algo) **generalization, -isation** *n* generalización

generally /ˈdʒenrəli/ *adv* generalmente, por lo general: *generally speaking…* en términos generales…

general practice *n* (*GB*) medicina general

general practitioner *n* (*GB*) *Ver* GP

general-purpose /ˌdʒenrəl ˈpɜːpəs/ *adj* de uso general

generate /ˈdʒenəreɪt/ *vt* generar

generation /ˌdʒenəˈreɪʃn/ *n* generación: *the older/younger generation* los mayores/jóvenes ◊ *the generation gap* el conflicto generacional

generator /ˈdʒenəreɪtə(r)/ *n* generador

generosity /ˌdʒenəˈrɒsəti/ *n* generosidad

generous /ˈdʒenərəs/ *adj* **1** (*persona, regalo*) generoso **2** (*ración*) abundante: *a generous helping* una buena porción

genetic /dʒəˈnetɪk/ *adj* genético **genetics** *n* [*sing*] genética

genetically modified *adj* (*abrev* GM) transgénico: *genetically modified foods* alimentos transgénicos

genial /ˈdʒiːniəl/ *adj* afable

genital /ˈdʒenɪtl/ *adj* genital **genitals** (*tb* **genitalia** /ˌdʒenɪˈteɪliə/) *n* [*pl*] (*formal*) genitales

genius /ˈdʒiːniəs/ *n* (*pl* **geniuses**) genio

genocide /ˈdʒenəsaɪd/ *n* genocidio

gent /dʒent/ *n* **1** (*coloq, joc*) caballero **2 the Gents** [*sing*] (*GB, coloq*) el servicio de caballeros

u	ɒ	ɔː	ɜː	ə	j	w	eɪ	əʊ
situation	got	saw	fur	ago	yes	woman	pay	go

genteel /dʒen'tiːl/ *adj (pey)* remilgado

gentility /dʒen'tɪləti/ *n (aprob, irón)* finura

gentle /'dʒentl/ *adj* (**-er, -est**) **1** *(persona, carácter)* amable, benévolo **2** *(brisa, caricia, ejercicio)* suave **3** *(animal)* manso **4** *(declive, toque)* ligero **gentleness** *n* **1** amabilidad **2** suavidad **3** mansedumbre **gently** *adv* **1** suavemente **2** *(freír)* a fuego lento **3** *(persuadir)* poco a poco

gentleman /'dʒentlmən/ *n (pl* **-men** /-mən/) caballero *Ver tb* LADY

genuine /'dʒenjum/ *adj* **1** *(cuadro)* auténtico **2** *(persona)* sincero

geography /dʒi'ɒɡrəfi/ *n* geografía **geographer** /dʒi'ɒɡrəfə(r)/ *n* geógrafo, -a **geographical** /ˌdʒiːə'ɡræfɪkl/ *adj* geográfico

geology /dʒi'ɒlədʒi/ *n* geología **geological** /ˌdʒiːə'lɒdʒɪkl/ *adj* geológico **geologist** /dʒi'ɒlədʒɪst/ *n* geólogo, -a

geometry /dʒi'ɒmətri/ *n* geometría **geometric** /ˌdʒiːə'metrɪk/ (*tb* **geometrical** -ɪkl/) *adj* geométrico

geriatric /ˌdʒeri'ætrɪk/ *adj, n* geriátrico, -a

germ /dʒɜːm/ *n* germen, microbio

gesture /'dʒestʃə(r)/ ◆ *n* gesto ◆ *vi* hacer gestos: *to gesture at/to/towards sth* señalar algo con la mano

get /get/ (**-tt-**) *(pret* **got** /ɡɒt/ *pp* **got,** *USA* **gotten** /'ɡɒtn/)
● **to get + n/pron** *vt* recibir, conseguir, coger: *to get a shock* llevarse un susto ◊ *to get a letter* recibir una carta ◊ *How much did you get for your car?* ¿Cuánto te han dado por el coche? ◊ *She gets bad headaches.* Sufre de fuertes dolores de cabeza. ◊ *I didn't get the joke.* No cogí el chiste.
● **to get + objeto + infinitivo o -ing** *vt* **to get sth/sb doing sth/to do sth** hacer, conseguir que algo/algn haga algo: *to get the car to start* hacer que el coche arranque ◊ *to get him talking* hacerle hablar
● **to get + objeto + participio** *vt* (con actividades que queremos que sean realizadas por otra persona para nosotros): *to get your hair cut* cortarse el pelo ◊ *You should get your watch repaired.* Deberías llevar tu reloj a arreglar. ☛ *Comparar con* HAVE 6

● **to get + objeto + adj** *vt (conseguir que algo se vuelva/haga...)*: *to get sth right* acertar algo ◊ *to get the children ready for school* dejar a los niños listos para ir a la escuela ◊ *to get (yourself) ready* arreglarse
● **to get + adj** *vi* volverse, hacerse: *to get wet* mojarse ◊ *It's getting late.* Se está haciendo tarde. ◊ *to get better* mejorar/recuperarse
● **to get + participio** *vi*: *to get fed up with sth* hartarse de algo ◊ *to get used to sth* acostumbrarse a algo ◊ *to get lost* perderse

Algunas combinaciones frecuentes de **to get + participio** se traducen por verbos pronominales: *to get bored* aburrirse ◊ *to get divorced* divorciarse ◊ *to get dressed* vestirse ◊ *to get drunk* emborracharse ◊ *to get married* casarse. Para conjugarlos, añadimos la forma correspondiente de *get*: *She soon got used to it.* Se acostumbró enseguida. ◊ *I'm getting dressed.* Me estoy vistiendo. ◊ *We'll get married in the summer.* Nos casaremos este verano. *Get + participio* se utiliza también para expresar acciones que ocurren o se realizan de forma accidental, inesperada o repentina: *I got caught in a heavy rainstorm.* Me pilló una tormenta muy fuerte. ◊ *Simon got hit by a ball.* A Simon le dieron un pelotazo.

● **otros usos 1** *vi* **to get to...** *(movimiento)* llegar a...: *Where have they got to?* ¿Dónde se han metido? **2 to have got** *Ver* HAVE 1, 2, 3, 4
LOC to get away from it all *(coloq)* huir de todo y de todos **to get (sb) nowhere; not to get (sb) anywhere** *(coloq)* no llevar (a algn) a ninguna parte **to get there** lograrlo ☛ Para otras expresiones con *get*, véanse las entradas del sustantivo, adjetivo, etc., p. ej. **to get the hang of sth** en HANG.
PHR V to get about/(a)round 1 *(persona, animal)* salir, moverse **2** *(rumor, noticia)* circular, correr
to get sth across (to sb) comunicar algo (a algn)
to get ahead (of sb) adelantarse (a algn)
to get along/on 1 irle a algn: *How did you get on?* ¿Cómo te fue? **2** arreglárselas **to get along/on (together); to get**

along/on with sb llevarse bien (con algn)

to get around to (doing) sth encontrar tiempo para (hacer) algo

to get at sb (*coloq*) tomarla con algn **to get at sth** (*coloq*) insinuar algo: *What are you getting at?* ¿Qué quieres decir?

to get away (from...) irse, salir (de...)

to get away with (doing) sth quedarse sin castigo por (hacer) algo

to get back regresar **to get back at sb** (*coloq*) vengarse de algn **to get sth back** recuperar, recobrar algo

to get behind (with sth) retrasarse (con/en algo)

to get by (lograr) pasar

to get down 1 bajar **2** (*niños*) levantarse (de la mesa) **to get down to (doing) sth** ponerse a hacer algo **to get sb down** (*coloq*) deprimir a algn

to get in; to get into sth 1 (*tren*) llegar (a algún sitio) **2** (*persona*) volver (a casa) **3** subirse (a algo) (*vehículo*) **to get sth in** recoger algo

to get off (sth) 1 salir (del trabajo) **2** (*vehículo*) bajar (de algo) **to get off with sb** (GB, *coloq*) ligar, enrollarse con algn **to get sth off (sth)** quitar algo (de algo)

to get on 1 *Ver* TO GET ALONG/ON **2** tener éxito **to get on; to get onto sth** subirse (a algo) **to get on to sth** (*together*) ponerse a hablar de algo, pasar a considerar algo **to get on (together); to get on with sb** *Ver* TO GET ALONG/ON (TOGETHER) **to get on with sth** seguir con algo: *Get on with your work!* ¡Sigan trabajando! **to get sth on** poner(se) algo

to get out (of sth) 1 salir (de algo): *Get out (of here)!* ¡Fuera de aquí! **2** (*vehículo*) bajar (de algo) **to get out of (doing) sth** librarse de (hacer) algo **to get sth out of sth/sb** sacar algo de algo/algn

to get over sth 1 (*problema, timidez*) superar algo **2** olvidar algo **3** recuperarse de algo

to get round sb (*coloq*) convencer a algn **to get round to (doing) sth** encontrar tiempo para (hacer) algo

to get through sth 1 (*dinero, comida*) consumir algo **2** (*tarea*) terminar algo **to get through (to sb)** (*por teléfono*), ponerse en contacto (con algn) **to get through to sb** entenderse con algn

to get together (with sb) reunirse (con algn) **to get sth/sb together** reunir, juntar algo/a algn

to get up levantarse **to get up to sth 1** llegar a algo **2** meterse en algo **to get sb up** levantar a algn

getaway /ˈɡetəweɪ/ *n* fuga: *getaway car* coche de fuga

ghastly /ˈɡɑːstli; USA ˈɡæstli/ *adj* (-ier, -iest) espantoso: *the whole ghastly business* todo el asqueroso asunto

ghetto /ˈɡetəʊ/ *n* (*pl* -os *o* -oes) gueto

ghost /ɡəʊst/ *n* fantasma LOC **to give up the ghost** entregar el alma **ghostly** *adj* (-ier, -iest) fantasmal

ghost story *n* historia de terror

giant /ˈdʒaɪənt/ *n* gigante

gibberish /ˈdʒɪbərɪʃ/ *n* [*incontable*] tonterías

giddy /ˈɡɪdi/ *adj* (-ier, -iest) mareado: *The dancing made her giddy.* El baile la mareó.

gift /ɡɪft/ *n* **1** regalo *Ver tb* PRESENT **2** ~ **(for sth/doing sth)** don (para algo/ hacer algo) **3** (*coloq*) ganga LOC **to have the gift of the gab** tener mucha labia *Ver tb* LOOK[1] **gifted** *adj* dotado

gift token (*tb* **gift voucher**) *n* vale de regalo

gift-wrap /ˈɡɪft ræp/ *vt* envolver en papel de regalo

gig /ɡɪɡ/ *n* (*coloq*) actuación (*musical*)

gigantic /dʒaɪˈɡæntɪk/ *adj* gigantesco

giggle /ˈɡɪɡl/ ◆ *vi* ~ **(at sth/sb)** reírse tontamente (de algo/algn) ◆ *n* **1** risita **2** broma: *I only did it for a giggle.* Solo lo hice por hacer una gracia. **3 the giggles** [*pl*]: *a fit of the giggles* un ataque de risa

gilded /ˈɡɪldɪd/ (*tb* **gilt** /ɡɪlt/) *adj* dorado

gimmick /ˈɡɪmɪk/ *n* truco publicitario o de promoción

gin /dʒɪn/ *n* ginebra: *a gin and tonic* un gin-tonic

ginger /ˈdʒɪndʒə(r)/ ◆ *n* jengibre ◆ *adj* pelirrojo: *ginger hair* pelo pelirrojo ◇ *a ginger cat* un gato romano

gingerly /ˈdʒɪndʒəli/ *adv* cautelosamente, sigilosamente

gipsy *Ver* GYPSY

giraffe /dʒəˈrɑːf; USA -ˈræf/ *n* jirafa

girl /ɡɜːl/ *n* niña, chica

tʃ	dʒ	v	θ	ð	s	z	ʃ
chin	June	van	thin	then	so	zoo	she

girlfriend /'gɜːlfrend/ n 1 novia 2 (esp USA) amiga

gist /dʒɪst/ n LOC **to get the gist of sth** captar lo esencial de algo

give /gɪv/ ◆ (pret **gave** /geɪv/ pp **given** /'gɪvn/) 1 vt ~ **sth** (**to sb**); ~ (**sb**) **sth** dar algo (a algn): I gave each of the boys an apple. Le di una manzana a cada uno de los chicos. ◊ It gave us rather a shock. Nos dio un buen susto. 2 vi ~ (**to sth**) dar dinero (para algo) 3 vi ceder 4 vt (tiempo, pensamiento) dedicar 5 vt contagiar: You've given me your cold. Me has contagiado tu resfriado. 6 vt conceder: I'll give you that. Te reconozco eso. 7 vt dar: to give a lecture dar una conferencia LOC **don't give me that!** ¿te crees que soy tonto? **give or take sth**: an hour and a half, give or take a few minutes una hora y media, más o menos **not to give a damn, a hoot, etc. (about sth/sb)** (coloq) importar a algn un bledo (algo/algn): She doesn't give a damn about it. Le importa un bledo. ☞ Para otras expresiones con **give**, véanse las entradas del sustantivo, adjetivo, etc., p. ej. to **give rise to sth** en RISE.
PHR V **to give sth away** regalar algo to **give sth/sb away** delatar algo/a algn **to give (sb) back sth; to give sth back (to sb)** devolver algo (a algn)
to give in (to sth/sb) ceder (a algo/algn) **to give sth in** entregar algo **to give sth out** repartir algo
to give up abandonar, rendirse **to give sth up; to give up doing sth** dejar algo, dejar de hacer algo: to give up hope perder las esperanzas ◊ to give up smoking dejar de fumar
◆ n LOC **give and take** toma y daca

given /'gɪvn/ ◆ pp de GIVE ◆ adj, prep dado

glad /glæd/ adj (**gladder**, **gladdest**) 1 **to be ~ (about sth/to do sth/that...)** alegrarse (de algo/de hacer algo/de que...): I'm glad (that) you could come. Me alegro de que pudieras venir. 2 **to be ~ to do sth** tener mucho gusto en hacer algo: 'Can you help?' 'I'd be glad to.' —¿Puedes ayudar? —Con mucho gusto. 3 **to be ~ of sth** agradecer algo **Glad** y **pleased** se utilizan para referirse a una circunstancia o un hecho concretos: Are you glad/pleased about getting the job? ¿Estás contento de haber conseguido el trabajo? **Happy**

describe un estado mental y puede preceder al sustantivo al que acompaña: Are you happy in your new job? ¿Estás contento en tu nuevo trabajo? ◊ a happy occasion una ocasión feliz ◊ happy memories recuerdos felices.

gladly adv con gusto

glamour (USA **glamor**) /'glæmə(r)/ n glamour **glamorous** adj 1 (persona) con glamour 2 (trabajo) atractivo

glance /glɑːns; USA glæns/ ◆ vi ~ **at/ down/over/through sth** echar un vistazo/una mirada a algo ☞ Ver nota en MIRAR ◆ n mirada (rápida), vistazo: to take a glance at sth echar un vistazo a algo LOC **at a glance** a simple vista

gland /glænd/ n glándula

glare /gleə(r)/ ◆ n 1 luz deslumbrante 2 mirada airada ◆ vi ~ **at sth/sb** mirar airadamente algo/a algn ☞ Ver nota en MIRAR **glaring** adj 1 (error) evidente 2 (expresión) airado 3 (luz) deslumbrante **glaringly** adv: glaringly obvious muy evidente

glass /glɑːs; USA glæs/ n 1 [incontable] vidrio, cristal: a pane of glass una lámina de cristal ◊ broken glass cristales rotos 2 copa, vaso: a glass of water un vaso de agua ☞ Ver dibujo en TAZA LOC Ver RAISE

glasses /'glɑːsɪz/ (tb **spectacles**) n [pl] gafas: I need a new pair of glasses. Necesito unas gafas nuevas. ☞ Ver nota en PAIR

glaze /gleɪz/ ◆ n 1 (cerámica) barniz 2 (Cocina) glaseado ◆ vt 1 (cerámica) vidriar 2 (Cocina) glasear Ver tb DOUBLE GLAZING PHR V **to glaze over** ponerse vidrioso **glazed** adj 1 (ojos) inexpresivo 2 (cerámica) vidriado

gleam /gliːm/ ◆ n 1 destello 2 brillo ◆ vi 1 destellar 2 brillar, relucir **gleaming** adj reluciente

glean /gliːn/ vt sacar (información)

glee /gliː/ n regocijo **gleeful** adj eufórico **gleefully** adv con euforia

glen /glen/ n valle estrecho

glide /glaɪd/ ◆ n deslizamiento ◆ vi 1 deslizarse 2 (en el aire) planear **glider** n planeador

glimmer /'glɪmə(r)/ n 1 luz tenue 2 ~ (**of sth**) (fig) chispa (de algo): a glimmer of hope un rayo de esperanza

glimpse /glɪmps/ ◆ n visión momentánea LOC Ver CATCH ◆ vt vislumbrar

i:	i	I	e	æ	ɑ:	ʌ	ʊ	u:
see	happy	sit	ten	hat	father	cup	put	too

glint /glɪnt/ ◆ *vi* **1** destellar **2** (*ojos*) brillar ◆ *n* **1** destello **2** (*ojos*) chispa

glisten /'glɪsn/ *vi* relucir (*esp superficie mojada*)

glitter /'glɪtə(r)/ ◆ *vi* relucir ◆ *n* **1** brillo **2** (*fig*) esplendor

gloat /gləʊt/ *vi* ~ (**about/over sth**) relamerse, regocijarse (de algo)

global /'gləʊbl/ *adj* **1** mundial: *the global village* la aldea global **2** global

globe /gləʊb/ *n* **1** globo **2** globo terráqueo

gloom /gluːm/ *n* **1** penumbra **2** tristeza **3** pesimismo **gloomy** *adj* (-ier, -iest) **1** (*lugar*) oscuro **2** (*día*) triste **3** (*pronóstico*) poco prometedor **4** (*aspecto, voz, etc.*) triste **5** (*carácter*) melancólico

glorious /'glɔːriəs/ *adj* **1** glorioso **2** espléndido

glory /'glɔːri/ ◆ *n* **1** gloria **2** esplendor ◆ *vi* (*pret, pp* -ied) ~ **in sth 1** vanagloriarse de algo **2** enorgullecerse de algo

gloss /glɒs/ ◆ *n* **1** brillo **2** (*tb* gloss paint) pintura de esmalte ☞ *Comparar con* MATT **3** (*fig*) lustre **4** ~ (**on sth**) glosa (de algo) ◆ *v* PHR V **to gloss over sth** pasar algo por alto **glossy** *adj* (-ier, -iest) reluciente, lustroso

glossary /'glɒsəri/ *n* (*pl* -ies) glosario

glove /glʌv/ *n* guante LOC *Ver* FIT²

glow /gləʊ/ ◆ *vi* **1** estar candente **2** brillar (suavemente) **3** (*cara*) enrojecerse **4** ~ (**with sth**) rebosar (de algo) (*esp salud*) ◆ *n* **1** luz suave **2** arrebol **3** (sentimiento de) satisfacción

glucose /'gluːkəʊs/ *n* glucosa

glue /gluː/ ◆ *n* cola (*de pegar*), pegamento ◆ *vt* (*pt pres* gluing) pegar

glutton /'glʌtn/ *n* **1** glotón, -ona **2** ~ **for sth** (*coloq*) (*fig*) amante de algo: *to be a glutton for punishment* hacerse el mártir

gnarled /nɑːld/ *adj* **1** (*árbol, mano*) retorcido **2** (*tronco*) nudoso

gnaw /nɔː/ *vt, vi* **1** ~ (**at**) **sth** roer algo **2** ~ (**at**) **sb** atormentar a algn

gnome /nəʊm/ *n* gnomo

go¹ /gəʊ/ *vi* (3ª *pers sing pres* **goes** /gəʊz/ *pret* **went** /went/ *pp* **gone** /gɒn; USA gɔːn/) **1** ir: *I went to bed at ten o'clock.* Me fui a la cama a las diez. ◊ *to go home* irse a casa

Been se usa como participio pasado de **go** para expresar que alguien ha ido a un lugar y ha vuelto: *Have you ever been to London?* ¿Has ido alguna vez a Londres? **Gone** implica que esa persona no ha regresado todavía: *John's gone to Peru. He'll be back in May.* John se ha ido a Perú. Volverá en mayo.

2 irse, marcharse **3** (*tren, etc.*) salir **4** **to go + -ing** ir: *to go fishing/swimming/camping* ir a pescar/a nadar/de camping ☞ *Ver nota en* DEPORTE **5** **to go for a + sustantivo** ir: *to go for a walk* ir a dar un paseo **6** (*progreso*) ir, salir: *How's it going?* ¿Cómo te va? ◊ *All went well.* Todo salió bien. **7** (*máquina*) funcionar **8** volverse, quedarse: *to go mad/blind/pale* volverse loco/quedarse ciego/palidecer *Ver tb* BECOME **9** hacer (*emitir un sonido*): *Cats go 'miaow'.* Los gatos hacen "miau". **10** desaparecer, terminarse: *My headache's gone.* Se me ha pasado el dolor de cabeza. ◊ *Is it all gone?* ¿Se ha acabado? **11** gastarse, romperse **12** (*tiempo*) pasar LOC **to be going to do sth**: *We're going to buy a house.* Vamos a comprar una casa. ◊ *He's going to fall!* ¡Se va a caer! ☞ Para otras expresiones con **go**, véanse las entradas del sustantivo, adjetivo, etc., p. ej. **to go astray** en ASTRAY.

PHR V **to go about** (*tb* **to go (a)round**) **1** [*con adj o -ing*] andar: *to go about naked* andar desnudo **2** (*rumor*) circular **to go about (doing) sth**: *How should I go about telling him?* ¿Cómo debería decírselo?

to go ahead (with sth) seguir adelante (con algo)

to go along with sth/sb estar conforme con algo/con lo que dice algn

to go around *Ver* TO GO ABOUT

to go away 1 irse (de viaje) **2** (*mancha*) desaparecer

to go back volver **to go back on sth** faltar a algo (*promesa, etc.*)

to go by pasar: *as time goes by* con el tiempo

to go down 1 bajar **2** (*barco*) hundirse **3** (*sol*) ponerse **to go down (with sb)** (*película, obra*) ser recibido (por algn)

to go for sb atacar a algn **to go for sth/sb** ir por algo/algn: *That goes for you too.* Eso vale para ti también.

to go in entrar **to go in for (doing) sth** interesarse por (hacer) algo (*hobby, etc.*)

u	ɒ	ɔː	ɜː	ə	j	w	eɪ	əʊ
sit**u**ation	g**o**t	s**aw**	f**ur**	**a**go	**y**es	**w**oman	p**ay**	g**o**

to go in (sth) caber (en algo) **to go into sth 1** decidir dedicarse a algo (*profesión*) **2** examinar algo: *to go into (the) details* entrar en detalles

to go off 1 irse, marcharse **2** (*arma*) dispararse **3** (*bomba*) explotar **4** (*alarma*) sonar **5** (*luz*) apagarse **6** (*alimentos*) pasarse **7** (*acontecimiento*) salir: *It went off well.* Salió muy bien.

to go off sth/sb perder interés en algo/algn **to go off with sth** llevarse algo

to go on 1 seguir adelante **2** (*luz*) encenderse **3** suceder: *What's going on here?* ¿Qué pasa aquí? **4** (*situación*) continuar, durar **to go on (about sth/sb)** no parar de hablar (de algo/algn) **to go on (with sth/doing sth)** seguir (con algo/haciendo algo)

to go out 1 salir **2** (*luz*) apagarse

to go over sth 1 examinar algo **2** (*de nuevo*) repasar algo **to go over to sth** pasarse a algo (*opinión, partido*)

to go round 1 girar, dar vueltas **2** (*cantidad*) alcanzar **3** *Ver* TO GO ABOUT **to go through** ser aprobado (*ley, etc.*) **to go through sth 1** revisar, registrar algo **2** (*de nuevo*) repasar algo **3** sufrir, pasar (por) algo **to go through with sth** llevar algo a cabo, seguir adelante con algo

to go together hacer juego, armonizar

to go up 1 subir **2** (*edificio*) levantarse **3** estallar, explotar

to go with sth ir bien, hacer juego con algo

to go without pasar privaciones **to go without sth** pasarse sin algo

go² /gəʊ/ *n* (*pl* **goes** /gəʊz/) **1** turno: *Whose go is it?* ¿A quién le toca? **2** (*coloq*) empuje LOC **to be on the go** (*coloq*) no parar **to have a go (at sth/doing sth)** (*coloq*) probar suerte (con algo), intentar (hacer algo)

goad /gəʊd/ *vt* ~ **sb** (**into doing sth**) incitar a algn (a hacer algo)

go-ahead /'gəʊ əhed/ ◆ **the go-ahead** *n* luz verde ◆ *adj* emprendedor

goal /gəʊl/ *n* **1** portería **2** gol **3** (*fig*) meta **goalkeeper** (*tb coloq* **goalie**) *n* portero, -a **goalpost** *n* poste de la portería

goat /gəʊt/ *n* cabra

gobble /'gɒbl/ *vt* ~ **sth** (**up/down**) engullir algo

go-between /'gəʊ bɪtwiːn/ *n* intermediario, -a

god /gɒd/ *n* **1** dios **2 God** [*sing*] Dios LOC *Ver* KNOW, SAKE

godchild /'gɒdtʃaɪld/ *n* ahijado, -a

god-daughter /'gɒd dɔːtə(r)/ *n* ahijada

goddess /'gɒdes/ *n* diosa

godfather /'gɒdfɑːðə(r)/ *n* padrino

godmother /'gɒdmʌðə(r)/ *n* madrina

godparent /'gɒdpeərənt/ *n* **1** padrino, madrina **2 godparents** [*pl*] padrinos

godsend /'gɒdsend/ *n* regalo del cielo

godson /'gɒdsʌn/ *n* ahijado

goggles /'gɒglz/ *n* [*pl*] gafas (*protectoras*)

going /'gəʊɪŋ/ ◆ *n* **1** [*sing*] (*marcha*) partida: *I was sad at her going.* Sentí que se marchara. **2** *Good going!* ¡Bien hecho! ◊ *That was good going.* Ha sido muy rápido. ◊ *The path was rough going.* El camino estaba en muy mal estado. LOC **to get out, etc. while the going is good** irse, etc. mientras se puede **when the going gets tough, the tough get going** (*refrán*) cuando las cosas se ponen mal, se demuestra quiénes son los fuertes ◆ *adj* LOC **a going concern** un negocio próspero **the going rate (for sth)** la tarifa existente (por algo)

gold /gəʊld/ *n* oro: *a gold bracelet* una pulsera de oro ◊ *solid gold* oro macizo ◊ *gold-plated* chapado en oro LOC **(as) good as gold** más bueno que el pan

gold dust *n* oro en polvo

golden /'gəʊldən/ *adj* **1** de oro (*color y fig*) dorado LOC *Ver* WEDDING

goldfish /'gəʊldfɪʃ/ *n* (*pl* **goldfish**) pez de colores

golf /gɒlf/ *n* golf: *golf course* campo de golf **golfer** *n* golfista

golf club *n* **1** club de golf **2** palo de golf

gone /gɒn; *USA* gɔːn/ ◆ *pp de* GO¹ ◆ *prep*: *It was gone midnight.* Eran las doce pasadas.

gonna /'gɒnə/ (*coloq*) = GOING TO *Ver* GO¹

good /gʊd/ ◆ *adj* (*comp* **better** /'betə(r)/ *superl* **best** /best/) **1** bueno: *good nature* bondad **2** *to be good at sth* tener aptitud para algo **3** ~ **to sb** bueno, amable con algn **4** *Vegetables are good for you.* Las verduras son buenas para la salud. LOC **as good as** prácticamente **good for you, her, etc.!**

(*coloq*) ¡bien hecho! ☛ Para otras expresiones con good, véanse las entradas del sustantivo, adjetivo, etc., p. ej. a good many en MANY. ◆ *n* 1 bien 2 the good [*pl*] los buenos LOC for good para siempre to be no good (doing sth) no servir de nada (hacer algo) to do sb good hacer bien a algn

goodbye /ˌɡʊdˈbaɪ/ *interj, n* adiós: *to say goodbye* despedirse ☛ Otras palabras más informales son: bye, cheerio y cheers.

good-humoured /ˌɡʊd ˈhjuːməd/ *adj* 1 afable 2 de buen humor

good-looking /ˌɡʊd ˈlʊkɪŋ/ *adj* guapo

good-natured /ˌɡʊd ˈneɪtʃəd/ *adj* 1 amable 2 de buen corazón

goodness /ˈɡʊdnəs/ ◆ *n* 1 bondad 2 valor nutritivo ◆ goodness! *interj* ¡cielos! LOC Ver KNOW

goods /ɡʊdz/ *n* [*pl*] 1 bienes 2 artículos, mercancías, productos

goodwill /ˌɡʊdˈwɪl/ *n* buena voluntad

goose /ɡuːs/ *n* (*pl* geese /ɡiːs/) (*masc* gander /ˈɡændə(r)/) ganso, -a, oca

gooseberry /ˈɡʊzbəri, *USA* ˈɡuːsberi/ *n* (*pl* -ies) grosella silvestre

goose pimples *n* [*pl*] (*tb* gooseflesh) carne de gallina

gorge /ɡɔːdʒ/ *n* cañón (*Geog*)

gorgeous /ˈɡɔːdʒəs/ *adj* 1 magnífico 2 (*coloq*) guapísimo

gorilla /ɡəˈrɪlə/ *n* gorila

gory /ˈɡɔːri/ *adj* (gorier, goriest) 1 sangriento 2 morboso

gosh! /ɡɒʃ/ *interj* ¡vaya!

go-slow /ˌɡəʊ ˈsləʊ/ *n* huelga de celo

gospel /ˈɡɒspl/ *n* evangelio

gossip /ˈɡɒsɪp/ ◆ *n* 1 [*incontable*] (*pey*) chismes 2 (*pey*) chismoso, -a ◆ *vi* ~ (with sb) (about sth) cotillear (con algn) (de algo)

got *pret, pp de* GET

Gothic /ˈɡɒθɪk/ *adj* gótico

gotten (*USA*) *pp de* GET

gouge /ɡaʊdʒ/ *vt*: *to gouge a hole in sth* hacer un agujero en algo PHR V to gouge sth out sacar algo

gout /ɡaʊt/ *n* gota (*enfermedad*)

govern /ˈɡʌvn/ 1 *vt, vi* gobernar 2 *vt* (*acto, negocio*) regir governing *adj* rector

governess /ˈɡʌvənəs/ *n* institutriz

government /ˈɡʌvənmənt/ *n* [*v sing o pl*] gobierno ☛ Ver nota en JURADO LOC in government en el gobierno governmental /ˌɡʌvnˈmentl/ *adj* gubernamental

governor /ˈɡʌvənə(r)/ *n* 1 gobernador, -ora 2 director, -ora

gown /ɡaʊn/ *n* 1 vestido largo 2 (*Educ, Jur*) toga 3 (*Med*) bata

GP /ˌdʒiː ˈpiː/ *n* (*abrev de* general practitioner) (*GB*) médico, -a de cabecera

grab /ɡræb/ ◆ (-bb-) 1 *vt* agarrar 2 *vt* (*atención*) captar 3 *vi* ~ at sth/sb tratar de agarrar algo/a algn 4 *vt* ~ sth (from sth/sb) quitar algo (a algn) LOC to grab hold of sth/sb agarrar algo/a algn, hacerse con algo/algn ◆ *n* LOC to make a grab for/at sth intentar hacerse con algo

grace /ɡreɪs/ ◆ *n* 1 gracia, elegancia 2 plazo: *five days' grace* cinco días de gracia 3 *to say grace* bendecir la mesa ◆ *vt* 1 adornar 2 ~ sth/sb (with sth) honrar algo/a algn (con algo) graceful *adj* 1 grácil, elegante 2 delicado (*cortés*)

gracious /ˈɡreɪʃəs/ *adj* 1 afable 2 elegante, lujoso

grade /ɡreɪd/ ◆ *n* 1 clase, categoría 2 (*Educ*) nota ☛ Ver nota en MARK 3 (*USA*) (*Educ*) curso 4 (*USA*) (*Geog*) pendiente LOC to make the grade (*coloq*) tener éxito ◆ *vt* 1 clasificar 2 (*USA*) (*Educ*) calificar (*examen*) grading *n* clasificación

gradient /ˈɡreɪdiənt/ *n* (*GB*) pendiente

gradual /ˈɡrædʒuəl/ *adj* 1 gradual, paulatino 2 (*pendiente*) suave gradually *adv* paulatinamente, poco a poco

graduate /ˈɡrædʒuət/ ◆ *n* 1 ~ (in sth) licenciado, -a (en algo) 2 (*USA*) diplomado, -a, graduado, -a ◆ /ˈɡrædʒueɪt/ 1 *vi* ~ (in sth) licenciarse (en algo) 2 *vi* ~ (in sth) (*USA*) graduarse (en algo) 3 *vt* graduar graduation *n* graduación

graffiti /ɡrəˈfiːti/ *n* [*incontable*] pintadas

graft /ɡrɑːft; *USA* ɡræft/ ◆ *n* (*Bot, Med*) injerto ◆ *vt* ~ sth (onto sth) injertar algo (en algo)

grain /ɡreɪn/ *n* 1 [*incontable*] cereales 2 grano 3 veta (*madera*)

gram (*tb* gramme) /ɡræm/ *n* (*abrev* g) gramo ☛ Ver Apéndice 1.

tʃ	dʒ	v	θ	ð	s	z	ʃ
chin	June	van	thin	then	so	zoo	she

grammar /ˈgræmə(r)/ n gramática (*libro, reglas*)

grammar school n 1 (*GB*) instituto (para alumnos de 11 a 18 años) 2 (*USA*) escuela primaria

grammatical /grəˈmætɪkl/ adj 1 gramatical 2 (gramaticalmente) correcto

gramme /græm/ n Ver GRAM

gramophone /ˈgræməfəʊn/ n (*antic*) gramófono

grand /grænd/ ◆ adj (-er, -est) 1 espléndido, magnífico, grandioso 2 (*coloq*) estupendo 3 **Grand** (*títulos*) gran 4 *grand piano* piano de cola ◆ n (*pl* grand) (*coloq*) mil dólares o libras

grandad /ˈgrændæd/ n (*coloq*) abuelo, yayo

grandchild /ˈgræntʃaɪld/ n (*pl* -children) nieto, -a

granddaughter /ˈgrændɔːtə(r)/ n nieta

grandeur /ˈgrændʒə(r)/ n grandiosidad, grandeza

grandfather /ˈgrænfɑːðə(r)/ n abuelo

grandma /ˈgrænmɑː/ n (*coloq*) abuela, yaya

grandmother /ˈgrænmʌðə(r)/ n abuela

grandpa /ˈgrænpɑː/ n (*coloq*) abuelo, yayo

grandparent /ˈgrænpeərənt/ n abuelo, -a

grandson /ˈgrænsʌn/ n nieto

grandstand /ˈgrændstænd/ n (*Dep*) tribuna

granite /ˈgrænɪt/ n granito

granny /ˈgræni/ n (*pl* -ies) (*coloq*) abuela, yaya

grant /grɑːnt/ ◆ vt ~ sth (to sb) conceder algo (a algn) LOC to take sth/sb for granted dar algo por descontado, no darse cuenta de lo que vale algn ◆ n 1 subvención 2 (*Educ*) beca

grape /greɪp/ n uva

grapefruit /ˈgreɪpfruːt/ n (*pl* grapefruit o ~s) pomelo

grapevine /ˈgreɪpvaɪn/ n 1 viña 2 **the grapevine** (*fig*) radio macuto: *to hear sth on the grapevine* oír algo por ahí

graph /grɑːf/ n gráfico

graphic /ˈgræfɪk/ adj gráfico **graphics** n [*pl*]: *computer graphics* gráficos por ordenador

grapple /ˈgræpl/ vi ~ (with sth/sb) (*lit y fig*) luchar (con algo/algn)

grasp /grɑːsp; *USA* græsp/ ◆ vt 1 agarrar 2 (*oportunidad*) aprovechar 3 comprender ◆ n 1 (*fig*) alcance: *within/beyond the grasp of* al alcance/fuera del alcance de 2 conocimiento **grasping** adj codicioso

grass /grɑːs; *USA* græs/ n hierba, césped

grasshopper /ˈgrɑːshɒpə(r)/ n saltamontes

grassland /ˈgrɑːslænd, -lənd/ (*tb* grasslands [*pl*]) n pastos

grass roots n [*pl*] bases

grassy /ˈgrɑːsi; *USA* græsi/ adj (-ier, -iest) herboso

grate /greɪt/ ◆ 1 vt rallar 2 vi chirriar 3 vi ~ (on sth/sb) (*fig*) irritar (algo/a algn) ◆ n parrilla (*de chimenea*)

grateful /ˈgreɪtfl/ adj ~ (to sb) (for sth); ~ (that...) agradecido (a algn) (por algo); agradecido (de que...)

grater /ˈgreɪtə(r)/ n rallador

gratitude /ˈgrætɪtjuːd; *USA* -tuːd/ n ~ (to sb) (for sth) gratitud (a algn) (por algo)

grave /greɪv/ ◆ adj (-er, -est) (*formal*) grave, serio ☞ La palabra más normal es **serious**. ◆ n tumba

gravel /ˈgrævl/ n gravilla

graveyard /ˈgreɪvjɑːd/ (*tb* churchyard) n cementerio (*alrededor de una iglesia*) ☞ *Comparar con* CEMETERY

gravity /ˈgrævəti/ n 1 (*Fís*) gravedad 2 (*formal*) seriedad ☞ En este sentido la palabra más normal es **seriousness**.

gravy /ˈgreɪvi/ n salsa (*hecha con el jugo de la carne*)

gray /greɪ/ (*USA*) Ver GREY

graze /greɪz/ ◆ 1 vi pacer 2 vt ~ sth (against/on sth) (*pierna, etc.*) raspar algo (con algo) 3 vt rozar ◆ n raspadura (*Med*)

grease /griːs/ ◆ n 1 grasa 2 (*Mec*) lubricante 3 brillantina ◆ vt engrasar **greasy** adj (-ier, -iest) grasiento

great /greɪt/ ◆ adj (-er, -est) 1 gran, grande: *in great detail* con gran detalle ◊ *the world's greatest tennis player* la mejor tenista del mundo ◊ *We're great friends.* Somos muy amigos. ◊ *I'm not a great reader.* No tengo mucha afición a la lectura. 2 (*distancia*) largo 3 (*edad*) avanzado 4 (*cuidado*) mucho 5 (*coloq*) estupendo: *We had a great time.* Lo pasamos genial. ◊ *It's great to see you!*

iː	i	ɪ	e	æ	ɑː	ʌ	ʊ	uː
see	happy	sit	ten	hat	father	cup	put	too

¡Qué alegría verte! **6** ~ **at sth** muy bueno en algo **7** (*coloq*) muy: *a great big dog* un perro enorme LOC **great minds think alike** los grandes cerebros siempre coinciden *Ver tb* BELIEVER *in* BELIEVE, DEAL¹, EXTENT ◆ *n* [*gen pl*] (*coloq*): *one of the jazz greats* una de las grandes figuras del jazz **greatly** *adv* muy, mucho: *greatly exaggerated* muy exagerado ◊ *It varies greatly*. Varía mucho. **greatness** *n* grandeza

great-grandfather /ˌɡreɪt ˈɡrænfɑːðə(r)/ *n* bisabuelo

great-grandmother /ˌɡreɪt ˈɡrænmʌðə(r)/ *n* bisabuela

greed /ɡriːd/ *n* **1** ~ (**for sth**) codicia (de algo) **2** gula **greedily** *adv* **1** codiciosamente **2** vorazmente **greedy** *adj* (**-ier**, **-iest**) **1** ~ (**for sth**) codicioso (de algo) **2** glotón

green /ɡriːn/ ◆ *adj* (**-er**, **-est**) verde ◆ *n* **1** verde **2** greens [*pl*] verduras **3** prado **greenery** *n* verde, follaje

greengrocer /ˈɡriːnˌɡrəʊsə(r)/ *n* (*GB*) **1** verdulero, -a **2** greengrocer's verdulería

greenhouse /ˈɡriːnhaʊs/ *n* invernadero: *greenhouse effect* efecto invernadero

greet /ɡriːt/ *vt* **1** ~ **sb** saludar a algn: *He greeted me with a smile.* Me recibió con una sonrisa. ☞ *Comparar con* SALUTE **2** ~ **sth with sth** recibir, acoger algo con algo **greeting** *n* **1** saludo **2** recibimiento

grenade /ɡrəˈneɪd/ *n* granada (*de mano*)

grew *pret de* GROW

grey (*USA tb* gray) /ɡreɪ/ ◆ *adj* (**-er**, **-est**) **1** (*lit y fig*) gris **2** (*pelo*) blanco: *to go/turn grey* encanecer ◊ *grey-haired* canoso ◆ *n* (*pl* greys) gris

greyhound /ˈɡreɪhaʊnd/ *n* galgo

grid /ɡrɪd/ *n* **1** rejilla **2** (*electricidad, gas*) red **3** (*mapa*) cuadrícula

grief /ɡriːf/ *n* ~ (**over/at sth**) dolor, pesar (por algo) LOC **to come to grief** (*coloq*) **1** fracasar **2** sufrir un accidente

grievance /ˈɡriːvns/ *n* ~ (**against sb**) **1** (motivo de) queja contra algn **2** (*de trabajadores*) reivindicación contra algn

grieve /ɡriːv/ (*formal*) **1** *vt* afligir, dar pena a **2** *vi* ~ (**for/over/about sth/sb**) llorar la pérdida (de algo/algn) **3** *vi* ~

at/about/over sth lamentarse de algo; afligirse por algo

grill /ɡrɪl/ ◆ *n* **1** parrilla **2** (*plato*) parrillada **3** *Ver* GRILLE ◆ **1** *vt*, *vi* asar(se) a la parrilla **2** *vt* (*coloq*) (*fig*) freír a preguntas

grille (*tb* grill) /ɡrɪl/ *n* rejilla, reja

grim /ɡrɪm/ *adj* (**grimmer**, **grimmest**) **1** (*persona*) severo, ceñudo **2** (*lugar*) triste, lúgubre **3** deprimente, triste **4** macabro, siniestro

grimace /ɡrɪˈmeɪs; *USA* ˈɡrɪməs/ ◆ *n* mueca ◆ *vi* ~ (**at sth/sb**) hacer muecas (a algo/algn)

grime /ɡraɪm/ *n* mugre **grimy** *adj* (**-ier**, **-iest**) mugriento

grin /ɡrɪn/ ◆ *vi* (**-nn-**) ~ (**at sth/sb**) sonreír de oreja a oreja (a algo/algn) LOC **to grin and bear it** poner al mal tiempo buena cara ◆ *n* sonrisa

grind /ɡraɪnd/ ◆ (*pret, pp* ground /ɡraʊnd/) **1** *vt*, *vi* moler(se) **2** *vt* afilar **3** *vt* (*dientes*) rechinar **4** *vt* (*esp USA*) (*carne*) picar LOC **to grind to a halt/standstill 1** pararse chirriando **2** (*proceso*) detenerse gradualmente *Ver tb* AXE ◆ *n* (*coloq*): *the daily grind* la rutina cotidiana

grip /ɡrɪp/ ◆ (**-pp-**) **1** *vt*, *vi* agarrar(se), asir(se) **2** *vt* (*mano*) coger **3** *vt* (*atención*) absorber ◆ *n* **1** ~ (**on sth/sb**) agarre, adherencia (a algo/algn) **2** ~ (**on sth/sb**) (*fig*) dominio, control, presión (sobre algo/algn) **3** agarradero, asidero LOC **to come/get to grips with sth/sb** (*lit y fig*) enfrentarse a algo/algn **gripping** *adj* fascinante, que se agarra

grit /ɡrɪt/ ◆ *n* **1** arena, arenilla **2** valor, determinación ◆ *vt* (**-tt-**) cubrir con arena LOC **to grit your teeth 1** apretar los dientes **2** (*fig*) armarse de valor

groan /ɡrəʊn/ ◆ *vi* **1** ~ (**with sth**) gemir (de algo) **2** (*muebles, etc.*) crujir **3** ~ (**on**) (**about/over sth**) quejarse de algo) **4** ~ (**at sth/sb**) quejarse (a algo/algn) ◆ *n* **1** gemido **2** quejido **3** crujido

grocer /ˈɡrəʊsə(r)/ *n* **1** tendero, -a **2** grocer's tienda de comestibles, ultramarinos

grocery /ˈɡrəʊsəri/ *n* (*pl* **-ies**) **1** (*USA* **grocery store**) tienda de comestibles, ultramarinos **2** groceries [*pl*] comestibles

u	ɒ	ɔː	ɜː	ə	j	w	eɪ	əʊ
situation	got	saw	fur	ago	yes	woman	pay	go

groggy /'grɒgi/ *adj* (-ier, -iest) mareado, grogui

groin /grɔɪn/ *n* bajo vientre: *a groin injury* una herida en la ingle

groom /gruːm/ ◆ *n* 1 mozo, -a de cuadra 2 = BRIDEGROOM LOC *Ver* BRIDE ◆ *vt* 1 (*caballo*) cepillar 2 (*pelo*) arreglar 3 ~ **sb** (**for sth/to do sth**) preparar a algn (para algo/para hacer algo)

groove /gruːv/ *n* ranura, estría, surco

groovy /'gruːvi/ *adj* (-ier, -iest) (*coloq*) guay

grope /grəʊp/ *vi* 1 andar a tientas 2 ~ (**about**) **for sth** buscar algo a tientas; titubear buscando algo

gross /grəʊs/ ◆ *n* (*pl* gross o grosses) gruesa (*doce docenas*) ◆ *adj* (-er, -est) 1 repulsivamente gordo 2 grosero 3 (*exageración*) flagrante 4 (*error, negligencia*) craso 5 (*injusticia, indecencia*) grave 6 (*total*) bruto ◆ *vt* recaudar, ganar (*en bruto*) **grossly** *adv* extremadamente

grotesque /grəʊ'tesk/ *adj* grotesco

ground /graʊnd/ ◆ *n* 1 (*lit*) suelo, tierra, terreno 2 (*fig*) terreno 3 zona, campo (*de juego*) 4 **grounds** [*pl*] jardines 5 [*gen pl*] motivo, razón 6 **grounds** [*pl*] poso, sedimento LOC **on the ground** en el suelo, sobre el terreno **to get off the ground** 1 ponerse en marcha, resultar factible 2 (*avión*) despegar **to give/lose ground (to sth/sb)** ceder/perder terreno (frente a algo/algn) **to the ground** (*destruir*) completamente *Ver tb* FIRM, MIDDLE, THIN ◆ *vt* 1 (*avión*) impedir que despegue 2 (*coloq*) castigar sin salir ◆ *pret, pp de* GRIND ◆ *adj* 1 molido 2 (*esp USA*) (*carne*) picado **grounding** *n* [*sing*] ~ (**in sth**) base, conceptos fundamentales (de algo) **groundless** *adj* infundado

ground floor *n* planta baja **ground-floor** *adj* [*solo antes de sustantivo*] de/en la planta baja

group /gruːp/ ◆ *n* [*v sing o pl*] (*gen, Mús*) grupo ◆ *vt, vi* ~ (**sth/sb**) (**together**) agrupar (algo/a algn)/agruparse **grouping** *n* agrupación

grouse /graʊs/ *n* (*pl* grouse) urogallo

grove /grəʊv/ *n* arboleda

grovel /'grɒvl/ *vi* (-ll-, USA -l-) (*pey*) ~ (**to sb**) humillarse (ante algn) **grovelling** *adj* servil

grow /grəʊ/ (*pret* **grew** /gruː/ *pp* **grown** /grəʊn/) 1 *vi* crecer 2 *vt* (*pelo, barba*) dejar crecer 3 *vt* cultivar 4 *vi* [+ *adj*] hacerse: *to grow old/rich* envejecer/enriquecerse 5 *vi* ~ **to do sth** llegar a hacer algo: *He grew to rely on her.* Llegó a depender de ella. PHR V **to grow into sth** convertirse en algo **to grow on sb** empezar a gustarle a algn cada vez más **to grow up** 1 desarrollarse 2 crecer: *when I grow up* cuando sea mayor ◊ *Oh, grow up!* ¡Déjate ya de niñerías! *Ver tb* GROWN-UP **growing** *adj* creciente

growl /graʊl/ ◆ *vi* gruñir ◆ *n* gruñido

grown /grəʊn/ ◆ *adj* adulto: *a grown man* un adulto ◆ *pp de* GROW

grown-up /ˌgrəʊn 'ʌp/ ◆ *adj* mayor ◆ /'grəʊn ʌp/ *n* adulto

growth /grəʊθ/ *n* 1 crecimiento 2 ~ (**in/of sth**) aumento (de algo) 3 [*sing*] brotes 4 tumor

grub /grʌb/ *n* 1 larva 2 (*coloq*) papeo

grubby /'grʌbi/ *adj* (-ier, -iest) (*coloq*) sucio

grudge /grʌdʒ/ ◆ *vt* 1 resentirse de 2 escatimar ◆ *n* rencor: *to bear sb a grudge/have a grudge against sb* guardar rencor a algn LOC *Ver* BEAR² **grudgingly** *adv* de mala gana, a regañadientes

gruelling (USA **grueling**) /'gruːəlɪŋ/ *adj* muy duro, penoso

gruesome /'gruːsəm/ *adj* espantoso, horrible

gruff /grʌf/ *adj* (*voz*) tosco, áspero

grumble /'grʌmbl/ ◆ *vi* refunfuñar: *to grumble about/at/over sth* quejarse de algo ◆ *n* queja

grumpy /'grʌmpi/ *adj* (-ier, -iest) (*coloq*) gruñón

grunt /grʌnt/ ◆ *vi* gruñir ◆ *n* gruñido

guarantee /ˌgærən'tiː/ ◆ *n* ~ (**of sth/that...**) garantía (de algo/de que...) ◆ *vt* 1 garantizar 2 (*préstamo*) avalar

guard /gɑːd/ ◆ *vt* 1 proteger, guardar 2 ~ **sb** vigilar a algn PHR V **to guard against sth** protegerse contra algo ◆ *n* 1 guardia, vigilancia: *to be on guard* estar de guardia ◊ *guard dog* perro guardián 2 guardia, centinela 3 [*v sing o pl*] guardia (*grupo de soldados*) 4 (*maquinaria*) dispositivo de seguridad 5 (GB) (*Ferrocarril*) jefe, -a de tren LOC **to be off/on your guard** estar desprevenido/alerta **guarded** *adj* cauteloso, precavido

guardian /'gɑːdiən/ *n* **1** guardián, -ana: *guardian angel* ángel de la guarda **2** tutor, -ora

guerrilla (*tb* guerilla) /gəˈrɪlə/ *n* guerrillero, -a: *guerrilla war(fare)* guerra de guerrillas

guess /ges/ ◆ **1** *vt, vi* adivinar **2** *vi* ~ **at sth** imaginar algo **3** *vi* (*esp USA, coloq*) creer, suponer: *I guess so/not.* Supongo que sí/no. ◆ *n* suposición, conjetura, cálculo: *to have/make a guess (at sth)* intentar adivinar algo LOC **it's anybody's guess** nadie lo sabe *Ver tb* HAZARD

guesswork /'geswɜːk/ *n* [*incontable*] conjeturas

guest /gest/ *n* **1** invitado, -a **2** huésped, -a: *guest house* pensión

guidance /'gaɪdns/ *n* orientación, supervisión

guide /gaɪd/ ◆ *n* **1** (*persona*) guía **2** (*tb* guidebook) guía (*turística*) **3** (*tb* Guide, Girl Guide).guía (*de los scouts*) ◆ *vt* **1** guiar, orientar: *to guide sb to sth* llevar a algn hasta algo **2** influenciar **guided** *adj* con guía

guideline /'gaɪdlam/ *n* directriz, pauta

guilt /gɪlt/ *n* culpa, culpabilidad **guilty** *adj* (-ier, -iest) culpable LOC *Ver* PLEAD

guinea pig /'gɪni pɪg/ *n* (*lit y fig*) cobaya, conejillo de Indias

guise /gaɪz/ *n* apariencia

guitar /gɪˈtɑː(r)/ *n* guitarra **guitarist** *n* guitarrista

gulf /gʌlf/ *n* **1** (*Geog*) golfo **2** abismo, sima

gull /gʌl/ (*tb* seagull) *n* gaviota

gullible /'gʌləbl/ *adj* crédulo

gulp /gʌlp/ ◆ **1** *vt* ~ **sth** (**down**) tragarse algo **2** *vi* tragar saliva ◆ *n* trago

gum /gʌm/ *n* **1** (*Anat*) encía **2** goma, pegamento **3** chicle *Ver* BUBBLEGUM, CHEWING GUM

gun /gʌn/ ◆ *n* **1** arma (*de fuego*) **2** escopeta *Ver tb* MACHINE-GUN, PISTOL, RIFLE, SHOTGUN ◆ *v* (**-nn-**) PHR V **to gun sb down** (*coloq*) matar/herir gravemente a algn a tiros

gunfire /'gʌnfaɪə(r)/ *n* fuego (*disparos*)

gunman /'gʌnmən/ *n* (*pl* -men /-mən/) pistolero

gunpoint /'gʌnpɔɪnt/ *n* LOC **at gunpoint** a punta de pistola

gunpowder /'gʌnpaʊdə(r)/ *n* pólvora

gunshot /'gʌnʃɒt/ *n* disparo

gurgle /'gɜːgl/ *vi* gorjear, gorgotear

gush /gʌʃ/ *vi* **1** ~ (**out**) (**from sth**) salir a borbotones, manar (de algo) **2** ~ (**over sth/sb**) (*pey*) (*fig*) hablar con demasiado entusiasmo (de algo/algn)

gust /gʌst/ *n* ráfaga

gusto /'gʌstəʊ/ *n* (*coloq*) entusiasmo

gut /gʌt/ ◆ *n* **1** guts [*pl*] (*coloq*) tripas **2** guts [*pl*] (*coloq*) (*fig*) agallas **3** intestino: *a gut reaction/feeling* una reacción visceral/un instinto ◆ *vt* (**-tt-**) **1** destripar **2** destruir por dentro

gutter /'gʌtə(r)/ *n* **1** cuneta: *the gutter press* la prensa amarilla **2** canalón

guy /gaɪ/ *n* (*coloq*) tío

guzzle /'gʌzl/ *vt* ~ **sth** (**down/up**) (*coloq*) zamparse, tragarse algo

gymnasium /dʒɪmˈneɪziəm/ (*pl* -siums *o* -sia /-zɪə/) (*tb coloq* gym) *n* gimnasio

gymnastics /dʒɪmˈnæstɪks/ (*tb coloq* gym) *n* [*sing*] gimnasia **gymnast** /'dʒɪmnæst/ *n* gimnasta

gynaecologist (*USA* gyne-) /ˌgaɪnəˈkɒlədʒɪst/ *n* ginecólogo, -a

gypsy (*tb* gipsy) /'dʒɪpsi/ *n* (*pl* -ies) gitano, -a

tʃ	dʒ	v	θ	ð	s	z	ʃ
chin	June	van	thin	then	so	zoo	she

Hh

H, h /eɪtʃ/ n (pl **H's, h's** /ˈeɪtʃɪz/) H, h: *H for Harry* H de huevo ☞ *Ver ejemplos en* A, A

habit /ˈhæbɪt/ n **1** costumbre, hábito **2** (*Relig*) hábito

habitation /ˌhæbɪˈteɪʃn/ n habitación: *not fit for human habitation* no apto para ser habitado

habitual /həˈbɪtʃuəl/ adj habitual

hack¹ /hæk/ vt, vi ~ **(at) (sth)** dar golpes (a algo) (*con algo cortante*)

hack² /hæk/ vt, vi ~ **(into) (sth)** (*coloq*) (*Informát*) entrar sin autorización (en algo) **hacking** n acceso ilegal

had /həd, hæd/ *pret, pp de* HAVE

hadn't /ˈhæd(ə)nt/ = HAD NOT *Ver* HAVE

haemoglobin (*USA* hem-) /ˌhiːməˈɡləʊbɪn/ n hemoglobina

haemorrhage (*USA* hem-) /ˈhemərɪdʒ/ n hemorragia

haggard /ˈhæɡəd/ adj demacrado

haggle /ˈhæɡl/ vi ~ **(over/about sth)** regatear (*por algo*)

hail¹ /heɪl/ ◆ n [*incontable*] granizo ◆ vi granizar

hail² /heɪl/ vt **1** llamar a (*para atraer la atención*) **2** ~ **sth/sb as sth** aclamar algo/a algn como algo

hailstone /ˈheɪlstəʊn/ n piedra (*de granizo*)

hailstorm /ˈheɪlstɔːm/ n granizada

hair /heə(r)/ n **1** pelo, cabello **2** vello LOC *Ver* PART

hairbrush /ˈheəbrʌʃ/ n cepillo (*para el pelo*) ☞ *Ver dibujo en* BRUSH

haircut /ˈheəkʌt/ n corte de pelo: *to have/get a haircut* cortarse el pelo

hairdo /ˈheəduː/ n (pl ~s) (*coloq*) peinado

hairdresser /ˈheədresə(r)/ n **1** peluquero, -a ☞ *Ver nota en* BARBER **2 hairdresser's** (*tienda*) peluquería **hairdressing** n peluquería (*arte*)

hairdryer /ˈheədraɪə(r)/ n secador (*de pelo*)

hairpin /ˈheəpɪn/ n horquilla de moño: *hairpin bend* curva muy cerrada

hairspray /ˈheəspreɪ/ n laca

hairstyle /ˈheəstaɪl/ n peinado

hairy /ˈheəri/ adj (-ier, -iest) peludo

half /hɑːf; *USA* hæf/ ◆ n (pl **halves** /hɑːvz; *USA* hævz/) mitad, medio: *The second half of the book is more interesting.* La segunda mitad del libro es más interesante. ◊ *two and a half hours* dos horas y media ◊ *Two halves make a whole.* Dos medios hacen un entero. LOC **to break, etc. sth in half** partir, etc. algo por la mitad **to go halves (with sb)** ir a medias (con algn) ◆ adj, pron mitad, medio: *half the team* la mitad del equipo ◊ *half an hour* media hora ◊ *to cut sth by half* reducir algo a la mitad LOC **half (past) one, two, etc.** la una, las dos, etc. y media

Nótese que la construcción **half one, half two**, etc. es más coloquial que **half past one, half past two**, etc. Esta construcción no se emplea en inglés americano: *I'll be finished by half five.* A las cinco y media habré terminado.

◆ adv a medio, a medias: *The job will have been only half done.* Habrán hecho el trabajo solo a medias. ◊ *half built* a medio construir

half board n media pensión

half-brother /ˈhɑːf brʌðə(r); *USA* ˈhæf-/ n hermano por parte de padre/madre ☞ *Ver nota en* HERMANASTRO

half-hearted /ˌhɑːf ˈhɑːtɪd; *USA* ˈhæf-/ adj poco entusiasta **half-heartedly** adv sin entusiasmo

half-sister /ˈhɑːf sɪstə(r); *USA* ˈhæf-/ n hermana por parte de padre/madre ☞ *Ver nota en* HERMANASTRO

half-term /ˌhɑːf ˈtɜːm; *USA* ˌhæf-/ n (*GB*) vacaciones escolares de una semana a mediados de cada trimestre

half-time /ˌhɑːf ˈtaɪm; *USA* ˌhæf-/ n (*Dep*) descanso

halfway /ˌhɑːf ˈweɪ; *USA* ˌhæf-/ adj, adv a medio camino, a mitad: *halfway between London and Glasgow* a medio camino entre Londres y Glasgow

hall /hɔːl/ n **1** (*tb* **hallway**) vestíbulo, entrada **2** (*de conciertos o reuniones*) sala **3** (*tb* **hall of residence**) colegio mayor, residencia universitaria

iː	i	ɪ	e	æ	ɑː	ʌ	ʊ	uː
see	happy	sit	ten	hat	father	cup	put	too

hallmark /'hɔːlmɑːk/ n 1 (de metales preciosos) contraste 2 (fig) sello

Hallowe'en /ˌhæləʊ'iːn/ n

Hallowe'en (31 de octubre) significa la víspera de Todos los Santos y es la noche de los fantasmas y las brujas; Mucha gente vacía una calabaza, le da forma de cara y pone una vela dentro. Los niños se disfrazan y van por las casas pidiendo caramelos o dinero. Cuando les abres la puerta dicen **trick or treat** ("o nos das algo o te gastamos una broma").

hallucination /həˌluːsɪ'neɪʃn/ n alucinación

hallway Ver HALL

halo /'heɪləʊ/ n (pl ~es o ~s) halo, aureola

halt /hɔːlt/ ◆ n parada, alto, interrupción LOC Ver GRIND ◆ vt, vi parar(se), detener(se): Halt! ¡Alto!

halting /'hɔːltɪŋ/ adj vacilante, titubeante

halve /hɑːv; USA hæv/ vt 1 partir por la mitad 2 reducir a la mitad

halves plural de HALF

ham /hæm/ n jamón cocido

hamburger /'hæmbɜːgə(r)/ (tb hurger) n hamburguesa

hamlet /'hæmlət/ n aldea, caserío

hammer /'hæmə(r)/ ◆ n martillo ◆ 1 vt martillear 2 vi ~ (at/on sth) dar golpes (en algo) 3 vt (coloq) (fig) dar una paliza a PHR V to **hammer sth in** clavar algo (a martillazos)

hammock /'hæmək/ n hamaca

hamper¹ /'hæmpə(r)/ n (GB) cesta (para alimentos)

hamper² /'hæmpə(r)/ vt obstaculizar

hamster /'hæmstə(r)/ n hámster

hand /hænd/ ◆ n 1 mano 2 [sing] (tb handwriting) letra 3 (reloj, etc.) manecilla, aguja ☞ Ver dibujo en RELOJ 4 peón, jornalero 5 (Náut) tripulante 6 (Naipes) mano 7 (medida) palmo LOC **by hand** a mano: made by hand hecho a mano ◊ delivered by hand entregado en mano (**close/near**) **at hand** a mano: He lives close at hand. Vive muy cerca. **hand in hand** 1 cogidos de la mano 2 (fig) muy unido, a la par **hands up** 1 ¡manos arriba! 2 que levante la mano: Hands up if you know the answer. El que sepa la respuesta que levante la mano. **in hand** 1 disponible, en reserva 2 entre manos **on hand** disponible **on the one hand... on the other (hand)... por un lado... por otro... **out of hand** 1 descontrolado 2 sin pensarlo **to give/lend sb a hand** echar una mano a algn **to hand** a mano Ver tb CHANGE, CUP, EAT, FIRM, FIRST, FREE, HEAVY, HELP, HOLD, MATTER, PALM, SHAKE, UPPER ◆ vt pasar PHR V **to hand sth back (to sb)** devolver algo (a algn) **to hand sth in (to sb)** entregar algo (a algn) **to hand sth out (to sb)** repartir algo (a algn)

handbag /'hændbæg/ (USA purse) n bolso ☞ Ver dibujo en MALETA

handbook /'hændbʊk/ n manual, guía

handbrake /'hændbreɪk/ n freno de mano

handcuff /'hændkʌf/ vt esposar hand-cuffs n [pl] esposas

handful /'hændfʊl/ n (pl ~s) (lit y fig) puñado: a handful of students un puñado de estudiantes LOC **to be a (real) handful** (coloq) ser una pesadilla

handicap /'hændikæp/ ◆ n 1 (Med) minusvalía 2 (Dep) desventaja ◆ vt (-pp-) 1 perjudicar 2 (Dep) compensar **handicapped** adj minusválido

handicrafts /'hændikrɑːfts; USA -kræfts/ n [pl] artesanía

handkerchief /'hæŋkətʃɪf, -tʃiːf/ n (pl -chiefs o -chieves /-tʃiːvz/) pañuelo (de bolsillo)

handle /'hændl/ ◆ n 1 mango 2 manilla 3 asa ◆ vt 1 manejar 2 (maquinaria) operar 3 (gente) tratar 4 soportar

handle

handle

handle

handle

handle

knob

knob

VOLUME

knob

u	ɒ	ɔː	ɜː	ə	j	w	eɪ	əʊ
situation	got	saw	fur	ago	yes	woman	pay	go

handlebars /'hændlbɑːz/ *n* [*pl*] manillar

handmade /ˌhænd'meɪd/ *adj* hecho a mano, de artesanía

En inglés se pueden formar adjetivos compuestos para todas las destrezas manuales: p. ej. **hand-built** (construido a mano), **hand-knitted** (tricotado a mano), **hand-painted** (pintado a mano), etc.

handout /'hændaʊt/ *n* **1** donativo **2** folleto **3** fotocopia

handshake /'hændʃeɪk/ *n* apretón de manos

handsome /'hænsəm/ *adj* **1** guapo ☛ Se aplica sobre todo a los hombres. **2** (*regalo*) generoso

handwriting /'hændraɪtɪŋ/ *n* **1** escritura **2** letra

handwritten /ˌhænd'rɪtn/ *adj* escrito a mano

handy /'hændi/ *adj* (-ier, -iest) **1** práctico **2** a mano

hang /hæŋ/ ◆ (*pret*, *pp* **hung** /hʌŋ/) **1** vt colgar **2** vi estar colgado **3** vi (*ropa, pelo*) caer **4** (*pret*, *pp* **hanged**) vt, vi ahorcar(se) **5** vi ~ (**above/over sth/sb**) pender (*sobre algo/algn*) PHR V **to hang about/around** (*coloq*) **1** holgazanear **2** esperar (*sin hacer nada*) **to hang on 1** agarrarse **2** (*coloq*) esperar: *Hang on a minute!* ¡Espera un momento! **to hang out** (*coloq*) andar, meterse **to hang sth out** tender algo **to hang up (on sb)** (*coloq*) colgar (a algn) (*el teléfono*) ◆ *n* LOC **to get the hang of sth** (*coloq*) coger el tranquillo a algo

hangar /'hæŋə(r)/ *n* hangar

hanger /'hæŋə(r)/ *n* (*tb* **clothes hanger, coat hanger**) *n* percha

hang-glider /'hæŋ ˌglaɪdə(r)/ *n* ala delta **hang-gliding** *n* vuelo en ala delta: *to go hang-gliding* volar en ala delta

hangman /'hæŋmən/ *n* (*pl* -men /-mən/) **1** verdugo (*de horca*) **2** (*juego*) el ahorcado

hangover /'hæŋəʊvə(r)/ *n* resaca

hang-up /'hæŋ ˌʌp/ *n* (*coloq*) trauma, complejo

haphazard /hæp'hæzəd/ *adj* al azar, de cualquier manera

happen /'hæpən/ *vi* ocurrir, suceder, pasar: *whatever happens/no matter what happens* pase lo que pase ◊ *if you happen to go into town* si por casualidad vas al centro **happening** *n* suceso, acontecimiento

happy /'hæpi/ *adj* (-ier, -iest) **1** feliz: *a happy marriage/memory/child* un matrimonio/recuerdo/niño feliz **2** contento: *Are you happy in your work?* ¿Estás contento con tu trabajo? ☛ Ver nota en GLAD **happily** *adv* **1** felizmente **2** afortunadamente **happiness** *n* felicidad

harass /'hærəs, hə'ræs/ *vt* hostigar, acosar **harassment** *n* hostigamiento, acoso

harbour (*USA* **harbor**) /'hɑːbə(r)/ ◆ *n* puerto ◆ *vt* **1** proteger, dar cobijo a **2** (*sospechas*) albergar

hard /hɑːd/ ◆ *adj* (-er, -est) **1** duro **2** difícil: *It's hard to tell.* Es difícil saber con seguridad. ◊ *It's hard for me to say no.* Me cuesta decir que no. ◊ *hard to please* exigente **3** duro, agotador: *a hard worker* una persona trabajadora **4** (*persona, trato*) duro, severo, cruel **5** (*bebida*) alcohólico LOC **hard cash** dinero contante **hard luck** (*coloq*) mala pata **the hard way** por la vía difícil **to have/give sb a hard time** (hacer) pasar a algn un mal rato **to take a hard line (on/over sth)** adoptar una postura tajante (en algo) *Ver tb* DRIVE ◆ *adv* (-er, -est) **1** (*trabajar, llover*) mucho, duro: *She hit her head hard.* Se dio un fuerte golpe en la cabeza. ◊ *to try hard* esforzarse **2** (*tirar*) fuerte **3** (*pensar*) detenidamente **4** (*mirar*) fijamente LOC **to be hard put to do sth** tener dificultad en hacer algo **to be hard up** andar mal de dinero

hardback /'hɑːdbæk/ *n* libro de tapas duras ☛ *Comparar con* PAPERBACK

hard disk *n* (*Informát*) disco duro

harden /'hɑːdn/ **1** vt, vi endurecer(se) **2** vt (*fig*) curtir: *hardened criminal* criminal habitual **hardening** *n* endurecimiento

hardly /'hɑːdli/ *adv* **1** apenas: *I hardly know her.* Apenas la conozco. **2** difícilmente: *It's hardly surprising.* No es ninguna sorpresa. ◊ *He's hardly the world's best cook.* No es el mejor cocinero del mundo. ◊ *Hardly!* ¡Qué va!/¡Ni hablar! **3** casi: *hardly anybody* casi nadie ◊ *hardly ever* casi nunca

have

presente	contracciones	negativa contracciones	pasado contracciones
I **have**	I've	I **haven't**	I'd
you **have**	you've	you **haven't**	you'd
he/she/it **has**	he's/she's/it's	he/she/it **hasn't**	he'd/she'd/it'd
we **have**	we've	we **haven't**	we'd
you **have**	you've	you **haven't**	you'd
they **have**	they've	they **haven't**	they'd

pasado **had** /hæd/   *forma en -ing* **having**   *participio pasado* **had**

hardship /'hɑːdʃɪp/ n apuro, privación

hardware /'hɑːdweə(r)/ n 1 ferretería: *hardware store* ferretería 2 (*Mil*) armamentos 3 (*Informát*) hardware

hard-working /ˌhɑːd 'wɜːkɪŋ/ adj trabajador

hardy /'hɑːdi/ adj (-ier, -iest) 1 robusto 2 (*Bot*) resistente

hare /heə(r)/ n liebre

harm /hɑːm/ ◆ n daño, mal: *He meant no harm.* No tenía malas intenciones. ◊ *There's no harm in asking.* No se pierde nada con preguntar. ◊ (*There's*) *no harm done.* No pasó nada. LOC out of harm's way fuera de peligro to come to no harm: *You'll come to no harm.* No te pasará nada. to do more harm than good ser peor el remedio que la enfermedad ◆ vt 1 (*persona*) hacer daño a 2 (*cosa*) dañar harmful adj dañino, nocivo, perjudicial harmless adj 1 inocuo 2 inocente, inofensivo

harmony /'hɑːməni/ n (pl -ies) armonía

harness /'hɑːnɪs/ ◆ n [*sing*] arreos ◆ vt 1 (*caballo*) enjaezar 2 (*energía*) aprovechar

harp /hɑːp/ ◆ n arpa ◆ v PHR V to harp on (about) sth hablar repetidamente de algo

harsh /hɑːʃ/ adj (-er, -est) 1 (*textura, voz*) áspero 2 (*color, luz*) chillón 3 (*ruido, etc.*) estridente 4 (*clima, etc.*) riguroso 5 (*castigo, etc.*) severo 6 (*palabra, profesor*) duro harshly adv duramente, severamente

harvest /'hɑːvɪst/ ◆ n cosecha ◆ vt cosechar

has /həz, hæz/ Ver HAVE

hasn't /'hæz(ə)nt/ = HAS NOT Ver HAVE

hassle /'hæsl/ ◆ n (coloq) 1 (*complicación*) lío, rollo: *It's a lot of hassle.* Es mucho lío. 2 molestias: *Don't give me any hassle!* ¡Déjame en paz! ◆ vt (coloq) molestar

haste /heɪst/ n prisa LOC in haste de prisa hasten /'heɪsn/ 1 vi darse prisa 2 vt acelerar hastily adv precipitadamente hasty adj (-ier, -iest) precipitado

hat /hæt/ n sombrero LOC Ver DROP

hatch¹ /hætʃ/ n 1 trampilla 2 ventanilla (*para pasar comida*)

hatch² /hætʃ/ 1 vi ~ (out) salir del huevo 2 vi (*huevo*) abrirse 3 vt incubar 4 vt ~ sth (up) tramar algo

hate /heɪt/ ◆ vt 1 odiar 2 lamentar: *I hate to bother you, but...* Siento molestarte, pero... ◆ n 1 odio 2 (coloq): *pet hate* bestia negra hateful adj odioso hatred n odio

haul /hɔːl/ ◆ vt tirar, arrastrar ◆ n 1 (*distancia*) camino, recorrido 2 redada (*de peces*) 3 botín

haunt /hɔːnt/ ◆ vt 1 (*fantasma*) aparecerse en 2 (*lugar*) frecuentar 3 (*pensamiento*) atormentar ◆ n lugar predilecto haunted adj embrujado (*casa*)

have /həv, hæv/ ◆ v aux haber: *'I've finished my work.' 'So have I.'* —He terminado mi trabajo. —Yo también. ◊ *He's gone home, hasn't he?* Se ha ido a casa, ¿no? ◊ *'Have you seen it?' 'Yes, I have.'/No, I haven't.'* —¿Lo has visto? —Sí./No. ◆ vt 1 (*tb* to have got) tener: *She's got a new car.* Tiene un coche nuevo. ◊ *to have flu/a headache* tener la gripe/dolor de cabeza ☞ Ver nota en TENER 2 ~ (got) sth to do tener algo que hacer: *I've got a bus to catch.* Tengo que coger el autobús. 3 ~ (got) to do sth tener que hacer algo: *I've got to go to the bank.* Tengo que ir al banco. ◊ *Did you have to pay a fine?* ¿Tuviste que pagar una multa? ◊ *It has to be done.* Hay que hacerlo. 4 (*tb* to have got) llevar: *Have you got any money on you?* ¿Llevas encima dinero? 5 tomar: *to*

tʃ	dʒ	v	θ	ð	s	z	ʃ
chin	June	van	thin	then	so	zoo	she

have a bath/wash tomar un baño/ lavarse ◊ *to have a cup of coffee* tomar un café ◊ *to have breakfast/lunch/dinner* desayunar/comer/cenar ☞ Nótese que la estructura to have + sustantivo a menudo se expresa en español con un verbo. **6** = *sth done* hacer/mandar hacer algo: *to have your hair cut* cortarse el pelo ◊ *to have a dress made* encargar que te hagan un vestido ◊ *She had her bag stolen.* Le robaron el bolso. **7** consentir: *I won't have it!* ¡No lo consentiré! LOC **to have had it** (*coloq*): *The TV has had it.* La tele ha cascado. **to have it (that)**: *Rumour has it that...* Se dice que... ◊ *As luck would have it...* Como quiso la suerte... **to have to do with sth/sb** tener que ver con algo/ algn: *It has nothing to do with me.* No tiene nada que ver conmigo. ☞ Para otras expresiones con **have**, véanse las entradas del sustantivo, adjetivo, etc., p. ej. **to have a sweet tooth** en SWEET. PHR V **to have sb back**: *Let me have it back soon.* Devuélvemelo pronto. **to have sb on** (*coloq*) tomar el pelo a algn: *You're having me on!* ¡Me estás tomando el pelo! **to have sth on 1** (*ropa*) llevar algo puesto: *He's got a tie on today.* Hoy lleva corbata. **2** estar ocupado con algo: *I've got a lot on.* Estoy muy ocupado. ◊ *Have you got anything on tonight?* ¿Tienes algún plan para esta noche?

haven /'heɪvn/ *n* refugio

haven't /'hæv(ə)nt/ = HAVE NOT *Ver* HAVE

havoc /'hævək/ *n* [*incontable*] estragos LOC **to wreak/cause/play havoc with sth** hacer estragos en algo

hawk /hɔːk/ *n* halcón

hay /heɪ/ *n* heno: *hay fever* alergia al polen

hazard /'hæzəd/ ◆ *n* peligro, riesgo: *a health hazard* un peligro para la salud ◆ *vt* LOC **to hazard a guess** aventurar una opinión **hazardous** *adj* peligroso, arriesgado

haze /heɪz/ *n* bruma ☞ *Comparar con* FOG, MIST

hazel /'heɪzl/ ◆ *n* avellano ◆ *adj* color avellana

hazelnut /'heɪzlnʌt/ *n* avellana

hazy /'heɪzi/ *adj* (-ier, -iest) **1** brumoso **2** (*idea, etc.*) vago **3** (*persona*) confuso

he /hiː/ ◆ *pron pers* él: *He's in Paris.* Está en Paris. ☞ El *pron pers* no se puede omitir en inglés. *Comparar con* HIM ◆ *n*: *Is it a he or a she?* ¿Es macho o hembra?

head¹ /hed/ *n* **1** cabeza: *It never entered my head.* Jamás se me ocurrió. ◊ *to have a good head for business* tener talento para los negocios **2** a/per head por cabeza: *ten dollars a head* diez dólares por cabeza **3** cabecera: *the head of the table* la cabecera de la mesa **4** jefe, -a: *the heads of government* los jefes de gobierno **5** = HEAD TEACHER LOC **head first** de cabeza **heads or tails?** ¿cara o cruz? **not to make head or tail of sth** no conseguir entender algo: *I can't make head (n)or tail of it.* No consigo entenderlo. **to be/go above/over your head** pasarle por encima **to go to your head** subírsele a la cabeza a algn *Ver tb* HIT, SHAKE, TOP¹

head² /hed/ *vt* **1** encabezar **2** (*Dep*) dar de cabeza PHR V **to head for sth** dirigirse a algo, ir camino de algo

headache /'hedeɪk/ *n* **1** dolor de cabeza **2** quebradero de cabeza

heading /'hedɪŋ/ *n* encabezamiento, apartado

headlight /'hedlaɪt/ (*tb* **headlamp**) *n* faro

headline /'hedlaɪn/ *n* **1** titular **2** the **headlines** [*pl*] el resumen de las noticias más importantes

headmaster /ˌhed'mɑːstə(r)/ *n* director (*de un colegio*)

headmistress /ˌhed'mɪstrəs/ *n* directora (*de un colegio*)

head office *n* sede central

head-on /hed 'ɒn/ *adj, adv* de frente: *a head-on collision* una colisión de frente

headphones /'hedfəʊnz/ *n* [*pl*] auriculares

headquarters /ˌhed'kwɔːtəz/ *n* (*abrev* HQ) [*v sing o pl*] oficina principal

head start *n*: *You had a head start over me.* Me llevabas ventaja.

head teacher *n* (*tb* head director, -ora (*de un colegio*) ☞ *Comparar con* HEADMASTER, HEADMISTRESS

headway /'hedweɪ/ *n* LOC **to make headway** avanzar, progresar

heal /hiːl/ **1** *vi* cicatrizar, sanar **2** *vt* ~ **sth/sb** sanar, curar algo/a algn

iː	i	ɪ	e	æ	ɑː	ʌ	ʊ	uː
see	happy	sit	ten	hat	father	cup	put	too

health /helθ/ n salud: *health centre* centro de salud LOC *Ver* DRINK

healthy /'helθi/ adj (-ier, -iest) **1** (*lit*) sano **2** saludable (*estilo de vida, etc.*)

heap /hi:p/ ◆ n montón ◆ vt ~ **(up)** amontonar algo

hear /hɪə(r)/ (*pret, pp* heard /hɜ:d/) **1** vt, vi oír: *I couldn't hear a thing.* No oía nada. ◊ *I heard someone laughing.* Oí a alguien que se reía. ☞ *Ver nota en* OÍR **2** vt escuchar **3** vt (*Jur*) ver PHR V **to hear about sth** enterarse de algo **to hear from sb** tener noticias de algn **to hear of sth/sb** oír hablar de algo/algn

hearing /'hɪərɪŋ/ n **1** (*tb* **sense of hearing**) oído **2** (*Jur*) vista, audiencia

heart /ha:t/ n **1** corazón: *heart attack/failure* ataque/paro cardiaco **2** (*centro*): *the heart of the matter* el quid del asunto **3** (*de lechuga, etc.*) cogollo **4 hearts** [*pl*] (*en cartas*) corazones ☞ *Ver nota en* BARAJA LOC **at heart** en el fondo **by heart** de memoria **to take heart** alentarse **to take sth to heart** tomar algo a pecho **your/sb's heart sinks**: *When I saw the queue my heart sank.* Cuando vi la cola se me cayó el alma a los pies. *Ver tb* CHANGE, CRY, SET²

heartbeat /'ha:tbi:t/ n latido (*del corazón*)

heartbreak /'ha:tbreik/ n congoja, angustia **heartbreaking** adj que parte el corazón, angustioso **heartbroken** adj acongojado, angustiado

hearten /'ha:tn/ vt animar **heartening** adj alentador

heartfelt /'ha:tfelt/ adj sincero

hearth /ha:θ/ n **1** chimenea **2** (*lit y fig*) hogar

heartless /'ha:tləs/ adj inhumano, cruel

hearty /'ha:ti/ adj (-ier, -iest) **1** (*enhorabuena*) cordial **2** (*persona*) jovial (*a veces en exceso*) **3** (*comida*) abundante

heat /hi:t/ ◆ n **1** calor **2** (*Dep*) prueba clasificatoria LOC **to be on heat** (*USA* **to be in heat**) estar en celo ◆ vt, vi ~ **(up)** calentar(se) **heated** adj **1** *a heated pool* una piscina climatizada ◊ *centrally heated* con calefacción central **2** (*discusión, persona*) acalorado **heater** n calefactor (*aparato*)

heath /hi:θ/ n brezal

heathen /'hi:ðn/ n no creyente

heather /'heðə(r)/ n brezo

heating /'hi:tɪŋ/ n calefacción

heatwave /'hi:tweɪv/ n ola de calor

heave /hi:v/ ◆ **1** vt, vi arrastrar(se) (*con esfuerzo*) **2** vi ~ (at/on sth) tirar con esfuerzo (de algo) **3** vt (*coloq*) arrojar (*algo pesado*) ◆ n tirón, empujón

heaven (*tb* **Heaven**) /'hevn/ n (*Relig*) cielo

Nótese que **heaven** no lleva el artículo: *She has gone to heaven.* Se ha ido al cielo.

LOC *Ver* KNOW, SAKE

heavenly /'hevnli/ adj **1** (*Relig*) celestial **2** (*Astron*) celeste **3** (*coloq*) divino

heavily /'hevili/ adv **1** muy, mucho: *heavily loaded* muy cargado ◊ *to rain heavily* llover muchísimo **2** pesadamente

heavy /'hevi/ adj (-ier, -iest) **1** pesado: *How heavy is it?* ¿Cuánto pesa? **2** más de lo normal: *heavy traffic* un tráfico denso **3** (*facciones, movimiento*) torpe LOC **with a heavy hand** con mano dura

heavyweight /'heviweit/ n **1** peso pesado **2** (*fig*) figura (*importante*)

heckle /'hekl/ vt, vi interrumpir

hectare /'hekteə(r)/ n hectárea

hectic /'hektɪk/ adj frenético

he'd /hi:d/ **1** = HE HAD *Ver* HAVE **2** = HE WOULD *Ver* WOULD

hedge /hedʒ/ ◆ n **1** seto **2** ~ **(against sth)** protección (contra algo) ◆ vi salirse por la tangente

hedgehog /'hedʒhɒg; *USA* -hɔ:g/ n erizo

heed /hi:d/ ◆ vt (*formal*) prestar atención a ◆ n LOC **to take heed (of sth)** hacer caso (de algo)

heel /hi:l/ n **1** talón **2** tacón LOC *Ver* DIG

hefty /'hefti/ adj (-ier, -iest) **1** (*persona*) fornido **2** (*objeto*) pesado **3** (*golpe*) fuerte

height /haɪt/ n **1** estatura **2** altura **3** (*Geog*) altitud **4** (*fig*) cumbre, colmo: *at/in the height of summer* en pleno verano LOC **the height of fashion** la última moda ☞ *Ver nota en* ALTO

heighten /'haɪtn/ vt, vi intensificar, aumentar

heir /eə(r)/ n ~ **(to sth)** heredero, -a (de algo)

heiress /'eərəs/ n heredera ☞ *Ver nota en* HEREDERO

held *pret, pp de* HOLD

u	ɒ	ɔ:	ɜ:	ə	j	w	eɪ	əʊ
situation	got	saw	fur	ago	yes	woman	pay	go

helicopter /'helɪkɒptə(r)/ n helicóptero

he'll /hiːl/ = HE WILL Ver WILL

hell /hel/ n infierno: *to go to hell* ir al infierno ☞ Nótese que **hell** no lleva artículo. LOC **a/one hell of a...** (*coloq*): *I got a hell of a shock*. Me llevé un susto terrible. **hellish** *adj* infernal

hello /hə'ləʊ/ *interj, n* hola: *Say hello for me*. Saluda de mi parte.

Otras palabras más informales son **hi** y **hiya**.

helm /helm/ n timón

helmet /'helmɪt/ n casco

help /help/ ◆ **1** *vt, vi* ayudar: *Help!* ¡Socorro! ◊ *How can I help you?* ¿En qué puedo servirle? **2** *v refl* ~ **yourself (to sth)** servirse (algo) LOC **a helping hand**: *to give/lend (sb) a helping hand* echar una mano (a algn) **can/could not help sth**: *I couldn't help laughing.* No pude contener la risa. ◊ *He can't help it.* No lo puede evitar. **it can't/couldn't be helped** no hay/había remedio PHR V **to help (sb) out** echar un cable (a algn) ◆ *n* [*incontable*] **1** ayuda: *It wasn't much help.* No sirvió de mucho. **2** asistencia

helper /'helpə(r)/ n ayudante

helpful /'helpfl/ *adj* **1** servicial **2** amable **3** (*consejo, etc.*) útil

helping /'helpɪŋ/ n porción

helpless /'helpləs/ *adj* **1** indefenso **2** desamparado **3** imposibilitado

helter-skelter /ˌheltə 'skeltə(r)/ ◆ *n* tobogán (*en espiral*) ◆ *adj* precipitado

hem /hem/ ◆ *n* dobladillo ◆ *vt* (-mm-) coser el dobladillo de PHR V **to hem sth/sb in 1** cercar algo/a algn **2** cohibir a algn

hemisphere /'hemɪsfɪə(r)/ n hemisferio

hemo- (*USA*) Ver HAEMO-

hen /hen/ n gallina

hence /hens/ *adv* **1** (*tiempo*) desde ahora: *3 years hence* de aquí a 3 años **2** (*por esta razón*) de ahí, por eso

henceforth /ˌhens'fɔːθ/ *adv* (*formal*) de ahora en adelante

hepatitis /ˌhepə'taɪtɪs/ n [*incontable*] hepatitis

her /hə, ɜː(r), ə(r), hɜː(r)/ ◆ *pron pers* **1** [*como objeto directo*] la: *I saw her.* La vi. **2** [*como objeto indirecto*] le, a ella: *I asked her to come.* Le pedí que viniera.

◊ *I said it to her.* Se lo dije a ella. **3** [*después de preposición y del verbo to be*] ella: *I think of her often.* Pienso en ella a menudo. ◊ *She took it with her.* Se lo llevó consigo. ◊ *It wasn't her.* No fue ella. ☞ *Comparar con* SHE ◆ *adj pos* su(s) (*de ella*): *her book(s)* su(s) libro(s) ☞ **Her** se usa también para referirse a coches, barcos o naciones. *Comparar con* HERS *y ver nota en* MY

herald /'herəld/ ◆ *n* heraldo ◆ *vt* anunciar (*llegada, comienzo*) **heraldry** *n* heráldica

herb /hɜːb; *USA* ɜːrb/ *n* hierba (fina) **herbal** *adj* (a base) de hierbas: *herbal tea* infusión

herd /hɜːd/ ◆ *n* manada, piara (*de vacas, cabras y cerdos*) ☞ *Comparar con* FLOCK ◆ *vt* llevar en manada

here /hɪə(r)/ ◆ *adv* aquí: *I live a mile from here.* Vivo a una milla de aquí. ◊ *Please sign here.* Firme aquí, por favor.

En las oraciones que empiezan con **here** el verbo se coloca detrás del sujeto si este es un pronombre: *Here they are, at last!* ¡Ya llegan! ¡por fin! ◊ *Here it is, on the table!* ¡Aquí está, encima de la mesa. y antes si es un sustantivo: *Here comes the bus.* Ya llega el autobús.

LOC **here and there** aquí y allá **here you are** aquí tiene **to be here** llegar: *They'll be here any minute.* Están a punto de llegar. ◆ **here!** *interj* **1** ¡oye! **2** (*ofreciendo algo*) ¡toma! **3** (*respuesta*) ¡presente!

hereditary /hə'redɪtri; *USA* -teri/ *adj* hereditario

heresy /'herəsi/ n (*pl* -ies) herejía

heritage /'herɪtɪdʒ/ n [*gen sing*] patrimonio

hermit /'hɜːmɪt/ n ermitaño, -a

hero /'hɪərəʊ/ n (*pl* ~es) **1** protagonista (*de novela, película, etc.*) **2** (*persona*) héroe, heroína: *sporting heroes* los héroes del deporte **heroic** /hə'rəʊɪk/ *adj* heroico **heroism** /'herəʊɪzəm/ *n* heroísmo

heroin /'herəʊɪn/ n heroína (*droga*)

heroine /'herəʊɪn/ n heroína (*persona*)

herring /'herɪŋ/ n (*pl* herring *o* ~s) arenque LOC *Ver* RED

hers /hɜːz/ *pron pos* suyo, -a, -os, -as (*de ella*): *a friend of hers* un amigo suyo ◊ *Where are hers?* ¿Dónde están los suyos?

aɪ	aʊ	ɔɪ	ɪə	eə	ʊə	ʒ	h	ŋ
five	now	join	near	hair	pure	vision	how	sing

herself /hɜː'self/ *pron* **1** [*uso reflexivo*] se (*a ella misma*): *She bought herself a book.* Se compró un libro. **2** [*después de preposición*] sí (misma): *'I am free', she said to herself.* —Soy libre, se dijo a sí misma. **3** [*uso enfático*] ella misma: *She told me the news herself.* Me contó la noticia ella misma.

he's /hiːz/ **1** = HE IS *Ver* BE **2** = HE HAS *Ver* HAVE

hesitant /'hezɪtənt/ *adj* vacilante, indeciso

hesitate /'hezɪteɪt/ *vi* **1** dudar: *Don't hesitate to call.* No dudes en llamar. **2** vacilar **hesitation** *n* vacilación, duda

heterogeneous /ˌhetərə'dʒiːniəs/ *adj* heterogéneo

heterosexual /ˌhetərə'sekʃuəl/ *adj, n* heterosexual

hexagon /'heksəgən; *USA* -gɒn/ *n* hexágono

hey! /heɪ/ *interj* ¡oye!, ¡eh!

heyday /'heɪdeɪ/ *n* (días de) apogeo

hi! /haɪ/ (*tb* hiya!) *interj* (*coloq*) ¡hola!

hibernate /'haɪbəneɪt/ *vi* hibernar **hibernation** *n* hibernación

hiccup (*tb* hiccough) /'hɪkʌp/ *n* **1** hipo: *I got (the) hiccups.* Me dio el hipo. **2** (*coloq*) problema

hid *pret de* HIDE

hidden /'hɪdn/ ♦ *pp de* HIDE [1] ♦ *adj* oculto, escondido

hide[1] /haɪd/ (*pret* hid /hɪd/ *pp* hidden /'hɪdn/) **1** *vi* ~ (**from sb**) esconderse, ocultarse (de algn): *The child was hiding under the bed.* El niño estaba escondido debajo de la cama. **2** *vt* ~ **sth** (**from sb**) ocultar algo (a algn): *The trees hid the house from view.* Los árboles ocultaban la casa.

hide[2] /haɪd/ *n* piel (*de animal*)

hide-and-seek /ˌhaɪd n 'siːk/ *n* escondite: *to play hide-and-seek* jugar al escondite

hideous /'hɪdiəs/ *adj* espantoso

hiding[1] /'haɪdɪŋ/ *n* LOC **to be in/go into hiding** estar escondido/ocultarse

hiding[2] /'haɪdɪŋ/ *n* (*coloq*) tunda

hierarchy /'haɪərɑːki/ *n* (*pl* -ies) jerarquía

hieroglyphics /ˌhaɪərə'glɪfɪks/ *n* [*pl*] jeroglíficos

hi-fi /'haɪ faɪ/ *adj, n* (*coloq*) (equipo de) alta fidelidad

high[1] /haɪ/ *adj* (-er, -est) **1** (*precio, techo, velocidad*) alto ☞ *Ver nota en* ALTO

High a veces se combina con un sustantivo para crear adjetivos como **high-speed** (*de alta velocidad*), **high-fibre** (*de alto contenido en fibra*) y **high-risk** (*de alto riesgo*).

2 *to have a high opinion of sb* tener buena opinión de algn ◊ *high hopes* grandes esperanzas **3** (*viento*) fuerte **4** (*ideales, ganancias*) elevado: *to set high standards* poner el listón muy alto ◊ *I have it on the highest authority.* Lo sé de muy buena fuente. ◊ *She has friends in high places.* Tiene amigos muy influyentes. **5** *the high life* la vida de lujo ◊ *the high point of the evening* el mejor momento de la tarde **6** (*sonido*) agudo **7** *in high summer* en pleno verano ◊ *high season* temporada alta **8** ~ (**on sth**) (*coloq*) ciego (de algo) (*drogas, alcohol*) LOC **high and dry** plantado: *to leave sb high and dry* dejar plantado a algn **to be X metres, feet, etc. high** medir X metros, pies, etc. de altura: *The wall is six feet high.* La pared mide seis pies de altura. ◊ *How high is it?* ¿Cuánto mide de altura? *Ver tb* ESTEEM, FLY

high[2] /haɪ/ ♦ *n* punto alto ♦ *adv* (-er, -est) alto, a gran altura

highbrow /'haɪbraʊ/ *adj* (*frec pey*) culto, intelectual

high-class /ˌhaɪ 'klɑːs/ *adj* de categoría

High Court *n* Tribunal Supremo

higher education *n* educación superior

high jump *n* salto de altura

highland /'haɪlənd/ *n* [*gen pl*] región montañosa

high-level /ˌhaɪ 'levl/ *adj* de alto nivel

highlight /'haɪlaɪt/ ♦ *n* **1** punto culminante, aspecto notable **2** [*gen pl*] (*en el pelo*) reflejo ♦ *vt* poner de relieve, (hacer) resaltar

highly /'haɪli/ *adv* **1** muy, altamente, sumamente: *highly unlikely* altamente improbable **2** *to think/speak highly of sb* tener muy buena opinión/hablar muy bien de algn

highly strung *adj* nervioso, muy excitable

Highness /'haɪnəs/ *n* alteza

tʃ	dʒ	v	θ	ð	s	z	ʃ
chin	June	van	thin	then	so	zoo	she

high-pitched /ˌhaɪ ˈpɪtʃd/ *adj* (*sonido*) agudo

high-powered /ˌhaɪ ˈpaʊəd/ *adj* **1** (*coche*) de gran potencia **2** (*persona*) enérgico, dinámico

high pressure /ˌhaɪ ˈpreʃə(r)/ ◆ *n* (*meteorología*) altas presiones ◆ **high-pressure** *adj* estresante

high-rise /ˈhaɪ raɪz/ ◆ *n* torre (*de muchos pisos*) ◆ *adj* **1** (*edificio*) de muchos pisos **2** (*piso*) de un edificio alto

high school *n* (*esp USA*) escuela de enseñanza secundaria

high street *n* calle mayor: *high-street shops* tiendas de la calle principal

high-tech (*tb* **hi-tech**) /ˌhaɪ ˈtek/ *adj* (*coloq*) de alta tecnología

high tide (*tb* **high water**) *n* pleamar

highway /ˈhaɪweɪ/ *n* **1** (*esp USA*) carretera, autopista **2** vía pública: *Highway Code* código de circulación

hijack /ˈhaɪdʒæk/ ◆ *vt* **1** secuestrar **2** (*fig*) acaparar ◆ *n* secuestro **hijacker** *n* secuestrador, -ora

hike /haɪk/ ◆ *n* caminata ◆ *vi* ir de excursión a pie: *to go hiking* hacer senderismo **hiker** *n* caminante, excursionista

hilarious /hɪˈleəriəs/ *adj* divertidísimo, muy cómico

hill /hɪl/ *n* **1** colina, cerro **2** cuesta, pendiente **hilly** *adj* (-ier. -iest) montañoso

hillside /ˈhɪlsaɪd/ *n* ladera

hilt /hɪlt/ *n* empuñadura LOC (**up) to the hilt 1** hasta el cuello **2** (*apoyar*) incondicionalmente

him /hɪm/ *pron pers* **1** [*como objeto directo*] lo, le: *I hit him.* Le pegué. **2** [*como objeto indirecto*] le: *Give it to him.* Dáselo. **3** [*después de preposición y del verbo to be*] él: *He always has it with him.* Siempre lo tiene consigo. ◊ *It must be him.* Debe de ser él. ☞ *Comparar con* HE

himself /hɪmˈself/ *pron* **1** [*uso reflexivo*] se (*a él mismo*) **2** [*después de preposición*] sí (mismo): *'I tried', he said to himself.* —Lo intenté, se dijo a sí mismo. **3** [*uso enfático*] él mismo: *He said so himself.* Él mismo lo dijo.

hinder /ˈhɪndə(r)/ *vt* entorpecer, dificultar: *It seriously hindered him in his work.* Le entorpeció seriamente en su trabajo. ◊ *Our progress was hindered by*

bad weather. El mal tiempo dificultó nuestro trabajo.

hindrance /ˈhɪndrəns/ *n* ~ (**to sth/sb**) estorbo, obstáculo (para algo/algn)

hindsight /ˈhaɪndsaɪt/ *n*: *with (the benefit of)/in hindsight* viéndolo a posteriori

Hindu /ˌhɪnˈduː; USA ˈhɪnduː/ *adj, n* hindú **Hinduism** *n* hinduismo

hinge /hɪndʒ/ ◆ *n* bisagra, gozne ◆ *v* PHR V **to hinge on sth** depender de algo

hint /hɪnt/ ◆ *n* **1** insinuación, indirecta **2** indicio **3** consejo ◆ **1** *vi* ~ **at sth** referirse indirectamente a algo **2** *vt, vi* ~ (**to sb**) **that...** insinuar (a algn) que...

hip /hɪp/ ◆ *n* cadera ◆ *adj* (**hipper, hippest**) (*coloq*) marchoso

hippo /ˈhɪpəʊ/ *n* (*pl* ~**s**) hipopótamo

hippopotamus /ˌhɪpəˈpɒtəməs/ *n* (*pl* **-muses** /-məsɪz/ *o* **-mi** /-maɪ/) (*tb* **hippo**) hipopótamo

hire /ˈhaɪə(r)/ ◆ *vt* **1** alquilar **2** (*persona*) contratar ☞ *Ver nota en* ALQUILAR ◆ *n* alquiler: *Bicycles for hire.* Se alquilan bicicletas. ◊ *hire purchase* compra a plazos

his /hɪz/ **1** *adj pos* su(s) (*de él*): *his bag(s)* su(s) bolsa(s) **2** *pron pos* suyo, -a, -os, -as (*de él*): *a friend of his* un amigo suyo ◊ *He lent me his.* Me dejó el suyo. ☞ *Ver nota en* MY

hiss /hɪs/ ◆ **1** *vi* sisear, silbar **2** *vt, vi* (*desaprobación*) silbar ◆ *n* silbido, siseo

historian /hɪˈstɔːriən/ *n* historiador, -ora

historic /hɪˈstɒrɪk; USA -ˈstɔːr-/ *adj* histórico (*importante*) **historical** *adj* histórico ☞ *Comparar con* HISTÓRICO

history /ˈhɪstri/ *n* (*pl* **-ies**) **1** historia **2** (*Med*) historial

hit /hɪt/ ◆ *vt* (**-tt-**) (*pret, pp* **hit**) **1** golpear: *to hit a nail* darle a un clavo **2 to hit sth (on/against sth)** golpearse algo (con/contra algo): *I hit my knee against the table.* Me golpé la rodilla contra la mesa. **3** alcanzar: *He's been hit in the leg by a bullet.* Fue alcanzado en la pierna por una bala. **4** chocar contra **5** (*pelota*) dar a **6** afectar: *Rural areas have been worst hit by the strike.* Las zonas rurales han sido las más afectadas por la huelga. LOC **to hit it off (with sb)** (*coloq*): *Pete and Sue hit it off*

i:	i	ɪ	e	æ	ɑ:	ʌ	ʊ	u:
see	happy	sit	ten	hat	father	cup	put	too

immediately. Pete y Sue se cayeron bien desde el principio. **to hit the nail on the head** dar en el clavo *Ver tb* HOME PHR V **to hit back (at sth/sb)** contestar (a algo/algn), devolver el golpe (a algo/algn) **to hit out (at sth/sb)** lanzarse (contra algo/algn) ◆ *n* **1** golpe **2** éxito

hit-and-run /ˌhɪt ən ˈrʌn/ *adj: a hit-and-run driver* conductor que atropella a alguien y se da a la fuga

hitch¹ /hɪtʃ/ *vt, vi: to hitch (a ride)* hacer autostop ◊ *Can I hitch a lift with you as far as the station?* ¿Me puedes llevar hasta la estación? PHR V **to hitch sth up 1** (*pantalones*) subirse algo un poco **2** (*falda*) remangar(se) algo

hitch² /hɪtʃ/ *n* pega: *without a hitch* sin dificultades

hitch-hike /ˈhɪtʃ haɪk/ *vi* hacer autostop **hitch-hiker** *n* autostopista

hi-tech *Ver* HIGH-TECH

hive /haɪv/ (*tb* beehive) *n* colmena

hiya! /ˈhaɪə/ *interj* (*coloq*) ¡hola!

hoard /hɔːd/ ◆ *n* **1** tesoro **2** provisión ◆ *vt* acaparar

hoarding /ˈhɔːdɪŋ/ (*USA* billboard) *n* valla publicitaria

hoarse /hɔːs/ *adj* ronco

hoax /həʊks/ *n* broma de mal gusto: *a hoax bomb warning* un aviso de bomba falso

hob /hɒb/ *n* plancha

hobby /ˈhɒbi/ *n* (*pl* -ies) hobby

hockey /ˈhɒki/ *n* hockey

hoe /həʊ/ *n* azada

hog /hɒg/; *USA* hɔːg/ ◆ *n* cerdo ◆ *vt* (*coloq*) acaparar

hoist /hɔɪst/ *vt* izar, levantar

hold /həʊld/ ◆ (*pret, pp* held /held/) **1** *vt* sostener, tener en la mano: *to hold hands* ir cogidos de la mano **2** *vt* agarrarse a **3** *vt, vi* (*peso*) aguantar **4** *vt* (*criminal, rehén, etc.*) retener, tener detenido **5** *vt* (*opinión*) sostener **6** *vt* tener espacio para: *It won't hold you all.* No vais a caber todos. **7** *vt* (*puesto, cargo*) ocupar **8** *vt* (*conversación*) mantener **9** *vt* (*reunión, elecciones*) celebrar **10** *vt* (*poseer*) tener **11** *vt* (*formal*) considerar **12** *vi* (*oferta, acuerdo*) ser válido **13** *vt* (*título*) ostentar **14** *vi* (*al teléfono*) esperar LOC **don't hold your breath!** ¡espérate sentado! **hold it!** (*coloq*) ¡espera! **to hold fast to sth** aferrarse a algo **to hold firm to sth** mante-

nerse firme en algo **to hold hands (with sb)** ir de la mano (con algn) **to hold sb to ransom** (*fig*) chantajear a algn **to hold sth/sb in contempt** despreciar algo/a algn **to hold the line** no colgar el teléfono **to hold your breath** contener el aliento *Ver tb* BAY, CAPTIVE, CHECK, ESTEEM

PHR V **to hold sth against sb** tener algo en contra de algn

to hold sth back ocultar algo **to hold sth/sb back** refrenar algo/a algn

to hold sth/sb down sujetar algo/a algn

to hold forth echar un discurso

to hold on 1 (*coloq*) esperar **2** aguantar **to hold on; to hold onto sth/sb** agarrarse (a algo/algn) **to hold sth on** sujetar algo

to hold out 1 (*provisiones*) durar **2** (*persona*) aguantar **to hold sth out** tender algo

to hold sth/sb up retrasar algo/a algn **to hold sth up** levantar algo **to hold up sth** atracar algo (*un banco, etc.*)

to hold with sth estar de acuerdo con algo

◆ *n* **1 to keep a firm hold of sth** tener algo bien agarrado **2** (*judo*) llave **3** ~ **(on/over sth/sb)** influencia, control (sobre algo/algn) **4** (*barco, avión*) bodega LOC **to get hold of sb** ponerse en contacto con algn **to get hold of sth** hacerse con algo **to take hold of sth/sb** coger algo/a algn *Ver tb* GRAB

holdall /ˈhəʊldɔːl/ *n* bolsa de viaje ☞ *Ver dibujo en* MALETA

holder /ˈhəʊldə(r)/ *n* **1** titular **2** poseedor, -ora **3** recipiente

hold-up /ˈhəʊld ʌp/ *n* **1** (*tráfico*) atasco **2** retraso **3** atraco

hole /həʊl/ *n* **1** agujero **2** perforación **3** (*carretera*) bache **4** boquete **5** madriguera **6** (*coloq*) aprieto **7** (*Dep*) hoyo LOC *Ver* PICK

holiday /ˈhɒlədeɪ/ ◆ *n* **1** (*USA* vacation) vacaciones: *to be/go on holiday* estar/ir de vacaciones ☞ *Ver nota en* VACACIÓN **2** fiesta ◆ *vi* estar de vacaciones

holiday maker /ˈhɒlədeɪ meɪkə(r)/ *n* veraneante

holiness /ˈhəʊlinəs/ *n* santidad

hollow /ˈhɒləʊ/ ◆ *adj* **1** hueco **2** (*cara, ojos*) hundido **3** (*sonido*) sordo **4** (*fig*) poco sincero, falso ◆ *n* **1** hoyo **2** hon-

u	ɒ	ɔː	ɜː	ə	j	w	eɪ	əʊ
sit**u**ation	g**o**t	s**aw**	f**ur**	**a**go	**y**es	**w**oman	p**ay**	g**o**

donada **3** hueco ◆ *vt* ~ **sth (out)** ahuecar algo

holly /ˈhɒli/ *n* acebo

holocaust /ˈhɒləkɔːst/ *n* holocausto

holy /ˈhəʊli/ *adj* (-ier, -iest) **1** santo **2** sagrado **3** bendito

homage /ˈhɒmɪdʒ/ *n* [*incontable*] (*formal*) homenaje: *to pay homage to sth/sb* rendir homenaje a algo/algn

home /həʊm/ ◆ *n* **1** casa, hogar **2** (*de ancianos, etc.*) residencia **3** (*fig*) cuna **4** (*Zool*) hábitat **5** (*carrera*) meta LOC **at home 1** en casa **2** a sus anchas **3** en mi, su, nuestro, etc. país ◆ *adj* **1** (*vida*) familiar: *home comforts* las comodidades del hogar **2** (*cocina, películas, etc.*) casero **3** (*no extranjero*) nacional: *the Home Office* el Ministerio del Interior **4** (*Dep*) de/en casa **5** (*pueblo, país*) natal ◆ *adv* **1** a casa: *to go home* irse a casa **2** (*fijar, clavar, etc.*) a fondo LOC **home and dry** a salvo **to hit/strike home** dar en el blanco *Ver tb* BRING

homeland /ˈhəʊmlænd/ *n* tierra natal, patria

homeless /ˈhəʊmləs/ ◆ *adj* sin hogar ◆ **the homeless** *n* [*pl*] las personas sin hogar **homelessness** *n* carencia de hogar

homely /ˈhəʊmli/ *adj* (-ier, -iest) **1** (*GB*) (*persona*) sencillo **2** (*ambiente, lugar*) familiar, acogedor **3** (*USA, pey*) chabacano

home-made /ˌhəʊm ˈmeɪd/ *adj* casero, hecho en casa

home page *n* (*Informát*) página inicial/principal

homesick /ˈhəʊmsɪk/ *adj* nostálgico: *to be/feel homesick* tener morriña

homework /ˈhəʊmwɜːk/ *n* [*incontable*] (*colegio*) deberes

homicide /ˈhɒmɪsaɪd/ *n* homicidio ☛ *Comparar con* MANSLAUGHTER, MURDER **homicidal** /ˌhɒmɪˈsaɪdl/ *adj* homicida

homogeneous /ˌhɒməˈdʒiːniəs/ *adj* homogéneo

homosexual /ˌhɒməˈsekʃuəl/ *adj, n* homosexual **homosexuality** /ˌhɒməsekʃuˈæləti/ *n* homosexualidad

honest /ˈɒnɪst/ *adj* **1** (*persona*) honrado **2** (*afirmación*) franco, sincero **3** (*sueldo*) justo **honestly** *adv* **1** honradamente **2** [*uso enfático*] de verdad, francamente

honesty /ˈɒnəsti/ *n* **1** honradez, honestidad **2** franqueza

honey /ˈhʌni/ *n* **1** miel **2** (*coloq*) (*tratamiento*) cariño

honeymoon /ˈhʌnimuːn/ *n* (*lit y fig*) luna de miel

honk /hɒŋk/ *vt, vi* tocar la bocina

honorary /ˈɒnərəri; *USA* ˈɒnəreri/ *adj* **1** honorífico **2** (*doctor*) honoris causa **3** (*no remunerado*) honorario

honour (*USA* **honor**) /ˈɒnə(r)/ ◆ *n* **1** honor **2** (*título*) condecoración **3** **honours** [*pl*] distinción: (*first class*) *honours degree* licenciatura (con la nota más alta) **4** **your Honour, his/her Honour** su Señoría LOC **in honour of sth/sb; in sth's/sb's honour** en honor de/a algo/algn ◆ *vt* **1** ~ **sth/sb (with sth)** honrar algo/a algn (con algo) **2** ~ **sth/sb (with sth)** condecorar a algn (con algo) **3** (*opinión, etc.*) respetar **4** (*compromiso, deuda*) cumplir (con)

honourable (*USA* **honorable**) /ˈɒnərəbl/ *adj* **1** honorable **2** honroso

hood /hʊd/ *n* **1** capucha **2** (*coche*) capota **3** (*USA*) *Ver* BONNET

hoof /huːf/ *n* (*pl* ~s *o* **hooves** /huːvz/) casco, pezuña

hook /hʊk/ ◆ *n* **1** gancho, garfio **2** (*pesca*) anzuelo LOC **off the hook** descolgado (*teléfono*) **to let sb/get sb off the hook** (*coloq*) dejar que algn se salve/sacar a algn del apuro ◆ *vt, vi* enganchar LOC **to be/get hooked (on sth)** (*coloq*) estar enganchado/engancharse (a algo) **to be hooked (on sb)** (*coloq*) estar chiflado (por algn)

hooligan /ˈhuːlɪɡən/ *n* gamberro, -a **hooliganism** *n* gamberrismo

hoop /huːp/ *n* aro

hooray! /hʊˈreɪ/ *interj Ver* HURRAH

hoot /huːt/ ◆ *n* **1** (*búho*) ululato **2** (*bocina*) bocinazo ◆ **1** *vi* (*búho*) ulular **2** *vi* ~ **(at sth/sb)** (*coche*) pitar (a algo/algn) **3** *vt* (*bocina*) tocar

Hoover® /ˈhuːvə(r)/ ◆ *n* aspiradora ◆ **hoover** *vt, vi* pasar la aspiradora (a/por)

hooves /huːvz/ *plural de* HOOF

hop /hɒp/ ◆ *vi* (-pp-) **1** (*persona*) saltar a la pata coja ☛ *Ver dibujo en* SKIP, JUMP **2** (*animal*) dar saltitos ◆ *n* **1** salto **2** (*Bot*) lúpulo

hope /həʊp/ ◆ *n* **1** ~ **(of/for sth)** esperanza (de/para algo) **2** ~ **(of doing sth/**

aɪ	aʊ	ɔɪ	ɪə	eə	ʊə	ʒ	h	ŋ
five	now	join	near	hair	pure	vision	how	sing

that...) esperanza (de hacer algo/de que...) ◆ **1** *vi* ~ **(for sth)** esperar (algo) **2** *vt* ~ **to do sth/that...** esperar hacer algo/que...: *I hope not/so.* Espero que no/sí. LOC **I should hope not!** ¡faltaría más! ☞ *Ver nota en* ESPERAR

hopeful /'həʊpfl/ *adj* **1** (*persona*) esperanzado, confiado: *to be hopeful that...* tener la esperanza de que... **2** (*situación*) prometedor, esperanzador **hopefully** *adv* **1** con optimismo, con esperanzas **2** con un poco de suerte

hopeless /'həʊpləs/ *adj* **1** inútil, desastroso **2** (*tarea*) imposible **hopelessly** *adv* (*enfático*) totalmente

horde /hɔːd/ *n* (*a veces pey*) multitud: *hordes of people* mareas de gente

horizon /hə'raɪzn/ *n* **1 the horizon** el horizonte **2 horizons** [*pl*] (*fig*) perspectiva

horizontal /ˌhɒrɪ'zɒntl; *USA* ˌhɔːr-/ *adj, n* horizontal

hormone /'hɔːməʊn/ *n* hormona

horn /hɔːn/ *n* **1** cuerno, asta **2** (*Mús*) cuerno **3** (*coche, etc.*) bocina

horoscope /'hɒrəskəʊp/ *USA* 'hɔːr-/ *n* horóscopo

horrendous /hɒ'rendəs/ *adj* **1** horrendo **2** (*coloq*) (*excesivo*) tremendo

horrible /'hɒrəbl; *USA* 'hɔːr-/ *adj* horrible

horrid /'hɒrɪd; *USA* 'hɔːrɪd/ *adj* horrible, horroroso

horrific /hə'rɪfɪk/ *adj* horripilante, espantoso

horrify /'hɒrɪfaɪ; *USA* 'hɔːr-/ *vt* (*pret, pp* -fied) horrorizar **horrifying** *adj* horroroso, horripilante

horror /'hɒrə(r); *USA* 'hɔːr-/ *n* horror: *horror film* película de terror

horse /hɔːs/ *n* caballo LOC *Ver* DARK, FLOG, LOOK¹

horseman /'hɔːsmən/ *n* (*pl* -men /-mən/) jinete

horsepower /'hɔːspaʊə(r)/ *n* (*pl* horsepower) (*abrev* hp) caballo de vapor

horse riding (*tb* riding) *n* equitación

horseshoe /'hɔːsʃuː/ *n* herradura

horsewoman /'hɔːswʊmən/ *n* (*pl* -women) amazona

horticulture /'hɔːtɪkʌltʃə(r)/ *n* horticultura **horticultural** /ˌhɔːtɪ'kʌltʃərəl/ *adj* hortícola

hose /həʊz/ (*tb* hosepipe) *n* manguera, manga

hospice /'hɒspɪs/ *n* hospital (*para incurables*)

hospitable /hɒ'spɪtəbl, 'hɒspɪtəbl/ *adj* hospitalario

hospital /'hɒspɪtl/ *n* hospital ☞ *Ver nota en* SCHOOL

hospitality /ˌhɒspɪ'tæləti/ *n* hospitalidad

host /həʊst/ ◆ *n* **1** (*fem tb* hostess) anfitrión, -ona **2** (*TV*) presentador, -ora **3** multitud, montón: *a host of admirers* una multitud de admiradores **4 the Host** (*Relig*) la sagrada forma ◆ *vt*: *Barcelona hosted the 1992 Olympic Games.* Barcelona fue la sede de los Juegos Olímpicos de 1992.

hostage /'hɒstɪdʒ/ *n* rehén

hostel /'hɒstl/ *n* hostal: *youth hostel* albergue juvenil

hostess /'həʊstəs, -tes/ *n* **1** anfitriona **2** (*TV*) presentadora **3** azafata

hostile /'hɒstaɪl; *USA* -tl/ *adj* **1** hostil **2** (*territorio*) enemigo

hostility /hɒ'stɪləti/ *n* hostilidad

hot /hɒt/ *adj* (hotter, hottest) **1** (*agua, comida, objeto*) caliente ☞ *Ver nota en* FRÍO **2** (*día*) caluroso: *in hot weather* cuando hace calor **3** (*sabor*) picante LOC **to be hot 1** (*persona*) tener calor **2** (*tiempo*): *It's very hot.* Hace mucho calor. *Ver tb* PIPING *en* PIPE

hot dog *n* perrito caliente

hotel /həʊ'tel/ *n* hotel

hotly /'hɒtli/ *adv* ardientemente, enérgicamente

hound /haʊnd/ ◆ *n* perro de caza ◆ *vt* acosar

hour /'aʊə(r)/ *n* **1** hora: *half an hour* media hora **2 hours** [*pl*] horario: *office/opening hours* el horario de oficina/apertura **3** [*gen sing*] momento LOC **after hours** después del horario de trabajo/de apertura **on the hour** a la hora en punto *Ver tb* EARLY, **hourly** *adv, adj* cada hora

house /haʊs/ ◆ *n* (*pl* s /'haʊzɪz/) **1** casa **2** (*Teat*) sala de espectáculos: *There was a full house.* Se llenó al completo. LOC **on the house** cortesía de la casa *Ver tb* MOVE ◆ /haʊz/ *vt* alojar, albergar

household /'haʊshəʊld/ *n*: *a large household* una casa de mucha gente ◊

tʃ	dʒ	v	θ	ð	s	z	ʃ
chin	June	van	thin	then	so	zoo	she

household chores faenas domésticas
householder *n* dueño, -a de la casa
housekeeper /'hauski:pə(r)/ *n* ama
de llaves **housekeeping** *n* **1** gobierno
de la casa **2** gastos de la casa
the House of Commons (*tb* the
Commons) *n* [*v sing o pl*] la Cámara de
los Comunes ☞ *Ver nota en* PARLIAMENT
the House of Lords (*tb* the Lords) *n*
[*v sing o pl*] la Cámara de los Lores
☞ *Ver nota en* PARLIAMENT
the Houses of Parliament *n* [*pl*] el
Parlamento (británico)
housewife /'hauswaɪf/ *n* (*pl* -wives)
ama de casa
housework /'hauswɜːk/ *n* [*incontable*]
tareas domésticas
housing /'hauzɪŋ/ *n* [*incontable*]
vivienda, alojamiento
housing estate *n* urbanización
hover /'hɒvə(r); *USA* 'hʌvər/ *vi* **1** (*ave*)
planear **2** (*objeto*) quedarse suspendido
(en el aire) **3** (*persona*) rondar
hovercraft /'hɒvəkrɑːft/ *n* (*pl* hovercraft) aerodeslizador
how /hau/ ◆ *adv interr* **1** cómo: *How
can that be?* ¿Cómo puede ser? ◊ *Tell me
how to spell it.* Dime cómo se escribe.
2 *How old are you?* ¿Cuántos años
tienes? ◊ *How fast were you going?* ¿A
qué velocidad ibas? LOC **how about?:**
How about it? ¿Qué te parece? **how are
you?** ¿cómo estás? **how come...?**
¿cómo es que...? **how do you do?** es un
placer

How do you do? y **how are you?** no
se utilizan de la misma forma. **How
do you do?** se usa en presentaciones
formales, y se contesta con *how do
you do?* En cambio, **how are you?** se
usa para preguntar cómo está la otra
persona, y se responde según se
encuentre uno: *fine, very well, not too
well,* etc.

how many cuántos: *How many letters
did you write?* ¿Cuántas cartas escri-
biste? **how much** cuánto: *How much is
it?* ¿Cuánto es? **how's that?** (*coloq*) ¿y
eso? ◆ *adv* (*formal*) ¡qué...!: *How cold it
is!* ¡Qué frío hace! ◊ *How you've grown!*
¡Cómo has crecido! ◆ *conj* como: *I dress
how I like.* Me visto como quiero.
however /hau'evə(r)/ ◆ *adv* **1** sin
embargo **2** por muy/mucho que:
however strong you are por muy fuerte

que seas ◊ *however hard he tries* por
mucho que lo intente ◆ *conj* (*tb* how)
como: *how(ever) you like* como quieras
◆ *adv interr* cómo: *However did she do
it?* ¿Cómo consiguió hacerlo?

howl /haul/ ◆ *n* **1** aullido **2** grito ◆ *vi*
1 aullar **2** dar alaridos
hub /hʌb/ *n* **1** (*rueda*) cubo **2** (*fig*) eje
hubbub /'hʌbʌb/ *n* jaleo, algarabía
huddle /'hʌdl/ ◆ *vi* **1** acurrucarse
2 apiñarse ◆ *n* corrillo
hue /hjuː/ *n* (*formal*) **1** (*color, significado*) matiz **2** color LOC **hue and cry**
griterío
huff /hʌf/ *n* (*coloq*) enfurruñamiento: *to
be in a huff* estar enfurruñado
hug /hʌɡ/ ◆ *n* abrazo: *to give sb a hug*
darle un abrazo a algn ◆ *vt* (-gg-)
abrazar
huge /hjuːdʒ/ *adj* enorme
hull /hʌl/ *n* casco (*de un barco*)
hullo *Ver* HELLO
hum /hʌm/ ◆ *n* **1** zumbido **2** (*voces*)
murmullo ◆ (-mm-) **1** *vi* zumbar **2** *vt,
vi* tararear **3** *vi* (*coloq*) bullir: *to hum
with activity* bullir de actividad
human /'hjuːmən/ *adj, n* humano:
human being ser humano ◊ *human
rights* derechos humanos ◊ *human
nature* la naturaleza humana ◊ *the
human race* el género humano
humane /hjuː'meɪn/ *adj* humanitario,
humano
humanitarian /hjuːˌmænɪ'teəriən/ *adj*
humanitario
humanity /hjuː'mænəti/ *n* **1** humanidad **2** humanities [*pl*] humanidades
humble /'hʌmbl/ ◆ *adj* (-er, -est)
humilde ◆ *vt: to humble yourself*
adoptar una actitud humilde
humid /'hjuːmɪd/ *adj* húmedo
humidity /hjuː'mɪdəti/ *n* humedad

Humid y **humidity** solo se refieren a
la humedad atmosférica. ☞ *Ver nota
en* MOIST

humiliate /hjuː'mɪlieɪt/ *vt* humillar
humiliating *adj* humillante, vergonzoso **humiliation** *n* humillación
humility /hjuː'mɪləti/ *n* humildad
hummingbird /'hʌmɪŋbɜːd/ *n* colibrí
humorous /'hjuːmərəs/ *adj* humorístico, divertido

iː	i	ɪ	e	æ	ɑː	ʌ	ʊ	uː
see	happy	sit	ten	hat	father	cup	put	too

humour (*USA* **humor**) /ˈhjuːmə(r)/ ♦ *n* **1** humor **2** (*comicidad*) gracia ♦ *vt* seguir la corriente a, complacer

hump /hʌmp/ *n* joroba, giba

hunch[1] /hʌntʃ/ *n* corazonada, presentimiento

hunch[2] /hʌntʃ/ *vt, vi* ~ (**sth**) (**up**) encorvar algo/encorvarse

hundred /ˈhʌndrəd/ ♦ *adj, pron* cien, ciento ☞ *Ver nota en* CIEN *y ejemplos en* FIVE ♦ *n* ciento, centenar **hundredth 1** *adj, pron* centésimo **2** *n* centésima parte ☞ *Ver ejemplos en* FIFTH

hung *pret, pp de* HANG

hunger /ˈhʌŋgə(r)/ ♦ *n* hambre ☞ *Ver nota en* HAMBRE ♦ *v* PHR V **to hunger for/after sth** anhelar algo, tener sed de algo

hungry /ˈhʌŋgri/ *adj* (**-ier**, **-iest**) hambriento: *I'm hungry.* Tengo hambre.

hunk /hʌŋk/ *n* (buen) trozo

hunt /hʌnt/ ♦ *vt, vi* **1** cazar, ir de cacería **2** ~ (**for sth/sb**) buscar (algo/a algn) ♦ *n* **1** caza, cacería **2** búsqueda, busca **hunter** *n* cazador, -ora

hunting /ˈhʌntɪŋ/ *n* caza

hurdle /ˈhɜːdl/ *n* **1** valla **2** (*fig*) obstáculo

hurl /hɜːl/ *vt* **1** lanzar, arrojar **2** (*insultos, etc.*) soltar

hurrah! /həˈrɑː/ (*tb* **hooray!**) *interj* ~ (**for sth/sb**) ¡viva (algo/algn)!

hurricane /ˈhʌrɪkən; *USA* -kem/ *n* huracán

hurried /ˈhʌrid/ *adj* apresurado, rápido

hurry /ˈhʌri/ ♦ *n* [*incontable*] prisa LOC **to be in a hurry** tener prisa ♦ *vt, vi* (*pret, pp* **hurried**) dar(se) prisa, apresurar(se) PHR V **to hurry up** (*coloq*) darse prisa

hurt /hɜːt/ (*pret, pp* **hurt**) **1** *vt* lastimar, hacer daño a: *to get hurt* hacerse daño **2** *vi* doler: *My leg hurts.* Me duele la pierna. **3** *vt* (*apenar*) herir, ofender **4** *vt* (*intereses, reputación, etc.*) perjudicar, dañar **hurtful** *adj* hiriente, cruel, perjudicial

hurtle /ˈhɜːtl/ *vi* precipitarse

husband /ˈhʌzbənd/ *n* marido

hush /hʌʃ/ ♦ *n* [*sing*] silencio ♦ *vi* callar: *Hush!* ¡Calla! PHR V **to hush sth/sb up** acallar algo/a algn

husky /ˈhʌski/ ♦ *adj* (**-ier**, **-iest**) ronco ♦ *n* (*pl* **-ies**) perro esquimal

hustle /ˈhʌsl/ ♦ *vt* **1** empujar a **2** (*coloq*) meter prisa a ♦ *n* LOC **hustle and bustle** ajetreo

hut /hʌt/ *n* choza, cabaña

hybrid /ˈhaɪbrɪd/ *adj, n* híbrido

hydrant /ˈhaɪdrənt/ *n* boca de riego: *fire hydrant* boca de incendio

hydraulic /haɪˈdrɔːlɪk/ *adj* hidráulico

hydroelectric /ˌhaɪdrəʊɪˈlektrɪk/ *adj* hidroeléctrico

hydrogen /ˈhaɪdrədʒən/ *n* hidrógeno

hyena (*tb* **hyaena**) /haɪˈiːnə/ *n* hiena

hygiene /ˈhaɪdʒiːn/ *n* higiene **hygienic** *adj* higiénico

hymn /hɪm/ *n* himno

hype /haɪp/ ♦ *n* (*coloq*) propaganda (exagerada) ♦ *vt* **to ~ sth** (**up**) (*coloq*) anunciar algo exageradamente

hypermarket /ˈhaɪpəmɑːkɪt/ *n* (*GB*) hipermercado

hyphen /ˈhaɪfn/ *n* guion ☞ *Ver págs 326-27.*

hypnosis /hɪpˈnəʊsɪs/ *n* hipnosis

hypnotic /hɪpˈnɒtɪk/ *adj* hipnótico

hypnotism /ˈhɪpnətɪzəm/ *n* hipnotismo **hypnotist** *n* hipnotizador, -ora

hypnotize, -ise /ˈhɪpnətaɪz/ *vt* (*lit y fig*) hipnotizar

hypochondriac /ˌhaɪpəˈkɒndriæk/ *n* hipocondríaco, -a

hypocrisy /hɪˈpɒkrəsi/ *n* hipocresía

hypocrite /ˈhɪpəkrɪt/ *n* hipócrita **hypocritical** /ˌhɪpəˈkrɪtɪkl/ *adj* hipócrita

hypothesis /haɪˈpɒθəsɪs/ *n* (*pl* **-ses** /-siːz/) hipótesis

hypothetical /ˌhaɪpəˈθetɪkl/ *adj* hipotético

hysteria /hɪˈstɪəriə/ *n* histeria

hysterical /hɪˈsterɪkl/ *adj* **1** (*risa, etc.*) histérico **2** (*coloq*) para partirse de risa

hysterics /hɪˈsterɪks/ *n* [*pl*] **1** crisis de histeria **2** (*coloq*) ataque de risa

u	ɒ	ɔː	ɜː	ə	j	w	eɪ	əʊ
situation	got	saw	fur	ago	yes	woman	pay	go

Ii

I, i /aɪ/ n (pl **I's, i's** /aɪz/) I, i: *I for Isaac* I de Italia ☞ *Ver ejemplos en* A, a

I /aɪ/ pron pers yo: *I am 15 (years old).* Tengo quince años. ☞ El pron pers no se puede omitir en inglés. *Comparar con* ME 3

ice /aɪs/ ◆ n [incontable] hielo: *ice cube* cubito de hielo ◆ vt glasear

iceberg /'aɪsbɜːg/ n iceberg

icebox /'aɪsbɒks/ n 1 (USA) nevera 2 congelador

ice cream n helado

ice hockey n hockey sobre hielo

ice lolly /ˌaɪs 'lɒli/ n (pl -ies) polo

ice rink n pista de hielo

ice skate /'aɪs skeɪt/ n patín de cuchilla **ice-skate** vi patinar sobre hielo **ice-skating** n patinaje sobre hielo

icicle /'aɪsɪkl/ n carámbano

icing /'aɪsɪŋ/ n glaseado: *icing sugar* azúcar glas

icon /'aɪkɒn/ n (Informát, Relig) icono

icy /'aɪsi/ adj (icier, iciest) 1 helado 2 (fig) gélido

I'd /aɪd/ 1 = I HAD *Ver* HAVE 2 = I WOULD *Ver* WOULD

idea /aɪ'dɪə/ n 1 idea 2 ocurrencia: *What an idea!* ¡Qué ocurrencia! LOC **to get the idea** sacar la idea **to give sb ideas** meter a algn ideas en la cabeza **to have no idea** no tener ni idea

ideal /aɪ'diːəl/ ◆ adj ~ (for sth/sb) ideal (para algo/algn) ◆ n ideal

idealism /aɪ'diːəlɪzəm/ n idealismo **idealist** n idealista **idealistic** /ˌaɪdiə'lɪstɪk/ adj idealista

idealize, -ise /aɪ'diːəlaɪz/ vt idealizar

ideally /aɪ'diːəli/ adv en el mejor de los casos: *to be ideally suited* complementarse de una forma ideal ◊ *Ideally, they should all help.* Lo ideal sería que todos ayudaran.

identical /aɪ'dentɪkl/ adj ~ (to/with sth/sb) idéntico (a algo/algn)

identification /aɪˌdentɪfɪ'keɪʃn/ n identificación: *identification papers* documento de identidad ◊ *identification parade* rueda de reconocimiento

identify /aɪ'dentɪfaɪ/ (pret, pp -fied)

1 vt ~ sth/sb (as sth/sb) identificar algo/a algn (como algo/algn) 2 vt ~ sth with sth identificar algo con algo 3 vi ~ with sth/sb identificarse con algo/algn

identity /aɪ'dentəti/ n (pl -ies) 1 identidad 2 *a case of mistaken identity* un error de identificación

ideology /ˌaɪdi'ɒlədʒi/ n (pl -ies) ideología

idiom /'ɪdiəm/ n 1 modismo, locución 2 (individuo, época) lenguaje

idiosyncrasy /ˌɪdiə'sɪŋkrəsi/ n (pl -ies) idiosincrasia

idiot /'ɪdiət/ n (coloq, pey) idiota **idiotic** /ˌɪdi'ɒtɪk/ adj estúpido

idle /'aɪdl/ ◆ adj (idler, idlest) 1 holgazán 2 desocupado 3 (maquinaria) parado 4 vano, inútil ◆ v PHR V **to idle sth away** desperdiciar algo **idleness** n ociosidad, holgazanería

idol /'aɪdl/ n ídolo **idolize, -ise** vt idolatrar

idyllic /ɪ'dɪlɪk; USA aɪ'd-/ adj idílico

i.e. /ˌaɪ 'iː/ abrev es decir

if /ɪf/ conj 1 si: *If he were here...* Si estuviera él aquí... 2 cuando, siempre que: *if in doubt* en caso de duda 3 (tb even if) aunque, incluso si LOC **if I were you** yo que tú, yo en tu lugar **if only** ojalá: *If only I had known!* ¡De haberlo sabido! **if so** de ser así

igloo /'ɪgluː/ n (pl ~s) iglú

ignite /ɪg'naɪt/ vt, vi prender (fuego a), encender(se) **ignition** n 1 ignición 2 (Mec) encendido

ignominious /ˌɪgnə'mɪniəs/ adj vergonzoso

ignorance /'ɪgnərəns/ n ignorancia

ignorant /'ɪgnərənt/ adj ignorante: *to be ignorant of sth* desconocer algo

ignore /ɪg'nɔː(r)/ vt 1 ~ sth/sb no hacer caso de algo/a algn 2 ~ sb ignorar a algn

Nótese que ignorar algo en el sentido de desconocerlo se traduce al inglés por **not to know sth**: *I don't know if they've come.* Ignoro si han venido.

3 ~ sth pasar algo por alto

I'll /aɪl/ 1 = I SHALL *Ver* SHALL 2 = I WILL *Ver* WILL

---

aɪ	aʊ	ɔɪ	ɪə	eə	ʊə	ʒ	h	ŋ
five	now	join	near	hair	pure	vision	how	sing

ill /ɪl/ ◆ *adj* **1** (*USA* **sick**) enfermo: *to fall/be taken ill* caer enfermo ◊ *to feel ill* sentirse mal ☞ *Ver nota en* ENFERMO **2** malo ◆ *adv* mal: *to speak ill of sb* hablar mal de algn ☞ Se emplea mucho en compuestos, p. ej. **ill-fated** infortunado, **ill-equipped** mal equipado, **ill-advised** imprudente, poco aconsejable. LOC **ill at ease** incómodo, molesto *Ver tb* BODE, DISPOSED, FEELING ◆ *n* (*formal*) mal, daño

illegal /ɪˈliːɡl/ *adj* ilegal

illegible /ɪˈledʒəbl/ *adj* ilegible

illegitimate /ˌɪləˈdʒɪtəmət/ *adj* ilegítimo

ill feeling *n* rencor

ill health *n* mala salud

illicit /ɪˈlɪsɪt/ *adj* ilícito

illiterate /ɪˈlɪtərət/ *adj* **1** analfabeto **2** ignorante

illness /ˈɪlnəs/ *n* enfermedad: *mental illness* enfermedad mental ◊ *absences due to illness* absentismo por enfermedad ☞ *Ver nota en* DISEASE

illogical /ɪˈlɒdʒɪkl/ *adj* ilógico

ill-treatment /ˌɪl ˈtriːtmənt/ *n* maltrato

illuminate /ɪˈluːmɪneɪt/ *vt* iluminar **illuminating** *adj* revelador **illumination** *n* **1** iluminación **2** **illuminations** [*pl*] (*GB*) luminarias

illusion /ɪˈluːʒn/ *n* ilusión (*idea equivocada*) LOC **to be under the illusion that...** hacerse ilusiones de que...

illusory /ɪˈluːsəri/ *adj* ilusorio

illustrate /ˈɪləstreɪt/ *vt* ilustrar **illustration** *n* **1** ilustración **2** ejemplo

illustrious /ɪˈlʌstriəs/ *adj* ilustre

I'm /aɪm/ = I AM *Ver* BE

image /ˈɪmɪdʒ/ *n* imagen **imagery** *n* [*incontable*] imágenes

imaginary /ɪˈmædʒməri; *USA* -əneri/ *adj* imaginario

imagination /ɪˌmædʒɪˈneɪʃn/ *n* imaginación **imaginative** /ɪˈmædʒmətɪv/ *adj* imaginativo

imagine /ɪˈmædʒɪn/ *vt* imaginar(se)

imbalance /ɪmˈbæləns/ *n* desequilibrio

imbecile /ˈɪmbəsiːl; *USA* -sl/ *n* imbécil

imitate /ˈɪmɪteɪt/ *vt* imitar

imitation /ˌɪmɪˈteɪʃn/ *n* **1** (*acción y efecto*) imitación **2** copia, reproducción

immaculate /ɪˈmækjələt/ *adj* **1** inmaculado **2** (*ropa*) impecable

immaterial /ˌɪməˈtɪəriəl/ *adj* irrelevante

immature /ˌɪməˈtjʊə(r); *USA* -ˈtʊər/ *adj* inmaduro

immeasurable /ɪˈmeʒərəbl/ *adj* inconmensurable

immediate /ɪˈmiːdiət/ *adj* **1** inmediato: *to take immediate action* actuar de inmediato **2** (*familia, parientes*) más cercano **3** (*necesidad, etc.*) urgente

immediately /ɪˈmiːdiətli/ ◆ *adv* **1** inmediatamente **2** directamente ◆ *conj* (*GB*) en cuanto: *immediately I saw her* en cuanto la vi/nada más verla

immense /ɪˈmens/ *adj* inmenso

immerse /ɪˈmɜːs/ *vt* sumergir(se) **immersion** *n* inmersión

immigrant /ˈɪmɪɡrənt/ *adj, n* inmigrante

immigration /ˌɪmɪˈɡreɪʃn/ *n* inmigración

imminent /ˈɪmɪnənt/ *adj* inminente

immobile /ɪˈməʊbaɪl; *USA* -bl/ *adj* inmóvil

immobilize, -ise /ɪˈməʊbəlaɪz/ *vt* inmovilizar

immoral /ɪˈmɒrəl; *USA* ɪˈmɔːrəl/ *adj* inmoral

immortal /ɪˈmɔːtl/ *adj* **1** (*alma, vida*) inmortal **2** (*fama*) imperecedero **immortality** /ˌɪmɔːˈtæləti/ *n* inmortalidad

immovable /ɪˈmuːvəbl/ *adj* **1** (*objeto*) inmóvil **2** (*persona, actitud*) inflexible

immune /ɪˈmjuːn/ *adj* ~ (**to/against sth**) inmune (a algo) **immunity** *n* inmunidad

immunize, -ise /ˈɪmjʊnaɪz/ *vt* ~ **sb** (**against sth**) inmunizar a algn (*contra algo*) **immunization, -isation** *n* inmunización

imp /ɪmp/ *n* **1** diablillo **2** (*niño*) pillo

impact /ˈɪmpækt/ *n* **1** (*lit y fig*) impacto **2** (*coche*) choque

impair /ɪmˈpeə(r)/ *vt* deteriorar, debilitar: *impaired vision* vista debilitada **impairment** *n* deficiencia

impart /ɪmˈpɑːt/ *vt* **1** conferir **2** ~ **sth** (**to sb**) impartir algo (a algn)

impartial /ɪmˈpɑːʃl/ *adj* imparcial

impasse /ˈæmpɑːs; *USA* ˈɪmpæs/ *n* (*fig*) callejón sin salida

impassioned /ɪmˈpæʃnd/ *adj* apasionado

impassive /ɪmˈpæsɪv/ *adj* impasible

tʃ	dʒ	v	θ	ð	s	z	ʃ
chin	June	van	thin	then	so	zoo	she

impatience

impatience /ɪmˈpeɪʃns/ *n* impaciencia

impatient /ɪmˈpeɪʃnt/ *adj* impaciente

impeccable /ɪmˈpekəbl/ *adj* impecable

impede /ɪmˈpiːd/ *vt* obstaculizar

impediment /ɪmˈpedɪmənt/ *n* **1** ~ (**to sth/sb**) obstáculo (para algo/algn) **2** (*habla*) defecto

impel /ɪmˈpel/ *vt* (**-ll-**) impulsar

impending /ɪmˈpendɪŋ/ *adj* inminente

impenetrable /ɪmˈpenɪtrəbl/ *adj* impenetrable

imperative /ɪmˈperətɪv/ ◆ *adj* **1** (*esencial*) urgente, imprescindible **2** (*tono de voz*) imperativo ◆ *n* imperativo

imperceptible /ˌɪmpəˈseptəbl/ *adj* imperceptible

imperfect /ɪmˈpɜːfɪkt/ *adj, n* imperfecto

imperial /ɪmˈpɪəriəl/ *adj* imperial **imperialism** *n* imperialismo

impersonal /ɪmˈpɜːsənl/ *adj* impersonal

impersonate /ɪmˈpɜːsəneɪt/ *vt* **1** imitar **2** hacerse pasar por

impertinent /ɪmˈpɜːtɪnənt/ *adj* impertinente

impetus /ˈɪmpɪtəs/ *n* **1** impulso, ímpetu **2** (*Fís*) impulso

implant /ˈɪmplɑːnt/ ◆ *n* implante ◆ /ɪmˈplɑːnt; *USA* -ˈplænt/ *vt* **1** (*Med*) implantar **2** ~ **sth** (**in sb**) inculcar algo (a algn)

implausible /ɪmˈplɔːzəbl/ *adj* inverosímil

implement /ˈɪmplɪmənt/ ◆ *n* utensilio ◆ *vt* **1** llevar a cabo, realizar **2** (*decisión*) poner en práctica **3** (*ley*) aplicar **implementation** *n* **1** realización, puesta en práctica **2** (*ley*) aplicación

implicate /ˈɪmplɪkeɪt/ *vt* ~ **sb** (**in sth**) involucrar a algn (en algo)

implication /ˌɪmplɪˈkeɪʃn/ *n* **1** ~ (**for sth/sb**) consecuencia (para algo/algn) **2** implicación (*delito*)

implicit /ɪmˈplɪsɪt/ *adj* **1** ~ (**in sth**) implícito (en algo) **2** absoluto

implore /ɪmˈplɔː(r)/ *vt* implorar, suplicar

imply /ɪmˈplaɪ/ *vt* (*pret, pp* **implied**) **1** dar a entender **2** implicar, suponer

import /ɪmˈpɔːt/ ◆ *vt* importar /ˈɪmpɔːt/ *n* importación

important /ɪmˈpɔːtnt/ *adj* importante:

vitally important de suma importancia **importance** *n* importancia

impose /ɪmˈpəʊz/ *vt* ~ **sth** (**on sth/sb**) imponer algo (a/sobre algo/algn) PHR V **to impose on/upon sth/sb** abusar (de la hospitalidad) de algo/algn **imposing** *adj* imponente **imposition** *n* ~ (**on sth/sb**) **1** imposición (sobre algo/algn) (*restricción, etc.*) **2** molestia

impossible /ɪmˈpɒsəbl/ ◆ *adj* **1** imposible **2** intolerable ◆ **the impossible** *n* lo imposible **impossibility** /ɪmˌpɒsəˈbɪləti/ *n* imposibilidad

impotence /ˈɪmpətəns/ *n* impotencia **impotent** *adj* impotente

impoverished /ɪmˈpɒvərɪʃt/ *adj* empobrecido

impractical /ɪmˈpræktɪkl/ *adj* poco práctico

impress /ɪmˈpres/ **1** *vt* impresionar a **2** *vt* ~ **sth on/upon sb** recalcar algo a algn **3** *vi* causar buena impresión

impression /ɪmˈpreʃn/ *n* **1** impresión: *to be under the impression that...* tener la impresión de que... **2** imitación

impressive /ɪmˈpresɪv/ *adj* impresionante

imprison /ɪmˈprɪzn/ *vt* encarcelar a **imprisonment** *n* encarcelamiento *Ver tb* LIFE

improbable /ɪmˈprɒbəbl/ *adj* improbable, poco probable

impromptu /ɪmˈprɒmptjuː; *USA* -tuː/ *adj* improvisado

improper /ɪmˈprɒpə(r)/ *adj* **1** incorrecto, indebido **2** impropio **3** (*transacción*) irregular

improve /ɪmˈpruːv/ *vt, vi* mejorar PHR V **to improve on/upon sth** superar algo **improvement** *n* **1** ~ (**on/in sth**) mejora (de algo): *to be an improvement on sth* suponer una mejora sobre **2** reforma

improvise /ˈɪmprəvaɪz/ *vt, vi* improvisar

impulse /ˈɪmpʌls/ *n* impulso LOC **on impulse** sin pensar

impulsive /ɪmˈpʌlsɪv/ *adj* impulsivo

in /ɪn/ ◆ *prep* **1** en: *in here/there* aquí/ahí dentro **2** [*después de superlativo*] de: *the best shops in town* las mejores tiendas de la ciudad **3** (*tiempo*): *in the morning* por la mañana ◊ *in the daytime* de día ◊ *ten in the morning* las diez de la mañana **4** *I'll see you in two days (time).*

iː	i	ɪ	e	æ	ɑː	ʌ	ʊ	uː
see	happy	sit	ten	hat	father	cup	put	too

Te veré dentro de dos días. ◊ *He did it in two days.* Lo hizo en dos días. **5** por: *5p in the pound* cinco peniques por libra ◊ *one in ten people* una de cada diez personas **6** (*descripción, método*): *the girl in glasses* la chica de gafas ◊ *covered in mud* cubierto de barro ◊ *Speak in English.* Habla en inglés. **7 + ing**: *In saying that, you're contradicting yourself.* Al decir eso te contradices a ti mismo. LOC **in that** en tanto que ◆ *part adv* **1 to be in** estar (*en casa*): *Is anyone in?* ¿Hay alguien? **2** (*tren, etc.*): *to be/get in* haber llegado/llegar ◊ *Applications must be in by...* Las solicitudes deberán llegar antes del... **3** de moda LOC **to be in for sth** (*coloq*) esperarle a uno algo: *He's in for a surprise!* ¡Vaya sorpresa que se va a llevar! **to be/get in on sth** (*coloq*) participar en algo, enterarse de algo **to have (got) it in for sb** (*coloq*): *He's got it in for me.* Me tiene manía. ☛ Para los usos de **in** en PHRASAL VERBS ver las entradas de los verbos correspondientes, p. ej. **to go in** en GO¹. *Ver tb págs 324-25.* ◆ *n* LOC **the ins and outs (of sth)** los pormenores (de algo)

inability /ˌɪnəˈbɪləti/ *n* ~ **(of sb) (to do sth)** incapacidad (de algn) (para hacer algo)

inaccessible /ˌɪnækˈsesəbl/ *adj* ~ **(to sb) 1** inaccesible (para algn) **2** (*fig*) incomprensible (para algn)

inaccurate /ɪnˈækjərət/ *adj* inexacto, impreciso

inaction /ɪnˈækʃn/ *n* pasividad

inadequate /ɪnˈædɪkwət/ *adj* **1** insuficiente **2** incapaz

inadvertently /ˌɪnədˈvɜːtəntli/ *adv* por descuido, sin darse cuenta

inappropriate /ˌɪnəˈprəʊpriət/ *adj* ~ **(to/for sth/sb)** poco apropiado, impropio (para algo/algn)

inaugural /ɪˈnɔːɡjərəl/ *adj* **1** inaugural **2** (*discurso*) de apertura

inaugurate /ɪˈnɔːɡjəreɪt/ *vt* **1** ~ **sb (as sth)** investir a algn (como algo) **2** inaugurar

incapable /ɪnˈkeɪpəbl/ *adj* **1** ~ **of (doing) sth** incapaz de (hacer) algo **2** incompetente

incapacity /ˌɪnkəˈpæsəti/ *n* ~ **(for sth/to do sth)** incapacidad (para algo/hacer algo)

incense /ˈɪnsens/ *n* incienso

incensed /ɪnˈsenst/ *adj* ~ **(by/at sth)** furioso (por algo)

incentive /ɪnˈsentɪv/ *n* ~ **(to do sth)** incentivo, aliciente (para hacer algo)

incessant /ɪnˈsesnt/ *adj* incesante **incessantly** *adv* sin parar

incest /ˈɪnsest/ *n* incesto

inch /ɪntʃ/ *n* (*abrev* **in**) pulgada (*25,4 milímetros*) ☛ *Ver Apéndice 1.* LOC **not to give an inch** no ceder ni un palmo

incidence /ˈɪnsɪdəns/ *n* ~ **of sth** frecuencia, tasa, caso de algo

incident /ˈɪnsɪdənt/ *n* incidente, episodio: *without incident* sin novedad

incidental /ˌɪnsɪˈdentl/ *adj* **1** ocasional, fortuito **2** sin importancia, secundario, marginal **3** ~ **to sth** propio de algo **incidentally** *adv* **1** a propósito **2** de paso

incisive /ɪnˈsaɪsɪv/ *adj* **1** (*comentario*) incisivo **2** (*tono*) mordaz **3** (*cerebro*) penetrante

incite /ɪnˈsaɪt/ *vt* ~ **sb (to sth)** incitar a algn (a algo)

inclination /ˌɪnklɪˈneɪʃn/ *n* inclinación, tendencia: *She had neither the time nor the inclination to help them.* No tenía ni tiempo ni ganas de ayudarles.

incline¹ /ɪnˈklaɪn/ *vt, vi* inclinar(se) **inclined** *adj* **to be ~ to do sth 1** (*voluntad*) inclinarse a hacer algo; estar dispuesto a hacer algo **2** (*tendencia*) ser propenso a algo/hacer algo

incline² /ˈɪnklaɪn/ *n* pendiente

include /ɪnˈkluːd/ *vt* ~ **sth/sb (in/among sth)** incluir algo/a algn (en algo) **including** *prep* incluido, inclusive

inclusion /ɪnˈkluːʒn/ *n* inclusión

inclusive /ɪnˈkluːsɪv/ *adj* **1** incluido: *to be inclusive of sth* incluir algo **2** inclusive

incoherent /ˌɪnkəʊˈhɪərənt/ *adj* incoherente

income /ˈɪnkʌm/ *n* ingresos: *income tax* impuesto sobre la renta

incoming /ˈɪnkʌmɪŋ/ *adj* entrante

incompetent /ɪnˈkɒmpɪtənt/ *adj, n* incompetente

incomplete /ˌɪnkəmˈpliːt/ *adj* incompleto

incomprehensible /ɪnˌkɒmprɪˈhensəbl/ *adj* incomprensible

inconceivable /ˌɪnkənˈsiːvəbl/ *adj* inconcebible

inconclusive /ˌɪnkənˈkluːsɪv/ *adj* no

u	ɒ	ɔː	ɜː	ə	j	w	eɪ	əʊ
situation	got	saw	fur	ago	yes	woman	pay	go

concluyente: *The meeting was inconclusive*. La reunión no alcanzó ninguna conclusión.

incongruous /ɪnˈkɒŋɡruəs/ *adj* incongruente

inconsiderate /ˌɪnkənˈsɪdərət/ *adj* desconsiderado

inconsistent /ˌɪnkənˈsɪstənt/ *adj* inconsecuente

inconspicuous /ˌɪnkənˈspɪkjuəs/ *adj* **1** apenas visible **2** poco llamativo: *to make yourself inconspicuous* procurar pasar inadvertido

inconvenience /ˌɪnkənˈviːnɪəns/ ◆ *n* **1** [*incontable*] inconveniente **2** molestia ◆ *vt* incomodar

inconvenient /ˌɪnkənˈviːnɪənt/ *adj* **1** molesto, incómodo **2** (*momento*) inoportuno

incorporate /ɪnˈkɔːpəreɪt/ *vt* **1** ~ **sth (in/into sth)** incorporar algo (a algo) **2** ~ **sth (in/into sth)** incluir algo (en algo) **3** (*USA*) (*Com*) constituir en sociedad anónima: *incorporated company* sociedad anónima

incorrect /ˌɪnkəˈrekt/ *adj* incorrecto

increase /ˈɪŋkriːs/ ◆ *n* ~ **(in sth)** aumento (de algo) LOC **on the increase** en aumento ◆ *vt*, *vi* **1** aumentar **2** incrementar(se) **increasing** *adj* creciente **increasingly** *adv* cada vez más

incredible /ɪnˈkredəbl/ *adj* increíble

indecisive /ˌɪndɪˈsaɪsɪv/ *adj* **1** indeciso **2** no concluyente

indeed /ɪnˈdiːd/ *adv* **1** [*uso enfático*] de verdad: *Thank you very much indeed!* ¡Muchísimas gracias! **2** (*comentario, respuesta o reconocimiento*) de veras: *Did you indeed?* ¿De veras? **3** (*formal*) en efecto, de hecho

indefensible /ˌɪndɪˈfensəbl/ *adj* intolerable (*comportamiento*)

indefinite /ɪnˈdefmət/ *adj* **1** vago **2** indefinido: *indefinite article* artículo indefinido **indefinitely** *adv* **1** indefinidamente **2** por tiempo indefinido

indelible /ɪnˈdeləbl/ *adj* imborrable

indemnity /ɪnˈdemnəti/ *n* (*pl* -**ies**) **1** indemnización **2** indemnidad

independence /ˌɪndɪˈpendəns/ *n* independencia

Independence Day *n* día de la Independencia

Independence Day es una fiesta que se celebra en Estados Unidos el 4 de julio, por lo que también se le llama **Fourth of July**. Las celebraciones consisten en fuegos artificiales y desfiles.

independent /ˌɪndɪˈpendənt/ *adj* **1** independiente **2** (*colegio*) privado

in-depth /ˌɪn ˈdepθ/ *adj* a fondo

indescribable /ˌɪndɪˈskraɪbəbl/ *adj* indescriptible

index /ˈɪndeks/ *n* **1** (*pl* **indexes**) (*libro*) índice: *index finger* dedo índice ◊ *index-linked* actualizado según el coste de la vida ◊ *the retail price index* el índice de precios al consumo **2** (*pl* **indexes**) (*tb* **card index**) (*archivo*) fichero **3** (*pl* **indices** /ˈɪndɪsiːz/) (*Mat*) exponente

indicate /ˈɪndɪkeɪt/ **1** *vt* indicar **2** *vi* poner el intermitente

indication /ˌɪndɪˈkeɪʃn/ *n* **1** indicación **2** indicio, señal

indicative /ɪnˈdɪkətɪv/ *adj* indicativo

indicator /ˈɪndɪkeɪtə(r)/ *n* **1** indicador **2** (*coche*) intermitente

indices *plural de* INDEX 3

indictment /ɪnˈdaɪtmənt/ *n* **1** acusación **2** procesamiento **3** (*fig*) crítica

indifference /ɪnˈdɪfrəns/ *n* indiferencia

indifferent /ɪnˈdɪfrənt/ *adj* **1** indiferente **2** (*pey*) mediocre

indigenous /ɪnˈdɪdʒənəs/ *adj* (*formal*) indígena

indigestion /ˌɪndɪˈdʒestʃən/ *n* [*incontable*] indigestión

indignant /ɪnˈdɪɡnənt/ *adj* indignado

indignation /ˌɪndɪɡˈneɪʃn/ *n* indignación

indignity /ɪnˈdɪɡnəti/ *n* (*pl* -**ies**) humillación

indirect /ˌɪndəˈrekt, -daɪˈr-/ *adj* indirecto **indirectly** *adv* indirectamente

indiscreet /ˌɪndɪˈskriːt/ *adj* indiscreto

indiscretion /ˌɪndɪˈskreʃn/ *n* indiscreción

indiscriminate /ˌɪndɪˈskrɪmɪnət/ *adj* indiscriminado

indispensable /ˌɪndɪˈspensəbl/ *adj* imprescindible

indisputable /ˌɪndɪˈspjuːtəbl/ *adj* irrefutable

indistinct /ˌɪndɪˈstɪŋkt/ *adj* poco claro

individual /ˌɪndɪˈvɪdʒuəl/ ◆ *adj* **1** individual **2** suelto **3** personal **4** particular,

original ♦ *n* individuo **individually** *adv* **1** por separado **2** individualmente

individualism /,ɪndɪˈvɪdʒuəlɪzəm/ *n* individualismo

indoctrination /ɪn,dɒktrɪˈneɪʃn/ *n* adoctrinamiento

indoor /ˈɪndɔː(r)/ *adj* interior: *indoor (swimming) pool* piscina cubierta ◇ *indoor activities* actividades de sala

indoors /,ɪnˈdɔːz/ *adv* en casa

induce /ɪnˈdjuːs; *USA* -ˈduːs/ *vt* **1** ~ **sb to do sth** inducir a algn a que haga algo **2** causar **3** (*Med*) provocar el parto de

induction /ɪnˈdʌkʃn/ *n* iniciación: *an induction course* un curso de introducción

indulge /ɪnˈdʌldʒ/ **1** *vt*: *to indulge yourself* darse el placer/capricho **2** *vt* (*capricho*) complacer, satisfacer **3** *vi* ~ (**in sth**) darse el gusto (de algo)

indulgence /ɪnˈdʌldʒəns/ *n* **1** indulgencia, tolerancia **2** vicio, placer **indulgent** *adj* indulgente

industrial /ɪnˈdʌstriəl/ *adj* **1** industrial: *industrial estate* polígono industrial **2** laboral **industrialist** *n* empresario, -a

industrialization, -isation /ɪn,dʌstriəlaɪˈzeɪʃn; *USA* -lɪˈz-/ *n* industrialización

industrialize, -ise /ɪnˈdʌstriəlaɪz/ *vt* industrializar

industrious /ɪnˈdʌstriəs/ *adj* trabajador

industry /ˈɪndəstri/ *n* (*pl* -ies) **1** industria **2** (*formal*) aplicación

inedible /ɪnˈedəbl/ *adj* (*formal*) no comestible

ineffective /,ɪnɪˈfektɪv/ *adj* **1** ineficaz **2** (*persona*) incapaz

inefficiency /,ɪnɪˈfɪʃnsi/ *n* incompetencia **inefficient** *adj* **1** ineficaz **2** incompetente

ineligible /ɪnˈelɪdʒəbl/ *adj* to be ~ (**for sth/to do sth**) no tener derecho (a algo/hacer algo)

inept /ɪˈnept/ *adj* inepto

inequality /,ɪnɪˈkwɒləti/ *n* (*pl* -ies) desigualdad

inert /ɪˈnɜːt/ *adj* inerte

inertia /ɪˈnɜːʃə/ *n* inercia

inescapable /,ɪnɪˈskeɪpəbl/ *adj* ineludible

inevitable /ɪnˈevɪtəbl/ *adj* inevitable **inevitably** *adv* inevitablemente

inexcusable /,ɪnɪkˈskjuːzəbl/ *adj* imperdonable

inexhaustible /,ɪnɪɡˈzɔːstəbl/ *adj* inagotable

inexpensive /,ɪnɪkˈspensɪv/ *adj* económico

inexperience /,ɪnɪkˈspɪəriəns/ *n* inexperiencia **inexperienced** *adj* sin experiencia: *inexperienced in business* inexperto en los negocios

inexplicable /,ɪnɪkˈsplɪkəbl/ *adj* inexplicable

infallible /ɪnˈfæləbl/ *adj* infalible **infallibility** /ɪn,fæləˈbɪləti/ *n* infalibilidad

infamous /ˈɪnfəməs/ *adj* infame

infancy /ˈɪnfənsi/ *n* **1** infancia: *in infancy* de niño **2** (*fig*): *It was still in its infancy.* Todavía estaba en mantillas.

infant /ˈɪnfənt/ ♦ *n* niño pequeño: *infant school* escuela primaria (hasta los 7 años) ◇ *infant mortality rate* tasa de mortalidad infantil ☞ **Baby, toddler** y **child** son palabras más normales. ♦ *adj* naciente

infantile /ˈɪnfəntaɪl/ *adj* (*ofen*) infantil

infantry /ˈɪnfəntri/ *n* [*v sing o pl*] infantería

infatuated /ɪnˈfætʃueɪtɪd/ *adj* ~ (**with/by sth/sb**) encaprichado (con algo/algn) **infatuation** *n* ~ (**with/for sth/sb**) encaprichamiento (con algo/algn)

infect /ɪnˈfekt/ *vt* **1** infectar **2** (*fig*) contagiar **infection** *n* infección **infectious** *adj* infeccioso

infer /ɪnˈfɜː(r)/ *vt* (-rr-) **1** deducir **2** insinuar **inference** *n* conclusión: *by inference* por deducción

inferior /ɪnˈfɪəriə(r)/ *adj, n* inferior **inferiority** /ɪn,fɪəriˈɒrəti/ *n* inferioridad: *inferiority complex* complejo de inferioridad

infertile /ɪnˈfɜːtaɪl; *USA* -tl/ *adj* estéril **infertility** /,ɪnfɜːˈtɪləti/ *n* esterilidad

infest /ɪnˈfest/ *vt* infestar **infestation** *n* plaga

infidelity /,ɪnfɪˈdeləti/ *n* (*formal*) infidelidad

infiltrate /ˈɪnfɪltreɪt/ *vt, vi* infiltrar(se)

infinite /ˈɪnfɪnət/ *adj* infinito **infinitely** *adv* muchísimo

infinitive /ɪnˈfɪnətɪv/ *n* infinitivo

infinity /ɪnˈfɪnəti/ *n* **1** infinidad **2** infinito

tʃ	dʒ	v	θ	ð	s	z	ʃ
chin	June	van	thin	then	so	zoo	she

infirm /ɪnˈfɜːm/ *adj* débil, achacoso **infirmity** *n* (*pl* **-ies**) **1** debilidad **2** achaque

infirmary /ɪnˈfɜːməri/ *n* (*pl* **-ies**) hospital

inflamed /ɪnˈfleɪmd/ *adj* **1** (*Med*) inflamado **2** ~ **(by/with sth)** (*fig*) acalorado (por algo)

inflammable /ɪnˈflæməbl/ *adj* inflamable. ☞ Nótese que **inflammable** y **flammable** son sinónimos.

inflammation /ˌɪnfləˈmeɪʃn/ *n* inflamación

inflate /ɪnˈfleɪt/ *vt*, *vi* inflar(se), hinchar(se)

inflation /ɪnˈfleɪʃn/ *n* inflación

inflexible /ɪnˈfleksəbl/ *adj* inflexible

inflict /ɪnˈflɪkt/ *vt* ~ **sth (on sb)** **1** (*sufrimiento, derrota*) infligir algo (a algn) **2** (*daño*) causar algo (a algn) **3** (*coloq, gen joc*) imponer algo (a algn)

influence /ˈɪnfluəns/ ◆ *n* **1** influencia **2** enchufe ◆ *vt* **1** ~ **sth** influir en/sobre algo **2** ~ **sb** influenciar a algn

influential /ˌɪnfluˈenʃl/ *adj* influyente

influenza /ˌɪnfluˈenzə/ *n* [*incontable*] (*formal*) (*tb coloq* **flu** /fluː/) gripe

influx /ˈɪnflʌks/ *n* afluencia

inform /ɪnˈfɔːm/ **1** *vt* ~ **sb (of/about sth)** informar a algn (de algo) **2** *vi* ~ **against/on sb** delatar a algn **informant** *n* informante

informal /ɪnˈfɔːml/ *adj* **1** (*charla, reunión, etc.*) informal, no oficial **2** (*persona, tono*) campechano **3** (*vestir*) sin etiqueta

information /ˌɪnfəˈmeɪʃn/ *n* [*incontable*] **a piece of information** un dato ◊ *I need some information on...* Necesito información sobre... ☞ Ver nota en CONSEJO

information superhighway /ˌɪnfəˌmeɪʃn suːpəˈhaɪweɪ/ *n* autopista de la información

information technology *n* (*abrev* IT) informática

informative /ɪnˈfɔːmətɪv/ *adj* informativo

informer /ɪnˈfɔːmə(r)/ *n* soplón -ona

infrastructure /ˈɪnfrəˌstrʌktʃə(r)/ *n* infraestructura

infrequent /ɪnˈfriːkwənt/ *adj* poco frecuente

infringe /ɪnˈfrɪndʒ/ *vt* infringir, violar

infuriate /ɪnˈfjʊərieɪt/ *vt* enfurecer **infuriating** *adj* exasperante

ingenious /ɪnˈdʒiːniəs/ *adj* ingenioso

ingenuity /ˌɪndʒəˈnjuːəti/; *USA* -ˈnuː-/ *n* ingenio

ingrained /ɪnˈɡreɪnd/ *adj* arraigado

ingredient /ɪnˈɡriːdiənt/ *n* ingrediente

inhabit /ɪnˈhæbɪt/ *vt* habitar

inhabitant /ɪnˈhæbɪtənt/ *n* habitante

inhale /ɪnˈheɪl/ **1** *vi* aspirar **2** *vi* (*fumador*) tragarse el humo **3** *vt* inhalar

inherent /ɪnˈhɪərənt/ *adj* ~ **(in sth/sb)** inherente (a algo/algn) **inherently** *adv* intrínsecamente

inherit /ɪnˈherɪt/ *vt* heredar **inheritance** *n* herencia

inhibit /ɪnˈhɪbɪt/ *vt* **1** ~ **sb (from doing sth)** impedir a algn (hacer algo) **2** (*un proceso, etc.*) dificultar **inhibited** *adj* cohibido **inhibition** *n* inhibición

inhospitable /ˌɪnhɒˈspɪtəbl/ *adj* **1** inhospitalario **2** (*fig*) inhóspito

inhuman /ɪnˈhjuːmən/ *adj* inhumano, despiadado

initial /ɪˈnɪʃl/ ◆ *adj*, *n* inicial ◆ *vt* (**-ll-**, *USA* **-l-**) poner las iniciales en **initially** *adv* en un principio, inicialmente

initiate /ɪˈnɪʃieɪt/ *vt* **1** (*formal*) iniciar **2** (*proceso*) entablar **initiation** *n* iniciación

initiative /ɪˈnɪʃətɪv/ *n* iniciativa

inject /ɪnˈdʒekt/ *vt* inyectar **injection** *n* inyección

injure /ˈɪndʒə(r)/ *vt* herir, lesionar: *Five people were injured in the crash.* Cinco personas resultaron heridas en el accidente. ☞ Ver nota en HERIDA **injured** *adj* **1** herido, lesionado **2** (*tono*) ofendido

injury /ˈɪndʒəri/ *n* (*pl* **-ies**) **1** herida, lesión: *injury time* tiempo de descuento ☞ Ver nota en HERIDA **2** (*fig*) perjuicio

injustice /ɪnˈdʒʌstɪs/ *n* injusticia

ink /ɪŋk/ *n* tinta

inkling /ˈɪŋklɪŋ/ *n* ~ **(of sth/that...)** indicio, idea (de algo/de que...)

inland /ˈɪnlənd/ ◆ *adj* (del) interior ◆ /ˌɪnˈlænd/ *adv* hacia el interior

Inland Revenue *n* (*GB*) Hacienda

in-laws /ˈɪn lɔːz/ *n* [*pl*] (*coloq*) **1** familia política **2** suegros

inlet /ˈɪnlet/ *n* **1** ensenada **2** entrada

in-line skate /ˌɪn laɪn ˈskeɪt/ *n* Ver ROLLERBLADE®

i:	i	ɪ	e	æ	ɑː	ʌ	ʊ	u:
see	happy	sit	ten	hat	father	cup	put	too

inmate /'ɪnmeɪt/ n interno, -a (en un recinto vigilado)

inn /ɪn/ n (GB) **1** taberna **2** (antic) posada

innate /ɪ'neɪt/ adj innato

inner /'ɪnə(r)/ adj **1** interior **2** íntimo

innermost /'ɪnəməʊst/ adj **1** (fig) más secreto/íntimo **2** más recóndito

innocent /'ɪnəsnt/ adj inocente **innocence** n inocencia

innocuous /ɪ'nɒkjuəs/ adj **1** (comentario) inofensivo **2** (sustancia) inocuo

innovate /'ɪnəveɪt/ vi introducir novedades **innovation** n innovación **innovative** (tb **innovatory**) adj innovador

innuendo /ˌɪnju'endəʊ/ n (pl -oes o -os) (pey) insinuación

innumerable /ɪ'njuːmərəbl; USA ɪ'nuː-/ adj innumerable

inoculate /ɪ'nɒkjuleɪt/ vt vacunar **inoculation** n vacuna

input /'ɪnpʊt/ n **1** contribución **2** (Informát) entrada

inquest /'ɪŋkwest/ n ~ (**on sb/into sth**) investigación (judicial) (acerca de algn/algo)

inquire Ver ENQUIRE

inquiry (esp USA) Ver ENQUIRY

inquisition /ˌɪŋkwɪ'zɪʃn/ n (formal) interrogatorio

inquisitive /ɪn'kwɪzətɪv/ adj inquisitivo

insane /ɪn'seɪn/ adj loco

insanity /ɪn'sænəti/ n demencia, locura

insatiable /ɪn'seɪʃəbl/ adj insaciable

inscribe /ɪn'skraɪb/ vt ~ **sth** (**in/on sth**) grabar algo (en algo) **inscribed** adj grabado: a plaque inscribed with a quotation from Dante una placa con una cita de Dante grabada

inscription /ɪn'skrɪpʃn/ n **1** inscripción (en piedra, etc.) **2** dedicatoria (de un libro)

insect /'ɪnsekt/ n insecto **insecticide** /ɪn'sektɪsaɪd/ n insecticida

insecure /ˌɪnsɪ'kjʊə(r)/ adj inseguro **insecurity** n inseguridad

insensitive /ɪn'sensətɪv/ adj **1** ~ (**to sth**) (persona) insensible (a algo) **2** (acto) falto de sensibilidad **insensitivity** /ɪnˌsensə'tɪvəti/ n insensibilidad

inseparable /ɪn'seprəbl/ adj inseparable

insert /ɪn'sɜːt/ vt introducir, insertar

inside /ɪn'saɪd/ ◆ n **1** interior: The door was locked from the inside. La puerta estaba cerrada por dentro. **2 insides** [pl] (coloq) tripas LOC **inside out 1** del revés: You've got your jumper on inside out. Llevas el jersey del revés. ☞ Ver dibujo en REVÉS **2** de arriba abajo: She knows these streets inside out. Se conoce estas calles como la palma de la mano. ◆ adj [antes de sustantivo] **1** interior, interno: the inside pocket el bolsillo interior **2** interno: inside information información interna ◆ prep (USA **inside of**) dentro de: Is there anything inside the box? ¿Hay algo dentro de la caja? ◆ adv (a)dentro: Let's go inside. Vamos adentro. ◊ Pete's inside. Pete está dentro. **insider** n alguien de dentro (empresa, grupo)

insight /'ɪnsaɪt/ n **1** perspicacia, entendimiento **2** ~ (**into sth**) idea, percepción (de algo)

insignificant /ˌɪnsɪg'nɪfɪkənt/ adj insignificante **insignificance** n insignificancia

insincere /ˌɪnsɪn'sɪə(r)/ adj falso, hipócrita **insincerity** n insinceridad

insinuate /ɪn'sɪnjueɪt/ vt insinuar **insinuation** n insinuación

insist /ɪn'sɪst/ vi **1** ~ (**on sth**) insistir (en algo) **2** ~ **on** (**doing**) **sth** empeñarse en (hacer) algo: She always insists on a room to herself. Siempre se empeña en tener una habitación para ella sola.

insistence /ɪn'sɪstəns/ n insistencia **insistent** adj insistente

insolent /'ɪnsələnt/ adj insolente **insolence** n insolencia

insomnia /ɪn'sɒmniə/ n insomnio

inspect /ɪn'spekt/ vt **1** inspeccionar **2** (equipaje) registrar **inspection** n inspección **inspector** n **1** inspector, -ora **2** (de billetes) revisor, -ora

inspiration /ˌɪnspə'reɪʃn/ n inspiración

inspire /ɪn'spaɪə(r)/ vt **1** inspirar **2** ~ **sth** (**in sb**); ~ **sb with sth** (entusiasmo, etc.) infundir algo (en algn)

instability /ˌɪnstə'bɪləti/ n inestabilidad

install /ɪn'stɔːl/ vt instalar

installation /ˌɪnstə'leɪʃn/ n instalación

instalment (USA tb **installment**) /ɪn'stɔːlmənt/ n **1** (publicaciones) entrega, fascículo **2** *(televisión)* episodio **3** ~ **(on sth)** *(pago)* plazo (de algo): *to pay in instalments* pagar a plazos

instance /ˈmstəns/ *n* caso LOC **for instance** por ejemplo

instant /ˈmstənt/ ♦ *n* instante ♦ *adj* **1** inmediato **2** *instant coffee* café instantáneo **instantly** *adv* inmediatamente, de inmediato

instantaneous /ˌmstənˈtemiəs/ *adj* instantáneo

instead /mˈsted/ ♦ *adv* en vez de eso ♦ *prep* ~ **of sth/sb** en vez de algo/algn

instigate /ˈmstɪgeɪt/ *vt* instigar **instigation** *n* instigación

instil (*USA* instill) /mˈstɪl/ *vt* (-ll-) ~ **sth (in/into sb)** infundir algo (a algn)

instinct /ˈmstɪŋkt/ *n* instinto **instinctive** /mˈstɪŋktɪv/ *adj* instintivo

institute /ˈmstɪtjuːt; *USA* -tuːt/ ♦ *n* instituto, centro ♦ *vt* *(formal)* iniciar *(investigación)*

institution /ˌmstɪˈtjuːʃn; *USA* -ˈtuːʃn/ *n* institución **institutional** *adj* institucional

instruct /mˈstrʌkt/ *vt* **1** ~ **sb (in sth)** enseñar (algo) a algn **2** dar instrucciones

instruction /mˈstrʌkʃn/ *n* **1** **instruction(s) (to do sth)** instrucción, -iones (para hacer algo) **2** ~ **(in sth)** formación (en algo)

instructive /mˈstrʌktɪv/ *adj* instructivo

instructor /mˈstrʌktə(r)/ *n* profesor, -ora, instructor, -ora

instrument /ˈmstrəmənt/ *n* instrumento

instrumental /ˌmstrəˈmentl/ *adj* **1 to be ~ in doing sth** contribuir materialmente a hacer algo **2** instrumental

insufferable /mˈsʌfrəbl/ *adj* insufrible

insufficient /ˌmsəˈfɪʃnt/ *adj* insuficiente

insular /ˈmsjələ(r)/; *USA* -sələr/ *adj* estrecho de miras

insulate /ˈmsjuleɪt; *USA* -səl-/ *vt* aislar **insulation** *n* aislamiento

insult /ˈmsʌlt/ ♦ *n* insulto ♦ /mˈsʌlt/ *vt* insultar **insulting** *adj* insultante

insurance /mˈʃɔːrəns; *USA* -ˈʃuər-/ *n* [*incontable*] seguro *(Fin)*

insure /mˈʃuə(r)/ *vt* **1** ~ **sth/sb (against sth)** asegurar algo/a algn

(contra algo): *to insure sth for $5 000* asegurar algo en 5.000 dólares **2** *(USA)* *Ver* ENSURE

intact /mˈtækt/ *adj* intacto

intake /ˈmteɪk/ *n* **1** *(personas)* número admitido: *We have an annual intake of 20.* Admitimos a 20 cada año. **2** *(de comida, etc.)* consumo

integral /ˈmtɪgrəl/ *adj* esencial: *an integral part of sth* una parte fundamental de algo

integrate /ˈmtɪgreɪt/ *vt, vi* integrar(se) **integration** *n* integración

integrity /mˈtegrəti/ *n* integridad

intellectual /ˌmtəˈlektʃuəl/ *adj, n* intelectual **intellectually** *adv* intelectualmente

intelligence /mˈtelɪdʒəns/ *n* inteligencia **intelligent** *adj* inteligente **intelligently** *adv* inteligentemente

intend /mˈtend/ *vt* **1** ~ **to do sth** pensar hacer algo; tener la intención de hacer algo **2** ~ **sth for sth/sb** destinar algo a algo/algn: *It is intended for Sally.* Está destinado a Sally. ◊ *They're not intended for eating/to be eaten.* No son para comer. **3** ~ **sb to do sth**: *I intend you to take over.* Es mi intención que te hagas cargo. ◊ *You weren't intended to hear that remark.* Tú no tenías que haber oído ese comentario. **4** ~ **sth as sth**: *It was intended as a joke.* Se supone que era una broma.

intense /mˈtens/ *adj* **1** intenso **2** *(emociones)* ardiente, fuerte **3** *(persona)* serio **intensely** *adv* intensamente, sumamente **intensify** *vt, vi* (*pret, pp* -fied) intensificar(se), aumentar(se) **intensity** *n* intensidad, fuerza

intensive /mˈtensɪv/ *adj* intensivo: *intensive care* cuidados intensivos

intent /mˈtent/ ♦ *adj* **1** *(concentrado)* atento **2 to be ~ on/upon sth/doing sth** estar resuelto a algo/hacer algo **3 to be ~ on/upon sth/doing sth** estar absorto en algo/haciendo algo ♦ *n* LOC **to all intents (and purposes)** a efectos prácticos

intention /mˈtenʃn/ *n* intención: *I have no intention of doing it.* No tengo intención de hacerlo. **intentional** *adj* intencionado *Ver tb* DELIBERATE[1] **intentionally** *adv* intencionadamente

intently /mˈtentli/ *adv* atentamente

interact /ˌmtərˈækt/ *vi* **1** *(personas)*

relacionarse entre sí **2** (*cosas*) influirse mutuamente **interaction** *n* **1** relación (*entre personas*) **2** interacción **interactive** *adj* interactivo: *interactive video games* videojuegos interactivos

intercept /ˌɪntəˈsept/ *vt* interceptar

interchange /ˌɪntəˈtʃeɪndʒ/ ◆ *vt* intercambiar ◆ /ˈɪntətʃeɪndʒ/ *n* intercambio **interchangeable** /ˌɪntəˈtʃeɪndʒəbl/ *adj* intercambiable

interconnect /ˌɪntəkəˈnekt/ *vi* **1** interconectarse, conectarse entre sí **2** comunicarse entre sí **interconnected** *adj*: *to be interconnected* tener conexión entre sí **interconnection** *n* conexión

intercourse /ˈɪntəkɔːs/ *n* (*formal*) relaciones sexuales, coito

interest /ˈɪntrəst/ ◆ *n* **1** ~ (**in** sth) interés (por algo): *It is of no interest to me.* No me interesa. **2** afición: *her main interest in life* lo que más le interesa en la vida **3** (*Fin*) interés LOC **in sb's interest(s)** en interés de algn **in the interest(s)** of sth en aras de/con el fin de: *in the interest(s) of safety* por razones de seguridad *Ver tb* VEST² ◆ *vt* **1** interesar **2** ~ sb **in** sth hacer que algn se interese por algo

interested /ˈɪntrəstɪd/ *adj* interesado: *to be interested in* sth interesarse por algo ☞ *Ver nota en* INTERESTING

interesting /ˈɪntrəstɪŋ/ *adj* interesante

Nótese que una frase como "Me interesa mucho la informática." se traduce por: *I'm very interested in computers.* **Interesting** describe la cualidad y equivale a "interesante": *an interesting book* un libro interesante. *Ver tb nota en* BE

interestingly *adv* curiosamente

interface /ˈɪntəfeɪs/ *n* (*Informát*) interface

interfere /ˌɪntəˈfɪə(r)/ *vi* **1** ~ (**in** sth) entrometerse (en algo) **2** ~ **with** sth toquetear algo **3** ~ **with** sth interponerse en algo, dificultar algo **interference** *n* [*incontable*] **1** ~ (**in** sth) intromisión (en algo) **2** (*Radio*) interferencias **3** (*USA*) (*Dep*) *Ver* OBSTRUCTION **interfering** *adj* entrometido

interim /ˈɪntərɪm/ ◆ *adj* provisional ◆ *n* LOC **in the interim** en el ínterin

interior /ɪnˈtɪəriə(r)/ *adj*, *n* interior

interlude /ˈɪntəluːd/ *n* intermedio

intermediate /ˌɪntəˈmiːdiət/ *adj* intermedio

intermission /ˌɪntəˈmɪʃn/ *n* descanso (*Teat*)

intern /ɪnˈtɜːn/ *vt* internar

internal /ɪnˈtɜːnl/ *adj* interno, interior: *internal affairs* asuntos internos ◊ *internal injuries* heridas internas ◊ *internal market* mercado interior **internally** *adv* internamente, interiormente

international /ˌɪntəˈnæʃnəl/ ◆ *adj* internacional ◆ *n* (*Dep*) **1** partido internacional **2** jugador, -ora internacional **internationally** *adv* internacionalmente

Internet /ˈɪntənet/ (*tb* the Net) *n* internet: *to look for* sth *on the Internet* buscar algo en internet ◊ *Internet access* acceso a internet ☞ *Ver nota en* INTERNET

interpret /ɪnˈtɜːprɪt/ *vt* **1** interpretar, entender **2** traducir

Interpret se utiliza para referirse a la traducción oral, y **translate** a la traducción escrita.

interpretation *n* interpretación **interpreter** *n* intérprete ☞ *Comparar con* TRANSLATOR *en* TRANSLATE

interrelated /ˌɪntərɪˈleɪtɪd/ *adj* interrelacionado

interrogate /ɪnˈterəgeɪt/ *vt* interrogar **interrogation** *n* interrogación **interrogator** *n* interrogador, -ora

interrogative /ˌɪntəˈrɒgətɪv/ *adj* interrogativo

interrupt /ˌɪntəˈrʌpt/ *vt*, *vi* interrumpir: *I'm sorry to interrupt but there's a phone call for you.* Perdonad que os interrumpa, pero te llaman por teléfono. **interruption** *n* interrupción

intersect /ˌɪntəˈsekt/ *vi* cruzarse, cortar(se) **intersection** *n* intersección, cruce

interspersed /ˌɪntəˈspɜːst/ *adj* ~ **with** sth salteado de algo

intertwine /ˌɪntəˈtwaɪn/ *vt*, *vi* entrelazar(se)

interval /ˈɪntəvl/ *n* **1** intervalo **2** (*GB*) (*Teat*) entreacto **3** (*Dep*) descanso

intervene /ˌɪntəˈviːn/ *vi* (*formal*) **1** ~ (**in** sth) intervenir (en algo) **2** (*tiempo*) transcurrir **3** interponerse **intervening** *adj* intermedio

tʃ	dʒ	v	θ	ð	s	z	ʃ
chin	June	van	thin	then	so	zoo	she

intervention /ˌɪntəˈvenʃn/ n intervención

interview /ˈɪntəvjuː/ ◆ n entrevista ◆ vt entrevistar **interviewee** n entrevistado, -a **interviewer** n entrevistador, -ora

interweave /ˌɪntəˈwiːv/ vt, vi (pret -wove /-ˈwəʊv/ pp -woven /-ˈwəʊvn/) entretejer(se)

intestine /ɪnˈtestɪn/ n intestino: small/ large intestine intestino delgado/ grueso

intimacy /ˈɪntɪməsi/ n intimidad

intimate¹ /ˈɪntɪmət/ adj 1 (amigo, restaurante, etc.) íntimo 2 (amistad) estrecho 3 (formal) (conocimiento) profundo

intimate² /ˈɪntɪmeɪt/ vt ~ sth (to sb) (formal) dar a entender, insinuar algo (a algn) **intimation** n (formal) indicación, indicio

intimidate /ɪnˈtɪmɪdeɪt/ vt intimidar **intimidation** n intimidación

into /ˈɪntə/ ☞ Antes de vocal y al final de la frase se pronuncia /ˈɪntuː/. prep 1 (dirección) en, dentro de: to come into a room entrar en una habitación ◊ He put it into the box. Lo metió dentro de la caja. 2 a: He fell into the water. Se cayó al agua. ◊ She went into town. Fue al centro. ◊ to translate into Spanish traducir al español 3 (tiempo, distancia): long into the night bien entrada la noche ◊ far into the distance a lo lejos 4 (Mat): 12 into 144 goes 12 times. 144 dividido por 12 son 12. **LOC to be into sth** (coloq): She's into motor bikes. Es muy aficionada a las motos. ☞ Para los usos de **into** en PHRASAL VERBS ver las entradas de los verbos correspondientes, p. ej. **to look into** en LOOK¹. Ver tb págs 324-25.

intolerable /ɪnˈtɒlərəbl/ adj intolerable, insufrible

intolerance /ɪnˈtɒlərəns/ n intolerancia, intransigencia

intolerant /ɪnˈtɒlərənt/ adj (pey) intolerante

intonation /ˌɪntəˈneɪʃn/ n entonación

intoxicated /ɪnˈtɒksɪkeɪtɪd/ adj (formal) (lit y fig) ebrio

intoxication /ɪnˌtɒksɪˈkeɪʃn/ n embriaguez

intranet /ˈɪntrənet/ n intranet

intrepid /ɪnˈtrepɪd/ adj intrépido

intricate /ˈɪntrɪkət/ adj intrincado, complejo

intrigue /ˈɪntriːg, ɪnˈtriːg/ ◆ n intriga ◆ /ɪnˈtriːg/ 1 vi intrigar 2 vt fascinar **intriguing** adj intrigante, fascinante

intrinsic /ɪnˈtrɪnsɪk, -zɪk/ adj intrínseco

introduce /ˌɪntrəˈdjuːs; USA -ˈduːs/ vt 1 ~ sth/sb (to sb) presentar algo/algn (a algn) ☞ Ver nota en PRESENTAR 2 ~ sb to sth iniciar a algn en algo 3 (producto, reforma, etc.) introducir

introduction /ˌɪntrəˈdʌkʃn/ n 1 presentación 2 ~ (to sth) prólogo (de algo) 3 [sing] ~ to sth iniciación a/en algo 4 [incontable] introducción (producto, reforma, etc.)

introductory /ˌɪntrəˈdʌktəri/ adj 1 (capítulo, curso) preliminar 2 (oferta) introductorio

introvert /ˈɪntrəvɜːt/ n introvertido, -a

intrude /ɪnˈtruːd/ vi (formal) 1 importunar, molestar 2 ~ (on/upon sth) entrometerse, inmiscuirse (en algo) **intruder** n intruso, -a **intrusion** n 1 [incontable] invasión 2 [contable] intromisión **intrusive** adj intruso

intuition /ˌɪntjuˈɪʃn; USA -tu-/ n intuición

intuitive /ɪnˈtjuːɪtɪv; USA -ˈtuː-/ adj intuitivo

inundate /ˈɪnʌndeɪt/ vt ~ sth/sb (with sth) inundar algo/a algn (de algo): We were inundated with applications. Nos vimos inundados de solicitudes.

invade /ɪnˈveɪd/ vt, vi invadir **invader** n invasor, -ora

invalid /ˈɪnvəlɪd, ˈɪnvəliːd/ ◆ n inválido, -a ◆ /ɪnˈvælɪd/ adj no válido

invalidate /ɪnˈvælɪdeɪt/ vt invalidar, anular

invaluable /ɪnˈvæljuəbl/ adj inestimable

invariably /ɪnˈveəriəbli/ adv invariablemente

invasion /ɪnˈveɪʒn/ n invasión

invent /ɪnˈvent/ vt inventar **invention** n 1 invención 2 invento **inventive** adj 1 (poderes) de invención 2 que tiene mucha imaginación **inventiveness** n inventiva **inventor** n inventor, -ora

inventory /ˈɪnvəntri; USA -tɔːri/ n (pl -ies) inventario

iː	i	ɪ	e	æ	ɑː	ʌ	ʊ	uː
see	happy	sit	ten	hat	father	cup	put	too

invert /ɪn'vɜːt/ vt invertir: *in inverted commas* entre comillas

invertebrate /ɪn'vɜːtɪbrət/ adj, n invertebrado

invest /ɪn'vest/ 1 vt invertir (*Fin*) 2 vi ~ (**in sth**) invertir (en algo) (*Fin*)

investigate /ɪn'vestɪgeɪt/ vt, vi investigar

investigation /ɪnˌvestɪ'geɪʃn/ n ~ (**into sth**) investigación (de algo)

investigative /ɪn'vestɪgətɪv/ USA -geɪtɪv/ adj: *investigative journalism* periodismo de investigación

investigator /ɪn'vestɪgeɪtə(r)/ n investigador, -ora

investment /ɪn'vestmənt/ n ~ (**in sth**) inversión (en algo)

investor /ɪn'vestə(r)/ n inversor, -ora

invigorating /ɪn'vɪgəreɪtɪŋ/ adj vigorizante, estimulante

invincible /ɪn'vɪnsəbl/ adj invencible

invisible /ɪn'vɪzəbl/ adj invisible

invitation /ˌɪnvɪ'teɪʃn/ n invitación

invite /ɪn'vaɪt/ ◆ vt 1 ~ **sb** (**to/for sth**) (**to do sth**) invitar a algn (a algo)/(a hacer algo): *to invite trouble* buscarse problemas 2 (*sugerencias, aportes*) pedir, solicitar PHR V **to invite sb back** 1 invitar a algn a casa (*para corresponder a su invitación previa*) 2 invitar a algn a volver con uno a su casa **to invite sb in** invitar a algn a entrar **to invite sb out** invitar a algn a salir **to invite sb over/round** invitar a algn a casa ◆ /'ɪnvaɪt/ n (*coloq*) invitación **inviting** /ɪn'vaɪtɪŋ/ adj 1 atractivo, tentador 2 (*comida*) apetitoso

invoice /'ɪnvɔɪs/ ◆ n ~ (**for sth**) factura (de algo) ◆ vt ~ **sth/sb** pasar factura a algo/algn

involuntary /ɪn'vɒləntri/ adj involuntario

involve /ɪn'vɒlv/ vt 1 suponer, implicar: *The job involves me/my living in London.* El trabajo requiere que viva en Londres. 2 ~ **sb in sth** hacer participar a algn en algo: *to be involved in sth* participar en algo 3 ~ **sb in sth** meter, enredar a algn en algo: *Don't involve me in your problems.* No me mezcles en tus problemas. 4 ~ **sb in sth** (*esp crimen*) involucrar a algn en algo: *to be/get involved in sth* estar involucrado/involucrarse en algo 5 **to be/become/get involved with sb** (*pey*) estar enre-

dado, enredarse con algn 6 **to be/become/get involved with sb** (*emocionalmente*) estar liado, liarse con algn **involved** adj complicado, enrevesado **involvement** n 1 ~ (**in sth**) implicación, compromiso, participación (en algo) 2 ~ (**with sb**) relación (con algn)

inward /'ɪnwəd/ ◆ adj 1 (*pensamientos, etc.*) interior, íntimo: *He gave an inward sigh.* Suspiró para sus adentros. 2 (*dirección*) hacia dentro ◆ adv (*tb* **inwards**) hacia dentro **inwardly** adv 1 por dentro 2 (*suspirar, sonreír, etc.*) para sí

IQ /ˌaɪ 'kjuː/ n (*abrev de* **intelligence quotient**) coeficiente de inteligencia: *She's got an IQ of 120.* Tiene un coeficiente de inteligencia de 120.

iris /'aɪrɪs/ n 1 (*Anat*) iris 2 (*Bot*) lirio

Iron /'aɪən/ USA 'aɪərn/ ◆ n 1 (*Quím*) hierro 2 (*para ropa*) plancha ◆ vt planchar PHR V **to iron sth out** 1 (*arrugas*) planchar algo 2 (*problemas, etc.*) resolver, allanar algo **ironing** n 1 plancha: *to do the ironing* planchar ◊ *ironing board* tabla de planchar 2 ropa por planchar, ropa planchada

ironic /aɪ'rɒnɪk/ adj irónico: *It is ironic that we only won the last match.* Resulta irónico que solo hayamos ganado el último partido. ◊ *He gave an ironic smile.* Sonrió con sorna. ☛ *Comparar con* SARCASTIC *en* SARCASM **ironically** adv irónicamente, con ironía: *He smiled ironically.* Sonrió con sorna.

irony /'aɪrəni/ n (*pl* -ies) ironía

irrational /ɪ'ræʃənl/ adj irracional **irrationality** /ɪˌræʃə'næləti/ n irracionalidad **irrationally** adv de forma irracional

irrelevant /ɪ'reləvənt/ adj que no viene al caso: *irrelevant remarks* observaciones que no vienen al caso **irrelevance** n algo que no viene al caso: *the irrelevance of the curriculum to their own life* lo poco que el programa tiene que ver con sus vidas

irresistible /ˌɪrɪ'zɪstəbl/ adj irresistible **irresistibly** adv irresistiblemente

irrespective of /ˌɪrɪ'spektɪv əv/ prep sin consideración a

irresponsible /ˌɪrɪ'spɒnsəbl/ adj irresponsable: *It was irresponsible of you.* Fue una irresponsabilidad de tu parte. **irresponsibility** /ˌɪrɪˌspɒnsə'bɪləti/ n

u	ɒ	ɔː	ɜː	ə	j	w	eɪ	əʊ
situation	got	saw	fur	ago	yes	woman	pay	go

irresponsabilidad **irresponsibly** *adv* de forma irresponsable

irrigation /ˌɪrɪˈɡeɪʃn/ *n* regadío

irritable /ˈɪrɪtəbl/ *adj* irritable
irritability /ˌɪrɪtəˈbɪləti/ *n* irritabilidad
irritably *adv* con irritación

irritate /ˈɪrɪteɪt/ *vt* irritar: *He's easily irritated.* Se irrita con facilidad. **irritating** *adj* irritante: *How irritating!* ¡Qué fastidio! **irritation** *n* irritación

is /s, z, ɪz/ *Ver* BE

Islam /ɪzˈlɑːm, ˈɪzlɑːm/ *n* Islam

island /ˈaɪlənd/ *n* (*abrev* I, Is) isla: *a desert island* una isla desierta **islander** *n* isleño, -a

isle /aɪl/ *n* (*abrev* I, Is) isla ☛ Se usa sobre todo en nombres de lugares, p. ej.: *the Isle of Man.* Comparar con ISLAND

isn't /ˈɪznt/ = IS NOT *Ver* BE

isolate /ˈaɪsəleɪt/ *vt* ~ sth/sb (from sth/sb) aislar algo/a algn (de algo/algn) **isolated** *adj* aislado **isolation** *n* aislamiento LOC in isolation (from sth/sb) aislado (de algo/algn): *Looked at in isolation...* Considerado fuera del contexto...

issue /ˈɪʃuː, ˈɪsjuː/ ◆ *n* 1 asunto, cuestión 2 emisión, provisión 3 (*de una revista, etc.*) número LOC to make an issue (out) of sth hacer de algo un problema: *Let's not make an issue of it.* No lo convirtamos en un problema. ◆ 1 *vt* ~ sth (to sb) distribuir algo (a algn) 2 *vt* ~ sb with sth proveer a algn de algo 3 *vt* (*visado, etc.*) expedir 4 *vt* publicar 5 *vt* (*sellos, etc.*) poner en circulación 6 *vt* (*llamada*) emitir 7 *vi* ~ from sth (*formal*) salir de algo

IT /ˌaɪ ˈtiː/ *n* (*abrev de* information technology) informática

it /ɪt/ *pron pers*

● **como sujeto y objeto** ☛ It sustituye a un animal o una cosa. También se puede utilizar para referirse a un bebé. 1 [*como sujeto*] él, ella, ello: *Where is it?* ¿Dónde está? ◊ *The baby is crying, I think it's hungry.* El bebé está llorando, creo que tiene hambre. ◊ *Who is it?* ¿Quién es? ◊ *It's me.* Soy yo. ☛ El *pron pers* no se puede omitir en inglés. 2 [*como objeto directo*] lo, la: *Did you buy it?* ¿Lo compraste? ◊ *Give it to me.* Dámelo. 3 [*como objeto indirecto*] le: *Give it some milk.* Dale un poco de leche. 4 [*después de preposición*]: *That box is heavy. What's inside it?* Esa caja pesa mucho, ¿qué hay dentro?

● **frases impersonales** ☛ En muchos casos it carece de significado, y se utiliza como sujeto gramatical para construir oraciones que en español suelen ser impersonales. Normalmente no se traduce. 1 (*de tiempo, distancia y tiempo atmosférico*): *It's ten past twelve.* Son las doce y diez. ◊ *It's May 12.* Es el 12 de mayo. ◊ *It's two miles to the beach.* Hay dos millas hasta la playa. ◊ *It's a long time since they left.* Hace mucho tiempo que se marcharon. ◊ *It's raining.* Está lloviendo. ◊ *It's hot.* Hace calor. 2 (*en otras construcciones*): *Does it matter what colour the hat is?* ¿Importa de qué color sea el sombrero? ◊ *I'll come at seven if it's convenient.* Vendré a las siete, si te va bien. ◊ *It's Jim who's the clever one, not his brother.* Es Jim el que es listo, no su hermano.
LOC that's it 1 ya está 2 eso es todo 3 ya está bien 4 eso es that's just it ahí está el problema this is it llegó la hora

italics /ɪˈtælɪks/ *n* [*pl*] cursiva

itch /ɪtʃ/ ◆ *n* picor ◆ *vi* picar: *My leg itches.* Me pica la pierna. ◊ *to be itching to do sth* tener muchas ganas de hacer algo **itchy** *adj* que pica: *My skin is itchy.* Me pica la piel.

it'd /ˈɪtəd/ 1 = IT HAD *Ver* HAVE 2 = IT WOULD *Ver* WOULD

item /ˈaɪtəm/ *n* 1 artículo 2 (*tb* news item) noticia 3 an item (*coloq*) pareja (*de novios*)

itinerary /aɪˈtɪnərəri/; *USA* -reri/ *n* (*pl* -ies) itinerario

it'll /ˈɪtl/ = IT WILL *Ver* WILL

it's /ɪts/ 1 = IT IS *Ver* BE 2 = IT HAS *Ver* HAVE ☛ Comparar con ITS

its /ɪts/ *adj pos* su(s) (*que pertenece a una cosa, un animal o un bebé*): *The table isn't in its place.* La mesa no está en su sitio. ☛ *Ver nota en* MY

itself /ɪtˈself/ *pron* 1 [*uso reflexivo*] se: *The cat was washing itself.* El gato se estaba lavando. 2 [*uso enfático*] él mismo, ella misma, ello mismo 3 *She is kindness itself.* Es la bondad personificada. LOC by itself 1 por sí mismo 2 solo in itself de por sí

I've /aɪv/ = I HAVE *Ver* HAVE

ivory /ˈaɪvəri/ *n* marfil

ivy /ˈaɪvi/ *n* hiedra

aɪ	aʊ	ɔɪ	ɪə	eə	ʊə	ʒ	h	ŋ
five	now	join	near	hair	pure	vision	how	sing

Jj

J, j /dʒeɪ/ n (pl **J's, j's** /dʒeɪz/) J, j: *J for Jack* J de Juan ☞ *Ver ejemplos en* A, A

jab /dʒæb/ ◆ vt, vi (-bb-) pinchar: *I jabbed my finger at the door.* Apunté a la puerta con el dedo. ◊ *She jabbed at a potato with her fork.* Intentó ensartar una patata con su tenedor. **PHR V to jab sth into sth/sb** hincar algo en algo/a algn ◆ n **1** inyección **2** pinchazo **3** golpe

jack /dʒæk/ n **1** (*Mec*) gato **2** (*tb* knave) jota (*baraja francesa*)

jackal /dʒækl/ n chacal

jackdaw /ˈdʒækdɔː/ n grajilla

jacket /ˈdʒækɪt/ n **1** americana, chaqueta ☞ *Comparar con* CARDIGAN **2** cazadora (*de un libro*) sobrecubierta

jackpot /ˈdʒækpɒt/ n premio gordo

jade /dʒeɪd/ adj, n jade

jaded /ˈdʒeɪdɪd/ adj (*pey*) agotado, con falta de entusiasmo

jagged /ˈdʒægɪd/ adj dentado

jaguar /ˈdʒægjuɑ(r)/ n jaguar

jail /dʒeɪl/ ◆ n cárcel ◆ vt ~ **sb (for sth)** encarcelar a algn (por algo)

jam /dʒæm/ ◆ n **1** mermelada ☞ *Comparar con* MARMALADE **2** atasco, *traffic jam* embotellamiento **3** (*coloq*) aprieto: *to be in/get into a jam* estar/meterse en un aprieto ◆ (-mm-) **1** vt **to jam sth into, under, etc. sth** meter algo a la fuerza en, debajo de, etc. algo: *He jammed the flowers into a vase.* Metió las flores en un jarrón, todas apretujadas. **2** vt, vi apretujar(se): *The three of them were jammed into a phone booth.* Los tres estaban apretujados en una cabina de teléfono. **3** vt, vi atascar(se), obstruir(se) **4** vt (*Radio*) interferir

jangle /ˈdʒæŋgl/ vt, vi (hacer) sonar de manera discordante

January /ˈdʒænjuəri; *USA* -jueri/ n (*abrev* **Jan**) enero: *They are getting married this January/in January.* Se van a casar en enero. ◊ *on January 1st* el 1 de enero ◊ *every January* todos los meses de enero ◊ *next January* en enero del año que viene ☞ Los nombres de los meses en inglés se escriben con mayúscula.

jar¹ /dʒɑː(r)/ n **1** tarro, bote ☞ *Ver dibujo en* CONTAINER **2** jarra

jar² /dʒɑː(r)/ (-rr-) **1** vi **to jar (on sth/sb)** irritar (algo/a algn) **2** vi **to jar (with sth)** (*fig*) desentonar (con algo) **3** vt golpear

jargon /ˈdʒɑːgən/ n jerga

jasmine /ˈdʒæzmɪn; *USA* ˈdʒæzmən/ n jazmín

jaundice /ˈdʒɔːndɪs/ n ictericia **jaundiced** adj amargado

javelin /ˈdʒævlɪn/ n jabalina

jaw /dʒɔː/ n **1** [*gen pl*] (*persona*) mandíbula **2** (*animal*) quijada **3** **jaws** [*pl*] fauces

jazz /dʒæz/ ◆ n jazz ◆ v PHR V **to jazz sth up** animar algo **jazzy** adj (*coloq*) vistoso

jealous /ˈdʒeləs/ adj **1** celoso: *He's very jealous of her male friends.* Tiene muchos celos de sus amigos. **2** envidioso: *I'm very jealous of your new car.* Tu coche nuevo me da mucha envidia. **jealousy** n [*gen incontable*] (pl -ies) celos, envidia

jeans /dʒiːnz/ n [*pl*] (pantalones) vaqueros ☞ *Ver nota en* PAIR

Jeep® /dʒiːp/ n jeep, vehículo todo terreno

jeer /dʒɪə(r)/ ◆ vt, vi ~ **(at) (sth/sb)** **1** mofarse (de algo/algn) **2** abuchear (a algo/algn) ◆ n burla, abucheo

jelly /ˈdʒeli/ n (pl -ies) **1** gelatina (*de sabores*) **2** jalea

jellyfish /ˈdʒelifɪʃ/ n (pl jellyfish o ~es) medusa (*Zool*)

jeopardize, -ise /ˈdʒepədaɪz/ vt poner en peligro

jeopardy /ˈdʒepədi/ n LOC **(to be, put, etc. sth) in jeopardy** (estar, poner, etc. algo) en peligro

jerk /dʒɜːk/ ◆ n **1** sacudida, tirón **2** (*coloq, pey*) idiota ◆ vt, vi sacudir(se), mover(se) a sacudidas

jet¹ /dʒet/ n **1** jet, reactor **2** (*de agua, gas*) chorro

jet² /dʒet/ n azabache

jetty /ˈdʒeti/ n (pl -ies) embarcadero, malecón

Jew /dʒuː/ n judío, -a *Ver tb* JUDAISM

jewel /ˈdʒuːəl/ n **1** joya **2** piedra preciosa **jeweller** (*USA* **jeweler**) n **1**

tʃ	dʒ	v	θ	ð	s	z	ʃ
chin	June	van	thin	then	so	zoo	she

joyero, -a **2 jeweller's** (*tienda*) joyería
jewellery (*USA* **jewelry**) *n* [*incontable*]
joyas: *jewellery box/case* joyero

Jewish /'dʒuːɪʃ/ *adj* judío

jigsaw /'dʒɪgsɔː/ (*tb* **jigsaw puzzle**) *n*
rompecabezas

jingle /'dʒɪŋgl/ ◆ *n* **1** [*sing*] tintineo
2 anuncio cantado ◆ *vt, vi* (hacer) tintinear

jinx /dʒɪŋks/ ◆ *n* (*coloq*) gafe ◆ *vt*
(*coloq*) gafar

job /dʒɒb/ *n* **1** (puesto de) trabajo,
empleo ☞ *Ver nota en* WORK¹ **2** tarea
3 deber, responsabilidad LOC **a good
job** (*coloq*): *It's a good job you've come.*
Menos mal que has venido. **out of a job**
en el paro

jobcentre /'dʒɒb,sentə(r)/ *n* (*GB*)
oficina de empleo

jobless /'dʒɒbləs/ *adj* parado

jockey /'dʒɒki/ *n* (*pl* **-eys**) yóquey

jog /dʒɒg/ ◆ *n* [*sing*] **1 to go for a jog** ir
a hacer footing **2** empujoncito ◆ (**-gg-**)
1 *vi* hacer footing: *I go jogging every
day.* Hago footing todos los días. **2** *vt*
empujar (ligeramente) LOC **to jog sb's
memory** refrescar la memoria a algn

jogger /'dʒɒgə(r)/ *n* persona que hace
footing

jogging /'dʒɒgɪŋ/ *n* footing

join /dʒɔɪn/ ◆ *n* **1** juntura **2** costura ◆
1 *vt* ~ **sth (on)to sth** unir, juntar algo
con algo **2** *vi* ~ **up (with sth/sb)** juntarse (con algo/algn); unirse a algo/
algn **3** *vt* ~ **sb** reunirse con algn **4** *vt, vi*
(*club, empresa*) hacerse socio (de),
afiliarse
(a) **5** *vt, vi* (*empresa*) unirse (a) **6** *vt* (*UE,
etc.*) ingresar en PHR V **to join in (sth)**
participar (en algo)

joiner /'dʒɔɪnə(r)/ *n* (*GB*) carpintero, -a

joint¹ /dʒɔɪnt/ *adj* conjunto, mutuo,
colectivo

joint² /dʒɔɪnt/ *n* **1** (*Anat*) articulación
2 junta, ensambladura **3** cuarto de
carne **4** (*argot, pey*) antro **5** (*argot*)
porro **jointed** *adj* articulado, plegable

joke /dʒəʊk/ ◆ *n* **1** chiste: *to tell a joke*
contar un chiste **2** broma: *to play a joke
on sb* gastar una broma a algn **3** [*sing*]
cachondeo: *The new law is a joke.* La
nueva ley es un cachondeo. ◆ *vi* ~
(**with sb**) bromear (con algn) LOC
joking apart bromas aparte **you're
joking/you must be joking! 1** ¡ni
hablar! **2** ¿en serio?

joker /'dʒəʊkə(r)/ *n* **1** (*coloq*) bromista
2 (*coloq*) hazmerreír **3** (*cartas*) comodín

jolly /'dʒɒli/ ◆ *adj* (**-ier, -iest**) alegre,
jovial ◆ *adv* (*GB, coloq*) muy

jolt /dʒəʊlt/ ◆ **1** *vi* traquetear **2** *vt*
sacudir ◆ *n* **1** sacudida **2** susto

jostle /'dʒɒsl/ *vt, vi* empujar(se),
codear(se)

jot /dʒɒt/ *v* (**-tt-**) PHR V **to jot sth down**
apuntar algo

journal /'dʒɜːnl/ *n* **1** revista, periódico
(*especializado*) **2** diario **journalism** *n*
periodismo **journalist** *n* periodista

journey /'dʒɜːni/ *n* (*pl* **-eys**) viaje, recorrido ☞ *Ver nota en* VIAJE

joy /dʒɔɪ/ *n* **1** alegría: *to jump for joy*
saltar de alegría **2** encanto LOC *Ver*
PRIDE **joyful** *adj* alegre **joyfully** *adv* alegremente

joyriding /'dʒɔɪraɪdɪŋ/ *n* pasearse en
un coche robado **joyrider** *n* persona que
se pasea en un coche robado

joystick /'dʒɔɪstɪk/ *n* joystick, mando

jubilant /'dʒuːbɪlənt/ *adj* jubiloso
jubilation *n* júbilo

jubilee /'dʒuːbɪliː/ *n* aniversario

Judaism /'dʒuːdeɪzəm; *USA* -dəɪzəm/
n judaísmo

judge /dʒʌdʒ/ ◆ *n* **1** (*Jur, de
competición*) juez **2** ~ (**of sth**) conocedor, -ora (*de algo*) ◆ *vt, vi* juzgar, considerar, calcular: *judging by/from…*
a juzgar por…

judgement (*tb esp Jur* **judgment**)
/'dʒʌdʒmənt/ *n* juicio: *to use your own
judgement* actuar según su propio
entender

judicious /dʒuː'dɪʃəs/ *adj* juicioso
judiciously *adv* juiciosamente

judo /'dʒuːdəʊ/ *n* judo

jug /dʒʌg/ (*USA* **pitcher**) *n* jarra

juggle /'dʒʌgl/ *vt, vi* **1** ~ (**sth/with sth**)
hacer juegos malabares (con algo) **2** ~
(**with**) **sth** (*fig*) dar vueltas a algo: *She
juggles home, career and children.* Se las
arregla para llevar casa, trabajo e hijos
al mismo tiempo

juice /dʒuːs/ *n* zumo, jugo **juicy** *adj*
(**-ier, -iest**) **1** jugoso **2** (*coloq*) (*cuento,
etc.*) sabroso

jukebox /'dʒuːkbɒks/ *n* máquina de
discos

July /dʒu'laɪ/ *n* (*abrev* **Jul**) julio ☞ *Ver
nota y ejemplos en* JANUARY

iː	i	ɪ	e	æ	ɑː	ʌ	ʊ	uː
see	happy	sit	ten	hat	father	cup	put	too

jumble /'dʒʌmbl/ ◆ *vt* ~ **sth (up)** revolver algo ◆ *n* **1** revoltijo **2** (*GB*) objetos o ropa usados para un rastrillo benéfico

jumbo /'dʒʌmbəʊ/ *adj* (*coloq*) (de tamaño) súper

jump /dʒʌmp/ ◆ *n* **1** salto *Ver tb* HIGH JUMP, LONG JUMP **2** aumento ◆ **1** *vt, vi* saltar: *to jump up and down* dar saltos ◊ *to jump up* levantarse de un salto ☞ *Ver dibujo en* SALTAR **2** *vi* sobresaltarse: *It made me jump.* Me sobresaltó. **3** *vi* aumentar LOC **jump to it!** (*coloq*) ¡volando! **to jump the queue** (*GB*) colarse **to jump to conclusions** sacar conclusiones precipitadas *Ver tb* BANDWAGON PHR V **to jump at sth** aceptar algo sin dudar: *She jumped at the chance of a holiday.* Cuando le surgió la oportunidad de irse de vacaciones la aprovechó sin dudar.

jumper /'dʒʌmpə(r)/ *n* **1** (*GB*) jersey ☞ *Ver nota en* SWEATER **2** saltador, -ora

jumpy /'dʒʌmpi/ *adj* (-ier, -iest) (*coloq*) nervioso

junction /'dʒʌŋkʃn/ *n* cruce (*Aut*)

June /dʒuːn/ *n* (*abrev* **Jun**) junio ☞ *Ver nota y ejemplos en* JANUARY

jungle /'dʒʌŋgl/ *n* jungla

junior /'dʒuːniə(r)/ ◆ *adj* **1** subalterno **2** (*abrev* **Jr**) júnior **3** (*GB*): *junior school* escuela primaria ◆ *n* **1** subalterno, -a **2** [*precedido de adjetivos posesivos*]: *He is three years her junior.* Es tres años más joven que ella. **3** (*GB*) alumno, -a de escuela primaria

junk /dʒʌŋk/ *n* [*incontable*] **1** (*coloq*) trastos **2** baratijas

junk food *n* (*coloq, pey*) [*incontable*] comida basura

junk mail *n* propaganda

Jupiter /'dʒuːpɪtə(r)/ *n* Júpiter

juror /'dʒʊərə(r)/ *n* miembro del jurado

jury /'dʒʊəri/ *n* [*v sing o pl*] (*pl* -ies) jurado ☞ *Ver nota en* JURADO

just /dʒʌst/ ◆ *adv* **1** justo, exactamente: *It's just what I need.* Es justo lo que necesito. ◊ *That's just it!* ¡Exacto! ◊ *just here* aquí mismo **2** ~ **as** justo cuando; justo como: *She arrived just as we were leaving.* Llegó justo cuando nos íbamos. ◊ *It's just as I thought.* Es justo como yo pensaba. **3** ~ **as... as...** igual de... que...: *She's just as clever as her* *mother.* Es igual de lista que su madre. **4 to have** ~ **done sth** acabar de hacer algo: *She has just left.* Acaba de marcharse. ◊ *We had just arrived when...* Acabábamos de llegar cuando... ◊ *'Just married'* "Recién casados" **5** (**only**) ~ por muy poco: *I can (only) just reach the shelf.* Llego al estante a duras penas. **6** ~ **over/ under**: *It's just over a kilo.* Pasa un poco del kilo. **7** ahora: *I'm just going.* Ahora mismo me voy. **8 to be** ~ **about/going to do sth** estar a punto de hacer algo: *I was just about/going to phone you.* Estaba a punto de llamarte. **9** sencillamente: *It's just one of those things.* Es una de esas cosas que pasan, nada más. **10** *Just let me say something!* ¡Déjame hablar un momento! **11** solo: *I waited an hour just to see you.* Esperé una hora sólo para poder verte. ◊ *just for fun* para reírnos un poco LOC **it is just as well (that...)** menos mal (que)... **just about** (*coloq*) casi: *I know just about everyone.* Conozco más o menos a todo el mundo. **just in case** por si acaso **just like** igual que: *It was just like old times.* Fue como en los viejos tiempos. **2** típico de: *It's just like her to be late.* Es muy propio de ella llegar tarde. **just like that** sin más **just now 1** en estos momentos **2** hace un momento ◆ *adj* **1** justo **2** merecido

justice /'dʒʌstɪs/ *n* **1** justicia **2** juez: *justice of the peace* juez de paz LOC **to do justice to sth/sb 1** hacerle justicia a algo/algn **2** *We couldn't do justice to her cooking.* No pudimos hacer los honores a su comida. **to do yourself justice**: *He didn't do himself justice in the exam.* Podía haber hecho el examen mucho mejor. *Ver tb* BRING, MISCARRIAGE

justifiable /ˌdʒʌstɪ'faɪəbl, 'dʒʌstɪfaɪəbl/ *adj* justificable **justifiably** *adv* justificadamente: *She was justifiably angry.* Estaba enfadada, y con razón.

justify /'dʒʌstɪfaɪ/ *vt* (*pret, pp* -fied) justificar

justly /'dʒʌstli/ *adv* justamente, con razón

jut /dʒʌt/ *v* (-tt-) PHR V **to jut out** sobresalir

juvenile /'dʒuːvənaɪl/ ◆ *n* menor ◆ *adj* **1** juvenil **2** (*pey*) pueril

juxtapose /ˌdʒʌkstə'pəʊz/ *vt* (*formal*) contraponer **juxtaposition** *n* contraposición

u	ɒ	ɔː	ɜː	ə	j	w	eɪ	əʊ
situation	got	saw	fur	ago	yes	woman	pay	go

Kk

K, k /keɪ/ n (pl **K's**, **k's** /keɪz/) K, k:
K for king K de kilo ☞ *Ver ejemplos en*
A, A

kaleidoscope /kəˈlaɪdəskəʊp/ n caleidoscopio

kangaroo /ˌkæŋɡəˈruː/ n (pl ~s)
canguro

karat *Ver* CARAT

karate /kəˈrɑːti/ n karate

kebab /kɪˈbæb/ n pincho moruno

keel /kiːl/ ♦ n quilla ♦ v PHR V **to keel
over** (*coloq*) desplomarse

keen /kiːn/ adj (**-er, -est**) **1** entusiasta
2 to be ~ (that.../to do sth) estar
ansioso (de que.../de hacer algo); tener
ganas (de hacer algo) **3** (*interés*) grande
4 (*olfato*) fino **5** (*oído, inteligencia*)
agudo LOC **to be keen on sth/sb** gustarle a uno algo/algn **keenly** adv **1** con
entusiasmo **2** (*sentir*) profundamente

keep /kiːp/ ♦ (*pret, pp* **kept** /kept/)
1 vi quedarse, permanecer: *Keep still!*
¡Estate quieto! ◊ *Keep quiet!* ¡Cállate! ◊
to keep warm no enfriarse **2** vi ~ (**on**)
doing sth seguir haciendo algo; no
parar de hacer algo: *He keeps
interrupting me.* No para de interrum-
pirme. **3** vt [*con* adj, adv o -ing] mantener, tener: *to keep sb waiting* hacer
esperar a algn ◊ *to keep sb amused/
happy* tener a algn entretenido/a
contento ◊ *Don't keep us in suspense.*
No nos tengas en suspenso. **4** vt entretener, retener: *What kept you?* ¿Por qué
has tardado tanto? **5** vt guardar, tener:
Will you keep my place in the queue?
¿Me guardas el sitio en la cola? **6** vt (*no
devolver*) quedarse con: *Keep the
change.* Quédese con la vuelta. **7** vt
(*negocio*) tener, ser propietario de **8** vt
(*animales*) criar, tener **9** vt (*secreto*)
guardar **10** vi (*alimentos*) conservarse
(fresco), durar **11** vt (*diario*) escribir,
llevar **12** vt (*cuentas, registro*) llevar
13 vt (*familia, persona*) mantener **14** vt
(*cita*) acudir a **15** vt (*promesa*) cumplir
☞ *Para expresiones con* **keep**, *véanse
las entradas del sustantivo, adjetivo,
etc., p. ej.* **to keep your word** *en* WORD.
PHR V **to keep away (from sth/sb)** mantenerse alejado (de algo/algn) **to keep**

sth/sb away (from sth/sb) mantener
alejado algo/a algn (de algo/algn)
to keep sth (back) from sb ocultar algo
a algn
to keep sth down mantener algo bajo
to keep sb from (doing) sth impedir, no
dejar a algn hacer algo **to keep (yourself) from doing sth** evitar hacer algo
to keep off (sth) no acercarse (a algo),
no tocar (algo): *Keep off the grass.* Prohibido pisar el césped. **to keep sth/sb
off (sth/sb)** no dejar a algo/algn acercarse (a algo/algn): *Keep your hands off
me!* ¡No me toques!
to keep on (at sb) (about sth/sb) no
parar de dar la tabarra (a algn) (sobre
algo/algn)
**to keep out (of sth); to keep sth/sb out
(of sth)** no entrar (en algo), no dejar a
algo/algn entrar (en algo): *Keep Out!*
¡Prohibida la entrada!
to keep (yourself) to yourself guardar
las distancias **to keep sth to yourself**
guardarse algo (para sí)
to keep up (with sth/sb) seguir el
ritmo (de algo/algn) **to keep sth up**
mantener algo, seguir haciendo algo:
Keep it up! ¡Dale!
♦ n manutención

keeper /ˈkiːpə(r)/ n **1** (*zoo*) guarda **2** (*en
museo*) conservador, -ora **3** (*Fútbol*)
portero, -a

keeping /ˈkiːpɪŋ/ n LOC **in/out of
keeping (with sth)** de acuerdo/en desacuerdo (con algo) **in sb's keeping** al
cuidado de algn

kennel /ˈkenl/ n perrera

kept *pret, pp de* KEEP

kerb (*USA* curb) /kɜːb/ n bordillo

ketchup /ˈketʃəp/ n catchup

kettle /ˈketl/ n hervidora eléctrica

key /kiː/ ♦ n (pl **keys**) **1** llave: *the car
keys* las llaves del coche **2** (*Mús*) tono
3 tecla **4 key (to sth)** clave (de algo):
Diet is the key to good health. La dieta
es la clave de la buena salud. ♦ adj
clave ♦ vt **to key sth (in)** teclear algo

keyboard /ˈkiːbɔːd/ n teclado ☞ *Ver
dibujo en* ORDENADOR

keyhole /ˈkiːhəʊl/ n ojo de la cerradura

aɪ	aʊ	ɔɪ	ɪə	eə	ʊə	ʒ	h	ŋ
five	now	join	near	hair	pure	vision	how	sing

key ring n llavero

khaki /'kɑːki/ adj, n caqui

kick /kɪk/ ◆ **1** vt dar una patada a **2** vt golpear (con el pie): to kick the ball into the river tirar la pelota al río de una patada **3** vi (persona) patalear **4** vi (animal) cocear LOC **to kick the bucket** (coloq) estirar la pata Ver tb ALIVE, FUSS PHR V **to kick off** hacer el saque inicial **to kick sb out (of sth)** (coloq) echar a algn (de algo) ◆ n **1** puntapié, patada **2** (coloq): for kicks para divertirse

kick-off /'kɪk ɒf/ n saque inicial

kid /kɪd/ ◆ n **1** (coloq) crío, -a: How are your wife and the kids? ¿Qué tal tu mujer y los críos? **2** (esp USA, coloq): his kid sister su hermana menor **3** (Zool) cabrito **4** (piel) cabritilla ◆ (-dd-) **1** vt, vi (coloq) estar de broma **2** v refl to kid yourself engañarse a sí mismo

kidnap /'kɪdnæp/ vt (-pp-, USA -p-) secuestrar **kidnapper** n secuestrador, -ora **kidnapping** n secuestro

kidney /'kɪdni/ n (pl -eys) riñón

kill /kɪl/ ◆ vt, vi matar: She was killed in a car crash. Se mató en un accidente de coche. LOC **to kill time** matar el tiempo PHR V **to kill sth/sb off** exterminar algo, rematar a algn ◆ n (animal) pieza LOC **to go/move in for the kill** entrar a matar **killer** n asesino, -a

killing /'kɪlɪŋ/ n matanza LOC **to make a killing** hacer el agosto

kiln /kɪln/ n horno para cerámica

kilo /'kiːləʊ/ (tb **kilogramme, kilogram** /'kɪləɡræm/ n (pl ~s) (abrev **kg**) kilo(gramo) ☞ Ver Apéndice 1.

kilometre (USA **-meter**) /kɪl'ɒmɪtə(r)/ n (abrev **km**) kilómetro

kilt /kɪlt/ n falda escocesa

kin /kɪn/ n [pl] (antic, formal) familia Ver tb NEXT OF KIN

kind¹ /kaɪnd/ adj (-er, -est) amable

kind² /kaɪnd/ n tipo, clase: the best of its kind el mejor de su categoría LOC **in kind** **1** en especie **2** (fig) con la misma moneda **kind of** (coloq) en cierto modo: kind of scared como asustado Ver tb NOTHING

kindly /'kaɪndli/ ◆ adv **1** amablemente **2** Kindly leave me alone! ¡Haz el favor de dejarme en paz! LOC **not to take kindly to sth/sb** no gustarle algo/algn a uno ◆ adj (-ier, -iest) amable

kindness /'kaɪndnəs/ n **1** amabilidad, bondad **2** favor

king /kɪŋ/ n rey

kingdom /'kɪŋdəm/ n reino

kingfisher /'kɪŋfɪʃə(r)/ n martín pescador

kinship /'kɪnʃɪp/ n parentesco

kiosk /'kiːɒsk/ n **1** quiosco **2** (antic, GB) (teléfono) cabina

kipper /'kɪpə(r)/ n arenque ahumado

kiss /kɪs/ ◆ vt, vi besar(se) ◆ n beso LOC **the kiss of life** el boca a boca

kit /kɪt/ n **1** equipo **2** conjunto para ensamblar

kitchen /'kɪtʃɪn/ n cocina

kite /kaɪt/ n cometa

kitten /'kɪtn/ n gatito ☞ Ver nota en GATO

kitty /'kɪti/ n (pl -ies) (coloq) fondo (de dinero)

knack /næk/ n tranquillo: to get the knack of sth cogerle el tranquillo a algo

knave /neɪv/ Ver JACK 2

knead /niːd/ vt amasar

knee /niː/ n rodilla LOC **to be/go (down) on your knees** estar/ponerse de rodillas

kneecap /'niːkæp/ n rótula

kneel /niːl/ vi (pret, pp **knelt** /nelt/, esp USA **kneeled**) ☞ Ver nota en DREAM ~ **(down)** arrodillarse

knew pret de KNOW

knickers /'nɪkəz/ n [pl] (GB) bragas: a pair of knickers unas bragas ☞ Ver nota en PAIR

knife /naɪf/ ◆ n (pl **knives** /naɪvz/) cuchillo ◆ vt acuchillar

knight /naɪt/ ◆ n **1** caballero **2** (Ajedrez) caballo ◆ vt nombrar caballero/Sir **knighthood** n título de caballero/Sir

knit /nɪt/ (-tt-) (pret, pp **knitted**) **1** vt ~ **sth (for sb)** tejer algo (a algn) **2** vi hacer punto **3** Ver CLOSE-KNIT **knitting** n [incontable] labor de punto: knitting needle aguja (de hacer punto)

knitwear /'nɪtweə(r)/ n [incontable] (prendas de) punto

knob /nɒb/ n **1** (de puerta, cajón) tirador **2** (de radio, televisor) mando (que gira) ☞ Ver dibujo en HANDLE

knock /nɒk/ **1** vt, vi golpear: to knock your head on the ceiling pegarse con la cabeza en el techo **2** vi: to knock

tʃ	dʒ	v	θ	ð	s	z	ʃ
chin	June	van	thin	then	so	zoo	she

at/on the door llamar a la puerta **3** *vt* (*coloq*) criticar ᴾᴴᴿ ᵛ **to knock sb down** atropellar a algn **to knock sb down** derribar algo **to knock off (sth)** (*coloq*): *to knock off (work)* terminar de trabajar **to knock sth off** hacer un descuento de algo (*una cantidad*) **to knock sth/sb off (sth)** tirar algo/a algn (de algo) **to knock sb out 1** (*boxeo*) dejar K.O. a algn **2** dejar inconsciente a algn **3** (*coloq*) dejar boquiabierto a algn **to knock sth/sb over** tirar algo/a algn ◆ *n* **1** *There was a knock at the door.* Llamaron a la puerta. **2** (*lit y fig*) golpe

knockout /ˈnɒkaʊt/ *n* **1** K.O. **2** *knockout (tournament)* eliminatoria

knot /nɒt/ ◆ *n* **1** nudo **2** corrillo (*de gente*) ◆ *vt* (*pret, pp* -tt-) hacer un nudo a, anudar

know /nəʊ/ ◆ (*pret* **knew** /njuː; *USA* nuː/ *pp* **known** /nəʊn/) **1** *vt, vi* ~ **(how to do sth)** saber (hacer algo): *to know how to swim* saber nadar ◊ *Let me know if…* Avísame si… **2** *vt*: *I've never known anyone to…* Nunca se ha visto que… **3** *vt* conocer: *to get to know sb* llegar a conocer a algn LOC **for all you know** por lo (poco) que uno sabe **God/goodness/Heaven knows** (bien) sabe Dios **to know best** saber uno lo que hace **to know better (than that/than to**

do sth): *You ought to know better!* ¡Parece mentira que tú hayas hecho eso! ◊ *I should have known better.* Debería haber espabilado. **you know** (*coloq*) **1** pues: *Well, you know, it's difficult to explain.* Bueno, pues, es difícil de explicar. **2** sabes **you never know** nunca se sabe *Ver tb* ANSWER, ROPE ᴾᴴᴿ ᵛ **to know of sth/sb** saber de algo/algn: *Not that I know of.* Que yo sepa, no. ◆ *n* LOC **to be in the know** (*coloq*) estar en el ajo

know-all /ˈnəʊ ɔːl/ (*tb* **know-it-all**) *n* (*coloq*) sabelotodo

knowing /ˈnəʊɪŋ/ *adj* (*mirada*) de complicidad **knowingly** *adv* intencionadamente

knowledge /ˈnɒlɪdʒ/ *n* [*incontable*] **1** conocimiento(s): *not to my knowledge* que yo sepa, no **2** saber LOC **in the knowledge that…** a sabiendas de que… **knowledgeable** *adj* que posee muchos conocimientos sobre algo

known *pp de* KNOW

knuckle /ˈnʌkl/ ◆ *n* nudillo ◆ *v* ᴾᴴᴿ ᵛ **to knuckle down (to sth)** (*coloq*) poner manos a la obra **to knuckle under** (*coloq*) doblegarse

Koran /kəˈrɑːn; *USA* -ˈræn/ *n* Corán

LI

L, l /el/ *n* (*pl* **L's, l's** /elz/) L, l: *L for Lucy* L de Lugo ☞ *Ver ejemplos en* A, a

label /ˈleɪbl/ ◆ *n* etiqueta ☞ *Ver dibujo en* ETIQUETA ◆ *vt* (-ll-, *USA* -l-) **1** etiquetar, poner etiquetas a **2** ~ **sth/sb as sth** (*fig*) calificar algo/a algn de algo

laboratory /ləˈbɒrətri; *USA* ˈlæbrətɔːri/ *n* (*pl* -ies) laboratorio

laborious /ləˈbɔːriəs/ *adj* **1** laborioso **2** penoso

labour (*USA* **labor**) /ˈleɪbə(r)/ ◆ *n* **1** [*incontable*] trabajo **2** [*incontable*] mano de obra: *parts and labour* los repuestos y la mano de obra ◊ *labour relations* relaciones laborales **3** [*incontable*] parto: *to go into labour* ponerse de parto **4** **(the) Labour (Party)** [*v sing o*

pl] (*GB*) el Partido Laborista ☞ *Comparar con* LIBERAL 3, TORY ◆ *vi* esforzarse

laboured (*USA* **labored**) *adj* **1** dificultoso **2** pesado **labourer** (*USA* **laborer**) *n* trabajador, -ora

labyrinth /ˈlæbərɪnθ/ *n* laberinto

lace /leɪs/ ◆ *n* **1** encaje **2** (*tb* **shoelace**) cordón ◆ *vt, vi* atar(se) (*con un lazo*)

lack /læk/ ◆ *vt* ~ **sth** carecer de algo LOC **to be lacking** faltar **to be lacking in sth** carecer de algo ◆ *n* [*incontable*] falta, carencia

lacquer /ˈlækə(r)/ *n* laca

lacy /ˈleɪsi/ *adj* de encaje

lad /læd/ *n* (*coloq*) muchacho

iː	i	ɪ	e	æ	ɑː	ʌ	ʊ	uː
see	happy	sit	ten	hat	father	cup	put	too

ladder /'lædə(r)/ *n* **1** escalera de mano **2** carrera (*en las medias, etc.*) **3** (*fig*) escala (*social, profesional, etc.*)

laden /'leɪdn/ *adj* ~ (**with sth**) cargado (de algo)

ladies /'leɪdiz/ *n* *1 plural de* LADY **2** *Ver* LADY 4

lady /'leɪdi/ *n* (*pl* ladies) **1** señora: *Ladies and gentlemen...* Señoras y señores... *Ver tb* GENTLEMAN **2** dama **3 Lady** Lady (*como título nobiliario*) *Ver tb* LORD **4 the Ladies** [*sing*] (*GB*) el servicio de señoras

ladybird /'leɪdibɜːd/ *n* mariquita

lag /læg/ ◆ *vi* (**-gg-**) LOC **to lag behind** (**sth/sb**) quedarse atrás (con respecto a algo/algn) ◆ *n* (*tb* **time lag**) retraso

lager /'lɑːɡə(r)/ *n* cerveza rubia ☛ *Comparar con* BEER

lagoon /lə'ɡuːn/ *n* **1** albufera **2** laguna

laid *pret, pp de* LAY¹

laid-back /ˌleɪd 'bæk/ *adj* (*coloq*) tranquilo

lain *pp de* LIE²

lake /leɪk/ *n* lago

lamb /læm/ *n* cordero ☛ *Ver nota en* CARNE

lame /leɪm/ *adj* **1** cojo **2** (*excusa, etc.*) poco convincente

lament /lə'ment/ *vt, vi* ~ (**for/over sth/sb**) lamentar(se) (de algo/algn)

lamp /læmp/ *n* lámpara

lamp post *n* farola

lampshade /'læmpʃeɪd/ *n* pantalla (de lámpara)

land /lænd/ ◆ *n* **1** tierra: *by land* por tierra ◊ *on dry land* en tierra firme **2** tierra(s): *arable land* tierra de cultivo ◊ *a plot of land* una parcela **3 the land** la tierra, el campo: *to work on the land* dedicarse a la agricultura **4** tierra, país ◆ **1** *vt, vi* ~ (**sth/sb**) (**at...**) desembarcar (algo/a algn) (en...) **2** *vt* (*avión*) poner en tierra **3** *vi* aterrizar **4** *vi* caer: *The ball landed in the water.* La pelota cayó al agua. **5** *vi* (*pájaro*) posarse **6** *vt* (*coloq*) conseguir, obtener LOC *Ver* FOOT PHR V **to land sb with sth/sb** (*coloq*) cargarle a algn con algo/algn: *I got landed with the washing up.* A mí me tocó fregar.

landing /'lændɪŋ/ *n* **1** aterrizaje **2** desembarco **3** (*escalera*) rellano

landlady /'lændleɪdi/ *n* (*pl* **-ies**)

1 casera **2** patrona (*de un pub o una pensión*)

landlord /'lændlɔːd/ *n* **1** casero **2** patrón (*de un pub o una pensión*)

landmark /'lændmɑːk/ *n* **1** (*lit*) punto destacado **2** (*fig*) hito

landowner /'lændəʊnə(r)/ *n* terrateniente

landscape /'lændskeɪp/ *n* paisaje ☛ *Ver nota en* SCENERY

landslide /'lændslaɪd/ *n* **1** desprendimiento (*de tierras*) **2** (*tb* **landslide victory**) victoria aplastante

lane /leɪn/ *n* **1** camino **2** callejón **3** carril: *slow/fast lane* carril de la derecha/de aceleración **4** (*Dep*) calle

language /'læŋɡwɪdʒ/ *n* **1** lenguaje: *to use bad language* decir palabrotas **2** idioma, lengua

lantern /'læntən/ *n* farol

lap¹ /læp/ *n* regazo

lap² /læp/ *n* (*Dep*) vuelta

lap³ /læp/ (**-pp-**) **1** *vi* (*agua*) chapotear **2** *vt* **to lap sth** (**up**) lamer algo PHR V **to lap sth up** (*coloq*) tragarse algo

lapel /lə'pel/ *n* solapa

lapse /læps/ ◆ *n* **1** error, lapso **2** ~ (**into sth**) caída (en algo) **3** (*de tiempo*) lapso, período: *after a lapse of six years* al cabo de seis años ◆ *vi* **1** ~ (**from sth**) (**into sth**) caer (de algo) (en algo): *to lapse into silence* quedarse callado **2** (*Jur*) caducar

laptop /'læptɒp/ *n* (*ordenador*) portátil

larder /'lɑːdə(r)/ *n* despensa

large /lɑːdʒ/ ◆ *adj* (**-er, -est**) **1** grande: *small, medium or large* pequeña, mediana o grande ◊ *to a large extent* en gran parte **2** extenso, amplio ☛ *Ver nota en* BIG LOC **by and large** en términos generales *Ver tb* EXTENT ◆ *n* LOC **at large 1** en libertad **2** en general: *the world at large* todo el mundo

largely /'lɑːdʒli/ *adv* en gran parte

large-scale /'lɑːdʒ skeɪl/ *adj* **1** a gran escala, extenso **2** (*mapa*) a gran escala

lark /lɑːk/ *n* alondra

laser /'leɪzə(r)/ *n* láser: *laser printer* impresora láser

lash /læʃ/ ◆ *n* **1** azote **2** *Ver* EYELASH ◆ *vt* **1** azotar **2** (*rabo*) sacudir PHR V **to lash out at/against sth/sb 1** emprenderla a golpes contra algo/algn **2** arremeter contra algo/algn

u	ɒ	ɔː	ɜː	ə	j	w	eɪ	əʊ
situation	got	saw	fur	ago	yes	woman	pay	go

lass /læs/ (tb **lassie** /'læsi/) n mucha-
cha (esp en Escocia y el N de Inglaterra)

last /lɑːst; USA læst/ ♦ adj **1** último:
last thing at night lo último por la
noche ◊ last name apellido ☞ Ver nota
en LATE **2** pasado: last month el mes
pasado ◊ last night anoche ◊ the night
before last anteanoche LOC **as a/in the
last resort** en último recurso **to have
the last laugh** reírse el último **to have
the last word** tener la última palabra
Ver tb ANALYSIS, EVERY, FIRST, STRAW,
THING ♦ n **1 the last (of sth)** el último/
la última (de algo): the last but one el
penúltimo/la penúltima **2 the last** el/
la anterior LOC **at (long) last** por fin ♦
adv **1** último: He came last. Llegó el
último. **2** por última vez LOC **(and) last
but not least** y por último, aunque no
por ello de menor importancia ♦ vi **1 ~
(for) hours, days, etc.** durar horas,
días, etc. **2** perdurar **lasting** adj duradero, permanente **lastly** adv por último

latch /lætʃ/ ♦ n **1** aldaba **2** picaporte
♦ v PHR V **to latch on (to sth)** (coloq)
enterarse (de algo) (explicación, etc.)

late /leɪt/ ♦ adj (later, latest) **1** tarde,
tardío: to be late llegar tarde ◊ My flight
was an hour late. Mi vuelo se retrasó
una hora. **2** in the late 19th century a
finales del siglo XIX ◊ in her late
twenties rondando la treintena **3 latest**
último, más reciente

El superlativo **latest** significa el más
reciente, el más nuevo: the latest
technology la tecnología más reciente.
El adjetivo **last** significa el último de
una serie: The last bus is at twelve. El
último autobús sale a las doce.

4 [antes de sustantivo] difunto LOC **at
the latest** a más tardar ♦ adv (later)
tarde: He arrived an hour late. Llegó
con hora de retraso. LOC **later on** más
tarde Ver tb BETTER, SOON

lately /'leɪtli/ adv últimamente

lather /'lɑːðə(r); USA 'læð-/ n espuma

latitude /'lætɪtjuːd; USA -tuːd/ n
latitud

the latter /'lætə(r)/ pron el segundo
☞ Comparar con FORMER

laugh /lɑːf; USA læf/ ♦ vi reír(se)
LOC Ver BURST PHR V **to laugh at sth/sb**
1 reírse de algo/algn **2** burlarse de
algo/algn ♦ n **1** risa, carcajada **2**
(coloq) (suceso, persona): What a laugh!
¡Es para partirse de risa! LOC **to be**

good for a laugh ser una juerga Ver tb
LAST **laughable** adj risible **laughter** n
[incontable] risa(s): to roar with
laughter reírse a carcajadas

launch[1] /lɔːntʃ/ ♦ vt **1** (proyectil,
ataque, campaña) lanzar **2** (buque)
botar PHR V **to launch into sth** (discurso,
etc.) comenzar algo ♦ n lanzamiento

launch[2] /lɔːntʃ/ n lancha

launderette /lɔːn'dret/ n lavandería
(establecimiento donde uno va a lavar la
ropa) ☞ Comparar con LAUNDRY

laundry /'lɔːndri/ n (pl -ies) **1** colada:
to do the laundry hacer la colada ☞ La
palabra más corriente para "colada" es
washing. **2** lavandería industrial:
laundry service servicio de lavandería
☞ Comparar con LAUNDERETTE

lava /'lɑːvə/ n lava

lavatory /'lævətri/ n (pl -ies) (formal)
1 retrete **2** (público) aseos **3** (en casa
particular) lavabo ☞ Ver nota en TOILET

lavender /'lævəndə(r)/ n espliego,
lavanda

lavish /'lævɪʃ/ adj **1** pródigo, generoso
2 abundante

law /lɔː/ n **1** (tb **the law**) ley: against
the law en contra de la ley **2** (carrera)
derecho LOC **law and order** orden
público Ver tb EYE **lawful** adj legal, legítimo Ver tb LEGAL

lawn /lɔːn/ n césped

lawnmower /'lɔːnməʊə(r)/ n cortacésped

lawsuit /'lɔːsuːt/ n pleito

lawyer /'lɔːjə(r)/ n abogado, -a ☞ Ver
nota en ABOGADO

lay[1] /leɪ/ vt (pret, pp **laid** /leɪd/) **1**
colocar, poner **2** (cimientos) echar **3**
(cable, etc.) tender **4** extender ☞ Ver
nota en LIE[2] **5** (huevos) poner LOC **to lay
claim to sth** reclamar algo **to lay your
cards on the table** poner las cartas
sobre la mesa Ver tb BLAME, TABLE
PHR V **to lay sth aside** poner algo a un
lado **to lay sth down 1** (armas) deponer
algo **2** (regla, principio) estipular, establecer algo **to lay sb off** (coloq) despedir
a algn **to lay sth on 1** (gas, luz) instalar
algo **2** (coloq) (facilitar) proveer algo
to lay sth out 1 (sacar a la vista) disponer algo **2** (argumento) exponer algo
3 (jardín, ciudad) hacer el trazado de
algo: well laid out bien distribuido/
planificado

aɪ	aʊ	ɔɪ	ɪə	eə	ʊə	ʒ	h	ŋ
five	now	join	near	hair	pure	vision	how	sing

leaves

lay² *pret de* LIE²

lay³ /leɪ/ *adj* **1** laico **2** (*no experto*) lego

lay-by /ˈleɪ baɪ/ *n* (*pl* **-bys**) (*GB*) área de descanso (*carretera*)

layer /ˈleɪə(r)/ *n* **1** capa **2** (*Geol*) estrato **layered** *adj* en capas

lazy /ˈleɪzi/ *adj* (**lazier, laziest**) **1** vago **2** perezoso

lead¹ /led/ *n* plomo **leaded** *adj* con plomo

lead² /liːd/ ◆ *n* **1** iniciativa **2** (*competición*) ventaja: *to be in the lead* llevar la delantera **3** (*Teat*) papel principal: *the band's lead guitarist* el guitarra solista del grupo **4** (*Naipes*) mano: *It's your lead.* Tú eres mano. **5** (*indicio*) pista **6** (*de perro, etc.*) correa **7** (*Electrón*) cable ◆ (*pret, pp* **led** /led/) **1** *vt* llevar, conducir **2** *vt* ~ **sb** (**to do sth**) llevar a algn (a hacer algo) **3** *vi* ~ **to/into sth** (*puerta, etc.*) dar, llevar (a algo): *This door leads into the garden.* Esta puerta da al jardín. ◊ *This road leads back to town.* Por este camino se vuelve a la ciudad. **4** *vi* ~ **to sth** dar lugar a algo **5** *vt* (*vida*) llevar **6** *vi* llevar la delantera **7** *vt* encabezar **8** *vt, vi* (*Naipes*) salir LOC **to lead sb to believe (that)…** hacer creer a algn (que)… **to lead the way (to sth)** mostrar el camino (a algo) PHR V **to lead up to sth** preparar el terreno para algo **leader** *n* líder, dirigente **leadership** *n* **1** liderazgo **2** [*v sing o pl*] (*cargo*) jefatura **leading** *adj* principal, más importante

leaf /liːf/ *n* (*pl* **leaves** /liːvz/) hoja LOC **to take a leaf out of sb's book** seguir el ejemplo de algn *Ver tb* TURN **leafy** *adj* (**-ier, -iest**) frondoso: *leafy vegetables* verduras de hoja

leaflet /ˈliːflət/ *n* folleto

league /liːg/ *n* **1** (*alianza*) liga **2** (*coloq*) (*categoría*) clase LOC **in league (with sb)** confabulado (con algn)

leak /liːk/ ◆ *n* **1** agujero, gotera **2** fuga, escape **3** (*fig*) filtración ◆ **1** *vi* (*recipiente*) estar agujereado, tener fuga **2** *vi* (*gas o líquido*) salirse, escaparse **3** *vt* dejar escapar

lean¹ /liːn/ *adj* (**-er, -est**) **1** (*persona, animal*) delgado, flaco **2** magro

lean² /liːn/ ◆ (*pret, pp* **leant** /lent/ *o* **leaned**) *Ver nota en* DREAM **1** *vi* inclinar(se), ladear(se): *to lean out of the window* asomarse a la ventana ◊ *to lean back/forward* inclinarse hacia

She is **leaning** against a tree.

He is **leaning** out of a window.

atrás/adelante **2** *vt, vi* ~ (**sth**) **against/on sth** apoyar algo/apoyarse contra/en algo **leaning** *n* inclinación

leap /liːp/ ◆ *vi* (*pret, pp* **leapt** /lept/ *o* **leaped**) *Ver nota en* DREAM **1** saltar, brincar **2** (*corazón*) dar un salto ◆ *n* salto

leap year *n* año bisiesto

learn /lɜːn/ *vt, vi* (*pret, pp* **learnt** /lɜːnt/ *o* **learned**) *Ver nota en* DREAM **1** aprender **2** ~ (**of/about**) **sth** enterarse de algo LOC **to learn your lesson** escarmentar *Ver tb* ROPE **learner** *n* aprendiz, -iza, principalmente **learning** *n* **1** (*acción*) aprendizaje **2** (*conocimientos*) erudición

lease /liːs/ ◆ *n* contrato de arrendamiento LOC *Ver* NEW ◆ *vt* ~ **sth** (**to/from sb**) arrendar algo (a algn) (*propietario o inquilino*)

least /liːst/ ◆ *pron* (*superl de* **little**) menos: *It's the least I can do.* Es lo menos que puedo hacer. LOC **at least** al menos, por lo menos **not in the least** en absoluto **not least** especialmente *Ver tb* LAST ◆ *adj* menor ◆ *adv* menos: *when I least expected it* cuando menos lo esperaba

leather /ˈleðə(r)/ *n* cuero

leave /liːv/ ◆ *vt* (*pret, pp* **left** /left/) **1** *vt* dejar: *Leave it to me.* Yo me encargo. **2** *vt, vi* irse (de), salir (de) **3** *vi* **to be left** quedar: *You've only got a day left.* Solo te quedan un día. ◊ *to be left over* sobrar LOC **to leave sb to their own devices/to themselves** dejar a algn a su libre albedrío *Ver tb* ALONE PHR V **to leave sth/sb behind** dejar algo/a algn (atrás), olvidar algo/a algn ◆ *n* permiso (*vacaciones*) LOC **on leave** de permiso

leaves *plural de* LEAF

tʃ	dʒ	v	θ	ð	s	z	ʃ
chin	June	van	thin	then	so	zoo	she

lecture /'lektʃə(r)/ ♦ n 1 conferencia: *to give a lecture* dar una conferencia ◊ *lecture theatre* aula magna ☞ *Comparar con* CONFERENCE 2 *(reprimenda)* sermón ♦ 1 vi ~ **(on sth)** dar una conferencia/conferencias (sobre algo) 2 vt ~ **sb (for/about sth)** sermonear a algn (por/sobre algo) **lecturer** n 1 ~ **(in sth)** *(de universidad)* profesor, -ora (de algo) 2 conferenciante

led *pret, pp de* LEAD²

ledge /ledʒ/ n 1 repisa: *the window ledge* el alféizar 2 *(Geog)* plataforma

leek /liːk/ n puerro

left¹ *pret, pp de* LEAVE

left² /left/ ♦ n 1 izquierda: *on the left* a la izquierda **2 the Left** [v sing o pl] *(Pol)* la izquierda ♦ adj izquierdo ♦ adv a la izquierda: *Go left.* Gira a la izquierda.

left-hand /'left hænd/ adj a/de (la) izquierda: *on the left-hand side* a mano izquierda **left-handed** adj zurdo

left luggage office n consigna

leftover /'leftəʊvə(r)/ adj sobrante **leftovers** n [pl] sobras

left wing adj izquierdista

leg /leg/ n 1 pierna 2 *(de animal, mueble)* pata 3 *(carne)* pierna, muslo 4 *(pantalón)* pernera LOC **not to have a leg to stand on** *(coloq)* no tener uno nada que lo respalde **to give sb a leg up** *(coloq)* ayudar a algn a subirse a algo *Ver tb* PULL, STRETCH

legacy /'legəsi/ n *(pl -ies)* 1 legado 2 *(fig)* patrimonio

legal /'liːgl/ adj jurídico, legal: *to take legal action against sb* entablar un proceso legal contra algn *Ver tb* LAWFUL *en* LAW **legality** /liː'gæləti/ n legalidad **legalization, -isation** n legalización **legalize, -ise** vt legalizar

legend /'ledʒənd/ n leyenda **legendary** adj legendario

leggings /'legɪŋz/ n [pl] mallas *(pantalón)*

legible /'ledʒəbl/ adj legible

legion /'liːdʒən/ n legión

legislate /'ledʒɪsleɪt/ vi ~ **(for/against sth)** legislar (para/contra algo) **legislation** n legislación **legislative** adj legislativo **legislature** n *(formal)* asamblea legislativa

legitimacy /lɪ'dʒɪtɪməsi/ n *(formal)* legitimidad

legitimate /lɪ'dʒɪtɪmət/ adj 1 legítimo, lícito 2 justo, válido

leisure /'leʒə(r)/ USA 'liːʒər/ n ocio: *leisure time* tiempo libre LOC **at your leisure** cuando te venga bien

leisure centre n centro recreativo

leisurely /'leʒəli/ USA 'liːʒərli/ ♦ adj pausado, relajado ♦ adv tranquilamente

lemon /'lemən/ n limón

lemonade /,lemə'neɪd/ n 1 gaseosa 2 limonada

lend /lend/ vt *(pret, pp lent /lent/)* prestar LOC *Ver* HAND ☞ *Ver dibujo en* BORROW

length /leŋθ/ n 1 largo, longitud: *20 metres in length* 20 metros de largo 2 duración: *for some length of time* durante un buen rato LOC **to go to any, great, etc. lengths (to do sth)** hacer todo lo posible (por hacer algo) **lengthen** vt, vi alargar(se), prolongar(se) **lengthy** adj *(-ier, -iest)* largo

lenient /'liːniənt/ adj 1 indulgente 2 *(tratamiento)* clemente

lens /lenz/ n *(pl lenses)* 1 *(cámara)* objetivo 2 lente *Ver tb* CONTACT LENS

lent *pret, pp de* LEND

lentil /'lentl/ n lenteja

Leo /'liːəʊ/ n *(pl Leos)* leo ☞ *Ver ejemplos en* AQUARIUS

leopard /'lepəd/ n leopardo

lesbian /'lezbiən/ n lesbiana

less /les/ ♦ adv ~ **(than...)** menos (que/de...): *less often* con menos frecuencia LOC **less and less** cada vez menos *Ver tb* EXTENT, MORE ♦ adj, pron ~ **(than...)** menos (que/de...): *I have less than you.* Tengo menos que tú.

Less se usa como comparativo de **little** y normalmente va con sustantivos incontables: *I've got very little money.* *'I have even less money (than you).'* —Tengo poco dinero. —Yo tengo aún menos (que tú). **Fewer** es el comparativo de **few** y normalmente va con sustantivos en plural: *fewer accidents, people, etc.* menos accidentes, gente, etc. Sin embargo, en el inglés hablado se utiliza más **less** que **fewer**, aunque sea con sustantivos en plural.

lessen 1 vi disminuir 2 vt reducir **lesser** adj menor: *to a lesser extent* en menor grado

iː	i	ɪ	e	æ	ɑː	ʌ	ʊ	uː
see	happy	sit	ten	hat	father	cup	put	too

lesson /'lesn/ n **1** clase: *an English lesson* una clase de inglés ☞ *Comparar con* CLASE **2** lección LOC *Ver* LEARN, TEACH

let¹ /let/ vt (-tt-) (pret, pp let) dejar, permitir: *to let sb do sth* dejar a algn hacer algo ☞ *Ver nota en* ALLOW

Let us + infinitivo sin TO se utiliza para hacer sugerencias. Excepto en el habla formal, normalmente se usa la contracción **let's**: *Let's go!* ¡Vamos! En negativa, se usa **let's not** o **don't let's**: *Let's not argue.* No discutamos.

LOC **let alone** mucho menos: *I can't afford new clothes, let alone a holiday.* No me puedo permitir ropa nueva, y mucho menos unas vacaciones. **let's face it** (coloq) reconozcámoslo **let us say** digamos **to let fly at sth/sb** atacar algo/a algn **to let fly with sth** disparar con algo **to let off steam** (coloq) desahogarse **to let sb know sth** informar a algn de algo **to let sth/sb go; to let go of sth/sb** soltar algo/a algn **to let sth/sb loose** soltar algo/a algn **to let sth slip**: *I let it slip that I was married.* Se me escapó que estaba casado. **to let the cat out of the bag** irse de la lengua **to let the matter drop/rest** dejar el asunto tranquilo **to let yourself go** dejarse llevar por el instinto *Ver tb* HOOK

PHR V **to let sb down** fallar a algn **to let sb in/out** dejar entrar/salir a algn **to let sb off (sth)** perdonar (algo) a algn **to let sth off 1** (arma) disparar algo **2** (fuegos artificiales) hacer estallar algo

let² /let/ vt (-tt-) (pret, pp let) (GB) **to let sth (to sb)** alquilar algo (a algn) ☞ *Ver nota en* ALQUILAR LOC **to let** se alquila

lethal /'li:θl/ adj letal

lethargy /'leθədʒi/ n aletargamiento **lethargic** /lə'θɑ:dʒɪk/ adj aletargado

let's /lets/ = LET US *Ver* LET¹

letter /'letə(r)/ n **1** carta: *to post a letter* echar una carta al correo **2** letra LOC **to the letter** al pie de la letra

letter box n **1** (tb postbox) buzón (*en la calle*) **2** ranura en la puerta de una casa por la que se echan las cartas

lettuce /'letɪs/ n lechuga

leukaemia (USA **leukemia**) /lu:'ki:miə/ n leucemia

level /'levl/ ◆ adj **1** raso **2** ~ (with sth/sb) al nivel (de algo/algn) LOC *Ver* BEST ◆ n nivel: *1000 metres above sea level* a 1.000 metros sobre el nivel del mar ◇

high-/low-level negotiations negociaciones de alto/bajo nivel ◆ vt (-ll-, USA -l-) nivelar PHR V **to level sth at sth/sb** dirigir algo a algo/algn (*críticas, etc.*) **to level off/out** estabilizarse

level crossing n paso a nivel

lever /'li:və(r); USA 'levər/ n palanca **leverage** n **1** (fig) influencia **2** (lit) fuerza de la palanca, apalancamiento

levy /'levi/ ◆ vt (pret, pp levied) imponer (*impuestos, etc.*) ◆ n (pl -ies) **1** exacción **2** impuesto

liability /ˌlaɪə'bɪləti/ n (pl -ies) **1** ~ (for sth) responsabilidad (por algo) **2** (coloq) problema **liable** adj **1** responsable: *to be liable for sth* ser responsable de algo **2** ~ to sth sujeto a algo **3** ~ to sth propenso a algo **4** ~ to do sth tendente a hacer algo

liaison /li'eɪzn; USA 'lɪəzɒn/ n **1** vinculación **2** relación sexual

liar /'laɪə(r)/ n mentiroso, -a

libel /'laɪbl/ n libelo, difamación

liberal /'lɪbərəl/ adj **1** liberal **2** libre **3 Liberal** (Pol) liberal: *the Liberal Democrats* el Partido Demócrata Liberal ☞ *Comparar con* LABOUR 4, TORY

liberate /'lɪbəreɪt/ vt ~ sth/sb (from sth) liberar algo/a algn (de algo) **liberated** adj liberado **liberation** n liberación

liberty /'lɪbəti/ n (pl -ies) libertad *Ver tb* FREEDOM LOC **to take liberties** tomarse libertades

Libra /'li:brə/ n libra ☞ *Ver ejemplos en* AQUARIUS

library /'laɪbrəri; USA -breri/ n (pl -ies) biblioteca ☞ *Ver nota en* LIBRERÍA **librarian** /laɪ'breəriən/ n bibliotecario, -a

lice plural de LOUSE

licence (USA **license**) /'laɪsns/ n **1** licencia: *a driving licence* un carné de conducir *Ver* OFF-LICENCE **2** (formal) permiso

lick /lɪk/ ◆ vt lamer ◆ n lametón

licorice (USA) *Ver* LIQUORICE

lid /lɪd/ n **1** tapa ☞ *Ver dibujo en* SAUCEPAN **2** *Ver* EYELID

lie¹ /laɪ/ ◆ vi (pret, pp lied pt pres lying) **to lie (to sb) (about sth)** mentir (a algn) (sobre algo) ◆ n mentira: *to tell lies* decir mentiras

lie² /laɪ/ vi (pret lay /leɪ/ pp lain /leɪn/ pt pres lying) **1** echarse, yacer **2** estar:

u	ɒ	ɔː	ɜː	ə	j	w	eɪ	əʊ
situation	got	saw	fur	ago	yes	woman	pay	go

the life that lay ahead of him la vida que le esperaba ◊ *The problem lies in...* El problema está en... **3** extenderse PHR V **to lie about/around 1** pasar el tiempo sin hacer nada **2** estar esparcido: *Don't leave all your clothes lying around.* No dejes toda la ropa por ahí tirada. **to lie back** recostarse **to lie down** echarse **to lie in** (*GB*) (*USA* **to sleep in**) (*coloq*) quedarse en la cama

Compárense los verbos **lie** y **lay.** El verbo **lie (lay, lain, lying)** es intransitivo y significa "estar echado": *I was feeling ill, so I lay down for a while.* Me sentía mal, así que me eché un rato. Es importante no confundirlo con **lie (lied, lied, lying),** que significa "mentir". Por otro lado, **lay (laid, laid, laying)** es transitivo y tiene el significado de "poner sobre": *She laid her dress on the bed to keep it neat.* Puso el vestido sobre la cama para que no se arrugara.

lieutenant /lef'tenənt; *USA* luː't-/ *n* teniente

life /laɪf/ *n* (*pl* **lives** /laɪvz/) **1** vida: *late in life* a una avanzada edad ◊ *a friend for life* un amigo de por vida ◊ *home life* la vida casera *Ver tb* LONG-LIFE **2** (*tb* **life sentence, life imprisonment**) cadena perpetua LOC **to come to life** animarse **to get a life** (*coloq*) disfrutar: *Stop complaining and get a life!* ¡Deja de protestar y disfruta! **to take your (own) life** suicidarse *Ver tb* BREATHE, BRING, FACT, KISS, MATTER, NEW, PRIME, TIME, TRUE, WALK, WAY

lifebelt /'laɪfbelt/ *n* salvavidas
lifeboat /'laɪfbəʊt/ *n* bote salvavidas
life expectancy *n* (*pl* **-ies**) esperanza de vida
lifeguard /'laɪfgɑːd/ *n* socorrista
life jacket *n* chaleco salvavidas
lifelong /'laɪflɒŋ/ *adj* de toda la vida
lifestyle /'laɪfstaɪl/ *n* estilo de vida
lifetime /'laɪftaɪm/ *n* toda una vida LOC **the chance, etc. of a lifetime** la oportunidad, etc. de tu vida

lift /lɪft/ ◆ **1** *vt* ~ **sth/sb (up)** levantar algo/a algn **2** *vt* (*embargo, toque de queda*) levantar **3** *vi* (*neblina, nubes*) disiparse PHR V **to lift off** despegar ◆ *n* **1** impulso **2** (*USA* **elevator**) ascensor **3** *to give sb a lift* llevar a algn en coche LOC *Ver* THUMB

light /laɪt/ ◆ *n* **1** luz: *to turn on/off the light* encender/apagar la luz **2** (**traffic**) **lights** [*pl*] semáforo **3 a light:** *Have you got a light?* ¿Tienes fuego? LOC **in the light of sth** considerando algo **to come to light** salir a la luz *Ver tb* SET² ◆ *adj* (**-er, -est**) **1** (*habitación*) luminoso, claro **2** (*color, tono*) claro **3** ligero: *two kilos lighter* dos kilos menos **4** (*golpe, viento*) suave ◆ (*pret, pp* **lit** /lɪt/ *o* **lighted**) **1** *vt, vi* encender(se) **2** *vt* iluminar, alumbrar ☞ Generalmente se usa **lighted** como *adj* antes del sustantivo: *a lighted candle* una vela encendida, y **lit** como verbo: *He lit the candle.* Encendió la vela. PHR V **to light up (with sth)** iluminarse (de algo) (*cara, ojos*) ◆ *adv*: *to travel light* viajar ligero (de equipaje)

light bulb *Ver* BULB
lighten /'laɪtn/ *vt, vi* **1** iluminar(se) **2** aligerar(se) **3** alegrar(se)
lighter /'laɪtə(r)/ *n* encendedor
light-headed /ˌlaɪt 'hedɪd/ *adj* mareado
light-hearted /ˌlaɪt 'hɑːtɪd/ *adj* **1** despreocupado **2** desenfadado
lighthouse /'laɪthaʊs/ *n* faro
lighting /'laɪtɪŋ/ *n* **1** iluminación **2** *street lighting* alumbrado público
lightly /'laɪtli/ *adv* **1** ligeramente, levemente, suavemente **2** ágilmente **3** a la ligera LOC **to get off/escape lightly** (*coloq*) salir bien parado
lightness /'laɪtnəs/ *n* **1** claridad **2** ligereza **3** suavidad **4** agilidad
lightning /'laɪtnɪŋ/ *n* [*incontable*] relámpago, rayo: *a flash of lightning* un relámpago
lightweight /'laɪtweɪt/ ◆ *n* peso ligero (*boxeo*) ◆ *adj* **1** ligero **2** (*boxeador*) de peso ligero

like¹ /laɪk/ *vt* gustar: *Do you like fish?* ¿Te gusta el pescado? ◊ *I like swimming.* Me gusta nadar. ◊ *Would you like a cup of coffee?* ¿Quieres un café? ☞ *Ver nota en* GUSTAR LOC **if you like** si quieres **likeable** *adj* agradable
like² /laɪk/ ◆ *prep* **1** como: *to look/be like sb* parecerse a algn **2** (*comparación*) como, igual que: *He 'cried like a child.* Lloró como un niño. ◊ *He acted like our leader.* Se comportó como si fuera nuestro líder. **3** (*ejemplo*) como, tal como: *European countries like Spain, etc.* países europeos (tales) como

aɪ	aʊ	ɪc	ɪə	eə	ʊə	ʒ	h	ŋ
five	now	join	near	hair	pure	vision	how	sing

España, etc. ☛ *Comparar con* AS **4 like + -ing** como + infinitivo: *It's like baking a cake.* Es como hacer un pastel. LOC *Ver* JUST ◆ *conj* (*coloq*) **1** como: *It didn't end quite like I expected it to.* No terminó como esperaba. **2** como si *Ver tb* AS IF/THOUGH *en* AS

likely /'laɪkli/ ◆ *adj* (-ier, -iest) **1** probable: *It isn't likely to rain.* No es probable que llueva. ◊ *She's very likely to ring me.* / *It's very likely that she'll ring me.* Es muy probable que me llame. **2** apropiado ◆ *adv* LOC **not likely!** (*coloq*) ¡ni hablar! **likelihood** *n* [*sing*] probabilidad

liken /'laɪkən/ *vt* ~ sth/sb to sth/sb (*formal*) comparar algo/a algn con algo/algn

likeness /'laɪknəs/ *n* parecido: *a family likeness* un aire de familia

likewise /'laɪkwaɪz/ *adv* (*formal*) **1** de la misma forma: *to do likewise* hacer lo mismo **2** asimismo

liking /'laɪkɪŋ/ *n* LOC **to sb's liking** (*formal*) del agrado de algn **to take a liking to sb** coger simpatía a algn

lilac /'laɪlək/ *n* (color) lila

lily /'lɪli/ *n* (*pl* lilies) **1** lirio **2** azucena

limb /lɪm/ *n* (*Anat*) miembro, extremidad (*de persona*)

lime¹ /laɪm/ *n* cal

lime² /laɪm/ ◆ *n* lima, limero ◆ *adj, n* (*tb* lime green) (color) verde lima

limelight /'laɪmlaɪt/ *n*: *in the limelight* en candelero

limestone /'laɪmstəʊn/ *n* piedra caliza

limit¹ /'lɪmɪt/ *n* límite: *the speed limit* el límite de velocidad LOC **within limits** dentro de ciertos límites **limitation** *n* limitación **limitless** *adj* ilimitado

limit² /'lɪmɪt/ *vt* ~ sth/sb (to sth) limitar algo/a algn (a algo) **limited** *adj* limitado **limiting** *adj* restrictivo

limousine /'lɪməzi:n, ˌlɪmə'zi:n/ *n* limusina

limp¹ /lɪmp/ *adj* **1** flácido **2** débil

limp² /lɪmp/ ◆ *vi* cojear ◆ *n* cojera: *to have a limp* ser/estar cojo

line¹ /laɪn/ *n* **1** línea, raya **2** fila **3** lines [*pl*] (*Teat*): *to learn your lines* aprender tu papel **4** lines [*pl*] copias (*castigo*) **5** cuerda: *a fishing line* un sedal (*de pesca*) ◊ *a clothes line* un tendedero **6** línea telefónica: *The line is engaged.* Está comunicando. **7** vía **8** [*sing*]: *the*

official line la postura oficial LOC **along/on the same, etc. lines** de el mismo, etc. estilo **in line with sth** conforme a algo *Ver tb* DROP, HARD, HOLD, TOE

line² /laɪn/ *vt* **alinear(se)** PHR V **to line up (for sth)** ponerse en fila (para algo) **lined** *adj* **1** (papel) rayado **2** (rostro) arrugado

line³ /laɪn/ *vt* ~ sth (with sth) forrar, revestir algo (de algo) **lined** *adj* forrado, revestido **lining** *n* **1** forro **2** revestimiento

line drawing *n* dibujo a lápiz o pluma

linen /'lɪnɪn/ *n* **1** lino **2** ropa blanca

liner /'laɪnə(r)/ *n* transatlántico

linger /'lɪŋgə(r)/ *vi* **1** (*persona*) quedarse mucho tiempo **2** (*duda, olor, memoria*) perdurar, persistir

linguist /'lɪŋgwɪst/ *n* **1** políglota **2** lingüista **linguistic** /lɪŋ'gwɪstɪk/ *adj* lingüístico **linguistics** *n* [*sing*] lingüística

link /lɪŋk/ ◆ *n* **1** eslabón **2** lazo **3** vínculo **4** conexión, enlace: *satellite link* vía satélite ◆ *vt* **1** unir: *to link arms* cogerse del brazo **2** vincular, relacionar PHR V **to link up (with sth/sb)** unirse (con algo/algn)

lion /'laɪən/ *n* león: *a lion-tamer* un domador de leones ◊ *a lion cub* un cachorro de león

lip /lɪp/ *n* labio

lip-read /'lɪp ri:d/ *vi* (*pret, pp* lip-read /-red/) leer los labios

lipstick /'lɪpstɪk/ *n* lápiz de labios

liqueur /lɪ'kjʊə(r); *USA* -'kɜ:r/ *n* licor

liquid /'lɪkwɪd/ ◆ *n* líquido ◆ *adj* líquido **liquidize, -ise** *vt* licuar **liquidizer, -iser** (*tb* blender) *n* licuadora

liquor /'lɪkə(r)/ *n* **1** (*GB*) alcohol **2** (*USA*) bebida fuerte

liquorice (*USA* licorice) /'lɪkərɪs/ *n* regaliz

lisp /lɪsp/ ◆ *n* ceceo ◆ *vt, vi* cecear

list /lɪst/ ◆ *n* lista: *to make a list* hacer una lista ◊ *waiting list* lista de espera ◆ *vt* **1** enumerar, hacer una lista de **2** catalogar

listen /'lɪsn/ *vi* **1** ~ (to sth/sb) escuchar (algo/a algn) **2** ~ to sth/sb hacer caso a algo/algn PHR V **to listen (out) for sth** estar atento a algo **listener** *n* **1** (*Radio*) oyente **2** *a good listener* uno que sabe escuchar

lit *pret, pp de* LIGHT

tʃ	dʒ	v	θ	ð	s	z	ʃ
chin	June	van	thin	then	so	zoo	she

literacy /'lɪtərəsi/ n capacidad de leer y escribir, alfabetismo

literal /'lɪtərəl/ adj literal **literally** adv literalmente

literary /'lɪtərəri; USA -reri/ adj literario

literate /'lɪtərət/ adj que sabe leer y escribir

literature /'lɪtrətʃə(r); USA -tʃʊər/ n **1** literatura **2** información

litre (USA liter) /'lɪtə(r)/ n (abrev l) litro ☞ Ver Apéndice 1.

litter /'lɪtə(r)/ ♦ n **1** (papel, etc. en la calle) basura ☞ Ver dibujo en BIN **2** (Zool) camada ♦ vt estar esparcido por: Newspapers littered the floor. Había periódicos tirados por el suelo.

litter bin n papelera ☞ Ver dibujo en BIN

little /'lɪtl/ ♦ adj ☞ El comparativo **littler** y el superlativo **littlest** son poco frecuentes y normalmente se usan **smaller** y **smallest**. **1** pequeño: When I was little... Cuando era pequeño... ◊ my little brother mi hermano pequeño ◊ little finger meñique ◊ Poor little thing! ¡Pobrecillo! ☞ Ver nota en SMALL **2** poco: to wait a little while esperar un poco ☞ Ver nota en LESS

¿**Little** o **a little**? Little tiene un sentido negativo y equivale a "poco". A little tiene un sentido mucho más positivo, equivale a "algo de". Compara las siguientes oraciones: I've got little hope. Tengo pocas esperanzas. ◊ You should always carry a little money with you. Siempre deberías llevar algo de dinero encima.

♦ n, pron poco: There was little anyone could do. No se pudo hacer nada. ◊ I only want a little. Solo quiero un poco.
♦ adv poco: little more than an hour ago hace poco más de una hora LOC **little by little** poco a poco **little or nothing** casi nada

live¹ /laɪv/ ♦ adj **1** vivo **2** (bomba, etc.) activado **3** (Electrón) conectado **4** (TV) en directo **5** (grabación, actuación) en vivo ♦ adv en directo

live² /lɪv/ vi **1** vivir: Where do you live? ¿Dónde vives? **2** (fig) permanecer vivo PHR V **to live for sth** vivir para algo **to live on** seguir viviendo **to live on sth** vivir de algo **to live through sth** sobrevivir a algo **to live up to sth** estar a la altura de algo **to live with sth** aceptar algo

livelihood /'laɪvlihʊd/ n medio de subsistencia

lively /'laɪvli/ adj (-ier. -iest) **1** (persona, imaginación) vivo **2** (conversación, fiesta) animado

liver /'lɪvə(r)/ n hígado

lives plural de LIFE

livestock /'laɪvstɒk/ n ganado

living /'lɪvɪŋ/ ♦ n vida: to earn/make a living ganarse la vida ◊ What do you do for a living? ¿Cómo te ganas la vida? ◊ cost/standard of living coste de la vida/nivel de vida ♦ adj [solo antes de sustantivo] vivo: living creatures seres vivos ☞ Comparar con ALIVE LOC **in/within living memory** que se recuerda

living room (GB tb sitting room) n cuarto de estar

lizard /'lɪzəd/ n lagarto, lagartija

load /ləʊd/ ♦ n **1** carga **2** loads (of sth) [pl] (coloq) montones (de algo) LOC **a load of (old) rubbish, etc.** (coloq): What a load of rubbish! ¡Vaya montón de chorradas! ♦ **1** vt ~ sth (into/onto sth/sb) cargar algo (en algo/algn) **2** vt ~ sth (up) (with sth) cargar algo (con/de algo) **3** vt ~ sth/sb (down) cargar (con mucho peso) algo/a algn **4** vi ~ (up)/(up with sth) cargar algo (con algo) **loaded** adj cargado LOC **a loaded question** una pregunta con segundas

loaf /ləʊf/ n (pl loaves /ləʊvz/) pan (de molde, redondo, etc.): a loaf of bread una hogaza de pan ☞ Ver dibujo en PAN

loan /ləʊn/ n préstamo

loathe /ləʊð/ vt abominar **loathing** n aborrecimiento

loaves plural de LOAF

lobby /'lɒbi/ ♦ n (pl -ies) **1** vestíbulo **2** [v sing o pl] (Pol) grupo (de presión) ♦ vt, vi (pret, pp lobbied) ~ (sb) (for sth) presionar (a algn) (para algo)

lobster /'lɒbstə(r)/ n langosta

local /'ləʊkl/ adj **1** local, de la zona: local authority gobierno provincial/regional **2** (Med) localizado: local anaesthetic anestesia local **locally** adv localmente

locate /ləʊ'keɪt; USA 'ləʊkeɪt/ vt **1** localizar **2** situar

location /ləʊ'keɪʃn/ n **1** lugar **2** localización **3** (persona) paradero LOC **to be on location** rodar en exteriores

iː	i	ɪ	e	æ	ɑː	ʌ	ʊ	uː
see	happy	sit	ten	hat	father	cup	put	too

loch /lɒk, lɒx/ n (*Escocia*) lago

lock /lɒk/ ◆ n **1** cerradura **2** (*canal*) esclusa ◆ vt, vi **1** cerrar con llave **2** (*volante, etc.*) bloquear(se) PHR V **to lock sth away/up** guardar algo bajo llave **to lock sb up** encerrar a algn

locker /'lɒkə(r)/ n taquilla (*armario*)

locomotive *Ver* ENGINE 2

lodge /lɒdʒ/ ◆ n **1** casa del guarda **2** (*de caza, pesca, etc.*) pabellón **3** portería ◆ vi **1** ~ (**with sb/at...**) hospedarse (con algn/en casa de...) **2** ~ **in sth** alojarse en algo **lodger** n huésped, -a **lodging** n **1** alojamiento: *board and lodging* alojamiento y comida **2 lodgings** [*pl*] habitaciones

loft /lɒft; *USA* lɔːft/ n desván

log¹ /lɒg; *USA* lɔːg/ n **1** tronco **2** leño

log² /lɒg; *USA* lɔːg/ ◆ n diario de vuelo/navegación ◆ vt (**-gg-**) anotar PHR V **to log in/on** (*Informát*) entrar en el sistema **to log off/out** (*Informát*) salir del sistema

logic /'lɒdʒɪk/ n lógica **logical** adj lógico

logo /'ləʊgəʊ/ n (pl ~**s**) logotipo

lollipop /'lɒlipɒp/ n piruleta

lonely /'ləʊnli/ adj **1** solo: *to feel lonely* sentirse solo ☞ *Ver nota en* ALONE **2** solitario **loneliness** n soledad **loner** n solitario, -a

long¹ /lɒŋ; *USA* lɔːŋ/ ◆ adj (**longer** /'lɒŋgə(r)/ **longest** /'lɒŋgɪst/) **1** (*longitud*) largo: *It's two metres long.* Mide dos metros de largo. **2** (*tiempo*): *a long time ago* hace mucho tiempo ◊ *How long are the holidays?* ¿Cuánto duran las vacaciones? LOC **at the longest** como máximo **in the long run** a la larga *Ver tb* TERM ◆ adv (**longer** /'lɒŋgə(r)/ **longest** /'lɒŋgɪst/) **1** mucho (tiempo): *Stay as long as you like.* Quédate cuanto quieras. ◊ *long ago* hace mucho tiempo ◊ *long before/after* mucho antes/después **2** todo: *the whole night long* toda la noche ◊ *all day long* todo el día LOC **as/so long as** con tal de que **for long** mucho tiempo **no longer/not any longer:** *I can't stay any longer.* No me puedo quedar más.

long² /lɒŋ; *USA* lɔːŋ/ vi **1** ~ **for sth/to do sth** ansiar algo/hacer algo **2** ~ **for sb to do sth** estar deseando que algn haga algo **longing** n anhelo

long-distance /ˌlɒŋ 'dɪstəns/ adj, adv

de larga distancia: *to phone long-distance* poner una conferencia

longitude /'lɒndʒɪtjuːd; *USA* -tuːd/ n longitud (*Geog*)

long jump n salto de longitud

long-life /ˌlɒŋ 'laɪf/ adj de larga duración

long-range /ˌlɒŋ 'reɪndʒ/ adj **1** a largo plazo **2** de largo alcance

long-sighted /ˌlɒŋ 'saɪtɪd/ adj hipermétrope

long-standing /ˌlɒŋ 'stændɪŋ/ adj de hace mucho tiempo

long-suffering /ˌlɒŋ 'sʌfərɪŋ/ adj resignado

long-term /ˌlɒŋ 'tɜːm/ adj a largo plazo

loo /luː/ n (pl **loos**) (*GB*, *coloq*) cuarto de baño ☞ *Ver nota en* TOILET

look¹ /lʊk/ vi **1** mirar: *She looked out of the window.* Miró por la ventana. ☞ *Ver nota en* MIRAR **2** parecer: *You look tired.* Pareces cansada. LOC **don't look a gift horse in the mouth** (*refrán*) a caballo regalado no le mires el dentado (**not**) **to look yourself** (no) parecer uno uno mismo **to look on the bright side** mirar el lado bueno de las cosas **to look sb up and down** mirar a algn de arriba abajo **to look your age** aparentar uno la edad que tiene
PHR V **to look after yourself/sb** cuidarse/cuidar a algn
to look at sth 1 examinar algo **2** considerar algo
to look at sth/sb mirar algo/a algn
to look back (**on sth**) mirar hacia atrás (recordando algo)
to look down on sth/sb (*coloq*) despreciar algo/a algn
to look for sth/sb buscar algo/a algn
to look forward to sth/doing sth tener ganas de algo/hacer algo
to look into sth investigar algo
to look on mirar (sin tomar parte)
to look onto sth dar a algo
look out: *Look out!* ¡Cuidado! **to look out** (**for sth/sb**) fijarse (por si se ve algo/algn)
to look sth over examinar algo
to look round 1 volver la cabeza para mirar **2** mirar por ahí **to look round sth** visitar algo
to look through sth repasar algo, echar un vistazo a algo
to look up 1 alzar la vista **2** (*coloq*)

u	ɒ	ɔː	ɜː	ə	j	w	eɪ	əʊ
situation	got	saw	fur	ago	yes	woman	pay	go

mejorar **to look up to sb** admirar a algn **to look sth up** buscar algo (*en un diccionario o en un libro*)

look² /lʊk/ ◆ n **1** mirada, vistazo: *to have/take a look at sth* echar un vistazo a algo **2** *to have a look for sth* buscar algo **3** aspecto, aire **4** moda **5 looks** [*pl*] físico: *good looks* belleza

lookout /'lʊkaʊt/ n vigía **LOC to be on the lookout for sth/sb; to keep a lookout for sth/sb** *Ver* TO LOOK OUT (FOR STH/SB) *en* LOOK¹

loom /luːm/ ◆ n telar ◆ vi **1** ~ (**up**) surgir, asomar(se) **2** (*fig*) amenazar, vislumbrarse

loony /'luːni/ n (*pl* **-ies**) (*coloq, pey*) loco, -a

loop /luːp/ ◆ n **1** curva, vuelta **2** (*con nudo*) lazo ◆ **1** *vi* dar vueltas **2** *vt: to loop sth round/over sth* pasar algo alrededor de/por algo

loophole /'luːphəʊl/ n escapatoria

loose /luːs/ ◆ adj (**-er, -est**) **1** suelto: *loose change* (dinero) suelto **2** (*que se puede quitar*) flojo **3** (*vestido*) holgado, ancho **4** (*moral*) relajado **LOC to be at a loose end** no tener nada que hacer *Ver tb* LET¹ ◆ n **LOC to be on the loose** andar suelto **loosely** *adv* **1** sin apretar **2** libremente, aproximadamente

loosen /'luːsn/ **1** *vt, vi* aflojar(se), soltar(se), soltar(se) **2** *vt* (*control*) relajar **PHR V to loosen up 1** relajarse, soltarse **2** entrar en calor

loot /luːt/ ◆ n botín ◆ *vt, vi* saquear **looting** n saqueo

lop /lɒp/ *vt* (**-pp-**) podar **PHR V to lop sth off/away** cortar algo

lopsided /ˌlɒp'saɪdɪd/ adj **1** torcido **2** (*fig*) desequilibrado

lord /lɔːd/ n **1** señor **2 the Lord** el Señor: *the Lord's Prayer* el padrenuestro **3 the Lords** *Ver* THE HOUSE OF LORDS **4 Lord** (*GB*) (*título*) Lord *Ver tb* LADY **lordship** n **LOC your/his Lordship** su Señoría

lorry /'lɒri/; *USA* 'lɔːri/ n (*pl* **-ies**) (*tb esp USA* **truck**) camión

lose /luːz/ (*pret, pp* **lost** /lɒst/; *USA* lɔːst/) **1** *vt, vi* perder: *He lost his title to the Russian.* El ruso le quitó el título. **2** *vt* ~ **sb sth** hacer perder algo a algn: *It lost us the game.* Nos costó el partido. **3** *vi* (*reloj*) atrasarse **LOC to lose sight of sth/sb** perder algo/a algn de vista: *We must not lose sight of the fact that...*

Debemos tener presente el hecho de que... **to lose your mind** volverse loco **to lose your nerve** acobardarse **to lose your touch** perder facultades **to lose your way** perderse *Ver tb* COOL, GROUND, TEMPER¹, TOSS, TRACK, WEIGHT **PHR V to lose out (on sth)/(to sth/sb)** (*coloq*) salir perdiendo (en algo)/(con respecto a algo/algn) **loser** n **1** perdedor, -ora, fracasado, -a **2** (*coloq*): *He's such a loser!* ¡Es un inútil!

loss /lɒs/; *USA* lɔːs/ n pérdida **LOC to be at a loss** estar desorientado

lost /lɒst/ ◆ adj perdido: *to get lost* perderse **LOC get lost!** (*coloq*) ¡piérdete! ◆ *pret, pp de* LOSE

lost property n objetos perdidos

lot¹ /lɒt/ ◆ **the (whole) lot** n todo(s): *That's the lot!* ¡Eso es todo! ◆ **a lot, lots** *pron* (*coloq*) mucho(s): *He spends a lot on clothes.* Gasta mucho en ropa. ◆ **a lot of, lots of** adj (*coloq*) mucho(s): *lots of people* un montón de gente ◊ *What a lot of presents!* ¡Qué cantidad de regalos! ☞ *Ver notas en* MANY *y* MUCHO **LOC to see a lot of sb** ver bastante a algn ◆ adv mucho: *It's a lot colder today.* Hoy hace mucho más frío. ◊ *Thanks a lot.* Muchas gracias.

lot² /lɒt/ n **1** lote **2** grupo: *What do you lot want?* ¿Qué queréis vosotros? ◊ *I don't go out with that lot.* Yo no salgo con esos. **3** suerte (*destino*)

lotion /'ləʊʃn/ n loción

lottery /'lɒtəri/ n (*pl* **-ies**) lotería

loud /laʊd/ ◆ adj (**-er, -est**) **1** (*volumen*) alto **2** (*grito*) fuerte **3** (*color*) chillón ◆ adv (**-er, -est**) alto: *Speak louder.* Habla más alto. **LOC out loud** en voz alta

loudspeaker /ˌlaʊd'spiːkə(r)/ (*tb* **speaker**) n altavoz

lounge /laʊndʒ/ ◆ vi ~ (**about/around**) gandulear ◆ n **1** cuarto de estar **2** sala: *departure lounge* sala de embarque **3** salón

louse /laʊs/ n (*pl* **lice** /laɪs/) piojo

lousy /'laʊzi/ adj (**-ier, -iest**) (*coloq*) terrible

lout /laʊt/ n gamberro

lovable /'lʌvəbl/ adj encantador

love /lʌv/ ◆ n **1** amor: *love story/song* historia/canción de amor ☞ Nótese que con personas se dice **love** *for* **somebody** y con cosas **love** *of* **something**. **2** (*Dep*) cero **LOC to be in love**

(with sb) estar enamorado (de algn) **to give/send sb your love** dar/mandar recuerdos a algn **to make love (to sb)** hacer el amor (con algn) *Ver tb* CUPBOARD, FALL ◆ *vt* **1** amar, querer: *Do you love me?* ¿Me quieres? **2** *She loves horses.* Le encantan los caballos. ◊ *I'd love to come.* Me encantaría ir.

love affair *n* aventura amorosa

lovely /'lʌvli/ *adj* (**-ier, -iest**) **1** precioso **2** encantador **3** muy agradable: *We had a lovely time.* Lo pasamos muy bien.

lovemaking /'lʌvmeɪkɪŋ/ *n* [*incontable*] relaciones sexuales

lover /'lʌvə(r)/ *n* amante

loving /'lʌvɪŋ/ *adj* cariñoso **lovingly** *adv* amorosamente

low /ləʊ/ ◆ *adj* (**lower, lowest**) **1** bajo: *low pressure* baja presión ◊ *low temperatures* temperaturas bajas ◊ *lower lip* labio inferior ◊ *lower case* minúsculas ◊ *the lower middle classes* la clase media baja ☞ *Comparar con* HIGH¹, UPPER **2** (*voz, sonido*) grave **3** abatido LOC **to keep a low profile** procurar pasar desapercibido *Ver tb* ESTEEM ◆ *adv* (**lower, lowest**) bajo: *to shoot low* disparar bajo LOC *Ver* STOOP ◆ *n* mínimo

low-alcohol /ˌləʊ 'ælkəhɒl/ *adj* bajo en alcohol

low-calorie /ˌləʊ 'kæləri/ *adj* bajo en calorías

Low-calorie es el término general para referirnos a los productos bajos en calorías o "light". Para bebidas se usa **diet**: *diet drinks* bebidas light.

low-cost /ˌləʊ 'kɒst/ *adj* barato

lower /'ləʊə(r)/ ◆ *adj, adv Ver* LOW ◆ *vt, vi* bajar(se)

low-fat /ˌləʊ 'fæt/ *adj* de bajo contenido graso: *low-fat yogurt* yogur descremado

low-key /ˌləʊ 'kiː/ *adj* discreto

lowlands /'ləʊləndz/ *n* [*pl*] tierras bajas **lowland** *adj* de las tierras bajas

low tide *n* marea baja

loyal /'lɔɪəl/ *adj* ~ (**to sth/sb**) fiel (a algo/algn) **loyalist** *n* partidario, -a del régimen **loyalty** *n* (*pl* **-ies**) lealtad

luck /lʌk/ *n* suerte: *a stroke of luck* un golpe de suerte LOC **no such luck** ¡ojalá! **to be in/out of luck** estar de suerte/ tener la negra *Ver tb* CHANCE, HARD

lucky /'lʌki/ *adj* (**-ier, -iest**) **1** (*persona*) afortunado **2** *It's lucky she's still here.* Suerte que todavía está aquí. ◊ *a lucky number* un número de la suerte **luckily** *adv* por suerte

ludicrous /'luːdɪkrəs/ *adj* ridículo

luggage /'lʌgɪdʒ/ (*tb esp USA* **baggage**) *n* [*incontable*] equipaje

luggage rack *n* compartimento para equipajes, rejilla

lukewarm /ˌluːk'wɔːm/ *adj* tibio

lull /lʌl/ ◆ *vt* **1** calmar **2** arrullar ◆ *n* periodo de calma

lumber /'lʌmbə(r)/ **1** *vt* ~ **sb with sth/ sb** hacer a algn cargar con algo/algn **2** *vi* moverse pesadamente **lumbering** *adj* torpe, pesado

lump /lʌmp/ ◆ *n* **1** trozo: *sugar lump* terrón de azúcar **2** grumo **3** (*Med*) bulto ◆ *vt* ~ **sth/sb together** juntar algo/a algn **lumpy** *adj* (**-ier, -iest**) **1** (*salsa, etc.*) lleno de grumos **2** (*colchón, etc.*) lleno de bollos

lump sum *n* pago único

lunacy /'luːnəsi/ *n* [*incontable*] locura

lunatic /'luːnətɪk/ *n* loco, -a

lunch /lʌntʃ/ ◆ *n* comida, almuerzo: *to have lunch* comer ◊ *the lunch hour* la hora de la comida ☞ *Ver nota en* DINNER LOC *Ver* PACKED *en* PACK ◆ *vi* comer

lunchtime /'lʌntʃtaɪm/ *n* la hora de comer

lung /lʌŋ/ *n* pulmón

lurch /lɜːtʃ/ ◆ *n* sacudida ◆ *vi* **1** tambalearse **2** dar un bandazo ◆ *vt* atraer

lure /lʊə(r)/ ◆ *n* atractivo ◆ *vt* atraer

lurid /'lʊərɪd/ *adj* **1** (*color*) chillón **2** (*descripción, historia*) horripilante

lurk /lɜːk/ *vi* acechar

luscious /'lʌʃəs/ *adj* (*comida*) exquisito

lush /lʌʃ/ *adj* (*vegetación*) exuberante

lust /lʌst/ ◆ *n* **1** lujuria **2** ~ **for sth** sed de algo ◆ *vi* ~ **after/for sth/sb** codiciar algo; desear a algn

luxurious /lʌg'ʒʊəriəs/ *adj* lujoso

luxury /'lʌkʃəri/ *n* (*pl* **-ies**) lujo: *a luxury hotel* un hotel de lujo

lying *Ver* LIE¹·²

lyric /'lɪrɪk/ (*tb* **lyrical** /'lɪrɪkl/) *adj* lírico

lyrics /'lɪrɪks/ *n* [*pl*] letra (*de una canción*)

tʃ	dʒ	v	θ	ð	s	z	ʃ
chin	June	van	thin	then	so	zoo	she

Mm

M, m /em/ n (pl **M's**, **m's** /emz/) M, m: *M for Mary* M de María ☛ *Ver ejemplos en* A, A

mac (tb **mack**) /mæk/ n (GB, coloq) Ver MACKINTOSH

macabre /mə'kɑːbrə/ adj macabro

macaroni /ˌmækə'rəʊni/ n [incontable] macarrones

machine /mə'ʃiːn/ n máquina

machine-gun /mə'ʃiːn gʌn/ n ametralladora

machinery /mə'ʃiːnəri/ n maquinaria

mackintosh /'mækɪntɒʃ/ (tb **mac**, **mack** /mæk/) n (GB) gabardina

mad /mæd/ adj (**madder**, **maddest**) **1** loco: *to be/go mad* estar/volverse loco ◊ *to be mad about sth/sb* estar loco por algo/algn **2** (esp USA, coloq) **mad (at/with sb)** furioso (con algn) LOC **like mad** (coloq) como loco **madly** adv locamente: *to be madly in love with sb* estar perdidamente enamorado de algn **madness** n locura

madam /'mædəm/ n [sing] (formal) señora

maddening /'mædnɪŋ/ adj exasperante

made pret, pp de MAKE¹

magazine /ˌmægə'ziːn/ USA 'mægəziːn/ n (tb coloq **mag**) revista

maggot /'mægət/ n gusano ☛ *Ver dibujo en* GUSANO

magic /'mædʒɪk/ ◆ n (lit y fig) magia LOC **like magic** como por arte de magia ◆ adj **1** mágico **2** (coloq) genial **magical** adj mágico **magician** n mago, -a ☛ *Ver tb* CONJUROR *en* CONJURE

magistrate /'mædʒɪstreɪt/ n magistrado, -a, juez municipal: *the magistrates' court* el Juzgado de Paz

magnet /'mægnət/ n imán **magnetic** /mæg'netɪk/ adj magnético **magnetism** /'mægnətɪzəm/ n magnetismo **magnetize**, **-ise** vt imantar

magnetic field n campo magnético

magnificent /mæg'nɪfɪsnt/ adj magnífico **magnificence** n magnificencia

magnify /'mægnɪfaɪ/ vt, vi (pret, pp -fied) aumentar **magnification** n (capacidad de) aumento

magnifying glass n lupa

magnitude /'mægnɪtjuːd/ USA -tuːd/ n magnitud

mahogany /mə'hɒgəni/ adj, n caoba

maid /meɪd/ n **1** criada **2** (Hist) doncella

maiden /'meɪdn/ n (Hist) doncella

maiden name n apellido de soltera

En los países de habla inglesa, muchas mujeres toman el apellido del marido cuando se casan.

mail /meɪl/ ◆ n **1** [incontable] (esp USA) correo

La palabra **post** sigue siendo más normal que **mail** en el inglés británico, aunque **mail** se ha ido introduciendo, especialmente en compuestos como **electronic mail, junk mail** y **airmail**.

2 (Informát) correo, mensaje(s) ◆ vt **1** ~ **sth (to sb)** enviar por correo algo (a algn) **2** ~ **sb** mandar un mensaje por correo electrónico a algn: *I'll mail you later.* Luego te mando un mensaje.

mailbox /'meɪlbɒks/ (USA) (GB **letter box**) n buzón

mailman /'meɪlmæn/ n (USA) (pl -men /-mən/) cartero

mail order n venta por correo

maim /meɪm/ vt mutilar

main¹ /meɪn/ adj principal: *main course* segundo plato LOC **in the main** en general **the main thing** lo principal **mainly** adv principalmente

main² /meɪn/ n **1** cañería: *a gas main* una tubería del gas **2** the mains [pl] la red de suministros

mainland /'meɪnlænd/ n tierra firme, continente

main line n (Ferrocarril) línea principal

mainstream /'meɪnstriːm/ n corriente principal

maintain /meɪn'teɪn/ vt **1** ~ **sth (with sth/sb)** mantener algo (con algo/algn) **2** conservar: *well maintained* bien cuidado **3** sostener

maintenance /'meɪntənəns/ n **1** mantenimiento **2** pensión de manutención

maize /meɪz/ n maíz ☛ *Cuando nos*

iː	i	ɪ	e	æ	ɑː	ʌ	ʊ	uː
see	happy	sit	ten	hat	father	cup	put	too

referimos al maíz cocinado decimos **sweetcorn**. *Comparar con* CORN

majestic /mə'dʒestɪk/ *adj* majestuoso

majesty /'mædʒəsti/ *n* (*pl* -ies) **1** majestuosidad **2 Majesty** Majestad

major /'meɪdʒə(r)/ ◆ *adj* **1** de (gran) importancia: *to make major changes* realizar cambios de importancia ◊ *a major road/problem* una carretera principal/un problema importante **2** (*Mús*) mayor ◆ *n* comandante

majority /mə'dʒɒrəti/; *USA* -'dʒɔːr-/ *n* (*pl* -ies) **1** [*v sing o pl*] mayoría: *The majority was/were in favour.* La mayoría estaba a favor.

Nótese que la forma más normal de decir "la mayoría de la gente/de mis amigos" en inglés es *most people/of my friends*. Esta expresión lleva el verbo en plural: *Most of my friends go to the same school as me.* La mayoría de mis amigos va al mismo colegio que yo.

2 [*antes de sustantivo*] mayoritario: *majority rule* gobierno mayoritario

make¹ /meɪk/ *vt* (*pret, pp* **made** /meɪd/) **1** (*causar o crear*): *to make an impression* impresionar ◊ *to make a note of sth* anotar algo ◊ *to make a noise/hole/list* hacer un ruido/un agujero/una lista ◊ *to make a mistake* cometer un error ◊ *to make an excuse* poner una excusa **2** (*llevar a cabo*): *to make an improvement/change* hacer una mejora/un cambio ◊ *to make an effort* hacer un esfuerzo ◊ *to make a phone call* hacer una llamada de teléfono ◊ *to make a visit/trip* hacer una visita/un viaje **3** (*proponer*): *to make an offer/a promise* hacer una oferta/una promesa ◊ *to make plans* hacer planes **4 ~ sth (from/out of sth)** hacer algo (con/de algo): *He made a meringue from egg white.* Hizo un merengue con clara de huevo. ◊ *What's it made (out) of?* ¿De qué está hecho? ◊ *made in Japan* fabricado en Japón **5 ~ sth (for sb)** hacer algo (para/a algn): *She makes films for children.* Hace películas para niños. ◊ *I'll make you a meal/cup of coffee.* Te voy a preparar una comida/taza de café. **6 ~ sth into sth** convertir algo en algo; hacer algo con algo: *We can make this room into a bedroom.* Podemos convertir esta habitación en dormitorio. **7 ~ sth/sb + adj/sust**: *He made me angry.* Hizo que me enfadara.

◊ *That will only make things worse.* Eso solo empeorará las cosas. ◊ *He made my life hell.* Me hizo la vida imposible. **8 ~ sth/sb do sth** hacer que algn haga algo ☞ El verbo en infinitivo que viene después de **make** se pone sin TO, salvo en pasiva: *I can't make him do it.* No puedo obligarle a hacerlo. ◊ *You've made her feel guilty.* Has hecho que se sienta culpable. ◊ *He was made to wait at the police station.* Le hicieron esperar en la comisaría. **9 ~ sb sth** hacer a algn algo: *to make sb king* hacer a algn rey **10** llegar a ser: *He'll make a good teacher.* Tiene madera de profesor. **11** (*dinero*) hacer: *She makes lots of money.* Gana una fortuna. **12** (*coloq*) (*conseguir, llegar a*): *Can you make it (to the party)?* ¿Podrás venir (a la fiesta)? LOC **to make do (with sth)** arreglárselas (con algo) **to make it** (*coloq*) triunfar **to make the most of sth** sacar el mayor provecho de algo ☞ Para otras expresiones con **make**, véanse las entradas del sustantivo, adjetivo, etc., p. ej. **to make love** en LOVE.

PHR V **to be made for sb/each other** estar hecho para algn/estar hechos el uno para el otro **to make for sth** contribuir a (conseguir) algo **to make for sth/sb** dirigirse hacia algo/algn: *to make for home* dirigirse hacia casa

to make sth of sth/sb opinar algo de algo/algn: *What do you make of it all?* ¿Qué opinas de todo esto?

to make off (with sth) largarse (con algo)

to make sth out escribir algo: *to make out a cheque for $10* escribir un cheque por valor de diez dólares **to make sth/sb out 1** entender algo/a algn **2** distinguir algo/a algn: *to make out sb's handwriting* descifrar la escritura de algn

to make up for sth compensar algo **to make up (with sb)** hacer las paces (con algn) **to make sb/yourself up** maquillar a algn/maquillarse **to make sth up 1** formar algo: *the groups that make up our society* los grupos que constituyen nuestra sociedad **2** inventar algo: *to make up an excuse* inventarse una excusa

make² /meɪk/ *n* marca (*electrodomésticos, coches, etc.*) ☞ *Comparar con* BRAND

maker /'meɪkə(r)/ *n* fabricante

makeshift /'meɪkʃɪft/ *adj* provisional, improvisado

make-up

make-up /'meɪk ʌp/ n **1** [*incontable*] maquillaje **2** constitución **3** carácter

making /'meɪkɪŋ/ n fabricación LOC **to be the making of sb** ser la clave del éxito de algn **to have the makings of sth 1** (*persona*) tener madera de algo **2** (*cosa*) tener los ingredientes para ser algo

male /meɪl/ ◆ *adj* **1** masculino ☞ Se aplica a las características físicas de los hombres: *The male voice is deeper than the female.* La voz de los hombres es más profunda que la de las mujeres. *Comparar con* MASCULINE **2** macho ☞ *Ver nota en* FEMALE ◆ n macho, varón

malice /'mælɪs/ n malevolencia, mala intención **malicious** /mə'lɪʃəs/ *adj* mal intencionado

malignant /mə'lɪgnənt/ *adj* maligno

mall /mæl, mɔːl/ (*tb* **shopping mall**) n centro comercial

malnutrition /ˌmælnjuː'trɪʃn; *USA* -nuː-/ n desnutrición

malt /mɔːlt/ n malta

mammal /'mæml/ n mamífero

mammoth /'mæməθ/ ◆ n mamut ◆ *adj* colosal

man¹ /mæn/ n (*pl* **men** /men/) hombre: *a young man* un (hombre) joven ◊ *a man's shirt* una camisa de caballero LOC **the man in the street** (*GB*) el ciudadano de a pie

Man y **mankind** se utilizan con el significado genérico de "todos los hombres y mujeres". Sin embargo, mucha gente considera este uso discriminatorio, y prefiere utilizar palabras como **humanity, the human race** (singular) o **humans, human beings, people** (plural).

man² /mæn/ *vt* (-**nn**-) **1** (*oficina*) dotar de personal **2** (*nave*) tripular

manage /'mænɪdʒ/ **1** *vt* (*empresa*) dirigir **2** *vt* (*propiedades*) administrar **3** *vi* ~ (**without sth/sb**) arreglárselas (sin algo/algn): *I can't manage on $200 a week.* No me llega con 200 dólares a la semana. **4** *vt, vi*: *to manage to do sth* conseguir hacer algo ◊ *Can you manage all of it?* ¿Puedes con todo eso? ◊ *Can you manage six o'clock?* ¿Puedes venir a las seis? ◊ *I couldn't manage another mouthful.* Ya no podría comer ni un bocado más. **manageable** *adj*

1 manejable **2** (*persona o animal*) tratable, dócil

management /'mænɪdʒmənt/ n dirección, gestión: *a management committee* comité directivo/consejo de administración ◊ *a management consultant* asesor de dirección de empresas

manager /'mænɪdʒə(r)/ n **1** director, -ora, gerente **2** (*de una propiedad*) administrador, -ora **3** (*Teat*) manager, empresario, -a **4** (*Dep*) manager **manageress** n administradora, gerente **managerial** /ˌmænə'dʒɪəriəl/ *adj* directivo, administrativo, de gerencia

managing director n director, -ora general

mandate /'mændeɪt/ n ~ (**to do sth**) mandato (para hacer algo) **mandatory** /'mændətəri; *USA* -tɔːri/ *adj* preceptivo

mane /meɪn/ n **1** (*caballo*) crin **2** (*león o persona*) melena

maneuver (*USA*) *Ver* MANOEUVRE

manfully /'mænfəli/ *adv* valientemente

mangle /'mæŋgl/ *vt* mutilar, destrozar

manhood /'mænhʊd/ n edad viril

mania /'meɪniə/ n manía **maniac** *adj*, n maniaco, -a: *to drive like a maniac* conducir como un loco

manic /'mænɪk/ *adj* **1** maniaco **2** frenético

manicure /'mænɪkjʊə(r)/ n manicura

manifest /'mænɪfest/ *vt* manifestar, mostrar: *to manifest itself* manifestarse/hacerse patente **manifestation** n manifestación **manifestly** *adv* manifiestamente

manifesto /ˌmænɪ'festəʊ/ n (*pl* ~**s**) manifiesto

manifold /'mænɪfəʊld/ *adj* (*formal*) múltiple

manipulate /mə'nɪpjuleɪt/ *vt* manipular, manejar **manipulation** n manipulación **manipulative** *adj* manipulador

mankind /mæn'kaɪnd/ n género humano ☞ *Ver nota en* MAN¹

manly /'mænli/ *adj* (-**ier**, -**iest**) varonil, viril

man-made /ˌmæn 'meɪd/ *adj* artificial

manned /mænd/ *adj* tripulado

manner /'mænə(r)/ n **1** manera, forma **2** actitud, modo de comportarse **3** **manners** [*pl*] modales: *good/bad manners* buena/mala educación ◊ *It's* *bad manners to stare*. Es de mala educación mirar fijamente. ◊ *He has no manners*. Es un mal educado.

mannerism /'mænərɪzəm/ *n* gesto, peculiaridad (*forma de hablar o comportarse*)

manoeuvre (*USA* **maneuver**) /mə-'nuːvə(r)/ ◆ *n* maniobra ◆ *vt, vi* maniobrar

manor /'mænə(r)/ *n* **1** (*territorio*) señorío **2** (*tb* **manor house**) casa señorial

manpower /'mænpaʊə(r)/ *n* mano de obra

mansion /'mænʃn/ *n* **1** mansión **2** casa solariega

manslaughter /'mænslɔːtə(r)/ *n* homicidio involuntario ☞ *Comparar con* HOMICIDE, MURDER

mantelpiece /'mæntl,piːs/ (*tb* **chimney piece**) *n* repisa de la chimenea

manual /'mænjuəl/ ◆ *adj* manual ◆ *n* manual: *a training manual* un manual de instrucciones **manually** *adv* manualmente

manufacture /ˌmænju'fæktʃə(r)/ *vt* **1** fabricar ☞ *Comparar con* PRODUCE **2** (*pruebas*) inventar **manufacturer** *n* fabricante

manure /mə'njʊə(r)/ *n* estiércol

manuscript /'mænjuskrɪpt/ *n* manuscrito

many /'meni/ *adj, pron* **1** mucho, -a, -os, -as: *Many people would disagree.* Mucha gente no estaría de acuerdo. ◊ *I haven't got many left.* No me quedan muchos. ◊ *In many ways, I regret it.* En cierta manera, lo lamento.

Mucho se traduce según el sustantivo al que acompaña o sustituye. En oraciones afirmativas usamos **a lot** (**of**): *She's got a lot of money.* Tiene mucho dinero. ◊ *Lots of people are poor.* Mucha gente es pobre. En oraciones negativas e interrogativas usamos **many** o **a lot of** cuando el sustantivo es contable: *There aren't many women taxi drivers.* No hay muchos taxistas que sean mujeres. Y usamos **much** o **a lot of** cuando el sustantivo es incontable: *I haven't eaten much (food).* No he comido mucho. *Ver tb* MUCHO

2 ~ **a sth**: *Many a politician has been ruined by scandal.* Muchos políticos han sido arruinados por escándalos. ◊

many a time muchas veces LOC **a good/ great many** muchísimos *Ver tb* AS, HOW, SO, TOO

map /mæp/ ◆ *n* **1** mapa **2** plano **3** carta LOC **to put sth/sb on the map** dar a conocer algo/a algn ◆ *vt* (**-pp-**) levantar mapas de PHR V **to map sth out 1** planear algo **2** (*idea*) exponer algo

maple /'meɪpl/ *n* arce

marathon /'mærəθən; *USA* -θɒn/ *n* maratón: *to run a marathon* tomar parte en un maratón ◊ *The interview was a real marathon.* Fue una entrevista maratoniana.

marble /'mɑːbl/ *n* **1** mármol: *a marble statue* una estatua de mármol **2** canica

March /mɑːtʃ/ *n* (*abrev* **Mar**) marzo ☞ *Ver nota y ejemplos en* JANUARY

march /mɑːtʃ/ ◆ *vi* marchar: *The students marched on Parliament.* Los estudiantes se manifestaron ante el Parlamento. LOC **to get your marching orders** ser despedido PHR V **to march sb away/off** llevarse a algn **to march in** entrar resueltamente **to march past (sb)** desfilar (ante algn) **to march up to sb** abordar a algn con resolución ◆ *n* marcha LOC **on the march** en marcha *Ver tb* QUICK **marcher** *n* manifestante

mare /meə(r)/ *n* yegua

margarine /ˌmɑːdʒə'riːn; *USA* 'mɑːrdʒərɪn/ (*GB, coloq* **marge** /mɑːdʒ/) *n* margarina

margin /'mɑːdʒɪn/ *n* margen **marginal** *adj* **1** marginal **2** (*notas*) al margen **marginally** *adv* ligeramente

marijuana (*tb* **marihuana**) /ˌmærə-'wɑːnə/ *n* marihuana

marina /mə'riːnə/ *n* puerto deportivo

marine /mə'riːn/ ◆ *adj* **1** marino **2** marítimo ◆ *n* infante de marina: *the Marines* la Infantería de Marina

marital /'mærɪtl/ *adj* conyugal: *marital status* estado civil

maritime /'mærɪtaɪm/ *adj* marítimo

mark /mɑːk/ ◆ *n* **1** marca **2** señal: *punctuation marks* signos de puntuación **3** nota: *a good/poor mark* una nota buena/mediocre

En Gran Bretaña existen varias maneras de clasificar el trabajo escolar. En clase un profesor puede usar letras (generalmente entre A y C o D) o un número (sobre diez, veinte,

tʃ	dʒ	v	θ	ð	s	z	ʃ
chin	June	van	thin	then	so	zoo	she

etc.): *He gave me 6 out of 10 for my homework*. Si un profesor pone un comentario como 'very good' no corresponde a una nota concreta. En los exámenes estatales se usan letras. A es la nota más alta y dependiendo del nivel del examen, las categorías van hasta E o G. U es un suspenso: *She got a D for French*. ◊ *I got two B's and a C at A level*.

LOC **on your marks, (get) set, go!** a sus puestos, preparados, listos, ¡ya! **to be up to the mark** dar la talla **to make your mark** alcanzar el éxito *Ver tb* OVERSTEP ♦ *vt* **1** marcar **2** señalar **3** (*exámenes*) corregir LOC **mark my words** acuérdate de lo que te estoy diciendo **to mark time 1** (*Mil*) marcar el paso **2** (*fig*) hacer tiempo PHR V **to mark sth up/down** aumentar/rebajar el precio de algo **marked** /mɑːkt/ *adj* notable **markedly** /ˈmɑːkɪdli/ *adv* (*formal*) de forma notable

marker /ˈmɑːkə(r)/ *n* marca: *a marker buoy* una boya de señalización

market /ˈmɑːkɪt/ ♦ *n* mercado LOC **in the market for sth** (*coloq*) interesado en comprar algo **on the market** en el mercado: *to put sth on the market* poner algo en venta ♦ *vt* **1** vender **2** ~ **sth (to sb)** ofertar algo (a algn) **marketable** *adj* vendible

marketing /ˈmɑːkətɪŋ/ *n* marketing

market place (*tb* market square) *n* plaza del mercado

market research *n* [*incontable*] estudio(s), análisis de mercado

marmalade /ˈmɑːməleɪd/ *n* mermelada (*de cítricos*)

maroon /məˈruːn/ *adj, n* granate (*color*)

marooned /məˈruːnd/ *adj* abandonado (p. ej. en una isla desierta)

marquee /mɑːˈkiː/ *n* carpa (*entoldado*)

marriage /ˈmærɪdʒ/ *n* **1** (*institución*) matrimonio **2** (*ceremonia*) boda ☛ *Ver nota en* BODA

married /ˈmærid/ *adj* ~ **(to sb)** casado (con algn): *to get married* casarse ◊ *a married couple* un matrimonio

marrow[1] /ˈmærəʊ/ *n* médula, tuétano LOC *Ver* CHILL

marrow[2] /ˈmærəʊ/ *n* calabacín

marry /ˈmæri/ *vt, vi* (*pret, pp* married) casar(se) *Ver tb* MARRIED

Mars /mɑːz/ *n* Marte

marsh /mɑːʃ/ *n* ciénaga

marshal /ˈmɑːʃl/ ♦ *n* **1** mariscal **2** (*USA*) alguacil ♦ *vt* (**-ll-**, *USA* **-l-**) **1** (*tropas*) formar **2** (*ideas, datos*) ordenar

marshy /ˈmɑːʃi/ *adj* (**-ier, -iest**) pantanoso

martial /ˈmɑːʃl/ *adj* marcial

Martian /ˈmɑːʃn/ *adj, n* marciano

martyr /ˈmɑːtə(r)/ *n* mártir **martyrdom** *n* martirio

marvel /ˈmɑːvl/ ♦ *n* maravilla, prodigio ♦ *vi* (**-ll-**, *USA* **-l-**) ~ **at sth** maravillarse ante algo **marvellous** (*USA* marvelous) *adj* maravilloso, excelente: *We had a marvellous time*. Lo pasamos de maravilla. ◊ *(That's) marvellous!* ¡Estupendo!

Marxism /ˈmɑːksɪzəm/ *n* marxismo **Marxist** *adj, n* marxista

marzipan /ˈmɑːzɪpæn, ˌmɑːzɪˈpæn/ *n* mazapán

mascara /mæˈskɑːrə; *USA* -ˈskærə/ *n* rímel

mascot /ˈmæskət, -skɒt/ *n* mascota

masculine /ˈmæskjəlɪn/ *adj, n* masculino (*propio del hombre*)

Masculine se aplica a las cualidades que consideramos típicas de un hombre.

masculinity /ˌmæskjuˈlɪnəti/ *n* masculinidad

mash /mæʃ/ ♦ *n* (*GB, coloq*) puré (de patatas) ♦ *vt* **1** ~ **sth (up)** machacar, triturar algo **2** hacer puré de: *mashed potatoes* puré de patata

mask /mɑːsk; *USA* mæsk/ ♦ *n* **1** (*lit y fig*) máscara, careta **2** antifaz **3** (*cirujano*) mascarilla ♦ *vt* **1** (*rostro*) enmascarar **2** tapar **3** (*fig*) encubrir, enmascarar **masked** *adj* **1** enmascarado **2** (*atracador*) encapuchado

mason[1] /ˈmeɪsn/ *n* cantero, albañil

mason[2] (*tb* Mason) /ˈmeɪsn/ *n* masón **masonic** (*tb* Masonic) /məˈsɒnɪk/ *adj* masónico

masonry /ˈmeɪsənri/ *n* albañilería, mampostería

masquerade /ˌmɑːskəˈreɪd; *USA* ˌmæsk-/ ♦ *n* mascarada, farsa ♦ *vi* ~ **as sth** hacerse pasar por algo; disfrazarse de algo

mass[1] (*tb* Mass) /mæs/ *n* (*Relig, Mús*) misa

iː	i	ɪ	e	æ	ɑː	ʌ	ʊ	uː
see	happy	sit	ten	hat	father	cup	put	too

mass² /mæs/ ◆ *n* **1** ~ (of sth) masa (de algo) **2 masses** (of sth) [*pl*] (*coloq*) montón, gran cantidad (de algo): *masses of letters* un montón de cartas **3** [*antes de sustantivo*] masivo, de masas: *a mass grave* una fosa común ◊ *mass hysteria* histeria colectiva ◊ *mass media* medios de comunicación de masas **4 the masses** [*pl*] las masas LOC **the (great) mass of...** la (inmensa) mayoría de... **to be a mass of sth** estar cubierto/lleno de algo ◆ *vt, vi* **1** juntar(se) (en masa), reunir(se) **2** (*Mil*) formar(se), concentrar(se)

massacre /'mæsəkə(r)/ ◆ *n* masacre ◆ *vt* masacrar

massage /'mæsɑːʒ; *USA* mə'sɑːʒ/ ◆ *vt* dar masaje a ◆ *n* masaje

massive /'mæsɪv/ *adj* **1** enorme, monumental **2** macizo, sólido **massively** *adv* enormemente

mass-produce /ˌmæs prə'djuːs/ *vt* fabricar en serie

mass production *n* fabricación en serie

mast /mɑːst; *USA* mæst/ *n* **1** (*barco*) mástil **2** (*televisión*) torre

master /'mɑːstə(r); *USA* 'mæs-/ ◆ *n* **1** amo, dueño, señor **2** maestro **3** (*Náut*) capitán **4** (*cinta*) original **5** *master bedroom* dormitorio principal LOC **a master plan** un plan infalible ◆ *vt* **1** dominar **2** controlar **masterful** *adj* **1** con autoridad **2** dominante

masterly /'mɑːstəli; *USA* 'mæs-/ *adj* magistral

mastermind /'mɑːstəmaɪnd; *USA* 'mæs-/ ◆ *n* cerebro ◆ *vt* planear, dirigir

masterpiece /'mɑːstəpiːs; *USA* 'mæs-/ *n* obra maestra

master's degree (*tb* **master's**) *n* máster

mastery /'mɑːstəri; *USA* 'mæs-/ *n* **1** ~ (of sth) dominio (de algo) **2** ~ (over sth/sb) supremacía (sobre algo/algn)

masturbate /'mæstəbeɪt/ *vi* masturbarse **masturbation** *n* masturbación

mat /mæt/ *n* **1** estera, felpudo **2** colchoneta **3** salvamanteles **4** maraña *Ver tb* MATTED

match¹ /mætʃ/ *n* cerilla

match² /mætʃ/ *n* **1** (*Dep*) partido, encuentro **2** igual **3** ~ (for sth/sb) complemento (para algo/algn) LOC **to**

find/to meet your match encontrar la horma de tu zapato

match³ /mætʃ/ **1** *vt, vi* combinar (con), hacer juego (con): *matching shoes and handbag* zapatos y bolso a juego **2** *vt* igualar PHR V **to match up** coincidir **to match up to sth/sb** igualar algo/a algn **to match sth up (with sth)** acoplar algo (a algo)

matchbox /'mætʃbɒks/ *n* caja de cerillas

mate¹ /meɪt/ ◆ *n* **1** (*GB, coloq*) amigo, compañero **2** ayudante **3** (*Náut*) segundo de a bordo **4** (*Zool*) pareja ◆ *vt, vi* aparear(se)

mate² /meɪt/ (*tb* **checkmate**) *n* jaque mate

material /mə'tɪəriəl/ ◆ *n* **1** material: *raw materials* materias primas **2** tela *☞ Ver nota en* TELA ◆ *adj* material **materially** *adv* sensiblemente

materialism /mə'tɪəriəlɪzəm/ *n* materialismo **materialist** *n* materialista **materialistic** /məˌtɪəriə'lɪstɪk/ *adj* materialista

materialize, -ise /mə'tɪəriəlaɪz/ *vi* convertirse en realidad

maternal /mə'tɜːnl/ *adj* **1** maternal **2** (*familiares*) materno

maternity /mə'tɜːnəti/ *n* maternidad

mathematical /ˌmæθə'mætɪkl/ *adj* matemático **mathematician** /ˌmæθəmə-'tɪʃn/ *n* matemático, -a **mathematics** /ˌmæθə'mætɪks/ *n* [*sing*] matemáticas

maths /mæθs/ *n* [*v sing o pl*] (*coloq*) matemáticas

matinee (*tb* **matinée**) /'mætɪneɪ; *USA* ˌmætn'eɪ/ *n* matiné (*cine, teatro*)

mating /'meɪtɪŋ/ *n* apareamiento LOC **mating season** época de celo

matrimony /'mætrɪməni; *USA* -məʊni/ *n* (*formal*) matrimonio **matrimonial** /ˌmætrɪ'məʊniəl/ *adj* matrimonial

matron /'meɪtrən/ *n* enfermera jefe

matt (*tb* **matte**) /mæt/ *adj* mate *☞ Comparar con* GLOSS

matted /'mætɪd/ *adj* enmarañado

matter /'mætə(r)/ ◆ *n* **1** asunto: *I have nothing further to say on the matter.* No tengo nada más que decir al respecto. **2** (*Fís*) materia **3** material: *printed matter* impresos LOC **a matter of hours, minutes, days, etc.** cosa de horas, minutos, días, etc. **a matter of life and death** cuestión de vida o muerte a **matter of opinion** cuestión de opinión **as a matter of course** por costumbre **as a matter of fact** en realidad **for that matter** si vamos a eso **no matter who, what, where, when, etc.**: *no matter what he says* diga lo que diga ◊ *no matter how rich he is* por muy rico que sea ◊ *no matter what* pase lo que pase **(to be) a matter of...** (ser) cuestión de... **to be the matter (with sth/sb)** (*coloq*) pasarle a algo/algn: *What's the matter with him?* ¿Qué le pasa? ◊ *Is anything the matter?* ¿Pasa algo? ◊ **to take matters into your own hands** decidir obrar por cuenta propia *Ver tb* LET[1], MINCE, WORSE ◆ *vi* ~ **(to sb)** importar (a algn): *It doesn't matter.* No importa.

matter-of-fact /ˌmætər əv ˈfækt/ *adj* **1** (*estilo*) prosaico **2** (*persona*) impasible **3** realista

mattress /ˈmætrəs/ *n* colchón

mature /məˈtjʊə(r); *USA* -ˈtʊər/ ◆ *adj* **1** maduro **2** (*Com*) vencido ◆ **1** *vi* madurar **2** *vi* (*Com*) vencer **3** *vt* hacer madurar **maturity** *n* madurez

maul /mɔːl/ *vt* **1** maltratar **2** (*fiera*) herir seriamente

mausoleum /ˌmɔːsəˈliːəm/ *n* mausoleo

mauve /məʊv/ *adj, n* malva

maverick /ˈmævərɪk/ *n* LOC **to be a maverick** ir por libre

maxim /ˈmæksɪm/ *n* máxima

maximize, -ise /ˈmæksɪmaɪz/ *vt* potenciar/llevar al máximo

maximum /ˈmæksɪməm/ *adj, n* (*pl* maxima /ˈmæksɪmə/) (*abrev* **max**) máximo

May /meɪ/ *n* mayo ☞ *Ver nota y ejemplos en* JANUARY

may /meɪ/ *v modal* (*pret* **might** /maɪt/ *neg* **might not** *o* **mightn't** /ˈmaɪtnt/)

May es un verbo modal al que sigue un infinitivo sin TO, y las oraciones interrogativas y negativas se construyen sin el auxiliar do. Solo tiene dos formas: presente, **may**, y pasado, **might**. *Ver tb* págs 322-23.

1 (*permiso*) poder: *You may come if you wish.* Puedes venir si quieres. ◊ *May I go to the toilet?* ¿Puedo ir al servicio? ◊ *You may as well go home.* Más vale que vuelvas a casa.

Para pedir permiso, **may** se considera más cortés que **can**, aunque **can** es

mucho más normal: *Can I come in?* ¿Puedo pasar? ◊ *May I get down from the table?* ¿Puedo levantarme de la mesa? ◊ *I'll take a seat, if I may.* Tomaré asiento, si no le importa. Sin embargo, en el pasado se usa **could** mucho más que **might**: *She asked if she could come in.* Preguntó si podía pasar. **2** (*tb* **might**) (*posibilidad*) poder (que): *They may/might not come.* Puede que no vengan. ☞ *Ver nota en* PODER[1] LOC **be that as it may** sea como fuere

maybe /ˈmeɪbi/ *adv* quizá(s)

mayhem /ˈmeɪhem/ *n* [*incontable*] alboroto

mayonnaise /ˌmeɪəˈneɪz; *USA* ˈmeɪəneɪz/ *n* mayonesa

mayor /meə(r); *USA* ˈmeɪər/ *n* alcalde, -esa **mayoress** /meəˈres/ *n* **1** (*tb* **lady mayor**) alcaldesa **2** esposa del alcalde

maze /meɪz/ *n* laberinto

me /miː/ *pron pers* **1** [*como objeto*] me: *Don't hit me.* No me pegues. ◊ *Tell me all about it.* Cuéntamelo todo. **2** [*después de preposición*] mí: *as for me* en cuanto a mí ◊ *Come with me.* Ven conmigo. **3** [*cuando va solo o después del verbo* to be] yo: *Hello, it's me.* Hola, soy yo. ☞ *Comparar con* I

meadow /ˈmedəʊ/ *n* prado

meagre (*USA* **meager**) /ˈmiːgə(r)/ *adj* escaso, pobre

meal /miːl/ *n* comida LOC **to make a meal of sth** (*coloq*) hacer algo con una atención o un esfuerzo exagerado *Ver tb* SQUARE

mean[1] /miːn/ *vt* (*pret, pp* **meant** /ment/) **1** querer decir, significar: *Do you know what I mean?* ¿Sabes lo que quiero decir? ◊ *What does 'cuero' mean?* ¿Qué quiere decir "cuero"? **2** ~ **sth (to sb)** significar algo (para algn): *You know how much Jane means to me.* Sabes lo mucho que Jane significa para mí. ◊ *That name doesn't mean anything to me.* Ese nombre no me dice nada. **3** suponer: *His new job means him travelling more.* Su nuevo trabajo significa que tiene que viajar más. **4** pretender: *I didn't mean to.* Ha sido sin querer. ◊ *I meant to have washed the car today.* Pensaba haber lavado el coche hoy. **5** decir en serio: *She meant it as a joke.* No lo dijo en serio. ◊ *I'm never coming back — I mean it!* ¡No volveré nunca, lo digo en serio! LOC **I mean** (*coloq*) quiero

decir: *It's very warm, isn't it? I mean,
for this time of year.* Hace mucho calor
¿no? Quiero decir, para esta época del
año. ◊ *We went there on Tuesday, I mean
Thursday.* Fuimos el martes, quiero
decir, el jueves. **to be meant for each
other** estar hechos el uno para el otro
to be meant to do sth: *Is this meant to
happen?* ¿Es esto lo que se supone que
tiene que pasar? **to mean business**
(*coloq*) ir en serio **to mean well** tener
buenas intenciones

mean² /miːn/ *adj* (-er, -est) **1** ~ (**with
sth**) tacaño (con algo) **2** ~ (**to sb**) mezquino (con algn)

mean³ /miːn/ *n* (*Mat*) media Ver tb
MEANS¹˒² **mean** *adj* medio

meander /miˈændə(r)/ *vi* **1** (*río*) serpentear **2** (*persona*) deambular **3** (*conversación*) divagar

meaning /ˈmiːnɪŋ/ *n* significado **meaningful** *adj* trascendente **meaningless**
adj sin sentido

means¹ /miːnz/ *n* (*pl* means) medio
LOC **a means to an end** un medio para
conseguir un fin **by all means** (*formal*)
desde luego Ver tb WAY

means² /miːnz/ *n* [*pl*] medios (*económicos, etc.*)

meant *pret, pp de* MEAN¹

meantime /ˈmiːntaɪm/ *adv* mientras
tanto LOC **in the meantime** mientras
tanto

meanwhile /ˈmiːnwaɪl/ *adv* mientras
tanto

measles /ˈmiːzlz/ *n* [*incontable*] sarampión

measurable /ˈmeʒərəbl/ *adj* **1** medible
2 sensible

measure /ˈmeʒə(r)/ ◆ *vt, vi* medir
PHR V **to measure sth/sb up** medir
algo/a algn: *The tailor measured me up
for a suit.* El sastre me ha tomado
medidas para un traje. **to measure up
(to sth)** estar a la altura (de algo) ◆ *n*
medida: *weights and measures* pesos y
medidas ◊ *to take measures to do sth*
tomar medidas para hacer algo LOC **a
measure of sth** signo de algo **for good
measure** para no quedarse cortos **half
measures** medias tintas **to make sth to
measure** hacer algo a medida

measured /ˈmeʒəd/ *adj* **1** (*lenguaje*)
comedido **2** (*pasos*) pausado

measurement /ˈmeʒəmənt/ *n* **1** medi-
ción **2** medida

meat /miːt/ *n* carne

meatball /ˈmiːtbɔːl/ *n* albóndiga

meaty /ˈmiːti/ *adj* (-ier, -iest) **1**
carnoso **2** (*fig*) jugoso

mechanic /məˈkænɪk/ *n* mecánico, -a
Ver tb MECHANICS **mechanical** *adj*
mecánico **mechanically** *adv* mecánica-
mente: *I'm not mechanically minded.*
No sirvo para las máquinas.

mechanics /məˈkænɪks/ *n* **1** [*sing*]
mecánica (*ciencia*) **2 the mechanics**
[*pl*] (*fig*) la mecánica, el funcionamiento

mechanism /ˈmekənɪzəm/ *n* mecanismo

medal /ˈmedl/ *n* medalla **medallist**
(*USA* **medalist**) *n* medallista

medallion /məˈdæliən/ *n* medallón

meddle /ˈmedl/ *vi* (*pey*) **1** ~ (**in sth**)
entrometerse (en algo) **2** ~ **with sth**
jugar con algo

media /ˈmiːdiə/ *n* **1 the media** [*pl*] los
medios de comunicación: *media studies*
estudios de periodismo **2** *plural de*
MEDIUM¹

mediaeval Ver MEDIEVAL

mediate /ˈmiːdieɪt/ *vi* mediar **media-
tion** *n* mediación **mediator** *n* mediador, -ora

medic /ˈmedɪk/ *n* (*coloq*) **1** médico, -a
2 estudiante de medicina

medical /ˈmedɪkl/ ◆ *adj* **1** médico:
medical student estudiante de medicina
2 clínico ◆ *n* (*coloq*) reconocimiento
médico

medication /ˌmedɪˈkeɪʃn/ *n* medica-
ción

medicinal /məˈdɪsɪnl/ *adj* medicinal

medicine /ˈmedsn; *USA* ˈmedɪsn/ *n*
medicina

medieval (*tb* **mediaeval**) /ˌmediˈiːvl;
USA ˌmiːd-/ *adj* medieval

mediocre /ˌmiːdiˈəʊkə(r)/ *adj* mediocre **mediocrity** /ˌmiːdiˈɒkrəti/ *n*
1 mediocridad **2** (*persona*) mediocre

meditate /ˈmedɪteɪt/ *vi* ~ (**on sth**)
meditar (sobre algo) **meditation** *n*
meditación

medium¹ /ˈmiːdiəm/ ◆ *n* (*pl* media)
medio Ver tb MEDIA ◆ *adj* medio: *I'm
medium.* Uso la talla mediana.

medium² /ˈmiːdiəm/ *n* médium

medley /'medli/ n (pl -eys) popurrí

meek /miːk/ adj (-er, -est) manso
meekly adv mansamente

meet¹ /miːt/ (pret, pp met /met/) **1** vt,
vi encontrar(se): What time shall we
meet? ¿A qué hora quedamos? ◊ Our
eyes met across the table. Nuestras
miradas se cruzaron en la mesa. ◊ Will
you meet me at the station? ¿Irás a espe-
rarme a la estación? **2** vi reunirse **3** vt,
vi conocer(se): Pleased to meet you.
Encantado de conocerle. ◊ I'd like you
to meet... Quiero presentarte a... **4** vt,
vi enfrentar(se) **5** vt (demanda) satisfacer: They failed to meet payments on
their loan. No pudieron pagar las letras
del préstamo. LOC **to meet sb's eye**
mirar a algn a los ojos Ver tb MATCH²
PHR V **to meet up (with sb)**
encontrarse, reunirse (con algn) **to
meet with sb** (USA) reunirse con algn

meet² /miːt/ n **1** (GB) partida de caza **2**
(USA) (Dep) encuentro Ver tb MEETING 3

meeting /'miːtɪŋ/ n **1** reunión: Annual
General Meeting junta general anual
2 (Dep) encuentro Ver tb MEET² **3**
encuentro: meeting place lugar de
encuentro **4** (Pol) mitin

megaphone /'megəfəʊn/ n megáfono

melancholy /'melənkɒli/ ◆ n melancolía ◆ adj **1** (persona) melancólico
2 (cosa) triste

melee /'meleɪ; USA 'meɪleɪ/ n (Fr) melé

mellow /'meləʊ/ ◆ adj (-er, -est)
1 (fruta) maduro **2** (vino) añejo **3** (color)
suave **4** (sonido) dulce **5** (actitud)
comprensivo **6** (coloq) alegre (de beber)
◆ **1** vt, vi (persona) suavizar(se) **2** vi
(vino) envejecer

melodious /mə'ləʊdiəs/ adj melodioso

melodrama /'melədrɑːmə/ n melodrama **melodramatic** /,melədrə-
'mætɪk/ adj melodramático

melody /'melədi/ n (pl -ies) melodía
melodic /mə'lɒdɪk/ adj melódico

melon /'melən/ n melón

melt /melt/ **1** vt, vi derretir(se): melting
point punto de fusión **2** vi (fig) deshacerse: to melt in the mouth deshacerse
en la boca **3** vt, vi disolver(se) **4** vt, vi
(fig) ablandar(se) PHR V **to melt away**
disolverse, fundirse **to melt sth down**
fundir algo **melting** n **1** derretimiento
2 fundición

melting pot n amalgama (de razas, cul-

turas, etc.) LOC **to be in/go into the
melting pot** estar en proceso de cambio

member /'membə(r)/ n **1** miembro:
Member of Parliament diputado ◊ a
member of the audience uno de los asis-
tentes **2** (club) socio, -a **3** (Anat)
miembro **membership** n **1** afiliación:
to apply for membership solicitar la
entrada ◊ membership card tarjeta de
socio **2** (número de) miembros/socios

membrane /'membreɪn/ n membrana

memento /mə'mentəʊ/ n (pl -os o
-oes) recuerdo

memo /'meməʊ/ n (pl ~s) (coloq)
memorándum, memorando

memoir /'memwɑː(r)/ n memoria
(escrito)

memorabilia /,memərə'bɪliə/ n [pl]
objetos de recuerdo

memorable /'memərəbl/ adj memorable

memorandum /,memə'rændəm/ n (pl
-da /-də/ o ~s) **1** memorándum, memorando **2** (Jur) minuta

memorial /mə'mɔːriəl/ n ~ (to sth/sb)
monumento conmemorativo (de algo/
algn)

memorize, -ise /'meməraɪz/ vt memorizar

memory /'meməri/ n (pl -ies)
1 memoria: from memory de memoria
Ver tb BY HEART en HEART **2** recuerdo
LOC **in memory of sb/to the memory
of sb** en memoria de algn Ver tb JOG,
LIVING, REFRESH

men plural de MAN¹

menace /'menəs/ ◆ n **1** ~ (to sth/sb)
amenaza (para algo/algn) **2** a menace
(coloq, joc) un peligro ◆ vt ~ sth/sb
(with sth) amenazar algo/a algn (con
algo) **menacing** adj amenazador

menagerie /mə'nædʒəri/ n casa de
fieras

mend /mend/ ◆ **1** vt arreglar Ver tb
FIX **2** vi curarse LOC **to mend your
ways** reformarse ◆ n remiendo
LOC **on the mend** (coloq) mejorando
mending n **1** arreglo (de la ropa) **2** ropa
para arreglar

menfolk /'menfəʊk/ n [pl] hombres

meningitis /,menɪn'dʒaɪtɪs/ n meningitis

menopause /'menəpɔːz/ n menopausia

menstrual /ˈmenstruəl/ *adj* menstrual

menstruation /ˌmenstruˈeɪʃn/ *n* menstruación

menswear /ˈmenzweə(r)/ *n* ropa de caballero

mental /ˈmentl/ *adj* 1 mental: *mental hospital* hospital para enfermos mentales 2 (*coloq, pey*) mal de la cabeza **mentally** *adv* mentalmente: *mentally ill* enfermo mental

mentality /menˈtæləti/ *n* (*pl* -ies) 1 mentalidad 2 (*formal*) intelecto

mention /ˈmenʃn/ ♦ *vt* mencionar, decir, hablar de: *worth mentioning* digno de mención LOC **don't mention it** no hay de qué **not to mention...** por no hablar de..., sin contar... ♦ *n* mención, alusión

mentor /ˈmentɔ:(r)/ *n* mentor

menu /ˈmenju:/ *n* 1 menú, carta 2 (*Informát*) menú

mercantile /ˈmɜ:kəntaɪl; *USA* -ti:l, -tɪl/ *adj* mercantil

mercenary /ˈmɜ:sənəri; *USA* -neri/ ♦ *adj* 1 mercenario 2 (*fig*) interesado ♦ *n* (*pl* -ies) mercenario, -a

merchandise /ˈmɜ:tʃəndaɪz/ *n* [*incontable*] mercancía(s), mercadería(s) **merchandising** *n* comercialización

merchant /ˈmɜ:tʃənt/ ♦ *n* 1 comerciante, mayorista (que comercia con el extranjero) *Ver tb* DEALER 2 (*Hist*) mercader ♦ *adj* [*solo antes de sustantivo*] mercante: *merchant navy* marina mercante ◊ *merchant bank* banco mercantil

merciful *Ver* MERCY

Mercury /ˈmɜ:kjəri/ *n* Mercurio

mercury /ˈmɜ:kjəri/ *n* mercurio

mercy /ˈmɜ:si/ *n* (*pl* -ies) 1 compasión, clemencia: *to have mercy on sb* tener compasión de algn ◊ *mercy killing* eutanasia 2 *It's a mercy that...* Es una suerte que... LOC **at the mercy of sth/sb** a merced de algo/algn **merciful** *adj* 1 ~ (**to/towards sb**) compasivo, clemente (con algn) 2 (*suceso*) feliz **mercifully** *adv* 1 compasivamente, con piedad 2 felizmente **merciless** *adj* ~ (**to/towards sb**) despiadado (con algn)

mere /mɪə(r)/ *adj* mero, simple: *He's a mere child.* No es más que un niño. ◊ *mere coincidence* pura casualidad ◊ *the mere thought of him* con solo pensar en él LOC **the merest...** el menor...: *The merest glimpse was enough.* Un simple

vistazo fue suficiente. **merely** *adv* solo, meramente

merge /mɜ:dʒ/ *vt, vi* ~ (**sth**) (**with/into sth**) 1 (*Com*) fusionar algo/fusionarse (con/en algo): *Three small companies merged into one large one.* Tres empresas pequeñas se fusionaron para formar una grande. 2 (*fig*) entremezclar algo/entremezclarse, unir algo/unirse (con/en algo): *Past and present merge in Oxford.* En Oxford se entremezclan el pasado y el presente. **merger** *n* fusión

meringue /məˈræŋ/ *n* merengue

merit /ˈmerɪt/ ♦ *n* mérito: *to judge sth on its merits* juzgar algo según sus méritos ♦ *vt* (*formal*) merecer, ser digno de

mermaid /ˈmɜ:meɪd/ *n* sirena

merry /ˈmeri/ *adj* (-ier, -iest) 1 alegre: *Merry Christmas!* ¡Feliz Navidad! 2 (*coloq*) alegre, chispado (*de beber*) LOC **to make merry** (*antic*) divertirse **merriment** *n* (*formal*) alegría, regocijo: *amid merriment* entre risas

merry-go-round /ˈmeri gəʊ raʊnd/ *n* tiovivo

mesh /meʃ/ ♦ *n* 1 malla: *wire mesh* tela metálica 2 (*Mec*) engranaje 3 (*fig*) red ♦ *vi* ~ (**with sth**) 1 engranar (con algo) 2 (*fig*) encajar (con algo)

mesmerize, -ise /ˈmezməraɪz/ *vt* hipnotizar

mess /mes/ ♦ *n* 1 desastre: *This kitchen's a mess!* ¡Esta cocina está hecha una porquería! 2 (*coloq, eufemismo*) (*excremento*) inmundicia 3 enredo, lío 4 guarro, -a 5 (*USA tb* mess hall) (*Mil*) comedor ♦ *vt* (*USA, coloq*) desordenar PHR V **to mess about/around** 1 hacer el tonto 2 pasar el rato **to mess sb about/around**; **to mess about/around with sb** tratar con desconsideración a algn **to mess sth about/around**; **to mess about/around with sth** enredar con algo

to mess sb up (*coloq*) traumatizar a algn **to mess sth up** 1 ensuciar algo, enredar algo: *Don't mess up my hair!* ¡No me despeines! 2 hacer algo de forma chapucera

to mess with sth/sb (*coloq*) entrometerse en algo/en los asuntos de algn

message /ˈmesɪdʒ/ *n* 1 recado 2 mensaje LOC **to get the message** (*coloq*) enterarse

messenger /'mesɪndʒə(r)/ n mensajero, -a

Messiah (tb messiah) /mə'saɪə/ n Mesías

messy /'mesi/ adj (-ier, -iest) 1 sucio 2 revuelto, desordenado 3 (fig) embrollado

met pret, pp de MEET¹

metabolism /mə'tæbəlɪzəm/ n metabolismo

metal /'metl/ n metal metallic /mə'tælɪk/ adj metálico

metalwork /'metlwɜːk/ n trabajo del metal

metamorphose /ˌmetə'mɔːfəʊz/ vt, vi (formal) convertir(se) metamorphosis /ˌmetə'mɔːfəsɪs/ n (pl -oses /-siːz/) (formal) metamorfosis

metaphor /'metəfə(r)/ n metáfora metaphorical /ˌmetə'fɒrɪkl; USA -'fɔːr-/ adj metafórico

metaphysics /ˌmetə'fɪzɪks/ n [incontable] metafísica metaphysical adj metafísico

meteor /'miːtiɔː(r)/ n meteorito meteoric /ˌmiːti'ɒrɪk; USA -'ɔːr-/ adj meteórico

meteorite /'miːtiəraɪt/ n meteorito

meter /'miːtə(r)/ ◆ n 1 contador 2 (USA) Ver METRE ◆ vt medir

methane /'miːθeɪn/ n metano

method /'meθəd/ n método: a method of payment un sistema de pago methodical /mə'θɒdɪkl/ adj metódico methodology n (pl -ies) metodología

Methodist /'meθədɪst/ adj, n metodista

methylated spirits /ˌmeθəleɪtɪd 'spɪrɪts/ (GB, coloq meths) n alcohol de quemar

meticulous /mə'tɪkjələs/ adj meticuloso

metre (USA meter) /'miːtə(r)/ n (abrev m) metro ☛ Ver Apéndice 1. metric /'metrɪk/ adj métrico: the metric system el sistema métrico decimal

metropolis /mə'trɒpəlɪs/ n (pl -lises) metrópoli metropolitan /ˌmetrə'pɒlɪtən/ adj metropolitano

miaow /mi'aʊ/ ◆ interj miau ◆ n maullido ◆ vi maullar

mice plural de MOUSE

mickey /'mɪki/ n LOC to take the mickey (out of sb) (coloq) burlarse (de algn)

microbe /'maɪkrəʊb/ n microbio

microchip /'maɪkrəʊtʃɪp/ (tb chip) n microchip

microcosm /'maɪkrəkɒzəm/ n microcosmos

micro-organism /ˌmaɪkrəʊ'ɔːgənɪzəm/ n microorganismo

microphone /'maɪkrəfəʊn/ n micrófono

microprocessor /ˌmaɪkrəʊ'prəʊsesə(r)/ n microprocesador

microscope /'maɪkrəskəʊp/ n microscopio microscopic /ˌmaɪkrə'skɒpɪk/ adj microscópico

microwave /'maɪkrəweɪv/ n 1 microonda 2 (tb microwave oven) microondas

mid /mɪd/ adj: in mid-July a mediados de julio ◊ mid-morning media mañana ◊ in mid sentence a mitad de frase ◊ mid-life crisis crisis de los cuarenta

mid-air /ˌmɪd 'eə(r)/ n en el aire: in mid-air en el aire ◊ to leave sth in mid-air dejar algo sin resolver

midday /ˌmɪd'deɪ/ n mediodía

middle /'mɪdl/ ◆ n 1 the middle [sing] el medio, el centro: in the middle of the night en mitad de la noche 2 (coloq) cintura LOC in the middle of nowhere (coloq) en el quinto pino ◆ adj central, medio: middle finger dedo corazón ◊ middle management ejecutivos de nivel intermedio LOC the middle ground terreno neutral (to take/follow) a middle course (tomar/seguir) una línea media

middle age n madurez middle-aged adj de mediana edad

middle class n clase media: the middle classes la clase media middle-class adj de clase media

middleman /'mɪdlmæn/ n (pl -men /-men/) intermediario

middle name n segundo nombre

En los países de habla inglesa, además de un nombre de pila y un apellido, muchas personas tienen un segundo nombre o middle name.

middle-of-the-road /ˌmɪdl əv ðə 'rəʊd/ adj (frec pey) moderado

middleweight /'mɪdlweɪt/ n peso medio

midfield /ˌmɪd'fiːld/ n centro del

aɪ	aʊ	ɔɪ	ɪə	eə	ʊə	ʒ	h	ŋ
five	now	join	near	hair	pure	vision	how	sing

campo: *midfield player* centrocampista
midfielder *n* centrocampista

midge /mɪdʒ/ *n* mosquito

midget /'mɪdʒɪt/ *n* enano, -a

midnight /'mɪdnaɪt/ *n* medianoche

midriff /'mɪdrɪf/ *n* abdomen

midst /mɪdst/ *n* medio: *in the midst of*
en medio de LOC **in our midst** entre
nosotros

midsummer /ˌmɪd'sʌmə(r)/ *n* periodo
alrededor del solsticio de verano (*21 de
junio*): *Midsummer('s) Day* día de San
Juan (24 de junio)

midway /ˌmɪd'weɪ/ *adv* ~ (**between...**)
a medio camino (entre...)

midweek /ˌmɪd'wiːk/ *n* entre semana
LOC **in midweek** a mediados de semana

midwife /'mɪdwaɪf/ *n* (*pl* **-wives**
/-waɪvz/) comadrón, -ona **midwifery**
/'mɪdwɪfəri/ *n* obstetricia

midwinter /ˌmɪd'wɪntə(r)/ *n* periodo
alrededor del solsticio de invierno (*21
de diciembre*)

miffed /mɪft/ *adj* (*coloq*) cabreado

might¹ /maɪt/ *v modal* (*neg* **might not** *o*
mightn't /'maɪtnt/)

Might es un verbo modal al que sigue
un infinitivo sin TO, y las oraciones
interrogativas y negativas se construyen sin el auxiliar do. Ver tb págs
322-23.

1 *pret de* MAY **2** (*tb* **may**) (*posibilidad*)
poder (que): *They may/might not come.*
Puede que no vengan. ◊ *I might be able
to.* Es posible que pueda. **3** (*formal*):
Might I make a suggestion? ¿Podría
hacer una sugerencia? ◊ *And who might
she be?* Y ¿esa quién será? ◊ *You might
at least offer to help!* Lo menos que
podrías hacer es echar una mano. ◊ *You
might have told me!* ¡Me lo podías haber
dicho! ☛ *Ver notas en* MAY *y* PODER¹

might² /maɪt/ *n* [*incontable*] fuerza:
with all their might con todas sus
fuerzas ◊ *military might* poderío
militar **mightily** *adv* (*coloq*) enormemente **mighty** *adj* (**-ier, -iest**) **1** poderoso, potente **2** enorme

migraine /'miːɡreɪn; *USA* 'maɪɡreɪn/ *n*
migraña

migrant /'maɪɡrənt/ ♦ *adj* **1** (*persona*)
emigrante **2** (*animal, ave*) migratorio
♦ *n* emigrante

migrate /maɪ'ɡreɪt; *USA* 'maɪɡreɪt/ *vi*
migrar **migratory** /'maɪɡrətri, maɪ-

'ɡreɪtəri; *USA* 'maɪɡrətɔːri/ *adj* migratorio

mike /maɪk/ *n* micrófono

mild /maɪld/ *adj* (**-er, -est**) **1** (*carácter*)
apacible **2** (*clima*) templado: *a mild
winter* un invierno suave **3** (*sabor, etc.*)
suave **4** (*enfermedad, castigo*) leve
5 ligero **mildly** *adv* ligeramente, un
tanto: *mildly surprised* un tanto
sorprendido LOC **to put it mildly** por no
decir otra cosa, cuando menos

mildew /'mɪldjuː; *USA* 'mɪlduː/ *n* moho

mild-mannered /ˌmaɪld 'mænəd/ *adj*
apacible, manso

mile /maɪl/ *n* **1** milla **2 miles** (*coloq*):
He's miles better. Él es mucho mejor.
3 *esp* **the mile** carrera de una milla
LOC **miles from anywhere/nowhere** en
el quinto pino **to be miles away** (*coloq*)
estar en la inopia **to see/tell, etc. sth a
mile off** (*coloq*) notar algo a la legua
mileage *n* **1** recorrido en millas, kilometraje **2** (*coloq*) (*fig*) ventaja

milestone /'maɪlstəʊn/ *n* **1** mojón (*en
carretera*) **2** (*fig*) hito

milieu /'miːljɜː; *USA* ˌmiː'ljɜː/ *n* (*pl*
-eus *o* **-eux**) entorno social

militant /'mɪlɪtənt/ *adj, n* militante

military /'mɪlɪtri; *USA* -teri/ ♦ *adj*
militar ♦ **the military** *n* [*v sing o pl*] los
militares, el ejército

militia /mə'lɪʃə/ *n* [*v sing o pl*] milicia
militiaman *n* (*pl* **-men** /-mən/) mili-
ciano

milk /mɪlk/ ♦ *n* leche: *milk products*
productos lácteos LOC *Ver* CRY ♦ *vt*
1 ordeñar **2** (*fig*) chupar **milky** *adj* (**-ier,
-iest**) **1** (*té, café, etc.*) con leche
2 lechoso

milkman /'mɪlkmən/ *n* (*pl* **-men**
/-mən/) lechero

milkshake /'mɪlkʃeɪk/ *n* batido

mill /mɪl/ ♦ *n* **1** molino **2** molinillo
3 fábrica: *steel mill* acerería ♦ *vt* moler
PHR V **to mill about/around** arremolinarse **miller** *n* molinero, -a

millennium /mɪ'leniəm/ *n* (*pl* **-ia**
/-nɪə/ *o* **-iums**) milenio

millet /'mɪlɪt/ *n* mijo

milligram /'mɪlɪɡræm/ *n* (*abrev* **mg**)
miligramo

millimetre (*USA* **-meter**) /'mɪli-
miːtə(r)/ *n* (*abrev* **m**) milímetro

million /'mɪljən/ *adj, n* **1** millón ☛ *Ver*

tʃ	dʒ	v	θ	ð	s	z	ʃ
chin	June	van	thin	then	so	zoo	she

ejemplos en FIVE **2** (*fig*) sinfín LOC **one, etc. in a million** excepcional **millionth 1** *adj* millonésimo **2** *n* millonésima parte ☞ *Ver ejemplos en* FIFTH

millionaire /ˌmɪljəˈneə(r)/ *n* millonario, -a

millstone /ˈmɪlstəʊn/ *n* piedra de molino LOC **a millstone round your/ sb's neck** una carga enorme (para algn)

mime /maɪm/ ◆ *n* mimo: *a mime artist* un mimo ◆ *vt, vi* hacer mimo, imitar

mimic /ˈmɪmɪk/ ◆ *vt* (*pret, pp* **mimicked** *pt pres* **mimicking**) imitar ◆ *n* imitador, -ora **mimicry** *n* imitación

mince /mɪns/ ◆ *vt* picar (*carne*) LOC **not to mince matters; not to mince (your) words** no andarse con rodeos ◆ *n* (*USA* **ground beef**) carne picada

mincemeat /ˈmɪnsmiːt/ *n* relleno de frutos secos LOC **to make mincemeat of sth/sb** (*coloq*) hacer picadillo algo/a algn

mince pie *n* pastelillo navideño relleno de frutas

mind /maɪnd/ ◆ *n* **1** (*intelecto*) mente, cerebro **2** ánimo **3** pensamiento(s): *My mind was on other things.* Estaba pensando en otra cosa. **4** juicio: *to be sound in mind and body* estar sano en cuerpo y alma LOC **in your mind's eye** en la imaginación **to be in two minds about (doing) sth** estar indeciso sobre (si hacer) algo **to be on your mind**: *What's on your mind?* ¿Qué te preocupa? **to be out of your mind** (*coloq*) estar como una cabra **to come/spring to mind** ocurrírsele a algn **to have a (good) mind to do sth** (*coloq*) tener ganas de hacer algo **to have a mind of your own** ser una persona de mente independiente **to have sth/sb in mind (for sth)** tener algo/a algn pensado (para algo) **to keep your mind on sth** concentrarse en algo **to make up your mind** decidir(se) **to my mind** a mi parecer **to put/set/turn your mind to sth** centrarse en algo, proponerse algo **to put/set your/sb's mind at ease/rest** tranquilizarse/ tranquilizar a algn **to take your/sb's mind off sth** distraerse/distraer a algn de algo *Ver tb* BACK¹, BEAR², CHANGE, CLOSE², CROSS, FOCUS, FRAME, GREAT, PREY, SIGHT, SLIP, SOUND², SPEAK, STATE¹, UPPERMOST ◆ *vt, vi* **1** *vt* importar: *Do you mind if I smoke?* ¿Te importa que fume? ◊ *I wouldn't mind a*

drink. No me vendría mal tomar algo. ◊ *I don't mind.* Me da igual. ◊ *Would you mind going tomorrow?* ¿Te importa ir mañana? **3** *vt* preocuparse de: *Don't mind him.* No le hagas caso. **4** *vt, vi* tener cuidado (con): *Mind your head!* ¡Cuidado con la cabeza! LOC **do you mind?** (*irón, pey*) ¿Te importa? **mind you; mind** (*coloq*) a decir verdad **never mind** no importa **never you mind** (*coloq*) no preguntes **to mind your own business** no meterse en lo que no le importa a uno PHR V **to mind out (for sth/sb)** tener cuidado (con algo/algn) **minder** *n* cuidador, -ora **mindful** *adj* (*formal*) consciente **mindless** *adj* tonto

mind-boggling /ˈmaɪnd bɒɡlɪŋ/ *adj* (*coloq*) increíble

mine¹ /maɪn/ *pron pos* mío,-a,-os,-as: *a friend of mine* un amigo mío ◊ *Where's mine?* ¿Dónde está la mía? ☞ *Comparar con* MY

mine² /maɪn/ ◆ *n* mina: *mine worker* minero ◆ *vt* **1** extraer (*minerales*) **2** (*lit y fig*) minar **3** sembrar minas en **miner** *n* minero, -a

minefield /ˈmaɪnfiːld/ *n* **1** campo de minas **2** (*fig*) terreno peligroso/ delicado

mineral /ˈmɪnərəl/ *n* mineral: *mineral water* agua mineral

mingle /ˈmɪŋɡl/ **1** *vi* charlar con gente (*en una fiesta, reunión*): *The president mingled with his guests.* El presidente charló con los invitados. **2** *vi* ~ **(with) sth)** mezclarse (con algo) **3** *vt* mezclar

miniature /ˈmɪnətʃə(r)/; *USA* /ˈmɪnɪətʃʊər/ *n* miniatura

minibus /ˈmɪnibʌs/ *n* (*GB*) microbús

minicab /ˈmɪnikæb/ *n* (*GB*) radiotaxi

minidisc /ˈmɪnidɪsk/ *n* minidisco

minimal /ˈmɪnɪml/ *adj* mínimo

minimize, -ise /ˈmɪnɪmaɪz/ *vt* minimizar

minimum /ˈmɪnɪməm/ ◆ *n* (*pl* **minima** /-mə/) (*abrev* **min**) [*gen sing*] mínimo: *with a minimum of effort* con un esfuerzo mínimo ◆ *adj* mínimo: *There is a minimum charge of...* Se cobra un mínimo de...

mining /ˈmaɪnɪŋ/ *n* minería: *the mining industry* la industria minera

miniskirt /ˈmɪniskɜːt/ *n* minifalda

minister /ˈmɪnɪstə(r)/ ◆ *n* **1** (*USA* **secretary**) ~ **(for/of) sth)** secretario, -a

(de algo) ☛ *Ver nota en* MINISTRO
2 ministro, -a (*protestante*) ☛ *Ver nota
en* PRIEST ◆ *vi* ~ **to sth/sb** (*formal*)
atender a algo/algn **ministerial**
/ˌmɪnɪ'stɪəriəl/ *adj* ministerial

ministry /'mɪnɪstri/ *n* (*pl* -ies) **1** (*Pol*)
ministerio ☛ *Ver nota en* MINISTERIO
2 the ministry el clero (*protestante*):
to enter/go into/take up the ministry
hacerse pastor/sacerdote

mink /mɪŋk/ *n* visón

minor /'maɪnə(r)/ ◆ *adj* **1** secundario:
minor repairs pequeñas reparaciones ◊
minor injuries heridas leves **2** (*Mús*)
menor ◆ *n* menor de edad

minority /maɪ'nɒrəti; USA -'nɔːr-/ *n* (*pl*
-ies) [*v sing o pl*] minoría: *a minority
vote* un voto minoritario LOC **to be in a/
the minority** ser minoría

mint /mɪnt/ ◆ *n* **1** menta **2** pastilla de
menta **3** (*tb* **the Royal Mint**) la Real
Casa de la Moneda **4 a mint** (*coloq*) un
dineral LOC **in mint condition** en perfectas condiciones ◆ *vt* acuñar

minus /'maɪnəs/ ◆ *prep* **1** menos
2 (*temperatura*) bajo cero: *minus five*
cinco bajo cero **3** (*coloq*) sin: *I'm minus
my car today.* Estoy sin coche hoy. ◆
adj **1** (*Mat*) negativo **2** (*Educ*) bajo: *B
minus* (B-) notable bajo ◆ *n* **1** (*tb*
minus sign) (signo) menos **2** (*coloq*)
desventaja: *the pluses and minuses of
sth* los pros y los contras de algo

minute¹ /'mɪnɪt/ *n* **1** minuto **2** minuto,
momento: *Wait a minute!/Just a
minute!* ¡Un momento! **3** instante: *at
that very minute* en ese preciso instante
4 nota (*oficial*) **5 minutes** [*pl*] actas (*de
una reunión*) LOC **not for a/one minute/
moment** (*coloq*) ni por un segundo **the
minute/moment (that)...** en cuanto...

minute² /maɪ'njuːt; USA -'nuːt/ *adj*
(-er, -est) **1** diminuto **2** minucioso
minutely *adv* minuciosamente

miracle /'mɪrəkl/ *n* milagro: *a miracle
cure* una cura milagrosa LOC **to do/
work miracles/wonders** (*coloq*) hacer
milagros **miraculous** /mɪ'rækjələs/
adj **1** milagroso: *He had a miraculous
escape.* Salió ileso de milagro. **2** (*coloq*)
asombroso

mirage /'mɪrɑːʒ, mɪ'rɑːʒ/ *n* espejismo

mirror /'mɪrə(r)/ ◆ *n* **1** espejo: *mirror
image* réplica exacta/imagen invertida
2 (*en coche*) retrovisor **3** (*fig*) reflejo ◆
vt reflejar

mirth /mɜːθ/ *n* (*formal*) **1** risa **2** alegría

misadventure /ˌmɪsəd'ventʃə(r)/ *n*
1 (*formal*) desgracia **2** (*Jur*): *death by
misadventure* muerte accidental

misbehave /ˌmɪsbɪ'heɪv/ *vi* portarse
mal **misbehaviour** (*USA* **misbehavior**)
n mal comportamiento

miscalculation /ˌmɪskælkju'leɪʃn/ *n*
error de cálculo

miscarriage /ˌmɪs'kærɪdʒ, 'mɪs-/ *n*
(*Med*) aborto (*espontáneo*) LOC **miscarriage of justice** error judicial

miscellaneous /ˌmɪsə'leɪniəs/ *adj*
variado: *miscellaneous expenditure*
gastos varios

mischief /'mɪstʃɪf/ *n* [*incontable*] **1** travesura, diablura: *to keep out of mischief*
no hacer travesuras **2** daño **mis-
chievous** *adj* **1** (*niño*) travieso **2**
(*sonrisa*) pícaro

misconceive /ˌmɪskən'siːv/ *vt* (*formal*) interpretar mal: *a misconceived
project* un proyecto mal planteado
misconception *n* idea equivocada: *It is
a popular misconception that...* Es un
error corriente el creer que...

misconduct /ˌmɪs'kɒndʌkt/ *n*
(*formal*) **1** (*Jur*) mala conducta:
professional misconduct error profesional **2** (*Com*) mala administración

miser /'maɪzə(r)/ *n* avaro, -a **miserly**
adj (*pey*) **1** avaro **2** mísero

miserable /'mɪzrəbl/ *adj* **1** triste,
infeliz **2** despreciable **3** miserable:
miserable weather tiempo de perros ◊ *I
had a miserable time.* Lo pasé muy mal.
miserably *adv* **1** tristemente **2** misera-
blemente: *Their efforts failed miserably.*
Sus esfuerzos fueron un fracaso total.

misery /'mɪzəri/ *n* (*pl* -ies) **1** tristeza,
sufrimiento: *a life of misery* una vida
de perros **2** [*gen pl*] miseria **3** (*GB,
coloq*) aguafiestas LOC **to put sb out of
their misery** (*lit y fig*) acabar con la
agonía/el sufrimiento de algn

misfortune /ˌmɪs'fɔːtʃuːn/ *n* desgracia

misgiving /ˌmɪs'gɪvɪŋ/ *n* [*gen pl*] duda
(*aprensión*)

misguided /ˌmɪs'gaɪdɪd/ *adj* (*formal*)
equivocado: *misguided generosity* generosidad mal entendida

mishap /'mɪshæp/ *n* **1** contratiempo
2 percance

misinform /ˌmɪsɪn'fɔːm/ *vt* ~ **sb**

(about sth) (*formal*) informar mal a algn (sobre algo)

misinterpret /ˌmɪsɪnˈtɜːprɪt/ *vt* interpretar mal   **misinterpretation** *n* interpretación errónea

misjudge /ˌmɪsˈdʒʌdʒ/ *vt* **1** juzgar mal **2** calcular mal

mislay /ˌmɪsˈleɪ/ *vt* (*pret, pp* **mislaid**) extraviar

mislead /ˌmɪsˈliːd/ *vt* (*pret, pp* **misled** /-ˈled/) ~ **sb** (**about/as to sth**) llevar a conclusiones erróneas a algn (respecto a algo): *Don't be misled by...* No te dejes engañar por... **misleading** *adj* engañoso

mismanagement /ˌmɪsˈmænɪdʒmənt/ *n* mala administración

misogynist /mɪˈsɒdʒɪnɪst/ *n* misógino

misplaced /ˌmɪsˈpleɪst/ *adj* **1** mal colocado **2** (*afecto, confianza*) inmerecido **3** fuera de lugar

misprint /ˈmɪsprɪnt/ *n* errata

misread /ˌmɪsˈriːd/ *vt* (*pret, pp* **misread** /-ˈred/) **1** leer mal **2** interpretar mal

misrepresent /ˌmɪsˌreprɪˈzent/ *vt* ~ **sth/sb** tergiversar algo/las palabras de algn

Miss /mɪs/ *n* señorita ☛ *Ver nota en* SEÑORITA

miss /mɪs/ ♦ **1** *vt, vi* no acertar, fallar: *to miss your footing* dar un traspié **2** *vt* no ver: *You can't miss it.* No tiene pérdida. ◊ *I missed what you said.* Se me escapó lo que dijiste. ◊ *to miss the point* no ver la intención **3** *vt* (*no llegar a tiempo para*) perder **4** *vt* sentir/advertir la falta de **5** *vt* echar de menos **6** *vt* evitar: *to narrowly miss (hitting) sth* esquivar algo por un pelo LOC **not to miss much;** not to miss a trick (*coloq*) ser muy espabilado PHR V **to miss out (on sth)** (*coloq*) perder la oportunidad (de algo) **to miss sth/sb out** olvidarse de algo/a algn ♦ *n* tiro errado LOC **to give sth a miss** (*coloq*) pasar de algo

missile /ˈmɪsaɪl/; *USA* ˈmɪsl/ *n* **1** proyectil **2** (*Mil*) misil

missing /ˈmɪsɪŋ/ *adj* **1** extraviado **2** que falta: *He has a tooth missing.* Le falta un diente. **3** desaparecido: *missing persons* desaparecidos

mission /ˈmɪʃn/ *n* misión

missionary /ˈmɪʃənri; *USA* -neri/ *n* (*pl* -ies) misionero, -a

mist /mɪst/ ♦ *n* **1** neblina ☛ *Comparar con* FOG, HAZE **2** (*fig*) bruma: *lost in the mists of time* perdido en la noche de los tiempos ♦ *v* PHR V **to mist over/up** empañar(se)   **misty** *adj* (**-ier, -iest**) **1** (*tiempo*) con neblina **2** (*fig*) borroso

mistake /mɪˈsteɪk/ ♦ *n* error, equivocación: *to make a mistake* equivocarse   Las palabras **mistake**, **error**, **fault** y **defect** están relacionadas. **Mistake** y **error** significan lo mismo, pero **error** es más formal. **Fault** indica la culpabilidad de una persona: *It's all your fault.* Es todo culpa tuya. También puede indicar una imperfección: *an electrical fault* un fallo eléctrico ◊ *He has many faults.* Tiene muchos defectos. **Defect** es una imperfección más grave.

LOC **and no mistake** (*coloq*) sin duda alguna **by mistake** por equivocación ♦ *vt* (*pret* **mistook** /mɪˈstʊk/ *pp* **mistaken** /mɪˈsteɪkən/) **1** equivocarse de: *I mistook your meaning/what you want.* Entendí mal lo que dijiste. **2** ~ **sth for sth/sb** confundir algo/a algn con algo/algn LOC **there's no mistaking sth/sb** es imposible confundir algo/a algn **mistaken** *adj* ~ (**about sth/sb**) equivocado (sobre algo/algn): *if I'm not mistaken* si no me equivoco **mistakenly** *adv* erróneamente, por equivocación

mister /ˈmɪstə(r)/ *n* (*abrev* **Mr**) señor

mistletoe /ˈmɪsltəʊ/ *n* muérdago

mistook *pret de* MISTAKE

mistreat /ˌmɪsˈtriːt/ *vt* maltratar

mistress /ˈmɪstrəs/ *n* **1** señora *Ver tb* MASTER **2** (*de situación, animal*) dueña **3** (*esp GB*) profesora **4** querida

mistrust /ˌmɪsˈtrʌst/ ♦ *vt* desconfiar de ♦ *n* ~ (**of sth/sb**) desconfianza (hacia algo/algn)

misty *Ver* MIST

misunderstand /ˌmɪsʌndəˈstænd/ *vt, vi* (*pret, pp* **misunderstood** /ˌmɪsʌndəˈstʊd/) entender mal **misunderstanding** *n* **1** malentendido **2** desavenencia

misuse /ˌmɪsˈjuːs/ *n* **1** (*palabra*) mal empleo **2** (*fondos*) malversación **3** abuso

mitigate /ˈmɪtɪɡeɪt/ *vt* (*formal*) mitigar, atenuar

mix /mɪks/ ♦ **1** *vt, vi* mezclar(se) **2** *vi* **to mix (with sth/sb)** tratar con algo/

algn: *She mixes well with other children.* Se relaciona bien con otros niños. LOC **to be/get mixed up in sth** (*coloq*) estar metido/meterse en algo PHR V **to mix sth in(to sth)** añadir algo (a algo) **to mix sth/sb up (with sth/sb)** confundir algo/a algn (con algo/algn) ◆ *n* **1** mezcla **2** (*Cocina*) preparado

mixed *adj* **1** mixto **2** surtido **3** (*tiempo*) variable LOC **to have mixed feelings (about sth/sb)** tener sentimientos encontrados (sobre algo/algn) **mixer** *n* **1** mezclador **2** (*coloq*): *to be a good/bad mixer* ser sociable/insociable **mixture** *n* **1** mezcla **2** combinación

mix-up /'mɪks ʌp/ *n* (*coloq*) confusión

moan /məʊn/ ◆ **1** *vt, vi* gemir, decir gimiendo **2** *vi* ~ **(about sth)** (*coloq*) quejarse (de algo) ◆ *n* **1** gemido **2** (*coloq*) queja

moat /məʊt/ *n* foso (*de castillo*)

mob /mɒb/ ◆ *n* [*v sing o pl*] **1** chusma **2** (*coloq*) banda (*de delincuentes*), mafia ◆ *vt* (-bb-) acosar

mobile /'məʊbaɪl; USA -bl *tb* -bi:l/ ◆ *adj* **1** móvil: *mobile library* biblioteca ambulante ◇ *mobile home* caravana **2** (*cara*) cambiante ◆ *n* **1** (*tb* **mobile phone**) (teléfono) móvil **2** móvil **mobility** /məʊ'bɪləti/ *n* movilidad

mobilize, -ise /'məʊbəlaɪz/ **1** *vt, vi* (*Mil*) movilizar(se) **2** *vt* organizar

mock /mɒk/ ◆ **1** *vt* burlarse de **2** *vi* ~ **(at sth/sb)** burlarse de algo/algn: *a mocking smile* una sonrisa burlona ◆ *n* LOC **to make a mock of sth/sb** poner algo/a algn en ridículo ◆ *adj* **1** ficticio: *mock battle* simulacro de combate **2** falso, de imitación **mockery** *n* [*incontable*] **1** burla **2** ~ **(of sth)** parodia (de algo) LOC **to make a mockery of sth** poner algo en ridículo

mode /məʊd/ *n* (*formal*) **1** (*de transporte*) medio **2** (*de producción*) modo **3** (*de pensar*) forma

model /'mɒdl/ ◆ *n* **1** modelo **2** maqueta: *scale model* maqueta a escala ◇ *model car* coche en miniatura ◆ *vt, vi* (-ll-, USA -l-) pasar modelos, ser modelo PHR V **to model yourself/sth on sth/sb** basarse/basar algo en algo/algn **modelling** (USA **modeling**) *n* **1** modelado **2** trabajo de modelo

modem /'məʊdem/ *n* módem

moderate /'mɒdərət/ ◆ *adj* **1** moderado: *Cook over a moderate heat.*

Cocinar a fuego lento. **2** regular ◆ /'mɒdəreɪt/ *vt, vi* moderar(se): *a moderating influence* una influencia moderadora **moderation** *n* moderación LOC **in moderation** con moderación

modern /'mɒdn/ *adj* moderno: *to study modern languages* estudiar idiomas **modernity** /mə'dɜːnəti/ *n* modernidad **modernize, -ise** *vt, vi* modernizar(se)

modest /'mɒdɪst/ *adj* **1** modesto **2** pequeño, moderado **3** (*suma, precio*) módico **4** ~ **(about sth)** (*aprob*) modesto (con algo) **5** recatado **modesty** *n* modestia

modify /'mɒdɪfaɪ/ *vt* (*pret, pp* **-fied**) modificar ☞ La palabra más normal es **change.**

module /'mɒdjuːl; USA -dʒuːl/ *n* módulo **modular** *adj* modular

mogul /'məʊgl/ *n* magnate

moist /mɔɪst/ *adj* húmedo: *a rich, moist fruit cake* un bizcocho de frutas sabroso y esponjoso ◇ *in order to keep your skin soft and moist* para mantener la piel suave e hidratada

Tanto **moist** como **damp** se traducen por "húmedo"; **damp** es el término más frecuente y puede tener un matiz negativo: *damp walls* paredes con humedad ◇ *Use a damp cloth.* Use un trapo húmedo. ◇ *cold, damp, rainy weather* tiempo frío, húmedo y lluvioso.

moisten /'mɔɪsn/ *vt, vi* humedecer(se) **moisture** /'mɔɪstʃə(r)/ *n* humedad **moisturize, -ise** *vt* hidratar **moisturizer, -iser** *n* crema hidratante

molar /'məʊlə(r)/ *n* molar, muela

mold (USA) Ver MOULD[1,2]

moldy (USA) Ver MOULDY *en* MOULD[2]

mole /məʊl/ *n* **1** lunar **2** (*lit y fig*) topo

molecule /'mɒlɪkjuːl/ *n* molécula **molecular** *adj* molecular

molest /mə'lest/ *vt* agredir sexualmente ☞ *Comparar con* BOTHER, DISTURB

mollify /'mɒlɪfaɪ/ *vt* (*pret, pp* **-fied**) calmar, apaciguar

molten /'məʊltən/ *adj* fundido

mom (USA, *coloq*) Ver MUM

moment /'məʊmənt/ *n* momento, instante: *One moment/Just a moment/Wait a moment.* Un momento. ◇ *I shall only be/I won't be a moment.* En seguida termino. LOC **at a moment's**

tʃ	dʒ	v	θ	ð	s	z	ʃ
chin	June	van	thin	then	so	zoo	she

notice inmediatamente, casi sin aviso **at the moment** de momento, por ahora **for the moment/present** de momento, por ahora **the moment of truth** la hora de la verdad *Ver tb* MINUTE¹, SPUR

momentary /'məʊməntri; *USA* -teri/ *adj* momentáneo **momentarily** *adv* momentáneamente

momentous /mə'mentəs, məʊ'm-/ *adj* trascendental

momentum /mə'mentəm, məʊ'm-/ **1** impulso, ímpetu **2** (*Fís*) momento: *to gain momentum* cobrar velocidad

monarch /'mɒnək/ *n* monarca **monarchy** *n* (*pl* -ies) monarquía

monastery /'mɒnəstri; *USA* -teri/ *n* (*pl* -ies) monasterio

monastic /mə'næstɪk/ *adj* monástico

Monday /'mʌndeɪ, 'mʌndi/ *n* (*abrev* **Mon**) lunes ☞ Los nombres de los días de la semana en inglés llevan mayúscula: *every Monday* todos los lunes ◊ *last/next Monday* el lunes pasado/que viene ◊ *the Monday before last/after next* hace dos lunes/dentro de dos lunes ◊ *Monday morning/evening* el lunes por la mañana/tarde ◊ *Monday week/a week on Monday* el lunes que viene no, el siguiente ◊ *I'll see you (on) Monday.* Nos veremos el lunes. ◊ *We usually play badminton on Mondays/on a Monday.* Solemos jugar al bádminton los lunes. ◊ *The museum is open Monday to Friday.* El museo abre de lunes a viernes. ◊ *Did you read the article about Italy in Monday's paper?* ¿Leíste el artículo sobre Italia en el periódico del lunes?

monetary /'mʌnɪtri; *USA* -teri/ *adj* monetario

money /'mʌni/ *n* [*incontable*] dinero: *to spend/save money* gastar/ahorrar dinero ◊ *to earn/make money* ganar/hacer dinero ◊ *money worries* preocupaciones económicas LOC **to get your money's worth** recibir buena calidad (*en una compra o servicio*)

monitor /'mɒnɪtə(r)/ ◆ *n* **1** (*TV, Informát*) monitor ☞ Ver dibujo en ORDENADOR **2** (*elecciones*) observador, -ora ◆ *vt* **1** controlar, observar **2** (*Radio*) escuchar **monitoring** *n* control, supervisión

monk /mʌŋk/ *n* monje

monkey /'mʌŋki/ *n* (*pl* -eys) **1** mono **2** (*coloq*) (*niño*) diablillo

monogamy /mə'nɒɡəmi/ *n* monogamia **monogamous** *adj* monógamo

monolithic /ˌmɒnə'lɪθɪk/ *adj* (*lit y fig*) monolítico

monologue (*USA tb* **monolog**) /'mɒnəlɒɡ; *USA* -lɔːɡ/ *n* monólogo

monopolize, -ise /mə'nɒpəlaɪz/ *vt* monopolizar

monopoly /mə'nɒpəli/ *n* (*pl* -ies) monopolio

monoxide /mɒ'nɒksaɪd/ *n* monóxido

monsoon /ˌmɒn'suːn/ *n* **1** monzón **2** época de los monzones

monster /'mɒnstə(r)/ *n* monstruo **monstrous** /'mɒnstrəs/ *adj* monstruoso

monstrosity /mɒn'strɒsəti/ *n* (*pl* -ies) monstruosidad

month /mʌnθ/ *n* mes: *$14 a month* 14 dólares al mes ◊ *I haven't seen her for months.* Hace meses que no la veo.

monthly /'mʌnθli/ ◆ *adj* mensual ◆ *adv* mensualmente ◆ *n* (*pl* -ies) publicación mensual

monument /'mɒnjumənt/ *n* ~ **(to sth)** monumento (a algo) **monumental** /ˌmɒnju'mentl/ *adj* **1** monumental **2** (*fig*) excepcional **3** (*negativo*) garrafal

moo /muː/ *vi* mugir

mood /muːd/ *n* **1** humor: *to be in a good/bad mood* estar de buen/mal humor **2** mal humor: *He's in a mood.* Está de mal humor. **3** ambiente **4** (*Gram*) modo LOC **to be in the/in no mood to do sth/for (doing) sth** (no) estar de humor para (hacer) algo **moody** *adj* (-ier, -iest) **1** de humor antojadizo **2** malhumorado

moon /muːn/ ◆ *n* luna LOC **over the moon** (*coloq*) loco de contento ◆ *vi* ~ **(about/around)** (*coloq*) ir de aquí para allá distraídamente

moonlight /'muːnlaɪt/ ◆ *n* luz de la luna ◆ *vi* (*pret, pp* -lighted) (*coloq*) estar pluriempleado **moonlit** *adj* iluminado por la luna

Moor /mʊə(r)/ *n* moro, -a **Moorish** *adj* moro

moor¹ /mʊə(r)/ *n* **1** páramo **2** (*de caza*) coto

moor² /mʊə(r)/ *vt, vi* ~ **(sth) (to sth)** amarrar (algo) (a algo); echar amarras **mooring** *n* **1** **moorings** [*pl*] amarras **2** amarradero

i:	i	ɪ	e	æ	ɑː	ʌ	ʊ	u:
see	happy	sit	ten	hat	father	cup	put	too

moorland /'muərlənd/ n páramo

mop /mɒp/ ♦ n 1 fregona 2 (pelo) pelambrera ♦ vt (-pp-) 1 limpiar, fregar 2 (cara) enjugarse PHR V **to mop sth up** limpiar algo

mope /məup/ vi abatirse PHR V **to mope about/around** andar deprimido

moped /'məuped/ n ciclomotor

moral /'mɒrəl; USA 'mɔːrəl/ ♦ n 1 moraleja 2 **morals** [pl] moralidad ♦ adj 1 moral 2 a moral tale un cuento con moraleja **moralistic** /ˌmɒrə'lɪstɪk/ adj (gen pey) moralista **morality** /mə'ræləti/ n moral, moralidad: standards of morality valores morales **moralize, -ise** vi ~ (about/on sth) (gen pey) moralizar (sobre algo) **morally** adv moralmente: to behave morally comportarse honradamente

morale /mə'rɑːl; USA -'ræl/ n moral (ánimo)

morbid /'mɔːbɪd/ adj 1 morboso 2 patológico **morbidity** /mɔː'bɪdəti/ n 1 morbosidad 2 patología

more /mɔː(r)/ ♦ adj más: more money than sense más dinero que buen sentido ◊ more food than could be eaten más comida de la que se podía comer ♦ pron más: You've had more to drink than me/than I have. Has bebido más que yo. ◊ more than 50 más de 50 ◊ I hope we'll see more of you. Espero que te veremos más a menudo. ♦ adv 1 más ☞ Se usa para formar comparativos de adjs y advs de dos o más sílabas: more quickly más de prisa ◊ more expensive más caro 2 más: once more una vez más ◊ It's more of a hindrance than a help. Estorba más que ayuda. ◊ That's more like it! ¡Eso es! ◊ even more so aún más LOC **more and more** cada vez más, más y más **more or less** más o menos: more or less finished casi terminado **to be more than happy, glad, willing, etc. to do sth** hacer algo con mucho gusto **what is more** es más, además Ver tb ALL

moreover /mɔːr'əuvə(r)/ adv además, por otra parte

morgue /mɔːg/ n depósito de cadáveres

morning /'mɔːnɪŋ/ n 1 mañana: on Sunday morning el domingo por la mañana ◊ tomorrow morning mañana por la mañana ◊ on the morning of the wedding la mañana de la boda ◊ the

morning papers los periódicos de la mañana 2 madrugada: in the early hours of Sunday morning en la madrugada del domingo ◊ at three in the morning a las tres de la madrugada LOC **good morning!** ¡buenos días! ☞ En el uso familiar, muchas veces se dice simplemente **morning!** en vez de **good morning! in the morning 1** por la mañana: eleven o'clock in the morning las once de la mañana 2 (del día siguiente): I'll ring her up in the morning. La llamaré mañana por la mañana.

Utilizamos la preposición **in** con **morning**, **afternoon** y **evening** para referirnos a un periodo determinado del día: at two o'clock in the afternoon a las dos de la tarde, y **on** para hacer referencia a un punto en el calendario: on a cool May morning en una fría mañana de mayo ◊ on Monday afternoon el lunes por la tarde ◊ on the morning of the 4th of April el cuatro de abril por la mañana. Sin embargo, en combinación con **tomorrow**, **this**, **that** y **yesterday** no se usa preposición: They'll leave this evening. Se marchan esta tarde. ◊ I saw her yesterday morning. La vi ayer por la mañana.

moron /'mɔːrɒn/ n (coloq, ofen) imbécil

morose /mə'rəus/ adj huraño **morosely** adv malhumoradamente

morphine /'mɔːfiːn/ n morfina

morsel /'mɔːsl/ n bocado

mortal /'mɔːtl/ adj, n mortal **mortality** /mɔː'tæləti/ n 1 mortalidad 2 mortandad

mortar /'mɔːtə(r)/ n 1 argamasa, mortero 2 (cañón) mortero 3 mortero, almirez

mortgage /'mɔːgɪdʒ/ ♦ n hipoteca: mortgage (re)payment pago hipotecario ♦ vt hipotecar

mortify /'mɔːtɪfaɪ/ vt (pret, pp -fied) humillar

mortuary /'mɔːtʃəri; USA 'mɔːtʃueri/ n (pl -ies) depósito de cadáveres

mosaic /məu'zeɪk/ n mosaico

Moslem Ver MUSLIM

mosque /mɒsk/ n mezquita

mosquito /məs'kiːtəu, mɒs-/ n (pl -oes) mosquito: mosquito net mosquitero

moss /mɒs; USA mɔːs/ n musgo

u	ɒ	ɔː	ɜː	ə	j	w	eɪ	əu
situation	got	saw	fur	ago	yes	woman	pay	go

most /məʊst/ ◆ *adj* **1** más, la mayor parte de: *Who got (the) most votes?* ¿Quién consiguió más votos? ◇ *We spent most time in Rome.* Pasamos la mayor parte del tiempo en Roma. **2** la mayoría de, casi todo: *most days* casi todos los días ◆ *pron* **1** *I ate (the) most.* Yo fui el que más comió. ◇ *the most I could offer you* lo máximo que le podría ofrecer **2** ~ (of sth/sb) la mayoría (de algo/algn): *most of the day* casi todo el día ◇ *Most of you know.* La mayoría de vosotros lo sabe.

Most es el superlativo de **much** y de **many** y se usa con sustantivos incontables o en plural: *Who's got most time?* ¿Quién es el que tiene más tiempo? ◇ *most children* la mayoría de los niños. Sin embargo, delante de pronombres o cuando el sustantivo al que precede lleva *the* o un adjetivo posesivo o demostrativo, se usa **most of**: *most of my friends* la mayoría de mis amigos ◇ *most of us* la mayoría de nosotros ◇ *most of these records* la mayoría de estos discos.

◆ *adv* **1** más ☞ Se usa para formar el superlativo de locuciones adverbiales, adjetivos y adverbios de dos o más sílabas: *This is the most interesting book I've read for a long time.* Este es el libro más interesante que he leído en mucho tiempo. ◇ *What upset me (the) most was that…* Lo que más me dolió fue que… ◇ *most of all* sobre todo **2** muy: *most likely* muy probablemente **LOC at (the) most** como mucho/máximo, por lo general **mostly** *adv* principalmente

moth /mɒθ; *USA* mɔːθ/ *n* **1** mariposa nocturna **2** polilla

mother /ˈmʌðə(r)/ ◆ *n* madre: *mother-to-be* futura madre ◇ *mother tongue* lengua materna ◆ *vt* **1** criar **2** mimar **motherhood** *n* maternidad **motherly** *adj* maternal

mother-in-law /ˈmʌðər ɪn lɔː/ *n* (*pl* -ers-in-law) suegra

Mother's Day *n* día de la madre

motif /məʊˈtiːf/ *n* **1** motivo, adorno **2** tema

motion /ˈməʊʃn/ ◆ *n* **1** movimiento: *motion picture* película de cine **2** (*en reunión*) moción **LOC to go through the motions (of doing sth)** (*coloq*) fingir (hacer algo) **to put/set sth in motion** poner algo en marcha *Ver tb* SLOW ◆ **1** *vi* ~ to/for sb to do sth hacer señas a

algn para que haga algo **2** *vt* indicar con señas: *to motion sb in* indicar a algn que entre **motionless** *adj* inmóvil

motivate /ˈməʊtɪveɪt/ *vt* motivar

motive /ˈməʊtɪv/ *n* ~ (for sth) motivo, móvil (de algo): *He had an ulterior motive.* Iba detrás de algo. ☞ La traducción más normal de "motivo" es **reason**.

motor /ˈməʊtə(r)/ *n* **1** motor ☞ *Ver nota en* ENGINE **2** (*GB, antic, joc*) coche **motoring** *n* automovilismo **motorist** *n* conductor, -ora de coche **motorize, -ise** *vt* motorizar

motorbike /ˈməʊtəbaɪk/ *n* moto

motor boat *n* lancha motora

motor car *n* (*GB, formal, antic*) coche

motorcycle /ˈməʊtəsaɪkl/ *n* motocicleta **motorcycling** *n* motociclismo

motor racing *n* carreras de coches, automovilismo

motorway /ˈməʊtəweɪ/ *n* (*USA* freeway) autopista

mottled /ˈmɒtld/ *adj* moteado

motto /ˈmɒtəʊ/ *n* (*pl* -oes) lema

mould¹ (*USA* mold) /məʊld/ ◆ *n* molde ◆ *vt* moldear

mould² (*USA* mold) /məʊld/ *n* moho **mouldy** (*USA* moldy) *adj* mohoso

mound /maʊnd/ *n* **1** montículo **2** montón

mount /maʊnt/ ◆ *n* **1** monte **2** soporte, montura **3** (*animal*) montura, caballería **4** (*de cuadro*) marco ◆ **1** *vt* (*caballo, etc.*) subirse a **2** *vt* (*cuadro*) enmarcar **3** *vt* organizar, montar **4** *vt* instalar **5** *vi* ~ (up) (to sth) crecer (hasta alcanzar algo) **mounting** *adj* creciente

mountain /ˈmaʊntən; *USA* -ntn/ *n* **1** montaña: *mountain range* cordillera **2** the mountains [*pl*] (*por contraste con la costa*) la montaña **3** ~ of sth (*fig*) montaña de algo **mountaineer** /ˌmaʊntəˈnɪə(r)/ *n* alpinista **mountaineering** /ˌmaʊntəˈnɪərɪŋ/ *n* alpinismo **mountainous** /ˈmaʊntənəs/ *adj* montañoso

mountain bike *n* bicicleta de montaña

mountainside /ˈmaʊntənsaɪd/ *n* falda de montaña

mourn /mɔːn/ **1** *vi* lamentarse **2** *vi* estar de luto **3** *vt*: *to mourn sth/sb* lamentar algo/llorar la muerte de algn **mourner** *n* doliente **mournful** *adj* triste, lúgubre **mourning** *n* luto, duelo: *in mourning* de luto

mouse /maʊs/ *n* (*pl* **mice** /maɪs/) ratón ☞ *Ver dibujo en* ORDENADOR

mousse /muːs/ *n* **1** mousse **2** espuma (*para el pelo*)

moustache /məˈstɑːʃ/ (*USA* **mustache** /ˈmʌstæʃ/) *n* bigote(s)

mouth /maʊθ/ *n* (*pl* ~s /maʊðz/) **1** boca **2** (*de río*) desembocadura LOC *Ver* LOOK¹

mouthful *n* **1** bocado **2** (*líquido*) trago

mouthpiece /ˈmaʊθpiːs/ *n* **1** (*Mús*) boquilla **2** (*de teléfono*) micrófono **3** (*fig*) portavoz

movable /ˈmuːvəbl/ *adj* movible

move /muːv/ ◆ *n* **1** movimiento **2** (*de casa*) mudanza **3** (*de trabajo*) cambio **4** (*ajedrez, etc.*) jugada, turno **5** paso LOC **to get a move on** (*coloq*) darse prisa **to make a move 1** actuar **2** ponerse en marcha *Ver tb* FALSE ◆ **1** *vi* mover(se): *Don't move!* ¡No te muevas! ◊ *It's your turn to move.* Te toca mover. **2** *vt, vi* trasladar(se), cambiar(se) (de sitio): *He has been moved to London.* Lo han trasladado a Londres. ◊ *I'm going to move the car before they give me a ticket.* Voy a cambiar el coche de sitio antes de que me pongan una multa. ◊ *They sold the house and moved to Scotland.* Vendieron la casa y se trasladaron a Escocia. **3** *vi* ~ (**in**)/(**out**) mudarse: *They had to move out.* Tuvieron que dejar la casa. **4** *vt* ~ **sb** conmover a algn **5** *vt* ~ **sb** (**to do sth**) inducir a algn (a hacer algo) LOC **to move house** cambiar de casa, mudarse (de casa) *Ver tb* KILL PHR V **to move about/around** moverse (de acá para allá)

to move (sth) away alejarse, alejar algo

to move forward avanzar

to move in instalarse

to move on seguir (viajando)

to move out mudarse

movement /ˈmuːvmənt/ *n* **1** movimiento **2** ~ (**towards/away from sth**) tendencia (hacia/a distanciarse de algo) **3** (*Mec*) mecanismo

movie /ˈmuːvi/ *n* (*esp USA*) película (*de cine*): *to go to the movies* ir al cine ◊ *movie stars* estrellas de cine

moving /ˈmuːvɪŋ/ *adj* **1** móvil **2** conmovedor

mow /məʊ/ *vt* (*pret* **mowed** *pp* **mown** /məʊn/ *o* **mowed**) segar, cortar

PHR V to mow sb down aniquilar a algn **mower** *n* cortacésped

MP /ˌem ˈpiː/ *n* (*abrev de* **Member of Parliament**) (*GB*) diputado, -a ☞ *Ver nota en* PARLIAMENT

Mr /ˈmɪstə(r)/ *abrev* señor

Mrs /ˈmɪsɪz/ *abrev* señora

Ms /mɪz, məz/ *abrev* señora ☞ *Ver nota en* SEÑORITA

MSP /ˌem es ˈpiː/ *n* (*abrev de* **Member of the Scottish Parliament**) (*GB*) diputado, -a en el parlamento escocés

much /mʌtʃ/ ◆ *adj* mucho: *so much traffic* tanto tráfico ◆ *pron* mucho: *How much is it?* ¿Cuánto es? ◊ *as much as you can* todo lo que puedas ◊ *for much of the day* la mayor parte del día ☞ *Ver notas en* MANY *y* MUCHO ◆ *adv* mucho: *Much to her surprise...* Para gran sorpresa suya... ◊ *much-needed* muy necesario ◊ *much too cold* demasiado frío LOC **much as** por más que **much the same** prácticamente igual **not much of a...**: *He's not much of an actor.* No es gran cosa como actor. *Ver tb* AS, HOW, SO, TOO

muck /mʌk/ ◆ *n* **1** estiércol **2** (*esp GB, coloq*) porquería ◆ *v* (*esp GB, coloq*) PHR V **to muck about/around** hacer el indio **to muck sth up** echar algo a perder **mucky** *adj* (**-ier, -iest**) sucio

mucus /ˈmjuːkəs/ *n* [*incontable*] mucosidad

mud /mʌd/ *n* barro, lodo LOC *Ver* CLEAR **muddy** *adj* (**-ier, -iest**) **1** embarrado: *muddy footprints* pisadas de barro **2** (*fig*) turbio, poco claro

muddle /ˈmʌdl/ ◆ *vt* **1** ~ **sth** (**up**) revolver algo **2** ~ **sth/sb** (**up**) armar un lío con algo/a algn **3** ~ **A** (**up**) **with B**; ~ **A and B** (**up**) confundir A con B ◆ *n* **1** desorden **2** ~ (**about/over sth**) confusión, lío (con algo): *to get (yourself) into a muddle* armarse un lío **muddled** *adj* enrevesado

mudguard /ˈmʌdgɑːd/ *n* guardabarros

muffin /ˈmʌfɪn/ *n* **1** (*GB*) tipo de bollo que se come caliente con mantequilla **2** magdalena

muffled /ˈmʌfld/ *adj* **1** (*grito*) ahogado **2** (*voz*) apagado **3** ~ (**up**) (**in sth**) (*ropa*) arrebujado (en algo)

mug /mʌg/ ◆ *n* **1** taza (alta) ☞ *Ver dibujo en* TAZA **2** (*coloq, pey, joc*) jeta **3** (*coloq*) bobo, -a LOC **a mug's game**

tʃ	dʒ	v	θ	ð	s	z	ʃ
chin	June	van	thin	then	so\	zoo	she

muggy

(GB, pey) una pérdida de tiempo ◆ *vt*
(-gg-) atracar **mugger** *n* atracador, -ora
mugging *n* atraco

muggy /'mʌgi/ *adj* (**-ier. -iest**) bochornoso *(tiempo)*

mulberry /'mʌlbəri; *USA* 'mʌlberi/ *n*
1 *(tb* **mulberry tree. mulberry bush**)
morera **2** mora **3** morado

mule /mjuːl/ *n* **1** mulo, -a **2** babucha,
chinela

mull /mʌl/ *v* PHR V **to mull sth over**
meditar algo

multicoloured *(USA* **multicolored)**
/ˌmʌlti'kʌləd/ *adj* multicolor

multilingual /ˌmʌlti'lɪŋgwəl/ *adj*
políglota

multimedia /ˌmʌlti'miːdiə/ *adj* multimedia

multinational /ˌmʌlti'næʃnəl/ *adj, n*
multinacional

multiple /'mʌltɪpl/ ◆ *adj* múltiple ◆
n múltiplo

multiple sclerosis /ˌmʌltɪpl sklə-
'rəʊsɪs/ *n* esclerosis múltiple

multiplex /'mʌltɪpleks/ *(GB tb* **multiplex cinema**) *n* cine multisalas

multiplication /ˌmʌltɪplɪ'keɪʃn/ *n*
multiplicación: *multiplication table/
sign* tabla/signo de multiplicar

multiplicity /ˌmʌltɪ'plɪsəti/ *n* ~ **of sth**
multiplicidad de algo

multiply /'mʌltɪplaɪ/ *vt, vi* (*pret, pp*
-lied) multiplicar(se)

multi-purpose /ˌmʌlti 'pɜːpəs/ *adj*
multiuso

multi-storey /ˌmʌlti 'stɔːri/ *adj* de
varios pisos: *multi-storey car park* aparcamiento de varios pisos

multitude /'mʌltɪtjuːd; *USA* -tuːd/ *n*
(formal) multitud

mum /mʌm/ *(USA* **mom** /mɒm/) *n*
(coloq) mamá

mumble /'mʌmbl/ *vt, vi* musitar, farfullar: *Don't mumble.* Habla alto y claro.

mummy /'mʌmi/ *n* (*pl* **-ies**) **1** *(USA*
mommy /'mɒmi/) *(coloq)* mamá **2** momia

mumps /mʌmps/ *n* [*sing*] paperas

munch /mʌntʃ/ *vt, vi* ~ **(on) sth** ronzar,
mascar algo

mundane /mʌn'deɪn/ *adj* corriente,
mundano

municipal /mjuː'nɪsɪpl/ *adj* municipal

munitions /mjuː'nɪʃnz/ *n* [*pl*] municiones

mural /'mjʊərəl/ *n* mural

murder /'mɜːdə(r)/ ◆ *n* asesinato,
homicidio ☞ *Comparar con* HOMICIDE,
MANSLAUGHTER LOC **to be murder** *(coloq)*
ser una pesadilla, ser de locos: *It's
murder trying to park round here.* Es
una pesadilla aparcar aquí. **to get away
with murder** *(frec joc, coloq)* hacer lo
que le dé la gana a uno ◆ *vt* asesinar,
matar ☞ *Ver nota en* ASESINAR **murderer**
n asesino, -a **murderous** *adj* **1** homicida: *a murderous look* una mirada
asesina **2** *(muy desagradable)* matador

murky /'mɜːki/ *adj* (**-ier, -iest**)
1 lóbrego, sombrío **2** *(lit y fig)* turbio

murmur /'mɜːmə(r)/ ◆ *n* murmullo
LOC **without a murmur** sin rechistar ◆
vt, vi susurrar

muscle /'mʌsl/ ◆ *n* **1** músculo: *Don't
move a muscle!* ¡No muevas ni las pestañas! **2** *(fig)* poder ◆ *v* PHR V **to muscle
in (on sth/sb)** *(coloq, pey)* participar
sin derecho (en algo) **muscular** *adj*
1 muscular **2** musculoso

muse /mjuːz/ ◆ *n* musa ◆ **1** *vi* ~
(about/over/on/upon sth) meditar
(algo); reflexionar (sobre algo) **2** *vt*:
'How interesting!' he mused. —¡Qué
interesante!, dijo pensativo.

museum /mjuː'ziːəm/ *n* museo

Museum se utiliza para referirse a los
museos en los que se exponen
esculturas, piezas históricas, cien-
tíficas, etc. **Gallery** o **art gallery** se
utilizan para referirse a museos en los
que se exponen principalmente
cuadros y esculturas.

mushroom /'mʌʃrum, -ruːm/ ◆ *n*
seta, champiñón ◆ *vi* *(a veces pey)*
crecer como hongos

mushy /'mʌʃi/ *adj* **1** blando **2** *(coloq,
pey)* sensiblero

music /'mjuːzɪk/ *n* **1** música: *a piece of
music* una pieza musical **2** *(texto)* partitura **musical** *adj* musical, de música: *to
be musical* tener talento para la música
musical *n* comedia musical

music hall *n* teatro de variedades

musician /mjuː'zɪʃn/ *n* músico

musk /mʌsk/ *n* (perfume de) almizcle

musket /'mʌskɪt/ *n* mosquete

Muslim /'mʊzlɪm; *USA* 'mʌzləm/ *(tb*
Moslem /'mɒzləm/) *adj, n* musulmán,
-ana *Ver tb* ISLAM

iː	i	ɪ	e	æ	ɑː	ʌ	ʊ	uː
see	happy	sit	ten	hat	father	cup	put	too

muslin /'mʌzlɪn/ n muselina

mussel /'mʌsl/ n mejillón

must /məst, mʌst/ ♦ v modal (neg **must not** o **mustn't** /'mʌsnt/)

Must es un verbo modal al que sigue un infinitivo sin TO, y las oraciones interrogativas y negativas se construyen sin el auxiliar do: Must you go? ¿Tienes que irte? ◊ We mustn't tell her. No debemos decírselo. **Must** solo tiene la forma del presente: I must leave early. Tengo que salir temprano. Cuando necesitamos otras formas utilizamos **to have to**: He'll have to come tomorrow. Tendrá que venir mañana. ◊ We had to eat quickly. Tuvimos que comer rápido. Ver tb págs 322-23.

• **obligación y prohibición** deber, tener que: 'Must you go so soon?' 'Yes, I must.' —¿Tienes que irte tan pronto? —Sí.

Must se emplea para dar órdenes o para hacer que alguien o uno mismo siga un determinado comportamiento: The children must be back by four. Los niños tienen que volver a las cuatro. ◊ I must stop smoking. Tengo que dejar de fumar. Cuando las órdenes son impuestas por un agente externo, p. ej. por una ley, una regla, etc., usamos **to have to**: The doctor says I have to stop smoking. El médico dice que tengo que dejar de fumar. ◊ You have to send it before Tuesday. Tiene que mandarlo antes del martes. En negativa, **must not** o **mustn't** expresan una prohibición: You mustn't open other people's post. No debes abrir el correo de otras personas. Sin embargo, **haven't got to** o **don't have to** expresan que algo no es necesario, es decir, que hay una ausencia de obligación: You don't have to go if you don't want to. No tienes que ir si no quieres.

• **sugerencia** tener que: You must come to lunch one day. Tienes que venir a comer un día de estos. ☞ En la mayoría de los casos, para hacer sugerencias y dar consejos se usa **ought to** o **should**.

• **probabilidad** deber de: You must be hungry. Debes de tener hambre. ◊ You must be Mr Smith. Vd. debe de ser el señor Smith.

LOC **if I, you, etc. must** si no hay más remedio

♦ n (coloq): It's a must. Es imprescindi-

ble. ◊ His new book is a must. Su último libro, no te lo puedes perder.

mustache (USA) Ver MOUSTACHE

mustard /'mʌstəd/ n 1 (planta, semilla y salsa) mostaza 2 color mostaza

muster /'mʌstə(r)/ 1 vt, vi reunir(se) 2 vt reunir, juntar: to muster (up) enthusiasm cobrar entusiasmo ◊ to muster a smile conseguir sonreír

musty /'mʌsti/ adj (-ier, -iest) 1 rancio: to smell musty oler a rancio 2 (pey) (fig) pasado, rancio, viejo

mutant /'mju:tənt/ adj, n mutante

mutate /mju:'teɪt; USA 'mju:teɪt/ 1 vi ~ (into sth) transformarse (en algo) 2 vi ~ (into sth) (Biol) mutar (a algo) 3 vt mutar **mutation** n mutación

mute /mju:t/ ♦ adj mudo ♦ n 1 (Mús) sordina 2 (antic, persona) mudo, -a ☞ Ver nota en MUDO ♦ vt 1 amortiguar 2 (Mús) poner sordina a **muted** adj 1 (sonidos, colores) apagado 2 (crítica, etc.) velado 3 (Mús) sordo

mutilate /'mju:tɪleɪt/ vt mutilar

mutiny /'mju:təni/ n (pl -ies) motín **mutinous** adj (fig) rebelde

mutter /'mʌtə(r)/ 1 vt, vi ~ (sth) (to sb) (about sth) hablar entre dientes, murmurar (algo) (a algn) (sobre algo) 2 vi ~ (about/against/at sth/sb) refunfuñar (de algo/algn)

mutton /'mʌtn/ n (carne de) carnero ☞ Ver nota en CARNE

mutual /'mju:tʃuəl/ adj 1 mutuo 2 común: a mutual friend un amigo común **mutually** adv mutuamente: mutually beneficial beneficioso para ambas partes

muzzle /'mʌzl/ ♦ n 1 hocico 2 bozal 3 (de arma de fuego) boca ♦ vt 1 poner bozal 2 (fig) amordazar

my /maɪ/ adj pos mi, mío: It was my fault. Ha sido culpa mía/mi culpa. ◊ My God! ¡Dios mío! ◊ My feet are cold. Tengo los pies fríos.

En inglés se usa el posesivo delante de partes del cuerpo y prendas de vestir. Comparar con MINE 1

myopia /maɪ'əʊpiə/ n miopía **myopic** /maɪ'ɒpɪk/ adj miope

myriad /'mɪriəd/ ♦ n miríada ♦ adj: their myriad activities sus muchas actividades

myself /maɪ'self/ pron 1 [uso reflexivo]

u	ɒ	ɔː	ɜː	ə	j	w	eɪ	əʊ
situation	got	saw	fur	ago	yes	woman	pay	go

me: *I cut myself.* Me corté. ◊ *I said to myself...* Dije para mí... **2** [*uso enfático*] yo mismo, -a: *I myself will do it.* Yo misma lo haré. LOC **(all) by myself** solo

mysterious /mɪˈstɪəriəs/ *adj* misterioso

mystery /ˈmɪstri/ *n* (*pl* **-ies**) **1** misterio: *It's a mystery to me.* No logro entenderlo. **2 mystery tour** viaje sorpresa ◊ *the mystery assailant* el agresor misterioso **3** obra de teatro, novela, etc. de misterio

mystic /ˈmɪstɪk/ ◆ *n* místico, -a ◆ *adj*

(*tb* **mystical**) místico **mysticism** *n* misticismo, mística

mystification /ˌmɪstɪfɪˈkeɪʃn/ *n* **1** misterio, perplejidad **2** (*pey*) confusión (*deliberada*)

mystify /ˈmɪstɪfaɪ/ *vt* (*pret, pp* **-fied**) dejar perplejo **mystifying** *adj* desconcertante

mystique /mɪˈstiːk/ *n* [*sing*] misterio

myth /mɪθ/ *n* mito **mythical** *adj* mítico

mythology /mɪˈθɒlədʒi/ *n* mitología **mythological** /ˌmɪθəˈlɒdʒɪkl/ *adj* mitológico

Nn

N, n /en/ *n* (*pl* **N's**, **n's** /enz/) N, n: *N for Nellie* N de nata ☞ *Ver ejemplos en* A, A

naff /næf/ *adj* (*GB, coloq*) hortera

nag /næg/ *vt, vi* (**-gg-**) **to nag (at) sb 1** dar la lata a algn **2** regañar a algn **3** (*dolor, sospecha*) corroer a algn **nagging** *adj* **1** (*dolor, sospecha*) persistente **2** (*persona*) criticón, pesado

nail /neɪl/ ◆ *n* **1** uña: *nail file* lima de uñas ◊ *nail varnish* esmalte de uñas *Ver tb* FINGERNAIL, TOENAIL **2** clavo LOC *Ver* FIGHT, HIT ◆ *v* PHR V **to nail sb down (to sth)** conseguir que algn se comprometa (a algo), conseguir que algn dé una respuesta concreta (sobre algo) **to nail sth to sth** clavar algo a/en algo

naive (*tb* **naïve**) /naɪˈiːv/ *adj* ingenuo

naked /ˈneɪkɪd/ *adj* **1** desnudo: *stark naked* en cueros

"Desnudo" se traduce de tres formas en inglés: **bare**, **naked** y **nude**. **Bare** se usa para referirse a partes del cuerpo: *bare arms*, **naked** generalmente se refiere a todo el cuerpo: *a naked body* y **nude** se usa para hablar de desnudos artísticos y eróticos.

2 (*llama*) descubierto LOC **with the naked eye** a simple vista

name /neɪm/ ◆ *n* **1** nombre: *What's your name?* ¿Cómo te llamas? */first/ Christian name* nombre (de pila) **2** apellido ☞ *Comparar con* SURNAME **3** fama **4** personaje LOC **by name** de nombre **by/of the name of** (*formal*) llamado **in**

the name of sth/sb en nombre de algo/ algn *Ver tb* CALL ◆ *vt* **1** ~ **sth/sb sth** llamar algo/a algn algo **2** ~ **sth/sb (after sb)** (*USA*) ~ **sth/sb (for sb)** poner nombre a algn; poner a algo/algn el nombre de algn **3** (*identificar*) nombrar **4** (*fecha, precio*) fijar

nameless /ˈneɪmləs/ *adj* anónimo, sin nombre

namely /ˈneɪmli/ *adv* a saber

namesake /ˈneɪmseɪk/ *n* tocayo, -a

nanny /ˈnæni/ *n* (*pl* **-ies**) (*GB*) niñera

nap /næp/ *n* sueñecito, siesta: *to have/ take a nap* echarse una siesta

nape /neɪp/ (*tb* **nape of the neck**) *n* nuca

napkin /ˈnæpkɪn/ *n* (*tb* **table napkin**) servilleta

nappy /ˈnæpi/ *n* (*pl* **-ies**) (*USA* **diaper**) pañal

narcotic /nɑːˈkɒtɪk/ *adj, n* narcótico

narrate /nəˈreɪt; *USA* ˈnæreɪt/ *vt* narrar, contar **narrator** *n* narrador, -ora

narrative /ˈnærətɪv/ ◆ *n* **1** relato **2** narrativa ◆ *adj* narrativo

narrow /ˈnærəʊ/ ◆ *adj* (**-er, -est**) **1** estrecho **2** limitado **3** (*ventaja, mayoría*) escaso LOC **to have a narrow escape** escaparse por los pelos ◆ *vt, vi* hacer(se) más estrecho, estrechar(se), disminuir PHR V **to narrow (sth) down to sth** reducir algo/reducirse a algo

aɪ	aʊ	ɔɪ	ɪə	eə	ʊə	ʒ	h	ŋ
five	now	join	near	hair	pure	vision	how	sing

narrowly adv: *He narrowly escaped drowning.* Por poco se ahogó.

narrow-minded /ˌnærəʊ ˈmaɪndɪd/ adj estrecho de miras

nasal /ˈneɪzl/ adj **1** nasal **2** (voz) gangoso

nasty /ˈnɑːsti; USA ˈnæs-/ adj (-ier, -iest) **1** desagradable **2** (olor) repugnante **3** (persona) antipático: *to be nasty to sb* tratar muy mal a algn **4** (situación, crimen) feo **5** grave, peligroso: *That's a nasty cut.* ¡Qué corte tan malo!

nation /ˈneɪʃn/ n nación

national /ˈnæʃnəl/ ◆ adj nacional: *national service* servicio militar ◆ n ciudadano, -a, súbdito, -a

National Health Service n (abrev **NHS**) servicio de asistencia sanitaria de la Seguridad Social

National Insurance n (GB) Seguridad Social: *National Insurance contributions* contribuciones a la Seguridad Social

nationalism /ˈnæʃnəlɪzəm/ n nacionalismo **nationalist** adj, n nacionalista

nationality /ˌnæʃəˈnæləti/ n (pl -ies) nacionalidad

nationalize, -ise /ˈnæʃnəlaɪz/ vt nacionalizar

nationally /ˈnæʃnəli/ adv nacionalmente, a escala nacional

nationwide /ˌneɪʃnˈwaɪd/ adj, adv en todo el territorio nacional, a escala nacional

native /ˈneɪtɪv/ ◆ n **1** nativo, -a, natural **2** (frec pey) indígena **3** (se traduce por adj) originario: *The koala is a native of Australia.* El koala es originario de Australia. ◆ adj **1** natal: *native land* patria ◊ *native language* lengua materna **2** indígena, nativo **3** innato **4** ~ **to...** originario de...

natural /ˈnætʃrəl/ adj **1** natural **2** nato, innato

naturalist /ˈnætʃrəlɪst/ n naturalista

naturally /ˈnætʃrəli/ adv **1** naturalmente, con naturalidad **2** por supuesto

nature /ˈneɪtʃə(r)/ n **1** (tb **Nature**) naturaleza **2** carácter: *good nature* buen carácter ◊ *It's not in her nature to...* No es capaz de... **3** [sing] tipo, índole LOC **in the nature of sth** como algo

naughty /ˈnɔːti/ adj (-ier, -iest) **1** (coloq) travieso: *to be naughty* portarse mal **2** atrevido

nausea /ˈnɔːziə; USA ˈnɔːʒə/ n náusea

nauseating /ˈnɔːzieɪtɪŋ/ adj asqueroso, nauseabundo

nautical /ˈnɔːtɪkl/ adj náutico

naval /ˈneɪvl/ adj naval, marítimo

nave /neɪv/ n nave (de una iglesia)

navel /ˈneɪvl/ n ombligo

navigate /ˈnævɪgeɪt/ **1** vi navegar **2** vi (en coche) guiar **3** vt (barco) gobernar **4** vt (río, mar) navegar por **navigation** n **1** navegación **2** náutica **navigator** n navegante

navy /ˈneɪvi/ n **1** (pl -ies) flota **2** the **navy, the Navy** [v sing o pl] la armada **3** (tb **navy blue**) azul marino

Nazi /ˈnɑːtsi/ n nazi

near /nɪə(r)/ ◆ adj (-er, -est) **1** (lit) cercano: *Which town is nearer?* ¿Qué ciudad está más cerca? ◊ *to get nearer* acercarse

Nótese que antes de sustantivo se usa el adjetivo **nearby** en vez de **near**: *a nearby village* un pueblo cercano ◊ *The village is very near.* El pueblo está muy cerca. Sin embargo, cuando queremos utilizar otras formas del adjetivo, como el superlativo, tenemos que utilizar **near**: *the nearest shop* la tienda más cercana.

2 (fig) próximo: *in the near future* en un futuro próximo ◆ prep cerca de: *I live near the station.* Vivo cerca de la estación. ◊ *Is there a bank near here?* ¿Hay algún banco cerca de aquí? ◊ *near the beginning* hacia el principio ◆ adv (-er, -est) cerca: *I live quite near.* Vivo bastante cerca. ◊ *We are getting near to Christmas.* Ya falta poco para la Navidad.

Nótese que *I live nearby* es más corriente que *I live near*, pero **nearby** no suele ir modificado por **quite**, **very**, etc.: *I live quite near.*

LOC **not anywhere near**; **nowhere near** para nada: *It's nowhere near the colour I'm looking for.* No es ni parecido al color que ando buscando. *Ver tb* HAND ◆ vt, vi acercarse (a)

nearby /ˌnɪəˈbaɪ/ ◆ adj cercano ◆ adv cerca: *She lives nearby.* Vive cerca (de aquí/allí). ☞ *Ver nota en* NEAR

nearly /ˈnɪəli/ adv casi: *He nearly won.* Por poco ganó.

A menudo **almost** y **nearly** son intercambiables. Sin embargo, solo

tʃ	dʒ	v	θ	ð	s	z	ʃ
chin	June	van	thin	then	so	zoo	she

almost se puede usar para calificar otro adverbio en **-ly**: *almost completely* casi completamente, y solo **nearly** puede ser calificado por otros adverbios: *I very nearly left.* Me faltó muy poco para irme.

LOC **not nearly** ni con mucho, para nada

neat /niːt/ *adj* (**-er, -est**) **1** ordenado, bien cuidado **2** (*persona*) pulcro y ordenado **3** (*letra*) claro **4** (*esp USA, coloq*) estupendo **5** (*bebida*) solo **neatly** *adv* **1** ordenadamente, pulcramente **2** hábilmente

necessarily /ˌnesəˈserəli, ˈnesəsərəli/ *adv* forzosamente, necesariamente

necessary /ˈnesəsəri; USA -seri/ *adj* **1** necesario: *Is it necessary for us to meet/necessary that we meet?* ¿Es necesario que nos reunamos? ◊ *if necessary* si resulta necesario **2** inevitable

necessitate /nəˈsesɪteɪt/ *vt* (*formal*) requerir

necessity /nəˈsesəti/ *n* (*pl* **-ies**) **1** necesidad **2** artículo de primera necesidad

neck /nek/ *n* cuello: *to break your neck* desnucarse *Ver tb* PAIN LOC **neck and neck (with sth/sb)** a la par (con algo/algn) **(to be) up to your neck in sth** (estar) metido hasta el cuello en algo *Ver tb* BREATHE, MILLSTONE, RISK, SCRUFF, WRING

necklace /ˈnekləs/ *n* collar

neckline /ˈneklaɪn/ *n* escote

necktie /ˈnektaɪ/ *Ver* TIE

need /niːd/ ◆ *v modal* (*neg* **need not** *o* **needn't** /ˈniːdnt/) (*obligación*) tener que: *You needn't have come.* No hacía falta que vinieras. ◊ *Need I explain it again?* ¿Es necesario que lo explique otra vez?

Cuando **need** es un verbo modal le sigue un infinitivo sin TO, y las oraciones interrogativas y negativas se construyen sin el auxiliar *do. Ver tb* págs 322-23.

◆ *vt* **1** necesitar: *Do you need any help?* ¿Necesitas ayuda? ◊ *It needs painting.* Hace falta pintarlo. **2** ~ **to do sth** (*obligación*) tener que hacer algo: *Do we really need to leave so early?* ¿Es realmente necesario que salgamos tan temprano? ☞ En este sentido se puede usar el verbo modal, pero es más formal: *Need we really leave so early?* ◆ *n* ~ (**for sth**) necesidad (de algo) LOC **if**

need be si fuera necesario **to be in need of sth** necesitar algo

needle /ˈniːdl/ *n* aguja LOC *Ver* PIN

needless /ˈniːdləs/ *adj* innecesario LOC **needless to say** ni que decir tiene

needlework /ˈniːdlwɜːk/ *n* [*incontable*] costura, bordado

needy /ˈniːdi/ *adj* necesitado

negative /ˈnegətɪv/ ◆ *adj* negativo ◆ *n* negativo (*de foto*)

neglect /nɪˈglekt/ ◆ *vt* **1** ~ **sth/sb** descuidar algo/a algn **2** ~ **to do sth** olvidar hacer algo ◆ *n* abandono

negligent /ˈneglɪdʒənt/ *adj* negligente **negligence** *n* negligencia

negligible /ˈneglɪdʒəbl/ *adj* insignificante

negotiate /nɪˈgəʊʃieɪt/ **1** *vt, vi* ~ (**sth**) (**with sb**) negociar (algo) (con algn) **2** *vt* (*obstáculo*) salvar **negotiation** *n* [*gen pl*] negociación

neigh /neɪ/ ◆ *vi* relinchar ◆ *n* relincho

neighbour (USA **neighbor**) /ˈneɪbə(r)/ *n* **1** vecino, -a **2** prójimo, -a **neighbourhood** (USA **-borhood**) *n* **1** (*distrito*) barrio **2** (*personas*) vecindario **neighbouring** (USA **-boring**) *adj* vecino, contiguo

neither /ˈnaɪðə(r), ˈniːðə(r)/ ◆ *adj, pron* ninguno ☞ *Ver nota en* NINGUNO ◆ *adv* **1** tampoco

Cuando **neither** significa "tampoco" se puede sustituir por **nor**. Con ambos se utiliza la estructura: **neither/nor** + v aux/v modal + sujeto: *'I didn't go.' 'Neither/nor did I.'* —Yo no fui. —Yo tampoco. ◊ *I can't swim and neither/nor can my brother.* Yo no sé nadar y mi hermano tampoco.

Either puede significar "tampoco", pero requiere un verbo en negativa y su posición en la frase es distinta: *I don't like it, and I can't afford it either.* No me gusta, y tampoco puedo comprarlo. ◊ *My sister didn't go either.* Mi hermana tampoco fue. ◊ *'I haven't seen that film.' 'I haven't either.'* —No he visto esa película. —Yo tampoco.

2 neither... nor ni... ni

neon /ˈniːɒn/ *n* neón

nephew /ˈnevjuː, ˈnefjuː/ *n* sobrino: *I've got two nephews and one niece.* Tengo dos sobrinos y una sobrina.

iː	i	ɪ	e	æ	ɑː	ʌ	ʊ	uː
see	happy	sit	ten	hat	father	cup	put	too

Neptune /'neptjuːn; *USA* -tuːn/ *n* Neptuno

nerd /nɜːd/ *n* (*coloq, pey*) **1** pavo, -a **2** (*tb* **computer nerd**): *He's a complete computer nerd.* Lo único que le interesa son los ordenadores.

nerve /nɜːv/ *n* **1** nervio **2** valor **3** (*pey, coloq*) cara: *You've got a nerve!* ¡Qué cara tienes! LOC **to get on your/sb's nerves** (*coloq*) ponerle a uno/algn los nervios de punta *Ver tb* LOSE

nerve-racking /'nɜːv rækɪŋ/ *adj* que destroza los nervios

nervous /'nɜːvəs/ *adj* **1** (*Anat*) nervioso: *nervous breakdown* depresión nerviosa **2** ~ (**about/of sth/doing sth**) nervioso (ante algo/la idea de hacer algo) ☛ *Ver nota en* NERVIOSO **nervousness** *n* nerviosismo

nest /nest/ *n* (*lit y fig*) nido

nestle /'nesl/ **1** *vi* acurrucarse **2** *vi* (*pueblo*) estar enclavado **3** *vt, vi* ~ (**sth**) **against/on, etc. sth/sb** recostar algo/recostarse sobre algo/algn

net /net/ ♦ *n* **1** (*lit y fig*) red **2** [*incontable*] malla, tul: *net curtains* visillos **3 the Net** (*coloq*) la red: *to surf the Net* navegar por la red ♦ *adj* (*tb* **nett**) **1** (*peso, sueldo*) neto **2** (*resultado*) final **netting** *n* [*incontable*] red: *wire netting* tela metálica

netball /'netbɔːl/ *n* juego parecido al baloncesto muy popular en los colegios de niñas en GB

nettle /'netl/ *n* ortiga

network /'netwɜːk/ ♦ *n* **1** red **2** (*TV*) red de cadenas (de radio y televisión) ♦ *vt* retransmitir

neurotic /njʊə'rɒtɪk; *USA* nʊ-/ *adj, n* neurótico, -a

neutral /'njuːtrəl; *USA* 'nuː-/ *adj* **1** neutral **2** (*color*) neutro

never /'nevə(r)/ *adv* **1** nunca **2** *That will never do.* Eso es totalmente inaceptable. LOC **well, I never (did)!** ¡no me digas! ☛ *Ver notas en* ALWAYS *y* NUNCA

nevertheless /ˌnevəðə'les/ *adv* (*formal*) sin embargo

new /njuː; *USA* nuː/ *adj* (**newer, newest**) **1** nuevo: *What's new?* ¿Qué hay de nuevo? **2 new (to sth)** nuevo (en algo) **3** otro: *a new job* otro trabajo LOC **a new lease of life** (*USA* **a new lease on life**) una nueva vida (**as**) **good**

as new como nuevo *Ver tb* TURN **newly** *adv* recién **newness** *n* novedad

newcomer /'njuːkʌmə(r)/ *n* recién llegado, -a

news /njuːz; *USA* nuːz/ *n* [*incontable*] **1** noticia(s): *The news is not good.* Las noticias no son buenas. ◊ *a piece of news* una noticia ◊ *Have you got any news?* ¿Tienes noticias? ◊ *It's news to me.* Ahora me entero. ☛ *Ver nota en* CONSEJO **2 the news** las noticias, el informativo LOC *Ver* BREAK¹

newsagent /'njuːzeɪdʒənt/ (*USA* **newsdealer**) *n* **1** vendedor, -ora de periódicos **2 newsagent's** quiosco (de periódicos) ☛ *Ver nota en* ESTANCO

newsletter /'njuːzletə(r); *USA* 'nuːz-/ *n* boletín, hoja informativa

newspaper /'njuːzˌpeɪpə(r); *USA* 'nuːz-/ *n* periódico

news-stand /'njuːz stænd; *USA* 'nuːz/ *n* quiosco de periódicos

new year *n* año nuevo: *New Year's Day/Eve* Día de Año Nuevo/Nochevieja

next /nekst/ ♦ *adj* **1** próximo, siguiente: *(the) next time you see her* la próxima vez que la veas ◊ *(the) next day* al día siguiente ◊ *next month* el mes que viene ◊ *It's not ideal, but it's the next best thing.* No es ideal, pero es lo mejor que hay. **2** (*contiguo*) de al lado LOC **the next few days, months, etc.** los próximos/siguientes días, meses, etc. *Ver tb* DAY ♦ **next to** *prep* **1** (*situación*) al lado de, junto a **2** (*orden*) después de **3** casi: *next to nothing* casi nada ◊ *next to last* el penúltimo ♦ *adv* **1** después, ahora: *What shall we do next?* ¿Qué hacemos ahora? ◊ *What did they do next?* ¿Qué hicieron después? **2** *when we next meet* la próxima vez que nos veamos **3** (*comparación*): *the next oldest* el siguiente en antigüedad ♦ **the next** *n* [*sing*] el/la siguiente, el próximo, la próxima: *Who's next?* ¿Quién es el siguiente?

next door *adv* al lado: *They live next door.* Viven en la casa de al lado. **next-door** *adj* de al lado: *next-door neighbour* vecino de al lado

next of kin *n* pariente(s) más cercano(s) *Ver tb* KIN

nibble /'nɪbl/ *vt, vi* ~ (**at sth**) mordisquear, picar (algo)

u	ɒ	ɔː	ɜː	ə	j	w	eɪ	əʊ
sit**u**ation	g**o**t	s**aw**	f**ur**	**a**go	**y**es	**w**oman	p**ay**	g**o**

nice /naɪs/ *adj* (**nicer, nicest**) **1** ~ (**to sb**) simpático, amable (con algn) ☛ Nótese que **sympathetic** se traduce por "compasivo". **2** bonito: *You look nice*. Estás muy guapa. **3** agradable: *to have a nice* NICE *time* pasarlo bien ◊ *It smells nice*. Huele bien. **4** (*tiempo*) bueno(a) LOC **nice and...** (*coloq*) bien, bastante: *nice and warm* calentito **nicely** *adv* **1** bien **2** amablemente

niche /nɪtʃ, niːʃ/ *n* **1** hornacina **2** (*fig*) rincón, lugar

nick /nɪk/ ◆ *n* **1** muesca, corte pequeño, mella **2 the nick** (*GB, coloq*) la chirona, la comisaría LOC **in the nick of time** justo a tiempo ◆ *vt* **1** hacer(se) un corte en, mellar **2** (*coloq*) ~ **sth** (**from sth/sb**) birlar algo (de algo/a algn)

nickel /'nɪkl/ *n* **1** níquel **2** (*Can, USA*) moneda de 5 centavos

nickname /'nɪkneɪm/ ◆ *n* apodo, mote ◆ *vt* apodar

nicotine /'nɪkətiːn/ *n* nicotina

niece /niːs/ *n* sobrina

night /naɪt/ *n* **1** noche: *the night before last* anteanoche ◊ *night school* escuela nocturna ◊ *night shift* turno de noche **2** (*Teat*) representación: *first/opening night* estreno LOC **at night** de noche, por la noche: *ten o'clock at night* a las diez de la noche **good night** buenas noches, hasta mañana (*como fórmula de despedida*) *Ver tb* DAY, DEAD ☛ *Ver nota en* NOCHE

nightclub /'naɪtklʌb/ (*tb* **club**) *n* discoteca, sala de fiestas

nightdress /'naɪtdres/ *n* (*tb coloq* **nightie**) camisón

nightfall /'naɪtfɔːl/ *n* anochecer

nightingale /'naɪtɪŋgeɪl; *USA* -tŋg-/ *n* ruiseñor

nightlife /'naɪtlaɪf/ *n* vida nocturna

nightly /'naɪtli/ ◆ *adv* todas las noches, cada noche ◆ *adj* **1** nocturno **2** (*regular*) de todas las noches

nightmare /'naɪtmeə(r)/ *n* (*lit y fig*) pesadilla **nightmarish** *adj* de pesadilla, espeluznante

night-time /'naɪt taɪm/ *n* noche

nil /nɪl/ *n* **1** (*Dep*) cero **2** nulo

nimble /'nɪmbl/ *adj* (**-er, -est**) **1** ágil **2** (*mente*) despierto

nine /naɪn/ *adj, pron, n* nueve ☛ *Ver ejemplos en* FIVE **ninth 1** *adj* noveno **2** *pron, adv* el noveno, la novena, los

novenos, las novenas **3** *n* novena parte, noveno ☛ *Ver ejemplos en* FIFTH

nineteen /ˌnaɪn'tiːn/ *adj, pron, n* diecinueve ☛ *Ver ejemplos en* FIVE **nineteenth 1** *adj* decimonoveno **2** *pron, adv* el decimonoveno, la decimonovena, los decimonovenos, las decimonovenas **3** *n* diecinueveava parte, diecinueveavo ☛ *Ver ejemplos en* FIFTH

ninety /'naɪnti/ *adj, pron, n* noventa ☛ *Ver ejemplos en* FIFTY, FIVE **ninetieth 1** *adj, pron* nonagésimo **2** *n* noventava parte, noventavo ☛ *Ver ejemplos en* FIFTH

nip /nɪp/ (**-pp-**) **1** *vt* pellizcar **2** *vi* (*coloq*) correr: *to nip out* salir un momento

nipple /'nɪpl/ *n* pezón, tetilla

nitrogen /'naɪtrədʒən/ *n* nitrógeno

no /nəʊ/ ◆ *adj* [*antes de sustantivo*] **1** ninguno: *No two people think alike.* No hay dos personas que piensen igual. ☛ *Ver nota en* NINGUNO **2** (*prohibición*): *No smoking.* Prohibido fumar. **3** (*para enfatizar una negación*): *She's no fool.* No es ninguna tonta. ◊ *It's no joke.* No es broma. ◆ *adv* [*antes de adj comparativo y adv*] no: *His car is no bigger/more expensive than mine.* Su coche no es más grande/caro que el mío. ◆ *interj* no

nobility /nəʊ'bɪləti/ *n* nobleza

noble /'nəʊbl/ *adj, n* (**-er, -est**) noble

nobody /'nəʊbədi/ ◆ *pron* (*tb* **no one** /'nəʊ wʌn/) nadie

En inglés no se pueden usar dos negativas en la misma frase. Como las palabras **nobody, nothing** y **nowhere** son negativas, el verbo siempre tiene que ir en afirmativa: *Nobody saw him.* No le vio nadie. ◊ *She said nothing.* No dijo nada. ◊ *Nothing happened.* No pasó nada. Cuando el verbo va en negativa tenemos que usar **anybody, anything** y **anywhere**: *I didn't see anybody.* No vi a nadie. ◊ *She didn't say anything.* No dijo nada. **Nobody** lleva el verbo en singular, pero suele ir seguido de **they, them** y **their**, que son formas plurales: *Nobody else came, did they?* ¿No ha venido nadie más, verdad?

◆ *n* (*pl* **-ies**) don nadie

nocturnal /nɒk'tɜːnl/ *adj* nocturno

nod /nɒd/ ◆ (**-dd-**) **1** *vt, vi* asentir con la cabeza: *He nodded (his head) in* *agreement*. Asintió (con la cabeza). **2** *vi* **to nod (to/at sb)** saludar con la cabeza (a algn) **3** *vt, vi* indicar/hacer una señal con la cabeza **4** *vi* dar cabezadas PHR V **to nod off** (*coloq*) dormirse ◆ *n* inclinación de la cabeza LOC **to give (sb) the nod** dar permiso (a algn) para hacer algo

noise /nɔɪz/ *n* ruido LOC **to make a noise (about sth)** armar un escándalo (por algo) *Ver tb* BIG **noisily** *adv* ruidosamente, escandalosamente **noisy** *adj* (**-ier. -iest**) **1** ruidoso **2** bullicioso

nomad /ˈnəʊmæd/ *n* nómada **nomadic** /nəʊˈmædɪk/ *adj* nómada

nominal /ˈnɒmɪnl/ *adj* nominal **nominally** *adv* en apariencia, de nombre

nominate /ˈnɒmɪneɪt/ *vt* **1** ~ **sb (as sth) (for sth)** nombrar a algn (como algo) (para algo) **2** ~ **sth (as sth)** establecer, designar algo (como algo) **nomination** *n* nombramiento

nominee /ˌnɒmɪˈniː/ *n* candidato, -a

none /nʌn/ ◆ *pron* **1** ninguno, -a, -os, -as: *None (of them) is/are alive now.* Ya no queda ninguno vivo. **2** [*con sustantivos o pronombres incontables*] nada: *'Is there any bread left?' 'No, none.'* —¿Queda algo de pan? No, no queda nada. **3** (*formal*) nadie: *and none more so than...* y nadie más que... LOC **none but** sólo **none other than** ni más ni menos que ◆ *adv* **1** *I'm none the wiser*. Sigo sin entender nada. ◊ *He's none the worse for it.* No le ha pasado nada. **2** *none too clean* nada limpio

nonetheless *adv* /ˌnʌnðəˈles/ sin embargo

non-existent /ˌnɒn ɪɡˈzɪstənt/ *adj* inexistente

non-fiction /ˌnɒn ˈfɪkʃn/ *n* obras que no pertenecen al género de ficción

nonsense /ˈnɒnsns; *USA* -sens/ *n* [*incontable*] **1** disparates **2** chorradas, tonterías **nonsensical** /nɒnˈsensɪkl/ *adj* absurdo

non-stop /ˌnɒn ˈstɒp/ ◆ *adj* **1** (*vuelo, etc.*) directo **2** ininterrumpido ◆ *adv* **1** directamente, sin hacer escala **2** sin parar, ininterrumpidamente (*hablar, trabajar, etc.*)

noodle /ˈnuːdl/ *n* fideo

noon /nuːn/ *n* (*formal*) mediodía: *at noon* al mediodía ◊ *twelve noon* las doce en punto

no one *Ver* NOBODY

noose /nuːs/ *n* nudo corredizo, lazo

nope /nəʊp/ *interj* (*coloq*) no

nor /nɔː(r)/ *conj, adv* **1** ni **2** (ni...) tampoco: *Nor do I.* Yo tampoco. ☞ *Ver nota en* NEITHER

norm /nɔːm/ *n* norma

normal /ˈnɔːml/ ◆ *adj* normal ◆ *n* lo normal: *Things are back to normal.* Las cosas han vuelto a la normalidad. **normally** *adv* normalmente ☞ *Ver nota en* ALWAYS

north (*tb* **North**) /nɔːθ/ ◆ *n* (*abrev* **N**) norte: *Leeds is in the north of England.* Leeds está en el norte de Inglaterra. ◆ *adj* (del) norte: *north winds* vientos del norte ◆ *adv* al norte: *We are going north on Tuesday.* Nos vamos al norte el martes. *Ver tb* NORTHWARD(S)

northbound /ˈnɔːθbaʊnd/ *adj* en/con dirección norte

north-east /ˌnɔːθ ˈiːst/ ◆ *n* (*abrev* **NE**) noreste ◆ *adj* (del) noreste ◆ *adv* hacia el noreste **north-eastern** *adj* (del) noreste

northern (*tb* **Northern**) /ˈnɔːðən/ *adj* (del) norte: *She has a northern accent.* Tiene acento del norte. ◊ *the northern hemisphere* el hemisferio norte **northerner** *n* norteño, -a

northward(s) /ˈnɔːθwəd(z)/ *adv* hacia el norte *Ver tb* NORTH *adv*

north-west /ˌnɔːθ ˈwest/ ◆ *n* (*abrev* **NW**) noroeste ◆ *adj* (del) noroeste ◆ *adv* hacia el noroeste **north-western** *adj* (del) noroeste

nose /nəʊz/ ◆ *n* **1** nariz **2** (*avión*) morro **3** (*lit y fig*) olfato LOC *Ver* BLOW ◆ *v* PHR V **to nose about/around** (*coloq*) husmear

nosebleed /ˈnəʊzbliːd/ *n* hemorragia nasal

nostalgia /nɒˈstældʒə/ *n* nostalgia

nostril /ˈnɒstrəl/ *n* fosa nasal: *nostrils* nariz

nosy (*tb* **nosey**) /ˈnəʊzi/ *adj* (**-ier. -iest**) (*coloq, pey*) curioso, fisgón

not /nɒt/ *adv* no: *I hope not.* Espero que no. ◊ *I'm afraid not.* Me temo que no. ◊ *Certainly not!* ¡Ni hablar! ◊ *Not any more.* Ya no. ◊ *Not even...* Ni siquiera...

tʃ	dʒ	v	θ	ð	s	z	ʃ
chin	**June**	**van**	**thin**	**then**	**so**	**zoo**	**she**

Not se usa para formar la negativa con verbos auxiliares y modales (**be, do, have, can, must,** etc.) y muchas veces se usa en su forma contracta **-n't:** *She is not/isn't going.* ◊ *We did not/didn't go.* ◊ *I must not/mustn't go.* La forma no contracta (**not**) tiene un uso más formal o enfático y se usa para formar la negativa de los verbos subordinados: *He warned me not to be late.* Me advirtió que no llegara tarde. ◊ *I expect not.* Supongo que no. ☛ *Comparar con* NO

LOC **not all that...** no muy... **not as... as all that:** *They're not as rich as all that.* No son tan ricos. **not at all 1** (*respuesta*) de nada *Ver tb* WELCOME **2** nada, en lo más mínimo **not that...** no es que...: *It's not that I mind...* No es que me importe...

notably /ˈnəʊtəbli/ *adv* notablemente

notch /nɒtʃ/ ◆ *n* **1** mella **2** grado ◆ *v* PHR V **to notch sth up** (*coloq*) apuntarse algo

note /nəʊt/ ◆ *n* **1** (*tb Mús*) nota: *to make a note (of sth)* tomar nota (de algo) ◊ *to take notes* tomar apuntes **2** (*tb* **banknote,** *USA* **bill**) billete ◆ *vt* advertir, fijarse en PHR V **to note sth down** anotar algo **noted** *adj* ~ (**for/as sth**) célebre (por/por ser algo)

notebook /ˈnəʊtbʊk/ *n* **1** cuaderno, libreta **2** (*tb* **notebook computer**) notebook (*ordenador*)

notepaper /ˈnəʊtpeɪpə(r)/ *n* papel de cartas

noteworthy /ˈnəʊtwɜːði/ *adj* digno de mención

nothing /ˈnʌθɪŋ/ *pron* **1** nada ☛ *Ver nota en* NOBODY **2** cero LOC **for nothing 1** gratis **2** en vano **nothing much** no gran cosa **nothing of the kind/sort** nada por el estilo **to have nothing to do with sth/sb** no tener nada que ver con algo/algn

notice /ˈnəʊtɪs/ ◆ *n* **1** anuncio, cartel **2** aviso: *until further notice* hasta nuevo aviso ◊ *to give one month's notice* avisar con un mes de antelación **3** dimisión, carta de despido: *to hand in your notice* presentar la dimisión **4** reseña LOC **to take no notice/not to take any notice (of sth/sb)** no hacer caso (de algo/algn) *Ver tb* ESCAPE, MOMENT ◆ *vt* **1** darse cuenta de **2** prestar atención a, fijarse en **noticeable** *adj* **1** (*impor-*

tante) considerable **2** (*que se nota*) perceptible: *It was noticeable that he wasn't there.* Se notaba que no estaba allí.

noticeboard /ˈnəʊtɪsbɔːd/ *n* tablón de anuncios

notify /ˈnəʊtɪfaɪ/ *vt* (*pret, pp* **-fied**) ~ **sb (of sth);** ~ **sth to sb** (*formal*) notificar (algo) a algn

notion /ˈnəʊʃn/ *n* **1** ~ (**that...**) noción, idea (de que...) **2** ~ (**of sth**) idea (de algo): *without any notion of what he would do* sin tener idea de lo que haría

notorious /nəʊˈtɔːriəs/ *adj* (*pey*) ~ (**for/as sth**) conocido, famoso (por/por ser algo)

notwithstanding /ˌnɒtwɪθˈstændɪŋ/ *prep, adv* (*formal*) a pesar de, no obstante

nought /nɔːt/ *n* cero

noughts and crosses *n* tres en raya

noun /naʊn/ *n* nombre, sustantivo

nourish /ˈnʌrɪʃ/ *vt* **1** nutrir **2** (*formal*) (*fig*) alimentar **nourishing** *adj* nutritivo

novel /ˈnɒvl/ ◆ *adj* original ◆ *n* novela **novelist** *n* novelista

novelty /ˈnɒvlti/ *n* (*pl* **-ies**) novedad

November /nəʊˈvembə(r)/ *n* (*abrev* **Nov**) noviembre ☛ *Ver nota y ejemplos en* JANUARY

novice /ˈnɒvɪs/ *n* novato, -a, principiante

now /naʊ/ ◆ *adv* **1** ahora: *by now* ya ◊ *right now* ahora mismo **2** ahora bien LOC (**every**) **now and again/then** de vez en cuando ◆ *conj* **now (that...)** ahora que..., ya que...

nowadays /ˈnaʊədeɪz/ *adv* hoy (en) día

nowhere /ˈnəʊweə(r)/ *adv* a/en/por ninguna parte: *There's nowhere to park.* No hay donde aparcar. ☛ *Ver nota en* NOBODY LOC **to be nowhere to be found/seen** no aparecer por ninguna parte *Ver tb* MIDDLE, NEAR

nozzle /ˈnɒzl/ *n* boquilla

nuance /ˈnjuːɑːns; *USA* ˈnuː-/ *n* matiz

nuclear /ˈnjuːkliə(r); *USA* ˈnuː-/ *adj* nuclear: *nuclear power/energy* energía nuclear ◊ *nuclear waste* residuos nucleares

nucleus /ˈnjuːkliəs; *USA* ˈnuː-/ *n* (*pl* **nuclei** /-kliaɪ/) núcleo

i:	i	ɪ	e	æ	ɑ:	ʌ	ʊ	u:
see	happy	sit	ten	hat	father	cup	put	too

nude /njuːd/ *USA* nuːd/ ◆ *adj* desnudo (integral) (*artístico y erótico*) ☞ *Ver nota en* NAKED ◆ *n* desnudo LOC **in the nude** desnudo **nudity** *n* desnudez

nudge /nʌdʒ/ *vt* **1** dar un codazo a *Ver tb* ELBOW **2** empujar suavemente

nuisance /ˈnjuːsns; *USA* ˈnuː-/ *n* **1** molestia **2** (*persona*) pesado, -a

null /nʌl/ *adj* LOC **null and void** nulo

numb /nʌm/ ◆ *adj* entumecido: *numb with shock* paralizado del susto ◆ *vt* **1** entumecer **2** (*fig*) paralizar

number /ˈnʌmbə(r)/ ◆ *n* (*abrev* No) número *Ver tb* REGISTRATION NUMBER LOC **a number of...** varios/ciertos... ◆ *vt* **1** numerar **2** ascender a

number plate *n* placa de la matrícula

numerical /njuːˈmerɪkl; *USA* nuː-/ *adj* numérico

numerous /ˈnjuːmərəs; *USA* ˈnuː-/ *adj* (*formal*) numeroso

nun /nʌn/ *n* monja

nurse /nɜːs/ ◆ *n* **1** enfermero, -a ☞ *Ver nota en* POLICÍA **2** (*tb* nursemaid) niñera *Ver tb* NANNY ◆ **1** *vt* (*lit y fig*) cuidar **2** *vt, vi* amamantar(se) **3** *vt* acunar **4** *vt* (*sentimientos*) alimentar **nursing** *n* **1** enfermería: *nursing home* residencia privada de la tercera edad **2** cuidado (*de enfermos*)

nursery /ˈnɜːsəri/ *n* (*pl* -ies) **1** guardería infantil: *nursery education* educación infantil ◇ *nursery rhyme* canción infantil *Ver tb* CRÈCHE, PLAYGROUP **2** habitación de los niños **3** vivero

nurture /ˈnɜːtʃə(r)/ *vt* **1** (*niño*) criar **2** alimentar **3** (*fig*) fomentar

nut /nʌt/ *n* **1** fruto seco **2** tuerca **3** (*coloq, pey*) (*GB tb* nutter) chiflado, -a **4** fanático, -a **nutty** *adj* (-ier, -iest) **1** *a nutty flavour* un sabor a fruto seco **2** (*coloq*) chiflado

nutcase /ˈnʌtkeɪs/ *n* (*coloq*) chiflado, -a

nutcrackers /ˈnʌtkrækəz/ *n* [*pl*] cascanueces

nutmeg /ˈnʌtmeg/ *n* nuez moscada

nutrient /ˈnjuːtriənt; *USA* ˈnuː-/ *n* (*formal*) nutriente, sustancia nutritiva

nutrition /njuˈtrɪʃn; *USA* nuː-/ *n* nutrición **nutritional** *adj* nutritivo **nutritious** *adj* nutritivo

nuts /nʌts/ *adj* (*coloq*) **1** loco **2** ~ **about/on sth/sb** loco por algo/algn

nutshell /ˈnʌtʃel/ *n* cáscara (*de fruto seco*) LOC **(to put sth) in a nutshell** (decir algo) en pocas palabras

nutter *Ver* NUT

nutty *Ver* NUT

nylon /ˈnaɪlɒn/ *n* nilón, nailon

nymph /nɪmf/ *n* ninfa

Oo

O, o /əʊ/ *n* (*pl* O's, o's /əʊz/) **1** O, o: *O for Oliver* O de Óscar ☞ *Ver ejemplos en* A, A **2** cero

Cuando se nombra el cero en una serie de números, p. ej. 01865, se pronuncia como la letra O: /ˌəʊ wʌn eɪt sɪks ˈfaɪv/.

oak /əʊk/ (*tb* oak tree) *n* roble

oar /ɔː(r)/ *n* remo

oasis /əʊˈeɪsɪs/ *n* (*pl* oases /-siːz/) (*lit y fig*) oasis

oath /əʊθ/ *n* **1** juramento **2** palabrota LOC **on/under oath** bajo juramento

oats /əʊts/ *n* [*pl*] (copos de) avena

obedient /əˈbiːdiənt/ *adj* obediente

obedience *n* obediencia

obese /əʊˈbiːs/ *adj* (*formal*) obeso

obey /əˈbeɪ/ *vt, vi* obedecer

obituary /əˈbɪtʃuəri; *USA* -tʃueri/ *n* (*pl* -ies) necrología

object /ˈɒbdʒɪkt/ ◆ *n* **1** objeto **2** objetivo, propósito **3** (*Gram*) complemento ◆ /əbˈdʒekt/ *vi* ~ **(to sth/sb)** oponerse (a algo/algn); estar en contra (de algo/algn): *If he doesn't object.* Si no tiene inconveniente.

objection /əbˈdʒekʃn/ *n* ~ **(to/against sth/doing sth)** oposición (a algo/a hacer algo); protesta contra algo; inconveniente en hacer algo

u	ɒ	ɔː	ɜː	ə	j	w	eɪ	əʊ
situation	got	saw	fur	ago	yes	woman	pay	go

objective /əbˈdʒektɪv/ *adj, n* objetivo: *to remain objective* mantener la objetividad

obligation /ˌɒblɪˈɡeɪʃn/ *n* 1 obligación 2 (*Com*) compromiso LOC **to be under an/no obligation (to do sth)** (no) tener obligación (de hacer algo)

obligatory /əˈblɪɡətri; *USA* -tɔːri/ *adj* (*formal*) obligatorio, de rigor

oblige /əˈblaɪdʒ/ *vt* 1 obligar 2 ~ **sb (with sth/by doing sth)** (*formal*) complacer a algn; hacer el favor a algn (de hacer algo) **obliged** *adj* ~ **(to sb) (for sth/doing sth)** agradecido (a algn) (por algo/hacer algo) LOC **much obliged** se agradece **obliging** *adj* atento

obliterate /əˈblɪtəreɪt/ *vt* (*formal*) eliminar

oblivion /əˈblɪviən/ *n* olvido

oblivious /əˈblɪviəs/ *adj* ~ **of/to sth** no consciente de algo

oblong /ˈɒblɒŋ; *USA* -lɔːŋ/ ♦ *n* rectángulo ♦ *adj* rectangular

oboe /ˈəʊbəʊ/ *n* oboe

obscene /əbˈsiːn/ *adj* obsceno

obscure /əbˈskjʊə(r)/ ♦ *adj* 1 poco claro 2 desconocido ♦ *vt* oscurecer, esconder

observant /əbˈzɜːvənt/ *adj* observador, perspicaz

observation /ˌɒbzəˈveɪʃn/ *n* observación

observatory /əbˈzɜːvətri; *USA* -tɔːri/ *n* (*pl* -ies) observatorio

observe /əbˈzɜːv/ *vt* 1 observar 2 (*formal*) (*fiesta*) guardar **observer** *n* observador, -ora

obsess /əbˈses/ *vt* obsesionar: *to be/become obsessed by/with sth/sb* estar obsesionado/obsesionarse con algo/algn **obsession** *n* ~ **(with/about sth/sb)** obsesión (con algo/algn) **obsessive** *adj* (*pey*) obsesivo

obsolete /ˈɒbsəliːt/ *adj* obsoleto

obstacle /ˈɒbstəkl/ *n* obstáculo

obstetrician /ˌɒbstəˈtrɪʃn/ *n* tocólogo, -a

obstinate /ˈɒbstɪnət/ *adj* obstinado

obstruct /əbˈstrʌkt/ *vt* obstruir

obstruction /əbˈstrʌkʃn/ *n* obstrucción

obtain /əbˈteɪn/ *vt* obtener **obtainable** *adj* que se puede conseguir

obvious /ˈɒbviəs/ *adj* obvio **obviously** *adv* obviamente

occasion /əˈkeɪʒn/ *n* 1 ocasión, vez: *a special occasion* una ocasión especial Nótese que cuando ocasión tiene el sentido de "oportunidad" se traduce por **chance** u **opportunity**: *I didn't get the chance to do it.* No tuve ocasión de hacerlo. 2 acontecimiento LOC **on the occasion of sth** (*formal*) con motivo de algo

occasional /əˈkeɪʒənl/ *adj* esporádico: *She reads the occasional book.* Lee algún que otro libro. **occasionally** *adv* de vez en cuando ☞ *Ver nota en* ALWAYS

occupant /ˈɒkjəpənt/ *n* ocupante

occupation /ˌɒkjuˈpeɪʃn/ *n* 1 ocupación 2 profesión ☞ *Ver nota en* WORK[1]

occupational /ˌɒkjuˈpeɪʃənl/ *adj* 1 laboral: *occupational hazards* gajes del oficio 2 (*terapia*) ocupacional

occupier /ˈɒkjupaɪə(r)/ *n* ocupante

occupy /ˈɒkjupaɪ/ (*pret, pp* occupied) 1 *vt* ocupar 2 *v refl* ~ **yourself (in doing sth/with sth)** entretenerse (haciendo algo/con algo)

occur /əˈkɜː(r)/ *vi* (**-rr-**) 1 ocurrir, producirse 2 (*formal*) aparecer 3 ~ **to sb** ocurrirse a algn

occurrence /əˈkʌrəns/ *n* 1 hecho, caso 2 (*formal*) existencia, aparición 3 frecuencia ☞ *Comparar con* OCURRENCIA

ocean /ˈəʊʃn/ *n* océano ☞ *Ver nota en* OCÉANO LOC *Ver* DROP

o'clock /əˈklɒk/ *adv*: *six o'clock* las seis (en punto) Nótese que **o'clock** puede omitirse cuando en el contexto se entiende que estamos hablando de las horas en punto: *between five and six (o'clock)* entre las cinco y las seis. No se puede omitir cuando va con otro sustantivo: *the ten o'clock news* el telediario de las diez.

October /ɒkˈtəʊbə(r)/ *n* (*abrev* Oct) octubre ☞ *Ver nota y ejemplos en* JANUARY

octopus /ˈɒktəpəs/ *n* (*pl* -es) pulpo

odd /ɒd/ *adj* 1 (**odder, oddest**) raro 2 (*número*) impar 3 (*fascículo*) suelto 4 (*zapato*) desparejado 5 sobrante 6 *thirty-odd* treinta y pico ◊ *twelve pounds odd* doce libras y pico 7 *He has*

aɪ	aʊ	ɔɪ	ɪə	eə	ʊə	ɜ	h	ŋ
five	now	join	near	hair	pure	vision	how	sing

the odd beer. Toma una cerveza de vez en cuando. LOC **to be the odd man/one out** ser el único desparejado, sobrar, no pertenecer al grupo: *Which is the odd one out?* ¿Cuál es el que no pertenece al grupo? *Ver tb* FISH

oddity /'ɒdəti/ *n* (*pl* **-ies**) **1** (*tb* **oddness**) rareza **2** cosa rara **3** (*persona*) bicho raro

oddly /'ɒdli/ *adv* de forma extraña: *Oddly enough*... Lo curioso es que...

odds /ɒdz/ *n* [*pl*] **1** probabilidades: *The odds are that*... Lo más probable es que... **2** apuestas LOC **it makes no odds** da lo mismo **odds and ends** (*GB, coloq*) cosas sin valor, chismes **to be at odds (with sb) (over/on sth)** estar reñido (con algn) (por algo), discrepar (sobre algo)

odour (*USA* **odor**) /'əʊdə(r)/ *n* (*formal*) olor: *body odour* olor corporal ☛ **Odour** se usa en contextos más formales que **smell** y a veces implica que es un olor desagradable.

of /əv, ɒv/ *prep* **1** de: *a girl of six* una niña de seis años ◊ *It's made of wood.* Es de madera. ◊ *two kilos of rice* dos kilos de arroz ◊ *It was very kind of him.* Fue muy amable de su parte. **2** (*con posesivos*) de: *a friend of John's* un amigo de John ◊ *a cousin of mine* un primo mío **3** (*con cantidades*): *There were five of us.* Éramos cinco. ◊ *most of all* más que nada ◊ *The six of us went.* Fuimos los seis. **4** (*fechas y tiempo*) de: *the first of March* el uno de marzo **5** (*causa*) de: *What did she die of?* ¿De qué murió?

off /ɒf; *USA* ɔːf/ ◆ *adj* **1** (*comida*) pasado **2** (*leche*) cortado ◆ *part adv* **1** (*a distancia*): *five miles off* a cinco millas de distancia ◊ *some way off* a cierta distancia ◊ *not far off* no (muy) lejos **2** (*quitado*): *You left the lid off.* Lo dejaste destapado. ◊ *with her shoes off* descalza **3** *I must be off.* Tengo que irme. **4** (*coloq*): *The meeting is off.* Se ha cancelado la reunión. **5** (*gas, electricidad*) desconectado **6** (*máquinas, etc.*) apagado **7** (*grifo*) cerrado **8** *a day off* un día libre **9** *five per cent off* un cinco por ciento de descuento *Ver* WELL OFF LOC **off and on; on and off** de cuando en cuando **to be off (for sth)** (*coloq*): *How are you off for cash?* ¿Cómo estás de dinero? ☛ *Comparar con* BADLY,

BETTER ◆ *prep* **1** de: *to fall off sth* caerse de algo **2** *a street off the main road* una calle que sale de la carretera principal **3** *off the coast* a cierta distancia de la costa **4** (*coloq*) sin ganas de: *to be off your food* estar desganado LOC **come off it!** ¡anda ya! ☛ Para los usos de **off** en PHRASAL VERBS ver las entradas de los verbos correspondientes, p. ej. **to go off** en GO¹. *Ver tb* págs 324-25.

off-duty /ˌɒf djuːti/ *adj* fuera de servicio

offence (*USA* **offense**) /ə'fens/ *n* **1** delito **2** ofensa LOC **to take offence (at sth)** ofenderse (por algo)

offend /ə'fend/ *vt* ofender: *to be offended* ofenderse **offender** *n* **1** infractor, -ora **2** delincuente

offensive /ə'fensɪv/ ◆ *adj* **1** ofensivo, insultante **2** (*olor, etc.*) repugnante ◆ *n* ofensiva

offer /'ɒfə(r); *USA* 'ɔːf-/ ◆ *vt, vi* ofrecer: *to offer to do sth* ofrecerse a/ para hacer algo ◆ *n* oferta **offering** *n* **1** ofrecimiento **2** ofrenda

offhand /ˌɒf'hænd; *USA* ˌɔːf-/ ◆ *adv* improvisadamente, así de pronto ◆ *adj* hosco

office /'ɒfɪs; *USA* 'ɔːf-/ *n* **1** oficina: *office hours* horas de oficina ◊ *office block* bloque de oficinas **2** despacho **3** cargo: *to take office* entrar en funciones LOC **in office** en el poder

officer /'ɒfɪsə(r); *USA* 'ɔːf-/ *n* **1** (*ejército*) oficial **2** (*gobierno*) funcionario, -a **3** (*tb* **police officer**) agente ☛ *Ver nota en* POLICÍA

official /ə'fɪʃl/ ◆ *adj* oficial ◆ *n* funcionario, -a **officially** *adv* oficialmente

off-licence /'ɒf laɪsns/ *n* (*GB*) tienda de vinos y licores

off-peak /ˌɒf 'piːk; *USA* ˌɔːf-/ *adj* **1** (*precio, tarifa*) de temporada baja **2** (*periodo*) de menor consumo

off-putting /'ɒf pʊtɪŋ; *USA* 'ɔːf-/ *adj* (*coloq*) **1** (*ruido, comentario*) molesto **2** (*persona*) desagradable

offset /'ɒfset; *USA* 'ɔːf-/ *vt* (**-tt-**) (*pret, pp* **offset**) contrarrestar

offshore /ˌɒf'ʃɔː(r); *USA* ˌɔːf-/ *adj* **1** (*isla*) cercano a la costa **2** (*brisa*) terral **3** (*pesca*) de bajura

offside /ˌɒf'saɪd; *USA* ˌɔːf-/ *adj, adv* fuera de juego

tʃ	dʒ	v	θ	ð	s	z	ʃ
chin	June	van	thin	then	so	zoo	she

offspring /ˈɒfsprɪŋ; USA ˈɔːf-/ n (pl **offspring**) (formal) 1 hijo(s), descendencia 2 cría(s)

often /ˈɒfn, ˈɒftən; USA ˈɔːfn/ adv 1 a menudo, muchas veces: How often do you see her? ¿Cada cuánto la ves? 2 con frecuencia ◆ Ver nota en ALWAYS LOC Ver EVERY

oh! /əʊ/ interj 1 ¡oh!, ¡ah! 2 Oh yes I will. ¡Y tanto que lo haré! ◊ Oh no you won't! ¡De eso nada!

oil /ɔɪl/ ◆ n 1 petróleo: oilfield yacimiento petrolífero ◊ oil rig plataforma/torre de perforación ◊ oil tanker petrolero ◊ oil well pozo petrolífero 2 aceite 3 (Arte) óleo ◆ vt lubricar **oily** adj (oilier, oiliest) 1 oleoso 2 aceitoso

oil slick n mancha de petróleo

OK (tb **okay**) /ˌəʊˈkeɪ/ ◆ adj, adv (coloq) bien ◆ **OK/okay!** interj ¡vale! ◆ vt dar el visto bueno a ◆ n consentimiento, visto bueno

old /əʊld/ ◆ adj (older, oldest) ☛ Ver nota en ELDER 1 viejo: old age vejez ◊ old people (los) ancianos ◊ the Old Testament el Antiguo Testamento 2 How old are you? ¿Cuántos años tienes? ◊ She is two (years old). Tiene dos años.

Para decir "tengo diez años", decimos I am ten o I am ten years old. Sin embargo, para decir "un chico de diez años", decimos a boy of ten o a ten-year-old boy. ☛ Ver nota en YEAR

3 (anterior) antiguo LOC Ver CHIP ◆ **the old** n [pl] los ancianos

old-fashioned /ˌəʊld ˈfæʃnd/ adj 1 pasado de moda 2 tradicional

olive /ˈɒlɪv/ ◆ n 1 aceituna: olive oil aceite de oliva 2 (tb **olive tree**) olivo ◆ adj 1 (tb **olive green**) verde oliva 2 (piel) cetrino

the Olympic Games (tb **the Olympics**) n [pl] los Juegos Olímpicos

omelette (tb **omelet**) /ˈɒmlət/ n tortilla

omen /ˈəʊmen/ n presagio

ominous /ˈɒmɪnəs/ adj ominoso

omission /əˈmɪʃn/ n omisión, olvido

omit /əˈmɪt/ vt (-tt-) omitir

omnipotent /ɒmˈnɪpətənt/ adj omnipotente

on /ɒn/ ◆ part adv 1 (con un sentido de continuidad): to play on seguir tocando ◊ further on más lejos/más allá ◊ from that day on a partir de aquel día 2 (ropa, etc.) puesto 3 (máquinas, etc.) conectado, encendido 4 (grifo) abierto 5 programado: When is the film on? ¿A qué hora empieza la película? LOC **on and on** sin parar Ver tb OFF ◆ prep 1 (tb upon) en, sobre: on the table en/sobre la mesa ◊ on the wall en la pared 2 (transporte): to go on the train/bus ir en tren/autobús ◊ to go on foot ir a pie 3 (fechas): on Sunday(s) el/los domingo(s) ◊ on 3 May el tres de mayo 4 (tb upon) [+ ing]: on arriving home al llegar a casa 5 (acerca de) sobre 6 (consumo): to be on drugs ser drogadicto ◊ to live on fruit/on $100 a week vivir de fruta/mantenerse con 100 dólares a la semana 7 to talk on the phone hablar por teléfono 8 (actividad, estado, etc.) de: on holiday de vacaciones ◊ to be on duty estar de servicio ☛ Para los usos de on en PHRASAL VERBS ver las entradas de los verbos correspondientes, p. ej. to get on en GET.

once /wʌns/ ◆ conj una vez que: Once he'd gone... Una vez que se hubo ido... ◆ adv una vez: once a week una vez a la semana LOC **at once 1** en seguida **2** a la vez **once again/more** una vez más **once and for all** de una vez por todas **once in a while** de vez en cuando **once or twice** un par de veces **once upon a time** érase una vez

oncoming /ˈɒnkʌmɪŋ/ adj en dirección contraria

one¹ /wʌn/ adj, pron, n uno, una ☛ Ver ejemplos en FIVE

one² /wʌn/ ◆ adj 1 un(o), una: one morning una mañana

Nótese que one nunca funciona como artículo indefinido (a/an), y que cuando precede a un sustantivo lo hace como número, indicando cantidad: I'm going with just one friend. Voy con un amigo solamente. ◊ I'm going with a friend, not with my family. No voy con mi familia, sino con un amigo.

2 único: the one way to succeed la única forma de triunfar 3 mismo: of one mind de la misma opinión ◆ pron 1 [después de adjetivo]: the little ones los pequeños ◊ I prefer this/that one. Prefiero este/ese. ◊ Which one? ¿Cuál? ◊ another one otro ◊ It's better than the old one. Es

iː	i	ɪ	e	æ	ɑː	ʌ	ʊ	uː
see	happy	sit	ten	hat	father	cup	put	too

mejor que el viejo. **2** el, la, los, las que: *the one at the end* el que está al final **3** uno, -a: *I need a pen. Have you got one?* Necesito un bolígrafo. ¿Tienes uno? ◊ *one of her friends* uno de sus amigos ◊ *to tell one from the other* distinguir el uno del otro **4** [*como sujeto*] (*formal*) uno, -a: *One must be sure.* Uno debe estar seguro. ☞ *Ver nota en* YOU LOC **(all)** in one uno **one by one** uno a uno **one or two** unos cuantos

one another *pron* los unos a los otros, el uno al otro ☞ *Ver nota en* EACH OTHER

one-off /ˌwʌn ˈɒf/ *adj, n* (algo) excepcional/único

oneself /wʌnˈself/ *pron* **1** [*uso reflexivo*]: *to cut oneself* cortarse **2** [*uso enfático*] uno mismo: *to do it oneself* hacerlo uno mismo

one-way /ˌwʌn ˈweɪ/ *adj* **1** de sentido único **2** (*billete*) de ida

ongoing /ˈɒŋgəʊɪŋ/ *adj* **1** en curso **2** actual

onion /ˈʌnjən/ *n* cebolla

online /ˌɒnˈlaɪn/ *adj, adv* en línea (*Informát*)

onlooker /ˈɒnlʊkə(r)/ *n* espectador, -ora

only /ˈəʊnli/ ◆ *adv* solamente, solo LOC **not only… but also** no solo… sino (también) **only just 1** *I've only just arrived.* Acabo de llegar. **2** *I can only just see.* Apenas si puedo ver. *Ver tb* IF ◆ *adj* único: *He is an only child.* Es hijo único. ◆ *conj* (*coloq*) solo que, pero

onset /ˈɒnset/ *n* llegada, inicio

onslaught /ˈɒnslɔːt/ *n* ~ **(on sth/sb)** ataque (contra algo/algn)

onto (*tb* **on to**) /ˈɒntə, ˈɒntʊ/ *prep* en, sobre, a: *to climb (up) onto sth* subirse a algo PHR V **to be onto sb** (*coloq*) seguir la pista de algn **to be onto sth** haber dado con algo

onward /ˈɒnwəd/ ◆ *adj* (*formal*) hacia delante: *your onward journey* la continuación de tu viaje ◆ *adv* (*tb* **onward(s)**) **1** hacia adelante **2** en adelante: *from then onwards* a partir de entonces

oops! /ʊps/ *Ver* WHOOPS!

ooze /uːz/ **1** *vi* ~ **from/out of sth** salirse de algo **2** *vt, vi* ~ **(with) sth** rezumar algo: *The wound was oozing blood.* La herida rezumaba sangre. **3** *vt, vi* ~ **(with) sth** (*confianza, etc.*) irradiar algo

opaque /əʊˈpeɪk/ *adj* opaco

open /ˈəʊpən/ ◆ *adj* **1** abierto: *Don't leave the door open.* No dejes la puerta abierta. **2** (*vista*) despejado **3** público **4** (*fig*): *to leave sth open* dejar algo pendiente LOC **in the open air** al aire libre *Ver tb* BURST, CLICK, WIDE ◆ **1** *vt, vi* abrir(se) **2** *vt* (*proceso*) empezar **3** *vt, vi* (*edificio, exposición, etc.*) inaugurar(se) PHR V **to open into/onto sth** dar a algo **to open sth out** desplegar algo **to open up** (*coloq*) abrirse **to open (sth) up** abrir algo, abrirse: *Open up!* ¡Abra(n)! ◆ **the open** *n* el aire libre LOC **to come (out) into the open** salir a la luz *Ver tb* BRING **opener** *n* abridor **openly** *adv* abiertamente **openness** *n* franqueza

open-air- /ˌəʊpən ˈeə(r)/ *adj* al aire libre

opening /ˈəʊpnɪŋ/ ◆ *n* **1** (*hueco*) abertura **2** (*acto*) apertura **3** comienzo **4** (*tb* **opening night**) (*Teat*) estreno **5** inauguración **6** (*trabajo*) vacante **7** oportunidad ◆ *adj* primero

open-minded /ˌəʊpən ˈmaɪndɪd/ *adj* abierto

opera /ˈɒprə/ *n* ópera: *opera house* teatro de la ópera

operate /ˈɒpəreɪt/ **1** *vt, vi* (*máquina*) funcionar, manejar **2** *vi* (*empresa*) operar **3** *vt* (*servicio*) ofrecer **4** *vt* (*negocio*) dirigir **5** *vt, vi* (*Mec*) accionar(se) **6** *vi* ~ **(on sb) (for sth)** (*Med*) operar (a algn) (de algo)

operating theatre (*USA* **operating room**) *n* quirófano

operation /ˌɒpəˈreɪʃn/ *n* **1** operación: *I had an operation on my leg.* Me operaron de la pierna. **2** funcionamiento LOC **to be in/come into operation 1** estar/entrar en funcionamiento **2** (*Jur*) estar/entrar en vigor **operational** *adj* **1** de funcionamiento **2** operativo, en funcionamiento

operative /ˈɒpərətɪv; *USA* -reɪt-/ ◆ *adj* **1** en funcionamiento **2** (*Jur*) en vigor **3** (*Med*) operatorio ◆ *n* operario, -a

operator /ˈɒpəreɪtə(r)/ *n* operador, -ora, operario, -a: *radio operator* radiotelegrafista ◊ *switchboard operator* telefonista

opinion /əˈpɪnɪən/ *n* ~ **(of/about sth/sb)** opinión (de/sobre/acerca de algo/algn) LOC **in my opinion** en mi opinión *Ver tb* MATTER

u	ɒ	ɔː	ɜː	ə	j	w	eɪ	əʊ
situation	got	saw	fur	ago	yes	woman	pay	go

opinion poll *n* sondeo de opinión

opponent /ə'pəʊnənt/ *n* **1** ~ **(at/in sth)** adversario, -a, contrincante (en algo) **2** *to be an opponent of sth* ser contrario a algo

opportunity /ˌɒpə'tjuːnəti; *USA* -'tuːn-/ *n* (*pl* -ies) ~ **(for/of doing sth)**; ~ **(to do sth)** oportunidad (de hacer algo) LOC **to take the opportunity to do sth/of doing sth** aprovechar la ocasión para hacer algo

oppose /ə'pəʊz/ *vt* **1** ~ sth oponerse a algo **2** ~ sb enfrentarse a algn **opposed** *adj* contrario: *to be opposed to sth* ser contrario a algo LOC **as opposed to:** *quality as opposed to quantity* calidad más que cantidad **opposing** *adj* contrario

opposite /'ɒpəzɪt/ ◆ *adj* **1** de enfrente: *the house opposite* la casa de enfrente **2** contrario, opuesto: *the opposite sex* el otro sexo/el sexo opuesto ◆ *adv* enfrente: *She was sitting opposite.* Estaba sentada enfrente. ◆ *prep* enfrente de, frente a: *opposite each other* frente a frente ☛ *Ver dibujo en* ENFRENTE ◆ *n* **the ~ (of sth)** lo contrario (de algo)

opposition /ˌɒpə'zɪʃn/ *n* ~ **(to sth/sb)** oposición (a algo/algn)

oppress /ə'pres/ *vt* **1** oprimir **2** agobiar **oppressed** *adj* oprimido **oppression** *n* opresión **oppressive** *adj* **1** opresivo **2** agobiante, sofocante

opt /ɒpt/ *vi* **to opt to do sth** optar por hacer algo PHR V **to opt for sth** optar por algo **to opt out (of sth)** optar por no hacer algo, no participar (en algo)

optical /'ɒptɪkl/ *adj* óptico

optician /ɒp'tɪʃn/ *n* **1** óptico, -a **2** *optician's* (*tienda*) óptica

optimism /'ɒptɪmɪzəm/ *n* optimismo **optimist** *n* optimista **optimistic** /ˌɒptɪ'mɪstɪk/ *adj* ~ **(about sth)** optimista (en cuanto a algo)

optimum /'ɒptɪməm/ (*tb* optimal) *adj* óptimo

option /'ɒpʃn/ *n* opción **optional** *adj* opcional, optativo

or /ɔː(r)/ *conj* **1** o, u *Ver tb* EITHER **2** (*de otro modo*) o, si no **3** [*después de negativa*] ni *Ver tb* NEITHER LOC **or so:** *an hour or so* una hora más o menos **somebody/something/somewhere or**

other (*coloq*) alguien/algo/en alguna parte *Ver tb* RATHER, WHETHER

oral /'ɔːrəl/ ◆ *adj* **1** (*hablado*) oral **2** (*Anat*) bucal, oral ◆ *n* (*examen*) oral

orange /'ɒrɪndʒ; *USA* 'ɔːr-/ ◆ *n* **1** naranja: *orange juice* zumo de naranja **2** (*tb* orange tree) naranjo **3** (*color*) naranja ◆ *adj* naranja, anaranjado

orbit /'ɔːbɪt/ ◆ *n* (*lit y fig*) órbita ◆ *vt, vi* ~ **(sth/around sth)** describir una órbita (alrededor de algo)

orchard /'ɔːtʃəd/ *n* huerto

orchestra /'ɔːkɪstrə/ *n* [*v sing o pl*] orquesta

orchid /'ɔːkɪd/ *n* orquídea

ordeal /ɔː'diːl, 'ɔːdiːl/ *n* experiencia terrible, suplicio

order /'ɔːdə(r)/ ◆ *n* **1** (*disposición, calma*) orden: *in alphabetical order* por/en orden alfabético **2** (*mandato*) orden **3** (*Com*) pedido **4** [*v sing*] (*Mil, Relig*) orden LOC **in order 1** en orden, en regla **2** (*aceptable*) permitido **in order that...** para que... **in order to...** para... **out of order** estropeado: *It's out of order.* No funciona. **to be in running/working order** funcionar *Ver tb* LAW, MARCHING *en* MARCH, PECKING *en* PECK

◆ **1** *vt* ~ sb to do sth ordenar, mandar a algn hacer algo/que haga algo

Para decirle a alguien que haga algo se pueden utilizar los verbos **tell**, **order** y **command**. **Tell** es el verbo que se emplea con más frecuencia. No es muy fuerte y se utiliza en situaciones cotidianas: *She told him to put everything away.* Le dijo que pusiera todo en su sitio. **Order** es más fuerte, y lo utilizan personas con autoridad: *I'm not asking you, I'm ordering you.* No te lo pido, te lo ordeno. **Command** tiene un uso principalmente militar: *He commanded his troops to retreat.* Ordenó a sus tropas que se retiraran.

2 *vt* ~ sth (for sb) pedir, encargar algo (para algn) **3** *vt, vi* ~ (sth) (for sb) (*comida, etc.*) pedir (algo) (para algn) **4** *vt* (*formal*) poner en orden, ordenar, organizar PHR V **to order sb about/ around** mandar a algn de acá para allá, ser mandón con algn

orderly /'ɔːdəli/ *adj* **1** ordenado, metódico **2** disciplinado, pacífico

ordinary /'ɔːdnri; USA 'ɔːrdəneri/ adj corriente, normal, medio: ordinary people gente corriente ☞ Comparar con COMMON 3 LOC out of the ordinary fuera de lo común, extraordinario

ore /ɔː(r)/ n mineral metalífero: gold/iron ore mineral de oro/hierro

oregano /,ɒrɪ'gɑːnəʊ/ n orégano

organ /'ɔːgən/ n (Mús, Anat) órgano

organic /ɔː'gænɪk/ adj 1 (Quím) orgánico 2 ecológico, biológico: organic farming agricultura biológica/ecológica ◊ organic vegetables hortalizas de agricultura ecológica

organism /'ɔːgənɪzəm/ n organismo

organization, -isation /,ɔːgənaɪ'zeɪʃn; USA -nɪ'z-/ n organización **organizational, -isational** adj organizativo

organize, -ise /'ɔːgənaɪz/ vt 1 organizar 2 (pensamientos) poner en orden **organizer, -iser** n organizador, -ora

orgy /'ɔːdʒi/ n (pl -ies) (lit y fig) orgía

orient /'ɔːriənt/ ♦ vt (esp USA) Ver ORIENTATE ♦ **the Orient** Oriente **oriental** /,ɔːri'entl/ adj oriental

orientate /'ɔːriəntert/ (esp USA orient) vt ~ sth/sb (towards sth/sb) orientar algo/a algn (hacia algo/algn): to orientate yourself orientarse **orientation** n orientación

origin /'ɒrɪdʒɪn/ n 1 origen 2 [gen pl] origen, ascendencia

original /ə'rɪdʒənl/ ♦ adj 1 original 2 primero, primitivo ♦ n original LOC **in the original** en su idioma/versión original **originality** /ə,rɪdʒə'nælɪti/ n originalidad **originally** adv 1 con originalidad 2 en un/al principio, antiguamente

originate /ə'rɪdʒɪneɪt/ 1 vi ~ **in sth** originarse, tener su origen en algo 2 vi ~ **from sth** provenir de algo 3 vi (comenzar) nacer, empezar 4 vt originar, crear

ornament /'ɔːnəmənt/ n (objeto de) adorno, ornamento **ornamental** /,ɔːnə'mentl/ adj decorativo, de adorno

ornate /ɔː'neɪt/ adj (frec pey) 1 ornamentado, recargado 2 (lenguaje, estilo) florido

orphan /'ɔːfn/ ♦ n huérfano, -a ♦ vt: to be orphaned quedarse huérfano **orphanage** n orfanato

orthodox /'ɔːθədɒks/ adj ortodoxo

ostrich /'ɒstrɪtʃ/ n avestruz

other /'ʌðə(r)/ ♦ adj otro: other books otros libros ◊ Have you got other plans? ¿Tienes otros planes? ◊ All their other children have left home. Sus otros hijos ya se han marchado de casa. ◊ That other car was better. Aquel otro coche era mejor. ◊ some other time otro día ☞ Ver nota en OTRO LOC **the other day, morning, week, etc.** el otro día, la otra mañana, semana, etc. Ver tb EVERY, OR, WORD ♦ pron 1 **others** [pl] otros, -as: Others have said this before. Otros han dicho esto antes. ◊ Have you got any others? ¿Tienes más? 2 **the other** el otro, la otra: I'll keep one and she can have the other. Me quedo con uno y dejo el otro para ella. 3 **the others** [pl] los, las demás: This shirt is too small and the others are too big. Esta camisa es demasiado pequeña y las demás, demasiado grandes. ♦ **other than** prep 1 excepto, aparte de 2 de otra manera que

otherwise /'ʌðəwaɪz/ ♦ adv 1 (formal) de otra manera 2 por lo demás ♦ conj si no, de no ser así ♦ adj distinto

otter /'ɒtə(r)/ n nutria

ouch! /aʊtʃ/ interj ¡ay!

ought to /'ɔːt tə, 'ɔːt tuː/ v modal (neg **ought not** o **oughtn't** /'ɔːtnt/)

Ought to es un verbo modal, y las oraciones interrogativas y negativas se construyen sin el auxiliar do. Ver tb págs 322-23.

1 (sugerencias y consejos): You ought to do it. Deberías hacerlo. ◊ I ought to have gone. Debería haber ido. ☞ Comparar con MUST 2 (probabilidad): Five ought to be enough. Con cinco habrá suficiente.

ounce /aʊns/ n (abrev **oz**) onza (28,35 gramos) ☞ Ver Apéndice 1.

our /ɑː(r), 'aʊə(r)/ adj pos nuestro, -a, -os, -as: Our house is in the centre. Nuestra casa está en el centro. ☞ Ver nota en MY

ours /ɑːz, 'aʊəz/ pron pos nuestro, -a, -os, -as: a friend of ours una amiga nuestra ◊ Where's ours? ¿Dónde está el nuestro?

ourselves /ɑː'selvz, aʊə'selvz/ pron 1 [uso reflexivo] nos 2 [uso enfático] nosotros mismos LOC **by ourselves** 1 a solas 2 sin ayuda, solos

out /aʊt/ ♦ part adv 1 fuera: to be out no estar (en casa)/haber salido 2 The sun is out. Ha salido el sol. 3 pasado de

tʃ	dʒ	v	θ	ð	s	z	ʃ
chin	June	van	thin	then	so	zoo	she

moda 4 (*coloq*) (*posibilidad, etc.*) descartado 5 (*luz, etc.*) apagado 6 to call out (*loud*) llamar en voz alta 7 (*cálculo*) equivocado: *The bill is out by five dollars.* En la cuenta se han equivocado en cinco dólares. 8 (*jugador*) eliminado 9 (*pelota*) fuera (*de la línea*) Ver *tb* OUT OF LOC to be out to do sth estar decidido a hacer algo ☛ Para los usos de out en PHRASAL VERBS ver las entradas de los verbos correspondientes, p. ej. to pick out en PICK. Ver *tb págs 324-25.* ♦ *n* LOC Ver IN

outbreak /ˈaʊtbreɪk/ *n* 1 brote 2 (*guerra*) estallido

outburst /ˈaʊtbɜːst/ *n* 1 explosión 2 (*emoción*) estallido

outcast /ˈaʊtkɑːst; *USA* -kæst/ *n* marginado, -a, paria

outcome /ˈaʊtkʌm/ *n* resultado

outcry /ˈaʊtkraɪ/ *n* (*pl -ies*) protestas

outdated /ˌaʊtˈdeɪtɪd/ *adj* anticuado, pasado de moda

outdo /ˌaʊtˈduː/ *vt* (*3ª pers sing pres* **outdoes** /-ˈdʌz/ *pret* **outdid** /-ˈdɪd/ *pp* **outdone** /-ˈdʌn/) superar

outdoor /ˈaʊtdɔː(r)/ *adj* al aire libre: *outdoor swimming pool* piscina descubierta

outdoors /ˌaʊtˈdɔːz/ *adv* al aire libre, fuera

outer /ˈaʊtə(r)/ *adj* 1 externo, exterior 2 *outer space* el espacio sideral

outfit /ˈaʊtfɪt/ *n* (*ropa*) conjunto

outgoing /ˈaʊtɡəʊɪŋ/ *adj* 1 que sale, de salida 2 (*Pol*) cesante, saliente 3 /ˌaʊtˈɡəʊɪŋ/ extrovertido

outgrow /ˌaʊtˈɡrəʊ/ *vt* (*pret* **outgrew** /-ˈɡruː/ *pp* **outgrown** /-ˈɡrəʊn/) 1 *He's outgrown his shoes.* Sus zapatos se le han quedado pequeños. 2 (*hábito, etc.*) cansarse de, abandonar

outing /ˈaʊtɪŋ/ *n* excursión

outlandish /aʊtˈlændɪʃ/ *adj* estrafalario

outlaw /ˈaʊtlɔː/ ♦ *vt* declarar ilegal ♦ *n* forajido, -a

outlet /ˈaʊtlet/ *n* 1 ~ (for sth) desagüe, salida (para algo) 2 ~ (for sth) (*fig*) desahogo (para algo) 3 (*Com*) punto de venta

outline /ˈaʊtlaɪn/ ♦ *n* 1 contorno, perfil 2 líneas generales, esbozo ♦ *vt* 1 perfilar, esbozar 2 exponer en líneas generales

outlive /ˌaʊtˈlɪv/ *vt* ~ **sth/sb** sobrevivir a algo/algn

outlook /ˈaʊtlʊk/ *n* 1 ~ (on sth) (*fig*) punto de vista (sobre algo) 2 ~ (for sth) perspectiva, pronóstico (para algo) 3 ~ (onto/over sth) perspectiva (sobre algo)

outnumber /ˌaʊtˈnʌmbə(r)/ *vt* ~ **sb** superar en número a algn

out of /ˈaʊt əv/ *prep* 1 fuera de: *I want that dog out of the house.* Quiero ese perro fuera de la casa. ◊ *to jump out of bed* saltar de la cama 2 (*causa*) por: *out of interest* por interés 3 de: *eight out of every ten* ocho de cada diez ◊ *to copy sth out of a book* copiar algo de un libro 4 (*material*) de, con: *made out of plastic* (hecho) de plástico 5 sin: *to be out of work* estar sin trabajo

outpost /ˈaʊtpəʊst/ *n* (puesto de) avanzada

output /ˈaʊtpʊt/ *n* 1 producción 2 (*Fís*) potencia

outrage /ˈaʊtreɪdʒ/ ♦ *n* 1 atrocidad 2 escándalo 3 ira ♦ /aʊtˈreɪdʒ/ *vt* ~ **sth/sb** ultrajar a algo/algn **outrageous** /aʊtˈreɪdʒəs/ *adj* 1 escandaloso, monstruoso 2 extravagante

outright /ˈaʊtraɪt/ ♦ *adv* 1 (*sin reservas*) abiertamente, de plano 2 instantáneamente, de golpe 3 en su totalidad 4 (*ganar*) rotundamente ♦ *adj* 1 abierto 2 (*ganador*) indiscutible 3 (*negativa*) rotundo

outset /ˈaʊtset/ *n* LOC **at/from the outset (of sth)** al/desde el principio (de algo)

outside /ˌaʊtˈsaɪd/ ♦ *n* exterior: *on/from the outside* por/desde fuera ♦ *prep* (*esp USA* **outside of**) fuera de: *Wait outside the door.* Espera en la puerta. ♦ *adv* fuera, afuera ♦ /ˈaʊtsaɪd/ *adj* exterior, de fuera

outsider /ˌaʊtˈsaɪdə(r)/ *n* 1 forastero, -a 2 (*pey*) intruso, -a 3 (*competidor*) desconocido, -a

outskirts /ˈaʊtskɜːts/ *n* [*pl*] afueras

outspoken /aʊtˈspəʊkən/ *adj* directo, franco

outstanding /aʊtˈstændɪŋ/ *adj* 1 destacado, excepcional 2 (*visible*) sobresaliente 3 (*pago, trabajo*) pendiente

outstretched /ˌaʊtˈstretʃt/ *adj* extendido, abierto

outward /ˈaʊtwəd/ *adj* 1 externo, exterior 2 (*viaje*) de ida **outwardly** *adv* por

iː	i	ɪ	e	æ	ɑː	ʌ	ʊ	uː
see	happy	sit	ten	hat	father	cup	put	too

fuera, aparentemente **outwards** *adv* hacia fuera

outweigh /ˌaʊt'weɪ/ *vt* pesar más que, importar más que

oval /'əʊvl/ *adj* oval, ovalado

ovary /'əʊvəri/ *n* (*pl* -ies) ovario

oven /'ʌvn/ *n* horno *Ver tb* STOVE

over /'əʊvə(r)/ ◆ *part adv* **1** *to knock sth over* tirar/volcar algo ◊ *to fall over* caer(se) **2** *to turn sth over* dar la vuelta a algo **3** (*lugar*): *over here/there* por aquí/allí ◊ *They came over to see us.* Vinieron a vernos. **4** **left over** de sobra: *Is there any food left over?* ¿Queda algo de comida? **5** (*más*): *children of five and over* niños de cinco años en adelante **6** terminado LOC **(all) over again** otra vez, de nuevo **over and done with** terminado para siempre **over and over (again)** una y otra vez *Ver tb* ALL ◆ *prep* **1** sobre, por encima de: *clouds over the mountains* nubes por encima de las montañas **2** al otro lado de: *He lives over the road.* Vive al otro lado de la calle. **3** más de: (*for*) *over a month* (durante) más de un mes **4** (*tiempo*) durante, mientras: *We'll discuss it over lunch.* Lo discutiremos durante la comida. **5** (*a causa de*): *an argument over money* una discusión por cuestiones de dinero LOC **over and above** además de ☞ Para los usos de **over** en PHRASAL VERBS ver las entradas de los verbos correspondientes, p. ej. **to think over** en THINK. *Ver tb págs* 324-25.

over- /'əʊvə(r)/ *pref* **1** excesivamente: *overambitious* excesivamente ambicioso **2** (*edad*) mayor de: *the over-60s* los mayores de sesenta años

overall /ˌəʊvər'ɔːl/ ◆ *adj* **1** total **2** (*general*) global **3** (*ganador*) absoluto ◆ *adv* **1** en total **2** en general ◆ /'əʊvərɔːl/ *n* **1** (*GB*) guardapolvo, bata **2 overalls** [*pl*] mono (*de trabajo*)

overbearing /ˌəʊvə'beərɪŋ/ *adj* dominante

overboard /'əʊvəbɔːd/ *adv* por la borda

overcame *pret de* OVERCOME

overcast /ˌəʊvə'kɑːst; *USA* -'kæst/ *adj* nublado, cubierto

overcharge /ˌəʊvə'tʃɑːdʒ/ *vt, vi* ~ **(sb) (for sth)** cobrar de más (a algn) (por algo)

overcoat /'əʊvəkəʊt/ *n* abrigo

overcome /ˌəʊvə'kʌm/ *vt* (*pret* overcame /-'keɪm/ *pp* overcome) **1** (*dificultad, etc.*) superar, dominar **2** apoderarse de, invadir: *overcome by fumes/smoke* vencido por los gases/el humo ◊ *overcome with/by emotion* embargado por la emoción

overcrowded /ˌəʊvə'kraʊdɪd/ *adj* atestado (de gente) **overcrowding** *n* congestión, hacinamiento

overdo /ˌəʊvə'duː/ *vt* (3ª *pers sing pres* **overdoes** /-'dʌz/ *pret* overdid /-'dɪd/ *pp* **overdone** /-'dʌn/) **1** exagerar, pasarse con **2** cocer demasiado LOC **to overdo it/things** pasarse (de la raya) (*trabajando, estudiando, etc.*)

overdose /'əʊvədəʊs/ *n* sobredosis

overdraft /'əʊvədrɑːft; *USA* -dræft/ *n* descubierto (*en una cuenta bancaria*)

overdue /ˌəʊvə'djuː; *USA* -'duː/ *adj* **1** retrasado **2** (*Fin*) vencido y no pagado

overestimate /ˌəʊvər'estɪmeɪt/ *vt* sobreestimar

overflow /ˌəʊvə'fləʊ/ ◆ **1** *vt, vi* desbordar(se) **2** *vi* rebosar ◆ /'əʊvəfləʊ/ *n* **1** desbordamiento **2** derrame **3** (*tb* overflow pipe*) cañería de desagüe

overgrown /ˌəʊvə'grəʊn/ *adj* **1** crecido, grande **2** ~ **(with sth)** (*jardín*) cubierto (de algo)

overhang /ˌəʊvə'hæŋ/ *vt, vi* (*pret, pp* overhung /-'hʌŋ/) sobresalir/colgar (por encima): *overhanging* sobresaliente

overhaul /ˌəʊvə'hɔːl/ ◆ *vt* revisar, poner a punto ◆ /'əʊvəhɔːl/ *n* revisión, puesta a punto

overhead /'əʊvəhed/ ◆ *adj* **1** elevado **2** (*cable*) aéreo **3** (*luz*) de techo ◆ /ˌəʊvə'hed/ *adv* por encima de la cabeza, en alto, por lo alto

overhear /ˌəʊvə'hɪə(r)/ *vt* (*pret, pp* overheard /-'hɜːd/) oír (*por casualidad*)

overhung *pret, pp de* OVERHANG

overjoyed /ˌəʊvə'dʒɔɪd/ *adj* **1** ~ **(at sth)** eufórico (por/con algo) **2** ~ **(to do sth)** contentísimo (de hacer algo)

overland /'əʊvəlænd/ ◆ *adj* terrestre ◆ *adv* por tierra

overlap /ˌəʊvə'læp/ ◆ (-pp-) **1** *vt, vi* superponer(se) **2** *vi* ~ **(with sth)** (*fig*) coincidir en parte (con algo) ◆ /'əʊvəlæp/ *n* **1** superposición **2** (*fig*) coincidencia

u	ɒ	ɔː	ɜː	ə	j	w	eɪ	əʊ
situation	got	saw	fur	ago	yes	woman	pay	go

overleaf /ˌəʊvəˈliːf/ *adv* en la página siguiente

overload /ˌəʊvəˈləʊd/ ♦ *vt* ~ **sth/sb (with sth)** sobrecargar algo/a algn (de algo) ♦ /ˈəʊvələʊd/ *n* sobrecarga

overlook /ˌəʊvəˈlʊk/ *vt* **1** tener vista a **2** pasar por alto **3** no notar **4** (*perdonar*) dejar pasar

overnight /ˌəʊvəˈnaɪt/ ♦ *adv* **1** durante la noche: *We travelled overnight.* Viajamos de noche. **2** de la noche a la mañana ♦ /ˈəʊvənaɪt/ *adj* **1** de la noche, para una noche **2** (*éxito*) repentino

overpower /ˌəʊvəˈpaʊə(r)/ *vt* dominar, reducir **overpowering** *adj* agobiante, arrollador

overran *pret de* OVERRUN

overrate /ˌəʊvəˈreɪt/ *vt* sobreestimar, sobrevalorar

overreact /ˌəʊvəriˈækt/ *vi* reaccionar de forma exagerada

override /ˌəʊvəˈraɪd/ *vt* (*pret* **overrode** /-ˈrəʊd/ *pp* **overridden** /-ˈrɪdn/) **1** ~ **sth/sb** hacer caso omiso de algo/algn **2** tener preferencia **overriding** /ˌəʊvəˈraɪdɪŋ/ *adj* capital, primordial

overrule /ˌəʊvəˈruːl/ *vt* denegar, anular

overrun /ˌəʊvəˈrʌn/ (*pret* **overran** /-ˈræn/ *pp* **overrun**) **1** *vt* invadir **2** *vi* rebasar (su tiempo)

oversaw *pret de* OVERSEE

overseas /ˌəʊvəˈsiːz/ ♦ *adj* exterior, extranjero ♦ *adv* en el/al extranjero

oversee /ˌəʊvəˈsiː/ *vt* (*pret* **oversaw** /-ˈsɔː/ *pp* **overseen** /-ˈsiːn/) supervisar, inspeccionar

overshadow /ˌəʊvəˈʃædəʊ/ *vt* **1** (*entristecer*) ensombrecer **2** (*persona, logro*) eclipsar

oversight /ˈəʊvəsaɪt/ *n* omisión, olvido

oversleep /ˌəʊvəˈsliːp/ *vi* (*pret, pp* **overslept** /-ˈslept/) quedarse dormido (*no despertarse a tiempo*)

overspend /ˌəʊvəˈspend/ (*pret, pp* **overspent** /-ˈspent/) **1** *vi* gastar en exceso **2** *vt* (*presupuesto*) pasarse de

overstate /ˌəʊvəˈsteɪt/ *vt* exagerar

overstep /ˌəʊvəˈstep/ *vt* (-pp-) pasarse LOC **to overstep the mark** pasarse de la raya

overt /əʊˈvɜːt, ˈəʊvɜːt/ *adj* (*formal*) abierto

overtake /ˌəʊvəˈteɪk/ (*pret* **overtook** /-ˈtʊk/ *pp* **overtaken** /-ˈteɪkən/) **1** *vt, vi* (*coche*) adelantar (a) **2** *vt* (*fig*) sobrecoger, sobrepasar

overthrow /ˌəʊvəˈθrəʊ/ ♦ *vt* (*pret* **overthrew** /-ˈθruː/ *pp* **overthrown** /-ˈθrəʊn/) derrocar ♦ /ˈəʊvəθrəʊ/ *n* derrocamiento

overtime /ˈəʊvətaɪm/ *n, adv* horas extras

overtone /ˈəʊvətəʊn/ *n* [*gen pl*] connotación

overtook *pret de* OVERTAKE

overture /ˈəʊvətjʊə(r)/ *n* (*Mús*) obertura LOC **to make overtures (to sb)** hacer propuestas (a algn)

overturn /ˌəʊvəˈtɜːn/ **1** *vt, vi* volcar, dar la vuelta (a) **2** *vt* (*decisión*) anular

overview /ˈəʊvəvjuː/ *n* (*formal*) perspectiva (general)

overweight /ˌəʊvəˈweɪt/ *adj*: *to be overweight* tener exceso de peso ☛ *Ver nota en* FAT

overwhelm /ˌəʊvəˈwelm/ *vt* **1** abatir, derribar **2** (*fig*) abrumar **overwhelming** *adj* abrumador

overwork /ˌəʊvəˈwɜːk/ *vt, vi* (hacer) trabajar en exceso

ow! /aʊ/ *interj* ¡ay!

owe /əʊ/ *vt, vi* deber, estar en deuda

owing to /ˈəʊɪŋ tu/ *prep* debido a, a causa de

owl /aʊl/ *n* búho, lechuza

own /əʊn/ ♦ *adj, pron* propio, mío, tuyo, suyo, nuestro, vuestro: *It was my own idea.* Fue idea mía. LOC **(all) on your own 1** (completamente) solo **2** por sí solo, sin ayuda **of your own** propio: *a house of your own* una casa propia *Ver tb* BACK[1] ♦ *vt* poseer, tener, ser dueño de PHR V **to own up (to sth)** (*coloq*) confesarse culpable (de algo)

owner /ˈəʊnə(r)/ *n* dueño, -a **ownership** *n* [*incontable*] propiedad

ox /ɒks/ *n* (*pl* **oxen** /ˈɒksn/) buey

oxygen /ˈɒksɪdʒən/ *n* oxígeno

oyster /ˈɔɪstə(r)/ *n* ostra

ozone /ˈəʊzəʊn/ *n* ozono: *ozone layer* capa de ozono

aɪ	aʊ	ɔɪ	ɪə	eə	ʊə	ʒ	h	ŋ
five	now	join	near	hair	pure	vision	how	sing

Pp

P, p /piː/ n (pl **P's, p's** /piːz/) P, p: *P for Peter* P de Paco ☞ Ver ejemplos en A, A

pace /peɪs/ ◆ n 1 paso 2 ritmo LOC **to keep pace (with sth/sb)** 1 ir al mismo paso (que algo/algn) 2 mantenerse al corriente (de algo/algn) ◆ vt (con inquietud) pasearse por LOC **to pace up and down (a room, etc.)** pasearse con inquietud (por una habitación, etc.)

pacemaker /'peɪsmeɪkə(r)/ n (Med) marcapasos

pacify /'pæsɪfaɪ/ vt (pret, pp -fied) 1 (temores, ira) apaciguar 2 (región) pacificar

pack /pæk/ ◆ n 1 envase: *The pack contains a pen, ten envelopes and twenty sheets of writing paper.* El envase contiene un bolígrafo, diez sobres y veinte hojas de papel de carta. ☞ Ver nota en PARCEL, 2 (cigarrillos) paquete 3 (esp USA deck) (cartas) baraja 4 mochila 5 (animal) carga 6 [v sing o pl] (perros) jauría 7 [v sing o pl] (lobos) manada ◆ 1 vt (maleta) hacer 2 vi hacer las maletas 3 vt llevar 4 vt embalar 5 vt ~ sth into sth poner algo en algo 6 vt ~ sth in sth envolver algo con algo 7 vt (caja) llenar 8 vt (comida) empaquetar, envasar 9 vt (habitación) atestar LOC **to pack your bags** irse PHR V **to pack sth in** (coloq) dejar algo: *I've packed in my job.* He dejado mi trabajo. **to pack (sth/sb) into sth** apiñarse en algo, apiñar algo/a algn en algo **to pack up** (coloq) cascar (averiarse) **packed** adj 1 a tope 2 ~ **with sth** abarrotado, lleno de algo

package /'pækɪdʒ/ ◆ n 1 paquete ☞ Ver nota en PARCEL 2 (equipaje) bulto ◆ vt envasar **packaging** n embalaje

package holiday (tb **package tour**) n viaje organizado

packed lunch n almuerzo para llevar

packet /'pækɪt/ n paquete ☞ Ver dibujo en CONTAINER y nota en PARCEL

packing /'pækɪŋ/ n 1 embalaje 2 relleno

pact /pækt/ n pacto

pad /pæd/ ◆ n 1 almohadilla 2 (papel) bloc ◆ vt (-dd-) acolchar PHR V **to pad about, along, around, etc.** andar (con pasos suaves) **to pad sth out** (fig)

meterle paja a algo (redacción, etc.) **padding** n 1 acolchado 2 (fig) paja

paddle /'pædl/ ◆ n pala (remo) LOC **to have a paddle** mojarse los pies Ver tb CREEK ◆ 1 vt (barca) dirigir (remando) 2 vi remar 3 vi mojarse los pies

paddock /'pædək/ n prado (donde pastan los caballos)

padlock /'pædlɒk/ n candado

paediatrician (USA pedi-) /ˌpiːdiə'trɪʃn/ n pediatra

pagan /'peɪgən/ adj, n pagano, -a

page /peɪdʒ/ ◆ n (abrev p) página ◆ vt llamar por el altavoz/busca

pager /'peɪdʒə(r)/ n busca

paid /peɪd/ ◆ pret, pp de PAY ◆ adj 1 (empleado) a sueldo 2 (trabajo) remunerado LOC **to put paid to sth** acabar con algo

pain /peɪn/ n 1 dolor: *Is she in pain?* ¿Sufre? ◊ *I've got a pain in my neck.* Me duele el cuello. 2 ~ (**in the neck**) (coloq) peñazo LOC **to be at pains to do sth** esforzarse por hacer algo **to take great pains with/over sth** esmerarse mucho en algo **pained** adj 1 afligido 2 ofendido **painful** adj 1 dolorido. *to be painful* doler 2 doloroso 3 (deber) penoso 4 (decisión) desagradable **painfully** adv terriblemente **painless** adj 1 que no duele 2 (procedimiento) sin dificultades

painkiller /'peɪnkɪlə(r)/ n analgésico

painstaking /'peɪnzteɪkɪŋ/ adj 1 (trabajo) laborioso 2 (persona) concienzudo

paint /peɪnt/ ◆ n pintura ◆ vt, vi pintar **painter** n pintor, -ora **painting** n 1 pintura 2 cuadro

paintbrush /'peɪntbrʌʃ/ n pincel, brocha ☞ Ver dibujo en BRUSH

paintwork /'peɪntwɜːk/ n pintura (superficie)

pair /peə(r)/ ◆ n 1 par: *a pair of trousers* unos pantalones/un pantalón
Las palabras que designan objetos compuestos por dos elementos (como tenazas, tijeras, pantalones, etc.), llevan el verbo en plural: *My trousers are very tight.* Los pantalones me

tʃ	dʒ	v	θ	ð	s	z	ʃ
chin	June	van	thin	then	so	zoo	she

están muy justos. Cuando nos referimos a más de uno, utilizamos la palabra **pair**: *I've got two pairs of trousers.* Tengo dos pantalones.

2 [*v sing o pl*] pareja (*animales, equipo*): *the winning pair* la pareja ganadora ☞ *Comparar con* COUPLE ♦ *v* PHR V **to pair off/up (with sb)** emparejarse (con algn) **to pair sb off (with sb)** emparejar a algn (con algn)

pajamas (*USA*) *Ver* PYJAMAS

pal /pæl/ *n* (*coloq*) **1** compañero, -a **2** colega

palace /'pæləs/ *n* palacio

palate /'pælət/ *n* paladar

pale /peɪl/ ♦ *adj* (**paler, palest**) **1** pálido **2** (*color*) claro **3** (*luz*) tenue LOC **to go/turn pale** palidecer ♦ *n* LOC **beyond the pale** (*conducta*) inaceptable

pall /pɔːl/ ♦ *vi* ~ **(on sb)** cansar (a algn) (*de aburrimiento*) ♦ *n* **1** paño mortuorio **2** (*fig*) manto

pallid /'pælɪd/ *adj* pálido

pallor /'pælə(r)/ *n* palidez

palm /pɑːm/ ♦ *n* **1** (*mano*) palma **2** (*tb* **palm tree**) palmera, palma LOC **to have sb in the palm of your hand** tener a algn en un puño ♦ *v* PHR V **to palm sth/sb off (on sb)** (*coloq*) endosarle algo/algn (a algn)

paltry /'pɔːltri/ *adj* (**-ier, -iest**) insignificante

pamper /'pæmpə(r)/ *vt* mimar

pamphlet /'pæmflət/ *n* **1** folleto **2** (*político*) octavilla, panfleto

pan /pæn/ *n* término genérico que abarca cazuelas, cacerolas, cazos, ollas y sartenes ☞ *Ver dibujo en* SAUCEPAN LOC *Ver* FLASH

pancake /'pænkeɪk/ *n* crepe ☞ *Ver nota en* MARTES

panda /'pændə/ *n* panda

pander /'pændə(r)/ *v* PHR V **to pander to sth/sb** (*pey*) complacer a algo/algn, condescender con algo/algn

pane /peɪn/ *n* cristal: *pane of glass* hoja de vidrio ◊ *window pane* cristal (de ventana)

panel /'pænl/ *n* **1** (*pared, puerta*) panel **2** (*mandos*) panel **3** [*v sing o pl*] (*TV, Radio*) panel **4** [*v sing o pl*] comisión, jurado **panelled** (*USA* **paneled**) *adj* (revestido) con paneles **panelling** (*USA* **paneling**) *n* revestimiento (*p. ej. de las paredes*): *oak panelling* paneles de roble

pang /pæŋ/ *n* (*lit y fig*) punzada

panic /'pænɪk/ ♦ *n* pánico ♦ *vt, vi* (**-ck-**) aterrar(se), dejarse llevar por el pánico

panic-stricken /'pænɪk strɪkən/ *adj* preso del pánico

pant /pænt/ *vi* jadear

panther /'pænθə(r)/ *n* **1** pantera **2** (*USA*) puma

panties /'pæntiz/ *n* [*pl*] (*coloq*) bragas

pantomime /'pæntəmaɪm/ *n* **1** (*GB*) representación teatral con música para la Navidad, basada en cuentos de hadas **2** (*fig*) farsa

pantry /'pæntri/ *n* (*pl* **-ies**) despensa

pants /pænts/ *n* [*pl*] **1** (*GB*) calzoncillos, bragas **2** (*USA*) pantalones ☞ *Ver nota en* PAIR

paper /'peɪpə(r)/ ♦ *n* **1** [*incontable*] papel: *a piece of paper* una hoja/un pedazo de papel **2** periódico **3** (*tb* **wallpaper**) papel pintado **4 papers** [*pl*] documentación **5 papers** [*pl*] papeles; papeleo **6** examen **7** (*científico, académico*) artículo, ponencia LOC **on paper 1** por escrito **2** (*fig*) en teoría ♦ *vt* empapelar

paperback /'peɪpəbæk/ *n* libro en rústica ☞ *Comparar con* HARDBACK

paper clip *n* clip (*sujetapapeles*)

paperwork /'peɪpəwɜːk/ *n* [*incontable*] **1** papeleo **2** tareas administrativas

par /pɑː(r)/ *n* LOC **below par** (*coloq*) en baja forma **to be on a par with sth/sb** estar en pie de igualdad con algo/algn

parable /'pærəbl/ *n* parábola (*cuento*)

parachute /'pærəʃuːt/ *n* paracaídas

parade /pə'reɪd/ ♦ *n* desfile ♦ **1** *vi* desfilar **2** (*Mil*) pasar revista **3** *vt* (*pey*) (*conocimientos*) hacer alarde de **4** *vt* (*esp por las calles*) exhibir

paradise /'pærədaɪs/ *n* paraíso

paradox /'pærədɒks/ *n* paradoja

paraffin /'pærəfɪn/ *n* queroseno

paragraph /'pærəgrɑːf; *USA* -græf/ *n* párrafo

parallel /'pærəlel/ ♦ *adj* (en) paralelo ♦ *n* **1** (*gen, Geog*) paralelo **2** paralela

paralyse (*USA* **paralyze**) /'pærəlaɪz/ *vt* paralizar

paralysis /pə'ræləsɪs/ *n* [*incontable*] **1** parálisis **2** (*fig*) paralización

paramedic /ˌpærə'medɪk/ *n* profesional de la rama sanitaria con ciertos conocimientos de medicina

paramount /ˈpærəmaʊnt/ *adj* primordial: *of paramount importance* de suma importancia

paranoid /ˈpærənɔɪd/ *n, adj* **1** paranoico, -a **2** (*fig*) maniático, -a

paraphrase /ˈpærəfreɪz/ *vt* parafrasear

parasite /ˈpærəsaɪt/ *n* parásito

parcel /ˈpɑːsl/ (*USA* **package**) *n* paquete

Parcel (*USA* **package**) se usa para referirse a los paquetes que se envían por correo. Para hablar de los paquetes que se entregan en mano utilizamos **package**. Packet (*USA* **pack**) es el término que utilizamos para referirnos a un paquete o una bolsa que contiene algún producto que se vende en una tienda: *a packet of cigarettes/crisps*. Pack se utiliza para hablar de un conjunto de cosas diferentes que se venden juntas: *The pack contains needles and thread*. El envase contiene agujas e hilo. *Ver tb* PACKAGING *en* PACKAGE *y dibujo en* CONTAINER

parched /pɑːtʃt/ *adj* **1** reseco **2** (*persona*) muerto de sed

parchment /ˈpɑːtʃmənt/ *n* pergamino

pardon /ˈpɑːdn/ ◆ *n* **1** perdón **2** (*Jur*) indulto LOC *Ver* BEG ◆ *vt* (*formal*) perdonar LOC **pardon?** (*USA* **pardon me?**) ¿cómo dice?, ¿qué has dicho? **pardon me!** ¡perdón!

parent /ˈpeərənt/ *n* madre, padre: *his parents* sus padres ◊ *parent company* empresa matriz **parentage** *n* **1** ascendencia **2** padres **parental** /pəˈrentl/ *adj* de los padres **parenthood** /ˈpeərənthʊd/ *n* maternidad, paternidad

parents-in-law /ˈpeərənts ɪn lɔː/ *n* [*pl*] suegros

parish /ˈpærɪʃ/ *n* parroquia: *parish priest* párroco

park /pɑːk/ ◆ *n* **1** parque: *parkland* zona verde/parque **2** (*USA*) campo (de deportes) ◆ *vt, vi* aparcar

parking /ˈpɑːkɪŋ/ *n* [*incontable*] aparcamiento: *There's free parking*. El aparcamiento es gratuito. ◊ *parking ticket/fine* multa por aparcamiento indebido ◊ *parking meter* parquímetro

Nótese que un parking en inglés se dice **a car park**.

parliament /ˈpɑːləmənt/ *n* [*v sing o pl*] parlamento: *Member of Parliament* diputado

El parlamento británico está dividido en dos cámaras: la Cámara de los Comunes (**the House of Commons**) y la Cámara de los Lores (**the House of Lords**). La Cámara de los Comunes está compuesta por 659 diputados (**Members of Parliament** o **MPs**) que son elegidos por los ciudadanos británicos.

parliamentary /ˌpɑːləˈmentri/ *adj* parlamentario

parlour (*USA* **parlor**) /ˈpɑːlə(r)/ *n* sala (de recibir)

parody /ˈpærədi/ *n* (*pl* -ies) parodia

parole /pəˈrəʊl/ *n* libertad condicional

parrot /ˈpærət/ *n* loro

parsley /ˈpɑːsli/ *n* perejil

parsnip /ˈpɑːsnɪp/ *n* chirivía

part /pɑːt/ ◆ *n* **1** parte: *in part exchange* como parte del pago **2** pieza **3** (*TV*) episodio **4** (*de cine, teatro*) papel **5** parts [*pl*] región: *She's not from these parts*. No es de aquí. LOC **for my part** por mi parte **for the most part** por lo general **on the part of sb/on sb's part:** *It was an error on my part*. Fue un error por mi parte. **the best/better part of sth** la mayor parte de algo: *for the best part of a year* casi un año **to take part (in sth)** tomar parte (en algo) **to take sb's part** ponerse de parte de algn ◆ *vt, vi* separar(se) **2** *vt, vi* apartar(se) **3** *vt* partir LOC **to part company (with sb)** separarse (de algn), despedirse (de algn) **to part your hair** hacerse la raya PHR V **to part with sth 1** renunciar a algo **2** (*dinero*) gastar algo

partial /ˈpɑːʃl/ *adj* **1** parcial **2** ~ **(towards sth/sb)** predispuesto (a favor de algo/algn) LOC **to be partial to sth/sb** ser aficionado a algo/algn **partially** *adv* **1** parcialmente **2** de manera parcial

participant /pɑːˈtɪsɪpənt/ *n* participante

participate /pɑːˈtɪsɪpeɪt/ *vi* ~ **(in sth)** participar (en algo) **participation** *n* participación

particle /ˈpɑːtɪkl/ *n* partícula

particular /pəˈtɪkjələ(r)/ ◆ *adj* **1** (*concreto*) en particular: *in this particular case* en este caso en particular **2** (*excepcional*) especial **3** ~ **(about sth)**

exigente (con algo) ◆ **particulars** n [pl] datos **particularly** adv **1** particularmente, especialmente **2** en particular

parting /'pɑːtɪŋ/ n **1** despedida **2** (pelo) raya

partisan /ˌpɑːtɪ'zæn, 'pɑːtɪzæn; USA 'pɑːrtɪzn/ ◆ adj parcial ◆ n **1** partidario, -a **2** (Mil) partisano, -a

partition /pɑː'tɪʃn/ n **1** (Pol) división **2** tabique

partly /'pɑːtli/ adv en parte

partner /'pɑːtnə(r)/ n **1** (Com) socio, -a **2** (baile, deportes, relación) pareja **partnership** n **1** asociación **2** (Com) sociedad (comanditaria)

partridge /'pɑːtrɪdʒ/ n perdiz

part-time /ˌpɑːt 'taɪm/ adj, adv **1** por horas **2** (curso) a tiempo parcial

party /'pɑːti/ n (pl -ies) **1** (reunión) fiesta **2** (Pol) partido **3** grupo **4** (Jur) parte LOC **to be (a) party to sth** participar en algo

pass /pɑːs; USA pæs/ ◆ n **1** (examen) aprobado **2** (permiso) pase **3** (autobús) bono **4** (Dep) pase **5** (montaña) puerto LOC **to make a pass at sb** (coloq) insinuarse a algn ◆ **1** vt, vi pasar **2** vt (barrera) cruzar **3** vt (límite) superar **4** vt (examen, ley) aprobar **5** vi suceder PHR V **to pass as sth/sb** Ver TO PASS FOR STH/SB

to pass away (eufemismo) morir

to pass by (sth/sb) pasar al lado (de algo/algn) **to pass sth/sb by 1** dejar algo/a algn de lado **2** ignorar algo/a algn

to pass for sth/sb pasar por algo/algn (ser tomado por)

to pass sth/sb off as sth/sb hacer pasar algo/a algn por algo/algn

to pass out desmayarse

to pass sth round circular algo

to pass sth up (coloq) rechazar algo (oportunidad)

passable /'pɑːsəbl; USA 'pæs-/ adj **1** aceptable **2** transitable

passage /'pæsɪdʒ/ n **1** (tb passageway) pasadizo, pasillo **2** (extracto) pasaje **3** paso

passenger /'pæsɪndʒə(r)/ n pasajero, -a

passer-by /ˌpɑːsə 'baɪ; USA ˌpæsər/ n (pl -s-by /ˌpɑːsəz 'baɪ/) transeúnte

passing /'pɑːsɪŋ; USA 'pæs-/ ◆ adj **1** pasajero **2** (referencia) de pasada

3 (tráfico) que pasa ◆ n **1** paso **2** (formal) desaparición LOC **in passing** de pasada

passion /'pæʃn/ n pasión **passionate** adj apasionado, ardiente

passive /'pæsɪv/ ◆ adj pasivo ◆ n (tb **passive voice**) (voz) pasiva

passport /'pɑːspɔːt; USA 'pæs-/ n pasaporte

password /'pɑːswɜːd/ n contraseña

past /pɑːst; USA pæst/ ◆ adj **1** pasado **2** antiguo: past students antiguos alumnos **3** último: the past few days los últimos días **4** (tiempo) acabado: The time is past. Se ha acabado el tiempo. ◆ n **1** pasado **2** (tb past tense) pretérito, pasado ◆ prep **1** half past two las dos y media ◊ past midnight más de medianoche ◊ It's past five o'clock. Son las cinco pasadas. **2** (con verbos de movimiento): to walk past sth/sb pasar por delante de algo/al lado de algn **3** más allá de, después de: It's past your bedtime. Deberías estar ya en la cama. LOC **not to put it past sb (to do sth)** creer a algn capaz (de hacer algo) ◆ adv al lado, por delante: to walk past pasar por delante

paste /peɪst/ n **1** pasta, masa **2** cola **3** paté

pastime /'pɑːstaɪm; USA 'pæs-/ n pasatiempo

pastor /'pɑːstə(r); USA 'pæs-/ n pastor (sacerdote)

pastoral /'pɑːstərəl; USA 'pæs-/ adj **1** pastoril, bucólico **2** pastoral care atención personal

pastry /'peɪstri/ n (pl -ies) **1** masa (de una tarta, etc.) **2** pastel (de bollería)

pasture /'pɑːstʃə(r); USA 'pæs-/ n pasto

pat /pæt/ ◆ vt (-tt-) **1** dar golpecitos a, dar una palmadita a **2** acariciar ◆ n **1** palmadita **2** caricia **3** (mantequilla) trozo LOC **to give sb a pat on the back** felicitar a algn

patch /pætʃ/ ◆ n **1** (tela) parche **2** (color) mancha **3** (niebla, etc.) zona **4** trozo (donde se cultivan verduras, etc.) **5** (GB, coloq) (área de trabajo) zona LOC **not to be a patch on sth/sb** no tener ni comparación con algo/algn Ver tb BAD ◆ vt echar un parche a PHR V **to patch sth up 1** ponerle parches a algo **2** (disputa) resolver algo

patchy *adj* (**-ier, -iest**) **1** irregular: *patchy fog* bancos de niebla **2** desigual **3** (*conocimientos*) con lagunas

patchwork /'pætʃwɜːk/ *n* **1** labor de aguja a base de parches geométricos **2** (*fig*) tapiz

patent /'peɪtnt; *USA* 'pætnt/ ◆ *adj* **1** patente **2** (*Com*) patentado ◆ *n* patente ◆ *vt* patentar **patently** *adv* claramente

paternal /pə'tɜːnl/ *adj* **1** paternal **2** paterno

paternity /pə'tɜːnəti/ *n* paternidad

path /pɑːθ; *USA* pæθ/ *n* **1** (*tb* pathway, footpath) sendero **2** paso **3** trayectoria **4** (*fig*) camino

pathetic /pə'θetɪk/ *adj* **1** patético **2** (*coloq*) (*insuficiente*) lamentable

pathological /ˌpæθə'lɒdʒɪkl/ *adj* patológico **pathology** /pə'θɒlədʒi/ *n* patología

pathos /'peɪθɒs/ *n* patetismo

patience /'peɪʃns/ *n* **1** [*incontable*] paciencia **2** (*GB*) (*juego de cartas*) solitario LOC *Ver* TRY

patient /'peɪʃnt/ ◆ *n* paciente ◆ *adj* paciente

patio /'pætiəʊ/ *n* (*pl* ~s) **1** terraza **2** patio

patriarch /'peɪtriɑːk; *USA* 'pæt-/ *n* patriarca

patriot /'pætriət; *USA* 'peɪt-/ *n* patriota **patriotic** /ˌpætri'ɒtɪk; *USA* ˌpeɪt-/ *adj* patriótico

patrol /pə'trəʊl/ ◆ *vt* (**-ll-**) **1** patrullar **2** (*guardia*) hacer la ronda ◆ *n* patrulla

patron /'peɪtrən/ *n* **1** patrocinador, -ora **2** (*antic*) mecenas **3** cliente **patronage** *n* **1** patrocinio **2** (*cliente regular*) apoyo **3** patronazgo

patronize, -ise /'pætrənaɪz; *USA* 'peɪt-/ *vt* tratar condescendientemente a **patronizing, -ising** *adj* condescendiente

pattern /'pætn/ *n* **1** dibujo, estampado **2** (*Costura*) patrón **3** pauta, tendencia **patterned** *adj* estampado

pause /pɔːz/ *n* **1** pausa *Ver tb* BREAK² ◆ *vi* hacer una pausa, pararse

pave /peɪv/ *vt* pavimentar LOC **to pave the way (for sth/sb)** preparar el camino (para algo/algn)

pavement /'peɪvmənt/ *n* **1** (*USA* sidewalk) acera **2** (*USA*) pavimento

pavilion /pə'vɪliən/ *n* **1** (*GB*) pabellón **2** quiosco

paving /'peɪvɪŋ/ *n* pavimento: *paving stone* losa

paw /pɔː/ ◆ *n* **1** pata **2** (*coloq, joc*) mano ◆ *vt* manosear

pawn¹ /pɔːn/ *n* (*lit y fig*) peón (*Ajedrez*)

pawn² /pɔːn/ *vt* empeñar

pawnbroker /'pɔːnˌbrəʊkə(r)/ *n* prestamista

pay /peɪ/ ◆ *n* [*incontable*] sueldo: *a pay rise/increase* un aumento de sueldo ◊ *pay claim* reclamación salarial ◊ *pay day* día de paga ◊ *pay packet* sobre de la paga *Ver tb* INCOME ◆ (*pret, pp* paid) **1** *vt* to pay sth (to sb) (for sth) pagar algo (a algn) (por algo) **2** *vt, vi* to pay (sb) (for sth) pagar (algo) (a algn) **3** *vi* ser rentable **4** *vi* valer la pena **5** *vt, vi* compensar LOC **to pay attention (to sth/sb)** prestar atención (a algo/algn) **to pay sb a compliment/pay a compliment to sb** hacer un cumplido a algn **to pay sb/sth a visit** visitar algo/a algn *Ver tb* EARTH

PHR V **to pay sb back** devolver el dinero a algn **to pay sb back sth; to pay sth back** devolver algo (a algn) **to pay sth in** ingresar algo **to pay off** (*coloq*) dar fruto, valer la pena **to pay sb off** pagar y despedir a algn **to pay sth off** terminar de pagar algo

to pay up pagar del todo

payable *adj* pagadero

payment /'peɪmənt/ *n* **1** pago **2** [*incontable*]: *in/as payment for* como recompensa a/en pago a

pay-off /'peɪ ɒf/ *n* (*coloq*) **1** pago, soborno **2** recompensa

payroll /'peɪrəʊl/ *n* nómina

PC /ˌpiː 'siː/ *abrev* **1** (*pl* PCs) personal computer ordenador personal **2** (*pl* PCs) police constable (agente de) policía **3** politically correct políticamente correcto

PE /ˌpiː 'iː/ *n* (*abrev de* physical education) educación física

pea /piː/ *n* guisante

peace /piːs/ *n* **1** paz **2** tranquilidad: *peace of mind* tranquilidad de conciencia LOC **peace and quiet** paz y tranquilidad **to be at peace (with sth/sb)** estar en armonía (con algo/algn) **to make (your) peace with sb** hacer las paces (con algn) *Ver tb* DISTURB **peaceful** *adj* **1** pacífico **2** tranquilo

tʃ	dʒ	v	θ	ð	s	z	ʃ
chin	June	van	thin	then	so	zoo	she

peach /piːtʃ/ n 1 melocotón 2 (tb **peach tree**) melocotonero 3 color melocotón

peacock /ˈpiːkɒk/ n pavo real

peak /piːk/ ◆ n 1 (montaña) pico, cumbre 2 punta 3 visera 4 punto máximo: *peak hours* horas punta ◊ *in peak condition* en condiciones óptimas ◆ vi alcanzar el punto máximo **peaked** adj 1 en punta 2 (gorra) con visera

peal /piːl/ n 1 (campanas) repique 2 *peals of laughter* carcajadas

peanut /ˈpiːnʌt/ n 1 cacahuete 2 **peanuts** [pl] (coloq) migajas

pear /peə(r)/ n 1 pera 2 (tb **pear tree**) peral

pearl /pɜːl/ n 1 perla 2 (fig) joya

peasant /ˈpeznt/ n 1 campesino, -a ☞ *Ver nota en* CAMPESINO 2 (coloq, pey) palurdo, -a

peat /piːt/ n turba (carbón)

pebble /ˈpebl/ n guijarro

peck /pek/ ◆ 1 vt, vi picotear 2 vt (coloq) dar un besito a LOC **pecking order** (coloq) orden jerárquico ◆ n 1 picotazo 2 (coloq) besito

peckish /ˈpekɪʃ/ adj (coloq) hambriento: *to feel peckish* tener ganas de picar algo

peculiar /pɪˈkjuːliə(r)/ adj 1 extraño 2 especial 3 ~ (to sth/sb) peculiar (de algo/algn) **peculiarity** /pɪˌkjuːliˈærəti/ n (pl -ies) 1 [incontable] rarezas **peculiarly** adv 1 especialmente 2 característicamente 3 de una manera extraña

pedal /ˈpedl/ ◆ n pedal ◆ vi (-ll-, USA -l-) pedalear

pedantic /pɪˈdæntɪk/ adj (pey) 1 maniático 2 pedante 3 redicho

pedestrian /pəˈdestriən/ ◆ n peatón: *pedestrian precinct/crossing* zona peatonal/paso de peatones ◆ adj (pey) pedestre

pediatrician (USA) Ver PAEDIATRICIAN

pedigree /ˈpedɪɡriː/ ◆ n 1 (animal) pedigrí 2 (persona) genealogía 3 casta ◆ adj con pedigrí, de raza

pee /piː/ ◆ vi (coloq) hacer pis ◆ n (coloq) pis

peek /piːk/ vi ~ at sth/sb echar una mirada a algo/algn ☞ Implica una mirada rápida y muchas veces furtiva.

peel /piːl/ ◆ 1 vt, vi pelar(se) 2 vi ~ (away/off) (papel pintado) despegarse 3 vi ~ (away/off) (pintura) desc**peel** PHR V **to peel sth away/back/off** 1 despegar algo 2 quitar algo ◆ n [incontable] 1 piel 2 corteza 3 cáscara

Para cáscaras duras, como de nuez o de huevo, se usa shell en vez de peel. Para la corteza del limón se utiliza rind o peel, mientras que para la naranja se usa solo peel. Skin se utiliza para la piel del plátano y para otras frutas con piel más fina, como el melocotón.

peeler /ˈpiːlə(r)/ n mondador: *potato peeler* mondapatatas

peep /piːp/ ◆ vi 1 ~ at sth/sb echar una ojeada a algo/algn ☞ Implica una mirada rápida y muchas veces cautelosa. ☞ *Ver tb nota en* MIRAR 2 ~ **over, through, etc. sth** atisbar por encima de, por, etc. algo PHR V **to peep out/through** asomarse ◆ n 1 vistazo 2 pío LOC **to have/take a peep at sth/sb** echar una ojeada a algo/algn

peer /pɪə(r)/ ◆ vi ~ at sth/sb mirar algo/a algn ☞ Implica una mirada prolongada que a veces supone esfuerzo. *Ver tb nota en* MIRAR PHR V **to peer out (of sth)** sacar la cabeza (por algo) ◆ n 1 igual 2 contemporáneo, -a 3 (GB) noble **the peerage** n [v sing o pl] los pares, la nobleza

peeved /piːvd/ adj (coloq) molesto (enfadado)

peg /peg/ ◆ n 1 (tb **clothes peg**) pinza 2 (en la pared) colgador LOC **to bring/take sb down a peg (or two)** bajarle a algn los humos ◆ vt (-gg-) 1 (precios, sueldos) fijar (el nivel de) 2 **to peg sth to sth** ligar algo a algo PHR V **to peg sth out** (colada) tender algo

pejorative /pɪˈdʒɒrətɪv; USA -ˈdʒɔːr-/ adj (formal) peyorativo

pelican /ˈpelɪkən/ n pelícano

pellet /ˈpelɪt/ n 1 (papel, etc.) bola 2 perdigón 3 (fertilizantes, etc.) gránulo

pelt /pelt/ ◆ n 1 pellejo 2 piel ◆ vt ~ **sb with sth** (coloq) tirar cosas a algn LOC **to pelt down (with rain)** llover a cántaros PHR V **to pelt along, down, up, etc. (sth)** ir a todo meter (por algún sitio): *They pelted down the hill.* Bajaron la colina a todo meter.

pelvis /'pelvɪs/ n pelvis **pelvic** adj pelviano

pen /pen/ n **1** bolígrafo, pluma **2** corral **3** (para ovejas) redil

penalize, -ise /'piːnəlaɪz/ vt **1** penalizar, sancionar **2** perjudicar

penalty /'penlti/ n (pl -ies) **1** (castigo) pena **2** multa **3** desventaja **4** (Dep) penalización **5** (Fútbol) penalti

pence /pens/ n [pl] (abrev p) peniques ☞ Ver nota en PENIQUE

pencil /'pensl/ n lápiz

pencil case n estuche (para lápices, etc.)

pencil sharpener /'pensl ʃɑːpnə(r)/ n sacapuntas

pendant /'pendənt/ n colgante

pending /'pendɪŋ/ ♦ adj (formal) pendiente ♦ prep en espera de

pendulum /'pendjələm; USA -dʒələm/ n péndulo

penetrate /'penɪtreɪt/ vt **1** penetrar **2** (organización) infiltrar PHR V **to penetrate into sth** introducirse en algo **to penetrate through sth** atravesar algo **penetrating** adj **1** perspicaz **2** (mirada, sonido) penetrante

penfriend /'penfrend/ n amigo, -a por correspondencia

penguin /'peŋgwɪn/ n pingüino

penicillin /ˌpenɪ'sɪlɪn/ n penicilina

peninsula /pə'nɪmsjələ; USA -nsələ/ n península

penis /'piːnɪs/ n pene

penknife /'pennaɪf/ n (pl -knives /-naɪvz/) **1** navaja **2** cortaplumas

penniless /'peniləs/ adj sin dinero

penny /'peni/ n (pl pence /pens/) (abrev p) penique ☞ Ver nota en PENIQUE. Ver tb Apéndice 1. **2** (pl pennies /'peniz/) (Can, USA) centavo

pension /'penʃn/ ♦ n pensión ♦ v PHR V **to pension sb off** jubilar a algn **to pension sth off** desechar algo **pensioner** n jubilado, -a

penthouse /'penthaʊs/ n ático (generalmente de lujo)

pent-up /'pent ʌp/ adj **1** (ira, etc.) contenido **2** (deseo) reprimido

penultimate /pen'ʌltɪmət/ adj penúltimo

people /'piːpl/ ♦ n **1** [pl] gente: People are saying that... Dice la gente que... **2** [pl] personas: ten people diez personas ☞ Ver nota en PERSON **3** the people [pl] (público) el pueblo **4** [contable] (nación) pueblo ♦ vt poblar

pepper /'pepə(r)/ n **1** pimienta **2** (legumbre) pimiento

peppercorn /'pepəkɔːn/ n grano de pimienta

peppermint /'pepəmɪnt/ n **1** menta **2** (tb mint) caramelo de menta

per /pə(r)/ prep por: per person por persona ◊ $60 per day 60 dólares al día ◊ per annum al año

perceive /pə'siːv/ vt (formal) **1** (observar) percibir, divisar **2** (considerar) interpretar

per cent /pə 'sent/ adj, adv por ciento **percentage** n porcentaje: percentage increase aumento porcentual

perceptible /pə'septəbl/ adj **1** perceptible **2** (mejora, etc.) sensible

perception /pə'sepʃn/ n (formal) **1** percepción **2** sensibilidad, perspicacia **3** punto de vista

perceptive /pə'septɪv/ adj (formal) perspicaz

perch /pɜːtʃ/ ♦ n **1** (para pájaros) percha **2** posición (elevada) **3** (pez) perca ♦ vi **1** (pájaro) posarse **2** (persona, edificio) encaramarse **perched** adj ~ **on sth 1** (pájaro) posado en algo **2** (persona, edificio) encaramado en algo

percussion /pə'kʌʃn/ n percusión

perennial /pə'reniəl/ adj perenne

perfect¹ /'pɜːfɪkt/ adj **1** perfecto **2** ~ **for sth/sb** ideal para algo/algn **3** completo: a perfect stranger un perfecto extraño

perfect² /pə'fekt/ vt perfeccionar

perfection /pə'fekʃn/ n perfección LOC **to perfection** a la perfección **perfectionist** n perfeccionista

perfectly /'pɜːfɪktli/ adv **1** perfectamente **2** completamente

perforate /'pɜːfəreɪt/ vt perforar **perforated** adj perforado **perforation** n **1** perforación **2** perforado

perform /pə'fɔːm/ **1** vt (función) desempeñar **2** vt (operación, ritual, trabajo) realizar **3** vt (compromiso) cumplir **4** vt (danza) representar **5** vt, vi (Mús) interpretar **6** vt, vi (Teat) actuar, representar

performance /pə'fɔːməns/ n **1** (deberes) cumplimiento **2** (estudiante, empleado) rendimiento **3** (empresa)

u	ɒ	ɔː	ɜː	ə	j	w	eɪ	əʊ
situation	got	saw	fur	ago	yes	woman	pay	go

performer 574

resultados **4** (*Cine*) sesión **5** (*Mús*) actuación, interpretación **6** (*Teat*) representación: *the evening performance* la función de la tarde

performer /pəˈfɔːmə(r)/ *n* **1** (*Mús*) intérprete **2** (*Teat*) actor, actriz **3** (*variedades*) artista

perfume /ˈpɜːfjuːm; *USA* pərˈfjuːm/ *n* perfume

perhaps /pəˈhæps, præps/ *adv* quizá(s), tal vez, a lo mejor: *perhaps not* puede que no *Ver tb* MAYBE

peril /ˈperəl/ *n* peligro, riesgo

perimeter /pəˈrɪmɪtə(r)/ *n* perímetro

period /ˈpɪəriəd/ *n* **1** periodo: *over a period of three years* a lo largo de tres años **2** época: *period dress/furniture* prendas/muebles de época **3** (*Educ*) clase **4** (*Med*) periodo, regla **5** (*USA*) *Ver* FULL STOP

periodic /ˌpɪəriˈɒdɪk/ (*tb* **periodical** /ˌpɪəriˈɒdɪkl/) *adj* periódico

periodical /ˌpɪəriˈɒdɪkl/ *n* revista

perish /ˈperɪʃ/ *vi* (*formal*) perecer, fallecer **perishable** *adj* perecedero

perjury /ˈpɜːdʒəri/ *n* perjurio

perk /pɜːk/ ♦ *v* PHR V **to perk up** (*coloq*) **1** animarse, sentirse mejor **2** (*negocios, tiempo*) mejorar ♦ *n* (*coloq*) beneficio (adicional) (*de un trabajo, etc.*)

perm /pɜːm/ ♦ *n* permanente ♦ *vt*: *to have your hair permed* hacerse la permanente

permanent /ˈpɜːmənənt/ *adj* **1** permanente, fijo **2** (*daño*) irreparable, para siempre **permanently** *adv* permanentemente, para siempre

permissible /pəˈmɪsəbl/ *adj* permisible, admisible

permission /pəˈmɪʃn/ *n* ~ (**for sth/to do sth**) permiso, autorización (para algo/para hacer algo)

permissive /pəˈmɪsɪv/ *adj* (*frec pey*) permisivo

permit /pəˈmɪt/ ♦ *vt, vi* (-tt-) (*formal*) permitir: *If time permits...* Si da tiempo... *Ver nota en* ALLOW ♦ /ˈpɜːmɪt/ *n* **1** permiso, autorización **2** (*de entrada*) pase

perpendicular /ˌpɜːpənˈdɪkjələ(r)/ *adj* **1** ~ (**to sth**) perpendicular (a algo) **2** (*pared de roca*) vertical

perpetrate /ˈpɜːpətreɪt/ *vt* (*formal*) perpetrar

perpetual /pəˈpetʃuəl/ *adj* **1** perpetuo, continuo **2** constante, interminable

perpetuate /pəˈpetʃueɪt/ *vt* perpetuar

perplexed /pəˈplekst/ *adj* perplejo

persecute /ˈpɜːsɪkjuːt/ *vt* ~ **sb (for sth)** perseguir a algn (por algo) (*p. ej. raza, religión, etc.*) **persecution** *n* persecución

persevere /ˌpɜːsɪˈvɪə(r)/ *vi* **1** ~ (**in/with sth**) perseverar (en algo) **2** ~ (**with sb**) seguir insistiendo (con algn) **perseverance** *n* perseverancia

persist /pəˈsɪst/ *vi* **1** ~ (**in sth/in doing sth**) insistir, empeñarse (en algo/en hacer algo) **2** ~ **with sth** continuar con algo **3** persistir **persistence** *n* **1** perseverancia **2** persistencia **persistent** *adj* **1** porfiado, pertinaz **2** continuo, persistente

person /ˈpɜːsn/ *n* persona ☞ El plural de **person** es normalmente **people**: *one hundred people* cien personas. También existe **persons** como plural, pero solo se utiliza en lenguaje formal o legal: *The police have a list of missing persons.* La policía tiene una lista de personas desaparecidas. LOC **in person** en persona **personal** *adj* personal: *personal assistant* secretario de dirección ◊ *personal column* anuncios por palabras LOC **to become/get personal** empezar a hacer críticas personales **personality** /ˌpɜːsəˈnæləti/ *n* (*pl* -ies) personalidad **personalized, -ised** *adj* **1** marcado con las iniciales de uno **2** con membrete **personally** *adv* personalmente: *to know sb personally* conocer a algn personalmente LOC **take it personally** darse por aludido **to take sth personally** ofenderse por algo

personify /pəˈsɒnɪfaɪ/ *vt* (*pret, pp* -fied) personificar

personnel /ˌpɜːsəˈnel/ *n* [*v sing o pl*] (departamento de) personal: *personnel officer* jefe de personal

perspective /pəˈspektɪv/ *n* perspectiva LOC **to get sth in/into perspective** enfocar algo con cierta perspectiva **to put sth in (its right/true) perspective** poner algo en su justa perspectiva

perspire /pəˈspaɪə(r)/ *vi* (*formal*) transpirar **perspiration** *n* **1** sudor **2** transpiración ☞ La palabra más normal es **sweat**.

persuade /pəˈsweɪd/ *vt* **1** ~ **sb to do sth** persuadir a algn de que haga algo

aɪ	aʊ	ɔɪ	ɪə	eə	ʊə	ʒ	h	ŋ
five	now	join	near	hair	pure	vision	how	sing

2 ~ sb (of sth) convencer a algn (de algo) **persuasion** *n* **1** persuasión **2** creencia, opinión **persuasive** *adj* **1** convincente **2** persuasivo

pertinent /'pɜːtmənt; *USA* -tənənt/ *adj* (*formal*) pertinente

perturb /pə'tɜːb/ *vt* (*formal*) perturbar

pervade /pə'veɪd/ *vt* **1** (*olor*) extenderse por **2** (*luz*) difundirse por **3** (*obra, libro*) impregnar **pervasive** (*tb* pervading) *adj* generalizado

perverse /pə'vɜːs/ *adj* **1** (*persona*) terco, retorcido **2** (*decisión, comportamiento*) a mala idea **3** (*placer, deseo*) perverso **perversion** *n* **1** corrupción **2** perversión **3** tergiversación

pervert /pə'vɜːt/ ♦ *vt* **1** tergiversar **2** corromper ♦ /'pɜːvɜːt/ *n* pervertido, -a

pessimist /'pesɪmɪst/ *n* pesimista **pessimistic** /ˌpesɪ'mɪstɪk/ *adj* pesimista

pest /pest/ *n* **1** insecto o animal dañino: *pest control* control de plagas **2** (*coloq*) (*fig*) plasta

pester /'pestə(r)/ *vt* molestar

pesticide /'pestɪsaɪd/ *n* pesticida

pet /pet/ ♦ *n* **1** animal doméstico, animal de compañía **2** (*pey*) enchufado, a ♦ *adj* **1** predilecto **2** (*animal*) domesticado

petal /'petl/ *n* pétalo

peter /'piːtə(r)/ *v* PHR V **to peter out 1** agotarse poco a poco **2** (*conversación*) apagarse

petition /pə'tɪʃn/ *n* petición

petrol /'petrəl/ (*USA* gasoline, gas) *n* gasolina

petroleum /pə'trəʊliəm/ *n* petróleo

petrol station (*USA* gas station) *n* gasolinera

petticoat /'petɪkəʊt/ *n* combinación, enaguas

petty /'peti/ *adj* (-ier, -iest) (*pey*) **1** insignificante **2** (*delito, gasto*) menor: *petty cash* dinero para gastos menores **3** (*persona, conducta*) mezquino

pew /pjuː/ *n* banco de iglesia

phantom /'fæntəm/ ♦ *n* fantasma ♦ *adj* ilusorio

pharmaceutical /ˌfɑːməˈsjuːtɪkl; *USA* -'suː-/ *adj* farmacéutico

pharmacist /'fɑːməsɪst/ *n* farmacéutico, -a ☛ *Comparar con* CHEMIST

pharmacy /'fɑːməsi/ *n* (*pl* -ies) farmacia

"Farmacia" se dice **pharmacy** o **chemist's (shop)** en inglés británico y **drugstore** en inglés americano.

phase /feɪz/ ♦ *n* fase, etapa ♦ *vt* escalonar PHR V **to phase sth in/out** introducir/retirar algo de una manera escalonada

pheasant /'feznt/ *n* (*pl* pheasant *o* s) faisán

phenomena *plural de* PHENOMENON

phenomenal /fə'nɒmml/ *adj* fenomenal

phenomenon /fə'nɒmmən; *USA* -nɒn/ *n* (*pl* -ena /-mə/) fenómeno

phew! /fjuː/ *interj* ¡uf!

philanthropist /fɪ'lænθrəpɪst/ *n* filántropo, -a

philosopher /fɪ'lɒsəfə(r)/ *n* filósofo, -a

philosophical /ˌfɪlə'sɒfɪkl/ (*tb* philosophic) *adj* filosófico

philosophy /fə'lɒsəfi/ *n* (*pl* -ies) filosofía

phlegm /flem/ *n* flema **phlegmatic** *adj* flemático

phobia /'fəʊbiə/ *n* fobia

phone /fəʊn/ ♦ *n* teléfono: *to make a phone call* hacer una llamada (telefónica) ◊ *phone book/directory* guía telefónica ◊ *phone number* número de teléfono ♦ *vt, vi* (*esp GB*) ~ (**sth/sb**) (**up**) llamar por teléfono, telefonear (a algo/algn): *I was just phoning for a chat.* Llamaba solo para charlar un rato. PHR V **to phone in** (*esp GB*) llamar por teléfono (*a un programa de radio o televisión*)

phone box (*tb* call box) *n* cabina telefónica

phonecard /'fəʊnkɑːd/ *n* tarjeta de teléfono

phone-in /'fəʊn m/ *n* programa de radio o televisión abierto a las llamadas del público

phonetic /fə'netɪk/ ♦ *adj* fonético ♦ **phonetics** *n* [*incontable*] fonética

phoney (*tb* phony) /'fəʊni/ *adj* (-ier, -iest) (*coloq*) falso

photo /'fəʊtəʊ/ *n* (*pl* s /-əʊz/) Ver PHOTOGRAPH

photocopier /'fəʊtəʊˌkɒpiə(r)/ *n* fotocopiadora

tʃ	dʒ	v	θ	ð	s	z	ʃ
chin	June	van	thin	then	so	zoo	she

photocopy /ˈfəʊtəʊkɒpi/ ♦ *vt* (*pret, pp* -pied) fotocopiar ♦ *n* (*pl* -ies) fotocopia

photograph /ˈfəʊtəgrɑːf; *USA* -græf/ ♦ *n* (*tb* photo) fotografía: *to take a photograph* sacar una foto ♦ **1** *vt* fotografiar **2** *vi* salir en una foto: *He photographs well.* Sale bien en las fotos. **photographer** /fəˈtɒɡrəfə(r)/ *n* fotógrafo, -a **photographic** /ˌfəʊtəˈgræfik/ *adj* fotográfico **photography** /fəˈtɒɡrəfi/ *n* fotografía

phrasal verb /ˌfreɪzl ˈvɜːb/ *n* verbo con preposición o partícula adverbial ☞ *Ver págs 322-23.*

phrase /freɪz/ ♦ *n* **1** frase, sintagma: *adverbial phrase* locución adverbial **2** expresión, frase: *a German phrase book* una guía de conversación de alemán *Ver tb* CATCHPHRASE LOC *Ver* TURN ♦ *vt* **1** expresar **2** (*Mús*) frasear

physical /ˈfizikl/ ♦ *adj* físico: *physical fitness* buena forma física ♦ *n* reconocimiento médico **physically** *adv* físicamente: *physically fit* en buena forma física ◊ *physically handicapped* minusválido

physician /fiˈzɪʃn/ *n* médico, -a ☞ La palabra más normal es **doctor**.

physicist /ˈfizisist/ *n* físico, -a

physics /ˈfiziks/ *n* [*sing*] física

physiology /ˌfiziˈɒlədʒi/ *n* fisiología

physiotherapy /ˌfiziəʊˈθerəpi/ *n* fisioterapia **physiotherapist** *n* fisioterapeuta

physique /fiˈziːk/ *n* físico (*aspecto*)

pianist /ˈpɪənɪst/ *n* pianista

piano /piˈænəʊ/ *n* (*pl* ~s /-əʊz/) piano: *piano stool* taburete de piano

pick /pɪk/ ♦ **1** *vt* elegir, seleccionar **2** *vt* (*flor, fruta, etc.*) coger **3** *vt* escarbar: *to pick your teeth* escarbarse los dientes ◊ *to pick your nose* hurgarse la nariz ◊ *to pick a hole (in sth)* hacer un agujero (en algo) **4** *vt* ~ **sth from/off sth** quitar, recoger algo de algo **5** *vt* (*cerradura*) forzar **6** *vi* ~ **at sth** comer algo con poca gana LOC **to pick a fight/quarrel (with sb)** buscar pelea (con algn) **to pick and choose** ser muy exigente **to pick holes in sth** encontrar defectos en algo **to pick sb's brains** explotar los conocimientos de algn **to pick sb's pocket** robarle la cartera a algn **to pick up speed** cobrar velocidad *Ver tb* BONE PHR V **to pick on sb 1** meterse con algn

2 elegir a algn (*para un trabajo desagradable*)

to pick sth out 1 identificar algo **2** destacar algo **to pick sth/sb out 1** escoger algo/a algn **2** (*en una multitud, etc.*) distinguir algo/a algn

to pick up 1 mejorar **2** (*viento*) soplar más fuerte **3** seguir **to pick sb up 1** (*esp en coche*) (ir a) recoger a algn **2** (*coloq*) ligar con algn **3** detener a algn **to pick sth up 1** aprender algo **2** (*enfermedad, acento, costumbre*) coger algo **to pick sth/sb up** (re)coger algo/a algn **to pick yourself up** levantarse

♦ *n* **1** (derecho de) elección, selección: *Take your pick.* Coge el/la que quieras. **2** **the pick (of sth)** lo mejor (de algo) **3** pico (*herramienta*)

pickle /ˈpɪkl/ *n* **1** encurtidos **2** vinagre, salmuera LOC **to be in a pickle** estar en un lío

pickpocket /ˈpɪkpɒkɪt/ *n* carterista

picnic /ˈpɪknɪk/ *n* picnic

pictorial /pɪkˈtɔːriəl/ *adj* **1** gráfico **2** (*Arte*) pictórico

picture /ˈpɪktʃə(r)/ ♦ *n* **1** cuadro **2** ilustración **3** foto **4** retrato **5** (*fig*) preciosidad **6** imagen, idea **7** (*TV*) imagen **8** película **9** **the pictures** [*pl*] el cine LOC **to put sb in the picture** poner a algn al corriente ♦ **1** *v refl* ~ **yourself** imaginarse **2** *vt* retratar, fotografiar

picturesque /ˌpɪktʃəˈresk/ *adj* pintoresco

pie /paɪ/ *n* **1** (*dulce*) tarta, pastel: *apple pie* tarta de manzana **2** (*salado*) empanada

Pie es una tarta o empanada de hojaldre o masa que tiene tapa y relleno dulce o salado. **Tart** y **flan** se usan para las tartas dulces que tienen una base de hojaldre o masa pero que no tienen tapa.

piece /piːs/ ♦ *n* **1** pedazo **2** pieza: *to take sth to pieces* desmontar algo **3** trozo **4** (*papel*) hoja · **5** *a piece of advice/news* un consejo/una noticia ☞ **A piece of...** o **pieces of...** se usa con sustantivos incontables. **6** (*Mús*) obra **7** (*Period*) artículo **8** moneda LOC **in one piece** sano y salvo **to be a piece of cake** (*coloq*) estar chupado *Ver tb* BIT¹ ♦ *v* PHR V **to piece sth together 1** (*pruebas, datos, etc.*) juntar algo **2** (*pasado*) reconstruir algo, atar cabos

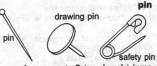

drawing pin

pin

safety pin

piecemeal /'piːsmiːl/ ◆ *adv* poco a poco ◆ *adj* gradual

pier /pɪə(r)/ *n* paseo marítimo, embarcadero

pierce /pɪəs/ *vt* 1 (*bala, cuchillo*) atravesar 2 perforar: *to have your ears pierced* hacerse agujeros en las orejas 3 (*sonido, etc.*) penetrar en **piercing** *adj* 1 (*grito*) agudo 2 (*mirada, ojos*) penetrante

piety /'paɪəti/ *n* piedad (*religiosa*)

pig /pɪɡ/ *n* 1 cerdo ☞ *Ver nota en* CARNE, CERDO 2 (*coloq, pey*) cerdo, -a: *You greedy pig!* ¡Mira que eres glotón!

pigeon /'pɪdʒɪn/ *n* 1 paloma 2 pichón

pigeon-hole /'pɪdʒɪn həʊl/ *n* casilla

piglet /'pɪɡlət/ *n* cerdito ☞ *Ver nota en* CERDO

pigment /'pɪɡmənt/ *n* pigmento

pigsty /'pɪɡstaɪ/ *n* (*pl* -ies) pocilga

pigtail /'pɪɡteɪl/ *n* 1 trenza 2 (*torero*) coleta

pile /paɪl/ ◆ *n* 1 montón 2 ~ (of sth) (*coloq*) un montón de algo ◆ *vt* amontonar, apilar: *to be piled with sth* estar colmado de algo PHR V **to pile in/out** entrar/salir en tropel **to pile up** 1 amontonarse 2 (*vehículos*) chocarse unos contra otros **to pile sth up** amontonar algo

pile-up /'paɪl ʌp/ *n* accidente múltiple

pilgrim /'pɪlɡrɪm/ *n* peregrino, -a **pilgrimage** *n* peregrinación

pill /pɪl/ *n* 1 píldora 2 **the pill** (*coloq*) (*anticonceptivo*) la píldora

pillar /'pɪlə(r)/ *n* pilar

pillar box *n* (*GB*) buzón

pillow /'pɪləʊ/ *n* almohada **pillowcase** *n* funda de almohada

pilot /'paɪlət/ ◆ *n* 1 piloto 2 (*TV*) programa piloto ◆ *adj* piloto (*experimental*)

pimple /'pɪmpl/ *n* grano (*en la piel*)

PIN /pɪn/ (*tb* PIN number) *n* (*abrev de personal identification number*) número secreto (*de la tarjeta de crédito*)

pin /pɪn/ ◆ *n* 1 alfiler 2 broche 3 clavija LOC **pins and needles** hormigueo ◆ *vt* (-nn-) 1 (*con alfileres*) prender, sujetar 2 (*persona, brazos*) sujetar PHR V **to pin sb down** 1 hacer

que algn concrete 2 (*en el suelo*) inmovilizar a algn

pincer /'pɪnsə(r)/ *n* 1 (*Zool*) pinza 2 **pincers** [*pl*] tenazas ☞ *Ver nota en* PAIR

pinch /pɪntʃ/ ◆ 1 *vt* pellizcar 2 *vt, vi* (*zapatos, etc.*) apretar 3 *vt* ~ **sth** (from sth/sb) (*coloq*) birlar algo (de algo/a algn) ◆ *n* 1 pellizco 2 (*sal, etc.*) pizca LOC **at a pinch** en caso de necesidad

pine /paɪn/ ◆ *n* (*tb* pine tree) pino ◆ *vi* 1 ~ (**away**) languidecer, consumirse 2 ~ **for sth/sb** echar de menos, añorar algo/a algn

pineapple /'paɪnæpl/ *n* piña

ping /pɪŋ/ *n* 1 sonido (metálico) 2 (*de bala*) silbido

ping-pong /'pɪŋ pɒŋ/ *n* (*coloq*) (*tb* table tennis) pimpón

pink /pɪŋk/ ◆ *adj* 1 rosa, rosado 2 (*de vergüenza, etc.*) colorado ◆ *n* 1 rosa 2 (*Bot*) clavellina

pinnacle /'pɪnəkl/ *n* 1 (*fig*) cúspide 2 (*Arquit*) pináculo 3 (*de montaña*) pico

pinpoint /'pɪnpɔɪnt/ *vt* 1 localizar exactamente 2 poner el dedo en, precisar

pint /paɪnt/ *n* 1 (*abrev* pt) pinta (*0,568 litros*) ☞ *Ver Apéndice 1.* 2 *Let's go for a pint.* Vamos a tomarnos una cerveza.

pin-up /'pɪn ʌp/ *n* foto (*de persona atractiva, clavada en la pared*)

pioneer /ˌpaɪə'nɪə(r)/ ◆ *n* (*lit y fig*) pionero, -a ◆ *vt* ser pionero en **pioneering** *adj* pionero

pious /'paɪəs/ *adj* 1 piadoso, devoto 2 (*pey*) beato

pip /pɪp/ *n* pepita

pipe /paɪp/ ◆ *n* 1 tubería, conducto 2 **pipes** [*pl*] cañería(s) 3 pipa 4 (*Mús*) flauta 5 **pipes** [*pl*] *Ver* BAGPIPE ◆ *vt* transportar (*por tubería, gaseoducto, oleoducto*) PHR V **to pipe down** (*coloq*) callarse **piping** *adj* LOC **piping hot** hirviendo

pipeline /'paɪplaɪn/ *n* tubería, gaseoducto, oleoducto LOC **to be in the pipeline** 1 (*pedido*) estar tramitándose 2 (*cambio, propuesta, etc.*) estar preparándose

u	ɒ	ɔː	ɜː	ə	j	w	eɪ	əʊ
situation	got	saw	fur	ago	yes	woman	pay	go

piracy /'paɪrəsi/ n piratería

pirate /'paɪrət/ ◆ n pirata ◆ vt piratear

Pisces /'paɪsiːz/ n piscis ☞ Ver
ejemplos en AQUARIUS

pistol /'pɪstl/ n pistola

piston /'pɪstən/ n pistón

pit /pɪt/ ◆ n 1 foso 2 (de carbón) pozo
3 hoyo (en una superficie) 4 the pit (GB)
(Teat) platea 5 (garaje) foso 6 the pits
[pl] (carreras de coches) boxes 7 (esp
USA) hueso (de una fruta) LOC to be
the pits (coloq) ser pésimo ◆ v (-tt-)
PHR V to pit sth/sb against sth/sb
oponer algo/a algn con algo/algn

pitch /pɪtʃ/ ◆ n 1 (Dep) campo
2 (intensidad, Mús) tono 3 (tejado)
inclinación 4 (GB) puesto (en mercado,
calle) 5 brea ◆ 1 vt montar (tienda de
campaña) 2 vt (ideas) expresar 3 vt
lanzar, arrojar 4 vi tirarse 5 vi (barco)
cabecear PHR V to pitch in (coloq)
1 poner manos a la obra 2 comer con
buen apetito to pitch in (with sth)
ayudar (con algo), colaborar pitched
adj (batalla) campal

pitcher /'pɪtʃə(r)/ n 1 (GB) cántaro
2 (USA) jarra

pitfall /'pɪtfɔːl/ n escollo

pith /pɪθ/ n médula

pitiful /'pɪtɪfl/ adj 1 lastimoso, conmovedor 2 penoso

pitiless /'pɪtɪləs/ adj 1 despiadado
2 (fig) implacable

pity /'pɪti/ ◆ n 1 pena, compasión
2 lástima, pena LOC to take pity on sb
apiadarse de algn ◆ vt (pret, pp pitied)
compadecerse de: I pity you. Me das
pena.

pivot /'pɪvət/ n 1 pivote 2 (fig) eje

placard /'plækɑːd/ n pancarta

placate /plə'keɪt; USA 'pleɪkeɪt/ vt apaciguar a

place /pleɪs/ ◆ n 1 sitio, lugar 2 (en
superficie) parte 3 (asiento, posición)
puesto, plaza, sitio 4 It's not my place
to... No me compete... 5 (coloq) casa
LOC all over the place (coloq) 1 en
todas partes 2 en desorden in place en
su sitio in the first, second, etc. place
en primer, segundo, etc. lugar out of
place 1 desplazado, fuera de lugar
2 fuera de lugar to take place tener
lugar, ocurrir Ver tb CHANGE ◆ vt
1 poner, colocar 2 ~ sb identificar a

algn 3 ~ sth (with sth/sb) (pedido,
apuesta) hacer algo (en algo/a algn):
We placed an order for... with...
Hicimos un pedido de... a... 4 situar

plague /pleɪg/ ◆ n 1 peste 2 ~ of sth
plaga de algo ◆ vt 1 importunar, atormentar 2 acosar

plaice /pleɪs/ n (pl plaice) platija

plain /pleɪn/ ◆ adj (-er. -est) 1 claro
2 franco, directo 3 sencillo: plain flour
harina (sin levadura) ◊ plain chocolate
chocolate puro 4 liso, neutro, sin dibujo
5 (físico) sin atractivo LOC to make sth
plain dejar algo claro Ver tb CLEAR ◆
adv simplemente: It's just plain stupid.
Es simplemente estúpido. plainly adv
1 claramente, con claridad 2 evidente-
mente

plain clothes adj de paisano

plaintiff /'pleɪntɪf/ n demandante

plait /plæt/ (USA braid) n trenza

plan /plæn/ ◆ n 1 plan, programa
2 plano 3 esquema LOC Ver MASTER ◆
(-nn-) 1 vt planear, proyectar: What do
you plan to do? ¿Qué piensas hacer?
2 vi hacer planes PHR V to plan sth out
planificar algo

plane /pleɪn/ n 1 (tb aeroplane, USA
airplane) avión: plane crash accidente
de aviación 2 plano 3 cepillo (de carpintero)

planet /'plænɪt/ n planeta

plank /plæŋk/ n 1 tabla, tablón 2 (fig)
elemento fundamental (de política, etc.)

planner /'plænə(r)/ n 1 planifica-
dor, -ora 2 urbanista

planning /'plænɪŋ/ n 1 planificación
planning permission permiso de obras
2 urbanismo

plant /plɑːnt; USA plænt/ ◆ n 1 planta:
plant pot tiesto 2 (Mec) maquinaria,
equipo 3 fábrica ◆ vt 1 plantar
2 (jardín, campo) sembrar 3 (coloq)
(objetos robados, etc.) colocar 4 (dudas,
etc.) sembrar

plantation /plæn'teɪʃn, plɑːn-/ n
1 (finca) plantación 2 arboleda

plaque /plɑːk; USA plæk/ n placa (tb
dental)

plaster /'plɑːstə(r); USA 'plæs-/ ◆ n
1 yeso, enlucido 2 (tb plaster of Paris)
escayola: to put sth in plaster escayolar
algo 3 (tb sticking plaster) esparadrapo, tirita ◆ vt 1 enyesar 2 emba-
durnar 3 (fig) llenar, cubrir

aɪ	aʊ	ɔɪ	ɪə	eə	ʊə	ʒ	h	ŋ
five	now	join	near	hair	pure	vision	how	sing

plastic /'plæstɪk/ ◆ n plástico ◆ adj 1 de plástico 2 (flexible) plástico

plasticine® /'plæstəsiːn/ n plastilina

plate /pleɪt/ n 1 plato 2 (metal) placa, plancha: plate glass vidrio cilindrado 3 vajilla (de oro/plata) 4 (imprenta) lámina

plateau /'plætəʊ; USA plæ'təʊ/ n (pl ~s o -eaux /-təʊz/) meseta

platform /'plætfɔːm/ n 1 tribuna 2 andén 3 (Pol) programa

platinum /'plætməm/ n platino

platoon /plə'tuːn/ n (Mil) sección

plausible /'plɔːzəbl/ adj 1 creíble 2 (persona) convincente

play /pleɪ/ ◆ n 1 (Teat) obra 2 (movimiento) holgura 3 (de fuerzas, personalidades, etc.) interacción LOC a play on words un juego de palabras at play jugando in play en broma Ver tb CHILD, FAIR ◆ 1 vt, vi jugar ☞ Ver nota en DEPORTE 2 vt ~ sb (Dep) jugar con/contra algn: They're playing Bayern next week. La semana que viene juegan contra el Bayern. 3 vt (Naipes) jugar 4 vt, vi (instrumento) tocar: to play the guitar tocar la guitarra 5 vt (disco, cinta) poner 6 vi (música) sonar 7 vt (golpe) dar 8 vt (broma pesada) gastar 9 vt (papel dramático) interpretar, hacer de 10 vt, vi (escena, obra) representar(se) 11 vt hacer(se): to play the fool hacer el tonto 12 vt (manguera) dirigir LOC to play it by ear (coloq) improvisar to play (sth) by ear tocar (algo) de oído to play truant hacer novillos to play your cards well/right jugar bien tus cartas Ver tb FOOL, HAVOC PHR V to play along (with sb) seguirle la corriente (a algn) to play sth down restar importancia a algo to play A off against B enfrentar a A y B to play (sb) up (coloq) dar guerra (a algn) player n 1 jugador, -ora 2 (Mús) músico playful adj 1 juguetón 2 (humor) alegre 3 (comentario) en broma

playground /'pleɪɡraʊnd/ n patio (de recreo), parque infantil

playgroup /'pleɪɡruːp/ n guardería

playing card (tb card) n carta, naipe

playing field n campo de deportes

play-off /'pleɪ ɒf/ n partido de desempate

playpen /'pleɪpen/ n parque (de bebé)

playtime /'pleɪtaɪm/ n recreo

playwright /'pleɪraɪt/ n dramaturgo, -a

plea /pliː/ n 1 ~ (for sth) petición (de algo) 2 súplica 3 pretexto: on a plea of ill health bajo pretexto de padecer mala salud 4 (Jur) declaración, alegación: plea of guilty/not guilty declaración de culpabilidad/inocencia LOC to make a plea for sth pedir algo

plead /pliːd/ (pret, pp pleaded, USA pled /pled/) 1 vi ~ (with sb) suplicar (a algn) 2 vi ~ for sth pedir algo 3 vi ~ for sb hablar en favor de algn 4 vt (defensa) alegar LOC to plead guilty/not guilty declararse culpable/inocente

pleasant /'pleznt/ adj (-er, -est) agradable pleasantly adv 1 agradablemente, gratamente 2 con amabilidad

please /pliːz/ ◆ 1 vt, vi complacer 2 vt ser un placer para 3 vi: for as long as you please todo el tiempo que te parezca ◊ I'll do whatever I please. Haré lo que me dé la gana. LOC as you please como quieras please yourself! ¡Haz lo que te dé la gana! ◆ interj 1 por favor 2 (formal): Please come in. Haga el favor de entrar. ◊ Please do not smoke. Se ruega no fumar. LOC please do! ¡por supuesto! pleased adj 1 contento ☞ Ver nota en GLAD 2 ~ (with sth/sb) satisfecho (de algo/con algn) LOC pleased to meet you encantado de conocerle to be pleased to do sth alegrarse de hacer algo, tener el placer de hacer algo: I'd be pleased to come. Me encantaría ir. pleasing ir. pleasing adj 1 grato, agradable 2 (futuro) halagüeño

pleasure /'pleʒə(r)/ n placer: It gives me pleasure to... Tengo el placer de... LOC my pleasure no hay de qué to take pleasure in sth disfrutar con algo with pleasure con mucho gusto Ver tb BUSINESS pleasurable adj placentero

pled (USA) pret, pp de PLEAD

pledge /pledʒ/ ◆ n 1 promesa, compromiso 2 (fianza) prenda ◆ vt 1 (formal) prometer, comprometerse 2 (joyas, etc.) empeñar

plentiful /'plentɪfl/ adj abundante: a plentiful supply un suministro abundante LOC to be in plentiful supply abundar

plenty /'plenti/ ◆ pron 1 mucho, de sobra: plenty to do mucho que hacer 2 bastante: That's plenty, thank you. Ya basta, gracias. ◆ adv 1 (coloq) lo bastante: plenty high enough lo bastante alto 2 (*USA*) mucho LOC **plenty more 1** de sobra **2** (*personas*) otros muchos

pliable /'plaɪəbl/ (*tb* **pliant** /'plaɪənt/) *adj* **1** flexible **2** influenciable

pliers /'plaɪəz/ *n* [*pl*] alicates: *a pair of pliers* unos alicates ☞ *Ver nota en* PAIR

plight /plaɪt/ *n* **1** (mala) situación **2** crisis

plod /plɒd/ *vi* (**-dd-**) caminar pesadamente PHR V **to plod away (at sth)** trabajar con empeño (en algo)

plonk /plɒŋk/ *v* PHR V **to plonk sth down** dejar caer algo pesadamente

plot /plɒt/ ◆ *n* **1** parcela **2** solar **3** (*libro, película*) argumento **4** complot, intriga ◆ (**-tt-**) **1** *vt* (*rumbo, etc.*) trazar **2** *vt* (*intriga*) urdir **3** *vi* conjurarse, intrigar

plough (*USA* **plow**) /plaʊ/ ◆ *n* arado ◆ *vt, vi* arar LOC **to plough (your way) through sth** abrirse camino por/entre algo PHR V **to plough sth back** (*ganancias*) reinvertir algo **to plough into sth/sb** chocar contra algo/algn

ploy /plɔɪ/ *n* ardid, táctica

pluck /plʌk/ ◆ *vt* **1** coger, arrancar **2** desplumar **3** (*cejas*) depilarse **4** (*cuerda*) pulsar **5** (*guitarra*) puntear LOC **to pluck up courage (to do sth)** armarse de valor (y hacer algo) ◆ *n* (*coloq*) valor, agallas

plug /plʌg/ ◆ *n* **1** tapón **2** (*Electrón*) enchufe (*macho*) ☞ *Ver dibujo en* ENCHUFE **3** bujía **4** (*coloq*) propaganda ◆ *vt* (**-gg-**) **1** (*agujero*) tapar **2** (*escape*) sellar **3** (*oídos*) taponar **4** (*hueco*) rellenar **5** (*coloq*) hacer propaganda de PHR V **to plug sth in(to sth)** enchufar algo (en algo)

plum /plʌm/ *n* **1** ciruela **2** (*tb* **plum tree**) ciruelo

plumage /'pluːmɪdʒ/ *n* plumaje

plumber /'plʌmə(r)/ *n* fontanero, -a **plumbing** *n* fontanería

plummet /'plʌmɪt/ *vi* **1** caer en picado **2** (*fig*) bajar drásticamente

plump /plʌmp/ ◆ *adj* **1** rollizo ☞ *Ver nota en* FAT **2** mullido ◆ *v* PHR V **to plump for sth/sb** decidirse por algo/algn, elegir algo/a algn

plunder /'plʌndə(r)/ *vt* saquear

plunge /plʌndʒ/ ◆ **1** *vi* caer (en picado), precipitarse **2** *vt* (*fig*) sumir **3** *vi* zambullirse **4** *vt* sumergir **5** *vt* (*en bolsillo, bolsa, etc.*) meter **6** *vt* (*cuchillo,*

etc.) hundir ◆ *n* **1** caída **2** zambullida **3** (*precios*) bajón LOC **to take the plunge** dar el gran paso

plural /'plʊərəl/ *adj, n* plural

plus /plʌs/ ◆ *prep* **1** (*Mat*) más: *Five plus six equals eleven.* Cinco más seis son once. **2** además de: *plus the fact that…* además de que… ◆ *conj* además ◆ *adj* **1** como mínimo: *500 plus* 500 como mínimo ◊ *He must be forty plus.* Debe de tener cuarenta y pico años. **2** (*Electrón, Mat*) positivo ◆ *n* **1** (*tb* **plus sign**) signo (de) más **2** a ~ **(for sb)** (*coloq*) un punto a favor (de algn: *the pluses and minuses of sth* los más y los menos de algo

plush /plʌʃ/ *adj* (*coloq*) lujoso, de lujo

Pluto /'pluːtəʊ/ *n* Plutón

plutonium /pluːˈtəʊniəm/ *n* plutonio

ply /plaɪ/ ◆ *n* **1** *Ver* PLYWOOD **2** (*papel*) capa **3** (*lana*) cabo ◆ (*pret, pp* **plied** /plaɪd/) **1** *vt* (*formal*) (*oficio*) ejercer: *to ply your trade* desempeñar uno su trabajo **2** *vi* hacer la ruta: *This ship plied between the Indies and Spain.* Este barco hacía la ruta entre las Indias y España. PHR V **to ply sb with drink/food** dar de beber/comer a algn (constantemente) **to ply sb with questions** acosar a algn a preguntas

plywood /'plaɪwʊd/ *n* madera contrachapada

p.m. (*USA* **P.M.**) /ˌpiː ˈem/ *abrev* de la tarde: *at 4.30 p.m.* a las cuatro y media de la tarde

Nótese que cuando decimos **a.m.** o **p.m.** con las horas, no se puede usar **o'clock**: *Shall we meet at three o'clock/3 p.m.?* ¿Quedamos a las tres (de la tarde)?

pneumatic /njuːˈmætɪk; *USA* nuː-/ *adj* neumático: *pneumatic drill* martillo neumático

pneumonia /njuːˈməʊniə; *USA* nuː-/ *n* [*incontable*] **1** pulmonía **2** neumonía

PO /ˌpiː ˈəʊ/ *abrev de* post office

poach /pəʊtʃ/ **1** *vt* cocer **2** *vt* (*huevo*) escalfar **3** *vt, vi* cazar/pescar furtivamente **4** *vt* (*idea*) robar **poacher** *n* cazador/pescador furtivo

pocket /'pɒkɪt/ ◆ *n* **1** bolsillo: *pocket money* propina (para niños) ◊ *pocket knife* navaja ◊ *pocket-sized* tamaño bolsillo **2** núcleo LOC **to be out of pocket** terminar perdiendo dinero *Ver tb* PICK

i:	i	ɪ	e	æ	ɑː	ʌ	ʊ	uː
see	happy	sit	ten	hat	father	cup	put	too

◆ *vt* **1** meterse en el bolsillo **2** embolsarse

pod /pɒd/ *n* vaina (*judías, etc.*)

podium /'pəʊdiəm/ *n* podio

poem /'pəʊɪm/ *n* poema

poet /'pəʊɪt/ *n* poeta

poetic /pəʊ'etɪk/ *adj* poético: *poetic justice* justicia divina

poetry /'pəʊətri/ *n* poesía

poignant /'pɔɪnjənt/ *adj* conmovedor

point /pɔɪnt/ ◆ *n* **1** (*gen, Geom*) punto **2** (*gen, Geog*) punta **3** (*Mat*) coma **4** cuestión: *the point is...* la cuestión es... **5** sentido: *What's the point?* ¿Para qué? **6** momento: *at some point* en algún momento **7** (*tb* power point) enchufe **8** points [*pl*] (*GB*) (*Ferrocarril*) agujas LOC **in point of fact** de hecho **point of view** punto de vista **to be beside the point** no tener nada que ver **to make a point of doing sth** asegurarse de hacer algo **to make your point** dejar clara una idea, propuesta, etc. **to take sb's point** entender lo que algn dice **to the point** al caso, al grano *Ver tb* PROVE, SORE, STRONG ◆ **1** *vi* ~ (**at/to sth/sb**) señalar (con el dedo) (algo/a algn); apuntar (hacia algo/algn) **2** *vi* ~ **to sth** (*fig*) indicar, señalar algo **3** *vt* ~ **sth at sb** apuntar a algn con algo: *to point your finger (at sth/sb)* indicar (algo/a algn) con el dedo PHR V **to point sth out (to sb)** señalar algo (a algn)

point-blank /ˌpɔɪnt 'blæŋk/ ◆ *adj* **1** *at point-blank range* a bocajarro **2** (*negativa*) tajante ◆ *adv* **1** a bocajarro **2** (*fig*) de forma tajante

pointed /'pɔɪntɪd/ *adj* **1** afilado, puntiagudo **2** (*fig*) intencionado

pointer /'pɔɪntə(r)/ *n* **1** indicador **2** puntero **3** (*coloq*) sugerencia **4** pista

pointless /'pɔɪntləs/ *adj* **1** sin sentido **2** inútil

poise /pɔɪz/ *n* **1** elegancia **2** aplomo
poised *adj* **1** suspendido **2** con aplomo

poison /'pɔɪzn/ ◆ *n* veneno ◆ *vt* **1** envenenar **2** (*mente*) emponzoñar
poisoning *n* envenenamiento **poisonous** *adj* venenoso

poke /pəʊk/ *vt* dar (*con el dedo, etc.*): *to poke your finger into sth* meter el dedo en algo LOC **to poke fun at sth/sb** burlarse de algo/algn PHR V **to poke about/around** (*coloq*) **1** fisgonear

2 curiosear **to poke out (of sth)/through (sth)** asomar (por algo)

poker /'pəʊkə(r)/ *n* **1** atizador **2** póquer

poker-faced /ˌpəʊkə 'feɪst/ *adj* de rostro impasible

poky /'pəʊki/ *adj* (**-ier, -iest**) (*coloq*) diminuto

polar /'pəʊlə(r)/ *adj* polar: *polar bear* oso polar

pole /pəʊl/ *n* **1** (*Geog, Fís*) polo **2** palo **3** (*telegráfico*) poste LOC **to be poles apart** estar en extremos opuestos

pole vault *n* salto con pértiga

police /pə'liːs/ ◆ *n* [*pl*] policía: *police constable/officer* (agente de) policía ◊ *police force* cuerpo de policía ◊ *police state* estado policial ◊ *police station* comisaría (de policía) ◆ *vt* vigilar

policeman /pə'liːsmən/ *n* (*pl* -men /-mən/) policía ☞ *Ver nota en* POLICÍA

policewoman /pə'liːswʊmən/ *n* (*pl* -women) policía ☞ *Ver nota en* POLICÍA

policy /'pɒləsi/ *n* (*pl* -ies) **1** política **2** (*seguros*) póliza

polio /'pəʊliəʊ/ (*tb formal* poliomyelitis) *n* polio(mielitis)

polish /'pɒlɪʃ/ ◆ *vt* **1** sacar brillo a, encerar, pulimentar **2** (*gafas, zapatos*) limpiar **3** (*fig*) pulir PHR V **to polish sth off** (*coloq*) **1** zampar algo **2** (*trabajo*) cepillarse algo ◆ *n* **1** lustre **2** brillo **3** (*muebles*) cera **4** (*zapatos*) betún **5** (*uñas*) esmalte **6** (*fig*) finura, refinamiento **polished** *adj* **1** brillante, pulido **2** (*manera, estilo*) refinado, pulido **3** (*actuación*) impecable

polite /pə'laɪt/ *adj* **1** cortés **2** (*persona*) educado **3** (*comportamiento*) correcto

political /pə'lɪtɪkl/ *adj* político

politically correct *adj* (*abrev* PC) políticamente correcto

politician /ˌpɒlə'tɪʃn/ *n* político, -a

politics /'pɒlətɪks/ *n* **1** [*v sing o pl*] política **2** [*pl*] opiniones políticas **3** [*sing*] (*asignatura*) ciencias políticas

poll /pəʊl/ *n* **1** elección **2** votación: *to take a poll on something* someter algo a votación **3** the polls [*pl*] las urnas **4** (*tb* opinion poll) encuesta, sondeo

pollen /'pɒlən/ *n* polen

pollute /pə'luːt/ *vt* **1** ~ **sth (with sth)** contaminar algo (de algo) **2** (*fig*)

u	ɒ	ɔː	ɜː	ə	j	w	eɪ	əʊ
situation	got	saw	fur	ago	yes	woman	pay	go

corromper pollution *n* **1** contaminación **2** (*fig*) corrupción

polo /'pəʊləʊ/ *n* polo (*deporte*)

polo neck *n* cuello alto/vuelto (*jersey*)

polyester /ˌpɒli'estə(r); *USA* 'pɒliːestər/ *n* poliéster

polystyrene /ˌpɒli'staɪriːn/ *n* poliestireno

polythene /'pɒliθiːn/ *n* polietileno

pomp /pɒmp/ *n* **1** pompa **2** (*pey*) ostentación

pompous /'pɒmpəs/ *adj* (*pey*) **1** pomposo **2** (*persona*) presumido

pond /pɒnd/ *n* estanque, charca

ponder /'pɒndə(r)/ *vt, vi* ~ (**on/over** **sth**) reflexionar (sobre algo)

pony /'pəʊni/ *n* (*pl* -ies) poni: *ponytrekking* excursión en poni

ponytail /'pəʊniteɪl/ *n* cola de caballo

poodle /'puːdl/ *n* perro de lanas, caniche

pool /puːl/ ◆ *n* **1** charca **2** charco **3** (*tb* **swimming pool**) piscina **4** (*luz*) haz **5** (*río*) pozo **6** estanque **7** (*dinero*) (común) **8** billar americano **9** the (**football**) **pools** [*pl*] las quinielas ◆ *vt* (*recursos, ideas*) aunar, juntar

poor /pʊə(r)/ ◆ *adj* (-er, -est) **1** pobre **2** malo: *in poor taste* de mal gusto **3** (*nivel*) bajo LOC *Ver* FIGHT ◆ **the poor** *n* [*pl*] los pobres

poorly /'pɔːli; *USA* 'pʊərli/ ◆ *adv* **1** mal **2** pobremente ◆ *adj* mal, enfermo

pop /pɒp/ ◆ *n* **1** pequeño estallido **2** taponazo **3** (*coloq*) (*bebida*) gaseosa **4** (*USA*) papá **5** (*tb* **pop music**) (*música*) pop: *pop star* estrella del pop ◆ *adv*: *to go pop* hacer ¡pum!, reventar ◆ (**-pp-**) **1** *vi* dar un taponazo **2** *vi* hacer ¡pum! **3** *vt, vi* (*globo*) estallar **4** *vt* (*corcho*) hacer saltar PHR V **to pop across, back, down, out,** etc. (*coloq*) cruzar, volver, bajar, salir, etc. (*rápida o repentinamente*) **to pop sth back, in,** etc. (*coloq*) devolver, meter, etc. algo (*rápida o repentinamente*) **to pop in** visitar (*brevemente*) **to pop out (of sth)** salir (de algo) (*repentinamente*) **to pop up** aparecer (*de repente*)

popcorn /'pɒpkɔːn/ *n* [*incontable*] palomitas de maíz

pope /pəʊp/ *n* papa

poplar /'pɒplə(r)/ *n* álamo, chopo

poppy /'pɒpi/ *n* (*pl* -ies) amapola

popular /'pɒpjələ(r)/ *adj* **1** popular: *(not) to be popular with sb* (no) caer bien a algn **2** de moda: *Polo necks are very popular this season.* Los jerseys de cuello alto se llevan mucho esta temporada. **3** corriente: *the popular press* la prensa sensacionalista **4** (*creencia*) generalizado **popularize, -ise** *vt* **1** popularizar **2** vulgarizar

population /ˌpɒpju'leɪʃn/ *n* población: *population explosion* explosión demográfica

porcelain /'pɔːsəlɪn/ *n* [*incontable*] porcelana

porch /pɔːtʃ/ *n* **1** porche **2** (*USA*) portal, terraza

pore /pɔː(r)/ ◆ *n* poro ◆ *v* PHR V **to pore over sth** estudiar algo detenidamente

pork /pɔːk/ *n* (carne de) cerdo ☛ *Ver nota en* CARNE

porn /pɔːn/ *n* (*coloq*) porno

pornography /pɔː'nɒgrəfi/ *n* pornografía

porous /'pɔːrəs/ *adj* poroso

porpoise /'pɔːpəs/ *n* marsopa

porridge /'pɒrɪdʒ; *USA* 'pɔːr-/ *n* [*incontable*] gachas de avena

port /pɔːt/ *n* **1** puerto **2** (*barco*) babor **3** (*vino*) oporto LOC **port of call** puerto de escala

portable /'pɔːtəbl/ *adj* portátil

porter /'pɔːtə(r)/ *n* **1** (*hotel*) botones **2** portero, -a

porthole /'pɔːthəʊl/ *n* portilla

portion /'pɔːʃn/ *n* **1** porción **2** (*comida*) ración

portrait /'pɔːtreɪt, -trət/ *n* **1** retrato **2** (*fig*) cuadro

portray /pɔː'treɪ/ *vt* **1** retratar **2** ~ **sth/sb (as sth)** (*Teat*) representar algo/a algn (como algo) **portrayal** *n* representación

pose /pəʊz/ ◆ **1** *vi* (*para retratarse*) posar **2** *vi* (*pey*) comportarse de forma afectada **3** *vi* ~ **as sth/sb** hacerse pasar por algo/algn **4** *vt* (*dificultad, pregunta*) presentar ◆ *n* **1** postura **2** (*pey*) pose

posh /pɒʃ/ *adj* (-er, -est) (*coloq*) **1** (*hotel, coche, etc.*) de lujo **2** (*zona*) elegante **3** (*esp pey*) (*acento*) afectado **4** (*pey*) pijo

position /pə'zɪʃn/ ◆ *n* **1** posición **2** situación **3** ~ (**on sth**) (*opinión*) postura, posición (respecto a algo) **4** (*trabajo*) puesto **LOC to be in a/no position to do sth** estar/no estar en condiciones de hacer algo ◆ *vt* colocar, situar

positive /ˈpɒzətɪv/ *adj* **1** positivo **2** definitivo, categórico **3** ~ (**about sth/ that...**) seguro (de algo/de que...) **4** total, auténtico: *a positive disgrace* un escándalo total **positively** *adv* **1** positivamente **2** con optimismo **3** categóricamente **4** verdaderamente

possess /pəˈzes/ *vt* **1** poseer, tener **2** dominar: *What possessed you to do that?* ¿Cómo se te ocurrió hacer eso? **possession** *n* **1** posesión **2** **possessions** [*pl*] pertenencias **LOC to be in possession of sth** tener algo

possibility /ˌpɒsəˈbɪləti/ *n* (*pl* -ies) **1** posibilidad: *within/beyond the bounds of possibility* dentro/más allá de lo posible **2** **possibilities** [*pl*] potencial *Ver tb* CHANCE

possible /ˈpɒsəbl/ *adj* posible: *if possible* si es posible ◊ *as quickly as possible* lo más rápido posible **LOC to make sth possible** posibilitar algo **possibly** *adv* posiblemente: *You can't possibly go.* No puedes ir de ninguna manera.

post /pəʊst/ ◆ *n* **1** poste, estaca, palo **2** (*trabajo*) puesto **3** (*esp USA* mail) correo ☞ *Ver nota en* MAIL ◆ *vt* **1** (*esp USA* to mail) echar (al correo), mandar **2** (*Mil*) destinar, enviar **3** (*soldado*) apostar **LOC to keep sb posted (about sth)** tener/mantener a algn al corriente (de algo)

postage /ˈpəʊstɪdʒ/ *n* franqueo: *postage stamp* sello (de correo)

postal /ˈpəʊstl/ *adj* postal, de correos: *postal vote* voto por correo

postbox /ˈpəʊstbɒks/ *n* buzón (*para echar cartas*) ☞ *Comparar con* LETTER BOX

postcard /ˈpəʊstkɑːd/ *n* (tarjeta) postal

postcode /ˈpəʊstkəʊd/ *n* código postal

poster /ˈpəʊstə(r)/ *n* **1** (*anuncio*) cartel **2** póster

posterity /pɒˈsterəti/ *n* posteridad

postgraduate /ˌpəʊstˈɡrædʒuət/ *adj, n* posgraduado, -a

posthumous /ˈpɒstjʊməs; *USA* ˈpɒstʃəməs/ *adj* póstumo

postman /ˈpəʊstmən/ (*USA* **mailman**) *n* (*pl* -men /-mən/) cartero

post-mortem /ˌpəʊst ˈmɔːtəm/ *n* autopsia

post office *n* (oficina de) correos ☞ *Ver nota en* ESTANCO

postpone /pəˈspəʊn/ *vt* aplazar

postscript /ˈpəʊstskrɪpt/ *n* **1** posdata **2** (*fig*) nota final

posture /ˈpɒstʃə(r)/ *n* **1** postura **2** actitud

post-war /ˌpəʊst ˈwɔː(r)/ *adj* de la posguerra

postwoman /ˈpəʊstwʊmən/ *n* (*pl* -women) (mujer) cartero, cartera

pot /pɒt/ *n* **1** olla: *pots and pans* batería de cocina **2** tarro **3** (*decorativo*) cacharro **4** (*planta*) tiesto **5** (*coloq*) marihuana **LOC to go to pot** (*coloq*) echarse a perder

potassium /pəˈtæsiəm/ *n* potasio

potato /pəˈteɪtəʊ/ *n* (*pl* -oes) patata

potent /ˈpəʊtnt/ *adj* potente, poderoso **potency** *n* fuerza

potential /pəˈtenʃl/ ◆ *adj* potencial ◆ *n* ~ (**for sth**) potencial (de/para algo) **potentially** *adv* potencialmente

pothole /ˈpɒthəʊl/ *n* **1** (*Geol*) cueva **2** (*carretera*) bache

potted /ˈpɒtɪd/ *adj* **1** en conserva **2** (*relato*) resumido

potter /ˈpɒtə(r)/ ◆ *v* PHR V **to potter about/around** (**sth**) hacer trabajillos (en algo) ◆ *n* alfarero, -a **pottery** *n* **1** (*lugar, arte*) alfarería **2** (*objetos*) cerámica

potty /ˈpɒti/ ◆ *adj* (-ier, -iest) (*GB, coloq*) **1** (*loco*) ido **2** ~ **about sth/sb** loco por algo/algn ◆ *n* (*pl* -ies) (*coloq*) orinal

pouch /paʊtʃ/ *n* **1** bolsa pequeña **2** (*tabaco*) petaca **3** (*Zool*) bolsa

poultry /ˈpəʊltri/ *n* [*incontable*] aves (de corral)

pounce /paʊns/ *vi* **1** ~ (**on sth/sb**) abalanzarse (sobre algo/algn) **2** (*fig*) ~ (**on sth/sb**) saltar (sobre algo/algn)

pound /paʊnd/ ◆ *n* **1** (*dinero*) libra (£) **2** (*abrev* **lb**) libra (*0,454 kilogramos*) ☞ *Ver Apéndice 1.* ◆ **1** *vi* ~ (**at sth**) golpear (en algo) **2** *vi* correr pesadamente **3** *vi* ~ (**with sth**) latir fuertemente (de algo) (*miedo, emoción, etc.*) **4** *vt* machacar **5** *vt* aporrear **pounding** *n* **1** (*lit y fig*) paliza **2** (*olas*) embate

pour /pɔː(r)/ *vi* **1** fluir, correr **2** *vi* ~ (**with rain**) llover a cántaros **3** *vt*

tʃ	dʒ	v	θ	ð	s	z	ʃ
chin	June	van	thin	then	so	zoo	she

(*bebida*) servir PHR V **to pour in**
1 entrar a raudales **2** inundar **to pour**
sth in echar algo (*añadir*) **to pour out**
(of sth) 1 fluir (de algo) **2** (*personas*)
salir en tropel (de algo) **to pour sth out**
1 (*bebida*) servir algo **2** (*expresar*) sacar
algo

pout /paʊt/ *vi* **1** hacer un mohín
2 (*provocativamente*) poner morritos

poverty /'pɒvəti/ *n* **1** pobreza: *poverty-*
stricken necesitado **2** miseria **3** (*de*
idea) falta

powder /'paʊdə(r)/ [*gen incontable*]
polvo ◆ *vt* empolvar: *to powder your*
face empolvarse la cara **powdered** *adj*
en polvo

power /'paʊə(r)/ ◆ *n* **1** poder: *power-*
sharing poder compartido **2 powers**
[*pl*] capacidad; facultades **3** fuerza
4 potencia **5** energía **6** (*electricidad*)
luz: *power cut* corte eléctrico ◊ *power*
station central eléctrica ◊ *power point*
enchufe LOC **the powers that be** (*esp*
irón) los que mandan **to do sb a power**
of good (*coloq*) ser muy beneficioso
para algn ◆ *vt* impulsar, potenciar
powerful *adj* **1** poderoso **2**
(*máquina*) potente **3** (*brazos*, *golpe*,
bebida) fuerte **4** (*imagen*, *obra*) intenso
powerless *adj* **1** sin poder, impotente **2**
~ **to do sth** impotente para hacer algo

practicable /'præktɪkəbl/ *adj* factible

practical /'præktɪkl/ *adj* **1** práctico:
practical joke broma **2** (*persona*) prag-
mático **practically** *adv* prácticamente,
de forma práctica

practice /'præktɪs/ *n* **1** práctica
2 (*Dep*) entrenamiento **3** (*Mús*) ejercicios **4** (*Med*) consultorio *Ver tb* GENERAL
PRACTICE **5** (*profesión*) ejercicio LOC **to**
be out of practice haber perdido práctica

practise (*USA* **practice**) /'præktɪs/
1 *vt*, *vi* practicar **2** *vi* (*Dep*) entrenarse
3 *vt* (*Dep*) practicar **4** *vt*, *vi* ~ (**as sth**)
(*profesión*) ejercer (de algo) **5** *vt* (*cuali-*
dad) ejercitar **practised** (*USA* **prac-**
ticed) *adj* ~ (**in sth**) experto (en algo)

practitioner /præk'tɪʃənə(r)/ *n* **1** experto, -a **2** médico, -a *Ver tb* GENERAL
PRACTITIONER

pragmatic /præg'mætɪk/ *adj* pragmá-
tico

praise /preɪz/ ◆ *vt* **1** elogiar **2** (*a Dios*)
alabar ◆ *n* [*incontable*] **1** elogio(s)

2 halago **3** (*Relig*) alabanza **praise-**
worthy *adj* loable

pram /præm/ (*tb* **buggy**) *n* cochecito
(de niño)

prank /præŋk/ *n* travesura

prawn /prɔːn/ *n* gamba

pray /preɪ/ *vi* rezar, orar

prayer /preə(r)/ *n* oración

preach /priːtʃ/ **1** *vt*, *vi* (*Relig*) predicar
2 *vi* ~ (**at/to sb**) (*pey*) sermonear (a
algn) **3** *vt* aconsejar **preacher** *n* predi-
cador, -ora

precarious /prɪ'keəriəs/ *adj* precario

precaution /prɪ'kɔːʃn/ *n* precaución
precautionary *adj* cautelar

precede /prɪ'siːd/ *vt* **1** preceder a
2 (*discurso*) introducir

precedence /'presɪdəns/ *n* preceden-
cia

precedent /'presɪdənt/ *n* precedente

preceding /prɪ'siːdɪŋ/ *adj* **1** precedente **2** (*tiempo*) anterior

precinct /'priːsɪŋkt/ *n* **1** (*tb* **precincts**)
recinto **2** (*GB*) zona: *pedestrian precinct*
zona peatonal

precious /'preʃəs/ ◆ *adj* **1** precioso
(*valioso*) ☞ *Comparar con* PRECIOSO **2** ~
to sb de gran valor para algn ◆ *adv*
LOC **precious few/little** muy poco, -a,
-os, -as

precipice /'presəpɪs/ *n* precipicio

precise /prɪ'saɪs/ *adj* **1** exacto, preciso
2 (*explicación*) claro **3** (*persona*) meticuloso **precisely** *adv* **1** exactamente, precisamente **2** (*hora*) en punto **3** con
precisión **precision** *n* exactitud, precisión

preclude /prɪ'kluːd/ *vt* (*formal*)
excluir

precocious /prɪ'kəʊʃəs/ *adj* precoz

preconceived /ˌpriːkən'siːvd/ *adj*
preconcebido **preconception** *n* idea
preconcebida

precondition /ˌpriːkən'dɪʃn/ *n* condición previa

predator /'predətə(r)/ *n* depredador
predatory *adj* **1** (*animal*) depredador
2 (*persona*) buitre

predecessor /'priːdɪsesə(r); *USA*
'predə-/ *n* predecesor, -ora

predicament /prɪ'dɪkəmənt/ *n* situación difícil, apuro

predict /prɪ'dɪkt/ *vt* **1** predecir, prever

iː	i	ɪ	e	æ	ɑː	ʌ	ʊ	uː
see	happy	sit	ten	hat	father	cup	put	too

2 pronosticar **predictable** *adj* previsible **prediction** *n* predicción, pronóstico

predominant /prɪˈdɒmmənt/ *adj* predominante **predominantly** *adv* predominantemente

pre-empt /priːˈempt/ *vt* adelantarse a

preface /ˈprefəs/ *n* **1** prefacio, prólogo **2** (*discurso*) introducción

prefer /prɪˈfɜː(r)/ *vt* (-rr-) preferir: *Would you prefer cake or biscuits?* ¿Qué prefieres, bizcocho o galletas? ☞ *Ver nota en* PREFERIR **preferable** /ˈprefrəbl/ *adj* preferible **preferably** /ˈprefrəbli/ preferiblemente **preference** /ˈprefrəns/ *n* preferencia LOC **in preference to sth/sb** en lugar de algo/algn **preferential** /ˌprefəˈrenʃl/ *adj* preferente

prefix /ˈpriːfɪks/ *n* prefijo

pregnant /ˈpregnənt/ *adj* **1** embarazada **2** (*animal*) preñada **pregnancy** *n* (*pl* -ies) embarazo

prejudice /ˈpredʒudɪs/ ♦ *n* **1** [*incontable*] prejuicios **2** prejuicio **3** parcialidad LOC **without prejudice to sth/sb** sin detrimento de algo/algn ♦ *vt* **1** (*persona*) predisponer **2** (*decisión, resultado*) influir en **3** perjudicar **prejudiced** *adj* **1** parcial **2** intolerante LOC **to be prejudiced against sth/sb** estar predispuesto contra algo/algn

preliminary /prɪˈlɪmməri/; *USA* -neri/ ♦ *adj* **1** preliminar **2** (*Dep*) eliminatorio ♦ **preliminaries** *n* [*pl*] preliminares

prelude /ˈpreljuːd/ *n* **1** (*Mús*) preludio **2** (*fig*) prólogo

premature /ˈpremətʃə(r); *USA* ˌpriːməˈtʊər/ *adj* prematuro

premier /ˈpremiə(r); *USA* prɪˈmɪər/ ♦ *n* primer ministro, primera ministra ♦ *adj* principal

première /ˈpremieə(r); *USA* prɪˈmɪər/ *n* estreno

premises /ˈpremɪsɪz/ *n* [*pl*] **1** (*tienda, bar, etc.*) local **2** (*empresa*) oficinas **3** (*gen*) edificio

premium /ˈpriːmiəm/ *n* (*pago*) prima LOC **to be at a premium** escasear

preoccupation /priˌɒkjuˈpeɪʃn/ *n* ~ (**with sth**) preocupación (por algo) **preoccupied** *adj* **1** preocupado **2** abstraído

preparation /ˌprepəˈreɪʃn/ *n* **1** preparación **2 preparations** [*pl*] (**for sth**) preparativos (para algo)

preparatory /prɪˈpærətri; *USA* -tɔːri/ *adj* preparatorio

prepare /prɪˈpeə(r)/ **1** *vi* ~ (**for sth/to do sth**) prepararse (para algo/para hacer algo); hacer preparativos (para algo) **2** *vt* preparar LOC **to be prepared to do sth** estar dispuesto a hacer algo

preposition /ˌprepəˈzɪʃn/ *n* (*Gram*) preposición

preposterous /prɪˈpɒstərəs/ *adj* absurdo

prerequisite /ˌpriːˈrekwəzɪt/ (*tb* **precondition**) *n* ~ (**for/of sth**) (*formal*) requisito, condición previa (para algo)

prerogative /prɪˈrɒgətɪv/ *n* prerrogativa

prescribe /prɪˈskraɪb/ *vt* **1** (*medicina*) recetar **2** recomendar

prescription /prɪˈskrɪpʃn/ *n* **1** (*Med*) receta **2** (*acción*) prescripción

presence /ˈprezns/ *n* **1** presencia **2** asistencia **3** existencia

present¹ /ˈpreznt/ ♦ *adj* **1** ~ (**at/in sth**) presente (en algo) (*lugar, sustancia*) **2** (*tiempo*) actual **3** (*mes, año*) corriente **4** (*Gram*) presente LOC **to the present day** hasta hoy *Ver tb* MOMENT ♦ *n* **1 the present** el presente **2** (*tb* **present tense**) presente LOC **at present** actualmente

present² /ˈpreznt/ *n* regalo: *to give sb a present* regalar algo a algn

present³ /prɪˈzent/ *vt* **1** presentar: *to present yourself* presentarse ☞ Recuerda que cuando presentas una persona a otra se usa **to introduce**: *Let me introduce you to Peter.* Te presento a Peter. **2** ~ **sb with sth**; ~ **sth (to sb)** hacer entrega de algo (a algn): *to present sb with a problem* plantearle a algn un problema **3** (*argumento*) exponer **4** ~ **itself (to sb)** (*oportunidad*) presentarse (a algn) **5** (*Teat*) representar **presentable** /prɪˈzentəbl/ *adj* **1** presentable **2** (*decente*) visible

presentation /ˌprezn'teɪʃn; *USA* ˌpriːzen-/ *n* **1** presentación **2** (*argumento*) exposición **3** (*Teat*) representación **4** (*premio*) entrega

present-day /ˌpreznt 'deɪ/ *adj* actual

presenter /prɪˈzentə(r)/ *n* presentador, -ora

presently /ˈprezntli/ *adv* **1** (*GB*) [*futuro: generalmente al final de la frase*] en un momento, dentro de poco:

u	ɒ	ɔː	ɜː	ə	j	w	eɪ	əʊ
situation	got	saw	fur	ago	yes	woman	pay	go

I will follow on presently. Voy dentro de un momento. **2** (*GB*) [*pasado: generalmente al principio de la frase*] al poco tiempo: *Presently he got up to go.* Al poco tiempo se levantó para marcharse. **3** (*GB*) luego **4** (*esp USA*) actualmente
En inglés británico lo normal es decir **currently**.

preservation /ˌprezə'veɪʃn/ *n* conservación, preservación

preservative /prɪ'zɜːvətɪv/ *adj, n* conservante

preserve /prɪ'zɜːv/ ◆ *vt* **1** conservar (*comida, etc.*) **2** ~ sth (for sth) preservar algo (para algo) **3** ~ sb (from sth/ sb) preservar, proteger a algn (de algo/ algn) ◆ *n* **1** [*gen pl*] conserva, confitura **2** (*caza, lit y fig*) coto: *the exclusive preserve of party members* el coto privado de los miembros del partido

preside /prɪ'zaɪd/ *vi* ~ (over/at sth) presidir (algo)

presidency /'prezɪdənsi/ *n* (*pl* -ies) presidencia

president /'prezɪdənt/ *n* presidente, -a **presidential** /ˌprezɪ'denʃl/ *adj* presidencial

press /pres/ ◆ *n* **1** (*tb* the Press) [*v sing o pl*] la prensa: *press conference* rueda de prensa ◊ *press cutting/release* recorte/comunicado de prensa **2** planchado **3** lagar **4** (*tb* printing press) imprenta ◆ **1** *vt, vi* apretar **2** *vt* pulsar, presionar **3** *vi* ~ (up) against sb arrimarse a algn **4** *vt* (*uvas*) pisar **5** *vt* (*aceitunas, flores*) prensar **6** *vt* planchar **7** *vt* ~ sb (for sth/to do sth) presionar a algn (para que haga algo) LOC to be pressed for time andar muy escaso de tiempo *Ver tb* CHARGE PHR V to press ahead/on (with sth) seguir adelante (con algo) to press for sth presionar para que se haga algo

pressing /'presɪŋ/ *adj* acuciante, urgente

press-up /'pres ʌp/ (*esp USA* push-up) *n* flexión

pressure /'preʃə(r)/ ◆ *n* ~ (of sth); ~ (to do sth) presión (de algo); presión (para hacer algo): *pressure gauge* manómetro ◊ *pressure group* grupo de presión LOC to put pressure on sb (to do sth) presionar a algn (para que haga algo) ◆ *vt Ver* PRESSURIZE

pressure cooker *n* olla a presión ☛ *Ver dibujo en* SAUCEPAN

pressurize, -ise /'preʃəraɪz/ *vt* **1** (*tb* pressure) ~ sb into (doing) sth presionar a algn para que haga algo **2** (*Fís*) presurizar

prestige /pre'stiːʒ/ *n* prestigio **prestigious** *adj* prestigioso

presumably /prɪ'zjuːməbli/ *adv* es de suponer que, según parece

presume /prɪ'zjuːm; *USA* -'zuːm/ *vt* asumir, suponer: *I presume so.* Eso creo.

presumption /prɪ'zʌmpʃn/ *n* **1** presunción **2** atrevimiento

presumptuous /prɪ'zʌmptʃuəs/ *adj* impertinente

presuppose /ˌpriːsə'pəʊz/ *vt* presuponer

pretence (*USA* pretense) /prɪ'tens/ *n* **1** [*incontable*] engaño(s): *They abandoned all pretence of objectivity.* Dejaron de fingir que eran objetivos. **2** (*formal*) ostentación

pretend /prɪ'tend/ ◆ *vt, vi* **1** fingir **2** pretender **3** ~ to be sth jugar a algo: *They're pretending to be explorers.* Están jugando a los exploradores. ◆ *adj* (*colog*) **1** de juguete **2** fingido

pretentious /prɪ'tenʃəs/ *adj* pretencioso

pretext /'priːtekst/ *n* pretexto

pretty /'prɪti/ ◆ *adj* (-ier, -iest) **1** bonito **2** (*mujer*) guapa LOC not to be a pretty sight no ser nada agradable ◆ *adv* bastante *Ver tb* QUITE 1 ☛ *Ver nota en* FAIRLY LOC pretty much/well más o menos

prevail /prɪ'veɪl/ *vi* **1** (*ley, condiciones*) imperar **2** predominar **3** (*fig*) prevalecer PHR V to prevail (up)on sb to do sth (*formal*) convencer a algn para que haga algo **prevailing** *adj* (*formal*) **1** reinante **2** (*viento*) predominante

prevalent /'prevələnt/ *adj* (*formal*) **1** difundido **2** predominante **prevalence** *n* **1** difusión **2** predominancia

prevent /prɪ'vent/ *vt* **1** ~ sb from doing sth impedir que algn haga algo **2** ~ sth evitar, prevenir algo

prevention /prɪ'venʃn/ *n* prevención **preventive** /prɪ'ventɪv/ *adj* preventivo

preview /'priːvjuː/ *n* preestreno

previous /'priːviəs/ *adj* anterior LOC

aɪ	aʊ	ɔɪ	ɪə	eə	ʊə	ʒ	h	ŋ
five	now	join	near	hair	pure	vision	how	sing

previous to doing sth antes de hacer algo **previously** *adv* anteriormente

pre-war /ˌpriː ˈwɔː(r)/ *adj* de (la) preguerra

prey /preɪ/ ◆ *n* [*incontable*] (*lit y fig*) presa ◆ *vi* LOC **to prey on sb's mind** preocupar a algn PHR V **to prey on sth/ sb 1** cazar algo/a algn **2** vivir a costa de algo/algn

price /praɪs/ ◆ *n* precio: *to go up/ down in price* subir/bajar de precio LOC **at any price** a toda costa **not at any price** por nada del mundo *Ver tb* CHEAP ◆ *vt* **1** fijar el precio de **2** valorar **3** poner el precio a **priceless** *adj* que no tiene precio

prick /prɪk/ ◆ *n* **1** punzada **2** pinchazo ◆ *vt* **1** pinchar **2** (*fig*) remorder (*la conciencia*) LOC **to prick up your ears 1** levantar las orejas **2** aguzar el oído

prickly /ˈprɪkli/ *adj* (-ier, -iest) **1** espinoso **2** que pica **3** (*coloq*) malhumorado

pride /praɪd/ ◆ *n* **1** ~ **(in sth)** orgullo (por algo) **2** (*pey*) orgullo, soberbia LOC **(to be) sb's pride and joy** (ser) la niña de los ojos de algn **to take pride in sth** hacer algo con orgullo ◆ *vt* LOC **to pride yourself on sth** preciarse de algo

priest /priːst/ *n* sacerdote, cura **priesthood** *n* **1** sacerdocio **2** clero

En inglés se usa la palabra **priest** para referirse normalmente a los sacerdotes católicos. Los párrocos anglicanos se llaman **vicar**, y los de las demás religiones protestantes, **minister**.

prig /prɪg/ *n* (*pey*) mojigato, -a **priggish** *adj* mojigato

prim /prɪm/ *adj* (primmer, primmest) (*pey*) **1** remilgado **2** (*aspecto*) recatado

primarily /ˈpraɪmərəli; USA praɪˈmerəli/ *adv* principalmente, sobre todo

primary /ˈpraɪməri; USA -meri/ ◆ *adj* **1** primario **2** primordial **3** principal ◆ *n* (*pl* -ies) (*USA*) (*tb* primary election) elección primaria

primary school *n* escuela de primaria: *He's at primary school.* Está en primaria.

prime /praɪm/ ◆ *adj* **1** principal **2** de primera: *a prime example* un ejemplo excelente ◆ *n* LOC **in your prime/in the prime of life** en la flor de la vida ◆ *vt* **1** ~ **sb (for sth)** preparar a algn (para

algo) **2** ~ **sb (with sth)** poner al tanto a algn (de algo)

prime minister *n* primer ministro, primera ministra

primeval (*tb* primaeval) /praɪˈmiːvl/ *adj* primigenio

primitive /ˈprɪmətɪv/ *adj* primitivo

primrose /ˈprɪmrəʊz/ ◆ *n* primavera (*flor*) ◆ *adj, n* amarillo pálido

prince /prɪms/ *n* príncipe

princess /ˌprɪnˈses/ *n* princesa

principal /ˈprɪmsəpl/ ◆ *adj* principal ◆ *n* director, -ora, rector, -ora (*colegio, universidad*)

principle /ˈprɪmsəpl/ *n* principio: *a woman of principle* una mujer de principios LOC **in principle** en principio **on principle** por principio

print /prɪmt/ ◆ *vt* **1** imprimir **2** (*Period*) publicar **3** escribir con letras de imprenta **4** (*tela*) estampar PHR V **to print (sth) out** imprimir (algo) (*Informát*) ◆ *n* **1** (*tipografía*) letra **2** huella **3** (*Arte*) grabado **4** (*Fot*) copia **5** tela estampada LOC **in print 1** (*libro*) en venta **2** publicado **out of print** agotado *Ver tb* SMALL **printer** *n* **1** (*persona*) impresor, -ora **2** (*máquina*) impresora **3** printer's (*taller*) imprenta **printing** *n* **1** imprenta (*técnica*): *a printing error* una errata **2** (*libros, etc.*) impresión **printout** *n* copia impresa (*esp Informát*)

prior /ˈpraɪə(r)/ ◆ *adj* previo ◆ **prior to** *prep* **1** prior to doing sth antes de hacer algo **2** prior to sth anterior a algo **priority** *n* (*pl* -ies) ~ **(over sth/sb)** prioridad (sobre algo/algn) LOC **to get your priorities right** saber cuáles son tus prioridades

prise (*USA* prize) /praɪz/ *v* PHR V **to prise sth apart, off, open, etc. (with sth)** separar, quitar, abrir, etc. algo (haciendo palanca con algo)

prison /ˈprɪzn/ *n* cárcel: *prison camp* campo de concentración **prisoner** *n* **1** preso, -a **2** (*cautivo*) prisionero, -a **3** detenido, -a **4** (*en juzgado*) acusado, -a LOC *Ver* CAPTIVE

privacy /ˈprɪvəsi; USA ˈpraɪv-/ *n* intimidad

private /ˈpraɪvət/ ◆ *adj* **1** privado: *private enterprise* iniciativa privada ◊ *private eye* detective privado **2** (*de individuo*) particular **3** (*persona*) reservado **4** (*lugar*) íntimo ◆ *n* **1** (*Mil*) soldado

tʃ	dʒ	v	θ	ð	s	z	ʃ
chin	June	van	thin	then	so	zoo	she

raso **2 privates** *[pl]* *(coloq)* partes (pudendas) LOC **in private** en privado **privately** *adv* en privado **privatize, -ise** *vt* privatizar

privilege /'prɪvəlɪdʒ/ *n* **1** privilegio **2** *(Jur)* inmunidad **privileged** *adj* **1** privilegiado **2** *(información)* confidencial

privy /'prɪvi/ *adj* LOC **to be privy to sth** *(formal)* tener conocimiento de algo

prize¹ /praɪz/ ♦ *n* premio ♦ *adj* **1** premiado **2** de primera **3** *(irón)* de remate **prize** *vt* estimar

prize² *(USA)* Ver PRISE

pro¹ /prəʊ/ *n* LOC **the pros and (the) cons** los pros y los contras

pro² /prəʊ/ *adj, n (pl pros) (coloq)* profesional

probable /'prɒbəbl/ *adj* probable: *It seems probable that he'll arrive tomorrow.* Parece probable que llegue mañana. **probability** /ˌprɒbə'bɪləti/ *n (pl -ies)* probabilidad LOC **in all probability** con toda probabilidad **probably** *adv* probablemente

En inglés se suele usar el adverbio en los casos en que se usaría *es probable que* en español: *They will probably go.* Es probable que vayan.

probation /prə'beɪʃn; *USA* prəʊ-/ *n* **1** libertad condicional **2** *(empleado)* prueba: *a three-month probation period* un periodo de prueba de tres meses

probe /prəʊb/ ♦ *n* sonda ♦ **1** *vt, vi* *(Med)* sondar **2** *vt, vi* explorar **3** *vt* ~ **about/on sth** examinar a algn de algo **4** *vi* ~ **(into sth)** investigar (algo) **probing** *adj (pregunta)* penetrante

problem /'prɒbləm/ *n* problema: *No problem!* ¡No hay ningún problema! LOC Ver TEETHE **problematic(al)** *adj* **1** problemático **2** *(discutible)* dudoso

procedure /prə'siːdʒə(r)/ *n* **1** procedimiento **2** *(gestión)* trámite(s)

proceed /prə'siːd, prəʊ-/ *vi* **1** proceder **2** ~ **(to sth/to do sth)** pasar (a algo/a hacer algo) **3** *(formal)* avanzar, ir **4** ~ **(with sth)** continuar, ir adelante (con algo) **proceedings** *n [pl]* **1** acto **2** *(Jur)* proceso **3** *(reunión)* actas

proceeds /'prəʊsiːdz/ *n [pl]* ~ **(of/from sth)** ganancias (de algo)

process /'prəʊses; *USA* 'prɒses/ ♦ *n* **1** *(método)* procedimiento **2** *(Jur)* proceso LOC **in the process** al hacerlo **to be in the process of (doing) sth**

estar haciendo algo ♦ *vt* **1** *(alimento, materia prima)* tratar **2** *(solicitud)* tramitar **3** *(Fot)* revelar Ver tb DEVELOP **4** *(Informát)* procesar **processing** *n* **1** tratamiento **2** *(Fot)* revelado **3** *(Informát)* procesamiento: *word processing* tratamiento de textos

procession /prə'seʃn/ *n* desfile, procesión

processor /'prəʊsesə(r)/ *n* procesador Ver MICROPROCESSOR, FOOD PROCESSOR, WORD PROCESSOR

proclaim /prə'kleɪm/ *vt* proclamar **proclamation** *n* **1** proclama **2** *(acto)* proclamación

prod /prɒd/ ♦ *vt, vi* (**-dd-**) ~ **(at) sth/sb** pinchar algo/a algn ♦ *n* **1** *(lit y fig)* pinchazo **2** pincho

prodigious /prə'dɪdʒəs/ *adj* prodigioso

prodigy /'prɒdədʒi/ *n (pl -ies)* prodigio

produce¹ /prə'djuːs; *USA* -'duːs/ *vt* **1** producir ☛ *Comparar con* MANUFACTURE **2** *(cultivo)* dar **3** *(cría)* tener **4** ~ **sth (from/out of sth)** sacar algo (de algo) **5** *(Teat)* poner en escena **6** *(Cine, TV)* producir **producer** *n* **1** *(gen, Cine, TV)* productor, -ora ☛ *Comparar con* DIRECTOR, CONSUMER *en* CONSUME **2** *(Teat)* director, -ora de escena

produce² /'prɒdjuːs; *USA* -duːs/ *n* [incontable] productos: *produce of France* producto de Francia ☛ *Ver nota en* PRODUCT

product /'prɒdʌkt/ *n* producto: *Coal was once a major industrial product.* El carbón fue en un tiempo uno de los productos industriales más importantes.

Product se utiliza para referirse a productos industriales, mientras que produce se usa para los productos del campo.

production /prə'dʌkʃn/ *n* producción: *production line* cadena de montaje

productive /prə'dʌktɪv/ *adj* productivo **productivity** /ˌprɒdʌk'tɪvəti/ *n* productividad

profess /prə'fes/ *vt (formal)* **1** ~ **to be sth** pretender ser algo; declararse algo **2** ~ **(yourself) sth** declarar(se) algo **3** *(Relig)* profesar **professed** *adj* **1** supuesto **2** declarado

profession /prə'feʃn/ *n* profesión ☛ *Ver nota en* WORK¹ **professional** *adj* profesional

professor /prə'fesə(r)/ *n (abrev Prof)*

iː	i	ɪ	e	æ	ɑː	ʌ	ʊ	uː
see	happy	sit	ten	hat	father	cup	put	too

1 (*GB*) catedrático, -a de universidad **2** (*USA*) profesor, -ora de universidad

proficiency /prə'fɪʃnsi/ *n* ~ (**in sth/ doing sth**) competencia (en algo/para hacer algo); capacidad (para algo/para hacer algo) **proficient** *adj* ~ (**in/at sth/ doing sth**) competente (en algo): *She's very proficient in English.* Es muy competente en inglés.

profile /'prəʊfaɪl/ *n* perfil

profit /'prɒfɪt/ ◆ *n* **1** ganancia(s), beneficio(s): *to do sth for profit* hacer algo con fines lucrativos ◊ *to make a profit of $20* sacar un beneficio de 20 dólares ◊ *to sell at a profit* vender con ganancia ◊ *profit-making* lucrativo **2** (*fig*) beneficio, provecho ◆ *v* PHR V **to profit from sth** beneficiarse de algo **profitable** *adj* **1** rentable **2** provechoso

profound /prə'faʊnd/ *adj* profundo **profoundly** *adv* profundamente, extremadamente

profusely /prə'fjuːsli/ *adv* profusamente

profusion /prə'fjuːʒn/ *n* profusión, abundancia LOC **in profusion** en abundancia

programme (*USA* program) /'prəʊgræm; *USA* -græm/ ◆ *n* programa ☛ En lenguaje informático se escribe **program**. ◆ *vt, vi* programar **programmer** (*tb* computer programmer) *n* programador, -ora **programming** *n* programación

progress /'prəʊgres; *USA* 'prɒg-/ ◆ *n* [*incontable*] **1** progreso(s) **2** (*movimiento*) avance: *to make progress* avanzar LOC **in progress** en marcha ◆ /prə'gres/ *vi* avanzar

progressive /prə'gresɪv/ *adj* **1** progresivo **2** (*Pol*) progresista

prohibit /prə'hɪbɪt; *USA* prəʊ-/ *vt* (*formal*) **1** ~ **sth/sb (from doing sth)** prohibir algo/a algn (hacer algo) **2** ~ **sth/sb (from doing sth)** impedir algo/a algn (hacer algo) **prohibition** *n* prohibición

project¹ /'prɒdʒekt/ *n* proyecto

project² /prə'dʒekt/ **1** *vt* proyectar **2** *vi* sobresalir **projection** *n* proyección **projector** *n* proyector (*de cine*): *overhead projector* retroproyector

prolific /prə'lɪfɪk/ *adj* prolífico

prologue (*USA tb* prolog) /'prəʊlɒg;

USA -lɔːg/ *n* ~ (**to sth**) (*lit y fig*) prólogo (de algo)

prolong /prə'lɒŋ; *USA* -'lɔːŋ/ *vt* prolongar, alargar

promenade /ˌprɒmə'nɑːd; *USA* -'neɪd/ (*GB, coloq* prom) *n* paseo marítimo

prominent /'prɒmɪnənt/ *adj* **1** prominente **2** importante

promiscuous /prə'mɪskjuəs/ *adj* promiscuo

promise /'prɒmɪs/ ◆ *n* **1** promesa: *to break a promise* no cumplir una promesa **2** *to show promise* ser prometedor ◆ *vt, vi* prometer **promising** *adj* prometedor

promote /prə'məʊt/ *vt* **1** promover, fomentar **2** (*en el trabajo*) ascender **3** (*Com*) promocionar **promoter** *n* promotor, -ora **promotion** *n* **1** ascenso **2** promoción, fomento

prompt /prɒmpt/ ◆ *adj* **1** sin dilación **2** (*servicio*) rápido **3** (*persona*) puntual ◆ *adv* en punto ◆ **1** *vt* ~ **sb to do sth** incitar a algn a hacer algo/a algn (reacción) provocar **3** *vt, vi* (*Teat*) apuntar **promptly** *adv* **1** con prontitud **2** puntualmente **3** al punto

prone /prəʊn/ *adj* ~ **to sth** propenso a algo

pronoun /'prəʊnaʊn/ *n* pronombre

pronounce /prə'naʊns/ *vt* **1** pronunciar **2** declarar **pronounced** *adj* **1** (*acento*) fuerte **2** (*mejora*) marcado **3** (*movimiento*) pronunciado

pronunciation /prəˌnʌnsi'eɪʃn/ *n* pronunciación

proof /pruːf/ *n* **1** [*incontable*] prueba(s) **2** comprobación

prop /prɒp/ ◆ *n* **1** (*lit y fig*) apoyo **2** puntal ◆ *vt* (-pp-) ~ **sth (up) against sth** apoyar algo contra algo PHR V **to prop sth up 1** sujetar algo **2** (*pey*) (*fig*) respaldar algo

propaganda /ˌprɒpə'gændə/ *n* propaganda

propel /prə'pel/ *vt* (-ll-) **1** impulsar **2** (*Mec*) propulsar **propellant** *n* propulsor

propeller /prə'pelə(r)/ *n* hélice

propensity /prə'pensəti/ *n* (*formal*) ~ (**for/to sth**) propensión (a algo)

proper /'prɒpə(r)/ *adj* **1** debido **2** adecuado **3** de verdad **4** correcto **5** decente **6** *the house proper* la casa propiamente dicha **properly** adv **1** bien **2** (*comportarse*) con propiedad **3** adecuadamente

property /ˈprɒpəti/ n (pl -ies) **1** propiedad **2** [*incontable*] bienes: *personal property* bienes muebles

prophecy /ˈprɒfəsi/ n (pl -ies) profecía

prophesy /ˈprɒfəsaɪ/ (*pret, pp* -sied) **1** vt predecir **2** vi profetizar

prophet /ˈprɒfɪt/ n profeta

proportion /prəˈpɔːʃn/ n proporción: *sense of proportion* sentido de la proporción LOC **out of** ˈ(**all**) **proportion 1** desmesurado **2** desproporcionado *Ver tb* THING **proportional** adj ~ (**to sth**) proporcional a algo; en proporción con algo

proposal /prəˈpəʊzl/ n **1** propuesta **2** (*tb* proposal of marriage) propuesta de matrimonio

propose /prəˈpəʊz/ **1** vt (*sugerencia*) proponer **2** vt ~ **to do sth/doing sth** proponerse hacer algo **3** vi ~ (**to sb**) pedir la mano (a algn)

proposition /ˌprɒpəˈzɪʃn/ n **1** proposición **2** propuesta

proprietor /prəˈpraɪətə(r)/ n propietario, -a

prose /prəʊz/ n prosa

prosecute /ˈprɒsɪkjuːt/ vt procesar: *prosecuting lawyer* fiscal **prosecution** n **1** enjuiciamiento, procesamiento **2 the prosecution** [v sing o pl] (*juicio*) la acusación **prosecutor** n fiscal

prospect /ˈprɒspekt/ n **1** perspectiva **2** ~ (**of sth/doing sth**) expectativa(s), posibilidad(es) (de algo/hacer algo) **3** (*antic*) panorama, vista **prospective** /prəˈspektɪv/ adj **1** futuro **2** probable

prospectus /prəˈspektəs/ n folleto

prosper /ˈprɒspə(r)/ vi prosperar **prosperity** /prɒˈsperəti/ n prosperidad **prosperous** adj próspero

prostitute /ˈprɒstɪtjuːt; *USA* -tuːt/ n **1** prostituta **2 male prostitute** prostituto **prostitution** n prostitución

prostrate /ˈprɒstreɪt/ adj **1** postrado **2** ~ (**with sth**) abatido (por algo)

protagonist /prəˈtæɡənɪst/ n **1** protagonista **2** ~ (**of sth**) defensor, -ora (de algo)

protect /prəˈtekt/ vt ~ **sth/sb** (**against/from sth**) proteger algo/a algn (contra/de algo) **protection** n **1** ~ (**for sth**) protección (de/para algo) **2** ~ (**against sth**) protección (contra algo)

protective /prəˈtektɪv/ adj protector

protein /ˈprəʊtiːn/ n proteína

protest /ˈprəʊtest/ ◆ n protesta ◆ /prəˈtest/ **1** vi ~ (**about/at/against sth**) protestar (por/de/contra algo) **2** vt declarar **protester** n manifestante *Ver tb* DEMONSTRATOR

Protestant /ˈprɒtɪstənt/ adj, n protestante

prototype /ˈprəʊtətaɪp/ n prototipo

protrude /prəˈtruːd; *USA* prəʊ-/ vi ~ (**from sth**) sobresalir (de algo): *protruding teeth* dientes salientes

proud /praʊd/ adj (-er, -est) **1** (*aprob*) ~ (**of sth/sb**) orgulloso (de algo/algn) **2** (*aprob*) ~ (**to do sth/that...**) orgulloso (de hacer algo/de que...) **3** (*pey*) soberbio **proudly** adv con orgullo

prove /pruːv/ (*pp* proved, *USA* proven /ˈpruːvn/) **1** vt ~ **sth** (**to sb**) probar, demostrar algo (a algn) **2** vi ~ (**to be**) **sth** resultar (ser) algo: *The task proved (to be) very difficult.* La tarea resultó (ser) muy difícil. LOC **to prove your point** demostrar que se está en lo cierto

proven /ˈpruːvn/ ◆ adj comprobado ◆ (*USA*) pp de PROVE

proverb /ˈprɒvɜːb/ n proverbio **proverbial** adj **1** proverbial **2** por todos conocido

provide /prəˈvaɪd/ vt ~ **sb** (**with sth**); ~ **sth** (**for sb**) proporcionar, suministrar algo a algn PHR V **to provide for sb** mantener a algn **to provide for sth 1** prevenir algo **2** estipular algo

provided /prəˈvaɪdɪd/ (*tb* providing) conj ~ (**that...**) a condición de que, con tal (de) que

province /ˈprɒvɪns/ n **1** provincia **2 the provinces** [pl] provincias **3** competencia: *It's not my province.* Está fuera de mi competencia. **provincial** /prəˈvɪnʃl/ adj **1** provincial **2** (*pey*) de provincias, provinciano

provision /prəˈvɪʒn/ n **1** ~ **of sth** suministro, abastecimiento de algo **2** *to make provision for sb* asegurar el porvenir de algn ◊ *to make provision against/for sth* prever algo **3** **provisions** [pl] víveres, provisiones **4** (*Jur*) disposición, estipulación

provisional /prəˈvɪʒənl/ adj provisional

proviso /prəˈvaɪzəʊ/ n (pl ∼s) condición

provocation /ˌprɒvəˈkeɪʃn/ n provocación **provocative** /prəˈvɒkətɪv/ adj provocador, provocativo

provoke /prəˈvəʊk/ vt 1 (persona) provocar 2 ~ sb into doing sth/to do sth inducir, incitar a algn a hacer algo 3 provocar, causar

prow /praʊ/ n proa

prowess /ˈpraʊəs/ n 1 proeza 2 habilidad

prowl /praʊl/ vt, vi ~ (about/around) (sth) rondar, merodear (por algo)

proximity /prɒkˈsɪməti/ n proximidad

proxy /ˈprɒksi/ n (pl -ies) 1 apoderado, -a, representante 2 poder: by proxy por poderes

prude /pruːd/ n (pey) mojigato, -a

prudent /ˈpruːdnt/ adj prudente

prune¹ /pruːn/ n ciruela pasa

prune² /pruːn/ vt 1 podar 2 (fig) recortar **pruning** n poda

pry /praɪ/ (pret, pp **pried** /praɪd/) 1 vi to pry (into sth) entrometerse (en algo); fisgonear 2 vt (esp USA) Ver PRISE

PS /ˌpiː ˈes/ n (abrev de **postscript**) posdata (= P. D.)

psalm /sɑːm/ n salmo

pseudonym /ˈsjuːdənɪm;   USA ˈsuːdənɪm/ n seudónimo

psyche /ˈsaɪki/ n psique, psiquis

psychiatry /saɪˈkaɪətri; USA sɪ-/ n psiquiatría **psychiatric** /ˌsaɪkiˈætrɪk/ adj psiquiátrico **psychiatrist** /saɪˈkaɪətrɪst/ n psiquiatra

psychic /ˈsaɪkɪk/ adj 1 (tb **psychical**) psíquico 2 (persona): to be psychic tener poderes parapsicológicos

psychoanalysis /ˌsaɪkəʊəˈnæləsɪs/ (tb **analysis**) n psicoanálisis

psychology /saɪˈkɒlədʒi/ n psicología **psychological** /ˌsaɪkəˈlɒdʒɪkl/ adj psicológico **psychologist** /saɪˈkɒlədʒɪst/ n psicólogo, -a

pub /pʌb/ n (GB) bar

puberty /ˈpjuːbəti/ n pubertad

pubic /ˈpjuːbɪk/ adj púbico: pubic hair vello púbico

public /ˈpʌblɪk/ ◆ adj público: public convenience aseos públicos ◊ public house bar ◆ n 1 público 2 the public [v sing o pl] el público LOC in public en público

publication /ˌpʌblɪˈkeɪʃn/ n publicación

publicity /pʌbˈlɪsəti/ n publicidad: publicity campaign campaña publicitaria

publicize, -ise /ˈpʌblɪsaɪz/ vt 1 hacer público 2 promover, promocionar

publicly /ˈpʌblɪkli/ adv públicamente

public school n 1 (GB) colegio privado ☛ Ver nota en ESCUELA 2 (USA) colegio público

publish /ˈpʌblɪʃ/ vt 1 publicar 2 hacer público **publisher** n 1 editor, -ora 2 (casa) editorial **publishing** n mundo editorial: publishing house casa editorial

pudding /ˈpʊdɪŋ/ n 1 (GB) postre ☛ Ver nota en NAVIDAD 2 pudin, budín 3 black pudding morcilla

puddle /ˈpʌdl/ n charco

puff /pʌf/ ◆ n 1 soplo, resoplido 2 (humo, vapor) bocanada 3 (coloq) (cigarrillo) chupada 4 (coloq) aliento ◆ 1 vi jadear 2 vi ~ (away) at/on sth (pipa, etc.) chupar algo 3 vt (humo) echar a bocanadas 4 vt (cigarro, etc.) chupar PHR V **to puff sb out** (coloq) dejar a algn sin aliento **to puff sth out** hinchar algo **to puff up** hincharse **puffed** (tb **puffed out**) adj (coloq) sin aliento **puffy** adj (-ier, -iest) hinchado (esp cara)

puke /pjuːk/ (coloq) ◆ 1 vi ~ (up) echar la vomitona 2 vi ~ sth (up) devolver algo ◆ n vomitona

pull /pʊl/ ◆ n 1 ~ (at/on sth) tirón (en algo) 2 the ~ of sth la atracción, la llamada de algo 3 It was a hard pull. Resultó un duro esfuerzo. ◆ 1 vt dar un tirón a, tirar de 2 vi ~ (at/on sth) tirar de algo 3 vt (carro, etc.) tirar de 4 vt: to pull a muscle darle a algn un tirón en un músculo 5 vt (gatillo) apretar 6 vt (corcho, muela, pistola) sacar LOC **to pull sb's leg** (coloq) tomarle el pelo a algn **to pull strings (for sb)** (coloq) tocar teclas, enchufar a algn **to pull your socks up** (GB, coloq) esforzarse por mejorar **to pull your weight** hacer lo que te corresponde Ver tb FACE¹

PHR V **to pull sth apart** partir algo en dos

to pull sth down 1 bajar algo 2 (edificio) derribar algo

to pull in(to sth) 1 (tren) llegar (a algo) 2 (coche) detenerse (en algo)

to pull sth off (coloq) conseguir algo

to pull out (of sth) 1 retirarse (de algo)

tʃ	dʒ	v	θ	ð	s	z	ʃ
chin	June	van	thin	then	so	zoo	she

2 salir (de algo) **to pull sth out** sacar algo **to pull sth/sb out (of sth)** retirar algo/a algn (de algo)

to pull over hacerse a un lado (*coche, etc.*)

to pull yourself together dominarse **to pull up** detenerse **to pull sth up 1** alzar algo **2** (*planta*) arrancar algo

pulley /ˈpʊli/ *n* (*pl* -eys) polea

pullover /ˈpʊləʊvə(r)/ *n* jersey ☛ *Ver nota en* SWEATER

pulp /pʌlp/ *n* **1** pulpa **2** (*de madera*) pasta

pulpit /ˈpʊlpɪt/ *n* púlpito

pulsate /pʌlˈseɪt/ *USA* ˈpʌlseɪt/ (*tb* **pulse**) *vi* palpitar, latir

pulse /pʌls/ ◆ *n* **1** (*Med*) pulso **2** ritmo **3** pulsación **4** [*gen pl*] legumbre seca ◆ *Ver* PULSATE

pumice /ˈpʌmɪs/ (*tb* **pumice stone**) *n* piedra pómez

pummel /ˈpʌml/ *vt* (-ll-, *USA tb* -l-) aporrear

pump /pʌmp/ ◆ *n* **1** bomba: *petrol pump* surtidor de gasolina **2** zapatilla ◆ **1** *vt* bombear **2** *vi* dar a la bomba **3** *vi* (*corazón*) latir **4** *vt* ~ **sb** (**for sth**) (*coloq*) sonsacar a algn; sonsacarle algo a algn PHR V **to pump sth up** inflar algo

pumpkin /ˈpʌmpkɪn/ *n* calabaza

pun /pʌn/ *n* **pun** (**on sth**) juego de palabras (con algo)

punch /pʌntʃ/ ◆ *n* **1** punzón **2** (*para billetes*) taladradora **3** (*bebida*) ponche **4** puñetazo ◆ *vt* **1** perforar, picar: *to punch a hole in sth* hacer un agujero en algo **2** dar un puñetazo a

punch-up /ˈpʌntʃ ʌp/ *n* (*GB*, *coloq*) pelea a puñetazos

punctual /ˈpʌŋktʃuəl/ *adj* puntual ☛ *Ver nota en* PUNTUAL **punctuality** /ˌpʌŋktʃuˈæləti/ *n* puntualidad

punctuate /ˈpʌŋktʃueɪt/ *vt* **1** (*Gram*) puntuar **2** ~ **sth** (**with sth**) interrumpir algo (con algo)

punctuation /ˌpʌŋktʃuˈeɪʃn/ *n* puntuación: *punctuation mark* signo de puntuación

puncture /ˈpʌŋktʃə(r)/ ◆ *n* pinchazo ◆ **1** *vt*, *vi* pinchar(se) **2** *vt* (*Med*) perforar

pundit /ˈpʌndɪt/ *n* entendido, -a

pungent /ˈpʌndʒənt/ *adj* **1** acre **2** punzante **3** (*fig*) mordaz

punish /ˈpʌnɪʃ/ *vt* castigar **punishment** *n* **1** castigo **2** (*fig*) paliza

punitive /ˈpjuːnətɪv/ *adj* (*formal*) **1** punitivo **2** desorbitado

punk /pʌŋk/ ◆ *n* **1** (*tb* **punk rock**) música punk **2** (*tb* **punk rocker**) punk(i) **3** (*pey*, *esp USA*, *coloq*) gamberro ◆ *adj* punk, punki

punt /pʌnt/ *n* (*GB*) bote largo y plano que se impulsa con una pértiga

punter /ˈpʌntə(r)/ *n* (*GB*) **1** apostante **2** (*coloq*) cliente, miembro del público

pup /pʌp/ *n* **1** *Ver* PUPPY **2** cría

pupil /ˈpjuːpl/ *n* **1** alumno, -a ☛ *Ver nota en* ALUMNO **2** discípulo, -a **3** pupila (*del ojo*)

puppet /ˈpʌpɪt/ *n* **1** (*lit*) marioneta **2** (*fig*) títere

puppy /ˈpʌpi/ (*pl* -ies) (*tb* **pup** /pʌp/) *n* cachorro, -a

purchase /ˈpɜːtʃəs/ ◆ *n* (*formal*) compra, adquisición LOC *Ver* COMPULSORY ◆ *vt* (*formal*) comprar **purchaser** *n* (*formal*) comprador, -ora

pure /pjʊə(r)/ *adj* (purer, purest) puro **purely** *adv* puramente, simplemente

purée /ˈpjʊəreɪ/ *USA* pjʊəˈreɪ/ *n* puré

purge /pɜːdʒ/ ◆ *vt* ~ **sth/sb** (**of/from sth**) purgar algo/algn (de algo) ◆ *n* **1** purga **2** purgante

purify /ˈpjʊərɪfaɪ/ *vt* (*pret*, *pp* -fied) purificar

puritan /ˈpjʊərɪtən/ *adj*, *n* puritano, -a **puritanical** /ˌpjʊərɪˈtænɪkl/ *adj* (*pey*) puritano

purity /ˈpjʊərəti/ *n* pureza

purple /ˈpɜːpl/ *adj*, *n* morado

purport /pəˈpɔːt/ *vt* (*formal*): *It purports to be...* Pretende ser...

purpose /ˈpɜːpəs/ *n* **1** propósito, motivo: *purpose-built* construido con un fin específico **2** determinación: *to have a/no sense of purpose* (no) tener una meta en la vida LOC **for the purpose of** al efecto de **for this purpose** para este fin **on purpose** a propósito *Ver tb* INTENT **purposeful** *adj* decidido **purposely** *adv* intencionadamente

purr /pɜː(r)/ *vi* ronronear

purse /pɜːs/ ◆ *n* **1** monedero ☛ *Comparar con* WALLET **2** (*USA*) bolso ☛ *Ver dibujo en* MALETA ◆ *vt*: *to purse your lips* fruncir los labios

pursue /pəˈsjuː/ *USA* -ˈsuː/ *vt* (*formal*) **1** perseguir ☛ La palabra más normal es chase. **2** (*actividad*) dedicarse a **3** (*conversación*) continuar (con)

pursuit /pə'sjuːt; *USA* -'suːt/ *n* (*formal*) **1** ~ **of sth** búsqueda de algo **2** [*gen pl*] actividad LOC **in pursuit of sth** en busca de algo **in pursuit (of sth/sb)** persiguiendo (algo/a algn)

push /pʊʃ/ ◆ *n* empujón LOC **to get/to give sb the push** (*GB*, *coloq*) ser despedido/dar la patada a algn ◆ **1** *vt*, *vi* empujar: *to push past sb* pasar a algn empujando **2** *vt* (*botón*) apretar **3** *vt* (*coloq*) (*idea*) promover LOC **to be pushed for sth** (*coloq*) andar justo de algo PHR V **to push ahead/forward/on (with sth)** seguir adelante (con algo) **to push sb around** (*coloq*) mangonear a algn **to push in** colarse **to push off** (*coloq*) largarse

pushchair /'pʊʃtʃeə(r)/ *n* silla de niño

pusher /'pʊʃə(r)/ (*tb* drug pusher) *n* (*coloq*) camello (*drogas*)

push-up /'pʊʃ ʌp/ *n* (*esp USA*) *Ver* PRESS-UP

pushy /'pʊʃi/ *adj* (-ier, -iest) (*coloq*, *pey*) avasallador

puss /pʊs/ *n* minino **pussy** *n* (*pl* -ies) (*tb* pussy cat) gatito

put /pʊt/ *vt* (-tt-) (*pret*, *pp* put) **1** poner, colocar, meter: *Did you put sugar in my tea?* ¿Me has echado azúcar en el té? ◊ *to put sb out of work* dejar a algn sin trabajo ◊ *Put them together*. Júntalos. **2** decir, expresar **3** (*pregunta, sugerencia*) hacer **4** (*tiempo, esfuerzo*) dedicar ☞ Para expresiones con **put**, véanse las entradas del sustantivo, adjetivo, etc., p. ej, **to put sth right** en RIGHT.
PHR V **to put sth across/over** comunicar algo **to put yourself across/over** expresarse

to put sth aside 1 dejar algo a un lado **2** (*dinero*) ahorrar, separar algo

to put sth away guardar algo

to put sth back 1 devolver algo a su lugar, guardar algo **2** (*reloj*) retrasar algo **3** (*posponer*) aplazar algo

to put sth by 1 (*dinero*) ahorrar algo **2** (*reservar*) guardar algo

to put sb down (*coloq*) humillar, despreciar a algn **to put sth down 1** poner algo (en el suelo, etc.) **2** dejar, soltar algo **3** (*escribir*) apuntar algo **4** (*rebelión*) sofocar algo, reprimir algo **5** (*animal*) sacrificar algo **to put sth down to sth** atribuir algo a algo

to put sth forward 1 (*propuesta*) presentar algo **2** (*sugerencia*) hacer algo **3** (*reloj*) adelantar algo

to put sth into (doing) sth dedicar algo a (hacer) algo, invertir algo en (hacer) algo

to put sb off 1 decir a algn que no venga **2** distraer a algn **to put sb off (sth/doing sth)** quitarle a algn las ganas (de algo/de hacer algo)

to put sth on 1 (*ropa*) ponerse algo **2** (*luz, etc.*) poner, encender algo **3** engordar algo: *to put on weight* engordar ◊ *to put on two kilos* engordar dos kilos **4** (*obra de teatro*) hacer, montar algo **5** fingir algo

to put sb out [*gen pasiva*] enfadar a algn **to put sth out 1** sacar algo **2** (*luz, fuego*) apagar algo **3** (*mano*) tender algo **to put yourself out (to do sth)** (*coloq*) molestarse (en hacer algo)

to put sth through llevar a cabo algo (*plan, reforma, etc.*) **to put sb through sth** someter a algn a algo **to put sb through (to sb)** poner a algn (con algn) (*por teléfono*)

to put sth to sb sugerir, proponer algo a algn

to put sth together armar, montar algo (*aparato*)

to put sb up alojar a algn **to put sth up 1** (*mano*) levantar algo **2** (*edificio*) construir, levantar algo **3** (*letrero, etc.*) poner algo **4** (*precio*) subir algo **to put up with sth/sb** aguantar algo/a algn

putrid /'pjuːtrɪd/ *adj* **1** podrido, putrefacto **2** (*color, etc.*) asqueroso

putty /'pʌti/ *n* masilla (*para ventanas*)

puzzle /'pʌzl/ ◆ *n* **1** acertijo **2** misterio *Ver tb* JIGSAW (PUZZLE) ◆ *vt* desconcertar PHR V **to puzzle sth out** resolver algo **to puzzle over sth** devanarse los sesos sobre algo

pygmy /'pɪgmi/ ◆ *n* (*pl* -ies) pigmeo, -a ◆ *adj* enano

pyjamas /pə'dʒɑːməz/ (*USA* pajamas /-'dʒæm-/) *n* [*pl*] pijama: *a pair of pyjamas* un pijama ☞ Pyjama se usa en singular cuando va delante de otro sustantivo: *pyjama trousers* el pantalón de pijama. *Ver tb* nota en PAIR

pylon /'paɪlən; *USA* 'paɪlɒn/ *n* torre de conducción eléctrica

pyramid /'pɪrəmɪd/ *n* pirámide

python /'paɪθn; *USA* 'paɪθɒn/ *n* pitón

u	ɒ	ɔː	ɜː	ə	j	w	eɪ	əʊ
situation	got	saw	fur	ago	yes	woman	pay	go

Qq

Q, q /kjuː/ *n* (*pl* Q's, q's /kjuːz/) Q, q: Q *for Quentin* Q de Quito ☞ *Ver ejemplos en* A, a

quack /kwæk/ ◆ *n* **1** graznido **2** (*coloq, pey*) curandero, -a ◆ *vi* graznar

quadruple /ˈkwɒdrʊpl; *USA* kwɒˈdruːpl/ ◆ *adj* cuádruple ◆ *vt, vi* cuadruplicar(se)

quagmire /ˈkwæɡmaɪə(r), ˈkwɒɡ-/ *n* (*lit y fig*) atolladero

quail /kweɪl/ ◆ *n* (*pl* quail *o* ~s) codorniz ◆ *vi* ~ (**at sth/sb**) acobardarse (ante algo/algn)

quaint /kweɪnt/ *adj* **1** (*idea, costumbre, etc.*) curioso **2** (*lugar, edificio*) pintoresco

quake /kweɪk/ ◆ *vi* temblar ◆ *n* (*coloq*) terremoto

qualification /ˌkwɒlɪfɪˈkeɪʃn/ *n* **1** (*diploma, etc.*) título **2** requisito **3** modificación: *without qualification* sin reserva **4** calificación

qualified /ˈkwɒlɪfaɪd/ *adj* **1** titulado **2** cualificado, capacitado **3** (*éxito, etc.*) limitado

qualify /ˈkwɒlɪfaɪ/ (*pret, pp* -fied) **1** *vt* ~ **sb** (**for sth/to do sth**) capacitar a algn (para algo/para hacer algo); dar derecho a algn a algo/a hacer algo **2** *vi* ~ **for sth/to do sth** tener derecho a algo/a hacer algo **3** *vt* (*declaración*) modificar **4** *vi* ~ (**as sth**) obtener el título (de algo) **5** *vi* ~ (**as sth**) contar (como algo) **6** *vi* ~ (**for sth**) cumplir los requisitos (para algo) **7** *vi* ~ (**for sth**) (*Dep*) clasificarse (para algo) **qualifying** *adj* eliminatorio

qualitative /ˈkwɒlɪtətɪv; *USA* -teɪt-/ *adj* cualitativo

quality /ˈkwɒləti/ *n* (*pl* -ies) **1** calidad **2** clase **3** cualidad **4** característica

qualm /kwɑːm/ *n* escrúpulo

quandary /ˈkwɒndəri/ *n* LOC **to be in a quandary 1** tener un dilema **2** estar en un aprieto

quantify /ˈkwɒntɪfaɪ/ *vt* (*pret, pp* -fied) cuantificar

quantitative /ˈkwɒntɪtətɪv; *USA* -teɪt-/ *adj* cuantitativo

quantity /ˈkwɒntəti/ *n* (*pl* -ies) cantidad

quarantine /ˈkwɒrəntiːn; *USA* ˈkwɔːr-/ *n* cuarentena

quarrel /ˈkwɒrəl; *USA* ˈkwɔːrəl/ ◆ *n* **1** riña **2** queja LOC *Ver* PICK ◆ *vi* (-ll-, *USA* -l-) ~ (**with sb**) (**about/over sth**) reñir (con algn) (por algo) **quarrelsome** *adj* pendenciero

quarry /ˈkwɒri; *USA* ˈkwɔːri/ *n* (*pl* -ies) **1** presa **2** cantera

quart /kwɔːt/ *n* (*abrev* qt) cuarto de galón (= 1,14 litros)

quarter /ˈkwɔːtə(r)/ *n* **1** cuarto: *It's (a) quarter to/past one.* Es la una menos/y cuarto. **2** cuarta parte: *a quarter full* lleno en una cuarta parte **3** (*recibos, etc.*) trimestre **4** barrio **5** (*Can, USA*) veinticinco centavos **6** quarters [*pl*] (*esp Mil*) alojamiento LOC **in/from all quarters** en/de todas partes

quarter-final /ˌkwɔːtə ˈfaɪnl/ *n* cuartos de final

quarterly /ˈkwɔːtəli/ ◆ *adj* trimestral ◆ *adv* trimestralmente ◆ *n* (*pl* -ies) revista trimestral

quartet /kwɔːˈtet/ *n* cuarteto

quartz /kwɔːts/ *n* cuarzo

quash /kwɒʃ/ *vt* **1** (*sentencia*) anular **2** (*rebelión*) sofocar **3** (*rumor, sospecha, etc.*) poner fin a

quay /kiː/ (*tb* quayside) /ˈkiːsaɪd/ *n* muelle

queasy /ˈkwiːzi/ *adj* ·(-ier, -iest) mareado

queen /kwiːn/ *n* **1** reina **2** (*baraja*) dama

queer /kwɪə(r)/ ◆ *adj* raro LOC *Ver* FISH ◆ *n* (*argot, ofen*) maricón ☞ *Comparar con* GAY

quell /kwel/ *vt* **1** (*revuelta, etc.*) aplastar **2** (*miedo, dudas, etc.*) disipar

quench /kwentʃ/ *vt* apagar (*sed, fuego, pasión*)

query /ˈkwɪəri/ ◆ *n* (*pl* -ies) (*pregunta*) duda: *Have you got any queries?* ¿Tienes alguna duda? ◆ *vt* (*pret, pp* queried) cuestionar

quest /kwest/ *n* (*formal*) búsqueda

question /ˈkwestʃən/ ◆ *n* **1** pregunta:

aɪ	aʊ	ɔɪ	ɪə	eə	ʊə	ʒ	h	ŋ
five	now	join	near	hair	pure	vision	how	sing

to ask/answer a question hacer/
responder a una pregunta **2** ~ **(of sth)**
cuestión (de algo) LOC **to be out of the
question** ser impensable **to bring/call
sth into question** poner algo en duda
Ver tb LOADED *en* LOAD ◆ *vt* **1** hacer preguntas a, interrogar a **2** ~ **sth** dudar de
algo **questionable** *adj* dudoso

questioning /ˈkwestʃənɪŋ/ ◆ *n* interrogatorio ◆ *adj* inquisitivo, expectante

question mark *n* signo de interrogación ☞ *Ver págs 326-27.*

questionnaire /ˌkwestʃəˈneə(r)/ *n*
cuestionario

queue /kjuː/ ◆ *n* cola (*de personas,
etc.*) LOC *Ver* JUMP ◆ *vi* ~ **(up)** hacer
cola

quick /kwɪk/ ◆ *adj* (-er. -est) **1** rápido:
Be quick! ¡Date prisa! ☞ *Ver nota en*
FAST¹ **2** (*persona, mente, etc.*) agudo, listo
LOC **a quick temper** un genio vivo
quick march! ¡paso ligero! **to be quick
to do sth** no tardar en hacer algo *Ver tb*
BUCK³ ◆ *adv* (-er. -est) rápido, rápida-
mente

quicken /ˈkwɪkən/ *vt, vi* **1** acelerar(se)
2 (*ritmo, interés*) avivar(se)

quickly /ˈkwɪkli/ *adv* de prisa, rápidamente

quid /kwɪd/ *n* (*pl* quid) (*GB, coloq*)
libra: *It's five quid each.* Son cinco
libras cada uno.

quiet /ˈkwaɪət/ ◆ *adj* (-er. -est)
1 (*lugar, vida*) tranquilo **2** callado: *Be
quiet!* ¡Cállate! **3** silencioso ◆ *n* **1** silencio **2** tranquilidad LOC **on the quiet** a la
chita callando *Ver tb* PEACE **quieten** (*esp
USA* quiet) *vt* ~ **sth/sb (down)** (*esp GB*)
calmar algo/a algn PHR V **to quieten
down** tranquilizarse, calmarse

quietly /ˈkwaɪətli/ *adv* **1** en silencio
2 tranquilamente **3** en voz baja

quietness /ˈkwaɪətnəs/ *n* tranquilidad

quilt /kwɪlt/ (*tb* continental quilt) *n*
edredón

quintet /kwɪnˈtet/ *n* quinteto

quirk /kwɜːk/ *n* **1** rareza **2** capricho
quirky *adj* extraño

quit /kwɪt/ (-tt-) (*pret, pp* quit *o* quitted)
(*coloq*) **1** *vt, vi* (*trabajo, etc.*) dejar **2** *vt* ~
(doing) sth dejar (de hacer) algo **3** *vi*
marcharse

quite /kwaɪt/ *adv* **1** bastante: *He played
quite well.* Jugó bastante bien. **2** totalmente, absolutamente: *quite empty/
sure* absolutamente vacío/seguro ◊ *She
played quite brilliantly.* Tocó de maravilla. ☞ *Ver nota en* FAIRLY LOC **quite a;
quite some** (*aprob*) todo un: *It gave me
quite a shock.* Me dio un buen susto.
quite a few un número considerable

quiver /ˈkwɪvə(r)/ ◆ *vi* temblar, estremecerse ◆ *n* temblor, estremecimiento

quiz /kwɪz/ ◆ *n* (*pl* quizzes) concurso,
prueba (*de conocimientos*) ◆ *vt* (-zz-) ~
sb (about sth/sb) interrogar a algn
(*sobre algo/algn*) **quizzical** *adj* inquisitivo

quorum /ˈkwɔːrəm/ *n* [*gen sing*]
quórum

quota /ˈkwəʊtə/ *n* **1** cupo **2** cuota,
parte

quotation /kwəʊˈteɪʃn/ *n* **1** (*tb* quote)
(*de un libro, etc.*) cita **2** (*Fin*) cotización
3 (*tb* quote) presupuesto

quotation marks (*tb* quotes) *n* [*pl*]
comillas ☞ *Ver págs 326-27.*

quote /kwəʊt/ ◆ **1** *vt, vi* citar **2** *vt* dar
un presupuesto **3** *vt* cotizar ◆ *n* **1** *Ver*
QUOTATION 1 **2** *Ver* QUOTATION 3 **3** quotes
[*pl*] *Ver* QUOTATION MARKS

tʃ	dʒ	v	θ	ð	s	z	ʃ
chin	June	van	thin	then	so	zoo	she

Rr

R, r /ɑː(r)/ n (pl R's, r's /ɑːz/) R, r: *R for Robert* R de Ramón ☞ *Ver ejemplos en* A, A

rabbit /ˈræbɪt/ n conejo ☞ *Ver nota en* CONEJO

rabid /ˈræbɪd/ adj rabioso

rabies /ˈreɪbiːz/ n [incontable] rabia (*enfermedad*)

race¹ /reɪs/ n raza: *race relations* relaciones raciales

race² /reɪs/ ◆ n carrera LOC *Ver* RAT ◆ 1 vi (*en carrera*) correr 2 vi correr a toda velocidad 3 vi competir 4 vi (*pulso, corazón*) latir muy rápido 5 vt ~ sb echar una carrera con algn 6 vt (*caballo*) hacer correr, presentar

racecourse /ˈreɪskɔːs/ (USA **racetrack**) n hipódromo

racehorse /ˈreɪshɔːs/ n caballo de carreras

racetrack /ˈreɪstræk/ n 1 circuito (de automovilismo, etc.) 2 (USA) *Ver* RACECOURSE

racial /ˈreɪʃl/ adj racial

racing /ˈreɪsɪŋ/ n carreras: *horse racing* carreras de caballos ◊ *racing car/bike* coche/moto de carreras

racism /ˈreɪsɪzəm/ n racismo **racist** adj, n racista

rack /ræk/ ◆ n 1 soporte 2 (*para equipaje*) rejilla *Ver* ROOF-RACK 3 **the rack** el potro ◆ vt LOC **to rack your brain(s)** devanarse los sesos

racket /ˈrækɪt/ n 1 (tb **racquet**) raqueta 2 (coloq) alboroto 3 (coloq) timo

racquet *Ver* RACKET 1

racy /ˈreɪsi/ adj (**racier, raciest**) 1 (*estilo*) vivo 2 (*chiste*) picante

radar /ˈreɪdɑː(r)/ n [incontable] radar

radiant /ˈreɪdiənt/ adj ~ (**with sth**) radiante (de algo): *radiant with joy* radiante de alegría **radiance** n resplandor

radiate /ˈreɪdieɪt/ 1 vt, vi (*luz, alegría*) irradiar 2 vi (*de un punto central*) salir

radiation /ˌreɪdiˈeɪʃn/ n radiación: *radiation sickness* enfermedad por radiación

radiator /ˈreɪdieɪtə(r)/ n radiador

radical /ˈrædɪkl/ adj, n radical

radio /ˈreɪdiəʊ/ n (pl ~s) radio: *radio station* emisora (de radio)

radioactive /ˌreɪdiəʊækˈtɪvɪti/ adj radiactivo **radioactivity** /ˌreɪdiəʊæk ˈtɪvəti/ n radiactividad

radish /ˈrædɪʃ/ n rábano

radius /ˈreɪdiəs/ n (pl radii /ˈreɪdiaɪ/) radio

raffle /ˈræfl/ n rifa

raft /rɑːft; USA ræft/ n balsa: *life raft* balsa salvavidas

rafter /ˈrɑːftə(r); USA ˈræf-/ n viga (*del techo*)

rag /ræg/ n 1 trapo 2 **rags** [pl] andrajos 3 (coloq, pey) periodicucho

rage /reɪdʒ/ ◆ n (ira) cólera: *to fly into a rage* montar en cólera LOC **to be all the rage** hacer furor ◆ vi 1 ponerse furioso 2 (*tormenta*) rugir 3 (*batalla*) continuar con furia

ragged /ˈrægɪd/ adj 1 (*ropa*) roto 2 (*persona*) andrajoso

raging /ˈreɪdʒɪŋ/ adj 1 (*dolor, sed*) atroz 2 (*mar*) enfurecido 3 (*tormenta*) violento

raid /reɪd/ ◆ n 1 ~ (**on sth**) ataque (contra algo) 2 ~ (**on sth**) (*robo*) asalto (a algo) 3 (*policial*) redada ◆ vt 1 (*policía*) registrar 2 (*fig*) saquear **raider** n asaltante

rail /reɪl/ n 1 barandilla 2 (*cortinas*) riel 3 (*Ferrocarril*) raíl 4 (*Ferrocarril*): *rail strike* huelga de ferroviarios ◊ *by rail* por ferrocarril

railing /ˈreɪlɪŋ/ (tb **railings** [pl]) n verja

railroad /ˈreɪlrəʊd/ n (USA) ferrocarril

railway /ˈreɪlweɪ/ (USA **railroad**) n 1 ferrocarril: *railway station* estación de ferrocarril 2 (tb **railway line/track**) vía férrea

rain /reɪn/ ◆ n (lit y fig) lluvia: *It's pouring with rain.* Está lloviendo a cántaros. ◆ vi (lit y fig) llover: *It's raining hard.* Está lloviendo mucho.

rainbow /ˈreɪnbəʊ/ n arco iris

raincoat /ˈreɪnkəʊt/ n gabardina

rainfall /ˈreɪnfɔːl/ n [incontable] precipitaciones

iː	i	ɪ	e	æ	ɑː	ʌ	ʊ	uː
see	happy	sit	ten	hat	father	cup	put	too

rainforest /ˈreɪnfɒrɪst/ n selva tropical

rainy /ˈreɪmi/ adj (-ier, -iest) lluvioso

raise /reɪz/ ◆ vt 1 levantar 2 (salarios, precios) subir 3 (esperanzas) aumentar 4 (nivel) mejorar 5 (alarma) dar 6 (tema) plantear 7 (préstamo, fondos) conseguir 8 (niños, animales) criar ☛ Comparar con EDUCATE, TO BRING SB UP en BRING 9 (ejército) reclutar LOC to raise your eyebrows (at sth) arquear las cejas (por algo) to raise your glass (to sb) brindar (por algn) ◆ n (USA) aumento (salarial)

raisin /ˈreɪzn/ n pasa Ver tb SULTANA

rake /reɪk/ ◆ n 1 rastrillo 2 (Agric) rastro ◆ vt, vi rastrillar LOC to rake it in forrarse PHR V to rake sth up (coloq) sacar a relucir algo (pasado, etc.)

rally /ˈræli/ ◆ (pret, pp rallied) 1 vi ~ (round) cerrar filas 2 vt ~ sb (round sb) reunir (a algn) (en torno a algn) 3 vi recuperarse ◆ n (pl -ies) 1 mitin 2 (Tenis) peloteo 3 (coches) rally

RAM /ræm/ n (abrev de random access memory) (Informát) RAM, memoria de acceso directo

ram /ræm/ ◆ n carnero ◆ (-mm-) 1 vi to ram into sth chocar (con algo) 2 vt (puerta, etc.) empujar con fuerza 3 vt to ram sth in, into, on, etc. sth meter algo en algo a la fuerza

ramble /ˈræmbl/ ◆ vi ~ (on) (about sth/sb) (fig) divagar (acerca de algo/algn) ◆ n excursión a pie **rambler** n excursionista **rambling** adj 1 laberíntico 2 (Bot) trepador 3 (discurso) que se va por las ramas

ramp /ræmp/ n 1 rampa 2 (en carretera) desnivel

rampage /ræmˈpeɪdʒ/ ◆ vi desmandarse ◆ /ˈræmpeɪdʒ/ n desmán LOC to be/go on the rampage desmandarse

rampant /ˈræmpənt/ adj 1 desenfrenado 2 (plantas) exuberante

ramshackle /ˈræmʃækl/ adj destartalado

ran pret de RUN

ranch /rɑːntʃ; USA ræntʃ/ n rancho, granja

rancid /ˈrænsɪd/ adj rancio

random /ˈrændəm/ ◆ adj al azar ◆ n LOC at random al azar

rang pret de RING²

range /reɪndʒ/ ◆ n 1 (montañas) cadena 2 gama 3 (productos) línea

4 escala 5 (visión, sonido) campo (de alcance) 6 (armas) alcance ◆ 1 vi ~ from sth to sth extenderse, ir desde algo hasta algo 2 vi ~ from sth to sth; ~ between sth and sth (cifra) oscilar entre algo y algo 3 vt alinear 4 vi ~ (over/through sth) recorrer (algo)

rank /ræŋk/ ◆ n 1 categoría 2 (Mil) grado, rango LOC the rank and file la base ◆ 1 vt ~ sth/sb (as sth) clasificar algo/a algn (como algo); considerar algo/a algn (algo) 2 vi situarse: high-ranking de alto rango

ransack /ˈrænsæk/ vt 1 ~ sth (for sth) registrar algo (en busca de algo) 2 desvalijar

ransom /ˈrænsəm/ n rescate LOC Ver HOLD

rap /ræp/ ◆ n 1 golpe seco 2 (Mús) rap ◆ vt, vi (-pp-) golpear **rapper** n cantante de rap, rapero, -a

rape /reɪp/ ◆ vt violar ☛ Ver nota en VIOLATE ◆ n 1 violación 2 (Bot) colza **rapist** n violador

rapid /ˈræpɪd/ adj rápido **rapidity** /rəˈpɪdəti/ n (formal) rapidez **rapidly** adv (muy) deprisa

rapids /ˈræpɪdz/ n [pl] rápidos

rapport /ræˈpɔː(r); USA -ˈpɔːrt/ n compenetración

rapt /ræpt/ adj ~ (in sth) absorto (en algo)

rapture /ˈræptʃə(r)/ n éxtasis **rapturous** adj entusiasta

rare¹ /reə(r)/ adj (rarer, rarest) poco común: a rare opportunity una ocasión poco frecuente **rarely** adv pocas veces ☛ Ver nota en ALWAYS **rarity** n (pl -ies) rareza

rare² /reə(r)/ adj poco hecho (carne)

rash¹ /ræʃ/ n sarpullido

rash² /ræʃ/ adj (rasher, rashest) imprudente, precipitado: In a rash moment I promised her... En un arrebato le prometí...

raspberry /ˈrɑːzbəri; USA ˈræzberi/ n (pl -ies) frambuesa

rat /ræt/ n rata LOC the rat race (coloq, pey) la carrera de la vida moderna

rate¹ /reɪt/ n 1 razón (proporción): at a rate of 50 a/per week a razón de cincuenta por semana 2 tarifa: an hourly rate of pay una tarifa por hora 3 (Fin) tipo: the exchange rate/the rate of exchange el tipo de cambio LOC at any

rate de todos modos **at this/that rate**
(*coloq*) a este/ese paso

rate² /reɪt/ **1** *vt, vi* estimar, valorar:
highly rated tenido en gran estima **2** *vt*
considerar como

rather /'rɑːðə(r); *USA* 'ræð-/ *adv* algo,
bastante: *I rather suspect...* Me inclino
a sospechar...

Rather con una palabra de sentido
positivo implica sorpresa por parte del
hablante: *It was a rather nice present.*
Fue un regalo realmente estupendo.
También se utiliza cuando queremos
criticar algo: *This room looks rather
untidy.* Esta habitación está bastante
desordenada. ☞ *Ver nota en* FAIRLY

LOC **I'd, you'd, etc. rather... (than):** *I'd
rather walk than wait for the bus.* Prefiero ir andando a esperar el autobús. **or
rather** o mejor dicho **rather than** *prep*
mejor que

rating /'reɪtɪŋ/ *n* **1** clasificación: *a
high/low popularity rating* un nivel
alto/bajo de popularidad **2 the ratings**
[*pl*] (*TV*) los niveles de popularidad

ratio /'reɪʃiəʊ/ *n* (*pl* ~s) ratio: *The ratio
of boys to girls in this class is three to
one.* La ratio de niños y niñas en esta
clase es de tres a una.

ration /'ræʃn/ ♦ *n* ración ♦ *vt* ~ **sth/
sb (to sth)** racionar algo/a algn (a algo)
rationing *n* racionamiento

rational /'ræʃnəl/ *adj* racional, razonable **rationality** /ˌræʃə'næləti/ *n*
racionalidad **rationalization, -isation**
n racionalización **rationalize, -ise** *vt*
racionalizar

rattle /'rætl/ ♦ **1** *vt* hacer sonar **2** *vi*
hacer ruido, tintinear PHR V **to rattle
along, off, past, etc.** traquetear **to
rattle sth off** farfullar algo ♦ *n* **1** tra-
queteo **2** carraca, sonajero

ravage /'rævɪdʒ/ *vt* devastar

rave /reɪv/ ♦ *vi* **1** ~ **(at/against/about
sth/sb)** despotricar (contra algo/algn)
2 ~ **(on) about sth/sb** (*coloq*) poner por
las nubes algo/a algn ♦ *n* fiesta multi-
tudinaria en la que se baila música
electrónica

raven /'reɪvn/ *n* cuervo

raw /rɔː/ *adj* **1** crudo **2** sin refinar: *raw
silk* seda bruta ◊ *raw material* materia
prima **3** (*herida*) en carne viva

ray /reɪ/ *n* rayo: *X-rays* rayos X

razor /'reɪzə(r)/ *n* maquinilla/navaja
de afeitar

razor blade *n* cuchilla de afeitar

reach /riːtʃ/ ♦ **1** *vi* ~ **for sth** alargar la
mano para coger algo **2** *vi* ~ **out (to sth/
sb)** alargar la mano (a algo/algn) **3** *vt*
alcanzar **4** *vt* localizar **5** *vt* llegar a: *to
reach an agreement* llegar a un acuerdo
♦ *n* LOC **beyond/out of/within (your)
reach** fuera del alcance/al alcance (de
algn) **within (easy) reach (of sth/sb)** a
corta distancia (de algo/algn)

react /ri'ækt/ *vi* **1** ~ **(to sth/sb)** reaccionar (a/ante algo/algn) **2** ~ **(against
sth/sb)** oponerse (a algo/algn)
reaction *n* ~ **(to sth/sb)** reacción (a/
ante algo/algn) **reactionary** *adj* reac-
cionario

reactor /ri'æktə(r)/ *n* **1** (*tb* **nuclear
reactor**) reactor nuclear **2** reactor

read /riːd/ (*pret, pp* **read** /red/) **1** *vt, vi*
~ **(about/of sth/sb)** leer (sobre algo/
algn) **2** *vt* ~ **sth (as sth)** interpretar
algo (como algo) **3** *vi* (*telegrama, etc.*)
decir, rezar **4** *vi* (*contador, etc.*) marcar
PHR V **to read sth into sth** atribuir algo
a algo **to read on** seguir leyendo **to
read sth out** leer algo en voz alta
readable *adj* leíble **reading** *n* lectura:
reading glasses gafas para leer

reader /'riːdə(r)/ *n* lector, -ora
readership *n* [*sing*] número de lectores

ready /'redi/ *adj* (-ier, -iest) **1** ~ **(for
sth/to do sth)** listo, preparado (para
algo/para hacer algo): *to get ready* prepararse **2** ~ **(to do sth)** dispuesto (a
hacer algo): *He's always ready to help
his friends.* Siempre está dispuesto a
ayudar a sus amigos. **3** ~ **to do sth** a
punto de hacer algo **4** a mano **readily**
adv **1** de buena gana **2** fácilmente
readiness *n* disposición: *(to do sth) in
readiness for sth* (hacer algo) en preparación de algo ◊ *her readiness to help* su
disposición para ayudar

ready-made /ˌredi 'meɪd/ *adj* **1** (*ropa,
etc.*) de confección **2** ya hecho: *You can
buy ready-made curtains.* Puedes
comprar cortinas ya hechas.

real /riːəl/ *adj* **1** real, verdadero: *real
life* la vida real **2** verdadero, auténtico:
That's not his real name. Ese no es su
nombre verdadero. ◊ *The meal was a
real disaster.* La comida fue un verdadero desastre.

aɪ	aʊ	ɔɪ	ɪə	eə	ʊə	ɜ	h	ŋ
f**i**ve	n**ow**	j**oi**n	n**ear**	h**air**	p**ure**	vi**s**ion	**h**ow	si**ng**

realism /ˈriːəlɪzəm/ n realismo **realist** n realista **realistic** /ˌriːəˈlɪstɪk/ adj realista

reality /rɪˈæləti/ n (pl -ies) realidad LOC **in reality** en realidad

realize, -ise /ˈriːəlaɪz/ vt 1 ~ sth darse cuenta de algo: *Not realizing that...* Sin darse cuenta de algo... 2 (plan, ambición) cumplir **realization, -isation** n comprensión

really /ˈriːəli/ adv 1 [+ verbo] de verdad: *I really mean that.* Te lo digo de verdad. 2 [+ adj] muy, realmente: *Is it really true?* ¿Es realmente cierto? 3 (expresa sorpresa, interés, duda, etc.): *Really?* ¿En serio?

realm /relm/ n (fig) terreno: *the realms of possibility* el ámbito de lo posible

reap /riːp/ vt segar

reappear /ˌriːəˈpɪə(r)/ vi reaparecer **reappearance** n reaparición

rear¹ /rɪə(r)/ ♦ n the rear [sing] la parte trasera LOC Ver BRING ♦ adj de atrás, trasero: *the rear window* la ventana de atrás

rear² /rɪə(r)/ 1 vt criar 2 vi ~ (up) (caballo) encabritarse 3 vt erguir

rearrange /ˌriːəˈreɪndʒ/ vt 1 arreglar, cambiar 2 (planes) volver a organizar

reason /ˈriːzn/ ♦ n 1 ~ (for sth/doing sth) razón, motivo (de/para algo/para hacer algo) 2 ~ (why.../that...) razón, motivo (por la/el que.../de que...) 3 razón, sentido común LOC **by reason of sth** (formal) en virtud de algo/en **within reason** dentro de lo razonable **to make sb see reason** hacer entrar en razón a algn Ver tb STAND ♦ vi razonar **reasonable** adj 1 razonable, sensato 2 tolerable, regular **reasonably** adv 1 bastante 2 con sensatez **reasoning** n razonamiento

reassure /ˌriːəˈʃʊə(r)/ vt tranquilizar **reassurance** n 1 consuelo, tranquilidad 2 palabras tranquilizadoras **reassuring** adj tranquilizador

rebate /ˈriːbeɪt/ n bonificación

rebel /ˈrebl/ ♦ n rebelde ♦ /rɪˈbel/ vi (-ll-) rebelarse **rebellion** /rɪˈbeljən/ n rebelión **rebellious** /rɪˈbeljəs/ adj rebelde

rebirth /ˌriːˈbɜːθ/ n 1 renacimiento 2 resurgimiento

reboot /riːˈbuːt/ vt, vi (Informát) reiniciar

rebound /rɪˈbaʊnd/ ♦ vi 1 ~ (from/off sth) rebotar (en algo) 2 ~ (on sb) repercutir (en algn) ♦ /ˈriːbaʊnd/ n rebote LOC **on the rebound** de rebote

rebuff /rɪˈbʌf/ ♦ n 1 desaire 2 rechazo ♦ vt 1 desairar 2 rechazar

rebuild /ˌriːˈbɪld/ vt (pret, pp rebuilt /ˌriːˈbɪlt/) reconstruir

rebuke /rɪˈbjuːk/ ♦ vt reprender ♦ n reprimenda

recall /rɪˈkɔːl/ vt 1 recordar Ver tb REMEMBER 2 llamar 3 (embajador, etc.) retirar 4 (libro) reclamar 5 (parlamento) convocar

recapture /ˌriːˈkæptʃə(r)/ vt 1 recobrar, reconquistar 2 (fig) revivir, reproducir

recede /rɪˈsiːd/ vi 1 retroceder: *receding chin* barbilla retraída ◊ *receding hair(line)* entradas 2 (marea) bajar

receipt /rɪˈsiːt/ n 1 ~ (for sth) recibo, factura (de algo): *to acknowledge receipt of sth* acusar recibo de algo ◊ *a receipt for your expenses* un recibo de tus gastos 2 **receipts** [pl] ingresos

receive /rɪˈsiːv/ vt 1 recibir, acoger 2 (herida) sufrir

receiver /rɪˈsiːvə(r)/ n 1 (Radio, TV) receptor 2 (teléfono) auricular: *to lift/pick up the receiver* descolgar (el receptor) 3 destinatario, -a

recent /ˈriːsnt/ adj reciente: *in recent years* en los últimos años **recently** adv 1 recientemente: *until recently* hasta hace poco 2 (tb recently-) recién: *a recently-appointed director* una directora recién nombrada

reception /rɪˈsepʃn/ n 1 recepción: *reception desk* (mesa de) recepción 2 acogida **receptionist** n recepcionista

receptive /rɪˈseptɪv/ adj ~ (to sth) receptivo (a algo)

recess /rɪˈses; USA ˈriːses/ n 1 (parlamento) periodo de vacaciones 2 descanso 3 (USA) (en escuela) recreo 4 (nicho) hueco 5 [gen pl] escondrijo, lugar recóndito

recession /rɪˈseʃn/ n recesión

recharge /ˌriːˈtʃɑːdʒ/ vt recargar

recipe /ˈresəpi/ n 1 ~ (for sth) (Cocina) receta (de algo) 2 ~ for sth (fig) receta para/de algo

recipient /rɪˈsɪpiənt/ n 1 destinatario, -a 2 (dinero, etc.) beneficiario, -a

tʃ	dʒ	v	θ	ð	s	z	ʃ
chin	June	van	thin	then	so	zoo	she

reciprocal /rɪˈsɪprəkl/ *adj* recíproco

reciprocate /rɪˈsɪprəkeɪt/ *vt, vi* (*formal*) corresponder

recital /rɪˈsaɪtl/ *n* recital

recite /rɪˈsaɪt/ *vt* 1 recitar 2 enumerar

reckless /ˈrekləs/ *adj* 1 temerario 2 imprudente

reckon /ˈrekən/ *vt* 1 considerar 2 creer: *I reckon he won't come.* No creo que venga. 3 calcular PHR V **to reckon on sth/sb** contar con algo/algn **to reckon with sth/sb** contar con algn, tomar algo en consideración: *There is still your father to reckon with.* Todavía hay que vérselas con tu padre. **reckoning** *n* [*sing*] 1 cálculos: *by my reckoning* según mis cálculos 2 cuentas

reclaim /rɪˈkleɪm/ *vt* 1 recuperar 2 (*materiales, etc.*) reciclar **reclamation** *n* recuperación

recline /rɪˈklaɪm/ *vt, vi* reclinar(se), recostar(se) **reclining** *adj* reclinable (*silla*)

recognition /ˌrekəgˈnɪʃn/ *n* reconocimiento: *in recognition of sth* en reconocimiento a algo ◊ *to have changed beyond recognition* estar irreconocible

recognize, -ise /ˈrekəgnaɪz/ *vt* reconocer **recognizable, -isable** *adj* reconocible

recoil /rɪˈkɔɪl/ *vi* 1 ~ (at/from sth/sb) sentir repugnancia (ante algo/algn) 2 retroceder

recollect /ˌrekəˈlekt/ *vt* recordar **recollection** *n* recuerdo

recommend /ˌrekəˈmend/ *vt* recomendar **recommendation** *n* recomendación

recompense /ˈrekəmpens/ ◆ *vt* ~ **sb** (**for sth**) (*formal*) recompensar a algn (por algo) ◆ *n* [*sing*] (*formal*) recompensa

reconcile /ˈrekənsaɪl/ *vt* 1 reconciliar 2 ~ **sth** (**with sth**) conciliar algo (con algo) 3 *to reconcile yourself to sth* resignarse a algo **reconciliation** *n* [*sing*] 1 conciliación 2 reconciliación

reconnaissance /rɪˈkɒnɪsns/ *n* reconocimiento (*Mil, etc.*)

reconsider /ˌriːkənˈsɪdə(r)/ 1 *vt* reconsiderar 2 *vi* recapacitar

reconstruct /ˌriːkənˈstrʌkt/ *vt* ~ **sth** (**from sth**) reconstruir algo (a partir de algo)

record¹ /ˈrekɔːd; *USA* ˈrekərd/ *n* 1 registro: *to make/keep a record of sth* hacer/llevar un registro de algo 2 historial: *a criminal record* antecedentes penales 3 disco: *a record company* una casa discográfica 4 récord: *to beat/break a record* batir/superar un récord LOC **to put/set the record straight** dejar/poner las cosas claras

record² /rɪˈkɔːd/ 1 *vt* registrar, anotar 2 *vt, vi* ~ (**sth**) (**from sth**) (**on sth**) grabar (algo) (en algo) (en algo) 3 *vt* (*termómetro, etc.*) marcar

record-breaking /ˈrekɔːd breɪkɪŋ/ *adj* sin precedentes

recorder /rɪˈkɔːdə(r)/ *n* 1 flauta (*dulce*) 2 *Ver* TAPE RECORDER, VIDEO

recording /rɪˈkɔːdɪŋ/ *n* grabación

record player *n* tocadiscos

recount /rɪˈkaʊnt/ *vt* ~ **sth** (**to sb**) referir algo (a algn)

recourse /rɪˈkɔːs/ *n* recurso LOC **to have recourse to sth/sb** (*formal*) recurrir a algo/algn

recover /rɪˈkʌvə(r)/ 1 *vt* recuperar, recobrar: *to recover consciousness* recobrar el conocimiento 2 *vi* ~ (**from sth**) recuperarse, reponerse (de algo)

recovery /rɪˈkʌvəri/ *n* 1 (*pl* -ies) recuperación, rescate 2 [*sing*] ~ (**from sth**) restablecimiento (de algo)

recreation /ˌrekriˈeɪʃn/ *n* 1 pasatiempo, esparcimiento 2 (*hora del*) recreo: *recreation ground* campo de deportes

recruit /rɪˈkruːt/ ◆ *n* recluta ◆ *vt* ~ **sb** (**as/to sth**) reclutar a algn (como/para algo) **recruitment** *n* reclutamiento

rectangle /ˈrektæŋgl/ *n* rectángulo

rector /ˈrektə(r)/ *n* párroco *Ver tb* VICAR **rectory** *n* (*pl* -ies) casa del párroco

recuperate /rɪˈkuːpəreɪt/ 1 *vi* ~ (**from sth**) (*formal*) recuperarse, reponerse (de algo) 2 *vt* recuperar

recur /rɪˈkɜː(r)/ *vi* (-rr-) repetirse, volver a aparecer

recycle /ˌriːˈsaɪkl/ *vt* reciclar **recyclable** *adj* reciclable **recycling** *n* reciclaje

red /red/ ◆ *adj* (**redder, reddest**) 1 rojo: *a red dress* un vestido rojo 2 (*rostro*) colorado 3 (*vino*) tinto LOC **a red herring** una pista falsa ◆ *n* rojo:

i:	i	ɪ	e	æ	ɑː	ʌ	ʊ	uː
see	happy	sit	ten	hat	father	cup	put	too

The traffic lights are on red. El semáforo está en rojo. **reddish** *adj* rojizo

redeem /rɪˈdiːm/ *vt* **1** redimir: *to redeem yourself* salvarse **2** recompensar **3** ~ **sth (from sth/sb)** desempeñar algo (de algo/algn)

redemption /rɪˈdempʃn/ *n* (*formal*) redención

redevelopment /ˌriːdɪˈveləpmənt/ *n* nueva edificación, reurbanización

redo /ˌriːˈduː/ *vt* (*3ª pers sing pres* **redoes** /-ˈdʌz/ *pret* **redid** /-ˈdɪd/ *pp* **redone** /-ˈdʌn/) rehacer

red tape *n* papeleo

reduce /rɪˈdjuːs; *USA* -ˈduːs/ **1** *vt* ~ **sth (from sth to sth)** reducir, disminuir algo (de algo a algo) **2** *vt* ~ **sth (by sth)** disminuir, rebajar algo (en algo) **3** *vi* reducirse **4** *vt* ~ **sth/sb (from sth) to sth:** *The house was reduced to ashes.* La casa se redujo a cenizas. ◊ *to reduce sb to tears* hacer llorar a algn **reduced** *adj* rebajado

reduction /rɪˈdʌkʃn/ *n* **1** ~ **(in sth)** reducción (de algo) **2** ~ **(of sth)** rebaja, descuento (de algo): *a reduction of 5%* un descuento del 5%

redundancy /rɪˈdʌndənsi/ *n* (*pl* -ies) despido (*por cierre de empresa o reducción de plantilla*): *redundancy pay* indemnización por despido

redundant /rɪˈdʌndənt/ *adj* **1** *to be made redundant* ser despedido por cierre de empresa o reducción de plantilla **2** superfluo

reed /riːd/ *n* junco

reef /riːf/ *n* arrecife

reek /riːk/ *vi* (*pey*) ~ **(of sth)** (*lit y fig*) apestar (a algo)

reel /riːl/ ◆ *n* **1** bobina, carrete **2** (*película*) rollo ◆ *vi* **1** tambalearse **2** (*cabeza*) dar vueltas PHR V **to reel sth off** recitar algo (de una tirada)

re-enter /ˌriː ˈentə(r)/ *vt* ~ **sth** volver a entrar, reingresar en algo **re-entry** *n* reentrada

refer /rɪˈfɜː(r)/ (-rr-) **1** *vi* ~ **to sth/sb** referirse a algo/algn **2** *vt, vi* remitir(se)

referee /ˌrefəˈriː/ ◆ *n* **1** (*Dep*) árbitro, -a **2** juez árbitro **3** (*GB*) (*para empleo*) persona que da referencias ◆ *vt, vi* arbitrar

reference /ˈrefərəns/ *n* referencia LOC **in/with reference to sth/sb** (*esp Com*) en/con referencia a algo/algn

referendum /ˌrefəˈrendəm/ *n* (*pl* ~s) referéndum

refill /ˌriːˈfɪl/ ◆ *vt* rellenar ◆ /ˈriːfɪl/ *n* relleno, recambio

refine /rɪˈfaɪn/ *vt* **1** refinar **2** (*modelo, técnica, etc.*) pulir **refinement** *n* **1** refinamiento **2** (*Mec*) refinación **3** sutileza **refinery** *n* (*pl* -ies) refinería

reflect /rɪˈflekt/ **1** *vt* reflejar **2** *vt* (*luz*) reflectar **3** *vi* ~ **(on/upon sth)** reflexionar (en algo) LOC **to reflect on sth/sb:** *to reflect well/badly on sth/sb* decir mucho/poco en favor de algo/algn **reflection** (*GB tb* **reflexion**) *n* **1** reflejo **2** (*acto, pensamiento*) reflexión LOC **on reflection** pensándolo bien **to be a reflection on sth/sb** ser un reflejo de algo/de cómo es algn

reflex /ˈriːfleks/ (*tb* **reflex action**) *n* reflejo

reform /rɪˈfɔːm/ ◆ *vt, vi* reformar(se) ◆ *n* reforma **reformation** *n* **1** reforma **2 the Reformation** la Reforma

refrain¹ /rɪˈfreɪn/ *n* (*formal*) estribillo

refrain² /rɪˈfreɪn/ *vi* ~ **(from sth)** (*formal*) abstenerse (de algo): *Please refrain from smoking in the hospital.* Por favor absténganse de fumar en el hospital.

refresh /rɪˈfreʃ/ *vt* refrescar LOC **to refresh sb's memory (about sth/sb)** refrescar la memoria a algn (sobre algo/algn) **refreshing** *adj* **1** refrescante **2** (*fig*) alentador

refreshments /rɪˈfreʃmənts/ *n* [*pl*] refrigerios: *The restaurant offers delicious meals and refreshments.* El restaurante ofrece deliciosas comidas y refrigerios.

Refreshment se usa en singular cuando va delante de otro sustantivo: *There will be a refreshment stop.* Habrá una parada para tomar algo.

refrigerate /rɪˈfrɪdʒəreɪt/ *vt* refrigerar **refrigeration** *n* refrigeración

refrigerator /rɪˈfrɪdʒəreɪtə(r)/ (*tb coloq* **fridge** /frɪdʒ/) *n* frigorífico *Ver tb* FREEZER

refuel /ˌriːˈfjuːəl/ *vi* (-ll-, *USA* -l-) repostar

refuge /ˈrefjuːdʒ/ *n* ~ **(from sth/sb)** refugio (de algo/algn): *to take refuge* refugiarse **2** (*Pol*) asilo ☞ *Comparar con* ASYLUM

u	ɒ	ɔː	ɜː	ə	j	w	eɪ	əʊ
sit**u**ation	g**o**t	s**aw**	f**ur**	**a**go	**y**es	**w**oman	p**ay**	g**o**

refugee 602

refugee /ˌrefjuˈdʒiː; *USA* ˈrefjudʒɪː/ *n* refugiado, -a

refund /rɪˈfʌnd/ ◆ *vt* reembolsar ◆ /ˈriːfʌnd/ *n* reembolso

refusal /rɪˈfjuːzl/ *n* **1** denegación, rechazo **2** ~ **(to do sth)** negativa (a hacer algo)

refuse¹ /rɪˈfjuːz/ *vt* rechazar, rehusar: *to refuse an offer* rechazar una oferta ◊ *to refuse sb entry/entry to sb* negar la entrada a algn **2** *vi* ~ **(to do sth)** negarse (a hacer algo)

refuse² /ˈrefjuːs/ *n* [*incontable*] desperdicios

regain /rɪˈɡeɪn/ *vt* recuperar: *to regain consciousness* recobrar el conocimiento

regal /ˈriːɡl/ *adj* regio

regard /rɪˈɡɑːd/ ◆ *vt* **1** ~ **sth/sb as sth** considerar algo/a algn algo **2** ~ **sth/sb (with sth)** (*formal*) mirar algo/a algn (con algo) LOC **as regards sth/sb** en por lo que se refiere a algo/algn ◆ *n* **1** ~ **to/for sth/sb** respeto a/por algo/algn: *with no regard for/to speed limits* sin respetar los límites de velocidad **2 regards** [*pl*] (*en cartas*) saludos LOC **in this/that/one regard** en este/ese/un aspecto **in/with regard to sth/sb** con respecto a algo/algn **regarding** *prep* referente a algo/algn **regardless** *adv* pase lo que pase, a pesar de todo: *to carry on regardless* seguir adelante a pesar de todo **regardless of** *prep* sea cual sea, sin tener en cuenta

regime /reɪˈʒiːm/ *n* régimen (*gobierno, reglas, etc.*) ☛ *Comparar con* DIET

regiment /ˈredʒɪmənt/ *n* [*v sing o pl*] regimiento **regimented** *adj* reglamentado

region /ˈriːdʒən/ *n* región LOC **in the region of sth** alrededor de algo

register /ˈredʒɪstə(r)/ ◆ *n* **1** registro **2** (*en el colegio*) lista: *to call the register* pasar lista ◆ **1** *vt* ~ **sth (in sth)** registrar algo (en algo) **2** *vi* ~ **(at/for/with sth)** matricularse, inscribirse (en/para/con algo) **3** *vt* (*cifras, etc.*) registrar **4** *vt* (*sorpresa, etc.*) acusar, mostrar **5** *vt* (*correo*) mandar certificado

registered post *n* correo certificado: *to send sth by registered post* mandar algo por correo certificado

registrar /ˌredʒɪˈstrɑː(r), ˈredʒɪstrɑː(r)/ *n* **1** funcionario, -a (*del registro civil, etc.*) **2** (*Educ*) vicerrector, -ora (*al cargo de matriculación, exámenes, etc.*)

registration /ˌredʒɪˈstreɪʃn/ *n* **1** matriculación **2** inscripción

registration number *n* número de la matrícula

registry office /ˈredʒɪstri ɒfɪs/ (*tb* **register office**) *n* registro civil

regret /rɪˈɡret/ ◆ *n* **1** ~ **(at/about sth)** pesar (por algo) **2** ~ **(for sth)** remordimiento (por algo) ◆ *vt* (-tt-) **1** lamentar **2** arrepentirse de **regrettable** *adj* lamentable

regular /ˈreɡjələ(r)/ ◆ *adj* **1** regular: *to take regular exercise* hacer ejercicio con regularidad **2** habitual LOC **on a regular basis**, con regularidad ◆ *n* cliente habitual **regularity** /ˌreɡjəˈlærəti/ *n* regularidad **regularly** *adv* **1** regularmente **2** con regularidad

regulate /ˈreɡjuleɪt/ *vt* regular, reglamentar **regulation** *n* **1** regulación **2** [*gen pl*] norma: *safety regulations* normas de seguridad

rehabilitate /ˌriːəˈbɪlɪteɪt/ *vt* rehabilitar **rehabilitation** *n* rehabilitación

rehearse /rɪˈhɜːs/ *vt, vi* ~ **(sth) (for sth)** ensayar (con algn) algo **rehearsal** *n* ensayo: *a dress rehearsal* un ensayo general

reign /reɪn/ ◆ *n* reinado ◆ *vi* ~ **(over sth/sb)** reinar (sobre algo/algn)

reimburse /ˌriːɪmˈbɜːs/ *vt* **1** ~ **sth (to sb)** reembolsar algo (a algn) **2** ~ **sb (for sth)** reembolsar a algn (los gastos de algo)

rein /reɪn/ *n* rienda

reincarnation /ˌriːɪnkɑːˈneɪʃn/ *n* reencarnación

reindeer /ˈreɪndɪə(r)/ *n* (*pl* **reindeer**) reno

reinforce /ˌriːɪnˈfɔːs/ *vt* reforzar **reinforcement** *n* **1** consolidación, refuerzo **2 reinforcements** [*pl*] (*Mil*) refuerzos

reinstate /ˌriːɪnˈsteɪt/ *vt* ~ **sth/sb (in/as sth)** (*formal*) restituir algo/a algn (en/como algo)

reject /rɪˈdʒekt/ ◆ *vt* rechazar ◆ /ˈriːdʒekt/ *n* **1** marginado, -a **2** cosa defectuosa **rejection** *n* rechazo

rejoice /rɪˈdʒɔɪs/ *vi* ~ **(at/in/over sth)** (*formal*) alegrarse, regocijarse (por/de algo)

aɪ	aʊ	ɔɪ	ɪə	eə	ʊə	ʒ	h	ŋ
five	now	join	near	hair	pure	vision	how	sing

rejoin /ˌriːˈdʒɔɪn/ vt **1** reincorporarse a **2** volver a juntarse con

relapse /rɪˈlæps/ ◆ vi recaer ◆ n recaída

relate /rɪˈleɪt/ vt **1** ~ **sth (to sb)** (formal) relatar algo (a algn) **2** ~ **sth to/ with sth** relacionar algo con algo **PHR V to relate to sth/sb 1** estar relacionado con algo/algn **2** identificarse con algo/algn **related** adj **1** relacionado **2** ~ **(to sb)** emparentado (con algn): to be related by marriage ser pariente(s) político(s)

relation /rɪˈleɪʃn/ n **1** ~ **(to sth/ between...)** relación (con algo/entre...) **2** pariente, -a **3** parentesco: What relation are you? ¿Qué parentesco tenéis? ◊ Is he any relation (to you)? ¿Es familiar tuyo? **LOC in relation to** (formal) con relación a Ver tb BEAR² **relationship** n **1** ~ **(between A and B)**; ~ **(to/with B)** relación entre A y B **2** (relación de) parentesco **3** relación (sentimental o sexual)

relative /ˈrelətɪv/ ◆ n pariente, -a ◆ adj relativo

relax /rɪˈlæks/ **1** vt, vi relajar(se) **2** vt aflojar **relaxation** n **1** relajación **2** descanso **3** pasatiempo **relaxing** adj relajante

relay /ˈriːleɪ/ ◆ n **1** relevo, tanda **2** (tb relay race) carrera de relevos ◆ /ˈriːleɪ, rɪˈleɪ/ vt (pret, pp relayed) **1** transmitir **2** (GB) (TV, Radio) retransmitir

release /rɪˈliːs/ ◆ vt **1** liberar **2** poner en libertad **3** soltar: to release your grip on sth/sb soltar algo/a algn **4** (noticia) dar a conocer **5** (disco) poner a la venta **6** (película) estrenar ◆ n **1** liberación **2** puesta en libertad **3** (acto) aparición (de un disco, etc.), publicación, estreno: The film is on general release. Pasan la película en todos los cines.

relegate /ˈrelɪɡeɪt/ vt **1** relegar **2** (esp GB) (Dep) bajar **relegation** n **1** relegación **2** (Dep) descenso

relent /rɪˈlent/ vi ceder **relentless** adj **1** implacable **2** (ambición) tenaz

relevant /ˈrelɪvənt/ adj pertinente, que viene al caso **relevance** n pertinencia

reliable /rɪˈlaɪəbl/ adj **1** (persona) de confianza **2** (datos) fiable **3** (fuente) fidedigno **4** (método, aparato) seguro **reliability** /rɪˌlaɪəˈbɪləti/ n fiabilidad

reliance /rɪˈlaɪəns/ n ~ **on sth/sb** dependencia de algo/algn; confianza en algo/algn

relic /ˈrelɪk/ n reliquia

relief /rɪˈliːf/ n **1** alivio: much to my relief para mi consuelo **2** ayuda, auxilio **3** (persona) relevo **4** (Arte, Geog) relieve

relieve /rɪˈliːv/ **1** vt aliviar **2** v refl ~ **yourself** (eufemismo) hacer uno sus necesidades **3** vt relevar **PHR V to relieve sb of sth** quitar algo a algn

religion /rɪˈlɪdʒən/ n religión **religious** adj religioso

relinquish /rɪˈlɪŋkwɪʃ/ vt (formal) **1** ~ **sth (to sb)** renunciar a algo (en favor de algn) **2** abandonar ☞ La palabra más normal es **give sth up**.

relish /ˈrelɪʃ/ ◆ n ~ **(for sth)** gusto (por algo) ◆ vt disfrutar

reluctant /rɪˈlʌktənt/ adj ~ **(to do sth)** reacio (a hacer algo) **reluctance** n desgana **reluctantly** adv de mala gana

rely /rɪˈlaɪ/ v (pret, pp relied) **PHR V to rely on/upon sth/sb (to do sth)** depender de, confiar en, contar con algo/algn (para hacer algo)

remain /rɪˈmeɪn/ vi (formal) **1** quedar(se) ☞ La palabra más normal es **stay**. **2** (continuar) permanecer, seguir siendo **remainder** n [sing] resto (tb Mat) **remains** n [pl] **1** restos **2** ruinas

remand /rɪˈmɑːnd; USA -ˈmænd/ ◆ vt: to remand sb in custody/on bail poner a algn en prisión preventiva/en libertad bajo fianza ◆ n custodia **LOC on remand** detenido

remark /rɪˈmɑːk/ ◆ vt comentar, mencionar **PHR V to remark on/upon sth/ sb** hacer un comentario sobre algo/ algn ◆ n comentario **remarkable** adj **1** extraordinario **2** ~ **(for sth)** notable (por algo)

remedial /rɪˈmiːdiəl/ adj **1** (acción, medidas) reparador, rectificador **2** (clases) para niños con dificultades de aprendizaje

remedy /ˈremədi/ ◆ n (pl -ies) remedio ◆ vt (pret, pp -died) remediar

remember /rɪˈmembə(r)/ vt, vi acordarse (de): as far as I remember que yo recuerde ◊ Remember that we have visitors tonight. Recuerda que tenemos visita esta noche. ◊ Remember to phone

tʃ	dʒ	v	θ	ð	s	z	ʃ
chin	June	van	thin	then	so	zoo	she

your mother. Acuérdate de llamar a tu madre.

Remember varía de significado según se use con infinitivo o con una forma en -ing. Cuando va seguido de infinitivo, este hace referencia a una acción que todavía no se ha realizado: *Remember to post that letter.* Acuérdate de echar esa carta. Cuando se usa seguido por una forma en -ing, este se refiere a una acción que ya ha tenido lugar: *I remember posting that letter.* Recuerdo haber echado esa carta al correo. ☞ *Comparar con* REMIND

PHR V **to remember sb to sb** dar recuerdos de algn a algn: *Remember me to Anna.* Dale recuerdos de mi parte a Anna. **remembrance** *n* conmemoración, recuerdo

Remembrance Sunday /rɪˈmembrəns ˈsʌndeɪ/ (*tb* **Remembrance Day**) *n*

Remembrance Sunday se celebra en Gran Bretaña el domingo más cercano al día 11 de noviembre. Su finalidad es rendir homenaje a los que murieron en la guerra, principalmente a los caídos de las dos guerras mundiales. En la calle se venden amapolas de papel que se llevan en la solapa, por lo que a este día se le llama también **Poppy Day**. Además se celebran actos religiosos y desfiles por todo el país.

remind /rɪˈmaɪnd/ *vt* ~ **sb (to do sth)** recordar a algn (que haga algo): *Remind me to phone my mother.* Recuérdame que llame a mi madre. ☞ *Comparar con 'Remember to phone your mother' en* REMEMBER PHR V **to remind sb of sth/sb**

La construcción **to remind sb of sth/sb** se utiliza cuando una cosa o una persona te recuerdan algo o a alguien: *Your brother reminds me of John.* Tu hermano me recuerda a John. ◊ *That song reminds me of my first girlfriend.* Esa canción me recuerda a mi primera novia.

reminder *n* **1** recuerdo, recordatorio **2** aviso

reminisce /ˌremɪˈnɪs/ *vi* ~ **(about sth)** rememorar (algo)

reminiscent /ˌremɪˈnɪsnt/ *adj* ~ **of sth/sb** con reminiscencias de algo/algn **reminiscence** *n* recuerdo, evocación

remnant /ˈremnənt/ *n* **1** resto **2** (*fig*) vestigio **3** retal (*tela*)

remorse /rɪˈmɔːs/ *n* [*incontable*] ~ **(for sth)** remordimiento (por algo) **remorseless** *adj* **1** despiadado **2** implacable

remote /rɪˈməʊt/ ◆ *adj* (-er, -est) **1** (*lit y fig*) remoto, lejano, alejado **2** (*persona*) distante **3** (*posibilidad*) remoto ◆ *n Ver* REMOTE CONTROL **remotely** *adv* remotamente

remote control *n* **1** control remoto **2** (*tb coloq* **remote**) mando a distancia

remove /rɪˈmuːv/ *vt* **1** ~ **sth (from sth)** quitar(se) algo (de algo): *to remove your coat* quitarse el abrigo ☞ Es más normal decir **take off**, **take out**, etc. **2** (*fig*) eliminar **3** ~ **sb (from sth)** sacar, destituir a algn (de algo) **removable** *adj* que se puede quitar **removal** *n* **1** eliminación **2** mudanza

the Renaissance /rɪˈneɪsns; *USA* ˈrenəsɑːns/ *n* el Renacimiento

render /ˈrendə(r)/ *vt* (*formal*) **1** (*servicio, etc.*) prestar **2** hacer: *She was rendered speechless.* Quedó estupefacta. **3** (*Mús*, *Arte*) interpretar

rendezvous /ˈrɒndɪvuː/ *n* (*pl* rendezvous /-z/) **1** cita *Ver tb* APPOINTMENT *en* APPOINT **2** lugar de reunión

renegade /ˈrenɪɡeɪd/ *n* (*formal*, *pey*) renegado, -a, rebelde

renew /rɪˈnjuː; *USA* -ˈnuː/ *vt* **1** renovar **2** (*reestablecer*) reanudar **3** reafirmar **renewable** *adj* renovable **renewal** *n* renovación

renounce /rɪˈnaʊns/ *vt* (*formal*) renunciar a: *He renounced his right to be king.* Renunció a su derecho al trono.

renovate /ˈrenəvət/ *vt* restaurar

renowned /rɪˈnaʊnd/ *adj* ~ **(as/for sth)** famoso (como/por algo)

rent /rent/ ◆ *n* alquiler LOC **for rent** (*esp USA*) se alquila(n) ☞ *Ver nota en* ALQUILAR ◆ *vt* **1** ~ **sth (from sb)** alquilar algo (de algn): *I rent a garage from a neighbour.* Un vecino me alquila su garaje. **2** ~ **sth (out) (to sb)** alquilar algo (a algn): *We rented out the house to some students.* Les alquilamos nuestra casa a unos estudiantes. **rental** *n* alquiler (*coches*, *electrodomésticos*, *etc.*)

reorganize, **-ise** /ˌriːˈɔːɡənaɪz/ *vt*, *vi* reorganizar(se)

rep /rep/ *n* (*coloq*) *Ver* REPRESENTATIVE 1

i:	i	ɪ	e	æ	ɑ:	ʌ	ʊ	u:
see	happy	sit	ten	hat	father	cup	put	too

repaid *pret, pp de* REPAY

repair /rɪˈpeə(r)/ ◆ *vt* **1** reparar *Ver tb* FIX, MEND **2** remediar ◆ *n* reparación: *It's beyond repair.* No tiene arreglo. LOC **in a good state of/in good repair** en buen estado

repay /rɪˈpeɪ/ *vt* (*pret, pp* **repaid**) **1** (*dinero, favor*) devolver **2** (*persona*) reembolsar **3** (*préstamo, deuda*) pagar **4** (*amabilidad*) corresponder a **repayment** *n* **1** reembolso, devolución **2** (*cantidad*) pago

repeat /rɪˈpiːt/ ◆ **1** *vt, vi* repetir(se) **2** *vt* (*confidencia*) contar ◆ *n* repetición **repeated** *adj* **1** repetido **2** reiterado **repeatedly** *adv* repetidamente, en repetidas ocasiones

repel /rɪˈpel/ *vt* (-ll-) **1** repeler **2** (*oferta, etc.*) rechazar **3** repugnar

repellent /rɪˈpelənt/ ◆ *adj* ~ (**to sb**) repelente (para algn) ◆ *n*: *insect repellent* loción antimosquitos

repent /rɪˈpent/ *vt, vi* ~ (**of**) **sth** arrepentirse de algo **repentance** *n* arrepentimiento

repercussion /ˌriːpəˈkʌʃn/ *n* [*gen pl*] repercusión

repertoire /ˈrepətwɑː(r)/ *n* repertorio (*de un músico, actor, etc.*)

repertory /ˈrepətri; *USA* -tɔːri/ (*tb coloq* **rep**) *n* compañía de repertorio

repetition /ˌrepəˈtɪʃn/ *n* repetición **repetitive** /rɪˈpetətɪv/ *adj* repetitivo

replace /rɪˈpleɪs/ *vt* **1** colocar de nuevo en su sitio **2** reponer **3** reemplazar **4** (*algo roto*) cambiar: *to replace a broken window* cambiar el cristal roto de una ventana **5** destituir **replacement** *n* **1** sustitución, reemplazo **2** (*persona*) suplente **3** (*pieza*) repuesto

replay /ˈriːpleɪ/ *n* **1** partido de desempate **2** (*TV*) repetición

reply /rɪˈplaɪ/ ◆ *vi* (*pret, pp* **replied**) responder, contestar *Ver tb* ANSWER ◆ *n* (*pl* **-ies**) contestación, respuesta

report /rɪˈpɔːt/ ◆ **1** *vt* ~ **sth** informar de/sobre algo; comunicar, dar parte de algo **2** *vt* (*crimen, culpable*) denunciar **3** *vi* ~ (**on sth**) informar (acerca de/ sobre algo) **4** *vi* ~ **to/for sth** (*trabajo, etc.*) presentarse en/a algo: *to report sick* darse de baja por enfermedad **5** *vi* ~ **to sb** rendir cuentas a algn ◆ *n* **1** informe **2** noticia **3** (*Period*) reportaje **4** informe escolar **5** (*pistola*) detona-

ción **reportedly** *adv* según nuestras fuentes **reporter** *n* reportero, -a

represent /ˌreprɪˈzent/ *vt* **1** representar **2** describir **representation** *n* representación

representative /ˌreprɪˈzentətɪv/ ◆ *adj* representativo ◆ *n* **1** representante **2** (*USA*) (*Pol*) diputado, -a

repress /rɪˈpres/ *vt* **1** reprimir **2** contener **repression** *n* represión

reprieve /rɪˈpriːv/ *n* **1** indulto **2** (*fig*) respiro

reprimand /ˈreprɪmɑːnd; *USA* -mænd/ ◆ *vt* reprender ◆ *n* reprimenda

reprisal /rɪˈpraɪzl/ *n* represalia

reproach /rɪˈprəʊtʃ/ ◆ *vt* ~ **sb** (**for/ with sth**) reprochar (algo) a algn ◆ *n* reproche LOC **above/beyond reproach** por encima de toda crítica

reproduce /ˌriːprəˈdjuːs; *USA* -ˈduːs/ *vt, vi* reproducir(se) **reproduction** *n* reproducción **reproductive** *adj* reproductor

reptile /ˈreptaɪl; *USA* -tl/ *n* reptil

republic /rɪˈpʌblɪk/ *n* república **republican** *adj* republicano

repugnant /rɪˈpʌgnənt/ *adj* repugnante

repulsive /rɪˈpʌlsɪv/ *adj* repulsivo

reputable /ˈrepjətəbl/ *adj* **1** (*persona*) de buena reputación, de confianza **2** (*empresa*) acreditado

reputation /ˌrepjuˈteɪʃn/ *n* reputación, fama

repute /rɪˈpjuːt/ *n* (*formal*) reputación, fama **reputed** *adj* **1** supuesto **2** *He is reputed to be...* Tiene fama de ser.../Se dice que es... **reputedly** *adv* según se dice

request /rɪˈkwest/ ◆ *n* ~ (**for sth**) petición, solicitud (de algo): *to make a request for sth* pedir algo ◆ *vt* ~ **sth** (**from/of sb**) pedir algo (a algn): *You are requested not to smoke.* Se ruega no fumar. ☞ La palabra más normal es **ask for**.

require /rɪˈkwaɪə(r)/ *vt* **1** requerir **2** (*formal*) necesitar ☞ La palabra más normal es **need**. **3** ~ **sb to do sth** (*formal*) exigir a algn que haga algo **requirement** *n* **1** necesidad **2** requisito

rescue /ˈreskjuː/ ◆ *vt* rescatar, salvar ◆ *n* rescate, salvamento: *rescue operation/team* operación/equipo de rescate LOC **to come/go to sb's rescue**

acudir en ayuda de algn **rescuer** n salvador, -ora

research /rɪ'sɜːtʃ, 'riːsɜːtʃ/ ♦ n [incontable] ~ (into/on sth) investigación (sobre algo) (no policial) ♦ vt, vi ~ (into/on) sth investigar (algo) **researcher** n investigador, -ora

resemble /rɪ'zembl/ vt parecerse a **resemblance** n parecido LOC Ver BEAR²

resent /rɪ'zent/ vt resentirse de/por **resentful** adj 1 (mirada, etc.) de resentimiento 2 resentido **resentment** n resentimiento

reservation /ˌrezə'veɪʃn/ n 1 reserva 2 (duda) reserva: I have reservations on that subject. Tengo ciertas reservas sobre ese tema.

reserve /rɪ'zɜːv/ ♦ vt 1 reservar 2 (derecho) reservarse ♦ n 1 reserva(s) 2 **reserves** [pl] (Mil) reservistas LOC **in reserve** de reserva **reserved** adj reservado

reservoir /'rezəvwɑː(r)/ n 1 (lit) embalse 2 (fig) cúmulo, pozo

reshuffle /ˌriːʃʌfl/ n reorganización

reside /rɪ'zaɪd/ vi (formal) residir

residence /'rezɪdəns/ n (formal) 1 residencia: hall of residence colegio mayor 2 (ret) casa

resident /'rezɪdənt/ ♦ n 1 residente 2 (hotel) huésped, -eda ♦ adj residente: to be resident residir **residential** /ˌrezɪ'denʃl/ adj 1 de viviendas 2 (curso) con alojamiento incluido

residue /'rezɪdjuː; USA -duː/ n residuo

resign /rɪ'zaɪn/ vt, vi dimitir PHR V **resign yourself to sth** resignarse a algo **resignation** n 1 dimisión 2 resignación

resilient /rɪ'zɪliənt/ adj 1 (material) elástico 2 (persona) resistente **resilience** n 1 elasticidad 2 capacidad de recuperación

resist /rɪ'zɪst/ 1 vi resistir 2 vt resistirse (a): I had to buy it, I couldn't resist it. Tuve que comprarlo, no lo pude resistir. 3 vt (presión, reforma) oponerse a, oponer resistencia a

resistance /rɪ'zɪstəns/ n ~ (to sth/sb) resistencia (a algo/algn): He didn't put up/offer much resistance. No presentó gran oposición. ◊ the body's resistance to diseases la resistencia del organismo a las enfermedades

resolute /'rezəluːt/ adj resuelto, decidido ☞ La palabra más normal es **determined**. **resolutely** adv 1 con firmeza 2 resueltamente

resolution /ˌrezə'luːʃn/ n 1 resolución 2 propósito: New Year resolutions propósitos para el año nuevo

resolve /rɪ'zɒlv/ vt (formal) 1 ~ to do sth resolverse a hacer algo 2 acordar: The senate resolved that... El Senado acordó que... 3 (disputa, crisis) resolver

resort¹ /rɪ'zɔːt/ ♦ vi ~ to sth recurrir a algo: to resort to violence recurrir a la violencia ♦ n LOC Ver LAST

resort² /rɪ'zɔːt/ n: a seaside resort un centro turístico costero ◊ a ski resort una estación de esquí

resounding /rɪ'zaʊndɪŋ/ adj rotundo: a resounding success un éxito rotundo

resource /rɪ'sɔːs/ n recurso **resourceful** adj de recursos: She is very resourceful. Tiene mucho ingenio para salir de apuros.

respect /rɪ'spekt/ ♦ n 1 ~ (for sth/sb) respeto, consideración (por algo/algn) 2 concepto: in this respect en este sentido LOC **with respect to sth** (formal) por lo que respecta a algo ♦ vt ~ sb (for sth) respetar a algn (como/por algo): I respect them for their honesty. Los respeto por su honradez. **respectful** adj respetuoso

respectable /rɪ'spektəbl/ adj 1 respetable, decente 2 considerable

respective /rɪ'spektɪv/ adj respectivo: They all got on with their respective jobs. Todos volvieron a sus respectivos trabajos.

respite /'respaɪt/ n 1 respiro 2 alivio

respond /rɪ'spɒnd/ vi 1 ~ (to sth) responder (a algo): The patient is responding to treatment. El paciente está respondiendo al tratamiento. 2 contestar: I wrote to them last week but they haven't responded. Les escribí la semana pasada, pero no han contestado. ☞ Las palabras más normales son **answer** y **reply**.

response /rɪ'spɒns/ n ~ (to sth/sb) 1 respuesta, contestación (a algo/algn): In response to your inquiry... En contestación a su pregunta... 2 reacción (a algo/algn)

responsibility /rɪˌspɒnsə'bɪləti/ n (pl -ies) ~ (for sth); ~ (for/to sb) responsabilidad (por algo) (sobre/ante algn): *to take full responsibility for sth/sb* asumir toda la responsabilidad por algo/algn

responsible /rɪ'spɒnsəbl/ *adj* ~ (**for sth/doing sth**); ~ (**to sth/sb**) responsable (de algo/hacer algo) (ante algo/algn): *She's responsible for five patients.* Tiene cinco pacientes a su cargo. ◊ *to act in a responsible way* comportarse de una forma responsable.

responsive /rɪ'spɒnsɪv/ *adj* **1** receptivo: *a responsive audience* un público receptivo **2** sensible: *to be responsive (to sth)* ser sensible (a algo)

rest¹ /rest/ ◆ **1** *vt, vi* descansar **2** *vt, vi* ~ (**sth**) **on/against sth** apoyar algo/apoyarse en/contra algo **3** *vi* (*formal*) quedar: *to let the matter rest* dejar el asunto ◆ *n* descanso: *to have a rest* tomarse un descanso ◊ *to get some rest* descansar LOC **at rest** en reposo, en paz **to come to rest** pararse *Ver tb* MIND **restful** *adj* descansado, sosegado

rest² /rest/ *n* the ~ (**of sth**) **1** [*incontable*] el resto (de algo) **2** [*pl*] los/las demás, los otros, las otras (de algo): *the rest of the players* los demás jugadores

restaurant /'restrɒnt; *USA* -tərənt/ *n* restaurante

restless /'restləs/ *adj* **1** agitado **2** inquieto: *to become/grow restless* impacientarse **3** *to have a restless night* pasar una mala noche

restoration /ˌrestə'reɪʃn/ *n* **1** devolución **2** restauración **3** restablecimiento

restore /rɪ'stɔː(r)/ *vt* **1** ~ **sth** (**to sth/sb**) (*formal*) (*confianza, salud*) devolver algo (a algo/algn) **2** (*orden, paz*) restablecer **3** (*bienes*) restituir **4** (*monarquía*) restaurar

restrain /rɪ'streɪn/ **1** *vt* ~ **sb** contener a algn **2** *v refl* ~ **yourself** contenerse **3** *vt* (*entusiasmo*) dominar, contener **4** *vt* (*lágrimas*) contener **restrained** *adj* moderado, comedido

restraint /rɪ'streɪnt/ *n* (*formal*) **1** compostura **2** limitación, restricción **3** comedimiento

restrict /rɪ'strɪkt/ *vt* limitar **restricted** limitado: *to be restricted to sth* estar restringido a algo **restriction** *n* restricción **restrictive** *adj* restrictivo

result /rɪ'zʌlt/ ◆ *n* resultado: *As a result of...* A consecuencia de... ◆ *vi* ~ (**from sth**) ser el resultado (de algo);

originarse (por algo) PHR V **to result in sth** terminar en algo

resume /rɪ'zjuːm; *USA* -'zuːm/ (*formal*) **1** *vt, vi* reanudar(se) **2** *vt* recobrar, volver a tomar **resumption** *n* [*sing*] (*formal*) reanudación

resurgence /rɪ'sɜːdʒəns/ *n* (*formal*) resurgimiento

resurrect /ˌrezə'rekt/ *vt* resucitar: *to resurrect old traditions* hacer revivir viejas tradiciones **resurrection** *n* resurrección

resuscitate /rɪ'sʌsɪteɪt/ *vt* reanimar **resuscitation** *n* reanimación

retail /'riːteɪl/ ◆ *n* venta al por menor: *retail price* precio de venta al público ◆ *vt, vi* vender(se) al público **retailer** *n* (comerciante) minorista

retain /rɪ'teɪn/ *vt* (*formal*) **1** quedarse con **2** conservar **3** retener **4** quedarse con (*en la memoria*)

retaliate /rɪ'tælieɪt/ *vi* ~ (**against sth/sb**) vengarse (de algo/algn); tomar represalias (contra algo/algn) **retaliation** *n* [*incontable*] ~ (**against sth/sb/for sth**) represalia (contra algo/algn/por algo)

retarded /rɪ'tɑːdɪd/ *adj* retrasado ☞ *Ver nota en* RETRASADO

retch /retʃ/ *vi* dar arcadas

retention /rɪ'tenʃn/ *n* (*formal*) retención, conservación

rethink /ˌriː'θɪŋk/ *vt* (*pret, pp* **rethought** /-'θɔːt/) reconsiderar

reticent /'retɪsnt/ *adj* reservado **reticence** *n* reserva

retire /rɪ'taɪə(r)/ **1** *vt, vi* jubilar(se) **2** *vi* (*formal, joc*) retirarse a sus aposentos **3** *vi* (*formal*) (*Mil*) retirarse **retired** *adj* jubilado **retiring** *adj* **1** retraído **2** que se jubila

retirement /rɪ'taɪəmənt/ *n* jubilación, retiro

retort /rɪ'tɔːt/ ◆ *n* réplica, contestación ◆ *vt* replicar

retrace /rɪ'treɪs/ *vt* desandar (*camino*): *to retrace your steps* volver sobre tus pasos

retract /rɪ'trækt/ *vt, vi* (*formal*) **1** (*declaración*) retractarse (de) **2** (*garra, uña, etc.*) retraer(se) **3** replegar(se)

retreat /rɪ'triːt/ ◆ *vi* batirse en retirada ◆ *n* **1** retirada **2** the retreat (*Mil*) retreta **3** retiro **4** refugio

tʃ	dʒ	v	θ	ð	s	z	ʃ
chin	June	van	thin	then	so	zoo	she

retrial /ˌriːˈtraɪəl/ n nuevo juicio

retribution /ˌretrɪˈbjuːʃn/ n (formal) 1 justo castigo 2 venganza

retrieval /rɪˈtriːvl/ n (formal) recuperación

retrieve /rɪˈtriːv/ vt 1 (formal) recobrar 2 (Informát) recuperar 3 (perro de caza) cobrar (la pieza matada) **retriever** n perro de caza

retrograde /ˈretrəgreɪd/ adj (formal) retrógrado

retrospect /ˈretrəspekt/ n LOC in retrospect mirando hacia atrás

retrospective /ˌretrəˈspektɪv/ ◆ adj 1 retrospectivo 2 retroactivo ◆ n exposición retrospectiva

return /rɪˈtɜːn/ ◆ 1 vi regresar, volver 2 vt devolver 3 vt (Pol) elegir 4 vt (formal) declarar 5 vi (síntoma) reaparecer ◆ n 1 vuelta, regreso: on my return a mi vuelta 2 ~ (to sth) retorno (a algo) 3 reaparición 4 devolución 5 declaración: (income) tax return declaración de la renta 6 ~ (on sth) rendimiento (de algo) 7 (tb return ticket) billete de ida y vuelta ☞ Comparar con SINGLE 8 [antes de sustantivo] de vuelta: return journey viaje de vuelta LOC in return (for sth) en recompensa/a cambio (de algo)

returnable /rɪˈtɜːnəbl/ adj 1 (dinero) reembolsable 2 (envase) retornable

reunion /riːˈjuːniən/ n reunión; reencuentro

reunite /ˌriːjuːˈnaɪt/ vt, vi 1 reunir(se), reencontrar(se) 2 reconciliar(se)

rev /rev/ ◆ n [gen pl] (coloq) revolución (de motor) ◆ v (-vv-) PHR V to rev (sth) up acelerar (algo)

revalue /ˌriːˈvæljuː/ vt 1 (propiedad, etc.) revalorar 2 (moneda) revalorizar **revaluation** n revalorización

revamp /ˌriːˈvæmp/ vt (coloq) modernizar

reveal /rɪˈviːl/ vt 1 (secretos, datos, etc.) revelar 2 mostrar, descubrir **revealing** adj 1 revelador 2 (vestido) atrevido

revel /ˈrevl/ v (-ll-, USA -l-) PHR V to revel in sth/doing sth deleitarse en algo/en hacer algo

revelation /ˌrevəˈleɪʃn/ n revelación

revenge /rɪˈvendʒ/ ◆ n venganza LOC to take (your) revenge (on sb) vengarse (de algn) ◆ vt: to be revenged (on sb) vengarse (de algn)

revenue /ˈrevənjuː; USA -ənuː/ n [incontable] ingresos: a source of government revenue una fuente de ingresos del gobierno

reverberate /rɪˈvɜːbəreɪt/ vi 1 resonar 2 (fig) tener repercusiones **reverberation** n 1 retumbo 2 **reverberations** [pl] (fig) repercusiones

revere /rɪˈvɪə(r)/ vt (formal) venerar

reverence /ˈrevərəns/ n reverencia (veneración)

reverend (tb Reverend) /ˈrevərənd/ adj (abrev Rev, Revd) reverendo

reverent /ˈrevərənt/ adj reverente

reversal /rɪˈvɜːsl/ n 1 (opinión) cambio 2 (suerte, fortuna) revés 3 (Jur) revocación 4 (de papeles) inversión

reverse /rɪˈvɜːs/ ◆ n 1 the ~ (of sth) lo contrario (de algo): quite the reverse todo lo contrario 2 reverso 3 (papel) dorso 4 (tb reverse gear) marcha atrás ◆ 1 vt invertir 2 vt, vi poner en/ir marcha atrás 3 vt (decisión) revocar LOC to reverse (the) charges (USA to call collect) llamar a cobro revertido

revert /rɪˈvɜːt/ vi 1 ~ to sth volver a algo (estado, tema, etc. anterior) 2 ~ (to sth/sb) (propiedad, etc.) revertir (a algo/algn)

review /rɪˈvjuː/ ◆ n 1 examen, revisión 2 informe 3 (crítica) reseña 4 (gen, Mil) revista ◆ vt 1 reconsiderar 2 examinar 3 hacer una reseña de 4 (Mil) pasar revista a **reviewer** n crítico, -a

revise /rɪˈvaɪz/ 1 vt revisar 2 vt modificar 3 vt, vi (GB) repasar (para examen)

revision /rɪˈvɪʒn/ n 1 revisión 2 modificación 3 (GB) repaso: to do some revision repasar

revival /rɪˈvaɪvl/ n 1 restablecimiento 2 (moda) resurgimiento 3 (Teat) reposición

revive /rɪˈvaɪv/ 1 vt, vi (enfermo) reanimar(se) 2 vt (recuerdos) refrescar 3 vt, vi (economía) reactivar(se) 4 vt (Teat) reponer

revoke /rɪˈvəʊk/ vt (formal) revocar

revolt /rɪˈvəʊlt/ ◆ 1 vi ~ (against sth/ sb) sublevarse, rebelarse contra algo/ algn 2 vt repugnar a, dar asco a: The smell revolted him. El olor le repugnaba. ◆ n ~ (over sth) sublevación, rebelión (por algo)

revolting /rɪˈvəʊltɪŋ/ adj (coloq) repugnante

iː	i	ɪ	e	æ	ɑː	ʌ	ʊ	uː
see	happy	sit	ten	hat	father	cup	put	too

revolution /ˌrevəˈluːʃn/ n revolución **revolutionary** adj, n (pl -ies) revolucionario, -a

revolve /rɪˈvɒlv/ vt, vi (hacer) girar PHR V **to revolve around** sth/sb centrarse en/girar alrededor de algo/algn

revolver /rɪˈvɒlvə(r)/ n revólver

revulsion /rɪˈvʌlʃn/ n repugnancia

reward /rɪˈwɔːd/ ◆ n recompensa ◆ vt recompensar **rewarding** adj gratificante

rewind /ˌriːˈwaɪnd/ vt (pret, pp **rewound** /-ˈwaʊnd/) rebobinar

rewrite /ˌriːˈraɪt/ vt (pret **rewrote** /-ˈrəʊt/ pp **rewritten** /-ˈrɪtn/) volver a escribir

rhetoric /ˈretərɪk/ n retórica

rheumatism /ˈruːmətɪzəm/ n reúma, reumatismo

rhino /ˈraɪnəʊ/ n (pl ~s) rinoceronte

rhinoceros /raɪˈnɒsərəs/ n (pl **rhinoceros** o -es) rinoceronte

rhubarb /ˈruːbɑːb/ n ruibarbo

rhyme /raɪm/ ◆ n 1 rima 2 (poema) verso Ver NURSERY ◆ vt, vi rimar

rhythm /ˈrɪðəm/ n ritmo

rib /rɪb/ n costilla

ribbon /ˈrɪbən/ n cinta LOC **to tear, cut, etc. sth to ribbons** hacer algo trizas

ribcage /ˈrɪbkeɪdʒ/ n caja torácica

rice /raɪs/ n arroz: rice field arrozal ◊ brown rice arroz integral ◊ rice pudding arroz con leche

rich /rɪtʃ/ ◆ adj (-er, -est) 1 rico: to become/get rich enriquecerse ◊ to be rich in sth ser rico/abundar en algo 2 (lujoso) suntuoso 3 (tierra) fértil 4 (comida) pesado, empalagoso ◆ the rich n [pl] los ricos **riches** n [pl] riqueza(s) **richly** adv LOC **to richly deserve sth** tener algo bien merecido

rickety /ˈrɪkəti/ adj (coloq) 1 (estructura) desvencijado 2 (mueble) cojo

rid /rɪd/ vt (-dd-) (pret, pp rid) **to rid sth/sb of sth/sb** librar algo/a algn de algo/algn; eliminar algo de algo/algn LOC **to be/get rid of sth/sb** deshacerse/librarse de algo/algn

ridden /ˈrɪdn/ ◆ pp de RIDE ◆ adj ~ with/by sth agobiado, acosado por algo

riddle¹ /ˈrɪdl/ n 1 acertijo, adivinanza 2 misterio, enigma

riddle² /ˈrɪdl/ vt 1 (a balazos) acribillar 2 (pey) (fig): to be riddled with sth estar plagado/lleno de algo

ride /raɪd/ ◆ (pret **rode** /rəʊd/ pp **ridden** /ˈrɪdn/) 1 vt (caballo) montar a 2 vt (bicicleta, etc.) montar en 3 vi montar a caballo: to go riding montar a caballo 4 vi (en vehículo) viajar, ir ◆ n 1 (a caballo) paseo 2 (en vehículo) viaje: to go for a ride ir a dar una vuelta LOC **to take sb for a ride** (coloq) dar gato por liebre a algn **rider** n 1 jinete 2 ciclista 3 motociclista

ridge /rɪdʒ/ n 1 (montaña) cresta 2 (tejado) caballete

ridicule /ˈrɪdɪkjuːl/ ◆ n ridículo ◆ vt ridiculizar **ridiculous** /rɪˈdɪkjələs/ adj ridículo, absurdo

riding /ˈraɪdɪŋ/ n equitación: I like riding. Me gusta montar a caballo.

rife /raɪf/ adj (formal, pey): to be rife (with sth) abundar (en algo)

rifle /ˈraɪfl/ n fusil, rifle

rift /rɪft/ n 1 (Geog) grieta 2 (fig) división

rig /rɪg/ ◆ vt (-gg-) amañar PHR V **to rig sth up** armar algo, improvisar algo ◆ n 1 (tb **rigging**) aparejo, jarcia 2 aparato

right /raɪt/ ◆ adj 1 correcto, cierto: You are quite right. Tienes toda la razón. ◊ Are these figures right? ¿Son correctas estas cifras? 2 adecuado, apropiado: Is this the right colour for the curtains? ¿Es este el color adecuado para las cortinas? ◊ to be on the right road ir por buen camino 3 (momento) oportuno: It wasn't the right time to say that. No era el momento oportuno para decir aquello. 4 (pie, mano, etc.) derecho 5 justo: It's not right to pay people so badly. No es justo pagar tan mal a la gente. ◊ He was right to do that. Hizo lo correcto al obrar así. 6 (GB, coloq) de remate: a right fool un tonto de remate Ver tb ALL RIGHT LOC **to get sth right** acertar, hacer algo bien **to get sth right/straight** dejar algo claro **to put/set sth/sb right** corregir algo/a algn, arreglar algo Ver tb CUE, SIDE ◆ adv 1 bien, correctamente: Have I spelt your name right? ¿He escrito bien tu nombre? 2 exactamente: right beside you justo a tu lado 3 completamente: right to the end hasta el final 4 a la derecha: to turn right torcer a la

u	ɒ	ɔː	ɜː	ə	j	w	eɪ	əʊ
situation	got	saw	fur	ago	yes	woman	pay	go

derecha **5** inmediatamente: *I'll be right back*. Vuelvo ahora mismo. LOC **right now** ahora mismo **right/straight away/off** en seguida *Ver tb* SERVE ◆ *interj* (*GB*, *coloq*) **1** right! ¡vale!, ¡bien! **2** right? ¿verdad?: *That's $10 each, right?* Son diez dólares cada uno, ¿no? ◆ *n* **1** bien: *right and wrong* el bien y el mal **2** ~ (**to sth/to do sth**) derecho a algo/hacer algo: *human rights* los derechos humanos **3** (*tb Pol*) derecha: *on the right* a la derecha LOC **by rights 1** en buena ley **2** en teoría **in your own right** por derecho propio **to be in the right** tener razón ◆ *vt* **1** enderezar **2** corregir

right angle *n* ángulo recto

righteous /ˈraɪtʃəs/ *adj* **1** (*formal*) (*persona*) recto, honrado **2** (*indignación*) justificado **3** (*pey*) virtuoso

rightful /ˈraɪtfl/ *adj* [*solo antes de sustantivo*] legítimo: *the rightful heir* el heredero legítimo

right-hand /ˈraɪt hænd/ *adj*: *on the right-hand side* a mano derecha LOC **right-hand man** brazo derecho **right-handed** *adj* diestro

rightly /ˈraɪtli/ *adv* correctamente, justificadamente: *rightly or wrongly* mal que bien

right wing ◆ *n* derecha ◆ *adj* de derecha(s), derechista

rigid /ˈrɪdʒɪd/ *adj* **1** rígido **2** (*actitud*) inflexible

rigour (*USA* **rigor**) /ˈrɪgə(r)/ *n* (*formal*) rigor **rigorous** *adj* riguroso

rim /rɪm/ *n* **1** borde ☞ *Ver dibujo en* TAZA **2** [*gen pl*] (*gafas*) montura **3** llanta

rind /raɪnd/ *n* corteza (*de bacon, queso, limón*) ☞ *Ver nota en* PEEL

ring¹ /rɪŋ/ ◆ *n* **1** anillo **2** aro **3** círculo **4** (*tb* circus ring) pista (*de circo*) **5** (*tb* boxing ring) ring **6** (*tb* bullring) ruedo **7** *Ver* CALL ◆ *vt* (*pret, pp* -ed) **1** ~ **sth/sb** (**with sth**) rodear algo/a algn (*de algo*) **2** (*esp pájaro*) anillar

ring² /rɪŋ/ ◆ (*pret* **rang** /ræŋ/ *pp* **rung** /rʌŋ/) **1** *vi* sonar **2** *vt* (*timbre*) tocar **3** *vi* ~ (**for sth/sb**) llamar (a algo/algn) **4** *vi* (*oídos*) zumbar **5** *vt*, *vi* (*GB*) ~ (**sth/sb**) (**up**) llamar (a algo/algn) (*por teléfono*) PHR V **to ring (sb) back** volver a llamar (a algn), devolver la llamada (a algn) **to ring off** (*GB*) colgar ◆ *n* **1** (*timbre*) timbrazo **2** (*campanas*) toque **3** [*sing*]

sonido **4** (*GB*, *coloq*): *to give sb a ring* dar un telefonazo a algn

ringleader /ˈrɪŋˌliːdə(r)/ *n* (*pey*) cabecilla

ring road *n* (*GB*) ronda, carretera de circunvalación

rink /rɪŋk/ *n* pista *Ver tb* ICE RINK

rinse /rɪns/ ◆ *vt* **1** ~ **sth** (**out**) enjuagar algo **2** (*quitar el jabón*) aclarar ◆ *n* **1** aclarado **2** tinte

riot /ˈraɪət/ ◆ *n* disturbio, motín LOC *Ver* RUN ◆ *vi* causar disturbios, amotinarse **rioter** *n* alborotador, -ora **rioting** *n* disturbios **riotous** *adj* **1** desenfrenado, bullicioso (*fiesta*) **2** (*formal*) (*Jur*) alborotador

rip /rɪp/ ◆ *vt*, *vi* (-**PP**-) rasgar(se): *to rip sth open* abrir algo desgarrándolo PHR V **to rip sb off** (*coloq*) timar a algn **to rip sth off/out** arrancar algo **to rip sth up** desgarrar algo ◆ *n* desgarrón

ripe /raɪp/ *adj* (**riper, ripest**) **1** (*fruta, queso*) maduro **2** ~ (**for sth**) listo (para algo): *The time is ripe for his return.* Ha llegado la hora de que regrese.

ripen /ˈraɪpən/ *vt*, *vi* madurar

rip-off /ˈrɪp ɒf/ *n* (*coloq*) timo, robo

ripple /ˈrɪpl/ ◆ *n* **1** onda, rizo **2** murmullo (*de risas, interés, etc.*) ◆ *vt*, *vi* ondular(se)

rise /raɪz/ ◆ *vi* (*pret* **rose** /rəʊz/ *pp* **risen** /ˈrɪzn/) **1** subir **2** (*voz*) alzarse **3** (*formal*) (*persona, viento*) levantarse

En este contexto lo normal es utilizar **get up**.

4 ~ (**up**) (**against sth/sb**) (*formal*) sublevarse (contra algo/algn) **5** (*sol, luna*) salir **6** ascender (*en rango*) **7** (*río*) nacer **8** (*nivel de un río*) crecer ◆ *n* **1** subida, ascenso **2** (*cantidad*) subida, aumento **3** cuesta **4** (*USA* **raise**) aumento (*de sueldo*) LOC **to give rise to sth** (*formal*) dar lugar a algo

rising /ˈraɪzɪŋ/ ◆ *n* **1** (*Pol*) levantamiento **2** (*sol, luna*) salida ◆ *adj* **1** creciente **2** (*sol*) naciente

risk /rɪsk/ ◆ *n* ~ (**of sth/that...**) riesgo (*de algo/de que...*) LOC **at risk** en peligro **to take a risk/risks** arriesgarse *Ver tb* RUN ◆ *vt* **1** arriesgar(se) **a 2** ~ **doing sth** exponerse, arriesgarse a hacer algo LOC **to risk your neck** jugarse el pellejo **risky** *adj* (-**ier, -iest**) arriesgado

rite /raɪt/ *n* rito

ritual /ˈrɪtʃuəl/ ◆ *n* ritual, rito ◆ *adj* ritual

rival /ˈraɪvl/ ◆ *n* ~ **(for/in sth)** rival (para/en algo) ◆ *adj* rival ◆ *vt* (-ll-, USA *tb* -l-) ~ **sth/sb (for/in sth)** rivalizar con algo/algn (en algo) **rivalry** *n* (*pl* -ies) rivalidad

river /ˈrɪvə(r)/ *n* río: *river bank* orilla (del río) ☛ *Ver nota en* RÍO **riverside** *n* orilla (del río)

rivet /ˈrɪvɪt/ *vt* 1 (*lit*) remachar 2 (*ojos*) clavar 3 (*atraer*) fascinar **riveting** *adj* fascinante

road /rəʊd/ *n* 1 (*entre ciudades*) carretera: *road sign* señal de tráfico ◊ *road safety* seguridad vial ◊ *across/over the road* al otro lado de la carretera ◊ *road accident* accidente de tráfico 2 **Road** (*abrev* Rd) (*en nombres de calles*): *Banbury Road* la calle Banbury LOC **by road** por carretera **on the road to sth** camino de algo **roadside** *n* borde de la carretera: *roadside cafe* bar de carretera **roadway** *n* calzada

roadblock /ˈrəʊdblɒk/ *n* control (policial)

road rage *n* violencia al volante

roadworks /ˈrəʊdwɜːks/ *n* [*pl*] obras: *There were roadworks on the motorway.* Había obras en la autopista.

roam /rəʊm/ 1 *vt* vagar por, recorrer 2 *vi* vagar

roar /rɔː(r)/ ◆ *n* 1 (*león, etc.*) rugido 2 estruendo: *roars of laughter* carcajadas ◆ 1 *vi* gritar: *to roar with laughter* reírse a carcajadas 2 *vi* (*león, etc.*) rugir 3 *vt* decir a gritos **roaring** *adj* LOC **to do a roaring trade (in sth)** hacer un negocio redondo (en algo)

roast /rəʊst/ ◆ 1 *vt*, *vi* (*carne*) asar(se) 2 *vt*, *vi* (*café, etc.*) tostar(se) 3 *vi* (*persona*) asarse ◆ *adj*, *n* asado: *roast beef* rosbif

rob /rɒb/ *vt* (-bb-) **to rob sth/sb (of sth)** robar (algo) a algo/algn

Los verbos **rob**, **steal** y **burgle** significan "robar". **Rob** se utiliza con complementos de persona o lugar: *He robbed me (of all my money).* Me robó (todo mi dinero). **Steal** se usa cuando mencionamos el objeto robado (de un lugar o a una persona): *He stole all my money (from me).* Me robó todo mi dinero. **Burgle** se refiere a robos en casas particulares o tiendas, normal-

mente cuando los dueños están fuera: *The house has been burgled.* Han robado en la casa.

robber *n* 1 ladrón, -ona 2 atracador, -ora ☛ *Ver nota en* THIEF **robbery** *n* (*pl* -ies) 1 robo 2 (*violento*) atraco ☛ *Ver nota en* THEFT

robe /rəʊb/ *n* 1 bata 2 (*ceremonial*) manto

robin /ˈrɒbɪn/ *n* petirrojo

robot /ˈrəʊbɒt/ *n* robot

robust /rəʊˈbʌst/ *adj* robusto, enérgico

rock¹ /rɒk/ *n* 1 roca 2 (*USA*) piedra LOC **at rock bottom** en su punto más bajo, por los suelos **on the rocks** (*coloq*) 1 en crisis 2 (*bebida*) con hielo

rock² /rɒk/ 1 *vt*, *vi* mecer(se) 2 *vt* (*niño*) arrullar 3 *vt*, *vi* (*lit y fig*) estremecer(se), sacudir(se)

rock³ /rɒk/ (*tb* **rock music**) *n* (*música*) rock

rock climbing *n* escalada (*de roca*)

rocket /ˈrɒkɪt/ ◆ *n* cohete ◆ *vi* aumentar muy rápidamente

rocking chair /ˈrɒkɪŋ tʃeə(r)/ *n* mecedora

rocky /ˈrɒki/ *adj* (-ier, -iest) 1 rocoso 2 (*fig*) inestable

rod /rɒd/ *n* 1 barra 2 vara

rode *pret de* RIDE

rodent /ˈrəʊdnt/ *n* roedor

rogue /rəʊg/ *n* 1 (*antic*) sinvergüenza 2 (*joc*) pícaro, -a

role /rəʊl/ *n* papel: *role model* modelo a imitar

roll /rəʊl/ ◆ *n* 1 rollo 2 (*de fotos*) carrete 3 panecillo ☛ *Ver dibujo en* PAN 4 (*con relleno*) bocadillo 5 balanceo 6 registro, lista: *roll-call* (acto de pasar lista ◆ 1 *vt*, *vi* (hacer) rodar 2 *vt*, *vi* dar vueltas (a algo) 3 *vt*, *vi* ~ (**up**) enrollar(se) 4 *vt*, *vi* ~ (**up**) envolver(se) 5 *vt* (*cigarrillo*) liar 6 *vt* allanar con un rodillo 7 *vt*, *vi* balancear(se) LOC **to be rolling in it** (*coloq*) estar forrado *Ver tb* BALL PHR V **to roll in** (*coloq*) llegar en grandes cantidades **to roll on** (*tiempo*) pasar **to roll sth out** extender algo **to roll over** darse la vuelta **to roll up** (*coloq*) presentarse **rolling** *adj* ondulante

roller /ˈrəʊlə(r)/ *n* 1 rodillo 2 rulo

Rollerblade® /ˈrəʊləbleɪd/ ◆ n (tb in-line skate) patín (de ruedas) en línea ◆ **rollerblade** vi patinar (con patines en línea)

roller coaster n montaña rusa

roller skate ◆ n patín de ruedas ◆ vi patinar sobre ruedas

rolling pin n rodillo (de cocina)

ROM /rɒm/ n (abrev de **read only memory**) (Informát) (memoria) ROM

romance /rəʊˈmæns/ n 1 romanticismo: the romance of foreign lands el romanticismo de las tierras lejanas 2 amor, amorío: a holiday romance una aventura de verano 3 novela de amor

romantic /rəʊˈmæntɪk/ adj romántico

romp /rɒmp/ ◆ vi ~ (about/around) retozar, corretear ◆ n 1 retozo 2 (coloq) (de cine, teatro, literatura) obra divertida y sin pretensiones

roof /ruːf/ n (pl ~s) 1 tejado 2 (coche) techo **roofing** n techumbre

roof rack n baca

rooftop /ˈruːftɒp/ n 1 azotea 2 tejado

rook /rʊk/ n 1 grajo 2 (Ajedrez) Ver CASTLE 2

room /ruːm, rʊm/ n 1 habitación, cuarto, sala Ver DINING ROOM, LIVING ROOM 2 sitio: Is there room for me? ¿Hay sitio para mí? ◊ room to breathe espacio para respirar 3 There's no room for doubt. No cabe duda. ◊ There's room for improvement. Podría mejorarse. **roomy** adj (-ier, -iest) espacioso

room service n servicio de habitaciones

room temperature n temperatura ambiente

roost /ruːst/ ◆ n percha (para aves) ◆ vi posarse para dormir

root /ruːt/ ◆ n raíz: square root raíz cuadrada LOC **the root cause (of sth)** la causa fundamental (de algo) **to put down (new) roots** echar raíces ◆ n PHR V **to root about/around (for sth)** revolver (en busca de algo) **to root for sth/sb** (coloq) apoyar/animar algo/a algn **to root sth out 1** erradicar algo, arrancar algo de raíz **2** (coloq) encontrar algo

rope /rəʊp/ ◆ n cuerda ☛ Ver dibujo en CUERDA LOC **to show sb/know/learn the ropes** enseñarle a algn/conocer/aprender el oficio ◆ v PHR V **to rope sb in (to do sth)** (coloq) enganchar a algn

(para hacer algo) **to rope sth off** acordonar un lugar

rope ladder n escala de cuerda

rosary /ˈrəʊzəri/ n (pl -ies) rosario [2](oración y cuentas)

rose¹ pret de RISE

rose² /rəʊz/ n rosa

rosé /ˈrəʊzeɪ; USA rəʊˈzeɪ/ n (vino) rosado

rosette /rəʊˈzet/ n escarapela

rosy /ˈrəʊzi/ adj (rosier, rosiest) 1 sonrosado 2 (fig) prometedor

rot /rɒt/ vt, vi (-tt-) pudrir(se)

rota /ˈrəʊtə/ n (pl ~s) (GB) lista (de turnos)

rotate /rəʊˈteɪt; USA ˈrəʊteɪt/ vt, vi 1 (hacer) girar 2 alternar(se) **rotation** n 1 rotación 2 alternancia LOC **in rotation** por turno

rotten /ˈrɒtn/ adj 1 podrido 2 corrompido

rough /rʌf/ ◆ adj (-er, -est) 1 (superficie) áspero 2 (mar) encrespado 3 (comportamiento) violento 4 (tratamiento) inconsiderado 5 (cálculo) aproximado 6 (coloq) malo: I feel a bit rough. No me encuentro bien. LOC **to be rough (on sb)** (coloq) ser duro (con algn) ◆ adv (-er, -est) duro ◆ n LOC **in rough** en sucio ◆ vt LOC **to rough it** (coloq) pasar apuros **roughly** adv 1 violentamente 2 aproximadamente

roulette /ruːˈlet/ n ruleta

round¹ /raʊnd/ adj redondo

round² /raʊnd/ part adv Ver AROUND² ☛ Para los usos de **round** en PHRASAL VERBS ver las entradas de los verbos correspondientes, p. ej. **to come round** en COME. Ver tb págs 324-25. ◆ adv: all year round durante todo el año ◊ a shorter way round un camino más corto ◊ round the clock las 24 horas ◊ round at María's en casa de María LOC **round about 1** de alrededor: the houses round about las casas de alrededor 2 (aproximadamente) alrededor de: round about an hour alrededor de una hora

round³ /raʊnd/ (tb around) prep 1 por: to show sb round the house enseñarle a algn la casa 2 alrededor de: She wrapped the towel round her waist. Se enrolló la toalla alrededor de la cintura. 3 a la vuelta de: just round the corner a la vuelta de la esquina

i:	i	ɪ	e	æ	ɑ:	ʌ	ʊ	u:
see	happy	sit	ten	hat	father	cup	put	too

round⁴ /raʊnd/ n **1** ronda: *a round of talks* una ronda de conversaciones **2** recorrido (*del cartero*), visitas (*del médico*) **3** ronda (*de bebidas*): *It's my round.* Esta ronda la pago yo. **4** (*Dep*) asalto, vuelta **5** *a round of applause* una salva de aplausos **6** tiro, ráfaga

round⁵ /raʊnd/ vt (*una esquina*) doblar
PHR V **to round sth off** terminar algo **to round sth/sb up** juntar, reunir algo/a algn **to round sth up/down** redondear algo por lo alto/bajo (*cifra, precio, etc.*)

roundabout /ˈraʊndəbaʊt/ ◆ adj indirecto: *in a roundabout way* de forma indirecta/dando un rodeo ◆ n **1** (*tb* **carousel**, **merry-go-round**) tiovivo **2** rotonda, glorieta

rouse /raʊz/ vt **1** ~ **sb** (**from/out of sth**) (*formal*) despertar a algn (de algo) **2** provocar **rousing** adj **1** (*discurso*) enardecedor **2** (*aplauso*) caluroso

rout /raʊt/ ◆ n derrota ◆ vt derrotar

route /ruːt; *USA* raʊt/ n ruta

routine /ruːˈtiːn/ ◆ n rutina ◆ adj de rutina, rutinario **routinely** adv rutinariamente

row¹ /rəʊ/ n fila, hilera LOC **in a row** uno tras otro: *the third week in a row* la tercera semana seguida ◊ *four days in a row* cuatro días seguidos

row² /rəʊ/ ◆ vt, vi remar, navegar a remo: *She rowed the boat to the bank.* Remó hacia la orilla. ◊ *Will you row me across the river?* ¿Me llevas al otro lado del río (en bote)? ◊ *to row across the lake* cruzar el lago a remo ◆ n: *to go for a row* salir a remar

row³ /raʊ/ ◆ n (*colog*) **1** polea: *to have a row* pelearse ☞ También se dice **argument**. **2** jaleo **3** ruido ◆ vi pelear

rowdy /ˈraʊdi/ adj (**-ier, -iest**) (*pey*) **1** (*persona*) ruidoso, pendenciero **2** (*reunión*) alborotado

royal /ˈrɔɪəl/ adj real

Royal Highness n *your/his/her Royal Highness* Su Alteza Real

royalty /ˈrɔɪəlti/ n **1** [*sing*] realeza **2** (*pl* **-ties**) derechos de autor

rub /rʌb/ ◆ (**-bb-**) **1** vt restregar, frotar: *to rub your hands together* frotarse las manos **2** vt friccionar **3** vi **to rub (on/against sth)** rozar (contra algo)
PHR V **to rub off (on/onto sb)** pegarse (a algn) **to rub sth out** borrar algo ◆ n frote: *to give sth a rub* frotar algo

rubber /ˈrʌbə(r)/ n **1** goma, caucho: *rubber stamp* sello de goma **2** (*tb esp USA* **eraser**) goma (*de borrar*)

rubber band n goma (elástica)

rubbish /ˈrʌbɪʃ/ (*USA* **garbage, trash**) n [*incontable*] **1** basura: *rubbish dump/tip* vertedero ☞ *Ver dibujo en* BIN **2** (*pey*) (*fig*) tonterías

rubble /ˈrʌbl/ n [*incontable*] escombros

ruby /ˈruːbi/ n (*pl* **-ies**) rubí

rucksack /ˈrʌksæk/ (*esp USA* **backpack**) n mochila ☞ *Ver dibujo en* MALETA

rudder /ˈrʌdə(r)/ n timón

rude /ruːd/ adj (**ruder, rudest**) **1** grosero, maleducado: *to be rude to do sth* ser de mala educación hacer algo **2** indecente **3** (*chiste, etc.*) verde **4** tosco

rudimentary /ˌruːdɪˈmentri/ adj rudimentario

ruffle /ˈrʌfl/ vt **1** (*superficie*) agitar **2** (*pelo*) alborotar **3** (*plumas*) encrespar **4** (*tela*) arrugar **5** perturbar, desconcertar

rug /rʌg/ n **1** alfombra **2** manta de viaje

rugby /ˈrʌgbi/ n rugby

rugged /ˈrʌgɪd/ adj **1** (*terreno*) escabroso, accidentado **2** (*montaña*) escarpado **3** (*facciones*) duro

ruin /ˈruːɪn/ ◆ n (*lit y fig*) ruina ◆ vt **1** arruinar, destrozar **2** estropear, malograr

rule /ruːl/ ◆ n **1** regla, norma **2** costumbre **3** imperio, dominio, gobierno **4** (*gobierno*) mandato **5** (*de monarca*) reinado LOC **as a (general) rule** en general, por regla general ◆ **1** vt, vi ~ (**over sth/sb**) (*Pol*) gobernar (algo/a algn) **2** vt dominar, regir **3** vt, vi (*Jur*) fallar, decidir **4** vt (*línea*) trazar
PHR V **to rule sth/sb out (as sth)** descartar algo/a algn (por algo)

ruler /ˈruːlə(r)/ n **1** gobernante **2** (*instrumento*) regla

ruling /ˈruːlɪŋ/ ◆ adj **1** imperante **2** (*Pol*) en el poder ◆ n fallo

rum /rʌm/ n ron

rumble /ˈrʌmbl/ ◆ vi **1** retumbar, hacer un ruido sordo **2** (*estómago*) sonar ◆ n estruendo, ruido sordo

rummage /ˈrʌmɪdʒ/ vi **1** ~ **about/around** revolver, rebuscar **2** ~ **among/in/through sth (for sth)** revolver, hurgar (en) algo (en busca de algo)

u	ɒ	ɔː	ɜː	ə	j	w	eɪ	əʊ
situation	got	saw	fur	ago	yes	woman	pay	go

rumour (*USA* rumor) /ˈruːmə(r)/ *n* rumor: *Rumour has it that...* Hay rumores de que...

rump /rʌmp/ *n* **1** grupa, ancas **2** (*tb* **rump steak**) (filete de) cadera

run /rʌn/ ◆ (**-nn-**) (*pret* **ran** /ræn/ *pp* **run**) **1** *vt, vi* correr: *I had to run to catch the bus.* Tuve que correr para coger el autobús. ◊ *I ran nearly ten kilometres.* He corrido casi diez kilómetros. **2** *vt, vi* recorrer: *to run your fingers through sb's hair* pasar los dedos por el pelo de algn ◊ *to run your eyes over sth* echar un vistazo a algo ◊ *She ran her eye around the room.* Recorrió la habitación con la mirada. ◊ *A shiver ran down her spine.* Un escalofrío le recorrió la espalda. ◊ *The tears ran down her cheeks.* Las lágrimas le corrían por las mejillas. **3** *vt, vi* (*máquina, sistema, organización*) (hacer) funcionar: *Everything is running smoothly.* Todo marcha sobre ruedas. ◊ *Run the engine for a few minutes before you start.* Ten el motor en marcha unos minutos antes de arrancar. **4** *vi* extenderse: *The cable runs the length of the wall.* El cable recorre todo el largo de la pared. ◊ *A fence runs round the field.* Una valla circunda el prado. **5** *vi* (*autobús, tren, etc.*): *The buses run every hour.* Hay un autobús cada hora. ◊ *The train is running an hour late.* El tren lleva una hora de retraso. **6** *vt* llevar (*en coche*): *Can I run you to the station?* ¿Te puedo llevar a la estación? **7** *vt: to run a bath* preparar un baño **8** *vi: to leave the tap running* dejar el grifo abierto **9** *vi* (*nariz*) gotear **10** *vi* (*tinte*) desteñir **11** *vt* (*negocio, etc.*) administrar, dirigir **12** *vt* (*servicio, curso, etc.*) organizar, ofrecer **13** *vt* (*Informát*) ejecutar **14** **to run (for...)** (*Teat*) representarse (durante...) **15** *vt* (*vehículo*) mantener: *I can't afford to run a car.* No me puedo permitir mantener un coche. **16** *vi* **to run (for sth)** (*Pol*) presentarse como candidato (a algo) **17** *vt* (*Period*) publicar

LOC **to run dry** secarse **to run for it** echar a correr **to run in the family** ser de familia **to run out of steam** (*coloq*) perder el ímpetu **to run riot** desmandarse **to run the risk (of doing sth)** correr el riesgo/peligro (de hacer algo) *Ver tb* DEEP, TEMPERATURE, WASTE

PHR V **to run about/around** corretear

to run across sth/sb toparse con algo/algn

to run after sb perseguir a algn

to run at sth: *Inflation is running at 25%.* La inflación alcanza el 25%.

to run away (from sth/sb) huir (de algo/algn)

to run sth/sb down 1 atropellar algo/a algn **2** menospreciar algo/a algn

to run into sth/sb 1 encontrarse con algo/algn (*por casualidad*) **2** chocarse con/contra algo, atropellar a algn **to run sth into sth:** *He ran the car into a tree.* Se chocó contra un árbol.

to run off (with sth) huir, escaparse (con algo)

to run out 1 caducar **2** acabarse, agotarse **to run out of sth** quedarse sin algo

to run sb over atropellar a algn

◆ *n* **1** carrera: *to go for a run* salir a correr ◊ *to break into a run* echar a correr **2** paseo (*en coche, etc.*) **3** periodo: *a run of bad luck* una temporada de mala suerte **4** (*Teat*) temporada **LOC to be on the run** haberse fugado/estar huido de la justicia *Ver tb* BOLT², LONG¹

runaway /ˈrʌnəweɪ/ ◆ *adj* **1** fugitivo **2** fuera de control **3** *runaway inflation* inflación galopante ◊ *a runaway success* un éxito aplastante ◆ *n* fugitivo, -a

run-down /ˌrʌn ˈdaʊn/ *adj* **1** (*edificio*) en un estado de abandono **2** (*persona*) desmejorado

rung¹ *pp de* RING²

rung² /rʌŋ/ *n* peldaño

runner /ˈrʌnə(r)/ *n* corredor, -ora

runner-up /ˌrʌnər ˈʌp/ *n* (*pl* **-s-up** /ˌrʌnəz ˈʌp/) subcampeón, -ona

running /ˈrʌnɪŋ/ ◆ *n* **1** *to go out running* salir a correr **2** funcionamiento **3** organización **LOC to be in/out of the running (for sth)** (*coloq*) tener/no tener posibilidades (de conseguir algo) ◆ *adj* **1** continuo **2** consecutivo: *four days running* cuatro días seguidos **3** (*agua*) corriente **LOC** *Ver* ORDER

runny /ˈrʌni/ *adj* (**-ier, -iest**) (*coloq*) **1** líquido **2** *to have a runny nose* tener moquita

run-up /ˈrʌn ʌp/ *n* ~ **(to sth)** periodo previo (a algo)

runway /ˈrʌnweɪ/ *n* pista (*de aterrizaje*)

rupture /ˈrʌptʃə(r)/ ◆ *n* (*formal*) ruptura ◆ *vt, vi* desgarrarse

aɪ	aʊ	ɔɪ	ɪə	eə	ʊə	ʒ	h	ŋ
f**i**ve	n**ow**	j**oi**n	n**ea**r	h**air**	p**ure**	vi**si**on	**h**ow	si**ng**

rural /ˈrʊərəl/ adj rural

rush /rʌʃ/ ♦ **1** vi ir con prisa, apresurarse: *They rushed out of school.* Salieron corriendo del colegio. ◊ *They rushed to help her.* Se apresuraron a ayudarla. **2** vi actuar precipitadamente **3** vt meterle prisa a: *Don't rush me!* ¡No me metas prisa! **4** vt llevar deprisa: *He was rushed to hospital.* Le llevaron al hospital con la mayor urgencia. ♦ n **1** [sing] precipitación: *There was a rush to the exit.* La gente se precipitó hacia la salida. **2** (coloq) prisa: *I'm in a terrible rush.* Tengo una prisa loca. ◊ *There's no rush.* No corre prisa. ◊ the rush hour la hora punta

rust /rʌst/ ♦ n óxido ♦ vt, vi oxidar(se)

rustic /ˈrʌstɪk/ adj rústico

rustle /ˈrʌsl/ ♦ vt, vi (hacer) crujir, (hacer) susurrar PHR V **to rustle sth up** (coloq) preparar algo: *I'll rustle up some coffee for you.* En seguida te preparo un café. ♦ n crujido, susurro, frufrú

rusty /ˈrʌsti/ adj (-ier, -iest) **1** oxidado **2** (fig) falto de práctica

rut /rʌt/ n rodada LOC **to be (stuck) in a rut** estar estancado

ruthless /ˈruːθləs/ adj despiadado, implacable **ruthlessly** adv despiadadamente **ruthlessness** crueldad, implacabilidad

Ss

S, s /es/ n (pl **S's**, **s's** /ˈesɪz/) S, s: *S for sugar* S de Susana *Ver ejemplos en* A, A

the Sabbath /ˈsæbəθ/ n **1** (de los cristianos) domingo **2** (de los judíos) sábado

sabotage /ˈsæbətɑːʒ/ ♦ n sabotaje ♦ vt sabotear

saccharin /ˈsækərɪn/ n sacarina

sachet /ˈsæʃeɪ/ USA sæˈʃeɪ/ n bolsita, sobrecito

sack¹ /sæk/ n costal, saco

sack² /sæk/ vt (esp GB, coloq) despedir **the sack** n despido: *to give sb the sack* despedir a algn ◊ *to get the sack* ser despedido

sacred /ˈseɪkrɪd/ adj sagrado, sacro

sacrifice /ˈsækrɪfaɪs/ ♦ n sacrificio: *to make sacrifices* hacer sacrificios/sacrificarse ♦ vt ~ **sth (to/for sth/sb)** sacrificar algo (por algo/algn)

sacrilege /ˈsækrəlɪdʒ/ n sacrilegio

sad /sæd/ adj (sadder, saddest) **1** triste **2** (situación) lamentable **3** (argot, pey): *'She spends all weekend playing computer games.' 'That's so sad!'* —Se pasa el fin de semana entero con los videojuegos. —¡Es de pena! ◊ *He's so sad wearing shirts like that!* ¡Qué camisas más horteras lleva siempre! **sadden** vt entristecer

saddle /ˈsædl/ ♦ n **1** (para caballo) silla **2** (para bicicleta o moto) sillín ♦ vt **1** ensillar **2** ~ **sb with sth** hacer cargar a algn con algo

sadism /ˈseɪdɪzəm/ n sadismo

sadly /ˈsædli/ adv **1** tristemente, con tristeza **2** lamentablemente, desafortunadamente

sadness /ˈsædnəs/ n tristeza, melancolía

safari /səˈfɑːri/ n (pl ~s) safari

safe¹ /seɪf/ adj (safer, safest) **1** ~ (from sth/sb) a salvo (de algo/algn) **2** seguro: *Your secret is safe with me.* Tu secreto está seguro conmigo. **3** ileso **4** (conductor) prudente LOC **safe and sound** sano y salvo **to be on the safe side** por si acaso: *It's best to be on the safe side.* Es mejor no correr riesgos. *Ver tb* BETTER **safely** adv **1** sin novedad, sin ningún percance **2** tranquilamente, sin peligro: *safely locked away* guardado bajo llave en un lugar seguro

safe² /seɪf/ n caja fuerte

safeguard /ˈseɪfɡɑːd/ ♦ n ~ (against sth) salvaguarda, protección (contra algo) ♦ vt ~ **sth/sb (against sth/sb)** proteger algo/a algn (de algo/algn)

safety /ˈseɪfti/ n seguridad

safety belt n cinturón de seguridad

tʃ	dʒ	v	θ	ð	s	z	ʃ
chin	June	van	thin	then	so	zoo	she

safety net n 1 red de seguridad 2 red de protección

safety pin n imperdible ☞ Ver dibujo en PIN

safety valve n válvula de seguridad

sag /sæg/ vi (-gg-) 1 (cama, sofá) hundirse 2 (madera) combarse, doblarse

Sagittarius /ˌsædʒɪˈteəriəs/ n sagitario ☞ Ver ejemplos en AQUARIUS

said pret, pp de SAY

sail /seɪl/ ♦ n vela LOC Ver SETᵃ ♦ 1 vi navegar: to sail around the world dar la vuelta al mundo en barco ◊ to go sailing navegar a vela 2 vt pilotar (un barco) 3 vi ~ (from...) (for/to...) salir (desde...) (para...): The ship sails at noon. El barco zarpa a las doce del mediodía. 4 vi (objeto) volar PHR V to sail through (sth) hacer algo sin dificultad: She sailed through her exams. Aprobó los exámenes como si nada.

sailing /ˈseɪlɪŋ/ n 1 vela 2 There are three sailings a day. Hay tres salidas diarias.

sailing boat n velero

sailor /ˈseɪlə(r)/ n marinero, marino

saint /seɪnt, snt/ n (abrev St) san, santo, -a: Saint Bernard/Teresa San Bernardo/Santa Teresa

sake /seɪk/ n LOC for God's, goodness', Heaven's, etc. sake por (el amor de) Dios for sth's/sb's sake; for the sake of sth/sb por algo/algn, por (el) bien de algo/algn

salad /ˈsæləd/ n ensalada

salary /ˈsæləri/ n (pl -ies) salario, sueldo (mensual) ☞ Comparar con WAGE

sale /seɪl/ n 1 venta: sales department servicio de ventas 2 rebajas: to hold/ have a sale tener rebajas 3 subasta LOC for sale en venta: For sale. Se vende. on sale a la venta

salesman /ˈseɪlzmən/ n (pl -men /-mən/) vendedor, dependiente ☞ Ver nota en POLICÍA

salesperson /ˈseɪlzpɜːsn/ n (pl -people) vendedor, -ora, dependiente, -a

saleswoman /ˈseɪlzwʊmən/ n (pl -women) vendedora, dependienta ☞ Ver nota en POLICÍA

saliva /səˈlaɪvə/ n saliva

salmon /ˈsæmən/ n (pl salmon) salmón

salon /ˈsælɒn; USA səˈlɒn/ n salón (de belleza)

saloon /səˈluːn/ n 1 salón (de barco,

etc.) 2 (USA) bar 3 (tb saloon car) (GB) automóvil de cuatro/cinco puertas

salt /sɔːlt/ n sal **salted** adj salado **salty** (-ier, -iest) (tb salt) adj salado

saltwater /ˈsɔːltwɔːtə(r)/ adj de agua salada

salutary /ˈsæljətri; USA -teri/ adj saludable

salute /səˈluːt/ ♦ vt, vi (formal) saludar (a un militar) ☞ Comparar con GREET ♦ n 1 saludo 2 salva

salvage /ˈsælvɪdʒ/ ♦ n salvamento ♦ vt recuperar

salvation /sælˈveɪʃn/ n salvación

same /seɪm/ ♦ adj mismo, igual (idéntico): the same thing lo mismo ◊ I left that same day. Salí ese mismo día. ☞ A veces se usa para dar énfasis a la oración: the very same man el mismísimo hombre. LOC at the same time 1 a la vez 2 no obstante, sin embargo to be in the same boat estar en el mismo barco ♦ the same adv de la misma manera, igual: to treat everyone the same tratar a todos de la misma manera ♦ pron the same (as sth/sb) el mismo, la misma, etc. (que algo/algn): I think the same as you. Pienso igual que tú. LOC all/just the same 1 de todos modos 2 It's all the same to me. Me da igual. same here (coloq) lo mismo digo (the) same to you igualmente

sample /ˈsɑːmpl; USA ˈsæmpl/ ♦ n muestra ♦ vt probar

sanatorium /ˌsænəˈtɔːriəm/ (USA tb **sanitarium** /ˌsænəˈteəriəm/) n (pl ~s o -ria /-riə/) sanatorio

sanction /ˈsæŋkʃn/ ♦ n 1 aprobación 2 sanción: to lift sanctions levantar sanciones ♦ vt dar el permiso para

sanctuary /ˈsæŋktʃuəri; USA -ueri/ n (pl -ies) santuario: The rebels took sanctuary in the church. Los rebeldes se refugiaron en la iglesia.

sand /sænd/ n 1 arena 2 [gen pl] playa

sandal /ˈsændl/ n sandalia

sandcastle /ˈsændkɑːsl; USA -kæsl/ n castillo de arena

sand dune (tb dune) n duna

sandpaper /ˈsændpeɪpə(r)/ n papel de lija

sandwich /ˈsænwɪdʒ; USA -wɪtʃ/ ♦ n bocadillo, sándwich ♦ vt apretujar (entre dos personas o cosas)

i:	i	ɪ	e	æ	ɑ:	ʌ	ʊ	u:
see	happy	sit	ten	hat	father	cup	put	too

sandy /ˈsændi/ adj (-ier, -iest) arenoso

sane /seɪn/ adj (saner, sanest) **1** cuerdo **2** juicioso

sang pret de SING

sanitarium (USA) Ver SANATORIUM

sanitary /ˈsænətri; USA -teri/ adj higiénico

sanitary towel n compresa

sanitation /ˌsænɪˈteɪʃn/ n saneamiento

sanity /ˈsænəti/ n **1** cordura **2** sensatez

sank pret de SINK

Santa Claus /ˈsæntə klɔːz/ (tb coloq **Santa**) n (esp USA) Papá Noel

sap /sæp/ ◆ n savia ◆ vt (-pp-) (energía, confianza) minar

sapphire /ˈsæfaɪə(r)/ adj, n (color) zafiro

sarcasm /ˈsɑːkæzəm/ n sarcasmo **sarcastic** /sɑːˈkæstɪk/ adj sarcástico

sardine /ˌsɑːˈdiːn/ n sardina

sash /sæʃ/ n fajín

sat pret, pp de SIT

satchel /ˈsætʃəl/ n cartera (de colegio)

satellite /ˈsætəlaɪt/ n satélite: satellite television/TV televisión por satélite **satellite dish** n antena parabólica

satin /ˈsætɪn; USA ˈsætn/ n raso

satire /ˈsætaɪə(r)/ n sátira **satirical** /səˈtɪrɪkl/ adj satírico

satisfaction /ˌsætɪsˈfækʃn/ n satisfacción

satisfactory /ˌsætɪsˈfæktəri/ adj satisfactorio

satisfy /ˈsætɪsfaɪ/ vt (pret, pp -fied) **1** (curiosidad) satisfacer **2** (condiciones, etc.) cumplir con **3** ~ **sb** (as to **sth**) convencer a algn (de algo) **satisfied** adj ~ (with **sth**) satisfecho (con algo) **satisfying** adj que satisface, gratificante: a satisfying meal una comida que te deja satisfecho

satsuma /sætˈsuːmə/ n mandarina

saturate /ˈsætʃəreɪt/ vt ~ **sth** (with **sth**) empapar algo (de algo): The market is saturated. El mercado está saturado. **saturation** n saturación

Saturday /ˈsætədeɪ, ˈsætədi/ n (abrev **Sat**) sábado ☞ Ver ejemplos en MONDAY

Saturn /ˈsætən/ n Saturno

sauce /sɔːs/ n salsa

handle   **saucepan**

frying pan   wok

lid

pressure cooker   pan/ saucepan   casserole

saucepan /ˈsɔːspən; USA -pæn/ n cazo, cacerola

saucer /ˈsɔːsə(r)/ n platillo ☞ Ver dibujo en TAZA

sauna /ˈsɔːnə, ˈsaʊnə/ n sauna

saunter /ˈsɔːntə(r)/ vi pasearse: He sauntered over to the bar. Fue hacia la barra con mucha tranquilidad.

sausage /ˈsɒsɪdʒ; USA ˈsɔːs-/ n salchicha, embutido

sausage roll n hojaldre relleno de carne de embutido

savage /ˈsævɪdʒ/ ◆ adj **1** salvaje **2** (perro) enfurecido **3** (ataque, régimen) brutal: savage budget cuts cortes terribles en el presupuesto ◆ vt atacar con ferocidad **savagery** n salvajismo

save /seɪv/ ◆ **1** vt ~ **sb** (from **sth**) salvar a algn (de algo) **2** vt, vi ~ (**sth**) (up) (for **sth**) (dinero) ahorrar (algo); (para algo) **3** vt, vi (Informal) guardar **4** vt ~ (**sb**) **sth** evitar (a algn) algo: That will save us a lot of trouble. Eso nos evitará muchos problemas. **5** vt (Dep) parar LOC to **save face** guardar las apariencias ◆ n parada (de balón)

saving /ˈseɪvɪŋ/ n ahorro: to make a saving of $5 ahorrar cinco dólares

saviour (USA **savior**) /ˈseɪvɪə(r)/ n salvador, -ora

savoury (USA **savory**) /ˈseɪvəri/ adj **1** (GB) salado **2** sabroso

saw¹ pret de SEE

saw² /sɔː/ ◆ n sierra ◆ vt, vi (pret **sawed** pp **sawn** /sɔːn/ (USA **sawed**)) serrar Ver tb CUT PHR V to **saw sth down** talar algo con una sierra to **saw sth off** (**sth**) cortar algo (de algo) con una sierra: a sawn-off shotgun una escopeta de cañones recortados to **saw sth up** serrar algo **sawdust** n serrín

saxophone /ˈsæksəfəʊn/ n saxofón

say /seɪ/ ◆ *vt* (3ª *persona sing* **says** /sez/ *pret, pp* **said** /sed/) **1 to say sth (to sb)** decir algo (a algn): *to say yes* decir que sí

Say suele utilizarse cuando se mencionan las palabras textuales o para introducir una oración en estilo indirecto precedida por **that**: *'I'll leave at nine', he said.* —Me marcho a las nueve, dijo. ◊ *He said that he would leave at nine.* Dijo que se marcharía a las nueve. **Tell** se utiliza para introducir una oración en estilo indirecto y tiene que ir seguido de un sustantivo, un pronombre o un nombre propio: *He told me that he would leave at nine.* Me dijo que se marcharía a las nueve. Con órdenes o consejos se suele usar **tell**: *I told them to hurry up.* Les dije que se dieran prisa. ◊ *She's always telling me what I ought to do.* Siempre me está diciendo lo que tengo que hacer.

2 digamos, pongamos (que): *Let's take any writer, say Dickens…* Pongamos por caso cualquier escritor, digamos Dickens… ◊ *Say there are 30 in a class…* Pongamos que hay 30 en una clase… **3** *What time does it say on that clock?* ¿Qué hora tiene ese reloj? ◊ *The map says the hotel is on the right.* El plano dice que el hotel está a la derecha. LOC **it goes without saying that…** ni que decir tiene que… **that is to say** es decir *Ver tb* DARE¹, FAREWELL, LET¹, NEEDLESS, SORRY, WORD ◆ *n* LOC **to have a/some say (in sth)** tener voz y voto (en algo) **to have your say** expresar su opinión

saying /'seɪɪŋ/ *n* dicho, refrán

scab /skæb/ *n* postilla

scaffold /'skæfəʊld/ *n* patíbulo

scaffolding /'skæfəldɪŋ/ *n* [*incontable*] andamiaje, andamio

scald /skɔːld/ ◆ *vt* escaldar ◆ *n* escaldadura **scalding** *adj* hirviendo

scale¹ /skeɪl/ *n* **1** (*gen, Mús*) escala: *a large-scale map* un mapa a gran escala ◊ *a scale model* una maqueta **2** alcance, magnitud, envergadura *Ver tb* SCALES LOC **to scale** a escala

scale² /skeɪl/ *n* escama *Ver tb* SCALES

scale³ /skeɪl/ *vt* escalar, trepar

scales /skeɪlz/ *n* [*pl*] balanza, báscula

scalp /skælp/ *n* cuero cabelludo

scalpel /'skælpəl/ *n* bisturí

scamper /'skæmpə(r)/ *vi* corretear

scampi /'skæmpi/ *n* [*pl*] gambas fritas rebozadas

scan /skæn/ ◆ *vt* (-nn-) **1** escudriñar, examinar **2** explorar con un escáner **3** echar un vistazo a ◆ *n* escáner, ecografía

scandal /'skændl/ *n* **1** escándalo **2** chisme **3 a scandal** [*sing*] una vergüenza **scandalize, -ise** *vt* escandalizar **scandalous** *adj* escandaloso

scanner /'skænə(r)/ *n* escáner (*aparato*)

scant /skænt/ *adj* (*formal*) escaso **scanty** *adj* (-ier, -iest) escaso **scantily** *adv* escasamente: *scantily dressed* ligero de ropa

scapegoat /'skeɪpgəʊt/ *n* chivo expiatorio: *She has been made a scapegoat for what happened.* Ha cargado con las culpas por lo que pasó.

scar /skɑː(r)/ ◆ *n* cicatriz ◆ *vt* (-rr-) dejar una cicatriz en

scarce /skeəs/ *adj* (-er, -est) escaso: *Food was scarce.* Los alimentos escaseaban.

scarcely /'skeəsli/ *adv* **1** apenas: *There were scarcely a hundred people present.* Apenas había un centenar de personas. **2** *You can scarcely expect me to believe that.* ¿Y esperas que me crea eso? *Ver tb* HARDLY

scarcity /'skeəsəti/ *n* (*pl* -ies) escasez

scare /skeə(r)/ ◆ *vt* asustar PHR V **to scare sb away/off** ahuyentar a algn ◆ *n* susto: *bomb scare* amenaza de bomba **scared** *adj*: *to be scared* estar asustado/ tener miedo ◊ *She's scared of the dark.* Le da miedo la oscuridad. LOC **to be scared stiff** (*coloq*) estar muerto de miedo *Ver tb* WIT

scarecrow /'skeəkrəʊ/ *n* espantapájaros

scarf /skɑːf/ *n* (*pl* ~s o **scarves** /skɑːvz/) **1** bufanda **2** pañuelo

scarlet /'skɑːlət/ *adj, n* escarlata

scary /'skeəri/ *adj* (-ier, -iest) (*coloq*) espeluznante

scathing /'skeɪðɪŋ/ *adj* **1** mordaz **2** feroz: *a scathing attack on…* un feroz ataque contra…

scatter /'skætə(r)/ **1** *vt, vi* dispersar(se) **2** *vt* esparcir **scattered** *adj* esparcido, disperso: *scattered showers* chubascos aislados

scavenge /'skævɪndʒ/ *vi* **1** (*animal, ave*) buscar carroña **2** (*persona*) rebuscar (*en la basura*) **scavenger** *n*

aɪ	aʊ	ɔɪ	ɪə	eə	ʊə	ʒ	h	ŋ
f**i**ve	n**ow**	j**oi**n	n**ea**r	h**air**	p**ure**	vi**si**on	**h**ow	si**ng**

1 animal/ave de carroña **2** persona que rebusca en las basuras

scenario /sə'nɑːriəʊ; *USA* -'nær-/ *n* (*pl* ~s) **1** (*Teat*) argumento **2** (*fig*) marco hipotético

scene /siːn/ *n* **1** (*gen*, *Teat*) escena: *a change of scene* un cambio de aires **2** escenario: *the scene of the crime* el lugar del crimen **3** escándalo: *to make a scene* montar un escándalo **4 the scene** [*sing*] (*coloq*) el mundillo: *the music scene* la movida musical LOC *Ver* SET²

scenery /'siːnəri/ *n* [*incontable*] **1** paisaje **2** (*Teat*) decorado

La palabra **scenery** tiene un fuerte matiz positivo, tiende a usarse con adjetivos como *beautiful, spectacular, stunning*, etc. y se utiliza fundamentalmente para describir paisajes naturales.

Por otro lado, **landscape** suele referirse a paisajes construidos por el hombre: *an urban/industrial landscape* un paisaje urbano/industrial ◊ *Trees and hedges are typical features of the British landscape*. Los árboles y los setos son rasgos típicos del paisaje británico.

scenic /'siːnɪk/ *adj* pintoresco, panorámico

scent /sent/ *n* **1** olor (*agradable*) **2** perfume **3** rastro, pista **scented** *adj* perfumado

sceptic (*USA* **skeptic**) /'skeptɪk/ *n* escéptico, -a **sceptical** (*USA* **skep**-) *adj* ~ (**of/about sth**) escéptico (acerca de algo) **scepticism** (*USA* **skep**-) *n* escepticismo

schedule /'ʃedjuːl; *USA* 'skedʒʊl/ ♦ *n* **1** programa: *to be two months ahead of/behind schedule* llevar dos meses de adelanto/retraso con respecto al calendario previsto ◊ *to arrive on schedule* llegar a la hora prevista **2** (*USA*) horario ♦ *vt* programar: *scheduled flight* vuelo regular

scheme /skiːm/ ♦ *n* **1** plan, proyecto: *training scheme* programa de formación ◊ *savings/pension scheme* plan de ahorro/de pensiones **2** conspiración **3** *colour scheme* combinación de colores ♦ *vi* conspirar

schizophrenia /ˌskɪtsə'friːniə/ *n* esquizofrenia **schizophrenic** /ˌskɪtsə'frenɪk/ *adj*, *n* esquizofrénico, -a

scholar /'skɒlə(r)/ *n* **1** becario, -a **2** erudito, -a **scholarship** *n* **1** beca **2** erudición

school /skuːl/ *n* **1** colegio, escuela: *school age/uniform* edad/uniforme escolar *Ver tb* COMPREHENSIVE SCHOOL

Utilizamos las palabras **school**, **church** y **hospital** sin artículo cuando alguien va al colegio como alumno o profesor, a la iglesia para rezar, o al hospital como paciente: *She's gone into hospital.* La han ingresado en el hospital. ◊ *I enjoyed being at school.* Me gustaba ir al colegio. ◊ *We go to church every Sunday.* Vamos a misa todos los domingos. Usamos el artículo cuando nos referimos a estos sitios por algún otro motivo: *I have to go to the school to talk to John's teacher.* Tengo que ir a la escuela a hablar con el profesor de John. ◊ *She works at the hospital.* Trabaja en el hospital.

2 (*USA*) universidad **3** clases: *School begins at nine o'clock.* Las clases empiezan a las nueve. **4** facultad: *law school* facultad de derecho **5** (*Arte, Liter*) escuela LOC **school of thought** escuela de pensamiento

schoolboy /'skuːlbɔɪ/ *n* colegial

schoolchild /'skuːltʃaɪld/ *n* colegial, -ala

schoolgirl /'skuːlɡɜːl/ *n* colegiala

schooling /'skuːlɪŋ/ *n* educación, estudios

school leaver *n* chico, -a que acaba de terminar la escuela

schoolmaster /'skuːlmɑːstə(r)/ *n* (*antic*) maestro

schoolmistress /'skuːlmɪstrəs/ *n* (*antic*) maestra

schoolteacher /'skuːltiːtʃə(r)/ *n* profesor, -ora

science /'saɪəns/ *n* ciencia **scientific** *adj* científico **scientifically** *adv* científicamente **scientist** *n* científico, -a

science fiction (*tb coloq* **sci-fi** /'saɪ ˌfaɪ/) *n* ciencia ficción

scissors /'sɪzəz/ *n* [*pl*] tijeras: *a pair of scissors* unas tijeras ☞ *Ver nota en* TIJERA

scoff /skɒf; *USA* skɔːf/ *vi* ~ (**at sth/sb**) mofarse (de algo/algn)

scold /skəʊld/ *vt* ~ **sb** (**for sth**) regañar a algn (por algo)

scoop /skuːp/ ♦ *n* **1** pala: *ice cream scoop* cuchara para servir el helado **2** cucharada: *a scoop of ice cream* una bola de helado **3** (*Period*) primicia ♦ *vt* cavar, sacar (*con pala*) PHR V **to scoop sth out** sacar algo (*con la mano, una cuchara, etc.*)

scooter /ˈskuːtə(r)/ *n* **1** Vespa®, Vespino® **2** patinete

scope /skəʊp/ *n* **1** ~ **(for sth/to do sth)** potencial (para algo/para hacer algo) **2** ámbito, alcance: *within/beyond the scope of this dictionary* dentro/más allá del ámbito de este diccionario

scorch /skɔːtʃ/ *vt, vi* chamuscar(se), quemar(se) **scorching** *adj* abrasador

score /skɔː(r)/ ◆ *n* **1** tanteo: *to keep the score* llevar la cuenta de los tantos ◊ *The final score was 4-3.* El resultado final fue de 4-3. **2** (*Educ*) puntuación **3 scores** [*pl*] montones **4** (*Mús*) partitura **5** veintena LOC **on that score** en ese sentido ◆ *vt, vi* (*Dep*) marcar **2** *vt* (*Educ*) sacar **scoreboard** *n* marcador

scorn /skɔːn/ ◆ *n* ~ **(for sth/sb)** desdén (hacia algo/algn) ◆ *vt* desdeñar **scornful** *adj* desdeñoso

Scorpio /ˈskɔːpiəʊ/ *n* (*pl* ~s) escorpio ☛ *Ver ejemplos en* AQUARIUS

scorpion /ˈskɔːpiən/ *n* escorpión

Scotch /skɒtʃ/ *n* whisky escocés

scour /ˈskaʊə(r)/ *vt* **1** fregar **2** ~ **sth (for sth/sb)** registrar, recorrer algo (en busca de algo/algn)

scourge /skɜːdʒ/ *n* azote

scout /skaʊt/ *n* **1** (*Mil*) explorador **2** (*tb* Scout, Boy Scout) scout

scowl /skaʊl/ ◆ *n* ceño fruncido ◆ *vi* mirar con el ceño fruncido

scrabble /ˈskræbl/ *v* PHR V **to scrabble about (for sth)** escarbar (en busca de algo)

scramble /ˈskræmbl/ ◆ *vi* **1** trepar **2** ~ **(for sth)** pelearse (por algo) ◆ *n* [*sing*] ~ **(for sth)** barullo (por algo)

scrambled eggs *n* [*pl*] huevos revueltos, revuelto

scrap /skræp/ ◆ *n* **1** pedazo: *a scrap of paper* un pedazo de papel ◊ *scraps (of food)* sobras **2** [*incontable*] chatarra: *scrap paper* papel para apuntes **3** [*sing*] (*fig*) pizca **4** (*coloq*) pelea ◆ (-**pp**-) **1** *vt* descartar, desechar **2** *vi* (*coloq*) pelearse **scrapbook** /ˈskræpbʊk/ *n* álbum de recortes

scrape /skreɪp/ ◆ **1** *vt* raspar **2** *vi* ~ **(against sth)** rozar (contra algo) PHR V **to scrape sth away/off** quitar algo raspando **to scrape in; to scrape into sth** conseguir algo por los pelos: *She just scraped into university.* Entró en la universidad por los pelos. **to scrape sth off (sth)** quitar algo (de algo) raspando **to scrape through (sth)** aprobar (algo) por los pelos **to scrape sth together/up** reunir algo a duras penas ◆ *n* raspadura

scratch /skrætʃ/ ◆ **1** *vt, vi* arañar(se) **2** *vt, vi* rascarse **3** *vt* rayar PHR V **to scratch sth away, off, etc.** quitar algo de algo raspándolo ◆ *n* **1** rasguño, arañazo **2** [*sing*]: *The dog gave itself a good scratch.* El perro se rascó de lo lindo. LOC **(to be/come) up to scratch** (estar/llegar) a la altura **(to start sth) from scratch** (empezar algo) de cero

scrawl /skrɔːl/ ◆ **1** *vt* garabatear **2** *vi* hacer garabatos ◆ *n* [*sing*] garabato

scream /skriːm/ ◆ **1** *vt* gritar **2** *vi* chillar: *to scream with excitement* gritar de emoción ◆ *n* **1** chillido, grito: *a scream of pain* un grito de dolor **2** [*sing*] (*coloq*) algo/algn divertidísimo

screech /skriːtʃ/ ◆ *vi* chillar, chirriar ◆ *n* [*sing*] chillido, chirrido

screen /skriːn/ *n* **1** pantalla **2** biombo

screen saver *n* protector de pantalla, salvapantallas

screw /skruː/ ◆ *n* tornillo ◆ *vt* **1** atornillar, fijar con tornillos **2** enroscar PHR V **to screw sth up 1** (*papel*) hacer una pelota con algo **2** (*cara*) torcer algo **3** (*coloq*) (*planes, situación, etc.*) jorobar algo

screwdriver /ˈskruːdraɪvə(r)/ *n* destornillador

scribble /ˈskrɪbl/ ◆ **1** *vt* garabatear **2** *vi* hacer garabatos ◆ *n* [*incontable*] garabatos

script /skrɪpt/ *n* **1** guion **2** letra **3** escritura ◆ *vt* escribir el guion para

scripture /ˈskrɪptʃə(r)/ (*tb* Scripture/ the Scriptures) *n* las Sagradas Escrituras

scroll /skrəʊl/ ◆ *n* **1** pergamino **2** rollo de papel ◆ *vi* (*Informát*) desplazarse (por el documento) PHR V **to scroll down/up** desplazarse hacia abajo/arriba (por el documento)

scrounge /skraʊndʒ/ *vt, vi* ~ **(sth) (off sb)** (*coloq*) gorronear (algo) (a algn): *Can I scrounge a cigarette off you?* ¿Te puedo gorronear un cigarro?

scrub¹ /skrʌb/ *n* [*incontable*] matorrales

scrub² /skrʌb/ ◆ *vt* (-**bb**-) fregar ◆ *n*:

Give your nails a good scrub. Cepíllate bien las uñas.

scruff /skrʌf/ n LOC **by the scruff of the neck** por el cogote

scruffy /'skrʌfi/ adj (-ier, -iest) (coloq) desaliñado

scrum /skrʌm/ n melé

scruples /'skru:plz/ n [pl] escrúpulos

scrupulous /'skru:pjələs/ adj escrupuloso **scrupulously** adv escrupulosamente: *scrupulously clean* impecable

scrutinize, -ise /'skru:tənaɪz/ vt 1 examinar 2 inspeccionar

scrutiny /'skru:təni/ n 1 examen 2 (Pol) escrutinio

scuba-diving /'sku:bə daɪvɪŋ/ n buceo con escafandra

scuff /skʌf/ vt hacer rayones en

scuffle /'skʌfl/ n 1 enfrentamiento 2 forcejeo

sculptor /'skʌlptə(r)/ n escultor, -ora

sculpture /'skʌlptʃə(r)/ n escultura

scum /skʌm/ n 1 espuma 2 escoria

scurry /'skʌri/ vi (pret, pp **scurried**) ir apresuradamente PHR V **to scurry about/around** 1 trajinar 2 corretear

scuttle /'skʌtl/ vi: *She scuttled back to her car.* Volvió a su coche a toda prisa. ◊ *to scuttle away/off* escabullirse

scythe /saɪð/ n guadaña

sea /si:/ n 1 mar: *sea creatures* animales marinos ◊ *the sea air/breeze* la brisa marina ◊ *sea port* puerto marítimo ☞ *Ver nota en* MAR 2 **seas** [pl] mar: *heavy/rough seas* mar gruesa 3 ~ **of sth** mar de algo: *a sea of people* una multitud de gente LOC **at sea** en el mar **to be all at sea** estar en medio de un mar de dudas

sea bed n lecho marino

seafood /'si:fu:d/ n [incontable] marisco

seagull /'si:gʌl/ n gaviota

seal¹ /si:l/ n foca

seal² /si:l/ ◆ n sello ◆ vt 1 sellar 2 (documento) lacrar 3 (sobre) cerrar PHR V **to seal sth off** precintar algo

sea level n nivel del mar

seam /si:m/ n 1 costura 2 filón

search /sɜ:tʃ/ ◆ 1 vi ~ **(for sth)** buscar (algo) 2 vt ~ **sth/sb (for sth)** registrar algo/a algn (en busca de algo): *They searched the house for drugs.* Registraron la casa en busca de drogas. 3 vt ~ **sth for sth** buscar

algo en algo: *to search the Internet for information* buscar información en internet ◆ n 1 ~ **(for sth/sb)** búsqueda (de algo/algn) 2 (policial) registro: *search warrant* orden de registro **searching** adj penetrante

search engine n (Informát) buscador

searchlight /'sɜ:tʃlaɪt/ n (foco) reflector

seashell /'si:ʃel/ n concha marina

seashore /'si:ʃɔ:(r)/ n orilla del mar

seasick /'si:sɪk/ adj mareado'

seaside /'si:saɪd/ n 1 playa 2 costa

season¹ /'si:zn/ n 1 estación 2 temporada: *season ticket* abono de temporada LOC **in season** que está en temporada *Ver tb* MATING **seasonal** adj 1 propio de la estación 2 (trabajo) de temporada

season² /'si:zn/ vt condimentar, sazonar **seasoned** adj 1 condimentado 2 (persona) con mucha experiencia **seasoning** n condimento

seat /si:t/ ◆ n 1 (coche) asiento 2 (parque) banco 3 (teatro) butaca 4 (avión) plaza 5 (Pol) escaño 6 (Pol) circunscripción electoral LOC (Ver DRIVER ◆ vt tener cabida para: *The stadium can seat 5 000 people.* El estadio tiene cabida para 5.000 personas.

seat belt (tb safety belt) n cinturón de seguridad

seating /'si:tɪŋ/ n [incontable] asientos

seaweed /'si:wi:d/ n [incontable] alga

secluded /sɪ'klu:dɪd/ adj 1 (lugar) apartado 2 (vida) retirado **seclusion** n 1 aislamiento 2 soledad

second (abrev **2nd**) /'sekənd/ ◆ adj segundo LOC **second thoughts**: *We had second thoughts.* Lo reconsideramos. ◊ *On second thoughts...* Pensándolo bien... ◆ pron, adv el segundo, la segunda, los segundos, las segundas ◆ n 1 **the second** el (día) dos 2 (tb **second gear**) segunda 3 (tiempo) segundo: *the second hand* el segundero ☞ *Ver ejemplos en* FIFTH ◆ vt secundar

secondary /'sekəndri/ adj secundario

secondary school n escuela de secundaria: *She's at secondary school.* Está en secundaria.

second-best /ˌsekənd 'best/ adj 1 segundo mejor 2 inferior

second class /ˌsekənd 'klɑ:s/ ◆ n 1 segunda (clase) 2 correo de franqueo

normal ☞ *Ver nota en* STAMP ◆ *adv*
1 en segunda (clase): *to travel second
class* viajar en segunda **2** *to send sth
second class* mandar algo por correo
normal **second-class** *adj* **1** de segunda
clase, de segunda categoría **2** de
segunda (clase): *a second-class ticket* un
billete de segunda **3** *a second-class
stamp* un sello de franqueo normal
second-hand /ˌsekənd ˈhænd/ *adj,
adv* de segunda mano
secondly /ˈsekəndli/ *adv* en segundo
lugar
second-rate /ˌsekənd ˈreɪt/ *adj* de
segunda fila
secret /ˈsiːkrət/ *adj, n* secreto **secrecy**
n **1** secretismo **2** confidencialidad
secretarial /ˌsekrəˈteəriəl/ *adj* **1** (*personal*) administrativo **2** (*trabajo*) de
secretario, -a
secretary /ˈsekrətri; *USA* -rəteri/ *n* (*pl
-ies*) **1** secretario, -a **2** (*GB*) *Ver*
SECRETARY OF STATE
Secretary of State *n* **1** (*GB*)
ministro, -a ☞ *Ver nota en* MINISTRO **2**
(*USA*)

El secretario de Estado norteamericano es el equivalente al
ministro de Asuntos Exteriores.

secrete /sɪˈkriːt/ *vt* (*formal*) **1** segregar **2** ocultar **secretion** *n* secreción
secretive /ˈsiːkrətɪv/ *adj* reservado
secretly /ˈsiːkrətli/ *adv* en secreto
sect /sekt/ *n* secta
sectarian /sekˈteəriən/ *adj* sectario
section /ˈsekʃn/ *n* **1** sección, parte
2 (*carretera*) tramo **3** (*sociedad*) sector
4 (*ley, código*) artículo
sector /ˈsektə(r)/ *n* sector
secular /ˈsekjələ(r)/ *adj* laico
secure /sɪˈkjʊə(r)/ ◆ *adj* **1** seguro **2**
(*prisión*) de alta seguridad ◆ *vt* **1** fijar **2**
(*acuerdo, contrato*) conseguir **securely**
adv firmemente **security** *n* (*pl -ies*) **1**
seguridad **2** (*préstamo*) fianza
security guard *n* guardia jurado
sedate /sɪˈdeɪt/ ◆ *adj* serio ◆ *vt* sedar
sedation *n* sedación LOC **to be under
sedation** estar bajo los efectos de cal-
mantes **sedative** /ˈsedətɪv/ *adj, n*
sedante
sedentary /ˈsedntri; *USA* -teri/ *adj*
sedentario
sediment /ˈsedɪmənt/ *n* sedimento
sedition /sɪˈdɪʃn/ *n* sedición

seduce /sɪˈdjuːs; *USA* -ˈduːs/ *vt* seducir
seduction *n* seducción **seductive** *adj*
seductor
see /siː/ (*pret* saw /sɔː/ *pp* seen /siːn/)
1 *vt, vi* ver: *I saw a programme on TV
about that.* Vi un programa en la tele
sobre eso. ◊ *to go and see a film* ir a ver
una película ◊ *She'll never see again.*
No volverá a ver nunca. ◊ *See page 158.*
Véase la página 158. ◊ *Go and see if the
postman's been.* Ve a ver si ha llegado el
correo. ◊ *Let's see.* Vamos a ver. ◊ *I'm
seeing Sue tonight.* He quedado con Sue
esta noche. ☞ *Ver nota en* VER **2** *vt*
acompañar: *He saw her to the door.* La
acompañó hasta la puerta. **3** *vi* encargarse: *I'll see that it's done.* Ya me
encargaré de que se haga. **4** *vt, vi*
comprender LOC **seeing that...** en vista
de que... **see you (around); see you
later** (*coloq*) hasta luego **you see** (*coloq*)
¿ves? ☞ Para otras expresiones con
see, véanse las entradas del sustantivo,
adjetivo, etc., p. ej. **to make sb see
reason** en REASON. PHR V **to see about
sth/doing sth** encargarse de algo/
hacer algo **to see sb off 1** ir a despedir
a algn **2** echar a algn **to see through
sth/sb** calar algo/a algn **to see to sth**
ocuparse de algo
seed /siːd/ *n* **1** semilla, simiente
2 (*Dep*) cabeza de serie
seedy /ˈsiːdi/ (*-ier, -iest*) sórdido
seek /siːk/ (*pret, pp* sought /sɔːt/)
(*formal*) **1** *vt, vi* ~ (**after/for**) **sth/sb**
buscar algo/a algn **2** *vi* ~ **to do sth**
intentar hacer algo PHR V **to seek sth/
sb out** buscar y encontrar algo/a algn
seem /siːm/ *vi* parecer: *It seems that...*
Parece que... ☞ No se usa en tiempos
continuos. *Ver tb* APPEAR **2** **seemingly**
adv aparentemente
seen *pp de* SEE
seep /siːp/ *vi* filtrarse
seething /ˈsiːðɪŋ/ *adj* ~ (**with sth**) abarrotado (de algo)
see-through /ˈsiː θruː/ *adj* transparente
segment /ˈsegmənt/ *n* **1** (*Geom*) segmento **2** (*de naranja, etc.*) gajo
segregate /ˈsegrɪgeɪt/ *vt* ~ **sth/sb
(from sth/sb)** segregar algo/a algn (de
algo/algn)
seize /siːz/ *vt* **1** coger: *to seize hold of
sth* agarrar algo ◊ *We were seized by
panic.* El pánico se apoderó de nosotros. **2** (*armas, drogas, etc.*) incautarse

aɪ	aʊ	ɔɪ	ɪə	eə	ʊə	ʒ	h	ŋ
five	now	join	near	hair	pure	vision	how	sing

de **3** (*personas, edificios*) capturar
4 (*bienes*) embargar **5** (*control*) hacerse
con **6** (*oportunidad, etc.*) aprovechar: *to
seize the initiative* tomar la iniciativa
PHR V **to seize on/upon sth** aprovecharse de algo **to seize up** agarrotarse,
atascarse **seizure** /'siːʒə(r)/ *n* **1** (*de
contrabando, etc.*) incautación **2** captura
3 (*Med*) ataque

seldom /'seldəm/ *adv* rara vez: *We
seldom go out.* Rara vez salimos. ☞ *Ver
nota en* ALWAYS

select /sɪ'lekt/ ◆ *vt* ~ **sth/sb (as sth)**
elegir algo/a algn (como algo) ◆ *adj*
selecto **selection** *n* selección **selective**
adj ~ **(about sth/sb)** selectivo (en
cuanto a algo/a algn)

self /self/ *n* (*pl* **selves** /selvz/) ser:
She's her old self again. Es la misma de
siempre otra vez.

self-centred (*USA* **-centered**) /ˌself
'sentəd/ *adj* egocéntrico

self-confident /ˌself 'kɒnfɪdənt/ *adj*
seguro de sí mismo

self-conscious /ˌself 'kɒnʃəs/ *adj*
inseguro

self-contained /ˌself kən'teɪnd/ *adj*
(*piso*) completo

self-control /ˌself kən'trəul/ *n* auto-
control

self-defence (*USA* **self-defense**) /ˌself
dɪ'fens/ *n* defensa propia

self-determination /ˌself dɪˌtɜːmɪ-
'neɪʃn/ *n* autodeterminación

self-employed /ˌself ɪm'plɔɪd/ *adj*
(*trabajador*) autónomo

self-interest /ˌself 'ɪntrəst/ *n* interés
propio

selfish /'selfɪʃ/ *adj* egoísta

self-pity /ˌself 'pɪti/ *n* autocompasión

self-portrait /ˌself 'pɔːtreɪt, -trɪt/ *n*
autorretrato

self-raising flour /'self reɪzɪŋ flauə(r)/
n harina con levadura

self-respect /ˌself rɪ'spekt/ *n* dignidad

self-satisfied /ˌself 'sætɪsfaɪd/ *adj*
excesivamente satisfecho de sí mismo

self-service /ˌself 'sɜːvɪs/ *adj* autoservicio

sell /sel/ *vt, vi* (*pp, pret* **sold** /səuld/) ~
(at/for sth) vender(se) (a algo) LOC **to
be sold out (of sth)** haber agotado existencias (de algo) PHR V **to sell sth off**
vender algo a bajo precio **to sell out**
(*entradas*) agotarse

sell-by date /'sel baɪ deɪt/ *n* fecha de
caducidad

seller /'selə(r)/ *n* vendedor, -ora

selling /'selɪŋ/ *n* venta

Sellotape® /'seləteɪp/ ◆ *n* (*GB*) (*tb
sticky tape*) cinta adhesiva ◆ *vt* pegar
con cinta adhesiva

selves *plural de* SELF

semi /'semi/ *n* (*pl* **semis** /'semiz/) (*GB,
coloq*) adosado ☞ *Ver nota en* CASA

semicircle /'semisɜːkl/ *n* **1** semicírculo **2** semicircunferencia

semicolon /ˌsemi'kəulən; *USA* 'semik-/
n punto y coma ☞ *Ver págs 326-27.*

semi-detached /ˌsemi dɪ'tætʃt/ *adj*
adosado: *a semi-detached house* un
adosado ☞ *Ver nota en* CASA

semi-final /ˌsemi 'faɪnl/ *n* semifinal

seminar /'semɪnɑː(r)/ *n* seminario
(*clase*)

senate (*tb* **Senate**) /'senət/ *n* [*v sing o
pl*] **1** (*Pol*) senado **2** (*universidad*) junta
de gobierno **senator** (*tb* **Senator**)
/'senətə(r)/ *n* (*abrev* **Sen.**) senador, -ora

send /send/ *vt* (*pret, pp* **sent** /sent/)
1 enviar, mandar: *She was sent to bed
without any supper.* La mandaron a la
cama sin cenar. **2** hacer (que): *to send
sb to sleep* dormir a algn: *The story sent
shivers down my spine.* La historia me
dio escalofríos. ◊ *to send sb mad* volver
loco a algn LOC *Ver* LOVE
PHR V **to send for sb** llamar a algn,
mandar buscar a algn **to send (off) for
sth** pedir/encargar algo
to send sb in enviar a algn (*esp tropas,
policía, etc.*) **to send sth in** enviar algo:
I sent my application in last week. Envié
mi solicitud la semana pasada.
to send sb off (*Dep*) expulsar a algn **to
send sth off 1** echar algo al correo
2 despachar algo
to send sth out 1 (*rayos, etc.*) emitir
algo **2** (*invitaciones, etc.*) enviar algo
to send sth/sb up (*GB, coloq*) parodiar
algo/a algn **sender** *n* remitente

senile /'siːnaɪl/ *adj* senil **senility**
/sə'nɪləti/ *n* senilidad

senior /'siːniə(r)/ ◆ *adj* **1** superior:
senior partner socio mayoritario
2 padre: *John Brown, Senior* John
Brown, padre ◆ *n* mayor: *She is two
years my senior.* Me lleva dos años.
seniority /ˌsiːni'ɒrəti; *USA* -'ɔːr-/ *n*
antigüedad (*rango, años, etc.*)

tʃ	dʒ	v	θ	ð	s	z	ʃ
chin	June	van	thin	then	so	zoo	she

senior citizen *n* ciudadano de la tercera edad

sensation /sen'seɪʃn/ *n* sensación **sensational** *adj* **1** sensacional **2** (*pey*) sensacionalista

sense /sens/ ◆ *n* **1** sentido: *sense of smell/touch/taste* olfato/tacto/gusto ◊ *a sense of humour* sentido del humor ◊ *It gives him a sense of security.* Le hace sentirse seguro. **2** juicio, sensatez: *to come to your senses* recobrar el juicio ◊ *to make sb see sense* hacer que algn entre en razón LOC **in a sense** en cierto sentido **to make sense** tener sentido **to make sense of sth** descifrar algo **to see sense** entrar en razón ◆ *vt* **1** sentir, ser consciente de **2** (*máquina*) detectar

senseless /'senslǝs/ *adj* **1** insensato **2** sin sentido (*inconsciente*)

sensibility /ˌsensǝ'bɪlǝti/ *n* sensibilidad

sensible /'sensǝbl/ *adj* **1** sensato

Nótese que la palabra española "sensible" se traduce por **sensitive**.

2 (*decisión*) acertado **sensibly** *adv* **1** (*comportarse*) con prudencia **2** (*vestirse*) adecuadamente

sensitive /'sensǝtɪv/ *adj* **1** sensible

Nótese que la palabra inglesa **sensible** se traduce por "sensato": *She's very sensitive to criticism.* Es muy susceptible a la crítica.

2 (*asunto, piel*) delicado: *sensitive documents* documentos confidenciales **sensitivity** /ˌsensǝ'tɪvǝti/ *n* **1** sensibilidad **2** susceptibilidad **3** (*asunto, piel*) delicadeza

sensual /'senʃuǝl/ *adj* sensual **sensuality** /ˌsenʃu'ælǝti/ *n* sensualidad

sensuous /'senʃuǝs/ *adj* sensual

sent *pret, pp de* SEND

sentence /'sentǝns/ ◆ *n* **1** (*Gram*) frase, oración **2** sentencia: *a life sentence* cadena perpetua ◆ *vt* sentenciar, condenar

sentiment /'sentɪmǝnt/ *n* **1** sentimentalismo **2** sentimiento **sentimental** /ˌsentɪ'mentl/ *adj* **1** sentimental **2** sensiblero **sentimentality** /ˌsentɪmen'tælǝti/ *n* sentimentalismo, sensiblería

sentry /'sentri/ *n* (*pl* **-ies**) centinela

separate /'seprǝt/ ◆ *adj* **1** separado **2** distinto: *It happened on three separate occasions.* Ocurrió en tres ocasiones distintas. ◆ /'sepǝret/ **1** *vt, vi* separar(se) **2** *vt* dividir: *We separated the children*

into three groups. Dividimos a los niños en tres grupos. **separately** *adv* por separado **separation** *n* separación

September /sep'tembǝ(r)/ *n* (*abrev* **Sept**) se(p)tiembre ☞ *Ver nota y ejemplos en* JANUARY

sequel /'siːkwǝl/ *n* **1** secuela **2** (*película, libro, etc.*) continuación

sequence /'siːkwǝns/ *n* sucesión, serie

serene /sǝ'riːn/ *adj* sereno

sergeant /'sɑːdʒǝnt/ *n* sargento

serial /'sɪǝriǝl/ *n* serial, serie: *a radio serial* un serial radiofónico ☞ *Ver nota en* SERIES

series /'sɪǝriːz/ *n* (*pl* **series**) **1** serie **2** sucesión **3** (*Radio, TV*) serie: *a TV series* una serie de televisión

En inglés utilizamos la palabra **series** para referirnos a las series que tratan una historia diferente en cada episodio, y **serial** para referirnos a una sola historia dividida en capítulos.

serious /'sɪǝriǝs/ *adj* **1** serio: *Is he serious (about it)?* ¿Lo dice en serio? ◊ *to be serious about sb* ir en serio con algn **2** (*enfermedad, error, crimen*) grave **seriously** *adv* **1** en serio **2** gravemente **seriousness** *n* **1** seriedad **2** gravedad

sermon /'sɜːmǝn/ *n* sermón

servant /'sɜːvǝnt/ *n* criado, -a LOC *Ver* CIVIL

serve /sɜːv/ ◆ **1** *vt* ~ **sth (up) (to sb)** servir algo (a algn) **2** *vi* ~ **(with sth)** servir (en algo): *He served with the eighth squadron.* Sirvió en el octavo escuadrón. **3** *vt* (*cliente*) atender **4** *vt* (*condena*) cumplir **5** *vt, vi* ~ **(sth) (to sb)** (*deporte de raqueta*) sacar (algo) (a algn) LOC **to serve sb right**: *It serves them right!* Les está bien empleado. *Ver tb* FIRST PHR V **to serve sth out 1** servir algo **2** distribuir algo ◆ *n* saque: *Whose serve is it?* ¿A quién le toca sacar?

server /'sɜːvǝ(r)/ *n* **1** (*Informát*) servidor **2** (*Tenis*) jugador, -ora que tiene el saque **3** (*Cocina*) [*gen pl*] cubierto de servir: *salad servers* cubiertos de servir la ensalada

service /'sɜːvɪs/ ◆ *n* **1** servicio: *on active service* en servicio activo ◊ *10% extra for service* un 10% de recargo por servicio **2** (*Relig*) oficio: *morning service* el oficio de la mañana **3** (*de coche*) revisión **4** (*deporte de raqueta*)

iː	i	ɪ	e	æ	ɑː	ʌ	ʊ	uː
see	happy	sit	ten	hat	father	cup	put	too

coche) revisión **4** (*deporte de raqueta*) saque, servicio ◆ *vt* hacer la revisión a
service charge *n* servicio: *There's a 15% service charge.* Se cobra un 15% de servicio.
serviceman /'sɜːvɪsmən/ *n* (*pl* -men /-mən/) militar
service station *n* estación de servicio
servicewoman /'sɜːvɪswʊmən/ *n* (*pl* -women) militar
serviette /ˌsɜːviˈet/ *n* (*GB*) servilleta ☛ Se dice también **napkin**.
session /'seʃn/ *n* sesión
set¹ /set/ *n* **1** juego: *a set of saucepans* una batería de cocina **2** (*de personas*) círculo **3** (*Electrón*) aparato **4** (*Tenis*) set **5** (*Teat*) decorado **6** (*Cine*) plató **7** *a shampoo and set* lavar y marcar
set² /set/ (-tt-) (*pret, pp* set) **1** *vt* (*localizar*): *The film is set in Austria.* La película se desarrolla en Austria. **2** *vt* (*preparar*) poner: *I've set the alarm clock for seven.* He puesto el despertador para las siete. ◊ *Did you set the video to record that film?* ¿Has programado el vídeo para grabar esa película? **3** *vt* (*fijar*) establecer: *She's set a new world record.* Ha establecido un nuevo récord del mundo. ◊ *They haven't set a date for their wedding yet.* No han fijado la fecha de la boda todavía. ◊ *Can we set a limit to the cost of the trip?* ¿Podemos fijar un límite al coste del viaje? **4** *vt* (*cambio de estado*): *They set the prisoners free.* Pusieron en libertad a los prisioneros. ◊ *It set me thinking.* Me dio que pensar. **5** *vt* (*mandar*) poner: *We've been set a lot of homework today.* Hoy nos han puesto un montón de deberes. **6** *vi* (*el sol*) ponerse **7** *vi* cuajar, fraguar, endurecerse: *Put the jelly in the fridge to set.* Mete la gelatina en la nevera para que cuaje. **8** *vt* (*formal*) poner, colocar: *He set a bowl of soup in front of me.* Me puso un plato de sopa delante. **9** *vt* (*hueso roto*) escayolar **10** *vt* (*pelo*) marcar **11** *vt* engastar
LOC **to set a good/bad example (to sb)** dar buen/mal ejemplo (a algn) **to set a/the trend** marcar la tónica **to set fire to sth/to set sth on fire** prender fuego a algo **to set light to sth** prender fuego a algo **to set sail (to/for)** zarpar (rumbo a) **to set sth alight** pegar fuego a algo **to set the scene (for sth) 1** describir el escenario (para algo) **2** preparar el

terreno (para algo) **to set your heart on (having/doing) sth** poner el corazón en (tener/hacer) algo *Ver tb* BALL, MIND, MOTION, RECORD, RIGHT, WORK¹
PHR V **to set about (doing) sth** ponerse a hacer algo
to set off salir: *to set off on a journey* salir de viaje **to set sth off 1** hacer explotar algo **2** ocasionar algo
to set out 1 emprender un viaje **2** salir: *to set out from London* salir de Londres ◊ *They set out for Australia.* Salieron para Australia. **to set out to do sth** proponerse hacer algo
to set sth up 1 levantar algo **2** montar algo
set³ /set/ *adj* **1** situado **2** determinado LOC **to be all set (for sth/to do sth)** estar preparado (para algo/para hacer algo) *Ver tb* MARK³
setback /'setbæk/ *n* revés: *to suffer a setback* sufrir un revés
settee /se'tiː/ *n* sofá
setting /'setɪŋ/ *n* **1** montura **2** ambientación **3** [*sing*] (*del sol*) puesta
settle /'setl/ **1** *vi* establecerse, quedarse a vivir **2** *vi* ~ (on sth) posarse (en algo) **3** *vt* (*estómago*) asentar **4** *vt* ~ sth (with sb) (*disputa*) resolver algo (con algn) **5** *vt* (*cuenta*) pagar **6** *vi* (*sedimento*) depositarse PHR V **to settle down** acostumbrarse: *to marry and settle down* casarse y sentar la cabeza **to settle for sth** aceptar algo **to settle in/into sth** adaptar(se) a algo **to settle on sth** decidirse por algo **to settle up (with sb)** liquidar las cuentas (con algn) **settled** *adj* estable
settlement /'setlmənt/ *n* **1** acuerdo **2** colonización, poblado
settler /'setlə(r)/ *n* poblador, -ora
seven /'sevn/ *adj, pron, n* siete ☛ *Ver ejemplos en* FIVE **seventh 1** *adj* séptimo **2** *pron, adv* el séptimo, la séptima, los séptimos, las séptimas **3** *n* séptima parte, séptimo ☛ *Ver ejemplos en* FIFTH
seventeen /ˌsevn'tiːn/ *adj, pron, n* diecisiete ☛ *Ver ejemplos en* FIVE **seventeenth 1** *adj* decimoséptimo **2** *pron, adv* el decimoséptimo, la decimoséptima, los decimoséptimos, las decimoséptimas **3** *n* diecisieteava parte, diecisieteavo ☛ *Ver ejemplos en* FIFTH
seventy /'sevnti/ *adj, pron, n* setenta ☛ *Ver ejemplos en* FIFTY, FIVE **seventieth 1** *adj, pron* septuagésimo

u	ɒ	ɔː	ɜː	ə	j	w	eɪ	əʊ
situation	got	saw	fur	ago	yes	woman	pay	go

2 *n* setentava parte, setentavo ☞ *Ver ejemplos en* FIFTH

sever /ˈsevə(r)/ *vt* (*formal*) **1** ~ sth (from sth) cortar algo (de algo) **2** (*relaciones*) romper

several /ˈsevrəl/ *adj, pron* varios, -as

severe /sɪˈvɪə(r)/ *adj* (-er, -est) **1** (*semblante, castigo*) severo **2** (*tormenta, helada*) fuerte **3** (*dolor*) intenso

sew /səʊ/ *vt, vi* (*pret* sewed *pp* sewn /səʊn/ *o* sewed) coser PHR V to sew sth up coser algo: *to sew up a hole* zurcir un agujero

sewage /ˈsuːɪdʒ, ˈsjuː-/ *n* [incontable] aguas residuales

sewer /ˈsuːə(r), ˈsjuː-/ *n* alcantarilla, cloaca

sewing /ˈsəʊɪŋ/ *n* costura: *sewing machine* máquina de coser

sewn *pp de* SEW

sex /seks/ *n* **1** sexo **2** trato sexual: *to have sex (with sb)* tener relaciones sexuales (con algn)

sexism /ˈseksɪzəm/ *n* sexismo sexist *adj, n* sexista

sexual /ˈsekʃuəl/ *adj* sexual: *sexual intercourse* relaciones sexuales, coito sexuality /ˌsekʃuˈæləti/ *n* sexualidad

sexy /ˈseksi/ *adj* (-ier, -iest) (*coloq*) **1** (*persona, ropa*) sexy **2** (*libro, película*) erótico

shabby /ˈʃæbi/ *adj* (-ier, -iest) **1** (*ropa*) raído **2** (*cosas*) en mal estado **3** (*gente*) desharrapado **4** (*comportamiento*) mezquino

shack /ʃæk/ *n* choza

shade /ʃeɪd/ ♦ *n* **1** sombra ☞ *Ver dibujo en* SOMBRA **2** pantalla (*de lámpara*) **3** persiana **4** (*color*) tono **5** (*significado*) matiz ♦ *vt* dar sombra a shady *adj* (-ier, -iest) sombreado

shadow /ˈʃædəʊ/ ♦ *n* **1** sombra ☞ *Ver dibujo en* SOMBRA **2** shadows [pl] tinieblas ♦ *vt* seguir y vigilar secretamente ♦ *adj* de la oposición (*política*) shadowy *adj* **1** (*lugar*) oscuro **2** (*fig*) indefinido

shaft /ʃɑːft; USA ʃæft/ *n* **1** dardo **2** mango largo **3** fuste **4** eje **5** pozo: *the lift shaft* el hueco del ascensor **6** ~ (of sth) rayo (de algo)

shaggy /ˈʃæɡi/ *adj* (-ier, -iest) peludo: *shaggy eyebrows* cejas peludas ◊ *shaggy hair* pelo desgreñado

shake /ʃeɪk/ ♦ (*pret* shook /ʃʊk/ *pp*

shaken /ˈʃeɪkən/) **1** *vt* ~ sth/sb (about/around) sacudir, agitar algo/a algn **2** *vi* temblar **3** *vt* ~ sb (up) perturbar a algn LOC to shake sb's hand/shake hands with sb/shake sb by the hand dar la mano a algn to shake your head negar con la cabeza PHR V to shake sb off quitarse a algn de encima to shake sb up dar una sacudida a algn to shake sth up agitar algo ♦ *n* [gen sing] sacudida: *a shake of the head* una negación con la cabeza shaky *adj* (-ier, -iest) **1** tembloroso **2** poco firme

shall /ʃəl, ʃæl/ (*contracción* 'll *neg* shall not *o* shan't /ʃɑːnt/) ♦ *v aux* (*esp GB*) para formar el futuro: *As we shall see...* Como veremos... ◊ *I shall tell her tomorrow.* Se lo diré mañana.

Shall y will se usan para formar el futuro en inglés. Shall se utiliza con la primera persona del singular y del plural, I y we, y will con las demás personas. Sin embargo, en inglés hablado will (o 'll) tiende a utilizarse con todos los pronombres. *Ver tb págs 322-23.*

♦ *v modal*

Shall es un verbo modal al que sigue un infinitivo sin TO, y las oraciones interrogativas y negativas se construyen sin el auxiliar do.

1 (*formal*) (*voluntad, determinación*): *He shall be given a fair trial.* Tendrá un juicio justo. ◊ *I shan't go.* No iré. ■ En este sentido, shall es más formal que will, especialmente cuando se usa con pronombres que no sean *I* y *we*. **2** (*oferta, petición*): *Shall we pick you up?* ¿Te vamos a buscar?

shallow /ˈʃæləʊ/ *adj* (-er, -est) **1** (*agua*) poco profundo **2** (*pey*) (*persona*) superficial

shambles /ˈʃæmblz/ *n* [sing] (*coloq*) desastre: *to be (in) a shambles* estar hecho un desastre

shame /ʃeɪm/ ♦ *n* **1** vergüenza **2** deshonra **3** a shame (*coloq*) lástima: *What a shame!* ¡Qué lástima! LOC to put sth/sb to shame dejar a algn a la altura del betún *Ver tb* CRY ♦ *vt* **1** avergonzar **2** deshonrar

shameful /ˈʃeɪmfl/ *adj* vergonzoso

shameless /ˈʃeɪmləs/ *adj* descarado, sinvergüenza

shampoo /ʃæmˈpuː/ ♦ *n* (pl ~s) champú ♦ *vt* (*pret, pp* -ooed *pt pres* -ooing) lavar (con champú)

aɪ	aʊ	ɔɪ	ɪə	eə	ʊə	ʒ	h	ŋ
five	now	join	near	hair	pure	vision	how	sing

shan't /ʃɑːnt/ = SHALL NOT Ver SHALL

shanty town /'ʃænti taʊn/ n barrio de chabolas

shape /ʃeɪp/ ◆ n 1 forma 2 figura LOC in any shape (or form) (coloq) de cualquier tipo in shape en forma out of shape 1 deformado 2 en baja forma to give shape to sth (fig) plasmar algo to take shape ir cobrando forma ◆ vt 1 ~ sth (into sth) dar forma (de algo) a algo 2 forjar shapeless adj amorfo

share /ʃeə(r)/ ◆ n 1 ~ (in/of sth) parte (en/de algo) 2 (Fin) acción LOC Ver FAIR ◆ 1 vt ~ sth (out) (among/between sb) repartir algo (entre algn) 2 vt, vi ~ (sth) (with sb) compartir (algo) (con algn)

shareholder /'ʃeəhəʊldə(r)/ n accionista

shark /ʃɑːk/ n tiburón

sharp /ʃɑːp/ ◆ adj (-er, -est) 1 (cuchillo) afilado 2 (curva) cerrado 3 (subida) pronunciado 4 nítido 5 (sonido) agudo 6 (sabor) ácido 7 (olor) acre 8 (viento) cortante 9 (dolor) agudo 10 poco escrupuloso 11 (Mús) sostenido ◆ n sostenido ☞ Comparar con FLAT ◆ adv (coloq) en punto sharpen vt, vi afilar

shatter /'ʃætə(r)/ 1 vt, vi hacer(se) añicos 2 vt destruir shattering adj demoledor

shave /ʃeɪv/ vt, vi afeitar(se) LOC Ver CLOSE¹

she /ʃi/ ◆ pron pers ella (se usa también para referirse a coches, barcos o naciones): She didn't come. No vino. ☞ El pron pers no puede omitirse en inglés. Comparar con HER 3 ◆ n hembra: Is it a he or a she? ¿Es macho o hembra?

shear /ʃɪə(r)/ vt (pret sheared pp shorn /ʃɔːn/ o sheared) 1 (oveja) esquilar 2 cortar shears /ʃɪəz/ n [pl] podadera

sheath /ʃiːθ/ n (pl ~s /ʃiːðz/) vaina, estuche

she'd /ʃiːd/ 1 = SHE HAD Ver HAVE 2 = SHE WOULD Ver WOULD

shed¹ /ʃed/ n cobertizo

shed² /ʃed/ vt (-dd-) (pret, pp shed) 1 (hojas) perder 2 (la piel) mudar 3 (formal) (sangre o lágrimas) derramar 4 ~ sth (on sth/sb) (luz) arrojar, difundir algo (sobre algo/algn)

sheep /ʃiːp/ n (pl sheep) oveja Ver tb EWE, RAM ☞ Ver nota en CARNE sheepish adj tímido, avergonzado

sheer /ʃɪə(r)/ adj 1 (absoluto) puro 2 (de la tela) diáfano 3 (casi vertical) escarpado

sheet /ʃiːt/ n 1 (para una cama) sábana 2 (de papel) hoja 3 (de vidrio, metal) lámina

sheikh /ʃeɪk/ n jeque

shelf /ʃelf/ n (pl shelves /ʃelvz/) estante, anaquel

she'll /ʃiːl/ = SHE WILL Ver WILL

shell¹ /ʃel/ n 1 (de un molusco) concha 2 (huevo, nuez) cáscara ☞ Ver nota en PEEL 3 (tortuga, crustáceo, insecto) caparazón 4 (barco) casco 5 (edificio) armazón

shell² /ʃel/ ◆ n obús ◆ vt bombardear

shellfish /'ʃelfɪʃ/ n (pl shellfish) 1 (Zool) crustáceo 2 (como alimento) marisco

shelter /'ʃeltə(r)/ ◆ n 1 ~ (from sth) (protección) abrigo, resguardo (contra algo): to take shelter refugiarse 2 (lugar) refugio ◆ 1 vt ~ sth/sb (from sth/sb) resguardar, abrigar algo/a algn (de algo/algn) 2 vi ~ (from sth) refugiarse, ponerse al abrigo (de algo) sheltered adj 1 (lugar) abrigado 2 (vida) protegido

shelve /ʃelv/ vt archivar

shelves plural de SHELF

shelving /'ʃelvɪŋ/ n [incontable] estanterías

shepherd /'ʃepəd/ n pastor

sherry /'ʃeri/ n (pl -ies) jerez

she's /ʃiːz/ 1 = SHE IS Ver BE 2 = SHE HAS Ver HAVE

shield /ʃiːld/ ◆ n escudo ◆ vt ~ sth/sb (from sth/sb) proteger algo/a algn (contra algo/algn)

shift /ʃɪft/ ◆ 1 vi moverse, cambiar de sitio: She shifted uneasily in her seat. Se movió inquieta en su asiento. 2 vt mover, cambiar de sitio: Help me shift the sofa. Ayúdame a cambiar el sofá de sitio. ◆ n 1 cambio: a shift in public opinion un cambio en la opinión pública 2 (trabajo) turno 3 (tb shift key) tecla de las mayúsculas

shifty /'ʃɪfti/ adj (-ier, -iest) sospechoso

shilling /'ʃɪlɪŋ/ n chelín

shimmer /'ʃɪmə(r)/ vi 1 (agua, seda) brillar 2 (luz) titilar 3 (luz en agua) rielar

shin /ʃɪn/ n 1 espinilla 2 (tb shin bone) tibia

shine /ʃaɪn/ ◆ (pret, pp shone /ʃɒn; USA ʃəʊn/) 1 vi brillar: His face shone

tʃ	dʒ	v	θ	ð	s	z	ʃ
chin	June	van	thin	then	so	zoo	she

with excitement. Su cara irradiaba excitación. **2** *vt (linterna, etc.)* dirigir **3** ~ **(at/in sth)** brillar (en algo): *She's always shone at languages.* Siempre se le han dado muy bien los idiomas. ◆ *n* brillo

shingle /ˈʃɪŋgl/ *n [incontable]* guijarros

shiny /ˈʃaɪni/ *adj* (-ier, -iest) brillante, reluciente

ship /ʃɪp/ ◆ *n* barco, buque: *The captain went on board ship.* El capitán subió al barco. ◊ *to launch a ship* botar un barco ◊ *a merchant ship* un buque mercante ☞ *Ver nota en* BOAT ◆ *vt* (-pp-) enviar (por vía marítima)

shipbuilding /ˈʃɪpbɪldɪŋ/ *n* construcción naval

shipment /ˈʃɪpmənt/ *n* cargamento

shipping /ˈʃɪpɪŋ/ *n [incontable]* embarcaciones, buques: *shipping lane/route* vía/ruta de navegación

shipwreck /ˈʃɪprek/ ◆ *n* naufragio ◆ *vt: to be shipwrecked* naufragar

shirt /ʃɜːt/ *n* camisa

shiver /ˈʃɪvə(r)/ ◆ *vi* **1** ~ **(with sth)** temblar (de algo) **2** estremecerse ◆ *n* escalofrío

shoal /ʃəʊl/ *n* banco *(de peces)*

shock /ʃɒk/ ◆ *n* **1** susto, conmoción **2** *(tb electric shock)* descarga eléctrica **3** *(Med)* shock ◆ *vt* **1** conmover, trastornar **2** escandalizar **shocking** *adj* **1** *(comportamiento)* escandaloso **2** *(noticia, crimen, etc.)* espantoso **3** *(coloq)* horrible, malísimo

shod *pret, pp de* SHOE

shoddy /ˈʃɒdi/ *adj* (-ier, -iest) **1** *(producto)* de baja calidad **2** *(trabajo)* chapucero

shoe /ʃuː/ ◆ *n* **1** zapato: *shoe shop* zapatería ◊ *shoe polish* betún ◊ *What size shoe do you take?* ¿Qué número de zapato usas? ☞ *Ver nota en* PAIR **2** *Ver* HORSESHOE ◆ *vt (pret, pp shod* /ʃɒd/) herrar

shoelace /ˈʃuːleɪs/ *n* cordón de zapato

shoestring /ˈʃuːstrɪŋ/ *n (USA)* cordón de zapato LOC **on a shoestring** con escasos medios

shone *pret, pp de* SHINE

shook *pret, pp de* SHAKE

shoot /ʃuːt/ ◆ *vt* **1** *(pret, pp shot* /ʃɒt/) pegar un tiro a: *to shoot rabbits* cazar conejos ◊ *She was shot in the leg.* Recibió un disparo en la pierna. ◊ *to*

shoot sb dead matar a algn (a tiros) **2** *vi* ~ **(at sth/sb)** disparar (a algo/contra algn) **3** *vt* fusilar **4** *vt (mirada)* lanzar **5** *vt (película)* rodar **6** *vi* ~ **along, past, out, etc.** ir, pasar, salir, etc., volando **7** *vi* *(Dep)* chutar PHR V **to shoot sb down** matar a algn (a tiros) **to shoot sth down** derribar algo (a tiros) **to shoot up 1** *(precios)* dispararse **2** *(planta)* crecer rápidamente **3** *(niño)* espigar ◆ *n* brote

shop /ʃɒp/ ◆ *n* **1** *(esp USA* store*)* tienda: *a clothes shop* una tienda de ropa ◊ *I'm going to the shops.* Voy a hacer la compra. **2** *Ver* WORKSHOP LOC *Ver* TALK ◆ *vi* (-pp-) ir de compras, hacer compras: *to shop for sth* buscar algo (en las *tiendas) ◊ *She's gone shopping.* Ha salido de compras. PHR V **to shop around** *(coloq)* comparar precios

shop assistant *n* dependiente, -a

shopkeeper /ˈʃɒpkiːpə(r)/ *(USA* storekeeper*)* *n* comerciante, tendero, -a

shoplifting /ˈʃɒplɪftɪŋ/ *n* hurto *(en una tienda)*: *She was charged with shoplifting.* La acusaron de haberse llevado cosas sin pagar en una tienda. **shoplifter** *n* ladrón, -ona ☞ *Ver nota en* THIEF

shopper /ˈʃɒpə(r)/ *n* comprador, -ora

shopping /ˈʃɒpɪŋ/ *n* compra(s): *to do the shopping* hacer la compra ◊ *shopping bag/trolley* bolsa/carrito de la compra

shopping centre *(tb* shopping mall*)* *n* centro comercial

shore /ʃɔː(r)/ *n* **1** costa: *to go on shore* desembarcar **2** orilla *(de mar, lago)*: *on the shore(s) of Loch Ness* a orillas del Lago Ness ☞ *Comparar con* BANK¹

shorn *pp de* SHEAR

short¹ /ʃɔːt/ *adj* (-er, -est) **1** *(pelo, vestido)* corto: *I was only there for a short while.* Solo estuve allí un rato. ◊ *a short time ago* hace poco **2** *(persona)* bajo **3** ~ **of sth** escaso de algo: *I'm a bit short of time just now.* En este momento ando un poco justo de tiempo. **4** *Water is short.* Hay escasez de agua. ◊ *I'm $5 short.* Me faltan cinco dólares. **5** ~ **for sth**: *Ben is short for Benjamin.* Ben es el diminutivo de Benjamin. LOC **for short** para abreviar: *He's called Ben for short.* Lo llamamos Ben para abreviar. **in short** resumiendo **to get short shrift** ser despachado sin con-

i:	i	ɪ	e	æ	ɑː	ʌ	ʊ	u:
see	happy	sit	ten	hat	father	cup	put	too

templaciones **to have a short temper** tener un genio vivo *Ver tb* BREATH, TERM

short² /ʃɔːt/ ◆ *adv Ver* CUT, FALL, STOP ◆ *n* **1** *Ver* SHORT CIRCUIT **2** (*Cine*) corto *Ver tb* SHORTS

shortage /'ʃɔːtɪdʒ/ *n* escasez

short circuit *n* (*coloq* short) cortocircuito

short-circuit /ˌʃɔːt 'sɜːkɪt/ **1** *vi* tener un cortocircuito **2** *vt* causar un cortocircuito en

shortcoming /'ʃɔːtkʌmɪŋ/ *n* deficiencia: *severe shortcomings in police tactics* graves deficiencias en las tácticas policiales

short cut *n* atajo: *He took a short cut through the park.* Atajó por el parque.

shorten /'ʃɔːtn/ *vt, vi* acortar(se)

shorthand /'ʃɔːthænd/ *n* taquigrafía

short list *n* lista final de candidatos

short-lived /ˌʃɔːt 'lɪvd; *USA* 'laɪvd/ *adj* efímero

shortly /'ʃɔːtli/ *adv* **1** dentro de poco **2** poco: *shortly afterwards* poco después

shorts /ʃɔːts/ *n* [*pl*] **1** pantalón corto **2** (*USA*) calzoncillos ☞ *Ver nota en* PAIR

short-sighted /ˌʃɔːt 'saɪtɪd/ *adj* **1** miope **2** (*fig*) imprudente

short-term /ˌʃɔːt 'tɜːm/ *adj* a corto plazo: *short-term plans* planes a corto plazo

shot¹ /ʃɒt/ *n* **1** disparo **2** intento: *to have a shot at (doing) sth* intentarlo con algo/intentar hacer algo **3** (*Dep*) golpe **4** the shot [*sing*] (*Dep*): *to put the shot* lanzar el peso **5** (*Fot*) foto **6** (*coloq*) pico LOC *Ver* BIG

shot² *pret, pp de* SHOOT

shotgun /'ʃɒtɡʌn/ *n* escopeta

should /ʃəd, ʃʊd/ *v modal* (*neg* should not *o* shouldn't /'ʃʊdnt/)

Should es un verbo modal al que sigue un infinitivo sin TO, y las oraciones interrogativas y negativas se construyen sin el auxiliar *do. Ver tb págs 322-23.*

1 (*sugerencias y consejos*) deber: *You shouldn't drink and drive.* No deberías conducir si has bebido. ☞ *Comparar con* MUST **2** (*probabilidad*) deber de: *They should be there by now.* Ya deben de haber llegado. **3** *How should I know?* ¿Y yo qué sé?

shoulder /'ʃəʊldə(r)/ ◆ *n* hombro LOC *Ver* CHIP ◆ *vt* cargar con

shoulder blade *n* omoplato

shout /ʃaʊt/ ◆ *n* grito ◆ *vt, vi* ~ (sth) (out) (at/to sb) gritar (algo) (a algn) PHR V **to shout sb down** callar a algn con abucheos.

Cuando utilizamos **to shout** con **at sb** tiene el sentido de *reñir*, pero cuando lo utilizamos con **to sb** tiene el sentido de *decir a gritos*: *Don't shout at him, he's only little.* No le grites, que es muy pequeño. ◊ *She shouted the number out to me from the car.* Me gritó el número desde el coche.

shove /ʃʌv/ ◆ **1** *vt, vi* empujar **2** *vt* (*coloq*) meter ◆ *n* [*gen sing*] empujón

shovel /'ʃʌvl/ ◆ *n* pala ◆ *vt* (-ll-, *USA* -l-) (re)mover con una pala

show /ʃəʊ/ ◆ *n* **1** espectáculo, función: *a TV show* un programa de televisión **2** exposición, feria **3** demostración, alarde: *a show of force* una demostración de fuerza ◊ *to make a show of sth* hacer alarde de algo LOC **for show** para impresionar **on show** expuesto ◆ (*pret* showed *pp* shown /ʃəʊn/ *o* showed poco *frec*) **1** *vt* mostrar, enseñar **2** *vi* verse, notarse **3** *vt* demostrar **4** *vt* (*película*) proyectar **5** *vt* (*Arte*) exponer LOC *Ver* ROPE PHR V **to show off (to sb)** (*coloq, pey*) fardar (delante de algn) **to show sth/sb off 1** (*aprob*) hacer resaltar algo/a algn **2** (*pey*) presumir de algo/algn **to show up** (*coloq*) presentarse **to show sb up** (*coloq*) avergonzar a algn

show business *n* el mundo del espectáculo

showdown /'ʃəʊdaʊn/ *n* enfrentamiento decisivo

shower /'ʃaʊə(r)/ ◆ *n* **1** chubasco, chaparrón **2** ~ (of sth) lluvia (de algo) **3** ducha: *to take/have a shower* ducharse ◆ **1** *vi* ducharse **2** *vt* ~ sb with sth (*fig*) colmar a algn de algo

showing /'ʃəʊɪŋ/ *n* **1** (*Cine*) función **2** actuación

shown *pp de* SHOW

show-off /'ʃəʊ ɒf/ *n* (*pey*) chulo, -a

showroom /'ʃəʊruːm/ *n* sala de exposición

shrank *pret de* SHRINK

shrapnel /'ʃræpnəl/ *n* metralla

shred /ʃred/ ◆ *n* **1** (*de verduras*) tira **2** (*de tabaco*) brizna **3** (*de tela*) jirón **4** ~ of sth (*fig*) pizca de algo ◆ *vt* (-dd-) hacer tiras

shrewd /ʃruːd/ adj (-er, -est) **1** astuto, perspicaz **2** (decisión) inteligente, acertado

shriek /ʃriːk/ ◆ vt, vi ~ (with sth) gritar, chillar (de algo): *to shriek with laughter* reírse a carcajadas ◆ n chillido

shrift /ʃrɪft/ n Ver SHORT¹

shrill /ʃrɪl/ adj (-er, -est) **1** agudo, chillón **2** (protesta, etc.) estridente

shrimp /ʃrɪmp/ n camarón

shrine /ʃraɪn/ n **1** santuario **2** sepulcro

shrink /ʃrɪŋk/ vt, vi (pret **shrank** /ʃræŋk/ o **shrunk** /ʃrʌŋk/ pp **shrunk**) encoger(se), reducir(se) PHR V **to shrink from sth/doing sth** vacilar ante algo/en hacer algo

shrivel /ˈʃrɪvl/ vt, vi (-ll-, USA -l-) ~ (sth) (up) **1** secar(se) **2** arrugar(se)

shroud /ʃraʊd/ ◆ n **1** sudario **2** ~ (of sth) (fig) manto, velo (de algo) ◆ vt ~ **sth in sth** envolver algo en algo: *shrouded in secrecy* rodeado del mayor secreto

Shrove Tuesday /ˌʃrəʊv ˈtjuːzdeɪ/ n martes de Carnaval ☞ Ver nota en MARTES

shrub /ʃrʌb/ n arbusto pequeño (de adorno) ☞ Comparar con BUSH

shrug /ʃrʌg/ ◆ vt, vi (-gg-) ~ (your shoulders) encogerse de hombros PHR V **to shrug sth off** no dar importancia a algo ◆ n encogimiento de hombros

shrunk pret, pp de SHRINK

shudder /ˈʃʌdə(r)/ ◆ vi **1** ~ (with sth) estremecerse (de algo) **2** dar sacudidas ◆ n **1** estremecimiento, escalofrío **2** sacudida

shuffle /ˈʃʌfl/ **1** vt, vi (baraja) barajar **2** vt ~ **your feet** arrastrar los pies **3** vi ~ (along) caminar arrastrando los pies

shun /ʃʌn/ vt (-nn-) evitar, rehuir

shut /ʃʌt/ ◆ vt, vi (-tt-) (pret, pp **shut**) cerrar(se) LOC Ver CLICK
PHR V **to shut sth/sb away** encerrar algo/a algn
to shut (sth) down cerrar (algo)
to shut sth in sth pillar(se) algo con algo
to shut sth off cortar algo (suministro)
to shut sth/sb off (from sth) aislar algo/a algn (de algo)
to shut sth/sb out (of sth) excluir algo/a algn (de algo)
to shut up (coloq) callarse **to shut sb up** (coloq) hacer callar a algn **to shut**

sth up cerrar algo **to shut sth/sb up (in sth)** encerrar algo/a algn (en algo) ◆ adj [siempre se usa después del verbo] cerrado: *The door was shut.* La puerta estaba cerrada. ☞ Comparar con CLOSED en CLOSE²

shutter /ˈʃʌtə(r)/ n **1** contraventana **2** (Fot) obturador

shuttle /ˈʃʌtl/ n **1** (tb **space shuttle**) lanzadera espacial **2** puente (aéreo): *shuttle service* servicio de enlace

shy /ʃaɪ/ ◆ adj (**shyer**, **shyest**) tímido: *to be shy of sth/sb* asustarle a uno algo/algn ◆ vi (pret, pp **shied** /ʃaɪd/) **to shy (at sth)** (caballo) espantarse (de algo) PHR V **to shy away from sth/doing sth** asustarse de (hacer) algo
shyness n timidez

sick /sɪk/ ◆ adj (-er, -est) **1** enfermo: *to be off sick* estar de baja ☞ Ver nota en ENFERMO **2** mareado **3** ~ **of sth/sb/doing sth** (coloq) harto de algo/algn/hacer algo **4** (coloq) morboso LOC **to be sick** vomitar **to be sick to death/sick and tired of sth/sb** (coloq) estar hasta las narices de algo/algn **to make sb sick** poner a algn enfermo ◆ n (coloq) vómito **sicken** vt dar asco a **sickening** adj **1** repugnante **2** irritante

sickly /ˈsɪkli/ adj (-ier, -iest) **1** enfermizo **2** (sabor, olor) empalagoso

sickness /ˈsɪknəs/ n **1** enfermedad **2** náuseas

side /saɪd/ ◆ n **1** cara: *on the other side* en la otra cara **2** lado: *to sit at/by sb's side* sentarse al lado de algn **3** (de una persona, una casa) costado, lateral: *a side door* una puerta lateral **4** (de un animal) flanco **5** (de una montaña) ladera **6** (de un lago) orilla **7** parte: *to change sides* pasarse al otro bando ◊ *to be on our side* ser de los nuestros ◊ *Whose side are you on?* ¿De qué lado estás tú? **8** (GB) (Dep) equipo **9** aspecto: *the different sides of a question* los distintos aspectos de un tema LOC **on/from all sides; on/from every side** por/de todos lados, por/de todas partes **side by side** uno al lado del otro **to get on the right/wrong side of sb** caer bien/mal a algn **to put sth on/to one side** dejar algo a un lado **to take sides (with sb)** tomar partido (con algn) Ver tb LOOK¹, SAFE¹ ◆ v PHR V **to side with/against sb** ponerse del lado de/en contra de algn

sideboard /'saɪdbɔːd/ n aparador

side effect n efecto secundario

side street n bocacalle

sidetrack /'saɪdtræk/ vt desviar

sidewalk /'saɪdwɔːk/ n (USA) acera

sideways /'saɪdweɪz/ adv, adj **1** de/hacia un lado **2** (mirada) de reojo

siege /siːdʒ/ n **1** sitio **2** cerco policial

sieve /sɪv/ ♦ n tamiz ♦ vt tamizar

sift /sɪft/ vt **1** tamizar **2** ~ (through) sth (fig) examinar algo cuidadosamente

sigh /saɪ/ ♦ vi suspirar ♦ n suspiro

sight /saɪt/ n **1** vista: to have poor sight tener mala vista **2** the sights [pl] los lugares de interés LOC at/on sight en el acto in sight a la vista out of sight, out of mind ojos que no ven, corazón que no siente Ver tb CATCH, LOSE, PRETTY

sightseeing /'saɪtsiːɪŋ/ n turismo

sign¹ /saɪn/ n **1** signo: the signs of the zodiac los signos del zodiaco **2** (tráfico) señal, letrero **3** señal: to give sb a sign to do sth hacerle una señal a algn para que haga algo **4** ~ (of sth) señal, indicio (de algo): a good/bad sign una buena/mala señal ◊ There are signs that... Hay indicios de que... **5** ~ (of sth) (Med) síntoma (de algo)

sign² /saɪn/ vt, vi firmar PHR V to sign sb up **1** contratar a algn **2** (Dep) fichar a algn to sign up (for sth) **1** matricularse (en algo) **2** hacerse socio (de algo)

signal /'sɪɡnəl/ ♦ n señal ♦ vt, vi (-ll-, USA -l-) **1** hacer señas, señalar: to signal (to) sb to do sth hacer señas a algn para que haga algo **2** mostrar: to signal your discontent dar muestras de descontento **3** (fig) marcar

signature /'sɪɡnətʃə(r)/ n firma

significant /sɪɡ'nɪfɪkənt/ adj significativo **significance** n **1** significación **2** significado **3** trascendencia

signify /'sɪɡnɪfaɪ/ vt (pret, pp -fied) **1** significar **2** indicar

sign language n lenguaje por señas

signpost /'saɪnpəʊst/ n poste indicador

silence /'saɪləns/ ♦ n, interj silencio ♦ vt acallar

silent /'saɪlənt/ adj **1** silencioso **2** callado **3** (letra, película) mudo

silhouette /ˌsɪlu'et/ ♦ n silueta ♦ vt LOC to be silhouetted perfilarse

silk /sɪlk/ n seda **silky** adj (-ier, -iest) sedoso

sill /sɪl/ n alféizar

silly /'sɪli/ adj (-ier, -iest) **1** tonto: That was a very silly thing to say. Vaya tontería que has dicho. ☞ Ver nota en TONTO **2** ridículo: to feel/look silly sentirse/parecer ridículo

silver /'sɪlvə(r)/ ♦ n **1** plata: silver paper papel de plata ◊ silver-plated con baño de plata **2** calderilla **3** (objetos de) plata LOC Ver WEDDING ♦ adj **1** de plata **2** (color) plateado **silvery** adj plateado

similar /'sɪmələ(r)/ adj ~ (to sth/sb) parecido (a algo/algn) **similarity** /ˌsɪmə'lærəti/ n (pl -ies) similitud, semejanza **similarly** adv **1** de forma parecida **2** (también) del mismo modo, igualmente

simile /'sɪməli/ n símil

simmer /'sɪmə(r)/ vt, vi hervir a fuego lento

simple /'sɪmpl/ adj (-er, -est) **1** sencillo, simple **2** fácil **3** (persona) tonto, lento

simplicity /sɪm'plɪsəti/ n sencillez

simplify /'sɪmplɪfaɪ/ vt (pret, pp -fied) simplificar

simplistic /sɪm'plɪstɪk/ adj simplista

simply /'sɪmpli/ adv **1** sencillamente, simplemente **2** de manera sencilla, modestamente **3** tan solo

simulate /'sɪmjuleɪt/ vt simular

simultaneous /ˌsɪml'teɪniəs; USA ˌsaɪm-/ adj ~ (with sth) simultáneo (a algo) **simultaneously** adv simultáneamente

sin /sɪn/ ♦ n pecado ♦ vi (-nn-) to sin (against sth) pecar (contra algo)

since /sɪns/ ♦ conj **1** (desde) que: How long is it since we visited your mother? ¿Cuánto hace que no vamos a ver a tu madre? **2** puesto que ♦ prep desde (que): It was the first time they'd won since 1974. Era la primera vez que ganaban desde 1974.

Tanto **since** como **from** se traducen por "desde" y se usan para especificar el punto de partida de la acción del verbo. **Since** se usa cuando la acción se extiende en el tiempo hasta el momento presente: She has been here since three. Lleva aquí desde las tres. **From** se usa cuando la acción ya ha terminado o no ha empezado todavía: I was there from three until four. Estuve allí desde las tres hasta las cuatro. ◊ I'll be there from three. Estaré allí a partir de las tres. ☞ Ver nota en FOR 3

tʃ	dʒ	v	θ	ð	s	z	ʃ
chin	June	van	thin	then	so	zoo	she

◆ *adv* desde entonces: *We haven't heard from him since.* Desde entonces no hemos sabido nada de él.

sincere /sɪnˈsɪə(r)/ *adj* sincero **sincerely** *adv* sinceramente LOC Ver YOURS **sincerity** /sɪnˈserəti/ *n* sinceridad

sinful /ˈsɪnfl/ *adj* **1** pecador **2** pecaminoso

sing /sɪŋ/ *vt, vi* (*pret* **sang** /sæŋ/ *pp* **sung** /sʌŋ/) ~ (**sth**) (**for/to sb**) cantar (algo) (a algn) **singer** *n* cantante **singing** *n* canto, cantar

single /ˈsɪŋgl/ ◆ *adj* **1** solo, único: *the (European) single currency* la moneda única (europea) ◊ *every single day* cada día **2** (*cama*) individual **3** (*tb* one-way) (*billete*) de ida ☛ *Comparar con* RETURN. **4** soltero: *single parent* madre soltera/padre soltero LOC **in single file** en fila india *Ver tb* BLOW ◆ *n* **1** billete de ida **2** (*disco*) single ☛ *Comparar con* ALBUM **3 singles** [*pl*] (*Dep*) individuales ◆ *v* PHR V **to single sth/sb out** (**for sth**) elegir algo/a algn (para algo)

single-handedly /ˌsɪŋgl ˈhændɪdli/ (*tb* single-handed) *adv* sin ayuda

single-minded /ˌsɪŋgl ˈmaɪndɪd/ *adj* decidido, resuelto

single-parent family *n* familia monoparental

singular /ˈsɪŋgjələ(r)/ ◆ *adj* **1** (*Gram*) singular **2** (*formal*) extraordinario, singular ◆ *n*: *in the singular* en singular

sinister /ˈsɪnɪstə(r)/ *adj* siniestro

sink /sɪŋk/ ◆ (*pret* **sank** /sæŋk/ *pp* **sunk** /sʌŋk/) **1** *vt, vi* hundir(se) **2** *vi* bajar **3** *vi* (*sol*) ocultarse **4** *vt* (*coloq*) (*planes*) echar a perder LOC **to be sunk in sth** estar sumido en algo *Ver tb* HEART PHR V **to sink in 1** (*líquido*) absorberse **2** *It hasn't sunk in yet that...* Todavía no me he hecho a la idea de que... **to sink into sth 1** (*líquido*) penetrar en algo **2** (*fig*) sumirse en algo **to sink sth into sth** clavar algo en algo (*dientes, puñal*) ◆ *n* **1** fregadero **2** (*USA*) lavabo ☛ *Comparar con* WASHBASIN

sinus /ˈsaɪnəs/ *n* seno (*de hueso*)

sip /sɪp/ ◆ *vt, vi* (-pp-) beber a sorbos ◆ *n* sorbo

sir /sɜː(r)/ *n* **1** *Yes, sir* Sí, señor **2 Sir**: *Dear Sir* Muy señor mío ☛ *Ver nota en* ATENTAMENTE **3 Sir** /sə(r)/: *Sir Paul McCartney*

siren /ˈsaɪrən/ *n* sirena (*de policía, ambulancia*)

sister /ˈsɪstə(r)/ *n* **1** hermana **2** (*GB*) (*Med*) enfermera jefe **3 Sister** (*Relig*) hermana **4** *sister ship* barco gemelo ◊ *sister organization* organización hermana

sister-in-law /ˈsɪstər ɪn lɔː/ *n* (*pl* -ers-in-law) cuñada

sit /sɪt/ (-tt-) (*pret, pp* **sat** /sæt/) **1** *vi* sentarse, tomar asiento, estar sentado **2** *vt* **to sit sb** (**down**) (hacer) sentar a algn **3** *vi* **to sit** (**for sb**) (*Arte*) posar (para algn) **4** *vi* (*parlamento*) permanecer en sesión **5** *vi* (*comité, etc.*) reunirse **6** *vi* (*objeto*) estar **7** *vt* (*examen*) presentarse a PHR V **to sit around** esperar sentado: *to sit around doing nothing* pasarse el día sin hacer nada

to sit back ponerse cómodo

to sit (**yourself**) **down** sentarse, tomar asiento

to sit up 1 incorporarse **2** quedarse levantado

site /saɪt/ *n* **1** emplazamiento: *building site* solar de construcción **2** (*de suceso*) lugar

sitting /ˈsɪtɪŋ/ *n* **1** sesión **2** (*para comer*) tanda

sitting room (*esp GB*) *Ver* LIVING ROOM

situated /ˈsɪtʃueɪtɪd/ *adj* situado, ubicado

situation /ˌsɪtʃuˈeɪʃn/ *n* **1** situación **2** (*formal*): *situations vacant* ofertas de trabajo

six /sɪks/ *adj, pron, n* seis ☛ *Ver ejemplos en* FIVE **sixth 1** *adj* sexto **2** *pron, adv* el sexto, la sexta, los sextos, las sextas **3** *n* sexta parte, sexto ☛ *Ver ejemplos en* FIFTH

sixteen /ˌsɪksˈtiːn/ *adj, pron, n* dieciséis ☛ *Ver ejemplos en* FIVE **sixteenth 1** *adj* decimosexto **2** *pron, adv* el decimosexto, la decimosexta, los decimosextos, las decimosextas **3** *n* dieciseisava parte, dieciseisavo ☛ *Ver ejemplos en* FIFTH

sixth form *n* (*GB*) bachillerato

sixty /ˈsɪksti/ *adj, pron, n* sesenta ☛ *Ver ejemplos en* FIFTY, FIVE **sixtieth 1** *adj, pron* sexagésimo **2** *n* sesenta parte, sesentavo ☛ *Ver ejemplos en* FIFTH

size /saɪz/ ◆ *n* **1** tamaño **2** (*ropa, calzado*) talla, número: *I take size five.* Calzo un 38. ◆ *v* PHR V **to size sth/sb up** (*coloq*) calibrar algo/a algn: *She sized him up immediately.* Lo caló en seguida. **sizeable** (*tb* sizable) *adj* considerable

iː	i	ɪ	e	æ	ɑː	ʌ	ʊ	uː
see	happy	sit	ten	hat	father	cup	put	too

skate /skeɪt/ ◆ n patín ◆ vi patinar: *to go skating* ir a patinar **skater** n patinador, -ora **skating** n patinaje

skateboard /'skeɪtbɔːd/ n monopatín **skateboarding** n deporte del monopatín

skeleton /'skelɪtn/ ◆ n esqueleto ◆ adj mínimo: *skeleton staff/service* personal/servicio mínimo

skeptic (USA) Ver SCEPTIC

sketch /sketʃ/ ◆ n 1 bosquejo 2 (Teat) sketch ◆ vt, vi bosquejar **sketchy** adj (-ier, -iest) (frec pey) superficial, vago

ski /skiː/ ◆ vi (pret, pp **skied** pt pres **skiing**) esquiar: *to go skiing* ir a esquiar ◆ n esquí **skier** n esquiador, -ora **skiing** n esquí

skid /skɪd/ ◆ vi (-dd-) 1 (coche) derrapar 2 (persona) resbalar ◆ n derrape

skies plural de SKY

ski lift n telesquí

skill /skɪl/ n 1 ~ (at/in sth/doing sth) habilidad (para algo/hacer algo) 2 destreza **skilful** (USA **skillful**) adj 1 ~ (at/in sth/doing sth) hábil (para algo/hacer algo) 2 (pintor, jugador) diestro **skilled** adj ~ (at/in sth/doing sth) hábil (para algo/hacer algo); experto (en algo/hacer algo): *skilled worker* trabajador cualificado ◊ *skilled work* trabajo especializado

skim /skɪm/ (-mm-) 1 vt descremar, espumar 2 vt pasar casi rozando 3 vt, vi ~ (through/over) sth leer algo por encima

skin /skɪn/ ◆ n 1 (de animal, persona) piel 2 (de fruta, embutidos) piel, cáscara ☞ Ver nota en PEEL 3 (de leche) costra **LOC by the skin of your teeth** (coloq) por un pelo ◆ vt (-nn-) despellejar

skinhead /'skɪnhed/ n (GB) cabeza rapada

skinny /'skɪni/ adj (-ier, -iest) (coloq, pey) flaco ☞ Ver nota en DELGADO

skip /skɪp/ ◆ (-pp-) 1 vi brincar 2 vi saltar a la comba: *skipping rope* comba 3 vt saltarse ◆ n 1 brinco 2 contenedor (para escombros)

skipper /'skɪpə(r)/ n capitán, -ana (de barco)

skirmish /'skɜːmɪʃ/ n escaramuza

skirt /skɜːt/ ◆ n falda ◆ vt bordear **PHR V to skirt (a)round sth** esquivar algo

skirting board n rodapié

skive /skaɪv/ vi ~ (off) (coloq) escurrir el bulto

skull /skʌl/ n calavera, cráneo

sky /skaɪ/ n (pl **skies**) cielo: *sky-high* por las nubes

skylight /'skaɪlaɪt/ n claraboya

skyline /'skaɪlaɪn/ n línea del horizonte (en una ciudad)

skyscraper /'skaɪskreɪpə(r)/ n rascacielos

slab /slæb/ n 1 (mármol) losa 2 (hormigón) bloque 3 (chocolate) tableta

slack /slæk/ adj (-er, -est) 1 flojo 2 (persona) descuidado

slacken /'slækən/ vt, vi ~ (sth) (off/up) aflojar (algo)

slain pp de SLAY

slam /slæm/ (-mm-) 1 vt, vi ~ (sth) (to/shut) cerrar(se) (de golpe) 2 vt arrojar, tirar: *to slam your brakes on* frenar de golpe 3 vt (coloq) (criticar) poner verde a

slander /'slɑːndə(r); USA 'slæn-/ ◆ n calumnia ◆ vt calumniar

slang /slæŋ/ n argot, lenguaje coloquial

slant /slɑːnt; USA slænt/ ◆ 1 vt, vi inclinar(se), ladear(se) 2 vt (frec pey) presentar de forma subjetiva ◆ n 1 inclinación 2 ~ (on/to sth) (fig) sesgo (en algo)

slap /slæp/ ◆ vt (-pp-) 1 (cara) abofetear 2 (espalda) dar palmadas en 3 arrojar/tirar/dejar caer (con un golpe) ◆ n 1 (espalda) palmada 2 (castigo) palo 3 (cara) bofetada ◆ adv (coloq) de lleno: *slap in the middle* justo en medio

slash /slæʃ/ ◆ vt 1 cortar 2 destrozar a navajazos (ruedas, pinturas, etc.) 3 (precios, etc.) aplastar ◆ n 1 navajazo, cuchillada 2 tajo, corte

slate /sleɪt/ n 1 pizarra 2 teja (de pizarra)

slaughter /'slɔːtə(r)/ ◆ n 1 (animales) matanza 2 (personas) masacre ◆ vt 1 sacrificar (en matadero) 2 masacrar 3 (coloq) (esp Dep) dar una paliza a

slave /sleɪv/ ◆ n ~ (of/to sth/sb) esclavo, -a (de algo/algn) ◆ vi ~ (away) (at sth) matarse a trabajar (en algo)

slavery /'sleɪvəri/ n esclavitud

slay /sleɪ/ vt (pret **slew** /sluː/ pp **slain** /sleɪn/) (formal o USA) matar (violentamente)

sleazy /'sliːzi/ adj (-ier, -iest) (coloq) sórdido

sledge /sledʒ/ (*esp USA* **sled**) *n* trineo (*de nieve*) ☞ Comparar con SLEIGH

sleek /sliːk/ *adj* (**-er, -est**) lustroso

sleep /sliːp/ ♦ *n* sueño LOC **to go to sleep** dormirse ♦ (*pret, pp* **slept** /slept/) **1** *vi* dormir: *sleeping pill* pastilla para dormir **2** *vt* albergar, tener camas para PHR V **to sleep in** (*USA*) *Ver* TO LIE IN *en* LIE² **to sleep on sth** consultar algo con la almohada **to sleep sth off** dormir para recuperarse de algo: *to sleep it off* dormirla **to sleep through sth** no ser despertado por algo **to sleep with sb** acostarse con algn

sleeper /ˈsliːpə(r)/ *n* **1** durmiente: *to be a heavy/light sleeper* tener el sueño pesado/ligero **2** (*en las vías del tren*) traviesa **3** tren con coches cama

sleeping bag *n* saco de dormir

sleepless /ˈsliːpləs/ *adj* en vela

sleepwalker /ˈsliːpwɔːkə(r)/ *n* sonámbulo, -a

sleepy /ˈsliːpi/ *adj* (**-ier, -iest**) **1** somnoliento **2** (*lugar*) tranquilo LOC **to be sleepy** tener sueño

sleet /sliːt/ *n* aguanieve

sleeve /sliːv/ *n* **1** manga **2** (*tb album sleeve*) (*de disco*) cubierta LOC **to have/keep sth up your sleeve** tener algo guardado en la manga **sleeveless** *adj* sin mangas

sleigh /sleɪ/ *n* trineo (*de caballos*) ☞ Comparar con SLEDGE

slender /ˈslendə(r)/ *adj* (**-er, -est**) **1** delgado **2** (*persona*) esbelto *Ver tb* THIN **3** escaso

slept *pret, pp de* SLEEP

slew *pret de* SLAY

slice /slaɪs/ ♦ *n* **1** (*pan*) rebanada ☞ *Ver dibujo en* PAN **2** (*fruta*) rodaja **3** (*jamón*) loncha **4** (*carne*) tajada **5** (*coloq*) porción ♦ **1** *vt* cortar (*en lonchas, rebanadas, etc.*) **2** *vi* ~ **through/into sth** cortar algo limpiamente PHR V **to slice sth up** cortar algo en lonchas, rebanadas, etc.

slick /slɪk/ ♦ *adj* (**-er, -est**) **1** (*representación*) logrado **2** (*gen pey*) astuto ♦ *n* *Ver* OIL SLICK

slide /slaɪd/ ♦ *n* **1** tobogán **2** diapositiva: *slide projector* proyector de diapositivas **3** (*microscopio*) portaobjetos **4** (*fig*) deslizamiento ♦ (*pret, pp* **slid** /slɪd/) **1** *vi* resbalar, deslizarse **2** *vt* deslizar, correr

sliding door *n* puerta corredera

slight /slaɪt/ *adj* (**-er, -est**) **1** imperceptible **2** mínimo, ligero: *without the slightest difficulty* sin la menor dificultad **3** (*persona*) delgado, frágil LOC **not in the slightest** ni lo más mínimo **slightly** *adv* ligeramente: *He's slightly better.* Está un poco mejor.

slim /slɪm/ ♦ *adj* (**slimmer, slimmest**) **1** (*aprob*) (*persona*) delgado ☞ *Ver nota en* DELGADO **2** (*oportunidad*) escaso **3** (*esperanza*) ligero ♦ *vi* (**-mm-**) ~ (**down**) adelgazar

slime /slaɪm/ *n* **1** cieno **2** baba **slimy** *adj* (**-ier, -iest**) baboso, viscoso

sling¹ /slɪŋ/ *n* cabestrillo

sling² /slɪŋ/ *vt* (*pret, pp* **slung** /slʌŋ/) **1** (*coloq*) lanzar (*con fuerza*) **2** colgar

slink /slɪŋk/ *vi* (*pret, pp* **slunk** /slʌŋk/) deslizarse (*sigilosamente*): *to slink away* largarse furtivamente

slip /slɪp/ ♦ *n* **1** resbalón **2** error, desliz **3** (*ropa*) combinación **4** (*de papel*) resguardo LOC **to give sb the slip** (*coloq*) darle a algn el esquinazo ♦ (**-pp-**) **1** *vt, vi* resbalar, deslizar(se) **2** *vi* ~ **from/out of/through sth** escurrirse de/entre algo **3** *vt* ~ **sth (from/off/ oth sth)** soltar algo (de algo) LOC **to slip your mind**: *It slipped my mind.* Se me fue de la cabeza. *Ver tb* LET¹ PHR V **to slip away** escabullirse **to slip sth off** quitarse algo **to slip sth on** ponerse algo **to slip out 1** salir un momento **2** escabullirse **3** *It just slipped out.* Se me escapó. **to slip up (on sth)** (*coloq*) equivocarse (en algo)

slipper /ˈslɪpə(r)/ *n* zapatilla

slippery /ˈslɪpəri/ *adj* **1** (*suelo*) resbaladizo **2** (*pez, persona*) escurridizo

slit /slɪt/ ♦ *n* **1** ranura **2** (*en una falda*) raja **3** corte **4** rendija, abertura ♦ *vt* (**-tt-**) (*pret, pp* **slit**) cortar: *to slit sb's throat* degollar a algn LOC **to slit sth open** abrir algo con un cuchillo

slither /ˈslɪðə(r)/ *vi* **1** deslizarse **2** resbalar, patinar

sliver /ˈslɪvə(r)/ *n* **1** astilla **2** esquirla **3** rodaja fina

slob /slɒb/ *n* (*GB, coloq*) **1** vago **2** guarro

slog /slɒg/ *vi* (**-gg-**) caminar trabajosamente PHR V **to slog (away) at sth** (*coloq*) sudar tinta haciendo algo/con algo

slogan /ˈsləʊgən/ *n* eslogan

slop /slɒp/ (**-pp-**) **1** *vt* echar **2** *vt, vi* derramar(se)

slope /sləʊp/ ◆ n 1 pendiente 2 (*de esquí*) pista ◆ vi tener una pendiente

sloppy /'slɒpi/ adj (-ier, -iest) 1 descuidado, chapucero 2 desaliñado 3 (*coloq*) sensiblero

slot /slɒt/ ◆ n 1 ranura 2 puesto: *a ten-minute slot on TV* un espacio de diez minutos en la tele ◆ v (-tt-) PHR V **to slot in** encajar **to slot sth in** introducir/meter algo

slot machine n máquina tragaperras

slow /sləʊ/ ◆ adj (-er, -est) 1 lento: *We're making slow progress.* Estamos avanzando lentamente. 2 torpe: *He's a bit slow.* Le cuesta entender las cosas. 3 (*negocio*) flojo: *Business is rather slow today.* El negocio anda bastante flojo hoy. 4 (*reloj*) atrasado: *That clock is five minutes slow.* Ese reloj va cinco minutos atrasado. LOC **in slow motion** a/en cámara lenta **to be slow to do sth/in doing sth** tardar en hacer algo ◆ adv (-er, -est) despacio ◆ 1 vt ~ **sth (up/down)** reducir la velocidad de algo: *to slow up the development of research* frenar el desarrollo de la investigación 2 vi ~ (**up/down**) reducir la velocidad, ir más despacio: *Production has slowed (up/down).* El ritmo de la producción ha disminuido. **slowly** adv 1 despacio 2 poco a poco

sludge /slʌdʒ/ n 1 fango 2 sedimento

slug /slʌg/ n babosa **sluggish** adj 1 lento 2 aletargado 3 (*Econ*) flojo

slum /slʌm/ n 1 (*tb* slum area) barrio bajo 2 chabola

slump /slʌmp/ ◆ vi 1 ~ (**down**) desplomarse 2 (*Com*) sufrir un bajón ◆ n depresión, bajón

slung *pret, pp de* SLING²

slunk *pret, pp de* SLINK

slur¹ /slɜ:(r)/ vt (-rr-) articular mal

slur² /slɜ:(r)/ n calumnia

slush /slʌʃ/ n nieve derretida y sucia

sly /slaɪ/ adj (**slyer**, **slyest**) 1 astuto 2 (*mirada*) furtivo

smack /smæk/ ◆ n cachete ◆ vt dar un cachete a PHR V **to smack of sth** oler a algo (*fig*)

small /smɔ:l/ adj (-er, -est) 1 pequeño: *a small number of people* unas pocas personas ◇ *small change* calderilla ◇ *in the small hours* de madrugada ◇ *small ads* anuncios por palabras ◇ *to make small talk* hablar de cosas sin importancia 2 (*letra*) minúscula LOC **a small**

fortune un dineral **it's a small world** (*refrán*) el mundo es un pañuelo **the small print** la letra pequeña (*en un contrato*)

Small suele utilizarse como el opuesto de **big** o **large** y puede ser modificado por adverbios: *Our house is smaller than yours.* Nuestra casa es más pequeña que la vuestra. ◇ *I have a fairly small income.* Tengo unos ingresos bastante modestos. **Little** no suele ir acompañado por adverbios y a menudo va detrás de otro adjetivo: *He's a horrid little man.* Es un hombre horrible. ◇ *What a lovely little house!* ¡Qué casita tan encantadora!

smallpox /'smɔ:lpɒks/ n viruela

small-scale /'smɔ:l skeɪl/ adj a pequeña escala

smart /smɑ:t/ ◆ adj (-er, -est) 1 elegante 2 listo, astuto ◆ vi escocer **smarten** v PHR V **to smarten sth up** lavarle la cara a algo **to smarten (yourself) up** arreglar(se)

smash /smæʃ/ ◆ 1 vt romper, destrozar 2 vi hacerse trizas PHR V **to smash against, into, through, etc. sth** estrellarse contra algo **to smash sth against, into, through, etc. sth** estrellar algo contra algo **to smash sth up** destrozar algo ◆ n 1 estrépito 2 accidente de tráfico 3 (*tb* smash hit) (*coloq*) exitazo

smashing /'smæʃɪŋ/ adj (GB, *coloq*) estupendo

smear /smɪə(r)/ vt 1 ~ **sth on/over sth** untar algo en algo 2 ~ **sth with sth** untar algo de algo 3 ~ **sth with sth** manchar algo de algo

smell /smel/ ◆ n 1 olor: *a smell of gas* un olor a gas ☞ *Ver nota en* ODOUR 2 (*tb* sense of smell) olfato: *My sense of smell isn't very good.* No tengo muy buen (sentido del) olfato. ◆ (*pret, pp* **smelt** /smelt/ o **smelled**) ☞ *Ver nota en* DREAM 1 vi ~ (**of sth**) oler (a algo): *It smells of fish.* Huele a pescado. ◇ *What does it smell like?* ¿A qué huele? 2 vt oler: *Smell this rose!* ¡Huele esta rosa!

Es muy normal el uso del verbo **smell** con **can** o **could**: *I can smell something burning.* Huele a quemado. ◇ *I could smell gas.* Olía a gas.

3 vt, vi olfatear **smelly** adj (-ier, -iest) (*coloq*) que huele mal: *It's smelly in here.* Huele mal aquí.

tʃ	dʒ	v	θ	ð	s	z	ʃ
chin	June	van	thin	then	so	zoo	she

smile /smaɪl/ ◆ n sonrisa: to give sb a smile sonreírle a algn LOC Ver BRING ◆ vi sonreír

smirk /smɜːk/ ◆ n sonrisa socarrona o de satisfacción ◆ vi sonreír con sorna

smock /smɒk/ n 1 (de pintor) guardapolvos 2 (de mujer) blusón

smog /smɒg/ n neblina producida por la contaminación

smoke /sməʊk/ ◆ 1 vt, vi fumar: to smoke a pipe fumar en pipa 2 vi echar humo 3 vt (pescado, etc.) ahumar ◆ n 1 humo 2 (coloq): to have a smoke echar un pitillo **smoker** n fumador, -ora **smoking** n fumar: 'No Smoking' 'prohibido fumar' **smoky** adj (-ier, -iest) 1 (habitación) lleno de humo 2 (fuego) humeante 3 (sabor, color, etc.) ahumado

smooth /smuːð/ ◆ adj (-er, -est) 1 liso 2 (piel, whisky, etc.) suave 3 (carretera) llano 4 (viaje, periodo) sin problemas: The smooth reformist period has ended. El periodo de reformas sin obstáculos ha acabado. 5 (salsa, etc.) sin grumos 6 (pey) (persona) zalamero ◆ vt alisar PHR V **to smooth over** allanar algo (dificultades) **smoothly** adv: to go smoothly ir sobre ruedas

smother /ˈsmʌðə(r)/ vt 1 (persona) asfixiar 2 ~ sth/sb with/in sth cubrir algo/a algn de algo 3 (llamas) sofocar

smoulder (USA smolder) /ˈsməʊldə(r)/ vi consumirse, arder (sin llama)

smudge /smʌdʒ/ ◆ n borrón, manchón ◆ vt, vi emborronar(se)

smug /smʌg/ adj (smugger, smuggest) (frec pey) engreído, hueco

smuggle /ˈsmʌgl/ vt pasar de contrabando PHR V **to smuggle sth/sb in/out** meter/sacar algo/a algn clandestinamente **smuggler** n contrabandista **smuggling** n contrabando

snack /snæk/ ◆ n tentempié: snack bar cafetería ◊ to have a snack tomarse un tentempié ◆ vi (coloq) picar

snag /snæg/ n pega

snail /sneɪl/ n caracol

snake /sneɪk/ ◆ n serpiente, culebra ◆ vi serpentear (carretera, etc.)

snap /snæp/ (-pp-) ◆ vt, vi 1 chasquear 2 romper(se) en dos PHR V **to snap at sb** hablar/contestar bruscamente a algn ◆ n 1 (ruido seco) chasquido 2 (tb snapshot) foto ◆ adj (coloq) repentino (decisión)

snapshot /ˈsnæpʃɒt/ n foto

snare /sneə(r)/ ◆ n cepo ◆ vt atrapar

snarl /snɑːl/ ◆ n gruñido ◆ vi gruñir

snatch /snætʃ/ ◆ vt 1 arrebatar, arrancar 2 (coloq) robar de un tirón 3 raptar 4 (oportunidad) aprovechar, agarrarse a PHR V **to snatch at sth** 1 (objeto) tirar de algo, coger algo bruscamente 2 (oportunidad) agarrarse a algo, aprovechar algo ◆ n 1 (conversación, canción) fragmento 2 secuestro 3 (coloq) robo

sneak /sniːk/ ◆ vt: to sneak a look at sth/sb mirar algo/a algn a hurtadillas PHR V **to sneak in, out, away, etc.** entrar, salir, marcharse, etc. a hurtadillas **to sneak into, out of, past, etc. sth** entrar en, salir de, pasar por delante de algo a hurtadillas ◆ n (coloq) soplón, -ona

sneaker /ˈsniːkə(r)/ n (USA) zapatilla de deporte

sneer /snɪə(r)/ ◆ n 1 sonrisa sarcástica 2 comentario desdeñoso ◆ vi ~ (at sth/sb) reírse con desprecio (de algo/algn)

sneeze /sniːz/ ◆ n estornudo ◆ vi estornudar

sniff /snɪf/ ◆ 1 vi sorber 2 vi husmear 3 vt oler 4 vt inhalar 5 vi gimotear ◆ n inhalación

snigger /ˈsnɪgə(r)/ ◆ n risita sofocada ◆ vi ~ (at sth/sb) reírse (con sarcasmo) (de algo/algn)

snip /snɪp/ vt (-pp-) cortar con tijeras: to snip sth off recortar algo

sniper /ˈsnaɪpə(r)/ n francotirador, -ora

snob /snɒb/ n esnob **snobbery** n esnobismo **snobbish** adj esnob

snoop /snuːp/ ◆ vi ~ (about/around) (coloq) fisgonear ◆ n LOC **to have a snoop about/around** reconocer el terreno **to have a snoop about/around sth** fisgonear algo

snore /snɔː(r)/ ◆ vi roncar ◆ n ronquido

snorkel /ˈsnɔːkl/ n tubo de bucear

snort /snɔːt/ ◆ vi 1 (animal) bufar 2 (persona) bufar, gruñir ◆ n bufido

snout /snaʊt/ n hocico

snow /snəʊ/ ◆ n nieve ◆ vi nevar LOC **to be snowed in/up** estar aislado por la nieve **to be snowed under (with sth)**: I was snowed under with work. Estaba inundado de trabajo.

iː	i	ɪ	e	æ	ɑː	ʌ	ʊ	uː
see	happy	sit	ten	hat	father	cup	put	too

snowball /'snəʊbɔːl/ ◆ *n* bola de nieve ◆ *vi* multiplicarse (rápidamente)

snowboarding /'snəʊbɔːdɪŋ/ *n* snowboard: *to go snowboarding* hacer snowboard

snowdrift /'snəʊdrɪft/ *n* montón de nieve (*acumulada durante una ventisca*)

snowdrop /'snəʊdrɒp/ *n* campanilla blanca (*flor*)

snowfall /'snəʊfɔːl/ *n* nevada

snowflake /'snəʊfleɪk/ *n* copo de nieve

snowman /'snəʊmæn/ *n* (*pl* **-men** /-men/) muñeco de nieve

snowplough (*USA* **snowplow**) /'snəʊplaʊ/ *n* (máquina) quitanieves

snowy /'snəʊi/ *adj* (**-ier, -iest**) **1** cubierto de nieve **2** (*día, etc.*) de nieve

snub /snʌb/ *vt* (**-bb-**) hacer un desaire a

snug /snʌg/ *adj* (**snugger, snuggest**) cómodo y agradable

snuggle /'snʌgl/ *vi* **1** ~ **down** hacerse un ovillo **2** ~ **up to sb** hacerse un ovillo junto a algn

so /səʊ/ *adv, conj* **1** tan: *Don't be so silly!* ¡No seas tan bobo! ◊ *It's so cold!* ¡Qué frío hace! ◊ *I'm so sorry!* ¡Cuánto lo siento! **2** así: *So it seems.* Así parece. ◊ *Hold out your hand, (like) so.* Extiende la mano, así. ◊ *The table is about so big* La mesa es más o menos así de grande. ◊ *If so,…* Si es así,… **3** *I believe/think so.* Creo que sí. ◊ *I expect/ hope so.* Espero que sí. **4** (*para expresar acuerdo*): *'I'm hungry.' 'So am I.'* —Tengo hambre. —Yo también. ☞ En este caso el pronombre o sustantivo va detrás del verbo. **5** (*expresando sorpresa*): *'Philip's gone home.' 'So he has.'* —Philip se ha ido a casa. —Anda, es cierto. **6** [*uso enfático*]: *He's as clever as his brother, maybe more so.* Es tan listo como su hermano, puede que incluso más. ◊ *She has complained, and rightly so.* Se ha quejado, y con mucha razón. **7** así que: *The shops were closed so I didn't get any milk.* Las tiendas estaban cerradas, así que no he comprado leche. **8** entonces: *So why did you do it?* ¿Y entonces, por qué lo hiciste? LOC **and so on** (**and so forth**) etcétera, etcétera **is that so?** no me digas **so as to do sth** para hacer algo **so many** tantos **so much** tanto **so?; so what?** (*coloq*) ¿y qué? **so that** para que

soak /səʊk/ **1** *vt* remojar, empapar **2** *vi*

estar en/a remojo LOC **to get soaked (through)** empaparse PHR V **to soak into sth** ser absorbido por algo **to soak through** calar (*líquido*) **to soak sth up 1** (*líquido*) absorber algo **2** (*fig*) empaparse de algo **soaked** *adj* empapado

soap /səʊp/ *n* [*incontable*] jabón

soap opera *n* culebrón (*televisión*)

soapy /'səʊpi/ *adj* (**-ier. -iest**) jabonoso

soar /sɔː(r)/ *vi* **1** (*avión*) remontarse **2** (*precios*) dispararse **3** (*ave*) planear

sob /sɒb/ ◆ *vi* (**-bb-**) sollozar ◆ *n* sollozo **sobbing** *n* [*incontable*] sollozos

sober /'səʊbə(r)/ *adj* **1** sobrio **2** serio

so-called /ˌsəʊ 'kɔːld/ *adj* (*pey*) (mal) llamado

soccer /'sɒkə(r)/ *n* fútbol ☞ *Ver nota en* FÚTBOL

sociable /'səʊʃəbl/ *adj* (*aprob*) sociable

social /'səʊʃl/ *adj* social

socialism /'səʊʃəlɪzəm/ *n* socialismo **socialist** *n* socialista

socialize, -ise /'səʊʃəlaɪz/ *vi* ~ (**with sb**) relacionarse (con algn): *He doesn't socialize much.* No sale mucho.

social security (*USA* **welfare**) *n* seguridad social

social services *n* [*pl*] servicios sociales

social work *n* trabajo social **social worker** *n* asistente, -a social

society /sə'saɪəti/ *n* (*pl* **-ies**) **1** sociedad **2** (*formal*) compañía: *polite society* buena sociedad **3** asociación

sociological /ˌsəʊsiə'lɒdʒɪkl/ *adj* sociológico

sociologist /ˌsəʊsi'ɒlədʒɪst/ *n* sociólogo, -a **sociology** *n* sociología

sock /sɒk/ *n* calcetín ☞ *Ver nota en* PAIR LOC *Ver* PULL

socket /'sɒkɪt/ *n* **1** (*ojo*) cuenca **2** enchufe (*en la pared*) ☞ *Ver dibujo en* ENCHUFE **3** (*tb* **light socket**) portalámparas

soda /'səʊdə/ *n* **1** soda **2** (*tb* **soda pop**) (*USA, coloq*) gaseosa

sodden /'sɒdn/ *adj* empapado

sodium /'səʊdiəm/ *n* sodio

sofa /'səʊfə/ *n* sofá

soft /sɒft; *USA* sɔːft/ *adj* (**-er. -est**) **1** blando: *soft option* opción fácil **2** (*piel, color, luz, sonido*) suave **3** (*brisa*) ligero **4** (*voz*) bajo LOC **to have a soft spot for sth/sb** (*coloq*) tener debilidad por algo/algn **softly** *adv* suavemente

u	ɒ	ɔː	ɜː	ə	j	w	eɪ	əʊ
situation	got	saw	fur	ago	yes	woman	pay	go

soft drink n bebida no alcohólica

soften /'sɒfn; USA 'sɔ:fn/ vt, vi 1 ablandar(se) 2 suavizar(se)

soft-spoken /ˌsɒft 'spəʊkən/ adj de voz suave

software /'sɒftweə(r)/ n [incontable] software

soggy /'sɒgi/ adj (-ier, -iest) 1 empapado 2 (pastel, pan, etc.) correoso

soil /sɔɪl/ ◆ n tierra ◆ vt (formal) 1 ensuciar 2 (reputación) manchar

solace /'sɒləs/ n (formal) solaz, consuelo

solar /'səʊlə(r)/ adj solar: solar energy energía solar

sold pret, pp de SELL

soldier /'səʊldʒə(r)/ n soldado

sole¹ /səʊl/ n 1 (pie) planta 2 suela

sole² /səʊl/ n (pl sole) lenguado

sole³ /səʊl/ adj 1 único: her sole interest su único interés 2 exclusivo

solemn /'sɒləm/ adj 1 (aspecto, manera) serio 2 (acontecimiento, promesa) solemne **solemnity** /sə'lemnəti/ n (formal) solemnidad

solicitor /sə'lɪsɪtə(r)/ n (GB) 1 abogado, -a 2 notario, -a ☞ Ver nota en ABOGADO

solid /'sɒlɪd/ ◆ adj 1 sólido 2 compacto 3 seguido: I slept for ten hours solid. Dormí diez horas seguidas. ◆ n 1 solids [pl] alimentos sólidos 2 (Geom) figura de tres dimensiones **solidly** adv 1 sólidamente 2 sin interrupción

solidarity /ˌsɒlɪ'dærəti/ n solidaridad

solidify /sə'lɪdɪfaɪ/ vi (pret, pp -fied) solidificarse

solidity /sə'lɪdəti/ (tb **solidness**) n solidez

solitary /'sɒlətri; USA -teri/ adj 1 solitario: to lead a solitary life llevar una vida retirada 2 (lugar) apartado 3 solo LOC **solitary confinement** (tb coloq **solitary**) incomunicación

solitude /'sɒlɪtju:d; USA -tu:d/ n soledad

solo /'səʊləʊ/ ◆ n (pl ~s) solo ◆ adj, adv en solitario **soloist** n solista

soluble /'sɒljəbl/ adj soluble

solution /sə'lu:ʃn/ n solución

solve /sɒlv/ vt resolver

solvent /'sɒlvənt/ n disolvente

sombre (USA **somber**) /'sɒmbə(r)/ adj

1 sombrío 2 (color) oscuro 3 (manera, humor) melancólico

some /səm/ adj, pron 1 algo de: There's some ice in the fridge. Hay hielo en la nevera. ◊ Would you like some? ¿Quieres un poco? 2 unos (cuantos), algunos: Do you want some crisps? ¿Quieres patatas fritas?

¿**Some** o **any**? Ambos se utilizan con sustantivos incontables o en plural, y aunque muchas veces no se traducen en español, en inglés no se pueden omitir. Normalmente, **some** se usa en las oraciones afirmativas y **any** en las interrogativas y negativas: I've got some money. Tengo (algo de) dinero. ◊ Have you got any children? ¿Tienes hijos? ◊ I don't want any sweets. No quiero caramelos. Sin embargo, **some** se puede usar en oraciones interrogativas cuando se espera una respuesta afirmativa, por ejemplo, para ofrecer o pedir algo: Would you like some coffee? ¿Quieres café? ◊ Can I have some bread, please? ¿Puedo coger un poco de pan? Cuando **any** se usa en oraciones afirmativas significa "cualquiera": Any parent would have worried. Cualquier padre se habría preocupado. Ver tb ejemplos en ANY

somebody /'sʌmbədi/ (tb **someone** /'sʌmwʌn/) pron alguien: somebody else otra persona ☞ La diferencia entre **somebody** y **anybody**, o entre **someone** y **anyone**, es la misma que hay entre **some** y **any**. Ver nota en SOME

somehow /'sʌmhaʊ/ adv 1 (USA tb **someway** /'sʌmweɪ/) de alguna manera: Somehow we had got completely lost. De alguna manera nos habíamos perdido completamente. 2 por alguna razón: I somehow get the feeling that I've been here before. No sé por qué, me da la impresión de que ya he estado aquí.

someone /'sʌmwʌn/ pron Ver SOMEBODY

somersault /'sʌməsɔːlt/ n 1 voltereta: to do a forward/backward somersault dar una voltereta hacia delante/hacia atrás 2 (de acróbata) salto mortal 3 (de coche) vuelta de campana

something /'sʌmθɪŋ/ pron algo: something else otra cosa ◊ something to eat algo de comer ☞ La diferencia entre **something** y **anything** es la

aɪ	aʊ	ɔɪ	ɪə	eə	ʊə	ʒ	h	ŋ
five	now	join	near	hair	pure	vision	how	sing

misma que hay entre **some** y **any.** *Ver nota en* SOME

sometime /'sʌmtaɪm/ *adv* **1** algún/un día: *sometime or other* un día de estos **2** en algún momento: *Can I see you sometime today?* ¿Podemos hablar hoy en algún momento?

sometimes /'sʌmtaɪmz/ *adv* **1** a veces **2** de vez en cuando ☛ *Ver nota en* ALWAYS

somewhat /'sʌmwɒt/ *adv* [con *adj* o *adv*] **1** algo, un tanto: *I have a somewhat different question.* Tengo una pregunta un tanto diferente. **2** bastante: *We missed the bus, which was somewhat unfortunate.* Perdimos el autobús, lo cual fue bastante mala suerte.

somewhere /'sʌmweə(r)/ (*USA tb* **someplace**) ◆ *adv* a/en/por algún sitio/lugar: *I've seen your glasses somewhere downstairs.* He visto tus gafas en algún sitio abajo. ◊ *somewhere else* en algún otro lugar ◆ *pron*: *to have somewhere to go* tener algún lugar adonde ir ☛ La diferencia entre **somewhere** y **anywhere** es la misma que hay entre **some** y **any.** *Ver nota en* SOME

son /sʌn/ *n* hijo LOC *Ver* FATHER

song /sɒŋ; *USA* sɔːŋ/ *n* **1** canción **2** canto

son-in-law /'sʌn ɪn lɔː/ *n* (*pl* **sons-in-law**) yerno

soon /suːn/ *adv* (**-er. -est**) pronto, dentro de poco LOC **as soon as** en cuanto, tan pronto como: *as soon as possible* en cuanto sea posible (**just**) **as soon do sth (as do sth):** *I'd (just) as soon stay at home as go for a walk.* Lo mismo me da quedarme en casa que ir a dar un paseo. **sooner or later** tarde o temprano **the sooner the better** cuanto antes mejor

soot /sʊt/ *n* hollín

soothe /suːð/ *vt* **1** (*persona, etc.*) calmar **2** (*dolor, etc.*) aliviar

sophisticated /sə'fɪstɪkeɪtɪd/ *adj* sofisticado **sophistication** *n* sofisticación

soppy /'sɒpi/ *adj* (*GB, coloq*) sensiblero

sordid /'sɔːdɪd/ *adj* **1** sórdido **2** (*comportamiento*) vil

sore /sɔː(r)/ ◆ *n* llaga ◆ *adj* dolorido: *to have a sore throat* tener dolor de garganta ◊ *I've got sore eyes.* Me duelen los ojos. LOC **a sore point** un asunto delicado **sorely** *adv* (*formal*): *She will be sorely missed.* Se la echará de menos enormemente. ◊ *I was sorely tempted to do it.* Tuve grandes tentaciones de hacerlo.

sorrow /'sɒrəʊ/ *n* pesar: *to my great sorrow* con gran pesar mío

sorry /'sɒri/ ◆ *interj* **1** (*para disculparse*) perdón ☛ *Ver nota en* EXCUSE **2 sorry?** ¿cómo dice?, ¿qué has dicho? ◆ *adj* **1** *I'm sorry I'm late.* Siento llegar tarde. ◊ *I'm so sorry!* ¡Lo siento mucho! **2** *He's very sorry for what he's done.* Está muy arrepentido por lo que ha hecho. ◊ *You'll be sorry!* ¡Te arrepentirás!

¿Sorry for o **sorry about?** Cuando **sorry** se usa para pedir perdón se puede decir **to be sorry for sth/ doing sth** o **to be sorry about sth/ doing sth:** *I'm sorry for waking you up last night.* Siento haberte despertado anoche. ◊ *We're sorry about the mess.* Perdonad el desorden. Para decir que alguien te da pena se utiliza **to feel sorry for sb:** *I feel very sorry for his sister.* Su hermana me da mucha pena. ◊ *Stop feeling sorry for yourself!* ¡Deja de compadecerte a ti mismo! Cuando quieres expresar que sientes lo que le ha pasado a otra persona, dices **sorry about sth/sb:** *I'm sorry about your car/your sister.* Siento lo de tu coche/ tu hermana.

3 (**-ier, -iest**) (*estado*) lastimoso LOC **to say you are sorry** disculparse *Ver tb* BETTER, FEEL

sort /sɔːt/ ◆ *n* **1** tipo: *They sell all sorts of gifts.* Venden toda clase de regalos. **2** (*antic, coloq*) *He's not a bad sort really.* No es mala persona. LOC **a sort of**: *It's a sort of autobiography.* Es una especie de autobiografía. **sort of** (*coloq*): *I feel sort of uneasy.* Me siento como inquieto. *Ver tb* NOTHING ◆ *vt* clasificar PHR V **to sort sth out** arreglar, solucionar algo **to sort through sth** clasificar, ordenar algo

so-so /ˌsəʊ 'səʊ, 'səʊ səʊ/ *adj, adv* (*coloq*) así así

sought *pret, pp de* SEEK

sought-after /'sɔːt ɑːftə(r); *USA* -æf-/ *adj* codiciado

soul /səʊl/ *n* alma: *There wasn't a soul to be seen.* No se veía un alma. ◊ *Poor soul!* ¡El pobre! LOC *Ver* BODY

tʃ	dʒ	v	θ	ð	s	z	ʃ
chin	June	van	thin	then	so	zoo	she

sound¹ /saʊnd/ ♦ *n* **1** sonido: *sound waves* ondas acústicas **2** ruido: *I could hear the sound of voices.* Oía ruido de voces. ◊ *She opened the door without a sound.* Abrió la puerta sin hacer ruido. **3 the sound** el volumen: *Can you turn the sound up/down?* ¿Puedes subir/bajar el volumen? ♦ **1** *vi* sonar: *Your voice sounds a bit odd.* Tu voz suena un poco rara. **2** *vt* (*trompeta, etc.*) tocar **3** *vt* (*alarma*) dar **4** *vt* pronunciar: *You don't sound the 'h'.* No se pronuncia la "h". **5** *vi* parecer: *She sounded very surprised.* Parecía muy sorprendida. ◊ *He sounds a very nice person from his letter.* A juzgar por su carta, parece una persona muy agradable.

sound² /saʊnd/ ♦ *adj* (**-er, -est**) **1** sano **2** (*estructura*) sólido **3** (*creencia*) firme **4** (*consejo, paliza*) bueno LOC **being of sound mind** hallándose en plenitud de sus facultades mentales *Ver tb* SAFE¹ ♦ *adv* LOC **to be sound asleep** estar profundamente dormido

sound³ /saʊnd/ *vt* (*mar*) sondar PHR V **to sound sb out** (**about/on sth**) tantear a algn (sobre algo)

soundproof /ˈsaʊndpruːf/ ♦ *adj* insonorizado ♦ *vt* insonorizar

soundtrack /ˈsaʊndtræk/ *n* banda sonora

soup /suːp/ *n* sopa, caldo: *soup spoon* cuchara sopera ◊ *chicken soup* sopa de pollo

sour /ˈsaʊə(r)/ *adj* **1** (*sabor, cara*) agrio **2** (*leche*) cortado LOC **to go/turn sour** agriarse/echarse a perder

source /sɔːs/ *n* **1** (*información*) fuente: *They didn't reveal their sources.* No revelaron sus fuentes. ◊ *a source of income* una fuente de ingresos **2** (*río*) nacimiento

south (*tb* South) /saʊθ/ ♦ *n* (*abrev* S) sur: *Brighton is in the south of England.* Brighton está en el sur de Inglaterra. ♦ *adj* (del) sur: *south winds* vientos del sur ♦ *adv* al sur: *The house faces south.* La casa mira hacia el sur. *Ver tb* SOUTHWARD(S)

southbound /ˈsaʊθbaʊnd/ *adj* en/con dirección sur

south-east /ˌsaʊθ ˈiːst/ ♦ *n* (*abrev* SE) sureste ♦ *adj* (del) sureste ♦ *adv* hacia el sureste **south-eastern** *adj*

southern (*tb* Southern) /ˈsʌðən/ *adj*

del sur, meridional: *southern Italy* el sur de Italia ◊ *the southern hemisphere* el hemisferio sur **southerner** *n* sureño, -a

southward(s) /ˈsaʊθwədz/ *adv* hacia el sur *Ver tb* SOUTH *adv*

south-west /ˌsaʊθ ˈwest/ ♦ *n* (*abrev* SW) suroeste ♦ *adj* (del) suroeste ♦ *adv* hacia el suroeste **south-western** *adj* (del) suroeste

souvenir /ˌsuːvəˈnɪə(r); *USA* ˈsuːvənɪər/ *n* recuerdo (*objeto*)

sovereign /ˈsɒvrɪn/ *adj, n* soberano, -a **sovereignty** *n* soberanía

sow¹ /saʊ/ *n* cerda ☛ *Ver nota en* CERDO

sow² /səʊ/ *vt* (*pret* **sowed** *pp* **sown** /səʊn/ *o* **sowed**) sembrar

soya /ˈsɔɪə/ (*USA* **soy** /sɔɪ/) *n* soja: *soya bean* semilla de soja

spa /spɑː/ *n* balneario

space /speɪs/ ♦ *n* **1** (*cabida*) sitio, espacio: *Leave some space for the dogs.* Deja sitio para los perros. ◊ *There's no space for my suitcase.* No queda espacio para mi maleta. ◊ *to stare into space* mirar al vacío **2** (*Aeronáut*) espacio: *a space flight* un vuelo espacial ◊ *space travel* viajes espaciales **3** (*periodo*) espacio: *in a short space of time* en un breve espacio de tiempo LOC *Ver* WASTE ♦ *vt* ~ **sth** (**out**) espaciar algo

spacecraft /ˈspeɪskrɑːft; *USA* -kræft/ *n* (*pl* **spacecraft**) (*tb* **spaceship**) nave espacial

space shuttle (*tb* **shuttle**) *n* lanzadera espacial

spacesuit /ˈspeɪssuːt/ *n* traje espacial

spacious /ˈspeɪʃəs/ *adj* espacioso, amplio

spade /speɪd/ *n* **1** pala **2 spades** [*pl*] (*en cartas*) picas ☛ *Ver nota en* BARAJA

spaghetti /spəˈɡeti/ *n* [*incontable*] espagueti(s)

span /spæn/ ♦ *n* **1** (*de un puente*) luz **2** (*de tiempo*) lapso, duración: *time span/span of time* lapso de tiempo ♦ *vt* (**-nn-**) **1** (*puente*) cruzar **2** abarcar

spank /spæŋk/ *vt* dar una zurra a, dar un(os) azote(s) a

spanner /ˈspænə(r)/ (*esp USA* **wrench**) *n* llave (*herramienta*)

spare /speə(r)/ ♦ *adj* **1** sobrante, de sobra: *There are no spare seats.* No quedan asientos. ◊ *the spare room* la habitación de invitados **2** de repuesto, de reserva: *a spare tyre/part* una rueda/pieza de repuesto **3** (*tiempo*) libre, de ocio ◆ *n* (pieza de) repuesto ◆ *vt* **1** ~ **sth** (**for sth/sb**) (*tiempo, dinero, etc.*) tener algo (para algo/algn) **2** (*la vida de algn*) perdonar **3** escatimar: *No expense was spared.* No repararon en gastos. **4** ahorrar: *Spare me the gory details.* Ahórrame los detalles desagradables. LOC **to spare** de sobra: *with two minutes to spare* faltando dos minutos **sparing** *adj* ~ **with/of/in sth** parco en algo; mesurado con algo

spark /spɑːk/ ◆ *n* chispa ◆ *vt* ~ **sth** (**off**) (*coloq*) provocar algo, ocasionar algo

sparkle /'spɑːkl/ ◆ *vi* centellear, destellar ◆ *n* centelleo **sparkling** *adj* **1** (*tb* **sparkly**) centelleante **2** (*vino, etc.*) espumoso

sparrow /'spærəʊ/ *n* gorrión

sparse /spɑːs/ *adj* **1** escaso, esparcido **2** (*población*) disperso **3** (*pelo*) ralo

spartan /'spɑːtn/ *adj* espartano

spasm /'spæzəm/ *n* espasmo

spat *pret, pp de* SPIT

spate /speɪt/ *n* racha, ola

spatial /'speɪʃl/ *adj* (*formal*) del espacio (*de una habitación, etc.*) ☞ *Comparar con* SPACE

spatter /'spætə(r)/ *vt* ~ **sb** (**with sth**); ~ **sth** (**on sb**) rociar algo (sobre algn), salpicar a algn (de algo)

speak /spiːk/ (*pret* **spoke** /spəʊk/ *pp* **spoken** /'spəʊkən/) **1** *vi* hablar: *Can I speak to you a minute, please?* ¿Puedo hablar contigo un minuto, por favor? ☞ *Ver nota en* HABLAR **2** *vt* decir, hablar: *to speak the truth* decir la verdad ◊ *Do you speak French?* ¿Hablas francés? **3** *vi* ~ (**on/about sth**) pronunciar un discurso (sobre algo) **4** *vi* ~ (**to sb**) hablarse (con algn) LOC **generally, etc. speaking** en términos generales **so to speak** por así decirlo **to speak for itself**: *The statistics speak for themselves.* Las estadísticas hablan por sí solas. **to speak your mind** hablar sin rodeos *Ver tb* STRICTLY *en* STRICT PHR V **to speak for sb** hablar en favor de algn **to speak up** hablar más alto

speaker /'spiːkə(r)/ *n* **1** hablante: *Spanish speaker* hispanohablante **2** (*en público*) orador, -ora, conferenciante **3** (*coloq*) altavoz ☞ *Ver dibujo en* ORDENADOR

spear /spɪə(r)/ *n* **1** lanza **2** (*para pesca*) arpón

special /'speʃl/ ◆ *adj* **1** especial: *The film won an award for its special effects.* La película ganó un premio por sus efectos especiales. **2** particular: *nothing special* nada en particular **3** (*reunión, edición, pago*) extraordinario ◆ *n* **1** (*tren, programa, etc.*) especial **2** (*USA, coloq*) oferta especial **specialist** *n* especialista

speciality /ˌspeʃi'æləti/ (*esp USA* **specialty** /'speʃəlti/) *n* (*pl* **-ies**) especialidad

specialize, -ise /'speʃəlaɪz/ *vi* ~ (**in sth**) especializarse (en algo) **specialization, -isation** *n* especialización **specialized, -ised** *adj* especializado

specially /'speʃli/ *adv* **1** especialmente, expresamente

Aunque **specially** y **especially** tienen significados similares, se usan de forma distinta. **Specially** se usa fundamentalmente con participios y **especially** como conector entre frases: *specially designed for schools* diseñado especialmente para los colegios ◊ *He likes dogs, especially poodles.* Le encantan los perros, sobre todo los caniches.

2 (*tb* **especially**) particularmente, sobre todo

species /'spiːʃiːz/ *n* (*pl* **species**) especie

specific /spə'sɪfɪk/ *adj* específico, preciso, concreto **specifically** *adv* concretamente, específicamente, especialmente

specification /ˌspesɪfɪ'keɪʃn/ *n* **1** especificación **2** [*gen pl*] especificaciones, plan detallado

specify /'spesɪfaɪ/ *vt* (*pret, pp* **-fied**) especificar, precisar

specimen /'spesɪmən/ *n* espécimen, ejemplar, muestra

speck /spek/ *n* **1** (*de suciedad*) manchita **2** (*de polvo*) mota **3** *a speck on the horizon* un punto en el horizonte **4** (*pequeño pedazo*) pizca

spectacle /'spektəkl/ *n* espectáculo *Ver tb* SPECTACLES

spectacles /'spektəklz/ *n* (*abrev* **specs**) [*pl*] (*formal*) gafas, anteojos ☞ La palabra más normal es **glasses**. *Ver nota en* PAIR

spectacular /spek'tækjələ(r)/ *adj* espectacular

spectator /spek'teɪtə(r); *USA* 'spekteɪtər/ *n* espectador, -ora

spectre (*USA* **specter**) /'spektə(r)/ *n* (*formal*) (*lit y fig*) espectro, fantasma: *the spectre of another war* el fantasma de una nueva guerra

spectrum /'spektrəm/ *n* (*pl* **-tra** /'spektrə/) espectro, abanico

speculate /'spekjuleɪt/ *vi* ~ (**about sth**) especular (sobre/acerca de algo) **speculation** *n* ~ (**on/about sth**) especulación (sobre algo)

speculative /'spekjələtɪv; *USA* 'spekjələrtɪv/ *adj* especulativo

speculator /'spekjuleɪtə(r)/ *n* especulador, -ora

sped *pret, pp de* SPEED

speech /spiːtʃ/ *n* **1** habla: *freedom of speech* libertad de expresión ◊ *to lose the power of speech* perder el habla ◊ *speech therapy* terapia lingüística **2** discurso: *to make/deliver/give a speech* pronunciar un discurso **3** lenguaje: *children's speech* el lenguaje de los niños **4** (*Teat*) parlamento

speechless /'spiːtʃləs/ *adj* sin habla, mudo: *I was speechless.* Me quedé sin habla.

speed /spiːd/ ◆ *n* velocidad, rapidez LOC **at speed** a toda velocidad *Ver tb* FULL, PICK ◆ *vt* (*pret, pp* **speeded**) acelerar PHR V **to speed up** apresurarse **to speed sth up** acelerar algo ◆ *vi* (*pret, pp* **sped** /sped/) ir a toda velocidad: *I was fined for speeding.* Me pusieron una multa por exceso de velocidad.

speedboat /'spiːdbəʊt/ *n* lancha rápida

speedily /'spiːdɪli/ *adv* rápidamente

speedometer /spiː'dɒmɪtə(r)/ *n* velocímetro

speedy /'spiːdi/ *adj* (**-ier, -iest**) (*frec coloq*) pronto, rápido: *a speedy recovery* una pronta recuperación

spell /spel/ ◆ *n* **1** conjuro, hechizo **2** temporada, racha **3** ~ (**at/on sth**) tanda, turno (en algo) LOC *Ver* CAST ◆ (*pret, pp* **spelt** /spelt/ *o* **spelled**) ☞ *Ver nota en* DREAM **1** *vt, vi* deletrear, escribir **2** *vt* suponer, significar PHR V **to spell sth out** explicar algo claramente

spellchecker /'speltʃekə(r)/ *n* corrector ortográfico

spelling /'spelɪŋ/ *n* ortografía

spelt *pret, pp de* SPELL

spend /spend/ *vt* (*pret, pp* **spent** /spent/) **1** ~ **sth** (**on sth**) gastar algo (en algo) **2** (*tiempo libre, etc.*) pasar **3** ~ **sth on sth** dedicar algo a algo **spending** *n* gasto: *public spending* el gasto público

sperm /spɜːm/ *n* (*pl* **sperm**) esperma

sphere /sfɪə(r)/ *n* esfera

sphinx /sfɪŋks/ (*tb* **the Sphinx**) *n* esfinge

spice /spaɪs/ ◆ *n* **1** (*lit*) especia(s) **2** (*fig*) interés: *to add spice to a situation* añadir interés a una situación ◆ *vt* sazonar PHR V **to spice sth up** (*fig*) sazonar algo, dar más sabor a algo **spicy** *adj* (**-ier, -iest**) condimentado, picante *Ver tb* HOT 3

spider /'spaɪdə(r)/ *n* araña: *spider's web* telaraña *Ver tb* COBWEB

spied *pret, pp de* SPY

spike /spaɪk/ *n* **1** púa, pincho **2** punta **spiky** *adj* (**-ier, -iest**) erizado de púas, puntiagudo

spill /spɪl/ ◆ *vt, vi* (*pret, pp* **spilt** /spɪlt/ *o* **spilled**) ☞ *Ver nota en* DREAM derramar(se), verter(se) ☞ *Ver nota y dibujo en* DROP LOC *Ver* CRY PHR V **to spill over** rebosar, desbordarse (*tb* **spillage**) ◆ *n* **1** derramamiento **2** derrame

spin /spɪn/ ◆ (**-nn-**) (*pret, pp* **spun** /spʌn/) **1** *vi* ~ (**round**) dar vueltas, girar **2** *vt* ~ **sth** (**round**) (hacer) girar algo; dar vueltas a algo **3** *vt, vi* (*lavadora*) centrifugar **4** *vt* hilar PHR V **to spin sth out** alargar algo, prolongar algo ◆ *n* **1** vuelta, giro **2** (*coloq*) (*paseo en coche/moto*) vuelta: *to go for a spin* dar una vuelta

spinach /'spɪnɪdʒ; *USA* -ɪtʃ/ *n* [*incontable*] espinaca(s)

spinal /'spaɪnl/ *adj* espinal: *spinal column* columna vertebral

spine /spaɪn/ *n* **1** (*Anat*) columna vertebral **2** (*Bot*) espina **3** (*Zool*) púa **4** (*de un libro*) lomo

spinster /'spɪnstə(r)/ *n* **1** soltera **2** (*frec ofen*) solterona

spiral /'spaɪrəl/ ◆ *n* espiral ◆ *adj* (en) espiral, helicoidal: *a spiral staircase* una escalera de caracol

spire /'spaɪə(r)/ *n* chapitel, aguja

spirit /'spɪrɪt/ *n* **1** espíritu, alma **2** fantasma **3** brío, ánimo **4** temple **5 spirits**

aɪ	aʊ	ɔɪ	ɪə	eə	ʊə	ʒ	h	ŋ
f**i**ve	n**ow**	j**oi**n	n**ear**	h**air**	p**ure**	vi**si**on	**h**ow	si**ng**

[*pl*] (*bebida alcohólica*) licor **6 spirits** [*pl*] estado de ánimo, humor: *in high spirits* de muy buen humor **spirited** *adj* animoso, brioso

spiritual /'spɪrɪtʃuəl/ *adj* espiritual

spit /spɪt/ ◆ (-tt-) (*pret, pp* **spat** /spæt/ *tb esp USA* **spit**) **1** *vt, vi* escupir **2** *vt* (*insulto, etc.*) soltar **3** *vi* (*fuego, etc.*) chisporrotear PHR V **to spit sth out** escupir algo ◆ *n* **1** saliva, esputo **2** punta (*de tierra*) **3** (*un pincho*) espetón, asador

spite /spaɪt/ ◆ *n* despecho, resentimiento: *out of/from spite* por despecho LOC **in spite of** a pesar de ◆ *vt* molestar, fastidiar **spiteful** *adj* malévolo, rencoroso

splash /splæʃ/ ◆ *n* **1** chapoteo **2** (*mancha*) salpicadura **3** (*de color*) mancha LOC **to make a splash** (*coloq*) causar sensación ◆ **1** *vi* chapotear **2** *vt* ~ **sth/sb (with sth)** salpicar algo/a algn (*de algo*) PHR V **to splash out (on sth)** (*coloq*) derrochar dinero (en algo), permitirse el lujo (de comprar algo)

splatter /'splætə(r)/ (*tb* **spatter**) *vt* salpicar

splendid /'splendɪd/ *adj* espléndido, magnífico

splendour (*USA* **splendor**) /'splendə(r)/ *n* esplendor

splint /splɪnt/ *n* tablilla (*para entablillar un hueso roto*)

splinter /'splɪntə(r)/ ◆ *n* astilla, esquirla ◆ *vt, vi* **1** astillar(se) **2** dividir(se)

split /splɪt/ ◆ (-tt-) (*pret, pp* **split**) **1** *vt, vi* partir(se): *to split sth in two* partir algo en dos **2** *vt, vi* dividir(se) **3** *vt* repartir **4** *vi* henderse, rajarse PHR V **to split up (with sb)** separarse (de algn) ◆ *n* **1** división, ruptura **2** abertura, hendidura **3 the splits** [*pl*]: *to do the splits* hacer el spagat ◆ *adj* partido, dividido

splutter /'splʌtə(r)/ ◆ **1** *vt, vi* farfullar, balbucear **2** *vi* (*tb* **sputter**) (*del fuego, etc.*) chisporrotear ◆ *n* chisporroteo

spoil /spɔɪl/ (*pret, pp* **spoilt** /spɔɪlt/ *o* **spoiled**) ☞ *Ver nota en* DREAM **1** *vt, vi* estropear(se), arruinar(se), echar(se) a perder **2** *vt* (*niño*) mimar, consentir

spoils /spɔɪlz/ *n* [*pl*] botín (*de robo, guerra, etc.*)

spoilsport /'spɔɪlspɔːt/ *n* (*coloq*) aguafiestas

spoilt ◆ *pret, pp* de SPOIL ◆ *adj* mimado

spoke /spəʊk/ ◆ *pret de* SPEAK ◆ *n* radio (*de una rueda*)

spoken *pp de* SPEAK

spokesman /'spəʊksmən/ *n* (*pl* -men /-mən/) portavoz ☞ Se prefiere utilizar la forma **spokesperson**, que se refiere tanto a un hombre como a una mujer.

spokesperson /'spəʊkspɜːsn/ *n* portavoz ☞ Se refiere tanto a un hombre como a una mujer. *Comparar con* SPOKESMAN *y* SPOKESWOMAN

spokeswoman /'spəʊkswʊmən/ *n* (*pl* -women) portavoz ☞ *Ver nota en* SPOKESMAN

sponge /spʌndʒ/ ◆ *n* **1** esponja **2** (*tb* **sponge cake**) bizcocho ◆ *v* PHR V **to sponge on/off sb** (*coloq*) vivir a costa de algn

sponsor /'spɒnsə(r)/ ◆ *n* patrocinador, -ora ◆ *vt* patrocinar **sponsorship** *n* patrocinio

spontaneous /spɒn'teɪniəs/ *adj* espontáneo **spontaneity** /ˌspɒntə'neɪəti/ *n* espontaneidad

spooky /'spuːki/ *adj* (-ier, -iest) (*coloq*) **1** de aspecto embrujado **2** misterioso

spoon /spuːn/ ◆ *n* **1** cuchara: *a serving spoon* un cucharón **2** (*tb* **spoonful**) cucharada ◆ *vt*: *She spooned the mixture out of the bowl.* Sacó la mezcla del cuenco con una cuchara.

sporadic /spə'rædɪk/ *adj* esporádico

sport /spɔːt/ *n* **1** deporte: *sports facilities* instalaciones deportivas ◊ *sports field* campo de deportes **2** (*coloq*) buen chico, buena chica: *a good/bad sport* un buen/mal perdedor **sporting** *adj* deportivo

sports car *n* coche deportivo

sports centre *n* polideportivo

sportsman /'spɔːtsmən/ *n* (*pl* -men /-mən/) deportista ☞ *Ver nota en* POLICÍA **sportsmanlike** *adj* deportivo (*justo*) **sportsmanship** *n* deportividad

sportsperson /'spɔːtspɜːsn/ *n* (*pl* -persons *o* -people) deportista ☞ *Ver nota en* POLICÍA

sportswoman /'spɔːtswʊmən/ *n* (*pl* -women) deportista ☞ *Ver nota en* POLICÍA

tʃ	dʒ	v	θ	ð	s	z	ʃ
chin	June	van	thin	then	so	zoo	she

sporty /'spɔːti/ *adj* (-ier, -iest) **1** (*esp GB, coloq*) deportista **2** (*ropa, coche*) deportivo

spot¹ /spɒt/ *vt* (-tt-) divisar: *He finally spotted a shirt he liked.* Por fin encontró una camisa que le gustó. ◊ *Nobody spotted the mistake.* Nadie notó el error.

spot² /spɒt/ *n* **1** (*diseño*) lunar: *a blue skirt with red spots on it* una falda azul con lunares rojos **2** (*en animales, etc.*) mancha **3** (*Med*) grano **4** lugar **5** ~ **of sth** (*GB, coloq*): *Would you like a spot of lunch?* ¿Quieres comer un poco? ◊ *You seem to be having a spot of bother.* Parece que tienes problemas. **6** *Ver* SPOTLIGHT LOC *Ver* SOFT

spotless /'spɒtləs/ *adj* **1** (*casa*) inmaculado **2** (*reputación*) intachable

spotlight /'spɒtlaɪt/ *n* **1** (*tb* spot) foco **2** (*fig*): *to be in the spotlight* ser el centro de la atención

spotted /'spɒtɪd/ *adj* **1** (*animal*) con manchas **2** (*ropa*) con lunares

spotty /'spɒti/ *adj* (-ier, -iest) **1** con muchos granos **2** (*tela*) de lunares

spouse /spaʊs, spaʊz/ *n* (*Jur*) cónyuge

spout /spaʊt/ ◆ *n* **1** (*de tetera*) pitorro **2** (*de canalón*) caño ◆ **1** *vi* ~ (**out/up**) salir a chorros **2** *vi* ~ (**out of/from sth**) salir a chorros, brotar (de algo) **3** *vt* ~ **sth** (**out/up**) echar algo a chorros **4** *vt* (*coloq, frec pey*) recitar **5** *vi* (*coloq, frec pey*) disertar, declamar

sprain /spreɪn/ ◆ *vt*: *to sprain your ankle* torcerse el tobillo ◆ *n* torcedura

sprang *pret de* SPRING

sprawl /sprɔːl/ *vi* **1** ~ (**out**) (**across/in/on sth**) tumbarse, repantigarse (por/en algo) **2** (*ciudad, etc.*) extenderse (*desordenadamente*)

spray /spreɪ/ ◆ *n* **1** rociada **2** (*del mar*) espuma **3** (*para el pelo, etc.*) spray **4** (*bote*) pulverizador, spray ◆ **1** *vt* ~ **sth on/over sth**; ~ **sth/sb with sth** rociar algo/a algn de algo **2** *vi* ~ (**out**) (**over, across, etc. sth/sb**) salpicar (algo/a algn)

spread /spred/ ◆ (*pret, pp* spread) **1** *vt* ~ **sth** (**out**) (**on/over sth**) extender, desplegar algo (en/sobre/por algo) **2** *vt* ~ **sth with sth** cubrir algo de/con algo **3** *vt, vi* untar(se) **4** *vt, vi* extender(se) **5** *vt, vi* (*noticia*) divulgar(se) **6** *vt* distribuir ◆ *n* **1** extensión **2** (*alas*) envergadura **3** propagación, difusión **4** paté, queso, etc. para untar

spree /spriː/ *n* excursión: *to go on a spending spree* salir a gastar dinero

spring /sprɪŋ/ ◆ *n* **1** primavera: *spring clean(ing)* limpieza general **2** salto **3** manantial **4** resorte **5** (*colchón, sillón*) muelle **6** elasticidad (*pret* sprang /spræŋ/ *pp* sprung /sprʌŋ/) ◆ *vi* **1** saltar: *to spring into action* ponerse en acción *Ver tb* JUMP **2** (*líquido*) brotar LOC *Ver* MIND PHR V **to spring back** rebotar **to spring from sth** provenir de algo **to spring sth on sb** (*coloq*) coger a algn de improviso con algo

springboard /'sprɪŋbɔːd/ *n* trampolín

springtime /'sprɪŋtaɪm/ *n* primavera

sprinkle /'sprɪŋkl/ *vt* **1** ~ **sth** (**with sth**) rociar algo (con algo), salpicar algo (de algo) **2** ~ **sth** (**on/onto/over sth**) rociar algo (sobre algo) **sprinkling** *n* ~ (**of sth/ sb**) un poquito (de algo); unos, -as cuantos, -as

sprint /sprɪnt/ ◆ *vi* **1** correr a toda velocidad **2** (*Dep*) esprintar ◆ *n* **1** carrera de velocidad **2** sprint

sprout /spraʊt/ ◆ **1** *vi* ~ (**out/up**) (**from sth**) brotar, aparecer (de algo) **2** *vt* (*Bot*) echar (*flores, brotes, etc.*) ◆ *n* **1** brote **2** *Ver* BRUSSELS SPROUT

sprung *pp de* SPRING

spun *pret, pp de* SPIN

spur /spɜː(r)/ ◆ *n* **1** espuela **2** a ~ (**to sth**) (*fig*) un acicate (para algo) LOC **on the spur of the moment** impulsivamente ◆ *vt* (-rr-) ~ **sth/sb** (**on**) incitar a algn

spurn /spɜːn/ *vt* (*formal*) rechazar

spurt /spɜːt/ ◆ *vi* ~ (**out**) (**from sth**) salir a chorros (de algo) ◆ *n* **1** chorro **2** arranque

sputter /'spʌtə(r)/ *Ver* SPLUTTER 2

spy /spaɪ/ ◆ *n* (*pl* spies) espía: *spy thrillers* novelas de espionaje ◆ *vi* (*pret, pp* spied) **to spy** (**on sth/sb**) espiar (algo/a algn)

squabble /'skwɒbl/ ◆ *vi* ~ (**with sb**) (**about/over sth**) reñir (con algn) (por algo) ◆ *n* riña

squad /skwɒd/ *n* [*v sing o pl*] **1** (*Mil*) escuadrón **2** (*policía*) brigada: *the drugs squad* la brigada antidroga **3** (*Dep*) equipo

squadron /'skwɒdrən/ *n* [*v sing o pl*] escuadrón

squalid /'skwɒlɪd/ *adj* sórdido

squalor /'skwɒlə(r)/ *n* miseria

iː	i	ɪ	e	æ	ɑː	ʌ	ʊ	uː
see	happy	sit	ten	hat	father	cup	put	too

squander /'skwɒndə(r)/ *vt* ~ **sth (on sth) 1** (*dinero*) despilfarrar algo (en algo) **2** (*tiempo*) malgastar algo (en algo) **3** (*energía, oportunidad*) desperdiciar algo (en algo)

square /skweə(r)/ ◆ *adj* cuadrado: *one square metre* un metro cuadrado LOC **a square meal** una comida en condiciones **to be (all) square (with sb)** quedar en paz (con algn) *Ver tb* FAIR ◆ *n* **1** (*Mat*) cuadrado **2** cuadro **3** (*en un tablero*) casilla **4** (*abrev* Sq) plaza ◆ *v* PHR V **to square up (with sb)** pagar una deuda (a algn)

squarely /'skweəli/ *adv* directamente

square root *n* raíz cuadrada

squash /skwɒʃ/ ◆ *vt, vi* aplastar(se): *It was squashed flat.* Estaba aplastado. ◆ *n* **1** *What a squash!* ¡Qué apretujones! **2** (*GB*) refresco (de frutas edulcorado para diluir) **3** (*tb formal* **squash rackets**) (*Dep*) squash

squat /skwɒt/ ◆ *vi* (-tt-) ~ **(down) 1** (*persona*) ponerse en cuclillas **2** (*animal*) agazaparse ☛ *Ver dibujo en* CROUCH ◆ *adj* (-tter, -ttest) achatado, rechoncho

squawk /skwɔːk/ ◆ *vi* graznar, chillar ◆ *n* graznido, chillido

squeak /skwiːk/ ◆ *n* **1** (*animal, etc.*) chillido **2** (*gozne, etc.*) chirrido ◆ *vi* **1** (*animal, etc.*) chillar **2** (*gozne*) chirriar **squeaky** *adj* (-ier, -iest) **1** (*voz*) chillón **2** (*gozne, etc.*) que chirría

squeal /skwiːl/ ◆ *n* alarido, chillido ◆ *vt, vi* chillar

squeamish /'skwiːmɪʃ/ *adj* delicado, remilgado

squeeze /skwiːz/ ◆ **1** *vt* apretar **2** *vt* exprimir, estrujar ☛ *Ver dibujo en* APLASTAR **3** *vt, vi* ~ **(sth/sb) into, past, through, etc. (sth)**: *to squeeze through a gap in the hedge* pasar con dificultad por un hueco en el seto ◊ *Can you squeeze anything else into that case?* ¿Puedes meter algo más en esa maleta? ◆ *n* **1** apretón: *a squeeze of lemon* un chorrito de limón **2** apretura **3** (*coloq*) (*Fin*) recortes

squid /skwɪd/ *n* (*pl* squid *o* ~s) calamar

squint /skwɪnt/ ◆ *vi* **1** ~ **(at/through sth)** mirar (algo/a través de algo) con los ojos entreabiertos **2** bizquear ◆ *n* estrabismo

squirm /skwɜːm/ *vi* **1** retorcerse **2** abochornarse

squirrel /'skwɪrəl; *USA* 'skwɜːrəl/ *n* ardilla

squirt /skwɜːt/ ◆ **1** *vt: to squirt soda water into a glass* echar un chorro de soda en un vaso **2** *vt* ~ **sth/sb (with sth)** cubrir algo/a algn con un chorro (de algo) **3** *vi* ~ **(out of/from sth)** salir a chorros (de algo) ◆ *n* chorro

stab /stæb/ ◆ *vt* (-bb-) **1** apuñalar **2** pinchar ◆ *n* puñalada LOC **to have a stab at (doing) sth** (*coloq*) intentar (hacer) algo **stabbing** *adj* punzante **stabbing** *n* apuñalamiento

stability /stə'bɪləti/ *n* estabilidad

stabilize, -ise /'steɪbəlaɪz/ *vt, vi* estabilizar(se)

stable¹ /'steɪbl/ *adj* **1** estable **2** equilibrado

stable² /'steɪbl/ *n* **1** establo **2** cuadra

stack /stæk/ ◆ *n* **1** pila (*de libros, leña, etc.*) **2** ~ **of sth** [*gen pl*] (*coloq*) montón de algo ◆ *vt* ~ **sth (up)** apilar algo, amontonar algo

stadium /'steɪdiəm/ *n* (*pl* ~s *o* -dia /-diə/) estadio

staff /stɑːf; *USA* stæf/ ◆ *n* [*v sing o pl*] personal, plantilla: *teaching staff* cuerpo docente ◊ *The staff are all working long hours.* Todo el personal está trabajando hasta tarde. ☛ *Ver nota en* JURADO ◆ *vt* equipar de personal

stag /stæg/ ◆ *n* ciervo ☛ *Ver nota en* CIERVO ◆ *adj*: *stag night/party* despedida de soltero

stage /steɪdʒ/ ◆ *n* **1** escenario **2** **the stage** [*sing*] el teatro (*profesión*) **3** etapa: *at this stage* en este momento/ a estas alturas LOC **in stages** por etapas **stage by stage** paso por paso **to be/go on the stage** ser/hacerse actor/ actriz ◆ *vt* **1** poner en escena **2** organizar

stagger /'stægə(r)/ ◆ **1** *vi* andar tambaleándose: *He staggered back home/to his feet.* Volvió a su casa/Se puso en pie tambaleándose. **2** *vt* dejar atónito **3** *vt* (*viaje, vacaciones*) escalonar ◆ *n* tambaleo **staggering** *adj* asombroso

stagnant /'stægnənt/ *adj* estancado

stagnate /stæg'neɪt; *USA* 'stægneɪt/ *vi* estancarse **stagnation** *n* estancamiento

stain /steɪn/ ◆ *n* **1** mancha **2** tinte

stained glass *(para la madera)* ☞ *Comparar con* DYE ◆ **1** *vt, vi* manchar(se) **2** *vt* teñir

stained glass *n* cristal de colores: *stained glass windows* vidrieras

stainless steel /ˌsteɪmləs ˈstiːl/ *n* acero inoxidable

stair /steə(r)/ *n* **1 stairs** [*pl*] escalera: *to go up/down the stairs* subir/bajar las escaleras ☞ *Ver nota en* ESCALERA **2** peldaño

staircase /ˈsteəkeɪs/ *n* escalera *(parte de un edificio)* ☞ *Comparar con* LADDER; *Ver nota en* ESCALERA

stake /steɪk/ ◆ *n* **1** estaca **2 the stake** la hoguera **3** [*gen pl*] apuesta **4** *(inversión)* participación LOC **at stake** en juego: *His reputation is at stake.* Está en juego su reputación. ◆ *vt* **1** ~ **sth (on sth)** apostar algo (a algo) **2** apuntalar LOC **to stake (out) a/your claim (to sth/sb)** mostrar interés (por algo/algn)

stale /steɪl/ *adj* **1** *(pan)* duro **2** *(comida)* pasado **3** *(aire)* rancio **4** *(persona)* anquilosado

stalemate /ˈsteɪlmeɪt/ *n* **1** *(Ajedrez)* tablas **2** *(fig)* punto muerto

stalk /stɔːk/ ◆ *n* **1** tallo **2** *(de fruta)* rabo ◆ **1** *vt* *(a un animal, una persona)* acechar **2** *vi* ~ **(along)** andar majestuosamente

stall /stɔːl/ ◆ *n* **1** *(en mercado)* puesto **2** *(en establo)* casilla **3 stalls** [*pl*] *(GB)* *(en teatro)* platea ◆ **1** *vt, vi* *(coche, motor)* calar(se) **2** *vi* buscar evasivas

stallion /ˈstælɪən/ *n* semental *(caballo)*

stalwart /ˈstɔːlwət/ ◆ *n* incondicional ◆ *adj* *(antic, formal)* recio, fornido

stamina /ˈstæmɪnə/ *n* resistencia

stammer /ˈstæmə(r)/ *(tb stutter)* ◆ **1** *vi* tartamudear **2** *vt* ~ **sth (out)** decir algo tartamudeando ◆ *n* tartamudeo

stamp /stæmp/ ◆ *n* **1** *(de correos)* sello
En el Reino Unido existen dos tipos de sellos: *first class* y *second class*. Los sellos de primera clase valen un poco más, pero las cartas llegan antes.

2 *(fiscal)* timbre **3** *(de goma)* sello **4** *(para metal)* cuño **5** *(con el pie)* patada ◆ **1** *vt, vi* patear, dar patadas **2** *vi* *(baile)* zapatear **3** *vt* *(carta)* poner sello a, franquear **4** *vt* imprimir, estampar, sellar PHR V **to stamp sth out** *(fig)* erradicar, acabar con algo

stamp collecting *n* filatelia

stampede /stæmˈpiːd/ ◆ *n* estampida, desbandada ◆ *vi* desbandarse

stance /stɑːns; *USA* stæns/ *n* **1** postura **2** ~ **(on sth)** postura, actitud (hacia algo)

stand /stænd/ ◆ *n* **1** ~ **(on sth)** *(fig)* postura, actitud (hacia algo) **2** *(a menudo en compuestos)* pie, soporte: *music stand* atril **3** puesto, quiosco **4** *(Dep)* [*gen pl*] tribuna **5** *(USA)* *(Jur)* estrado LOC **to make a stand (against sth/sb)** oponer resistencia (a algo/algn) **to take a stand (on sth)** adoptar una postura (sobre algo) ◆ *(pret, pp* **stood** /stʊd/) **1** *vi* estar de pie, mantenerse de pie: *Stand still.* Estate quieto. **2** *vi* ~ **(up)** ponerse de pie, levantarse **3** *vt* poner, colocar **4** *vi* medir **5** *vi* encontrarse: *A house once stood here.* Antes había una casa aquí. **6** *vi* *(oferta, etc.)* seguir en pie **7** *vi* permanecer, estar: *as things stand* tal como están las cosas **8** *vt* aguantar, soportar: *I can't stand him.* No lo aguanto. **9** *vi* ~ **(for sth)** *(Pol)* presentarse (a algo) LOC **it/that stands to reason** es lógico **to stand a chance (of sth)** tener posibilidades (de algo) **to stand fast** mantenerse firme *Ver tb* BAIL, LEG, TRIAL PHR V **to stand by sb** apoyar a algn **to stand for sth 1** significar, representar algo **2** apoyar algo **3** *(coloq)* tolerar algo **to stand in (for sb)** suplir (a algn) **to stand out (from sth/sb)** *(ser mejor)* destacarse (de algo/algn) **to stand sb up** *(coloq)* dejar plantado a algn **to stand up for sth/sb/yourself** defender algo/a algn/defenderse **to stand up to sb** hacer frente a algn

standard /ˈstændəd/ ◆ *n* nivel LOC **to be up to/below standard** no ser del nivel requerido ◆ *adj* **1** estándar **2** oficial

standardize, -ise /ˈstændədaɪz/ *vt* estandarizar

standard of living *n* nivel de vida

standby /ˈstændbaɪ/ *n* *(pl* -bys) **1** *(cosa)* recurso **2** *(persona)* reserva **3** lista de espera LOC **on standby 1** preparado para partir, ayudar, etc. **2** en lista de espera

stand-in /ˈstænd ɪn/ *n* sustituto, -a, suplente

standing /ˈstændɪŋ/ ◆ *n* **1** prestigio **2** *of long standing* duradero ◆ *adj* permanente

standing order *n* domiciliación bancaria

standpoint /'stændpɔɪnt/ *n* punto de vista

standstill /'stændstɪl/ *n*: *to be at/come to a standstill* estar paralizado/paralizarse LOC *Ver* GRIND

stank *pret de* STINK

staple[1] /'steɪpl/ *adj* principal

staple[2] /'steɪpl/ ♦ *n* grapa ♦ *vt* grapar **stapler** *n* grapadora

star /staːr/ ♦ *n* 1 estrella 2 (*coloq*) cielo: *Thanks for helping me — you're a star!* Gracias por ayudarme, ¡eres un cielo! 3 **stars** [*pl*] horóscopo: *to read your stars* leer el horóscopo ♦ *vi* (-rr-) ~ (**in sth**) protagonizar algo

starboard /'staːbəd/ *n* estribor

starch /staːtʃ/ *n* 1 almidón 2 fécula **starched** *adj* almidonado

stardom /'staːdəm/ *n* estrellato

stare /steər/ *vi* ~ (**at sth/sb**) mirar fijamente (algo/a algn) ☞ *Ver nota en* MIRAR

stark /staːk/ *adj* (-er, -est) 1 desolador 2 crudo 3 (*contraste*) manifiesto

starry /'staːri/ *adj* (-ier, -iest) estrellado

star sign *n* signo del zodiaco: *What star sign are you?* ¿De qué signo del zodiaco eres?

start /staːt/ ♦ *n* 1 principio 2 **the start** [*sing*] la salida LOC **for a start** para empezar **to get off to a good, bad, etc. start** tener un buen/mal comienzo ♦ 1 *vt, vi* ~ (**doing/to do sth**) empezar (a hacer algo): *It started to rain.* Empezó a llover. ☞ *Ver nota en* BEGIN 2 *vt, vi* (*coche, motor*) arrancar 3 *vt* (*rumor*) iniciar LOC **to start with** para empezar *Ver tb* BALL, FALSE, SCRATCH PHR V **to start off** salir **to start out (on sth/to do sth)** empezar (con algo/a hacer algo) **to start (sth) up** 1 (*motor*) arrancar (algo), poner algo en marcha 2 (*negocio*) empezar (algo), montar algo

starter /'staːtər/ *n* 1 (*esp GB*) primer plato 2 motor de arranque

starting point *n* punto de partida

startle /'staːtl/ *vt* sobresaltar **startling** *adj* asombroso

starve /staːv/ 1 *vi* pasar hambre: *to starve (to death)* morir de hambre 2 *vt* matar de hambre, hacer pasar hambre 3 *vt* ~ **sth/sb of sth** (*fig*) privar algo/a

algn de algo LOC **to be starving** (*coloq*) morirse de hambre **starvation** *n* hambre ☞ *Ver nota en* HAMBRE

state[1] /steɪt/ ♦ *n* 1 estado: *to be in a fit state to drive* estar en condiciones para conducir ◊ *the State* el Estado 2 **the States** [*sing*] (*coloq*) los Estados Unidos LOC **state of affairs** circunstancias **state of mind** estado mental *Ver tb* REPAIR ♦ *adj* estatal: *a state visit* una visita oficial ◊ *state school* escuela pública

state[2] /steɪt/ *vt* 1 manifestar, afirmar: *State your name.* Haga constar su nombre. 2 establecer: *within the stated limits* en los límites establecidos

stately /'steɪtli/ *adj* (-ier, -iest) majestuoso: *stately home* casa señorial

statement /'steɪtmənt/ *n* declaración: *to issue a statement* dar un informe

statesman /'steɪtsmən/ *n* (*pl* -men /-mən/) estadista

static[1] /'stætɪk/ *adj* estático

static[2] /'stætɪk/ *n* [*incontable*] 1 (*Radio*) interferencias 2 (*tb* **static electricity**) electricidad estática

station[1] /'steɪʃn/ *n* 1 estación: *railway station* estación (de ferrocarril) 2 *nuclear power station* central nuclear ◊ *police station* comisaría ◊ *fire station* parque de bomberos ◊ *petrol station* gasolinera 3 (*Radio*) emisora

station[2] /'steɪʃn/ *vt* destinar

stationary /'steɪʃənri; USA -neri/ *adj* parado

stationer /'steɪʃnər/ *n* 1 dueño, -a de una papelería 2 **stationer's** papelería **stationery** /'steɪʃənri; USA -neri/ *n* material de escritorio

statistic /stə'tɪstɪk/ *n* estadística **statistics** *n* [*sing*] estadística (*Mat*)

statue /'stætʃuː/ *n* estatua

stature /'stætʃər/ *n* 1 (*lit*) estatura 2 (*fig*) talla

status /'steɪtəs/ *n* categoría: *social status* posición social ◊ *marital status* estado civil ◊ *status symbol* símbolo de condición social

statute /'stætʃuːt/ *n* estatuto: *statute book* código **statutory** /'stætʃətri; USA -tɔːri/ *adj* estatutario

staunch /stɔːntʃ/ *adj* (-er, -est) incondicional

tʃ	dʒ	v	θ	ð	s	z	ʃ
chin	June	van	thin	then	so	zoo	she

stave /steɪv/ v PHR V **to stave sth off**
1 (crisis) evitar algo **2** (ataque) rechazar algo

stay /steɪ/ ◆ vi quedarse: to stay (at)
home quedarse en casa ◊ What hotel are
you staying at? ¿En qué hotel te alojas?
◊ to stay sober permanecer sobrio
LOC Ver CLEAR, COOL PHR V **to stay away**
(from sth/sb) permanecer alejado (de
algo/algn) **to stay behind** quedarse **to**
stay in quedarse en casa **to stay on**
(at...) quedarse (en...) **to stay up** no
acostarse: to stay up late acostarse
tarde ◆ n estancia

steady /ˈstedi/ ◆ adj (-ier, -iest)
1 firme: to hold sth steady sujetar algo
con firmeza **2** constante, regular: a
steady boyfriend un novio formal ◊ a
steady job/income un empleo/sueldo
fijo ◆ (pret, pp steadied) **1** vi estabilizarse **2** v refl ~ **yourself** recuperar el
equilibrio

steak /steɪk/ n filete

steal /stiːl/ (pret stole /stəʊl/ pp stolen
/ˈstəʊlən/) **1** vt, vi ~ **(sth) (from sth/sb)**
robar (algo) (a algo/algn) ☞ Ver nota en
ROB **2** vi ~ **in, out, away, etc.**: He stole
into the room. Entró en la habitación a
hurtadillas. ◊ They stole away. Salieron
furtivamente. ◊ to steal up on sb acercarse a algn sin hacer ruido

stealth /stelθ/ n sigilo: by stealth a hurtadillas **stealthy** adj (-ier, -iest) sigi-
loso

steam /stiːm/ ◆ n vapor: steam engine
máquina/motor de vapor LOC Ver LET¹,
RUN ◆ **1** vi echar vapor: steaming hot
coffee café caliente humeante **2** vt
cocinar al vapor LOC **to get (all)**
steamed up (about/over sth) (coloq)
sulfurarse (por algo) PHR V **to steam up**
empañarse

steamer /ˈstiːmə(r)/ n buque de vapor

steamroller /ˈstiːmˌrəʊlə(r)/ n apisonadora

steel /stiːl/ ◆ n acero ◆ v refl ~
yourself (against sth) armarse de
valor (para algo)

steep /stiːp/ adj (-er, -est) **1** empinado:
a steep mountain una montaña escar-
pada **2** (coloq) excesivo

steeply /ˈstiːpli/ adv con mucha pendiente: The plane was climbing steeply.
El avión ascendía vertiginosamente. ◊
Share prices fell steeply. Las acciones
bajaron en picado.

steer /stɪə(r)/ vt, vi **1** conducir, gobernar: to steer north seguir rumbo norte ◊
to steer by the stars guiarse por las
estrellas ◊ He steered the discussion
away from the subject. Llevó la conversación hacia otro tema. **2** navegar
LOC Ver CLEAR **steering** n dirección

steering wheel n volante

stem¹ /stem/ ◆ n tallo ◆ v (-mm-)
PHR V **to stem from sth** tener el origen
en algo

stem² /stem/ vt (-mm-) contener

stench /stentʃ/ n hedor

step /step/ ◆ vi (-pp-) dar un paso,
andar: to step on sth pisar algo ◊ to step
over sth pasar por encima de algo
PHR V **to step down** retirarse **to step in**
intervenir **to step sth up** incrementar
algo ◆ n **1** paso **2** escalón, peldaño
3 steps [pl] escaleras LOC **step by step**
paso a paso **to be in/out of step (with**
sth/sb) **1** (lit) (no) llevar el paso (de
algo/algn) **2** (fig) estar de acuerdo/en
desacuerdo (con algo/algn) **to take**
steps to do sth tomar medidas para
hacer algo Ver tb WATCH

stepbrother /ˈstepˌbrʌðə(r)/ n hermanastro ☞ Ver nota en HERMANASTRO

stepchild /ˈsteptʃaɪld/ n (pl -children)
hijastro, -a

stepdaughter /ˈstepˌdɔːtə(r)/ n hijas-
tra

stepfather /ˈstepˌfɑːðə(r)/ n padrastro

stepladder /ˈstepˌlædə(r)/ n escalera
de tijera

stepmother /ˈstepˌmʌðə(r)/ n madrastra

step-parent /ˈstep peərənt/ n padrastro, madrastra

stepsister /ˈstepˌsɪstə(r)/ n herma-
nastra ☞ Ver nota en HERMANASTRO

stepson /ˈstepsʌn/ n hijastro

stereo /ˈsteriəʊ/ n (pl -s) estéreo

stereotype /ˈsteriətaɪp/ n estereotipo

sterile /ˈsteraɪl; USA ˈsterəl/ adj estéril
sterility /stəˈrɪləti/ n esterilidad
sterilize, -ise /ˈsterəlaɪz/ vt esterilizar

sterling /ˈstɜːlɪŋ/ ◆ adj **1** (plata) de
ley **2** (fig) excelente ◆ (tb pound
sterling) n libra esterlina

stern¹ /stɜːn/ adj (-er, -est) severo,
duro

stern² /stɜːn/ n popa

stew /stjuː; USA stuː/ ◆ vt, vi cocer,
guisar ◆ n guiso, estofado

iː	i	ɪ	e	æ	ɑː	ʌ	ʊ	uː
see	happy	sit	ten	hat	father	cup	put	too

steward /'stjuːəd; *USA* 'stuːərd/ *n* **1** (*fem* **stewardess** /ˌstjuːə'des; *USA* 'stuːərdəs/) (*en un avión*) auxiliar de vuelo: (*air*) *stewardess* azafata **2** (*en un barco*) camarero, -a

stick¹ /stɪk/ *n* **1** palo, vara **2** bastón **3** barra: *a stick of celery* un tallo de apio ◊ *a stick of dynamite* un cartucho de dinamita

stick² /stɪk/ (*pret, pp* **stuck** /stʌk/) **1** *vt* hincar, clavar: *to stick a needle in your finger* clavarse una aguja en el dedo ◊ *to stick your fork into a potato* pinchar una patata con el tenedor **2** *vt, vi* pegar(se): *Jam sticks to your fingers.* La mermelada se te pega a los dedos. **3** *vt* (*coloq*) poner: *He stuck the pen behind his ear.* Se puso el boli detrás de la oreja. **4** *vt* atascarse: *The bus got stuck in the mud.* El autobús se atascó en el barro. ◊ *The lift got stuck between floors six and seven.* El ascensor se atascó entre los pisos seis y siete. **5** *vt* (*coloq*) aguantar: *I can't stick it any longer.* No aguanto más. **6** *vi* ~ **at sth** seguir trabajando, persistir en algo **7** *vi* ~ **by sb** apoyar a algn **8** *vi* ~ **to sth** atenerse a algo

PHR V **to stick around** (*coloq*) quedarse cerca

to stick out salir: *His ears stick out.* Tiene las orejas de soplillo. **to stick it/sth out** (*coloq*) aguantar algo **to stick sth out** **1** (*lengua, mano*) sacar algo **2** (*cabeza*) asomar algo

to stick together mantenerse unidos

to stick up sobresalir **to stick up for yourself/sth/sb** defenderse/defender algo/a algn

sticker /'stɪkə(r)/ *n* pegatina

sticky /'stɪki/ *adj* (-ier, -iest) **1** pegajoso **2** (*coloq*) (*situación*) difícil

stiff /stɪf/ ◆ *adj* (-er, -est) **1** rígido, duro **2** (*articulación*) agarrotado **3** (*sólido*) espeso **4** difícil, duro **5** (*formal*) tieso **6** (*brisa, bebida alcohólica*) fuerte ◆ *adv* (*coloq*) extremadamente: *bored/scared stiff* muerto de aburrimiento/miedo

stiffen /'stɪfn/ **1** *vi* ponerse rígido/tieso **2** *vi* (*articulación*) agarrotarse **3** *vt* (*cuello*) almidonar

stifle /'staɪfl/ **1** *vt, vi* ahogar(se) **2** *vt* (*rebelión*) contener **3** *vt* (*bostezo*) ahogar **4** *vt* (*ideas*) ahogar, suprimir **stifling** *adj* sofocante

stigma /'stɪgmə/ *n* estigma

still¹ /stɪl/ *adv* **1** todavía, aún

¿Still o yet? Still se usa en frases afirmativas e interrogativas y siempre va detrás de los verbos auxiliares o modales y delante de los demás verbos: *He still talks about her.* Todavía habla de ella. ◊ *Are you still here?* ¿Todavía estás aquí? Yet se usa en frases negativas y siempre va al final de la oración: *Aren't they here yet?* ¿Aún no han llegado? ◊ *He hasn't done it yet.* No lo ha hecho todavía. Sin embargo, **still** se puede usar con frases negativas cuando queremos darle énfasis a la oración. En este caso siempre se coloca delante del verbo, aunque sea auxiliar o modal: *He still hasn't done it.* Aún no lo ha hecho. ◊ *He still can't do it.* Todavía no sabe hacerlo.

2 aún así, sin embargo, no obstante: *Still, it didn't turn out badly.* De todos modos, no salió del todo mal.

still² /stɪl/ *adj* **1** quieto: *Stand still!* ¡Estate quieto! ☛ *Comparar con* QUIET **2** (*agua, viento*) tranquilo **3** (*bebida*) sin gas

still life *n* bodegón

stillness /'stɪlnəs/ *n* calma, quietud

stilt /stɪlt/ *n* **1** zanco **2** pilote

stilted /'stɪltɪd/ *adj* poco natural, forzado

stimulant /'stɪmjələnt/ *n* estimulante

stimulate /'stɪmjuleɪt/ *vt* estimular **stimulating** *adj* **1** estimulante **2** interesante

stimulus /'stɪmjələs/ *n* (*pl* -li /-laɪ/) estímulo, incentivo

sting /stɪŋ/ ◆ *n* **1** aguijón **2** (*herida*) picadura **3** (*dolor*) picor ◆ (*pret, pp* **stung** /stʌŋ/) **1** *vt, vi* picar **2** *vi* escocer **3** *vt* (*fig*) herir

stingy /'stɪndʒi/ *adj* (*coloq*) tacaño

stink /stɪŋk/ ◆ *vi* (*pret* **stank** /stæŋk/ o **stunk** /stʌŋk/ *pp* **stunk**) (*coloq*) **1** ~ (**of sth**) apestar (a algo) **2** ~ (**of sth**) (*fig*) oler (a algo) PHR V **to stink sth out** apestar algo ◆ *n* (*coloq*) peste, hedor **stinking** *adj* (*coloq*) maldito

stint /stɪnt/ *n* periodo: *a training stint in Lanzarote* un periodo de aprendizaje en Lanzarote

stipulate /'stɪpjuleɪt/ *vt* (*formal*) estipular

u	ɒ	ɔː	ɜː	ə	j	w	eɪ	əʊ
situation	got	saw	fur	ago	yes	woman	pay	go

stir /stɜː(r)/ ◆ (-rr-) **1** vt remover **2** vt, vi mover(se) **3** vt (imaginación) despertar PHR V **to stir sth up** provocar algo ◆ n **1** to give sth a stir remover algo **2** alboroto stirring adj emocionante

stirrup /'stɪrəp/ n estribo

stitch /stɪtʃ/ ◆ n **1** (Costura) puntada **2** (tejido) punto **3** flato: I got a stitch. Me dio el flato. LOC **in stitches** (coloq) muerto de risa ◆ vt, vi coser stitching n costura

stock /stɒk/ ◆ n **1** existencias **2** ~ (of sth) surtido, reserva (de algo) **3** (tb livestock) ganado **4** (Fin) [gen pl] valor **5** (de empresa) capital social **6** (Cocina) caldo LOC **out of/in stock** agotado/en existencia **to take stock (of sth)** hacer balance (de algo) ◆ adj gastado, manido (frase, etc.) ◆ vt tener (existencias de) PHR V **to stock up (on/with sth)** abastecerse (de algo)

stockbroker /'stɒk,brəʊkə(r)/ (tb broker) n corredor, -ora de bolsa

stock exchange (tb stock market) n bolsa

stocking /'stɒkɪŋ/ n media

stocktaking /'stɒkteɪkɪŋ/ n inventario (acción)

stocky /'stɒki/ adj (-ier, -iest) bajo y fornido

stodgy /'stɒdʒi/ adj (-ier, -iest) (coloq, pey) pesado (comida, literatura)

stoke /stəʊk/ vt ~ sth (up) (with sth) echar algo (a algo); alimentar algo (con algo)

stole pret de STEAL

stolen pp de STEAL

stolid /'stɒlɪd/ adj (pey) impasible

stomach /'stʌmək/ ◆ n **1** estómago **2** vientre **3** ~ for sth (fig) ganas de algo ◆ vt aguantar: I can't stomach too much violence in films. No soporto las películas con demasiada violencia.

stomach-ache /'stʌmək eɪk/ n dolor de estómago

stone /stəʊn/ ◆ n **1** piedra: the Stone Age la Edad de Piedra **2** (esp USA pit) (de fruta) hueso **3** (GB) (pl stone) unidad de peso equivalente a 14 libras o 6,356 kg ☞ Ver Apéndice 1 ◆ vt apedrear stoned adj (coloq) **1** colocado (con hachís, etc.) **2** como una cuba

stony /'stəʊni/ adj (-ier, -iest) **1** pedregoso, cubierto de piedras **2** (mirada) frío **3** (silencio) sepulcral

stood pret, pp de STAND

stool /stuːl/ n banqueta, taburete

stoop /stuːp/ ◆ vi ~ (down) agacharse, inclinarse LOC **to stoop so low (as to do sth)** llegar tan bajo (como para hacer algo) ◆ n: to walk with/have a stoop andar encorvado

stop /stɒp/ ◆ (-pp-) **1** vt, vi parar(se), detener(se) **2** vt (proceso) interrumpir **3** vt (injusticia, etc.) acabar con, poner fin a **4** vt ~ sth/doing sth dejar algo/de hacer algo: Stop it! ¡Basta ya! **5** vt ~ sth/sb (from) doing sth impedir que algo/algn haga algo: to stop yourself doing sth hacer un esfuerzo por no hacer algo **6** vt cancelar **7** vt (pago) suspender **8** vt (cheque) anular **9** vi (GB, coloq) quedarse LOC **to stop dead/short** pararse en seco **to stop short of (doing) sth** no llegar a (hacer) algo Ver tb BUCK³ PHR V **to stop off (at/in...)** pasar (por...) ◆ n **1** parada, alto: to come to a stop detenerse/parar(se) **2** (autobús, tren, etc.) parada **3** (ortografía) punto stoppage n **1** paro **2** stoppages [pl] deducciones

stopgap /'stɒpɡæp/ n **1** sustituto, -a **2** recurso provisional

stopover /'stɒpəʊvə(r)/ n escala (en un viaje)

stopper /'stɒpə(r)/ (USA plug) n tapón

stopwatch /'stɒpwɒtʃ/ n cronómetro

storage /'stɔːrɪdʒ/ n **1** almacenamiento, almacenaje: storage space sitio para guardar cosas **2** depósito, almacén

store /stɔː(r)/ ◆ n **1** provisión, reserva **2** stores [pl] provisiones, víveres **3** (esp USA) tienda, almacén LOC **to be in store for sb** aguardarle a algn (sorpresa, etc.) **to have in store for sb** tener reservado a algn (sorpresa, etc.) ◆ vt ~ sth (up/away) almacenar, guardar, acumular algo

storeroom /'stɔːruːm/ n despensa, almacén

storey /'stɔːri/ n (pl storeys) (USA story) piso

stork /stɔːk/ n cigüeña

storm /stɔːm/ ◆ n tormenta, temporal: a storm of criticism fuertes críticas ◆ **1** vi ~ in/off/out entrar/irse/salir furioso **2** vt (edificio) asaltar stormy adj (-ier, -iest) **1** tormentoso **2** (debate) acalorado **3** (relación) turbulento

story¹ /'stɔːri/ n (pl -ies) **1** historia **2** cuento **3** (Period) noticia

story² *(USA)* Ver STOREY

stout /staʊt/ *adj* **1** fuerte **2** *(frec eufemismo)* gordo Ver tb FAT

stove /stəʊv/ *n* **1** cocina **2** estufa

stow /stəʊ/ *vt* ~ **sth (away)** guardar algo

straddle /'strædl/ *vt* poner una pierna a cada lado de

straggle /'strægl/ *vi* **1** *(planta)* desparramarse **2** *(persona)* rezagarse **straggler** *n* rezagado, -a **straggly** *adj* (**-ier, -iest**) desordenado, desaliñado

straight /streɪt/ ♦ *adj* (**-er, -est**) **1** recto: *straight hair* pelo liso **2** en orden **3** derecho LOC **to be straight (with sb)** ser franco (con algn) **to keep a straight face** no reírse Ver tb RECORD ♦ *adv* (**-er, -est**) **1** en línea recta: *Look straight ahead.* Mira recto. **2** *(sentarse)* derecho **3** *(pensar)* claramente **4** *(irse)* directamente LOC **straight away** inmediatamente **straight out** sin vacilar

straighten /'streɪtn/ **1** *vi* volverse recto **2** *vt, vi* *(la espalda)* poner(se) derecho **3** *vt* *(corbata, falda)* arreglar PHR V **to straighten sth out** desenmarañar algo **to straighten up** ponerse derecho

straightforward /ˌstreɪt'fɔːwəd/ *adj* **1** *(persona)* honrado **2** franco **3** *(estilo)* sencillo

strain /streɪn/ ♦ **1** *vi* esforzarse **2** *vt* *(cuerda)* tensar **3** *vt* *(el oído, la vista)* aguzar **4** *vt* *(músculo, espalda)* torcer **5** *vt* *(vista, voz, corazón)* forzar **6** *vt* ~ **sth (off)** colar algo ♦ *n* **1** tensión: *Their relationship is showing signs of strain.* Su relación da muestras de tensión. **2** torcedura: *eye strain* vista cansada **strained** *adj* **1** *(risa, tono de voz)* forzado **2** preocupado

strainer /'streɪnə(r)/ *n* colador

straitjacket /'streɪtdʒækɪt/ *n* camisa de fuerza

straits /streɪts/ *n* [*pl*] **1** estrecho: *the Straits of Gibraltar* el Estrecho de Gibraltar **2** *in desperate straits* en una situación desesperada

strand /strænd/ *n* **1** hebra, hilo **2** mechón

stranded /'strændɪd/ *adj* abandonado: *to be left stranded* quedarse colgado

strange /streɪndʒ/ *adj* (**-er, -est**) **1** desconocido **2** raro, extraño: *I find it strange that...* Me extraña que...

stranger *n* **1** desconocido, -a **2** forastero, -a

strangle /'stræŋgl/ *vt* estrangular, ahogar

strap /stræp/ ♦ *n* **1** correa, tira ☞ *Ver dibujo en* RELOJ **2** *(de un vestido)* tirante ♦ *vt* (**-pp-**) ~ **sth (up)** *(Med)* vendar algo PHR V **to strap sb in** poner el cinturón de seguridad a algn **to strap sth on** amarrar, sujetar algo *(con correas)*

strategy /'strætədʒi/ *n* (*pl* **-ies**) estrategia **strategic** /strə'tiːdʒɪk/ *adj* estratégico

straw /strɔː/ *n* paja: *a straw hat* un sombrero de paja LOC **the last/final straw** la gota que colma el vaso

strawberry /'strɔːbəri; *USA* -beri/ *n* (*pl* **-ies**) fresa: *strawberries and cream* fresas con nata

stray /streɪ/ ♦ *vi* **1** extraviarse **2** apartarse ♦ *adj* **1** extraviado: *a stray dog* un perro callejero **2** aislado: *a stray bullet* una bala perdida

streak /striːk/ ♦ *n* **1** veta **2** rasgo, vena **3** *(de suerte)* racha: *to be on a winning/losing streak* tener una racha de suerte/mala suerte ♦ **1** *vt* ~ **sth (with sth)** rayar, vetear algo (de algo) **2** *vi* correr como un rayo

stream /striːm/ ♦ *n* **1** arroyo, riachuelo **2** *(de líquido, palabras)* torrente **3** *(de gente)* oleada **4** *(de coches)* caravana ♦ *vi* **1** *(agua, sangre)* manar **2** *(lágrimas)* correr **3** *(luz)* entrar/salir a raudales **4** derramar

streamer /'striːmə(r)/ *n* serpentina

streamline /'striːmlaɪn/ *vt* **1** aerodinamizar **2** *(fig)* racionalizar

street /striːt/ *n* (*abrev* **St**) calle: *the High Street* la calle Mayor ☞ Nótese que cuando **street** va precedido por el nombre de la calle, se escribe con mayúscula. Ver tb ROAD y *nota en* CALLE. LOC **(right) up your street**: *This job seems right up your street.* Este trabajo te va que ni pintado. **to be streets ahead (of sth/sb)** llevar mucha ventaja (a algo/algn) Ver tb MAN¹

streetcar /'striːtkɑː(r)/ *n* *(USA)* tranvía

strength /streŋθ/ *n* **1** fuerza **2** *(material)* resistencia **3** *(luz, emoción)* intensidad **4** punto fuerte LOC **on the strength of sth** fundándose en algo, confiando en algo **strengthen** *vt, vi* fortalecer(se), reforzar(se)

tʃ	dʒ	v	θ	ð	s	z	ʃ
chin	**June**	**van**	**thin**	**then**	**so**	**zoo**	**she**

strenuous /'strenjʊəs/ adj 1 agotador 2 vigoroso

stress /stres/ ◆ n 1 tensión (nerviosa), estrés 2 ~ (on sth) énfasis (en algo) 3 (Ling, Mús) acento 4 (Mec) tensión ◆ vt subrayar, recalcar **stressful** adj estresante

stretch /stretʃ/ ◆ 1 vt, vi estirar(se), alargar(se) 2 vi desperezarse 3 vi (terreno, etc.) extenderse 4 vt (persona) exigir el máximo esfuerzo a LOC **to stretch your legs** estirar las piernas PHR V **to stretch (yourself) out** tenderse ◆ n 1 to have a stretch estirarse 2 elasticidad 3 ~ (of sth) (terreno) trecho (de algo) 4 ~ (of sth) (tiempo) intervalo, periodo (de algo) LOC **at a stretch** sin interrupción, seguidos

stretcher /'stretʃə(r)/ n camilla

strewn /struːn/ adj 1 ~ (all) over sth desparramado por algo 2 ~ with sth cubierto de algo

stricken /'strɪkən/ adj ~ (by/with sth) afligido (por algo): drought-stricken area zona afectada por la sequía

strict /strɪkt/ adj (-er, -est) 1 severo 2 estricto, preciso LOC **in strictest confidence** en la más absoluta confianza **strictly** adv 1 severamente 2 estrictamente: strictly prohibited terminantemente prohibido LOC **strictly speaking** en rigor

stride /straɪd/ ◆ vi (pret strode /strəʊd/) 1 andar a pasos largos 2 ~ up to sth/sb acercarse resueltamente a algo/algn ◆ n 1 zancada 2 (modo de andar) paso LOC **to take sth in your stride** tomárselo con calma

strident /'straɪdnt/ adj estridente

strife /straɪf/ n [incontable] lucha, conflicto

strike /straɪk/ ◆ n 1 huelga: to go on strike declararse en huelga 2 (Mil) ataque ◆ (pret, pp struck /strʌk/) 1 vt golpear, pegar 2 vt (coche, etc.) atropellar 3 vt chocar contra 4 vi atacar 5 vt, vi (reloj) dar (la hora) 6 vt (oro, etc.) hallar 7 vt (cerilla) encender 8 vt: It strikes me that... Se me ocurre que... 9 vt impresionar a, llamar la atención a: I was struck by the similarity between them. Me impresionó lo parecidos que eran. LOC Ver HOME PHR V **to strike back (at sth/sb)** devolver el golpe (a algo/algn) **to strike (sth) up** empezar a tocar (algo) **to strike up sth (with sb)**

1 (conversación) entablar algo (con algn) 2 (amistad) trabar algo (con algn)

striker /'straɪkə(r)/ n 1 huelguista 2 (Dep) delantero

striking /'straɪkɪŋ/ adj llamativo

string /strɪŋ/ ◆ n 1 cuerda: I need some string to tie up this parcel. Necesito una cuerda para atar este paquete. ☞ Ver dibujo en CUERDA 2 (de perlas, etc.) sarta LOC **(with) no strings attached/without strings** (coloq) sin condiciones Ver tb PULL ◆ vt (pret, pp strung /strʌŋ/) ~ sth (up) colgar algo (con cuerda, etc.) PHR V **to string sth out** extender algo **to string sth together** hilar algo

stringent /'strɪndʒənt/ adj riguroso

strip¹ /strɪp/ (-pp-) 1 vt (una máquina) desmantelar 2 vt (papel, pintura, etc.) quitar 3 vt ~ sth of sth despojar a algo de algo 4 vt ~ sb of sth quitarle algo a algn 5 vt, vi ~ (off) desnudar(se)

strip² /strɪp/ n 1 (de papel, metal, etc.) tira 2 (de tierra, agua, etc.) franja

stripe /straɪp/ n raya **striped** adj de rayas

strive /straɪv/ vi (pret strove /strəʊv/ pp striven /'strɪvn/) ~ (for/after sth) (formal) esforzarse (por alcanzar algo)

strode pret de STRIDE

stroke¹ /strəʊk/ n 1 golpe: a stroke of luck un golpe de suerte 2 (Dep) brazada 3 trazo (de lapicero, etc.) 4 campanada 5 (Med) derrame cerebral LOC **at a stroke** de un golpe LOC **not to do a stroke (of work)** no dar ni golpe

stroke² /strəʊk/ vt acariciar

stroll /strəʊl/ ◆ n paseo: to go for/take a stroll dar un paseo ◆ vi caminar

strong /strɒŋ; USA strɔːŋ/ adj (-er, -est) fuerte LOC **to be going strong** (coloq) estar muy fuerte **to be your/sb's strong point/suit** ser el fuerte de uno/algn

strong-minded /ˌstrɒŋ 'maɪndɪd/ adj decidido

strove pret de STRIVE

struck pret, pp de STRIKE

structure /'strʌktʃə(r)/ ◆ n 1 estructura 2 construcción ◆ vt estructurar

struggle /'strʌɡl/ ◆ vi 1 luchar 2 ~ (against/with sth/sb) forcejear (con algo/algn) ◆ n 1 lucha 2 esfuerzo

strung pret, pp de STRING

strut /strʌt/ ◆ n puntal, riostra ◆ vi (-tt-) ~ (about/along) pavonearse

stub /stʌb/ n 1 cabo 2 (de cigarrillo) colilla 3 (de cheque) resguardo

stubble /'stʌbl/ n 1 rastrojo 2 barba (incipiente)

stubborn /'stʌbən/ adj 1 terco, tenaz 2 (mancha, tos) rebelde

stuck /stʌk/ ◆ pret, pp de STICK² ◆ adj 1 atascado: to get stuck atascarse 2 (coloq): to be/get stuck with sth/sb tener que cargar con algo/tener que aguantar a algn

stuck-up /ˌstʌk ˈʌp/ adj (coloq) engreído

stud /stʌd/ n 1 tachuela 2 (en zapato) taco 3 caballo semental 4 (tb stud farm) caballeriza

student /'stjuːdnt; USA 'stuː-/ n 1 estudiante (de universidad) 2 alumno, -a ☞ Ver nota en ALUMNO

studied /'stʌdid/ adj deliberado

studio /'stjuːdiəʊ; USA 'stuː-/ n (pl ~s) 1 taller 2 (Cine, TV) estudio

studious /'stjuːdiəs; USA 'stuː-/ adj 1 estudioso 2 (formal) deliberado

study /'stʌdi/ ◆ n (pl -ies) 1 estudio 2 despacho ◆ vt, vi (pret, pp studied) estudiar

stuff /stʌf/ ◆ n 1 material, sustancia 2 (coloq) cosas Ver tb FOODSTUFFS ◆ 1 vt ~ sth (with sth) rellenar algo (con algo) 2 vt ~ sth in; ~ sth into sth meter algo a la fuerza (en algo) 3 v refl ~ yourself (with sth) atiborrarse (de algo) 4 vt (animal) disecar LOC get stuffed! (GB, coloq) ¡vete a hacer puñetas! **stuffing** n relleno

stuffy /'stʌfi/ adj (-ier, -iest) 1 (ambiente) cargado 2 (coloq) (persona) estirado

stumble /'stʌmbl/ vi 1 ~ (over sth) dar un traspié (con algo) 2 ~ (over sth) atrancarse (en algo) PHR V to stumble across/on sth/sb tropezar con algo/algn

stumbling block n obstáculo

stump /stʌmp/ n 1 (de árbol) tocón 2 (de extremidad) muñón

stun /stʌn/ vt (-nn-) 1 (fig) asombrar 2 (lit) aturdir **stunning** adj (coloq, aprob) alucinante, impresionante

stung pret, pp de STING

stunk pret, pp de STINK

stunt¹ /stʌnt/ n (coloq) 1 truco 2 acrobacia

stunt² /stʌnt/ vt frenar el crecimiento de

stuntman /'stʌntmən/ n (pl -men /-mən/) doble (en escenas peligrosas de películas)

stuntwoman /'stʌntwʊmən/ n (pl -women) doble (en escenas peligrosas de películas)

stupendous /stjuː'pendəs; USA stuː-/ adj formidable

stupid /'stjuːpɪd; USA 'stuː-/ adj (-er, -est) tonto, estúpido ☞ Ver nota en TONTO **stupidity** /stjuː'pɪdəti; USA stuː-/ n estupidez

stupor /'stjuːpə(r); USA 'stuː-/ n [gen sing]: in a drunken stupor atontado por la bebida

sturdy /'stɜːdi/ adj (-ier, -iest) 1 (zapatos, constitución) fuerte 2 (mesa) sólido 3 (persona, planta) robusto

stutter /'stʌtə(r)/ (tb stammer) ◆ vi tartamudear ◆ n tartamudeo

sty¹ /staɪ/ n (pl sties) pocilga

sty² /staɪ/ n (pl sties) (tb stye) orzuelo

style /staɪl/ n 1 estilo 2 modo 3 distinción 4 modelo: the latest style la última moda **stylish** adj elegante

suave /swɑːv/ adj con muy buenas maneras (a veces excesivamente atento)

subconscious /ˌsʌb'kɒnʃəs/ adj, n subconsciente

subdivide /ˌsʌbdɪ'vaɪd/ 1 vt ~ sth (into sth) subdividir algo (en algo) 2 vi ~ (into sth) subdividirse (en algo)

subdue /səb'djuː; USA -'duː/ vt someter **subdued** adj 1 (voz) bajo 2 (luz, colores) suave 3 (persona) abatido

sub-heading /'sʌb hedɪŋ/ n subtítulo

subject¹ /'sʌbdʒɪkt/ n 1 tema 2 asignatura 3 (Gram) sujeto 4 súbdito

subject² /'sʌbdʒɪkt/ adj ~ to sth/sb sujeto a algo/a algn

subject³ /səb'dʒekt/ vt ~ sth/sb (to sth) someter, exponer algo/a algn (a algo) **subjection** n sometimiento

subjective /səb'dʒektɪv/ adj subjetivo

subject matter n tema

subjunctive /səb'dʒʌŋktɪv/ n subjuntivo

sublime /sə'blaɪm/ adj sublime

submarine /ˌsʌbmə'riːn; USA 'sʌbməriːn/ adj, n submarino

submerge /səb'mɜːdʒ/ **1** *vi* sumergirse **2** *vt* sumergir, inundar

submission /səb'mɪʃn/ *n* **1** ~ (to sth/sb) sumisión (a algo/algn) **2** (*documento, decisión*) presentación

submissive /səb'mɪsɪv/ *adj* sumiso

submit /səb'mɪt/ (-tt-) **1** *vi* ~ (to sth/sb) someterse, rendirse (a algo/algn) **2** *vt* ~ sth (to sth/sb) presentar algo (a algo/algn): *Applications must be submitted by 31 March.* El plazo de entrega de solicitudes termina el 31 de marzo.

subordinate /sə'bɔːdmət; *USA* -dənət/ ◆ *adj, n* subordinado, -a ◆ /sə'bɔːdmeɪt; *USA* -dənət/ *vt* ~ sth (to sth) subordinar algo (a algo)

subscribe /səb'skraɪb/ *vi* ~ (to sth) suscribirse (a algo) **PHR V to subscribe to sth** (*formal*) suscribir algo (*opinión*) **subscriber** *n* **1** suscriptor, -ora **2** abonado, -a **subscription** *n* **1** suscripción **2** cuota

subsequent /'sʌbsɪkwənt/ *adj* [*solo antes de sustantivo*] posterior **subsequently** *adv* posteriormente, más tarde **subsequent to** *prep* (*formal*) posterior a, después de

subside /səb'saɪd/ *vi* **1** hundirse **2** (*agua*) bajar **3** (*viento*) amainar **4** (*emoción*) calmarse **subsidence** /səb'saɪdns, 'sʌbsɪdns/ *n* hundimiento

subsidiary /səb'sɪdiəri; *USA* -dieri/ ◆ *adj* secundario, subsidiario ◆ *n* (*pl* -ies) filial

subsidize, -ise /'sʌbsɪdaɪz/ *vt* subvencionar

subsidy /'sʌbsədi/ *n* (*pl* -ies) subvención

subsist /səb'sɪst/ *vi* ~ (on sth) (*formal*) subsistir (a base de algo) **subsistence** *n* subsistencia

substance /'sʌbstəns/ *n* **1** sustancia **2** esencia

substantial /səb'stænʃl/ *adj* **1** considerable, importante **2** (*construcción*) sólido **substantially** *adv* **1** considerablemente **2** esencialmente

substitute /'sʌbstɪtjuːt; *USA* -tuːt/ ◆ *n* **1** ~ (for sb) sustituto (de algn) **2** ~ (for sth) sustitutivo (de algo) **3** (*Dep*) reserva, suplente ◆ *vt, vi* ~ **A** (for B)/ (B with A) sustituir B (por A): *Substitute honey for sugar/sugar with honey.* Sustitúyase el azúcar por miel.

subtitle /'sʌbtaɪtl/ ◆ *n* subtítulo: *a*

Polish film with English subtitles una película polaca en versión original subtitulada ◆ *vt* subtitular

subtle /'sʌtl/ *adj* (-er, -est) **1** sutil **2** (*sabor*) delicado **3** (*persona*) agudo, perspicaz **4** (*olor, color*) suave **subtlety** *n* (*pl* -ies) sutileza

subtract /səb'trækt/ *vt, vi* ~ (sth) (from sth) restar (algo) (de algo) **subtraction** *n* sustracción

suburb /'sʌbɜːb/ *n* barrio residencial de las afueras: *the suburbs* las afueras **suburban** /sə'bɜːbən/ *adj* suburbano: *suburban trains* trenes de cercanías

subversive /səb'vɜːsɪv/ *adj* subversivo

subway /'sʌbweɪ/ *n* **1** paso subterráneo **2** (*USA*) metro *Ver tb* TUBE

succeed /sək'siːd/ **1** *vi* tener éxito, triunfar: *to succeed in doing sth* conseguir/lograr hacer algo **2** *vt, vi* ~ (sb) suceder (a algn): *Who succeeded Kennedy as President?* ¿Quién sucedió a Kennedy en la presidencia? **3** *vi* ~ to sth heredar algo: *to succeed to the throne* subir al trono

success /sək'ses/ *n* éxito: *to be a success* tener éxito ◊ *Hard work is the key to success.* El trabajo es la clave del éxito. **successful** *adj* exitoso: *a successful writer* un escritor de éxito ◊ *the successful candidate* el candidato elegido ◊ *to be successful in doing sth* lograr hacer algo con éxito

succession /sək'seʃn/ *n* **1** sucesión **2** serie **LOC in succession**: *three times in quick succession* tres veces seguidas

successor /sək'sesə(r)/ *n* ~ (to sth/ sb) sucesor, -ora (a algo/de algn): *successor to the former world title holder* sucesor del último campeón del mundo

succumb /sə'kʌm/ *vi* ~ (to sth) sucumbir (a algo)

such /sʌtʃ/ *adj, pron* **1** semejante, tal: *Whatever gave you such an idea?* ¿Cómo se te ocurrió semejante idea? ◊ *I did no such thing!* ¡Yo no hice tal cosa! ◊ *There's no such thing as ghosts.* Los fantasmas no existen. **2** [*uso enfático*] tan, tanto: *I'm in such a hurry.* Tengo muchísima prisa. ◊ *We had such a wonderful time.* Lo pasamos de maravilla. ☞ **Such** se usa con adjetivos que acompañan a un sustantivo y so con adjetivos solos. Compárense los siguientes ejemplos: *The food was so good.* ◊ *We had such good food.* ◊ *You*

aɪ	aʊ	ɔɪ	ɪə	eə	ʊə	ʒ	h	ŋ
five	now	join	near	hair	pure	vision	how	sing

are so intelligent. ◊ *You are such an intelligent person.* LOC **as such** como tal: *It's not a promotion as such.* No es un ascenso estrictamente dicho. **in such a way that...** de tal manera que... **such as** por ejemplo

suck /sʌk/ *vt, vi* **1** chupar **2** (*bomba*) succionar **sucker** *n* **1** ventosa **2** (*coloq*) primo, -a, bobo, -a

sudden /'sʌdn/ *adj* súbito, repentino LOC **all of a sudden** de pronto **suddenly** *adv* de pronto

suds /sʌdz/ *n* [*pl*] espuma

sue /suː, sjuː/ *vt, vi* **to sue (sb) (for sth)** demandar (a algn) (por algo)

suede /sweɪd/ *n* ante

suffer /'sʌfə(r)/ **1** *vi* ~ **(from/with sth)** padecer (de algo) **2** *vt, vi* (*dolor, derrota*) sufrir **3** *vi* ser perjudicado **suffering** *n* sufrimiento

sufficient /sə'fɪʃnt/ *adj* ~ **(for sth/sb)** suficiente (para algo/algn)

suffix /'sʌfɪks/ *n* sufijo ☞ *Comparar con* PREFIX

suffocate /'sʌfəkeɪt/ **1** *vt, vi* asfixiar(se) **2** *vi* ahogarse **suffocating** *adj* sofocante **suffocation** *n* asfixia

sugar /'ʃʊgə(r)/ *n* azúcar: *sugar bowl* azucarero ◊ *sugar lump* terrón de azúcar

suggest /sə'dʒest/ USA səg'dʒ-/ *vt* **1** proponer, sugerir: *I suggest you go to the doctor.* Te aconsejo que vayas al médico. **2** indicar **3** insinuar **suggestion** *n* **1** sugerencia **2** indicio **3** insinuación **suggestive** *adj* **1** ~ **(of sth)** indicativo (de algo) **2** insinuante

suicidal /ˌsuːɪ'saɪdl/ *adj* **1** suicida **2** a punto de suicidarse

suicide /'suːɪsaɪd/ *n* **1** suicidio: *to commit suicide* suicidarse **2** suicida

suit /suːt/ ♦ *n* **1** traje: *a two/three-piece suit* un traje de dos/tres piezas **2** (*cartas*) palo ☞ *Ver nota en* BARAJA LOC *Ver* STRONG ♦ *vt* **1** quedar bien **2** convenir **3** sentar bien

suitability /ˌsuːtə'bɪləti/ *n* aptitud

suitable /'suːtəbl/ *adj* ~ **(for sth/sb)** **1** adecuado (para algo/algn) **2** conveniente (para algo/algn) **suitably** *adv* debidamente

suitcase /'suːtkeɪs/ *n* maleta ☞ *Ver dibujo en* MALETA

suite /swiːt/ *n* **1** juego: *a three-piece suite* un tresillo **2** (*hotel*) suite

suited /'suːtɪd/ *adj* ~ **(for/to sth/sb)** adecuado (para algo/algn): *He and his wife are well suited (to each other).* Él y su esposa están hechos el uno para el otro.

sulk /sʌlk/ *vi* (*pey*) enfurruñarse, tener la cara larga **sulky** *adj* (**-ier, -iest**) enfurruñado

sullen /'sʌlən/ *adj* (*pey*) hosco

sulphur (*USA* **sulfur**) /'sʌlfə(r)/ *n* azufre

sultan /'sʌltən/ *n* sultán

sultana /sʌl'tɑːnə; USA -ænə/ *n* pasa (*de Esmirna*)

sultry /'sʌltri/ *adj* (**-ier, -iest**) **1** bochornoso **2** sensual

sum /sʌm/ ♦ *n* suma: *to be good at sums* ser bueno en cálculo ◊ *the sum of $200* la suma de 200 dólares ♦ *v* (**-mm-**) PHR V **to sum (sth) up** resumir algo: *to sum up...* en resumen... **to sum sth/sb up** hacerse una idea de algo/algn

summarize, -ise /'sʌməraɪz/ *vt, vi* resumir **summary** *n* (*pl* **-ies**) resumen

summer /'sʌmə(r)/ *n* verano: *a summer's day* un día de verano ◊ *summer weather* tiempo veraniego **summery** *adj* veraniego

summit /'sʌmɪt/ *n* cumbre: *summit conference/meeting* cumbre

summon /'sʌmən/ *vt* **1** convocar, llamar: *to summon help* pedir ayuda **2** ~ **sth (up)** (*valor, etc.*) hacer acopio de algo, armarse de algo: *I couldn't summon (up) the energy.* No encontré la energía. PHR V **to summon sth up** evocar algo

summons /'sʌmənz/ *n* (*pl* **-onses**) (*Jur*) citación

sun /sʌn/ ♦ *n* sol: *The sun was shining.* Hacía sol. ♦ *v refl* (**-nn-**) **to sun yourself** sentarse o tumbarse al sol

sunbathe /'sʌnbeɪð/ *vi* tomar el sol

sunbeam /'sʌnbiːm/ *n* rayo de sol

sunburn /'sʌnbɜːn/ *n* [*incontable*] quemadura de sol: *to get sunburn* quemarse ☞ *Comparar con* SUNTAN **sunburnt** *adj* quemado por el sol

sundae /'sʌndeɪ; USA -diː/ *n* copa de helado

Sunday /'sʌndeɪ, 'sʌndi/ *n* (*abrev* **Sun**) domingo ☞ *Ver ejemplos en* MONDAY

sundry /'sʌndri/ *adj* varios, diversos: *on sundry occasions* en diversas ocasio-

tʃ	dʒ	v	θ	ð	s	z	ʃ
chin	June	van	thin	then	so	zoo	she

nes LOC **all and sundry** (*coloq*) todos y cada uno

sunflower /'sʌnˌflaʊə(r)/ *n* girasol

sung *pp de* SING

sunglasses /'sʌnglɑːsɪz/ *n* [*pl*] gafas de sol: *a pair of sunglasses* unas gafas de sol ☞ *Ver nota en* PAIR

sunk *pp de* SINK

sunken /'sʌŋkən/ *adj* hundido

sunlight /'sʌnlaɪt/ *n* luz solar, luz del sol

sunlit /'sʌnlɪt/ *adj* iluminado por el sol

sunny /'sʌni/ *adj* (-ier, -iest) **1** soleado: *It's sunny today.* Hoy hace sol. **2** (*personalidad*) alegre

sunrise /'sʌnraɪz/ *n* salida del sol

sunset /'sʌnset/ *n* puesta del sol

sunshine /'sʌnʃaɪn/ *n* sol: *Let's sit in the sunshine.* Sentémonos al sol.

sunstroke /'sʌnstrəʊk/ *n* insolación: *to get sunstroke* coger una insolación

suntan /'sʌntæn/ *n* bronceado: *to get a suntan* broncearse ☞ *Comparar con* SUNBURN **suntanned** *adj* bronceado

super /'suːpə(r)/ *adj* estupendo

superb /suː'pɜːb/ *adj* magnífico **superbly** *adv* de maravilla: *a superbly situated house* una casa en un sitio magnífico

superficial /ˌsuːpə'fɪʃl/ *adj* superficial **superficiality** /ˌsuːpəˌfɪʃi'æləti/ *n* superficialidad **superficially** *adv* superficialmente, aparentemente

superfluous /suː'pɜːfluəs/ *adj* superfluo, innecesario: *to be superfluous* estar de más

superhuman /ˌsuːpə'hjuːmən/ *adj* sobrehumano

superimpose /ˌsuːpərɪm'pəʊz/ *vt* ~ **sth (on sth)** superponer algo (en algo)

superintendent /ˌsuːpərɪn'tendənt/ *n* **1** comisario (*de policía*) **2** encargado, -a, superintendente

superior /suː'pɪəriə(r)/ ◆ *adj* **1** ~ (**to sth/sb**) superior (a algo/algn) **2** (*persona, actitud*) soberbio ◆ *n* superior: *Mother Superior* la Madre Superiora **superiority** /suːˌpɪəri'ɒrəti/ *n* ~ (**in sth**); ~ (**over/to sth/sb**) superioridad (en algo); superioridad (sobre algo/algn)

superlative /suː'pɜːlətɪv/ *adj, n* superlativo

supermarket /'suːpəmɑːkɪt/ *n* supermercado

supernatural /ˌsuːpə'nætʃrəl/ ◆ *adj* sobrenatural ◆ **the supernatural** *n* el mundo sobrenatural

superpower /'suːpəpaʊə(r)/ *n* superpotencia

supersede /ˌsuːpə'siːd/ *vt* reemplazar, sustituir

supersonic /ˌsuːpə'sɒnɪk/ *adj* supersónico

superstition /ˌsuːpə'stɪʃn/ *n* superstición **superstitious** *adj* supersticioso

superstore /'suːpəstɔː(r)/ *n* hipermercado

supervise /'suːpəvaɪz/ *vt* supervisar **supervision** /ˌsuːpə'vɪʒn/ *n* supervisión **supervisor** *n* supervisor, -ora

supper /'sʌpə(r)/ *n* cena: *to have supper* cenar ☞ *Ver nota en* DINNER

supple /'sʌpl/ *adj* flexible

supplement /'sʌplɪmənt/ ◆ *n* **1** suplemento, complemento **2** (*de libro*) apéndice ◆ *vt* complementar, completar: *supplemented by* complementado por

supplementary /ˌsʌplɪ'mentri; *USA* -teri/ *adj* adicional, suplementario

supplier /sə'plaɪə(r)/ *n* proveedor, -ora, suministrador, -ora

supply /sə'plaɪ/ ◆ *vt* (*pret, pp* **supplied**) **1** ~ **sb (with sth)** proveer, abastecer a algn (de algo) **2** ~ **sth (to sb)** suministrar, proporcionar, facilitar algo (a algn) ◆ *n* (*pl* -ies) **1** suministro, provisión **2 supplies** [*pl*] víveres **3 supplies** [*pl*] (*Mil*) pertrechos LOC **supply and demand** la oferta y la demanda *Ver tb* PLENTIFUL

support /sə'pɔːt/ ◆ *vt* **1** (*peso*) sostener, soportar **2** (*causa*) apoyar, respaldar: *a supporting role* un papel secundario **3** (*Dep*) seguir: *Which team do you support?* ¿De qué equipo eres? **4** (*persona*) mantener ◆ *n* **1** apoyo **2** soporte **supporter** *n* **1** (*Pol*) partidario, -a **2** (*Dep*) hincha **3** (*de teoría*) seguidor, -ora **supportive** *adj* que ayuda: *to be supportive* apoyar

suppose /sə'pəʊz/ *vt* **1** suponer, imaginarse **2** (*sugerencia*): *Suppose we change the subject?* ¿Qué te parece si cambiamos de tema? LOC **to be supposed to do sth** deber hacer algo **supposed** *adj* supuesto **supposedly** *adv* supuestamente **supposing** (*tb* **supposing that**) *conj* si, en el caso de que

iː	i	ɪ	e	æ	ɑː	ʌ	ʊ	uː
see	happy	sit	ten	hat	father	cup	put	too

suppress /sə'pres/ *vt* **1** (*rebelión*) reprimir **2** (*información*) ocultar **3** (*sentimiento*) contener, reprimir **4** (*bostezo*) ahogar

supremacy /su:'preməsi, sju:-/ *n* ~ **(over sth/sb)** supremacía (sobre algo/algn)

supreme /su:'pri:m, sju:-/ *adj* supremo, sumo

surcharge /'sɜ:tʃɑ:dʒ/ *n* ~ **(on sth)** recargo (sobre algo)

sure /ʃʊə(r)/ ◆ *adj* (**surer, surest**) **1** seguro, cierto: *He's sure to be elected.* Es seguro que será elegido. **2** estable, firme LOC **for sure** (*coloq*) con seguridad **sure!** (*esp USA, coloq*) ¡claro! **to be sure of sth** estar seguro de algo **to be sure to do sth; to be sure and do sth** no dejar de hacer algo **to make sure (of sth/that...)** asegurarse (de algo/de que...): *Make sure you are home by nine.* No te olvides de que tienes que estar en casa a las nueve. ◆ *adv* LOC **sure enough** efectivamente

surely /'ʃʊəli; USA 'ʃʊərli/ *adv* **1** ciertamente, seguramente, por supuesto **2** (*sorpresa*): *Surely you can't agree?* ¿No estarás de acuerdo?

surf /sɜ:f/ ◆ *n* **1** oleaje, olas **2** espuma (*de las olas*) ◆ **1** *vi* hacer surf: *to go surfing* hacer surf **2** *vt, vi* (*Informát*) navegar (en/por): *to surf the Net* navegar por la red **surfer** *n* surfista **surfing** *n* surf

surface /'sɜ:fɪs/ ◆ *n* **1** superficie: *by surface mail* por correo terrestre o marítimo ◊ *the earth's surface* la superficie de la tierra ◊ *a surface wound* una herida superficial **2** cara ◆ **1** *vt* ~ **sth (with sth)** recubrir algo (con algo) **2** *vi* salir a la superficie

surfboard /'sɜ:fbɔ:d/ *n* tabla de surf

surge /sɜ:dʒ/ ◆ *vi*: *They surged into the stadium.* Entraron en tropel en el estadio. ◆ *n* ~ **(of sth)** oleada (de algo)

surgeon /'sɜ:dʒən/ *n* cirujano, -a **surgery** *n* (*pl* **-ies**) **1** cirugía: *brain surgery* neurocirugía ◊ *to undergo surgery* someterse a una operación quirúrgica **2** (*GB*) consultorio (*de un médico*): *surgery hours* horas de consulta **surgical** *adj* quirúrgico

surly /'sɜ:li/ *adj* (**-ier, -iest**) arisco

surmount /sə'maʊnt/ *vt* superar

surname /'sɜ:neɪm/ *n* apellido
En los países de habla inglesa solo se tiene un apellido, que normalmente es el del padre. Se le llama **surname**, **family name** o **last name**. Hay gente que tiene apellidos compuestos, unidos por un guion, tales como Bonham-Carter. Estos nombres se llaman **double-barrelled names**.
☛ *Comparar con* NAME

surpass /sə'pɑ:s; USA -'pæs/ (*formal*) **1** *vt* superar **2** *v refl* ~ **yourself** superarse

surplus /'sɜ:pləs/ ◆ *n* excedente: *the food surplus in Western Europe* el excedente de alimentos en Europa Occidental ◆ *adj* sobrante

surprise /sə'praɪz/ ◆ *n* sorpresa LOC **to take sth/sb by surprise** coger algo/a algn por sorpresa ◆ *vt* **1** sorprender: *I wouldn't be surprised if it rained.* No me extrañaría que lloviera. **2** ~ **sb** coger por sorpresa a algn **surprised** *adj* ~ **(at sth/sb)** sorprendido (por algo/con algn): *I'm not surprised!* ¡No me extraña!

surrender /sə'rendə(r)/ ◆ **1** *vi* ~ **(to sb)** rendirse (a algn) **2** *vt* ~ **sth (to sb)** (*formal*) entregar algo (a algn) ◆ *n* rendición, entrega

surreptitious /ˌsʌrəp'tɪʃəs/ *adj* subrepticio, furtivo

surrogate /'sʌrəgət/ *n* (*formal*) sustituto, -a: *surrogate mother* madre de alquiler

surround /sə'raʊnd/ *vt* rodear **surrounding** *adj* circundante: *the surrounding countryside* el campo de los alrededores **surroundings** *n* [*pl*] alrededores

surveillance /sɜ:'veɪləns/ *n* vigilancia: *to keep sb under surveillance* mantener a algn bajo vigilancia

survey /sə'veɪ/ ◆ *vt* **1** contemplar **2** (*Geog*) ~ **sth** medir algo; levantar un plano de algo **3** (*GB*) hacer un reconocimiento (*de un edificio*) **4** /'sɜ:veɪ/ encuestar ◆ /'sɜ:veɪ/ *n* **1** encuesta **2** (*GB*) inspección (*de una casa, etc.*) **3** panorama **surveying** /sə'veɪɪŋ/ *n* agrimensura, topografía **surveyor** /sə'veɪə(r)/ *n* **1** persona que lleva a cabo la inspección y tasación de edificios **2** agrimensor, -ora, topógrafo, -a

survive /sə'vaɪv/ **1** *vi* sobrevivir **2** *vi* ~ **(on sth)** subsistir (a base de algo) **3** *vt* ~

---

u	ɒ	ɔ:	ɜ:	ə	j	w	eɪ	əʊ
situation	got	saw	fur	ago	yes	woman	pay	go

sth (*un naufragio, fuego, etc.*) sobrevivir a algo **survival** *n* supervivencia **survivor** *n* superviviente

susceptible /səˈseptəbl/ *adj* **1** ~ **to sth**: *He's very susceptible to flattery.* Se le convence fácilmente con halagos. **2** ~ **to sth** (*Med*) propenso a algo **3** sensible, susceptible

suspect /səˈspekt/ *vt* **1** sospechar **2** (*motivo, etc.*) recelar de **3** ~ **sb** (**of sth/of doing sth**) sospechar de algn; sospechar que algn ha hecho algo ◆ /ˈsʌspekt/ *adj, n* sospechoso, -a

suspend /səˈspend/ *vt* **1** ~ **sth** (**from sth**) colgar algo (de algo): *to suspend sth from the ceiling* colgar algo del techo ☛ La palabra más normal es **hang**. **2** suspender: *suspended sentence* pena que no se cumple a menos que se cometa otro crimen

suspender /səˈspendə(r)/ *n* **1** (*GB*) liga **2** **suspenders** [*pl*] (*USA*) Ver BRACE 2

suspense /səˈspens/ *n* suspense, tensión

suspension /səˈspenʃn/ *n* suspensión: *suspension bridge* puente colgante

suspicion /səˈspɪʃn/ *n* sospecha, recelo: *on suspicion of...* bajo sospecha de...

suspicious /səˈspɪʃəs/ *adj* **1** ~ (**about/of sth/sb**) receloso (de algo/algn): *They're suspicious of foreigners.* Recelan de los extranjeros. **2** sospechoso: *He died in suspicious circumstances.* Murió en circunstancias sospechosas.

sustain /səˈsteɪn/ *vt* **1** (*vida, interés*) mantener: *People have a limited capacity to sustain interest in politics.* La gente tiene una capacidad limitada para mantenerse interesada en la política. **2** sostener: *It is difficult to sustain this argument.* Es difícil sostener este argumento. ◊ *sustained economic growth* crecimiento económico sostenido **3** (*formal*) (*lesión, pérdida, etc.*) sufrir

swagger /ˈswægə(r)/ *vi* pavonearse, contonearse

swallow[1] /ˈswɒləʊ/ *n* golondrina

swallow[2] /ˈswɒləʊ/ ◆ **1** *vt, vi* tragar **2** *vt* (*coloq*) (*tolerar, creer*) tragarse **3** *vt* ~ **sth/sb** (**up**) (*fig*) tragarse algo/a algn; consumir algo ◆ *n* trago

swam *pret de* SWIM

swamp /swɒmp/ ◆ *n* pantano ◆ *vt* **1** (*lit*) inundar **2** ~ **sth/sb** (**with sth**) (*fig*) inundar algo/a algn (de algo)

swan /swɒn/ *n* cisne

swap (*tb* swop) /swɒp/ *vt, vi* (**-pp-**) (*coloq*) (inter)cambiar: *to swap sth round* cambiar algo de lugar

swarm /swɔːm/ ◆ *n* **1** (*abejas*) enjambre **2** (*moscas*) nube **3** (*gente*) multitud: *swarms of people* un mar de gente ◆ *v* PHR V **to swarm in/out** entrar/salir en manadas **to swarm with sth/sb** ser un hervidero de algo/algn

swat /swɒt/ *vt* (**-tt-**) aplastar (*un insecto*)

sway /sweɪ/ ◆ **1** *vt, vi* balancear(se), mecer(se) **2** *vi* tambalearse **3** *vt* influir en ◆ *n* **1** balanceo **2** (*fig*) dominio

swear /sweə(r)/ (*pret* swore /swɔː(r)/ *pp* sworn /swɔːn/) **1** *vi* decir tacos: *Your sister swears a lot.* Tu hermana dice muchos tacos. **2** *vt, vi* jurar: *to swear to tell the truth* jurar decir la verdad PHR V **to swear by sth/sb** (*coloq*) confiar plenamente en algo/algn **to swear sb in** tomar juramento a algn

swear word *n* taco, palabrota

sweat /swet/ ◆ *n* sudor ◆ *vi* sudar LOC **to sweat it out** (*coloq*) aguantar **sweaty** *adj* (**-ier, -iest**) sudoroso, que hace sudar

sweater /ˈswetə(r)/ *n* jersey

Las palabras **sweater**, **jumper** y **pullover** significan "jersey". *Comparar con* CARDIGAN

sweatshirt /ˈswetʃɜːt/ *n* sudadera

swede /swiːd/ *n* colinabo

sweep /swiːp/ ◆ (*pret, pp* swept /swept/) **1** *vt, vi* barrer **2** *vt* (*chimenea*) deshollinar **3** *vt* arrastrar **4** *vi* extenderse **5** *vi*: *She swept out of the room.* Salió de la habitación con paso majestuoso. **6** *vt, vi* ~ (**through, over, across, etc.**) **sth** recorrer algo; extenderse por algo LOC **to sweep sb off their feet** arrebatarle el corazón a algn PHR V **to sweep (sth) away/up** barrer/limpiar (algo) ◆ *n* **1** barrido **2** movimiento, gesto (*amplio*) **3** extensión, alcance **4** (*de policía*) redada

sweeping /ˈswiːpɪŋ/ *adj* **1** (*cambio*) radical **2** (*pey*) (*afirmación*) tajante

sweet /swiːt/ ◆ *adj* (**-er, -est**) **1** dulce **2** (*olor*) fragante **3** (*sonido*) melodioso **4** (*coloq*) lindo, mono **5** (*carácter*) encantador LOC **to have a sweet tooth** (*coloq*) ser goloso ◆ *n* **1** (*USA* candy)

aɪ	aʊ	ɔɪ	ɪə	eə	ʊə	ʒ	h	ŋ
five	now	join	near	hair	pure	vision	how	sing

caramelo **2** (*GB*) *Ver* DESSERT
sweetness *n* dulzura

sweetcorn /'swiːtkɔːn/ *n* maíz tierno
☞ *Comparar con* MAIZE

sweeten /'swiːtn/ *vt* **1** endulzar, poner
azúcar a **2** ~ **sb** (**up**) (*coloq*) ablandar a
algn **sweetener** *n* edulcorante

sweetheart /'swiːthɑːt/ *n* **1** (*antic*)
novio, -a **2** (*tratamiento*) cariño

sweet pea *n* guisante de olor

swell /swel/ *vt*, *vi* (*pret* **swelled** *pp*
swollen /'swəʊlən/ *o* **swelled**) hin-
char(se) **swelling** *n* hinchazón

swept *pret*, *pp de* SWEEP

swerve /swɜːv/ *vt*, *vi* dar un viraje
brusco, dar un volantazo: *The car
swerved to avoid the child.* El coche viró
bruscamente para esquivar al niño.

swift /swɪft/ *adj* (**-er**, **-est**) rápido,
pronto: *a swift reaction* una pronta
reacción

swill /swɪl/ *vt* ~ **sth** (**out/down**) (*esp
GB*) enjuagar algo

swim /swɪm/ ♦ (**-mm-**) (*pret* **swam**
/swæm/ *pp* **swum** /swʌm/) **1** *vt*, *vi*
nadar: *to swim the Channel* atravesar el
Canal a nado ◊ *to swim breaststroke*
nadar a braza ◊ *to go swimming* ir a
bañarse **2** *vi* (*cabeza*) dar vueltas
(*cuando uno se marea*) ♦ *n* baño: *to go
for a swim* ir a bañarse **swimmer** *n*
nadador, -ora

swimming /'swɪmɪŋ/ *n* natación

swimming costume *Ver* SWIMSUIT

swimming pool *n* piscina

swimming trunks (*USA* **swimming
shorts**) *n* [*pl*] bañador (de caballero): *a
pair of swimming trunks* un bañador
☞ *Ver* **nota en** SUIT

swimsuit /'swɪmsuːt/ *n* bañador (de
mujer)

swindle /'swɪndl/ ♦ *vt* (*coloq*) estafar,
timar ♦ *n* **1** estafa **2** engaño **swindler**
n estafador, -ora

swing /swɪŋ/ ♦ (*pret*, *pp* **swung**
/swʌŋ/) **1** *vt*, *vi* balancear(se) **2** *vt*, *vi*
columpiar(se) **3** *vi* [*seguido de adverbio*]: *The door swung open/shut.* La
puerta se abrió/cerró. PHR V **to swing
(a)round** dar(se) media vuelta ♦ *n*
1 balanceo **2** columpio **3** cambio: *mood
swings* cambios bruscos de humor
LOC *Ver* FULL

swirl /swɜːl/ *vt*, *vi* arremolinar(se):
Flakes of snow swirled in the cold wind.

Los copos de nieve se arremolinaban
en el frío viento.

switch /swɪtʃ/ ♦ *n* **1** interruptor **2**
cambio: *a switch to Labour* un cambio
hacia los laboristas ♦ **1** *vi* ~ (**from sth**)
(**to sth**) cambiar (de algo) (a algo) **2** *vt* ~
sth (**with sth/sb**) intercambiar, cambiar
algo (con algo/algn) PHR V **to switch
(sth) off** desenchufar (algo), apagar
(algo) **to switch (sth) on** encender (algo)

switchboard /'swɪtʃbɔːd/ *n* centralita

swivel /'swɪvl/ *v* (**-ll-**, *USA* **-l-**) PHR V **to
swivel round** girar(se)

swollen *pp de* SWELL

swoop /swuːp/ ♦ *vi* ~ (**down**) (**on sth/
sb**) descender en picado (sobre algo/
algn) ♦ *n* redada: *Police made a dawn
swoop.* La policía hizo una redada al
amanecer.

swop *Ver* SWAP

sword /sɔːd/ *n* espada

swore *pret de* SWEAR

sworn *pp de* SWEAR

swum *pp de* SWIM

swung *pret*, *pp de* SWING

syllable /'sɪləbl/ *n* sílaba

syllabus /'sɪləbəs/ *n* (*pl* **-buses**) programación (*de asignaturas*): *Does the
syllabus cover modern literature?* ¿Cubre
el temario la literatura moderna?

symbol /'sɪmbl/ *n* (*of/for sth*)
símbolo (de algo) **symbolic** /sɪm'bɒlɪk/
adj ~ (**of sth**) simbólico (de algo)
symbolism /'sɪmbəlɪzəm/ *n* simbo-
lismo **symbolize**, **-ise** /'sɪmbəlaɪz/ *vt*
simbolizar

symmetry /'sɪmətri/ *n* simetría **symmetrical** /sɪ'metrɪkl/ (*tb* **symmetric**)
adj simétrico

sympathetic /ˌsɪmpə'θetɪk/ *adj* **1** ~
(**to/towards/with sb**) comprensivo,
compasivo (con algn): *They were very
sympathetic when I told them I could
not sit the exam.* Fueron muy comprensivos cuando les dije que no podía
presentarme al examen. ☞ *Nótese que
"simpático" se dice* **nice** *o* **friendly**.
2 ~ (**to sth/sb**) con buena disposición
(hacia algo/algn): *lawyers sympathetic
to the peace movement* abogados que
apoyan el movimiento pacifista

sympathize, **-ise** /'sɪmpəθaɪz/ *vi* ~
(**with sth/sb**) **1** compadecerse (de algo/
algn) **2** estar de acuerdo (con algo/
algn) **sympathy** *n* (*pl* **-ies**) **1** ~ (**for/**

tʃ	dʒ	v	θ	ð	s	z	ʃ
chin	**June**	**van**	**thin**	**then**	**so**	**zoo**	**she**

towards sb) compasión (por/hacia
algn) **2** condolencia

symphony /'sɪmfəni/ n (pl -ies) sinfonía

symptom /'sɪmptəm/ n síntoma: *The
riots are a symptom of a deeper
problem.* Los disturbios son un síntoma
de problemas más profundos.

synagogue /'sɪnəgɒg/ n sinagoga

synchronize, -ise /'sɪŋkrənaɪz/ vt, vi
~ (sth) (with sth) sincronizar (algo)
(con algo)

syndicate /'sɪndɪkət/ n sindicato

syndrome /'sɪndrəʊm/ n (Med, fig)
síndrome

synonym /'sɪnənɪm/ n sinónimo
synonymous /sɪ'nɒnɪməs/ adj ~ (with
sth) sinónimo (de algo)

syntax /'sɪntæks/ n sintaxis

synthesizer, -iser /'sɪnθəsaɪzə(r)/ n
sintetizador

synthetic /sɪn'θetɪk/ adj **1** sintético
2 (coloq, pey) artificial

syringe /sɪ'rɪndʒ/ n jeringa

syrup /'sɪrəp/ n **1** almíbar **2** jarabe
(para la tos)

system /'sɪstəm/ n **1** sistema: *the
metric/solar system* el sistema métrico/
solar **2** método: *different systems of
government* diferentes métodos de
gobierno LOC **to get sth out of your
system** (coloq) desahogarse (de algo)
systematic /ˌsɪstə'mætɪk/ adj **1** sistemático **2** metódico

Tt

T, t /tiː/ n (pl **T's, t's** /tiːz/) T, t: *T for
Tommy* T de Tarragona ☞ *Ver ejemplos
en A, a*

ta! /tɑː/ interj (GB, coloq) ¡gracias!

tab /tæb/ n **1** (de lata de bebida) anilla
2 etiqueta **3** (USA) cuenta

table /'teɪbl/ n **1** mesa: *bedside/coffee
table* mesilla de noche/mesita de café
2 tabla: *table of contents* índice de
materias LOC **to lay/set the table** poner
la mesa *Ver tb* CLEAR, LAY¹

tablecloth /'teɪblklɒθ/ n mantel

tablespoon /'teɪblspuːn/ n **1** cuchara
(grande) **2** (tb **tablespoonful**) cucharada

tablet /'tæblət/ n tableta, pastilla

table tennis n tenis de mesa, pimpón

tabloid /'tæblɔɪd/ n tabloide: *the
tabloid press* la prensa sensacionalista

taboo /tə'buː; USA tæ'buː/ adj, n (pl
~s) tabú: *a taboo subject* un tema tabú

tacit /'tæsɪt/ adj tácito

tack /tæk/ ♦ vt clavar (con tachuelas)
PHR V **to tack sth on (to sth)** (coloq)
añadir algo (a algo) ♦ n tachuela

tackle /'tækl/ ♦ n **1** [incontable]
equipo, avíos: *fishing tackle* equipo de
pescar **2** (en fútbol) entrada **3** (en rugby)
placaje ♦ vt **1** ~ sth hacer frente a algo:

to tackle a problem abordar un problema **2** ~ sb about/on/over sth
abordar a algn sobre algo **3** (en fútbol)
hacer una entrada **4** (en rugby) placar

tacky /'tæki/ adj (-ier, -iest) **1** pegajoso
2 (coloq) hortera

tact /tækt/ n tacto **tactful** adj diplomático, discreto

tactic /'tæktɪk/ n táctica **tactical** adj
1 táctico **2** estratégico: *a tactical
decision* una decisión estratégica

tactless /'tæktləs/ adj indiscreto, poco
diplomático: *It was tactless of you to
ask him his age.* Fue una indiscreción
por tu parte preguntarle su edad.

tadpole /'tædpəʊl/ n renacuajo

tag /tæg/ ♦ n etiqueta ☞ *Ver dibujo en*
ETIQUETA ♦ vt (-gg-) etiquetar PHR V **to
tag along (behind/with sb)** acompañar
a algn, pegarse (a algn)

tail¹ /teɪl/ n **1** rabo, cola **2 tails** [pl] frac
3 tails [pl] cruz: *Heads or tails?* ¿Cara o
cruz? LOC *Ver* HEAD¹

tail² /teɪl/ vt perseguir PHR V **to tail
away/off 1** disminuir, desvanecerse
2 (ruido, etc.) apagarse

tailor /'teɪlə(r)/ ♦ n sastre, -a ♦ vt (fig)
~ sth for/to sth/sb adaptar algo para/a
algo/algn

iː	i	ɪ	e	æ	ɑː	ʌ	ʊ	uː
see	happy	sit	ten	hat	father	cup	put	too

tailor-made /ˌteɪlə ˈmeɪd/ *adj* **1** a medida **2** (*fig*) a la medida de sus necesidades

taint /teɪnt/ *vt* **1** contaminar **2** (*reputación*) manchar

Bring the newspaper

Fetch the newspaper

Take the newspaper

take /teɪk/ *vt* (*pret* **took** /tʊk/ *pp* **taken** /ˈteɪkən/) **1** tomar: *She took it as a compliment.* Se lo tomó como un cumplido. **2** ~ **sth/sb** (**with you**) llevarse algo/a algn: *Take the dog with you.* Llévate el perro. **3** ~ **sth** (**to sb**) llevar algo (a algn) **4** coger: *to take sb's hand/take sb by the hand* coger a algn de la mano ◊ *to take the bus* coger el autobús **5** ~ **sth from/out of sth** sacar algo de algo **6** (*sin permiso*) llevarse **7** ~ **sth** (**from sb**) quitar algo (a algn) **8** aceptar: *Do you take credit cards?* ¿Aceptan tarjetas de crédito? **9** (*tolerar*) soportar **10** (*comprar*) llevarse **11** (*tiempo*) tardar: *It takes an hour to get there.* Se tarda una hora en llegar. ◊ *It won't take long.* No lleva mucho tiempo. **12** (*cualidad*) necesitarse, hacer falta: *It takes courage to speak out.* Se necesita coraje para decir lo que uno piensa. **13** (*talla*) usar: *What size shoes do you take?* ¿Qué número calzas? **14** (*foto*) hacer LOC **to take it (that…)**

suponer (que…) **to take some/a lot of doing** (*coloq*) no ser fácil ☞ Para otras expresiones con **take**, véanse las entradas del sustantivo, adjetivo, etc., p. ej. **to take place** en PLACE.

PHR V **to take sb aback** [*gen pasiva*] dejar a algn sorprendido: *It really took me aback.* Me pilló de sorpresa.

to take after sb salir, parecerse a algn

to take sth apart desmontar algo

to take sth/sb away (**from sth/sb**) quitar algo/a algn (de algo/algn)

to take sth back 1 devolver algo (*a una tienda*) **2** retractarse de algo

to take sth down 1 bajar algo **2** desmontar algo **3** anotar algo

to take sb in 1 dar cobijo a algn **2** engañar a algn **to take sth in** entender, asimilar algo

to take off despegar **to take sth off 1** (*prenda*) quitarse algo **2** *to take the day off* tomarse el día libre

to take sb on contratar a algn **to take sth on** aceptar algo (*trabajo*)

to take it/sth out on sb pagar algo con algn, tomarla con algn **to take sb out** invitar a algn a salir: *I'm taking him out tonight.* Voy a salir con él esta noche. **to take sth out** sacar, extraer algo

to take over from sb sustituir a algn (en algo) **to take sth over 1** adquirir algo (*empresa*) **2** hacerse cargo de algo

to take to sth/sb: *I took to his parents immediately.* Sus padres me cayeron bien inmediatamente.

to take sb up on sth (*coloq*) aceptar algo de algn (*oferta*) **to take sth up** empezar algo (*como hobby*) **to take sth up with sb** plantear algo a algn **to take up sth** ocupar algo (*espacio, tiempo*)

takeaway /ˈteɪkəweɪ/ (*USA* **takeout**) *n* **1** restaurante que vende comida para llevar **2** comida para llevar: *We ordered a takeaway.* Encargamos comida para llevar.

taken *pp de* TAKE

take-off /ˈteɪk ɒf/ *n* despegue

takeover /ˈteɪkəʊvə(r)/ *n* **1** (*empresa*) adquisición: *takeover bid* oferta pública de adquisición **2** (*Mil*) toma del poder

takings /ˈteɪkɪŋz/ *n* [*pl*] recaudación

talc /tælk/ (*tb* **talcum powder** /ˈtælkəm paʊdə(r)/) *n* polvos de talco

tale /teɪl/ *n* **1** cuento, historia **2** chisme

talent /ˈtælənt/ *n* ~ (**for sth**) talento

(para algo) **talented** *adj* talentoso, de talento

talk /tɔːk/ ◆ *n* **1** conversación, charla: *to have a talk with sb* tener una conversación con algn **2** [*pl*] **talks** negociaciones ◆ **1** *vi* ~ (**to/with sb**) (**about/of sth/sb**) hablar (con algn) (sobre/de algo/algn) ☞ *Ver nota en* HABLAR **2** *vt* hablar de: *to talk business* hablar de negocios ◊ *to talk sense* hablar con sentido **3** *vi* cotillear LOC **to talk shop** (*pey*) hablar del trabajo **to talk your way out of** (**doing**) **sth** librarse de (hacer) algo a base de labia PHR V **to talk down to sb** hablar a algn como si fuera tonto **to talk sb into/out of doing sth** persuadir a algn para que haga/no haga algo **talkative** *adj* hablador

tall /tɔːl/ *adj* (**-er, -est**) alto: *How tall are you?* ¿Cuánto mides? ◊ *Tom is six feet tall.* Tom mide 1.80. ◊ *a tall tree* un árbol alto ◊ *a tall tower* una torre alta ☞ *Ver nota en* ALTO

tambourine /ˌtæmbəˈriːn/ *n* pandereta

tame /teɪm/ ◆ *adj* (**tamer, tamest**) **1** domesticado **2** manso **3** (*fiesta, libro*) insulso ◆ *vt* domar

tamper /ˈtæmpə(r)/ *v* PHR V **to tamper with sth** alterar algo

tampon /ˈtæmpɒn/ *n* tampón

tan /tæn/ ◆ *vt, vi* (**-nn-**) broncear(se) ◆ *n* (*tb* **suntan**) bronceado (*del cutis*): *to get a tan* broncearse ◆ *adj* de color canela

tangent /ˈtændʒənt/ *n* tangente LOC **to go/fly off at a tangent** salirse por la tangente

tangerine /ˌtændʒəˈriːn; *USA* ˈtændʒəriːn/ ◆ *n* mandarina ◆ *adj, n* (de) color naranja oscuro

tangle /ˈtæŋɡl/ ◆ *n* **1** enredo **2** lío: *to get into a tangle* hacerse un lío ◆ *vt, vi* ~ (**sth**) (**up**) enredar algo/enredarse **tangled** *adj* enredado

tank /tæŋk/ *n* **1** depósito: *petrol tank* depósito de gasolina **2** pecera **3** (*Mil*) tanque

tanker /ˈtæŋkə(r)/ *n* **1** petrolero **2** camión cisterna

tanned /tænd/ (*tb* **suntanned**) *adj* bronceado, moreno

tantalize, -ise /ˈtæntəlaɪz/ *vt* atormentar **tantalizing, -ising** *adj* tentador

tantrum /ˈtæntrəm/ *n* rabieta: *Peter threw/had a tantrum.* A Peter le dio una rabieta.

tap¹ /tæp/ (*USA* **faucet**) ◆ *n* grifo: *to turn the tap on/off* abrir/cerrar el grifo ◆ (**-pp-**) **1** *vt, vi* ~ (**into**) **sth** explotar algo **2** *vt* (*teléfono*) intervenir

tap² /tæp/ ◆ *n* golpecito ◆ *vt* (**-pp-**) **1 to tap sth** (**against/on sth**) dar golpecitos con algo (en algo) **2 to tap sth/sb** (**on sth**) (**with sth**) dar golpecitos a algo/algn (en algo) (con algo): *to tap sb on the shoulder* dar una palmadita a alguien en la espalda

tape /teɪp/ ◆ *n* **1** cinta: *sticky tape* cinta adhesiva **2** cinta (*de grabación*): *to have sth on tape* tener algo grabado **3** *Ver* TAPE MEASURE ◆ **1** *vt* ~ **sth** (**up**) atar algo con una cinta **2** *vt, vi* grabar

tape deck *n* pletina

tape measure (*tb* **tape, measuring tape**) *n* cinta métrica

tape recorder *n* grabadora, casete

tapestry /ˈtæpəstri/ *n* (*pl* **-ies**) tapiz

tar /tɑː(r)/ *n* alquitrán

target /ˈtɑːɡɪt/ ◆ *n* **1** blanco, objetivo: *military targets* objetivos militares **2** objetivo: *I'm not going to meet my weekly target.* No voy a cumplir mi objetivo semanal. ◆ *vt* **1** ~ **sth/sb** dirigirse a algo/algn: *We're targeting young drivers.* Nos estamos dirigiendo a los conductores jóvenes. **2** ~ **sth at/on sth/sb** dirigir algo a algo/algn

tariff /ˈtærɪf/ *n* **1** tarifa **2** arancel

Tarmac® /ˈtɑːmæk/ *n* **1** (*tb* **tarmacadam**) asfalto **2 tarmac** pista (*de aeropuerto*)

tarnish /ˈtɑːnɪʃ/ *vt, vi* **1** deslucir(se) **2** *vt* (*fig*) desacreditar

tart /tɑːt/ *n* tarta ☞ *Ver nota en* PIE

tartan /ˈtɑːtn/ *n* tartán

task /tɑːsk; *USA* tæsk/ *n* tarea: *Your first task will be to type these letters.* Su primera tarea será pasar estas cartas a máquina.

taste /teɪst/ ◆ *n* **1** sabor **2** ~ (**for sth**) gusto (por algo) **3** (*tb* **sense of taste**) gusto **4** ~ (**of sth**) (*comida, bebida*) poquito (de algo) **5** ~ (**of sth**) muestra (de algo): *her first taste of life in the city* su primera experiencia de la vida en la ciudad ◆ **1** *vt, vi* notar el sabor (de)

Es muy normal el uso del verbo **taste** con **can** o **could**: *I can't taste anything.* No sabe a nada.

2 *vi* ~ (**of sth**) saber (a algo) **3** *vt* probar **4** *vt* (*fig*) experimentar, conocer

tasteful /'teɪstfl/ *adj* de buen gusto

tasteless /'teɪstləs/ *adj* **1** insípido, soso **2** de mal gusto

tasty /'teɪsti/ *adj* (**-ier, -iest**) sabroso

tattered /'tætəd/ *adj* hecho jirones

tatters /'tætəz/ *n* [*pl*] harapos LOC **in tatters** hecho jirones

tattoo /təˈtuː; *USA* tæˈtuː/ ◆ *n* (*pl* ~**s**) tatuaje ◆ *vt* tatuar

tatty /'tæti/ *adj* (**-ier, -iest**) (*GB, coloq*) en mal estado

taught *pret, pp de* TEACH

taunt /tɔːnt/ ◆ *vt* mofarse de ◆ *n* burla

Taurus /'tɔːrəs/ *n* tauro ☞ *Ver ejemplos en* AQUARIUS

taut /tɔːt/ *adj* tirante, tenso

tavern /'tævən/ *n* (*antic*) taberna

tax /tæks/ ◆ *n* impuesto: *tax return* declaración de (la) renta ◆ *vt* **1** (*artículos*) gravar con un impuesto **2** (*personas*) imponer contribuciones a **3** (*recursos*) exigir demasiado a **4** (*paciencia, etc.*) poner a prueba, abusar de **taxable** *adj* imponible **taxation** *n* (recaudación/pago de) impuestos **taxing** *adj* agotador, extenuante

tax-free /ˌtæks 'friː/ *adj* libre de impuestos

taxi /'tæksi/ ◆ *n* (*tb* **taxicab, cab**) taxi: *taxi driver* taxista ◆ *vi* rodar (*avión*)

taxpayer /'tæksˌpeɪə(r)/ *n* contribuyente

tea /tiː/ *n* **1** té: *tea bag* bolsita de té **2** merienda **3** cena ☞ *Ver nota en* DINNER LOC *Ver* CUP

teach /tiːtʃ/ (*pret, pp* **taught** /tɔːt/) **1** *vt* enseñar: *Jeremy is teaching us how to use the computer.* Jeremy nos está enseñando a usar el ordenador. **2** *vt, vi* dar clases (de) *Ver tb* COACH LOC **to teach sb a lesson** darle a algn una lección

teacher /'tiːtʃə(r)/ *n* profesor, -ora: *English teacher* profesor de inglés

teaching /'tiːtʃɪŋ/ *n* enseñanza: *teaching materials* materiales didácticos ◊ *a teaching career* una carrera docente

teacup /'tiːkʌp/ *n* taza para té

team /tiːm/ ◆ *n* [*v sing o pl*] equipo ☞ *Ver nota en* JURADO ◆ *v* PHR V **to team up (with sb)** formar equipo (con algn)

teamwork /'tiːmwɜːk/ *n* trabajo en equipo

teapot /'tiːpɒt/ *n* tetera

tear¹ /tɪə(r)/ *n* lágrima: *He was in tears.* Estaba llorando. LOC *Ver* BRING **tearful** *adj* lloroso

tear² /teə(r)/ ◆ (*pret* **tore** /tɔː(r)/ *pp* **torn** /tɔːn/) **1** *vt, vi* rasgar(se) **2** *vi* ~ **along/past** ir/pasar a toda velocidad PHR V **to be torn between A and B** no poder decidirse entre A y B **to tear sth down** derribar algo **to tear sth out** arrancar algo **to tear sth up** hacer algo pedazos ◆ *n* desgarrón LOC *Ver* WEAR

tearoom /'tiːruːm, -rʊm/ (*tb* **tea shop**) *n* salón de té

tease /tiːz/ *vt* tomarle el pelo, atormentar

teaspoon /'tiːspuːn/ *n* **1** cucharilla **2** (*tb* **teaspoonful**) cucharadita

teatime /'tiːtaɪm/ *n* hora del té

technical /'teknɪkl/ *adj* **1** técnico **2** según la ley: *a technical point* una cuestión de forma **technicality** /ˌteknɪˈkæləti/ *n* (*pl* **-ies**) **1** detalle técnico, tecnicismo **2** formalismo **technically** *adv* **1** técnicamente, en términos técnicos **2** estrictamente

technical college *n* (*GB*) instituto superior de formación profesional

technician /tekˈnɪʃn/ *n* técnico, -a

technique /tekˈniːk/ *n* técnica

technology /tekˈnɒlədʒi/ *n* (*pl* **-ies**) tecnología **technological** /ˌteknəˈlɒdʒɪkl/ *adj* tecnológico

teddy bear /'tedi beə(r)/ *n* osito de peluche

tedious /'tiːdiəs/ *adj* tedioso

tedium /'tiːdiəm/ *n* tedio

teem /tiːm/ *vi* ~ **with sth** estar a rebosar de algo

teenage /'tiːneɪdʒ/ *adj* de adolescentes **teenager** *n* adolescente

teens /tiːnz/ *n* [*pl*] edad entre los 13 y los 19 años

tee shirt *Ver* T-SHIRT

teeth *plural de* TOOTH

teethe /tiːð/ *vi* echar los dientes LOC **teething problems/troubles** dificultades menores en los inicios de un negocio

telecommunications /ˌtelikəˌmjuːnɪˈkeɪʃnz/ *n* [*pl*] telecomunicaciones

teleconference /'telikɒnfərəns/ *n* teleconferencia

tʃ	dʒ	v	θ	ð	s	z	ʃ
chin	June	van	thin	then	so	zoo	she

telegraph /ˈtelɪɡrɑːf; *USA* -ɡræf/ *n* telégrafo

telephone /ˈtelɪfəʊn/ (*tb* phone) ♦ *n* teléfono: *telephone call* llamada telefónica ◊ *telephone book/directory* guía telefónica LOC **on the telephone 1** *We're not on the telephone.* No tenemos teléfono. **2** *She's on the telephone.* Está hablando por teléfono. ♦ *vt, vi* llamar por teléfono, telefonear (a algo/algn)

telephone box *n* cabina telefónica

telescope /ˈtelɪskəʊp/ *n* telescopio

televise /ˈtelɪvaɪz/ *vt* televisar

television /ˈtelɪvɪʒn/ (*GB, coloq* TV, telly) *n* **1** televisión: *to watch television* ver la televisión **2** (*tb* television set) televisor

En Gran Bretaña hay cinco cadenas nacionales de televisión: **BBC1, BBC2, ITV, Channel 4** y **Channel 5.** En **ITV, Channel 4** y **Channel 5** hay publicidad (son **commercial channels).** BBC1 y BBC2 no tienen publicidad y se financian a través del pago de licencias (**TV licence).** También existen la televisión digital (**digital TV),** la televisión vía satélite (**satellite TV)** y la televisión por cable (**cable TV).**

tell /tel/ (*pret, pp* told /təʊld/) **1** *vt* decir: *to tell the truth* decir la verdad

En estilo indirecto **tell** va generalmente seguido de un objeto directo de persona: *Tell him to wait.* Dile que espere. ◊ *She told him to hurry up.* Le dijo que se diera prisa. *Ver tb notas en* SAY *y* ORDER

2 *vt* contar: *Tell me all about it.* Cuéntamelo todo. ◊ *Promise you won't tell.* Promete que no lo contarás. **3** *vt, vi* saber: *You can tell she's French.* Salta a la vista que es francesa. **4** *vt* ~ **A from B** distinguir A de B LOC **I told you (so)** (*coloq*) ya te lo dije **there's no telling** es imposible saberlo **to tell the time** (*USA* **to tell time)** decir la hora **you never can tell** nunca se sabe **you're telling me!** (*coloq*) ¡me lo vas a decir a mí! PHR V **to tell sb off (for sth/doing sth)** (*coloq*) reñir a algn (por algo/hacer algo) **to tell on sb** (*coloq*) chivarse de algn

telling /ˈtelɪŋ/ *adj* revelador, significativo

telling-off /ˌtelɪŋ ˈɒf/ *n* bronca

telly /ˈteli/ *n* (*pl* -ies) (*GB, coloq*) tele

temp /temp/ *n* (*coloq*) empleado, -a temporal

temper[1] /ˈtempə(r)/ *n* humor, genio: *to get into a temper* ponerse de mal genio LOC **in a (bad, foul, rotten, etc.) temper** de mal genio **to keep/lose your temper** dominarse/perder los estribos *Ver tb* QUICK, SHORT[1]

temper[2] /ˈtempə(r)/ *vt* ~ **sth (with sth)** templar algo (con algo)

temperament /ˈtemprəmənt/ *n* temperamento

temperamental /ˌtemprəˈmentl/ *adj* temperamental

temperate /ˈtempərət/ *adj* **1** (*comportamiento, carácter*) moderado **2** (*clima, región*) templado

temperature /ˈtemprətʃə(r); *USA* -tʃʊər/ *n* temperatura LOC **to have/run a temperature** tener fiebre

template /ˈtempleɪt/ *n* plantilla

temple /ˈtempl/ *n* **1** (*Relig*) templo **2** (*Anat*) sien

tempo /ˈtempəʊ/ *n* **1** (*Mús*) (*pl* tempi /ˈtempiː/) tiempo **2** (*pl* ~s) (*fig*) ritmo

temporary /ˈtemprəri; *USA* -pəreri/ *adj* temporal, provisional **temporarily** *adv* temporalmente

tempt /tempt/ *vt* tentar **temptation** *n* tentación **tempting** *adj* tentador

ten /ten/ *adj, pron, n* diez ☞ *Ver ejemplos en* FIVE **tenth 1** *adj* décimo **2** *pron, adv* el décimo, la décima, los décimos, las décimas **3** *n* décima parte, décimo ☞ *Ver ejemplos en* FIFTH

tenacious /təˈneɪʃəs/ *adj* tenaz

tenacity /təˈnæsəti/ *n* tenacidad

tenant /ˈtenənt/ *n* inquilino, -a, arrendatario, -a **tenancy** *n* (*pl* -ies) arrendamiento

tend /tend/ **1** *vt* cuidar, atender **2** *vi* ~ **to (do sth)** tender, tener tendencia a (hacer algo) **tendency** *n* (*pl* -ies) tendencia, propensión

tender /ˈtendə(r)/ *adj* **1** (*planta, carne*) tierno **2** (*herida*) dolorido **3** (*mirada*) cariñoso **tenderly** *adv* tiernamente, con ternura **tenderness** *n* ternura

tendon /ˈtendən/ *n* tendón

tenement /ˈtenəmənt/ *n*: *a tenement block/house* bloque de pisos

tenner /ˈtenə(r)/ *n* (*GB, coloq*) (billete de diez libras)

iː	i	ɪ	e	æ	ɑː	ʌ	ʊ	uː
see	happy	sit	ten	hat	father	cup	put	too

tennis /'tenɪs/ n tenis

tenor /'tenə(r)/ n tenor

tense¹ /tens/ adj (-er, -est) tenso

tense² /tens/ n (Gram) tiempo: *in the past tense* en tiempo pasado

tension /'tenʃn/ n tensión, tirantez

tent /tent/ n **1** tienda (de campaña) **2** (de circo) carpa

tentacle /'tentəkl/ n tentáculo

tentative /'tentətɪv/ adj **1** provisional **2** cauteloso

tenth Ver TEN

tenuous /'tenjuəs/ adj tenue

tenure /'tenjuə(r); USA -jər/ n **1** (de un puesto) estancia: *security of tenure* derecho de permanencia **2** (de tierra/propiedad) tenencia

tepid /'tepɪd/ adj tibio

term /tɜːm/ ◆ n **1** periodo, plazo: *term of office* mandato (de un gobierno) ◇ *the long-term risks* los riesgos a largo plazo **2** trimestre: *the autumn/spring/summer term* el primer/segundo/tercer trimestre **3** expresión, término Ver tb TERMS LOC **in the long/short term** a largo/corto plazo ◆ vt (formal) calificar de

terminal /'tɜːmɪnl/ adj, n terminal

terminate /'tɜːmɪneɪt/ **1** vt, vi terminar: *This train terminates at Euston.* Este tren tiene su término en Euston. **2** vt (contrato, etc.) rescindir

terminology /ˌtɜːmɪ'nɒlədʒi/ n (pl -ies) terminología

terminus /'tɜːmɪnəs/ n (pl termini /'tɜːmɪnaɪ/ o ~es) (estación) terminal

terms /tɜːmz/ n [pl] **1** condiciones **2** términos LOC **to be on good, bad, etc. terms (with sb)** tener buenas, malas, etc. relaciones con algn **to come to terms with sth/sb** aceptar algo/a algn Ver tb EQUAL

terrace /'terəs/ n **1** terraza **2** the terraces [pl] (Dep) las gradas **3** hilera de casas adosadas **4** (tb terraced house) casa adosada, adosado ☞ Ver nota en CASA **5** (Agric) bancal, terraza

terrain /tə'reɪn/ n terreno

terrible /'terəbl/ adj **1** (accidente, heridas) terrible **2** (coloq) fatal, terrible **terribly** adv terriblemente: *I'm terribly sorry.* Lo siento muchísimo

terrific /tə'rɪfɪk/ adj (coloq) **1** tremendo **2** fabuloso: *The food was terrific value.* La comida era baratísima.

terrify /'terɪfaɪ/ vt (pret, pp -fied) aterrorizar **terrified** adj aterrorizado: *She's terrified of flying.* Le aterra volar. LOC Ver WIT **terrifying** adj aterrador, espantoso

territorial /ˌterə'tɔːriəl/ adj territorial

territory /'terətri; USA -tɔːri/ n (pl -ies) territorio

terror /'terə(r)/ n terror: *to scream with terror* gritar de terror

terrorism /'terərɪzəm/ n terrorismo **terrorist** n terrorista

terrorize, -ise /'terəraɪz/ vt aterrorizar

terse /tɜːs/ adj lacónico: *a terse reply* una respuesta seca

test /test/ ◆ n **1** prueba: *blood test* análisis de sangre **2** (Educ) test, examen: *I'll give you a test on Monday.* Os pondré una prueba el lunes. ◆ vt **1** probar, poner a prueba **2** ~ sth for sth someter algo a pruebas de algo **3** ~ sb (on sth) (Educ) examinar a algn (de algo)

testament /'testəmənt/ n (formal) **1** ~ (to sth) testimonio (de algo) **2** Ver WILL

testicle /'testɪkl/ n testículo

testify /'testɪfaɪ/ vt, vi (pret, pp -fied) declarar

testimony /'testɪməni; USA -məʊni/ n (pl -ies) testimonio

test tube n tubo de ensayo: *test-tube baby* niño probeta

tether /'teðə(r)/ ◆ vt (animal) atar ◆ n LOC Ver END

text /tekst/ n texto: *set text* lectura obligatoria

textbook /'tekstbʊk/ n libro de texto

textile /'tekstaɪl/ n [gen pl] textil

texture /'tekstʃə(r)/ n textura

than /ðən, ðæn/ conj, prep **1** [después de comparativo] que: *faster than ever* más rápido que nunca ◇ *better than he thought* mejor de lo que había pensado **2** (con tiempo y distancia) de: *more than an hour/a kilometre* más de una hora/un kilómetro

thank /θæŋk/ vt ~ sb (for sth/doing sth) dar las gracias a algn (por algo/hacer algo); agradecer algo a algn LOC **thank you** gracias

thankful /'θæŋkfl/ adj agradecido

thanks /θæŋks/ ◆ interj (coloq) gracias: *Thanks for coming!* ¡Gracias por venir! ◆ n Ver VOTE

u	ɒ	ɔː	ɜː	ə	j	w	eɪ	əʊ
situation	got	saw	fur	ago	yes	woman	pay	go

thanksgiving /ˌθæŋksˈɡɪvɪŋ/ n 1 acción de gracias 2 **Thanksgiving (Day)** (*USA*) día de Acción de Gracias

Thanksgiving se celebra en Estados Unidos el cuarto jueves de noviembre. La comida tradicional consiste en pavo asado (**turkey**) y tarta de calabaza (**pumpkin pie**).

that¹ /ðət, ðæt/ conj que: *I told him that he should wait.* Le dije que esperase.

that² /ðət, ðæt/ pron rel 1 [*sujeto*] que: *The letter that came is from him.* La carta que ha llegado es de él. 2 [*complemento*] que: *These are the books (that) I bought.* Estos son los libros que compré. ◊ *the job (that) I applied for* el trabajo que solicité 3 [*con expresiones temporales*] en que: *the year that he died* el año en que murió

that³ /ðæt/ ◆ adj (pl those /ðəʊz/) ese, aquel ◆ pron (pl those /ðəʊz/) eso, ese, -a, esos, -as, aquello, aquel, -lla, aquellos, -llas ☞ *Comparar con* **this** LOC **that is (to say)** es decir **that's right/it** eso es

that⁴ /ðæt/ adv tan: *It's that long.* Es así de largo. ◊ *that much worse* tanto peor

thatch /θætʃ/ vt poner un tejado de paja **thatched** adj con tejado de paja

thaw /θɔː/ ◆ vt, vi deshelar(se) ◆ n deshielo

the /ðə/ ☞ Antes de vocal se pronuncia /ði/ o, si se quiere dar énfasis, /ðiː/. art def el/la/lo, los/las LOC **the more/ less... the more/less...** cuanto más/menos... más/menos...

El artículo definido en inglés:

1 No se utiliza con sustantivos contables en plural cuando hablamos en general: *Books are expensive.* Los libros son caros. ◊ *Children learn very fast.* Los niños aprenden muy rápido.

2 Se omite con sustantivos incontables cuando se refieren a una sustancia o a una idea en general: *I like cheese/pop music.* Me gusta el queso/la música pop.

3 Normalmente se omite con nombres propios y con nombres que indican relaciones familiares: *Mrs Smith* la Sra. Smith ◊ *Jane's mother* la madre de Jane ◊ *Granny came yesterday.* Ayer vino la abuela.

4 Con las partes del cuerpo y los objetos personales se suele usar el posesivo en vez del artículo: *Give me your hand.* Dame la mano. ◊ *He put his tie on.* Se puso la corbata.

5 Hospital, school y **church** pueden utilizarse con artículo o sin él, pero el significado es distinto. *Ver nota en* SCHOOL

theatre (*USA* **theater**) /ˈθɪətə(r)/; *USA* /ˈθiːətər/ n teatro LOC *Ver* LECTURE

theatrical /θiˈætrɪkl/ adj teatral, de teatro

theft /θeft/ n robo

Theft es el término que se utiliza para los robos que se realizan sin que nadie los vea y sin recurrir a la violencia: *car/cattle thefts* robos de coches/ganado, **robbery** se refiere a los robos llevados a cabo por medio de la violencia o con amenazas: *armed/bank robbery* robo a mano armada/de un banco y **burglary** se usa para los robos en casas o tiendas cuando los dueños están ausentes. *Ver tb notas en* THIEF *y* ROB

their /ðeə(r)/ adj pos su(s) (de ellos): *What colour is their cat?* ¿De qué color es su gato? ☞ *Ver nota en* MY

theirs /ðeəz/ pron pos suyo, -a, -os, -as (de ellos): *a friend of theirs* un amigo suyo ◊ *Our flat is not as big as theirs.* Nuestro piso no es tan grande como el suyo.

them /ðəm, ðem/ pron pers 1 [*como objeto directo*] los, las: *I saw them yesterday.* Los vi ayer. 2 [*como objeto indirecto*] les: *Tell them to wait.* Diles que esperen. 3 [*después de preposición o del verbo* to be] ellos/ellas: *Go with them.* Ve con ellos. ◊ *They took it with them.* Lo llevaron consigo. ◊ *Was it them at the door?* ¿Eran ellos los que han llamado? ☞ *Comparar con* THEY

theme /θiːm/ n tema

theme park n parque temático

themselves /ðəmˈselvz/ pron 1 [*uso reflexivo*] se: *They enjoyed themselves a lot.* Se lo pasaron muy bien. 2 [*con preposición*] sí mismos, -as: *They were talking about themselves.* Hablaban de sí mismos. 3 [*uso enfático*] ellos, -as mismos, -as: *Did they paint the house themselves?* ¿Pintaron la casa ellos mismos?

then /ðen/ adv 1 entonces: *until then* hasta entonces ◊ *from then on* desde entonces 2 en aquella época: *Life was harder then.* La vida era más dura en

aɪ	aʊ	ɔɪ	ɪə	eə	ʊə	ʒ	h	ŋ
five	now	join	near	hair	pure	vision	how	sing

aquella época. **3** luego, después: *the soup and then the chicken* la sopa y luego el pollo **4** (*así que*) en ese caso, pues: *You're not coming, then?* ¿Así que no vienes?

theology /θiˈɒlədʒi/ *n* teología **theological** /ˌθiːəˈlɒdʒɪkl/ *adj* teológico

theoretical /ˌθiːəˈretɪkl/ *adj* teórico

theory /ˈθɪəri/ *n* (*pl* **-ies**) teoría: *in theory* en teoría

therapeutic /ˌθerəˈpjuːtɪk/ *adj* terapéutico

therapist /ˈθerəpɪst/ *n* terapeuta

therapy /ˈθerəpi/ *n* (*pl* **-ies**) terapia

there /ðeə(r)/ ◆ *adv* ahí, allí, allá: *My car is there, in front of the pub.* Mi coche está allí, delante del bar. **LOC there and then** en el acto, allí mismo *Ver tb* **HERE** ◆ *pron* **LOC there to be**: *There's someone at the door.* Hay alguien en la puerta. ◊ *How many are there?* ¿Cuántos hay? ◊ *There'll be twelve guests at the party.* Habrá doce invitados en la fiesta. ◊ *There was a terrible accident yesterday.* Hubo un accidente horrible ayer. ◊ *There has been very little rain recently.* Ha llovido muy poco últimamente. ☞ *Ver nota en* **HABER there + v modal + be**: *There must be no mistakes.* No debe haber ningún error. ◊ *There might be rain later.* Podría haber chubascos más tarde. ◊ *There shouldn't be any problems.* No creo que haya ningún problema. ◊ *How can there be that many?* ¿Cómo es posible que haya tantos?

There se usa también con **seem** y **appear**: *There seem/appear to be two ways of looking at this problem.* Parece que hay dos formas de ver este problema.

thereafter /ˌðeərˈɑːftə(r); USA -ˈæf-/ *adv* (*formal*) a partir de entonces

thereby /ˌðeəˈbaɪ/ *adv* (*formal*) **1** por eso/ello **2** de este modo

therefore /ˈðeəfɔː(r)/ *adv* por (lo) tanto, por consiguiente

thermal /ˈθɜːml/ *adj* **1** térmico **2** (*fuente*) termal

thermometer /θəˈmɒmɪtə(r)/ *n* termómetro

thermostat /ˈθɜːməstæt/ *n* termostato

these /ðiːz/ ◆ *adj* [*pl*] estos ◆ *pron* [*pl*] estos, -as *Ver tb* **THIS**

thesis /ˈθiːsɪs/ *n* (*pl* **theses** /ˈθiːsiːz/) tesis

they /ðeɪ/ *pron pers* ellos/ellas: *They didn't like it.* No les gustó. ☞ El *pron pers* no se puede omitir en inglés.

They, their y **them** también se utilizan para hacer referencia a una sola persona cuando no se sabe o no se especifica el sexo: *If one of Tim's friends calls, tell them he's not feeling well.* Si llama algún amigo de Tim, dile que no se encuentra bien. ☞ *Comparar con* **THEM**

they'd /ðeɪd/ **1** = THEY HAD *Ver* HAVE **2** = THEY WOULD *Ver* WOULD

they'll /ðeɪl/ = THEY WILL *Ver* WILL

they're /ðeə(r)/ = THEY ARE *Ver* BE

they've /ðeɪv/ = THEY HAVE *Ver* HAVE

thick /θɪk/ ◆ *adj* (**-er**, **-est**) **1** grueso: *The ice was six inches thick.* El hielo tenía quince centímetros de grosor. **2** espeso: *This sauce is too thick.* Esta salsa está demasiado espesa. **3** (*barba*) poblado **4** (*acento*) marcado **5** (*coloq*) (*persona*) negado ◆ *adv* (**-er**, **-est**) (*tb* **thickly**) grueso: *Don't spread the butter too thick.* No te pongas demasiada mantequilla. ◆ *n* **LOC in the thick of sth** en medio de algo **through thick and thin** contra viento y marea **thicken** *vt, vi* **espesar(se)** **thickly** *adv* **1** gruesamente, espesamente **2** (*poblado*) densamente **thickness** *n* espesor, grosor

thief /θiːf/ *n* (*pl* **thieves** /θiːvz/) ladrón, -ona

Thief es el término general que se utiliza para designar a un ladrón que roba cosas, generalmente sin que nadie lo vea y sin recurrir a la violencia, **robber** se aplica a la persona que roba bancos, tiendas, etc., a menudo mediante la violencia o con amenazas, **burglar** se utiliza para los ladrones que roban en una casa o una tienda cuando no hay nadie y **shoplifter** es la persona que se lleva cosas de una tienda sin pagarlas. *Ver tb notas en* ROB *y* THEFT

thigh /θaɪ/ *n* muslo

thimble /ˈθɪmbl/ *n* dedal

thin /θɪn/ ◆ *adj* (**thinner**, **thinnest**) **1** (*persona*) delgado ☞ *Ver nota en* DELGADO **2** fino, delgado **3** (*sopa*) aguado **LOC (to be) thin on the ground** (*ser*) escaso **to vanish, etc. into thin air** desa-

tʃ	dʒ	v	θ	ð	s	z	ʃ
chin	June	van	thin	then	so	zoo	she

parecer como por arte de magia *Ver tb*
THICK ◆ *adv* (**-nner. -nnest**) (*tb* **thinly**)
fino ◆ *vt, vi* (**-nn-**) ~ (**sth**) (**out**) hacer
algo/hacerse menos denso

thing /θɪŋ/ *n* **1** cosa: *What's that thing
on the table?* ¿Qué es eso que hay en la
mesa? ◊ *I can't see a thing.* No veo nada.
◊ *the main thing* lo más importante ◊
the first thing lo primero ◊ *Forget the
whole thing.* Olvídate del asunto. ◊ *to
take things seriously* tomárselo todo en
serio ◊ *The way things are going…* Tal
como está la situación… **2 things**
cosas: *You can put your things in that
drawer.* Puedes poner tus cosas en ese
cajón. **3** *Poor (little) thing!* ¡Pobrecito!
4 the thing: *Just the thing for tired
business people.* Justo lo que necesitan
los hombres de negocios cansados.
LOC **first/last thing** a primera/última
hora **for one thing** para empezar **the
thing is…** la cosa es que… **to be a
good thing (that)…** menos mal (que)…:
It was a good thing that… Menos mal
que… **to get/keep things in proportion**
ver el asunto en su justa medida

thingy /ˈθɪŋi/ *n* (*pl* **-ies**) (*coloq*)
1 chisme **2** *Is thingy going? Do you
know who I mean?* ¿Va a estar (el
fulano) ese? ¿Sabes a quién me refiero?

think /θɪŋk/ (*pret, pp* **thought** /θɔːt/)
1 *vt, vi* pensar: *What are you thinking
(about)?* ¿En qué estás pensando? ◊
Just think! ¡Imagínate! ◊ *Who'd have
thought it?* ¿Quién lo hubiera pensado?
◊ *The job took longer than we thought.*
El trabajo nos llevó más de lo que
habíamos pensado. **2** *vi* reflexionar **3** *vt*
creer: *I think so/I don't think so.* Creo
que sí/no. ◊ *What do you think (of
her)?* ¿Qué opinas (de ella)? ◊ *It would
be nice, don't you think?* Estaría bien,
¿no te parece? ◊ *I think this is the
house.* Me parece que esta es la casa.
LOC **I should think so!** ¡faltaría más! **to
think the world of sb** tener a algn en
alta estima *Ver tb* GREAT
PHR V **to think about sth/sb 1** reflexionar sobre algo/algn **2** recordar algo/a
algn **3** tener algo/a algn en cuenta **to
think about (doing) sth** pensar en
(hacer) algo: *I'll think about it.* Lo
pensaré.
to think of sth 1 pensar en algo **2** imaginar algo **3** recordar algo
to think sth out: *a well thought out plan*
un plan bien pensado

to think sth over reflexionar sobre algo
to think sth up (*coloq*) inventar, pensar
algo

thinker /ˈθɪŋkə(r)/ *n* pensador, -ora

thinking /ˈθɪŋkɪŋ/ ◆ *n* [*incontable*]
forma de pensar: *What's your thinking
on this?* ¿Qué piensas de esto? ◊ *Quick
thinking!* ¡Bien pensado! LOC *Ver*
WISHFUL *en* WISH ◆ *adj* [*solo antes de
sustantivo*] racional, inteligente:
thinking people gente inteligente

third (*abrev* **3rd**) /θɜːd/ ◆ *adj* tercero
◆ *pron, adv* el tercero, la tercera, los
terceros, las terceras ◆ *n* **1** tercio,
tercera parte **2 the third** el (día) tres
3 (*tb* **third gear**) tercera ☛ *Ver
ejemplos en* FIFTH **thirdly** *adv* en tercer
lugar (*en una enumeración*)

third party *n* tercera persona

the Third World *n* el Tercer Mundo

thirst /θɜːst/ *n* ~ (**for sth**) sed (de algo)
thirsty *adj* (**-ier, -iest**) sediento: *to be
thirsty* tener sed

thirteen /ˌθɜːˈtiːn/ *adj, pron, n* trece
☛ *Ver ejemplos en* FIVE **thirteenth 1** *adj*
decimotercero **2** *pron, adv* el decimotercero, la decimotercera, los decimo-
terceros, las decimoterceras **3** *n*
treceava parte, treceavo ☛ *Ver ejemplos
en* FIFTH

thirty /ˈθɜːti/ *adj, pron, n* treinta ☛ *Ver
ejemplos en* FIFTY, FIVE **thirtieth 1** *adj,
pron* trigésimo **2** *n* treintava parte,
treintavo ☛ *Ver ejemplos en* FIFTH

this /ðɪs/ ◆ *adj* (*pl* **these** /ðiːz/)
este, -a, estos, -as: *I don't like this colour.*
No me gusta este color. ◊ *This one suits
me.* Este me favorece. ◊ *These shoes are
more comfortable than those.* Estos
zapatos son más cómodos que ésos.
☛ *Comparar con* THAT², TONIGHT ◆ *pron*
(*pl* **these** /ðiːz/) **1** este, -a, estos, -as:
This is John's father. Este es el padre de
John. ◊ *I prefer these.* Prefiero estos.
2 esto: *Listen to this…* Escucha esto…
◆ *adv:* *this high* así de alto ◊ *this far*
tan lejos

thistle /ˈθɪsl/ *n* cardo

thorn /θɔːn/ *n* espina (*de rosal, etc.*)
thorny *adj* (**-ier, -iest**) espinoso

thorough /ˈθʌrə; *USA* ˈθʌrəʊ/ *adj*
1 (*investigación, conocimiento*) a fondo
2 (*persona*) meticuloso **thoroughly** *adv*
1 a conciencia **2** enormemente

those /ðəʊz/ ◆ *adj* [*pl*] aquellos, -as,

iː	i	ɪ	e	æ	ɑː	ʌ	ʊ	uː
see	happy	sit	ten	hat	father	cup	put	too

esos, -as ◆ *pron* [*pl*] aquellos, -as, esos, -as *Ver tb* THAT³

though /ðəʊ/ ◆ *conj* aunque, pero ☞ *Ver nota en* AUNQUE ◆ *adv* (*coloq*) de todas formas

thought¹ *pret, pp de* THINK

thought² /θɔːt/ *n* **1** pensamiento: *deep/ lost in thought* perdido en sus propios pensamientos **2** ~ (**of doing sth**) idea (de hacer algo) LOC *Ver* FOOD, SCHOOL, SECOND, TRAIN¹ **thoughtful** *adj* **1** pensativo **2** atento: *It was very thoughtful of you.* Fue todo un detalle por tu parte. **thoughtless** *adj* desconsiderado

thousand /ˈθaʊznd/ *adj, pron, n* mil ☞ *Ver ejemplos en* FIVE *y nota en* MIL **thousandth 1** *adj, pron* milésimo **2** *n* milésima parte ☞ *Ver ejemplos en* FIFTH

thrash /θræʃ/ *vt* dar una paliza a **thrashing** *n* paliza

thread /θred/ ◆ *n* ~ (**of sth**) hilo (de algo): *a needle and thread* aguja e hilo ◆ *vt* **1** enhebrar **2** (*perlas, cuentas, etc.*) ensartar **3** (*cuerda, cable, etc.*) pasar

threat /θret/ *n* ~ (**to sth/sb**) (**of sth**) amenaza (para algo/algn) (de algo): *a threat to national security* una amenaza para la seguridad nacional **threaten** *vt* **1** ~ **sth/sb** (**with sth**) amenazar algo/a algn (con algo) **2** ~ **to do sth** amenazar con hacer algo **threatening** *adj* amenazador

three /θriː/ *adj, pron, n* tres ☞ *Ver ejemplos en* FIVE

three-dimensional /ˌθriː daɪˈmenʃənl/ (*tb* 3-D /ˌθriː ˈdiː/) *adj* tridimensional

threshold /ˈθreʃhəʊld/ *n* umbral

threw *pret de* THROW¹

thrill /θrɪl/ *n* **1** escalofrío **2** emoción: *What a thrill!* ¡Que emoción! **thrilled** *adj* entusiasmado, emocionado **thriller** *n* obra de suspense (*película, novela, etc.*) **thrilling** *adj* emocionante

thrive /θraɪv/ *vi* ~ (**on sth**) prosperar, crecerse (con algo): *a thriving industry* una industria floreciente

throat /θrəʊt/ *n* garganta: *a sore throat* dolor de garganta

throb /θrɒb/ ◆ *vi* (-bb-) ~ (**with sth**) vibrar, palpitar (de algo) ◆ *n* vibración, palpitación

throne /θrəʊn/ *n* trono

through (*USA tb* thru) /θruː/ ◆ *prep* **1** a través de, por: *She made her way through the traffic.* Se abrió paso a través del tráfico. ◇ *to breathe through your nose* respirar por la nariz **2** durante, a lo largo de: *I'm halfway through the book.* Ya voy por la mitad del libro. **3** por (culpa de): *through carelessness* por descuido **4** por (medio de): *I got the job through Daniel.* Conseguí el trabajo por mediación de Daniel. **5** (*USA*) hasta... inclusive: *Tuesday through Friday* de martes a viernes ◆ *part adv* **1** de un lado a otro: *Can you get through?* ¿Puedes pasar al otro lado? **2** de principio a fin: *I've read the poem through once.* Me he leído el poema entero una vez. ◇ *all night through* toda la noche ☞ Para los usos de **through** en PHRASAL VERBS ver las entradas de los verbos correspondientes, p. ej. **to break through** en BREAK. *Ver tb págs* 324-25. ◆ *adj* directo: *a through train* un tren directo ◇ *No through road* Callejón sin salida

throughout /θruːˈaʊt/ ◆ *prep* por todo, durante todo: *throughout his life* toda su vida ◆ *adv* **1** por todas partes **2** todo el tiempo

throw¹ /θrəʊ/ *vt* (*pret* **threw** /θruː/ *pp* **thrown** /θrəʊn/) **1** ~ **sth** (**to sb**) tirar, echar algo (a algo/algn): *Throw the ball to Mary.* Tírale la pelota a Mary. **2** ~ **sth** (**at sth/sb**) tirar, lanzar algo (a algo/ algn) ☞ **To throw sth at sth/sb** indica que la intención es de darle a un objeto o de hacerle daño a una persona: *Don't throw stones at the cat.* No le tires piedras al gato. **3** [+ *loc adv*] echar: *He threw back his head.* Echó la cabeza atrás. ◇ *She threw up her . hands in horror.* Levantó los brazos horrorizada. **4** (*caballo, etc.*) derribar **5** (*coloq*) desconcertar **6** dejar (*de cierta forma*): *to be thrown out of work* quedarse sin trabajo ◇ *We were thrown into confusion by the news.* La noticia nos dejó confusos. **7** (*luz, sombra*) proyectar LOC **to throw a wobbly** (*coloq*) cogerse una pataleta: *She threw a wobbly.* Se puso hecha una furia. *Ver tb* CAUTION, FIT³ **PHR V to throw sth about/around** desparramar algo **to throw sth away** tirar algo (*a la basura*) **to throw sb out** expulsar a algn **to throw sth out 1** (*propuesta, etc.*) rechazar algo **2** tirar algo (*a la basura*) **to throw (sth) up** vomitar (algo)

u	ɒ	ɔː	ɜː	ə	j	w	eɪ	əʊ
sit**u**ation	g**o**t	s**aw**	f**ur**	**a**go	**y**es	**w**oman	p**ay**	g**o**

throw² /θrəʊ/ *n* **1** lanzamiento **2** (*dados, baloncesto, etc.*) tiro: *It's your throw.* Te toca a ti (*tirar*).

thrown *pp de* THROW¹

thru (*USA*) Ver THROUGH

thrust /θrʌst/ (*pret, pp* **thrust**) ◆ *vt* **1** meter, clavar, hundir **2** ~ sth at sb tenderle algo a algn (*de malas maneras*) PHR V **to thrust sth/sb on/upon sb** obligar a algn a aceptar algo/a algn, imponer algo a algn ◆ *n* **1** empujón **2** (*de espada*) estocada **3** ~ (of sth) idea fundamental sobre algo

thud /θʌd/ ◆ *n* ruido (sordo), golpe (sordo) ◆ *vi* (-dd-) **1** hacer un ruido sordo, caer con un ruido sordo: *to thud against/into sth* golpear/chocar contra algo con un ruido sordo **2** (*corazón*) latir fuertemente

thug /θʌg/ *n* gamberro, matón

thumb /θʌm/ ◆ *n* pulgar (*de la mano*) ◆ LOC Ver TWIDDLE ◆ *vi* ~ through sth hojear algo LOC **to thumb a lift** hacer dedo Ver tb FINGER

thump /θʌmp/ ◆ **1** *vt* golpear, dar un golpe a **2** *vi* (*corazón*) latir con fuerza ◆ *n* **1** puñetazo, porrazo **2** ruido sordo

thunder /ˈθʌndə(r)/ ◆ *n* [*incontable*] trueno: *a clap of thunder* un trueno ◆ *vi* **1** tronar **2** retumbar

thunderstorm /ˈθʌndəstɔːm/ *n* tormenta

Thursday /ˈθɜːzdi, ˈθɜːzdeɪ/ *n* (*abrev* **Thur, Thurs**) jueves ☞ Ver ejemplos en MONDAY

thus /ðʌs/ *adv* (*formal*) **1** así, de esta manera **2** (*por esta razón*) por (lo) tanto

thwart /θwɔːt/ *vt* frustrar, impedir

tick

	Spelling test	
1.	leisure	✓
2.	acomodation	✗
3.	apartment	✓

— tick
— cross

tick /tɪk/ ◆ *n* **1** (*de reloj, etc.*) tictac **2** (*marca*) señal ◆ *vi* **1** (*reloj, etc.*) hacer tictac **2** *vt* ~ sth (off) marcar algo con una señal PHR V **to tick away/by** pasar **to tick over** ir o tirando

ticket /ˈtɪkɪt/ *n* **1** (*tren, etc.*) billete **2** (*Teat, Cine*) entrada **3** (*biblioteca*) ficha, tarjeta **4** etiqueta

tickle /ˈtɪkl/ ◆ *vt, vi* hacer cosquillas (a) ◆ *n* cosquilleo, picor

ticklish /ˈtɪklɪʃ/ *adj* que tiene cosquillas: *to be ticklish* tener cosquillas

tidal /ˈtaɪdl/ *adj* de (la) marea

tidal wave *n* maremoto

tide /taɪd/ *n* **1** marea: *The tide is coming in/going out.* La marea está subiendo/bajando. **2** (*fig*) corriente

tidy /ˈtaɪdi/ ◆ *adj* (**tidier, tidiest**) **1** ordenado **2** (*apariencia*) pulcro, aseado ◆ *vt, vi* (*pret, pp* **tidied**) ~ (sth) (up) arreglar algo; ordenar (algo) PHR V **to tidy sth away** poner algo en su sitio

tie /taɪ/ ◆ *n* **1** (*USA* **necktie**) corbata **2** [*gen pl*] lazo: *family ties* lazos familiares **3** (*Dep*) empate ◆ *vt, vi* (*pret, pp* **tied** *pt pres* **tying**) **1** atar(se) **2** (*corbata, etc.*) anudar(se) **3** (*Dep*) empatar PHR V **to tie sb/yourself down** limitar a algn, limitarse: *Having young children really ties you down.* Tener niños pequeños ata muchísimo. **to tie sth/sb up** atar algo/a algn

tier /tɪə(r)/ *n* grada, fila, piso

tiger /ˈtaɪgə(r)/ *n* tigre **tigress** *n* tigresa

tight /taɪt/ ◆ *adj* (-er, -est) **1** apretado, ajustado: *These shoes are too tight.* Estos zapatos me están demasiado justos. **2** tirante **3** (*control*) riguroso ◆ *adv* (-er, -est) bien, fuertemente: *Hold tight!* ¡Agárrense bien! **tighten** *vt, vi* ~ (sth) (up) apretar algo/apretarse: *The government wants to tighten immigration controls.* El gobierno quiere hacer más riguroso el control de la inmigración. **tightly** *adv* bien, fuertemente, rigurosamente

tightrope /ˈtaɪtrəʊp/ *n* cuerda floja

tights /taɪts/ *n* [*pl*] **1** pantis **2** (*para ballet, etc.*) mallas ☞ Ver nota en PAIR

tile /taɪl/ ◆ *n* **1** teja **2** azulejo, baldosín **3** baldosa ◆ *vt* **1** tejar **2** alicatar **3** embaldosar

till¹ Ver UNTIL

till² /tɪl/ *n* caja (registradora): *Please pay at the till.* Pague en caja, por favor.

tilt /tɪlt/ ◆ *vt, vi* inclinar(se), ladear(se) ◆ *n* inclinación, ladeo

timber /ˈtɪmbə(r)/ *n* **1** madera **2** árboles (madereros) **3** madero, viga

time /taɪm/ ◆ *n* **1** tiempo: *You've been a long time!* ¡Has tardado mucho! **2** hora: *What time is it?/What's the* *time?* ¿Qué hora es? ◊ *It's time we were going/time for us to go.* Es hora de que nos vayamos. ◊ *by the time we reached home* para cuando llegamos a casa ◊ *(by) this time next year* para estas fechas el año que viene ◊ *at the present time* actualmente **3** vez, ocasión: *last time* la última vez ◊ *every time* cada vez ◊ *for the first time* por primera vez **4** tiempo, época LOC **ahead of time** adelantado **all the time** todo el tiempo **(and) about time (too)** (coloq) ya era hora **at all times** en todo momento **at a time** a la vez: *one at a time* de uno en uno *at one time* en cierta época **at the time** en aquel momento **at times** a veces **for a time** durante algún tiempo **for the time being** por el momento, de momento **from time to time** de vez en cuando **in good time** temprano, con tiempo **in time** con el tiempo **in time (for sth/to do sth)** a tiempo (para algo/para hacer algo) **on time** a la hora, puntual ☞ *Ver nota en* PUNTUAL **time after time; time and (time) again** una y otra vez **to have a good time** pasarlo en grande **to have the time of your life** pasarlo bomba **to take your time (over sth/to do sth/doing sth)** tomarse uno el tiempo necesario (para algo/hacer algo) *Ver tb* BIDE, BIG, HARD, KILL, MARK², NICK, ONCE, PRESS, SAME, TELL ♦ *vt* **1** programar, prever **2** *to time sth well/badly* escoger un momento oportuno/inoportuno para (hacer) algo **3** medir el tiempo, cronometrar **timer** *n* reloj automático **timing** *n* **1** coordinación: *the timing of the election* la fecha escogida para las elecciones **2** cronometraje

timely /ˈtaɪmli/ *adj* (-ier, -iest) oportuno

times /taɪmz/ *prep* multiplicado por: *Three times four is twelve.* Cuatro por tres son doce.

timetable /ˈtaɪmteɪbl/ (*tb esp USA* **schedule**) *n* horario

timid /ˈtɪmɪd/ *adj* apocado, temeroso: *the first timid steps towards...* los primeros tímidos pasos hacia... ◊ *Don't be timid, and...* No tengáis miedo, y...

tin /tɪn/ *n* **1** estaño: *tin foil* papel de estaño **2** (*tb* **can**) lata ☞ *Ver nota en* LATA *y dibujo en* CONTAINER

tinge /tɪndʒ/ ♦ *vt* ~ **sth (with sth)** (*lit y fig*) teñir algo (de algo) ♦ *n* tinte, matiz

tingle /ˈtɪŋgl/ *vi* **1** hormiguear **2** ~ **with sth** (*fig*) estremecerse de algo

tinker /ˈtɪŋkə(r)/ *vi* ~ **(with sth)** enredar (con algo)

tinned /tɪnd/ *adj* en lata, de lata

tin-opener /ˈtɪn əʊpnə(r)/ (*tb esp USA* **can-opener**) *n* abrelatas

tinsel /ˈtɪnsl/ *n* espumillón

tint /tɪnt/ *n* **1** matiz **2** (*peluquería*) tinte **tinted** *adj* **1** (*pelo*) teñido **2** (*gafas*) ahumado

tiny /ˈtaɪni/ *adj* (**tinier, tiniest**) diminuto, minúsculo

tip /tɪp/ ♦ *n* **1** punta **2** vertedero, basurero *Ver tb* DUMP **3** propina **4** consejo ♦ (**-pp-**) **1** *vt, vi* ~ **to tip sth (up)** inclinar algo/inclinarse **2** *vt* tirar, verter **3** *vt, vi* dar (una) propina (a) PHR V **to tip sb off** (*coloq*) dar el soplo a algn **to tip (sth) over** volcarse/volcar algo

tiptoe /ˈtɪptəʊ/ ♦ *n* LOC **on tiptoe** de puntillas ♦ *vi: to tiptoe in/out* entrar/salir de puntillas

tire¹ /ˈtaɪə(r)/ **1** *vt, vi* cansar(se) **2** *vi* ~ **of sth/sb/doing sth** cansarse, hartarse de algo/algn/de hacer algo PHR V **to tire sb/yourself out** agotar a algn/agotarse **tired** *adj* cansado **tired out** agotado **to be (sick and) tired of sth/sb/doing sth** estar harto de algo/algn/de hacer algo

tire² /ˈtaɪə(r)/ (*USA*) *Ver* TYRE

tiring /ˈtaɪərɪŋ/ *adj* cansado: *a long and tiring journey* un viaje largo y cansado

tireless /ˈtaɪələs/ *adj* incansable

tiresome /ˈtaɪəsəm/ *adj* **1** (*tarea*) fastidioso **2** (*persona*) pesado

tissue /ˈtɪʃuː/ *n* **1** (*Biol, Bot*) tejido **2** pañuelo de papel **3** (*tb* **tissue paper**) papel de seda

tit /tɪt/ *n* **1** (*Ornitología*) herrerillo **2** (*coloq*) teta LOC **tit for tat** ojo por ojo, diente por diente

title /ˈtaɪtl/ *n* **1** título: *title page* portada ◊ *title role* papel principal **2** título nobiliario **3** tratamiento **4** ~ **(to sth)** (*Jur*) derecho (a algo): *title deed* título de propiedad

titter /ˈtɪtə(r)/ ♦ *n* risita ♦ *vi* reírse disimuladamente

to /tə, tuː/ *prep* **1** (*dirección*) a: *to go to the beach* ir a la playa ◊ *the road to Edinburgh* la carretera de Edimburgo **2** [con objeto indirecto] a: *He gave it to Bob.* Se lo dio a Bob. **3** hacia: *Move to*

tʃ	dʒ	v	θ	ð	s	z	ʃ
chin	June	van	thin	then	so	zoo	she

the left. Muévete hacia la izquierda.
4 hasta: *faithful to the end/last* leal
hasta el final **5** (*duración*): *It lasts two
to three hours.* Dura entre dos y tres
horas. **6** (*tiempo*): *ten to one* la una
menos diez **7** de: *the key to the door* la
llave de la puerta **8** (*comparación*) a: *I
prefer cycling to climbing.* Prefiero
hacer ciclismo que alpinismo. **9** (*proporción*) por: *How many kilometres does
it do to the litre?* ¿Cuántos kilómetros
hace por litro? **10** (*propósito*): *to go to
sb's aid* ir en ayuda de algn **11** para: *to
my surprise* para mi sorpresa
12 (*opinión*) a, para: *It looks red to me.*
A mí me parece rojo. LOC **to and fro** de
un lado a otro

La partícula *to* se utiliza para formar
el infinitivo en inglés: *to go* ir ◊ *to eat*
comer ◊ *I came to see you.* Vine para/a
verte. ◊ *He didn't know what to do.* No
sabía qué hacer. ◊ *It's for you to decide.*
Tienes que decidirlo tú.

toad /təʊd/ *n* sapo

toadstool /'təʊdstuːl/ *n* seta no comestible

toast /təʊst/ ◆ *n* **1** [*incontable*] tostada: *a slice/piece of toast* una tostada ◊
toast and jam tostadas con mermelada
◊ *Would you like some toast?* ¿Quieres
tostadas? **2** brindis ◆ *vt* **1** tostar
2 brindar por **toaster** *n* tostadora

tobacco /tə'bækəʊ/ *n* (*pl* ~ s) tabaco
tobacconist *n* **1** estanquero, -a **2**
tobacconist's estanco ☛ *Ver nota en*
ESTANCO

toboggan /tə'bɒgən/ *n* trineo

today /tə'deɪ/ *adv, n* **1** hoy **2** hoy (en)
día: *Today's computers are very small.*
Los ordenadores de hoy en día son muy
pequeños.

toddler /'tɒdlə(r)/ *n* niño, -a (*que acaba
de aprender a andar*)

toe /təʊ/ ◆ *n* **1** dedo (*del pie*): *big toe*
dedo gordo (del pie) ☛ *Comparar con*
FINGER **2** (*de calcetín*) punta **3** (*de
zapato*) puntera LOC **on your toes**
alerta ◆ *vt* (*pret, pp* **toed** *pt pres*
toeing) LOC **to toe the line** conformarse

toenail /'təʊneɪl/ *n* uña del pie

toffee /'tɒfi; *USA* 'tɔːfi/ *n* caramelo

together /tə'geðə(r)/ *part adv* **1** juntos:
Can we have lunch together? ¿Podemos
comer juntos? **2** a la vez: *Don't all talk

together.* No habléis todos a la vez.
LOC **together with** junto con, además de
Ver tb ACT ☛ *Para los usos de* **together**
en PHRASAL VERBS *ver* las entradas de
los verbos correspondientes, p. ej. **to
pull yourself together** en PULL. *Ver tb*
págs 324-25. **togetherness** *n* unidad,
armonía

toil /tɔɪl/ ◆ *vi* (*formal*) trabajar duramente ◆ *n* (*formal*) trabajo, esfuerzo
Ver tb WORK¹

toilet /'tɔɪlət/ *n* **1** wáter, retrete: *toilet
paper* papel higiénico **2** (*en casa*) aseo
3 (*público*) aseos, servicios

En inglés británico se dice **toilet** o **loo**
(*coloq*) para referirnos al aseo de las
casas particulares (**lavatory** y **WC**
han caído en desuso). **The Gents, the
Ladies, the toilets, the cloakroom** o
public conveniences se usan si
hablamos de los servicios en lugares
públicos.
En inglés norteamericano se dice
lavatory, toilet o **bathroom** si es en
una casa particular, y **washroom** o
restroom en edificios públicos.

toiletries *n* [*pl*] productos de tocador

token /'təʊkən/ ◆ *n* **1** señal, muestra
2 ficha **3** vale ◆ *adj* simbólico (*pago,
muestra, etc.*)

told *pret, pp de* TELL

tolerate /'tɒləreɪt/ *vt* tolerar **tolerance**
n tolerancia **tolerant** *adj* ~ (**of/towards
sth/sb**) tolerante (con algo/algn)

toll /təʊl/ *n* **1** peaje **2** número de víctimas LOC **to take its toll (of sth)**
cobrarse su saldo (de algo)

tomato /tə'mɑːtəʊ; *USA* tə'meɪtəʊ/ *n*
(*pl* -es) tomate

tomb /tuːm/ *n* tumba **tombstone** *n*
lápida

tom-cat /'tɒm kæt/ (*tb* **tom**) *n* gato
(macho) ☛ *Ver nota en* GATO

tomorrow /tə'mɒrəʊ/ *n, adv* mañana:
tomorrow morning mañana por la
mañana ◊ *a week tomorrow* dentro de
ocho días ◊ *See you tomorrow.* Hasta
mañana. LOC *Ver* DAY

ton /tʌn/ *n* **1** 2.240 libras o 1.016 kg
☛ *Comparar con* TONNE **2 tons (of sth)**
[*pl*] (*coloq*) montones (de algo)

tone /təʊn/ ◆ *n* **1** tono: *Don't speak to
me in that tone of voice.* No me hables
en ese tono. **2** tonalidad ◆ *v* PHR V **to

iː	i	ɪ	e	æ	ɑː	ʌ	ʊ	uː
see	happy	sit	ten	hat	father	cup	put	too

tone sth down suavizar (el tono de) algo

tongs /tɒŋz/ n [pl] tenazas: *a pair of tongs* unas tenazas ☛ *Ver nota en* PAIR

tongue /tʌŋ/ n 1 lengua 2 (*formal*) idioma, lengua: *mother tongue* lengua materna LOC **to put/stick your tongue out** sacar la lengua (agua) **tongue in cheek** irónicamente

tonic /'tɒnɪk/ n 1 tónico 2 (*tb* **tonic water**) (agua) tónica

tonight /tə'naɪt/ n, adv esta noche: *What's on TV tonight?* ¿Qué ponen en la tele esta noche?

tonne /tʌn/ n tonelada (métrica) ☛ *Comparar con* TON

tonsil /'tɒnsl/ n amígdala **tonsillitis** /ˌtɒnsə'laɪtɪs/ n [*incontable*] amigdalitis, anginas

too /tuː/ adv 1 también: *I've been to Paris too.* Yo también he estado en París. ☛ *Ver nota en* TAMBIÉN 2 demasiado: *It's too cold outside.* Hace demasiado frío en la calle. 3 para colmo, encima: *Her purse was stolen. And on her birthday too.* Le robaron el monedero, y encima en su cumpleaños. 4 muy: *I'm not too sure.* No estoy muy segura. LOC **too many** demasiados **too much** demasiado

took *pret de* TAKE

tool /tuːl/ n herramienta: *tool box/kit* caja/juego de herramientas

toolbar /'tuːlbɑː(r)/ n barra de herramientas

tooth /tuːθ/ n (pl **teeth** /tiːθ/) diente: *to have a tooth out* sacarse una muela ◊ *false teeth* dentadura postiza LOC *Ver* FIGHT, GRIT, SKIN, SWEET

toothache /'tuːθeɪk/ n dolor de muelas

toothbrush /'tuːθbrʌʃ/ n cepillo de dientes ☛ *Ver dibujo en* BRUSH

toothpaste /'tuːθpeɪst/ n pasta de dientes

toothpick /'tuːθpɪk/ n mondadientes

top¹ /tɒp/ ◆ n 1 lo más alto, la parte de arriba: *the top of the page* la cabecera de la página 2 (*de colina, fig*) cumbre 3 (*de una lista*) cabeza 4 tapón 5 blusa, camiseta, etc. LOC **at the top of your voice** a voz en grito **off the top of your head** (*coloq*) sin pensarlo **on top** encima **on top of sth/sb** 1 sobre algo/algn 2 además de algo/algn: *And on top of all that...* Y para colmo... **to be on**

top (of sth) dominar (algo) ◆ adj 1 superior: *a top floor flat* un piso en la última planta ◊ *top quality* calidad suprema ◊ *the top jobs* los mejores empleos ◊ *a top Russian scientist* un científico ruso de primera fila 2 máximo ◆ vt (-pp-) rematar: *ice cream topped with chocolate sauce* helado con crema de chocolate por encima ◊ *and to top it all...* y para acabarlo de rematar... PHR V **to top sth up** rellenar algo: *We topped up our glasses.* Llenamos los vasos otra vez.

top² /tɒp/ n peonza

top hat (*tb* **topper**) n chistera

topic /'tɒpɪk/ n tema **topical** adj actual

topple /'tɒpl/ 1 vt ~ **sth** (**over**) hacer caer algo 2 vi ~ (**over**) caerse

top secret adj de alto secreto

torch /tɔːtʃ/ n 1 (*USA* **flashlight**) linterna 2 antorcha

tore *pret de* TEAR²

torment /'tɔːment/ ◆ n tormento ◊ /tɔː'ment/ vt 1 atormentar 2 fastidiar

torn *pp de* TEAR²

tornado /tɔː'neɪdəʊ/ n (pl ~es) tornado

torpedo /tɔː'piːdəʊ/ ◆ n (pl ~es) torpedo ◆ vt (pret, pp **torpedoed** pt pres **torpedoing**) torpedear

tortoise /'tɔːtəs/ n tortuga (*de tierra*) ☛ *Comparar con* TURTLE

torture /'tɔːtʃə(r)/ ◆ n 1 tortura 2 (*fig*) tormento ◆ vt 1 torturar 2 (*fig*) atormentar **torturer** n torturador, -ora

Tory /'tɔːri/ adj, n (pl -ies) (*coloq*) conservador, -ora: *the Tory Party* el Partido Conservador *Ver tb* CONSERVATIVE ☛ *Comparar con* LABOUR 4, LIBERAL 3

toss /tɒs; *USA* tɔːs/ ◆ 1 vt tirar, echar (*descuidadamente o sin fuerza*) 2 vt (*la cabeza*) sacudir 3 vi agitarse: *to toss and turn* dar vueltas (*en la cama*) 4 vt (*una moneda*) echar a cara o cruz: *to toss sb for sth* jugarse algo con algn 5 vi: *to toss (up) for sth* jugarse algo a cara o cruz ◆ n 1 (*de la cabeza*) sacudida 2 (*de una moneda*) lanzamiento LOC **to win/lose the toss** ganar/perder al echar la moneda (*fútbol, etc.*)

total /'təʊtl/ ◆ adj, n total ◆ vt (-ll-, *USA* -l-) 1 sumar 2 ascender a **totally** adv totalmente

totter /'tɒtə(r)/ vi 1 titubear 2 tambalearse

touch[1] /tʌtʃ/ **1** *vt, vi* tocar(se) **2** *vt* rozar **3** *vt* [*en frases negativas*] probar: *You've hardly touched your steak.* Apenas has probado el filete. **4** *vt* conmover **5** *vt* igualar LOC **touch wood** toca madera PHR V **to touch down** aterrizar **to touch on/upon sth** hablar de pasada de algo

touch[2] /tʌtʃ/ *n* **1** toque: *to put the finishing touches to sth* dar el toque final a algo **2** (*tb* sense of touch) tacto: *soft to the touch* suave al tacto **3 a ~ (of sth)** una pizca, un poco (de algo): *I've got a touch of flu.* Tengo un poco de gripe. ◊ *a touch more garlic* una pizca más de ajo ◊ *It's a touch colder today.* Hoy hace algo más de fresco. **4** maña: *He hasn't lost his touch.* No ha perdido la maña que se daba. LOC **at a touch** al menor roce **in/out of touch (with sb)** en/fuera de contacto (con algn) **to be in/out of touch with sth** estar/no estar al corriente de algo **to get/keep in touch with sb** ponerse/mantenerse en contacto con algn *Ver tb* LOSE

touched /tʌtʃt/ *adj* conmovido **touching** *adj* conmovedor

touchy /tʌtʃi/ *adj* (-ier, -iest) **1** (*persona*) susceptible **2** (*situación, tema, etc.*) delicado

tough /tʌf/ *adj* (-er, -est) **1** duro **2** fuerte, sólido **3** tenaz **4** (*medida*) severo **5** (*carne*) duro **6** (*una decisión, etc.*) difícil: *to have a tough time* pasarlo muy mal **7** (*coloq*): *Tough luck!* ¡Mala suerte! LOC **(as) tough as old boots** (*coloq*) duro como una suela **to be/get tough (with sb)** ponerse duro (con algn) **toughen** *vt, vi* ~ **(sth) (up)** endurecer(se) **toughness** *n* **1** dureza, resistencia **2** firmeza

tour /tʊə(r)/ ◆ *n* **1** excursión **2** visita: *guided tour* visita con guía **3** gira: *to be on tour/go on tour in Spain* estar de gira/hacer una gira por España ☞ *Ver nota en* VIAJE ◆ **1** *vt* recorrer **2** *vi* viajar **3** *vt, vi* (*cantantes, etc.*) efectuar una gira (en)

tourism /tʊərɪzəm, tɔːr-/ *n* turismo

tourist /tʊərɪst, tɔːr-/ *n* turista: *tourist attraction* lugar de interés turístico

tournament /tɔːnəmənt; *USA* tɜːrn-/ *n* torneo

tow /təʊ/ ◆ *vt* remolcar PHR V **to tow sth away** llevarse algo a remolque ◆ *n* remolque LOC **in tow** (*coloq*): *He had his*

family in tow. Llevaba a la familia a remolque.

towards /təˈwɔːdz; *USA* tɔːrdz/ (*tb* **toward** /təˈwɔːd; *USA* tɔːrd/) *prep* **1** (*dirección, tiempo*) hacia: *towards the end of the film* casi al final de la película **2** con, respecto a: *to be friendly towards sb* ser amable con algn **3** (*propósito*) para: *to put money towards sth* poner dinero para algo

towel /taʊəl/ *n* toalla

tower /taʊə(r)/ ◆ *n* torre: *tower block* bloque alto de pisos ◆ *v* PHR V **to tower above/over sth/sb** alzarse por encima de algo/algn

town /taʊn/ *n* **1** ciudad ☞ *Ver nota en* CIUDAD **2** centro: *to go into town* ir al centro LOC **(out) on the town** de juerga **to go to town (on sth)** (*coloq*) tirar la casa por la ventana (en algo)

town hall *n* ayuntamiento (*edificio*)

toxic /tɒksɪk/ *adj* tóxico: *toxic waste* residuos tóxicos

toy /tɔɪ/ ◆ *n* juguete ◆ *v* PHR V **to toy with sth 1** juguetear con algo **2** *to toy with the idea of doing sth* considerar la idea de hacer algo

trace /treɪs/ ◆ *n* rastro, huella: *to disappear without trace* desaparecer sin dejar rastro ◊ *She speaks without a trace of an Irish accent.* Habla sin ningún deje irlandés. ◆ *vt* **1** seguir la pista de **2** ~ **sth/sb (to sth)** dar con algo/algn (en algo) **3** remontar(se): *It can be traced back to the Middle Ages.* Se remonta a la Edad Media. **4** ~ **sth (out)** delinear, trazar algo **5** calcar

track /træk/ ◆ *n* **1** [*gen pl*] huella (*de animal, rueda, etc.*) **2** camino, senda *Ver tb* PATH **3** (*Dep*) pista, circuito **4** (*Ferrocarril*) vía **5** canción (*de disco o casete*) *Ver tb* SOUNDTRACK LOC **off track** fuera de rumbo **on the right/wrong track** por buen/mal camino **to be on sb's track** seguir la pista a algn **to keep/lose track of sth/sb** seguir/perder la pista de algo/algn: *to lose track of time* perder la noción del tiempo **to make tracks (for...)** (*coloq*) marcharse (a...) *Ver tb* BEAT ◆ *vt* ~ **sb (to sth)** seguir la pista/las huellas de algn (hasta algo) PHR V **to track sth/sb down** localizar algo/a algn

tracksuit /træksuːt/ *n* chándal

tractor /træktə(r)/ *n* tractor

trade /treɪd/ ◆ *n* **1** comercio **2**

aɪ	aʊ	ɔɪ	ɪə	eə	ʊə	ʒ	h	ŋ
five	now	join	near	hair	pure	vision	how	sing

industria: *the tourist trade* la industria turística **3** oficio: *He's a carpenter by trade.* Es carpintero de oficio. ☞ *Ver nota en* WORK¹ LOC *Ver* ROARING *en* ROAR, TRICK ◆ **1** *vi* comerciar, negociar **2** *vt* ~ **(sb) sth for sth** cambiar (a algn) algo por algo PHR V **to trade sth in (for sth)** dar algo como parte del pago (de algo)

trademark /'treɪdmɑːk/ *n* marca registrada

trader /'treɪdə(r)/ *n* comerciante

tradesman /'treɪdzmən/ *n* (*pl* -men /-mən/) **1** proveedor: *tradesmen's entrance* entrada de servicio **2** comerciante

trade union *n* sindicato

trading /'treɪdɪŋ/ *n* comercio

tradition /trə'dɪʃn/ *n* tradición **traditional** *adj* tradicional

traffic /'træfɪk/ ◆ *n* tráfico: *traffic jam* atasco ◆ *traffic warden* guardia de tráfico ◆ *vi* (*pret, pp* **trafficked** *pt pres* **trafficking**) ~ **(in) sth** traficar (con algo) **trafficker** *n* traficante

traffic light (*tb* **traffic lights** [*pl*]) *n* semáforo: *All the traffic lights were on red.* Pillé todos los semáforos en rojo.

tragedy /'trædʒədi/ *n* (*pl* -ies) tragedia

tragic /'trædʒɪk/ *adj* trágico

trail /treɪl/ ◆ *n* **1** estela (*de humo*) **2** reguero (*de sangre*) **3** senda **4** rastro (*de un animal*): *to be on sb's trail* seguir la pista a algn ◆ **1** *vt, vi* arrastrar: *I trailed my hand in the water.* Dejé deslizar mi mano por el agua. **2** *vi* ~ **along behind (sth/sb)** caminar despacio detrás (de algo/algn) **3** *vi* perder: *trailing by two goals to three* perdiendo por dos goles a tres

trailer /'treɪlə(r)/ *n* **1** remolque **2** (*USA*) *Ver* CARAVAN **3** (*Cine*) tráiler

train¹ /treɪn/ *n* **1** tren: *by train* en tren **2** sucesión, serie LOC **train of thought** hilo de pensamiento

train² /treɪn/ **1** *vi* estudiar, formarse: *She trained to be a lawyer.* Estudió para abogada. ◊ *to train as a nurse* estudiar enfermería **2** *vt* formar, preparar **3** *vt* adiestrar **4** *vt, vi* (*Dep*) entrenar(se), preparar(se) **5** *vt* ~ **sth on sth/sb** (*cámara, etc.*) apuntarle a algo/algn con algo **trainee** /treɪ'niː/ *n* aprendiz, -iza **trainer** *n* **1** (*de atletas*) entrenador, -ora **2** (*de animales*) preparador, -ora, domador, -ora **3** (*USA* **sneaker**) zapatilla de deporte **training**

n 1 (*Dep*) entrenamiento **2** formación, preparación

trait /treɪt/ *n* rasgo (*de personalidad*)

traitor /'treɪtə(r)/ *n* traidor, -ora *Ver tb* BETRAY

tram /træm/ (*tb* **tramcar** /'træmkɑː(r)/ (*USA* **streetcar, trolley**) *n* tranvía

tramp /træmp/ ◆ **1** *vi* andar pesadamente **2** *vt* patear ◆ *n* vagabundo, -a

trample /'træmpl/ *vt, vi* ~ **sth/sb (down); ~ on sth/sb** pisotear algo/a algn

trampoline /'træmpəliːn/ *n* cama elástica

tranquillize, -ise /'træŋkwəlaɪz/ *vt* tranquilizar (*sobre todo por medio de sedantes*) **tranquillizer, -iser** *n* tranquilizante: *She's on tranquillizers.* Toma tranquilizantes.

transfer /træns'fɜː(r)/ ◆ (-rr-) **1** *vt, vi* trasladar(se) **2** *vt* transferir **3** *vi* ~ **(from…) (to…)** hacer transbordo (de…) (a…) ◆ /'trænsfɜː(r)/ *n* **1** transferencia, traspaso, traslado **2** (*Dep*) traspaso **3** transbordo **4** (*GB*) calcomanía

transform /træns'fɔːm/ *vt* transformar **transformation** *n* transformación **transformer** /træns'fɔːmə(r)/ *n* (*Electrón*) transformador

translate /træns'leɪt/ *vt, vi* traducir(se): *to translate sth from French (in)to Dutch* traducir algo del francés al holandés ◊ *It translates as 'Swiss roll'.* Se traduce como "Swiss roll". ☞ *Ver nota en* INTERPRET **translation** *n* traducción: *translation into/from Spanish* traducción al/del español ◊ *to do a translation* hacer una traducción LOC **in translation**: *Cervantes in translation* Cervantes traducido **translator** *n* traductor, -ora

transmit /træns'mɪt/ *vt* (-tt-) transmitir **transmitter** *n* (*Electrón*) transmisor, emisora

transparent /træns'pærənt/ *adj* **1** (*lit*) transparente **2** (*mentira, etc.*) evidente

transplant /træns'plɑːnt/; *USA* -'plænt/ ◆ *vt* (*Bot, Med*) trasplantar ◆ /'trænsplɑːnt/ *n* trasplante: *a heart transplant* un trasplante de corazón

transport /træn'spɔːt/ ◆ *vt* transportar, llevar ◆ /'trænspɔːt/ *n* (*USA* **transportation**) transporte

transvestite /trænz'vestaɪt/ *n* travesti

trap /træp/ ◆ *n* trampa: *to lay/set a*

tʃ	dʒ	v	θ	ð	s	z	ʃ
chin	June	van	thin	then	so	zoo	she

trap poner una trampa ◆ *vt* (-pp-)
1 atrapar, aprisionar **2** engañar

trapdoor /'træpdɔː(r)/ (*tb* **trap**) *n* escotillón

trapeze /trə'piːz; *USA* træ-/ *n* trapecio (*circo*)

trash /træʃ/ *n* (*USA*) [*incontable*] **1** (*lit y fig*) basura: *trash can* cubo de la basura ◊ *It's trash.* No vale para nada.

En inglés británico se usa **rubbish** para *basura*, **dustbin** para *cubo de la basura* y **trash** solo se usa en sentido figurado.

2 (*coloq, pey*) gentuza **trashy** *adj* malo, de mala calidad

trauma /'trɔːmə; *USA* 'traʊmə/ *n* trauma **traumatic** /trɔː'mætɪk; *USA* 'traʊ-/ *adj* traumático

travel /'trævl/ ◆ *n* **1** [*incontable*] los viajes, viajar: *travel bag* bolsa de viaje **2** travels [*pl*]: *to be on your travels* estar de viaje ◊ *Did you see John on your travels?* ¿Viste a John en alguno de tus viajes? ☞ *Ver nota en* VIAJE ◆ (-ll-, *USA* -l-) **1** *vi* viajar: *to travel by car, bus, etc.* viajar/ir en coche, autobús, etc. **2** *vt* recorrer

travel agency *n* (*pl* -ies) agencia de viajes

travel agent *n* empleado de una agencia de viajes

traveller (*USA* **traveler**) /'trævlə(r)/ *n* viajero, -a

traveller's cheque (*USA* **traveler's check**) *n* cheque de viaje

tray /treɪ/ *n* bandeja

treacherous /'tretʃərəs/ *adj* traicionero, pérfido **treachery** *n* **1** traición, perfidia ☞ *Comparar con* TREASON **2** falsedad

tread /tred/ ◆ (*pret* **trod** /trɒd/ *pp* **trodden** /'trɒdn/ o **trod**) **1** *vi* ~ (**on/in sth**) pisar (algo) **2** *vt* ~ **sth** (**in/down/out**) aplastar algo **3** *vt* (*camino*) hollar LOC **to tread carefully** andar con pies de plomo ◆ *n* [*sing*] paso

treason /'triːzn/ *n* alta traición ☞ **Treason** se usa específicamente para referirse a un acto de traición hacia el propio país. *Comparar con* TREACHERY *en* TREACHEROUS

treasure /'treʒə(r)/ ◆ *n* tesoro: *art treasures* joyas de arte ◆ *vt* apreciar muchísimo, guardar como un tesoro:

her most treasured possession su posesión más preciada

treasurer /'treʒərə(r)/ *n* tesorero, -a

the Treasury /'treʒəri/ *n* [*v sing o pl*] Ministerio de Economía y Hacienda

treat /triːt/ ◆ **1** *vt* tratar: *to treat sth as a joke* tomar algo en broma **2** *vt* ~ **sb** (**to sth**) invitar a algn (a algo): *Let me treat you.* Déjame invitarte. **3** *v refl* ~ **yourself** (**to sth**) darse el lujo (de algo) LOC **to treat sb like dirt/a dog** (*coloq*) tratar a algn como a un perro ◆ *n* **1** placer, gusto: *as a special treat* como recompensa especial ◊ *to give yourself a treat* permitirse un lujo **2** *This is my treat.* Invito yo. LOC **a treat** (*coloq*) a las mil maravillas

treatment /'triːtmənt/ *n* **1** tratamiento **2** trato

treaty /'triːti/ *n* (*pl* -ies) tratado

treble¹ /'trebl/ ◆ *adj, n* triple ◆ *vt, vi* triplicar(se)

treble² /'trebl/ ◆ *n* (*Mús*) **1** tiple **2** [*incontable*] agudos ◆ *adj* atiplado: *treble clef* clave de sol ☞ *Comparar con* BASS

tree /triː/ *n* árbol

trek /trek/ ◆ *n* caminata ◆ *vi* (-kk-) caminar (*penosamente*): *to go trekking* hacer senderismo (generalmente en la montaña) **trekking** *n* senderismo (*generalmente en la montaña*)

tremble /'trembl/ *vi* ~ (**with/at sth**) temblar (de/por algo)

trembling /'tremblɪŋ/ ◆ *adj* tembloroso ◆ *n* temblor

tremendous /trə'mendəs/ *adj* **1** enorme: *a tremendous number* una gran cantidad **2** estupendo **tremendously** *adv* enormemente

tremor /'tremə(r)/ *n* temblor, estremecimiento

trench /trentʃ/ *n* **1** (*Mil*) trinchera **2** zanja

trend /trend/ *n* tendencia LOC *Ver* BUCK², SET²

trendy /'trendi/ *adj* (-ier, -iest) (*coloq*) **1** (*persona*) marchoso **2** (*ropa*) muy de moda

trespass /'trespəs/ *vi* ~ (**on sth**) entrar sin derecho (en algo): *No trespassing* Prohibido el paso **trespasser** *n* intruso, -a

trial /'traɪəl/ *n* **1** juicio, proceso **2** prueba: *a trial period* un periodo de

iː	i	ɪ	e	æ	ɑː	ʌ	ʊ	uː
see	happy	sit	ten	hat	father	cup	put	too

prueba ◊ *to take sth on trial* llevarse algo a prueba **3** (*deporte*) preselección LOC **to be/go on trial/stand trial (for sth)** ser procesado (por algo) **trial and error:** *She learnt to type by trial and error.* Aprendió a escribir a máquina a base de cometer errores. **trials and tribulations** tribulaciones

triangle /'traɪæŋgl/ *n* triángulo **triangular** /traɪ'æŋgjələ(r)/ *adj* triangular

tribe /traɪb/ *n* tribu

tribulation /ˌtrɪbju'leɪʃn/ *n Ver* TRIAL

tribute /'trɪbjuːt/ *n* **1** homenaje **2** **a ~ (to sth):** *That is a tribute to his skill.* Eso acredita su habilidad.

trick /trɪk/ ◆ *n* **1** engaño, broma, trampa: *to play a trick on sb* gastarle una broma a algn ◊ *His memory played tricks on him.* La memoria le jugaba malas pasadas. ◊ *a dirty trick* una mala pasada ◊ *a trick question* una pregunta capciosa **2** truco: *The trick is to wait.* El truco está en esperar. ◊ *a trick of the light* un efecto de la luz **3** (*magia*): *conjuring tricks* juegos de manos ◊ *card tricks* trucos con cartas LOC **every/any trick in the book** todos los trucos: *I tried every trick in the book.* Lo intenté todo. **the tricks of the trade** los trucos del oficio *Ver tb* MISS ◆ *vt* engañar: *to trick sb into (doing) sth* embaucar a algn para que haga algo ◊ *to trick sb out of sth* quitarle algo a algn mediante engaño **trickery** *n* [*incontable*] engaños, astucia

trickle /'trɪkl/ ◆ *vi* salir en un chorro fino, gotear ◆ *n* **1** hilo: *a trickle of blood* un hilo de sangre **2** **~ (of sth)** (*fig*) goteo (de algo)

tricky /'trɪki/ *adj* (-ier, -iest) complicado, difícil

tried *pret, pp de* TRY

trifle /'traɪfl/ ◆ *n* **1** postre hecho a base de capas de bizcocho, fruta, crema y nata **2** nadería, bagatela LOC **a trifle** algo: *a trifle short* un poquito corto ◆ *vi* **~ with sth/sb** jugar con algo/algn

trigger /'trɪgə(r)/ ◆ *n* gatillo, disparador ◆ *vt* **~ sth (off)** **1** (*fig*) provocar, desencadenar algo **2** (*alarma, etc.*) accionar algo

trillion /'trɪljən/ *adj, n* billón ☞ *Ver nota en* BILLION

trim¹ /trɪm/ *adj* (trimmer. trimmest) (*aprob*) **1** bien cuidado, aseado **2** esbelto, elegante

trim² /trɪm/ ◆ *vt* (-mm-) **1** recortar **2** **~ sth off (sth)** quitarle algo (a algo) **3** **~ sth (with sth)** (*vestido, etc.*) adornar algo (con algo) ◆ *n* **1** corte: *to have a trim* cortarse el pelo un poco **2** adorno **trimming** *n* **1** adorno **2** **trimmings** [*pl*] (*comida*) guarnición

trip¹ /trɪp/ ◆ *vi* **1** **~ (over/up)** tropezar: *She tripped (up) on a stone.* Tropezó con una piedra. **2** *vt* **~ sb (up)** poner la zancadilla a algn PHR V **to trip (sb) up** confundirse/confundir a algn

trip² /trɪp/ *n* viaje, excursión: *to go on a trip* hacer un viaje ◊ *a business trip* un viaje de negocios ◊ *a coach trip* una excursión en autocar ☞ *Ver nota en* VIAJE

triple /'trɪpl/ ◆ *adj, n* triple: *at triple the speed* al triple de velocidad ◆ *vt, vi* triplicar(se)

triplet /'trɪplət/ *n* trillizo, -a

triumph /'traɪʌmf/ ◆ *n* triunfo, éxito: *to return home in triumph* regresar a casa triunfalmente ◊ *a shout of triumph* un grito de júbilo ◆ *vi* **~ (over sth/sb)** triunfar (sobre algo/algn) **triumphal** /traɪ'ʌmfl/ *adj* triunfal (*arco, procesión*) **triumphant** *adj* **1** triunfante **2** jubiloso **triumphantly** *adv* triunfalmente, jubilosamente

trivial /'trɪviəl/ *adj* trivial, insignificante **triviality** /ˌtrɪvi'æləti/ *n* (*pl* -ies) trivialidad

trod *pret de* TREAD

trodden *pp de* TREAD

trolley /'trɒli/ *n* (*pl* -s) **1** carrito: *shopping trolley* carrito de la compra **2** *Ver* TRAM

troop /truːp/ ◆ *n* **1** tropel, manada **2** **troops** [*pl*] tropas, soldados ◆ *v* PHR V **to troop in, out, etc.** entrar, salir, etc. en tropel

trophy /'trəufi/ *n* (*pl* -ies) trofeo

tropic /'trɒpɪk/ *n* **1** trópico **2** **the tropics** [*pl*] el trópico **tropical** *adj* tropical

trot /trɒt/ ◆ *vi* (-tt-) trotar, ir al trote ◆ *n* trote LOC **on the trot** (*coloq*) seguidos

trouble /'trʌbl/ ◆ *n* **1** [*incontable*] problemas: *The trouble is (that)...* Lo malo es que... ◊ *What's the trouble?* ¿Qué pasa? **2** problema: *money troubles* dificultades económicas **3** [*incontable*] molestia, esfuerzo: *It's no trouble.* No es molestia. ◊ *It's not worth the trouble.* No vale la pena. **4** [*incontable*] disturbios, conflicto **5** [*incontable*] (*Med*) dolencia: *back trouble* problemas de espalda LOC **to be in trouble** tener problemas, estar en un apuro: *If I don't get home by ten, I'll be in trouble.* Si no llego a casa a las diez, me la cargo. **to get into trouble** meterse en un lío: *He got into trouble with the police.* Tuvo problemas con la policía. **to go to a lot of trouble (to do sth)** tomarse muchas molestias (por hacer algo) *Ver tb* ASK, TEETHE ◆ **1** *vt* molestar: *Don't trouble yourself.* No te molestes. **2** preocupar: *What's troubling you?* ¿Qué es lo que te preocupa? **troubled** *adj* **1** (*expresión, voz*) preocupado, afligido **2** (*periodo*) agitado **3** (*vida*) accidentado **troublesome** *adj* molesto

trouble-free /ˌtrʌbl ˈfriː/ *adj* **1** sin problemas **2** (*viaje*) sin ninguna avería

troublemaker /ˈtrʌblˌmeɪkə(r)/ *n* agitador, -ora, alborotador, -ora

trough /trɒf; *USA* trɔːf/ *n* **1** abrevadero **2** comedero **3** canal **4** (*meteorología*) depresión

trousers /ˈtraʊzəz/ *n* [*pl*] pantalones: *a pair of trousers* un pantalón ☞ *Ver nota en* PANTALÓN **trouser** *adj*: *trouser leg/pocket* pierna/bolsillo del pantalón

trout /traʊt/ *n* (*pl* trout) trucha

truant /ˈtruːənt/ *n* (*Educ*) novillero, -a LOC *Ver* PLAY

truce /truːs/ *n* tregua

truck /trʌk/ *n* **1** (*GB*) (*Ferrocarril*) vagón **2** (*esp USA*) camión

true /truː/ *adj* (truer, truest) **1** cierto, verdad: *It's too good to be true.* Es demasiado bueno para ser verdad. **2** (*historia*) verídico **3** verdadero, auténtico: *the true value of the house* el valor real de la casa **4** fiel: *to be true to your word/principles* cumplir lo prometido/ser fiel a sus principios LOC **to come true** hacerse realidad **true to life** realista

truly /ˈtruːli/ *adv* sinceramente, verdaderamente, realmente LOC *Ver* WELL²

trump /trʌmp/ *n* triunfo: *Hearts are trumps.* Pintan corazones.

trumpet /ˈtrʌmpɪt/ *n* trompeta

trundle /ˈtrʌndl/ **1** *vi* rodar lentamente **2** *vt* arrastrar **3** *vt* empujar

trunk /trʌŋk/ *n* **1** (*Anat, Bot*) tronco **2** baúl **3** (*elefante*) trompa **4** trunks [*pl*]

bañador (de caballero) **5** (*USA*) maletero

trust /trʌst/ ◆ *n* **1** ~ (**in sth/sb**) confianza (en algo/algn) **2** responsabilidad: *As a teacher you are in a position of trust.* Los profesores están en una posición de responsabilidad. **3** fideicomiso **4** fundación LOC *Ver* BREACH ◆ *vt* **1** fiarse de **2** ~ **sb with sth** confiar algo a algn PHR V **to trust to sth** confiar en algo **trusted** *adj* de confianza **trusting** *adj* confiado

trustee /trʌˈstiː/ *n* **1** fideicomisario, -a **2** administrador, -ora

trustworthy /ˈtrʌstwɜːði/ *adj* digno de confianza

truth /truːθ/ *n* (*pl* ~s /truːðz/) verdad LOC *Ver* ECONOMICAL, MOMENT **truthful** *adj* sincero: *to be truthful* decir la verdad

try /traɪ/ ◆ (*pret, pp* tried) **1** *vi* intentar ☞ En uso coloquial, **try to** + *infinitivo* se puede sustituir por **try and** + *infinitivo*: *I'll try to/and finish it.* Trataré de terminarlo. **2** *vt* probar: *Can I try the soup?* ¿Puedo probar la sopa? **3** *vt* (*Jur, caso*) ver **4** *vt* **to try sb** (**for sth**) (*Jur*) procesar a algn (por algo); juzgar a algn LOC **to try and do sth** intentar hacer algo **to try sb's patience** hacer perder la paciencia a algn *Ver tb* BEST PHR V **to try sth on** probarse algo (*ropa, zapatos, gafas, etc.*) ◆ *n* (*pl* tries) **1** *I'll give it a try.* Lo intentaré. **2** (*rugby*) ensayo **trying** *adj* difícil

tsar *Ver* CZAR

tsarina *Ver* CZARINA

T-shirt /ˈtiː ʃɜːt/ *n* camiseta

tub /tʌb/ *n* **1** tina, barreño **2** tarrina ☞ *Ver dibujo en* CONTAINER **3** bañera

tube /tjuːb; *USA* tuːb/ *n* **1** ~ (**of sth**) tubo (de algo) ☞ *Ver dibujo en* CONTAINER **2** (*coloq*) (*tb* underground) (*GB*) metro: *by tube* en metro

tuck /tʌk/ *vt* **1** ~ **sth into sth** meter algo en algo **2** ~ **sth round sth/sb** arropar algo/a algn con algo: *to tuck sth round you* arroparse con algo PHR V **to be tucked away** (*coloq*) **1** (*dinero*) estar guardado **2** (*pueblo, edificio*) estar escondido **to tuck sth in** meter algo (*camisa*) **to tuck sb up** meter a algn (*en la cama*)

Tuesday /ˈtjuːzdeɪ, ˈtjuːzdi; *USA* ˈtuː-/ *n* (*abrev* Tue, Tues) martes ☞ *Ver ejemplos en* MONDAY

aɪ	aʊ	ɔɪ	ɪə	eə	ʊə	ʒ	h	ŋ
five	now	join	near	hair	pure	vision	how	sing

tuft /tʌft/ *n* **1** (*pelo*) mechón **2** (*plumas*) penacho **3** (*hierba*) matojo

tug /tʌg/ ♦ (**-gg-**) **1** *vi* to tug (at sth) tirar (con fuerza) (de algo): *He tugged at his mother's coat.* Le dio un tirón al abrigo de su madre. **2** *vt* arrastrar ♦ *n* **1** to tug (at/on sth) tirón (a/de algo) **2** (*tb* tugboat) remolcador

tuition /tjuˈɪʃn; *USA* tu-/ *n* (*formal*) instrucción, clases: *private tuition* clases particulares ◊ *tuition fees* matrícula

tulip /ˈtjuːlɪp; *USA* ˈtuː-/ *n* tulipán

tumble /ˈtʌmbl/ ♦ *vi* caer(se), desplomarse PHR V **to tumble down** venirse abajo ♦ *n* caída

tumble-drier (*tb* tumble-dryer) /ˌtʌmbl ˈdraɪə(r)/ *n* secadora

tumbler /ˈtʌmblə(r)/ *n* vaso

tummy /ˈtʌmi/ *n* (*pl* **-ies**) (*coloq*) barriga: *tummy ache* dolor de tripas

tumour (*USA* tumor) /ˈtjuːmə(r); *USA* ˈtuː-/ *n* tumor

tuna /ˈtjuːnə; *USA* ˈtuːnə/ (*pl* tuna *o* ~s) (*tb* tuna fish) *n* atún

tune /tjuːn; *USA* tuːn/ ♦ *n* **1** melodía **2** aire LOC in/out of tune afinado/desafinado in/out of tune (with sth/sb) de acuerdo/en desacuerdo (con algo/algn) *Ver tb* CHANGE ♦ *vt* **1** (*piano*) afinar **2** (*motor*) poner a punto PHR V **to tune in** (to sth) sintonizar (algo): *Tune in to us again tomorrow.* Vuelva a sintonizarnos mañana. **to tune up** afinar (*instrumentos*) **tuneful** *adj* melodioso

tunic /ˈtjuːnɪk; *USA* ˈtuː-/ *n* túnica

tunnel /ˈtʌnl/ ♦ *n* **1** túnel **2** galería ♦ (**-ll-**, *USA* **-l-**) **1** *vi* ~ (into/through/under sth) abrir un túnel (en/a través de/debajo de algo) **2** *vt, vi* excavar

turban /ˈtɜːbən/ *n* turbante

turbulence /ˈtɜːbjələns/ *n* turbulencia **turbulent** *adj* **1** turbulento **2** alborotado

turf /tɜːf/ ♦ *n* [*incontable*] césped ♦ *vt* poner césped en PHR V **to turf sth/sb out** (**of sth**) (*GB, coloq*) echar algo/a algn (de algo)

turkey /ˈtɜːki/ *n* (*pl* ~s) pavo

turmoil /ˈtɜːmɔɪl/ *n* alboroto

turn /tɜːn/ ♦ **1** *vi* girar, dar vueltas **2** *vt* hacer girar, dar (la) vuelta a **3** *vt, vi* volver(se): *She turned her back on Simon and walked off.* Le dio la espalda a Simon y se marchó. **4** *vt* (*página*)

pasar **5** *vi*: *to turn left* torcer a la izquierda **6** *vt* (*esquina*) doblar **7** *vi* ponerse, volverse: *to turn white/red* ponerse blanco/colorado **8** *vt, vi* ~ (sth/sb) (from A) into B convertirse, convertir (algo/a algn) (de A) en B **9** *vt*: *to turn 40* cumplir los 40 LOC **to turn a blind eye** (**to sth**) hacer la vista gorda (ante algo) **to turn back the clock** volver al pasado **to turn over a new leaf** empezar una nueva vida **to turn your back on sth/sb** volverle la espalda a algo/algn *Ver tb* MIND, PALE, SOUR

PHR V **to turn around** girar **to turn sth/sb around** dar la vuelta a algo/algn

to turn away (**from sth/sb**) apartar la vista (de algo/algn) **to turn sb away** negarse a ayudar a algn **to turn sb away from sth** echar a algn de algo

to turn back volverse hacia atrás **to turn sb back** hacer volverse a algn

to turn sth/sb down rechazar algo/a algn **to turn sth down** bajar algo (*la radio, etc.*)

to turn off desviarse (*de un camino*) **to turn sb off** (*coloq*) desanimar/quitarle las ganas a algn **to turn sth off 1** apagar algo **2** (*grifo*) cerrar algo **3** (*fig*) desconectar algo

to turn sb on (*coloq*) excitar a algn **to turn sth on 1** encender algo **2** (*grifo*) abrir algo

to turn out 1 asistir, presentarse **2** resultar, salir **to turn sb out** (**of/from sth**) echar a algn (de algo) **to turn sth out** apagar algo (*luz*)

to turn (sth/sb) over dar la vuelta (a algo/algn)

to turn round girar **to turn sth/sb round** dar la vuelta a algo/algn

to turn to sb acudir a algn

to turn up presentarse, aparecer **to turn sth up** subir algo (*volumen*)

♦ *n* **1** vuelta **2** (*cabeza*) movimiento **3** giro, vuelta: *to take a wrong turn* coger un camino equivocado **4** curva **5** (*circunstancias*) cambio: *to take a turn for the better/worse* empezar a mejorar/empeorar **6** turno, vez: *It's your turn.* Te toca a ti. **7** (*coloq*) susto **8** (*coloq*) ataque, desmayo LOC **a turn of phrase** una giro in turn sucesivamente, uno tras otro **to do sb a good/bad turn** hacer un favor/una mala pasada a algn **to take turns** (**at sth**) turnarse (para/en algo)

turning /ˈtɜːnɪŋ/ *n* bocacalle

tʃ	dʒ	v	θ	ð	s	z	ʃ
chin	June	van	thin	then	so	zoo	she

turning point *n* momento crítico, punto decisivo

turnip /'tɜːnɪp/ *n* nabo

turnout /'tɜːnaʊt/ *n* asistencia, concurrencia

turnover /'tɜːnˌəʊvə(r)/ *n* **1** (*negocio*) facturación **2** (*personal/mercancías*) movimiento

turntable /'tɜːnteɪbl/ *n* (*tocadiscos*) plato

turpentine /'tɜːpəntaɪn/ (*tb coloq* **turps** /tɜːps/) *n* aguarrás

turquoise /'tɜːkwɔɪz/ ◆ *n* turquesa ◆ *adj* (de) color turquesa

turret /'tʌrət/ *n* torreón, torre

turtle /'tɜːtl/ *n* tortuga (*marina*)
☞ *Comparar con* TORTOISE

tusk /tʌsk/ *n* colmillo

tutor /'tjuːtə(r); *USA* 'tuː-/ *n* **1** profesor, -ora particular **2** (*GB*) (*universidad*) profesor, -ora

tutorial /tjuːˈtɔːriəl; *USA* tuː-/ ◆ *adj* de tutor ◆ *n* seminario (*clase*)

TV /ˌtiː ˈviː/ *n* tele: *What's on TV?* ¿Qué hay en la tele? ☞ *Ver nota en* TELEVISION

twang /twæŋ/ *n* **1** (*esp Mús*) punteado (vibrante) **2** (*voz*) gangueo

tweezers /'twiːzəz/ *n* [*pl*] pinzas (*de depilar*) ☞ *Ver nota en* PAIR

twelve /twelv/ *adj, pron, n* doce ☞ *Ver ejemplos en* FIVE **twelfth 1** *adj* duodécimo **2** *pron, adv* el duodécimo, la duodécima, los duodécimos, las duodécimas **3** *n* doceava parte, doceavo ☞ *Ver ejemplos en* FIFTH

twenty /'twenti/ *adj, pron, n* veinte ☞ *Ver ejemplos en* FIFTY, FIVE **twentieth 1** *adj, pron* vigésimo **2** *n* veinteava parte, veinteavo ☞ *Ver ejemplos en* FIFTH

twice /twaɪs/ *adv* dos veces: *twice as much/many* el doble LOC *Ver* ONCE

twiddle /'twɪdl/ *vt, vi* ~ (**with**) **sth** jugar con algo; (hacer) girar algo LOC **to twiddle your thumbs** tocarse las narices

twig /twɪg/ *n* ramita

twilight /'twaɪlaɪt/ *n* crepúsculo

twin /twɪn/ *n* **1** gemelo, -a, mellizo, -a **2** (*de un par*) gemelo, pareja, doble: *twin(-bedded) room* habitación de dos camas

twinge /twɪndʒ/ *n* punzada

twinkle /'twɪŋkl/ *vi* **1** centellear, destellar **2** ~ (**with sth**) (*ojos*) brillar (de algo)

twirl /twɜːl/ *vt, vi* **1** (hacer) girar, dar vueltas (a) **2** retorcer(se)

twist /twɪst/ ◆ **1** *vt, vi* torcer(se), retorcer(se) **2** *vt, vi* enrollar(se), enroscar(se) **3** *vi* (*camino, río*) serpentear **4** *vt* (*palabras, etc.*) tergiversar ◆ *n* **1** torsión, torcedura **2** (*camino, río*) recodo, curva **3** (*limón, papel*) pedacito **4** (*cambio*) giro

twit /twɪt/ *n* (*GB, coloq*) tonto, -a

twitch /twɪtʃ/ ◆ *n* **1** movimiento repentino **2** tic **3** tirón ◆ *vt, vi* **1** crispar(se), moverse (nerviosamente) **2** ~ (**at**) **sth** dar un tirón a algo

twitter /'twɪtə(r)/ *vi* gorjear

two /tuː/ *adj, pron, n* dos ☞ *Ver ejemplos en* FIVE LOC **to put two and two together** atar cabos

two-faced /ˌtuː ˈfeɪst/ *adj* falso

two-way /ˌtuː ˈweɪ/ *adj* **1** (*proceso*) doble **2** (*comunicación*) recíproco

tycoon /taɪˈkuːn/ *n* magnate

tying *Ver* TIE

type /taɪp/ ◆ *n* **1** tipo, clase: *all types of jobs* todo tipo de trabajos ◊ *He's not my type (of person).* No es mi tipo. **2** (*modelo*) tipo: *She's not the artistic type.* No tiene un temperamento muy artístico. ◆ *vt, vi* escribir (a máquina), mecanografiar ☞ Se usa a menudo con **out** o **up**: *to type sth up* pasar algo a máquina

typescript /'taɪpskrɪpt/ *n* texto mecanografiado

typewriter /'taɪpˌraɪtə(r)/ *n* máquina de escribir

typhoid /'taɪfɔɪd/ (*tb* **typhoid fever**) *n* fiebre tifoidea

typhoon /taɪˈfuːn/ *n* tifón

typical /'tɪpɪkl/ *adj* típico, característico **typically** *adv* **1** típicamente **2** por regla general

typify /'tɪpɪfaɪ/ *vt* (*pret, pp* **-fied**) tipificar, ser ejemplo de

typing /'taɪpɪŋ/ *n* mecanografía

typist /'taɪpɪst/ *n* mecanógrafo, -a

tyranny /'tɪrəni/ *n* tiranía

tyrant /'taɪrənt/ *n* tirano, -a

tyre (*USA* **tire**) /'taɪə(r)/ *n* neumático

i:	i	ɪ	e	æ	ɑ:	ʌ	ʊ	u:
see	happy	sit	ten	hat	father	cup	put	too

Uu

`U, u` /juː/ n (pl **U's, u's** /juːz/) U, u: *U for uncle* U de uno ☞ *Ver ejemplos en* A, A

ubiquitous /juːˈbɪkwɪtəs/ adj (formal) ubicuo

UFO (tb **ufo**) /ˌjuː ef ˈəʊ, ˈjuːfəʊ/ n (pl -s) ovni

ugh! /ɜː, ʊx/ interj ¡uf!, ¡puf!

ugly /ˈʌɡli/ adj (**uglier, ugliest**) **1** feo **2** siniestro, peligroso

ulcer /ˈʌlsə(r)/ n úlcera

ultimate /ˈʌltɪmət/ adj **1** último, final **2** mayor **3** principal **ultimately** adv **1** al final, finalmente **2** fundamentalmente

umbrella /ʌmˈbrelə/ n paraguas

umpire /ˈʌmpaɪə(r)/ n árbitro, -a (tenis, críquet)

UN /ˌjuː ˈen/ abrev de **United Nations** ONU

unable /ʌnˈeɪbl/ adj (frec formal) incapaz, imposibilitado

unacceptable /ˌʌnəkˈseptəbl/ adj inaceptable

unaccustomed /ˌʌnəˈkʌstəmd/ adj **1** to be unaccustomed to (doing) sth no estar acostumbrado a (hacer) algo **2** desacostumbrado, insólito

unambiguous /ˌʌnæmˈbɪɡjuəs/ adj inequívoco

unanimous /juˈnænɪməs/ adj ~ (in sth) unánime (en algo)

unarmed /ˌʌnˈɑːmd/ adj **1** desarmado, sin armas **2** (indefenso) inerme

unattractive /ˌʌnəˈtræktɪv/ adj poco atractivo

unavailable /ˌʌnəˈveɪləbl/ adj no disponible

unavoidable /ˌʌnəˈvɔɪdəbl/ adj inevitable

unaware /ˌʌnəˈweə(r)/ adj no consciente: *He was unaware that…* Ignoraba que…

unbearable /ʌnˈbeərəbl/ adj insoportable

unbeatable /ʌnˈbiːtəbl/ adj invencible, inigualable

unbeaten /ʌnˈbiːtn/ adj (Dep) nunca superado, que no se ha batido

unbelievable /ˌʌnbɪˈliːvəbl/ adj increíble *Ver tb* INCREDIBLE

unbroken /ʌnˈbrəʊkən/ adj **1** intacto **2** ininterrumpido **3** (récord) que no se ha batido **4** (espíritu) indómito

uncanny /ʌnˈkæni/ adj (-ier, -iest) **1** misterioso **2** asombroso

uncertain /ʌnˈsɜːtn/ adj **1** inseguro, dudoso, indeciso **2** incierto: *It is uncertain whether…* No se sabe si… **3** variable **uncertainty** n (pl -ies) incertidumbre, duda

unchanged /ʌnˈtʃeɪndʒd/ adj igual, sin alteración

uncle /ˈʌŋkl/ n tío

unclear /ˌʌnˈklɪə(r)/ adj poco claro, nada claro

uncomfortable /ʌnˈkʌmftəbl; USA -fərt-/ adj incómodo **uncomfortably** adv incómodamente: *The exams are getting uncomfortably close.* Los exámenes se están acercando de manera preocupante.

uncommon /ʌnˈkɒmən/ adj poco común, insólito

uncompromising /ʌnˈkɒmprəmaɪzɪŋ/ adj inflexible, firme

unconcerned /ˌʌnkənˈsɜːnd/ adj **1** ~ (about/by sth) indiferente (a algo) **2** despreocupado

unconditional /ˌʌnkənˈdɪʃənl/ adj incondicional

unconscious /ʌnˈkɒnʃəs/ ◆ adj **1** inconsciente **2** to be unconscious of sth no darse cuenta de algo ◆ the unconscious n el inconsciente

uncontrollable /ˌʌnkənˈtrəʊləbl/ adj que no se puede controlar, incontrolable

unconventional /ˌʌnkənˈvenʃənl/ adj poco convencional

unconvincing /ˌʌnkənˈvɪnsɪŋ/ adj poco convincente

uncouth /ʌnˈkuːθ/ adj grosero

uncover /ʌnˈkʌvə(r)/ vt **1** destapar, descubrir **2** (fig) descubrir

undecided /ˌʌndɪˈsaɪdɪd/ adj **1** pendiente, sin resolver **2** ~ (about sth/sb) indeciso (sobre algo/algn)

undeniable /ˌʌndɪˈnaɪəbl/ adj innegable, indiscutible **undeniably** adv indudablemente

u	ɒ	ɔː	ɜː	ə	j	w	eɪ	əʊ
situation	got	saw	fur	ago	yes	woman	pay	go

under /'ʌndə(r)/ *prep* **1** debajo de: *It was under the bed.* Estaba debajo de la cama. **2** (*edad*) menor de **3** (*cantidad*) menos de **4** (*gobierno, mando, etc.*) bajo **5** (*Jur*) según (*una ley, etc.*) **6** *under construction* en construcción

under- /'ʌndə(r)/ *pref* **1** insuficientemente: *Women are under-represented in the group.* Las mujeres tienen una representación demasiado pequeña en el grupo. ◊ *under-used* infrautilizado **2** (*edad*) menor de: *the under-fives* los menores de cinco años ◊ *the under-21s* los menores de veintiún años ◊ *the under-21 team* el equipo sub-veintiuno ◊ *under-age drinking* el consumo de bebidas alcohólicas por menores de edad

undercover /ˌʌndə'kʌvə(r)/ *adj* **1** (*policía*) de paisano, secreto **2** (*operación*) secreto, clandestino

underestimate /ˌʌndər'estɪmeɪt/ *vt* subestimar, infravalorar

undergo /ˌʌndə'ɡəʊ/ *vt* (*pret* **underwent** /-'went/ *pp* **undergone** /-'ɡɒn; *USA* -'ɡɔːn/) **1** experimentar, sufrir **2** (*prueba*) pasar **3** (*curso*) seguir **4** (*tratamiento, cirugía*) someterse a

undergraduate /ˌʌndə'ɡrædʒuət/ *n* estudiante no licenciado

underground /ˌʌndə'ɡraʊnd/ ◆ *adv* **1** bajo tierra **2** (*fig*) en la clandestinidad ◆ /'ʌndəɡraʊnd/ *adj* **1** subterráneo **2** (*fig*) clandestino ◆ /'ʌndəɡraʊnd/ *n* **1** (*GB tb coloq* **tube**, *USA* **subway**) metro **2** movimiento clandestino

undergrowth /'ʌndəɡrəʊθ/ *n* maleza

underlie /ˌʌndə'laɪ/ *vt* (*pret* **underlay** /-'leɪ/ *pp* **underlain** /-'leɪn/ *pt pres* **underlying**) (*fig*) estar detrás de

underline /ˌʌndə'laɪn/ (*esp USA* **underscore**) *vt* subrayar

undermine /ˌʌndə'maɪn/ *vt* socavar, debilitar

underneath /ˌʌndə'niːθ/ ◆ *prep* debajo de ◆ *adv* (por) debajo ◆ **the underneath** *n* [*incontable*] la parte inferior

underpants /'ʌndəpænts/ (*tb coloq* **pants**) *n* [*pl*] calzoncillos: *a pair of underpants* unos calzoncillos ☞ *Ver nota en* PAIR

underprivileged /ˌʌndə'prɪvəlɪdʒd/ *adj* desheredado, marginado

underside /'ʌndəsaɪd/ *n* parte de abajo, costado inferior

understand /ˌʌndə'stænd/ (*pret, pp* **understood** /-'stʊd/) **1** *vt, vi* entender **2** *vt* explicarse **3** *vt* (*saber manejar*) entender de **4** *vt* (*frec formal*) tener entendido **understandable** *adj* comprensible **understandably** *adv* naturalmente

understanding /ˌʌndə'stændɪŋ/ ◆ *adj* comprensivo ◆ *n* **1** entendimiento, comprensión **2** conocimiento **3** acuerdo (*informal*) **4** ~ (**of sth**) (*frec formal*) interpretación (de algo)

understate /ˌʌndə'steɪt/ *vt* decir que algo es más pequeño o menos importante de lo que es

understatement /'ʌndəsteɪtmənt/ *n*: *To say they are disappointed would be an understatement.* Decir que están desilusionados sería quedarse corto.

understood *pret, pp de* UNDERSTAND

undertake /ˌʌndə'teɪk/ *vt* (*pret* **undertook** /-'tʊk/ *pp* **undertaken** /-'teɪkən/) (*formal*) **1** emprender **2** ~ **to do sth** comprometerse a hacer algo **undertaking** *n* **1** (*formal*) compromiso, obligación **2** (*Com*) empresa

undertaker /'ʌndəteɪkə(r)/ *n* **1** director, -ora (*de pompas fúnebres*) **2** **undertaker's** funeraria

undertook *pret de* UNDERTAKE

underwater /ˌʌndə'wɔːtə(r)/ ◆ *adj* submarino ◆ *adv* bajo el agua

underwear /'ʌndəweə(r)/ *n* ropa interior

underwent *pret de* UNDERGO

the underworld /'ʌndəwɜːld/ *n* **1** el averno **2** el hampa

undesirable /ˌʌndɪ'zaɪərəbl/ *adj, n* indeseable

undid *pret de* UNDO

undisputed /ˌʌndɪ'spjuːtɪd/ *adj* incuestionable, indiscutible

undisturbed /ˌʌndɪ'stɜːbd/ *adj* **1** (*persona*) tranquilo **2** (*cosa*) sin tocar

undo /ʌn'duː/ *vt* (*pret* **undid** /ʌn'dɪd/ *pp* **undone** /ʌn'dʌn/) **1** deshacer **2** desabrochar **3** desatar **4** (*envoltura*) quitar **5** anular: *to undo the damage* reparar el daño **undone** *adj* **1** desabrochado, desatado: *to come undone* desabrocharse/desatarse **2** sin acabar

undoubtedly /ʌn'daʊtɪdli/ *adv* indudablemente

undress /ʌn'dres/ *vt, vi* desnudar(se) ☞ Es más normal decir **to get undressed**. **undressed** *adj* desnudo

aɪ	aʊ	ɔɪ	ɪə	eə	ʊə	ʒ	h	ŋ
five	now	join	near	hair	pure	vision	how	sing

undue /ˌʌnˈdjuː; *USA* -ˈduː/ *adj* [*solo antes de sustantivo*] (*formal*) excesivo **unduly** *adv* (*formal*) excesivamente, en demasía

unearth /ʌnˈɜːθ/ *vt* desenterrar, sacar a la luz

unease /ʌnˈiːz/ *n* malestar

uneasy /ʌnˈiːzi/ *adj* (-ier, -iest) 1 ~ (about/at sth) inquieto (por algo) 2 (*silencio*) incómodo

uneducated /ʌnˈedʒukeɪtɪd/ *adj* inculto

unemployed /ˌʌnɪmˈplɔɪd/ *adj* desempleado, en paro the unemployed *n* [*pl*] los parados

unemployment /ˌʌnɪmˈplɔɪmənt/ *n* desempleo, paro

unequal /ʌnˈiːkwəl/ *adj* 1 desigual 2 (*formal*): to feel unequal to sth no sentirse a la altura de algo

uneven /ʌnˈiːvn/ *adj* 1 desigual 2 (*pulso*) irregular 3 (*suelo*) desnivelado

uneventful /ˌʌnɪˈventfl/ *adj* sin incidentes, tranquilo

unexpected /ˌʌnɪkˈspektɪd/ *adj* inesperado, imprevisto

unfair /ˌʌnˈfeə(r)/ *adj* 1 ~ (to/on sb) injusto (con algn) 2 (*competencia*) desleal 3 (*despido*) improcedente

unfaithful /ʌnˈfeɪθfl/ *adj* 1 infiel 2 (*antic*) desleal

unfamiliar /ˌʌnfəˈmɪliə(r)/ *adj* 1 poco familiar 2 (*persona, cara*) desconocido 3 ~ with sth poco familiarizado con algo

unfashionable /ʌnˈfæʃnəbl/ *adj* pasado de moda

unfasten /ʌnˈfɑːsn/ *vt* 1 desabrochar, desatar 2 abrir 3 soltar

unfavourable /ʌnˈfeɪvərəbl/ *adj* 1 adverso, desfavorable 2 poco propicio

unfinished /ʌnˈfɪnɪʃt/ *adj* sin terminar: *unfinished business* asuntos pendientes

unfit /ʌnˈfɪt/ *adj* 1 ~ (for sth/to do sth) inadecuado, no apto (para algo/para hacer algo); incapaz (de hacer algo) 2 poco en forma

unfold /ʌnˈfəʊld/ 1 *vt* extender, desplegar 2 *vt, vi* (*fig*) revelar(se)

unforeseen /ˌʌnfɔːˈsiːn/ *adj* imprevisto

unforgettable /ˌʌnfəˈgetəbl/ *adj* inolvidable

unforgivable /ˌʌnfəˈgɪvəbl/ *adj* imperdonable

unfortunate /ʌnˈfɔːtʃənət/ *adj* 1 desafortunado: *It is unfortunate (that)*… Es de lamentar que… 2 (*accidente*) desgraciado 3 (*comentario*) inoportuno **unfortunately** *adv* por desgracia, desgraciadamente

unfriendly /ʌnˈfrendli/ *adj* (-ier, -iest) ~ (to/towards sb) antipático (con algn)

ungrateful /ʌnˈgreɪtfl/ *adj* 1 desagradecido 2 ~ (to sb) ingrato (con algn)

unhappy /ʌnˈhæpi/ *adj* (-ier, -iest) 1 desgraciado, triste 2 ~ (about/at sth) preocupado, disgustado (por algo) **unhappiness** *n* infelicidad

unharmed /ʌnˈhɑːmd/ *adj* ileso

unhealthy /ʌnˈhelθi/ *adj* (-ier, -iest) 1 enfermizo 2 insalubre 3 (*interés*) morboso

unheard-of /ʌnˈhɜːd ɒv/ *adj* insólito

unhelpful /ʌnˈhelpfl/ *adj* poco servicial

unhurt /ʌnˈhɜːt/ *adj* ileso

uniform /ˈjuːnɪfɔːm/ ◆ *adj* uniforme ◆ *n* uniforme LOC in uniform de uniforme

unify /ˈjuːnɪfaɪ/ *vt* (*pret, pp* -fied) unificar.

unimportant /ˌʌnɪmˈpɔːt(ə)nt/ *adj* sin importancia, insignificante

uninhabited /ˌʌnɪnˈhæbɪtɪd/ *adj* deshabitado, despoblado

unintentionally /ˌʌnɪnˈtenʃənəli/ *adv* sin querer

uninterested /ʌnˈɪntrəstɪd/ *adj* ~ (in sth/sb) indiferente (a algo/algn); no interesado (en algo/algn)

union /ˈjuːniən/ *n* 1 unión: *the Union Jack* la bandera del Reino Unido 2 *Ver* TRADE UNION

unique /juˈniːk/ *adj* 1 único 2 ~ to sth/sb exclusivo de algo/algn 3 (*poco común*) excepcional, extraordinario

unison /ˈjuːnɪsn, ˈjuːnɪzn/ *n* LOC in unison (with sth/sb) al unísono (con algo/algn)

unit /ˈjuːnɪt/ *n* 1 unidad 2 (*de mobiliario*) módulo: *kitchen unit* mueble de cocina

unite /juˈnaɪt/ 1 *vt, vi* unir(se) 2 *vi* ~ (in sth/in doing sth/to do sth) unirse, juntarse (en algo/para hacer algo)

unity /ˈjuːnəti/ *n* 1 unidad 2 (*concordia*) unidad, armonía

tʃ	dʒ	v	θ	ð	s	z	ʃ
chin	June	van	thin	then	so	zoo	she

universal /ˌjuːnɪˈvɜːsl/ *adj* universal, general **universally** *adv* universalmente

universe /ˈjuːnɪvɜːs/ *n* (*lit y fig*) universo

university /ˌjuːnɪˈvɜːsəti/ *n* (*pl* -ies) universidad: *to go to university* ir a la universidad ☞ *Ver nota en* SCHOOL

unjust /ˌʌnˈdʒʌst/ *adj* injusto

unkempt /ˌʌnˈkempt/ *adj* **1** desaliñado, descuidado **2** (*pelo*) despeinado

unkind /ˌʌnˈkaɪnd/ *adj* **1** (*persona*) poco amable, cruel **2** (*comentario*) cruel

unknown /ˌʌnˈnəʊn/ *adj* ~ (**to sb**) desconocido (para algn)

unlawful /ˌʌnˈlɔːfl/ *adj* ilegal, ilícito

unleaded /ˌʌnˈledɪd/ *adj* sin plomo

unleash /ʌnˈliːʃ/ *vt* ~ **sth** (**against/on sth/sb**) **1** (*animal*) soltar algo (contra algo/algn) **2** (*fig*) desatar, desencadenar algo (contra algo/algn)

unless /ənˈles/ *conj* a menos que, a no ser que, si no

unlike /ˌʌnˈlaɪk/ ◆ *prep* **1** distinto de **2** (*no típico de*): *It's unlike him to be late.* Es muy raro que llegue tarde. **3** a diferencia de ◆ *adj* distinto

unlikely /ʌnˈlaɪkli/ *adj* (-ier, -iest) **1** poco probable, improbable **2** (*cuento, excusa, etc.*) inverosímil

unlimited /ʌnˈlɪmɪtɪd/ *adj* ilimitado, sin límite

unload /ˌʌnˈləʊd/ *vt, vi* descargar

unlock /ˌʌnˈlɒk/ *vt, vi* abrir(se) (*con llave*)

unlucky /ʌnˈlʌki/ *adj* **1** desgraciado, desafortunado: *to be unlucky* tener mala suerte **2** aciago

unmarried /ˌʌnˈmærɪd/ *adj* soltero

unmistakable /ˌʌnmɪˈsteɪkəbl/ *adj* inconfundible, inequívoco

unmoved /ˌʌnˈmuːvd/ *adj* impasible

unnatural /ʌnˈnætʃrəl/ *adj* **1** antinatural, anormal **2** contra natura **3** afectado, poco natural

unnecessary /ʌnˈnesəsri; *USA* -seri/ *adj* **1** innecesario **2** (*comentario*) gratuito

unnoticed /ˌʌnˈnəʊtɪst/ *adj* desapercibido, inadvertido

unobtrusive /ˌʌnəbˈtruːsɪv/ *adj* discreto

unofficial /ˌʌnəˈfɪʃl/ *adj* **1** no oficial, extraoficial **2** (*fuente*) oficioso

unorthodox /ʌnˈɔːθədɒks/ *adj* poco ortodoxo

unpack /ˌʌnˈpæk/ **1** *vi* deshacer las maletas **2** *vt* desempaquetar, desembalar **3** *vt* (*maleta*) deshacer

unpaid /ˌʌnˈpeɪd/ *adj* **1** no pagado **2** (*persona, trabajo*) no retribuido

unpleasant /ʌnˈpleznt/ *adj* **1** desagradable **2** (*persona*) antipático

unplug /ˌʌnˈplʌg/ *vt* (-gg-) desenchufar

unpopular /ˌʌnˈpɒpjələ(r)/ *adj* impopular

unprecedented /ʌnˈpresɪdentɪd/ *adj* sin precedentes

unpredictable /ˌʌnprɪˈdɪktəbl/ *adj* imprevisible

unqualified /ʌnˈkwɒlɪfaɪd/ *adj* **1** sin título, no cualificado **2** ~ **to do sth** no competente, inhabilitado para hacer algo

unravel /ʌnˈrævl/ *vt, vi* (-ll-, *USA* -l-) (*lit y fig*) desenmarañar(se), desenredar(se)

unreal /ˌʌnˈrɪəl/ *adj* irreal, ilusorio

unrealistic /ˌʌnrɪəˈlɪstɪk/ *adj* poco realista

unreasonable /ʌnˈriːznəbl/ *adj* **1** irrazonable, poco razonable **2** excesivo

unreliable /ˌʌnrɪˈlaɪəbl/ *adj* **1** poco fiable **2** (*persona*) poco serio

unrest /ʌnˈrest/ *n* **1** malestar, intranquilidad **2** (*Pol*) disturbios

unroll /ʌnˈrəʊl/ *vt, vi* desenrollar(se)

unruly /ʌnˈruːli/ *adj* indisciplinado, revoltoso

unsafe /ʌnˈseɪf/ *adj* peligroso

unsatisfactory /ˌʌnˌsætɪsˈfæktəri/ *adj* insatisfactorio, inaceptable

unsavoury (*USA* **unsavory**) /ʌnˈseɪvəri/ *adj* **1** desagradable **2** (*persona*) indeseable

unscathed /ʌnˈskeɪðd/ *adj* **1** ileso **2** (*fig*) incólume

unscrew /ˌʌnˈskruː/ *vt, vi* **1** (*tornillo, etc.*) desatornillar(se) **2** (*tapa, etc.*) desenroscar(se)

unscrupulous /ʌnˈskruːpjələs/ *adj* sin escrúpulos, poco escrupuloso

unseen /ˌʌnˈsiːn/ *adj* invisible, inadvertido, no visto

unsettle /ʌnˈsetl/ *vt* perturbar, inquietar **unsettled** *adj* **1** (*persona*) incómodo **2** (*situación*) inestable

iː	i	ɪ	e	æ	ɑː	ʌ	ʊ	uː
see	happy	sit	ten	hat	father	cup	put	too

3 (*cambiable*) variable, incierto **4** (*asunto*) pendiente **unsettling** *adj* perturbador, inquietante

unshaven /ˌʌnˈʃeɪvn/ *adj* sin afeitar

unsightly /ʌnˈsaɪtli/ *adj* antiestético, feo

unskilled /ˌʌnˈskɪld/ *adj* **1** (*trabajador*) no cualificado **2** (*trabajo*) no especializado

unspoilt /ˌʌnˈspɔɪlt/ (*tb* **unspoiled**) *adj* intacto, sin estropear

unspoken /ˌʌnˈspəʊkən/ *adj* tácito, no expresado

unstable /ʌnˈsteɪbl/ *adj* inestable

unsteady /ʌnˈstedi/ *adj* (**-ier, -iest**) **1** inseguro, vacilante **2** (*mano, voz*) tembloroso

unstuck /ˌʌnˈstʌk/ *adj* despegado LOC **to come unstuck 1** despegarse **2** (*coloq*) (*fig*) fracasar

unsuccessful /ˌʌnsəkˈsesfl/ *adj* infructuoso, fracasado: *to be unsuccessful in doing sth* no lograr hacer algo **unsuccessfully** *adv* sin éxito

unsuitable /ˌʌnˈsuːtəbl/ *adj* **1** no apto, inapropiado **2** (*momento*) inoportuno

unsure /ˌʌnˈʃʊə(r)/ *adj* **1** ~ (**of yourself**) inseguro (de sí mismo) **2 to be** ~ (**about/of sth**) no estar seguro (de algo)

unsuspecting /ˌʌnsəˈspektɪŋ/ *adj* confiado

unsympathetic /ˌʌnˌsɪmpəˈθetɪk/ *adj* **1** poco comprensivo **2** (*poco amistoso*) antipático

untangle /ʌnˈtæŋɡl/ *vt* desenredar

unthinkable /ʌnˈθɪŋkəbl/ *adj* impensable, inconcebible

untidy /ʌnˈtaɪdi/ *adj* (**-ier, -iest**) **1** desordenado **2** (*apariencia*) desaliñado, descuidado **3** (*pelo*) despeinado

untie /ʌnˈtaɪ/ *vt* (*pret, pp* **untied** *pt pres* **untying**) desatar

until /ənˈtɪl/ (*tb* **till**) ◆ *conj* hasta que ◆ *prep* hasta: *until recently* hasta hace poco ☞ *Ver nota en* HASTA

untouched /ʌnˈtʌtʃt/ *adj* **1** intacto, sin tocar **2** (*comida*) sin probar **3** ~ (**by sth**) insensible (a algo) **4** ~ (**by sth**) no afectado (por algo) **5** incólume

untrue /ʌnˈtruː/ *adj* **1** falso **2** ~ (**to sth/sb**) infiel (a algo/algn)

unused *adj* **1** /ˌʌnˈjuːzd/ sin usar

2 /ˌʌnˈjuːst/ ~ **to sth/sb** no acostumbrado a algo/algn

unusual /ʌnˈjuːʒuəl/ *adj* **1** inusual, inusitado **2** (*extraño*) raro **3** distintivo **unusually** *adv* inusitadamente, extraordinariamente: *unusually talented* de un talento poco común

unveil /ˌʌnˈveɪl/ *vt* **1** ~ **sth/sb** quitar el velo a algo/algn **2** (*monumento, etc.*) descubrir **3** (*fig*) revelar

unwanted /ˌʌnˈwɒntɪd/ *adj* **1** no deseado: *to feel unwanted* sentirse rechazado ◊ *an unwanted pregnancy* un embarazo no deseado **2** superfluo, sobrante

unwarranted /ʌnˈwɒrəntɪd; *USA* -ˈwɔːr-/ *adj* injustificado

unwelcome /ʌnˈwelkəm/ *adj* inoportuno, molesto: *to make you feel unwelcome* hacer a algn sentirse incómodo

unwell /ʌnˈwel/ *adj* indispuesto

unwilling /ʌnˈwɪlɪŋ/ *adj* no dispuesto **unwillingness** *n* falta de voluntad

unwind /ˌʌnˈwaɪnd/ (*pret, pp* **unwound** /-ˈwaʊnd/) **1** *vt, vi* desenrollar(se) **2** *vi* (*coloq*) relajarse

unwise /ˌʌnˈwaɪz/ *adj* imprudente

unwittingly /ʌnˈwɪtɪŋli/ *adv* inconscientemente

unwound *pret, pp* de UNWIND

unwrap /ʌnˈræp/ *vt* (**-pp-**) desenvolver

unzip /ʌnˈzɪp/ *vt* (**-pp-**) bajar la cremallera de

up /ʌp/ ◆ *part adv* **1** levantado: *Is he up yet?* ¿Está levantado ya? **2** más alto, más arriba: *Pull your socks up.* Súbete los calcetines. **3** *up* (**to sth/sb**): *He came up (to me). Se (me) acercó.* **4** en trozos: *to tear sth up* romper algo en pedazos **5** (*firmemente*): *to lock sth up* guardar/encerrar algo bajo llave **6** (*terminado*): *Your time is up.* Se te acabó el tiempo. **7** en su sitio, colocado: *Are the curtains up yet?* ¿Están colocadas ya las cortinas? LOC **not to be up to much** no valer mucho **to be up to sb** depender de algn, ser decisión de algn: *It's up to you.* Tú decides. **to be up (with sb)** (*coloq*): *What's up with you?* ¿Qué te pasa? **up and down** de arriba a abajo **2** *to jump up and down* dar saltos **up to sth 1** (*tb* **up until sth**) hasta algo: *up to now* hasta ahora **2** capaz de algo, a la altura de algo: *I don't feel up to it.* No me siento capaz de hacerlo. **3** (*coloq*):

u	ɒ	ɔː	ɜː	ə	j	w	eɪ	əʊ
situation	got	saw	fur	ago	yes	woman	pay	go

What are you up to? ¿Qué estás haciendo? ◊ *He's up to no good.* Está tramando algo. ☞ Para los usos de **up** en PHRASAL VERBS ver las entradas de los verbos correspondientes, p. ej. **to go up** en GO¹. Ver *tb* págs 324-25. ◆ *prep* arriba: *further up the road* calle más arriba ◆ *n* LOC **up and down** sth de un lado a otro de algo ◆ *n* LOC **ups and downs** altibajos

upbringing /'ʌpbrɪŋɪŋ/ *n* crianza, educación (*en casa*)

update /ˌʌp'deɪt/ ◆ *vt* **1** actualizar **2** ~ **sb (on** sth) poner al día a algn (de algo) ◆ /'ʌpdeɪt/ *n* **1** (*tb* **updating**) actualización **2** ~ **(on** sth/sb) información actualizada (sobre algo/algn)

upgrade /ˌʌp'greɪd/ ◆ *vt* **1** mejorar **2** (*persona*) ascender **3** (*Informát*) actualizar ◆ /'ʌpgreɪd/ *n* (*Informát*) actualización

upheaval /ʌp'hiːvl/ *n* agitación

upheld *pret, pp de* UPHOLD

uphill /ˌʌp'hɪl/ *adj, adv* cuesta arriba: *an uphill struggle* una lucha dura

uphold /ʌp'həʊld/ *vt* (*pret, pp* **upheld** /-'held/) **1** sostener (*decisión, etc.*) **2** mantener (*tradición, etc.*)

upholstered /ˌʌp'həʊlstəd/ *adj* tapizado **upholstery** *n* [*incontable*] tapicería

upkeep /'ʌpkiːp/ *n* mantenimiento

uplifting /ʌp'lɪftɪŋ/ *adj* edificante

upon /ə'pɒn/ *prep* (*formal*) Ver ON LOC Ver ONCE

upper /'ʌpə(r)/ *adj* **1** superior, de arriba: *upper case* mayúsculas ◊ *upper limit* tope **2** alto: *the upper class* la clase alta ☞ Ver ejemplos en LOW LOC **to gain, get, etc. the upper hand** conseguir, etc. ventaja

uppermost /'ʌpəməʊst/ *adj* más alto (*posición*) LOC **to be uppermost in your mind** ser lo que más preocupa a algn

upright /'ʌpraɪt/ ◆ *adj* **1** (*posición*) vertical **2** (*persona*) recto, honrado ◆ *adv* derecho, en posición vertical

uprising /'ʌpraɪzɪŋ/ *n* rebelión

uproar /'ʌprɔːr(r)/ *n* [*incontable*] tumulto, alboroto

uproot /ˌʌp'ruːt/ *vt* **1** arrancar (*con las raíces*) **2** ~ **sb/yourself (from** sth) (*fig*) desarraigarse, desarraigar a algn (de algo)

upset /ˌʌp'set/ ◆ *vt* (*pret, pp* **upset**) **1** disgustar, afectar **2** (*plan, etc.*) desbaratar **3** (*recipiente*) volcar, derramar ◆ *adj* ☞ Se pronuncia /ˌʌpset/ antes de sustantivo. **1** molesto, disgustado **2** (*estómago*) revuelto ◆ /'ʌpset/ *n* **1** trastorno, disgusto **2** (*Med*) trastorno

upshot /'ʌpʃɒt/ *n* **the ~ (of** sth) el resultado final (de algo)

upside down /ˌʌpsaɪd 'daʊn/ *adj, adv* **1** al revés, cabeza abajo ☞ Ver dibujo en REVÉS **2** (*coloq*) (*fig*) patas arriba

upstairs /ˌʌp'steəz/ ◆ *adv* (en el piso de) arriba: *She ran upstairs.* Corrió escaleras arriba. ◆ *adj* en el/del piso de arriba ◆ *n* [*sing*] piso de arriba

upstream /ˌʌp'striːm/ *adv* contra corriente (*de un río, etc.*)

upsurge /'ʌpsɜːdʒ/ *n* **1** ~ **(in** sth) aumento (de algo) **2** ~ **(of** sth) oleada (de algo) (*enfado, interés, etc.*)

up to date /ˌʌp tə 'deɪt/ *adj* **1** a la última **2** al día, actualizado: *up-to-date methods* los métodos más actuales

upturn /'ʌptɜːn/ *n* ~ **(in** sth) mejora, aumento (en algo)

upturned /ˌʌp'tɜːnd/ *adj* **1** (*cajón, etc.*) dado la vuelta **2** (*nariz*) respingón

upward /'ʌpwəd/ ◆ *adj* ascendente: *an upward trend* una tendencia al alza ◆ *adv* (*tb* **upwards**) hacia arriba **upwards of** *prep* más de (*cierto número*)

uranium /ju'reɪniəm/ *n* uranio

Uranus /'jʊərənəs, ju'reɪnəs/ *n* Urano

urban /'ɜːbən/ *adj* urbano

urge /ɜːdʒ/ ◆ *vt* ~ **sb (to do** sth) animar, instar a algn (a hacer algo) PHR V **to urge sb on** animar a algn ◆ *n* deseo, impulso

urgency /'ɜːdʒənsi/ *n* apremio, urgencia

urgent /'ɜːdʒənt/ *adj* **1** urgente: *to be in urgent need of sth* necesitar algo urgentemente **2** apremiante

urine /'jʊərɪn/ *n* orina

us /əs, ʌs/ *pron pers* **1** [*como objeto*] nos: *She gave us the job.* Nos dio el trabajo. ◊ *He ignored us.* No nos hizo caso. ☞ Ver nota en LET¹ **2** [*después de preposición y del verbo* to be] nosotros, -as: *behind us* detrás de nosotros ◊ *both of us* nosotros dos ◊ *It's us.* Somos nosotros. ☞ *Comparar con* WE

usage /'juːsɪdʒ, 'juːzɪdʒ/ *n* uso

aɪ	aʊ	ɔɪ	ɪə	eə	ʊə	ʒ	h	ŋ
five	now	join	near	hair	pure	vision	how	sing

use¹ /juːz/ *vt* (*pret, pp* **used** /juːzd/)
1 utilizar, usar, hacer uso de **2** (*esp persona*) utilizar, aprovecharse de
3 consumir, gastar PHR V **to use sth up** agotar algo, acabar algo

use² /juːs/ *n* **1** uso: *for your own use* para uso personal ◊ *a machine with many uses* una máquina con múltiples usos ◊ *to find a use for sth* encontrarle alguna utilidad a algo **2** *What's the use of crying?* ¿De qué sirve llorar? ◊ *What's the use?* ¿Para qué? LOC **in use** en uso **to be of use** servir **to be no use 1** no servir de nada **2** ser (un) inútil **to have the use of sth** poder usar algo **to make use of sth** aprovechar algo

used¹ /juːzd/ *adj* usado, de segunda mano

used² /juːst/ *adj* acostumbrado: *to get used to sth/doing sth* acostumbrarse a algo/hacer algo ◊ *I am used to being alone.* Estoy acostumbrado a estar solo.

used to /ˈjuːst tə, ˈjuːst tu/ *v modal*
Used to + infinitivo se utiliza para describir hábitos y situaciones que ocurrían en el pasado y que no ocurren en la actualidad: *I used to live in London.* Antes vivía en Londres. Las oraciones interrogativas o negati-

vas se forman generalmente con **did**: *He didn't use to be fat.* Antes no estaba gordo. ◊ *You used to smoke, didn't you?* Antes fumabas, ¿no?

useful /ˈjuːsfl/ *adj* útil, provechoso *Ver tb* HANDY **usefulness** *n* utilidad

useless /ˈjuːsləs/ *adj* **1** inútil, inservible **2** (*coloq*) inepto

user /ˈjuːzə(r)/ *n* usuario, -a: *user-friendly* fácil de manejar

usual /ˈjuːʒuəl/ *adj* acostumbrado, habitual, normal: *later/more than usual* más tarde de lo normal/más que de costumbre ◊ *the usual* lo de siempre LOC **as usual** como siempre

usually /ˈjuːʒuəli/ *adv* normalmente
☞ *Ver nota en* ALWAYS

utensil /juːˈtensl/ *n* [*gen pl*] utensilio

utility /juːˈtɪləti/ *n* (*pl* **-ies**) **1** utilidad **2** [*gen pl*]: *the public utilities* las compañías públicas de suministro

utmost /ˈʌtməʊst/ ◆ *adj* mayor: *with the utmost care* con sumo cuidado ◆ *n* LOC **to do your utmost (to do sth)** hacer todo lo posible (por hacer algo)

utter¹ /ˈʌtə(r)/ *vt* pronunciar, proferir

utter² /ˈʌtə(r)/ *adj* total, absoluto **utterly** *adv* totalmente, absolutamente

Vv

V, v /viː/ *n* (*pl* **V's, v's** /viːz/) **1** V, v: *V for Victor* V de Valencia ☞ *Ver ejemplos en* A, A **2** *V-neck* (con) cuello de pico ◊ *v-shaped* en forma de v

vacant /ˈveɪkənt/ *adj* **1** vacante *Ver tb* SITUATION **2** (*mirada*) perdido **3** (*expresión*) distraído **vacancy** *n* (*pl* **-ies**) **1** vacante **2** habitación libre **vacantly** *adv* distraídamente

vacate /vəˈkeɪt; *USA* ˈveɪkeɪt/ *vt* (*formal*) **1** (*casa*) desocupar **2** (*asiento, puesto*) dejar vacío

vacation /vəˈkeɪʃn; *USA* veɪ-/ *n* vacaciones

En Gran Bretaña **vacation** se usa sobre todo para las vacaciones de las universidades y los tribunales de justicia. En el resto de los casos, **holiday** es la palabra más normal. En Estados

Unidos **vacation** tiene un uso más generalizado.

vaccination /ˌvæksɪˈneɪʃn/ *n* vacunación

vaccine /ˈvæksiːn; *USA* vækˈsiːn/ *n* vacuna

vacuum /ˈvækjuəm/ ◆ *n* **1** vacío: *vacuum-packed* envasado al vacío **2** (*tb* **vacuum cleaner**) aspiradora LOC **in a vacuum** aislado (*de otras personas, acontecimientos*) ◆ *vt, vi* pasar la aspiradora (a/por)

vagina /vəˈdʒaɪnə/ *n* (*pl* **s**) vagina

vague /veɪɡ/ *adj* (**-er, -est**) **1** vago **2** (*persona*) indeciso **3** (*gesto, expresión*) distraído **vaguely** *adv* **1** vagamente **2** aproximadamente: *It looks vaguely familiar.* Me resulta vagamente familiar. **3** distraídamente

tʃ	dʒ	v	θ	ð	s	z	ʃ
chin	June	van	thin	then	so	zoo	she

vain /veɪn/ *adj* (**-er, -est**) **1** vanidoso **2** (*inútil*) vano LOC **in vain** en vano

valentine /ˈvæləntaɪn/ (*tb* **valentine card**) *n* tarjeta de San Valentín

Valentine's Day *n* día de San Valentín
☛ *Ver nota en* DÍA DE LOS ENAMORADOS *en* DÍA

valiant /ˈvæliənt/ *adj* valeroso

valid /ˈvælɪd/ *adj* válido **validity** /vəˈlɪdəti/ *n* validez

valley /ˈvæli/ *n* (*pl* **-eys**) valle

valuable /ˈvæljuəbl/ *adj* valioso
☛ *Comparar con* INVALUABLE **valuables** *n* [*pl*] objetos de valor

valuation /ˌvæljuˈeɪʃn/ *n* tasación

value /ˈvæljuː/ ♦ *n* **1** valor **2 values** [*pl*] (*moral*) valores LOC **to be good value** estar muy bien de precio ♦ *vt* **1** ~ **sth** (**at sth**) valorar algo (en algo) **2** ~ **sth/sb** (**as sth**) valorar, apreciar algo/a algn (como algo)

valve /vælv/ *n* válvula

vampire /ˈvæmpaɪə(r)/ *n* vampiro

van /væn/ *n* furgoneta

vandal /ˈvændl/ *n* vándalo, -a **vandalism** *n* vandalismo **vandalize, -ise** *vt* destrozar (*intencionadamente*)

the vanguard /ˈvænɡɑːd/ *n* la vanguardia

vanilla /vəˈnɪlə/ *n* vainilla

vanish /ˈvænɪʃ/ *vi* desaparecer

vanity /ˈvænəti/ *n* vanidad

vantage point /ˈvɑːntɪdʒ pɔɪnt/ *n* posición estratégica

vapour (*USA* **vapor**) /ˈveɪpə(r)/ *n* vapor

variable /ˈveəriəbl/ *adj, n* variable

variance /ˈveəriəns/ *n* discrepancia LOC **to be at variance** (**with sth/sb**) (*formal*) estar en desacuerdo (con algo/algn), discrepar de algo

variant /ˈveəriənt/ *n* variante

variation /ˌveəriˈeɪʃn/ *n* ~ (**in/of sth**) variación, variante (en/de algo)

varied /ˈveərid/ *adj* variado

variety /vəˈraɪəti/ *n* (*pl* **-ies**) variedad: *a variety of subjects* varios temas ◊ *variety show* espectáculo de variedades

various /ˈveəriəs/ *adj* varios, diversos

varnish /ˈvɑːnɪʃ/ ♦ *n* barniz ♦ *vt* barnizar

vary /ˈveəri/ *vt, vi* (*pret, pp* **varied**) variar **varying** *adj* variable: *in varying amounts* en diversas cantidades

vase /vɑːz; *USA* veɪs, veɪz/ *n* jarrón, florero

vast /vɑːst; *USA* væst/ *adj* **1** vasto: *the vast majority* la inmensa mayoría **2** (*coloq*) (*suma, cantidad*) considerable **vastly** *adv* considerablemente

VAT /ˌviː eɪ ˈtiː/ *n* (*abrev de* **value added tax**) IVA

vat /væt/ *n* tinaja

vault /vɔːlt/ ♦ *n* **1** bóveda **2** cripta **3** (*tb* **bank vault**) cámara acorazada **4** salto ♦ *vt, vi* ~ (**over**) (**sth**) saltar (algo) (*apoyándose en las manos o con pértiga*)

VDU /ˌviː diː ˈjuː/ *n* (*abrev de* **visual display unit**) (*Informát*) monitor (*de ordenador*)

veal /viːl/ *n* ternera ☛ *Ver nota en* CARNE

veer /vɪə(r)/ *vi* **1** virar, desviarse: *to veer off course* salirse del rumbo **2** (*viento*) cambiar (de dirección)

veg /vedʒ/ ♦ *n* (*pl* **veg**) (*GB, coloq*) verdura ♦ *v* (**-gg-**) PHR V **to veg out** (*coloq*) vegetar

vegetable /ˈvedʒtəbl/ *n* **1** verdura, hortaliza **2** (*persona*) vegetal

vegetarian /ˌvedʒəˈteəriən/ *adj, n* vegetariano, -a

vegetation /ˌvedʒəˈteɪʃn/ *n* vegetación

vehement /ˈviːəmənt/ *adj* vehemente, apasionado

vehicle /ˈviːəkl; *USA* ˈviːhɪkl/ *n* **1** vehículo **2** ~ (**for sth**) (*fig*) vehículo (de/para algo); medio (de algo)

veil /veɪl/ ♦ *n* **1** (*lit y fig*) velo **2** (*de monja*) toca ♦ *vt* (*fig*) velar, disimular, encubrir: *veiled in secrecy* rodeado de secreto **veiled** *adj* (*amenaza*) velado

vein /veɪn/ *n* **1** vena **2** (*Geol*) veta **3** ~ (**of sth**) (*fig*) vena, rasgo (de algo) **4** tono, estilo

velocity /vəˈlɒsəti/ *n* (*pl* **-ies**) velocidad

Velocity se emplea especialmente en contextos científicos o formales mientras que speed es de uso más general.

velvet /ˈvelvɪt/ *n* terciopelo

vending machine /ˈvendɪŋ məʃiːn/ *n* máquina expendedora

vendor /ˈvendə(r)/ *n* (*formal*) vendedor, -ora

veneer /vəˈnɪə(r)/ *n* **1** (*madera, plástico*) chapa **2** ~ (**of sth**) (*frec pey*) (*fig*) barniz (de algo)

iː	i	ɪ	e	æ	ɑː	ʌ	ʊ	uː
see	happy	sit	ten	hat	father	cup	put	too

vengeance /'vendʒəns/ n venganza: *to take vengeance on sb* vengarse de algn **LOC with a vengeance** de veras

venison /'venɪzn, 'venɪsn/ n (carne de) venado

venom /'venəm/ n **1** veneno **2** (*fig*) veneno, odio **venomous** *adj* (*lit y fig*) venenoso

vent /vent/ ◆ n **1** respiradero: *air vent* rejilla de ventilación **2** (*chaqueta, etc.*) abertura **LOC to give (full) vent to sth** dar rienda suelta a algo ◆ *vt* ~ **sth** (**on sth/sb**) descargar algo (en algo/algn)

ventilator /'ventɪleɪtə(r)/ n ventilador

venture /'ventʃə(r)/ ◆ n proyecto, empresa *Ver tb* ENTERPRISE ◆ **1** *vi* aventurarse: *They rarely ventured into the city.* Rara vez se aventuraban a ir a la ciudad. **2** *vt* (*formal*) (*opinión, etc.*) aventurar

venue /'venjuː/ n **1** lugar (*de reunión*) **2** local (*para música*) **3** campo (*para un partido*)

Venus /'viːnəs/ n Venus

verb /vɜːb/ n verbo

verbal /'vɜːbl/ *adj* verbal

verdict /'vɜːdɪkt/ n veredicto

verge /vɜːdʒ/ ◆ n borde de hierba (*en camino, jardín, etc.*) **LOC on the verge of (doing) sth** al borde de algo, a punto de hacer algo ◆ *v* PHR V **to verge on sth** rayar en algo

verification /ˌverɪfɪ'keɪʃn/ n **1** verificación, comprobación **2** ratificación

verify /'verɪfaɪ/ *vt* (*pret, pp* **-fied**) **1** (*detalles, hechos, etc.*) verificar, comprobar **2** (*versión de los hechos*) confirmar

veritable /'verɪtəbl/ *adj* (*formal, joc*) verdadero

versatile /'vɜːsətaɪl; *USA* -tl/ *adj* versátil, polifacético

verse /vɜːs/ n **1** poesía **2** estrofa **3** versículo **LOC** *Ver* CHAPTER

versed /vɜːst/ *adj* ~ **in sth** versado en algo

version /'vɜːʃn; *USA* -ʒn/ n versión

versus /'vɜːsəs/ *prep* (*Dep*) contra

vertebra /'vɜːtɪbrə/ n (*pl* **-brae** /-riː/) vértebra

vertical /'vɜːtɪkl/ *adj, n* vertical

verve /vɜːv/ n brío, entusiasmo

very /'veri/ ◆ *adv* **1** muy: *I'm very sorry.* Lo siento mucho. ◊ *not very much*

no mucho **2** *the very best* lo mejor posible ◊ *at the very latest* como muy tarde ◊ *your very own pony* un poni solo para ti **3** mismo: *the very next day* justo al día siguiente ◆ *adj* **1** *at that very moment* en ese mismísimo momento ◊ *You're the very man I need.* Eres precisamente el hombre que necesito. **2** *at the very end/beginning* justo al final/principio **3** *the very idea/ thought of...* la simple idea de.../solo pensar en... **LOC** *Ver* EYE, FIRST

vessel /'vesl/ n **1** (*formal*) buque, barco **2** (*formal*) vasija **3** conducto

vest¹ /vest/ n **1** camiseta **2** chaleco **3** (*USA*) *Ver* WAISTCOAT

vest² /vest/ *vt* **LOC to have a vested interest in sth** tener intereses creados en algo

vestige /'vestɪdʒ/ n vestigio

vet¹ /vet/ *vt* (**-tt-**) (*GB*) investigar

vet² /vet/ n **1** veterinario, -a **2** *Ver* VETERAN

veteran /'vetərən/ ◆ *adj, n* veterano, -a ◆ n (*USA, coloq* **vet**) excombatiente

veterinary surgeon n (*formal*) veterinario, -a

veto /'viːtəʊ/ ◆ n (*pl* **~es**) veto ◆ *vt* (*pt pres* **~ing**) vetar

via /'vaɪə/ *prep* por, vía: *via París* vía París

viable /'vaɪəbl/ *adj* viable

vibrate /vaɪ'breɪt; *USA* 'vaɪbreɪt/ *vt, vi* (hacer) vibrar **vibration** n vibración

vicar /'vɪkə(r)/ n párroco anglicano ☛ *Ver nota en* PRIEST **vicarage** n casa del párroco

vice¹ /vaɪs/ n vicio

vice² (*USA* **vise**) /vaɪs/ n tornillo de sujeción de banco (*de carpintero*)

vice- /vaɪs/ *pref* vice-

vice versa /ˌvaɪs 'vɜːsə/ *adv* viceversa

vicinity /və'sɪnəti/ n **LOC in the vicinity (of sth)** (*formal*) en el área alrededor (de algo)

vicious /'vɪʃəs/ *adj* **1** malicioso, cruel **2** (*ataque, golpe*) con saña **3** (*perro*) fiero **LOC a vicious circle** un círculo vicioso

victim /'vɪktɪm/ n víctima **LOC** *Ver* FALL **victimize, -ise** *vt* **1** escoger como víctima **2** tiranizar

victor /'vɪktə(r)/ n (*formal*) vencedor, -ora **victorious** /vɪk'tɔːriəs/ *adj*

u	ɒ	ɔː	ɜː	ə	j	w	eɪ	əʊ
situation	got	saw	fur	ago	yes	woman	pay	go

1 ~ (**in** sth) victorioso (en algo) **2** (*equipo*) vencedor **3 to be ~ (over** sth/sb) triunfar (sobre algo/algn)

victory /'vɪktəri/ n (pl -ies) victoria, triunfo

video /'vɪdiəʊ/ ◆ n (pl ~s) **1** vídeo: *video game* videojuego ◊ *video camera* videocámara **2** (tb **video** (**cassette**) **recorder**) (aparato de) vídeo ◆ vt (pret, pp **videoed** pt pres **videoing**) grabar (*en vídeo*) **videotape** n cinta de vídeo

view /vju:/ ◆ n **1** vista **2** (tb **viewing**) sesión: *We had a private view(ing) of the film.* Vimos la película en una sesión privada. **3** [*gen pl*] ~ (**about/on** sth) opinión, parecer (*sobre algo*) **4** (*modo de entender*) criterio, concepto **5** (*imagen*) visión **LOC in my,** etc. **view** (*formal*) en mi, etc. opinión **in view of** sth en vista de algo **with a view to doing** sth (*formal*) con miras a hacer algo *Ver tb* POINT ◆ vt **1** mirar, ver **2** ~ sth (**as** sth) ver, considerar algo (*como* algo) **3** (*informal*) visualizar **viewer** n **1** telespectador, -ora **2** espectador, -ora **3** (*aparato*) visor **viewpoint** n punto de vista

vigil /'vɪdʒɪl/ n vela, vigilia

vigilant /'vɪdʒɪlənt/ adj vigilante, alerta

vigorous /'vɪgərəs/ adj vigoroso, enérgico

vile /vaɪl/ adj (**viler**, **vilest**) repugnante, asqueroso

village /'vɪlɪdʒ/ n **1** pueblo **2** (*pequeño*) aldea **villager** n habitante (*de un pueblo*)

villain /'vɪlən/ n **1** (*esp Teat*) malo, -a **2** (*GB*, *coloq*) delincuente

vindicate /'vɪndɪkeɪt/ vt **1** rehabilitar **2** justificar

vine /vaɪn/ n **1** vid, parra **2** enredadera

vinegar /'vɪnɪgə(r)/ n vinagre

vineyard /'vɪnjəd/ n viña, viñedo

vintage /'vɪntɪdʒ/ ◆ n **1** cosecha **2** vendimia ◆ adj **1** (*vino*) añejo **2** (*fig*) clásico **3** (*GB*) (*coche*) antiguo (*fabricado entre 1917 y 1930*)

vinyl /'vaɪnl/ n vinilo

violate /'vaɪəleɪt/ vt **1** violar (*ley, normas*)

Violate casi nunca se usa en sentido sexual. En este sentido, utilizamos **rape**.

2 (*confianza*) quebrantar **3** (*intimidad*) invadir

violence /'vaɪələns/ n **1** violencia **2** (*emociones*) intensidad, violencia

violent /'vaɪələnt/ adj **1** violento **2** (*emociones*) intenso, violento

violet /'vaɪələt/ n violeta

violin /ˌvaɪə'lɪn/ n violín

virgin /'vɜːdʒɪn/ adj, n virgen

Virgo /'vɜːgəʊ/ n (pl **Virgos**) virgo *Ver ejemplos en* AQUARIUS

virile /'vɪraɪl; USA 'vɪrəl/ adj viril

virtual /'vɜːtʃuəl/ adj virtual: *virtual reality* realidad virtual **virtually** adv virtualmente, prácticamente

virtue /'vɜːtʃuː/ n **1** virtud **2** ventaja **LOC by virtue of** sth (*formal*) en virtud de algo **virtuous** adj virtuoso

virus /'vaɪrəs/ n (pl **viruses**) (*Biol, Informát*) virus

visa /'viːzə/ n visado

vis-à-vis /ˌviːz ɑː 'viː/ prep (*Fr*) **1** con relación a **2** en comparación con

vise n (*USA*) *Ver* VICE²

visible /'vɪzəbl/ adj **1** visible **2** (*fig*) patente **visibly** adv visiblemente, notablemente

vision /'vɪʒn/ n **1** vista **2** (*previsión, sueño*) visión

visit /'vɪzɪt/ ◆ vt, vi visitar **2** vt (*país*) ir a **3** vt (*persona*) ir a ver a ◆ n visita **LOC** *Ver* PAY **visiting** adj visitante (*equipo, profesor*): *visiting hours* horas de visita **visitor** n **1** visitante, visita **2** turista

vista /'vɪstə/ n, (*formal*) **1** vista, panorámica **2** (*fig*) perspectiva

visual /'vɪʒuəl/ adj visual: *visual display unit* unidad de visualización **visualize, -ise** vt **1** ~ (**yourself**) ver(se) **2** prever

vital /'vaɪtl/ adj **1** ~ (**for/to** sth/sb) vital, imprescindible (*para algo/algn*): *vital statistics* medidas femeninas **2** (*órgano, carácter*) vital **vitally** adv: *vitally important* de vital importancia

vitamin /'vɪtəmɪn; USA 'vaɪt-/ n vitamina

vivacious /vɪ'veɪʃəs/ adj animado

vivid /'vɪvɪd/ adj vivo (*colores, imaginación, etc.*) **vividly** adv vivamente

vocabulary /və'kæbjələri; USA -leri/ n (pl -ies) (tb coloq **vocab** /'vəʊkæb/) vocabulario

vocal /'vəʊkl/ ◆ adj **1** vocal: *vocal cords* cuerdas vocales **2** (*que habla* *mucho*) ruidoso: *a group of very vocal supporters* un grupo de seguidores muy ruidosos ◆ *n* [*gen pl*]: *to do the/be on vocals* ser el cantante/cantar

vocation /vəʊˈkeɪʃn/ *n* ~ (**for/to sth**) vocación (de algo) **vocational** *adj* técnico: *vocational training* formación profesional

vociferous /vəˈsɪfərəs; USA vəʊ-/ *adj* vociferante

vogue /vəʊg/ *n* ~ (**for sth**) moda (de algo) LOC **in vogue** en boga

voice /vɔɪs/ ◆ *n* voz: *to raise/lower your voice* levantar/bajar la voz ◊ *to have no voice in the matter* no tener voz en el asunto LOC **to make your voice heard** expresar uno su opinión *Ver tb* TOP[1] ◆ *vt* expresar

voicemail /ˈvɔɪsmeɪl/ *n* buzón de voz

void /vɔɪd/ ◆ *n* (*formal*) vacío ◆ *adj* (*formal*) anulado: *to make sth void* anular algo LOC *Ver* NULL

volatile /ˈvɒlətaɪl; USA -tl/ *adj* 1 (*frec pey*) (*persona*) voluble 2 (*situación*) inestable

volcano /vɒlˈkeɪnəʊ/ *n* (*pl* **-oes**) volcán

volition /vəˈlɪʃn; USA vəʊ-/ *n* (*formal*) LOC **of your own volition** por voluntad propia

volley /ˈvɒli/ *n* (*pl* **-eys**) 1 (*Dep*) volea 2 (*piedras, balas*) lluvia 3 (*fig*) retahíla

volleyball /ˈvɒlibɔːl/ *n* voleibol

volt /vəʊlt/ *n* voltio **voltage** *n* voltaje: *high voltage* alta tensión

volume /ˈvɒljuːm; USA -jəm/ *n* 1 volumen 2 (*libro*) volumen, tomo

voluminous /vəˈluːmɪnəs/ *adj* (*formal*) 1 amplio 2 (*escrito*) copioso

voluntary /ˈvɒləntri; USA -teri/ *adj* voluntario

volunteer /ˌvɒlənˈtɪə(r)/ ◆ *n* voluntario, -a ◆ 1 *vi* ~ (**for sth/to do sth**) ofrecerse (voluntario) (para algo); ofrecerse (a hacer algo) 2 *vt* ofrecer (*información, sugerencia*)

vomit /ˈvɒmɪt/ ◆ *vt, vi* vomitar ☞ Es más normal decir **be sick**. ◆ *n* vómito **vomiting** *n* vómitos

voracious /vəˈreɪʃəs/ *adj* voraz, insaciable

vote /vəʊt/ ◆ *n* 1 voto 2 votación: *to take a vote on sth/put sth to the vote* someter algo a votación 3 **the vote** el derecho al voto LOC **vote of no confidence** voto de censura **vote of thanks** palabras de agradecimiento ◆ 1 *vt, vi* votar: *to vote for/against sth/sb* votar a favor/en contra de algo/algn 2 *vt* (*dinero*) asignar 3 *vt* ~ (**that...**) (*coloq*) proponer que... **voter** *n* votante **voting** *n* votación

vouch /vaʊtʃ/ *vi* 1 ~ **for sth/sb** responder de algo/algn 2 ~ **for sth/that...** confirmar algo/que...

voucher /ˈvaʊtʃə(r)/ *n* (*GB*) vale, cupón

vow /vaʊ/ ◆ *n* voto, promesa solemne ◆ *vt* **to vow (that)...**/**to do sth** jurar que.../hacer algo

vowel /ˈvaʊəl/ *n* vocal

voyage /ˈvɔɪɪdʒ/ *n* viaje

Voyage se usa generalmente para viajes por mar, por el espacio y en sentido figurado. *Ver nota en* VIAJE.

vulgar /ˈvʌlgə(r)/ *adj* 1 vulgar 2 (*chiste, etc.*) grosero

vulnerable /ˈvʌlnərəbl/ *adj* vulnerable

vulture /ˈvʌltʃə(r)/ *n* buitre

Ww

W, w /ˈdʌbljuː/ *n* (*pl* **W's, w's** /ˈdʌbljuːz/) W, w: *W for William* W de Wenceslao ☞ *Ver ejemplos en* A, A

wade /weɪd/ 1 *vi* caminar con dificultad por agua, barro, etc. 2 *vt, vi* (*riachuelo*) vadear

wafer /ˈweɪfə(r)/ *n* barquillo

wag /wæg/ *vt, vi* (**-gg-**) 1 mover(se) (de un lado a otro) 2 (*cola*) menear(se)

wage /weɪdʒ/ ◆ *n* [*gen pl*] sueldo (*semanal*) ☞ *Comparar con* SALARY ◆ *vt* LOC **to wage (a) war/a battle (against/on sth/sb)** librar (una) batalla (contra algo/algn)

tʃ	dʒ	v	θ	ð	s	z	ʃ
chin	June	van	thin	then	so	zoo	she

wagon /ˈwægən/ n **1** (GB tb **waggon**) carromato **2** (Ferrocarril) vagón

wail /weɪl/ ◆ vi **1** gemir **2** (sirena) aullar ◆ n gemido, aullido

waist /weɪst/ n cintura

waistband /ˈweɪstbænd/ n cinturilla

waistcoat /ˈweɪskəʊt; USA ˈweskət/ (USA tb **vest**) n chaleco

waistline /ˈweɪstlam/ n cintura, talle

wait /weɪt/ ◆ **1** vi ~ **(for sth/sb)** esperar (algo/a algn): *Wait a minute...* Un momento... ◊ *I can't wait to...* Tengo muchas ganas de... ☞ *Ver nota en* ESPERAR **2** vt (turno) esperar LOC to **keep sb waiting** hacer esperar a algn PHR V **to wait on sb** servir a algn **to wait up (for sb)** esperar levantado (a algn) ◆ n espera: *We had a three-hour wait for the bus.* Nos tocó esperar el autobús tres horas. ☞ *Comparar con* AWAIT **waiter** n camarero **waitress** n camarera

waive /weɪv/ vt (formal) **1** (pago) renunciar a **2** (norma) pasar por alto

wake /weɪk/ ◆ vt, vi (pret **woke** /wəʊk/ pp **woken** /ˈwəʊkən/) ~ **(up)** despertarse, despertar a algn ☞ *Ver nota en* AWAKE y *comparar con* AWAKEN PHR V **to wake (sb) up** despabilarse, despabilar a algn **to wake up to sth** darse cuenta de algo ◆ n **1** velatorio **2** (Náut) estela LOC **in the wake of sth** después de algo

walk /wɔːk/ ◆ **1** vi andar **2** vt pasear: *I'll walk you home.* Te acompañaré a casa. **3** vt recorrer (a pie) PHR V **to walk away/off** irse **to walk into sth/sb** chocar(se) contra algo/con algn **to walk out** (coloq) declararse en huelga **to walk out of sth** largarse de algo ◆ n **1** paseo, caminata: *to go for a walk* (ir a) dar un paseo ◊ *It's a ten-minute walk.* Está a diez minutos andando. **2** andar LOC **a walk of life**: *people of all walks of life* gente de todos los tipos o profesiones **walker** n paseante **walking** n andar: *walking shoes* zapatos para caminar **walkout** n huelga

walking stick n bastón

Walkman® /ˈwɔːkmən/ n (pl **-mans**) walkman®

wall /wɔːl/ n **1** muro, pared **2** (ciudad, fig) muralla LOC *Ver* BACK¹ **walled** adj **1** amurallado **2** tapiado

wallet /ˈwɒlɪt/ n cartera (para dinero) ☞ *Comparar con* PURSE, SATCHEL

wallpaper /ˈwɔːlˌpeɪpə(r)/ n papel pintado

walnut /ˈwɔːlnʌt/ n **1** nuez **2** nogal (árbol y madera)

waltz /wɔːls; USA wɔːlts/ ◆ n vals ◆ vi bailar el vals

wand /wɒnd/ n vara: *magic wand* varita mágica

wander /ˈwɒndə(r)/ **1** vi deambular

A menudo **wander** va seguido de **around**, **about** u otras preposiciones o adverbios. En estos casos, hay que traducirlo por distintos verbos en español, y tiene el significado de distraídamente, sin propósito: *to wander in* entrar distraídamente ◊ *She wandered across the road.* Cruzó la calle distraídamente.

2 vi (pensamientos) vagar **3** vi (mirada) pasear **4** vt (calles, etc.) vagar por PHR V **to wander away/off** extraviarse (animal), alejarse

wane /weɪn/ (tb **to be on the wane**) vi menguar, disminuir (poder, entusiasmo)

wanna /ˈwɒnə/ (coloq) **1** = WANT TO *Ver* WANT **2** = WANT A *Ver* WANT

want /wɒnt; USA wɔːnt/ ◆ **1** vt, vi querer: *I want some cheese.* Quiero queso. ◊ *Do you want to go?* ¿Quieres ir?

Nótese que **would like** también significa "querer". Es más cortés que **want** y se utiliza sobre todo para ofrecer algo o para invitar a alguien: *Would you like to come to dinner?* ¿Quieres venir a cenar? ◊ *Would you like something to eat?* ¿Quieres comer algo?

2 vt necesitar: *It wants fixing.* Hay que arreglarlo. **3** vt buscar, necesitar: *You're wanted upstairs/on the phone.* Te buscan arriba./Te llaman al teléfono. ◆ n **1** [gen sing] necesidad, deseo **2** ~ **of** sth falta de algo: *for want of* por falta de ◊ *not for want of trying* no por no intentarlo **3** miseria, pobreza **wanting** adj ~ **(in sth)** (formal) falto (de algo)

war /wɔː(r)/ n **1** guerra **2** conflicto **3** ~ **(against sth/sb)** lucha (contra algo/algn) LOC **at war** en guerra **to make/wage war on sth/sb** hacerle la guerra a algo/algn *Ver tb* WAGE

ward /wɔːd/ ◆ n sala (de hospital) ◆ v PHR V **to ward sth off 1** (ataque) rechazar algo **2** (el mal) ahuyentar algo **3** (peligro) prevenir algo

warden /'wɔːdn/ n guardia, guarda Ver tb TRAFFIC

wardrobe /'wɔːdrəʊb/ n 1 (USA closet) armario (para colgar ropa) 2 vestuario

warehouse /'weəhaʊs/ n almacén

wares /weəz/ n [pl] (antic) mercancías

warfare /'wɔːfeə(r)/ n guerra

warlike /'wɔːlaɪk/ adj belicoso

warm /wɔːm/ ♦ adj (-er, -est) 1 (clima) templado: to be warm hacer calor ☞ Ver nota en FRÍO 2 (cosa) caliente 3 (persona): to be/get warm tener calor/calentarse 4 (ropa) de abrigo, abrigado 5 (fig) caluroso, cordial ♦ vt, vi ~ (sth/yourself) (up) calentar algo; calentarse PHR V to warm up 1 (Dep) calentar 2 (motor) calentarse to warm sth up recalentar algo (comida) **warming** n: global warming el calentamiento de la tierra **warmly** adv 1 calurosamente 2 warmly dressed vestido con ropa de abrigo 3 (dar las gracias) efusivamente **warmth** n 1 calor 2 (fig) simpatía, afabilidad, entusiasmo

warn /wɔːn/ vt 1 ~ sb (about/of sth) advertir a algn (de algo); prevenir a algn (contra algo): They warned us about/of the strike. Nos advirtieron de la huelga. ◊ They warned us about the neighbours. Nos previnieron contra los vecinos. 2 ~ sb that... advertir a algn que...: I warned them that it would be expensive. Les advertí que sería caro. 3 ~ sb against doing sth advertir a algn que no haga algo: They warned us against going into the forest. Nos advirtieron que no fuéramos al bosque. 4 ~ sb (not) to do sth ordenar a algn que (no) haga algo (bajo amenaza) **warning** n aviso, advertencia

warp /wɔːp/ vt, vi combar(se) **warped** adj retorcido (mente)

warrant /'wɒrənt/ USA 'wɔːr-/ ♦ n (Jur) orden: search warrant orden de registro ♦ vt (formal) justificar

warranty /'wɒrənti/ USA 'wɔːr-/ n (pl -ies) garantía Ver tb GUARANTEE

warren /'wɒrən/ USA 'wɔːrən/ n 1 conejera 2 laberinto

warrior /'wɒriə(r)/ USA 'wɔːr-/ n guerrero, -a

warship /'wɔːʃɪp/ n buque de guerra

wart /wɔːt/ n verruga

wartime /'wɔːtaɪm/ n (tiempo de) guerra

wary /'weəri/ adj (warier, wariest) cauto: to be wary of sth/sb desconfiar de algo/algn

was /wəz, wɒz; USA wʌz/ pret de BE

wash /wɒʃ/ ♦ n 1 lavado: to have a wash lavarse 2 the wash [sing]: All my shirts are in the wash. Todas mis camisas se están lavando. 3 [sing] (Náut) estela ♦ 1 vt, vi lavar(se): to wash yourself lavarse 2 vi: Water washed over the deck. El agua bañaba la cubierta. 3 vt llevar, arrastrar: to be washed overboard ser arrastrado por la borda por las olas PHR V to wash sth/sb away arrastrar algo/a algn, llevarse algo/a algn to wash off quitarse (lavando) to wash sth off quitar algo (lavando) to wash sth out lavar algo to wash over sb invadir a algn to wash up 1 (GB) fregar los platos 2 (USA) lavarse (las manos y la cara) to wash sth up 1 (GB) (platos) fregar algo 2 (mar) llevar algo a la playa **washable** adj lavable

washbasin /'wɒʃbeɪsn/ (USA washbowl) n lavabo

washing /'wɒʃɪŋ; USA 'wɔː-/ n 1 lavado 2 ropa sucia 3 colada

washing machine n lavadora

washing powder n detergente (de lavadora)

washing-up /ˌwɒʃɪŋ 'ʌp/ n platos (para fregar): to do the washing-up fregar los platos ◊ washing-up liquid (detergente) lavavajillas

washroom /'wɒʃruːm/ n (USA, eufemismo) aseos ☞ Ver nota en TOILET

wasn't /'wɒz(ə)nt/ = WAS NOT Ver BE

wasp /wɒsp/ n avispa

waste /weɪst/ ♦ adj 1 waste material/products desechos 2 baldío (terreno) ♦ vt 1 malgastar 2 (tiempo, ocasión) perder 3 (no usar) desperdiciar LOC to waste your breath perder el tiempo PHR V to waste away consumirse ♦ n 1 pérdida, desperdicio 2 (acción) derroche, despilfarro 3 [incontable] desechos, basura: nuclear waste residuos nucleares LOC a waste of space (coloq) un inútil: He's a complete waste of space. No sirve absolutamente para nada. to go/run to waste echarse a perder, desperdiciarse **wasted** adj inútil (viaje, esfuerzo) **wasteful** adj 1 derrochador 2 (método, proceso) antieconómico

u	ɒ	ɔː	ɜː	ə	j	w	eɪ	əʊ
situation	got	saw	fur	ago	yes	woman	pay	go

wasteland /ˈweɪstlænd/ n tierra baldía

waste-paper basket /ˌweɪst ˈpeɪpə bɑːskɪt/ n papelera *Ver dibujo en* BIN

watch /wɒtʃ/ ◆ n 1 reloj (de pulsera) *Ver dibujo en* RELOJ 2 (turno de) guardia 3 (personas) guardia, vigías LOC **to keep watch** (over sth/sb) vigilar (algo/a algn) *Ver tb* CLOSE¹ ◆ 1 vt, vi observar, mirar *Ver nota en* MIRAR 2 vt, vi (espiar) vigilar, observar 3 vt (TV, Dep) ver 4 vt, vi ~ (over) sth/sb cuidar (algo/a algn) 5 vi ~ for sth estar atento a algo; esperar algo 6 vt tener cuidado con, fijarse en: *Watch your language.* No digas palabrotas. LOC **to watch your step** tener cuidado PHR V **to watch out** tener cuidado: *Watch out!* ¡Cuidado! **to watch out for sth/sb** estar atento a algo/algn: *Watch out for that hole.* Cuidado con ese agujero. **watchful** adj vigilante, alerta

watchdog /ˈwɒtʃdɒɡ/ n organismo de control

water /ˈwɔːtə(r)/ ◆ n agua: *water sports* deportes acuáticos LOC **under water** 1 bajo el agua, debajo del agua 2 inundado *Ver tb* FISH ◆ 1 vt (planta) regar 2 vi (ojos) llorar 3 vi (boca) hacerse agua PHR V **to water sth down** 1 diluir algo con agua 2 (fig) suavizar algo

watercolour (USA -color) /ˈwɔːtəkʌlə(r)/ n acuarela

watercress /ˈwɔːtəkres/ n [incontable] berro

waterfall /ˈwɔːtəfɔːl/ n cascada, catarata

watermelon /ˈwɔːtəmelən/ n sandía

waterproof /ˈwɔːtəpruːf/ adj, n impermeable

watershed /ˈwɔːtəʃed/ n momento decisivo/crítico

water-skiing /ˈwɔːtə skiːɪŋ/ n esquí acuático

watertight /ˈwɔːtətaɪt/ adj 1 estanco, hermético 2 (argumento) irrebatible

waterway /ˈwɔːtəweɪ/ n vía fluvial, canal

watery /ˈwɔːtəri/ adj 1 (pey) aguado 2 (color) pálido 3 (ojos) lloroso

watt /wɒt/ n vatio

wave /weɪv/ ◆ 1 vt, vi agitar(se) 2 vi (bandera) ondear 3 vi ~ (at/to sb) hacer señas con la mano a algn) 4 vt, vi (pelo, etc.) ondular(se) PHR V **to wave sth aside** rechazar algo (protesta) ◆ n 1 ola 2 (fig) oleada 3 seña (con la mano) 4 (Fís, pelo) onda **wavelength** n longitud de onda

waver /ˈweɪvə(r)/ vi 1 flaquear 2 (voz) temblar 3 vacilar

wavy /ˈweɪvi/ adj (wavier, waviest) 1 ondulado 2 ondulante

wax /wæks/ n cera

way /weɪ/ ◆ n 1 way (from... to...) camino (de... a...): *to ask/tell sb the way* preguntarle/indicarle a algn por dónde se va ◊ *across/over the way* enfrente/al otro lado de la calle ◊ *way out* salida ◊ *a long way (away)* lejos *Ver nota en* FAR 2 **Way** (en nombres) vía 3 paso: *Get out of my way!* ¡Quítate de en medio! 4 dirección: *'Which way?' 'That way.'* —¿Por dónde? —Por ahí. 5 forma, manera: *Do it your own way!* ¡Hazlo como quieras! 6 [gen pl] costumbre LOC **by the way** a propósito **in a/one way; in some ways** en cierto modo **no way!** (coloq) ¡ni hablar! **one way or another** como sea **on the way** en (el) camino: *to be on your way* irse **the other way (a)round** 1 al revés 2 por el otro camino **to divide, split, etc. sth two, three, etc. ways** dividir algo entre dos, tres, etc. **to get/have your own way** salirse con la suya **to give way (to sth/sb)** 1 ceder (ante algo/algn) 2 ceder el paso (a algo/algn) **to give way to sth** entregarse a algo, dejarse dominar por algo **to go out of your way (to do sth)** tomarse la molestia (de hacer algo) **to make way (for sth/sb)** dejar paso (a algo/algn) **to make your way (to/towards sth)** irse (a/hacia algo) **under way** en marcha **way of life** estilo de vida **ways and means** medios *Ver tb* BAR, FEEL, FIGHT, FIND, HARD, HARM, LEAD², LOSE, MEND, PAVE ◆ adv (coloq) muy: *way ahead* muy por delante LOC **way back** hace mucho tiempo: *way back in the fifties* allá por los años cincuenta

we /wiː/ pron pers nosotros: *Why don't we go?* ¿Por qué no vamos? *El pron pers* no se puede omitir en inglés. *Comparar con* US

weak /wiːk/ adj (-er, -est) 1 débil 2 (Med) delicado 3 (bebida) flojo 4 ~ (at/in/on sth) flojo (en algo) **weaken** 1 vt, *vi* debilitar(se) **2** *vi* ceder **weakness** *n* **1** debilidad **2** flaqueza

wealth /welθ/ *n* **1** [*incontable*] riqueza **2** ~ **of sth** abundancia de algo **wealthy** *adj* (**-ier, -iest**) rico

weapon /'wepən/ *n* arma

wear /weə(r)/ ◆ (*pret* **wore** /wɔː(r)/ *pp* **worn** /wɔːn/) **1** *vt* (*ropa, gafas, etc.*) llevar **2** *vt* (*expresión*) tener **3** *vt, vi* desgastar(se) **4** *vt* (*agujero, etc.*) hacer **5** *vi* durar PHR V **to wear (sth) away** desgastar algo/desgastarse por completo **to wear sb down** agotar a algn **to wear sth down** minar algo **to wear (sth) down/out** desgastar algo/desgastarse **to wear off** desaparecer (*novedad, etc.*) **to wear sb out** agotar a algn

¿**Wear** o **carry**? **Wear** se utiliza para referirse a ropa, calzado y complementos, y también a perfumes y gafas: *Do you have to wear a suit at work?* ¿Tienes que llevar traje para ir a trabajar? ◊ *What perfume are you wearing?* ¿Qué perfume llevas? ◊ *He doesn't wear glasses.* No lleva gafas. Utilizamos **carry** cuando nos referimos a objetos que llevamos con nosotros, especialmente en las manos o en los brazos: *She wasn't wearing her raincoat, she was carrying it over her arm.* No llevaba puesta la gabardina, la tenía en el brazo.

◆ *n* **1** desgaste **2** uso **3** ropa: *ladies' wear* ropa de señora LOC **wear and tear** desgaste por el uso

weary /'wɪəri/ *adj* (**-ier, -iest**) **1** agotado **2** ~ **of sth** hastiado de algo

weather /'weðə(r)/ ◆ *n* tiempo: *weather forecast* parte meteorológico LOC **under the weather** (*coloq*) pachucho ◆ *vt* superar (*crisis*)

weave /wiːv/ (*pret* **wove** /wəʊv/ *pp* **woven** /'wəʊvn/) **1** *vt* ~ **sth (out of/from sth)** tejer algo (con algo) **2** *vt* ~ **sth into sth** (*fig*) incluir algo en algo **3** *vi* (*pret, pp* **weaved**) serpentear

web /web/ *n* **1** telaraña **2** (*fig*) red **3** (*engaños*) sarta **4 the Web** la web: *web page* página web ◊ *web site* sitio web

we'd /wiːd/ **1** = WE HAD *Ver* HAVE **2** = WE WOULD *Ver* WOULD

wedding /'wedɪŋ/ *n* boda: *wedding ring/cake* alianza/pastel de bodas ☞ *Ver nota en* BODA LOC **golden/silver wedding** bodas de oro/plata

wedge /wedʒ/ ◆ *n* **1** cuña **2** (*queso, pastel*) pedazo (grande) **3** (*limón*) trozo (*en forma de gajo*) ◆ *vt* **1** *to wedge sth open/shut* mantener algo abierto/cerrado con calza **2** *to wedge itself/get wedged* atascarse **3** (*esp personas*) apretujar

Wednesday /'wenzdeɪ, 'wenzdi/ *n* (*abrev* **Wed**) miércoles ☞ *Ver ejemplos en* MONDAY

wee /wiː/ *adj* **1** (*Escocia*) pequeñito **2** (*coloq*) poquito: *a wee bit* un poquitín

weed /wiːd/ ◆ *n* **1** mala hierba **2** [*incontable*] (*en agua*) algas **3** (*coloq, pey*) enclenque **4** (*coloq, pey*) persona sin carácter: *He's a weed.* No tiene carácter. ◆ *vt* escardar PHR V **to weed sth/sb out** eliminar algo/a algn

weedkiller /'wiːdkɪlə(r)/ *n* herbicida

week /wiːk/ *n* semana: *35-hour week* semana laboral de 35 horas LOC **a week on Monday/Monday week** el lunes no, el siguiente, del lunes en ocho días **a week today/tomorrow** de hoy/mañana en ocho días **weekday** *n* día laborable **weekend** /ˌwiːk'end/ *n* fin de semana

En Gran Bretaña se dice at the weekend, pero en los Estados Unidos se dice on the weekend: *Let's meet up at the weekend/(USA) on the weekend.* A ver si quedamos este fin de semana.

weekly /'wiːkli/ ◆ *adj* semanal ◆ *adv* semanalmente ◆ *n* (*pl* **-ies**) semanario

weep /wiːp/ *vi* (*pret, pp* **wept** /wept/) ~ **(for/over sth/sb)** (*formal*) llorar (por algo/algn) **weeping** *n* llanto

weigh /weɪ/ **1** *vt, vi* pesar **2** *vt* ~ **(up)** sopesar algo **3** *vi* ~ **(against sth/sb)** influir (en contra de algo/algn) LOC **to weigh anchor** levar anclas PHR V **to weigh sb down** abrumar a algn **to weigh sth/sb down**: *weighed down with luggage* muy cargado de equipaje

weight /weɪt/ ◆ *n* **1** (*lit y fig*) peso: *by weight* a peso **2** pesa, peso LOC **to lose/put on weight** (*persona*) adelgazar/engordar *Ver tb* CARRY, PULL ◆ *vt* **1** poner peso o pesas en **2** ~ **sth (down) (with sth)** sujetar algo (con algo)

weighting *n* **1** (*GB*): *London weighting* complemento salarial por trabajar en Londres **2** importancia **weightless** *adj* ingrávido **weighty** *adj* (**-ier, -iest**) **1** pesado **2** (*fig*) de peso, importante

tʃ	dʒ	v	θ	ð	s	z	ʃ
chin	June	van	thin	then	so	zoo	she

weightlifting /'weɪtlɪftɪŋ/ n levantamiento de pesas

weir /wɪə(r)/ n presa (colocada en la
corriente de un río)

weird /wɪəd/ adj (-er, -est) 1 sobrenatural, misterioso 2 (coloq) raro

welcome /'welkəm/ ◆ adj 1 bienvenido 2 agradable LOC **to be welcome to
sth/to do sth**: You're welcome to use my
car/to stay. Mi coche está a tu disposición./Estás invitado a quedarte. **you're
welcome** de nada ◆ n bienvenida,
acogida ◆ vt 1 dar la bienvenida a,
recibir 2 agradecer 3 acoger, recibir
welcoming adj acogedor

weld /weld/ vt, vi soldar(se)

welfare /'welfeə(r)/ n 1 bienestar
2 asistencia: the Welfare State el Estado
del bienestar 3 (USA) Ver SOCIAL
SECURITY

we'll /wiːl/ 1 = WE SHALL Ver SHALL 2
= WE WILL Ver WILL

well¹ /wel/ ◆ n pozo ◆ vi ~ (out/up)
brotar

well² /wel/ ◆ adj (comp **better**
/'betə(r)/ superl **best** /best/) bien: to be
well estar bien ◊ to get well reponerse
◆ adv (comp **better** /'betə(r)/ superl
best /best/) 1 bien: a well-dressed
woman una mujer bien vestida ☞ Ver
nota en WELL BEHAVED 2 [después de can,
could, may, might]: I can well believe
it. Lo creo totalmente. ◊ I can't very
well leave. No puedo irme sin más.
LOC **as well** también ☞ Ver nota en
TAMBIÉN **as well as** además de may/
might (just) **as well do sth**: We may/
might as well go home. Bien podríamos
írnos a casa. **to do well** 1 progresar
2 [solo en tiempo continuo] (paciente)
recuperarse **well and truly** (coloq)
completamente Ver tb DISPOSED, JUST,
MEAN¹, PRETTY

well³ /wel/ interj 1 (asombro) vaya:
Well, look who's here! ¡Vaya, vaya! Mira
quién está aquí. 2 (resignación) bueno:
Oh well, that's that then. Bueno, qué le
vamos a hacer. 3 (interrogación) ¿y
entonces? 4 (duda) pues: Well, I don't
know... Pues, no sé...

well behaved adj bien educado: to be
well behaved portarse bien ☞ Nótese
que los adjetivos formados por well
más otra palabra suelen escribirse en
dos palabras cuando se usan detrás del
verbo: They are always well behaved. y

con guion cuando van seguidos de un
sustantivo: well-behaved children.

well-being /'wel biːɪŋ/ n bienestar

well earned /'wel ɜːnd/ adj merecido
☞ Ver nota en WELL BEHAVED

wellington /'welɪŋtən/ (tb wellington
boot) (tb coloq welly) n [gen pl] (GB)
katiusca

well kept /'wel kept/ adj 1 cuidado,
bien conservado 2 (secreto) bien guardado ☞ Ver nota en WELL BEHAVED

well known adj muy conocido, famoso:
It's a well-known fact that... Es sabido
que... ☞ Ver nota en WELL BEHAVED

well meaning adj bienintencionado
☞ Ver nota en WELL BEHAVED

well off adj acomodado, rico

well-to-do /ˌwel tə 'duː/ adj acomodado

welly /'weli/ n (pl -ies) (GB, coloq) Ver
WELLINGTON

went pret de GO¹

wept pret, pp de WEEP

we're /wɪə(r)/ = WE ARE Ver BE

were /wə(r), wɜː(r)/ pret de BE

weren't /wɜːnt/ = WERE NOT Ver BE

west (tb West) /west/ ◆ n 1 (abrev W)
oeste: I live in the west of Scotland. Vivo
en el oeste de Escocia. 2 the West (el)
Occidente, los países occidentales ◆
adj (del) oeste, occidental: west winds
vientos del oeste ◆ adv al oeste: to
travel west viajar hacia el oeste Ver tb
WESTWARD(S)

westbound /'westbaʊnd/ adj en/con
dirección oeste

western /'westən/ ◆ adj (tb Western)
(del) oeste, occidental ◆ n novela o
película del oeste **westerner** n occidental

westward(s) /'westwəd(z)/ adv hacia
el oeste Ver tb WEST adv

wet /wet/ ◆ adj (wetter, wettest)
1 mojado: to get wet mojarse 2 húmedo:
in wet places en lugares húmedos
3 (tiempo) lluvioso 4 (pintura, etc.)
fresco 5 (GB, coloq, pey) (persona)
parado ◆ n 1 the wet lluvia: Come in
out of the wet. Entra y resguárdate de
la lluvia. 2 humedad ◆ (pret, pp wet o
wetted) 1 vt mojar, humedecer: to wet
the/your bed mojarse pis en la cama
2 v refl **to wet yourself** orinarse

we've /wiːv/ = WE HAVE Ver HAVE

iː	i	ɪ	e	æ	ɑː	ʌ	ʊ	uː
see	happy	sit	ten	hat	father	cup	put	too

whack /wæk/ ◆ *vt* (*coloq*) dar un buen
golpe a ◆ *n* porrazo

whale /weɪl/ *n* ballena

wharf /wɔːf/ *n* (*pl* ~s *o* -ves /wɔːvz/)
muelle

what /wɒt/ ◆ *adj interr* qué: *What time
is it?* ¿Qué hora es? ◊ *What colour is it?*
¿De qué color es? ◆ *pron interr* qué:
What did you say? ¿Qué has dicho? ◊
What's her phone number? ¿Cuál es su
número de teléfono? ◊ *What's your
name?* ¿Cómo te llamas?

¿Which o what? Which se refiere a
uno o más miembros de un grupo limitado: *Which is your car, this one or that
one?* ¿Cuál es tu coche, este o aquel?
What se usa cuando el grupo no es tan
limitado: *What are your favourite
books?* ¿Cuáles son tus libros preferi-
dos?

LOC **what about...?** 1 ¿qué te parece
si...? **2** ¿y qué es de...? **what if...?** ¿y
(qué pasa) si...?: *What if it rains?* ¿Y si
llueve? ◆ *adj rel:* *what money I have*
(todo) el dinero que tenga ◆ *pron rel* lo
que, qué: *I know what you're thinking.*
Sé lo que estás pensando. ◆ *adj* qué:
What a pity! ¡Qué pena! ◆ *interj* **1 what!**
¡cómo! **2 what?** (*coloq*) ¿qué?, ¿cómo?

whatever /wɒt'evə(r)/ ◆ *pron* **1** (todo)
lo que: *Give whatever you can.* Dé lo que
pueda. **2** *whatever happens* pase lo que
pase LOC **or whatever** (*coloq*) o el/la/lo
que sea: *... basketball, swimming or
whatever. ...* baloncesto, natación o lo
que sea. ◆ *adj* cualquier: *I'll be in
whatever time you come.* Estaré a cualquier hora que vengas. ◆ *pron interr*
qué (demonios): *Whatever can it be?*
¿Qué demonios puede ser? ◆ *adv* (*tb*
whatsoever) en absoluto: *nothing
whatsoever* nada en absoluto

wheat /wiːt/ *n* trigo

wheel /wiːl/ ◆ *n* **1** rueda **2** volante ◆
1 *vt* (*bicicleta, etc.*) empujar **2** *vt*
(*persona*) llevar **3** *vi* (*pájaro*) revolotear
4 *vi* ~ ((a)**round**) darse la vuelta

wheelbarrow /'wiːlbærəʊ/ (*tb* **barrow**)
n carretilla (*de mano*)

wheelchair /'wiːltʃeə(r)/ *n* silla de
ruedas

wheeze /wiːz/ *vi* respirar con dificultad, resollar

when /wen/ ◆ *adv interr* cuándo:
When did he die? ¿Cuándo murió? ◊ *I*
don't know when she arrived. No sé
cuándo llegó. ◆ *adv rel* (en) que, en (el/
la/los/las) que: *There are times when...*
Hay veces en que... ◆ *conj* cuando: *It
was raining when I arrived.* Llovía
cuando llegué. ◊ *I'll call you when I'm
ready.* Te llamaré cuando esté lista.

whenever /wen'evə(r)/ *conj* **1** cuando:
Come whenever you like. Ven cuando
quieras. **2** (*todas las veces que*) siempre
que: *You can borrow my car whenever
you want.* Puedes usar mi coche
siempre que quieras.

where /weə(r)/ ◆ *adv interr* dónde:
Where are you going? ¿Adónde vas? ◊ *I
don't know where it is.* No sé dónde está.
◆ *adv rel* donde: *the town where I was
born* el pueblo en que nací ◆ *conj*
donde: *Stay where you are.* Quédate
donde estás.

whereabouts /'weərəbaʊts/ ◆ *adv
interr* dónde ◆ *n* [*v sing o pl*] paradero

whereas /ˌweər'æz/ *conj* (*formal*)
mientras que

whereby /weə'baɪ/ *adv rel* (*formal*)
según/por el/la/lo cual

whereupon /ˌweərə'pɒn/ *conj* (*formal*) tras lo cual

wherever /ˌweər'evə(r)/ ◆ *conj* don-
dequiera que: *wherever you like* donde
quieras ◆ *adv interr* dónde (demonios)

whet /wet/ *vt* (-tt-) LOC **to whet sb's
appetite** abrir el apetito a algn

whether /'weðə(r)/ *conj* si: *I'm not sure
whether to resign or stay on.* No sé si
dimitir o continuar. ◊ *It depends on
whether the letter arrives on time.*
Depende de si la carta llega a tiempo.
LOC **whether or not**: *whether or not it
rains/whether it rains or not* tanto si
llueve como si no

which /wɪtʃ/ ◆ *adj interr* qué: *Which
book did you take?* ¿Qué libro te han
llevado? ◊ *Do you know which one is
yours?* ¿Sabes cuál es el tuyo? ☛ *Ver
nota en* WHAT ◆ *pron interr* cuál: *Which
is your favourite?* ¿Cuál es tu preferido?
☛ *Ver nota en* WHAT ◆ *adj rel, pron rel*
1 [*sujeto*] que: *the book which is on the
table* el libro que está sobre la mesa
2 [*complemento*] que: *the article (which)
I read yesterday* el artículo que leí ayer
3 (*formal*) [*después de preposición*] el/
la/lo cual: *her work, about which I
know nothing...* su trabajo, del cual no
sé nada... ◊ *in which case* en cuyo caso

u	ɒ	ɔː	ɜː	ə	j	w	eɪ	əʊ
situation	got	saw	fur	ago	yes	woman	pay	go

◊ *the bag in which I put it* la bolsa en la que lo puse ☛ Este uso es muy formal. Lo más normal es poner la preposición al final: *the bag which I put it in*

whichever /wɪtʃ'evə(r)/ *pron, adj* **1** el/la que: *whichever you like* el que quieras **2** cualquiera: *It's the same, whichever route you take.* No importa la ruta que elijas.

whiff /wɪf/ *n* ~ **(of sth)** aroma/tufo (a algo); soplo (de algo)

while /waɪl/ ◆ *n* [*sing*] tiempo, rato: *for a while* durante un rato LOC *Ver* ONCE, WORTH ◆ (*tb* **whilst** /waɪlst/) *conj* **1** (*tiempo*) mientras **2** (*contraste*) mientras (que): *I drink coffee while she prefers tea.* Yo tomo café, mientras que ella prefiere té. **3** (*formal*) aunque: *While I admit that...* Aunque admito que... LOC **while you're at it** ya que estás, vas, etc. ◆ *v* PHR V **to while sth away** pasar algo: *to while the morning away* pasar la mañana

whim /wɪm/ *n* capricho, antojo

whimper /'wɪmpə(r)/ ◆ *vi* lloriquear ◆ *n* lloriqueo

whine /waɪn/ ◆ **1** *vi* gemir **2** *vi, vt* gimotear **3** *vi* ~ **about sth** quejarse de algo ◆ *n* gemido

whip /wɪp/ ◆ *n* **1** azote, látigo **2** (*Pol*) diputado, -a encargado, -a de la disciplina de su grupo parlamentario ◆ *vt* (-pp-) **1** azotar **2** ~ **sth (up) (into sth)** (*Cocina*) batir algo (hasta obtener algo): *whipped cream* nata montada PHR V **to whip sth up 1** preparar algo rápidamente **2** causar algo

whirl /wɜːl/ ◆ **1** *vt, vi* (hacer) girar **2** *vi* (*hojas*) arremolinarse **3** *vi* (*cabeza*) dar vueltas ◆ *n* [*sing*] **1** giro **2** remolino: *a whirl of dust* un remolino de polvo **3** (*fig*) torbellino: *My head is in a whirl.* La cabeza me da vueltas.

whirlpool /'wɜːlpuːl/ *n* remolino

whirlwind /'wɜːlwɪnd/ ◆ *n* torbellino ◆ *adj* (*fig*) relámpago

whirr (*esp USA* **whir**) /wɜː(r)/ ◆ *n* zumbido ◆ *vi* zumbar

whisk /wɪsk/ ◆ *n* batidor, batidora (eléctrica) ◆ *vt* (*Cocina*) batir PHR V **to whisk sth/sb away/off** llevarse algo/a algn volando

whiskers /'wɪskəz/ *n* [*pl*] **1** (*de animal*) bigotes **2** (*de hombre*) patillas

whisky /'wɪski/ *n* (*pl* **-ies**) (*USA o Irl* **whiskey**) whisky, güisqui

whisper /'wɪspə(r)/ ◆ **1** *vi* susurrar **2** *vi* cuchichear **3** *vt* decir en voz baja ◆ *n* **1** cuchicheo **2** susurro

whistle /'wɪsl/ ◆ *n* **1** silbido, pitido **2** silbato, pito ◆ *vt, vi* silbar, pitar

white /waɪt/ ◆ *adj* (**-er, -est**) **1** blanco: *white coffee* café con leche **2** ~ **(with sth)** pálido (de algo) ◆ *n* **1** blanco **2** clara (*de huevo*) ☛ *Comparar con* YOLK

white-collar /ˌwaɪt 'kɒlə(r)/ *adj* de oficina: *white-collar workers* oficinistas

whiteness /'waɪtnəs/ *n* blancura

White Paper *n* (*GB*) libro blanco (*de gobierno*)

whitewash /'waɪtwɒʃ/ ◆ *n* lechada de cal, jalbegue ◆ *vt* **1** enjalbegar **2** (*fig*) encubrir

who /huː/ ◆ *pron interr* quién, quiénes: *Who are they?* ¿Quiénes son? ◊ *Who did you meet?* ¿A quién te encontraste? ◊ *Who is it?* ¿Quién es? ◊ *They wanted to know who had rung.* Querían saber quién había llamado. ◆ *pron rel* **1** (*sujeto*) que: *people who eat garlic* gente que come ajo ◊ *the man who wanted to meet you* el hombre que quería conocerte ◊ *all those who want to go* todos los que quieran ir **2** [*complemento*] que: *I bumped into a woman (who) I knew.* Me topé con una mujer a la que conocía. ◊ *the man (who) I had spoken to* el hombre con el que había hablado ☛ *Ver nota en* WHOM

whoever /huː'evə(r)/ *pron* **1** quien: *Whoever gets the job...* Quien consiga el puesto de trabajo... **2** quienquiera que

whole /həʊl/ ◆ *adj* **1** entero: *a whole bottle* una botella entera **2** (*coloq*) todo: *to forget the whole thing* olvidar todo el asunto ◆ *n* todo: *the whole of August* todo agosto LOC **on the whole** en general

wholehearted /ˌhəʊl'hɑːtɪd/ *adj* incondicional **wholeheartedly** *adv* sin reservas

wholemeal /'həʊlmiːl/ *adj* integral: *wholemeal bread* pan integral

wholesale /'həʊlseɪl/ *adj, adv* **1** al por mayor **2** total: *wholesale destruction* destrucción total

wholesome /'həʊlsəm/ *adj* sano, saludable

wholly /'həʊlli/ *adv* totalmente

whom /huːm/ ◆ *pron interr* (*formal*) a quién: *Whom did you meet there?* ¿Con quién te encontraste allí? ◊ *To whom did you give the money?* ¿A quién diste el dinero? ☛ Este uso es muy formal. Lo más normal es decir: *Who did you meet there?* ◊ *Who did you give the money to?* ◆ *pron rel (formal)*: *the investors, some of whom bought shares* los inversores, algunos de los cuales compraron acciones ◊ *the person to whom this letter was addressed* la persona a quien iba dirigida esta carta ☛ Este uso es muy formal. Sería mucho más corriente decir: *the person this letter was addressed to.*

whoops! /wʊps/ (*tb* oops!) *interj* ¡ay!

whose /huːz/ ◆ *pron interr, adj interr* de quién: *Whose house is that?* ¿De quién es esa casa? ◊ *I wonder whose it is.* Me pregunto de quién es. ◆ *adj rel* cuyo, -a, -os, -as: *the people whose house we stayed in* las personas en cuya casa estuvimos

why /waɪ/ *adv interr, adv rel* por qué: *Why was she so late?* ¿Por qué llegó tan tarde? ◊ *Can you tell me the reason why you are so unhappy?* ¿Me puedes decir por qué eres tan desgraciado? **LOC why not** por qué no: *Why not go to the cinema?* ¿Por qué no vamos al cine?

wicked /ˈwɪkɪd/ *adj* (-er, -est) **1** malvado **2** malicioso **3** (*coloq*) genial **wickedness** *n* maldad

wicker /ˈwɪkə(r)/ *n* mimbre

wicket /ˈwɪkɪt/ *n* (*en críquet*) **1** meta, palos **2** terreno

wide /waɪd/ ◆ *adj* (**wider, widest**) **1** ancho: *How wide is it?* ¿Cuánto mide de ancho? ◊ *It's two metres wide.* Tiene dos metros de ancho. ☛ *Ver nota en* BROAD **2** (*fig*) amplio: *a wide range of possibilities* una amplia gama de posibilidades **3** extenso ◆ *adv* muy: *wide awake* completamente despierto **LOC wide open** abierto de par en par *Ver tb* FAR **widely** *adv* extensamente, mucho: *widely used* muy utilizado **widen** *vt, vi* ensanchar(se), ampliar(se)

wide-ranging /ˌwaɪd ˈremdʒɪŋ/ *adj* de gran alcance (*investigación, etc.*), muy diverso

widespread /ˈwaɪdspred/ *adj* general, difundido

widow /ˈwɪdəʊ/ *n* viuda **widowed** *adj* viudo **widower** *n* viudo

width /wɪdθ, wɪtθ/ *n* anchura, ancho

wield /wiːld/ *vt* **1** (*arma, etc.*) empuñar, blandir **2** (*poder*) ejercer

wife /waɪf/ *n* (*pl* **wives** /waɪvz/) mujer, esposa

wig /wɪg/ *n* peluca

wiggle /ˈwɪgl/ *vt, vi* (*coloq*) menear(se)

wild /waɪld/ ◆ *adj* (-er. -est) **1** salvaje **2** (*planta*) silvestre **3** (*paisaje*) agreste **4** (*tiempo*) tempestuoso **5** desenfrenado **6** (*enojado*) furioso **7** (*coloq*) (*entusiasmado*) loco ◆ *n* **1 the wild** [*pl*] la selva: *in the wild* en estado salvaje **2 the wilds** (las) tierras remotas

wilderness /ˈwɪldənəs/ *n* **1** tierra no cultivada, desierto **2** (*fig*) selva

wildlife /ˈwaɪldlaɪf/ *n* fauna

wildly /ˈwaɪldli/ *adv* **1** locamente, como loco **2** violentamente, furiosamente

wilful (*USA tb* **willful**) /ˈwɪlfl/ *adj* (*pey*) **1** (*acto*) voluntario, intencionado **2** (*delito*) premeditado **3** (*persona*) testarudo **wilfully** *adv* deliberadamente

will /wɪl/ (*contracción* **'ll** *neg* **will not** o **won't** /wəʊnt/) ◆ *v aux* para formar el futuro: *He'll come, won't he?* Vendrá, ¿verdad? ◊ *I hope it won't rain.* Espero que no llueva. ◊ *That'll be the postman.* Será el cartero. ◊ *You'll do as you're told.* Harás lo que te manden. ☛ *Ver nota en* SHALL ◆ *v modal*

Will es un verbo modal al que sigue un infinitivo sin TO, y las oraciones interrogativas y negativas se construyen sin el auxiliar do. Ver tb págs 322-23.

1 (*voluntad, determinación*): *She won't go.* No quiere ir. ◊ *Will the car start?* ¿El coche arranca o no arranca? ☛ *Ver nota en* SHALL **2** (*oferta, petición*): *Will you help me?* ¿Puedes ayudarme? ◊ *Will you stay for tea?* ¿Quieres quedarte a tomar té? ◊ *Won't you sit down?* ¿No quieres sentarte? **3** (*regla general*): *Oil will float on water.* El aceite flota en el agua. ◆ *n* **1** voluntad **2** deseo **3** (*tb* **testament**) testamento **LOC at will** libremente *Ver tb* FREE

willing /ˈwɪlɪŋ/ *adj* **1** complaciente, bien dispuesto **2** ~ (**to do sth**) dispuesto (a hacer algo) **3** (*apoyo, etc.*) espontáneo **willingly** *adv* voluntariamente, de buena gana **willingness** *n* **1** buena voluntad **2** ~ (**to do sth**) voluntad (de hacer algo)

willow /ˈwɪləʊ/ (*tb* **willow tree**) *n* sauce

will-power /ˈwɪl paʊə(r)/ *n* fuerza de voluntad

tʃ	dʒ	v	θ	ð	s	z	ʃ
chin	**June**	**van**	**thin**	**then**	**so**	**zoo**	**she**

wilt /wɪlt/ *vi* **1** marchitarse **2** (*fig*) decaer

win /wɪn/ ◆ (-nn-) (*pret, pp* **won** /wʌn/) **1** *vi* ganar **2** *vt* ganar, llevarse **3** *vt* (*victoria*) conseguir, lograr **4** *vt* (*apoyo, amigos*) ganarse, granjearse LOC *Ver* TOSS PHR V **to win sth/sb back** recuperar algo/a algn **to win sb over/round (to sth)** convencer a algn (de que haga algo) ◆ *n* victoria

wince /wɪns/ *vi* **1** hacer una mueca de dolor **2** hacer un gesto de disgusto

wind¹ /wɪnd/ *n* **1** viento **2** aliento, resuello **3** [*incontable*] gases LOC **to get wind of sth** enterarse de algo *Ver tb* CAUTION

wind² /waɪnd/ (*pret, pp* **wound** /waʊnd/) **1** *vi* serpentear **2** *vt* ~ **sth round/onto sth** enrollar algo alrededor de algo **3** *vt* ~ **sth (up)** dar cuerda a algo PHR V **to wind down 1** (*persona*) relajarse **2** (*actividad*) llegar a su fin **to wind sb up** (*coloq*) **1** poner nervioso a algn **2** (*fastidiar*) provocar a algn **to wind (sth) up** terminar algo, concluir (algo) **to wind sth up** liquidar algo (*negocio*) **winding** *adj* **1** tortuoso, serpenteante **2** (*escalera*) de caracol

windfall /ˈwɪndfɔːl/ *n* **1** fruta caída (del árbol) **2** (*fig*) sorpresa caída del cielo

windmill /ˈwɪndmɪl/ *n* molino de viento

window /ˈwɪndəʊ/ *n* **1** ventana **2** (*coche, taquilla*) ventanilla **3** (*tb* **window pane**) cristal, luna **4** escaparate, vitrina

window-shopping /ˈwɪndəʊ ʃɒpɪŋ/ *n*: **to go window-shopping** ir de escaparates

window sill (*tb* **window ledge**) *n* alféizar

windscreen /ˈwɪndskriːn/ (*USA* **windshield**) *n* parabrisas

windsurfing /ˈwɪndsɜːfɪŋ/ *n* windsurf

windy /ˈwɪndi/ *adj* (-ier. -iest) **1** ventoso **2** (*lugar*) expuesto al viento

wine /waɪn/ *n* vino: **wine glass** copa (para vino) ☞ *Ver dibujo en* TAZA

wing /wɪŋ/ *n* **1** (*gen, Arquit, Pol*) ala: **the right/left wing of the party** el ala derecha/izquierda del partido **2** (*vehículo*) aleta **3 the wings** [*pl*] bastidores

wink /wɪŋk/ ◆ **1** *vi* ~ **(at sb)** guiñar el ojo (a algn) **2** *vi* (*luz*) parpadear, titilar **3** *vt* (*ojo*) guiñar ◆ *n* guiño

winner /ˈwɪnə(r)/ *n* ganador, -ora

winning /ˈwɪnɪŋ/ *adj* **1** ganador **2** premiado **3** cautivador, encantador **winnings** *n* [*pl*] ganancias

winter /ˈwɪntə(r)/ ◆ *n* invierno ◆ *vi* invernar, pasar el invierno

wipe /waɪp/ *vt* **1** ~ **sth (from/off sth) (on/with sth)** limpiar(se), secar(se) algo (de algo) (con algo) **2** ~ **sth (from/off sth)** (*eliminar*) borrar algo (de algo) **3** ~ **sth across, onto, over, etc. sth** pasar algo por algo PHR V **to wipe sth away/off/up** limpiar algo, secar algo **to wipe sth out 1** destruir algo **2** (*enfermedad, crimen*) erradicar algo

wiper /ˈwaɪpə(r)/ (*tb* **windscreen wiper**) *n* limpiaparabrisas

wire /ˈwaɪə(r)/ ◆ *n* **1** alambre **2** (*Electrón*) cable **3** [*sing*] alambrado **4** (*USA*) telegrama ◆ *vt* **1** ~ **sth (up)** hacer la instalación eléctrica de algo **2** ~ **sth (up) to sth** conectar algo a algo **3** (*USA*) poner un telegrama **wiring** *n* [*incontable*] **1** instalación eléctrica **2** cables

wireless /ˈwaɪələs/ *n* (*antic*) **1** radio (*electrodoméstico*) **2** radiotransmisor

wisdom /ˈwɪzdəm/ *n* **1** sabiduría: **wisdom tooth** muela del juicio **2** prudencia, cordura LOC *Ver* CONVENTIONAL

wise /waɪz/ *adj* (**wiser. wisest**) **1** acertado, prudente **2** sabio LOC **to be no wiser/none the wiser; not to be any the wiser** seguir sin entender nada

wish /wɪʃ/ ◆ **1** *vi* ~ **for sth** desear algo **2** *vt* ~ **sb sth** desear algo a algn **3** *vt* (*formal*) querer **4** *vt* (*que no se puede realizar*): *I wish he'd go away.* ¡Ojalá se fuera! ◊ *She wished she had gone.* Se arrepintió de no haber ido. ☞ El uso de **were**, y no **was**, con **I**, **he** o **she** después de **wish** se considera más correcto: *I wish I were rich!* ¡Ojalá fuera rico! **5** *vi* pedir un deseo ◆ *n* **1** ~ **(for sth/to do sth)** deseo (de algo/de hacer algo): *against my wishes* contra mi voluntad **2 wishes** [*pl*]: *(with) best wishes, Mary* un abrazo de Mary LOC *Ver* BEST **wishful** *adj* LOC **wishful thinking**: *It's wishful thinking on my part.* Me estoy haciendo ilusiones.

wistful /ˈwɪstfl/ *adj* triste, melancólico

wit /wɪt/ *n* **1** ingenio **2** (*persona*) persona ingeniosa **3 wits** [*pl*] inteligencia, juicio LOC **to be at your wits' end** estar para volverse loco **to be frightened/terrified/scared out of your wits** estar muerto de miedo

witch /wɪtʃ/ *n* bruja

iː	i	ɪ	e	æ	ɑː	ʌ	ʊ	uː
see	happy	sit	ten	hat	father	cup	put	too

witchcraft /'wɪtʃkrɑːft; *USA* -kræft/ *n* [*incontable*] brujería

witch-hunt /'wɪtʃ hʌnt/ *n* (*lit y fig*) caza de brujas

with /wɪð, wɪθ/ *prep* **1** con: *I'll be with you in a minute.* Un minuto y estoy contigo. ◊ *He's with ICI.* Está trabajando en ICI. **2** (*descripciones*) de, con: *the man with the scar* el hombre de la cicatriz ◊ *a house with a garden* una casa con jardín **3** de: *Fill the glass with water.* Llena el vaso de agua. **4** (*apoyo y conformidad*) (de acuerdo) con **5** (*a causa de*) de: *to tremble with fear* temblar de miedo LOC **to be with sb** (*coloq*) seguir lo que algn dice: *I'm not with you.* No te entiendo. **with it** (*coloq*) **1** al día **2** de moda **3** *He's not with it today.* Hoy no está muy centrado. ☞ Para los usos de **with** en PHRASAL VERBS ver las entradas de los verbos correspondientes, p. ej. **to bear with** en BEAR. *Ver tb págs 324-25.*

withdraw /wɪð'drɔː, wɪθ'd-/ (*pret* **withdrew** /-'druː/ *pp* **withdrawn** /-'drɔːn/) **1** *vt, vi* retirar(se) **2** *vt* (*dinero*) sacar **3** *vt* (*formal*) (*palabras*) retractar **withdrawal** /-'drɔːəl/ *n* **1** retirada, retractación **2** (*Med*): *withdrawal symptoms* síndrome de abstinencia **withdrawn** *adj* introvertido

wither /'wɪðə(r)/ *vt, vi* ~ (**sth**) (**away/up**) marchitar algo/marchitarse, secar algo/secarse

withhold /wɪð'həʊld, wɪθ'h-/ *vt* (*pret, pp* **withheld** /-'held/) (*formal*) **1** retener **2** (*información*) ocultar **3** (*consentimiento*) negar

within /wɪ'ðɪn/ ◆ *prep* **1** (*tiempo*) en el plazo de: *within a month of having left* al mes de haberse marchado **2** (*distancia*) a menos de **3** al alcance de: *It's within walking distance.* Se puede ir andando. **4** (*formal*) dentro de ◆ *adv* (*formal*) dentro

without /wɪ'ðaʊt/ *prep* sin: *without saying goodbye* sin despedirse ◊ *without him/his knowing* sin que él supiera nada

withstand /wɪð'stænd, wɪθ'stænd/ *vt* (*pret, pp* **withstood** /-'stʊd/) (*formal*) resistir

witness /'wɪtnəs/ ◆ *n* ~ (**to sth**) testigo (de algo) ◆ *vt* **1** presenciar **2** ser testigo de

witness box (*USA* **witness stand**) *n* estrado

witty /'wɪti/ *adj* (**-ier. -iest**) chistoso, ingenioso

wives *plural de* WIFE

wizard /'wɪzəd/ *n* mago, hechicero

wobble /'wɒbl/ **1** *vi* (*persona*) tambalearse **2** *vi* (*silla*) cojear **3** *vi* (*gelatina*) moverse **4** *vt* mover **wobbly** *adj* (*coloq*) **1** que se tambalea **2** cojo **3** *a wobbly tooth* un diente que se mueve LOC *Ver* THROW

woe /wəʊ/ *n* desgracia LOC **woe betide sb** pobre de algn: *Woe betide me if I forget!* ¡Pobre de mí si se me olvida!

wok /wɒk/ *n* sartén china para freír verduras, etc. ☞ *Ver dibujo en* SAUCEPAN

woke *pret de* WAKE

woken *pp de* WAKE

wolf /wʊlf/ *n* (*pl* **wolves** /wʊlvz/) lobo *Ver tb* PACK

woman /'wʊmən/ *n* (*pl* **women** /'wɪmɪn/) mujer

womb /wuːm/ *n* matriz (*Anat*)

won *pret, pp de* WIN

wonder /'wʌndə(r)/ ◆ **1** *vt, vi* preguntarse: *It makes you wonder.* Te da que pensar. ◊ *I wonder if/whether he's coming.* Me pregunto si va a venir. **2** *vi* ~ (**at sth**) (*formal*) admirarse (de algo) ◆ *n* **1** asombro **2** maravilla LOC **It's a wonder (that…)** es un milagro (que…) **no wonder (that…)** no es de extrañar (que…) *Ver tb* MIRACLE

wonderful /'wʌndəfl/ *adj* maravilloso, estupendo

won't /wəʊnt/ = WILL NOT *Ver* WILL.

wood /wʊd/ *n* **1** madera **2** leña **3** [*frec pl*] bosque: *We went to the woods.* Fuimos al bosque. ☞ *Ver nota en* FOREST LOC *Ver* TOUCH[1] **wooded** *adj* arbolado **wooden** *adj* **1** de madera **2** (*pierna*) de palo

woodland /'wʊdlənd/ *n* bosque

woodwind /'wʊdwɪnd/ *n* [*v sing o pl*] instrumentos de viento (*de madera*)

woodwork /'wʊdwɜːk/ *n* **1** maderamen **2** carpintería

wool /wʊl/ *n* lana **woollen** (*tb* **woolly**) *adj* de lana

word /wɜːd/ ◆ *n* palabra: *Do you know the words to this song?* ¿Te sabes la letra de esta canción? LOC **in other words** en otras palabras, es decir **to give sb your**

u	ɒ	ɔː	ɜː	ə	j	w	eɪ	əʊ
sit**u**ation	g**o**t	s**aw**	f**ur**	**a**go	**y**es	**w**oman	p**ay**	g**o**

word (that...) dar su palabra a algn (de que...) **to have a word (with sb) (about sth)** hablar (con algn) (de algo) **to keep/ break your word** cumplir/faltar a su palabra **to put in/say a (good) word for sb** recomendar a algn, interceder por algn **to take sb's word for it (that...)** creer a algn (cuando dice que...) **without a word** sin decir palabra **words to that effect:** *He told me to get out, or words to that effect.* Me dijo que me fuera, o algo parecido. *Ver tb* BREATHE, EAT, LAST, MARK², MINCE, PLAY ♦ *vt* expresar, redactar **wording** *n* términos, texto

word processor *n* procesador de textos **word processing** *n* tratamiento de textos

wore *pret de* WEAR

work¹ /wɜːk/ *n* **1** [*incontable*] trabajo: *to leave work* salir del trabajo ◊ *work experience* experiencia laboral/profesional **2** obra: *Is this your own work?* ¿Lo has hecho tú sola? ◊ *a piece of work* una obra/un trabajo **3** obra: *the complete works of Shakespeare* las obras completas de Shakespeare **4** works [*pl*] obras: *Danger! Works ahead.* ¡Peligro! Obras. ● La palabra más normal es **roadworks**. LOC **at work** en el trabajo **to get (down)/go/ set to work (on sth/to do sth)** ponerse a trabajar (en algo/para hacer algo) *Ver tb* STROKE¹

Las palabras **work** y **job** se diferencian en que **work** es incontable y **job** es contable: *I've found work/a new job at the hospital.* He encontrado un trabajo en el hospital. **Employment** es más formal que **work** y **job**, y se utiliza para referirse a la condición de los que tienen empleo: *Many women are in part-time employment.* Muchas mujeres tienen trabajos a tiempo parcial. **Occupation** es el término que se utiliza en los impresos oficiales: *Occupation: student* Profesión: estudiante. **Profession** se utiliza para referirse a los trabajos que requieren una carrera universitaria: *the medical profession* la profesión médica. **Trade** se usa para designar los oficios que requieren una formación especial: *He's a carpenter by trade.* Es carpintero de oficio.

work² /wɜːk/ (*pret, pp* worked) **1** *vi* ~

(away) (at/on sth) trabajar (en algo): *to work as a lawyer* trabajar de abogado ◊ *to work on the assumption that...* basarse en la suposición de que... **2** *vi* ~ **for sth** esforzarse por algo/por hacer algo **3** *vi* (*Mec*) funcionar **4** *vi* surtir efecto: *It will never work.* No será factible. **5** *vt* (*máquina, etc.*) manejar **6** *vt* (*persona*) hacer trabajar **7** *vt* (*mina, etc.*) explotar **8** *vt* (*tierra*) trabajar LOC **to work free/loose, etc.** soltar(se), aflojar(se) **to work like a charm** (*coloq*) tener un efecto mágico **to work your fingers to the bone** matarse trabajando *Ver tb* MIRACLE PHR V **to work out 1** resultar, salir **2** resolverse **3** hacer ejercicio **to work sth out 1** calcular algo **2** solucionar algo **3** planear algo, elaborar algo **to work sb up (into sth)** excitar a algn (hasta algo): *to get worked up* exaltarse **to work sth up 1** desarrollar algo **2** *to work up an appetite* abrir el appetito **workable** *adj* práctico, factible

workaholic /ˌwɜːkəˈhɒlɪk/ *n* (*coloq*) adicto, -a al trabajo

Workaholic es un derivado humorístico que resulta de la combinación de la palabra **work** y el sufijo -holic, que es la desinencia de **alcoholic**. Hay otras palabras nuevas que se han inventado con ese sufijo como **chocaholic** (persona adicta al chocolate) y **shopaholic** (persona adicta a ir de tiendas).

worker /ˈwɜːkə(r)/ *n* **1** trabajador, -ora **2** obrero, -a

workforce /ˈwɜːkfɔːs/ *n* [*v sing o pl*] mano de obra

working /ˈwɜːkɪŋ/ ♦ *adj* **1** activo **2** de trabajo **3** laboral, laborable **4** que funciona **5** (*conocimiento*) básico LOC *Ver* ORDER ♦ *n* **workings** [*pl*] ~ (**of sth**) funcionamiento (de algo)

working class ♦ *n* (*tb* **working classes** [*pl*]) clase obrera ♦ *adj* (*tb* **working-class**) de clase obrera

workload /ˈwɜːkləʊd/ *n* cantidad de trabajo

workman /ˈwɜːkmən/ *n* (*pl* -men /-mən/) obrero **workmanship** *n* **1** (*de persona*) arte **2** (*de producto*) fabricación

workmate /ˈwɜːkmeɪt/ *n* compañero, -a de trabajo

aɪ	aʊ	ɔɪ	ɪə	eə	ʊə	ʒ	h	ŋ
five	now	join	near	hair	pure	vision	how	sing

workout /'wɜːkaʊt/ n sesión de ejercicio físico

workplace /'wɜːkpleɪs/ n lugar de trabajo

workshop /'wɜːkʃɒp/ n taller

workstation /'wɜːksteɪʃn/ n estación de trabajo

worktop /'wɜːktɒp/ n encimera

world /wɜːld/ n mundo: *all over the world/the world over* por el mundo entero ◊ *world-famous* famoso en el mundo entero ◊ *the world population* la población mundial ◊ *world history* historia universal LOC Ver EARTH, SMALL, THINK **worldly** adj (-ier. -iest) **1** mundano **2** (*bienes*) terrenal **3** de mundo

worldwide /'wɜːldwaɪd/ ◆ adj mundial, universal ◆ adv por todo el mundo

the World Wide Web (abrev **WWW**) (tb **the Web**) n la red mundial

worm /wɜːm/ n **1** gusano ☞ Ver dibujo en GUSANO **2** (tb **earthworm**) lombriz LOC Ver EARLY

worn pp de WEAR

worn out adj **1** gastado **2** (*persona*) agotado

worry /'wʌri/ ◆ (pret, pp **worried**) **1** vi ~ (**yourself**) (**about sth/sb**) preocuparse (por algo/algn) **2** vt preocupar, inquietar: *to be worried by sth* preocuparse por algo ◆ n (pl **-ies**) **1** [*incontable*] intranquilidad **2** problema: *financial worries* problemas económicos **worried** adj **1** ~ (**about sth/sb**) preocupado (por algo/algn) **2 to be that...**: *I'm worried that he might get lost.* Me preocupa que se pueda perder. **worrying** adj inquietante, preocupante

worse /wɜːs/ ◆ adj (comp de **bad**) ~ (**than sth/than doing sth**) peor (que algo/que hacer algo): *to get worse* empeorar Ver tb BAD, WORST LOC **to make matters/things worse** para colmo (de desgracias) ◆ adv (comp de **badly**) peor: *She speaks German even worse than I do.* Habla alemán incluso peor que yo. ◆ n lo peor: *to take a turn for the worse* empeorar **worsen** vt, vi empeorar, agravar(se)

worship /'wɜːʃɪp/ ◆ n **1** ~ (**of sth/sb**) veneración (de algo/algn) **2** ~ (**of sth/sb**) (*Relig*) culto (a algo/algn) ◆ (**-pp-**,

USA **-p-**) **1** vt, vi adorar **2** vt rendir culto a **worshipper** n devoto, -a

worst /wɜːst/ ◆ adj (superl de **bad**) peor: *My worst fears were confirmed.* Pasó lo que más me temía. Ver tb BAD, WORSE ◆ adv (superl de **badly**) peor: *the worst hit areas* las áreas más afectadas ◆ **the worst** n lo peor LOC **at (the) worst**; **if the worst comes to the worst** en el peor de los casos

worth /wɜːθ/ ◆ adj **1** con un valor de, que vale: *to be worth five million* valer cinco millones **2** *It's worth reading.* Vale la pena leerlo. LOC **to be worth it** merecer la pena **to be worth sb's while** valer/merecer la pena ◆ n **1** valor **2** (*en dinero*): *$200 worth of books* 200 dólares en libros **3** (*en tiempo*): *two weeks' worth of supplies* suministros para dos semanas LOC Ver MONEY **worthless** adj **1** sin valor **2** (*persona*) despreciable

worthwhile /ˌwɜːθ'waɪl/ adj que vale la pena: *to be worthwhile doing/to do sth* valer la pena hacer algo

worthy /'wɜːði/ adj (-ier. -iest) **1** meritorio: *to be worthy of sth* ser digno de algo **2** (*causa*) noble **3** (*persona*) respetable

would /wəd, wʊd/ (contracción **'d** neg **would not** o **wouldn't** /'wʊdnt/) ◆ v aux (condicional): *Would you do it if I paid you?* ¿Lo harías si te pagara? ◊ *He said he would come at five.* Dijo que vendría a las cinco. ◆ v modal

Would es un verbo modal al que sigue un infinitivo sin TO, y las oraciones interrogativas y negativas se construyen sin el auxiliar do. Ver tb págs 322-23.

1 (*oferta, petición*): *Would you like a drink?* ¿Quieres tomar algo? ◊ *Would you come this way?* ¿Quiere venir por aquí? **2** (*propósito*): *I left a note so (that) they'd call us.* Dejé una nota para que nos llamaran. **3** (*voluntad*): *He wouldn't shake my hand.* No quiso darme la mano.

wouldn't = WOULD NOT Ver WOULD

wound[1] /wuːnd/ ◆ n herida ◆ vt herir: *He was wounded in the back during the war.* Recibió una herida en la espalda durante la guerra. ☞ Ver nota en HERIDA **the wounded** n [pl] los heridos

wound[2] pret, pp de WIND[2]

tʃ	dʒ	v	θ	ð	s	z	ʃ
chin	June	van	thin	then	so	zoo	she

wove *pret de* WEAVE

woven *pp de* WEAVE

wow! /waʊ/ *interj* (*coloq*) ¡guau!

wrangle /'ræŋgl/ ◆ *n* ~ (**about/over sth**) disputa (sobre algo) ◆ *vi* discutir

wrap /ræp/ ◆ *vt* (**-pp-**) **1** ~ **sth/sb** (**up**) envolver algo/a algn **2** ~ **sth** (**a)round sth/sb** liar algo alrededor de algo/algn LOC **to be wrapped up in sth/sb** estar entregado/dedicado a algo/algn, estar absorto en algo PHR V **to wrap** (**sb/ yourself**) **up** abrigar a algn/abrigarse **to wrap sth up** (*coloq*) concluir algo ◆ *n* chal **wrapper** *n* envoltura **wrapping** *n* envoltura

wrapping paper *n* papel de envolver

wrath /rɒθ; *USA* ræθ/ *n* (*formal*) ira

wreath /riːθ/ *n* (*pl* ~**s** /riːðz/) corona (*de flores, de Navidad*)

wreck /rek/ ◆ *n* **1** naufragio **2** (*coloq*) (*fig*) ruina **3** cacharro ◆ *vt* destrozar, echar abajo **wreckage** *n* restos (*accidente, etc.*)

wrench /rentʃ/ ◆ *vt* **1** ~ **sth off** (**sth**) arrancar algo (de algo) (*de un tirón*) **2** ~ **sth out of sth** sacar algo (de algo) (*de un tirón*) ◆ *n* **1** tirón **2** (*fig*) golpe **3** (*esp USA*) llave (*herramienta*)

wrestle /'resl/ *vi* (*Dep, fig*) luchar **wrestler** *n* luchador, -ora **wrestling** *n* lucha libre

wretch /retʃ/ *n* desgraciado, -a

wretched /'retʃɪd/ *adj* **1** desgraciado, desconsolado **2** (*coloq*) maldito

wriggle /'rɪgl/ *vt, vi* **1** ~ (**sth**) (**about**) mover algo, moverse **2** retorcer(se): *to wriggle free* conseguir soltarse

wring /rɪŋ/ *vt* (*pret, pp* **wrung** /rʌŋ/) **1** ~ **sth** (**out**) retorcer, exprimir algo **2** ~ **sth** (**out**) (*trapo*) escurrir algo **3** ~ **sth out of/from sb** sacarle algo a algn LOC **to wring sb's neck** (*coloq*) retorcerle el pescuezo a algn

wrinkle /'rɪŋkl/ ◆ *n* arruga ◆ **1** *vt, vi* arrugar(se) **2** *vt* (*ceño*) fruncir

wrist /rɪst/ *n* muñeca

write /raɪt/ *vt, vi* (*pret* **wrote** /rəʊt/ *pp* **written** /'rɪtn/) escribir

Recuerda que en inglés británico escribirle a algn se dice 'to write to sb': *I'm writing to you to ask for your help.* Le escribo para pedirle ayuda. ◊

Write to me when you get there. Escríbeme cuando llegues. Escribir una carta a algn se puede decir 'to write a letter to sb' o 'to write sb a letter'.

PHR V **to write back** (**to sb**) contestar (a algn) (*por escrito*)

to write sth down anotar algo

to write off/away (**to sb/sth**) **for sth** escribir (a algo/algn) pidiendo algo **to write sth off 1** anular algo, borrar algo como incobrable **2** dar algo de baja **3** destrozar algo **to write sth/sb off** (**as sth**) desechar algo/a algn (*por algo*)

to write sth out 1 escribir algo (en limpio) **2** copiar algo

to write sth up redactar algo

write-off /'raɪt ɒf/ *n* desastre: *The car was a write-off.* Al coche lo declararon siniestro total.

writer /'raɪtə(r)/ *n* escritor, -ora

writhe /raɪð/ *vi* retorcerse: *to writhe in agony* retorcerse de dolor

writing /'raɪtɪŋ/ *n* **1** escribir, escritura **2** escrito **3** estilo de redacción **4** letra **5** writings [*pl*] obras LOC **in writing** por escrito

writing paper *n* papel de carta

written /'rɪtn/ ◆ *adj* por escrito ◆ *pp de* WRITE

wrong /rɒŋ; *USA* rɔːŋ/ ◆ *adj* **1** malo, injusto: *It is wrong to...* No está bien... ◊ *He was wrong to say that.* Hizo mal en decir aquello. **2** equivocado, incorrecto, falso: *to be wrong* estar equivocado/equivocarse **3** inoportuno, equivocado: *the wrong way up/round* cabeza abajo/al revés **4** *What's wrong?* ¿Qué pasa? LOC *Ver* SIDE ◆ *adv* mal, equivocadamente, incorrectamente *Ver tb* WRONGLY LOC **to get sb wrong** (*coloq*) malinterpretar a algn **to get sth wrong** equivocarse en algo **to go wrong 1** equivocarse **2** (*máquina*) estropearse **3** salir/ir mal ◆ *n* **1** mal **2** (*formal*) injusticia LOC **to be in the wrong** estar equivocado **wrongful** *adj* injusto, ilegal **wrongly** *adv* equivocadamente, incorrectamente

wrote *pret de* WRITE

wrought iron /ˌrɔːt 'aɪən/ *n* hierro forjado

wrung *pret, pp de* WRING

iː	i	ɪ	e	æ	ɑː	ʌ	ʊ	uː
see	happy	sit	ten	hat	father	cup	put	too

Xx

X, x /eks/ n (pl **X's**, **x's** /'eksɪz/) X, x: *X for Xmas* X de xilófono ☞ *Ver ejemplos en* A, a

Xmas /'eksməs, 'krɪsməs/ n (coloq) Navidad

X-ray /'eks reɪ/ ◆ n radiografía: *X-rays* rayos X ◆ vt radiografiar, hacer una radiografía de

xylophone /'zaɪləfəʊn/ n xilófono

Yy

Y, y /waɪ/ n (pl **Y's**, **y's** /waɪz/) Y, y: *Y for yellow* Y de York ☞ *Ver ejemplos en* A, a

yacht /jɒt/ n yate **yachting** n navegación a vela

yank /jæŋk/ vt, vi (coloq) dar un tirón brusco (a) PHR V **to yank sth off/out** quitar/sacar algo de un tirón

Yankee /'jæŋki/ (tb **Yank**) n (coloq) yanqui

yard /jɑːd/ n **1** patio **2** (USA) jardín **3** (abrev **yd**) yarda (0,9144 m) ☞ *Ver Apéndice 1.*

yardstick /'jɑːdstɪk/ n criterio

yarn /jɑːn/ n **1** hilo **2** cuento

yawn /jɔːn/ ◆ vi bostezar ◆ n bostezo **yawning** adj **1** (brecha) grande **2** (abismo) profundo

yeah /jeə/ interj (coloq) sí

year /jɪə(r), jɜː(r)/ n **1** año: *for years* durante/desde hace muchos años **2** (Educ) curso **3** *a two-year-old (child)* un niño de dos años ◊ *I am ten (years old).* Tengo diez años. ☞ Nótese que cuando expresamos la edad en años, podemos omitir **years old**. *Ver nota en* OLD

yearly /'jɪəli/ ◆ adj anual ◆ adv anualmente, cada año

yearn /jɜːn/ vi **1** ~ **(for sth/sb)** suspirar (por algo/algn) **2** ~ **(to do sth)** anhelar (hacer algo) **yearning** n **1** ~ **(for sth/sb)** anhelo (de algo); añoranza (de algn) **2** ~ **(to do sth)** ansia (por/de hacer algo)

yeast /jiːst/ n levadura

yell /jel/ ◆ vt, vi ~ **(sth) (out) (at sth/sb)** gritar (algo) (a algo/algn) ◆ n grito, alarido

yellow /'jeləʊ/ adj, n amarillo

yelp /jelp/ vi **1** (animal) gemir **2** (persona) gritar

yep /jep/ interj (coloq) sí

yes /jes/ ◆ interj sí ◆ n (pl **yeses** /'jesɪz/) sí

yesterday /'jestədi, -deɪ/ adv, n ayer: *yesterday morning* ayer por la mañana LOC *Ver* DAY

yet /jet/ ◆ adv **1** [en frases negativas] todavía, aún: *not yet* todavía no ◊ *They haven't phoned yet.* Todavía no han llamado. ☞ *Ver nota en* STILL[1] **2** [en frases interrogativas] ya

¿**Yet** o **already**? Yet solo se usa en frases interrogativas y siempre va al final de la oración: *Have you finished it yet?* ¿Lo has terminado ya? **Already** se usa en frases afirmativas e interrogativas y normalmente va detrás de los verbos auxiliares o modales y delante de los demás verbos: *Have you finished already?* ¿Has terminado ya? ◊ *He already knew her.* Ya la conocía. Cuando **already** indica sorpresa de que una acción se haya realizado antes de lo esperado se puede poner al final de la frase: *He has found a job already!* ¡Ya ha encontrado trabajo! ◊ *Is it there already? That was quick!* ¿Ya está allí? ¡Qué rapidez! *Ver tb ejemplos en* ALREADY

3 [después de superlativo]: *her best novel yet* su mejor novela hasta la fecha **4** [antes de comparativo] incluso: *yet more work* aún más trabajo LOC **yet again** otra vez más ◆ conj aún así: *It's incredible yet true.* Es increíble pero cierto.

yew /juː/ (tb **yew tree**) n tejo (Bot)

yield /jiːld/ ◆ **1** vt producir, dar **2** vt (Fin) rendir **3** vi ~ **(to sth/sb)** (formal)

u	ɒ	ɔː	ɜː	ə	j	w	eɪ	əʊ
sit**u**ation	g**o**t	s**aw**	f**ur**	**a**go	**y**es	**w**oman	p**ay**	g**o**

rendirse (a algo/algn); ceder (ante algo/algn) ☞ La palabra más normal es **give in**. ◆ n **1** producción **2** (*Agric*) cosecha **3** (*Fin*) rendimiento **yielding** *adj* **1** flexible **2** sumiso

yogurt (*tb* **yoghurt, yoghourt**) /ˈjɒɡət; *USA* ˈjəʊɡərt/ n yogur

yoke /jəʊk/ n yugo

yolk /jəʊk/ n yema ☞ *Comparar con* WHITE 2

you /juː/ *pron pers* **1** [*como sujeto*] tú, usted, -es, vosotros, -as: *You said that...* Dijiste que... ☞ El *pron pers* no se puede omitir en inglés. **2** [*en frases impersonales*]: *You can't smoke in here.* No se puede fumar aquí. ☞ En las frases impersonales se puede usar **one** con el mismo significado que **you**, pero es mucho más formal. **3** [*como objeto directo*] te, lo, la, os, los, las **4** [*como objeto indirecto*] te, le, os, les: *I told you to wait.* Te dije que esperaras. **5** [*después de preposición*] ti, usted, -es, vosotros, -as: *Can I go with you?* ¿Puedo ir contigo?

you'd /juːd/ **1** = YOU HAD *Ver* HAVE **2** = YOU WOULD *Ver* WOULD

you'll /juːl/ = YOU WILL *Ver* WILL

young /jʌŋ/ ◆ *adj* (**younger** /ˈjʌŋɡə(r)/ **youngest** /ˈjʌŋɡɪst/) joven: *young people* jóvenes ◊ *He's two years younger than me.* Tiene dos años menos que yo. ◆ n [*pl*] **1** (*de animales*) crías **2 the young** los jóvenes

youngster /ˈjʌŋstə(r)/ n joven

your /jɔː(r); *USA* jʊər/ *adj pos* tu(s), vuestro(s), -a(s), su(s): *to break your arm* romperse el brazo ◊ *Your room is ready.* Su habitación está lista. ☞ *Ver nota en* MY

you're /jʊə(r), jɔː(r)/ = YOU ARE *Ver* BE

yours /jɔːz; *USA* jʊərz/ *pron pos* tuyo, -a, -os, -as, vuestro, -a, -os, -as, suyo, -a, -os, -as: *Is she a friend of yours?* ¿Es amiga tuya/vuestra/suya? ◊ *Where is yours?* ¿Dónde está el tuyo/vuestro/suyo? LOC **Yours faithfully/sincerely** Le saluda atentamente ☞ *Ver nota en* ATENTAMENTE

yourself /jɔːˈself; *USA* jʊərˈself/ *pron* (*pl* **-selves** /-ˈselvz/) **1** [*uso reflexivo*] te, se, os: *Enjoy yourselves!* ¡Pasadlo bien! **2** [*después de prep*] ti (mismo): *proud of yourself* orgulloso de ti mismo **3** [*uso enfático*] tú mismo, -a, vosotros mismos, vosotras mismas LOC **(all) by yourself/yourselves** (completamente) solo(s) **to be yourself/yourselves** ser natural: *Just be yourself.* Simplemente sé tú mismo.

youth /juːθ/ n **1** juventud: *In my youth...* Cuando yo era joven... ◊ *youth club/hostel* club para jóvenes/albergue juvenil **2** (*pl* ~s /juːðz/) (*frec pey*) joven **youthful** *adj* jovial, juvenil

you've /juːv/ = YOU HAVE *Ver* HAVE

yo-yo /ˈjəʊ jəʊ/ n (*pl* ~s) yoyó

yuk! /jʌk/ *interj* ¡uf!, ¡puf!

Zz

Z, z /zed; *USA* ziː/ n (*pl* **Z's, z's** /zedz; *USA* ziːz/) Z, z: *Z for zebra* Z de Zamora ☞ *Ver ejemplos en* A, a

zeal /ziːl/ n entusiasmo, fervor **zealous** /ˈzeləs/ *adj* entusiasta

zebra /ˈzebrə, ˈziːbrə/ n (*pl* **zebra** o ~s) cebra

zebra crossing n (*GB*) paso de cebra

zenith /ˈzenɪθ/ n cenit

zero /ˈzɪərəʊ/ *adj, pron, n* (*pl* ~s) cero

zest /zest/ n ~ (**for sth**) entusiasmo, pasión (por algo)

zigzag /ˈzɪɡzæɡ/ ◆ *adj* en zigzag ◆ n zigzag

zinc /zɪŋk/ n cinc, zinc

zip /zɪp/ ◆ n (*USA* **zipper**) cremallera ◆ (**-pp-**) **1** *vt* **to zip sth (up)** cerrar la cremallera de algo **2** *vi* **to zip (up)** cerrarse con cremallera

zodiac /ˈzəʊdiæk/ n zodiaco

zone /zəʊn/ n zona

zoo /zuː/ n (*pl* **zoos**) (*tb formal* **zoological gardens**) n zoo, parque zoológico

zoology /zuːˈɒlədʒi/ n zoología **zoologist** /zuːˈɒlədʒɪst/ n zoólogo, -a

zoom /zuːm/ *vi* ir muy deprisa: *to zoom past* pasar zumbando PHR V **to zoom in (on sth/sb)** enfocar (algo/a algn) (*con un zoom*)

zoom lens n zoom

aɪ	aʊ	ɪc	ɪə	eə	ʊə	ʒ	h	ŋ
five	now	join	near	hair	pure	vision	how	sing

Apéndices

Apéndice 1
Expresiones numéricas

Números

Cardinales		Ordinales	
1	one	1st	first
2	two	2nd	second
3	three	3rd	third
4	four	4th	fourth
5	five	5th	fifth
6	six	6th	sixth
7	seven	7th	seventh
8	eight	8th	eighth
9	nine	9th	ninth
10	ten	10th	tenth
11	eleven	11th	eleventh
12	twelve	12th	twelfth
13	thirteen	13th	thirteenth
14	fourteen	14th	fourteenth
15	fifteen	15th	fifteenth
16	sixteen	16th	sixteenth
17	seventeen	17th	seventeenth
18	eighteen	18th	eighteenth
19	nineteen	19th	nineteenth
20	twenty	20th	twentieth
21	twenty-one	21st	twenty-first
22	twenty-two	22nd	twenty-second
30	thirty	30th	thirtieth
40	forty	40th	fortieth
50	fifty	50th	fiftieth
60	sixty	60th	sixtieth
70	seventy	70th	seventieth
80	eighty	80th	eightieth
90	ninety	90th	ninetieth
100	a/one hundred	100th	hundredth
101	a/one hundred and one	101st	hundred and first
200	two hundred	200th	two hundredth
1 000	a/one thousand	1 000th	thousandth
10 000	ten thousand	10 000th	ten thousandth
100 000	a/one hundred thousand	100 000th	hundred thousandth
1 000 000	a/one million	1 000 000th	millionth

Ejemplos

528	*five hundred and twenty-eight*
2 976	*two thousand, nine hundred and seventy-six*
50 439	*fifty thousand, four hundred and thirty-nine*
2 250 321	*two million, two hundred and fifty thousand, three hundred and twenty-one*

☛ ¡Ojo! En inglés se utiliza una coma o un espacio (y NO un punto) para marcar el millar, por ejemplo *25 000* o *25,000*.

En cuanto a números como 100, 1 000, 1 000 000, etc., se pueden decir de dos maneras, **one hundred** o **a hundred**, **one thousand** o **a thousand**.

0 (cero) se pronuncia **nought**, **zero**, **nothing**, o /əʊ/ dependiendo de las expresiones.

Expresiones matemáticas

+	plus	3^2	three squared
−	minus	5^3	five cubed
×	times *o* multiplied by	6^{10}	six to the power of ten
÷	divided by		
=	equals		
%	per cent		

Ejemplos

$6 + 9 = 15$ *Six **plus** nine equals/is fifteen.*

$5 × 6 = 30$ *Five **times** six equals thirty. / Five **multiplied by** six is thirty.*

$10 − 5 = 5$ *Ten **minus** five equals five. / Ten **take away** five is five.*

$40 ÷ 5 = 8$ *Forty **divided by** five equals / is eight.*

Decimales

0.1	(nought) point one	(zero) point one (*USA*)
0.25	(nought) point two five	(zero) point two five (*USA*)
1.75	one point seven five	

☛ *¡Ojo!* En inglés se utiliza un punto (y NO una coma) para marcar los decimales.

Quebrados

½	a half		¹⁄₁₀	a/one tenth
⅓	a/one third		¹⁄₁₆	a/one sixteenth
¼	a quarter		1½	one and a half
⅖	two fifths		2⅜	two and three eighths
⅛	an/one eighth			

Hay dos maneras de expresar los quebrados en inglés: lo normal es decir *one eighth of the cake, two thirds of the population,* etc. Sin embargo tu profesor de matemáticas te puede pedir que resuelvas el siguiente ejercicio:

    Multiply two over five by three over eight (⅖ × ⅜).

Cuando una fracción acompaña a un número entero, se unen con la conjunción **and**:

    2¼   *two **and** a quarter*

Porcentajes

35%	thirty-five per cent
73%	seventy-three per cent
60%	sixty per cent

Cuando los porcentajes se utilizan con sustantivos incontables, el verbo va normalmente en singular:

    *60% of the area **is** flooded.*

Si el sustantivo es singular pero representa a un grupo de gente, el verbo puede ir en singular o en plural:

    *75% of the class **has/have** passed.*

Si el sustantivo es contable, el verbo va en plural:

    *80% of students **agree**.*

Peso

	Sistema Imperial		Sistema Métrico Decimal	
	1 ounce	(oz)	= 28.35 grams	(g)
16 ounces	= 1 pound	(lb)	= 0.454 kilogram	(kg)
14 pounds	= 1 stone	(st)	= 6.356 kilograms	

Ejemplos
The baby weighed 7 lb 4 oz (seven pounds four ounces).
For this recipe you need 500g (five hundred grams) of flour.

Capacidad

	Sistema Imperial	Sistema Métrico Decimal
½ (0.5) pint		= 0.284 litre (ℓ)
	1 pint (pt)	= 0.568 litre (ℓ)
2 pints		= 1.136 litres
8 pints	= 1 gallon (gall)	= 4.546 litres

Ejemplos
I bought three pints of milk.
The petrol tank holds 40 litres.

Longitud

	Sistema Imperial		Sistema Métrico Decimal	
	1 inch	(in)	= 25.4 millimetres	(mm)
12 inches	= 1 foot	(ft)	= 30.48 centimetres	(cm)
3 feet	= 1 yard	(yd)	= 0.914 metre	(m)
1 760 yards	= 1 mile		= 1.609 kilometres	(km)

Ejemplos
Height: 5 ft 9 in (five foot nine/five feet nine).
The hotel is 30 yds (thirty yards) from the beach.
The car was doing 50 mph (fifty miles per hour).
The room is 11' × 9'6" (eleven foot by nine foot six/eleven feet by nine feet six).

☛ Cuando no hace falta ser tan exacto la gente utiliza expresiones como
several inches (un palmo), **an inch** (dos dedos), etc.

Superficie

	Sistema Imperial	Sistema Métrico Decimal
	1 square inch (sq in)	= 6.452 square centimetres
144 square inches	= 1 square foot (sq ft)	= 929.03 square centimetres
9 square feet	= 1 square yard (sq yd)	= 0.836 square metre
4 840 square yards	= 1 acre	= 0.405 hectare
640 acres	= 1 square mile	= 2.59 square kilometres/259 hectares

Ejemplos
They have a 200-acre farm.
The fire destroyed 40 square miles of woodland.

Las fechas

Cómo escribirlas	Cómo decirlas
15/4/95 (*USA* 4/15/95)	*April the fifteenth, nineteen ninety-five*
15(th) April 1995	*The fifteenth of April, nineteen ninety-five*
April 15(th) 1995 (*esp USA*)	(*USA April fifteenth*)

Ejemplos

Her birthday is on April 9th (April the ninth/the ninth of April).
The new store is opening in 2000 (two thousand).
*The baby was born on 18 April 2001 (the eighteenth of April/
April the eighteenth two thousand and one).*
We're planning to go there in 2004 (two thousand and four).
I'll be thirty in 2016 (twenty sixteen)!

Moneda

Reino Unido	Valor de la moneda/billete		Nombre de la moneda/billete
1p	a penny	(one p*)	a penny
2p	two pence	(two p*)	a two-pence piece
5p	five pence	(five p*)	a five-pence piece
10p	ten pence	(ten p*)	a ten-pence piece
20p	twenty pence	(twenty p*)	a twenty-pence piece
50p	fifty pence	(fifty p*)	a fifty-pence piece
£1	a pound		a pound (coin)
£2	two pounds		a two-pound coin
£5	five pounds		a five-pound note
£10	ten pounds		a ten-pound note
£20	twenty pounds		a twenty-pound note

Ejemplos

£5.75: *five pounds seventy-five*   *The apples are 65p a pound.*
25p: *twenty-five pence*   *We pay £250 a month in rent.*

* Las expresiones que aparecen entre paréntesis son más coloquiales.
Recuerda que *one p, two p*, etc. se pronuncian /wʌn piː/, /tuː piː/, etc.

USA	Valor de la moneda/billete	Nombre de la moneda/billete
1¢	a cent	a penny
5¢	five cents	a nickel
10¢	ten cents	a dime
25¢	twenty-five cents	a quarter
$1	a dollar	a dollar bill
$5	five dollars	a five-dollar bill
$10	ten dollars	a ten-dollar bill
$20	twenty dollars	a twenty-dollar bill
$50	fifty dollars	a fifty-dollar bill
$100	a hundred dollars	a hundred-dollar bill

Ejemplos

$6.25: *six twenty-five* $0.79: *seventy-nine cents*

☞ **Buck** es una forma más coloquial de decir **dollar**: *It cost fifty bucks.*

La hora

- La forma de expresar la hora varía según el nivel de formalidad, o si se trata de inglés británico o americano:

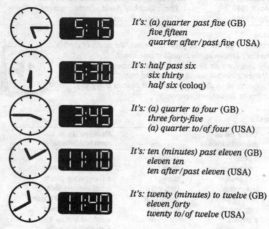

It's: (a) quarter past five (GB)
       five fifteen
       quarter after/past five (USA)

It's: half past six
       six thirty
       half six (coloq)

It's: (a) quarter to four (GB)
       three forty-five
       (a) quarter to/of four (USA)

It's: ten (minutes) past eleven (GB)
       eleven ten
       ten after/past eleven (USA)

It's: twenty (minutes) to twelve (GB)
       eleven forty
       twenty to/of twelve (USA)

- La palabra **minutes** se puede omitir después de 5, 10, 20 y 25. Casi siempre se utiliza después de los demás números:

         It's five past two.
      PERO *It's eleven minutes past five.*

- El "reloj de 24 horas" (**the 24-hour clock**) se utiliza sobre todo en horarios de trenes y autobuses o en avisos. No suele utilizarse en el lenguaje hablado, pero si tienes que leerlo, se hace de la siguiente forma:

  13:45 *thirteen forty-five*

- Para distinguir entre las horas de la mañana y las de la tarde utilizamos **in the morning, in the afternoon** o **in the evening**:

         6:00 *six o'clock in the morning*
         15:30 *half past three in the afternoon*
         19:00 *seven o'clock in the evening*

- Se utiliza **a.m./p.m.** en un lenguaje más formal:

         Office hours are 9 a.m. to 4.30 p.m.

☞ *Ver tb nota en* P.M.

Los números de teléfono

- Para decir los números de teléfono se lee cada número por separado:

         369240 *three six nine two four o* (se pronuncia /əʊ/)
         258446 *two five eight double four six*
       01865 556767 *o one eight six five double five six seven six seven*

- Cuando se trata de una empresa con centralita, las extensiones telefónicas aparecen escritas entre paréntesis:

         (x 3545) *extension three five four five*

Apéndice 2

Nombres de persona

de mujer

Alice /'ælɪs/
Alison /'ælɪsn/
Amanda /ə'mændə/; Mandy /'mændi/
Angela /'ændʒələ/
Ann, Anne /æn/
Barbara /'bɑːbrə/
Carol, Carole /'kærəl/
Caroline /'kærəlam/
Catherine, Katherine /'kæθrɪn/; Cathy,
  Kathy /'kæθi/; Kate /keɪt/; Katie
  /'keɪti/
Charlotte /'ʃɑːlət/
Chloe /'kləʊi/
Christine /'krɪstiːn/; Chris /krɪs/
Clare, Claire /kleə(r)/
Deborah /'debərə/; Debbie /'debi/
Diana /daɪ'ænə/; Diane /daɪ'æn/;
  Di /daɪ/
Elizabeth, Elisabeth /ɪ'lɪzəbəθ/; Liz /lɪz/
Emily /'eməli/
Emma /'emə/
Fiona /fi'əʊnə/
Frances /'frɑːnsɪs/; Fran /fræn/
Gillian /'dʒɪliən/; Gill /dʒɪl/
Helen /'helən/
Jacqueline /'dʒækəlɪn/; Jackie /'dʒæki/
Jane /dʒeɪn/
Janet /'dʒænɪt/; Jan /dʒæn/
Jennifer /'dʒenɪfə(r)/; Jenny, Jennie
  /'dʒeni/
Joanna /dʒəʊ'ænə/; Joanne /dʒəʊ'æn/;
  Jo /dʒəʊ/
Judith /'dʒuːdɪθ/; Judy /'dʒuːdi/
Julia /'dʒuːliə/; Julie /'dʒuːli/
Karen /'kærən/
Linda /'lɪndə/
Lucy /'luːsi/
Margaret /'mɑːɡrət/; Maggie /'mæɡi/
Mary /'meəri/
Michelle /mɪ'ʃel/
Nicola /'nɪkələ/; Nicky /'nɪki/
Patricia /pə'trɪʃə/; Pat /pæt/
Penny /'peni/
Rachel /'reɪtʃl/
Rebecca /rɪ'bekə/; Becky /'beki/
Rosemary /'rəʊzməri/; Rosie /'rəʊzi/
Sally /'sæli/
Sarah, Sara /'seərə/
Sharon /'ʃærən/
Susan /'suːzn/; Sue /suː/
Tracy, Tracey /'treɪsi/
Victoria /vɪk'tɔːriə/; Vicky /'vɪki/

de hombre

Alan, Allan, Allen /'ælən/
Alexander /ˌælɪɡ'zɑːndə(r)/; Alex
  /'ælɪks/
Andrew /'ændruː/; Andy /'ændi/
Anthony /'æntəni/; Tony /'təʊni/
Benjamin /'bendʒəmɪn/; Ben /ben/
Brian /'braɪən/
Charles /tʃɑːlz/
Christopher /'krɪstəfə(r)/; Chris /krɪs/
Colin /'kɒlɪn/
Daniel /'dæniəl/; Dan /dæn/
David /'deɪvɪd/; Dave /deɪv/
Edward /'edwəd/; Ed /ed/; Ted /ted/
Gary /'ɡæri/
Geoffrey, Jeffrey /'dʒefri/; Geoff,
  Jeff /dʒef/
George /dʒɔːdʒ/
Graham, Grahame, Graeme /'ɡreɪəm/
Henry /'henri/; Harry /'hæri/
Ian /'iːən/
Jack /dʒæk/
James /dʒeɪmz/; Jim /dʒɪm/
Jeremy /'dʒerəmi/
John /dʒɒn/; Johnny /'dʒɒni/
Jonathan /'dʒɒnəθən/; Jon /dʒɒn/
Joseph /'dʒəʊzɪf/; Joe /dʒəʊ/
Joshua /'dʒɒʃjuːə/; Josh /dʒɒʃ/
Keith /kiːθ/
Kevin /'kevɪn/
Malcolm /'mælkəm/
Mark /mɑːk/
Martin /'mɑːtɪn/; USA /'mɑːrtn/
Matthew /'mæθjuː/; Matt /mæt/
Michael /'maɪkl/; Mike /maɪk/
Neil, Neal /niːl/
Nicholas /'nɪkələs/; Nick /nɪk/
Nigel /'naɪdʒl/
Patrick /'pætrɪk/
Paul /pɔːl/
Peter /'piːtə(r)/; Pete /piːt/
Philip /'fɪlɪp/; Phil /fɪl/
Richard /'rɪtʃəd/; Dick /dɪk/;
  Rick /rɪk/
Robert /'rɒbət/; Bob /bɒb/
Samuel /'sæmjuəl/; Sam /sæm/
Sean /ʃɔːn/
Simon /'saɪmən/
Stephen, Steven /'stiːvn/; Steve /stiːv/
Thomas /'tɒməs/; Tom /tɒm/
Timothy /'tɪməθi/; Tim /tɪm/
William /'wɪljəm/; Bill /bɪl/

Apéndice 3
Nombres de lugar

Afghanistan /æf'gænɪstɑːn; *USA* -stæn/;
Afghan /'æfgæn/, Afghani /æf'gɑːni/,
Afghanistani /æfˌgænɪ'stɑːni; *USA*
-'stæni/

Africa /'æfrɪkə/; African /'æfrɪkən/

Albania /æl'beɪmiə/; Albanian
/æl'beɪmiən/

Algeria /æl'dʒɪəriə/; Algerian
/æl'dʒɪəriən/

America /ə'merɪkə/; American
/ə'merɪkən/

Andorra /æn'dɔːrə/; Andorran
/æn'dɔːrən/

Angola /æŋ'gəʊlə/; Angolan /æŋ'gəʊlən/

Antarctica /æn'tɑːktɪkə/; Antarctic

Antigua and Barbuda /ænˌtiːgə ən
bɑː'bjuːdə/; Antiguan /æn'tiːgən/,
Barbudan /bɑː'bjuːdən/

(the) Arctic Ocean /ˌɑːktɪk 'əʊʃn/; Arctic

Argentina /ˌɑːdʒən'tiːnə/, the Argentine
/'ɑːdʒəntam/; Argentinian
/ˌɑːdʒən'tmiən/, Argentine

Armenia /ɑː'miːniə/; Armenian
/ɑː'miːniən/

Asia /'eɪʃə, 'eɪʒə/; Asian /'eɪʃn, 'eɪʒn/

Australia /ɒ'streɪliə, ɔː's-/; Australian
/ɒ'streɪliən, ɔː's-/

Austria /'ɒstriə, 'ɔːs-/; Austrian
/'ɒstriən, 'ɔːs-/

(the) Bahamas /bə'hɑːməz/; Bahamian
/bə'heɪmiən/

Bangladesh /ˌbæŋglə'deʃ/; Bangladeshi
/ˌbæŋglə'deʃi/

Barbados /bɑː'beɪdɒs/; Barbadian
/bɑː'beɪdiən/

Belarus /biˌelə'rʊs/; Belorussian
/biˌelə'rʌʃn/

Belgium /'beldʒəm/; Belgian /'beldʒən/

Belize /bə'liːz/; Belizean /bə'liziən/

Bolivia /bə'lɪviə/; Bolivian /bə'lɪviən/

Bosnia-Herzegovina /ˌbɒzniə
ˌhɜːtsəgə'viːnə/; Bosnian /'bɒzniən/

Botswana /bɒt'swɑːnə/; Botswanan
/bɒt'swɑːnən/ (*persona*: Motswana
/mɒt'swɑːnə/, *gente*: Batswana
/bæt'swɑːnə/

Brazil /brə'zɪl/; Brazilian /brə'zɪliən/

Bulgaria /bʌl'geəriə/; Bulgarian
/bʌl'geəriən/

Cambodia /kæm'bəʊdiə/; Cambodian
/kæm'bəʊdiən/

Cameroon /ˌkæmə'ruːn/; Cameroonian
/ˌkæmə'ruːniən/

Canada /'kænədə/; Canadian
/kə'neɪdiən/

(the) Caribbean Sea /ˌkærə,biːən 'siː;
USA kə'rɪbiən/; Caribbean

Central African Republic /ˌsentrəl
ˌæfrɪkən rɪ'pʌblɪk/

Chad /tʃæd/; Chadian /'tʃædiən/

Chile /'tʃɪli/; Chilean /'tʃɪliən/

China /'tʃamə/; Chinese /ˌtʃaɪ'niːz/

Colombia /kə'lɒmbiə/; Colombian
/kə'lɒmbiən/

Congo /'kɒŋgəʊ/; Congolese
/ˌkɒŋgə'liːz/

(the Democratic Republic of the) Congo
/'kɒŋgəʊ/

Costa Rica /ˌkɒstə 'riːkə/; Costa Rican
/ˌkɒstə 'riːkən/

Côte d'Ivoire /ˌkəʊt diː'vwɑː/

Croatia /krəʊ'eɪʃə/; Croatian
/krəʊ'eɪʃən/

Cuba /'kjuːbə/; Cuban /'kjuːbən/

Cyprus /'saɪprəs/; Cypriot /'sɪpriət/

(the) Czech Republic /ˌtʃek rɪ'pʌblɪk/;
Czech /tʃek/

Denmark /'denmɑːk/; Danish /'deɪnɪʃ/,
Dane /deɪn/

(the) Dominican Republic /dəˌmmɪkən
rɪ'pʌblɪk/; Dominican /də'mmɪkən/

Ecuador /'ekwədɔː(r)/; Ecuadorian
/ˌekwə'dɔːriən/

Egypt /'iːdʒɪpt/; Egyptian /i'dʒɪpʃn/

El Salvador /el 'sælvədɔː(r)/;
Salvadorean /ˌsælvə'dɔːriən/

Equatorial Guinea /ˌekwə,tɔːriəl 'gmi/;
Equatorial Guinean /ˌekwə,tɔːriəl
'gmiən/

Estonia /e'stəʊniə/; Estonian
/e'stəʊniən/

Ethiopia /ˌiːθi'əʊpiə/; Ethiopian
/ˌiːθi'əʊpiən/

Europe /'jʊərəp/; European /ˌjʊərə'piːən/

Fiji /'fiːdʒiː/; Fijian /ˌfiː'dʒiːən; *USA*
'fiːdʒiən/

Finland /'fmlənd/; Finnish /'fmɪʃ/, Finn
/fm/

France /frɑːns; *USA* fræns/; French
/frentʃ/, Frenchman /'frentʃmən/,
Frenchwoman /'frentʃwʊmən/

Gabon /gæ'bɒn; *USA* -'bəʊn/; Gabonese
/ˌgæbə'niːz/

The Gambia /'gæmbiə/; Gambian
  /'gæmbiən/
Georgia /'dʒɔːdʒə/; Georgian /'dʒɔːdʒən/
Germany /'dʒɜːməni/; German /'dʒɜːmən/
Ghana /'gɑːnə/; Ghanaian /gɑː'neɪən/
Gibraltar /dʒɪ'brɔːltə(r)/; Gibraltarian
  /ˌdʒɪbrɔːl'teəriən/
Great Britain/ˌgreɪt 'brɪtn/; British
  /'brɪtɪʃ/
Greece /griːs/; Greek /griːk/
Guatemala /ˌgwɑːtə'mɑːlə/; Guatemalan
  /ˌgwɑːtə'mɑːlən/
Guinea /'gɪni/; Guinean /'gɪniən/
Guinea-Bissau /ˌgɪmi bɪ'saʊ/
Guyana /gaɪ'ænə/; Guyanese /ˌgaɪə'niːz/
Haiti /'heɪti/; Haitian /'heɪʃn/
Holland /'hɒlənd/ ☛ (the) Netherlands
Honduras /hɒn'djʊərəs/; USA -'dʊə-/;
  Honduran /hɒn'djʊərən/; USA ˈdʊə-/
Hungary /'hʌŋgəri/; Hungarian
  /hʌŋ'geəriən/
Iceland /'aɪslənd/; Icelandic /aɪs'lændɪk/
India /'ɪndiə/; Indian /'ɪndiən/
Indonesia /ˌɪndə'niːziə/; USA -'niːʒə/;
  Indonesian /ˌɪndə'niːziən; USA -ʒn/
Iran /ɪ'rɑːn/; Iranian /ɪ'reɪniən/
Iraq /ɪ'rɑːk/; Iraqi /ɪ'rɑːki/
(the Republic of) Ireland /'aɪələnd/; Irish
  /'aɪrɪʃ/
Israel /'ɪzreɪl/; Israeli /ɪz'reɪli/
Italy /'ɪtəli/; Italian /ɪ'tæliən/
Jamaica /dʒə'meɪkə/; Jamaican
  /dʒə'meɪkən/
Japan /dʒə'pæn/; Japanese /ˌdʒæpə'niːz/
Jordan /'dʒɔːdn/; Jordanian
  /dʒɔː'demiən/
Kenya /'kenjə/; Kenyan /'kenjən/
Korea /kə'rɪə; USA kə'riːə/; North
  Korea, North Korean /ˌnɔːθ kə'rɪən;
  USA kə'riːən/; South Korea, South
  Korean /ˌsaʊθ kə'rɪən; USA kə'riːən/
Kuwait /ku'weɪt/; Kuwaiti /ku'weɪti/
Laos /laʊs/; Laotian /'laʊʃn; USA
  leɪ'əʊʃn/
Latvia /'lætviə/; Latvian /'lætviən/
Lebanon /'lebənən; USA -nɒn/;
  Lebanese /ˌlebə'niːz/
Libya /'lɪbiə/; Libyan /'lɪbiən/
Liechtenstein /'lɪktənstaɪn, 'lɪxt-/;
  Liechtenstein, Liechtensteiner
  /'lɪktənstaɪnə(r), 'lɪxt-/
Lithuania /ˌlɪθju'emiə/; Lithuanian
  /ˌlɪθju'emiən/
Luxembourg /'lʌksəmbɜːg/;
  Luxembourg, Luxembourger
  /'lʌksəmbɜːgə(r)/

(the Former Yugoslav Republic of)
  Macedonia /ˌmæsə'dəʊniə/;
  Macedonian /ˌmæsə'dəʊniən/
Madagascar /ˌmædə'gæskə(r)/;
  Madagascan /ˌmædə'gæskən/,
  Malagasy /ˌmælə'gæsi/
Malawi /mə'lɑːwi/; Malawian
  /mə'lɑːwiən/
Malaysia /mə'leɪziə; USA -'leɪʒə/;
  Malaysian /mə'leɪziən; USA -'leɪʒn/
Maldives /'mɔːldiːvz/; Maldivian
  /mɔːl'dɪviən/
Mali /'mɑːli/; Malian /'mɑːliən/
Malta /'mɔːltə/; Maltese /ˌmɔːl'tiːz/
Mauritania /ˌmɒrɪ'temiə; USA ˌmɔːr-/;
  Mauritanian /ˌmɒrɪ'temiən; USA
  ˌmɔːr-/
Mauritius /mə'rɪʃəs; USA mɔː-/;
  Mauritian /mə'rɪʃn; USA mɔː-/
Mexico /'meksɪkəʊ/; Mexican
  /'meksɪkən/
Moldova /mɒl'dəʊvə/; Moldovan
  /mɒl'dəʊvən/
Monaco /'mɒnəkəʊ/; Monegasque
  /ˌmɒni'gæsk/
Mongolia /mɒŋ'gəʊliə/; Mongolian
  /mɒŋ'gəʊliən/, Mongol /'mɒŋgl/
Montserrat /ˌmɒntsə'ræt/;
  Montserratian /ˌmɒntsə'reɪʃn/
Morocco /mə'rɒkəʊ/; Moroccan
  /mə'rɒkən/
Mozambique /ˌməʊzæm'biːk/;
  Mozambiquean /ˌməʊzæm'biːkən/
Namibia /nə'mɪbiə/; Namibian
  /nə'mɪbiən/
Nepal /nɪ'pɔːl/; Nepalese /ˌnepə'liːz/
(the) Netherlands /'neðələndz/; Dutch
  /dʌtʃ/, Dutchman /'dʌtʃmən/,
  Dutchwoman /'dʌtʃwʊmən/
New Zealand /ˌnjuː 'ziːlənd; USA ˌnuː-/;
  New Zealand, New Zealander /ˌnjuː
  'ziːləndə(r); USA ˌnuː-/
Nicaragua /ˌnɪkə'rægjuə; USA -'rɑːgwə/;
  Nicaraguan /ˌnɪkə'rægjuən; USA
  -'rɑːgwən/
Niger /niː'ʒeə(r); USA 'naɪdʒər/;
  Nigerien /niː'ʒeəriən/
Nigeria /naɪ'dʒɪəriə/ Nigerian
  /naɪ'dʒɪəriən/
Norway /'nɔːweɪ/; Norwegian
  /nɔː'wiːdʒən/
Oman /əʊ'mɑːn/; Omani /əʊ'mɑːni/
Pakistan /ˌpɑːkɪ'stɑːn; USA 'pækɪstæn/;
  Pakistani /ˌpɑːkɪ'stɑːni; USA
  ˌpækɪ'stæni/

Panama /'pænəmɑː/; Panamanian /ˌpænə'meɪniən/

Papua New Guinea /ˌpæpuə ˌnjuː 'gmiː; USA -ˌnuː-/; Papuan /'pæpuən/

Paraguay /'pærəgwaɪ; USA -gweɪ/; Paraguayan /ˌpærə'gwaɪən; USA -'gweɪən/

Peru /pə'ruː/; Peruvian /pə'ruːviən/

(the) Philippines /'fɪlɪpiːnz/; Philippine /'fɪlɪpiːn/, Filipino /ˌfɪlɪ'piːnəʊ/

Poland /'pəʊlənd/; Polish /'pəʊlɪʃ/, Pole /pəʊl/

Portugal /'pɔːtʃʊgl/; Portuguese /ˌpɔːtʃu'giːz/

Romania /ru'meɪniə/; Romanian /ru'meɪniən/

Russia /'rʌʃə/; Russian /'rʌʃn/

Rwanda /ru'ændə/; Rwandan /ru'ændən/

San Marino /ˌsæn mə'riːnəʊ/; San Marinese /ˌsæn ˌmærɪ'niːz/

Saudi Arabia /ˌsaʊdi ə'reɪbiə/; Saudi /'saʊdi/, Saudi Arabian /ˌsaʊdi ə'reɪbiən/

Senegal /ˌsenɪ'gɔːl/; Senegalese /ˌsenɪgə'liːz/

(the) Seychelles /seɪ'ʃelz/; Seychellois /ˌseɪʃel'wɑ/

Sierra Leone /siˌerə li'əʊn/; Sierra Leonean /siˌerə li'əʊniən/

Singapore /ˌsɪŋə'pɔː(r), ˌsɪŋgə-; USA 'sɪŋgəpɔːr/; Singaporean /ˌsɪŋə'pɔːriən, ˌsɪŋgə-/

Slovakia /sləʊ'vɑːkiə, -'væk-/; Slovak /'sləʊvæk/

Slovenia /sləʊ'viːniə/; Slovene /'sləʊviːn/

Somalia /sə'mɑːliə/; Somali /sə'mɑːli/

(the Republic of) South Africa /ˌsaʊθ 'æfrɪkə/; South African /ˌsaʊθ 'æfrɪkən/

Spain /speɪn/; Spanish /'spænɪʃ/, Spaniard /'spænɪəd/

Sri Lanka /sri 'læŋkə; USA -'lɑːŋ-/; Sri Lankan /sri 'læŋkən; USA -'lɑːŋ-/

Sudan /su'dɑːn; USA -'dæn/; Sudanese /ˌsuːdə'niːz/

Suriname /ˌsʊərɪ'næm/; Surinamese /ˌsʊərmæ'miːz/

Swaziland /'swɑːzilænd/; Swazi /'swɑːzi/

Sweden /'swiːdn/; Swedish /'swiːdɪʃ/, Swede /swiːd/

Switzerland /'swɪtsələnd/; Swiss /swɪs/

Syria /'sɪriə/; Syrian /'sɪriən/

Taiwan /taɪ'wɑːn/; Taiwanese /ˌtaɪwə'niːz/

Tanzania /ˌtænzə'niːə/; Tanzanian /ˌtænzə'niːən/

Thailand /'taɪlænd/; Thai /taɪ/

Tibet /tɪ'bet/; Tibetan /tɪ'betn/

Togo /'təʊgəʊ/; Togolese /ˌtəʊgə'liːz/

Trinidad and Tobago /ˌtrɪnɪdæd ən tə'beɪgəʊ/; Trinidadian /ˌtrɪnɪ'dædiən/, Tobagan /tə'beɪgən/, Tobagonian /ˌtəʊbə'gəʊniən/

Tunisia /tju'nɪziə; USA tu'niːʒə/; Tunisian /tju'nɪziən; USA tu'niːʒn/

Turkey /'tɜːki/; Turkish /'tɜːkɪʃ/, Turk /tɜːk/

Uganda /juː'gændə/; Ugandan /juː'gændən/

Ukraine /juː'kreɪn/; Ukrainian /juː'kreɪniən/

United Arab Emirates /juˌnaɪtɪd ˌærəb 'emɪrəts/

(the) United Kingdom /juˌnaɪtɪd 'kɪŋdəm/

(the) United States of America /juˌnaɪtɪd ˌsteɪts əv ə'merɪkə/; American /ə'merɪkən/

Uruguay /'jʊərəgwaɪ; Uruguayan /ˌjʊərə'gwaɪən/

Vatican City /ˌvætɪkən 'sɪti/

Venezuela /ˌvenə'zweɪlə/; Venezuelan /ˌvenə'zweɪlən/

Vietnam /viˌet'næm; USA -'nɑːm/; Vietnamese /viˌetnə'miːz/

(the) West Indies /ˌwest 'ɪndiz/; West Indian /ˌwest 'ɪndiən/

Yemen Republic /ˌjemən rɪ'pʌblɪk/; Yemeni /'jeməni/

Yugoslavia /ˌjuːgəʊ'slɑːviə/; Yugoslavian /ˌjuːgəʊ'slɑːviən/, Yugoslav /'juːgəʊslɑːv/

Zambia /'zæmbiə/; Zambian /'zæmbiən/

Zimbabwe /zɪm'bɑːbwi/; Zimbabwean /zɪm'bɑːbwiən/

Cómo construir el plural

Para construir el plural debes añadir una **-s** al final (p. ej. *a Cuban, two Cubans*), excepto en el caso de **Swiss** y de palabras acabadas en **-ese** (como *Japanese*), que son invariables. Las nacionalidades que acaban en **-man** o **-woman** hacen el plural en **-men** y **-women**, p. ej. *three Frenchmen*.

Ciudades y regiones

1 España

Esta lista contiene algunas de las ciudades y regiones españolas que tienen un nombre distinto en inglés:

Andalucía	Andalusia /ˌændəˈluːsiə/
Baleares	the Balearic Islands /ˌbæliˈærɪk/ (tb the Balearics)
Cádiz	Cadiz /kəˈdɪz/
Canarias	the Canary Islands /kəˈneəri/ (tb the Canaries)
Castilla	Castile /kæˈstiːl/
Cataluña	Catalonia /ˌkætəˈləʊniə/
A Coruña	Corunna /kəˈrʌnə/
Mallorca	Majorca /məˈjɔːkə/
Menorca	Minorca /mɪˈnɔːkə/
Navarra	Navarre /nəˈvɑː/
País Vasco	Basque Country /ˈbæsk ˌkʌntri/
Sevilla	Seville /səˈvɪl/
Zaragoza	Saragossa /ˌsærəˈɡɒsə/

En otros casos, aunque se escriban igual en inglés que en español, la pronunciación puede ser muy diferente. Así, **Madrid** se pronuncia /məˈdrɪd/ y **Barcelona** /ˌbɑːsəˈləʊnə/.

Los gentilicios

En inglés existen muy pocos adjetivos o nombres relacionados con ciudades.

- Si hablas de una persona, la manera más normal es decir **from Madrid, Barcelona**, etc.:
  Es sevillana. She's from Seville.
  Conocí a dos estudiantes granadinos. I met two students from Granada.
  la mayoría de los bilbaínos most people from Bilbao

- En el caso de los sustantivos, como "los madrileños", también puede traducirse por **of**:
  los madrileños people from Madrid/ the people of Madrid

- Si hablas de algo que ocurre o que se encuentra en una ciudad determinada dices **in Madrid**, etc.:
  la vida malagueña life in Malaga
  una clínica barcelonesa a clinic in Barcelona

  o a veces utilizas simplemente el nombre de la ciudad:
  un hotel madrileño a Madrid hotel

2 Otros países

Atenas	Athens /ˈæθənz/
Belgrado	Belgrade /belˈɡreɪd/
Berlín	Berlin /bɜːˈlɪn/
Berna	Berne /bɜːn/
Bruselas	Brussels /ˈbrʌslz/
Burdeos	Bordeaux /bɔːˈdəʊ/
El Cairo	Cairo /ˈkaɪərəʊ/
Copenhague	Copenhagen /ˌkəʊpənˈheɪɡ(ə)n/
Ciudad del Vaticano	Vatican City /ˌvætɪkən ˈsɪti/
Dublín	Dublin /ˈdʌblɪn/
Edimburgo	Edinburgh /ˈedmbərə/
Estambul	Istanbul /ˌɪstænˈbʊl/
Estocolmo	Stockholm /ˈstɒkhəʊm/
Ginebra	Geneva /dʒəˈniːvə/
La Habana	Havana /həˈvænə/
Hamburgo	Hamburg /ˈhæmbɜːɡ/
La Haya	The Hague /ˌðə ˈheɪɡ/
Jerusalén	Jerusalem /dʒəˈruːsələm/
Lisboa	Lisbon /ˈlɪzbən/
Londres	London /ˈlʌndən/
Marsella	Marseilles /mɑːˈseɪ/
Milán	Milan /mɪˈlæn/
Moscú	Moscow /ˈmɒskəʊ/
Nápoles	Naples /ˈneɪp(ə)lz/
Nueva York	New York /ˌnju ˈjɔːk/
París	Paris /ˈpærɪs/
Pekín	Beijing /beɪˈd(ʒ)ɪŋ/
Praga	Prague /prɑːɡ/
Roma	Rome /rəʊm/
San Petersburgo	St Petersburg /ˌsnt ˈpiːtəzbɜːɡ/
Varsovia	Warsaw /ˈwɔːsɔː/
Venecia	Venice /ˈvenɪs/
Viena	Vienna /viˈenə/

Apéndice 4
Las Islas Británicas

Great Britain (GB) o **Britain** está formada por Inglaterra (**England** /ˈɪŋglənd/), Escocia (**Scotland** /ˈskɒtlənd/) y Gales (**Wales** /weɪlz/).

El estado político es oficialmente conocido como **the United Kingdom (of Great Britain and Northern Ireland) (UK)** e incluye Irlanda del Norte además de Gran Bretaña. Sin embargo muchas veces se usa el término **Great Britain** como sinónimo de **United Kingdom**.

Cuando hablamos de **the British Isles** nos referimos a la isla de Gran Bretaña y la isla de Irlanda (**Ireland** /ˈaɪələnd/).

Ciudades principales de las Islas Británicas

Aberdeen /ˌæbəˈdiːn/
Bath /bɑːθ; USA bæθ/
Belfast /ˌbelˈfɑːst/
Berwick-upon-Tweed /ˌberɪk əpɒn ˈtwiːd/
Birmingham /ˈbɜːmɪŋəm/
Blackpool /ˈblækpuːl/
Bournemouth /ˈbɔːnməθ/
Bradford /ˈbrædfəd/
Brighton /ˈbraɪtn/
Bristol /ˈbrɪstl/
Caernarfon /kəˈnɑːvn/
Cambridge /ˈkeɪmbrɪdʒ/
Canterbury /ˈkæntəbəri/
Cardiff /ˈkɑːdɪf/
Carlisle /kɑːˈlaɪl/
Chester /ˈtʃestə(r)/
Colchester /ˈkəʊltʃɪstə(r)/
Cork /kɔːk/
Coventry /ˈkɒvəntri/
Derby /ˈdɑːbi/
Douglas /ˈdʌgləs/
Dover /ˈdəʊvə(r)/
Dublin /ˈdʌblɪn/
Dundee /dʌnˈdiː/
Durham /ˈdʌrəm/
Eastbourne /ˈiːstbɔːn/
Edinburgh /ˈedɪnbərə/
Ely /ˈiːli/
Exeter /ˈeksɪtə(r)/
Galway /ˈgɔːlweɪ/
Glasgow /ˈglɑːzgəʊ/
Gloucester /ˈglɒstə(r)/
Hastings /ˈheɪstɪŋz/
Hereford /ˈherɪfəd/
Holyhead /ˈhɒlihed/
Inverness /ˌɪnvəˈnes/

Ipswich /ˈɪpswɪtʃ/
Keswick /ˈkezɪk/
Kingston upon Hull /ˌkɪŋstən əpɒn ˈhʌl/
Leeds /liːdz/
Leicester /ˈlestə(r)/
Limerick /ˈlɪmərɪk/
Lincoln /ˈlɪŋkən/
Liverpool /ˈlɪvəpuːl/
London /ˈlʌndən/
Londonderry /ˈlʌndənderi/
Luton /ˈluːtn/
Manchester /ˈmæntʃɪstə(r)/
Middlesbrough /ˈmɪdlzbrə/
Newcastle upon Tyne /ˌnjuːkɑːsl əpɒn ˈtam/
Norwich /ˈnɒrɪdʒ/
Nottingham /ˈnɒtɪŋəm/
Oxford /ˈɒksfəd/
Plymouth /ˈplɪməθ/
Poole /puːl/
Portsmouth /ˈpɔːtsməθ/
Ramsgate /ˈræmzgeɪt/
Reading /ˈredɪŋ/
Salisbury /ˈsɔːlzbəri/
Sheffield /ˈʃefiːld/
Shrewsbury /ˈʃrəʊzbəri/
Southampton /saʊˈθæmptən/
St Andrews /snt ˈændruːz; USA seɪnt/
Stirling /ˈstɜːlɪŋ/
Stoke-on-Trent /ˌstəʊk ɒn ˈtrent/
Stratford-upon-Avon /ˌstrætfəd əpɒn ˈeɪvn/
Swansea /ˈswɒnzi/
Taunton /ˈtɔːntən/
Warwick /ˈwɒrɪk/
Worcester /ˈwʊstə(r)/
York /jɔːk/

Las Islas Británicas

Apéndice 5
Los Estados Unidos de América y Canadá

Los estados que configuran EEUU

Alabama /ˌæləˈbæmə/
Alaska /əˈlæskə/
Arizona /ˌærɪˈzəʊnə/
Arkansas /ˈɑːkənsɔː/
California /ˌkælɪˈfɔːniə/
Colorado /ˌkɒləˈrɑːdəʊ/
Connecticut /kəˈnetɪkət/
Delaware /ˈdeləweə(r)/
Florida /ˈflɒrɪdə/
Georgia /ˈdʒɔːdʒə/
Hawaii /həˈwaɪi/
Idaho /ˈaɪdəhəʊ/
Illinois /ˌɪlɪˈnɔɪ/
Indiana /ˌɪndɪˈænə/
Iowa /ˈaɪəwə/
Kansas /ˈkænzəs, ˈkænsəs/
Kentucky /kenˈtʌki/
Louisiana /luːˌiːzɪˈænə/
Maine /meɪn/
Maryland /ˈmeərɪlænd/
Massachusetts /ˌmæsəˈtʃuːsɪts/
Michigan /ˈmɪʃɪɡən/
Minnesota /ˌmɪnɪˈsəʊtə/
Mississippi /ˌmɪsɪˈsɪpi/
Missouri /mɪˈzʊri/
Montana /mɒnˈtænə/
Nebraska /nəˈbræskə/
Nevada /nəˈvɑːdə/
New Hampshire /ˌnjuː ˈhæmpʃə(r)/
New Jersey /ˌnjuː ˈdʒɜːzi/
New Mexico /ˌnjuː ˈmeksɪkəʊ/
New York /ˌnjuː ˈjɔːk/
North Carolina /ˌnɔːθ kærəˈlamə/
North Dakota /ˌnɔːθ dəˈkəʊtə/
Ohio /əʊˈhaɪəʊ/
Oklahoma /ˌəʊkləˈhəʊmə/
Oregon /ˈɒrɪɡən/
Pennsylvania /ˌpensəlˈveɪniə/
Rhode Island /ˌrəʊd ˈaɪlənd/
South Carolina /ˌsaʊθ kærəˈlamə/
South Dakota /ˌsaʊθ dəˈkəʊtə/
Tennessee /ˌtenəˈsiː/
Texas /ˈteksəs/
Utah /ˈjuːtɑː/
Vermont /vɜːˈmɒnt/
Virginia /vəˈdʒɪniə/
Washington /ˈwɒʃɪŋtən/
West Virginia /ˌwest vəˈdʒɪniə/
Wisconsin /wɪsˈkɒnsɪn/
Wyoming /waɪˈəʊmɪŋ/

Ciudades principales de EEUU

Atlanta /ətˈlæntə/
Anchorage /ˈæŋkərɪdʒ/
Baltimore /ˈbɔːltɪmɔː(r)/
Boston /ˈbɒstən/
Chicago /ʃɪˈkɑːɡəʊ/
Cincinnati /ˌsɪnsɪˈnæti/
Cleveland /ˈkliːvlənd/
Dallas /ˈdæləs/
Denver /ˈdenvə(r)/
Detroit /dɪˈtrɔɪt/
Honolulu /ˌhɒnəˈluːluː/
Houston /ˈhjuːstən/
Indianapolis /ˌɪndiəˈnæpəlɪs/
Kansas City /ˌkænzəs ˈsɪti/
Los Angeles /lɒs ˈændʒəliːz/
Miami /maɪˈæmi/
Milwaukee /mɪlˈwɔːki/
Minneapolis /ˌmɪniˈæpəlɪs/
New Orleans /ˌnjuː ɔːˈliːənz/
New York /ˌnjuː ˈjɔːk/
Philadelphia /ˌfɪləˈdelfiə/
Pittsburgh /ˈpɪtsbɜːɡ/
San Diego /ˌsæn diˈeɪɡəʊ/
San Francisco /ˌsæn frənˈsɪskəʊ/
Seattle /siˈætl/
St Louis /snt ˈluːɪs/
Washington D.C. /ˈwɒʃɪŋtən ˌdiː ˈsiː/

Los estados que configuran Canadá

Alberta /ælˈbɜːtə/
British Columbia /ˌbrɪtɪʃ kəˈlʌmbiə/
Manitoba /ˌmænɪˈtəʊbə/
New Brunswick /ˌnjuː ˈbrʌnzwɪk/
Newfoundland /ˈnjuːfəndlənd/
Northwest Territories /ˌnɔːθwest ˈterətriz/
Nova Scotia /ˌnəʊvə ˈskəʊʃə/
Nunavut /ˈnʊnəvʊt/
Ontario /ɒnˈteəriəʊ/
Prince Edward Island /ˌprɪns ˈedwəd aɪlənd/
Quebec /kwɪˈbek/
Saskatchewan /səˈskætʃəwən/
Yukon Territory /ˈjuːkɒn terətri/

Los Estados Unidos de América y Canadá

Apéndice 6
Los términos gramaticales

Las entradas de un diccionario suelen hacer referencia a la categoría gramatical del lema: adverbio, preposición, etc. También hablan de conceptos como "contable" e "incontable". Aquí te damos unos ejemplos en español e inglés de los términos que usamos en el *Oxford Pocket*. Recuerda que algunos conceptos (como los *phrasal verbs*) solo existen en una de las dos lenguas.

Por motivos de espacio, muchos de estos términos aparecen abreviados en las entradas del diccionario. En el Apéndice 8 tienes una lista completa de las abreviaturas y símbolos utilizados.

término	en inglés	un ejemplo en español	un ejemplo en inglés
abreviatura	*abbreviation*	**Sr.** [Señor]	*PO* [*Post Office*]
adjetivo	*adjective*	La camisa es **amarilla**. Es una camisa **amarilla**.	*She's a tall girl. Rachel's very tall.*
adjetivo interrogativo	*interrogative adjective*	**¿Qué** día es hoy?	*Whose pen is this?*
adjetivo posesivo	*possessive adjective*	Deja **tus** libros en la mesa.	*This is my house.*
adverbio	*adverb*	Viven **arriba**. **Siempre** estoy cansada. Se fue **directamente** a casa.	*I looked everywhere. We often play football. I was completely lost.*
adverbio interrogativo	*interrogative adverb*	**¿Dónde** viven tus abuelos?	*Why are they running?*
adverbio relativo	*relative adverb*	Esta es la casa **donde** nací.	*This is why she did it.*
artículo definido	*definite article*	Abre **la** puerta.	*Look at the cat.*
artículo indefinido	*indefinite article*	Tengo **una** bicicleta.	*She's got a dog.*
conjunción	*conjunction*	Quiero salir **pero** no tengo dinero.	*The flag is red, white and blue.*
contable	*countable*	——	*They have two cats and three dogs.*
incontable	*uncountable*	——	*Can I have some sugar?*
interjección	*interjection*	**¡Ay,** que me haces daño!	*Hi there! How are you?*
interrogativo	*interrogative*	**¿Qué** haces?	*Who is she?*
nombre *Ver* **sustantivo**			
nombre propio	*proper noun* (o *proper name*)	**Irene** y yo vamos al cine.	*Paris is the capital of France.*

término	en inglés	un ejemplo en español	un ejemplo en inglés
participio pasado	*past participle*	El niño estaba **dormido**.	*I was **born** in London.*
partícula adverbial	*adverbial particle*	——	*When he saw me, he walked **away**.*
——	*phrasal verb*	——	*Look **after** my things. She **put on** her coat.*
posesivo	*possessive*	Este es el **mío**.	*She's **my** sister.*
prefijo	*prefix*	**agro-** [agroturismo]	*vice- [vice-president]*
preposición	*preposition*	Voy al cine **con** un amigo. Deja el libro **en** la mesa.	*She hid **under** the bed. He ran **out of** the door.*
pronombre	*pronoun*		
pronombre interrogativo	*interrogative pronoun*	**¿Quién** vive en aquella casa?	***What** did you say?*
pronombre personal	*personal pronoun*	¿Eres **tú**?	***They** were talking about **you**.*
pronombre posesivo	*possessive pronoun*	Esta camiseta es de Ana. ¿Dónde está la **mía**?	*This money is **yours**.*
pronombre relativo	*relative pronoun*	¿Tienes el libro **que** te dejé ayer?	*That is the woman **who** lives next door.*
sufijo	*suffix*	**-ista** [futbolista]	*-ology [biology]*
sustantivo (o nombre)	*noun*	¡Mira la **luna**!	*He's got a **boat**.*
sustantivo en posición atributiva	*noun used attributively*	Hicimos un viaje **relámpago**.	*He owns a **record** company.*
verbo	*verb*		
verbo auxiliar	*auxiliary verb*	**Estaban** hablando. **Fueron** arrastrados por la corriente.	*Do you know where I live? He **has** written a book.*
verbo impersonal	*impersonal verb*	Anoche **llovió** durante dos horas.	——
verbo intransitivo	*intransitive verb*	**Vive** en Salamanca	*When did it **happen**?*
verbo modal	*modal verb*	——	***Can** you see the ball?*
verbo pronominal	*pronominal verb*	No **me acuerdo** de su nombre.	
verbo reflexivo	*reflexive verb*	——	*Don't **kid yourself**!*
verbo transitivo	*transitive verb*	**Veo** la tele.	*She **kissed** him.*

Apéndice 7
Pronunciación

Hay palabras que tienen más de una pronunciación posible. En el **Oxford Pocket** encontrarás las más comunes, ordenadas por su frecuencia de uso:

either /'aɪðə(r), 'i:ðə(r)/

Si la pronunciación de la palabra cambia mucho en inglés americano, te lo indicamos mediante la abreviatura *USA*:

address /ə'dres/ *USA* 'ædres/

/'/ indica el acento principal de la palabra:

money /'mʌni/ lleva el acento en la primera sílaba

lagoon /lə'ɡu:n/ se acentúa en la segunda sílaba

/ˌ/ muestra el acento secundario de la palabra:

pronunciation /prəˌnʌnsɪ'eɪʃn/ lleva el acento secundario en la sílaba /ˌnʌn/ y el acento principal en la sílaba /'eɪʃn/.

(r) En inglés no se pronuncia la r final, salvo que la palabra siguiente empiece por vocal.

La r no se pronuncia en la frase *His car broke down*, pero sí en *His car is brand new*.

¿Cómo aclaramos esta dificultad? Añadiendo una r entre paréntesis en la transcripción fonética:

car /kɑ:(r)/

En inglés americano siempre se pronuncia la r.

Formas tónicas y átonas

Algunas palabras de uso frecuente (**an, as, from, that, of**, etc.) tienen dos pronunciaciones posibles, una tónica y otra átona. De las dos, la forma átona es la más frecuente.

Tomemos por ejemplo el caso de la preposición **from** /frəm, frɒm/, que normalmente se pronuncia /frəm/, como en la frase

He comes from Spain.

Ahora bien, si aparece al final de la oración, o le queremos dar un énfasis especial, utilizaremos la pronunciación tónica /frɒm/, como en el caso de

The ˌpresent's not 'from John, it's 'for him.

Palabras derivadas

En muchas ocasiones, la pronunciación de una palabra derivada es la suma de la pronunciación de sus elementos. En estos casos no damos la transcripción fonética, ya que es predecible:

slowly = slow + ly
/'sləʊli/ /sləʊ + li/

astonishingly = astonish + ing + ly
/ə'stɒnɪʃmli/ /ə'stɒnɪʃ + ɱ + li/

Pero a veces el acento de la palabra cambia al añadirle las desinencias, y en estos casos sí te mostramos la pronunciación:

photograph /'fəʊtəɡrɑ:f/
photographer /fə'tɒɡrəfə(r)/
photographic /ˌfəʊtə'ɡræfɪk/
photography /fə'tɒɡrəfi/

En el caso de las palabras derivadas acabadas en **-tion**, la norma de que el acento recaiga sobre la penúltima sílaba se cumple con regularidad, y por lo tanto no indicamos la pronunciación:

alter /'ɔ:ltə(r)/
alteration /ˌɔ:ltə'reɪʃn/
confirm /kən'fɜ:m/
confirmation /ˌkɒnfə'meɪʃn/

725

Apéndice 8
Abreviaturas y símbolos

abrev	abreviatura	nf	sustantivo femenino
adj	adjetivo	nm	sustantivo masculino
adj interr	adjetivo interrogativo	nmf	sustantivo masculino y
adj pos	adjetivo posesivo		femenino
+ adj	seguido de adjetivo	nm-nf	sustantivo que varía en
adv	adverbio		masculino y femenino
adv interr	adverbio interrogativo	nm o nf	género dudoso: sustantivo
adv rel	adverbio relativo		masculino o femenino
Aeronáut	Aeronáutica	n pr	nombre propio
Agric	Agricultura	Náut	término náutico
algn	alguien	part adv	partícula adverbial
Anat	Anatomía	Period	Periodismo
aprob	en tono de aprobación	pey	término peyorativo
Arquit	Arquitectura	pl	plural
art def	artículo definido	Pol	Política
art indef	artículo indefinido	pp	participio pasado
Astrol	Astrología	pref	prefijo
Astron	Astronomía	prep	preposición
Biol	Biología	pret	pasado
Bot	Botánica	pron	pronombre
cientif	registro científico	pron interr	pronombre interrogativo
coloq	registro coloquial	pron pers	pronombre personal
Com	término comercial	pron pos	pronombre posesivo
conj	conjunción	pron rel	pronombre relativo
Dep	Deportes	Quím	Química
Econ	Economía	Relig	Religión
Educ	Educación	ret	tono retórico
Electrón	Electrónica	sb	somebody
fem	femenino	sing	singular
fig	sentido figurado	Sociol	Sociología
Fil	Filosofía	sth	something
Fin	Finanzas	Teat	Teatro
Fís	Física	Tec	Tecnología
Fot	Fotografía	téc	registro técnico
Fr	término francés	TV	Televisión
GB	Gran Bretaña	USA	Estados Unidos
Geog	Geografía	v	verbo
Geol	Geología	v aux	verbo auxiliar
Geom	Geometría	v imp	verbo impersonal
Gram	Gramática	v modal	verbo modal
Hist	Historia	v pl	verbo en plural
Informát	Informática	v pron	verbo pronominal
+ ing	seguido de verbo en forma -ing	v refl	verbo reflexivo
interj	interjección	v sing	verbo en singular
Irl	Irlanda	v sing o pl	verbo en singular o en plural
irón	término irónico	vi	verbo intransitivo
joc	término jocoso	vt	verbo transitivo
Jur	término jurídico	Zool	Zoología
Ling	Lingüística		
lit	sentido literal	LOC	locuciones y expresiones
Liter	Literatura		
+ loc adv	seguido de locución adverbial	PHR V	sección de *phrasal verbs*
Mat	Matemáticas	♦	cambio de partes de la oración
Mec	Mecánica		(adjetivo, verbo, adverbio, etc.)
Med	Medicina	☛	introduce una nota breve o te dirige
Mil	término militar		a otras palabras
Mús	Música		
n	sustantivo		
n atrib	sustantivo en posición atributiva (delante de otro sustantivo)		

Verbos irregulares

Infinitivo	Pasado	Participio	Infinitivo	Pasado	Participio
arise	arose	arisen	fight	fought	fought
awake	awoke	awoken	find	found	found
be	was/were	been	flee	fled	fled
bear[2]	bore	borne	fling	flung	flung
beat	beat	beaten	fly	flew	flown
become	became	become	forbid	forbade	forbidden
begin	began	begun	forecast	forecast,	forecast,
bend	bent	bent		forecasted	forecasted
bet	bet, betted	bet, betted	forget	forgot	forgotten
bid	bid	bid	forgive	forgave	forgiven
bind	bound	bound	freeze	froze	frozen
bite	bit	bitten	get	got	got;
bleed	bled	bled			(USA) gotten
blow	blew	blown	give	gave	given
break[1]	broke	broken	go[1]	went	gone
breed	bred	bred	grind	ground	ground
bring	brought	brought	grow	grew	grown
broadcast	broadcast	broadcast	hang	hung,	hung,
build	built	built		hanged	hanged
burn	burnt,	burnt,	have	had	had
	burned	burned	hear	heard	heard
burst	burst	burst	hide[1]	hid	hidden
bust[2]	bust,	bust,	hit	hit	hit
	busted	busted	hold	held	held
buy	bought	bought	hurt	hurt	hurt
cast	cast	cast	keep	kept	kept
catch	caught	caught	kneel	knelt; (esp	knelt; (esp
choose	chose	chosen		USA) kneeled	USA) kneeled
cling	clung	clung	know	knew	known
come	came	come	lay[1]	laid	laid
cost	cost,	cost,	lead[2]	led	led
	costed	costed	lean[2]	leant, leaned	leant, leaned
creep	crept	crept	leap	leapt, leaped	leapt, leaped
cut	cut	cut	learn	learnt,	learnt,
deal[3]	dealt	dealt		learned	learned
dig	dug	dug	leave	left	left
dive	dived;	dived	lend	lent	lent
	(USA) dove		let	let	let
do[2]	did	done	lie[2]	lay	lain
draw[2]	drew	drawn	light	lit, lighted	lit, lighted
dream	dreamt,	dreamt,	lose	lost	lost
	dreamed	dreamed	make[1]	made	made
drink	drank	drunk	mean[1]	meant	meant
drive	drove	driven	meet[1]	met	met
eat	ate	eaten	mistake	mistook	mistaken
fall	fell	fallen	misunder	misunder	misunder
feed	fed	fed	-stand	-stood	-stood
feel	felt	felt			

Infinitivo	Pasado	Participio	Infinitivo	Pasado	Participio
mow	mowed	mown, mowed	spend	spent	spent
overcome	overcame	overcome	spill	spilt, spilled	spilt, spilled
pay	paid	paid	spin	spun	spun
plead	pleaded; (USA) pled	pleaded; (USA) pled	spit	spat; (esp USA) spit	spat; (esp USA) spit
prove	proved	proved; (USA) proven	split	split	split
put	put	put	spoil	spoilt, spoiled	spoilt, spoiled
quit	quit, quitted	quit, quitted	spread	spread	spread
read	read	read	spring	sprang	sprung
ride	rode	ridden	stand	stood	stood
ring²	rang	rung	steal	stole	stolen
rise²	rose	risen	stick²	stuck	stuck
run¹	ran	run	sting	stung	stung
saw²	sawed	sawn; (USA) sawed	stink	stank, stunk	stunk
say	said	said	stride	strode	strode
see	saw	seen	strike	struck	struck
seek	sought	sought	string	strung	strung
sell	sold	sold	strive	strove	striven
send	sent	sent	swear	swore	sworn
set²	set	set	sweep	swept	swept
sew	sewed	sewn, sewed	swell	swelled	swollen, swelled
shake	shook	shaken	swim	swam	swum
shed²	shed	shed	swing	swung	swung
shine	shone	shone	take	took	taken
shoe	shod	shod	teach	taught	taught
shoot	shot	shot	tear²	tore	torn
show	showed	shown, showed	tell	told	told
shrink	shrank, shrunk	shrunk	think	thought	thought
			throw¹	threw	thrown
shut	shut	shut	thrust	thrust	thrust
sing	sang	sung	tread	trod	trodden, trod
sink	sank	sunk			
sit	sat	sat	wake	woke	woken
sleep	slept	slept	wear	wore	worn
slide	slid	slid	weave	wove, weaved	woven, weaved
sling²	slung	slung			
slit	slit	slit	weep	wept	wept
smell	smelt, smelled	smelt, smelled	win	won	won
sow²	sowed	sown, sowed	wind²	wound	wound
speak	spoke	spoken	wring	wrung	wrung
speed	sped, speeded	sped, speeded	write	wrote	written
spell	spelt, spelled	spelt, spelled			

¡Necesito entender las palabras para poder utilizarlas!

otras formas posibles de escribir una palabra

cheque (*USA* **check**) /tʃek/ *n* cheque: *by cheque* con cheque ◊ *cheque card* tarjeta bancaria que garantiza el pago de cheques

gram (*tb* **gramme**) /græm/ *n* (*abrev* **g**) gramo ☛ *Ver Apéndice 1.*

pronunciación y acento

geography /dʒiˈɒɡrəfi/ *n* geografía
geographer /dʒiˈɒɡrəfə(r)/ *n* geógrafo, -a **geographical** /ˌdʒiːəˈɡræfɪkl/ *adj* geográfico

ejemplos que te ayudarán a ver cómo se utiliza la palabra

obsess /əbˈses/ *vt* obsesionar: *to be/become obsessed by/with sth/sb* estar obsesionado/obsesionarse con algo/algn **obsession** *n* ~ **(with/about sth/sb)** obsesión (con algo/algn) **obsessive** *adj* (*pey*) obsesivo

notas de vocabulario para que aprendas otras palabras relacionadas con la que vas a utilizar

deporte *nm* sport: *¿Practicas algún ~? Do you play any sports?* ◊ *~s de aventura* adventure sports

En inglés hay tres construcciones que se pueden utilizar al hablar de deportes. *Jugar al fútbol, golf, baloncesto*, etc. se dice **to play** + sustantivo, p. ej. **to play football, golf, basketball**, etc. *Hacer aeróbic, atletismo, judo*, etc. se dice **to do** + sustantivo, p. ej. **to do aerobics, athletics, judo**, etc. *Hacer natación, senderismo, ciclismo*, etc. se dice **to go** + -ing, p. ej. **to go swimming, hiking, cycling**, etc. Esta última construcción se usa sobre todo cuando en inglés existe un verbo relacionado con ese deporte, como **to swim, to hike** o **to cycle**.

notas culturales que te explican detalles interesantes y prácticos sobre las costumbres británicas y americanas

thanksgiving /ˌθæŋksˈɡɪvɪŋ/ *n* **1** acción de gracias **2 Thanksgiving (Day)** (*USA*) día de Acción de Gracias

Thanksgiving se celebra en Estados Unidos el cuarto jueves de noviembre. La comida tradicional consiste en pavo asado (**turkey**) y tarta de calabaza (**pumpkin pie**).

palabras que se utilizan en situaciones determinadas, por ejemplo, al hablar con tus amigos, pero no con tu profesor

ta! /tɑː/ *interj* (*GB, coloq*) ¡gracias!